Vahlens Handbücher
der Wirtschafts- und Sozialwissenschaften

Einführung in die Allgemeine Betriebswirtschaftslehre

von

Dr. Günter Wöhe

o. Professor der Betriebswirtschaftslehre
an der Universität des Saarlandes

12., überarbeitete Auflage

Verlag Franz Vahlen München 1976

CIP-Kurztitelaufnahme der Deutschen Bibliothek

Wöhe, Günter
Einführung in die Allgemeine Betriebswirtschaftslehre von Günter Wöhe. - München: Vahlen.
Übungsbuch verf. von Günter Wöhe, Hans Kaiser u. Ulrich Döring.
NE: Kaiser, Hans:, Döring, Ulrich:
[Hauptbd.]. - 12., überarb. Aufl. - 1976,
(Vahlens Handbücher der Wirtschafts- und Sozialwissenschaften)
ISBN 3 8006 0603 8

ISBN 3 8006 0603 8

© 1976 Verlag Franz Vahlen GmbH, München

Erster Nachdruck 1977

Das Werk ist urheberrechtlich geschützt
Die dadurch begründeten Rechte, insbesondere die der Übersetzung, des Nachdruckes, der Entnahme von Abbildungen, der Funksendung, der Wiedergabe auf photomechanischem oder ähnlichem Wege und der Speicherung in Datenverarbeitungsanlagen bleiben, auch bei nur auszugsweiser Verwendung, vorbehalten.

Satz und Druck der C. H. Beck'schen Buchdruckerei, Nördlingen

Vorwort zur zwölften Auflage

Seit der völligen Neubearbeitung und wesentlichen Erweiterung des Buches sind noch keine drei Jahre vergangen. In der 12. Auflage konnte ich mich deshalb im wesentlichen auf Änderungen beschränken, die durch neue gesetzliche Regelungen notwendig geworden sind. Sowohl das am 1. 7. 1976 in Kraft getretene Mitbestimmungsgesetz als auch die ab 1. 1. 1977 geltende Abgabenordnung konnten dabei noch berücksichtigt werden.

Meinen Mitarbeitern, den Herren Dipl.-Kfm. Dr. Hartmut Bieg, Dipl.-Kfm. Jürgen Bilstein, Dipl.-Kfm. Dr. Ulrich Döring und Dipl.-Kfm. Helmuth Lehr danke ich für ihre Hilfe bei der Vorbereitung der Neuauflage. Besonderer Dank und Anerkennung gebührt meinen beiden Sekretärinnen, Frau Angelika Hauch und Fräulein Doris Schneider für ihren unermüdlichen Einsatz.

Saarbrücken, im September 1976   *Günter Wöhe*

Vorwort zur elften Auflage

Das Buch wurde in allen Abschnitten völlig überarbeitet, dabei teilweise neu gefaßt und an vielen Stellen wesentlich erweitert und vertieft. Dabei wurden die im Vorwort zur ersten Auflage umrissene Zielsetzung des Buches und die Systematik des Stoffes grundsätzlich beibehalten. Eine Vielzahl von in den letzten Jahren in der Betriebswirtschaftslehre gewonnenen Erkenntnissen und neu eingeführten Begriffen mußte aufgenommen werden. Besondere Schwerpunkte der Neubearbeitung bilden die Bereiche der Unternehmensführung, der Unternehmensverbindungen, der Investitionsrechnung, der Gesamtbewertung von Unternehmungen und der Kostenrechnung.

Für die kritische Durchsicht der Manuskripte und wertvollen Anregungen danke ich meinen Mitarbeitern, den Herren Assistenzprofessoren Dr. Henning Egner, Dr. Lothar Haberstock und Dr. Hans Kaiser und den wissenschaftlichen Assistenten Dipl.-Kfm. Hartmut Bieg, Dipl.-Kfm. Ulrich Döring und Dipl.-Kfm. Wolfgang Müller. Den drei letztgenannten Herren sowie den Herren Dipl.-Kfm. Jürgen Bilstein und Dipl.-Kfm. Albert Bold gilt mein besonderer Dank für ihren unermüdlichen Einsatz beim Lesen der Korrekturen und bei der Ergänzung des Literatur- und Sachverzeichnisses. Nicht zuletzt bedanke ich mich bei meinen Sekretärinnen, Frau Sigrid Ewert und Frau Doris Hübschen, für die Sorgfalt und Mühe, die sie beim Schreiben der Manuskripte aufgewendet haben.

Im Nachdruck der elften Auflage wurde eine Reihe kleinerer Druckfehler korrigiert. Verfasser und Verlag sind für weitere Hinweise stets dankbar.

Saarbrücken, im Oktober 1973 und Januar 1975   *Günter Wöhe*

Vorwort zur ersten Auflage

Das vorliegende Buch soll – wie der Titel zum Ausdruck bringt – in die Probleme der Allgemeinen Betriebswirtschaftslehre einführen. Es setzt – außer der

Beherrschung der Technik der doppelten Buchführung - keinerlei betriebswirtschaftliche Kenntnisse voraus und ist folglich in erster Linie für Studierende der Wirtschaftswissenschaften gedacht, die sich in den ersten Semestern befinden und die sich vor einem tieferen Eindringen in Spezialprobleme einen Überblick über die Grundfragen der Allgemeinen Betriebswirtschaftslehre verschaffen wollen. Aus dieser Zielsetzung des Buches heraus erklärt sich auch die besonders intensive Behandlung der für den Anfänger überaus wichtigen Probleme des Rechnungswesens.

Meiner Ansicht nach würde es dem Wesen und Zweck einer Einführung in eine Wissenschaft widersprechen, wenn man auch solche Problemkreise behandelt, die noch nicht gelöst sind oder über deren Lösung es konträre Ansichten gibt, von denen noch keine bewiesen werden konnte. Ich habe mich deshalb bemüht, in erster Linie den Stoff zu behandeln, der erkenntnismäßig als gesichert gelten kann - wenn natürlich auch dieser und jener Hinweis auf offene Fragen nicht unterbleiben konnte und durfte, damit der Leser zum kritischen Nachdenken angeregt wird und nicht etwa den falschen Eindruck bekommt, daß die Allgemeine Betriebswirtschaftslehre eine Wissenschaft sei, in der alle Probleme bereits gelöst sind.

Das gesamte Stoffgebiet habe ich in sechs Abschnitte aufgeteilt. Der erste Abschnitt beschäftigt sich zunächst mit dem Gegenstand der Betriebswirtschaftslehre sowie mit der Gliederung der Betriebe und der Betriebswirtschaftslehre. Die sich anschließenden Ausführungen über die Methoden der Betriebswirtschaftslehre gehören zwar vom Standpunkt der Systematik zu diesem Abschnitt, können aber vom Anfänger ohne Nachteil für das Verständnis der folgenden Abschnitte übersprungen und zum Schluß gelesen werden, da sie demjenigen, der in der wissenschaftlichen Methodenlehre nicht zu Hause ist, zweifellos nach Erarbeitung der wichtigsten Sachprobleme der Betriebswirtschaftslehre verständlicher werden. Es erschien mir aber dennoch nicht zweckmäßig, diese Ausführungen an den Schluß des Buches zu stellen, da das eine Trennung der logisch zusammenhängenden Fragen des Erkenntnisobjekts und der Methoden der Betriebswirtschaftslehre bedeutet hätte.

Der zweite Abschnitt ist dem Aufbau des Betriebes gewidmet und behandelt die Faktoren, die die Voraussetzungen für die Entstehung eines Betriebes bilden. Dazu gehören erstens die Produktionsfaktoren (Arbeit, Betriebsmittel und Werkstoffe), die im Betrieb kombiniert werden. Zweitens bedarf der Betrieb im Verkehr mit anderen Wirtschaftseinheiten eines „rechtlichen Gewandes"; folglich werden die Rechtsformen der Betriebe besprochen. Drittens braucht der Betrieb einen bestimmten Standort, mit dessen Auswahl eine Vielzahl wirtschaftlicher Probleme verbunden ist.

Der dritte bis fünfte Abschnitt beschäftigen sich mit den drei betrieblichen Hauptfunktionen: Der Produktion (Leistungserstellung), dem Absatz (Leistungsverwertung) sowie der Finanzierung und Investition. Der sechste und letzte Abschnitt ist schließlich den Fragen des Rechnungswesens gewidmet.

Saarbrücken, im März 1960 *Günter Wöhe*

Inhaltsverzeichnis

	Seite
Vorwort	V
Verzeichnis der Abkürzungen	XXIII

Erster Abschnitt
Gegenstand, Methoden und Geschichte der Betriebswirtschaftslehre

I. Gegenstand und Methoden der Betriebswirtschaftslehre	1
1. Das Erkenntnisobjekt der Betriebswirtschaftslehre	1
a) Wirtschaft und wirtschaftliches Prinzip	1
b) Betrieb und Unternehmung	2
c) Gliederung der Betriebe (Betriebstypologie)	9
d) Gliederung der Betriebswirtschaftslehre	14
2. Die Stellung der Betriebswirtschaftslehre im System der Wissenschaften und ihr Verhältnis zu benachbarten Disziplinen	17
a) Einteilung der Wissenschaften	17
b) Betriebswirtschaftslehre und Volkswirtschaftslehre	20
c) Betriebswirtschaftslehre und Hilfswissenschaften	23
3. Die Betriebswirtschaftslehre als theoretische und als angewandte Wissenschaft	25
a) Erkenntnismöglichkeiten und Methoden der theoretischen Betriebswirtschaftslehre	25
b) Betriebswirtschaftliche Modelle	28
c) Das Auswahlprinzip der angewandten Betriebswirtschaftslehre	30
aa) Gewinnmaximierung oder gemeinwirtschaftliche Wirtschaftlichkeit als Auswahlprinzip?	30
bb) Kritische Einwände gegen die Gewinnmaximierung	34
cc) Gewinn – Rentabilität – Wirtschaftlichkeit – Produktivität	36
dd) Die Eigenkapitalrentabilität als Auswahlprinzip?	38
ee) Die begrenzte Gewinnerzielung als Auswahlprinzip?	40
4. Wertfreie und wertende Betriebswirtschaftslehre	41
II. Geschichte der Betriebswirtschaftslehre	46
1. Die Entwicklung von den Anfängen bis zum Ende des 19. Jahrhunderts	47
2. Die Entwicklung der Betriebswirtschaftslehre vom Beginn des 20. Jahrhunderts bis zum Beginn des Zweiten Weltkrieges	52
3. Die Entwicklung der Betriebswirtschaftslehre seit dem Zweiten Weltkrieg	56

Zweiter Abschnitt
Der Aufbau des Betriebes

A. Die betrieblichen Produktionsfaktoren	61
I. Überblick	61
II. Die menschliche Arbeitsleistung	63
1. Allgemeine Bestimmungsfaktoren	63
2. Die Schaffung optimaler Arbeitsbedingungen	64
a) Die Arbeitsstudien	64
b) Die Arbeitszeitregelung	65
c) Die Arbeitsplatzgestaltung	68
d) Das Betriebsklima	69

Inhaltsverzeichnis

3. Das Arbeitsentgelt 70
   a) Das Arbeitsentgelt als Gegenstand der Volkswirtschaftslehre, Betriebswirtschaftslehre und des Arbeitsrechts 70
   b) Lohnhöhe und Lohngerechtigkeit 71
   c) Die Methoden der Arbeitsbewertung 74
      aa) Überblick 74
      bb) Die summarische Arbeitsbewertung 76
      cc) Die analytische Arbeitsbewertung 77
      dd) Die Festsetzung des Geldlohnes 78
   d) Lohnformen 79
      aa) Übersicht 79
      bb) Der Zeitlohn 79
         (1) Begriff und Wesen 79
         (2) Anwendungsgebiet, Vor- und Nachteile 80
      cc) Der Akkordlohn (Stücklohn) 81
         (1) Begriff und Berechnung 81
         (2) Sonderformen 85
         (3) Vorteile und Nachteile 86
         (4) Die Ermittlung der Vorgabezeiten 86
      dd) Der Prämienlohn 89
         (1) Begriff und Anwendungsgebiet 89
         (2) Prämienlohnsysteme 91
   e) Die Erfolgsbeteiligung der Arbeitnehmer 93
      aa) Ökonomische Begründung der Erfolgsbeteiligung . 93
      bb) Zielsetzungen der Erfolgsbeteiligung 95
      cc) Probleme der Berechnung der Erfolgsbeteiligung . 97
      dd) Erfolgsbeteiligungssysteme in der Praxis 99
         (1) Das System der Duisburger Kupferhütte AG ... 99
         (2) Das System von Pieroth 99
         (3) Das System der Spindler-Werke 100
         (4) Das System der Rosenthal-AG 100
         (5) Das System der Porst-Gruppe 101

III. Die Betriebsmittel 101
   1. Lebensdauer, wirtschaftliche Nutzungsdauer und Abschreibungen. 102
   2. Kapazität und Kapazitätsausnutzung 103
   3. Die Betriebsmittelzeit 105

IV. Die Werkstoffe 107
   1. Die Werkstoffzeit 107
   2. Die Materialausbeute 108

V. Die Betriebsführung 109
   1. Grundlagen 109
      a) Die Funktion des dispositiven Faktors 109
      b) Die Träger der Führungsentscheidungen 113
      c) Die Organisation der Führungsspitze 115
      d) Führungsprinzipien (Managementprinzipien) 117
         aa) Management by Exception 117
         bb) Management by Objectives 118
      e) Die Mitbestimmung der Arbeitnehmer 119
         aa) Arbeitsrechtliche und unternehmerische Mitbestimmung . 119
         bb) Die Mitbestimmung nach dem Betriebsverfassungsgesetz . 122
         cc) Die unternehmerische Mitbestimmung 125
            (1) Das Mitbestimmungsgesetz für die Montanindustrie . 125
            (2) Die erweiterte Mitbestimmung 126

Inhaltsverzeichnis

2. Die Planung 128
   a) Begriff, Aufgaben und Struktur der Planung 128
   b) Die Interdependenz der Teilpläne 129
   c) Die Ungewißheit als Grundproblem der Planung 131
   d) Operations Research 133
      aa) Begriff und Aufgaben von Operations Research 133
      bb) Operations Research-Verfahren 135
          (1) Lineare Programmierung 135
          (2) Warteschlangenmodelle 137
          (3) Lagerhaltungsmodelle 138
          (4) Die Spieltheorie 139
          (5) Die Netzplantechnik 139
          (6) Ersatzmodelle 140
          (7) Die dynamische Programmierung 141
          (8) Simulationsverfahren 141
      cc) Grenzen der Anwendung von Operations Research . . . 141
3. Die Betriebsorganisation 142
   a) Begriff und Aufgaben der Organisation 142
   b) Formelle und informelle Organisationsstruktur 145
   c) Die Aufbauorganisation 146
      aa) Die Aufgabenanalyse 146
      bb) Die Aufgabensynthese 147
          (1) Die Stellenbildung 147
          (2) Kompetenz – Verantwortung 148
          (3) Instanzen- und Abteilungsbildung 149
          (4) Dezentralisation – Zentralisation 150
      cc) Das Ergebnis der Aufbauorganisation 151
          (1) Das Aufgabengefüge 151
          (2) Das Leitungssystem 152
              (a) Das Liniensystem 152
              (b) Das Funktionssystem 153
              (c) Das Stabliniensystem 154
              (d) Das Liniensystem mit Querfunktionen 155
              (e) Divisionalisierte Organisation (Spartenorganisation) . 155
              (f) Matrixorganisation 156
          (3) Das Kommunikationssystem 158
          (4) Das Arbeitssystem 158
   d) Die Ablauforganisation 159
4. Die Überwachung 160
   a) Begriff und Gegenstand 161
   b) Die interne Kontrolle 163
   c) Die interne Revision 164
   d) Externe Prüfungen 165

B. Die Wahl der Rechtsform als Entscheidungsproblem 166

  I. Überblick 166

  II. Statistische Angaben 167

  III. Entscheidungskriterien für die Wahl der Rechtsform privater Betriebe 174
    1. Überblick 174
    2. Rechtsgestaltung, insbesondere Haftung 176
       a) Personenunternehmen 176
       b) Kapitalgesellschaften 179
       c) Genossenschaften 180
       d) Öffentliche Betriebe 183

Inhaltsverzeichnis

3. Leitungsbefugnis 183
   a) Personenunternehmungen 183
   b) Kapitalgesellschaften 184
   c) Genossenschaften 186
4. Gewinn- und Verlustbeteiligung 186
   a) Bei unbeschränkter Haftung 186
   b) Bei beschränkter Haftung 187
5. Finanzierungsmöglichkeiten 188
   a) Eigenkapitalbeschaffung 188
   b) Fremdkapitalbeschaffung 191
6. Steuerbelastung 193
   a) Überblick 193
   b) Unterschiedliche Steuerarten 195
   c) Unterschiedlich ermittelte Bemessungsgrundlagen 199
   d) Unterschiedliche Steuertarife 201
   e) Steuerbelastungsvergleiche 202
   f) Kombinierte Rechtsformen 202
   g) Umwandlung 204
7. Aufwendungen der Rechtsform 206
8. Publizitätszwang 206

IV. Öffentliche Betriebe 207
   1. Arten und Aufgaben 207
   2. Öffentliche Betriebe in nicht-privatrechtlicher Form 211
      a) Öffentliche Betriebe ohne eigene Rechtspersönlichkeit 211
      b) Öffentliche Betriebe mit eigener Rechtspersönlichkeit 214
   3. Öffentliche Betriebe in privatrechtlicher Form 214

C. Der Zusammenschluß von Unternehmen als Entscheidungsproblem 215

I. Begriff und Zielsetzungen von Unternehmenszusammenschlüssen . 215

II. Die Arten der Unternehmenszusammenschlüsse 219

III. Die Arten der „verbundenen Unternehmen" des Aktiengesetzes . . 220
   1. Überblick 220
   2. In Mehrheitsbesitz stehende Unternehmen und mit Mehrheit beteiligte Unternehmen (§ 16 AktG) 226
      a) Der Begriff der Mehrheitsbeteiligung 226
      b) Berechnung der Mehrheit 227
   3. Abhängige und herrschende Unternehmen 229
   4. Konzerne 230
      a) Begriff 230
      b) Konzernarten 231
      c) Steuerliche Probleme des Konzerns (Überblick) 235
   5. Die wechselseitige Beteiligung 237
   6. Vertragsteile eines Unternehmensvertrages 240
      a) Überblick 240
      b) Der Beherrschungsvertrag 240
      c) Der Gewinnabführungsvertrag 241
      d) Der Teilgewinnabführungsvertrag 242
      e) Interessengemeinschaft, Gewinngemeinschaft 243
      f) Betriebspacht- und Betriebsüberlassungsvertrag 246
   7. Eingegliederte Gesellschaften 247

Inhaltsverzeichnis

IV. Das Kartell 248
    1. Begriff und Zielsetzung 248
    2. Arten der Kartelle 248
        a) Konditionenkartelle 249
        b) Preiskartelle 249
        c) Produktionskartelle 251
        d) Absatzkartelle 252
    3. Die rechtliche Regelung der Kartelle 253
    4. Die Besteuerung der Kartelle 256

V. Sonstige Unternehmenszusammenschlüsse 257
    1. Der Trust 257
    2. Der Investmenttrust (Kapitalanlagegesellschaft) 257
    3. Das Konsortium 258

VI. Unternehmensverbände 259
    1. Wirtschaftsfachverbände 259
    2. Kammern 260
    3. Arbeitgeberverbände 263

D. Die Wahl des Standorts als Entscheidungsproblem 264

I. Überblick über das Standortproblem 264

II. Entscheidungskriterien bei der Standortwahl 266
    1. Materialorientierung (Rohstofforientierung) 266
    2. Arbeitsorientierung 267
    3. Abgabenorientierung 269
        a) Innerstaatliches Steuergefälle als Standortfaktor 269
        b) Zwischenstaatliches Steuergefälle als Standortfaktor 270
    4. Kraftorientierung (Energieorientierung) 272
    5. Verkehrsorientierung 272
    6. Absatzorientierung 272

Dritter Abschnitt

Die Produktion

I. Der Begriff der Produktion 275

II. Beschaffung und Lagerhaltung 276
    1. Begriff und Wesen 276
    2. Beschaffungs- und Lagerplanung 278
        a) Die Bedarfsplanung 278
        b) Die Vorratsplanung 279
        c) Die optimale Bestellmenge 283

III. Die Fertigung 285
    1. Die Planung des Fertigungsprogramms 285
    2. Die Fertigungsverfahren 287
        a) Begriff und Einteilung 287
        b) Organisationstypen der Fertigung 287
            aa) Die Fließfertigung 288

bb) Die Werkstattfertigung 289
cc) Die Gruppenfertigung 291
c) Fertigungstypen 291
aa) Einzelfertigung 291
bb) Mehrfachfertigung 292
3. Die Fertigungsvorbereitung 295

IV. Die Produktionsfunktionen 296
1. Grundlagen 296
2. Produktionsfunktionen mit substitutionalen Faktoren 301
   a) Totale Faktorvariation 301
   aa) Die Indifferenzkurven 301
   bb) Die Minimalkostenkombination 309
   b) Partielle Faktorvariation (Ertragsgesetz) 312
   aa) Allgemeine Voraussetzungen 312
   bb) Die Gesamtertragskurve 313
   cc) Die Grenzertragskurve 314
   dd) Die Durchschnittsertragskurve 316
   ee) Die Beziehungen zwischen den Ertragskurven 318
   ff) Absoluter und relativer Optimalpunkt des Ertragsgesetzes . . 319
   gg) Zur Frage der Gültigkeit des Ertragsgesetzes bei der Kombination der Produktionsfaktoren im industriellen Bereich 322
3. Produktionsfaktoren mit limitationalen Faktoren (Produktionsfunktionen auf der Grundlage von Verbrauchsfunktionen) 325

V. Die Kostenfunktionen 330
1. Zusammenhänge zwischen Produktions- und Kostenfunktionen ... 330
2. Einfluß von Beschäftigungsänderungen auf die Kosten 335
   a) Gesamtkosten und Durchschnittskosten 335
   b) Fixe und variable Kosten 342
   aa) Die Bedeutung des Entscheidungszeitraums 342
   bb) Die Bedeutung der Teilbarkeit der Produktionsfaktoren ... 343
3. Kostenfunktionen nach dem Ertragsgesetz 346
   a) Die Gesamtkostenkurve 346
   b) Die Grenzkostenkurve 347
   c) Die Durchschnittskostenkurven 349
   d) Die Zusammenhänge zwischen den Kostenkurven 351
4. Aus Verbrauchsfunktionen abgeleitete Kostenverläufe 353
   a) Formen der Anpassung an veränderte Beschäftigungslagen 353
   b) Der Kostenverlauf bei zeitlicher Anpassung 355
   c) Der Kostenverlauf bei intensitätsmäßiger Anpassung 358
   d) Der Kostenverlauf bei zeitlich intensitätsmäßiger Anpassung ... 361
   e) Der Kostenverlauf bei quantitativer Anpassung 363
   aa) Der Kostenverlauf im Falle quantitativer Anpassung bei unverändertem Potentialfaktorbestand 365
   bb) Der Kostenverlauf im Falle quantitativer Anpassung durch Veränderung des Bestandes an Potentialfaktoren 366
   cc) Der Kostenverlauf bei selektiver Anpassung 367
5. Kostenverläufe bei Veränderung der Betriebsgröße 369
   a) Der Kostenverlauf bei multipler Betriebsgrößenvariation 369
   b) Der Kostenverlauf bei mutativer Betriebsgrößenvariation 370
6. Die Bestimmungsfaktoren der Kosten 371
   a) Änderung der Preise der Produktionsfaktoren 371
   b) Änderung der Mengenkombination der Produktionsfaktoren . . 373

Vierter Abschnitt
Der Absatz

I. Der Begriff des Absatzes 377

II. Die Absatzvorbereitung 378

   1. Die Absatzplanung 378
      a) Begriff und Aufgaben der Absatzplanung 378
      b) Die Mittel der Absatzpolitik 379
      c) Die Verkaufsplanung 383
      d) Die Vertriebskostenplanung 384
   2. Die Marktforschung als Grundlage der Absatzplanung 386
      a) Die Aufgaben der Marktforschung 386
      b) Die Methoden der Marktforschung 390

III. Die betriebliche Preispolitik 396

   1. Preistheoretische Grundbegriffe 397
      a) Der Markt 397
      b) Marktformen und Verhaltensweisen 399
      c) Die Preiselastizität der Nachfrage 402
   2. Die Preispolitik des Monopolbetriebes 406
      a) Nachfragekurve, Gesamterlöskurve und Grenzerlöskurve des Monopolbetriebes 406
      b) Das Gewinnmaximum des Monopolbetriebes (Cournotscher Punkt) 410
      c) Das Verhalten des Monopolbetriebes bei Änderungen der Kostenstruktur 412
   3. Die Absatzpolitik bei vollkommener Konkurrenz 413
      a) Das Gewinnmaximum bei vollkommener Konkurrenz 413
         aa) Gesamtangebots- und Gesamtnachfragekurve 413
         bb) S-förmiger Gesamtkostenverlauf 414
         cc) Linearer Gesamtkostenverlauf 416
      b) Die Preisuntergrenze bei vollkommener Konkurrenz 417
         aa) S-förmiger Gesamtkostenverlauf 417
         bb) Linearer Gesamtkostenverlauf 419
   4. Die Preis- und Absatzpolitik bei unvollkommener Konkurrenz ... 420
      a) Begriff und Formen der unvollkommenen Konkurrenz 420
      b) Die Preispolitik beim Angebot von Markenartikeln 422
      c) Die Preispolitik bei mangelnder Markttransparenz und Bestehen von Präferenzen (polypolitische Konkurrenz) 425
      d) Die Preispolitik im Oligopol 430
         aa) Das Angebotsoligopol 430
         bb) Spieltheoretischer Ansatz zur Oligopolpreisbildung 431
         cc) Die Preisführerschaft 432
      e) Die Preisdifferenzierung 434
         aa) Die vertikale Preisdifferenzierung 434
         bb) Die horizontale Preisdifferenzierung 435
         cc) Die Arten der Preisdifferenzierung 436
            (1) Räumliche Preisdifferenzierung 436
            (2) Zeitliche Preisdifferenzierung 437
            (3) Materielle Preisdifferenzierung 437
            (4) Preisdifferenzierung nach der Menge der abgenommenen Güter 437
   5. Die Preispolitik in Mehrproduktunternehmungen 437
      a) Die absatzmäßige Verflechtung (Absatzinterdependenzen) 437
      b) Die Produktionsverbundenheit (Produktionsinterdependenzen) .. 438

6. Die Auswirkungen staatlicher Preisfestsetzung auf die betriebliche Preispolitik 440

IV. Die Präferenzpolitik 441
   1. Die Absatzwerbung 441
      a) Begriff und Wesen der Werbung 441
         aa) Begriffliche Abgrenzung 441
         bb) Grundsätze der Werbung 443
      b) Die Arten der Absatzwerbung 444
         aa) Überblick 444
         bb) Einzelumwerbung – Massenumwerbung 445
         cc) Einzelwerbung – Gemeinschaftswerbung 445
         dd) Verkaufsfördernde Maßnahmen (Sales Promotion) 446
      c) Die Analyse und Auswahl der Werbesubjekte 448
      d) Analyse und Auswahl der Werbemittel und Werbeträger 449
         aa) Überblick über die wichtigsten Werbemittel 449
         bb) Die Auswahl der Werbemittel 449
         cc) Die Werbeträger-Forschung (Media-Forschung) 451
         dd) Die Werbekosten 452
      e) Die Werbeplanung 453
         aa) Art und Umfang der Werbeziele 453
         bb) Die Bestimmung des optimalen Werbebudgets 455
      f) Die Werbeerfolgskontrolle 458
         aa) Die Ermittlung des ökonomischen Werbeerfolgs 458
         bb) Die Ermittlung des außerökonomischen Werbeerfolges ... 460
   2. Die Produkt- und Sortimentspolitik 461
      a) Abgrenzung 461
      b) Die Produktforschung 461
         aa) Die Bedeutung von Lebenszyklen 461
         bb) Die Bedeutung von Testmärkten 464
      c) Die Produktgestaltung 465
         aa) Die Produktvariation 465
         bb) Die Verpackungspolitik 466
      d) Produktionsprogramm- und Sortimentsgestaltung 468
   3. Konditionen- und Kundendienstpolitik 469
      a) Konditionenpolitik 469
      b) Kundendienstpolitik 471
   4. Die Absatzmethoden 472
      a) Vertriebssysteme, Absatzformen, Absatzwege 472
      b) Der indirekte Absatzweg 474
         aa) Die Funktionen der Handelsbetriebe 474
         bb) Aufgaben und Arten des Großhandels 476
         cc) Aufgaben und Betriebsformen des Einzelhandels 479
      c) Der direkte Absatzweg 483

Fünfter Abschnitt

Investition und Finanzierung

I. Grundlagen 487
   1. Die Begriffe Investition und Finanzierung 487
   2. Der betriebliche Umsatzprozeß 488
   3. Liquidität 492
   4. Finanzierungsarten 495
   5. Investitionsarten 503

Inhaltsverzeichnis

II. Investitionsplanung und Investitionsrechnung 504
  1. Grundlagen 504
  2. Methoden der Investitionsrechnung 507
    a) Überblick 507
    b) Hilfsverfahren der Praxis 508
      aa) Die Kostenvergleichsrechnung 508
      bb) Die Gewinnvergleichsrechnung 509
      cc) Die Rentabilitätsrechnung 510
      dd) Die Amortisationsrechnung 511
    c) Finanzmathematische Methoden 512
      aa) Die Kapitalwertmethode 513
      bb) Die Methode des internen Zinsfußes 515
      cc) Die Annuitätenmethode 517
      dd) Kritik an den finanzmathematischen Methoden 518
    d) Simultanansätze der mathematischen Planungsrechnung 519
  3. Die Bestimmung der wirtschaftlichen Nutzungsdauer und des optimalen Ersetzungszeitpunktes 521
  4. Die Gesamtbewertung von Betrieben 523
    a) Vorbemerkung 523
    b) Theorie der Gesamtbewertung 524
      aa) Bewertung bei vollkommener Voraussicht 524
      bb) Bewertung bei unvollkommener Voraussicht 527
    c) Praxis der Gesamtbewertung 530
      aa) Das Ertragswertverfahren 531
      bb) Das Substanzwertverfahren 534
      cc) Das Mittelwertverfahren 535
      dd) Die Methode der Übergewinnkapitalisierung 536
      ee) Methoden der verkürzten Goodwillrentendauer 536
        (1) Das Stuttgarter Verfahren 537
        (2) Das U.E.C.-Verfahren 539

III. Finanzplanung und Ermittlung des Kapitalbedarfs 540
  1. Wesen und Aufgaben der Finanzplanung 540
  2. Finanzierungsregeln und Kapitalstruktur 543
    a) Überblick 543
    b) Die vertikale Kapitalstrukturregel 544
    c) Die horizontale Kapital-Vermögensstrukturregel 548
      aa) Die goldene Finanzierungsregel 548
      bb) Die goldene Bilanzregel 550
  3. Die Ermittlung des Kapitalbedarfs und seiner Deckung 552
  4. Beispiel einer Finanzplanung 554
    a) Der Finanzplan 555
    b) Erläuterungen des Finanzplans 555
    c) Bilanzen und Gewinn- und Verlustrechnungen zum Finanzplan . 560
    d) Cash-Flow-Analyse 563

IV. Die Quellen der Außenfinanzierung 564
  1. Die Eigenfinanzierung (Einlagen- und Beteiligungsfinanzierung) .. 564
    a) Nennwertaktien – Quotenaktien 565
    b) Stammaktien – Vorzugsaktien 566
    c) Vorratsaktien – eigene Aktien 569
    d) Namensaktien – Inhaberaktien 571
    e) Kuxe 571
    f) Die Ermittlung des Wertes von Anteilen 572
  2. Die Fremdfinanzierung (Kreditfinanzierung) 576
    a) Übersicht 576

b) Langfristige Fremdfinanzierung 577
   aa) Industrieobligationen 577
   bb) Wandelschuldverschreibungen 579
   cc) Optionsschuldverschreibungen 581
   dd) Gewinnschuldverschreibungen 581
   ee) Schuldscheindarlehen 582
c) Vergleich zwischen der Beteiligungs- und der langfristigen Fremdfinanzierung 583
d) Leasing 588
e) Kurzfristige Fremdfinanzierung 592
   aa) Der Lieferantenkredit 593
   bb) Anzahlungen 594
   cc) Kontokorrentkredit 594
   dd) Wechselkredit 596
   ee) Lombardkredit 598
   ff) Avalkredit 598
   gg) Factoring 598
   hh) Rembourskredit 599
   ii) Negoziationskredit 600

V. Besondere Anlässe der Außenfinanzierung 600
  1. Übersicht 600
  2. Die Gründung 602
  3. Die Kapitalerhöhung 605
     a) Begriff und Motive 605
     b) Die Kapitalerhöhung der Einzelunternehmung und der Personengesellschaften 606
        aa) Kapitalerhöhung ohne Aufnahme neuer Gesellschafter 606
        bb) Kapitalerhöhung durch Aufnahme neuer Gesellschafter . . . 607
     c) Die Kapitalerhöhung der Aktiengesellschaft 608
        aa) Die ordentliche Kapitalerhöhung 608
        bb) Das genehmigte Kapital 612
        cc) Die bedingte Kapitalerhöhung 612
        dd) Die Kapitalerhöhung aus Gesellschaftsmitteln 614
  4. Die Kapitalherabsetzung 616
     a) Überblick 616
     b) Die Sanierung 617
        aa) Die reine Sanierung 618
        bb) Die Sanierung durch Zuführung neuer Mittel 619
        cc) Die Sanierung durch Einziehung von Aktien 620
     c) Die ordentliche Kapitalherabsetzung 621
     d) Kapitalherabsetzung durch Einziehung von Aktien 622
     e) Der Ausweis der Kapitalherabsetzung 622
  5. Die Fusion (Verschmelzung) 623
     a) Begriff, Formen und Motive 623
     b) Die Berechnung der Umtauschverhältnisse und der Kapitalerhöhung 624
     c) Die Besteuerung des Fusionsvorganges 626
  6. Die Umwandlung 628
     a) Begriff, Motive und Arten 628
     b) Steuerliche Probleme der Umwandlung 630
  7. Auflösung und Liquidation (Abwicklung) 639

VI. Die Innenfinanzierung 641
  1. Die Selbstfinanzierung 642
     a) Offene und stille Selbstfinanzierung 642
     b) Selbstfinanzierung oder Außenfinanzierung 648

Inhaltsverzeichnis

aa) Allgemeines 648
bb) Selbstfinanzierung oder Fremdfinanzierung 648
cc) Selbstfinanzierung oder Eigenfinanzierung von außen 652
c) Nachteile der Selbstfinanzierung 655
d) Der Einfluß der Steuerpolitik auf die Selbstfinanzierung 656
2. Finanzierung aus Pensionsrückstellungen 659
   a) Begriff, Aufgabe und Ermittlung der Pensionsrückstellungen . . . 659
   b) Der Finanzierungseffekt der Pensionsrückstellungen 661
3. Finanzierung durch Abschreibungen 667
   a) Erweiterung der Periodenkapazität aus Abschreibungsgegenwerten . 667
   b) Reduzierung des externen Kapitalbedarfs durch Abschreibungen . 672
   c) Finanzierung aus Abschreibungen – Selbstfinanzierung 674
   d) Einschränkungen des Kapazitätserweiterungseffekts 675

Sechster Abschnitt
Das betriebliche Rechnungswesen

A. Grundlagen 677
  I. Aufgaben und Gliederung des betrieblichen Rechnungswesens . . . 677
    1. Überblick 677
    2. Finanzbuchhaltung und Bilanz 679
    3. Die Kostenrechnung 681
    4. Die betriebswirtschaftliche Statistik und Vergleichsrechnung . . 683
    5. Die Planungsrechnung 684
  II. Die Grundbegriffe des betrieblichen Rechnungswesens 684
    1. Auszahlung, Ausgabe – Einzahlung, Einnahme 685
    2. Aufwand – Kosten, Ertrag – Leistung 685
    3. Ausgabe – Aufwand 688
    4. Einnahme – Ertrag 689
    5. Erfolg 690

B. Der Jahresabschluß 691
  I. Die Bilanz 691
    1. Begriff und Formalaufbau der Bilanz 691
    2. Arten und Aufgaben der Bilanz 696
    3. Die Grundsätze ordnungsmäßiger Buchführung und Bilanzierung 700
      a) Begriff und Quellen 700
      b) Materielle und formelle Ordnungsmäßigkeit 701
      c) Inventar – Inventur 704
      d) Der Grundsatz der Bilanzwahrheit 706
      e) Der Grundsatz der Bilanzklarheit 708
      f) Der Grundsatz der Bilanzkontinuität 710
        aa) Die Bilanzidentität 710
        bb) Die formale Bilanzkontinuität 711
        cc) Die materielle Bilanzkontinuität 712
    4. Die Gliederung der Bilanz 713
      a) Allgemeine Grundsätze 713
      b) Die Gliederung der Bilanz nach dem Aktiengesetz 714
      c) Der Erkenntniswert der aktienrechtlichen Bilanzgliederung . . 719
    5. Die Bewertung in der Bilanz 724
      a) Grundlagen 724

b) Allgemeine Prinzipien der Bewertung 727
   aa) Nominelle Kapitalerhaltung und Substanzerhaltung . . . 727
   bb) Gläubigerschutz 730
   cc) Schutz der Gesellschafter 730
   dd) Gewinn- und Verlustrealisation 731
c) Die Bewertungsvorschriften für die Handelsbilanz (Überblick) 732
d) Die Bewertungsvorschriften für die Steuerbilanz (Überblick) . 735
e) Die Bewertungsmaßstäbe 738
   aa) Die Anschaffungskosten 738
   bb) Die Herstellungskosten 739
   cc) Der Markt- oder Börsenwert 741
   dd) Die sog. verlustfreie Bewertung 741
   ee) Der Teilwert 742
6. Bilanzierung und Bewertung der Aktiva 743
   a) Die Abschreibung von Anlagegütern 743
      aa) Begriff und Aufgaben 743
      bb) Ursachen der Wertminderung von Anlagegütern 746
         (1) Die verbrauchsbedingte (technische) Abschreibung . . 746
            (a) Abnutzung durch Gebrauch 746
            (b) Natürlicher Verschleiß 746
            (c) Substanzverringerung 747
            (d) Wertminderung durch Katastrophen 747
         (2) Die wirtschaftlich bedingte Abschreibung 747
            (a) Wertminderungen infolge technischer Fortschritte . 747
            (b) Nachfrageverschiebungen 747
            (c) Fehlinvestitionen 747
            (d) Sinken der Wiederbeschaffungskosten 747
            (e) Sinken der Absatzpreise 748
         (3) Die zeitlich bedingte Abschreibung 748
      cc) Die Verfahren planmäßiger Abschreibung 749
         (1) Überblick 749
         (2) Die Abschreibung in gleichbleibenden Jahresbeträgen
            (lineare Abschreibung) 750
         (3) Die Abschreibung in fallenden Jahresbeträgen (degressive
            Abschreibung) 751
            (a) Betriebswirtschaftliche Berechtigung 751
            (b) Die geometrisch-degressive Abschreibung 752
            (c) Die arithmetisch-degressive Abschreibung 755
            (d) Die Abschreibung in unregelmäßig fallenden Jahres-
                beträgen 757
         (4) Die Abschreibung nach der Leistung und Inanspruch-
            nahme 758
      dd) Außerplanmäßige Abschreibungen 759
   b) Bilanzierung und Bewertung des Vorratsvermögens 760
      aa) Einführung 760
      bb) Sammel-, Gruppen- und Festbewertung 761
         (1) Überblick über die Verfahren 761
         (2) Die Durchschnittsmethode 762
         (3) Die Verbrauchsfolgeverfahren 763
   c) Bilanzierung und Bewertung von Forderungen 766
      aa) Begriff und Arten bilanzierungspflichtiger Forderungen . . 766
      bb) Die Bewertung der Forderungen 767
      cc) Einzelprobleme 768
         (1) Die Behandlung abzuzinsender Forderungen 768
         (2) Die Behandlung eines Disagios (Damnum) beim Dar-
            lehensgeber 768

7. Bilanzierung und Bewertung der Passiva ... 770
a) Abgrenzung der Passivposten gegeneinander ... 770
  aa) Rücklagen – Rückstellungen ... 770
  bb) Offene Rücklagen – steuerfreie offene Rücklagen ... 774
  cc) Rückstellungen – Verbindlichkeiten ... 775
  dd) Rechnungsabgrenzungsposten – Rückstellungen – Verbindlichkeiten ... 775
  ee) Wertberichtigungen – Rückstellungen ... 776
b) Offene Rücklagen ... 779
  aa) Bildung und Auflösung ... 779
  bb) Bilanzierung ... 780
c) Stille Rücklagen ... 781
  aa) Begriff und Arten ... 781
  bb) Aufgaben und Beurteilung ... 785
d) Rückstellungen ... 787
e) Bilanzierung und Bewertung von Verbindlichkeiten ... 790

II. Die Erfolgsrechnung ... 792
1. Aufgaben und Aufbau der Gewinn- und Verlustrechnung ... 792
  a) Kontoform oder Staffelform ... 793
  b) Bruttoprinzip oder Nettoprinzip ... 794
  c) Trennung von Betriebserfolg und neutralem Erfolg ... 795
  d) Produktionsrechnung oder Umsatzrechnung ... 796
2. Die aktienrechtliche Gewinn- und Verlustrechnung ... 798
  a) Die Gliederung ... 798
  b) Erläuterungen zu einzelnen Positionen ... 800
    aa) Die Gesamtleistung ... 800
    bb) Die Steuern ... 801
    cc) Der Ausweis der Beziehungen zu verbundenen Unternehmen ... 802
    dd) Jahresüberschuß – Bilanzgewinn ... 803

III. Der Geschäftsbericht ... 805
1. Aufgaben und Aufstellung des Geschäftsberichts ... 805
2. Der Inhalt des Geschäftsberichts ... 806
  a) Der Lagebericht ... 806
  b) Der Erläuterungsbericht ... 807

IV. Die Bilanz als Gegenstand und als Hilfsmittel von Prüfungen ... 810
1. Überblick ... 810
2. Die aktienrechtliche Jahresabschlußprüfung ... 812
  a) Gegenstand, Aufgaben und Entwicklung ... 812
  b) Die Prüfung der Buchführung ... 815
  c) Die Prüfung der Bilanz ... 816
  d) Die Prüfung der Gewinn- und Verlustrechnung ... 817
  e) Die Prüfung des Geschäftsberichts ... 817
  f) Prüfungsbericht und Bestätigungsvermerk ... 818

V. Die Rechnungslegung im Konzern ... 820
1. Begriff und Aufgaben des konsolidierten Jahresabschlusses ... 820
2. Theoretische Grundlagen des Konzernabschlusses ... 824
3. Der Konsolidierungskreis ... 828
4. Allgemeine Grundsätze für die Aufstellung der Konzernbilanz ... 830
5. Die Konsolidierung des Kapitals ... 831
6. Die Konsolidierung von Forderungen und Verbindlichkeiten ... 836
7. Die Konsolidierung des Erfolgs ... 837

    a) Die Behandlung konzerninterner Gewinne bei Gütern des Umlaufvermögens 837
    b) Die Behandlung konzerninterner Gewinne bei Gütern des Anlagevermögens 841
  8. Die Konzern-Gewinn- und Verlustrechnung 842
  9. Der Konzerngeschäftsbericht 846
  10. Die Prüfung des Konzernabschlusses 848
 VI. Die Bilanzauffassungen 849
  1. Allgemeine Einteilungskriterien 849
  2. Die dynamische Bilanzauffassung 852
    a) Schmalenbachs dynamische Bilanz 852
    b) Die finanzwirtschaftliche Bilanzauffassung von Walb 856
    c) Die pagatorische Bilanzauffassung von Kosiol 857
    d) Die eudynamische Bilanzauffassung von Sommerfeld ... 861
  3. Die organische Bilanzauffassung von F. Schmidt 863
  4. Die statische Bilanzauffassung 865
    a) Die ältere statische Bilanztheorie 865
    b) Die totale Bilanzauffassung von Le Coutre 867
    c) Die nominalistische Bilanzauffassung von Rieger 869
  5. Neuere Entwicklungstendenzen in den Bilanzauffassungen 870

C. Die Kostenrechnung 878
 I. Aufgaben, Teilgebiete, Systeme 878
 II. Die Betriebsabrechnung 880
  1. Die Kostenartenrechnung 880
    a) Begriff und Gliederung der Kostenarten 880
    b) Die Erfassung der wichtigsten Kostenarten 883
      aa) Personalkosten 883
      bb) Materialkosten 883
        (1) Die Erfassung der Verbrauchsmengen 884
        (2) Die Bewertung des Materialverbrauchs 885
      cc) Die Erfassung von Kosten durch zeitliche Verteilung von Ausgaben 887
      dd) Die kalkulatorischen Kostenarten 887
        (1) Begriff und Aufgaben 887
        (2) Die kalkulatorischen Abschreibungen 888
        (3) Die kalkulatorischen Zinsen 890
        (4) Der kalkulatorische Unternehmerlohn 892
        (5) Die kalkulatorischen Wagniszuschläge 893
        (6) Die kalkulatorische Miete 895
  2. Die Kostenstellenrechnung 895
    a) Aufgaben und Gliederung der Kostenstellen 895
    b) Die Verrechnung innerbetrieblicher Leistungen 898
      aa) Begriff und Aufgaben der innerbetrieblichen Leistungsverrechnung 898
      bb) Das Kostenartenverfahren 899
      cc) Das Kostenstellenumlageverfahren (Stufenleiterverfahren) . 900
      dd) Das Kostenstellenausgleichsverfahren 901
      ee) Das Kostenträgerverfahren 902
      ff) Das mathematische Verfahren 902
    c) Der Betriebsabrechnungsbogen 904
      aa) Aufgaben, Aufbau und Arbeitsgang 904

bb) Betriebsabrechnungsbogen und Beschäftigungsschwankungen ... 906
d) Die Ermittlung der Bezugsgrößen (Kostenschlüsselung) 908
III. Die Kostenträgerrechnung (Selbstkostenrechnung) 910
1. Begriff und Aufgaben 910
2. Die Divisionskalkulation 911
 a) Die einstufige Divisionskalkulation 911
 b) Die zwei- und mehrstufige Divisionskalkulation 911
 c) Die Divisionskalkulation mit Äquivalenzziffern 913
3. Die Zuschlagskalkulation 914
 a) Begriff 914
 b) Die summarische Zuschlagskalkulation 914
 c) Die differenzierende Zuschlagskalkulation 915
 d) Die Kalkulation verbundener Produkte (Kuppelprodukte) .. 917
  aa) Das Wesen der Kuppelproduktion 917
  bb) Die Subtraktionsmethode (Restwertrechnung) 918
  cc) Die Verteilungsmethode 918
IV. Die Zusammenhänge zwischen Betriebsbuchhaltung und Finanzbuchhaltung 920
1. Das Einkreissystem 921
2. Das Zweikreissystem 924
 a) Das Spiegelbildsystem 924
  aa) Die Finanzbuchhaltung 925
  bb) Die Betriebsbuchhaltung 925
 b) Das Übergangssystem 926
V. Die Deckungsbeitragsrechnung 926
1. Begriff und Aufgaben 926
2. Erfolgsanalyse und Produktions- und Absatzplanung mit Hilfe der Deckungsbeitragsrechnung 929
VI. Die Plankostenrechnung 932
1. Istkosten-, Normalkosten-, Plankostenrechnung 932
2. Die Planung und Kontrolle der Kosten 938
 a) Kostenplanung auf Basis von Verrechnungspreisen 938
 b) Planung und Kontrolle der Einzelkosten 939
 c) Planung und Kontrolle der Gemeinkosten 940
  aa) Aufgaben und allgemeine Voraussetzungen 940
  bb) Die Auswahl der Bezugsgrößen 941
  cc) Die Festlegung der Planbezugsgrößen (Beschäftigungsplanung) ... 943
  dd) Die Durchführung der Gemeinkostenplanung 943
 d) Der Soll-Ist-Kostenvergleich 944
3. Die Plankalkulation 949

D. **Die betriebswirtschaftliche Statistik und Vergleichsrechnung** .. 951
I. Begriff und Aufgaben der betriebswirtschaftlichen Statistik 951
II. Das statistische Zahlenmaterial 952
1. Die Beschaffung des statistischen Zahlenmaterials 952
2. Die absoluten Zahlen 953
3. Die Verhältniszahlen 955
 a) Gliederungszahlen 956
 b) Beziehungszahlen 957
 c) Indexzahlen (Veränderungszahlen) 958

4. Die statistischen Mittelwerte (Durchschnittszahlen) 960
   a) Übersicht 960
   b) Das arithmetische Mittel 961
   c) Das geometrische Mittel 962
   d) Der häufigste Wert (Modus) 962
   e) Der Zentralwert (Median) 963
   f) Die Streuung 963
5. Der Trend (zeitliche Reihen) 965

III. Die Darstellung des statistischen Zahlenmaterials 965
   1. Die statistische Tabelle 965
   2. Die graphische Darstellung 968
      a) Linien- oder Strichdiagramme 969
      b) Kurvendiagramme 969
      c) Flächendiagramme 970
      d) Kartogramme 973

IV. Anwendungsgebiete der betriebswirtschaftlichen Statistik mit ausgewählten Kennzahlen 973
   1. Die betriebswirtschaftlichen Kennzahlen 973
   2. Die Vertriebsstatistik 974
   3. Die Beschaffungs- und Lagerstatistik 975
   4. Die Produktionsstatistik 975
   5. Die Personalstatistik 976
   6. Die Bilanz- und Erfolgsstatistik 977

V. Der Betriebsvergleich 979
   1. Aufgaben und Arten 979
   2. Voraussetzungen für die Vergleichbarkeit des Zahlenmaterials . . 981
      a) Eliminierung von Störfaktoren beim zwischenbetrieblichen Vergleich 981
      b) Eliminierung von Störfaktoren beim innerbetrieblichen Vergleich 984

Verzeichnis der Abkürzungen

a. a. O.	= am angegebenen Ort	DB	= Der Betrieb
Abb.	= Abbildung	DB	= Deutsche Bundesbahn
ABG	= Allgemeines Berggesetz	DBA	= Doppelbesteuerungsabkommen
Abs.	= Absatz	DBP	= Deutsche Bundespost
AfA	= Absetzung für Abnutzung	DGB	= Deutscher Gewerkschaftsbund
AG	= Aktiengesellschaft	DIHT	= Deutscher Industrie- und Handelstag
AktG	= Aktiengesetz		
AO	= Abgabenordnung	Diss.	= Dissertation
Archiv f.		DMBG	= DM-Bilanzgesetz
Soz. Wiss.	= Archiv für Sozialwissenschaften und Sozialpolitik	DMEB	= DM-Eröffnungsbilanz
		DStR	= Deutsches Steuerrecht
		DStZ (A)	= Deutsche Steuerzeitung, Ausgabe A
Art.	= Artikel		
AStG	= Außensteuergesetz	EBVO	= Eigenbetriebsverordnung
Aufl.	= Auflage		
AZO	= Arbeitszeitordnung	EDV	= Elektronische Datenverarbeitung
BAB	= Betriebsabrechnungsbogen		
		EFTA	= European Free Trade Association (Europäische Freihandelsgemeinschaft)
BAnz.	= Bundesanzeiger		
BB	= Der Betriebsberater		
Bd.	= Band		
BdF	= Bundesministerium der Finanzen	EG AktG	= Einführungsgesetz zum Aktiengesetz
BDI	= Bundesverband der Deutschen Industrie	eGmbH	= eingetragene Genossenschaft mit beschränkter Haftpflicht
Beil.	= Beilage		
BetrVG	= Betriebsverfassungsgesetz	eGmuH	= eingetragene Genossenschaft mit unbeschränkter Haftpflicht
BewG	= Bewertungsgesetz		
BFH	= Bundesfinanzhof	Erg.Heft	= Ergänzungsheft
BFuP	= Betriebswirtschaftliche Forschung und Praxis	Erl.	= Erläuterungen
		Erl.	= Erlaß
BGB	= Bürgerliches Gesetzbuch	EStDV	= Einkommensteuer-Durchführungsverordnung
BGBl.	= Bundesgesetzblatt		
BHO	= Bundeshaushaltsordnung	EStG	= Einkommensteuergesetz
BMWF	= Bundesministerium für Wirtschaft und Finanzen	EStR	= Einkommensteuerrichtlinien
		e. V.	= eingetragener Verein
BPO-Steuer	= Betriebsprüfungsordnung Steuer	EWG	= Europäische Wirtschaftsgemeinschaft
BRD	= Bundesrepublik Deutschland	EWGV	= EWG-Vertrag
		f. oder ff.	= folgende
BRT	= Bruttoregistertonnen	GbR	= Gesellschaft bürgerlichen Rechts
BStBl.	= Bundessteuerblatt		
BT-Drucksache	= Bundestagsdrucksache	GenG	= Genossenschaftsgesetz
		GewO	= Gewerbeordnung
BUrlG	= Bundesurlaubsgesetz	GewStG	= Gewerbesteuergesetz
c. p.	= ceteris paribus	GG	= Grundgesetz

Abkürzungsverzeichnis

GmbH	= Gesellschaft mit beschränkter Haftung	OHG	= Offene Handelsgesellschaft
GmbHG	= GmbH-Gesetz	PublG	= Publizitätsgesetz
GrESt	= Grunderwerbsteuer	RAO	= Reichsabgabenordnung
GWB	= Gesetz gegen Wettbewerbsbeschränkungen (Kartellgesetz)	RegE	= Regierungsentwurf
		RFH	= Reichsfinanzhof
H.	= Heft	RG	= Reichsgericht
HandwO	= Handwerksordnung	RStBl.	= Reichssteuerblatt
HdB	= Handwörterbuch der Betriebswirtschaft	S.	= Seite
		Sp.	= Spalte
HdO	= Handwörterbuch der Organisation	StbJb	= Steuerberater-Jahrbuch
		Tz	= Textziffer
HdR	= Handwörterbuch des Rechnungswesens	u. E.	= unseres Erachtens
		UmwG	= Umwandlungsgesetz
HdS	= Handwörterbuch der Sozialwissenschaften	UmwStG	= Umwandlungssteuergesetz
HdW	= Handbuch der Wirtschaftswissenschaften	USt	= Umsatzsteuer
		UStG	= Umsatzsteuergesetz
HGB	= Handelsgesetzbuch	u. U.	= unter Umständen
Hrsg.	= Herausgeber	VAG	= Versicherungsaufsichtsgesetz
hrsg.	= herausgegeben		
HWStR	= Handwörterbuch des Steuerrechts	VStR	= Vermögensteuerrichtlinien
i. d. R.	= in der Regel	WPg	= Die Wirtschaftsprüfung
IHG	= Investitionshilfegesetz		
IHK	= Industrie- und Handelskammer	WP-Handbuch	= Wirtschaftsprüferhandbuch
i. V. m.	= in Verbindung mit		
KapVSt	= Kapitalverkehrsteuer	WPO	= Wirtschaftsprüferordnung
KartStV	= Kartellsteuerverordnung		
		ZDH	= Zentralverband des Deutschen Handwerks
KG	= Kommanditgesellschaft		
KGaA	= Kommanditgesellschaft auf Aktien	ZfB	= Zeitschrift für Betriebswirtschaft
		ZfbF	= Zeitschrift für betriebswirtschaftliche Forschung
KRP	= Kostenrechnungspraxis		
KStDV	= Körperschaftsteuerdurchführungsverordnung	ZfgSt.	= Zeitschrift für die gesamte Staatswissenschaft
KStG	= Körperschaftsteuergesetz		
KVStG	= Kapitalverkehrsteuergesetz	ZfhF	= Zeitschrift für handelswissenschaftliche Forschung
KWG	= Kreditwesengesetz		
LAG	= Lastenausgleichsgesetz	ZfHH	= Zeitschrift für Handelswissenschaft und Handelspraxis
LHO	= Landeshaushaltsordnung		
MitbG	= Mitbestimmungsgesetz	ZfürO	= Zeitschrift für Organisation
ÖB	= Der Österreichische Betriebswirt	Ziff.	= Ziffer

Erster Abschnitt
Gegenstand, Methoden und Geschichte der Betriebswirtschaftslehre

I. Gegenstand und Methoden der Betriebswirtschaftslehre

1. Das Erkenntnisobjekt der Betriebswirtschaftslehre

a) Wirtschaft und wirtschaftliches Prinzip

Die Betriebswirtschaftslehre ist eine selbständige wirtschaftswissenschaftliche Disziplin. Das gemeinsame Untersuchungsgebiet aller Wirtschaftswissenschaften ist die **Wirtschaft,** also dasjenige Gebiet menschlicher Tätigkeiten, das der Bedürfnisbefriedigung dient. Die menschlichen Bedürfnisse sind praktisch unbegrenzt, die zur Bedürfnisbefriedigung geeigneten Mittel (Güter) stehen dagegen nicht in unbeschränkter Menge zur Verfügung, sondern sind von Natur aus knapp. Diese naturgegebene Knappheit der Güter, d. h. das Spannungsverhältnis zwischen Bedarf und Deckungsmöglichkeit, zwingt die Menschen zu wirtschaften, d. h. bestrebt zu sein, die vorhandenen Mittel so einzusetzen, daß ein möglichst großes Maß an Bedürfnisbefriedigung erreicht wird. Die Realisierung dieses Ziels optimaler Bedürfnisbefriedigung setzt einen **Entscheidungsprozeß** über die Herstellung von Gütern (Produktion) und den Verbrauch von Gütern (Konsumtion) voraus.

Die Wirtschaft verdankt ihre Entstehung also einer quantitativen Relation: der Knappheit der Güter und der Unbegrenztheit menschlicher Bedürfnisse. Die wirtschaftliche Tätigkeit ist nicht nur auf die Produktion von Sachgütern, sondern ebenso auf die Erzeugung von immateriellen Gütern, d. h. Leistungen und Diensten, gerichtet. Die Wirtschaft an sich hat keinen Eigenwert, sie ist **wertneutral.** Ihren Wert erhält sie erst von der **Zielsetzung,** die durch die wirtschaftliche Tätigkeit realisiert werden soll, d. h. von der Befriedigung der Bedürfnisse mit materiellen und immateriellen Gütern.

Die Knappheit der Güter zwingt die Menschen, mit ihnen hauszuhalten, d. h. Entscheidungen über ihre alternative Verwendung zu treffen. Das wirtschaftliche Handeln unterliegt wie jedes auf Zwecke gerichtete menschliche Handeln dem **allgemeinen Vernunftsprinzip (Rationalprinzip),** das fordert, ein bestimmtes Ziel mit dem Einsatz möglichst geringer Mittel zu erreichen. Auf die Wirtschaft übertragen läßt sich das Rationalprinzip (**ökonomisches Prinzip**) mengenmäßig oder wertmäßig formulieren. Die **mengenmäßige Definition** besagt: daß mit einem gegebenen Aufwand an Produktionsfaktoren der größtmögliche Güterertrag zu erzielen ist, oder daß ein gegebener Güterertrag mit geringstmöglichem Einsatz von Produktionsfaktoren zu erwirtschaften ist. Die **wertmäßige Definition** verlangt, so zu handeln, daß mit einem gegebenen Geldaufwand ein maximaler Erlösbetrag oder ein bestimmter Erlös mit einem minimalen Geldeinsatz erwirtschaftet wird.

Das ökonomische Prinzip (Wirtschaftlichkeitsprinzip) ist ein rein **formales Prinzip,** das keinerlei Aussagen über die Motive oder die Zielsetzungen des wirtschaftlichen Handelns macht. Ein Unternehmer kann beispielsweise nach dem ökonomischen Prinzip handeln, um den größtmöglichen Gewinn zu erzielen, ein anderer, um die Güterversorgung der Allgemeinheit zu verbessern, ein Dritter, um wirtschaftliche Macht zu erlangen usw. Es gibt ungezählte Beweggründe für die Beachtung des ökonomischen Prinzips. Doch sagt das Prinzip nichts über die Motive aus, sondern charakterisiert lediglich die Art der Durchführung des wirtschaftlichen Handelns.

Wir halten fest: **Wirtschaft** ist der Inbegriff aller planvollen menschlichen Tätigkeiten, die unter Beachtung des ökonomischen Prinzips (Rationalprinzips) mit dem Zweck erfolgen, die – an den Bedürfnissen der Menschen gemessen – bestehende Knappheit der Güter zu verringern.

b) Betrieb und Unternehmung

Der Prozeß der Leistungserstellung und der Leistungsverwertung erfolgt in organisierten Wirtschaftseinheiten, die man als Betriebe bezeichnet. Ein **Betrieb** ist eine planvoll organisierte Wirtschaftseinheit, in der eine Kombination von Produktionsfaktoren (dispositive und ausführende Arbeit, Betriebsmittel und Werkstoffe) mit dem Ziel erfolgt, Sachgüter zu produzieren und Dienstleistungen bereitzustellen.

Die Kombination von Produktionsfaktoren wirft nicht nur wirtschaftliche Probleme, sondern ebenso Probleme technischer, juristischer, soziologischer, ethischer und psychologischer Art auf. Der Betrieb ist folglich Untersuchungsgegenstand (Erfahrungsobjekt) vieler wissenschaftlicher Disziplinen. Aus dem Erfahrungsobjekt wird durch Abstraktion das **Erkenntnisobjekt** abgeleitet, indem nur eine „Seite" des Erfahrungsobjektes mit Hilfe eines Auswahlprinzips (Identitätsprinzips) isoliert und auf die Untersuchung der übrigen „Seiten" verzichtet wird. Das Erkenntnisobjekt der Betriebswirtschaftslehre ist deshalb nicht der Betrieb schlechthin, sondern nur eine „Seite" des Betriebes, nämlich die **wirtschaftliche Seite des Betriebes und Betriebsprozesses,** d. h. des Prozesses der wirtschaftlichen Leistungserstellung und Leistungsverwertung. Da wirtschaftliches Handeln planvolles Handeln ist, setzt es das Treffen von Entscheidungen voraus. Der Gegenstand der Betriebswirtschaftslehre kann deshalb auch umschrieben werden als die **Summe aller wirtschaftlichen Entscheidungen,** die im Rahmen eines Betriebes erfolgen. Dazu zählen Entscheidungen über die Zielsetzungen des Betriebes (z. B. Gewinnmaximierung, optimale Güterversorgung, Erringen wirtschaftlicher Machtpositionen u. a.), Entscheidungen über den Aufbau des Betriebes (z. B. Wahl der wirtschaftlich zweckmäßigsten Rechtsform, Wahl des optimalen Standorts) sowie Entscheidungen über die Durchführung der Leistungserstellung und Leistungsverwertung (z. B. Investitions- und Finanzierungsentscheidungen, Entscheidungen über die Zusammensetzung des Produktionsprogramms, über die Auswahl der Produktionsverfahren oder über die Absatzpolitik).

Der Betrieb kann also auch Gegenstand anderer wissenschaftlicher Disziplinen sein. So interessiert sich die Rechtswissenschaft für die rechtliche Gestaltung des Betriebes, die Arbeitswissenschaft für die Bewertung der Arbeitsleistung, die Gestaltung des Arbeitsplatzes, die physische und psychische Beanspruchung des arbeitenden Menschen, die Betriebswissenschaft für die technische Seite, die Soziologie für die menschlichen Beziehungen im Betriebe, die Psychologie für die seelische Auswirkung bestimmter im Betrieb gegebener Arbeits- und Umweltbedingungen auf den Menschen usw. Zwar zieht die Betriebswirtschaftslehre die Erkenntnisse der genannten und anderer Wissenschaften für die Erforschung der wirtschaftlichen Probleme des Betriebes heran, doch sollte sie auf diesen Gebieten nicht selbst forschen, um die Identität ihres Erkenntnisobjektes zu wahren.

Der Betriebsbegriff bedarf noch einer weiteren Abgrenzung. Nicht jede organisierte Wirtschaftseinheit dient der Produktion und dem Absatz von Gütern und Diensten, sondern es gibt neben den Produktionswirtschaften auch **Konsumtionswirtschaften** (Haushalte). Beide Gruppen lassen sich unter dem Oberbegriff „**Einzelwirtschaften**" zusammenfassen. Gegenstand der Betriebswirtschaftslehre ist nicht die Einzelwirtschaft schlechthin, sondern die Produktionswirtschaft im weitesten Sinne.[1] Die Konsumtionswirtschaften lassen sich wiederum unterteilen in **private** und **öffentliche** (gebietskörperschaftliche) **Haushalte**. Die wirtschaftlichen Probleme der letzteren sind Gegenstand der Finanzwissenschaft. Eine gesonderte Wirtschaftslehre des privaten Haushaltes wurde bis heute noch nicht entwickelt; einzelne Probleme werden gewöhnlich im Rahmen der Volkswirtschaftslehre und in den speziellen Betriebswirtschaftslehren behandelt. So wird das Konsumentenverhalten der Haushalte in der Handelsbetriebslehre untersucht.

Der Betrieb als eine Kombination von Produktionsfaktoren ist erstens durch Größen bestimmt, die vom jeweiligen historisch gegebenen **Wirtschaftssystem** unabhängig sind. Wir bezeichnen sie mit Gutenberg als systemindifferente Faktoren. Zweitens wird der Betrieb durch solche Tatbestände beeinflußt, die sich aus einem empirisch gegebenen Wirtschaftssystem ergeben. Gutenberg nennt sie systembezogene Bestimmungsgrößen.[2]

Systemindifferente Faktoren sind in erster Linie die **Produktionsfaktoren.** In jedem Industriebetrieb beispielsweise – ganz gleich, ob er der marktwirtschaftlichen, planwirtschaftlichen oder einer sonstigen Wirtschaftsordnung angehört – werden die Faktoren Arbeit, Betriebsmittel und Werkstoffe miteinander kombiniert. Diese Kombination erfolgt in jedem Falle nach dem rein formalen Wirtschaftlichkeitsprinzip (ökonomisches Prinzip). Zwar werden unter Umständen

---

[1] Eine Anzahl von Autoren faßt den Betriebsbegriff weiter und setzt Betrieb und Einzelwirtschaft gleich. Diese Auffassung vertreten u. a. Hasenack, Kosiol, Löffelholz, Mahlberg, Nicklisch, Sandig, F. Schmidt und Schönpflug. In dieser weiten Fassung des Begriffs sind Betriebe „organisierte Leistungsgemeinschaften zur vorgeregelten Durchführung einer sich wiederholenden Arbeitsaufgabe, deren Erfüllung eine einheitliche Leitung und den geordneten Einsatz von Arbeitskräften und Sachgütern nötig macht" (Hasenack, W., Methoden- und Entwicklungsprobleme der Betriebswirtschaftslehre, in: Aktuelle Betriebswirtschaft, Festschrift zum 60. Geburtstag von Konrad Mellerowicz, Berlin 1952, S. 1). Die Konsequenzen einer so weiten Fassung des Betriebsbegriffs seien durch eine Feststellung von Löffelholz gezeigt: „Es klingt beinahe wie eine Profanie, wenn wir das Atelier eines Rembrandt, die Dichterstube eines Hölderlin als Betriebswirtschaften bezeichnen, aber sie sind es gewesen, wenn wir sie unter dem Aspekt der Betriebswirtschaftslehre betrachten". (Löffelholz, J., Wissenschaft und Praxis, in: Aktuelle Betriebswirtschaft, a.a.O., S. 41).

[2] Vgl. Gutenberg, E., Grundlagen der Betriebswirtschaftslehre, Bd. I: Die Produktion, 18. Aufl., Berlin-Heidelberg-New York 1971, S. 457ff. (im folgenden als „Grundlagen" zitiert).

je nach dem Wirtschaftssystem die Zielsetzungen der Betriebe unterschiedlich sein, d. h. es wird z. B. ein Betrieb im marktwirtschaftlichen System den größtmöglichen Gewinn erstreben, ein Betrieb im planwirtschaftlichen System bemüht sein, ein bestimmtes Produktionssoll zu erfüllen, doch wird jede dieser Zielsetzungen unter Beachtung des Wirtschaftlichkeitsprinzips realisiert werden. Das **Wirtschaftlichkeitsprinzip** ist also neben dem System der Produktionsfaktoren die zweite Bestimmungsgröße des Betriebes, die von der Wirtschaftsordnung unabhängig ist.

Als dritten systemindifferenten Tatbestand bezeichnet Gutenberg das **„finanzielle Gleichgewicht"** des Betriebes. Ein Betrieb kann für eine längere Zeit nur existieren, wenn er seinen Zahlungsverpflichtungen nachkommen kann. Das gilt für einen Betrieb in marktwirtschaftlichen Systemen, wo er das finanzielle Gleichgewicht aus eigener Kraft herstellen muß, ebenso wie in planwirtschaftlichen Systemen, wo finanzielle Lücken gegebenenfalls durch Zuschüsse gedeckt werden müssen.

Die nach dem Wirtschaftlichkeitsprinzip sich vollziehende Kombination der Produktionsfaktoren erhält ihre besondere Ausrichtung durch die Gegebenheiten eines Wirtschaftssystems. So ist für den **Betrieb in der Marktwirtschaft** charakteristisch, daß er seinen Wirtschaftsplan auf Basis der gegebenen Marktsituation selbst bestimmen kann, daß ihm also keinerlei staatliche Lenkungsbehörden irgendwelche Vorschriften machen **(Autonomieprinzip)**. Der Unternehmer ist bei der Bestimmung seines Wirtschaftsplanes in der Weise autonom, daß er ihn an den Preisen der Produktionsfaktoren und den für seine produzierten Güter am Markt erzielbaren Preisen ausrichten kann, die das Knappheitsverhältnis der Produktionsfaktoren und der produzierten Güter zum Ausdruck bringen und die dafür sorgen, daß die Bedürfnisse nach der Rangordnung der Dringlichkeit (vom Standpunkt der gegebenen kaufkräftigen Nachfrage) befriedigt werden.

Triebfeder seines Handelns ist das **erwerbswirtschaftliche Prinzip,** d. h. das Bestreben, bei der Leistungserstellung und -verwertung das Gewinnmaximum zu erreichen. Bei seinen Entscheidungen orientiert er sich nicht nur an den Daten seiner Beschaffungs- und Absatzmärkte, sondern er muß auch die durch die Rechtsordnung gesetzten Daten beachten (z. B. Gesellschaftsrecht: Wahl der zweckmäßigsten Rechtsform des Betriebes; Arbeitsrecht: Tarifverträge, Arbeitszeitregelung, Kündigungsschutz, Betriebsverfassung, Mitbestimmung u. a.; Wettbewerbsrecht: Kartellverbot u. a.; Steuerrecht: Gewinnermittlungsvorschriften usw.).

Das Autonomieprinzip muß nicht notwendigerweise so interpretiert werden, daß nur der Unternehmer als Eigentümer des Betriebes entscheidet. Der Betrieb ist auch dann autonom, wenn – wie in Systemen der sozialen Marktwirtschaft – bestimmte Führungsentscheidungen aufgrund gesetzlicher Vorschriften oder vertraglicher Regelungen von Führungsorganen, die nicht Eigentümer sind (z. B. Vorstand der Aktiengesellschaft) oder von leitenden Angestellten oder anderen Arbeitnehmervertretern mitgetroffen werden (z. B. Mitbestimmung der Arbeitnehmer im Aufsichtsrat der Aktiengesellschaft). Das **Privateigentum** an den Produktionsmitteln steht grundsätzlich den Personen zu, die das Eigenkapital zur Verfügung stellen, auch wenn sie nicht die unternehmerischen Entscheidungen treffen.

Die Betriebe des marktwirtschaftlichen Wirtschaftssystems bezeichnet man als Unternehmungen. Die **Unternehmung** ist also eine historische Erscheinungsform des Betriebes. Der Begriff Unternehmung ist demnach enger als der Begriff Betrieb. Jede Unternehmung ist ein Betrieb, aber nicht jeder Betrieb eine Unternehmung.[1]

Da das Verhältnis von Betrieb und Unternehmung in der betriebswirtschaftlichen Literatur verschieden gesehen wird, sollen die wichtigsten Auffassungen kurz charakterisiert werden.

(1) Die hier vertretene Ansicht faßt den **Betrieb als Oberbegriff** für alle Produktionswirtschaften im oben beschriebenen Sinne, die Unternehmung als historische Erscheinungsform des Betriebes auf. Dieser Auffassung ist neben **Gutenberg** z. B. auch **Mellerowicz**.

(2) Den Begriff **Betrieb als Oberbegriff** verwendet auch **Kosiol**, jedoch in dem Sinne, daß der Betrieb als Sozialgebilde mit einheitlicher Planung den gemeinsamen Oberbegriff für die **Unternehmungen** (Produktionsbetrieb) und die **Haushalte** (Konsumtionsbetrieb) bildet. Die Unternehmung ist als Produktionsbetrieb durch drei Merkmale charakterisiert: durch die Deckung fremden Bedarfs, die wirtschaftliche Selbständigkeit und die freiwillige Übernahme des Marktrisikos. Kosiol gliedert im einzelnen folgendermaßen:[2]

I. Haushaltungen (Ziel: Deckung eigenen Bedarfs)
  1. Private (ursprüngliche oder abgeleitete) Haushaltungen (Ziel: individuelle Deckung des Eigenbedarfs)
  2. Öffentliche (abgeleitete) Haushaltungen (Ziel: kollektive Deckung des Eigenbedarfs)

II. Unternehmungen (Ziel: individuelle Deckung fremden Bedarfs)
  1. Private Unternehmungen
  2. Öffentliche Unternehmungen

(3) **Unternehmung ist Oberbegriff**, Betrieb Unterbegriff. Nach **Lohmann** ist der Gegenstand der Betriebswirtschaftslehre „die kaufmännisch geleitete Unternehmung". Sie besteht aus drei Arbeitsgebieten: Dem „Betrieb" als dem technisch-produktionswirtschaftlichen Arbeitsbereich und dem „Geschäft", dessen Aufgabe es ist, die „Produktionswirtschaft und ihre rein innerbetrieblichen Vorgänge mit den Güter- und Zahlungsströmen zu verbinden, die die Volkswirtschaft durchziehen". Diese beiden Bereiche werden zusammengehalten durch die ihnen übergeordnete „Führung", „die das Programm, den Wirtschaftsplan aufstellt, nach dem künftig gewirtschaftet werden soll".[3]

Auch nach **Walther** ist der Betriebsbegriff dem Unternehmungsbegriff untergeordnet. „Um unser Denken zu erleichtern, sondern wir von unserem

---

[1] Der Gesetzgeber verwendet i. d. R. anstelle des Begriffs Unternehmung den Begriff Unternehmen (vgl. insbes. das Aktiengesetz). In der Betriebswirtschaftslehre werden beide Begriffe synonym gebraucht.

[2] Vgl. Kosiol, E., Unternehmung, HdB Bd. 4, 3. Aufl., Stuttgart 1962, Sp. 5540–5545

[3] Lohmann, M., Einführung in die Betriebswirtschaftslehre, 4. Aufl., Tübingen 1964, S. 12 ff.

Erkenntnisobjekt ‚Unternehmung' ein sekundäres Erkenntnisobjekt, den Betrieb ab. Die Unternehmungswirtschaftslehre geht also etappenweise vor. Sie betrachtet zuerst die inneren Beziehungen vom Gesichtspunkt der Wirtschaftlichkeit der Leistungserstellung und dann die äußeren Beziehungen vom Gesichtspunkt des Vermögensüberschusses oder der Rentabilität."[1]

(4) Betrieb und Unternehmung werden als **zwei nebengeordnete Seiten der Produktionswirtschaft** betrachtet. Der Betrieb stellt die produktionswirtschaftliche, die Unternehmung die finanzwirtschaftliche oder juristische Seite dar. Das bedeutet nach **Lehmann**, „daß das Wesen der Betriebe aus deren Produktionsbedingungen, das der Unternehmungen aus deren Finanzierungsbedingungen abzuleiten ist".[2]

Die gleiche Auffassung vertritt **Schäfer**; er kommt aber zu der Feststellung, daß der Unternehmung höherer Rang zukommt, weil sie sich „zur Realisierung ihrer Zwecke den Betrieb als körperlich-seelisches Gehäuse, als Durchführungsorgan bildet".[3]

Rössle setzt Betrieb und Unternehmung gleich und versteht „unter Betrieb die technisch wirtschaftliche Seite und unter Unternehmung die juristisch finanzielle Seite der Betriebswirtschaft".[4]

Während die Möglichkeit zur Selbstbestimmung des Wirtschaftsplanes und das Streben nach größtmöglichem Gewinn die Unternehmung, d. h. den Betrieb der marktwirtschaftlichen Wirtschaftsordnung, charakterisieren, geben dem Betrieb der **zentralistischen Planwirtschaft** andere Faktoren das Gepräge. Hier kann der einzelne Betrieb seine wirtschaftlichen Entscheidungen nicht autonom an Hand der Marktdaten bestimmen, sondern seine Leistungserstellung wird durch einen **zentralen Volkswirtschaftsplan** art- und mengenmäßig und gewöhnlich auch zeitlich bestimmt. Die Betriebe sind organisatorisch nicht mehr selbständig, sondern sie sind nur ausführende Organe der zentralen Wirtschaftsbehörden. Das Privateigentum an den Produktionsmitteln ist aufgehoben. Es besteht **„Gemeineigentum"**.

Das Prinzip der Wirtschaftlichkeit gilt im zentralverwaltungswirtschaftlichen System in gleicher Weise wie in der Marktwirtschaft als Mittel zum Zweck. Der Wirtschaftsplan wird dem einzelnen Betrieb zwar vorgeschrieben, der Betrieb ist aber bestrebt, diesen Plan mit dem geringsten Einsatz von Mitteln zu erreichen. Die Wirtschaftlichkeit ist dem Plan untergeordnet. Während jedoch der autonome Betrieb der Marktwirtschaft seinen Wirtschaftsplan am erwerbswirtschaftlichen Prinzip ausrichtet, wird der planwirtschaftliche Betrieb durch das durch den zentralen Volkswirtschaftsplan vorgeschriebene Produktionssoll oder andere wirtschaftspolitische Maßnahmen der zentralen Lenkungsbehörde gesteuert.

Die Steuerung der Betriebe der Zentralverwaltungswirtschaft kann verschieden straff erfolgen. Die schärfste Form ist die **Vorgabe eines Produktions-Solls,** die mildeste Form, die dem Betrieb den relativ größten Spielraum in sei-

---

[1] Walther, A., Einführung in die Wirtschaftslehre der Unternehmung, Bd. 1, 2. Aufl., Zürich 1959, S. 13
[2] Lehmann, M. R., Allgemeine Betriebswirtschaftslehre, 3. Aufl., Meisenheim 1956, S. 36
[3] Schäfer, E., Die Unternehmung, 6. Aufl., Köln und Opladen 1966, S. 103
[4] Rössle, K., Allgemeine Betriebswirtschaftslehre, 5. Aufl., München 1956, S. 16

nen Entscheidungen läßt, ist eine **Steuerung über die Preise,** an denen der Betrieb seine Produktion ausrichten kann. Wie im marktwirtschaftlichen System werden die Produktionsfaktoren durch die Preise gelenkt, aber eben nicht durch Preise, die der tatsächlichen Knappheit der Güter entsprechen und somit eine Bedarfsdeckung nach der durch die kaufkräftige Nachfrage bestimmten Dringlichkeit erzwingen, sondern durch Preise, die die **Knappheit im Verhältnis zum geplanten Bedarf** ausdrücken sollen.

Zwischen diesen beiden extremen planwirtschaftlichen Steuerungssystemen liegen viele andere Möglichkeiten, so z. B. die **Kontingentierung** der Betriebsmittel, Werkstoffe und Arbeitskräfte. Die mögliche Leistungserstellung wird hier durch die zugeteilten Mengen der Produktionsfaktoren bestimmt. Diese werden zwar nach dem ökonomischen Prinzip eingesetzt, aber eine Produktion mit den geringsten Kosten pro Stück wäre ein reiner Zufall, denn die durch die Kontingentierung der Produktionsfaktoren mögliche Ausbringung wird gewöhnlich über oder unter dem Kostenminimum (Punkt der niedrigsten Kosten pro Stück) liegen; also wird in keinem Fall die größte Wirtschaftlichkeit erreicht, sondern die geplante Leistung wird lediglich so wirtschaftlich wie unter den gegebenen Verhältnissen eben möglich erstellt.

Die Unterordnung des Prinzips der Wirtschaftlichkeit unter den Volkswirtschaftsplan zeigt sich am schärfsten bei der zuerst genannten Form der Zentralverwaltungswirtschaft, d. h. bei der Vorgabe eines Produktions-Solls, denn beim Produktions-Soll handelt es sich gewöhnlich um ein Mindest-Soll, das „übererfüllt" werden kann, ja für dessen Übererfüllung sogar Titel, Medaillen und Geldprämien verliehen werden. Gerade das Antreiben zur „Übererfüllung" ist aber die Ursache für Kosten der Überbeschäftigung, für überhastetes Arbeitstempo, Qualitätsverschlechterungen, Ausschuß usw.

In Wirklichkeit ist keines der genannten Wirtschaftssysteme in der dargestellten Reinheit realisiert. Auch in der Marktwirtschaft gibt es Betriebe, die keine Unternehmungen im oben beschriebenen Sinne sind, beispielsweise **öffentliche Betriebe** (Betriebe des Staates und der Gemeinden). Die öffentlichen Betriebe unterscheiden sich in ihren Zielsetzungen und ihrem Entscheidungsprozeß teilweise zwar nicht von den Unternehmungen, oft sind aber sowohl das erwerbswirtschaftliche Prinzip (Gewinnmaximierung) als auch die Selbstbestimmung des Wirtschaftsplanes aufgehoben oder eingeschränkt und ersetzt durch ein Streben nach einem **„angemessenen" Gewinn,** das aus sozialer Rücksichtnahme entspringt (z. B. Versorgungs- und Verkehrsbetriebe), oder durch ein Streben nach bloßer **Kostendeckung.** Die Autonomie der Entscheidungen wird vom Betrieb auf eine Gebietskörperschaft, also eine öffentliche Verwaltung (Behörde) übertragen.

Im täglichen Sprachgebrauch werden für den Betrieb verschiedene Bezeichnungen verwendet. So spricht man von Firma, Fabrik, Werk und Geschäft. **Firma** ist ein juristischer Begriff und ist Ausdruck für den Namen, unter dem ein Kaufmann seinen Betrieb führt und seine Unterschrift abgibt. Mit der Bezeichnung **Fabrik** und **Werk** verbindet sich die Vorstellung von der technischen Seite der Leistungserstellung, während das Wort **Geschäft** den Handelsbetrieb oder die kaufmännische Abteilung eines Industriebetriebes bezeichnen soll.

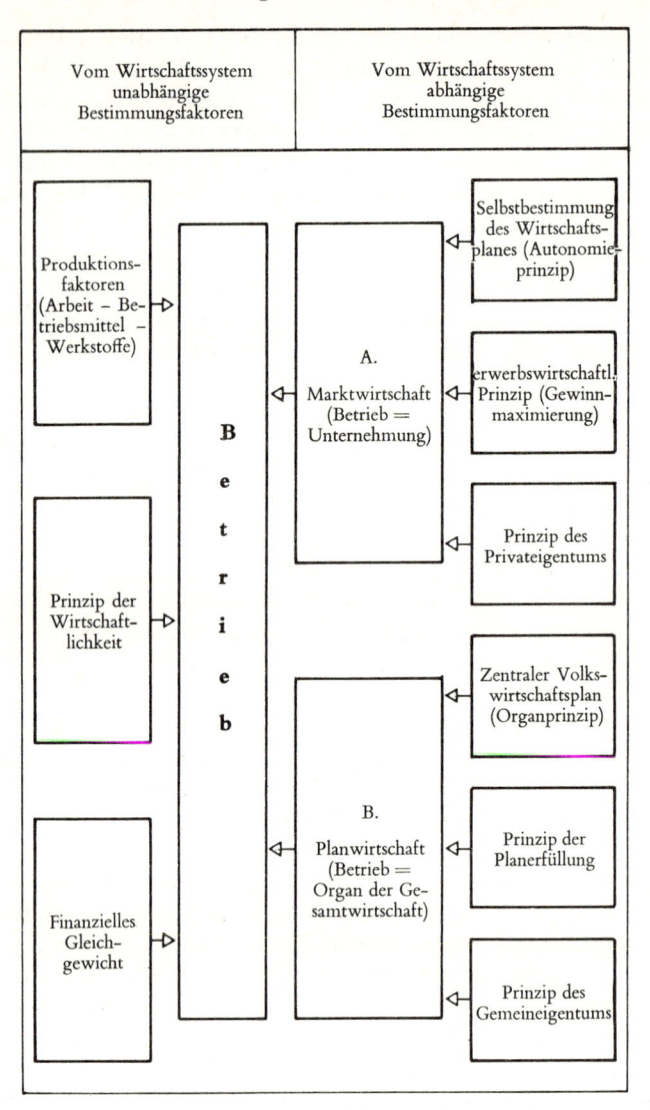

Abb. 1. Die Bestimmungsfaktoren des Betriebes

Das **Steuerrecht** verwendet eine Anzahl unterschiedlicher Begriffe zur Bezeichnung des Betriebes, ohne daß dafür eine sachliche Notwendigkeit besteht. Auffallend ist, daß die Begriffe nicht nur von Gesetz zu Gesetz verschieden sind, sondern daß auch innerhalb eines einzelnen Gesetzes verschiedene Ausdrücke für dieselbe Sache verwendet werden (z. B. Gewerbebetrieb, gewerblicher Betrieb, gewerbliches Unternehmen, wirtschaftlicher Geschäftsbetrieb). In der Abgabenordnung wird der Betriebsbegriff dem Unternehmensbegriff untergeordnet. Gleiches gilt für das Umsatzsteuerrecht. Nach § 2 Abs. 1 UStG umfaßt das Unternehmen die gesamte gewerbliche oder berufliche Tätigkeit des Unternehmers.

Diese muß selbständig ausgeübt werden. Fehlt das Merkmal der Selbständigkeit, so wird aus einem Unternehmen im Sinne des UStG ein Betrieb (Organschaft).

Zusammenfassend stellen wir fest:

Gegenstand der Betriebswirtschaftslehre ist nicht der Betrieb schlechthin, sondern die wirtschaftliche Seite des Betriebes und Betriebsprozesses. Die technische, rechtliche, soziologische, psychologische, ethische u. a. Seiten des Betriebes bleiben ausgeklammert und gehören in das Untersuchungsgebiet anderer wissenschaftlicher Disziplinen. Der **Betrieb** wird aufgefaßt als Produktionsbetrieb im weitesten Sinne. Er stellt eine Kombination von Produktionsfaktoren dar, die sich planmäßig unter Beachtung des Wirtschaftlichkeitsprinzips vollzieht und die durch Komponenten bestimmt wird, die einem gegebenen Wirtschaftssystem immanent sind.

Der Betrieb umfaßt **drei große Entscheidungs- und Tätigkeitsbereiche**, die in den folgenden Kapiteln behandelt werden: einen produktionswirtschaftlichen, einen absatzwirtschaftlichen und einen finanzwirtschaftlichen. Diese drei Bereiche werden zahlenmäßig erfaßt und überwacht durch das Rechnungswesen. Einen soziologischen Bereich als vierten Bereich in das Objekt der Betriebswirtschaftslehre einzubeziehen, lehnen wir ab, da der Betriebsprozeß von der Betriebswirtschaftslehre als **wirtschaftlicher** Prozeß und nicht als **gesellschaftlicher** Prozeß untersucht werden soll. Letzterer ist Gegenstand der Soziologie. Für die Betriebswirtschaftslehre ist der gesellschaftliche Prozeß ebenso ein Datum, mit dem sie zu rechnen hat, wie es geltende Rechtsnormen oder wirtschaftspolitische Maßnahmen sind.

c) Gliederung der Betriebe (Betriebstypologie)

Als Objekt der Betriebswirtschaftslehre haben wir den Betrieb im Sinne von Produktionswirtschaft (im Gegensatz zum Haushalt) und den sich im Betrieb vollziehenden Prozeß wirtschaftlicher Leistungserstellung und Leistungsverwertung bezeichnet. Die Betriebe, mit denen es die Betriebswirtschaftslehre zu tun hat, lassen sich nach verschiedenen Merkmalen gruppieren. Eine derartige Systematisierung nach Merkmalen hat nicht nur die Aufgabe, die große Zahl von Betrieben durch Hervorhebung ihrer charakteristischen Merkmale und Unterschiede überschaubar zu machen, sondern ist nach Nowak[1] auch ein Hilfsmittel für die Bestimmung der betriebsindividuellen Bedingungen, über deren Feststellung der Praktiker die geeigneten Betriebsformen und Verfahren auswählen kann, die zur größten Wirtschaftlichkeit führen.

Die Zahl der Gliederungsmöglichkeiten ist groß. Es sollen nur die wichtigsten angeführt werden. Die Betriebe lassen sich nach folgenden Gesichtspunkten einteilen:

(1) Nach **Wirtschaftszweigen** (Branchen) in Industrie- (einschließlich Handwerks-), Handels-, Bank-, Verkehrs-, Versicherungs- und sonstige Dienstleistungsbetriebe. Diese Gruppenbildung ist noch sehr grob und zeigt nur die wesentlichsten Unterschiede in den betrieblichen Hauptfunktionen, z. B. bei der Beschaffung der Produktionsfaktoren, der Finanzierung, der Leistungs-

---

[1] Vgl. Nowak, P., Bestimmung der Betriebsindividualität mit Hilfe von Betriebsgliederungen, ZfhF 1954, S. 484 ff.

erstellung und -verwertung, in den Verfahren des Rechnungswesens usw. Die Unterschiede in den Betriebsbedingungen der einzelnen Gruppen, z. B. zwischen den Industriebetrieben, sind aber noch so erheblich, daß ein Vergleich der Betriebe nicht möglich ist. Dazu müssen weitere Gruppen gebildet werden.

Die folgende Übersicht – eine Auswertung der Arbeitsstättenzählung 1970 – zeigt die Aufteilung der Betriebe und Beschäftigten auf die verschiedenen Wirtschaftsbereiche. Danach entfallen nur 31,38% der Unternehmen, allerdings mit 62,4% der Beschäftigten, auf den Sachleistungen produzierenden Bereich (Wirtschaftsbereiche 1–4), während 68,62% der Unternehmen mit 37,6% der Beschäftigten Dienstleistungen der verschiedensten Arten hervorbringen (Wirtschaftsbereiche 5–10). Die drei größten Gruppen sind die weiterverarbeitenden Unternehmen (21,88% der Unternehmen mit 47,59% der Beschäftigten), die sonstigen Dienstleistungsunternehmen (28,57% der Unternehmen mit 11,23% der Beschäftigten) und der Einzelhandel (23,13% der Unternehmen mit 10,03% der Beschäftigten).

Unternehmen und Beschäftigte 1970 nach Wirtschaftsbereichen[1])				
Wirtschaftsbereiche	Zahl der Unternehmen	Anteil in %	Zahl der Beschäftigten	Anteil in %
1. Land- und Forstwirtschaft	21.591	1,13	99.947	0,46
2. Bergbau/Energie	3.357	0,18	935.456	4,32
3. Verarbeitendes Gewerbe	417.456	21,88	10.310.460	47,59
4. Baugewerbe	156.340	8,19	2.173.652	10,03
Summe 1–4	598.744	31,38	13.519.515	62,40
5. Großhandel	114.010	5,97	1.239.980	5,72
6. Handelsvermittlung	91.597	4,80	194.578	0,90
7. Einzelhandel	441.297	23,13	2.173.827	10,03
8. Verkehr/Nachrichtenübermittlung	73.964	3,88	1.444.901	6,67
9. Kreditinstitute/Versicherungen	43.265	2,27	659.911	3,05
10. Sonstige Dienstleistungsunternehmen und freie Berufe	545.183	28,57	2.432.694	11,23
Summe 5–10	1.309.316	68,62	8.145.891	37,60
Summe 1–10	1.908.060	100,00	21.665.406	100,00

(2) Nach der **Art der erstellten Leistung.** Eine Gliederung nach diesem Gesichtspunkt führt zu einer Trennung der Betriebe in:
(a) **Sachleistungsbetriebe** (vorwiegend Industrie- und Handwerksbetriebe), die nach dem gleichen Kriterium, also der Art der erstellten Leistung,

---

[1] Quelle: Statistisches Bundesamt, Unternehmen und Arbeitsstätten, Arbeitsstättenzählung vom 27. Mai 1970, Heft 6, S. 9–163

weiter unterteilt werden können in Rohstoffgewinnungsbetriebe (z. B. Bergwerke), Produktionsmittelbetriebe (z. B. Maschinenfabriken) und Verbrauchsgüterbetriebe (z. B. Schuhfabriken). Die Gliederung der Sachleistungsbetriebe kann nach verschiedenen Gesichtspunkten fortgesetzt werden; bei den Rohstoffgewinnungsbetrieben z. b. nach dem Verfahren (Bergbau, Hüttenindustrie usw.) und bei den Produktionsmittel- und Verbrauchsgüterbetrieben nach dem vorherrschenden Rohstoff (Holzindustrie, Papierindustrie, Gummiindustrie) oder wieder nach der Art der Leistung (Werkzeugmaschinenindustrie, Automobilindustrie usw.). Je weiter die Gliederung getrieben wird, desto größer wird die Zahl der gemeinsamen Merkmale einer Gruppe und damit die Vergleichbarkeit der Betriebe und der in den Betrieben gegebenen betrieblichen Größen.

(b) **Dienstleistungsbetriebe.** Hierzu gehören die Handelsbetriebe, deren Aufgabe die Sammlung und Verteilung von Sachgütern ist, die Bankbetriebe, deren Dienstleistungen im Aufnehmen von Darlehen, in der Gewährung von Krediten, in der Abwicklung des Zahlungsverkehrs zwischen anderen Wirtschaftseinheiten, im An- und Verkauf von Wertpapieren usw. bestehen, ferner Verkehrsbetriebe, Versicherungsbetriebe und sonstige Dienstleistungsbetriebe wie Hotels, Wirtschaftsprüfungsgesellschaften, Steuerberatungsbetriebe usw. Eine weitere Einteilung ist möglich.

(3) Nach der **Art der Leistungserstellung.** Diese Gliederung kann nach zwei Kriterien erfolgen:

(a) Nach **Fertigungsprinzipien** (Massenfertigung, Sortenfertigung, Serienfertigung, Partie- und Chargenfertigung, Einzelfertigung). In dieser Einteilung werden mehrere Faktoren berücksichtigt: einmal die Anzahl der verschiedenartigen Produkte, sodann der Grad ihrer Verschiedenheit und der Grad der Wiederholbarkeit des Produktionsprozesses, d. h. die Häufigkeit des Leistungswechsels. Diese Faktoren haben einen Einfluß auf das Kalkulationsverfahren, die Arbeitsvorbereitung, die Beschaffung der Produktionsfaktoren, die Finanzierung usw.

(b) Nach **Fertigungsarten** (Arbeitstypen)[1] (Werkbankfertigung, maschinelle Werkstättenfertigung, Reihenfertigung, Fließbandfertigung). Diese Einteilung stellt auf die Art der Maschinenaufstellung und die zeitliche Abstimmung der Arbeitsoperationen ab. Nach diesen Kriterien lassen sich die Betriebe – insbesondere die Industriebetriebe – nach Nowak[2] auch folgendermaßen gliedern:

(aa) Betriebe mit weitgehend unbestimmter Folge der Arbeitsoperationen,

(bb) Betriebe mit gleichbleibender Folge der Arbeitsoperationen ohne zeitliche Abstimmung der Arbeitsgänge,

(cc) Betriebe mit gleichbleibender Folge der Arbeitsoperationen mit zeitlicher Abstimmung der Arbeitsgänge.

---

[1] Vgl. Pentzlin, K., Arbeits-Rationalisierung, München 1954, S. 90.
[2] Vgl. Nowak, P., a.a.O., S. 497.

(4) Nach dem **vorherrschenden Produktionsfaktor** lassen sich unterscheiden:
 (a) **arbeitsintensive** Betriebe. Ihr Kriterium ist ein besonders hoher Lohnkostenanteil an den gesamten Produktionskosten (Beispiel: optische und feinmechanische Industrie);
 (b) **anlageintensive** Betriebe. Sie sind gekennzeichnet durch einen besonders großen Bestand an Betriebsmitteln, in denen hohe Kapitalsummen gebunden sind, so daß die Hauptkostenfaktoren die Abschreibungen und Zinsen sind, während Werkstoff- und Lohnkosten relativ weniger ins Gewicht fallen;
 (c) **materialintensive** Betriebe. Sie haben einen besonders hohen Anteil an Rohstoffkosten.

Es sind auch Kombinationen dieser drei Fälle möglich. Dieser Gliederungsgesichtspunkt zeigt, welcher Produktionsfaktor den größten Anteil an den **Gesamtkosten** ausmacht. Diesem Faktor muß deshalb besondere Aufmerksamkeit geschenkt werden. So werden Betriebe mit hochbezahlten Facharbeitern durch genaue Arbeitsvorbereitung oder Verwendung zeitsparender Verfahren versuchen, ihre Lohnkosten zu senken. Besonders anfällig sind sie gegen Lohn- und Gehaltserhöhungen. Bei anlageintensiven Betrieben ist das Hauptproblem die dauernde Vollausnutzung der hochmechanisierten Produktionsanlagen. Sie sind gegen Beschäftigungsschwankungen äußerst empfindlich, da sie sich kurzfristig nicht an veränderte Beschäftigungslagen anpassen können, die Wertminderungen der Anlagen aber nicht nur eine Folge des technischen Verschleißes, sondern auch eine Folge beschäftigungsunabhängiger Faktoren (z. B. technischer Fortschritt) sind. Bei materialintensiven Betrieben liegt das Hauptproblem in der Beschaffung des Materials und der laufenden Kontrolle des Materialverbrauchs.

(5) Die **Betriebsgröße** (Groß-, Mittel-, Kleinbetriebe):
Die folgende Übersicht zeigt die Aufteilung der in der Arbeitsstättenzählung 1970 erfaßten Betriebe nach Größenklassen auf Grund der Zahl der Be-

Unternehmen und Beschäftigte nach Größenklassen auf Grund der Beschäftigtenzahl 1970, in % der jeweiligen Summe[1]				
Unternehmen mit ... Beschäftigten	Zahl der Unternehmen	Anteil in %	Beschäftigte	Anteil in %
1 – 2	992.397	52,01	1.444.209	6,67
3 – 9	695.576	36,45	3.243.235	14,97
10 – 49	176.627	9,26	3.387.404	15,63
50 – 99	21.725	1,14	1.500.351	6,92
100 – 199	11.229	0,59	1.553.204	7,17
200 – 499	6.908	0,36	2.101.066	9,70
500 – 999	2.039	0,11	1.399.158	6,46
1.000 – 4.999	1.350	0,07	2.600.202	12,00
5.000 und mehr	209	0,01	4.436.577	20,48
insgesamt	1.908.060	100,00	21.665.406	100,00

[1] Quelle: Statistisches Bundesamt, Unternehmen und Arbeitsstätten, a.a.O., S. 163

schäftigten. Aus der Übersicht wird zunächst ersichtlich, daß auf die Betriebe mit über 100 Beschäftigten, die nur rd. 1,1% der Gesamtzahl der Betriebe ausmachen, 55,81% der Beschäftigten entfallen, während die Betriebe mit weniger als 100 Beschäftigten bei rd. 99% Anteil an der Gesamtzahl der Betriebe nur 44,19% der Arbeitnehmer beschäftigten. Noch krasser wird das Bild, wenn man sich vergegenwärtigt, daß die 992.397 Ein- und Zwei-Mann-Betriebe nur 6,67% der Beschäftigten umfassen (der geringste Prozentanteil aller Größenklassen), während nur 209 Großbetriebe mit 4.436.577 Beschäftigten den bei weitem stärksten prozentualen Anteil (20,48%) aller Größenklassen ausmachen.

Andere Kriterien für die Einteilung der Betriebe, die hier nur aufgezählt werden sollen, sind:[1]

(6) Die **Standortabhängigkeit** (rohstoff-, energie-, arbeitskraft-, absatzabhängige Betriebe).

(7) Die **Beweglichkeit** (bodenständige, halbbodenständige, Wanderbetriebe).

(8) Die **Rechtsform** (Einzelunternehmung, Personengesellschaft, Kapitalgesellschaft, Genossenschaft u. a.). Dieser Gliederungsgesichtspunkt ist z. B. von

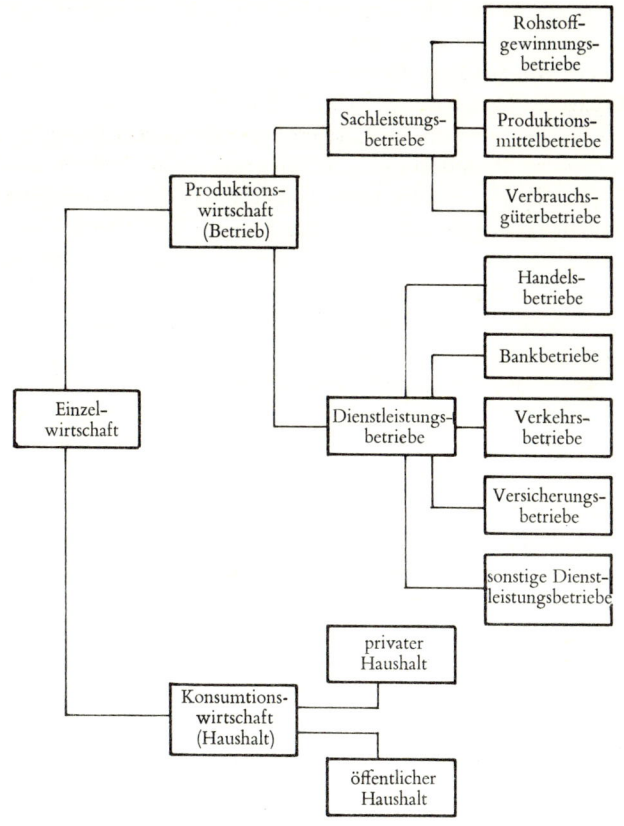

Abb. 2. Gliederung der Einzelwirtschaften

---
[1] Vgl. Nowak, P., a.a.O., S. 494

Bedeutung für die Beurteilung des Kapitalrisikos (unbeschränkte oder beschränkte Haftung), der Finanzierungsmöglichkeiten, der Steuerbelastung (Personengesellschaften – Kapitalgesellschaften), der Prüfungs- und Publizitätspflichten u. a.

d) Gliederung der Betriebswirtschaftslehre

Das Gesamtgebiet der Betriebswirtschaftslehre – so wie es sich heute lehrmäßig darbietet – läßt sich in drei Teile gliedern:
(1) in die betriebswirtschaftliche Verfahrenstechnik;
(2) in die Allgemeine Betriebswirtschaftslehre;
(3) in die speziellen Betriebswirtschaftslehren (Wirtschaftszweiglehren).

Die **betriebswirtschaftliche Verfahrenstechnik** besteht aus einer Verrechnungs- und einer Organisationslehre. Dazu gehören folgende Gebiete: Buchhaltung und Bilanz, Kostenrechnung, Wirtschaftsrechnen, Finanzmathematik, betriebswirtschaftliche Statistik, Planungsrechnung (z. B. lineares Programmieren, Netzplantechnik) und Büro- und Organisationstechnik. Teile davon, wie z. B. die Bilanz, die Kostenrechnung und die Planungsrechnung können auch Gegenstand theoretischer Überlegungen im Rahmen der Allgemeinen oder speziellen Betriebswirtschaftslehre sein.

Aufgabe der **Allgemeinen Betriebswirtschaftslehre** ist die Beschreibung und Erklärung der betrieblichen Erscheinungen und Probleme, die allen Betrieben gemeinsam sind, unabhängig davon, welchem Wirtschaftszweig sie angehören, in welcher Rechtsform sie betrieben werden und in wessen Eigentum sie stehen. Die Allgemeine Betriebswirtschaftslehre besteht aus einer **betriebswirtschaftlichen Theorie** und einem angewandten Teil **(Betriebspolitik)**. Aufgabe der Theorie ist die Feststellung funktionaler (akausaler) Größenbeziehungen sowie die Erklärung realer Zusammenhänge und Geschehnisabläufe (Ursach-Wirkungsbeziehungen) und die Feststellung kausaler Regelmäßigkeiten und Gesetzmäßigkeiten.

Die angewandte Betriebswirtschaftslehre hat die Aufgabe, die in der Theorie gewonnenen Erkenntnisse auf konkrete Einzelfragen und zur Entwicklung von Verfahren anzuwenden, die der Realisierung bestimmter betrieblicher Zielsetzungen dienen sollen. Die betriebswirtschaftliche Theorie richtet sich auf die **Erkenntnis** des Betriebsprozesses, die angewandte Betriebswirtschaftslehre auf die **Gestaltung** des Betriebsprozesses.

Die **speziellen Betriebswirtschaftslehren** dagegen beschäftigen sich mit den betriebswirtschaftlichen Problemen, die durch die Besonderheiten der einzelnen Wirtschaftszweige bedingt, also nicht allen Betrieben gemeinsam sind. Zu diesen sog. **Wirtschaftszweiglehren** gehören die Industriebetriebslehre, die Handelsbetriebslehre, die Bankbetriebslehre, die Betriebswirtschaftslehre des Handwerks, des Verkehrs und der Versicherungen und die landwirtschaftliche Betriebslehre. Daneben haben sich eine **Betriebswirtschaftliche Steuerlehre** und eine Betriebswirtschaftslehre des Revisions- und Treuhandwesens **(Betriebswirtschaftliche Prüfungslehre)** entwickelt.

Die beiden letztgenannten Teilgebiete der Betriebswirtschaftslehre sind aber weder Wirtschaftszweiglehren, noch überhaupt spezielle Betriebswirtschafts-

I. Gegenstand und Methoden

lehren, auch wenn sie in den Prüfungsordnungen und Studienplänen der Universitäten und Hochschulen als spezielle Betriebswirtschaftslehren bezeichnet werden.[1] Die Auswirkungen der Steuern sind entweder bei den Betrieben aller Wirtschaftszweige im Prinzip gleich (soweit Unterschiede bestehen, werden sie zweckmäßigerweise im Rahmen der Wirtschaftszweiglehren behandelt, da sie eine Besonderheit eines Wirtschaftszweiges darstellen), oder sie sind nicht in erster Linie durch die Verschiedenheit des Wirtschaftszweiges bedingt, sondern vor allem durch die **Verschiedenheit der Rechtsform** (Personengesellschaft – Kapitalgesellschaft) oder durch die **Art der Verflechtung** des Betriebes mit anderen Betrieben (Interessengemeinschaften, Kartelle, Konzerne, Organschaftsverträge) oder durch **Unterschiede im Eigentum** des Betriebes (private Betriebe, öffentliche Betriebe, Genossenschaften).

Zwei Betriebe können dem gleichen Wirtschaftszweig angehören, ihre steuerliche Belastung und die sich daraus ergebenden betriebswirtschaftlichen Probleme aber sind unterschiedlich, wenn der eine Betrieb beispielsweise eine Einzelunternehmung ist, deren Gewinn und Betriebsvermögen beim Eigentümer von der Einkommensteuer bzw. der Vermögensteuer erfaßt werden, der andere Betrieb dagegen eine Aktiengesellschaft ist, die als juristische Person ihren Gewinn der Körperschaftsteuer und ihr Betriebsvermögen der Vermögensteuer unterwerfen muß und deren Gesellschafter mit ihrem Gewinnanteil zur Einkommensteuer und ihren Anteilen an der Kapitalgesellschaft zur Vermögensteuer herangezogen werden; oder wenn der Betrieb Rohstoffe und Halbfabrikate von vorgelagerten Produktionsstufen bezieht, die die Umsatzsteuer in den Preisen dieser Güter auf ihn – zumindest teilweise – überwälzen, der andere Betrieb dagegen einem vertikalen Konzern angehört und von vorgelagerten Konzernbetrieben, die zwar rechtlich selbständig, aber wirtschaftlich, finanziell und organisatorisch abhängige Organe einer Obergesellschaft sind, Halbfabrikate zur Weiterverarbeitung erhält, in deren Preisen auf Grund eines bestehenden Organschaftsverhältnisses keine Umsatzsteuern einbezogen sind. Je nach dem Umsatzsteuersystem entsteht im Konzern eine Umsatzsteuerersparnis (Bruttoumsatzsteuer) oder eine Ersparnis an Verwaltungskosten (Nettoumsatzsteuer).[2] Andererseits kann bei gleicher Rechtsform und gleichem Wirtschaftszweig eine unterschiedliche Besteuerung erfolgen, wenn beispielsweise eine Aktiengesellschaft ein öffentlicher Betrieb, eine andere Aktiengesellschaft eine private Unternehmung ist.

Daraus wird ersichtlich, daß die Betriebswirtschaftliche Steuerlehre einen anderen Charakter hat als die übrigen speziellen Betriebswirtschaftslehren. Sie ist ihrem Wesen und ihrer Problemstellung nach ein **Teilgebiet der Allgemeinen Betriebswirtschaftslehre,** da ihre Probleme in überwiegendem Maße alle Betriebe gemeinsam angehen. Die durch die Rechtsform, die Verflechtung und die Eigentumsverhältnisse bedingten steuerlichen Unterschiede rechtfertigen allein nicht die Ausgliederung der Betriebswirtschaftlichen Steuerlehre aus der Allgemeinen Betriebswirtschaftslehre, denn es fehlt hier das Kriterium, das die Be-

---

[1] Vgl. Wöhe, G., Die betriebswirtschaftliche Steuerlehre – eine spezielle Betriebswirtschaftslehre?, ZfhF 1961, S. 49ff.; derselbe, Betriebswirtschaftliche Steuerlehre, Bd. I, 3. Aufl., München 1972, S. 12ff.
[2] Einzelheiten vgl. Wöhe, G., Betriebswirtschaftliche Steuerlehre, Bd. I, a.a.O., S. 226ff.

gründung für die Ausgliederung der Wirtschaftszweiglehren gibt: das Verhältnis des Allgemeinen zum Besonderen. Man könnte sonst mit gleichem Recht eine spezielle Betriebswirtschaftslehre der Finanzierung oder des Bilanzwesens entwickeln, denn zweifellos sind auch die Fragen der Finanzierung und Bilanzierung stark von der Rechtsform des Betriebes abhängig.

Ähnliches wie für die Betriebswirtschaftliche Steuerlehre gilt für das Gebiet des **Revisions- und Treuhandwesens.** Auch hier sind die unterschiedlichen Probleme bei den einzelnen Betrieben nicht in erster Linie eine Folge der Verschiedenheit des Wirtschaftszweiges, sondern werden auch sehr stark von der Rechtsform beeinflußt; man denke nur an die strengen gesetzlichen Vorschriften für die Prüfung von Aktiengesellschaften.

Gegenstand des Revisions- und Treuhandwesens ist nicht der Prüfungs- und Beratungsbetrieb, sondern die Überwachung (Kontrolle und Prüfung) und Beratung des Betriebes. Die Überwachung wird aber nur zum Teil von Prüfungsbetrieben durchgeführt, soweit es sich nämlich um externe – meist auf gesetzlicher Grundlage beruhende – Prüfungen (z. B. aktienrechtliche Jahresabschlußprüfung) handelt. Die interne Revisionsabteilung eines Betriebes und ihre Aufgaben wären in einem so eng definierten Gegenstand nicht enthalten. Ebenso ist der Gegenstand der Betriebswirtschaftlichen Steuerlehre nicht der Steuerberatungsbetrieb, auch nicht die Tätigkeit dieser Betriebe, sondern ihr Gegenstand sind die Auswirkungen der Steuern auf den Betrieb und die darauf basierenden betrieblichen Entscheidungen, die auf eine Minimierung der Steuerbelastung gerichtet sind. Ob die interne Steuerabteilung oder ein externer Steuerberater die Entscheidung trifft oder vorbereitet, ist dabei ohne Belang, denn beide entscheiden auf Grund der Erkenntnisse, die ihnen die Betriebswirtschaftliche Steuerlehre liefern soll. Keiner der beiden Teilbereiche läßt sich also als spezielle Betriebswirtschaftslehre im Sinne einer institutionellen Unterteilung der Betriebswirtschaftslehre auffassen.

Die nicht ganz befriedigende Gliederung in Allgemeine und spezielle Betriebswirtschaftslehren hat in zunehmendem Maße zu der Forderung geführt, diese Einteilung zugunsten einer Gliederung der Betriebswirtschaftslehre **nach betrieblichen Funktionen,** also nach Haupttätigkeitsgebieten (z. B. Beschaffung, Produktion, Absatz, Finanzierung u. a.) aufzugeben. Die funktionale Gliederung hat die bisherige institutionelle Gliederung jedoch noch nicht verdrängen können und hat noch zu keinem in sich geschlossenen System der Betriebswirtschaftslehre geführt. Als wichtigste betriebliche Funktionen wären zu nennen:

(1) Betriebsführung (Leitung, Planung, Organisation, Überwachung);
(2) Finanzierung (Kapitalbeschaffung);
(3) Investition (Kapitalverwendung);
(4) Beschaffung (von Arbeitskräften, Betriebsmitteln und Werkstoffen);
(5) Lagerung (von Werkstoffen, Halb- und Fertigfabrikaten und Waren);
(6) Leistungserstellung (Fertigung von Gütern, Bereitstellung von Dienstleistungen);
(7) Transport (innerbetrieblicher Transport, Außentransport);
(8) Absatz (Vertrieb, Werbung, Marktforschung).

Die Gliederung der Betriebswirtschaftslehre nach betrieblichen Funktionsbereichen kann allerdings die übliche Einteilung in Allgemeine und spezielle Betriebswirtschaftslehre nicht ersetzen, denn die Probleme, die sich durch die Eigentümlichkeiten der einzelnen Wirtschaftszweige ergeben, bedürfen doch im Rahmen der einzelnen Funktionen wiederum einer gesonderten Untersuchung. So sind beispielsweise bestimmte Probleme des Rechnungswesens (Kontrollfunktion) im Industriebetrieb, Handelsbetrieb und Bankbetrieb sehr unterschiedlich. Abgesehen von einigen allgemeinen Fragen müßte eine Behandlung der Kostenrechnung und Kalkulation für die drei genannten Wirtschaftszweige getrennt erfolgen.

Das gleiche gilt z. B. für die Funktion der Leistungserstellung. Die industrielle Fertigung und die Bereitstellung von Dienstleistungen durch Handels-, Bank- oder Versicherungsbetriebe haben so wenig Gemeinsames an sich, daß eine gemeinsame Behandlung dieser Fragen wenig zweckmäßig erscheint. Die Gliederung nach Wirtschaftszweigen, die durch die funktionale Einteilung ersetzt werden soll, müßte dann innerhalb jeder Funktion eingeführt werden. Das ist zweifellos kein Gewinn für eine Systematik, denn die tatsächliche Wirtschaft zeigt uns nicht getrennte Funktionen, sondern getrennte Wirtschaftszweige mit ihren Spezialproblemen.

Es erscheint uns deshalb zweckmäßiger, gewisse Mängel der Gliederung in Allgemeine und spezielle Betriebswirtschaftslehre in Kauf zu nehmen, als sie durch eine Gliederung nach betrieblichen Funktionen zu ersetzen, die diese Mängel nur scheinbar beseitigt, außerdem aber andere Unzulänglichkeiten aufweist. Der Gedanke der funktionalen Gliederung ist fruchtbar zu verwerten, wenn man die Allgemeine Betriebswirtschaftslehre und die Wirtschaftszweiglehren funktional gliedert, ohne aber deshalb die Behandlung institutioneller Fragen aufzugeben.

Die Frage der Gliederung nach Wirtschaftszweigen oder Funktionen ist also eine Frage der Zweckmäßigkeit. Die betriebswirtschaftliche Literatur verwendet heute zwar beide Kriterien, jedoch kann festgestellt werden, daß umfassende Lehrbücher im wesentlichen entweder das Gebiet der Allgemeinen Betriebswirtschaftslehre oder einzelner Wirtschaftszweiglehren behandeln, in die die Funktionsgliederung einbezogen wird, Lehrbücher und Monographien einzelner Funktionen aber i. d. R. nicht die jeweilige Funktion durch alle Wirtschaftszweige verfolgen, sondern im wesentlichen die Teile zum Gegenstand haben, die allen Betrieben gemeinsam und folglich ein Ausschnitt aus einer funktional gegliederten Allgemeinen Betriebswirtschaftslehre sind.

2. Die Stellung der Betriebswirtschaftslehre im System der Wissenschaften und ihr Verhältnis zu benachbarten Disziplinen[1]

a) Einteilung der Wissenschaften

Die Betriebswirtschaftslehre gehört zu den **Wirtschaftswissenschaften,** deren gemeinsames Untersuchungsgebiet die Wirtschaft ist. Die Wirtschaft

---

[1] Vgl. Wöhe, G., Methodologische Grundprobleme der Betriebswirtschaftslehre, Meisenheim am Glan 1959, S. 222 ff.

ihrerseits ist eingeordnet in einen größeren Bereich, den wir als „Gesellschaftsleben" bezeichnen und der andere Bereiche wie z. B. die Kunst, das Recht, die Sprache und die Religion einschließt. Alle genannten Gebiete gehören zu den **Realwissenschaften,** denen als zweite große Gruppe von Wissenschaften die **Idealwissenschaften** (z. B. Logik, Mathematik) gegenüberstehen.

Die Realwissenschaften teilt man nach ihrem Gegenstand in Natur- und Geisteswissenschaften (Kulturwissenschaften) ein. Die **Naturwissenschaften** beschäftigen sich mit physischen, die Kulturwissenschaften mit psychischen und psychophysischen Gegenständen (Becher). Der Gegenstand der Wirtschaftswissenschaften hat weder rein physischen noch rein psychischen Charakter, sondern die Wirtschaft ist gekennzeichnet durch ein System von Beziehungen zwischen Subjekten und Objekten, d. h. die Wirtschaftswissenschaften haben einen psychophysischen Gegenstand und sind demnach den **Kulturwissenschaften** zuzurechnen.[1]

Die Auffassung, daß den Wirtschaftswissenschaften und damit der Betriebswirtschaftslehre eine Sonderstellung zwischen Natur- und Kulturwissenschaften zukäme, weil der wirtschaftliche Bereich teils der Natur, teils der Kultur angehöre, ist abzulehnen, da die Objekte der Naturwissenschaften auch ohne Zutun der Menschen vorhanden sind, die Wirtschaft aber ohne planvolles Tätigwerden der Menschen nicht entstehen kann. Der Mensch kann sich zwar bei seinem auf Bedürfnisbefriedigung gerichteten Handeln nicht über die Naturgesetze hinwegsetzen, doch ist es nicht Aufgabe der Wirtschaftswissenschaften, derartige Gesetze zu finden. Diese sind für sie Daten, d. h. gegebene Größen, ebenso wie sie beispielsweise die Produktionstechnik als gegeben hinzunehmen und nur zu untersuchen haben, wie bestimmte technische Verfahren sich wirtschaftlich auswirken.

Die Gesetzmäßigkeiten des wirtschaftlichen Prozesses aber haben nicht den Charakter naturwissenschaftlicher Gesetze. Die wirtschaftlichen Prozesse sind durch rationale und irrationale, durch vorhergesehene und unvorhergesehene Faktoren bedingt. Die Gesetze der exakten betriebswirtschaftlichen Theorie sind Aussagen über funktionale (akausale) Größenbeziehungen, die nur unter vereinfachenden Voraussetzungen gelten und lediglich den Charakter von **Arbeitshypothesen** haben. Auch die empirisch-statistisch festgestellten Regelmäßigkeiten des Betriebsprozesses stellen keine Naturgesetze dar. Der Begriff der wirtschaftlichen (sozialen) Kausalität umschließt zwar den Begriff der Naturkausalität, fällt aber nicht mit ihm zusammen. Wirtschaftliche Kausalgesetzmäßigkeiten haben einen anderen Charakter als Naturgesetze. Das wirtschaftliche Handeln ist stets **auf Zwecke gerichtet.** Diese Zwecke sind die Ursachen („Finalursachen") für das wirtschaftliche Handeln.

Die Betriebswirtschaftslehre zum Teil zu den Naturwissenschaften zu rechnen, weil sie sich wissenschaftlicher Forschungsmethoden bedient, die auch die Naturwissenschaften verwenden, ist deshalb unhaltbar, weil die Trennung der Wissenschaften durch den unterschiedlichen **Gegenstand** und nicht durch die unter-

---

[1] Vgl. Becher, E., Geisteswissenschaften und Kulturwissenschaften, München und Leipzig 1921; ferner: Carell, E., Wirtschaftswissenschaft als Kulturwissenschaft, Tübingen 1931.

I. Gegenstand und Methoden

schiedlichen **Forschungsmethoden** gegeben ist. Auch die überaus zahlreichen Vergleiche mit naturwissenschaftlichen Begriffen, die sich in der Betriebswirtschaftslehre eingebürgert und dazu geführt haben, daß man den Betrieb als Organismus betrachtet und von Geburt, Leben, Wachstum, Entwicklung usw. spricht, können nicht darüber hinwegtäuschen, daß es sich hier nur um Analogien handelt, die der Veranschaulichung betrieblicher Zusammenhänge dienen sollen, aber nicht zu Schlüssen führen können, die nur in den Naturwissenschaften möglich sind.

So wie die Trennung der Realwissenschaften in einzelne Disziplinen durch den Unterschied der Erkenntnisobjekte bedingt ist, so ist auch die Trennung der Wirtschaftswissenschaften in verschiedene Disziplinen durch die unserem Denken gegenüberstehenden verschiedenen Erkenntnisobjekte gegeben. Alle wirtschaftswissenschaftlichen Disziplinen haben die gemeinsame Aufgabe der restlosen Erfassung und Erklärung des gesellschaftlichen Teilbereiches „Wirtschaft", d. h. des Komplexes menschlicher Handlungen, die auf die Unterhaltsfürsorge gerichtet sind. Zwischen den wirtschaftswissenschaftlichen Disziplinen besteht zur Erfüllung dieser Aufgabe eine in ihrem Umfang durch die verschiedenen Erkenntnisobjekte bestimmte Arbeitsteilung, doch kann keine Disziplin ohne Kenntnis des Arbeitsgebietes und der geleisteten Forschungsarbeit der Nachbardisziplinen sinnvolle wissenschaftliche Arbeit leisten.

Unter Berufung auf Amonn[1] und Max Weber[2] wird in der Betriebswirtschaftslehre häufig die Auffassung vertreten, daß die Verschiedenheit der Betrachtungsweise eines Untersuchungsgegenstandes die Erkenntnisobjekte der einzelnen Wissenschaften konstituiere, daß also die **Erkenntnisobjekte von unserem Denken erzeugt** würden, indem wir ein und denselben Erfahrungsgegenstand von verschiedenen Standpunkten, unter verschiedenen Aspekten betrachten; mit anderen Worten: die Auffassung, daß der Gegenstand das Primäre sei und die Methode der Betrachtungsweise sich seiner Struktur anzupassen habe, wird nicht allgemein anerkannt, vor allem nicht von der idealistischen Philosophie des Neukantianismus. Besonders Windelband[3] und Rickert[4] haben einen bedeutenden Einfluß auf Amonns methodologische Auffassungen gehabt, auf die sich wiederum eine Anzahl namhafter Betriebswirte beruft. Auch Max Weber ist der Ansicht, daß den einzelnen wirtschaftswissenschaftlichen Disziplinen ihr Erkenntnisobjekt nicht vor allem Denken gegeben ist und schreibt: „Nicht die ‚sachlichen' Zusammenhänge der ‚Dinge', sondern die gedanklichen Zusammenhänge der Probleme liegen den Arbeitsgebieten der Wissenschaft zugrunde: wo mit neuer Methode einem neuen Problem nachgegangen wird und dadurch Wahrheiten entdeckt werden, welche neue bedeutsame Gesichtspunkte eröffnen, da entsteht eine neue ‚Wissenschaft' ".[5]

---

[1] Vgl. Amonn, A., Objekt und Grundbegriffe der theoretischen Nationalökonomie, 2. Aufl., Leipzig und Wien 1927.
[2] Vgl. Weber, M., Die „Objektivität" sozialwissenschaftlicher und sozialpolitischer Erkenntnis, Archiv f. Soz. Wiss., Bd. XIX, 1904.
[3] Vgl. Windelband, W., Geschichte der Naturwissenschaft, In: Präludien, 5. Aufl., Tübingen 1915, Bd. II.
[4] Vgl. Rickert, H., Kulturwissenschaft und Naturwissenschaft, 5. Aufl., Tübingen 1921.
[5] Weber, M., a.a.O., S. 41.

Nach dieser Auffassung ist die Bildung einer Wissenschaft also etwas völlig Subjektives. Geht man mit einer neuen Methode und Betrachtungsweise an die Erforschung empirischer Sachverhalte heran, so schafft man durch diesen rein subjektiven Denkakt eine neue Wissenschaft. Die Zahl der Wissenschaften, die man auf diese Weise bilden kann, ist also ganz in das Belieben der Forscher gestellt. Eine solche Auffassung erscheint uns nicht haltbar. Wenn die wirtschaftswissenschaftlichen Disziplinen jede ihr eigenes Erkenntnisobjekt haben, so nicht, weil ihre Vertreter durch verschiedene Betrachtungsweisen oder Verwendung unterschiedlicher Methoden sich ein eigenes Erkenntnisobjekt durch einen Denkakt geschaffen haben, sondern weil **verschiedene Seiten des gemeinsamen Untersuchungsgebietes „Wirtschaft" real gegeben** sind und jede Seite eine ihr adäquate Methode der Betrachtung erfordert. Diese Seiten (Erkenntnisobjekte) sind real da, sie werden nicht erst durch Denken erzeugt, sondern sind unabhängig von unserem Denken. Zweifellos benötigen wir das Denken, um die verschiedenen Seiten der Wirtschaft zu isolieren. Wir müssen, um eine Seite erkennen zu können, von allen anderen Seiten abstrahieren **(isolierende Abstraktion)**. Aber durch diese Abstraktion erzeugen wir doch die betreffende „Seite" (das Erkenntnisobjekt) nicht, sondern heben sie lediglich als realen Teilgegenstand heraus.

b) Betriebswirtschaftslehre und Volkswirtschaftslehre

Betriebswirtschaftslehre und Volkswirtschaftslehre untersuchen jede für sich eine Seite des Gesamtbereiches Wirtschaft, stehen also in einem sehr engen Verhältnis zueinander. Aufgabe der Betriebswirtschaftslehre ist es, alles wirtschaftliche Handeln, das sich im Betriebe vollzieht, zu beschreiben und zu erklären und schließlich auf Grund der erkannten Regelmäßigkeiten und Gesetzmäßigkeiten des Betriebsprozesses wirtschaftliche Verfahren zur Realisierung praktischer betrieblicher Zielsetzungen zu entwickeln. Da jedoch kein Betrieb für sich allein bestehen kann, sondern jeder Betrieb mit der Gesamtwirtschaft einmal über den Beschaffungsmarkt (Kapitalbeschaffung, Beschaffung von Produktionsfaktoren), zum anderen über den Absatzmarkt verbunden ist, muß die Betriebswirtschaftslehre auch die Beziehungen des einzelnen Betriebes zu anderen Wirtschaftseinheiten, zum Markt, untersuchen. Dabei erforscht sie aber nicht den gesamtwirtschaftlichen Prozeß, sondern geht stets vom einzelnen Betriebe aus. Die Betriebswirtschaftslehre bedient sich zur Erfüllung ihrer Aufgaben mehrerer Teildisziplinen, die gegenständlich voneinander getrennt sind (Betriebsbeschreibung und -morphologie, Betriebstheorie, Betriebspolitik, Betriebstechnik, Geschichte der Betriebswirtschaftslehre).

Gegenstand der Volkswirtschaftslehre ist nach A. Weber das „Ineinandergreifen der durch regelmäßigen Tausch miteinander verbundenen und durch gegenseitige Abhängigkeit aufeinander angewiesenen Einzelwirtschaften".[1] Die Gesamtwirtschaft ist also nicht etwa nur die Summe der Einzelwirtschaften, sondern sie hat ihre eigenen Probleme. Was für die Volkswirtschaftslehre **Problem** ist, so z. B. die Preisbildung der Produktionsfaktoren, die Bildung

---

[1] Weber, A., Allgemeine Volkswirtschaftslehre, 7. Aufl., Berlin 1958, S. 1.

I. Gegenstand und Methoden

und Verteilung des Volkseinkommens u. a., ist für die Betriebswirtschaftslehre **Datum**, gegebene Größe, mit der sie zu rechnen hat. Jede Veränderung der volkswirtschaftlichen Daten, z. B. Änderungen der Bedürfnisstruktur (Mode), Bevölkerungsveränderungen (Lohnpreis), technische Fortschritte (Einfluß auf Zins und Nutzungsdauer der Anlagen) führt zu einem veränderten Verhalten der Betriebe.

Umgekehrt sind die Probleme der Betriebswirtschaftslehre, z. B. die Kostenverläufe des Betriebes, für die Volkswirtschaftslehre Daten, die sie bei ihren Forschungen als gegeben in Rechnung stellen muß, da sie logisch nicht zu ihrem Erkenntnisobjekt, sondern zum Objekt der Betriebswirtschaftslehre gehören. Das bedeutet, daß beide Disziplinen, Betriebswirtschaftslehre und Volkswirtschaftslehre, nicht ohne einander auskommen können. Die Interdependenz der Zusammenhänge der ökonomischen Größen hat aber auch dazu geführt, daß trotz formaler Abgrenzung der Erkenntnisobjekte gewisse Überschneidungen der betriebswirtschaftlichen und der volkswirtschaftlichen Forschung unvermeidlich sind.

Trotz der logischen Trennung von Betriebswirtschaftslehre und Volkswirtschaftslehre durch die Verschiedenheit der Erkenntnisobjekte wird häufig die **Forderung nach einer Fusion beider Disziplinen** zu einer einheitlichen Wirtschaftswissenschaft erhoben. Die Begründungen für diese Forderung sind unterschiedlich. Teilweise wird die Verschiedenheit der Erkenntnisobjekte geleugnet. Hier handelt es sich dann gewöhnlich um eine Verwechslung von Erfahrungsgebiet (Wirtschaft) und Erkenntnisobjekt (eine isolierte „Seite" des Gebietes Wirtschaft).

Verschiedentlich wird auch nur eine Verschmelzung von betriebswirtschaftlicher und volkswirtschaftlicher Theorie unter Beibehaltung der Trennung der angewandten Teile beider Wissenschaften gefordert. Diese Forderung ist deshalb inkonsequent, weil man entweder zwei getrennte Erkenntnisobjekte anerkennt, dann aber nicht nur die praktischen Teile beider Disziplinen, sondern auch die theoretischen Grundlagen gegenständlich getrennt sind, oder aber weil man die Verschiedenheit der Erkenntnisobjekte leugnet; dann ist aber nicht einzusehen, aus welchem Grunde eine Trennung von angewandter Betriebswirtschaftslehre (Betriebswirtschaftspolitik) und angewandter Volkswirtschaftslehre (Volkswirtschaftspolitik) erfolgen soll.

Auch das Argument, daß die **Erkenntnisziele** von Betriebswirtschaftspolitik und Volkswirtschaftspolitik unterschiedlich seien, ist nicht stichhaltig. Zwar sind die praktischen Zielsetzungen des Betriebes und der Volkswirtschaft und die Mittel und Wege zur Realisierung dieser Zielsetzungen verschieden. Das Erkenntnisziel der angewandten Betriebswirtschaftslehre und Volkswirtschaftslehre ist aber das gleiche, nämlich die Erkenntnis ihres Gegenstandes. Hier liegt also eine Verwechslung von praktischen wirtschaftlichen Zielsetzungen einerseits mit Erkenntniszielen wissenschaftlicher Disziplinen andererseits vor. Die praktischen wirtschaftlichen Zielsetzungen gehören zum Gegenstand der betreffenden Disziplin.

In jüngster Zeit ist versucht worden, die Einheit der Wirtschaftswissenschaften damit zu begründen, daß die Betriebswirtschaftslehre sich einer **mikroökono-**

mischen und die Volkswirtschaftslehre einer **makroökonomischen** Betrachtung bediene und die mikroökonomische Analyse nur einen Sinn habe, wenn sie in den Gesamtzusammenhang, die makroökonomische Analyse, eingebaut werde. Die Begriffe Mikroökonomie für die Betriebswirtschaftslehre und Makroökonomie für die Volkswirtschaftslehre decken sich aber nicht mit dem, was man in der Regel unter diesen Wissenschaften versteht.[1] Als **mikroökonomische Größen** bezeichnet Schneider solche Größen, „welche sich auf die den gesamtwirtschaftlichen Kosmos bildenden elementaren Wirtschaftseinheiten (Haushalte und Unternehmungen) beziehen"; **makroökonomische Größen** dagegen sind solche, „die durch Zusammenfassung bzw. Addition der mikroökonomischen Größen gewonnen sind".[2]

Mikroökonomie und Makroökonomie sind nicht etwa nur andere „Vokabeln" für Betriebswirtschaftslehre und Volkswirtschaftslehre, sondern haben einen anderen Begriffsinhalt. Das drückt Zimmerman mit aller Deutlichkeit aus, wenn er fordert, daß der Unterschied zwischen Betriebswirtschaftslehre und Volkswirtschaftslehre einer Revision unterworfen werden müsse, „wobei die Preistheorie als Kernproblem der ersteren und die Problematik der Bildung, Verteilung und Schwankung des Volkseinkommens der letzteren zuzuweisen ist".[3] Er tritt dafür ein, „in Zukunft die ganze Terminologie zu ändern und anstatt von Betriebswirtschaftslehre von Mikro- und anstatt von Volkswirtschaftslehre von Makro-Ökonomie zu sprechen. Anders gesagt, ich sehe in der zukünftigen Entwicklung sich jene auf die Problematik des partiellen, diese auf die des generellen Gleichgewichts konzentrieren. Vergegenwärtigt man sich, daß das Kernproblem der Betriebswirtschaftslehre die Wirkung des Wirtschaftsmotivs innerhalb der Betriebswirtschaft ist, so wird deutlich, daß sie den ganzen Problemkreis des partiellen Gleichgewichts der Preisanalyse umfaßt".[4]

Da die mikroökonomische Analyse aber nicht vom einzelnen Betrieb ausgeht, sondern vom **Markt** aus in den einzelnen Betrieb hinein, ist sie in Wirklichkeit gar keine betriebswirtschaftliche Untersuchung. Eine mikroökonomische Analyse übersieht **beide Marktseiten**: Angebot und Nachfrage. Für das Marktgleichgewicht stellt aber, wie Mellerowicz es ausdrückt, „der Betriebsprozeß nur die eine Hälfte" dar.[5] Die betriebswirtschaftliche Analyse betrachtet die Nachfrageseite als Datum. Setzt man Mikroökonomie und Betriebswirtschaftslehre gleich, so ergibt sich daraus allerdings mit Notwendigkeit die Einheit der Wirtschaftstheorie, denn die mikroökonomische Analyse hat erst einen Sinn, wenn sie in den Gesamtprozeß eingebaut wird, „isoliert betrachtet, bleibt die mikroökonomische Betrachtung ein Torso".[6] Das kann man aber von der Betriebswirtschaftslehre, wie sie sich heute als Wissenschaft zeigt, nicht behaupten.

---

[1] Vgl. Wöhe, G., Methodologische Grundprobleme ... a.a.O., S. 251 ff.
[2] Schneider, E., Einführung in die Wirtschaftstheorie, I. Teil: Theorie des Wirtschaftskreislaufs, 12. Aufl., Tübingen 1965, S. 65.
[3] Zimmerman, L. J., Geschichte der theoretischen Volkswirtschaftslehre, 2. Aufl., Köln 1961, S. 236.
[4] Zimmerman, L. J., a.a.O., S. 236.
[5] Mellerowicz, K., Die Stellung der Betriebswirtschaftslehre im Rahmen der Wirtschaftswissenschaften, ZfB 1951, S. 392.
[6] Mellerowicz, K., Betriebswirtschaftslehre am Scheidewege?, ZfB 1953, S. 274.

Andere Autoren begründen die Forderung nach einer einheitlichen Wirtschaftstheorie mit der Gemeinsamkeit der in der Betriebswirtschaftslehre und Volkswirtschaftslehre verwendeten **Methoden.** Diese Begründung ist deshalb unhaltbar, weil es keine spezifisch betriebswirtschaftlichen oder volkswirtschaftlichen Methoden gibt, sondern beide Disziplinen sich der allgemeinen wissenschaftlichen Forschungsmethoden bedienen, die auch andere Wissenschaften, die nicht zu den Wirtschaftswissenschaften gehören, anwenden.

Eine Fusion von Betriebswirtschaftslehre und Volkswirtschaftslehre ist also **wegen der Verschiedenheit der Erkenntnisobjekte logisch nicht möglich,** wohl aber ist eine enge Zusammenarbeit zwischen beiden Disziplinen erforderlich, um ein „Aneinandervorbeiarbeiten" zu verhindern. Auch wird es sich nicht vermeiden lassen, in Lehrbüchern der Allgemeinen Betriebswirtschaftslehre und Allgemeinen Volkswirtschaftslehre zum besseren Verständnis eigener Probleme gesicherte Erkenntnisse der Schwesterdisziplin aufzunehmen. Das bedeutet keine Verschmelzung, sondern stellt lediglich eine Zusammenfassung der Forschungsergebnisse eng verwandter Disziplinen dar, die an derselben Aufgabe – der restlosen Erfassung und Erkenntnis des gemeinsamen Untersuchungsgebietes Wirtschaft – arbeiten.

Wenn heute eine Verschmelzung von Betriebswirtschaftslehre und Volkswirtschaftslehre logisch möglich wäre, so würde das bedeuten, daß die vor mehr als einem halben Jahrhundert erfolgte Abtrennung der Betriebswirtschaftslehre von der Volkswirtschaftslehre unbegründet gewesen ist. Die Entwicklung der Betriebswirtschaftslehre als selbständige, von der Volkswirtschaftslehre unabhängige Wissenschaft erfolgte aber nicht aus dem persönlichen Ehrgeiz einzelner Forscher heraus, eine neue Wissenschaft zu begründen, sondern deshalb, weil die Entwicklung der Betriebe, insbesondere der Industriebetriebe, Probleme mit sich brachte, die einer wissenschaftlichen Lösung harrten und die **dem Erkenntnisobjekt der Volkswirtschaftslehre logisch nicht zuzuordnen** waren. Das bedeutet nichts anderes, als daß die Probleme und Zusammenhänge einer bis dahin noch nicht wissenschaftlich untersuchten Seite der Wirtschaft angehören, deren Erforschung zur Bildung einer neuen wirtschaftswissenschaftlichen Disziplin führen mußte. Wegen der Zugehörigkeit der Probleme zu verschiedenen Erkenntnisobjekten waren auch die Versuche, die Betriebswirtschaftslehre (Privatwirtschaftslehre) zunächst als Bestandteil der Volkswirtschaftslehre zu entwickeln, zum Scheitern verurteilt.

c) Betriebswirtschaftslehre und Hilfswissenschaften

Neben der Betriebswirtschaftslehre beschäftigen sich auch andere Wissenschaften mit dem Betrieb. Sie richten ihre Aufmerksamkeit aber nicht auf die wirtschaftlichen Fragen des Betriebsprozesses, sondern auf Probleme technischer, rechtlicher, soziologischer, psychologischer, physiologischer und ethischer Art. Aus den genannten Problemen resultieren für den Betrieb wirtschaftliche Handlungen und Entscheidungen. Der Betriebswirt muß also mit diesen nichtwirtschaftlichen Fragen vertraut sein. Ihre Erforschung ist aber nicht Aufgabe der Betriebswirtschaftslehre, sondern anderer Disziplinen, die vom Standpunkt der Betriebswirtschaftslehre den Charakter von Hilfswissenschaften haben.

Neben dem wirtschaftlichen ist für den Betrieb der **technische** Bereich am wichtigsten. Die Untersuchung und Gestaltung des technischen Betriebsprozesses ist Aufgabe der **Betriebswissenschaft** und damit des Ingenieurs. Der Betriebswirt muß die Produktionstechnik und die Mittel der technischen Gestaltung der Verfahren als gegeben hinnehmen und mit ihnen rechnen, d. h. überprüfen, welche Kosten- und Ertragsrelationen bei verschiedenen technischen Verfahren gegeben sind.

Aufgabe der **Arbeitswissenschaften** ist es, „Erkenntnisse für die optimale Gestaltung des Einsatzes der körperlichen, geistigen und seelischen Kräfte des Menschen zu liefern".[1] Die menschliche Arbeitskraft wird von vielen Faktoren beeinflußt, von der eigenen physischen und psychischen Leistungsfähigkeit, von den Maschinen, mit denen sie im Produktionsprozeß zusammenwirkt, von den Mitarbeitern, von der Betriebsgemeinschaft und dem „Betriebsklima", das sie umgibt. Mit diesen Größen beschäftigen sich eine Anzahl arbeitswissenschaftlicher Disziplinen: die Arbeitsphysiologie, Arbeitspsychologie, Arbeitssoziologie, Arbeitspädagogik, Arbeitsmedizin u. a. Ihre Erkenntnisse sind für den Betriebswirt unentbehrlich, z. B. bei Fragen der Arbeitsbewertung, der Entlohnung, der Arbeitsvorbereitung, der Gestaltung der Arbeitsplätze, der Regelung der Arbeitspausen usw.

Zweifellos kommt dem arbeitenden Menschen eine zentrale Stellung im Betriebe zu. Aber vom Standpunkt der Betriebswirtschaftslehre ist er nicht Zweck, sondern Mittel, einer der Faktoren, die zur Realisierung der mit dem Betriebsprozeß erstrebten praktischen Zielsetzungen eingesetzt werden. Die Betriebswirtschaftslehre muß bei der Berücksichtigung von Erkenntnissen der Betriebssoziologie, der Betriebspsychologie, der Wirtschaftsethik u. a. ihre rein wirtschaftliche Betrachtungsweise beibehalten und muß bei allen Maßnahmen, die z. B. zur Verbesserung der Arbeitsbedingungen führen können, überprüfen, ob diese Maßnahmen die Wirtschaftlichkeit der Leistungserstellung und/oder die Rentabilität des Kapitaleinsatzes erhöhen oder zumindest nicht vermindern, d. h. einen durch diese Maßnahmen ausgelösten zusätzlichen Aufwand durch Leistungssteigerung wenigstens kompensieren. Tun sie es nicht, so sind sie vom wirtschaftlichen Standpunkt aus unzweckmäßig.

Diese Feststellung mag vom sozialen Standpunkt aus betrachtet hart erscheinen, aber vom Standpunkt der Betriebswirtschaftslehre, die wie jede Einzelwissenschaft ihr Erkenntnisobjekt unter Abstraktion von anderen Wirklichkeitskomponenten erfassen muß, ist sie konsequent. Das Handeln eines Unternehmers wird ja nicht nur von wirtschaftlichen, sondern auch von ethischen und sozialen Motiven beeinflußt. Die Betriebswirtschaftslehre kann ihm stets **nur eine Komponente** – die rein wirtschaftliche – als Grundlage seiner Entscheidungen liefern, niemals aber fertige Rezepte für sein Handeln. Diese Entscheidungen trifft der Unternehmer nicht als „reiner Wirtschafter", als „homo oeconomicus", sondern **als Mensch,** in dessen Leben es auch andere Bereiche gibt, die in einer Rangordnung der Werte über den wirtschaftlichen stehen können.

---

[1] Böhrs, H., Über Aufgabe und Inhalt der Arbeitswissenschaften, BFuP 1955, S. 178.

3. Die Betriebswirtschaftslehre als theoretische und als angewandte Wissenschaft

Die Betriebswirtschaftslehre besteht aus einem theoretischen und einem angewandten (praktischen) Teil. Die Theorie bildet die Grundlage für die angewandte Wissenschaft. Beide Teile unterscheiden sich durch ihr **Erkenntnisziel**. Erkenntnisziel der theoretischen Betriebswirtschaftslehre ist **reine Erkenntnis des Seienden,** die an sich niemals auf Zwecke gerichtet oder an Zwecken ausgewählt ist. Auswahlprinzip ist die logische Zusammengehörigkeit der Probleme, d. h. die Möglichkeit ihrer eindeutigen Zuordnung zum Erkenntnisobjekt der Betriebswirtschaftslehre.

Erkenntnisziel der angewandten Betriebswirtschaftslehre ist die Beschreibung und Beurteilung von empirisch vorgefundenen Entscheidungsprozessen sowie die Entwicklung neuer Entscheidungsgrundlagen, d. h. die **Gestaltung des Betriebsablaufs** im Hinblick auf einen obersten Zweck. Die der Realisierung dieser obersten Zielsetzung dienenden unternehmerischen Handlungsalternativen wählt die angewandte Betriebswirtschaftslehre als ihre Probleme aus.

a) Erkenntnismöglichkeiten und Methoden der theoretischen Betriebswirtschaftslehre

Das Erkenntnisobjekt der Betriebswirtschaftslehre hat wie das Objekt jeder Realwissenschaft eine existentielle Seite (Dasein) und eine logische Seite (Sosein). Jede Seite ist Gegenstand einer theoretischen Teildisziplin. Die logische Seite des Betriebsprozesses ist Gegenstand einer **exakten betriebswirtschaftlichen Theorie.** Sie versucht, zur Erkenntnis des Wesens, der logischen Bestimmungen und Merkmale des Betriebsprozesses zu gelangen. Dazu bedarf sie einer weitgehenden Abstraktion und Isolierung. Die existentielle Seite ist Gegenstand einer **empirisch-realistischen betriebswirtschaftlichen Theorie,** die die tatsächlich gegebenen betrieblichen Geschehnisabläufe erfaßt und somit einen geringeren Abstraktionsgrad aufweist. Beide Bereiche der betriebswirtschaftlichen Theorie sind also gegenständlich getrennt, und jeder Gegenstand erfordert eine ihm adäquate Forschungsmethode, die durch seinen Allgemeinheitsgrad bedingt ist.

Die empirisch-realistische Theorie geht von der Erfahrung aus und bedient sich in erster Linie der **induktiven Forschungsmethode,** d. h. sie versucht, aus einer Vielzahl von Einzelbeobachtungen typische Merkmale, Beziehungen und Regelmäßigkeiten zu gewinnen, also vom Besonderen, Einzelnen zum Allgemeinen vorzudringen. Dazu ist zunächst eine Beschreibung von Einzelheiten erforderlich. Die induktive Forschung bleibt jedoch nicht bei der reinen Deskription stehen, denn durch bloße Beschreibung von Tatbeständen ist es nicht möglich, in die konkrete Wirklichkeit einzudringen. Die eigentliche Aufgabe der Theorie liegt darin, Gesetzmäßigkeiten zu erkennen, d. h. den Betriebsprozeß zu erklären.

An die **deskriptive Analyse** schließt sich deshalb die **kausale Analyse** an. Ihr Ziel ist die Erforschung von typischen Erscheinungsformen und das Auffinden und die Erklärung von Abhängigkeiten und Zusammenhängen. Es gibt aber in der wirtschaftlichen Wirklichkeit keine zwei Sachverhalte, die eine strenge Übereinstimmung zeigen; andererseits kann aus den beobachteten Ursach-Wirkungszusammenhängen nicht gefolgert werden, daß auch in allen nicht beobachteten Fällen, bei denen der gleiche Ursachenkomplex vorausgesetzt wird, die gleiche Wirkung folgt. Die wahrnehmbaren betrieblichen Tatbestände sind stets Wirkungen eines **Ursachenkomplexes,** der sich durch Beobachtung nicht völlig entwirren läßt. Das wäre nur möglich, wenn – wie in den Naturwissenschaften – die betriebliche Theorie durch Isolierung der Ursachen im **Experiment** die Kausalzusammenhänge erfassen könnte. Kann man einen Komplex von Bedingungen im Experiment beliebig oft schaffen, so läßt sich nach einer als hinreichend angesehenen Zahl von Wiederholungen, die stets die gleiche Wirkung zeigen, der Wahrscheinlichkeitsschluß ziehen, daß hier eine Gesetzmäßigkeit vorliegt, die auch die noch nicht beobachteten Fälle bestimmt.

Hier zeigen sich die **Grenzen der induktiven Methode** in der Betriebswirtschaftslehre, denn erstens ist eine experimentelle Isolierung einzelner Ursachen zur Erforschung von Zusammenhängen in den Betrieben nicht möglich und – selbst wenn sie gelingen würde – ist zweitens eine künstliche Wiederholung der untersuchten Konstellation in der Regel nicht durchführbar.

Die Betriebswirtschaftslehre hat jedoch die Möglichkeit, an Stelle von Experimenten **Wirtschaftsmodelle** zu bilden, d. h. einzelne Zusammenhänge gedanklich zu isolieren und nun durch logisches Schließen aus dem Modell zu deduzieren. Empirisch-induktiv ist ein solches Vorgehen nicht möglich. Der Unterschied zum Modell des Naturwissenschaftlers liegt darin, daß dieser sich eine bestimmte Versuchsanordnung schafft und einzelne Faktoren aufeinander einwirken lassen kann. Er sieht die Wirkung durch Beobachtung und kann den Versuch beliebig oft wiederholen. Er geht also induktiv vor und folgert aus vielen gleich verlaufenden Versuchen einen gesetzmäßigen Zusammenhang.

Der Betriebswirt dagegen schafft sich eine vereinfachte Ausgangskonstellation durch Denken. Er leitet aus ihr rein logisch bestimmte Relationen ab, wendet also die **deduktive Methode** an, d. h. er schließt vom Allgemeinen auf das Besondere. Sein Modell wird nicht mit den beobachteten realen Sachverhalten übereinstimmen, es ist eine „zurechtgemachte Wirklichkeit" (Spiethoff), ein isolierter Teilzusammenhang. Die gewonnenen Urteile gelten rein logisch und sind **denknotwendig.** Die Deduktion aus den gesetzten Prämissen erfolgt ohne Mitwirkung der Erfahrung. Der isolierte Zusammenhang ist aber – wenn die Wahrheitssicherung der Prämissen gelungen ist (und darin liegt die Schwierigkeit) – ein Wesensmerkmal des Erkenntnisobjektes, wenn auch in der Reinheit des Modells gewöhnlich nicht nachweisbar.

Die Wirtschaftsmodelle können erstens auf Prämissen aufgebaut werden, die **aus der Erfahrung** gewonnen worden sind, indem durch fortschreitende Abstraktion von den tatsächlich beobachteten Einzelheiten die Erscheinungen gedanklich auf einen restlichen Zusammenhang reduziert werden, der in dieser Reinheit real nie gegeben ist, von dem aber angenommen wird, daß er dem Erkenntnisobjekt wesenhaft zugehört. Dieser durch **isolierende Abstraktion** gewonnene Teilzusammenhang stellt die Ausgangskonstellation dar, aus der ohne Verwendung der Erfahrung Beziehungen zwischen betrieblichen Faktoren deduziert werden. Die abgegebenen Urteile sind Urteile über quantitative Abhängigkeitsverhältnisse (z. B. Kostenverläufe im gegebenen Betriebe). Man bezeichnet ein solches Modell als **Reduktivmodell**.[1]

Die zweite Art von Wirtschaftsmodellen sind die **Konstruktivmodelle**. Hier werden die Prämissen, aus denen deduziert wird, nicht aus der Erfahrung gewonnen, sondern **rein gedanklich gesetzt**, die Ausgangskonstellation wird also gedanklich konstruiert. Die Modelle lassen sich nicht nur nach dem Kriterium der Herkunft ihrer Prämissen, sondern auch nach anderen Kriterien einteilen. Sie werden unten ausführlich besprochen.

Alle Wirtschaftsmodelle haben den Charakter von **Arbeitshypothesen,** die zur Erklärung von realen Zusammenhängen, die auf empirisch-induktivem Wege nicht zu erfassen sind, verwendet werden. Dabei muß beachtet werden, daß die Urteile der betriebswirtschaftlichen Theorie, die aus bestimmten Datenkonstellationen deduziert werden, bei fehlerfreier Deduktion denknotwendig sind. Sie sind aber keine Kausalurteile, die eine Aussage über eine kausale Gesetzmäßigkeit (Ursach-Wirkungsverhältnis) machen, sondern Urteile über akausale (funktionale) Größenbeziehungen. Diese Urteile enthalten eine **logische Notwendigkeit,** einen Zusammenhang von Grund und Folge und nicht eine Beziehung zwischen Ursache und Wirkung. Hypothetisch bleibt, ob die Modellösung in der Realität praktikabel ist, denn obwohl die Modellanalyse zu denknotwendigen Aussagen geführt hat, können die dem Modell zugrundeliegenden Prämissen in der Realität nicht gegeben sein. So wird z. B. in einem Modell das preispolitische Verhalten eines Angebotsmonopolisten unter der Voraussetzung bestimmt, daß der Monopolist das Gewinnmaximum erzielen will, daß er seine Nachfragekurve und seine Kostenkurven kennt, vollkommene Voraussicht und unendlich schnelle Reaktionsfähigkeit besitzt usw.

Empirisch-realistische, mit vorwiegend induktiver Methode vorgehende und exakte, mit vorwiegend deduktiver Methode vorgehende theoretische Forschung sind also **keine Alternative,** sondern sie ergänzen sich und bilden zusammen die betriebswirtschaftliche Theorie. Zum Erkenntnisobjekt der Betriebswirtschaftslehre gehören Probleme, die auf induktivem Wege nicht gelöst werden können, weil der Betriebsprozeß zu komplex ist und zu viele Faktoren mit-, durch- und gegeneinander wirken. In diesen Fällen werden die mit Hilfe der Modellanalyse gewonnenen Erkenntnisse zur Erklärung der Zusammenhänge angewendet. Die Ergebnisse sind hypothetisch, denn die mit Hilfe der Deduktion gewonnenen Urteile gelten zunächst nur in der logischen Sphäre. Sie bedürfen deshalb einer Überprüfung ihrer Brauchbarkeit im empirischen Bereich, die davon abhängt, ob sie sich in diesem Bereich bewähren. Da eine Wahrheitssicherung **(Verifizierung)** der Hypothesen nicht möglich ist, denn sie würde voraussetzen, daß alle von der Hypothese betroffenen realen Zusammenhänge auf ihre Übereinstimmung mit der Hypothese überprüft werden müßten, gilt sie solange, bis sie widerlegt worden ist **(Falsifizierung).** Die Modellanalyse der exakten Theorie, die uns die Erkenntnis bestimmter Grundzusammenhänge

---

[1] Vgl. Ritschl, H., Theorie der Volkswirtschaftslehre, Bd. 1, Tübingen 1957, S. 110.

vermittelt und isolierte Teilzusammenhänge bis zur letzten Konsequenz logisch verfolgt, ist also zur theoretischen Erklärung des Betriebsprozesses unentbehrlich.

Exakte und empirisch-realistische betriebswirtschaftliche Theorie stehen einmal in einem **Ausschließungsverhältnis** zueinander, da nicht alle Probleme induktiv oder deduktiv untersucht werden können, sondern der jeweilige Untersuchungsgegenstand eine ihm adäquate Methode erfordert. Sie stehen andererseits in einem **Abhängigkeitsverhältnis** zueinander, da die empirisch-realistische Theorie in komplexe Zusammenhänge nicht ohne Kenntnis der logischen Relationen, die das Wesen des Betriebsprozesses ausmachen, eindringen kann, die exakte Theorie ihrerseits die Prämissen, mit denen sie arbeitet, möglichst auf induktivem Wege, also aus der Erfahrung gewinnen muß, auch wenn sie sich dann bei der logischen Ableitung nicht mehr der Erfahrung bedient.

b) Betriebswirtschaftliche Modelle

Die Betriebswirtschaftslehre hat einerseits das Ziel, den Betriebsprozeß in allen seinen Einzelheiten und Erscheinungsformen zu erklären und andererseits die für die Gestaltung des Betriebsprozesses im Hinblick auf gegebene Zielsetzungen optimalen Handlungsalternativen aufzuzeigen. Sie bedient sich bei der Lösung dieser Aufgaben – wie oben dargestellt – der vereinfachenden Abbildung komplexer Zusammenhänge mit Hilfe von Modellen.

Für die Bildung sozialökonomischer Modelle gilt folgender allgemeiner Rahmen:[1]

„1. die Festlegung eines Untersuchungs- oder Beurteilungszieles,
2. die Auswahl und Definition von Merkmalen aus dem empirischen Gesamtzusammenhang,
3. die Isolierung der Merkmale, d. h. die Definition der Unabhängigkeit von nicht beachteten Merkmalen,
4. die Auswahl einer Technologie (eines Algorithmus) zur Lösung der durch das Untersuchungs- oder Beurteilungsziel vorgegebenen Frage,
5. die Durchführung der durch die Technologie vorgegebenen Operationen zur Bestimmung eines dem Untersuchungs- oder Beurteilungsziel entsprechenden Ergebnisses."

Die Problematik der Modellbildung liegt in der Formulierung des Problems, d. h. der Festlegung der **Problemstruktur** und der Auswahl der Modellmerkmale, die für die Lösung des Problems relevant sind. Dieser Vorgang der Abstraktion ist bis zu einem gewissen Grade subjektiv, d. h. aus der durch das zu untersuchende Objekt bestimmten Problemstruktur leitet der Forscher ein vereinfachtes Abbild der Realität, die **Realstruktur** ab. Der wissenschaftliche Erfolg oder Mißerfolg, d. h. die Brauchbarkeit der Modellösungen als Hypothese zur Erklärung empirischer Zusammenhänge hängt ganz entscheidend von der Trennung der für die Problemlösung relevanten von den irrelevanten Merkmalen ab. Die Modellmerkmale werden als **Variable** bezeichnet.

Modelle können beschreiben und erklären und damit auch Entscheidungshilfen liefern. Sie können darüber hinaus aber auch Anweisungen für optimale Ent-

---

[1] Tietz, B., Grundlagen der Handelsforschung, Bd. I: Die Methoden, Rüschlikon-Zürich 1969, S. 611.

scheidungen enthalten. Man unterscheidet nach dem Kriterium der Art der Aussage des Modells:
(1) Beschreibungsmodelle (deskriptive Modelle),
(2) Erklärungsmodelle (explikative Modelle),
(3) Entscheidungsmodelle.

Mit Hilfe von **Beschreibungsmodellen** werden empirische Erscheinungen abgebildet, ohne daß sie dabei analysiert und erklärt werden. Ein Beispiel dafür ist die Buchführung des Betriebes,[1] die Bewegungen im Zeitablauf (Güter- und Geldströme) und Bestände an Zeitpunkten (Güterbestände, Zahlungsmittelbestände) durch Aufschreibungen erfaßt.

Mit **Erklärungsmodellen** sollen die Ursachen betrieblicher Prozeßabläufe erklärt werden. Sie stellen Hypothesen über Gesetzmäßigkeiten auf. Im einzelnen sind dazu folgende Schritte erforderlich:[2]

„1. die Formulierung der relevanten Fragestellungen,
2. die Auswahl der zu erklärenden Variablen und der dafür relevanten Einflußgrößen (Erklärungsvariablen),
3. die Aufstellung von Hypothesen über die Beziehungen zwischen den Einflußgrößen unter Einsatz mathematischer Kalküle,
4. die Festlegung der Maßstäbe, mit denen die Variablen gemessen werden,
5. die Ermittlung der empirischen Daten (Schätzung der Parameter durch statistische Analysen),
6. die Testung der Hypothesen aufgrund empirischer Unterlagen,
7. die Formulierung der Gesetzmäßigkeiten, sofern empirische Untersuchungen die Eignung der Hypothesen bestätigen, sonst Rückkoppelung zu Punkt 3, d. h. Aufstellung neuer Hypothesen,
8. die Fortsetzung der Hypothesen durch neue empirische Unterlagen. (Häufig werden Erklärungsmodelle aufgestellt, auf deren Überprüfung mit empirischen Daten verzichtet wird. Der Erklärungswert gilt dann nur insoweit, als die zugrunde gelegten Prämissen dieser Modelle zutreffen.)"

Zu den Erklärungsmodellen im weiteren Sinne zählen auch die Vorhersagemodelle (**Prognosemodelle**). Sie formulieren die Erklärung in eine Voraussage um. Ist z. B. in einem Erklärungsmodell die Hypothese aufgestellt worden, daß der Leistungswille der Arbeitnehmer durch Einführung eines Erfolgsbeteiligungssystems positiv beeinflußt wird, so läßt sich dieser Zusammenhang als Prognose formulieren: wenn ein Erfolgsbeteiligungssystem eingeführt wird, dann wird die Arbeitsleistung steigen. Auch diese Aussage hat hypothetischen Charakter.

Entscheidungsmodelle haben die Aufgabe, die Bestimmung optimaler Handlungsmöglichkeiten zu erleichtern. Sie suchen nach Mitteln zur optimalen Realisierung eines Zieles, d. h. sie übertragen die in einem Erklärungsmodell gewonnenen Erkenntnisse auf einen praktischen Anwendungsbereich. Dabei werden in der Regel mehrere Variable innerhalb bestimmter Nebenbedingungen in der Weise festgelegt, daß die Zielfunktion dieser Variablen einen Extremwert annimmt (z. B. Gewinnmaximierung, Kostenminimierung).

---

[1] Vgl. Tietz, B., a.a.O., S. 684.
[2] Tietz, B., a.a.O., S. 685.

Entscheidungsmodelle sind auf die Zukunft gerichtet. Folglich kann nicht immer unterstellt werden, daß der Entscheidungsträger über vollkommene Voraussicht verfügt und alle Variablen seiner Zielfunktion kontrolliert. Vielmehr beruhen die Entscheidungen fast immer auf mehr oder weniger unsicheren Aktions-, Reaktions, Trend- und Umwelterwartungen.

Nach der Art der Annahmen über das Eintreten der Ergebnisse eines Modells sind zu unterscheiden:
(1) Deterministische Modelle,
(2) stochastische Modelle,
(3) spieltheoretische Modelle.

In **deterministischen Modellen** wird unterstellt, daß ein Ergebnis mit hundertprozentiger Wahrscheinlichkeit, d. h. mit **völliger Sicherheit** eintritt. Die Ergebnisse der einzelnen Handlungsalternativen werden als bekannt vorausgesetzt. Jeder Variablen können eindeutige Werte beigelegt werden. Ein Beispiel sind Investitionsmodelle, die unter Sicherheit gebildet werden. Es wird unterstellt, daß alle zukünftigen Einzahlungen und Auszahlungen alternativer Investitionsprojekte bekannt sind und somit das vorteilhafteste Investitionsprojekt bestimmt werden kann.[1]

Bei **stochastischen Modellen** besteht eine **Risikosituation**. Die Variablen des Modells können verschiedene Werte annehmen, die Wahrscheinlichkeitsmaße sind jedoch bekannt, d. h. bei Entscheidungen unter Risiko wird unterstellt, daß die Eintrittswahrscheinlichkeit der möglichen Ereignisse bestimmt ist.

Spieltheoretische Modelle werden entwickelt, wenn für die Variablen eines Modells keine Wahrscheinlichkeiten angegeben werden können. Hier liegt folglich eine **Entscheidung bei Unsicherheit** vor, d. h. sie führt zu Ergebnissen, über die weder Wahrscheinlichkeiten, noch sonstige andere Erkenntnisse vorhanden sind. In den Modellen wird unterstellt, daß man gegen einen rational spielenden Gegner oder gegen die Natur spiele.

c) Das Auswahlprinzip der angewandten Betriebswirtschaftslehre

aa) Gewinnmaximierung oder gemeinwirtschaftliche Wirtschaftlichkeit als Auswahlprinzip?

Da alles menschliche Handeln auf Ziele gerichtet ist, muß die Betriebswirtschaftslehre als praktische Wissenschaft ihre Probleme an den Zielen auswählen, die die Menschen, die die unternehmerischen Entscheidungen zu treffen haben, verfolgen. Diese Ziele müssen **empirisch festgestellt** werden und dürfen nicht aus Normen oder ideologischen Vorstellungen abgeleitet werden, an denen nach der subjektiven Vorstellung einzelner Fachvertreter oder gesellschaftlicher Gruppen die Entscheidungen im Betriebe ausgerichtet werden sollten, tatsächlich aber gar nicht ausgerichtet werden. Die empirische Feststellung von Zielen bedeutet nur, daß sie tatsächlich die Grundlage unternehmerischen Handelns sind. Ob sie von jedermann gebilligt werden, steht dabei nicht zur Diskussion.

Die mit einem Betrieb verfolgten Ziele werden durch das Wirtschaftssystem mitbestimmt, in dem sich die betriebliche Tätigkeit vollzieht. **Orientierungs-**

---

[1] Einzelheiten vgl. Fünfter Abschnitt, II, 2.

größen für die Entscheidungen der Betriebsführung **im System der Marktwirtschaft** sind die Größen des Beschaffungs- und Absatzmarktes, d. h. die Preise der Produktionsfaktoren und die Preise der produzierten Güter und Leistungen. Diese Preise bilden sich durch Angebot und Nachfrage und lenken die Produktionsfaktoren in die Verwendungen, in denen die erwartete Differenz zwischen dem Wert des Faktoreinsatzes und dem Wert des Faktorertrages die größtmögliche ist. Der erwartete **Gewinn** steuert folglich den Einsatz der Produktionsfaktoren. Er bestimmt die Entscheidung, welche Güter in welchen Mengen produziert werden.

Betrachtet man die Anlage finanzieller Mittel im Betriebe als eine von mehreren Anlagealternativen (z. B. Anlage in festverzinslichen Wertpapieren, in Grundstücken), d. h. faßt man die Unternehmung als Objekt auf, das sich ihre Eigentümer geschaffen haben, um sich mit Hilfe der Unternehmung ein Einkommen zu verschaffen und das Vermögen zu vermehren, so entspricht es vom Standpunkt derer, die ein solches Ziel verfolgen, der ökonomischen Vernunft, solche Entscheidungen zu treffen, die zur **größtmöglichen Verzinsung des eingesetzten Eigenkapitals** führen. Wie fast alle menschlichen Entscheidungen müssen sich auch die unternehmerischen Entscheidungen, die der Gewinnmaximierung dienen sollen, unter Beachtung bestimmter Daten vollziehen, die durch die Rechtsordnung gesetzt sind. Außerdem können sie durch Unterziele beeinflußt werden, d. h. durch Ziele, deren Realisierung zwar eine Gewinnerzielung voraussetzt, die aber im Einzelfall bei der Realisierung der Gewinnmaximierung ebenso als Daten beachtet werden, wie z. B. die Rechtsordnung. Im Gegensatz zu Rechtsnormen gelten sie jedoch nur für konkrete Einzelfälle, da sie von **subjektiven Wertvorstellungen** der entscheidenden Personen abhängen (z. B. Gewinnerzielung unter Beachtung gewisser ethischer und sozialer Vorstellungen oder unter Beachtung von Prestige- und Machtstreben).

Im System der **Zentralverwaltungswirtschaft** sind die Orientierungsgrößen für die Entscheidungen der Betriebsführung die auf Grund eines zentralen Volkswirtschaftsplanes vorgegebenen Produktionsziffern (Produktionssoll). In beiden Systemen wird der Betrieb bestrebt sein, seine Zielsetzung – Gewinnmaximierung oder Planerfüllung – unter Beachtung des Wirtschaftlichkeitsprinzips zu realisieren, also so wirtschaftlich wie möglich zu arbeiten.

Die Wirtschaftlichkeit ist in jedem Wirtschaftssystem einer dem jeweiligen System immanenten Zielsetzung des Betriebes untergeordnet. Diese Unterordnung erfordert eine Trennung der angewandten Betriebswirtschaftslehre in eine Wirtschaftslehre der Unternehmung und eine Wirtschaftslehre des zentralverwalteten Betriebes. Beide Teilgebiete können die gleiche Betriebstechnik anwenden und auf den Erkenntnissen der betriebswirtschaftlichen Theorie aufbauen, soweit diese – wie z. B. die Produktions-, Kosten- und Investitionstheorie – aus Tatbeständen entwickelt worden ist, die vom Wirtschaftssystem unabhängig sind. Die Theorie des Absatzes ist allerdings ohne Beziehung auf die Wirtschaftsordnung nicht denkbar.

Beschränken wir die Untersuchung auf das Wirtschaftssystem, in dem wir leben, so ist die Frage zu stellen: Welche Ziele verfolgen die Unternehmer tatsächlich? Verhalten sie sich systemkonform, d. h. versuchen sie, durch Orientierung an den Daten des Marktes ihren **Gewinn zu maximieren** oder wollen sie die **Gemeinschaft optimal mit Gütern und Dienstleistungen versorgen**? Damit ergibt sich die weitere Frage, ob diese beiden Ziele sich ausschließen oder sich bedingen, d. h. ob eine Ausrichtung der unternehmerischen Entscheidungen am Prinzip der Gewinnmaximierung zugleich zur bestmöglichen Güterversorgung (im Rahmen des gegebenen Wirtschaftssystems) führt oder nicht.

Bedeutende Fachvertreter wie **Schmalenbach** und **Nicklisch** haben das Gewinnmaximierungsprinzip als Auswahlprinzip der Betriebswirtschaftslehre abgelehnt, weil eine Orientierung am maximalen Gewinn ihrer Auffassung nach nicht zur optimalen Güterversorgung führt. An die Stelle des Gewinnprinzips stellen sie das Prinzip der **gemeinwirtschaftlichen Wirtschaftlichkeit** (gemeinwirtschaftliche Produktivität). Schmalenbach schreibt dazu: „An sich interessiert den Betriebswirtschaftler der Richtung, der der Verfasser angehört, der wirtschaftliche Betrieb nur als ein Organ der Gemeinwirtschaft. Ihn fesselt nicht der Betrieb als privatwirtschaftliche Erwerbsanstalt ... Der Betriebswirtschaftler dieser Richtung fühlt sich, seiner Bescheidenheit unbeschadet, als Staatswirtschaftler"; und er fährt fort: „Und so ist es nicht der Sinn unserer Betriebswirtschaftslehre, zuzuschauen, ob und wie irgend jemand sich ein Einkommen oder Vermögen verschafft. Sinn unserer Lehre ist lediglich zu erforschen, wie und auf welche Weise der Betrieb seine gemeinwirtschaftliche Produktivität beweist."[1]

Die Mehrzahl der betriebswirtschaftlichen Autoren hat ein derartiges Auswahlprinzip seit jeher **abgelehnt,** weil es mit der Wirklichkeit nicht übereinstimmt. Es stellt nicht fest, wie gehandelt wird, sondern wie gehandelt werden sollte. Woher weiß der einzelne Betrieb, wie er handeln muß, um seine „gemeinwirtschaftliche Aufgabe" am besten zu erfüllen, d. h. um vom Standpunkt der Gesamtwirtschaft aus den größtmöglichen Beitrag zum Sozialprodukt zu erbringen? Wann ist in einer Volkswirtschaft die „beste" Güterversorgung erreicht? Bedeutet größte Menge an Gütern auch optimale Versorgung? Wie muß die Zusammensetzung des Sozialproduktes sein, welche Güter sind „wichtig", welche nicht? Das alles sind Fragen, die nicht von der Betriebswirtschaftslehre oder vom Betrieb her gelöst werden können. Folglich kann sich der einzelne Betrieb auch nicht das Ziel setzen, den Markt mit Gütern zu versorgen oder eine gemeinwirtschaftliche Aufgabe zu erfüllen. Wer, wenn nicht der Markt, sollte ihm sagen, welche Güter von der Gesamtheit verlangt werden?

Orientiert sich der Betrieb am maximal erzielbaren Gewinn, so bedeutet das, daß er die Güter produziert, nach denen die dringlichste **kaufkräftige** Nachfrage besteht, d. h. bei denen vom Standpunkt der zu einer bestimmten Zeit gegebenen Bedürfnisstruktur die Spannung zwischen Bedarf und Deckung am größten ist. Die so erreichte gesamtwirtschaftliche Bedarfsdeckung kann vom Standpunkt einer bestimmten sozial- oder gesellschaftspolitischen Vorstellung nicht optimal sein, weil sie vielleicht an einer Stelle zur Deckung von Luxusbedarf führt, während an anderer Stelle Mangel an lebensnotwendigen Gütern herrscht. Es kann u. E. dennoch nicht Aufgabe der Betriebswirtschaftslehre als Wissenschaft sein, dem Unternehmer Empfehlungen zu geben, wie er dieser für

---

[1] Schmalenbach, E., Dynamische Bilanz, 5. Aufl., Leipzig 1931, S. 94.

ungerecht und unsozial gehaltenen Verteilung abhelfen kann, denn diese Empfehlungen könnten als Werturteile nicht als wahr bewiesen werden. Diese Verteilung ist eine Folge des zur Zeit bestehenden Wirtschaftssystems, und dieses System ist für die Betriebswirtschaftslehre ein Datum, solange es die Basis aller wirtschaftlichen Handlungen ist.

Wir halten fest: Auswahlprinzip der Betriebswirtschaftslehre ist die aus der Erfahrung abgeleitete oberste Zielsetzung der Unternehmer, d. h. die **langfristige Maximierung des Gewinns,** und nicht eine auf sozialethischen Vorstellungen einer Gruppe oder auf bestimmten Verteilungsidealen basierende Zielsetzung, die von den Unternehmern gar nicht verfolgt werden kann. Das hat übrigens auch **Schmalenbach** trotz seines Postulates, die unternehmerischen Entscheidungen an der gemeinwirtschaftlichen Wirtschaftlichkeit zu orientieren, erkannt, wenn er schreibt: „Nun arbeitet der Inhaber des Betriebes im allgemeinen nicht, um der Gemeinwirtschaft aufs beste zu dienen, sondern er arbeitet ... des eigenen Nutzens wegen. Eine nur auf diesen abgestellte Betriebsrechnung können wir in einer Unternehmerwirtschaft erwarten; jede andere bliebe tote Theorie."[1] Schmalenbach hat allerdings versucht, die Inkonsequenz, die in seinem Postulat der gemeinwirtschaftlichen Produktivität einerseits, und der Verwendung der privatwirtschaftlichen Wirtschaftlichkeit (Rentabilität) bei der Unternehmensrechnung andererseits steckt, zu bemänteln, so wenn er feststellt, „daß der privatwirtschaftliche Ertrag am letzten Ende nicht das ist, was wir eigentlich herausmessen wollen, daß wir aber den privatwirtschaftlichen Ertrag uns zum Rechnungsziele nehmen, wissend, daß nur dieser die nötige Sicherheit und den guten Willen der Rechner findet."[2]

Die langfristige Gewinnmaximierung wird von den meisten Fachvertretern, die als Objekt der Betriebswirtschaftslehre den Betrieb als planvoll organisierte Wirtschaftseinheit auffassen, in dem sich eine Kombination von Produktionsfaktoren nach den dem geltenden Wirtschaftssystem immanenten Gesetzmäßigkeiten vollzieht, als oberste Zielsetzung und damit als Auswahlprinzip anerkannt, wenn auch mit gewissen Nuancierungen, die in der Problematik der Bestimmung des Gewinns liegen und auf die unten noch eingegangen wird. Dazu einige Zitate aus der Literatur. **Sieber** schreibt: „Sehen wir doch endlich ein, daß ein unzureichendes Funktionieren der Marktwirtschaft nicht von den Unternehmungen her gebessert werden kann. Woher wollen sie denn anders als durch die Marktpreise, also durch ihren Gewinn, wissen, welche Produktion am dringlichsten ist? Wenn zum Beispiel von Betriebswirten gesagt wurde, der Gewinn interessiere sie als Privatsache des Unternehmers nicht und wie dergleichen kräftige Worte gegen den ‚bloßen Profit' lauten mögen, so zeugen derartige Auffassungen von einer völligen Verkennung der Zusammenhänge zwischen Unternehmung und Volkswirtschaft."[3]

Rieger führt aus: „Die Unternehmung ist eine Veranstaltung zur Erzielung von Geldeinkommen – hier Gewinn genannt – durch Betätigung im Wirt-

---

[1] Schmalenbach, E., a.a.O., S. 95.
[2] Schmalenbach, E., a.a.O., S. 95.
[3] Sieber, E., Wirtschaftlichkeit und Wirtschaftlichkeitsmessung. In: Die Unternehmung am Markt (Festschrift Rieger), Stuttgart und Köln 1953, S. 185.

schaftsleben. Wenn wir also von einem Zweck der Unternehmung reden, so kann es nur dieser sein, Gewinn zu erzielen, und zwar für den Unternehmer. Die Aufgabe oder Tätigkeit, der sie sich im Rahmen der Gesamtwirtschaft unterzieht, ist für sie oder besser für die Unternehmer ausschließlich Mittel zum Zweck.

Aus unserer derzeitigen Wirtschaftsverfassung ergibt sich die Unmöglichkeit, diesem Gewinnstreben begriffliche Grenzen zu ziehen. Insbesondere ist die Wissenschaft außerstande, einen Maßstab anzugeben, der den gerechtfertigten Gewinn von dem ‚gemachten Profit' trennt . . .

Daß eine Unternehmung sich als Aufgabe die Versorgung des Marktes setzt, ist eine ganz unmögliche Vorstellung. . . . Von den Unternehmern . . . könnte man eher behaupten, daß sie es außerordentlich bedauern, wenn sie den Markt versorgen; denn je länger er nicht versorgt ist, desto länger die Aussicht auf Absatz und Gewinn. Nichts hört der Kaufmann so ungern wie dies: Ich habe keinen Bedarf, der Markt ist versorgt – während er doch eigentlich verpflichtet wäre, es mit einem Gefühl tiefer Befriedigung zu vernehmen! – Man ist versucht, zu sagen: Die Unternehmung kann es leider nicht verhindern, daß sie im Verfolg ihres Strebens nach Gewinn den Markt versorgen muß."[1]

Schließlich eine Äußerung **Gutenbergs** zu dieser Frage: „Fragt man, wie Betriebe in marktwirtschaftlichen Systemen imstande sind, ohne zentrale Anweisungen und Befehle gerade die Güterarten und -mengen herzustellen, für die Bedarf besteht, dann wird zu antworten sein: Diese Wirkung wird dadurch erzielt, daß sie einem Prinzip überlassen werden, welches mit der gesamtwirtschaftlichen Bedarfsdeckung unmittelbar nichts zu tun hat, nämlich dem erwerbswirtschaftlichen Prinzip. Es ist mit dem gewinnmaximalen Prinzip nicht vollkommen identisch, jedoch erfährt es in ihm seine letzte Steigerung."[2]

bb) Kritische Einwände gegen die Gewinnmaximierung

Das Prinzip der Gewinnmaximierung unterliegt von zwei Seiten der Kritik. **Erstens** wird es aus der Vorstellung heraus abgelehnt, daß sich der Unternehmer zur Realisierung dieser Zielsetzung **über ethische und soziale Vorstellungen** hinwegsetze und nur seinen persönlichen „Profit" suche. Diese Unterstellung ist – von Ausnahmefällen abgesehen – nicht zutreffend. Die Kritiker wenden sich dagegen, daß Unternehmer und Anteilseigner sich mit Hilfe der in ihren Betrieben erzielten Gewinne ein Einkommen und Vermögen verschaffen. Es wird kritisiert, daß diese Personen bei ihren preispolitischen Entscheidungen sich nicht mit einem „angemessenen" Gewinn bescheiden, sondern die sich am Markt bietenden Gewinnmöglichkeiten voll ausschöpfen. Diese Kritik ist eine **Kritik an der Wirtschaftsordnung,** in der sich die autonomen unternehmerischen Entscheidungen an den Daten des Marktes orientieren, – und an den durch diese Wirtschaftsordnung bedingten gesellschaftlichen Strukturen. Sie kann aber nicht als Kritik am Auswahlprinzip der Betriebswirtschaftslehre angesehen werden. Sie trifft den Prozeß der volkswirtschaftlichen Einkommensbildung und Einkommensverteilung und würde vermutlich dann nicht geübt, wenn die in Be-

---

[1] Rieger, W., Einführung in die Privatwirtschaftslehre, 2. Aufl., Erlangen 1959, S. 44 ff.
[2] Gutenberg, E., Grundlagen, Bd. I, a.a.O., S. 464.

trieben erzielten Gewinne nicht allein den Unternehmern und Anteilseignern zuflössen, sondern in anderer Weise verteilt würden.

Die Betriebswirtschaftslehre kann sich – wie oben bereits dargestellt – u. E. mit dieser Kritik nicht auseinandersetzen. Sie **bewertet** die Zielsetzung der Gewinnmaximierung nicht, sondern **registriert** sie nur. Wer also eine andere Einkommens- und Vermögensverteilung wünscht, muß versuchen, mit politischen Mitteln entweder die bestehende Wirtschafts- und Gesellschaftsordnung so zu verändern, daß der Gewinn nicht mehr die Orientierungsgröße für die unternehmerischen Entscheidungen ist, oder im Rahmen der bestehenden Wirtschaftsordnung die erzielten Gewinne anders zu verteilen (z. B. durch gesetzliche Regelungen über Gewinnbeteiligung und Vermögensbildung der Arbeitnehmer oder durch steuerliche Maßnahmen). Dann werden sich die Unternehmen weiterhin am Gewinn orientieren.

Das Prinzip der Gewinnmaximierung wird **zweitens** mit der Begründung angegriffen, daß es gar **nicht die zentrale Zielsetzung** der Unternehmungen sei; einerseits, weil die Maximierung des Gewinns nicht quantifizierbar sei, andererseits weil die unternehmerischen Entscheidungen stets das Ergebnis einer ganzen Reihe von Zielen sei, zu denen zwar das Gewinnstreben gehöre, aber nicht immer als dominierende Zielsetzung. Zu dieser Kritik muß Stellung bezogen werden, weil sie nicht die ethisch-soziale Berechtigung eines existierenden Zieles in Frage stellt, sondern die Existenz dieses Zieles überhaupt.

Die Gewinnerzielung erfolgt in der Praxis nicht in der Form, wie die Theorie sie aus Vereinfachungsgründen in ihren Modellen (z. B. in den Modellen der statischen Wirtschaftstheorie) seit Jahrzehnten unterstellt hat. Die Preistheorie z. B. untersucht, unter welchen Voraussetzungen ein Betrieb unter den Bedingungen eines vollkommenen Marktes[1] das Gewinnmaximum erzielt. Der Unternehmer wird hier zum **homo oeconomicus,** also zu einem „Idealunternehmer", der kein anderes Ziel als die Gewinnmaximierung kennt, der vollkommene Voraussicht und die Fähigkeit zu unendlich schneller Reaktion besitzt, und der es mit Partnern (Abnehmer, Konkurrenten) zu tun hat, die über die gleichen Fähigkeiten verfügen.

Ein solches Verhalten von Marktteilnehmern gibt es nur im Modell. Bidlingmaier, der die Problematik der Gewinnmaximierung einer eingehenden Analyse unterzogen hat, unterscheidet deshalb zwischen dem „ideal-objektiven Gewinnmaximum", das das Ziel des Idealunternehmers ist, und dem „real-objektiven Gewinnmaximum". Letzteres ist „mit dem relativen Höchstgewinn identisch, der unter realtypischen Handlungsbedingungen – bei Heranziehung aller subjektiv erreichbaren Informationen und bei höchstmöglicher Reagibilität – zu erlangen ist."[2]

Die Diskussion der letzten Jahre über das Problem der unternehmerischen Ziele[3] hat zu der Erkenntnis geführt, daß sich das Gewinnstreben nicht in der

---

[1] Vgl. Vierter Abschnitt, III, 1.
[2] Bidlingmaier, J., Unternehmerziele und Unternehmerstrategien, Wiesbaden 1964, S. 94.
[3] Vgl. dazu u. a.: Heinen, E., Die Zielfunktion der Unternehmung, in: Zur Theorie der Unternehmung, Festschrift zum 65. Geburtstag von Erich Gutenberg, Wiesbaden 1962,

Strenge wie im Modell angenommen, sondern unter „**Nebenbedingungen**" vollzieht, zu denen nicht nur **monetäre** (Sicherung der Zahlungsbereitschaft, Umsatzmaximierung, Kapitalerhaltung), sondern auch **nicht-monetäre** Ziele gehören (z. B. Streben nach Prestige, nach Unabhängigkeit, nach Verbesserung der sozialen Stellung, nach wirtschaftlicher Macht, nach Realisierung sozialethischer Vorstellungen). Die nicht-monetären Ziele gewinnen an Bedeutung bei anhaltend guter Wirtschaftslage (z. B. Bau repräsentativer und luxuriös ausgestatteter Verwaltungsgebäude, Gewährung freiwilliger Sozialleistungen, Unterstützung der wissenschaftlichen Forschung), sie treten hinter die monetären Ziele zurück, wenn die Ertragslage sich verschlechtert.

Es zeigt sich also, daß das formale Auswahlprinzip der Gewinnmaximierung eine ganze Anzahl von Handlungsalternativen umschließt. Die Schwierigkeiten der Bestimmung eines auf Gewinnmaximierung gerichteten Unternehmerverhaltens sind vor allem folgende:

(1) Der **Begriff des Gewinns** ist in der Literatur nicht eindeutig. Gibt es aber unterschiedliche Gewinnbegriffe, so gibt es auch unterschiedliche Handlungsalternativen zur Gewinnmaximierung.

(2) Die Unternehmer treffen ihre Entscheidungen nicht als „reine Ökonomen", sondern als Menschen, d. h.

(a) sie verfügen nicht über alle **Informationen,** die sie zu einer „modellmäßigen" Gewinnmaximierung benötigen. Sie müssen sich deshalb häufig an Hilfsgrößen orientieren (z. B. Maximierung des Umsatzes) und können erst nachträglich feststellen, ob ihre Entscheidungen geeignet oder nicht geeignet waren, das Ziel der Gewinnmaximierung zu realisieren.

(b) Sie treffen ihre Entscheidungen unter **Nebenbedingungen,** wollen also nur den Höchstgewinn erzielen, der sich unter Beachtung dieser Bedingungen erreichen läßt.

In beiden Fällen aber wollen sie unter den gegebenen objektiven Bedingungen (Marktgrößen) und subjektiven Bedingungen (Nebenbedingungen) ihren Gewinn maximieren. Die Gewinnhöhe wird in jedem der möglichen Fälle eine andere sein, wenn die Zielfunktion (Maximierung des Gewinns unter Beachtung subjektiver Nebenbedingungen) jeweils durch unterschiedliche subjektive Faktoren beeinflußt wird. Formal aber ist das Ziel, an dem sich die Entscheidungen ausrichten, stets der unter den gegebenen Bedingungen realisierbare Höchstgewinn.

cc) Gewinn – Rentabilität – Wirtschaftlichkeit – Produktivität

Wenden wir uns zunächst der Frage der Quantifizierbarkeit zu. Die Betriebswirtschaftslehre hat verschiedene **Gewinnbegriffe** entwickelt. Ermittelt man die Differenz zwischen bewertetem Ertrag und bewertetem Einsatz der Produktionsfaktoren, so erhält man den **Erfolg** des Betriebes. Er wird in der Er-

---

S. 9 ff.; ders., Das Zielsystem der Unternehmung, Wiesbaden 1963; Pack, L., Rationalprinzip und Gewinnmaximierungsprinzip, ZfB 1961, S. 207 ff. und 283 ff., Gümbel, R., Nebenbedingungen und Varianten der Gewinnmaximierung, ZfhF 1963, S. 12 ff.; Hax, H., Rentabilitätsmaximierung als unternehmerische Zielsetzung, ZfhF 1963, S. 337 ff.; Koch, H., Über eine allgemeine Theorie des Handelns, in: Zur Theorie der Unternehmung, Festschrift zum 65. Geburtstag von Erich Gutenberg, Wiesbaden 1962, S. 367 ff.

folgsrechnung[1] als Differenz zwischen Ertrag und Aufwand einer Periode (Gewinn oder Verlust) ausgewiesen und stellt die Verzinsung des Eigenkapitals und – bei Einzelunternehmungen und Personengesellschaften – die Vergütung für die Mitarbeit des Unternehmers bzw. der Mitunternehmer (Unternehmerlohn) dar. Von diesem bilanziellen (pagatorischen) Gewinn ist der **kalkulatorische Gewinn** zu unterscheiden, der sich in der Kostenrechnung als Differenz zwischen Erlösen und Kosten ergibt; dabei zählen Eigenkapitalzinsen und Unternehmerlöhne zu den Kosten.[2]

Setzt man den Periodenerfolg ins Verhältnis zum Kapital des Betriebes, so ergibt sich die **Rentabilität.** Sie zeigt, in welcher Höhe sich das Kapital in einer Abrechnungsperiode verzinst hat. Da das Gesamtkapital sich aus Eigenkapital (Unternehmerkapital, Beteiligungskapital) und Fremdkapital (Gläubigerkapital) zusammensetzt, unterscheidet man zwischen der **Gesamtkapitalrentabilität** und der **Eigenkapitalrentabilität.** Erstere ergibt sich, wenn man nicht nur den (Bilanz-)Gewinn, sondern auch die gezahlten Fremdkapitalzinsen,[3] die – da sie eine Verbindlichkeit sind – im Periodenaufwand enthalten sind, in Beziehung zum Gesamtkapital setzt:[4]

$$\text{Gesamtkapitalrentabilität} = \frac{\text{Gewinn} + \text{Fremdkapitalzinsen}}{\text{Gesamtkapital}} \times 100 \, .$$

Setzt man den Gewinn ins Verhältnis zum Eigenkapital, so erhält man die Eigenkapitalrentabilität:

$$\text{Eigenkapitalrentabilität} = \frac{\text{Gewinn}}{\text{Eigenkapital}} \times 100$$

Bezieht man den Gewinn nicht auf das Kapital, sondern auf den Umsatz, so erhält man die **Umsatzrentabilität:**

$$\text{Umsatzrentabilität} = \frac{\text{Gewinn}}{\text{Umsatz}} \times 100.$$

Von diesen Rentabilitätsbegriffen ist der Begriff der **Wirtschaftlichkeit** zu trennen. Der wertmäßige Wirtschaftlichkeitsbegriff bezeichnet dann, wenn ein bestimmter Ertrag mit verschiedenen Kombinationen von Produktionsfaktoren erzielt werden kann, das Verhältnis zwischen der günstigsten und der tatsächlich erreichten Kostensituation.[5]

$$\text{Wirtschaftlichkeit} = \frac{\text{Istkosten}}{\text{Sollkosten}}$$

---

[1] Einzelheiten vgl. Sechster Abschnitt, B II.
[2] Einzelheiten vgl. Sechster Abschnitt, C II, 1 b.
[3] Fremdkapitalzinsen sind der Ertrag des Fremdkapitals. Da sie dem Kapitalgeber geschuldet werden, stellen sie für den Betrieb Aufwand dar, sind also nicht im Gewinn enthalten und müssen deshalb für die Berechnung der Gesamtkapitalrentabilität dem Gewinn hinzugerechnet werden.
[4] Die Summe aus Gewinn und Fremdkapitalzinsen wird in der Literatur auch als Kapitalgewinn bezeichnet. Vgl. Seischab, H., Demontage des Gewinns durch unzulässige Ausweitung des Kostenbegriffs, ZfB 1952, S. 19 ff.
[5] Vgl. Gutenberg, E., Einführung in die Betriebswirtschaftslehre, Wiesbaden 1958, S. 27

Das Verhältnis von mengenmäßigem Ertrag (gemessen in Stück, kg, usw.) und mengenmäßigem Einsatz von Produktionsfaktoren (gemessen in Arbeitsstunden, Betriebsmittel- und Werkstoffeinheiten) bezeichnet man als mengenmäßigen oder **technische Wirtschaftlichkeit** oder als **Produktivität.** Diese technische Beziehung hat für das betriebliche Rechnungswesen keine praktische Bedeutung, da ohne Bewertung der eingesetzten Produktionsfaktoren in Geldeinheiten (also ohne das Gleichnamigmachen) keine Aussage über die Beachtung des Rationalprinzips möglich ist.

Zur Ermittlung der (wertmäßigen) Wirtschaftlichkeit hat man in der Literatur auch den Quotienten aus in Geld bewertetem Ertrag und in Geld bewertetem Einsatz an Produktionsfaktoren gebildet:

$$\text{Wirtschaftlichkeit} = \frac{\text{Ertrag}}{\text{Aufwand}}$$

Gutenberg weist mit Recht darauf hin, daß dieser Quotient zu einer „Vermengung von Wirtschaftlichkeits- und Rentabilitätsvorstellungen"[1] führt, die vermieden werden sollte. Wird z. B. der Ertrag mit Marktpreisen bewertet, und nimmt die Preisentwicklung einen ungünstigen Verlauf, so wird eine geringere Wirtschaftlichkeit ausgewiesen. Trotz der Verschlechterung der so aufgefaßten Wirtschaftlichkeit kann aber die Wirtschaftlichkeit der Leistungserstellung gestiegen sein, etwa weil erfolgreiche Rationalisierungsmaßnahmen des Produktionsprozesses vorgenommen worden sind.

dd) Die Eigenkapitalrentabilität als Auswahlprinzip?

Aus den Beziehungen zwischen den Rentabilitätsbegriffen läßt sich ableiten, daß die Gewinnmaximierung nicht als eine Maximierung der Gesamtkapitalrentabilität (Unternehmensrentabilität) oder der Umsatzrentabilität aufgefaßt werden kann, sondern nur als **Maximierung der Eigenkapitalrentabilität.** H. Hax hat das an einfachen Zahlenbeispielen nachgewiesen, dabei aber zugleich gezeigt, daß auch die Maximierung der Eigenkapitalrentabilität nicht ohne Probleme ist.[2]

Angenommen, ein Betrieb erzielt mit einem Eigenkapital von 100.000 DM einen Gewinn von 2.000 DM. Durch zusätzlichen Einsatz von Fremdkapital in Höhe von 20.000 DM ist ein weiterer Gewinn von 1.000 DM zu erwirtschaften, aus dem jedoch die Fremdkapitalzinsen zu zahlen sind.

	Alternative I (nur Eigenkapital)	Alternative II (Eigen- und Fremdkapital)
Gewinn + Fremdkapitalzinsen	2.000 DM	3.000 DM
Gesamtkapital	100.000 DM	120.000 DM
Gesamtkapitalrentabilität	2,0%	2,5%

Kosten die 20.000 DM Fremdkapital 10% = 2.000 DM Zinsen, so mindert sich bei Alternative II der Gewinn von 3.000 auf 1.000 DM. Auf die Gesamt-

---

[1] Gutenberg, E., a.a.O., S. 28
[2] Zu den folgenden Beispielen vgl. Hax, H., Rentabilitätsmaximierung als unternehmerische Zielsetzung, ZfhF 1963, S. 337 ff., hier insbes. S. 340 ff.

kapitalrentabilität hat die Höhe der Fremdkapitalzinsen keinen Einfluß. Die Eigenkapitalrentabilität ist jedoch in Alternative I doppelt so hoch (2%) wie in Alternative II (1%). Will der Unternehmer seine Eigenkapitalrentabilität maximieren, so muß er Alternative I wählen, wenn der Fremdkapitalzins höher als 5% = 1.000 DM ist. Liegt der Fremdkapitalzins unter 5%, so ist Alternative II vorteilhaft (z. B.: Fremdkapitalzins 3% = 600 DM; Gewinn = 3.000 — 600 = 2.400 DM; Eigenkapitalverzinsung = 2,4%). Eine Maximierung der **Gesamtkapitalrentabilität** führt also nur zum Gewinnmaximum, wenn der Fremdkapitalzins niedriger ist als die Gesamtkapitalverzinsung.

Auch die Maximierung der **Umsatzrentabilität** führt nicht notwendigerweise zu einer Gewinnmaximierung, wie folgendes Beispiel zeigt:

Angenommen, ein Betrieb, der 1.000 Mengeneinheiten zu Stückkosten von 8 DM herstellt, kann bei gegebenem Kapitaleinsatz die Produktion auf 1.500 Mengeneinheiten erhöhen, jedoch infolge höherer Materialkosten die zusätzliche Menge nur zu Stückkosten von 9 DM produzieren. Der Absatzpreis beträgt 10 DM.

	Alternative I	Alternative II
Ausbringung	1.000 Stück	1.500 Stück
Umsatz	10.000 DM	15.000 DM
Kosten	8.000 DM	12.500 DM
Gewinn	2.000 DM	2.500 DM
Umsatzrentabilität	20 %	16,67%

Maximiert der Betrieb die Umsatzrentabilität, so verzichtet er auf einen Gewinn von 500 DM, d. h. er erzielt nicht die höchste Eigenkapitalverzinsung.

Aus diesen Beispielen müßte man folgern, daß die Maximierung der Eigenkapitalrentabilität die einzig richtige Alternative ist, wenn ein Unternehmer aus seinem insgesamt zu Erwerbszwecken eingesetzten Kapital das größtmögliche Einkommen erzielen will. Diese Folgerung gilt aber nur unter bestimmten Voraussetzungen. Angenommen, ein Betrieb kann mit einem Eigenkapital von 1.000 DM einen Gewinn von 200 DM, mit einem Eigenkapital von 1.500 DM einen Gewinn von 250 DM erzielen.

	Alternative I	Alternative II
Eigenkapital	1.000 DM	1.500 DM
Gewinn	200 DM	250 DM
Eigenkapitalrentabilität	20%	16,67%

Die zusätzlichen Mittel von 500 DM verzinsen sich also zu 10% im Betriebe. Stammen diese zusätzlichen 500 DM aus Mitteln des Unternehmers, so wählt er Alternative I, wenn er die Eigenkapitalrentabilität maximieren will. Will er aber sein Einkommen maximieren, so wählt er Alternative II, wenn ihm die 500 DM bei Anlage außerhalb des Betriebes weniger als 10% Zinsen bringen.

Diese Beispiele zeigen also, daß eine Maximierung der Gesamtkapitalrentabilität und der Umsatzrentabilität nur unter bestimmten Voraussetzungen zu einer

Maximierung der Eigenkapitalrentabilität führt und daß eine Maximierung der Eigenkapitalrentabilität nur unter bestimmten Voraussetzungen zu einer Maximierung des Einkommens des Unternehmers führt.

Aus der letzten Fragestellung kann aber nicht gefolgert werden, daß eine Gewinnmaximierung im Sinne der Maximierung der Eigenkapitalrentabilität nicht als Auswahlprinzip der Betriebswirtschaftslehre verwendet werden kann. Die Betriebswirtschaftslehre untersucht die Entscheidungen, die der Unternehmer **im Betriebe** trifft und nicht die Entscheidungen, die der Unternehmer trifft, um sein Gesamteinkommen durch Einsatz von Kapital in allen in der Wirtschaft denkbaren Anlagealternativen zu maximieren. Soweit sich die Einkommensmaximierung außerhalb des Betriebes vollzieht, gehört sie **nicht zum Gegenstand der Betriebswirtschaftslehre,** sondern ist für sie ein Datum wie z. B. auch die Rechtsordnung; d. h. ebenso wie bestimmte auf die Gewinnmaximierung gerichtete Entscheidungen durch die Rechtsordnung begrenzt werden, werden z. B. bestimmte Finanzierungsentscheidungen (z. B. Verwendung erzielter Gewinne im eigenen Betrieb oder in Alternativanlagen außerhalb des Betriebes) durch das Ziel der Maximierung des Gesamteinkommens des Unternehmers beeinflußt.

ee) Die begrenzte Gewinnerzielung als Auswahlprinzip?

Die Tatsache, daß der Unternehmer nicht immer den Maximalgewinn plant, den er unter Berücksichtigung seiner Informationen erzielen könnte, sondern einen Höchstgewinn, der unter Beachtung von Nebenbedingungen realisiert werden kann, hat dazu geführt, daß in der Literatur das Streben nach diesem relativen Maximalgewinn als **begrenzte Gewinnerzielung** bezeichnet wird. Bidlingmaier charakterisiert dieses Ziel folgendermaßen: „Der Ausdruck ‚begrenzte Gewinnerzielung' kennzeichnet nicht – wie die Gewinnmaximierung – einen Extremalpunkt, sondern ein bereichsbezogenes (zonales) Unternehmerziel, das als gewinnorientiertes Aktionsziel seine Obergrenze unmittelbar unterhalb der Gewinnmaximierung, seine Untergrenze im Gewinnminimum findet."[1]

Die Nebenbedingungen können nach Bidlingmaier entweder **Minimalziele** (z. B. Sicherung der Momentanliquidität) sein, die das Hauptziel der Gewinnerzielung kaum tangieren, oder sie können **Maximalziele** sein (z. B. Umsatzmaximierung), über deren Realisierung die Höhe des erzielten Gewinns keine eindeutige Aussage zuläßt.

Bidlingmaier gibt folgende Systematik möglicher „Zielkombinationen" gewinnorientierter Betriebe:[2]

„I. Begrenzte Gewinnerzielung unter außerökonomischen Nebenbedingungen
  1. Unter maximalen außerökonomischen Nebenbedingungen (z. B. Gewinnlimitierung bei maximaler Macht bzw. Sicherheit, bei maximalem Prestige usw.)
  2. Unter minimalen außerökonomischen Nebenbedingungen (z. B. Gewinnlimitierung unter Wahrung der Selbständigkeit, unter der Norm der Gerechtigkeit, Ehrlichkeit, Fairneß u. ä.)

---

[1] Bidlingmaier, J., a.a.O., S. 99; vgl. auch die dort gegebenen Literaturhinweise
[2] Bidlingmaier, J., a.a.O., S. 103

II. Begrenzte Gewinnerzielung unter ökonomischen Nebenbedingungen
1. Unter maximalen ökonomischen Nebenbedingungen
   a) Gewinnlimitierung unter der Nebenbedingung der Umsatzmaximierung bzw. Marktanteilsmaximierung
   b) Gewinnlimitierung unter der Nebenbedingung der bestmöglichen Versorgung der Arbeiter und/oder Abnehmer
   c) Gewinnlimitierung unter der Nebenbedingung maximaler Kapazitätsausnutzung (Vollbeschäftigung der Unternehmung)
   d) Gewinnlimitierung unter der Nebenbedingung maximalen Wachstums
2. Unter minimalen ökonomischen Nebenbedingungen
   a) Gewinnlimitierung unter Aufrechterhaltung dauernder Momentanliquidität (Wahrung des ständigen finanziellen Gleichgewichts)
   b) Gewinnlimitierung unter der Nebenbedingung der Umsatzerhaltung bzw. Marktanteilserhaltung
   c) Gewinnlimitierung bei Schaffung von ausreichenden Einkommen für alle in der Betriebswirtschaft tätigen Menschen
   d) Gewinnlimitierung unter Sicherung einer Mindestwachstumsrate
   e) Gewinnlimitierung unter der Nebenbedingung der Erhaltung des guten Rufes der Firma
   f) Gewinnlimitierung unter der Nebenbedingung der Erhaltung des Markennamens
   g) Gewinnlimitierung unter der Nebenbedingung der Unternehmenserhaltung"

Diese Übersicht zeigt, daß der Unternehmer nicht als homo oeconomicus handelt, der keine außerökonomischen Ziele und im ökonomischen Bereich nur das absolute Gewinnmaximum als Ziel kennt, sondern daß eine große Anzahl von **Zielkombinationen** möglich ist. Alle diese Zielkombinationen setzen aber eine Gewinnerzielung voraus. Man kann diesen Tatbestand entweder so charakterisieren, daß der Unternehmer in der Praxis nur den Höchstgewinn plant, der sich unter Beachtung von Nebenbedingungen ergibt; oder man kann feststellen, daß das Streben nach dem absoluten Höchstgewinn des homo oeconomicus durch Nebenbedingungen eingeengt wird zu einem „begrenzten Gewinn". Hinter dem Bestreben nach begrenztem Gewinn verbirgt sich also letzten Endes die Gewinnmaximierungshypothese unter Nebenbedingungen.

Wir halten also fest, daß das formale Auswahlprinzip der Betriebswirtschaftslehre die Maximierung des Gewinns im oben beschriebenen Sinne ist, daß aber durch den Einbau von Nebenbedingungen, der heute in der formalen Theorie kaum noch Schwierigkeiten bereitet, die herkömmliche Gewinnmaximierungshypothese eine wirklichkeitsnähere Ausgestaltung erhalten hat.

4. Wertfreie und wertende Betriebswirtschaftslehre[1]

Über die Frage, ob die Betriebswirtschaftslehre als Wissenschaft Werturteile abgeben soll oder nicht, wird seit Jahrzehnten diskutiert, ohne daß es bisher zu einer einheitlichen Auffassung gekommen ist. Das Werturteilsproblem ist be-

---
[1] Vgl. Wöhe, G., Zur Problematik der Werturteile in der Betriebswirtschaftslehre, ZfhF 1959, S. 165 ff.

kanntlich nicht auf die Betriebswirtschaftslehre oder die Wirtschaftswissenschaften beschränkt, sondern die Frage, ob oberste Werte oder ethische Normen für menschliches Handeln wissenschaftlich begründet werden können, gehört zu den Grundproblemen der Wissenschaftslehre.

In den Wirtschaftswissenschaften und besonders in der Betriebswirtschaftslehre, wo Wert- und Bewertungsprobleme eine bedeutende Rolle spielen, bedarf die Werturteilsfrage einer besonders kritischen Betrachtung, und zwar gerade deshalb, weil Bewertungsfragen Gegenstand betriebswirtschaftlicher Forschung sind. Gerade die große Bedeutung der Bewertungsprobleme in der Betriebswirtschaftslehre hat verschiedentlich zu der Auffassung geführt, die von Max Weber bereits Anfang dieses Jahrhunderts geforderte Wertfreiheit der Wirtschaftswissenschaften[1] könne nicht ohne weiteres auf die Betriebswirtschaftslehre übertragen werden. So hat beispielsweise Nicklisch die Auffassung vertreten, daß es vom „Reich der Zwecksetzungen ... keine wertfreie Wissenschaft geben (könne), deshalb auch nicht von der Betriebswirtschaft".[2]

Nach wie vor stehen sich im Hinblick auf die Verwendung von Werturteilen in der Betriebswirtschaftslehre zwei konträre Ansichten gegenüber: die „Wertfreien" lehnen die Abgabe von Werturteilen durch die Betriebswirtschaftslehre strikt ab, die Befürworter der Wertungen vertreten die Auffassung, daß es ohne Werturteile gerade in einer so stark der Praxis verhafteten Wissenschaft wie der Betriebswirtschaftslehre nicht gehe, sondern daß alle Urteile, die ein Betriebswirt abgibt, wie Nicklisch es einmal gefordert hat, durch das „wertende Gewissen" gehen müssen. Diese Forderung scheint heute, wo die „wertfreien" Fachvertreter zweifellos in der Mehrzahl sind, durch das Streben wieder stärkeres Gewicht zu bekommen, das Objekt der Betriebswirtschaftslehre in Richtung auf die Soziologie hin auszuweiten.

Die **Soziologie** ist keine Wirtschafts-, sondern eine Sozialwissenschaft. Sie stellt den Menschen in den Mittelpunkt ihrer Untersuchungen, die Betriebswirtschaftslehre den Betrieb als Instrument der Realisierung unternehmerischer Ziele. Die Betriebssoziologie, die die zwischenmenschlichen Beziehungen im Betriebe zum Gegenstand hat, ist vom Erkenntnisobjekt her ein Teil der Soziologie, nicht der Betriebswirtschaftslehre. Daß Entscheidungen im Betriebe nicht nur auf Erkenntnissen basieren, die zum Objekt der Betriebswirtschaftslehre gehören, sondern auf Erkenntnissen, die zum Objekt anderer wissenschaftlicher Disziplinen zählen, wurde oben bereits dargelegt.

In den letzten Jahren ist sogar gefordert worden, die Betriebswirtschaftslehre, die sich seit jeher bemüht, das jeweils bestehende Wirtschafts- und Gesellschaftssystem als Datum hinzunehmen (ohne damit eine positive oder negative Wertung des jeweiligen Systems vorzunehmen) müsse **in den Dienst ideologischer Auseinandersetzungen** gestellt werden, die zu einer Änderung des bestehenden Wirtschafts- und Gesellschaftssystems, d. h. zur Überwindung der herrschenden marktwirtschaftlichen (kapitalistischen) Ordnung führen soll. Diejenigen, die diese Forderung stellen, werfen zugleich der heutigen Betriebswirtschaftslehre

---

[1] Vgl. Weber, M., Die „Objektivität" sozialwissenschaftlicher und sozialpolitischer Erkenntnis. Archiv für Sozialwissenschaften und Sozialpolitik, Bd. XIX, 1904, S. 22 ff.

[2] Nicklisch, H., Die Betriebswirtschaft, 7. Aufl., Stuttgart 1932, S. 29

vor, das kapitalistische System zu unterstützen, da sie sich nicht gegen die in den Betrieben herrschenden Machtstrukturen wende, sondern diese als gegeben hinnehme und untersuche, wie ein Unternehmer zu handeln habe, um seine wirtschaftlichen Ziele zu erreichen.

Hierzu ist festzustellen, daß derjenige, der die Überwindung eines Wirtschafts- und Gesellschaftssystems zum Ziele hat, sich dazu der **Politik** bedienen und versuchen muß, durch ideologische Überzeugungsarbeit die zur Realisierung einer solchen Veränderung erforderlichen Mehrheiten zu gewinnen. Die Betriebswirtschaftslehre kann als Wissenschaft nicht Handlanger bei der Durchsetzung politischer Ideologien sein, weil sie dazu den Boden wissenschaftlicher Erkenntnisse verlassen müßte.

Sollte sich im Laufe der historischen Entwicklung ein anderes Wirtschaftssystem durchsetzen, so kann es auch dann – ebenso wie heute – nur Aufgabe der Betriebswirtschaftslehre sein, festzustellen, welche Ziele verfolgt werden und welche Mittel zur Realisierung dieser Ziele adäquat sind. Die Betriebswirtschaftslehre wird die der neuen Wirtschaftsordnung entsprechenden Ziele dann ebensowenig als „gut" oder „böse" bewerten wie die heutigen.

Man kann natürlich versuchen, mit dem primitiven politischen Schlagwort: „Wer nicht für uns ist, ist gegen uns", jede wertneutrale wissenschaftliche Forschung zu leugnen und behaupten, daß jeder, der ein empirisch feststellbares wirtschaftliches Handeln analysiert, ohne seine gesellschaftspolitischen und sozialen Folgen abzulehnen, diese Folgen bejaht. Wir sind der Ansicht, daß man die Grundlagen und Wirkungen wirtschaftlicher Entscheidungen wissenschaftlich erforschen kann, ohne wertend dazu Stellung zu nehmen.

Zunächst ist festzustellen, daß es zwei Arten von Werturteilen gibt. Wenn die Betriebswirtschaftslehre das Urteil abgibt, daß ein bestimmtes Produktionsverfahren wirtschaftlicher als ein anderes ist, so bewertet sie beide Verfahren im Hinblick auf ihre Brauchbarkeit, eine bestimmte Produktion so wirtschaftlich wie möglich durchzuführen. Wenn sie zu der Feststellung kommt, daß eine bestimmte Entlohnungsform ungerecht oder unsozial sei, so bewertet sie ebenfalls ein Verfahren. Beide Urteile unterscheiden sich aber wesentlich. Das erste Urteil stellt eine **Wertbeziehung** fest, macht also lediglich eine Aussage darüber, welches Verfahren wirtschaftlich geeigneter ist, einen Zweck zu realisieren. Es mißt aber dem Verfahren keinen Wert im Sinne eines ethischen Wertes zu, denn es wird kein Nachweis geführt, ob der Zweck im ethischen Sinne wertvoll ist oder nicht. Es enthält also eine Wertbeziehung (Zweck-Mittelverhältnis), die man auch als **Finalrelation** bezeichnet. Urteile dieser Art nennt man **sekundäre Werturteile**. Sie sind ihrem Charakter nach Seinsurteile, d. h. Urteile über das Sein und nicht über den Wert eines Gegenstandes oder Verfahrens. Sie können mit wissenschaftlichen Methoden (durch Wahrnehmung und Denken) in ihrer Wahrheit gesichert werden.

Sekundäre Werturteile sind nichts anderes als Umkehrungen von Kausalsätzen.[1] Hat man in der Theorie beispielsweise die Erkenntnis gewonnen, daß die

---

[1] Vgl. Weber, M., Der Sinn der „Wertfreiheit" der sozialpolitischen und ökonomischen Wissenschaften, in: Gesammelte Aufsätze zur Wissenschaftslehre, 2. Aufl., Tübingen 1951, S. 515

Ursache A die Wirkung B auslöst, so kann man dieses Kausalverhältnis umkehren und sagen: soll der Zweck B erreicht werden, so muß man das Verfahren A anwenden. Solange die Betriebswirtschaftslehre derartige Finalrelationen registriert und Mittel (Verfahren) auf ihre Eignung zur Realisierung empirisch vorgefundener Zwecksetzungen überprüft, wertet sie nicht selbst, sondern ist wertfrei.

In dem zweiten Urteil dagegen wird einem Verfahren Wert beigelegt. Gerechtigkeit und soziales Verhalten sind ethische Werte. Urteile dieser Art bezeichnet man als **primäre (echte) Werturteile**. Sie schreiben gewissen Gegenständen oder Verfahren Wert zu mit dem Anspruch, daß diesen Urteilen Allgemeingültigkeit zukommt.

Nicht immer sind die primären Werturteile so leicht erkennbar wie in dem angeführten Beispiel. Die Aussagen: „Die Umsatzsteuer ist zu hoch", oder: „Die Beteiligung der Arbeitnehmer am Zuwachs zum Produktivvermögen wäre empfehlenswert", enthalten ebenso eine Wertung. Denn wenn man die Umsatzsteuer als zu hoch bezeichnet, so muß man doch eine Vorstellung von der „richtigen" Höhe der Umsatzsteuer haben. Ein solches Urteil wäre wissenschaftlich nur dann vertretbar, wenn mit rationalen Mitteln zu beweisen wäre, welches die „richtige" Höhe der Umsatzsteuer ist. Die Empfehlung der Beteiligung der Arbeitnehmer am Produktivvermögen entspringt einer bestimmten Vorstellung über soziale Gerechtigkeit. Nur wenn diese Vorstellung mit wissenschaftlichen Methoden als wahr bewiesen werden kann, wäre ein solches Urteil in der Betriebswirtschaftslehre angebracht. Urteile der genannten Art werden im täglichen Leben laufend abgegeben, ohne daß man sich der in ihnen enthaltenen Wertungen bewußt wird. Der Wissenschaftler aber sollte in seinen Aussagen genau unterscheiden, was **wissenschaftliche Erkenntnis** ist, die in ihrer Wahrheit gesichert ist, und was **subjektive Wertung** ist. Nur wenn Werturteile der genannten Art in ihrer Wahrheit gesichert werden können, haben sie eine Berechtigung in der Betriebswirtschaftslehre als Realwissenschaft.

Es gibt in der Betriebswirtschaftslehre eine Richtung, die sich nicht auf die Abgabe von sekundären Werturteilen beschränkt, sondern auch primäre Werturteile abgibt, also Gegenständen oder Verfahren im Namen der Betriebswirtschaftslehre Wert beimißt. Das Ziel dieser sog. **normativ-ethischen Richtung** (Hauptvertreter: Schär, Dietrich, Nicklisch, Kalveram) ist es, Normen für betriebliches Handeln zu setzen, d. h. ausgehend von obersten allgemeingültigen Grundnormen („ewigen Werten") die für die Betriebswirtschaftslehre als Einzelwissenschaft gültigen Sondernormen abzuleiten, also ein bestimmtes Sollen zu postulieren.

Da dieser geforderte betriebliche Idealzustand mit den empirisch vorgefundenen betrieblichen Geschehnisabläufen und Zusammenhängen nicht immer übereinstimmt, erfolgt die Beschreibung und Erklärung dieser Geschehnisabläufe und Zusammenhänge nicht als Endziel, sondern mit der Absicht, Verfahrensregeln aufzustellen und erziehend auf die Wirtschaftssubjekte einzuwirken, um zu erreichen, daß das tatsächliche betriebliche Sein mit dem aus den abgeleiteten Normen sich ergebenden Sollzustand in Übereinstimmung gebracht werden kann. Da es sich dabei meist um Normen handelt, die aus allgemeingültigen sittlichen Werten abgeleitet werden, bedeutet jedes diesen Normen nicht adäquate Verhalten einen Verstoß gegen die sittliche Ordnung und wird durch Werturteil als ungerecht, unsozial usw. verworfen.

Die Angabe echter Werturteile in der Betriebswirtschaftslehre muß deshalb abgelehnt werden, weil diese Urteile **keine gesicherten Erkenntnisse, sondern persönliche Bekenntnisse** ihres Verfassers darstellen, da nach dem heutigen Stand menschlichen Erkenntnisvermögens eine Wahrheitssicherung von Werturteilen nicht möglich ist. Die Methoden realwissenschaftlicher Erkenntnis versagen hier. Denken und Erfahrung führen nicht zur Werterkenntnis, denn die Erfahrung zeigt nur, daß etwas in Raum und Zeit verwirklicht ist, gibt aber keinen Aufschluß darüber, daß etwas sein soll. Wertvorstellungen sind auch nicht evident. Durch logisches Schließen läßt sich der Nachweis nicht erbringen, daß die betrieblichen Handlungen und Verhaltensweisen gar nicht anders sein können, als die normativ-ethische Betriebswirtschaftslehre es verlangt. Die sittlichen Grundwerte (z. B. Gerechtigkeit) haben rein formalen Charakter. Man kann sie fühlen, erleben oder glauben, sie lassen sich rational aber nicht erkennen oder beweisen.

Die Betriebswirtschaftslehre kann die rein formale Forderung aufstellen, daß die Entlohnung oder Ertragsverteilung gerecht sein soll, aber sie kann diese formale Forderung nicht inhaltlich bestimmen, indem sie sagt, die Entlohnung ist nur dann gerecht, wenn sie so oder so vor sich geht. Es bleibt dem einzelnen Menschen selbst überlassen, die formalen Normen so auszufüllen, wie er es mit seinem Gewissen verantworten zu können glaubt. Die zu einer bestimmten Zeit realisierten Verfahren „gerechter" Entlohnung oder „gerechter" Besteuerung sind durch Konvention der beteiligten Gruppen, nicht durch wissenschaftlichen Beweis zustande gekommen. Die Betriebswirtschaftslehre hat keine andere Möglichkeit, als von den gegebenen Tatbeständen auszugehen, die die Erfahrung ihr zeigt.

Da zur Werterkenntnis die wissenschaftlichen Forschungsmethoden versagen, hat Nicklisch, der Hauptvertreter der normativ-ethischen Richtung, die **Intuition** als Methode der Betriebswirtschaftslehre bezeichnet. Die Intuition beruht weder auf der Erfahrung noch auf der Einsicht in die Notwendigkeit eines Sachverhaltes, sondern stellt eine „höhere Art" der Erkenntnis dar, ein Sich-Versenken in einen Sachverhalt, ein „Inneres-Schauen". Dieses geistige Schauen ist jedoch ein durchaus subjektiver Vorgang, der nicht zu gesicherter Erkenntnis führt. Da die intuitive „Erkenntnis" eines Forschers einem anderen Menschen nicht mittels der Logik bewiesen werden kann, fordert Nicklisch als Ergänzung der Intuition die **Erziehung**. Intuition und Erziehung entsprechen sich seiner Ansicht nach als Verfahren wie Induktion und Deduktion. Für eine Erfahrungswissenschaft wie die Betriebswirtschaftslehre sind sie jedoch nicht brauchbar.[1]

Die Betriebswirtschaftslehre ist also u. E. eine **wertfreie Wissenschaft**. Sie hat sich der Abgabe echter Werturteile zu enthalten, da diese nicht mit rationalen Mitteln in ihrer Wahrheit gesichert werden können und folglich zu keiner wissenschaftlichen Erkenntnis führen, sondern lediglich persönliche Bekenntnisse darstellen.

Mit unserem Eintreten für die wertfreie Betriebswirtschaftslehre soll jedoch nicht gesagt sein, daß die Abgabe von echten Werturteilen in der Betriebswirt-

---

[1] Vgl. Wöhe, G., Methodologische Grundprobleme ..., a.a.O., S. 173ff.

schaftslehre generell abzulehnen sei. Es wird kaum einen Menschen geben, der über eine so große wissenschaftliche Objektivität verfügt, daß er nicht wenigstens gelegentlich Werturteile ausspricht. Doch stellen diese Werturteile keine gesicherte Erkenntnis dar und verpflichten deshalb dazu, daß man seinen Lesern oder Hörern klar macht, daß die echten Werturteile nicht im Namen der Betriebswirtschaftslehre als Wissenschaft, sondern **im eigenen Namen als Ausdruck persönlicher Überzeugung** abgegeben werden und sich der wissenschaftlich exakten Beweisführung entziehen. Gerade das Bekennen einer eigenen Meinung, die nicht rational beweisbar ist, kann zu einer fruchtbaren Diskussion von Problemen führen und sie einer Lösung näherbringen. Zu fordern ist also eine scharfe Trennung und vor allem eine Kenntlichmachung von wissenschaftlicher Erkenntnis und persönlichem Bekenntnis. Es ist eine Tatsache, daß mit persönlichen Ansichten durchsetzte wissenschaftliche Arbeiten oft auf den Leser einen größeren Eindruck machen als nüchterne logische Analysen, die sich jedes Werturteils und jeder persönlichen Wertung enthalten. Die Werturteile sollten aber als solche gekennzeichnet sein.

Scharf abzulehnen ist allerdings die Abgabe von Werturteilen in Zusammenhängen, wo die Nüchternheit bestimmter wirtschaftlicher Sachverhalte durch Wertungen verdeckt werden soll; wo man von Ethik und sozialem Verhalten spricht, in Wirklichkeit aber Rationalisierung und Rentabilitätssteigerung meint. Das ist besonders häufig im Zusammenhang mit der menschlichen Arbeitskraft der Fall, wenn man die Arbeitskraft zwar als Produktionsfaktor in die Rechnung einstellt, diese nüchterne Rechnung aber durch Empfehlung von angeblich sozialen Maßnahmen verdecken möchte. Hier werden dann zwar Wertungen abgegeben, in Wirklichkeit ist man sich aber darüber im klaren, daß die empfohlenen „sozialen Maßnahmen" nur die Rentabilität erhöhen sollen.

II. Geschichte der Betriebswirtschaftslehre

Die Betriebswirtschaftslehre ist als selbständige wirtschaftswissenschaftliche Disziplin erst im 20. Jahrhundert entstanden. Sie hat sich also wesentlich später entwickelt als die Volkswirtschaftslehre. Man pflegt im allgemeinen das Jahr 1898, in dem die ersten Handelshochschulen (Leipzig, St. Gallen, Aachen und Wien) gegründet wurden, denen bald weitere folgten (Köln und Frankfurt/Main 1901, Berlin 1906, Mannheim 1907, München 1910, Königsberg 1915, Nürnberg 1919), als das Geburtsjahr der modernen Betriebswirtschaftslehre zu bezeichnen. Es hat jedoch schon vorher eine wissenschaftliche Beschreibung und Erforschung des Betriebes gegeben, die allerdings im wesentlichen auf den Handelsbetrieb beschränkt blieben.

Die Handelshochschulen sind teils zu Universitäten ausgebaut (Köln, Frankfurt und Mannheim), teils mit technischen Hochschulen (Aachen, München) oder Universitäten (Leipzig, Technische Universität Berlin, Hochschule für Wirtschafts- und Sozialwissenschaften Nürnberg mit Erlangen) vereinigt worden. Selbständig geblieben sind die Handelshochschule St. Gallen und die Hochschule für Welthandel in Wien.

1. Die Entwicklung von den Anfängen bis zum Ende des 19. Jahrhunderts

Solange es Betriebe mit geordneter Wirtschaftsführung gibt, ist es erforderlich, Aufzeichnungen über Bestände und Wertungen durchzuführen. Buchhaltung, Wirtschaftsrechnen und kaufmännischer Schriftverkehr lassen sich bereits im alten Ägypten, bei den Griechen und Römern nachweisen. Was aber bis zu Beginn der Neuzeit fehlte, war die wissenschaftliche Beschäftigung mit betrieblichen Problemen, die über die bloße Rechen- und Verfahrenstechnik hinausgingen. Die durch Übung und Erprobung gewonnenen praktischen Erfahrungen kaufmännischer Betriebsführung wurden nicht veröffentlicht, sondern innerhalb der Kaufmannsfamilien sorgsam gehütet und weitervererbt. Die älteste Privatniederschrift dieser Art, die bisher bekanntgeworden ist, stammt von **F. B. Pegolotti** und wurde in den Jahren 1335 bis 1345 in Florenz verfaßt. Sie enthält vor allem Notizen über Münzen, Maße, Gewichte, Warennotierungen, Zinstafeln u. a. Nach E. Weber[1] stammt die älteste bisher bekannte deutsche handelskundliche Anleitung aus dem Jahre 1511.

Das Aufzeichnen der Lebenserfahrungen und der Grundsätze praktischer Wirtschaftsführung eines Kaufmanns und die Weitergabe an den Nachfolger zum Nutzen der Familie und der Firma wurden vor allem in der Zeit der Renaissance erforderlich, als die großen Handelshäuser – insbesondere in den oberitalienischen Stadtstaaten – ihre Handelsbeziehungen auf viele Länder ausdehnten, und damit der Geschäftsumfang immer größer wurde. In dieser Zeit erfolgten auch die ersten wissenschaftlichen Bearbeitungen und Veröffentlichungen aus einzelnen Gebieten der Handels- und Rechentechnik.

Die älteste gedruckte Veröffentlichung handelstechnischer Art ist in dem im Jahre 1494 erschienenen Lehrbuch der Mathematik des aus Venedig stammenden Franziskanermönches und Mathematikprofessors **Luca Pacioli** „Summa de Arithmetica, Geometria, Proportioni et Proportionalità", das neben der Behandlung der Arithmetik und Algebra sowie ihrer Anwendung auf die kaufmännische Praxis und neben der Behandlung des Handelsaustausches, der Handelsgesellschaften, der Wechseltechnik u. a. vor allem dadurch bekannt geworden ist, daß es die erste vollständige und geschlossene gedruckte Darstellung des Systems der doppelten Buchführung enthält. Die Entwicklung der doppelten Buchführung läßt sich nach Einführung der arabischen Zahlen bis in die Mitte des 13. Jahrhunderts zurückverfolgen und vollzog sich über die Einführung des Personenkontos, des Sachkontos, des Inventars, des doppelten Buchungssatzes bis zum formellen Abschluß einer Abrechnungsperiode, der zu Beginn des 15. Jahrhunderts an die Stelle der Abrechnung einzelner Geschäfte trat. In Paciolis Schrift läßt sich erstmals die Trennung von privatem Haushalt und Betrieb nachweisen, die die Voraussetzung für die Entwicklung der am Gewinn orientierten kapitalistischen Unternehmung war.

Ausführungen über die doppelte Buchführung finden sich allerdings bereits in einer im Jahre 1458 für das Archiv eines Handelshauses angefertigten Handschrift

---

[1] Vgl. Weber, E., Literaturgeschichte der Handelsbetriebslehre, Tübingen 1914.

von **B. Cotrugli** aus Ragusa, die jedoch erst 1573 in Venedig unter dem Titel „Delle Mercatura et del Mercante perfetto" veröffentlicht wurde.[1] In der Literatur wird deshalb L. Pacioli das Verdienst, als Erster das System der doppelten Buchführung dargestellt zu haben, von verschiedenen Seiten streitig gemacht. Löffelholz[2] hat jedoch nachgewiesen, daß das Kapitel von drei Seiten, auf denen sich Cotrugli mit der Buchführung beschäftigt, nicht als systematische Darstellung der Buchführung angesehen werden kann, zumal von der **doppelten** Buchführung überhaupt nicht die Rede ist.

Von da an bis zur Mitte des 17. Jahrhunderts erschien eine Anzahl ähnlicher handelstechnischer Anleitungen, deren stofflicher Umfang infolge der Ausweitung des Handels auf inzwischen entdeckte überseeische Gebiete mehr und mehr zunahm. Als bedeutsam sind das „Handels-Buch" von **Lorenz Meder** aus Nürnberg, das im Jahre 1558 veröffentlicht wurde, und das Buch „Il Negotiante" von **Giovanni Domenico Peri** aus Genua zu nennen, das im Jahre 1638 erschien und mehrere Auflagen erlebte. Gegenüber einem nur wenige Jahrzehnte später veröffentlichten Werk von **Jacques Savary** (1622–1690) „Le Parfait Négociant" (1675) kann aber bei Peri und seinen Vorläufern noch nicht von einer systematischen wissenschaftlichen Bearbeitung des Stoffes gesprochen werden. Deshalb setzt Seyffert den Beginn der systematischen Handelswissenschaft mit dem Erscheinen von Savarys Werk an und bezeichnet die davor liegende Periode als die „Frühzeit der verkehrs- und rechentechnischen Anleitungen".[3]

Savary war ein enger Mitarbeiter des französischen Finanzministers Colbert und war maßgeblich an der „Ordonnance pour le Commerce" Ludwigs XIV. (1673) beteiligt. Sein Werk wurde in mehrere Sprachen übersetzt und erschien 1676 in deutscher Sprache unter dem Titel „Der vollkommene Kauff- und Handelsmann". Es enthält eine Beschreibung und Analyse der Handelstechnik und -geschäfte, einschließlich des Überseehandels. Der wesentliche Unterschied gegenüber früheren Veröffentlichungen liegt in der strafferen Systematik und dem Versuch, zu allgemeinen Regeln und Richtlinien für den Kaufmann zu gelangen. Es ist wohl kein Zufall, daß die systematische Handlungswissenschaft ihren Anfang im merkantilistischen Frankreich nahm, wo in dieser Zeit die Förderung des Handels, insbesondere des Importhandels mit Rohstoffen und des Exporthandels mit Fertigprodukten zum wirtschaftspolitischen Programm gehörte.

Savarys Werk hatte einen nachhaltigen Einfluß auf die handelswissenschaftliche Literatur der folgenden hundert Jahre. Von den in dieser Zeit erschienenen einschlägigen Werken verdienen die zahlreichen Veröffentlichungen von **Paul Jakob Marperger** (1656 bis 1730) erwähnt zu werden. Sie gingen allerdings – wie auch die Schriften von **Johann Hübner** und **Gottfried Christian Bohn** („Der Wohlerfahrene Kaufmann", 1727) nicht wesentlich über den von Savary behandelten Stoff hinaus. Bemerkenswert ist Marpergers 1708 in Hamburg erschienenes Kaufmannsmagazin, das den ersten Versuch einer lexikalischen Zusammenstellung der handelswissenschaftlichen Materie darstellte.

---

[1] Vgl. Weber, E., a.a.O., S. 8
[2] Vgl. Löffelholz, J., Geschichte der Betriebswirtschaft und der Betriebswirtschaftslehre, Stuttgart 1935, S. 141 ff.
[3] Vgl. Seyffert, R., Betriebswirtschaftslehre, Geschichte der ..., HdB, Bd. I, 3. Aufl., Stuttgart 1956, Sp. 998

Alle diese Veröffentlichungen haben trotz des unbestrittenen praktischen Wertes für die Zeitgenossen mit der heutigen Betriebswirtschaftslehre nicht viel Gemeinsames. Sie tragen nicht den Charakter einer Einzelwissenschaft, sondern einer „Kunde", die ihren Wissensstoff aus den Erkenntnissen verschiedener wissenschaftlicher Disziplinen zusammenstellt; sie sind zu vergleichen mit heutigen praktischen Kaufmannsbüchern, die etwa alles enthalten, „was ein guter Kaufmann wissen muß", und die eine Zusammenstellung von Wissensstoff aus den Gebieten des Rechnungswesens, des Schriftverkehrs, der Betriebswirtschaftslehre, der Volkswirtschaftslehre, der Wirtschaftspolitik, der Technik und des Handels-, Steuer- und Wirtschaftsrechts darstellen.

Ein besonderes Merkmal ist die ethisch-normative Grundausrichtung dieser frühen handelskundlichen Literatur. Die negative Bewertung der Handelstätigkeit und des Kaufmannsberufes durch die antike Philosophie und die kirchliche Morallehre des Mittelalters veranlaßte die Autoren, sich durch ausführliche Rechtfertigung des Kaufmannsstandes um seine moralische Anerkennung zu bemühen und Grundsätze und Verhaltensregeln für den „ehrbaren Kaufmann" aufzustellen. Auch Savary beschäftigt sich in seinem „Parfait Négociant" noch mit der Frage: „Wie kann auf eine redliche Weise dauernd der größte Gewinn erzielt werden?" und „Wie kann durch eine Erziehung des einzelnen zu einem guten Wirtschafter und Staatsbürger eine Gesundung der darniederliegenden gesamten Wirtschaft herbeigeführt werden?"[1]

Ein wesentlicher Umschwung vollzieht sich durch **Carl Günther Ludovici** (1707–1778). Er beginnt die Handlungswissenschaft, die bisher von den Kameralwissenschaften nicht zu trennen war, als selbständige Disziplin im Rahmen der Kameralwissenschaften zu entwickeln. Ludovici war Professor der Philosophie an der Universität Leipzig und hielt dort neben philosophischen und kulturhistorischen auch handelswissenschaftliche Vorlesungen. Seine größte literarische Leistung ist die in den Jahren 1752 bis 1756 erschienene fünfbändige „Eröffnete Akademie der Kaufleute: oder vollständiges Kaufmannslexicon". Als Anhang des fünfbändigen Lexikons erschien unter dem Titel „Grundriss eines vollständigen Kaufmanns-Systems, nebst den Anfangsgründen der Handlungswissenschaft, und angehängter kurzer Geschichte der Handlung zu Wasser und zu Lande" die erste systematische wissenschaftliche Darstellung der Handlungswissenschaft.

Ludovici teilt sein Kaufmannssystem in zwei Teile ein:
(1) in die kaufmännischen Hauptwissenschaften, zu denen die Warenkunde, die Handlungswissenschaft und die Buchhaltung zählen, und
(2) in die kaufmännischen Nebenwissenschaften, die sich einerseits aus unentbehrlichen Hilfswissenschaften, wie z. B. kaufmännischem Rechnen, Maß-, Münz- und Gewichtskunde, Kaufmannsgeographie, Kaufmannsrecht, Korrespondenzlehre u. a. und andererseits aus bloß nützlichen Hilfswissenschaften, wie z. B. der Handelspolitik des Staates, der Wappenlehre zur Unterstützung der Münzkunde, der Naturlehre und Mechanik als Ergänzung der Warenkunde u. a. zusammensetzen.

---

[1] Weber, E., a.a.O., S. 22

Seyffert charakterisiert Ludovicis wissenschaftliche Leistung folgendermaßen: „Im ganzen hat Ludovici eine gewaltige Arbeitsleistung bewältigt. Er ist weniger der Forscher, der Eigenes schafft, als der Sammler, der den Stoff aufspürt und systematisiert. Sein Verdienst um die Betriebswirtschaftslehre ist ein zweifaches: die Herausgabe des ersten und besten deutschen Handelslexikons und die klare Systematik sowohl der Kaufmannswissenschaft im allgemeinen, als der Handelswissenschaft im besondern".[1]

Erwähnenswert sind noch zwei weitere Autoren dieser Epoche. Im Jahr 1763 erschien der „Versuch einer allgemeinen Einleitung in die Handlungswissenschaft" von **J. K. May**. Im Gegensatz zu dem Wissenschaftler Ludovici kommt May aus der Praxis. Dennoch vertritt er ausdrücklich die Ansicht, daß die theoretische Ausbildung die praktische Erfahrung ersetzen könne. Trotz gewisser Anlehnungen an Ludovici und Savary zeigt das Buch von May doch eine eigene Systematik. Er gliedert die Handlungswissenschaft in einen allgemeinen (theoretischen) und einen besonderen (praktischen) Teil, eine Systematik, die bis auf den heutigen Tag in den wirtschaftswissenschaftlichen Disziplinen üblich ist.

Ein anderes Werk aus dieser Zeit, das „Gemeinnützige Lehrbuch der Handlungswissenschaft für alle Klassen von Kaufleuten und Handlungsstudierenden" von **J. H. Jung**, das 1785 in Leipzig erschien, ist weniger wegen eines wesentlichen Fortschritts hinsichtlich der behandelten Materie als wegen der eigenen Systematik von Bedeutung. Jung behandelt in dem Abschnitt „Tausch" die Warenkunde, Geldkunde und Handelskunde, also die Kenntnisse, die zum Abschluß von Kaufverträgen erforderlich sind, und stellt in einem zweiten Abschnitt „Expedition" (Frachtkunde, Zahlungskunde, Kontorkunde) die Kenntnisse zusammen, die zur Erfüllung der beiderseitigen Verbindlichkeiten erforderlich sind.[2]

Seinen Höhepunkt und sein Ende erreicht das handelswissenschaftliche Schrifttum in dem „System des Handels", das **Johann Michael Leuchs** (1763–1836) im Jahre 1804 veröffentlicht hat, zu einer Zeit also, da die Ideen des ökonomischen Liberalismus sich auszubreiten und die Kameralwissenschaften allmählich zu verfallen begannen. Das System besteht aus drei Hauptteilen. Der erste Teil, der das Kernstück des gesamten Werkes darstellt, beschäftigt sich mit der „bürgerlichen Handelswissenschaft" (Privathandelswissenschaft), die mit ihren einzelnen Abschnitten, z. B. der Tauschmittellehre (Ware und Geld), der Wertbestimmungslehre (Kalkulationslehre), der Handelslehre (Ein- und Verkauf), der Wahrscheinlichkeitslehre (Spekulationslehre) und der Kontorwissenschaft noch heute relativ modern anmutet. Als zweiter Teil schließt sich die Staatshandelswissenschaft und als dritter Teil die Handelskunde an. Das Leuchs'sche System des Handels geht also weit über eine Handelsbetriebslehre im heutigen Sinne hinaus, da es im zweiten Teil auch eine volkswirtschaftliche Analyse des Handels und im dritten Teil eine Beschreibung der Warenkunde, der Wirtschaftsgeographie und anderer Gebiete enthält.

Eine ausgezeichnete Charakteristik der Handlungswissenschaft, wie sie sich zu Beginn des 19. Jahrhunderts als wissenschaftliche Disziplin darstellt, findet sich

---

[1] Seyffert, R., a.a.O., Sp. 1002
[2] Vgl. Weber, E., a.a.O., S. 74

in dem Artikel „Handlungswissenschaft" von **Rau** in der „Allgemeinen Enzyklopädie der Wissenschaften und Künste".[1] Dort heißt es: „Die Handelswissenschaft ist also die Lehre, den Handel als Gewerbe auf die vorteilhafteste Weise zu betreiben. Da die hierzu führenden Mittel bloß aus der Erfahrung erkannt werden können, so ist die Handelswissenschaft auch nur unter die Erfahrungswissenschaften zu rechnen, deren Material schon außerhalb gegeben ist und in denen nur die Auffassung und Darstellung dem forschenden Geiste angehört. Sie ist in dieser Hinsicht den anderen Gewerbewissenschaften, z. B. der Bergbau- und Landwirtschaftslehre ähnlich, weicht aber darin von ihnen ab, daß sie viel weniger als diese die Gesetze der vernunftlosen Natur benutzt, vielmehr ganz auf die Eigenschaften, Zwecke und Einrichtungen des Menschen gebaut ist".

Im 19. Jahrhundert tritt ein rascher **Niedergang der Handlungswissenschaft** ein. Der ökonomische Liberalismus führte zu einem starken Aufschwung der Nationalökonomie und einer Loslösung der Volkswirtschaftslehre von den Kameralwissenschaften. Während die Volkswirtschaftslehre an allen Universitäten Fuß fassen konnte und volkswirtschaftliche Lehrstühle errichtet wurden, gelang der Handlungswissenschaft der Anschluß an die neue wirtschaftliche Strömung nicht. Sie geriet zusammen mit den Kameralwissenschaften in Verfall. Was übrig blieb, war keine Wissenschaft mehr, auch nicht im Sinne einer wissenschaftlichen Kunstlehre, sondern eine Kunde von der Technik der Buchhaltung, des Schriftverkehrs, der Maße, Gewichte, Münzen usw.

Warum die Handlungswissenschaften den Anschluß an die veränderten ökonomischen und technischen Verhältnisse des 19. Jahrhunderts nicht fanden, ist bis heute nicht recht geklärt. Die erste industrielle Revolution mit ihrer rapiden Entwicklung der maschinellen Produktionstechnik mag zum Teil daran Schuld haben. Die Ausbildung des Ingenieurs erschien zunächst wichtiger als die des Kaufmanns. Während sich Technische Hochschulen entwickelten, wurden die Handlungswissenschaften von den Universitäten verdrängt. Hinzu kam die Geringschätzung der Handlungswissenschaften durch die sich schnell entwickelnde Nationalökonomie, deren Vertreter vom Standpunkt ihres theoretischen Lehrsystems auf die praktisch orientierte handelswissenschaftliche Kunstlehre herabschauten.

An Ansätzen zur Entwicklung einer über die Handlungswissenschaft hinausgehenden **Allgemeinen Privatwirtschaftslehre** hat es nicht gefehlt, doch wurden die Anregungen von der akademischen Lehre nicht aufgenommen. Zwei Werke sind hier besonders hervorzuheben: die „Allgemeine Gewerkslehre" von **A. Emminghaus,** die im Jahre 1868 erschien, und die im gleichen Jahre in deutscher Übersetzung herausgegebene „Theorie und Praxis des Geschäftsbetriebes im Ackerbau, Gewerbe und Handel" von **J. C. Courcelle-Seneuil.** E. Weber sagt über die wenigen positiven Versuche der Begründung einer selbständigen Privatwirtschaftslehre neben der Volkswirtschaftslehre: Sie „scheinen ihrer Zeit mehr etwas Absonderliches denn etwas Besonderes gewesen zu sein; sie wurden nicht beachtet und schnell vergessen".[2]

---

[1] Leipzig 1844, zitiert bei Weber, E., a.a.O., S. 92
[2] Weber, E., a.a.O., S. 115

2. Die Entwicklung der Betriebswirtschaftslehre vom Beginn des 20. Jahrhunderts bis zu Beginn des Zweiten Weltkrieges

Erst mit der Gründung der Handelshochschulen, also ab 1898, begann die Handelswissenschaft, ihre alte Position wieder zu erringen und sich darüber hinaus – angeregt durch die Probleme der inzwischen stark angewachsenen Zahl moderner Industriebetriebe – von der Handelswissenschaft zu einer **Allgemeinen Betriebswirtschaftslehre** zu erweitern, die mit fortschreitender Entwicklung den Industriebetrieb immer stärker in den Mittelpunkt ihres Interesses stellte. Zwar konnte die junge Privatwirtschaftslehre, wie die Betriebswirtschaftslehre in den ersten Jahren ihrer Entwicklung genannt wurde, in den beiden ersten Jahrzehnten dieses Jahrhunderts mit der in ihrer theoretischen Fundierung bereits wesentlich weiter fortgeschrittenen Volkswirtschaftslehre wissenschaftlich nicht konkurrieren und mußte sich noch immer geringschätzige Blicke auf die Kunstlehre, die sich anfangs vorwiegend mit Fragen der Technik des Rechnungswesens beschäftigte, gefallen lassen, doch begann die Betriebswirtschaftslehre bald über die reine Deskription hinaus zur Erklärung der betrieblichen Zusammenhänge fortzuschreiten und eine eigene betriebliche Theorie zu entwickeln, wenn auch nach wie vor auf der Beschreibung und Erforschung praktischer Probleme des Rechnungswesens der Akzent lag.

Die ersten bedeutenden betriebswirtschaftlichen Werke, die vor dem ersten Weltkrieg erschienen, waren **Josef Hellauer's** „System der Welthandelslehre" (1910, 10. Aufl., 1954), **Johann Friedrich Schär's** „Allgemeine Handelsbetriebslehre" (1911) und **Heinrich Nicklisch's** „Allgemeine kaufmännische Betriebslehre als Privatwirtschaftslehre des Handels und der Industrie" (1912).

Die Geringschätzung der Privatwirtschaftslehre durch die Nationalökonomie, die sich in Bezeichnungen wie „öde Profitlehre" oder „Studium der Technologie des Rechnungswesens" zeigte, hatte eine doppelte Konsequenz: einmal veranlaßte sie eine Reihe bedeutender Fachvertreter zur Verteidigung des Faches gegen den Vorwurf der „Profitlehre" durch Ausbildung einer normativ-wertenden (ethisch-fundierten) Betriebswirtschaftslehre, vor allem durch **Schär, Rudolf Dietrich**[1] und ganz ausgeprägt durch **Nicklisch**. Zum anderen führte sie zu der Forderung, von der „Kunstlehre", deren Problem – wie **Schmalenbach** es ausgedrückt hat – die Frage ist, „in welcher Weise ein wirtschaftlicher Erfolg mit möglichst geringer Aufwendung wirtschaftlicher Werte erzielt wird",[2] abzugehen und eine „wissenschaftliche Privatwirtschaftslehre" zu entwickeln. Diese Forderung wurde von **Weyermann** und **Schönitz** in ihrem im Jahre 1912 erschienenen Buche „Grundlegung und Systematik einer wissenschaftlichen Privatwirtschaftslehre und ihre Pflege an Universitäten und Fachhochschulen"[3] vertreten.

Das Werk von Weyermann-Schönitz löste die erste methodologische Diskussion in der Betriebswirtschaftslehre über die Frage aus, ob die Betriebswirt-

---

[1] Betriebs-Wissenschaft, München u. Leipzig 1914
[2] Schmalenbach, E., Die Privatwirtschaftslehre als Kunstlehre, ZfhF 1911/12, S. 310
[3] Karlsruhe 1912

schaftslehre eine Kunstlehre oder eine theoretische Wissenschaft sei bzw. sein sollte, denn tatsächlich war sie damals eine Kunstlehre. **Eugen Schmalenbach** trat für die Kunstlehre ein. „‚Wissenschaft' im Gegensatz zu ‚Kunstlehre' ist" – seiner Ansicht nach – „eine philosophisch gerichtete, ‚Kunstlehre' dagegen eine technisch gerichtete Wissenschaft. Die ‚Kunstlehre' gibt Verfahrensregeln, die ‚Wissenschaft' gibt sie nicht".[1]

Weyermann-Schönitz dagegen lehnten die Kunstlehre ab „als eine Anleitung zu möglichster Routine in einer öden Profitmacherei".[2] Sie wollten eine wissenschaftliche Privatwirtschaftslehre entwickeln, die frei von Rezepten und Ratschlägen nur die Beschreibung und Erklärung der Wirklichkeit erstrebt. Ihre Einwände richteten sich aber nur gegen die „unwissenschaftliche" Kunstlehre, die nur empirisch vorgeht, also lediglich auf Erfahrung, Übung und Erprobung beruht, nicht dagegen gegen eine **angewandte Wissenschaft,** die theoretisch fundiert ist. Allerdings lehnten sie auch Systeme der Privatwirtschaftslehre ab, „die als Wertmaßstab nicht die Rentabilitätssteigerung, sondern im bewußten Gegensatz dazu einen idealistischen Wertmaßstab benutzen",[3] wie beispielsweise die Handelsbetriebslehre Schär's.

Die Frage, ob die Betriebswirtschaftslehre eine reine Wissenschaft, also nur auf Erkenntnis, nicht dagegen auf Gestaltung der Wirklichkeit gerichtet sei, oder ob sie als eine praktische Wissenschaft, die Anleitungen und Verfahrensregeln gibt, entwickelt werden müsse, wurde damals nicht entschieden und ist in der Folgezeit mehrfach wieder aufgeworfen worden, so insbesondere im Anschluß an **Wilhelm Riegers** „Einführung in die Privatwirtschaftslehre" (1928) und **Erich Gutenbergs** „Grundlagen der Betriebswirtschaftslehre" (1. Band 1951).

Damals setzte sich die Schmalenbachsche Auffassung, die in der Betriebswirtschaftslehre eine Kunstlehre sieht, schnell durch. Dazu trug besonders die Tatsache bei, daß die Betriebswirtschaftslehre die Phase der bloßen Beschreibung von praktischen Verfahren allmählich überwand und in ein Stadium induktiver Forschung eintrat, deren Ziel die Gewinnung von Regelmäßigkeiten und Gesetzmäßigkeiten des betrieblichen Wirtschaftens ist. Der Vorwurf der Unwissenschaftlichkeit konnte nun nicht länger gegen ein Fach erhoben werden, das sich um die theoretische Erkenntnis der allgemeinen Grundprinzipien des betrieblichen Wirtschaftens bemühte, aus denen Verfahrensregeln abgeleitet wurden.

Seyffert ist der Ansicht, daß der Prozeß der Erweiterung der Handelswissenschaften zur Betriebswirtschaftslehre etwa mit dem Jahre 1926 als abgeschlossen gelten kann, da von diesem Jahre an verschiedene große Sammelwerke der Betriebswirtschaftslehre herausgebracht wurden, „die eine gewisse Ausreife der Disziplin zur Voraussetzung haben".[4] Zu nennen sind das von **Nicklisch** herausgegebene „Handwörterbuch der Betriebswirtschaft" in 5 Bänden (1926–1928), ferner das fünfbändige „Handwörterbuch des Kaufmanns" von **Karl Bott** (1926–1927), sodann der 16-bändige „Grundriß der Betriebswirtschaftslehre", deren Herausgeber **Walter Mahlberg, Eugen Schmalenbach, Fritz Schmidt**

---

[1] Schmalenbach, E., a.a.O., S. 314
[2] Weyermann, M., Schönitz, H., a.a.O., S. 46
[3] Weyermann, M., Schönitz, H., a.a.O., S. 52
[4] Seyffert, R., a.a.O., Sp. 1009

und **Ernst Walb** waren (sieben Bände sind seit 1926 erschienen) und schließlich das von **F. Schmidt** 1927–1932 herausgegebene Sammelwerk „Die Handelshochschule" in sechs Bänden.

Wie wenig fest die Fundamente der Betriebswirtschaftslehre trotz der lexikalischen Bearbeitung des Stoffes waren, zeigt der scharfe Angriff **Riegers** gegen die praktische Betriebswirtschaftslehre Schmalenbachs und die normativ-wertende Betriebswirtschaftslehre Nicklischs in seiner „Einführung in die Privatwirtschaftslehre (1928).[1] Ähnlich wie früher Weyermann-Schönitz wendet sich Rieger mit Nachdruck gegen eine Betriebswirtschaftslehre, die „Anleitungen und Rezepte zum praktischen Handeln"[2] gibt, und vertritt die Ansicht, Aufgabe der Wissenschaft sei lediglich die Erkenntnis des Seienden. „Dabei muß von vornherein mit Nachdruck darauf hingewiesen werden, daß es nicht darum gehen kann, ... der Wirtschaft Vorschriften zu machen, was sie tun sollte. Vielmehr gilt es, die Zustände so wie sie sind möglichst vorurteilslos zu untersuchen und mit der äußersten Sachlichkeit zu schildern – gleichgültig, ob wir sie billigen oder nicht ... wir haben zu sagen, wie es ist, nicht wie wir möchten, daß es wäre".[3]

Das Objekt der Betriebswirtschaftslehre ist bei Rieger nicht der Betrieb schlechthin, sondern die Unternehmung, also eine historische Erscheinungsform des Betriebes, die in der kapitalistischen (marktwirtschaftlichen) Wirtschaftsordnung dominierend ist. Auswahlprinzip der Betriebswirtschaftslehre ist die Rentabilität der kapitalistischen Unternehmung. Der Betrieb wirtschaftet nach Rieger nicht, um den Markt mit Gütern und Dienstleistungen zu versorgen, sondern um einen möglichst großen Gewinn zu erzielen. „Wenn wir also von einem Zweck der Unternehmung reden, so kann es nur dieser sein, Gewinn zu erzielen, und zwar für den Unternehmer. Die Aufgabe und Tätigkeit, der sie sich im Rahmen der Gesamtwirtschaft unterzieht, ist für sie oder besser für die Unternehmer ausschließlich Mittel zum Zweck."[4]

Schmalenbach dagegen bezeichnet die „gemeinwirtschaftliche Produktivität" als das Grundprinzip, an dem die Betriebswirtschaftslehre ihre Probleme auszuwählen hat. Ihn interessiert der wirtschaftliche Betrieb nur als ein „Organ der Gemeinwirtschaft" ... „es ist nicht der Sinn unserer Betriebswirtschaftslehre, zuzuschauen, ob und wie irgend jemand sich ein Einkommen oder ein Vermögen verschafft. Sinn unserer Lehre ist lediglich, zu erforschen, wie und auf welche Weise der Betrieb seine gemeinwirtschaftliche Produktivität beweist".[5]

Über die Frage, ob die Rentabilität oder die gemeinwirtschaftliche Wirtschaftlichkeit das Auswahlprinzip der Betriebswirtschaftslehre ist, herrscht bis heute keine Einigkeit.[6] Die Erfahrung zeigt jedenfalls, daß die Betriebe im marktwirtschaftlichen Wirtschaftssystem nach dem größtmöglichen Gewinn streben

---

[1] Rieger, W., Einführung in die Privatwirtschaftslehre, Nürnberg 1928, 2. Aufl., Erlangen 1959
[2] Rieger, W., a.a.O., S. 73
[3] Rieger, W., a.a.O., S. 44
[4] Rieger, W., a.a.O., S. 44
[5] Schmalenbach, E., Dynamische Bilanz, 5. Aufl., Leipzig 1931, S. 94
[6] Vgl. S. 30 ff.

und ihr Handeln nicht danach bestimmen, die Gemeinschaft am besten mit Gütern zu versorgen. (Ganz abgesehen davon ist die Frage, welches die „beste" Güterversorgung ist, objektiv nicht zu klären.) Schmalenbachs Forderung nach Beachtung der gemeinwirtschaftlichen Produktivität, die in Fachkreisen weite Anerkennung gefunden hat, hat aber mehr programmatische als praktische Bedeutung. Er selbst hat das klar erkannt, wenn er sagt: „Nun arbeitet der Inhaber des Betriebes im allgemeinen nicht, um der Gemeinschaft aufs beste zu dienen, sondern er arbeitet ... des eigenen Nutzens wegen. Eine nur auf diesen abgestellte Betriebsrechnung können wir in einer Unternehmenswirtschaft erwarten; jede andere bliebe tote Theorie".[1]

Riegers Angriff richtet sich aber nicht nur gegen die gemeinwirtschaftliche Produktivität, sondern ebenso gegen die normativ-ethische Betriebswirtschaftslehre Nicklischs: Während Rieger von der Betriebswirtschaftslehre fordert, daß sie „wertfrei" sein, also sich der Abgabe von Werturteilen enthalten soll, vertritt die normative Richtung die Auffassung, daß es Aufgabe der Betriebswirtschaftslehre sei, Normen für betriebliches Handeln aus allgemeingültigen ethischen Werten abzuleiten und Verfahren zu entwickeln, die die tatsächliche Wirtschaft in den von der Betriebswirtschaftslehre postulierten Soll-Zustand überführen sollen. Das bedeutet aber notwendigerweise eine Bewertung von empirisch vorgefundenen betrieblichen Tatbeständen, ob sie mit den aufgestellten Normen übereinstimmen oder nicht, also die Abgabe von Werturteilen.[2]

Obwohl nach dem heutigen Stande menschlichen Erkenntnisvermögens eine Wahrheitssicherung von Werturteilen nicht möglich ist, ist dennoch die wertfreie Richtung in der Betriebswirtschaftslehre bis heute noch nicht allgemein anerkannt, wenn sie auch dominiert. Die normativ-ethische Betriebswirtschaftslehre fand in **Wilhelm Kalveram** nach dem Zweiten Weltkrieg erneut einen eifrigen Verfechter.

Die letzten 50 Jahre der betriebswirtschaftlichen Forschung sind ungeachtet der methodologischen Gegensätze der Erforschung und theoretischen Vertiefung von Einzelproblemen der Allgemeinen Betriebswirtschaftslehre, dem Ausbau der speziellen Betriebswirtschaftslehren, der Betriebswirtschaftlichen Steuerlehre und der Betriebswirtschaftlichen Prüfungslehre gewidmet worden.

Die Betriebswirtschaftslehre erhielt wesentliche Impulse durch die großen wirtschaftlichen Umwälzungen dieser Zeit, die im Gefolge politischer Veränderungen eintraten. Die erste Inflation führte zu intensiver Beschäftigung mit Bewertungsfragen (Bilanztheorien), mit Problemen der Kalkulation und Preispolitik, mit Fragen der Finanzierung und Liquiditätspolitik. Die fortschreitende Verbesserung der Produktionstechnik, die zur Spezialisierung, Automatisierung und letztlich zur Automation führte, stellte die Probleme der Rationalisierung, der Arbeitsvorbereitung, der Investitions- und Abschreibungspolitik in den Vordergrund; die gelenkte Wirtschaft der dreißiger und vierziger Jahre führte zu intensiver Beschäftigung mit Problemen des Rechnungswesens.

---

[1] Schmalenbach, E., a.a.O., S. 95
[2] Vgl. Wöhe, G., Zur Problematik der Werturteile in der Betriebswirtschaftslehre, ZfhF 1959, S. 165 ff.

3. Die Entwicklung der Betriebswirtschaftslehre seit dem Zweiten Weltkrieg

Die Wiedereinführung der Marktwirtschaft nach der Währungsreform von 1948 verschob den Akzent der betriebswirtschaftlichen Forschung stärker auf das Gebiet des Absatzes, der Marktforschung und der Werbung, und im letzten Jahrzehnt sind Fortschritte insbesondere auf dem Gebiete der Investitionstheorie und der Theorie der Unternehmungsführung zu verzeichnen.

Als bedeutsamstes Ereignis für die Entwicklung der betriebswirtschaftlichen Theorie nach dem Zweiten Weltkrieg ist das Erscheinen der „Grundlagen der Betriebswirtschaftslehre" von **Erich Gutenberg**[1] anzusehen. Dieses rein theoretische Werk löste ähnlich wie die Arbeiten von Weyermann-Schönitz und Rieger eine starke methodologische Diskussion aus, die noch andauert und die erneut zeigt, daß die Fundamente der Betriebswirtschaftslehre durchaus noch nicht unerschütterlich sind.

Gutenbergs System stellt nicht wie das System Nicklischs den Menschen, sondern den Kombinationsprozeß der Produktionsfaktoren, d. h. die **Produktivitätsbeziehung zwischen Faktoreinsatz und Faktorertrag** in den Mittelpunkt. Gutenberg schreibt: „Bezeichnet man die Arbeitsleistungen und die technischen Einrichtungen als Produktionsfaktoren und das Ergebnis der von diesen Produktionsfaktoren eingesetzten Mengen als Produktmengen, Ausbringung oder Ertrag (physisch-mengenmäßig gesehen), dann erhält man eine Beziehung zwischen dem Faktorertrag und dem Faktoreinsatz. Diese Beziehung ist eine Produktivitätsbeziehung, und zwar nicht irgendeine, sondern die betriebliche Produktivitätsbeziehung schlechthin ... Diese theoretische Ausgangslage verlangt nun aber nach einer Ergänzung, und zwar insofern, als das Verhältnis zwischen Faktorertrag und Faktoreinsatz einerseits wieder auf eine andere Größe bezogen werden muß, denn ein Unternehmen produziert nicht, um zu produzieren, also hier: um zu demonstrieren, wie sich aus einer gegebenen Faktoreinsatzmenge ein Maximum an Ertrag erzielen läßt. Der Bezugspunkt, auf den die gesamte Produktivitätsbeziehung ihrerseits hingeordnet werden müßte, besteht offenbar in Zielsetzungen, die außerhalb der betrieblichen Prozedur als solcher liegen, ihr aber erst ihren Sinn geben."[2]

Die methodologische Diskussion wurde durch die Angriffe **Mellerowiczs** auf Gutenbergs Werk, das die moderne Wirtschaftstheorie in die Betriebswirtschaftslehre integrierte, eröffnet und führte zu Stellungnahmen vieler Fachvertreter. Es ging zunächst vor allem um die Frage, ob eine exakte betriebswirtschaftliche Theorie, die deduktiv vorgeht und oft die Mathematik bei ihren Ableitungen zu Hilfe nimmt – allerdings in den meisten Fällen nicht als Erkenntnismittel, sondern lediglich zur vereinfachten Darstellung komplizierter Zusammenhänge – einen Erkenntniswert hat oder eine wirklichkeitsfremde Spekulation darstellt, weil ihre Ergebnisse nicht unmittelbar für die Praxis brauchbar sind. Wir halten

---

[1] Gutenberg, E., Bd. 1: Die Produktion, 1. Aufl. 1951; Bd. 2: Der Absatz, 1. Aufl. 1955; Bd. 3: Die Finanzen, 1. Aufl. 1969.

[2] Gutenberg, E., Betriebswirtschaftslehre als Wissenschaft, Kölner Universitätsrede, 2. Aufl., Krefeld 1961, S. 25

es nicht für sinnvoll, die Untersuchungen dort abzubrechen, wo die Ergebnisse der Theorie nicht mehr unmittelbar zur Entwicklung praktischer Verfahren verwertbar sind. Um zu angenäherten Aussagen zu kommen, kann der Praktiker letztlich auf die Wissenschaft verzichten. Ziel der Betriebswirtschaftslehre als Wissenschaft muß es sein, zu einer restlosen Erkenntnis ihres Objektes zu gelangen, also alle Probleme bis zur letzten logischen Konsequenz zu durchdenken, auch wenn für die Praxis angenäherte Lösungen genügen.

Durch die Kontroverse zwischen Gutenberg und Mellerowicz über die in der Betriebswirtschaftslehre anzuwendende Methode ist in letzter Zeit der Eindruck entstanden, als handele es sich bei den beiden genannten theoretischen Richtungen um eine Alternative: entweder empirisch-induktive oder mathematisch-deduktive Forschung. Wir sind der Ansicht, daß beide Methoden in der theoretischen Betriebswirtschaftslehre je nach der Art des zu untersuchenden Gegenstandes Anwendung finden müssen, wenn wir zu einer vollständigen Erkenntnis des Betriebsprozesses gelangen wollen. Die anzuwendende Methode hängt – ebenso wie der Grad der Abstraktion – von dem zu untersuchenden Gegenstand ab.[1]

Man betont im betriebswirtschaftlichen Schrifttum immer wieder die Notwendigkeit der „Praxisnähe", und zahlreiche Autoren glauben – auch wenn sie grundsätzlich die Ausbildung einer betriebswirtschaftlichen Theorie befürworten – aus der Forderung nach einer „praxisnahen Betriebswirtschaftslehre" die Schaffung einer reinen (exakten) Theorie des Betriebsprozesses ablehnen zu müssen, weil sie befürchten, man könne durch „wirklichkeitsfremde" theoretische Konstruktionen den Kontakt mit der Praxis verlieren und sich damit selbst isolieren.

So befürchtet **Mellerowicz**, daß die Entwicklung einer reinen Theorie des Betriebes zu einer Trennung der Theorie von der Betriebspolitik führen würde. Darin liege dann die Gefahr, daß die theoretischen Erkenntnisse für die Praxis nicht mehr verwertet werden könnten. „Die Betriebswirtschaftslehre würde dadurch wieder eine bloße Kunstlehre, beruhend lediglich auf Erfahrung und Übung, wie vor 50 Jahren"[2]. Er kommt folgerichtig zu der Auffassung, daß die Betriebswirtschaftslehre in ihren Verfahren „nur bis an die ökonomische Grenze der Genauigkeit" gehe und nur untersuche, „was für die betriebliche Wirtschaftsführung relevant ist, und mit Methoden, die diesem Zweck dienen können".[3]

Gutenberg dagegen lehnt die „im Grund doch so trivialen Regeln und Gebrauchsanweisungen für die Praxis"[4] ab und sieht die Aufgabe der Betriebswirtschaftslehre darin, „die innere Logik der Dinge aufzuspüren und die betrieblichen Sachverhalte geistig zu durchdringen ... Der wissenschaftliche Wert oder Unwert einer betriebswirtschaftlichen Untersuchung hängt nicht von der praktischen Bedeutung des zu untersuchenden Gegenstandes ab".[5]

---

[1] Vgl. S. 18 ff.
[2] Mellerowicz, K., Eine neue Richtung in der Betriebswirtschaftslehre? Eine Betrachtung zu dem Buch von E. Gutenberg: „Grundlagen der Betriebswirtschaftslehre", 1. Band: Die Produktion, ZfB 1952, S. 155.
[3] Mellerowicz, K., a.a.O., S. 147.
[4] Gutenberg, E., Zum „Methodenstreit", ZfhF 1953, S. 341.
[5] Gutenberg, E., a.a.O., S. 340.

Dieselbe Auffassung hat vorher bereits **Rieger** vertreten: „Die Privatwirtschaftslehre enthält sich ... jedes direkten Eingriffes in das Leben; ihre Aufgabe ist das Forschen und Lehren als Ding an sich, und soweit ihre Gedanken auf fruchtbaren Boden fallen und Wurzeln schlagen ..., helfen sie die Wirtschaft gestalten".[1]

Neben der im Laufe der Entwicklung zu beobachtenden Akzentverschiebung von einem Sachgebiet auf ein anderes, z. B. von der Bilanz- und Bewertungslehre auf die Kostenrechnung, dann auf die Produktions- und Kostentheorie, dann auf die Investitionstheorie usw. ist – insbesondere nach dem Zweiten Weltkrieg – ein Übergang zu neuen Forschungsverfahren zu beobachten, der noch im vollen Gange ist und in der Literatur bereits – ob zu Recht, sei dahingestellt – zu einer Unterscheidung zwischen einer „traditionellen" (älteren) und einer „modernen" Richtung, d. h. einer Richtung, die sich vorwiegend quantifizierender mathematischer Methoden (z. B. der Optimierungs- oder Programmierungsrechnung) bedient, geführt hat.

Die jüngste Entwicklung der Betriebswirtschaftslehre ist durch eine **stärkere Betonung des unternehmerischen Entscheidungsprozesses** gekennzeichnet, die zu dem Begriff der „entscheidungsorientierten Betriebswirtschaftslehre" geführt hat. Diese Bezeichnung charakterisiert jedoch kein neues System der Betriebswirtschaftslehre, sondern eine neue Verfahrenstechnik. Ihre Vertreter erheben allerdings den Anspruch, daß es sich hier um ein neues System, eine Neuorientierung handele, die eine Synthese zwischen Nicklischs System, in dem die Betriebe als Gruppen arbeitender Menschen aufgefaßt werden, und Gutenbergs System, das auf der Produktivitätsbeziehung zwischen Faktoreinsatz und Faktorertrag beruht, anstrebe.[2]

Wirtschaftliches Handeln im Betriebe besteht seit jeher im Treffen von Entscheidungen. Folglich ist die Betriebswirtschaftslehre seit jeher bestrebt, Instrumente zu entwickeln, die helfen, in einer gegebenen Situation die optimale Entscheidung zu treffen, d. h. die Handlungsalternative auszuwählen, die im Hinblick auf die Zielerreichung allen anderen vorzuziehen ist. Ob man den Gewinn maximieren, die Kosten minimieren, die optimale Bestellmenge oder das optimale Fertigungsprogramm bestimmen oder unter mehreren Investitionsalternativen die vorteilhafteste auswählen will, stets ist unter mehreren zur Wahl stehenden Handlungsalternativen jene zu bestimmen, die das Ziel in höchstem Maße erreicht, also z. B. die Zielgröße maximiert oder minimiert. Das räumen auch die Vertreter der entscheidungsorientierten Betriebswirtschaftslehre ein: „Neu und für die Zukunft richtungweisend ist nicht so sehr die Tatsache, daß sich die Betriebswirtschaftslehre mit Entscheidungen befaßt, sondern die Art und Weise, die Methodik, wie sie Entscheidungen untersucht."[3]

Die entscheidungsorientierte Betriebswirtschaftslehre baut auf der **formalen Entscheidungstheorie** auf, deren Ziel eine logische Analyse des menschlichen

---

[1] Rieger, W., Einführung in die Privatwirtschaftslehre, Nürnberg 1928, S. 81.
[2] Vgl. Heinen, E., Zum Wissenschaftsprogramm der entscheidungsorientierten Betriebswirtschaftslehre, ZfB 1969, S. 208.
[3] Heinen, E., a.a.O., S. 208.

Verhaltens ist, das bestimmte Ziele unter der Annahme unterschiedlicher realer Handlungsalternativen optimal realisieren will. Ebenso wie die statistische Methodenlehre als formale Methode zur Erfassung von Massenerscheinungen auf die verschiedensten Objekte angewendet werden kann (Umsatz-, Bevölkerungs-, Verkehrs-, Krankenstatistik usw.), sind auch die von der Entscheidungstheorie entwickelten formalen Regeln zur Vorbereitung und zum Treffen von Entscheidungen auf alle Bereiche anwendbar, die das Ergebnis menschlicher Entscheidungen sind.

Erkenntnisobjekt und Erkenntnisziel der entscheidungsorientierten Betriebswirtschaftslehre stimmen mit denen der bisherigen Betriebswirtschaftslehre überein. Aufgabe der betriebswirtschaftlichen Theorie ist die Beschreibung und Erklärung von Zusammenhängen und das Erkennen von Gesetzmäßigkeiten, die in Form von Hypothesen formuliert werden. Aufgabe der angewandten Betriebswirtschaftslehre (Betriebswirtschaftspolitik) ist die Gestaltung des Betriebsprozesses zur Realisierung von Zielsetzungen. Grundlage der Gestaltung sind Entscheidungen. Nichts anderes bringt **Heinen** zum Ausdruck, wenn er das Wissenschaftsziel der entscheidungsorientierten Betriebswirtschaftslehre umreißt: „Das Bemühen der Betriebswirtschaftslehre ist letztlich darauf gerichtet, Mittel und Wege aufzuzeigen, die zur Verbesserung der Entscheidungen in der Betriebswirtschaft führen. Sie will durch die Formulierung entsprechender Verhaltensnormen den verantwortlichen Disponenten Hilfestellung leisten. Dieses Bestreben gipfelt in der Entwicklung von Entscheidungsmodellen zur Ableitung ‚optimaler‘ oder ‚befriedigender‘ Lösungen. Darin ist das Hauptmerkmal der Gestaltungsfunktion der Betriebswirtschaftslehre zu erblicken ... Der Gestaltungsaufgabe vorgelagert ist die Erklärungsaufgabe ..."[1]

In der **Entwicklung mathematischer Methoden** zur Ermittlung optimaler Entscheidungen ist im letzten Jahrzehnt ein bedeutender Fortschritt eingetreten, der seinen institutionellen Niederschlag in der Entwicklung eines neuen Teilgebietes der Betriebswirtschaftslehre gefunden hat: der **Unternehmensforschung** (Operations Research). Gegenstand dieses Teilgebietes ist die Gesamtheit mathematischer Methoden, die der Ermittlung optimaler Entscheidungen dienen.[2] Dieser Fortschritt beruht nicht zuletzt darauf, daß komplizierte Ansätze von Entscheidungsmodellen, die früher nicht ausgerechnet werden konnten oder deren Lösung vom Arbeitsaufwand her wirtschaftlich nicht vertretbar war, heute mit Hilfe von Rechenanlagen formal lösbar sind. Dieser Fortschritt in der Entwicklung von Verfahren vollzieht sich im Rahmen der herkömmlichen Betriebswirtschaftslehre und begründet ebensowenig eine neue Richtung wie die Verbesserung der Kostenrechnungsverfahren oder der Verfahren der Investitionsrechnung. **Erkenntnisobjekt, Erkenntnisziel und Auswahlprinzip der Betriebswirtschaftslehre werden davon nicht tangiert.** Es hat sich lediglich der Schwerpunkt der Forschung verlagert, wie das im Laufe der historischen Entwicklung der Betriebswirtschaftslehre fast von Jahrzehnt zu Jahrzehnt beobachtet werden kann.

---

[1] Heinen, E., a.a.O., S. 209f.
[2] Einzelheiten vgl. S. 133 ff.

Allerdings darf die praktische Bedeutung der neuen Rechentechniken nicht überbewertet werden, denn die Modellaussagen lassen sich zum Teil (noch) nicht auf praktische Einzelprobleme übertragen. Ferner ist zu beachten, daß ein Teil der komplexen Bedingungen von Entscheidungsprozessen sich nach wie vor der Quantifizierung entzieht.

Zur Festigung und Vertiefung des Lehrstoffes zum Ersten Abschnitt:

»Gegenstand, Methoden und Geschichte der Betriebswirtschaftslehre«

empfiehlt es sich, die Aufgaben 1 bis 17 mit den zugehörigen Test- und Wiederholungsfragen aus Wöhe-Kaiser-Döring, **ÜBUNGSBUCH** zu Wöhe, Einführung in die Allgemeine Betriebswirtschaftslehre, S. 1 bis 21 durchzuarbeiten.

Zweiter Abschnitt
Der Aufbau des Betriebes

A. Die betrieblichen Produktionsfaktoren

I. Überblick

Der betriebliche Leistungsprozeß erfordert den Einsatz von menschlicher Arbeitskraft, von Maschinen, Werkzeugen und Werkstoffen. Arbeitsleistungen, Betriebsmittel und Werkstoffe sind die drei Produktionsfaktoren, die im Betrieb kombiniert werden. Diese Kombination vollzieht sich jedoch nicht von selbst wie ein naturgesetzlicher Prozeß, sondern ist das Ergebnis leitender, planender und organisierender Tätigkeit des Menschen. Diese dispositiven Tätigkeiten gehören ebenso zum Bereich der menschlichen Arbeitsleistung, wie die ausführende Arbeit eines Drehers oder einer Sekretärin. Man kann demnach grundsätzlich zwei Arten von Arbeitsleistungen unterscheiden: ausführende (vollziehende) Arbeit und leitende (dispositive) Arbeit. Da die gesamte Kombination der Produktionsfaktoren eine dispositive Arbeitsleistung darstellt, also ohne leitende Tätigkeit die übrigen Faktoren (vollziehende Arbeit, Betriebsmittel und Werkstoffe) nicht zu sinnvollem wirtschaftlichen Einsatz gelangen können, ist es zweckmäßig, aus dem Faktor menschliche Arbeitskraft die dispositive Arbeit als selbständigen Produktionsfaktor auszugliedern.[1] Somit unterscheiden wir vier betriebliche Produktionsfaktoren:

(1) Die **dispositive Arbeit** (Betriebsführung). Ihre Funktion besteht in der Leitung, Planung, Organisation und Überwachung des Betriebsprozesses. Die Ausübung dieser Tätigkeiten besteht in einem Vorbereiten und Treffen von Entscheidungen;

(2) die **ausführende** (objektbezogene) **Arbeit**;

(3) die **Betriebsmittel** (z. B. Grundstücke, Gebäude, Maschinen, Werkzeuge);

(4) die **Werkstoffe** (z. B. Roh-, Hilfs- und Betriebsstoffe).

Die unter (2)–(4) aufgeführten Produktionsfaktoren bezeichnet man auch als **Elementarfaktoren** oder als objektbezogene Faktoren, da sie eine unmittelbare Beziehung zum Produktionsobjekt haben. Ihr Einsatz wird vom dispositiven Faktor gelenkt.

Die Volkswirtschaftslehre verwendet eine Dreiteilung der Produktionsfaktoren in **Arbeit, Boden** und **Kapital**. Die dispositive Arbeit wird nicht als gesonderter Faktor angesehen. Unter Kapital im volkswirtschaftlichen Sinne sind Kapitalgüter, d. h. ist Realkapital (nicht Geldkapital) zu verstehen, mit dem die Arbeit ausgestattet und dadurch ergiebiger gemacht wird. Zum Kapital gehören Maschinen, Werkzeuge und Werkstoffe, d. h. alle Hilfsmittel, die sich der Mensch zur Erleichterung und Steigerung der Ergiebigkeit seiner Arbeit schafft. Dieser

---

[1] Vgl. Gutenberg, E., Grundlagen der Betriebswirtschaftslehre, Bd. 1: Die Produktion, 18. Aufl., Berlin-Heidelberg-New York 1971, S. 3 (im folgenden als „Grundlagen" zitiert)

```
                    ┌─────────────────────┐
                    │    Betriebliche     │
                    │ Produktionsfaktoren │
                    └──────────┬──────────┘
                ┌──────────────┴──────────────┐
         ┌──────┴──────┐              ┌───────┴──────┐
         │ Elementar-  │              │  Dispositiver│
         │  faktoren   │              │    Faktor    │
         └──────┬──────┘              └───────┬──────┘
    ┌────────┬──┴────┬─────────┐     ┌────────┼────────┬──────────┐
┌───┴───┐┌───┴───┐┌──┴───┐ ┌───┴───┐┌─┴────┐┌─┴────┐ ┌──┴───┐
│ Aus-  ││Betriebs││Werk- │ │Betriebs││Planung││Organi-││Über- │
│führende││mittel  ││stoffe│ │führung ││       ││sation ││wachung│
│Arbeit ││       ││      │ │        ││       ││       ││      │
└───────┘└───────┘└──────┘ └────────┘└───────┘└───────┘└──────┘
```

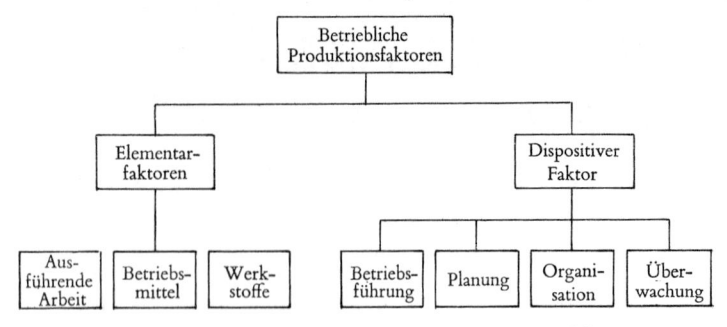

Abb. 3. Das System der betrieblichen Produktionsfaktoren

Unterschied im System der Produktionsfaktoren ist bedingt durch die Verschiedenheit der Erkenntnisobjekte der Betriebswirtschaftslehre und der Volkswirtschaftslehre.

Die Volkswirtschaftslehre erklärt, wie sich der durch eine Kombination von Produktionsfaktoren erzielte Ertrag als Einkommen auf die beteiligten Produktionsfaktoren verteilt, und gelangt so zu den drei **funktionellen Einkommenskategorien** Arbeitslohn, Grundrente und Zins, die vom Standpunkt der Produktion zugleich die Produktionskosten im volkswirtschaftlichen Sinne darstellen. Ein verbleibender Rest des Ertrages fällt den Unternehmern als Unternehmergewinn (Residualgewinn) zu. Das Volkseinkommen einer Periode läßt sich definieren als Lohnsumme plus Grundrentensumme plus Zinssumme plus Unternehmergewinne dieser Periode. Das volkswirtschaftliche System der Produktionsfaktoren ist also für eine Theorie der Einkommensbildung und -verteilung geeignet, jedoch nicht für eine Analyse des Betriebsprozesses.[1]

Zur Erklärung des Betriebsprozesses ist das oben angeführte System der betrieblichen Produktionsfaktoren zu verwenden. Der volkswirtschaftliche Faktor Grund und Boden gehört in der Betriebswirtschaftslehre zum Produktionsfaktor Betriebsmittel, die Werkstoffe dagegen sind für die Betriebswirtschaftslehre ein eigener Produktionsfaktor, während sie in der Volkswirtschaftslehre als „produzierte Güter" aufgefaßt und damit zum Faktor Kapital gerechnet werden. Da die betriebswirtschaftlichen Produktionsfaktoren nicht in beliebiger Menge vorhanden, sondern „knapp" sind, muß der Betrieb einen Preis dafür bezahlen. Die Preise für die Produktionsfaktoren sind **betriebliche Kosten.** Kosten sind also: Menge der Produktionsfaktoren mal Preise der Produktionsfaktoren.

Während es in der Volkswirtschaftslehre nur drei Hauptkostenarten: Lohnkosten, Grundrentenkosten und Zinskosten gibt, die vom Standpunkt der Produktionsfaktoren aus gesehen zugleich die drei funktionellen Einkommenskategorien darstellen, entspricht den betrieblichen Produktionsfaktoren eine Vielzahl von Kostenarten (Löhne, Gehälter, soziale Abgaben, Materialkosten, Abschreibungen, Zinsen usw.).

Bevor wir uns mit der Kombination der Produktionsfaktoren beschäftigen, ist es erforderlich, zunächst einmal jeden Produktionsfaktor für sich zu betrachten und zu untersuchen, wodurch sein **produktiver Beitrag** bei der Leistungs-

---

[1] Vgl. Gutenberg, E., Grundlagen, Bd. I, a.a.O., S. 4

A. *Die betrieblichen Produktionsfaktoren* 63

erstellung im Betriebe bedingt ist, denn die Höhe des Gesamtertrages eines Betriebes ist nicht nur davon abhängig, daß es gelingt, die Produktionsfaktoren optimal zu kombinieren, sondern wird gleichzeitig bestimmt durch die Qualität der Produktionsfaktoren. Die Bedingungen, die die Qualität der menschlichen Arbeitsleistungen beeinflussen, sind besonders kompliziert und vielschichtig.

II. Die menschliche Arbeitsleistung

1. Allgemeine Bestimmungsfaktoren

Unter **menschlicher Arbeit** verstehen wir den Einsatz der physischen und psychischen Fähigkeiten eines Menschen zur Realisierung betrieblicher Zielsetzungen. Die menschliche Arbeitsleistung ist einerseits von der **physischen** und **psychischen Leistungsfähigkeit** der Arbeitskraft, andererseits von dem **Willen** abhängig, die eigene physische und psychische Leistungsfähigkeit voll einzusetzen. Diese ist bedingt durch die körperliche Konstitution und das Niveau der Begabung, das die Arbeitskraft mitbringt, ferner durch das Lebensalter, durch die Förderung der natürlichen Begabung durch Fachausbildung und durch das Gewinnen praktischer Arbeitserfahrung. Aus den Faktoren körperliche Konstitution, Begabung, Lebensalter, Fachausbildung und praktische Arbeitserfahrung resultiert die **Eignung** der Arbeitskraft für bestimmte Tätigkeiten.

Die Bedeutung des **Lebensalters** ist für die Arbeitsleistung unterschiedlich zu bewerten. Bei schwerer **körperlicher Arbeit** nimmt die Leistungsfähigkeit mit zunehmendem Alter ab. Eine Kompensation durch erhöhte Erfahrung und Fertigkeit in der Arbeitsverrichtung erfolgt nur in geringem Maße. Bei **geistiger Tätigkeit** und Handarbeiten, die weniger körperliche Kraft, aber große Fertigkeit verlangen, ist es umgekehrt. Hier nimmt die Leistungsfähigkeit gewöhnlich durch jahrelange Erfahrung zu und sinkt in höherem Alter in der Regel nicht ab.

Das Betriebsergebnis hängt darüber hinaus aber wesentlich davon ab, ob es dem Betrieb gelingt, die Arbeitskraft entsprechend ihrer spezifischen Eignung einzusetzen, und ob seitens der Arbeitskraft nicht nur die physische und psychische Möglichkeit, sondern auch der Wille vorhanden ist, ihre Leistungsfähigkeit voll einzusetzen. Der **Leistungswille** kann erheblich beeinträchtigt werden, wenn Arbeitskräfte nicht ihrer Eignung entsprechend verwendet werden. Sie fühlen sich dann unterbewertet, werden unzufrieden, und die Leistung sinkt ab.

Der Leistungswille hängt im wesentlichen von zwei Faktoren ab:
(1) Von den **Arbeitsbedingungen** im weitesten Sinne. Ihre Gestaltung ist Aufgabe der Arbeitsorganisation. Sie erstreckt sich im wesentlichen auf zwei große Bereiche:
   (a) auf das Verhältnis der Arbeitskraft zur Arbeit und zum Arbeitsplatz. Aufgabe des Betriebes ist es, dieses Verhältnis optimal zu gestalten. Mittel dazu sind Arbeitsstudien und Arbeitsvorbereitung;
   (b) auf das Verhältnis der Arbeitskraft zu Vorgesetzten und Mitarbeitern, also auf eine genaue Abgrenzung des „Befehlsbereiches", auf das Gefühl der Sicherheit des Arbeitsplatzes und der Fürsorge des Betriebes.
(2) Von der Höhe des **Arbeitsentgeltes**. Der Arbeitende muß die Überzeugung haben, daß er seiner Leistung entsprechend bezahlt wird.

Somit entstehen für den Betrieb im Zusammenhang mit dem Faktor Arbeit zwei große Problemkreise: erstens die Schaffung optimaler Bedingungen für den Einsatz der menschlichen Arbeit im Betriebe und zweitens die Frage der Entlohnung (Lohnhöhe und Lohnform) der Arbeitskräfte. Betrachten wir im folgenden diese beiden Problemkreise im Detail.

2. Die Schaffung optimaler Arbeitsbedingungen

a) Die Arbeitsstudien

Die Ergiebigkeit der menschlichen Arbeit ist neben anderen Faktoren auch von den Bedingungen abhängig, unter denen sie sich vollzieht. Optimale Bedingungen für den Einsatz der Arbeitskraft zu schaffen, ist Aufgabe der Betriebsorganisation. Ein wichtiges Hilfsmittel dazu sind Arbeitsstudien, die sich aus den **Bewegungs- und Zeitstudien** entwickelt haben. Die Bewegungs- und Zeitstudien sind Bestandteil der Lehre von der wissenschaftlichen Betriebsführung (scientific management), die von **F. W. Taylor** (1856–1915) in den USA begründet wurde. Die Entwicklung der Bewegungsstudien geht vor allem auf **F. B. Gilbreth** (1863–1924) zurück. Das erste System analytischer Arbeitsbewertung wurde 1916 von **Charles Bedaux** (1888–1944) entwickelt. In Deutschland wurden die Zeitstudien insbesondere von dem 1924 gegründeten **REFA** („Reichsausschuß für Arbeitszeitermittlung", ab 1934 „Reichsausschuß für Arbeitsstudien, seit 1946 „Verband für Arbeitsstudien REFA – e. V.") eingeführt und allmählich auf den jetzigen Umfang der Arbeitsstudien erweitert.

Unter dem Begriff der Arbeitsstudien faßt man heute praktische Verfahren zusammen, die folgenden Aufgaben dienen:
(1) der rationellen Arbeitsgestaltung (Arbeitsablaufstudien, Arbeitsgestaltungsstudien);
(2) der Leistungsvorgabe mit Hilfe der Arbeitszeitstudien;
(3) der Arbeitsbewertung mit Hilfe der Arbeitswertstudien.

Die Arbeitszeitstudien, die die Ermittlung der Vorgabezeiten zum Zwecke haben, und die Arbeitswertstudien, die die Voraussetzung für die Arbeitsbewertung sind, werden später ausführlich besprochen. Die **Arbeitsgestaltungsstudie** dient durch Analyse der Arbeitsvorgänge vor allem der Rationalisierung des Arbeitsablaufs. Sie soll Hemmnisse, Leerlauf, ungünstige und erschwerende Bedingungen für die Arbeitskraft erkennen und beseitigen helfen.

Die Arbeitsstudien sind das Hauptgebiet der **Arbeitswissenschaften,** deren Ziel es ist, „Erkenntnisse für die optimale Gestaltung des Einsatzes der körperlichen, geistigen und seelischen Kräfte der Menschen zu liefern."[1] Andere wichtige Teilgebiete der Arbeitswissenschaften sind die Arbeitspsychologie, die Arbeitsphysiologie, die Arbeitsmedizin, die Arbeitshygiene, die Arbeitspädagogik, die Arbeitstechnologie und die Arbeitssoziologie. Die Arbeitswissenschaften haben für die Betriebswirtschaftslehre den Charakter von Hilfswissenschaften.

Von besonderer Bedeutung für die Arbeitsstudien sind Arbeitspsychologie und Arbeitsphysiologie. Die **Arbeitspsychologie** beschäftigt sich mit den seelischen Auswirkungen, die sich durch den Arbeitsprozeß ergeben. Nur wenn es

---

[1] Böhrs, H., Über Aufgabe und Inhalt der Arbeitswissenschaften, BFuP 1955, S. 178

gelingt, einerseits den Menschen an die Arbeit, andererseits die Arbeit an den Menschen anzupassen, können optimale Arbeitsbedingungen geschaffen werden. Zu den Hauptaufgaben der Arbeitspsychologie gehören deshalb die Untersuchung der Anlagen der Arbeitskräfte, d. h. der Begabung, der Intelligenz, des Gedächtnisses, des Charakters usw. durch Testverfahren und Eignungs- und Kenntnisprüfungen, ferner die Analyse der Einflüsse, die sich durch Monotonie der Arbeit (Fließband, Automaten u. a.), durch Licht- und Temperaturverhältnisse, Lärm, Farbgebung der Räume und Maschinen u. a. auf die Arbeitsleistung ergeben.

Die **Arbeitsphysiologie** befaßt sich mit der Auswirkung der Arbeitsverrichtungen auf den menschlichen Körper, mit dem Energieverbrauch für einzelne Verrichtungen, mit Problemen der Körperhaltung, des Arbeitstempos, der Ermüdung, mit der Regelung der Pausen, der Anpassung der Maschinen und Werkzeuge an den Menschen usw.

Aus der Vielzahl der angedeuteten Probleme, die mit der Frage der Schaffung optimaler Arbeitsbedingungen im Zusammenhang stehen, sollen wegen ihrer Wichtigkeit drei ausführlicher behandelt werden: die Arbeitszeitregelung, die Arbeitsplatzgestaltung und die Frage des Betriebsklimas.

b) Die Arbeitszeitregelung

Bei der Gestaltung der Arbeitszeit kommt es darauf an, einen Kompromiß zwischen den Interessen des Betriebes und denen des arbeitenden Menschen zu schließen. Der Arbeitnehmer muß sich an betriebliche Ordnungen anpassen, etwa an Urlaubs- und Pausenregelungen. Andererseits muß der Betrieb bei der Festlegung solcher Ordnungen berücksichtigen, daß der Mensch ermüdet, eine bestimmte physiologische Belastbarkeitsstruktur aufweist und die unterschiedlichsten individuellen Interessen verfolgt.

Bei der Gestaltung der Arbeitszeit sind bestimmte **gesetzliche Vorschriften** zu beachten; dazu gehören insbesondere:

(1) Die **Arbeitszeitordnung** (AZO) vom 30. 4. 1938. Sie regelt die Dauer der täglichen Arbeitszeit, gibt Vorschriften über Grenzen und Verfahren von Arbeitszeitverlängerungen und enthält Bestimmungen über Arbeitspausen, Ruhezeiten und Lohnzuschläge.

(2) Die **Gewerbeordnung** (GewO) vom 26. 7. 1900. Sie spricht beispielsweise ein generelles Verbot für Sonn- und Feiertagsarbeit aus,[1] das nur in (allerdings recht häufigen) Ausnahmefällen aufgehoben wird.

(3) Das **Bundesurlaubsgesetz** (BUrlG) vom 8. 1. 1963, das Jugendarbeitsschutzgesetz und das Schwerbeschädigtengesetz. Diese Gesetze enthalten Urlaubsbestimmungen.

(4) Auch **Unfallverhütungsvorschriften,** die von den Berufsgenossenschaften erlassen werden, einzelne Verordnungen von Bund und Ländern für bestimmte Gewerbezweige und die Tarifverträge haben Auswirkungen auf die Arbeitszeitgestaltung.

Es besteht die Tendenz, die Arbeitszeit immer mehr zu verkürzen (40-Stunden-Woche), um der Arbeitskraft mehr Freizeit zu verschaffen. Eine solche Ver-

---

[1] Vgl. § 105 GewO

kürzung der Arbeitszeit soll bei vollem Lohnausgleich erfolgen, d. h. es soll für eine Arbeitszeit von 40 Stunden derselbe Wochenverdienst erreicht werden wie für eine Arbeitszeit von 48 Stunden. Das setzt voraus, daß die Ergiebigkeit der Arbeit entsprechend erhöht werden kann, denn sonst bedeutet die Verkürzung der Arbeitszeit eine Erhöhung der Löhne und damit der Lohnkosten des Betriebes. Die Frage der optimalen Gestaltung des Arbeitseinsatzes wird infolgedessen für die Betriebe immer zwingender.

Eine Steigerung der Arbeitsproduktivität kann nicht nur durch eine bessere Ausstattung der Arbeitskraft mit Betriebsmitteln und durch Rationalisierung der Arbeitsorganisation erreicht werden, sondern Untersuchungen, die insbesondere im Zusammenhang mit der Diskussion um die Einführung der 40-Stunden-Woche erfolgten, haben gezeigt, daß auch eine Verkürzung der Arbeitszeit bei unveränderten technischen und organisatorischen Bedingungen nicht zwingend einen entsprechenden Produktionsrückgang zur Folge hat, besonders dann nicht, wenn die Verkürzung der Wochenarbeitszeit auch zu **kürzeren täglichen Arbeitszeiten** führt.

Ähnliche Erfahrungen – allerdings in umgekehrter Richtung – hat man auch während des 2. Weltkrieges gemacht, als in der Rüstungsindustrie der Personalmangel durch verlängerte Arbeitszeiten bis zu 12 Stunden täglich ausgeglichen werden sollte. Graf hat damals zahlenmäßig belegt, daß eine Verlängerung der Arbeitszeit um 12% (von etwa 48 auf 54 Wochenstunden) nur einen Mehrertrag von ca. 3–4% erbrachte. Er zitiert eine amerikanische Untersuchung solcher Kriegsproduktionen, die das Ergebnis in einem prägnanten Satz zusammenfaßt: „An 7 Tagen in der Woche zu arbeiten, heißt, den Lohn von 8 Tagen für eine Leistung von 6 Tagen zu bezahlen."[1]

Die erwähnten Untersuchungen haben in ihren Ergebnissen gemeinsam, daß eine Veränderung der Wochenarbeitszeit zu einer gleichlaufenden, aber relativ geringeren Veränderung der gesamten Wochenleistung führt, während sich die Stundenleistungen entgegengesetzt verhalten. Bei extrem langen Arbeitszeiten (bis zu 70 Wochenstunden) ist nachgewiesen worden, daß Arbeitszeitverkürzungen sogar zu einer Steigerung der Gesamtleistung führten. Nicht zuletzt diese Erkenntnisse haben dazu geführt, die sehr langen Arbeitszeiten in der Frühzeit der Industrialisierung nach und nach zu reduzieren.

Bei der Verteilung der Arbeitszeit auf den 24-Stunden-Tag sind vor allem zwei Fragen von Bedeutung:
(1) der Zeitpunkt des Beginns der Arbeit;
(2) die Unterbrechung der Arbeit durch Pausen.

Arbeitsphysiologische Untersuchungen haben ergeben, daß der Mensch im Laufe eines Arbeitstages einem bestimmten **Arbeitsrhythmus** unterliegt. Jeder Mensch braucht am Morgen eine gewisse Anlaufzeit, während der die Leistung ansteigt und ein Vormittagsmaximum erreicht. Vor der Mittagspause tritt ein Abfall der Leistung ein, nach der Mittagspause erfolgt ein erneuter Anstieg bis zum Nachmittagsmaximum, das aber unter dem Höchststand des Vormittags liegt. Gegen Ende der Arbeitszeit erfolgt gewöhnlich ein schneller Leistungsab-

---

[1] Graf, O., Arbeitsphysiologie, Wiesbaden 1960, S. 91

A. Die betrieblichen Produktionsfaktoren

fall. Wird in einem Betrieb 24 Stunden täglich gearbeitet, so sind nach diesen Untersuchungen die höchsten Leistungen zwischen 8 und 11 Uhr am Vormittag und zwischen 18 und 21 Uhr am Abend möglich. Die schlechteste Leistungszeit liegt zwischen 1 und 4 Uhr nachts. Die Arbeitsorganisation muß auf diese „physiologische Arbeitskurve" bei der Einteilung der Arbeit Rücksicht nehmen, sollte also von der Arbeitskraft nicht gerade zu Beginn oder am Ende der Arbeitszeit die größten Leistungen verlangen und sollte die schwierigsten Verrichtungen – soweit möglich – auf den Vormittag legen. Der Leistungskurve entgegengesetzt verläuft die „Fehlerkurve" für Ausschuß, falsche Ablesungen, Unfälle usw.

Auch nach Einführung der fünftägigen 40-Stundenwoche beginnen viele Produktionsbetriebe heute noch um 6 Uhr mit der Arbeit. Diese Regelung erscheint unter den heutigen Lebensgewohnheiten fragwürdig, da sie impliziert, daß ein Arbeitnehmer, der acht Stunden Schlaf benötigt, unter Berücksichtigung der Wegzeit zum Arbeitsplatz bereits gegen 21 Uhr zu Bett gehen muß. Nun führen aber die heutigen Lebensgewohnheiten durch Fernsehen, Rundfunk, Kino oder durch den Besuch von Abendschulen und anderen Veranstaltungen zu immer längerer Abendbeschäftigung.

Ein bedeutsames Problem im Zusammenhang mit der Arbeitszeit ist die **Regelung der Arbeitspausen.** Arbeitspsychologie und Arbeitsphysiologie haben sich dieser Frage besonders angenommen. Die Arbeitszeitordnung enthält auch Vorschriften über die Mindestdauer der Pausen, die nach der Länge der täglichen Arbeitszeit gestaffelt ist. Eine Pause dient der körperlichen und geistigen Erholung der Arbeitskraft. Lage, Dauer und Häufigkeit der Pausen müssen so gewählt werden, daß bei geringstmöglichem Verlust an Arbeitszeit ein bestimmtes Maß an Erholung erzielt wird.

Jede Pause bedeutet eine Unterbrechung des Arbeitsprozesses und erfordert ein erneutes Anlaufen. Die Erfahrung hat gezeigt, daß die Erholung in den ersten Minuten einer Pause am größten ist. Von diesem Gesichtspunkt aus wäre es zweckmäßig, statt einer langen Pause mehrere kurze Pausen einzulegen. Das führt aber zu häufigen Unterbrechungen des Produktionsprozesses, die sich negativ auswirken können. Je länger andererseits eine Pause ist, um so länger ist danach die Einarbeitungszeit, da die Arbeitskraft an Übung verliert. Von entscheidender Bedeutung ist ferner, daß die Pause dann eintritt, wenn die Leistung nachzulassen beginnt, also sich eine Ermüdung zeigt. Wird die Arbeit im Zustand der Ermüdung fortgeführt, so ist der Leistungsabfall beträchtlich.

Die AZO schreibt für einen 8-Stunden-Tag eine Mittagspause von mindestens 30 Minuten oder zwei Pausen von 15 Minuten vor.[1] Unter Berücksichtigung der physiologischen Arbeitskurve wird deutlich, daß eine möglichst lange Mittagszeit den gesundheitlichen und körperlichen Bedürfnissen des arbeitenden Menschen am besten entspricht. Die Mittagspause soll nach arbeitsphysiologischen Erkenntnissen nicht unter 45 Minuten dauern und noch etwa 20 Minuten Ruhe nach Abschluß der Mahlzeit gewähren, damit der zur Verdauung erforderliche hohe Blutbedarf nicht bereits durch die Arbeitstätigkeit wieder beein-

---

[1] Dazu kommen dann allerdings noch zahlreiche Sonderbestimmungen für Frauen und Jugendliche, bestimmte Berufe usw.

trächtigt wird. Die Mindestdauer, die die AZO für die Mittagspause vorschreibt, liegt also unter der physiologisch wünschenswerten Dauer.

Kurz- und Kürzestpausen treten als Entspannungsphasen während der Arbeitstätigkeit zwangsläufig (und auch unwillkürlich) auf. Die Regelung solcher Pausen wirft die Frage auf,
- wie lang diese Pausen sein sollen,
- wann sie eingelegt werden sollen,
- ob man ihre Gestaltung dem Arbeitenden selbst überläßt oder
- ob man sie allgemeinverbindlich und systematisch organisiert.

Die **individuelle Gestaltungsfreiheit** der Kurzpausen hat den Vorteil, daß die Erholung den persönlichen Belastungen angepaßt werden kann. Der Nachteil besteht in der Gefahr, daß sie einerseits nicht rechtzeitig eingelegt werden und damit ihre volle Erholungswirkung verfehlen und andererseits überhaupt nicht eingehalten werden, weil der Arbeitende Schwierigkeiten mit der Bewältigung seines Arbeitspensums hat. Durch Verzicht auf die Pausen kann er auf Grund stärkerer Ermüdung noch weiter in Rückstand geraten.

Das Abwägen dieser Vor- und Nachteile führte in der betrieblichen Praxis zu dem Ergebnis, Kurzpausen vor allem bei kurzfristigen Schwerarbeiten mit ungleichmäßiger Arbeitsbelastung der freien Gestaltung zu überlassen. Für Arbeiten mit eher gleichmäßiger Belastung hat sich die organisierte Kurzpause durchgesetzt.

Richtige Pausengestaltung sollte zu einer Leistungssteigerung führen, die nicht nur den auf Grund der Pausen verursachten Zeitverlust voll kompensiert, sondern darüber hinaus auch noch das Tagesergebnis erhöht. Arbeitswissenschaften und Betriebswirtschaftslehre sprechen in diesen Fällen von einer **„lohnenden Pause"**. Die lohnende Pause wird durch das Optimum zwischen zu kurzen und zu langen Pausen bestimmt. Zu kurze Pausen können relativ wenig Ermüdungsausgleich bieten, während zu lange Pausen verhindern, daß der Arbeitsverlust durch gesteigerte Mehrleistung nach der Pause aufgeholt wird.

Neben der Zahl und Länge der Pausen spielt auch ihre zeitliche Lage eine wichtige Rolle. Man legt die Pausen nach Möglichkeit nicht in Zeiten eines Leistungsanstiegs, sondern versucht, sie kurz nach Erreichen temporärer Leistungsmaxima einzuschalten.

Die Gewährung von Kurzpausen steht in Konkurrenz mit der Gewährung von Erholungszuschlägen in den Vorgabezeiten. Es hat sich jedoch heute die Auffassung durchgesetzt, daß die Pausengestaltung das primäre Instrument für die Abstimmung des Arbeitsablaufs auf die physiologische Arbeitskurve ist. Eine optimale Zahl, Dauer und zeitliche Verteilung organisierter Pausen ist ein Datum für die Bemessung der Erholungszuschläge und hat gewöhnlich zur Folge, daß diese geringer sein können als ohne entsprechende Pausenregelung.

c) Die Arbeitsplatzgestaltung

Die Höhe der Arbeitsleistung wird ferner vom **Arbeitsplatz** und **Arbeitsraum** beeinflußt. Die Bewegungsfreiheit, die ein Arbeiter oder Angestellter an seinem Arbeitsplatz hat, die Lichtverhältnisse, die Temperatur und Luftfeuchtigkeit, der Lärm, die Farbgebung der Räume und Maschinen, die Zweckmäßigkeit der Anordnung der Maschinen und Werkzeuge u. a. sind von großer Bedeutung für das Arbeitsergebnis. Räumliche Beengtheit führt zu Störungen, erhöht die Unfallgefahr und mindert – insbesondere wenn der Arbeiter im Akkord steht – die Arbeitslust. Schlechte Lichtverhältnisse und unzureichende Lüftung führen zu schnellerer Ermüdung und verschlechterter Arbeitsqualität. Helle, ansprechende Farben der Arbeitsräume und Maschinen vermindern – wie arbeitspsychologische Untersuchungen ergeben haben – die Augenermüdung, stellen eine geringere Nervenbelastung dar und erhöhen unbewußt die Arbeitsfreude. Auch auf die Sauberkeit der Arbeitsräume ist zu achten.

Ein weiterer Faktor, durch den die Ergiebigkeit der Arbeitsleistung erhöht werden kann, ist die **zweckmäßige Gestaltung der Betriebsmittel**, mit denen ein Arbeitsplatz ausgestattet ist. Maschinen und Werkzeuge sollten, soweit es technisch möglich ist, den physiologischen Bedingungen des Menschen angepaßt werden. Der Energieaufwand ist im Stehen größer als im Sitzen, am größten in gebückter oder verkrampfter Haltung. Die Körperhaltung ist also mit entscheidend dafür, wie schnell Ermüdungserscheinungen eintreten. Dies trifft für eine Sekretärin an der Schreibmaschine ebenso zu wie für einen Arbeiter an der Drehbank.

d) Das Betriebsklima

Das Problem der Schaffung optimaler Arbeitsbedingungen läßt sich nicht allein dadurch lösen, daß die Betriebsführung sich um eine optimale Gestaltung der äußeren Arbeitsbedingungen, also um eine Gestaltung des Arbeitsablaufs und des Arbeitsplatzes und um die Regelung der Arbeitszeit und der Arbeitspausen bemüht. Für den Leistungswillen des Arbeitnehmers, für seine Bereitschaft, die volle Leistungsfähigkeit für den Betrieb einzusetzen, ist ein gutes Verhältnis zwischen dem Arbeitnehmer und seinen Vorgesetzten und zwischen den Arbeitskollegen untereinander mindestens ebenso wichtig wie die äußeren Arbeitsbedingungen.

Diesen Bereich zwischenmenschlicher Beziehungen im Betrieb, im anglo-amerikanischen Sprachgebrauch **human relations** genannt, wollen wir hier unter dem Ausdruck **Betriebsklima** zusammenfassen. Herrscht zwischen den Angehörigen eines Betriebes Neid, Mißgunst und Mißtrauen anstatt Kameradschaft, Verständnis, Vertrauen und Hilfsbereitschaft, dann wirkt sich ein solchermaßen gestörtes Betriebsklima hemmend auf den Produktionsprozeß aus. Fühlt sich der Arbeitnehmer durch seine Vorgesetzten in seiner Menschenwürde mißachtet, glaubt er, daß er durch sie falsch beurteilt und ungerecht behandelt wird, ist er der Meinung, daß man seinen Problemen verständnislos gegenübersteht, daß seine Vorgesetzten über ihn schalten und walten wie über jedes andere Produktionsmittel, dann wird er sehr schnell der Arbeit im Betriebe überdrüssig, dann wird der Betrieb nicht mehr mit seinem vollen Arbeitseinsatz, der in starkem Maße vom Arbeitswillen abhängt, rechnen können.

Je mehr die Tätigkeiten der Hilfsarbeiter von Maschinen übernommen und je mehr qualifizierte Facharbeiter benötigt werden, die in der Lage sind, komplizierte technische Anlagen zu bedienen und eigene Verantwortung zu tragen, desto mehr wandelt sich das Verhältnis zwischen Arbeitnehmer und Unternehmer. Aus dem Arbeitnehmer wird ein **Mitarbeiter,** dessen Stellung im Betriebe durch die Gesetzgebung (Betriebsverfassung, Kündigungsschutz), durch Tarifverträge und durch freiwillige betriebliche Maßnahmen (Ergebnisbeteiligung) immer mehr von der eines abhängigen Arbeitnehmers in die eines Partners übergeht.

Partnerschaft im Betriebe bedeutet, daß nicht mehr die Betriebsführung allein über die Fragen entscheidet, die für die Arbeitskräfte von wesentlicher Bedeutung sind (äußere Arbeitsbedingungen, Entlohnung, Einstellung und Kündigung, Versetzung und Beförderung), sondern daß die Arbeitnehmer durch ihre Vertreter, deren Stellung im Betriebe gesetzlich gesichert ist, ein Mitspracheoder Mitentscheidungsrecht oder wenigstens ein Recht auf Information haben. Diese unter dem Begriff Mitbestimmung zusammengefaßten Rechte der Arbeitnehmer sind ein wesentlicher Faktor, der sich positiv auf den Leistungswillen und damit auf die effektive Arbeitsleistung auswirkt.[1] Er trägt zur Verbesserung des Betriebsklimas, zur Erhaltung des sozialen Friedens im Betriebe bei und ersetzt das Gefühl einer völligen Abhängigkeit von der Betriebsführung durch das Gefühl der Sicherheit.

Freiwillige Sozialleistungen, z. B. die Errichtung von Werkssiedlungen, Sportplätzen, Werksbibliotheken usw., können das Verhältnis zwischen Arbeitnehmer und Arbeitgeber bei weitem nicht so positiv beeinflussen wie das Recht zur Mitbestimmung. Sie sind Wohlfahrtseinrichtungen, die der Betrieb zur Verfügung stellt, und können gerade deshalb das Gefühl echter Partnerschaft nicht aufkommen lassen; im Gegenteil, sie zeigen dem Arbeitnehmer – auch wenn er den guten Willen der Betriebsführung anerkennt – erst recht die soziale Abhängigkeit, das Angewiesensein auf die „Großzügigkeit" der Betriebsführung. Was die Stellung und das Selbstbewußtsein der Arbeitnehmer festigt, sind gesetzlich verankerte Rechte auf Mitsprache und Mitentscheidung in bestimmten betrieblichen Bereichen.

3. Das Arbeitsentgelt

a) Das Arbeitsentgelt als Gegenstand der Volkswirtschaftslehre, Betriebswirtschaftslehre und des Arbeitsrechts

Das Problem der Bestimmung des Arbeitsentgelts wird von mehreren wissenschaftlichen Disziplinen unter unterschiedlichen Aspekten untersucht und zu lösen versucht: der Volkswirtschaftslehre, der Betriebswirtschaftslehre, dem Arbeitsrecht, der Ethik, der Soziallehre u. a. Hier soll nur die Fragestellung der drei erstgenannten Disziplinen erörtert werden.

Die **Volkswirtschaftslehre** beschäftigt sich mit Lohnproblemen im Rahmen der Theorie des Wirtschaftskreislaufes und im Rahmen der Verteilungstheorie. Letztere behandelt den Lohn entweder als eine der drei **funktionellen Einkommenskategorien** (funktionelle Einkommensverteilung). Hier interessiert das Einkommen des Faktors Arbeit, d. h. der Gesamtheit aller Arbeitnehmer oder

---

[1] Die Probleme der Mitbestimmung werden unten im Zusammenhang mit der Unternehmensführung ausführlich behandelt (vgl. S. 119 ff.).

einzelner Gruppen, nicht des einzelnen Menschen; oder sie stellt die Frage nach der **persönlichen Einkommensverteilung,** d. h. nach dem Einkommen der Haushalte, das sich aus Zuflüssen verschiedener funktioneller Einkommenskategorien zusammensetzen kann.

Die **Betriebswirtschaftslehre** versucht, den Lohn des einzelnen Arbeitnehmers für seine Arbeitsleistung im Betriebe zu bestimmen. Technische Hilfe bei der Problemlösung leisten die Arbeitswissenschaften, vor allem durch die Entwicklung eines Instrumentariums zur Messung und Bewertung der Arbeitsschwierigkeit, der Arbeitsleistung und der Arbeitszeit. Der Arbeitslohn ist für den Betrieb als Entgelt für einen Produktionsfaktor eine **Kostenbestimmungsgröße,** die ihren Niederschlag sowohl in der Kostenrechnung als auch in der Gewinn- und Verlustrechnung findet. Er ist unabhängig von der Ertragslage des Betriebes auf Grund von Arbeitsverträgen zu zahlen. Zum **Arbeitslohn** zählen alle auf Grund von Arbeitsleistungen gezahlten Entgelte (Zeitlöhne, Gehälter, Leistungslöhne, Prämien, Lohnzulagen, Gratifikationen, Honorare, Provisionen). Davon zu trennen sind Entgelte, die mit der Arbeitsleistung nur mittelbar zusammenhängen und deren Zahlung und Höhe vom Gewinn abhängig gemacht wird (Gewinnbeteiligungen, Tantiemen).

Mit dem Problem des Arbeitsentgeltes zusammenhängende Rechtsfragen werden im **Arbeitsrecht** geregelt. Seine Rechtsnormen sind für den Betrieb Daten, die er bei seinen Entscheidungen berücksichtigen muß. Im **Individualarbeitsrecht** werden die rechtlichen Beziehungen zwischen dem einzelnen Arbeitnehmer und seinem Arbeitgeber normiert. Zu den Pflichten des Arbeitgebers gehören die Lohnzahlung und der Lohnschutz, zu den Pflichten des Arbeitnehmers die Leistungserbringung. Das **kollektive Arbeitsrecht** hat das Recht der Arbeitsverbände zum Inhalt. Für das Arbeitsentgelt sind vor allem das Tarifvertragsrecht, das Betriebsverfassungsrecht und das Personalvertretungsrecht von Bedeutung.

b) Lohnhöhe und Lohngerechtigkeit

Oberstes Prinzip für die Entlohnung ist der Grundsatz, daß der Lohn gerecht sein muß. Die Frage der **Lohngerechtigkeit** ist jedoch ein Problem, das weder die Betriebswirtschaftslehre, noch eine andere wissenschaftliche Disziplin lösen kann, da es keinen objektiven Maßstab dafür gibt, was gerecht ist. Lohngerechtigkeit ist ein **ethischer Wert,** der nur formalen Charakter trägt, der aber inhaltlich nicht mit wissenschaftlichen Mitteln bestimmt werden kann. Wenn man den Lohn für eine bestimmte Arbeit als gerecht bezeichnet, so besagt das, daß jede andere Lohnhöhe ungerecht ist. Diese Aussage aber ist ein Werturteil, das mit wissenschaftlichen Methoden nicht als wahr bewiesen werden kann, also keine wissenschaftliche Erkenntnis, sondern ein subjektives Bekenntnis darstellt. Welche Höhe und Form der Entlohnung allgemein als gerecht empfunden wird, hängt in starkem Umfange von der in einer historischen Epoche bestehenden Gesellschaftsordnung und ihren sozial-ethischen Grundlagen ab. Ebenso wie bei der Frage nach einer gerechten Besteuerung kommt auch bei der Frage nach der Lohngerechtigkeit eine praktizierbare Lösung nur durch einen Kompromiß zwischen divergierenden Auffassungen zustande.

Die Betriebswirtschaftslehre kann deshalb keinerlei Aussagen über die absolute Gerechtigkeit der Entlohnung machen, sondern nur über die **relative** Gerechtigkeit im Sinne einer Einstufung der einzelnen Tätigkeiten. Wesentlich für die Ergiebigkeit der Arbeitsleistung ist, daß der Arbeitende das Gefühl hat, daß er nach dem Wert seiner Leistung entlohnt wird und daß sein Lohn in einem angemessenen Verhältnis zum Lohn seiner Arbeitskollegen steht, die höhere oder niedrigere Tätigkeiten verrichten.

Das wichtigste Problem ist also zunächst einmal die **Festlegung der Relationen** für die Entlohnung von verschiedenen Tätigkeiten nach einem allgemeinen Grundprinzip, das als „gerecht" anerkannt wird. Diese Aufgabe fällt der **Arbeitsbewertung** zu. Das Arbeitsentgelt muß dem Wert des produktiven Beitrages, der durch eine Arbeitsverrichtung für den Betrieb geschaffen worden ist, entsprechen. Wie aber läßt sich dieser produktive Beitrag bestimmen? Er ist das Ergebnis einer **„Leistung"**, die die Arbeitskraft erbracht hat. Diese Leistung besteht in dem Einsatz einer bestimmten Menge an körperlicher Kraft und an geistigen Fähigkeiten. Je schwieriger die Arbeitsverrichtung ist, desto größer sind die Anforderungen an die Fähigkeiten und damit an die Begabung und Fachausbildung der Arbeitskraft, desto höher ist also auch der Wert der Leistung anzusetzen. Schwierigkeitsgrad und Leistungshöhe stehen also in einem bestimmten Verhältnis zueinander. Dabei muß beachtet werden, daß der Schwierigkeitsgrad nicht nur nach der Größe der erforderlichen körperlichen oder geistigen Fähigkeiten bemessen werden darf, sondern ebenso mitbestimmt wird von erschwerenden Umwelteinflüssen wie Lärm, Rauch, Temperatur u. a.

Maßgebend für die relative Höhe des Arbeitsentgeltes sind also:
(1) die körperlichen und geistigen Anforderungen, die eine Arbeit an den Menschen stellt (Arbeitsschwierigkeit) und
(2) die tatsächliche Arbeitsleistung (Arbeitsdauer, Arbeitsmenge, Arbeitsgüte).

Der **Schwierigkeitsgrad einer Arbeit,** also die Anforderungen, die ein Arbeitsplatz stellt, sind Maßstab für die relative Einstufung einer Arbeitsverrichtung, d. h. sie bedingen, ob eine Tätigkeit höher oder niedriger bewertet wird als eine andere. Die Höhe des Lohnes wird aber nicht nur davon bestimmt, daß eine Arbeitskraft eine bestimmte Tätigkeit ausübt, sondern auch davon, was sie tatsächlich leistet. Zwei Arbeitskräfte können die gleiche Tätigkeit verrichten, also den gleichen Anforderungen genügen, dennoch kann das Arbeitsergebnis quantitativ und qualitativ unterschiedlich sein. Folglich muß eine **„Normalleistung"** als Vergleichsmaßstab durch Messung oder Schätzung ermittelt werden. Sie muß sich in einer Größenordnung bewegen, die von den betroffenen Arbeitnehmern akzeptiert werden kann. Leistungsunterschiede zwischen Arbeitnehmern, die gleiche Tätigkeiten ausüben, lassen sich lohnpolitisch durch Wahl einer geeigneten Lohnform (Akkordlohn, Prämienlohn, Zeitlohn mit Leistungszulagen) berücksichtigen.

Der Grundsatz der Übereinstimmung von Lohn und Leistung wird von Kosiol als **Äquivalenzprinzip** bezeichnet.[1] Es gliedert sich in zwei Prinzipien:
(1) Das Prinzip der Äquivalenz von Lohn und Anforderungsgrad (Arbeitsschwierigkeit);

---
[1] Vgl. Kosiol, E., Leistungsgerechte Entlohnung, 2. Aufl., Wiesbaden 1962, S. 22f.

A. Die betrieblichen Produktionsfaktoren

(2) das Prinzip der Äquivalenz von Lohn und Leistungsgrad (Arbeitsmenge und -güte).

Neben der Leistung können auch **soziale Überlegungen** für die Bestimmung der Höhe des Arbeitsentgeltes maßgebend sein. So haben sich in den heutigen Lohntarifen u. a. folgende Gesichtspunkte sozialer Art niedergeschlagen, die nicht eine Folge wirtschaftlicher Überlegungen, sondern **sozial- oder gesellschaftspolitischer Maßnahmen** sind. Sie sind in der Gesetzgebung verankert und stellen damit für die Betriebswirtschaftslehre Daten dar. Neben tarifvertraglichen gibt es auch einzelvertragliche oder freiwillige Lohnzuschläge. Solche Daten sind z. B.:

(1) Die Staffelung der Entgelte nach dem **Lebensalter**. Sie widerspricht dem Prinzip der Entlohnung nach der Leistung, denn wenn auch die Differenzierung des Lohnes für eine Verrichtung gegenüber anderen Verrichtungen nach der Leistung erfolgt, so bedeutet diese Staffelung nach dem Lebensalter, daß zwei Arbeitskräfte für die gleiche Tätigkeit bei gleicher Leistung auf Grund unterschiedlichen Lebensalters verschiedene Arbeitsentgelte erhalten. Das kann sich auf die Leistungshöhe der niedriger bezahlten jüngeren Arbeitskräfte negativ auswirken.

(2) Die Staffelung der Entgelte nach dem **Familienstand**. Hier treten die gleichen Probleme auf wie bei der Staffelung nach dem Lebensalter.

(3) Der Anspruch auf **bezahlten Urlaub** führt zu einer Zahlung von Arbeitsentgelten an Tagen, an denen überhaupt keine Leistung erbracht wird. Vielfach wird zusätzlich noch ein Urlaubsgeld gezahlt.

(4) Die Garantie eines **Mindestlohnes bei Akkordarbeit** sichert einen bestimmten Lohn auch bei geringerer Leistung.

(5) Für Nachteile, die einer Arbeitskraft durch ungünstige oder zu lange Arbeitszeiten entstehen können, werden auf Grund der Bestimmungen des Arbeitsschutzrechtes oder der Tarifverträge Zuschläge **(Lohnzulagen)** gewährt, so für Mehrarbeit und Überstunden, für Nachtarbeit und Sonn- und Feiertagsarbeit. Auch das widerspricht an sich der Entlohnung nach der Leistung, denn es ist eine Erfahrungstatsache, daß die Arbeitsleistung mit steigender Arbeitszeit abnimmt und in den Nachtstunden besonders niedrig ist. Hier muß für ein – vom Arbeiter allerdings unverschuldetes – niedrigeres Arbeitsergebnis ein höheres Arbeitsentgelt gezahlt werden. Die Zuschläge sind nicht ein Entgelt für seine Leistung, die der Betrieb erhält, sondern eine Entschädigung für den Zwang der Arbeitskraft, ungünstigere Arbeitsbedingungen hinzunehmen. Diese werden bei der Arbeitsbewertung als besondere Anforderungsart berücksichtigt. Beispiele für freiwillige Lohnzulagen sind Alters- und Treuezulagen.

Das Einbeziehen sozialer Faktoren bei der Bemessung der Arbeitsentgelte bedeutet, daß aus dem Leistungslohn ein **Soziallohn** wird, d. h., daß der Grundsatz gleicher Lohn für gleiche Leistung nicht ohne Einschränkung gilt. Die betriebswirtschaftlichen Methoden der Arbeitsbewertung können also nur dazu dienen, die relative Höhe der Entgelte für verschiedene Tätigkeiten zu ermitteln. Diese so ermittelten Relationen bilden dann die Grundlage für die Bestimmung der absoluten Höhe des Entgeltes durch die Verhandlungen der Tarifpartner.

c) Die Methoden der Arbeitsbewertung

aa) Überblick

Eine Staffelung der Arbeitsentgelte nach dem Schwierigkeitsgrad der einzelnen Arbeitsverrichtungen durchzuführen, ist Aufgabe der Arbeitsbewertung. Sie geht von bestimmten **Anforderungen** aus, die eine Arbeitsverrichtung an einen arbeitenden Menschen stellt. Die wichtigsten Anforderungsarten sind: Fachkenntnisse (Vorbildung und Erfahrung), Geschicklichkeit, körperliche und geistige Anstrengung bei der Ausführung von Verrichtungen, Verantwortung für Menschen und Sachen (Mitarbeiter, Maschinen, Werkstücke), Umgebungseinflüsse wie Lärm, Staub, Temperatur u. a.

Mit Hilfe dieser Faktoren werden Kennzahlen für den Schwierigkeitsgrad der Arbeit gewonnen, die man als **Arbeitswerte** bezeichnet. Diese Arbeitswerte sind objektive Maßstäbe für den Schwierigkeitsgrad der Arbeit, d. h. sie gelten für jeden Arbeiter, der eine bestimmte Tätigkeit verrichtet. Die individuelle Leistung des Arbeiters kann berücksichtigt werden durch Leistungsprämien u. a.

Im Interesse der Übersichtlichkeit und Wirtschaftlichkeit dürfen die Anforderungen nicht zu stark differenziert werden. Das auf Grund internationaler Erfahrungen im Jahre 1950 auf einer Konferenz für Arbeitsbewertung in Genf entwickelte „**Genfer Schema**" geht von sechs Anforderungsgruppen aus. Die beiden Obergruppen sind das Fachkönnen und die Belastung. Beide Obergruppen werden auf geistige und körperliche Anforderungen bezogen. Als weitere Anforderungen treten hinzu: Verantwortung und Arbeitsbedingungen. Es ergibt sich also folgendes Schema:

Gruppenzahl	Hauptanforderungsarten
I.	1. Fachkönnen = geistige Anforderungen 2. Fachkönnen = körperliche Anforderungen
II.	3. Belastung = geistige Beanspruchung 4. Belastung = körperliche Beanspruchung
III.	5. Verantwortung
IV.	6. Arbeitsbedingungen

Eine weitere Unterteilung der Hauptanforderungsarten zeigt das folgende Schema:[1]

---

[1] **Wibbe**, J., Arbeitsbewertung, Entwicklung, Verfahren und Probleme, 3. Aufl., München 1966

Hauptmerkmale	Untermerkmale (Anforderungsarten)
A. Geistige Anforderungen	1. Fachkenntnisse 2. Nachdenken (geistige Beanspruchung)
B. Körperliche Anforderungen	3. Geschicklichkeit 4. Muskelbelastung 5. Aufmerksamkeit (Belastung der Sinne und Nerven)
C. Verantwortung für	6. Betriebsmittel und Produkte 7. Sicherheit und Gesundheit anderer 8. Arbeitsablauf
D. Arbeitsbedingungen (Umgebungseinflüsse)	9. Temperatur 10. Nässe (Wasser, Feuchtigkeit, Säure) 11. Schmutz (Öl, Fett, Staub) 12. Gas, Dämpfe 13. Lärm, Erschütterung 14. Blendung, Lichtmangel 15. Erkältungsgefahr, Arbeiten im Freien 16. Unfallgefährdung

Es gibt zwei Prinzipien der qualitativen Analyse der Arbeit, aus denen vier Verfahren entwickelt worden sind:

(1) Die **summarische Methode** ist dadurch gekennzeichnet, daß die Arbeitsverrichtungen als Ganzes bewertet werden, d. h. es wird eine Gesamtbeurteilung der Arbeitsschwierigkeit vorgenommen. Dabei werden die einzelnen Anforderungsarten summarisch (global) berücksichtigt.

(2) Bei der **analytischen Methode** werden die Arbeitsverrichtungen in die einzelnen Anforderungsarten aufgegliedert. Für jede Anforderungsart wird eine Wertzahl ermittelt, und aus der Summe der Einzelwerte ergibt sich dann der Arbeitswert der einzelnen Verrichtungen.

Bei der Quantifizierung der Arbeitsschwierigkeit werden wiederum zwei Prinzipien angewendet: das **Prinzip der Reihung** und das **Prinzip der Stufung**. Im ersten Fall werden die zu bewertenden Arbeitsverrichtungen in einer Reihenfolge geordnet, bei der die Arbeit mit dem höchsten Schwierigkeitsgrad an erster, die mit dem geringsten Schwierigkeitsgrad an letzter Stelle steht. Im zweiten Fall werden Anforderungsstufen festgelegt. Unterschiedliche Arbeitsverrichtungen gleicher Schwierigkeit werden der gleichen Stufe zugeordnet.

Kombiniert man die summarische und analytische Methode mit den Prinzipen der Reihung und Stufung, so ergeben sich die vier Grundmethoden der Arbeitsbewertung:[1]

Methode der Quantifizierung	Methode der qualitativen Analyse	
	summarisch	analytisch
Reihung	Rangfolgeverfahren	Rangreihenverfahren
Stufung	Lohngruppenverfahren	Stufenwertzahlverfahren

bb) Die summarische Arbeitsbewertung

Das **Rangfolgeverfahren** ordnet sämtliche in einem Betrieb vorkommenden Arbeitsverrichtungen nach ihrem Schwierigkeitsgrad, so daß eine Rangordnung aller Verrichtungen entsteht. Es ist einfach in der Durchführung, ist aber für komplizierte Verhältnisse nicht geeignet.

Mit der Bildung einer Rangfolge ist das Problem der Entlohnung noch nicht gelöst, denn durch die Rangfolge allein wird noch nicht ersichtlich, wie groß der Unterschied in den Anforderungen zwischen den aufeinanderfolgenden Arbeitsverrichtungen ist. Nur wenn der Abstand der Anforderungen zwischen den einzelnen Rängen etwa gleich groß ist, ist es richtig, daß der Lohnabstand von Rang zu Rang der gleiche ist. Bei ungleichen Rangabständen müssen die Unterschiede bei der Umrechnung der Ränge in Normallöhne berücksichtigt werden.[2]

Das **Katalogverfahren (Lohngruppenverfahren)** geht anders vor. Es bildet eine Anzahl von Stufen mit unterschiedlichem Schwierigkeitsgrad, sog. Lohngruppen. Sämtliche Arbeitsverrichtungen werden dann in die ihren Schwierigkeitsgraden entsprechenden Lohngruppen eingereiht. Die Verrichtungen einer Lohngruppe entsprechen sich also in ihrem Schwierigkeitsgrad. Einem solchen **Lohngruppenkatalog** ist gewöhnlich eine Vielzahl von Richtbeispielen beigegeben. Dieses Verfahren ist zwar einfach und wirtschaftlich zu handhaben, bekommt jedoch leicht etwas Schematisches und ermöglicht zu wenig die Berücksichtigung der individuellen Verhältnisse eines Betriebes.

Das Lohngruppenverfahren wird in Tarifverträgen bevorzugt. Gewöhnlich werden 6–12 Lohngruppen gebildet. Jede Lohngruppe wird in allgemeiner Form charakterisiert.

Beispiel:[3]

Lohngruppe 8: Facharbeiter mit meisterlichem Können und Dispositionsvermögen (z. B. Vorarbeiter und Gruppenführer in Facharbeiterabteilungen mit hoher Verantwortung).

Lohngruppe 7: Bestqualifizierter Facharbeiter (für besonders schwierige Facharbeiten, die hohe Anforderungen an Können und Wissen stellen).

Lohngruppe 6: Qualifizierter Facharbeiter (für schwierige Facharbeiten mit langjähriger Erfahrung, auch in Anlernung erworben).

---

[1] Vgl. Wibbe, J., a.a.O. S. 30

[2] Zur Berechnung vgl. Wibbe, J., Entwicklung, Verfahren und Probleme der Arbeitsbewertung, 2. Aufl., München 1961, S. 105f.

[3] Lücke, W., Arbeitsleistung, Arbeitsbewertung, Arbeitsentlohnung, in: Industriebetriebslehre in programmierter Form hrsg. v. H. Jacob, Wiesbaden 1972, S. 282

Lohngruppe 5: Facharbeiter (im Lehrberuf ausgebildet) oder Angelernter mit Fähigkeiten, die denen eines Facharbeiters gleichzusetzen sind.
Lohngruppe 4: Qualifizierter Angelernter (für Spezialarbeiten durch Anlernen mit zusätzlicher Erfahrung erworben).
Lohngruppe 3: Angelernter (für Maschinenarbeiten mit Zweckausbildung oder Fähigkeiten durch Anlernen erworben).
Lohngruppe 2: Hilfsarbeiter (Anlernung einfacher Art).
Lohngruppe 1: Hilfsarbeiter (Anlernung einfachster Art).

Der gemeinsame **Nachteil** der summarischen Verfahren der Arbeitsbewertung ist vor allem darin zu sehen, daß die einzelnen Anforderungsmerkmale nicht gewichtet werden können, weil nicht die einzelne Anforderungsart, sondern die einzelne Arbeitsverrichtung als Ganzes bewertet wird. Diesen Mangel versuchen die analytischen Methoden der Arbeitsbewertung zu beseitigen.

cc) Die analytische Arbeitsbewertung

Beim **Stufen-Wertzahlverfahren** wird für jede Anforderungsart eine Punktwertreihe festgelegt. Die Wertzahlen bringen die unterschiedliche Beanspruchung der Arbeitskraft durch die betreffende Anforderungsart zum Ausdruck. Zum Beispiel:

Anforderungsart	Bewertungsstufe	Wertzahl
Fachkönnen	äußerst gering	0
	gering	2
	mittel	4
	groß	6
	sehr groß	8
	extrem groß	10

Für jede Anforderungsart einer Arbeitsverrichtung oder eines Arbeitsplatzes wird die Wertzahl ermittelt; die Summe der Wertzahlen aller Anforderungsarten einer Arbeitsverrichtung ermöglicht dann die Eingliederung in eine Lohngruppe.

Die einzelnen Anforderungsarten können unterschiedlich **gewichtet** werden. Außerdem kann eine unterschiedliche Unterteilung der Wertzahlen erfolgen, d. h. einerseits kann die Gesamtzahl der Wertzahlen für die einzelnen Anforderungsarten verschieden groß sein, andererseits können die Wertzahlen nicht nur linear, sondern auch progressiv oder degressiv steigen. Für die Gewichtung gibt es keine objektiven Merkmale. Sie wird stets von subjektiven Überlegungen beeinflußt sein (z. B. die Einstufung körperlicher oder geistiger Anforderungen). Bei einer Untersuchung deutscher und amerikanischer Systeme sind folgende durchschnittliche Gewichte ermittelt worden:[1]

---

[1] Nach Lücke, W., a.a.O., S. 288

	USA-Systeme	Deutsche Systeme
Ausbildung	45%	22%
Geistige Anforderungen	31%	34%
Körperliche Anforderungen	11%	24%
Äußere Einflüsse	13%	20%

Das **Rangreihenverfahren** nimmt wie das summarische Rangfolgeverfahren eine Einordnung von der einfachsten bis zur schwierigsten Verrichtung vor, jedoch für jede Anforderungsart getrennt. So ordnet man sämtliche Verrichtungen einmal nach den erforderlichen Fachkenntnissen, dann nach der Geschicklichkeit, der Verantwortung usw. Die Stellung einer bestimmten Tätigkeit in einer Rangreihe wird in Prozenten ausgedrückt, wobei die am niedrigsten bewertete Verrichtung mit 0%, die am höchsten bewertete mit 100% angesetzt wird.

Die Problematik dieses Verfahrens liegt wie beim Stufenwertzahlverfahren darin, daß der Gesamtwert einer Verrichtung sich nicht durch Addition der für diese Verrichtung ermittelten Prozentzahlen jeder Rangreihe ergibt, sondern daß den einzelnen Anforderungsarten ein verschiedenes Gewicht bei der Bewertung beigelegt wird, das in der Multiplikation der Prozentzahl mit einem Gewichtungsfaktor seinen Ausdruck findet. Ob dem fachlichen Können, der körperlichen und geistigen Anstrengung oder der Verantwortung bei der Bewertung ein größeres Gewicht zukommt, ist schwer zu entscheiden. Hier helfen nur Beobachtung und Erfahrung, ein wissenschaftlicher „Beweis" ist nicht zu erbringen.

dd) Die Festsetzung des Geldlohnes

Alle genannten Verfahren der Arbeitsbewertung stellen nur schematische Lösungen dar, die nicht für alle Betriebe und alle Wirtschaftszweige anwendbar sind. Immer bedarf es einer Anpassung an die Gegebenheiten des einzelnen Betriebes.

Sind mit Hilfe der Arbeitsbewertung die Arbeitswerte, d. h. die Relationen zwischen den Schwierigkeitsgraden und damit die relativen Lohnhöhen festgelegt, so ist es Aufgabe der Tarifpartner, die absoluten Geldwerte für die Entlohnung auszuhandeln. Dabei wird in der Regel nicht über jede Lohngruppe verhandelt, sondern nur über den **Ecklohn**, das ist z. B. beim Lohngruppenverfahren der Lohn einer Gruppe, der gleich 100% gesetzt wird. Die Löhne der anderen Lohngruppen stehen zum Ecklohn in einer bestimmten Relation. Die Spanne zwischen den einzelnen Lohnsätzen kann gleich sein, also z. B. von Gruppe zu Gruppe um 0,50 DM steigen; d. h. daß Lohnsatz und Arbeitsschwierigkeit sich von Lohngruppe zu Lohngruppe in gleichem Maß verändern. Der Abstand zwischen den einzelnen Lohnsätzen kann aber auch degressiv oder progressiv verlaufen.

In den Tarifabschlüssen der letzten Zeit ist in zunehmendem Maße die Tendenz einer Nivellierung der Abstufung der Löhne nach dem Schwierigkeitsgrad zu beobachten, da nur noch ein Teil der Lohnerhöhung durch eine prozentuale Anhebung aller Löhne erfolgt, ein anderer Teil dagegen in Form eines gleichen absoluten Erhöhungsbetrages für alle betroffenen Arbeitnehmer gewährt wird

(z. B. DM 50,– Erhöhung monatlich von der untersten bis zur obersten Lohngruppe, sowie 8% auf die bisherigen Tariflöhne).

d) Lohnformen

aa) Übersicht

Als **Lohnform** bezeichnet man das Verfahren der Berechnung des Arbeitsentgelts für eine Arbeitsleistung bei gleicher Arbeitsschwierigkeit. Ein Entlohnungsverfahren muß so elastisch sein, daß es Leistungsunterschiede zwangsläufig im Arbeitsentgelt berücksichtigt, d. h. daß das Entgelt mit zunehmender Leistung steigt, mit fallender Leistung sinkt. Dabei bilden allerdings die oben erwähnten sozialen Komponenten des Arbeitsentgelts, die in den Tarifen berücksichtigt werden, eine Begrenzung (z. B. Zahlung eines tariflich garantierten Mindestlohns bei Akkordentlohnung auch im Falle niedrigerer Leistung).

Zu unterscheiden sind drei Hauptlohnformen, die jeweils in verschiedenen Varianten praktiziert werden:
(1) der Zeitlohn;
(2) der Akkordlohn (Stücklohn);
(3) der Prämienlohn.

Akkordlohn und Prämienlohn werden häufig unter der Bezeichnung **Leistungslohnsysteme** oder **Lohnanreizsysteme**[1] zusammengefaßt, weil bei diesen Entlohnungsformen eine direkte Beziehung zwischen Lohnhöhe und Leistungshöhe besteht. Die Leistung ist in der Regel **meßbar** und in Beziehung zu einer **Normalleistung** zu setzen. Die Bezeichnung Leistungslohn sollte jedoch nicht den falschen Eindruck erwecken, als ob der Zeitlohn überhaupt nicht leistungsbezogen sei, sondern für die Anwesenheit im Betriebe bezahlt wird. Auch beim Zeitlohn wird eine bestimmte Leistung unterstellt, die allerdings entweder nicht meßbar ist, wie z. B. bei dispositiven Tätigkeiten, oder vom Arbeitnehmer – zumindest quantitativ – nicht beeinflußt werden kann, wie z. B. bei vorgegebener Tätigkeit an Fließbändern. Hier ist die Zeit Maßstab für die Leistung.

bb) Der Zeitlohn

(1) Begriff und Wesen

Beim Zeitlohn erfolgt die Entlohnung nach der Dauer der Arbeitszeit und zwar ohne Rücksicht auf die während dieser Zeit geleistete Arbeit. Als Maßstab wird beim Arbeiter in der Regel die Stunde (Stundenlohn), beim Angestellten der Monat (Monatsgehalt) verwendet. Zum Zeitlohn zählen ferner der Schichtlohn, der Tagelohn, Wochenlohn und Monatslohn. Zwischen dem gezahlten Lohn und der Leistung der Arbeitskraft besteht in der Regel keine feste Beziehung, jedoch wird bei der Ermittlung des Zeitlohns eine bestimmte Leistung vorausgesetzt **(Normalleistung)**. Eine Ausnahme bilden Arbeitsverrichtungen, bei denen die Arbeitskraft keinen Einfluß auf die Arbeitsgeschwindigkeit hat, sondern das Tempo durch die Maschine bestimmt wird (z. B. Fließband). Hier besteht zwischen Zeitlohn und Leistung eine feste Beziehung.

---

[1] Vgl. Baierl, F., Produktivitätssteigerung durch Lohnanreizsysteme. München 1965, S. 25

Beim Zeitlohn bestehen zwei Grundbeziehungen:
(1) Der **Lohn pro Zeiteinheit** (Stundenverdienst) des Arbeitnehmers ist konstant, d. h. der Gesamtverdienst ist der Arbeitszeit proportional, unabhängig davon, ob während der Arbeitszeit der Leistungsgrad über- oder unterdurchschnittlich ist.
(2) Die **Lohnkosten pro Stück** verändern sich proportional zur in Anspruch genommenen Zeit, d. h. sie fallen bei überdurchschnittlichem Leistungsgrad und damit abnehmendem Zeitverbrauch pro Leistungseinheit und steigen bei unterdurchschnittlichem Leistungsgrad und damit steigendem Zeitverbrauch pro Einheit.

Beispiel:

Stundenlohn 7,- DM, Normalleistung (Leistungsgrad 100%) 10 Stück/Std.

Leistungsgrad in %	Leistung Stück/Std	Stückzeit Min/Stück	Lohnkosten DM/Stück	Stundenlohn DM/Std
80	8	7,50	0,88	7,00
90	9	6,67	0,77	7,00
100	10	6,00	0,70	7,00
110	11	5,45	0,64	7,00
120	12	5,00	0,58	7,00

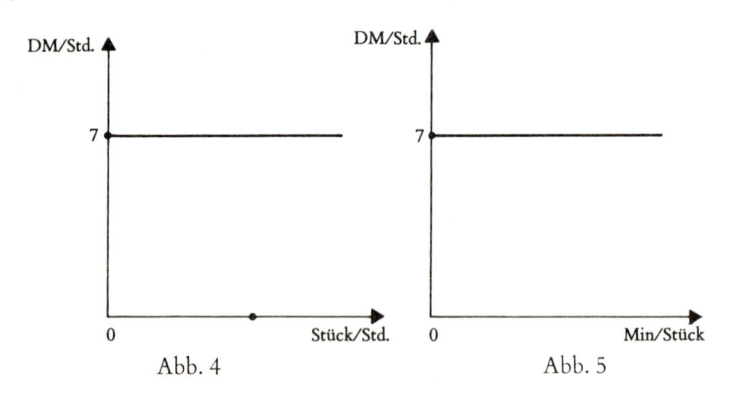

Abb. 4   Abb. 5

Verlauf der Stundenlohnkurve

in Abhängigkeit von der Mengen-   in Abhängigkeit vom Zeitbedarf
leistung pro Zeiteinheit   pro Mengeneinheit

(2) Anwendungsgebiet, Vor- und Nachteile

Da beim Zeitlohn gewöhnlich nicht die effektive Leistung, sondern die Arbeitszeit bezahlt wird, enthält er für den Arbeitnehmer keinen Anreiz zu höherer Leistung. Sein **Anwendungsgebiet** liegt deshalb vorwiegend dort, wo ein Anreiz zu überdurchschnittlicher Leistungsmenge aus wirtschaftlichen Gründen nicht zweckmäßig ist. Das trifft auf alle Tätigkeiten zu, wo Sorgfalt, Gewissenhaftigkeit, Präzision und Qualität der Arbeit wichtiger sind als Schnelligkeit und Quantität. Der Zeitlohn muß auch dort angewendet werden, wo die Leistung nicht

A. Die betrieblichen Produktionsfaktoren

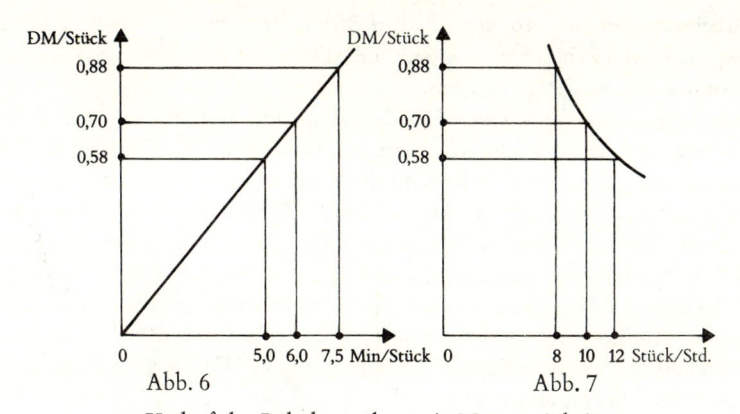

```
DM/Stück                          DM/Stück
0,88                              0,88
0,70                              0,70
0,58                              0,58

0      5,0 6,0 7,5 Min/Stück   0      8  10  12 Stück/Std.
       Abb. 6                         Abb. 7
```

Verlauf der Lohnkostenkurve je Mengeneinheit
in Abhängigkeit vom Zeitbedarf   in Abhängigkeit von der Mengen-
pro Mengeneinheit   leistung pro Zeiteinheit

meßbar ist, bzw. die Messung mit zu hohen Kosten verbunden wäre. Das ist neben dispositiven Tätigkeiten bei solchen Tätigkeiten der Fall, bei denen unterschiedliche Verrichtungen anfallen, bzw. die Verrichtungen unregelmäßig ausgeführt werden, so z. B. bei Hilfsarbeiten, bei Transport-, Reparatur- und Lagerarbeiten, ferner bei Büroarbeiten. Der Zeitlohn ist ferner dort zweckmäßig, wo durch überhastetes Arbeitstempo Gesundheitsschäden, Unfälle oder Schäden an den Betriebsmitteln eintreten können und deshalb eine das Arbeitstempo steigernde Lohnform nicht anwendbar ist.

In den Fällen, in denen eine schwankende und oft sehr geringe Leistungsintensität nicht vom Arbeitnehmer zu vertreten, sondern eine Folge davon ist, daß zu bestimmten Zeiten nur wenige Arbeitsverrichtungen anfallen und dazwischen längere Wartezeiten liegen, in denen lediglich eine Leistungsbereitschaft besteht (z. B. bei Verkäuferinnen, Telefonistinnen, Pförtnern, Auskunftsbeamten u. a.), ist der Zeitlohn die einzig mögliche Form der Entlohnung.

Die **Vorteile** des Zeitlohnes liegen in der Einfachheit der Abrechnung, der Schonung von Mensch und Maschine, dem Vermeiden von Unruhe, überhastetem Arbeitstempo und dadurch bedingter Qualitätsminderung. Die **Nachteile** bestehen vor allem darin, daß der Betrieb ganz allein das Risiko geringer Arbeitsleistung trägt, bzw. zur Verminderung dieses Risikos eine Überwachung der Arbeitskräfte durchführen muß, was – abgesehen von den zusätzlichen Kosten für den Betrieb – zu Mißstimmungen führen kann. Außerdem bietet der Zeitlohn für den Arbeitenden keinen Anreiz zu einer Steigerung seiner Leistung. Bei Arbeitnehmern mit überdurchschnittlichem Leistungsgrad führt diese Form der Entlohnung zu Unzufriedenheit, da bei Arbeitskollegen, die im Akkordlohn stehen, der höhere Leistungsgrad sich in einem höheren Verdienst niederschlägt.

cc) Der Akkordlohn (Stücklohn)

(1) Begriff und Berechnung

Der Akkordlohn ist eine leistungsabhängige Lohnform; er wird für ein Stück (oder eine Verrichtung) ohne Beziehung auf die für die Produktion benötigte

Arbeitszeit (oder als Provision für den effektiv erzielten Umsatz) bezahlt. Im Gegensatz zum Zeitlohn wird also nicht die Dauer der Arbeitszeit vergütet, sondern das mengenmäßige Ergebnis.

Es ist zu unterscheiden zwischen Zeitakkord und Geldakkord. Beim **Zeitakkord** wird für die Ausführung einer Arbeitsverrichtung eine bestimmte Zeit vorgegeben, die vergütet wird. Wird die Vorgabezeit unterschritten, so erhöht sich der Stundenverdienst des Arbeiters. Beim **Geldakkord** wird für eine Arbeitsleistung ein bestimmter Geldsatz festgelegt. Beide Verfahren unterscheiden sich im Ergebnis nicht, doch hat der Zeitakkord den Vorteil, daß bei Tariflohnänderungen die Vorgabezeiten unverändert bleiben und lediglich mit einem geänderten Geldfaktor multipliziert werden, während beim Geldakkord sämtliche Stücklohnsätze neu berechnet werden müssen. Die Ermittlung der Vorgabezeiten kann durch **Schätzung** erfolgen, genauer sind jedoch exakte Messungen mit Hilfe von **Zeitstudien**.

Da der Akkordlohn nicht nur die Möglichkeit bietet, den Stundenverdienst zu erhöhen, sondern auch eine starkes Absinken des Stundenverdienstes eintreten kann, wenn der Arbeiter zwar eine Leistung erbringen will, aber vorübergehend dazu nicht in der Lage ist (z. B. persönliche Undisponiertheit), so ist der Akkordlohn heute im allgemeinen verbunden mit einem **garantierten Mindestlohn** (Zeitlohn), der auch bei geringerer Leistung bezahlt wird. Der Akkordlohn geht also in Zeitlohn über, wenn ein bestimmtes Leistungsniveau unterschritten wird.

Der Akkordlohn wird aus zwei Bestandteilen ermittelt:

(1) dem garantierten (tariflichen) **Mindestlohn**. Er entspricht meistens dem Mindestlohn bei Zeitlohn, d. h. es wird eine Normalleistung (Leistungsgrad 100%) unterstellt;

(2) dem **Akkordzuschlag**, der etwa 15–25% des Mindestlohnes beträgt.

Beide Faktoren bilden zusammen den **Grundlohn (Akkordrichtsatz)**, d. h. den Stundenverdienst bei Normalleistung eines Akkordarbeiters. Die Entlohnung liegt also von vornherein über dem Zeitlohn für vergleichbare Arbeit, weil unterstellt wird, daß der Akkordarbeiter gegenüber einem im Zeitlohn stehenden Arbeiter eine größere Arbeitsintensität aufzuweisen hat.

Dividiert man den Akkordrichtsatz (Grundlohn) durch 60, so erhält man den **Minutenfaktor**.

Beispiel:

Tarifl. Mindestlohn 5,20 DM + Akkordzuschlag 20% 1,04 DM	Minutenfaktor $= \dfrac{\text{Grundlohn}}{60}$
= Grundlohn (Akkordrichtsatz) 6,24 DM	Minutenfaktor $= \dfrac{6{,}24 \text{ DM}}{60 \text{ Min.}} = 10{,}4 \text{ Pfg./Min.}$

Beträgt die Vorgabezeit für die Bearbeitung eines Werkstückes 20 Minuten, so ergibt sich ein Lohn von $20 \times 10{,}4$ Pfg. $= 2{,}08$ DM. Werden drei Werkstücke in der Stunde bearbeitet, so wird der Grundlohn von 6,24 DM erreicht. Werden vier Stücke in einer Stunde bearbeitet, so erhöht sich der Stundenverdienst auf $2{,}08 \text{ DM} \times 4 = 8{,}32 \text{ DM}$. Die Mehrleistung kommt in voller Höhe der Arbeitskraft zu, die Lohnkosten für den Betrieb sind je Werkstück konstant.

A. Die betrieblichen Produktionsfaktoren

Zeitakkord: $SV = m \cdot t_s \cdot G_m$
$6{,}24 = 3 \cdot 20 \cdot 0{,}104$

Geldakkord: $SV = m \cdot G_e$
$6{,}24 = 3 \cdot 2{,}08$

SV = Stundenverdienst,
t_s = Stückzeit (Vorgabezeit je Stück),
G_m = Geldfaktor je Minute (je Einheit der Vorgabezeit),
G_e = Geldsatz je Mengeneinheit (Stücklohn),
m = Menge (Stückzahl).

Vergleicht man den Akkordlohn mit dem Zeitlohn, so ergeben sich folgende Unterschiede:
(1) Der **Stundenverdienst** des Arbeitnehmers ist bei Zeitlohn konstant, während er bei Akkordlohn proportional zur Leistungsmenge steigt oder fällt;
(2) die **Lohnkosten pro Mengeneinheit** verändern sich bei Zeitlohn proportional zur in Anspruch genommenen Zeit, während sie bei Akkordlohn konstant sind.

Beispiel für Akkordlohn:

Stundenlohn	7,00 DM
Akkordzuschlag 20%	1,40 DM
Akkordrichtsatz	8,40 DM

Normalleistung (Leistungsgrad 100%): 10 Stück/Std.

Leistungsgrad in %	Leistung Stück/Std	Stückzeit Min/Stück	Lohnkosten DM/Stück	Stundenlohn DM/Std
80	8	7,50	0,84	6,72
90	9	6,67	0,84	7,56
100	10	6,00	0,84	8,40
110	11	5,45	0,84	9,24
120	12	5,00	0,84	10,08

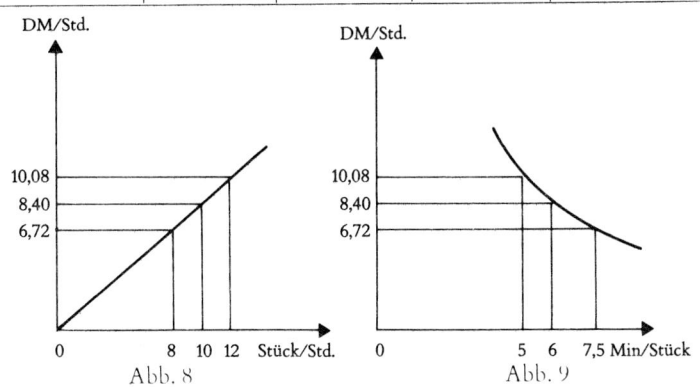

Abb. 8

Abb. 9

Verlauf der Stundenverdienstkurve
in Abhängigkeit von der Mengenleistung pro Zeiteinheit   in Abhängigkeit vom Zeitbedarf pro Mengeneinheit

Abb. 10   Abb. 11

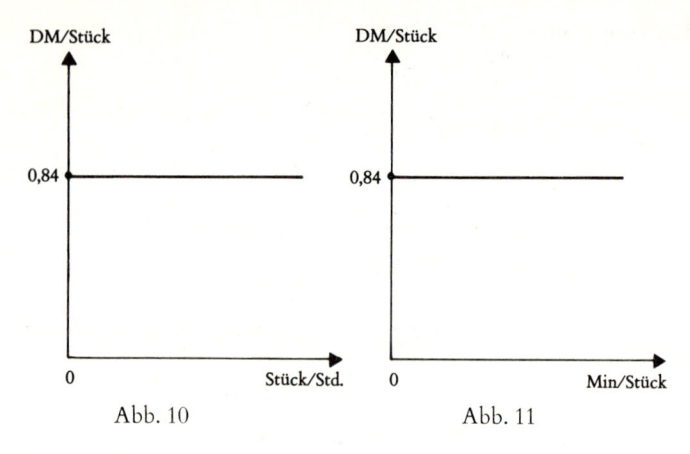

Verlauf der Lohnkostenkurve je Mengeneinheit

in Abhängigkeit von der Mengen-   in Abhängigkeit vom Zeitbedarf pro
leistung pro Zeiteinheit   Mengeneinheit

Ist tariflich ein **Mindestlohn** garantiert, so ergibt sich folgende Darstellung, wenn wir von nachstehenden Voraussetzungen ausgehen:

Stundenlohn (Zeitlohn)	7,00 DM
Akkordzuschlag 20%	1,40 DM
Akkordrichtsatz	8,40 DM

Vorgabezeit 30 Min/Stück

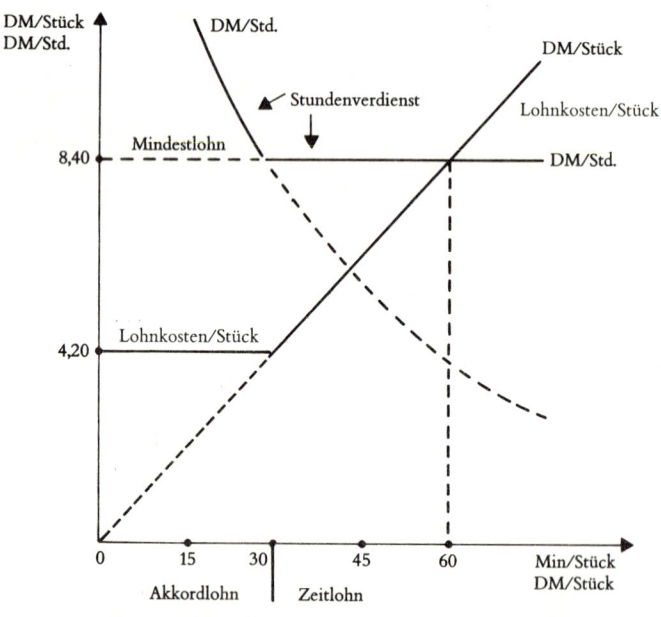

Abb. 12. Akkordlohn mit garantiertem Mindestlohn

A. Die betrieblichen Produktionsfaktoren

Akkordlohn pro Stück $\quad \dfrac{8{,}40}{2} = 4{,}20$ DM

Der garantierte Mindestlohn soll dem Akkordrichtsatz entsprechen.

Übersteigt der Zeitverbrauch pro Stück 30 Minuten, so würde ohne Mindestlohngarantie der Stundenverdienst unter den Akkordrichtsatz absinken. Der Mindestlohn schafft den Übergang zum Zeitlohn, der Stundenverdienst kann nicht unter 8,40 DM sinken. Allerdings steigen nun mit zunehmendem Zeitverbrauch die Lohnkosten pro Stück. Das Risiko der Minderleistung geht vom Arbeitnehmer auf den Betrieb über.

(2) Sonderformen

Eine besondere Variante des Akkordlohnes ist der **Gruppenakkord,** bei dem die Vorgabezeit und der Minutenfaktor nicht für einen einzelnen Arbeitnehmer, sondern für eine Gruppe von Arbeitnehmern ermittelt werden. Er kann angewendet werden, wenn z. B. ein Facharbeiter, ein angelernter Arbeiter und ein Hilfsarbeiter gemeinsam an einem Werkstück arbeiten (vgl. Beispiel unten) oder wenn alle Arbeiter bei der gemeinsamen Bearbeitung eines Werkstücks die gleichen Tätigkeiten haben und an der Arbeit gleich lange beteiligt waren. Der Mehrverdienst einer Gruppe wird im letzten Fall gleichmäßig auf die Beteiligten aufgeteilt. Ist eine Gruppe gut aufeinander eingespielt, so kann ein solches System der Entlohnung sich für den Betrieb vorteilhaft auswirken. Die beteiligten Arbeiter kontrollieren sich gegenseitig, und Arbeitskräfte, die allein wesentlich langsamer arbeiten würden, werden zu größerer Leistung angehalten. Das setzt aber voraus, daß die Gruppen möglichst klein gehalten werden, da der Anreiz zur Leistungssteigerung bei der einzelnen Arbeitskraft schwindet, sobald sie den Überblick darüber verliert, was ihre Arbeitskollegen leisten. Das Gefühl, daß ein anderer einen Teil der eigenen Leistung vergütet erhält, wirkt leistungshemmend.

Beispiel:

Akkordarbeiter	effekt. Arb.-Std.	Lohn pro Std.	Lohn bei Normalleistung in DM	Umrechnungsfaktor: $\dfrac{\text{DM/Werkstück.}}{\text{Lohn b. Normalleistung in DM}} = \dfrac{300}{244}$	Bruttoverdienst (Akkordlohn)
Facharbeiter	12	8,—	96,—	1,2295	118,03
angelernter Arbeiter	14	6,—	84,—	1,2295	103,28
Hilfsarbeiter	16	4,—	64,—	1,2295	78,69
	42		244,—		300,—

Um dem Arbeiter einen besonderen Anreiz zur Leistungssteigerung zu geben, kann der Betrieb zum Akkordlohn eine Sondervergütung bezahlen, die in einer bestimmten Relation zur Mehrleistung oder zur Gesamtleistung steht **(progressiver Leistungslohn).** Das bedeutet allerdings für den Betrieb, daß die Lohnkosten je Stück nicht mehr konstant sind, sondern infolge der Zahlung von

Sondervergütungen für das Unterschreiten der Vorgabezeit zunehmen. Ein progressiver Leistungslohn ist deshalb nur dann wirtschaftlich sinnvoll, wenn durch die Leistungssteigerung eine intensivere Nutzung der Betriebsmittel erreicht wird und dadurch eine Kostendegression (Sinken der fixen Stückkosten) eintritt, die den progressiven Leistungslohn kompensiert.

(3) Vorteile und Nachteile

Die **Vorteile** des Akkordlohnes liegen **erstens** in dem Anreiz zu erhöhter Leistung, da die gesamte Mehrleistung dem Arbeiter zugute kommt. Da der Betrieb nur die Leistung bezahlt, trägt er kein Risiko für Minderleistungen (abgesehen von Fällen, wo der Mindestlohn nicht erreicht wird). Dennoch kann es dem Betrieb nicht gleichgültig sein, wenn ein Arbeiter weit hinter der Normalleistung zurückbleibt. Zwar sind auch dann – soweit die Leistung wenigstens dem garantierten Mindestlohn entspricht – die Lohnkosten je Einheit konstant, aber die auf eine Einheit entfallenden fixen Kosten (Abschreibungen, Zinsen) sind um so höher, je geringer die Ausnutzung der Maschinen durch die Arbeitskräfte ist. Die durchschnittlichen Kosten je Produkteinheit können also – trotz konstanter Lohnkosten je Einheit – durch das Verhalten des Arbeiters beeinflußt werden. Ein Zurückbleiben hinter der Normalleistung ist beim Akkordlohn jedoch der Ausnahmefall.

Zweitens erweist sich der Akkordlohn äußerst vorteilhaft für die Kostenrechnung, da die Lohnkosten je Stück konstant sind, die Lohnkosten sich also proportional zur Änderung der Ausbringungsmenge entwickeln.

Die **Nachteile** des Akkordlohnes liegen in der Gefahr, daß das Arbeitstempo übersteigert wird und dadurch ein schnellerer Kräfteverbrauch und ein erhöhter Verschleiß an Betriebsmitteln eintritt, ferner eine Minderung der Qualität der Arbeitsverrichtung erfolgt, wodurch zusätzliche Qualitätskontrollen erforderlich werden. Daneben besteht die Gefahr, daß weniger leistungsfähige Arbeitskräfte unzufrieden werden.

(4) Die Ermittlung der Vorgabezeiten

Ob der Akkordlohn von den Arbeitskräften auch als Leistungslohn empfunden wird, hängt davon ab, daß die Akkorde für die einzelnen Tätigkeiten nach einheitlichen Grundsätzen aufgestellt werden und daß vor allem die Akkorde auf die Normalleistung und auf ein normales Arbeitstempo und nicht auf Basis von Bestleistungen festgelegt werden. Der Betrieb muß versuchen, durch exakte Zeitmessungen (**Zeitstudien**) zu einem normalen, d. h. durchschnittlichen Zeitverbrauch für eine Verrichtung zu gelangen.

Eine Zeitmessung zeigt nicht die durchschnittliche (normale) Zeit, sondern die Zeit, die eine bestimmte Arbeitskraft für eine Arbeitsverrichtung benötigt. Um zu einer Vorgabezeit zu gelangen, muß man möglichst viele Messungen derselben, aber durch verschiedene Arbeitskräfte ausgeführten Tätigkeit vornehmen, außerdem muß man den **Leistungsgrad** der einzelnen Arbeitskräfte schätzen. Die Zeitstudie besteht also aus zwei Teilen: der Zeitmessung und der Leistungsgradschätzung.

In der Physik gilt die Gleichung: Arbeit = Leistung × Zeit. Die Zeit kann gemessen werden, der Leistungsgrad dagegen ist nur zu schätzen. Er ist gleich

A. Die betrieblichen Produktionsfaktoren

100% bei normaler und liegt über 100% bei überdurchschnittlicher, unter 100% bei unterdurchschnittlicher Leistung. Welche Leistung als normal anzusehen ist, läßt sich exakt nicht bestimmen, sondern kann mangels einer objektiven Norm unbewußt durch subjektive Faktoren beeinflußt werden. Der Leistungsgrad ist das Verhältnis von effektiver Leistung (Istleistung) zu einer durch Erfahrung gewonnenen Normalleistung (Bezugsleistung). „Unter REFA-Normalleistung wird eine Bewegungsausführung verstanden, die dem Beobachter hinsichtlich der Einzelbewegungen, der Bewegungsfolge und ihrer Koordinierung besonders harmonisch, natürlich und ausgeglichen erscheint. Sie kann erfahrungsgemäß von jedem in erforderlichem Maße geeigneten, geübten und voll eingearbeiteten Arbeiter auf die Dauer und im Mittel der Schichtzeit erbracht werden, sofern er die für persönliche Bedürfnisse und gegebenenfalls auch für Erholung vorgegebenen Zeiten einhält und die freie Entfaltung seiner Fähigkeiten nicht behindert wird."[1]

$$\text{Leistungsgrad} = \frac{\text{Istleistung}}{\text{Normalleistung}} \times 100$$

Um zu einer Normalzeit zu gelangen, muß die gemessene Istzeit mit Hilfe des Leistungsgrades umgerechnet werden:

$$\text{Normalzeit} = \frac{\text{Istzeit} \times \text{Leistungsgrad}}{100}$$

z. B. effektiver Zeitverbrauch 20 Minuten, Leistungsgrad 110%:

$$\text{Normalzeit} = \frac{20 \times 110}{100} = 22 \text{ Minuten}$$

Die durch Zeitstudien ermittelte Normalzeit für einzelne Arbeitsverrichtungen ist noch nicht identisch mit der Vorgabezeit. Ein Mensch kann nicht ununterbrochen acht Stunden lang arbeiten, sondern braucht innerhalb eines achtstündigen Arbeitstages auch Zeiten für Erholung und persönliche Bedürfnisse. Außerdem müssen Zeiten für arbeitsablaufbedingte oder störungsbedingte Unterbrechungen berücksichtigt werden.

Die Ermittlung der Vorgabezeit geht deshalb von einer **Analyse des Arbeitsablaufes** aus, bei der alle Zeiten in einer bestimmten Planperiode ermittelt werden, in der ein Arbeitnehmer entsprechend seinem Arbeitsverhältnis eingesetzt ist. Da die Arbeitskraft an Betriebsmitteln arbeitet und Werkstoffe einsetzt, wird eine derartige Ablaufgliederung für alle drei Produktionsfaktoren

---

[1] REFA, Methodenlehre des Arbeitsstudiums, Teil 2, Datenermittlung, 2. Aufl., München 1971, S. 136; REFA = „Reichsausschuß für Arbeitsstudien", jetzt: Verband für Arbeitsstudien. Vgl. dazu: REFA-Buch, Bd. 2, Zeitvorgabe, 8. Aufl., München 1958

88   Zweiter Abschnitt. Der Aufbau des Betriebes

```
                                  ┌─ Haupttätigkeit     MH
                      ┌─ Tätigkeit ┼─ Nebentätigkeit    MN
                      │           └─ zusätzliche
         ┌─ im Einsatz┤                Tätigkeit       MZ
         │            │           ┌─ ablaufbedingtes
         │            │           │   Unterbrechen    MA
         │  außer     │           ├─ störungsbedingtes
         ├─ Einsatz ML┼─ Unterbrechen   Unterbrechen  MS
 Mensch M│            │   der Tätigkeit├─ Erholen     ME
         │            │           └─ persönlichbedingtes
         ├─ Betriebs MR              Unterbrechen    MP
         │  ruhe
         └─ nicht erkennbar                          MX
```

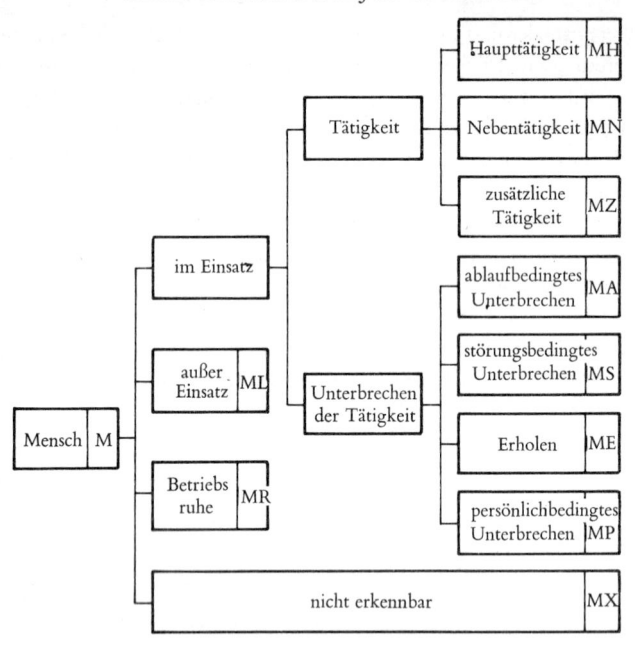

Abb. 13. Gliederung der Arbeiterzeit

durchgeführt. Nach REFA ergibt sich auf den Faktor Arbeit bezogen die in Abb. 13 dargestellte **Ablaufgliederung**:[1]

Als „nicht erkennbar" werden in diesem Schema alle Zeiten aufgeführt, die sich keiner Einflußgröße zuordnen lassen. Sie sind die Differenz zwischen dem Untersuchungszeitraum und der Summe der übrigen drei Zeitkategorien.

Die Einsatzzeit wird in die produktive Zeit (Tätigkeitszeit) und die unproduktive Zeit (Unterbrechung der Tätigkeit) unterteilt. Letztere wird auf vier Einflußgrößen zurückgeführt:

Einflußgrößen für unproduktive Zeiten	Berücksichtigung in der Vorgabezeit
(1) ablaufbedingtes Unterbrechen	Grundzeit
(2) störungsbedingtes Unterbrechen	sachliche Verteilzeit
(3) Erholen	Erholungszeit
(4) persönlich bedingtes Unterbrechen	persönliche Verteilzeit

Jede Vorgabezeit setzt sich aus einer Anzahl von Zeitkomponenten zusammen. Bei der Ermittlung ist zu unterscheiden zwischen auftragsunabhängigen und auftragsabhängigen Vorgabezeiten. Erstere beziehen sich auf eine be-

---

[1] REFA, Datenermittlung, a.a.O., S. 25

A. *Die betrieblichen Produktionsfaktoren* 89

```
                        ┌─────────────────┐
                        │ Auftragszeit T  │
                        └─────────────────┘
                         │              │
              ┌──────────┘              └──────────────┐
     ┌────────────────┐                    ┌──────────────────────┐
     │ Rüstzeit t_r   │                    │ Ausführungszeit      │
     │                │                    │ t_a = m · t_e        │
     └────────────────┘                    └──────────────────────┘
                                                    │
                                          ┌─────────────────────┐
                                          │ Zeit je Einheit t_e │
                                          └─────────────────────┘
```

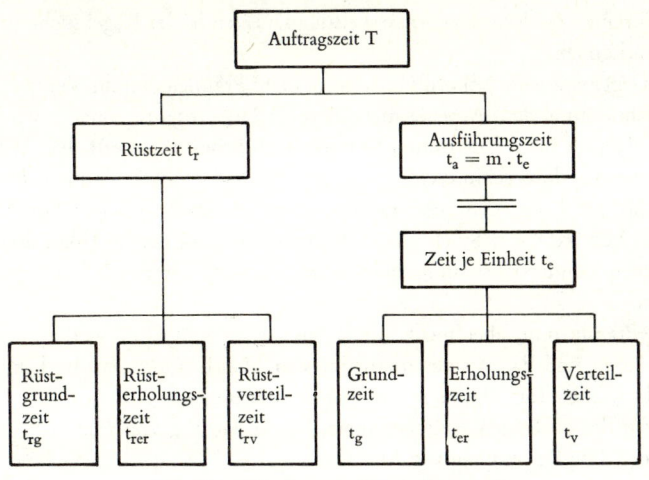

| Rüst-grund-zeit t_{rg} | Rüst-erholungs-zeit t_{rer} | Rüst-verteil-zeit t_{rv} | Grund-zeit t_g | Erholungs-zeit t_{er} | Verteil-zeit t_v |

Abb. 14. Gliederung der Auftragszeit

stimmte Mengeneinheit (z. B. 1 Stück), letztere auf einen einzelnen Auftrag (z. B. 250 Stück). REFA verwendet die in Abb. 14 dargestellte Gliederung der Auftragszeit (Vorgabezeit für einen bestimmten Auftrag):[1]

Rüstzeiten sind Zeiten für die Vorbereitung der Ausführung. Sie fallen bei einem Auftrag in der Regel nur einmal an. Die Ausführungszeit für einen Auftrag ergibt sich aus der Vorgabezeit je Einheit (t_e) multipliziert mit der Auftragsmenge ($t_a = m \cdot t_e$). Sie setzt sich aus Grundzeit, Erholungszeit und Verteilzeit zusammen. Die **Grundzeit** besteht aus der Summe der Soll-Zeiten aller Ablaufabschnitte, die für die planmäßige Ausführung eines Ablaufs durch den Menschen erforderlich sind und umfaßt die **Tätigkeitszeit** und die ablaufbedingte, d. h. planmäßige **Wartezeit**. Sie bezieht sich auf eine Mengeneinheit. Die **Erholungszeit** ist die Summe aller für das Erholen der Arbeitskraft erforderlichen Zeiten, bezogen auf eine Mengeneinheit. Die **Verteilzeit** berücksichtigt Zeiten, die unregelmäßig und weniger häufig anfallen und deshalb als Zuschlag zur Grundzeit berücksichtigt werden.

dd) Der Prämienlohn

(1) Begriff und Anwendungsgebiet

Je weniger infolge zunehmender Mechanisierung und Automatisierung des Produktionsprozesses der einzelne Arbeitnehmer das mengenmäßige Produktionsergebnis beeinflussen kann, desto geringer wird die Bedeutung des Akkordlohnes. An seine Stelle tritt in zunehmendem Maße insbesondere zur Berücksichtigung qualitativer Faktoren der Arbeitsleistung der Prämienlohn. Böhrs charakterisiert diese Lohnform folgendermaßen: „Prämienlohn liegt vor, wenn zu einem vereinbarten Grundlohn, der nicht unter dem Tariflohn liegen darf, planmäßig ein zusätzliches Entgelt – die Prämie – gewährt wird, dessen Höhe auf objektiv und materiell feststellbaren Mehrleistungen des Arbeiters beruht,

---

[1] REFA, Datenermittlung, a.a.O., S. 42

die bei reiner Zeitlohnarbeit ohne Leistungszulagen in der Regel nicht erwartet werden können."[1]

Im Gegensatz zum Akkordlohn kommt beim Prämienlohn die Vergütung für die Mehrleistung dem Arbeiter nicht in voller Höhe zugute, sondern wird nach irgendeinem Schlüssel **zwischen Betrieb und Arbeiter geteilt.** Das bedeutet, daß zwar der durchschnittliche Stundenverdienst des Arbeiters durch Mehrleistung steigen kann, daß aber gleichzeitig die durchschnittlichen Lohnkosten, also die Lohnkosten je Stück sinken, während sie beim reinen Akkordlohn, bei dem die gesamte Mehrleistung dem Arbeiter zugute kommt, je Stück konstant bleiben.

Die Prämie muß aber nicht immer eine Folge von Unterschreitungen der Vorgabezeit und damit einer **quantitativen** Mehrleistung sein, sie kann auch gezahlt werden für besondere Leistungen **qualitativer** Art: z. B. für Unterschreiten der zulässigen Ausschußquote, für Ersparnisse von Material, Energie oder sorgsame Behandlung von Maschinen und Werkzeugen, für die Einhaltung von Terminen, Reduzierung von Wartezeiten, Leerlaufzeiten, Reparaturzeiten usw. Der Prämienlohn ist also eine Lohnform, die auch für die Entlohnung von Arbeitsergebnissen geeignet ist, die von der Arbeitszeit unabhängig sind, sich also nicht im Mengenergebnis zeigen, während der Akkordlohn der Mengenleistung proportional, also arbeitszeitabhängig ist.

Der Prämienlohn ist auch dort anwendbar, wo das Arbeitsergebnis zwar von der Arbeitszeit abhängig ist, wo sich aber eine Akkordentlohnung nicht durchführen läßt. Das ist beispielsweise dann der Fall, wenn eine Ermittlung genauer Akkorde nicht möglich ist, weil der Betrieb nicht über geschulte Fachkräfte für die Durchführung von Arbeits- und Zeitstudien verfügt, oder wenn die Berechnung genauer Akkorde sich wirtschaftlich nicht lohnt, weil auf Grund sehr unterschiedlicher und kleiner Aufträge ein schneller Wechsel in den Arbeitsverrichtungen eintritt.[2]

Im Gegensatz zum Akkordlohn, der als Ganzes ein Leistungslohn ist, ist beim Prämienlohn der Grundlohn in der Regel von der Leistung unabhängig, und nur die Prämie ist leistungsbezogen. Der Betrieb hat die Möglichkeit, durch Ausgestaltung der Prämie die Mehrleistung der Arbeitskraft in gewissem Umfang zu beeinflussen. Steigt die Prämie **linear** oder gar **progressiv** an, so ist der Anreiz zur Mehrleistung oder zur Leistungsverbesserung besonders groß. Eine solche Gestaltung der Prämienentlohnung ist dann sinnvoll, wenn die Verbesserung des Arbeitsergebnisses in erster Linie vom Arbeiter abhängig ist.

Besteht die Gefahr, daß beim Überschreiten einer bestimmten Leistungshöhe Gesundheitsschäden für den Arbeiter oder Beschädigungen an den Maschinen durch überhastetes Arbeitstempo eintreten können, so ist es zweckmäßig, daß das Steigungsmaß der Prämie von Anfang an oder von einer bestimmten Leistungshöhe an kleiner wird, damit der Anreiz zur Leistungssteigerung für den Arbeiter immer mehr nachläßt.

Bei Bemessung und Gestaltung der Prämien muß außerdem beachtet werden, daß die Prämienentlohnung die Akkordentlohnung vergleichbarer Leistungen

---

[1] Vgl. Böhrs, H., Arbeitsleistung und Arbeitsentlohnung, Wiesbaden 1958, S. 103
[2] Vgl. Böhrs, H., a.a.O., S. 97

nicht überschreitet, um das Prinzip der relativen Lohngerechtigkeit nicht zu verletzen und den Arbeitsfrieden im Betrieb nicht zu gefährden.

Die **Prämienarten** lassen sich nach den Bezugsgrößen der Prämienberechnung einteilen in:

(1) **Mengenleistungsprämien.** Sie treten an die Stelle des Akkordlohns, wenn genaue Vorgabezeiten, z. B. wegen wechselnder Arbeitsbedingungen, nicht ermittelt werden können.

(2) **Qualitätsprämien.** Sie werden für eine Steigerung der qualitativen Produktionsleistung (z. B. Unterschreitung der zulässigen Ausschußquote) gezahlt.

(3) **Ersparnisprämien.** Sie werden für Einsparungen an Produktionsfaktoren gewährt (z. B. höhere Materialausbeute, geringerer Energieverbrauch).

(4) **Nutzungsgradprämien.** Sie sollen eine optimale Ausnutzung der Betriebsmittel sicherstellen (z. B. Reduzierung der Wartezeiten, Leerlaufzeiten, Reparaturzeiten).

Die verschiedenen Prämienarten lassen sich in einem Lohnanreizsystem kombinieren.[1]

(2) **Prämienlohnsysteme**

Die im Folgenden dargestellten Entlohnungssysteme werden in der Literatur teilweise auch als Akkordlohnkombinationen bezeichnet, in der Regel jedoch im Gegensatz zum proportionalen Akkordlohn, bei dem der Stundenverdienst proportional zur Mehrleistung steigt, den Prämienlöhnen zugeordnet.

Die wichtigsten Prämienlohnverfahren sind die folgenden:

(a) **Prämienlohnsystem nach Halsey.** Wird die Vorgabezeit unterschritten, so erhält der Arbeiter neben dem Grundlohn eine Prämie von $33^1/_3$ bis 50% des ersparten Zeitlohnes. Der andere Teil fällt dem Betrieb zu. Die Mehrleistung wird also zwischen Betrieb und Arbeiter geteilt. Der durchschnittliche Stundenverdienst steigt progressiv, die Lohnkosten je Stück sinken proportional zur ersparten Zeit. Wird die Vorgabezeit überschritten, so wird der volle Zeitlohn vergütet.

Beispiel:[2]

Stundenlohn/DM	Vorgabezeit in Stunden	Benötigte Zeit/Std.	Ersparte Zeit/Std.	Prämie = 50% des ersparten Zeitlohnes	Lohn in DM	Durchschn. Std.Lohn/DM
10	10	9	1	5,—	95,—	10,60
10	10	8	2	10,—	90,—	11,30
10	10	7	3	15,—	85,—	12,10
10	10	6	4	20,—	80,—	13,30
10	10	5	5	25,—	75,—	15,—

(b) **Prämienlohnsystem nach Rowan.** Der Arbeiter erhält eine Prämie, die soviel Prozent vom Grundlohn ausmacht, wie die Vorgabezeit unterschritten

---

[1] Beispiele vgl. Wiesner, H., Der Prämienlohn in Theorie und Praxis, Köln 1965, S. 75 ff.
[2] Vgl. Mellerowicz, K., Betriebswirtschaftslehre der Industrie, Bd. 2, 4. Aufl., Freiburg 1964, S. 85

wird. Die Prämie ist also im Gegensatz zum Halsey-System nicht fest, sondern veränderlich. Der durchschnittliche Stundenverdienst nimmt proportional der ersparten Zeit zu, die Lohnkosten je Stück sinken überproportional. Der Anreiz zur Mehrleistung ist hier geringer als beim System von Halsey, da der durchschnittliche Stundenverdienst proportional zur ersparten Zeit steigt, die Anstrengung jedoch überproportional zunimmt, je größer die Zeitersparnis wird. Die Prämie ist bei geringer Unterschreitung der Vorgabezeit hoch, die Zuwachsrate wird jedoch immer kleiner.

Beispiel:[1]

Stundenlohn/DM	Vorgabezeit in Stunden	Benötigte Zeit/Std.	Ersp. Zeit in % der Grundzeit	Prämie DM	Lohn DM	Durchschn. Std.-Verdienst DM
10	10	9	10	9,—	99,—	11,—
10	10	8	20	16,—	96,—	12,—
10	10	7	30	21,—	91,—	13,—
10	10	6	40	24,—	84,—	14,—
10	10	5	50	25,—	75,—	15,—
10	10	4	60	24,—	64,—	16,—

(c) **Differential-Stücklohnsystem nach Taylor.** Dieses Verfahren geht vom Akkordlohn aus, der mit Hilfe genauer Zeitstudien für die Normalleistung festgelegt wird. Wird die Vorgabezeit unterschritten, so erfolgt eine volle Vergütung der Gesamtleistung mit einem über dem Normalsatz liegenden Akkordsatz; zusätzlich kann noch eine Prämie gewährt werden. Wird die Vorgabezeit überschritten, also die Normalleistung nicht erreicht, so entfällt die Prämie und die Vergütung erfolgt zu einem Akkordsatz, der unter dem Normalsatz liegt. Dieses Verfahren arbeitet also mit unterschiedlichen Akkordlohnsätzen.

Beispiel:[2]

Vorgabe in Min.	Istleistung in Min.	Minutenfaktor in DM	Minutenfaktor mal Istleistung	Prämie* DM	Gesamtverdienst
1 000	1 000	0,01	10,—	1,—	11,—
1 000	800	0,015	12,—	1,20	13,20
1 000	1 200	0,008	9,60	—	9,60

* 10% des Produktes aus Minutenfaktor und Istleistung

(d) **Pensumlohnsystem nach Gantt.** Das Verfahren beruht auf dem Zeitlohn, der für die Normalleistung festgelegt wird und zugleich ein garantierter Mindestlohn ist, also auch bei Überschreitung der Vorgabezeit gezahlt wird. Wird die Normalleistung (das Pensum) erreicht, so erhält der Arbeiter eine Prämie von 25 bis 35% der Grundzeit. Der Anreiz liegt also darin, das Pensum auf jeden Fall zu erreichen. Um einen weiteren Anreiz zur Leistungssteigerung

---
[1] Vgl. Mellerowicz, K., a.a.O. § 85
[2] Vgl. Mellerowicz, K., a.a.O., S. 86

zu geben, ist dieses Verfahren in der Weise verbessert worden, daß zusätzlich zur konstanten Prämie ein Teil der eingesparten Zeit vergütet wird.

(e) Prämienlohnsystem nach Bedaux.[1] Bedaux hat zur Messung der menschlichen Arbeitskraft die Maßeinheit „B" eingeführt. Als Arbeitseinheit „1 B" bezeichnet er die Arbeitsmenge, die eine durchschnittliche, eingearbeitete Arbeitskraft bei normaler Arbeitsgeschwindigkeit unter normalen Verhältnissen in einer Minute leistet. In dieser Arbeitsmenge ist bereits die zur Erholung erforderliche Zeit berücksichtigt. Die Leistung von 60 B-Einheiten in der Stunde stellt die Normalleistung dar, die durch den Grundlohn (Lohnbasis) vergütet wird, der durch Arbeitsbewertung mit Hilfe eines von Bedaux entwickelten Systems ermittelt wird.

Die **Arbeitsbewertung** nach Bedaux erfolgt durch Punkte für eine Anzahl von Arbeitsanforderungen, ist also ein analytisches Verfahren. Bedaux bewertet folgende Anforderungsarten:[2] Fachkenntnisse und Anlernzeit, Beanspruchung der Sinne und Nerven, Beanspruchung der Denkfähigkeit, Verantwortung, Einflüsse der Umgebung und schließlich Beanspruchung der Fähigkeit zur Führung anderer. Der auf den Durchschnittsarbeiter abgestellte Grundlohn ist ein **garantierter Mindestlohn;** er wird also auch bei Leistungen von weniger als 60 B-Einheiten je Stunde gezahlt.

Übersteigt die Leistung 60 B je Stunde, so erhält die Arbeitskraft eine Prämie. Nach Ansicht von Bedaux sollen 80 B je Stunde nicht überschritten werden, damit es zu keiner Überbeanspruchung von Arbeitskraft und Betriebsmitteln kommt. Deshalb verläuft die Prämie bis zu 80 B-Einheiten je Stunde **linear,** dann aber **degressiv,** wodurch der Anreiz, die Leistung erheblich über 80 B zu steigern, gering ist. Die Prämie beträgt bei 70 B je Stunde $16^2/_3\%$ des Grundlohns, bei 80 B $33^1/_3\%$.

Das Bedaux-System berücksichtigt auch Faktoren, die die Arbeitskraft ohne Verschulden daran hindern, ihre Leistungsfähigkeit voll einzusetzen. Das ist z. B. dann der Fall, wenn die Leistung durch den Arbeitsablauf (Maschinengeschwindigkeit, Materialfluß) bestimmt wird. Während nach dem REFA-Verfahren die arbeitsablaufbedingten Wartezeiten in die Vorgabezeit einbezogen werden, werden diese in der Vorgabezeit des Bedaux-Systems (B-Einheit) nicht berücksichtigt, sondern es werden dem Arbeiter mittels des sog. **Methodenzuschusses** eine Anzahl B-Einheiten zugerechnet, damit auch er die Möglichkeit hat, die Normalleistung von 60 B zu überschreiten und eine Prämie zu verdienen.

d) Die Erfolgsbeteiligung der Arbeitnehmer

aa) Ökonomische Begründung der Erfolgsbeteiligung

Eine Erfolgsbeteiligung (Gewinn- und Verlustbeteiligung) setzt nicht immer eine Kapitalbeteiligung voraus, sondern kann auch auf Grund eines Arbeitsverhältnisses bestehen. Die Erfolgsbeteiligung der Arbeitnehmer ist kein Bestandteil der Entlohnung, wirkt sich jedoch auf die Höhe des Arbeitsentgeltes aus. Löhne

---

[1] Vgl. die ausführliche Darstellung bei Rochau, E., Das Bedaux-System, 3. Aufl., Würzburg 1952
[2] Vgl. Böhrs, H., a.a.O., S. 51

und Gehälter sind Kostenbestandteile und beeinflussen die Gewinnerzielung; Gewinnanteile dagegen sind Ertragsbestandteile, stellen also Gewinnverwendung dar. Der Erfolgsbeteiligung der Arbeitnehmer liegt die Überlegung zugrunde, daß der Anteil am Gesamtertrag (z. B. Jahresertrag), der dem produktiven Beitrag des Produktionsfaktors Arbeitskraft entspricht, erst am Ende eines Geschäftsjahres ermittelt werden kann, wenn das Betriebsergebnis bekannt ist.

Der von allen Faktoren gemeinsam erzielte Ertrag ist theoretisch so auf die Faktoren aufzuteilen, daß jeder Faktor den Anteil am Ertrag erhält, der auf seine Mitwirkung zurückzuführen ist, d. h. die Faktoren sind **entsprechend ihrem produktiven Beitrag** zu entlohnen. Diese scheinbare Selbstverständlichkeit ist jedoch nicht quantifizierbar, d. h. das Verteilungsproblem ist in der Praxis nicht lösbar. Vielmehr erhalten die Faktoren Arbeit und Fremdkapital vertraglich vereinbarte Entgelte, der übrige Teil des nach Abzug der Kosten der sonstigen eingesetzten Produktionsfaktoren (Betriebsmittel, Werkstoffe) verbleibenden Ertrages fällt dem Eigenkapital zu. Das Eigenkapital trägt folglich einerseits das Risiko, daß bei schlechter Ertragslage der den Faktoren Arbeit und Fremdkapital zufließende Teil des Gesamtertrages größer ist als der Wert ihres produktiven Beitrages und folglich das Eigenkapital nur ein unter seinem produktiven Beitrag liegendes Entgelt erhält oder sogar z. T. zur Zahlung der Entgelte der anderen Faktoren herangezogen werden muß und damit in diesem Umfange verlorengeht; andererseits hat das Eigenkapital die Chance, daß die vertraglichen Entgelte der anderen Faktoren niedriger sind als der Wert ihres produktiven Beitrages und folglich dem Eigenkapital ein über seinem produktiven Beitrag liegendes Entgelt zufließt.

Aus dieser Feststellung folgt, daß vertraglich vereinbarte Entgelte **nur zufällig gleich dem produktiven Beitrag** sein können, in der Regel also höher oder niedriger als das theoretisch richtige Entgelt sind. Ob z. B. die Löhne grundsätzlich zu hoch oder zu niedrig festgesetzt werden, läßt sich von den Tarifpartnern nicht beweisen; jedoch besteht die Gefahr eines erheblichen Abweichens vom geschätzten produktiven Beitrag insbesondere dann, wenn die Lohnfestsetzung nicht durch Kompromiß etwa gleichstarker Partner, sondern durch die dominierende Macht eines Partners zustande gekommen ist.

Aus der Tatsache, daß die vertragliche Festsetzung der Arbeitsentgelte dem produktiven Beitrag des betreffenden Faktors gewöhnlich nicht entspricht, ist die Forderung nach Gewinnbeteiligung der Arbeitnehmer entstanden. Da vertraglich vereinbarte Entgelte aber auch zu hoch sein können, ist die logische Konsequenz einer Gewinnbeteiligung eine **Verlustbeteiligung.** Die vertraglich gezahlten Arbeitsentgelte werden als ein Abschlag auf eine Endabrechnung betrachtet, die erst erfolgen kann, wenn der gemeinsam erzielte Ertrag realisiert worden ist. Dieser Abschlag kann – bezogen auf das Gesamtergebnis – zu niedrig, aber auch zu hoch sein.

Daß die Gewinne konjunkturbedingt oder daß sie vorwiegend eine Folge unternehmerischer Fähigkeiten sind, die sich in Planung und Disposition auswirken, oder daß sie aus einer Machtstellung des Betriebes am Markt resultieren, ist kein stichhaltiger Einwand gegen die Forderung der Arbeitnehmer nach Erfolgsbeteiligung, da bei der Wahl des Verteilungsschlüssels die Leistungen des Unternehmers und seines Kapitals oder andere den Gewinn beeinflussende Komponenten entsprechend berücksichtigt werden können.

Henzler vertritt die Ansicht,[1] daß der Arbeitnehmer in Verlustjahren bis zur Höhe des entgangenen Gewinnanteils am Verlust beteiligt sei, und daß er darüber hinaus gegenüber dem Kapitalverlustrisiko der Kapitalgeber das **Risiko des Arbeitsplatzverlustes** trage. Dem ist entgegenzuhalten, daß ein Verlust nicht nur bedeutet, daß kein Gewinn eingetreten ist, sondern auch, daß ein Teil des Vermögens und damit des Eigenkapitals verlorengegangen ist. Wenn am Jahresende das Gesamtergebnis auf die Produktionsfaktoren, die es erwirtschaftet haben, verteilt werden soll, so muß der Verteilungsschlüssel in Verlust- wie in Gewinnjahren derselbe sein. Wenn die Arbeitskraft einen Lohn oder ein Gehalt bekommt, so muß auch das eingesetzte Kapital – und zwar auch das Eigenkapital – eine Verzinsung erhalten. Werden die Tariflöhne und -gehälter und die Fremdkapitalzinsen als Kostenbestandteile betrachtet, so muß das gleiche mit einem angemessenen Eigenkapitalzins der Fall sein.

Reicht das Ergebnis, weil mit einem Verlust abgeschlossen wurde, zur Zahlung eines Eigenkapitalzinses nicht aus, und geht sogar ein Teil des Eigenkapitals verloren, so kann das ein Zeichen dafür sein, daß andere Produktionsfaktoren, also auch die Arbeit, ein zu hohes Entgelt vorweg erhalten haben. Soll aber das Eigenkapital allein das Risiko des Verlustes tragen, so steht ihm auch allein die Chance des Gewinns zu. Auch das Risiko des Arbeitsplatzverlustes ist nicht mit dem Risiko des Kapitalverlustes zu vergleichen, denn im ersten Falle besteht die Möglichkeit, die Arbeitsleistung in einem anderen Betriebe zu erbringen, im zweiten Falle aber ist nichts mehr vorhanden, das eingesetzt werden könnte. Eine **Gewinnbeteiligung bedingt u. E. also eine Verlustbeteiligung.** Anderenfalls beruht sie nicht auf der betriebswirtschaftlichen Überlegung, den von allen im Betrieb eingesetzten Produktionsfaktoren erwirtschafteten Ertrag auf diese Faktoren zu verteilen, anstatt dem abhängigen Faktor Arbeit nur einen vertraglich zugesicherten Anteil zu gewähren, der von der tatsächlichen Höhe des Ertrages unabhängig ist.

Da es allerdings praktisch undurchführbar (und für die Arbeitnehmer unzumutbar) ist, am Jahresende bei negativem Gesamtergebnis einen Teil der Arbeitsentgelte von den Arbeitnehmern zurückzuverlangen, so ist die Forderung nach Verlustbeteiligung nur in der Weise zu realisieren, daß der Betrieb von den Gewinnanteilen der Arbeitnehmer zunächst eine **Rücklage** bildet, aus der Verluste in der Höhe gedeckt werden können, in der sie von den Arbeitnehmern zu tragen sind. Dadurch würde auch bei voller Lohn- und Gehaltszahlung eine Verlustbeteiligung erreicht werden, worauf auch Henzler hingewiesen hat.[2]

bb) Zielsetzungen der Erfolgsbeteiligung

Die Erfolgsbeteiligung der Arbeitnehmer kann sowohl betriebspolitischen als auch gesellschaftspolitischen Zielen dienen. Zu den **betriebspolitischen Zielen** gehören die Erhöhung der Arbeitsproduktivität durch den leistungssteigernden

---

[1] Vgl. Henzler, R., Gewinnbeteiligung, HdB, Bd. II, 3. Aufl., Stuttgart 1958, Sp. 2342f.
[2] Vgl. Henzler, R., a.a.O., Sp. 2343

Effekt insgesamt höherer Arbeitsentgelte sowie durch die Entwicklung eines partnerschaftlichen Verhältnisses zwischen Arbeitnehmern und Unternehmensführung, da die Erfolgsbeteiligung das Interesse der Arbeitnehmer am betrieblichen Geschehen steigern und Spannungen im Betriebe abbauen kann (Verbesserung des Betriebsklimas). Auch eine Verminderung der Fluktuation der Arbeitskräfte kann mit einer Erfolgsbeteiligung angestrebt werden; das gilt insbesondere dann, wenn die Höhe der Beteiligungsquote von der Dauer der Betriebszugehörigkeit abhängig gemacht wird. Inwieweit allerdings diese Ziele in der Praxis tatsächlich erreicht werden können, läßt sich bisher empirisch nicht belegen.

Akzeptiert man den Gedanken der Erfolgsbeteiligung der Arbeitnehmer, so kann man ihn mit den Problemkreisen der **Mitbestimmung** und der **Vermögensbildung** in Form einer Beteiligung am Zuwachs am Produktivvermögen verbinden. Hier liegen die **gesellschaftspolitischen Ziele** der Erfolgsbeteiligung.

Da insbesondere größere Unternehmungen ihren Gewinn grundsätzlich nicht in vollem Umfange entnehmen können, und zwar nicht nur, um auf dem Wege der Selbstfinanzierung ihre Kapazität zu erweitern und neue Arbeitsplätze zu schaffen, sondern zunächst, um in Zeiten starker Geldentwertung die betriebliche Substanz zu erhalten, kann eine Erfolgsbeteiligung der Arbeitnehmer nicht in einer 100%igen Barauszahlung der Gewinnanteile bestehen. Das würde auch nicht zur Vermögensbildung, sondern bei den meisten Arbeitnehmern zur Erhöhung der Konsumausgaben führen. Vielmehr muß ein bestimmter Prozentsatz der Gewinnanteile im Betriebe stehen bleiben, anderenfalls wäre auch eine Verlustbeteiligung nicht realisierbar, denn die vertraglich gezahlten Löhne können nicht zurückvergütet werden. Verlustanteile müssen zu Lasten früherer Gewinnanteile verrechnet werden.

Werden die nicht ausgeschütteten Gewinnanteile nicht in die Form von Fremdkapital (Darlehen), sondern von **Beteiligungskapital** (z. B. Aktien) gekleidet, so werden die Arbeitnehmer über die Erfolgsbeteiligung einerseits am Zuwachs des Produktivvermögens ihres Unternehmens beteiligt, d. h. sie sammeln Vermögen an, andererseits erhalten sie über die Stimmrechte ihrer Anteile **Mitbestimmungsrechte,** die sie als Gruppe in der Hauptversammlung ausüben können. Durch die Kapitalbeteiligung übernehmen sie zugleich Kapitalrisiko und sind folglich legitimiert, im Aufsichtsrat mitzubestimmen.

Ein solches System der Vermögensbildung über die Ergebnisbeteiligung hätte zusammenfassend folgende **Vorteile:**

(1) Die Arbeitnehmer werden am Erfolg der Unternehmung beteiligt und haben folglich in der Regel ein Interesse an hohen Erträgen des Unternehmens. Das fördert die Leistungsbereitschaft und schafft allmählich statt eines Gefühls der Abhängigkeit das Gefühl einer Partnerschaft. Der Gegensatz zwischen Arbeitnehmern und Kapitaleigentümern wird zunehmend abgeschwächt, da die Arbeitnehmer zugleich Kapitalgeber sind.

(2) Die Arbeitnehmer nehmen anteilsmäßig am Zuwachs des Produktivvermögens ihres Unternehmens teil. Sie werden zu einer Vermögensbildung gezwungen, zu der viele im Falle von Barausschüttungen von Gewinnanteilen nicht bereit wären.

(3) Die Arbeitnehmer erhalten in ihrer Eigenschaft als Anteilseigner – nicht als Arbeitnehmer – Mitbestimmungsrechte und Gewinnanteile auf Grund der ihnen zuwachsenden Anteilsrechte.

(4) Das System ermöglicht eine Mitwirkung der kapitalbeteiligten Arbeitnehmer im Aufsichtsrat. Diese Mitwirkung ist durch Übernahme von Kapitalrisiko legitimiert.

(5) Das System fördert die Tendenz, Arbeitsplätze in besonders ertragreichen Unternehmen zu suchen und ertragsschwache Unternehmen zu meiden. Dadurch tritt ein starker Konkurrenz- und Rationalisierungsdruck für weniger leistungsfähige Unternehmen ein. Diese Tatsache erfordert allerdings die Überlegung, wie Arbeitnehmern in Wirtschaftszweigen, die nicht nach dem erwerbswirtschaftlichen Prinzip ausgerichtet sind (z. B. öffentlicher Dienst), ein Ausgleich gewährt werden kann. Sie ist jedoch u. E. kein Argument für Modelle, die die Arbeitnehmer nicht am Ertrag ihres Betriebes, sondern am Ertrag der Gesamtwirtschaft über eine Bildung von Fonds beteiligen wollen.

(6) Ein vertraglicher Anspruch auf Anteil am Gewinn (und eine Verpflichtung zur Übernahme anteiliger Verluste) begründet ein Recht, an den Entscheidungen, von denen die Höhe der Gewinne bzw. Verluste abhängt, mitzuwirken.

(7) Das System könnte die Wirkung haben, daß sich allmählich die Erkenntnis durchsetzen könnte, daß überhöhte Lohnforderungen zu Lasten der Gewinne gehen und daß machtmäßig erzwungene und ökonomisch nicht begründete Lohnerhöhungen entweder durch geringere Gewinnanteile z. T. kompensiert oder gleiche Gewinnanteile nur durch Erhöhung der Preise und dadurch eintretenden Kaufkraftschwund ermöglicht werden könnten.

cc) Probleme der Berechnung der Erfolgsbeteiligung

Besondere Schwierigkeiten ergeben sich bei der Ermittlung der Bezugsgröße für die Erfolgsbeteiligung. Der Gewinn ist eine Größe, die durch das Rechnungswesen des Betriebes nicht eindeutig festgestellt werden kann. Er ergibt sich in der Bilanz als Differenz zwischen dem Vermögen des Betriebes am Ende und am Anfang einer Abrechnungsperiode (abzüglich Kapitaleinlagen und zuzüglich Entnahmen). Da aber die Vermögensteile des Betriebes einer Bewertung unterliegen (Abschreibung der Anlagen und Gebäude, Bewertung der Bestände usw.), besteht von dieser Seite her die Möglichkeit, durch zu niedrige Bewertung bestimmter Vermögensteile den Gewinn einer Abrechnungsperiode zu niedrig erscheinen zu lassen und ihn damit teilweise von der Verteilung an die Arbeitnehmer auszuschließen. Dadurch entstehen stille Rücklagen, d. h. ein Teil der vorhandenen Vermögenswerte wird nicht in der Bilanz ausgewiesen.[1]

Die Bewertungsvorschriften der Handelsbilanz verhindern derartige Unterbewertungen und damit Gewinnmanipulationen nicht. In der Steuerbilanz dagegen wird die Bildung stiller Rücklagen weitgehend eingeengt. Deshalb wird bei verschiedenen Gewinnbeteiligungssystemen der **Gewinn der Steuerbilanz** den Berechnungen zugrunde gelegt. Aber auch dieser Gewinn ist nicht ge-

---

[1] Vgl. die Ausführungen über die stillen Rücklagen Sechster Abschnitt, B I, 7c

eignet – wenn allerdings auch besser als der Handelsbilanzgewinn –, da auch in der Steuerbilanz eine Verzinsung des Eigenkapitals, die ebenso wie die Arbeitslöhne und Gehälter Kosten darstellt, nicht als Betriebsausgabe angesetzt werden darf, sondern im Gewinn enthalten ist. Es müßte hier also zunächst vom Gewinn eine angemessene Verzinsung des Eigenkapitals abgesetzt werden, bzw. müßte dieser Tatbestand bei der Verteilung des Gewinns auf Kapital und Arbeitnehmer berücksichtigt werden.

Ein zweites Problem ergibt sich daraus, daß der Gewinn (und der Verlust) nicht immer nur das Ergebnis der betrieblichen Tätigkeit ist, an der die Arbeitnehmer beteiligt sind, sondern oft auch ein **neutraler Gewinn oder Verlust**, z. B. aus Wertpapieren, Beteiligungen, Spekulationen usw. sein kann. Folglich muß eine Trennung zwischen Betriebsergebnis und neutralem Ergebnis erfolgen.[1] Die Arbeitnehmer sind nur am Betriebsgewinn zu beteiligen, ebenso haben sie nur anteilsmäßig für Betriebsverluste einzustehen. Sind aber Beteiligungen oder Wertpapiere aus Mitteln mitfinanziert worden, die aus nicht entnommenen Gewinnanteilen der Arbeitnehmer stammen, so haben sie einen Anspruch auf Teile des neutralen Ergebnisses.

Eine dritte Schwierigkeit für die praktische Durchführung der Gewinnbeteiligung liegt in der Tatsache, daß der produktive Beitrag der einzelnen Produktionsfaktoren nicht genau ermittelt werden kann und deshalb die Aufteilung des Ergebnisses auf Arbeit und Kapital nur auf einer **Schätzung** beruht. Geht man von den in der Praxis verwendeten Gewinnbeteiligungssystemen aus, so erfolgt in der Regel die Aufteilung des Gewinns zwischen Arbeit und Kapital durch Bildung einer Verhältniszahl aus der Lohnsumme einerseits und dem Gesamtumsatz[2] oder der Wertschöpfung[3] oder dem betriebsnotwendigen Kapital andererseits. Man bezeichnet diese Relation als **Lohnkonstante.** Der auf die Arbeit insgesamt entfallende Anteil muß dann mit Hilfe bestimmter Schlüssel auf die einzelnen Arbeitnehmer aufgeteilt werden, wobei neben dem Jahreslohn auch die Dauer der Betriebszugehörigkeit und soziale Gesichtspunkte berücksichtigt werden können.

Der Anteil der Arbeitnehmerschaft am Gewinn kann entweder als **Kollektivbeteiligung** für soziale Maßnahmen des Betriebes verwendet oder als **Individualbeteiligung** auf die einzelnen Arbeitnehmer verteilt werden. Verteilung bedeutet nicht in jedem Falle Barauszahlung. Der Anteil kann dem Arbeitnehmer auch ganz oder neben der Barauszahlung zum Teil in Form von Aktien, Zertifikaten, Spareinlagen oder durch Zuführung zu Lebensversicherungen oder Pensionskassen zugute kommen.

Die Arbeitnehmer sind in erster Linie an Barauszahlungen interessiert. Die Erfahrungen, die mit der Ausgabe von Belegschaftsaktien gemacht worden sind, sind teilweise wenig ermutigend. Das angestrebte Ziel der Aktienausgabe, aus

---

[1] Vgl. Sechster Abschnitt, B II, 1c

[2] Ein Beispiel dafür ist das von E. Schueler entwickelte und als Proportionallohn bezeichnete Gewinnbeteiligungssystem, das in Frankreich Verbreitung gefunden hat. Bemessungsgrundlage für die Gewinnbeteiligung ist der Umsatz, mit dem sich der Gewinnanteil proportional verändert.

[3] Vgl. dazu den sog. Rucker-Plan, ein Gewinnbeteiligungssystem, das von der amerikanischen Firma Eddy-Rucker-Nickels-Corp., Boston, entwickelt wurde.

Arbeitnehmern Mitunternehmer zu machen, scheitert oft daran, daß die Arbeitnehmer zwar ein Mitbestimmungsrecht fordern, viele von ihnen es aber nicht durch Bindung ihrer Gewinnanteile an den Betrieb, also durch Kapitalbeteiligung, sondern durch anderweitige gesetzliche Bestimmungen erreichen wollen. Ihre Gewinnanteile wollen sie für Konsumzwecke frei zur Verfügung haben.

dd) Erfolgsbeteiligungssysteme in der Praxis

Die Praxis hat eine Vielzahl von Erfolgsbeteiligungssystemen entwickelt, von denen hier nur einige typische Verfahren dargestellt werden sollen.

(1) Das System der Duisburger Kupferhütte AG

Dieses System geht von der Vorstellung aus, daß der Arbeitnehmer entsprechend seinem produktiven Beitrag entlohnt werden soll. Daher spricht man hier nicht von Gewinnbeteiligung, sondern von einem Ergebnislohn, der zu einer gerechteren Gesamtentlohnung führen soll. Vom Betriebsergebnis wird zunächst eine Verzinsung für das betriebsnotwendige Kapital abgesetzt. Der verbleibende Betrag wird nach dem Verhältnis von Umsatz zu betriebsnotwendigem Kapital auf Arbeit und Kapital verteilt. Die Individualverteilung erfolgt im Verhältnis der Arbeitsentgelte der einzelnen Arbeitnehmer unter Berücksichtigung der Dauer ihrer Betriebszugehörigkeit. Die Hälfte seines Anteils erhält er in bar, die andere Hälfte wird einem Bankkonto gutgeschrieben. Sofern sich der Arbeitnehmer dazu entschließt, seinen Gewinnanteil (Ergebnislohn) zu sparen, erhält er vom Unternehmen eine Zinsprämie.

(2) Das System von Pieroth[1]

Bemessungsgrundlage für den Gewinnanteil der Arbeitnehmer der Weinkellerei Pieroth ist der steuerpflichtige Gewinn abzüglich einer Verzinsung für das Eigenkapital und für die Vermögensanteile der Mitarbeiter sowie der Ertragsteuern und einer eventuellen Marktreserve, deren Obergrenze 10% beträgt. Als Anlageform der Gewinnbeteiligung wird das Mitarbeiterdarlehen gewählt.

Beteiligt werden alle Arbeitnehmer, die dem Unternehmen mindestens ein Jahr angehören. Der zur Verfügung stehende Betrag wird zur Hälfte nach Köpfen und zur anderen Hälfte entsprechend der Lohnsumme des einzelnen im Verhältnis zur Gesamtlohnsumme des Unternehmens verteilt. In Verlustjahren wird der Verlust anteilsmäßig berechnet und pro Mitarbeiter auf die künftigen Jahre vorgetragen bzw. mit zukünftigen Gewinnen verrechnet.

Dieser Verteilungsschlüssel wirkt ausgleichend und bewirkt, daß ein Mitarbeiter mit etwa 700,- DM Monatseinkommen das Dreifache des Gehaltes erhält, während bei einem Monatseinkommen von 2.500 DM im Durchschnitt nur ein Monatseinkommen zur Verteilung gelangt.

Die verteilten Beträge werden jedoch – außer den Zinsbeträgen – nicht ausgezahlt. Der Zinssatz liegt 3% über dem Diskontsatz mit einer Höchstgrenze von 8%, d. h. ein Diskontsatz über 5% bleibt unwirksam.

Scheidet ein Mitarbeiter aus dem Unternehmen aus, dann werden ihm seine Gewinnbeteiligungsbeträge ausgezahlt. Um das Unternehmen bei größerer Mit-

---

[1] Vgl. Faltlhauser, K., Miteigentum. Das Pieroth-Modell in der Praxis, Düsseldorf-Wien 1971

arbeiterfluktuation in seiner Liquidität nicht zu gefährden, hat man für die Auszahlung gewisse Fristen (2–5 Jahre) vorgesehen.

Nach den Zielvorstellungen der Unternehmensleitung können die Darlehen der Arbeitnehmer in Eigenkapital überführt werden, sobald ein Arbeitnehmer fünf Jahre Gewinnbeteiligung erhalten hat.

(3) Das System der Spindler-Werke

Dieses System kombiniert folgerichtig die Gewinnbeteiligung mit einer Verlustbeteiligung. Die Arbeitnehmer erhalten einen Anteil von 25% am Steuerbilanzgewinn. Die Verteilung auf die einzelnen Arbeitnehmer richtet sich nach dem durchschnittlichen Arbeitsentgelt. Aus dem Gewinnanteil wird jährlich eine Rücklage in Höhe eines durchschnittlichen Monatsgehaltes gebildet. Mit dieser Rücklage werden die Arbeitnehmer ebenfalls zu 25% an Verlusten beteiligt. Der Teil des Gewinnanteils, der die Rücklage übersteigt, wird bar ausgezahlt, es sei denn, daß der Arbeitnehmer eine Umwandlung in ein Darlehen wünscht.

(4) Das System der Rosenthal-AG[1]

Die Rosenthal-AG beteiligte ihre Mitarbeiter bereits in den fünfziger Jahren am Gewinn ihres Unternehmens in Form einer „Arbeitsdividende" (150,- DM im Jahr). Die gewünschte Vermögensbildung blieb jedoch aus, da die Belegschaft die Gewinnanteile fast ausschließlich für Konsumzwecke verwandte. Im Jahre 1963 wurde die Belegschaftsaktie als Instrument der Gewinnbeteiligung eingeführt, um den bestehenden Interessengegensatz zwischen Arbeitgeber und Arbeitnehmern durch Gewährung von Stimmrechten und durch die Beteiligung der Arbeitnehmer am Vermögen und Erfolg der Unternehmung zu verringern. Diese sozialpolitische Motivierung schließt die betriebswirtschaftliche Zielsetzung der Erfolgsbeteiligung nicht aus.

Jeder Mitarbeiter, der mindestens 12 Jahre dem Unternehmen angehörte, erhielt eine Rosenthal-Aktie im Nennwert von 100 DM. Die Einführung einer gesetzlichen Verfügungsbeschränkung erfolgte insbesondere durch das Sparprämien- und Vermögensbildungsgesetz. Die Unternehmensleitung kann auch besondere, nach eigenem Ermessen gestaltete Verfügungsbeschränkungen erlassen, die sich nach ihren Zielsetzungen unterscheiden: zur Vermeidung frühzeitiger Wiederveräußerung, zur Vermeidung eines Fremdeinflusses, zur Bindung der Arbeitskräfte.

Im Jahre 1968 wurde jedoch die Erfolgsbeteiligung auf Investmentanteile umgestellt, um das im Erwerb von Belegschaftsaktien liegende erhöhte Risiko des Arbeitnehmers zu vermeiden. Jeder Mitarbeiter erhielt nach 5 Jahren Betriebszugehörigkeit zunächst Investmentanteile in Höhe von 180 DM. Zuschüsse des Unternehmens fördern den Kauf von weiteren Investmentanteilen und von Rosenthal-Aktien. Der Erfolg des Rosenthal-Modells scheint darin zu bestehen, daß es den Arbeitnehmer „vermögensbewußt" macht und durch einen freiwilligen Lernprozeß zur Vermögensbildung anregt. Nach Ablauf der Verkaufssperre für die ersten ausgegebenen Belegschaftsaktien veräußerten weniger als 20% der betroffenen Arbeitnehmer ihre Anteile.

---

[1] Vgl. Der Volkswirt, 1970, Heft 36, S. 73f.

(5) Das System der Porst-Gruppe[1]

Die Mitarbeiter werden seit 1972 als stille Gesellschafter an der Unternehmensgruppe beteiligt. Ihr Einkommen setzt sich aus Gehalt, Gewinnbeteiligung und Verzinsung des Gewinns zusammen. Der Ausschuß „Entlohnung", der aus fünf gewählten Mitarbeitern besteht, legt die Gehälter und Löhne der Beschäftigten fest. Die Gehaltsstruktur wird jährlich überprüft und ist transparent. Der gesamte Gewinn wird nach dem individuellen Beitrag zum Produktionsprozeß – ein Viertel nach Köpfen, Dreiviertel gestaffelt nach der Höhe der Gehälter und Löhne – aufgeteilt. Der Gewinn bleibt als Kapital in einer Mitarbeiter-GmbH stehen. Die individuellen Anteile werden verzinst und beim Ausscheiden in mehreren Jahresraten, bei Erreichen der Altersgrenze sofort ausgezahlt. Am Verlust sind die Mitarbeiter in Höhe des angesammelten Gewinns beteiligt.

Das Mitbestimmungs- und Gewinnbeteiligungsmodell der Porst-Gruppe sieht vor, daß die Mitarbeiter am betrieblichen Entscheidungsprozeß teilnehmen. In bestimmten Bereichen, die in einer „Betriebsverfassung" fixiert sind, werden die Entscheidungen von den Ressortleitern gemeinsam mit den Mitarbeitern mehrheitlich getroffen. Die Personalabteilung kann z. B. nur neue Mitarbeiter suchen; über die Einstellung eines Bewerbers entscheiden seine zukünftigen Mitarbeiter.

III. Die Betriebsmittel

Der moderne Betriebsprozeß ist – insbesondere im industriellen Bereich – dadurch gekennzeichnet, daß die Arbeitskraft in immer stärkerem Maße mit Betriebsmitteln ausgestattet wird. Das hat im Laufe der Entwicklung in vielen Betrieben dazu geführt, daß die Bedeutung der menschlichen Arbeitskraft scheinbar oder tatsächlich immer mehr hinter die der Betriebsmittel zurückgetreten ist. Waren Werkzeuge und Maschinen vor einigen Jahrzehnten lediglich Hilfsmittel, um die Ergiebigkeit der Arbeitsleistung zu erhöhen, so hat sich heute die Maschine weitgehend verselbständigt. Viele maschinelle Anlagen bedürfen kaum noch der Mitwirkung der menschlichen Arbeitskraft, sie produzieren, transportieren, registrieren und rechnen „vollautomatisch"; es genügt ihre Einstellung und Überwachung von einer Schaltzentrale aus. Für den Betrieb ergeben sich aus dieser Entwicklung neben den technischen Problemen, die hier nicht weiter verfolgt werden können, entscheidende wirtschaftliche Aufgaben. Die Kosten der Betriebsmittel übersteigen in vielen Betrieben die Kosten für Arbeitsleistungen und Werkstoffe um ein Vielfaches. Deshalb muß der Frage der rationellsten Ausnutzung der Betriebsmittel besondere Aufmerksamkeit geschenkt werden.

Zu den Betriebsmitteln gehört die gesamte technische Apparatur, deren sich der Betrieb zur Durchführung des Betriebsprozesses bedient. Das sind in erster Linie Maschinen und maschinelle Anlagen sowie Werkzeuge jeder Art. Aber auch Grundstücke und Gebäude, Verkehrsmittel, Transport- und Büroeinrichtungen rechnet man dazu. Bei den Maschinen darf nicht nur an die im Produktionsprozeß eingesetzten Antriebs- und Arbeitsmaschinen, sondern muß ebenso an die Maschinen gedacht werden, die in der Verwaltung, insbesondere im Rechnungswesen, und im Vertrieb Verwendung finden.

---

[1] Vgl. Porst, H., Mehr Freiheit im Betrieb, Manager-Magazin 1972, Heft 1, S. 115

1. Lebensdauer, wirtschaftliche Nutzungsdauer und Abschreibungen

Die entscheidenden mit den Betriebsmitteln zusammenhängenden wirtschaftlichen Probleme entstehen zunächst einmal dadurch, daß die Anlagegüter nicht, wie z. B. die Rohstoffe, bei einem Produktionsvorgang verbraucht werden, sondern eine bestimmte Lebensdauer haben (**technische Nutzungsdauer**), d. h. ihre Nutzungen über eine Reihe von Jahren abgeben können. Mit dem Kauf einer Maschine beschafft sich der Betrieb Maschinennutzungen auf viele Jahre im voraus. Das bedeutet, daß in den Anlagen hohe Geldbeträge für eine Reihe von Rechnungsperioden gebunden (investiert) werden müssen, die auf dem Wege über den Verkauf der Produkte und Leistungen – also über den Absatzmarkt – bis zum Ende der wirtschaftlichen Nutzungsdauer wieder freigesetzt und entsprechend verzinst werden müssen. Für den Betrieb entsteht damit das Problem, die **wirtschaftliche Nutzungsdauer** der Betriebsmittel zu schätzen und die Wertminderung, die im Laufe der Jahre eintritt, richtig zu ermitteln und in die Kosten der Erzeugnisse zu verrechnen. Unter wirtschaftlicher Nutzungsdauer versteht man die Zeitspanne, in der es wirtschaftlich sinnvoll ist, eine Anlage zu nutzen. Die technische Nutzungsdauer umfaßt dagegen die Zeitspanne, während der eine Anlage technisch einwandfreie Nutzungen abgeben kann. Die wirtschaftliche Nutzungsdauer ist in der Regel kürzer als die Lebensdauer.

Die auf Grund planmäßiger Rechnung ermittelten Beträge, die zur Erfassung der Wertminderungen an den Betriebsmitteln dienen, bezeichnet man als **Abschreibungen**.[1] Die Wertminderung der einzelnen Anlagegüter im Laufe der Jahre der Nutzung ist je nach ihrer technischen Beschaffenheit unterschiedlich, jedoch kann als Regel gelten, daß der **Gebrauchswert** von Maschinen in den ersten Jahren der Nutzungsdauer nur langsam sinkt und erst gegen Ende der Nutzungszeit stärker abfällt. Der **Zeitwert** dagegen, d. h. der Wert, der beim Verkauf einer Maschine am Markt noch zu erzielen wäre, sinkt sofort nach Inbetriebnahme, weil ein Käufer beim Erwerb einer „gebrauchten" Anlage – selbst wenn der Gebrauchswert noch gar nicht abgenommen hat – einen erheblichen Abschlag vom Anschaffungspreis verlangt. Im allgemeinen interessiert der Zeitwert der Anlagegüter nicht, da sie in der Regel nicht veräußert werden sollen. Die Länge der technischen Nutzungsdauer einer Anlage kann durch sorgfältige und sachgemäße Pflege und Wartung entscheidend beeinflußt werden.

Eine Wertminderung der Betriebsmittel tritt aber nicht nur durch ihre Nutzung oder durch Witterungseinflüsse ein (z. B. bei Baggern, Straßenbaumaschinen u. a.), sondern auch durch **technischen Fortschritt**. Die Entwicklung der Technik geht immer weiter, deshalb ist die Gefahr, daß ein Betriebsmittel technisch und wirtschaftlich „überholt" wird, um so größer, je länger seine Lebensdauer ist. Die kaufmännische Vorsicht zwingt den Betrieb, bei der Schätzung der wirtschaftlichen Nutzungsdauer und bei der Bemessung der jährlichen Abschreibungsbeträge nicht nur die Wertminderung durch Gebrauch oder natürlichen Verschleiß zu berücksichtigen, sondern auch eine Entwertung durch technische Fortschritte in Rechnung zu stellen.

---

[1] Vgl. die ausführliche Behandlung des Abschreibungsproblems im Sechsten Abschnitt, B I, 6

Da immer die Gefahr besteht, daß Anlagen durch technischen Fortschritt entwertet werden, bevor sie physisch abgenutzt sind, ist es erforderlich, das in den Anlagen gebundene Kapital möglichst schnell über den Absatzmarkt wieder freizusetzen. Der Betrieb wird oft vor die Frage gestellt, ob es zweckmäßig ist, eine veraltete Anlage bereits durch eine moderne zu ersetzen, die mit geringeren Kosten arbeitet, auch wenn die alte Anlage noch einige Jahre genutzt werden kann.[1] Nicht immer wird dabei die Entscheidung für die moderne Anlage getroffen werden. Die technische Verbesserung ist vielfach mit einer Steigerung der quantitativen oder qualitativen Leistungsfähigkeit verbunden, d. h. bestimmte Anlagen lohnen sich erst von einer bestimmten Betriebsgröße ab oder bei bestimmten Anforderungen an die Präzision. Für einen kleineren Betrieb kann eine Anlage „alter Technik" durchaus kostengünstiger sein. Die Betriebsgröße spielt also bei der Wahl der Betriebsmittel und der technischen Verfahren eine wesentliche Rolle.

Die Erfassung der Wertminderungen an den Betriebsmitteln durch Abschreibungen ist eines der wichtigsten Probleme des Rechnungswesens. In die Gewinn- und Verlustrechnung gehen die Abschreibungen als Aufwand ein (**bilanzielle Abschreibungen**). Von ihrer Höhe hängt somit der ausgewiesene Periodenerfolg ab. Deshalb hat der Steuergesetzgeber für die steuerliche Gewinnermittlung die Nutzungsdauer der verschiedenen Arten von Betriebsmitteln normiert (sog. betriebsgewöhnliche Nutzungsdauer der AfA-Tabellen).[2] In der Kostenrechnung müssen die Abschreibungen (**kalkulatorische Abschreibungen**) so bemessen werden, daß der Markt beim Umsatz der produzierten Güter nach Möglichkeit eine Ersatzbeschaffung der verbrauchten Betriebsmittel ermöglicht. Die Abschreibung ist aber nicht nur ein Aufwands- und Kostenfaktor, sondern auch ein Ertragsfaktor, da die pro Periode durch Umsatz „verdienten" Abschreibungsgegenwerte bis zur späteren Ersatzbeschaffung der abgeschriebenen Betriebsmittel zur Finanzierung anderer Betriebsmittel oder sonstiger Faktoren zur Verfügung stehen.[3]

2. Kapazität und Kapazitätsausnutzung

Jedes Betriebsmittel besitzt ein bestimmtes Leistungsvermögen je Zeiteinheit, das laufend ausgenutzt werden muß, da die in den Betriebsmitteln gebundenen Kapitalbeträge amortisiert und verzinst werden müssen. Stillstand oder nur teilweise Nutzung bedeutet also Zinsverlust. Da außerdem kontinuierlich technische Verbesserungen gemacht werden, kann auch dann eine starke Wertminderung eintreten, wenn Anlagen nicht oder nicht voll genutzt werden und folglich die Wertminderungen durch Gebrauch (technischer Verschleiß) gering sind. Dann besteht die Gefahr, daß die wirtschaftliche Nutzungsdauer beendet ist, bevor das in einem Betriebsmittel gebundene Kapital durch den Umsatz der produzierten Güter wieder freigesetzt worden ist.

---

[1] Vgl. die Ausführungen über Investitionsplanung und Investitionsrechnung im Fünften Abschnitt, II.
[2] AfA = Absetzung für Abnutzung
[3] Vgl. die ausführliche Behandlung des Finanzierungseffektes der Abschreibungen im Fünften Abschnitt, IV, 3.

Jede Anlage ist auf Grund ihrer technischen Daten geeignet, in einer Zeitspanne eine bestimmte Menge an Leistungen einer bestimmten Qualität abzugeben. Man bezeichnet das Leistungsvermögen in quantitativer und qualitativer Hinsicht als **Kapazität**. Jede Anlage besitzt eine bestimmte **technische Maximalkapazität**, auf die hin sie konstruiert ist und die nicht überschritten werden kann. Die technische Maximalkapazität liegt gewöhnlich über der **wirtschaftlichen Kapazität**, d. h. über der Ausbringungsmenge, die vom wirtschaftlichen Standpunkt aus die optimale ist.

Für den Betrieb ist es nicht unbedingt zweckmäßig, die technisch maximale Kapazität auszunutzen, wenn eine geringere Ausnutzung wirtschaftlicher, d. h. mit geringeren Kosten verbunden ist. Würde man z. B. einen Motor stets bis zur Grenze seiner technischen Maximalkapazität ausnutzen, also auf höchsten Touren laufen lassen, so wären Verschleiß und Betriebsstoffverbrauch – auf die Leistungseinheit bezogen – wesentlich höher als bei einer geringeren Nutzung, die vom wirtschaftlichen Standpunkt die optimale wäre. Würde man aber eine bestimmte Umdrehungszahl unterschreiten, so würden Verschleiß und Betriebsstoffverbrauch ebenfalls zunehmen. Es gibt also auch Betriebsmittel, die eine **Minimalkapazität** besitzen, deren Ausnutzung aus wirtschaftlichen Gründen nicht unterschritten werden darf.

Das Verhältnis von technischer Kapazität und effektiver Ausnutzung der Kapazität bezeichnet man als **Kapazitätsausnutzungsgrad**. Vielfach wird auch von **Beschäftigungsgrad** gesprochen. Der Kapazitätsausnutzungsgrad wird in Prozenten der gleich 100 gesetzten technischen Kapazität ausgedrückt, also:

$$\text{Kapazitätsausnutzungsgrad} = \frac{\text{Ist-Produktion}}{\text{Kann-Produktion}} \times 100$$

Jede Anlage verfügt auch über eine bestimmte qualitative Maximalleistung, deren Überbeanspruchung zu erhöhten Kosten, z. B. zu größerem Ausschuß, führt, deren nicht volle Ausnutzung aber ebenso unwirtschaftlich ist, da in diesem Falle eine Anlage geringerer Leistungsfähigkeit oder Präzision, die in der Regel weniger kostet, den Anforderungen genügen würde.

Für den Betrieb stellt sich die Aufgabe, unter der Vielzahl der möglichen Anlagen die Auswahl für seine ganz konkreten betrieblichen Aufgaben zu treffen. Da die Anlagen aber gewöhnlich eine lange Lebensdauer haben, bedeutet die Beschaffung bestimmter Aggregate stets ein Festlegen auf lange Sicht. Der Betrieb muß deshalb bestrebt sein, die einmal beschafften Anlagen so einzusetzen, daß sie in quantitativer und qualitativer Hinsicht optimal genutzt sind. Jede Überbeanspruchung führt zu erhöhtem Verschleiß und damit zu steigenden Kosten, jede zu geringe Ausnutzung bedeutet ein Brachliegen von Aggregaten und des in ihnen investierten Kapitals. Die Entscheidung, welche zur Realisierung einer bestimmten betrieblichen Aufgabe zur Wahl stehenden Betriebsmittel (Verfahren) optimal sind, wird durch Investitionsrechnungen vorbereitet.[1]

---

[1] Einzelheiten vgl. im Fünften Abschnitt, II, 2.

A. Die betrieblichen Produktionsfaktoren

3. Die Betriebsmittelzeit

Ebenso wie beim Faktor Arbeit entsteht auch beim Faktor Betriebsmittel das Problem des optimalen Einsatzes. Zur Lösung dieses Problems wird auch hier der Arbeitsablauf gegliedert. Nach REFA ergibt sich folgende auf die Betriebsmittel bezogene **Analyse der Ablaufarten**:[1]

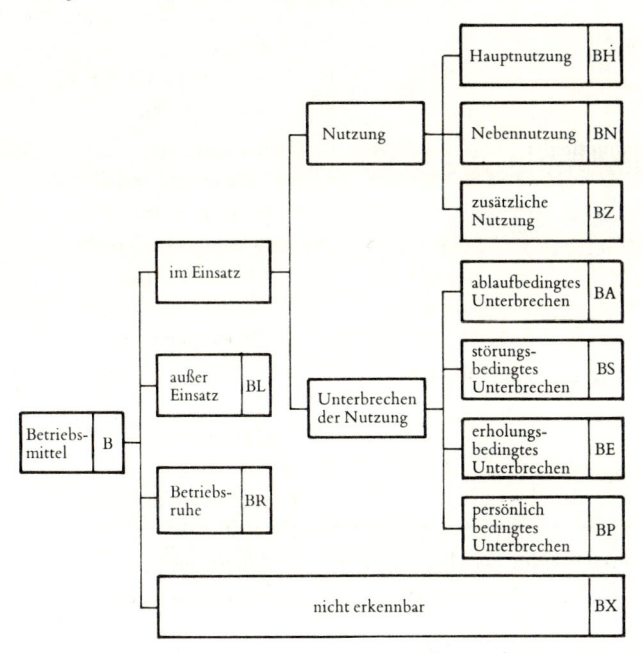

Abb. 15. Gliederung der Betriebsmittelzeit

Ein Betriebsmittel ist im Einsatz, „wenn es dem Betrieb zur Ausführung von Arbeitsaufgaben zur Verfügung steht und durch Aufträge belegt ist."[2] Während des Einsatzes wird es genutzt. Die **Hauptnutzungszeit** ist der Einsatz des Betriebsmittels im Sinne seiner Zweckbestimmung (z. B. Spanabheben an einer Drehmaschine), die **Nebennutzungszeit** wird zur Vorbereitung, zum Rüsten, Beschicken oder Entleeren des Betriebsmittels benötigt (z. B. Werkstücke ein- und ausspannen).

Die Nutzung kann unterbrochen werden, und zwar planmäßig (ablaufbedingt), wenn z. B. das Betriebsmittel auf eine planmäßige Tätigkeit der Arbeitskraft oder auf die planmäßige Anlieferung von Werkstücken warten muß (z. B. Lesen von Zeichnungen und Arbeitsanweisungen, An- und Abtransporte von Werkstücken). Eine planmäßige Unterbrechung kann auch durch **Erholungszeiten** der Arbeitskraft bedingt sein. Daneben kann eine Unterbrechung außerplanmäßig durch Störungen an den Betriebsmitteln oder durch die Arbeitskraft eintreten.

---

[1] REFA, Datenermittlung, a.a.O., S. 29
[2] REFA, a.a.O., S. 30

Als wichtigste Ursachen dafür, daß ein Betriebsmittel „außer Einsatz" sein kann, führt REFA an:[1]

Fälle für „außer Einsatz"	Ursachen
fehlender Auftrag	1) Betriebsmittel dient planmäßig als Reserve, 2) marktbedingter Auftragsmangel, 3) fehlende Produktionsfreigabe des Auftrages,
Planungsfehler	1) Arbeitskräftemangel, 2) fehlendes Material, 3) fehlende Arbeitsmittel (Vorrichtungen, Werkzeuge), 4) fehlende Energie, 5) fehlende Information (Arbeitspapiere),
Störung des Betriebsmittels	1) Instandsetzung, 2) Überholung, 3) Umbau, 4) Instandhaltung, 5) Energieausfall.

Als **Betriebsruhe** werden in der Ablaufgliederung die Zeiten bezeichnet, die für gesetzlich, tariflich oder betrieblich geregelte Arbeitspausen anfallen.

Der Betrieb muß bestrebt sein, die Zeiten der Unterbrechung **(Brachzeiten)** zugunsten der Nutzungszeiten immer mehr zu verringern. Durch sorgfältige Wartung der Anlagen müssen Störungen auf ein Minimum herabgedrückt werden. Durch Kontrollen oder durch Anwendung entsprechender Lohnformen (Akkordlohn, Prämienlohn) muß versucht werden, Brachzeiten, die die Arbeitskräfte durch zu geringes Arbeitstempo verursachen können, zu vermindern. Durch Arbeitsablaufstudien muß erreicht werden, Brachzeiten, die durch den Arbeitsablauf bedingt sind, z. B. durch zu langsame Zulieferung von Werkstücken von einer vorgelagerten Produktionsstelle, zu reduzieren.

Allerdings ist der Betrieb gerade auf diesem Gebiet stark vom Markt abhängig. Je differenzierter das Produktionsprogramm ist, desto stärker werden sich Markteinflüsse in der Produktion bemerkbar machen. Muß die Produktion eines Artikels eingeschränkt, die eines anderen ausgedehnt werden, so kann es in einzelnen Abteilungen zu Engpässen, in anderen nur zur Teilausnutzung von Betriebsmitteln kommen, wenn beide Artikel einen unterschiedlichen Fertigungsgang aufzuweisen haben. Dann ist unter Umständen eine Überbeanspruchung an einer Stelle, Brachzeit an einer anderen Stelle nicht zu vermeiden. Paßt sich der Betrieb mit seinem Produktionsmittelbestand der veränderten Absatzlage an, so

---

[1] REFA, a.a.O., S. 30

wird auch diese Situation nicht von langer Dauer sein. Die optimale Abstimmung aller Betriebsabteilungen und die Vollausnutzung der Kapazität aller Betriebsmittel ist also eine Aufgabe, vor die der Betrieb praktisch täglich neu gestellt wird.

IV. Die Werkstoffe

Unter dem Begriff Werkstoffe faßt man alle Güter zusammen, aus denen durch Umformung, Substanzänderung oder Einbau neue Fertigprodukte hergestellt werden. Fast alle diese Güter sind bereits von anderen Betrieben gewonnen, bearbeitet oder erzeugt worden. Was für den einen Betrieb Ausgangsstoff ist, stellt für einen anderen Betrieb Endfabrikat dar. Zu den Werkstoffen zählt man Roh-, Hilfs- und Betriebsstoffe, ferner alle Güter, die als fertige Bestandteile in ein Produkt eingebaut werden, z. B. Lichtanlagen, Armaturen und Bereifung bei der Automobilproduktion. Als **Rohstoffe** bezeichnet man diejenigen Stoffe, die als Hauptbestandteil in die Fertigfabrikate eingehen. **Hilfsstoffe** sind solche Güter, die zwar auch Bestandteil der Fertigfabrikate werden, die aber wertmäßig oder mengenmäßig eine so geringe Rolle spielen, daß sich eine genaue Erfassung pro Stück nicht lohnt, so z. B. die Anstrichmittel von Maschinen, der Leim bei der Möbelproduktion usw. **Betriebsstoffe** werden bei der Produktion verbraucht, gehen aber nicht in das Fabrikat ein, so z. B. Kohle, Dieselöl, Elektrizität, Schmierstoffe usw.

1. Die Werkstoffzeit

Die Werkstoffe werfen zwei wesentliche wirtschaftliche Probleme auf. Das erste ist das Zeitproblem, d. h. vor allem die Frage der Lagerdauer vor Beginn der Verarbeitung und der Liegezeit während der einzelnen Phasen des Produktionsprozesses. Da in den Werkstoffen ebenso wie in den Betriebsmitteln erhebliche Kapitalbeträge gebunden sind, die erst auf dem Wege über den Verkauf der Fertigfabrikate, also im Umsatzerlös, wieder freigesetzt werden, ist es für den Betrieb von großer Bedeutung, daß die Zeitspanne zwischen Beschaffung der Werkstoffe und Erstellung und Verkauf der Endprodukte so kurz wie möglich ist. Jede vermeidbare Liegezeit verursacht durch die Kapitalbindung vermeidbare Zinskosten. Andererseits erfordert der reibungslose Produktionsablauf, daß stets die Betriebsbereitschaft gesichert ist und keine Unterbrechungen eintreten. Außerdem ist der Preis pro Mengeneinheit in der Regel von der zu einem Zeitpunkt beschafften Menge abhängig (Mengenrabatt). Folglich muß der Betrieb bestrebt sein, die Bestellmenge zu fixieren, die unter Berücksichtigung der Beschaffungs-, Lager- und Zinskosten kostenoptimal ist (optimale Bestellmenge).[1]

Die Werkstoffzeit teilt man ähnlich wie die Arbeiterzeit und die Betriebsmittelzeit ein. REFA hat auch hierfür eine **Analyse der Ablaufarten** entwickelt, spricht jedoch nicht von Werkstoffen, sondern umfassender vom „Arbeitsgegenstand".[2]

---

[1] Einzelheiten vgl. Dritter Abschnitt, II, 2c
[2] REFA, a.a.O., S. 33

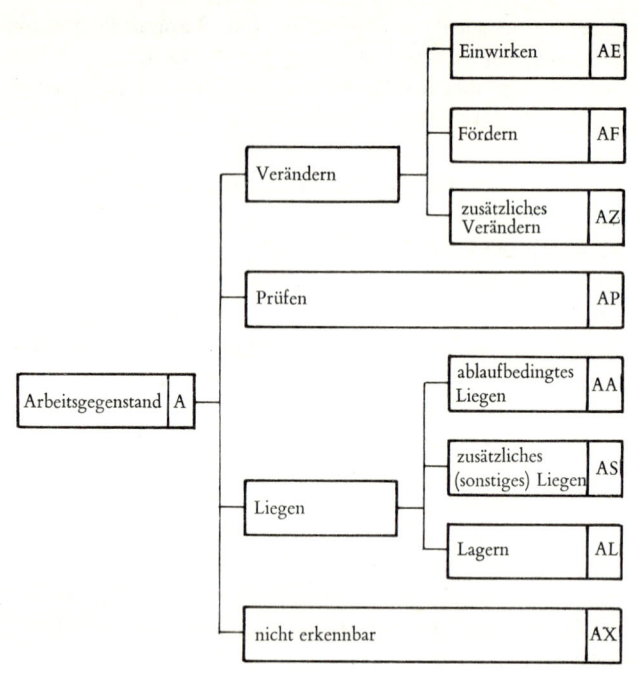

```
                              ┌── Einwirken         AE
                              │
                   ┌─ Verändern ─── Fördern         AF
                   │          │
                   │          └── zusätzliches
                   │              Verändern         AZ
                   │
                   ├─ Prüfen                        AP
                   │
Arbeitsgegenstand A┤          ┌── ablaufbedingtes
                   │          │   Liegen            AA
                   │          │
                   ├─ Liegen ─┼── zusätzliches
                   │          │   (sonstiges) Liegen AS
                   │          │
                   │          └── Lagern            AL
                   │
                   └─ nicht erkennbar              AX
```

Abb. 16: Gliederung der Werkstoffzeit

Von **Veränderungszeit** spricht man dann, wenn im Produktionsprozeß mit den Arbeitsgegenständen entweder Form- und Substanzveränderungen vorgenommen werden **(Einwirkzeit),** oder wenn die Werkstücke in ihrer Lage verändert oder von Arbeitsplatz zu Arbeitsplatz transportiert werden **(Förderzeit).** Die Veränderungszeit der Werkstoffe entspricht der Nutzungszeit der Betriebsmittel und der Tätigkeitszeit der Arbeitskraft. Die **Prüfzeit** dient der Kontrolle der Arbeitsgegenstände. Die übrige Zeit, in der sich die Stoffe im Betriebe befinden, bezeichnet man als **Liegezeit.** Sie ist entweder Lagerungszeit, solange der Produktionsprozeß bzw. die nächste Bearbeitungsstufe noch nicht begonnen hat (Rohstofflager, Zwischenlager) oder das fertige Produkt noch nicht abgesetzt ist (Fertiglager), oder sie wird durch den Arbeitsablauf, durch Störungen oder durch den Arbeiter bedingt.

2. Die Materialausbeute

Das zweite wesentliche Problem ist die Frage der Ausnutzung der Werkstoffe, oder anders ausgedrückt, die Frage des Materialverlustes. **Materialverluste** können auf zweifache Weise entstehen. Entweder dadurch, daß bei der Fertigung durch Bearbeitungs- und Materialfehler **Ausschuß** entsteht oder daß **Materialabfälle** eintreten. Es bedarf wohl keiner Erwähnung, daß die Ausschußproduktion für den Betrieb besonders unwirtschaftlich ist, weil beim Anfall von Ausschuß nicht nur der verarbeitete Werkstoff unbrauchbar wird, sondern auch die verwendete Arbeitszeit und Maschinennutzung verloren sind. Der Betrieb muß also bestrebt sein, durch Lohnabzüge oder durch Gewährung von Prämien den

Ausschußprozentsatz möglichst herunterzudrücken. Bei bestimmten Gütern ist es möglich, wenigstens einen Teil der bereits verursachten Kosten durch Verkauf des Ausschusses als Erzeugnis 2. Wahl mit erheblichem Preisabschlag zu decken. Materialabfälle lassen sich nicht ganz vermeiden, jedoch muß der Betrieb versuchen, durch zweckmäßigen Einkauf (Beachtung der erforderlichen Abmessungen) und durch Anwendung rationellster Fertigungsverfahren den Abfall möglichst zu reduzieren. Die Ausnutzung des Materials hängt teilweise auch von der Arbeitskraft ab. Hier bewährt sich das Prämienlohnsystem, durch das der Betrieb einen Anreiz zur optimalen Ausnutzung der Stoffe gibt, indem er für das Unterschreiten eines bestimmten Abfallprozentsatzes Prämien zahlt. Manche Abfälle lassen sich veräußern (Schrott, Sägemehl u. a.) und vermindern damit in Höhe der erzielten Erlöse die Materialkosten der Produkte. Andere Abfälle lassen sich zu Nebenprodukten verarbeiten. Oft werden aus dem Bestreben heraus, Abfälle irgendwie zu verwenden, neue Produkte entwickelt und dem Betrieb neue Abteilungen angegliedert. Gerade in der chemischen Industrie sind die Beispiele zahlreich, daß aus Abfällen, die zunächst als unbrauchbar erschienen und deren Beseitigung sogar mit Kosten verbunden war, später Produkte entwickelt wurden, die unter Umständen zum Hauptprodukt wurden.

V. Die Betriebsführung

1. Grundlagen

a) Die Funktion des dispositiven Faktors

Es wurde oben bereits ausführlich erörtert, daß das oberste Ziel eines Betriebes im marktwirtschaftlichen Wirtschaftssystem (Unternehmung) darin besteht, den größtmöglichen Gewinn auf lange Sicht unter Beachtung bestimmter Nebenbedingungen zu erreichen. Damit diese Zielsetzung verwirklicht werden kann, bedarf es einer einheitlichen Führung des Betriebes, die die Kombination der menschlichen Arbeitskraft mit den Betriebsmitteln und Werkstoffen plant, organisiert und kontrolliert. Man bezeichnet diese Tätigkeit der Führungsspitze als leitende (dispositive) Arbeit und die Gesamtheit aller Führungsorgane als **dispositiven Faktor**. Für die Führungskräfte, d. h. für die Gruppe von Personen, die anderen Personen Weisungen erteilen darf, hat sich auch im deutschen Sprachgebrauch zunehmend der Begriff „**Management**" eingebürgert. Die Bezeichnung Management wird zugleich für die Funktionen verwendet, die diese Personen ausüben.

Oberste Aufgabe der Betriebsführung ist die Fixierung der konkreten betrieblichen Zielsetzungen, mit denen das Endziel, die langfristige Gewinnmaximierung, erreicht werden soll, und die Festlegung der Betriebspolitik, d. h. der „Marschroute", die der Betrieb einhalten muß, um die gesteckten Ziele auf wirtschaftlichste Weise zu erreichen. Alle Ziele bzw. Teilziele, die eine Unternehmung verfolgt, kann man in dem Begriff der **Zielfunktion** zusammenfassen. Erste und oberste Aufgabe des dispositiven Faktors ist es, in einer **Zielentscheidung** die Zielfunktion zu formulieren. Alle anderen Entscheidungen beziehen sich dann auf die Wahl der Mittel, derer sich die Unternehmung bedienen will, um ihre Zielfunktion zu realisieren. Man bezeichnet diese als **Mittelentscheidungen**.

Alle Entscheidungen, die sich auf die Grundfunktionen des dispositiven Faktors beziehen, werden als **Führungsentscheidungen** bezeichnet. Eine echte Führungsentscheidung liegt dann vor, wenn eine Entscheidung
(1) ein hohes Maß an Bedeutung für die Vermögens- und Ertragslage und damit für den Bestand des Unternehmens besitzt,
(2) auf das Ganze der Unternehmung gerichtet ist,
(3) entweder nicht an untergeordnete Stellen übertragbar ist oder im Interesse des Unternehmens nicht übertragen werden darf.[1]

Entscheidungen, die allen drei Merkmalen entsprechen, sind z. B.:[2]
„1. Festlegung der Unternehmungspolitik auf weite Sicht,
2. Koordinierung der großen betrieblichen Teilbereiche,
3. Beseitigung von Störungen im laufenden Betriebsprozeß,
4. Geschäftliche Maßnahmen von außergewöhnlicher betrieblicher Bedeutsamkeit,
5. Besetzung der Führungsstellen im Unternehmen."

Zur Realisierung der betrieblichen Zielsetzungen bedarf es zunächst einer genauen **Planung** aller Einzelheiten in allen betrieblichen Bereichen, also einer Planung des Fertigungsprogramms in Industriebetrieben oder des Warensortiments in Handelsbetrieben, einer Planung der Finanzierung und der Beschaffung der Produktionsfaktoren, einer Planung des Vertriebs u. a. Da die betrieblichen Ziele auf verschiedenen Wegen erreicht werden können, umfaßt die Planung die gedankliche Verfolgung verschiedener Handlungsalternativen, an die sich die Entscheidung für die vom Standpunkt der Zielsetzung optimale Alternative anschließt.

Der Vollzug **(Realisation)** dieser Planung erfordert eine Verteilung der Aufgaben, eine Übertragung von Anordnungsbefugnissen, eine Regelung der Verkehrswege zwischen den gebildeten betrieblichen Bereichen. Das ist Aufgabe der betrieblichen **Organisation.**

Zur Realisierung der Planung gehört neben der Organisation auch die Aufgabe, die ausführende Arbeit zur Durchführung von Tätigkeiten zu veranlassen, in bestimmte Aufgaben einzuweisen oder vor Ausführung bestimmter Aufgaben zu unterweisen. In der Literatur wird dieser Teil der Realisation unter dem Begriff „aktuelles Einwirken" zusammengefaßt.[3] Der Begriff Realisation umfaßt jedoch nur die Tätigkeit des dispositiven Faktors, nicht dagegen die Ausführung einzelner Sachaufgaben.

Letztlich muß der dispositive Faktor sich einen Überblick verschaffen können, inwieweit und in welcher Weise die gesteckten Ziele realisiert worden sind. Dazu bedarf es einer **Überwachung** der betrieblichen Ablaufprozesse einerseits durch Personen, die die Tätigkeiten ausüben (Kontrolle) oder durch automatische Kontrolleinrichtungen, andererseits durch betriebsinterne oder betriebsexterne

---

[1] Vgl. Gutenberg, E., Unternehmensführung. Organisation und Entscheidungen, Wiesbaden 1962, S. 59 ff.
[2] Gutenberg, E., a.a.O., S. 61
[3] Vgl. Schubert, U., Der Management-Kreis. In: Management für alle Führungskräfte in Wirtschaft und Verwaltung, Bd. I, Stuttgart 1972, S. 42

A. Die betrieblichen Produktionsfaktoren

Sachverständige, die an der Ausführung nicht beteiligt sind (Prüfung, Revision). Wichtiges Hilfsmittel der Überwachung ist das betriebliche Rechnungswesen (Buchhaltung, Bilanz, Kostenrechnung, Statistik und Vergleichsrechnung).

Die **Aufgaben des dispositiven Faktors** können also folgendermaßen zusammengefaßt werden:
(1) Ziele setzen,
(2) Planen,
(3) Entscheiden,
(4) Realisieren,
(5) Kontrollieren.

Diese Funktionen der Betriebsführung sind nicht alle zeitlich nachgeordnet, sondern zwischen ihnen bestehen **Interdependenzen und Rückkoppelungen**. Das Setzen von Zielen ist ebenso wie das Planen ein Entscheidungsprozeß. Stellt sich bei der Planung heraus, daß ein vorgegebenes Teilziel nicht erreichbar ist, so muß ggf. das Ziel korrigiert werden. Voraussetzung für die Ausübung der Teilfunktionen des dispositiven Faktors ist der Austausch von Informationen, d. h. die Kommunikation.

Schubert hat die Aufgaben der Betriebsführung als Kreismodell dargestellt.[1] Die Betriebsführung setzt Ziele, plant, entscheidet über Planungsalternativen, realisiert und kontrolliert, ob die Realisation den Zielen entspricht. Ist das nicht der Fall, so können sich Rückwirkungen auf die Ziele ergeben, der Kreis ist geschlossen.

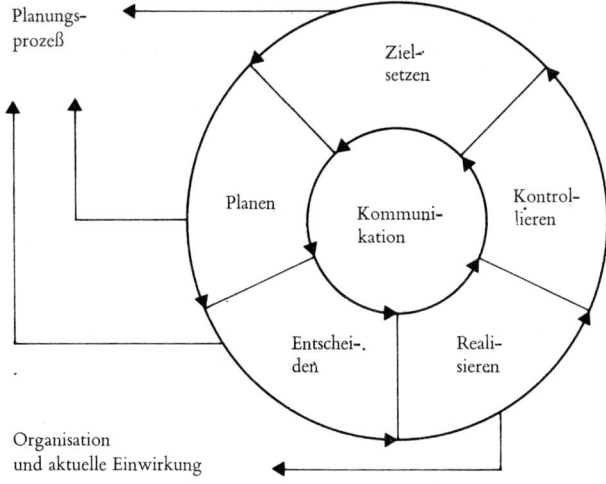

Abb. 17. Management-Kreis

Der Umfang und die Vielfalt der Führungsentscheidungen verhindern, daß sie von wenigen oder gar nur einer einzigen Person bewältigt werden können. Deshalb muß die oberste Entscheidungsgewalt geteilt und an untergebene Mitarbeiter delegiert werden; oder anders ausgedrückt: aus dem Gesamtziel der Unter-

---

[1] Schubert, U., a.a.O., S. 43f.

nehmung werden **Unterziele** abgeleitet und einzelnen Abteilungen zugeordnet. Besteht z. B. das Ziel einer Unternehmung darin, einen möglichst hohen Umsatz zu erreichen, so können daraus die Unterziele maximaler Umsatz für Produkt A und maximaler Umsatz für Produkt B abgeleitet und je einem Verkaufsleiter zugeteilt werden.

Die Ableitung der Unterziele muß sehr sorgfältig erfolgen, um nicht das Gesamtziel der Unternehmung zu gefährden. Bei jeder Entscheidungsinstanz bleibt nach der Delegierung von Entscheidungsgewalt ein Rest, der nicht delegierbar ist. Somit erhält die untergeordnete Abteilung nur ein Teilziel (Unterziel) gesetzt und verliert dadurch leicht die Verbindung zum obersten Ziel, sei es, daß sie die Einordnung ihres Unterzieles im Gesamtziel nicht erklärt bekommt oder – was üblicher ist – daß dieser Zusammenhang ihr Denkvermögen übersteigt. Hieraus folgt, daß jede Ebene die ihr untergeordneten Abteilungen und die eigenen Ziele überwachen muß. Wichtig ist auch, daß jedes Unterziel **operational** ist. Man versteht darunter die Eigenschaft eines Zieles, in Maßgrößen (Anzahl, Geld, Gewicht) vorgegeben zu werden. Nur in diesem Falle ist es möglich, den Erfolg und die Leistung des verantwortlichen Arbeiters oder Angestellten zu messen. Ein operationales Ziel spornt zur Mitarbeit an, ermöglicht eine leistungsgerechte Entlohnung und hilft dem Arbeitenden, seine Tätigkeit selbst zu beurteilen.

Der Planungs- und Entscheidungsprozeß weist gewisse **Unvollkommenheiten** auf. Sie können u. a. beruhen auf:
(1) Routineverhalten,
(2) mangelnder Information,
(3) Interessen- und Zielkonflikten.

Routineverhalten, mangelnde Informationen sowie Interessen- und Zielkonflikte sind Gründe dafür, daß eine Entscheidung oft nicht rational gefällt wird.

Routineverhalten drückt sich darin aus, daß der Entscheidungsträger nicht mehr die Prämissen des einzelnen Falles bedenkt. Er läßt bei der Entscheidung praktisch ein Programm abrollen und fällt keine echte Entscheidung mehr.

Jeder Entscheidungsträger muß über die Disposition der anderen Entscheidungszentren informiert sein, da sich alle an den bestehenden Engpaßfaktoren ausrichten müssen. Besteht darüber keine ausreichende Information, so wird sich jeder Entscheidungsträger an seinen Vorstellungen orientieren. Mangelnde Information begünstigt die Erstarrung des Routineverhaltens.

Die für eine Entscheidung vorhandene Information ist um so geringer, je höher die Stellung des Entscheidungsträgers in der Entscheidungspyramide ist. Auch besitzt jeder Entscheidungsträger notwendigerweise einen Entscheidungsspielraum. Dieser ist um so größer, je schwieriger die Entscheidungsbildung ist.

Interessen- und Zielkonflikte können in dreifacher Art vorkommen:
(1) als Individualkonflikte,
(2) als hierarchisch bedingte Zielkonflikte,
(3) als innerorganisatorische Konflikte.

Individualkonflikte entstehen, wenn Spannungen zwischen den Zielen der Organisation und den eigenen privaten Zielen vorhanden sind. Je höher der Solidaritätsgrad eines Entscheidungsträgers ist, um so weniger Spannungen treten auf. Zielkonflikte können bewußt oder unbewußt entstehen. Allgemein gilt, daß die Auswirkung eines Individualkonfliktes sich um so stärker auf das Unternehmensziel auswirkt, je höher die Stellung des Entscheidungsträgers ist.

Hierarchisch bedingte Zielkonflikte hängen von der Art der Ziele ab. Sie treten auf, wenn das dem einzelnen Entscheidungsträger gegebene Ziel nicht operational ist; d. h. die Zielerreichung nicht in Maßgrößen gemessen werden kann. Ist ein Ziel nicht operational, so gibt es keine geeignete Basis für das Handeln der Mitarbeiter ab. Liegt ein nichtoperationales Ziel vor, so empfiehlt es sich, dieses Ziel in operationale Unterziele zu zerlegen. Beispiel: Ziel für den Produktionsleiter: Produzieren Sie Kühlschränke! (nichtoperational). Ausweg: Produzieren Sie 2.000 Kühlschränke vom Typ A im Monat; senken Sie dabei die Kosten soweit wie möglich! Beide Unterziele können gemessen werden.

Innerorganisatorische Konflikte entstehen, wenn in Abteilungen, die im Hinblick auf das Oberziel zusammenarbeiten müssen, unterschiedliche Ziele verfolgt werden, die nicht miteinander harmonieren. Beispiel: Der Absatzleiter wünscht aus absatzpolitischen Gründen ein breites Sortiment, der Produktionsleiter möchte sich auf wenige Produkte spezialisieren, um den Vorteil der großen Serie auszunützen. Hier muß ein Kompromiß gefunden werden.

Bei dem Versuch, Zielkonflikte zu vermindern, muß zuerst geprüft werden, ob sie subjektiv oder hierarchisch bedingt sind. Im ersten Fall kann Abhilfe z. B. durch eine andere Form der Entlohnung oder die Gewährung von Aufstiegschancen geschaffen werden. Hierarchisch bedingte Zielkonflikte entstehen häufig durch eine falsche Abteilungsbildung. Hier muß eine neue Bestimmung der Unterziele erfolgen, z. B. eine neue Abteilungsbildung oder eine neue Kompetenzabgrenzung.

b) Die Träger der Führungsentscheidungen

Die Träger der betrieblichen Führungsentscheidungen sind im marktwirtschaftlichen Wirtschaftssystem entweder die **Eigentümer** des Betriebes oder die von den Eigentümern zur Führung des Betriebes bestellten Führungsorgane **(Geschäftsführer, Manager).** Sind die Eigentümer zugleich Geschäftsführer, so bezeichnet man solche Betriebe als „**Eigentümer-Unternehmungen**".[1] Beispiele sind die Einzelunternehmung, ferner die Offene Handelsgesellschaft (OHG), bei der die Geschäftsführung – soweit vertraglich nicht anders vereinbart – allen Gesellschaftern gemeinsam zusteht, außerdem die Einpersonen-Kapitalgesellschaften. Dazu gehören z. B. solche GmbH, deren Anteile in der Hand einer natürlichen Person vereinigt sind, die zugleich Geschäftsführer ist.

Der Eigentümer übt bei Unternehmungen dieser Art zwei Funktionen aus: er trägt das Kapitalrisiko und er leitet die Unternehmung, d. h. er ist allein für die Aufstellung des Wirtschaftsplans verantwortlich, trifft alle Entscheidungen selbständig und trägt die gesamte Verantwortung für die wirtschaftliche Entwicklung des Betriebes, von der nicht nur sein eigenes Einkommen, sondern auch das seiner Arbeitnehmer abhängt. Der Gewinn steht ihm allein zu, entsprechend hat er auch den Verlust allein zu tragen.

Tragen die Anteilseigner einer Unternehmung nur das Kapitalrisiko und werden die Führungsentscheidungen Geschäftsführern übertragen, die nicht am

---

[1] Gutenberg, E., Unternehmensführung, a.a.O., S. 12

Unternehmen beteiligt sind, so spricht man von „**Geschäftsführer-(Manager-) Unternehmungen**".[1] Typische Beispiele dafür sind die Kapitalgesellschaften, vor allem die Aktiengesellschaften. Die Anteilseigner (Aktionäre) bilden die **Hauptversammlung**, die den **Aufsichtsrat** wählt; dieser bestellt den **Vorstand**. Die laufende Geschäftsführung obliegt dem Vorstand,[2] er wird kontrolliert vom Aufsichtsrat. Der Vorstand ist in der Führung der Gesellschaft völlig autonom – bis auf die wenigen Entscheidungen, bei denen das Gesetz oder die Satzung eine Zustimmung des Aufsichtsrates verlangt oder eine Beschlußfassung durch die Hauptversammlung erfolgen muß. Vorstand und Aufsichtsrat werden häufig unter dem Begriff der „**Verwaltung**" der Aktiengesellschaft zusammengefaßt. Dieser Begriff verwischt die Unterschiede in der Kompetenzverteilung.[3]

Eine **Kombination** von Eigentümer- und Geschäftsführer-Unternehmung stellen solche Unternehmungen dar, die zwei Gruppen von Eigentümern haben: solche, die als Geschäftsführer die Führungsentscheidungen treffen, und solche, die nur Kapitalgeber sind. Beispiele sind die **Kommanditgesellschaften,** bei denen die Komplementäre ebenso wie die Einzelunternehmer oder Gesellschafter der OHG mit ihrem gesamten Vermögen haften, die Haftung der Kommanditisten dagegen auf ihre Einlagen beschränkt ist. Die Geschäftsführung steht nur den Komplementären zu. Gleiches gilt für die **Kommanditgesellschaften auf Aktien (KGaA).** Hier liegt die Geschäftsführung allein bei den persönlich haftenden Gesellschaftern, die praktisch die Funktion des Vorstandes der AG ausüben. In der Hauptversammlung der KGaA haben die Komplementäre nur ein Stimmrecht für ihre Aktien, das sie allerdings in bestimmten Fällen nicht ausüben dürfen (z. B. bei der Wahl und Abberufung des Aufsichtsrats und bei der Wahl der Abschlußprüfer).[4]

Auch bei der GmbH und bei der Aktiengesellschaft ist die Kombination von Eigentümer- und Gesellschafter-Unternehmung anzutreffen, z. B. wenn die Geschäftsführer oder Vorstandsmitglieder zugleich mit Kapitaleinlagen wesentlich beteiligt sind.

Die Teilung der beiden Unternehmerfunktionen zwischen Eigentümern und Managern ist vor allem dadurch bedingt, daß Großunternehmungen Kapitalbeträge benötigen, die eine oder wenige Personen in der Regel nicht aufbringen können. Deshalb sind bereits im 19. Jahrhundert Organisationsformen entwickelt worden, in denen die Kapitaleinlagen vieler Personen zusammengefaßt werden. Gesellschaften dieser Art müssen schon wegen der großen Zahl der Entscheidungsträger ein handlungsfähiges Führungsgremium wählen.

Heute erfolgt die Finanzierung großer Aktiengesellschaften oft durch mehrere Tausend Aktionäre, die mit der Übernahme von Anteilen und damit von Kapitalrisiko eine möglichst hohe Verzinsung ihres eingesetzten Kapitals anstreben, **am Treffen von Führungsentscheidungen aber nicht interessiert** sind und dazu in der Regel auch nicht in der Lage wären. Sie nehmen meist noch nicht

---

[1] Gutenberg, E., Unternehmensführung, a.a.O., S. 12
[2] Vgl. § 76 AktG
[3] Einzelheiten über die Kompetenzen von Vorstand, Aufsichtsrat und Hauptversammlung vgl. S. 184 ff.
[4] Vgl. § 285 AktG

A. Die betrieblichen Produktionsfaktoren

einmal in der Hauptversammlung die wenigen Möglichkeiten wahr, einen Einfluß auf die Geschicke ihrer Gesellschaft auszuüben, die ihnen das Aktiengesetz einräumt (z. B. Zustimmung bei Kapitalerhöhungen, Sanierungen, Fusionen, Abschluß von Unternehmensverträgen u. a.), sondern bevollmächtigen ihre Bank, für sie in der Hauptversammlung abzustimmen (**Depotstimmrecht**). Die Banken erhalten auf diese Weise über das Stimmrecht ihrer Depotkunden einen Einfluß auf bestimmte Führungsentscheidungen, ohne daß sie ihrerseits Kapitalrisiko tragen. Zwar hat die Neuregelung des Depotstimmrechts durch das Aktiengesetz 1965[1] dafür gesorgt, daß die Banken stärker an die Weisungen ihrer Kunden, wie die Bank zu den einzelnen Tagesordnungspunkten abstimmen soll, gebunden werden, doch geben auch weiterhin die meisten Aktionäre aus Unkenntnis über Inhalt und Tragweite der zu treffenden Entscheidungen den Banken eine Blankovollmacht für die Ausübung ihres Stimmrechts.

Die besondere Problematik der Trennung der Unternehmerfunktion in eine Gruppe von Kapitalgebern und eine Gruppe von Managern liegt in den **Interessengegensätzen**, die zwischen beiden Gruppen bestehen können. Die Manager werden an sich von den Kapitalgebern eingesetzt, um deren Interessen wahrzunehmen, d. h. in der Regel eine möglichst hohe Verzinsung des zur Verfügung gestellten Kapitals zu erzielen und an die Kapitalgeber auszuschütten. Die Manager sind ihrerseits an der Sicherung ihrer eigenen wirtschaftlichen und gesellschaftlichen Position und an der Ausübung und Erweiterung der ihnen zuwachsenden wirtschaftlichen Macht interessiert. Die Vergrößerung der Macht setzt ein Wachstum des Unternehmens voraus. Dazu ist eine Ausweitung der Eigenkapitalbasis erforderlich. Sie kann durch Gewinnthesaurierung erfolgen, führt dann aber zwangsläufig zu einer Verringerung der Gewinnausschüttungen. Durch Rücklagenbildung können zwar die Aktienkurse steigen (und damit das Vermögen der Aktionäre), aber das sofort verfügbare Einkommen der Aktionäre ist geringer, als wenn die erzielten Gewinne ausgeschüttet worden wären.

Neben den Eigentümern und Geschäftsführern gibt es noch ein „drittes Zentrum betrieblicher Willensbildung",[2] das zunehmende Bedeutung erlangt und die gesellschaftspolitische Diskussion in den nächsten Jahren beherrschen wird: die **Mitbestimmung der Arbeitnehmer**. Sie kann sich auf Bereiche beschränken, die den Faktor Arbeit betreffen (z. B. arbeitsrechtliche Mitbestimmung nach dem Betriebsverfassungsgesetz) oder den gesamten Bereich unternehmerischer Entscheidungen umfassen (z. B. die unternehmerische Mitbestimmung der Arbeitnehmer in den Aufsichtsräten der Montanindustrie). Zur Mitbestimmung der Arbeitnehmer ist eine große Zahl von Modellen entwickelt worden. Wegen der großen Bedeutung für die Veränderung der zur Zeit bestehenden Führungsstrukturen wird dieses Problem unten ausführlich besprochen.

c) Die Organisation der Führungsspitze

Wird ein Unternehmen nur von einer Person geführt, die zugleich der Eigentümer ist (Einzelunternehmung, Einpersonen-Gesellschaft), so ist die Einheitlich-

---
[1] Vgl. § 135 AktG
[2] Gutenberg, E., Unternehmensführung, a.a.O., S. 16

keit der Willensbildung und der Vertretung des Unternehmens nach außen gewährleistet. Werden die Führungsentscheidungen von mehreren Personen getroffen, so muß die Führungsgruppe so organisiert werden, daß sie funktionsfähig ist. Bei Personengesellschaften können die Befugnisse der geschäftsführenden Gesellschafter in der Regel durch Vertrag frei gestaltet werden. Bei Kapitalgesellschaften schreiben das Gesetz und ggf. die Satzung eine bestimmte Organisation durch Bildung von Führungs- und Kontrollorganen vor.

Besteht die Führungsspitze aus mehreren Personen, so kann die Organisation nach verschiedenen Prinzipien erfolgen. Grundsätzlich unterscheidet man zwei Systeme, zwischen denen es jedoch Übergänge und Mischformen gibt. Liegt die Führung des Betriebes zwar bei einer Gruppe von Personen, hat aber ein Mitglied der Gruppe das Recht, bei Meinungsverschiedenheiten zwischen den Mitgliedern allein zu entscheiden, so spricht man vom **Direktorialprinzip**. Der Vorstand der Aktiengesellschaft war nach § 70 Abs. 2 AktG 1937 in dieser Form organisiert. Ein Mitglied des Vorstandes wurde durch den Aufsichtsrat zum „Vorsitzer des Vorstandes" ernannt. Als primus inter pares konnte er zwar seinen Vorstandskollegen keine Weisungen erteilen, jedoch bei Meinungsverschiedenheiten allein die Entscheidung treffen. Ein solches System bedeutet praktisch, daß der Vorsitzende nicht überstimmt werden kann.

Eine solche Konzentration von Entscheidungsmacht in der Hand einer Person hat Vorteile und Gefahren. Ein **Vorteil** liegt darin, daß ein besonders befähigtes Mitglied der Führungsgruppe bei der Durchsetzung von schnell zu treffenden Entscheidungen nicht von unentschlossenen, risikoscheuen Personen behindert werden kann. Außerdem enthält das Direktorialprinzip „gewisse Bremsen gegen Ressortegoismus und mangelnde Zusammenarbeit".[1] Die **Gefahr** dieses Systems liegt in der Ausstattung einer Einzelperson mit einer Machtfülle, die dazu führen kann, daß diese Person den Blick für die Grenzen der eigenen Fähigkeiten zum Nachteil des Unternehmens verliert.

Liegt die Führung des Betriebes in der Hand mehrerer gleichberechtigter Personen, so spricht man von **Kollegialprinzip**. Die Organisation des Vorstandes der Aktiengesellschaft erfolgt durch das Aktiengesetz 1965 nach diesem Prinzip. § 77 Abs. 1 AktG bestimmt, daß dann, wenn der Vorstand aus mehreren Personen besteht, sämtliche Vorstandsmitglieder nur gemeinschaftlich zur Geschäftsführung befugt sind. Zwar kann der Aufsichtsrat nach § 84 Abs. 2 AktG ein Mitglied des Vorstandes zum Vorstandsvorsitzenden ernennen, jedoch kann weder die Satzung noch die Geschäftsordnung bestimmen, daß ein oder mehrere Vorstandsmitglieder Meinungsverschiedenheiten im Vorstand gegen die Mehrheit der Mitglieder entscheiden.[2]

Im Kollegialsystem kann die Einheitlichkeit der Willensbildung auf unterschiedliche Weise realisiert werden. Die strengste Form liegt vor, wenn alle Beschlüsse **einstimmig** gefaßt werden müssen, jedes Mitglied also ein Einspruchsrecht hat. Dieses System ist relativ schwerfällig und in der Regel nur bei einer kleinen Mitgliederzahl des Führungsgremiums funktionsfähig. Werden die Beschlüsse nach dem **Mehrheitsprinzip** gefaßt, so kann die Geschäftsordnung ent-

---

[1] Gutenberg, E., Unternehmensführung, a.a.O., S. 49
[2] Vgl. § 77 Abs. 1 AktG

weder generell **einfache** oder **qualifizierte** Mehrheit oder nur für Beschlüsse über bestimmte Gegenstände qualifizierte Mehrheit festsetzen. Ferner kann die Geschäftsordnung vorsehen, daß bei Stimmengleichheit die Stimme des Vorsitzenden entscheidet.

Der **Vorteil** des Kollegialsystems liegt darin, insbesondere wenn die wichtigsten betrieblichen Funktionen auf die Mitglieder der Führungsspitze aufgeteilt sind (z. B. kaufmännischer und technischer Direktor oder Einkaufsleiter, Vertriebsleiter usw.), daß mehrere leitende Persönlichkeiten über mehr Fachkenntnisse und Überblick verfügen als nur eine. Zwar wird sich auch ein Direktor, der den Betrieb allein leitet, von seinen Mitarbeitern beraten lassen, aber zweifellos wird ein abhängiger Angestellter seine Ansicht gegenüber der des Chefs mit wesentlich weniger Nachdruck vertreten als ein Ressortleiter, der als Vorstandsmitglied selbst stimmberechtigt ist und seine Meinung gegenüber Gleichgestellten durchsetzen muß. Andererseits können dauernde und ernste Meinungsverschiedenheiten im Vorstand, insbesondere bei Entscheidungen, die schnell getroffen werden müssen, von **Nachteil** für den Betrieb sein.

d) Führungsprinzipien (Managementprinzipien)

Die Betriebsführung kann sich unterschiedlicher Führungstechniken bedienen. Im Laufe der letzten Jahre ist eine Vielzahl von Führungskonzepten entwickelt worden, die meist unter der Bezeichnung „Management by ..." zum Teil längst bekannte Prinzipien mit neuen Namen belegen, zum Teil neue Konzepte darstellen. Sie schließen sich in der Regel nicht aus, stellen also keine Alternativen dar, sondern ergänzen sich. Wir beschränken uns auf die Darstellung der beiden wichtigsten Konzepte.

Die Managementtechniken sollen als Regelsysteme, die selbständig arbeiten und deren Erfolg meßbar ist, die Führungskräfte von Routinearbeiten, die ihre Mitarbeiter erledigen können, entlasten und damit für echte Führungsaufgaben freistellen. Liertz umschreibt die Aufgaben der Managementtechniken wie folgt:[1] „Allen Managementtechniken liegt das Bestreben zugrunde, durch eine systematische Ordnung der Verhaltens- und Verfahrensweisen die kreative und leitende Leistungsfähigkeit der im Unternehmen beschäftigten Kräfte zu optimieren ... Alle Managementtechniken, wenn sie auch von unterschiedlichen Überlegungen ausgehen, verfolgen ein gemeinsames Ziel, die unternehmerische Leistung im Hinblick auf den langfristigen Erfolg des Unternehmens optimal zu aktivieren."

aa) Management by Exception

Im System der „**Führung nach dem Ausnahmeprinzip**" (Management by Exception) beschränkt die Betriebsführung ihre Entscheidungen auf außergewöhnliche Fälle, d. h. sie greift in den den einzelnen Führungskräften übertragenen Aufgabenbereich nur ein, wenn Abweichungen von den angestrebten Zielen eintreten und in besonderen Situationen wichtige Entscheidungen getroffen werden müssen.

---

[1] Liertz, R., Management-Techniken, Management Enzyklopädie, Bd. 4, München 1971, S. 344

Dieses Konzept stellt die Entscheidungsfunktion der Unternehmensführung in den Mittelpunkt. Es setzt voraus, daß alle Routineentscheidungen an Mitarbeiter delegiert werden. Dabei sind die Weisungs- und Entscheidungskompetenzen der Entscheidungsträger klar abzugrenzen und Regeln für den Informationsfluß bei Ausnahmesituationen aufzustellen. Der Mitarbeiter muß für seinen Aufgabenbereich Vorgabewerte erhalten, deren Einhaltung durch ein entsprechendes Kontrollsystem überwacht werden kann. Dabei muß festgelegt werden, welche Abweichungen vom geplanten Ergebnis noch zulässig sind, bevor der Vorgesetzte eingreifen muß, um entweder durch außergewöhnliche Maßnahmen die Übereinstimmung zwischen dem vorgegebenen Ziel und der tatsächlichen Leistung herzustellen oder infolge veränderter Bedingungen das Ziel zu revidieren.

An dieser Führungskonzeption ist positiv zu beurteilen, daß die Unternehmensführung von Routinetätigkeiten entlastet wird und sich auf neue Führungsaufgaben konzentrieren kann, die durch die Notwendigkeit der Anpassung der betrieblichen Planung und Realisation an veränderte wirtschaftliche Daten entstehen. Die Delegation von Entscheidungsbefugnissen und Verantwortung kann sich fördernd auf den Leistungswillen der Mitarbeiter auswirken. Allerdings können in dieser Hinsicht auch negative Wirkungen eintreten, wenn in Ausnahmefällen, in denen sich der sonst an Routinearbeiten gebundene Mitarbeiter bewähren könnte, der Vorgesetzte eingreift. Das Bewußtsein, daß dann, wenn ein Leistungsprozeß nicht planmäßig abläuft, die Betriebsführung durch ihre Entscheidung die Verantwortung wieder an sich zieht, kann sich negativ auf die Eigeninitiative und das Verantwortungsbewußtsein der Mitarbeiter auswirken. Die Gefahren dieses Führungssystems liegen ferner in der Möglichkeit, daß unangenehme Informationen unterdrückt werden, weil man ein Eingreifen der übergeordneten Instanz vermeiden möchte.

bb) Management by Objectives

Beim Führungsprinzip **„Führen durch Zielvereinbarung"** (Management by Objectives) erarbeiten die Betriebsleitung und die Mitarbeiter auf den nachgeordneten Führungsebenen gemeinsam bestimmte Ziele, die die jeweilige Führungskraft in ihrem Arbeitsbereich realisieren soll. Der Aufgabenbereich jedes einzelnen Mitarbeiters und seine Verantwortung werden also nach dem Ergebnis festgelegt, das von ihm erwartet wird. Der Mitarbeiter kann im Rahmen des mit dem Vorgesetzten gemeinsam abgegrenzten Aufgabenbereichs selbst entscheiden, auf welchem Wege er die vorgegebenen Ziele erreichen will. Nicht diese Entscheidung, sondern das **Ergebnis** wird kontrolliert. Der Grad der Zielerfüllung dient als Grundlage der Leistungsbewertung einer Führungskraft und der Festlegung seiner Bezüge (Gehalt, Tantieme, Gewinnbeteiligung). Er liefert der Betriebsführung zugleich Anhaltspunkte für die Beförderung und weitere Ausbildung von Führungskräften und für die Personalplanung Hinweise zur Besetzung von Führungsstellen.

Voraussetzung für ein solches Führungskonzept ist einerseits eine detaillierte **Planung aller Teilziele** bis zur untersten Management-Ebene und andererseits eine umfassende **Erfolgskontrolle**. Durch dieses System werden die jeweiligen Führungskräfte von der Spitze bis zur unteren Ebene entlastet, da sie nicht zu entscheiden haben, wie in den einzelnen Bereichen gearbeitet wird, sondern nur an der Festlegung beteiligt sind, was erreicht werden soll. Die Verantwortungsbereitschaft und die Eigeninitiative der Mitarbeiter werden gefördert, wenn die gemeinsam gesetzten Ziele erreichbar sind. Sind sie zu hoch gesteckt, so werden die Mitarbeiter entweder unter starken Leistungsdruck gesetzt oder durch Mißerfolge unsicher.

Da dieser Führungsstil alle Führungsebenen des Unternehmens in die Gestaltung der Unternehmenspolitik einbezieht und die einzelnen Führungskräfte bei der Festlegung von Aufgaben, deren Erfüllung von ihnen verlangt wird und für die sie verantwortlich gemacht werden, beteiligt, kann er die partnerschaftliche Zusammenarbeit fördern. „Management by Objectives sieht das Unternehmen als ein pluralistisches, soziales Gefüge an, das eine Ausrichtung der Organisationsmitglieder auf gemeinsame Ziele ermöglicht. Diese Ausrichtung kann prinzipiell dann als optimal bezeichnet werden, wenn die persönlichen Ziele der Führungskräfte, wie beispielsweise Aufstieg im Unternehmen oder Einkommensverbesserung, mit den Unternehmenszielen in Einklang stehen."[1]

e) Die Mitbestimmung der Arbeitnehmer

aa) Arbeitsrechtliche und unternehmerische Mitbestimmung

Es ist ein Charakteristikum unseres marktwirtschaftlichen Systems, daß der Unternehmer zur Erzielung des maximalen Gewinns seinen Wirtschaftsplan, d. h. sein Produktions-, sein Absatz- und Investitionsvolumen und seinen Finanzplan selbst bestimmen kann. Das vom Unternehmer zur Verfügung gestellte Kapital trägt Chancen und Risiken unternehmerischer Entscheidungen. Wird der Betrieb gut geführt, werden also richtige Entscheidungen getroffen, verspricht das dem Unternehmer Gewinn, der sich in einer Erhöhung seines Vermögens niederschlägt. Versagt dagegen die Betriebsführung, werden also falsche Entscheidungen getroffen, hat das für den Kapitalgeber in aller Regel eine Verringerung, womöglich den totalen Verlust seines Vermögens zur Folge. Unsere Wirtschaftsordnung beruht damit auf dem Prinzip, daß derjenige, der im ökonomischen Bereich Entscheidungen trifft, auch deren vermögensmäßige Konsequenzen, seien sie positiv oder negativ, zu tragen hat.

Solange eine derartige Verantwortlichkeit des Kapitalgebers besteht, behält dieser Grundsatz auch dann noch seine Gültigkeit, wenn – wie das nach dem Zweiten Weltkrieg geschehen ist – der Gesetzgeber die **Unternehmerautonomie** durch bestimmte Vorschriften **einschränkt**. Die aus der Bereitstellung von Kapital erwachsende Entscheidungsfreiheit innerhalb des Betriebsgeschehens erfuhr dreimal eine gesetzliche Einschränkung zugunsten der zweiten, am Produktionsprozeß beteiligten Personengruppe, der Arbeitnehmer. Durch das **Betriebsverfassungsgesetz**[2] (BetrVG) vom 11. 10. 1952 i. d. F. vom 15. 1. 1972, das **Gesetz über die Mitbestimmung der Arbeitnehmer in den Aufsichtsräten und Vorständen der Unternehmen des Bergbaues und der Eisen und Stahl erzeugenden Industrie**[3] vom 21. 5. 1951 und das **Gesetz über die Mitbestim-**

---
[1] Fiertz, A. L., Management by Objectives, Management Enzyklopädie, Bd. 4, München 1971, S. 257
[2] BGBl. 1952 I S. 681 bzw. BGBl. 1972 I S. 13
[3] BGBl. I S. 347

mung der Arbeitnehmer vom 4. 5. 1976[1] wurde die Mitwirkung und Mitbestimmung der Arbeitnehmer in den Betrieben und Unternehmungen für den Bereich der Bundesrepublik Deutschland geregelt. Diese gesetzlichen Regelungen unterscheiden sich grundsätzlich. Die im Betriebsverfassungsrecht und im Tarifvertragsrecht geregelte Mitbestimmung wird als **arbeitsrechtliche Mitbestimmung** bezeichnet. Sie bezieht sich im Gegensatz zur **unternehmerischen Mitbestimmung** der Mitbestimmungsgesetze (häufig als qualifizierte Mitbestimmung bezeichnet) nicht auf die Mitwirkung bei allen wichtigen unternehmerischen Planungen und Entscheidungen, sondern räumt den Arbeitnehmern in Einzelfragen, die insbesondere das tägliche Arbeitsleben, den Arbeitsplatz und die Lohngestaltung betreffen, ein Recht auf Information, Anhörung oder Mitentscheidung ein. Die arbeitsrechtliche Mitbestimmung geht wie das Arbeitsrecht überhaupt vom Schutzbedürfnis des Arbeitnehmers aus; sie ist also eine Weiterentwicklung des kollektiven Arbeitsrechts und schränkt die Autonomie der Unternehmensleitung nur punktuell ein.

Die unternehmerische Mitbestimmung dagegen soll den Arbeitnehmern eine unmittelbare Einflußnahme auf die unternehmerischen Entscheidungen einräumen. Ihr Ziel ist nicht der Schutz der in einem „fremden" Unternehmen beschäftigten Arbeitnehmer,[2] sondern Mitentscheidung der durch den Gesetzgeber zu Partnern der Eigentümer des Unternehmens gemachten Arbeitnehmer im „eigenen" Unternehmen. Diese geplante Umgestaltung der geltenden Wirtschafts- und Gesellschaftsordnung soll unterstützt werden durch eine Beteiligung der Arbeitnehmer am Zuwachs zum Produktivvermögen, d. h. durch eine Vermögensumverteilung durch **Vermögensbildung** der Arbeitnehmer zu Lasten der Unternehmergewinne.

In der gesellschaftspolitischen Diskussion der letzten Jahre nimmt die Forderung nach Mitbestimmung der Arbeitnehmer bei allen unternehmerischen Entscheidungen noch vor der Frage der Vermögensbildung in Arbeitnehmerhand den ersten Platz ein. Diese Forderung wird inzwischen von allen politischen Parteien anerkannt. Es war das erklärte Ziel der Bundesregierung, die bereits bestehenden Mitbestimmungsregelungen noch in der VII. Legislaturperiode gesetzlich zu erweitern. Die Gewerkschaften und die SPD fordern eine Parität zwischen Kapital und Arbeit, d. h. vor allem eine paritätische Besetzung der Aufsichtsräte der großen Gesellschaften nach dem Modell der geltenden Montanmitbestimmung. Daneben sind von anderen Parteien, von Interessenverbänden und unabhängigen Gutachtern Mitbestimmungsmodelle entwickelt worden. Auf die wichtigsten Vorstellungen und das neue Gesetz, das einen Kompromiß darstellt, wird unten kurz eingegangen.

Wir beschäftigen uns hier nicht deshalb mit diesem Problem, weil wir die Absicht haben, in diesem Zusammenhang in die Reihe der Kritiker oder der Befürworter von Mitbestimmungsmodellen zu treten. Es kann nicht Aufgabe eines Lehrbuchs der Betriebswirtschaftslehre sein, sich mit Argumenten zur Mitbestimmungsfrage auseinanderzusetzen, die größtenteils aus dem Bereich der

---

[1] BGBl. I S. 1153
[2] Vgl. Aktuelle Dokumente, Mitbestimmung in privaten Unternehmen, zusammengestellt von G. Schwerdtfeger, Berlin-New York 1973, S. 8f.

A. Die betrieblichen Produktionsfaktoren 121

Ethik, der Soziologie und der Rechtsphilosophie stammen. Im Rahmen der Betriebswirtschaftslehre können wir nur untersuchen, in welcher Weise die Mitbestimmungsmodelle die **Struktur des dispositiven Faktors** und dadurch die unternehmerischen Entscheidungen beeinflussen können.

Nachdem oben festgestellt wurde, daß der Aufsichtsrat erhebliche Einflußmöglichkeiten auf den Vorstand einer Aktiengesellschaft hat, können wir nunmehr davon ausgehen, daß im Modell der unternehmerischen Mitbestimmung alle wichtigen Dispositionen des Vorstandes des Einverständnisses der Arbeitnehmer- und Gewerkschaftsvertreter bedürfen. Wenn auch bei Unternehmerentscheidungen, die sich des direkten Einflusses der Arbeitnehmer entziehen, wenn also bei nicht mitbestimmten Unternehmerentscheidungen ethische und soziale Motive als Nebenbedingungen der Zielsetzung der langfristigen Gewinnmaximierung seit jeher eine Rolle spielen, so wird doch das Rentabilitätsdenken immer im Vordergrund stehen. Auf dieses Rentabilitätsdenken gründet sich das marktwirtschaftliche System, denn das Investitionsvolumen und damit Art und Umfang der Güterversorgung richten sich nach der Höhe des erwarteten Gewinns.

Das oft vorgetragene Argument, das Mitbestimmungsrecht der Arbeitnehmer könnte den betrieblichen Entscheidungsprozeß verlangsamen, ist u. E. nicht gravierend, weil Arbeitnehmervertreter ihre Einwendungen wohl nur gegen Entscheidungen von hohem Gewicht geltend machen werden, die ohnehin durch einen langwierigen Entscheidungsprozeß gekennzeichnet sind, so daß eine zusätzliche Verzögerung nur selten schädlich ist.

Was u. E. viel schwerer wiegt, ist die Tatsache, daß die Interessenlage der Unternehmerseite und der Arbeitnehmerseite unterschiedlich sein kann. Während die Unternehmerseite ihre Entscheidungen weiterhin an den Daten des Marktes, also an den den Gewinn beeinflussenden Größen orientieren wird, können von Arbeitnehmer- und Gewerkschaftsseite beeinflußte Entscheidungen mit Wirtschaftlichkeit und Rentabilität u. U. nur noch insoweit in Einklang stehen, als das zur Erhaltung eines gewissen Lohnniveaus und zur Sicherung der Arbeitsplätze erforderlich ist.

Rationalisierung und Automatisierung werden möglicherweise nur in solchem Maße durchgeführt werden, wie die Arbeitsnachfrage das Arbeitsangebot übersteigt. Das ist aber nur solange der Fall, wie die Gesamtwirtschaft im Wachsen begriffen ist. Wirtschaftswachstum läßt sich auf längere Sicht aber nur durch Maßnahmen der Rationalisierung und Automatisierung gewährleisten, die in der Regel nicht ohne Einfluß auf die Zahl und die Art der Arbeitsplätze sind.

Der Politiker, der über die Realisierung von Mitbestimmungsforderungen zu entscheiden hat, wird sämtliche Vor- und Nachteile, und nicht nur die ökonomischen, sorgfältig abzuwägen haben. Sollte er zu dem Ergebnis gelangen, daß gesellschaftspolitische Vorzüge die betriebswirtschaftlichen Nachteile übersteigen und einen Eingriff in die bestehende Wirtschafts- und Gesellschaftsordnung rechtfertigen, so muß auch der Wirtschaftswissenschaftler, trotz mancher aus seinem Fachbereich geäußerten Bedenken, die unternehmerische Mitbestimmung als rechtliches Datum ebenso akzeptieren, wie andere Rechtsnormen, deren ökonomische Wirkungen er analysiert.

bb) Die Mitbestimmung nach dem Betriebsverfassungsgesetz

Das Betriebsverfassungsgesetz hat für Betriebe mit mindestens fünf Arbeitnehmern eine bestimmte Organisation der Betriebsvertretung vorgesehen. Das Hauptorgan der Arbeitnehmer ist der **Betriebsrat**, der von der Betriebsversammlung, die aus den Arbeitnehmern des Betriebes besteht, gewählt wird. Die **Betriebsversammlung** kann dem Betriebsrat keine Weisungen erteilen. Sie nimmt in vierteljährlichem Abstand den Tätigkeitsbericht des Betriebsrats entgegen. Sie hat also kein positives Mitbestimmungsrecht, sondern nur das Recht auf Information und Beratung. Sie kann dem Betriebsrat Aufträge unterbreiten und zu seinen Beschlüssen Stellung nehmen (§ 45 BetrVG).

Aufgabe des Betriebsrats ist es, die Interessen der Arbeitnehmer (Arbeiter und Angestellte) zu vertreten. Nach § 80 Abs. 1 BetrVG hat der Betriebsrat folgende allgemeine Aufgaben:

(1) Darüber zu wachen, daß die zugunsten der Arbeitnehmer geltenden Gesetze, Verordnungen, Unfallverhütungsvorschriften, Tarifverträge und Betriebsvereinbarungen durchgeführt werden;

(2) Maßnahmen, die dem Betrieb und der Belegschaft dienen, beim Arbeitgeber zu beantragen;

(3) Anregungen von Arbeitnehmern und der Jugendvertretung entgegenzunehmen und, falls sie berechtigt erscheinen, durch Verhandlungen mit dem Arbeitgeber auf eine Erledigung hinzuwirken; er hat die betreffenden Arbeitnehmer über den Stand und das Ergebnis der Verhandlungen zu unterrichten;

(4) die Eingliederung Schwerbeschädigter und sonstiger besonders schutzbedürftiger Personen zu fördern;

(5) die Wahl einer Jugendvertretung vorzubereiten und durchzuführen und mit dieser zur Förderung der Belange der jugendlichen Arbeitnehmer eng zusammenzuarbeiten; er kann von der Jugendvertretung Vorschläge und Stellungnahmen anfordern;

(6) die Beschäftigung älterer Arbeitnehmer im Betrieb zu fördern;

(7) die Eingliederung ausländischer Arbeitnehmer im Betrieb und das Verständnis zwischen ihnen und den deutschen Arbeitnehmern zu fördern.

Soweit eine gesetzliche oder tarifliche Regelung nicht besteht, hat der Betriebsrat in folgenden Angelegenheiten **mitzubestimmen** (§ 87 Abs. 1 BetrVG):

(1) Fragen der Ordnung des Betriebs und des Verhaltens der Arbeitnehmer im Betrieb;

(2) Beginn und Ende der täglichen Arbeitszeit einschließlich der Pausen sowie Verteilung der Arbeitszeit auf die einzelnen Wochentage;

(3) vorübergehende Verkürzung oder Verlängerung der betriebsüblichen Arbeitszeit;

(4) Zeit, Ort und Art der Auszahlung der Arbeitsentgelte;

(5) Aufstellung allgemeiner Urlaubsgrundsätze und des Urlaubsplans sowie die Festsetzung der zeitlichen Lage des Urlaubs für einzelne Arbeitnehmer, wenn zwischen dem Arbeitgeber und den beteiligten Arbeitnehmern kein Einverständnis erzielt wird;

(6) Einführung und Anwendung von technischen Einrichtungen, die dazu be-

stimmt sind, das Verhalten oder die Leistung der Arbeitnehmer zu überwachen;
(7) Regelungen über die Verhütung von Arbeitsunfällen und Berufskrankheiten sowie über den Gesundheitsschutz im Rahmen der gesetzlichen Vorschriften oder der Unfallverhütungsvorschriften;
(8) Form, Ausgestaltung und Verwaltung von Sozialeinrichtungen, deren Wirkungsbereich auf den Betrieb, das Unternehmen oder den Konzern beschränkt ist;
(9) Zuweisung und Kündigung von Wohnräumen, die den Arbeitnehmern mit Rücksicht auf das Bestehen eines Arbeitsverhältnisses vermietet werden, sowie die allgemeine Festlegung der Nutzungsbedingungen;
(10) Fragen der betrieblichen Lohngestaltung, insbesondere die Aufstellung von Entlohnungsgrundsätzen und die Einführung und Anwendung von neuen Entlohnungsmethoden sowie deren Änderung;
(11) Festsetzung der Akkord- und Prämiensätze und vergleichbarer leistungsbezogener Entgelte, einschließlich der Geldfaktoren;
(12) Grundsätze über das betriebliche Vorschlagswesen.

Der Betriebsrat hat auch auf die Bekämpfung von Unfall- und Gesundheitsgefahren zu achten und hat Anregungen für Unfallverhütungsmaßnahmen zu geben. Bei der Einführung und Prüfung von Arbeitsschutzvorrichtungen und bei Unfalluntersuchungen ist er hinzuzuziehen (§ 89 BetrVG).

Der Betriebsrat übt ferner einen Einfluß in **Personalangelegenheiten** aus. Das ist besonders wichtig, da gerade durch Einstellung neuer Arbeitskräfte, durch Versetzungen innerhalb des Betriebes oder durch Beförderungen Spannungen innerhalb der Belegschaft eintreten können, wenn durch die Betriebsführung absichtlich oder unabsichtlich eine tatsächliche (oder scheinbare) Benachteiligung von Arbeitnehmern erfolgt, die auf Grund längerer Betriebszugehörigkeit, größerer Befähigung usw. geeigneter für bestimmte Positionen erscheinen als die von der Betriebsführung ausgewählten Mitarbeiter. § 92 Abs. 1 BetrVG bestimmt, daß der Arbeitgeber den Betriebsrat über die Personalplanung, insbesondere über den gegenwärtigen und künftigen Personalbedarf sowie über die sich daraus ergebenden personellen Entscheidungen und Maßnahmen der Berufsbildung umfassend zu unterrichten hat. Der Betriebsrat kann Vorschläge für die Einführung einer Personalplanung und ihre Durchführung machen. Er kann ferner verlangen, daß Arbeitsplätze, die besetzt werden sollen, innerhalb des Betriebes ausgeschrieben werden (§ 93 BetrVG). Im Falle einer Kündigung ist der Betriebsrat zuvor anzuhören.

Einen unmittelbaren Einfluß auf die Betriebsführung und ihre wirtschaftlichen Entscheidungen hat der Betriebsrat nicht. Er kann zwar bei wesentlichen Änderungen im Betriebe (z. B. Einführung neuer Arbeitsmethoden, Stillegung, Einschränkung oder Verlegung von Betriebsteilen, Zusammenschluß mit anderen Betrieben), durch die die Lage der Arbeitnehmer verschlechtert werden könnte, Einspruch erheben (§ 111 BetrVG). Kommt zwischen dem Unternehmer und dem Betriebsrat ein Interessenausgleich über die geplante Betriebsveränderung zustande, so ist dieser nach § 112 Abs. 1 BetrVG schriftlich niederzulegen. Gleiches gilt für eine Einigung über den Ausgleich oder die Milderung der wirtschaftlichen Nachteile, die den Arbeitnehmern durch die geplante Änderung entstehen (**Sozialplan**).

Nach § 76 BetrVG kann zur Beilegung von Meinungsverschiedenheiten zwischen Arbeitgeber und Betriebsrat eine Einigungsstelle eingerichtet werden. Sie besteht aus einer gleichen Zahl von Beisitzern, die vom Arbeitgeber und Betriebsrat bestellt werden und einem unparteiischen Vorsitzenden, der – falls eine Einigung über seine Person nicht zustande kommt – vom Arbeitsgericht bestellt wird.

Bestehen in einem Unternehmen mehrere Betriebsräte, so muß nach § 47 Abs. 1 BetrVG ein **Gesamtbetriebsrat** gebildet werden, der sich aus Mitgliedern der einzelnen Betriebsräte zusammensetzt. In Konzernen kann nach § 54 Abs. 1 BetrVG mit Zustimmung der Gesamtbetriebsräte der Konzernunternehmen, in denen mindestens 75% der Arbeitnehmer der Konzernunternehmen beschäftigt sind, ein Konzernbetriebsrat errichtet werden.

In Betrieben mit mehr als 100 Arbeitnehmern ist ein **Wirtschaftsausschuß** zu bilden, der aus mindestens drei, höchstens sieben Mitgliedern besteht, die vom Betriebsrat bestimmt werden. Ein Mitglied muß zugleich dem Betriebsrat angehören. Der Wirtschaftsausschuß soll eine vertrauensvolle Zusammenarbeit zwischen dem Betriebsrat und der Betriebsführung herbeiführen und eine gegenseitige Unterrichtung in wirtschaftlichen Angelegenheiten sicherstellen. Allerdings dürfen die Betriebsgeheimnisse durch die Unterrichtung nicht gefährdet werden. Zu den wirtschaftlichen Angelegenheiten, über die eine Berichterstattung erfolgt, gehören insbesondere (§ 106 Abs. 3 BetrVG):

(1) die wirtschaftliche und finanzielle Lage des Unternehmens;

(2) die Produktions- und Absatzlage;

(3) das Produktions- und Investitionsprogramm;

(4) Rationalisierungsvorhaben;

(5) Fabrikations- und Arbeitsmethoden, insbesondere die Einführung neuer Arbeitsmethoden;

(6) die Einschränkung oder Stillegung von Betrieben oder von Betriebsteilen;

(7) die Verlegung von Betrieben oder Betriebsteilen;

(8) der Zusammenschluß von Betrieben;

(9) die Änderung der Betriebsorganisation oder des Betriebszwecks sowie

(10) sonstige Vorgänge und Vorhaben, welche die Interessen der Arbeitnehmer des Unternehmens wesentlich berühren können.

Bei Aktiengesellschaften und Kommanditgesellschaften auf Aktien muß nach § 76 Abs. 1 BetrVG 1952[1] ein **Drittel der Aufsichtsratsmitglieder aus Vertretern der Arbeitnehmer** bestehen. Der erste Vertreter der Arbeitnehmer im Aufsichtsrat muß ein Arbeiter, der zweite ein Angestellter des Betriebes sein. Ist ein drittes Mitglied von der Belegschaft zu stellen, so kann das auch ein Vertreter der Gewerkschaft sein. Nach § 77 Abs. 1 BetrVG müssen GmbH und bergrecht-

---

[1] § 129 BetrVG 1972 setzt die Vorschriften des BetrVG 1952 mit Ausnahme der Vorschriften über die Mitbestimmung im Aufsichtsrat (§§ 76–77a, 81, 85 und 87 BetrVG 1952) außer Kraft.

cc) Die unternehmerische Mitbestimmung

(1) Das Mitbestimmungsgesetz für die Montanindustrie

Die unternehmerische Mitbestimmung, die den Arbeitnehmern einen Einfluß auf die unternehmerische Planung und Entscheidung einräumt, ist im Jahre 1951 in den Unternehmen der Montanindustrie durch das „Gesetz über die Mitbestimmung der Arbeitnehmer in den Aufsichtsräten und Vorständen des Bergbaus und der Eisen und Stahl erzeugenden Industrie"[1] eingeführt worden. Das Gesetz findet Anwendung auf Montanunternehmen, die in der Rechtsform der AG KGaA, GmbH oder bergrechtlichen Gewerkschaft betrieben werden und mindestens 1.000 Arbeitnehmer haben.

Die Mitbestimmung der Arbeitnehmer wird in erster Linie realisiert durch eine **paritätische Besetzung des Aufsichtsrats,** daneben durch Stellung eines Vorstandsmitglieds durch die Arbeitnehmer, des sog. **Arbeitsdirektors,** der für Personal- und Sozialfragen zuständig ist. Alle dem Mitbestimmungsgesetz unterliegenden Unternehmen müssen einen Aufsichtsrat bilden, also auch die GmbH und bergrechtlichen Gewerkschaften.

§ 4 MitbG bestimmt über die Zusammensetzung des Aufsichtsrats:

„(1) Der Aufsichtsrat besteht aus elf Mitgliedern. Er setzt sich zusammen aus
(a) vier Vertretern der Anteilseigner und einem weiteren Mitglied,
(b) vier Vertretern der Arbeitnehmer und einem weiteren Mitglied,
(c) einem weiteren Mitglied.

(2) Die in Absatz 1 bezeichneten weiteren Mitglieder dürfen nicht
(a) Repräsentant einer Gewerkschaft oder einer Vereinigung der Arbeitgeber oder einer Spitzenorganisation dieser Verbände sein oder zu diesen in einem ständigen Dienst- oder Geschäftsbesorgungsverhältnis stehen,
(b) im Laufe des letzten Jahres vor der Wahl eine unter Buchstabe a bezeichnete Stellung innegehabt haben,
(c) in dem Unternehmen als Arbeitnehmer oder Arbeitgeber tätig sein,
(d) an dem Unternehmen wirtschaftlich wesentlich interessiert sein.

(3) Alle Aufsichtsratsmitglieder haben die gleichen Rechte und Pflichten. Sie sind an Aufträge und Weisungen nicht gebunden."

Bei Gesellschaften mit mehr als 20 Mill. DM Nennkapital kann der Aufsichtsrat sich aus 15 Mitgliedern, bei Gesellschaften mit mehr als 50 Mill. DM Nennkapital aus 21 Mitgliedern zusammensetzen, wenn die Satzung oder der Gesellschaftsvertrag eine entsprechende Bestimmung enthält.[2] Die Aufteilung der Sitze auf „Kapital" und „Arbeit" muß auch in diesem Falle paritätisch und nach den Grundsätzen des § 4 MitbG erfolgen. Das 11., 15., oder 21. Mitglied (der **„Unparteiische")** gibt bei Stimmengleichheit den Ausschlag. Dieses Mitglied wird nach § 8 MitbG von den übrigen Aufsichtsratsmitgliedern gewählt. Damit ist der gesamte Aufsichtsrat paritätisch besetzt.

---
[1] BGBl. I S. 347
[2] Vgl. § 9 MitbG

Die **Hauptversammlung,** d. h. die Versammlung der Anteilseigner, wählt den Aufsichtsrat, dieser wiederum bestellt und kontrolliert den Vorstand. In einer nicht mitbestimmten Aktiengesellschaft werden also die für die Unternehmensführung verantwortlichen Organe vom „Kapital" gewählt und kontrolliert. Bei mitbestimmten Gesellschaften wählt zwar auch die Hauptversammlung den Aufsichtsrat, die Nominierung der von den Arbeitnehmern gestellten Vertreter durch die Belegschaft und Gewerkschaft ist jedoch für die Hauptversammlung verbindlich. Die Wahl der Arbeitnehmervertreter durch die Hauptversammlung ist also eine „Bestätigungswahl".

Die Arbeitnehmer haben also ein unmittelbares Mitbestimmungsrecht nur bei Entscheidungen, die in die Kompetenz des Aufsichtsrats fallen. Dazu gehören neben der Feststellung des Jahresabschlusses[1] und allen grundlegenden Entscheidungen des Vorstandes, die laut Satzung der Zustimmung des Aufsichtsrats bedürfen,[2] vor allem das Recht zur Bestellung und Abberufung des Vorstandes.[3] Über dieses Recht setzt sich die Mitbestimmung in den **Vorstand** fort, wenn aufgrund der Parität im Aufsichtsrat nur ein Vorstand gewählt werden kann, der ebenfalls paritätisch besetzt ist oder von Personen beider Gruppen getragen wird, weil er einen Interessenausgleich erwarten läßt.

Zum Vorstand mitbestimmter Gesellschaften gehört als gleichberechtigtes Mitglied ein **Arbeitsdirektor,** der nach § 13 Abs. 1 MitbG nicht gegen die Stimmen der Mehrheit der Arbeitnehmervertreter bestellt werden kann.

Wirkt sich die unmittelbare Mitbestimmung im Aufsichtsrat mittelbar durch Wahl der Mitglieder auf den Vorstand und damit auf die gesamte Führung der Gesellschaft aus, so hat die Besetzung des Vorstandes auch Rückwirkungen auf die Hauptversammlung. Diese besteht zwar nur aus Anteilseignern, jedoch trifft sie ihre Entscheidungen, ohne die der Vorstand bestimmte Maßnahmen nicht durchführen kann (z. B. Verwendung des Bilanzgewinns, Kapitalerhöhung, Kapitalherabsetzung, Fusion, Abschluß von Unternehmensverträgen) häufig auf Vorschlag des Vorstandes und nicht aus eigener Initiative.[4]

(2) Die erweiterte Mitbestimmung

Die vor der Kodifizierung des Gesetzes zur Mitbestimmung der Arbeitnehmer entwickelten Modelle unterscheiden sich vor allem darin, ob erstens die Arbeitnehmer paritätisch oder unterparitätisch im Aufsichtsrat vertreten sein sollen; zweitens der Aufsichtsrat durch zwei Gruppen (Anteilseigner und Arbeitnehmer) oder durch drei Gruppen (Anteilseigner, leitende Angestellte und sonstige Arbeitnehmer oder Anteilseigner, Arbeitnehmer und Vertreter des öffentlichen Interesses) besetzt werden soll.

Für eine **paritätische Mitbestimmung** in Anlehnung an das Montan-Modell sprechen sich seit langem die Gewerkschaften[5] und die SPD-Fraktion

---

[1] Vgl. § 172 AktG
[2] Vgl. § 111 Abs. 4 AktG
[3] Vgl. § 84 AktG
[4] Vgl. Schwerdtfeger, G., a.a.O., S. 13
[5] Vgl. Mitbestimmung – eine Forderung unserer Zeit, Denkschrift des Bundesvorstandes des Deutschen Gewerkschaftsbundes zum 7. Ordentlichen Bundeskongreß des DGB 1966;

aus.¹ Deren Modelle unterscheiden sich vor allem in der Wahl der Arbeitnehmervertreter in den Aufsichtsrat. Der **SPD-Entwurf** geht von der Wahl durch die Belegschaftsmitglieder aus, der **DGB-Vorschlag** will die Vertreter statt dessen durch die Spitzenorgane der Gewerkschaften entsenden lassen. Die von der Bundesregierung eingesetzte Mitbestimmungskommission (Biedenkopf-Kommission) schlägt eine unterparitätische Besetzung der Aufsichtsräte im Verhältnis 7:5 zugunsten der Anteilseigner vor.² An diesen Entwurf lehnte sich der Gesetzentwurf der CDU-CSU-Fraktion an.³

Vertreter des öffentlichen Interesses als dritte Gruppe fordert das sog. „Professorenmodell"⁴, das von einer voll ausgebauten Unternehmensverfassung spricht, die aus der Unternehmensversammlung, dem Unternehmensrat und dem Vorstand gebildet werden soll. In der Unternehmensversammlung (bisherige Hauptversammlung) sollen je 30 Stimmen auf Anteilseigner und Arbeitnehmer entfallen, die restlichen 15 auf Vertreter der Allgemeinheit.

Eine scheinbare Parität soll durch zwei FDP-Modelle (Riemer-, Maihofer-Modell)⁵ erreicht werden. Beide beziehen die leitenden Angestellten als dritte Kraft ein. Diese Spaltung der Arbeitnehmer in zwei Gruppen mit unterschiedlicher Interessenlage ist umstritten, weil es bei Kampfabstimmungen völlig offen ist, auf welcher Seite im Einzelfall die leitenden Angestellten stehen. Sie werden häufig einer kaum zumutbaren psychologischen Belastung ausgesetzt sein. Die Arbeitnehmer befürchten, daß die leitenden Angestellten bei wichtigen Entscheidungen die Interessen des Kapitals vertreten; die Vertreter der Anteilseigner müssen damit rechnen, daß mancher Vertreter der leitenden Angestellten gegen Maßnahmen oder Vorschläge des Vorstandes nur deshalb opponieren wird, weil er glaubt, diese Entscheidung besser treffen zu können. Das Gesetz über die Mitbestimmung der Arbeitnehmer von 1976, das die unternehmerische Mitbestimmung der Arbeitnehmer auf alle Unternehmen mit eigener Rechtspersönlichkeit (AG, KGaA, GmbH usw.) ausdehnt, die in der Regel mehr als 2000 Arbeitnehmer beschäftigen, ist ein Kompromiß, der breite Zustimmung im Deutschen Bundestag gefunden hat. Die Vorschriften des Montan-Mitbestimmungsgesetzes gelten weiterhin, ebenso die Vorschriften des BetrVG 1952 für die Unternehmen, die weniger als 2000 Arbeitnehmer beschäftigen. Die Aufsichtsräte, deren Mitgliederzahl (mind. 12) von der Größe der Belegschaft abhängt,⁶ sind paritätisch besetzt. Alle Arbeitnehmervertreter werden von der Belegschaft entweder in

ferner DGB-Entwurf eines Gesetzes über die Mitbestimmung der Arbeitnehmer in Großunternehmen und Großkonzernen, 1960/1968; beide auszugsweise abgedruckt bei Schwerdtfeger, G., a.a.O., S. 90ff. bzw. S. 117ff.

¹ Vgl. SPD-Fraktion: Entwurf eines Gesetzes über die Unternehmensverfassung in Großunternehmen und Konzernen, 1968, BT-Drucksache Nr. V/3657

² Vgl. Mitbestimmung im Unternehmen. Bericht der Sachverständigenkommission zur Auswertung der bisherigen Erfahrungen bei der Mitbestimmung. BT-Drucksache VI/334

³ BT-Drucksache VI/1806

⁴ Vgl. Unternehmensverfassung als gesellschaftspolitische Forderung. Vorschlag der Professoren Erik Boettcher, Karl Hax, Otto Kunze, Oswald von Nell-Breuning, Heinz-Dietrich Ortlieb, Ludwig Pressler, Berlin 1968

⁵ Vgl. Freiburger Thesen der FDP zur Gesellschaftspolitik (1971), auszugsweise abgedruckt bei Schwerdtfeger, G., a.a.O., S. 195ff.

⁶ Bis 10.000 Beschäftigte 12 Aufsichtsratsmitglieder; bis 20.000 Beschäftigte 16 Aufsichtsratsmitglieder; darüber 20 Aufsichtsratsmitglieder.

Urwahlen (bis zu 8.000 Arbeitnehmer) oder über Wahlmänner gewählt. Zwei der Arbeitnehmervertreter[1] sind Gewerkschaftsvertreter, die übrigen müssen zur Belegschaft gehören. Mindestens eines dieser Mitglieder muß ein leitender Angestellter sein. Der Aufsichtsratsvorsitzende und sein Stellvertreter werden vom Aufsichtsrat mit Zwei-Drittel-Mehrheit gewählt. Kommt die geforderte Mehrheit nicht zustande, so wählen die Anteilseignervertrer den Vorsitzenden, die Arbeitnehmervertreter dessen Stellvertreter. Bei Stimmengleichheit im Aufsichtsrat kommt dem Vorsitzenden bei der zweiten Abstimmung eine doppelte Stimme zu. Der Aufsichtsrat bestellt die Mitglieder des Vorstandes mit Zwei-Drittel-Mehrheit. Wird dieses Mehrheitsverhältnis nicht erreicht, ist ein paritätisch besetzter Vermittlungsausschuß einzuschalten. Bei der Abstimmung über den Vorschlag dieses Ausschusses ist die Mehrheit der Stimmen erforderlich. Als gleichberechtigtes Mitglied des Vorstandes ist ein „Arbeitsdirektor" zu bestellen, der entgegen der Regelung im Montan-Mitbestimmungsgesetz jedoch wie jedes andere Vorstandsmitglied bestellt wird. Sein Zuständigkeitsbereich ist das Personal- und Sozialwesen.

2. Die Planung

a) Begriff, Aufgaben und Struktur der Planung

Damit die Betriebsführung ihre Zielsetzung, mit Hilfe des Betriebsprozesses eine Gewinnmaximierung auf lange Sicht zu erreichen, realisieren kann, bedarf es einer Planung, wie sich der Betriebsprozeß vollziehen soll. Die Betriebsführung steht dabei vor dem schwerwiegenden Problem, daß die Realisierung ihrer allgemeinen und besonderen Zielsetzungen in der Regel auf verschiedenen Wegen versucht werden kann. Sie muß also Entscheidungen treffen, ihren Plan fixieren und damit für alle Abteilungen des Betriebes für eine bestimmte Planungsperiode ganz konkrete Ziele vorgeben, die zu realisieren sind. Die Tätigkeit des dispositiven Faktors vollzieht sich also – wie oben bereits erwähnt – in folgenden Etappen: Ziele setzen – planen – entscheiden – durchführen – kontrollieren.

Planung ist die gedankliche Vorwegnahme zukünftigen Handelns durch Abwägen verschiedener Handlungsalternativen und Entscheidung für den günstigsten Weg. Planung bedeutet also das **Treffen von Entscheidungen, die in die Zukunft gerichtet sind** und durch der die betriebliche Prozeßablauf als Ganzes und in allen seinen Teilen festgelegt wird. Da Entscheidungen nicht nur auf Grund systematischer gedanklicher Vorbereitung, sondern auch aus einer Augenblickssituation heraus, gewissermaßen intuitiv, erfolgen können – ein großer Teil der in der betrieblichen Praxis getroffenen Entscheidungen ist von dieser Art – können die Begriffe Planung und Entscheidung nicht gleichgesetzt werden. „Planen ist solches Entscheiden, das nicht auf Improvisation beruht."[2]

---

[1] Einem zwanzigköpfigen Aufsichtsrat müssen drei Gewerkschaftsvertreter angehören.
[2] Diederich, H., Allgemeine Betriebswirtschaftslehre, Bd. I, Stuttgart/Düsseldorf 1971, S. 139

Ebenso wie Planungen sind auch **Prognosen** in die Zukunft gerichtet. Während aber die Planung festlegt, welche Entscheidungen getroffen werden müssen, damit zukünftige Ereignisse eintreten, sagt die Prognose voraus, daß bestimmte Ereignisse wahrscheinlich eintreten werden. Die Prognose ist somit zwar „ein bedeutender und unerläßlicher Bestandteil der Entscheidungsprozesse",[1] im Gegensatz zur Planung aber nicht durch aktives Handeln gekennzeichnet. Sie ist eine Methode der Planung.

Der Planungsprozeß läuft in mehreren Stufen ab. Die erste Stufe ist die **Sammlung von Informationen**. Aufgabe des dispositiven Faktors in diesem Stadium ist es, alle die Daten zu gewinnen, die in irgendeiner Beziehung zum Objekt der Planung stehen. Um Entscheidungen treffen zu können, braucht die Betriebsführung möglichst umfassende Informationen über die Lage am Absatz- und Beschaffungsmarkt, über Finanzierungsmöglichkeiten, über die zur Wahl stehenden technischen Verfahren, über die Leistungsfähigkeit und das Verhalten der Konkurrenz, über die allgemeine Wirtschaftslage usw. Da jedoch jede Planung in die Zukunft gerichtet ist, müssen auch die Erwartungen geschätzt und in Rechnung gestellt werden. Je unvollkommener die Informationen sind, die der Betriebsführung zur Verfügung stehen, desto größer sind die Unsicherheiten und die Risiken, die in den Erwartungen stecken.

Auf Basis dieser Prognosen werden als zweite Stufe der Planung verschiedene **Alternativpläne** ausgearbeitet, von denen jeder eine Möglichkeit darstellt, das Ziel zu erreichen. In der dritten Stufe muß eine **Entscheidung** gefällt werden, die einen der Alternativpläne für verbindlich erklärt. Durch diese Entscheidung wird ein Soll vorgezeichnet, dessen Einhaltung im Rahmen des Vollzugs durch einen Soll-Ist-Vergleich kontrolliert werden kann. Die **Kontrolle** ist unbedingt nötig, um sicherzustellen, daß das Ziel der Planung überhaupt erreicht wird. Somit gehört also zu jedem Plan ein Kontrollplan.

b) Die Interdependenz der Teilpläne

Nach dem Objekt der Planung kann man die Betriebsaufbauplanung, die Programmplanung und die Betriebsablaufplanung unterscheiden. Die **Betriebsaufbauplanung** legt den Gesamtaufbau des Betriebes in organisatorischer, finanzieller und technischer Sicht fest. Die **Programmplanung** fixiert für einen bestimmten Zeitraum das Produktionsprogramm und die Produktionsmengen. Die **Betriebsablaufplanung** baut auf der Programmplanung auf und hat die Aufgabe, die Produktionsfaktoren richtig aufeinander abzustimmen und einzusetzen. Sie kann nach den Phasen des Betriebsprozesses in die Beschaffungsplanung, Materialplanung, Produktionsplanung, Fertiglagerplanung und Absatzplanung untergliedert werden.

Nach anderen Gesichtspunkten lassen sich weitere Gliederungen aufstellen. Nach der Länge des Zeitraumes, den der Plan erfaßt, unterscheidet man kurzfristige und langfristige Pläne. Den Zeitraum, für den eine Planung gilt, bezeichnet man als **Planungshorizont**. Nach dem Umfang der Planung differenziert man in Gesamtpläne und Teilpläne. **Teilpläne** erfassen nur einen Teil betrieblichen Geschehens, indem sie entweder sich als Einzelplan auf einen bestimmten

---

[1] Diederich, H., a.a.O., S. 140

Ausschnitt beschränken oder als Rahmenplan nur in großen Zügen den Betriebsablauf festlegen.

Das System der Teilpläne steht in einem bestimmten Zusammenhang zueinander. Im allgemeinen ist der langfristige Plan, der in der Regel ein **Rahmenplan** (Globalplan) ist, weil mit zunehmendem Planungshorizont die Erwartungen immer unsicherer werden, bestimmend für die Ausrichtung der kurzfristigen Pläne (Detailpläne). Sie müssen ihm angepaßt werden. Der Rahmenplan enthält meist einen Kapazitätsplan und den dazu notwendigen Investitionsplan. Der in einer Periode gültige Gesamtplan setzt sich aus den Teilplänen zusammen, die mit dem Rahmenplan untereinander abgestimmt sein müssen.

Während die langfristige Planung in der Lage ist, einen eventuell in einem betrieblichen Teilbereich bestehenden Engpaß zu beseitigen, müssen sich kurzfristige Pläne diesem Engpaßfaktor anpassen. Diese Notwendigkeit zur Orientierung der kurzfristigen Planung am Minimumsektor des Betriebes wird als **„Ausgleichsgesetz der Planung"**[1] bezeichnet. Dieses Gesetz zwingt alle Teilpläne zur Anpassung an den Plan, in dessen Bereich der Minimumsektor liegt.

Das Verhältnis von Produktions- und Absatzplan ist je nach der Art des Betriebes unterschiedlich. Es gibt Betriebe, die kontinuierlich produzieren und sich erst dann bemühen, die Erzeugnisse am Markt abzusetzen. Bei ihnen liegt die Produktion zeitlich vor dem Absatz, wenn natürlich auch die Planung der Produktionsmenge und die Planung der Absatzmenge für einen längeren Zeitraum abgestimmt werden müssen. Kurzfristig aber können Differenzen zwischen Produktion und Absatz entstehen, die durch Produktion auf Lager und Absatz vom Lager ausgeglichen werden. Hier tritt also eine Lagerplanung hinzu, die dafür sorgen muß, daß bei fehlender kurzfristiger Übereinstimmung von Produktion und Absatz doch eine mengen- und qualitätsmäßige Übereinstimmung auf lange Sicht erzielt werden kann.

Ist am Markt eine größere Menge eines Produktes absetzbar, als angeboten werden kann, d. h. kann die Nachfrage nicht befriedigt werden, so daß seitens der Nachfrager lange Lieferzeiten in Kauf genommen werden müssen, so bestimmt der Produktionsplan alle weiteren Teilpläne, es sei denn, daß dieser wiederum vom Finanzplan beschränkt wird. Die Größe des möglichen Absatzes hängt von den vorhandenen Produktionskapazitäten ab. Produziert dagegen ein Betrieb auf Grund spezieller Kundenaufträge, so liegt der Absatz gewissermaßen vor der Produktion. Hier bestimmt der Absatzplan den Umfang der übrigen Teilpläne; auch der Produktionsplan ist vom Absatzplan abhängig. Allerdings könnte auch hier der Minimumsektor im finanziellen Bereich liegen.

Durch die Aufstellung eines Teilplanes liefert jede Betriebsabteilung der Betriebsführung einen Voranschlag der Auszahlungen, die zur Realisierung des Planes erforderlich sind, und der Einzahlungen, die beim Vollzug der Planung anfallen werden. Alle Teilvoranschläge werden im Finanzplan zum Gesamtetat des Betriebes zusammengefaßt. Die im Plan festgelegten Werte werden zur vorgegebenen Norm, die eingehalten werden soll. Nach Vollzug des Planes erfolgt dann eine Kontrolle, die zeigen soll, ob die Planzahlen mit den Istzahlen (z. B.

---

[1] Gutenberg, E., Grundlagen Bd. I, a.a.O., S. 163 ff.

vorgegebene Auszahlungen und tatsächlich angefallen Auszahlungen) übereinstimmen oder ob Abweichungen eingetreten sind.

Bei der Aufstellung der Teilpläne versucht jede Betriebsabteilung, die ihr im Rahmen der Gesamtplanung gestellte Aufgabe optimal zu lösen. Eine optimale Lösung vom Standpunkt eines einzelnen Betriebsteils bedeutet aber nicht immer zugleich eine optimale Lösung der Gesamtaufgabe. Was bei einer Betriebsabteilung zu einer Kostenminderung führt, kann für eine andere Abteilung eine Mehrbelastung bedeuten. Die Betriebsführung muß versuchen, eine **Koordinierung der Teilpläne** in der Weise zu erreichen, daß im Interesse des Gesamtbetriebes eine optimale Lösung gefunden wird, d. h. sie muß die unterschiedlichen Interessen der einzelnen Abteilungen ausgleichen.

Die Lösung derartiger Planungs- und Koordinierungsaufgaben ist außerordentlich kompliziert und enthält viele Unsicherheitsfaktoren. So wird z. B. die Fertigungsabteilung dafür eintreten, daß wenige Produkte in großen Serien produziert werden, da auf diese Weise die Stückkosten der Produkte am niedrigsten gehalten werden können. Kleine Auflagen und häufiger Serienwechsel sind mit höheren Stückkosten verbunden als Großserien. Ein sehr umfangreiches Produktionsprogramm erschwert die optimale Ausnutzung aller Teilbereiche der Fertigung und birgt die Gefahr von Engpässen oder Überkapazitäten bei einzelnen Teilbereichen in sich.

Die Vertriebsabteilung wird dagegen für kleinere Serien und ein großes Sortiment eintreten, um am Absatzmarkt eine möglichst günstige Position zu haben. Die Finanzabteilung wird große Serien ablehnen, wenn damit eine umfangreiche Lagerhaltung verbunden ist, durch die größere Kapitalbeträge für längere Zeit festgelegt werden. Die Personalabteilung wird für eine Produktion auf Lager eintreten, wenn der Absatz zurückgeht, um keine Arbeitskräfte entlassen zu müssen, die später im Falle einer Besserung der Absatzlage nur sehr schwer am Arbeitsmarkt wieder zu beschaffen sind.

Da alle Teilpläne Bestandteil des Gesamtplanes sind, mit dessen Realisierung die gesteckten Ziele erreicht werden sollen, können isolierte Teilplanungen in der Regel nicht zu einem optimalen Ergebnis führen. Folglich ist eine **simultane Planung** des gesamten betrieblichen Prozesses anzustreben. Trotz verschiedener Ansätze ist es aber bis heute noch nicht gelungen, praktizierbare Verfahren für eine simultane Planung aller Bereiche, z. B. eine simultane Investitions-, Finanzierungs-, Beschaffungs-, Produktions- und Absatzplanung zu entwickeln. Einen bedeutenden Fortschritt bei der Lösung komplizierter Planungs- und Koordinierungsaufgaben hat die Entwicklung mathematischer Planungsverfahren gebracht, die später besprochen werden.

c) Die Ungewißheit als Grundproblem der Planung

Da die Planung stets zukunftsbezogen ist, setzt die Festlegung von Planungsentscheidungen Kenntnisse über wirtschaftliche Daten vielfältigster Art voraus. Für die Planung ist der Informationsstand entscheidend, der durch die Relation:

$$\frac{\text{tatsächlich vorhandene Information}}{\text{für notwendig erachtete Information}}$$

ausgedrückt wird. Dieses rein formale Verhältnis gibt den Umfang der Unterrichtung des Planenden an, den er subjektiv für notwendig erachtet, um eine optimale Lösung der Planungsaufgabe zu finden. Kann er nicht beurteilen, ob der Plan, für den er sich entscheidet, sich auch in der Zukunft als der zweckmäßigste gegenüber den anderen Alternativplänen erweist, so bezeichnet man diese Situation als Ungewißheit, die durch unvollkommene Information bedingt ist.

Man unterscheidet verschiedene Formen der Information. Eine Entscheidung unter **vollkommener Information** liegt dann vor, wenn der Entscheidende mit Sicherheit die Entwicklung aller Daten, die für ihn zweckorientiertes Wissen darstellen, ermitteln kann. Vollkommene Information setzt also die Kenntnis der Zukunft voraus. Das Gegenteil hiervon stellt die **vollkommene Ignoranz** dar. Sie kennzeichnet den Fall, wo ein absoluter Mangel an Information vorliegt. Den Bereich, der zwischen diesen beiden Extremen liegt, bezeichnet man als **unvollkommene Information.**

Da sich die Planung auf die Zukunft bezieht, muß der Planer Vorstellungen über die zukünftigen Datenkonstellationen haben. Diese Erwartungen sind das Ergebnis eines Prozesses, in dem der Planer sich die zukünftigen Datenkonstellationen vorstellt und sie auf die Möglichkeit ihres Eintreffens hin überprüft. Ist das Ausmaß des Vertrauens, das der Planer in das tatsächliche Eintreten einer Erwartung setzt, unbegrenzt, steht für ihn also absolute Sicherheit fest, so liegt eine „**sichere Erwartung**" vor. Ist dies nicht der Fall, haben wir es mit einer „**unsicheren Erwartung**" zu tun. Hier rechnet der Planer mit der Möglichkeit, daß die effektiven Daten von den erwarteten abweichen. Ist die Wahrscheinlichkeit der Abweichungen statistisch berechenbar, so spricht man von **Risikoerwartungen.**

Da die Begriffe Sicherheit, Risiko und Unsicherheit in Planungs- und Entscheidungssituationen in der Literatur nicht einheitlich verwendet werden, wird im folgenden noch einmal eine Gegenüberstellung vorgenommen.

Grundsätzlich kann sich der Entscheidungsträger in folgenden Situationen befinden:

(1) **Sicherheit**: Eine Maßnahme führt zu einem eindeutigen Ergebnis mit 100% Wahrscheinlichkeit, d. h. zu einem völlig sicheren Ergebnis.

Entscheidungssituationen		
Sicherheit	**Risiko**	**Unsicherheit**
einwertige Erwartungen	einwertige Erwartungen	mehrwertige Erwartungen
einwertige Wahrscheinlichkeiten	mehrwertige Wahrscheinlichkeiten (unechte Unsicherheit)	mehrwertige Wahrscheinlichkeiten, gar keine Wahrscheinlichkeit (echte Unsicherheit)

(2) **Risiko**: Eine Maßnahme führt zu mehreren Ergebnissen, von denen aber die Wahrscheinlichkeiten ihres Eintritts bekannt sind. Es liegt also eine Wahrscheinlichkeitsverteilung vor.

(3) **Unsicherheit**: Eine Maßnahme führt zu Ergebnissen, über die weder Wahrscheinlichkeiten noch sonstige andere Erkenntnisse vorhanden sind.

Zur Beantwortung der Frage, wie der Unternehmer seine Ziele bei unvollkommener Information realisieren kann, d. h. welche Entscheidungen er zu treffen hat, ist in der Literatur eine Reihe von **Entscheidungsregeln**[1] entwickelt worden, die zum Teil die jeweilige Zielsetzung von sich aus modifizieren (z. B. hohe Sicherheit auf Kosten evtl. höherer Gewinne). Allgemein läßt sich feststellen, daß es eine allgemeine Entscheidungsregel bei unvollkommener Information (noch) nicht gibt. Alle Methoden dienen nur der Datenaufbereitung. Die letzte Entscheidung wird subjektiv durch den Unternehmer durchgeführt.

Man kann diese Methoden als Versuche bezeichnen, dem Unternehmer Entscheidungshilfen zu geben. Wenn in Anbetracht dieser Schwierigkeiten häufig an der Prämisse der vollkommenen Information (sichere Erwartungen) festgehalten wird, so muß man sich stets vergegenwärtigen, daß derartige Entscheidungsmodelle nur einen sehr begrenzten praktischen Wert haben. Dennoch sollte die Bedeutung von Theorien unter der Annahme sicherer Erwartungen als Bausteine umfassenderer, allgemeinerer Theorien nicht unterschätzt werden.

Für die Praxis resultiert aus der Unsicherheit über zukünftige Daten die Notwendigkeit der **Flexibilität der Planung**. Da wegen der Unsicherheit dauernd mit neuen Informationen zu rechnen ist, muß die Möglichkeit einer Abänderung des ursprünglichen Planes beachtet werden. Diese Fähigkeit, die ursprüngliche Entscheidung in Reaktion auf veränderte Datenkonstellationen zu korrigieren, kann durchaus ebenfalls ein Auswahlkriterium zwischen verschiedenen Plänen sein.

d) Operations Research

aa) Begriff und Aufgaben von Operations Research

Zur Lösung betrieblicher Planungs- und Koordinierungsprobleme ist eine Anzahl wissenschaftlicher Methoden und Verfahren entwickelt worden. Die im folgenden behandelten Verfahren werden unter der Bezeichnung **Operations Research** zusammengefaßt. Sie wurden während des Zweiten Weltkrieges zuerst in Großbritannien und später in den USA zur Lösung militärischer Probleme (Transportprobleme, Nachschubprobleme) angewendet. In den letzten Jahrzehnten wurden sie auf wirtschaftliche Fragen übertragen und fanden auch in Deutschland Eingang und Anwendung. Zwar ist noch kein Verfahren entwickelt worden, um eine optimale Gesamtlösung aller betrieblichen Entscheidungs- und Planungsprobleme auf rechnerischem Wege zu finden, doch können schwierige Teilaufgaben mit Hilfe mathematischer Planungsansätze gelöst werden.

---

[1] Einzelheiten vgl. Kilger, W., Dellmann, K., Überblick über die mathematischen Verfahren der Planung. In: Agplan-Handbuch zur Unternehmensplanung, Bd. II, Berlin 1970, Nr. 5202, S. 57 ff.

Für den Begriff Operations Research gibt es eine Anzahl von deutschen Bezeichnungen. So finden sich in der Literatur z. B. die Begriffe Verfahrensforschung, Unternehmensforschung, Planungsforschung, Ablaufforschung, Entscheidungsforschung, Operationsforschung, Operationsanalyse u. a. m. In den letzten Jahren hat sich der Begriff „**Unternehmensforschung**" durchgesetzt.

Die Unternehmensforschung führt zur Bildung **mathematischer Entscheidungsmodelle**. Wie alle mathematischen Modelle in der Wirtschaftstheorie, so können auch diese Modelle nicht mehr an Erkenntnissen liefern, als man zuvor durch Auswahl der Voraussetzungen in sie hineingesteckt hat. Das entscheidende Problem ist also der Ansatz, die Auswahl der Prämissen. Die Verwendung der Mathematik als formale Sprache zwingt zu einer klaren Formulierung der Probleme und bietet in Verbindung mit dem Einsatz elektronischer Rechenanlagen den Vorteil, daß auch Probleme solcher Größenordnungen durchgerechnet werden können, die bisher als praktisch unlösbar galten.

Zur Lösung eines Problems durch Operations Research ist nach Churchmann, Ackoff, Arnoff[1] die Aufstellung eines Untersuchungsplans erforderlich, der folgende Schritte umfaßt:
(1) Die verbale Formulierung des Problems;
(2) die Entwicklung eines mathematischen Modells;
(3) die Ableitung einer Lösung aus dem Modell;
(4) die Prüfung von Modell und Lösung;
(5) die laufende Kontrolle der Lösung während ihrer Anwendung.

Ein solcher Lösungsweg kann oft nur noch von Forscherteams unterschiedlicher Fachrichtungen (Betriebswirte, Statistiker, Mathematiker, Physiker, Ingenieure, Soziologen, Psychologen u. a.) erfolgreich beschritten werden. Zur Lösung des Modells sind meist Elektronenrechner notwendig. Wittmann ist der Ansicht, „daß wir als Betriebswirte soviel Mathematik bei der Verfahrensforschung können müssen, daß wir in der Lage sind, das Problem mathematisch hinreichend zu formulieren und den Aussagewert der von den Mathematikern erzielten Ergebnisse abzuschätzen".[2]

Man erkennt aus dieser Zusammenstellung der Schritte eines Lösungsweges, daß die Unternehmensleitung keine mathematischen Spezialkenntnisse für den Einsatz von Methoden der Unternehmensforschung benötigt, denn die Unternehmensleitung ist – grob gesprochen – nur für die erste Phase (verbale Formulierung des Problems) und für die Anweisungen zur Anwendung der Lösung zuständig. Es wird aber auch deutlich, daß sie zur Formulierung konkreter Aufgaben und zur Beurteilung und Verwirklichung der Lösungen auf einen allgemeinen Überblick über die zur Verfügung stehenden Instrumente und ihre Leistungsfähigkeit nicht verzichten kann.

Die Aufgabe der Unternehmensleitung besteht weiter darin, die personellen und organisatorischen Voraussetzungen für die wirkungsvolle Arbeit eines

---

[1] Vgl. Churchman, C. W., Ackoff, R. L., Arnoff, E. L., An Introduction to Operations Research, New York 1957; deutsche Ausgabe: Operations-Research – Einführung in die Unternehmensforschung, Wien und München 1961, S. 22ff. (im folgenden wird weiterhin nach der deutschen Ausgabe zitiert).

[2] Wittmann, W., Betriebswirtschaftslehre und Operations Research, ZfhF 1958, S. 294

Teams zu schaffen. Dazu gehört vor allem, daß die Gruppe innerhalb des Unternehmens nicht durch Kompetenzprobleme behindert wird, sondern Gelegenheit hat, mit allen jeweils berührten Bereichen und Abteilungen zusammenzuarbeiten. Die letzte Voraussetzung ist auch deshalb bedeutsam, weil sich das Einsatzgebiet von Operations Research mit vielen Teilen des betrieblichen Rechnungswesens überschneidet. Hier kommt es darauf an, die Impulse zu nutzen, die von den neuen Verfahren auf die Ausgestaltung und Arbeitsweise des Rechnungswesens ausgehen können.

bb) Operations Research-Verfahren[1]

(1) Lineare Programmierung

Gemessen am Stand der derzeitigen Forschung und an der Skala der Anwendungsmöglichkeiten kann die Lineare Programmierung als das wohl bedeutsamste Teilgebiet der Unternehmensforschung bezeichnet werden. Es geht hierbei um die Lösung von Planungsproblemen, deren Struktur sich in einem System linearer Gleichungen und/oder Ungleichungen darstellen läßt.

Die rechnerische Lösung des linearen Gleichungsansatzes erfolgt in der Regel mit Hilfe der sog. **Simplex-Methode.** Einfache Probleme, bei denen die Erfordernisse der auszuführenden Tätigkeit und die verfügbaren Einrichtungen in der gleichen Einheit auszudrücken sind,[2] werden mit Hilfe des sog. **Transportverfahrens** gelöst. Das universell verwendbare Lösungsverfahren ist das Simplexverfahren. Dieses numerisch-iterative Rechnungsverfahren eignet sich sehr gut zum Einsatz auf EDV-Anlagen; Standardprogramme für die Simplex-Methode liegen in allen bekannten Programmiersprachen vor.

Ein Modell der Linearen Programmierung ist durch drei Funktionen bzw. Gruppen von Funktionen zu beschreiben:
(a) die Zielfunktion;
(b) die Nebenbedingungen (auch Beschränkungen oder Restriktionen genannt);
(c) die Nicht-Negativitätsbedingung.[3]

Die **Zielfunktion** gibt die funktionale Abhängigkeit zwischen den Größen an, die die zu maximierende bzw. zu minimierende Größe, das Ziel, beeinflussen. Es muß sich um eine lineare Funktion handeln, da sonst die bekannten Rechenverfahren nicht anwendbar sind.[4] Soll z. B. ein optimales Produktionsprogramm ermittelt werden, und wird als zu maximierende Größe der gesamte Bruttogewinn gewählt, so könnte die Zielfunktion lauten:

$$G = g_1 x_1 + g_2 x_2 + \ldots + g_n x_n,$$

---

[1] Im folgenden können die Verfahren und ihre Anwendungsmöglichkeiten nur knapp umrissen werden. Zur rechnerischen Lösung vgl. insbesondere Kilger, W., Dellmann, K., Überblick über die mathematischen Verfahren der Planung. In: Agplan-Handbuch, Bd. II, Berlin 1970, Nr. 5202, sowie die dort angegebene Literatur.
[2] Z. B. die Zuteilung von Leergut verschiedener Sammelstellen an verschiedene Füllstationen bei minimalen Transportkosten.
[3] Die Darstellung folgt im wesentlichen Sasieni, M., Yaspan, A., Friedman, L., Operations Research, 2. Aufl., London/New York 1960; deutsche Ausgabe: 2. Aufl., Würzburg 1966, S. 1 (im folgenden wird weiterhin nach der deutschen Ausgabe zitiert).
[4] Die neuere Forschung hat Lösungsverfahren für einige nichtlineare Funktionen entwickelt oder versucht, nichtlineare Funktionen durch lineare zu approximieren.

wobei G der zu maximierende Bruttogewinn, $g_1, g_2, \ldots, g_n$ der jeweilige Bruttogewinn (Deckungsbeitrag) je Stück der Produkte 1, 2, ..., n und $x_1, x_2, \ldots, x_n$ die zu produzierenden Mengen der Produkte 1, 2, ..., n sind.

Die **Nebenbedingungen** werden ebenfalls in Form von linearen Beziehungen, allerdings als Ungleichungen ausgedrückt. Sämtliche produktionstechnischen, finanziellen und durch den Markt bedingten Beschränkungen, die das auszuarbeitende Produktionsprogramm betreffen, werden so in das Modell einbezogen. Die Tatsache, daß z. B. die verschiedenen Produktionsanlagen eine Maximalkapazität von $b_1, b_2, \ldots, b_m$ haben und die verschiedenen Produkte diese Kapazität in unterschiedlichem Maße binden, wird durch eine Reihe von Ungleichungen ausgedrückt:

$$a_{11}x_1 + a_{12}x_2 + \ldots + a_{1n}x_n \leq b_1$$
$$a_{21}x_1 + a_{22}x_2 + \ldots + a_{2n}x_n \leq b_2$$
$$a_{m1}x_1 + a_{m2}x_2 + \ldots + a_{mn}x_n \leq b_m$$

In diesen Ungleichungen bedeuten:

a_{11} = Kapazitätsbindung einer Einheit von Produkt 1 auf Maschine 1
a_{12} = Kapazitätsbindung einer Einheit von Produkt 2 auf Maschine 1
a_{21} = Kapazitätsbindung einer Einheit von Produkt 1 auf Maschine 2
a_{m1} = Kapazitätsbindung einer Einheit von Produkt 1 auf Maschine m
a_{mn} = Kapazitätsbindung einer Einheit von Produkt n auf Maschine m
$b_1, b_2, \ldots, b_m$ sind die Maximalkapazitäten der einzelnen Anlagen.

Die dritte, die sog. **Nicht-Negativitätsbedingung** wird ebenfalls als System von Ungleichungen ausgedrückt. Sie besagen, daß das optimale Programm keine negativen Werte eines Produkts enthalten darf, eine Situation, die zwar den mathematischen Bedingungen des Modells genügen würde, aber wirtschaftlich unsinnig ist.

Lineare Programmierungsprobleme sind entweder **Minimierungs- oder Maximierungsprobleme.** Je nach Art der Fragestellung wird mit den gleichen mathematischen Lösungsverfahren die Zielfunktion entweder minimiert oder maximiert, je nachdem, ob als Zielgröße z. B. der Gesamtgewinn oder die Gesamtkosten gewählt wurden.

Von den zahlreichen **Anwendungsmöglichkeiten** der Linearen Programmierung können hier nur einige Beispiele genannt werden:

(a) Die Ermittlung der kostenminimalen Mischung verschiedener Eisenerzsorten in der Hochofenabteilung eines Stahlwerkes bei bestimmten Anforderungen an die Roheisenqualität und die Schlackenzusammensetzung. Ähnliche Mischungsaufgaben werden mit Hilfe der linearen Planungsrechnung in der chemischen und pharmazeutischen Industrie sowie in der Futtermittel-, Nahrungsmittel- und Mineralölindustrie gelöst.

(b) Die Bestimmung optimaler Produktionspläne für mehrere Perioden unter Berücksichtigung der Maschinenbelegung und Lagerhaltung bei vorgegebenen Personal-, Maschinen- und Lagerkapazitäten, Absatzmengen usw.

(c) Die Lösung von Transportproblemen, wie z. B. die Minimierung der Leerzugkosten im Güterverkehr einer Eisenbahngesellschaft oder die kostengünstigste Verteilung der Produkte eines Mineralölkonzerns von verschiedenen Raffinerien auf verschiedene Niederlassungen und Läger und weiter auf einzelne Tankstellen und sonstige Verbraucher. (Vergleichbare Anwendungen sind bekannt für die Planung der Linienbesetzung von Fluggesellschaften, des Öltankereinsatzes der US-Navy, der Verteilung von Kohlesorten verschiedener Zechen auf die einzelnen Gaswerke des englischen North-Western-Gas-Board, usw.)

(d) Ferner kann die Lineare Programmierung bei der Ermittlung optimaler Investitionsstrategien, Finanzpläne, Werbebudgets, Rundreisewege für Vertreter oder Lieferfahrzeuge sowie Stundenpläne im Unterrichtswesen angewendet werden.

Die Lineare Programmierung ist ein **Teilgebiet der mathematischen Programmierung,** zu der man außerdem noch die ganzzahlige, die parametrische, die stochastische und die nichtlineare Programmierung zählt. Ist man in einem konkreten Problem darauf angewiesen, für einzelne oder alle Planungsgrößen (Variablen) die Lösungswerte nur in ganzen Zahlen zu errechnen (weil beispielsweise 2,35 Maschinen nicht angeschafft werden können), so bedient man sich der Verfahren der ganzzahligen Linearen Programmierung, die allerdings erst bei relativ kleinen Modellen praktisch anwendbar sind.

Will man die Lösung eines optimalen Programms in Hinblick auf ihre Veränderungen bei Variation einzelner Planungsdaten (Parameter) überprüfen, so wendet man die Verfahren der parametrischen Programmierung an, die häufig auch als **Sensitivitätsanalysen** bezeichnet werden.

Sind die Daten der Modelle nicht sicher, sondern unterliegen sie dem Zufall, dann handelt es sich nicht mehr um deterministische, sondern um stochastische Modelle; in diesen Fällen können die Verfahren der **stochastischen Programmierung** eingesetzt werden.

Wenn die Zielfunktion und/oder mindestens eine Nebenbedingung eines Planungsproblems nichtlinearen Funktionsgesetzen gehorcht, liegt ein Anwendungsfall der **nichtlinearen Programmierung** vor. Für dieses wenig erforschte, dennoch für die Praxis bedeutsame Gebiet wird es wegen der unterschiedlichen Struktur der Probleme wahrscheinlich kein allgemeingültiges Lösungsverfahren geben; lediglich für Spezialfälle sind Rechenverfahren bekannt. In der Praxis kann man jedoch vielfach diesen Schwierigkeiten ausweichen, indem man als Näherungsmethode die nichtlinearen Funktionen künstlich stückweise linearisiert und dann die vorhandenen Verfahren einsetzt.

(2) Warteschlangenmodelle

Bei Warteschlangenmodellen[1] (waitingline models oder queuing models) geht es um die **Dimensionierung von Engpässen,** die dann auftreten können, wenn Objekte irgendwelcher Art in regelmäßiger oder zufälliger Folge bei einem Bedienungssystem mit einer oder mehreren Abfertigungsstationen (Kanälen) eintreffen und dort mit unregelmäßiger oder bestimmter Abfertigungszeit bedient werden. Beispielsweise warten Kunden an den Kassen eines Selbstbedienungsladens, Arbeiter am Ausgabeschalter eines Werkzeug-Magazins, Schiffe

---

[1] Vgl. Schneeweiß, H., Zur Theorie der Warteschlangen, ZfhF 1960 S. 471 ff.

auf Entladung im Hafen, Telefongespräche auf Vermittlung, stillstehende Maschinen auf Inbetriebsetzung oder Versandaufträge auf Bearbeitung.

In diesen Situationen muß ein Kompromiß zwischen den Unterhaltungskosten der Bedienungseinrichtung und den Wartekosten der abzufertigenden Objekte gefunden werden. Zur Ermittlung eines derartigen Optimums verwendet man die Methoden der Wahrscheinlichkeitsrechnung, wobei die durchschnittliche Ankunfts- und Abfertigungsrate, die mittlere Schlangenlänge und die durchschnittliche Wartezeit eine besondere Rolle spielen. Bei komplizierten Systemen setzt man auch Simulationsverfahren ein.[1]

Beispiele:
(a) Die Ermittlung der optimalen Anzahl der Beschäftigten in den Werkzeugausgabestellen eines Industriebetriebes; minimiert wird die Summe aus den (fixen) Personalkosten an den Schaltern und den (variablen) Leerzeiten der wartenden Arbeiter.
(b) Die Bestimmung des Wartungspersonals in einer Spinnerei, wo die Spindeln der Maschinen infolge von Fadenbrüchen oder Materialmangel auf Bedienung warten; abzuwägen sind hier die Personalkosten gegenüber den Stillstandskosten der Maschinen.
(c) Die Dimensionierung des Fuhrparks eines Warenhauses zur Frei-Haus-Belieferung der Kunden.
(d) Die Arbeitszeiteinteilung von Telefonistinnen, Ampelregelung an Straßenkreuzungen, Besetzung von Maut- und Zollstellen, Zeit- und Ablaufplanung von Produktionsprozessen.

(3) Lagerhaltungsmodelle

Lagerhaltungsmodelle (inventory models) beschäftigen sich mit den Fragen nach der Höhe der zu lagernden Bestände, nach der Größe der Lagerzugänge (Bestellmengen, Losgrößen), nach den voraussichtlichen Abgängen und nach der Organisation der Bestandskontrolle und Nachbestellung. Die Überlegungen gelten prinzipiell für Rohstoff-, Halb- und Fertigfabrikateläger; das zu ermittelnde Optimum stellt gewöhnlich einen Ausgleich zwischen Kostenarten her, die sich zur Höhe der Bestell- oder Lagermenge gegenläufig verhalten. So führt eine hohe Bestellmenge z. B. zu hohen kalkulatorischen Zinsen und gleichzeitig zu niedrigen Beschaffungsstückkosten.

Lagerhaltungsmodelle sind entsprechend den unterschiedlichen Fragestellungen in ihrer mathematischen Struktur sehr heterogen. Der Differentialrechnung bedient man sich bei den Modellen, die auf der Formel für die optimale Bestellmenge bzw. Losgröße[2] aufbauen. Andere Modelle arbeiten mit den Verfahren der linearen und dynamischen Programmierung, der Wahrscheinlichkeitstheorie oder der Simulation. So lassen sich z. B. folgende Tatbestände, die auch die Anwendungsmöglichkeiten dieses Teilgebietes der Unternehmensforschung verdeutlichen, in den verschiedenen Modellen berücksichtigen: Marktpreisschwankungen auf den Beschaffungsmärkten; mengenabhängige Beschaffungspreise (durch Rabattstaffeln); „Kosten" für Fehlmengen; Qualitätsminderungen

---

[1] Vgl. S. 141
[2] Vgl. Dritter Abschnitt, II, 2c und III, 2c

A. Die betrieblichen Produktionsfaktoren

des Bestandes in Abhängigkeit von der Lagerhaltung; zufallsabhängige Lieferfristen und Lagerabgänge; Kapazitäts- und Kapitalrestriktionen; mehrperiodische Abstimmung zwischen Produktion und Lager (auch unter Berücksichtigung saisonaler Absatzschwankungen).

(4) Die Spieltheorie

In der Spieltheorie[1] (Theorie der strategischen Spiele, theory of games) untersucht man **rationale Verhaltensweisen in Konfliktsituationen,** die dadurch gekennzeichnet sind, daß mehreren eigenen Handlungsmöglichkeiten (Strategien) auch mehrere Handlungsmöglichkeiten eines oder mehrerer Gegenspieler gegenüberstehen, ohne daß man weiß, welche Strategie die andere Seite, zu der auch die Natur gehören kann, wählen wird.

Ziel der Spieltheorie ist „die Bestimmung des ‚besten Verhaltens' eines Spielers in allen Situationen, in denen das Ergebnis nicht nur von seinem eigenen Verhalten, sondern auch von dem anderer Spieler abhängt, deren Interessen seinen eigenen oft feindlich, manchmal freundlich gegenüberstehen."[2]

Der Betrieb muß z. B. bei bestimmten preispolitischen Maßnahmen damit rechnen, daß seine Konkurrenten in bestimmter Weise reagieren. Seine Entscheidungen werden in ihrer Wirksamkeit also unter Umständen durch die Entscheidungen eines Konkurrenten beeinflußt. In einem Entscheidungsmodell wird versucht, für den Betrieb eine optimale Strategie zu ermitteln, bei deren Anwendung er sich ein bestimmtes Spielergebnis, d. h. in der Regel den maximalen Gewinn sichern kann.

Die spieltheoretischen Entscheidungsmodelle unterscheiden sich von den durch lineare Programmplanung entwickelten Modellen dadurch, daß erstere auch die Abhängigkeit der optimalen Lösung vom Verhalten, also von den Entscheidungen anderer Personen, und von Zufallseinflüssen berücksichtigen.

(5) Die Netzplantechnik

Die Netzplantechnik[3] (network analysis) umfaßt Verfahren zur Planung, Steuerung und Ablaufkontrolle komplexer Projekte mit einer größeren Anzahl auszuführender Arbeitsgänge. Sie hat seit ihrer Entstehung um 1957/58 eine rapide Entwicklung erfahren und gehört heute zu den in der Praxis bekanntesten Verfahren der Unternehmensforschung; dazu trug neben der schnellen Verbreitung von EDV-Anlagen auch ihre einfache, d. h. leicht erlernbare, mathematische Struktur bei.

Die Grundlagen der Netzplantechnik entstammen der Graphentheorie; allen Verfahren ist ein graphisches Modell (Netzplan) gemeinsam, das die einzelnen Arbeitsgänge (Tätigkeiten, Vorgänge, Aktivitäten) und die Zeitpunkte, an denen diese Tätigkeiten beginnen bzw. enden (Ereignisse, Knoten, events), in ihrer logischen Aufeinanderfolge übersichtlich und eindeutig darstellt. Erst nach einer derartigen Strukturanalyse können weitere Untersuchungen angestellt werden,

---

[1] Vgl. von Neumann, J., Morgenstern, O., Theory of Games and Economic Behavior, Princeton 1947; Schneeweiß, H., Entscheidungskriterien bei Risiko, Berlin-Heidelberg-New York 1967

[2] Morgenstern, O., Spieltheorie, HdS Bd. 9, Stuttgart, Tübingen, Göttingen 1956, S. 707

[3] Vgl. Brink, H. J., Kern, N., Netzplantechnik, in: Agplan-Handbuch, Band II, Berlin 1970, Nr. 5302

die sich gewöhnlich auf das Zeitgerüst des Projekts erstrecken und den herkömmlichen Terminplanungsverfahren überlegen sind. Man ermittelt beispielsweise den „kritischen Pfad", der jene Aktivitäten des Netzplanes angibt, deren Verzögerung auch den Endtermin des Projekts verzögern würde. Nicht kritische Vorgänge sind dann innerhalb gewisser Grenzen (Pufferzeiten) verschiebbar. Neuere Verfahren berücksichtigen schließlich auch Kapazitäts- und Kostengesichtspunkte.

Von der Vielzahl der Netzplan-Techniken seien hier nur einige der bekannteren erwähnt: **CPM** (Critical Path Method); **PERT** (Program Evaluation and Review Technique); **MPM** (Metra Potential Method); **RAMPS** (Resources Allocation and Multi-Project-Scheduling); **LESS** (Least Cost Estimating and Scheduling).

Auch von den **Anwendungsgebieten** kann nur ein kleiner Ausschnitt aufgezeigt werden:

(a) Entwicklung von Waffen- und Nachrichtensystemen; beim Polaris-Projekt der amerikanischen Marine erwies sich PERT als so wirkungsvoll, daß der Einsatz von Netzplantechniken für die Erlangung von Regierungsaufträgen in den USA heute obligatorisch ist.

(b) Planung von Bauvorhaben (Autobahnen, Hotels, Universitäten, Atomkraftwerke).

(c) Installation und Programmierung von EDV-Anlagen.

(d) Wartungs- und Reparaturplanung von Großanlagen (Flugzeuge, Raffinerien, Drehöfen, Fuhrpark).

(e) Erprobung und Markteinführung neuer Produkte; Planung von Wahl- und Werbekampagnen, von Konferenzen und Fertigungsabläufen; Vorbereitung von Angeboten usw.

(6) Ersatzmodelle

Ersatzmodelle (Erneuerungsmodelle, replacement models) beschäftigen sich mit der optimalen Ersatzpolitik bei Gegenständen, deren Funktionsfähigkeit plötzlich, vollständig und nicht vorhersehbar endet und die gewöhnlich in größerer Zahl eingesetzt sind (z. B. Glühbirnen, Elektronenröhren, Maschinenelemente).[1] Die Alternativen für die Ersatzpolitik solcher Gegenstände bestehen darin, entweder bei jedem Ausfall sofort einzeln zu ersetzen oder nach einer bestimmten Zeit alle Gegenstände auf einmal zu erneuern. Beim Gruppenersatz sind die Reparaturkosten pro Stück geringer als beim Einzelersatz, gleichzeitig müssen aber zusätzliche Kosten wegen der Erneuerung noch funktionsfähiger Gegenstände veranschlagt werden. Das Ziel der Ersatzmodelle besteht darin, das hier existierende Kostenminimum und damit die optimale Ersatzstrategie aufzufinden.

Wie bei ähnlichen zufallsabhängigen Problemen (vgl. Warteschlangen- und Lagerhaltungsmodelle) gibt es auch für Ersatzprobleme kein allgemeingültiges Lösungsverfahren. Man bedient sich vor allem der Wahrscheinlichkeitsrechnung und der Simulationsverfahren.

---

[1] Dagegen werden Überlegungen zum Ersatz von Gegenständen, deren Leistungsfähigkeit im Zeitablauf allmählich sinkt (z. B. Maschinen, Kfz) gewöhnlich nicht im Rahmen der Unternehmensforschung behandelt, sondern als Teilgebiet der Investitionsrechnung betrachtet.

Anwendungen sind z. B. bekannt für den Ersatz von Schwellen und Schienen (bei einer Eisenbahngesellschaft); für den Ersatz von Glühlampen; für den Ersatz elektronischer Teile an Radargeräten und für prophylaktische Reparaturen eines Maschinenparks (Kugellager, Ventile usw.).

(7) Die dynamische Programmierung

Die dynamische Programmierung (dynamic programming) beinhaltet Rechenverfahren zur Optimierung mehrstufiger Prozesse, bei denen die Entscheidung auf jeder Stufe die Entscheidungssituation auf der nächsten Stufe beeinflußt. Das von R. Bellman (1957) maßgeblich entwickelte Verfahren basiert auf dem Prinzip der Rekursion; man rechnet vom Endzustand rückwärts über alle Entscheidungsstufen bis zum Prozeßbeginn.

Die Anwendungsbereiche der noch nicht sehr weit entwickelten und verbreiteten dynamischen Programmierung erstrecken sich insbesondere auf Produktionsplanungs-, Lagerhaltungs- und Ersatzprobleme.

(8) Simulationsverfahren

Bei fast allen bisher genannten (insbesondere stochastischen) Teilgebieten der Unternehmensforschung treten Probleme auf, die infolge ihrer Komplexität äußerst schwierige Berechnungen erfordern würden. Hier können Simulationsverfahren[1] weiterhelfen. Man versteht darunter experimentelle Methoden, die anhand eines mathematischen Modells durch Versuche (Probieren) eine Näherungslösung anstreben. Dabei werden nicht sämtliche Datenkonstellationen durchgerechnet, sondern nur gewisse, bei ersten Versuchen Erfolg versprechende Alternativen weiterverfolgt. Die zur Nachbildung der Ungewißheit benötigten Zufallszahlen werden meistens mit der sog. **Monte-Carlo-Methode**[2] erzeugt.

Simulationsverfahren lassen sich grundsätzlich in allen Teilbereichen der Unternehmensforschung anwenden, wenngleich ihr bedeutsamstes Feld die Warteschlangen-, Lagerhaltungs- und Ersatzprobleme sind; eine Anzahl von Simulations-Programmen[3] für EDV-Anlagen liegt hierzu vor.

cc) Grenzen der Anwendung von Operations Research

Der Anwendung mathematischer Planungsverfahren sind Grenzen gesetzt. Diese Grenzen gelten allerdings zum Teil für alle in der Betriebswirtschaftslehre verwendeten Modelle, also z. B. auch für die später zu betrachtenden kosten- und preistheoretischen Modelle.

Die Möglichkeiten der Anwendung von Operations Research hängen zunächst von der **Beschaffung der notwendigen Daten** ab. Für manche Verfahren sind Daten erforderlich, die in der Praxis nicht zu beschaffen sind. So wird z. B. in der Spieltheorie mit bekannten Gewinnen und Verlusten gearbeitet, also mit Daten, die in der Praxis nicht verfügbar sind.[4] Des weiteren müssen die

---

[1] Vgl. Koxholt, R., Die Simulation – Ein Hilfsmittel der Unternehmensforschung, München-Wien 1967

[2] Gelegentlich werden die Begriffe „Simulation" und „Monte-Carlo-Methode" auch synonym verwandt.

[3] Für Simulationsverfahren wurden auch spezielle Programmiersprachen entwickelt, wie z. B. SIMULA und SIMSCRIPT.

[4] Vgl. Churchman, C. W., Ackoff, R. L., Arnoff, E. L., a.a.O., S. 510ff., wo in dieser Beziehung unter sehr optimistischen Annahmen gearbeitet wird.

einzelnen, in ein Operations Research-Modell eingehenden Faktoren quantifizierbar und meßbar sein, da ihre Größe und Veränderungen sonst nicht durch mathematische Modelle auszudrücken sind.

Eine zweite Begrenzung der Anwendung der Verfahren liegt in den verwendeten **mathematischen Modellen.** Sie setzen voraus, daß eine streng kausale Beziehung zwischen den einzelnen Variablen besteht. Existiert eine derartige Beziehung nicht, können die Verfahren nicht angewendet werden. Damit scheiden diejenigen betriebswirtschaftlichen Probleme, die durch ein Vorherrschen menschlicher Entscheidungsfreiheit gekennzeichnet sind, größtenteils aus dem Forschungsgebiet von Operations Research aus. Darüber hinaus gibt es betriebliche Vorgänge, die nur in stark vereinfachter Darstellung modellmäßig erfaßt werden können. Das hat zur Folge, daß weniger wichtige Faktoren entweder ganz fallengelassen oder als konstant angenommen werden müssen, worunter die Exaktheit und Zuverlässigkeit des Ergebnisses leidet.

Eine dritte Begrenzung erfährt die Anwendung von Operations Research-Verfahren durch die vorhandenen **Lösungsverfahren.** So ist man zwar in der Lage, bei Zuteilungsproblemen mit nichtlinearen Abhängigkeiten Modelle aufzustellen, doch reichen die bekannten Lösungsverfahren nicht aus, um bei nichtlinearen Programmen eindeutig optimale Kombinationen zu bestimmen.

Das wichtigste betriebsbedingte Kriterium, an dem die Anwendbarkeit von Operations Research geprüft werden muß, ist die **Frage der Wirtschaftlichkeit.** In jedem einzelnen Fall muß abgewogen werden, ob die durch den Einsatz von Operations Research zu erzielenden Ersparnisse die entstehenden Kosten rechtfertigen; beide Größen können in der Regel nur geschätzt werden. Das ist neben der Betriebsgröße auch von der Art der anfallenden betrieblichen Probleme abhängig.

Die aufgezeigten Grenzen der Anwendung können jedoch nicht scharf gezogen werden. Eine allgemeingültige Bestimmung der verfahrensbedingten Grenzen ist z. B. deshalb unmöglich, weil ständig neue Forschungsergebnisse erzielt werden. So werden durch Verbesserungen der statistischen Beobachtungs- und Aufbereitungsverfahren bisher nicht meßbare Variable meßbar oder durch Entwicklung neuer Lösungsverfahren manche nichtlineare Programme lösbar.

3. Die Betriebsorganisation

a) Begriff und Aufgaben der Organisation

Das gesamte betriebliche Geschehen vollzieht sich in einer bestimmten Ordnung, d. h. nach bestimmten Regelungen. Diese Ordnung muß zunächst geplant und dann mit Hilfe von organisatorischen Maßnahmen verwirklicht werden. Unter Organisation verstehen wir einerseits den **Prozeß der Entwicklung dieser Ordnung** aller betrieblichen Tätigkeiten (Strukturierung) und andererseits das Ergebnis dieses gestalterischen Prozesses, d. h. die **Gesamtheit aller Regelungen,** deren sich die Betriebsleitung und die ihr untergeordneten Organe bedienen, um die durch Planung entworfene Ordnung aller betrieblichen Prozesse und Erscheinungen zu realisieren. Die Organisation ist also eine Aufgabe der Betriebsleitung (ebenso wie Planung und Kontrolle) und gleichzeitig ein

A. Die betrieblichen Produktionsfaktoren

Mittel in ihrer Hand, um die Kombination der Produktionsfaktoren Arbeit, Betriebsmittel und Werkstoffe, aber auch um die Mitwirkung des dispositiven Faktors selbst an der Erstellung der Betriebsleistung zielentsprechend zu gestalten. Gutenberg bezeichnet die Betriebsorganisation als einen **derivativen Produktionsfaktor,** weil die Träger der organisatorischen Aufgaben „ihre Anweisungsbefugnisse aus dem obersten Direktionsrecht der Geschäfts- und Betriebsleitung ableiten".[1]

Die hier vorgetragene relativ enge Auffassung des Begriffes Organisation wird auch von Lohmann vertreten. Er trennt Disposition und Organisation scharf voneinander und bezeichnet die Organisation als das „Gehäuse, in dem Planung, Ablauf und Kontrolle sich vollziehen, aber mit eigentlichem wirtschaftlichem Inhalt und vor allem Impulsen erfüllt es erst die Disposition".[2] Gutenberg versteht unter Organisation „nur diejenige Apparatur ..., die die Aufgabe hat, eine durch Planung vorgegebene Ordnung im Betriebe zu realisieren".[3] Der Begriff der Organisation ist auch weiter gefaßt worden, indem man auch die Planung der Ordnung oder sogar alle gestaltenden Kräfte des Betriebes als Organisation betrachtet und damit praktisch Betrieb und Betriebsorganisation gleichsetzt.

Zwischen Planung und Organisation bestehen wechselseitige Beziehungen. Da grundsätzlich alle betrieblichen Tätigkeiten der Planung unterliegen, gibt es auch eine **Planung der Organisation.** Da umgekehrt alle betrieblichen Tätigkeiten organisiert werden müssen, gibt es ebenso eine **Organisation der Planung.** Beide Tätigkeitsgebiete durchdringen sich gegenseitig vor allem während der Aufbauphase eines Betriebes und bei tiefergreifenden Umstellungen. Sachlich läßt sich ein Vorrang des einen oder des anderen Gebietes nicht begründen. Da die Funktionen der Planung und der Organisation in der Regel von getrennten Abteilungen vollzogen werden, gehört es zu den wichtigen Aufgaben der Betriebsleitung, die Tätigkeiten in beiden Bereichen zu koordinieren.

Gegenstand der Organisation ist, wie oben schon erwähnt, die gesamte betriebliche Tätigkeit. Ebensowenig wie es eine allgemeinverbindliche und von Überschneidungen freie Systematik der betrieblichen Funktionen gibt, existiert eine zweifelsfreie Systematik der einzelnen Gegenstände der Organisation. Das Handwörterbuch der Organisation[4] enthält die folgenden, hier interessierenden Tätigkeitsgebiete als Stichworte:

Organisation von:
- Absatz
- Anlagenwirtschaft
- Fertigung
- Finanzierung
- Forschung
- Kontrolle
- Materialwirtschaft
- Personalwesen
- Planung
- Rechnungswesen
- Revision (interne)
- Transportwesen
- Werbung

---

[1] Gutenberg, E., Grundlagen, Bd. I, a.a.O., S. 8
[2] Lohmann, M., Einführung in die Betriebswirtschaftslehre, 4. Aufl., Tübingen 1964, S. 250
[3] Gutenberg, E., Grundlagen, Bd. I, a.a.O., S. 236
[4] Handwörterbuch der Organisation (HdO), hrsg. von E. Grochla, Stuttgart 1969

Es handelt sich also um eine Mischung aus betrieblichen Haupt- oder Unterfunktionen (z. B. Absatz bzw. Werbung) und sog. Querfunktionen, z. B. Personalwesen. Die Organisation der Betriebsführung (mit Ausnahme der Teilgebiete Planung, Kontrolle und interne Revision) ist nicht mit einem eigenen Stichwort vertreten. Diese Gruppen sind unter Zweckmäßigkeitsgesichtspunkten gebildet worden und entsprechen der häufig in der Praxis anzutreffenden Abteilungsgliederung der Betriebe. Es sind also auch andere Einteilungen der Tätigkeitsgebiete denkbar. Wir wollen an dieser Stelle nur die Grundsätze der Organisation besprechen. Bei der Behandlung der einzelnen Produktionsfaktoren bzw. der einzelnen betrieblichen Funktionen werden wir – soweit erforderlich – auf organisatorische Besonderheiten dieser Gebiete hinweisen.

In jedem geordneten Betrieb müssen alle betrieblichen Tatbestände geregelt werden. Diese „**Regelungen**" bilden den Inhalt der Betriebsorganisation; sie gewährleisten, daß eine bestimmte Ordnung im betrieblichen Ablauf herrscht.

„Regelungen" stellen Anweisungen der Betriebsführung und ihrer Organe dar. Sie können bestimmte Tatbestände ein für allemal ordnen. Das ist dann der Fall, wenn sich bestimmte Vorgänge immer wieder in gleicher oder ähnlicher Weise wiederholen, so daß sich eine Regelung in jedem Einzelfall erübrigt. Man spricht dann von einer „**allgemeinen Regelung**". Sie bedeutet, daß die Entscheidungsfreiheit der Betriebsangehörigen bei der Erfüllung ihrer Aufgaben eingeschränkt wird. Bestehen keine allgemeinen Regelungen, so muß jeder Fall **speziell** geregelt werden. Das bringt für denjenigen, der dispositive Aufgaben zu lösen hat, einen größeren Ermessensspielraum. Für denjenigen, der nur ausführende Arbeit zu verrichten hat, ist es gleichgültig, ob die Gestaltungsmöglichkeiten seiner Tätigkeit durch allgemeine oder spezielle Regelungen eingeschränkt werden. Für denjenigen, der dispositive Arbeit ausführt, besteht die Möglichkeit, eine allgemeine oder spezielle Regelung zu treffen.

Je größer die Gleichartigkeit, Regelmäßigkeit und Wiederholbarkeit betrieblicher Prozesse wird, um so mehr allgemeine Regelungen können getroffen werden und um so weniger spezielle Anordnungen sind erforderlich. Gutenberg bezeichnet die Tatsache, daß mit abnehmender Veränderlichkeit betrieblicher Tatbestände die Tendenz zur allgemeinen Regelung zunimmt, als das „**Substitutionsprinzip der Organisation**".[1] Die Vergrößerung der Zahl der allgemeinen Regelungen nimmt dem Betriebsangehörigen immer mehr verantwortungsbewußte Entscheidungen ab, alles wird „von oben" geregelt, der einzelne ist nur noch mechanisch ausführendes Organ, keine selbständige Persönlichkeit mehr. Formulare, die den Ablauf bestimmter Vorgänge bis in die letzte Einzelheit vorschreiben, nehmen dem einzelnen die Entscheidung ab und machen bestimmte Fachkenntnisse, die für selbständige Entscheidungen erforderlich wären, überflüssig. Das Entwerfen des Formulars stellt eine einmalige organisatorische Leistung dar; ist sie vollzogen, so besteht damit eine neue allgemeine Regelung.

Der **Vorteil** der allgemeinen Regelungen besteht darin, daß sie eine erhebliche Vereinfachung der betrieblichen Führungsaufgaben bedeuten und damit die Führungsorgane entlasten und für andere Aufgaben frei machen. Der **Nachteil** liegt darin, daß sie dort, wo sie nicht die optimale Lösung einer organisatorischen

---

[1] Gutenberg, E., Grundlagen, Bd. I, a.a.O., S. 240

Aufgabe darstellen, zu einer Schematisierung von Abläufen führen, bei denen eine spezielle Regelung in jedem Falle sinnvoller wäre, weil es ihnen an Gleichartigkeit und Regelmäßigkeit fehlt, die die Anwendung allgemeiner Regelungen voraussetzt.

Die wesentliche organisatorische Aufgabe besteht darin, das durch das Substitutionsprinzip determinierte **organisatorische Optimum** anzustreben. Hierunter ist der Zustand zu verstehen, der dadurch gekennzeichnet ist, daß genau alle gleichartigen, sich wiederholenden betrieblichen Vorgänge allgemeinen und keinen speziellen Regelungen unterliegen.[1] Die Substitution spezieller durch allgemeine Regelungen ist durch das zweckmäßige Verhältnis beider Regelungen begrenzt. Sie muß nach dem **Prinzip des organisatorischen Gleichgewichts** einen Ausgleich zwischen dem stabilen, aber unelastischen allgemeinen Regelungssystem und dem elastischen, aber unstabilen speziellen System schaffen. Die Forderung nach Gleichgewichtigkeit ist nicht nur an die Regelungssysteme zu stellen, sondern auch an die Stärke der einzelnen Regelungen, mit der diese in den Entscheidungsspielraum betrieblicher Funktionsträger eingreifen und sich somit auf den Ablauf betrieblicher Prozesse auswirken. Liegen, gemessen an den zu erfüllenden Aufgaben, unangemessen starke Regelungen vor, so sprechen wir von einem überorganisierten Betrieb. Ein unterorganisierter Betrieb liegt entsprechend dann vor, wenn die Regelungen zu schwach ausgestaltet sind.

b) Formelle und informelle Organisationsstruktur

In der deutschen Literatur zur betriebswirtschaftlichen Organisationslehre hat sich eine Trennung in Aufbauorganisation und Ablauforganisation eingebürgert. Die **Aufbauorganisation** erstreckt sich auf die Verknüpfung der organisatorischen Grundelemente (Stelle, Instanz und Abteilung) zu einer organisatorischen Struktur und auf den Beziehungszusammenhang zwischen diesen Elementen. Bei der **Ablauforganisation** handelt es sich demgegenüber um die Ordnung von Handlungsvorgängen (Arbeitsprozessen). Anders formuliert: die Aufbauorganisation befaßt sich mit Fragen der **Institutionen,** die Ablauforganisation mit den **Arbeits- und Bewegungsabläufen** innerhalb dieser Institutionen. Hier wird deutlich, daß es sich bei dieser Trennung von Aufbau und Ablauf um einen wissenschaftlichen „Kunstgriff" handelt, dessen Anwendung fragwürdig ist. In der Realität sind die Organisationsstruktur eines Betriebes und die darin vollzogenen Abläufe untrennbar verbunden; beide bedingen sich gegenseitig. Das heißt aber, daß die Organisation von Ablauf und Aufbau synchron erfolgen muß. Bei der Trennung von Aufbau und Ablauf handelt es sich also um unterschiedliche Betrachtungsweisen[2] ein und desselben betrieblichen Tatbestandes, eine gedankliche Abstraktion also, die die wissenschaftliche Durchdringung erleichtern soll, die aber nicht bis zur letzten Konsequenz durchzuführen ist, wie sich später noch zeigen wird.

Aufbau- und Ablauforganisation bilden die formelle Organisationsstruktur des Betriebes. Diese fügt das betriebliche Geschehen zu einer auf den Unternehmens-

---

[1] Vgl. Kern, W., Der Betrieb als Faktorkombination, in: Allgemeine Betriebswirtschaftslehre in programmierter Form, hrsg. von H. Jacob, Wiesbaden 1969, S. 176
[2] Vgl. Kosiol, E., Organisation der Unternehmung, Wiesbaden 1962, S. 186ff.

zweck ausgerichteten Einheit zusammen. Neben der bewußt vorgegebenen formellen Organisationsstruktur entwickeln sich in der Praxis unbewußt gebildete (**informelle**) **Organisationen,** die im Zeitablauf Veränderungen unterliegen. Die Ursache ihrer Entstehung ist in den menschlichen Eigenheiten, wie z. B. Sympathie, Antipathie, gemeinsame Interessen, und dem unterschiedlichen sozialen Status der betrieblichen Mitarbeiter zu suchen. Ihren Ausdruck finden informelle Gruppenbildungen oftmals im Betriebsklima. Dadurch, daß formelle und informelle Organisationsstrukturen nebeneinander bestehen, ergeben sich entweder fördernde oder hemmende Auswirkungen auf die bewußt gestaltete Struktur. Das Erkennen von informellen Gruppen ist somit eine wichtige Aufgabe der Betriebsleitung. Sie muß bemüht sein, positive Einwirkungen zu fördern und hemmende Konflikte zu verhindern (Personalpolitik).

c) Die Aufbauorganisation

Aufgabe der Aufbauorganisation ist es, ausgehend von der gegebenen Gesamtaufgabe des Betriebs (z. B. Erbringen einer Marktleistung unter Beachtung des erwerbswirtschaftlichen Prinzips), eine Aufspaltung in so viele Teilaufgaben (oder Einzelaufgaben) vorzunehmen, daß durch die anschließende Kombination dieser Teilaufgaben zu Stellen „eine sinnvolle arbeitsteilige Gliederung und Ordnung der betrieblichen Handlungsprozesse"[1] entsteht. Erste Aufgabe der Aufbauorganisation (wenn wir sie als Tätigkeit des Organisierens verstehen) ist also die Analyse und Zerlegung der Gesamtaufgabe des Betriebes (**Aufgabenanalyse**). Die zweite Aufgabe besteht dann darin, die Einzelaufgaben zusammenzufassen, indem „Stellen" gebildet werden (**Aufgabensynthese**), wobei sich aus der Aufgabenstellung Beziehungszusammenhänge zwischen diesen Stellen ergeben.

aa) Die Aufgabenanalyse

Unter **Aufgabe** versteht man eine Zielvorschrift für menschliches Handeln. Die Aufgabe fordert vom Menschen, einen bestimmten Zustand zu verwirklichen. So gesehen läßt sich eine Aufgabe durch die folgenden fünf Merkmale beschreiben:[2]
(1) durch ihren Verrichtungsvorgang (manuell oder geistig, ausführend oder leitend oder Kombinationen davon);
(2) durch ihr Objekt (personal, materiell oder immateriell);
(3) durch die zur Verrichtung notwendigen Arbeits- oder Hilfsmittel;
(4) durch ihren räumlichen Bezug;
(5) durch ihren zeitlichen Bezug.
Es stellt sich die Frage, nach welchen Gesichtspunkten die Zergliederung der betrieblichen Gesamtaufgabe in Teilaufgaben vorgenommen werden soll. Kosiol[3] unterscheidet die folgenden Gliederungsmerkmale:
(1) die **Verrichtungsanalyse**; eine Aufgabe wird in die einzelnen, zu ihrer Erfüllung notwendigen Verrichtungen zerlegt;

---

[1] Kosiol, E., Aufbauorganisation, HdO, a.a.O., Sp. 172
[2] Vgl. Kosiol, E., Organisation der Unternehmung, a.a.O., S. 43
[3] Kosiol, E., Aufgabenanalyse, a.a.O., Sp. 203 ff. und Organisation der Unternehmung, a.a.O., S. 49

A. Die betrieblichen Produktionsfaktoren   147

(2) die **Objektanalyse**; die Aufgabe wird nach den einzelnen Objekten, an denen sie erfolgt, zergliedert (z. B. Teilaufgaben an Rohmaterial, an Einbauteilen, am Endprodukt);
(3) die **Sachmittelanalyse**; eine Aufgabe wird nach den Sachmitteln, die zu ihrer Durchführung erforderlich sind, in Teilaufgaben aufgespalten (z. B. Bohrmaschine, Drehbank, Rechenmaschine usw.);
(4) die **Ranganalyse**; alle Teilaufgaben werden in ein Rangverhältnis eingeordnet (leitende Teilaufgaben oder ausführende Teilaufgaben);
(5) die **Phasenanalyse**; alle Teilaufgaben werden nach ihrer sachlichen Zugehörigkeit in das Phasenschema „Planung, Realisation, Kontrolle" eingeordnet;
(6) die **Zweckbeziehungsanalyse**; alle Aufgaben werden nach ihrem Zweck eingeordnet, wobei man primäre Aufgaben (zur Erbringung der eigentlichen Betriebsleistung) und sekundäre Aufgaben, die die zielgerechte Erfüllung der primären Aufgaben sichern helfen, unterscheidet (z. B. Kantine).

Diese Gliederungsmerkmale können nicht alternativ angewendet werden, sondern alle Gliederungen werden für die folgende Aufgabensynthese benötigt. Erst wenn man die Gesamtaufgabe eines Betriebes nach allen diesen Merkmalen in Teilaufgaben zerlegt hat, erhält man einen Einblick in die komplizierte Struktur der Teilaufgaben, die durch die gegebene Gesamtaufgabe bedingt ist. Das Ergebnis der Aufgabenanalyse sind Aufgabengliederungspläne nach den verschiedenen Merkmalen, die eine Voraussetzung dafür sind, daß die Verfahren der Aufgabensynthese angewendet werden können.

bb) Die Aufgabensynthese

(1) Die Stellenbildung

Ziel der Aufgabensynthese ist es, die im Rahmen der Aufgabenanalyse gebildeten Teilaufgaben (Elementaraufgaben) so zu kombinieren, daß daraus arbeitsteilige Einheiten, die sog. **Stellen**, entstehen, die zusammen mit ihren Verknüpfungen dann die organisatorische Struktur des Betriebes bilden. Die Stelle ist damit das Grundelement der Aufbauorganisation. Sie stellt die Zusammenfassung von Teilaufgaben zum Arbeitsbereich einer Person dar.

Wieviele Teilaufgaben und welche Arten zu einer Stelle zusammengefaßt werden sollen, läßt sich nicht allgemein sagen. Ein Ziel der Stellenbildung ist es, die Stelle leicht „beherrschbar" zu halten, indem ihr gleichartige Aufgaben zugeordnet werden. Dieses Prinzip hat allerdings den Nachteil größerer Monotonie, durch die der Leistungswille des Stelleninhabers gehemmt werden kann. Bei der Stellenbildung darf auch nicht nur eine Stelle isoliert betrachtet werden, sondern die Aufgabensynthese muß so vorgenommen werden, daß für alle Stellen ein möglichst hoher Grad an Beherrschbarkeit erreicht wird.

Grundsätzlich sind bei der Elementaraufgabenkombination zur Bildung einer Stelle zwei Möglichkeiten gegeben:
(a) Die Stellenaufgabe wird auf eine **abstrakte noch zu suchende Person** abgestellt. In diesem Fall bilden die am Arbeitsmarkt anzutreffenden Kenntniskombinationen oder Fähigkeiten (Angebot an Aufgabenerfüllung) bestimmte Beschränkungen (z. B. läßt das Vorhandensein von kaufmännisch ausgebil-

deten Technikern eine andere Stellenbildung zu als wenn nur Kaufleute oder Techniker verfügbar wären).

(b) Für in der Hierarchie hohe und höchste Stellen kann die Ausrichtung der Stelle **nach der Kenntniskombination** (Fähigkeiten) **des** bereits bekannten **zukünftigen Stelleninhabers** erfolgen, wenn er über eine hochwertige, u. U. seltene oder einmalige Kenntniskombination (Aufgabenerfüllungskombination) verfügt, so daß eine „Maßschneiderung" einer Stelle für den Betrieb von hohem Interesse ist. Die Gefahr einer derartigen Stellenbildung für den Betrieb besteht darin, daß der Stelleninhaber in gewisser Weise unersetzlich wird und folglich hohe Gehaltsforderungen stellen kann. Schwerer wiegt aber, daß bei seinem Ausscheiden oder Tod die Umbildung einer Anzahl benachbarter Stellen erforderlich werden kann, so daß über die Interdependenzen zwischen den einzelnen Stellen das gesamte Stellengebäude in Mitleidenschaft gezogen werden kann.

Das Ergebnis der Stellenplanung ist der **Stellenplan.** Die Zuordnung der Teilaufgaben wird in **Stellenbeschreibungen** niedergelegt, die verbindlich die Eingliederung der Stelle in die Organisationsstruktur, ihre Funktionen, Verantwortlichkeiten und Kompetenzen wiedergeben. Schwarz charakterisiert die Stellenbeschreibungen folgendermaßen:[1] „Stellenbeschreibungen sind ein praktisches Hilfsmittel der zweckmäßigen Eingliederung von Aufgabenträgern in organisatorische Beziehungszusammenhänge ... Der Hauptzweck von Stellenbeschreibungen besteht in der Sicherung einer rationalen, reibungslosen und kontinuierlichen Aufgabenerfüllung. Sie stellen die höchst entwickelte Form der schriftlichen Festlegung organisatorischer Regelungen in der Unternehmung dar. Insbesondere erstrecken sich Stellenbeschreibungen auf folgende Komplexe:
1) sachliche Festlegung der Aufgaben
2) nähere Erläuterung der organisatorischen Eingliederung der Stelle und Angabe organisatorischer Beziehungen (Verkehrswege)
3) Anleitung zur zweckmäßigen Aufgabenlösung und
4) Darstellung personeller Anforderungen auf Grund der Aufgabenübernahme durch den Stelleninhaber."

(2) Kompetenz – Verantwortung

Aus der Stellenaufgabe leitet sich die **Kompetenz** und die Verantwortung des Stelleninhabers ab. „Unter Kompetenz versteht man in der Organisationslehre die einem Stelleninhaber ausdrücklich zugeteilten Rechte oder Befugnisse. Ihre Gegenstücke sind die Pflichten oder Verantwortungen, welche der Stelleninhaber zu übernehmen hat."[2]

Den Begriff **Verantwortung** definiert Hauschildt als die „Pflicht einer Person (Aufgabenträger), für die zielentsprechende Erfüllung einer Aufgabe persönlich Rechenschaft abzulegen". Die Verantwortung „setzt Beziehungen zwischen mindestens zwei Stellen voraus: der auftraggebenden Stelle und der auftragnehmenden Stelle. Zwischen beiden Stellen wird durch die Erteilung von Kompetenz und Verantwortung ein Regelkreis errichtet: Nach oder während der Aufgabenerfüllung soll die Rechenschaftslegung (Vollzugsmeldung, feed-back)

---
[1] Schwarz, H., Arbeitsplatzbeschreibungen, 4. Aufl., Freiburg i. Br. 1971, S. 16
[2] Ulrich, H., Kompetenz, HdO, Sp. 852

erfolgen. Die Verantwortung ist die Pflicht zur ‚Antwort' auf die Frage, ob die gestellte Aufgabe zielentsprechend erfüllt wurde ... Wenn diese Frage zu bejahen ist, wird dem Aufgabenträger Entlastung erteilt. Wenn die Aufgabe erfolglos oder schadenbewirkend oder nicht erfüllt wurde, unterwirft sich die untergeordnete Stelle der negativen Sanktion. Sie ‚wird zur Verantwortung gezogen'".[1]

(3) Instanzen- und Abteilungsbildung
Die Verteilung der Aufgaben auf die einzelnen Stellen kann nach verschiedenen Merkmalen erfolgen. **Sachliche Merkmale** sind z. B. das Arbeitsobjekt (Objektprinzip) und die Arbeitsverrichtung (Verrichtungsprinzip). Entweder werden die Aufgaben an gleichen Objekten zu einer Stelle zusammengefaßt; dann werden in dieser Stelle ungleiche Arbeitsverrichtungen vorgenommen (z. B. handwerkliche Fertigung). Oder Aufgaben mit gleichen Verrichtungen werden einer Stelle zugeordnet, was bedeutet, daß diese Stelle ihre Arbeitsverrichtungen an ungleichen Objekten vornimmt (z. B. Werkstattfertigung).

Das wichtigste **formale Merkmal** der Aufgabenverteilung ist die **Rangbildung** der Stellen, die daraus resultiert, daß die Aufgaben in Ausführungsaufgaben und Leitungsaufgaben zerfallen. Werden die sich auf Ausführungsarbeiten verschiedener Stellen beziehenden Leitungsaufgaben zu einer ranghöheren Stelle zusammengefaßt, so entsteht eine **Instanz**, d. h. eine Stelle, die Leitungsaufgaben für eine Reihe rangniederer Stellen übernimmt. Die Gesamtheit dieser Stellen, also die Instanz selbst und die ihr untergeordneten Stellen bezeichnet man als **Abteilung**. Wird ein Teil der Leitungsaufgaben mehrerer Instanzen einer weiteren Stelle zugeordnet, so entsteht damit eine übergeordnete Instanz und die Gesamtheit dieser Stellen bildet dann die übergeordnete Abteilung.

Betrachtet man diesen gleichen Vorgang nicht vom Standpunkt der rangniederen Stelle, sondern von der Aufgabenstellung der ranghöheren Stelle, so spricht man von der **Delegation von Aufgaben,** besonders von der Delegation von Leitungsbefugnissen. Wichtigstes Problem bei der Aufgabenverteilung nach dem Merkmal Rang ist die Frage, ob Leitungsaufgaben zu vereinigen oder möglichst zu trennen sind, d. h. ob man ein zentralisiertes oder dezentralisiertes Leitungssystem wählen soll.

Außerdem stellt sich die Frage, wie groß die Zahl der Stellen sein soll, die einer gemeinsamen Leitungsinstanz unterstellt werden. Man spricht hier von der sog. **Leitungsspanne.** Die maximale Leitungsspanne hängt einmal von Art und Inhalt der der Abteilung zugewiesenen Aufgaben ab, zum anderen von den Kommunikations- und Kontrollmöglichkeiten. Sobald die Instanz die Abteilung nicht mehr steuern und kontrollieren kann, ist es angebracht, eine Abteilung bzw. eine Ausgliederung von Aufgaben vorzunehmen. Die Leitungsspanne wird aber nicht nur von den persönlichen Fähigkeiten des Stelleninhabers, sondern auch von der Art der in der Abteilung zu bewältigenden Arbeiten bestimmt. Sind diese Arbeiten im wesentlichen vorgeregelt und treten wenig sachliche Probleme auf, so wird die Instanz in dieser Hinsicht entlastet und kann sich der

---

[1] Hauschildt, J., Verantwortung, HdO, Sp. 1693f.

Führung einer größeren Zahl von Menschen widmen, als wenn sie in sachlicher Hinsicht stark belastet ist.

Auch die Zahl der Leitungsbereiche höheren Grades und damit auch die Zahl der übereinander gelagerten hierarchischen Stufen hängt von den individuellen Gegebenheiten des Betriebes ab. Da auf den höheren Stufen der Hierarchie die Fragen der direkten Menschenführung gegenüber sachlichen Fragen zurücktreten, ist die Zahl der einem Leiter der höheren Stufen zu unterstellenden Personen wesentlich geringer als auf den unteren Stufen. Die Abteilungsgliederung eines Betriebes ergibt also das Bild einer Pyramide. Auf einer großen Zahl von ausführenden Abteilungen ruht eine geringere Zahl von Leitungsbereichen höheren Grades. An der Spitze der Pyramide steht die Betriebsführung.

Es ist wichtig, daß die Aufgaben, die einer Instanz übertragen werden und die Kompetenzen, die man ihr delegiert, übereinstimmen. Sind die Kompetenzen nicht scharf abgegrenzt, so gibt es Überschneidungen und Reibereien; sind sie zu eng, so daß die übergeordnete Instanz „dazwischenreden" kann, so kann man der untergeordneten Instanz auch nicht die volle Verantwortung für die durchzuführende Aufgabe zuschieben. Gerade in kleineren und mittleren Betrieben besteht die Gefahr, daß der Unternehmer alles allein machen will, sich dadurch selbst überlastet und das Verantwortungsbewußtsein und die Arbeitsfreude seiner Betriebsangehörigen einschränkt. Es sollte der Grundsatz herrschen, daß übergeordnete Instanzen nicht nur die Aufgaben und Kompetenzen nach unten abgeben, die sie selbst nicht mehr bewältigen können, sondern daß sie den untergeordneten Stellen nur die Aufgaben abnehmen, die diese selbst nicht lösen können.

(4) Dezentralisation – Zentralisation

Bei der Aufgabenverteilung ist stets zwischen den Prinzipien der Dezentralisation und der Zentralisation zu unterscheiden. **Dezentralisation** als Prinzip der Aufgabenverteilung bedeutet, daß Aufgaben auf mehrere Stellen übertragen werden. Das erfordert eine größere Zahl von Fachkräften, die den übertragenen Aufgaben und Anforderungen gerecht werden können. Dies erhöht aber auch das Verantwortungsgefühl und die Arbeitsfreude der Betriebsangehörigen. Bei zu weitgehender Dezentralisation besteht allerdings die Gefahr, daß durch mangelnden Überblick der Betriebsleitung und durch Verwischung der Abgrenzung der Aufgaben Unordnung im Betrieb entsteht. Außerdem gehen dadurch die Rationalisierungsvorteile der Arbeitsteilung verloren.

Dezentralisation vermindert den Verwaltungsapparat an der Spitze und entlastet diese. Je mehr der Mensch vom ungelernten Arbeiter zum Spezialisten wird, um so mehr muß man ihn zum verantwortungsbewußten Mitarbeiter machen, d. h. es müssen auch leitende Aufgaben delegiert werden. Die Verteilung der Aufgaben und Verantwortung auf viele untergeordnete Mitarbeiter erfordert eine größere Kunst der Menschenführung als die Zusammenballung der Befehlsgewalt in wenigen Händen.

Zentralisation als Prinzip der Aufgabenverteilung ist zwangsläufig dann gegeben, wenn der Betrieb nicht über genügend geeignete Fachkräfte verfügt, denen bestimmte Aufgaben übertragen werden können. Ihre Gefahr liegt darin,

A. Die betrieblichen Produktionsfaktoren

daß im extremen Fall die untergeordneten Stellen bloße Befehlsempfänger sind, die keine eigene Initiative entwickeln können. So geht zwangsläufig der Kontakt zwischen der Betriebsführung und untergeordneten Stellen verloren. Die Betriebsführung regelt zwar alles selbst, kann aber nicht alle Regelungen auch selbst überwachen.

In der Praxis werden beide Organisationsprinzipien zusammen angewendet. So kann für einzelne betriebliche Bereiche die Zentralisation von Vorteil sein. Es bedeutet z. B. eine Verwaltungsvereinfachung, wenn in einem Großbetrieb eine eigene statistische Abteilung gebildet wird, statt daß an verschiedenen Stellen des Betriebes statistische Arbeiten nebeneinander geleistet werden. Durch Zentralisation des Einkaufs können günstige Marktsituationen schneller und besser ausgenutzt werden, eine Zentralisation des Lagerwesens kann zu Kostenersparnissen und Vereinfachungen führen. Doch sind das keine allgemeinen Rezepte, sondern es kommt stets auf die Gegebenheiten eines konkreten Betriebs oder eines Wirtschaftszweiges an. Eine zentrale Organisation bestimmter Bereiche kann in einem Wirtschaftszweig notwendig, in einem anderen unzweckmäßig sein. Örtliche Dezentralisation bedeutet noch nicht unbedingt eine verwaltungsmäßige Dezentralisation. Ein Betrieb kann räumlich in Teilbetriebe oder Filialen aufgeteilt sein, während z. B. das Rechnungswesen, der Einkauf usw. straff zentralisiert sind.

cc) Das Ergebnis der Aufbauorganisation

Als Ergebnis der aufbauorganisatorischen Tätigkeit, d. h. von Aufgabenanalyse und -synthese ergibt sich die **Stellengliederung** des Betriebs, aus der hervorgeht, welche Stellen überhaupt geschaffen werden und welche Beziehungen zwischen diesen Stellen bestehen. Dieses **Beziehungsgefüge** oder System soll nun noch einer näheren Betrachtung unterzogen werden. Beziehungen zwischen den einzelnen Stellen können in mehrfacher Hinsicht bestehen, so daß man das Gesamtsystem Aufbauorganisation (wobei der Begriff jetzt im institutionellen Sinn gebraucht wird) in mehrere Teilsysteme, gewissermaßen in Schichten zerlegen kann.

(1) Das Aufgabengefüge

Das Aufgabengefüge[1] stellt als Ergebnis der Aufgabensynthese das Grundgefüge der Aufbauorganisation dar. Es macht sichtbar, welche Stellen mit welchen Aufgaben betraut wurden und nach welchem Kriterium diese Aufgabenzuordnung vorgenommen wurde (sachlich, formal, räumlich, zeitlich, personal). Aus diesem Grundgefüge lassen sich im Wege der isolierenden Abstraktion mehrere wesentliche Teilsysteme ableiten. Betrachtet man die Verteilung der Leitungsaufgaben nach dem Rangmerkmal, so erhält man das **Leitungssystem**, das die Beziehungen der einzelnen Stellen unter dem Gesichtspunkt der Weisungsbefugnis abbildet. Isoliert man die sich aus der Erfüllung der einzelnen Aufgaben ergebenden Beziehungen zwischen den Stellen, so ergibt sich einerseits das **Kommunikationssystem**, das die Beziehungen zwischen den Stellen unter dem Gesichtspunkt des Austauschs von Nachrichten abbildet, und andererseits das **Arbeitssystem**, das den Austausch von Arbeitsobjekten zum Inhalt hat.

---

[1] Vgl. Kosiol, E., Organisation der Unternehmung, a.a.O., S. 765 ff.

Systematisiert man alle Aufgaben unter dem Gesichtspunkt, ob es sich um realisierende (d. h. leitende oder ausführende) oder um kontrollierende Aufgaben handelt, so erhält man das betriebliche **Kontrollsystem,** das die Gesamtheit aller in die Arbeitsabläufe eingebauten Kontrollen abbildet. Mit letzterem werden wir uns erst unten bei der Erörterung der Überwachungsaufgaben befassen.[1] Gliedert man schließlich alle Aufgaben nach dem Merkmal Planung, so ergibt sich das betriebliche **Planungssystem,** das die Gesamtheit aller Planungsaufgaben darstellt.

(2) **Das Leitungssystem**

Jedes Leitungssystem stellt ein **hierarchisches Gefüge** dar, in dem die einzelnen Stellen unter dem Gesichtspunkt der Weisungsbefugnis miteinander verbunden sind. Die Rangverhältnisse der einzelnen Stellen (und damit auch der Stelleninhaber) lassen sich als Über- (bzw. Unter-) und Gleichordnungsverhältnisse ausdrücken. Es gibt mehrere Grundformen, nach denen diese Hierarchie aufgebaut sein kann.

(a) **Das Liniensystem**

Das Liniensystem, das die straffste Form der organisatorischen Gliederung des Betriebes darstellt, knüpft an das von Fayol formulierte Prinzip der Einheitlichkeit der Auftragserteilung an. Danach darf eine Instanz nur von einer übergeordneten Anweisungen erhalten. Folglich sind sämtliche Abteilungen in einen einheitlichen Instanzenweg **(Dienstweg)** eingegliedert, es besteht von der Betriebsleitung bis zur untersten Stelle eine eindeutige Linie der Weisungsbefugnis und Verantwortung, die über mehrere Zwischenstufen führt. Deshalb wird auch der Begriff **Einliniensystem** verwendet. Sämtliche Anweisungen, Aufträge und Mitteilungen gehen von der Leitung an die jeweils unmittelbar unterstellte Abteilung weiter, die sie wiederum weiterleitet, bis die empfangende Stelle erreicht wird. Die Einhaltung des Dienstweges soll die **Einheitlichkeit der Leitung** garantieren. Sie soll verhindern, daß eine untergeordnete Stelle von verschiedenen Seiten Anweisungen erhält. Der Dienstweg muß nicht nur von unten nach oben, er muß auch von oben nach unten eingehalten werden. Auch der Vorgesetzte darf innerhalb seines Bereiches nicht untergeordnete Instanzen überspringen. Zwei gleichgeordnete Instanzen können nicht unmittelbar miteinander Verbindung aufnehmen, sondern müssen den Umweg über die nächste gemeinsam übergeordnete Instanz machen.

Dieses System ist für kleinere Betriebe zweckmäßig. Es schafft **klare, übersichtliche Befehlsverhältnisse** und eindeutige Abgrenzungen. Im Großbetrieb bringt die Einhaltung des Dienstweges unter Umständen eine erhebliche Arbeitsbelastung der einzelnen Zwischeninstanzen mit sich, die nach oben immer größer wird. Die Betriebsleitung wird überlastet, die **Befehlswege sind lang und schwerfällig.** Da die Betriebsleitung nicht alle Entscheidungen bis in die letzten Einzelheiten selbst treffen kann, muß sie untergeordneten Abteilungen gewisse Teile der Leitungsbefugnisse übertragen oder ihnen in einem weit gesteckten Rahmen Ermessensfreiheit überlassen.

---

[1] Vgl. S. 163 f.

A. *Die betrieblichen Produktionsfaktoren* 153

Die Schwerfälligkeit dieses Liniensystems läßt sich etwas vermindern, wenn man durch allgemeine Regelungen für bestimmte Vorgänge, insbesondere für laufende Mitteilungen, verkürzte Dienstwege zuläßt und die Einhaltung der Dienstwege nur für Aufträge und Weisungen verlangt.

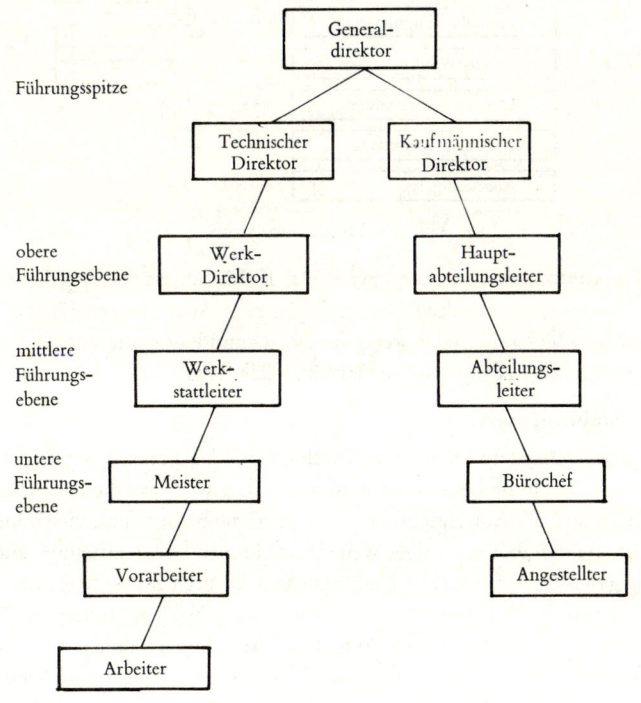

Abb. 18. Liniensystem

(b) Das Funktionssystem

Der Weg der Aufträge, Weisungen und Mitteilungen wird hier nicht durch den Instanzenweg bestimmt, sondern von der **Art der betreffenden Aufgaben**. Der Arbeiter erhält in der Werkstatt nicht mehr nur von einer Stelle (einem Meister), sondern von vielen Stellen, die jeweils Träger bestimmter Leitungsaufgaben sind, Aufträge, so daß die Einheitlichkeit der Leitung und Auftragserteilung aufgehoben wird. Das System wird daher auch als **Mehrliniensystem** bezeichnet. Musterbeispiel für diese Art von Leitungssystem der Verkehrswege ist das Taylorsche **Funktionsmeistersystem**. Für jeden Funktionsbereich ist ein Meister zuständig, der für einen scharf abgegrenzten Bereich Anweisungen an einen Arbeiter gibt. Das erfordert eine enge Zusammenarbeit zwischen den einzelnen Funktionsmeistern.

Dieses System schaltet zwar den schwerfälligen Instanzenweg aus, birgt aber die Gefahr in sich, daß der Arbeiter das Gefühl hat, er müsse mehreren Herren dienen, was sich leistungshemmend auswirken kann. Die Kompetenzen der einzelnen Meister lassen sich in praxi nicht so scharf trennen, daß die **Gefahr von Überschneidungen** völlig ausgeschlossen ist.

Beispiel:

```
┌─────────────────────────┐
│ Vorrichtungsmeister     │──┐
├─────────────────────────┤  │
│ Geschwindigkeitsmeister │──┤
├─────────────────────────┤  │
│ Prüfmeister             │──┤
├─────────────────────────┤  │      ┌─────────┐
│ Instandhaltungsmeister  │──┤      │         │
├─────────────────────────┤  ├──────│ Arbeiter│
│ Arbeitsverteiler        │──┤      │         │
├─────────────────────────┤  │      └─────────┘
│ Unterweisungsmeister    │──┤
├─────────────────────────┤  │
│ Zeit- u. Kostenmeister  │──┤
├─────────────────────────┤  │
│ Aufsichtsmeister        │──┘
└─────────────────────────┘
```

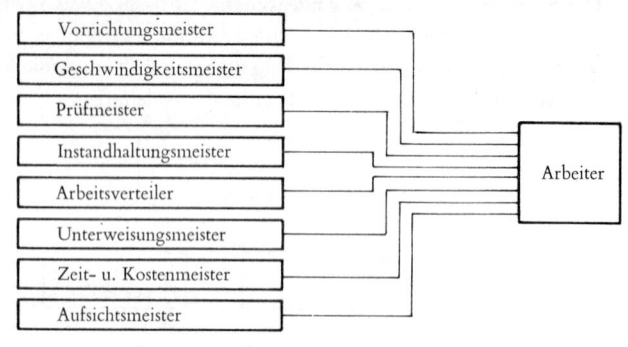

Abb. 19. Funktionssystem

Das Funktionsmeistersystem eignet sich z. B. für allgemeine Regelungen, so z. B. wenn der „Instandhaltungsmeister" generelle Anweisungen für die Wartung von Maschinen gibt oder wenn der „Zeit- und Kostenmeister" bestimmte Formulare für das Rechnungswesen ausfüllen läßt usw.

(c) Das Stabliniensystem

Das Stabliniensystem stellt eine Kombination des Liniensystems mit dem System der Abspaltung bestimmter Funktionen dar. Will man die Einheitlichkeit der Leitung und des Auftragsempfangs erhalten, die beim Funktionssystem verlorengeht, zwingt aber die immer weiter fortschreitende Arbeitsteilung zur Abspaltung gewisser Aufgaben, so kann man sich dadurch helfen, daß man zwar den Instanzenweg (Liniensystem) beibehält, aber einzelnen Instanzen **Stabsstellen** zuordnet, die bestimmte Aufgaben übernehmen können, aber **keine Weisungsbefugnisse** haben. Stabsstellen haben weder primäre noch sekundäre Ausführungsaufgaben. Ihre Aufgabe besteht darin, Teilaufgaben einer Leitungsinstanz zu übernehmen im Sinne von **Vorbereitung und Unterstützung** dieser Instanz bei der Wahrnehmung ihrer Leitungs- und Ausführungsaufgaben. So kann eine Instanz für bestimmte Funktionen Spezialisten einsetzen, die bestimmte Fragen untersuchen und bearbeiten und der übergeordneten Instanz, der sie beigegeben sind, Vorschläge unterbreiten bzw. für sie bestimmte Aufgaben erledigen. Stabsstellen haben nur **beratende** Funktion. Auf diese Weise wird der Stelleninhaber einer Instanz entlastet, er kann sich auf bestimmte Aufgaben spezialisieren, während seine Stäbe die Ausarbeitung anderer Spezialaufgaben erledigen. Die Stabsstellen erhalten Anweisungen, können sie aber nicht weitergeben. Die Weisungsbefugnis liegt bei der betreffenden Instanz, die ihre Entscheidungen auf den Arbeiten der Stabsstellen aufbaut.

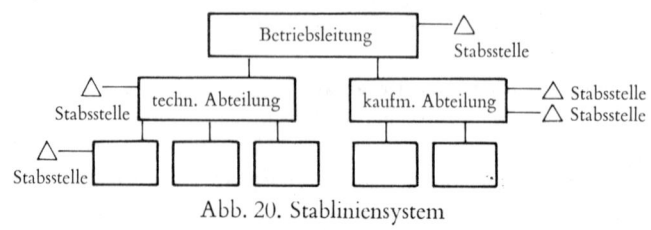

Abb. 20. Stabliniensystem

Dem Vorteil, daß die strenge Einhaltung des Dienstweges bei gleichzeitiger Nutzung von Spezialkenntnissen erhalten bleibt, steht als **Nachteil** gegenüber, daß es sich beim Stabliniensystem nicht um eine konfliktfreie Organisationsform handelt. Besondere Probleme entstehen durch die starre Funktionstrennung in Entscheidungsvorbereitung durch den Stab und Entscheidung durch die Linie. Für den Entscheidungsträger der Linie bedeutet dies, daß er Stabsvorschläge akzeptieren oder ablehnen, nicht aber kontrollieren kann. Es besteht also die Möglichkeit, daß der Stab durch entsprechende Aufbereitung von Informationen **Entscheidungen herbeiführt, die er nicht verantwortet.**

Weiterhin besteht die Gefahr, daß die Linie Stabsstellen infolge ihres Auskunftsrechtes inoffiziell als Kontrolleinrichtung benutzt. Dies führt zu abnehmender Informationsbereitschaft untergeordneter Instanzen mit dem Ergebnis, daß eine sinnvolle beratende Tätigkeit der Stäbe nicht mehr möglich ist.

(d) Das Liniensystem mit Querfunktionen

Das Liniensystem kann auch in der Form abgewandelt werden, daß sog. Querfunktionen eingebaut werden. Dabei wird zwar grundsätzlich der Instanzenweg beibehalten, aber bestimmte Funktionen, die sich auf den ganzen Betrieb beziehen, z. B. Personalwesen, Rechnungswesen, Arbeitsvorbereitung, Terminwesen usw. werden nicht als Stabsstellen ohne Weisungsrecht, sondern **als Funktionsbereiche mit Weisungsrecht** ausgegliedert. Das führt dann dazu, daß die Kompetenzen für bestimmte Vorgänge geteilt werden, indem der Leiter einer Linieninstanz, z. B. der Leiter einer technischen Betriebsabteilung und der Leiter der Funktionsstelle, z. B. der Personalchef, ein gemeinsames Entscheidungsrecht bei der Einstellung von Arbeitskräften für die betreffende Betriebsabteilung haben. Es kann also weder der betreffende Abteilungsleiter, noch der Personalchef allein die Einstellung von Arbeitskräften vornehmen. Keine von beiden Instanzen hat das alleinige Entscheidungsrecht, sondern beide zusammen müssen die Entscheidung treffen. Erfolgt keine Einigung, so muß eine höhere Instanz angerufen werden.

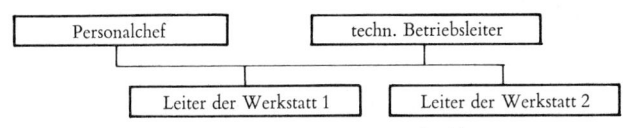

```
┌─────────────────┐        ┌──────────────────────┐
│  Personalchef   │        │  techn. Betriebsleiter│
└─────────────────┘        └──────────────────────┘
         │                            │
         └──────────────┬─────────────┘
                        │
   ┌────────────────────────┐   ┌────────────────────────┐
   │  Leiter der Werkstatt 1│   │  Leiter der Werkstatt 2│
   └────────────────────────┘   └────────────────────────┘
```

Abb. 21. Liniensystem mit Querfunktionen

(e) Divisionalisierte Organisation (Spartenorganisation)

Die traditionelle Stablinienorganisation ist infolge ihrer funktionalen Struktur beschränkt auf Unternehmen mit nicht zu stark variierenden Produktionsprogrammen. Unter dem Druck fortschreitender Diversifikation und Verzweigung sind viele Großunternehmen von der funktionalen Organisationsstruktur abgegangen und haben die bisherige Unternehmensstruktur primär **nach dem Objektprinzip** umgestaltet, indem sie auf Produkte, Produktgruppen, Betriebsprozesse oder räumliche Gegebenheiten ausgerichtete Sparten (Divisionen) bilden.[1] Bei einer an den betrieblichen Produkten orientierten Gliederung ent-

---
[1] Vgl. Grochla, E., Unternehmungsorganisation, Hamburg 1972, S. 188

stehen wieder homogene Geschäftsbereiche, die unter verantwortlicher Leitung die betrieblichen Funktionen zusammenfassen. Das am Objektprinzip orientierte System wird lediglich durch die Bildung von zentralen Spezialabteilungen durchbrochen, die beratend der Gesamtleitung und den Spartenleitungen zur Seite stehen. Durch diese Art der Organisation wird ein schwer steuerbares komplexes System in flexiblere anpassungsfähigere **Teilsysteme** aufgespalten. Weitere Vorteile bestehen in der besseren Abgrenzung der Verantwortung sowie in der Entwicklung eines stärkeren Verantwortungsgefühls der Spartenleiter durch die Einräumung unternehmerischer Entscheidungskompetenz im Rahmen der von der Gesamtleitung vorbestimmten Geschäftspolitik.

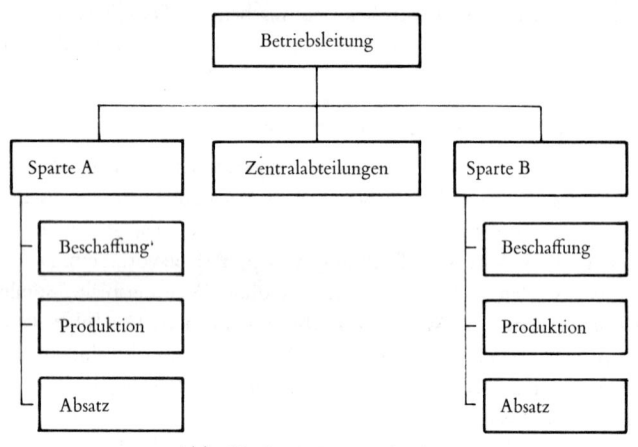

Abb. 22. Spartenorganisation

In der Praxis ist es vielfach so, daß Betriebe soweit in verselbständigte Teilbereiche aufgelöst werden, daß sich ihr Beitrag zum Gesamtergebnis des Betriebes ermitteln läßt. In diesen Fällen wird auch die Gewinnverantwortung an den Spartenleiter delegiert. In diesem Zusammenhang spricht man statt von Sparten auch von **Ergebniseinheiten** (profit-center). Die Verantwortung für das Ergebnis der Sparte verlangt, daß der Spartenleiter in seinem Bereich ergebnisbeeinflussende Entscheidungen treffen kann.[1] Nicht in den Verantwortungsbereich fallen die Ergebnisse der Entscheidungen übergeordneter Instanzen.

(f) Matrixorganisation

Die Matrixorganisation entsteht durch die Überlagerung von funktionsorientierten und objektorientierten Organisationsstrukturen, die formal einer Matrix gleicht.[2]

Die Funktionsweise der Matrixorganisation zeigt folgendes Beispiel.[3] In einem Industriebetrieb wird die Betriebsleistung in den Abteilungen Konstruktion,

---

[1] Vgl. Danert, G., Die Funktion der Profit-center, in: Information und Kontrolle in der multinationalen Unternehmung, Bericht über eine Diskussionstagung der Schmalenbach-Gesellschaft, ZfbF 1971, S. 195f.; Harrmann, A., Divisionale oder funktionale Aufbauorganisation, DB 1971, S. 538

[2] Vgl. Grochla, E., a.a.O., S. 105

[3] Lauxmann, F., Öhl, G., Organisation, in: Management für alle Führungskräfte in Wirtschaft und Verwaltung, Bd. II, Stuttgart 1972, S. 188f.

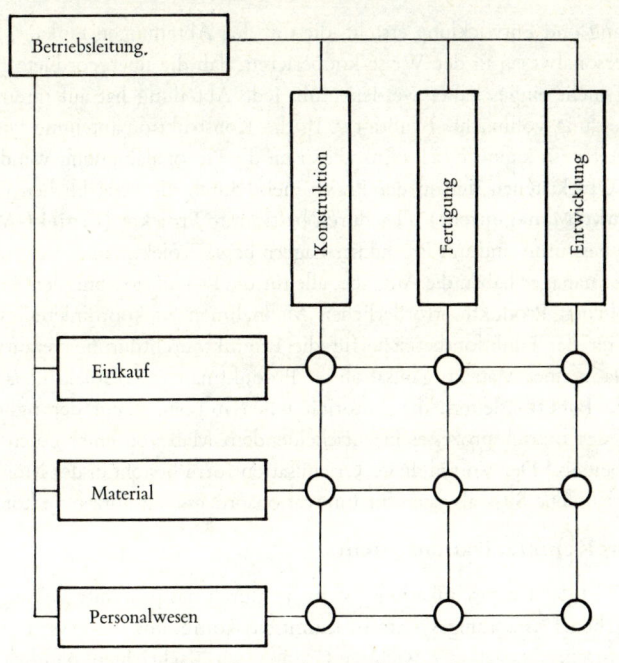

A. Die betrieblichen Produktionsfaktoren

Abb. 23. Matrixorganisation

Die Funktionsweise des Projektmanagement zeigt folgendes Schaubild:[1]

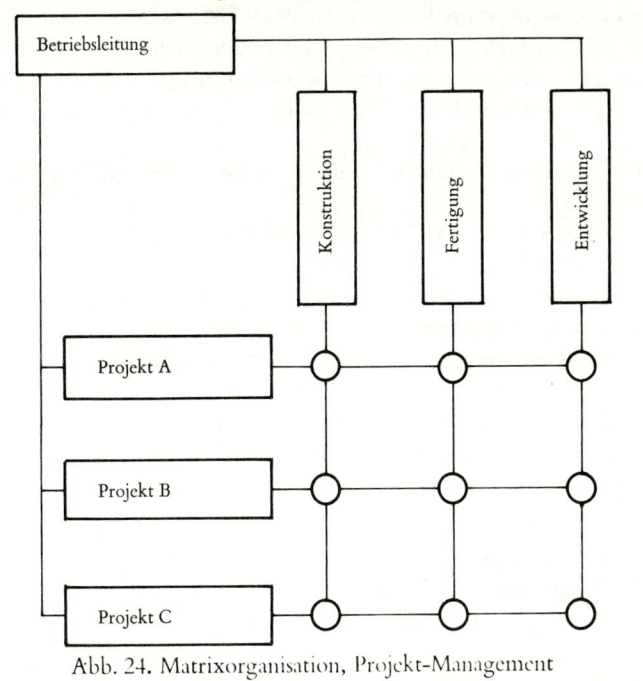

Abb. 24. Matrixorganisation, Projekt-Management

[1] Lauxmann, F., Öhl, G., a.a.O., S. 189

Fertigung und Entwicklung erstellt, die mit den Abteilungen Einkauf, Material und Personalwesen in der Weise kooperieren, daß die übergeordnete Betriebsleitung nicht eingeschaltet werden muß. Jede Abteilung hat auf ihrem Gebiet Entscheidungsvollmacht. Benötigt z. B. die Konstruktionsabteilung zusätzliche Mitarbeiter, so kann sie sich unmittelbar an die Personalabteilung wenden.

Die Objektstellen sind in der Praxis meist durch die betrieblichen Produkte (**Produkt-Management**) oder durch bestimmte Projekte (**Projekt-Management**) bestimmt und mit Produktmanagern bzw. Projektmanagern besetzt. Die Produktmanager haben die Aufgabe, alle für die Produktion und den Absatz der betrieblichen Produkte erforderlichen Maßnahmen zu koordinieren, während die Leiter der Funktionsbereiche für die Produktdurchführung verantwortlich sind. Da in einer Matrixorganisation die Produktmanager (Projektmanager) sich mit den Funktionsleitern die Autorität teilen müssen, hängt der reibungslose Ablauf des Betriebsprozesses in entscheidendem Maß von einer guten Zusammenarbeit ab.[1] Der Vorteil dieser Organisationsform besteht in der Möglichkeit, das vorhandene Spezialwissen für Innovationsprozesse ausnutzen zu können.

(3) Das Kommunikationssystem

Ein Teil des Kommunikationssystems ist durch das gewählte Leitungssystem vorgegeben. Das Leitungssystem bestimmt das Kommunikationssystem insofern, als es vorschreibt, daß eine wichtige Gruppe von Nachrichten, nämlich Anordnungen und Vollzugsmeldungen zu Anordnungen **nur nach Maßgabe des Leitungssystems** vorgenommen werden dürfen. Allerdings würde der Nachrichtenaustausch zwischen den Stellen zu schwerfällig, wenn man für alle Nachrichten die Wege des Leitungssystems vorschreiben würde. Es muß daher aus dem Aufgabengefüge ein **eigenes Kommunikationssystem** abgeleitet werden, das auch gewisse Regeln für den Nachrichtenaustausch vorsieht, die sich beziehen können:[2]

(1) auf die Kommunikationswege, die für bestimmte Nachrichten einzuhalten sind,
(2) auf die Form und die Technik des Nachrichtenaustauschs,
(3) auf Anlaß und Zeitpunkt der Nachrichtenübermittlung.

Dabei stellen die letzten beiden Punkte allerdings schon Vorwegnahmen ablauforganisatorischer Tätigkeiten dar.

Neben dem formalen Kommunikationssystem entwickelt sich in jedem Betrieb ein **informales System**. Das kann positiv wirken, da nicht alle Fälle eines notwendigen Informationstausches vorherzusehen sind und das formale System möglicherweise zu schwerfällig ist. Es kann allerdings auch negativ wirken, wenn dadurch Nachrichten falsch gelenkt werden, z. B. einzelne Stellen ausgeschaltet werden.

(4) Das Arbeitssystem

Das Arbeitssystem stellt schließlich die Verbindungswege dar, auf denen Arbeitsobjekte zwischen den einzelnen Stellen ausgetauscht werden und legt gleich-

---

[1] Vgl. Grochla, E., a.a.O., S. 207
[2] Vgl. Hax, H., Kommunikationssysteme, HdO, a.a.O., Sp. 847ff.

zeitig fest, welche Stellen mit welchen Objekten befaßt werden. Auch hier ergibt sich ein Berührungspunkt zur Ablauforganisation.

d) Die Ablauforganisation

Unter Ablauforganisation versteht man die **Gestaltung von Arbeitsprozessen**. Dabei muß der Arbeitsablauf in verschiedener Hinsicht geordnet werden. Man unterscheidet:[1]
(1) die Ordnung des Arbeitsinhalts,
(2) die Ordnung der Arbeitszeit,
(3) die Ordnung des Arbeitsraums,[2]
(4) die Arbeitszuordnung.

Bei der Ordnung des **Arbeitsinhalts** sind zwei Merkmale zu unterscheiden: der Arbeitsinhalt muß hinsichtlich der **Arbeitsobjekte** und hinsichtlich der **Verrichtungen** geordnet (organisiert) werden. Arbeitsobjekt und die Grobfestlegung der Verrichtung ergeben sich aus der Gesamtaufgabe des Betriebs. Im Rahmen der Aufgabenanalyse wurde, wie wir gesehen haben, die Gesamtaufgabe in Teilaufgaben zerlegt. Insofern baut also die Ablauforganisation auf einem Ergebnis der Aufbauorganisation auf. Da aber die Verkettung der einzelnen Teilaufgaben und der zu ihrer Erfüllung notwendigen Verrichtungen in der Regel nicht eindeutig festliegt, bleibt als weitere organisatorische Aufgabe, diese Verkettung vorzunehmen, d. h. Arbeitsabläufe zu schaffen, die dem Wirtschaftlichkeitserfordernis genügen.

Weiterhin legt die Aufgabenanalyse zwar fest, welcher Erfolg bewirkt werden soll, doch häufig ist damit noch nicht eindeutig bestimmt, durch welche Verrichtung dieser Erfolg erzielt werden soll. In allen Fällen, in denen sich aus der Aufgabenstellung die dazu notwendige Verrichtung nicht eindeutig ergibt, muß im Rahmen der Ablauforganisation bestimmt werden, welche Verrichtung zur Erfüllung der Aufgabe vorzunehmen ist.

Die Ordnung der **Arbeitszeit** erfolgt in drei Schritten. Zunächst muß die Zeitfolge der einzelnen Teilaufgaben bestimmt werden. Zwar ergibt sich die Reihenfolge einzelner Teilaufgaben häufig aus der Aufgabenanalyse, doch ist diese Reihenfolge häufig nicht so streng, daß hier nicht doch organisatorisches Gestalten notwendig wäre. Zwar ist z. B. klar, daß eine Endmontage nicht vor Fertigstellung der Einzelteile möglich ist, aber mit der Aufgabenanalyse wird nicht die Reihenfolge aller Teilaufgaben bestimmt. So ist es durchaus denkbar, daß die an einem Gußrohling notwendigen Arbeiten Bohren, Drehen, Fräsen und Schleifen in unterschiedlicher Reihenfolge vorgenommen werden können. Es ist Aufgabe der Ablauforganisation, hier die zweckmäßigste Abfolge zu bestimmen.

Wenn die Reihenfolge der einzelnen Teilaufgaben bestimmt ist, muß weiterhin die **Zeitdauer der Teilaufgaben** festgelegt werden. Dies ist erstens notwendig, um eine Einhaltung der Reihenfolgebedingung zu gewährleisten, zweitens, weil die Zeitdauer der einzelnen Verrichtungen ein wesentlicher Kostenfaktor ist.

---

[1] Vgl. Witte, E., Ablauforganisation, HdO, a.a.O., Sp. 24ff.
[2] Zu Fragen der Arbeitszeit und des Arbeitsraums vgl. S. 65 ff.

Die höchste Stufe der Zeitbestimmung liegt vor, wenn nicht nur Zeitfolge und Zeitdauer, sondern auch der Kalenderzeitpunkt festgelegt wird. Sind für alle Teilaufgaben eines Betriebsbereichs sowohl die Zeitpunkte des Beginns der Verrichtungen als auch die der Beendigung festgelegt, dann ist damit naturgemäß auch eine Bestimmung der einzelnen Zeitdauern und der Reihenfolge erfolgt. Eine solch strenge Bestimmung der Zeitpunkte ist eher für ausführende als für leitende Aufgaben erforderlich.

Im Rahmen der Ablauforganisation muß weiterhin eine Bestimmung der **räumlichen Zuordnung der Aufgabenverrichtung** erfolgen. Auch hier berühren sich Aufbau- und Ablauforganisation. Während dort das Merkmal Raum allerdings nur untergeordnete Bedeutung besitzt, d. h. die räumliche Festlegung einer Arbeit sich häufig aus der Entscheidung über die Aufgabensynthese nach den Merkmalen Verrichtung oder Arbeitsobjekt ergibt, gewinnt das Merkmal Raum im Rahmen der Ablauforganisation an Bedeutung. So interessieren Fragen der Anordnung einzelner Stellen innerhalb eines Raums die Aufbauorganisation weniger. Aufgabe der Ablauforganisation ist es aber gerade, dafür zu sorgen, daß die einzelnen Stellen räumlich so angeordnet werden, daß eine größtmögliche Wirtschaftlichkeit erreicht wird.

Schließlich muß eine **Zuordnung der Teilaufgaben zu Stellen** vorgenommen werden. Der Feinheitsgrad dieser Arbeitszuordnung hängt von der Art der wahrzunehmenden Aufgaben ab. Während z. B. bei ausführenden Arbeiten in der Regel eine Zuordnung der einzelnen Verrichtungen zu ganz bestimmten Stellen (Personen) vorgenommen wird, ist es insbesondere bei leitenden Aufgaben auch denkbar, daß eine Aufgabe einer Gruppe zugeordnet wird, und daß im Rahmen der Gruppe dann entschieden wird, wer die Aufgabe auszuführen hat.

Es zeigt sich also, daß enge und vielfältige Beziehungen zwischen Aufbau- und Ablauforganisation vorliegen, so daß – wie oben bereits erwähnt – die Organisation von Aufbau und Ablauf synchron erfolgen müßte. Wie wird nun diese Organisationsaufgabe in der Praxis gelöst? Es ist nicht so, daß die Praxis immer von einer gegebenen (oder geplanten) Aufbauorganisation ausgeht, an die die Ablauforganisation angepaßt wird; es könnte auch umgekehrt vorgegangen werden. Man hilft sich in diesem Dilemma mit einem Stufenverfahren: Entweder legt man erst die Aufbauorganisation in Rohform fest, nimmt dann die Strukturierung der Arbeitsabläufe vor und ändert – falls erforderlich – die Aufbauorganisation entsprechend ab. Oder man geht umgekehrt von einer vorläufigen Ablauforganisation aus, legt dann die Aufbauorganisation fest und untersucht, ob Schwächen in der auf diese Weise bestimmten Aufbauorganisation durch Änderungen an der vorläufigen Form der Ablauforganisation behoben werden können.

4. Die Überwachung

Es genügt nicht, daß die Betriebsführung einen bis in alle Details durchdachten und ausgearbeiteten Wirtschaftsplan aufstellt und seine Durchführung organisiert. Sie muß auch überwachen, ob die Ergebnisse des betrieblichen Handelns mit den Planungen übereinstimmen und ob die organisatorischen Regelungen effizient sind und auch eingehalten werden. Ist das nicht oder nicht in vollem Umfange der Fall, d. h. werden Abweichungen von den geplanten Werten und von organisatorischen Regelungen festgestellt, so müssen diese Abweichungen analysiert werden, damit die auf diese Weise gewonnenen Erfahrungen bei künftigen Planungen und organisatorischen Regelungen verwertet werden können. Die Überwachung ist also neben der Planung und Organisation die dritte Hauptaufgabe der Betriebsführung.

a) Begriff und Gegenstand

Zur Erfüllung der Überwachungsaufgaben bedient sich die Betriebsführung der Instrumente der **Kontrolle** und **Prüfung** (Revision). In der seit langem geführten Diskussion um das Verhältnis der Begriffe „Überwachung", „Kontrolle" und „Prüfung" zueinander zeichnet sich allmählich eine Übereinstimmung in der Form ab, daß Überwachung als Oberbegriff verwendet wird, dem die Begriffe Kontrolle und Prüfung untergeordnet sind. Akzeptiert man das, so ist weiterhin eine Abgrenzung der Begriffe Kontrolle und Prüfung erforderlich.

Zur Unterscheidung von Kontrolle und Prüfung werden in der Literatur unterschiedliche Kriterien verwendet.[1] Benutzt man den zeitlichen bzw. arbeitsorganisatorischen Zusammenhang zwischen Überwachungsmaßnahme und Arbeitsvorgang als Abgrenzungskriterium,[2] so kann man die Kontrolle als eine **ständige Beaufsichtigung** betrieblicher Vorgänge betrachten, die gewissermaßen neben den Betriebsvorgängen einhergeht oder ihnen unmittelbar folgt (z. B. Materialkontrolle, Qualitätskontrolle, Ausschußüberwachung, Kontrolle von Vorgabewerten [z. B. Plankosten] und laufende Überwachung von Abweichungen zwischen Plan- und Istwerten), während die Prüfung (Revision) als eine auf die Vergangenheit gerichtete, rückschauende Untersuchung bestimmter, in mehr oder weniger regelmäßigen Abständen wiederkehrender oder auch einmaliger Vorgänge oder Anlässe angesehen wird.

Dieses Kriterium gestattet jedoch nicht, einzelne Überwachungshandlungen einwandfrei als Kontroll- oder Prüfungsmaßnahme einzuordnen.[3] Deshalb wurde zunächst versucht, beide Begriffe durch das **Kriterium der Betriebszugehörigkeit** des Prüfers zu trennen (Kontrolle durch Betriebsangehörige, Prüfung [Revision] durch Außenstehende). Gegen diese Begriffsbestimmung ist einzuwenden, daß die gleiche Überwachungstätigkeit – einmal durch eine betriebsinterne, ein anderes Mal durch eine betriebsexterne Person durchgeführt – einmal zur Kontrolle, ein anderes Mal zur Prüfung gerechnet würde.

Hasenack hat deshalb das Kriterium der Betriebszugehörigkeit durch das **Kriterium der Abhängigkeit vom jeweiligen Verantwortungsbereich** ersetzt.[4] Von Wysocki hat dieses Kriterium noch verfeinert, indem er die direkte

---

[1] Vgl. Egner, H., Zum wissenschaftlichen Programm der betriebswirtschaftlichen Prüfungslehre, ZfbF 1970, S. 771 ff.
[2] Vgl. Isaac, A., Revision und Wirtschaftsprüfung, Wiesbaden 1951, S. 8; Loitlsberger, E., Zur Theorie der Prüfung, in: Grundlagen der Buchprüfung, hrsg. v. L. v. Illetschko, Wien 1953, S. 29
[3] Vgl. Zimmermann, E., Theorie und Praxis der Prüfungen im Betriebe, Essen 1954, S. 19
[4] Vgl. Hasenack, W., Geleitwort des Herausgebers zu Zimmermann, E., Theorie und Praxis der Prüfungen im Betriebe, a.a.O., S. 7

und die indirekte Prozeßabhängigkeit unterscheidet.[1] Während die direkte Prozeßabhängigkeit sich mit der Abhängigkeit vom Verantwortungsbereich bei Hasenack deckt, liegt indirekte Prozeßabhängigkeit dann vor, wenn eine direkt prozeßabhängige Person eine dritte Person mit der Überwachungsaufgabe betraut, der gegenüber sie Weisungsbefugnis besitzt. Eine **Prüfung** liegt demnach immer dann vor, wenn eine Überwachungsmaßnahme von einer Person durchgeführt wird, die vom zu überwachenden Prozeß oder Verantwortungsbereich weder direkt noch indirekt abhängig ist. Sie ist an sich eine der Betriebsführung zukommende Aufgabe, wird jedoch in der Regel an betriebsinterne oder betriebsexterne Sachverständige delegiert. Von **Kontrolle** spricht man dagegen immer dann, wenn die Überwachung durch die mit der Ausführung der Aufgabe befaßten Personen vorgenommen wird.

Kontrolle und Prüfung unterscheiden sich hingegen nicht in ihrer **Zielsetzung**. Beide haben die Aufgabe, vorbeugend zu wirken, d. h. die überwachten Personen zu vorschriftsmäßigem Handeln anzuhalten, und beide haben die Aufgabe, aufdeckend zu wirken, d. h. Abweichungen festzustellen. Ob die Abweichung nun noch rückgängig zu machen ist oder nicht, hängt nicht von der Art der Überwachung, sondern von der Art des betroffenen Betriebsprozesses ab.[2]

Die Begriffe Prüfung und **Revision** verwenden wir synonym. In der Literatur werden aber auch diese beiden Begriffe teilweise unterschiedlich interpretiert. So bezeichnet Ballmann die von uns als Prüfung umschriebene Aufgabe als Revision und behält den Begriff Prüfung der hoheitlichen Überwachung (z. B. steuerliche Betriebsprüfung) sowie der handelsrechtlichen Überwachung (z. B. aktienrechtliche Jahresabschlußprüfung) vor.[3]

Gegenstand der Überwachung ist grundsätzlich der gesamte Tätigkeitsbereich des Betriebes mit Ausnahme der obersten Führungsspitze, da eine Überwachung dieser Spitze durch sich selbst nicht denkbar ist.[4] Ähnlich wie Planung und Organisation sich z. T. überlagern, gibt es auch Bereiche, in denen sich Planung, Organisation und Überwachung überlappen. Genausogut wie die Überwachung geplant und organisiert werden muß, hat umgekehrt eine Überwachung der Ausübung der Planungs- und Organisationsfunktion zu erfolgen.

Die **speziellen Aufgaben** und der Umfang der Überwachung sind je nach der Art des Wirtschaftszweiges und der Betriebsgröße unterschiedlich. Im Bank- oder Handelsbetriebe tauchen wesentlich andere Kontrollprobleme auf als im Industriebetrieb. Eine laufende Überwachung muß beim Einsatz der betrieblichen Produktionsfaktoren und in sämtlichen betrieblichen Funktionsbereichen erfolgen. Bei der Arbeitskraft beginnt die Kontrolle mit der Feststellung der Anwesenheit im Betriebe und verfolgt bis zum Ende der Arbeitszeit jede Arbeits-

---

[1] Vgl. von Wysocki, K., Grundlagen des betriebswirtschaftlichen Prüfungswesens, Berlin und Frankfurt a. M. 1967, S. 8f.
[2] Vgl. Egner, H., Zum wissenschaftlichen Programm ..., a.a.O., S. 773
[3] Vgl. Ballmann, W., Betriebswirtschaftliche Überwachungsarten, Berlin 1973, S. 7
[4] Natürlich gibt es eine Überwachung der Betriebsleitung durch Außenstehende. Bekanntestes Beispiel ist die aktienrechtliche Jahresabschlußprüfung. Dabei handelt es sich aber nicht um eine Überwachungsmaßnahme, die der Betrieb in Ausübung seiner Überwachungsfunktion getroffen hat, sondern um eine Prüfungspflicht, die der Gesetzgeber mit dem Ziel der Sicherung der Interessen Außenstehender dem Betrieb auferlegt.

verrichtung. Die Arbeitsleistung wird mengenmäßig und qualitätsmäßig überprüft, der Ausschuß, der Materialverbrauch, der Materialabfall werden registriert, die Einhaltung, Über- oder Unterschreitung der Vorgabezeiten wird überwacht usw. Im Fertigungsbereich ist die Arbeitsvorbereitung zu kontrollieren, sämtliche Produktionsvorgänge werden laufend überwacht, es werden laufende Kontrollen an Hand von Konstruktionszeichnungen durchgeführt, die Einhaltung der Termine wird überwacht usw. Die Aufzählung von Kontrollen ließe sich in beliebiger Zahl durch sämtliche betriebliche Funktionen fortsetzen.

Analog der Gliederung der Überwachungsmaßnahmen in Kontrolle und Prüfung kann man auch eine interne Kontrolle und eine interne Prüfung (interne Revision) unterscheiden. Während man aber unter **interner Kontrolle** die Gesamtheit der Kontrollmaßnahmen versteht, die seitens der Organisation in die betrieblichen Arbeitsabläufe eingebaut werden, muß die Funktion der **internen Revision** organisatorisch verselbständigt werden, um das Erfordernis der Unabhängigkeit der Prüfung zu wahren. Wenn man also den Unterschied Kontrolle – Prüfung von den Organen der Überwachungsmaßnahmen her beschreiben will, so kann man von Prüfungen nur dann sprechen, wenn die Maßnahmen entweder von betriebsexternen Prüfern oder von direkt der Unternehmensleitung unterstellten Angehörigen einer Abteilung „Interne Revision" vorgenommen werden.

b) Die interne Kontrolle

Bei der Behandlung der Aufbauorganisation haben wir das Kontrollsystem nur kurz erwähnt, obwohl es Bestandteil der Aufbauorganisation ist. Um der Kontrollfunktion der Betriebsleitung gerecht zu werden, muß im Rahmen der Betriebsorganisation nach den folgenden **Grundsätzen** vorgegangen werden:
(1) Jeder Arbeitsgang vollzieht sich nach festgelegten Regeln in einem vorgegebenen Organisationssystem. Das gilt umsomehr, je mehr ausführende und je weniger leitende Tätigkeiten in einer Stelle vereint sind. Selbst Ausnahmefälle müssen insofern geregelt werden, daß feststeht, wer darüber entscheidet, wann ein Ausnahmefall vorliegt und wie dieser zu behandeln ist.Es leuchtet ein, daß ein Arbeitsgang, dessen Ausführung in das Belieben der beteiligten Stellen gestellt ist, sich jeder Kontrolle entzieht. Die Zwangsläufigkeit von Arbeitsvorgängen ist mithin Voraussetzung für das Einbauen von Kontrollvor- und -einrichtungen in die Abläufe.
(2) Es muß eine möglichst weitgehende Trennung von Funktionen vorgenommen werden, die durch eine klare Abgrenzung der Verantwortungsbereiche ergänzt werden muß. Der Grundsatz der Funktions- oder Aufgabentrennung verlangt, daß kein Arbeitsgang von Anfang bis Ende von einer Person durchgeführt wird, sondern daß jeweils mehrere, sich gegenseitig kontrollierende Personen beteiligt werden. Dabei wird eine eindeutige Abgrenzung der Aufgaben- und Verantwortungsbereiche umso wichtiger, je mehr Personen beteiligt sind.
(3) Dritter Grundsatz ist der möglichst weitgehende Einbau von Kontrollvor- und -einrichtungen in die Arbeitsgänge, wobei eine Umgehung der Kontrollen durch entsprechende Vorkehrungen verhindert werden muß.

Aus der Aufzählung dieser Grundsätze geht hervor, daß es sich bei der Kontrolle um einen Aspekt der Betriebsorganisation handelt, d. h. hier eine Überschneidung von Organisation und Überwachung vorliegt.

Zu den **Instrumenten der Kontrolle** gehören allgemeine organisatorische Vorkehrungen. So müssen Organisationspläne, Geschäftsverteilungspläne bzw. genaue Arbeitsanweisungen, Arbeitsablaufpläne (in Form verbaler Beschreibung oder von Ablaufdiagrammen) vorliegen. Außerdem muß ein ausgebautes Formularwesen vorhanden sein. Besonders scharf müssen die Kontrollvorkehrungen im Rechnungswesen sein. Neben dem Kontenplan sind detaillierte Buchungsanweisungen oder Kontierungsrichtlinien erforderlich, sowie Vorschriften über regelmäßig durchzuführende Kontrollabstimmungen. Weitere Instrumente der Kontrolle sind Kontrollvorrichtungen, die technischen Charakter haben, wie z. B. Stempeluhren, Zählwerke, Schlösser, Registrierkassen u. a.

c) Die interne Revision

Das zweite Instrument zur Erfüllung der Überwachungsaufgaben der Betriebsleitung ist die interne Revision. Während sich der Tätigkeitsbereich der Kontrolle auf die vorschriftsmäßige Ausführung der Arbeitsgänge beschränkt, hat die interne Revision ein weiteres Arbeitsfeld. Sie prüft nicht nur die Arbeitsgänge selbst, sondern hat auch zu prüfen, **ob das Kontrollsystem ordnungsgemäß funktioniert** (gewissermaßen eine Überwachung der Überwachung); sie hat drittens zu prüfen, ob die sonstigen Teilsysteme der Aufbau- und Ablauforganisation der jeweiligen Aufgabenstellung entsprechend als effizient zu bezeichnen sind[1] und ob alle Arbeitsabläufe den Vorschriften entsprechend vorgenommen werden.

Man kann daraus **vier allgemeine Aufgabenbereiche** der internen Revision ableiten:

(1) Sie muß alle Anweisungen, Verfahren und Methoden, mit denen die Aufgaben aller anderen Abteilungen gesteuert oder ausgeführt werden, einer kritischen Analyse und Beurteilung unterziehen.

(2) Sie muß insbesondere das interne Kontrollsystem überprüfen und beurteilen und – falls erforderlich – Verbesserungsvorschläge unterbreiten.

(3) Sie muß das betriebliche Kommunikationssystem analysieren und beurteilen; das gilt insbesonders für die Berichte und Informationen, die an die Betriebsführung gehen.

(4) Sie hat die Zweckmäßigkeit von Maßnahmen (Buchführung und sonstige) zu beurteilen, die zur Sicherung von Vermögensverlusten aller Art dienen.

Die Abteilung „Interne Revision" wird darüber hinaus häufig für Tätigkeiten herangezogen, die nicht zu ihrem eigentlichen Aufgabengebiet gehören, wie z. B. Mitarbeit bei innerbetrieblicher Schulung, da ihre Mitarbeiter über eine genaue Kenntnis des ganzen Betriebs verfügen. Nicht zur Aufgabe der internen Revision gehört es, Änderungen an der Aufbau- oder Ablauforganisation vorzunehmen. Dafür ist die Organisationsabteilung zuständig, mit der die Revisionsabteilung zwar eng zusammenarbeiten muß, in deren Tätigkeitsfeld sie aber nicht

---

[1] Vgl. Egner, H., Grundfragen der internen Revision, Bilanz- und Buchhaltungspraxis 1971, S. 125 ff.

eindringen darf, weil sie sonst später die Zweckmäßigkeit von Maßnahmen beurteilen müßte, die sie selbst getroffen hat. Die Unabhängigkeit der Prüfung wäre dann nicht mehr gewährleistet.

Wie jede andere Tätigkeit muß auch die interne Revision geplant sein. Zu diesem Zweck wird ein Plan aufgestellt (als **Revisionsprogramm** bezeichnet, da der Begriff Prüfungsplan für die Planung der einzelnen Prüfung verwendet wird), der die Prüfungen in den einzelnen betrieblichen Teilbereichen darstellt. In der Regel handelt es sich um ein mehrjähriges Programm, in dessen Rahmen die einzelnen betrieblichen Teilbereiche je nach ihrer Bedeutung häufiger oder seltener geprüft werden. Hinzu kommen ungeplante Prüfungen, die dann vorgenommen werden müssen, wenn in einzelnen Teilbereichen Schwierigkeiten aufgetreten sind oder Delikte vermutet werden.

Die **Arbeitsweise der internen Revision** hängt stark von der Eigenart der zu prüfenden Abteilung ab. Man kann lediglich die folgenden großen Schritte unterscheiden:[1]
(1) Prüfung des jeweiligen Teilsystems
 – Organigramm aufstellen (durch Beobachtung und Befragung)
 – Ablaufdiagramm aufstellen
 – Analyse des Arbeitssystems und Feststellen von Schwachstellen
(2) Prüfung der Anwendung des Systems
 – Prüfungsgebiete und Prüffelder festlegen
 – Stichprobenumfang und -elemente festlegen
 – Elemente ziehen und prüfen
(3) Urteilsbildung (ggf. mit der Folge weiterer Prüfung des Systems und der Anwendung, falls Zweifel auftauchen).

d) Externe Prüfungen

Alle gesetzlich vorgeschriebenen und gesetzlich vorgesehenen Prüfungen gehören, wie schon erwähnt, nicht zu den betrieblichen Überwachungsmaßnahmen. Auch in Fällen, in denen sich der Betrieb freiwillig Prüfungen unterwirft, etwa, weil er einen Kredit beantragt hat (**Kreditwürdigkeitsprüfung**) oder weil er sich um öffentliche Aufträge beworben hat (**Preisprüfung**), kann man nicht davon sprechen, daß eine innerbetriebliche Überwachungsfunktion durch externe Prüfer wahrgenommen wird, denn die Prüfung dient dann nicht mehr internen Zwecken. Allerdings gibt es Fälle, in denen sich Betriebe freiwillig einer Prüfung unterziehen, um die Ausübung der Überwachungsfunktion zu verbessern. Hier ist vor allem die von vielen Betrieben vorgenommene freiwillige Jahresabschlußprüfung zu erwähnen. Ebenso sind Sonderprüfungen, etwa zur Aufdeckung von Delikten (z. B. **Unterschlagungsprüfung**), zur Feststellung von organisatorischen Mängeln (**Organisationsprüfung**) oder von sonstigen Mängeln denkbar. Sobald allerdings über eine Feststellung und Beurteilung des Zustandes des Betriebes hinausgegangen wird und Vorschläge zur Verbesserung gemacht werden, handelt es sich nicht mehr um eine Überwachung, sondern um eine Beratung.

---

[1] Vgl. Egner, H., Arbeitstechnik der Internen Revision, Bilanz- und Buchhaltungspraxis 1971, S. 215

B. Die Wahl der Rechtsform als Entscheidungsproblem

I. Überblick

Die Rechtsordnung stellt den Unternehmungen eine Anzahl von Rechtsformen (Unternehmungsformen) zur Verfügung und überläßt es in der Regel den Eigentümern oder Gründern, die Entscheidung für eine bestimmte Rechtsform nach betriebswirtschaftlichen, steuerlichen oder anderen (z. B. erbrechtlichen) Gesichtspunkten zu treffen. Daneben entwickelten sich in der Wirtschaft Rechtsformen, die vom Gesetzgeber nicht vorgesehen waren (z. B. GmbH & Co. KG, Doppelgesellschaft).

Das BGB regelt in den §§ 705 ff. die Gesellschaft des bürgerlichen Rechts, die die Grundform der Personengesellschaft bildet; ferner regelt es in den §§ 21 ff. den Verein, auf dem die Kapitalgesellschaften aufbauen, sowie in den §§ 80 ff. die rechtsfähige Stiftung. Das HGB enthält Vorschriften über die Offene Handelsgesellschaft (OHG, §§ 105 ff.), die Kommanditgesellschaft (KG, §§ 161 ff.), die Stille Gesellschaft (§§ 335 ff.) und die Reederei (§§ 489 ff.). Das Recht der Aktiengesellschaft ist im Aktiengesetz vom 6. 9. 1965, das Recht der GmbH im Gesetz betreffend die Gesellschaften mit beschränkter Haftung vom 20. 5. 1892,[1] das Recht der Genossenschaften im Gesetz betreffend die Erwerbs- und Wirtschaftsgenossenschaften vom 1. 5. 1889 und das Recht der Versicherungsvereine auf Gegenseitigkeit im Versicherungsaufsichtsgesetz (VAG) vom 6. 6. 1931 geregelt worden. Die bergrechtliche Gewerkschaft hat ihre rechtliche Regelung weder durch ein Reichs- noch durch ein Bundesgesetz erfahren, sondern durch die Berggesetze der Länder, die im wesentlichen auf dem Allgemeinen Berggesetz (ABG) für die Preußischen Staaten vom 24. 6. 1865 basieren.

Die Rechtsformen der Betriebe sind zwar in erster Linie eine Angelegenheit der Rechtswissenschaft, können aber im Rahmen eines Lehrbuches der Allgemeinen Betriebswirtschaftslehre nicht unerörtert bleiben, da sich aus den bestehenden Rechtsnormen eine Anzahl bedeutsamer betriebswirtschaftlicher Entscheidungsprobleme ergibt. Den für die Rechtsform des Betriebes häufig verwendeten Ausdruck „Unternehmensform" ersetzen wir durch die weitergefaßte Bezeichnung „Rechtsform des Betriebes". Das ergibt sich notwendigerweise aus der oben gegebenen Begriffsbestimmung von Betrieb und Unternehmung. Als Unternehmungen bezeichneten wir Betriebe des marktwirtschaftlichen Wirtschaftssystems, die einmal gekennzeichnet sind durch die Möglichkeit, ihren Wirtschaftsplan selbst zu bestimmen, und die zweitens nach dem größtmöglichen Gewinn streben.

Betriebe, denen diese Merkmale in der Regel fehlen, wie z. B. öffentliche Betriebe, die Organe einer Gebietskörperschaft sind, zählen nicht zu den Unternehmungen, soweit sie nicht nach dem Grundsatz langfristiger Gewinnmaximierung, sondern lediglich nach dem Prinzip der Kostendeckung arbeiten oder nur einen „angemessenen" Gewinn erstreben. Sie können aber grundsätzlich in denselben

---

[1] Ein Gesetzentwurf der Bundesregierung für ein neues GmbH-Gesetz liegt vor (vgl. BT-Drucksache VI/3088).

B. Die Wahl der Rechtsform

Rechtsformen geführt werden wie Unternehmungen (z. B. in der Form der AG oder GmbH).

Der Begriff „Rechtsform des Betriebes" ist also weiter gefaßt als der Begriff „Unternehmungsform" und schließt auch öffentliche Betriebe und Genossenschaften ein. Da die wirtschaftlichen Probleme der öffentlichen Betriebe jedoch wegen ihrer spezifischen Aufgabenstellung (Deckung von Kollektivbedarf durch wirtschaftliche Betätigung der öffentlichen Hand) von besonderer Art sind, werden diese Betriebe einer getrennten Betrachtung unterzogen.

Zunächst sei an Hand eines Schemas ein Überblick über die wichtigsten Rechtsformen privater und öffentlicher Betriebe gegeben:

I. **Private Betriebe**
1. Einzelunternehmungen (Einzelkaufmann, Einzelfirma)
2. Personengesellschaften
    a) Gesellschaft des bürgerlichen Rechts (GbR)
    b) Offene Handelsgesellschaft (OHG)
    c) Kommanditgesellschaft (KG)
    d) Stille Gesellschaft
3. Kapitalgesellschaften
    a) Aktiengesellschaft (AG)
    b) Kommanditgesellschaft auf Aktien (KGaA)
    c) Gesellschaft mit beschränkter Haftung (GmbH)
    d) Bergrechtliche Gewerkschaft
    e) Sonderformen (Reederei, Bohrgesellschaft)
4. Mischformen (Kombinationen von Personen- und Kapitalgesellschaften)
    a) AG & Co. KG
    b) GmbH & Co. KG
    c) Doppelgesellschaft
5. Genossenschaften
6. Versicherungsvereine auf Gegenseitigkeit (VVaG)

II. **Öffentliche Betriebe**
1. Öffentliche Betriebe in nicht-privatrechtlicher Form
    a) ohne eigene Rechtspersönlichkeit: Regiebetriebe, Eigenbetriebe, Sondervermögen
    b) mit eigener Rechtspersönlichkeit: öffentlich-rechtliche Körperschaften, Anstalten und Stiftungen
2. Öffentliche Betriebe in privatrechtlicher Form
    a) rein öffentlich (AG, GmbH, bergrechtliche Gewerkschaft, Genossenschaft)
    b) gemischtwirtschaftlich (Genossenschaft; AG oder GmbH mit oder ohne Mehrheit der öffentlichen Hand).

II. Statistische Angaben

Bei der letzten **Arbeitsstättenzählung** (27. 5. 1970) wurde festgestellt, daß von rund 1,9 Mill. Betrieben rund 91% Einzelunternehmungen waren und nur etwa 5,8% in der Form einer Personengesellschaft, 1,8% in der Form der GmbH und 0,1% in der Form der AG geführt werden.

Allerdings waren zu diesem Zeitpunkt in den Einzelunternehmungen nur 34,7%, in den Personengesellschaften 24,3%, dagegen in den Kapitalgesellschaften rund 33,5% aller Beschäftigten tätig. Entsprechend stark variiert die durchschnittliche Zahl der Beschäftigten von 5,3 bei den Einzelunternehmungen zu 1.616 bei den Aktiengesellschaften. Die folgende Übersicht zeigt die Verteilung der Unternehmen und Beschäftigten im einzelnen.[1]

Rechtsform	Unternehmen		Beschäftigte		Beschäftigte je Unternehmen
	Anzahl	%	Anzahl	%	
Einzelunternehmungen	1.738.542	91,2	7.507.502	34,7	5,3
OHG und KG	111.078	5,8	5.273.410	24,3	47,5
GmbH	34.466	1,8	3.250.631	15,0	94,3
AG und KGaA	2.484	0,1	4.013.708	18,5	1.615,8
Genossenschaften	13.260	0,7	262.181	1,2	19,8
sonstige private Rechtsformen	3.820	0,2	173.499	0,8	45,4
Unternehmungen v. Körperschaften des öffentl. Rechts	4.410	0,2	1.184.475	5,5	268,6
insgesamt	1.908.060	100,0	21.665.406	100,0	11,4

Unternehmen und Beschäftigte nach Rechtsformen 1970 (BRD einschl. Berlin-West)

Die in der nächsten Übersicht dargestellten Veränderungen gegenüber der vorhergehenden Arbeitsstättenzählung vom 6. 6. 1961 zeigen besonders starke Zuwachsraten bei der Zahl der Offenen Handelsgesellschaften und Kommanditgesellschaften und der GmbH. Die Zahl der Aktiengesellschaften blieb etwa konstant. Diese Veränderungstendenzen in den sechziger Jahren haben – wie die Zahlen für 1971 zeigen – bei den Aktiengesellschaften und den GmbH bis zur Gegenwart angehalten. Innerhalb der Gruppe der Kapitalgesellschaften hat vor allem die GmbH an Bedeutung gewonnen. Von 1969 bis Ende 1971 erhöhte sich ihre Zahl um 44.682 (+ 102%)[2], das Stammkapital stieg um 28,2 Mrd. DM (+ 142%), während sich im gleichen Zeitraum die Zahl der Aktiengesellschaften um 265 (— 10,4%) verminderte, und der Anteil des Grundkapitals am Nominalkapital aller Kapitalgesellschaften von 65,4% auf 55,7% zurückging.[3]

Nach den Ergebnissen der **Handwerkszählung** 1968 ist die Zahl der Kapitalgesellschaften im Handwerk von 1963 bis 1968 von 2.824 auf 3.774 (+ 33,6%)

---

[1] Vgl. Veröffentlichungen des Stat. Bundesamtes, Fachserie C: Unternehmen und Arbeitsstätten, Heft 6: Arbeitsstättenzählung vom 27. 5. 1970, Stuttgart und Mainz 1972.
[2] In dieser Zahl sind die Komplementär-GmbH der GmbH u. Co KG enthalten, die in der Arbeitsstättenzahlung in der Zahl der KG und nicht der GmbH eingeschlossen sind.
[3] Vgl. Wirtschaft und Statistik 1972, S. 177

angestiegen. Davon entfallen 3.696 auf die Rechtsform der GmbH und 78 auf die Form der AG und KGaA. Da die Zahl der Handwerksbetriebe im gleichen Zeitraum um 11,1% zurückging, ist eine Tendenz zur zunehmenden Betriebsgröße, für die die Kapitalgesellschaft sich besser als die Personengesellschaft eignet, auch im Handwerk unverkennbar.[1]

Veränderungen der Zahl der Unternehmen ausgewählter Rechtsformen und ihrer Beschäftigten und der durchschnittlich Beschäftigten von 1961 bis 1970, absolut und in Prozent bezogen auf 1961[2] (BRD mit Berlin-West)[3]

Rechtsform	Zahl der Unternehmen		Zahl der Beschäftigten		Beschäftigte je Unternehmen	
	absolut	in %	absolut	in %	absolut	in %
Einzelunternehmungen	— 211.735	— 10,9	— 488.653	— 6,1	+ 1,2	+ 29,3
OHG u. KG	+ 16.723	+ 17,7	+1.153.639	+ 28,0	+ 3,8	+ 8,7
GmbH	+ 9.704	+ 39,2	+ 528.114	+ 19,4	— 15,7	— 14,3
AG u. KGaA	+ 31	+ 1,3	+ 596.928	+ 17,5	+222,3	+ 16,0
Genossenschaften	— 5.434	— 29,1	+ 20.749	+ 8,6	+ 6,9	+ 53,5
sonstige private Rechtsformen	— 6	— 0,2	— 14.910	— 7,9	— 3,8	— 7,7
Unternehmungen von Körperschaften d. öffentl. Rechts	— 562	— 11,3	+ 8,679	+ 0,7	+ 32,1	+ 13,6
insgesamt	— 191.279	— 10,9	+1.804,546	+ 9,1	+ 1,9	+ 20,0

Ein ähnliches Bild – eine Konzentration der wirtschaftlichen Aktivität auf die relativ geringe Zahl der Kapitalgesellschaften – zeigt die Verteilung der im Jahr 1962 in der Bundesrepublik Deutschland getätigten steuerpflichtigen Umsätze auf die einzelnen Rechtsformen, wie sie aus der Auswertung der Umsatzsteuerstatistik 1962 hervorgeht. Danach entfielen auf die Einzelunternehmungen, die 84,9% der in der Umsatzsteuerstatistik erfaßten Betriebe ausmachen,[4] nur 29,8%

---

[1] Quelle: BMWF-Tagesnachrichten Nr. 6544 vom 22. 3. 1972
[2] Berechnet nach Zahlen der Arbeitsstättenzählung 1961 und 1970 (Veröffentlichungen des Statistischen Bundesamtes, Fachserie C, Heft 4, Stuttgart und Mainz 1965 und Heft 6, Stuttgart und Mainz 1972).
[3] Da das Statistische Bundesamt (im Gegensatz zum Jahre 1961) im Jahre 1970 die Erhebung auf West-Berlin ausdehnte, ist die Vergleichbarkeit der Zahlen geringfügig gestört.
[4] Es ist zu beachten, daß in der Umsatzsteuerstatistik nur Betriebe mit Jahresumsätzen über 12 500 DM erfaßt werden. Die Stellung der Einzelunternehmungen ist daher zu positiv dargestellt. Darüber hinaus fehlt ein Teil der Kapitalgesellschaften, da sie einem Organ-

der Umsätze, während die wichtigsten Kapitalgesellschaften (AG, KGaA, GmbH) bei 1,6% der Zahl der Unternehmungen 33,4% des Gesamtumsatzes erzielten. Die Personengesellschaften liegen mit 5,5% der Zahl der Betriebe und 25,2% der Umsätze zwischen diesen Extremwerten. Interessant ist auch die Variation der durchschnittlichen Umsätze, die von 177.000 DM bei Einzelunternehmungen bis zu 65.989.000 DM bei den Aktiengesellschaften reichen.

Steuerpflichtige Umsätze 1962 und Umsatzveränderungen gegenüber 1954, nach Rechtsformen[1], (BRD einschließlich Berlin)[2]

Rechtsform	Zahl der Betriebe		Umsatz		durch-schnittl. Umsatz in 1.000 DM	Umsatz-zuwachs bzw. -abnahme gegenüber 1954
	absolut	in %	in Mill. DM	in %		
Einzelunternehmungen	1.395.849	84,9	247.129,0	29,8	177	+ 92,2
OHG	49.195	3,0	72.136,8	8,7	1.466	+158,4
KG	41.055	2,5	137.014,0	16,5	3.337	
AG/KGaA	2.399	0,1	158.306,9	19,1	65.989	+112,1
GmbH	24.176	1,5	118.268,1	14,3	4.891	+ 59,8
Genossenschaften	17.340	1,1	26.586,9	3,2	1.533	+128,6
Unternehmungen von Körperschaften des öffentl. Rechts[3]	13.224	0,8	12.583,5	1,5	951	+ 66,9
Bergrechtl. Gewerkschaften	53	0,0	1.558,4	0,2	29.404	− 20,9
Sonstige	101.425	6,2	55.745,1	6,7	549	+145,6
insgesamt	1.644.716	100,0	829.328,7	100,0	504	+106,3

Eine weitere Auswertung der Umsatzsteuerstatistik 1962 zeigt die Anteile der verschiedenen Rechtsformen an der Gesamtzahl der Unternehmungen in verschiedenen Wirtschaftsbereichen. Danach ergeben sich für die Einzelunternehmungen Schwerpunkte mit überdurchschnittlichem Anteil besonders in der Handelsvermittlung, im Einzelhandel und in den sonstigen Wirtschaftsbereichen. Die Personengesellschaften sind dagegen besonders im industriellen Bereich, aber auch im Großhandel stark vertreten. Für die Kapitalgesellschaften, AG, KGaA und GmbH ergeben sich Schwerpunkte in der Industrie, im sonstigen produzierenden Gewerbe und im Großhandel. Auch die Genossenschaften sind im

---

kreis eingegliedert sind und ihre Organumsätze nicht der Umsatzsteuer unterliegen (vgl. die Ausführungen zur Organschaft auf S. 236f.).

[1] Ohne steuerbefreite Landwirtschaft, nur Unternehmungen mit Jahresumsätzen über 12 500 DM, ohne Organgesellschaft und Organumsätze.

[2] Vgl. Wirtschaft und Statistik 1964, S. 52 (Auswertung der USt-Statistik 1962).

[3] Unternehmungen gewerblicher Art von Körperschaften, Anstalten oder Stiftungen.

B. Die Wahl der Rechtsform   171

sonstigen produzierenden Gewerbe und im Großhandel besonders stark vertreten.

Für die Interpretation dieser Zahlen gelten die gleichen, bei der vorhergehenden Übersicht angemerkten Einschränkungen.

Betriebe der verschiedenen Wirtschaftsbereiche[1] und ihre Aufteilung nach Rechtsformen 1962, in % (BRD einschl. Berlin)[2]

Rechtsform	Land- und Forstwirtschaft	Industrie	produz. Handwerk	sonst. produz. Betriebe	Großhandel	Handelsvermittlung	Einzelhandel	Sonst. Wirtschaftsbereiche	durchschnittl. Anteil
Einzelunternehmen	64,0	45,4	89,2	75,5	69,4	92,3	90,7	87,8	84,9
OHG	0,6	14,3	1,5	2,8	8,6	3,4	2,8	1,0	3,0
KG	0,4	17,4	0,9	3,4	7,4	1,6	1,5	0,9	2,5
AG/KGaA	0,0	1,6	0,0	0,2	0,1	0,0	0,0	0,1	0,1
GmbH	0,2	9,5	0,4	3,6	4,6	0,5	0,4	1,1	1,5
Genossenschaften	0,9	2,3	0,0	3,5	5,6	0,1	0,1	1,2	1,1
Unternehmen von Körperschaften des öffentlichen Rechts[3]	21,9	2,7	0,0	0,1	0,0	0,0	0,0	1,4	0,8
Sonstige	12,0	6,8	8,0	10,09	4,3	2,1	4,5	6,5	6,1
Insgesamt	100	100	100	100	100	100	100	100	100

Neuere statistische Unterlagen stehen insbesondere für die AG und die GmbH zur Verfügung.[4] Danach hat sich die Zahl der Aktiengesellschaften seit 1961 von 2.453 auf 2.295 am 31. 12. 1971 verringert, während sich die Zahl der Gesellschaften mit beschränkter Haftung im gleichen Zeitraum um mehr als 200% auf 88.483 erhöht hat. In der letzten Zahl sind auch die GmbH enthalten, die einer GmbH & Co. KG als Komplementär dienen. Wäre die GmbH kleinerer und mittlerer Betriebsgröße gegenüber der Personengesellschaft steuerlich nicht benachteiligt,[5] so wäre die Zunahme der GmbH vermutlich noch größer.

Das Grundkapital aller Aktiengesellschaften betrug zum gleichen Zeitpunkt 60,6 Mrd. DM, das Stammkapital aller GmbH 48,1 Mrd. DM. Das durchschnittliche Nominalkapital einer AG belief sich auf 26,4 Mill. DM, das einer GmbH auf 540.000 DM. 550 AG mit einem Nominalkapital von 29,7 Mrd. DM wurden an einer Börse der BRD notiert.

Die folgende Übersicht zeigt Bestand und Bewegung bei den Kapitalgesellschaften vom 1. Januar bis 31. Dezember 1974:[6]

---

[1] Ohne steuerbefreite Landwirtschaft, nur Unternehmungen mit Jahresumsätzen über 12500 DM, ohne Organgesellschaften.
[2] Vgl. Wirtschaft und Statistik 1964, S. 53.
[3] Unternehmungen gewerblicher Art von Körperschaften, Anstalten oder Stiftungen.
[4] Die folgenden Zahlenangaben sind entnommen aus Wirtschaft und Statistik 1971, H. 3, S. 178 f.
[5] Vgl. S. 202 f.
[6] Quelle: Wirtschaft und Statistik 1975, S. 182

Vorgang	AG und KGaA		GmbH	
	Gesellschaften	Grundkapital	Gesellschaften	Stammkapital
	Anzahl	Mill. DM	Anzahl	Mill. DM
Bestand am 1. 1. 1974	2.260	67.298,2	112.063	58.753,1
Zugang insgesamt	47	4.191,7	16.340	7.194,0
Neugründung, Umwandlung	45	385,7	15.589	1.334,2
Fortsetzung	2	0,2	48	1,8
Kapitalerhöhung				
gegen Einlagen	(299)	2.881,5	(2.806)	4.552,6
aus Gesellschaftsmitteln	(90)	924,2	(298)	1.004,3
Sonstige Zugänge	–	–	703	301,1
Abgang insgesamt	89	490,1	6.155	1.292,6
Liquidationseröffnung	22	86,5	2.147	147,5
Konkurseröffnung	7	33,2	973	162,3
Fusion u. Umwandlung	53	307,2	278	478,8
Kapitalherabsetzung	(19)	56,5	(110)	106,4
Sonstige Abgänge	7	6,7	2.757	397,7
Kapitalumstellung	–	–	–	–
Bestand am 31. 12. 1974	2.218	70.999,8	122.248	64.654,4

Bei 130 AG überstieg am 31. 12. 1974 das Nominalkapital 100 Mill. DM. 58 davon hatten ein Nominalkapital von mehr als 250 Mill. DM. Diese 130 Gesellschaften verfügten an diesem Stichtag mit einem Grundkapital von insgesamt 46,1 Mrd. DM über 64,9% des Grundkapitals aller AG. Am 31. 12. 1968 hatten nur 90, am 31. 12. 1962 nur 66 AG ein Grundkapital von mehr als 100 Mill. DM. Ihr Anteil am Grundkapital aller AG betrug 59,0 bzw. 53,3%.

Aktiengesellschaften nach Größenklassen des Grundkapitals

Größenklasse	Gesellschaften				Grundkapital			
	31. 12. 1971		31. 12. 1974		31. 12. 1971		31. 12. 1974	
	Anzahl	%	Anzahl	%	Mill. DM	%	Mill. DM	%
bis 1,0 Mill. DM	513	22,3	524	23,6	190,1	0,3	230,5	0,3
über 1,0 bis 10,0 Mill. DM	1.082	47,1	969	43,7	3.778,9	6,3	4.093,1	5,8
über 10,0 bis 50,0 Mill. DM	486	21,2	477	21,5	10.280,6	17,0	11.761,9	16,6
über 50,0 bis 100,0 Mill. DM	94	4,1	118	5,3	6.604,3	10,9	8.845,8	12,4
über 100,0 bis 250,0 Mill. DM	68	3,0	72	3,3	9.710,2	16,0	11.363,7	16,0
über 250,0 Mill. DM	52	2,3	58	2,6	29.998,3	49,5	34.704,8	48,9
Insgesamt	2.295	100,0	2.218	100,0	60.562,4	100,0	70.998,8	100,0

B. Die Wahl der Rechtsform

Bei den GmbH hatten zum gleichen Zeitpunkt 952 von 122.248 Gesellschaften ein Stammkapital von 10 Mill. DM und mehr. Mit einem Stammkapital von insgesamt 41,6 Mrd. DM sind sie im Besitz von 64,3% des Stammkapitals aller GmbH. Am 31. 12. 1968 gab es 508 GmbH mit einem Stammkapital über 10 Mill. DM; ihr Anteil am Stammkapital aller GmbH belief sich auf 54,6%.

Aus den beiden folgenden Übersichten, die eine Gliederung der Aktiengesellschaften und der GmbH nach Größenklassen des Grund- bzw. Stammkapitals enthalten, wird ersichtlich, daß der Trend zu den oberen Größenklassen anhält.

Gesellschaften mit beschränkter Haftung nach Größenklassen des Stammkapitals

Größenklasse	Gesellschaften				Stammkapital			
	31. 12. 1968		31. 12. 1974		31. 12. 1968		31. 12. 1974	
	Anzahl	%	Anzahl	%	Mill. DM	%	Mill. DM	%
bis 20.000 DM	34.987	51,8	75.334	61,7	674,0	1,8	1.490,3	2,3
über 20.000 DM bis 100.000 DM	18.395	27,3	29.604	24,2	1.007,1	2,8	1.519,7	2,4
über 100.000 DM bis 1 Mill. DM	10.207	15,1	12.041	9,8	4.094,9	11,3	4.935,0	7,6
über 1 Mill. DM bis 5 Mill. DM	2.803	4,2	3.471	2,8	6.854,7	18,8	8.768,9	13,6
über 5 Mill. DM bis 10 Mill. DM	516	0,8	846	0,7	3.898,3	10,7	6.360,8	9,8
über 10 Mill. DM	508	0,8	952	0,8	19.865,6	54,6	41.579,8	64,3
Insgesamt	67.416	100,0	122.248	100,0	36.394,6	100,0	64.654,5	100,0

Die Bilanzsumme aller Unternehmungen betrug am 31. 12. 1967 630 Mrd. DM,[1] davon entfielen allein 210 Mrd. DM auf die Aktiengesellschaften.[2] Zum gleichen Zeitpunkt zeigte die Vermögens- und Kapitalstruktur in % der Bilanzsumme folgendes Bild:

	AG	GmbH	Pers. Ges.	Einzelfirmen
Sachvermögen	65,6	55,8	59,4	60,4
Forderungsvermögen	33,3	41,9	38,8	37,4
Eigenkapital	33,4	32,1	27,6	26,8
Fremdkapital	53,3	62,9	67,1	68,1
Fremdkapital:				
kurzfristig	20,8	37,9	39,0	47,8
langfristig	19,2	13,8	20,2	14,7
Rückstellungen	13,3	11,2	7,9	5,6

---

[1] Die Bundesbank ermittelte mit Hilfe einer Hochrechnung für den 31. 12. 1970 eine Bilanzsumme aller Unternehmen von 870,4 Mrd. DM.
[2] Quelle: Monatsbericht der Deutschen Bundesbank 1970, H. 3, S. 15ff. Der Untersuchung der Bundesbank liegen für 1967 alle Unternehmungen außer der Bundespost, Bundesbahn, Landwirtschaft, Dienstleistungsbetriebe, freie Berufe, Kreditinstitute, Versicherungen und Bausparkassen zugrunde.

III. Entscheidungskriterien für die Wahl der Rechtsform privater Betriebe[1]

1. Überblick

Die Wahl der Rechtsform zählt zu den langfristig wirksamen unternehmerischen Entscheidungen. Die Frage, welche Rechtsform für einen Betrieb die wirtschaftlich zweckmäßigste ist, stellt sich nicht nur bei der Gründung eines Betriebes, sondern sie muß jeweils von neuem überprüft werden, wenn sich wesentliche persönliche, wirtschaftliche, rechtliche oder steuerrechtliche Faktoren ändern, die zuvor bei der Entscheidung für eine bestimmte Rechtsform den Ausschlag gegeben haben. Ist die früher gewählte Rechtsform vom wirtschaftlichen Standpunkt aus nicht mehr die zweckmäßigste, so kann ein Wechsel notwendig werden. Die Überführung eines Betriebes von einer Rechtsform in eine andere bezeichnet man als Umwandlung.

Wird ein privater Betrieb gegründet oder soll ein bereits bestehender privater Betrieb in eine andere Rechtsform überführt werden (z. B. zur Erweiterung der Kapitalbeschaffungsmöglichkeiten oder wegen der Übertragung des Betriebes auf mehrere Erben), so sind in der Regel die folgenden Merkmale der in Frage kommenden Rechtsformen miteinander zu vergleichen:
(1) Rechtsgestaltung, insbesondere Haftung,
(2) Leitungsbefugnis,
(3) Gewinn- und Verlustbeteiligung,
(4) Finanzierungsmöglichkeiten,
(5) Steuerbelastung,
(6) Aufwendungen der Rechtsform (Gründungs- und Kapitalerhöhungskosten, besondere Aufwendungen für die Rechnungslegung, wie Pflichtprüfung und Veröffentlichung des Jahresabschlusses),
(7) Publizitätszwang.

Diese Faktoren sind bei der Wahl oder Änderung der Rechtsform gegeneinander abzuwägen; dabei ist zu beachten, daß **nicht alle Entscheidungskriterien quantifizierbar** sind. Mit der Entscheidung für eine bestimmte Rechtsform sind diese Faktoren zwar nicht für die Gesamtlebensdauer des Betriebes festgelegt, denn die Rechtsform kann – abgesehen von den wenigen Fällen einer gesetzlich vorgeschriebenen Rechtsform – gewechselt werden, jedoch ist die Umwandlung in eine andere Rechtsform ein komplizierter Vorgang, der nicht nur die bestehenden gesellschaftsrechtlichen Beziehungen verändert, sondern auch die steuerliche Belastung entscheidend beeinflußt. Zudem werden bestimmte Umwandlungsvorgänge steuerlich erheblich belastet.

Die Rechtsverhältnisse zwischen den Gesellschaftern sind durch das Gesellschaftsrecht geregelt, jedoch sind die gesellschaftsrechtlichen Normen in weitem Umfange **dispositives Recht**, das durch Gesellschaftsverträge gestaltet werden kann, so daß wirtschaftliche Überlegungen in diesen Verträgen berücksichtigt werden können. Da der Gestaltungsspielraum bei den einzelnen Rechtsformen

---

[1] Vgl. Wöhe, G., Unternehmensformen, Management-Enzyklopädie, Bd. 5, München 1971, S. 980 ff.

unterschiedlich weit ist, beeinflußt er unmittelbar die Entscheidung über die zu wählende Rechtsform.

Die grundsätzliche Freiheit der Entscheidung bei der Wahl der Rechtsform wird allerdings in mehrfacher Weise eingeschränkt, so daß nicht jede beliebige Rechtsform für jeden Betrieb in Frage kommt. Die Einschränkung kann verschiedene Gründe haben:

(1) **Beschränkung des Wahlrechts durch gesetzliche Vorschriften:**
 a) Für bestimmte Rechtsformen ist eine Mindestzahl von Gründern und/oder ein Mindestnennkapital vorgeschrieben (AG: fünf Gründer, 100.000 DM Grundkapital; GmbH: zwei Gründer, 20.000 DM Stammkapital; Genossenschaft: sieben Gründer).

 b) Für einige in speziellen Gesetzen geregelte wirtschaftliche Betätigungen sind bestimmte Rechtsformen verbindlich. So dürfen Hypotheken- und Schiffspfandbriefbanken nur in der Rechtsform der Aktiengesellschaft oder Kommanditgesellschaft auf Aktien, bestimmte Versicherungsunternehmungen nur als Aktiengesellschaften oder Versicherungsvereine auf Gegenseitigkeit und Kapitalanlagegesellschaften nur in der Form der AG oder GmbH geführt werden.[1]

(2) **Beschränkung des Wahlrechts durch die Art der wirtschaftlichen Aufgabe:** die bergrechtliche Gewerkschaft kommt nur für Betriebe des Bergbaus, die Reederei nur für Betriebe der Schiffahrt, die Genossenschaft nur für Betriebe in Frage, die „die Förderung des Erwerbs und der Wirtschaft ihrer Mitglieder mittels gemeinschaftlichen Geschäftsbetriebs bezwecken" (§ 1 GenG).

(3) **Beschränkung des Wahlrechts durch besondere Eigentumsverhältnisse:** bestimmte Rechtsformen kommen nur für Betriebe in Frage, die sich im Eigentum der öffentlichen Hand befinden (Regiebetriebe, Eigenbetriebe, öffentlich-rechtliche Körperschaften, Anstalten, Stiftungen). Für diese Betriebe sind bestimmte privatrechtliche Formen nicht geeignet (z. B. OHG), während andere in Betracht kommen (z. B. AG oder GmbH).

Die für die Wahl der Rechtsform ausschlaggebenden wirtschaftlichen, rechtlichen und insbesondere steuerrechtlichen Faktoren können miteinander in Konkurrenz stehen. In einem solchen Falle wird der Betrieb seine Entscheidung so treffen, daß er seine Zielsetzung der langfristigen Gewinnmaximierung realisieren kann. Da die Besteuerung der Betriebe in der Regel nicht an die wirtschaftlichen Tatbestände, sondern an die Rechtsform anknüpft, können zwei Betriebe, die die gleiche wirtschaftliche Struktur haben, ein gleich hohes Vermögen einsetzen und einen gleich großen Gewinn erzielen, unterschiedlich besteuert werden, wenn der eine Betrieb z. B. eine Personengesellschaft, der andere eine Kapitalgesellschaft ist. Bei der Planung der Rechtsform muß dann geprüft werden, ob die Rechtsform der geringsten Steuerbelastung sonstige wirtschaftliche Nachteile hat (z. B. ungünstigere Kapitalbeschaffungsmöglichkeiten), durch die die relative Steuerersparnis kompensiert oder gar überkompensiert wird.

---

[1] Vgl. § 2 Abs. 1 Hypothekenbankgesetz, § 2 Abs. 1 des Gesetzes über Schiffspfandbriefbanken, § 7 VAG und § 1 des Gesetzes über Kapitalanlagegesellschaften.

Außerdem muß berücksichtigt werden, daß infolge der häufigen und kurzfristigen Änderung von Steuergesetzen – besonders von solchen, mit denen wirtschafts- und konjunkturpolitische Ziele verfolgt werden – die steuerlichen Vorteile einzelner Rechtsformen sehr schnell schwinden und an ihre Stelle Nachteile treten können, die eine Umwandlung in eine andere Rechtsform erforderlich machen, die wiederum hohe Kosten (Gerichts- und Notariatsgebühren, Steuern auf den Umwandlungsvorgang) verursacht, durch die der erwartete Vorteil der neuen Rechtsform geschmälert wird.

2. Rechtsgestaltung, insbesondere Haftung

a) Personenunternehmen

Eine **Einzelunternehmung** ist dadurch charakterisiert, daß ein Kaufmann seinen Betrieb ohne Gesellschafter oder nur mit einem stillen Gesellschafter betreibt. Der Einzelunternehmer haftet für die Verbindlichkeiten seiner Firma grundsätzlich allein und unbeschränkt, d. h. nicht nur mit dem in seinen Betrieb eingelegten Teil seines Vermögens, sondern auch mit seinem sonstigen „Privatvermögen". Die Gründung einer Einzelunternehmung erfolgt formlos. Falls der Gegenstand der gewerblichen Betätigung eines der in § 1 HGB aufgezählten neun sog. Grundhandelsgewerbe ist und einen eingerichteten Geschäftsbetrieb erfordert, ist eine Eintragung im **Handelsregister** notwendig. Die Firma der Einzelunternehmung ist eine **Personenfirma**, d. h. sie muß einen Familiennamen und mindestens einen ausgeschriebenen Vornamen enthalten.[1] Obwohl nur der Einzelunternehmer selbst und nicht die Firma Träger von Rechten und Pflichten ist, kann auch er unter seiner Firma klagen und verklagt werden.[2]

Nicht zu den Einzelunternehmungen zählt die **Einmanngesellschaft,** die dadurch entsteht, daß sämtliche Anteile an einer GmbH oder AG sich in der Hand eines Gesellschafters befinden. Das ist nur möglich, wenn zuvor mit der gesetzlich vorgeschriebenen Mindestzahl von Gründern eine derartige Gesellschaft gebildet wurde und erst zu einem späteren Zeitpunkt die Anteile auf nur einen Gesellschafter übertragen werden.

Die **Gesellschaft des bürgerlichen Rechts** ist ein vertraglicher Zusammenschluß von natürlichen oder juristischen Personen zur Förderung eines von den Gesellschaftern gemeinsam verfolgten Zwecks.[3] Der Gesellschaftsvertrag wird formlos abgeschlossen, d. h. es ist noch nicht einmal die Schriftform erforderlich. Die Gesellschaft des bürgerlichen Rechts kann nicht ins Handelsregister eingetragen werden. Die Gesellschafter haften persönlich mit ihrem gesamten Privatvermögen, ohne die Gläubiger zunächst auf das Gesellschaftsvermögen verweisen zu können. Das Gesellschaftsvermögen steht ihnen zur gesamten Hand zu.

Die Gesellschaft kann, braucht aber nicht nach außen aufzutreten. Sie kann eine reine **Innengesellschaft** sein, bei der nur ein Gesellschafter nach außen auftritt. Dann haftet der „Innengesellschafter" den Gläubigern des „Außengesellschafters" nicht.

---

[1] Vgl. § 18 Abs. 1 HGB.
[2] Vgl. § 17 Abs. 2 HGB.
[3] Vgl. § 705 BGB.

B. Die Wahl der Rechtsform

Die **Gesellschaft des bürgerlichen Rechts** kann als Rechtsform für viele Zwecke verwendet werden. Sie kommt vor allem bei sog. **Gelegenheitsgesellschaften** vor, d. h. bei Gesellschaften, die zur Durchführung bestimmter Aufgaben auf Zeit gebildet werden (z. B. ein Bankenkonsortium zur Emission von Wertpapieren oder zur Finanzierung von Großprojekten). Sie eignet sich ferner zur rechtlichen Gestaltung von Arbeitsgemeinschaften, Kartellverträgen, Interessengemeinschaften, Gewinngemeinschaften, Grundstücksverwaltungsgesellschaften u. a. Als Innengesellschaft wird sie vorwiegend bei Unterbeteiligungen verwendet.

Eine **Unterbeteiligung** liegt vor, wenn sich eine Person nicht unmittelbar an einer Gesellschaft, sondern an einem Gesellschaftsanteil einer anderen Person beteiligt. Gründe dafür können neben der Geheimhaltung der Beteiligung vor allem in der Finanzierung der Hauptbeteiligung zu sehen sein. Darf nach dem Gesellschaftsvertrag z. B. eine bestimmte Beteiligungsquote nicht unterschritten werden oder möchte ein Anteilseigner einen prozentualen Anteil an einer Gesellschaft erreichen, den er selbst nicht in vollem Umfange finanzieren kann, so bietet sich die Unterbeteiligung als Form der Finanzierung des Anteils an. Die Unterbeteiligung wird ferner bei Familiengesellschaften häufig zur Vorwegnahme von Erbregelungen verwendet.

Eine Unterbeteiligung kann an allen Arten von Gesellschaftsanteilen bestehen, z. B. an Anteilen an einer OHG, an Komplementär- oder Kommanditanteilen einer Kommanditgesellschaft, an GmbH-Anteilen, an einem Aktienpaket, an einer stillen Beteiligung oder auch an einem Recht, das keine Gesellschaftsbeteiligung ist, z. B. einer Darlehensforderung.[1]

Die **Offene Handelsgesellschaft (OHG)** ist nach § 105 HGB eine Gesellschaft, deren Zweck auf den Betrieb eines Handelsgewerbes unter gemeinsamer Firma gerichtet ist. Die Firma muß den Namen mindestens eines Gesellschafters mit einem Zusatz enthalten, in dem das Gesellschaftsverhältnis zum Ausdruck kommt (z. B. Karl Müller & Co., Karl Müller OHG). Die Gesellschafter der OHG haften – ebenso wie der Einzelunternehmer – den Gläubigern unbeschränkt mit ihrem gesamten Vermögen, d. h. es haftet nicht nur das Gesellschaftsvermögen, sondern jeder Gesellschafter haftet auch mit seinem Privatvermögen, ohne daß er eine Einrede der Vorausklage oder eine Einrede der Teilung hat; der Gläubiger kann sich also sofort an einen einzelnen Gesellschafter halten und die ganze Leistung von ihm verlangen.

Die **Kommanditgesellschaft (KG)** unterscheidet sich von der OHG in erster Linie dadurch, daß sie zwei Arten von Gesellschaftern hat: erstens solche, die wie die Gesellschafter der OHG unbeschränkt mit ihrem gesamten Vermögen haften **(Komplementäre)**, und zweitens solche, deren Haftung auf eine bestimmte, im Handelsregister eingetragene Kapitaleinlage beschränkt ist **(Kommanditisten)**. Solange die Einlage noch nicht voll eingezahlt ist, haftet der Kommanditist mit seinem Privatvermögen für die Resteinzahlung. Jede KG muß mindestens einen Komplementär und einen Kommanditisten haben.

---

[1] Vgl. Peter, K., Neuzeitliche Gesellschaftsverträge und Unternehmensformen, 3. Aufl. Herne/Berlin 1971, S. 289.

Die **Firma** muß den Namen wenigstens eines Komplementärs und einen das Gesellschaftsverhältnis andeutenden Zusatz enthalten (z. B. Karl Müller & Co. KG, Karl Müller KG). Der Name eines Kommanditisten darf nicht in die Firma aufgenommen werden.

Eine insbesondere aus steuerlichen Überlegungen entwickelte Variante ist eine KG, bei der ein (meist der einzige) Komplementär eine Kapitalgesellschaft ist (**GmbH & Co. KG, AG & Co. KG**) und deren Gesellschafter zugleich Kommanditisten der KG sind.

Die KG hat wirtschaftlich eine gewisse Ähnlichkeit mit der **stillen Gesellschaft**, da auch bei dieser mindestens ein Gesellschafter seine Haftung auf die Höhe seiner Einlage beschränkt. Rechtlich besteht jedoch der Unterschied, daß die stille Gesellschaft keine Gesamthandsgesellschaft, sondern eine reine Innengesellschaft ist, da die Einlage des stillen Gesellschafters in das Vermögen des Einzelunternehmers übergeht und in der Bilanz nur ein einziges Eigenkapitalkonto ausgewiesen wird. Auch an einer Kapitalgesellschaft ist eine stille Beteiligung möglich. Das Gesellschaftsverhältnis ist aus der Firma grundsätzlich nicht zu erkennen. Der stille Gesellschafter muß stets **am Gewinn beteiligt** werden. Eine Verlustbeteiligung kann ausgeschlossen werden.[1]

Nach § 338 Abs. 1 HGB hat der stille Gesellschafter das Recht, eine Abschrift der Jahresbilanz zu verlangen und deren Richtigkeit durch Einsicht in die Bücher zu prüfen. Durch dieses Recht unterscheidet sich die stille Beteiligung vom gewinnbeteiligten Darlehen (**partiarisches Darlehen**). Im Konkursfalle kann der stille Gesellschafter eine Forderung in Höhe seiner Einlage (vermindert um den auf ihn entfallenden Verlustanteil) als Konkursgläubiger geltend machen.

Von dieser als echte oder **typische** stille Gesellschaft bezeichneten Gesellschaftsform unterscheidet sich die unechte oder **atypische** stille Gesellschaft dadurch, daß letztere als **Mitunternehmerschaft** anzusehen ist, weil der stille Gesellschafter nicht nur am Gewinn und Verlust, sondern auch an den Vermögenswerten (stille Rücklagen, Firmenwert) beteiligt ist und ggf. auch unternehmerische Funktionen ausübt.[2] Diese Unterscheidung hat vor allem steuerliche Konsequenzen.

Obwohl Personengesellschaften keine juristischen Personen sind, also keine eigene Rechtspersönlichkeit besitzen, tragen sie dennoch einige Züge der juristischen Personen, die dazu geführt haben, daß man von einer „**relativen Rechtsfähigkeit**"[3] der Personengesellschaften spricht. Diese relative Rechtsfähigkeit zeigt sich sowohl im Handels- als auch im Steuerrecht. **Handelsrechtlich** wird sie durch die Firma und das Gesamthandsprinzip konstituiert. So kann eine Personengesellschaft unter ihrer Firma Rechte erwerben und Verbindlichkeiten eingehen. Sie kann ferner unter ihrer Firma klagen und verklagt werden. Über das Gesellschaftsvermögen, das allen Gesellschaftern zur gesamten Hand zusteht, findet ein selbständiger Konkurs statt. Auch die Zwangsvollstreckung in

---

[1] Vgl. § 336 Abs. 2 HGB
[2] Einzelheiten vgl. S. 187f.
[3] Bühler spricht von „Halbrechtsfähigkeit", vgl. Bühler, O., Steuerrecht der Gesellschaften und Konzerne, 3. Aufl., Berlin und Frankfurt a. M. 1956, S. 31.

das Gesellschaftsvermögen kann vollzogen werden, ohne daß ein Urteil gegen alle Gesellschafter erforderlich ist.

Steuerrechtlich zeigt sich die relative Rechtsfähigkeit der Personengesellschaft darin, daß einzelne Steuern von der Gesellschaft, andere von den Gesellschaftern erhoben werden. So gehen z. B. das Einkommensteuergesetz (bzw. Körperschaftsteuergesetz) und das Vermögensteuergesetz davon aus, daß Personengesellschaften keine eigene Rechtspersönlichkeit besitzen und folglich weder ein Einkommen noch ein Vermögen haben können. Einkommensteuer, Vermögensteuer und Vermögensabgabe des LAG treffen demgemäß nur die Gesellschafter der Personengesellschaften, nicht dagegen die Gesellschaft selbst.

Bei der Gewerbesteuer, der Grundsteuer, den Verkehr- und Verbrauchsteuern und der Hypotheken- und Kreditgewinnabgabe des LAG ist dagegen die Personengesellschaft Steuerschuldner. Allerdings bewirkt die relative Rechtsfähigkeit, daß auch für diese Steuern die Gesellschafter unbeschränkt haften, was bei allen Kapitalgesellschaften nicht der Fall ist. Kommanditisten haften seit 1965 nur noch im Umfange ihrer zivilrechtlichen Haftung, d. h. nach § 171 HGB bis zur Höhe ihrer Einlage für die Gewerbesteuer.[1]

b) Kapitalgesellschaften

Im Gegensatz zu den an die Person der Gesellschafter gebundenen Personengesellschaften stehen sich bei den Kapitalgesellschaften die Gesellschaft als **juristische Person** und die Gesellschafter als natürliche oder juristische Personen als fremde Rechtspersonen gegenüber. Der Tod eines Gesellschafters einer OHG führt nach § 131 HGB – soweit der Gesellschaftsvertrag nicht etwas anderes bestimmt – zur Auflösung der Gesellschaft; der Tod eines Gesellschafters einer Kapitalgesellschaft ist für den Weiterbestand der Gesellschaft ohne Bedeutung. Die Kontinuität der betrieblichen Tätigkeit ist von der Person der Gesellschafter unabhängig; ein Wechsel der Gesellschafter hat in der Regel keinen Einfluß auf den Betrieb, da die Gesellschafter zwar als Kapitalgeber das Kapitalrisiko tragen, aber nicht die Verantwortung für die Führung des Betriebes haben, weil die Kapitalgesellschaften als juristische Personen eine eigene Rechtspersönlichkeit besitzen.

Da den juristischen Personen aber die natürliche Handlungsfähigkeit fehlt, muß die Rechtsordnung ihnen natürliche Personen zur Verfügung stellen, deren Handlungen als Handlungen der juristischen Personen gelten, vorausgesetzt, daß sie im Namen der Kapitalgesellschaft und im Rahmen der gesetzlichen und satzungsmäßigen Befugnisse der Organe erfolgen.[2]

Eine Ausnahme im Hinblick auf die Trennung der Unternehmerfunktion bilden die **Einmann-Gesellschaften** (Einmann-GmbH, Einmann-AG), wenn der Alleingesellschafter zugleich Geschäftsführer ist, sowie die kleine GmbH, bei der sämtliche Gesellschafter zugleich Geschäftsführer sind. Hier sind wie bei der Einzelunternehmung und der OHG beide Unternehmerfunktionen, die Übernahme des Kapitalrisikos und die Führung des Betriebes, in der Hand der Gesellschafter vereinigt.

---

[1] Vgl. § 5 Abs. 1 GewStG
[2] Vgl. Lehmann, H., Gesellschaftsrecht, 2. Aufl., Berlin und Frankfurt/M. 1959, S. 19.

Die wichtigsten Formen der Kapitalgesellschaft sind die AG und die GmbH. Der KGaA und der bergrechtlichen Gewerkschaft kommt relativ geringe Bedeutung zu.

Wesentliches Merkmal einer **Aktiengesellschaft** ist die Zerlegung des Nominalkapitals (Grundkapitals) in Aktien. Sie ermöglicht die Beschaffung großer Kapitalbeträge über den Kapitalmarkt und macht damit die AG zur bevorzugten Rechtsform von Großunternehmungen mit hohem Kapitalbedarf.

Die **Gesellschaft mit beschränkter Haftung** ist eine Rechtsform vorwiegend für kleine und mittlere Betriebe, deren Eigentümer ihre Haftung auf ihre Kapitaleinlagen beschränken wollen. Da sie aber weniger formbelastet als die AG ist, wird sie auch von größeren Unternehmungen gewählt, für die an sich die AG die wirtschaftlich zweckmäßigste Form wäre, die aber die strengen Rechnungslegungsvorschriften der AG, vor allem aber die Pflichtprüfung und Veröffentlichung des Jahresabschlusses umgehen wollen. Das Publizitätsgesetz[1] und die im Entwurf eines neuen GmbH-Gesetzes vorgesehene Anpassung an die aktienrechtlichen Rechnungslegungs- und Prüfungsvorschriften nehmen jedoch der großen GmbH in Zukunft in dieser Hinsicht ihre Attraktivität.

Die Firma einer Aktiengesellschaft ist in der Regel eine **Sachfirma,** d. h. die Firmenbezeichnung muß dem Gegenstand des Unternehmens entnommen sein und die Bezeichnung „Aktiengesellschaft" („AG") enthalten. Die Firma der GmbH kann Sach- oder Personenfirma sein; sie muß in jedem Fall die Worte „mit beschränkter Haftung" („m. b. H.") enthalten.

Die **Kommanditgesellschaft auf Aktien (KGaA)** ist eine Kombination von KG und AG. Wenigstens ein Gesellschafter muß persönlich mit seinem gesamten Vermögen haften, während die Haftung der Kommanditisten (Kommandit-Aktionäre) auf ihre in Aktien verbrieften Kapitaleinlagen beschränkt ist. Die KGaA ist als Kapitalgesellschaft eine juristische Person und steht somit der AG näher als der KG. Ihre Rechtsverhältnisse sind im Aktiengesetz geregelt.[2]

Auch die **bergrechtliche Gewerkschaft** ist eine Gesellschaft mit eigener Rechtspersönlichkeit. Ihre Anteile werden als Kuxe bezeichnet. Im Gegensatz zu den Aktien lauten sie nicht auf einen bestimmten Nennwert, sondern sie verkörpern eine Quote am Vermögen der Gesellschaft. Die Anzahl der Kuxe beträgt nach dem Preußischen Berggesetz 100, jedoch kann die Satzung sie auf 1.000 oder ein Vielfaches von 1.000, höchstens jedoch 10.000 festsetzen. Wegen der Schwerfälligkeit der Finanzierung wurden im Laufe der Zeit viele bergrechtliche Gewerkschaften in Aktiengesellschaften umgewandelt.

c) Genossenschaften

Eine Genossenschaft ist eine Gesellschaft mit einer nicht geschlossenen Zahl von Mitgliedern (Genossen), die einen wirtschaftlichen Zweck verfolgen und sich dazu eines gemeinsamen Geschäftsbetriebes bedienen. Der Zweck ist nach § 1 GenG „die Förderung des Erwerbs oder der Wirtschaft der Mitglieder mit-

---

[1] Gesetz über die Rechnungslegung von bestimmten Unternehmen und Konzernen (Publizitätsgesetz) vom 15. 8. 1969, BGBl. I, S. 1189.
[2] Vgl. §§ 278–290 AktG.

B. Die Wahl der Rechtsform

tels gemeinschaftlichen Geschäftsbetriebes". Entsprechend dieser Zwecksetzung ist das ursprüngliche Ziel der Genossenschaft nicht Gewinnerzielung, sondern **Selbsthilfe der Mitglieder durch gegenseitige Förderung.** Alle Mitglieder sind gleichberechtigt, jedes Mitglied hat in der Generalversammlung unabhängig von der Höhe des Kapitalanteils nur eine Stimme.

Auf Grund ihres Charakters als Hilfsgesellschaften haben die Genossenschaften gewisse steuerliche Vorteile. Diese lassen sich dann nicht mehr rechtfertigen, wenn – wie das heute bei vielen Genossenschaften bereits der Fall ist – sich die Geschäftstätigkeit nicht überwiegend auf die Mitglieder beschränkt. Je größer der Umfang der Nicht-Mitglieder-Geschäfte einer Genossenschaft wird, desto mehr nähert sie sich in ihren Zielsetzungen einer auf Gewinnmaximierung ausgerichteten Handelsgesellschaft an, die mit anderen Betrieben in Konkurrenz steht. Sie müßte dann auch in der Rechtsform einer solchen geführt und entsprechend besteuert werden.

Die Genossenschaft ist weder Personen- noch Kapitalgesellschaft, sondern ein **wirtschaftlicher Verein.** Sie ist eine juristische Person und im Genossenschaftsregister eingetragen. Sie hat kein festes Grundkapital wie die Kapitalgesellschaften, sondern ihr Kapital setzt sich aus den Einlagen der Mitglieder zusammen und schwankt demgemäß auch mit der Mitgliederzahl, die mindestens sieben betragen muß.

Das Statut der Genossenschaft enthält Vorschriften über den Betrag, bis zu dem sich die einzelnen Mitglieder mit Einlagen beteiligen können **(Geschäftsanteil)** und welcher Betrag davon mindestens einzuzahlen ist **(Mindesteinlage).** Die Beteiligung mit mehr als einem Geschäftsanteil kann statutarisch erlaubt sein. Die Einlage jedes Mitglieds wird also nach oben durch die Zahl der möglichen Geschäftsanteile und deren Höhe, nach unten durch die Mindesteinlage begrenzt. Dem eingezahlten Betrag jedes Mitglieds **(Geschäftsguthaben)** werden Gewinne solange zugeschrieben, bis der Geschäftsanteil erreicht ist, Verluste werden entsprechend abgezogen.

Für die Verbindlichkeiten der Genossenschaft haftet den Gläubigern nur das Vermögen der Genossenschaft. Das Statut enthält auch Bestimmungen, ob die Mitglieder für den Fall, daß die Gläubiger im Konkurs der Genossenschaft nicht befriedigt werden, Nachschüsse zur Konkursmasse unbeschränkt, beschränkt auf eine bestimmte Summe **(Haftsumme)** oder überhaupt nicht zu leisten haben. Dies geht aus der Firma der Genossenschaft („eingetragene Genossenschaft") nicht hervor.

Das Genossenschaftsgesetz zählt in § 1 die wichtigsten Genossenschaftstypen auf. Nach Henzler[1] lassen sich die Genossenschaften folgendermaßen einteilen:

I. Beschaffungsgenossenschaften:

1. Warenbezugsgenossenschaften:
    a) Bezugsgenossenschaften (Einkaufsgenossenschaften) der Handwerker,
    b) Einkaufsgenossenschaften der Händler,

---

[1] Vgl. Henzler, R., Genossenschaft (Wesen, Organisation, Arten), HdB, Bd. II, 3. Aufl. Stuttgart 1958, Sp. 2186.

c) Bezugsgenossenschaften der Landwirte,
d) Verbrauchergenossenschaften;
2. Baugenossenschaften (Wohnungsbau, Wohnungsverwaltung, Wohnungsbetreuung);
3. Kreditgenossenschaften:
   a) Städtische (gewerbliche) Kreditgenossenschaften,
   b) Ländliche Spar- und Darlehenskassenvereine;
4. Nutzungsgenossenschaften (z. B. landwirtschaftliche Maschinengenossenschaften);
5. Dienstleistungsgenossenschaften.

II. **Verwertungsgenossenschaften:**
1. Landwirtschaftliche Absatzgenossenschaften (Verwertungsgenossenschaften) einschließlich der Produktionsgenossenschaften [z. B. Molkereigenossenschaften];
2. Fischerei- und Fischverwertungsgenossenschaften;
3. Absatzgenossenschaften der Handwerker, zu denen neben den Lieferungsgenossenschaften auch die früher in größerer Zahl vorhandenen Magazingenossenschaften zu rechnen sind;
4. Verkehrsgenossenschaften (soweit sie Verkehrsleistungen der Mitglieder verwerten);
5. Kreditgenossenschaften, soweit sie Spargelder oder andere Einlagen ihrer Mitglieder („zur Verwertung") entgegennehmen.

Steuerlich werden die Genossenschaften wie Kapitalgesellschaften behandelt, d. h. sie sind **unbeschränkt körperschaftsteuerpflichtig.** Unter den Voraussetzungen der §§ 31–35 der Körperschaftsteuerdurchführungsverordnung (KStDV) werden jedoch Befreiungen bzw. Vergünstigungen für land- und forstwirtschaftliche Nutzungs- und Verwertungsgenossenschaften, Kreditgenossenschaften und Zentralkassen gewährt. Alle anderen Genossenschaften haben lediglich die Möglichkeit, Warenrückvergütungen an ihre Mitglieder, d. h. solche Vergütungen, „die unter Bemessung nach der Höhe des Warenbezugs bezahlt sind",[1] gewinnmindernd abzusetzen.

Die Genossenschaften sind in der Bundesrepublik Deutschland in **Genossenschaftsverbänden** zusammengeschlossen. Jeder der vier Genossenschaftszweige (gewerbliche Genossenschaften, landwirtschaftliche Genossenschaften, Konsumgenossenschaften, Baugenossenschaften) ist dreistufig organisiert. Die unterste Stufe bilden die örtlichen Einzelgenossenschaften, die auf der mittleren Stufe zu regionalen Genossenschaftsverbänden, Einkaufszentralen, Zentralkassen zusammengeschlossen sind. An der Spitze stehen der Deutsche Genossenschaftsverband e. V., der Deutsche Raiffeisenverband e. V., der Zentralverband deutscher Konsumgenossenschaften e. V. und der Gesamtverband gemeinnütziger Wohnungsunternehmen e. V., dessen Mitglieder zu etwa drei Viertel aus Genossenschaften bestehen.

---

[1] § 35 KStDV

B. Die Wahl der Rechtsform

Nach der letzten Arbeitsstättenzählung vom 27. 5. 1970 waren 13.260 oder 0,9% aller erfaßten Betriebe eingetragene Genossenschaften. 262.181 oder 1,2% aller Beschäftigten hatten in ihnen ihren Arbeitsplatz.

d) Öffentliche Betriebe

Öffentliche Betriebe sind Betriebe, die sich ganz oder überwiegend im Eigentum der öffentlichen Hand befinden. Sie können erstens in **nicht privatrechtlicher Form** geführt werden und sind dann einerseits entweder Teil der öffentlichen Verwaltung (Regiebetriebe, z. B. kommunale Krankenhäuser) oder als Betriebe ohne eigene Rechtspersönlichkeit aus der öffentlichen Verwaltung ausgegliedert (Eigenbetriebe, Sondervermögen, z. B. kommunale Verkehrs- und Versorgungsbetriebe, Bundesbahn und Bundespost), oder sie können andererseits die Form einer juristischen Person des öffentlichen Rechts haben (öffentlich-rechtliche Körperschaften, Anstalten und Stiftungen, z. B. Bundesanstalten wie die Deutsche Genossenschaftskasse, die Kreditanstalt für Wiederaufbau, ferner Landesanstalten wie Staatsbanken, öffentliche Bausparkassen und Gemeindeanstalten wie öffentliche Sparkassen).

Öffentliche Betriebe können zweitens als Betriebe mit eigener Rechtspersönlichkeit **in privatrechtlicher Form** geführt werden, z. B. als öffentliche Kapitalgesellschaften (AG, GmbH), als öffentliche Genossenschaften oder als gemischtwirtschaftliche Betriebe; dann unterliegen sie den gleichen Vorschriften wie private Kapitalgesellschaften und Genossenschaften (Aktiengesetz, GmbH-Gesetz, Genossenschaftsgesetz) und teilen mit diesen die Vor- und Nachteile dieser Rechtsformen.

Da die im folgenden erörterten Bestimmungsgründe für die Wahl der Rechtsform für öffentliche Betriebe nur bedingt, teilweise überhaupt nicht gelten und sich deshalb die öffentlichen Betriebe nur schwer in die gewählte Systematik einordnen lassen, werden die besonderen Probleme der öffentlichen Betriebe am Ende dieses Kapitels getrennt behandelt.[1]

3. Leitungsbefugnis

a) Personenunternehmungen

Die Leitungsbefugnis umfaßt zwei Bereiche: erstens die **Geschäftsführungsbefugnis** und somit die Frage, wer im Innenverhältnis, d. h. im Verhältnis der Gesellschafter untereinander, das Recht und die Pflicht hat, die Gesellschaft zu führen, und zweitens die **Vertretungsbefugnis**, die das Verhältnis der Gesellschafter gegenüber Dritten, also das Außenverhältnis zum Inhalt hat.

Die Leitungsbefugnis steht bei den Personenunternehmungen in einem engeren Zusammenhang mit der rechtlichen Haftung und damit mit der Risikoübernahme als bei den Kapitalgesellschaften.

Der **Einzelunternehmer** ist alleiniger Eigentümer seines Unternehmens. Er trägt das gesamte Risiko der betrieblichen Betätigung und haftet allein für seine Schulden. Infolgedessen hat er auch allein alle Entscheidungsbefugnisse, es sei

---

[1] Vgl. S. 207 ff.

denn, er ist bei wirtschaftlichen Schwierigkeiten in die Abhängigkeit eines Kreditgebers geraten, der seinen Kredit nur gegen zeitweilige Einräumung gewisser Mitspracherechte gewährt hat. Der (typische) **stille Gesellschafter** ist von der Geschäftsführung und Vertretung grundsätzlich ausgeschlossen.

Bei der **OHG** sind nach § 114 Abs. 1 HGB alle Gesellschafter zur Geschäftsführung berechtigt und verpflichtet. Im Gesellschaftsvertrag können jedoch einzelne Gesellschafter von der Geschäftsführung ausgeschlossen werden. Bei der **KG** liegt die Geschäftsführung nach § 164 HGB allein bei den Komplementären, jedoch kann auch hier der Gesellschaftsvertrag eine andere Regelung vorsehen. § 164 HGB schließt aus, daß die nicht zur Geschäftsführung befugten Kommanditisten einer Entscheidung der Komplementäre widersprechen können, soweit sie im Rahmen des üblichen Geschäftsbetriebes liegt. Die Kommanditisten haben jedoch – ebenso wie der stille Gesellschafter – ein Kontrollrecht: sie können eine Abschrift der Jahresbilanz verlangen und ihre Ordnungsmäßigkeit durch Einsichtnahme in die Bücher und Papiere der Gesellschaft überprüfen.

b) Kapitalgesellschaften

Die Führung der Kapitalgesellschaften liegt bei den gesetzlich dafür vorgesehenen Organen. Notwendige **Organe der GmbH** sind die Geschäftsführer, die Gesellschafterversammlung und – falls die Satzung oder das Gesetz es vorsieht – der Aufsichtsrat. Ein Aufsichtsrat ist nach § 77 Abs. 1 BetrVerfG 1952 i. V. m. § 129 BetrVerfG 1972 bei Gesellschaften mit mehr als 500 Arbeitnehmern und in der Montanindustrie nach dem Mitbestimmungsgesetz bei Gesellschaften mit mehr als 100 Arbeitnehmern vorgeschrieben. Seine Zusammensetzung regelt sich nach den Vorschriften des Aktiengesetzes und des Betriebsverfassungsgesetzes.

Die laufende Führung der Gesellschaft obliegt den **Geschäftsführern**. Nur in wenigen im Gesetz vorgesehenen Fällen ist eine Beschlußfassung der Gesellschafterversammlung über Maßnahmen der Geschäftsführer erforderlich. Bei der kleinen GmbH sind Geschäftsführer und Gesellschafter häufig die gleichen Personen, so daß im Hinblick auf die Leitungsfunktion kein Unterschied zur Personengesellschaft besteht.

Die Hauptaufgaben der **Gesellschafterversammlung** sind die Feststellung des Jahresabschlusses, die Verteilung des Gewinns, die Bestellung, Abberufung und Entlastung der Geschäftsführer sowie die Prüfung und Überwachung der Geschäftsführung. Der Aufsichtsrat hat im wesentlichen die gleichen Kontrollrechte wie der Aufsichtsrat der Aktiengesellschaft.

Bei der **AG** ist die Trennung zwischen Eigentümern (Aktionären) und Betriebsleitung (Vorstand) streng durchgeführt. Hier sind die Mitglieder des Vorstandes und nicht die wirtschaftlichen Eigentümer des Betriebes die eigentlichen Unternehmer, denn der Vorstand trifft sämtliche Führungsentscheidungen selbständig und trägt die gesamte Verantwortung für die wirtschaftliche Entwicklung der Gesellschaft und das ihm anvertraute Kapital.

Die AG hat drei Organe: den Vorstand, den Aufsichtsrat und die Hauptversammlung. Der **Vorstand** besteht aus einer oder mehreren Personen; im letzteren Falle sind sämtliche Vorstandsmitglieder nur gemeinschaftlich zur Ge-

B. Die Wahl der Rechtsform

schäftsführung befugt. Der Vorstand wird durch den Aufsichtsrat für längstens 5 Jahre bestellt, eine erneute Bestellung nach Ablauf dieser Frist ist zulässig. Werden mehrere Personen zu Vorstandsmitgliedern bestellt, so kann der Aufsichtsrat ein Mitglied zum Vorsitzenden des Vorstands ernennen.

Der Vorstand ist bei der Führung der Gesellschaft nicht an Weisungen des Aufsichtsrats oder der Hauptversammlung gebunden. Nach den Mitbestimmungsgesetzen muß dem Vorstand der Gesellschaften ein **Arbeitsdirektor** angehören. Neben den technischen und kaufmännischen Direktoren ist er ein gleichberechtigtes Vorstandsmitglied. Er kann bei Gesellschaften der Montanindustrie nicht gegen die Stimmen der Arbeitnehmervertretung im Aufsichtsrat ernannt oder abberufen werden. In seinen Verantwortungsbereich fallen alle Aufgaben, die im Zusammenhang mit den Arbeitnehmern stehen, z. B. Arbeitseinsatz, Entlohnung, Einstellung von Arbeitskräften, Eignungsprüfungen, Ausbildung, Unfallschutz, soziale Betreuung u. a. m.

Nach § 90 Abs. 1 AktG hat der Vorstand dem Aufsichtsrat vor allem über die beabsichtigte Geschäftspolitik, die Rentabilität der Gesellschaft und den Gang der Geschäfte zu berichten.

Der **Aufsichtsrat**, der von der Hauptversammlung für höchstens vier Jahre bestellt wird, hat die Geschäftsführung des Vorstandes zu überwachen, der ihn mindestens alle drei Monate über die Lage der Gesellschaft informieren muß. Der Aufsichtsrat setzt sich nach aktienrechtlichen Vorschriften aus mindestens drei, höchstens 21 Mitgliedern zusammen, die nicht gleichzeitig dem Vorstand angehören dürfen. Nach dem Betriebsverfassungsgesetz (§ 76) ist ein Drittel der Mitglieder von den Arbeitnehmern zu wählen. Bei Betrieben, die dem Mitbestimmungsgesetz unterliegen, muß der Aufsichtsrat grundsätzlich aus 11 Mitgliedern bestehen, von denen fünf Vertreter der Arbeitnehmer sein müssen. Dem Aufsichtsrat von Betrieben, die der erweiterten Mitbestimmung unterliegen, gehören mindestens 12 Mitglieder an, von denen 6 Arbeitnehmervertreter sind.

Die **Hauptversammlung** hat keinen Einfluß auf die laufende Geschäftsführung, vor allem kann sie in der Regel die Feststellung des Jahresabschlusses und damit die Höhe des zur Verteilung gelangenden Gewinns nicht beeinflussen, obwohl die Aktionäre das gesamte Kapitalrisiko tragen. Bei Entscheidungen, die eine Satzungsänderung erfordern, ist die Zustimmung der Hauptversammlung mit Dreiviertelmehrheit erforderlich.

Nach § 119 Abs. 1 AktG beschließt die Hauptversammlung in den im Gesetz und in der Satzung ausdrücklich bestimmten Fällen, insbesondere über

(1) die Bestellung der Mitglieder des Aufsichtsrats, soweit sie nicht in den Aufsichtsrat zu entsenden oder als Aufsichtsratmitglieder der Arbeitnehmer nach dem Betriebsverfassungsgesetz oder dem Mitbestimmungsgesetz zu wählen sind;

(2) die Verwendung des Bilanzgewinns;

(3) die Entlastung der Mitglieder des Vorstands und des Aufsichtsrats;

(4) die Bestellung der Abschlußprüfer;

(5) Satzungsänderungen;

(6) Maßnahmen der Kapitalbeschaffung und der Kapitalherabsetzung;
(7) die Bestellung von Prüfern zur Prüfung von Vorgängen bei der Gründung oder der Geschäftsführung;
(8) die Auflösung der Gesellschaft.

Die **KGaA** hat die gleichen Organe wie die Aktiengesellschaft. Das Recht zur Geschäftsführung steht kraft Gesetzes den persönlich haftenden Gesellschaftern zu. Sie bilden den Vorstand. Im Gegensatz zur Aktiengesellschaft tragen die Vorstandsmitglieder der KGaA einen Teil des Kapitalrisikos.

Die Geschäftsführung einer **bergrechtlichen Gewerkschaft** liegt in den Händen eines Repräsentanten oder Grubenvorstandes, der dem Vorstand der Aktiengesellschaft entspricht. Das zweite Organ ist die Gewerkenversammlung, die mit der Hauptversammlung der Aktiengesellschaft zu vergleichen ist.

c) Genossenschaften

Die Organe der Genossenschaft sind der Vorstand, der Aufsichtsrat und die **Generalversammlung**. Letztere ist das oberste Willensorgan der Genossenschaft. Sie entscheidet über Änderungen des Statuts, wählt den Vorstand und Aufsichtsrat, beschließt über den Jahresabschluß und die Gewinnverteilung und entscheidet über die Entlastung von Vorstand und Aufsichtsrat. Sie besteht in der Regel aus den Mitgliedern der Genossenschaft. Bei Genossenschaften mit mehr als 3.000 Mitgliedern muß sie sich aus Vertretern der Mitglieder (**Vertreterversammlung**) zusammensetzen. Bei mehr als 1.500 Mitgliedern kann das Statut bestimmen, daß die Generalversammlung aus Vertretern der Genossen bestehen soll.[1]

Die laufende Geschäftsführung liegt in den Händen des **Vorstandes**, der aus mindestens zwei Mitgliedern bestehen muß. Der **Aufsichtsrat** muß sich aus mindestens drei Mitgliedern zusammensetzen. Er überwacht den Vorstand, kann jederzeit die Bücher einsehen und Berichterstattungen vom Vorstand fordern. Er ist ferner zur Prüfung des Jahresabschlusses, des Geschäftsberichts und des Vorschlages über die Gewinnverteilung verpflichtet.

4. Gewinn- und Verlustbeteiligung

a) Bei unbeschränkter Haftung

Das Risiko eines Unternehmers oder Gesellschafters hängt entscheidend von Art und Umfang der Haftung gegenüber den Gläubigern für die Verbindlichkeiten des Unternehmens ab; vom Kapitalrisiko wiederum wird der Anteil eines Gesellschafters am Gesamtergebnis (Gewinn oder Verlust) mitbestimmt.

Der **Einzelunternehmer** trägt alle Risiken seines Betriebes allein; dafür steht ihm auch der gesamte Gewinn zu, andererseits treffen ihn alle Verluste allein.

Bei unbeschränkter Haftung wird das Risiko des Gesellschafters von der Höhe des vorhandenen Privatvermögens mitbestimmt. Deshalb ist eine Gewinnverteilung nach Kapitalanteilen in der Regel nicht angemessen. In der **OHG** wird der Gewinn gemäß Gesellschaftsvertrag verteilt. Gewöhnlich wird für die mitarbei-

---

[1] Vgl. § 43a GenG.

B. Die Wahl der Rechtsform

tenden Gesellschafter ein Arbeitsentgelt (Unternehmerlohn) vereinbart, das zunächst den zur Verteilung verbleibenden Gewinn kürzt. Sodann werden die Kapitaleinlagen in vertraglich vereinbarter Höhe verzinst. Der noch verbleibende Gewinn wird nach dem Schlüssel verteilt, in dem der durch die Höhe des mithaftenden Privatvermögens der einzelnen Gesellschafter unterschiedliche Umfang des Risikos seinen Ausdruck findet. Soweit eine vertragliche Gewinnverteilungsregelung nicht getroffen ist, bestimmt § 121 HGB, daß die Kapitaleinlagen mit 4% zu verzinsen sind und der Rest des Gewinns **nach Köpfen** zu verteilen ist. Der Gewinnanteil eines Gesellschafters wird seinem Kapitalanteil zugeschrieben. Verlustanteile und Entnahmen werden davon abgezogen.

Auch bei der **KG** erhalten die geschäftsführenden Gesellschafter in der Regel zu Lasten des verteilungsfähigen Gewinns ein Arbeitsentgelt. Die Kapitaleinlagen werden nach § 168 HGB – soweit der Gesellschaftsvertrag nichts anderes bestimmt – mit 4% verzinst. Der verbleibende Gewinn ist **„angemessen"** zu verteilen. Infolge der Haftungsbeschränkung bei den Kommanditisten kommt eine Verteilung des Gewinns nach Köpfen nicht in Betracht. Vielmehr muß der Gesellschaftsvertrag diese Verteilung entsprechend dem tatsächlichen Risiko regeln, das bei den Kommanditisten in der Regel dem Verhältnis der Anteile entspricht, während bei den Komplementären die Höhe des mithaftenden Privatvermögens zusätzlich berücksichtigt werden muß. Wie bei der OHG werden Gewinnanteile den Kapitaleinlagen zugeschrieben und Verlustanteile abgezogen. Bei den Kommanditisten kommt nach § 167 Abs. 2 HGB eine Gewinnzuschreibung nur dann in Betracht, wenn die vereinbarten Einlagen noch nicht voll eingezahlt sind.

Nach § 169 HGB dürfen Gewinne an die Kommanditisten nur ausgeschüttet werden, wenn die vereinbarten Einlagen voll geleistet worden sind. Wird die Einlage durch Verluste gekürzt, so müssen diese in den folgenden Gewinnperioden wieder ausgeglichen werden. Eine Wiederauffüllung der Kommanditeinlagen aus in früheren Jahren erhaltenen Gewinnen kann nicht gefordert werden.

Übersteigt der Verlustanteil des Kommanditisten seinen Kapitalanteil, so entsteht ein **negatives Kapitalkonto**. Da der Kommanditist sein steuerpflichtiges Einkommen um die Verluste aus Gewerbebetrieb kürzen kann, hat er einen Veräußerungsgewinn, wenn beim Ausscheiden aus der Gesellschaft sein Kapitalkonto negativ ist und von den Komplementären übernommen wird.

Die Gewinn- und Verlustbeteiligung des **stillen Gesellschafters** ist gesetzlich nicht erschöpfend geregelt. Das HGB spricht in § 336 Abs. 1 von einem „angemessenen Anteil". Während eine Verlustbeteiligung vertraglich ausgeschlossen werden kann, verbietet § 336 Abs. 2 HGB ausdrücklich den Ausschluß einer Gewinnbeteiligung. Wie beim Kommanditisten vermehren auch beim stillen Gesellschafter nicht entnommene Gewinne die Einlage nicht. Ist eine Verlustbeteiligung vereinbart, so nimmt der stille Gesellschafter nach § 337 Abs. 2 HGB am Verlust nur bis zum Betrage seiner vertraglich vereinbarten Einlage teil.

b) Bei beschränkter Haftung

Bei beschränkter Haftung erfolgt die Gewinnverteilung grundsätzlich **nach Kapitalanteilen**, da das übernommene Risiko von der Höhe der Kapitaleinlage bestimmt wird. Das gilt für die GmbH, die AG und die Genossenschaft. Bei der **GmbH** besteht die Besonderheit, daß alle Gesellschafter für die Einzahlung des gesamten Haftungskapitals haften. Kann ein Gesellschafter seine Stammeinlage nicht voll einzahlen, so haben nach § 24 GmbHG die übrigen Gesellschafter den Fehlbetrag im Verhältnis ihrer Anteile aufzubringen.

Da durch die Bildung offener Rücklagen der zur Ausschüttung an die Aktionäre verbleibende Gewinn erheblich gekürzt werden kann, ist von den Aktionären immer wieder gefordert worden, daß die Bildung freier Rücklagen aus dem **Bilanzfeststellungsrecht** von Vorstand und Aufsichtsrat herausgenommen und als Maßnahme der Gewinnverwendung der Hauptversammlung zugebilligt wird. Da in diesem Falle aber die Gefahr besteht, daß die Hauptversammlung den gesamten Gewinn ausschüttet und entgegen den Erfordernissen des Gesamtunternehmens keine Zuführung zu den offenen Rücklagen über den in die gesetzliche Rücklage einzustellenden Betrag hinaus beschließt, hat das Aktiengesetz 1965 eine Kompromißlösung eingeführt.

Nach § 58 Abs. 2 AktG dürfen Vorstand und Aufsichtsrat, wenn sie den Jahresabschluß feststellen, nicht mehr als die Hälfte des Jahresüberschusses in die freien Rücklagen einstellen, es sei denn, die Satzung läßt die Einstellung eines höheren Betrages zu. Stellt dagegen die Hauptversammlung den Jahresabschluß fest, so kann für diesen Fall die Satzung die Bestimmung enthalten, daß ein Teil, jedoch nicht mehr als die Hälfte des Jahresüberschusses in die freien Rücklagen eingestellt werden muß. Die Hauptversammlung kann in ihrem Beschluß über die Verwendung des Bilanzgewinns weitere Beträge in die offenen Rücklagen einstellen oder als Gewinn vortragen.

5. Finanzierungsmöglichkeiten

a) Eigenkapitalbeschaffung

Bei der **Einzelunternehmung** ist die Eigenkapitalbasis durch das Vermögen des Unternehmers begrenzt. Es gibt keine gesetzlichen Vorschriften über eine Mindesthöhe des Haftungskapitals. Das eingelegte Kapital kann jederzeit wieder entnommen, d. h. in den Haushalt überführt werden, da der Einzelunternehmer mit seinem gesamten Privatvermögen für die Verbindlichkeiten des Betriebes haftet. Eine Kapitalerweiterung kann – wenn man von außerordentlichen Zuflüssen (z. B. durch Erbschaft) absieht – in erster Linie im Wege der **Selbstfinanzierung**, d. h. der Nichtentnahme erzielter Gewinne erfolgen. Zwar kann der Einzelunternehmer im Gegensatz zu Gesellschaften mit vielen Anteilseignern allein über Entnahme oder Thesaurierung von Gewinnen entscheiden, jedoch sind die Möglichkeiten zur Selbstfinanzierung bei der Masse der kleinen Einzelunternehmer begrenzt, da sie in der Regel aus dem Gewinn ihrer Betriebe die Aufwendungen der persönlichen Lebensführung decken müssen. Die Begrenzung der Selbstfinanzierung kann aber auch der Zielsetzung des Einzelunternehmers entsprechen. Ziel vieler Unternehmer ist wegen der engen Verbindung zwischen Haushalt und Betrieb nicht die immer weitere Ausdehnung des Betriebes, sondern die Maximierung des Gewinns aus einem begrenzten Eigenkapitaleinsatz. Nicht für die Lebensführung benötigte Gewinne werden häufig nicht im Betriebe investiert, sondern aus Gründen der Risikostreuung zur Sicherung des Familienhaushaltes anderweitig angelegt.

Eine weitere Möglichkeit der Vergrößerung der Eigenkapitalbasis, die ohne Aufgabe der Rechtsform und ohne Beeinträchtigung der Dispositionsfreiheit erfolgen kann, ist die **Aufnahme eines stillen Gesellschafters.**

Ebenso wie bei der Einzelunternehmung ist auch bei der **OHG** die Erweiterung der Eigenkapitalbasis durch Erhöhung der Kapitaleinlagen der Gesellschafter entweder aus vorhandenem Privatvermögen oder durch allmähliche Thesaurierung von erzielten Gewinnen möglich. Ein dritter Weg ist die **Aufnahme neuer Gesellschafter.** Durch die engen persönlichen Beziehungen, die in der Regel zwischen den Gesellschaftern bestehen, sind dieser Form der Finanzierung insbesondere durch die damit verbundene Beschränkung der Geschäftsführungsbefugnisse der bisherigen Gesellschafter jedoch relativ enge Grenzen gesetzt.

Je größer die Zahl der Gesellschafter und je ungleicher die Höhe ihres Privatvermögens ist, desto unterschiedlicher ist in der Regel die Interessenlage im Hinblick auf Gewinnentnahmen und Gewinnthesaurierung. Benötigen einzelne Gesellschafter ihre Gewinnanteile zum Lebensunterhalt, während andere sie im Betriebe belassen können, so muß im Gesellschaftsvertrag eine Regelung getroffen werden, in welcher Weise sich durch Gewinnthesaurierungen die Anteilsverhältnisse verschieben.

Je höher die Selbstfinanzierung durch Bildung stiller Rücklagen ist (z. B. durch zulässige Unterbewertung von Vermögensteilen aus steuerlichen Gründen), desto schwieriger wird die Erweiterung der Eigenkapitalbasis durch Aufnahme weiterer Gesellschafter, da diese beim Eintritt einen Teil ihrer Kapitaleinlagen den Rücklagen zuführen müssen, weil im Falle der Auseinandersetzung oder des Ausscheidens auch an den vor ihrem Eintritt gebildeten stillen Rücklagen beteiligt sind.

Die Möglichkeiten der Eigenfinanzierung der **KG** sind in der Regel größer als die der OHG, weil durch die Beschränkung der Haftung der Kommanditisten auf ihre Kapitaleinlagen und den grundsätzlichen Ausschluß der Kommanditisten von der Geschäftsführung Kapitalgeber gefunden werden können, die zur Mitarbeit im Betriebe und zur Risikoübernahme in einer OHG nicht bereit sind. Im Hinblick auf die Eigenfinanzierung ist bei der KG bereits ein **Übergang zur Kapitalgesellschaft** zu erkennen, bei der Gesellschafter nur ihr Kapital in einem Betriebe arbeiten lassen, ohne sich sonst um den Betrieb zu kümmern. Das auch bei kleineren KG relativ enge persönliche Verhältnis zwischen den Gesellschaftern begrenzt allerdings die Kapitalbeschaffungsmöglichkeiten im Vergleich zur großen Kapitalgesellschaft mit anonymem Anteilsbesitz.

Die **AG, KGaA und GmbH** haben ein in seiner Höhe fixiertes Nominalkapital. Es bildet zusammen mit den offenen Rücklagen das Eigenkapital, dessen Veränderungen – sofern es nicht durch Satzungsänderung erhöht oder vermindert worden ist – sich in den Rücklagebewegungen und nicht in einer Veränderung des Nominalkapitals zeigen. Sind Gewinne nicht entnommen worden, so erhöhen sich die Rücklagen, während Verluste durch Rücklagenauflösung buchtechnisch verrechnet werden. Sind keine Rücklagen mehr vorhanden, so muß das Nominalkapital auch im Verlustfall weiterhin unverändert in der Bilanz ausgewiesen werden, wird jedoch durch einen auf der Aktivseite der Bilanz erscheinenden Verlustvortrag korrigiert.

Die Stückelung des Grundkapitals der AG in **Aktien** (Mindestnennbetrag des Grundkapitals 100.000 DM, der Aktien 50 DM) erschließt dieser Rechtsform die günstigsten Möglichkeiten der Eigenkapitalbeschaffung. Durch die Teilnahme einer nicht begrenzten Zahl von Gesellschaftern (Aktionären) auch mit relativ kleinen Anteilen, können größte Kapitalbeträge aufgebracht werden. Deshalb ist die AG in der Regel die zweckmäßigste Rechtsform für Großbetriebe. Hat ein Aktionär seinen Anteil voll eingezahlt, so hat er nur noch Rechte: das Stimmrecht in der Hauptversammlung, das Recht auf Dividende und Liquidationserlös und das Aktienbezugsrecht im Falle der Ausgabe neuer (junger) Aktien im Rahmen von Kapitalerhöhungsmaßnahmen.

Lautet die Aktie nicht auf den Namen des Inhabers – und das ist die Regel – so bleibt der Aktionär anonym. Er kann sein Beteiligungsverhältnis jederzeit durch Verkauf der Aktie beenden. Das ist gegenüber anderen Rechtsformen ein großer Vorteil. Benötigt der Gesellschafter liquide Mittel oder wird ihm das Risiko seiner Beteiligung zu groß, so kann er ohne Kündigung ausscheiden, indem er seine Aktie verkauft. Die Kapitalausstattung der Gesellschaft wird dadurch nicht beeinträchtigt, denn an seine Stelle tritt ein neuer anonymer Aktionär. Das Aktienkapital ist also unkündbar. Der Aktienhandel vollzieht sich an den Börsen oder über die Banken. Nur etwa ein Viertel der deutschen Aktiengesellschaften ist an einer deutschen Börse zugelassen. Die Börsenzulassung erfordert ein bestimmtes Mindestnennkapital, dessen Höhe von der Größe und der Bedeutung des Börsenplatzes abhängt.

Eine **Erhöhung des Aktienkapitals** ist durch Ausgabe junger Aktien im Wege der ordentlichen Kapitalerhöhung möglich. Die Inhaber der alten Aktien haben ein **Bezugsrecht**[1] auf die jungen Aktien, durch das ein Kursverlust der alten Aktien ausgeglichen werden soll, der eine Folge davon ist, daß die jungen Aktien in der Regel zu einem Kurs ausgegeben werden, der unter dem Kurs der alten Aktien liegt. Nach der Kapitalerhöhung bildet sich ein einheitlicher Kurs (Mittelkurs) für alle Aktien. Das Bezugsrecht wird so berechnet, daß der Kursverlust an den alten durch den Kursgewinn an den neuen Aktien ausgeglichen wird. Ist ein Aktionär nicht an der Übernahme junger Aktien interessiert, so kann er sein Bezugsrecht an der Börse verkaufen und erhält dadurch den Ausgleich für den Kursverlust seiner alten Aktien.

Obwohl auch die **GmbH** ein festes Nominalkapital (Stammkapital mindestens 20.000 DM) hat, entsprechen ihre Kapitalbeschaffungsmöglichkeiten eher denen einer Personengesellschaft als denen einer AG. Die GmbH-Anteile (Mindestanteil je Gesellschafter 500,– DM) sind nicht teilbar und werden nicht am Kapitalmarkt gehandelt. Die Zahl der Gesellschafter ist bei der GmbH in der Regel wesentlich kleiner als bei der AG. Die Erweiterung der Eigenkapitalbasis ist entweder durch (beschränkte oder unbeschränkte) **Nachschußzahlungen,** die in der Satzung vorgesehen sein müssen, oder durch Aufnahme neuer Gesell-

---

[1] Vgl. Fünfter Abschnitt, V, 3b

schafter möglich. Da die neuen Gesellschafter automatisch entsprechend ihren Anteilen an den stillen und offenen Rücklagen beteiligt werden, ist zuzüglich zu ihren Stammeinlagen ein Agio zu fordern, das dem Anteil der neuen Gesellschafter an den Rücklagen entspricht.

Zur Umgehung der strengen Rechnungslegungs-, Prüfungs- und Publizitätsvorschriften der AG werden auch Großunternehmen in der Rechtsform der GmbH geführt. Sie nehmen bewußt die im Vergleich zur börsenfähigen AG ungünstigeren Eigenfinanzierungsmöglichkeiten in Kauf.

Die Eigenfinanzierung der **bergrechtlichen Gewerkschaft** erfolgt durch Übernahme von Kuxen durch die Gewerken. Im Gegensatz zu Aktionären haben die Gewerken keine einmalige Kapitaleinlage zu leisten, da die Kuxe nicht auf einen bestimmten Nennwert, sondern auf einen bestimmten Bruchteil am Gesamtvermögen der bergrechtlichen Gewerkschaft lauten. Vielmehr können die Gewerken je nach den betrieblichen Erfordernissen zu Nachzahlungen (**Zubußen**) aufgefordert werden, von denen sie sich nur durch Preisgabe ihres Anteils befreien können (**Abandonrecht**).

Zwar werden Kuxe an einzelnen Börsen (vor allem Düsseldorf) gehandelt, da sie aber nicht auf den Inhaber, sondern auf den Namen lauten, ist ihre Beweglichkeit geringer als die der Aktien. Die Kuxe werden in das **Gewerkenbuch** eingetragen. Die Übertragung erfolgt durch Zession und Umschreibung im Gewerkenbuch.

Auch die Eigenkapitalbeschaffungsmöglichkeiten der **Genossenschaften** sind geringer als die der AG. Die Höhe des Eigenkapitals schwankt mit der Zahl der Mitglieder. Da jedes Mitglied in der Generalversammlung nur eine Stimme hat, ist der Erwerb mehrerer Genossenschaftsanteile wenig attraktiv. Scheidet ein Mitglied aus der Genossenschaft aus, so ist es im Konkursfalle nicht mehr haftbar. Erhält es seinen Geschäftsanteil zurück, so vermindert sich das Eigenkapital der Genossenschaft und damit auch ihre Kreditbasis. Hier wird der finanzierungsmäßige Unterschied zur Aktiengesellschaft deutlich. Ein Aktionär kann nur durch den Verkauf seiner Aktien sein Gesellschaftsverhältnis beenden. Das Grundkapital der Aktiengesellschaft bleibt aber unverändert, da an die Stelle des ausscheidenden ein neuer Aktionär tritt.

Die Genossenschaften sind verpflichtet, in das Statut Bestimmungen über die Bildung eines **Reservefonds** (Rücklage) aufzunehmen, der zur Tilgung von Verlusten dient.[1] Außerdem muß aus dem Statut ersichtlich sein, welcher Teil des jährlichen Gewinns in die Rücklage einzustellen ist, bis der im Statut angegebene Mindestbetrag des Reservefonds erreicht ist. Die Rücklagen sind der Teil des Eigenkapitals einer Genossenschaft, der nicht von den Mitgliederbewegungen berührt wird und folglich für die Kreditwürdigkeit der Genossenschaft von besonderer Bedeutung ist.

b) Fremdkapitalbeschaffung

Die Kreditbasis der einzelnen Rechtsformen ist unterschiedlich. Sie hängt einerseits von der Höhe des Eigenkapitals und den Möglichkeiten ab, die Eigen-

---

[1] Vgl. § 7 GenG.

kapitalbasis zu erweitern, andererseits von den Haftungsverhältnissen und den Rechtsvorschriften, durch die die Sicherheit der Gläubiger gewährleistet und damit das Vertrauen in die Kreditwürdigkeit und Kreditsicherheit vergrößert wird. Neben diesen – oft sogar vor diesen – Faktoren wird die Kreditwürdigkeit eines Betriebes von den tatsächlichen wirtschaftlichen Verhältnissen, insbesondere der Ertragslage, dem guten Ruf, den persönlichen Fähigkeiten des Unternehmers oder der Geschäftsführer, der Marktposition u. a. bestimmt.

Sieht man zunächst von diesen nicht durch die Rechtsform bedingten Faktoren ab, so ist die OHG in der Regel kreditwürdiger als die Einzelunternehmung, weil wenigstens zwei Gesellschafter unbeschränkt haften.

Nachteilig auf die Kreditwürdigkeit der **Einzelunternehmung** wirkt sich insbesondere bei langfristiger Fremdfinanzierung aus, daß das Schicksal des Betriebes von dem des Unternehmers abhängt. Sein Tod kann zu einer Auflösung des Betriebes führen. Das Risiko der Kreditgeber ist also besonders groß. Die Gewährung langfristigen Fremdkapitals wird deshalb häufig davon abhängig gemacht, daß dem Kreditgeber gewisse Mitsprache- und Kontrollrechte eingeräumt werden und damit ein wesentlicher Vorteil der Einzelunternehmung – das Recht des Unternehmers, alle Führungsentscheidungen allein zu treffen – geschmälert wird.

Bei der **OHG** ist die Gefahr, daß die Gesellschaft durch den Tod eines Gesellschafters aufgelöst werden muß, zwar geringer, jedoch kann auch hier der Bestand des Betriebes durch das Ausscheiden eines Gesellschafters oder der Erben eines verstorbenen Gesellschafters in Frage gestellt werden. Der Kreditgeber wird deshalb prüfen müssen, welche Regelungen der Gesellschaftsvertrag für den Fall der Auseinandersetzung vorsieht und welche Zusagen er erhält, daß für die Dauer des Kreditverhältnisses die von ihm kalkulierten Risiken nicht durch Änderung des Gesellschaftsvertrages vergrößert werden.

Auf Grund der unbeschränkten Haftung der Gesellschafter der OHG könnte man vermuten, daß diese Rechtsform auch grundsätzlich kreditwürdiger als die KG und die GmbH ist. Auf die **Kreditwürdigkeit der KG** wirkt sich jedoch die Tatsache positiv aus, daß die persönlichen Bindungen der Kommanditisten an die Gesellschaft in der Regel geringer als die der Gesellschafter der OHG sind und folglich durch Neuaufnahme weiterer Kommanditisten die Eigenkapitalbasis leichter erweitert werden kann. Positiv ist weiterhin zu beurteilen, daß die Einlagen der Kommanditisten im Handelsregister eingetragen sind und eine Rückzahlung durch die Gesellschaft den Gläubigern gegenüber als nicht geleistet gilt. Ebenso brauchen die Gläubiger eine Herabsetzung der Kommanditeinlagen nicht gegen sich gelten zu lassen.[1] Eine Herabsetzung oder Rückzahlung der Kommanditeinlagen kann erst nach Löschung im Handelsregister wirksam werden. Darüber hinaus verjähren auch Ansprüche aus Verbindlichkeiten gegenüber der Gesellschaft gegen einen Kommanditisten ebenso wie gegen einen Komplementär erst fünf Jahre nach dem Ausscheiden des Gesellschafters oder nach der Auflösung der Gesellschaft.[2]

---

[1] Vgl. § 172 HGB.
[2] Vgl. § 159 Abs. 1 HGB i. V. m. § 161 Abs. 2 HGB.

Die infolge der beschränkten Haftung der Gesellschafter geringere **Kreditwürdigkeit der GmbH** wird in der Praxis insbesondere bei kleiner Gesellschafterzahl und enger persönlicher Bindung häufig dadurch erhöht, daß Kredite außerhalb der Gesellschaft im Privatvermögen der Gesellschafter gesichert werden (z. B. durch Grundpfandrechte). Auch ist es nicht selten, daß die Gesellschafter einer OHG außerhalb der Gesellschaft über wenig Privatvermögen verfügen, so daß die wirtschaftliche Potenz einer großen GmbH trotz beschränkter Haftung eine bessere Sicherheit als das geringe Privatvermögen der Gesellschafter der OHG bedeutet. Es kommt also auf den Einzelfall an, und es lassen sich nur unter sehr engen Voraussetzungen generelle Aussagen über eine von der Rechtsform abhängige Kreditwürdigkeit von Personenunternehmen und GmbH machen.

Die besten Möglichkeiten der Fremdkapitalbeschaffung besitzt die **AG**, weil einerseits das Aktiengesetz zahlreiche Vorschriften enthält, die dem Schutze der Gläubiger dienen, und weil andererseits besondere langfristige Finanzierungsformen (insbesondere die Emission von Schuldverschreibungen, Wandelschuldverschreibungen und Gewinnschuldverschreibungen) vor allem der großen börsenfähigen AG offenstehen. Außerdem kann bei guter Ertragslage durch Ausgabe junger Aktien die Eigenkapitalbasis als Grundlage der Kreditwürdigkeit vergrößert werden. Positiv wirkt sich ferner die Unkündbarkeit des Grundkapitals seitens der Anteilseigner und damit die Tatsache aus, daß die Existenz der Gesellschaft vom Schicksal der Gesellschafter unabhängig ist.

Der Gläubigerschutz soll insbesondere durch strenge Bilanzierungs- und Bewertungsvorschriften, die eine zu günstige Darstellung der Vermögens- und Ertragslage der Gesellschaft verhindern sollen, erreicht werden. Durch den Zwang zur Bildung gesetzlicher Rücklagen, die nur zur Verlusttilgung, dagegen nicht zur Dividendenzahlung aufgelöst werden dürfen, soll vermieden werden, daß alle erzielten Gewinne ausgeschüttet werden. Die gesetzliche Pflichtprüfung des Jahresabschlusses und der Zwang zu seiner Veröffentlichung (**Publizitätspflicht**), besondere Schutzvorschriften bei der ordentlichen Kapitalherabsetzung sowie qualifizierte Mehrheiten in der Hauptversammlung bei Beschlüssen von besonderer wirtschaftlicher Tragweite (z. B. Kapitalherabsetzung, Fusion) tragen ebenfalls zur Verbesserung der Kreditwürdigkeit und damit der Fremdkapitalbeschaffung bei. Nicht selten sind Banken als Großgläubiger im Aufsichtsrat vertreten und erhalten so laufend Informationen über die wirtschaftliche Lage des Schuldners.

6. Steuerbelastung

a) Überblick

Die Besteuerung der einzelnen Rechtsformen sollte sich vom betriebswirtschaftlichen Standpunkt aus betrachtet in einer Weise vollziehen, daß von der steuerlichen Seite aus kein Einfluß auf ihre Wahl ausgeht, damit vermieden wird, daß wichtige wirtschaftliche Überlegungen (z. B. Finanzierungsform, Kreditwürdigkeit als Folge der Haftung usw.) zugunsten momentan gegebener Steuervorteile vernachlässigt werden.

Die historische Entwicklung der Besteuerung der einzelnen Rechtsformen zeigt jedoch, daß steuerliche Motive bei der Wahl der Rechtsform oft die Oberhand gewonnen haben und daß Betriebe beispielsweise die Form der Kapitalgesellschaft vorgezogen haben, weil sie zu gewissen Zeiten (z. B. in den zwanziger Jahren und in der Zeit nach dem 2. Weltkrieg bis etwa 1953, wo man von einer „Flucht in die Kapitalgesellschaft", insbesondere in die GmbH, gesprochen hat), geringer besteuert wurden als die Personengesellschaften, obwohl für diese Betriebe auf Grund ihrer betrieblichen Struktur und Zielsetzung, insbesondere ihrer Betriebsgröße, vom wirtschaftlichen Standpunkt aus die Form der Personengesellschaft zweckmäßiger gewesen wäre. Umgekehrt haben Betriebe – obwohl ihre Gesellschafter ihre Haftung beschränken wollten und dafür die Form der Kapitalgesellschaft, z. B. die GmbH, gewählt haben – eine Umwandlung in eine Personengesellschaft, bei der die beschränkte Haftung für alle Gesellschafter aufrechterhalten werden kann (GmbH & Co), vorgenommen, wenn die Kapitalgesellschaft höher besteuert wird, wie das z. B. heute besonders für kleinere und mittlere Betriebsgrößen der Fall ist.

Untersucht man, welche durch die Steuergesetzgebung gesetzten Faktoren die Wahl der Rechtsform eines Betriebes beeinflussen können, so sind vor allem zwei Problemkreise von Bedeutung:[1]

(1) Ein Einfluß auf die Wahl der Rechtsform kann von **Unterschieden in der laufenden Besteuerung** des in Personen- und Kapitalgesellschaften erzielten Gewinns und Gewerbeertrags und des in diesen Gesellschaften eingesetzten Vermögens und Gewerbekapitals ausgehen. Welche Rechtsform die geringste steuerliche Belastung eines Betriebes und seiner Unternehmer hervorruft, muß an Hand von Steuerbelastungsvergleichen ermittelt werden.[2]

(2) Ein Einfluß auf die Wahl der Rechtsform kann von der **steuerlichen Belastung des Umwandlungsvorganges** ausgehen. Die Besteuerung der Umwandlung kann zur Folge haben, daß ein vom wirtschaftlichen Standpunkt aus zweckmäßiger und notwendiger Wechsel der Rechtsform verhindert wird, da er einen plötzlichen finanziellen Eingriff (vor allem durch den Zwang zur Auflösung und Versteuerung stiller Rücklagen) in einen laufenden Betriebsprozeß bedeutet, den der Betrieb sich ohne Schaden nicht leisten kann.

Sieht man von einmaligen Unterschieden in der Besteuerung bei der Gründung ab – z. B. unterliegt die Einbringung von Eigenkapital gegen Gewährung von Gesellschaftsrechten bei den Kapitalgesellschaften der Gesellschaftsteuer, bei den Personengesellschaften dagegen nicht –, zeigen sich die wesentlichsten Unterschiede in der laufenden Besteuerung

(1) der Gewinne;
(2) des Betriebsvermögens bzw. der Gesellschaftsanteile;
(3) des Gewerbeertrages.

---

[1] Vgl. Wöhe, G., Betriebswirtschaftliche Steuerlehre, Band II, 1. Halbband, 2. Aufl., Berlin und Frankfurt/M. 1965, S. 10ff.

[2] Zu Durchführung und Problematik solcher Belastungsvergleiche vgl. Wöhe, G., Betriebswirtschaftliche Steuerlehre, Bd. II, 1. Halbband, a. a. O., S. 100ff.

B. Die Wahl der Rechtsform

Wenn man die Besteuerung der Rechtsformen, deren sich der Betrieb bedienen kann, vergleichend betrachtet, so braucht man nicht von jeder einzelnen Rechtsform auszugehen, sondern kann drei große Gruppen bilden:
(1) die Einzelunternehmungen und die Personengesellschaften;
(2) die Kapitalgesellschaften und
(3) die Kombinationen zwischen Personen- und Kapitalgesellschaften (GmbH & Co., AG & Co., Doppelgesellschaft).

Bei Umwandlungsvorgängen fallen auch Verkehrsteuern (USt, KVSt, GrESt) an und beeinflussen die Entscheidung.

Die Unterschiede in der steuerlichen Belastung können dadurch entstehen, daß je nach der Rechtsform der Betriebe
(1) unterschiedliche Steuerarten erhoben werden;
(2) die steuerlichen Bemessungsgrundlagen nach anderen Grundsätzen ermittelt werden;
(3) unterschiedliche Steuertarife angewendet werden.

b) Unterschiedliche Steuerarten

Die in Einzelunternehmungen und Personengesellschaften erzielten Gewinne werden nach den Vorschriften des Einkommensteuergesetzes ermittelt und unterliegen – da Personenunternehmungen keine eigene Rechtspersönlichkeit besitzen und folglich nicht selbständig steuerpflichtig sind – beim Unternehmer bzw. den Gesellschaftern (Mitunternehmern) der **progressiven Einkommensteuer**. Alle Einkünfte, die die Gesellschafter aus der Gesellschaft beziehen, gelten einkommensteuerrechtlich als **Einkünfte aus Gewerbebetrieb**. Dazu zählen nach § 15 EStG „die Gewinnanteile der Gesellschafter einer offenen Handelsgesellschaft, einer Kommanditgesellschaft und einer anderen Gesellschaft, bei der der Gesellschafter als Unternehmer (Mitunternehmer) anzusehen ist, und die Vergütungen, die der Gesellschafter von der Gesellschaft für seine Tätigkeit im Dienst der Gesellschaft oder für die Hingabe von Darlehen oder für die Überlassung von Wirtschaftsgütern bezogen hat." Es sind also auch die Gehälter der geschäftsführenden Gesellschafter nicht als Betriebsausgabe abzugsfähig.

Für die Einkommensteuerpflicht spielt es keine Rolle, ob ein entstandener Gewinn von den Gesellschaftern entnommen oder ob er im Betrieb zurückbehalten wird. Entscheidend für die Steuerpflicht ist also nicht der Zeitpunkt, an dem der Gewinn dem Steuerpflichtigen zufließt, sondern an dem der Gewinn entstanden ist.

Personenunternehmungen sind auch **nicht vermögensteuerpflichtig**. Eine Steuerpflicht besteht lediglich für Unternehmer und Gesellschafter, auf die der nach dem Bewertungsgesetz ermittelte Einheitswert des Betriebsvermögens im Verhältnis ihrer Anteile aufgeteilt wird. Die Vermögensteuer ist bei natürlichen Personen bei der Ermittlung ihres steuerpflichtigen Einkommens als Sonderausgabe abzugsfähig.

Da die Kapitalgesellschaften eigene Rechtspersönlichkeit besitzen, sind sie auch selbständig steuerpflichtig, d. h. sie sind bei allen Steuern Steuersubjekte, besitzen also die sog. **Steuerfähigkeit**. Aus der bürgerlich-rechtlichen Rechtsfähigkeit wird steuerrechtlich abgeleitet, daß der Gewinn der Gesellschaft als Einkommen der juristischen Person und das Vermögen der Gesellschaft als Betriebsvermögen der juristischen Person behandelt werden. Folglich sind die Kapitalgesellschaften selbständig einkommensteuerpflichtig (d. h. ihr Gewinn wird von der **Körperschaftsteuer** getroffen) und selbständig vermögensteuerpflichtig. Zusätzlich müssen die Anteilseigner – soweit sie natürliche Personen sind – die ihnen zufließenden Gewinnanteile als Einkünfte aus Kapitalvermögen der Einkommensteuer (zunächst in der Erhebungsform der Kapitalertragsteuer) unterwerfen. Außerdem unterliegen ihre Anteile an der Kapitalgesellschaft der Vermögensteuer, so daß eine **Doppelbelastung** der in Kapitalgesellschaften erwirtschafteten Gewinne und des in Kapitalgesellschaften investierten Vermögens eintritt.

Der proportionale Tarif der Körperschaftsteuer ist gespalten: zurückbehaltene Gewinne werden mit 51%, ausschüttungsfähige Gewinne mit 15% belastet. Die Gesamtbelastung mit Körperschaftsteuer ist von der Gewinnverwendungspolitik abhängig. Die relative Steuerbelastung ist um so höher, je höher der Betrag der zurückbehaltenen Gewinne ist. Die Vermögensteuer der Kapitalgesellschaften ist bei der Ermittlung des körperschaftsteuerpflichtigen Gewinns nicht als Betriebsausgabe abzugsfähig.

Die seit ihrer Einführung in der Literatur angegriffene Doppelbelastung der Gewinne und des Vermögens der Kapitalgesellschaften ist der bedeutsamste steuerliche Faktor, der die Wahl der Rechtsform beeinflußt. Er hat im Laufe der letzten fünfzig Jahre durch mehrfache Änderungen der Tarifrelation zwischen Einkommen- und Körperschaftsteuer mehrere Umwandlungswellen ausgelöst. Wegen der bedeutenden wirtschaftlichen Auswirkungen der Doppelbelastung ist es erforderlich, ihre Begründung kritisch zu untersuchen.

Streng juristisch liegt zwar keine Doppelbelastung vor, weil zwei verschiedene Steuersubjekte, einmal die juristische und einmal die natürliche Person, besteuert werden. Dennoch ist die Doppelbelastung bei wirtschaftlicher Betrachtungsweise ein Verstoß gegen die Gleichmäßigkeit der Besteuerung. Die wirtschaftlichen Gründe, die der Gesetzgeber bei der Einführung der Körperschaftsteuer im Jahre 1920 angeführt hat, sind im wesentlichen die folgenden:[1]

(1) Die Rechtsform der Kapitalgesellschaft führt zu einer bedeutenden „Verstärkung der Kreditfähigkeit, die in der fast unbeschränkten Möglichkeit der Erweiterung des Kapitals liegt. Gerade hierin liegt ein Vorteil, der dem Einzelwirtschafter entfernt nicht im gleichen Maße erreichbar ist."

(2) Die durch die Rechtsform der Kapitalgesellschaft mögliche „Kapitalanhäufung" erhöht die Wirtschaftlichkeit.

(3) Die Kapitalgesellschaften wachsen immer mehr darüber hinaus, „eine bloße Hilfsform in der Wirtschaftstätigkeit der natürlichen Personen zu sein. . . . Diese Wirtschaftsemanzipation von den Zwecken der Einzelpersonen ist eine weitere Grundlage für eine selbständige Besteuerung." Es wird damit die

---

[1] Vgl. Begründung zum Körperschaftsteuergesetz vom 30. 3. 1920, S. 14f., zitiert bei Herrmann-Heuer, Kommentar zur Einkommensteuer und Körperschaftsteuer, 12. Aufl., Köln 1950/69, Einführung in das KStG, Anmerkung 17.

Vorstellung von einer „Unternehmung an sich" als selbständige Steuerquelle begründet.

(4) Kapitalgesellschaften haben sich „zu so übermächtigen Wettbewerbern der privaten Einzelwirtschafter entwickelt ..., daß die Erhaltung der Wettbewerbsfähigkeit der letzteren unbedingt einen Ausgleich auf steuerlichem Gebiet erfordert."

Die Argumente zeigen, daß der Gesetzgeber von der Vorstellung ausgeht, Großbetriebe seien grundsätzlich kreditwürdiger und rentabler als Klein- und Mittelbetriebe und besäßen folglich eine größere wirtschaftliche Leistungsfähigkeit, die eine zusätzliche Besteuerung rechtfertigt.[1]

Diese Annahme ist nicht ohne weiteres zu widerlegen, sie ist aber dann nicht berechtigt, wenn sie nicht an die Betriebsgröße, sondern an die Rechtsform gebunden wird und somit auch eine GmbH mit einem Stammkapital von 20.000 DM mit einbezieht. Die größere Kreditfähigkeit hängt nicht von der Rechtsform allein ab. Wenn Betriebsgröße und Kreditwürdigkeit zum Kriterium der steuerlichen Leistungsfähigkeit verwendet werden, so kann eine große OHG eine größere Leistungsfähigkeit als eine kleine GmbH besitzen; dennoch wird die GmbH und nicht die OHG von der Körperschaftsteuer getroffen.

Sieht man einmal von den Schwierigkeiten der Abgrenzung von Großbetrieben von allen übrigen Betrieben ab, so scheint uns trotzdem eine im Wirtschaftsablauf so schnell schwankende Größe wie die Kreditfähigkeit keine Größe zu sein, die eine Sondersteuer rechtfertigen könnte, schon gar nicht in einer Wirtschaftsordnung, die auf freiem Wettbewerb beruht. Außerdem wäre der Gewinn wohl nicht die richtige Bemessungsgrundlage für eine Besteuerung der Kreditfähigkeit, da diese in erster Linie von der Größe des den Gläubigern zur Verfügung stehenden Vermögens abhängt, wenn natürlich bei der Kreditgewährung auch die Ertragserwartungen einer Unternehmung nicht außer acht gelassen werden.

Auch die Tatsache, daß die „Kapitalanhäufung die Wirtschaftlichkeit steigert", kann keine besondere Besteuerung von Kapitalgesellschaften oder von Großbetrieben rechtfertigen. Eine größere Wirtschaftlichkeit bedeutet, daß ein Betrieb geringere Kosten hat als andere und folglich entweder zu niedrigeren Preisen anbieten und damit eine stärkere Marktposition erringen kann oder höhere Gewinne als die Konkurrenz erzielt, d. h. eine größere Kapitalrentabilität besitzt. Das hat aber weder etwas mit der Rechtsform noch mit der Betriebsgröße zu tun.

Es ist eine falsche Vorstellung, daß Millionengewinne stets das Zeichen einer größeren steuerlichen Leistungsfähigkeit sind. Sie sind es nur, wenn sie einer oder wenigen Personen zufließen. Dann sind aber diese Personen steuerlich besonders leistungsfähig, nicht aber die Betriebe. Ein Gewinn einer GmbH von einer Million DM kann z. B. eine 10%ige Nominalverzinsung des eingesetzten Eigenkapitals darstellen, ein Gewinn von 10.000 DM bei einer OHG kann aber

---

[1] Zur folgenden Kritik der Doppelbelastung vgl. Wöhe, G., Betriebswirtschaftliche Steuerlehre, Bd. I, 3. Aufl., München 1972, S. 106ff.; ders., Zur Reform der Unternehmensbesteuerung, Teil I: Die Körperschaftsteuer, DStR 1971, S. 263ff.; ders., Grundprobleme der Körperschaftsteuer- und Gewerbesteuerreform, ZfbF 1971, S. 504ff.

beispielsweise eine 20%ige Verzinsung des Eigenkapitals bedeuten. Betrachtet man die steuerliche Leistungsfähigkeit der Betriebe und nicht der Eigentümer – obwohl u. E. dieser Begriff nur auf Personen und nicht auf Betriebe bezogen werden kann – so müßte man in diesem Beispiel wohl die OHG als leistungsfähiger im Vergleich zur GmbH bezeichnen, da bei ersterer die Kombination der Produktionsfaktoren zu einem relativ größeren Gewinn führt. Dennoch unterliegt die OHG keiner Gewinnsteuer, die GmbH dagegen muß Körperschaftsteuer zahlen.

U. E. kann eine steuerliche Leistungsfähigkeit einer „**Unternehmung an sich**" nicht konstruiert werden, weil Unternehmungen nicht um ihrer selbst willen da sind, sondern weil die Eigentümer sich mit Hilfe der Unternehmungen ein persönliches Einkommen verschaffen wollen. Das gilt nicht nur für die Einzelunternehmung und die Personengesellschaften, sondern auch für Kapitalgesellschaften. Bei der kleinen GmbH ist es offensichtlich, daß sie das Objekt ihrer Eigentümer ist, die ihr Vermögen auch in anderer Form, z. B. in Grundbesitz oder Wertpapieren anlegen könnten. Daran ändert auch die Tatsache nichts, daß die GmbH gesellschaftsrechtlich eine juristische Person, also ein Rechtssubjekt ist.

Bei einer großen Publikumsaktiengesellschaft könnte man eher geneigt sein, von einer „Unternehmung an sich" zu sprechen, weil die Mitbestimmungsrechte der Eigentümer in der Hauptversammlung außerordentlich gering sind. Aber auch ein Kommanditist kann in der Regel keinen direkten Einfluß auf die Geschäftsführung der Gesellschaft nehmen, der er Gesellschafterkapital zur Verfügung gestellt hat und an der er folglich Miteigentümer ist.

Im Interesse der Gleichmäßigkeit der Besteuerung aller in Betrieben erzielten Gewinne müßte die **Körperschaftsteuer abgeschafft** werden. Da eine völlige Aufhebung der Körperschaftsteuer die Kapitalgesellschaften mit anonymem Anteilsbesitz begünstigen würde, weil die thesaurierten Gewinne bis zu einer späteren Ausschüttung unbesteuert blieben, hat die Steuerreformkommission und ihr folgend die Bundesregierung ein Körperschaftsteuersystem vorgeschlagen, bei dem die von der Gesellschaft gezahlte Körperschaftsteuer im Falle der Gewinnausschüttung bei den Anteilseignern auf die Einkommensteuerschuld angerechnet, also erstattet wird (**Anrechnungssystem**)[1].

Gleiche Überlegungen wie für die Abschaffung der Körperschaftsteuer gelten für die **Vermögensteuer** der Kapitalgesellschaften. Die Vermögensteuerpflicht auf juristische Personen auszudehnen, deren Vermögen wirtschaftlich natürlichen Personen gehört, ist ökonomisch dann nicht zu rechtfertigen, wenn die Vermögensteuer mit der besonderen wirtschaftlichen Leistungsfähigkeit der Eigentümer des Vermögens begründet wird. Ebenso wie die Körperschaftsteuer ist auch die Vermögensteuer der Kapitalgesellschaften wirtschaftlich eine Objektsteuer. Trotz gewisser Unterschiede in der Bemessungsgrundlage kann die Körperschaftsteuer als eine zweite Gewerbeertragsteuer, die Vermögensteuer

---

[1] Einzelheiten vgl. Gutachten der Steuerreformkommission, Bonn 1971, S. 320 ff.; Wöhe, G., Zur Reform der Unternehmensbesteuerung, Teil I, Die Körperschaftsteuer, DStR 1971, S. 263 ff.

der Kapitalgesellschaften als eine zweite Gewerbekapitalsteuer angesehen werden. Eine Beseitigung der Vermögensteuerpflicht der Kapitalgesellschaften im Rahmen der Steuerreform ist nicht vorgesehen.

c) Unterschiedlich ermittelte Bemessungsgrundlagen

Die Orientierung des Steuerrechts an der Rechtsform der Betriebe hat für die Ermittlung der steuerlichen Bemessungsgrundlagen Konsequenzen, die die durch die Doppelbelastung entstehenden Belastungsdifferenzen beeinflussen:

(1) Die Kapitalgesellschaften können mit ihren Gesellschaftern **schuldrechtliche Verträge** (z. B. Dienstverträge, Miet- und Pachtverträge, Darlehensverträge) abschließen, die zu einer Zahlung von Geschäftsführergehältern, Mieten und Zinsen an Gesellschafter führen können. Diese Aufwendungen mindern als Betriebsausgaben den körperschaftsteuerpflichtigen Gewinn. Sie stellen Einkünfte der Gesellschafter aus nichtselbständiger Arbeit, aus Vermietung und Verpachtung und aus Kapitalvermögen dar, die der Lohnsteuer bzw. der Einkommensteuer unterliegen. Sie werden also nicht doppelt belastet.

Bei den Personengesellschaften werden derartige Zahlungen als Einkünfte aus Gewerbebetrieb von der Einkommensteuer getroffen.

Hinsichtlich der Gewinnanteile deckt sich diese Regelung mit dem bürgerlichen Recht und dem Handelsrecht. Sie sind Einkünfte aus Gewerbebetrieb. Die Vorschrift über die Zurechnung der übrigen genannten Vergütungen zu den Einkünften aus Gewerbebetrieb dagegen erkennt die zivilrechtlichen Regelungen nicht an, denn danach sind Vergütungen aus Arbeitsverhältnissen, Darlehens-, Miet-, Pacht-, Lizenzverträgen u. ä. Aufwand der Gesellschaft. Schuldrechtliche Beziehungen zwischen Gesellschaft und Gesellschafter werden also steuerlich nicht anerkannt.

Das Vorrecht des Steuerrechts vor den zivilrechtlichen Regelungen hat zur Folge, daß alle Rechtsbeziehungen zwischen der Gesellschaft und den Gesellschaftern sowie zwischen den Gesellschaftern untereinander steuerlich in Entnahmen oder Einlagen umgedeutet werden. Derartige Rechtsbeziehungen können nicht die Höhe des steuerlichen Gewinns der Gesellschaft, sondern lediglich die Verteilung des Gewinns auf die Gesellschafter beeinflussen.

Erhält ein Gesellschafter ein Geschäftsführergehalt gezahlt, so handelt es sich steuerlich nicht um Betriebsausgaben, sondern um **Entnahmen**; folglich ist der Betrag nicht lohnsteuerpflichtig, sondern zählt zu den Einkünften aus Gewerbebetrieb. Gewährt ein Gesellschafter der Gesellschaft ein Darlehen oder stellt er ihr Wirtschaftsgüter im Rahmen eines Miet- oder Pachtvertrages zur Verfügung, so liegt steuerlich eine Einlage vor, und die von der Gesellschaft gezahlten Zinsen bzw. Mieten gelten ebenfalls nicht als Betriebsausgaben der Gesellschaft, sondern als Entnahmen des Gesellschafters. Die Vergütungen für besondere Leistungen einzelner Gesellschafter müssen bei der Feststellung des steuerpflichtigen Gewinnanteils jedes einzelnen Gesellschafters berücksichtigt werden. Sie haben steuerlich also die Wirkung einer Gewinnverteilungsabrede.

Die Vorschrift des § 15 Ziff. 2 EStG, nach der alle Vergütungen irgendwelcher Art, die ein Mitunternehmer von seiner Gesellschaft erhält, zu den Einkünften aus Gewerbebetrieb zählen, ist die Grundlage der von der Rechtsprechung des

RFH entwickelten „**Bilanzbündeltheorie**"[1], die vom BFH trotz einiger Einschränkungen bis heute grundsätzlich beibehalten worden ist. Da die Personengesellschaft einkommensteuerlich kein Steuersubjekt ist, kann nicht sie, sondern können nur die Gesellschafter einen einkommensteuerpflichtigen Gewinn erzielen, d. h. die Steuerbilanz der Personengesellschaft weist nicht den Erfolg der Gesellschaft, sondern ihrer Gesellschafter aus. Nach der Bilanzbündeltheorie ist diese Bilanz die Zusammenfassung (Bündel) der Einzelbilanzen, die die Gesellschafter an sich aufzustellen hätten, weil nach dieser Theorie die Beteiligung jedes Gesellschafters an der Gesellschaft einen eigenen Gewerbebetrieb bildet und folglich alle Vergütungen, die ein Gesellschafter aus der Gesellschaft erhält – unabhängig von den zugrunde liegenden bürgerlich-rechtlichen Vereinbarungen – Einkünfte aus Gewerbebetrieb sind.

Die Bilanzbündeltheorie geht von der Fiktion aus, daß die Mitunternehmer einer Personengesellschaft einkommensteuerlich wie Einzelunternehmer zu behandeln sind. Zwischen einem Einzelunternehmer und seinem Unternehmen kann es keine schuldrechtlichen Beziehungen geben, d. h. ein Einzelunternehmer kann sich von seinem Betrieb weder ein Gehalt zahlen lassen, noch kann er ihm Darlehen gewähren oder sonstige Wirtschaftsgüter gegen Zahlung von Zinsen oder sonstigen Vergütungen überlassen.

Im Gegensatz zu Personengesellschaften können Kapitalgesellschaften auch Pensionsrückstellungen für ihre Gesellschafter bilden und damit die steuerliche Bemessungsgrundlage verringern.

(2) Da der Gewerbeertrag als Bemessungsgrundlage der Gewerbeertragsteuer auf Basis des einkommen- bzw. körperschaftsteuerpflichtigen Gewinns ermittelt wird, vermindern auf Grund schuldrechtlicher Verträge gezahlte Entgelte und Zuführungen zu den Pensionsrückstellungen grundsätzlich auch die Bemessungsgrundlage für die **Gewerbeertragsteuer.** Zinsen für Gesellschafterdarlehen sind jedoch in der Regel als sog. Dauerschulden dem körperschaftsteuerpflichtigen Gewinn bei der Ermittlung des Gewerbeertrages hinzuzurechnen.

Beträgt z. B. der Gewinn einer OHG 200.000 DM, so ist er zugleich die Basis für die Ermittlung des Gewerbeertrages. Hätte die Gesellschaft die Rechtsform der GmbH, und würden die geschäftsführenden Gesellschafter z. B. Geschäftsführergehälter von 60.000 DM erhalten, so reduzierte sich nicht nur der körperschaftsteuerpflichtige Gewinn auf 140.000 DM, sondern auch der Gewerbeertrag wäre um diesen Betrag niedriger.

(3) Eine **vermögensteuerliche Mehrbelastung** der Anteilseigner von Kapitalgesellschaften kann sich nicht nur durch die erwähnte Vermögensteuerpflicht dieser Gesellschaften, sondern auch dadurch ergeben, daß Anteile an Kapitalgesellschaften nach anderen Grundsätzen als Anteile an Personengesellschaften bewertet werden. Während bei letzteren der nach den Vorschriften des Bewertungsgesetzes ermittelte Einheitswert des Betriebsvermögens auf die beteiligten Gesellschafter aufgeteilt wird, erfolgt die Bewertung von Anteilen an Kapitalgesellschaften mit den maßgebenden Kursen oder Rücknahmepreisen oder – bei

---

[1] Vgl. z. B. RFH-Urteil vom 14. 7. 1937, RStBl. S. 937; RFH-Urteil vom 10. 1. 1940, RStBl. S. 134.

nicht notierten Anteilen – nach dem Stuttgarter Verfahren.[1] Die Anteile an Personengesellschaften werden also zum Substanzwert angesetzt. Hier sind zwar in der Regel die stillen Rücklagen aufgelöst, weil bei der Ermittlung des Einheitswertes des Betriebsvermögens der größte Teil der Wirtschaftsgüter mit dem Teilwert[2] bewertet wird und das Anschaffungswertprinzip nicht gilt, d. h. der Teilwert auch angesetzt werden muß, wenn er über den Anschaffungs- oder Herstellungskosten liegt, doch werden alle nicht bilanzierungsfähigen immateriellen Wirtschaftsgüter, die im Firmenwert[3] eines Betriebes enthalten sind, und außerdem Ertragserwartungen außer acht gelassen (es sei denn, es ist ein derivativer Firmenwert in der Bilanz angesetzt worden).

Bei der Bewertung zum maßgebenden Kurs nach § 70 BewG dagegen ist die Grundlage der Börsenkurs, in dem sich die Ertragslage, repräsentiert auch durch die Bestandteile des Firmenwertes, zeigt. Bei der Bewertung mit dem Stuttgarter Verfahren wirken sich Substanzwert (Vermögenswert) und Ertragswert aus. Folglich wird bei guter Konjunkturlage die Bewertung zum Stuttgarter Verfahren höher ausfallen als die reine Substanzbewertung bei der Personengesellschaft; anders ausgedrückt: bei gleichen wirtschaftlichen Voraussetzungen wird der Anteil eines Gesellschafters an einem Betrieb geringer bewertet, wenn der Betrieb in der Rechtsform einer Personengesellschaft geführt wird anstatt in der Form der Kapitalgesellschaft. In Verlustjahren ist es umgekehrt. Dann wird durch die Berücksichtigung des (negativen) Ertragsprozentsatzes der nach dem Stuttgarter Verfahren bewertete Anteil an einer Kapitalgesellschaft niedriger anzusetzen sein als der durch Aufteilung des Einheitswertes des Betriebsvermögens ermittelte Wert eines Anteils an einer Personengesellschaft.

d) Unterschiedliche Steuertarife

Rechtsformbedingte Steuerbelastungsdifferenzen ergeben sich ferner dadurch, daß für Personengesellschaften und Einzelunternehmungen bei der Gewerbeertragsteuer **gestaffelte Steuermeßzahlen** bis zu einem Gewerbeertrag von 29.400 DM gelten und zwar

für die ersten 15.000 DM	0%	
von 15.001 bis 18.600 DM	1% =	36 DM
von 18.601 bis 22.200 DM	2% =	72 DM
von 22.201 bis 25.800 DM	3% =	108 DM
von 25.801 bis 29.400 DM	4% =	144 DM 360 DM
über 29.400 DM	5%.	

Für Kapitalgesellschaften gilt von Anfang an eine Steuermeßzahl von 5%; sie zahlen also für die ersten 29.400 DM des Gewerbeertrages 1470 DM (mal Hebesatz) Gewerbeertragsteuer. Die Differenz der Gewerbeertragsteuer zwischen Personenunternehmungen und Kapitalgesellschaften beträgt somit 1110 DM (mal Hebesatz). Diese geringfügige Belastungsdifferenz kann bei einer Entscheidung über die Rechtsform nur bei kleinen Unternehmungen eine Rolle spielen.

---

[1] Vgl. Wöhe, G., Betriebswirtschaftliche Steuerlehre, Bd. I, 3. Aufl. München 1972, S. 715 ff.
[2] Zum Begriff des Teilwertes vgl. Sechster Abschnitt, I, 5e
[3] Zum Begriff des Firmenwertes vgl. Sechster Abschnitt, I, 5e

e) Steuerbelastungsvergleiche

Die vorangegangenen Ausführungen haben gezeigt, daß Kapitalgesellschaften infolge der Doppelbelastung ihres Gewinns und ihres Vermögens und des hohen Tarifs für thesaurierte Gewinne tendenziell stärker belastet werden als Personenunternehmungen. Dennoch kommt es bei der steuerlichen Planung der Rechtsform jeweils auf den Einzelfall an, da die Höhe der Steuerbelastung von einer Vielzahl von Faktoren bestimmt wird. Bei Steuerbelastungsvergleichen sind vor allem folgende Faktoren zu berücksichtigen:

(1) Zahl der Gesellschafter (je größer sie ist und je geringer folglich die Gewinnanteile der einzelnen Gesellschafter sind, um so niedriger ist der durchschnittliche Einkommensteuersatz für die Gewinnanteile der Personengesellschafter bzw. für die an Gesellschafter von Kapitalgesellschaften ausgeschütteten Gewinne);

(2) die Beteiligungsverhältnisse der Gesellschafter;

(3) der Gewinnverteilungsschlüssel (je höher der Gewinnanteil eines Gesellschafters ist, um so höher ist auf Grund des Progressionstarifs der Einkommensteuer der durchschnittliche Steuersatz);

(4) die Höhe des Gewinns (vor Abzug der Geschäftsführergehälter und der Gewerbesteuer);

(5) das Verhältnis von Gewinnausschüttung und Gewinnthesaurierung bei Kapitalgesellschaften;

(6) die Höhe der Gesellschafter-Geschäftsführergehälter und sonstiger in der Kapitalgesellschaft abzugsfähiger Bezüge der Gesellschafter;

(7) die persönlichen Verhältnisse der Gesellschafter (Familienstand, Sonderausgaben, außergewöhnliche Belastungen);

(8) sonstige Einkünfte der Gesellschafter;

(9) der Einheitswert des Betriebsvermögens.

f) Kombinierte Rechtsformen

Eine Folge der unterschiedlichen steuerlichen Belastung von Personen- und Kapitalgesellschaften ist die Entwicklung sog. „kombinierter Rechtsformen" durch die Praxis. Diese Formen sind ein Alarmzeichen dafür, daß erhebliche Differenzen in der steuerlichen Belastung zwischen Personen- und Kapitalgesellschaften bestehen. Die wichtigsten Fälle kombinierter Rechtsformen sind die **GmbH & Co.** und die verschiedenen Spielarten der **Doppelgesellschaft**, d. h. der Betriebsaufspaltung in zwei juristisch selbständige Bestandteile, von denen der eine in der Form einer Kapitalgesellschaft, der andere in der Form einer Personengesellschaft geführt wird. Die Bedeutung dieser Rechtsformen wechselt mit der Entwicklung des Verhältnisses der steuerlichen Belastung von Personen- und Kapitalgesellschaften. Würde es dem Gesetzgeber gelingen – immer vorausgesetzt, daß er es überhaupt will –, eine gleiche steuerliche Belastung aller Betriebe zu erreichen, so wäre die Bedeutung der genannten Mischformen vom steuerlichen Standpunkt aus gleich Null. Es darf allerdings nicht außer acht gelassen werden, daß diese Gesellschaftsformen – wenn auch überwiegend – so doch nicht ausschließlich aus steuerrechtlichen Erwägungen angewendet werden, sondern daß auch betriebswirtschaftliche Motive zur Bildung der genannten Mischtypen führen können.

Da heute – zumindest bei kleinerer und mittlerer Betriebsgröße – die Kapitalgesellschaften steuerlich schlechter stehen als die Personengesellschaften, lohnt sich die Bildung einer GmbH & Co. KG. Sie ist ihrer Konstruktion nach eine Personengesellschaft, an der eine GmbH als Komplementär, d. h. als persönlich haftender Gesellschafter beteiligt ist. Unter den verschiedenen Variationsmöglichkeiten ist die interessanteste Konstruktion die sog. **GmbH & Co. im engsten Sinne,** bei der die Gesellschafter der GmbH und die Kommanditisten der GmbH & Co. die gleichen Personen sind, während der Komplementär die GmbH ist. Durch diese Konstruktion wird erreicht, daß alle als Gesellschafter beteiligten natürlichen Personen ihre Haftung auf ihre Einlagen beschränkt haben und die Gesellschaft dennoch eine Kommanditgesellschaft ist und steuerlich als solche behandelt wird.

Sollen alle Gewinne im Betriebe zurückbehalten werden, so beträgt der Körperschaftsteuersatz für eine personenbezogene GmbH heute 49%. Würde der Betrieb die Form der GmbH & Co. wählen, so unterliegt nur der Gewinnanteil des Komplementärs, nämlich der der GmbH, diesem Steuersatz, während die Gewinnanteile der Kommanditisten nur von der Einkommensteuer erfaßt werden. Der durchschnittliche Einkommensteuersatz erreicht 49% erst bei Einkünften, die bei ledigen Gesellschaftern bei etwa 180.000 DM und bei Verheirateten bei 360.000 DM liegen. Der Einkommensteuerspitzensatz von 56% setzt zwar bereits bei rund 130.000 DM bzw. bei Verheirateten bei rund 260.000 DM steuerpflichtigem Einkommen ein, der durchschnittliche Einkommensteuersatz beträgt dann aber erst rund 46%. Bei kleinen und mittleren Betrieben ist also die GmbH & Co. bei Gewinnthesaurierung eindeutig vorteilhafter.

Für den Fall völliger Gewinnausschüttung gilt das gleiche, denn in diesem Fall beträgt zwar der Körperschaftsteuersatz nur 26,5% für den ausgeschütteten Teil des Gewinns, es kommt aber noch die Einkommensteuer hinzu.

Von einer **Doppelgesellschaft** spricht man dann, wenn ein Betrieb rechtlich in zwei Teilbetriebe aufgespalten wird, wobei der eine in der Rechtsform einer Kapitalgesellschaft, der andere in Form einer Personengesellschaft geführt wird. Bei der Bildung von Doppelgesellschaften sind vier Grundtypen möglich:

(1) Ein Betrieb wird in eine **Produktions-Personengesellschaft** und eine **Vertriebs-Kapitalgesellschaft** aufgespalten. Diese Form lohnt sich steuerlich dann, wenn die Gewinne von Kapitalgesellschaften niedriger besteuert werden als die in Personengesellschaften erzielten Gewinne, und wenn die Produktionsgesellschaft ihre Leistungen zu möglichst niedrigem Preis an die Vertriebsgesellschaft veräußert, die diese Leistungen ihrerseits an den Absatzmarkt weitergibt, so daß die Gewinne in erster Linie bei der niedriger besteuerten Kapitalgesellschaft anfallen. Bei heutigen Steuertarifen ist diese Konstruktion nicht vorteilhaft.

(2) Ein Betrieb wird in eine **Produktions-Kapitalgesellschaft** und eine **Vertriebs-Personengesellschaft** aufgespalten. Diese Form der Doppelgesellschaft ist dann von Vorteil, wenn Personengesellschaften niedriger besteuert werden als Kapitalgesellschaften und die Kapitalgesellschaft die betrieblichen Erzeugnisse zu

möglichst niedrigem Preis an die Personengesellschaft verkauft, so daß die Gewinne bei dieser entstehen und von ihren Gesellschaftern versteuert werden.

(3) Ein Betrieb wird in eine **Besitz-Personengesellschaft** und eine **Betriebs-Kapitalgesellschaft** aufgespalten. Diese Form ist dann zweckmäßig, wenn Kapitalgesellschaften einer geringeren Gewinnbesteuerung unterliegen als Personengesellschaften. Da die Kapitalgesellschaft bei dieser Form der Doppelgesellschaft sowohl Produktion als auch Verkauf der betrieblichen Leistungen übernimmt, fallen bei ihr die Gewinne an. Sie verringern sich um Pachtzahlungen an die Besitzgesellschaft für die Nutzung der Betriebseinrichtungen, die bei dieser zu versteuern sind und folglich bei den gemachten Annahmen möglichst niedrig angesetzt werden sollen.

(4) Ein Betrieb wird in eine **Besitz-Kapitalgesellschaft** und eine **Betriebs-Personengesellschaft** aufgespalten, was dann vorteilhaft ist, wenn Personengesellschaften niedriger besteuert werden als Kapitalgesellschaften.

g) Umwandlung

Der Wechsel der Rechtsform eines Betriebes, der nicht nur aus steuerlichen Überlegungen, sondern in der Mehrzahl der Fälle aus wirtschaftlichen oder rechtlichen Motiven erfolgt (Erschließung neuer Finanzierungsmöglichkeiten, Erhöhung der Kreditwürdigkeit, Beschränkung der Haftung, Erbfolge u. a.), unterliegt einer Anzahl von Verkehrsteuern (Kapitalverkehrsteuern, Umsatzsteuer, Grunderwerbsteuer) und – soweit ein Zwang zur Auflösung stiller Rücklagen besteht – auch den Gewinnsteuern. Die steuerliche Belastung kann so hoch werden, daß sie wirtschaftlich an sich zweckmäßige Umwandlungen verhindert, so daß von der Besteuerung der Umwandlung ein direkter Einfluß auf die Wahl der Rechtsform ausgeht.

Bei der **Umwandlung einer Personengesellschaft in eine Kapitalgesellschaft** handelt es sich um eine Umgründung, d. h. die Personengesellschaft wird liquidiert, und eine Kapitalgesellschaft wird neu gegründet; es entsteht also ein neues Rechtssubjekt, auf das die Vermögens- und Schuldposten im Wege der Einzelübertragung übertragen werden. Daraus müßte man schließen, daß die in der Personengesellschaft entstandenen stillen Rücklagen bei der Auflösung der Gesellschaft zu realisieren und der Besteuerung zu unterwerfen sind. Dennoch hat die Rechtsprechung unter bestimmten Voraussetzungen zugelassen, daß die stillen Rücklagen auf die Kapitalgesellschaft übertragen werden, eine Gewinnrealisierung im Zeitpunkt der Umwandlung also unterbleiben darf. Der Betrieb hat grundsätzlich ein **Wahlrecht**, ob er

(1) alle stillen Rücklagen auflösen, d. h. die Wirtschaftsgüter mit ihren Teilwerten bewerten will,

(2) nur einen Teil der stillen Rücklagen realisieren will, also einen Teil der Wirtschaftsgüter mit ihren Teilwerten, einen anderen Teil mit ihren letzten steuerlichen Buchwerten und wieder andere mit Zwischenwerten ansetzen will, oder

(3) die letzten steuerlichen Buchwerte fortführen, d. h. keine stillen Rücklagen realisieren will („Buchwertverknüpfung").

B. Die Wahl der Rechtsform

Diese von der Rechtsprechung entwickelten Grundsätze wurden in § 17 UmwStG 1969[1] kodifiziert. Dabei wurde auf die bis dahin geltende Voraussetzung der wesentlichen Beteiligung für die Fortführung der Buchwerte verzichtet. Durch eine Ergänzung des handelsrechtlichen Umwandlungsgesetzes vom 12. 11. 1956[2] wurde inzwischen die Gesamtrechtsnachfolge bei der übertragenden Umwandlung einer Personengesellschaft in eine AG, KGaA oder GmbH und einer Einzelunternehmung in eine AG oder KGaA (nicht GmbH!) zugelassen.

Die für das in die Kapitalgesellschaft eingebrachte Betriebsvermögen gewählten Wertansätze sind für die Kapitalgesellschaft die Anschaffungskosten und für den Einbringenden einerseits der Veräußerungspreis und andererseits die Anschaffungskosten des Anteils an der Kapitalgesellschaft.

Bei der **Umwandlung einer Kapitalgesellschaft in eine Personengesellschaft** mußten bis zum Inkrafttreten des Umwandlungssteuergesetzes 1969 die stillen Rücklagen grundsätzlich aufgelöst und in der untergehenden Kapitalgesellschaft noch der Körperschaftsteuer unterworfen werden, obwohl sich diese Umwandlung im Wege der Gesamtrechtsnachfolge, also ohne Liquidation, vollzieht.

Diese Regelung hatte zur Folge, daß in vielen Fällen eine Umwandlung in die wirtschaftlich zweckmäßigste Rechtsform aus steuerlichen Gründen unterbleiben mußte, weil die durch den Umwandlungsvorgang ausgelösten Steuerzahlungen dem Betriebe erhebliche liquide Mittel entzogen und infolgedessen das finanzielle Gleichgewicht gestört hätten.

Zur Erleichterung der Umwandlung von Kapitalgesellschaften in Personengesellschaften hat der Gesetzgeber in der Vergangenheit bereits zweimal zeitlich befristete Umwandlungssteuergesetze erlassen, die Steuererleichterungen brachten und damit indirekt die prohibitive Wirkung der Umwandlungsbesteuerung bestätigt.

Durch das **Umwandlungssteuergesetz 1969** wurde eine zeitlich unbefristete Regelung getroffen. Die Buchwerte in der Übernahmebilanz der Personengesellschaft müssen mit den Buchwerten der Umwandlungsbilanz der Kapitalgesellschaft übereinstimmen, so daß eine Auflösung stiller Rücklagen in der Bilanz unterbleibt. Jedoch wird eine steuerwirksame Rücklagenauflösung außerhalb der Bilanz vorgenommen. Die Vermögenswerte sind mit dem gemeinen Wert zu bewerten. Ist die Summe dieser Werte höher als der Buchwert der Beteiligungen an der umgewandelten Gesellschaft, so entsteht ein Übernahmegewinn, der einem ermäßigten Steuersatz unterliegt. Eine steuerneutrale Umwandlung, wie sie betriebswirtschaftlich sinnvoll wäre, wird demnach auch durch das neue Gesetz nicht erreicht.

Da die Personengesellschaft die Buchwerte der Kapitalgesellschaft übernehmen muß, lösen sich bei ihr die in der Kapitalgesellschaft gebildeten stillen Rücklagen später automatisch auf und unterliegen dann den normalen Steuersätzen.[3]

---

[1] Vgl. Gesetz über steuerliche Maßnahmen bei Änderung der Unternehmensform (Umwandlungssteuergesetz) vom 14. 8. 1969, BGBl. I, S. 1163.
[2] Vgl. Gesetz zur Ergänzung der handelsrechtlichen Vorschriften über die Änderung der Unternehmensform vom 15. 8. 1969, BGBl. I, S. 1171.
[3] Einzelheiten und Beispiele vgl. bei der Behandlung der Umwandlung im Fünften Abschnitt, V, 6.

Wurde eine Kapitalgesellschaft in der Zeit zwischen dem Inkrafttreten des Gesetzes und dem 31. 12. 1972 in eine Personengesellschaft umgewandelt, so blieb der Übernahmegewinn steuerfrei, es sei denn, daß die umgewandelte Gesellschaft den Vorschriften über die Mitbestimmung von Arbeitnehmern unterlegen hat.

7. Aufwendungen der Rechtsform

Die Aufwendungen, die eine Rechtsform verursacht, hängen in erster Linie vom Umfang gesetzlicher Vorschriften ab. Je größer dieser ist, um so höher sind die Aufwendungen. Während bei Personenunternehmungen im allgemeinen nur einmalige Aufwendungen bei der Gründung für die Eintragung ins Handelsregister, für die Beglaubigung oder Beurkundung von Gesellschaftsverträgen und Grundstückskäufen, für die Grunderwerbsteuer u. ä. anfallen, verursachen die Kapitalgesellschaften (und die wenigen dem Publizitätsgesetz unterliegenden Personenunternehmungen) außerdem laufende Aufwendungen.

Bei der AG treten zu den genannten einmaligen Aufwendungen noch die Kosten für den Druck und die Ausgabe der Aktien, für Prospekte und für die Gründungsprüfung. Die Gesellschaftsteuer in Höhe von 1 % des Nennkapitals (zuzüglich des Agios) trifft die Eigenfinanzierung aller Kapitalgesellschaften bei der Gründung und späteren Kapitalerhöhungen.

Laufende rechtsformabhängige Aufwendungen haben vor allem die AG und die Genossenschaft. Sie werden bei der AG besonders durch Pflichtprüfung und Veröffentlichung des Jahresabschlusses und des Geschäftsberichts, durch sonstige Bekanntmachungen (Einberufung der Hauptversammlung), durch Aufwendungen für Aufsichtsratssitzungen und Hauptversammlungen sowie durch laufende rechtsformabhängige Steuern (Körperschaftsteuer, Vermögensteuer) verursacht. Die GmbH hat mit Ausnahme der genannten Steuern diese Aufwendungen zur Zeit nicht, jedoch sieht der Entwurf eines neuen GmbH-Gesetzes für einen Teil der GmbH eine Pflichtprüfung und Veröffentlichung des Jahresabschlusses vor. Genossenschaften unterliegen stets einer Pflichtprüfung.

8. Publizitätszwang

Für bestimmte Rechtsformen sowie für Betriebe bestimmter Größenordnung besteht Publizitätszwang, d. h. sie sind verpflichtet, ihre Jahresabschlüsse (Bilanz und Gewinn- und Verlustrechnung) sowie einen Geschäftsbericht, der aus einem Erläuterungsbericht zu den Posten der Bilanz und der Gewinn- und Verlustrechnung und einem Bericht über die wirtschaftliche Lage des Betriebes (Lagebericht) besteht, nach Prüfung durch einen Wirtschaftsprüfer zu veröffentlichen. Diese Veröffentlichung erfolgt zum Schutze der Gläubiger und der Gesellschafter (insbesondere Aktionäre) des Betriebes und – vor allem bei Großbetrieben – im Interesse der Öffentlichkeit. Der Jahresabschluß der Aktiengesellschaft ist im Bundesanzeiger und in einer weiteren in der Satzung benannten Zeitung bekanntzumachen. Der Geschäftsbericht steht in der Regel allen Interessierten auf Anforderung zur Verfügung.

Die Bedeutung des Publizitätszwanges für die Wahl der Rechtsform ist nicht nur wie im vorangegangenen Abschnitt unter dem Gesichtspunkt der dadurch verursachten zusätzlichen Aufwendungen zu sehen. Häufig wird die Form der GmbH der Aktiengesellschaft vorgezogen, um sich dem Zwang zur Publizität zu entziehen.

Die Pflicht zur Veröffentlichung des Jahresabschlusses bestand zunächst nur für Aktiengesellschaften ohne Rücksicht auf die Betriebsgröße. Eine Erweiterung der Publizitätspflicht auch auf Unternehmen anderer Rechtsformen erfolgte durch das „Gesetz über die Rechnungslegung von bestimmten Unternehmen und Konzernen" (sog. **Publizitätsgesetz**) vom 15. 8. 1969.[1] Für die Schaffung dieses Gesetzes sprachen vor allem zwei Gründe:

(1) Das Interesse an Jahresabschlüssen durch Eigentümer, Gläubiger und die Öffentlichkeit ist nicht in erster Linie von der gewählten Rechtsform abhängig, sondern von der Größe des Unternehmens.

(2) Konkurse und Vergleichsverfahren sowie die Notwendigkeit staatlicher Unterstützungen von bisher nicht rechenschaftspflichtigen Großunternehmen in der Vergangenheit sprechen für eine Erweiterung der Publizitätspflicht, von der man sich einen gewissen Kontrolleffekt erhofft.

Im einzelnen sieht das Publizitätsgesetz vor, daß Unternehmen unabhängig von der gewählten Rechtsform grundsätzlich dann öffentlich Rechenschaft zu legen haben, wenn für einen Abschlußstichtag und in der Regel für die zwei darauf folgenden Abschlußstichtage jeweils mindestens zwei der drei folgenden Merkmale zutreffen:

(1) die Bilanzsumme übersteigt 125 Mill. DM,
(2) die Umsatzerlöse übersteigen 250 Mill. DM,
(3) es werden mehr als 5.000 Arbeitskräfte beschäftigt.

Diese Vorschriften gelten für alle Rechtsformen außer Aktiengesellschaften und Kommanditgesellschaften auf Aktien, da für diese bereits nach dem Aktiengesetz eine allgemeine Publizitätspflicht besteht.

Die Jahresabschlüsse der unter das Publizitätsgesetz fallenden Unternehmen unterliegen einer Pflichtprüfung durch öffentlich bestellte Wirtschaftsprüfer.

IV. Öffentliche Betriebe

1. Arten und Aufgaben

Betriebe, die sich ganz oder überwiegend im Eigentum von Gebietskörperschaften (Bund, Länder, Gemeinden) befinden, sind unter dem Begriff **„Erwerbsvermögen"** Gegenstand der Finanzwissenschaft. Die Betriebswirtschaftslehre hat sich nur mit den betriebswirtschaftlichen Problemen der öffentlichen Betriebe zu befassen, dagegen nicht mit ihrer finanzwirtschaftlichen, wirtschafts- und sozialpolitischen Bedeutung. Das ist Aufgabe der Finanzwissenschaft. Allerdings ist nicht zu verkennen, daß aus den finanzwirtschaftlichen, wirtschafts- und sozialpolitischen Zielsetzungen, die die Gebietskörperschaften mit diesen Betrieben verfolgen, eine Reihe von betriebswirtschaftlichen Problemen nicht nur im Bereich dieser Betriebe, sondern auch für die privaten Betriebe, soweit sie auf die Leistungen (und deren Preise) öffentlicher Betriebe (Bundesbahn, Bundespost, kommunale Versorgungsbetriebe) angewiesen sind, entsteht.

---

[1] BGBl. I S. 1189

Das Kommunalrecht ignoriert die von der Betriebswirtschaftslehre entwickelte Unterscheidung zwischen Betrieb und Unternehmung und verwendet für die öffentlichen Betriebe grundsätzlich den Begriff „**wirtschaftliche Unternehmen**". Der Betriebsbegriff wird auf solche wirtschaftliche Unternehmen beschränkt, die keine Rechtspersönlichkeit haben, wie z. B. die Eigenbetriebe. So gebrauchen die meisten Eigenbetriebsverordnungen oder -gesetze der Länder die Formulierung: „Die wirtschaftlichen Unternehmen der Gemeinden ohne Rechtspersönlichkeit werden als Eigenbetriebe geführt."[1]

Die rechtliche und organisatorische Struktur der öffentlichen Betriebe zeigt eine große Vielfalt. Sie werden entweder als Gebilde **ohne Rechtspersönlichkeit** als Abteilungen der Verwaltung (Regiebetriebe) oder aus der Verwaltung ausgegliedert als Sondervermögen (z. B. Bundesbahn und Bundespost) oder als kommunale Eigenbetriebe (z. B. Versorgungs- und Verkehrsbetriebe) oder als Gebilde **mit eigener Rechtspersönlichkeit** als juristische Personen des öffentlichen Rechts (Körperschaften, Anstalten, Stiftungen) oder als juristische Personen des Privatrechts (AG, GmbH, Genossenschaft) geführt.

Öffentliche Betriebe unterliegen grundsätzlich der **Körperschaftsteuer**, und zwar nach § 1 Abs. 1 Ziff. 1 und 2 KStG entweder aufgrund ihrer Rechtsform des Privatrechts als Kapitalgesellschaften (AG, GmbH) oder Genossenschaften, oder nach Ziff. 6 als Betriebe gewerblicher Art von Körperschaften des öffentlichen Rechts. Dazu zählen „alle Einrichtungen, die einer nachhaltigen wirtschaftlichen Tätigkeit zur Erzielung von Einnahmen oder anderen wirtschaftlichen Vorteilen dienen. Die Absicht, Gewinn zu erzielen, ist nicht erforderlich."[2]

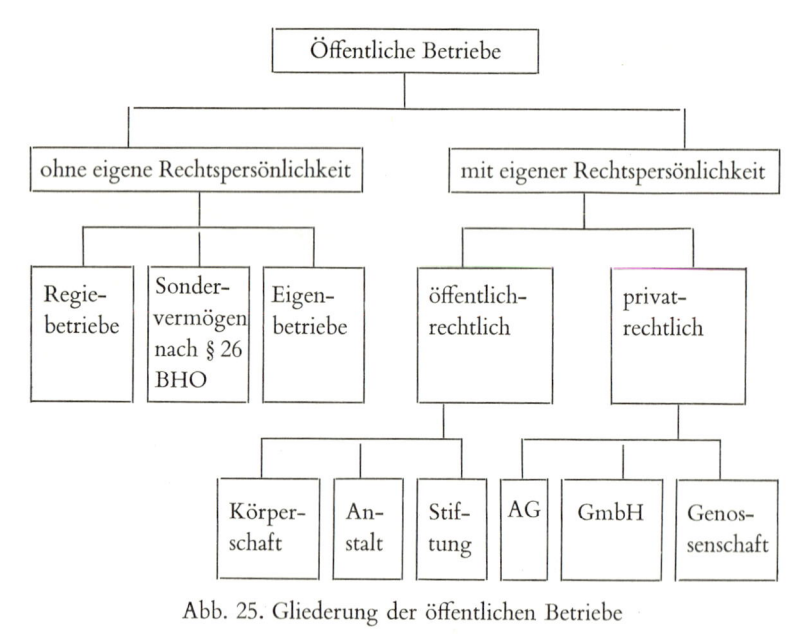

Abb. 25. Gliederung der öffentlichen Betriebe

---

[1] Pagenkopf, H., Kommunalrecht, Köln-Berlin-Bonn-München 1971, S. 432
[2] § 1 Abs. 1 KStDV

B. Die Wahl der Rechtsform

Zu den Betrieben gewerblicher Art gehören z. B. Versorgungs-, Verkehrs- und Hafenbetriebe, nicht dagegen Hoheitsbetriebe, d. h. Betriebe, die überwiegend der Ausübung der öffentlichen Gewalt dienen. Eine Ausübung der öffentlichen Gewalt liegt insbesondere vor, „wenn es sich um Leistungen handelt, zu deren Annahme der Leistungsempfänger auf Grund gesetzlicher oder behördlicher Anordnung verpflichtet ist."[1] Zu den Hoheitsbetrieben zählen z. B. Anstalten zur Lebensmitteluntersuchung, zur Desinfektion, zur Müllbeseitigung, zur Straßenreinigung u. a. sowie Schlachthöfe, Wetterwarten u. a.

Bestimmte in § 4 Abs. 1 KStG einzeln aufgezählte öffentliche Betriebe sind von der Körperschaftsteuer befreit. Dazu zählen z. B. die Deutsche Bundesbahn, die Deutsche Bundespost, die Bundesautobahnen, die Deutsche Bundesbank, die Staatsbanken, soweit sie Aufgaben staatswirtschaftlicher Art erfüllen, und eine Reihe weiterer im Gesetz genannter Kreditinstitute mit öffentlichen Aufgaben.

Nach betriebswirtschaftlichen Unterscheidungsmerkmalen gegenüber Privatbetrieben lassen sich folgende Gruppen von öffentlichen Betrieben bilden:

(1) Betriebe mit maximalem Gewinnstreben (Erwerbsbetriebe)

Sie unterscheiden sich in ihren Zielsetzungen und den zu ihrer Realisierung eingesetzten Mitteln kaum von Privatbetrieben. Ein staatliches Bergwerk z. B., das in der Rechtsform der Aktiengesellschaft geführt wird, kann ebenso wie ein privates Bergwerk mit dem Ziel der Gewinnmaximierung betrieben werden. Der Zweck dieses Betriebes ist dann ein rein finanzwirtschaftlicher: den größtmöglichen finanziellen Beitrag zum Haushalt der Gebietskörperschaft zu erwirtschaften. Die gewählte Rechtsform und damit die Art der Betriebsführung und der Gang des Entscheidungsprozesses können zwar gewisse Unterschiede gegenüber Privatbetrieben bedingen, doch werden öffentliche Erwerbsbetriebe heute häufig in den für Privatbetriebe möglichen Rechtsformen der Kapitalgesellschaften geführt.

Die Berechtigung des Staates, sich mit eigenen Betrieben in solchen Wirtschaftssektoren zu betätigen, in denen er nicht eine soziale Aufgabe (Deckung von Kollektivbedarf) erfüllt, sondern als Konkurrent der Privatwirtschaft auftritt, ist umstritten. Die bundeseigenen Betriebe haben vor allem an den Grundstoffindustrien einen teilweise erheblichen Anteil. Die Gemeinden unterhalten vorwiegend Verkehrsbetriebe, die in Konkurrenz mit privaten Verkehrsbetrieben stehen können. Die Anerkennung oder Ablehnung staatlicher und kommunaler Betätigung in diesen Bereichen ist eine politische Entscheidung für oder gegen einen Einfluß der öffentlichen Hand auf die Preis- und Tarifpolitik in den genannten Wirtschaftsbereichen.

Die folgende Übersicht zeigt den in der Öffentlichkeit meist unterschätzten Anteil der bundeseigenen Betriebe an der Gesamterzeugung bestimmter Wirtschaftszweige.[2]

---

[1] § 4 KStDV
[2] Quelle: Dollinger, W., Betriebe, öffentliche, Management-Enzyklopädie, Bd. I, München 1969, S. 987

	Gesamterzeugung der Bundesrepublik		Anteil der Bundesgesellschaften			
	1965	1966	1965	1966	1965	1966
	in 1.000 t		in 1.000 t		v. H.	v. H.
Eisenerz	10.847	9.482	5.251	4.645	48,4	49,0
Steinkohle	135.077	125.970	21.796	21.308	16,1	16,9
Erdöl	7.884	7.868	589	622	7,5	7,9
Hütten-aluminium	234	244	180	188	77,0	77,0
Roheisen	26.990	25.561	1.639	1.568	6,1	6,1
Rohstahl	36.171	34.738	1.842	1.845	5,1	5,3
Schiffbau	in 1.000 BRT		in 1.000 BRT			
	987	1.163	266	362	27,0	31,1
Strom	in Mill. kWh		in Mill. kWh			
	172.340	178.318	11.238	11.300	6,5	6,3

(2) **Betriebe mit dem Grundsatz der Kostendeckung oder mäßigem Gewinnstreben (Verkehrs-, Nachrichten- und Versorgungsbetriebe)**

Diesen Betrieben fehlt ein wesentliches Merkmal der privaten Unternehmung: das Streben nach langfristiger Gewinnmaximierung. Sie haben zwar häufig eine **Monopolstellung** (Bundesbahn, Bundespost, Straßenbahngesellschaften, Energie- und Wasserversorgungsbetriebe), nutzen diese aber preispolitisch auf Grund ihrer wirtschafts- und sozialpolitischen Zielsetzungen nicht aus. Ihre Aufgabe ist die **Deckung eines Kollektivbedarfs**. Man bezeichnet diese Betriebe deshalb als Bedarfsdeckungsmonopole. Ihre Preis- (Tarif-)politik zielt zumindest auf Kostendeckung ab, gewöhnlich aber auf einen angemessenen Gewinn, um dem staatlichen oder gemeindlichen Haushalt einen Zuschuß zu erbringen.

Die Berechtigung der Gebietskörperschaften, sich in diesen Bereichen der Wirtschaft zu betätigen, ist vor allem darin zu sehen, daß eine Deckung dieses lebensnotwendigen Bedarfs durch Privatbetriebe, die notwendigerweise in einem marktwirtschaftlichen Wirtschaftssystem nach dem erwerbswirtschaftlichen Prinzip geführt werden müssen, nur zu erheblich höheren Preisen erfolgen könnte.

(3) **Zuschußbetriebe (z. B. Krankenhäuser, Theater u. a.)**

Sie dienen ebenfalls der Deckung von Kollektivbedarf, unterscheiden sich aber von den unter (2) genannten Betrieben in betriebswirtschaftlicher Hinsicht dadurch, daß ihre Preispolitik ausschließich **nach sozialen Erwägungen** erfolgt, also in vielen Fällen keine Kostendeckung erreicht werden kann. Für die Berechtigung der Gebietskörperschaften zur Führung derartiger Betriebe gilt das zu (2) Gesagte in verstärktem Maße.

2. Öffentliche Betriebe in nicht-privatrechtlicher Form

a) Öffentliche Betriebe ohne eigene Rechtspersönlichkeit

(1) **Regiebetriebe** (Verwaltungsbetriebe) sind organisatorisch Abteilungen der öffentlichen Verwaltung (Gemeindeverwaltung) und werden in der Regel von Beamten geleitet. Regiebetriebe haben kein eigenes Vermögen. Die Rechnungslegung erfolgt mit Hilfe der kameralistischen Buchführung, da eine Bindung an den Haushaltsplan der betreffenden Gebietskörperschaft besteht. Dadurch haftet den Regiebetrieben eine gewisse Schwerfälligkeit an. Sie sind dort wenig zweckmäßig, wo die Geschäftsvorfälle sich nicht auf bloße Einnahmen- und Ausgabenvorgänge beschränken, sondern sowohl eine Beständerechnung als auch eine Aufwands- und Ertragsrechnung erforderlich ist.

Die Schwerfälligkeit liegt insbesondere im Rechnungswesen, weniger in der Betriebsführung. Zwar ist den Regiebetrieben oft der Vorwurf gemacht worden, sie seien wegen der fehlenden Dispositions- und Entscheidungsfreiheit ihrer leitenden Beamten zu unbeweglich und deshalb in ihrer Wirtschaftlichkeit vergleichbaren Privatbetrieben grundsätzlich unterlegen, jedoch ist auch eine gewisse Bürokratisierung in den Verwaltungen privater Großbetriebe zu beobachten, so daß in dieser Hinsicht kein wesentlicher Einwand gegen die Führung von Regiebetrieben gemacht werden kann. Nicht übersehen werden darf allerdings, daß bei der Besetzung der leitenden Positionen derartiger Betriebe parteipolitische Interessen gegenüber fachlicher Qualifikation eine Rolle spielen können.

Die Regiebetriebe sind in großen Gemeinden nur noch relativ selten anzutreffen, da dort die meisten kommunalen Betriebe als Eigenbetriebe nach der Eigenbetriebsverordnung (1938) geführt werden. Bestimmte Betriebe können jedoch von den Vorschriften der Eigenbetriebsverordnung befreit werden.

Beispiele für Regiebetriebe sind öffentliche Einrichtungen wie Stadtentwässerung, Straßenreinigung, Müllabfuhr, Krankenhäuser, Bibliotheken, Museen, Theater, landwirtschaftliche Musterbetriebe, Schlachthöfe, Gemeindeforsten. Eine Befreiung von den Vorschriften der Eigenbetriebsverordnung kommt nicht in Betracht für Elektrizitätswerke und Gaswerke, sowie für Straßenverkehrs- und Hafenbetriebe in Gemeinden oder Versorgungs- und Einzugsgebieten mit mehr als 10.000 Einwohnern.[1]

(2) Von den „reinen" Regiebetrieben sind die „verselbständigten" Regiebetriebe zu unterscheiden, die entweder als **Sondervermögen** nach § 26 BHO (Betriebe des Bundes und der Länder) oder als **autonome Wirtschaftskörperschaften ohne Rechtspersönlichkeit** (Anstalten wie die Bundesbahn und Bundespost) oder als **Eigenbetriebe** nach der Eigenbetriebsverordnung vom 21. 11. 1938 (Betriebe der Gemeinden) geführt werden.

§ 26 Abs. 1 BHO bestimmt, daß Bundesbetriebe „einen Wirtschaftsplan aufzustellen (haben), wenn ein Wirtschaften nach Einnahmen und Ausgaben des Haushaltsplans nicht zweckmäßig ist." Wesentliche Merkmale dieser Betriebe sind die kaufmännische Führung, die verwaltungsmäßige Verselbständigung und im Rechnungswesen der Verzicht auf das Bruttoprinzip, das bei reinen Regiebetrieben streng eingehalten werden muß.

---

[1] Vgl. § 25 EBVO, vgl. Pagenkopf, H., a.a.O., S. 344.

Der Bund hat nur wenige Betriebe dieser Art. Das bekannteste Beispiel ist die Bundesdruckerei, die sich von einer großen Privatdruckerei – neben der Erledigung gewisser wichtiger Aufgaben wie z. B. dem Druck von Banknoten, Briefmarken, Gesetzblättern – vor allem dadurch unterscheidet, daß in ihr neben Arbeitern und Angestellten Bundesbeamte tätig sind.[1] Sie wird als Sondervermögen geführt, weil aus Sicherheitsgründen ein Teil ihrer Aufgaben einem Privatbetrieb nicht übertragen werden könnte. Als Sonderbetrieb der Bundespost untersteht sie dem Bundesminister für das Post- und Fernmeldewesen.

Auch die Deutsche Bundesbahn und die Deutsche Bundespost sind Anstalten des öffentlichen Rechts, die von der Bundesrepublik verwaltet werden. Die Gesetzgebungskompetenz und die Verwaltungszuständigkeit für die Regelung des Eisenbahnwesens und des Post- und Fernmeldewesens liegen ausschließlich beim Bund.[2] Ihr Vermögen ist als **nicht rechtsfähiges Sondervermögen** mit eigener Wirtschafts- und Rechnungsführung aus dem Vermögen des Bundes ausgegliedert.

Die **Bundesbahn (DB)** ist im Gegensatz zur früheren Reichsbahn keine juristische Person, sondern ein autonomer Wirtschaftskörper ohne eigene Rechtspersönlichkeit. Sie wird unter Wahrung der Interessen der deutschen Volkswirtschaft nach kaufmännischen Grundsätzen verwaltet. Die **Organe** der Bundesbahn sind ein aus vier Personen bestehender **Vorstand,** dem die Geschäftsführung obliegt, und ein aus zwanzig Mitgliedern bestehender **Verwaltungsrat,** der das Beschlußorgan bildet. Dieser setzt die Tarife fest, hat aber kein unbeschränktes Entscheidungsrecht, da der Bundesverkehrsminister als Aufsichtsorgan die Tarifentscheidungen genehmigen muß.

Die **Verwaltungsorganisation** der DB hat vier Ebenen. An der Spitze steht die Hauptverwaltung (Sitz Frankfurt/Main), der 14 Bundesbahndirektionen sowie 2 Bundesbahn-Zentralämter und eine Anzahl weiterer Zentralstellen (z. B. Zentralstelle für Betriebswirtschaft und Datenverarbeitung in Frankfurt/Main) unterstellt sind. Den Bundesbahndirektionen sind Ämter (z. B. 63 Generalvertretungen, 127 Bundesbahn-Betriebsämter, Maschinenämter, Ausbesserungswerke u. a.) untergeordnet. Die unterste Ebene bilden die Dienststellen, die den örtlichen Dienst in den jeweiligen Dienstzweigen ausführen und in der Regel einem Amt unterstellt sind.

Nach § 28 Bundesbahngesetz hat die Bundesbahn ihre gemeinwirtschaftlichen Aufgaben **nach kaufmännischen Grundsätzen** zu erfüllen. Die Tarife sind so zu gestalten, daß die Erträge die Aufwendungen einschließlich der erforderlichen Rückstellungen decken und eine angemessene Verzinsung des Eigenkapitals möglich ist. Dieses Ziel ist unter Beachtung der in § 4 Bundesbahngesetz geforderten größtmöglichen Betriebssicherheit und Anpassung der Anlagen und Fahrzeuge an den jeweiligen Stand der Technik zu verwirklichen.

Im Jahre 1974 betrugen: das Eigenkapital der DB 24,9 Mrd. DM, die Zahl der Beschäftigten ca. 404.000 und die Betriebserträge 14,2 Mrd. DM.

Die **Deutsche Bundespost (DBP)** ist im Prinzip in gleicher Weise wie die Bundesbahn organisiert, hat jedoch keinen Vorstand, sondern wird vom Bun-

---

[1] Vgl. Vialon, F. K., Haushaltsrecht, 2. Aufl., Berlin und Frankfurt/Main 1959, S. 434.
[2] Vgl. Art. 73 Ziff. 6 und 7 GG.

B. Die Wahl der Rechtsform

desminister für das Post- und Fernmeldewesen unter Mitwirkung eines Verwaltungsrates geleitet (seit 1969 in Personalunion mit dem Bundesminister für Verkehr). Ihre Monopolstellung ist durch das im Gesetz über das Postwesen vom 28. 7. 1969 verankerte **Postregal** und den **Postzwang** stärker ausgeprägt als die der Bundesbahn, da letztere in bestimmten Bereichen in Konkurrenz mit anderen Verkehrsunternehmungen steht.

Der **Verwaltungsrat** der DBP setzt sich u. a. aus Mitgliedern des Bundestags, des Bundesrats, der Wirtschaft und des Personals der Bundespost zusammen. Die Verwaltungsorganisation ist dreistufig. Der obersten Bundesbehörde (Bundesministerium) sind auf der mittleren Ebene 21 Oberpostdirektionen nachgeordnet; die untere Ebene bilden die Post- und Fernmeldeämter.

Der Umsatzerlös der DBP betrug im Jahre 1974 24,9 Mrd. DM, das Eigenkapital 11,1 Mrd. DM und die Zahl der Beschäftigten ca. 488.000.

(3) Die Form des **Eigenbetriebes,** die eine größere Selbständigkeit gegenüber der Gebietskörperschaft als die Form des Sondervermögens nach § 26 BHO ermöglicht, findet sich vor allem bei **kommunalen Versorgungs- und Verkehrsbetrieben.** Für die Wirtschaftsbetriebe der Gemeinden wurde diese Form durch die Deutsche Gemeindeordnung (1935) vorgesehen und in der Eigenbetriebsverordnung (1938) vorgeschrieben. Die Deutsche Gemeindeordnung forderte in § 72, daß die öffentlichen Betriebe einen Ertrag für den Haushalt der Gemeinden abwerfen sollen. Heute sind die kommunalen Eigenbetriebe nach den Eigenbetriebsverordnungen bzw. -gesetzen der Länder organisiert, die sich in weitem Umfange an die Eigenbetriebsverordnung von 1938 anlehnen.

Pagenkopf charakterisiert den Eigenbetrieb als „eine Organisationsform eigener Art, die sich einerseits von der allgemeinen Verwaltung und vom Regiebetrieb und andererseits vom Unternehmen mit eigener Rechtspersönlichkeit eindeutig abgrenzen läßt. Als öffentliches Unternehmen unterscheidet sich der Eigenbetrieb von der Hoheitsverwaltung und ihren Verwaltungsdienststellen durch seine wirtschaftliche Zielsetzung und seine organisatorische Abgrenzung. Daraus ergibt sich deutlich die Trennungslinie zum Regiebetrieb, der nur einen Teil der Verwaltung bildet."[2]

Der Vorteil der Verselbständigung eines öffentlichen Betriebes in der Form des Eigenbetriebes ist darin zu sehen, daß die Betriebsführung **nach betriebswirtschaftlichen Grundsätzen** erfolgt und die Rechnungslegung nach den Grundsätzen der kaufmännischen Buchführung vollzogen wird.

Der Eigenbetrieb stellt statt eines Haushaltsplans einen **Wirtschaftsplan** auf, der nicht den Vorschriften des Haushaltsrechts unterliegt. Er besteht aus einem Erfolgsplan, einem Finanzplan und einer Stellenübersicht. Der Eigenbetrieb erscheint im Haushaltsplan der Gemeinde nur mit einem geschätzten Reinertrag, die Rechnungslegung wird jedoch getrennt geführt.

Die Eigenbetriebe sind verpflichtet, in der Gewinn- und Verlustrechnung das Bruttoprinzip anzuwenden, ein Grundsatz, der für Aktiengesellschaften erst seit der Neufassung der aktienrechtlichen Erfolgsrechnung durch das Gesetz vom 23. 12. 1959 gilt. Die Bildung stiller Rücklagen, die bei Aktiengesellschaften

---

[1] Vgl. Geschäftsbericht der DBP über das Rechnungsjahr 1974.
[2] Pagenkopf, H., a. a. O., S. 345.

auch nach Inkrafttreten des AktG 1965 noch immer im Rahmen der gesetzlichen Bewertungsvorschriften zugelassen wird, ist für Eigenbetriebe nicht erlaubt.

Die **Führung der Eigenbetriebe** erfolgt durch mehrere Entscheidungsgremien. Der Gemeinderat erläßt für jeden Eigenbetrieb eine Betriebssatzung. Er ist zuständig für die grundsätzlichen Entscheidungen: er fixiert den Wirtschaftsplan, stellt den Jahresabschluß fest und ist für die Finanzierung (z. B. Aufnahme von Krediten) und die Tarifpolitik verantwortlich. Die laufende Betriebsführung liegt bei der Werkleitung. Außerdem besitzt der Eigenbetrieb einen Werkausschuß, der ein Ausschuß des Gemeinderats ist und auf den dieser bestimmte Kompetenzen delegiert.

b) Öffentliche Betriebe mit eigener Rechtspersönlichkeit

Im Verkehrs- und Nachrichtenwesen und in der Kreditwirtschaft wird die Form der **Körperschaft oder Anstalt des öffentlichen Rechts** bevorzugt. Die Körperschaft oder Anstalt des öffentlichen Rechts stellt keine allgemeine Rechtsform dar, sondern jede einzelne wird durch Gesetz mit besonderen Satzungsbestimmungen für eine konkrete öffentliche Betriebsaufgabe errichtet.

Beispiele für Anstalten des öffentlichen Rechts sind rechtsfähige Bundesanstalten wie die Kreditanstalt für Wiederaufbau, die Deutsche Genossenschaftskasse, die Bundesanstalt für den Güterfernverkehr, die Bundesautobahnen u. a., ferner rechtsfähige Landesanstalten wie Staatsbanken, Landesbanken, Girozentralen, öffentliche Bausparkassen u. a., außerdem rechtsfähige Gemeindeanstalten wie öffentliche Sparkassen und schließlich die regionalen Rundfunkanstalten.

Die Anstalten des öffentlichen Rechts werden von einem Vorstand nach einer von den Verwaltungsträgern oder von ihnen selbst erlassenen Satzung geleitet, der von einem Verwaltungsrat beaufsichtigt wird.

Zu den öffentlichen Betrieben mit eigener Rechtspersönlichkeit gehört auch die **öffentlich-rechtliche Stiftung,** die eine juristische Person ist. Sie hat keine Mitglieder und keine Gesellschafter. Ihr Organ ist der Vorstand oder – auf Anordnung des Stifters – eine Behörde. Ein Beispiel ist die „Stiftung Volkswagenwerk", deren Aufgabe die Förderung von Wissenschaft und Technik in Forschung und Lehre ist. Sie finanziert sich erstens aus den Gewinnen, die auf die Aktien des Volkswagenwerkes entfallen, die dem Bund und dem Land Niedersachsen gehören, und zweitens aus dem Erlös aus der Veräußerung der Kleinaktien des Volkswagenwerkes. Diesen Veräußerungserlös muß die Stiftung dem Bund 20 Jahre lang zu einem angemessenen Zinssatz zur Verfügung stellen.

3. Öffentliche Betriebe in privatrechtlicher Form

Öffentliche Betriebe können auch in Rechtsformen des Gesellschaftsrechts, und zwar gewöhnlich in der Form der öffentlichen Kapitalgesellschaft (AG, GmbH) oder der öffentlichen Genossenschaft m. b. H. geführt werden. Ein Unterschied zu vergleichbaren privaten Betrieben besteht in der Regel nur im Hinblick auf das Eigentum, nicht dagegen hinsichtlich der meisten betriebswirtschaftlichen Entscheidungsprobleme. Die bundeseigenen Betriebe dieser Art sind überwiegend in Konzernen zusammengefaßt, z. B. in der Salzgitter AG, der Vereinigten Elektrizitäts- und Bergwerks-AG (VEBA), den Vereinigten Industrie-Unternehmungen-AG (VIAG).

Beteiligt sich die öffentliche Hand an privaten Betrieben, so spricht man von **gemischtwirtschaftlichen Betrieben.** Sie sind deshalb problematisch, weil die Interessen der öffentlichen Hand und des privaten Kapitals unterschiedlich sein können. Letzteres ist gewöhnlich an einer möglichst hohen Verzinsung interessiert, während die öffentliche Hand bei ihrer Preis- und Tarifpolitik häufig – wenn auch nicht in allen Fällen – Rücksicht auf die Interessen der Allgemeinheit nimmt.

Die Führung derartiger Betriebe liegt in den Händen der Organe der Gesellschaft, also z. B. beim Vorstand und Aufsichtsrat einer AG. Nach § 65 Abs. 1 BHO soll sich der Bund an der Gründung eines Unternehmens in einer Rechtsform des Privatrechts oder an einem bereits bestehenden Unternehmen derartiger Rechtsformen nur beteiligen, wenn

(1) ein wichtiges Interesse des Bundes vorliegt und sich der vom Bund angestrebte Zweck nicht besser und wirtschaftlicher auf andere Weise erreichen läßt,
(2) die Einzahlungsverpflichtung des Bundes auf einen bestimmten Betrag begrenzt ist,
(3) der Bund einen angemessenen Einfluß, insbesondere im Aufsichtsrat oder in einem entsprechenden Überwachungsorgan erhält,
(4) gewährleistet ist, daß der Jahresabschluß, soweit nicht andere gesetzliche Vorschriften entgegenstehen, entsprechend den aktienrechtlichen Vorschriften aufgestellt und geprüft wird.

Unmittelbare Beteiligungen von erheblichem Wert darf der Bundesfinanzminister nur mit Zustimmung von Bundestag und Bundesrat veräußern. Die Betätigung des Bundes als Aktionär oder Gesellschafter ist vom Bundesrechnungshof nach kaufmännischen Grundsätzen zu prüfen.[1]

Gemischtwirtschaftliche Betriebe können auch durch Privatisierung von Bundesvermögen entstehen. Ein Beispiel dafür ist das Volkswagenwerk, das im Jahre 1960 von einer GmbH, deren Geschäftsanteile dem Bund gehörten, in eine AG umgewandelt wurde.[2] Je 20% des Grundkapitals gehören dem Bund und dem Lande Niedersachsen, die übrigen 60% wurden in Form von Kleinaktien an Privatpersonen verkauft.

C. Der Zusammenschluß von Unternehmen als Entscheidungsproblem

I. Begriff und Zielsetzungen von Unternehmenszusammenschlüssen

Unternehmenszusammenschlüsse (Kooperationen und Konzentrationen) entstehen durch freiwillige Vereinigung von Einzelbetrieben zu größeren Wirtschaftseinheiten, ohne daß dadurch die rechtliche Selbständigkeit der einzelnen

---
[1] Vgl. § 92 Abs. 1 BHO.
[2] Vgl. Gesetz über die Regelung der Rechtsverhältnisse bei der Volkswagenwerk GmbH vom 9. 5. 1960, BGBl. I S. 301.

Betriebe aufgehoben werden muß. Solche Zusammenfassungen können auf vertraglicher Basis in sehr loser Form in Arbeitsgemeinschaften, Fachverbänden und Interessengemeinschaften erfolgen; dann bleibt die wirtschaftliche Entscheidungsfreiheit der einzelnen Betriebe weitgehend erhalten. Es kommt zu einer **Kooperation,** d. h. die zusammengeschlossenen Betriebe ordnen sich nicht einer einheitlichen Leitung unter, sondern treffen zur Durchführung bestimmter Aufgaben gemeinsame Entscheidungen.

Unternehmenszusammenschlüsse können aber auch zu straffen wirtschaftlichen, insbesondere kapitalmäßigen und zu vertraglichen Bindungen führen, die geeignet sind, die wirtschaftliche Selbständigkeit des einzelnen Betriebes erheblich einzuschränken oder völlig aufzuheben, selbst wenn nach außen hin die juristische Selbständigkeit gewahrt bleibt. Hauptmerkmal derartiger **Unternehmenskonzentrationen** ist die Unterordnung der zusammengeschlossenen Betriebe unter eine einheitliche Leitung, die durch kapitalmäßige Beherrschung (Mehrheitsbeteiligung) oder – in selteneren Fällen – durch Vertrag zustande kommen und so weit gehen kann, daß ein beherrschtes Unternehmen Weisungen der einheitlichen Unternehmensleitung befolgen muß, die für das betreffende Unternehmen von Nachteil, für die Gesamtheit der zusammengeschlossenen Unternehmen aber von Vorteil sind (z. B. Stillegung von Teilkapazitäten, Änderung des Fertigungsprogramms, Lieferung an andere Mitglieder des Zusammenschlusses zu unter den Marktpreisen liegenden Verrechnungspreisen).

Geben die Unternehmen beim Zusammenschluß auch ihre rechtliche Selbständigkeit auf, sodaß nach dem Zusammenschluß nur noch eine rechtliche Einheit (Firma) existiert, so spricht man von einer Verschmelzung **(Fusion).**

Die wirtschaftliche Entwicklung nach dem 2. Weltkriege hat der Unternehmenskonzentration starke Impulse gegeben. Die Schaffung größerer Märkte (EWG, EFTA), die verschärfte internationale Konkurrenz (Japan, USA), die zunehmende Mechanisierung und Automatisierung des Produktions- und Absatzprozesses und die immer kostspieligeren Forschungs- und Entwicklungsmethoden begünstigen die Tendenz zur Bildung größerer Wirtschaftseinheiten.

Die mit Unternehmenszusammenschlüssen verfolgten **Zielsetzungen** sind zahlreich. Oberstes Ziel ist in der Regel die Erhöhung des Gewinns der beteiligten Unternehmungen. Der Weg dazu führt entweder über eine Erhöhung der Wirtschaftlichkeit oder über das Erringen einer wirtschaftlichen Machtposition. Beide Wege müssen sich nicht notwendigerweise ausschließen, sondern können nebeneinander beschritten werden.

Als Maßnahme zur **Erhöhung der Wirtschaftlichkeit** kommt vor allem die Nutzung von Rationalisierungseffekten oder die Einschränkung von Risiken in allen Funktionsbereichen durch Schaffung größerer Wirtschaftseinheiten in Betracht. **Wirtschaftliche Macht** wird insbesondere durch Zusammenschlüsse erreicht, durch die der Wettbewerb eingeschränkt oder beseitigt wird und hohe Marktanteile oder Monopolstellungen errungen werden. Sie kann sich aber auch durch die Größe der aus Wirtschaftlichkeitsüberlegungen gebildeten Zusammenschlüsse gewissermaßen „nebenbei" entwickeln, ohne daß sie das primäre Ziel eines Zusammenschlusses von Unternehmen war.

C. Der Zusammenschluß von Unternehmen

Die mit Zusammenschlüssen verfolgte Verbesserung der Gesamtsituation der beteiligten Betriebe über eine Erhöhung der Wirtschaftlichkeit kann entweder durch eigene Initiative der zusammengeschlossenen Unternehmen im Bereich der Beschaffung, der Produktion, des Absatzes und der Finanzierung erfolgen, sie kann aber auch Organisationen (**Verbänden**) übertragen werden, zu denen sich Unternehmen zusammenschließen, um ihre gemeinsamen Interessen gegenüber dem Gesetzgeber, der Verwaltung oder gegenüber anderen Verbänden wahrnehmen zu lassen.

(1) Zusammenschlüsse, die vom **Beschaffungssektor** ausgehen, haben in der Regel das Ziel, durch Einkauf großer Mengen günstigere Preise (Mengenrabatt) und Konditionen (Lieferbedingungen, Kredit, Termine) für die zusammengeschlossenen Betriebe zu erzielen. Beispiele sind die Bildung von Einkaufsgenossenschaften, von freiwilligen Ketten, von Einkaufssyndikaten u. ä.

Neben dem Ziel, Preisvorteile bei der Beschaffung zu erlangen, kann insbesondere bei Industriebetrieben die Risikominderung durch Sicherung der Rohstoffversorgung ein Motiv für den Zusammenschluß mit vorgelagerten Produktionsstufen (z. B. Rohstoffgewinnungsbetriebe) sein.

Eine derartige Risikominderung ist insbesondere in Branchen erforderlich, die außerordentlich stark von fremden Zulieferern abhängig sind. Ein typisches Beispiel ist die Automobilindustrie, bei der es durch verspätete Anlieferung von Zuliefererteilen zu erheblichen Produktionsstörungen und damit zu Terminüberschreitungen kommen kann. Eine kapitalmäßige Beteiligung an den wichtigsten Zuliefererbetrieben kann diese Risiken erheblich einschränken.

(2) Im **Bereich der Produktion** können Zusammenschlüsse das Ziel der Verbesserung der Produktionsverhältnisse (Schaffung optimaler Betriebsgrößen, Ausnutzung der Auflagendegression) verfolgen. Maßnahmen dazu sind einerseits die **Normung** (Festlegung von Abmessungen, Formen und Qualitäten von Einzelteilen), die **Typung** (Vereinheitlichung von Ausführungsformen von Endprodukten), die zu Kostendegressionen durch Großserienherstellung führen können (z. B. Zuweisung der Herstellung einzelner Teile oder Typen einer Produktart, die vor dem Zusammenschluß von allen Unternehmen produziert wurden, an jeweils ein Unternehmen), andererseits die Differenzierung des Fertigungsprogramms durch Aufnahme neuer Produktarten (**Diversifikation**) zur Risikominderung im Produktionssektor durch bessere Ausnutzung vorhandener Anlagen.

Weitere Maßnahmen sind die Abstimmung des Produktionsprogramms, die Zusammenlegung von Produktionskapazitäten, der Austausch von Erfahrungen, die Schaffung gemeinsamer Forschungseinrichtungen zur Entwicklung von Patenten und neuen Produktionsverfahren u. a.

(3) Auch vom **Bereich der Investition und Finanzierung** gehen Impulse zu Unternehmenszusammenschlüssen aus. So können beispielsweise geplante Investitionsobjekte gemeinsam besser ausgelastet werden oder besonders große und kapitalintensive Investitionsvorhaben – und damit möglicherweise rationellere Fertigungsverfahren – überhaupt erst nach einem Zusammenschluß kleinerer oder mittlerer Betriebe durch gemeinsame Aufbringung hoher Kapitalbeträge durchführbar sein. Auch eine Vergrößerung der Eigenkapitalbasis, eine

Erweiterung von Fremdfinanzierungsmöglichkeiten und die Erleichterung sonstiger Kapitaldispositionen können Ziel eines Unternehmenszusammenschlusses sein.

Die Erschließung internationaler Märkte erfordert infolge größerer Risiken und langer Zahlungsziele einen besonders hohen Kapitalbedarf, der häufig nur durch einen Zusammenschluß mehrerer Unternehmen aufgebracht werden kann.

Ein anderes Motiv für Zusammenschlüsse ist die gemeinsame Finanzierung von Großprojekten, die die Finanzkraft eines Betriebes bei weitem übersteigen, z. B. im Bereiche der Bauwirtschaft (z. B. Bau einer Talsperre, großer Autobahnbrücken, olympischer Wettkampfstätten) oder im Bereich der Kreditwirtschaft (z. B. Übernahme einer Wertpapieremission durch ein Bankenkonsortium).

(4) Motiv für Zusammenschlüsse im **Bereich des Absatzes** ist häufig die Schaffung einer gemeinsamen, rationeller arbeitenden Vertriebsorganisation aller zusammengeschlossenen Betriebe. Ein Beispiel dafür sind Verkaufssyndikate, die vor allem noch die Aufgabe haben können, eine selbständige Preispolitik der einzelnen Betriebe zu verhindern und im Falle vertraglich vereinbarter Produktionsquoten die Einhaltung dieser Quoten zu überwachen.

Besonders häufig aber ist der Zweck der Konzentration das Erlangen **wirtschaftlicher Macht,** die Schaffung marktbeherrschender Positionen am Absatzmarkt und die Ausschaltung des Wettbewerbs durch Festsetzung einheitlicher Preise, einheitlicher Geschäftsbedingungen oder bestimmter Absatzquoten, letzten Endes das Erringen einer **Monopolstellung.** Hier ist nicht in erster Linie die Erhöhung der Wirtschaftlichkeit der Leistungserstellung und -verwertung der Ausgangspunkt für den Zusammenschluß, sondern die Vergrößerung der Rentabilität mit Hilfe wirtschaftlicher Macht, wobei unter Umständen die Wirtschaftlichkeit der Leistungserstellung durch das Entstehen von Überkapazitäten zurückgehen kann.

Auch der Gesichtspunkt der **Risikominderung** durch Sicherung der Absatzmöglichkeiten kann eine Rolle spielen. Die sich immer mehr verschärfende Konkurrenz auf den Absatzmärkten und die durch Veränderung der Käufergewohnheiten oder der Einkommensverhältnisse jederzeit drohenden Absatzrückgänge zwingen die Betriebe in immer stärkerem Umfange zur Risikostreuung durch Diversifikation, d. h. zur Verbreiterung des Angebotsprogramms durch Aufnahme neuer Produkte für vorhandene oder neue Märkte. Der zweckmäßigste und auf Grund der vorhandenen Kapazitäten und Finanzierungsmöglichkeiten oft einzig mögliche Weg ist hier der Zusammenschluß mit anderen Unternehmen, die entweder Produkte herstellen, die in sachlichem Zusammenhang mit den eigenen Produkten stehen (horizontale Diversifikation), einer vor- oder nachgelagerten Absatzstufe angehören (vertikale Diversifikation) oder sich wechselseitig mit den eigenen Produkten ergänzen (komplementäre Diversifikation).

(5) Bis zur Umsatzsteuerreform 1968 spielte auch der Gesichtspunkt **steuerlicher Vorteile** eine wichtige Rolle, da durch den Zusammenschluß von vor- bzw. nachgelagerten Betrieben eine Senkung der Umsatzsteuerbelastung mög-

lich war. Da die Mehrwertsteuer weitgehend wettbewerbsneutral ist und da auch andere Steuern kaum durch Betriebszusammenschlüsse tangiert werden, ist die Bedeutung dieses Motivs für die Konzentration im Inland wesentlich zurückgegangen.

Im internationalen Bereich dagegen hat das bestehende Steuergefälle zu sog. niedrig besteuernden Ländern (z. B. Schweiz und Liechtenstein) zur Bildung von Unternehmenskonzentrationen besonderer Art geführt, mit deren Hilfe im Ausland niedriger als im Inland besteuerte Vorgänge ins Ausland verlegt werden (z. B. mit Hilfe ausländischer Vertriebs- oder Patentverwertungsgesellschaften). Vorteile dieser Art sind allerdings durch das Außensteuergesetz vom 8. 9. 1972[1] und das neue Doppelbesteuerungsabkommen mit der Schweiz eingeschränkt worden.

(6) Zu den sonstigen **gemeinsamen Interessen,** die Betriebe durch Zusammenschlüsse zu Verbänden oder zu nur auf beschränkte Zeit gegründeten Aktionsgemeinschaften wahrzunehmen suchen können, gehören:
- gemeinsame Werbung,
- Durchführung gemeinschaftlicher betriebswirtschaftlicher Vorhaben (z. B. Betriebsvergleiche, Marktuntersuchungen, Ausbildung),
- Durchführung gemeinschaftlicher technisch-wissenschaftlicher Vorhaben (gemeinsame Forschungs- und Entwicklungsprojekte),
- gemeinsame Nutzung von Datenverarbeitungsanlagen,
- gemeinsame Informations- und Nachrichtendienste,
- gemeinsame Öffentlichkeitsarbeit (Public Relations),
- gemeinsame Lobbyarbeit.

Die genannten Zielsetzungen treten in der Regel nicht isoliert auf. Im konkreten Einzelfall sind meist mehrere der genannten Motive Anlaß für Betriebszusammenschlüsse.

II. Die Arten der Unternehmenszusammenschlüsse

Die Arten der Unternehmenszusammenschlüsse lassen sich einerseits nach Art und Umfang der wirtschaftlichen Zusammenarbeit, andererseits nach der rechtlichen Gestaltung des Zusammenschlusses gliedern. Unter dem ersten Gesichtspunkt unterscheidet man:

(1) Zusammenschlüsse auf horizontaler Ebene

Das sind Vereinigungen von Betrieben der gleichen Produktions- oder Handelsstufe (z. B. mehrere Schuhfabriken, mehrere Warenhäuser). Der Zweck des Zusammenschlusses ist gewöhnlich die Ausschaltung der Konkurrenz und die Schaffung einer starken Marktposition gegenüber nicht angeschlossenen Betrieben des gleichen Wirtschaftszweiges.

Zu den horizontalen Zusammenschlüssen zählen auch die branchenmäßigen Vereinigungen von Betrieben zu Wirtschaftsfachverbänden oder Arbeitgeberverbänden, deren Ziel in der Wahrnehmung gemeinsamer Interessen der Mitglieder besteht.

---

[1] BGBl. I S. 450

(2) **Zusammenschlüsse auf vertikaler Ebene (Integrationen)**
In diesem Fall erfolgt eine Vereinigung von aufeinanderfolgenden Produktions- oder Handelsstufen, die entweder von der Endstufe einer Produktion auf die vorgelagerte Stufe gerichtet ist (eine Maschinenfabrik schließt sich mit einem Stahlwerk, einem Erz- und einem Kohlenbergwerk zusammen), oder auch umgekehrt von Gewinnungsbetrieben auf die nachgelagerten Produktionsstufen (Produktionsmittel- oder Verbrauchsgüterbetriebe) gerichtet sein kann. Die jeweils nachgelagerte Produktionsstufe nimmt die Erzeugnisse der vorgelagerten Stufe auf, und nur das Erzeugnis der Endstufe tritt am Markt auf. Ziel solcher Zusammenschlüsse ist vor allem die Unabhängigkeit von Zulieferanten einerseits und Abnehmern andererseits.

(3) **Zusammenschlüsse anorganischer Art (branchenfremde Zusammenschlüsse)**
Sie liegen dann vor, wenn weder eine horizontale Verbindung (gleiche Branche und Produktionsstufe), noch eine vertikale Verbindung (aufeinanderfolgende Produktionsstufen) gegeben ist, sondern Betriebe unterschiedlicher Branchen und/oder unterschiedlicher Produktionsstufen sich beispielsweise aus finanzierungspolitischen Gründen oder zum Zwecke der Risikoverteilung vereinigen.

Die Einschränkung der wirtschaftlichen Entscheidungsfreiheit kann bei jeder der drei genannten Formen der Betriebszusammenschlüsse recht unterschiedlich sein, je nach der Art der vertraglichen und kapitalmäßigen Bindungen, die die sich zusammenschließenden Betriebe eingehen.

Für die **rechtliche Gestaltung** der Betriebszusammenschlüsse gibt es viele Spielarten. Die am häufigsten anzutreffenden und wirtschaftlich bedeutsamsten Formen sind Kartelle, Konzerne und Interessengemeinschaften sowie die Zusammenschlüsse durch Fusion (Verschmelzung) von Unternehmungen. Im letzten Falle wird die rechtliche Selbständigkeit aufgegeben, in den übrigen Fällen bleibt sie erhalten. Kartelle und Interessengemeinschaften kommen grundsätzlich durch Vertrag zustande, Konzerne können auf vertraglicher Basis (z. B. Beherrschungsvertrag), aber auch durch faktische Beherrschung mittels Mehrheitsbeteiligung entstehen.

Der Zusammenschluß in branchenmäßig und regional gegliederten Verbänden, die die gemeinsamen Interessen aller Mitglieder im Innenverhältnis und nach außen gegenüber der Öffentlichkeit im Rahmen der auf sie übertragenen Kompetenzen fördern, erfolgt in der Regel in der Form des eingetragenen Vereins (z. B. Wirtschaftsfachverbände, Arbeitgeberverbände).

III. Die Arten der „verbundenen Unternehmen" des Aktiengesetzes

1. Überblick

Eine Kodifizierung der rechtlichen Gestaltung einer Anzahl von Unternehmenszusammenschlüssen ist erstmals im Aktiengesetz 1965 erfolgt. Dort wird der Begriff des „verbundenen Unternehmens", also eines Unternehmens ver-

C. Der Zusammenschluß von Unternehmen

wendet, das Mitglied einer Unternehmensverbindung ist. Die im Gesetz geregelten Arten von verbundenen Unternehmen werden zunächst in § 15 AktG erschöpfend aufgezählt und sodann in den §§ 16–19, 291 ff. und 319 ff. AktG im einzelnen behandelt.[1]

Da sich die aktienrechtlichen Vorschriften nicht nur auf Aktiengesellschaften, sondern auch auf an Unternehmensverbindungen beteiligte Unternehmen aller Rechtsformen beziehen, und da die verbundenen Unternehmen eine Anzahl von Pflichten zu erfüllen haben, durch die die Entscheidung über das Eingehen derartiger Verbindungen beeinflußt wird (Rechnungslegung, Publizität, Finanzierung, Besteuerung), ist eine ausführliche Darstellung der rechtlichen Regelungen zum Verständnis der aus ihnen resultierenden wirtschaftlichen Entscheidungen erforderlich.

Nach § 15 AktG 1965 sind verbundene Unternehmen:
(1) Im **Mehrheitsbesitz** stehende Unternehmen und mit Mehrheit beteiligte Unternehmen (§ 16 AktG).
(2) **Abhängige** und **herrschende** Unternehmen (§ 17 AktG).
(3) **Konzernunternehmen** (§ 18 AktG). Konzerne sind Zusammenfassungen rechtlich selbständiger Unternehmen unter einheitlicher Leitung. Dabei sind folgende Typen zu unterscheiden:[2]
  a) der **Unterordnungskonzern,** d. h. die Zusammenfassung als herrschendes und abhängiges Unternehmen (§ 18 Abs. 1 AktG). Dabei kann die einheitliche Leitung beruhen:
    aa) auf einem Beherrschungsvertrag (§ 291 AktG);
    bb) auf der Eingliederung eines Unternehmens (§ 319 AktG);
    cc) auf einer tatsächlichen Beherrschungsmacht (faktischer Konzern). Sie wird vermutet, wenn ein Abhängigkeitsverhältnis nach § 17 AktG besteht (§ 18 Abs. 1 Satz 3 AktG).
  b) Der **Gleichordnungskonzern** (§ 18 Abs. 2 AktG), bei dem kein Unternehmen von einem anderen abhängig ist.
(4) **Wechselseitig beteiligte Unternehmen,** das sind Unternehmen in der Rechtsform der Kapitalgesellschaft oder bergrechtlichen Gewerkschaft, die dadurch verbunden sind, daß jedem Unternehmen mehr als 25% der Anteile des anderen Unternehmens gehören (§ 19 Abs. 1 AktG). Dabei sind drei Fälle zu unterscheiden:
  a) Es besteht kein Abhängigkeitsverhältnis, d. h. keines der wechselseitig beteiligten Unternehmen kann auf das andere einen beherrschenden Einfluß ausüben (§ 19 Abs. 1 AktG).
  b) Ein wechselseitig beteiligtes Unternehmen besitzt eine Mehrheitsbeteiligung an dem anderen Unternehmen oder kann mittelbar oder unmittelbar einen beherrschenden Einfluß ausüben (§ 19 Abs. 2 AktG).
  c) Jedes der wechselseitig beteiligten Unternehmen besitzt eine Mehrheitsbeteiligung an dem anderen Unternehmen oder jedes kann auf das andere unmittelbar oder mittelbar einen beherrschenden Einfluß ausüben (§ 19 Abs. 2 AktG).
(5) **Vertragsteile eines Unternehmensvertrages.** Dabei kann es sich um folgende in den §§ 291 und 292 AktG aufgeführte Verträge handeln:
  a) den **Beherrschungsvertrag.** Er liegt vor, wenn eine AG oder KGaA die Leitung ihrer Gesellschaft einem anderen Unternehmen unterstellt (§ 291

---

[1] Der Regierungsentwurf eines neuen GmbH-Gesetzes führt in § 8 den Begriff des verbundenen Unternehmens auch in dieses Gesetz ein und verweist auf die §§ 16–19 des Aktiengesetzes.
[2] Vgl. Godin-Wilhelmi, Aktiengesetz, Band I, 3. Aufl., Berlin 1967, S. 56f.

Abs. 1 AktG). Durch einen solchen Vertrag wird stets ein Konzernverhältnis in der Form eines Unterordnungskonzerns geschaffen, da eine einheitliche Leitung gegeben ist;

b) den **Gewinnabführungsvertrag,** durch den sich eine AG oder KGaA verpflichtet, ihren gesamten Gewinn einem anderen Unternehmen abzuführen (§ 291 Abs. 1 AktG);

c) die **Gewinngemeinschaft,** die dann gegeben ist, wenn eine AG oder KGaA sich verpflichtet, ihren Gewinn oder den Gewinn einzelner ihrer Betriebe ganz oder zum Teil mit dem Gewinn anderer Unternehmen oder einzelner Betriebe anderer Unternehmen zur Aufteilung eines gemeinschaftlichen Gewinns zusammenzulegen (§ 292 Abs. 1 Ziff. 1 AktG);

d) den **Teilgewinnabführungsvertrag,** durch den sich eine AG oder KGaA verpflichtet, einen Teil ihres Gewinns oder den Gewinn einzelner ihrer Betriebe ganz oder zum Teil an einen anderen abzuführen (§ 292 Abs. 1 Ziff. 2 AktG);

e) den **Betriebspacht- oder Betriebsüberlassungsvertrag,** durch den eine AG oder KGaA den Betrieb ihres Unternehmens einem anderen verpachtet oder sonst überläßt (§ 292 Abs. 1 Ziff. 3 AktG).

Zu den verbundenen Unternehmen gehört ferner die „**eingegliederte Gesellschaft**" (§ 319 AktG), d. h. die Gesellschaft, deren Aktien sich zu 100% in der Hand der zukünftigen Hauptgesellschaft befinden. Da die Hauptgesellschaft und die eingegliederte Gesellschaft nach § 18 Abs. 1 AktG „als unter einheitlicher Leitung zusammengefaßt" anzusehen sind und folglich einen Konzern bilden, ist eine gesonderte Aufzählung der eingegliederten Gesellschaft in § 15 AktG nicht erforderlich.

Der Begriff des Unternehmens im aktienrechtlichen Sinne umfaßt nicht nur Unternehmen in der Rechtsform der AG oder KGaA; verbundene Unternehmen können alle Rechtsformen, auch die der Personengesellschaft oder Einzelunternehmung haben, jedoch muß stets eine AG oder KGaA der Unternehmensverbindung angehören. So kann z. B. eine Aktiengesellschaft im Mehrheitsbesitz einer Einzelunternehmung[1] oder Personengesellschaft stehen.

Die Beziehungen, die zwischen verbundenen Unternehmen, die Konzernunternehmen sind, und allen anderen Arten von verbundenen Unternehmen bestehen, hat Havermann[2] treffend mit den Begriffen **multilateral** und **bilateral** zu kennzeichnen versucht. Beziehungen zwischen Konzernunternehmen sind multilateral, d. h. alle Unternehmen, die unter einheitlicher Leitung stehen, sind miteinander verbunden.

Beherrscht z. B. die Gesellschaft A die beiden Gesellschaften B und C und übt A die einheitliche Leitung aus, so sind B und C nicht nur im Verhältnis zu A verbundene Unternehmen, sondern auch untereinander, auch wenn zwischen B und C weder eine vertragliche, noch eine kapitalmäßige Bindung besteht. Nach § 18 Abs. 1 AktG sind alle drei Unternehmen Konzernunternehmen, so daß z. B. Forderungen, die B an C hat, bei B als Forderungen an verbundene Unternehmen[3] ausgewiesen werden müssen.

---

[1] Vgl. § 16 Abs. 4 AktG
[2] Vgl. Havermann, H., Die verbundenen Unternehmen und ihre Pflichten nach dem AktG 1965, WPg 1966, S. 32
[3] Vgl. § 151 Abs. 1 AktG

C. Der Zusammenschluß von Unternehmen

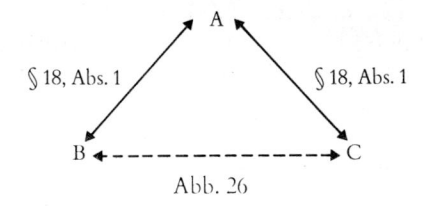

```
        A
       ↗ ↖
§ 18, Abs. 1   § 18, Abs. 1
     ↙         ↘
    B ←- - - - - - →  C
```
Abb. 26

Gleiches gilt für zwei Gesellschaften A und B, deren Anteile sich in der Hand eines Eigentümers befinden, der kein Unternehmer ist. Stehen sie unter der einheitlichen Leitung des Eigentümers, so sind sie Konzernunternehmen, obwohl kein Abhängigkeitsverhältnis besteht. Es liegt ein Gleichordnungskonzern nach § 18 Abs. 2 AktG vor.

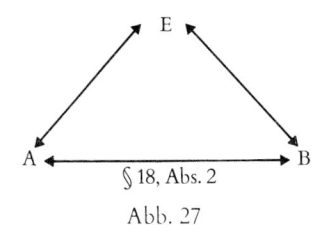

```
        E
       ↗ ↖
      ↙   ↘
    A ←――――→ B
       § 18, Abs. 2
```
Abb. 27

Kombiniert man beide Fälle, so sind alle Gesellschaften Konzernunternehmen, da sie unter einheitlicher Leitung zusammengefaßt sind. Sind also die Anteile von A und B in der Hand eines privaten Eigentümers E und beherrscht außerdem die Gesellschaft A die beiden Gesellschaften C und D, so sind auch B einerseits und C und D andererseits verbundene Unternehmen.[1]

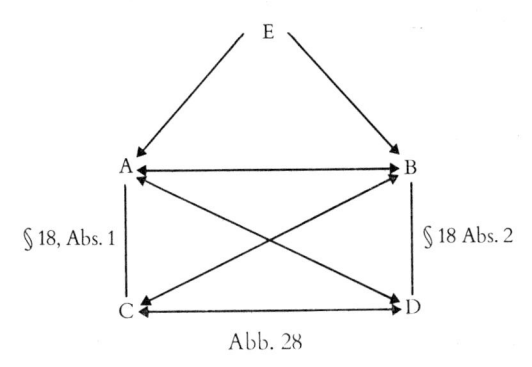

```
              E
             ↗ ↖
            ↙   ↘
          A ←―――→ B
§ 18, Abs. 1   § 18 Abs. 2
          C ←―――→ D
```
Abb. 28

Sind Unternehmen nicht durch einheitliche Leitung verbunden, so gelten nur solche Unternehmen als verbundene Unternehmen, die im Verhältnis zueinander
a) in Mehrheitsbesitz stehende und mit Mehrheit beteiligte Unternehmen (§ 16 AktG),
b) abhängige und herrschende Unternehmen (§ 17 AktG),
c) wechselseitig beteiligte Unternehmen (§ 19 AktG) oder
d) Vertragsteile eines Unternehmensvertrages (§§ 15, 291, 292 AktG) sind.

---
[1] Vgl. Havermann, H., a. a. O., S. 31

Kann z. B. A auf B und C einen beherrschenden Einfluß ausüben, ohne daß eine einheitliche Leitung besteht, so sind A und B und A und C im Verhältnis zueinander verbundene Unternehmen, nicht aber B und C. Die Beziehungen zwischen den Unternehmen sind also bilateral.

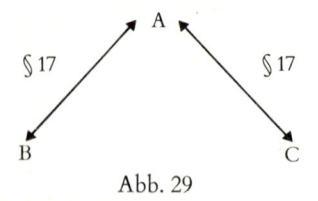

Abb. 29

Der Einfluß kann auch mittelbar sein. Beherrscht A nur B, B aber seinerseits C und D, so herrscht A auch über C und D. C und D sind aber im Verhältnis zueinander keine verbundenen Unternehmen.

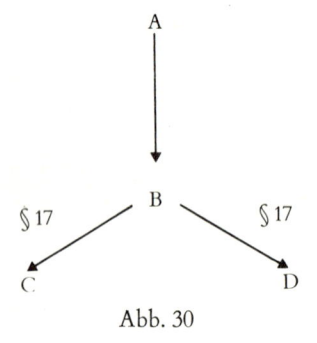

Abb. 30

Besteht außerdem eine wechselseitige Beteiligung zwischen B und X, so ist X nur im Verhältnis zu B ein verbundenes Unternehmen, nicht dagegen im Verhältnis zu A, C und D.

Die Beispiele zeigen, daß ein Unternehmen gleichzeitig unter mehrere Arten der in § 15 AktG aufgeführten verbundenen Unternehmen fallen kann. Aus diesen Beziehungen entsteht eine Anzahl von Pflichten zwischen den verbundenen Unternehmen, sowie zu ihren Gesellschaftern und Gläubigern, deren Einhaltung überprüft werden muß. So ist im letzten Beispiel B im Verhältnis zu A abhängiges Unternehmen. Da kein Beherrschungsvertrag besteht, ist B verpflichtet, nach

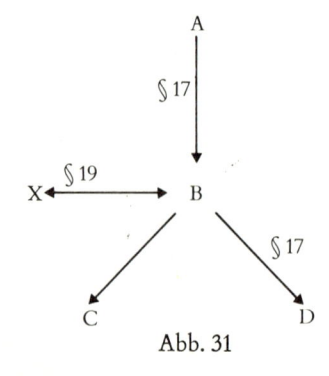

Abb. 31

C. Der Zusammenschluß von Unternehmen

§ 312 AktG einen Abhängigkeitsbericht zu erstellen. Im Verhältnis zu C und D ist B aber herrschendes Unternehmen. Wenn auch hier unterstellt wird, daß kein Beherrschungsvertrag besteht, so ist B gegenüber C und D und deren Aktionären schadensersatzpflichtig (neben Vorstand und Aufsichtsrat, § 318 AktG), wenn B die Gesellschaften C und D veranlaßt hat, für diese Gesellschaften nachteilige Rechtsgeschäfte vorzunehmen, ohne die Nachteile bis zum Ende des Geschäftsjahres ausgeglichen zu haben. Gegenüber A hätte B aus dem gleichen Grunde ggf. selbst Schadensersatzansprüche. B muß außerdem im Verhältnis mit X die nach § 328 AktG bei wechselseitiger Beteiligung unter bestimmten Voraussetzungen eintretende Beschränkung des Stimm- und Dividendenbezugsrechts beachten.

Die **Pflichten der verbundenen Unternehmen** des Aktiengesetzes lassen sich nach der Art der Unternehmensverbindung gliedern in:
(1) Pflichten für **alle** Unternehmensverbindungen (z. B. Bilanzausweise, Berichterstattung im Geschäftsbericht, Auskunfts- und Informationspflichten des Vorstandes).
(2) Pflichten für **mehrere** Arten von Unternehmensverbindungen (z. B. für abhängige Unternehmen und Konzerne, für Unternehmensverträge im Sinne der §§ 291 und 292 AktG).
(3) Pflichten für **eine Art** von Unternehmensverbindungen (z. B. Rechnungslegung und Prüfung der Konzerne, Einschränkung von Rechten bei wechselseitiger Beteiligung).

Als **Zielsetzungen**, die der Gesetzgeber mit den den Unternehmensverbindungen auferlegten Pflichten verfolgt, sind zu unterscheiden:
(1) Offenlegung der Unternehmensverbindung (Mitteilungspflichten, Jahresabschluß, Geschäftsbericht);
(2) Sicherung der Gesellschafter und der Gläubiger;
(3) Sicherung gegen Benachteiligung durch den beherrschenden Einfluß eines anderen Unternehmens:
   a) Sicherung der abhängigen Gesellschaft;
   b) Sicherung der Aktionäre;
   c) Sicherung der Gläubiger.

Die **Pflichten** selbst lassen sich gliedern in:
(1) Mitteilungspflichten über das Bestehen von Unternehmensverbindungen;
(2) Bilanzierungspflichten (einschließlich Prüfung und Veröffentlichung des Jahresabschlusses);
(3) Berichtspflichten im Geschäftsbericht;
(4) Auskunftspflichten;
(5) sonstige Publizitätspflichten (z. B. Eintragung von Unternehmensverträgen im Handelsregister);
(6) Pflichten gegenüber Minderheitsaktionären (z. B. angemessener Ausgleich, Abfindung, Abhängigkeitsbericht);
(7) Pflichten gegenüber den Gläubigern;
(8) Pflichten der Obergesellschaft gegenüber der Untergesellschaft (Verlustübernahme, Ausgleich von Nachteilen);
(9) Pflichten der Untergesellschaft gegenüber der Obergesellschaft (Gewinnabführung, Befolgung von Weisungen).

2. In Mehrheitsbesitz stehende Unternehmen und mit Mehrheit beteiligte Unternehmen (§ 16 AktG)

a) Der Begriff der Mehrheitsbeteiligung

Der Begriff der Mehrheitsbeteiligung umfaßt nach § 16 Abs. 1 AktG zwei Tatbestände: die Mehrheit der **Anteile**, d. h. die Kapitalmehrheit einerseits und die Mehrheit der **Stimmrechte** andererseits. Differenzen zwischen der prozentualen Kapitalbeteiligung und dem prozentualen Anteil an den Stimmrechten können sich dadurch ergeben, daß es einerseits stimmrechtslose Vorzugsaktien,[1] andererseits Mehrstimmrechtsaktien gibt.

Besitzt z. B. ein Unternehmen 30% des gesamten Grundkapitals in stimmrechtslosen Vorzugsaktien und 24% in Stammaktien, so hat es zwar eine Kapitalmehrheit von 54%, und die Voraussetzungen des § 16 Abs. 1 AktG sind gegeben, d. h. das Unternehmen ist ein mit Mehrheit beteiligtes Unternehmen, gemessen an der Zahl der Stimmen besitzt es aber noch nicht einmal eine Sperrminorität.

§ 140 Abs. 2 AktG bestimmt, daß **stimmrechtslose Vorzugsaktien** automatisch das Stimmrecht erhalten, wenn die Vorzugsdividende in einem Jahr nicht oder nicht vollständig gezahlt wird. Das Stimmrecht erlischt wieder, wenn die Rückstände nachgezahlt sind. Von besonderer Bedeutung ist die Vorschrift, daß stimmrechtslose Vorzugsaktien, die auf diese Weise das Stimmrecht erhalten haben, bei der Berechnung einer nach Gesetz oder Satzung erforderlichen Kapitalmehrheit berücksichtigt werden müssen.

Die Ausgabe von **Mehrstimmrechtsaktien** ist nach § 12 Abs. 2 AktG zwar grundsätzlich unzulässig. Mehrstimmrechte, die vor Inkrafttreten des AktG 1965 rechtmäßig geschaffen worden sind, bleiben aber aufrechterhalten.[2] Außerdem ist auch nach neuem Aktienrecht die Neuausgabe von Mehrstimmrechtsaktien mit behördlicher Genehmigung zulässig, „soweit es zur Wahrung überwiegender gesamtwirtschaftlicher Belange erforderlich ist".[3]

Der Begriff der Mehrheitsbeteiligung ist im AktG 1965 vom Begriff der Beherrschung bzw. Abhängigkeit und vom Begriff des Konzerns getrennt worden. Nach § 15 Abs. 2 AktG 1937 waren diese drei Begriffe zusammengefaßt in der Bestimmung, daß – neben dem in Abs. 1 aufgeführten Erfordernis der einheitlichen Leitung – ein Konzern auch ohne Bestehen einer einheitlichen Leitung gegeben ist, wenn ein rechtlich selbständiges Unternehmen auf Grund von Beteiligungen oder sonst unmittelbar oder mittelbar unter dem beherrschenden Einfluß eines anderen Unternehmens steht.

Nach § 17 Abs. 2 AktG wird von einem in Mehrheitsbesitz stehenden Unternehmen vermutet, daß es von dem an ihm mit Mehrheit beteiligten Unternehmen abhängig ist. Diese Vermutung kann widerlegt werden, d. h. ein in Mehrheitsbesitz stehendes Unternehmen muß nicht notwendigerweise abhängig sein (z. B. stimmrechtslose Vorzugsaktien), wie das in § 15 Abs. 2 AktG 1937 unterstellt wurde.

---

[1] Vgl. §§ 12 Abs. 1, 139–141 AktG
[2] Vgl. § 5 Abs. 1 EG AktG
[3] § 12 Abs. 2 AktG

Aber auch ein abhängiges Unternehmen muß nicht notwendigerweise ein Konzernunternehmen sein, wie das in § 15 Abs. 2 AktG 1937 ebenfalls festgestellt wurde. Zwar gilt nach § 18 Abs. 1 AktG 1965 die Vermutung, daß ein abhängiges Unternehmen mit dem herrschenden Unternehmen einen Konzern bildet, doch kann auch diese Vermutung widerlegt werden; dann nämlich, wenn zwar Abhängigkeit, aber keine einheitliche Leitung besteht.

Liegt eine Mehrheitsbeteiligung vor, so gilt also:
(1) Mehrheitsbeteiligung (§ 16 AktG) läßt Abhängigkeitsverhältnis vermuten (§ 17 Abs. 2 AktG);
(2) Abhängigkeitsverhältnis (§ 17 AktG) läßt Konzern vermuten (§ 18 Abs. 1 Satz 3 AktG);
(3) Konzern, wenn beide Vermutungen nicht widerlegt werden können.

b) Berechnung der Mehrheit

Unter dem Begriff Mehrheit ist – da im Gesetz keine Erläuterungen gegeben werden – die **einfache Mehrheit**, d. h. jede 50% der Kapitalanteile oder der Stimmrechte übersteigende Beteiligung zu verstehen. Der Begriff **Mehrheit der Anteile** ist mißverständlich, denn es kommt nicht auf die Zahl, sondern auf den Wert der Anteile an. Für Kapitalgesellschaften und bergrechtliche Gewerkschaften gibt § 16 Abs. 2 AktG die notwendigen Erläuterungen: bei Kapitalgesellschaften ist der Gesamtnennbetrag der Anteile, die dem Unternehmen gehören, zum Gesamtnennbetrag des Grundkapitals der anderen Unternehmung ins Verhältnis zu setzen, bei bergrechtlichen Gewerkschaften zur Zahl der Kuxe. Vor der Berechnung sind eigene Anteile und Anteile, die ein anderer für Rechnung der Unternehmung übernommen hat (z. B. Vorratsaktien), abzusetzen und zwar bei Kapitalgesellschaften vom Grundkapital, bei bergrechtlichen Gewerkschaften von der Zahl der Kuxe.[1]

Analog erfolgt die Berechnung der **Mehrheit der Stimmrechte**. Die Zahl der Stimmrechte, die einem Unternehmen auf Grund seiner Anteile zusteht, ist in Beziehung zur Gesamtzahl der Stimmrechte der anderen Unternehmung zu setzen, nachdem bei dieser die Stimmrechte aus eigenen Anteilen und solchen, die ihnen gleich stehen, abgezogen worden sind.

Anteile bzw. deren Stimmrechte, die einem Unternehmen gehören oder von einem Dritten für dessen Rechnung gehalten werden, das von einem in Mehrheitsbesitz befindlichen Unternehmen abhängig ist, dürfen nicht vom Nennkapital bzw. von der Gesamtzahl aller Stimmrechte des in Mehrheitsbesitz befindlichen Unternehmens abgezogen werden, obwohl sie doch eigenen Aktien dieser Unternehmen gleichzustellen sind, denn nach § 136 Abs. 2 AktG darf nicht nur das Stimmrecht für eigene Aktien, sondern auch für Aktien der herrschenden Gesellschaft, die einem abhängigen Unternehmen gehören oder für dessen Rechnung von einem Dritten gehalten werden, nicht ausgeübt werden. Diese Regelung hat zur Folge, daß eine Mehrheitsbeteiligung an einem Unternehmen, dessen Aktien zum Teil von abhängigen Gesellschaften dieses Unternehmens gehalten werden, schwerer, d. h. mit einem höheren Anteil an der Ge-

---

[1] Vgl. § 16 Abs. 2 AktG.

samtzahl der Stimmen zu erlangen ist, als wenn es sich um eigene Aktien handeln würde.

Beispiel:[1]
Hat eine AG (B) insgesamt 1.000 Stimmrechte und hält sie 10% eigene Aktien, so sind bei der Berechnung der Mehrheit die 100 Stimmrechte der eigenen Aktien abzuziehen,[2] es bleiben also 900 Stimmrechte; die Mehrheit ist dann erreicht, wenn ein Unternehmen mehr als 450 Stimmrechte, d. h. mehr als 45% aller Stimmrechte besitzt.

Verteilt die AG dagegen die eigenen Aktien auf von ihr abhängige Gesellschaften (C), so werden diese Anteile bei der Berechnung der Mehrheit nicht berücksichtigt, folglich sind mehr als 500 Stimmrechte, d. h. mehr als 50% aller Anteile zur Erlangung der Mehrheit erforderlich.

Anteile, aus denen das Stimmrecht nicht ausgeübt werden kann, werden also unterschiedlich behandelt: sind es eigene Anteile der in Mehrheitsbesitz stehenden Gesellschaft, so sind sie bei der Berechnung der Mehrheit der Stimmen von der Gesamtzahl der Stimmrechte abzusetzen, liegen die Anteile bei von diesem Unternehmen abhängigen Gesellschaften, so werden sie nicht abgezogen.

Nach § 16 Abs. 4 AktG zählen zu den Anteilen, die einem mit Mehrheit beteiligten Unternehmen gehören:[3]
(1) Anteile, die das mit Mehrheit beteiligte Unternehmen selbst hält,
(2) Anteile, die einem anderen für Rechnung des mit Mehrheit beteiligten Unternehmens gehören (bei Aktiengesellschaften: Vorratsaktien),
(3) Anteile, die einem von dem mit Mehrheit beteiligten Unternehmen abhängigen Unternehmen gehören,
(4) Anteile, die einem anderen für Rechnung eines von dem mit Mehrheit beteiligten Unternehmen abhängigen Unternehmen gehören,
(5) Anteile, die ein Einzelunternehmer in seinem Privatvermögen hält.

Beispiele:
A ist mit 35% an B beteiligt, außerdem mit 100% an C. C hat Anteile von 20% an B. Da der Anteil von C an B der Gesellschaft A zuzurechnen ist, hat A eine Mehrheitsbeteiligung von 55% an B. A und B und A und C sind im Verhältnis zueinander verbundene Unternehmen, C und B dagegen nicht.

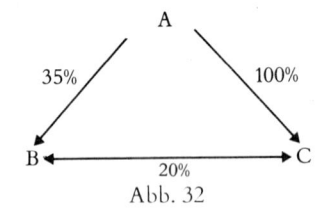

```
           A
       /       \
    35%         100%
    /             \
   B ←——— 20% ———→ C
```
Abb. 32

A hat eine Mehrheitsbeteiligung an B und an C. C ist aber trotz seiner Stimmenmehrheit von 60% nicht mehrheitsbeteiligt, da die Anteile und Stimmen

---

[1] Vgl. Godin-Wilhelmi, a. a. O., S. 67
[2] Vgl. § 16 Abs. 3 AktG
[3] Vgl. Havermann, H., a. a. O., S. 34

von C, das von A abhängig ist, nach § 16 Abs. 4 AktG A zugerechnet werden müssen.

Der Zweck der Vorschriften des § 16 Abs. 4 AktG ist der gleiche wie der der Absätze 2 und 3; es sollen Umgehungen und Verschleierungen der tatsächlichen Mehrheitsverhältnisse ausgeschlossen werden, d. h. es soll verhindert werden, daß ein an sich mit Mehrheit beteiligtes Unternehmen diese Mehrheitsbeteiligung

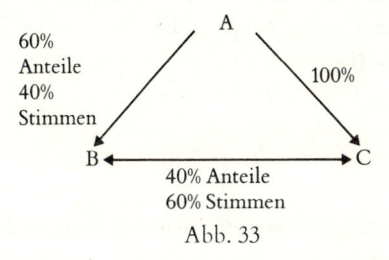

```
              A
       /           \
60%   /             \  100%
Anteile/              \
40%  /                 \
Stimmen                 ↘
     B ←——————————————→ C
         40% Anteile
         60% Stimmen
```

Abb. 33

dadurch verschleiern kann, daß es seine Anteile auf von ihm beherrschte Gesellschaften verteilt.

3. Abhängige und herrschende Unternehmen

Nach § 17 Abs. 1 AktG sind abhängige Unternehmen „rechtlich selbständige Unternehmen, auf die ein anderes Unternehmen (herrschendes Unternehmen) unmittelbar oder mittelbar einen beherrschenden Einfluß ausüben kann." Diese Begriffsbestimmung lehnt sich eng an die des § 15 Abs. 2 AktG 1937 an. Nach dem alten Recht begründete jedoch jedes Abhängigkeitsverhältnis ein Konzernverhältnis, auch wenn keine **einheitliche Leitung** bestand. Diese Fiktion ist beseitigt worden, weil es im Wirtschaftsleben Abhängigkeitsverhältnisse gibt, die deshalb kein Konzernverhältnis darstellen, weil es eben an einer einheitlichen Leitung fehlt und eine solche auch aus betriebswirtschaftlichen Gründen gar nicht hergestellt werden soll oder kann. Wenn z. B. ein Unternehmen der Nahrungsmittelindustrie eine Mehrheitsbeteiligung an einer Ölraffinerie besitzt, so kann sie zwar einen Einfluß auf diese ausüben, es muß aber nicht zu einer einheitlichen Leitung beider Unternehmen kommen, die sich in völlig unterschiedlichen Sektoren der Wirtschaft betätigen.

§ 17 AktG hat darauf verzichtet, Angaben darüber zu machen, wie der beherrschende Einfluß ausgeübt werden muß. Der Tatbestand des verbundenen Unternehmens ist bereits erfüllt, wenn die Möglichkeit zur Einflußnahme besteht. „Damit wird gleichzeitig der wesentlichste Unterschied zwischen dem Konzernbegriff und dem Abhängigkeitsbegriff verdeutlicht. Während es für den Konzern begriffswesentlich ist, daß die Leitung tatsächlich ausgeübt wird, genügt für ein Abhängigkeitsverhältnis bereits die Möglichkeit der Einflußnahme. Dies gilt auch, wenn es – wie unter Umständen bei einer vorübergehenden Bankbeteiligung – unwahrscheinlich ist, daß von der Beherrschungsmacht Gebrauch gemacht wird. Aus Gründen der Rechtsklarheit kann es nicht darauf ankommen, ob der beherrschende Einfluß mehr oder weniger wahrscheinlich ausgeübt wird."[1]

---
[1] Kropff, B., Aktiengesetz, Düsseldorf 1965, S. 31 (Begründung des Regierungsentwurfs)

Nach § 18 Abs. 1 Satz 3 AktG besteht die **Vermutung**, daß ein abhängiges Unternehmen mit dem herrschenden Unternehmen einen Konzern bildet. Diese Vermutung kann widerlegt werden, außer in den Fällen, in denen ein Beherrschungsvertrag[1] oder eine Eingliederung[2] vorliegt. Sie ist von besonderer praktischer Bedeutung für die Frage, ob eine abhängige Gesellschaft in eine Konzernbilanz einzubeziehen ist oder nicht. Besteht ein Abhängigkeitsverhältnis, so gilt für den Konzernabschlußprüfer zunächst die Vermutung, daß die abhängige Gesellschaft in den Konzernabschluß aufgenommen werden muß. Die Verwaltung kann die Vermutung durch den Nachweis widerlegen, daß die abhängige Gesellschaft einer einheitlichen Leitung nicht unterliegt.

4. Konzerne

a) Begriff

Tritt zu einem Abhängigkeitsverhältnis eine einheitliche Leitung des herrschenden Unternehmens hinzu, so liegt ein Konzern vor. § 18 Abs. 1 AktG lautet: „Sind ein herrschendes und ein oder mehrere abhängige Unternehmen unter der einheitlichen Leitung des herrschenden Unternehmens zusammengefaßt, so bilden sie einen Konzern; die einzelnen Unternehmen sind Konzernunternehmen."

Besteht zwischen zwei oder mehreren Unternehmen ein Beherrschungsvertrag oder ist ein Unternehmen in ein anderes eingegliedert, so gelten sie als unter einheitlicher Leitung zusammengefaßt und erfüllen damit das Hauptmerkmal des Konzernbegriffs. In diesen beiden Fällen hat das herrschende Unternehmen ein uneingeschränktes Weisungsrecht, durch das das abhängige Unternehmen so eng an die Obergesellschaft gebunden wird, daß kraft gesetzlicher Fiktion auch dann ein Konzern gegeben ist, wenn die Obergesellschaft ausnahmsweise von ihrem Weisungsrecht keinen Gebrauch macht.[3]

Der **Begriff der einheitlichen Leitung** ist im Gesetz nicht näher umschrieben worden. Die Begründung geht von einem sehr weit gefaßten Begriff aus und stellt fest: „Als Zusammenfassung unter einheitlicher Leitung muß es bereits angesehen werden, wenn die Konzernleitung die Geschäftspolitik der Konzerngesellschaften und sonstige grundsätzliche Fragen ihrer Geschäftsführung aufeinander abstimmt. Diese Abstimmung setzt kein Weisungsrecht voraus. Sie kann sich vielmehr auch in der lockeren Form gemeinsamer Beratungen vollziehen oder aus einer personellen Verflechtung der Verwaltungen ergeben. Eine gesetzliche Festlegung der an die einheitliche Leitung zu stellenden Anforderungen erscheint aber angesichts der vielfältigen Formen, die die Wirtschaft für die Konzernleitung herausgebildet hat, nicht möglich."[4]

Im Falle eines Abhängigkeitsverhältnisses läßt sich die einheitliche Leitung leichter herstellen als im Gleichordnungskonzern. Während im ersten Falle auf Grund der bestehenden Beteiligungs- oder Vertragsverhältnisse das herrschende Unternehmen nicht nur die Konzernführung bilden, sondern auch die personelle

---

[1] Vgl. § 291 AktG
[2] Vgl. § 319 AktG
[3] Vgl. Kropff, B., Aktiengesetz, a. a. O., S. 33 (Begründung des Regierungsentwurfs)
[4] Kropff, B., a. a. O., S. 33 (Begründung des Regierungsentwurfs)

Besetzung der Verwaltungsorgane der abhängigen Gesellschaft maßgeblich beeinflussen kann, müssen die in einem Gleichordnungskonzern zusammengefaßten Unternehmen in gegenseitiger Abstimmung ein gemeinsames Führungsorgan schaffen.

b) Konzernarten

Konzerne, die durch Abhängigkeitsverhältnisse entstehen, bezeichnet man als **Unterordnungskonzerne**. Sind dagegen rechtlich selbständige Unternehmen, ohne daß ein Abhängigkeitsverhältnis besteht, unter einheitlicher Leitung zusammengefaßt, so bilden sie einen **Gleichordnungskonzern**. Die Rechnungslegungsvorschriften des Aktiengesetzes beziehen sich nur auf Unterordnungskonzerne.[1]

In der Praxis haben sich zwei weitere Konzernbegriffe herausgebildet, die im Aktiengesetz nicht enthalten sind: der **Vertragskonzern** und der **faktische Konzern**. Ersterer beruht auf Beherrschungsvertrag, letzterer auf tatsächlicher Beherrschung durch Beteiligungsverhältnisse; allerdings muß auch hier die einheitliche Leitung hinzutreten, sonst handelt es sich um ein Abhängigkeitsverhältnis nach § 17 AktG. Die Vorschriften der §§ 311 ff. AktG, die die Verantwortlichkeit des herrschenden Unternehmens und seiner gesetzlichen Vertreter gegenüber einem abhängigen Unternehmen bei Fehlen eines Beherrschungsvertrages regeln, gelten nicht nur für den faktischen Konzern, sondern auch für Abhängigkeitsverhältnisse außerhalb von Konzernverhältnissen.

Durch einen Vertrag allein kommt in der Praxis ein Konzern in der Regel nicht zustande, vielmehr ist eine kapitalmäßige Mehrheitsbeteiligung im allgemeinen die Voraussetzung für den Abschluß eines Beherrschungsvertrages.

Eine **Beteiligung** kann beispielsweise in der Weise entstehen, daß die Aktiengesellschaft A einen Teil der Aktien der Aktiengesellschaft B erwirbt. Ist der prozentuale Anteil sehr gering, so liegt noch nicht notwendigerweise ein Zusammenschluß vor. Vielmehr muß die Absicht hinzutreten, einen Einfluß auf die Gesellschaft B zu nehmen. Das Aktiengesetz bezeichnet einen Anteil an einer Kapitalgesellschaft dann als Beteiligung, wenn er mindestens 25% des Aktienkapitals dieser Gesellschaft beträgt.[2]

Verfügt z. B. die Gesellschaft A über eine Beteiligung von 25% (genauer: über eine Aktie mehr als 25%) an der Gesellschaft B, so besitzt sie eine sog. **Sperrminorität**, d. h. die Hauptversammlung der Gesellschaft B kann ohne die Zustimmung der Gesellschaft A keinen Beschluß mehr fassen, zu dem eine 75%ige Mehrheit erforderlich ist. Das ist beispielsweise der Fall bei Satzungsänderungen, z. B. bei Erhöhung oder Herabsetzung des Grundkapitals oder bei der Fusion mit anderen Betrieben. Eine Beteiligung unter 50% reicht im allgemeinen nicht zur Beherrschung aus, wenn nicht andere Tatbestände hinzutreten.

Die Bildung eines Konzerns kann auf verschiedene Weise vor sich gehen. Eine Möglichkeit ist der **Kapitaltausch**, d. h. die sich zusammenschließenden Betriebe tauschen im gleichen Verhältnis Aktien untereinander aus. Das kann entweder dadurch geschehen, daß möglichst alle Aktionäre beider Gesellschaften an

---

[1] Vgl. Sechster Abschnitt, B V.
[2] Vgl. § 152 Abs. 2 AktG

beiden Gesellschaften beteiligt sind oder – was noch sicherer ist – daß z. B. die Gesellschaft A 90% des Aktienkapitals der Gesellschaft B und die Gesellschaft B 90% des Aktienkapitals der Gesellschaft A besitzt. Eine derartige Verflechtung führt nicht zur Abhängigkeit einer Gesellschaft, da keine Gesellschaft der anderen ihren Willen aufzwingen kann. Infolgedessen muß eine Verständigung zwischen den Konzerngliedern erfolgen. Besteht eine einheitliche Leitung, so liegt ein Gleichordnungskonzern vor. Diese Form der gegenseitigen Verflechtung ist selten, da der Konzernbildung im allgemeinen die Tendenz zur Expansion zugrunde liegt, d. h. einzelne Betriebe versuchen, durch Aufkauf von Aktien allmählich einen Einfluß auf andere Betriebe zu gewinnen.

Auf diese Weise entstehen Konzerne mit **Kapitalführung,** wenn z. B. die Aktiengesellschaft A mindestens 51% der Aktien der Gesellschaft B oder mehrerer Gesellschaften erwirbt. Würde die Gesellschaft B ihrerseits die Gesellschaft C durch Mehrheitsbeteiligung beherrschen, die Gesellschaft C wiederum die Gesellschaft D usw., so genügte die Beherrschung von B, um auch über C, D usw. zu herrschen (Verschachtelungsprinzip). Dieses Prinzip ermöglicht es einem Betrieb (im Beispiel der Gesellschaft A), mit relativ wenig Kapital einen Einfluß auf eine ganze Reihe von Betrieben auszuüben.

Ein Konzern kann auch dadurch gebildet werden, daß eine bestehende Gesellschaft weitere Gesellschaften (z. B. Vertriebsgesellschaften) gründet, an denen sie kapitalmäßig mit Mehrheit oder zu 100% beteiligt ist **(Mutter-Tochter-Gesellschaft).**

Die Beherrschung der Konzernglieder kann auch durch eine **Holding-Gesellschaft** (Dachgesellschaft) erfolgen, die lediglich die angeschlossenen Betriebe verwaltet, ohne selbst Produktions- oder Handelsaufgaben zu übernehmen. Eine Holding-Gesellschaft kann in der Weise gebildet werden, daß mehrere Gesellschaften ihre Aktien in eine neu gegründete Aktiengesellschaft einbringen, die als Dachgesellschaft die Verwaltungsspitze des Konzerns darstellt und die angeschlossenen Gesellschaften beherrscht. Die rechtliche Selbständigkeit der Konzernglieder bleibt auch hier erhalten.

Leitungsmacht und Verantwortlichkeit des herrschenden Unternehmens sind bei Bestehen eines Beherrschungsvertrages und faktischer Beherrschung unterschiedlich geregelt. Liegt ein **Beherrschungsvertrag** vor, d. h. unterstellt eine Aktiengesellschaft oder Kommanditgesellschaft auf Aktien die Leitung ihrer Gesellschaft einem anderen Unternehmen,[1] so ist nach § 308 Abs. 1 AktG das herrschende Unternehmen berechtigt, dem Vorstand der abhängigen Gesellschaft Weisungen hinsichtlich der Leitung der Gesellschaft zu geben, die – wenn der Vertrag nichts anderes vorsieht – auch **nachteilig** für die Gesellschaft sein können, vorausgesetzt, daß sie den Belangen des herrschenden Unternehmens oder der mit ihm und der Gesellschaft konzernverbundenen Unternehmen dienen.

Die Obergesellschaft könnte also ihre Leitungsmacht dazu verwenden, daß bei einer abhängigen Gesellschaft buchtechnisch oder tatsächlich kein Gewinn entsteht und folglich die außenstehenden Aktionäre (Minderheiten) leer ausgehen. Die gleiche Situation kann eintreten, wenn ein **Gewinnabführungsvertrag** geschlossen wird, durch den sich eine Aktiengesellschaft oder Kommanditgesell-

---
[1] Vgl. § 291 Abs. 1 AktG

schaft auf Aktien verpflichtet, ihren ganzen Gewinn an die Obergesellschaft abzuführen. Um eine Benachteiligung außenstehender Aktionäre zu vermeiden, sehen §§ 304, 305 AktG vor, daß diese Gesellschafter beim Abschluß von Beherrschungs- oder Gewinnabführungsverträgen einen „**angemessenen Ausgleich**" (Dividendengarantie, Abfindung) erhalten.

Besteht dagegen kein Beherrschungsvertrag, sondern eine **faktische Beherrschung**, so darf nach § 311 Abs. 1 AktG ein herrschendes Unternehmen seinen Einfluß nicht dazu benutzen, eine abhängige Aktiengesellschaft oder Kommanditgesellschaft auf Aktien zu veranlassen, ein für sie nachteiliges Rechtsgeschäft vorzunehmen oder Maßnahmen zu ihrem Nachteil zu treffen oder zu unterlassen, es sei denn, daß die Nachteile ausgeglichen werden.

Hier hat der Gesetzgeber es nicht für notwendig erachtet, für außenstehende Aktionäre einen besonderen Ausgleich vorzuschreiben, da eine Schädigung nicht eintreten kann, wenn keine nachteiligen Weisungen durch die Obergesellschaft gegeben oder anderenfalls die Nachteile ausgeglichen werden. Zur Sicherung der Minderheiten (und Gläubiger) verpflichtet aber § 312 AktG den Vorstand der abhängigen Gesellschaft, einen „Bericht über Beziehungen zu verbundenen Unternehmen" (**Abhängigkeitsbericht**) zu erstellen.

Die betriebswirtschaftlich interessanten Probleme beim **Minderheiten- und Gläubigerschutz** sind vor allem zwei:
(1) Die Problematik der Berechnung des angemessenen Ausgleichs der außenstehenden Aktionäre beim Abschluß eines Beherrschungs- oder Gewinnabführungsvertrages,
(2) die Problematik des Abhängigkeitsberichts und zwar
   (a) die Erfassung der Tatsachen, über die zu berichten ist (Rechtsgeschäfte und andere Maßnahmen, die die abhängige Gesellschaft auf Veranlassung oder im Interesse des herrschenden Unternehmens oder eines mit ihm verbundenen Unternehmens ausgeführt oder unterlassen hat) und
   (b) Maßstäbe für die Berechnung der Angemessenheit der Gegenleistung.

Diese Probleme können an dieser Stelle nicht weiter verfolgt werden, da sie eine Erörterung des Bewertungsproblems, insbesondere der Bewertung ganzer Unternehmen[1] voraussetzen.

Vom wirtschaftlichen Standpunkt aus kann die Konzernbildung auf horizontaler oder vertikaler Ebene erfolgen. Ziel eines **horizontalen Konzerns** ist es – wie beim Kartell –, eine marktbeherrschende Position zu erringen, die Konkurrenz auszuschalten und damit die Möglichkeit autonomer Preispolitik zu schaffen. Eine Erhöhung der Absatzpreise gegenüber den bei Wettbewerb sich bildenden Preisen ist beim horizontalen Konzern vom einzelwirtschaftlichen Standpunkt nicht so negativ zu beurteilen wie beim Kartell,[2] weil durch die einheitliche wirtschaftliche Leitung des Konzerns Überkapazitäten durch straffe Investitionspolitik vermieden oder durch Betriebsstillegungen abgebaut werden können, während beim Kartell die Überkapazitäten gerade eine der Ursachen von Unwirtschaftlichkeiten sind.

---

[1] Vgl. Fünfter Abschnitt, II, 4.
[2] Vgl. S. 249 f.

Vertikale Konzerne stellen einen Zusammenschluß von Betrieben aufeinanderfolgender Produktions- oder Handelsstufen dar (Integration) und entstehen im allgemeinen nicht nur mit dem Ziel der Marktbeherrschung, sondern sind häufig eine Folge von bereits bestehenden horizontalen Konzentrationen. Wird z. B. ein Rohstoffmarkt auf der Angebotsseite durch ein Kartell beherrscht, so besteht die Tendenz zur betrieblichen Integration, um durch Angliederung eines Rohstoffgewinnungsbetriebes dem hohen Kartellpreis auszuweichen.

Auch eine durch Zugehörigkeit eines Betriebes zu einem Preiskartell mit Produktions- (Absatz-)quoten bedingte Überkapazität kann eine Integration veranlassen. Ist z. B. durch Kartellvereinbarung einem Stahlwerk eine Produktionsquote vorgeschrieben, so enthält diese Quote nicht den Eigenverbrauch des Betriebes an Stahl. Der Eigenverbrauch läßt sich durch Angliederung einer Maschinenfabrik erhöhen. Das bedeutet eine verbesserte Ausnutzung der Kapazität und der möglichen Kostendegression des Stahlwerkes und damit eine Steigerung der Wirtschaftlichkeit. Diese Beispiele zeigen, daß Unternehmenszusammenschlüsse auf horizontaler Ebene eine der Ursachen für eine weitere Integration der Wirtschaft sind.

Konzerne können auch **branchenfremde** (anorganische) Zusammenschlüsse sein, und zwar dann, wenn weder eine horizontale noch eine vertikale Verbindung besteht, sondern Unternehmen verschiedener Wirtschaftszweige und Produktions- und Handelsstufen sich aus Gründen der Risikostreuung oder der Finanzanlagepolitik verbinden.

Da Konzerne marktbeherrschende Stellungen erlangen und eine Beschränkung des Wettbewerbs erreichen können, unterliegen sie ebenso wie die Kartelle dem **Gesetz gegen Wettbewerbsbeschränkungen**. Während aber Kartelle grundsätzlich verboten sind und nur wenige Kartellarten kraft Gesetzes oder auf Antrag von dem Verbot ausgenommen werden,[1] sind Konzerne grundsätzlich zulässig, jedoch müssen Betriebszusammenschlüsse der Kartellbehörde angezeigt werden, wenn

(1) die beteiligten Unternehmen durch den Zusammenschluß einen Marktanteil von 20% oder mehr erreichen oder ein beteiligter Betrieb einen solchen Marktanteil besitzt.[2] Da es außerordentlich schwierig ist, einen Marktanteil exakt zu bestimmen, kommt dieser Vorschrift nur in extrem gelagerten Fällen eine paraktische Bedeutung zu;

(2) die beteiligten Unternehmen insgesamt zu einem Zeitpunkt innerhalb des letzten Geschäftsjahres vor dem Zusammenschluß mindestens 10.000 Beschäftigte oder in diesem Zeitraum einen Umsatz von mindestens 500 Mill. DM hatten.

Das Bundeskartellamt kann Zusammenschlüsse von Unternehmen untersagen, wenn zu erwarten ist, daß durch den Zusammenschluß eine marktbeherrschende Stellung entsteht oder verstärkt wird.[3] Als marktbeherrschend gilt ein Unternehmen, wenn es als Anbieter oder Nachfrager erstens ohne Wettbewerber oder keinem wesentlichen Wettbewerb ausgesetzt ist oder zweitens im Verhältnis zu seinen Wettbewerbern über eine überragende Marktbeherrschung verfügt.

---

[1] Vgl. S. 253 ff.
[2] Vgl. §§ 23 ff. GWB
[3] Vgl. § 24 GWB

Besteht zwischen zwei oder mehr Unternehmen kein wesentlicher Wettbewerb, so gelten auch diese als marktbeherrschend. Eine marktbeherrschende Stellung wird vermutet, wenn im GWB aufgeführte Marktanteile erreicht sind.[1] Nutzen die Unternehmen marktbeherrschende Stellungen mißbräuchlich aus, so kann das Bundeskartellamt Verbote aussprechen und Verträge für unwirksam erklären. Zusammenschlüsse können bereits dann verboten werden, wenn das Vorhaben bekannt wird. Die Absicht eines Zusammenschlusses kann gemeldet werden, eine Pflicht hierzu besteht, wenn mindestens zwei hieran beteiligte Unternehmen im abgeschlossenen Geschäftsjahr Umsätze von je einer Milliarde Deutsche Mark oder mehr tätigten. Innerhalb eines Jahres nach Eingang der Zusammenschlußanzeige können auch vollzogene Zusammenschlüsse untersagt werden. Diese Zusammenschlüsse sind dann aufzulösen, falls nicht der Bundesminister für Wirtschaft die Erlaubnis zum Zusammenschluß erteilt. Wird durch die Erlaubnis die marktwirtschaftliche Ordnung nicht gefährdet, ist dies möglich, wenn im Einzelfall die gesamtwirtschaftlichen Vorteile des Zusammenschlusses überwiegen oder es „durch ein überragendes Interesse der Allgemeinheit gerechtfertigt ist."[2]

c) Steuerliche Probleme des Konzerns (Überblick)[3]

Es liegt im Wesen des deutschen Steuerrechts, daß es Unternehmenszusammenschlüsse auf der Grundlage von Kapitalbeteiligungen benachteiligt. Das ist eine Folge davon, daß es bis heute noch kein Konzernsteuerrecht gibt, das den Konzern, der eine wirtschaftliche Einheit ist, auch rechtlich als Einheit betrachtet. Um aber eine offensichtliche steuerliche Diskriminierung, die sich aus dem System des Steuerrechts ergibt, zu vermeiden, hat das Steuerrecht mehrere Rechtsinstitute geschaffen oder von der Rechtsprechung übernommen, die von der normalen Regelung, daß jeder Betrieb, der in der Rechtsform der Kapitalgesellschaft geführt wird, in vollem Umfange selbständig steuerpflichtig ist, abweichen und unter bestimmten Voraussetzungen Unternehmenszusammenschlüsse entweder generell oder bei einzelnen Steuerarten in gewissem Umfang **als wirtschaftliche Einheiten** behandeln, damit die gleichen steuerlichen Vorteile, die sich durch die Fusion erreichen lassen, auch ohne juristische Verschmelzung zu erzielen sind. Dadurch soll der Anreiz, nur aus steuerlichen Gründen Fusionen vorzunehmen, beseitigt werden.

Bei den Rechtsinstituten, die steuerliche Sonderregelungen für Unternehmenszusammenschlüsse auf der Grundlage von Kapitalbeteiligungen (Konzerne) enthalten, handelt es sich um das Schachtelprivileg,[4] die Organtheorie[5] und den Ergebnisabführungsvertrag.[3]

Bei der Ermittlung des körperschaftsteuerpflichtigen Gewinns dürfen auf Grund des sog. „**Schachtelprivilegs**" alle Gewinnanteile außer Ansatz gelassen werden, die einer inländischen Kapitalgesellschaft aus einer Beteiligung an

---

[1] Vgl. § 22 Abs. 3 GWB
[2] Vgl. § 24 Abs. 3 GWB
[3] Einzelheiten vgl. Wöhe, G., Betriebswirtschaftliche Steuerlehre, Bd. II, 1. Halbband S. 185 ff.
[4] Vgl. § 9 KStG
[5] Vgl. § 7a KStG
[6] Vgl. § 7a Abs. 1 Ziff. 4 KStG

einer anderen inländischen Kapitalgesellschaft zugeflossen sind, da diese Gewinnanteile bereits bei der ausschüttenden Gesellschaft der Körperschaftsteuer unterlegen haben. Das Schachtelprivileg will also die **doppelte oder mehrfache Belastung** eines Gewinns mit Körperschaftsteuer verhindern, die eintreten kann, wenn auf Grund von Beteiligungsverhältnissen der Gewinn an eine körperschaftsteuerpflichtige Gesellschaft weitergegeben wird. Ein besonderes Tarifproblem ist dabei aber dadurch entstanden, daß der Körperschaftsteuersatz unterschiedlich hoch ist, je nachdem, ob die Gewinne im Betriebe zurückbehalten (51%) oder ob sie ausgeschüttet werden (15%).

Zahlt eine Konzerngesellschaft an eine andere Konzerngesellschaft auf Grund einer bestehenden Beteiligung Dividenden, so sind diese als ausgeschüttete Gewinne mit 15% Körperschaftsteuer zu belegen. Schüttet die empfangende Gesellschaft diese unter das Schachtelprivileg fallenden Dividenden ihrerseits nicht als Gewinn aus, sondern behält sie sie im Betrieb zurück, so wird das Schachtelprivileg insofern eingeschränkt, als nun die empfangende Gesellschaft eine **Nachsteuer** in Höhe der Differenz der beiden Körperschaftsteuersätze, also in Höhe von 36%, zu entrichten hat. Der Gesetzgeber geht bei dieser Regelung von der Annahme aus, daß der Konzern eine wirtschaftliche Einheit bildet und folglich der ermäßigte Satz von 15% nur dann berechtigt sei, wenn die Gewinnanteile den Konzern als Ganzes als Ausschüttung verlassen.

Das Schachtelprivileg ist nur anwendbar, wenn eine inländische Kapitalgesellschaft an einer anderen inländischen Kapitalgesellschaft seit Beginn des Wirtschaftsjahres ununterbrochen mit mindestens 25% des Grund- oder Stammkapitals dieser Gesellschaft beteiligt ist. Durch diese Vorschrift wird ein gewisser **Anreiz zur Konzentration,** also zur größeren Beteiligung, gegeben. Hat eine Gesellschaft einen Anteil von 15 oder 20% des Kapitals einer anderen Gesellschaft erworben, so muß sie die daraus empfangenen Gewinnanteile der Körperschaftsteuer unterwerfen. Erhöht sie ihren Anteil auf mindestens 25%, so tritt auf Grund des Schachtelprivilegs eine Steuerbefreiung für die Gewinnanteile ein.

Das Schachtelprivileg findet auch für die Gewerbesteuer und die Vermögensteuer Anwendung. Bei der **Gewerbesteuer,** bei der es auch für Personengesellschaften gilt, soll es verhindern, daß Teile des Gewerbeertrages, die bereits in einem Betrieb besteuert worden sind, im Falle der Weitergabe als Beteiligungsgewinne beim Empfänger erneut der Gewerbeertragsteuer unterliegen und daß das der Beteiligung zugrunde liegende Vermögen (Gewerbekapital) bei der Obergesellschaft noch einmal zur Gewerbekapitalsteuer herangezogen wird.

Bei der Ermittlung des Einheitswertes des Betriebsvermögens, der die Bemessungsgrundlage für die **Vermögensteuer** bildet, bleiben Beteiligungen außer Ansatz, wenn Ober- und Untergesellschaft inländische Kapitalgesellschaften sind und die Beteiligungen am Grund- oder Stammkapital in Form von Aktien, Kuxen oder Anteilen erfolgt und mindestens 25% beträgt.[1] Diese Bestimmung soll verhindern, daß eine mehr als zweifache Besteuerung von Vermögensteilen erfolgt. Kapitalgesellschaften sind selbständig vermögensteuerpflichtig, außerdem werden die Anteile an Kapitalgesellschaften bei den Gesellschaftern – soweit sie

---

[1] Vgl. § 102 BewG

natürliche Personen sind – noch einmal von der Vermögensteuer getroffen. Ist ein Gesellschafter jedoch eine Kapitalgesellschaft, so würde ohne Schachtelprivileg sich eine weitere (dritte) Belastung zwischen die Belastung der Untergesellschaft und die Belastung der Anteilseigner der Obergesellschaft, die zugleich Eigentümer der Beteiligung sind, schieben.

Ist eine Gesellschaft von einer anderen so stark abhängig, daß sie keinen eigenen Willen mehr hat, sondern wirtschaftlich nichts anderes als eine Abteilung der Obergesellschaft darstellt, so verliert die abhängige Gesellschaft auch steuerrechtlich ihre Selbständigkeit und wird als „Organ" der Obergesellschaft betrachtet **(Organtheorie).** Dabei kommt es nur auf das Innenverhältnis an. Es ist ohne Bedeutung, daß die abhängige Gesellschaft nach außen rechtlich selbständig ist.

Voraussetzungen für die steuerliche Anerkennung der Organschaft sind der Abschluß eines **Gewinnabführungsvertrages** im Sinne des § 291 Abs. 1 AktG und die **finanzielle, wirtschaftliche und organisatorische Eingliederung** in eine andere Unternehmung (Organträger). Ein Gewinnabführungsvertrag führt nach § 302 Abs. 1 AktG automatisch zur Verlustübernahme durch die Obergesellschaft. Sind die Voraussetzungen der Organschaft erfüllt, so ist nach § 7a Abs. 1 KStG das Einkommen der Organgesellschaft dem Organträger zuzurechnen.

Schließt das Organ mit Verlust ab, so kürzt die Verlustübernahme durch die Obergesellschaft deren Gewinn und mindert die Steuerlast des Konzerns in der Periode. Ohne Organschaft könnte der Verlust erst in den nächsten fünf Jahren mit Gewinnen ausgeglichen werden.[1] Ebenso werden auch Verluste des Organträgers durch Gewinne der Organgesellschaft in der gleichen Periode ausgeglichen. Die durch die Verlustübernahme eintretende Verminderung der Steuerbelastung führt zwar in späteren Perioden zu einer entsprechend höheren Besteuerung, für den Konzern bedeutet der Verlustausgleich aber eine relative Stärkung der Liquidität. Außerdem tritt ein Zinsgewinn ein.

Die Organschaft gilt auch für die Umsatz- und Gewerbesteuer. Als Folge der umsatzsteuerlichen Organschaft gelten sowohl die Umsätze zwischen Organträger und Organ als auch zwischen mehreren Organen als Innenumsätze und bleiben folglich steuerfrei. Im Nettoumsatzsteuersystem (Mehrwertsteuer) hat das keinen Einfluß auf die Höhe der Umsatzsteuerbelastung des Endproduktes, der Vorteil liegt in der erheblichen Vereinfachung der Abrechnung.

Bei der **Gewerbesteuer** hat die Organschaft – ohne daß ein Ergebnisabführungsvertrag bestehen muß – die Wirkung, daß die Organgesellschaften nicht gewerbesteuerpflichtig sind, sondern ihr Gewerbeertrag und Gewerbekapital der Obergesellschaft zugerechnet werden. Die Organgesellschaft wird in den Gewerbesteuerrichtlinien ausdrücklich als „Betriebsstätte" des beherrschenden Unternehmens bezeichnet.

5. Die wechselseitige Beteiligung

Nach § 19 Abs. 1 AktG sind „wechselseitig beteiligte Unternehmen" solche Unternehmungen mit Sitz im Inland in der Rechtsform einer Kapitalgesellschaft

---
[1] Vgl. § 10d EStG und § 15 Ziff. 1 KStDV

oder bergrechtlichen Gewerkschaft, die dadurch verbunden sind, daß jeder Unternehmung mehr als der vierte Teil der Anteile der anderen Unternehmung gehört.

Vorschriften über wechselseitige Beteiligungen gab es im alten Aktienrecht nicht. Die Begründung des Regierungsentwurfs eines Aktiengesetzes nennt drei Überlegungen, die den Gesetzgeber zur **Einführung besonderer Pflichten** für wechselseitig beteiligte Unternehmen veranlaßt haben:[1]

(1) Eine wechselseitige Beteiligung zweier Kapitalgesellschaften gefährdet die Kapitalgrundlage, und zwar sowohl die Aufbringung, als auch die Erhaltung und den richtigen Ausweis des Kapitals.

Beispiel: Es werden zwei Aktiengesellschaften A und B mit je 1 Mill. Grundkapital gegründet. Jede der beiden Gesellschaften übernimmt 500.000 DM des Kapitals der anderen Gesellschaft. Das Grundkapital beider Gesellschaften beträgt dann 2 Mill. DM, die effektiv vorhandenen Mittel belaufen sich aber nur auf 1 Mill. DM, denn A erwirbt für 500.000 DM eine Beteiligung an B, und B verwendet die gleichen 500.000 DM, um eine Beteiligung an A zu erwerben. Im Falle der Liquidation beider Gesellschaften stehen je Gesellschaft dem Grundkapital von 1 Mill. DM nur echte Vermögenswerte von 500.000 DM gegenüber.

(2) Die wechselseitige Beteiligung kommt im Ergebnis einer Rückgewähr von Einlagen an die Aktionäre gleich. Eine solche Rückgewähr ist aber nach § 57 Abs. 1 AktG unzulässig.

(3) Die wechselseitige Beteiligung kann außerdem eine Herrschaft der Verwaltung in der Hauptversammlung zur Folge haben, die den Grundsätzen des Gesellschaftsrechts widerspricht: „Die Rechte aus wechselseitigen Beteiligungen werden durch die Verwaltungen ausgeübt, die dadurch die Willensbildung in der Hauptversammlung der anderen Gesellschaft erheblich, bei hoher Beteiligung sogar maßgebend beeinflussen. Das Ergebnis sind Verwaltungen, die zwar gegenseitig auf Verständnis angewiesen sind, aber keiner Kontrolle durch die eigentlichen Anteilseigner mehr unterliegen und sich der Sache nach durch wechselseitige Zuwahl ergänzen."[2] Die außenstehenden Aktionäre verlieren jede Einflußmöglichkeit auf die Gesellschaft. Da das neue Aktienrecht insgesamt die Tendenz einer Verstärkung der Stellung der Aktionäre verfolgt, befürchtet der Gesetzgeber, daß mit Hilfe des Instruments der wechselseitigen Beteiligung die Rechte der außenstehenden Aktionäre eingeengt werden könnten und hat deshalb die besonderen Regelungen für die wechselseitige Beteiligung getroffen.

Die Vorschriften über die Aktienübernahme durch abhängige oder in Mehrheitsbesitz stehende Unternehmen reichen nicht aus, um wechselseitige Beteiligungen zu verhindern. § 56 Abs. 2 AktG verbietet, daß ein abhängiges Unternehmen Aktien der herrschenden Gesellschaft oder ein in Mehrheitsbesitz stehendes Unternehmen Aktien der an ihm mit Mehrheit beteiligten Gesellschaft als Gründer oder Zeichner oder in Ausübung eines bei einer bedingten

---

[1] Vgl. Kropff, B., Aktiengesetz, a. a. O., S. 34
[2] Kropff, B., Aktiengesetz, a. a. O., S. 35

Kapitalerhöhung eingeräumten Umtausch- oder Bezugsrechts übernimmt. Nach § 71 Abs. 4 AktG dürfen derartige Unternehmen Aktien der Obergesellschaft nur in dem Umfange erwerben oder in Pfand nehmen wie das durch § 71 AktG, der den Erwerb eigener Aktien regelt, für die Übernahme eigener Aktien zulässig ist.

Hat aber eine Gesellschaft A einen Anteil an B, der zu einer Beherrschung nicht ausreicht, z. B. 26%, so könnte z. B. die Gesellschaft B eine Beherrschung über A erlangen und könnte somit das Stimmrecht von A in der Hauptversammlung von B, das immerhin eine Sperrminorität erreicht, lahmlegen, da nach § 136 Abs. 2 AktG das Stimmrecht für eigene Aktien und für Aktien, die einem abhängigen Unternehmen gehören, nicht ausgeübt werden darf (A ist jetzt von B abhängig, so daß A das Stimmrecht seiner B-Anteile nicht ausüben kann).[1] Die §§ 20, 21 und 328 AktG wirken durch besondere Mitteilungspflichten und Einschränkungen der Rechte einer derartigen Beeinflussung des Stimmrechts entgegen.

Die Gefahren der wechselseitigen Beteiligung sollen durch eine **Beschränkung der Rechte** aus der Beteiligung, die § 328 Abs. 1 AktG ausspricht, vermindert werden. Danach darf eine Gesellschaft die Rechte aus Anteilen, die ihr an dem anderen Unternehmen gehören, nur für höchstens den vierten Teil aller Anteile des anderen Unternehmens ausüben, sobald dem einen Unternehmen das Bestehen der wechselseitigen Beteiligung bekannt geworden ist oder ihm das andere Unternehmen eine Mitteilung nach § 20 Abs. 3 oder 21 Abs. 1 AktG gemacht hat. Diese Vorschrift beschränkt nicht nur das Stimmrecht, sondern auch das Recht auf Gewinnanteil und das Bezugsrecht. Nicht betroffen ist das Recht auf neue Aktien bei einer Kapitalerhöhung aus Gesellschaftsmitteln, weil eine solche Kapitalerhöhung den Wert der Anteile in der Regel nicht verändert, denn der Erhöhung der Nennwerte entspricht eine Verminderung des Kurses. Die prozentuale Beteiligung bleibt im übrigen gleich.

Die Beschränkung trifft nicht nur die im Eigentum der wechselseitig beteiligten Unternehmen selbst stehenden Anteile, sondern auch Anteile, die ihnen zuzurechnen sind,[2] d. h. auch Anteile, die einem von einem wechselseitig beteiligten Unternehmen abhängigen Unternehmen gehören, sind mit zu berücksichtigen. Die amtliche Begründung führt dazu aus:[3] „Es kann daher namentlich auch ein abhängiges Unternehmen Rechte aus solchen Anteilen nicht ausüben, soweit sie zusammen mit den Anteilen, die dem herrschenden Unternehmen zustehen, den vierten Teil aller Anteile des anderen Unternehmens übersteigen. Der Entzug aller Rechte aus den über den vierten Teil aller Anteile hinausgehenden Anteilen soll unmittelbar den Einfluß der Verwaltung aus wechselseitigen Beteiligungen einschränken. Mittelbar soll erreicht werden, daß neue wechselseitige Beteiligungen nicht begründet, gleichwohl entstehende wechselseitige Beteiligungen beschleunigt abgebaut werden."

---

[1] Vgl. Würdinger, H., Aktien- und Konzernrecht, 2. Aufl., Karlsruhe 1966, S. 278
[2] Vgl. § 16 Abs. 4 AktG
[3] Kropff, B., a. a. O., S. 433ff.

6. Vertragsteile eines Unternehmensvertrages

a) Überblick

Das Aktiengesetz zählt in den §§ 291 und 292 sieben Arten von Unternehmensverträgen auf. Diese Aufzählung ist eine erschöpfende. Die Partner dieser Verträge sind nach § 15 AktG „verbundene Unternehmen". Das gilt nicht für andere Verträge, mit deren Hilfe ein Unternehmen die Leitung eines anderen Unternehmens beeinflussen kann. Ebenso gelten die Vorschriften der §§ 293 ff. über Abschluß, Änderung und Beendigung von Unternehmensverträgen nur für die im Gesetz aufgezählten Vertragsarten. Im einzelnen handelt es sich um folgende Vertragsarten:
(1) Beherrschungsvertrag;
(2) Gewinnabführungsvertrag;
(3) Geschäftsführungsvertrag;
(4) Gewinngemeinschaft;
(5) Teilgewinnabführungsvertrag;
(6) Betriebspachtvertrag;
(7) Betriebsüberlassungsvertrag.

Das gemeinsame Merkmal aller im AktG genannten Unternehmensverträge ist es, daß sie die Struktur eines Unternehmens verändern können.[1] Diese Feststellung bezieht sich auf die Zielsetzung, den Zweck des Unternehmens, nicht auf seinen Gegenstand.[2] Die Folge eines Unternehmensvertrages kann sein, daß eine Gesellschaft ihren Betrieb nicht mehr selbst betreibt, sondern ihn einem anderen Unternehmen überläßt, oder daß eine Gesellschaft ihr Unternehmen nicht mehr nur für Rechnung ihrer Aktionäre führt. Diese einschneidenden Änderungen des Unternehmenszweckes erfordern besondere Sicherungen für die Aktionäre und für die Gläubiger der Gesellschaft.

b) Der Beherrschungsvertrag

Das Wesen eines Beherrschungsvertrages besteht darin, daß eine AG oder KGaA die Leitung ihrer Gesellschaft einem anderen Unternehmen unterstellt. Die durch einen Beherrschungsvertrag verbundenen Unternehmen bilden einen Konzern, da eine einheitliche Leitung besteht. Ein Beherrschungsvertrag setzt voraus, daß die Gesellschaft, die sich der Leitung eines anderen Unternehmens unterstellt, ein abhängiges Unternehmen, die andere Gesellschaft ein herrschendes Unternehmen ist. Stellen sich Unternehmen, die voneinander nicht abhängig sind, durch Vertrag unter einheitliche Leitung, ohne daß dadurch eines von ihnen von einem anderen vertragsschließenden Unternehmen abhängig wird, so ist dieser Vertrag kein Beherrschungsvertrag.[3] Es entsteht ein Gleichordnungskonzern.

Der Beherrschungsvertrag begründet in der Regel kein neues Beherrschungsverhältnis, weil beim Abschluß eines derartigen Vertrages gewöhnlich bereits eine faktische Beherrschung auf Grund von Beteiligungen gegeben ist. Ein

---

[1] Vgl. Kropff, B., Aktiengesetz, a. a. O., S. 376
[2] Vgl. Würdinger, H., a. a. O., S. 282
[3] Vgl. § 291 Abs. 2 AktG

Unternehmen, das nicht bereits faktisch beherrscht wird, wird sich kaum freiwillig durch Vertrag einem anderen Unternehmen unterwerfen.[1]

§ 308 Abs. 2 AktG verpflichtet den Vorstand, die **Weisungen** der herrschenden Gesellschaft zu befolgen. Auch wenn der Vorstand der abhängigen Gesellschaft der Ansicht ist, daß die Weisung nicht den Belangen des herrschenden Unternehmens oder der mit ihm und der Gesellschaft konzernverbundenen Unternehmen dient, hat er die Weisung dennoch auszuführen. Diese Verpflichtung entfällt allerdings, wenn die Weisung „offensichtlich nicht diesen Belangen dient".[2] In diesem Falle hat der Vorstand nicht nur das Recht, sondern sogar die Pflicht, die Ausführung der Weisung zu verweigern; andernfalls entsteht nach § 310 Abs. 3 AktG eine Ersatzpflicht der Verwaltungsmitglieder der abhängigen Gesellschaft.

Das Weisungsrecht umfaßt alle Tätigkeitsbereiche, die dem Vorstand einer Aktiengesellschaft nach § 76 Abs. 1 AktG zustehen. Diese Vorschrift lautet: „Der Vorstand hat unter eigener Verantwortung die Gesellschaft zu leiten." Würdinger nennt dazu folgende Beispiele: „Der Vorstand kann beispielsweise angewiesen werden, die Produktion zu spezialisieren, umzustellen oder Betriebe stillzulegen; Fabrikationsanlagen zu modernisieren und neu zu beschaffen; Investitionen eines anderen Unternehmens des Konzernverbandes mit zinslosen Darlehen zu finanzieren; eigene Erzeugnisse auf dem Markt unter den Selbstkosten abzusetzen; Lieferverträge mit dem herrschenden Unternehmen zu schließen, bei denen die Gegenleistung unter dem Marktpreis liegt, oder Lieferungen des herrschenden Unternehmens abzunehmen, auch wenn sie auf dem Markt billiger zu erwerben wären".[3]

Weiterhin können sich die Weisungen auf Maßnahmen der Kapitalbeschaffung erstrecken. „So z. B. die Weisung zur Darlehensaufnahme durch Emission von Schuldverschreibungen; oder zur Durchführung der Kapitalerhöhung auf Grund genehmigten Kapitals unter Zuteilung der neuen Aktien an das herrschende Unternehmen; oder auch die Anweisung, einen HV-Beschluß auf Kapitalerhöhung herbeizuführen, wobei das herrschende Unternehmen wiederum sein Stimmrecht ausübt."[4]

c) Der Gewinnabführungsvertrag

Nach § 291 Abs. 1 AktG liegt ein Gewinnabführungsvertrag vor, wenn sich eine AG oder KGaA verpflichtet, ihren ganzen Gewinn an ein anderes Unternehmen abzuführen. Obwohl Beherrschungs- und Gewinnabführungsvertrag in der Praxis in der Regel gemeinsam als sog. **steuerlicher Organschaftsvertrag**[5] auftreten, da die steuerlichen Wirkungen der Organschaft für die Körperschaftsteuer nur eintreten, wenn neben den in § 7a KStG aufgezählten sonstigen Voraussetzungen der Organschaft auch ein Gewinnabführungsvertrag vorliegt, durch den sich die Organgesellschaft (abhängige Gesellschaft) verpflichtet, ihren Gewinn an den Organträger (herrschende Gesellschaft) abzuführen, wäh-

---

[1] Vgl. Würdinger, H., a. a. O., S. 285
[2] § 308 Abs. 2 Satz 2 AktG
[3] Würdinger, H., a. a. O., S. 289f.
[4] Würdinger, H., a. a. O., S. 290
[5] Vgl. S. 236 f.

rend dieser die Verpflichtung eingeht, die Verluste der Organgesellschaft zu übernehmen, trennt das Aktiengesetz beide Vertragstypen, d. h. es kann auch ein Gewinnabführungsvertrag ohne Beherrschungsvertrag (und umgekehrt) bestehen.

Der Gewinnabführungsvertrag begründet für sich allein keinen Vertragskonzern. Die Trennung beider Vertragstypen wird auch aus der Gliederung des Dritten Buches des Aktiengesetzes deutlich. Der 1. Abschnitt des Zweiten Teils behandelt die Leitungsmacht und Verantwortlichkeit bei Bestehen eines Beherrschungsvertrages, der 2. Abschnitt die Verantwortlichkeit bei Fehlen eines Beherrschungsvertrages. Ist also nur ein Gewinnabführungsvertrag abgeschlossen worden, so darf die herrschende Gesellschaft der abhängigen Gesellschaft – wie im Falle aller sog. „anderen Unternehmensverträge" im Sinne des § 292 AktG – ohne Ausgleich keine Weisungen erteilen, die für die abhängige Gesellschaft von Nachteil sind.

Beherrschungs- und Gewinnabführungsvertrag einerseits und Organschaftsvertrag mit Gewinnabführungsvertrag andererseits müssen nicht identisch sein. Die Organschaft setzt voraus, daß ein Unternehmen einem anderen derart untergeordnet ist, daß es keinen eigenen Willen hat. Dieser Tatbestand wird dann als erfüllt angesehen, wenn die abhängige Gesellschaft nach dem Gesamtbild der tatsächlichen Verhältnisse finanziell, wirtschaftlich und organisatorisch in die Obergesellschaft eingegliedert ist. Finanzielle Eingliederung liegt vor, wenn der Obergesellschaft die Mehrheit der Stimmrechte der Organgesellschaft zusteht. Organisatorische Eingliederung ist nach § 7a Abs. 1 Ziff. 2 KStG stets gegeben, wenn die Organgesellschaft durch einen Beherrschungsvertrag im Sinne des § 291 Abs. 1 AktG die Leitung ihres Unternehmens dem Unternehmen des Organträgers unterstellt oder wenn die Organgesellschaft eine eingegliederte Gesellschaft im Sinne der §§ 319 ff. ist.

Ein Organschaftsverhältnis muß nicht notwendigerweise durch Vertrag entstehen. Nach Auffassung der steuerlichen Rechtsprechung kommt es auf das Gesamtbild der tatsächlichen Verhältnisse an. Auch bei einem faktischen Konzern kann also ein Organschaftsverhältnis gegeben sein. Dann liegt kein Beherrschungsvertrag vor. Der für die körperschaftsteuerliche Wirkung erforderliche Ergebnisabführungsvertrag tritt neben ein faktisches Organschaftsverhältnis.

d) Der Teilgewinnabführungsvertrag

Ein Teilgewinnabführungsvertrag liegt vor, wenn sich eine AG oder KGaA vertraglich verpflichtet, „einen Teil ihres Gewinns oder den Gewinn einzelner ihrer Betriebe ganz oder zum Teil an einen anderen abzuführen."[1] § 292 Abs. 2 AktG nimmt aus dem aktienrechtlichen Begriff des Teilgewinnabführungsvertrages ausdrücklich Verträge mit Einzelpersonen aus, die die Gesellschaft zu Leistungen verpflichten, die ihrem betriebswirtschaftlichen Wesen nach Aufwendungen sind, auch wenn sie als Gewinn bezeichnet werden. Ausdrücklich ausgeklammert werden Verträge über eine Gewinnbeteiligung mit Mitgliedern von Vorstand und Aufsichtsrat oder mit einzelnen Arbeitnehmern der Gesell-

---
[1] § 292 Abs. 1 Nr. 2 AktG

schaft sowie eine Abrede über eine Gewinnbeteiligung im Rahmen von Verträgen des laufenden Geschäftsverkehrs oder Lizenzverträgen. Während der Teilgewinnabführungsvertrag als Unternehmensvertrag der Zustimmung der Hauptversammlung mit qualifizierter Mehrheit bedarf, entfällt dieses Erfordernis bei den genannten Verträgen, da sie nicht unter den Begriff der aktienrechtlichen Unternehmensverträge fallen.

Der Grund für die Einengung des Begriffs des Teilgewinnabführungsvertrages ist aber nicht in ihrer betriebswirtschaftlichen Substanz zu suchen, sondern ist ein praktischer: das Verfahren, die Hauptversammlung bei allen Arten von Gewinnbeteiligungsverträgen zustimmen zu lassen, ist zu schwerfällig. Die Begründung führt dazu aus: „Die Hauptversammlung kann nicht mit allen im Wirtschaftsleben üblichen Formen der Gewinnbeteiligung befaßt werden; unbedeutende Gewinnabführungen müssen zustimmungsfrei bleiben. Das geltende Recht scheidet diese unbedeutenden Formen dadurch aus, daß es nur die Abführung von mehr als drei Vierteln des Gesamtgewinns zustimmungsbedürftig macht. Diese Grenze liegt jedoch zu hoch. Sie ermöglicht es, den Gewinnanspruch des Aktionärs ungebührlich zu schmälern."[1]

Für die Berechnung des abzuführenden Gewinns gilt ebenso wie beim Gewinnabführungsvertrag der sich aus § 301 AktG ergebende Höchstbetrag. Bei seiner Berechnung ist die Sonderbestimmung über die Bildung der gesetzlichen Rücklage zu beachten.[2]

e) Interessengemeinschaft, Gewinngemeinschaft

Der Begriff der Interessengemeinschaft wird in der Praxis und in der Literatur nicht einheitlich verwendet. Interessengemeinschaften entstehen in der Regel durch **horizontale Verbindung** von Betrieben auf vertraglicher Basis. Die beteiligten Betriebe bleiben rechtlich und wirtschaftlich selbständig, da normalerweise keine Kapitalbeteiligungen bestehen und folglich kein Verhältnis der Über- und Unterordnung, sondern der Nebenordnung gegeben ist. Darin liegt der Unterschied zum Konzern.

Vom Kartell unterscheidet sich die Interessengemeinschaft in der Regel durch die im Vertrag zum Ausdruck kommenden unterschiedlichen Instrumente, die Rentabilität zu erhöhen: Ziel des Kartells ist in erster Linie die Steigerung der Rentabilität der Mitglieder durch Wettbewerbsbeschränkung, Ziel der Interessengemeinschaft in erster Linie die Erhöhung der Rentabilität der ihr angehörenden Betriebe durch gemeinsame Durchführung bisher getrennt wahrgenommener Aufgaben (Forschung, Entwicklung, Rationalisierung). Trotz grundsätzlicher wirtschaftlicher Selbständigkeit kann jedoch die wirtschaftliche Dispositionsfreiheit der einzelnen Unternehmen durch Interessengemeinschaftsverträge in verschieden starkem Maße eingeengt werden.

Das Aktiengesetz hat die Interessengemeinschaft im Zusammenhang mit den verbundenen Unternehmen nicht generell geregelt, sondern nur eine besondere Art der Interessengemeinschaft, nämlich die **Gewinngemeinschaft**. Sie liegt vor, wenn die von allen beteiligten Unternehmen erwirtschafteten Gesamtge-

---
[1] Kropff, B., Aktiengesetz, a. a. O., S. 379
[2] Vgl. § 300 Nr. 2 AktG

winne oder auch nur die Gewinne aus bestimmten Quellen (z. B. aus Export, gemeinsamer Patentverwertung u. a.) in eine gemeinsame Kasse fließen und dann nach bestimmten Schlüsseln verteilt werden (Gewinnpoolung), deren Grundlage entweder die Kapitalbasis oder der Umsatz ist.[1] Gewinnpoolung setzt aber nicht nur vertragliche Vereinbarungen über die Aufteilung des Gewinns, sondern auch über die Ermittlung des Gewinns (Bewertung, Abschreibung, Bildung von Rückstellungen)[2] voraus. Häufig wird der nach steuerrechtlichen Vorschriften ermittelte Gewinn, vermindert um Erträge aus Beteiligungen, als Grundlage verwendet.

Gewinngemeinschaften können von Unternehmen aller Rechtsformen gebildet werden. Ein Unternehmensvertrag im Sinne des § 292 Abs. 1 AktG liegt nur vor, wenn eine AG oder KGaA „sich verpflichtet, ihren Gewinn oder den Gewinn einzelner ihrer Betriebe ganz oder zum Teil mit dem Gewinn anderer Unternehmen oder einzelner Betriebe anderer Unternehmen zur Aufteilung eines gemeinschaftlichen Gewinns zusammenzulegen."[3]

Die Gewinngemeinschaft stellt eine engere Bindung als die meisten Kartellabsprachen dar, weil die Gewinnschlüsselung einen Zusammenschluß oder zumindest eine sehr enge Zusammenarbeit der Verwaltungen und des Rechnungswesens der beteiligten Betriebe erforderlich macht. Wenn die Gewinngemeinschaft nicht zugleich eine Verwaltungsgemeinschaft ist, der Vertrag also nur die Gewinnpoolung zum Inhalt hat, die beteiligten Unternehmen aber nicht verpflichtet, sich bei bestimmten unternehmerischen Entscheidungen abzusprechen, so handelt es sich nicht um eine Interessengemeinschaft.

Eine Gewinngemeinschaft liegt auch dann vor, wenn die Gewinne nicht zusammengelegt und nach einem bestimmten Schlüssel wieder aufgeteilt werden, sondern wenn die Aufwendungen und Erträge der an der Gewinngemeinschaft beteiligten Unternehmen so manipuliert werden, daß bei jedem Unternehmen von vornherein der Gewinn entsteht, der dem beabsichtigten Verteilungsschlüssel entspricht.[4]

Da nach dem Wortlaut des Aktiengesetzes der Zweck der Zusammenlegung des Gewinns die Aufteilung des Gewinns ist, liegt keine Gewinngemeinschaft vor, wenn der Gewinn nicht aufgeteilt, sondern von den Beteiligten z. B. für die Grundlagenforschung verwendet wird, deren Ergebnisse allen Beteiligten zugute kommen sollen. Eine solche vertragliche Vereinbarung ist zwar eine Interessengemeinschaft, aber keine Gewinngemeinschaft. Der Gewinn wäre lediglich Berechnungsgrundlage für die Höhe des Aufwandes, den jede Gesellschaft für die gemeinsamen Aufgaben beizusteuern hätte.[5]

---

[1] Der Begriff „Pool" ist nicht eindeutig, denn er wird in den USA und in England häufig im Sinne des deutschen Begriffs „Kartell" verwendet. Friedländer (Friedländer, H. E., Konzernrecht, 2. Aufl., Berlin und Frankfurt a. M. 1954, S. 114) weist darauf hin, daß die großen amerikanischen Pools der siebziger und achtziger Jahre in deutscher Terminologie Verkaufs- und Preiskartelle und keine Interessengemeinschaften waren.
[2] Vgl. von Wallis, H., Die Besteuerung von Unternehmenszusammenfassungen, Herne-Berlin 1962, S. 21; Koberstein, G., Unternehmenszusammenschlüsse, Essen 1955, S. 96
[3] § 292 Abs. 1 Ziff. 1 AktG
[4] Vgl. Havermann, H., a. a. O., S. 92
[5] Vgl. Godin-Wilhelmi, Aktiengesetz, 3. Aufl., Berlin 1967, S. 1525

C. Der Zusammenschluß von Unternehmen

Die Gewinngemeinschaft unterscheidet sich von einem **Organschaftsverhältnis mit Gewinnabführung** dadurch, daß bei diesem stets ein Über- und Unterordnungsverhältnis gegeben ist, d. h. daß die Untergesellschaft ihre wirtschaftliche Selbständigkeit verliert und eine Gewinnabführung grundsätzlich von unten nach oben erfolgt, während bei der Gewinngemeinschaft je nach der Gewinnlage jede der beteiligten Gesellschaften einmal Gewinne abführen, ein anderes Mal Gewinne erhalten kann.

Koberstein[1] bezeichnet als wesentlichstes Merkmal einer Interessengemeinschaft „die paritätische Gleichrichtung der kaufmännischen und verwaltungsmäßigen Führung der sich zusammenschließenden Unternehmungen". Das bedeutet, daß die Geschäftsführungen der zur Interessengemeinschaft zusammengeschlossenen Betriebe engen Kontakt halten, sich gegenseitig informieren und beraten. Oft wird auch ein beratendes Gremium aus Vorstandsmitgliedern der einzelnen Gesellschaften gebildet. Der Austausch von Aktien kann die vertraglichen Bindungen verstärken, ohne daß es zu Über- und Unterordnungsverhältnissen kommt.

Die **Aufgabe** einer Interessengemeinschaft ist in der Regel die Förderung gemeinsam verfolgter Interessen, z. B. die Durchführung von Rationalisierungsmaßnahmen. So werden beispielsweise in der chemischen Industrie häufig kostspielige Versuchs- und Entwicklungsabteilungen zusammengelegt und die entwickelten Verfahren und Patente gemeinsam ausgewertet. Die durch derartige Rationalisierungen erzielten Kostensenkungen können unter Umständen die gesamtwirtschaftlichen Nachteile der Abschwächung des Wettbewerbs ausgleichen. Ziel einer Interessengemeinschaft können auch Kostensenkungen sein, die durch gemeinsamen Einkauf, durch Aufteilung des Fertigungsprogramms auf die angeschlossenen Betriebe, wodurch der einzelne Betrieb nur noch eine geringe Zahl von Artikeln, dafür aber in großen Serien zu produzieren braucht, oder durch Verwertung von Nebenprodukten und Abfällen erzielt werden können.

Oft sind die Interessengemeinschaften eine **Vorstufe zur Konzernbildung.** Wird allmählich eine einheitliche Leitung und Verwaltung geschaffen, so ist der Übergang zum Konzern praktisch bereits erfolgt, auch wenn noch keine Kapitalbeteiligung eingetreten ist. Nach dem Wortlaut des § 18 AktG liegt ein Konzern bereits dann vor, wenn rechtlich selbständige Unternehmen zu wirtschaftlichen Zwecken unter einheitlicher Leitung zusammengefaßt sind.

Ist das Ziel einer Interessengemeinschaft die Ausschaltung der Konkurrenz durch Erlangung einer marktbeherrschenden Stellung, dann wird aus der Interessengemeinschaft ein Kartell. Hat die Interessengemeinschaft jedoch nur einen geringen Marktanteil, d. h. stehen viele Konkurrenzbetriebe außerhalb der Interessengemeinschaft, dann liegt noch kein Kartell vor. Der Zusammenschluß kann lediglich die Schärfe des Wettbewerbs mindern. Der Übergang von der Interessengemeinschaft zum Kartell und zum horizontalen Konzern kann also fließend sein.

Ihrer Rechtsnatur nach ist die Interessengemeinschaft gewöhnlich eine **Gesellschaft des bürgerlichen Rechts,** bei der sich die Gesellschafter verpflichten,

---
[1] Koberstein, G., a. a. O., S. 95

den gemeinsamen Zweck in der durch den Vertrag bestimmten Weise zu fördern. Gemeinschaftliches Vermögen ist nicht erforderlich. Eine gemeinsame Verwaltung erfolgt in der Regel nicht, doch besteht eine Gemeinschaftsverwaltung für die im Vertrag festgelegten Angelegenheiten, über die ein gemeinsamer Beschluß gefaßt werden muß.[1]

f) Betriebspacht- und Betriebsüberlassungsvertrag

§ 292 Abs. 1 Nr. 3 AktG definiert Betriebspacht- und Betriebsüberlassungsverträge als Verträge, durch die eine AG oder KGaA „den Betrieb ihres Unternehmens einem andern verpachtet oder sonst überläßt". Verträge dieser Art bedurften bereits nach dem AktG 1937[2] der Zustimmung der Hauptversammlung mit qualifizierter Mehrheit. Diese Regelung wurde in das AktG 1965 übernommen.

Durch einen **Pachtvertrag** überläßt das verpachtete Unternehmen seinen Betrieb einem anderen Unternehmen zu Besitz und zur Nutzung, das ihn auf eigene Rechnung und im eigenen Namen gegen Zahlung einer Vergütung betreibt.[3]

Beim **Betriebsüberlassungsvertrag** tritt die übernehmende Gesellschaft nicht im eigenen Namen, sondern auf Grund entsprechender Vollmachten im Namen der überlassenden Gesellschaft auf. Die verpachtende oder überlassende Gesellschaft muß stets eine AG oder KGaA sein, die Pächterin oder Übernehmerin kann jede beliebige Rechtsform haben, sie muß aber nicht unbedingt ein Unternehmen, sondern kann auch eine Einzelperson sein. Ist sie ein Unternehmen, so sind die beteiligten Unternehmen nach § 15 AktG zwangsweise verbundene Unternehmen. Ein Abhängigkeitsverhältnis im Sinne des § 17 AktG oder ein Konzernverhältnis nach § 18 AktG entsteht durch Betriebspacht oder Betriebsüberlassung nicht. Die verpachtende oder ihren Betrieb überlassende Gesellschaft kann selbständig bleiben und ihre eigene Finanz-, Abschreibungs- und Dividendenpolitik treiben.[4]

In der Praxis ist sie aber häufig von dem anderen Unternehmen abhängig. Diese Abhängigkeit ist oft überhaupt erst die Voraussetzung für den Abschluß derartiger Verträge. Die Abhängigkeit hat zur Folge, daß die herrschende Gesellschaft der verpachtenden oder ihren Betrieb überlassenden Gesellschaft jeden während der Vertragsdauer entstehenden Jahresfehlbetrag ausgleichen muß, soweit die vereinbarte Gegenleistung das angemessene Entgelt nicht erreicht.[5] Es muß also nicht jeder Jahresfehlbetrag ausgeglichen werden. Die Verlustübernahme hat nur in dem Umfange zu erfolgen, daß das Entgelt auf die angemessene Höhe ergänzt wird. „Nicht ausgleichspflichtig ist z. B. ein Fehlbetrag, welcher auf einem nicht versicherten Betriebsunfall beruht, den die Verpächterin selbst zu tragen hat."[6]

---

[1] Vgl. Friedländer, H. E., a. a. O., S. 116
[2] Vgl. § 256 Abs. 2 AktG 1937
[3] Vgl. § 581 BGB
[4] Vgl. Rasch, H., Deutsches Konzernrecht, 3. Aufl., Köln-Berlin-Bonn-München 1966, S. 85
[5] Vgl. § 302 Abs. 2 AktG
[6] Würdinger, H., a. a. O., S. 306f.

Da es sich um eine nicht auf Beherrschungsvertrag beruhende Abhängigkeit handelt, sind die §§ 311ff. AktG (Ausgleich von Nachteilen, Abhängigkeitsbericht usw.) zu beachten. Hat die Abhängigkeit bereits vor Vertragsschluß bestanden, so gelten diese Vorschriften auch für den Vertrag selbst.

7. Eingegliederte Gesellschaften

Der Begriff der eingegliederten Gesellschaft wurde durch das AktG 1965 neu geschaffen. Das Recht der eingegliederten Gesellschaft ist in den §§ 319–327 AktG geregelt. Nach § 319 Abs. 1 AktG kann die Hauptversammlung einer Aktiengesellschaft die Eingliederung der Gesellschaft in eine andere Aktiengesellschaft mit Sitz im Inland, die als **Hauptgesellschaft** bezeichnet wird, beschließen, wenn sich alle Aktien der Gesellschaft in der Hand der zukünftigen Hauptgesellschaft befinden. Eine Eingliederung in ein Unternehmen, das nicht die Rechtsform der Aktiengesellschaft hat, ist nicht möglich. Diese Beschränkung ist im Interesse des Gläubigerschutzes erforderlich, denn da die zukünftige Hauptgesellschaft für die Verbindlichkeiten der eingegliederten Gesellschaft haftet, könnten die Gläubiger schlechter gestellt sein, wenn die Hauptgesellschaft nicht die gleiche Rechtsform wie die eingegliederte Gesellschaft hat.

Die Eingliederung ist die engste Verbindung von Unternehmen, die rechtlich selbständig bleiben. Wirtschaftlich kommt sie einer Fusion gleich, denn beide Unternehmen bilden eine wirtschaftliche Einheit. Die Hauptgesellschaft besitzt die uneingeschränkte Leitungsmacht über die eingegliederte Gesellschaft und kann ohne Einschränkung über deren Vermögen verfügen.

Eine eingegliederte Gesellschaft kann keine außenstehenden Aktionäre haben, denn eine Eingliederung ist nur möglich, wenn sich entweder alle Aktien oder wenigstens 95% aller Aktien in der Hand der zukünftigen Hauptgesellschaft befinden; im letzteren Falle scheiden die außenstehenden Aktionäre spätestens mit der Eingliederung aus und haben Anspruch auf eine angemessene Abfindung.[1] Gehen nach der Eingliederung Aktien der eingegliederten Gesellschaft an außenstehende Aktionäre über, so endet sie nach § 327 Abs. 1 Nr. 3 AktG automatisch. Die Eingliederung stellt also eine wesentlich engere Unternehmensverbindung dar als der Beherrschungsvertrag.

Die Eingliederung begründet eine Mithaftung der Hauptgesellschaft für die Verbindlichkeiten der eingegliederten Gesellschaft. Durch diese Mithaftung sichert das Grundkapital der Hauptgesellschaft auch die Gläubiger der eingegliederten Gesellschaft. Da alle aktienrechtlichen Gläubigerschutzvorschriften für die Hauptgesellschaft gelten, ist es nicht erforderlich, ihre Einhaltung auch von der eingegliederten Gesellschaft zu verlangen.

Deshalb sind bei Eingliederung auch die besonderen Gläubigerschutzvorschriften des § 303 AktG und die besonderen Vorschriften über die Sicherung des Grundkapitals durch beschleunigtes Auffüllen der gesetzlichen Rücklage bei Bestehen von Unternehmensverträgen, durch Festsetzung eines Höchstbetrages

---

[1] Vgl. § 320 AktG

der Gewinnabführung und durch die Verpflichtung der herrschenden **Gesellschaft**, bei Bestehen von Beherrschungs- und Gewinnabführungsverträgen den Verlust der abhängigen Gesellschaft zu übernehmen, nicht erforderlich.

IV. Das Kartell

1. Begriff und Zielsetzung

Der wichtigste horizontale Zusammenschluß, bei dem nur vertragliche Absprachen erfolgen, die kapitalmäßige und rechtliche Selbständigkeit der beteiligten Betriebe jedoch unangetastet bleibt, ist das Kartell. Hauptziel von Kartellverträgen ist die **Marktbeherrschung** durch die Beseitigung oder zumindest die **Beschränkung des Wettbewerbs**. Das setzt voraus, daß der größte Teil des Angebots eines Wirtschaftszweiges im Kartell zusammengefaßt ist. Nur selten werden Außenseiter den Konkurrenzkampf mit dem Kartell aufnehmen; in der Regel passen sie sich den vom Kartell geschaffenen Bedingungen, insbesondere dem Kartellpreis an.

Die vertraglichen Absprachen können die wirtschaftliche Entscheidungsfreiheit der dem Kartell angehörenden Betriebe je nach der Art des Kartells verschieden stark einschränken. Nach der Stärke der Einflußnahme des Kartells auf die Entscheidungsfreiheit der Kartellmitglieder unterscheidet man in der Literatur zwischen Kartellen **niederer** und **höherer Ordnung**. Erstere nehmen keinen unmittelbaren Einfluß auf die Produktion und den Absatz der Mitglieder, sondern regeln nur die Verkaufs- und Geschäftsbedingungen (Konditionen); letztere regeln die Preisermittlung und Preisfestsetzung, Art und Umfang der Produktion (Kontingentierung, Rationalisierung, Patentverwertung u. a.) oder den Absatz durch gemeinsame Absatzeinrichtungen (Syndikat). Diese Einteilung ist wenig leistungsfähig, da sie infolge der Vielzahl möglicher vertraglicher Absprachen eine genauere Abgrenzung nicht ermöglicht.

Welcher **Rechtsform** sich ein Kartell bedient, hängt im wesentlichen von der Art des Kartells und von seinen Zielsetzungen ab. Im allgemeinen haben Kartelle die Form einer Gesellschaft des bürgerlichen Rechts.[1] Häufig wird wegen der fehlenden Rechtsfähigkeit einer solchen Gesellschaft die Geschäftsführung ausgegliedert und einer eigens für sie gegründeten GmbH übertragen, die die Aufgabe hat, der Gesellschaft des bürgerlichen Rechts als Rechtsträger und geschäftsführendes Organ zu dienen. Diese Form der Doppelgesellschaft findet sich insbesondere bei Syndikaten. Die Rechtsform der Aktiengesellschaft wird bei Kartellen seltener angewendet, da sie sich wegen des relativ hohen Grundkapitals, der Prüfungs- und Publizitätsvorschriften und der schwerfälligen Verwaltung (Vorstand, Aufsichtsrat, Hauptversammlung) nicht so gut eignet wie die Form der GmbH.

2. Arten der Kartelle

Kartellabsprachen können sich beziehen auf:
– die Absatz- und Geschäftsbedingungen (Konditionenkartelle);

---
[1] Vgl. §§ 705 ff. BGB

- die Festsetzung der Absatzpreise (Preiskartelle);
- die Produktion (Produktionskartelle);
- den Absatz (Absatzkartelle).

a) Konditionenkartelle

Beim Konditionen-Kartell erstrecken sich die Kartellabmachungen nicht auf die Absatzpreise, sondern auf gewisse Nebenbedingungen der Kaufverträge (**Geschäftsbedingungen**). So erfolgt beispielsweise eine genaue vertragliche Regelung der Lieferungs-, Zahlungs- und Kreditbedingungen, der Garantieleistungen und sonstiger Geschäftsbedingungen. Der Schwerpunkt der Absprachen liegt in der Regel auf dem Gebiete der Transport- und Verpackungskosten und der Skonti und Rabatte. Durch derartige Vereinbarungen wird die Transparenz des Marktes erhöht, und der Wettbewerb wird zu einem echten Preiswettbewerb, während alle anderen Faktoren des Wettbewerbs, die in der Variation der Konditionen liegen können, ausgeschaltet werden.

Der Vorteil derartiger Kartellabsprachen für die einzelnen Mitglieder besteht z. B. darin, daß durch Festsetzung der höchstzulässigen Dauer von Lieferantenkrediten ein Unternehmen mit hoher Liquidität keine längeren Zahlungsziele einräumen kann als andere Unternehmen, deren Liquiditätslage entsprechende Konditionen nicht erlaubt. Eine Verletzung der Kartellabsprachen wird in der Regel mit Konventionalstrafen belegt.

b) Preiskartelle

(1) Das **Einheitspreis-Kartell** setzt den Absatzpreis des produzierten Gutes fest und schaltet damit zwischen den Kartellmitgliedern jede Preiskonkurrenz aus. Die Qualitätskonkurrenz kann dadurch allerdings nicht völlig beseitigt werden, jedoch setzt ein Einheitspreiskartell in der Regel voraus, daß die Unterschiede in der Qualität nur geringfügig sind, da anderenfalls der Anbieter mit der besten Qualität die gesamte Nachfrage auf sich konzentrieren würde.

Der Kartellpreis (Absatzpreis) muß entweder in einer Höhe festgesetzt werden, daß der mit den höchsten Kosten produzierende Betrieb seine Kosten noch decken kann, oder die Betriebe, deren Kosten den Kartellpreis übersteigen, müssen ihre Verluste durch Abführung von Gewinnteilen der kostengünstiger arbeitenden Betriebe ersetzt bekommen. Das bedeutet in jedem Falle, daß auch Betriebe mit veralteter Produktionstechnik, die bei vollständigem Wettbewerb vom Markt verdrängt würden, noch existieren können, wenn sie dem Kartell angeschlossen sind.

Folglich liegt der Kartellpreis in der Regel **höher als der Wettbewerbspreis**. Das besagt aber, daß der Absatz bei höheren Kartellpreisen vergleichsweise geringer ist als bei Konkurrenzpreisen und demgemäß das Kartell seine Produktionskapazitäten nicht voll ausnutzen kann, also im Kartell **Überkapazitäten** entstehen. Als Folge muß den einzelnen Kartellmitgliedern eine bestimmte **Produktionsquote** zugeteilt werden, die nicht überschritten werden darf. Die dadurch bedingten Überkapazitäten führen zu einer Erhöhung der Produktionskosten, da bestimmte im Betrieb wirksame Kostendegressionen infolge zu geringer Ausnutzung der Anlagen nicht voll wirksam werden können.

Die dem Kartell angeschlossenen Betriebe sind infolge des garantierten Preises und der festgesetzten Produktionsquote nicht zu dauernden Kostensenkungen durch Rationalisierungsmaßnahmen gezwungen. Technische Verbesserungen werden nur zögernd eingeführt, zumal sie gewöhnlich mit Kapazitätserweiterungen verbunden sind, die auf Grund der Quotensetzung nicht ausgenutzt werden können und die Überkapazität vergrößern.

Die Überhöhung des Kartellpreises (gegenüber dem Wettbewerbspreis) führt außerdem dazu, daß neue Betriebe (**Außenseiter**) aufkommen, die wesentlich wirtschaftlicher produzieren können, da sie dem Kartell nicht angehören und folglich dem Kartell scharfe Konkurrenz machen. Es kommt dann entweder zu einem wirtschaftlichen Kampf zwischen Kartell und Außenseiter oder zu einer Aufnahme des Außenseiters in das Kartell oder zu sonstigen Absprachen. Im Falle der Aufnahme des Außenseiters kann der Kartellpreis nur aufrechterhalten werden, wenn die am Markt angebotene Produktmenge nicht vergrößert wird, also dem Außenseiter eine Produktionsquote durch Kürzung der Quoten aller anderen Mitglieder zugeteilt wird.

(2) Das **Mindestpreis-Kartell**. Wenn zwischen Betrieben der gleichen Branche keine Preiskonkurrenz, sondern Reklamewettbewerb besteht, weil die unter verschiedenen Marken angebotenen Erzeugnisse vom Käufer als Güter eigener Art angesehen werden (Markenartikel), richten sich die vertraglichen Absprachen auf die Festlegung von Mindestpreisen oder Richtpreisen, die nicht unterboten werden dürfen, jedoch jederzeit überschritten werden können. Beispiel: Produzenten von Farbfernsehgeräten vereinbaren, daß der Preis für ein Gerät mit einer 49-cm-Bildröhre nicht weniger als 1.200 DM, mit einer 56-cm-Bildröhre nicht weniger als 1.500 DM und mit einer 66-cm-Bildröhre nicht weniger als 1.700 DM betragen darf. Die technische Ausrüstung der Apparate der verschiedenen Marken einer Preisklasse unterscheidet sich nicht wesentlich. Konkurrenz machen sich die verschiedenen Hersteller dann nur noch dadurch, daß sie durch die äußere Ausstattung, z. B. durch die Zahl der Drucktasten, durch die Form und Holzart des Gehäuses usw. und durch Werbemaßnahmen Präferenzen für ihre Güter schaffen.

(3) Das **Submissionskartell** ist eine Sonderform des Preiskartells. Als Submission bezeichnet man eine öffentliche Ausschreibung von Aufträgen, die dazu führen soll, daß die Interessenten sich scharfen Wettbewerb machen und, um den „Zuschlag" zu erhalten, möglichst preisgünstige Angebote abgeben. Bei öffentlichen Auftraggebern (Bund, Länder, Gemeinden) soll durch die öffentliche Ausschreibung erreicht werden, daß der preisgünstigste Anbieter zum Zuge kommt und Begünstigungen einzelner Interessenten ausgeschlossen werden. Der durch die Submission bedingte Wettbewerb wird vom Submissionskartell beseitigt, indem Vereinbarungen über die Angebotspreise getroffen werden, die nicht unterboten werden dürfen, bzw. indem von vornherein ausgehandelt wird, welches Kartellmitglied zum Zuge kommen soll; die Preisstellung aller Beteiligten erfolgt entsprechend.

(4) Das **Gewinnverteilungs-Kartell** stellt eine noch strengere vertragliche Bindung dar als das Preiskartell, da hier nicht nur Preise und Produktionsquoten durch das Kartell vorgeschrieben, sondern auch die von allen Mitgliedern er-

C. Der Zusammenschluß von Unternehmen

wirtschafteten Gewinne nach bestimmten Schlüsseln auf die angeschlossenen Betriebe verteilt werden.

(5) Das **Marken-Schutz-Kartell.** Produzenten von Markenartikeln sind daran interessiert, daß ihre Erzeugnisse durch den Handel zu festgesetzten Endverkaufspreisen abgesetzt werden, weil sich mit der Preishöhe beim Käufer eine bestimmte Qualitätsvorstellung verbindet. Eine Preissenkung führt oft nicht zu Absatzsteigerungen, sondern zur Abwanderung auf eine andere Marke, weil der Käufer vermutet, daß mit der Preissenkung auch eine Qualitätsverschlechterung verbunden ist. Preiserhöhungen dagegen ziehen nicht einen entsprechenden Rückgang der Nachfrage nach sich, weil der Käufer, der sich an eine bestimmte Marke (z. B. eine bestimmte Rasiercreme oder ein bestimmtes Waschpulver) gewöhnt hat, ihr auch bei Preissteigerungen „treu bleibt", solange sich diese in gewissen Grenzen vollziehen.

Der Produzent kann die Einhaltung des Endverkaufspreises dadurch erzwingen, daß er mit Groß- und Einzelhändlern vertragliche Vereinbarungen über die Preishöhe trifft (**Preisbindung der zweiten Hand**). Werden diese Vereinbarungen durch den Händler nicht eingehalten, so sperrt der Produzent die Belieferung. Diese Form der sogenannten autonomen Preisbindung ist nur dann wirksam, wenn der Markenartikelcharakter eines Produktes so stark ausgeprägt ist, daß der Einzelhändler den Artikel unbedingt in seinem Sortiment führen muß, wenn er nicht Käufer verlieren will, und wenn ferner nicht die Gefahr besteht, daß der Käufer sofort auf eine andere Marke übergeht, die der Händler ihm anbieten kann.

Besteht diese Gefahr, dann erfolgt eine kartellmäßige Vereinbarung zwischen Markenartikelproduzenten in der Weise, daß ein Händler, der die vom Erzeuger vorgeschriebenen Endverkaufspreise nicht einhält, von keinem der dem Kartell angeschlossenen Betriebe mehr beliefert wird. Beispiel: Eine Anzahl von Waschmittelproduzenten bildet ein Markenschutzkartell. Hält ein Händler den Endverkaufspreis irgendeiner Marke nicht ein, so sperren sämtliche Kartellmitglieder die Lieferung. Die Preisbindung der zweiten Hand wird durch das Kartell verschärft, der Wettbewerb im Handel eingeschränkt.

c) Produktionskartelle

Bei den folgenden Kartellformen richten sich die Absprachen nicht in erster Linie auf die Ausschaltung des Wettbewerbs, sondern auf produktionstechnische Vereinbarungen, die allerdings auch zu einer Beschränkung des Wettbewerbs führen können. Hier sind zu nennen:

(1) **Normungs- und Typungskartelle** dienen in erster Linie der Rationalisierung. Als Normung bezeichnet man einen Rationalisierungsprozeß, der auf die Festlegung von Abmessungen, Formen und Qualitäten von Einzelteilen gerichtet ist, während unter Typung die Vereinheitlichung von Ausführungsformen von Endprodukten verstanden wird.

(2) **Spezialisierungskartelle** gehen über Absprachen über Normung und Typung hinaus und führen zu einer Beschränkung des Wettbewerbs. Ein Beispiel mag das erläutern: Wenn drei Kühlschrankproduzenten vereinbaren, daß zum Zwecke der Produktionsvereinfachung und Kostensenkung jeder Betrieb nur noch Kühlschränke einer Größe (z. B. Betrieb A bis 100 Liter, Betrieb B über

100 bis 200 Liter, Betrieb C über 200 Liter) baut, dann ist ein Kunde, der einen 100-Liter-Schrank kaufen will, gezwungen – falls keine anderen Kühlschrankhersteller vorhanden sind –, beim Betrieb A zu kaufen. A ist hinsichtlich des Angebots von 100-Liter-Kühlschränken konkurrenzlos. Der Wettbewerb beginnt erst dort, wo der 100-Liter-Schrank in Relation zu einem 120-Liter-Schrank des Betriebes B zu teuer wird.

(3) Art und Umfang der Produktion können auch durch Absprachen über die Ausnutzung, Verwertung und den Austausch von Patenten beeinflußt werden **(Patentverwertungskartelle).** Durch die gemeinsame Nutzung von Patenten können die Kartellmitglieder gegenüber den Nichtmitgliedern erhebliche kostenwirtschaftliche Vorteile haben, die die Außenseiter entweder vom Markt verdrängen oder ihren Beitritt zum Kartell zur Folge haben können. Folglich wird der Wettbewerb erheblich eingeschränkt.

(4) Insbesondere in Krisenzeiten sind **Kontingentierungskartelle** von Bedeutung. Sie dienen bei Nachfragerückgängen einer Aufteilung der verbleibenden Gesamtnachfragemenge auf die Mitglieder. Durch eine solche Aufteilung soll verhindert werden, daß durch eine zu hohe Angebotsmenge die Preise stark fallen. Die Absprachen können sich auch darauf beschränken, daß in bestimmten wirtschaftlichen Situationen eine Ausweitung der Kapazitäten der Mitgliedsbetriebe unterbleiben muß. Die Wirksamkeit derartiger Kartellabsprachen hängt in besonderem Maße davon ab, daß nennenswerte Außenseiter nicht vorhanden sind.

d) Absatzkartelle

(1) Das **Syndikat** ist die am weitesten entwickelte und strafste Form des Kartells. Da beim Preiskartell nicht genau überwacht werden kann, ob der einzelne Betrieb seine Produktionsquoten einhält oder ob er Abnehmer zu einem unter dem Kartellpreis liegenden Preis beliefert, wird der Absatz zentralisiert, d. h. es wird ein gemeinsames „Verkaufskontor" eingerichtet, das – z. B. in Form einer GmbH – rechtlich selbständig ist, und über das der gesamte Absatz aller Kartellmitglieder erfolgt.

Die Zentralisierung des Absatzes hat für die Kartellmitglieder Vor- und Nachteile. Positiv zu werten sind die straffe Absatzorganisation und die starke Marktposition des Syndikats gegenüber den Abnehmern und gegenüber der Konkurrenz (Außenseiter). Durch gemeinsame Werbung, gemeinsame Absatzpolitik, zweckmäßige Aufteilung der beim Syndikat eingehenden Aufträge können Kosteneinsparungen erzielt werden. Nachteilig kann sich auswirken, daß die einzelnen Kartellmitglieder in diesem Falle in eine starke Abhängigkeit von der Kartelleitung geraten, da die Regelung des Marktes allein durch das Syndikat erfolgt und der einzelne Betrieb gar keine unmittelbare Beziehung mehr zu den Abnehmern hat. Je länger ein Syndikat besteht, desto schwieriger wird es für einen Betrieb, aus dem Kartellverband auszuscheiden, da er den Kontakt mit dem Markt immer mehr verliert.

Die Bildung von Syndikaten ist besonders in Wirtschaftszweigen möglich, bei denen eine weitgehende Standardisierung der Produkte erfolgen kann, z. B. in den Grundstoffindustrien (z. B. Kohle, Kali, Eisen, Stahl).

(2) Absprachen über eine räumliche Aufteilung des Absatzmarktes (**Gebietskartelle**) wirken auf den Produktionssektor zurück, denn sie haben eine mittelbare Kontingentierung der Produktion zur Folge. Sind in dem einem Kartellmitglied zugewiesenen Absatzgebiet keine nennenswerten Außenseiter vorhanden, so kann es dort eine monopolartige Stellung erringen. Von besonderer Bedeutung sind derartige Absprachen bei Produkten, die niedrige Transportkosten verursachen. In diesen Fällen besteht die Gefahr, daß auch Anbieter, die weit entfernt von einem bestimmten Absatzgebiet produzieren, in dieses Gebiet eindringen, da ihre Wettbewerbsfähigkeit durch die Transportkosten nur geringfügig gegenüber einem Anbieter beeinträchtigt wird, der seinen Standort unmittelbar im Absatzgebiet hat. Für diesen Anbieter kann ein Gebietskartell Abhilfe schaffen. Sind die Transportkosten dagegen sehr hoch, ist ein Gebietskartell in der Regel nicht erforderlich, da die hohen Kosten entfernt liegende Anbieter automatisch fernhalten.

3. Die rechtliche Regelung der Kartelle

Da die Kartelle im allgemeinen eine Beschränkung des Wettbewerbs bezwecken, widersprechen sie den wirtschaftspolitischen Zielsetzungen der marktwirtschaftlichen Wirtschaftsordnung, weil der uneingeschränkte Wettbewerb eine der wesentlichsten Voraussetzungen der freien Marktwirtschaft darstellt. Folglich hat die Rechtsordnung eine Regelung des Kartellwesens vorgenommen, um den Mißbrauch wirtschaftlicher Machtstellungen und Beschränkungen des Wettbewerbs zu verhindern. Das derzeitig geltende Kartellrecht ist im **Gesetz gegen Wettbewerbsbeschränkungen** vom 27. 7. 1957 (Kartellgesetz)[1] niedergelegt. Danach sind Kartelle **grundsätzlich verboten.** Nach § 1 Abs. 1 GWB sind „Verträge, die Unternehmen oder Vereinigungen von Unternehmen zu einem gemeinsamen Zweck schließen, und Beschlüsse von Vereinigungen von Unternehmen unwirksam, soweit sie geeignet sind, die Erzeugung oder die Marktverhältnisse für den Verkehr mit Waren oder gewerblichen Leistungen durch Beschränkung des Wettbewerbs zu beeinflussen".

Eine **Ausnahme** von dieser Bestimmung bilden fünf Arten von Kartellen, die nach Ansicht des Gesetzgebers keine unmittelbare Beeinträchtigung des Wettbewerbs zum Ziele haben. Sie müssen jedoch beim **Bundeskartellamt** (Sitz Berlin) angemeldet werden und unterliegen der Aufsicht der Kartellbehörde. Es sind das:

(1) **Konditionenkartelle.**[2] Sie wurden oben bereits besprochen. Die Vereinbarungen werden nur wirksam, wenn die Kartellbehörde innerhalb einer Frist von drei Monaten seit Eingang der Anmeldung nicht widerspricht. Ende 1974 gab es 43 derartige Kartelle mit Schwerpunkt im Bereich der Textilindustrie.

(2) **Rabattkartelle,** soweit die Rabatte ein echtes Leistungsentgelt darstellen und nicht zu einer ungerechtfertigt unterschiedlichen Behandlung von Wirtschaftsstufen oder Abnehmern der gleichen Wirtschaftsstufe führen, die gegenüber den Lieferanten die gleiche Leistung bei der Abnahme von Waren er-

---

[1] In der Fassung vom 4. 4. 1974, BGBl. III 703-1
[2] Vgl. § 2 GWB

bringen.¹ Rabattkartelle sollen die Mißbräuche im Rabattwesen beseitigen und damit einen echten Preiswettbewerb erhalten. Tritt bei Markenartikeln zum Rabattkartell die Preisbindung zweiter Hand, so wird der Preiswettbewerb lediglich auf der Handelsstufe, nicht dagegen auf der Produktionsstufe ausgeschaltet. Ende 1974 gab es 30 derartige Kartelle.

(3) **Normungs- und Typungskartelle.**² Auch sie wurden oben bereits charakterisiert. Kartelle dieser Art sind wenig verbreitet (8 Kartelle Ende 1974).

(4) **Spezialisierungskartelle** dienen der Rationalisierung wirtschaftlicher Vorgänge durch Spezialisierung. Allerdings muß nach § 5a Abs. 1 GWB „ein wesentlicher Wettbewerb" auf dem Markt erhalten bleiben. Zur Förderung der Rationalisierung durch Spezialisierung sind sogar Abreden über gemeinsame Beschaffungs- und Vertriebseinrichtungen (Syndikate) zulässig, wenn sie „zur Durchführung der Spezialisierung erforderlich sind". Ende 1974 bestanden 75 Spezialisierungskartelle, vorwiegend in der Elektrotechnik und im Maschinenbau.

(5) **Exportkartelle,** jedoch müssen die Absprachen auf die Auslandsmärkte beschränkt bleiben.³ Ende 1974 bestanden 64 Kartelle dieser Art.

Daneben gibt es Kartelle, die **auf Antrag** vom Bundeskartellamt **genehmigt** werden können. Dazu gehören:

(1) **Strukturkrisenkartelle,** die dann zugelassen werden können, wenn Absatzrückgänge eingetreten sind, die auf nachhaltiger Änderung der Nachfrage beruhen. Die Absprachen richten sich auf eine planmäßige Anpassung der Kapazität der beteiligten Betriebe an die veränderte Marktlage, wobei die Interessen der Gesamtwirtschaft zu berücksichtigen sind.⁴ Konjunkturkrisenkartelle (Sonderkartelle) sind nicht zulässig, es sei denn, sie werden vom Bundeswirtschaftsminister zugelassen, wenn eine „Beschränkung des Wettbewerbs aus überwiegenden Gründen der Gesamtwirtschaft oder des Gemeinwohls" zweckmäßig erscheint⁵. Zur Zeit besteht kein derartiges Kartell.

(2) **Rationalisierungskartelle,** bei denen die Rationalisierung über die rein technischen Vorgänge der Normung und Typung hinausgeht „und geeignet ist, die Leistungsfähigkeit oder Wirtschaftlichkeit der beteiligten Unternehmen in technischer, betriebswirtschaftlicher oder organisatorischer Beziehung wesentlich zu heben und dadurch die Befriedigung des Bedarfs zu verbessern."⁶ Der Gesetzgeber fordert allerdings, daß der Rationalisierungserfolg in einem angemessenen Verhältnis zu der damit verbundenen Wettbewerbsbeschränkung steht. Kann der Rationalisierungseffekt auf andere Weise nicht erreicht werden oder ist er im Interesse der Allgemeinheit erwünscht, so können Preisabsprachen oder Beschaffungs- und Absatzsyndikate erlaubt werden. Ende 1974 gab es 18 Syndikate dieser Art.

(3) **Exportkartelle,** wenn die Absprachen auch im Inland wirksam sein sollen,⁷

---

[1] Vgl. § 3 Abs. 1 GWB
[2] Vgl. § 5 Abs. 1 GWB
[3] Vgl. § 6 Abs. 1 GWB
[4] Vgl. § 4 GWB
[5] Vgl. § 8 GWB
[6] § 5 Abs. 2 GWB
[7] Vgl. § 6 Abs. 2 GWB

weil nur dadurch die erstrebte Wettbewerbsregelung auf den Auslandsmärkten sichergestellt wird. Ende 1974 bestanden 4 derartiger Kartelle.

(4) **Importkartelle,** die den Wettbewerb auf Auslandsmärkten regeln sollen, vorausgesetzt, daß sie den Wettbewerb im Inland nicht oder nur unwesentlich berühren.[1] Ende 1974 gab es 2 dieser Kartelle.

Nicht dem Gesetz gegen Wettbewerbsbeschränkungen unterliegen alle diejenigen Betriebe, auf die auf Grund ihrer Eigenart die marktwirtschaftlichen Prinzipien nicht oder nicht in vollem Umfange zutreffen, z. B. Bundesbahn und Bundespost, Betriebe der Energie- und Wasserversorgung, der Land- und Forstwirtschaft u. a. Für Kreditinstitute und Versicherungsunternehmungen gilt die Mißbrauchsregelung.

Die **vertikale Preisbindung** ist grundsätzlich verboten. Eine Ausnahme läßt § 16 GWB für Verlagserzeugnisse zu. Unverbindliche Preisempfehlungen können jedoch ausgesprochen werden, wenn es sich um Markenartikel handelt, zu ihrer Durchsetzung kein Druck angewendet und erwartet wird, daß der empfohlene Preis von der Mehrheit der Abnehmer auch gefordert wird.[2] Ein Markenartikel muß folgende Eigenschaften aufweisen: er muß von gleichbleibender oder verbesserter Güte sein und ein Firmen-, Wort- oder Bildzeichen tragen (Markenzeichen) . Wird mit unverbindlichen Preisempfehlungen Mißbrauch getrieben, kann das Bundeskartellamt sie für unzulässig erklären. Ein Mißbrauch liegt u. a. dann vor, wenn der empfohlene Preis in einer Mehrzahl von Fällen die tatsächlich geforderten Preise übersteigt.

Das Gesetz gegen Wettbewerbsbeschränkungen schließt – wie die Ausnahmebestimmungen zeigen – nicht jede Form der Kooperation zwischen Unternehmungen aus. Zur besseren Information über die zulässigen Formen der Zusammenarbeit hat das Bundeswirtschaftsministerium eine Zusammenstellung über die „Zwischenbetriebliche Zusammenarbeit im Rahmen des Gesetzes gegen Wettbewerbsbeschränkungen" (sog. **Kooperationsfibel)** herausgegeben. Diese Schrift erläutert die Möglichkeiten zwischenbetrieblicher Zusammenarbeit, die kartellrechtlich unbedenklich sind, wenn sie auf Rationalisierung und Leistungswettbewerb ausgerichtet sind. Aufgezählt werden insbesondere folgende Bereiche:
(1) Zusammenarbeit bei der Beschaffung und Auswertung von Informationen;
(2) Zusammenarbeit beim Einkauf;
(3) Zusammenarbeit bei der Produktion;
(4) Zusammenarbeit beim Vertrieb;
(5) Zusammenarbeit bei der kaufmännischen Verwaltung.

Ebenso wie in der Bundesrepublik Deutschland besteht auch in der **EWG** ein generelles Kartellierungsverbot. Art. 85 Abs. 1 EWGV verbietet grundsätzlich „alle Vereinbarungen zwischen Unternehmen, Beschlüsse von Unternehmensvereinigungen und aufeinanderabgestimmte Verhaltensweisen, welche den Handel zwischen den Mitgliedstaaten zu beeinträchtigen geeignet sind und eine Verhinderung, Einschränkung oder Verfälschung des Wettbewerbs innerhalb des gemeinsamen Marktes bezwecken oder bewirken, insbesondere

---
[1] Vgl. § 7 GWB
[2] § 38a GWB

256　*Zweiter Abschnitt. Der Aufbau des Betriebes*

a) die unmittelbare oder mittelbare Festsetzung der An- oder Verkaufspreise oder sonstiger Geschäftsbedingungen;
b) die Einschränkung oder Kontrolle der Erzeugung, des Absatzes, der technischen Entwicklung oder Investitionen;
c) die Aufteilung der Märkte oder Versorgungsquellen;
d) die Anwendung unterschiedlicher Bedingungen bei gleichwertigen Leistungen gegenüber Handelspartnern, wodurch diese im Wettbewerb benachteiligt werden;
e) die an den Abschluß von Verträgen geknüpfte Bedingung, daß die Vertragspartner zusätzliche Leistungen annehmen, die weder sachlich noch nach Handelsgebrauch in Beziehung zum Vertragsgegenstand stehen."

Art. 86 EWGV erweitert das Verbot auf die „mißbräuchliche Ausnutzung einer beherrschenden Stellung auf dem Gemeinsamen Markt". Ebenso wie das GWB sieht auch der EWG-Vertrag eine Anzahl von Ausnahmen von dieser generellen Verbotsregelung vor.

4. Die Besteuerung der Kartelle[1]

Eine steuerliche Problematik entsteht bei den Kartellen dadurch, daß einerseits die einzelnen Kartellmitglieder auf Grund ihrer rechtlichen Selbständigkeit steuerpflichtig sind, andererseits das Kartell als solches Gewinne und eigenes Betriebsvermögen haben kann und auf Grund seiner Rechtsform (z. B. der Form der GmbH) ebenfalls der Besteuerung unterliegt. Kartelle als solche verfolgen grundsätzlich keine eigenen Erwerbsziele, sondern haben ebenso wie die Genossenschaften die Absicht, ihren Mitgliedern wirtschaftliche Vorteile zu verschaffen, allerdings mit dem Unterschied, daß die Mitglieder eines Kartells stets selbständige Betriebe sind, die Mitglieder einer Genossenschaft dagegen auch Einzelpersonen (Haushalte) sein können. Bühler bezeichnet Kartelle (und Genossenschaften) als **Hilfsgesellschaften** und stellt fest, „daß diese Hilfsgesellschaften, wenn sie keine eigenen Erwerbsziele verfolgen, doch selbst nicht besteuert werden brauchen, weil ja das Ergebnis ihrer Tätigkeit sich in einer Steigerung der geförderten Unternehmung ausdrücken muß, also zu höheren Gewinnen bei diesen und damit (normalerweise) zu höheren Steuerleistungen von deren Seite führen muß."[2]

Trotz dieser Überlegungen konnte das Steuerrecht nicht auf eine Regelung der Besteuerung der Kartelle verzichten, da das Kartell zwar grundsätzlich die Absicht haben kann, alle erzielten Gewinne an die Mitglieder zu übertragen, weil es sich aber z. B. bei einem Verkaufssyndikat ergeben kann, daß Gewinne bei ihm stehen bleiben oder Vermögenswerte bei ihm angesammelt werden, die, wenn das Syndikat in der Form der GmbH geführt wird und damit Steuersubjekt ist, bei ihm zu versteuern sind, und im Falle späterer Abführung an die Mitglieder bei diesen noch einmal besteuert werden. Das Schachtelprivileg greift hier nicht ein, da es eine mindestens 25%ige Beteiligung voraussetzt und es gerade zum Wesen des Kartells gehört, daß finanzielle Verflechtungen nicht bestehen.

---
[1] Vgl. Wöhe, G., Betriebswirtschaftliche Steuerlehre, Bd. II, 1. Halbband, a.a.O., S. 255 ff.
[2] Bühler, O., Steuerrecht der Gesellschaften und Konzerne, 3. Aufl., Berlin und Frankfurt/M. 1956, S. 5

Eine Regelung der Kartellbesteuerung erfolgte in der **Kartellsteuerverordnung KartStV**) vom 20. 12. 1941,[1] die unter Berufung auf § 12 RAO vom Reichsfinanzminister erlassen wurde. Danach waren Kartelle und Syndikate, die ihren Sitz im Inland haben, ohne Rücksicht auf ihre Rechtsform persönlich unbeschränkt steuerpflichtig. Diese persönliche Steuerpflicht erstreckte sich auf die Körperschaftsteuer, die Vermögensteuer und die Gewerbesteuer. Trotz der persönlichen Steuerpflicht konnten die Kartelle aber nach dieser Verordnung ihre sachliche Steuerpflicht in weitem Umfang auf die Kartellmitglieder verlagern. Der BFH entschied jedoch in seinem Urteil vom 3. 7. 1974,[2] daß die Kartellsteuerverordnung rechtsunwirksam ist, weil sie in wesentlichen Teilen durch die Ermächtigungsvorschrift des § 12 RAO nicht gedeckt ist. Somit richtet sich die Besteuerung der Kartelle nach den allgemeinen steuerlichen Vorschriften.

V. Sonstige Unternehmenszusammenschlüsse

1. Der Trust

Die in Kartellen und Konzernen zusammengeschlossenen Betriebe bleiben nach außen hin, also rechtlich, selbständig. Der Trust dagegen hebt neben der kapitalmäßigen auch die rechtliche Selbständigkeit der vereinigten Betriebe auf, d. h. der Zusammenschluß erfolgt nicht nur durch gegenseitige Beteiligung oder einseitige Beherrschung, sondern er führt zur **Fusion** (Verschmelzung) von Betrieben und damit zur Bildung eines neuen Betriebes.

Gegenüber Kartellen und Konzernen hat der Trust den Vorteil, daß durch die völlige wirtschaftliche und rechtliche Verschmelzung eine wesentlich straffere Betriebsführung, insbesondere in produktionstechnischer Hinsicht, also z. B. bei Rationalisierungen, möglich ist als bei anderen Konzentrationsformen, bei denen auf die wirtschaftlichen Gegebenheiten der beteiligten Betriebe mehr oder minder Rücksicht genommen werden muß. Der Kapitalaufbau ist übersichtlicher, die Verwaltung vereinfacht, da nur noch ein Vorstand, ein Aufsichtsrat und eine Hauptversammlung bestehen.

Der Begriff Trust wird in der Literatur unterschiedlich umschrieben. Er wird in der Regel nur für Zusammenschlüsse verwendet, die zu einer außerordentlich großen Betriebsgröße führen. Vollziehen kleinere Betriebe eine Fusion, so spricht man gewöhnlich nicht von einem Trust, obwohl rechtlich und wirtschaftlich der gleiche Vorgang erfolgt ist.

Der Begriff Trust dient auch der Charakterisierung von Unternehmenszusammenschlüssen, die zu einer monopolähnlichen Marktstellung führen.[3]

2. Der Investmenttrust (Kapitalanlagegesellschaft)

Eine besondere Form des Trusts sind die Kapitalanlagegesellschaften. Mit dem oben dargestellten Trust haben sie nur den Namen gemein. Sie haben völlig andere Zielsetzungen. Sie erwerben Kapitalanteile (Aktien, Obligationen) anderer Betriebe, aber nicht, um einen herrschenden Einfluß auf die Führung dieser

---

[1] Vgl. RStBl. 1941, S. 953
[2] BStBl II S. 695
[3] Vgl. Grochla, E., Betriebsverbindungen, Berlin 1969, S. 214

Betriebe auszuüben, sondern um ihr Kapital, das sie durch Ausgabe von Wertpapieren (Investmentzertifikaten) vom breiten Publikum beschaffen, mit einer möglichst großen Risikostreuung für ihre Anteilseigner anzulegen. Sie haben also die Rolle eines Vermittlers zwischen kapitalsuchenden Betrieben und anlagesuchenden Sparern. Durch Anlage des Kapitals in vielen Wirtschaftszweigen mit unterschiedlicher Konjunkturempfindlichkeit usw. wollen die Investmentgesellschaften einen möglichst sicheren durchschnittlichen Gewinn erzielen.

Investmentzertifikate verbriefen also einen Anteil an einem Wertpapierfonds. Eine Investmentgesellschaft verwaltet in der Regel nicht nur einen, sondern mehrere Wertpapierfonds, die sich verschieden zusammensetzen und z. B. nur aus Aktien (FONDAK), nur aus Aktien einiger Großunternehmungen (FONDIS), aus Aktien und Obligationen (INVESTA) oder aus Wertpapieren ausländischer Gesellschaften bestehen.

Die Investmenttrusts haben im Gesetz über Kapitalanlagegesellschaften vom 16. 4. 1957[1] eine gesetzliche Regelung erfahren. Nach § 1 dieses Gesetzes werden Kapitalanlagegesellschaften als Unternehmungen definiert, „deren Geschäftsbereich darauf gerichtet ist, bei ihnen angelegtes Geld im eigenen Namen für gemeinschaftliche Rechnung der Einleger nach dem Grundsatz der Risikomischung in Wertpapieren gesondert von dem eigenen Vermögen anzulegen und über die hieraus sich ergebenden Rechte der Einleger (Anteilinhaber) Urkunden (Anteilscheine) auszustellen".

Kapitalanlagegesellschaften dürfen nur in der Rechtsform der Aktiengesellschaft oder der GmbH geführt werden. Ihr Nennkapital muß mindestens 500.000 DM betragen und voll eingezahlt sein. Kapitalanlagegesellschaften in der Rechtsform der GmbH müssen einen Aufsichtsrat haben.

Die bei einer Kapitalanlagegesellschaft gegen Gewährung von Anteilscheinen eingelegten Geldbeträge bzw. die dafür von der Gesellschaft erworbenen Wertpapiere sind einem (oder mehreren) Sondervermögen zuzuführen, mit dessen Verwahrung ein anderes Kreditinstitut (Depotbank) beauftragt werden muß. Eine breite Risikostreuung wird dadurch erreicht, daß ein Sondervermögen in der Regel nicht mehr als 5% Wertpapiere des gleichen Ausstellers enthalten darf.

3. Das Konsortium

Konsortien sind Unternehmenszusammenschlüsse auf vertraglicher Basis, die zur Durchführung bestimmter, genau abgegrenzter Aufgaben gebildet werden und sich nach Erfüllung der Aufgaben wieder auflösen. Sie haben also in der Regel nur eine relativ kurze Lebensdauer. Sie finden sich häufig in der Form von Bankenkonsortien. Mehrere Banken schließen sich zusammen, um beispielsweise die Aktien einer neu zu gründenden Aktiengesellschaft (oder Obligationen von Industriebetrieben oder Gebietskörperschaften) zu übernehmen. Dadurch wird z. B. die Gründung einer Aktiengesellschaft erheblich erleichtert und beschleunigt, da die Gesellschaft die Aktien nicht erst im Publikum unterbringen muß, sondern flüssige Mittel in Höhe des Aktienkapitals vom Konsortium zur Verfügung gestellt bekommt. Die Mitglieder des Konsortiums haben gewöhnlich nicht

---
[1] BGBl. I, S. 378

die Absicht, sich an der neugegründeten Gesellschaft zu beteiligen, sondern veräußern die übernommenen Aktien allmählich. Ist die Aufgabe des Konsortiums erfüllt, so löst es sich auf.

Es gibt auch Konsortien, die eine längere Lebensdauer haben. So kommt es vor, daß eine Gruppe von Aktionären, die eine Gesellschaft oder einen Konzern beherrscht, sich zu einem Konsortium zusammenschließt mit dem Ziel, das gemeinsame Aktienpaket, das die Beherrschung sichert, zusammenzuhalten und zu verhindern, daß ein einzelner Aktionär der Gruppe seine Aktien an eine andere Gruppe veräußert.[1]

Im Bereich der Industrie werden Konsortialverträge vor allem zum Zwecke der Risikoverteilung bei der Übernahme von Großaufträgen oder bei der Auswertung von Patenten abgeschlossen. Am häufigsten ist diese Zusammenschlußform in der Bauwirtschaft anzutreffen.

VI. Unternehmensverbände

Betriebe können ihre Gewinnsituation nicht nur durch Zusammenschlüsse zu verbessern suchen, durch die sie gemeinsam ihre Leistungserstellung und -verwertung rationalisieren, ihre Risiken vermindern oder eine Machtstellung erringen, sondern sie können sich auch zu Verbänden (Wirtschaftsfachverbände, Arbeitgeberverbände, Regionalverbände) vereinigen, die ihre gemeinsamen wirtschaftlichen Belange in der Öffentlichkeit gegenüber den Gesetzgebungs-, Regierungs- und Verwaltungsorganen, gegenüber den Arbeitnehmerverbänden, gegenüber der Politik anderer Verbände und internationaler Gemeinschaften (EWG) vertreten.

Daneben werden von Unternehmensverbänden „Teilaufgaben der zusammengeschlossenen Mitgliedunternehmungen koordiniert erfüllt",[2] die von ihnen an die Verbände delegiert werden und sich auf alle Hauptfunktionen des Betriebes beziehen können. Dazu gehören z. B. die Bereitstellung von Daten über Beschaffungs- und Absatzmärkte, Informationen über Rationalisierungs- und Finanzierungsmöglichkeiten, die Übernahme von Forschungsaufgaben, Vorschläge für einheitliche Kontenrahmen, Kostenrechnungsrichtlinien, Anleitungen für Betriebsvergleiche u. a.[3]

1. Wirtschaftsfachverbände

Die nach Wirtschaftszweigen gegliederten Wirtschaftsfachverbände sind als Arbeitsgemeinschaften, Hauptverbände, Gesamtverbände, Landesverbände, Bundesverbände und ähnlichen Bezeichnungen organisiert und in den Spitzenverbänden der deutschen Wirtschaft zusammengefaßt. Die Mitgliedschaft in den Fachverbänden ist freiwillig. Fachverbände und Spitzenverbände werden in der Regel in der Rechtsform des eingetragenen Vereins geführt.

---

[1] Vgl. Schmalenbach, E., Die Beteiligungsfinanzierung, 8. Aufl., Köln und Opladen 1954, S. 181
[2] Grochla, E., a. a. O., S. 49
[3] Vgl. Grochla, E., a. a. O., S. 52

Zu den bedeutendsten Spitzenorganisationen zählen der Bundesverband der Deutschen Industrie (BDI), der Gesamtverband des Deutschen Groß- und Außenhandels, die Hauptgemeinschaft des Deutschen Einzelhandels und der Bundesverband des Privaten Bankgewerbes.

Im **Bundesverband der Deutschen Industrie** (Sitz Köln) sind rund 40 zentrale Fachverbände zusammengeschlossen (z. B. der Verband der Automobilindustrie, Frankfurt/M.; der Verband der Chemischen Industrie, Frankfurt/M.; die Wirtschaftsvereinigung Eisen- und Stahlindustrie, Düsseldorf; der Verband Deutscher Schiffswerften, Hamburg; der Hauptverband der Deutschen Schuhindustrie, Düsseldorf; der Gesamtverband der Textilindustrie, Frankfurt a/M.). Seine Aufgaben bestehen einerseits in der Vertretung der Interessen der deutschen Industrie nach außen in wirtschafts- und steuerpolitischen Fragen, andererseits in der Information und Beratung der zusammengefaßten Fachverbände im Innenverhältnis, z. B. in Fragen der Steigerung der Wirtschaftlichkeit und der Rationalisierung und in der Bereitstellung von Daten über Beschaffungs- und Absatzmärkte und über Finanzierungsmöglichkeiten.

Entsprechend sind in der **Hauptgemeinschaft des Deutschen Einzelhandels** die Fachverbände des Einzelhandels vereinigt, die die Belange der Einzelhandelsbetriebe vertreten. Analog zum BDI nimmt die Hauptgemeinschaft die Interessen des gesamten Einzelhandels nach außen wahr. Die Beratung der einzelnen Betriebe läßt sie durch die „Betriebswirtschaftliche Beratungsstelle für den Einzelhandel GmbH" durchführen.

Den Wirtschaftsfachverbänden der gewerblichen Wirtschaft entsprechen im Bereich des Handwerks die **Innungen**. Sie sind regionale Zusammenschlüsse, die die gemeinsamen Interessen selbständiger Handwerker des gleichen Handwerks oder solcher Handwerke, die sich fachlich und wirtschaftlich nahestehen, fördern. Für jedes Handwerk kann innerhalb eines Bezirks nur eine Innung gebildet werden. Der Innungsbezirk soll sich in der Regel mit einem Stadt- oder Landkreis decken.[1] Handwerksinnungen sind Körperschaften des öffentlichen Rechts.

Die Handwerksinnungen, die in einem Stadt- und Landkreis ihren Sitz haben, bilden die Kreishandwerkerschaft.[2] Die Innungen sind in Landesinnungsverbänden, diese wiederum auf Bundesebene im Zentralfachverband (Bundesinnungsverband) zusammengeschlossen, der die fachliche Gliederung des Handwerks nach oben abschließt. Die Zentralfachverbände bilden zusammen die Vereinigung der Zentralfachverbände.

2. Kammern

Eine besondere Gattung der Unternehmensverbände sind die Kammern. Nach dem Kreis der in einer Kammer zusammengeschlossenen Unternehmen ist zwischen Industrie- und Handelskammern (IHK), die die Interessen der gewerblichen Wirtschaft eines Bezirks vertreten, und Handwerkskammern zu unterscheiden, die die Interessenvertretung der Handwerksbetriebe eines Kammerbezirks sind.

---

[1] Vgl. § 52 HandwO
[2] Vgl. § 86 HandwO

Grochla charakterisiert die Kammern als Unternehmensverbände mit langfristiger Aufgabenstellung, „die universelle Teilaufgaben von hoher Mittelbarkeit zu den Aufgaben der zusammengeschlossenen Unternehmungen auf regionaler Ebene koordiniert erfüllen. Sie sind Zwangsverbände, deren Pflichtmitglieder jeweils die Unternehmungen eines räumlichen Bereichs (Kammerbezirk) sind, und treten korporativ in der Rechtsform der Körperschaft des öffentlichen Rechts auf".[1]

Die Rechtsgrundlage der 81 im Bundesgebiet und in West-Berlin bestehenden **Industrie- und Handelskammern** ist das Gesetz zur vorläufigen Regelung des Rechts der Industrie- und Handelskammern vom 18. 12. 1956,[2] zu dessen Ergänzung und Ausführung die Länder eigene Gesetze erlassen haben. Nach § 2 dieses Gesetzes sind Kammerzugehörige alle Einzelunternehmungen, Handelsgesellschaften und juristische Personen des privaten und öffentlichen Rechts, die im Kammerbezirk eine gewerbliche Niederlassung, Betriebsstätte oder Verkaufsstelle unterhalten, sofern sie zur Gewerbesteuer veranlagt sind. Angehörige freier Berufe oder land- und forstwirtschaftliche Betriebe sind nur dann zur Mitgliedschaft verpflichtet, wenn sie im Handelsregister eingetragen sind. Natürliche oder juristische Personen, die mit einem Hauptbetrieb in die bei der Handwerkskammer geführte Handwerksrolle eingetragen sind, können jedoch freiwillig der Industrie- und Handelskammer beitreten.

Die **Finanzierung** der Industrie- und Handelskammern erfolgt durch Beiträge der Kammerzugehörigen. Die Beiträge werden gemäß einer Beitragsordnung als Umlagen auf der Grundlage der festgesetzten Gewerbesteuermeßbeträge sowie als einheitliche Grundbeiträge erhoben.[3]

Die **Organe** der Industrie- und Handelskammern sind die Vollversammlung, deren Mitglieder nach einer Wahlordnung von den Kammerzugehörigen gewählt werden. Die Vollversammlung wählt aus ihrer Mitte den Präsidenten und die von der Satzung zu bestimmende Zahl von weiteren Mitgliedern des Präsidiums.[4] Die Vollversammlung bestellt den Hauptgeschäftsführer.[5]

Die **Aufgaben** der Industrie- und Handelskammern regelt § 1 des Gesetzes zur vorläufigen Regelung des Rechts der Industrie- und Handelskammern. Die wichtigsten Aufgaben sind:
(1) das Gesamtinteresse der ihnen zugehörigen Gewerbetreibenden ihres Bezirks wahrzunehmen;
(2) für die Förderung der gewerblichen Wirtschaft zu wirken und dabei die wirtschaftlichen Interessen einzelner Gewerbezweige oder Betriebe abwägend und ausgleichend zu berücksichtigen;
(3) durch Vorschläge, Gutachten und Berichte die Behörden zu unterstützen und zu beraten;

---

[1] Grochla, E., a. a. O., S. 65
[2] BGBl. I S. 920
[3] Vgl. § 3 Abs. 3 des Gesetzes zur vorläufigen Regelung des Rechts der Industrie- und Handelskammern
[4] Vgl. § 6 Abs. 1 des Gesetzes zur vorläufigen Regelung des Rechts der Industrie- und Handelskammern
[5] Vgl. § 7 Abs. 1 des Gesetzes zur vorläufigen Regelung des Rechts der Industrie- und Handelskammern

(4) Anlagen und Einrichtungen, die der Förderung der gewerblichen Wirtschaft oder einzelner Gewerbezweige dienen, zu begründen, zu unterhalten und zu unterstützen;
(5) Maßnahmen zur Förderung und Durchführung der kaufmännischen und gewerblichen Berufsausbildung unter Beachtung der geltenden Rechtsvorschriften, insbesondere des Berufsbildungsgesetzes, zu treffen;
(6) Ursprungszeugnisse und andere dem Wirtschaftsverkehr dienende Bescheinigungen auszustellen.

Die Industrie- und Handelskammern sind im **Deutschen Industrie- und Handelstag (DIHT)** als Spitzenverband zusammengefaßt. Er vertritt die Interessen der gewerblichen Wirtschaft auf überregionaler Basis. Seine Aufgaben bestehen vor allem in

(1) der Förderung und Sicherung der Zusammenarbeit der Industrie- und Handelskammern,
(2) der Vertretung und Durchsetzung der Belange der gesamten gewerblichen Wirtschaft gegenüber der Gesetzgebung und den Instanzen des Bundes,
(3) der Repräsentation der deutschen Wirtschaft aller Stufen und Branchen und ihrer regionalen Gliederungen,
(4) der Zusammenarbeit mit den Industrie- und Handelskammern des Auslandes.

Für den Bereich des Handwerks entsprechen die 45 **Handwerkskammern** im Bundesgebiet und in West-Berlin den Industrie- und Handelskammern. Zu einer Handwerkskammer gehören nach § 90 Abs. 2 des Gesetzes zur Ordnung des Handwerks (Handwerksordnung) in der Fassung vom 28. 12. 1965[1] die selbständigen Handwerker und die Inhaber handwerksähnlicher Betriebe des Handwerkskammerbezirks sowie die Gesellen und Lehrlinge dieser Gewerbetreibenden. Die Handwerkskammern werden von der obersten Landesbehörde errichtet; diese bestimmt deren Bezirk, der sich in der Regel mit dem der höheren Verwaltungsbehörde decken soll.[2]

Die **Organe** der Handwerkskammer sind die Mitgliederversammlung (Vollversammlung), der Vorstand und die Ausschüsse. Die Vollversammlung setzt sich aus gewählten Mitgliedern zusammen, von denen ein Drittel Gesellen sein müssen. Sie wählt den Vorstand. Auch in diesem Organ muß ein Drittel der Mitglieder Gesellen sein. Außerdem muß einer der beiden Stellvertreter des Vorstandsvorsitzenden (Präsidenten) ein Geselle sein.

Neben der allgemeinen **Aufgabe** der Förderung der Interessen der Handwerker haben die Handwerkskammern insbesondere die Handwerksrolle zu führen, die Berufsausbildung zu regeln, Prüfungsordnungen für die einzelnen Handwerke zu erlassen (Gesellenprüfung, Meisterprüfung), für die technische und betriebswirtschaftliche Fortbildung der Meister und Gesellen zu sorgen, Ursprungszeugnisse und andere Bescheinigungen auszustellen u. a.

Die Handwerkskammern sind auf Landesebene im **Handwerkstag** (Handwerkerbund) zusammengeschlossen. Die Spitzenorganisation aller Handwerkskammern auf Bundesebene ist der **Deutsche Handwerkskammertag**.

---

[1] BGBl. 1966 I, S. 1
[2] Vgl. § 90 Abs. 3 HandwO

Die Spitzenvertretung des Gesamthandwerks ist der **Zentralverband des Deutschen Handwerks (ZDH)**.

3. Arbeitgeberverbände

Zu den Unternehmensverbänden zählen auch die Arbeitgeberverbände. Sie bildeten sich bereits in der zweiten Hälfte des letzten Jahrhunderts als Gegenpol zu den Gewerkschaften. Sie waren anfangs reine Interessenverbände der Unternehmer und hatten zunächst die Aufgabe, den Forderungen der Gewerkschaften nach höheren Löhnen, Tarifverträgen, Verkürzung der Arbeitszeit usw. zu begegnen.

Die Arbeitgeberverbände schlossen sich im Jahre 1913 in der „Vereinigung der Deutschen Arbeitgeberverbände" als Spitzenverband zusammen. Im Jahre 1933 wurden sie aufgelöst. Erst nach der Entstehung der Bundesrepublik konnten sie wieder gegründet werden.

Ihre Aufgabenstellung hat sich seitdem erweitert. Zu den ihnen von ihren Mitgliedern übertragenen lohnpolitischen und arbeitsrechtlichen Aufgaben kommen u. a. folgende sozialpolitischen Aufgaben hinzu: „Fragen der Berufsausbildung und Fortbildung, der Altersversorgung, der Vertretung der Unternehmerinteressen bei der Sozialgesetzgebung, der Mitwirkung bei der Selbstverwaltung der Sozialversicherungsträger und der Öffentlichkeitsarbeit."[1]

Die Zusammenschlüsse der Unternehmer zu Arbeitgeberverbänden erfolgen sowohl auf **fachlicher** als auch auf **regionaler** Ebene. Die Mitgliedschaft ist freiwillig. Die Rechtsform ist teils der eingetragene Verein, teils der nicht rechtsfähige Verein.

Den Spitzenverband der Arbeitgeberverbände bildet die **„Bundesvereinigung der Deutschen Arbeitgeberverbände"**. Ihre Abteilungsgliederung zeigt zugleich die Fülle der den Arbeitgeberverbänden von den Unternehmern übertragenen Aufgaben:
- Arbeitsrecht und arbeitsrechtliche Gesetzgebung
- Lohn- und Tarifpolitik
- Volkswirtschaftliche und statistische Grundsatzfragen
- Arbeitswissenschaft und Arbeitstechnik
- Arbeitsmarkt, Arbeitsvermittlung, Arbeitslosenversicherung, Arbeitslosenhilfe, Frauenarbeit, Berufsausbildung und Berufsfortbildung
- Sozialpolitische Bildungs- und Jugendarbeit
- Sozialversicherung und betriebliche Sozialfürsorge
- Soziale Betriebsgestaltung
- Nachrichtenorgane, Presse, Öffentlichkeitsarbeit
- Internationale Sozialpolitik.[2]

---

[1] Grochla, E., a. a. O., S. 61
[2] Vgl. Grochla, E., a. a. O., S. 62

D. Die Wahl des Standorts als Entscheidungsproblem

I. Überblick über das Standortproblem

Die Wahl des Standorts ist eine der unternehmerischen Entscheidungen, die ebenso wie die oben behandelte Wahl der Rechtsform oder der Form des Unternehmenszusammenschlusses den Aufbau des Betriebes mitbestimmen. Sie ist eine **Entscheidung mit langfristiger Wirkung,** die unter Umständen – insbesondere bei Großbetrieben – nicht mehr revidiert werden kann. Wie bei allen seinen Entscheidungen, so muß der Unternehmer auch bei der Wahl des Standorts, die bei der Gründung oder Verlegung eines Betriebes oder bei der räumlichen Ausgliederung oder Angliederung von Betriebsstätten erfolgt, seine Entscheidung so treffen, daß er auf lange Sicht gesehen den größtmöglichen Gewinn, also die größtmögliche Differenz zwischen Erträgen und Aufwendungen erzielen kann. Da es sowohl Aufwendungen als auch Erträge gibt, die an verschiedenen Standorten unterschiedlich sind (z. B. Transportkosten, Arbeitslöhne, Grundstückspreise, Mieten, Steuerbelastung und Absatzmöglichkeiten), kann das Gewinnmaximum nur erreicht werden, wenn der Betrieb den Standort wählt, an dem ceteris paribus die **Differenz zwischen standortbedingten Erträgen und standortabhängigen Aufwendungen die größtmögliche** ist. Bei der Ermittlung dieser Differenz ist nicht vom (erwarteten) Bruttogewinn des Betriebes, sondern vom (erwarteten) Nettogewinn auszugehen, der nach Abzug der gewinnabhängigen Steuern verbleibt, da auch diese Steuern – wie z. B. die Gewerbeertragsteuer – standortabhängig sein können, d. h. ein gegebener Bruttogewinn an verschiedenen Standorten einer unterschiedlichen Steuerbelastung unterworfen werden kann.

Bei der Überlegung, welcher Ort für einen Betrieb der optimale Standort ist, muß eine Vielzahl von Faktoren berücksichtigt werden, die miteinander in Konkurrenz stehen. Die Wahl des Standorts ist immer ein Problem des Abwägens von Kostenvorteilen und Absatzvorteilen. Die betriebswirtschaftliche und die volkswirtschaftliche Standorttheorie haben sich mit diesen sog. Standortfaktoren beschäftigt. Die Standorttheorie fand ihre erste systematische Darstellung in dem 1909 erschienenen Werk „Über den Standort der Industrien" von **Alfred Weber,** der auch den **Begriff des Standortfaktors** prägte.[1] Weber versteht unter einem Standortfaktor „einen seiner Art nach scharf abgegrenzten Vorteil, der für eine wirtschaftliche Tätigkeit dann eintritt, wenn sie sich an einem bestimmten Ort oder auch generell an Plätzen bestimmter Art vollzieht."[2]

Als Standortfaktoren eines Industriebetriebes sieht er nur die Höhe der **Arbeitskosten,** die Höhe der **Transportkosten** und die **Agglomeration** an. Örtliche Unterschiede in den Materialkosten führt er auf unterschiedliche Transportkosten zurück. Der Betrieb ist also nach Weber entweder arbeitsorientiert, dann nämlich, wenn die Ersparnis an Arbeitskosten am Ort der niedrigsten Löhne

---

[1] Vgl. Weber, A., Über den Standort der Industrien, 1. Teil, Reine Theorie des Standorts, Tübingen 1909

[2] Weber, A., a.a.O., S. 16

D. Die Wahl des Standorts

größer ist als die Ersparnis an Transportkosten am Ort der niedrigsten Materialpreise, oder er ist transportorientiert, wenn der Kostenvorteil bei den Transportkosten gegeben ist.

Weber berücksichtigt vor allem die **Kostenseite** des Standortproblems; er vernachlässigt dagegen die Absatzseite. Das liegt vermutlich zum Teil darin begründet, daß Weber sich mit dem Standort von Industriebetrieben und nicht von Einzelhandelsbetrieben beschäftigt hat. Beim Industriebetrieb wird aber die Absatzseite bereits mit dem Transportkostenproblem berücksichtigt, denn die Höhe des Nettoerlöses (= Umsatz abzüglich Transportkosten) richtet sich bei einheitlichen Ab-Werk-Preisen allein nach den Transportkosten. Der Industriebetrieb kann in der Regel durch die Standortwahl zwar die Kosten der Produktion und des Transports, nicht aber die Nachfrage nach seinen Produkten beeinflussen. Beim Einzelhandelsbetrieb dagegen wird der Absatz entscheidend vom Standort bestimmt (z. B. Standort in der Hauptgeschäftsstraße der City oder einer Nebenstraße der Vorstadt).

Betrachtet man den Standort als den optimalen, an dem der Betrieb mit den niedrigsten Kosten arbeitet, so werden die **Gewinnsteuern** bei der Standortüberlegung völlig außer acht gelassen. Darüber hinaus wird durch die Nichtbeachtung der Absatzseite bei der Standortwahl die Entstehung des Erlöses und damit die zweite Komponente, die neben den Kosten für die Ermittlung des Gewinns erforderlich ist, nicht beachtet. Der optimale Standort liegt aber – wie oben erwähnt – nicht dort, wo die geringsten Kosten entstehen, sondern dort, wo der **größtmögliche Nettogewinn** (Gewinn nach Abzug der Steuern) erzielt werden kann.

Die moderne Standorttheorie hat den Mangel der Vernachlässigung des Absatzproblems, der nicht nur bei Weber, sondern auch in späteren Untersuchungen über den Standort des Betriebes zu finden ist, beseitigt.[1]

Nicht alle Betriebe sind in der Wahl ihres Standortes frei. Für bestimmte Wirtschaftszweige ist der Standort **geographisch vorgegeben**, z. B. für den Bergbau, den Schiffsbau, für Wasserkraftwerke usw. Andere Betriebe wählen ihren Standort nicht nach wirtschaftlichen, sondern nach **persönlichen** Gesichtspunkten. Manche Betriebe bedürfen einer **Konzession** eines Hoheitsträgers (z. B. Spielbanken). Für bereits bestehende Betriebe ergeben sich wirtschaftliche Restriktionen, wenn infolge veränderter wirtschaftlicher Verhältnisse ein anderer Standort optimal wäre, die Kosten der Verlegung des Betriebes aber höher sind als die am neuen Standort erwarteten Zusatzgewinne.

Die einzelnen Faktoren, die die Wahl des Standortes beeinflussen, können miteinander in Konkurrenz stehen. So sind z. B. an einer Stelle besonders günstige Arbeitskosten (niedrige Löhne), dafür aber schlechte Verkehrsbedingungen und somit hohe Transportkosten für Rohstoffe und Fertigfabrikate gegeben; oder die Absatzmöglichkeiten sind an einem Ort ungünstig, während andererseits die Transportkosten für das Material besonders niedrig sind. Die Konkurrenz der Standortfaktoren veranlaßt den Betrieb, die Produktions- und Vertriebskosten

---

[1] Vgl. insbesondere: Behrens, K. Chr., Allgemeine Standortbestimmungslehre, Köln und Opladen 1961. Behrens unterscheidet zwischen Orientierung nach dem Gütereinsatz (Beschaffung und Transformation) und nach dem Absatz (Absatzpotential und Absatzkontakte).

an verschiedenen zur Wahl stehenden Standorten zu schätzen. Der günstigste Standort ist dann der, der den größtmöglichen Gewinn, also die bestmögliche Verzinsung des eingesetzten Kapitals ermöglicht.

Für Betriebe, deren Standortwahl weder geographischen noch rechtlichen noch wirtschaftlichen noch persönlichen Beschränkungen unterliegt, stellt sich die Frage nach dem optimalen Standort meist **in vierfacher Form**. Zunächst muß vor allem im Hinblick auf steuerliche Unterschiede die Entscheidung getroffen werden, ob der Betrieb im Inland oder im Ausland gegründet werden soll (**internationale Standortwahl**). Danach ist die Frage zu beantworten, an welcher Stelle innerhalb der Volkswirtschaft der Betrieb errichtet werden soll (**interlokale Standortwahl**). Ist das geklärt, hat man sich also z. B. für eine bestimmte Stadt entschieden, so ergibt sich die Frage nach dem günstigsten Standort innerhalb der Stadt (**lokale Standortwahl**). Schließlich tritt das Problem des Standortes noch einmal innerhalb des Betriebes bei der Anordnung der einzelnen Betriebsabteilungen auf (**innerbetriebliche Standortwahl**).

Die Fragen des innerbetrieblichen Standortes sollen hier nicht weiter verfolgt werden. Sie sind eine Angelegenheit der speziellen Betriebswirtschaftslehren. Im Industriebetrieb ist das innerbetriebliche Standortproblem vor allem ein Problem der innerbetrieblichen Transportkosten. Die Anordnung der einzelnen Abteilungen muß so erfolgen, daß c. p. die Transportkosten auf ein Minimum herabgedrückt werden, da vermeidbare innerbetriebliche Transportleistungen völlig unproduktiv sind. Im Warenhaus ist die Anordnung der einzelnen Abteilungen teils ein Verkehrsproblem (man wird die Abteilungen, die am stärksten besucht werden, in das Erdgeschoß legen, um den Käuferstrom nicht durch das ganze Haus lenken zu müssen), teils ein Absatz- und Werbeproblem (man wird auf dem Wege zu den am häufigsten nachgefragten Waren weniger gängige oder noch nicht eingeführte Artikel anbieten).

II. Entscheidungskriterien bei der Standortwahl

Die wesentlichsten Faktoren, die für die interlokale und lokale Standortwahl von Bedeutung sind, sollen im folgenden besprochen werden. Eine eingehende Behandlung der Probleme der internationalen Standortwahl ist im Rahmen dieser Einführung nicht möglich. Wir beschränken uns bei der Behandlung der Besteuerung als Standortfaktor auf einige Hinweise auf die Bedeutung des internationalen Steuergefälles für die Standortwahl.

1. Materialorientierung (Rohstofforientierung)

Von Materialorientierung (Rohstofforientierung) spricht man dann, wenn sich der Standort nach den billigsten **Transportkosten** für die Beschaffung der für die Produktion erforderlichen Roh-, Hilfs- und Betriebsstoffe richtet. Den Transportkosten kommt eine besondere Bedeutung zu, wenn zur Produktion mehr Rohstoffe benötigt werden, als im Endprodukt enthalten sind. Man bezeichnet solche Stoffe als **Gewichtsverlustmaterial**, im Gegensatz zum **Reingewichtsmaterial**, das zu 100% in das Endprodukt eingeht (z. B. Edelmetalle in der Schmuckwarenindustrie). Allerdings dürfen auch beim Reingewichtsmaterial die Transportkosten nicht ganz außer acht gelassen werden, da z. B. die Tarife der Bundesbahn für den Transport von Massengütern niedriger als für den Transport von hochwertigen Fertigfabrikaten sind. Verarbeitet eine Maschinenfabrik Stahl ohne nennenswerten Gewichtsverlust am Ort des Stahlwerkes, so werden die **Transporttarife** für eine produzierte Maschine zum Absatzort höher sein als die Tarife für den Transport der gleichen Gewichtsmenge von unverarbeitetem Stahl zum Absatzort, wenn die Maschinenfabrik sich an diesem Ort befindet.

Die Kohle ist z. B. ein 100%iges Gewichtsverlustmaterial, beim Eisenerz ist der prozentuale Gewichtsverlust je nach der Qualität der Erze unterschiedlich. Deshalb wird in der Regel, wenn Kohle und Erz nicht im gleichen Raum vorkommen, das Erz zur Kohle transportiert; so werden z. B. schwedische Eisenerze, die sehr hochwertig sind, zur Verhüttung ins Ruhrgebiet und lothringische Eisenerze ins Saarland gebracht.

Die Orientierung nach dem Fundort der Stoffe, insbesondere der Kohle, der vor der Entdeckung der Elektrizität eine noch größere Bedeutung als heute zukam, hat zur Bildung großer Industriegebiete geführt. Auf relativ engem Raum erfolgte sowohl eine Zusammenballung von Betrieben des gleichen Wirtschaftszweiges, also eine horizontale Konzentration, als auch eine Vertikalgliederung als Folge der Materialorientierung; so orientiert sich die Roheisengewinnung nach der Kohle, das Walzwerk nach dem Hüttenwerk, die Maschinenfabrik nach dem Walzwerk usw. Typische Beispiele sind das Ruhrgebiet, das saarländische, oberschlesische, sächsische, mittelenglische, lothringische und belgische Industriegebiet.

Die Folge dieser Konzentration von Schwerindustrie und der dadurch bedingten großen Bevölkerungsdichte in diesen Gebieten ist, daß andere Wirtschaftszweige, die absatzorientiert oder arbeitsorientiert sind, sich ebenfalls in den betreffenden Räumen ansiedeln, so z. B. die Zulieferindustrien der materialorientierten Wirtschaftszweige, die absatzorientierte Konsumgüterindustrie usw.

Die relativ einseitige Inanspruchnahme des Arbeitsangebots durch die Schwerindustrie führte in den Industrierevieren zu einem Überangebot an billigeren weiblichen Arbeitskräften, die insbesondere die Textilindustrie anlockte. Beispiele dafür sind vor allem Mittelengland (Manchester), das Rheinland, das sächsische Industriegebiet um Chemnitz und Zwickau u. a. Die Konzentration von Betrieben auf engem Raum hat ein besonders hochentwickeltes Verkehrsnetz zur Folge; die günstigen Verkehrsbedingungen locken wiederum andere Betriebe an, so daß die **Agglomeration** sich immer mehr verstärkt.

Die Agglomerationstendenz hat sich in letzter Zeit durch einen starken Mangel an Arbeitskräften in den Ballungszentren abgeschwächt. Insbesondere arbeitsintensive Wirtschaftszweige sind in zunehmendem Maße gezwungen, sich in Gebieten niederzulassen, wo die Industrialisierung bisher wenig fortgeschritten ist.

2. Arbeitsorientierung

Für arbeitsintensive Betriebe spielt der Faktor Arbeitskosten eine entscheidende Rolle. Während früher die Frage der Arbeitsorientierung allein ein Problem der

Orientierung **nach den niedrigsten Löhnen** war, ist sie heute in zunehmendem Maße auch ein Problem der Orientierung nach Orten, wo überhaupt noch Arbeitskräfte zur Verfügung stehen.

Da seit der Entdeckung der Elektrizität und der Erfindung des Elektromotors eine Orientierung zum Antriebsstoff Kohle nicht mehr erforderlich ist, bestand bei arbeitsintensiven Betrieben die Tendenz, Standorte in kleinen Gemeinden zu suchen, da hier die **Tariflöhne der niedrigsten Ortsklasse** gezahlt werden, also für den Betrieb ein Kostenvorteil bei dem Produktionsfaktor eintritt, der am stärksten ins Gewicht fällt (z. B. optische Industrie, Textilindustrie, Spielwaren- und Musikinstrumentenindustrie). Entscheidend ist, daß der Vorteil der geringeren Arbeitskosten nicht durch erhöhte Transportkosten des Materials kompensiert wird. Dem arbeitsintensiven Großbetrieb können bei der Wahl kleinerer Orte zusätzliche Kosten für die Herbeiholung der Arbeitskräfte aus einem größeren Umkreis entstehen, wodurch ein Teil des Kostenvorteils der billigeren Tarife wieder aufgehoben werden kann.

Der Arbeitskräftemangel hat zur Folge, daß die tatsächlichen Löhne heute zum Teil erheblich **über den Tariflöhnen** liegen. Außerdem ist eine Differenzierung der Löhne nach Gemeindegrößenklassen durch Aufhebung bzw. Vereinheitlichung der Ortsklassen in den Tarifverträgen bereits in weitem Umfange beseitigt worden.

Arbeitermangel in Industriegebieten kann unter Umständen zur Arbeitsorientierung zwingen. So sind in den letzten Jahren der Hochkonjunktur Betriebserweiterungen am bisherigen Standort oft aus Mangel an Arbeitskräften gescheitert, und die Betriebe wurden gezwungen, obwohl sie ihrem Wesen nach gar keine arbeitsorientierten Standorte haben, Zweigniederlassungen an Orten zu errichten, die die nötigen Arbeitskräfte zur Verfügung stellen konnten. Dabei entstehen nicht nur keine Arbeitskostenvorteile, sondern müssen häufig noch andere Standortnachteile (z. B. höhere Transportkosten) hingenommen werden.

Da Arbeitskraftreserven oft nur in relativ kleinen Orten in wenig erschlossenen Gebieten anzutreffen sind, entsteht für die Betriebe bei Gründung von Zweigwerken ein weiteres Problem mit dem Faktor Arbeit: die Schwierigkeit, qualifizierte Führungskräfte zu veranlassen, in Orten ihren Arbeitsplatz und Wohnsitz zu nehmen, die im Hinblick auf das Angebot komfortabler Wohnungen, von kulturellen Leistungen, Schulen, Sportanlagen u. a. mit größeren Orten nicht konkurrieren können. Der geringe „**Freizeitwert**" derartiger Standorte muß unter Umständen durch erheblich höhere Gehälter oder Zulagen kompensiert werden, damit überhaupt Führungskräfte gewonnen werden können.

Nicht immer sind nur die niedrigen Löhne Ursache der Arbeitsorientierung gewesen, sondern teilweise auch das räumlich konzentrierte **Angebot von Spezialarbeitskräften**. Bestimmte handwerkliche Fertigkeiten finden sich in einzelnen Gebieten und werden seit Generationen weitervererbt, z. B. Glasbläserei im Thüringer Wald; hier ist sogar eine weitere Spezialisierung in einzelnen Orten zu beobachten, z. B. auf Christbaumschmuck, auf Herstellung von Thermometern oder von Glasspielwaren. Andere Beispiele sind die Schmuckherstellung im Raum von Pforzheim und im Raum von Gablonz bzw. nach der

Vertreibung der Deutschen aus diesem Gebiet im Raum von Kaufbeuren, die Lederwarenherstellung in Offenbach, die Schuhproduktion im Raum von Pirmasens.

3. Abgabenorientierung

a) Innerstaatliches Steuergefälle als Standortfaktor

Es ist relativ leicht einzusehen, daß es auf Grund der Verschiedenheit der Steuersysteme der einzelnen Staaten, die eine Folge der unterschiedlichen wirtschaftlichen und staatspolitischen Entwicklung ist, ein steuerliches Standortgefälle im internationalen Bereich gibt. Weniger wahrscheinlich erscheint es auf den ersten Blick, daß ein solches Gefälle im nationalen Bereich möglich ist, da hier nach dem Grundsatz der Gleichmäßigkeit der Besteuerung die Steuergesetze theoretisch an jedem Ort des Staates gleichmäßig zur Anwendung gelangen müßten.

Wenn aber auch im nationalen Bereich die Besteuerung einen Einfluß auf die Wahl des Standortes erlangen kann, so ist das ein Zeichen dafür, daß entweder der Staat mit Hilfe der Steuerpolitik eine bestimmte **Standortpolitik** betreiben will, d. h. daß er durch räumlich begrenzte Steuervorteile die Ansiedlung von Betrieben in den begünstigten Gebieten fördern oder die Abwanderung aus diesen Gebieten verhindern will, oder daß es dem Steuergesetzgeber nicht gelungen ist, bzw. auf Grund der Verfassung nicht gelingen kann, die Steuergesetze so zu gestalten, daß sie dem **Prinzip der Gleichmäßigkeit der Besteuerung** entsprechen und innerhalb des Staatsgebietes ein Steuergefälle verhindert wird, durch das bestimmte Standorte steuerlich begünstigt, andere relativ benachteiligt werden. Das kann z. B. der Fall sein, wenn eine steuerliche Gesetzesnorm zwar für das gesamte Bundesgebiet einheitlich gilt, die Finanzhoheit und Verwaltung der Steuern aber auf Bund, Länder und Gemeinden aufgeteilt sind und beispielsweise die Länder von der Möglichkeit von Ermessensentscheidungen bei der Ermittlung der Steuerbemessungsgrundlagen unterschiedlich Gebrauch machen, oder aber, wenn – wie z. B. bei den Realsteuern – die Gemeinden das Recht haben, nach ihrem Finanzbedarf **Hebesätze** für die bundeseinheitlich geregelten Gemeindesteuern festzusetzen. Das Steuergefälle zwischen verschiedenen Standorten ist dann nicht eine Folge gezielter steuerpolitischer Maßnahmen, sondern eine Folge des Steuersystems.

Es lassen sich also **drei Gruppen** von standortbedingten Steuerdifferenzierungen in der Bundesrepublik unterscheiden:[1]
(1) Steuerdifferenzierungen, die durch das Steuersystem bedingt sind;
(2) Steuerdifferenzierungen, die eine Folge dezentraler Finanzverwaltung sind;
(3) Steuerdifferenzierungen, die durch die Steuerpolitik geschaffen werden.

Ein typisches Beispiel für die erste Gruppe ist die **Gewerbesteuer**. Ein Steuergefälle von einer Gemeinde zu einer anderen kann nicht nur durch Anwendung **unterschiedlicher Hebesätze** entstehen, sondern auch durch die **Lohnsummensteuer,** die nur in einem Teil der Gemeinden erhoben wird und insbesondere die arbeitsintensiven Betriebe bei der Standortwahl beeinflußt.

Das durch die Lohnsummensteuer hervorgerufene Steuergefälle wird durch drei Tatbestände bestimmt:

[1] Vgl. Wöhe, G., Betriebswirtschaftliche Steuerlehre, Bd. II, 1. Halbband, a.a.O., S. 285ff.

(1) Ein Teil der Gemeinden in der Bundesrepublik erhebt die Lohnsummensteuer, ein anderer Teil erhebt sie nicht;
(2) die Gemeinden, die die Lohnsummensteuer erheben, verwenden zum Teil unterschiedliche Hebesätze, die etwa zwischen 100 und 1100% schwanken. Der gewogene Durchschnittshebesatz der Lohnsummensteuer liegt etwa bei 780%;
(3) in einzelnen Ländern der Bundesrepublik wird die Lohnsummensteuer auf die Steuerschuld aus der Gewerbesteuer nach Ertrag und Kapital angerechnet.

Die zweite Gruppe von standortbedingten Steuerdifferenzierungen verdankt ihre Entstehung der Tatsache, daß die Finanzverwaltungen der Länder bei der Auslegung der Steuergesetze die vom Gesetzgeber eingeräumten **Ermessensspielräume** unterschiedlich anwenden. Das trifft insbesondere bei der Anerkennung von Abschreibungssätzen, bei der Abgrenzung zwischen Betriebsausgaben und Privatentnahmen, bei den Anforderungen an die Ordnungsmäßigkeit der Buchführung und bei der Gewährung von Steuererlaß nach § 131 AO und Steuerstundung nach § 127 AO zu. Dabei ist zu beobachten, daß in der Regel die finanzstarken Länder, die im Rahmen des Finanzausgleichs Zahlungen an finanzschwache Länder zu leisten haben, viel großzügiger gegenüber dem Steuerpflichtigen sind.

Als Beispiele für die dritte Gruppe seien die **Steuervergünstigungen für Westberlin** und die Ostgrenzgebiete genannt. Die im Berlinförderungsgesetz normierten Berliner Steuerpräferenzen bestehen vor allem in Vergünstigungen bei der Einkommen-, Körperschaft- und Umsatzsteuer. Wohl in keinem anderen Fall hat sich der Einfluß der Besteuerung auf die Entscheidung über den Standort so deutlich gezeigt wie bei den Berliner Steuerpräferenzen, durch die nicht nur eine Abwanderung von Betrieben aus Berlin verhindert wurde, sondern zeitweilig sogar eine Zuwanderung von Zweigbetrieben aus der Bundesrepublik eingetreten ist. Allerdings ist der Umfang der Steuervergünstigungen aus politischen Gründen auch so außergewöhnlich hoch, daß er viele konkurrierende wirtschaftliche (und politische) Standortfaktoren übertrifft.

b) Zwischenstaatliches Steuergefälle als Standortfaktor

Die Steuersysteme der einzelnen Staaten weisen Unterschiede auf, auch wenn eine Anzahl von Steuern, wie beispielsweise die Einkommensteuer, die Körperschaftsteuer, die Vermögensteuer, die Umsatzsteuer und gewisse spezielle Verbrauchsteuern, in den meisten modernen Staaten erhoben werden. Diese Verschiedenheiten ergeben sich aus der unterschiedlichen historischen Entwicklung der nationalen Steuersysteme, die eine Folge einer unterschiedlichen wirtschaftlichen und staatspolitischen Entwicklung ist. Infolgedessen gibt es Staaten, in denen die Besteuerung der Betriebe vergleichsweise niedrig ist und andere, in denen sie relativ hoch ist. Staaten mit relativ niedriger Steuerbelastung (sog. „**Steuerparadiese**" oder „**Steueroasen**") haben zweifellos als Standort für Betriebe bzw. für Zweigbetriebe oder auch lediglich als Sitz ihrer Verwaltungen eine gewisse Anziehungskraft.

Grundsätzlich haben Inländer – also natürliche Personen, die einen Wohnsitz oder ihren gewöhnlichen Aufenthalt im deutschen Inland haben oder Gesell-

D. Die Wahl des Standorts

schaften, deren Geschäftsleitung oder Sitz im deutschen Inland liegt – keinen Vorteil aus dem internationalen Steuergefälle, weil sie als unbeschränkt Steuerpflichtige ihr gesamtes, also auch ihr im Ausland erzieltes Einkommen in der BRD versteuern müssen (**Welteinkommensprinzip**); im Einklang mit den im kontinentalen Bereich bestehenden Konventionen des internationalen Steuerrechts sehen die von der BRD abgeschlossenen **Doppelbesteuerungsabkommen** (DBA) jedoch ausnahmslos vor, daß Einkünfte aus Gewerbebetrieb nur in dem Land zu besteuern sind, in dessen Gebiet das Unternehmen seine Betriebsstätte unterhält. Diese „**Freistellungsmethode**" hat zur Folge, daß ein Betrieb, der eine Zweigniederlassung in einem niedrig besteuernden DBA-Land hat, mit den Teilen seines Gewinns, die er in der ausländischen Zweigniederlassung erzielt, nur der niedrigeren Auslandsteuer unterliegt und folglich die Differenz zwischen der niedrigeren Auslandsteuer und der höheren Inlandsteuer erspart.

Das Steuergefälle zwischen der BRD und niedrig besteuernden Ländern kann darüberhinaus insbesondere dadurch gezielt ausgenutzt werden, daß in derartigen Ländern Kapitalgesellschaften gegründet werden, auf die normalerweise im Inland entstehende Einkünfte und genutzte Vermögenswerte verlagert und damit der unbeschränkten Steuerpflicht entzogen werden. Derartige Gesellschaften werden als **Basisgesellschaften** bezeichnet, weil sie als steuerbegünstigte Basis für die internationale Geschäfts- und Investitionstätigkeit eingesetzt werden.

Steuerbegünstigte ausländische Standorte können beispielsweise zu folgenden Zwecken gewählt werden:

(1) Ein inländisches Unternehmen schaltet eine von ihm beherrschte Basisgesellschaft als **Einkaufsgesellschaft** für ausländische Rohstoffe oder Betriebsmittel ein, von der es zu höheren Preisen als beim Direkteinkauf beim ausländischen Lieferanten bezieht. Folglich sind die Aufwendungen im Inland höher und die Gewinne entsprechend niedriger, weil ein Teil des Gewinns bei der Basisgesellschaft auf den Zwischenhandel verbleibt und somit der deutschen Besteuerung entzogen wird.

(2) Ein inländisches Unternehmen schaltet eine von ihm beherrschte Basisgesellschaft als **Vertriebsgesellschaft** für die im Inland produzierten Leistungen ein und liefert an diese Gesellschaft zu möglichst niedrigen Verrechnungspreisen. Ein Teil des Gewinns entsteht folglich bei der Basisgesellschaft und wird der deutschen Besteuerung entzogen.

(3) Ein inländisches Unternehmen, das Betriebsstätten oder Tochtergesellschaften in hoch besteuernden Ländern unterhält, bringt diese Betriebsstätten oder Beteiligungen in eine **Holding-Gesellschaft** in einem niedrig besteuernden Land ein.

(4) Ein inländisches Unternehmen überträgt seinen **Wertpapierbesitz** auf eine Basisgesellschaft in einem niedrig besteuernden Land und entzieht damit die Einkünfte aus diesen Wertpapieren der unbeschränkten Steuerpflicht.

(5) Ein inländisches Unternehmen bringt **Patente** in eine Basisgesellschaft ein. Die Lizenzgebühren scheiden damit aus der unbeschränkten Steuerpflicht aus.

(6) Ein inländisches Unternehmen bringt Patente in eine Basisgesellschaft ein und schließt, da es das Patent selbst verwerten will, mit der Basisgesellschaft (**Patentverwertungsgesellschaft**) einen Lizenzvertrag ab. Die gezahlten

Lizenzgebühren vermindern als Betriebsausgaben den Gewinn des inländischen Unternehmens und fallen als Gewinn bei seiner Basisgesellschaft an. Diese Wahlmöglichkeiten sind z. T. durch neuere Doppelbesteuerungsabkommen und das **Außensteuergesetz** eingeschränkt worden.[1]

Das Außensteuergesetz hat folgende Ziele:
(1) eine „ungerechtfertigte" Abspaltung von in der BRD erzielten Gewinnen international verbundener Unternehmen zu verhindern (Art. 1 § 1 AStG), indem stets eine Gewinnberichtigung vorgesehen ist, wenn innerhalb international verflochtener Unternehmen Rechtsgeschäfte vereinbart werden, die von denen abweichen, die unabhängige Dritte untereinander vereinbart hätten;
(2) eine befristete Erweiterung der beschränkten Steuerpflicht für Auswanderer in Niedrigsteuerländer, um eine „gleichmäßigere und gerechtere" Besteuerung der im Inland befindlichen Steuerquellen zu erreichen (Art. 1 §§ 2-5 AStG);
(3) die Gewinnrealisierung und die Besteuerung von wesentlichen Beteiligungen beim Umzug ins Ausland (Art. 1 § 6 AStG);
(4) Durchgriff der inländischen Steuerhoheit (Gewinnzurechnung) auf die Gewinne unbeschränkt Steuerpflichtiger aus bestimmten qualifizierten Beteiligungen an sog. ausländischen Zwischengesellschaften (Art. 1 §§ 7-14 AStG);
(5) Regelungen zu Verbesserungen der steuerlichen Wettbewerbslage bei Auslandsinvestitionen (internationales Schachtelprivileg).

4. Kraftorientierung (Energieorientierung)

Die Kraftorientierung spielt heute keine wesentliche Rolle mehr. An die Stelle der Wasserkraft als Antriebskraft ist die Elektrizität getreten, die – von geringfügigen Tarifunterschieden abgesehen – praktisch überall zu den gleichen Kosten bezogen werden kann. Der Elektromotor hat bereits Ende des letzten Jahrhunderts die Dampfmaschine als Antriebsmaschine verdrängt und damit vor allem für kleine und mittlere Betriebe eine Standortwahl ermöglicht, bei der die Kosten des Transports von Kohle als Energiequelle keine Rolle mehr spielen.

5. Verkehrsorientierung

Bestimmte Betriebe sind verkehrsorientiert und bevorzugen die großen Umschlagplätze (Hafenstädte), daneben auch Verkehrsknotenpunkte oder Umladeplätze vom Land- zum Binnenschiffverkehr. Hierher gehören z. B. der Baumwollhandel, die Kaffeeröstereien und Kaffee- und Tabakwarenversandgeschäfte, der Getreidehandel u. a. Die Verkehrsorientierung ergibt sich aus dem Streben nach Minimierung der Transportkosten. Verkehrsbetriebe sind nicht verkehrsorientiert, sondern absatzorientiert: sie wählen die Standorte, an denen die größte Nachfrage nach Verkehrsleistungen besteht.

6. Absatzorientierung

Nach den optimalen Absatzmöglichkeiten orientieren sich vor allem der Groß- und Einzelhandel und bestimmte Wirtschaftszweige, die einen engen Kontakt

---
[1] Außensteuergesetz vom 8. 9. 1972, BGBl. I, S. 1713.

D. Die Wahl des Standorts

mit den Absatzgebieten haben müssen, da ihre Absatzmöglichkeiten relativ eng begrenzt sind, z. B. Nahrungsmittelbetriebe, Brauereien, Baugewerbe u. a. Hat ein Betrieb nach Abwägung aller zu beachtenden Faktoren die Auswahl des Standortes innerhalb der Volkswirtschaft getroffen und sich für einen Ort entschieden, so stellt sich das Standortproblem für ihn ein zweites Mal: bei der Wahl der zur Verfügung stehenden räumlichen Möglichkeiten innerhalb der Stadt tauchen neue Probleme auf: Grundstückkosten bzw. Ladenmiete, Ausdehnungsmöglichkeiten, Verkehrsverhältnisse (z. B. Gleisanschluß), polizeiliche Vorschriften (Abwässer, Abgase, Lärm usw.). Während Industriebetriebe allein schon auf Grund der benötigten Fläche sich in der Regel am Rande der Stadt ansiedeln, sind die Bedingungen bei Handelsbetrieben völlig andere. Beim Einzelhandel spielt der Absatz die entscheidende Rolle, die Raumkosten kommen erst an zweiter Stelle.

Die Art der angebotenen Waren ist für die Standortwahl im Einzelhandel von besonderer Bedeutung. Man unterscheidet zwischen Geschäften, die Waren des täglichen Bedarfs (z. B. Lebensmittel), und Geschäften, die Waren des periodisch (Kleidung) oder aperiodisch (Möbel) wiederkehrenden Bedarfs anbieten.

Erstere sind relativ gleichmäßig über die ganze Stadt verteilt. Sie **meiden die Konkurrenz**, ihr Absatz ist auf ein relativ kleines Gebiet, oft nur auf wenige Straßen oder Häuserblocks beschränkt. Der Gewinn ist gering. Folglich sind diese Betriebe nicht in der Lage, die hohen Ladenmieten im Zentrum der Stadt zu bezahlen. Die in den letzten Jahren immer geringer werdende Trennung der Sortimente verschärft die Konkurrenzbedingungen dieser Betriebe immer mehr. So bietet neben dem Bäcker auch das Lebensmittelgeschäft Brot – meist von einer Brotfabrik – an, der Bäcker seinerseits verkauft Schokolade, Zigaretten, Kaffee, Dosenmilch usw.

Zu einer zunehmenden Verdrängung von kleinen Einzelhandelsbetrieben trägt die Errichtung von **Supermärkten** bei. Diese bieten neben den auf Grund ihrer hohen Umsätze niedrig kalkulierten Preisen den Vorteil, dem Kunden durch ihr breites Sortiment lange Einkaufswege zu ersparen. Ihr Warensortiment erlaubt es ihnen, sich außerhalb der Stadtzentren an verkehrsgünstigen Punkten anzusiedeln. Sie stellen für ihre Kunden ausreichende Parkplätze zur Verfügung. Dazu sind alteingesessene Einzelhandelsbetriebe in den für den Verkehr zu eng gewordenen Straßen nicht mehr in der Lage. Während in früheren Zeiten der Lebensmitteleinzelhandel hauptsächlich die Funktion der Vorratshaltung ausübte und der tägliche Bedarf an Lebensmitteln auch nahezu ausnahmslos täglich gedeckt wurde, sind nunmehr die Haushalte selbst, um Preisvorteile der Supermärkte nutzen zu können, in weit stärkerem Maße zur Vorratshaltung übergegangen.

Einzelhandelsbetriebe, die einen nur in größeren Abständen wiederkehrenden Bedarf decken, wählen den Standort nach anderen Gesichtspunkten aus. Die von ihnen angebotenen Waren unterliegen der Mode. Der Konsument will, bevor er sich zum Kauf entschließt, sich einen möglichst umfassenden Überblick über das Angebot verschaffen, er will vergleichen und prüfen. Deshalb sind derartige Geschäfte „konkurrenzsuchend", sie wählen die Hauptgeschäftsstraßen zum Standort, auch wenn sie ein Vielfaches an Ladenmiete oder für das Grundstück gegenüber anderen Lagen bezahlen müssen. Liegen sie sehr weit abseits, so werden sie, wenn sie nicht durch besondere Preisvorteile oder besonders intensive Werbung (erhöhte Kosten!) ihren Standortnachteil ausgleichen, kaum beachtet und werden nur einen geringen Absatz haben. Die Hauptgeschäftsstraße bildet sich dort, wo der stärkste Publikumsverkehr vorbeigeht. Ist sie entstanden, so wirkt sie zusätzlich anziehend auf den Verkehr. Der Konkurrenzkampf wird hier besonders scharf geführt; das hat eine Verdrängung der weniger leistungsfähigen Betriebe in ungünstigere Lagen mit geringeren Raumkosten bzw. eine Verdrängung vom Erdgeschoß in höhere Etagen zur Folge.

Da ein bestimmter Standort Vorteile und Nachteile hat, versuchen große Betriebe, den Nachteilen dadurch auszuweichen, daß sie eine **Dezentralisierung** durchführen, indem sie z. B. die Produktion oder die Lagerhaltung einerseits und den Vertrieb andererseits räumlich trennen. Manche Betriebe bilden auch Produktionsfilialen, die entweder gleichartig, also horizontal gegliedert sind, wobei sowohl absatzpolitische Überlegungen als auch besonders günstige Arbeitskosten ausschlaggebend sein können, oder auch vertikal aufgeteilt werden können, indem verschiedene Produktionsstufen nach dem bei ihnen vorherrschenden Standortfaktor gelegt werden. Große Einzelhandelsbetriebe haben in der Hauptgeschäftsstraße häufig nur ihren Verkaufsladen, das Lager und die Verwaltung dagegen in Nebenstraßen oder am Stadtrand, wo die Raumkosten geringer sind.

Zur Festigung und Vertiefung des Lehrstoffes zum Zweiten Abschnitt:

Der Aufbau des Betriebes

empfiehlt es sich, die Aufgaben 1 bis 44 mit den zugehörigen Test- und Wiederholungsfragen aus Wöhe-Kaiser-Döring, **ÜBUNGSBUCH** zu Wöhe, Einführung in die Allgemeine Betriebswirtschaftslehre, S. 24 bis 70 durchzuarbeiten.

Dritter Abschnitt
Die Produktion

I. Der Begriff der Produktion

Der Begriff „Produktion" wird sowohl im täglichen Sprachgebrauch als auch in der betriebswirtschaftlichen Literatur mit unterschiedlichem Inhalt verwendet. Man kann drei verschieden weite Begriffsbestimmungen unterscheiden.

(1) Im weitesten Sinne versteht man unter „Produktion" **jede Kombination von Produktionsfaktoren.** Das bedeutet eine Gleichsetzung von Produktion und Betriebsprozeß. Die Produktion umschließt dann sämtliche betrieblichen Funktionen, denn alle diese Funktionen erfordern eine Kombination von Produktionsfaktoren. Zum Begriff „Produktion" in diesem Sinne gehören: Finanzierung, Beschaffung, Transport, Lagerhaltung, Fertigung, Verwaltung, Vertrieb und Kontrolle.

(2) Wir halten es für zweckmäßig, den Begriff „Produktion" enger zu fassen und nur die **betriebliche Leistungserstellung** in die Begriffsbestimmung einzubeziehen. Unter Leistungserstellung soll verstanden werden:
a) die Gewinnung von Rohstoffen in Gewinnungsbetrieben;
b) die Herstellung von Erzeugnissen in Fertigungsbetrieben;
c) die Bearbeitung von Rohstoffen und Fabrikaten in Veredelungsbetrieben und
d) die Ausführung von Dienstleistungen durch Dienstleistungsbetriebe.[1]

Der Begriff Produktion umschließt dann folgende Grundfunktionen: Beschaffung, Transport, Lagerhaltung und Fertigung, ferner Verwaltung und Kontrolle dieser Bereiche. Absatz und Finanzierung gehören nicht dazu, sondern stellen neben der Leistungserstellung eigene betriebliche Teilbereiche dar.

(3) Im engsten Sinne wird der Begriff „Produktion" mit dem Begriff **„Fertigung"** gleichgesetzt. Insbesondere im täglichen Sprachgebrauch denkt man bei dem Wort Produktion in erster Linie an die industrielle Fertigung und verbindet damit nicht die Vorstellung einer Leistungserstellung durch Dienstleistungsbetriebe (z. B. Handels-, Verkehrs-, Bank- und Versicherungsbetriebe). Wir halten diese Begriffsbestimmung für zu eng und bezeichnen mit Produktion den Prozeß der betrieblichen Leistungserstellung.

Die Produktion stellt einen Teilbereich des gesamten Betriebsprozesses dar. Ein zweiter Teilbereich ist die **Leistungsverwertung**, d. h. der **Absatz** der gewonnenen, veredelten und produzierten Güter. Ebenso wie die Leistungserstellung umfaßt auch die Leistungsverwertung eine Anzahl betrieblicher Grundfunktionen. Neben dem Vertrieb gehören Lagerhaltung, Transport, Verwaltung, Marktforschung, Werbung und Kontrolle dazu. Aus der Aufzählung wird ersichtlich, daß verschiedene Funktionen sowohl in den Bereich der Produktion als auch in den Bereich des Absatzes gehören. So betrifft die **Lagerhaltung** im Zusammenhang mit der Leistungserstellung die Lagerung der beschafften Roh-,

---

[1] Vgl. Gutenberg, E., Grundlagen, Bd. I, a. a. O., S. 1 f.

Hilfs- und Betriebsstoffe, die im Fertigungsprozeß umgeformt, bearbeitet oder verbraucht werden; im Zusammenhang mit der Leistungsverwertung bezieht sich die Lagerhaltungsfunktion auf die Lagerung der Fertigfabrikate, die am Markt abgesetzt werden sollen.

Die **Transportfunktion** umfaßt im Bereich der Leistungserstellung den Transport der Werkstoffe vom Beschaffungsmarkt zum Lager und den innerbetrieblichen Transport vom Lager zur Fertigung und von Fertigungsstelle zu Fertigungsstelle. Im Bereich der Leistungsverwertung handelt es sich um den Transport vom Fertigungsfabrikatelager zur Versandabteilung und um den Transport (Versand) der Fabrikate an den Abnehmer. Auch Verwaltung und Kontrolle betreffen sowohl den Bereich der Leistungserstellung als auch der Leistungsverwertung.

Leistungserstellung und -verwertung wären aber nicht denkbar, wenn der Betrieb nicht über entsprechende finanzielle Mittel verfügen würde, mit denen der gesamte Betriebsprozeß finanziert wird. Die **Finanzierung** und **Investition**, d. h. die Beschaffung von Geldmitteln und ihre Bindung in Vermögenswerten (Maschinen, Werkzeugen, Finanzanlagen u. a.), stellen deshalb einen eigenen, den dritten betrieblichen Teilbereich dar.[1]

Da es nicht das Ziel des Betriebes ist, die Menschen mit bestimmten Gütern zu versorgen, sondern in erster Linie den größtmöglichen Gewinn zu erreichen, der Prozeß der betrieblichen Leistungserstellung und -verwertung also nur Mittel zu diesem Zweck ist, so kommt keinem dieser drei betrieblichen Teilbereiche ein Vorrang zu. Alle drei Bereiche müssen genau aufeinander abgestimmt sein, wenn der maximale Gewinn erzielt werden soll. Die Produktion wäre zwecklos, wenn der Absatz der produzierten Leistungen nicht gesichert wäre, da nur über den erfolgreichen Absatz der Rückfluß der eingesetzten finanziellen Mittel mit einer möglichst hohen Verzinsung erfolgen kann. Andererseits sind die besten Absatzmöglichkeiten ohne Bedeutung, wenn nicht die erforderlichen Finanzierungsmöglichkeiten für die Produktion erschlossen werden können.

II. Beschaffung und Lagerhaltung

1. Begriff und Wesen

Jeder Betrieb ist in doppelter Weise mit anderen Wirtschaftseinheiten verbunden: einmal als Nachfrager nach Produktionsfaktoren (Arbeit, Betriebsmittel, Werkstoffe) und nach Geldkapital über den **Beschaffungsmarkt,** zum zweiten als Anbieter von Sachgütern und Dienstleistungen über den **Absatzmarkt.** Die Beschaffung aller Güter, Dienste und Rechte, die der Betrieb zur Durchführung des Produktionsprozesses benötigt, gehört zu den betrieblichen Grundfunktionen, d. h. zu den Haupttätigkeitsgebieten des Betriebes. Als **Beschaffung** bezeichnet man alle Tätigkeiten des Betriebes, die die Gewinnung der Mittel zum Ziele

---

[1] Die Dreiteilung des betrieblichen Prozesses in Leistungserstellung, Leistungsverwertung und finanzielle Sphäre geht auf Gutenberg zurück (vgl. Gutenberg, E., Grundlagen, Bd. I, a. a. O., S. 2).

II. Beschaffung und Lagerhaltung

haben, deren sich der Betrieb zur Realisierung seiner gesetzten Zwecke bedient. Da die Beschaffung der verschiedenen Arten von Produktionsfaktoren und der Geldmittel sehr unterschiedliche Probleme aufwirft, ist es nicht sinnvoll, alle diese Fragen in einem Kapitel zu behandeln, sondern es ist zweckmäßiger, sie voneinander zu trennen, so wie auch im Betriebe die einzelnen Beschaffungsstellen auf Grund ihrer völlig anders gearteten Aufgaben organisatorisch voneinander getrennt sind.

In jedem Betriebe sind mindestens **drei Beschaffungsstellen** vorhanden:

(1) Die Beschaffung oder besser gesagt Einstellung und Bereitstellung von Arbeitskräften ist Aufgabe der **Personalabteilung**. Auf einige hierbei auftretende Probleme wurde bereits bei der Besprechung des Produktionsfaktors Arbeit hingewiesen.

(2) Die Beschaffung der finanziellen Mittel (Kapitalbeschaffung) obliegt der **Finanzabteilung** des Betriebes, die bei kleineren Betrieben in den Händen der Geschäftsleitung liegen wird. Die Probleme und Formen der Kapitalbeschaffung werden im fünften Abschnitt ausführlich behandelt.[1]

(3) Die Beschaffung der Werkstoffe (Roh-, Hilfs- und Betriebsstoffe, Einzelteile), der Waren und der Maschinen, maschinellen Anlagen und Werkzeuge erfolgt durch die **Einkaufsabteilung** des Betriebes. Die Beschaffung von Dienstleistungen (Steuer-, Werbe-, Betriebs-, Rechtsberatung usw.) wird im allgemeinen von der Betriebsleitung bzw. von den betroffenen Abteilungen vorgenommen, d. h. aus dem Bereich der Einkaufsabteilung ausgegliedert. Auf die Fragen, die mit der Beschaffung der genannten Sachgüter zusammenhängen, wollen wir uns im folgenden beschränken. Sie gehören in den Bereich der Produktion.

Der Begriff **Einkauf** wird enger gefaßt als der Begriff Beschaffung und bezieht sich nur auf die Beschaffung von Werkstoffen und Betriebsmitteln, schließt dagegen nicht die Beschaffung des Kapitals und der Arbeitskräfte ein. Der Begriff Einkauf ist allerdings für unsere Zwecke etwas zu eng, da die Beschaffung von Sachgütern nicht immer durch Einkauf auf dem Beschaffungsmarkt erfolgt, sondern – z. B. bei Maschinen und Werkzeugen – auch durch Erstellung im eigenen Betrieb oder durch Lieferung von Konzernbetrieben durchgeführt werden kann.

Nur in den seltensten Fällen werden die beschafften Güter sofort im Produktionsprozeß verbraucht, verarbeitet oder – wenn es sich um Waren handelt – wieder abgesetzt. Gewöhnlich erfolgt zunächst eine **Lagerung**, da eine mengenmäßige und zeitliche Abstimmung zwischen Beschaffung und Fertigung bzw. beim Handelsbetrieb zwischen Einkauf und Absatz in der Regel wirtschaftlich nicht sinnvoll und organisatorisch nicht möglich ist. Das Lagerproblem tritt beim Industriebetrieb mehrfach auf. Hier werden Lager für Roh-, Hilfs- und Betriebsstoffe und Fertigteile vor der Fertigung (Werkstofflager), Lager von Halbfabrikaten während der Fertigung (Zwischenlager) und Lager von Fertigfabrikaten (Verkaufslager) nach der Fertigung gebildet. Das Lagerproblem steht also in Verbindung mit der Beschaffungs-, Fertigungs- und Absatzfunktion.

---

[1] Vgl. S. 564 ff.

Beim Handelsbetrieb stellt sich das Lagerproblem nur einmal im Zusammenhang mit der Abstimmung von Beschaffung und Absatz.

2. Beschaffungs- und Lagerplanung

a) Die Bedarfsplanung

Wie bei allen betrieblichen Tätigkeiten, so muß auch bei der Beschaffung eine genaue Planung erfolgen. Sie hat das Ziel, zu erreichen, daß die für die Durchführung des Betriebsprozesses **erforderlichen Mengen an Gütern in der benötigten Art und Qualität termingerecht zur Verfügung stehen,** damit der geplante Produktionsprozeß (bei Industriebetrieben) oder der Verkauf (bei Handelsbetrieben) keine Unterbrechung oder Störung erleidet. Der Beschaffungsplan ist Teil des Gesamtplanes des Betriebes und muß mit den übrigen Teilplänen genau abgestimmt werden. Er baut auf dem Fertigungsplan auf, da er die Bereitstellung der Produktionsfaktoren ermöglichen soll, die zur Realisierung des Fertigungsplanes benötigt werden, und beeinflußt den Finanzplan, da in diesem die finanziellen Mittel enthalten sein müssen, die zur Beschaffung erforderlich sind.

Bei der Beschaffungsplanung ist zu beachten, daß nicht nur die günstigsten Preise, Liefer- und Zahlungsbedingungen durch Auswahl der geeigneten Lieferanten erzielt werden, sondern daß neben den Beschaffungskosten auch die Lager- und Zinskosten in die Rechnung einbezogen werden. Die Beschaffung einer großen Menge, die den Bedarf des Betriebes evtl. für mehrere Monate deckt, zu einem besonders günstigen Preis (Mengenrabatt!) ist dann von Nachteil, wenn die Kosten der Lagerung und Verzinsung höher sind als der durch den Großeinkauf erzielte Mengenrabatt. Die wichtigste Aufgabe der Beschaffungsplanung ist deshalb die Ermittlung der **optimalen Bestellmenge.**[1] Sie ist das Ergebnis der mengen- und zeitmäßigen Abstimmung des Bedarfs, der Beschaffungskosten und der Lager- und Zinskosten.

Die Beschaffungsplanung setzt sich aus verschiedenen Teilplanungen zusammen. Grundlage und Voraussetzung zur Durchführung einer Beschaffungsplanung ist die **Ermittlung des Bedarfs,** den die einzelnen Betriebsabteilungen an Werkstoffen und Betriebsmitteln haben. Im Industriebetrieb baut eine derartige Bedarfsplanung auf der Fertigungsplanung auf, im Handelsbetrieb erfolgt sie auf der Grundlage des erwarteten Absatzes, der auf Grund der Erfahrungen der Vergangenheit und der Einschätzung der Zukunftsentwicklung, über die an Hand von Marktanalysen oder Marktbeobachtungen mehr oder weniger genaue Unterlagen vorliegen können, geschätzt wird. Die Genauigkeit der Bedarfsermittlung hängt wesentlich von der Differenzierung des Fertigungsprogramms und der Art der Fertigung ab. Betriebe mit Massen-, Sorten- und Serienfertigung arbeiten gewöhnlich nicht auf Grund von Kundenaufträgen, sondern auf Vorrat für den Markt. Die Produktionsmenge wird auf der Basis des erwarteten Absatzes und der verfügbaren Kapazität geplant. Je kleiner die Zahl der Artikel des Fertigungsprogramms ist, je weniger Materialarten, Einzelteile, Werkzeuge usw. für den einzelnen Artikel gebraucht werden und je größer die Auflage ist, d. h. je

---

[1] Vgl. S. 283 ff.

II. Beschaffung und Lagerhaltung 279

seltener Produktionsumstellungen erfolgen, desto einfacher und genauer ist die Bedarfsplanung.

Bei der **Einzelfertigung**, die gewöhnlich Auftragsfertigung ist, macht die Bedarfsplanung erheblich größere Schwierigkeiten, da der Absatz nur grob geschätzt werden kann, der Betrieb aber bei plötzlich eingehenden Aufträgen in der Lage sein muß, diese Aufträge kurzfristig auszuführen. Folglich muß sich hier die Beschaffungsplanung auch auf die **Lagerhaltung** erstrecken. Das Risiko wird noch größer, wenn Kundenaufträge eingehen, die zu Neukonstruktionen führen, für die der Material- und Werkzeugbedarf vorher nicht bekannt ist.[1]

Die Errechnung des Bedarfs im Fertigungsbereich erfolgt an Hand von Stücklisten (z. B. im Maschinenbau, Fahrzeugbau, der Elektroindustrie u. a.) oder Rezepten (in der chemischen Industrie, der Papierindustrie usw.) oder auf Grund von Schätzungen. Die **Stückliste** ist eine Aufstellung sämtlicher für die Erzeugung eines Produktes oder eines Auftrages erforderlichen Einzelteile. Der Stückliste kommt nicht nur eine Bedeutung im Rahmen der Arbeitsvorbereitung für die Fertigungsplanung und die Materialbedarfsrechnung zu, sie ist auch eine wichtige Unterlage für die Vor- und Nachkalkulation. Die einzelnen Materialarten sind gewöhnlich mit Materialnummern versehen, aus denen Art und Qualität der benötigten Stoffe zu ersehen sind. In den Stücklisten sind dann lediglich die Nummern, bei genormtem Material die Normbezeichnungen und die Mengenangaben enthalten. Diese Mengenangaben müssen von der Einkaufsabteilung vielfach erst umgerechnet werden, da sie oft nicht in handelsüblichen Mengeneinheiten ausgedrückt sind. So wird der Bedarf an Stahlblech in der Stückliste z. B. in qm angegeben, aber in kg oder t eingekauft.[2] Der Bedarf an Hilfsstoffen wird in den meisten Betrieben auf Grund von Erfahrungswerten früherer Perioden unter Berücksichtigung von geplanten Beschäftigungsänderungen geschätzt.

b) Die Vorratsplanung[3]

Die Bedarfsplanung liefert der Einkaufsabteilung für die Aufstellung des Beschaffungsplanes Unterlagen darüber, welche Güter in welchen Mengen und Qualitäten zu welchen Zeitpunkten zur Verfügung stehen müssen, wenn keine Störungen im Produktionsprozeß auftreten sollen. Es handelt sich also um **mengenmäßige** Angaben. Im Beschaffungsplan muß aber noch eine Reihe anderer Faktoren berücksichtigt werden. Nur in den seltensten Fällen wird es möglich sein, Beschaffung und Verbrauch so aufeinander abzustimmen, daß immer nur die Mengen beschafft werden, die auch sofort verbraucht werden. Gewöhnlich ist eine bestimmte Lagerhaltung unumgänglich, da von der Bestellung bis zur Lieferung eine bestimmte Zeit verstreicht, da besonders lange Lieferfristen bestehen können oder ein Lieferant in Verzug geraten kann, da Transportschwierigkeiten auftreten können, da die Bedarfsmengen nur geschätzt werden können, da mit Änderungen des Beschäftigungsgrades gerechnet werden muß und da

---

[1] Vgl. Reddewig, G., Dubberke, H.-A., Einkaufsorganisation und Einkaufsplanung, Wiesbaden 1959, S. 57.
[2] Vgl. Reddewig, G., Dubberke, H.-A., a. a. O., S. 64.
[3] Vgl. hierzu: Grochla, E., Materialwirtschaft, Wiesbaden 1958, S. 32 ff.

nicht zuletzt die Beschaffung in großen Mengen für längere Zeiträume wirtschaftlicher sein kann.

Die Beschaffungsplanung wird auf Grund des Bedarfsplanes prüfen, inwieweit der Bedarf aus den vorhandenen Lagern gedeckt werden kann und inwieweit eine Auffüllung oder Vergrößerung der Lagerbestände erforderlich wird. Es tritt also zur Bedarfsermittlung für die laufende Produktion noch eine **Lager- oder Vorratsplanung** hinzu. Dabei geht es in erster Linie darum, die optimale, d. h. pro Einheit kostenminimale Bestellmenge und damit den **optimalen Lagerbestand** zu ermitteln. Hierzu müssen mehrere Faktoren optimal aufeinander abgestimmt sein. Der Lagerbestand muß so bemessen sein, daß erstens der geplante Produktionsprozeß (beim Handelsbetrieb der laufende Absatz) von der Beschaffungsseite her keinerlei Störungen unterliegt, und daß zweitens die Kosten pro Einheit der Beschaffungsmenge, die sich aus Beschaffungskosten (Preis + Nebenkosten), Lagerkosten, Zinskosten und Kosten der Lagererschöpfung (Stillstandskosten von Produktionsfaktoren, entgangener Gewinn) zusammensetzen, ein Minimum erreichen.

Um einen störungsfreien Ablauf des Betriebsprozesses zu ermöglichen, ist es unbedingt erforderlich, daß der Betrieb über einen Reservebestand an Vorräten verfügt. Man bezeichnet einen solchen Bestand als **eisernen Bestand** oder **Mindestbestand**. Er stellt die Menge an Vorräten dar, die praktisch normalerweise nie unterschritten werden darf, und die nur dann angetastet wird, wenn entweder die geplante Beschaffungszeit aus irgendwelchen unvorhersehbaren Gründen überschritten wird oder der tatsächliche Verbrauch größer als der geplante Verbrauch ist. Die Nachbestellung muß so zeitgerecht erfolgen, daß unter Berücksichtigung der normalen Beschaffungszeit die Vorräte ergänzt sind, bevor der eiserne Bestand angegriffen wird. Die Höhe des eisernen Bestandes läßt sich von Fall zu Fall auf Grund von Erfahrungswerten schätzen. Sie muß einem veränderten Beschäftigungsgrad angepaßt werden und muß auch bei Zu- oder Abnahme der Risiken auf den Beschaffungsmärkten entsprechend verändert werden. Dabei muß der Betrieb darauf bedacht sein, den eisernen Bestand nicht auf Grund übertriebener Vorsicht zu hoch anzusetzen, denn das im eisernen Bestand gebundene Kapital ist praktisch stillgelegt, da sich dieser Bestand normalerweise wertmäßig nicht umschlägt, also nur Zinskosten verursacht, ohne einen unmittelbaren Ertrag zu bringen. Der Nutzen des eisernen Bestandes liegt darin, daß er den Betrieb gegen eventuelle Risiken am Beschaffungsmarkt abschirmt und somit Verluste, die durch Störung oder Unterbrechung des Betriebsprozesses infolge Materialmangels auftreten können, vermeidet oder verringert.

Zu diesem als eisernen Bestand bezeichneten Vorrat tritt nun der Vorrat, der benötigt wird, um die Beschaffungszeit zu überbrücken. Als **Beschaffungszeit** bezeichnet man den Zeitraum, der erforderlich ist von der Meldung des Bedarfs bis zu dem Zeitpunkt, zu dem der Gegenstand im Betriebsprozeß für den beabsichtigten Zweck zur Verfügung steht. Der Bedarf wird an die Einkaufsabteilung gemeldet. Sie führt die Bestellung nach Auswahl des Lieferanten (evtl. nach Einholung von Angeboten) aus. Der Lieferant hat eine bestimmte **Lieferzeit.** Hinzu kommt die Transportzeit und die Zeit für die Prüfung des Gegen-

II. Beschaffung und Lagerhaltung

standes nach Eingang im Betriebe. Handelt es sich um Gegenstände, die im Betriebe selbst erstellt werden (Maschinen, Werkzeuge), so setzt sich die Beschaffungszeit aus der Zeit, die die Arbeitsvorbereitung für die Weitergabe des Auftrages an die Fertigung braucht, und der Fertigungszeit zusammen.

Damit die Einkaufsabteilung die Nachbestellungen termingerecht durchführen kann, muß die Lagerverwaltung die Bestandshöhe kennen, bei deren Erreichen sie eine Meldung an die Einkaufsabteilung geben muß. Man bezeichnet diesen Bestand als **Melde-** oder **Bestellbestand**. Er muß so groß sein, daß eine Auffüllung des Lagers möglich ist, bevor der eiserne Bestand angegriffen wird. Er entspricht dem Bedarf der Beschaffungszeit und liegt somit um diesen Bedarf über dem eisernen Bestand.

Bezeichnet man den Meldebestand mit B_m, den Verbrauch pro Zeiteinheit mit V_t und die Beschaffungszeit mit t_b, so gilt:

$$B_m = V_t \cdot t_b$$

Ist ein eiserner Bestand (B_e) vorhanden, so lautet der Ausdruck für den Meldebestand:

$$B_m = V_t \cdot t_b + B_e$$

Angenommen, der Verbrauch beträgt 100 Einheiten pro Tag, die Beschaffung erfolgt für jeweils 20 Tage, so beträgt die Beschaffungsmenge 2000 Einheiten. Nehmen wir weiter an, daß ein eiserner Bestand von 500 Einheiten vorhanden sei und daß die Beschaffungszeit 6 Tage betrage. Der Gesamtbestand beträgt zu Beginn der Produktion also 2500 Einheiten. Der Meldebestand ist, kontinuierliche Entnahmen unterstellt, erreicht, wenn der Bestand auf 1100 Einheiten (eiserner Bestand = 500 + Verbrauch während der Beschaffungszeit = 600) abgesunken ist.

In Abbildung 34 zeigt die Strecke OB die Verbrauchszeit für eine Lieferung (20 Tage) an, deren Höhe DE = 2000 Einheiten beträgt. OD stellt den eisernen Bestand dar, der den Betrieb vor Störungen des Betriebsprozesses von der Beschaffungsseite her sichern soll, wenn der Verbrauch größer als geplant oder die Beschaffungszeit länger als geplant ist. Die Beschaffungszeit beträgt AB; in dieser Zeit wird planmäßig die Menge FG verbraucht, so daß der eiserne Bestand unangetastet bleibt. Der Meldebestand beträgt also einschließlich des eisernen Bestandes AG. Sobald der Bestand auf den Punkt G abgesunken ist, muß die Einkaufsabteilung verständigt werden.

Tritt eine unvorhergesehene Verzögerung in der Beschaffung ein, so kann der Betrieb die Produktion (bzw. der Handelsbetrieb den Absatz) noch solange fortsetzen, bis der eiserne Bestand aufgebraucht ist, in unserem Beispiel also unter Annahme gleichbleibenden Verbrauchs nach Ablauf der normalen Beschaffungszeit weitere fünf Tage lang (Punkt C). Dann tritt bis zur Anlieferung eine Unterbrechung des Betriebsprozesses ein.

Nehmen nach Erreichen des Meldebestandes die Entnahmen zu, so können sie aus dem eisernen Bestand gedeckt werden, wenn der Verlauf der Kurve des Ver-

Abb. 34

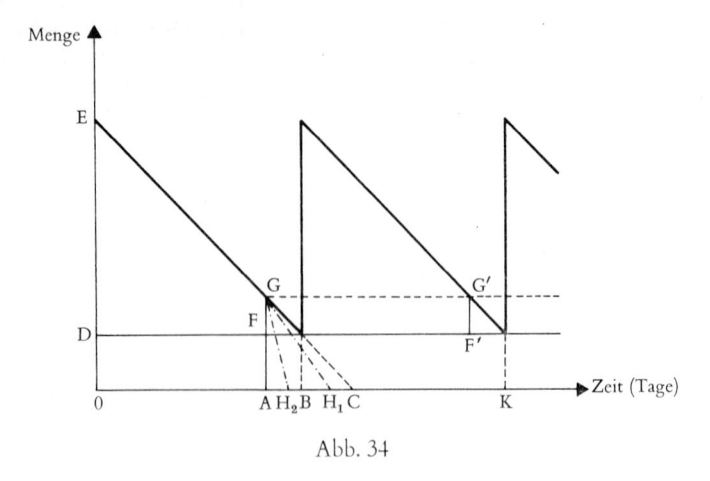

brauchs nicht steiler als der Linie GB entsprechend verläuft (z. B. GH_1). Anderenfalls, z. B. bei Verlauf entsprechend der Linie GH_2, tritt eine Unterbrechung für den Zeitraum H_2B ein, da der Gesamtbestand bereits vor Eintreffen der Nachlieferung verbraucht ist.

Die Linie GI zeigt den kombinierten Fall (Abb. 35). Es tritt sowohl ein stärkerer Verbrauch als auch eine verspätete Anlieferung ein, ohne daß das Lager versagt. Der eiserne Bestand ist im Zeitpunkt I verbraucht, da wegen des erhöhten Verbrauchs der Lagerbestand gemäß der Geraden GI (und nicht GC wie geplant) sinkt. Erfolgt die Lieferung zu einem späteren Zeitpunkt als I, so ist eine Unterbrechung unvermeidlich.

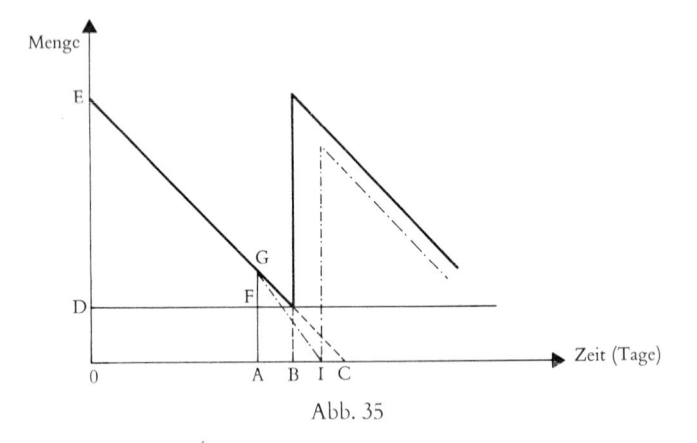

Abb. 35

Nehmen wir an, die Beschaffungszeit ist länger als die Verbrauchszeit einer Lieferung, z. B. 26 Tage. In diesem Fall müssen die im Zeitpunkt B angelieferten Vorräte bereits in einer früheren Periode bestellt worden sein. Die im Zeitpunkt A erfolgte Bedarfsmeldung führt dann erst im Zeitpunkt K (Abb. 34) zu einer Lieferung.

II. Beschaffung und Lagerhaltung

c) Die optimale Bestellmenge

Bei den bisherigen Überlegungen haben wir vorausgesetzt, daß die Beschaffung in bestimmten zeitlichen Abständen erfolgt, d. h. daß bei Annahme kontinuierlichen Verbrauchs jeweils bestimmte Mengen beschafft werden. Je kürzer die zeitlichen Intervalle sind, desto kleiner ist die Bestellmenge und desto kürzer die durchschnittliche Lagerdauer; je größer die Intervalle sind, desto größer ist die Bestellmenge und desto länger ist die durchschnittliche Lagerdauer. Von welchen Faktoren hängt die Bestimmung der Bestellmenge ab, und wie läßt sich eine optimale Größe ermitteln? Der Betrieb wird versuchen, so zu disponieren, daß – wie oben bereits erwähnt – die Summe aus Beschaffungskosten und Lagerkosten ein Minimum erreicht.

Werden große Mengen für längere Zeiträume beschafft, so ergeben sich für den Betrieb durch Mengenrabatte und günstige Liefer- und Zahlungsbedingungen niedrigere Beschaffungspreise als bei häufigeren Einkäufen kleinerer Mengen. Außerdem besteht nicht die Gefahr, daß durch kurzfristige Änderung der Marktlage Beschaffungsschwierigkeiten eintreten. Dem steht der Nachteil gegenüber, daß die Lagerkosten erheblich höher sind. Es werden größere Lagerräume benötigt, die Raumkosten (Abschreibungen, Zinsen, Beleuchtung, Heizung, Instandhaltung u. a.) nehmen mit der Größe der Lagerhaltung zu, ebenso die Kosten der Lagerbestände selbst, da in hohen Lagerbeständen sehr viel Kapital gebunden ist und durch einen langsamen Lagerumschlag hohe Zinskosten und eine große Belastung der Liquidität eintreten. Außerdem werden die Risiken des Verderbens, des Schwundes und auch des Veraltens durch Änderung der Mode und der Technik größer und damit auch die kalkulatorischen Versicherungskosten. Nicht zu vergessen, daß auch die Kosten der Lagerverwaltung steigen.

Bei kleinen Bestellmengen sind die Lager- und Zinskosten infolge des schnelleren Lagerumschlages und der geringeren räumlichen Ausdehnung des Lagers niedriger. Dafür sind die Beschaffungspreise für kleinere Mengen höher. Die optimale Bestellmenge und damit der optimale Lagerbestand lassen sich theoretisch unter der Beachtung der genannten Faktoren mit Hilfe der folgenden Formel berechnen.[1]

$$\text{Optimale Bestellmenge} = \sqrt{\frac{200 \cdot \text{Jahresbedarf} \cdot \text{feste Bezugskosten}}{\text{Einstandspreis} \cdot (\text{Zinssatz} + \text{Lagerkostensatz})}}$$

Statt der optimalen Bestellmenge kann durch Umstellen der Formel auch die optimale Lagerdauer oder die optimale Bestellhäufigkeit bestimmt werden.

Die Formel soll dazu dienen, die Bestellmenge zu errechnen, bei der die Kosten pro beschaffter Mengeneinheit ein Minimum erreichen.[2] Die Bezugskosten für jeden Auftrag sind praktisch unabhängig von der bestellten Menge. Sie fallen bei großer und bei kleinerer Bestellmenge an. Je größer also die Bestellmenge ist,

---

[1] Die Formel wurde von Stefanič-Allmayer entwickelt. Vgl. Stefanič-Allmayer, Die günstigste Bestellmenge beim Einkauf, in: Sparwirtschaft, Zeitschrift für den wirtschaftlichen Betrieb, Wien 1927, S. 504 ff. Vgl. dazu auch die Ableitung und graphische Darstellung der Formel durch Kosiol in seinem Aufsatz: „Die Ermittlung der optimalen Bestellmenge", ZfB 1958, S. 287 ff.

[2] Vgl. die analoge Ermittlung der optimalen Losgröße auf S. 294

desto geringer werden die Bezugskosten pro Mengeneinheit. Hier besteht bei Zunahme der Bestellmenge eine Kostendegression. Die Lager- und Zinskosten steigen dagegen mit zunehmender Bestellmenge pro Mengeneinheit, da die Durchschnittsbestände und die durchschnittliche Lagerdauer größer werden. Die Formel gibt also Auskunft über das Minimum der Bezugskosten, der Lagerkosten und der Zinskosten. Ändert sich eine in der Formel verwendete Größe, nämlich der Bedarf, die festen Bezugskosten, der Einstandspreis oder die Zins- und Lagerkosten, so ändert sich auch die optimale Bestellmenge.

Die Anwendbarkeit der Formel ist vor allem dadurch begrenzt, daß sie eine gegebene Lagerabgangsmenge pro Periode und kontinuierlichen Lagerabgang während der Periode unterstellt (vgl. Abb. 34 und 35). Diese Prämissen mögen bei Rohmateriallagern, bei Massenfertigung und bei Wahl einer möglichst kurzen Untersuchungsperiode zutreffen. Bei Fertigproduktlagern im Industriebetrieb und bei Handelsbetrieben sind diese Prämissen unrealistisch; hier ist vielmehr mit saisonalen, konjunkturellen und zufallsbedingten Schwankungen des Gesamtabgangs je Periode und mit nicht kontinuierlichem Lagerabgang zu rechnen.

Lösungsmöglichkeiten für derartige Probleme wurden von Operations Research erarbeitet. Statt mit einem gegebenen zukünftigen Bedarf wird in diesen Modellen mit dessen Wahrscheinlichkeitsverteilung, und statt mit bekannten Kosten mit erwarteten Kosten gearbeitet.[1] Die Modelle unterscheiden sich weiterhin dadurch von dem oben erwähnten, daß Fehlmengen zugelassen und über ihre Kosten (Gewinnentgang, anfallende Leerkosten) mit in die Rechnung einbezogen werden.

Praktisch wird sich die Vorratshaltung in den seltensten Fällen mit der optimalen Lagermenge decken, weil die Bestellmenge noch von zahlreichen anderen Faktoren als den Beschaffungs- und Lagerkosten beeinflußt wird. Die Erwartungen der Betriebsleitung werden sich gerade bei langfristiger Beschaffung in den Bestellmengen niederschlagen. Erwartet man steigende Preise, so wird man die Lagerhaltung erhöhen, im umgekehrten Falle vermindern. In Zeiten stark schwankender Preise kann die Lagerhaltung zum Gegenstand von Spekulationen werden. Rechnet man mit Nachfrageverschiebungen, Modeänderungen, technischen Fortschritten, so wird sich das bei langfristiger Beschaffungsplanung aus Vorsichtsgründen im Beschaffungssektor bereits niederschlagen, bevor in der Fertigung und im Absatz Änderungen vorgenommen bzw. eingetreten sind.

Hinzu kommt, daß die Beschaffungsplanung sich nicht nur auf Roh-, Hilfs- und Betriebsstoffe, Einzelteile oder Waren erstreckt, sondern auch auf die Beschaffung von Investitionsgütern. Die Beschaffungsplanung einschließlich der Investitionsplanung muß in Übereinstimmung mit der Finanzierungsplanung gebracht werden. Die Frage des optimalen Lagerbestandes ist auch ein Finanzierungsproblem. Von der Liquiditätslage des Betriebes hängt es ab, ob das theoretisch für richtig erkannte Optimum der Bestellmenge auch realisiert werden kann oder ob z. B. in Anbetracht schleppender Zahlungseingänge oder hoher

---

[1] Vgl. Sasieni, Yaspan, Friedmann, a. a. O., S. 87 ff., ferner Churchman, Ackoff, Arnoff, a. a. O., S. 189 ff.

Anspannung der Liquidität auf Grund neuer Investitionsvorhaben von diesem Optimum abgewichen werden muß.

Die Beschaffungsplanung ist demnach das Ergebnis von zwei Komponenten: Der **Bedarfskomponente** und der **Marktkomponente**. Erstere liefert die Mengenangaben, die sich auf Grund des Bedarfs der einzelnen Stellen des Betriebes ergeben, letztere ist an den Marktdaten orientiert und bestimmt die Vorratshaltung des Betriebes auf Grund von Preiserwartungen und Preisvorteilen (Mengenrabatten, Liefer- und Zahlungsbedingungen).

III. Die Fertigung

1. Die Planung des Fertigungsprogramms

Grundlage der Produktionsplanung ist in der Regel der Absatzplan, in dem die für jede Produktart zu erwartenden Verkaufsmengen festgelegt werden. Die Produktionsplanung besteht erstens aus der Planung des Fertigungsprogramms und zweitens aus der Planung der Durchführung der Fertigung (Fertigungsvollzugsplanung), die sich aus der Planung der Bereitstellung der erforderlichen Produktionsfaktoren und der Planung des Fertigungsablaufs zusammensetzt. Die einzelnen Komponenten der Produktionsplanung bilden eine Einheit. „Planungsfehler in einem Teilgebiet dieses Planungssystems gefährden den Vollzug der Produktionsplanung in ihren anderen Teilbereichen".[1]

Durch die **Programmplanung** wird bestimmt, welche Arten und Mengen von Gütern innerhalb eines bestimmten Zeitraums hergestellt werden sollen. Geht die Fertigungsprogrammplanung vom Absatzprogramm aus, so leitet sie aus der geplanten Absatzmenge die Produktionsmengen der einzelnen Güterarten ab. Dabei muß beachtet werden, daß einerseits eine möglichst konstante Ausnutzung der vorhandenen Kapazitäten erreicht wird, daß andererseits aber die Lagerbestände so klein wie möglich gehalten werden. Unterliegt der Absatz im Zeitablauf starken Schwankungen, so widersprechen sich diese beiden Forderungen, und der Betrieb muß bestrebt sein, eine unter den gegebenen Verhältnissen optimale Lösung zu finden.[2]

Bei der Produktion von Massengütern können im Hinblick auf die zeitliche und mengenmäßige Abstimmung von Absatz und Produktion folgende vereinfachte Fälle unterschieden werden:[3]

(1) **Die monatlichen Absatzmengen sind konstant.** Die Verkaufsmengen können in das Fertigungsprogramm übernommen werden. Beide Programme sind mengenmäßig gleich. Eine Lagerhaltung ist, abgesehen von eisernen Beständen, nicht erforderlich. Beschäftigungsschwankungen treten nicht auf.

---

[1] Gutenberg, E., Grundlagen, Bd. I, a. a. O., S. 148.
[2] Vgl. dazu die Ausführungen über die lineare Programmierung auf S. 135 ff.
[3] Zu den folgenden Ausführungen vgl. insbesondere Kilger, W., Produktionsplanung einschließlich Planung des Fertigungsprogramms, in: AGPLAN Band 2: Dynamische Betriebsplanung zur Anpassung an wirtschaftliche Wechsellagen, Wiesbaden 1959, S. 68 ff.; ferner Koch, H., Betriebliche Planung. Grundlagen und Grundfragen der Unternehmungspolitik, Wiesbaden 1961, S. 49 ff.

Dieser Idealfall ist nur bei Betrieben gegeben, die lebensnotwendigen Bedarf decken (z. B. Brotfabriken).

(2) Die Verkaufsmengen weisen **regelmäßige Saisonschwankungen** auf. Dabei können folgende Fälle auftreten:

a) Die Produktionsmengen werden den Saisonschwankungen des Absatzes angepaßt; folglich ist nur ein geringer Lagerbestand erforderlich, jedoch sind die Beschäftigungsschwankungen erheblich, die Kapazität der Produktion muß den Saisonspitzen des Absatzes angepaßt werden.

b) Trotz der Saisonschwankungen des Absatzes wird die Produktion konstant gehalten; die Kapazität kann niedriger gehalten werden, eine Lagerhaltung muß eingeschaltet werden, wodurch relativ hohe Lagerkosten, insbesondere hohe kalkulatorische Zinsen, entstehen. In vielen Fällen stellt weder die völlige Anpassung (Fall a) noch die völlige Loslösung der Produktion (Fall b) von den Saisonschwankungen des Absatzes die optimale Lösung des Fertigungsprogramms dar. Nach Kilger liegt die optimale Zwischenlösung dort, „wo die Summe aus den durchschnittlichen Lagerkosten pro Monat (einschließlich der kalkulatorischen Zinsen) und den Kosten der Betriebsbereitschaft ihr Minimum erreicht".[1]

c) Der Ausgleich von Saisonschwankungen erfolgt in der Weise, daß weitere Erzeugnisse in das Fertigungsprogramm aufgenommen werden, deren Saisonschwankungen gegenüber den ursprünglichen Produkten in der Weise phasenverschoben sind, daß auf den Gesamtabsatz und damit auf die Produktion eine ausgleichende Wirkung ausgeübt wird. Die Einführung eines Ergänzungsprogramms setzt die Verwendung der gleichen Fertigungsmaschinen für beide Produktgruppen voraus.

d) Saisonschwankungen der Absatzmengen können bei der Fertigungsplanung auch dadurch ausgeglichen bzw. abgeschwächt werden, daß Lohnarbeiten für andere Betriebe ausgeführt oder in der Saisonspitze Lohnarbeiten an fremde Betriebe gegeben werden.

(3) Nicht nur beim Absatz, sondern auch bei der Beschaffung können Saisonschwankungen auftreten (z. B. in der Konservenindustrie). In Betrieben dieser Art läßt sich eine stoßweise Produktion meistens nicht vermeiden. Dennoch baut auch bei diesen Betrieben die Programmplanung auf dem Verkaufsplan auf, ist aber gleichzeitig beschaffungsdeterminiert.

(4) Änderungen des Produktionsprogramms sind auch durch Veränderungen der Bedarfsstruktur möglich. Marktanalysen, die der Absatzplanung vorausgehen, lassen bereits die Entwicklungstendenzen des Bedarfs erkennen, die zu einer Ausweitung oder Einschränkung des Verkaufsprogramms und damit auch des Produktionsprogramms führen. Die Aufgabe der Programmplanung ist es, die Planproduktmengen stufenweise (Stufenprinzip) der erwarteten Absatzentwicklung anzupassen.

(5) **Konjunkturschwankungen** bedingen eine Anpassung der Programmplanung. Im Gegensatz zu den Fällen der Saisonschwankungen können konjunkturelle Schwankungen für die Programmplanung nicht durch Lagerung

---

[1] Kilger, W., a. a. O., S. 70 f.

oder andere Maßnahmen abgefangen werden, da Konjunkturzyklen meist größere Zeiträume umfassen und nicht so regelmäßig wie Saisonschwankungen verlaufen. Bei Konjunkturschwankungen sollte man im Rahmen der Programmplanung auf quantitative Anpassungen zugunsten zeitlicher Anpassungsprozesse verzichten (z. B. Veränderung der Schichtzahl, Überstunden, Kurzarbeit usw.).

2. Die Fertigungsverfahren

a) Begriff und Einteilung

Zur Durchführung der Fertigung steht dem Betrieb eine Anzahl von technischen Fertigungsverfahren zur Verfügung. Der Betrieb wird die Verfahren auswählen und anwenden, die ihm eine Leistungserstellung mit den geringsten Kosten ermöglichen. Der Begriff „Fertigungsverfahren" wird mit unterschiedlichem Inhalt gebraucht, und die Fertigungsverfahren werden nach verschiedenen Gesichtspunkten eingeteilt. Deshalb ist zunächst eine begriffliche Abgrenzung erforderlich.

Als Fertigungsverfahren bezeichnet man einmal die verschiedenen Möglichkeiten der **organisatorischen Gestaltung des Fertigungsablaufs** durch räumliche Zusammenfassung und Verteilung von Betriebsmitteln und Arbeitsplätzen zu fertigungstechnischen Einheiten. Die zwei möglichen Extremfälle sind die Fließfertigung und die Werkstattfertigung. Wird der Standort der Betriebsmittel und Arbeitsplätze nach dem Fertigungsablauf bestimmt, d. h. werden die Produktionsfaktoren so nacheinander angeordnet, wie der Gang der Fertigung der Erzeugnisse es erfordert, so liegt **Fließfertigung** vor. Hängt dagegen der Durchlauf der Werkstücke vom Standort der Betriebsmittel und Arbeitsplätze ab, d. h. müssen die Werkstücke zur Vornahme einzelner Bearbeitungsvorgänge in bestimmte Fertigungsbereiche transportiert werden, so spricht man von **Werkstattfertigung.** Diese Fertigungsverfahren, deren Einteilungskriterium also die räumliche Anordnung der Betriebsmittel und damit der Weg der Produkte im Fertigungsablauf ist, bezeichnet man auch als **Organisationstypen der Fertigung.**

Werden die Fertigungsverfahren dagegen danach unterteilt, **wieviele Produkte der gleichen Art** im Betriebe gleichzeitig oder unmittelbar nacheinander hergestellt werden, so ist zwischen Einzelfertigung, Sortenfertigung, Serienfertigung und Massenfertigung zu unterscheiden. Kriterium ist hier die Häufigkeit der Wiederholung des Fertigungsvorganges. Diese Verfahren bezeichnet man auch als **Fertigungstypen.**

b) Organisationstypen der Fertigung

Der Betrieb hat verschiedene Möglichkeiten der organisatorischen Gestaltung des Fertigungsablaufs durch räumliche Zusammenfassung und Verteilung bestimmter Gruppen von Betriebsmitteln zu selbständigen fertigungstechnischen Einheiten und durch entsprechende zeitliche Abstimmung der einzelnen Verrichtungen. Selbstverständlich wirkt sich diese Anordnung der Betriebsmittel auch auf die Anordnung der Arbeitsplätze aus und soll – unterstützt durch entsprechende Transporteinrichtungen – den Durchfluß des Materials durch den Betrieb beschleunigen. Nach der Art der Aufstellung der Maschinen und dem damit vorgegebenen Weg, den die Produkte im Fertigungsablauf nehmen, unterscheidet man verschiedene Organisationstypen des Fertigungsprozesses.

aa) Die Fließfertigung

Erfolgt die Anordnung der Betriebsmittel und der Arbeitsplätze nach dem Produktionsablauf, d. h. vollzieht sich der Durchfluß des Materials vom Rohstoff bis zum Fertigprodukt von Produktionsstufe zu Produktionsstufe ohne Unterbrechung, so spricht man von **Fließfertigung**. Die Arbeitsgänge erfolgen pausenlos und sind zeitlich genau aufeinander abgestimmt. Ihre präziseste Ausbildung erfährt die Fließfertigung durch Verwendung von Fließbändern **(Fließbandfertigung)**, z. B. bei der Montage von Autos, dem Packen von Paketen in Versandhandlungen usw.

Mit Hilfe von Fließbändern, d. h. Fertigungsstraßen, auf denen die Werkstücke mechanisch von Arbeitsplatz zu Arbeitsplatz weiterbefördert werden, wird eine Beschleunigung des Fertigungsprozesses erzielt. Die Arbeitszerlegung und Spezialisierung der Arbeitsgänge erreicht hier ihre höchste Stufe. Der gesamte Fertigungsvorgang wird in einzelne Teile zerlegt. Die Zeit, die eine Arbeitsverrichtung benötigt **(Taktzeit)**, muß genau der Zeit jeder anderen Arbeitsverrichtung am Fließband entsprechen oder ein ganzes Vielfaches dieser Zeit dauern.

Der Fertigungsprozeß kann auch so weit automatisiert werden, daß die Arbeitskraft nur noch eine überwachende Tätigkeit ausübt. Die Bearbeitung der Werkstücke erfolgt vollautomatisch durch die Maschinen, die die Werkstücke auch automatisch weitertransportieren und selbständig in die Lage bringen, die zur Bearbeitung erforderlich ist (Transferstraße). Auch die Kontrollen und das Feststellen von Bearbeitungsfehlern erfolgen automatisch.

Fehlt die genaue zeitliche Abstimmung der Arbeitsverrichtungen, wird aber sonst das gleiche Organisationsprinzip, nämlich die Anordnung der Betriebsmittel nach dem Produktionsablauf, eingehalten, so spricht man von **Reihenfertigung**. Bei der Reihenfertigung kann der Arbeiter in gewissen Grenzen das Arbeitstempo selbst bestimmen.

Voraussetzungen für diese Organisationsform sind eine exakte Fertigungsvorbereitung und laufende Kontrollen. Außerdem müssen die Erzeugnisse für die Fließfertigung reif, d. h. so gut durchkonstruiert sein, daß sie nicht schon nach kurzer Zeit wieder verändert werden müssen.

Der **Vorteil** der Fließfertigung liegt vor allem in der Verkürzung der Durchlaufzeiten der Werkstücke. Im günstigsten Falle ist die Durchlaufzeit gleich der Summe der Bearbeitungszeiten, d. h. es entstehen keinerlei Wartezeiten zwischen den einzelnen Arbeitsverrichtungen. Folglich sind Zwischenlagerungen nicht erforderlich. Es sind – außer den in Bearbeitung befindlichen Werkstücken – in der Regel keine Bestände an Halbfabrikaten vorhanden. Das führt zu einer Einsparung von Zins- und Lagerkosten, die sonst für die Lagerbestände anfallen.

III. Die Fertigung

Da durch die Bandgeschwindigkeit die Ausbringungsmenge und somit der Materialverbrauch genau bestimmt werden können, lassen sich die erforderlichen Bestände an Roh-, Hilfs- und Betriebsstoffen exakt ermitteln. Dadurch kann eine zu große Lagerhaltung vermieden werden. Auch das Arbeitstempo der Arbeitskräfte wird durch die Bandgeschwindigkeit festgelegt. Da die Arbeiter immer die gleichen Handgriffe verrichten, erlangen sie eine große Geschicklichkeit, die eine Beschleunigung des Arbeitstempos gegenüber anderen Organisationstypen der Fertigung zuläßt. Für die Arbeitskräfte bedeutet allerdings der Zwang, in einem bestimmten Arbeitstakt stets die gleiche Verrichtung ausführen zu müssen, eine starke psychologische Belastung. Als Lohnformen kommen bei Fließbandfertigung entweder der Zeitlohn oder der Gruppenakkord in Frage.

Die Fließfertigung hat weiter den Vorteil, daß der gesamte Fertigungsprozeß leicht zu überschauen und zu kontrollieren ist. Auch die Liefertermine lassen sich genauer planen als bei anderen Organisationstypen der Fertigung.

Die Fließfertigung hat allerdings auch **Nachteile.** Der Kapitalbedarf zur Einrichtung von Fertigungsstraßen ist außerordentlich hoch. Die investierten Geldbeträge sind in den Anlagen für viele Jahre festgelegt. Der Anteil der Abschreibungen an den Produktionskosten ist insbesondere bei automatisierter Fließfertigung erheblich. Infolgedessen wird der Betrieb sehr **empfindlich gegen Beschäftigungsschwankungen,** da bei rückläufiger Beschäftigung eine Verkleinerung der Anlagen und damit eine Reduzierung der Abschreibungs- und Zinskosten nicht möglich ist, denn eine Fertigungsstraße stellt eine fertigungstechnische Einheit dar, die entweder überhaupt nicht oder nur mit außergewöhnlichen Kosten verkleinert oder umgestellt werden kann. Die Abschreibungskosten, die auf jede Einheit eines produzierten Gutes verrechnet werden müssen, nehmen bei Rückgang des Beschäftigungsgrades schnell zu.

Aber auch die Lohnkosten pro Stück werden steigen, da die Arbeitslöhne am Fließband zum großen Teil zu fixen Kosten werden. Wenn das Fließband läuft, muß jeder Arbeitsplatz besetzt sein, gleichgültig, ob an einem Arbeitstag 100 oder nur 90 Einheiten eines Produktes hergestellt werden. Die Anpassungsfähigkeit des Betriebes an veränderte Marktverhältnisse (Nachfrageverschiebungen, Änderungen der Mode und des Geschmacks) ist bei Fließfertigung ebenfalls gering.

Die Fließbandfertigung ist sehr anfällig gegenüber auf Menschen oder Maschinen beruhenden Störungen und Stockungen im Fertigungsprozeß, da durch den Ausfall nur einer Person oder einer Maschine der gesamte Fertigungsprozeß gestört werden kann.

Die **Anwendung** der Fließfertigung ist vor allem dort zweckmäßig, wo der Markt für große Mengen einheitlicher Produkte aufnahmefähig ist, wo also z. B. nur wenige Typen in großen Serien produziert werden. Die Großserie bietet die Garantie, daß die hohen Kosten des Serienwechsels das einzelne Stück nicht zu stark belasten.

bb) Die Werkstattfertigung

Die Anordnung der Betriebsmittel und der Einsatz der Arbeitskräfte können auch in der Weise erfolgen, daß Maschinen und Arbeitsplätze mit gleichartigen

Arbeitsverrichtungen in einer „Werkstatt" zusammengefaßt werden (z. B. Dreherei, Fräserei, Bohrerei, Schleiferei, Schlosserei usw.). Man bezeichnet diesen Organisationstyp der Fertigung als **Werkstattfertigung.** Soll ein Werkstück durch eine bestimmte Maschine bearbeitet werden, so muß es in die Werkstatt transportiert werden, in der sich die Maschine befindet. Der Weg der Werkstücke wird also vom Standort der Maschinen und Arbeitsplätze bestimmt, während bei der Fließfertigung der Standort der Maschinen und Arbeitsplätze vom Gang der Fertigung der Werkstücke abhängig ist. Das hat zur Folge, daß bei der Werkstattfertigung die **Transportwege wesentlich länger** und infolgedessen die **Förderkosten sehr hoch** sind. Einzelne Werkstücke müssen unter Umständen mehrmals zwischen den gleichen Werkstätten hin- und hergefahren werden. Durch eine günstige räumliche Anordnung der Werkstätten zueinander (innerbetriebliche Standortwahl!) können die Transportkosten zwar reduziert werden, doch sind sie immer höher als bei Fließfertigung.

Der Durchlauf der Werkstücke erfolgt wesentlich langsamer als bei Fließfertigung, und zwar nicht nur wegen der längeren Transportwege, sondern es entstehen in den einzelnen Werkstätten oft **lange Wartezeiten,** die sich allerdings in der Regel nicht auf die nachgelagerten Arbeitsplätze auswirken, da die einzelnen Arbeitsplätze in weitem Umfange von den vorgelagerten Arbeitsplätzen unabhängig sind. Die Produktionsdauer ist also länger als bei Fließfertigung. Das hat zur Folge, daß sich durch **Zwischenlagerungen** Bestände an Halbfabrikaten bilden, die Zins- und Lagerkosten verursachen. Die Übersicht über den Fertigungsablauf wird durch die Werkstattfertigung erschwert. Die Zwischenlagerung erfordert mehr Kontrollen. Außerdem ist der Ausschuß größer als bei der Fließfertigung.

Die Werkstattfertigung ist dort zweckmäßig, wo eine Anordnung der Maschinen nach dem Arbeitsablauf nicht erfolgen kann und eine genaue zeitliche Abstimmung der einzelnen Arbeitsverrichtungen aufeinander nicht möglich ist, weil die Zahl der Erzeugnisse mit unterschiedlichem Fertigungsgang sehr groß ist. Das Problem der optimalen Ausnutzung der Betriebsmittel ist hier wesentlich schwieriger zu lösen als bei der Fließfertigung. Die Gefahr, daß Engpässe in einzelnen Werkstätten entstehen, während in anderen Werkstätten unausgenutzte Kapazitäten vorhanden sind, ist groß. Der Betrieb muß versuchen, durch präzise Fertigungsvorbereitung und Terminplanung eine möglichst gleichmäßige Ausnutzung aller Anlagen zu erreichen. Die Methoden der Unternehmensforschung zur Ermittlung optimaler Produktionsprogramme bei gegebenem Maschinenpark haben hier ein besonders fruchtbares Anwendungsgebiet gefunden.

Gegenüber Betrieben, die nach dem Fließ- oder Reihenprinzip organisiert sind, haben Betriebe mit Werkstattfertigung den **Vorteil** einer größeren Anpassungsfähigkeit an Nachfrageschwankungen und Modeänderungen, da sie in der Regel Universalmaschinen verwenden, die für die verschiedensten Zwecke brauchbar sind. Die Arbeitskräfte besitzen auf Grund häufiger Produktionsumstellungen eine große Arbeitserfahrung und Vielseitigkeit. Die Errichtung neuer Arbeitsplätze oder die Stillegung bisher vorhandener Arbeitsplätze in einzelnen Werkstätten ist möglich, ohne daß der gesamte Fertigungsprozeß umgestellt werden muß.

III. Die Fertigung

cc) Die Gruppenfertigung

Fließfertigung und Werkstattfertigung sind die beiden Extremfälle der organisatorischen Gestaltung des Fertigungsablaufs. In vielen Betrieben sind beide Formen nebeneinander bzw. Kombinationen beider Formen anzutreffen. Diese Betriebe versuchen, die Vorteile beider Organisationstypen auszunutzen und die Nachteile so weit wie möglich auszuschalten. So lassen sich beispielsweise bestimmte Nachteile der Werkstattfertigung (lange Transportwege, Zwischenlagerungen, langsamer Durchfluß der Werkstücke, geringe Übersichtlichkeit des Fertigungsprozesses) vermeiden, wenn man die Produktionsmittel, die für bestimmte Fertigungsgänge erforderlich sind, zu Gruppen vereinigt (**Gruppenfertigung**) und innerhalb jeder Gruppe nach dem Fließprinzip anordnet.

Das ist z. B. dann möglich, wenn zwar infolge eines sehr umfangreichen Produktionsprogramms und relativ kleiner Serien die Fließfertigung für den gesamten Fertigungsprozeß nicht geeignet ist, wenn aber bestimmte Einzelteile für alle oder viele Erzeugnisse des Produktionsprogramms benötigt werden. Dann lohnt sich für die Herstellung dieser Halbfabrikate unter Umständen die Einrichtung von Fließbändern, während andere Arbeitsverrichtungen nach wie vor in getrennten Werkstätten vorgenommen werden müssen. In besonderen Fällen kann es sogar gelingen, unterschiedliche Produkte aus den gleichen Bestandteilen zusammenzubauen (Baukastenprinzip) oder erst von einem bestimmten Fertigungsstadium an eine Sonderbearbeitung in einzelnen Werkstätten durchzuführen.

Gegenüber der reinen Werkstattfertigung wird bei der Gruppenfertigung der Fertigungsprozeß beschleunigt, die Transportwege werden verkürzt; folglich sind die Transportkosten geringer. Ferner werden Zins- und Lagerkosten für Zwischenläger eingespart, und die Übersichtlichkeit des Fertigungsprozesses wird erhöht. Diese Vorteile werden allerdings durch eine Verminderung der Anpassungsfähigkeit der Fertigung an Beschäftigungsschwankungen, Nachfrageverschiebungen und Modeänderungen erkauft, doch ist die Elastizität des Betriebes noch größer als bei reiner Fließfertigung. Umstellungen sind schneller möglich, da ein Teil des Fertigungsprozesses noch in Werkstätten erfolgt, deren Anlagen in der Regel vielseitig verwendbar sind. Auch wirken sich Störungen oder Stockungen bei einer einzelnen Gruppe von Betriebsmitteln und Arbeitsplätzen nicht sofort auf den gesamten Fertigungsprozeß aus.

c) Fertigungstypen

aa) Einzelfertigung

Betriebe mit **Einzelfertigung** stellen von einem Produkt in der Regel nur eine Einheit her. Werden mehrere Erzeugnisse gleichzeitig produziert, so sind sie voneinander verschieden. Zwar kann die Erzeugung bestimmter Produkte später noch einmal durchgeführt werden, doch liegt im strengen Sinne keine Wiederholung des Fertigungsprozesses vor, weil der gesamte Produktionsapparat erneut auf die Fertigung eingestellt werden muß. Betriebe mit Einzelfertigung arbeiten gewöhnlich nicht für den Markt, sondern **auf Bestellung**. Sie haben kein festes Produktionsprogramm, sondern stellen alles her, was mit den vorhandenen Produktionsanlagen und Arbeitskräften produziert werden kann. Gewöhnlich richten sie sich dabei in der Ausführung nach den speziellen Wünschen ihrer Kunden.

Typische Beispiele der Einzelfertigung sind der Wohnungs- und Industriebau, der Groß-Maschinenbau, der Schiffsbau und der Brückenbau. In vielen Betrieben, in denen die Endprodukte in Serien hergestellt werden, findet sich die Einzelfertigung nur in bestimmten Betriebsabteilungen, so z. B. in der Reparaturabteilung, in der Werkzeugmacherei, im Modellbau usw.

Die Einzelfertigung stellt die Fertigungsvorbereitung vor schwierige Aufgaben. Die Herstellung jedes einzelnen Produktes muß gesondert vorbereitet werden. Da mit einer Wiederholung der Produktion nicht zu rechnen ist, muß der Betrieb sich solche Betriebsmittel beschaffen, die vielseitig verwendbar und leicht umzustellen sind. Auch die Arbeitskräfte müssen über vielseitige Fähigkeiten verfügen, da sie nicht wie bei der Massenfertigung am Fließband nur auf wenige Handgriffe spezialisiert sein dürfen, sondern in der Lage sein müssen, an Hand von Konstruktionszeichnungen zu arbeiten. Die Materialbeschaffung erfolgt für jeden Auftrag gesondert. Das Halten größerer Materiallager ist nur bei universal verwendbaren Werkstoffen und Einbauteilen sinnvoll. Besonders schwierig ist es, eine dauernde Vollausnutzung der vorhandenen Kapazitäten zu erreichen, da der Umfang der Kundenaufträge sehr unterschiedlich sein kann.

Die Kosten der Konstruktion und Entwicklung, der Arbeitsvorbereitung, der Materialbeschaffung u. a. können dann gemindert werden, wenn in kurzen Zeiträumen eine Wiederholung der Einzelfertigung möglich ist, z. B. beim Bau mehrerer Groß-Maschinen, mehrerer Schiffe oder mehrerer Häuser des gleichen Typs.

Bei der organisatorischen Gestaltung des Fertigungsprozesses scheidet die Fließfertigung bei Betrieben mit Einzelfertigung aus, da der Produktionsgang bei den einzelnen Produkten in der Regel unterschiedlich ist. Bei vielen Betrieben dieser Art handelt es sich um die Herstellung von Gegenständen, die überhaupt nicht transportiert werden können (Bauwirtschaft), so daß sämtliche Betriebsmittel, Arbeitskräfte und Werkstoffe an den jeweiligen Ort der Herstellung (Baustelle) befördert werden müssen. Es besteht lediglich die Möglichkeit (z. B. beim Brückenbau), einzelne Teile im Betriebe vorzufertigen und dann an der Baustelle zu montieren.

bb) Mehrfachfertigung

Stellt ein Betrieb ein oder mehrere Produkte regelmäßig in vielen Einheiten gleichzeitig oder unmittelbar hintereinander her, so liegt eine **Mehrfachfertigung**[1] vor. Sie ist entweder Massenfertigung, Sortenfertigung oder Serienfertigung. Die **Massenfertigung** ist dadurch charakterisiert, daß stets das gleiche Produkt in unbegrenzter Zahl hergestellt wird (einfache Massenfertigung). Ein und derselbe Fertigungsprozeß wird also ununterbrochen wiederholt, ohne daß ein Ende festgelegt ist (Zementfabrik, Zigarrettenfabrik). Es können auch mehrere Produkte nebeneinander in Massenfertigung produziert werden (mehrfache Massenfertigung). Die mehrfache Massenfertigung ergibt sich bei verbundenen Produkten (Kuppelprodukten) zwangsläufig. Stellt ein Betrieb Leuchtgas her, so

---

[1] Die Einteilung der Fertigungstypen in Einzelfertigung und Mehrfachfertigung wurde von Beste übernommen. Vgl. Beste, Th., Fertigungswirtschaft und Beschaffungswesen, HdW, Bd. I, 2. Aufl., Köln und Opladen 1966, S. 144 ff.

III. Die Fertigung

fallen bei diesem Prozeß zwangsläufig Koks, Teer und Ammoniak außer dem Leuchtgas an.

Werden mehrere Produkte, die sich aus vielen Einzelteilen zusammensetzen und die auf Grund ihrer unterschiedlichen Konstruktion einen unterschiedlichen Fertigungsgang haben, in begrenzter Menge hergestellt, so liegt eine **Serienfertigung** vor. Handelt es sich um Produkte, die in der Art ihrer Herstellung und des verwendeten Rohstoffes sehr eng verwandt sind, so spricht man von **Sortenfertigung**. Von der Massenfertigung unterscheidet sich die Sortenfertigung dadurch, daß die Zahl der produzierten Einheiten einer Sorte begrenzt ist, d. h. daß von Zeit zu Zeit eine Umstellung auf die Produktion einer anderen Sorte erfolgt. Das hat sie mit der Serienfertigung gemein. Der Unterschied zwischen Sortenfertigung und Serienfertigung besteht darin, daß die verschiedenen Sorten auf derselben Produktionsanlage hintereinander gefertigt werden können, während bei der Serienfertigung fertigungstechnische Unterschiede zwischen den einzelnen Produkten bestehen.

Werden z. B. in einem Betrieb Herrenanzüge unterschiedlicher Größe, Stoffqualität und unterschiedlichen Schnittes hergestellt, so liegt eine Sortenfertigung vor. Produziert ein Betrieb drei verschiedene Autotypen, so ist das eine Serienfertigung. Es bestehen in diesem Falle drei Fertigungsstraßen, die sich in ihrem technischen Aufbau unterscheiden. Man kann auf den Produktionsanlagen, die für eine Serie gebaut wurden, in der Regel keine andere Serie produzieren, es sei denn nach erheblichen Umstellungen der gesamten Apparatur.

Bei der Durchführung der Fertigungsvorbereitung bestehen bei Betrieben mit Massen-, Sorten- oder Serienfertigung erhebliche Unterschiede. Für die Massenfertigung muß der Betrieb nur einmal eingerichtet werden. Da nicht die Gefahr besteht, daß es kurzfristig zu Produktionsumstellungen kommt, können Spezialmaschinen, die eigens für die Zwecke des Betriebes konstruiert worden sind, Verwendung finden. Die Massenfertigung eignet sich für eine Mechanisierung und Automatisierung des Produktionsprozesses. Im allgemeinen wird die Fließfertigung der zweckmäßigste Organisationstyp für Betriebe mit Massenfertigung sein, da sie durch Verkürzung der Transportwege eine Reduzierung der innerbetrieblichen Transportkosten und der Zwischenlager für Halbfabrikate auf ein Minimum zuläßt.

Bei Sorten- und Serienfertigung stellt sich das Problem der Fertigungsvorbereitung bei jedem Sorten- bzw. Serienwechsel neu. Ist eine Serie ausgelaufen und soll eine andere Serie neu aufgelegt werden, so muß in der Regel die gesamte Fertigungsapparatur umgestellt und neu eingerichtet werden. Dadurch wird der Produktionsprozeß unterbrochen, und folglich entsteht ein Leistungsausfall. Bevor überhaupt mit der Produktion der neuen Serie begonnen werden kann, entstehen Kosten, die von der Größe der Serie, d. h. von der Auflage unabhängig sind. Man bezeichnet sie als **auflagefixe Kosten**. Zu ihnen gehören insbesondere die Entwicklungskosten der neuen Serie und die Einrichtekosten für das Einstellen oder Umbauen der Anlagen. Je größer die Serie ist, die produziert werden soll, desto mehr verteilen sich die auflagefixen Kosten auf die Gesamtstückzahl, d. h. pro Einheit nehmen sie mit der Vergrößerung der Auflage ab. Diese Erscheinung bezeichnet man als **Auflagendegression**.

Muß der Betrieb aus absatzwirtschaftlichen Gründen mehrere Sorten eines Produktes anbieten, die er nacheinander mit derselben Produktionsanlage herstellt, so steht er vor der Frage, ob es wirtschaftlicher ist, den gesamten Bedarf jeder Sorte für einen bestimmten Zeitraum, z. B. für ein Jahr, nacheinander zu produzieren oder zunächst nacheinander nur einen Teil der geplanten Absatzmenge jeder Sorte herzustellen und danach wieder von vorn zu beginnen. Im ersten Falle werden die Kosten der Umstellung und Einrichtung des Produktionsapparates (**auflagefixe Kosten**) so niedrig wie möglich gehalten, da die Häufigkeit des Sortenwechsels auf ein Minimum reduziert wird. Dafür entstehen aber hohe Lager- und Zinskosten (**auflageproportionale Kosten**), da sich große Lagerbestände bilden. Im zweiten Falle sind die Umstellungs- und Einrichtekosten größer, dafür aber die Lager- und Zinskosten geringer.

Man bezeichnet die Menge einer Sorte (oder Serie), die jeweils in die Fertigung gegeben wird, als **Fertigungslos**. Das Problem ist es also, die **optimale Losgröße** zu bestimmen, d. h. die Fertigungsmenge, bei der sich unter Berücksichtigung der auflagefixen und auflageproportionalen Kosten ein Minimum an Kosten pro Einheit der produzierten Menge ergibt. Die Auflegungskosten (Einrichtekosten einschließlich der Stillstandskosten bis zum Anlaufen der Produktion der nächsten Sorte) sind für jedes Los fix, sie sind also pro Einheit um so geringer, je größer das Los ist. Die Zins- und Lagerkosten und das Risiko des technischen Fortschritts und der Modeänderung nehmen mit der Losgröße zu.

Die Berechnung der optimalen Losgröße läßt sich nach folgender Formel durchführen:[1]

$$\text{Optimale Losgröße} = \sqrt{\frac{200 \times \text{Jahresbedarf} \times \text{auflagefixe Kosten}}{\text{auflageproportionale Kosten} \times \text{Zinssatz}}}$$

Beispiel:

Betragen die auflagefixen Kosten z. B. 400 DM, die auflageproportionalen Kosten 300 DM, der Jahresbedarf 60 Stück und der Jahreszins 10%, so ergibt sich:[2]

$$\text{Optimale Losgröße} = \sqrt{\frac{200 \cdot 60 \cdot 400}{300 \cdot 10}} = \sqrt{1600} = 40 \text{ (Stück)}.$$

Die optimale Losgröße beträgt also unter den gegebenen Voraussetzungen 40 Stück, d. h. bei einem Jahresbedarf von 60 Stück sind die Stückkosten am geringsten, wenn jeweils 40 Stück produziert werden, bevor ein Sortenwechsel erfolgt.

Auch an der Formel der optimalen Losgröße muß die oben bei der Behandlung der optimalen Bestellmenge angebrachte Kritik geübt werden. Die dort erwähnten Verfahren von Operations Research beschäftigen sich ebenfalls mit der Ermittlung optimaler Losgrößen.[3]

---

[1] Vgl. Meyer, G., Die Auftragsgröße in der Produktions- und Absatzwirtschaft, Leipzig 1941, zit. bei Mellerowicz, K., Kosten und Kostenrechnung, Bd. I: Theorie der Kosten, 4. Aufl., Berlin 1963, S. 407.
[2] Vgl. Mellerowicz, K., a. a. O., S. 410.
[3] Vgl. dazu Pack, L., Optimale Bestellmenge und optimale Losgröße. Zu einigen Problemen ihrer Ermittlung, ZfB 1963, S. 465 ff. und 573 ff.

3. Die Fertigungsvorbereitung

Soll ein Produkt, das der Betrieb in sein Produktionsprogramm aufgenommen hat, hergestellt werden, so muß es zunächst vom Konstruktionsbüro entwickelt und gegebenenfalls von der Versuchsabteilung erprobt werden. Ist die technische Entwicklung des Produktes abgeschlossen, so kann die Fertigung nicht sofort beginnen, sondern muß erst vorbereitet werden, d. h. zwischen die Konstruktion und die fertigungstechnische Ausführung schiebt sich die Tätigkeit der Fertigungsvorbereitung (Arbeitsvorbereitung).

An Hand der Konstruktionszeichnung wird zunächst eine **Stückliste** aufgestellt, d. h. sämtliche Einzelteile, aus denen sich das Produkt zusammensetzt, werden in einer Liste erfaßt. Die Konstruktionszeichnung wird also gewissermaßen in eine tabellarische Aufstellung sämtlicher Einzelteile übersetzt. Mit Hilfe der Stückliste kann die Fertigungsvorbereitung dann ermitteln, welche Arten und Mengen von Produktionsfaktoren zur Erzeugung erforderlich sind **(Fertigungsplanung)**. An die Planung schließt sich die Bereitstellung der Produktionsfaktoren an **(Fertigungslenkung)**. Zum Bereich der Fertigungsvorbereitung gehören also alle Tätigkeiten, die die Fertigungsabteilung in die Lage versetzen sollen, mit der Produktion zu beginnen und sie reibungslos zu den geringstmöglichen Kosten durchzuführen. Die Fertigungsvorbereitung setzt sich aus zwei Teilen zusammen, die zeitlich aufeinander folgen und nicht immer scharf voneinander getrennt werden können: der Fertigungsplanung und der Fertigungslenkung.[1]

Der Umfang und die Bedeutung der **Fertigungsplanung** hängen in starkem Maße von der Betriebsgröße, dem Fertigungstyp und dem Organisationstyp der Fertigung ab. In einem Betrieb mit einheitlicher Massenfertigung, die mittels Fließbändern durchgeführt wird, erfolgt eine Fertigungsplanung praktisch nur einmal vor Beginn der Produktion, die dann unter Umständen über Jahre hinweg unverändert weiterläuft. Nur bei größeren Umstellungen, die aus produktionstechnischen und marktwirtschaftlichen Gründen erforderlich werden, wird eine erneute Planung durchgeführt. Der Akzent der Fertigungsvorbereitung liegt bei der Fließfertigung, insbesondere bei der Fließbandfertigung auf der Fertigungsplanung. Eine Fertigungslenkung ist dagegen kaum erforderlich. Der gesamte Fertigungsprozeß läuft automatisch ab. Es muß lediglich dafür gesorgt werden, daß die Zufuhr der Werkstoffe reibungslos erfolgt und daß alle Arbeitsplätze laufend besetzt sind.

Handelt es sich dagegen um einen Betrieb mit Einzelfertigung, der nach dem Werkstättenprinzip organisiert ist, so kommt der Fertigungsplanung zwar auch eine große Bedeutung zu, da jeder einzelne Auftrag an Hand der Konstruktionszeichnung und der Stückliste vorbereitet werden muß; der Nachdruck liegt aber auf der **Fertigungslenkung,** denn hier läuft der Fertigungsprozeß nicht automatisch ab, sondern bedarf einer straffen Lenkung, da der Betrieb in der Regel

---

[1] Vgl. hierzu die ausführliche Darstellung bei Mellerowicz, K., Betriebswirtschaftslehre der Industrie, Bd. II, 4. Aufl., Freiburg i. Brsg. 1964, S. 210 ff.

nur auf Grund von Kundenbestellungen produziert und der Produktionsprozeß gewöhnlich nicht wiederholt wird.

Wird ein Auftrag von der Fertigungsvorbereitung übernommen, so erfolgt zunächst eine **Fertigungsablaufplanung.** Dabei werden die einzelnen Arbeitsgänge ermittelt, d. h. der Fertigungsvorgang wird in einzelne Teile zerlegt. Für jeden Arbeitsgang wird das günstigste Verfahren und werden die erforderlichen Zeiten festgelegt. Das kann mit Hilfe von Arbeitsstudien (Arbeitsablauf-, Arbeitszeit- und Arbeitswertstudien)[1] erfolgen, die zugleich die Grundlage für die Vorkalkulation des Auftrages und für die Akkordlohnberechnung darstellen. Die Feststellung der Zeitdauer der einzelnen Arbeitsgänge ist besonders bedeutsam, wenn – wie es bei der Einzelfertigung in der Regel der Fall ist – Universalmaschinen verwendet werden, die auch für die Ausführung anderer parallel laufender Aufträge zur Verfügung stehen müssen.

An die Fertigungsablaufplanung schließt sich die Planung des Bedarfs an Betriebsmitteln, Arbeitskräften und Werkstoffen an. Die **Bedarfsplanung** stellt fest, welche der benötigten Produktionsfaktoren im Betriebe vorhanden sind und zur Durchführung des Auftrages freigemacht und welche für den betreffenden Auftrag neu beschafft werden müssen. Da neben dem geplanten Auftrag noch andere Aufträge gleichzeitig ausgeführt werden müssen, ist eine Koordinierung mit dem durch andere Aufträge verursachten Bedarf an Produktionsfaktoren erforderlich. Das ist vor allem Aufgabe der Fertigungslenkung. Sie muß dafür sorgen, daß die erforderlichen Produktionsfaktoren auch tatsächlich zur Verfügung stehen, wenn die Fertigung des Auftrages beginnen soll. Sie muß die Bereitstellung, Umstellung und Einrichtung der Maschinen veranlassen und die erforderlichen Fachkräfte frei machen, d. h. einen genauen **Maschinenbesetzungsplan** und **Stellenbesetzungsplan** aufstellen. Dabei ist stets davon auszugehen, daß die vorhandenen Kapazitäten voll ausgelastet sein sollen, daß keine Engpässe auf der einen Seite und Leerläufe auf der anderen Seite entstehen dürfen. Bei dieser Koordinierungsaufgabe müssen die von den Kunden geforderten und vom Betrieb zugesagten Termine in die Rechnung eingestellt werden.

IV. Die Produktionsfunktionen

1. Grundlagen

Der Prozeß der betrieblichen Leistungserstellung vollzieht sich im Wege der Kombination von Produktionsfaktoren. So läßt sich z. B. ein Paar Schuhe unter Verwendung von Arbeitskraft, Maschineneinsatz, Leder, Energie, Nägeln, Leim u. v. a. herstellen. Die Anzahl der täglich herzustellenden Schuhe (m) ist abhängig von der Menge und der Qualität der eben genannten Einsatzfaktoren. Unterstellt man, daß die Qualität dieser Faktoren konstant ist, und bezeichnet man den Faktor Arbeitskraft mit R_1, seine tägliche Einsatzmenge mit r_1, den Faktor Maschinenleistung mit R_2, die tägliche Einsatzmenge mit r_2, dann kann man diese Beziehungen folgendermaßen ausdrücken:

---

[1] Vgl. S. 64 ff.

IV. Die Produktionsfunktionen   297

(1) $$m = f(r_1, r_2 \ldots, r_n).$$

Diesen durch die Art des Produktionsprozesses bestimmten funktionalen Zusammenhang zwischen der Ausbringungsmenge m (Output) und den Faktoreinsatzmengen r_1 bis r_n (Input) bezeichnet man als **Produktionsfunktion**. Für jede beliebige Faktoreneinsatzmenge gibt diese Funktion die Höhe der dazugehörigen Ausbringungsmenge an. Die Anzahl der Ausbringungsmengeneinheiten m ist maßgeblich für die Höhe des Produktionsertrages E, so daß man eine Produktionsfunktion auch so schreiben kann:

(2) $$E = f(r_1, r_2 \ldots, r_n).$$

Läßt die Faktoreinsatzmenge Rückschlüsse auf die Höhe des Produktionsergebnisses zu, so gibt die Anzahl der verschiedenen Einsatzfaktoren Auskunft über den Grad der Kompliziertheit der Produktionstechnik. In der klassischen ökonomischen Theorie wurde aus Gründen der Einfachheit der Darstellung die Abhängigkeit des Produktionsergebnisses gewöhnlich nur von der Kombination zweier Einsatzfaktoren R_1 und R_2 diskutiert. Ausgangspunkt solcher Untersuchungen ist eine Fläche, auf welcher sich alle möglichen Mengenkombinationen von r_1 und r_2 darstellen lassen:

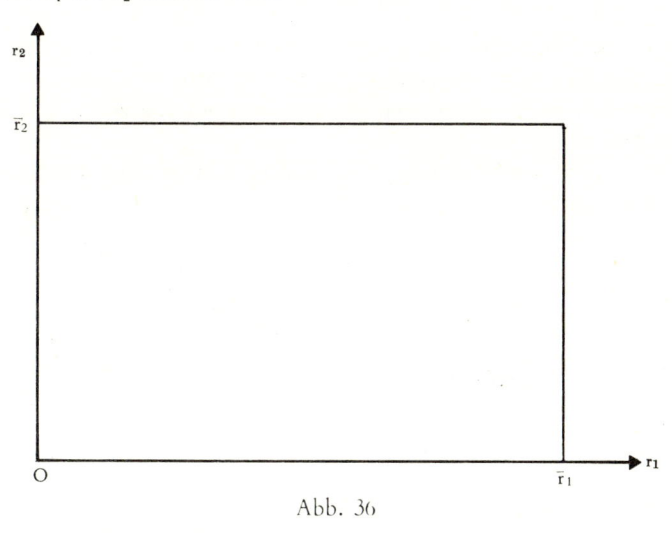

Abb. 36

Bezeichnet man $\bar{r}_1$ und $\bar{r}_2$ als vorhandene (größtmögliche) Einsatzmenge des jeweiligen Faktors, dann läßt sich jedem Punkt auf dieser Fläche ein ganz bestimmter Ertrag E zuordnen. Stellt man sich diese Fläche als Ebene vor, dann läßt sich die zu jeder möglichen r_1 — r_2-Kombination gehörende Ausbringungsmenge als Senkrechte in dem zugehörigen Kombinationspunkt darstellen. Diese Darstellungsweise führt zum sog. **Ertragsgebirge,** dessen typische Formen sich allerdings erst dann verstehen lassen, wenn der Begriff des Grenzertrages[1] eingeführt wird: Der **Grenzertrag** gibt an, welche Auswirkung eine unendlich kleine Änderung des Faktoreinsatzes auf die Höhe des Produktionsertrages hat.

---

[1] Eine ausführliche Erläuterung des Grenzertrages findet sich auf S. 314 ff.

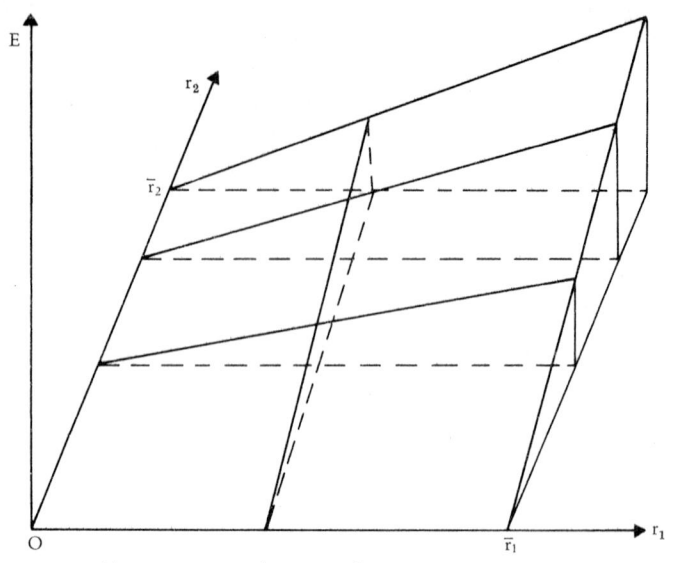

Abb. 37. Ertragsgebirge mit konstanten Grenzerträgen

Steigt die Ausbringungsmenge prozentual ebenso stark wie die Faktoreinsatzmenge, spricht man von konstantem Grenzertrag. Steigt der Ertrag schneller (langsamer) als die Faktoreinsatzmenge, hat man es mit steigendem (fallendem) Grenzertrag zu tun.

Unter diesem Aspekt sind folgende typische Formen des Ertragsgebirges denkbar:

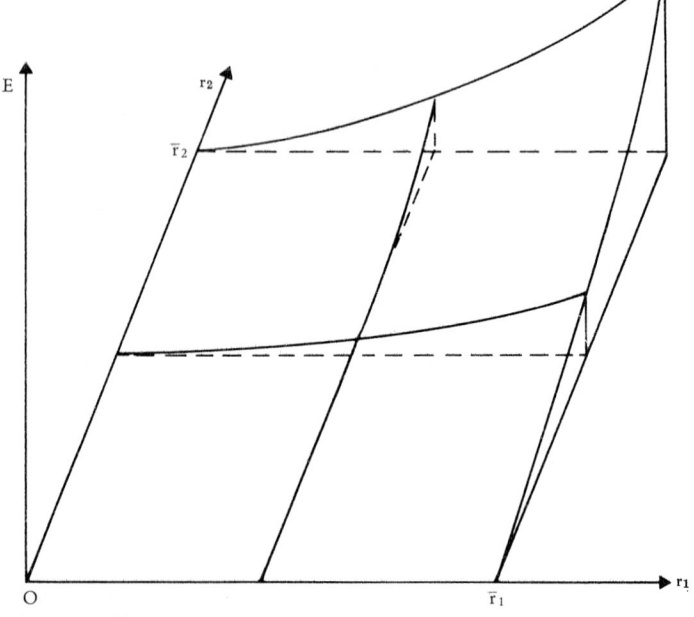

Abb. 38. Ertragsgebirge mit steigenden Grenzerträgen

IV. Die Produktionsfunktionen

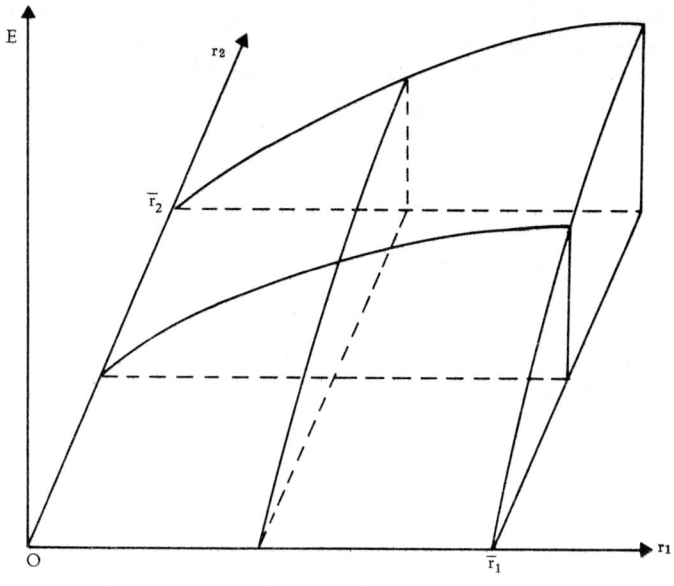

Abb. 39. Ertragsgebirge mit fallenden Grenzerträgen

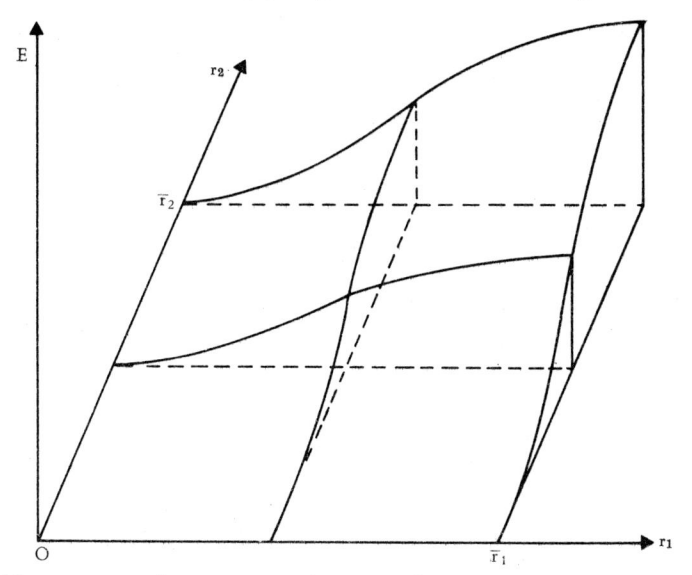

Abb. 40. Ertragsgebirge mit zunächst steigenden, dann fallenden Grenzerträgen

Wie unterschiedlich diese Ertragsgebirge auch aussehen mögen, so haben sie doch eines gemeinsam: Jedem Punkt der r_1 — r_2-Ebene läßt sich ein ganz bestimmter Ertrag zuordnen, oder anders ausgedrückt: auf dieser Ebene sind unendlich viele Faktoreinsatzkombinationen möglich und sinnvoll; ohne daß sich hierdurch der Ertrag ändert, läßt sich eine Faktorkombination durch eine andere ersetzen. Die Produktionsfaktoren R_1 und R_2 sind also austauschbar, sind **substi-**

tuierbar. In diesem Falle bezeichnet man die Ebene als **Substitutionsfeld** und die Produktionsfaktoren als substituierbar.

Man unterscheidet zwischen alternativer und peripherer Substitution.[1] Ist es möglich, bei zwei substituierbaren Produktionsfaktoren bei gleichbleibendem Ertrag die Faktoren solange gegeneinander auszutauschen, bis schließlich die Einsatzmenge des einen Faktors auf Null abgesunken ist, so spricht man von **alternativer Substitution.** Verlangt der Kombinationsprozeß zwischen R_1 und R_2 dagegen nach dem Einsatz einer Mindestmenge von R_1 oder R_2, so handelt es sich um beschränkte **(periphere) Substitution.**

Um substituierbare Produktionsfaktoren handelt es sich, wenn sich z. B. ein Paar Schuhe entweder unter Verwendung von nur wenig Arbeitszeit, aber Einsatz automatischer Maschinen, oder in Handarbeit mit nur wenigen mechanischen Hilfsmitteln herstellen läßt. Eine solche Faktorsubstitution ist beispielsweise bei der Legierung von Metallen oder der Herstellung von Produkten nach vorgegebenen Rezepten nicht möglich. Hier ist das Faktoreinsatzverhältnis von vornherein festgelegt. Soll die Ausbringungsmenge erhöht werden, dann ist die

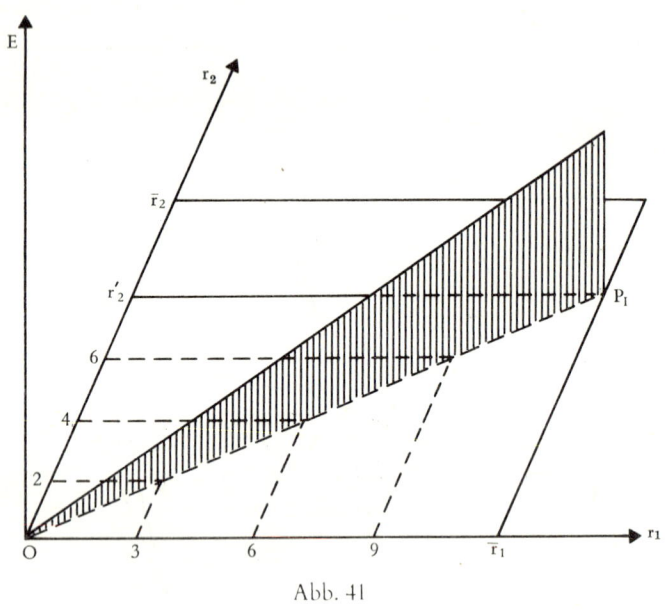

Abb. 41

Faktoreinsatzmenge unter Beibehaltung des bisherigen Mischungsverhältnisses zu erhöhen. Man spricht in diesem Falle von **limitationalen Produktionsfaktoren.** Die Ertragsfunktion läßt sich hier nicht mehr als eine über das Substitutionsfeld gespannte Fläche, sondern nur als eine senkrecht stehende Ebene darstellen.

Erfordert ein Produktionsprozeß ein Einsatzverhältnis der Faktoren R_1, R_2 von 3:2, dann kann von R_2 nur die Menge r'_2 genutzt werden. Die Differenz zwischen $\bar{r}_2$ und r'_2 kann nicht verwendet werden, da die Produktion durch den Engpaßfaktor R_1 auf ein niedrigeres Niveau beschränkt bleibt. Die Linie OP_l

---

[1] Vgl. Gutenberg, E., Grundlagen, Bd. I., a.a.O., S. 301 und 312.

bezeichnet man als **Prozeßgerade**. Sie ist der geometrische Ort aller effizienten $r_1 - r_2$-Kombinationen des Produktionsprozesses I.

Für limitationale Produktionsprozesse ist es bezeichnend, daß man nicht zwischen mehreren Faktoreinsatzkombinationen, sondern nur zwischen mehreren Produktionsprozessen I, II, III usw. mit unterschiedlichen, vorgegebenen Einsatzkombinationen der Faktoren wählen kann. Man spricht in diesem Zusammenhang also nicht von Faktorvariation, sondern von **Prozeßvariation**. Je größer allerdings die Möglichkeiten der Prozeßvariation sind, desto stärker wird die ursprünglich strenge Limitationalität gelockert. Man könnte auch sagen: Mit zunehmender Möglichkeit der Prozeßvariation bewegt man sich von reiner Limitationalität allmählich auf die Substitutionalität zu. Die reine Substitutionalität liegt dann dort, wo die Anzahl möglicher Prozeßvariationen unendlich groß ist.

Limitationalität ohne die Möglichkeit der Prozeßvariation und Substitutionalität sind also die beiden extremen Eigenschaften, die nur für ganz wenige Faktoren zutreffen. Zwischen diesen beiden Extremwerten liegt die überwiegende Mehrzahl aller Produktionsfaktoren, die der Einfachheit halber auch limitationale genannt werden sollen.

2. Produktionsfunktionen mit substitutionalen Faktoren

a) Totale Faktorvariation

Wenden wir uns wieder dem einfachen Fall zu, in dem die Höhe des Ertrages nur vom Einsatz zweier substitutionaler Faktoren abhängig sein soll. Die Produktionsfunktion lautet dann:

(3) $$E = f(r_1, r_2).$$

Beide Faktoren sollen also substituierbar sein, d. h. der Ertrag bleibt bei Verminderung der Einsatzmenge des einen Faktors gleich, wenn der andere Faktor um eine bestimmte Menge vermehrt wird. Da in einem solchen Falle der Ertrag von einer Variation aller an der Produktion beteiligten Faktoren abhängig ist, spricht man von **totaler Faktorvariation**. Im Gegensatz hierzu steht die **partielle Faktorvariation**,[1] bei der alle Produktionsfaktoren bis auf einen einzigen konstant gehalten werden. Der Ausdruck totale Faktorvariation trifft streng genommen nur den Kombinationsprozeß mit zwei Faktoren. Gehen dagegen n Faktoren in die Produktion ein, genügt für das Vorliegen „totaler" Faktorvariation bereits die Tatsache, daß mehr als ein Faktor variiert wird.

aa) Die Indifferenzkurven

Die unter (3) wiedergegebene Produktionsfunktion läßt sich – wie wir bereits gesehen haben – im dreidimensionalen Raum als Ertragsgebirge darstellen. Da die Ertragsfunktion gemäß Abb. 40 eine Kombination der Funktionen aus Abb. 38 und Abb. 39 ist, also den umfassendsten der vier Funktionstypen darstellt, soll sie der Ausgangspunkt der kommenden Erörterung sein.

---

[1] Vgl. S. 312 ff.

Man trägt auf den Achsen eines dreidimensionalen Koordinatensystems die Einsatzmengen der beiden Produktionsfaktoren r_1 und r_2 auf, die in den Mengen OA bzw. OB vorhanden sein sollen (Abb. 42). Der Ertrag (E) wird auf der dritten Achse aufgetragen. Jeder Punkt der Grundfläche OACB stellt eine technisch sinnvolle Kombination der beiden Produktionsfaktoren dar, der ein bestimmter Ertrag entspricht. Errichtet man in jedem Punkt der Fläche OACB eine Senkrechte in Höhe des erzielten Ertrages, so ergibt sich eine über dem positiven Quadranten sich wölbende Ertragsfläche. Allerdings darf es nicht zu einer völligen Substituion von r_1 durch r_2 oder umgekehrt kommen. Das würde den Übergang zu einem anderen Produktionsverfahren bedeuten. Es handelt sich hier also um eine periphere Substitution.

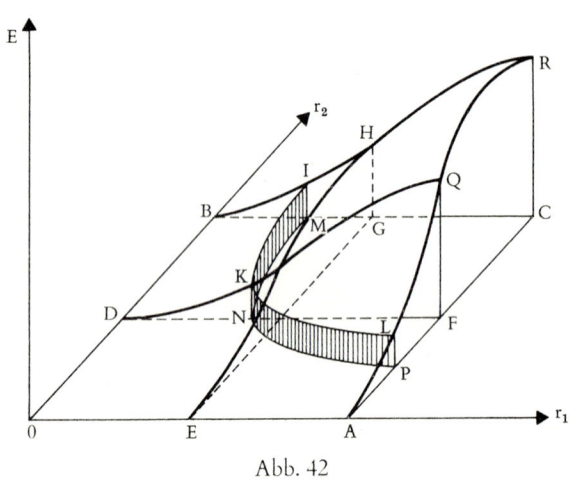

Abb. 42

Unter den technisch möglichen Kombinationen befinden sich jeweils mehrere, die zu einem gleichen Ertrag führen. Verbindet man diese Kombinationen, die den gleichen Gesamtertrag erbringen, so erhält man eine Linie, die man als **Indifferenzkurve** bezeichnet, da sich alle durch die Linie verbundenen Kombinationen hinsichtlich des Ertrages indifferent verhalten. Eine solche Indifferenzkurve ist nichts anderes als eine auf die Fläche OACB projizierte Schichtlinie (Abb. 42), die entsteht, wenn man parallel zur Fläche OACB einen Schnitt durch das Ertragsgebirge legt (Schichtlinie = IKL, Indifferenzkurve = MNP). Beliebig viele Schnitte dieser Art durch das Ertragsgebirge führen zu beliebig vielen Indifferenzkurven, von denen jede die Kombinationen der beiden Produktionsfaktoren angibt, die zu dem gleichen Gesamtertrag führen. Dabei wird vorausgesetzt, daß der eine Produktionsfaktor vermehrt, der andere vermindert wird. Werden beide gleichzeitig vermehrt oder vermindert, so erhöht oder vermindert sich die Ertragslage, d. h. das **Ertragsniveau** ist ein anderes geworden.

Ein senkrechter Schnitt durch das Ertragsgebirge im Punkte A parallel zur r_2-Achse ergibt eine Schnittkurve, die alle Erträge für steigende Mengen des Faktors r_2 bei Konstanz von r_1 = OA zeigt. Ein senkrechter Schnitt durch das Ertragsgebirge im Punkte B parallel zur r_1-Achse ergibt eine Schnittkurve, die alle Erträge für steigende Mengen des Faktors r_1 bei Konstanz von r_2 = OB zeigt.

IV. *Die Produktionsfunktionen* 303

Die Indifferenzkurven haben in der Regel einen zum Koordinatenursprung konvexen Verlauf. Sobald sie sich mit zunehmender Einsatzmenge der Produktionsfaktoren wieder von der Achse entfernen, ist eine Substitution nicht mehr sinnvoll, da jetzt die Einsatzmengen beider Faktoren erhöht werden müssen, ohne daß das Ertragsniveau steigt (vgl. Abb. 43). Das bedeutet, daß das Substitutionsgebiet kleiner wird. Es wird begrenzt von zwei Linien (OB und OA), die die Punkte der Indifferenzkurven verbinden, an denen die Tangenten an die Indifferenzkurven parallel zu den Achsen laufen.

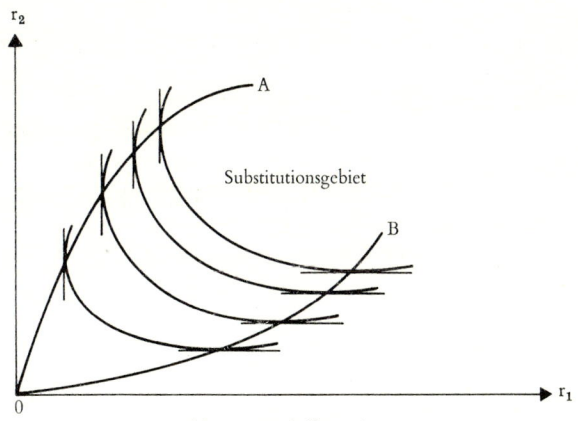

Abb. 43. Indifferenzkurven

Nimmt man an, daß die Indifferenzkurven sich immer mehr von den Achsen entfernen, so wird das Substitutionsgebiet immer schmaler, bis die beiden Umgrenzungslinien (OA und OB) sich schneiden. Im Schnittpunkt von OA und OB hat der mit Hilfe der beiden variablen Faktoren und eines bzw. mehrerer konstanter Faktoren erzielbare Gesamtertrag sein Maximum erreicht (Punkt R in Abb. 42). In diesem Punkt ist der konstante Faktor voll ausgenutzt; er reicht jedoch nicht mehr aus, um eine weitere Ertragssteigerung zu erzielen. Daher führt nach Erreichen des Schnittpunktes zwischen OA und OB der steigende Einsatz der variablen Faktoren bei Konstanz des bzw. der anderen Faktoren zu einem sinkenden Gesamtertrag. Zwar ist eine Substitution der variablen Faktoren noch möglich, jedoch kehren sich die Indifferenzkurven um, wobei jetzt die Indifferenzkurven bei zunehmender Entfernung von den Achsen einen immer kleiner werdenden Gesamtertrag repräsentieren. Eine Ertragssteigerung ist nur möglich, wenn auch der Einsatz des konstanten Faktors vermehrt wird; in diesem Fall wird das Substitutionsgebiet größer, der Schnittpunkt zwischen OA und OB liegt dann weiter von den Achsen entfernt.

Die Einsatzmenge eines Produktionsfaktors, die notwendig ist, um eine Einheit eines anderen Faktors an einem gegebenen Punkte zu ersetzen, wenn der Ertrag (die Produktmenge) unverändert bleiben soll, bezeichnet man als **Substitutionsverhältnis** oder auch als **Grenzrate der Substitution**.

Betrachten wir eine einzelne Indifferenzkurve.[1] Die beiden Punkte E und F

---
[1] Vgl. von Stackelberg, H., Grundlagen der theoretischen Volkswirtschaftslehre, 2. Aufl., Tübingen/Zürich 1951, S. 113

sind indifferente Ertragslagen (Abb. 44). Der gleiche Ertrag wird erwirtschaftet, wenn man entweder im Punkte E: OA Einheiten r_1 und OC Einheiten r_2 oder im Punkte F: OB Einheiten r_1 und OD Einheiten r_2 einsetzt. Die Ertragslage E enthält demnach mehr Einheiten des Faktors r_2, die Ertragslage F mehr Einheiten r_1. Da beide Lagen hinsichtlich der Ausbringung (Ertrag) indifferent sind, entsprechen AB Einheiten r_1 DC Einheiten r_2. Das Verhältnis $\frac{AB}{DC}$ bezeichnet man als die **Durchschnittsrate der Substitution** von r_1 und r_2 zwischen den Ertragslagen E und F. Dieser Bruch ist nichts anderes als der Tangens des Winkels (α_2) zwischen der Ordinate und der Sekante, die in E und F die Indifferenzkurve schneidet.

Setzen wir den Punkt F auf der Indifferenzkurve zum Punkt E in Bewegung, so beginnt sich die Sekante um den Punkt E zu drehen und nähert sich in ihrer Lage der Tangente an die Indifferenzkurve im Punkte E. Der Tangens des Winkels (α_1) zwischen der Ordinate und der Tangente ist die **Grenzrate der Substitution** von r_1 durch r_2 im Punkte E. Lassen wir diese Tangente die Abszisse im Punkte G, die Ordinate im Punkte H schneiden, so wird der Tangens des Winkels α_1 durch den Bruch $\frac{OG}{OH}$ dargestellt. Dieser Bruch ist die Grenzrate der Substitution in E. Die Tangente GH bezeichnet man als **Substitutionstangente** des Punktes (der Ertragslage), in dem sie die Indifferenzkurve berührt.

Je größer die Grenzrate der Substitution ist, desto mehr Einheiten eines Produktionsfaktors sind erforderlich, um den Ertragsausfall auszugleichen, der durch Verminderung der Einsatzmengen des anderen Faktors eingetreten ist.

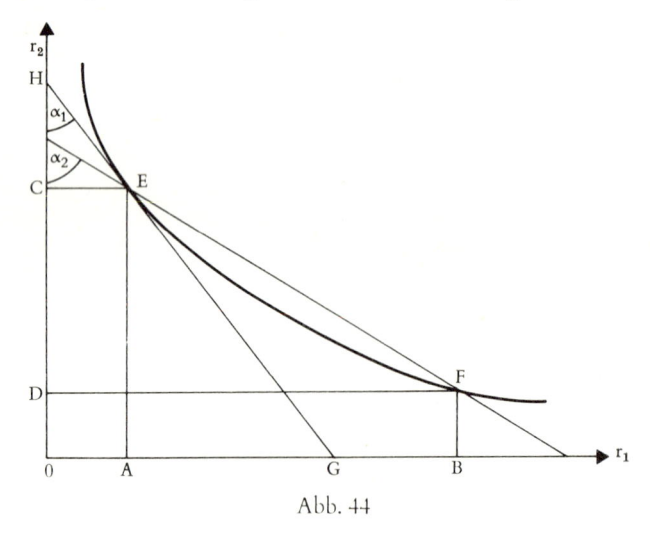

Abb. 44

Nehmen wir an, der Gesamtertrag bleibe konstant, wenn eine Einheit des Faktors r_1 durch eine Einheit des Faktors r_2 ersetzt wird. Dann muß notwendigerweise der Grenzertrag beider Faktoren gleich sein. Ist dagegen der Grenzertrag von $r_1 = 1$ und der Grenzertrag von $r_2 = 0{,}25$, so sind 4 Einheiten r_2 erforderlich, um eine Einheit r_1 zu ersetzen. Je größer also die Substitutionsrate ist, desto niedri-

IV. Die Produktionsfunktionen 305

ger ist der Grenzertrag des Produktionsfaktors, der den anderen ersetzt. Mit anderen Worten, die Substitutionsmenge des Faktors r_1 verhält sich zur Substitutionsmenge des Faktors r_2 wie der Grenzertrag des Faktors r_2 zum Grenzertrag des Faktors r_1:

(4) $$\frac{dr_1}{dr_2} = \frac{e'_2}{e'_1}$$

$e'_1 = 1; \quad dr_1 = 1;$

$e'_2 = 0{,}25; \quad dr_2 = 4; \quad \frac{1}{4} = \frac{0{,}25}{1}.$

Während bei streng limitationalen Faktoren immer nur eine einzige Faktorkombination möglich ist, gibt es bei Substitutionalität eine unendlich große Zahl von Faktorkombinationsmöglichkeiten. Von diesen Kombinationsmöglichkeiten sollen in der folgenden Abbildung nur zwei dargestellt werden:

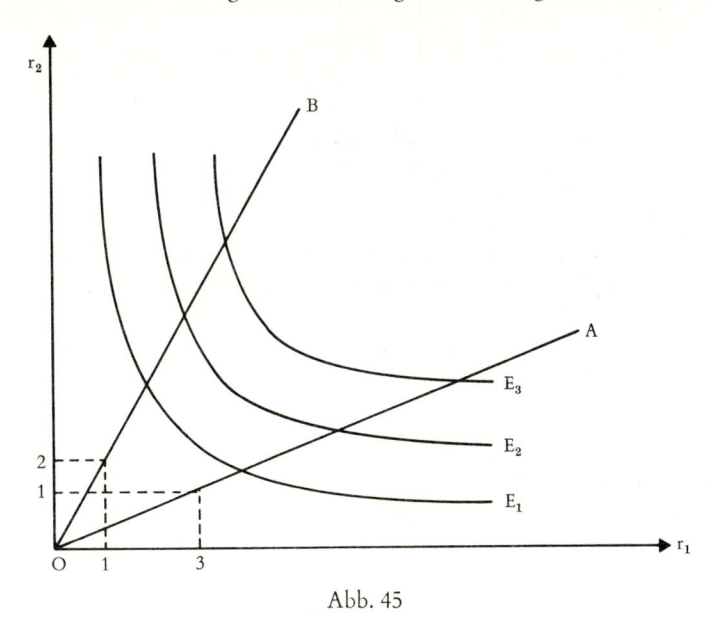

Abb. 45

Ein Ertrag von E_1, E_2 und E_3 läßt sich sowohl durch den Prozeß A, charakterisiert durch ein Einsatzverhältnis $r_1:r_2 = 3:1$, als auch durch den Prozeß B, für den $r_1:r_2 = 1:2$ gilt, darstellen. Beim Prozeß A z. B. wird eine Erhöhung der Ausbringungsmenge entlang der Strecke OA verwirklicht (**Prozeßgerade**). Man kann also ebenso wie bei limitationalen Faktoren auch hier mit verschiedenen Prozessen, symbolisiert durch die jeweilige Prozeßgerade, arbeiten.

Ehe wir uns der Beantwortung der Frage zuwenden, welchen der möglichen Produktionsprozesse der Betrieb zweckmäßigerweise wählen sollte, soll der Verlauf der Indifferenzkurven für die unterschiedlichen Typen von Produktionsfunktionen (vgl. Abb. 37–40) etwas genauer betrachtet werden. Dazu wird nach jeder Ertragssteigerung um 25 Einheiten eine zusätzliche Indifferenzkurve eingezeichnet. Sind die Grenzerträge über dem gesamten Substitutionsfeld konstant (vgl. Abb. 37), dann sehen die Indifferenzkurven etwa so aus:

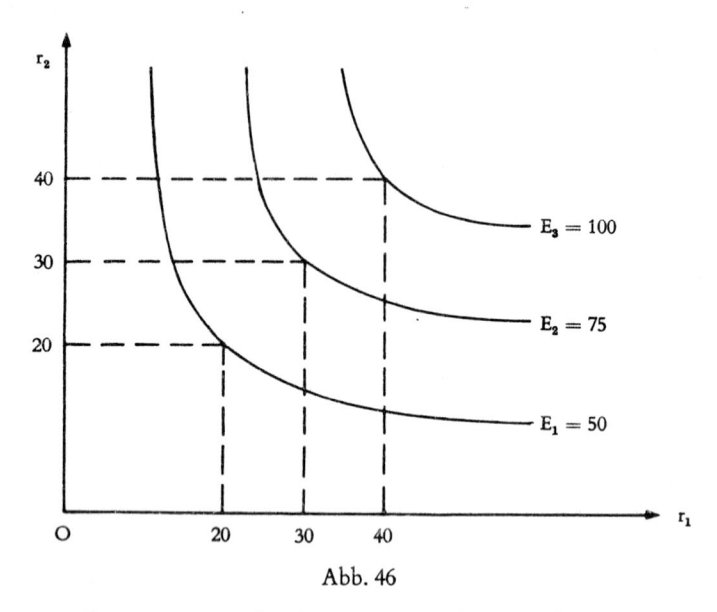

Abb. 46

Steigen die Grenzerträge über dem gesamten Substitutionsfeld (vgl. Abb. 38) so verlaufen die Indifferenzkurven etwa folgendermaßen:

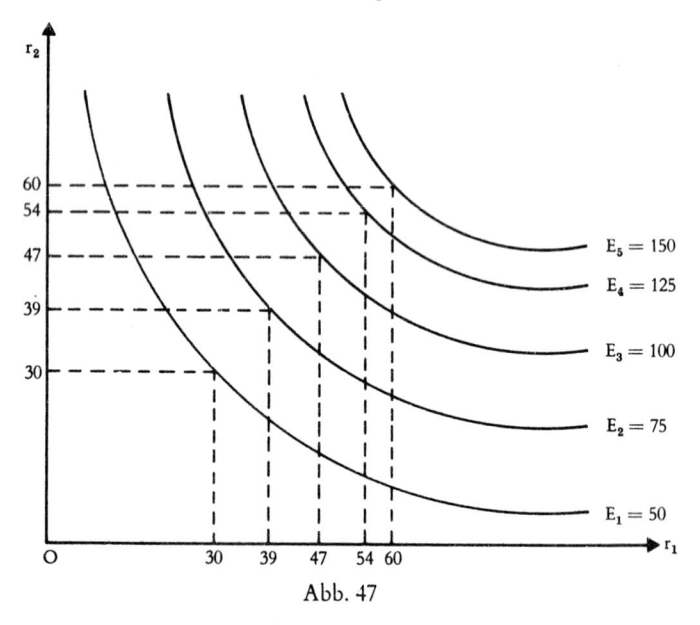

Abb. 47

Bei einer Ertragsfunktion mit fallenden Grenzerträgen (vgl. Abb. 39) lassen sich etwa folgende Indifferenzkurven einzeichnen:

IV. Die Produktionsfunktionen   307

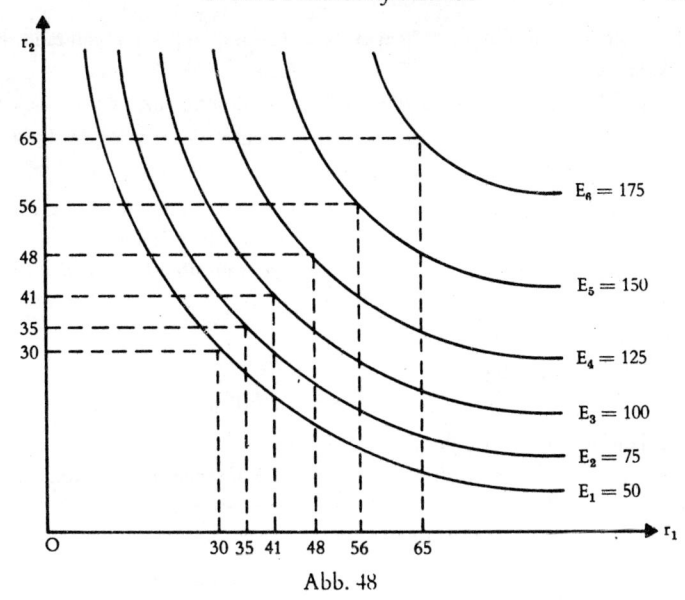

Abb. 48

Bei einer Produktionsfunktion mit zunächst steigenden, dann abnehmenden Grenzerträgen (vgl. Abb. 40) ergeben sich folgende Indifferenzkurven:

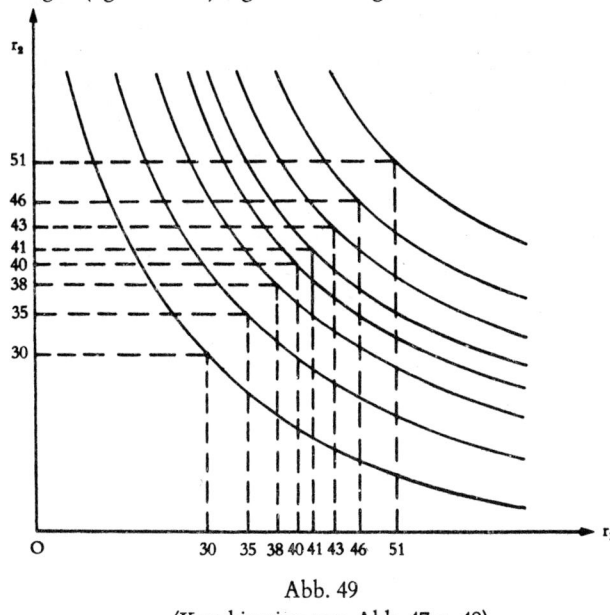

Abb. 49
(Kombination von Abb. 47 u. 48)

Diese Abbildungen lassen folgenden Zusammenhang zwischen Grenzertrag und Indifferenzkurvenverlauf erkennen:
(1) bei konstanten Grenzerträgen sind die Abstände zwischen den Indifferenzkurven konstant;

(2) bei steigenden Grenzerträgen wird der Indifferenzkurvenabstand immer kleiner;
(3) bei abnehmenden Grenzerträgen wächst der Indifferenzkurvenabstand;
(4) bei zunächst steigenden, dann fallenden Grenzerträgen wird der Indifferenzkurvenabstand erst kleiner, dann größer.

Führt die proportionale Erhöhung der Einsatzmengen der Produktionsfaktoren (entlang der Prozeßgeraden) zu einer kontinuierlichen Erhöhung der Ausbringungsmenge, dann spricht man von **homogenen Produktionsfunktionen**. Kontinuierliche Erhöhung heißt dabei:
(1) proportionale Erhöhung (Fall 1);
(2) Erhöhung mit steigenden Zuwachsraten (Fall 2);
(3) Erhöhung mit abnehmenden Zuwachsraten (Fall 3).

Verläuft bei proportionaler Erhöhung der Faktoreinsatzmenge z. B. um jeweils 10% der Zuwachs an Ausbringungsmenge (= Grenzertrag) diskontinuierlich, also z. B. 12%, 14%, 17%, 15%, 9% usw., dann spricht man von einer **heterogenen Produktionsfunktion** (Fall 4).

Wir sind von proportionaler Erhöhung des Faktoreinsatzes ausgegangen, haben also unterstellt, daß beide Produktionsfaktoren in fest vorgegebenem Verhältnis vermehrt werden. Bezeichnet man mit λ den Faktor, um den die Einsatzmengen von R_1 und R_2 erhöht werden, dann läßt sich der zu erwartende Ertrag auch als Funktion von λ beschreiben:

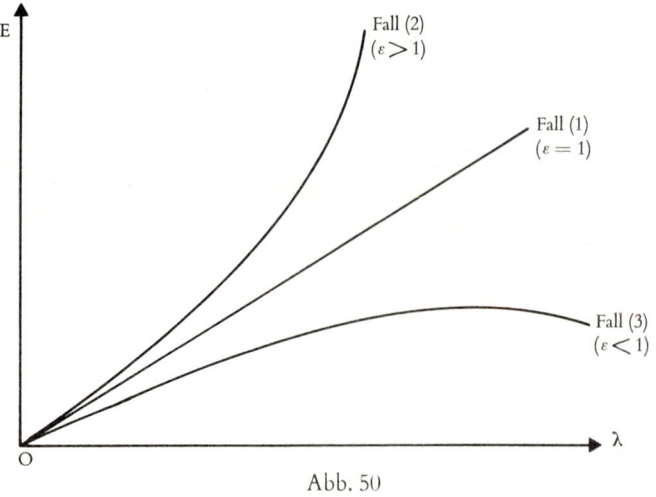

(5) $$E = f(\lambda r_1, \lambda r_2) = \varphi(\lambda)$$

Abb. 50

Die drei ersten der eben genannten vier Fälle, also die homogenen Produktionsfunktionen, lassen sich dann in Abhängigkeit von λ folgendermaßen darstellen (Abb. 50):

Bezeichnet man als λ jenen Faktor, der den Beschäftigungsgrad (= Höhe des Faktoreinsatzes = Faktorniveau) bestimmt, dann kann man sagen:

IV. Die Produktionsfunktionen

Fall (1): Führt eine Änderung des Beschäftigungsgrades um den Faktor λ zu einer proportionalen Ertragsänderung, dann liegen konstante Skalenerträge vor.

Fall (2): Führt eine Steigerung des Beschäftigungsgrades zu einer prozentual größeren Ertragserhöhung, spricht man von wachsenden Skalenerträgen.

Fall (3): Führt eine Steigerung des Beschäftigungsgrades zu einer prozentual geringeren Ertragserhöhung, hat man es mit abnehmenden Skalenerträgen zu tun.

Die bereits bekannte Homogenität einer Produktionsfunktion läßt sich auch so ausdrücken: Eine Produktionsfunktion ist dann homogen, wenn eine Erhöhung des Beschäftigungsgrades um den Faktor λ (z. B. 20%) den Ertrag immer gerade um λ^ε erhöht. Ist $\varepsilon = 1$, dann führt eine solche Faktorniveauvariation um 20% zu

(6) $$E \cdot \lambda^\varepsilon = \lambda(r_1, r_2)$$
$$E \lambda^1 = \lambda(r_1, r_2),$$

also zu einer Ertragssteigerung um ebenfalls 20%. Man sagt dann, eine Produktionsfunktion sei homogen vom Grade 1 oder: sie sei linear-homogen.[1]

Ist $\varepsilon > 1$, nehmen die Skalenerträge zu (Fall 2). Ist $\varepsilon < 1$, nehmen die Skalenerträge ab (Fall 3).

Bei heterogenen Produktionsfunktionen gibt es bei Faktorniveauvariation keinen einheitlichen Wert für ε (Fall 4).

bb) Die Minimalkostenkombination

Wenden wir uns nach diesen Erläuterungen der praktisch bedeutsameren Frage zu, entlang welcher der vielen möglichen Prozeßgeraden der Betrieb seine Ausbringungsmenge erhöhen soll. Aus der Tatsache, daß ein und derselbe Ertrag durch verschiedene Kombinationen von Produktionsfaktoren, die alle auf einer Indifferenzkurve liegen, erwirtschaftet werden kann, läßt sich noch nicht bestimmen, welche Kombination mit den geringsten Kosten verbunden ist. Die Kosten eines Produktionsprozesses, der durch die Funktion

$$E = f(r_1, r_2)$$

dargestellt wird, lassen sich folgendermaßen bestimmen:

(7) $$K = r_1 p_{r1} + r_2 p_{r2}.$$

Zur Ermittlung jener Faktorkombination, die die geringsten Kosten verursacht, muß man also die Faktorpreise p_{r1} und p_{r2} kennen. Die gesuchte (zweckmäßigste) Faktorkombination bezeichnet man als **Minimalkostenkombination.**

Nehmen wir nach dem obigen Beispiel (vgl. S. 304) an, daß 4 Einheiten r_2 nötig sind, um eine Einheit r_1 zu ersetzen. Ist der Preis der Einheit r_1 10,- DM, einer Einheit r_2 3,- DM, so tritt eine Verminderung der Kosten um 10 und eine Erhöhung der Kosten um 12,- DM ein, wenn 1 Einheit r_1 durch 4 Einheiten r_2 ersetzt wird.

---

[1] In diesem Spezialfall spricht man auch von einer Cobb-Douglas-Funktion.

Das heißt, die Kosten sind bei gleichem Ertrag höher als vorher. Eine Substitution wäre wirtschaftlich nicht zweckmäßig. Würde der Preis von r_2 nur 2,50 DM betragen, so steht einer Kostenminderung von 10,- DM (= 1 Einheit r_1) eine Kostenerhöhung von 10,- DM (= 4 Einheiten r_2) gegenüber.

Die Minimalkostenkombination ist dann erreicht, wenn der Grenzertrag der an der Kombination beteiligten Produktionsfaktoren, bezogen auf eine Geldeinheit, in allen Verwendungen gleich wird.

$$e'_1 = 1; \quad p_{r_1} = 10; \quad \frac{e'_1}{p_{r_1}} = \frac{1}{10} = 0{,}1; \quad \frac{e'_2}{p_{r_2}} = \frac{0{,}25}{2{,}50} = 0{,}1.$$
$$e'_2 = 0{,}25; \quad p_{r_2} = 2{,}50;$$

oder:

(8)
$$\frac{e'_1}{e'_2} = \frac{p_{r_1}}{p_{r_2}}.$$

Die Minimalkostenkombination ist erreicht, wenn sich die Grenzerträge der Produktionsfaktoren verhalten wie ihre Preise.

Graphisch läßt sich die Minimalkostenkombination folgendermaßen ableiten: Nehmen wir an, dem Betrieb steht ein bestimmter Geldbetrag (z. B. 100 DM) zum Kauf beider Produktionsfaktoren zur Verfügung. Für 100 DM erhält er 10 Einheiten r_1 (Punkt C) oder 40 Einheiten r_2 (Punkt D). Tragen wir diese Mengen auf der Abszisse bzw. der Ordinate ab, und verbinden wir beide Punkte (C und D) miteinander, so ergibt sich eine Gerade (sog. Bilanzgerade), die alle Kombinationen von r_1 und r_2 zeigt, die den gleichen Kostenbetrag von 100 DM ausmachen (Abb. 51). Man bezeichnet diese Gerade als **Kostenisoquante**. Än-

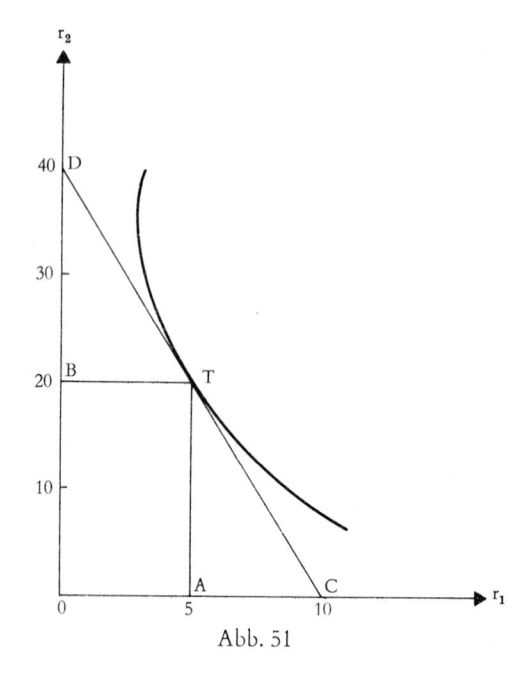

Abb. 51

IV. Die Produktionsfunktionen 311

dert sich der zur Verfügung stehende Geldbetrag, so verschiebt sich die Kostenisoquante parallel. Da der positive Quadrant mit einer Schar von Indifferenzkurven überdeckt ist, schneidet die Kostenisoquante eine Vielzahl von Indifferenzkurven. Die Indifferenzkurve, die von der Kostenisoquante nur tangiert wird, gibt in den Koordinaten (OA und OB) des Tangentialpunktes (T) die Kombination der Produktionsfaktoren an, die unter den gegebenen Bedingungen die kostenoptimale ist. Nimmt man verschiedene Geldbeträge an, die zur Beschaffung von Produktionsfaktoren zur Verfügung stehen, so ergibt sich eine Vielzahl von Kostenisoquanten, die jeweils im Berührungspunkt mit einer Indifferenzkurve die Minimalkostenkombination angeben.

Verbindet man alle Tangentialpunkte zwischen Kostenisoquanten und Indifferenzkurven miteinander, so erhält man die Minimalkostenlinie OM (vgl. Abb. 52). Hierbei handelt es sich nicht etwa um eine Kostenfunktion, welche die Kosten in Abhängigkeit vom Faktoreinsatz oder der Ausbringungsmenge zeigen müßte, sondern um eine Prozeßgerade, die sich von den vielen anderen nur durch ein geringeres Maß an Kostenverursachung auszeichnet.

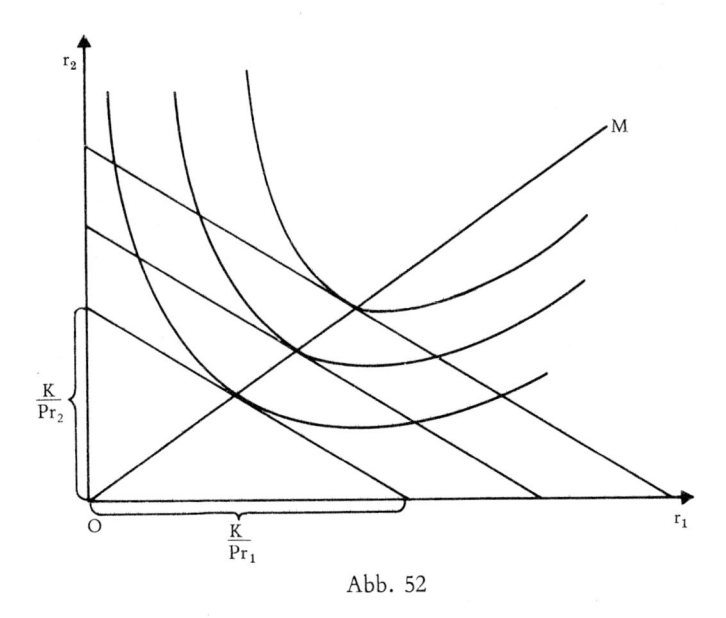

Abb. 52

Nachdem auf diese Weise theoretisch die zweckmäßigste Faktorkombination bestimmt, also die Produktionsrelationen festgelegt worden sind, bedarf es zur vollständigen Lösung des Produktionsproblems nur noch der Fixierung des Beschäftigungsgrades, also der Bestimmung der absoluten Faktoreinsatzmengen. Da sich diese Frage aber nur in Kenntnis der Absatzpreise der produzierten Güter beantworten läßt, wird sie erst im Rahmen der betrieblichen Preispolitik[1] behandelt.

---

[1] Vgl. Vierter Abschnitt, III, 3

b) Partielle Faktorvariation (Ertragsgesetz)

aa) Allgemeine Voraussetzungen

Die Frage, welches die günstigste Faktorkombination sei, wurde im Rahmen der Überlegungen zur Minimalkostenkombination soeben beantwortet. Betrachtet man die Faktorpreise als vorgegeben, dann ist das (kosten-)günstigste Kombinationsverhältnis der Produktionsfaktoren durch ihre marginalen Substitutionsraten bestimmt. Diese Grenzraten der Substitution geben Aufschluß über die Effizienz oder einfach: über den produktiven Beitrag jedes Produktionsfaktors. Aussagen über den produktiven Beitrag eines Faktors sind aber nur in Kenntnis der Indifferenzkurven erlaubt.

Schon lange bevor die theoretische Konzeption der Indifferenzkurven gefunden war, beschäftigte man sich – im Rahmen der Nationalökonomie – mit der Frage, welcher Ertragsanteil jedem der an der Produktion beteiligten Faktoren zuzurechnen sei. Die Betriebswirtschaftslehre hat diese Erklärungsversuche, die in das „**Gesetz vom abnehmenden Ertragszuwachs**" oder einfach das „**Ertragsgesetz**" einmündeten, zum Zwecke der Erklärung produktionstheoretischer Zusammenhänge übernommen. Eine solche Übernahme erschien umso eher angebracht, als die sie tragende Überlegung bestechend einfach ist: an einem Produktionsprozeß sind n beliebige Faktoren beteiligt. Bei Konstanz aller n-1 Faktoren muß jede Ertragsänderung auf die Variation des einen Faktors zurückzuführen sein. Führt man eine solche Variation **nacheinander** auch für alle anderen Faktoren durch, ist das Zurechnungsproblem gelöst. Durch eine solche gedankliche Vereinfachung läßt sich die Frage nach der optimalen Faktorkombination auch ohne Minimalkostenkombination und Indifferenzkurven beantworten.

Die aus dem Gesetz vom abnehmenden Ertragszuwachs abgeleitete Produktionsfunktion (= Ertragsgesetz) beruht auf folgenden Voraussetzungen:

(1) Ein konstanter und ein variabler Produktionsfaktor (oder eine Gruppe variabler Faktoren) werden in der Weise kombiniert, daß steigende Mengeneinheiten des variablen Faktors auf den konstanten Faktor aufgewendet werden.
(2) Der variable Produktionsfaktor ist völlig homogen, d. h. alle Einheiten sind von völlig gleicher Qualität und gegenseitig austauschbar.
(3) Der variable Produktionsfaktor ist beliebig teilbar.
(4) Die Produktionstechnik ist unveränderlich.
(5) Es wird nur eine Produktart erzeugt.

So kann man z. B. die Faktoren R_1 bis R_{n-1} konstant halten und nur die Einsatzmengen von R_n variieren. Man kann das Modell noch weiter vereinfachen, indem man von der Annahme ausgeht, daß nur ein konstanter (R_c) und ein variabler Faktor (R_v) kombiniert werden. Dann gilt:

(9) $$E = f(r_c, r_v).$$

Unter diesen Voraussetzungen ist es theoretisch möglich, eine Veränderung des Gesamtertrages der Variation der Einsatzmenge eines Faktors zuzurechnen. Wenn man z. B. auf eine Maschinenanlage steigende Mengen von Arbeitsstunden einsetzt, so läßt sich der Ertragszuwachs, den jede weitere Arbeitseinheit erbringt, theoretisch bestimmen.

bb) Die Gesamtertragskurve

Werden zwei Produktionsfaktoren in der Weise miteinander kombiniert, daß die Einsatzmenge des einen konstant und die des anderen frei variierbar ist, dann kommt eine Ertragsänderung nur durch Variation der Einsatzmenge eines Faktors zustande. Vorausgesetzt wird dabei, daß die **Qualität der Faktoren unverändert** bleibt, daß der **variable Faktor beliebig teilbar** ist und daß **nur eine Produktart** erzeugt wird. Vermehrt man die Einsatzmengen des variablen Faktors, so nimmt der Gesamtertrag allmählich zu, und zwar zunächst progressiv, d. h. mit steigender Zuwachsrate, weil die Produktivität des variablen Faktors allmählich immer größer wird (Abb. 53).

Später steigt er degressiv, d. h. mit abnehmender Zuwachsrate, nimmt also absolut noch zu und erreicht schließlich ein Maximum. Werden darüber hinaus noch weitere Einheiten des variablen Faktors eingesetzt, so nimmt der Gesamtertrag absolut ab, da diese Einheiten des variablen Faktors keinen Ertragszuwachs mehr bringen, sondern sogar die Wirksamkeit der vorher eingesetzten Einheiten beeinträchtigen.

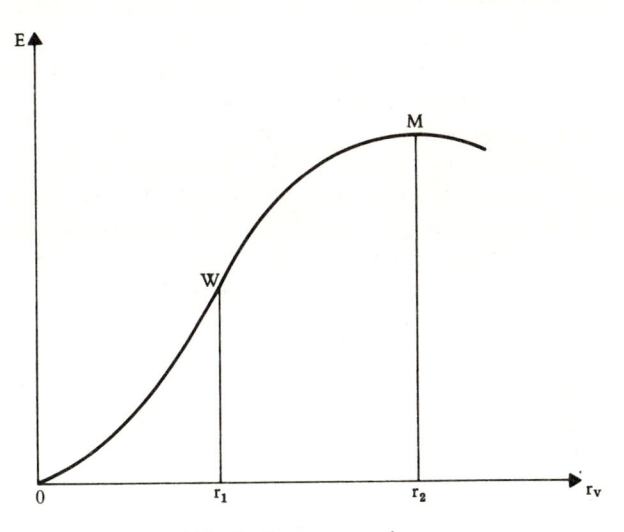

Abb. 53 Gesamtertragskurve

W = Wendepunkt   E = Gesamtertrag
M = Maximum r_v = Einsatzmenge des variablen Faktors

Der Ertragszuwachs, den der variable Produktionsfaktor verursacht, nimmt also zunächst mit dem Einsatz jeder weiteren Einheit des variablen Faktors zu, erreicht ein Maximum und nimmt wieder ab. Der Ertragszuwachs wird gleich Null, wenn der Gesamtertrag sein Maximum erreicht hat. Den Ertragszuwachs, der durch Einsatz der jeweils letzten Einheit des variablen Produktionsfaktors erzielt wird, bezeichnet man als **Grenzertrag des variablen Faktors**.

Ein dem Ertragsgesetz folgender Kurvenverlauf läßt sich auch aus der in Abb. 42 dargestellten Ertragsfunktion ableiten. Ein Schnitt durch das Ertragsgebirge im Punkte A parallel zur r_2-Achse ergibt eine Schnittkurve, die alle Erträge für steigende Mengen des Faktors r_2 bei Konstanz von $r_1 = OA$ zeigt. Ein Schnitt durch das Ertragsgebirge im Punkte B parallel zur r_1-Achse ergibt eine Schnittkurve, die alle Erträge für steigende Mengen des Faktors r_1 bei Konstanz von $r_2 = OB$ zeigt.

Das Ertragsgesetz läßt sich also folgendermaßen formulieren: Werden steigende Mengen eines variablen Faktors mit einem konstanten Faktor kombiniert, so zeigt sich zunächst ein zunehmender Ertragszuwachs (Grenzertrag), d. h. der Gesamtertrag steigt progressiv, da das Wirkungsverhältnis des konstanten und des variablen Faktors immer günstiger wird; später erreicht der Ertragszuwachs ein Maximum, um schließlich danach abzunehmen, d. h. der Gesamtertrag steigt zwar weiterhin absolut, jedoch mit sinkender Zuwachsrate. Wird der Ertragszuwachs (Grenzertrag) gleich Null, so hat der Gesamtertrag sein Maximum erreicht; wird der Grenzertrag negativ, so sinkt der Gesamtertrag absolut.

cc) Die Grenzertragskurve

Nehmen wir folgendes an: Die Menge des variablen Faktors betrug bisher r_1, dann erreicht der Gesamtertrag die Höhe A. Vermehren wir jetzt den Einsatz des variablen Faktors um eine Einheit auf r_2, so steigt der Ertrag auf B. Bezeichnen wir die Zuwachsgrößen mit Δ, so ist Δr der Zuwachs des variablen Faktors und ΔE der durch ihn bewirkte Zuwachs des Gesamtertrages[1] (Abb. 54).

Verbinden wir A und B, fällen das Lot von B auf die Abszisse und ziehen eine Parallele zur Abszisse durch A, so ergibt sich ein rechtwinkliges Dreieck ABC. Der Tangens des Winkels $BAC = tg \alpha$ wird bestimmt durch die Sekante AB in A mit der positiven Richtung der x-Achse. Er mißt den durchschnittlichen Anstieg der Kurve, d. h. des Gesamtertrages zwischen A und B.

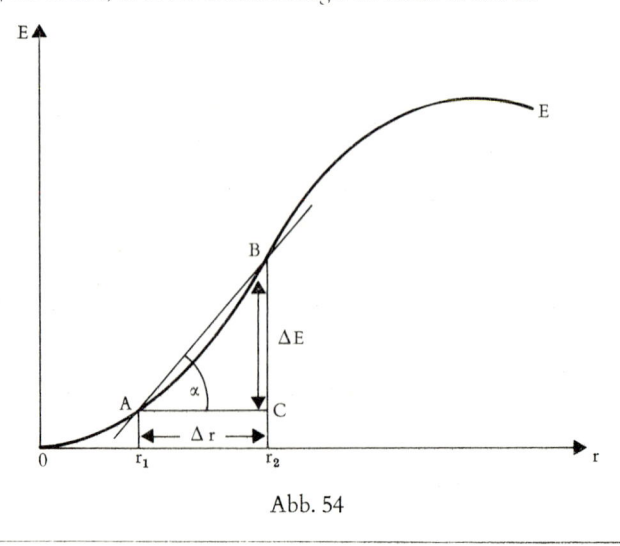

Abb. 54

---

[1] Vgl. Gutenberg, E., Grundlagen, Bd. I, a. a. O., S. 306 ff.

(10) $$\frac{\Delta E}{\Delta r} = \text{tg}\alpha.$$

Lassen wir Δr immer kleiner werden, so rückt B immer näher an A heran und fällt schließlich mit A zusammen. Die Sekante AB, die den durchschnittlichen Anstieg der Kurve mißt, wird zur Tangente an die Gesamtertragskurve im Punkte A (Abb. 55).

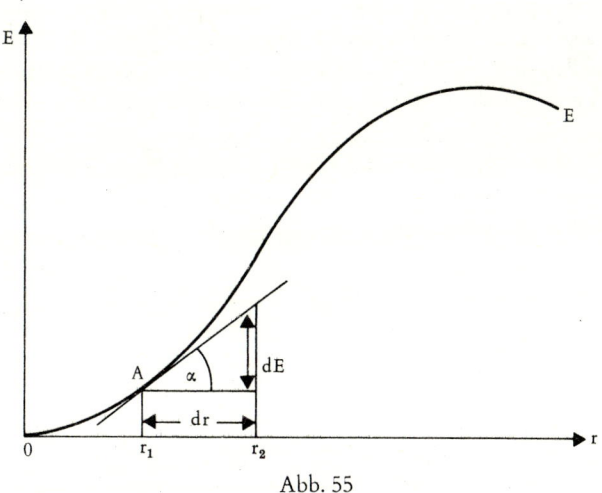

Abb. 55

Lassen wir also Δr auf Null zu wandern, so wird aus dem Differenzenquotienten $\frac{\Delta E}{\Delta r}$ der Differentialquotient $\frac{dE}{dr}$:

(11) $$\lim_{\Delta r \to 0} \frac{\Delta E}{\Delta r} = \frac{dE}{dr} = \text{tg}\alpha,$$

mit anderen Worten, der Tangens des Winkels (α), den die Tangente an die Gesamtertragskurve in A mit der positiven Richtung der Abzisse bildet, mißt die Steigung der Gesamtertragskurve in A.

Der Quotient $\frac{dE}{dr}$ ist Ausdruck für das Verhältnis zwischen Ertragszuwachs und Zuwachs zur Einsatzmenge des variablen Faktors und wird als **„Grenzproduktivität"** bezeichnet. Erhöht man die Einsatzmenge des variablen Faktors um eine unendlich kleine Einheit, so erhält man den Grenzertrag des variablen Faktors:

(12) $$\frac{dE}{dr} \cdot dr = dE = E' \quad \text{(Grenzertrag des variablen Faktors)}.$$

Der **Grenzertrag** des variablen Faktors ist also der Zuwachs zum Gesamtertrag, der durch den Einsatz einer weiteren Einheit des variablen Faktors verursacht wird.

Zeichnet man die Ertragszuwächse (Grenzerträge) in ein Koordinatensystem, auf dessen Ordinate der Ertrag und auf dessen Abszisse die Einsatzmengen des variablen Faktors aufgetragen werden, so ergibt sich die **Grenzertragskurve** (Abb. 56). Sie entsteht analytisch durch Differenzierung der Gesamtertragsfunktion, ist also deren erste Ableitung. Da letztere eine Funktion 3. Grades ist, ist die Grenzertragskurve eine Funktion 2. Grades.

Graphisch ist der Grenzertrag gleich dem Steigungsmaß einer an einen beliebigen Punkt der Gesamtertragskurve gelegten Tangente. Will man für eine beliebige Einsatzmenge des variablen Faktors den Grenzertrag ermitteln, so verschiebt man die Tangente, die bei dieser Einsatzmenge an die Ertragskurve gelegt wird, solange parallel, bis sie die Abszisse im Wert —1 schneidet. Der Schnittpunkt der Parallelen mit der Ordinate gibt den Wert des betreffenden Grenzertrages an.[1]

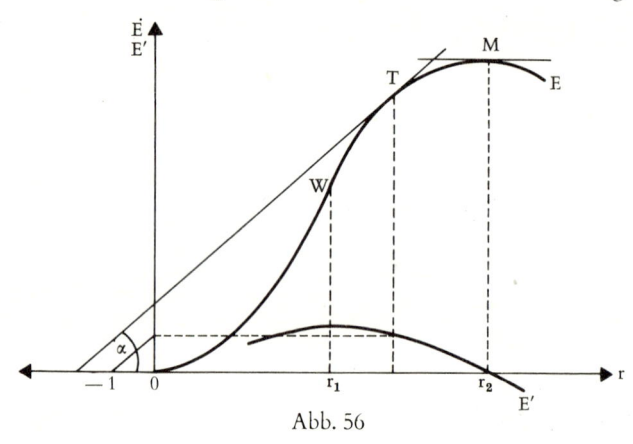

Abb. 56

Verbindet man alle auf diese Weise bestimmten Grenzerträge durch eine kontinuierlich verlaufende Kurve, so ergibt sich die **Grenzertragskurve.**

Sie erreicht ihr **Maximum im Wendepunkt (W) der Gesamtertragskurve** (Abb. 56). Der Tangens des Winkels, den die Tangente an den Wendepunkt der Gesamtertragskurve mit der positiven Richtung der Abszisse bildet, ist der größtmögliche. Der Tangens jedes Winkels einer vor oder nach dem Wendepunkt an die Gesamtertragskurve gelegten Tangente mit der positiven Richtung der Abszisse ist kleiner. Der Grenzertrag ist gleich Null, wenn der Gesamtertrag sein Maximum (M) erreicht hat. Die Grenzertragskurve schneidet dann die Abszisse (r_2).

dd) Die Durchschnittsertragskurve

Der **Durchschnittsertrag** des variablen Faktors (e), läßt sich bestimmen, indem man den Gesamtertrag durch die eingesetzte Menge des variablen Faktors dividiert:

$$(13) \quad e = \frac{E}{r}$$

Mit anderen Worten, man dividiert den Ordinatenwert eines beliebigen Punktes der Gesamtertragskurve durch den dazugehörigen Abszissenwert. Graphisch

---

[1] Vgl. Kilger, W., Produktions- und Kostentheorie, Wiesbaden 1958, S. 23.

IV. Die Produktionsfunktionen 317

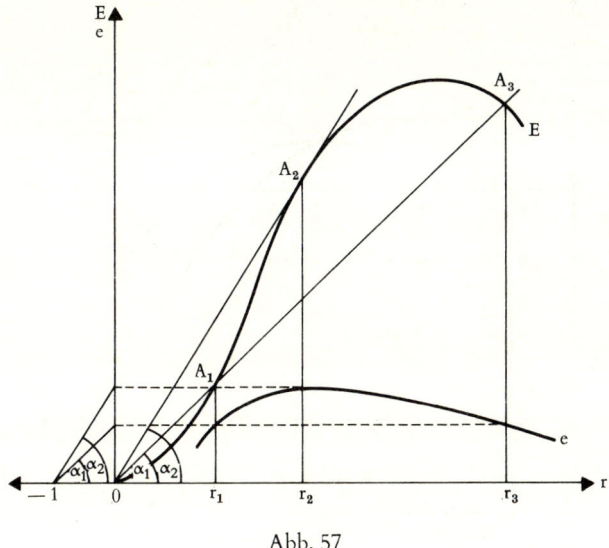

Abb. 57

läßt sich der Durchschnittsertrag folgendermaßen ermitteln: Man verbindet einen beliebigen Punkt der Gesamtertragskurve (z. B. A_3 in Abb. 57) durch eine Gerade mit dem Nullpunkt (Fahrstrahl) und fällt vom Schnittpunkt des Fahrstrahls mit der Gesamtertragskurve das Lot auf die Abszisse. Der Tangens des Winkels, den der Fahrstrahl mit der positiven Richtung der Abszisse bildet (z. B. α_1) gibt die Höhe des Durchschnittsertrages des variablen Faktors beim Einsatz der betreffenden Menge (z. B. r_3) an.

Man kann den Durchschnittsertrag des variablen Faktors auch dadurch konstruieren, daß man durch einen beliebigen Punkt der Gesamtertragskurve einen Fahrstrahl zeichnet und diesen parallel verschiebt, bis er die Abszisse im Wert -1 schneidet. Der Schnittpunkt der Parallelen mit der Ordinate gibt dann den Wert des betreffenden Durchschnittsertrags an (Abb. 57).

Der Fahrstrahl durch den Nullpunkt des Koordinatensystems, der zur Tangente an die Gesamtertragskurve wird, bildet den größten Winkel mit der positiven Richtung der Abszisse. Hier erreicht der Durchschnittsertrag sein Maximum. Da aber die Tangente an die Gesamtertragskurve gleichzeitig deren Anstieg, also den Grenzertrag mißt, so werden **Grenzertrag und Durchschnittsertrag in dem Punkte gleich, in dem der Durchschnittsertrag sein Maximum erreicht** hat. Wird der Einsatz des variablen Faktors über das Maximum des Durchschnittsertrages hinaus vermehrt, so sinkt der Grenzertrag unter den Durchschnittsertrag ab (Abb. 58). Der jeweilige Grenzertrag, multipliziert mit der Einsatzmenge des variablen Faktors, ergibt den Teil des Gesamtertrages, der auf den variablen Faktor entfällt. Die Differenz zwischen Grenzertrag und Durchschnittsertrag des variablen Faktors (AB), multipliziert mit der Einsatzmenge des variablen Faktors (r_1), stellt den Ertragsanteil dar, der dem festen Faktor zugerechnet wird. Der Anteil des festen Faktors am Gesamtertrag wird um so größer, je mehr die Ergiebigkeit des variablen Faktors absinkt.

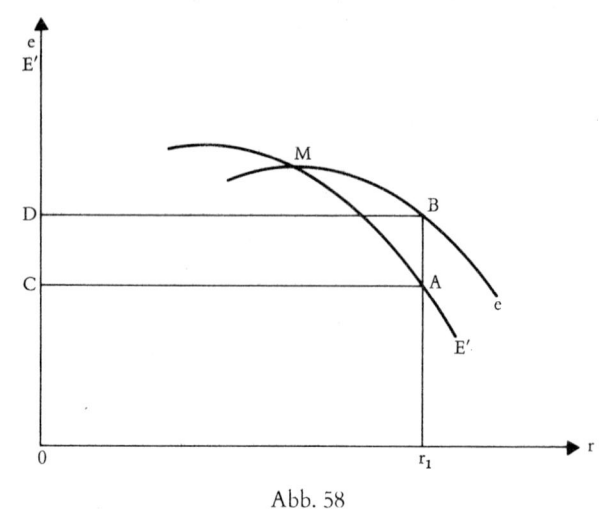

Abb. 58
Ertragsanteil des variablen Faktors = Or_1AC
Ertragsanteil des festen Faktors = $CABD$

ee) Die Beziehungen zwischen den Ertragskurven

Die Beziehungen zwischen Gesamtertrags-, Grenzertrags- und Durchschnittsertragskurve bei ständig wachsendem Einsatz des variablen Faktors lassen sich durch folgendes von Gutenberg[1] entwickeltes Vierphasenschema darstellen (Abb. 59 und Übersicht auf S. 320):

Phase I: Gesamtertrag, Grenzertrag und Durchschnittsertrag nehmen zu. Jede weitere Einheit des variablen Faktors erbringt einen größeren Ertragszuwachs als die vorhergehende, weil die anfängliche Überlegenheit des konstanten Faktors relativ abnimmt und das „Wirkungsverhältnis" beider Faktoren immer günstiger wird. Am Ende dieser Phase erreicht der **Grenzertrag sein Maximum**. Die 2. Ableitung der Gesamtertragsfunktion (= 1. Ableitung bzw. Steigungsmaß der Grenzertragskurve) schneidet von links nach rechts fallend die Abszisse, und die Gesamtertragskurve hat ihren Wendepunkt.

Phase II: Gesamtertrag und Durchschnittsertrag steigen weiter an, der Grenzertrag sinkt, ist aber noch größer als der Durchschnittsertrag, bis er am Ende der Phase II gleich dem Durchschnittsertrag wird, d. h. die Grenzertragskurve schneidet die Durchschnittsertragskurve von oben kommend. Hier ist das absolut günstigste Wirkungsverhältnis (ausgedrückt in Mengen) des variablen Faktors erzielt, **der Durchschnittsertrag hat sein Maximum erreicht.**

Phase III: Der Gesamtertrag steigt weiter, Grenzertrag und Durchschnittsertrag sinken, der Grenzertrag ist jedoch kleiner als der Durchschnittsertrag und fällt am Ende dieser Phase auf den Wert Null ab, d. h. **der Gesamtertrag hat sein Maximum erreicht.**

Phase IV: Der Gesamtertrag sinkt absolut, der Grenzertrag ist negativ, d. h. es tritt durch Einsatz weiterer Einheiten des variablen Faktors kein Ertragszu-

---

[1] Vgl. Gutenberg, E., Grundlagen, Bd. I, a. a. O., S. 309 f.

IV. Die Produktionsfunktionen 319

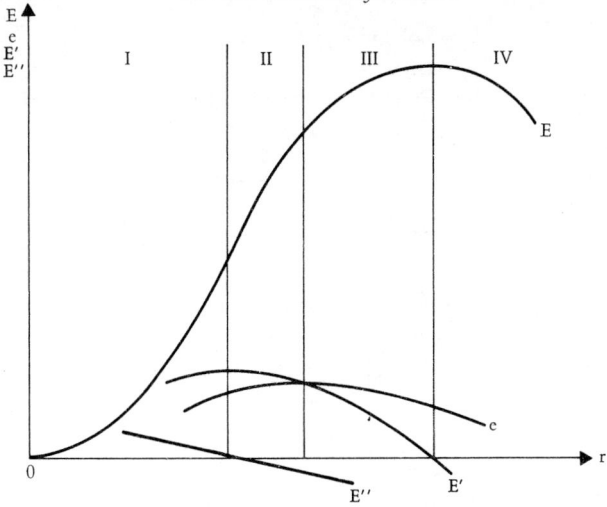

Abb. 59. Die Beziehungen zwischen den Ertragskurven

wachs, sondern eine Verminderung des Gesamtertrags ein. Der Durchschnittsertrag sinkt weiter.

ff) Absoluter und relativer Optimalpunkt des Ertragsgesetzes

Der Schnittpunkt zwischen Durchschnittsertrags- und Grenzertragskurve im Maximum des Durchschnittsertrages zeigt die Einsatzmenge des variablen Faktors an, bei der sich das **absolut** günstigste Wirkungsverhältnis des variablen Faktors mit dem gegebenen konstanten Faktor ergibt. Hier erzielt der variable Faktor seinen größten **mengenmäßigen** Durchschnittsertrag. Wird nun eine weitere Einheit des variablen Faktors eingesetzt, so sinkt der Grenzertrag unter den Durchschnittsertrag.

Die Produktion vollzieht sich aber nicht in der Weise, daß der variable Faktor stets so eingesetzt wird, daß er seinen größten **mengenmäßigen** Durchschnittsertrag erbringt. Der Betrieb ist vielmehr bestrebt, ein Optimum aus **bewertetem Einsatz** an Produktionsfaktoren (= Kosten) und **bewertetem Ertrag** (= Erlös) zu finden. Dieses Optimum befindet sich da, wo die Kosten der letzten eingesetzten Einheit des variablen Faktors (Menge × Preis des variablen Faktors) gerade durch den **Wert seines Grenzertrages** gedeckt werden, mit anderen Worten, der produktive Beitrag der letzten eingesetzten Einheit des variablen Faktors muß am Markt einen Preis erzielen, der gleich dem Preis ist, den der Betrieb für diese Einheit des variablen Faktors zahlen muß.

Beträgt der Lohnpreis je Arbeitseinheit z. B. 10,- DM und der Preis der produzierten Leistung 5,- DM, und unterstellen wir, daß Betriebsmittel und Arbeit kombiniert werden, so muß der Grenzertrag der letzten eingesetzten Arbeitseinheit zwei Produktionseinheiten sein, denn der Betrieb wird solange weitere Arbeitseinheiten einsetzen, bis der zu zahlende Lohnpreis gleich dem Wert des produktiven Beitrags der letzten Arbeitseinheit wird, also:

(14) $\qquad L = E'_A \cdot p;$
$\qquad\quad 10 = 2 \cdot 5.$

L = Lohnpreis je Arbeitseinheit,
E′$_A$ = Grenzertrag der Arbeit,
p = Preis des produzierten Gutes.

Übersicht:

Phase	Gesamtertrag E	Durchschnitts-ertrag e	Grenzertrag E′	Steigungsmaß der Grenzer-tragskurve E″	Endpunkte
I	positiv steigend	positiv steigend	positiv steigend bis max.	positiv fallend bis Null	Wendepunkt E′ = max. E″ = 0
II	positiv steigend	positiv steigend bis max.	positiv fallend E′ > e	negativ fallend	e = max. e = E′
III	positiv steigend bis max.	positiv fallend	positiv fallend bis Null E′ < e	negativ fallend	E = max. E′ = 0
IV	positiv fallend	positiv fallend	negativ fallend	negativ fallend	—

Würde der Lohnpreis auf 9,– DM absinken, so könnte der Einsatz des variablen Faktors vermehrt werden, bis sein Grenzertrag auf 1,8 Produktionseinheiten absinkt, denn: 9 = 1,8 × 5. Steigt dagegen der Lohn auf 15,– DM, so muß der Einsatz des variablen Faktors vermindert werden, bis der Grenzertrag auf 3 Produkteinheiten gestiegen ist, denn: 15 = 3 × 5.

Wenn im **absoluten Optimalpunkt** (Schnittpunkt von Grenzertrags- und Durchschnittsertragskurve) der Grenzertrag vier Produkteinheiten betragen würde, so wäre es vom Standpunkt des gegebenen Preissystems (L = 10,– DM, p = 5,– DM) unwirtschaftlich, die Produktion nur bis zu diesem Punkt auszudehnen, denn durch Mehreinsatz des variablen Faktors sinkt zwar der Grenzertrag, aber solange er nicht auf zwei Produkteinheiten gesunken ist, bringt jede Einheit des variablen Faktors einen größeren Grenzertrag, als sie Kosten verursacht. Erst wenn der Wert des Grenzertrages und der Preis des variablen Faktors gleich werden, ist die optimale Kombination des konstanten und des variablen Faktors vom Standpunkt des gegebenen Preissystems erreicht. Wir bezeichnen diesen Punkt als **relativen Optimalpunkt** oder Punkt des relativ günstigsten Wirkungsverhältnisses. Relativ heißt bezogen auf gegebene Preise der Produktionsfaktoren und der produzierten Güter.

Die „in Geld ausgedrückte" (monetäre) Produktionsfunktion läßt sich dann in folgender allgemeiner Form schreiben:

(15) $$E_G = f(r_1 \cdot p_{r_1}, r_2 \cdot p_{r_2}, \ldots, r_n \cdot p_{rn}).$$

Dabei bedeuten: E_G = Gesamtertrag in Geldeinheiten (Gesamterlös); $p_{r_1}, p_{r_2} \ldots$, p_{rn} = Preise der Produktionsfaktoren.

Graphisch ergibt sich der Punkt des relativ günstigsten Wirkungsverhältnisses im Schnittpunkt von Grenzerlöskurve des variablen Faktors (Grenzertrag des variablen Faktors mal Preis des produzierten Produktes) und Durchschnittskostenkurve des variablen Faktors (Abb. 60). Der Preis (Kosten) des variablen Faktors Arbeit (Lohnpreis) ist für jede Arbeitseinheit derselbe, die Durchschnittskostenkurve des variablen Faktors ist folglich eine Parallele zur Abszisse.

Würde man die Produktion nur bis zum absoluten Optimalpunkt ausdehnen, so läge der Wert des Grenzertrags über dem Preis (Kosten) des variablen Faktors, es lohnte sich also, noch so lange weitere Einheiten des variablen Faktors einzusetzen, bis der Wert des Grenzertrags auf den Preis des variablen Faktors abgesunken ist (Abb. 60).

Das relativ günstigste Wirkungsverhältnis der Produktionsfaktoren läßt sich auch mit Hilfe der **Gesamterlöskurve**, d. h. der „in Geld bewerteten" (monetären) Gesamtertragskurve graphisch bestimmen. Zu den bei der „mengenmäßigen" Ableitung der Produktionsfunktion gemachten Voraussetzungen treten bei der Bewertung der Produktionsfaktoren und des Produktionsertrages noch folgende Annahmen hinzu:

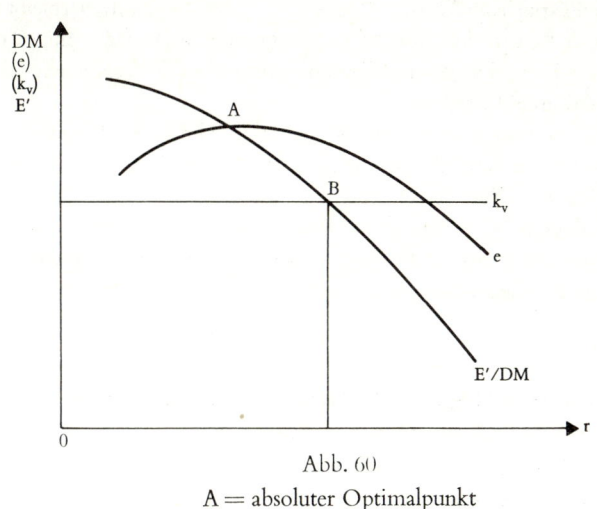

Abb. 60

A = absoluter Optimalpunkt
B = relativer Optimalpunkt

(1) der Betrieb strebt nach dem maximalen Gewinn,
(2) es besteht vollkommene Konkurrenz, d. h. der Betrieb hat keinen unmittelbaren Einfluß auf den Preis des produzierten Gutes,
(3) zu diesem Preis ist ein beliebig großer Absatz möglich.

Der Betrieb wird so viele Einheiten des variablen Faktors einsetzen, bis der Abstand zwischen Gesamterlöskurve und der Kurve der Gesamtkosten des variablen Faktors am größten ist. Das ist dort der Fall, **wo die Parallele zur**

Abb. 61

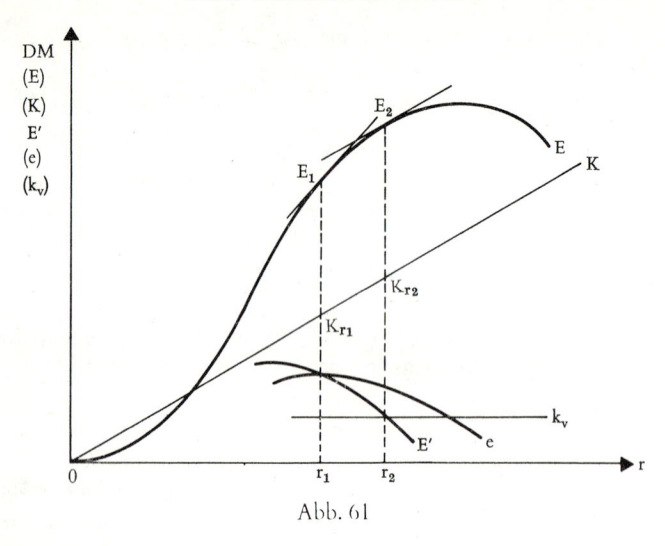

Kostenkurve des variablen Faktors die Gesamterlöskurve tangiert, also in E_2 (Abb. 61). An diesem Punkt ist der Wert des Grenzertrages des variablen Faktors gleich dem Preis (Durchschnittskosten) des variablen Faktors.

Bei der Einsatzmenge r_2 des variablen Faktors ist der Gesamterlös $r_2 E_2$. Davon entfällt auf den variablen Faktor der Betrag $r_2 K_{r_2}$, der Rest $K_{r_2} E_2$ verbleibt dem Betriebe. Dieser Rest ist dem konstanten Produktionsfaktor zuzurechnen, denn der Verlauf der Ertragskurve wird durch das Mitwirken des konstanten Faktors an der Produktion mitbestimmt.

Bei der Einsatzmenge r_1 des variablen Faktors erreicht, da die Tangente an die Gesamterlöskurve bei dieser Einsatzmenge durch den Nullpunkt des Koordinatensystems geht, der Wert des Durchschnittsertrages des variablen Faktors sein Maximum, jedoch ist vom Standpunkt des gegebenen Preissystems noch nicht die optimale Kombination der Produktionsfaktoren erzielt. Der senkrechte Abstand zwischen der Gesamtkostenkurve des variablen Faktors und der Gesamterlöskurve ($K_{r_1} E_1$) ist kleiner als beim Einsatz von r_2 Einheiten des variablen Faktors.

gg) Zur Frage der Gültigkeit des Ertragsgesetzes bei der Kombination der Produktionsfaktoren im industriellen Bereich

Die Frage, ob die Kombination von Produktionsfaktoren im Industriebetrieb dem Gesetz vom abnehmenden Ertragszuwachs (Ertragsgesetz) unterliegt oder nicht, ist bis heute umstritten.[1] Das Gesetz wurde ursprünglich im **landwirtschaftlichen Bereich** entwickelt, und die meisten seiner Anwendungsbeispiele entstammen diesem Bereich. Als konstanter Faktor wird z. B. ein Hektar Boden gewählt, mit dem variierende Mengen menschlicher Arbeit und von Saatgut kombiniert werden. Hier ist es durchaus einleuchtend, daß verglichen mit dem Urzustand des Bodens durch zunehmenden Einsatz der Faktoren Arbeit und

---

[1] Vgl. Gutenberg, E., Grundlagen, Bd. I, a. a. O., S. 306 ff., ferner Kilger, W., Produktions- und Kostentheorie, a. a. O., S. 48 ff.

IV. Die Produktionsfunktionen

Saatgut zunächst zunehmende, später abnehmende Grenzerträge erzielt werden, da bei immer größer werdender Saatgutmenge z. B. die einzelnen Pflanzen zu dicht stehen, um ertragreich zu sein, bzw. durch zusätzliche Arbeitsstunden, in denen z. B. ein Kartoffelacker zum dritten Male gehackt wird, kein Ertragszuwachs mehr erzielt werden kann.

Das Gesetz des abnehmenden Ertragszuwachses wurde durch einfachen Analogieschluß auf die Kombination von Produktionsfaktoren im Industriebetrieb übertragen, obwohl keinerlei Beweise dafür existieren, daß sich die industrielle Faktorkombination unter ähnlichen Bedingungen vollzieht. Der industrielle Produktionsprozeß unterscheidet sich vielmehr vom landwirtschaftlichen dadurch, daß neben den Produktionsfaktoren menschliche Arbeit und Werkstoffe dem Faktor Betriebsmittel, insbesondere den maschinellen Anlagen, eine ganz besondere Bedeutung zukommt. Bei diesem Produktionsfaktor sind zwei große Gruppen zu unterscheiden: Maschinen, deren Leistung aus technischen Gründen konstant und nicht variierbar ist, und Maschinen, die je nach Beanspruchung eine größere oder geringere Leistung abgeben können.

Es sind zwei Bedingungen des Ertragsgesetzes, deren Existenz im industriellen Bereich vor allem angezweifelt wird: die weitgehende Substituierbarkeit der Produktionsfaktoren und das Vorhandensein eines konstanten Produktionsfaktors. Untersuchen wir diese Bedingungen an Hand von Beispielen.

Bei Aggregaten, deren Leistungsabgabe konstant ist, kann die Maschine pro Zeiteinheit nur eine ganz bestimmte Menge anderer Produktionsfaktoren aufnehmen. Ein automatischer Webstuhl z. B. läuft nur mit einer konstanten Geschwindigkeit, etwa 200 Schuß pro Minute. Durch diese Geschwindigkeit wird nicht nur der Ertrag eindeutig definiert (z. B. 10 m Stoff pro Stunde), sondern auch die Aufnahme an Produktionsfaktoren. Wird dem Webstuhl eine zusätzliche Menge Garn zugeführt, so kann er diese nicht verarbeiten. Ebenso verhält es sich mit der Antriebsenergie oder den Schmiermitteln. Auch ein Mehreinsatz an menschlicher Arbeit würde keinen Mehrertrag an Stoff bringen. Es handelt sich hier offensichtlich nicht um eine substitutionale, sondern um eine **limitationale** Produktionsfunktion, d. h. die Relation der Faktoreinsatzmengen ist fest, und die **Beziehungen zwischen Faktoreinsatz und Ertrag sind linear.** Nur wenn alle Faktoren unter Beachtung der technisch bedingten Proportionen vermehrt werden, d. h. eine weitere Maschine mit dem erforderlichen Einsatz an Garn, Energie, Bedienung usw. eingesetzt wird, kann ein Zuwachs des Ertrages eintreten. Das bedeutet aber, daß die S-förmig gekrümmten Ertragsverläufe des Ertragsgesetzes **in diesem** Fall nicht zutreffen.

Eine zweite Gruppe von Maschinen zeichnet sich dadurch aus, daß in gewissen technischen Grenzen die Laufgeschwindigkeiten und dadurch die Leistungsabgaben variiert werden können. Aus der Tatsache, daß in derartigen Fällen bei konstantem Maschinenbestand unterschiedliche Erträge erzielt werden, wurde oft geschlossen, daß hier Kurvenverläufe des Ertragsgesetzes vorlägen. Doch ist die Vorstellung, daß eine Maschine ein einziger homogener Produktionsfaktor sei, nicht haltbar, denn nicht die Maschine geht als Produktionsfaktor in den Produktionsprozeß ein, sondern die Leistungsabgabe der Maschine. Das nutzungs- und kostenmäßige Äquivalent der Leistungsabgabe sind aber der Verschleiß und die verschleißbezogenen Abschreibungen sowie der Verbrauch an Energie und Hilfsstoffen, die alle mit der Nutzung variieren. Es gibt also bei dieser Gruppe von Maschinen **keinen konstanten Faktor,** wie ihn das Ertragsgesetz unterstellt. Wenn z. B. eine Bohrmaschine bei gegebener Drehzahl, gegebenem Bohrstahl und gegebener Härte des Werkstücks eine bestimmte Bohrleistung in cm/Minute erbringt, so ist es durchaus möglich, die Nenndrehzahl z. B. um 10% zu erhöhen. Diese Erhöhung ist allerdings dann nutzlos, wenn nicht gleichzeitig mehr Werkstücke bereitstehen und die Bedienungsperson entweder die Arbeitsintensität steigert (was den Bedingungen des Ertragsgesetzes widerspricht) oder eine weitere Bedienungsperson beschäftigt wird. Wird nur einer der Produktionsfaktoren vermehrt, so ändert sich der Ertrag überhaupt nicht. Nur durch die gleichzeitige Vermehrung aller Faktoren läßt sich ein Mehrertrag erzielen. Damit entfällt aber die dem Ertragsgesetz zugrunde liegende Bedingung der Substitutionalität, d. h. die Möglichkeit, den Einsatz eines Faktors zu variieren und die des anderen konstant zu halten, um so den auf den variablen Faktor entfallenden Ertrag zu messen.

Wie erwähnt, ist die Maschinenleistung kein homogener, sondern ein komplexer Produktionsfaktor, der sich aus den Einsatzfaktoren Verschleiß, Werkzeugverbrauch, Instandhaltung, Energieverbrauch, Schmier- und Hilfsstoffverbrauch usw. zusammensetzt. Das Verhältnis aller dieser Faktoren zueinander ist nicht über die ganze Breite der möglichen Laufgeschwindigkeiten konstant. Bei sehr hohen und sehr niedrigen Drehzahlen der Bohrmaschine kann z. B. ein erhöhter Energieverbrauch eintreten. Auch der Werkzeugverbrauch, die Instandsetzungsarbeiten und der Schmiermittelverbrauch steigen mit zunehmender Leistungsabgabe über das Optimum hinaus in überproportionalem Maße. Der Aufwand pro Einheit der Leistungsabgabe der Maschine (z. B. cm Bohrvortrieb, Menge des abgehobenen Spans) ist also unterschiedlich, je nach der Intensität der Leistungsabgabe. Das bedeutet aber, daß „Preisänderungen" der eingesetzten komplexen Produktionsfaktoren „Maschinenleistung" eintreten, ein Tatbestand, der durch die Prämissen des Ertragsgesetzes ausdrücklich ausgeschlossen wurde. Auch für die Fälle von Anlagen aus dieser Gruppe kann also die Ertragskurve des Ertragsgesetzes nicht gelten.

Diese Überlegungen wurden zuerst im Jahre 1951 von E. **Gutenberg** dargestellt.[1] Gutenberg kommt zu dem Ergebnis, daß das Ertragsgesetz für die industrielle Produktion nicht als repräsentativ anzusehen sei,[2] wenn auch Fälle vorkommen können, in denen Ertragskurven von der Form des Ertragsgesetzes vorliegen. Gutenberg stellt daher neben die auf Grundlage des Ertragsgesetzes abgeleitete Produktionsfunktion vom Typ A eine Produktionsfunktion vom Typ B, deren Faktoreinsatzmengen nicht frei variierbar sind.

---

[1] Vgl. Gutenberg, E., Grundlagen der Betriebswirtschaftslehre, Bd. I: Die Produktion, Berlin-Göttingen-Heidelberg 1951.
[2] Vgl. Gutenberg, E., Grundlagen, Bd. I, 1. Aufl., a. a. O., S. 210ff.

3. Produktionsfunktionen mit limitationalen Faktoren (Produktionsfunktionen auf der Grundlage von Verbrauchsfunktionen)

Gutenberg berücksichtigt in der von ihm entwickelten Theorie die Mängel der Produktionsfunktion vom Typ A:
(1) Die Annahme weitgehender Substituierbarkeit der Produktionsfaktoren wird aufgegeben. Die im industriellen Bereich vorherrschende **Limitationalität** der Faktoren tritt an ihre Stelle.
(2) Da eine Gesamtkostenfunktion für einen ganzen Betrieb wegen der unterschiedlichsten Einflußgrößen in den verschiedenen Produktionsbereichen nicht ermittelt werden kann, erfolgt eine **Aufspaltung in kleinere, überschaubare Einheiten** (Arbeitsplätze, Maschinenaggregate), um dafür Produktions- und Kostenfunktionen zu ermitteln.
(3) Die unmittelbare Beziehung zwischen der Ausbringung und dem Verbrauch an Produktionsfaktoren wird aufgegeben. Vielmehr wird der Verbrauch an Produktionsfaktoren als von den **technischen Eigenschaften** des untersuchten Betriebsmittels und von der Prozeßbedingung „**Intensität**" abhängig angesehen. Bei einem gegebenen Betriebsmittel mit seinen technischen Eigenschaften[1] besteht sowohl eine funktionale Beziehung zwischen der Intensität und dem Verbrauch an Produktionsfaktoren als auch zwischen Intensität und ausgebrachter Menge.

Gutenberg untersucht also nicht die Auswirkungen von Veränderungen aller Prozeßbedingungen (z. B. Temperatur, Druck), sondern er beschränkt sich darauf, die Auswirkungen der Veränderung einer Prozeßbedingung, der Intensität, bei sonst unveränderten technischen Bedingungen zu zeigen.[2]

Das wichtigste Instrument der von Gutenberg entwickelten Theorie ist der Begriff der **Verbrauchsfunktion**.[3] Sie gibt die funktionalen, technisch bedingten Beziehungen wieder, die zwischen den Leistungsgraden einer Maschine (Intensität) und dem Verbrauch an Produktionsfaktoren je Leistungseinheit bestehen. Abb. 62 zeigt eine derartige Verbrauchsfunktion eines Benzinmotors. Die Kurven zeigen, daß sowohl die Leistungsabgabe als auch der Brennstoffverbrauch von der Drehzahl des Motors abhängig sind. Wenn also von einem Motor eine bestimmte Leistung verlangt wird, so stellt man die Drehzahl entsprechend ein, wählt damit allerdings zwangsläufig auf Grund der Konstruktion des Motors

---

[1] Gutenberg spricht von der z-Situation. Vgl. Gutenberg, E., Grundlagen, Bd. I, a. a. O., S. 329 ff.
[2] Eine Berücksichtigung aller Prozeßbedingungen erfolgt bei Aufstellung der „engineering production functions." Siehe dazu insbesondere: Chenery, H. B., Engineering Production Functions, in: The Quarterly Journal of Economics, Bd. 63 (1949), S. 507–531; ders., Process and Production Functions from Engineering Data, in: Studies in the Structure of the American Economy, Hrsg. Wassily Leontief, New York 1953, S. 297–325; Ferguson, A. R., Empirical Determination of a Multidimensional Marginal Cost Function, in: Econometrica, Bd. 18 (1950), S. 217–235; ders., Commercial Air Transportation in the United States, in: Studies in the Structure of the American Economy, Hrsg. Wassily Leontief, a.a.O., S. 421–447.
[3] Vgl. Gutenberg, E., Grundlagen, Bd. I, a. a. O., S. 327 ff. Die Darstellung der Verbrauchsfunktionen erfolgt in Anlehnung an Gutenberg.

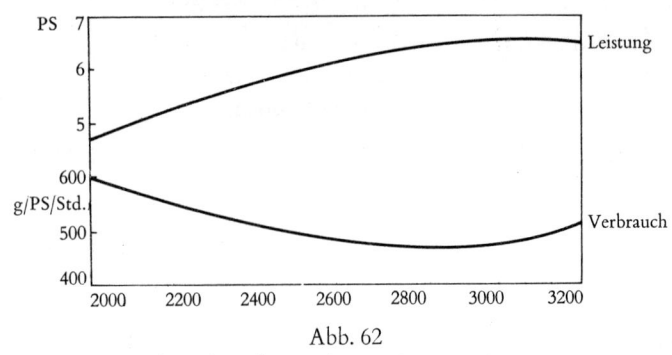

Abb. 62
Verbrauch und PS-Leistung eines Benzinmotors

einen bestimmten Benzinverbrauch. Das Benzin ist jedoch nur einer der Einsatzfaktoren; Schmiermittelverbrauch, Verschleiß, Inspektions- und Instandsetzungsaufwand des Motors variieren in ähnlicher Weise mit der vom Motor verlangten Leistung. Der Produktionsfaktor „Antriebsmotor" ist also nicht eine Einheit – verbrauchs- und kostenmäßig gesehen –, sondern zerfällt in eine Reihe verschiedener Verbrauchsfunktionen, die sich bei unterschiedlichen Leistungsgraden unterschiedlich verhalten können.

Für jedes Aggregat entspricht die Zahl der Verbrauchsfunktionen demnach der Zahl der eingesetzten Faktorarten. Da durch die Gesamtheit der Verbrauchsfunktionen die einzelnen Verbrauchsmengen aller notwendigen Faktorarten für jede realisierbare Intensität bestimmt wird, handelt es sich hier um limitationale Prozesse.

Die Verbrauchsfunktionen können in verschiedener Form verlaufen. Der in Abb. 62 dargestellte konvexe Verlauf ist sehr häufig anzutreffen; dabei ist der Verbrauch an Produktionsfaktoren im gesamten untersuchten Bereich von der Intensität abhängig.

Es besteht aber, wie in Abb. 63 dargestellt, auch die Möglichkeit anderer Verläufe. Der Verbrauch an Werkstoffen z. B. ist oftmals leistungsunabhängig und ergibt eine Verbrauchsfunktion, wie sie in Abb. 63 mit A bezeichnet wird. Es ist auch möglich, daß der Faktorverbrauch innerhalb eines bestimmten Inten-

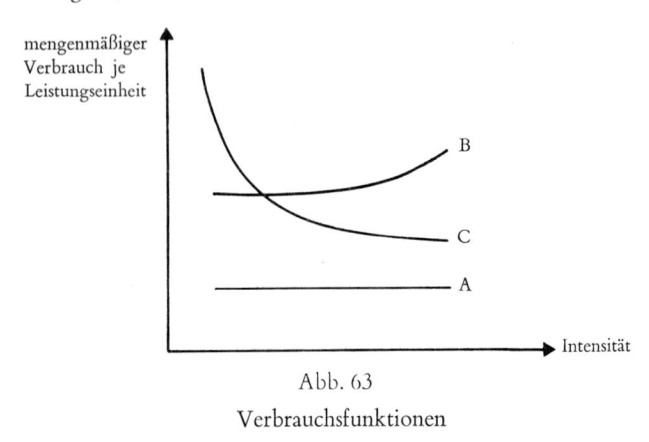

Abb. 63
Verbrauchsfunktionen

IV. *Die Produktionsfunktionen* 327

sitätsbereichs zunächst leistungsunabhängig, nach Überschreiten einer bestimmten Intensität jedoch intensitätsabhängig ist (Kurve B). Eine sich asymptotisch der Abszisse annähernde Verbrauchsfunktion ergibt sich z. B. bei der Zeitlohnarbeit (Kurve C).

Der Verbrauch des Aggregates 1 an Mengen des Produktionsfaktors r_1 pro Leistungseinheit ist abhängig von den technischen Eigenschaften $z_1, z_2 \ldots, z_n$ des Aggregates und von der verlangten Leistung d. Die Verbrauchsfunktion läßt sich also im Falle der Erstellung von b_k Leistungseinheiten ausdrücken als:

(16) $$\frac{r_1}{b_k} = f_1(z_1, z_2, \ldots, z_n; d).$$

Diese Funktion gilt nur für diesen bestimmten Einsatzfaktor und nur für dieses Aggregat.

Es soll der Einfachheit der Ableitung halber unterstellt werden, daß die Eigenschaften z_i des Aggregats nicht verändert werden können. Der erste Teil des Klammerausdrucks bleibt also konstant und wir können schreiben:

(17) $$\frac{r_1}{b_k} = f_1(d)_1.$$

Da aber jedes Aggregat mehrere Einsatzfaktoren $(r_1, r_2, \ldots, r_n)$ benötigt, ist der gesamte Faktorverbrauch pro Leistungseinheit für Aggregat 1 durch eine Reihe von Verbrauchsfunktionen charakterisiert. Wenn die jeweiligen Einsatzmengen (pro Leistungseinheit) an Produktionsfaktoren für Aggregat 1 durch den zusätzlichen Index 1, 2, ..., n bezeichnet werden, kann der Faktorverbrauch pro Leistungseinheit für Aggregat 1 folgendermaßen dargestellt werden:

Verbrauchsfunktionen für Aggregat 1:

$$\frac{r_{11}}{b_k} = f_{11}(d_1)$$

$$\frac{r_{21}}{b_k} = f_{21}(d_1)$$

. . .
. . .

$$\frac{r_{n1}}{b_k} = f_{n1}(d_1)$$

oder:

(18) $$\frac{r_{i1}}{b_k} = f_{i1}(d_1)$$

Der Ausdruck (18) gibt also die von Aggregat 1 pro Leistungseinheit verbrauchten Mengen an Produktionsfaktoren – abhängig von der Intensität dieses Aggregates – wieder.

Entsprechend lauten die Verbrauchsfunktionen des Aggregates 2:

$$\frac{r_{12}}{b_k} = f_{12}(d_2)$$

$$\frac{r_{22}}{b_k} = f_{22}(d_2)$$

oder:

$$\frac{r_{n2}}{b_k} = f_{n2}(d_2)$$

(19) $$\frac{r_{i2}}{b_k} = f_{i2}(d_2)$$

Die von einem Aggregat verlangte Intensität ist aber abhängig von der Zahl der insgesamt erstellten Leistungseinheiten (b_k), also von der Beschäftigung des Betriebs oder Betriebsteils.

(20) $$d_j = \varphi_j(m).$$

Damit ist aber auch die von einem Aggregat insgesamt verbrauchte Menge an Produktionsfaktoren abhängig von der Zahl der insgesamt erstellten Leistungseinheiten. Bezeichnet man im Einproduktfall, der aus Vereinfachungsgründen angenommen wird, die insgesamt erstellten Leistungseinheiten (b_k) mit m, so ergeben sich bei j verschiedenen Aggregaten (j = 1, 2, ..., m) die folgenden Faktoreinsatzfunktionen:

$$r_{i1} = f_{i1}(d_1) \cdot m$$
$$r_{i2} = f_{i2}(d_2) \cdot m$$

(21) $$r_{im} = f_{im}(d_m) \cdot m$$

Diese Faktoreinsatzfunktionen geben den gesamten Faktorverbrauch der verschiedenen Aggregate bei Ausbringung von m Leistungseinheiten in Abhängigkeit von der Intensität d an. Die Gesamtheit aller Faktoreinsatzfunktionen zeigt der folgende Ausdruck:

(22) $$r_{ij} = f_{ij}(d_j) \cdot m.$$

Dieser Ausdruck bezeichnet die allgemeine Form[1] der nach den Faktoreinsatzmengen aufgelösten **Produktionsfunktion vom Typ B**; sie gibt die Abhängigkeit zwischen dem Faktorverbrauch und dem Leistungsgrad wieder, der wiederum von der Beschäftigung m abhängig ist.

Wie oben schon erwähnt, stellt sich bei limitationalen Produktionsfunktionen das Problem der Minimalkostenkombination nicht, da keine Substituierbarkeit einzelner Faktoren besteht. Allerdings erhebt sich bei denjenigen Aggregaten, die mit unterschiedlichem Leistungsgrad arbeiten können, die Frage nach dem **optimalen Leistungsgrad**. Da ein Gerät durch eine ganze Reihe von Verbrauchsfunktionen charakterisiert ist, die nicht bei der gleichen Leistung ihren Minimalpunkt aufweisen müssen, muß ein Optimalwert gesucht werden. Dieser Optimalwert ist dann vorhanden, **wenn die Summe der mit ihren Preisen bewerteten Verbrauchsmengen der Einsatzfaktoren je Einheit ein Minimum bildet.** Die Abb. 64 zeigt ein Beispiel mit drei Faktorarten, von denen zwei

---

[1] Noch allgemeiner läßt sich schreiben: $r_{ij} = f_{ij}[\varphi_j(m)]$, da $d_j = \varphi_j(m)$.

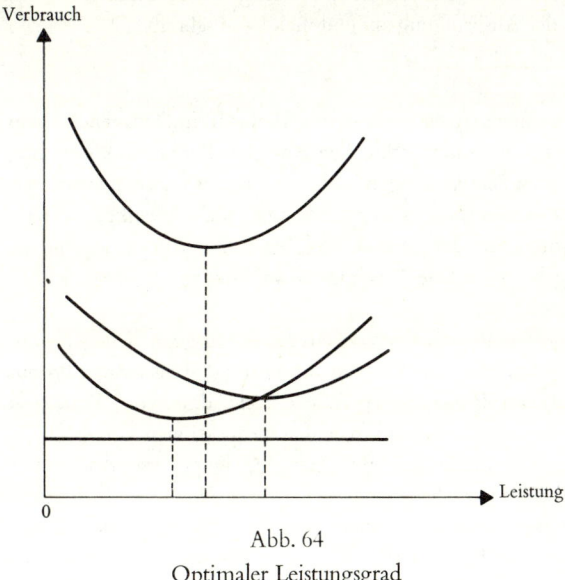

Abb. 64
Optimaler Leistungsgrad

variable und eine konstante Verbrauchsfunktionen aufweisen. Dabei werden konstante Faktorpreise unterstellt.

Das Minimum der Kurve des bewerteten Gesamtfaktorverbrauchs pro Leistungseinheit gibt den günstigsten Leistungsgrad an. Analytisch ergibt sich der optimale Leistungsgrad wie folgt:[1]

(23) $$k = r_1 p_1 + r_2 p_2 + \ldots + r_n p_n \to \text{Min}!$$

Werden in dieser Gleichung $r_1, r_2, \ldots, r_n$ durch $f_1(d), f_2(d), \ldots, f_n(d)$ ersetzt und differenziert man nach d, so erhält man:

(24) $$\frac{\delta k}{\delta d} = \frac{\delta f_1(d)}{\delta d} p_1 + \frac{\delta f_2(d)}{\delta d} p_2 + \ldots + \frac{\delta f_n(d)}{\delta d} p_n = 0.$$

Der **technisch günstigste Leistungsgrad** des Aggregats ist also dann erreicht, wenn die Summe der mit den Faktorpreisen bewerteten Differentialquotienten gleich Null ist, mit anderen Worten: das Optimum liegt da, **wo Kostenzuwächse aus steigenden Verbrauchsfunktionen gerade durch Kostenverringerungen aus sinkenden Verbrauchsfunktionen ausgeglichen werden.**

Bis jetzt haben wir uns mit Produktionsfaktoren beschäftigt, die **mittelbar,** d. h. über eine Maschine und deren Verbrauchsfunktionen in das Produkt bzw. in die Produktionsfunktion eingehen (Verschleiß, Energie, Schmierstoffe usw.). Zu den Produktionsfaktoren gehören aber auch solche, die **unmittelbar** in das Produkt eingehen, d. h. bei denen eine unmittelbare Beziehung zwischen Be-

---

[1] Kilger, W., a. a. O., S. 61.

schäftigung und Verbrauch besteht. Derartige Faktoreinsatzmengen hängen also direkt von der Ausbringung ab, und man kann schreiben:[1]

(25) $\qquad s = \psi(m).$

Die menschliche Arbeit sowie eine Reihe fremdbezogener Dienstleistungen stellen, ebenso wie die maschinellen Anlagen, Potentialfaktoren dar, die in gewissen Grenzen Schwankungen in ihrer Leistungsintensität aufweisen. Hängt die menschliche Arbeit direkt von der Maschine ab, schwankt sie genau wie andere Einsatzfaktoren mit der Leistung der Maschine. Mit Ausnahme der Akkordentlohnung bringen diese Leistungsschwankungen allerdings keine Kostenveränderungen mit sich.

Wichtigster Unterschied zwischen der ertragsgesetzlichen Produktionsfunktion (Typ A) und der auf Verbrauchsfunktionen basierenden Produktionsfunktion (Typ B) ist folgender: Typ A setzt freie, d. h. vom Betrieb autonom zu steuernde Variierbarkeit der Faktoreinsatzproportionen voraus. Typ B geht dagegen von zwei Fällen aus: Bei Anlagen, die gewisse Änderungen der Leistungsabgabe ermöglichen, sind diese Variationen technisch streng bestimmt und die Faktoreinsatzmengen nicht steuerbar. Wenn ein Betrieb beschließt, daß das Aggregat 1 z. B. auf 110% der Normalleistung gehen soll, so ändern sich die Einsatzmengen aller Einsatzfaktoren des Aggregats zwangsläufig nach Maßgabe der Verbrauchsfunktionen. Die Faktoreinsatzmengen können zwar variieren, sind aber **nicht frei variierbar**.

Der zweite Fall, bei dem keine Variation der Leistungsabgabe möglich ist, stellt einen Grenzfall der Produktionsfunktion vom Typ B dar.[2] Die Faktoreinsatzmengen sind bei dieser nach Leontief benannten Produktionsfunktion eine lineare Funktion der Ausbringung. Da die Faktoreinsatzproportionen überhaupt nicht mehr variierbar sind, ist die Erstellung einer bestimmten Produktionsmenge lediglich mit einem ganz bestimmten Verhältnis von Produktionsfaktoren möglich.[3]

V. Die Kostenfunktionen

1. Zusammenhänge zwischen Produktions- und Kostenfunktionen

Kosten sind in Geld bewertete Mengen an Produktionsfaktoren (Arbeitsleistungen, Betriebsmittel und Werkstoffe), sowie in Geld bewertete Dienstleistungen Dritter und öffentliche Abgaben, die bei der Erstellung betrieblicher Leistungen verbraucht werden. Kosten sind also ein Verzehr von Gütermengen („Kostengütern") und damit zugleich ein Verzehr von Werten zur Erstellung anderer Güter. „Verzehr" bedeutet hier nicht Vernichtung, sondern „Umformung", „Eingehen" in andere Güter, die ebenso wie die Produktionsfaktoren einen Preis am Markt erzielen können, also einen Wert haben. Dem **Wertver-**

---

[1] Vgl. Gutenberg, E., Grundlagen, Bd. I, a. a. O., S. 325.
[2] Dieser Fall wurde von Gutenberg in der 1. Auflage seiner „Grundlagen" noch als Produktionsfunktion vom Typ C bezeichnet.
[3] Vgl. dazu Heinen, E., Betriebswirtschaftliche Kostenlehre, 3. Aufl., Wiesbaden 1970, S. 212ff.

V. Die Kostenfunktionen

zehr auf der einen Seite steht also in der Regel eine **Wertschöpfung** auf der anderen Seite gegenüber.[1]

Bei der Darstellung der Produktionsfunktionen sind wir von der Frage ausgegangen, wie sich der Gesamtertrag entwickelt, wenn entweder die Menge eines Produktionsfaktors konstant gehalten und die eines anderen Faktors variiert wird, oder wenn Mengeneinheiten eines Produktionsfaktors durch Mengeneinheiten eines anderen Faktors substituiert werden. Multipliziert man die jeweils eingesetzten Mengen an Kostengütern mit ihren Preisen, so erhält man die **Gesamtkosten** der Produktion. In ihnen sind nicht enthalten – und damit auch nicht in der Produktionsfunktion – die Kosten für öffentliche Abgaben. Die Entwicklung der Gesamtkosten ist also bedingt durch die **Mengen** der zur Produktion eines bestimmten Gutes erforderlichen Kostengüter und durch die **Preise** dieser Kostengüter.

Während die Produktionsfunktion

(2) $$E = f(r_1, r_2, \ldots, r_n)$$

die funktionale Beziehung zwischen Ertrag und Faktoreinsatz anzeigt, veranschaulicht die Kostenfunktion

(26) $$K = f(m)$$

die **Abhängigkeit der Kosten von der Ausbringungsmenge.**

Die formale Ableitung der Kostenfunktion aus der Produktionsfunktion sieht wie folgt aus: Aus der mengenmäßigen Produktionsfunktion

(2) $$E = f(r_1, r_2, \ldots, r_n)$$

läßt sich der Gesamtertrag (in Geld) als Funktion der in Geld bewerteten Einsatzmengen der Produktionsfaktoren ableiten:

$$E_G = f(r_1 p_1, r_2 p_2, \ldots, r_n p_n).$$

Da die Einsatzmenge eines Produktionsfaktors, bewertet mit seinem Preis, nichts anderes darstellt, als die Kosten des betreffenden Produktionsfaktors, läßt sich auch schreiben:

(27) $$E_G = f(K_1, K_2, \ldots, K_n)$$

Faßt man die Kostenarten K_1 bis K_n zu Gesamtkosten K zusammen, dann erhält man:

(28) $$E_G = f(K).$$

Hierbei handelt es sich immer noch um eine Produktionsfunktion, da E_G die abhängige Größe darstellt. In der praktischen Unternehmensplanung sind aber nicht die Kosten Aktionsparameter, sondern die Ausbringungsmenge m. Im Produktions- und Absatzplan wird nämlich nicht darüber entschieden, wieviel Kosten anfallen sollen, sondern darüber, wieviele Einheiten produziert und verkauft werden sollen. Die variable Planungsgröße ist also m. Da man in der Praxis wissen will, welche Kosten für die jeweilige Ausbringungsmenge anfallen, unter-

---

[1] Zur Abgrenzung der Kosten vom Aufwand und von den Ausgaben vgl. S. 685 ff.

sucht man K in Abhängigkeit von m. Bildet man aus der letzten Funktion (28) die Umkehrung, so erhält man:

(29) $$K = f(E_G)$$

oder (da sich E_G auf m zurückführen läßt):

(30) $$K = f(m).$$

Betrachtet man die produktionstheoretischen Zusammenhänge unter diesem kostenmäßigen Aspekt, dann bezeichnet man diese Analyse als **Kostentheorie**. Normalerweise wird man sagen können: je größer (kleiner) die Ausbringungsmenge (=Ertrag), desto höher (niedriger) die Kosten. Will man aber etwas detailliertere Aussagen über den Kostenverlauf machen, ist es zweckmäßig, an die Ausführungen zum Ertragsverlauf, besonders an die Produktionsfunktionen in Abb. 37 bis 41[1] anzuknüpfen. Nimmt man an, daß entweder auf Grund der Limitationalität der Produktionsfaktoren oder im Rahmen der Minimalkostenkombination die Entscheidung über die Faktorkombination schon gefallen ist, die Prozeßgerade also bereits festliegt, dann kann man die Produktionsfunktionen in solche mit konstanten (Abb. 37), mit steigenden (Abb. 38) und mit fallenden (Abb. 39) Grenzerträgen (= Skalenerträgen) einteilen. Bei dermaßen festliegenden Faktorrelationen läßt sich der Ertrag in Abhängigkeit vom Beschäftigungsgrad λ darstellen. Hierdurch gelangt man zur zweidimensionalen Darstellung der Produktionsfunktion.

Eine Produktionsfunktion mit konstanten Grenzerträgen (**linear-homogene Produktionsfunktion**) bedeutet, daß jede geringfügige Beschäftigungsgradänderung zu einer gleichbleibenden Ertragsänderung führt oder vereinfacht: daß jede zusätzliche Faktormengeneinheit zu einem gleichbleibenden Ertragszuwachs in Höhe von beispielsweise 6 Einheiten führt. Weist nun jede Faktoreinheit die gleiche Ergiebigkeit (= konstanter Grenzertrag) auf und ist der Faktorpreis konstant, dann verursacht jede zusätzliche Ausbringungsmengeneinheit die gleichen Kosten. Die Kosten der jeweils letzten Ausbringungsmengeneinheit bezeichnet man als **Grenzkosten K'**. Die Grenzkostenkurve gibt also den Anstieg der Gesamtkostenkurve wieder.

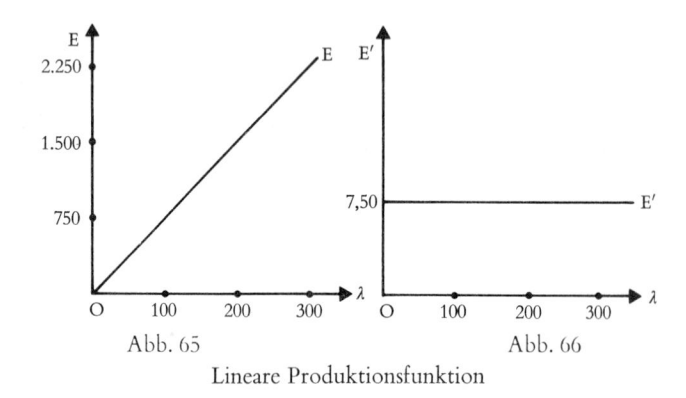

Abb. 65   Abb. 66
Lineare Produktionsfunktion

---

[1] Vgl. S. 297 ff.

V. Die Kostenfunktionen

Bei der Grenzkostenkurve

(31) $$K' = \frac{dK}{dm},$$

handelt es sich um die **erste Ableitung der Gesamtkostenkurve**. Ein Produktionsprozeß mit konstanten Grenzerträgen findet seinen Ausdruck in einer linearen Produktionsfunktion. Konstante Grenzkosten finden ihren Niederschlag in linearen Gesamtkostenfunktionen. Konstante Grenzerträge finden ihren Ausdruck in konstanten Grenzkosten. Daraus folgt: eine lineare Produktionsfunktion findet ihren Niederschlag in einer linearen Kostenfunktion:

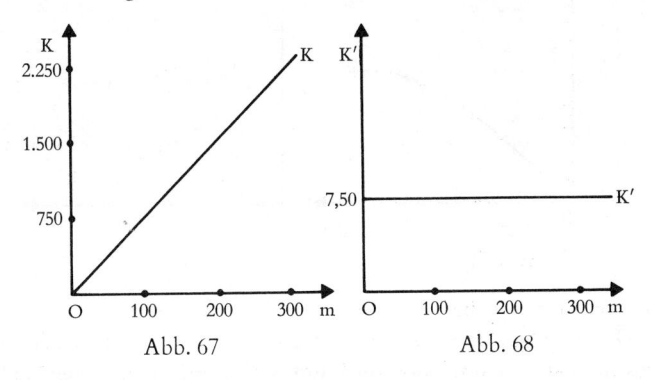

Abb. 67   Abb. 68

Beispiel:
Ein Arbeiter kann mit einer Bandsäge in jeder Stunde 4 m³ Holz schneiden. Der Grenzertrag[1] dieser Tätigkeit beläuft sich also für jeden beliebigen Beschäftigungsgrad (λ) auf 4 m³. Kostet jede Arbeitsstunde 8,- DM und jede Maschinenstunde 22,- DM, dann belaufen sich die Grenzkosten jedes zusätzlichen Kubikmeters auf 7,50 DM. Produktionsfunktion und Kostenfunktion verlaufen linear.

Analog zu linearen läßt sich aus nicht linearen Produktionsfunktionen die jeweilige Kostenfunktion ableiten.

Betrachten wir zunächst den Fall einer **Produktionsfunktion**[2] **mit steigenden Grenzerträgen.** Mit steigendem Beschäftigungsgrad wird der produktive

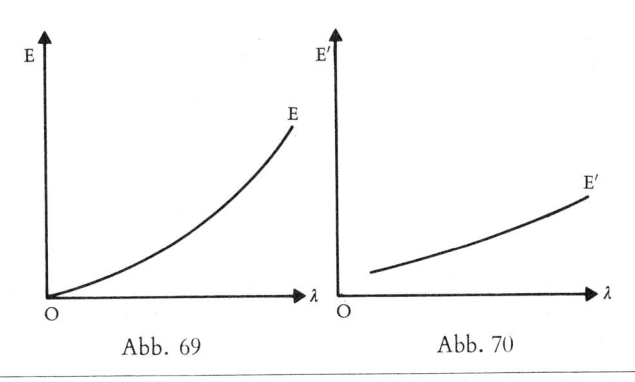

Abb. 69   Abb. 70

---
[1] Hier handelt es sich bei Grenzertrag und Grenzkosten nicht – wie sonst üblich – um Differentialquotienten, sondern um Differenzenquotienten.
[2] Vgl. Abb. 38 auf S. 298

Beitrag (E′) der jeweils letzten Faktoreinheit immer größer. Wenn aber mit zunehmendem Beschäftigungsgrad jede weitere Faktoreinheit einen größeren Grenzertrag bringt, dann sind für jede weitere Ausbringungsmengeneinheit immer weniger Faktoreinheiten erforderlich. Unterstellen wir konstante Faktorpreise, dann folgt daraus, daß die Kosten der jeweils letzten Produktionseinheit

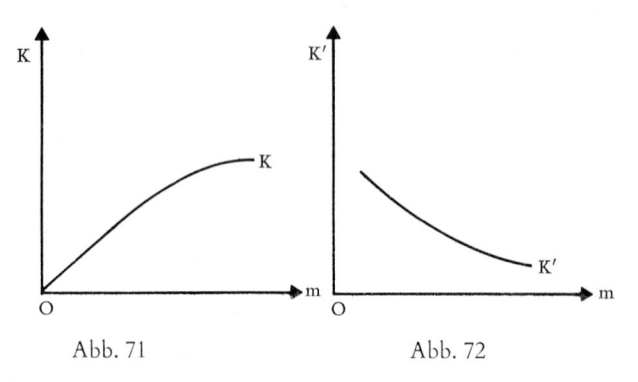

Abb. 71 Abb. 72

(mit steigendem Beschäftigungsgrad) sinken. Produktionsfunktionen mit steigenden Grenzerträgen führen also zu Kostenfunktionen mit abnehmenden Grenzkosten. Die **Gesamtkostenfunktion steigt mit abnehmenden Zuwachsraten** (degressiv) an; die Grenzkostenkurve fällt mit zunehmender Ausbringungsmenge.

Eine **Produktionsfunktion**[1] **mit abnehmenden Grenzerträgen** ist dadurch gekennzeichnet, daß die Produktivität mit zunehmendem Beschäftigungsgrad abnimmt, d. h. daß jede zusätzliche Faktoreinheit zu einem geringeren Ausbringungsmengenzuwachs führt. Da aber jede zusätzliche Faktoreinheit einen immer

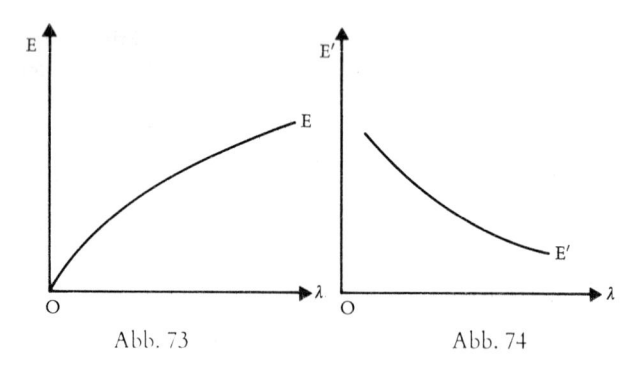

Abb. 73 Abb. 74

geringeren Ertragszuwachs bewirkt, werden unter der Voraussetzung konstanter Faktorpreise die Produktionskosten jeder weiteren Ausbringungseinheit steigen. Ein Produktionsprozeß mit sinkenden Grenzerträgen schlägt sich also in einer **progressiven Gesamtkostenfunktion,** d. h. einer Gesamtkostenfunktion mit

---

[1] Vgl. Abb. 39 auf S. 299

Abb. 75   Abb. 76

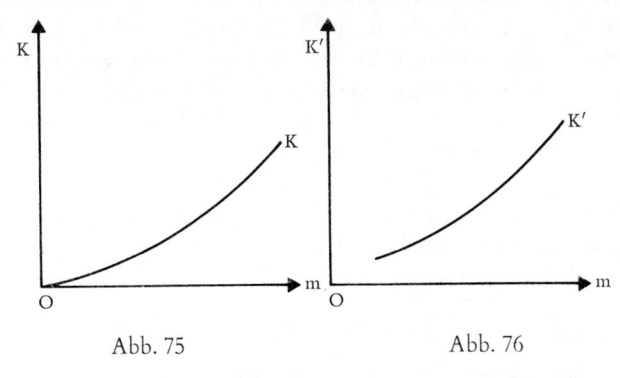

steigenden Grenzkosten nieder. Ob die Grenzkosten K' dabei linear oder nicht linear ansteigen, hängt davon ab, ob es sich bei der Gesamtkostenfunktion um eine Funktion zweiten oder höheren Grades handelt.

Eigentlich müßte an dieser Stelle die dem Ertragsgesetz folgende Produktionsfunktion in eine Kostenfunktion überführt werden. Um aber an Hand des Ertragsgesetzes eine geschlossene Darstellung aller kostenmäßigen Beziehungen eines Produktionsprozesses geben zu können, sollen zunächst die kostenmäßigen Auswirkungen von Beschäftigungsänderungen für die bereits bekannten Kostenfunktionen untersucht werden.

2. Der Einfluß von Beschäftigungsänderungen auf die Kosten

Die Gesamtkosten K setzen sich aus einer Vielzahl von Kostenarten zusammen (z. B. Gehälter, Löhne, soziale Abgaben, Materialkosten, Abschreibungen, Zinsen usw.). Diese Kostenarten verhalten sich bei Änderungen des Beschäftigungsgrades unterschiedlich. Manche bleiben konstant – man bezeichnet diese als fixe Kosten (K_f), andere steigen oder sinken in bestimmten Relationen zur Beschäftigungsänderung. Die letztgenannte Kategorie bezeichnet man als variable Kosten (K_v). Dieser Sachverhalt läßt sich in der Gleichung

(32) $$K = K_f + K_v$$

ausdrücken. Lautet eine Kostenfunktion beispielsweise $K = 300 + 2\,m$, dann läßt sich der betreffende Produktionsprozeß so beschreiben: die mit der Produktion verbundenen Kosten einer Periode setzen sich aus 300,- DM fixen Kosten (beschäftigungsunabhängig) und variablen Kosten in Höhe von 2,- DM pro Ausbringungsmengeneinheit zusammen.

a) Gesamtkosten und Durchschnittskosten

Mellerowicz[1] bezeichnet das Verhältnis von prozentualer Kostenänderung und prozentualer Änderung des Beschäftigungsgrades als **Reagibilitätsgrad der Kosten**.

$$\text{Reagibilitätsgrad} = \frac{\text{prozentuale Kostenänderung}}{\text{prozentuale Beschäftigungsänderung}}$$

---

[1] Mellerowicz, K., Kosten und Kostenrechnung, Bd. I, a. a. O., S. 286.

Bleiben die Kosten bei Beschäftigungsänderungen konstant, so bezeichnet man sie als **fixe** (feste, konstante) Kosten (z. B. feste Gehälter, Mieten, ferner Zinsen und Abschreibungen, soweit sie auf eine bestimmte Zeitperiode bezogen sind). Die Kurve der fixen Kosten stellt eine Parallele zur Abszisse dar. Auf die Produktionseinheit bezogen verläuft die Kurve der fixen Kosten (fixe Stückkosten) degressiv fallend und nähert sich asymptotisch der Abszisse. Wird nur eine Einheit produziert, so sind die fixen Stückkosten gleich den fixen Gesamtkosten. Je mehr die Produktion ausgedehnt wird, um so geringer wird der Anteil der fixen Kosten pro Stück, da sich die fixen Gesamtkosten auf eine immer größer werdende Stückzahl verteilen.

(33) $$k_f = \frac{K_f}{m}$$

(K_f = fixe Gesamtkosten, k_f = fixe Stückkosten, m = ausgebrachte Menge)

Beispiel:

Betragen z. B. die Leasingraten einer gemieteten Anlage in einer Zeitperiode 1000,– DM, so sind sie als Gesamtkosten unabhängig von der ausgebrachten Menge, der Leasingratenanteil pro Stück wird aber mit steigender Ausbringung kleiner.

Menge	K_f	k_f
100	1000	10
200	1000	5
300	1000	3,33
400	1000	2,50
500	1000	2

Der Reagibilitätsgrad der fixen Kosten ist gleich 0. Steigt der Beschäftigungsgrad z. B. um 10%, so tritt keine Veränderung der fixen Kosten ein.

$$R = \frac{0}{10} = 0.$$

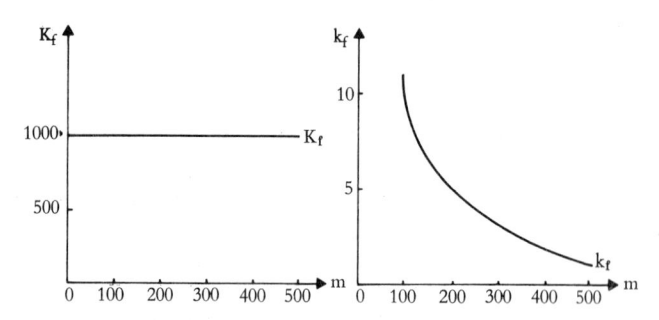

Abb. 77   Fixe Kosten als Gesamtkosten: konstant

Abb. 78   Fixe Kosten auf das Stück bezogen: degressiv

V. Die Kostenfunktionen

Verändern sich die Gesamtkosten in einem bestimmten Verhältnis zur Änderung des Beschäftigungsgrades, so bezeichnet man sie als **variable** Kosten. Variable Kosten können im Verhältnis zur Beschäftigungsänderung proportional, degressiv, progressiv oder regressiv verlaufen.

Von **proportionalen** Kosten spricht man dann, wenn die relative Kostenänderung gleich der relativen Beschäftigungsänderung ist. Steigt die Ausbringung beispielsweise um 10%, so steigen auch die Kosten um 10%. Der Reagibilitätsgrad ist dann gleich 1.

$$R = \frac{10}{10} = 1.$$

Die Kurve der proportionalen Gesamtkosten ist eine aus dem Nullpunkt des Koordinatensystems ansteigende Gerade. Proportionale Gesamtkosten sind auf das Stück bezogen konstant. Die Kurve der Stückkosten verläuft parallel zur

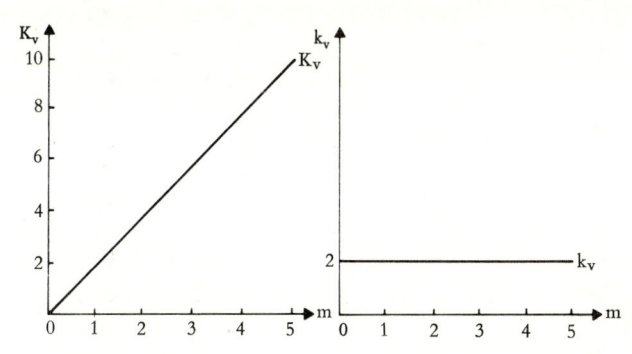

Abb. 79 Proportionale Gesamtkosten

Abb. 80 Proportionale Kosten als Stückkosten: gleichbleibend

Abszisse. Beträgt beispielsweise der Lohnsatz pro produzierte Einheit 2,- DM, so sind die Lohnkosten als Stückkosten konstant, als Gesamtkosten steigen sie im gleichen Verhältnis wie die Ausbringung an.

Beispiel:

Menge	K_v	k_v
1	2	2
2	4	2
3	6	2
4	8	2
5	10	2

(K_v = variable Gesamtkosten, k_v = variable Stückkosten)

Zu den proportionalen Kosten gehören vor allem die Einzelkosten; das sind solche Kosten, die den Betriebsleistungen direkt zuzurechnen sind, z. B. Fertigungslöhne, Fertigungsmaterial, Sondereinzelkosten des Vertriebs (Provisionen, Umsatzsteuer) u. a.

Eine lineare Gesamtkostenfunktion mit Fixkostenblock läßt sich aus den beiden vorher abgebildeten Funktionen K_f und K_v konstruieren:

$$K_f = 1000$$
$$K_v = 2\,m$$
$$K = K_f + K_v$$
$$K = 1000 + 2\,m$$

Auf graphischem Wege erhält man die Gesamtkostenfunktion, wenn man die Kurve der variablen Gesamtkosten K_v nicht im Koordinatenursprung beginnen läßt, sondern sie auf den Fixkostensockel hebt:

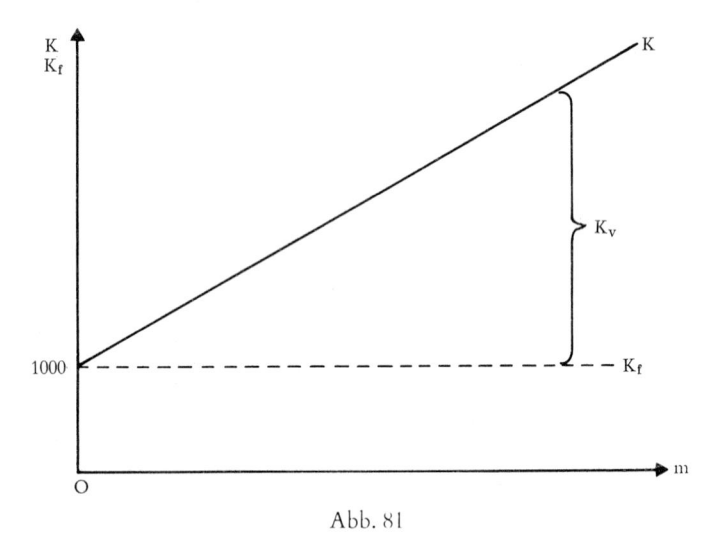

Abb. 81

Ähnlich läßt sich aus der Kurve der fixen Stückkosten k_f und der variablen Stückkosten k_v die Stückkostenkurve k ableiten:

$$K = K_f + K_v$$
$$k = \frac{K}{m}$$
$$k = \frac{K_f}{m} + \frac{K_v}{m}$$
$$k = k_f + k_v$$
$$k = \frac{1000}{m} + 2$$

Die **Durchschnittskostenfunktion** k ist also eine Addition aus den beiden Funktionen $k_f = f(m)$ und $k_v = f(m)$. Die variablen Durchschnittskosten sind konstant und bilden in Höhe von 2 eine Parallele zur Abszisse. Die Kurve der asymptotisch fallenden fixen Stückkosten wird um den Betrag der variablen Durchschnittskosten parallel nach oben verschoben.

V. Die Kostenfunktionen

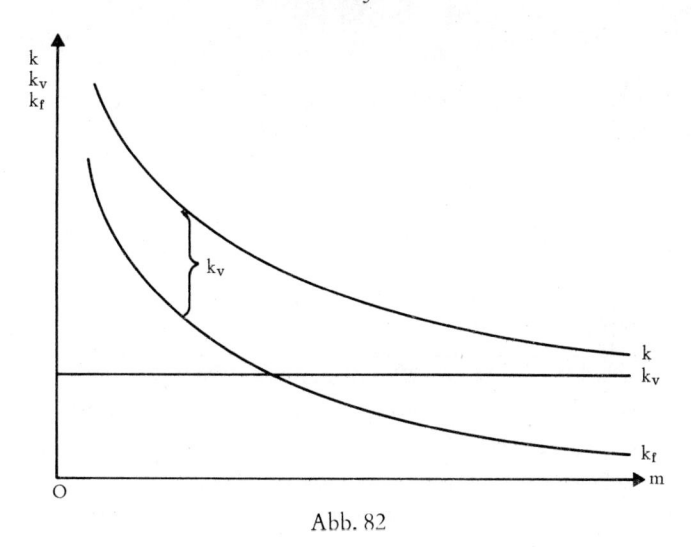

Abb. 82

Wenn im folgenden der Zusammenhang zwischen Gesamtkosten und Durchschnittskosten für nicht lineare Kostenfunktionen – das sind bekanntlich solche, die aus Produktionsprozessen mit steigenden oder fallenden Grenzerträgen resultieren – gezeigt wird, kann auf die Beschreibung der fixen Stückkosten k_f verzichtet werden, da deren Verlauf von der Entwicklung der Grenzerträge unabhängig ist. Im Falle des Vorhandenseins fixer Gesamtkosten K_f bei nicht linearen Kostenfunktionen K zeigt die k_f-Kurve ebenso einen asymptotischen Verlauf wie bei der eben behandelten linearen Kostenfunktion. Deshalb wird im folgenden die Kurve der variablen Durchschnittskosten k_v betrachtet, denn die Stückkostenfunktion k ergibt sich hier genauso durch Addition von k_f und k_v wie vorher auch.

Ist die relative Kostensteigerung geringer als die relative Erhöhung des Beschäftigungsgrades, dann verlaufen die Gesamtkosten **degressiv**, d. h. sie steigen zwar absolut an, jedoch wird das Steigungsmaß immer kleiner (abnehmende Grenzkosten). Die Stückkosten zeigen daher einen degressiv-fallenden Verlauf, wobei das negative Steigungsmaß abnimmt. Geht der Beschäftigungsgrad zurück, und zwar prozentual stärker als die Kosten, so sinken die Gesamtkosten absolut, und zwar mit zunehmendem Rückgang der Ausbringung immer schneller, die Stückkosten dagegen steigen in zunehmendem Maße.

Zahlenbeispiel für degressiven Gesamtkostenverlauf:

Beispiel:

Menge	K_v	k_v
100	600	6
200	1000	5
300	1300	4,33
400	1500	3,75
500	1600	3,20

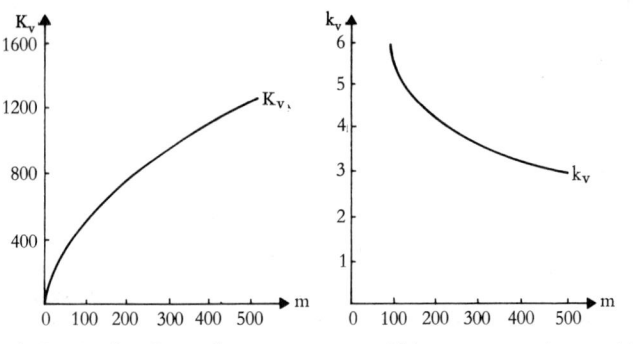

Abb. 83 Degressive Gesamtkosten   Abb. 84 Degressive Stückkosten

Der Reagibilitätsgrad ist bei degressivem Kostenverlauf größer als 0 und kleiner als 1. Steigt beispielsweise der Beschäftigungsgrad um 10%, so steigen die Kosten nur um 8%:

$$R = \frac{8}{10} = 0,8.$$

Ist die relative Kostensteigerung größer als die relative Beschäftigungszunahme, so spricht man von **progressiven** Kosten. Hier steigen sowohl die Gesamtkosten als auch die Stückkosten absolut und relativ, d. h. mit zunehmendem Steigungsmaß. Bei Rückgang des Beschäftigungsgrades sinken Gesamtkosten und Stückkosten absolut, jedoch allmählich immer langsamer.

Der Reagibilitätsgrad ist bei progressivem Kostenverlauf größer als 1. Steigt der Beschäftigungsgrad um 10%, so steigen die Kosten beispielsweise um 15%:

$$R = \frac{15}{10} = 1,5.$$

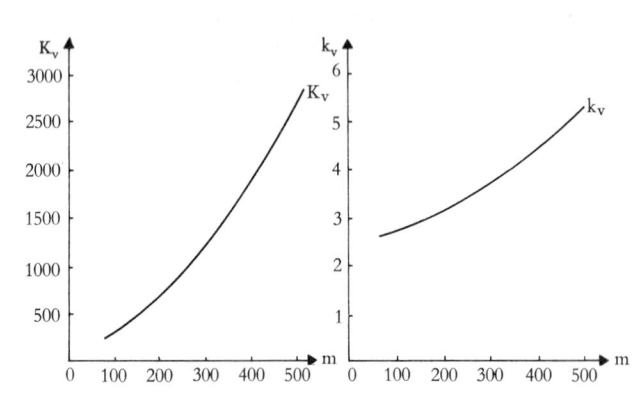

Abb. 85 Progressive Gesamtkosten   Abb. 86 Progressive Stückkosten

V. Die Kostenfunktionen

Zahlenbeispiel für progressiven Gesamtkostenverlauf:

Beispiel:

Menge	K_v	k_v
100	320	3,20
200	750	3,75
300	1300	4,33
400	2000	5,—
500	3000	6,—

Von **regressiven** Kosten spricht man dann, wenn bei zunehmendem Beschäftigungsgrad die Gesamtkosten absolut abnehmen. Die Stückkosten sind dann sehr stark degressiv. Bei einem Rückgang des Beschäftigungsgrades würden in diesem Fall die Gesamtkosten absolut zunehmen, die Stückkosten würden stark progressiv steigen.

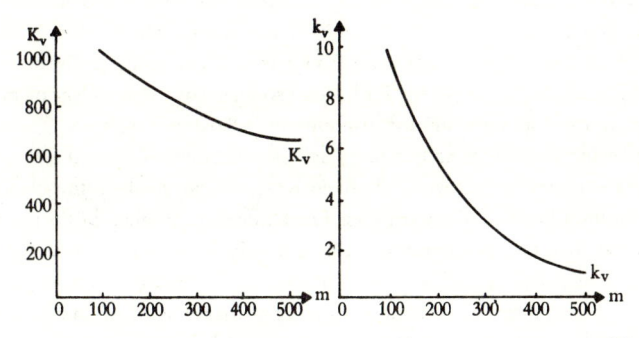

Abb. 87 Regressive Gesamtkosten   Abb. 88 Regressive Stückkosten

Zahlenbeispiel für regressive Kosten:

Beispiel:

Menge	K_v	k_v
100	1000	10
200	900	4,5
300	810	2,7
400	730	1,77
500	660	1,32

Wir wollen im folgenden zwei Fragen untersuchen:
(1) Gibt es Kriterien, die eine Trennung der Gesamtkosten in fixe und variable Kosten ermöglichen?

(2) Gibt es unter den oben angenommenen Voraussetzungen – Betrieb mit gegebener technisch-organisatorischer Ausstattung, Konstanz der Preise der Produktionsfaktoren und der produzierten Güter, der Produktionsbedingungen und des Produktionsprogramms – bestimmte Kostenarten, die ihrem Wesen nach degressiv oder progressiv sind und somit die Ursache für die Degression und die Progression der Gesamtkosten darstellen?

b) Fixe und variable Kosten

Es gibt eine ganze Reihe von Kostenarten, die bei Änderungen der Ausbringungsmenge die Höhe der Gesamtkosten beeinflussen. Hierzu gehören beispielsweise die Kosten für Roh-, Hilfs- und Betriebsstoffe, Transportkosten, Energiekosten u. ä. Da diese Kostenarten vom Beschäftigungsgrad abhängig sind, bezeichnet man sie – wie schon erwähnt – als **variable Kosten**. Da die Höhe dieser Kosten entscheidend dafür ist, ob die Ausbringungsmenge erhöht oder gesenkt wird, bezeichnet man sie auch als **entscheidungsrelevante Kosten**.

Andere Kostenarten sind von der Höhe des Beschäftigungsgrades unabhängig. Hierzu gehören beispielsweise die Gehälter für die Unternehmensleitung, die Löhne für Portier und Wachpersonal, die Pachtzahlungen für das fremde Betriebsgrundstück u. ä. Da sie vom Beschäftigungsgrad nicht berührt werden, bezeichnet man solche Kostenarten als **Fixkosten**. Da sie andererseits auch die Entscheidung, ob m_1, m_2 oder m_3 Einheiten produziert werden sollen, nicht beeinflussen, werden sie **entscheidungsirrelevante Kosten** genannt.

Darf man hieraus den Schluß ziehen, daß alle variablen Kosten die Produktionsentscheidungen beeinflussen, alle fixen Kosten dagegen diese Entscheidungen unbeeinflußt lassen? Man wird diese Frage nur dann bejahen können, wenn man beachtet, daß eine Kostenart nicht in jedem Falle fix, eine andere Kostenart nicht in jedem Falle variabel ist. Es gibt eine große Anzahl von Kostenarten, die in einer bestimmten Entscheidungssituation variabel sind, in einer anderen Entscheidungskonstellation aber Fixkostencharakter haben können. Die Frage, ob eine Kostenart zu den fixen oder variablen Kosten zu rechnen ist, hängt vor allem von zwei Kriterien ab:
(1) von der Fristigkeit der Entscheidung (Entscheidungszeitraum) und
(2) von der Teilbarkeit der Produktionsfaktoren.

aa) Die Bedeutung des Entscheidungszeitraums

Für die Beantwortung der Frage, welche Kosten fix und welche variabel sind, spielt zunächst einmal die **Zeitperiode**, von der die Betrachtung ausgeht, eine wesentliche Rolle. Auf „lange Sicht" sind alle Kosten variabel. Das läßt sich am besten an den Personalkosten klarmachen. Ist mit einer Arbeitskraft wöchentliche Kündigung vereinbart worden, so sind die Lohnkosten dieser Arbeitskraft für eine Woche fest. Auch bei Rückgang des Beschäftigungsgrades ist eine sofortige Entlassung nicht möglich. Bei Angestellten beträgt die Kündigungsfrist u. U. sechs Wochen zum Quartalsende, 3 Monate und länger. Die Gehaltskosten stellen für diese Zeiträume fixe Kosten dar. Auf ein Jahr betrachtet sind praktisch alle Personalkosten variabel; je kleiner der Abrechnungszeitraum wird, von dem man ausgeht, desto größer wird der Anteil der fixen Kosten an den Personalkosten.

V. Die Kostenfunktionen

Hat ein Unternehmen einen Leasing-Vertrag mit dreijähriger Laufzeit abgeschlossen, so sind die Leasing-Raten für die Restlaufzeit – also bis zu drei Jahren – fixe Kosten. Hat ein anderes Unternehmen mit einer Speditionsfirma einen auf 12 Monate befristeten Vertrag geschlossen, wonach dieser Spediteur gegen eine feste Gebühr an jedem Werktag einen Transport von Fertigteilen zum nächsten Hafen durchführen soll, dann sind bei Verkaufsverhandlungen mit einem überseeischen Abnehmer die Transportkosten nur insoweit entscheidungsrelevant, d. h. variabel, als sich der in Aussicht genommene Liefervertrag über die Restlaufzeit des Frachtvertrages hinaus erstreckt. Könnte dagegen der Lieferungsvertrag noch innerhalb der Laufzeit des Frachtvertrages abgewickelt werden, so handelte es sich (bei genügend großer Frachtkapazität) bei den Transportkosten um entscheidungsirrelevante, d. h. fixe Kosten.

Fixe Kosten können also durch gesetzliche oder vertragliche Bindungen entstehen, z. B. durch Leasing-Verträge, Arbeitsverträge, gesetzliche Kündigungsbestimmungen, Mietverträge, Verträge über die Abnahme von Strom und Wasser usw. Es wäre müßig, die Kostenarten in solche einzuteilen, die „ihrem Wesen nach" fix und andere, die „ihrem Wesen nach" variabel sind. Ob Kosten fix oder variabel sind, hängt allein von der jeweiligen betrieblichen Entscheidungssituation ab. Durch derartige Verträge wird die an sich gegebene Teilbarkeit der Produktionsfaktoren eingeschränkt und die Faktoren können nur noch in Mengen eingesetzt werden, die für einen mehr oder weniger großen Zeitraum konstant sind, auch wenn der Beschäftigungsgrad sich ändert.

Liegt ein Betrieb still, so wird er dennoch Fremdkapitalzinsen bezahlen müssen, wenn das Fremdkapital nicht zurückgezahlt werden kann. Diese Fremdkapitalzinsen sind feste Kosten; sie sind in ihrer Höhe unabhängig vom Beschäftigungsgrad. Variable Kosten sind aber diese Fremdkapitalzinsen dann, wenn die Entscheidungssituation um die mögliche Handlungsalternative „Betriebsveräußerung" erweitert wird.

E. Schneider hat daraus gefolgert, daß alle Kosten „dispositionsbestimmten Charakter" haben, d. h. daß fest oder variabel die Kosten sind, die der Betrieb als fest oder variabel plant. Die Ausdrücke fixe und variable Kosten ersetzt er durch „nicht notwendige" und „notwendige" Kosten.[1] Diese Auffassung hat zwar viel für sich, ist aber nicht in allen Fällen haltbar.

bb) Die Bedeutung der Teilbarkeit der Produktionsfaktoren

Ein weiterer Grund für die Entstehung von fixen Kosten ist die **mangelnde Teilbarkeit** vieler Produktionsfaktoren. Die bei der Ableitung des Ertragsgesetzes im Modell gemachten Annahmen einer beliebigen Teilbarkeit der Faktoren ist in praxi nicht haltbar. Die Folge davon ist, daß viele Kosten nicht kontinuierlich, also mit jeder Änderung des Beschäftigungsgrades, sondern sprunghaft steigen. Diese Kosten sind für eine Reihe von Beschäftigungsgraden (ein Beschäftigungsintervall) fix, steigen dann plötzlich und bleiben wieder für ein bestimmtes Intervall fest. Hat z. B. ein Einzelhandelsbetrieb drei Verkäuferinnen beschäftigt, so sind die Personalkosten für den Betrieb fest. Steigt der Umsatz stark an, so

---

[1] Schneider, E., Industrielles Rechnungswesen, 4. Aufl., Tübingen 1963, S. 203 ff.

wird eine vierte Verkäuferin eingestellt; die Personalkosten steigen sprunghaft und sind erneut für ein bestimmtes Beschäftigungsintervall konstant.

Man bezeichnet derartige Kosten als **Sprungkosten** oder **intervallfixe Kosten** (Gutenberg). Als Gesamtkosten verlaufen sie treppenförmig (Abb. 89), als Stückkosten – wie alle auf das Stück bezogene fixe Kosten – degressiv (Abb. 90), jedoch springt auch die Kurve der intervallfixen Stückkosten bei jeder Erhöhung der Gesamtkosten; die Degression beginnt sofort von neuem.

Je kleiner die Beschäftigungsintervalle werden, je häufiger also die „Sprünge" erfolgen, desto mehr nähern sich die festen Sprungkosten den variablen Kosten. Der variable Charakter wird insbesondere dann ersichtlich, wenn man die Entwicklung der Kosten vom Beschäftigungsgrad 0 bis zur Grenze der Kapazität betrachtet. Untersucht man dagegen die Kostenentwicklung nur innerhalb weniger Beschäftigungsgrade, so tritt der fixe Charakter der Sprungkosten stärker hervor.[1]

Würde im obigen Beispiel die vierte Verkäuferin z. B. 10 Kunden je Stunde im Durchschnitt bedienen können, so stellen dann, wenn sie tatsächlich diese Leistung erbringt, die für sie aufgewendeten Gehaltskosten in voller Höhe **Nutzkosten** dar. Würde der Umsatz nur soweit steigen, daß sie im Durchschnitt nur 6 Kunden je Stunde zu bedienen hat, so wäre zwar ihre Einstellung erforderlich, aber nur $^6/_{10}$ ihres Gehaltes wären Nutzkosten, während $^4/_{10}$ **Leerkosten** sind. Letztere sind eine Folge der fehlenden Teilbarkeit des Produktionsfaktors Arbeitskraft. Hier entstehen also fixe Kosten, nicht weil die Kostenart Gehälter „ihrem Wesen" nach fest ist, sondern weil infolge der fehlenden Teilbarkeit der Faktoren eine Anpassung der Kosten an Beschäftigungsänderungen nicht stufenlos, sondern nur in größeren oder kleineren Sprüngen (Intervallen) möglich ist.

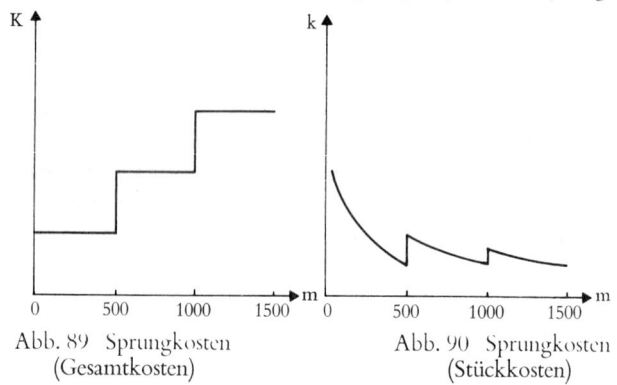

Abb. 89 Sprungkosten (Gesamtkosten)

Abb. 90 Sprungkosten (Stückkosten)

Das Problem der Aufteilung der fixen Kosten in Leer- und Nutzkosten tritt vor allem bei Anlagen auf, insbesondere bei vollautomatischen Spezialmaschinen. Auch bei Rückgang des Beschäftigungsgrades müssen die hohen investierten Kapitalbeträge verzinst und müssen Abschreibungen vorgenommen werden, die nur noch zum Teil Nutzkosten, zum anderen Teil aber Leerkosten darstellen, und die infolge der fehlenden Teilbarkeit der Aggregate nicht abgebaut werden können.

---

[1] Vgl. Schmalenbach, E., Kostenrechnung und Preispolitik, 8. Aufl., Köln und Opladen 1963, S. 58

V. Die Kostenfunktionen

Der Begriff der Leerkosten wurde von Bredt[1] zuerst verwendet und von Gutenberg[2] mit dem Begriff der Nutzkosten zusammen in seine Kostentheorie eingebaut. Die fixen Kosten setzen sich demnach aus Nutz- und Leerkosten zusammen. Leerkosten sind der Teil der fixen Kosten, der durch die Produktion nicht genutzt wird. Bezeichnet man die fixen Kosten mit K_f, die Nutzkosten mit K_n und die Leerkosten mit K_l, so gilt die Gleichung:

(34) $$K_f = K_n + K_l.$$

Wird z. B. eine Anlage überhaupt nicht genutzt, so machen die Leerkosten 100% aus, die Nutzkosten sind 0. Steigt der Beschäftigungsgrad der Anlage, so nehmen die Leerkosten um den gleichen Betrag ab, um den die Nutzkosten steigen, bis schließlich bei voller Ausnutzung die Nutzkosten 100%, die Leerkosten 0 betragen. Fixe Kosten sind also definitionsgemäß konstant. Nutz- und Leerkosten dagegen variieren mit der Ausbringungshöhe.

Bezeichnet man die von einer Anlage effektiv erzeugte Menge mit m_e, die maximal mögliche Menge mit m_{max}, so gilt für die Leerkosten der Ausdruck

(35) $$K_l(m) = (m_{max} - m_e) \cdot \frac{K_f}{m_{max}}.$$

Für die Nutzkosten dagegen gilt:

(36) $$K_n(m) = m_e \cdot \frac{K_f}{m_{max}}.$$

Beispiel:
Beträgt die mit einer Anlage mögliche Produktion in einer Zeiteinheit 800 Stück, die effektive Produktion 600 Stück, und betragen für die gleiche Zeiteinheit die fixen Kosten der Anlage 1000,- DM, so sind die Leerkosten:

$$K_l = (800 - 600) \cdot \frac{1000}{800} = 250{,}- \text{ DM}.$$

Die Nutzkosten betragen:

$$K_n = 600 \cdot \frac{1000}{800} = 750{,}- \text{ DM}.$$

Graphisch läßt sich der Zusammenhang zwischen Nutzkosten und Leerkosten folgendermaßen darstellen.

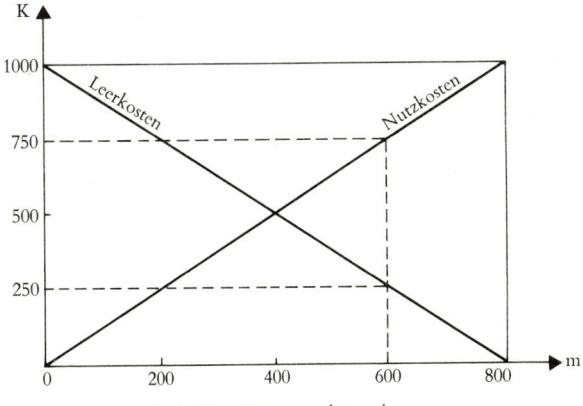

Abb. 91 Nutz- und Leerkosten

---

[1] Bredt, O., Der endgültige Ansatz der Planung. In: Technik und Wirtschaft 1939, S. 252
[2] Gutenberg, E., Grundlagen, Bd. I, a. a. O., S. 348 ff.

Die Skizze zeigt, daß die Nutzkosten mit steigender Ausbringung zunehmen und bei einer Produktion von 600 Stück 750,- DM ausmachen. Die Leerkosten nehmen mit Zunahme des Beschäftigungsgrades ab und sind bei einer Ausbringung von 600 Stück auf 250,- DM abgesunken.

Eine praktische Bedeutung kommt der Aufteilung der fixen Kosten in Nutz- und Leerkosten besonders dann zu, wenn eine gewisse Teilbarkeit der Faktoren, die konstante Kosten verursachen, gegeben ist. Besteht z. B. eine Anlage aus 4 gleichen Teileinheiten, so kann bei Rückgang der Beschäftigung um mehr als 25% eine Teileinheit verkauft werden, d. h. die fixen Kosten können um die Kosten dieser Teileinheit, die zu 100% Leerkosten darstellen, vermindert werden. Es tritt also ein Sprung in den fixen Kosten nach unten ein.

Die Tatsache, daß es sich bei Sprungkosten innerhalb jedes Beschäftigungsintervalls um fixe, also entscheidungsirrelevante Kosten handelt, ist also darauf zurückzuführen, daß der Betrieb sich mit der Entscheidung über die Anschaffung eines beschränkt teilbaren Produktionsfaktors – also eines ganzen Potentials von Leistungseinheiten – für einen weiteren Ausbringungsmengenbereich **festgelegt** hat. Zu variablen Kosten werden diese intervallfixen Kosten erst dann wieder, wenn der Abbau des gesamten Potentialfaktors (Verkauf der Maschine; Entlassung der Verkäuferin) zur Entscheidung steht.

3. Kostenfunktionen nach dem Ertragsgesetz

Nachdem bereits an anderer Stelle der Zusammenhang zwischen Produktionsfunktion und Kostenfunktion für alle anderen Prozeßtypen (linear, progressiv, degressiv) dargestellt worden ist, wollen wir uns jetzt der Untersuchung der Zusammenhänge zwischen dem Ertragsgesetz und den daraus abgeleiteten Kostenverläufen zuwenden. Dabei wird sich zeigen, daß die ertragsgesetzlichen Kostenverläufe im Grunde genommen nur eine Kombination degressiver und progressiver Gesamtkostenverläufe darstellen.

a) Die Gesamtkostenkurve

Gehen wir zunächst einmal von einer S-förmigen Gesamtertragskurve aus, die dem Ertragsgesetz entspricht. Sie zeigt die funktionalen Beziehungen zwischen Gesamtertrag und eingesetzter Menge eines variablen Produktionsfaktors unter der Annahme der Konstanz eines zweiten Produktionsfaktors. Auf der Ordinate ist der Ertrag, auf der Abszisse die Einsatzmenge des variablen Faktors abgetragen. Bewertet man die Produktionsfaktoren und die produzierten Güter (Ertrag) mit festen Preisen, so erhält man eine in Geldeinheiten ausgedrückte (monetäre) Ertragsfunktion. Sie beginnt nicht im Nullpunkt des Koordinatensystems, sondern ist um die Kosten des festen Faktors auf der Abszisse nach rechts verschoben. Denn während der physische Gesamtertrag gleich Null ist, wenn auf den festen Faktor (z. B. Maschinen) keine einzige Einheit des variablen Faktors (z.B. Arbeit) eingesetzt wird, fallen Gesamtkosten in Höhe z.B. der Abschreibungen der Anlagen und der Zinsen für das investierte Kapital an, sofern die Abschreibungen nicht nach dem Gebrauch, sondern für eine bestimmte Zeitperiode verrechnet werden.

V. Die Kostenfunktionen

Trägt man auf der Ordinate die Kosten in Geld und auf der Abszisse die ausgebrachte Menge des produzierten Gutes (Ausbringung) auf, so ergibt sich eine Gesamtkostenkurve als Spiegelbild der Gesamtertragskurve.[1]

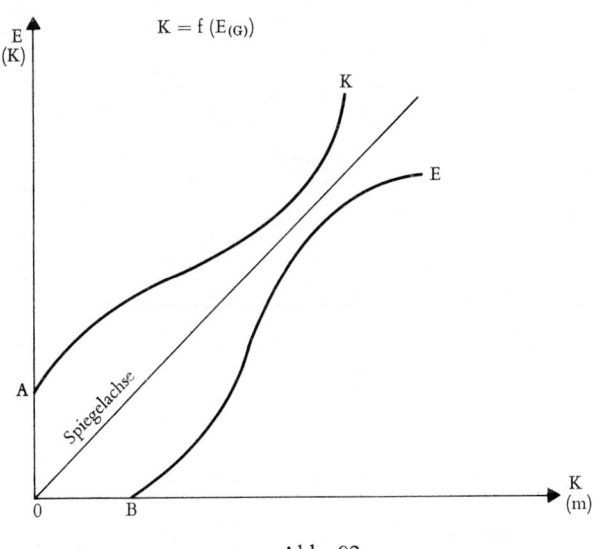

Abb. 92

OA = fixe Kosten   OB = Menge des fixen Faktors · Preis

b) Die Grenzkostenkurve

Um die Frage beantworten zu können, ob die Degression und die Progression der Gesamtkostenkurve durch bestimmte Kostenarten hervorgerufen wird, die ihrem Wesen nach degressiv oder progressiv verlaufen, wollen wir zuvor die Gesamtkostenkurve etwas näher betrachten. Sie steigt zunächst ziemlich steil an, jedoch von Anfang an mit abnehmendem Steigungsmaß. Die prozentuale Kostenzunahme ist also anfangs stets kleiner als die prozentuale Ausbringungszunahme. Die Gesamtkostenkurve erreicht einen Wendepunkt (W), von dem an die Gesamtkosten prozentual schneller steigen als die Ausbringung (Abb. 93). Das Steigungsmaß nimmt also zu. Differenziert man die Gesamtkostenkurve, so ergibt sich als erste Ableitung die Grenzkostenkurve.

Als **Grenzkosten** (K') bezeichnet man den **Kostenzuwachs,** der durch die Produktion der jeweils letzten Produktionseinheit eines Gutes entsteht. Die Grenzkosten erreichen ihr Minimum im Wendepunkt der Gesamtkostenkurve. Graphisch lassen sich die Grenzkosten in der Weise ermitteln, daß man an einen beliebigen Punkt der Gesamtkostenkurve eine Tangente legt (Abb. 93). Der Tangens des Winkels (α), den die Tangente mit der positiven Richtung der Abszisse bildet, mißt das Steigungsmaß der Gesamtkostenkurve im Tangentialpunkt. Verschiebt man die Tangente so lange parallel, bis sie die Abszisse im

---

[1] Vgl. Gutenberg, E., Grundlagen, Bd. I, a. a. O., S. 359.

Punkt —1 schneidet, so gibt der Schnittpunkt der Parallelen mit der Ordinate die Höhe der Grenzkosten an.[1]

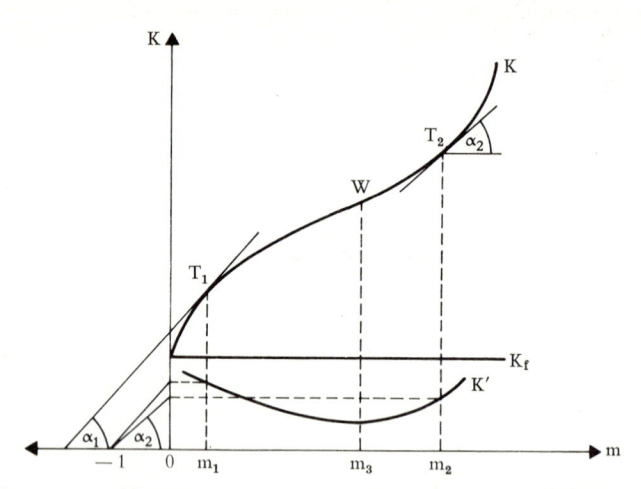

Abb. 93. Die Ableitung der Grenzkostenkurve aus der Gesamtkostenkurve
K_f = fixe Kosten, W = Wendepunkt

So wie die Gesamtkostenkurve als Spiegelung der Gesamtertragskurve aufgefaßt werden kann,[2] ist auch die Grenzkostenkurve die Umkehrung der Grenzertragskurve. Man muß bei der Umkehrung der Ertragskurven beachten, daß Abszisse und Ordinate bei der Ableitung des Ertragsgesetzes anders als bei der Darstellung der Kostenkurven bezeichnet sind. Bei den Ertragskurven wird auf der Ordinate der Ertrag in Mengen- oder Geldeinheiten, auf der Abszisse die Einsatzmenge des variablen Faktors aufgetragen. Die Grenzertragskurve zeigt, welchen Ertragszuwachs der Einsatz einer jeweils weiteren Einheit des variablen Faktors verursacht. Die Frage lautet hier: **Wieviele Produkteinheiten erbringt der Einsatz einer weiteren Einheit des variablen Faktors?** Bei den Kostenkurven wird auf der Abszisse die Produktmenge und nicht die Menge des variablen Faktors aufgetragen. Die Frage lautet hier: **Welchen Kostenzuwachs verursacht die Produktion einer weiteren Mengeneinheit eines Gutes?** Da der Grenzertrag des variablen Faktors mit Einsatz jeder weiteren Einheit sinkt, ist also in jeder weiteren produzierten Produkteinheit eine immer größer werdende Zahl von Einheiten des variablen Faktors enthalten. Folglich steigen die Kostenzuwächse, wenn jede Einheit des variablen Faktors mit dem gleichen Preis, z. B. dem Lohnpreis, bewertet wird.

Steigende Grenzkosten sind nur möglich, wenn eine sinkende Ergiebigkeit des variablen Faktors unterstellt wird. Würde man z. B. annehmen, daß jede weitere Einheit des variablen Faktors den gleichen Ertragszuwachs bringt, dann wären bei gleichem Preis des variablen Faktors die Grenzkosten konstant, denn jede Produkteinheit enthält die gleiche Menge (multipliziert mit dem gleichen Preis)

---

[1] Vgl. Kilger, W., a. a. O., S. 39 f.
[2] Vgl. Abb. 92 auf S.. 347

von Einheiten des variablen Faktors. Die Grenzkostenkurve wäre dann eine Parallele zur Abszisse. Die Gesamtkostenkurve würde geradlinig (linear) ansteigen, da ihr Steigungsmaß, das durch die Grenzkosten ausgedrückt wird, konstant wäre.

c) Die Durchschnittskostenkurven

Dividiert man die Gesamtkosten durch die ausgebrachte Menge, so erhält man die **Durchschnittskosten** (Stückkosten):

(37) $$k = \frac{K}{m} .$$

Graphisch lassen sich die Stückkosten folgendermaßen ermitteln (Abb. 94). Man legt einen Fahrstrahl aus dem Nullpunkt des Koordinatensystems durch einen beliebigen Punkt der Gesamtkostenkurve und fällt von diesem Punkte das Lot auf die Abszisse. Man erhält ein rechtwinkliges Dreieck OA_1m_1. Der Tangens des Winkels zwischen Fahrstrahl und Abszisse gibt die Größe der Stückkosten an, z. B. für A_1:

(38) $$\operatorname{tg} \alpha_1 = \frac{A_1 m_1}{O m_1} .$$

Derjenige Fahrstrahl, der zur Tangente an die Gesamtkostenkurve wird, zeigt den kleinsten Winkel (α_2). Hier sind also die Stückkosten am niedrigsten. Da die Tangente an die Gesamtkostenkurve gleichzeitig die Grenzkosten mißt, sind in diesem Punkt Stück- und Grenzkosten gleich. Die Stückkostenkurve wird also in ihrem **Minimum von der Grenzkostenkurve geschnitten.**

Da die Gesamtkosten aus fixen und variablen Kosten bestehen, lassen sich auch die Stückkosten in fixe und variable Stückkosten zerlegen. Dividiert man die gesamten fixen Kosten durch die ausgebrachte Menge, so erhält man die fixen Kosten pro Stück:

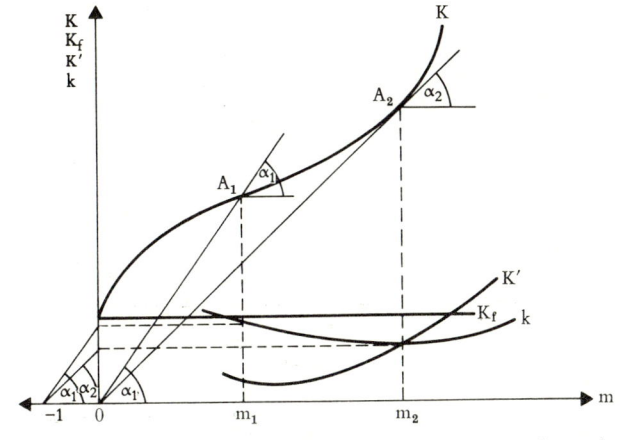

(39) $$k_f = \frac{K_f}{m} .$$

Abb. 94. Die Ableitung der Stückkostenkurve aus der Gesamtkostenkurve

Die **fixen Stückkosten** bei einer bestimmten Ausbringungsmenge lassen sich graphisch ermitteln, indem man aus dem Nullpunkt einen Fahrstrahl an die Kurve der gesamten fixen Kosten zieht. Der Tangens des Winkels α mißt die Höhe der durchschnittlichen fixen Kosten.

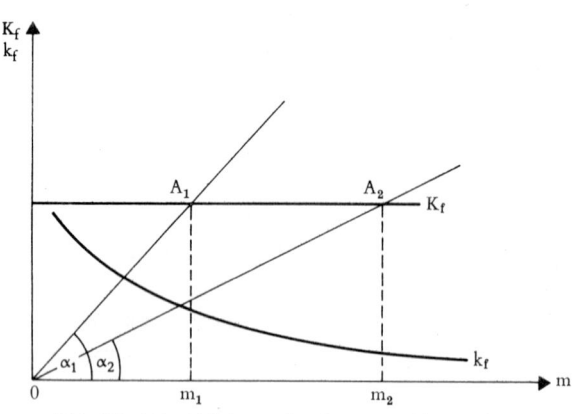

Abb. 95. Die Ableitung der fixen Stückkostenkurve

Die **durchschnittlichen variablen Kosten** gewinnt man durch Division der gesamten variablen Kosten durch die Ausbringung:

(40) $$k_v = \frac{K_v}{m}.$$

Sie lassen sich graphisch bestimmen, indem man einen Fahrstrahl vom Punkt O_1 durch die Kurve der Gesamtkosten legt (= Gesamtkosten minus fixe Kosten) (Abb. 96).

Fällt man das Lot auf die Abszisse, so ergibt sich ein rechtwinkliges Dreieck $O_1A_1B_1$ (Abb. 96). Der Tangens des Winkels zwischen Fahrstrahl und Abszisse gibt die Höhe der variablen Durchschnittskosten an. Wird der Fahrstrahl zur Tangente an die Gesamtkostenkurve, dann erreicht der Winkel (im Beispiel α_2)

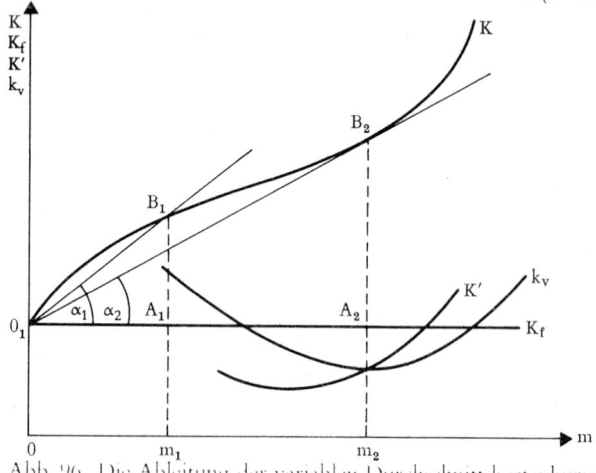

Abb. 96. Die Ableitung der variablen Durchschnittskostenkurve

seinen niedrigsten Wert, außerdem mißt tg α_2 die Grenzkosten in diesem Punkte. Die **variablen Durchschnittskosten** erreichen also ihr **Minimum im Schnittpunkt mit der Grenzkostenkurve.**

d) Die Zusammenhänge zwischen den Kostenkurven

Die Zusammenhänge zwischen den dargestellten Kostenkurven lassen sich folgendermaßen zusammenfassen:

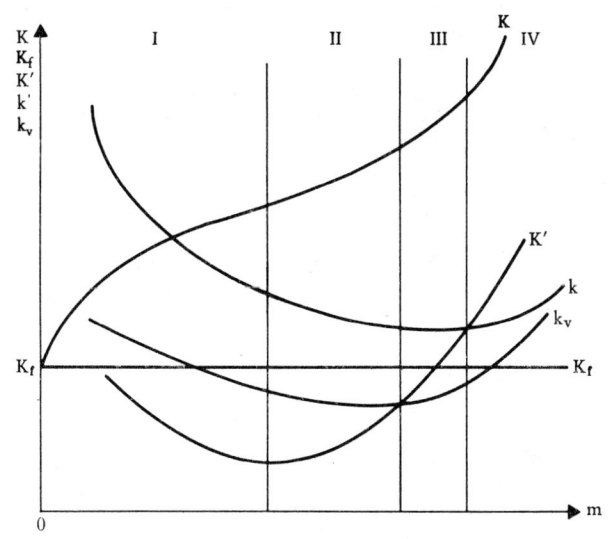

Abb. 97. Die Beziehungen zwischen den Kostenkurven

In der **ersten Phase** steigen die Gesamtkosten an, jedoch nimmt das Steigungsmaß (Grenzkosten) immer mehr ab. Sie erreichen einen Wendepunkt, in dem die Grenzkosten ihr Minimum haben. Grenzkosten, Stückkosten und variable Durchschnittskosten sinken in dieser Phase. In der **zweiten Phase** wachsen die Gesamtkosten mit zunehmendem Steigungsmaß an, die Grenzkosten steigen also ebenfalls, während die Stückkosten und die variablen Durchschnittskosten absinken. Letztere erreichen ihr Minimum im Schnittpunkt der Grenzkostenkurve mit der Kurve der variablen Durchschnittskosten. In der **dritten Phase** steigen Gesamtkosten, Grenzkosten und variable Durchschnittskosten, die Stückkosten sinken weiter bis zum Minimum im Schnittpunkt der Stückkosten- und der Grenzkostenkurve. In der **vierten Phase** steigen alle Kostenkurven weiter an.

Wir kommen nun auf die Frage zurück, ob es Kostenarten gibt, die ihrem Wesen nach degressiv oder progressiv verlaufen. Faßt man die Kostenkurven als „Umkehrung" der Ertragskurven auf, so setzt diese Umkehrung ein „gegebenes Preissystem", also gegebene Preise der Produktionsfaktoren und der produzierten Güter voraus. Wir stellten oben fest, daß fixe Kosten als Stückkosten degressiv verlaufen. Damit läßt sich zwar die Degression der Stückkostenkurve, nicht aber der degressive Verlauf der Gesamtkostenkurve innerhalb der Phase I erklären. Die Degression der Gesamtkosten resultiert unter der Voraussetzung eines „gegebenen Betriebes" allein daraus, daß die Grenzkosten, die definitionsgemäß stets variable Kosten sind (Grenzkosten = Kostenzuwachs des variablen Faktors bei Erstellung einer weiteren Produkteinheit), bei Steigerung der Ausbringung zunächst sinken, weil der Grenzertrag des variablen Faktors zunimmt, oder anders formuliert, weil in jeder folgenden produzierten Einheit weniger Mengeneinheiten des variablen Faktors, bewertet zum konstanten Preis des variablen Faktors, enthalten sind. Folglich sinken auch die variablen Durchschnittskosten.

Phase	Gesamtkosten K	variable Durchschnittskosten k_v	gesamte Durchschnittskosten k	Grenzkosten K′	Endpunkte
I	positiv steigend	positiv fallend	positiv fallend	positiv fallend bis min.	Wendepunkt K′ = min. K″ = 0
II	positiv steigend	positiv fallend bis min.	positiv fallend	positiv steigend K′ < k_v K′ < k	Minimum der variablen Durchschnittskosten
III	positiv steigend	positiv steigend	positiv fallend bis min.	positiv steigend K′ > k_v K′ < k	Minimum der gesamten Durchschnittskosten
IV	positiv steigend	positiv steigend	positiv steigend	positiv steigend K′ > k_v K′ > k	—

Sobald der Grenzertrag sein Maximum überschritten hat, steigen die Grenzkosten, weil von nun an in jeder folgenden Produkteinheit eine immer größer werdende Zahl von Einheiten des variablen Faktors enthalten ist (bewertet zum gleichen Preis). Die Gesamtkosten steigen progressiv, d. h. mit zunehmendem Steigungsmaß. Dennoch sinken die Stückkosten noch so lange weiter, wie die durch die fixen Kosten verursachte Kostendegression noch nicht von der durch die variablen Kosten verursachten Kostenprogression überkompensiert wird. Sobald das der Fall ist, steigen auch die Stückkosten progressiv an. Folglich lassen sich die Kostendegressionen und die Kostenprogressionen durch das Ertragsgesetz erklären und müssen nicht durch Kostenarten bedingt sein, die ihrem Wesen nach degressiv oder progressiv sind.

Daraus folgt, daß eine variable Kostenart, z. B. die Lohnkosten, unter Annahme der Gültigkeit des Ertragsgesetzes auf Änderungen des Beschäftigungsgrades unterschiedlich reagieren kann. Die Lohnkosten (beispielsweise) verlaufen erst degressiv, dann proportional (theoretisch nur in einem Punkt, dem Schnitt-

V. Die Kostenfunktionen

punkt von Grenzkostenkurve und der Kurve der variablen Durchschnittskosten) und schließlich progressiv. Ein und dieselbe Kostenart kann also durchaus verschieden auf Schwankungen des Beschäftigungsgrades reagieren, je nachdem in welcher Zone der Kapazitätsausnutzung sich der Betrieb befindet. Man darf aber nicht übersehen, daß diese Erklärung nur unter den Voraussetzungen gilt, unter denen das Ertragsgesetz abgeleitet wurde.

Inwieweit entspricht nun ein solches theoretisches Modell des Kostenverlaufes den konkreten betrieblichen Verhältnissen? Nehmen wir einmal an, der feste Faktor sei eine maschinelle Anlage, die variablen Faktoren seien Arbeitskraft und Material. Nehmen wir weiterhin an, die Materialkosten je Stück seien konstant, die Kurve der gesamten Materialkosten steige also proportional an. Die günstigste Kombination soll beispielsweise erreicht werden, wenn fünf Arbeitskräfte an der Maschine tätig sind. Es ist aber durchaus denkbar, daß bereits eine einzige Arbeitskraft mit der Anlage einen geringen Ertrag erwirtschaften kann. Sie muß dann alle Handgriffe selbst machen, z. B. ein Werkstück an die Maschine heranbringen, es einspannen, die Maschine in Gang setzen, das Werkstück bearbeiten, die Maschine abstellen, das Werkstück ausspannen und lagern. Wird ein zweiter, dann ein dritter Arbeiter eingesetzt, so steigt der Gesamtertrag zunächst mit zunehmendem Steigungsmaß an, weil durch die entsprechende Arbeitsteilung der Einsatz des variablen Faktors wesentlich ergiebiger wird. Bei gleichem Lohnpreis (Zeitlohn!) je Arbeitskraft sinken also die Lohnkosten je Stück, weil in jeder folgenden Produkteinheit weniger Arbeit enthalten ist. Anders ausgedrückt: der Produktionskoeffizient sinkt.

Wird die Ausbringung weiter erhöht, so steigen die durchschnittlichen Lohnkosten (variable Durchschnittskosten) allmählich immer stärker an (Kostenprogression), weil der Ertragszuwachs der jeweils folgenden Arbeitseinheit immer geringer wird, aber immer noch so groß ist, daß ihr Einsatz sich lohnt. Der Produktionskoeffizient wird größer. Wird eine fünfte Arbeitskraft eingesetzt, so entspricht der Wert ihres produktiven Beitrags (Grenzertrags) dem als konstant angenommenen Lohnpreis. Der Einsatz einer sechsten Arbeitskraft würde sich dann nicht mehr lohnen, weil der Lohnkostenzuwachs, den sie verursacht, größer ist als der Wert des Ertragszuwachses, den sie erbringt. Es muß aber beachtet werden, daß das Steigen der durchschnittlichen Lohnkosten je Stück noch eine Zeitlang durch das Sinken der durchschnittlichen fixen Kosten je Stück überkompensiert werden kann, so daß die gesamten Stückkosten auch dann noch fallen, wenn die variablen Durchschnittskosten bereits ansteigen.

Das Beispiel – in dem bereits eine der Voraussetzungen, unter denen das Ertragsgesetz abgeleitet wurde, nämlich die beliebige Teilbarkeit des variablen Faktors, aufgehoben worden ist – zeigt also, daß eine variable Kostenart in bestimmten Beschäftigungsintervallen degressiv, in anderen Intervallen progressiv verlaufen kann.

4. Aus Verbrauchsfunktionen abgeleitete Kostenverläufe

a) Formen der Anpassung an veränderte Beschäftigungslagen

Die aus Verbrauchsfunktionen abgeleiteten Kostenverläufe weisen nicht die einheitliche S-Form wie bei Zugrundelegung des Ertragsgesetzes auf. Sie sind das Ergebnis der technisch bedingten Verbrauchsfunktionen und nicht, wie beim Ertragsgesetz, das Ergebnis eines „allgemeinen Gesetzes".

In der von Gutenberg entwickelten Theorie[1] wird die in einer Periode hergestellte Produktmenge (m) bestimmt
(1) von der Betriebszeit,
(2) von der Intensität menschlicher und maschineller Arbeitsleistungen und
(3) von der Menge der im Betrieb befindlichen Produktionsfaktoren.[2]
Demnach gibt es auch verschiedene Möglichkeiten, unterschiedliche Ausbringungsmengen zu erstellen, d. h. sich an unterschiedliche Beschäftigungslagen anzupassen.

Wird bei konstanter Intensität und unverändertem Bestand an Potentialfaktoren allein durch Veränderung der Betriebszeit der einzelnen Aggregate die Ausbringung verändert, so spricht man von **zeitlicher Anpassung**.

Im Falle der **intensitätsmäßigen Anpassung** verändert der Betrieb die Ausbringung bei gleichbleibendem Bestand an Potentialfaktoren und unveränderter Betriebszeit dadurch, daß die Leistungsgrade der betreffenden Aggregate verändert werden.

Ein **quantitativer Anpassungsprozeß** liegt vor, wenn der Bestand der eingesetzten Potentialfaktoren, also die Kapazität, bei unveränderter Intensität und Betriebszeit der einzelnen eingesetzten Aggregate verändert wird, um damit unterschiedliche Ausbringungsmengen zu erstellen.

Die Anpassung an veränderte Beschäftigungslagen ist jedoch nicht nur in den isoliert dargestellten Formen möglich; die Anpassungsformen können auch kombiniert werden. Die Auswirkungen der Anpassungsprozesse auf die Kostenfunktionen sollen jedoch an den drei genannten Anpassungsformen gezeigt werden. Dabei können nur Aussagen über jeweils ein untersuchtes Aggregat gemacht werden.

Bei vorgegebenen, konstanten technischen Eigenschaften eines Betriebsmittels besteht folgender Zusammenhang:

$$\text{Ausbringung} = \text{Fertigungszeit} \times \text{Intensität}.$$

Wird die Ausbringung als konstant angesetzt, so ergibt die Umformung dieser Gleichung in

$$\text{Fertigungszeit} = (\text{konstante}) \text{ Ausbringung} \times \frac{1}{\text{Intensität}}$$

die Gleichung für Kurven gleicher Ausbringung (Ausbringungsisoquanten) (vgl. Abb. 98).[3]

---

[1] Vgl. Gutenberg, E., Grundlagen Band I, a.a.O., S. 356.
[2] Diese werden nach Gutenberg als Potentialfaktoren bezeichnet.
[3] Vgl. Lücke, W., Produktions- und Kostentheorie, 2. Aufl., Würzburg-Wien 1970, S. 63.

V. Die Kostenfunktionen

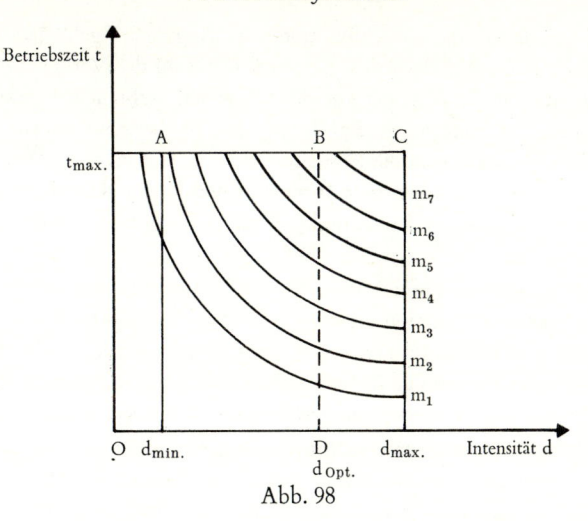

Abb. 98

Eine Anpassung an unterschiedliche Beschäftigungslagen kann auf verschiedenem Wege erreicht werden:
(1) Soll die Ausbringung bei **konstanter Betriebszeit** (z. B. t_{max}) verändert werden, so erfolgt eine intensitätsmäßige Anpassung entlang einer Parallelen zur Abszisse zwischen Minimal- und Maximalintensität (z. B. entlang der Strecke A B C);
(2) Soll die Ausbringung bei **konstanter Intensität** (z. B. d_{opt}) verändert werden, so erfolgt eine zeitliche Anpassung entlang einer Parallelen zur Ordinate (z. B. entlang der Strecke B D).
(3) Eine Kombination der Anpassungsprozesse liegt z. B. vor, wenn im Falle einer Ausbringungssteigerung die Anpassung zunächst entlang der Strecke D B (zeitliche Anpassung) und dann entlang der Strecke B C (intensitätsmäßige Anpassung) erfolgt.

b) Der Kostenverlauf bei zeitlicher Anpassung

Zeitliche Anpassung bedeutet Veränderung der Betriebszeit von Aggregaten bei konstantem Bestand an Potentialfaktoren und gleichbleibender Intensität. Da sich dabei auch die Belegschaftsstärke nicht ändern darf, kann es sich nur um eine **Veränderung der** täglichen, wöchentlichen oder monatlichen **Arbeitszeit** handeln;[1] z. B. um den Übergang zu Kurzarbeit bzw. zu Überstunden, oder um das Einlegen von arbeitsfreien Tagen (Feierschichten) bzw. Sonntagsschichten. Voraussetzung dieses Anpassungsprozesses ist, daß die verwendeten Aggregate ohne weiteres in Betrieb genommen, sowie außer Betrieb gesetzt werden können. Dies wird in der Regel nur bei solchen Aggregaten möglich sein, die während ihres Betriebes nicht von anderen Aggregaten abhängig sind.

---

[1] Vgl. Heinen, E., a.a.O., S. 415, der darauf aufmerksam macht, daß die Einführung einer zusätzlichen Schicht nur mit zusätzlichen Arbeitskräften möglich ist, was mit der Voraussetzung des konstanten Bestandes an Potentialfaktoren unvereinbar ist. Offenbar anderer Ansicht: Kilger, W., a.a.O., S. 94

Bei der Ermittlung der Kostenfunktion eines Aggregates geht man von den Verbrauchsfunktionen dieses Aggregates aus. Die Zahl der Verbrauchsfunktionen entspricht dabei der Zahl der von dem Aggregat verbrauchten Faktorarten. Bewertet man die Verbrauchsmengen mit den als konstant angenommenen Faktorpreisen, so erhält man die Kostenfunktion dieser Anlage in Abhängigkeit von ihrer Intensität.[1] Als **optimale Intensität** der Anlage bezeichnet man den Leistungsgrad, bei dem die Kostenfunktion in Abhängigkeit von der Intensität ihr Minimum hat.

Da die Gesamtkostenfunktion sich aus dieser Kostenfunktion auf dem Weg über die Faktoreinsatzfunktion ergibt, indem man die bewerteten Faktorverbrauchsmengen in Abhängigkeit von der Ausbringung ausdrückt, wird sie durch die Verbrauchsfunktionen und die Faktorpreise bestimmt. Allgemeine Aussagen über den Verlauf der Gesamtkostenfunktion lassen sich deshalb nicht machen.

Die zeitliche Anpassung wird sich in der Regel bei optimaler Intensität, also beim kostengünstigsten Leistungsgrad vollziehen (entlang der Strecke BD in Abb. 98), jedoch gelten die folgenden Ausführungen auch dann, wenn sich ein zeitlicher Anpassungsprozeß nicht bei optimaler Intensität vollzieht.

Da bei einer bestimmten Intensität die Verbrauchsmengen der verschiedenen Einsatzfaktoren durch die betreffenden Verbrauchsfunktionen eindeutig bestimmt werden, d. h. ein limitationaler Produktionsprozeß vorliegt, und da konstante Faktorpreise unterstellt werden, ist die **Betriebszeit** der einzige Kostenbestimmungsfaktor. Jede zusätzliche Einheit der Betriebszeit erbringt einerseits wegen der konstanten Intensität eine gleichbleibende zusätzliche Ausbringung und verursacht andererseits einen konstanten Kostenzuwachs, mit anderen Worten: die Grenzkosten sind konstant, bzw. die variablen Kosten sind der Betriebszeit und damit auch der ausgebrachten Menge proportional.[2]

Wenn nur **variable** Kosten anfallen, hat die Gesamtkostenkurve die in Abb. 99 dargestellte Form. Fallen auch **fixe** Kosten an, so verschiebt sich die Gesamtkostenkurve um den Fixkostenbetrag nach oben (Abb. 100). Obwohl das Steigungsmaß der Gesamtkostenkurve das gleiche wie in Abb. 99 ist, wachsen die Gesamtkosten nicht proportional zur Ausbringung, sondern unterproportional. Eine Erhöhung der Ausbringung von m_1 auf m_2 bedingt nur eine Erhöhung der Gesamtkosten von K_1 auf K_2, da die fixen Kosten sich definitionsgemäß nicht mit der Ausbringung ändern.

Die bisherigen Ausführungen gingen von **konstanten Faktorpreisen** aus. Bei den Lohnkosten treten jedoch bei zeitlicher Anpassung über die normale Arbeitszeit hinaus Überstunden- und Nachtarbeitszuschläge sowie Sonntags- und Feiertagszuschläge auf. Das bedeutet, daß innerhalb einer gewissen Betriebszeit, der normalen Arbeitszeit, die Lohnkosten unverändert sind, daß jedoch bei Über-

---

[1] Eine gesonderte Berücksichtigung der unmittelbar von der Ausbringung abhängigen Faktoreinsatzmengen, wie sie Gutenberg vornimmt (a.a.O., S. 372), ist nicht notwendig, wenn – wie hier – auch der intensitätsunabhängige Faktorverbrauch als Verbrauchsfunktion erfaßt wird und somit direkt in die Kostenfunktion eingeht (vgl. Verbrauchsfunktion A in Abb. 63).

[2] Bei zeitlicher Anpassung entspricht die Produktionsfunktion der oben erwähnten Leontief-Produktionsfunktion.

Abb. 99

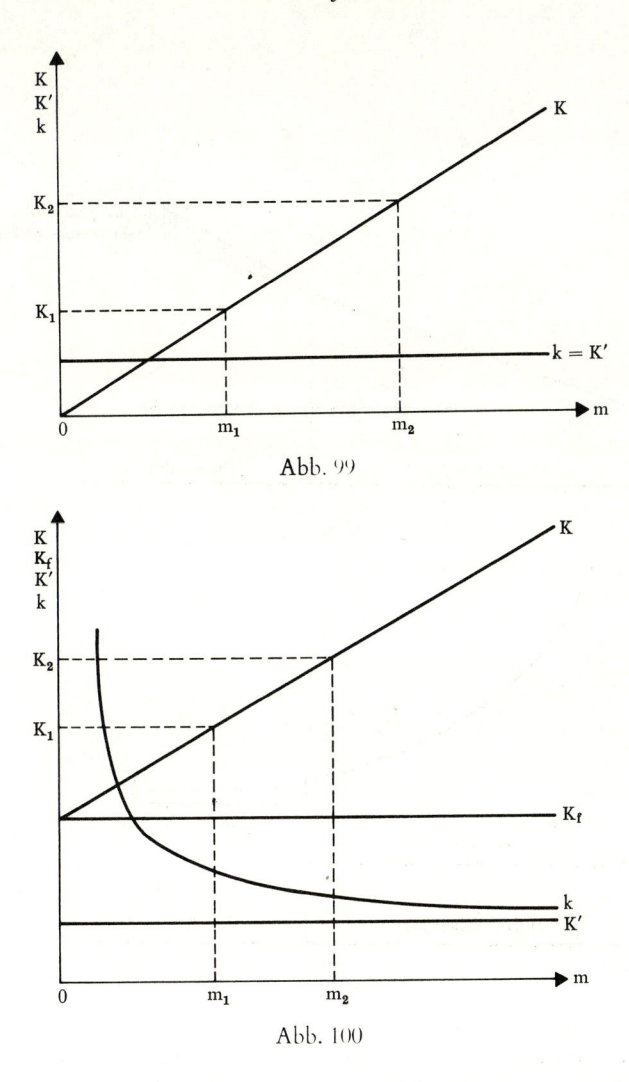

Abb. 100

schreiten dieser Betriebszeit eine prozentuale **Steigerung der Lohnkosten** auftritt. Die Lohnkostenkurve und damit die gesamte Kostenkurve des betreffenden Aggregats zeigt an dieser Stelle einen Knick, nach dem die Kostenkurve zwar steiler, aber wiederum linear verläuft (vgl. Abb. 101 und 102).

Neben dieser Faktorpreisänderung, die durch Überschreiten einer bestimmten normalen Arbeitszeit ausgelöst wird, können sich auch die Preise aller anderen Einsatzfaktoren ändern. Eine Substitution teurer gewordener Faktoren durch andere kann nicht erfolgen, da das im Falle der Produktionsfunktion vom Typ B nicht möglich ist. Der in der Realität vorkommende Fall des Austausches von teuerer gewordenen Materialien gegen neuartige Werkstoffe, z. B. Leder gegen Plastik, gehört nicht hierher, da es sich bei „Substitutionen" immer nur um Veränderungen der Mengenkombinationen „innerhalb" der gegebenen Produk-

Abb. 101

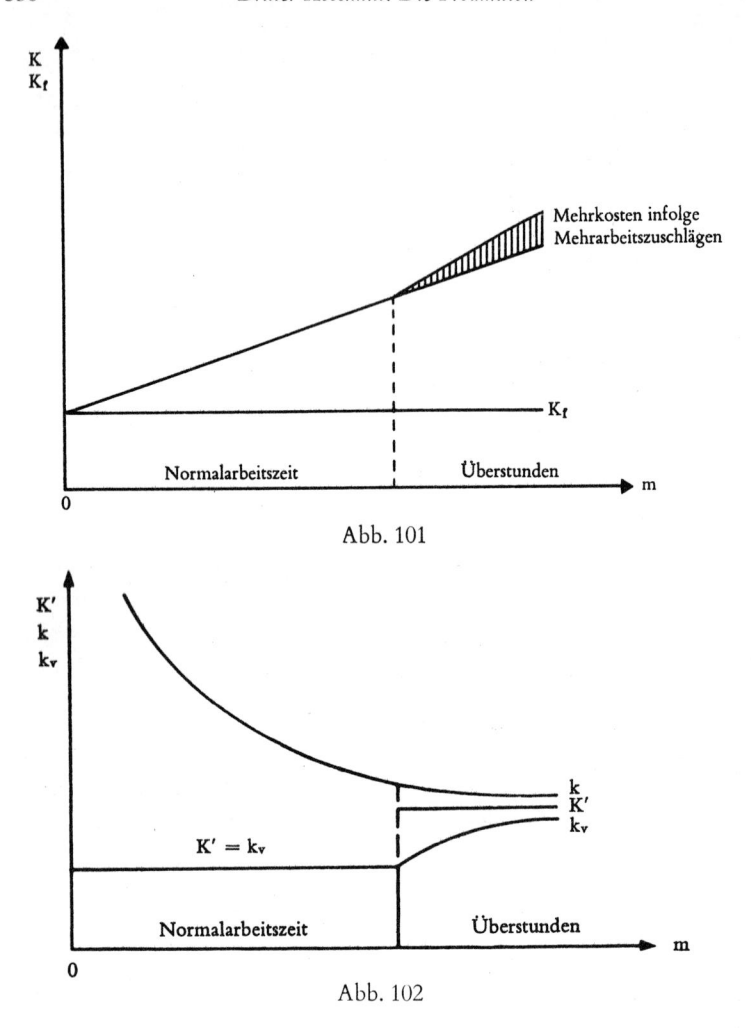

Abb. 102

tionsfunktion handelt, während durch die Verwendung eines neuen Materials eine **neue Produktionsfunktion** entsteht. Auf Grund von Preisänderungen verändert sich also das Steigungsmaß der Gesamtkostenkurve und der Kurve der variablen Kosten bzw. die Lage der Kurve der fixen Kosten, je nachdem, ob die Preisänderung einen variablen oder fixen Faktor betrifft (vgl. Abb. 103).

c) Der Kostenverlauf bei intensitätsmäßiger Anpassung

Eine intensitätsmäßige Anpassung erfolgt vor allem bei Produktionsprozessen, für die ein System starr verbundener technischer Aggregate erforderlich ist, das nicht beliebig stillgelegt werden kann,[1] z. B. bei Schwefelsäureherstellung mit Hilfe des Bleikammerverfahrens, im Verhüttungsprozeß und in Großkokereien.

---

[1] Vgl. Kilger, W., a.a.O., S. 99.

V. Die Kostenfunktionen

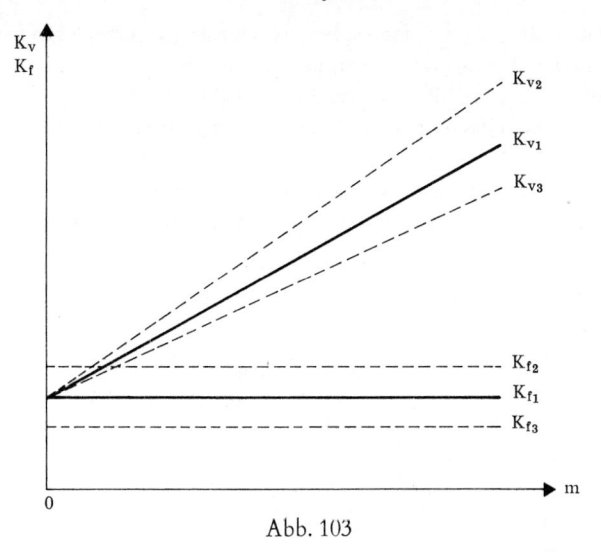

Abb. 103

Die Betriebszeit ist in diesen Fällen fest vorgegeben. Der Bereich, in dem sich eine intensitätsmäßige Anpassung vollziehen kann, wird in der Regel durch eine Minimal- und eine Maximalintensität begrenzt, die sich ebenso aus der technischen Konstruktion der Anlage ergibt wie die Optimalintensität, d. h. der kostengünstigste Leistungsgrad.

Wie oben ausgeführt wurde, sind allgemeine Aussagen über den Verlauf der Gesamtkostenkurve auch bei diesem Anpassungsprozeß nicht möglich. Angenommen, nach Bewertung der einzelnen Verbrauchsfunktionen mit den zugehörigen konstanten Faktorpreisen ergibt sich in Abhängigkeit von der Intensität eine U-förmige Kurve des bewerteten Verbrauchs pro Leistungseinheit (vgl. Abb. 104).

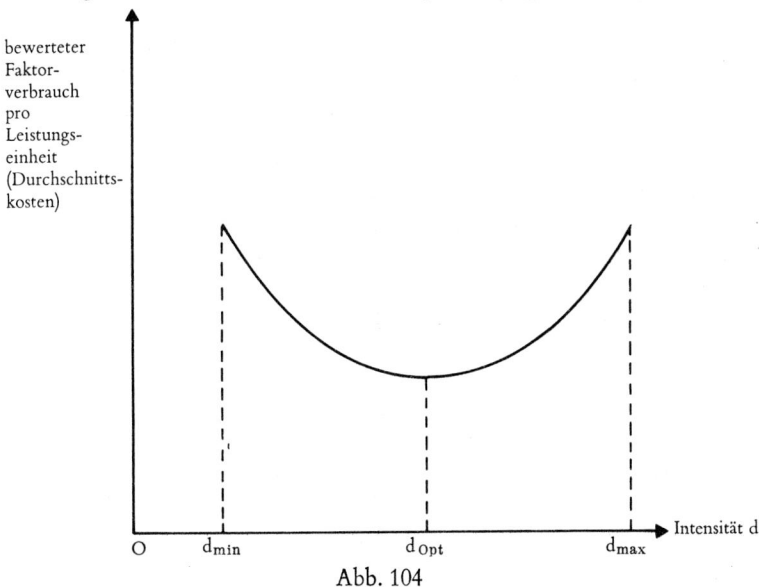

Abb. 104

Jeder Punkt dieser Kurve gibt den bewerteten Faktorverbrauch pro Leistungseinheit, also die Durchschnittskosten, bei einer bestimmten Intensität an. Da es sich hier um limitationale Prozesse handelt, die Faktoreinsätze bei jeder Intensität also in einem durch das System der Verbrauchsfunktionen bestimmten Verhältnis stehen, ergibt sich für jede realisierbare Intensität eine durch den Nullpunkt gehende Gerade, wenn der Faktorverbrauch in Abhängigkeit von der ausgebrachten Menge dargestellt wird. Man nennt derartige Geraden **Faktoreinsatzfunktionen**.[1]

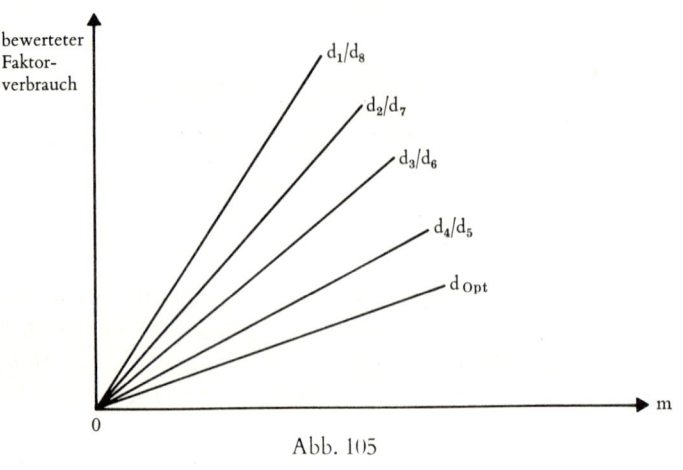

Abb. 105

Abb. 105 zeigt eine Schar derartiger Faktoreinsatzfunktionen. Die Limitationalität der Prozesse führt dazu, daß jede weitere Ausbringungseinheit bei einer bestimmten Intensität mit genau demselben Faktoreinsatzverhältnis erstellt wird wie alle vorherigen Einheiten, d. h. daß **konstante Grenzkosten** und damit **lineare Gesamtkosten** bei jeweils einem Intensitätsgrad vorliegen. Der Anstieg der Faktoreinsatzfunktionen, der vom Faktorverbrauch pro Leistungseinheit bei der betreffenden Intensität abhängt, bestimmt also die Grenzkosten. Die Kurven verlaufen um so flacher, je näher die realisierte Intensität bei der Optimalintensität liegt; der niedrigste Faktorverbrauch ergibt sich bei Durchführung des Prozesses bei Optimalintensität.

Da bei einer U-förmigen Kurve des bewerteten Faktorverbrauchs (in Abhängigkeit von der Intensität) jeweils zwei Leistungsgrade denselben Faktorverbrauch pro Leistungseinheit hervorrufen,[2] ergibt sich für jeweils zwei Leistungsgrade eine gemeinsame Faktoreinsatzfunktion. Eine Ausnahme bildet die Faktoreinsatzfunktion bei Optimalintensität.

Erfolgt nun eine intensitätsmäßige Anpassung, so bedeutet dies, daß der Faktorverbrauch pro Ausbringungseinheit zunächst vom ungünstigsten Fall der Realisierung der Minimalintensität bis hin zum optimalen Leistungsgrad abnimmt und danach wieder bis hin zur maximalen Intensität ansteigt. Mit anderen

---

[1] Vgl. Kilger, W., a.a.O., S. 63.
[2] Diese beiden Intensitäten werden bestimmt durch die Abszissenwerte der Schnittpunkte einer Parallelen zur Abszisse mit der U-förmigen Kurve.

Worten: die durchschnittlichen variablen Kosten nehmen im Bereich zwischen minimaler und optimaler Intensität ab, im Bereich zwischen optimaler und maximaler Intensität nehmen sie zu.

Multipliziert man die Werte der bewerteten Verbrauchsfunktion mit den zugehörigen Ausbringungsmengen, die sich – rein intensitätsmäßige Anpassung unterstellt – proportional zur Intensität verhalten, so erhält man die in Abb. 106 dargestellte Kurve der variablen Gesamtkosten.

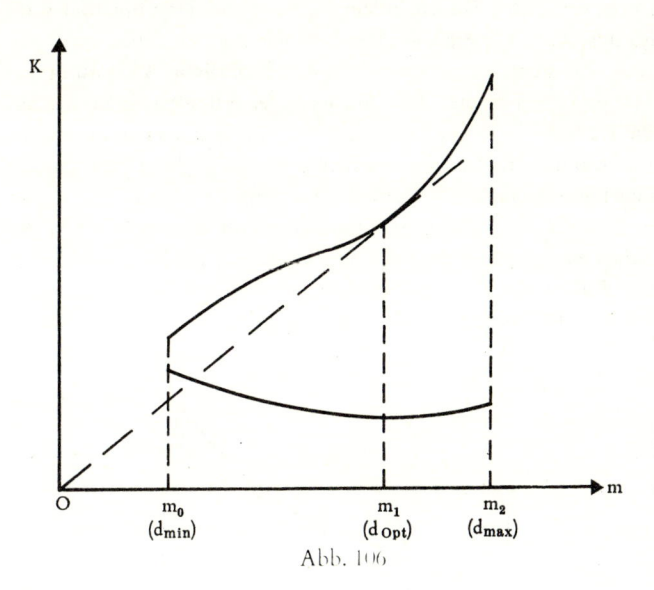

Abb. 106

Die optimale Intensität ist durch den Punkt bestimmt, in dem der Fahrstrahl zur Tangente an die Kurve der variablen Gesamtkosten wird. Hier haben die variablen Durchschnittskosten ihr Minimum.

Dieser S-förmige Gesamtkostenverlauf ergibt sich jedoch nur dann, wenn unterstellt wird, daß sich die Intensität zwischen Minimal- und Maximalintensität beliebig und kontinuierlich verändern läßt.[1] Es muß jedoch erwähnt werden, daß die dargestellte Form der Gesamtkostenkurve nicht den Verlauf der Gesamtkostenkurve im Falle einer Produktionsfunktion vom Typ A erklärt, sondern nur infolge ganz spezieller Annahmen zustande gekommen ist.[2]

d) Der Kostenverlauf bei zeitlich-intensitätsmäßiger Anpassung

Soll im eben beschriebenen Falle, d. h. bei U-förmigem Verlauf der durch die Intensität bestimmten Verbrauchsfunktion, die mit den zugehörigen Faktorpreisen bewertet wurde (vgl. Abb. 104), eine Ausbringungsmenge erstellt wer-

---

[1] Vgl. Heinen, E., a.a.O., S. 413, der diese Prämisse jedoch als wirklichkeitsfremd ablehnt.
[2] Vgl. Heinen, E., a.a.O., S. 411 f.

den, die im Falle intensitätsmäßiger Anpassung, also bei konstanter Betriebszeit und unverändertem Bestand an Potentialfaktoren, nur durch einen Leistungsgrad realisiert werden kann, der zwischen der minimalen und der optimalen Intensität der Anlage liegt, so ergibt sich der Nachteil, daß die Produktion **im Bereich über dem Minimum liegender variabler Stückkosten** erfolgen muß.

Dieser Nachteil, nicht bei der kostengünstigsten Intensität produzieren zu können, kann vermieden werden, indem die Anlage mit ihrer **optimalen Intensität,** also mit ihrem kostengünstigsten Leistungsgrad, betrieben wird. Die gewünschte Ausbringungsmenge kann dann durch **zeitliche Anpassung** erreicht werden. (In Abb. 98 bedeutet diese Anpassung eine Bewegung auf der Strecke DB). Eine Ausbringungsmenge, die die bei optimaler Intensität und maximaler Betriebszeit realisierbare Ausbringungsmenge übersteigt, kann – bei konstantem Bestand an Potentialfaktoren – durch intensitätsmäßige Anpassung im Bereich zwischen Optimal- und Maximalleistungsgrad erstellt werden. (Diese Anpassung bedeutet eine Bewegung auf der Strecke BC in Abb. 98).

In diesem Falle zunächst zeitlicher, sodann intensitätsmäßiger Anpassung ergibt sich die in Abb. 107 dargestellte Gesamtkostenkurve.

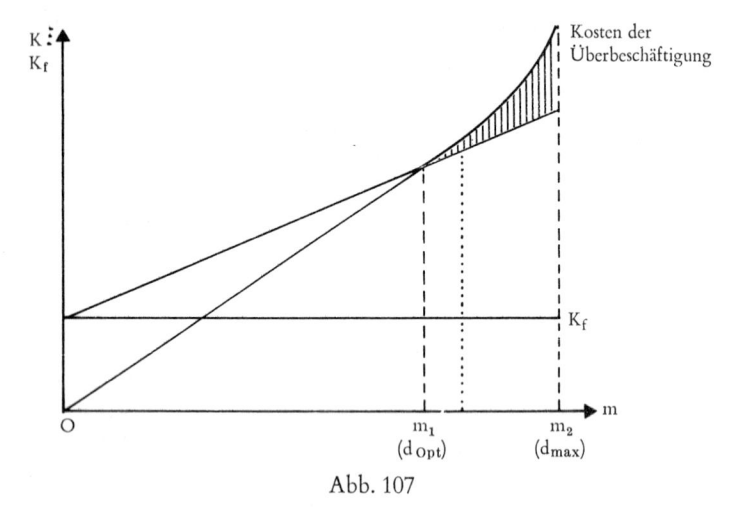

Abb. 107

Im Gegensatz zur rein intensitätsmäßigen Anpassung wird der ungünstige Verlauf der Gesamtkostenkurve zwischen den Ausbringungsmengen m_0 und m_1 (vgl. Abb. 106) vermieden. In diesem Bereich ergibt sich durch die zeitliche Anpassung bei optimaler Intensität ein **linearer Gesamtkostenverlauf** (vgl. Abb. 107). Im Bereich zwischen Ausbringung m_1 und m_2, in dem intensitätsmäßige Anpassung erfolgt, entsprechen sich die Verläufe der Gesamtkostenkurven (vgl. Abb. 106 und 107).

Die Grenzkostenkurve und die Kurve der variablen Durchschnittskosten (vgl. Abb. 108) entsprechen sich bei zeitlich-intensitätsmäßiger Anpassung, solange rein zeitliche Anpassung vorliegt, wegen des linearen Gesamtkostenverlaufs. Im Bereich rein intensitätsmäßiger Anpassung (die Ausbringungsmenge liegt zwi-

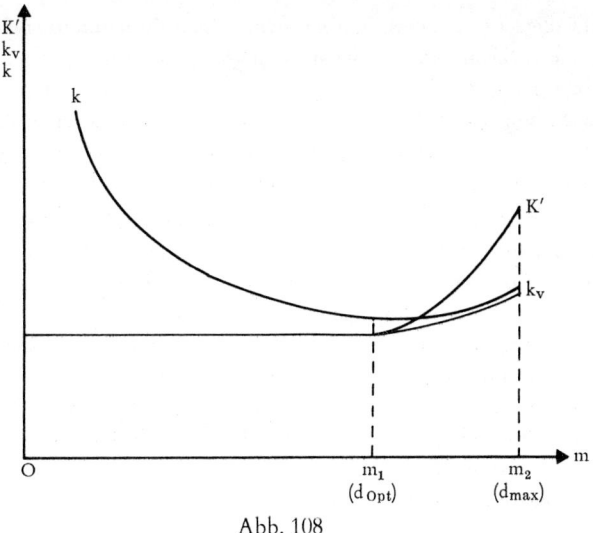

V. Die Kostenfunktionen

Abb. 108

schen m_1 und m_2) steigt die Grenzkostenkurve schneller als die Kurve der variablen Durchschnittskosten. Das Minimum der Durchschnittskostenkurve und ihr Schnittpunkt mit der Grenzkostenkurve liegen bei der Ausbringungsmenge, bei der der Fahrstrahl zur Tangente an der Gesamtkostenkurve wird.[1]

Der Verlauf der Kostenkurven bei intensitätsmäßiger und zeitlich-intensitätsmäßiger Anpassung erklärt auch die Tatsache, weshalb rein intensitätsmäßige Anpassungsprozesse in der Praxis wesentlich seltener vorkommen als die zeitlich-intensitätsmäßige Anpassung. Auf sie greift man nur zurück, wenn Engpaßsituationen überwunden werden müssen oder wenn andere Anpassungsprozesse aus technischen Gründen nicht möglich sind.[2]

e) Der Kostenverlauf bei quantitativer Anpassung

Neben den bisher geschilderten Anpassungsprozessen, bei denen immer von einem gleichbleibenden Bestand an Potentialfaktoren ausgegangen wurde, kann sich ein Betrieb auch quantitativ an Beschäftigungsänderungen anpassen, indem die **Anzahl der eingesetzten Potentialfaktoren variiert** wird. Dabei werden unveränderte Leistungsgrade und konstante Betriebszeit der eingesetzten Aggregate vorausgesetzt. Eine quantitative Anpassung ist nur bei einem innerhalb gewisser Grenzen teilbaren Bestand an Potentialfaktoren möglich, denn zum Zwecke der Anpassung muß der Potentialfaktorbestand um bestimmte technische Einheiten vermindert oder vermehrt werden.[3]

Während bei einem Bestand an Potentialfaktoren, der aus Gruppen gleicher Anlagen besteht, die Auswahl eines wegen Beschäftigungsrückgangs auszuscheidenden Aggregats keine Schwierigkeiten bereitet, entsteht bei einem Bestand

---

[1] Vgl. dazu ausführlicher S. 349 f.
[2] Vgl. Kilger, W., a.a.O., S. 99 sowie Heinen E., a.a.O., S. 409
[3] Vgl. Gutenberg, E., Grundlagen, Bd. I, a.a.O., S. 380

unterschiedlicher technischer Güte ein echtes **Auswahlproblem**. Bei einem Beschäftigungsrückgang werden die am wenigsten wirtschaftlich arbeitenden Anlagen zuerst ausgeschieden, bei einer Ausdehnung der Ausbringungsmenge werden die am wirtschaftlichsten arbeitenden Aggregate zuerst eingesetzt. Gutenberg bezeichnet dieses Vorgehen im Falle eines Potentialfaktorbestandes von unterschiedlicher technischer Güte als „**selektive Anpassung**".[1]

In beiden geschilderten Fällen sind jedoch zwei Unterfälle zu unterscheiden. Einmal kann bei gleichbleibendem Bestand der Potentialfaktoren die Zahl der eingesetzten Faktoren erhöht oder verringert werden. Bei Rückgang der Beschäftigung bedeutet dies Stillegung von Aggregaten sowie Nichtbeschäftigung bzw. anderweitige Beschäftigung von Arbeitskräften.[2] Bei einer Beschäftigungsausdehnung werden in diesem Falle quantitativer Anpassung seither stilliegende Aggregate wieder in Betrieb genommen und seither nicht oder anderweitig beschäftigte Arbeitskräfte wieder an diesen Anlagen eingesetzt. Der **Bestand** an Potentialfaktoren bleibt also in diesem Falle **unverändert**, lediglich die **Zahl der eingesetzten Faktoren variiert**.

Zum anderen kann bei Veränderung der Beschäftigung die Zahl der eingesetzten Faktoren durch **Veränderung des Bestandes** an Potentialfaktoren variiert werden. Während im vorher geschilderten Fall bei gleichbleibendem Potentialfaktorbestand Aggregate teilweise stillagen, sind hier sämtliche Anlagen im Produktionsprozeß eingesetzt, wobei der Anpassungsprozeß sich über eine Variation des Potentialfaktorbestandes vollzieht. Bei Rückgang der Beschäftigung werden Aggregate verkauft, verschrottet oder vermietet sowie die Belegschaft durch Entlassungen vermindert. Bei einer Zunahme der Beschäftigung erfolgt eine Anschaffung weiterer Potentialfaktoren sowie eine Erhöhung der Zahl der Arbeitskräfte durch Neueinstellungen.

Heinen macht darauf aufmerksam, daß bei dieser zweiten quantitativen Anpassungsart die Voraussetzung einer bestimmten Betriebsgröße nicht mehr erfüllt sei, daß also hier bereits eine **Betriebsgrößenvariation** vorliege.[3] Auch Gutenberg weist auf die Gemeinsamkeiten hin, wenn er schreibt: „Zwischen der Kostenkurve bei Variation des Beschäftigungsgrades im Falle quantitativer Anpassung und der Kostenkurve bei Variation der Betriebsgröße im Falle multipler Variation besteht also grundsätzlich kein Unterschied."[4] Trotzdem wird die Anpassung an Beschäftigungsänderungen durch eine Variation des Produktionsfaktorbestandes im Rahmen der quantitativen Anpassungsprozesse behandelt.[5]

---

[1] Vgl. Gutenberg, E., Grundlagen, Bd. I, a.a.O., S. 386
[2] Heinen macht darauf aufmerksam, daß infolge der isolierten Untersuchung einzelner Teileinheiten die anderweitige Beschäftigung von Arbeitskräften nicht unterstellt werden könne, daß man in diesem Falle quantitativer Anpassung vielmehr davon ausgehen müsse, daß die „freiwerdenden Arbeitskräfte nicht entlassen, sondern ohne Beschäftigung weiter bezahlt" würden. Vgl. Heinen, E., a.a.O., S. 418
[3] Vgl. Heinen, E., a.a.O., S. 420 f.
[4] Vgl. Gutenberg, E., Grundlagen, Bd. I, a.a.O., S. 426
[5] So auch Gutenberg, E., Grundlagen, Bd. I, a.a.O., S. 380 ff. und Kilger, W., a.a.O., S. 95 ff.

V. Die Kostenfunktionen

Anders als bei intensitätsmäßiger und zeitlicher Anpassung kann bei quantitativer Anpassung die Ausbringung nur in Stufen verändert werden, die von der Ausbringung eines Aggregats bei der unterstellten Intensität und Betriebszeit abhängig sind. Je größer die Kapazität eines Aggregats im Verhältnis zur gesamten Kapazität ist, desto größer ist die Auswirkung einer Stillegung bzw. Inbetriebnahme eines Aggregats.[1]

aa) Der Kostenverlauf im Falle quantitativer Anpassung bei unverändertem Potentialfaktorbestand

Die Zusammenhänge zwischen dem Gesamtkostenverlauf und der Ausbringungsmenge im Falle dieser Art quantitativer Anpassung bei einem Bestand gleichartiger Potentialfaktoren sollen an Hand der Abb. 109 dargestellt werden.[2]

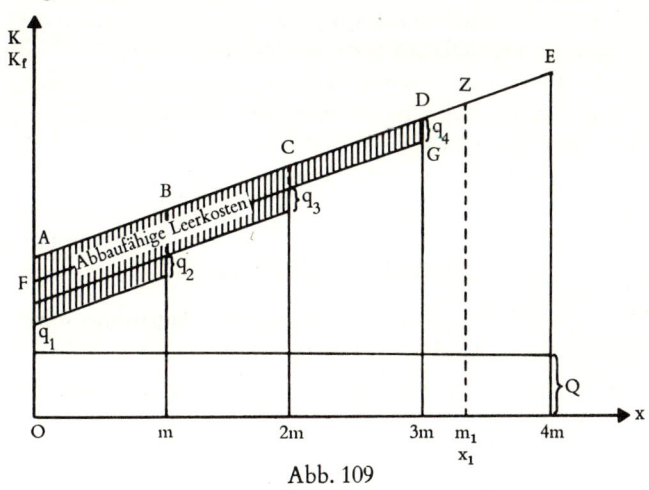

Abb. 109

Auf vier gleichartigen Aggregaten können bei einer bestimmten Betriebszeit und einer bestimmten Intensität jeweils m Einheiten, also insgesamt 4 m Einheiten eines Erzeugnisses hergestellt werden.[3] Wegen der Annahme gleichbleibender Betriebszeit und konstanter Intensität fallen pro erzeugter Einheit gleichbleibend hohe variable Kosten in Höhe von k_v an. Außerdem verursacht jedes Aggregat intervallfixe Kosten in Höhe von q.[4] Daneben fallen absolut fixe Kosten in Höhe von Q an.

Bei einer Ausbringungsmenge von 4 m betragen die Gesamtkosten demnach:

$$K_4 = 4\,m \cdot k_v + 4q + Q \text{ (Strecke 4 m E in Abb. 109).}$$

---

[1] Vgl. Gutenberg, E., Grundlagen, Bd. I, a.a.O., S. 380
[2] Vgl. Gutenberg, E., Grundlagen, Bd. I, S. 382 (Gutenberg bezeichnet mit x die Ausbringung)
[3] Dabei kann es sich um die optimale Intensität der Anlagen und um die normale Betriebszeit handeln. Die Gültigkeit der folgenden Aussagen ist jedoch nur von der Konstanz dieser Größen abhängig.
[4] Nach Kilger weisen Kostenverläufe bei quantitativer Anpassung in der Praxis „in der Regel weitaus mehr Sprünge verschiedener Größe" auf, als sie in diesem vereinfachten Beispiel auftreten. (Vgl. Kilger, W., a.a.O., S. 97)

Geht die Ausbringungsmenge zurück,[1] so kann sich der Betrieb durch Stillegung eines oder mehrerer Aggregate an die veränderte Beschäftigungslage anpassen.[2] Bei Stillegung eines Aggregates entfallen lediglich die variablen Kosten dieser Anlage (m · k_V). Die Gesamtkosten bei einer Ausbringung von 3 m betragen $K_3 = 3$ m · $k_V + 4q + Q$ (Strecke 3 m D in Abb. 109).

Auf den möglichen Abbau der **intervallfixen Kosten** in Höhe von q_4 verzichtet man, sobald man sich entschließt, den Bestand an Potentialfaktoren unverändert beizubehalten, die Anlage also nur stillzulegen und nicht zu verkaufen. Die ursprünglich an dieser Anlage beschäftigten Arbeitskräfte werden nicht entlassen, sondern entsprechend den gemachten Voraussetzungen nicht bzw. anderweitig beschäftigt. Man nennt die intervallfixen Kosten stillgelegter Aggregate auch **remanente Fixkosten**, d. h. abbaufähige, aber nicht abgebaute Leerkosten.[3]

Im Falle der Stillegung des dritten Aggregats, d. h. bei Erstellung der Menge 2 m sind auch die intervallfixen Kosten dieses Aggregates remanente Leerkosten. Die Gesamtkosten bei dieser Ausbringungsmenge betragen $K_2 = 2$ m · $k_V + 4q + Q$ (Strecke 2 m C in Abb. 109). Bei einer quantitativen Anpassung an die verschiedenen Ausbringungsmengen (O, m, 2 m, 3 m und 4 m) unter Aufrechterhaltung des Bestandes an Potentialfaktoren werden die Gesamtkosten durch die Abstände der Punkte A, B, C, D und E von der Abszisse dargestellt. Bei jeder dieser Ausbringungsmengen werden die remanenten Fixkosten durch die jeweilige Höhe der schraffierten Flächen ausgedrückt.[4]

bb) Der Kostenverlauf im Falle quantitativer Anpassung durch Veränderung des Bestandes an Potentialfaktoren

Abb. 110[5] soll den Zusammenhang zwischen dem Gesamtkostenverlauf und der Ausbringungsmenge im Falle quantitativer Anpassung durch Veränderung

---

[1] An einem Rückgang der Beschäftigung lassen sich die Auswirkungen der quantitativen Anpassung besser darstellen als im Falle einer Beschäftigungszunahme.

[2] Es muß jedoch nochmals darauf hingewiesen werden, daß allein durch quantitative Anpassung im dargestellten Fall lediglich die Ausbringungsmengen 4 m, 3 m, 2m, m und 0 realisiert werden können. Dazwischen liegende Ausbringungsmengen können nur durch zusätzlich durchgeführte zeitliche und/oder intensitätsmäßige Anpassung erstellt werden. So würde die Realisation der Ausbringung m_1 Gesamtkosten in Höhe der Strecke $m_1 Z$ verursachen (vgl. Abb. 109).

[3] Vgl. Gutenberg, E., Grundlagen, Bd. I, a.a.O., S. 382. Kilger nennt als Ursachen der Entstehung remanenter Kosten: 1) außerbetriebliche Gründe, z. B. arbeitsrechtliche Bindungen (Kündigungs- und Abfertigungsbestimmungen der Sozialgesetze und Kollektivverträge sowie privatrechtliche Arbeitsverträge); 2) soziale Gründe, z. B. Verzicht auf Entlassung von Mitarbeitern in abgelegenen Gebieten, in denen für die entlassenen Arbeitskräfte keine Ausweichmöglichkeiten bestehen; 3) innerbetriebliche Gründe, z. B. Verzicht auf Entlassungen von Arbeitskräften bzw. Verkauf oder Verschrottung von Anlagen, wenn nur ein befristeter Rückgang der Beschäftigung erwartet wird; 4) wegen ungenügender Kenntnis der technisch-organisatorischen Zusammenhänge nicht erkannte Kostenremanenz. (Vgl. Kilger, W., a.a.O., S. 103 ff.). Wenn man remanente Kosten als abbaufähige Kosten bezeichnet, scheidet u. E. der erste Grund aus, da hier nicht die Möglichkeit des Abbaus besteht.

[4] Würde die vierte Anlage – entgegen den ursprünglichen Prämissen – verkauft werden, und würde sich der Betrieb mit den verbleibenden Anlagen quantitativ an die Ausbringungsmengen 0, m, 2 m und 3 m anpassen, so würden die Gesamtkosten jeweils durch die Abstände der entsprechenden Punkte auf der Geraden FG von der Abszisse dargestellt. Die remanenten Fixkosten wären in diesem Falle um q_4 geringer als im oben dargestellten Beispiel.

[5] Gutenberg, E., Grundlagen, Bd. I, a.a.O., S. 381

eines gleichartigen Bestandes an Potentialfaktoren verdeutlichen. Dabei werden die Annahmen des vorangegangenen Beispiels hinsichtlich der Zahl der Potentialfaktoren und hinsichtlich der Kostenstruktur beibehalten. Die Gesamtkosten bei einer Ausbringung von 4 m sind deshalb ebenfalls $K_4 = 4\,\text{m} \cdot k_v + 4q + Q$ (Strecke 4 m H in Abb. 110).

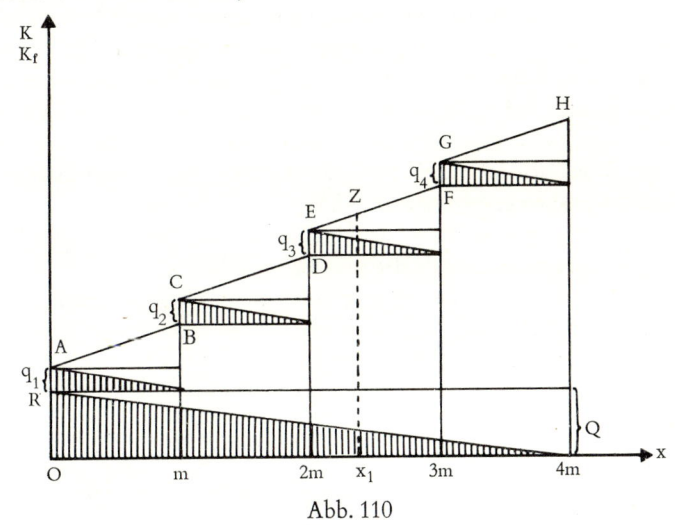

Abb. 110

Bei einem Rückgang der Ausbringungsmenge auf 3 m verkauft, verschrottet oder vermietet der Betrieb die vierte Anlage, entläßt die seither an dieser Anlage beschäftigten Arbeitskräfte und paßt sich auf diese Weise der veränderten Beschäftigung an. Durch den Verkauf, die Verschrottung oder die Vermietung der Anlage sowie die Entlassung der Arbeitskräfte werden jedoch nicht nur die variablen Kosten dieser Anlage (m · k_v), sondern auch ihre intervallfixen Kosten (q_4) abgebaut. Die Gesamtkosten bei einer Ausbringung von 3 m betragen in diesem Fall $K_3 = 3\,\text{m} \cdot k_v + 3q + Q$ (Strecke 3 m F in Abb. 110). Bei einem weiteren Rückgang der Beschäftigung auf 2 m, m oder O werden die Gesamtkosten durch die Strecken 2 m D, m B bzw. OR angegeben.

Auch in diesem Falle der quantitativen Anpassung ist lediglich die Realisierung der von den Kapazitäten der gleichartigen Potentialfaktoren abhängigen Ausbringungsmengen möglich. Andere, dazwischen liegende Ausbringungsmengen sind nur durch zusätzlich durchgeführte zeitliche und/oder intensitätsmäßige Anpassungsprozesse zu erstellen. Beispielsweise würde die Erstellung der Ausbringungsmenge x_1 Gesamtkosten in Höhe der Strecke $x_1 Z$ verursachen (vgl. Abb. 110).

Die Aufspaltung der absolut fixen Kosten (Q) sowie der intervallfixen Kosten (q_1, q_2, q_3 und q_4) in Leerkosten und Nutzkosten wird in Abb. 110 durch die schraffierten Felder dargestellt.

cc) Der Kostenverlauf bei selektiver Anpassung

Bei der selektiven Anpassung im Falle eines Beschäftigungsrückganges werden zuerst die am wenigsten wirtschaftlich arbeitenden Potentialfaktoren aus dem

Produktionsprozeß ausgeschieden, bei einer Beschäftigungsausdehnung werden (entsprechend) zunächst die am wirtschaftlichsten arbeitenden Potentialfaktoren in den Produktionsprozeß eingegliedert.[1] Demnach wird die durchschnittliche Qualität der im Produktionsprozeß eingesetzten Potentialfaktoren mit sinkender Beschäftigung besser, mit steigender Beschäftigung nimmt sie ab.[2] Damit nimmt mit zunehmender Ausbringungsmenge bei Einsatz jedes weiteren Aggregats die Steigung der Gesamtkostenkurve immer mehr zu.[3]

Wie bei den vorher beschriebenen Fällen quantitativer Anpassung ist es auch hier möglich, sich bei unverändertem Potentialfaktorbestand sowie bei sich änderndem Bestand an Potentialfaktoren an die Beschäftigung anzupassen. Auf eine ausführliche Darstellung der Auswirkungen dieser beiden Möglichkeiten auf den Verlauf der Kostenkurven kann jedoch an dieser Stelle verzichtet werden. Betrachten wir den Fall der Anpassung bei unverändertem Potentialfaktorbestand, bei dem lediglich die Zahl der eingesetzten Faktoren verändert wird.

Den Verlauf der Gesamtkostenkurve bei vier qualitativ unterschiedlichen Aggregaten zeigt Abb. 111.[4]

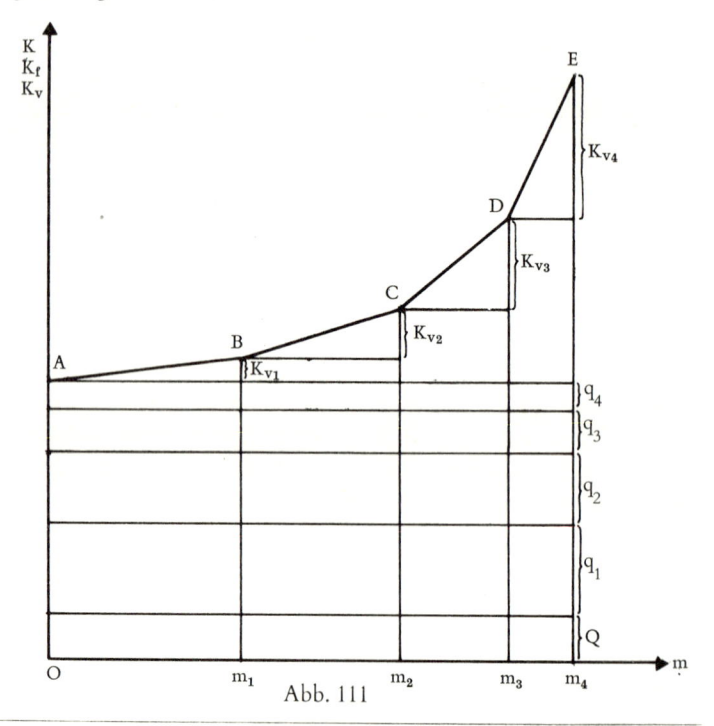

Abb. 111

---

[1] Die größere Wirtschaftlichkeit eines Aggregates im Vergleich mit anderen Aggregaten drückt sich in einer größeren Kapazität sowie größeren intervallfixen Kosten, jedoch geringeren variablen Kosten (und damit auch geringeren durchschnittlichen variablen Kosten) aus, wobei die Summe aus intervallfixen Kosten und variablen Kosten geringer ist als die entsprechende Summe bei unwirtschaftlicheren Aggregaten. (Vgl. Heinen, E., a.a.O., S. 424)
[2] Vgl. Gutenberg, E., Grundlagen, Bd. I, a.a.O., S. 375
[3] Vgl. Gutenberg, E., Grundlagen, Bd. I, a.a.O., S. 375
[4] Vgl. dazu Heinen, E., a.a.O., S. 424

V. Die Kostenfunktionen

Die Gesamtkosten bei einer Ausbringungsmenge von m_4 setzen sich zusammen aus den absolut fixen Kosten Q, der Summe der intervallfixen Kosten der vier Aggregate ($q_1 - q_4$) und der Summe der variablen Kosten dieser Anlage ($K_{V1} - K_{V4}$); sie werden durch die Strecke m_4E ausgedrückt. Entsprechend werden die Gesamtkosten bei dieser Art der Anpassung bei den Ausbringungsmengen m_3, m_2, m_1 und O durch die Abstände der Punkte D, C, B und A von der Abszisse dargestellt.

Würde eine Anpassung durch Veränderung des Potentialfaktorbestandes erfolgen, so entfielen neben den variablen Kosten auch die intervallfixen Kosten der jeweils ausgeschiedenen Aggregate, d. h. die Gesamtkosten wären um die intervallfixen Kosten der ausgeschiedenen Anlagen niedriger als im Falle der zunächst geschilderten Anpassung bei konstantem Bestand an Potentialfaktoren.

5. Kostenverläufe bei Veränderung der Betriebsgröße

Neben den dargestellten, kurzfristig durchführbaren Möglichkeiten der Anpassung an Beschäftigungsänderungen, die sich – wie erwähnt – nicht allein in ihrer reinen Form bieten, sondern auch kombiniert werden können, hat der Betrieb **langfristig** außerdem die Möglichkeit, sich durch Änderung der Betriebsgröße, also des insgesamt zur Verfügung stehenden Bestandes an Potentialfaktoren, an die veränderte Beschäftigung anzupassen.[1]

a) Der Kostenverlauf bei multipler Betriebsgrößenvariation

Die Betriebsgröße kann dadurch variiert werden, daß die Zahl der Potentialfaktoren verändert wird, ohne daß dabei die Verfahrenstechnik geändert wird. Das bedeutet, daß zu einem Aggregat ein oder mehrere weitere gleichartige Aggregate mit den zugehörigen Arbeitskräften hinzukommen, daß neben eine Abteilung eine oder mehrere weitere Abteilungen mit völlig gleichartiger technischer und personeller Ausstattung treten oder, daß eine bestehende Produktionsstätte um eine oder mehrere gleichartige Produktionsstätten erweitert wird. In jedem dieser Fälle ist die neu hinzutretende Einheit eine Multiplum der bisherigen fertigungstechnischen Einheit. Qualitative Änderungen des Produktionsprozesses ergeben sich dabei nicht. Gutenberg spricht deshalb von einer multiplen Betriebsgrößenvariation.[2]

Diese Art der Betriebsgrößenvariation stimmt im wesentlichen mit der Form der quantitativen Anpassung überein, bei der eine Veränderung des Bestandes an gleichartigen Potentialfaktoren vorgenommen wird.[3] Auf eine Darstellung der Auswirkungen einer multiplen Betriebsgrößenvariation auf den Kostenverlauf kann deshalb unter Verweis auf die dortigen Ausführungen an dieser Stelle verzichtet werden.

---

[1] Es muß hier nochmals darauf hingewiesen werden, daß – streng genommen – die Voraussetzung einer konstanten Betriebsgröße bereits dann aufgegeben wird, wenn die Anpassung an die Beschäftigung durch Veränderung des Potentialfaktorbestandes erfolgt (vgl. dazu S. 366 f.)
[2] Vgl. Gutenberg, E., Grundlagen, Bd. I, a.a.O., S. 424
[3] Vgl. S. 366 f. und Gutenberg, E., Grundlagen, Bd. I, a.a.O., S. 424 ff.

b) Der Kostenverlauf bei mutativer Betriebsgrößenvariation

Eine Anpassung an die veränderte Beschäftigung kann jedoch auch durch **Veränderung des angewandten fertigungstechnischen Verfahrens** erfolgen. Bei diesem, mutative Betriebsgrößenvariation genannten Verfahren geht der Betrieb mit wachsender Ausbringungsmenge zu immer kapitalintensiveren Verfahren über,[1] die durch steigende Fixkostenbeträge und sinkende proportionale Kosten gekennzeichnet sind. Es handelt sich also bei der mutativen Betriebsgrößenvariation um eine Abfolge von Produktions- und Gesamtkostenfunktionen.[2] Den Verlauf der Gesamtkostenkurven, der Durchschnittskostenkurven, der Grenzkostenkurven und der (bei linearem Gesamtkostenverlauf mit den letztgenannten identischen) Kurven der variablen Durchschnittskosten bei vier verschiedenen Produktionsverfahren zeigen die Abb. 112 und 113.

Aus diesen Verläufen wird deutlich, daß es das absolut günstigste Produktionsverfahren nicht gibt, daß vielmehr mit wachsender Ausbringungsmenge bisher ungünstige Verfahren vorteilhaft werden. Die Anwendung des Produktionsverfahrens 1 (ein theoretischer Grenzfall ohne fixe Kosten) ist bei allen Ausbrin-

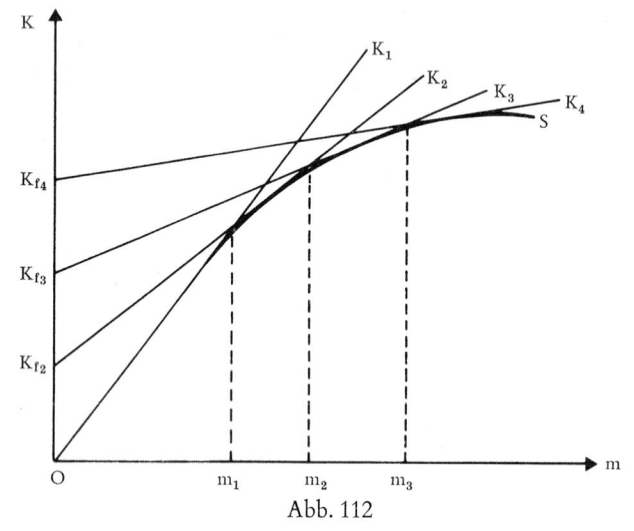

Abb. 112

gungsmengen, die m_1 nicht übersteigen, günstiger als die anderen Produktionsverfahren. Seine Gesamtkosten und seine Durchschnittskosten sind in diesem Ausbringungsbereich niedriger als bei den anderen Verfahren. Übersteigt die Ausbringungsmenge m_1, so wird Verfahren 2 mit Fixkosten in Höhe von K_{f_2} günstiger, denn es bringt niedrigere Gesamt- und Durchschnittskosten, als sie durch Verfahren 1 verursacht würden. Entsprechend wird Produktionsverfahren 3 mit Überschreiten der Ausbringungsmenge m_3, Verfahren 4 mit Überschreiten der Menge m_4 zum günstigsten Verfahren.[3]

---
[1] Vgl. Gutenberg, E., Grundlagen, Bd. I, a.a.O., S. 428 ff.
[2] Vgl. Kilger, W., a.a.O., S. 112 und Heinen, E., a.a.O., S. 457
[3] Bei den Ausbringungsmengen m_1, m_2 und m_3, die durch die Schnittpunkte zweier Gesamtkostenkurven bzw. Durchschnittskostenkurven bestimmt werden, spricht man auch von „kritischen Ausbringungsmengen".

V. Die Kostenfunktionen 371

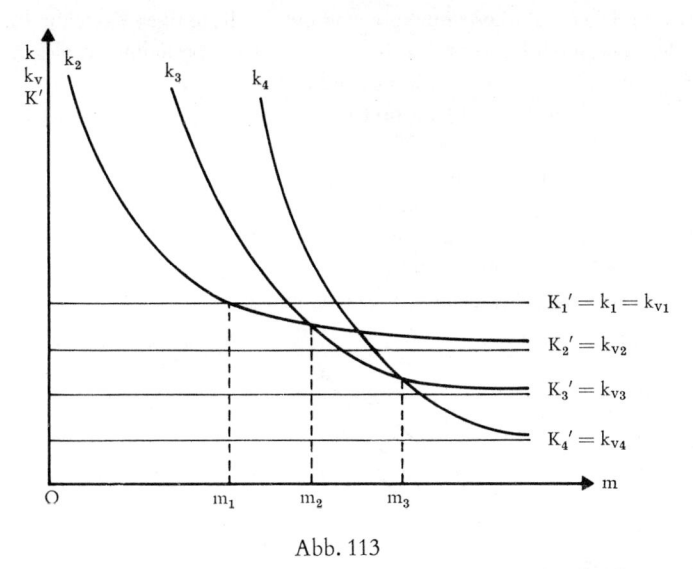

Abb. 113

Wenn man unendlich viele Produktionsverfahren unterstellt, liegen die Schnittpunkte der Gesamtkostenkurven auf der „Umhüllungskurve" S.[1] Auf ihr liegen die minimal erreichbaren Gesamtkosten jeder Ausbringung.

Man sieht, daß „die kapitalintensiveren Fertigungsverfahren erst von bestimmten Betriebsgrößen an wirtschaftlicher sind als die weniger kapitalintensiven Verfahren."[2] Die größere Wirtschaftlichkeit großer technischer Anlagen sowie die Vorteile der Spezialisierung, insbesondere der Arbeitskräfte, bringen erst ab bestimmten Ausbringungsmengen Kostenvorteile gegenüber kleineren Aggregaten.

6. Die Bestimmungsfaktoren der Kosten

Nach der Analyse des Verlaufs der Produktions- und Kostenfunktionen aller Prozeßtypen macht es keine Schwierigkeiten mehr, die Frage nach den Bestimmungsfaktoren der Kosten zu beantworten. Gehen wir zurück auf die formale Schreibweise der Kostenfunktion

(41) $\qquad K = r_1 p_{r_1} + r_2 p_{r_2}, \ldots + r_n p_{r_n}$,

dann wird offenkundig, daß die Höhe der Gesamtkosten K abhängig ist von
(a) der Höhe der Faktorpreise p_{r_1} bis p_{r_n} und
(b) der Menge der eingesetzten Produktionsfaktoren R_1 bis R_n.

Demnach ist im Folgenden zu untersuchen, wie sich eine Änderung der Faktorpreise und der Faktormengenkombination auf die Kosten auswirkt.

a) Änderung der Preise der Produktionsfaktoren

Betrachten wir einen dem Ertragsgesetz folgenden Produktionsprozeß, dann wird eine Änderung der Faktorpreise den mengenmäßigen Gesamtertrag nicht

---

[1] Vgl. Gutenberg, E., Grundlagen, Bd. I, a.a.O., S. 434. Auch bei den Durchschnittskostenkurven gibt es eine entsprechende Umhüllungskurve.
[2] Vgl. Kilger, W., a.a.O., S. 113

berühren. Die Gesamtkostenfunktion und mit ihr alle übrigen Kostenfunktionen werden aber durch Faktorpreiserhöhungen zweifellos beeinflußt werden. Gehen wir von einer Kostenfunktion K_I aus und unterstellen wir
a) für den **fixen Produktionsfaktor**
  1) eine Preiserhöhung um 50%,
  2) eine Preissenkung um 30%,
b) für den **variablen Produktionsfaktor**
  1) eine Preiserhöhung um 50%,
  2) eine Preissenkung um 30%,
dann erhalten wir folgende neue Kostenfunktionen:

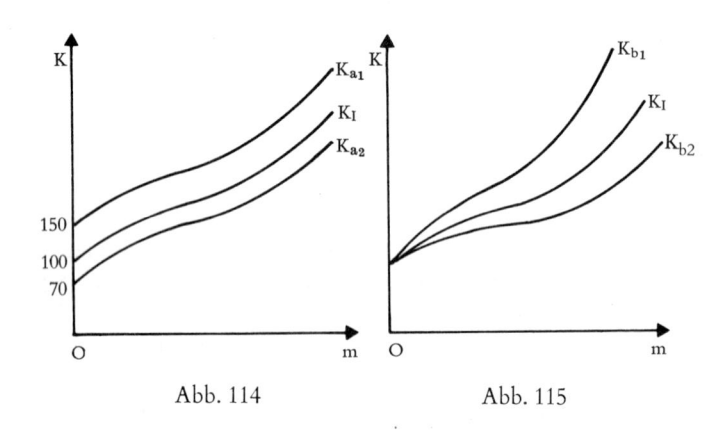

Abb. 114   Abb. 115

Aus den Abbildungen wird deutlich: ändert sich der Preis des fixen Produktionsfaktors, dann verschiebt sich die Gesamtkostenfunktion **parallel** nach oben oder unten. Eine **Änderung des Steigungsmaßes** der Gesamtkostenkurve und damit auch der Grenzkostenkurve zeigt sich dann, wenn sich der Preis des variablen Faktors ändert.

Die Preise der Produktionsfaktoren sind für den Betrieb in der Regel am Beschaffungsmarkt gegeben. Bei Roh-, Hilfs- und Betriebsstoffen, Einbauteilen und Waren hat der Betrieb jedoch gewisse Möglichkeiten, durch die Größe der jeweils gekauften Menge derartiger Güter einen Einfluß auf den Beschaffungspreis zu nehmen. Ist die Bestellung sehr groß, so räumen die Lieferanten Mengenrabatte und günstige Zahlungs- und Kreditbedingungen ein. Das bedeutet, daß die durchschnittlichen Kosten je beschaffter Einheit eines Kostengutes geringer werden. Der Betrieb kann also in engen Grenzen von sich aus die Preise der Produktionsfaktoren beeinflussen.

Ist eine totale Substitutionalität der Produktionsfaktoren gegeben, dann führt eine proportionale Preisänderung aller Produktionsfaktoren zwar zu einer entsprechenden Änderung der Gesamtkosten (durch eine Änderung des Anstiegs der Gesamtkostenfunktion); die Faktormengenrelation, die **ursprüngliche Prozeßgerade,** bleibt aber von dieser Preisänderung **unberührt.**

Anders sieht es aus, wenn sich nicht alle substitutionalen Faktoren im Preis ändern. Steigt (sinkt) der Preis des Produktionsfaktors r_1, so hat das nicht nur eine

Veränderung der Gesamtkostenfunktion, sondern auch eine **Verschiebung der Minimalkostenkombination**[1] zugunsten (zuungunsten) des Faktors r_2 zur Folge. Wie eine solche Faktorpreisänderung auch zu einer Änderung der Mengenkombination führen kann, zeigt folgende praktische Überlegung: steigen die Lohntarife stark an, während die Preise für Betriebsmittel unverändert bleiben, so kann die Folge davon sein, daß eine Substitution von Arbeitskraft durch Maschinen zweckmäßig wird, z. B. die Verwendung von vollautomatischen Anlagen. Die Faktorkombination bewegt sich dann entlang einer neuen Prozeßgeraden.

b) Änderung der Mengenkombination der Produktionsfaktoren

Das Kostenniveau des Betriebes wird ferner durch Änderungen der **Mengenkombination** der Produktionsfaktoren beeinflußt. Diese Änderungen können verschiedene Ursachen haben. So führen **Schwankungen des Beschäftigungsgrades, also Zu- oder Abnahmen der Produktionsmenge (Ausbringung)** innerhalb eines gegebenen Betriebes (Betrieb mit gegebener technisch-organisatorischer Ausstattung) nicht zu entsprechenden Zu- oder Abnahmen der Produktionsmittel, da die Anlagen (Gebäude, Maschinen u. a.) unverändert gegeben sind.

Steigt z. B. der Absatz des Betriebes, so ist unter der Voraussetzung, daß die Produktionsanlagen bisher nicht voll ausgenutzt waren, eine Erhöhung der Ausbringung möglich, ohne daß die Einsatzmengen aller zur Herstellung der betreffenden Fabrikate erforderlichen Produktionsfaktoren vergrößert werden müssen. Es werden z. B. lediglich zusätzliche Arbeitskräfte und Werkstoffe eingesetzt, jedoch brauchen die Betriebsmittel nicht vermehrt zu werden. Das Mengenverhältnis der eingesetzten Produktionsfaktoren verändert sich also.

Der gleiche Fall tritt bei Absatzrückgang und Produktionseinschränkung ein. Ein Teil der Kosten kann entsprechend der Produktionseinschränkung durch Verminderung der Einsatzmengen einzelner Produktionsfaktoren abgebaut werden (z. B. Lohnkosten, Materialkosten), andere Kostenarten bleiben dagegen unverändert (z. B. Abschreibungen auf Gebäude und Maschinen, Zinskosten u. a.), weil entweder die diese Kosten verursachenden Produktionsfaktoren nicht teilbar sind (z. B. Betriebsmittel) und folglich ein teilweiser Abbau der Kapazität nicht möglich ist, oder weil der Betrieb auf Grund vertraglicher Bindungen (z. B. Kündigungsfristen) erst über einen längeren Zeitraum eine Anpassung der Produktionsfaktoren an den veränderten Beschäftigungsgrad vornehmen kann.

Je nachdem, ob man Produktionsfunktionen vom Typ A oder B zugrunde legt, ergeben sich unterschiedliche Schlußfolgerungen aus dem oben Gesagten. Im Falle der **Produktionsfunktion vom Typ A** tritt eine Verschiebung in den Mengenverhältnissen innerhalb der Produktionsfunktion ein, so z. B., wenn bei Absatzrückgang mit konstanter Menge an Betriebsmitteln geringer werdende Mengen an Arbeit und Werkstoffen kombiniert werden.

Legt man dagegen eine **Produktionsfunktion vom Typ B** zugrunde, so kann keine Substitution eintreten, da die Technik der Aggregate dies verbietet.

---

[1] Vgl. S. 309 ff.

Es kann lediglich bei zunehmender Beschäftigung eine zunehmende Transformierung von Leer- in Nutzkosten erfolgen, bzw. umgekehrt eine Überführung von Nutzkosten in Leerkosten,[1] doch werden die Verbrauchsfunktionen der Aggregate davon nicht berührt.

Auch Veränderungen der **Produktionsbedingungen,** beispielsweise die Entwicklung neuer Produktionsverfahren, die Erfindung neuer Werkstoffe, der Übergang zur Fließfertigung, die Einführung vollautomatischer Maschinen usw. haben eine Verschiebung des Kostenniveaus zur Folge, da sie neue Kombinationen der Produktionsfaktoren veranlassen und somit zu veränderten Ertragsverläufen führen. Hier verschiebt sich nicht nur das Mengenverhältnis der bisher bereits eingesetzten Produktionsfaktoren, sondern es treten Änderungen in der Qualität der Produktionsfaktoren ein, die zu völlig neuen Kombinationen führen. Weder bei der Produktionsfunktion vom Typ A noch bei einer solchen vom Typ B handelt es sich hier um eine Substitution. Durch geänderte Produktionsbedingungen entstehen völlig neue Produktionsfunktionen.

Änderungen des **Produktionsprogramms,** z. B. durch Einführung neuer Artikel, führen ebenfalls zu neuen Kombinationen der Produktionsfaktoren und damit zu einer Änderung des Kostenniveaus. Wird die Änderung des Produktionsprogramms vom Markt erzwungen (z. B. durch Nachfrageverschiebungen), so können sich die Produktionsbedingungen des Betriebes verschlechtern, wenn die Teilkapazitäten des Betriebes danach eingerichtet worden sind, daß die verschiedenen Güter des Produktionsprogramms in einer bestimmten Mengenrelation hergestellt werden. Verschiebt sich diese Mengenrelation, d. h. wird die Herstellung bestimmter Güter ausgedehnt und die anderer Güter eingeschränkt, so wird es an einer Stelle des Betriebes Engpässe und an anderen ungenutzte Kapazitäten geben, wenn der technische Fertigungsprozeß der einzelnen Güter unterschiedlich ist.

Nimmt der Betrieb dagegen eine Änderung des Produktionsprogramms von sich aus vor, also ohne einen Zwang durch die Nachfrageentwicklung am Markt, um seine vorhandenen Produktionskapazitäten besser ausnutzen zu können, so verbessern sich die Produktionsbedingungen, und die Stückkosten der produzierten Güter werden sinken.

Zusammenfassend läßt sich feststellen, daß das Kostenniveau des Betriebes beeinflußt werden kann:
(1) durch **Änderung der Preise der Produktionsfaktoren.** Dabei sind drei Fälle zu unterscheiden:
    a) **partielle Faktorvariation (Ertragsgesetz):**
        Die Mengenrelationen der Produktionsfaktoren ändern sich nicht. Die Gesamtkostenkurve wird sich jedoch parallel verschieben und/oder ihr Steigungsmaß ändern;
    b) **totale Faktorvariation:**
        aa) proportionale Änderung aller Faktorpreise: Die Mengenrelation (Minimalkostenkombination) bleibt unverändert; das Steigungsmaß der Gesamtkostenfunktion ändert sich;

---

[1] Vgl. dazu S. 344 f.

V. Die Kostenfunktionen

bb) nichtproportionale Faktorpreisänderung: Die Mengenrelation (Minimalkostenkombination) ändert sich; der Verlauf der Gesamtkostenkurve kann, muß sich aber nicht unbedingt verändern;

c) **Variation limitationaler Faktoren**:
Wegen der Konstanz der Verbrauchsfunktionen ist eine Änderung der Mengenrelationen nicht möglich. Das Steigungsmaß der Gesamtkostenkurve bzw. die Lage der Kurve der fixen Kosten ändert sich (vgl. Abb. 103);

(2) durch **Änderung der Mengenkombination der Produktionsfaktoren**.
Die Ursachen einer derartigen Änderung können sein:

a) **Schwankungen des Beschäftigungsgrades**, d. h. Zu- oder Abnahme der Ausbringungsmenge unter der Voraussetzung eines „gegebenen Betriebes", d. h. eines Betriebes mit gegebener technisch-organisatorischer Ausstattung. Preise und Qualität der Produktionsfaktoren sind verändert. Es tritt keine Verschiebung der Ertragskurven ein. Je nach der Art der zugrunde liegenden Produktionsfunktion tritt eine Substitutionswirkung (Typ A) oder eine von der Produktionsfunktion unabhängige Transformierung von Nutz- bzw. Leerkosten (Typ B) ein;

b) **Änderungen der Produktionsbedingungen**, die eine andere qualitative Zusammensetzung der Produktionsfaktoren zur Folge haben und demgemäß zu neuen Produktionsfunktionen und zu einer Verschiebung der Ertragsverläufe führen;

c) **Änderungen des Produktionsprogramms** und

d) **Änderungen der Preise der Produktionsfaktoren**

Wenn wir untersuchen wollen, welche Faktoren zu einer Änderung der Kostenhöhe führen, ist es zweckmäßig, immer nur eine Größe zu variieren und alle anderen Faktoren konstant zu lassen. Gehen wir von einem Betrieb mit gegebener technischer und organisatorischer Struktur aus und nehmen wir an, daß keine Veränderung der Produktionsbedingungen eintritt, also keine neuen Verfahren, keine Rationalisierungsmaßnahmen usw. eingeführt werden, und nehmen wir weiter an, die Qualität aller Produktionsfaktoren sei konstant, die Preise aller Produktionsfaktoren blieben unverändert, dann kann eine Veränderung der Kostenhöhe nur durch Änderung des Beschäftigungsgrades, d. h. durch Steigerung oder Verminderung der ausgebrachten Menge, eintreten.

Zur Festigung und Vertiefung des Lehrstoffes zum Dritten Abschnitt:

Die Produktion

empfiehlt es sich, die Aufgaben 1 bis 80 mit den zugehörigen Test- und Wiederholungsfragen aus Wöhe-Kaiser-Döring, **ÜBUNGSBUCH** zu Wöhe, Einführung in die Allgemeine Betriebswirtschaftslehre, S. 71 bis 142 durchzuarbeiten.

Vierter Abschnitt
Der Absatz

I. Der Begriff des Absatzes

Der Absatz ist die letzte Phase des Betriebsprozesses. Er schließt den betrieblichen Wertkreislauf, indem er über die Verwertung der Betriebsleistungen, also durch Verkauf von Sachgütern und Dienstleistungen, den Rückfluß der im Betriebsprozeß eingesetzten Geldmittel einleitet und damit die Fortsetzung der Produktion ermöglicht. An Stelle von Absatz spricht man auch vom Umsatz, Verkauf, Vertrieb und Marketing.

Der Begriff **Umsatz** kann einmal verwendet werden im Sinne von Umsatz**erlös**; dann bezeichnet er den Geldwert der abgesetzten Leistungen und ist ein Begriff des Rechnungswesens; zweitens im Sinne von Umsatz**prozeß**, dann wird darunter die Umwandlung von Geld in Sachgüter zu Fabrikaten und schließlich der Verkauf der Fabrikate, also ihre Umwandlung in Geld verstanden. Der Umsatzprozeß ist dann gleichbedeutend mit Betriebsprozeß und umschließt Beschaffung, Fertigung und Vertrieb.

Der Begriff **Absatz** (= Vertrieb) ist weiter gefaßt als Umsatz im Sinne von Umsatzerlös und umfaßt nicht nur die Verkaufstätigkeit (Verkauf), sondern es werden „Vorbereitung, Anbahnung, Durchführung und Abwicklung der vertriebs- und absatzorientierten Tätigkeit hinzugerechnet."[1]

Die Begriffe Absatz und **Vertrieb** unterscheiden sich lediglich darin, daß der Begriff Vertrieb mehr die technische Seite der Leistungsverwertung umfaßt. Der Ausdruck **Verkauf** ist zu eng, denn der Absatz kann auch durch einen Vertrag anderer Art zustande kommen (Leasing).

Der Begriff des **Marketing** und seine Stellung im System der Betriebswirtschaftslehre ist umstritten. In der Literatur werden folgende Merkmale des Marketingbegriffes herausgearbeitet, die seine eigenständige Definition gegenüber dem Absatzbegriff begründen sollen.[2] Erstens wird betont, mit Marketing werde das „**aktive Vorgehen**" gegenüber dem farblosen Absatzbegriff ausgedrückt. Weiterhin wird vielfach das Wort „System" als Eigenart des Marketing genannt. Hierunter wird die ständige Untersuchung des Marktes verstanden, mit deren Hilfe Entwicklungen im Bereich der Konsumentengewohnheiten erkannt werden sollen. Als systematisch wird auch der optimale Einsatz der absatzpolitischen Mittel (Marketing Mix) in sachlicher und zeitlicher Sicht angesehen. Die Stichworte „Systemdenken", „Problemlösung", „Bedürfnisdenken" betonen die Ausrichtung auf den Konsumenten und seine Wünsche. Schließlich soll die Arbeitsweise im Marketing systematisch, d. h. planmäßig sein.

---

[1] Buddeberg, H., Absatz und Absatzorganisation, HdB, Bd. 1, 3. Aufl., Stuttgart 1956, Sp. 31
[2] Vgl. Kotler, P., Marketing-Management: Analysis, Planning and Control, New York 1967. Hill, W., Marketing I, Bern und Stuttgart 1971, S. 39 f.; Bidlingmaier, J., Marketing I, Reinbeck bei Hamburg 1973, S. 13 ff.; Nieschlag, R., Dichtl, E., Hörschgen, H., Marketing, 4. Aufl., Berlin 1971, S. 23 ff.

Dieser ursprüngliche Marketingbegriff hat in den letzten Jahren eine Ausweitung erfahren; er ist nicht mehr auf einen Teilbereich beschränkt, sondern erfaßt den gesamten Betriebsprozeß (Beschaffungsmarketing, Personalmarketing, Finanzierungsmarketing), stellt also eine **Führungskonzeption** dar.

Vergleichen wir die genannten Inhaltsmerkmale des Marketing mit dem **Absatzbegriff Gutenbergs,** so können wir feststellen, daß er in seinem „Absatz"[1] u. a. absatzpolitische Entscheidungen, Absatzplanung, Absatzmethoden, Preispolitik, Produktgestaltung, Werbung und die optimale Kombination des absatzpolitischen Instrumentariums behandelt hat.

Die Notwendigkeit, alle Teilfunktionen des Absatzes zusammenzufassen, ergab sich aus der gewandelten Marktkonzeption: aus dem Verkäufermarkt der fünfziger Jahre wurde ein **Käufermarkt** von teilweise recht qualitäts- und preisbewußter Nachfrage. Marketing ist also nur ein amerikanisches Wort für die Unternehmensfunktion Absatz.

II. Die Absatzvorbereitung

1. Die Absatzplanung

a) Begriff und Aufgaben der Absatzplanung

Jede Planung bedeutet ein Treffen von Entscheidungen, die in die Zukunft gerichtet sind. Die Absatzplanung hat die Aufgabe, den zukünftigen Absatz des Betriebes, die zur Erzielung dieses Absatzes einzusetzenden absatzpolitischen Mittel und die zur Durchführung des Absatzes aufzuwendenden Vertriebskosten für einen bestimmten Zeitraum (Planungsperiode) festzulegen.

Der Absatzplan besteht aus drei Teilplänen: dem **Verkaufsplan,** dem **Vertriebskostenplan** und dem **Werbeplan.** Er ist in der Regel die Grundlage für alle Einzelpläne der anderen betrieblichen Funktionsbereiche. Von der Höhe des möglichen Absatzes hängt es ab, wieviel produziert werden soll. Der Produktionsplan wird also gewöhnlich am Absatzplan ausgerichtet. Vom Produktionsplan wiederum ist der Beschaffungsplan für die Bereitstellung der Produktionsfaktoren abhängig. Der Finanzplan ist seinerseits abhängig vom Absatzplan, vom Produktionsplan, vom Beschaffungsplan und von der Lagerplanung.

Allerdings gibt es Fälle, in denen der Produktionsplan über den Absatzplan gestellt werden muß. Das ist insbesondere dann erforderlich, wenn auf Grund von Änderungen der Marktverhältnisse (z. B. plötzliche Nachfrageverschiebungen) der Absatzplan geändert werden muß, eine sofortige Änderung der Produktionsplanung aber aus technischen oder finanziellen Gründen nicht möglich ist. Es können dann Engpässe oder Überkapazitäten im Fertigungsbereich entstehen.

Können die finanziellen Mittel, die zur Realisierung eines über allen Einzelplänen stehenden Absatzplanes erforderlich sind, vom Betriebe nicht beschafft werden, so tritt der **Finanzplan** an die erste Stelle und der Absatzplan muß ihm angepaßt werden. Wenn auch sämtliche betrieblichen Tätigkeiten auf den Absatz hin ausgerichtet sind, so kann doch die oberste Zielsetzung des Betriebes – die

---

[1] Vgl. Gutenberg, E., Grundlagen der Betriebswirtschaftslehre, Bd. II. Der Absatz, 12. Aufl. Berlin-Heidelberg-New York 1970 (im folgenden als „Grundlagen Bd. II" zitiert).

II. Die Absatzvorbereitung

Gewinnmaximierung – nur realisiert werden, wenn der Absatz so geplant wird, daß der größtmögliche Gewinn erzielt wird. Der größtmögliche Gewinn tritt aber nicht immer dann ein, wenn der größtmögliche Absatz erreicht wird, sondern die Gewinnmaximierung erfordert eine **optimale Abstimmung von möglichen Absatzerlösen und dafür aufzuwendenden Produktions- und Vertriebskosten**. Dieses Ziel ist aber nur durch eine genaue Koordinierung aller Einzelpläne zu erreichen.

Die Absatzplanung vollzieht sich in **drei Stufen**, die man als Vorbereitung, Durchführung und Kontrolle der Absatzplanung bezeichnen kann. Wenn es in der **Vorbereitungsphase** gelingt, die branchen-, konjunktur- und wirtschaftspolitischen Einflüsse voneinander zu trennen, kommt man zu einer brauchbaren Planungsbasis. Die Branchenentwicklung läßt sich durch langfristige Reihenanalysen relativ eindeutig bestimmen. Gleiches gilt für gesetzliche oder sonstige wirtschaftspolitische Einflüsse, wie z. B. die Aufwertung der DM oder die Einführung der Mehrwertsteuer. Kompliziert und nahezu unlösbar ist dagegen die quantitative Erfassung konjunktureller Einflüsse.

Die Absatzplanung muß in der **Durchführungsphase** in erster Linie darauf gerichtet sein, die am Markt bestehenden Verkaufswiderstände zu überwinden, die aus dem Verhalten der potentiellen Abnehmer und der Konkurrenz resultieren, indem sie den Einsatz der verschiedenen dem Betrieb zur Verfügung stehenden absatzpolitischen Mittel so plant, daß ein optimales Ergebnis erzielt wird. Die Absatzplanung setzt voraus, daß der Betrieb über möglichst umfangreiche Informationen über die Absatzmöglichkeiten, insbesondere über die Struktur der Absatzmärkte verfügt. Diese Informationen kann sich der Betrieb mit Hilfe der Marktforschung (**Marktanalyse und Marktbeobachtung**) verschaffen.

Die **Plankontrolle** soll die Abweichung zwischen dem tatsächlichen und dem geplanten Absatz feststellen und den Absatzplan und alle an ihm orientierten Teilpläne gegebenenfalls korrigieren. Die aus einer Abweichungsanalyse gewonnenen Erkenntnisse über Fehlerursachen sind eine unentbehrliche Grundlage zur Verbesserung künftiger Absatzplanungen.

b) Die Mittel der Absatzpolitik

Die Möglichkeit des Einsatzes verschiedener absatzpolitischer Mittel hängt von einer ganzen Reihe von Faktoren ab, so z. B. vom Wirtschaftszweig, von der Art der abzusetzenden Güter und der Zusammensetzung des Fertigungsprogramms, vom Verhalten und den Reaktionen der Käufer und der Konkurrenzbetriebe auf die eigenen absatzpolitischen Maßnahmen u. a. m.

Der Betrieb kann versuchen, die Verkaufswiderstände, die sich ihm am Markt entgegenstellen, durch **preispolitische Maßnahmen** zu überwinden oder doch wenigstens zu vermindern, kann also beispielsweise die Preise senken oder gegebenenfalls auch erhöhen, um das Gewinnmaximum zu erzielen. Das setzt voraus, daß er seine individuelle Nachfragekurve kennt, d. h. daß er weiß, wie die Käufer auf seine preispolitischen Maßnahmen reagieren werden. Es setzt weiter voraus, daß er die Reaktionen der Konkurrenten auf seine preispolitischen Entscheidungen kennt, um sie in Rechnung stellen zu können (**Preispolitik**).

Hat der Betrieb als einer von sehr vielen Anbietern eines homogenen Gutes einen verschwindend geringen Marktanteil, so werden seine Konkurrenten nicht reagieren, wenn er seinen Angebotspreis verändert. In diesem Falle kann der Betrieb durch preispolitische Maßnahmen seinen Gewinn nicht erhöhen. Hier ist es zweckmäßig, den Preis als gegeben hinzunehmen und die Produktmenge so zu variieren, bis das Verhältnis zwischen Gesamtkosten und Gesamterlös den größtmöglichen Gewinn bei gegebenem Absatzpreis ergibt (**Mengenpolitik**).

Kennt der Betrieb die Reaktionen seiner Käufer und Konkurrenten auf seine preispolitischen Maßnahmen nicht oder kann er sie nur sehr grob schätzen, kann er vor allem nicht damit rechnen, daß eine Preissenkung zu einer Absatzsteigerung führt, so vermindert sich die Wirkung der Preispolitik erheblich, und es müssen andere absatzpolitische Mittel eingesetzt werden. Bei Markenartikeln, die in der Vorstellung der Käufer zu Gütern „eigener Art" geworden sind, bei denen also die Bindung an die Marke sehr stark ist, hat die Preispolitik allein wenig Erfolg. Eine Preissenkung wird nur wenige Käufer von den Konkurrenzmarken abziehen, kann aber sogar zum Verlust bisheriger Abnehmer führen, da sich mit dem Preis auch eine bestimmte Vorstellung über die Qualität verbindet und mancher Käufer die Marke auch deshalb bevorzugt, weil sie einer bestimmten Preisklasse angehört, z. B. Zigaretten zu 10 Pfennigen. Verläßt die Marke diese Preisklasse, so besteht die Gefahr, daß eine Anzahl Käufer auf eine andere 10-Pfennig-Zigarette übergeht.

In solchen Fällen wird der Betrieb versuchen, statt mit preispolitischen Maßnahmen mit anderen absatzpolitischen Mitteln Präferenzen bei den Abnehmern für die angebotenen Güter zu erzeugen (**Präferenzpolitik**). So kann neben der Preiskonkurrenz – teilweise auch an ihre Stelle – die Konkurrenz durch **Gestaltung der Produkte** treten. Durch immer stärkere qualitative Differenzierung oder auch nur durch attraktivere äußere Ausstattung (z. B. bei Autos oder Rundfunkgeräten) versucht man, den Konkurrenzbetrieb zu übertreffen, da der Kaufentschluß bei annähernd gleicher Qualität von Konkurrenzprodukten oft stärker von Äußerlichkeiten beeinflußt wird als von in gewissen Grenzen gehaltenen Preisunterschieden. Beim Kauf dieser Gegenstände spielt neben dem reinen Gebrauchswert vor allem die Befriedigung eines ästhetischen Gefühls oder eines Repräsentationsbedürfnisses eine Rolle (z. B. bei Möbeln). Der Käufer verlangt deshalb vom Anbieter auch eine entsprechend große Auswahl. So wird auch die **Größe des Sortiments** zu einem Faktor des Konkurrenzkampfes.

Auch durch intensive **Werbung,** durch Einsatz neuer Werbemittel, z. B. Rundfunk und Fernsehen, lassen sich Verkaufswiderstände beseitigen und läßt sich u. U. eine höhere Wertschätzung der angebotenen Güter bei den Verbrauchern erreichen. Auf diese Weise werden also ebenfalls Präferenzen für bestimmte Güter oder für bestimmte Betriebe geschaffen. Das gleiche Ziel kann durch Gewährung besonders günstiger Zahlungsbedingungen (Abzahlungsgeschäfte) oder durch freiwillige Kundendienstleistungen (z. B. technische Beratung, Garantien, Reparaturen usw.) verwirklicht werden.

Der Betrieb kann Absatzwiderstände auch durch Änderung der **Absatzorganisation** oder der **Absatzmethoden** zu überwinden suchen, z. B. durch Einrichtung von Verkaufsbüros und Beratungsstellen, von Auslieferungslagern

II. Die Absatzvorbereitung

oder durch Umgestaltung eines Einzelhandelsgeschäftes mit Bedienung durch Verkaufspersonal in ein Selbstbedienungsgeschäft.

Gutenberg gliedert die Mittel der Absatzpolitik (er bezeichnet sie als „absatzpolitisches Instrumentarium") in vier Gruppen.[1]

(1) Die Absatzmethoden,
(2) die Produktgestaltung (einschließlich der Sortimentsgestaltung),
(3) die Werbung und
(4) die Preispolitik.

Eine Erweiterung der Systematisierung der Mittel der Absatzpolitik durch Einbeziehung typisch handelsbetrieblicher Funktionen nimmt **Sundhoff**[2] vor:

(1) Preispolitik (2) Handelsspannenpolitik	Entgeltspolitik
(3) Qualitätspolitik (4) Produktgestaltungspolitik	Sachleistungspolitik
(5) Konditionenpolitik (6) Servicepolitik	Dienstleistungspolitik
(7) Werbepolitik (8) Zugabepolitik	Beeinflussungspolitik
(9) Sortimentspolitik (10) Präsentationspolitik	Einpassungspolitik

Nieschlag-Dichtl-Hörschgen[3] erweitern die Zahl der absatzpolitischen Instrumente wie folgt:

(1) Betriebsgröße (2) Standort (3) Absatzmethode (4) Betriebs- u. Lieferbereitschaft	Leistungsbereitschaft
(5) Produktpolitik (6) Sortimentspolitik u. Diversifizierung (7) Garantieleistungen (8) Kundendienst	Leistungssubstanz
(9) Preispolitik (10) Rabattpolitik (11) Lieferungs- und Zahlungsbedingungen (12) Kreditgewährung und Leasing	Abgeltung von Leistungsbereitschaft und Leistungssubstanz
(13) Werbung (14) Verkaufsförderung (15) Public Relations	Information über Leistungsbereitschaft, Leistungssubstanz und deren Abgeltung

---

[1] Vgl. Gutenberg, E., Grundlagen, Bd. II, a. a. O., S. 48 ff.
[2] Vgl. Sundhoff, E., Betriebswirtschaft und Marktpolitik, Festschrift für Rudolf Seyffert zum 75. Geburtstag, Köln und Opladen 1968, S. 489.
[3] Vgl. Nieschlag, R., Dichtl, E., Hörschgen, H., a. a. O., S. 113 ff.

Allgemein steht die Absatztheorie vor der Alternative, sich entweder auf wenige Mittel zu beschränken, die für eine große Anzahl von Unternehmungen Gültigkeit besitzen, oder die Zahl der absatzpolitischen Instrumente wesentlich zu erweitern und Mittel einzusetzen, die nur für bestimmte Branchen und Betriebsgrößen von Bedeutung sind.[1]

Banse teilt die Absatzpolitik nur in zwei Bereiche auf: in die Preispolitik und den Qualitätswettbewerb.[2] Diese Aufteilung halten wir deshalb für besonders zweckmäßig, weil sie zeigt, daß die Absatzpolitik entweder mit Hilfe der Preise (einschließlich der Mengenpolitik, denn auch hier ist der Preis das Kriterium, an dem man sich ausrichtet), oder mit Hilfe der Qualitätsvorstellung im weitesten Sinne erfolgt, die sich nicht nur auf die Waren, sondern auch auf den Betrieb als Ganzes (Kundendienst, Sortiment, Werbung) bezieht, also Präferenzen hervorrufen soll.

In Anlehnung an Banse teilen wir die absatzpolitischen Mittel in Mittel der **Preispolitik** und Mittel der **Präferenzpolitik** ein. Die zur Überwindung von Verkaufswiderständen am Markt dem Betrieb zur Verfügung stehenden Mittel lassen sich dann folgendermaßen gliedern:
(1) Preispolitik
    a) Aktive Preispolitik durch Setzung des Preises unter Berücksichtigung des Verhaltens der Nachfrager und der Konkurrenten,
    b) Mengenpolitik durch Anpassung mit der Produktionsmenge an den Preis, der sich durch Angebot und Nachfrage am Markt gebildet hat.
(2) Präferenzpolitik
    a) Produkt- und Sortimentsgestaltung,
    b) Kundendienst (Service) und Konditionen,
    c) Werbung,
    d) Absatzmethoden (Absatzformen, Absatzwege).

Zu beachten ist, daß die Absatzmethoden nicht nur ein Instrument der Präferenzpolitik, sondern auch ein Mittel zur Verminderung der Vertriebskosten sind. Wenn ein Industriebetrieb vor der Frage steht, ob er sich beim Verkauf der Absatzeinrichtungen des selbständigen Groß- und Einzelhandels bedienen oder ob er ein eigenes Vertriebssystem aufbauen soll, so wird seine Entscheidung, welchen Absatzweg er wählt, davon abhängen, welche Methode, der indirekte oder der direkte Absatz, bei gleicher Leistungsfähigkeit mit den geringeren Kosten verbunden ist. Werbung, Kundendienst, Gewährung bestimmter Konditionen und Produkt- und Sortimentsgestaltung haben dagegen in erster Linie den Zweck, Präferenzen zu schaffen.

Der Wirkungsgrad der absatzpolitischen Mittel ist nicht zu allen Zeiten gleich. Er hängt hauptsächlich von der gesamtwirtschaftlichen Entwicklung und der des Wirtschaftszweiges ab, dem das Unternehmen angehört.

Bezeichnet man die einzelnen absatzpolitischen Mittel mit V_1, V_2, V_3, V_4, V_5 und die Intensitäten mit denen von diesen Mitteln Gebrauch gemacht wird, ent-

---

[1] Vgl. Bidlingmaier, J. a.a.O., S. 157
[2] Vgl. Banse, K., Vertriebs-(Absatz-)politik, HdB, Bd. 4, 3. Aufl., Stuttgart 1962, Sp. 5988 ff.

sprechend mit v_1, v_2, v_3, v_4, v_5, so sind die Kombinationen von $v_1 \ldots v_5$ zu ermitteln, mit denen die geplanten Absatzmengen zu erreichen sind und anschließend die kostenoptimalen Kombinationen zu bestimmen (**Marketing-Mix**). Es zeigt sich, daß ein gegebenes Absatzziel mit Hilfe mehrerer Kombinationen erreichbar ist, d. h. man erhält ein System von indifferenten Kombinationen. Alternativ substituierbar ist nur das Instrument der Werbung. Absatzmethoden, Produktgestaltung und Preispolitik müssen immer vorhanden sein. Es ist z. B. undenkbar, daß man den Preis gleich Null setzt und dafür die Werbung erhöht oder die Produktgestaltung verändert. Es ist aber sehr wohl möglich, auf die Werbung ganz zu verzichten und stattdessen den Preis zu senken oder die Absatzmethode zu verändern bzw. zu intensivieren.

Die optimale Kombination der absatzpolitischen Instrumente ist dann erreicht, wenn eine zusätzliche Kosteneinheit für jedes der Mittel den gleichen Gewinnzuwachs bringt. Die absatzpolitischen Größen, insbesondere die bestehenden Substitutionsmöglichkeiten lassen sich jedoch nicht auf eindeutige Kostenrelationen zurückführen. Deshalb läßt sich die optimale Kombination der absatzpolitischen Mittel nicht exakt ermitteln, sondern es lassen sich nur Entscheidungsregeln aufstellen, die zu hinreichend brauchbaren Teillösungen führen.

c) **Die Verkaufsplanung**

Hat die Betriebsführung auf Grund der Erfahrungen vergangener Geschäftsjahre und der Erkundung der Marktverhältnisse eine Entscheidung über den Einsatz der absatzpolitischen Mittel getroffen, so erfolgt eine zahlenmäßige Fixierung der Planung in Form eines Voranschlages. Ausgangspunkt dafür sind die Umsatzzahlen früherer Geschäftsjahre, die Ergebnisse der Marktforschung, die Kapazität des Betriebes und die Vertriebskosten.

Dabei wird man aus allen denkbaren Alternativen den Absatz von Produkten und Dienstleistungen so planen, daß ein möglichst hoher Gewinn erzielt wird. Dieses Verfahren bezeichnet man als **selektive Absatzpolitik**; sie geht so vor, daß der Verkauf auf jene Auftragsgrößen, Abnehmer, Absatzsegmente, Produktgruppen und Absatzmethoden beschränkt wird, die auf Grund ihrer Größenordnung und Zusammensetzung langfristig einen hohen Gewinn erwarten lassen. Die Beurteilung des Erfolgsbeitrages dieser Absatzsegmente setzt eine differenzierte Behandlung und Zurechnung der Vertriebskosten voraus, damit neue Marktlücken gefunden und ausgefüllt werden können.

Die Verkaufsplanung wird wesentlich erleichtert durch Führung einer weit aufgegliederten **Umsatzstatistik**, aus der nicht nur die mengenmäßige und wertmäßige Entwicklung der monatlichen und jährlichen Umsätze zu ersehen ist, sondern die darüber hinaus den Gesamtumsatz nach verschiedenen Gesichtspunkten aufgliedert, z. B. nach Absatzbezirken, nach Artikelgruppen, nach Abnehmergruppen und nach Bestellgrößen. Da der Verkaufsplan in die Zukunft gerichtet ist, muß nun versucht werden, die Vergangenheitszahlen der Statistik an Hand der Erwartungen über die Entwicklung des Absatzes während der Planungsperiode zu korrigieren. Die Überwachung des Auftragseingangs in den letzten vor der Durchführung der Planung liegenden Monaten kann Aufschlüsse über die zu erwartende Entwicklung des Auftragseingangs geben. Die Werte der Vergangenheit bilden also zunächst einmal eine Basis, auf der die Planung beginnen kann.

Außerdem müssen die Auswirkungen der beabsichtigten absatzpolitischen Maßnahmen zahlenmäßig geschätzt werden, die eine Veränderung gegenüber der bisherigen Absatzpolitik bedeuten, z. B. die Planung eines einmaligen zusätzlichen Werbefeldzuges neben der Fortführung einer bisher üblichen Werbung, der Einsatz neuer, bisher nicht verwendeter Werbemittel (z. B. Fernsehwerbung), Änderungen im Produktionsprogramm oder im angebotenen Sortiment, preispolitische Maßnahmen, Verwendung neuer Vertriebsformen (Selbstbedienung) u. a.

Bei der Verkaufsplanung muß ferner in Rechnung gestellt werden, über welche **Produktionskapazität** (Industriebetrieb) oder **Verkaufskapazität** (z. B. Warenhaus, Versandgeschäft) der Betrieb verfügt. Zwar wird die Produktion – wie oben erwähnt – in der Regel vom Absatzplan her bestimmt; das gilt aber in erster Linie bei Neugründung von Betrieben. Ist eine bestimmte Produktionskapazität aufgebaut worden, so wirkt sie sich auf die Absatzplanung aus, denn es muß so geplant werden, daß eine Vollausnutzung der Kapazität erreicht wird, damit keine Kosten ungenutzter Kapazitäten (Leerkosten) das Gesamtergebnis ungünstig beeinflussen.

Je umfangreicher das **Produktionsprogramm** ist, desto weitergehend sind die Auswirkungen auf den Verkaufsplan, weil für jede einzelne Produktart eine bestimmte Kapazität vorhanden ist und vielfach aus technischen Gründen die Produktion einer Produktart nicht auf Kosten einer anderen ausgedehnt werden kann. Das bedeutet, daß die Verkaufsplanung stark von der vorhandenen Produktionskapazität beeinflußt wird oder aber, daß umgekehrt auf Grund der Verkaufsplanung im Produktionsplan Umstellungen im Fertigungsbereich geplant werden müssen, die sich wiederum auf den Investitionsplan auswirken werden. Die von der Unternehmensforschung entwickelten Verfahren der mathematischen Programmierung stellen ein wirksames Hilfsmittel dar, um diese vielfältigen Interdependenzen und Beschränkungen der Programm- und Verkaufsplanung zu berücksichtigen.[1]

Hat der Betrieb nicht die Absicht oder ist er finanziell nicht in der Lage, die Kapazität zu vergrößern, so ist die vorhandene Produktionskapazität für ihn eine vorgegebene Größe, von der die Überlegungen ausgehen, von der auch in weitem Maße der Einsatz der absatzpolitischen Mittel abhängen wird. Ein Werbefeldzug zur Steigerung des Absatzes eines bestimmten Artikels wäre sinnlos, wenn eine Absatzsteigerung aus produktionswirtschaftlichen Gründen überhaupt nicht möglich wäre.

d) Die Vertriebskostenplanung

Die Verkaufsplanung wird ferner von den Vertriebskosten beeinflußt. Sie werden im Vertriebskostenplan veranschlagt, der einen Teilplan des Absatzplanes bildet. Der Gesamtgewinn des Betriebes ergibt sich aus der Differenz zwischen Gesamterlösen und Gesamtkosten. Es genügt daher nicht, so zu planen, daß der

---
[1] Vgl. S. 135 ff.

II. Die Absatzvorbereitung

größtmögliche Umsatzerlös erzielt wird, sondern es muß so geplant werden, daß die Differenz zwischen dem Umsatzerlös und den zur Erzielung dieses Umsatzerlöses erforderlichen Kosten ein Maximum darstellt. Das setzt voraus, daß nicht nur die Produktionskosten genau erfaßt und durch ein gut organisiertes Rechnungswesen so genau wie möglich den produzierten Gütern zugerechnet werden, sondern daß auch eine genaue Erfassung und Verteilung der Vertriebskosten erfolgt. Sollen bestimmte absatzpolitische Maßnahmen (z. B. Werbemaßnahmen) ergriffen werden, so müssen die dadurch verursachten Kosten genau geplant und der geplanten Absatzsteigerung gegenübergestellt werden.

Die Erfahrung zeigt, daß insbesondere in den Industriebetrieben der Erfassung und Verrechnung der Vertriebskosten nicht die gleiche Aufmerksamkeit gewidmet wird wie der Erfassung und Verrechnung der Fertigungskosten. Während im Fertigungsbereich eine scharfe Trennung zwischen Einzel- und Gemeinkosten[1] und eine weitgehende Aufteilung in einzelne Kostenstellen erfolgt, damit den Kostenträgern (Produkten) soweit wie möglich die Kosten zugerechnet werden können, die bei ihrer Herstellung verursacht worden sind, werden die Vertriebskosten häufig in Form von durchschnittlichen Gemeinkostenzuschlägen auf die Herstellkosten der Produkte verrechnet.

Da die Vertriebskosten durch die sich immer mehr verschärfende Konkurrenz und durch teilweise extrem hohe Werbe- und Verpackungskosten, die aufgewendet werden, um Präferenzen für die angebotenen Güter zu erzeugen, einen immer größeren Anteil an den Selbstkosten ausmachen, ist es erforderlich, ihrer Erfassung und Verrechnung größere Beachtung als bisher zu schenken. Der prozentuale Anteil der Vertriebskosten an den Selbstkosten wird auch dadurch gesteigert, daß die Industriebetriebe alle Anstrengungen machen, im Fertigungsbereich Kostensenkungen durch Rationalisierungsmaßnahmen zu erzielen, während im Vertriebssektor die Rationalisierungsmöglichkeiten oft nicht voll wahrgenommen werden.

Zu den Vertriebskosten zählen alle Kosten, die durch den Absatz der Produkte am Markt entstehen. Hierzu gehören die Personal- und Sachkosten für die Vertriebs- und Versandabteilung einschließlich der Rechnungsabteilung, Debitorenbuchhaltung, Mahnabteilung und das Kreditbüro, ferner die Kosten für Vertreter und Reisende, für Verkaufsbüros, für Werbung, Marktforschung, Transport, Verpackung, Lagerung, Umsatzsteuer und die anteiligen Verwaltungskosten (Geschäftsführung, Planung, Rechnungswesen).

Der Betrieb darf die Vertriebskosten nicht einfach mittels globaler Zuschläge in die Selbstkosten einrechnen, sondern muß bestrebt sein, auch hier ähnlich wie im Fertigungsbereich eine möglichst weitgehende Erfassung von Einzelkosten durchzuführen und bei der Verrechnung der Gemeinkosten eine Aufteilung des Vertriebsbereichs in einzelne Kostenstellen vorzunehmen. So lassen sich z. B. gesonderte Kostenstellen für Verkauf, Lagerung, Verpackung, Versand, Werbung, Marktforschung, Zahlungsabwicklung, allgemeine Vertriebsverwaltung u. a. bilden. Diese Stellen können zum Teil noch einmal nach Absatzbereichen (Inland, Ausland, Vertreterbezirke), Produkten, Produktgruppen, Abnehmer-

---
[1] Vgl. Sechster Abschnitt, C II, 1a

gruppen und Absatzwegen unterteilt werden. Die Aufteilung findet ihre Grenze in der Wirtschaftlichkeit des Rechnungswesens.

Die wichtigsten Faktoren für die Zuordnung der Kosten sind: Auftragsanzahl, Auftragsmenge, Auftragsgewicht (Sperrigkeit), Auftragswert, Länge des Absatzweges. Die Zuordnung der Kosten erfolgt, wie aus der folgenden Übersicht zu sehen ist, nicht auf das Produkt, sondern im wesentlichen auf den Auftrag.

Funktionen	Kostenfaktoren			
	Auftragsanzahl	Auftragsmenge	Auftragswert	Länge des Absatzweges
Lagerung	×	×	×	—
Werbung	—	—	×	—
Vertrieb	×	—	—	—
Transport	—	×	—	×
Abwicklung	×	—	—	—

Eine gut gegliederte Vertriebskostenrechnung ist für die Vertriebskostenplanung eine wertvolle Unterlage. Sie ermöglicht Kostenvergleiche für den Einsatz alternativ zur Verfügung stehender absatzpolitischer Mittel (z. B. Einsatz verschiedener Werbemittel, Änderungen der Verpackung, Vergleich verschiedener Absatzwege, z. B. Verkauf durch Reisende, durch Postversand, durch Einschaltung des Handels usw.). Auf Grund der getroffenen Entscheidungen erfolgt dann eine Planung der Vertriebskosten für die geplanten Verkaufsmengen. Der Vergleich mit den später tatsächlich angefallenen Vertriebskosten ermöglicht eine Kostenkontrolle, deren Ergebnisse bei der nächsten Planung berücksichtigt werden.

Neben dem Verkaufsplan und dem Vertriebskostenplan gehört der Werbeplan zum Absatzplan. Er wird im Abschnitt über die Werbung gesondert behandelt.[1]

2. Die Marktforschung als Grundlage der Absatzplanung

a) Die Aufgaben der Marktforschung

Als Marktforschung bezeichnet man eine systematische Erkundung aller am Markt wirksamen Faktoren, die der Betrieb bei seinen Entscheidungen, die seine Beziehungen zum Markt regeln sollen, in Rechnung stellen muß und die er zu beeinflussen sucht. Da der Betrieb sowohl über den Beschaffungsmarkt als auch über den Absatzmarkt mit anderen Wirtschaftseinheiten verbunden ist, erstreckt sich die Marktforschung einerseits auf die Erforschung der Beschaffungsmärkte und andererseits auf die Erforschung der Absatzmärkte. Wir wollen uns im folgenden auf die Absatzmarktforschung beschränken, die eine Voraussetzung für die Aufstellung des Absatzplanes ist, da sie der Betriebsführung die Unterlagen für die Beurteilung der Struktur und der zukünftigen Entwicklung des Marktes liefert.

---

[1] Vgl. S. 453 ff.

II. Die Absatzvorbereitung

Das Ziel der Marktforschung ist einerseits die Feststellung bestimmter am Markt gegebener **Tatsachen,** die quantifizierbar sind und in der Regel mit Hilfe statistischer Verfahren ermittelt werden können. Zum anderen will die Marktforschung auch die **Meinung** der potentiellen Nachfrager über die vom Betriebe angebotenen Güter und Leistungen und die **Motive,** die zum Kauf oder zur Ablehnung dieser Güter und Leistungen oder zur Bevorzugung von Konkurrenzprodukten Veranlassung geben, erkunden, damit der Betrieb auf Grundlage dieser Unterlagen seine Entscheidungen treffen kann.

Die Marktforschung umschließt zwei Teilbereiche, die sich nach ihrem zeitlichen Einsatz unterscheiden: die Marktanalyse und die Marktbeobachtung. Die **Marktanalyse** (Marktuntersuchung) ist eine einmalige Untersuchung eines Teilmarktes, der räumlich und nach Warenarten abgegrenzt ist. Sie soll die Struktur eines Marktes an einem bestimmten Zeitpunkt erkunden und dient der „Feststellung des effektiven und potentiellen Bedarfs und der Tatsachen, die für den Absatz, seine Technik und Ausdehnung von Bedeutung sind".[1] Die **Marktbeobachtung** dagegen stellt eine laufende Verfolgung der Entwicklung und Veränderung des Marktes für eine Warengattung dar. Sie soll die Ursachen der Veränderungen zeigen.

Die Marktforschung kann entweder für den einzelnen Betrieb oder für einen ganzen Wirtschaftszweig durchgeführt werden. Dazu werden häufig besondere Marktforschungsinstitute eingesetzt, die ihre Ergebnisse teilweise mit Hilfe mathematisch-statistischer Methoden gewinnen.

Nach Schäfer[2] beschäftigt sich die Marktforschung mit drei großen Gebieten: Mit der Untersuchung bzw. Beobachtung

(1) des Bedarfs, also der Nachfrage,
(2) der Konkurrenz, also des Angebots und
(3) der Absatzwege, d. h. des Verteilungsapparates.

Als viertes Gebiet der Marktforschung kann man die Werbeforschung bezeichnen, da auch vor dem Einsatz von Werbemitteln eine Analyse des Marktes erfolgen muß. Ebenso muß eine laufende Beobachtung der Wirkung der eingesetzten Werbemittel durchgeführt werden.

Die **Analyse des Bedarfs** versucht zunächst, Unterlagen über die vorhandene oder die in einem bestimmten zukünftigen Zeitraum zu erwartende Nachfrage, also über die **Aufnahmefähigkeit des Marktes** zu gewinnen. Man untersucht die Träger des konsumtiven und produktiven Bedarfs, also die Haushalte, Betriebe und Verbrauchsgemeinschaften (Schulen, Behörden). Der Anbieter muß, wenn er einen neuen Konsumartikel an den Markt bringen will, wissen, wer überhaupt als Käufer in Frage kommt, wie sich die Gruppe der potentiellen Abnehmer nach Alter, Geschlecht, Beruf, Einkommenshöhe, Körpergröße usw. zusammensetzt. Handelt es sich um produktive Güter, so muß die Zahl und Größe der Betriebe bekannt sein, die Bedarf an diesen Gütern haben.

---

[1] Mellerowicz, K., Allgemeine Betriebswirtschaftslehre, Bd. 3, 12. Aufl., Berlin 1967, S. 172
[2] Vgl. Schäfer, E., Grundlagen der Marktforschung, Marktuntersuchung und Marktbeobachtung, 4. Aufl., Köln und Opladen 1966, S. 33.

Die Untersuchung bezieht sich ferner auf die **Verteilung des Bedarfs über das Absatzgebiet,** auf die Bevölkerungsdichte, auf die Bevölkerungsstruktur (Stadt- und Landbevölkerung) und auf die Verkehrsverhältnisse. Wichtig sind auch Aufschlüsse über **Käufergewohnheiten,** d. h. darüber, ob es sich um einen ständig wiederkehrenden, um einen aperiodischen oder um einen in bestimmten Perioden wiederkehrenden Bedarf handelt. Letzterer kann u. U. stark saisonbedingt sein. Ferner ist von Bedeutung, zu wissen, ob ein Nachholbedarf vorliegt, bedingt durch jahrelange Mangelerscheinungen (Krieg, Inflation, Arbeitslosigkeit), so daß eine große Aufnahmefähigkeit des Marktes nur vorübergehender Art ist.

Die **laufende Beobachtung des Marktes** gilt vor allem den Bedarfsschwankungen, die durch Änderungen der Mode und des Geschmacks, durch Aufkommen von Substitutionsgütern, aber auch durch Änderung der Einkommen und des Lebensstandards hervorgerufen werden. Sie dient außerdem der Beobachtung von Veränderungen, die durch den Entwicklungstrend des gesamten Wirtschaftszweiges, durch technische Fortschritte oder durch Konjunktur- und Saisonschwankungen verursacht werden. Sie gilt aber auch der Reaktion der Käufer auf neue Werbemaßnahmen, andere äußere Aufmachungen usw. Weiterhin hat die laufende Beobachtung des Marktes die Aufgabe, Aufschlüsse über Konkurrenzunternehmen zu bringen: Reaktionen der Konkurrenz auf eigene absatzpolitische Maßnahmen, Maßnahmen der Konkurrenz, Reaktionen der Käufer auf Maßnahmen von Konkurrenzbetrieben u. ä.

Die Entwicklung des eigenen Absatzes läßt sich vor allem bei Zulieferungsindustrien an der Absatzentwicklung der belieferten Betriebe feststellen. So haben z. B. die Produktionsziffern der Automobilindustrie einen entscheidenden Einfluß auf den Absatz von Armaturen, von elektrischen Einrichtungen und von Autozubehör aller Art.

Man bezeichnet eine solche Nachfrage, die vom Absatz anderer Produkte abhängt, als abgeleitete Nachfrage. Besteht eine derartige Beziehung zur Absatzentwicklung anderer Güter nicht, so liegt eine ursprüngliche Nachfrage vor. Ist eine annähernd feste Relation zum Absatz anderer Güter gegeben, so stellt das für die Marktforschung eine erhebliche Erleichterung dar.

Eine andere Methode, die Absatzentwicklung eines Produktes zu schätzen, besteht darin, den Absatz dieses Gutes in Volkswirtschaften zu untersuchen, die der eigenen in der technischen Entwicklung oder in der Höhe des Lebensstandards überlegen sind.

Die Marktforschung hat nicht nur die Aufgabe, Unterlagen über die am Absatzmarkt gegebenen Daten zu beschaffen, die der Betrieb bei der Aufstellung seines Absatzplanes und beim Einsatz bestimmter absatzpolitischer Instrumente in Rechnung stellen muß. Vielmehr soll sie auch die Möglichkeiten ausfindig machen, die der Betrieb hat, um von sich aus die Nachfrage zu beeinflussen. Sie muß ferner feststellen, mit welchen Datenänderungen in Zukunft zu rechnen ist.

Die Nachfrage nach einem Gut hängt von einer Anzahl von Größen ab, die bei den einzelnen Gütern von unterschiedlicher Wichtigkeit sind und die deshalb für jedes einzelne Gut genau untersucht werden müssen, wenn der Betrieb einen Einfluß auf die Nachfrage nehmen will. Zu diesen Faktoren gehören der Preis des

II. Die Absatzvorbereitung

Gutes und außerdem sowohl die Preise der Konkurrenz für gleichartige Güter als auch die Preise von Substitutionsgütern, ferner die Höhe des Einkommens der potentiellen Nachfrager, die Nachfrageelastizität, die Werbemaßnahmen, der Verwendungszweck des Gutes u. a. m.

Kennt der Betrieb diese Faktoren für jedes einzelne Gut seines Produktionsprogramms, so hat er die Möglichkeit, bei der Absatzplanung zu versuchen, die zur Verfügung stehenden absatzpolitischen Mittel optimal zu kombinieren. Er wird dann beispielsweise wissen, ob auf Grund der festgestellten **Preiselastizität** der Nachfrage eine preispolitische Maßnahme, z. B. eine Preissenkung, zweckmäßig ist, d. h. zu einer Erhöhung des Gesamtgewinns führen kann oder nicht, oder ob vielleicht eine Intensivierung der Werbung einen größeren Erfolg als die Preissenkung verspricht. Das setzt voraus, daß er die **Werbeelastizität,** d. h. das Verhältnis zwischen der relativen Änderung des Werbeaufwandes und der relativen Änderung des Umsatzes kennt. Ändern sich die Einkommen der potentiellen Käufer, so ist es wichtig, daß im Rahmen der Marktforschung Unterlagen über die **Einkommenselastizität** der Nachfrage, d. h. über das Verhältnis von relativer Mengenänderung und relativer Einkommensänderung gewonnen worden sind.

Für die Elastizität der Nachfrage ist auch von Bedeutung, ob es sich um ein Gebrauchs- oder ein Verbrauchsgut handelt, das abgesetzt werden soll. Das gilt sowohl für die Nachfrage durch Betriebe als auch durch Haushalte. So ist die Nachfrage des Haushalts nach Lebensmitteln (Verbrauchsgüter) in der Regel weniger elastisch als nach Fernsehgeräten (Gebrauchsgüter); und die Nachfrage des Betriebes nach Rohstoffen (Verbrauchsgüter) ist weniger elastisch als nach Maschinen (Gebrauchsgüter), deren Anschaffung hinausgeschoben werden kann.

Neben der Untersuchung und Beobachtung der Bedarfsseite, hat der Betrieb ein großes Interesse daran, zu wissen, welche Konkurrenzbetriebe am Markt das betreffende Gut bereits anbieten. Dabei ist zu beachten, daß man bei vielen Gütern nicht mit allen Anbietern in Konkurrenz steht, da z. B. aus Standortgründen eine Anzahl von Anbietern als Konkurrenten ausscheidet. Die Marktforschung muß hier also zunächst den Kreis der Konkurrenten ermitteln und wird sich dann für alle für das eigene absatzpolitische Verhalten bedeutsamen Faktoren interessieren, so z. B. für die Größe des Marktanteils, für das Fertigungsprogramm, insbesondere für die Qualität und Aufmachung der Konkurrenzprodukte, für die Preispolitik, die Vertriebsmethoden, die Werbemaßnahmen, den Kundendienst, die Zahlungs- und Kreditbedingungen und die Zusammensetzung der Nachfrager. Man wird außerdem laufend die Konkurrenz beobachten, um ihren preispolitischen und werbemäßigen Maßnahmen rechtzeitig beggnen zu können, oder um zu sehen, wie sie auf eigene preispolitische Entscheidungen, auf Änderungen des Sortiments oder der Werbemethoden reagiert.

Die Beobachtung der Konkurrenztätigkeit darf sich aber nicht nur auf eine Untersuchung des Verhaltens der Anbieter des gleichen Produktes beschränken, sondern muß auch auf Substitutionsprodukte ausgedehnt werden. Ein Betrieb läuft nicht nur dauernd Gefahr, einen Teil seines Absatzes an Anbieter des gleichen Gutes zu verlieren, sondern er muß auch damit rechnen, daß die Gesamtnachfrage nach seinem Gut zurückgeht und sich auf Substitutionsgüter verlagert.

Von Bedeutung ist ferner die Wahl der richtigen Absatzwege, d. h. die Wahl der Zwischenstufen, die der Betrieb zwischen sich und den Konsumenten einschaltet. Auch hier ist eine genaue Untersuchung erforderlich, um die Vor- und Nachteile der zur Wahl stehenden Vertriebsformen zu ermitteln oder um eine Anpassung an veränderte Vertriebsformen zu erreichen (z. B. die Art der Verpackung für Selbstbedienungsgeschäfte).

b) Die Methoden der Marktforschung

Je nach der verfolgten Zielsetzung verwendet die Marktforschung unterschiedliche Methoden. Sie kann beispielsweise ihre Untersuchungen auf den Unterlagen aufbauen, die sie im Betrieb vorfindet (Auswertung von Buchhaltung, Kostenrechnung, Absatzstatistik, Werbestatistik, Erfahrungsberichten des Außendienstes u. a.) oder die außerhalb des Betriebes vorhanden und ihm zugänglich sind (z. B. amtliches statistisches Material wie die Veröffentlichungen des Statistischen Bundesamtes und der Statistischen Landesämter oder Veröffentlichungen in Tages- und Wirtschaftszeitungen, Veröffentlichungen der Verbände, der Marktforschungs- und Konjunkturforschungsinstitute, Branchenadreßbücher, Preislisten und Kataloge der Konkurrenz u. a.).

Hier handelt es sich also um die Auswertung sekundär-statistischen Materials für Zwecke der Marktforschung. Man spricht deshalb auch von **Sekundärforschung**. Da diese Forschungsarbeiten mit Hilfe der genannten Unterlagen vom Schreibtisch aus erledigt werden können, hat sich dafür auch die Bezeichnung **„Schreibtischforschung"** (Desk-Research) eingebürgert.

Reicht das sekundär-statistische Material für die Zwecke der Marktforschung nicht aus, so müssen primär-statistische Erhebungen durchgeführt werden **(Primärforschung)**. Man bezeichnet sie im Gegensatz zur Schreibtischforschung als **„Feldforschung"** (Field-Research). Sie muß dort einsetzen, wo die Sekundärforschung nicht mehr weiterkommt. Die Feldforschung richtet sich nicht nur auf die Gewinnung absatzwirtschaftlicher Tatsachen, sondern insbesondere auch auf die Feststellung des Verhaltens, der Meinungen, der Absichten und der Motive der potentiellen Nachfrager.

Die Feldforschung bedient sich gewöhnlich der **Befragung** von Konsumenten, Wiederverkäufern und Weiterverarbeitern. Die Befragung kann in schriftlicher Form durch Fragebogen oder in Form persönlicher Gespräche (Interviews) erfolgen. Bei einer Befragung handelt es sich im allgemeinen um eine Methode der Marktanalyse, d. h. um eine einmalige Feststellung der Marktstruktur an einem bestimmten Zeitpunkt. Die Befragung kann jedoch auch der laufenden Beobachtung nutzbar gemacht werden. Das erfolgt durch das sog. **„Panel-Verfahren"**. Sehr verbreitet ist das sog. Haushalts-Panel. Ein begrenzter Kreis von Hausfrauen verpflichtet sich gegenüber einem Marktforschungsinstitut, in regelmäßigen Abständen eine vorgegebene Zusammenstellung von Fragen zu beantworten bzw. über den Einkauf bestimmter Waren Buch zu führen. Auf diese Weise sollen Unterlagen über Käufergewohnheiten, insbesondere über den Wechsel beim Kauf von Markenartikeln gewonnen werden.

Es besteht natürlich die Gefahr, daß Panel-Teilnehmer ihr Kaufverhalten bewußt oder unbewußt ändern, weil sie durch die Verpflichtung zur Buchführung

II. Die Absatzvorbereitung

über bestimmte Waren sich selbst Rechenschaft über ihre Einkäufe geben und sich Unterlagen über die Aufteilung ihres Einkommens auf verschiedene Güter verschaffen. Die Gefahr, daß wegen der Verpflichtung zur Aufschreibung zu viele oder zu teuere Waren einer bestimmten Art gekauft werden, läßt sich vermindern, wenn man eine möglichst große Zahl von verschiedenen Waren durch die Hausfrauen erfassen läßt. Das Panel ist also eine fortlaufende Befragung (Primärerhebung). Schäfer charakterisiert es „nach seinem Inhalt als einen in Bewegung gesetzten Teil der Marktuntersuchung".[1]

Es wird in den seltensten Fällen möglich sein, eine Totalerhebung durchzuführen, d. h. sämtliche in Betracht kommenden Personen zu befragen. Eine Totalerhebung wäre nur denkbar, wenn für das angebotene Gut (z. B. eine Spezialmaschine) nur wenige Verwender in Frage kommen. Normalerweise aber wird eine Totalerhebung viel zu kostspielig sein und zu viel Zeit in Anspruch nehmen. Deshalb ist die übliche Form der Primärerhebung die **Repräsentativerhebung**. Dazu muß die „Gesamtmasse" der zu Befragenden in „Teilmassen" aufgegliedert werden. Dabei ist es wichtig, daß die Teilmasse die gleichen charakteristischen Merkmale aufweist, die der Gesamtmasse eigen sind, daß die Teilmasse die Gesamtmasse also nur in kleinerem Maßstab widerspiegelt.

Bei der **Bildung von Teilmassen** bestehen grundsätzlich zwei Möglichkeiten: Einmal überläßt man die Bildung von Teilmassen dem **Zufall**, indem man aus der Gesamtmasse eine Anzahl von Einheiten, die durch das Los bestimmt werden, zu einer Stichprobe zusammenfaßt. Jede Einheit hat die gleiche Chance, ausgewählt zu werden. Je größer die Stichprobe ist, desto stärker wirkt sich das „Gesetz der großen Zahl" aus, d. h. desto geringer ist die Wahrscheinlichkeit, daß die ausgewählten Einheiten zufällig von der Grundstruktur der zugrunde liegenden Masse abweichen. Der Fehlerbereich, der notwendigerweise dadurch entsteht, daß nur eine begrenzte Zahl von Erhebungseinheiten zur Verfügung steht, kann berechnet werden.

Die zweite Möglichkeit der Bildung von Teilmassen beruht auf einer **statistisch gelenkten Teilauslese**. Man wählt die zu befragenden Personen nach bestimmten vorher festgelegten Merkmalen aus, schreibt also z. B. vor, daß von der Gesamtzahl der zu Befragenden, also der Stichprobe, ein bestimmter Prozentsatz ein bestimmtes Geschlecht, Alter, einen bestimmten Beruf, Wohnort usw. haben muß.

Die Auswahl der Personen bleibt dem Befrager überlassen. Dieses Verfahren enthält zwei Fehlerquellen. Einmal besteht die Gefahr, daß die ausgewählte Gruppe der zu befragenden Personen der Struktur der Gesamtmasse nicht genau entspricht, weil z. B. nur ungenügende Informationen über die Struktur vorliegen. Zum zweiten liegt in dem Ermessensspielraum, den der Befrager bei der Auswahl der zu befragenden Personen hat, eine Fehlerquelle.

Mit der Bildung von Teilmassen ist aber die Aufgabe der Marktforschung noch nicht gelöst. Man weiß jetzt lediglich, welche Personen zu befragen sind. Das entscheidende Problem für den Wert des Ergebnisses ist aber, wie die Befragung

---

[1] Schäfer, E., Marktforschung, HdS, Bd. 7, Stuttgart, Tübingen, Göttingen 1961, S. 159

erfolgt, welche Aussicht besteht, daß der Befragte auch willens und in der Lage ist, die gestellten Fragen zu beantworten. Von der Zweckmäßigkeit des Aufbaus des Fragebogens oder des Interviews wird es abhängen, ob das von der Marktforschung ermittelte Ergebnis den tatsächlichen Verhältnissen entspricht oder ob es zu einer völligen Fehleinschätzung der Marktlage führt.

Die Personen, die die Befragung durchführen, müssen über ein gutes psychologisches Einfühlungsvermögen und über langjährige Erfahrung verfügen, wenn sie ein genaues Befragungsergebnis erzielen wollen. Geschickt und unbemerkt eingeschaltete Kontrollfragen sollen dem Befrager die Gewähr dafür bieten, daß seine Fragen richtig verstanden und auch wahrheitsgemäß beantwortet worden sind.

Das **Interview** kann verschiedene Formen haben.[1] Entweder sind dem Befrager sämtliche Fragen im Wortlaut und in der Reihenfolge genau vorgeschrieben. Dann hat er lediglich die Antworten zu notieren. Der Vorteil gegenüber einer Befragung mittels zugeschicktem Fragebogen liegt vor allem darin, daß die Fragen in der Regel auch beantwortet werden, während die Fragebogen häufig unbeantwortet in den Papierkorb wandern, und daß der Befrager außerdem, wenn die vorgeschriebenen Fragen nicht richtig verstanden werden, Erläuterungen geben kann. Gegenüber einer Zusendung von Fragebogen ist ein solches Verfahren allerdings wesentlich kostspieliger.

Die Befragung kann auch in Form eines völlig frei geführten Gesprächs erfolgen. Es liegt in der Hand des Befragers, auf welche Weise er sich im Laufe des Gespräches die erforderlichen Informationen verschafft. Ein solches Verfahren stellt wesentlich höhere Ansprüche an die Fähigkeit des Befragers als das zuerst beschriebene Verfahren. Es hat aber zweifellos den Vorteil, daß der Befrager sich ganz auf seinen Gesprächspartner einstellen kann und damit eine größere Bereitschaft weckt, Auskünfte zu geben.

Beide Verfahren können kombiniert werden. Dem Befrager wird nur ein fester Rahmen für den Ablauf des Gesprächs vorgeschrieben. Er kann aber die Reihenfolge der Fragen ändern und Zusatzfragen stellen.

Ein einzelner Betrieb wird in den seltensten Fällen über geschultes Personal zur Durchführung von Befragungen verfügen und deshalb zweckmäßigerweise ein unabhängiges Marktforschungsinstitut mit der Erhebung beauftragen.

Zur Veranschaulichung geben wir im folgenden eine Übersicht[2] über den jeweiligen Informationskatalog eines Einzelhandelspanels (Nielsen)[3] und eines Haushaltspanels (GFK).[4] Während das **Einzelhandelspanel** Auskunft über die Entwicklung der eigenen Produkte gegenüber Konkurrenzprodukten gibt, informiert das **Haushaltspanel** über das Einkaufsverhalten der Verbraucher.

---

[1] Vgl. Behrens, K. Chr., Demoskopische Marktforschung, 2. Aufl., Wiesbaden 1966, S. 35 ff.
[2] Quelle: Loh, D., Die Bedeutung der Marktforschung im Marketing. In: Marketing und Unternehmensführung, Hrsg. H. Jacob, Wiesbaden 1971, S. 70f.
[3] Die Nielsen Company ist der älteste Anbieter eines Einzelhandelspanels und errechnet in Abständen von 2 Monaten in ausgewählten Einzelhandelsgeschäften durch geschulte Mitarbeiter die Bestände von bestimmten Waren.
[4] Gesellschaft für Konsum-, Markt- und Absatzforschung (GFK), Nürnberg

II. Die Absatzvorbereitung 393

Informationskatalog eines Einzelhandelspanels (Nielsen)[1]

I. Index für den Trend des Gesamtumsatzes der Branche

II. Fortlaufender Überblick (alle 2 Monate) über die Entwicklung der interessierenden Warengruppen insgesamt, auf Wunsch des Kunden aufgegliedert nach Marken, Packungsgrößen usw. – Informationen im einzelnen:

1. Quantitative Informationen

Endverbraucherabsatz in Menge und Wert (absolut und Marktanteil),
Einkäufe des Einzelhandels (absolut und Anteil),
Lagerbestand im Einzelhandel (absolut und Anteil),
Bevorratungszeit in Monaten,
durchschnittlicher Monatsabsatz je Geschäft, das den Artikel führt (Menge),
durchschnittlicher Lagerbestand je Geschäft, das den Artikel lagert (Menge),
Bezugsquelle: Verhältnis der Einkäufe direkt vom Hersteller und vom Großhandel.

2. Informationen über Distributionen

Numerische Distribution:
Geschäfte, die den Artikel **führen** (in %),
Geschäfte, die den Artikel **vorrätig haben** (in %),
Geschäfte, die den Artikel **nicht vorrätig haben** (in %).

Gewichtete Distribution:
Anteil der Geschäfte am Warengruppen-Umsatz, die den Artikel **führen**,
Anteil der Geschäfte am Warengruppen-Umsatz, die den Artikel **vorrätig haben**,
Anteil der Geschäfte am Warengruppen-Umsatz, die den Artikel **nicht vorrätig haben**.

Einkaufs- und Verkaufsdistribution:
Geschäfte, die den Artikel **einkauften** (in %),
Geschäfte, die den Artikel **verkauften** (in %).

Angabe über Ladenwerbung (in % numerisch und gewichtet)
Fensterauslagen, Verkaufshelfer, Umkarton, sonst. Werbematerial.

III. Alle diese Informationen können wie folgt untergliedert werden:

1. nach Nielsen-Gebieten

Bundesrepublik (einschl. West-Berlin)
Gebiet   West-Berlin
Gebiet I : Hamburg, Bremen, Schlesw.-Holstein, Niedersachsen,

---

[1] Quellen: Dokumentation des Nielsen-Kundenseminars in Frankfurt/Main am 2./3. Juli 1970, S. 163f. und S. 207–210. Original Nielsen-Berichtsbände.

Gebiet II : Nordrhein-Westfalen,
Gebiet III a : Hessen, Rheinland-Pfalz, Saarland,
Gebiet III b : Baden-Württemberg,
Gebiet IV : Bayern,

2. **nach Ortsklassen,**

3. **nach Einzelhandelstypen,**

   Verbrauchermärkte und Discounter,
   Super-, große, mittlere, kleine SB-Läden,
   große, kleine Bedienungs-Läden,
   Lebensmittelhandel (NLI = Nielsen-Lebensmitteleinzelhandels-Index),
   Apotheken, Drogerien, Seifengeschäfte, Parfümerien, Friseure,
   Fachhandel (NGI = Nielsen-Gesundheits- und Körperpflegemittel-Index),

4. **nach Organisationsformen (nur NLI)**

   Filialen und Co-ops, Edeka, übrige Einkaufsgenossenschaften, Spar, Gruppe von Handelsketten, übrige Handelsketten, Nichtorganisierte.

IV. Die Marktdaten des NLI und NGI können im **„Kombinierten-Nielsen-Index"** (KNI) zusammengefaßt dargestellt werden.

V. Der Berichtsband enthält Tabellen und Schaubilder. Während die Tabellen die Marktsituation zu einem festen Zeitpunkt in Zahlen widerspiegeln **(Marktanalyse)**, wird auf Schaubildern die chronologische Entwicklung dieser Zeitpunktanalyse graphisch dargestellt **(Marktbeobachtung).**

VI. Als Spezialanalysen sind zu nennen:

1. **Sondertabellierungen** nach Verkaufsbezirken; Geschäftskriterien; Geschäften, die für die Warengruppe eine bestimmte Bedeutung haben; die überwiegend direkt beziehen, die an einer Promotion teilnehmen usw.;

2. **Distributionsuntersuchungen** für Reisenden-Bezirke; Sortimentsverteilung; Display; sämtliche Marken der Warengruppe; verlorene Kunden; andere Absatzmittler.

Informationskatalog eines Haushaltspanels (GfK)[1]

I. Die Auswertungen können in allen Warengruppen nach den folgenden drei Grunddaten angelegt werden:

---

[1] Quellen:
Broschüre GfK-Panel-Forschung (Hrsg. GfK-Nürnberg); GfK-Haushaltspanel-Auswertungsmöglichkeiten (Hrsg. GfK-Nürnberg); Original GfK-Berichte.

II. Die Absatzvorbereitung

1. Käufer
Wie viele Haushalte kauften im Berichtszeitraum[1] mindestens einmal irgendein Angebot der Warengruppe, eine bestimmte Marke, eine bestimmte Packungsgröße usw.? (absolut und Käuferanteil)

2. Verbrauchsausgaben (in DM)
Wieviel gaben die Käuferhaushalte im Berichtszeitraum[1] für die Warengruppe, für eine bestimmte Marke, für eine bestimmte Packungsgröße usw. aus? (absolut und Marktanteil)

3. Einkaufsmenge
Welche Mengen (je nach Warengruppe in Stück, kg, Liter usw.) kauften die Haushalte im Berichtszeitraum[1] von einer Warengruppe, von einer bestimmten Marke, von einer bestimmten Packungsgröße usw.? (absolut und Marktanteil)

Die Zusammenfassung dieser drei Grunddaten ergeben folgende zusätzliche Informationen:

Durchschnittliche Einkaufsmenge pro Warengruppe, Marke, Packungsgröße usw. je Käuferhaushalt,

Durchschnittliche Verbrauchsausgaben pro Warengruppe, Marke, Packungsgröße usw. je Käuferhaushalt,

Durchschnittlicher Preis je Warengruppe, Marke, Packungsgröße usw.

II. Die erhobenen Grunddaten können aufgegliedert werden nach:

1. demografischen Merkmalen
Bundesgebiet (einschl. West-Berlin),
Gebiete (wie Nielsen),
Ortsgrößenklassen,
Alter der Hausfrau,
Haushaltseinkommen,
Haushaltsgröße,
Zahl der Kinder,
Besitzstand,
Berufstätigkeit der Hausfrau,
Beruf des Haushaltsvorstandes;

2. absatzwirtschaftlichen Merkmalen
Verkaufsbereiche,
Einkaufsstätten,
Bedienungssystem,
Tag des Einkaufs,
Sorten,
Gebindearten,
Flaschengrößen,
Preisgruppen.

---

[1] Folgende Berichtsräume sind möglich: monatlich, zweimonatlich, quartalsweise, tertialweise, halbjährlich, jährlich, beliebige Zeiträume, z. B. Sommer-/Wintersaison.

III. Analog Nielson ermöglichen Tabellen und Schaubilder des Berichtsbandes die **Marktanalyse** bzw. **Marktbeobachtung.**

IV. **Spezielle Berichterstattung:**
1. Struktur der Käuferhaushalte/aller Haushalte
2. Einkaufsintensität
3. Verbrauchsdaueranalyse
4. Nebeneinander-Verwendungsanalyse
5. Marken-, Firmen-, Preisklassentreue
6. Spezielle Einführungsanalysen (Erstkäufer; Wiederkäufer; Mehrfachkäufer)
7. Käuferwanderungen
8. „Gain and Loss"-Analyse
9. Prognosen (Markoffsche Ketten)
10. Analyse von Kaufkraft-Kennziffern
11. Mediaauswertungen (GfK-Panel-Media-Informationen).

In der Marktforschung werden häufig **psychologische Methoden** und Techniken angewendet, um herauszufinden, welche Produkte am besten angeboten werden sollten und welcher Konsumentenkreis sie wahrscheinlich kaufen würde.

Wenn dennoch viele Erzeugnisse nicht „ankommen", so haben diese Mißerfolge nicht zuletzt ihren Grund in der fehlerhaften Anwendung psychologischer Techniken. Häufig wird vergessen, daß zahlreiche auch in der Marktforschung gebräuchliche Techniken ursprünglich konzipiert wurden, um Gründe für psychopathologisches Verhalten, Persönlichkeitsschädigungen und Neurosen aufzudecken. Diese Techniken können aber nicht bei der Beantwortung der Frage helfen, warum Verbraucher bestimmte Wirtschaftsgüter kaufen oder warum sie eine bestimmte Einstellung gegenüber einem Unternehmen besitzen.

III. Die betriebliche Preispolitik

Die betriebliche Preispolitik ist ein Problem, das ebenso wie die Kostenfunktionen des einzelnen Betriebes in volkswirtschaftlichen Lehrbüchern sehr eingehend behandelt wird. Der Grund dafür liegt einmal darin, daß die Betriebswirtschaftslehre die Probleme der Preispolitik ebenso wie die Kostentheorie relativ spät angefaßt hat, und daß folglich die Volkswirtschaftslehre gezwungen war, sich die für ihre Forschungen erforderlichen Kenntnisse der Grundzusammenhänge und Verhaltensweisen des einzelnen Betriebes selbst zu schaffen; zum anderen aber ist gerade bei preistheoretischen Fragen eine Trennung zwischen Betriebswirtschaftslehre und Volkswirtschaftslehre besonders schwierig durchzuführen.

Zweifellos gehören alle preispolitischen Maßnahmen, die in der Entscheidung des einzelnen Betriebes liegen, in das Gebiet der Betriebswirtschaftslehre. So ist die Untersuchung der Frage, wie der Angebotsmonopolist sich preispolitisch verhalten muß, um sein Gewinnmaximum zu erzielen, ein betriebswirtschaftliches Problem. Die Volkswirtschaftslehre dagegen interessiert sich dafür, wie sich das Verhalten des Monopolisten auf die Höhe des Sozialprodukts, auf die Versorgung der Gesamtwirtschaft mit bestimmten Gütern und auf die relativen Preise der Produktionsfaktoren auswirkt. Die Konkurrenzpreisbildung ist dagegen ein gesamtwirtschaftliches Problem. Der einzelne Betrieb kann – wenn vollkommene Konkurrenz besteht – keine aktive Preispolitik betreiben, für ihn ist der Konkurrenzpreis ein Datum, an das er sich mit seiner Absatzmenge anpassen muß. Diese Anpassung aber ist wiederum ein Problem des einzelnen Betriebes.

Die Vielzahl der Absatzsituationen, die zwischen den beiden theoretischen Grenzfällen des vollkommenen Monopols und der vollkommenen Konkurrenz liegen, erfordern ebenfalls eine aktive betriebliche Preis- und Absatzpolitik. Wir halten es deshalb für notwendig, dieses Problem – allerdings in dem engen Rahmen, der einer Einführung in die Betriebswirtschaftslehre gesteckt ist – als der Betriebswirtschaftslehre zugehörig hier zu behandeln.

1. Preistheoretische Grundbegriffe

a) Der Markt

Der Absatz der betrieblichen Leistungen erfolgt am Markt. Unter „Markt" ist im allgemeinen nicht eine Institution (z. B. die Börse) oder ein räumlich bestimmter Platz (z. B. der Wochenmarkt einer Stadt, ein Pferdemarkt oder eine Verkaufsmesse), sondern ganz allgemein das Zusammentreffen von Angebot und Nachfrage zu verstehen. Im marktwirtschaftlichen Wirtschaftssystem ist der Betrieb gezwungen, sich seine Abnehmer selbst zu suchen. In der zentralistischen Planwirtschaft dagegen wird er im Extrem zum Ablieferer seines Produktionssolls. Der Absatz der Produkte ist nicht seine Angelegenheit, sondern wird von einer zentralen Lenkungsstelle durchgeführt.

Der marktwirtschaftliche Betrieb (Unternehmung) muß in Konkurrenz mit vielen anderen Betrieben sich bemühen, einen möglichst großen Anteil der kaufkräftigen Nachfrage nach den von ihm produzierten Gütern auf sich zu konzentrieren. Um das zu erreichen, kann der Betrieb die verschiedensten Maßnahmen ergreifen. Die beiden wichtigsten sind die **betriebliche Preispolitik** und die **Werbung**. Auf Basis der Selbstkosten wird eine Preiskalkulation durchgeführt und ein Angebotspreis gestellt. Richtige Preispolitik setzt voraus, daß der Betrieb über die Struktur „seines" Marktes genau informiert ist, daß er die Reaktionen der Käufer auf Preisänderungen kennt, daß er auch weiß, wie seine Konkurrenten auf seine preispolitischen Maßnahmen reagieren werden, daß er die Güter kennt, mit denen das eigene Gut substituiert werden kann, und auch ihre Preisentwicklung beobachtet.

Wie groß die Autonomie eines Betriebes bei der Durchsetzung seiner Preise ist, hängt einerseits von der Zahl der Konkurrenzbetriebe und ihrem Marktverhalten ab, andererseits von der Dringlichkeit der Nachfrage nach den angebotenen Gütern und dem dadurch bedingten Verhalten der Käufer. Ist der Betrieb der einzige Anbieter am Markt, so ist er in seiner Preispolitik weitgehend autonom, ist er einer von Hunderten von Konkurrenzbetrieben, so kann er unter Umständen überhaupt keinen Einfluß auf den Preis ausüben, sondern muß den Preis, der sich am Markt bildet, hinnehmen und sich mit seiner Produktionsmenge so anpassen, daß er unter den gegebenen Bedingungen möglichst hohe Gewinne macht. Zwischen beiden Extremfällen des Angebotsmonopols (nur ein Anbieter) und der vollkommenen Konkurrenz (sehr viele Anbieter) liegt eine praktisch unbegrenzte Zahl von möglichen Marktsituationen.

Will man die Probleme, denen sich der Betrieb bei der Preisstellung gegenübersieht, theoretisch analysieren, so ist man – ebenso wie wir es bei der Produktionstheorie kennengelernt haben – gezwungen, **vereinfachte Modelle** zu bilden und unter Abstraktion der Vielfältigkeit der Marktbeziehungen und -einflüsse, die zwischen Betrieb und Nachfrager einerseits und Betrieb und Konkurrenz andererseits bestehen, auf einige wenige Grundzusammenhänge zurückzugehen, um dann durch Einführung vorher nicht beachteter Voraussetzungen, also auf dem Wege der abnehmenden Abstraktion, den tatsächlich gegebenen Verhältnissen näherzukommen.

Die Betriebswirtschaftslehre kann nicht die Frage nach dem „richtigen" Preis im gesamtwirtschaftlichen, ethischen oder sozialpolitischen Sinne stellen. Das würde ihren Rahmen sprengen. Sie geht von der Annahme aus, die die Erfahrung täglich bestätigt, daß der Unternehmer nach dem **maximalen Umsatzgewinn** strebt, also nach dem erwerbswirtschaftlichen Prinzip handelt. Daß er oft nicht in der Lage ist, dieses Prinzip zu realisieren, weil ihm die Kenntnis aller Faktoren fehlt, die zur Verwirklichung des Prinzips beachtet werden müssen, ändert nichts an seiner grundsätzlichen Einstellung. Dabei kann das Bestreben, langfristig im Durchschnitt zum größtmöglichen Gewinn zu kommen, u. U. zu anderen preispolitischen Entscheidungen führen, als wenn nur kurzfristig, also für eine Wirtschaftsperiode, die höchste Rendite erwirtschaftet werden soll.

In einem preistheoretischen Modell kann man verschiedene Annahmen machen. Man kann z. B. annehmen, daß sämtliche Marktteilnehmer, also alle Anbieter und Nachfrager, **völlige Marktübersicht** haben, also die gesamte Situation auf dem Markt überblicken. Man kann ferner unterstellen, daß **sämtliche Reaktionen** der Marktteilnehmer auf veränderte Marktsituationen **sofort**, also ohne zeitliche Verzögerung, eintreten. Weiterhin kann man voraussetzen, daß zwischen Anbietern und Abnehmern **keinerlei persönliche Beziehungen** bestehen, die zu persönlichen Präferenzen führen können, oder daß die Abnehmer keinerlei Präferenzen für bestimmte Anbieter aus **sachlichen Gründen** haben. Die Konsumenten gehen also einzig und allein davon aus, **ihr Nutzenmaximum** zu realisieren, ebenso wie die Anbieter das **Gewinnmaximum erreichen** wollen.

Tatsächlich ist es aber so, daß die Anpassungen an veränderte Marktkonstellationen Zeit benötigen, daß zwischen dem Betrieb und seinen Abnehmern sich eine Geschäftsbeziehung herausbildet, die nicht wegen eines minimalen Preisvorteils, den die Konkurrenz bietet, sofort abbricht, daß also durch Gewohnheit, durch das Gefühl, einen soliden Geschäftspartner zu haben, Präferenzen für bestimmte Betriebe entstehen, oder daß ein Käufer, weil ihm ein bestimmtes Geschäft durch seine Sauberkeit, die Art des Warenangebots oder durch eine besonders nette Bedienung zugesagt hat, dieses Geschäft bevorzugt, selbst wenn ein anderer Betrieb – in gewissen Grenzen natürlich – preisgünstiger ist.

Außerdem fehlt es vielen Marktteilnehmern an der **nötigen Marktübersicht**, an der erforderlichen Warenkenntnis usw. Hinzu kommt, daß es wirklich homogene (gleichartige) Produkte nur selten gibt, denn selbst wenn zwei Betriebe das gleiche Produkt herstellen, so können doch durch unterschiedliche Lieferfristen, durch Werbemaßnahmen, durch Kundendienst oder Kreditgewährung Präferen-

III. Die betriebliche Preispolitik 399

zen entstehen, die die physisch gleichartigen zu wirtschaftlich ungleichartigen (heterogenen) Gütern (in der Vorstellung des Abnehmers) machen.

Die mangelnde Markttransparenz der Verbraucher kann jedoch durch folgende Maßnahmen verbessert werden:
(1) Die Errichtung von Verbraucherzentralen,
(2) die Durchführung von Waren- und Qualitätsprüfungen,
(3) Zeitschriften mit vergleichenden Warentets u. v. a.

Es ist verständlich, daß man in einer theoretischen Analyse nicht alle diese Faktoren auf einmal erfassen kann, sondern daß – vom „reinen Fall" ausgehend – durch Einführung einzelner Größen, z. B. durch Annahme mangelnder Marktübersicht oder durch Annahme irgendwelcher Präferenzen, die Auswirkungen dieser Faktoren auf die betriebliche Preispolitik untersucht werden müssen.

Je nachdem, welche Bedingungen auf dem Markt angenommen werden, unterscheidet man **vollkommene** und **unvollkommene** Märkte. Das Modell eines vollkommenen Marktes setzt voraus:
(1) daß alle Produzenten das **Gewinnmaximum,** alle Konsumenten das **Nutzenmaximum** erstreben. Der private Haushalt erreicht sein Nutzenmaximum dann, wenn der **Grenznutzen des Geldes in allen Verwendungen gleich wird,** d. h. wenn die letzte Geldeinheit, die für Schuhe, Textilien usw. ausgegeben wird, den gleichen Nutzenzuwachs bringt. Das gilt unter der Voraussetzung gegebener Einkommen und gegebener Bedürfnisstruktur der Haushalte;
(2) daß sämtliche Marktteilnehmer eine völlige Kenntnis der Marktbedingungen haben, also völlige Marktübersicht und Markteinsicht **(Markttransparenz)** herrscht;
(3) daß keinerlei sachliche oder persönliche Präferenzen bestehen;
(4) daß sämtliche Anpassungsprozesse im Betrieb und auf dem Markt sich unendlich schnell vollziehen.

Wird eine oder werden mehrere dieser Voraussetzungen aufgehoben, so entsteht ein **unvollkommener** Markt. Es ist klar ersichtlich, daß es vollkommene Märkte nur in der Theorie gibt. Hier aber sind sie ein wertvolles Hilfsmittel zur Erkenntnis wirtschaftlicher Zusammenhänge.

b) Marktformen und Verhaltensweisen

Um Ordnung in die Vielzahl der Beziehungen zwischen Anbietern und Nachfragern am Markt zu bringen, hat man drei Wege eingeschlagen: Erstens hat man **Marktformenschemata** entwickelt, in denen man typische Marktformen gegenübergestellt und analysiert. Zum Unterscheidungskriterium der Marktformen verwendet man die Zahl der Marktteilnehmer auf der Angebots- und der Nachfrageseite. Alle diese Schemata sind notwendigerweise unvollkommen, da es nicht möglich ist, die Vielzahl der Erscheinungsformen in ein festes Schema zu pressen. Sie leisten aber bei der theoretischen Analyse gute Dienste, nur darf man bei der Anwendung auf praktische Probleme nicht vergessen, daß es sich um Arbeitshypothesen handelt.

Geht man von der Annahme aus, daß es auf einem Markt entweder nur einen Anbieter bzw. Nachfrager (monopolistische Angebots- bzw. Nachfragestruktur) oder mehrere Anbieter bzw. Nachfrager (oligopolistische Angebots- bzw. Nachfragestruktur) oder sehr viele Anbieter bzw. Nachfrager (atomistische Angebots- bzw. Nachfragestruktur) gibt, so läßt sich durch Kombination dieser Möglichkeiten folgendes Marktformenschema bilden:

Angebot Nachfrage	Atomistisch	Oligopolistisch	Monopolistisch
Atomistisch	Vollkommene Konkurrenz	Angebots-Oligopol	Angebots-Monopol
Oligopolistisch	Nachfrage-Oligopol	Bilaterales Oligopol	Beschränktes Angebots-Monopol
Monopolistisch	Nachfrage-Monopol	Beschränktes Nachfrage-Monopol	Bilaterales Monopol

Man kann dieses Schema erweitern, indem man dieselben Kombinationen, die hier für vollkommene Märkte gemacht worden sind, auf unvollkommene Märkte ausdehnt.[1]

Problematisch ist jedoch, daß sich die Marktformenschemata auf Grund der Zahl und der Größe der Marktteilnehmer nicht streng voneinander abgrenzen lassen (Wenige und Viele sind Tendenzbegriffe); außerdem wird die Substitutionskonkurrenz für ein Gut nicht beachtet, und man erhält je nach der Enge oder Weite des Gutsbegriffs andere Märkte.

Zweitens hat man versucht, typische **Verhaltensweisen** der Marktteilnehmer herauszustellen, um auf diese Weise zu einer Systematisierung der Marktsituationen zu gelangen, denen sich der Betrieb bei preispolitischen Überlegungen gegenübersehen kann. Der Betrieb geht von der Erwartung aus, daß seine Abnehmer und seine Konsumenten sich in bestimmten Situationen in einer bestimmten Weise verhalten werden, und trifft auf Grund dieser Erwartungen seine preispolitischen Entscheidungen. Die Theorie der Verhaltensweisen ist in Deutschland vor allem von E. Schneider entwickelt worden.[2] Man unterscheidet zwei Verhaltensweisen:

(1) Der Betrieb verhält sich **monopolistisch**, d. h. er erwartet, daß sein Absatz nicht von Konkurrenzbetrieben, sondern lediglich vom Verhalten der Nachfrager und seiner eigenen Preispolitik bestimmt wird.

(2) Der Betrieb verhält sich **konkurrenzgebunden**, d. h. sein Absatz wird nicht nur von seinen eigenen preispolitischen Entscheidungen, sondern auch vom Verhalten anderer Betriebe und vom Verhalten der Nachfrager bestimmt. Das konkurrenzgebundene Verhalten kann polypolistisch oder oligopolistisch sein.

---

[1] Vgl. v. Stackelberg, H., Grundlagen der theoretischen Volkswirtschaftslehre, 2. Aufl., Tübingen, Zürich 1951, S. 235; ferner Möller, H., Kalkulation, Absatzpolitik und Preisbildung, Wien 1941, S. 39.

[2] Vgl. Schneider, E., Einführung in die Wirtschaftstheorie, Bd. II, 11. Aufl., Tübingen 1967, S. 59 ff.

III. Die betriebliche Preispolitik

a) Beim **polypolistischen** Verhalten rechnet der Betrieb damit, daß sein Absatz auch vom Preis anderer Betriebe abhängig ist, er erwartet aber nicht, daß seine preispolitischen Entscheidungen seine Konkurrenten zu Preisänderungen veranlassen werden. Das gilt einmal für vollkommene Konkurrenz, denn hier ist der Marktanteil des einzelnen Anbieters so gering, daß durch Veränderungen der von ihm angebotenen Menge der für alle Anbieter geltende Preis nicht geändert werden kann. Der einzelne Anbieter ist „Mengenanpasser", d. h. er arbeitet so, daß seine Grenzkosten gleich dem gegebenen Marktpreis werden. Würde ein Anbieter diesen Preis unterbieten, so würden seine Konkurrenten gar keine Notiz davon nehmen. Unter den Bedingungen des vollkommenen Marktes würde ihm zwar zunächst die gesamte Nachfrage zuwachsen, da er sie aber wegen der Unmöglichkeit einer sofortigen Kapazitätsausweitung nicht befriedigen kann, hat er keinen Vorteil davon; im Gegenteil, er realisiert das Gewinnmaximum nicht mehr.

Die polypolistische Verhaltensweise gilt aber ebenso für unvollkommene Konkurrenz mit nichthomogenem Gut (z. B. Markenartikel). Ist der Charakter eines Markenartikels als Gut eigener Art stark ausgeprägt, so wird eine Preissenkung bei einer Marke keinen Einfluß auf das Verhalten der übrigen Anbieter haben.

b) Der Betrieb verhält sich **oligopolistisch,** wenn er annimmt, daß eigene Preisänderungen bei der Konkurrenz bestimmte Reaktionen hervorrufen werden. Das gilt sowohl bei unvollkommener Konkurrenz mit homogenem Gut, also z. B. dann, wenn ein Gut von nur wenigen Anbietern mit relativ großem Marktanteil angeboten wird, als auch bei Markenartikeln, die von den Käufern nicht so stark als Güter eigener Art betrachtet werden. Eine Preissenkung einer Marke führt zu einer Absatzsteigerung und damit zu einer Abwanderung der Nachfrage von anderen Marken. Folglich muß der Betrieb, der den Preis senken will, in Rechnung stellen, daß die Konkurrenz die Preise ebenfalls senkt und folglich eine Absatzsteigerung für einen Betrieb allein nicht eintreten kann. Hier weiß man aber auch, daß bei Preissteigerungen die Konkurrenz nicht mitgehen wird, also eine einseitige Preissteigerung zu einer Absatzminderung führt.

Die bisher dargestellten Verhaltensweisen sind durch das Merkmal der friedlichen Anpassung gekennzeichnet. In der Realität kommt eine Vielzahl von Verhaltensweisen im „offenen Kampf" oder bei Verhandlungen zwischen den Wirtschaftssubjekten zur Anwendung.

Es ergibt sich die Frage, ob überhaupt ein Unterschied zwischen der Einteilung der Marktsituationen nach Marktformen oder nach Verhaltensweisen besteht. Theoretisch ja, denn wenn z. B. wenige Anbieter eines homogenen Gutes vorhanden sind, also die Marktform des Oligopols gegeben ist, so müssen sich diese Anbieter nicht unbedingt oligopolistisch verhalten, sie könnten sich an einen gegebenen Marktpreis anpassen und, indem sie ihr Verhalten gegenseitig nicht beachten bzw. in Rechnung stellen, sich wie vollkommene Konkurrenten verhalten; oder wenn ein Betrieb ein Angebotsmonopol besitzt, so muß er sich nicht unbedingt monopolistisch verhalten.

Das sind aber theoretische Annahmen, die verhältnismäßig irreal sind, denn jeder Betrieb, der nach dem Gewinnmaximum strebt, wird sich entsprechend der gegebenen Marktsituation verhalten, d. h. sein Verhalten wird im allgemeinen seiner Marktform adäquat sein. Man sollte die Unterschiede zwischen Marktform und Verhaltensweise nicht überbetonen.

Eine andere (dritte) Art der Einteilung schlägt **Triffin**[1] vor. Er geht nicht von der Zahl und der Größe der Marktteilnehmer zur Messung der Konkurrenzgebundenheit aus, sondern er verwendet als Kriterium die Stärke der Wirkung einer Preisänderung eines Unternehmens A auf die Absatzmenge der anderen Wettbewerber. Der sog. Triffinsche Koeffizient lautet:

$$T = \frac{\text{Preis A} \times \text{Mengenänderung B}}{\text{Menge B} \times \text{Preisänderung A}}$$

Bezeichnet man den Preis mit p, die Menge mit m, so ergibt sich folgende Schreibweise:

(42) $$T = \frac{p_A \times \Delta m_B}{m_B \times \Delta p_A}$$

Es handelt sich also um eine Art Kreuz-Preiselastizität, die angibt, welche Mengenänderung im Absatz von B bei einer bestimmten Preisänderung von A zu erwarten ist. Ausgehend von dieser Überlegung kommt Triffin zu folgenden Formen der Konkurrenzbeziehung:

a) Keine Konkurrenzbeziehung ($T = 0$).

b) Homogene Konkurrenz. Eine Preissenkung von A berührt den Absatz von B in hohem Maße. Im Grenzfall ist der Koeffizient ∞, wenn auch eine sehr kleine Preisänderung von A den Absatz von B beeinflußt. Die homogene Konkurrenz kann sowohl oligopolistisch als auch rein (nicht oligopolistisch) sein ($T = \infty$).

c) Heterogene Konkurrenz. Sie liegt zwischen den beiden oben genannten Extremen. Auch die heterogene Konkurrenz kann oligopolistisch sein ($0 < T < \infty$).

c) Die Preiselastizität der Nachfrage

Der Betrieb ist bestrebt, den größtmöglichen Gewinn zu erzielen. Dieser Gewinn ergibt sich als Differenz zwischen dem Gesamterlös und den Gesamtkosten. Der Betrieb kann seinen Gesamtgewinn dadurch erhöhen, daß er entweder die Kosten senkt oder den Preis erhöht. Bei einer Veränderung des Preises wird er aber feststellen müssen, daß die absetzbare Menge sich ebenfalls verändert. Es besteht also eine gewisse Beziehung zwischen dem Preis eines Gutes und der nachgefragten Menge. Gewöhnlich gilt der Satz: je höher der Preis, desto kleiner die abgesetzte Menge, je niedriger der Preis, desto größer die abgesetzte Menge. Nur in Ausnahmefällen steigt die Absatzmenge mit steigendem Preis:

(1) Der **Veblen-Effekt.** Der Einzelne möchte durch aufwendigen Konsum auffallen, wobei die Aufwendigkeit am Preis der Güter gemessen wird. (Es wird mehr gekauft, nur weil der Preis höher ist.)

---

[1] Vgl. Triffin, R., Monopolistic Competition and General Equilibrium Theory, Cambridge (Mass.) 1949, S. 97 ff.

(2) Der **Snob-Effekt**. Der Snob möchte sich aus der Gemeinschaft herausheben und Güter besitzen, die andere nicht besitzen. (Es wird mehr gekauft, weil andere weniger kaufen.)
(3) Der **Mitläufer-Effekt**. Hier sind häufig Meinungsführer Vorbild. (Es wird trotz steigendem Preis mehr gekauft, weil andere auch mehr kaufen.)
(4) Der **Preis als Qualitätsmaßstab**. Von einem hohen Preis wird auf hohe Qualität geschlossen und umgekehrt. (Es wird gekauft, nur weil der Preis höher ist).

Die Beziehungen zwischen Preis und abgesetzter Menge drücken sich in einer **Absatzkurve** (Nachfragekurve) aus, die im Normalfall von links nach rechts abfällt (Abb. 116). Eine solche Absatzkurve gilt nur unter folgenden Voraussetzungen:
(1) gegebene Einkommen der Nachfrager,
(2) gegebene Bedürfnisstruktur,
(3) gegebene Preise aller anderen Güter.

Ändert sich eine dieser Voraussetzungen, so verschiebt sich die Nachfragekurve.

Das Verhältnis zwischen Preisänderung und dadurch bewirkter Änderung der Absatzmenge bezeichnet man mit dem Ausdruck **Preiselastizität der Nachfrage** oder **Absatzelastizität**. Die Elastizität der Nachfrage wird ausgedrückt in

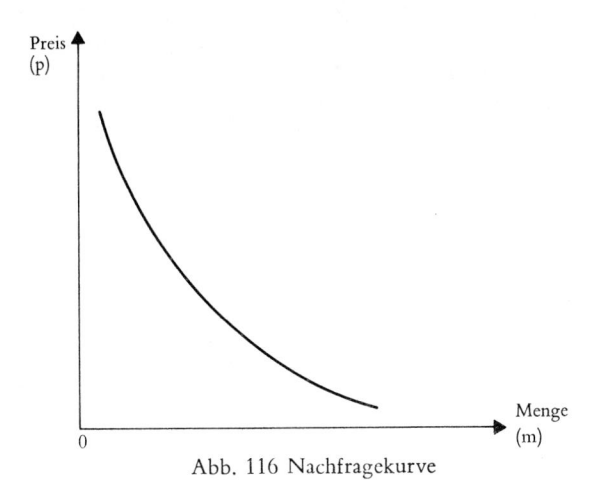

Abb. 116 Nachfragekurve

einem Koeffizienten, der aus dem Verhältnis der prozentualen Absatzänderung zu der prozentualen Preisänderung gebildet wird:

$$\text{Elastizitätskoeffizient} = \frac{\text{relative Mengenänderung}}{\text{relative Preisänderung}}$$

(43) $$e = -\frac{\Delta m/m}{\Delta p/p}.$$

Da einer der beiden Werte in der Regel negativ ist (steigt der Preis, so sinkt die abgesetzte Menge, sinkt der Preis, so steigt die abgesetzte Menge), wird das Minuszeichen eingeführt, damit der Wert der Elastizität bei normalen Nachfragekurven positiv wird.

Ist der Elastizitätskoeffizient größer als 1, so bezeichnet man die Nachfrage als „**elastisch**", ist er kleiner als 1, so ist die Nachfrage „**unelastisch**". $e > 1$ bedeutet, daß die relative Mengenänderung größer ist als die relative Preisänderung; $e < 1$ bedeutet, daß die relative Mengenänderung kleiner ist als die relative Preisänderung.

Senkt der Betrieb seinen Preis, und die Nachfrage ist elastisch, so steigt der Umsatz in Geld, denn das Produkt aus Absatzmenge (m) und Preis (p) wird größer. Senkt der Betrieb seinen Preis bei unelastischer Nachfrage, so sinkt sein Umsatz in Geld, da dem gesunkenen Preis nur eine geringere Mengensteigerung gegenübersteht, das Produkt aus $m \times p$ wird kleiner. Der Grenzfall, daß das Produkt konstant bleibt, weist eine Elastizität von 1 auf.

Erhöht der Betrieb seinen Preis bei „elastischer" Nachfrage, so geht sein Geldumsatz zurück, denn der Mengenrückgang bei geringer Preiserhöhung ist erheblich. Erhöht der Betrieb seinen Preis bei „unelastischer" Nachfrage, so ist der prozentuale Mengenrückgang kleiner als die prozentuale Preiserhöhung, der Umsatz in Geld steigt.

Zwei Grenzfälle der Preiselastizität stellen die Elastizitäten von **unendlich** und **Null** dar. Die Elastizität ist unendlich groß, wenn bei einem gegebenen Preis jede beliebige Menge abgesetzt werden kann. Die Nachfragekurve ist dann eine Parallele zur Abszisse (Abb. 117). Die Elastizität ist gleich Null, wenn bei jedem beliebigen Preis immer die gleiche Menge abgesetzt wird. Die Nachfragekurve verläuft parallel zur Ordinate (Abb. 118).

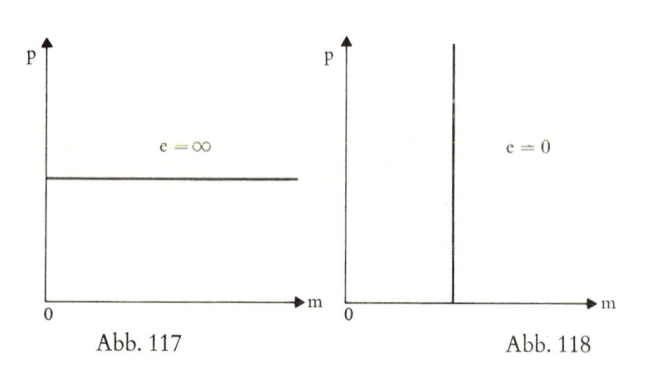

Abb. 117   Abb. 118

Man kann die Elastizität eines bestimmten Punktes (einer bestimmten Preishöhe) der Nachfragekurve feststellen, indem man – wenn es sich um eine linear fallende Nachfragekurve handelt – den Kurvenabschnitt, der unterhalb des Preises liegt, durch den Kurvenabschnitt, der oberhalb des Preises liegt, dividiert (vgl. Abb. 119).[1]

Im Halbierungspunkte der linearen Nachfragekurve ist $e = 1$; läßt man den Punkt A nach oben wandern, so steigt die Elastizität gegen **unendlich,** verschiebt

---

[1] Vgl. Schneider, E., a. a. O., S. 34

III. Die betriebliche Preispolitik

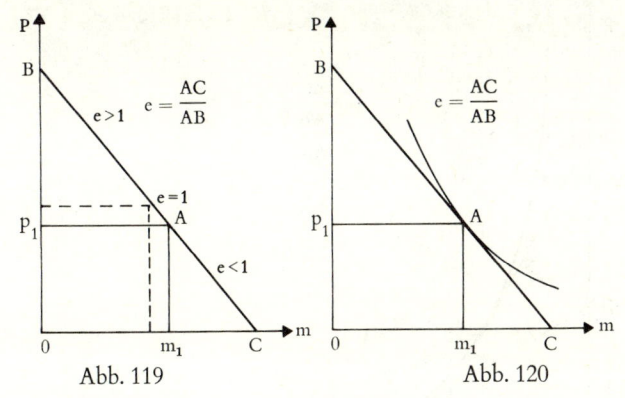

Abb. 119

Abb. 120

man den Punkt A nach unten, so sinkt die Elastizität **gegen Null** ab.[1] Je höher also der Preis ist, desto größer ist die Elastizität, je niedriger der Preis ist, desto kleiner ist die Elastizität. Das gilt nicht nur für lineare, sondern auch für gebogene Nachfragekurven, wenn ihr Verlauf nicht allzusehr von dem einer Geraden abweicht. Schneidet eine Nachfragekurve beide Achsen, so bedeutet das, daß bei einer bestimmten Preishöhe die Nachfrage nach dem betreffenden Gut völlig eingestellt wird (Schnittpunkt mit der Ordinate), und daß andererseits die Nachfrage nicht über eine bestimmte Sättigungsmenge hinausgeht, selbst wenn der Preis auf Null sinken würde (Schnittpunkt mit der Abszisse).

Ist die Absatzkurve gekrümmt, und soll die Elastizität für den Punkt A festgestellt werden, so legt man die Tangente im Punkt A an die Absatzkurve. Die Elastizität ergibt sich dann aus dem Verhältnis der Tangentenabschnitte (vgl. Abb. 120).

Die Preiselastizität ist immer eine **Punktelastizität**, d. h. sie gilt nur für einen bestimmten Punkt der Absatzkurve. An jedem anderen Punkt weist sie einen anderen Wert auf, da das Verhältnis $\frac{AC}{AB}$ sich laufend verschiebt. Eine Ausnahme bildet nur die gleichseitige Hyperbel, deren Elastizität in jedem Punkt gleich 1 ist (Abb. 121). Diese Kurve genügt der Gleichung $m \times p = G$, wobei G eine beliebige Konstante ist, mit anderen Worten, das Produkt aus Preis mal abgesetzter Menge, d. h. der Geldumsatz ist stets konstant. Ist z. B. der Preis 5 DM und werden 400 Stück abgesetzt, so beträgt der Erlös 2000 DM; sinkt der Preis auf 4 DM, so steigt der Absatz auf 500 Stück, der Erlös von 2000 DM bleibt unverändert. Marshall bezeichnet eine solche Kurve als Kurve konstanter Ausgaben („constant outlay curve").[2] Legt man an einen beliebigen Punkt einer solchen Kurve eine Tangente, so wird die Tangente durch den Tangentialpunkt stets halbiert.

Die Nachfrage nach einem Gut hängt nicht nur vom Preis dieses Gutes, sondern auch vom Preis anderer Güter ab. Das Maß der Abhängigkeit der Nachfrage eines Gutes vom Preis eines **anderen** Gutes bezeichnet man als **Kreuzpreiselastizität** der Nachfrage. Sie gibt Auskunft darüber, in welchem Umfange sich die nachgefragte Menge eines Gutes – bei unverändertem Preis dieses Gutes – durch die

---
[1] Vgl. v. Stackelberg, H., a. a. O., S. 180 f.
[2] Vgl. Marshall, A., Principles of Economics, 9. Aufl., London 1961, S. 839

$$e = \frac{AC}{AB} = 1$$

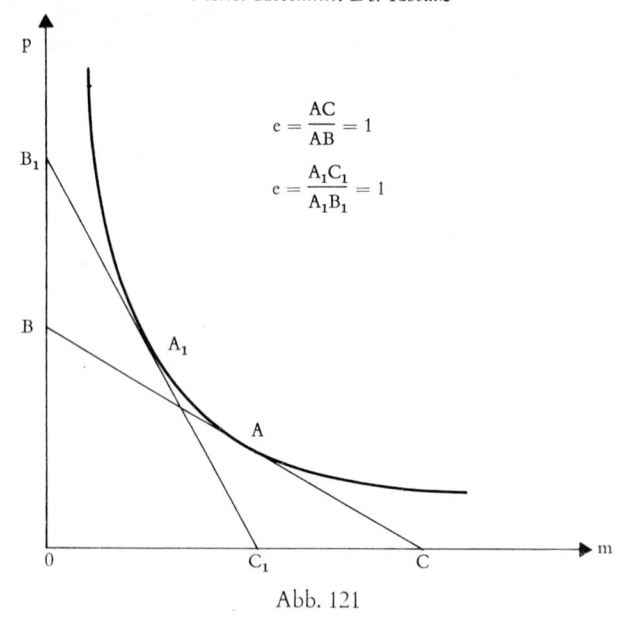

$$e = \frac{A_1C_1}{A_1B_1} = 1$$

Abb. 121

Änderung des Preises eines anderen Gutes verändert. Für die Kreuzpreiselastizität der Nachfrage nach dem Gut A, bezogen auf den Preis des Gutes B, gilt der Ausdruck:

$$e_{AB} = \frac{\text{relative Mengenänderung des Gutes A}}{\text{relative Preisänderung des Gutes B}}$$

Die dargestellten Nachfragekurven stellen nicht die Absatzkurve eines einzelnen Betriebes dar, sondern sind Gesamtabsatzkurven, die sich auf Grund der Nachfrageverhältnisse nach einem Gut ergeben. Nur dann, wenn es nur einen einzigen Anbieter gibt (Angebotsmonopol), konzentriert sich die Gesamtnachfrage auf den Monopolisten, und Gesamtnachfragekurve und individuelle Absatzkurve sind identisch. Normalerweise hat der Betrieb keine gegebene Nachfragekurve, sondern er macht sich auf Grund seiner Erfahrungen und Erwartungen am Markt nur gewisse Vorstellungen über seine individuelle Verkaufskurve. Bei vollkommener Konkurrenz ist die Nachfragekurve des einzelnen Betriebes mit der Preisgeraden identisch. Die Preiskurve (Grenzerlöskurve) verläuft hier parallel zur Abszisse, da jede Produkteinheit zum gleichen Preis abgesetzt werden kann. Wir wollen zunächst die beiden Grenzfälle betrachten, zwischen denen die preispolitischen Möglichkeiten der meisten Betriebe liegen: Angebotsmonopol und vollkommene Konkurrenz.

2. Die Preispolitik des Monopolbetriebes

a) Nachfragekurve, Gesamterlöskurve und Grenzerlöskurve des Monopolbetriebes

Ein Angebotsmonopol ist dann gegeben, wenn nur ein Betrieb ein bestimmtes Gut anbietet. Der Betrieb ist in diesem Falle völlig konkurrenzlos und braucht bei

III. Die betriebliche Preispolitik

seinen preispolitischen Entscheidungen keinerlei Rücksicht auf andere Betriebe zu nehmen. Die gesamte Nachfrage konzentriert sich also auf den Monopolbetrieb. Die absetzbare Menge ist abhängig von der Höhe des Preises; **je höher der Preis ist, desto geringer ist die absetzbare Menge und umgekehrt.** Der Angebotsmonopolist hat eine gegebene Nachfragekurve, die zugleich eine Preiskurve ist. Sie fällt mit zunehmender Absatzmenge. Es ergibt sich für ihn die Frage, wie hoch er den Preis setzen muß, um das Gewinnmaximum zu erzielen.

Der Monopolist erreicht dann sein **Gewinnmaximum**, wenn die Differenz zwischen seinem Gesamterlös und seinen Gesamtkosten am größten ist. Er muß also seine Gesamterlöskurve und seine Gesamtkostenkurve kennen.

Der Gesamterlös (E) ergibt sich, wenn man die Absatzmenge (m) mit dem dazugehörigen Preis (p) multipliziert:

(44) $$E = m \times p$$

Nehmen wir der Einfachheit halber an, die Nachfragekurve (AB) verlaufe linear. Dann steigt die Gesamterlöskurve vom Nullpunkt des Koordinatensystems an. Bei einem Absatz von Null ist auch der Gesamterlös = 0, bei Erreichen der Sättigungsmenge, d. h. im Schnittpunkt der Nachfragekurve mit der Abszisse (B), ist der Preis = 0, also der Gesamterlös ebenfalls = 0 (Abb. 122). Der Gesamt-

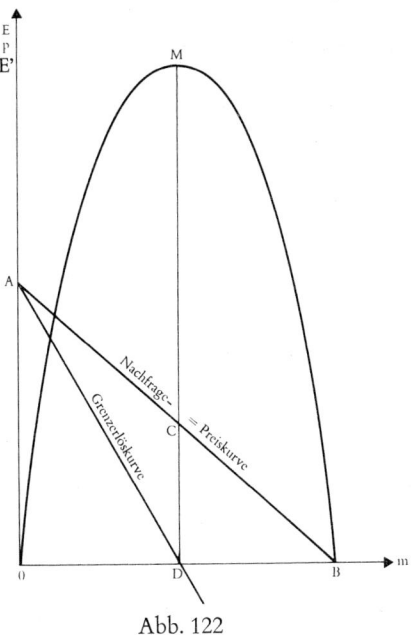

Abb. 122

erlös steigt zunächst stetig an, solange die Verminderung des Preises durch die Zunahme der abgesetzten Menge überkompensiert wird, erreicht ein Maximum (M) und sinkt wieder bis 0 ab, sobald die Erhöhung der Menge die Verminderung des Preises nicht mehr kompensieren kann. Der Erlöszuwachs, der durch Verkauf der letzten Mengeneinheit eintritt, wird als **Grenzerlös** (E′) bezeichnet. Die Grenzerlöskurve (AD) läßt sich aus der Nachfragekurve ableiten. Sie läuft stets unterhalb der Nachfragekurve (= Preiskurve), d. h. **der Grenzerlös ist stets niedriger als der Preis.**

Beispiel:

Nehmen wir an, es werden 100 Einheiten eines Gutes angeboten, die zum Preis von 10 DM je Einheit abzusetzen sind. Der Gesamterlös beträgt dann $100 \times 10 = 1000$ DM. Wird nun eine 101ste Einheit angeboten, so muß der Preis gesenkt werden, z. B. auf 9,95 DM, d. h. aber, daß alle 101 Einheiten infolge Preiseinheitlichkeit zu 9,95 DM je Einheit verkauft werden. Dem Gesamterlös wird jetzt zwar der Preis der 101sten Einheit von 9,95 DM hinzugefügt, gleichzeitig vermindert sich der Gesamterlös aber um $100 \times 0{,}05 = 5$ DM, denn die 100 Einheiten, die bisher zu je 10 DM verkauft wurden, lassen sich nur noch zu 9,95 DM je Einheit absetzen.

Der Grenzerlös beträgt 9,95 DM abzüglich 5 DM = 4,95 DM bei einem Preis von 9,95 DM. Der Grenzerlös sinkt also bei Ausdehnung der Produktion schneller als der Preis.

Sinkt der Grenzerlös auf 0 ab, dann hat der Gesamterlös sein Maximum erreicht. Das Sinken des Preises und die Zunahme der Absatzmenge kompensieren sich, d. h. das Produkt aus Preis mal abgesetzter Menge ist konstant. Das besagt, daß die Elastizität der Nachfrage in dem Punkte, in dem der Gesamterlös sein Maximum erreicht, gleich 1 ist. Ein vom Punkt M auf die Abszisse gefälltes Lot halbiert die Nachfragekurve (Punkt C) und schneidet die Abszisse im gleichen Punkt (D) wie die Grenzerlöskurve. Links von D ist die Elastizität der Nachfrage größer als 1, d. h. das Produkt aus Preis mal Absatzmenge nimmt mit steigendem Absatz zu, rechts von D ist die Elastizität kleiner als 1, d. h. der Umsatzerlös nimmt mit steigendem Absatz ab.

Für den Monopolisten bedeutet der Verlauf der Gesamterlöskurve, daß für ihn der Teil seiner Absatzkurve, bei dem die Elastizität kleiner als 1 ist, uninteressant ist, denn wenn er die Produktion so weit ausdehnt, daß $e < 1$ wird, so nimmt sein Gesamterlös mit der Produktion jeder weiteren Einheit ab; die Gesamtkosten dagegen steigen. Der Monopolist wird also seinen Preis stets so hoch ansetzen, daß diesem Preis eine nachgefragte Menge entspricht, bei der $e > 1$ ist. Je steiler allerdings die Nachfragekurve verläuft, d. h. je relativ unelastischer die Nachfrage nach einem Gut ist, desto größer wird die Preissteigerung bei einer bestimmten Produktionseinschränkung bzw. desto geringer wird der Absatzrückgang bei einer bestimmten Preiserhöhung sein. N_1 und N_2 sind zwei Nachfragekurven unterschiedlicher Elastizität (Abb. 123). Bei einer Einschränkung der Produktion von m_2 auf m_1 ist die mögliche absolute Preiserhöhung um so größer, je steiler die Nachfragekurve verläuft, je geringer also die Elastizität ist. Bei Einschränkung von m_2 auf m_1 steigt der Preis, wenn die Nachfragekurve N_1 gegeben ist, von p_1 auf p'_1, wenn die Nachfragekurve N_2 gegeben ist, von p_2 auf p'_2. In jedem Fall aber wird die Einschränkung der Produktion durch den Monopolisten so weit fortgesetzt, bis der elastische Abschnitt einer Nachfragekurve erreicht ist, d. h. der Elastizitätskoeffizient größer als 1 ist.

Aus den bisherigen Ausführungen wird ersichtlich, daß der Umfang der Abweichung des Grenzerlöses vom Preis durch die Größe der Preiselastizität der

III. Die betriebliche Preispolitik

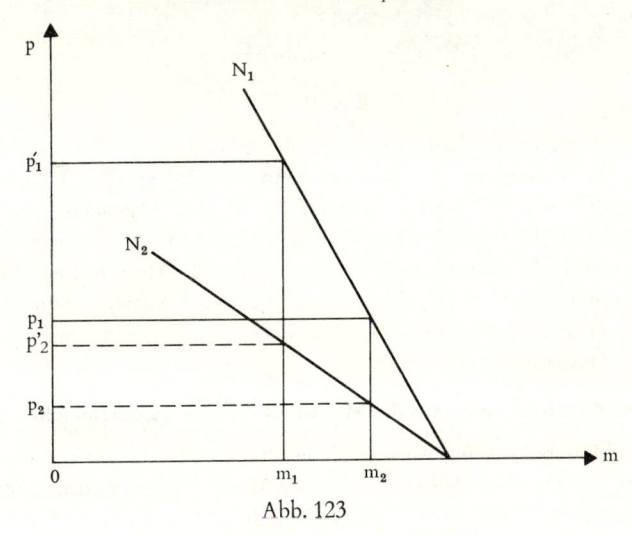

Abb. 123

Nachfrage bedingt ist. Ist die Elastizität der Nachfrage gleich 1, so ist die durch die prozentuale Zunahme der Absatzmenge bedingte Erhöhung des Gesamterlöses gleich der durch die prozentuale Preissenkung bedingten Verminderung des Gesamterlöses. Der Gesamterlös bleibt also unverändert; der Grenzerlös ist gleich Null.

Ist die Elastizität der Nachfrage gleich 5, so besagt das, daß die durch die Erhöhung der Absatzmenge um eine Einheit bewirkte Preissenkung den Gesamterlös nur um ein Fünftel des Betrages mindert, um den die Erhöhung der Absatzmenge den Gesamterlös vergrößert hat. Da der Absatz einer weiteren Mengeneinheit den Gesamterlös um den Preis dieser Einheit erhöht, beträgt die durch die Preissenkung bedingte Verminderung des Gesamterlöses also ein Fünftel des Preises. Ist die Elastizität der Nachfrage gleich 3, so ruft die Preisabnahme beim Absatz einer weiteren Mengeneinheit eine Verminderung des Gesamterlöses in Höhe eines Drittels des Preises hervor, mit anderen Worten, die durch die Preissenkung ausgelöste **Minderung des Gesamterlöses ist gleich dem Preis, dividiert durch den Elastizitätskoeffizienten,** also $\frac{p}{e}$. Da der Gesamterlös beim Absatz einer weiteren Mengeneinheit um den Preis zunimmt, ergibt sich der Grenzerlös (E') (Zuwachs zum Gesamterlös) aus der Gleichung

(45)
$$E' = p - \frac{p}{e} = p\left(1 - \frac{1}{e}\right)$$

Man bezeichnet diese Formel als **Amoroso-Robinson-Formel.**
Ist e = 5, so gilt:

$$E' = p - \frac{p}{5},$$

$$E' = \frac{4}{5}p.$$

Ist e = 1, so gilt:
$$E' = p - \frac{p}{1},$$
$$E' = 0.$$

Je größer also die Elastizität der Nachfrage ist, desto geringer ist die Abweichung des Grenzerlöses vom Preis und desto weniger liegt der Preis, bei dem der Monopolbetrieb sein Gewinnmaximum erzielt, über dem Konkurrenzpreis. Ist die Elastizität der Nachfrage gleich ∞, so wird der Grenzerlös gleich dem Preis. Das ist bei vollkommener Konkurrenz der Fall. **Ein Monopol ist also um so wirksamer** – wie bereits in Abb. 123 gezeigt wurde – **je geringer die Elastizität der Nachfrage nach einem Gut ist,** allerdings immer vorausgesetzt, daß der Elastizitätskoeffizient größer als 1 ist.

b) Das Gewinnmaximum des Monopolbetriebes (Cournotscher Punkt)

Der Monopolist kann, wenn er die Produktion ausdehnt, seinen Gesamterlös immer mehr steigern (Abb. 122), bis er die Menge m_1 abgesetzt hat, bei der der Gesamterlös sein Maximum erreicht. Danach sinkt der Gesamterlös wieder ab, während die Gesamtkosten weiter steigen. Es muß aber beachtet werden, daß der Monopolist nicht den größten Gesamterlös, sondern den maximalen Gewinn, also die **größte Differenz zwischen Gesamterlös und Gesamtkosten** erzielen will. Folglich läßt sich die Menge bzw. der Preis, bei dem der Monopolist

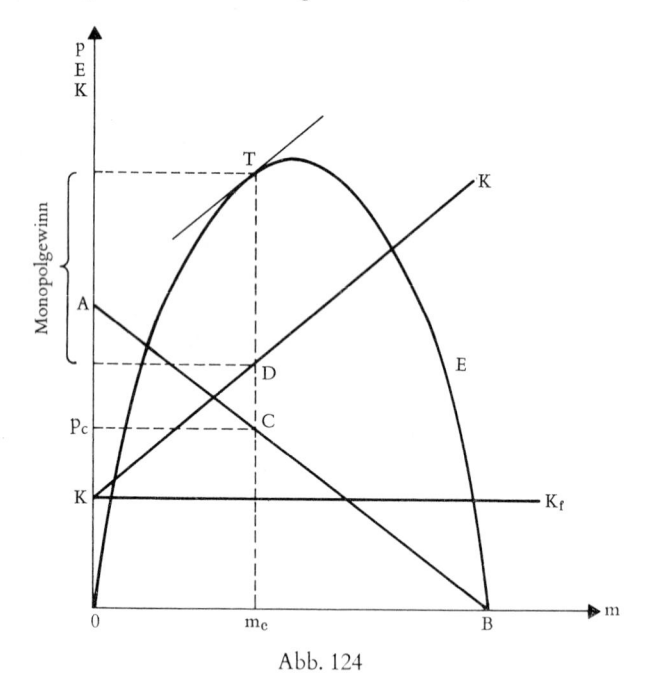

Abb. 124

OTB = Gesamterlöskurve
KK = Gesamtkostenkurve
KK_f = Fixkostenkurve
AB = Nachfragekurve

C = Cournotscher Punkt
p_c = Cournotscher Preis
m_c = Cournotsche Menge

III. Die betriebliche Preispolitik 411

sein Gewinnmaximum erreicht, nur ermitteln, wenn man den Verlauf von Erlös- und Kostenkurve kennt. Die größte Differenz zwischen Gesamterlös und Gesamtkosten ist bei der Ausbringungsmenge erreicht, bei der eine Tangente an die Gesamterlöskurve parallel zur Gesamtkostenkurve verläuft, denn dann ist das Steigungsmaß der Gesamterlöskurve (= Grenzerlös) gleich dem Steigungsmaß der Gesamtkostenkurve (= Grenzkosten). Fällt man von dem Tangentialpunkt das Lot auf die Abszisse, so ist der Schnittpunkt zwischen der Senkrechten und der Preiskurve der gesuchte Cournotsche Punkt (C) (Abb. 124).

Außer seiner Nachfragekurve, die zugleich seine Preiskurve ist, und der aus ihr abgeleiteten Grenzerlöskurve ist dem Monopolisten auch seine Grenzkostenkurve bekannt. Nehmen wir an, die Gesamtkostenkurve verlaufe linear, so ist die Grenzkostenkurve eine Parallele zur Abszisse, da das Steigungsmaß der Gesamtkostenkurve stets gleich ist. **Im Schnittpunkt von Grenzkosten- und Grenzerlöskurve erzielt der Monopolist sein Gewinnmaximum,** denn vor diesem Schnittpunkt ist der Erlöszuwachs (Grenzerlös) durch Verkauf der letzten Produkteinheit größer als der Kostenzuwachs, so daß die Differenz zwischen Gesamterlös und Gesamtkosten, das ist der Gesamtgewinn, noch steigt; nach diesem Schnittpunkt ist der Kostenzuwachs größer als der Erlöszuwachs, die Differenz zwischen Gesamtkosten und Gesamterlös wird kleiner.

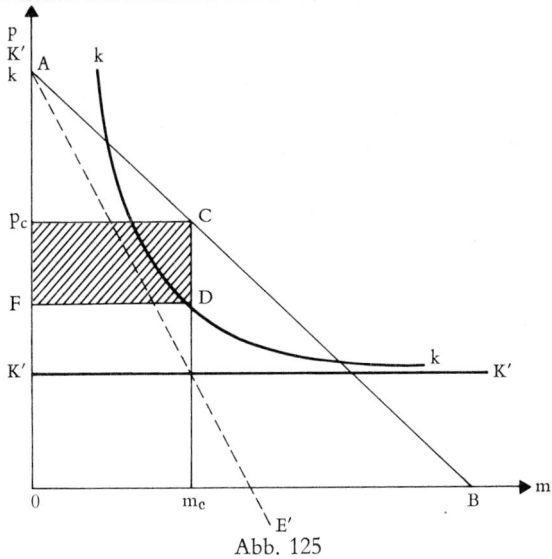

Abb. 125

AB = Nachfragekurve
K'K' = Grenzkostenkurve
AE' = Grenzerlöskurve
kk = Stückkostenkurve
C = Cournotscher Punkt

p_c = Cournotscher Preis
m_c = Cournotsche Menge
CD = Monopolgewinn je Stück
$CDFp_c$ = gesamter Monopolgewinn

Errichtet man im Schnittpunkt der Grenzkosten- und der Grenzerlöskurve eine Senkrechte, so schneidet sie die Preiskurve im Punkte C, den man als **Cournotschen Punkt** bezeichnet. Der zum Cournotschen Punkt gehörige Ordinatenwert gibt den Preis, der dazugehörige Abszissenwert die Absatzmenge an, bei der

der Monopolist sein Gewinnmaximum erreicht. Graphisch läßt sich der Cournotsche Punkt entweder mit Hilfe der Gesamtkosten- und Gesamterlöskurve (Abb. 124) oder mit Hilfe der Grenzkosten- und Grenzerlöskurve ermitteln (Abb. 125).

c) Das Verhalten des Monopolbetriebes bei Änderungen der Kostenstruktur

Verändert sich die Kostenstruktur des Monopolbetriebes in der Weise, daß die festen Kosten steigen oder sinken, so hat das auf die Lage des Cournotschen Punktes und damit auf die abgesetzten Mengen keinen Einfluß, wohl aber ändert sich die Höhe des Monopolgewinns.[1] Er vermindert sich, wenn die fixen Kosten von K_f auf K_{f_1} steigen, von DT auf FT (Abb. 126).

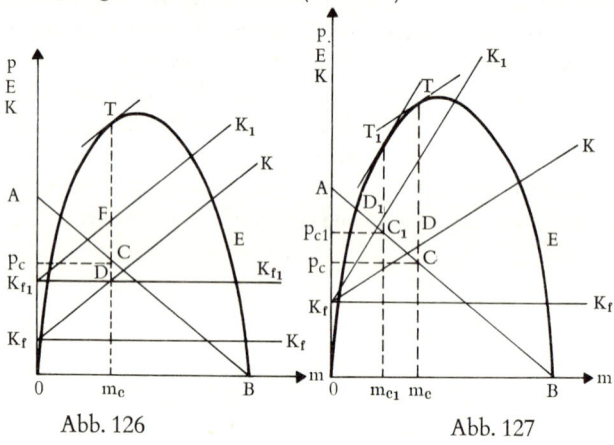

Abb. 126
Monopolgewinn bei K:DT
Monopolgewinn bei K_1:FT

Abb. 127
Monopolgewinn bei K:DT
Monopolgewinn bei K_1:D_1T_1

Ändert sich die Höhe der variablen Kosten, so verschiebt sich der Cournotsche Punkt, und damit ändern sich die abgesetzte Menge und der Monopolgewinn. Da das Steigungsmaß der Gesamtkostenkurve (K_1) durch Änderung der variablen Kosten ein anderes wird, ergibt die Tangente an die Gesamterlöskurve, die parallel zur Gesamtkostenkurve verläuft, einen neuen Tangentialpunkt (T_1) und somit sowohl einen anderen Cournotschen Preis (p_{c_1}) als auch eine andere Cournotsche Menge (m_{c_1}) und einen anderen Monopolgewinn (D_1T_1), der kleiner ist als der vorherige (DT) (Abb. 127).

Der dargestellte Fall des Angebotsmonopols ist ein theoretischer Fall, der in der Praxis in dieser Reinheit nicht vorkommt. Je höher der Monopolgewinn ist, desto größer wird für den Monopolisten die Gefahr, daß neue Betriebe (Außenseiter) aufkommen, die ihm Konkurrenz machen und seine Monopolstellung gefährden. Deshalb wird der Monopolist unter Umständen, um auf lange Sicht Gewinne erzielen zu können, auf sein kurzfristiges Gewinnmaximum verzichten und zu geringeren Preisen größere Mengen anbieten. Praktisch besteht auch für einen

---

[1] Vgl. Gutenberg, E., Grundlagen, Bd. II, a. a. O., S. 202 ff.

Betrieb, der als einziger ein bestimmtes Gut anbietet, eine Konkurrenz durch Substitutionsgüter, d. h. durch solche Güter, die dem gleichen Zweck wie das Monopolgut dienen. Der Monopolist ist also in praxi durchaus nicht völlig autonom in seiner Preispolitik. Er hat mancherlei Faktoren zu berücksichtigen, wenn er seine beherrschende Marktstellung behaupten will.

3. Die Absatzpolitik bei vollkommener Konkurrenz

a) Das Gewinnmaximum bei vollkommener Konkurrenz

aa) Gesamtangebots- und Gesamtnachfragekurve

Wir haben gesehen, daß das vollkommene Monopol einen Grenzfall darstellt, bei dem der Betrieb seine Absatzmenge durch Setzung eines Preises bestimmen kann. Der entgegengesetzte Grenzfall ist die vollkommene Konkurrenz. Sind die Bedingungen eines vollkommenen Marktes[1] erfüllt, und stehen sich Anbieter und Nachfrager in großer Zahl gegenüber, ist daher der Marktanteil des einzelnen Marktteilnehmers so gering, daß die übrigen Marktteilnehmer sein Verhalten nicht in Rechnung stellen, so bildet sich am Markt nur ein Preis. Das Verhalten aller Nachfrager läßt sich durch eine **Nachfragekurve** darstellen, die sich von der des Monopolisten nicht unterscheidet, und der dieselben Voraussetzungen zugrunde liegen. Diese Nachfragekurve ist der Ausdruck einer funktionalen Beziehung zwischen Preishöhe und abgesetzter Menge. Je höher der Preis, desto geringer ist die abgesetzte Menge, und umgekehrt.

Die Menge, die der einzelne Betrieb anbietet, ist ebenfalls eine Funktion des Preises. Je höher der Preis ist, zu dem der Betrieb verkaufen kann, desto größer wird die angebotene Menge sein, und umgekehrt. Addiert man alle individuellen Angebotskurven horizontal, so ergibt sich die **Gesamtangebotskurve,** die von links nach rechts steigt. Im Schnittpunkt von Gesamtnachfrage und Gesamtangebotskurve liegt der **Konkurrenzpreis.** Hier stimmen angebotene und abgesetzte Menge überein (Abb. 128).

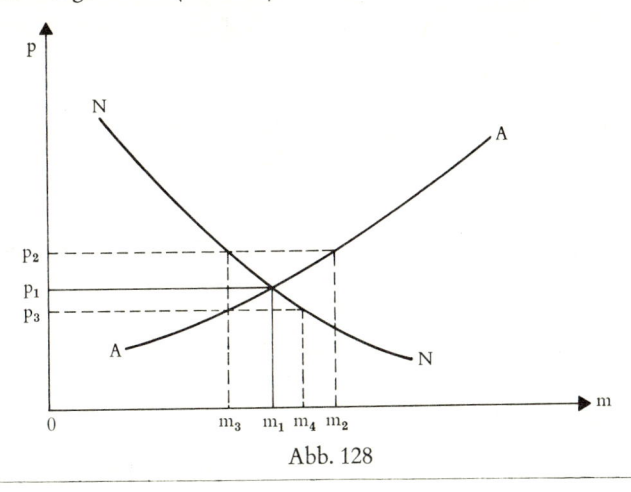

Abb. 128

---
[1] Vgl. S. 399

Würde die Menge m_2 angeboten, so könnte zu dem dazugehörigen Angebotspreis p_2 nur die Menge m_3 abgesetzt werden. Bei dieser Menge ergibt sich ein Angebotspreis von p_3, diesem entspricht aber eine abgesetzte Menge von m_4. Es kann sich also nur ein einheitlicher Preis bilden, der sich nur dann ändert, wenn eine Verschiebung der Gesamtangebots- oder der Gesamtnachfragekurve eintritt. Dieser Preis wird als **Gleichgewichtspreis** bezeichnet, da keiner der Marktteilnehmer ein Interesse daran hat, ihn zu verändern. Der einzelne Betrieb kann also von sich aus den Preis nicht beeinflussen, da sein Marktanteil zu gering ist. Würde er den Preis über den Marktpreis erhöhen, so würde er – immer unter den Bedingungen des vollkommenen Marktes – theoretisch alle Nachfrager verlieren; würde er ihn senken, so würden seine Konkurrenten darauf nicht reagieren, die gesamte Nachfrage würde sich auf ihn konzentrieren; er könnte sie aber nicht befriedigen. Folglich würde er nicht mehr das Gewinnmaximum erreichen.

Aus dem Gesagten ergibt sich, daß der Betrieb bei vollkommener Konkurrenz keine Preispolitik treiben kann, sondern daß er **den Marktpreis als Datum hinnehmen und sich mit der ausgebrachten Menge so anpassen muß (Mengenanpasser), daß er sein Gewinnmaximum erreicht.** Das Gewinnmaximum erzielt er ebenso wie der Monopolist dann, wenn er die Menge absetzt, bei der die Differenz zwischen Gesamterlös und Gesamtkosten am größten ist.

(bb) S-förmiger Gesamtkostenverlauf

Gehen wir zunächst von der Annahme einer S-förmig gebogenen Gesamtkostenkurve aus. Die Gesamterlöskurve verläuft linear, da in Anbetracht des einheitlichen Marktpreises (Gleichgewichtspreis) jede Produkteinheit zum gegebenen Marktpreis abgesetzt werden kann, der Gesamterlös ist also $E = m \times p$ (p = konstant). Der Betrieb erreicht sein Gewinnmaximum, wenn der **senk-**

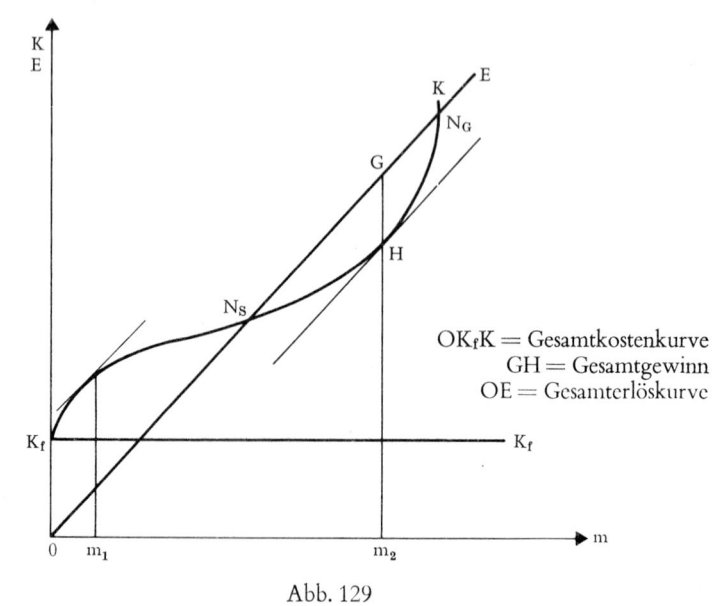

OK_fK = Gesamtkostenkurve
GH = Gesamtgewinn
OE = Gesamterlöskurve

Abb. 129

III. Die betriebliche Preispolitik

rechte Abstand zwischen Gesamterlös- und Gesamtkostenkurve am größten wird. (Abb. 129). Das ist dann der Fall, wenn das Steigungsmaß beider Kurven gleich wird, d. h. wenn die Tangente an die Gesamtkostenkurve parallel zur Gesamterlöskurve verläuft. Wie Abb. 129 zeigt, existieren zwei derartige Tangentialpunkte. Der über der Menge m_1 liegende Extrempunkt der Gesamtkostenkurve kann aber offensichtlich kein Gewinnmaximum sein, sondern stellt ein Verlustmaximum bei Unterbeschäftigung dar.

Da das Steigungsmaß der Gesamtkostenkurve durch die Grenzkosten, das Steigungsmaß der Gesamterlöskurve durch den Grenzerlös ausgedrückt wird, kann man auch sagen: das Gewinnmaximum ist bei vollkommener Konkurrenz dann erreicht, **wenn Grenzkosten und Grenzerlös gleich sind,** mit anderen Worten, wenn die Grenzkosten- und Grenzerlöskurve sich schneiden (Abb. 130). Da der Preis jeder abgesetzten Produkteinheit konstant ist, stellt der Preis den Erlöszuwachs dar (Grenzerlös), der durch Absatz einer weiteren Produkteinheit erzielt wird. Bei vollkommener Konkurrenz sind **Grenzerlös und Preis also stets gleich,** d. h. Grenzerlöskurve und Preiskurve decken sich und verlaufen parallel zur Abszisse.

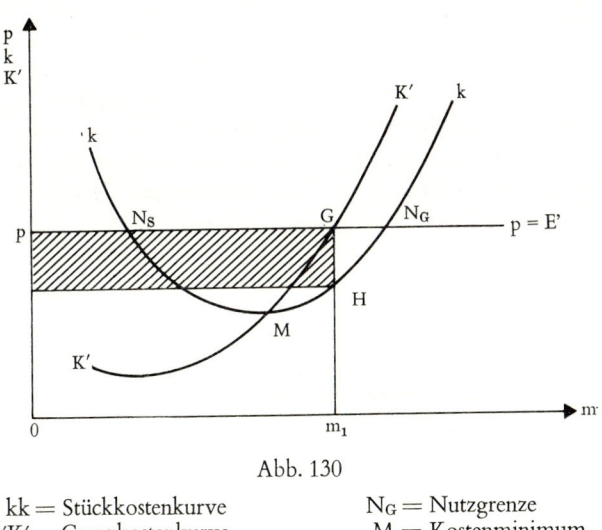

Abb. 130

kk = Stückkostenkurve
K'K' = Grenzkostenkurve
pp = Preisgerade
N_S = Nutzschwelle

N_G = Nutzgrenze
M = Kostenminimum
G = Gewinnmaximum
GH = Gewinn je Stück

Da die Preiskurve die für den Betrieb geltende **individuelle Nachfragekurve** ist, ist die Nachfrageelastizität bei einem Betrieb der vollkommenen Konkurrenz unendlich groß. Das heißt, daß der Betrieb von der Vorstellung ausgeht, zum gegebenen Marktpreis theoretisch jede beliebige Menge absetzen zu können, bedeutet aber nicht, daß die Preiselastizität der Nachfrage nach diesen Gütern unendlich groß ist. Diese ergibt sich aus der Lage des Marktpreises auf der Gesamtnachfragekurve, die von links nach rechts abfällt.

Aus der graphischen Darstellung (Abb. 130) wird ersichtlich, daß das Gewinnmaximum nicht im Punkt der niedrigsten Stückkosten (**Kostenminimum**) liegt, sondern erst dann erreicht wird, wenn die Stückkosten bereits im Steigen begriffen sind. Solange die Grenzkosten niedriger sind als der Preis (Grenzerlös), ist der Zuwachs zum Gesamterlös größer als der Zuwachs zu den Gesamtkosten. Da der Gesamtgewinn die Differenz zwischen Gesamterlös und Gesamtkosten ist, muß er noch so lange steigen, wie die Grenzkosten unter dem Preis liegen.

Zwischen Gesamterlös- und Gesamtkostenkurve bzw. zwischen Grenzerlös- (= Durchschnittserlös- = Preis-) und Stückkostenkurve ergeben sich zwei Schnittpunkte, in denen Kosten und Erlös gleich sind. Den linken Punkt bezeichnet man als **Nutzschwelle**, hier tritt der Betrieb in die Zone des Gewinns ein, den rechten als **Nutzgrenze**, hier verläßt der Betrieb die Gewinnzone.

cc) Linearer Gesamtkostenverlauf

Wir zeigten oben,[1] daß Grund zu der Annahme besteht, daß die Gesamtkostenkurve – wenigstens innerhalb bestimmter Beschäftigungsintervalle, die u. U. für den Betrieb allein relevant sind – auch linear verlaufen kann. In diesem Fall ist nicht nur das Steigungsmaß der Gesamterlöskurve, sondern auch der Gesamtkostenkurve konstant, d. h. auch die **Grenzkostenkurve verläuft parallel zur Abszisse** (Abb. 131). In diesem Fall gibt es kein eindeutiges Kriterium, wann der Betrieb sein Gewinnmaximum erreicht, denn es gibt keinen Schnittpunkt zwischen Grenzkosten- und Preiskurve. Die Grenzkosten und die variablen Durchschnittskosten sind stets gleich, ihre Kurven fallen zusammen. Da die Stückkosten die Addition von variablen und fixen Kosten pro Stück sind, muß die Stückkostenkurve immer um den Fixkostenanteil pro Stück über der Kurve der variablen Durchschnittskosten (= Grenzkosten) verlaufen.

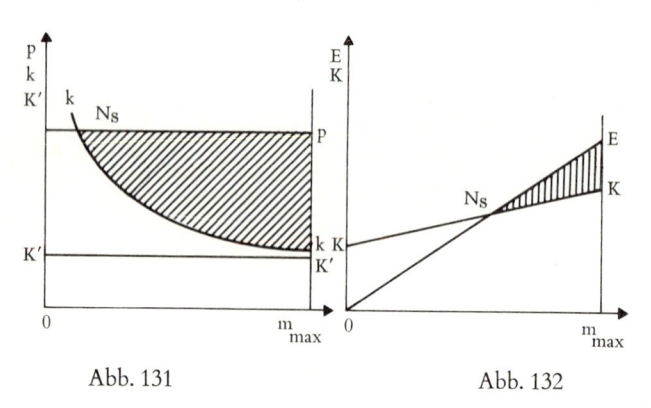

Abb. 131   Abb. 132

Es gibt also auch kein Kostenminimum als Schnittpunkt zwischen Stückkosten- und Grenzkostenkurve. Sobald die Stückkostenkurve die Preisgerade geschnitten hat (Nutzschwelle), tritt der Betrieb in die Gewinnzone ein (Abb. 131). Der Gewinn vergrößert sich mit steigender Ausbringung immer mehr und erreicht sein **Maximum an der Grenze der Kapazität**. Gesamtkosten- und Gesamterlöskurve schneiden sich im Punkt der Nutzschwelle (Abb. 132). Bis dahin läuft die

---

[1] Vgl. S. 332 f.

III. Die betriebliche Preispolitik 417

Gesamterlöskurve unter, von da ab über der Gesamtkostenkurve. Der Gesamtgewinn steigt bis zur Kapazitätsgrenze. Eine Nutzgrenze gibt es nicht.

b) Die Preisuntergrenze bei vollkommener Konkurrenz

aa) S-förmiger Gesamtkostenverlauf

Angenommen, die Gesamtnachfragekurve verschiebt sich aus irgendeinem Grunde (z. B. Änderung der Einkommen oder der Bedarfsstruktur der Haushalte, Änderung der Preise anderer Güter), dann ändert sich auch der Marktpreis. Eine Preissenkung kann auch durch Verschiebung der Angebotskurve entstehen, so z. B., wenn durch Aufkommen neuer Betriebe mit modernen Produktionsverfahren und damit geringeren Produktionskosten sich das Angebot erhöht. Sind die Kostenverläufe eines gegebenen Betriebes unverändert, so verschiebt sich die Absatzmenge, bei der der Betrieb sein Gewinnmaximum erreicht.

Sinkt der Preis, so wird der Betrieb – S-förmigen Gesamtkostenverlauf vorausgesetzt – seine Produktion einschränken, d. h. sein Angebot vermindern. Die individuelle Angebotskurve ist bei vollkommener Konkurrenz identisch mit der Grenzkostenkurve. Die horizontale Addition aller individuellen Grenzkosten-

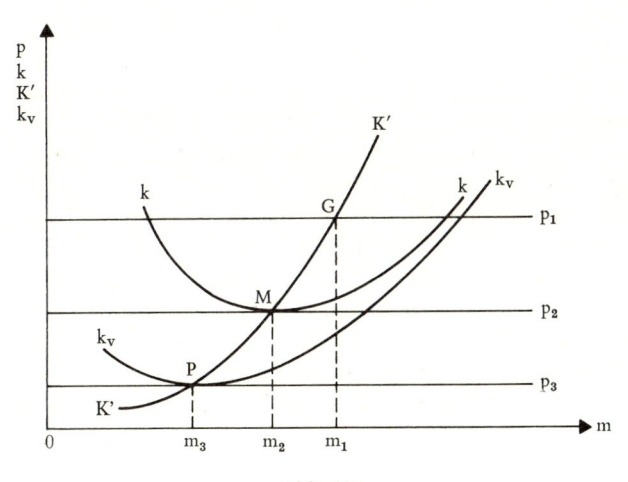

Abb. 133

M = Kostenminimum = langfristige Preisuntergrenze
P = kurzfristige Preisuntergrenze

kurven ergibt die Gesamtangebotskurve. Die Einschränkung des Angebots vollzieht sich also entlang der Grenzkostenkurve. Verläuft die Preisgerade (p_2) durch den Schnittpunkt der Stückkosten- und der Grenzkostenkurve, so werden zwar noch alle Kosten gedeckt, es entsteht jedoch kein Gewinn mehr (Abb. 133 und 134). Nutzschwelle, Nutzgrenze und Kostenminimum fallen in einem Punkt (M) zusammen. Da der Preis gerade noch die Kosten deckt, kann die Produktion langfristig fortgesetzt werden. Man bezeichnet daher den Punkt M (Kostenminimum) auch als **langfristige Preisuntergrenze**.

Sinkt der Preis weiter, so wird zunächst noch ein Teil der fixen Kosten gedeckt; wenn der Preis so weit abgesunken ist, daß die Preisgerade (p_3) durch den Schnittpunkt (p) von Grenzkosten- und variabler Durchschnittskostenkurve läuft, dann tritt ein Verlust in Höhe der gesamten fixen Kosten ein, der Betrieb deckt nur

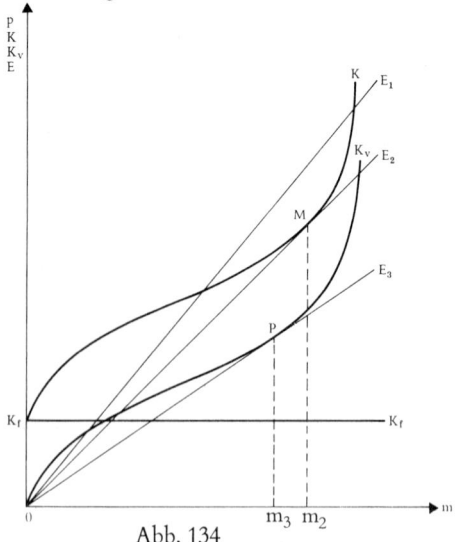

Abb. 134

noch seine variablen Kosten. Er hat seine **kurzfristige Preisuntergrenze (Betriebsminimum)** erreicht. Bei einem weiteren Rückgang des Preises wird der Betrieb in der Regel stillgelegt werden, d. h. er wird als Grenzbetrieb vom Markt verdrängt.

Praktisch wird das Betriebsminimum bereits früher erreicht, da der Betrieb dann nicht auf die Deckung seiner fixen Kosten verzichten kann, wenn sie mit laufenden Ausgaben verbunden sind (z. B. vierteljährliche Zinszahlungen für Fremdkapital). Außerdem kann der Betrieb zwar rein rechnerisch seine variablen Kosten noch decken (z. B. Löhne, Material), da aber die Löhne wöchentlich gezahlt werden müssen, ist es durchaus denkbar, daß der Betrieb zahlungsunfähig ist, wenn er zwar Forderungen, aber keine liquiden Mittel zur Verfügung hat, um seine Löhne zahlen zu können. Die theoretische Preisuntergrenze muß also von Fall zu Fall durch praktische Überlegungen korrigiert werden. Kann der Betrieb z. B. nie wieder damit rechnen, seine fixen Kosten zu decken, so wird er sofort schließen, wenn der Preis unter die Durchschnittskosten sinkt. Andererseits wird er versuchen, auch dann weiterzuproduzieren, wenn die variablen Durchschnittskosten über dem Preis liegen, mit dem niedrigen Verkaufspreis jedoch nur für sehr kurze Zeit gerechnet werden muß, so daß ein „Durchhalten" möglich erscheint.

Der Betrieb kann sich nicht nur durch ein Sinken des Preises, sondern auch durch einen Rückgang des Absatzes auf das Betriebsminimum hin bewegen. Mellerowicz[1] behandelt diesen Fall. Das entspricht zwar nicht dem Modell der vollkommenen Konkurrenz, weil hier unterstellt wird, daß jede beliebige Menge zum Marktpreis abgesetzt werden kann, folglich der Betrieb die Menge absetzt,

---

[1] Vgl. Mellerowicz, K., Kosten und Kostenrechnung, Bd. I: Theorie der Kosten, 4. Aufl., Berlin 1963, S. 380

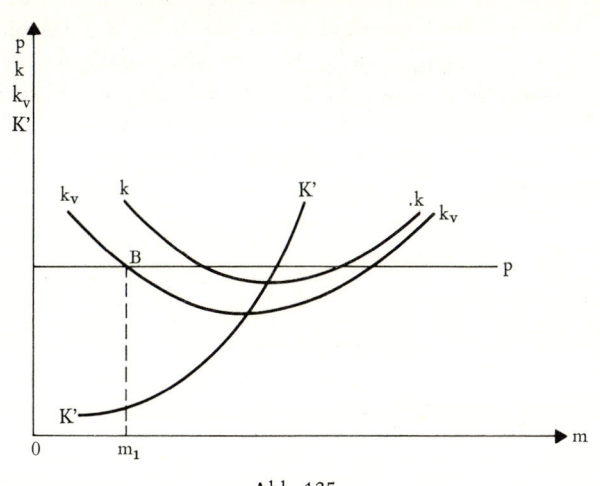

Abb. 135
B = Betriebsminimum

bei der die Grenzkosten gleich dem Preis werden, es entspricht aber der Wirklichkeit, da es zweifellos in jedem Wirtschaftszweig Betriebe gibt, die Absatzschwierigkeiten haben. Auch in diesem Fall tritt eine Stillegung dann ein, wenn die variablen Durchschnittskosten gleich dem Preis werden, also der Preis gerade noch die variablen Kosten deckt (B) (Abb. 135). Die eben gemachten Einwände gegen das Betriebsminimum gelten analog. Auch hier kann schon vorher eine Zahlungsunfähigkeit eintreten.

Die unterschiedliche Bestimmung des Betriebsminimums ist durch verschiedene Voraussetzungen gekennzeichnet. Im ersten Fall wird gefragt: wie lange hält ein Betrieb bei gegebenen Kostenverläufen einen Rückgang des Marktpreises aus, bevor er als Grenzbetrieb vom Markt verdrängt wird? Im zweiten Fall lautet die Frage: wie lange kann ein Betrieb mit gegebenen Kostenverläufen bei konstantem Preis Absatzrückgänge hinnehmen, bevor er stillgelegt werden muß? Der erste Fall ist theoretisch exakt, der Betrieb reguliert seine Absatzmenge entlang seiner Angebotskurve (Grenzkostenkurve). Der zweite Fall verläßt das Modell der vollkommenen Konkurrenz und geht von der Praxis aus.

Die Absatzmenge des Mengenanpassers kann nicht nur durch Preisänderungen, sondern auch durch **Kostenänderungen** beeinflußt werden. Bleibt die Kombination der Produktionsfaktoren unverändert, ändern sich aber die Preise der variablen Faktoren, z. B. die Löhne und Materialpreise, so ändert sich zwar der Erlösverlauf nicht, die Kostenkurven aber verschieben sich, da die Mengeneinheiten der variablen Faktoren anders bewertet werden. Dadurch ergibt sich – konstante Marktpreise vorausgesetzt – eine Änderung der Höhe des Gesamtgewinnes und der gewinnmaximalen Absatzmenge.

bb) Linearer Gesamtkostenverlauf

Unterstellt man eine **Preissenkung** bei linearer Gesamtkostenkurve, so ist die absolute Preisuntergrenze erreicht, wenn die Preisgerade und die Grenzkostenkurve, die gleich der variablen Durchschnittskostenkurve ist, sich decken. Der Betrieb arbeitet gewinn- und verlustlos, wenn der Preis gleich den Stückkosten der maximalen Absatzmenge wird (p_1, E_1) (Abb. 136/137). Wenn Grenzkostenkurve und Preisgerade sich decken (p_2), dann läuft die Gesamterlöskurve (E_2) der Gesamtkostenkurve parallel, der Abstand beider Kurven ist gleich den fixen Kosten. **Bei linearer Gesamtkostenkurve gibt es also keinen Punkt des Betriebsminimums.** Sind Preis und Grenzkosten gleich, so tritt ein Verlust in

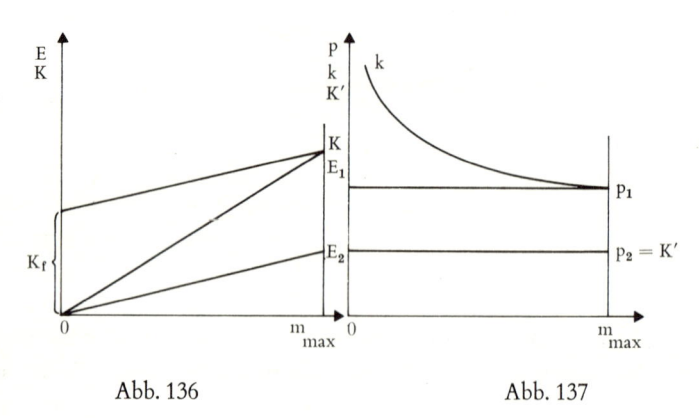

Abb. 136   Abb. 137

Höhe der gesamten festen Kosten ein, ganz gleich, wie groß die ausgebrachte Menge ist, da jede Einheit die gleichen variablen Kosten verursacht und nur noch diese gedeckt werden. Die Angebotskurve verläuft also bei der Ausbringung, die der Kapazitätsgrenze entspricht, von der Höhe der Grenzkosten an senkrecht nach oben, mit anderen Worten, der Betrieb bietet bei jedem Preis, der über den Grenzkosten liegt, die Menge an, die er bei Vollausnutzung der Kapazität produzieren kann. Hier wird ersichtlich, welche weittragenden Konsequenzen sich aus der Annahme entweder eines S-förmigen oder eines linearen Gesamtkostenverlaufs für den Betrieb ergeben.

Ändert sich die Qualität der Produktionsfaktoren, so ergeben sich völlig neue Ertrags- und Kostenverläufe.

Ändert sich nur der Preis des festen Faktors, z. B. der Maschinen bei gleicher technischer Beschaffenheit, so verschiebt sich die Gesamtkostenkurve parallel, die Gewinnhöhe verändert sich, die gewinnmaximale Absatzmenge aber bleibt konstant. Bei linearem Gesamtkostenverlauf hat eine Veränderung der Kosten nur einen Einfluß auf die Gewinnhöhe, jedoch nicht auf die ausgebrachte Menge. Die gewinngünstigste Menge liegt in jedem Fall bei der Kapazitätsgrenze.

4. Die Preis- und Absatzpolitik bei unvollkommener Konkurrenz

a) Begriff und Formen der unvollkommenen Konkurrenz

Vollkommenes Monopol und vollkommene Konkurrenz sind die beiden theoretischen Grenzfälle, zwischen denen sich die Preispolitik des Betriebes bewegt. In beiden Fällen geht man von der Annahme aus, daß der Betrieb eine **gegebene Absatzkurve** hat, d. h. daß er die Beziehungen, die zwischen Preis und Absatz-

III. Die betriebliche Preispolitik

menge bestehen, kennt und bei seinem Bestreben, den maximalen Gewinn zu erzielen, in Rechnung stellen kann. Praktisch ist aber dem Betrieb nur in den seltensten Fällen die Absatzkurve bekannt.

Heben wir nun die auf S. 399 unterstellten Bedingungen für den vollkommenen Markt auf, so erhalten wir einen Markt, der durch folgende Bedingungen charakterisiert ist:

Wie zuvor streben alle Produzenten das Gewinnmaximum und alle Konsumenten das Nutzenmaximum an. Doch wird dieses Streben nach dem jeweiligen Maximum beeinträchtigt durch:

(1) das **Bestehen sachlicher und persönlicher Präferenzen.** Das bedeutet auf der Angebotsseite, daß sowohl die Homogenität der angebotenen Güter aufgegeben wird, d. h. an sich gleichartige Güter können sich durch Aufmachung, Ausstattung, Markennamen usw. unterscheiden. Ebenso wird auf der Nachfrageseite die Fiktion aufgegeben, es sei dem Käufer völlig gleichgültig, bei welchem Anbieter er kaufe. Auf unvollkommenen Märkten unterscheiden sich die einzelnen Anbieter gleicher oder ähnlicher Waren durch die zwischen ihnen und ihrer jeweiligen Kundschaft bestehenden Präferenzen.

(2) das **Fehlen von völliger Markttransparenz.** Für den Anbieter bedeutet dies, daß er nicht vollständig über die Preise und Absatzmengen seiner Mitanbieter informiert ist. Folglich ist es ihm nicht möglich, seine betriebsindividuelle Absatzkurve genau zu kennen, er kann sich nur an sie herantasten. Für den Nachfrager bedeutet dies, daß er die Qualität der angebotenen Güter nicht völlig sicher beurteilen kann, und daß er über die von den verschiedenen Anbietern verlangten Preise ebenfalls nur unvollkommen informiert ist.

(3) das **Bestehen von Reaktionszeiten.** Alle Marktbeteiligten reagieren auf die Veränderung irgendeiner der relevanten Größen (Angebotspreise bzw. -mengen, Nachfragestruktur) erst mit einer gewissen Verzögerung.

Der Betrieb ist sowohl auf der Beschaffungs- als auch auf der Absatzseite mit dem Markt verbunden. Die Unvollkommenheit des Marktes kann sich deshalb von zwei Seiten auf die betriebliche Planung auswirken. Die Betriebe werden bestrebt sein, die für sie vorteilhaften Faktoren des unvollkommenen Marktes zu vergrößern, die nachteiligen dagegen zu vermindern.

Im Rahmen dieses Abschnittes wird nur der erweiterte preispolitische Spielraum des Betriebes betrachtet. Der Monopolist treibt zwar auch bei vollkommenem Markt Preispolitik. Er wird aber mit zunehmender Unvollkommenheit von der Substitutionskonkurrenz unabhängig. Der Oligopolist muß bei vollkommenem Markt befürchten, daß alle Kunden bei nur geringen Preisänderungen zur Konkurrenz abwandern. Der unvollkommene Markt gewährt ihm wegen mangelnder Transparanz einen Spielraum, innerhalb dessen er Preispolitik wie ein Monopolist betreiben kann. Auch der Polypolist kann am unvollkommenen Markt den Preis innerhalb bestimmter Grenzen wie ein Monopolist festsetzen. Er sieht sich einer betriebsindividuellen Preis-Absatzfunktion gegenüber, die um so steiler – und damit günstiger – ist, je unvollkommener der Markt ist, den er beliefert.

Je nach den Voraussetzungen nähert sich die Preisbildung einmal mehr der Monopolpreisbildung, ein andermal mehr der Konkurrenzpreisbildung an. Die

Vielzahl der unter der Bezeichnung „unvollkommene Konkurrenz" zusammengefaßten Marktsituationen wollen wir im folgenden in zwei große Gruppen einteilen. Im ersten Fall gehen wir davon aus, daß die angebotenen Güter entweder tatsächlich oder in der Vorstellung der Käufer nicht homogen sind (z. B. Markenartikel), im zweiten Fall nehmen wir an, daß die Bedingung der Homogenität erfüllt ist, daß aber andere Bedingungen des vollkommenen Marktes aufgehoben sind. Wenden wir uns zunächst dem ersten Fall zu.

b) Die Preispolitik beim Angebot von Markenartikeln

Die Erfahrung zeigt, daß der einzelne Betrieb auch dann, wenn er dasselbe Gut wie andere Betriebe anbietet, bestrebt ist, sein Gut am Markt herauszuheben, d. h. **zum Gut eigener Art** zu machen. Das kann einmal dadurch geschehen, daß durch eine besondere Art der Verpackung, durch eine besondere Bezeichnung (Warenzeichen, Marke) und durch Werbung bei den Käufern allmählich der Eindruck erweckt wird, daß es sich um ein Gut besonderer Art und Qualität handelt, so daß allmählich Präferenzen für bestimmte „Marken" entstehen, obwohl sie sich in qualitativer Hinsicht nicht oder kaum unterscheiden. Je mehr es den Betrieben gelingt, ihre an sich nahezu homogenen Güter (z. B. Waschpulver, Margarine, Zigaretten, Kaffee u. a.) in der Vorstellung der Abnehmer zu Gütern eigener Art zu machen, um so mehr tritt an die Stelle der Preiskonkurrenz die **Reklamekonkurrenz.**

Standardisierbare Produkte des Massenbedarfs, die durch Warenzeichen oder eine besondere Aufmachung gekennzeichnet sind und auf diese Weise beim Nachfrager die Vorstellung hervorrufen, daß es sich um Güter einer bestimmten gleichbleibenden Qualität handelt, die ferner nur in bestimmten Mengen abgepackt und überall zum gleichen Preis für längere Zeit erhältlich sind, bezeichnet man als **Markenartikel.** Der gleiche Preis wird dadurch erreicht, daß der Produzent den Handel vertraglich verpflichtet, festgesetzte Endverkaufspreise einzuhalten. Diese Preisbindung des Handels durch die Produktion bezeichnet man als Preisbindung der zweiten Hand oder als vertikale Preisbindung.

Die **vertikale Preisbindung** hat zur Folge, daß der Handelsbetrieb nur noch den verlängerten Arm des Produktionsbetriebes darstellt. Während bei Nicht-Markenartikeln die volle Verantwortung für die Güte der angebotenen Waren beim Handelsbetrieb liegt und die Produktionsbetriebe, von denen der Handelsbetrieb sein Sortiment beschafft, gewöhnlich anonym bleiben, so daß der Preis ein Zeichen für die Leistungsfähigkeit des Handelsbetriebes und nicht des Produktionsbetriebes ist, kennt der Käufer beim Kauf von Markenartikeln den Produzenten. Der **Handelsbetrieb hat keinerlei Einfluß auf den Preis** und die Ausstattung, selbst die Werbung wird vom Produzenten durchgeführt, der Handelsbetrieb kann lediglich das gelieferte einheitliche Werbematerial verwenden.

Betriebe mit einer monopolartigen Stellung auf dem Verbrauchermarkt werden niedrigere Handelsspannen gewähren, da der Handel im Interesse der Vollständigkeit seines Sortiments in der Regel nicht auf den Vertrieb dieses Artikels verzichten kann. Diese Zwangslage kann der Hersteller bei vertikaler Preisbindung ausnutzen, indem er die Handelsspanne vermindert. Hohe Handels-

III. Die betriebliche Preispolitik

spannen werden hauptsächlich von wenig bekannten Herstellern, die auf eine günstige Plazierung innerhalb des Sortiments angewiesen sind, gewährt. Auch Produkte, die neu eingeführt werden, haben tendenziell hohe Handelsspannen. Da sich die Händler den wechselnden Marktlagen nicht durch eigene Preispolitik anpassen können, reagieren sie durch wechselnde Rabattforderungen gegenüber den einzelnen Herstellern, d. h. die Preiskonkurrenz findet ausschließlich auf dem Händler-Produzentenmarkt statt. Es kommt zu Rabattkämpfen zwischen Händlern und Produzenten.

Nehmen wir einmal an, mehrere Betriebe bieten unter verschiedenen Marken Zigaretten an, die sich qualitativ nicht unterscheiden. Für alle Zigarettenproduzenten besteht eine Gesamtnachfragekurve nach Zigaretten. Der einzelne Betrieb hat keine individuelle Nachfragekurve. Für ihn gibt es keine eindeutige Beziehung zwischen Preis und Absatzmenge.

Er kann nur unter Beachtung der Konkurrenzmarken einen bestimmten Preis für seine Ware setzen und nun beobachten, wie sich der Absatz entwickelt. Hat er sich einen bestimmten Abnehmerkreis geschaffen, also einen bestimmten Anteil der Gesamtnachfrage auf sich konzentriert, so wird es ihm durch eine Preissenkung kaum gelingen, Käufer anderer Marken, die „auf ihre Marke schwören", zu gewinnen. Es wäre sogar denkbar, daß er Käufer verliert, weil sich mit der Preishöhe eine gewisse Vorstellung über die Qualität verbindet und viele Käufer mit der Preissenkung eine Qualitätsverschlechterung vermuten, oder weil manche Käufer glauben, es sich schuldig zu sein, Zigaretten einer bestimmten Preisklasse zu rauchen. Eine Preiserhöhung andererseits führt nicht unmittelbar zu einem Nachfragerückgang, weil die Käufer ihrer Marke treu bleiben, wenn der Preis nicht ganz extrem von den Preisen der Konkurrenzmarken abweicht. Es können also für Güter gleicher Qualität verschiedene Preise bestehen bzw. können bei Qualitätsunterschieden Preisunterschiede vorhanden sein, die in keinem Verhältnis zu dem Qualitätsunterschied stehen.

Der Preispolitik als absatzpolitischem Mittel sind hier enge Grenzen gesetzt. Die Konkurrenzbetriebe werden auf preispolitische Maßnahmen unter Umständen nicht reagieren. Die Reaktion der Käufer läßt sich nicht genau vorherbestimmen, da eine individuelle Absatzkurve nicht gegeben ist und der Betrieb nur mit bestimmten Erwartungen operieren kann, in denen ein erhebliches Risiko von Fehldispositionen stecken kann. An die Stelle der Preispolitik treten **andere absatzpolitische Maßnahmen,** in erster Linie die Werbung in Zeitung, Zeitschrift, Rundfunk und Fernsehen. Durch ununterbrochene werbemäßige Beeinflussung, durch besonders originelle Werbeeinfälle versucht der einzelne Markenartikelproduzent, einen immer größeren Teil der Gesamtnachfrage auf sich zu konzentrieren.

Diese Absatzsituation steht dem Monopol wesentlich näher als der vollkommenen Konkurrenz. Praktisch hat jeder Betrieb, wenn die von ihm angebotene Marke sehr stark als Gut eigener Art empfunden wird, eine **monopolähnliche Stellung.** Nur kann er im Gegensatz zu einem Monopolisten sein Gewinnmaximum nicht eindeutig bestimmen, da er keine eigene Nachfragekurve hat. Man bezeichnet ein Marktverhalten, bei dem der Betrieb zwar weiß, daß der Absatz seiner Marke auch vom Preis der Konkurrenzmarken irgendwie abhängt, bei dem er aber annimmt, daß eigene preispolitische Entscheidungen zu keiner Änderung der Preise der Konkurrenzmarken führen, als **polypolistisches** Marktverhalten.

Inwieweit Güter, die unter einer Marke angeboten werden, vom Käufer wirklich als Markenartikel im oben beschriebenen Sinne angesehen werden, ist sehr verschieden. Es gibt viele Übergänge. Je lockerer die Bindung des Käufers an einen bestimmten Markenartikel ist, um so größer wird die Substitutionsmöglichkeit durch andere Marken, und um so mehr muß der Betrieb bei preispolitischen Maßnahmen die Reaktion seiner Konkurrenten beachten. Senkt ein Betrieb seinen Preis, und wandern sofort Käufer von anderen Marken auf die billigere Marke ab, so sehen sich auch die übrigen Konkurrenten zu Preissenkungen gezwungen, um sich ihre Kunden zu erhalten. Der Betrieb kann also durch Preissenkungen keine wesentliche Absatzsteigerung erreichen. Erhöht dagegen der Betrieb seinen Preis, so folgen die übrigen „Marken" nicht, der Betrieb wird schnell an Absatz verlieren. Ein solches preispolitisches Verhalten, das bei eigenen preispolitischen Entscheidungen die Reaktion nicht nur der Nachfrager, sondern auch der Konkurrenz in Rechnung stellen muß, bezeichnet man als **oligopolistisches** Marktverhalten.

Die Nachfragekurve ist in diesem Fall „geknickt". Bei Preissteigerungen verläuft sie flach nach links oben, d. h. die Nachfrage ist elastisch, einer geringen Preiserhöhung entspricht bereits ein großer Mengenausfall. Bei Preissenkungen verläuft sie steil nach rechts unten, d. h. die Nachfrage ist unelastisch; da die Konkurrenzmarken eine Preissenkung mitmachen werden, kann selbst bei starker Preissenkung nur wenig Absatz hinzugewonnen werden.

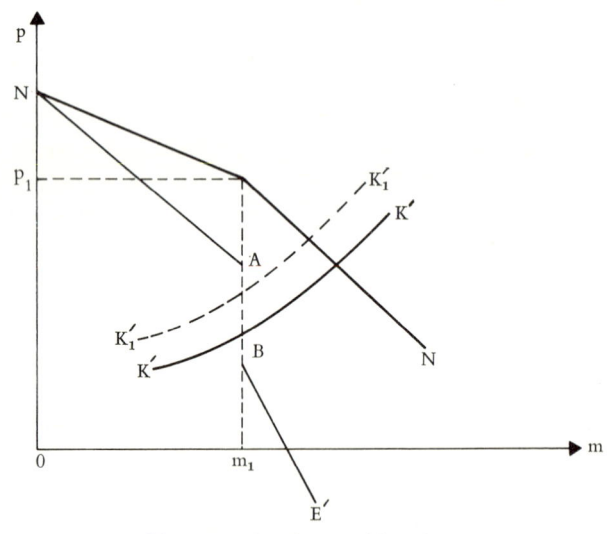

Abb. 138 Geknickte Nachfragekurve
NN = Nachfragekurve
NE′ = Grenzerlöskurve
K′K′ und K′$_1$K′$_1$ = Grenzkostenkurven
AB = Sprung in der Grenzerlöskurve

Da die vorgestellte Nachfragekurve (NN) in Höhe des Preises (p_1) geknickt ist, macht die aus dieser Nachfragekurve abgeleitete Grenzerlöskurve (NE') bei der dem gesetzten Preis entsprechenden Absatzmenge einen Sprung (AB) (Abb. 138). Verläuft die Grenzkostenkurve (K'K') durch diesen Sprung, so sind die Grenzkosten gleich dem Grenzerlös, und der Betrieb hat sein Gewinnmaximum erreicht. Würde sich die Grenzkostenkurve z. B. durch Änderung der Preise der variablen Faktoren verschieben (K'$_1$K'$_1$), so braucht der Betrieb seinen Preis und seine abgesetzte Menge nicht zu verändern, wenn die neue Grenzkostenkurve ebenfalls durch den Sprung der Grenzerlöskurve verläuft, denn auch dann wäre das Prinzip Grenzkosten gleich Grenzerlös realisiert.

Es bleibt zu prüfen, ob die Konstruktion einer geknickten Nachfragekurve geeignet ist, eine eindeutige Bestimmung des Gewinnmaximums des Betriebes bei oligopolistischem Marktverhalten zu ermöglichen. Eine Nachfragekurve gilt nur unter der Voraussetzung einer gegebenen Bedürfnisstruktur, gegebener Einkommen der Nachfrager und gegebener Preise aller anderen Güter. Diese Voraussetzungen sind nur in dem Teil der Kurve, der links vom „Knick", also oberhalb des gesetzten Preises verläuft, erfüllt, da der Betrieb bei oligopolistischem Marktverhalten davon ausgeht, daß seine Konkurrenten nicht reagieren, wenn er den Preis erhöht. Dieser Teil der Kurve ist also eine vorgestellte Nachfragekurve.

Für den rechts des gesetzten Preises verlaufenden Teil der Kurve gilt jedoch die Annahme, daß bei einer Preissenkung des Betriebes auch die Konkurrenten ihre Preise senken werden; die Preise der anderen Güter bleiben also nicht konstant. **Eine Voraussetzung der gegebenen Nachfragekurve ist nicht erfüllt;** bei der Änderung der Preise anderer Güter tritt eine Verschiebung der Nachfragekurve ein. Dieser Teil der Kurve kann also nicht als vorgestellte Nachfragekurve angesehen werden. Also auch beim oligopolistischen Verhalten des Betriebes gilt, was für alle Fälle der unvollkommenen Konkurrenz typisch ist, daß es zwar eine Gesamtnachfragekurve, aber keine individuelle Nachfragekurve des einzelnen Betriebes gibt, sondern daß der einzelne Anbieter sich lediglich gewisse Vorstellungen über das Verhalten seiner Konkurrenten machen kann.

c) Die Preispolitik bei mangelnder Markttransparenz und Bestehen von Präferenzen (polypolistische Konkurrenz)

Wenden wir uns dem zweiten Falle zu. Wird ein homogenes Gut von vielen Betrieben angeboten, so daß theoretisch vollkommene Konkurrenz und Preiseinheitlichkeit bestehen müßte, so kann es dennoch zu Absatzsituationen kommen, die den vollkommenen Markt zu einem unvollkommenen machen und für dasselbe Gut unterschiedliche Preise ermöglichen. Fehlt den Nachfragern die Übersicht über den Markt (**mangelnde Markttransparenz**), d. h. wissen sie nicht, zu welchen Preisen ein Gut gleicher Art und Güte bzw. eine Dienstleistung von verschiedenen Betrieben angeboten wird, so ist die Bildung verschiedener Preishöhen für ein homogenes Gut durchaus möglich.

Häufig bildet sich durch persönliche Beziehungen zwischen Betrieb und Käufer eine „Stammkundschaft", weil die Kunden den Betrieb wegen besonders zuvorkommender Bedienung, wegen des Kundendienstes, wegen seiner Betriebsform (z. B. Selbstbedienungsladen), wegen der günstigen Lage zur eigenen Wohnung oder zum Arbeitsplatz oder wegen besonders vorteilhafter Liefer- und Zahlungsbedingungen anderen Betrieben vorziehen (**persönliche** und **sachliche Präferenzen**). In solchen Fällen kann der Betrieb den Preis für ein an sich homogenes Gut nach oben oder unten innerhalb gewisser Grenzen verändern, ohne daß er deshalb Kunden verliert und ohne daß es ihm gelingt, Käufer aus dem Kundenstamm anderer Betriebe abzuziehen. Bei Preissenkungen in gewissen Grenzen kann er lediglich Käufer gewinnen, die bei höherem Preis das betreffende Gut überhaupt noch nicht nachgefragt haben.

Im Einzelhandel und im Handwerk ist diese Marktsituation typisch. Auch hier liegt also eine polypolistische Verhaltensweise vor, denn der Betrieb rechnet bei Preisänderungen innerhalb der möglichen – meist sehr engen – Grenzen damit, daß die Konkurrenz ihre Preise nicht verändern wird. Zwischen einem **oberen** und einem **unteren Grenzpreis** liegt eine Zone, in der sich der Betrieb monopolistisch verhalten kann, hier verliert er durch Preiserhöhungen keine Kunden an die Konkurrenz und zieht durch Preissenkungen keine Käufer von der Konkurrenz ab. Ein Milchgeschäft z. B. wird, wenn das nächste Geschäft zehn Minuten entfernt liegt, bei einer Preiserhöhung von einem oder zwei Pfennigen kaum Kunden verlieren oder bei einer entsprechenden Preissenkung gewinnen, da die Güter des täglichen Bedarfs gewöhnlich in unmittelbarer Nähe der Wohnung des Konsumenten beschafft werden. Dieses Geschäft hat also innerhalb eines bestimmten Preisintervalls eine Art Monopolstellung.

Stellen wir uns die Preis-Absatz-Kurve eines derartigen Anbieters vor.[1] Sie ist in drei Abschnitte unterteilt (Abb. 139). Ob der Übergang zwischen den drei Bereichen allmählich oder bruchartig vor sich geht, kann nicht generell gesagt werden, sondern hängt vom Einzelfall ab.

Der mittlere Abschnitt (AB) ist das sog. **monopolistische Intervall**. In diesem Bereich kann der Anbieter seinen Preis setzen, ohne daß vorhandene Kunden abwandern oder solche von Konkurrenzbetrieben zuwandern, da die relativen Preissenkungen bzw. -erhöhungen zu gering sind, um die bestehenden Präferenzen zu überwinden. Die Steigung des Kurvenabschnitts AB, d. h. die Umsatzzunahme bei Preissenkungen bzw. Umsatzabnahme bei Preiserhöhungen ist allein auf das Wirksamwerden bisher latender Nachfrage zurückzuführen, d. h. bei Preissenkungen in diesem Bereich werden nur Käufer, die bis jetzt das betreffende Gut noch gar nicht oder nur in geringerer Menge gekauft haben, geworben. Der Umfang des monopolistischen Intervalls hängt in erster Linie von der Stärke der zu einem Betrieb bestehenden Präferenzen ab, die mit der Art des vertriebenen Gutes variieren.

Wären die Präferenzen für alle Unternehmer gleich groß, so würden sie sich gegenseitig aufheben und die Preis-Absatz-Funktion würde der bei vollständiger Konkurrenz entsprechen. Verlagern sich die Präferenzen einseitig auf einen Anbieter, so wird dessen Preis-Absatz-Funktion derjenigen eines Monopols nahekommen. Allgemein kann gesagt werden, daß der monopolistische Spielraum

---

[1] Die polypolistische Absatzkurve wurde von Gutenberg entwickelt, dessen verbaler und graphischer Darstellung wir folgen; vgl. Gutenberg, E., Grundlagen, Bd. II, a. a. O., S. 242 ff.

Abb. 139

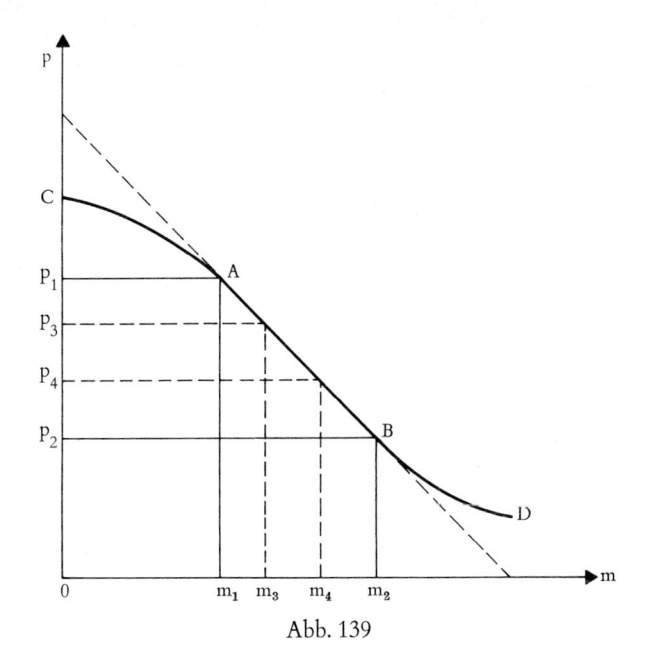

um so breiter ist, als je heterogener die Güter angesehen werden und um so unvollständiger die Markttransparenz ist.

Der obere Abschnitt (AC) und der untere Abschnitt (BD) sind die sog. **atomistischen Bereiche.** Erhöht der Betrieb den Preis über den oberen Grenzpreis oder senkt er ihn unter den unteren Grenzpreis, so verlieren die Präferenzen ihre Wirkung: der Betrieb begibt sich in die atomistischen Abschnitte der Preis-Absatz-Funktion. In diesem Fall ist die Absatzzunahme oder -abnahme nicht nur auf das Mobilisieren latenter Nachfrage bzw. das Verschwinden nicht kaufkräftiger Nachfrage zurückzuführen, sondern darüber hinaus werden Kunden von anderen Betrieben angeworben bzw. gehen Kunden auf andere Anbieter über. Die Preis-Absatz-Funktion biegt also im Punkt A flach nach links, dementsprechend im Punkt B flach nach rechts ab. Reaktionen anderer Wettbewerber auf Preissenkungen oder -erhöhungen treten nicht ein, da der Marktanteil jedes einzelnen Betriebes sehr gering ist.

In welchem Umfang die Kunden bei der Überschreitung (Unterschreitung) der oberen (unteren) Grenzpreise abwandern (zuwandern), hängt von ihrer Marktübersicht und dem akquisitorischen Potential der Unternehmung ab. Je weiter der Grenzpreis nach oben (unten) überschritten (unterschritten) wird, desto mehr (weniger) Käufer wandern ab (zu).

Um die Frage beantworten zu können, wie ein Anbieter in der polypolistischen Konkurrenz sein Gewinnmaximum ermitteln kann, müssen zunächst die der Abb. 139 entsprechenden **Gesamterlös-** und **Grenzerlöskurven** bestimmt werden. Dabei sei eine Preis-Absatz-Funktion mit waagerecht verlaufenden atomistischen Abschnitten unterstellt (CABD in Abb. 140). Offensichtlich nimmt der Gesamterlös von 0 bis zur Ausbringung m_2 kontinuierlich zu.

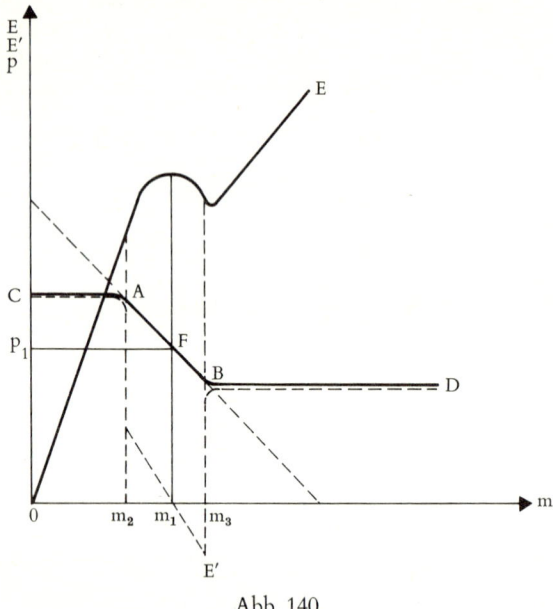

Abb. 140

Auch für Absatzmengen größer als m_3 gilt diese Aussage, da die Preis-Absatz-Funktion parallel zur Abszisse verläuft.[1] Für den Verlauf der Gesamterlöskurve im Bereich zwischen m_2 und m_3 sind drei Fälle denkbar. Die Preiselastizität der Nachfrage kann im gesamten monopolistischen Abschnitt sein:
(1) sowohl größer als auch kleiner als 1,
(2) nur größer als 1,
(3) nur kleiner als 1.

Die Form der Erlöskurve variiert mit den Elastizitäten der dazugehörigen Preis-Absatz-Funktion.

Im ersten Fall, d. h. bei Elastizitäten sowohl größer als auch kleiner als 1, weist die Gesamterlöskurve ein **eindeutiges Maximum über dem monopolistischen Bereich** auf. Abb. 140 stellt diesen Fall dar. Im Bereich der Nachfrageelastizität größer als 1 (AF) nimmt der Gesamterlös noch zu, da jede Preissenkung durch die entsprechende Umsatzzunahme überkompensiert wird. Im Punkt F, d. h. dem Punkt der Elastizität 1, wird die Preisabnahme durch die Umsatzzunahme genau aufgewogen. Jenseits des Punktes F bis hin zu Punkt B kann der durch Umsatzzunahme erzielte Erlöszuwachs die durch Preisrückgang erlittene Erlöseinbuße nicht mehr kompensieren, der Gesamterlös geht zurück. Ein Vergleich mit den Gesamterlöskurven des Monopolisten[2] und des Anbieters in der vollkommenen Konkurrenz[3] zeigt, daß die Gesamterlöskurve des Anbieters in der polypolistischen Konkurrenz durchaus als **Zusammensetzung der Erlöskurven eines Monopolisten und eines Anbieters bei vollkommener Kon-**

---
[1] Vgl. die Preis-Absatz-Funktion bei vollkommener Konkurrenz, S. 415, Abb. 130.
[2] Vgl. Abb. 122, S. 407
[3] Vgl. Abb. 129, S. 414

III. Die betriebliche Preispolitik

kurrenz aufgefaßt werden kann. Entsprechend verläuft die Grenzerlöskurve. Sie folgt – analog der vollkommenen Konkurrenz – der Preisgeraden in den beiden atomistischen Abschnitten der polypolistischen Preis-Absatz-Funktion (Strecken CA und BD). Im Punkt A weist die Grenzerlöskurve einen Sprung auf, da hier der Übergang zum monopolistischen Abschnitt erfolgt. Die Grenzerlöskurve fällt in diesem Abschnitt ganz analog der Grenzerlöskurve des Monopolisten und schneidet bei der Ausbringung m_1 ($e = 1$) die Abszisse. Ein zweiter Sprung erfolgt im Punkt B, da hier der Übergang zum unteren atomistischen Ast der Preis-Absatz-Funktion erfolgt, d. h. die Grenzerlöskurve folgt wieder der Preis-Absatz-Kurve.

Im Fall 2 – die Nachfrageelastizitäten sind in allen Punkten des monopolistischen Bereichs größer als 1 – zeigt die Gesamterlöskurve kein Maximum, da jede durch Preissenkungen bewirkte Erlöseinbuße durch die Möglichkeit, die Absatzmenge zu erhöhen, wettgemacht wird. Der Grenzerlös ist in diesem Falle immer positiv.[1]

Im Fall 3 – die Nachfrageelastizitäten sind in allen Punkten des monopolistischen Bereichs kleiner als 1 – besteht zwar ein Erlösmaximum, doch liegt es außerhalb des monopolistischen Bereichs. In diesem Bereich wird jede durch die Erhöhung der Absatzmenge bewirkte Erlöszunahme durch die Erlöseinbuße durch Preisrückgang überkompensiert. Der Grenzerlös in diesem Bereich ist infolgedessen immer negativ.[2] Auch der polypolistische Anbieter erreicht sein Gewinnmaximum bei der Ausbringungsmenge und bei dem Preis, bei denen die **Differenz zwischen Gesamterlös und Gesamtkosten am größten** wird. Wie Abb. 141 zeigt, können

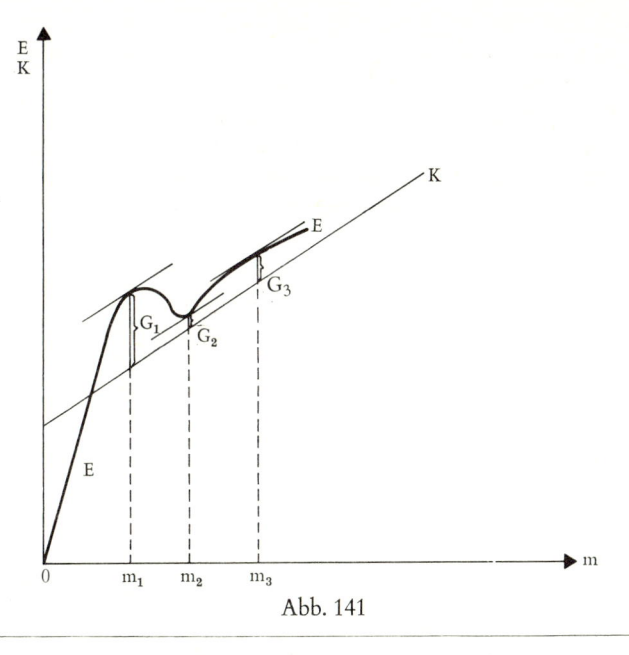

Abb. 141

---

[1] Vgl. Gutenberg, E., Grundlagen, Bd. II, a. a. O., Abb. 36 auf S. 253
[2] Vgl. Gutenberg, E., Grundlagen, Bd. II, a. a. O., Abb. 37 auf S. 254

durch Zeichnung von Tangenten an die Gesamterlöskurve parallel zur Gesamtkostenkurve mehrere Grenzwerte entstehen.[1] Welcher dieser Punkte das absolute Gewinnmaximum darstellt, kann nicht generell, sondern nur im Einzelfall festgestellt werden, da das von der Form der Gesamterlös- und Gesamtkostenkurve abhängt. In Abb. 141 ist der Gewinn G_1 bei der Ausbringung m_1 eindeutig größer als der Gewinn G_2 oder G_3 bei der Ausbringung m_2 bzw. m_3.

Gutenberg hat nachgewiesen, daß das absolute Gewinnmaximum nicht unbedingt im monopolistischen Bereich zu liegen braucht, sondern auch im atomistischen Bereich liegen kann.[2] Ist das der Fall, so wird es für den Betrieb lohnend sein, Preispolitik außerhalb des monopolistischen Bereichs zu betreiben. Dann muß allerdings die Ausbringung erheblich über den monopolistischen Bereich gesteigert werden. Da das aus Finanzierungsgründen und wegen des mit dieser Kapazitätsausweitung verbundenen Risikos oft nicht möglich ist, ziehen es viele Betriebe vor, sich mit dem relativen, im monopolistischen Bereich gelegenen Gewinnmaximum zu begnügen.

d) Die Preispolitik im Oligopol

aa) Das Angebotsoligopol

Bieten nur wenige Betriebe mit relativ großem Marktanteil ein **homogenes** Gut an, so bezeichnet man diese Marktform als **Angebotsoligopol**. Sind nur zwei Anbieter vorhanden, so spricht man von einem **Duopol**. Gehen wir von der Annahme eines vollkommenen Marktes aus, so muß sich ein einheitlicher Preis bilden. Alle Anbieter zusammen haben eine gemeinsame Gesamtnachfragekurve nach dem betreffenden Gut. Der einzelne Betrieb muß bei seinen preispolitischen Maßnahmen die Reaktionen seiner Konkurrenten in Rechnung stellen. Senkt er den Preis, um seinen Absatz erhöhen zu können, so muß er bei seiner Planung eine bestimmte Annahme über das Verhalten der Konkurrenten machen, also z. B. annehmen, daß sie ihre Preise ebenfalls senken werden. Je kleiner die Zahl der Anbieter ist, um so ausgeprägter wird der gegenseitige Einfluß. Eine Preissenkung eines Betriebes mit großem Marktanteil wird die übrigen Marktteilnehmer ebenfalls zu Preissenkungen zwingen. Da der Betrieb aber nicht weiß, ob seine Konkurrenten nicht den Preis stärker senken, als er es seiner Kostenstruktur nach aushalten kann, wird er bei seinen preispolitischen Maßnahmen vorsichtig sein.

Es gibt praktisch drei Situationen beim Oligopol: entweder man trifft eine **stillschweigende Vereinbarung**, oder man schließt einen **Kartellvertrag**, also man ruiniert sich nicht gegenseitig, sondern paßt sich an die jeweilige Preissituation an, die in etwa der jeweiligen Kosten- und Absatzlage entspricht, oder aber man führt einen **scharfen Kampf gegen die Konkurrenz**, um sie vom Markt zu verdrängen, muß dann allerdings selbst unter Umständen auf Gewinn verzichten und Opfer bringen, ohne daß von vornherein klar ist, wer in einem solchen Preiskampf Sieger sein wird.

---

[1] Vgl. die Konstruktion des gewinnmaximalen Punktes im Monopol durch die gleiche geometrische Konstruktion Abb. 124, S. 410
[2] Vgl. Gutenberg, E., Grundlagen Bd. II, a. a. O., S. 260f.

bb) Spieltheoretischer Ansatz zur Oligopolpreisbildung

Für Situationen, in denen die Folgen einer Handlung von den ungewissen Entscheidungen anderer Personen abhängen, ist die oben kurz dargestellte Spieltheorie[1] anwendbar. Die Spieltheorie nimmt an, daß der rational handelnde Oligopolist auf alle Gegenreaktionen vorbereitet ist und von allen zur Wahl stehenden Alternativen die mit dem „günstigen aller ungünstigen" Ergebnisse **(Minimax)** ergreift. Der Oligopolist erreicht unter diesen Umständen den größten aller Gewinne, die sich unter der Bedingung ergeben, daß der Gegner die ungünstige Reaktion wählt.

Beispiel:

A \ B	b_1	b_2	b_3	Zeilen-Minimum	
a_1	1	—2	5	—2	Minimalgewinn von A
a_2	2	3	4	2	(Maximin = 2)
a_3	0	4	1	0	
Spaltenmaximum	2	4	5		

Maximalverlust von B
(Minimax = 2)

Die möglichen Alternativen von A sind a_1, a_2, a_3 und die von B b_1, b_2, b_3. Die Elemente der Matrix zeigen die Werte der Gewinnfunktionen von A für alle möglichen Maßnahmen beider Konkurrenten. Sie sind gleichzeitig die Werte der Gewinnfunktion von B; für ihn stellen sie Verluste dar.

Es handelt sich hier um ein sog. **Nullsummenspiel**. Bei diesem Spiel ist der Vorteil des einen Partners genau so groß wie der Nachteil des anderen Partners. Die Summe der Vorteile ist gleich Null. Das Entstehen von Gewinnen und Verlusten kann man sich so vorstellen, daß A an B bzw. B an A Zahlungen zu leisten hat. Für A ist die Strategie a_2 unter der Bedingung, daß B die für ihn ungünstigste Strategie wählt, die gewinnmaximale. A überlegt: Was gewinne ich mindestens, ganz gleich welche Strategie B anwendet? A sucht sein maximales Zeilenminimum **(Maximin)**. Für den Fall, daß A ebenfalls die für B ungünstigste Strategie wählen wird, liegt die günstigste Strategie für B bei b_1. B überlegt: Wie groß ist mein maximalmöglicher Verlust? B sucht sein minimales Spaltenmaximum **(Minimax)**. Die Erwartungen beider sind erfüllt. Würde einer von beiden eine andere Alternative wählen, so würde er sich ungünstiger stellen, es sei denn, der andere macht einen Fehler.

Realistischer ist die Annahme, daß in keinem Punkt die Erwartungen beider erfüllt werden: dann besteht kein Gleichgewicht (Sattelpunkt). Nur mit Hilfe zusätzlicher Annahmen – mit gemischten Strategien – kann eine Gleichgewichts-

---
[1] Vgl. S. 139

situation gefunden werden. Die Auswahl der zusätzlichen Strategie überläßt man dem Zufall.

Kritisch anzumerken ist, daß sich die Preisbildung auf dem Markt nicht in der Weise vollzieht, daß eine Strategie gewählt wird, sondern daß sich ein Gleichgewichtspreis durch eine Abfolge von Reaktionen bildet. Diese Reaktionen können jedoch durch eine Ausweitung des Strategiebegriffes berücksichtigt werden. Man erhält einen „Spielbaum" als eine Folge von Knotenpunkten. A hat z. B. drei Möglichkeiten zu handeln. B hat jeweils wieder zwei Möglichkeiten.

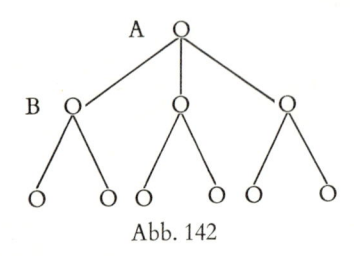

Abb. 142

Durch eine Strategie des A wird für jeden dieser einzelnen Punkte, bei denen A am Zug ist, festgelegt, welche Entscheidung er in diesem Punkt trifft. Dadurch wird die Anzahl der Strategien unendlich groß. Legen aber A und B vor Beginn des Spiels ihre Strategien fest, wird der Verlauf des Spieles festgelegt und damit begrenzt.

Weiterhin taucht die Frage auf, ob es sinnvoll ist, eine Auswahl der Strategie nach dem Zufallsprinzip vorzunehmen, da in der Wirtschaft die Entscheidungssituationen einmalig sind und die gleiche Situation kaum jemals wieder vorkommt. Außerdem ist die Nullsummenvoraussetzung nicht bei allen Marktsituationen gegeben, denn u. U. können beide Anbieter gewinnen oder beide verlieren. Das widerspricht aber dem Zweipersonennullsummenspiel.

Praxisnäher sind neuere Lösungsansätze, die von **Mehr-Personen-Nullsummenspielen** ausgehen und die Bildung von Koalitionen in ihre Betrachtungen einbeziehen. Eine Mindestvoraussetzung ist, daß der Gesamtgewinn so aufgeteilt wird, daß jeder Spieler mindestens soviel erzielt, wie er sicher erzielen würde, wenn er ohne Kooperation gegen die anderen spielen würde.

cc) Die Preisführerschaft

Hat einer der Oligopolisten einen besonders großen Marktanteil, während die Anteile der übrigen relativ gering sind, so spricht man von **Preisführerschaft.** Der große Betrieb (Preisführer) setzt den Preis, wobei er die Absatzmenge seiner kleinen Konkurrenten in Rechnung stellen muß. Die kleinen Betriebe passen sich mit ihrer Menge an diesen Preis wie an einen Konkurrenzpreis an, sie treiben also selbst keine aktive Preispolitik, sondern produzieren die Menge, bei der ihre Grenzkosten gleich dem Preis werden.

Auch hier gibt es für alle Betriebe zusammen eine gemeinsame Nachfragekurve. Der Preisführer kann seine individuelle Nachfragekurve theoretisch dadurch ermitteln, daß er bei jedem Preis die von seinen Konkurrenten angebotene Menge von der Gesamtnachfragekurve abzieht. Das setzt voraus, daß er die An-

III. Die betriebliche Preispolitik 433

gebotskurven seiner Konkurrenten kennt. Da diese sich wie bei vollkommener Konkurrenz verhalten, ergibt sich ihre Gesamtangebotskurve durch Horizontaladdition ihrer Grenzkostenkurven vom Betriebsminimum an.

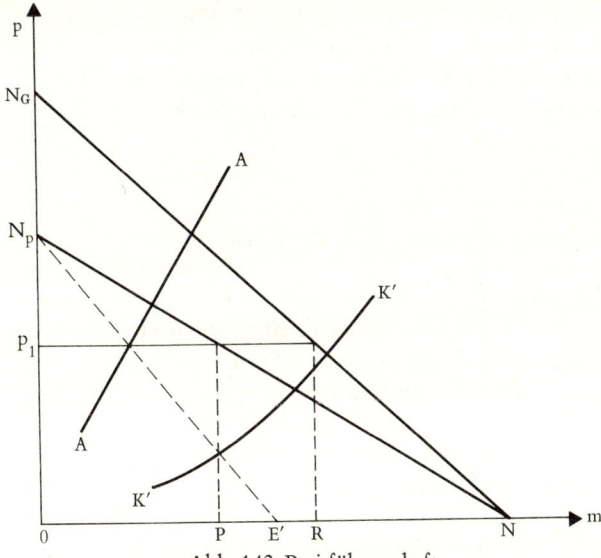

Abb. 143 Preisführerschaft

$N_G N$ = Gesamtnachfragekurve
$N_P N$ = Nachfragekurve des Preisführers
$N_P E'$ = Grenzerlöskurve des Preisführers
$K'K'$ = Grenzkostenkurve des Preisführers
AA = Angebotskurve der Konkurrenten
OP = Ausbringung des Preisführers
PR = Ausbringung der Konkurrenten
p_1 = Preis

Aus seiner von links nach rechts fallenden individuellen Nachfragekurve, die zugleich die Preiskurve ist, kann der Preisführer seine Grenzerlöskurve ableiten und nun den Preis so setzen, daß Grenzkosten und Grenzerlös gleich werden und er damit das Gewinnmaximum erreicht. Da die Grenzerlöskurve unter der Nachfragekurve verläuft (vgl. die Ableitung der Grenzerlöskurve aus der Nachfragekurve beim Monopol), so bedeutet das, **daß der Preis über dem Konkurrenzpreis liegen muß,** denn bei vollkommener Konkurrenz sind Grenzerlös- und Preiskurve identisch. Daraus folgt, daß die „Mitkonkurrenten" des Preisführers sich bei einer mengenmäßigen Anpassung an den vom Preisführer gesetzten Preis günstiger stehen als bei vollkommener Konkurrenz, da der Absatzpreis bei Preisführerschaft höher liegt als bei vollkommener Konkurrenz.

Setzt der Preisführer seinen Preis in Höhe von p_1 bei einer Ausbringung von OP fest, so handelt er nach dem Prinzip Grenzkosten gleich Grenzerlös und erreicht sein Gewinnmaximum. Zum Preis p_1 bieten seine Konkurrenten die Menge PR an. Die bei diesem Preis insgesamt nachgefragte Menge beträgt OR (Abb. 143).

e) Die Preisdifferenzierung

Preisdifferenzierung liegt immer dann vor, wenn ein Unternehmen Güter gleicher Art zu verschiedenen Preisen verkauft. Oft hängt die Preisdifferenzierung eng mit der Produktdifferenzierung zusammen. Man spricht dann noch so lange von echter Preisdifferenzierung, wie die Preisunterschiede der verschiedenen Qualitätsstufen größer sind als die entsprechenden Kostenunterschiede. Das Ziel der Preisdifferenzierung besteht darin, durch Bildung von Teilmärkten den Gewinn zu vergrößern.

Im einzelnen müssen folgende Voraussetzungen für eine wirksame Preisdifferenzierung gegeben sein:

(1) Unvollkommene Märkte. Bei einem vollkommenen Markt würden die Käufer das Produkt nur zu dem niedrigeren Preis kaufen.

(2) Der Betrieb muß wenigstens teilweise eine von links oben nach rechts unten fallende Nachfragekurve besitzen. Folglich kann die Preisdifferenzierung nur bei polypolistischer und oligopolistischer Konkurrenz und beim Monopol betrieben werden. In den beiden ersten Fällen ist sie aber nur beschränkt möglich.

(3) Für die verschiedenen Käufergruppen muß das Produkt eine unterschiedliche Preiselastizität besitzen. Bei gleicher Elastizität ergibt sich der gleiche gewinnmaximale Preis.

Im allgemeinen unterscheidet man zwischen horizontaler und vertikaler Marktaufteilung mit entsprechender Preisdifferenzierung.

aa) Die vertikale Preisdifferenzierung

Eine vertikale Marktaufteilung liegt dann vor, wenn ein Gesamtmarkt so in Teilmärkte zerlegt wird, daß sich auf jedem Teilmarkt Käufer aller oder doch mehrerer Preisschichten befinden. Setzt der Betrieb auf diesen Teilmärkten unterschiedliche Preise fest, so liegt vertikale Preisdifferenzierung vor.

Eine Preisdifferenzierung wäre z. B. möglich zwischen dem Inlandsmarkt und verschiedenen Auslandsmärkten, wenn die Elastizität der Nachfrage auf diesen Märkten bei gleichem Preis unterschiedlich ist. Das würde bedeuten, daß der Verlauf der Nachfragekurven auf den einzelnen Teilmärkten verschieden steil ist. Wenn wir uns erinnern, daß der Verlauf der Nachfragekurve von drei Faktoren, der Höhe der Einkommen, der Bedürfnisstruktur und den Preisen aller anderen Güter abhängt, so ist die Annahme, daß auf dem Inlands- und einzelnen Auslandsmärkten die Bedürfnisstruktur unterschiedlich ist bzw. die Preise der anderen Güter verschieden sind, durchaus realistisch.

Abb. 144 stellt eine derartige räumliche Preisdifferenzierung dar. Da die Nachfrageelastizitäten beider Nachfragekurven unterschiedlich sind, ergeben sich bei (als linear unterstellten Grenzkosten) für beide Märkte verschieden hohe Preise. Der Gesamtgewinn ist höher als bei einem einheitlichen Preis für den Gesamtmarkt.[1]

Bei der Trennung der beiden Teilmärkte wird der Gesamtgewinn maximiert, wenn auf beiden Teilmärkten jeweils der Cournotsche Punkt verwirklicht wird.

---

[1] Vgl. Gutenberg, E., Grundlagen, Bd. II, a. a. O., S. 335 ff.

III. Die betriebliche Preispolitik

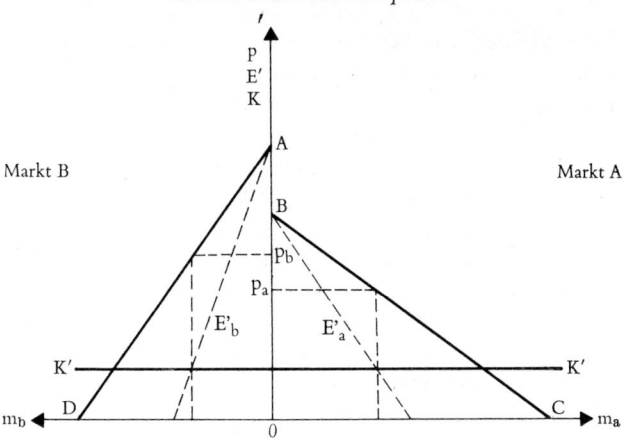

Abb. 144 Vertikale Preisdifferenzierung

Der Betrieb wird auf beiden Teilmärkten dann den Preis fordern, bei dem Grenzerlös und Grenzkosten übereinstimmen.

$$E'_A = E'_B = K'$$

Nach der Amoroso-Robinson-Relation[1] kann man für den Grenzerlös in Teilmarkt A und B auch schreiben:

$$E'_A = p_A(1 - \frac{1}{e_A});$$

$$E'_B = p_B(1 - \frac{1}{e_B})$$

$$p_A(1 - \frac{1}{e_A}) = p_B(1 - \frac{1}{e_B})$$

$$\frac{p_A}{p_B} = \frac{(1 - \frac{1}{e_B})}{(1 - \frac{1}{e_A})}.$$

Das Verhältnis der gewinnmaximalen Preise auf den beiden Teilmärkten hängt also **von den Verhältnissen der beiden Absatzelastizitäten** auf diesen Teilmärkten ab. Wenn die beiden Absatzelastizitäten auf beiden Teilmärkten gleich sind, dann müssen auch die Preise gleich sein; eine Preisdifferenzierung wäre dann nicht möglich.

bb) Die horizontale Preisdifferenzierung

Eine horizontale Marktaufspaltung liegt dann vor, wenn der Gesamtmarkt in mehrere, in sich gleiche Käuferschichten zerlegt wird. Die Käuferschichten unterscheiden sich dadurch, daß die Käufer der einen Schicht für das angebotene Gut einen höheren oder auch einen niedrigeren Preis zu zahlen bereit sind als die

---

[1] Vgl. S. 409.

Käufer der anderen Schicht. Für jeden Teilmarkt, d. h. für jede Käuferschicht, setzt der Betrieb entsprechend den unterschiedlichen Wertschätzungen einen Preis fest. Es liegt dann eine horizontale Preisdifferenzierung vor.

Folgendes Beispiel zeigt, wie eine Differenzierung nach Käuferschichten den Gesamterlös erhöht. Angenommen, bei einem einheitlichen Preis von 6 DM werden 100 Stück eines Gutes abgesetzt; die Stückkosten betragen 5 DM. Dann ergibt sich bei Gesamtkosten von 500 DM ein Gesamterlös von 600 DM, also ein Gewinn von 100 DM. Bei einer Teilung des Marktes können auf dem Teilmarkt A 20 Stück zu 10 DM, auf dem Teilmarkt B 40 Stück zu 8 DM und auf dem Teilmarkt C 40 Stück zu 6 DM abgesetzt werden. Der Gesamterlös beträgt dann 200 + 320 + 240 = 760 DM. Der Gewinn erhöht sich – gleiche Kosten vorausgesetzt – durch die dreifache Preisdifferenzierung auf 260 DM (Abb. 145).

Während bei einheitlichem Preis der Gesamterlös OABC beträgt, erhöht er sich bei Preisdifferenzierung auf OABJHGFE.

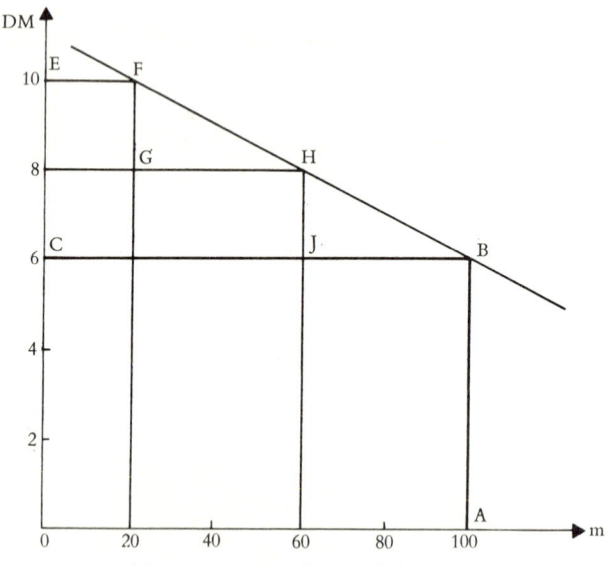

Abb. 145 Horizontale Preisdifferenzierung

Aus der Abbildung ist zu erkennen, daß die Möglichkeit, durch Preisdifferenzierung den Gewinn zu steigern, um so größer wird, je mehr Teilmärkte gebildet werden können.

cc) Die Arten der Preisdifferenzierung

(1) Räumliche Preisdifferenzierung

Durch die regionale Marktaufspaltung erhält man auf den Teilmärkten Absatzkurven, die nach Form und Lage meistens voneinander abweichen. Die bekanntesten Beispiele für die Preisdifferenzierung infolge regionaler Marktteilung sind: unterschiedliche Preise in verschiedenen Regionen, unterschiedliche Preise ab Werk für verschiedene Räume und Dumpingpreise im internationalen Handel. Im letzten Fall darf jedoch die Differenz zwischen Inlands- und Auslandspreis

III. Die betriebliche Preispolitik

nicht höher sein als die doppelten Transportkosten plus Zollbelastung, da sonst die Gefahr von Re-Importen besteht.

(2) Zeitliche Preisdifferenzierung

Für das gleiche Gut bzw. für die gleiche Leistung werden je nach dem Zeitpunkt, an dem die Nachfrage erfolgt, verschieden hohe Preise verlangt. Das ist dann möglich, wenn die Dringlichkeit der Nachfrage zu verschiedenen Tageszeiten oder Jahreszeiten unterschiedlich groß ist. Dadurch kommt es zu einer schwankenden Ausnutzung der Betriebskapazität; zu bestimmten Zeiten entstehen Kosten der Überbeanspruchung, zu anderen Zeiten fallen Kosten für ungenutzte Kapazitäten an. Hier hat die Preisdifferenzierung den Sinn, eine gleichmäßigere Beanspruchung der Kapazitäten zu erreichen, z. B. im Kohlen- oder Pelzhandel durch Sommer- und Winterpreise, im Hotelgewerbe durch Saisonzuschläge. Andere Beispiele sind verbilligte Stromtarife in den Nachtstunden, verbilligte Telefongebühren zu bestimmten Stunden oder verbilligte Transporttarife (z. B. Sonntagsrückfahrkarten) zu Zeiten geringer Kapazitätsausnutzung. Zeitliche Preisdifferenzierung liegt auch dann vor, wenn ein Betrieb eine Teilung der Käuferschichten nach Einkommensklassen vornimmt, insbesondere bei der Neueinführung von Artikeln. Sobald die „oberste" Käuferschicht gesättigt ist (z. B. bei Fernsehgeräten, Kühlschränken u. a.), erfolgt eine Preissenkung, durch die ein neuer Käuferkreis erschlossen wird. Dieses Vorgehen kann mehrfach wiederholt werden, bevor eine Preishöhe erreicht ist, die in angemessenem Verhältnis zu den Produktionskosten steht.

(3) Materielle Preisdifferenzierungen

Eine Differenzierung der Preise ist auch nach dem **Verwendungszweck** eines Gutes möglich. Für den Verwendungszweck, bei dem die Nachfrage elastisch ist, wird ein niedrigerer Preis gefordert, während für einen Verwendungszweck, bei dem nur eine geringe Elastizität vorliegt, ein höherer Preis verlangt wird. Um eine Abgrenzung der Verwendungsarten zu erreichen, werden oft Veränderungen in Aussehen und Geschmack der Güter vorgenommen. So werden z. B. durch Verwendung verschiedener Zähler unterschiedliche Tarife für Haushaltsstrom und Kraftstrom berechnet; oder Salz wird entweder als Speisesalz oder durch bestimmte Beimischungen als Vieh- oder Industriesalz verkauft.

(4) Preisdifferenzierung nach der Menge der abgenommenen Güter

In der Praxis kommt es häufig vor, daß man Großabnehmern Sonderpreise gewährt, die unter den normalen Einzelpreisen liegen. Ebenso werden Mengenrabatte oder auch Treuerabatte eingeräumt, wenn ein regelmäßiger Warenbezug erfolgt. Soweit diese Preisunterschiede nicht den Kosteneinsparungen infolge der Großaufträge entsprechen, liegt auch hier eine Preisdifferenzierung vor.

5. Die Preispolitik in Mehrproduktunternehmungen

a) Die absatzmäßige Verflechtung (Absatzinterdependenzen)

Absatzmäßige Verflechtung bedeutet, daß zwei oder mehrere Produkte in ihren Absatzmöglichkeiten nicht unabhängig zueinander sind. Diese Verbundenheit kann entweder komplementärer oder substitutiver Art sein.

Angenommen, ein Betrieb bietet drei Güter (A, B und C) an. Im Falle einer **substitutiven Beziehung** wird durch eine Preissenkung für das Gut A nicht nur der Absatz für dieses Gut gefördert, sondern auch gleichzeitig der Absatz der substituierten Güter B und C verringert. Das kann z. B. der Fall sein, wenn ein Unternehmen mehrere Zigarettensorten auf den Markt bringt oder ein Automobilwerk zu dem bisherigen Modell A in der gleichen Preisklasse ein zweites Modell B anbietet: Die Preissenkung für Gut A bedeutet Absatzrückgang von Gut B und umgekehrt.

Eine Kennziffer für die Substitutionalität ist die **Kreuzpreiselastizität**.[1] Bei substitutiven Gütern ist die Kreuzpreiselastizität positiv. Diesen Effekt kann ein Betrieb zur Bereinigung seines Produktionsprogrammes ausnutzen; indem er z. B. die zu eliminierenden Produkte verteuert, um so die Nachfrage auf andere Produkte zu verlagern.

Im Falle einer **komplementären Beziehung** wird durch eine Preissenkung für das Gut A nicht nur der Absatz dieses Gutes gefördert, sondern auch gleichzeitig der Absatz der komplementären Güter B und C vergrößert. Das kann z. B. der Fall sein bei Schreibtischen und Schreibtischsesseln.

Die Preissenkung von Gut A bedeutet Absatzsteigerungen von Gut B und umgekehrt. Bei komplementären Gütern ist die Kreuzpreiselastizität negativ. Diesen Effekt kann ein Betrieb bei Lockartikeln ausnutzen, die durch ihren niedrigen Preis Käufer anziehen sollen und dadurch zu erhöhter Nachfrage bei anderen Gütern führen.

b) Die Produktionsverbundenheit (Produktionsinterdependenzen)

Die Preispolitik für ein Produkt ist von den Preisen der anderen Produkte des Produktionsprogramms abhängig, da mit den verfügbaren Faktoren zugleich mehrere Produkte hergestellt werden können. Man unterscheidet zwei Fälle der Produktverbundenheit:
(1) die Produktion wird durch die Kapazitätsgrenze beschränkt,
(2) bei der Produktion fallen zwangsläufig weitere Produkte an (Kuppelproduktion).

Zu 1: Häufig reichen die Kapazitäten einiger Anlagen nicht aus, um die gewünschten Mengen zu produzieren. Angenommen, ein Unternehmen produziere nur ein Modell A (Kleinwagen) und ein Modell B (Mittelklassewagen). Die möglichen Absatzmengen betragen für die kommende Periode 500.000 ME des Modells A und 375.000 ME des Modells B. Zur Produktion dieser Mengen reichen aber weder die Kapazitäten der Motorenabteilung noch die der Karroseriepresse aus. Es könnten zwar 500.000 ME des Modells A gefertigt werden, jedoch würde dann die Produktion von Modell B auf 225.000 ME zurückgehen. Umgekehrt wäre eine Erzeugung von 375.000 ME des Modells B möglich, jedoch könnten dann nur noch 250.000 ME von Produkt A gefertigt werden (vgl. Abb. 146). Ähnliches gilt für die Karroserieabteilung.

Die Aufgabe, die mit Hilfe der Unternehmensforschung gelöst werden kann, besteht darin, das im Hinblick auf die Zielsetzung optimale Mengenprogramm und die ihm entsprechende Preisforderung zu finden.

---

[1] Vgl. S. 405 f.

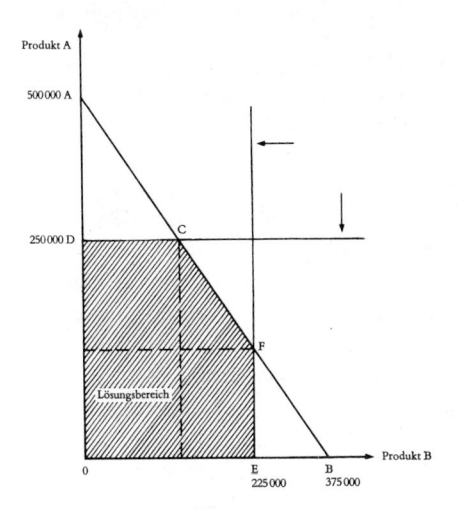

III. Die betriebliche Preispolitik 439

Abb. 146
Die eingezeichneten Geraden sind die Kapazitätslinien. Der zulässige Lösungsbereich wird durch (O, C, D, E, F) begrenzt.

Die eingezeichneten Geraden sind die **Kapazitätslinien**. Der zulässige Lösungsbereich wird durch das Viereck (O, D, C, E) begrenzt.

Zu 2: Man unterscheidet Kuppelprodukte mit festen und variablen Relationen. Bei der Kuppelproduktion mit festen Relationen besteht zwischen der Ausbringungsmenge des Produkts 1 (m_1) und des Produkts 2 (m_2) eine eindeutige Beziehung, d. h. jede Erhöhung oder Verminderung der Ausbringung des einen Produkts führt zu einer entsprechenden Erhöhung oder Verminderung des anderen Produkts (entlang der Linie OA in Abb. 147).

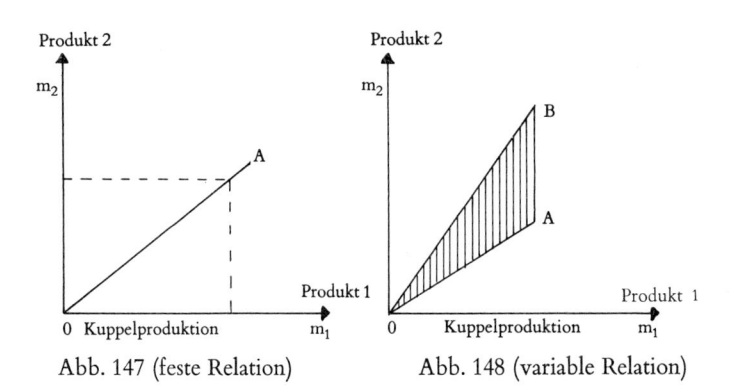

Abb. 147 (feste Relation)   Abb. 148 (variable Relation)

Ist die Mengenrelation zwischen beiden Produkten in gewissen Grenzen variierbar, so kann die Ausdehnung der Produktion des Gutes 1 zu einer Ausdehnung der Produktion des Gutes 2 führen, die innerhalb der Linien OA und OB variiert werden kann (Abb. 148).

6. Die Auswirkungen staatlicher Preisfestsetzung auf die betriebliche Preispolitik

Der Staat kann auf verschiedene Weise in das Marktgeschehen eingreifen (Steuern, Subventionen, Kartellgesetzgebung u. a.). Als Beispiel für die die Preispolitik des Betriebes beeinflussenden Maßnahmen betrachten wir hier die Auswirkung der Festsetzung von Höchstpreisen und Mindestpreisen durch den Staat.

Liegt der festgelegte **Höchstpreis** über dem Gleichgewichtspreis bzw. dem Cournotschen Preis, so bleibt der regulierende Einfluß des Staates ohne Auswirkung. Die Einführung eines Höchstpreises, der unter dem Cournotschen Punkt liegt, veranlaßt den Monopolisten, mehr zu produzieren und gegebenenfalls auch seine Kapazität zu vergrößern. Es besteht die Tendenz, das Marktgleichgewicht wieder herzustellen (vgl. Abb. 149).

Der polypolistische Anbieter dagegen reagiert genau umgekehrt. Hier wird zu jedem Preis weniger angeboten als nachgefragt: Es entsteht ein **Nachfrageüberschuß** (vgl. Abb. 150). Die Folge ist ein **Verkäufermarkt**, d. h. es entstehen Abhängigkeitsverhältnisse der Käufer von den Verkäufern. Man wird versuchen, das Gleichgewicht durch Beziehungshandel, Koppelungsgeschäfte und Qualitätsverschlechterungen zu realisieren versuchen.

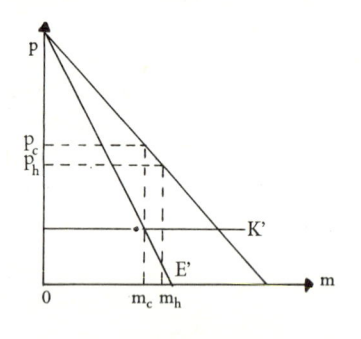

Abb. 149: Monopol

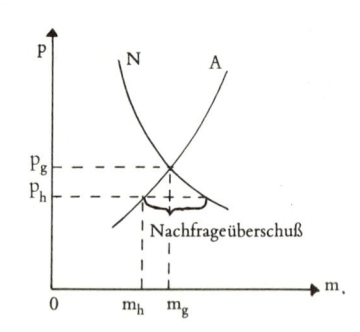

Abb. 150: vollk. Konkurrenz

Liegt der festgesetzte **Mindestpreis** unter dem Gleichgewichtspreis bzw. dem Cournotschen Preis, so bleibt der regulierende Einfluß des Staates ohne Auswirkung. Die Einführung eines Mindestpreises, der über dem Cournotschen Preis liegt, veranlaßt den Monopolisten zu einer Verteuerung der Erzeugnisse und zu einer entsprechenden Einschränkung der Ausbringung und Nachfrage (vgl. Abb. 151).

Der polypolistische Anbieter hingegen reagiert auch in diesem Falle genau umgekehrt. Hier wird zu jedem Preis mehr angeboten als nachgefragt, es entsteht ein **Angebotsüberschuß** (vgl. Abb. 152). Die Folge ist ein **Käufermarkt**, d. h. es entstehen Abhängigkeitsverhältnisse der Verkäufer von den Käufern. Man wird versuchen, das Gleichgewicht durch Ausbau des Zugabewesens und Qualitätsverbesserungen zu realisieren.

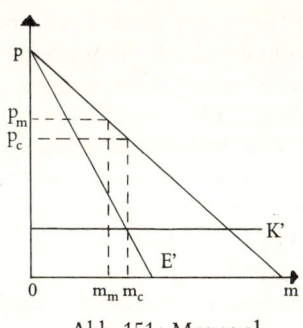

Abb. 151: Monopol 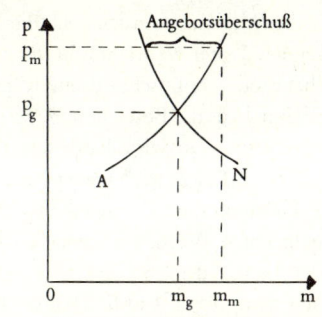   Abb. 152: vollk. Konkurrenz

IV. Die Präferenzpolitik

Unter dem Begriff der Präferenzpolitik fassen wir alle absatzpolitischen Maßnahmen des Betriebes zusammen, die das Ziel haben, Absatzwiderstände am Markt nicht oder nicht allein mit Hilfe des Preises zu überwinden, sondern mit Hilfe von intensiver Werbung, der Gestaltung der Produkte und des Sortiments, der Gewährung günstiger Zahlungs- und Kreditbedingungen und zusätzlicher Kundendienstleistungen, also mit Mitteln, die den Nachfrager veranlassen, das angebotene Gut oder den anbietenden Betrieb anderen Gütern der gleichen Warengattung bzw. Konkurrenzbetrieben vorzuziehen.

Auch durch die Anwendung bestimmter Absatzmethoden, z. B. durch die Einschaltung von Handelsbetrieben an Stelle des direkten Absatzes an den Verwender oder durch die Wahl spezieller Betriebsformen im Handel – wie z. B. Selbstbedienungsläden – können Präferenzen bei den Abnehmern hervorgerufen werden.

1. Die Absatzwerbung

a) Begriff und Wesen der Werbung

aa) Begriffliche Abgrenzung

Alle absatzpolitischen Maßnahmen haben den Zweck, bestehende Verkaufswiderstände am Markt zu beseitigen. Neben der Preispolitik, der Gestaltung der Produkte, der Auswahl der Absatzmethoden und der Sortimentsgestaltung spielt die Werbung als absatzpolitisches Instrument eine wichtige Rolle. Der Begriff der Werbung beschränkt sich nicht nur auf den wirtschaftlichen Bereich, sondern bezieht sich auch auf andere Bereiche des menschlichen Lebens. **Werbung ist ein Instrument, um Menschen zur freiwilligen Vornahme bestimmter Handlungen zu veranlassen,** z. B. zum Kauf einer bestimmten Ware oder zur Unterstützung der Zielsetzungen einer politischen Partei oder einer Religionsgemeinschaft; sie erfolgt durch den Einsatz sog. Werbemittel.

In diesem Zusammenhang sollen die Probleme der Werbung nur insoweit besprochen werden, als sie wirtschaftlichen Zwecken und insbesondere der Förderung des Absatzes der betrieblichen Leistungen dienen. Der Begriff der Werbung wird deshalb im folgenden im Sinne von **Absatzwerbung** gebraucht.

Für die Werbung werden auch die Bezeichnungen Propaganda und Reklame verwendet. Unter **Propaganda** versteht man in der Regel eine Werbung für kirchliche oder politische Ideen, während das Wort **Reklame** einen engeren Begriffsinhalt als die Bezeichnung Werbung hat und sich in erster Linie auf Massenbeeinflussung im wirtschaftlichen Bereich, nicht dagegen auf die Einzelwerbung bezieht. Ein Betrieb macht Reklame, wenn er sich mit einem Inserat oder einem Plakat an die Allgemeinheit wendet, er umwirbt aber mit einem persönlich gehaltenen Werbebrief einen einzelnen. Der Begriff Werbung umschließt also den Begriff der Reklame.

Unter dem Begriff **Public Relations** versteht man die Pflege der Beziehungen zur Öffentlichkeit, d. h. nicht nur zu den Kunden, sondern zu allen, die in irgendeiner Verbindung zur Unternehmung stehen. Public Relations dient z. B. dazu, gute Beziehungen zur Gemeinde herzustellen, in der Öffentlichkeit Interesse für das Unternehmen zu wecken und Arbeitskräfte zu gewinnen. Mittel dazu sind: Presseinformationen, Betriebsbesichtigungen und Geschäftsberichte.

Der Begriff **Verkaufsförderung (Sales Promotion)** bezeichnet Maßnahmen, die teils die Absatzwerbung ergänzen, teils die Wirksamkeit der Absatzmethoden unterstützen sollen. Der Produzent richtet sich mit seiner Werbung in erster Linie an die Letzt-Verbraucher. Die Verkaufsförderung wendet sich dagegen vor allem an die eigenen Verkaufsorgane. Die Umwerbung der eigenen Verkäufer dient unmittelbar dazu, die Händler für die Ware des Herstellers zu begeistern. Insofern kann man die Werbung als **direkte**, die Verkaufsförderung als **indirekte** Verbraucherbeeinflussung bezeichnen.

Hundhausen charakterisiert die Werbung als ein Mittel des Wettbewerbs und der Leistungsauslese und als ein Mittel der Unterrichtung, das zur Verbreitung von Kenntnis und Wissen dient und das in sachlicher Beweisführung die Vorteile der eigenen Sach- oder Dienstleistung für den Umworbenen herausstellen soll.[1]

Die Abgrenzung der Absatzwerbung gegenüber anderen absatzpolitischen Maßnahmen ist nicht immer ganz leicht. Sie alle haben die gemeinsame Aufgabe, den potentiellen Nachfrager zum Kauf des angebotenen Gutes zu veranlassen. Ein besonders niedriger Preis, eine gute Qualität, günstige Zahlungs- und Lieferungsbedingungen u. a. haben an sich bereits eine Werbewirkung. Sie sind aber keine Absatzwerbung im eigentlichen Sinne. Diese liegt erst dann vor, wenn zu den genannten Tatbeständen eine **Beeinflussung** der möglichen Nachfrager **mit Hilfe besonderer Werbemittel** (z. B. Zeitungsinserate, Werbung im Rundfunk und Fernsehen, Werbegeschenke) tritt. Mittels derartiger Werbemittel sollen die Kunden auf die Preiswürdigkeit, die Qualität und den Nutzen, die die Verwendung der angebotenen Sach- oder Dienstleistungen bietet, aufmerksam gemacht werden. Häufig hat die Werbung den Zweck, neue Artikel erst bekannt zu machen und neue Bedürfnisse zu wecken.

Eine besondere Bedeutung kommt der Absatzwerbung beim **Absatz von Markenartikeln** zu. Hier beabsichtigen die Produzenten, durch Werbung unmittelbaren Kontakt mit dem Verbraucher zu bekommen, um beim Absatz ihrer

---

[1] Vgl. Hundhausen, C., Wesen und Formen der Werbung, Teil 1: Wirtschaftswerbung, Essen 1963, S. 47 ff.

Produkte nicht vom Handel, den sie zum Verkauf einschalten, abhängig zu werden. Die Werbung führt schließlich dazu, daß die Verbraucher durch ihre Nachfrage beim Handel diesen zur Beschaffung der betreffenden Markenartikel veranlassen. Der Handelsbetrieb wird auf diese Weise zum Verteiler von Markenartikeln, deren Endverkaufspreise vom Hersteller festgesetzt worden sind. Die Leistungsfähigkeit des Handelsbetriebes kann sich dann im Preis der angebotenen Markenartikel nicht niederschlagen. Das zwingt den Handelsbetrieb, auch Werbung für seinen Betrieb und nicht nur für die einzelnen Waren zu betreiben.

Aus den Funktionen, die die Werbung erfüllen kann, können zugleich die Aufgaben der Werbung abgelesen werden. Man unterscheidet folgende Funktionen:
(1) **Information**: Die Werbung soll den Verbraucher und den Fachmann informieren, mit den Produkten bekanntmachen und zugleich die Markttransparenz erhöhen. Information ist aber nicht die zentrale Aufgabe der Werbung, sie ist mehr eine Nebenwirkung. Der eigentliche Zweck liegt auch hier in der Beeinflussung der Kaufentscheidungen.
(2) **Repräsentation**: Werbung, die hierauf abzielt, ist eine Firmenwerbung. Eine Produktwerbung kann sich nur als Nebenwirkung ergeben.
(3) **Suggestion**: Beeinflussung des Seelenlebens anderer, wobei der suggerierte Inhalt aus dem kritischen Denken losgelöst und so der Kaufwiderstand weitgehend ausgeschaltet wird.
(4) **Bedarfsweckung**: Die Werbung erzeugt eine Änderung des Verbrauchs oder weckt neuen Bedarf.
(5) **Absatzerleichterung**: Werbung kann spätere Verkaufsanbahnungen erleichtern.

Die gegenwärtige Kritik der Öffentlichkeit an der Werbung konzentriert sich besonders auf die Werbung für Markenartikel einiger weniger Produktgruppen. Diese Produktgruppen sind durch eine Reihe von gemeinsamen Merkmalen gekennzeichnet:
(1) Es handelt sich um Produkte, die regelmäßig gekauft werden.
(2) Es handelt sich um ausgereifte Produkte, deren qualitative Entwicklung weitgehend als abgeschlossen angesehen wird.
(3) Wenige Anbieter stehen in oligolpolistischer Konkurrenz.
(4) Bei der Medienwahl werden Fernsehen und Rundfunk bevorzugt.

Diese Einengung der Produktgruppen macht deutlich, daß es sich nur um einen Teilbereich der Werbung handelt, der der Kritik unterliegt. Weitgehend unberührt von der öffentlichen Auseinandersetzung sind dagegen die Werbung für technische Gebrauchsgüter und der gesamte Bereich der Einzelhandelswerbung.

bb) Grundsätze der Werbung

Die drei wichtigsten Anforderungen, die an die Werbung zu stellen sind, sind nach Seyffert[1] **Wirksamkeit, Wahrheit** und **Wirtschaftlichkeit**. Ist eine Werbemaßnahme nicht wirksam, so hat sie ihren Zweck verfehlt und ist somit auch unwirtschaftlich. Bei der Auswahl der Werbemethoden und Werbemittel kommt es folglich in erster Linie darauf an, daß sie wirksam sind, d. h. daß sie

---
[1] Vgl. Seyffert, R., Werbung, HdB, Bd. 4, 3. Aufl., Stuttgart 1962, Sp. 6266.

den beabsichtigten Zweck erreichen. Dazu bedarf es einer genauen Kenntnis der von der Werbung hervorgerufenen psychologischen Reaktionen bei den Personen, die angesprochen werden sollen. Je größer der Personenkreis ist, der beeinflußt werden soll, desto schwieriger wird das Problem des Einsatzes der richtigen Werbemittel zu lösen sein, weil die psychologische Struktur einer großen Masse sehr differenziert ist. Eine Werbemaßnahme, die den einen Menschen anspricht und überzeugt, stößt einen anderen ab. Hier liegt eine der großen Schwierigkeiten der Werbung; sie ist kein rationales Rechenexempel, sondern muß viele irrationale Faktoren berücksichtigen, die sich nicht genau in die Rechnung einstellen lassen, sondern nur geschätzt werden können. Hier ist der Betriebswirt auf die Kenntnisse und Erfahrungen des Werbepsychologen angewiesen.

Ein weiterer Grundsatz, der bei der Werbung beachtet werden muß, ist der **Grundsatz der Wahrheit der Werbeaussage.** Die Werbung soll der sachlichen Unterrichtung des Umworbenen dienen und darf nicht den Versuch machen, ihn durch Verwendung von Superlativen und Übertreibungen zu täuschen und irrezuführen; das gilt nicht nur deshalb, weil darin ein Verstoß gegen die Gesetze (z. B. unlauterer Wettbewerb) oder gegen moralische und sittliche Empfindungen liegen kann, sondern auch, weil ein solches Verhalten auf die Dauer unwirtschaftlich ist.

Die Begriffe Wahrheit und Unwahrheit in der Werbung sind komplex. Die Wirtschaftswerbung will den Verbraucher durch Illusionen und Assoziationen beeinflussen, die mehr versprechen als reine Funktionalität. Der Konsument ist seit langem in einem Zwiespalt. Er will Wahrheit, aber auch zugleich die lokkende Scheinwelt der Werbung. Ein Kunde, der durch irreführende Werbeparolen getäuscht worden ist, wird jedoch ein zweites Mal nicht kaufen und wird Freunde und Bekannte warnen. Auf lange Sicht wird der für den Betrieb eintretende Schaden einer solchen Art der Werbung den momentanen Erfolg bei weitem übersteigen.

Nichtbeachtung der Wahrheit der Werbung stellt deshalb zugleich einen Verstoß gegen die **Wirtschaftlichkeit** dar. Wirksamkeit und Wirtschaftlichkeit der Werbung sind oft schwer in Einklang zu bringen. Die Kosten einer Werbemaßnahme lassen sich – wenn auch häufig mit rechentechnischen Schwierigkeiten – feststellen, der Werbeerfolg dagegen in der Regel nicht. Zuviele Faktoren wirken neben einer Werbemaßnahme gleichzeitig am Markt, so daß man nicht genau feststellen kann, ob die Maßnahme sich gelohnt hat oder nicht.

b) Die Arten der Absatzwerbung

aa) Überblick

Man hat versucht, die verschiedenen Arten der Werbung nach folgenden Kriterien zu gliedern.
(1) Werbung nach dem Grad der Intensität[1]
 (dominante – akzidentelle Werbung);
(2) Werbung nach den anzustrebenden Marktzielen
 (einführende Werbung – Erhaltungswerbung – Ausweitungswerbung);

---

[1] Vgl. Gutenberg, E., Grundlagen, Bd. II, a.a.O., S. 411f.

(3) Werbung nach dem Werbeobjekt
(Produktwerbung – Firmenwerbung);
(4) Werbung nach der Zahl der Umworbenen
(Einzelumwerbung – Massenumwerbung);
(5) Werbung nach der Zahl der Werbenden
(Einzelwerbung – Gemeinschaftswerbung);
(6) Werbung im Hinblick auf die Adressaten
(direkte Werbung – indirekte Werbung [Sales Promotion]).

bb) Einzelumwerbung – Massenumwerbung

Nach der Zahl der Personen, die durch eine Werbemaßnahme angesprochen werden sollen, trennt man zwischen Einzelumwerbung und Massenumwerbung (Kollektivumwerbung). Die **Einzelumwerbung** wendet sich an einen einzelnen Kunden. Der Werber hat hier die Möglichkeit, sich im Werbegespräch oder im Werbebrief ganz auf die individuellen Verhältnisse des zu beeinflussenden Kunden einzustellen. Dadurch fühlt sich der Umworbene persönlich angesprochen, und die Werbewirkung ist unter Umständen größer als bei einem Werbemittel, das sich – wie z. B. ein Zeitungsinserat – an die Allgemeinheit wendet. Allerdings ist die Einzelumwerbung für den Betrieb mit wesentlich höheren Kosten verbunden. Sie wird insbesondere dort angewendet, wo zur Einführung neuer Artikel langwierige technische Erklärungen erforderlich sind und sich folglich Kollektivwerbemittel wie Plakate, Anzeigen in Zeitungen, Illustrierten u. a. nicht eignen.

Bei der **Massenumwerbung** soll ein großer Personenkreis angesprochen werden, der gleiche Interessen und gleiche Verbrauchsgewohnheiten hat. Der Werber wendet sich an die anonyme Masse der Verbraucher. Die Wirksamkeit der Werbung (z. B. durch Rundfunk, Fernsehen, Werbefilme, Anzeigen) hängt hier wesentlich davon ab, daß es durch die gewählten Werbetexte gelingt, eine möglichst breite Schicht von potentiellen Käufern aufmerksam zu machen und zu interessieren, auch wenn sie sich hinsichtlich des Bildungsniveaus, des Berufes, der Höhe des Einkommens usw. erheblich unterscheiden. Je kleiner die anonyme Gruppe ist, die angesprochen werden soll, und je gleichartiger die Struktur dieser Gruppe ist (z. B. gleicher Beruf, gleiche sportliche Interessen, gleiches Hobby), um so eher wird es gelingen, daß die Werbung bei einem großen Teil der Gruppe auch „ankommt" und wirksam ist.

Die Massenwerbung kann **gezielte** Werbung sein, wenn z. B. an 25.000 namentlich bekannte Personen, die man nach bestimmten Merkmalen ausgewählt hat, Prospekte oder Kataloge versendet werden; sie kann eine **gestreute** Werbung sein, wenn z. B. ein Prospekt einer Tageszeitung beigelegt wird oder als Postwurfsendung an alle Haushalte oder alle Fernsprechteilnehmer eines bestimmten Gebietes geht.

cc) Einzelwerbung – Gemeinschaftswerbung

Nach der Zahl der Betriebe, von denen die Werbung ausgeht, trennt man zwischen Einzelwerbung und Gemeinschaftswerbung. Hat ein Betrieb eine eigene Werbeabteilung oder bedient er sich für seine Werbung eines Werbebetriebes

(Werbeagentur, Werbeberater), so sprechen wir von **Einzelwerbung**. Schließen sich dagegen mehrere Betriebe zur Durchführung einer gemeinsamen Werbung zusammen oder wird die Werbung für die Produkte eines Wirtschaftszweiges von Verbänden durchgeführt, so liegt **Gemeinschaftswerbung** vor.

Die Gemeinschaftswerbung schließt die Konkurrenz zwischen den gemeinsam werbenden Betrieben nicht aus. Sie stellt gewissermaßen die Vorbereitung für die Einzelwerbung dar. Sie hat eine Beeinflussung der Nachfrager in einer ganz bestimmten Richtung zum Ziel, indem sie z. B. bestimmte Bedürfnisse erst weckt oder eine Verschiebung der Nachfrage auf Güter, für die sie wirbt, anstrebt. „Trinkt Milch", „Raucht Zigarren", „Besucht das Berner Oberland" sind Beispiele für eine solche Werbung, die nicht einem einzelnen Betrieb, sondern einer ganzen Gruppe von Betrieben von Vorteil sein soll. Es soll erreicht werden, daß der Gesamtabsatz eines Wirtschaftszweiges gesteigert wird. Die sich anschließende Einzelwerbung hat dann das Ziel, einen möglichst großen Teil des Gesamtabsatzes auf den eigenen Betrieb zu konzentrieren.

Gerade beim Wecken neuer Bedürfnisse für neuartige modische Artikel ist eine Einzelwerbung im strengen Sinne gar nicht möglich. Jeder Betrieb, der intensive Einzelwerbung betreibt, wirbt nicht nur für sein Produkt, sondern in der Regel zugleich für Produkte dieser Art an sich. Seine Werbeanstrengungen kommen also auch der Konkurrenz zugute. Folglich liegt hier ein Motiv für den Zusammenschluß zur Gemeinschaftswerbung vor, um die Kosten der Werbung auf alle zu verteilen, die einen Vorteil aus der Werbung ziehen.

Die folgende Aufzählung gibt einen Überblick über die wichtigsten Ziele, die sich mit einer Gemeinschaftswerbung erreichen lassen:
(1) Vergrößerung des Marktanteils;
(2) Erhaltung von Marktanteilen;
(3) Aufzeigen neuer Anwendungsbereiche;
(4) Absatzsteigerung von Saisonprodukten;
(5) Überwindung von Vorurteilen beim Verbraucher.

Mit der Gemeinschaftswerbung eng verbunden ist die Werbung eines Verbundes von Werbungtreibenden (Gruppe 21),[1] die unterschiedliche, jedoch komplementäre Produkte anbieten **(Verbundwerbung).**

dd) Verkaufsfördernde Maßnahmen (Sales Promotion)

Im Gegensatz zur direkten Werbung, die sich an den Letzverbraucher wendet, werden verkaufsfördernde Maßnahmen von den Produzenten durchgeführt **(indirekte Werbung),** um beim Einzelhandel gezielt das besondere Absatzinteresse für die eigenen Erzeugnisse zu wecken, da mit zunehmender Werbeintensität der Wirkungsgrad einzelner Maßnahmen abnehmen kann. Sowohl für Investitions- als auch für Konsumgüter bieten sich folgende Möglichkeiten an:
(1) **Verkäuferschulung.** In bestimmten Abständen führt der Hersteller Kurse für eigene Verkäufer, Vertreter sowie Angehörige des seine Produkte vertreibenden Handels durch.

---

[1] Hier sind Unternehmungen vertreten, die in ihren speziellen Fachbereichen gleiche Anforderungen an Qualität und Design stellen und deren Erzeugnisse einer gleichen Prüfung standhielten.

IV. Die Präferenzpolitik

(2) **Verkäuferinformation.** Neben der Verkaufstechnik spielt das Fachwissen eine wichtige Rolle. Die dazu notwendigen Informationen müssen dem eigenen sowie dem Verkaufspersonal des Handels vermittelt werden. Ebenso müssen die Vorzüge gegenüber den Konkurrenzprodukten dargelegt werden. Für nicht zu behebende Nachteile muß ein entsprechendes Verkaufsargument vermittelt werden.

(3) **Vertreter- und Händlertagungen.** Um die Bindung von Vertretern und Händlern zum Unternehmen zu vertiefen, kann man von Zeit zu Zeit Vertreter- und Händlertagungen veranstalten. Auf diesen Tagungen können Informationen über neue Produkte mitgeteilt, persönliche Kontakte vertieft sowie bestimmte Maßnahmen im Absatzbereich diskutiert werden.

Nieschlag, Dichtl, Hörschgen nennen in diesem Zusammenhang auch die sog. **Propagandisten,** die in Warenhäusern erklärungsbedürftige oder neuartige Waren vorstellen. Für die Konsumgüterindustrie ergeben sich darüber hinaus noch weitere Möglichkeiten der Verkaufsförderung: Gratisproben, Zugaben, Preisausschreiben, Gutscheine zur Einlösung beim Handel, Display-Material, das der Präsentation eines Produktes am Ort des Verkaufs dient und sowohl Aufmerksamkeit erregt als auch anspricht **(Merchandising).**

Durch die Verkaufsförderung wird die Werbung teilweise vertieft oder sogar ersetzt, wenn es gelingt, den Einsatz beider Instrumente optimal zu koordinieren. Es ist weitgehend wirkungslos, einem Händler Verkaufsförderungsmaßnahmen aufzudrängen, d. h. sie nur mit seiner Duldung, aber ohne seine aktive Mitarbeit zu veranstalten. Die Planung von Verkaufsförderungsaktionen sollten die Maßnahmen konkurrierender Unternehmen (Ergänzung oder Abhebung) berücksichtigen, um einen „Kampf um Regalflächen" zu vermeiden. Je nach Kooperationsbereitschaft, Machtposition und Ansehen der an den Verkaufsförderungsmaßnahmen beteiligten Hersteller und Händler bedarf es gründlicher Untersuchungen über Zeitpunkt, Einsatzdauer, Art, Umfang und Intensität der Verkaufsförderungsmaßnahmen. Wenn es nicht gelingt die Verkaufsförderung in die Eigenwerbung einzubauen, besteht die Gefahr des „Attrappenfriedhofes" im Einzelhandelsgeschäft und der (unbeabsichtigte) Eindruck der Abhängigkeit vom Hersteller.

Der Standort eines **Displays** muß sorgfältig auf den Grundriß des Ladengeschäftes, den Weg des Kundenstromes sowie auf die Eigenschaft des betreffenden Produktes abgestimmt sein. Wichtig ist, zu klären, ob ein Artikel herausgestellt werden soll, der vorwiegend spontan gekauft wird oder ein solcher, den der Kunde mit Bedacht auswählt und den er wahrscheinlich ohnehin hätte erwerben wollen. Impulsartikel und solche Artikel, für die zuvor nicht besonders geworben wurde, verlieren erheblich an Verkaufskraft, wenn sie an einem weniger frequentierten Punkt präsentiert werden. Dagegen macht Artikeln, für die gleichzeitig Verkaufsförderungs-, Werbe- oder Preisaktionen durchgeführt werden, der etwas „abgelegene Standort" nicht viel aus.

Das Display darf nicht übersehen, der Kunde nicht durch andere Auslagen und Schilder vom Display abgelenkt werden. Wenn möglich sollte sich das Display-Produkt unmittelbar oder unweit neben einer verwandten Produktgruppe befinden.

c) Die Analyse und Auswahl der Werbesubjekte

Unter Werbesubjekten verstehen wir in Anlehnung an Behrens „Einzelpersonen oder Personenmehrheiten, an die Werbeappelle gerichtet werden sollen".[1] Rationelle Entscheidungen sind im Absatzbereich der Unternehmung nur denkbar, wenn es gelingt, Voraussagen über das künftige Verhalten der potentiellen Käufer in Abhängigkeit vom Einsatz des absatzpolitischen Instrumentariums zu machen. In den letzten Jahren wurden Modelle entwickelt, die über die rein quantitativ statistische Erfassung „historischer Daten" hinausgehen und aufgrund von Vorstellungen über das Verhalten des Menschen zu erklären versuchen, warum in einer speziellen Situation bestimmte Elemente den potentiellen Käufer beeinflussen bzw. warum andere es nicht tun.

Die Kaufentscheidung erfordert vom Käufer nicht nur eine einzige Entscheidung, sondern eine ganze Anzahl von Entscheidungen. Für den Kauf von Gebrauchsgütern beispielsweise ist es notwendig über Produktklasse, Marke, Form, Menge, Ort, Händler, Zeit, Preis und Zahlungsweise zu entscheiden. Die Werbemaßnahmen haben alle diese Entscheidungen so vorzubereiten, daß sie vom Käufer in der von der Unternehmung gewünschten Richtung getroffen werden. Das Interesse des Unternehmens am Werbesubjekt ist nach Vollzug des Kaufs keineswegs beendet. Für die Unternehmung ist von Bedeutung, wie, wann und wo, von wem und mit welchen anderen Produkten es benutzt wird.

Das Verhalten nach der Kaufentscheidung kann positiver oder negativer Art sein. Ist ein Käufer zufrieden, so wird ein erneuter Kauf erwogen. Negative Auswirkungen können auftreten durch Zweifel über die Eigenschaft des Produktes, neue Informationen über bessere Produkte, Gerüchte über billigere Einkaufsquellen. Diese Auswirkungen sind eng verbunden mit Festingers Theorie der „Cognitiven Dissonanz".[2] Diese Theorie versucht auch zu klären, warum die Käufer einer bestimmten Automarke die Werbung dieser Marke mit größerer Aufmerksamkeit verfolgen als die Werbung aller anderen Marken: die Käufer suchen für ihre Entscheidung nachträglich bestätigende, unterstützende Informationen.

Bemerkenswert ist, daß es bis heute noch keine geschlossene Theorie des Konsumentenverhaltens gibt. Die bisher vorhandenen Modelle umfassen nur Teilaspekte. Ohne auf diese Theorien näher eingehen zu können, seien hier genannt:[3]

(1) ökonomisch-orientierte Modelle
 – Haushaltstheorie
(2) Psychologisch-orientierte Modelle
 – Lernpsychologische Modelle
 – Dissonanzmodelle
(3) Soziologisch-orientierte Modelle
 – Referenzgruppenmodelle
 – Meinungsführermodelle
 – Diffusionsmodelle

---

[1] Vgl. Behrens, K. Chr., Absatzwerbung, Wiesbaden 1963 S. 85
[2] Vgl. Festinger, L., A Theory of Cognitive Dissonance, Stanford (Cal) 1957
[3] Vgl. Meffert, H., Modelle des Käuferverhaltens und ihre Aussagewerte für das Marketing, ZfgStW 1971, S. 326ff.

IV. Die Präferenzpolitik 449

Für die Unternehmung bleibt das Problem, aus der Gesamtheit der Werbesubjekte diejenigen auszusuchen, die diese Werbung in der Planperiode erreichen soll. Die gebräuchlichsten Kriterien zur Beschreibung von Zielgruppen sind sozialökonomische Faktoren wie Alter, Geschlecht, Einkommen, Bildungsgrad, Beruf, Zahl der Familienmitglieder oder die Gebrauchs- oder Verbrauchsrate, die Kaufhäufigkeit und der Grad an Loyalität gegenüber einer bestimmten Marke oder einem Unternehmen.

d) Analyse und Auswahl der Werbemittel und Werbeträger

aa) Überblick über die wichtigsten Werbemittel

Zur Durchführung der Absatzwerbung steht dem Betrieb eine Vielzahl von Werbemitteln zur Verfügung. Eine vollständige Aufzählung der Werbemittel ist in Anbetracht der fast unbegrenzten Gestaltungsmöglichkeiten und des Einfallsreichtums nicht möglich. Es sollen hier nur die wichtigsten Gruppen genannt werden. Übergänge zwischen den einzelnen Gruppen sind möglich, eine genaue Zuordnung ist oft problematisch.

(1) Graphische Werbemittel
 a) Anzeigen in Zeitungen, Zeitschriften, Kundenzeitschriften und Illustrierten;
 b) Werbeplakate und Werbeanschläge an Plakatsäulen, Plakatwänden, Häuserwänden, Fahrzeugen usw.;
 c) Lichtreklame;
 d) Werbedrucke in Form von Beilagen in Zeitungen, Prospekten, Flugblättern, Katalogen, auf Verpackungsmaterial u. ä.;
(2) Werbeveranstaltungen
 a) Werbevorträge;
 b) Werbevorführungen, Modeschauen;
 c) Werbefunk- und Werbefernsehsendungen;
 d) Werbefilme;
 e) Werbeumzüge (Plakatträger, Lautsprecherwagen).
(3) Ausstattung von Geschäfts- und Verkaufsräumen, Ausstellungsräumen, Schaufenstern (Display-Material).
(4) Werbeverkaufshilfen
 a) Werbegeschenke, Zugaben, Warenproben;
 b) Kundendienst (z. B. Lieferung frei Haus, Wartung von Maschinen u. a.).

Jedes Werbemittel braucht einen **Werbeträger**, also eine Person oder Institution, die die Werbebotschaft an den Umworbenen heranträgt. So sind die Werbeträger für Werbefunk- und Werbefernsehsendungen die Rundfunk- und Fernsehanstalten, für graphische Werbemittel die Verlage und Druckereien, für Werbefilme die Filmproduzenten usw.

bb) Die Auswahl der Werbemittel

Für jedes Werbemittel gilt, daß es wirksam sein muß. Der Umworbene soll auf etwas aufmerksam gemacht werden, es soll etwas in seinem Gedächtnis haften bleiben. Da die Wirkung der einzelnen Werbemittel unterschiedlich ist, steht der Betrieb vor der Frage der Auswahl bzw. der günstigsten Kombination der verschiedenen zur Verfügung stehenden Werbemittel. Dabei darf die Wirtschaftlichkeit des Einsatzes nicht übersehen werden.

Ein Werbemittel muß **nachhaltig** wirken. Durch häufige Wiederholung einer Werbebotschaft im Rundfunk, Fernsehen oder Kino soll ein angebotenes Gut in der Vorstellung des Käufers zu einem festen Begriff werden. Der Werbetext muß kurz und einprägsam sein. Ein eigenes musikalisches Motiv weckt beim Hörer sofort die gedankliche Verbindung zum Produkt, für das geworben wird. Eine zu häufige Wiederholung des gleichen Werbetextes oder Werbefilmes führt jedoch zu einem Nachlassen der Aufmerksamkeit und wird unter Umständen allmählich als eine Belästigung empfunden. Deshalb ist ein häufiger Wechsel der Werbetexte und Werbefilme zweckmäßig, ohne daß deshalb auf die Wiederholung des entscheidenden Teils der Werbebotschaft verzichtet wird. Die Beeinflussung erfolgt gewissermaßen immer in einer anderen „Aufmachung".

Für den Erfolg eines Werbemittels ist es wesentlich, daß die Personengruppe, die umworben wird, auch tatsächlich angesprochen wird. Das setzt voraus, daß die Werbung ihrem Bildungsniveau, ihrem Lebensstandard und ihrer Kaufkraft Rechnung trägt. Ist die Werbung zu primitiv, so stößt sie bestimmte Personenkreise ab, ist sie zu „hoch", so wird sie von anderen Personenkreisen nicht aufgenommen und bleibt unwirksam.

Es ist zu unterscheiden zwischen Werbemitteln, die an den Umworbenen herangetragen werden (Anzeigen, Plakate, Rundfunk- und Fernsehwerbung), und solchen Werbemitteln, zu denen sich der Kunde begeben muß (Werbefilme, Modenschauen, Werbevorträge). Bei der letztgenannten Gruppe von Werbemitteln ist es gewöhnlich erforderlich, daß die Werbung nur neben einer Hauptveranstaltung erfolgt oder daß die Werbeveranstaltung durch die Ankündigung von Werbegeschenken, Verlosungen oder durch ein eingeblendetes Unterhaltungsprogramm attraktiver gemacht wird. Nur wegen der Werbefilme wird kaum jemand ins Kino gehen. Man nimmt die Werbung als notwendiges Übel in Kauf, das man vor dem Hauptfilm über sich ergehen lassen muß, kann sich aber trotz einer gewissen inneren Abwehr doch der Beeinflussung – insbesondere durch die häufige Wiederholung – auf die Dauer nicht entziehen.

Das gilt auch für die Rundfunk- und Fernsehwerbung, wenn z. B. kurze Werbesendungen unmittelbar vor interessanten Hauptsendungen (Nachrichten, Wetterbericht) gesendet werden. Man blendet die Werbebotschaften auch häufig in wichtige und gern gesehene und gehörte Sendungen ein, insbesondere in solchen Ländern, in denen – wie z. B. in den USA – die Finanzierung des Fernsehens fast ausschließlich durch den Verkauf von Sendezeit für Werbezwecke erfolgt.

Die Bestimmung eines optimalen Werbemittelprogrammes ist nur zum geringen Teil ein betriebswirtschaftliches Problem. Es entstehen vor allem Fragen technischer, künstlerischer, psychologischer und soziologischer Art, die hier nicht behandelt werden sollen.

Je nach der konkreten Situation wird man entscheiden müssen, ob Werbemittel eingesetzt werden, die sich von denen der Konkurrenz abheben oder mit diesen identisch sind.

IV. Die Präferenzpolitik 451

Die Eigenschaften der anzusprechenden Werbesubjekte engen den Kreis der potentiellen Werbemittel weiter ein. Für Werbeobjekte, die eine ausführliche technische Beschreibung erfordern, eignen sich Fachzeitschriften am besten. Um die Konkurrenz von bestimmten Werbeträgern fernzuhalten bzw. aus Gründen, die in den technischen Besonderheiten des Werbeträgers liegen, wird ein bestimmter Platz oder eine bestimmte Zeit in dem jeweiligen Werbeträger festgelegt. Ebenso kann der geplante zeitliche Einsatz die potentiellen Werbemittel einschränken.

Je größer oder besser ausgestattet das Werbemittel im Verhältnis zu anderen ist, um so höher wird sein Beeindruckungswert anzusetzen sein. Ein kostspieliger Mehrfarbendruck wird in der Regel einen höheren Beeindruckungswert als eine Schwarz-Weiß-Gestaltung erreichen. Von großer Bedeutung ist die Formgestaltung **(Lay out)** und die **Placierung** des Werbemittels innerhalb der Werbeträger.

cc) Die Werbeträger-Forschung (Media-Forschung)

Während die **Marktforschung** im allgemeinen ihre Studien einzelnen Problemen widmet, die zwar stets die unmittelbare Konkurrenz, meist auch noch die Substitutionskonkurrenz für ein Produkt oder eine Dienstleistung berücksichtigen, erfaßt die **Mediaforschung** in der Regel mehrere, meist eine Vielzahl von Medien, deren Funktionen vergleichbar ermittelt und dargestellt werden sollen. Hier ist es z. B. äußerst wichtig, zu wissen, wieviele der Leute, die gern fernsehen, sich nichts aus Frauenzeitschriften machen oder ob die Leser von Kundenzeitschriften auch durch das Radio erreicht werden können. Das zwingt zu Erhebungen, die durch die Art ihrer Ergebnisse wertende Vergleiche zwischen den verschiedenen Medien zulassen, damit entschieden werden kann, welches am geeignetsten ist, die Werbung an die potentiellen Konsumenten **(Zielgruppen)** heranzutragen.

Um die einzusetzenden Werbeträger zu bestimmen, stellt man in der Praxis die Angehörigen der Werbezielgruppe den Benutzern verschiedener Werbeträger gegenüber. Besteht beispielsweise zwischen den Benutzern des Werbeträgers A und den Werbesubjekten altersmäßig weitgehend Übereinstimmung, so wird dieser Werbeträger als geeignet angesehen, die Werbung an die Verbraucher heranzutragen.

Für die Auswahl der Werbeträger sind in quantitativer Sicht Aussagen über die Verbreitung und die Leser- und Hörerschaft eines Werbeträgers notwendig. In qualitativer Sicht ist es erforderlich, zu wissen, ob die Leser bzw. Hörer auch andere Werbesubjekte beeinflussen (opinion-leader) und ihre Kaufabsichten zu kennen. Diese Merkmale bilden die Ausgangsbasis zur Auswahl mehrerer Werbeträger und damit zur Bestimmung des Werbeträgerprogrammes. Außerdem sind Aussagen notwendig über:
(1) die Reichweite des Werbeträgers innerhalb der Zielgruppe;
(2) die Berührungshäufigkeit der Werbesubjekte;
(3) die Interdependenzen zwischen maximaler Reichweite und optimaler Berührungshäufigkeit;
(4) die Kosten der einzelnen Werbeträger.

Zur **Analyse der Wirksamkeit** sind erhebliche Aufwendungen in einzelnen Werbeträgerbereichen getätigt worden. Dabei hat man versucht, folgende Einzelaspekte festzustellen:[1]

(1) **Die Abhängigkeit des Aufmerksamkeitswertes von der Placierung einer Anzeige.** Nach ausgiebigen Diskussionen stellte sich das Problem hauptsächlich in der Höherbewertung der rechten gegenüber der linken Seite einer Zeitung oder Zeitschrift dar. Nach neueren Untersuchungen ist die Position von Anzeigen innerhalb einer Seite oder Doppelseite für ihren Effekt kaum von Bedeutung.

(2) **Die Wirkung von Wiederholungskontakten.** Hier geht es um die Frage von Wiederholungskontakten zwischen Anzeigen und Lesern innerhalb einer Ausgabe bestimmter Zeitschriften. Das Problem besteht nicht darin, daß die Wirkungskontakte Werbewirkungen auslösen, sondern vielmehr darin, in welchem Ausmaß dies geschieht und welche Unterschiede nach einem Kontakt, nach zwei Kontakten usw. bestehen.

(3) **Die Wirkungen der Werbeträgersubstitution.** Hier stellt sich beispielsweise die Frage, ob es durch verstärkten Einsatz von Publikumszeitschriften zu Lasten des Werbefernsehens möglich ist, gleiche oder gar größere Werbewirkungen zu erzielen im Vergleich zu fast ausschließlicher Fernsehwerbung.

(4) **Die Wirkung der Umgebung.** Hier geht es um das Problem, ob Anzeigen auf unmittelbar benachbarten Seiten von Einfluß auf die eigene Werbung sind.

Zur Transparenz der Werbeträgermärkte leisten diese Aspekte nur einen unvollkommenen Beitrag, die die übergeordneten Wünsche der Werbungtreibenden im Hinblick auf eine objektive Vergleichbarkeit der Untersuchungsergebnisse noch nicht erfüllen können.

Seit einigen Jahren wurden zahlreiche Versuche unternommen, um die optimale Mediaselektion mit Hilfe mathematischer Verfahren (Lineare Programmierung, nichtlineare Programmierung, dynamische Programmierung und Simulation) zu entwickeln.[2]

dd) Die Werbekosten

Die Erfassung der Werbekosten ist außerordentlich schwierig, da eine genaue Abgrenzung zu Kosten, die für andere Zwecke im Betriebe aufgewendet werden (Repräsentation, Ausstattung von Verkaufsräumen), nicht immer möglich und folglich die Erfassung der Werbekosten nicht immer vollständig ist. Eine genaue Erfassung der Werbekosten ist aber erforderlich, wenn der Betrieb die Kosten einer Werbemaßnahme und die durch diese Werbemaßnahme hervorgerufene Ertragsteigerung miteinander vergleichen will, um ein Urteil über den Erfolg der Werbemaßnahme abgeben zu können.

Eine exakte Ermittlung der Werbekosten ist nur dann möglich, wenn der Betrieb selbst keine Werbung treibt, sondern die Werbung durch Werbebetriebe

---

[1] Vgl. Hill, W., Marketing II, a. a. O., S. 162ff. Jacobi, H., Die Planung der Werbestrategien, in: Handbuch der Werbung, S. 450f.

[2] Vgl. Schweiger, G., Mediaselektion mit Hilfe von quantitativen Verfahren. In: Modernes Marketing – Moderner Handel, Festschrift zum 65. Geburtstag von Karl-Christian Behrens, Wiesbaden 1972, S. 355f.

IV. Die Präferenzpolitik   453

(Werbeagenturen, Werbeberater, Gebrauchsgraphiker) durchführen läßt. Dann gehören die Werbekosten zu den Kosten der Dienstleistungen Dritter, die an Hand der angefallenen Rechnungsbeträge genau bekannt sind.

Führt der Betrieb die Werbung selbst durch, so fallen Personalkosten und Sachkosten (Entwurf und Herstellung von Werbemitteln) an. Die Herstellung von Werbemitteln stellt dann eine innerbetriebliche Leistung dar, auf die auch anteilige Gemeinkosten zu verrechnen sind. Ganz ohne die Inanspruchnahme fremder Betriebe wird man allerdings bei der Werbung nur in den seltensten Fällen auskommen. So werden in der Regel Kosten für die Herstellung von Druckerzeugnissen und für Inserate anfallen.

Es lassen sich folgende **Gruppen von Werbekosten** unterscheiden:
(1) Kosten für die in der Werbeabteilung beschäftigten Personen und benötigten Sachwerte (Büroeinrichtungen, Büromaterial);
(2) Kosten für die Herstellung von Werbemitteln im eigenen Betrieb;
(3) Kosten für die Herstellung von Werbemitteln in fremden Betrieben (Drucksachen, Werbefilme für Kino und Fernsehen, Werbegeschenke u. a.);
(4) Kosten für den Einsatz von Werbemitteln
   a) Gebühren für Inserate, Filme, Rundfunk- und Fernsehsendungen,
   b) Mieten für Plakatsäulen, Plakatwände, Giebelwände usw.,
   c) Kosten des Energieverbrauchs für Lichtreklame, Schaufensterbeleuchtung u. a.,
   d) Postgebühren für Postwurfsendungen und Versendung von Drucksachen;
(5) anteilige Gemeinkosten für die Werbeabteilung (Verwaltung, Rechnungswesen, Steuern, Raum-, Beleuchtungs-, Heizungskosten u. a.).

Nach der Abhängigkeit der Werbekosten vom Einsatz der Werbemittel können wir die Kosten in drei Gruppen unterteilen:
(1) **Absolut fixe Kosten:** Die Höhe dieser Kosten ist unabhängig von den Werbemitteln.
(2) **Werbemittel – fixe Kosten:** Sie entstehen in fester Höhe beim Einsatz eines bestimmten Werbemittels, sind aber unabhängig vom Umfang des Einsatzes der Werbemittel.
(3) **Variable Kosten:** Sie können den einzelnen Werbemitteln zugerechnet werden und variieren mit dem Einsatz dieser Mittel. Sie können:
   (a) proportional ansteigen (z. B. Postgebühren bei Drucksachen);
   (b) progressiv ansteigen (je mehr die Plakatwerbung eingesetzt wird, desto teurere Werbeflächen müssen in Anspruch genommen werden);
   (e) degressiv ansteigen (bei der Inseratwerbung können bei häufiger Wiederholung Rabatte gewährt werden).

e) Die Werbeplanung

aa) Art und Umfang der Werbeziele

Wie alle betrieblichen Maßnahmen, so muß auch die Werbung geplant werden. Zunächst müssen für eine kürzere oder längere Planungsperiode die Zielsetzungen der Werbung festgelegt werden. Das Ziel der Werbung kann die **Erweiterung des Absatzes** aller oder bestimmter Produkte des Produktionsprogramms sein; es kann aber auch die **Erhaltung des bereits gewonnenen**

Kundenstammes zum Inhalt haben, also gewissermaßen eine Abwehrmaßnahme gegenüber der Konkurrenz sein, die durch ihre Werbemaßnahmen bestrebt ist, einen größeren Teil der am Markt vorhandenen Gesamtnachfrage auf sich zu konzentrieren. Ziel der Werbung kann auch die **Einführung neuer Produkte**, das Wecken neuer Bedürfnisse sein. Immer ist die Werbung bestrebt, eine Beeinflussung potentieller Käufer zu erreichen.

Die Entscheidungssituation im Bereich der Werbeplanung läßt sich durch folgende Merkmale charakterisieren:

(1) **Die Interdependenzsituation:**

Das Werbeziel wird durch die Absatzpolitik und die Produktionsmöglichkeiten (Kapazitäten) vorgegeben. Die Werbung ist nur eines von mehreren absatzpolitischen Instrumenten. Sie muß harmonisch mit den anderen absatzpolitischen Mitteln, insbesondere der Preispolitik abgestimmt sein. Auch eine genaue Abstimmung mit den Produktionsmöglichkeiten ist erforderlich. Es wäre zwecklos, durch Werbung die Nachfrage zu steigern, wenn man dann nicht in entsprechendem Maße die Produktion erhöhen kann.

(2) **Die umweltbezogene Situation:**

Werbewirkungen gehen in der Regel nicht nur von eigenen Maßnahmen, sondern auch von den Aktionen und Reaktionen der Konkurrenz, der Kaufkraft und dem Kaufwillen der Konsumenten (Konsumentenverhalten), sowie dem gesamtwirtschaftlichen Trend aus.

(3) **Die zeitbezogene Situation:**

Der Werbeplan muß auch Angaben über den zeitlichen und räumlichen Einsatz der einzelnen Werbemittel enthalten. Durch zeitliche und räumliche Streuung der verschiedenen eingesetzten Werbemittel soll ein Maximum an Werbewirkung erzielt werden. Um Unterlagen für den zeitlichen und räumlichen Einsatz der Werbemittel zu bekommen, ist es zweckmäßig, vor Beginn der Werbemaßnahme eine Marktanalyse (Werbeanalyse) durchzuführen. Nach Beendigung der Werbemaßnahme ist der Markt erneut zu analysieren, um den Erfolg der Werbung zu ermitteln und aus den Erfahrungen Schlüsse für künftige Maßnahmen ziehen zu können.

In der Praxis neigt der größte Teil der Werbetreibenden eher zu einer mehr oder weniger starken Einschränkung der Werbung in Zeiten zurückgehender Umsätze, spart also dort, wo er glaubt, am ehesten sparen zu können. Hersteller, die in Zeiten rückläufiger Umsätze mit ihrer Werbung fortfahren, vermitteln dem Verbraucher weiterhin Informationen über das Produkt und sorgen dafür, daß die Marke beim Verbraucher aktuell bleibt. Bei wieder zunehmender Kaufbereitschaft besitzen diese Marken einen beträchtlichen Vorsprung vor der Konkurrenz, der sich in einem entsprechenden Gewinn an Marktanteilen bemerkbar machen kann.

(4) **Die Unsicherheitssituation:**

Jede einzelne Maßnahme ist mit dem Risiko des Mißerfolges behaftet. Insbesondere ist zu beachten, daß bei einmaligen Entscheidungen nur von subjektiven Wahrscheinlichkeiten Gebrauch gemacht werden kann.

IV. Die Präferenzpolitik 455

Der nachfolgend dargestellte **Entscheidungsablauf** beruht auf neun wesentlichen Entscheidungsphasen, die eine unterschiedliche Zahl von Planungsschritten enthalten. Am Ende jeder Phase ist eine Entscheidung zu treffen. Eine positive Antwort ermöglicht die Inangriffnahme der nächsten Phase; eine negative zwingt zur Wiederholung der erforderlichen Arbeitsschritte.

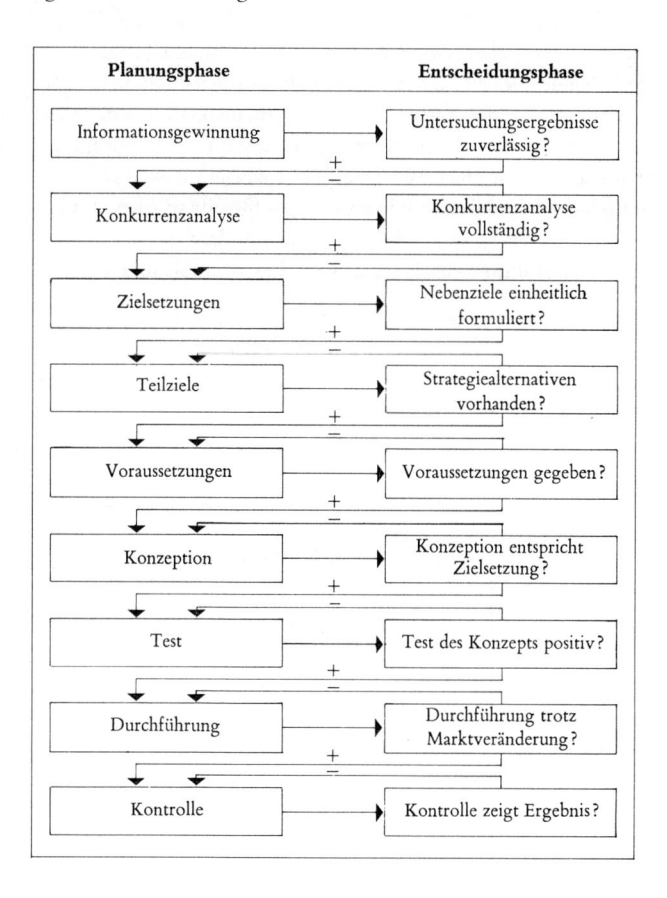

Planungsphase	Entscheidungsphase
Informationsgewinnung	Untersuchungsergebnisse zuverlässig?
Konkurrenzanalyse	Konkurrenzanalyse vollständig?
Zielsetzungen	Nebenziele einheitlich formuliert?
Teilziele	Strategiealternativen vorhanden?
Voraussetzungen	Voraussetzungen gegeben?
Konzeption	Konzeption entspricht Zielsetzung?
Test	Test des Konzepts positiv?
Durchführung	Durchführung trotz Marktveränderung?
Kontrolle	Kontrolle zeigt Ergebnis?

bb) Die Bestimmung des optimalen Werbebudgets

Wie jede Planung, so ist auch die Werbeplanung nicht nur ein Treffen von Entscheidungen, sondern zugleich eine Budgetierung, also ein **Voranschlag der Werbeaufwendungen**. Einen allgemeinen Maßstab dafür, wie hoch der Werbeaufwand sein muß, damit eine bestimmte werbepolitische Zielsetzung erreicht wird, gibt es nicht. Besteht eine meßbare Beziehung zwischen Werbeaufwand und Werbeertrag (und das ist selten), dann muß der Betrieb so planen, daß der Werbeaufwand durch den Werbeerfolg mindestens gedeckt wird. Nach Möglichkeit soll eine Steigerung des Gesamtgewinns erreicht werden. Soll durch eine Werbemaßnahme nur der bisherige Kundenstamm gehalten werden, so läßt sich die Höhe des erforderlichen Werbeaufwandes nur durch Schätzung feststellen.

Viele Betriebe legen den Umfang der Werbeaufwendungen nach einem bestimmten Schlüssel fest, z. B. nach einem bestimmten Prozentsatz des vergangenen oder geplanten Umsatzes. Sie gehen also praktisch von einem zur Verfügung stehenden Geldbetrag aus und müssen danach entscheiden, welche Werbeziele überhaupt realisiert werden können. Besondere Verhältnisse, z. B. das Verhalten der Konkurrenz, Bedarfsverschiebungen oder Änderungen der Konjunkturlage können den Betrieb aber zwingen, von dem gewählten Schlüssel, mit dessen Hilfe die Höhe des Werbeetats ermittelt wird, abzugehen und zusätzliche Mittel zur Finanzierung unbedingt erforderlicher Werbemaßnahmen zu beschaffen.

Ist die insgesamt für Werbezwecke geplante Summe festgelegt worden, so muß sie nun auf die einzelnen Werbemittel (Anzeigen, Plakate, Prospekte, Kataloge, Fernseh- und Rundfunkwerbung usw.) aufgeteilt werden, d. h. es muß ein detaillierter Voranschlag ausgearbeitet werden, in dem bestimmt wird, welcher Anteil der Gesamtsumme auf die einzelnen Werbemittel entfällt.

Beispiel:

Werbeetat für 1976

Werbemittel	1976 (geplant)			1975 (verbraucht)		
	Inland	Ausland	Gesamt	Inland	Ausland	Gesamt
Anzeigen in Zeitungen	63.000	17.000	80.000	60.500	16.700	77.200
Anzeigen in Zeitschriften	55.000	5.000	60.000	54.900	4.500	59.400
Anzeigen in Illustrierten	90.000	60.000	150.000	110.800	10.350	121.150
Postwurfsendungen	25.000	—	25.000	—	—	—
Plakatwerbung	30.000	—	30.000	30.000	1.370	31.370
Fernsehwerbung	115.000	—	115.000	98.000	—	98.000
Rundfunkwerbung	50.000	25.000	75.000	73.000	10.200	83.200
Filmwerbung	30.000	15.000	45.000	28.000	14.740	42.740
Werbegeschenke	10.000	2.000	12.000	8.500	750	9.250
	468.000	124.000	592.000	463.000	58.610	522.310

Die Methode, mit einem vorgegebenen Betrag, der einen bestimmten Prozentsatz vom erwarteten oder vorhandenen Umsatz beträgt, eine möglichst wirkungsvolle Werbung und Verkaufsförderung zu betreiben, verliert an Effizienz, da es immer schwerer und teurer wird, die Werbung an die potentiellen Abnehmer heranzutragen. Deshalb gehen viele Anbieter dazu über, Werbe- und Verkaufsförderungsmaßnahmen **zielgruppenorientiert vorauszuplanen.** Hier wird nicht vom Etat her – also von oben nach unten geplant. Vielmehr ist der Markt mit seinen potentiellen Abnehmern der Ausgangspunkt für die Planung, die die notwendigen Aufwendungen ermitteln soll.

Ein vereinfachtes Beispiel soll diesen Ausgangspunkt verdeutlichen:
(1) Als potentielle Abnehmer kommen nach den Ergebnissen der Marktforschung für Produkt A innerhalb eines Jahres maximal 2 Mill. Haushaltungen in Betracht.

IV. Die Präferenzpolitik

(2) Die Standortanalyse ergab, daß sich die Haushaltungen vornehmlich in kleinstädtischen und ländlichen Bezirken befinden.
(3) Das Teilziel besteht darin, daß 10% dieser potentiellen Käufer möglichst zu einem Kaufabschluß kommen.
(4) Die Kunden kann man durch ca. 10.000 Verkaufsstellen erfassen.
(5) Eine Media-Forschung ergab, daß durch 4 spezielle Werbeträger mit je zwei Anzeigemotiven bei viermaliger Einschaltung ein optimales Ergebnis erzielt wird.
(6) Durch eine Verkaufsförderungsaktion (Sales Promotion) soll das Produkt bei den Vertriebsstellen verstärkt den Abnehmern angeboten werden. Außerdem soll das Werbematerial (Werbedisplay) zur Verfügung gestellt werden.
(7) Die 10.000 Verkaufsstellen sollen durch eine Informationsschrift angesprochen werden.

Werbe- und Verkaufsförderungsetat	
I. Aufwendungen für die Marktforschung einschließlich Werbeerfolgskontrollen	30.000 DM
II. Überregionale Werbung 2 × 4 Einschaltungen in 4 speziellen Werbeträgern	800.000 DM
III. Regionalwerbung + Verkaufsförderung	
Werbematerial (Display)	200.000 DM
Prospektmaterial	150.000 DM
Beteiligung an Anzeigen der Verkaufsstellen	500.000 DM
Sonstige Kosten (Versandkosten)	20.000 DM
Werbekosten für Produkt A	1.700.000 DM
Geplante Verkäufe im Jahr: 200.000 Produkte; Werbekosten pro Verkaufseinheit = 8,50 DM	

Die Frage, ob die bisher in der Literatur entwickelten mathematischen Modelle der Werbebudgetbestimmung praktikabel sind, hängt von der Modellstruktur ab, d. h. den jeweiligen Prämissen. Den älteren Modellen lag ein marginalanalytischer Ansatz zugrunde.[1] Das optimale Werbebudget wird nach dem bekannten Erfordernis der Marginalanalyse: Grenzkosten = Grenzerlös unter gleichzeitiger Bestimmung der jeweils optimalen Preispolitik des Modells festgelegt. Der Praktikabilität des Modells steht entgegen:
(1) daß in der Regel keine Informationen über Grenzerlöse und Grenzkosten vorliegen;

---

[1] Vgl. Dorfmann, R., Steiner, P. O., Optimal Advertising and Optimal Quality. In: Bass, Buzell (Hrsg.) Mathematical Models and Methods in Marketing, Homewood (Ill.) 1961, S. 117

(2) die Analyse rein statischer Natur ist;
(3) Konkurrenzaktionen und -reaktionen ausgeschlossen sind.

Da die Unternehmung über ihre werbepolitische Aktivität Einfluß auf ihren Marktanteil nimmt, glaubt Weinberg,[1] das Werbebudget aus den Beziehungen Werbung/Umsatz der eigenen sowie der Konkurrenzunternehmen ableiten zu können. Erfolgsversprechend erscheinen Modelle, die über die Bestimmung der Werbeträger zu einer optimalen Werbebudgetbestimmung kommen.

f) Die Werbeerfolgskontrolle

aa) Die Ermittlung des ökonomischen Werbeerfolgs

Die Beurteilung des Werbeerfolgs hängt in erster Linie von der Zielsetzung ab, die mit einer Werbemaßnahme erreicht werden soll. Die Beurteilung wird unterschiedlich sein, je nachdem, ob die Werbung einer Ausweitung des Absatzes, einer Erhöhung des Preises bei gleichem Absatz oder einer Abwehr drohender Absatzrückgänge dienen soll. Soll eine Absatzsteigerung erzielt werden, so muß überprüft werden, ob durch die Werbemaßnahme eine Steigerung des Gesamtgewinns, der gleich der Differenz zwischen Gesamterlös und Gesamtkosten ist, erreicht wird. Bleibt der Preis des abgesetzten Produktes bei einer Steigerung des Absatzes unverändert, so nimmt der Gesamterlös proportional zum Absatz zu. Soll der Gesamtgewinn größer werden, so setzt das voraus, daß die zusätzlichen Kosten geringer sind als die zusätzlichen Erlöse. Da zu den Gesamtkosten aber noch die zusätzlichen Kosten der zu beurteilenden Werbemaßnahme treten, so kann eine Steigerung des Gesamtgewinns nur erfolgen, wenn bei den übrigen Produktionskosten bei Erhöhung der Ausbringung eine Degression vorhanden ist, die größer ist als die durch die Werbekosten bedingte Kostenzunahme.

Bevor der Betrieb eine Werbemaßnahme beginnt, muß er sich also genau über seine Kostenverläufe informieren, um zu wissen, inwieweit eine durch Ausdehnung der Produktion noch mögliche Kostendegression die zusätzlich anfallenden Werbekosten kompensieren wird. Diese Frage gewinnt noch an Wichtigkeit, wenn die Ausdehnung der Produktion zu bestehenden Preisen nicht möglich ist, sondern bei zunehmendem Absatz der Preis herabgesetzt werden muß.

Erhöht der Betrieb seine Absatzpreise, und versucht er nun, durch Werbung einen Absatzrückgang zu verhindern, so muß in diesem Falle der Erfolg der Werbemaßnahme durch Vergleich des Mehrerlöses und der durch die Werbemaßnahme bedingten Mehrkosten (gleichbleibende Produktionskosten unterstellt) überprüft werden. Übersteigt der Mehrerlös die Kosten der Werbemaßnahme, so war sie vorteilhaft.

Will der Betrieb durch eine Werbemaßnahme einen drohenden Absatzrückgang verhindern, so ergeben sich für ihn – wenn ihm das gelingt – in jedem Falle um die Kosten der Werbemaßnahme höhere Gesamtkosten. Bei gleichem Absatzpreis geht der Gesamtgewinn zurück, jedoch war die Werbemaßnahme vorteilhaft, wenn der Rückgang des Gesamtgewinns geringer ist, als er bei einem Absatzrückgang gewesen wäre.

---

[1] Vgl. Weinberg, R. S. Multiple Factor Break-Even-Analysis. In: Bass, Buzell (Hrsg.) a.a.O., S. 65

IV. Die Präferenzpolitik

Zwischen dem Einsatz des Werbemittels und der Absatzsteigerung können verschiedene Beziehungen bestehen. Entweder verlaufen Werbemitteleinsatz und Absatzsteigerung proportional, wenn z. B. durch jede Wiederholung einer Werbesendung eine bestimmte Absatzsteigerung erzielt wird; oder der Erfolg der Werbung ist anfangs sehr gering, da erhebliche Verkaufswiderstände zu überwinden sind, z. B. bei der Einführung neuer Artikel oder bei der Überwindung bestehender Präferenzen für Konkurrenzmarken. Nach Überwindung der Widerstände steigt der Absatz dann immer schneller an. Ein Werbefilm, der nur einmal im Fernsehen gesendet wird, erreicht nur einen kleinen Teil der Umworbenen, die angesprochen werden sollen. Erst durch häufige Wiederholung kann sich ein Absatzerfolg einstellen.

Es ist auch denkbar, daß zunächst ein schneller Anstieg des Absatzes erreicht wird, der bei wiederholtem Einsatz des Werbemittels aber immer mehr nachläßt. Ein Wechsel im Werbemittel ist dann unter Umständen zweckmäßig und führt zu einem günstigeren Verhältnis zwischen Werbekosten und Werbeerfolg.

Theoretisch läßt sich also der Erfolg der Werbung ermitteln. Praktisch bestehen jedoch erhebliche Schwierigkeiten, weil einmal die Werbekosten nicht exakt festgestellt werden können, da eine Abgrenzung zu anderen Kosten nicht immer möglich ist, weil andererseits der Verlauf der Kostenkurven nicht genau ermittelt werden kann, und weil ferner Änderungen im Absatzvolumen oder der Absatzpreise nur in den seltensten Fällen allein einer Werbemaßnahme zugeschrieben werden können, sondern in der Regel viele Faktoren gleichzeitig auf die Verhältnisse am Absatzmarkt einwirken werden (Bedarfsverschiebungen, Preisänderungen bei der Konkurrenz, Konjunktureinflüsse u. a.).

Eine weitere Schwierigkeit der ökonomischen Werbeerfolgskontrolle liegt in der **zeitlichen Abgrenzung der Werbeerträge**. Es handelt sich dabei einerseits um die zeitlichen Verzögerungen, die entstehen, wenn der Absatz nicht direkt, sondern über den Einzelhandel bzw. Großhandel erfolgt. Zum andern besteht Unsicherheit über die Wirksamkeitsdauer der Werbemaßnahmen und den Einfluß gegenwärtiger Werbung auf die zukünftigen Erträge.

Setzt der Betrieb gleichzeitig verschiedene Werbemittel ein, so kann er im allgemeinen nur die Gesamtkosten und den Gesamterfolg aller Werbemittel miteinander vergleichen. Bedient sich z. B. ein Zigarettenhersteller der Fernseh- und Rundfunkwerbung, der Plakatwerbung und der Werbung durch Inserate in Zeitungen und Zeitschriften, so kann er die durch Werbung erzielte Absatzsteigerung nicht auf die einzelnen Werbemittel aufteilen und folglich auch den Erfolg der einzelnen Werbemittel und damit auch ihre Wirtschaftlichkeit nur schwer schätzen.

Dient die Werbung nicht der Steigerung, sondern in erster Linie der Erhaltung eines bereits erzielten Absatzes, so ist eine Erfolgskontrolle der Werbung noch schwieriger, da nicht gemessen werden kann, um wieviel der Absatz zurückgegangen wäre, wenn keine oder eine nur geringe Werbung getrieben worden wäre. Das gilt insbesondere bei Markenartikeln, bei denen eine bestimmte Gesamtnachfrage vorhanden ist und bei denen die Werbung den Zweck hat, daß der Betrieb auf Kosten seiner Konkurrenten einen möglichst großen Teil der Gesamtnachfrage auf sich konzentriert. Hier muß jeder Betrieb die größten Werbeanstrengungen machen, um seinen Marktanteil zu halten und ihn nicht durch die Werbung der Konkurrenz an diese zu verlieren.

Die Mängel der ökonomischen Werbeerfolgskontrolle haben dazu geführt, daß man sich in der letzten Zeit um die Entwicklung von geeigneten außerökonomischen Erfolgskriterien bemüht hat.[1]

bb) Die Ermittlung des außerökonomischen Werbeerfolges

In der Regel interessieren sich die Werbetreibenden für den Verkauf ihrer Produkte. Das schließt jedoch nicht aus, daß kurzfristig die Bedürfnisweckung und Information potentieller Kunden im Vordergrund stehen kann. Die Grundlage dieser Verfahren, ist die Annahme, daß der Verbraucher nicht alle Werbeeinflüsse auf einmal aufnimmt, um dann die Ware zu kaufen, sondern nacheinander eine bestimmte Stufenfolge der Wahrnehmung der Werbung und Beeinflussung durch die Werbung durchläuft.

Eine der bekanntesten Stufenfolge ist die **AIDA-Regel**:

Attention = Aufmerksamkeit
Interest = Interesse
Desire = Wunschvorstellung
Action = Handlung (Kauf)

Die Ermittlung des außerökonomischen Werbeerfolges erfolgt mit Hilfe von **Werbekennziffern,** in denen man die in einer bestimmten Phase der Werbung erreichten Personen (Werbeberührten, Werbebeeindruckten, Werbeerinnerten) der Zielgruppe (Werbegemeinten, Adressaten) gegenüberstellt.

(1) $$\text{Berührungserfolg:} \frac{\text{Zahl der Werbeberührten}}{\text{Zahl der Werbegemeinten}}$$

Der Berührungserfolg ist ein Maßstab für die zweckmäßige Auswahl der gewählten **Werbeträger,** die Werbung an die Zielgruppe heranzutragen. Diese Kennzahl liefert wichtige Entscheidungsgrundlagen für eine Erfolgsanalyse.

(2) $$\text{Beeindruckungserfolg:} \frac{\text{Zahl der Werbebeeindruckten}}{\text{Zahl der Werbeberührten}}$$

Der Beeindruckungserfolg ist ein Maßstab für die **Qualität der Werbemittelgestaltung** (Größe, Placierung, Farbzusammenstellung). Da zu den Werbebeeindruckten alle Personen zählen, bei denen die Werbung eine bewußte oder unbewußte Wahrnehmung ausgelöst hat, ist die Messung dieses Effektes mit außerordentlichen Schwierigkeiten verbunden.

(3) $$\text{Erinnerungserfolg:} \frac{\text{Zahl der Werbeerinnerten}}{\text{Zahl der Werbeberührten}}$$

Der Erinnerungserfolg ist auch ein Maßstab für die Qualität der Werbemittelgestaltung. Im Gegensatz zum Beeindruckungserfolg liegt hier jedoch eine gewisse **Zeitspanne** zwischen der Werbeberührung und der Feststellung, ob die Umworbenen die Werbung wiedererkennen können.

---

[1] Vgl. Lucas, D. J. B., Britt, St. H., Messung der Werbewirkung, Essen 1966

IV. Die Präferenzpolitik

Durch diese Kennzahlen erhält die Unternehmung Anhaltspunkte, wie sie die Wirksamkeit ihrer Werbemaßnahmen erhöhen kann. Im Vergleich zum ökonomischen Werbeerfolg sind diese Kennzahlen leichter meßbar.

2. Die Produkt- und Sortimentspolitik

a) Abgrenzung

Die Produktpolitik ist auf die ständige Entwicklung neuer Ideen angewiesen. Zur Zeit besteht ein Trend zur Bildung von **„Innovationsgruppen"** in den Betrieben, die Denkanstöße für neue Produkte geben sollen, die dann von Fachleuten entwickelt werden.[1] Aus einem aktuellen Problem wird das Grundproblem abstrahiert und in seine Komponenten zerlegt. Soll z. B. eine neue Waschpulververpackung gefunden werden, so lautet das Grundproblem: Verpackung für pulverförmigen Inhalt. Die Komponenten sind: Material, Form, Art, Verschluß, Dosierung. Für jedes einzelne Problem werden alle bekannten und denkbaren Lösungen zusammengetragen, und daraus wird die optimale Lösung für das aktuelle Problem ermittelt.

Die Produktpolitik und die Werbung stehen in einem engen Zusammenhang, denn bei der Produktpolitik kommt es vor allem auf die subjektive Einschätzung durch die Konsumenten an. Neben der Qualität der Ware spielt ihre **Verpackung und äußere Aufmachung** eine große Rolle. Der Hauptvorteil der Produktpolitik liegt darin, daß die Konkurrenten auf Produktveränderungen nicht so unmittelbar reagieren wie auf Preisveränderungen, da ein technischer Vorgang nicht so einfach nachzuvollziehen ist wie eine Preissenkung. Die Produktpolitik wird in die Produktforschung, die Produktgestaltung, das Produktionsprogramm und die Sortimentspolitik gegliedert.

b) Die Produktforschung

aa) Die Bedeutung von Lebenszyklen

Aufgabe der Produktforschung ist einerseits die **Entwicklung neuer Produkte** und andererseits die **Weiterentwicklung**, d. h. die technische und gestalterische Vervollkommnung der schon vorhandenen Erzeugnisse. Wenn die Produktforschung auch weitgehend ein technisches Problem darstellt, so muß doch der Leitgedanke für derartige Forschungsarbeiten die bessere Aufnahme durch den Markt sein. Die Aufnahmebereitschaft des Marktes läßt sich grundsätzlich entweder durch einen vergleichsweise größeren Grundnutzen oder durch einen vergleichsweise höheren Zusatznutzen erreichen. Beide Nutzungsarten greifen stark ineinander und werden vom Käufer in der Regel nicht getrennt empfunden.

Würde ein Betrieb in einer bestimmten Planungsperiode eine bestimmte Anzahl von Produkten anbieten und den geplanten Gewinn erzielen, so würde sich dieser Gewinn in einer evolutorischen Wirtschaft mit Sicherheit im Zeitablauf stark reduzieren, wenn der Betrieb seine Produktarten technisch und ausstattungsmäßig unverändert weiter anbieten würde. Diese Tatsache ist darauf zu-

---

[1] Vgl. Schmitt-Grohe, J., Produktinnovation, Wiesbaden 1972

rückzuführen, daß es für alle Produkte sog. **Lebenszyklen** gibt. Sie können zwar nach der Art eines Produktes sehr unterschiedlich sein, bestehen aber in der Regel aus folgenden 5 Phasen:

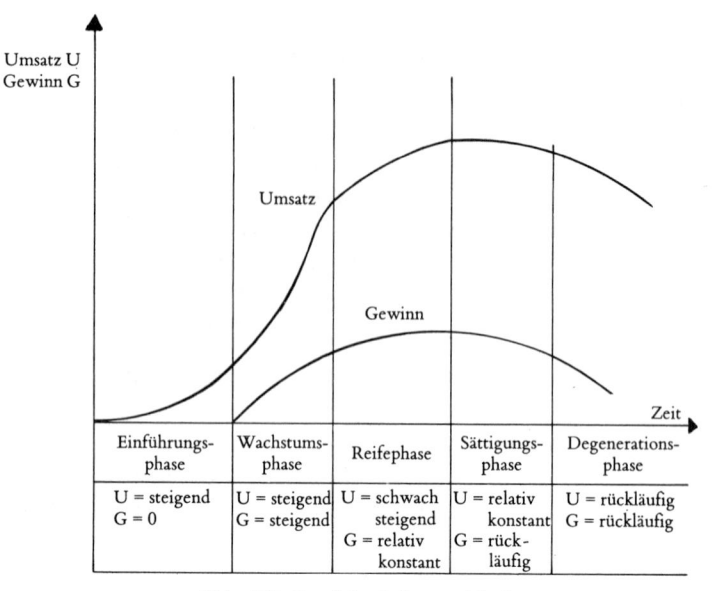

Einführungs-phase	Wachstums-phase	Reifephase	Sättigungs-phase	Degenerations-phase
U = steigend G = 0	U = steigend G = steigend	U = schwach steigend G = relativ konstant	U = relativ konstant G = rückläufig	U = rückläufig G = rückläufig

Abb. 153. Produkt-Lebenszyklus[1]

(1) In der **Einführungsphase** sind auf der Verbraucherseite erhebliche Widerstände zu überwinden. Man muß daher versuchen, die latente Nachfrage durch einen optimalen Werbemitteleinsatz zu aktivieren. Für die Preispolitik bestehen zwei Möglichkeiten: entweder kann man hohe Einführungspreise mit stufenweiser Ermäßigung fordern oder stabile Niedrigpreise ansetzen. Die zweite Strategie bietet sich an, wenn ein Unternehmen von Anfang an einen Massenmarkt schaffen und die potentielle Konkurrenz durch niedrige Gewinnspannen entmutigen will. Die zeitbezogene Strategie der Erschließung immer neuer Marktsegmente wird wegen der beschleunigten Tilgung des investierten Kapitals bevorzugt, hat jedoch den Nachteil, Konkurrenten zum Eintritt in den Markt zu veranlassen.

(2) In der **Wachstumsphase** setzt eine starke Nachfrage ein. Gleichzeitig werden die Konkurrenten versuchen, das neue Produkt nachzuahmen; das bedeutet, daß der Wettbewerb über die Preise und die Konditionen ausgetragen wird. Es empfiehlt sich bereits in diesem Stadium ein neues Produkt einzuführen. Nur mit einem sorgfältig geplanten Markterneuerungsprogramm läßt sich eine kontinuierliche Entwicklung von Gewinnen sicherstellen.

(3) In der **Reifephase** ist das Produkt zur „Selbstverständlichkeit" geworden. Mit Hilfe der Produktgestaltung wird man versuchen, den differenzierten

---

[1] Vereinfacht entnommen aus: Welte, E., Fort mit kranken Produkten, Absatzwirtschaft 1971, H. 22, S. 14

IV. Die Präferenzpolitik

Ansprüchen der Verbraucher gerecht zu werden. Gemeinsam mit der Neugestaltung kommt der **Verpackungspolitik** und der **Verkaufsförderung** eine große Bedeutung zu. Spätestens zu diesem Zeitpunkt muß ein neues Produkt aufgebaut werden.

(4) In der **Sättigungsphase** stagniert die Nachfrage, da das Marktpotential ausgeschöpft und die Erstnachfrage einer zurückhaltenden Ersatznachfrage gewichen ist.

(5) In der Regel kommt es zur **Degenerationsphase**. Hier geht der Absatz erst wenig, dann aber stark zurück. Das Produkt muß aufgegeben werden.

Die Lebensdauern industrieller Produkte sind sehr unterschiedlich, und allgemeine Aussagen sind kaum möglich. „Generell kann jedoch festgestellt werden, daß die Lebenserwartung der Produkte mit zunehmender Rohstoffnähe steigt und mit zunehmender Konsumnähe sinkt."[1]

Die wichtigsten **Ursachen der Degeneration** sind:
(1) Die Entwicklung neuer Produkte durch den technischen Fortschritt und
(2) veränderte Konsumwünsche infolge gestiegener Kaufkraft.

Die Aufgabe, ertragsschwache Produkte vorzeitig aus dem Produktionsprogramm zu eliminieren, wird häufig nicht erkannt.

Das Konzept der Lebenszykluskurve ist eine wertvolle Entscheidungshilfe zur Beurteilung der Altersstruktur des gesamten Produktionsprogrammes. Verteilt man beispielsweise den Gesamtumsatz des Unternehmens auf die einzelnen Phasen, so hätte eine ideale **Umsatzverteilung** etwa folgendes Aussehen:
(1) Je 10% bis 15% des Gesamtumsatzes mit Produkten aus den Phasen „Einführung" und „Degeneration";
(2) je 20% mit Produkten aus den Phasen „Wachstum" und „Sättigung";
(3) 40–50% mit Produkten aus der „Reifephase".

Bei der Überprüfung der Produktfunktionen geht es vornehmlich um die Klärung der folgenden Fragen:
(1) Wie gut erfüllt das Produkt noch seine ursprüngliche Hauptfunktion (Zuverlässigkeit, Dauerhaftigkeit)?
(2) Inwieweit ist das Produkt noch mit dem Konsumtrend identisch? (Geschmack)?
(3) Sind Substitutionsgüter mit gleicher oder ähnlicher Funktion auf dem Markt?
(4) Besitzt das Produkt noch eine äußerliche Attraktivität (Form, Farbe, Verpackung)?

Diese Fragen müssen getrennt für Endverbraucher und Händler untersucht werden, wenn man eine gesicherte Informationsbasis erhalten will. Die Eliminierung des Produktes muß mit den geringsten Störungen für den Unternehmensablauf durchgeführt werden, dabei sind insbesondere folgende Problemkreise zu beachten:
(1) die zeitliche Koordinierung, wenn die Abschaffung eines alten und die Einführung eines neuen Produktes zusammenfallen;
(2) die zeitlich befristete Aufrechterhaltung eines technischen Kundendienstes.

---

[1] Vgl. Freudenmann, H., Planung neuer Produkte, Stuttgart 1965, S. 6 ff.

bb) Die Bedeutung von Testmärkten

Ein Instrument zur Verminderung des Risikos bei der Einführung von neuen Produkten ist der **Markttest**, mit dem auf einem regional begrenzten Gebiet in einem bestimmten Zeitraum die Marktgängigkeit eines neuen Produktes oder die Wirksamkeit einzelner absatzpolitischer Mittel festgestellt werden soll.[1] Im zweiten Fall wird die Versuchsperiode in mehrere Abschnitte eingeteilt damit die Änderungen der abhängigen Variablen (Umsatz) der Änderung der unabhängigen Variablen (Werbung) zugerechnet werden können.

Die Auswahl des Testmarktes erfolgt aufgrund der Kenntnisse der Struktur des Gesamtmarktes und der möglichen Testmärkte. Folgende Kriterien sind dabei von besonderer Bedeutung:

(1) Die **Käuferstruktur**: die generellen Merkmale (Kaufkraft, Altersstruktur, Haushaltsgröße, Ausbildungsgrad) werden im Einzelfall oft noch weiter unterteilt werden müssen, je nachdem um welches Produkt es sich handelt und welche Käuferschicht damit erreicht werden soll. Ein Testmarkt für Produkte mit regionalen Präferenzen sollte nach Möglichkeit nicht dort durchgeführt werden, wo diese Präferenzen bestehen. Auch eine zu geringe Anzahl von Abnehmern im Testmarkt kann zu hohen Fehlerquoten führen. Daher sind in der Regel Testmärkte nur für Güter des täglichen Bedarfs aussagefähig.

(2) Die **Vertriebsstruktur**: Insbesondere ist zu beachten, daß die Zahl und Betriebsgröße der Händler im Testgebiet denjenigen des Gesamtmarktes entspricht.

(3) Die **Medienstruktur**: Der Umfang der Werbestreuung im Testmarkt sollte der später geplanten Werbung entsprechen.

(4) Die **Konkurrenzsituation.** Bei der Auswahl des Testmarktes ist darauf zu achten, daß eine normale Konkurrenzsituation herrscht.

Für Beginn und Dauer des Testmarktes ist zu beachten, daß er für Produkte mit Saisoncharakter kurz vor dem Zeitpunkt beginnt, an dem die Händler disponieren und Wiederholungsverkäufe möglich und meßbar sind. Der Erfolg eines neuen Produktes kann festgestellt werden durch:

(1) die Analyse der Verkäufe des Herstellers;
(2) Ergebnisse des Einzelhandel-Panels;
(3) Ergebnisse des Konsumenten-Panels;
(4) eigene Untersuchungen des Herstellers.

Bei der Durchführung können zahlreiche Störungen auftreten, die durch die Ausnahmesituation bedingt sind, die jeder Testmarkt zwangsläufig hervorruft. Da beispielsweise für die Handelsbetriebe mit einem Markttest in der Regel besondere Vergünstigungen verbunden sind, werden sie sich verstärkt darum bemühen, den Erfolg der neuen Produkte sicherzustellen.

Insgesamt hängt der Aussagewert der Ergebnisse von folgenden Faktoren ab:
(1) der Aussagefähigkeit des Testmarktes für den Gesamtmarkt;
(2) der Verwendung von geeigneten Informationsgewinnungsmethoden;

---

[1] Vgl. Schulz, R., Der Markttest, in: Jahrbuch des Marketing, Essen 1971, S. 188f. Sittenfeld, H., Der Testmarkt in Instrument des Marketing, München 1966

(3) der Dauer des Markttestes;
(4) der Reduzierung der Störgrößen.

c) Die Produktgestaltung

aa) Die Produktvariation

Die Gestaltung der Produkte ist nicht nur ein technisches, sondern auch ein absatzpolitisches Problem. Man kann ein Gut, von dem der Verwender einen bestimmten Gebrauchswert erwartet, in unterschiedlichen Qualitäten, aus verschiedenen Materialien und in verschiedenen Mustern und äußeren Aufmachungen herstellen. Welches Gut man besser absetzen wird, ist nicht nur eine Frage des Preises, sondern oft auch eine Frage der äußeren Form und Ausstattung. In vielen Fällen ist der Käufer bereit, für die „Aufmachung" einen weit höheren zusätzlichen Preis zu bezahlen, als diese Aufmachung Kosten verursacht hat. So werden beispielsweise viele Autos in Standard- und Luxusausführung hergestellt. Die technische Leistungsfähigkeit beider Ausführungen ist in der Regel dieselbe. Der Preisunterschied ist aber meist erheblich. Für einige zusätzliche Chromleisten und einige unbedeutende Bequemlichkeiten in der Innenausstattung ist mancher Käufer bereit, einen wesentlich höheren Preis zu bezahlen. Mit Hilfe der Produktgestaltung wird hier eine **Preisdifferenzierung** erzielt, die es dem Hersteller ermöglicht, die höhere Kaufkraft bestimmter Käuferschichten „abzuschöpfen". Diese Erscheinung läßt sich bei vielen Gebrauchsgütern feststellen, vor allem wenn sie als äußeres Zeichen oder als Maßstab eines bestimmten Lebensstandards oder der Zugehörigkeit zu einer bestimmten sozialen Schicht angesehen werden.

Das Bestreben vieler Menschen, stets mit der **Mode** zu gehen, müßte eigentlich zu einer Vereinheitlichung der Produkte führen und die Zahl der Typen und Ausführungen verringern. Da aber andererseits innerhalb der von der Mode gesteckten Grenzen viele Menschen bestrebt sind, sich von ihren Mitmenschen durch eine persönliche Note abzuheben, so fördert die Mode doch die **Typendifferenzierung** und ist damit ein wesentlicher Faktor der Absatzsteigerung, denn die Mode zwingt die Menschen, die sich ihr unterwerfen, viele Gebrauchsgüter schon dann zu ersetzen, wenn sie noch längst nicht abgenutzt sind. Das gilt für Kleidung ebenso wie für Autos. Bei technischen Artikeln läßt sich der Käufer leicht durch oft nur belanglose technische Veränderungen beeinflussen, mit denen er seinen häufig an sich unwirtschaftlichen Kaufentschluß vor sich selbst zu rechtfertigen sucht, da er sich selbst nicht eingestehen will, daß er das neue Gut nicht wegen seines höheren Gebrauchswertes kauft, sondern weil er mit der Mode gehen will.

Je häufiger bei Gebrauchsgütern ein **Typenwechsel** erfolgt, desto größer wird der Absatz sein, desto höher sind aber auch die Preise, die der Verbraucher bezahlen muß. Denn jeder Typenwechsel verursacht im Produktionsbetrieb Entwicklungs- und Umstellungskosten, die die neue Ausführung des produzierten Gutes um so stärker belasten, je kleiner die Serie gehalten werden muß, weil mit Rücksicht auf die Konkurrenz bereits nach kurzer Zeit ein erneuter Typenwechsel vorgenommen werden muß. Güter, die nicht von der Mode beeinflußt werden, wird man erst ersetzen, wenn sie nicht mehr brauchbar oder technisch überholt sind. Deshalb geht die Entwicklung dahin, immer mehr Güter dem Einfluß der Mode zu unterwerfen.

bb) Die Verpackungspolitik

Auch die Gestaltung der **Verpackung** der Ware gehört in den Bereich der Produktgestaltung. Die Verpackung hat in erster Linie den Zweck, die Güter beim Transport und bei der Lagerung vor Beschädigung und Verderb zu schützen. Bei den Gütern des täglichen Bedarfs, insbesondere bei Markenartikeln, ist die „**Packung**" zu einem bedeutsamen absatzpolitischen Instrument geworden, das zugleich Werbeträger und Werbemittel sein kann.

Als wichtigste Eigenschaften der Packung bezeichnet Kropff[1] den Schutz der Ware auf dem Transportweg, die leichte raumsparende Lagerung, niedrige Herstellungs- und Füllungskosten, Senkung der Versandkosten durch zweckmäßige Einheiten und leichtes Gewicht. Wesentlich für den Absatzerfolg ist es, daß die Größe der Packungen den Wünschen der Käufer entspricht. Der Absatz wird ferner davon abhängen, daß die Packung handlich, leicht zu transportieren, leicht aufzubewahren und bequem zu öffnen und zu verschließen ist. Eine Packung, die sich von anderen Packungen gleicher Warengattungen in den genannten Eigenschaften positiv unterscheidet, wird stärker nachgefragt werden. Der Hersteller muß also der äußeren Aufmachung seiner Ware eine große Aufmerksamkeit schenken. Es ist auch nicht unwesentlich, daß die Packung (Dosen, Schachteln, Flaschen usw.) nach Entnahme der Ware für andere Zwecke Verwendung finden kann.

Die Verpackungsindustrie bietet ständig **neues Verpackungsmaterial** an. Fachwissen und systematische Informationen über die Materialentwicklung sind daher besonders wichtig. Denn neue Materialien erlauben oft, entscheidende Verbesserungen an den bisherigen Produkten vorzunehmen, Kostensteigerungen aufzufangen und das Gewicht zu verkleinern.

Im technischen Bereich bieten sich laufend neue Möglichkeiten an, ein Produkt rationeller zu verpacken: Die Handhabung zu vereinfachen, einfache Öffnungsvorrichtungen zu entwickeln (Schraubverschluß), geöffnete Packungen leichter verschließbar zu machen, bessere Ausgußvorrichtungen zu schaffen usw.

Kommt ein Erzeugnis auf den Markt oder soll ein bisheriges Erzeugnis geändert werden, sind hinsichtlich der Verpackung folgende Überlegungen notwendig:

(1) Durch eine Marktuntersuchung muß das geeignete Verpackungsmaterial aus dem umfangreichen Katalog der Verpackungsmittel ermittelt werden.
(2) In Form einer Verpackungsanalyse muß sodann die Verpackungsgestaltung erarbeitet werden.
(3) Ferner sind Überlegungen über die Transportmittel und die damit verbundenen technologischen Anforderungen anzustellen.
(4) Anschließend muß die Frage untersucht werden, wo das Produkt gelagert und wie es verkauft werden soll.

---

[1] Vgl. Kropff, H. F. J., Packung (Warenverpackung), HdB, Bd. 3, 3. Aufl., Stuttgart 1960, Sp. 4272 ff.

Kaum überschaubar ist die Fülle der Aspekte, die zu beachten sind, wenn durch die Verpackungsgestaltung die Attraktivität des Güterangebots erhöht werden soll. Die folgenden drei Übersichten versuchen dennoch Ansatzpunkte zur **Analyse von Gestaltungsinterdependenzen** zu liefern.[1]

(1) Verpackungsleistungen
- Schutzleistung
- Lagerleistung
- Transportleistung
- Verkaufsleistung
- Verwendungsleistung

(2) Marktanalyse
- Analyse der Packstoffe
- Analyse der Packformen

(3) Verpackungsgestaltung
- Packstoffe
- Packformen
- Packfarben
- Packzeichen

Wenn man die Wünsche der Betriebsabteilungen hinsichtlich der Verpackung in die Überlegungen einbezieht, so wird deutlich, daß bei der Schaffung einer optimalen Verpackung viele Gesichtspunkte zu berücksichtigen sind. Die Produktion wünscht die Vermeidung von ungerechtfertigtem Verpackungsaufwand. Der Verkauf wird sich um eine verkaufsfördernde Verpackung bemühen. Die Werbeabteilung erwartet eine attraktive Aufmachung. Der Versand legt Wert auf eine zweckgerechte Verpackung. Der Einkauf bemüht sich um preiswertes Verpackungsmaterial, und die Rechtsabteilung wünscht die Beachtung der gesetzlichen Bestimmungen.

Die Produzenten werden in Zukunft im Interesse des **Umweltschutzes** besonders darauf achten müssen, daß sich das Verpackungsmaterial leichter beseitigen läßt. Es müssen Packungen entwickelt werden, die einerseits stabil genug sind, um die Waren ausreichend zu schützen, andererseits sich aber nach der Entleerung auf ein Minimum ihres ursprünglichen Volumens zusammendrücken lassen. Kunststoffpackungen sollten so zusammengesetzt sein, daß sie sich im Laufe der Zeit unter Einfluß von Licht und Luft zersetzen.

Die Verpackung erfüllt in zunehmendem Maße **Service-Funktionen**: z. B. Bildung von Bedürfniseinheiten (komplette Frühstücke mit Brot, Butter, Aufschnitt, Milch, Kaffee usw.); Zubereitungsfunktion für den Verbraucher in der Verkaufseinheit; Einweg-Servierfunktion (die Originalverpackung wird auf dem Tisch serviert).

Geänderte Einkaufsgewohnheiten und größere Vorratshaltung in den Haushalten führen dazu, daß Sammelgebinde immer mehr an Bedeutung gewinnen. Getränke in Dreier-, Sechser- und Zwölfer-Packungen finden zunehmend guten Absatz.

---

[1] Vgl. Koppelmann, U., Grundlagen der Verpackungsgestaltung, Herne 1967

Die Anwendung der Packung bei Gütern, die völlig homogen sind und früher vom Einzelhändler in großen Mengen unabgepackt bezogen und von seinem Verkaufspersonal dann beim einzelnen Verkaufsakt abgewogen wurden, führt immer mehr dazu, daß auch solche Güter zu Markenartikeln werden können.

Selbst Zucker, Salz, Grieß und ähnliche Güter werden heute vom Hersteller mit Firmenaufdruck oder Markenbezeichnung in Packungen geliefert, die sich durch Form, Größe, Farbe und graphische Gestaltung von Packungen der Konkurrenz unterscheiden. Das personelle Verkaufsgespräch wird mehr und mehr durch Formgebung und äußere Gestaltung der Packungen ersetzt. Eine Packung soll sich selbst verkaufen; jede Farbe, jede gestalterische Kombination einschließlich der Beschriftung ruft nicht nur optische, sondern auch psychische Reaktionen hervor, die über Kauf oder Nichtkauf bestimmen.

Der Käufer kennt heute bei vielen Gütern, die ihm früher vom Einzelhändler aus einem großen Behälter in eine einfache Tüte gefüllt wurden, den Hersteller und verlangt, wenn er z. B. eine Präferenz für Zucker eines bestimmten Herstellers – und sei es auch nur wegen der Art und Farbe der Packung – hat, nicht einfach ein Kilo Zucker von seinem Einzelhändler, sondern Zucker der bevorzugten Firma. Das bedeutet für den Produzenten, daß er seine Absatzpolitik nicht nur auf den Handelsbetrieb, sondern auch auf den Verbraucher einstellen und entsprechende Werbung treiben muß. Für den Einzelhandel hat die Verwendung von Packungen in der Regel eine Ausweitung des Sortiments zur Folge. Es genügt nicht mehr – um bei dem Beispiel zu bleiben – eine bestimmte Menge Zucker irgendeines Herstellers auf Lager zu haben, sondern der Handel muß nun Zucker verschiedener Herstellerfirmen anbieten können.

Seit der Einführung der **Selbstbedienungsläden** gewinnt die Packung immer mehr an Bedeutung. Ein Verkauf ist in diesen Läden nur möglich, wenn sämtliche Waren in abgepacktem Zustand und in Mengen angeboten wurden, die üblicherweise vom Haushalt nachgefragt werden. Zwar kann das Abpacken auch vom Einzelhändler vorgenommen werden, doch wird es der Hersteller (oder der Großhändler) durch Verwendung moderner Abfüllmaschinen in der Regel mit geringeren Kosten durchführen können.

d) Produktionsprogramm- und Sortimentsgestaltung

Die Produkte, die ein Betrieb auf den Markt bringt, können in folgender Beziehung zueinander stehen:

(1) Es bestehen **Produktionsinterdependenzen**. Die engste Form ist die sog. Kuppelproduktion. In der Chemie werden z. B. völlig unterschiedliche Endprodukte aus einem Rohstoff im gleichen Produktionsprozeß hergestellt. Die bei der Kuppelproduktion anfallenden Zusatzerzeugnisse müssen oft mit erheblich größeren Anstrengungen auf den Markt gebracht werden als die übrigen Erzeugnisse des Sortiments.

(2) **Absatzinterdependenzen** bestehen zwischen solchen Gütern, die sich gegenseitig in ihren Absatzchancen beeinflussen. Man unterscheidet die Substitutionalität (zwei Güter ersetzen sich) und die Komplementarität (zwei Güter ergänzen sich).

IV. Die Präferenzpolitik 469

Beide Interdependenzen können sich auch überschneiden. So sind Benzin und Motorenöl hinsichtlich der Produktion Kuppelprodukte und hinsichtlich der Verwendung komplementäre Güter.

Während der Produktionsbetrieb die Gestaltung der Produkte als absatzpolitisches Mittel einsetzen kann, hat der Handelsbetrieb die Möglichkeit, durch Gestaltung seines **Sortiments** seinen Absatz zu beeinflussen. Er muß bestrebt sein, sich durch die Zusammensetzung seines Sortiments von Konkurrenzbetrieben abzuheben und sein Sortiment zugleich den Wünschen seiner potentiellen Käufer anzupassen. Je nach seinen Branchenkenntnissen, seinen finanziellen Möglichkeiten, seinem Standort, der räumlichen Lage seiner Konkurrenzbetriebe und der Kaufkraft seiner potentiellen Käufer wird der Einzelhändler durch die Wahl des Sortiments den Charakter seines Betriebes bestimmen, also z. B. entweder ein **tiefes Sortiment** bilden, d. h. die im Sortiment geführten Waren in vielen Preislagen, Qualitäten, Mustern und Ausführungen halten, oder ein **flaches Sortiment** führen, also von den einzelnen Warengattungen nur wenige Preislagen, Muster usw, anbieten. Er kann sich auch auf Waren beschränken, die eine bestimmte Preislage nicht über- oder nicht unterschreiten.

Die Sortimentspolitik ist auch abhängig von der Betriebsform, die der Betrieb gewählt hat. Sie wird daher in einem Warenhaus anders als in einem Fachgeschäft oder in einem Spezialgeschäft sein. Es würde den Rahmen dieses Buches überschreiten, auf die Sortimentspolitik der verschiedenen Betriebsformen des Handels einzugehen. Es sei daher auf Spezialliteratur verwiesen.[1]

3. Konditionen- und Kundendienstpolitik

a) Konditionenpolitik

Neben der Gestaltung der Produkte, der Verpackung und des Sortiments hat der Betrieb auch die Möglichkeit, bei den Abnehmern Präferenzen durch die Gestaltung der Absatzbedingungen hervorzurufen, z. B. durch Gewährung vorteilhafter Konditionen, insbesondere günstiger Zahlungs- und Kreditbedingungen, oder durch Ausführung zusätzlicher Dienstleistungen wie Lieferung frei Haus, kostenlose Wartung und Überprüfung von technischen Geräten u. a. Diese absatzpolitischen Mittel können teils in den Bereich der Preispolitik (z. B. hohe Skontosätze), teils in den Bereich der Werbung (Leistungen im Kundendienst) übergehen.

Bieten zwei Betriebe Güter der gleichen Art zum gleichen Preis an, so können die **Zahlungsbedingungen** für die Entscheidung des Käufers, bei welchem Anbieter er kauft, den Ausschlag geben. Diese Bedingungen kann der Betrieb in zweifacher Weise gestalten. Hat er es in erster Linie mit zahlungskräftigen Abnehmern zu tun, so wird er bestrebt sein, seinen Mitanbietern durch Einräumung hoher Skontosätze Konkurrenz zu machen. Er erzielt dann selbst einen schnellen

---

[1] Vgl. hierzu: Sandig, C., Betriebswirtschaftspolitik, 2. Aufl., Stuttgart 1966, S. 210 ff., Schäfer, E., Die Aufgabe der Absatzwirtschaft, 2. Aufl., Köln und Opladen 1950, Seyffert, R., Wirtschaftslehre des Handels, 5. Aufl., Köln und Opladen 1966, Gutenberg, E., Grundlagen, Bd. II, a.a.O., S. 390ff., Gümbel, R., Die Sortimentspolitik in den Betrieben des Wareneinzelhandels, Köln und Opladen 1963

Kapitalumschlag. Das bringt Zinskostenvorteile und erlaubt die Gewährung hoher Skontosätze. Handelt es sich um weniger zahlungskräftige kleine Abnehmer, so wird der Betrieb durch Einräumung besonders langer Zahlungsziele Kredit gewähren und versuchen, auf diesem Gebiete leistungsfähiger als die Konkurrenz zu sein. Das führt zu einem hohen Kapitalbedarf und zur Übernahme größerer Risiken.

Ein Mittel der Absatzpolitik, das immer größere Bedeutung erlangt und einen immer größeren Umfang annimmt, ist der **Teilzahlungskredit**. Auch er gehört in den Bereich der Zahlungsbedingungen. Der Abnehmer braucht beim Kauf nur eine Anzahlung zu leisten, der Restkaufpreis wird gestundet und in vertraglich festgelegten Raten (teilweise bis zu 24 Monatsraten) allmählich abgezahlt. Der Betrieb verkauft in der Regel unter Eigentumsvorbehalt. Er muß bestrebt sein, die Anzahlung in einer Höhe festzulegen, daß sie die durch die Benutzung des gekauften Gegenstandes eintretende Wertminderung deckt. Ratenzahlung sollte nur bei solchen Gütern vereinbart werden, bei denen die normale Nutzungsdauer wesentlich länger als die Dauer der Abzahlung ist, da sonst die Gefahr besteht, daß etwa zurückgenommene Gegenstände schon zu sehr abgenutzt sind, um als Sicherung der noch ausstehenden Raten zu dienen.

Der Vorteil des Teilzahlungskredits liegt für den Betrieb in der Tatsache, daß Käufer gewonnen werden, die auf Grund des hohen Kaufpreises der angebotenen Güter zu einer Barzahlung nicht in der Lage wären, weil sie nicht bereit sind, vor dem Kauf die Kaufsumme zu sparen, sondern ihr Einkommen normalerweise für die kleinen Dinge des täglichen Bedarfs auszugeben. Durch den Abschluß eines Ratengeschäfts werden sie gezwungen, nachträglich zu sparen.

Da das Risiko des Teilzahlungsgeschäftes nicht unerheblich ist, haben sich verschiedene Formen herausgebildet, die eine Sicherung des Kredits und vor allem eine Abwicklung der Finanzierung erleichtern sollen. Gerade letzteres ist wichtig, da in der **Finanzierung des Teilzahlungskredits** das entscheidende Problem für den Betrieb liegt. Die Finanzierung des Teilzahlungskredits kann entweder durch den Betrieb selbst aus eigenen Mitteln und durch Inspruchnahme von Lieferantenkrediten oder von Kontokorrentkrediten bei den Banken erfolgen. Dann spricht man von einem Teilzahlungsgeschäft in eigener Regie. Oder es werden Spezialkreditinstitute (Teilzahlungsbanken), ggf. auch Sparkassen zur Finanzierung eingeschaltet.[1]

Geben die Finanzierungsinstitute ihre Kredite an den Käufer, so liegt eine sog. **Kundenfinanzierung** (Konsumfinanzierung) vor. Erhält der Verkäufer den Kredit, so spricht man von **Verkäuferfinanzierung** (Absatzfinanzierung). Im ersten Falle beantragt der Käufer bei einem Finanzierungsinstitut unmittelbar, also ohne Einschaltung des Verkäufers, einen Kredit. Nach Überprüfung der Kreditwürdigkeit werden ihm die Mittel in Form von Einkaufsschecks zur Verfügung gestellt. Die dem Finanzierungsinstitut angeschlossenen Firmen nehmen beim Verkauf ihrer Waren diese Schecks wie Bargeld in Zahlung und reichen sie zur Abrechnung an das Kreditinstitut ein. Der Käufer zahlt seinen Kredit unmittelbar an das Finanzierungsinstitut zurück. Die Kreditfunktion übt nicht der Handelsbe-

---

[1] Vgl. dazu: Reuschel, H., Der organisierte Teilzahlungskredit, Berlin 1953; Müller, W., Teilzahlungsgeschäfte im Handel, HdB, Bd. 4, 3. Aufl., Stuttgart 1962, Sp. 5401 ff.

IV. Die Präferenzpolitik   471

trieb, sondern die Bank aus. Die Präferenzen, die der Handelsbetrieb sich schaffen will, entstehen dadurch, daß er sich dem Finanzierungsinstitut anschließt und die Einkaufsschecks in Zahlung nimmt. Dieses System der Kundenfinanzierung wurde im Jahre 1926 von der Kundenkredit GmbH in Königsberg eingeführt und ist deshalb unter der Bezeichnung „**Königsberger System**" bekannt geworden.

Die Verkäuferfinanzierung kann entweder in der Weise vorgenommen werden, daß der Käufer über den Verkäufer einen Darlehensantrag an das Finanzierungsinstitut richtet (**Einzelfinanzierung**) oder daß der Verkäufer eine Anzahl von Teilzahlungsforderungen in einer Liste zusammenfaßt und diese Forderungen insgesamt an die Teilzahlungsbank abtritt, die ihm die Außenstände durchschnittlich bis zu 75% beleiht (**Listenfinanzierung**). Der Käufer zahlt in beiden Fällen die Raten an das Finanzierungsinstitut, jedoch kann der Verkäufer zur Zahlung der gesamten noch ausstehenden Kreditsumme verpflichtet werden, wenn der Käufer mit der Zahlung in Verzug gerät.

Die Finanzierung kann auch mit **Hilfe von Wechseln** erfolgen. Der Verkäufer zieht auf den Käufer je einen Wechsel für jede Rate. Der Käufer akzeptiert diese Wechsel, die dann vom Finanzierungsinstitut diskontiert werden. Der Verkäufer tritt sämtliche Ansprüche gegen den Käufer an das Finanzierungsinstitut ab, auf das auch das Eigentum an der Kaufsache übergeht. Der Verkäufer haftet weiterhin als Aussteller des Wechsels.

Zahlreiche Unternehmungen gewähren ihren Kunden Zahlungserleichterungen durch die Einrichtung von „**Monatskonten**" (z. B. Kaufhof). Mit dieser Zahlungsweise ist für den Kunden die Annehmlichkeit verbunden, nicht jeden einzelnen Kauf bar zahlen oder bei jedem Kauf das Kreditbüro des Unternehmens aufsuchen zu müssen. Die Unternehmung ihrerseits kann mit einer Umsatzsteigerung rechnen, da psychologische Hemmungen beim Kauf wegfallen. Diese Monatskonten stehen in einer gewissen Konkurrenz zu Unternehmen (z. B. Dinersclub), die ihren Mitgliedern durch **Kreditkarten** kurzfristigen Kredit einräumen. Die hohen Provisionen, die die Kreditkartenunternehmen von den bearbeiteten Rechnungen einbehalten, fördern die Verbreitung der Monatskonten.

b) Die Kundendienstpolitik

Neben der Konditionenpolitik hat auch der **Kundendienst** die Aufgabe, Präferenzen bei den Nachfragern zu erzeugen. Der Kundendienst ist der Werbung verwandt. Durch zusätzliche Dienstleistungen, die mit dem Kauf eines Gutes nicht in unmittelbarem Zusammenhang stehen, soll eine besondere Bindung des Käufers an den Betrieb oder auch an ein bestimmtes Fabrikat erzielt und damit eine Stammkundschaft gewonnen werden. Die Kundendienstleistungen können unentgeltlich sein (z. B. Lieferung von Waren frei Haus), sie können aber auch berechnet werden wie z. B. bei der Wartung und Überprüfung von Kraftfahrzeugen, Maschinen, elektrischen Geräten u. a. Die Leistung für den Kunden liegt hier in der Bereitstellung von geschultem Personal und von Ersatzteilen in allen größeren Orten des Absatzgebietes. Der Kunde weiß, daß er an keiner anderen Stelle eine entsprechende fachmännische und kostengünstige Leistung erhalten würde.

Der Kundenservice kann entweder durch den Hersteller oder den Händler erbracht werden. Im letzteren Fall erfolgt der Ausbau der Kundendienstorganisation oft mit Unterstützung des Herstellers. Bei technisch hochwertigen Gebrauchsgütern halten manche Hersteller Kurse ab, in denen die Anwendung des Produktes vorgeführt wird.

In den letzten Jahren ist die Tendenz zu beobachten, daß die **Hersteller** in zunehmendem Maße den Kundendienst selbst übernehmen. Diese Entwicklung kann einerseits durch den Wunsch der Verbraucher nach Zuverlässigkeit und Unabhängigkeit vom Händler bedingt sein; andererseits ist der technische Kundendienst gleichzeitig ein wichtiges Informationsmittel für Verkauf, Forschung und Produktion. Denn bestimmte, immer wiederkehrende Reklamationen lassen mit der Zeit eine Gewinnminderung erwarten. Der Kundendienst sollte daher möglichst schnell Fehler aufdecken, die häufig auftreten, damit sie durch entsprechende Maßnahmen bereits bei der Produktion vermieden werden können.

Werden gewisse Kundendienstleistungen von allen Konkurrenzbetrieben in gleichem Maße erbracht (z. B. das Prüfen des Öl- und Wasserstandes und das Reinigen der Windschutzscheiben von Kraftfahrzeugen durch das Tankstellenpersonal), so vermindert sich ihre präferenzpolitische Wirkung. Der Betrieb muß dann neue zusätzliche Leistungen erbringen, wenn er sich von der Konkurrenz abheben will.

Der Umfang des Kundendienstes hängt in starkem Maße von der jeweiligen Marktsituation ab. Je schärfer der Preiswettbewerb ist, desto größer werden die Anstrengungen des Betriebes, sich durch besondere Kundendienstleistungen von der Konkurrenz zu unterscheiden. In Zeiten knappen Warenangebots nehmen dagegen die Kundendienstleistungen erheblich ab.

4. Die Absatzmethoden

a) Vertriebssysteme, Absatzformen, Absatzwege

Ziel des Absatzes ist es, die Betriebsleistungen an Konsumenten, Wiederverkäufer bzw. Weiterverarbeiter zu veräußern. Unter dem Begriff der Absatzmethoden faßt man Entscheidungen über die Wahl des Vertriebssystems, der Absatzform und der Absatzwege zusammen.

Der Vertrieb kann entweder durch zentralen Verkauf direkt von der Unternehmung aus (Filialsystem, werkgebundenes Vertriebssystem) oder durch ausgegliederte Vertriebsorgane erfolgen. **Zentraler Verkauf** erfolgt vorwiegend in der Schwerindustrie, er ist bei Massenkonsumgütern nicht anwendbar. Beim Aufbau eines reinen **Filialsystems** bleiben die Filialen sowohl rechtlich wie wirtschaftlich von der Unternehmung abhängig. Ein **werkgebundenes Vertriebssystem** entsteht, wenn die Unternehmung ihre Absatzfunktion ausgliedert und rechtlich selbständige, wirtschaftlich aber gebundene Verkaufsgesellschaften gründet. Wird den Verkaufsniederlassungen rechtliche und wirtschaftliche Selbständigkeit gewährt, so ist die Absatzfunktion völlig vom Unternehmen getrennt.

IV. Die Präferenzpolitik

Die Wahl zwischen eigenen und betriebsfremden Organen bezeichnet man als **Absatzform**. Dabei kommen folgende Möglichkeiten in Betracht:
(1) Verkauf durch **betriebseigene** Organe
   (a) Verkauf durch Mitglieder der Geschäftsleitung;
   (b) Verkauf durch Reisende;
   (c) Verkauf auf Anfragen der Kundschaft;
   (d) Verkauf im Laden.
(2) Verkauf durch **betriebsfremde** Organe
   (a) Vertrieb mit Hilfe von Vertretern;
   (b) Verkauf mit Hilfe von Kommissionären;
   (c) Verkauf mit Hilfe von Maklern.

Der einzelne Betrieb kann dabei je nach den Gegebenheiten seines Wirtschaftszweiges, insbesondere je nach der Beschaffenheit seines Erzeugnisses und seines Erzeugungsprogramms grundsätzlich zwei verschiedene Absatzwege einschlagen. Bietet der Produktionsbetrieb seine Produkte unmittelbar, also ohne das Einschalten anderer selbständiger Betriebe, dem Konsumenten oder Weiterverarbeiter an, so spricht man von **direktem** Absatz. Verkauft der Betrieb dagegen seine Produkte an Betriebe, die sie nicht selbst verwenden, sondern mit der Absicht erwerben, sie mit Gewinn weiterzuverkaufen, so bezeichnet man das als **indirekten** Absatz. Zwischen den Produzenten und den Konsumenten treten hier selbständige Handelsbetriebe (Groß- und Einzelhandel).

Die Trennungslinie zwischen direktem und indirektem Absatz ist nicht immer ganz klar zu ziehen. Auch beim direkten Absatz bedient sich der Betrieb einer Anzahl von Verkaufsorganen, die entweder unmittelbar zum Betriebe gehören (Reisende, Verkaufsabteilungen, eigene Läden) oder selbständig sind (selbständige Handelsvertreter, Makler und Kommissionäre). Die zuletzt genannte Gruppe unterscheidet sich aber von den Handelsbetrieben dadurch, daß sie nicht wie diese das Preisrisiko trägt.

Die Stufen, die ein Produkt von der Herstellung bis zur Verwendung durch den privaten Verbraucher oder gewerblichen Verwender durchläuft, faßt man unter dem Begriff der **Absatzkette** (Handelskette) zusammen. Eine Absatzkette ist also „eine Folge von Absatzorganen, die ein Produkt durchlaufen muß, um vom Erzeuger zum Verwender zu gelangen"[1]. Seyffert verwendet die Bezeichnung Handelskette.[2] Der Produktionsbetrieb kann entweder unmittelbar an die Endglieder der Absatzkette (Verwender) liefern (direkter Absatz), oder er kann über Zwischenglieder (Großhandel, Einzelhandel) absetzen (indirekter Absatz).

Für den Produzenten ergeben sich vier Möglichkeiten bei der Wahl des Absatzweges[3]:
(1) Er liefert unmittelbar an die Verwender (private Verbraucher, gewerbliche Verarbeiter),
(2) er verkauft an den Einzelhandel,
(3) er setzt an den konsumorientierten Sortimentsgroßhandel ab,
(4) er liefert an den produktionsnahen Spezialgroßhandel.

---

[1] Sundhoff, E., Absatzorganisation, Wiesbaden 1958, S. 49
[2] Vgl. Seyffert, R., a. a. O., S. 575 ff.
[3] Vgl. Sundhoff, E., a. a. O., S. 57

Betrachtet man die möglichen Absatzketten vom Produzenten bis zum Verwender, so lassen sich fünf typische Absatzketten unterscheiden:
(1) Produzent → Verwender
(2) Produzent → Einzelhandel → Verwender
(3) Produzent → Großhandel → Verwender
(4) Produzent → Großhandel → Einzelhandel → Verwender
(5) Produzent → Spezialgroßhandel → Sortimentsgroßhandel → Einzelhandel → Verwender

Die Absatzketten können insbesondere im Falle des Exports und Imports noch eine weitaus größere Zahl von Gliedern haben.

Der Absatz unter Einschaltung des Groß- und Einzelhandels bzw. nur des Einzelhandels findet sich insbesondere bei Konsumgütern, der direkte Absatz an den Verwender oder nur die Einbeziehung der Großhandelsstufe ist für Produktionsgüter typisch.

Wieviele Zwischenglieder zwischen Produktion und Verwender eingeschaltet werden, hängt davon ab, welche Dienste die einzelnen Glieder dem Produzenten beim Absatz leisten können. Der Produktionsbetrieb wird stets prüfen müssen, welche Vertriebskosten ihm im Falle des direkten Absatzes an den Verwender entstehen und welchen Teil dieser Kosten ihm die Handelsbetriebe abnehmen können, denen er dafür allerdings bestimmte Rabatte einräumen muß. In vielen Fällen hat der Produzent auf die Zahl der Glieder der Absatzkette keinen unmittelbaren Einfluß. Er kann nur die Wahl des ersten Gliedes einer Absatzkette, also z. B. des Groß- oder Einzelhandels treffen. Manche Produktionsbetriebe wenden mehrere Absatzketten nebeneinander an. So verkaufen z. B. die Hersteller von Werkzeugen oder kleineren Maschinen sowohl an den Großhandel als auch an den Einzelhandel und an den Verwender.

b) Der indirekte Absatzweg

aa) Die Funktionen der Handelsbetriebe

Beim indirekten Absatzweg tritt zwischen die Produktion und den Verbrauch der Handel, der dem Hersteller eine Reihe von Aufgaben abnimmt. Die Handelsbetriebe sind Gegenstand der Handelsbetriebslehre. Ihre Probleme sollen deshalb im Rahmen einer Allgemeinen Betriebswirtschaftslehre nicht ausführlich untersucht, sondern nur kurz charakterisiert werden.

Der Handelsbetrieb ist seinem Wesen nach ein **Dienstleistungsbetrieb**. Seine Dienstleistungen erbringt er einerseits für die Produktionsbetriebe, denen er eine große Zahl von Aufgaben, die mit dem Absatz zusammenhängen, abnimmt, so daß sie sich vor allem auf ihre produktionswirtschaftlichen Aufgaben konzentrieren können, andererseits für die Konsumenten, denen er die Waren herbeischafft und in gewissen, dem Bedarf angepaßten Sortimenten jederzeit in der gewünschten Qualität und Quantität anbietet. Die Funktion des Handels besteht also generell darin, die Spannungen, die zwischen Herstellern und Verbrauchern existieren, zu überbrücken.

Nach Buddeberg lassen sich zwei Gruppen von Aufgaben des Handels unterscheiden. Einteilungskriterium bildet der Vollkommenheitsgrad der Märkte: „Warenumschlagsaufgaben einerseits, die als Warenverteilung im konkreten körperlichen Sinne gekennzeichnet werden können, und Abstimmungsaufgaben andererseits, die den Ausgleich zwischen den Marktparteien beinhalten."[1] Zur ersten Gruppe gehört der Ausgleich von Spannungen zwischen Produzenten und Konsumenten, die räumlich, zeitlich, quantitäts- und qualitätsmäßig bedingt sind. Diese Funktionen sind nahezu unabhängig von der Vollkommenheit der Märkte und vom Wirtschaftssystem. Die zweite Gruppe dagegen umfaßt Funktionen, die dazu dienen sollen, Unvollkommenheiten des Marktes zu beseitigen oder zu vermindern, die z. B. durch fehlende Marktübersicht der Marktteilnehmer oder durch fehlende Warenkenntnis der Konsumenten entstehen. Sie sollen durch Kontakt, Information, Beratung und sortimentsmäßige Umgruppierung überwunden werden.

(1) **Die Funktion des räumlichen Ausgleichs.** Der Handel nimmt der Industrie zunächst die Aufgabe ab, die Waren an den Konsumenten heranzubringen. Das ist mehr im wirtschaftlichen als im physischen Sinne zu verstehen, denn der Transport wird heute in den seltensten Fällen vom Handel, sondern gewöhnlich von Verkehrsbetrieben durchgeführt. Der Raum zwischen Hersteller und Verbraucher wird wirtschaftlich dadurch überbrückt, daß der Handel dafür sorgt, daß der Käufer die betreffenden Waren unmittelbar an seinem Wohnort beziehen kann und sich nicht an den Produzenten wenden muß. Der Produzent verkehrt nicht mehr mit Hunderttausenden von Konsumenten direkt, sondern nur noch mit einigen Hundert Großhandelsbetrieben, die ihrerseits wiederum mit einigen Hundert oder Tausend Einzelhandelsbetrieben in Geschäftsbeziehung stehen. Das bedeutet, daß der Industriebetrieb seine Vertriebsabteilung kleiner halten kann, daß erhebliche Vereinfachungen im Rechnungswesen eintreten, da nur eine begrenzte Zahl von Großaufträgen statt einer riesigen Zahl von kleinen und kleinsten Aufträgen eingeht. Das hat auch produktionsmäßig Vorteile: der Produzent kann vordisponieren, wenn er einen festen Kundenkreis hat, also seine Abnehmer und ihren Bedarf kennt, oder wenn bereits feste Aufträge vorliegen.

(2) **Die Funktion des zeitlichen Ausgleichs.** Produktion und Verwendung stimmen zeitlich nicht überein. Entweder erfolgt die Produktion kontinuierlich, der Bedarf dagegen unterliegt starken saisonbedingten Schwankungen, so z. B. bei Spielwaren, Kühlschränken u. a., oder umgekehrt, der Verbrauch erfolgt kontinuierlich, die Produktion dagegen in bestimmten Intervallen, z. B. bei Verarbeitung landwirtschaftlicher Produkte in Konservenfabriken. Der Ausgleich der zeitlichen Spannungen wird durch eine entsprechende Lagerhaltung hervorgerufen, die jedoch nicht vom Verbraucher, sondern je nach der Art der Waren vom Händler oder vom Produzenten übernommen wird. Der zeitliche Ausgleich ist auch dann erforderlich, wenn Produktion und Verwendung kontinuierlich erfolgen. Zur Aufrechterhaltung der Lieferbereitschaft muß der Händler einen bestimmten Vorrat halten, dessen Größe von den Transportkosten, von der Einräumung von Mengenrabatten und anderem abhängen kann.

(3) **Die Funktion des quantitativen Ausgleichs.** Zwischen der Produktionsmenge irgendeines Gutes und der Verbrauchsmenge bestehen im allgemeinen

[1] Buddeberg, H., Betriebslehre des Binnenhandels, Wiesbaden 1959, S. 22

erhebliche Spannungen. Der Handel hat hier eine echte Ausgleichsfunktion, die in der mengenmäßigen Umgruppierung liegt. Diese kann sich in zweifacher Weise vollziehen. Erfolgt die Produktion in vielen kleinen Betrieben, so hat der Handel eine sammelnde Funktion. Man spricht von **Aufkaufhandel** oder **kollektierendem Handel**. Typische Beispiele der Umgruppierung von kleinen zu größeren Mengen sind der Aufkauf landwirtschaftlicher Produkte und der Aufkauf von Altwaren. Den vor allem in der Industrie vorkommenden umgekehrten Fall, nämlich die Aufteilung von großen Warenmengen in kleine Mengen, bezeichnet man als **distribuierenden (verteilenden) Handel**. Er ist charakteristisch bei industrieller Massenproduktion, vor allem von Konsumgütern, die vom einzelnen Haushalt nur in kleinen Mengen beschafft werden.

(4) **Die Funktion des qualitativen Ausgleichs.** Das Fertigungsprogramm des Industriebetriebes und das Warensortiment des Handelsbetriebes sind unterschiedlich. Der Handel muß sich nach dem Käufer richten und sein Sortiment so bilden, daß der Käufer die Waren vorfindet, die er zusammen zu beschaffen pflegt. Der Industriebetrieb dagegen bestimmt sein Fertigungsprogramm im allgemeinen nach produktionstechnischen Gesichtspunkten. Der Handel hat hier also eine weitere Ausgleichsfunktion. Für die Industrie ergibt sich dadurch der Vorteil, ihr Fertigungsprogramm nicht unmittelbar nach Kundenwünschen gestalten zu müssen, sondern sich auf wenige Artikel spezialisieren und durch Herstellung großer Serien Kostensenkungen erzielen zu können. Der Kunde dagegen findet in seinem Geschäft eine Vielzahl von Waren, die sich nach Art, Güte und Ausführung unterscheiden, aber auch die gleichen Güter verschiedener Produzenten, die miteinander in Konkurrenz stehen. Er hat die Möglichkeit, zu vergleichen und zu prüfen.

(5) **Die Funktion der Information und Beratung.** Durch seine Stellung zwischen Produktion und Verbrauch stellt der Handelsbetrieb den Kontakt zwischen beiden Marktpartnern her. Er erschließt damit dem Produzenten die Absatzmöglichkeiten und eröffnet dem Verbraucher die Bezugsmöglichkeiten.[1] Auf diese Weise wird die Marktübersicht, die bei der Vielzahl der angebotenen Artikel dem Verbraucher fehlt, vergrößert. Information und Beratung wirken in der gleichen Richtung. Sie dienen vor allem der Einführung neuer Artikel und sind unerläßlich beim Verkauf komplizierter technischer Artikel, z. B. Küchenmaschinen, Filmapparaten usw.

bb) Aufgaben und Arten des Großhandels

Die Handelsbetriebe sind entweder Großhandels- oder Einzelhandelsbetriebe. Die Großhandelstätigkeit wird dadurch charakterisiert, daß nicht an Konsumenten (Haushalte), sondern an Produzenten (Weiterverarbeiter) oder Wiederverkäufer (Einzelhandel) abgesetzt wird und daß der Absatz ohne eine Bearbeitung oder Verarbeitung erfolgt. Das Sortieren, Umpacken, Abfüllen u. ä. gehören jedoch zu den üblichen Handelstätigkeiten und gelten nicht als Bearbeitung.

Nach Seyffert[2] lassen sich die Großhandelsbetriebe in **Binnengroßhandlungen** und **Außengroßhandlungen** (Export-Importgroßhandlungen) einteilen.

---

[1] Vgl. Buddeberg, H., a. a. O., S. 25
[2] Vgl. Seyffert, R., a. a. O., S. 133 ff.

IV. Die Präferenzpolitik

Der Binnengroßhandel ist entweder Großhandel mit Produktionsgütern oder mit Konsumgütern. Der Großhandel mit Produktionsgütern versorgt die Produktionsbetriebe, also insbesondere die Industrie, aber ebenso auch die Handwerksbetriebe und die Landwirtschaft mit Roh-, Hilfs- und Betriebsstoffen, Werkzeugen, Maschinen und Einbauteilen aller Art. Derartige Großhandelsbetriebe sind in der Regel **Spezialgroßhandlungen**, d. h. sie beliefern gewöhnlich nur eine Branche, auf die sie mit ihrem Sortiment spezialisiert sind. Nur in selteneren Fällen handelt es sich hier um **Sortimentsgroßhandlungen**, die ein Sortiment für viele Branchen halten, beispielsweise für kleinere Handwerksbetriebe, deren Bestellmengen relativ gering sind.

Der Sortimentsgroßhandel findet sich vor allem beim Großhandel mit Konsumgütern. Hier wird im Gegensatz zum Absatz von Produktionsgütern, die vom Großhandel unmittelbar an den Verwender gelangen, in der Regel der Einzelhandel dazwischengeschaltet. Deshalb müssen diese Großhandelsbetriebe ein **bedarfsorientiertes Sortiment** führen, d. h. ein Sortiment, wie es die Einzelhandelsbetriebe auf Grund der Käufergewohnheiten und der Kundenwünsche zusammenstellen müssen, wenn sie wettbewerbsfähig sein wollen. Allerdings ist es auch hier denkbar – wenn auch nicht die Regel – daß Spezialsortimente gehalten werden.

Seit einigen Jahren gewinnt eine neue Vertriebsform im Konsumgütergroßhandel an Bedeutung. Neben den ausliefernden Großhandel trat der Selbstbedienungsgroßhandel in Form von **Cash-and-Carry-Betrieben**. In Räumen und Regalen, die im Gegensatz zum Supermarkt nur auf das funktionell Notwendige beschränkt ausgestattet sind, ist die Ware gestapelt, die von überwiegend gewerblichen Kunden im Selbstbedienungssystem entnommen, bar bezahlt und auf eigene Transportmittel geladen wird. Die Cash-and-Carry-Großhandlungen wenden sich insbesondere an den Kreis der Einzelhandlungen, der im Selektionsprozeß der freiwilligen Ketten keinen Anschluß an eine Kooperationsform gefunden hat. Zu den Kunden zählen auch Großverbraucher wie Krankenhäuser, Kantinen, Hotels und andere.

Mit der Beschränkung auf die gewerbliche Kundschaft hängt die **Werbekonzeption** der Cash-and-Carry-Betriebe eng zusammen. Sie werben nicht mit Anzeigen in Tageszeitungen, sondern sprechen ihre Verbraucher unmittelbar an. Das geschieht durch **Verkaufsberater**, die die Kunden regelmäßig besuchen und potentiellen Kunden in deren Gewerbebetrieb Kundenausweise ausstellen. Ferner werden die Kunden häufig schriftlich auf Sonderangebote und Saisonangebote aufmerksam gemacht.

Die oben dargestellten Dienstleistungen, die der Handel für den Verwender und für den Produktionsbetrieb erbringt, gelten sowohl für den Großhandel als auch für den Einzelhandel. Daß nicht nur eine, sondern zwei Handelsstufen zwischen Hersteller und Verwender eingeschaltet werden, hat vom wirtschaftlichen Standpunkt nur dann einen Sinn, wenn der Großhandel, der als Zwischenhändler zwischen Hersteller und Einzelhändler tritt, Leistungen erbringt, die für beide Teile, also sowohl für den Produktionsbetrieb als auch für den Einzelhandelsbetrieb, von Vorteil sind.

Existiert in einer Branche eine sehr große Zahl von Einzelhandelsbetrieben (z. B. in der Nahrungsmittelbranche), ist außerdem die Betriebsgröße sehr gering, sind ferner die Waren nur beschränkt haltbar, so sind die Bestellmengen der Einzelhändler relativ gering. Der Produktionsbetrieb müßte ohne Einschaltung des Großhandels mit Tausenden und Zehntausenden kleiner Kunden verkehren. Stehen ihm statt dessen beispielsweise 50 Großhandelsbetriebe gegenüber, die 10000 Einzelhändler beliefern, so kann er seine Vertriebskosten erheblich reduzieren. Der Großhandel faßt die Vielzahl der kleinen und kleinsten Aufträge zusammen und gibt von sich aus entsprechend größere Aufträge an den Produzenten weiter. Der Produktionsbetrieb spart also Vertriebskosten, muß aber andererseits dem Großhandel, der ihm bestimmte Absatzaufgaben abnimmt und ihm z. B. auch seine Kundschaft zur Verfügung stellt, einen Rabatt gewähren.

So wie für den Hersteller an die Stelle einer Vielzahl kleiner Einzelhandelsbetriebe wenige Großhandelsbetriebe als Abnehmer treten, so nimmt der Großhandel dem Einzelhandel die Aufgabe ab, für die große Zahl von Artikeln, die auf Grund der Käufergewohnheiten im Sortiment geführt werden müssen, entsprechende Lieferanten zu finden. Der Großhändler führt ein Sortiment, das dem Einzelhändler gestattet, seinen Bedarf bei einem oder wenigen Großhandelsbetrieben zu decken. Für die Industriebetriebe hat die Einschaltung des Großhandels hier den Vorteil, daß sie ihr Produktionsprogramm nach produktionstechnischen und kostenwirtschaftlichen Überlegungen auf wenige Artikel beschränken können, die in Großserien mit entsprechender Kostendegression hergestellt werden können, und daß sie nicht ein Sortiment anbieten müssen, wie es vom Einzelhandel, also letzten Endes vom Konsumenten verlangt wird.

Der Großhandel nimmt ferner sowohl dem Produktions- als auch dem Einzelhandelsbetrieb in bestimmten Branchen die Lagerung der Produkte ab. Das Halten großer Lagerbestände geht oft – insbesondere bei sehr umfangreichem Sortiment und geringer Umschlagshäufigkeit der einzelnen Artikel – über die Finanzkraft kleiner Einzelhandelsbetriebe hinaus. Hier übernimmt der Großhandel einen Teil der Lageraufgaben. In manchen Fällen erspart der Großhandel auch dem Produktionsbetrieb das Halten größerer Läger. Das bedeutet für den Hersteller eine Ersparnis an Lagerkosten, insbesondere an Zins- und Raumkosten.

Steht ein Produktionsbetrieb vor der Frage, ob er den Großhandel in den Absatz seiner Güter einschalten oder ob er unmittelbar an den Einzelhandel verkaufen soll, so hängt die Entscheidung davon ab, welche Regelung den größtmöglichen Gewinn ermöglicht. Der Hersteller muß also vor der Entscheidung eine Wirtschaftlichkeitsrechnung durchführen, um die gewinngünstigste Methode zu ermitteln[1]. Dabei ist nicht allein entscheidend, welche Absatzkette mit den geringsten Vertriebskosten verbunden ist, – daß man also z. B. bei Ausschaltung des Großhandels die eingesparten Großhandelsrabatte mit den nun erforderlichen Provisionen für die eingesetzten Vertreter vergleicht –, sondern man muß auch in Rechnung stellen, welche Absatzmethode die am Markt bestehenden Verkaufswiderstände besser beseitigen kann, größere Präferenzen erzeugen kann und damit also gewinngünstiger ist.

---

[1] Vgl. hierzu: Gutenberg, E., Grundlagen, Bd. II, a. a. O., S. 165 ff.

Kann der Hersteller – wie beispielsweise beim Absatz von Markenartikeln – den Endverkaufspreis festsetzen, dann entscheidet er allein über preispolitische Maßnahmen. Gewöhnlich führt er auch allein die Werbung durch. In diesem Falle ist der Handelsbetrieb nur Verteiler, der Produzent trifft die absatzpolitischen Maßnahmen selbst. Handelt es sich dagegen um homogene Güter, die von vielen Produktionsbetrieben hergestellt werden, so ist der Produzent, wenn er Groß- und Einzelhandel einschaltet, auf den Handel auch im Hinblick auf die absatzpolitischen Instrumente angewiesen, die die Verkaufswiderstände der Endverbraucher überwinden sollen. Seine preispolitischen und präferenzpolitischen Maßnahmen haben in erster Linie Einfluß auf den Absatz an den Handel, nicht an den Endverbraucher.

cc) Aufgaben und Betriebsformen des Einzelhandels

Das Kriterium der Einzelhandelstätigkeit ist der Absatz an den Letztverbraucher. Der Letztverbraucher muß nicht unbedingt ein Haushalt sein. Auch Produzenten, z. B. kleinere Handwerksbetriebe, beschaffen sich Betriebsmittel und Rohstoffe häufig beim Einzelhändler. Ebenso wie beim Großhandel ist wesentlich, daß der Absatz ohne Bearbeitung und Verarbeitung der beschafften Güter erfolgt, und zwar in Mengen, wie sie der private Haushalt normalerweise zu beziehen pflegt.

Die Dienstleistungen, die der Einzelhandelsbetrieb für den Verbraucher oder den Hersteller erbringt, wurden oben bei der Darstellung der Funktionen des Handels[1] eingehend erörtert und sollen hier nicht noch einmal wiederholt werden.

Die Einzelhandelsbetriebe bedienen sich einer Reihe verschiedener Betriebsformen. Die typische Form ist das **Ladengeschäft**. Daneben gewinnen **Versandgeschäfte** immer mehr an Bedeutung. Eine dritte Form des Einzelhandelsbetriebes ist schließlich der **ambulante Handel**.[2]

Die größte Bedeutung kommt den Betriebsformen des **Ladeneinzelhandels** zu. Ladengeschäfte können **Fachgeschäfte** sein, die ihr Sortiment aus dem gesamten Angebot einer bestimmten Branche bilden. Sie beschränken sich damit auf einen bestimmten Warenkreis. Der Betriebsinhaber und das Verkaufspersonal verfügen über spezielle Fachkenntnisse in einer Branche.

Spezialisieren sich die Fachgeschäfte auf eine Auswahl von Gütern einer Branche, so bezeichnet man sie als **Spezialgeschäfte**. Sie führen unter Umständen nur wenige Artikel, diese aber in vielen Ausführungen und Qualitäten. Sie verschaffen damit dem Käufer eine größere Marktübersicht über einen beschränkten Warenkreis. Die umgekehrte Tendenz zeigen die **Gemischtwarenhandlungen**. Sie erweitern das Sortiment auf Güter verschiedener Branchen und können folglich, da es sich in der Regel um kleine Betriebe handelt, aus den von vielen Herstellern angebotenen Gütern eines bestimmten Warenkreises nur eine Ausführung und Qualität eines Gutes führen. Hier kommt es darauf an, dem Haushalt möglichst alle Güter anzubieten, die benötigt werden. Das ist insbesondere

---

[1] Vgl. S. 474 ff.
[2] Vgl. Seyffert, R., a. a. O., S. 197

auf dem Lande, wo für Spezialgeschäfte nicht genügend Nachfrage vorhanden ist, von großer Bedeutung.

Warenhäuser sind Großbetriebe des Einzelhandels, die ein Sortiment anbieten, das dem Konsumenten die Möglichkeit geben soll, seinen gesamten Haushaltsbedarf in einem Geschäft zu decken. Die einzelnen Warengruppen werden räumlich, ggf. etagenweise zusammengefaßt. Das Sortiment setzt sich aus Haushalts- und Textilwaren, Lebensmitteln, Schreibwaren, Einrichtungsgegenständen wie Möbeln, Lampen, Teppichen u. a. zusammen. Warenhäuser haben den Vorteil des Großeinkaufs und – infolge des heterogenen Sortiments – des Risikoausgleichs.

In dem Angebot vieler unterschiedlicher Warengattungen unter einem Dach und in der Möglichkeit für den Konsumenten, die angebotenen Waren zu besichtigen und zu prüfen, ohne daß eine Verpflichtung zum Kauf besteht, liegt eine bedeutende Werbewirkung, die durch geschickte standortmäßige Anordnung der einzelnen Abteilungen und durch Aufbau von Verkaufsständen mit neu einzuführenden Artikeln oder mit stark im Preis herabgesetzten Waren an Stellen besonders dichten Verkehrs (z. B. am Zugang zur Lebensmittelabteilung oder zu Rolltreppen) noch gesteigert werden kann.

Die Angliederung von Parkhäusern mit unmittelbarem Zugang zum Warenhaus und günstigen Parkgebühren bilden einen zusätzlichen Anreiz für den Kunden, im Warenhaus einzukaufen. Hinzu kommt ein funktionsfähiges und kostenloses Lieferungssystem.

Seit einigen Jahren werden Übergänge zwischen dem Warenhaus bzw. einzelnen Abteilungen (shop in the shop) und den Fachgeschäften im herkömmlichen Sinne immer fließender.

Kaufhäuser unterscheiden sich von den Warenhäusern dadurch, daß sie in der Regel auf eine Branche spezialisiert sind (Textilkaufhäuser, Möbelkaufhäuser). Sie sind also Fachgeschäfte, die sich durch ihre Betriebsgröße vom „normalen" Fachgeschäft abheben.

Eine andere Betriebsform des Einzelhandels sind die **Massenfilialbetriebe**. Sie sind Großbetriebe, die über eine Vielzahl von Filialen, die eine branchenübliche Betriebsgröße haben, ihren Absatz durchführen. Eine der bekanntesten und ältesten Firmen dieser Art in Deutschland ist die Firma „Kaiser's Kaffeegeschäft", die ihre erste Filiale im Jahre 1885 gründete und im Jahre 1937 über 1660 Filialen verfügte.[1]

Die Massenfilialbetriebe haben den Vorteil, daß sie zwar einen zentralen Großeinkauf mit den dadurch gegebenen Kostenvorteilen durchführen können, daß der Absatz aber in kleinen Filialen erfolgt, die alle Standortvorteile ausnutzen, also z. B. bei Lebensmittelfilialgeschäften in die neu entstehenden Wohnbezirke vorgeschoben werden können und dort durch ihr preisgünstiges Angebot den übrigen Einzelhandelsgeschäften scharfe Konkurrenz machen. Der Wettbewerb erstreckt sich nicht nur auf die Preise, sondern auch auf die Schaffung von Präferenzen, z. B. durch Einführung von Selbstbedienungsläden. Der Massenfilialbetrieb hat durch seine größere Kapitalbasis hier ganz andere Möglichkeiten als der kleine Einzelhändler.

---

[1] Vgl. Seyffert, R., a. a. O., S. 257

IV. Die Präferenzpolitik 481

Eine besondere Bedeutung haben in den letzten Jahren die Zusammenschlüsse selbständiger Einzelhändler gewonnen. Die wichtigsten dieser Zusammenschlüsse sind die freiwilligen Ketten und die Einkaufsgenossenschaften.

Freiwillige Ketten beruhen auf vertraglichen Vereinbarungen zwischen selbständigen Großhändlern und Einzelhändlern. Die Einzelhändler verpflichten sich, einen gewissen Teil ihres Einkaufs über den Kettengroßhändler des jeweiligen Gebiets zu tätigen. Dafür wird ihnen gestattet, sich des werbewirksamen Namens der Kette zu bedienen (z. B. Spar), und die durch den Kettengroßhändler oder die Dachorganisation der Kette durchgeführte Werbung für den Namen der Kette oder für einzelne Produkte kommt ihnen zugute.

Der Unterschied zwischen freiwilligen Ketten und **Einkaufsgenossenschaften** (z. B. Edeka) ist im wesentlichen juristischer Natur. Während es sich im ersten Falle um einen selbständigen, nur vertraglich mit den Einzelhändlern verbundenen Großhändler handelt, wird im Falle der Einkaufsgenossenschaften die Großhandelsfunktion der von den Einzelhändlern selbst gebildeten Genossenschaft übertragen. Die Vorteile sind in beiden Fällen die gleichen: Möglichkeit günstigeren Einkaufs durch größere Mengen, Möglichkeit der Rationalisierung der Betriebsabläufe durch gegenseitige Abstimmung und Möglichkeit der gemeinsamen Werbung.

Insbesondere der Lebensmitteleinzelhandel befindet sich seit Jahren in einem dynamischen Umwandlungsprozeß, der durch folgende Merkmale gekennzeichnet ist:
(1) Abnehmende Zahl der Geschäfte bei steigendem Gesamtumsatz;
(2) größere Verkaufsfläche je Geschäft;
(3) neue Geschäftstypen (freiwillige Ketten, Verbrauchermärkte);
(4) wachsender Anteil der Selbstbedienung.
Dieser Wandlungsprozeß, der zu einer großen Umsatzkonzentration bei verhältnismäßig wenigen großflächigen Geschäften führt, wäre ohne das **Selbstbedienungssystem** nicht möglich.

Eine weitere Betriebsform stellen die sog. **Discountbetriebe** dar. Es handelt sich hier um Betriebe, die in der Hauptsache ein Lebensmittelsortiment, erweitert um gewisse Textilien, z. T. auch Elektrogeräte und Kleinmöbel anbieten. Die Breite und Tiefe des Sortiments innerhalb der einzelnen Abteilungen ist meist sehr beschränkt. Durch drastische Einsparungen an Personal, an Mietkosten (einfache Baulichkeiten in Stadtrandlage), an Einrichtungskosten und durch Beschleunigung der Lagerumschlaggeschwindigkeit ist es ihnen möglich, mit geringeren Handelsspannen auszukommen und entsprechend billiger zu verkaufen.

Die wirtschaftliche Entwicklung führte in den letzten Jahren zu einer Anpassung der traditionellen Vertriebsformen des Einzelhandels an die veränderte Umwelt. In relativ kurzen Zeitabständen wurden neue Vertriebsformen geschaffen, die durch Rationalisierung dem Verbraucher immer größere Auswahl und günstige Einkaufsmöglichkeiten bieten. Die Bezeichnung „**Verbrauchermarkt**", die den Eindruck des Großhandelsverkaufs an Jedermann suggeriert, wird für Einzelhandelsgeschäfte verwendet, die sich untereinander in Größe, Sortiment, Geschäftslage und Dienstleistungen erheblich unterscheiden.

Man kann den Verbrauchermarkt als eine Weiterentwicklung des Discounthauses im Hinblick auf die Ausdehnung seiner Verkaufsflächen ansehen. In diesen Häusern, die meistens an verkehrsgünstigen Plätzen mit guten Parkmöglichkeiten entstehen, wird im allgemeinen nicht nur ein Lebensmittelsortiment, sondern eine weit darüber hinausgehende Palette an Konsum- und Gebrauchsgütern auf dem Selbstbedienungswege angeboten.

Kleinere Verbrauchermärkte lehnen sich in der Regel stärker an ein Wohngebiet an, während größere Verbrauchermärkte soviel Ausstrahlungskraft besitzen, daß eine vom Stadtrand losgelöste Errichtung „auf der grünen Wiese" erfolgversprechend sein kann.

Das zunehmende Versandhaussortiment an tiefgekühlten Waren zeigt für den Einzelhandel die Möglichkeit auf, einen **direkten Absatzweg für Lebensmittel** aufzubauen. Die Verbraucher können sich zu jeder Zeit (auch außerhalb der Ladenschlußzeiten) Lebensmittel aus einem Katalog auswählen, telefonisch bestellen und durch spezielle Zustellwagen in gemieteten oder gekauften Kühlboxen anliefern lassen. Diese neuen Direktvertriebsformen stellen vor allem für den Verbraucher eine große Erleichterung dar, da sie die täglich auftretenden Schwierigkeiten beim Wareneinkauf beseitigen können, denn je größer die Einzelhandelsgeschäfte werden und je mehr ihre Flächenproduktivität gesteigert wird, um so länger werden für den Verbraucher die Einkaufswege zum Geschäft und innerhalb der Geschäfte.

Als eine Folge der Veränderung der Verbrauchergewohnheiten der Autofahrer ergibt sich eine Erweiterung des **Warenangebotes der Tankstellen**. Die Motive für den Einkauf an Tankstellen sind: Zeitersparnis, Bequemlichkeit, Service und Parkmöglichkeit. Aus der herkömmlichen Tankstelle wird das **Center**, das den Bedarf nicht nur des Autos, sondern auch der Insassen decken kann. Da der neue Folgemarkt nicht von einem Unternehmen geschaffen, entwickelt und bewältigt werden kann, ist die Initiative mehrerer Branchen notwendig. Eine gemeinsame Dienstleistungsunternehmung erschließt Herstellern bzw. Großhändlern einen neuen Abnehmerkreis und betreut den Großhandel in der Kooperationsform des Franchising.[1]

Neben dem Ladeneinzelhandel ist der **Versandhandel** von Bedeutung. Voraussetzung für die Entstehung des Versandhandels war die Entwicklung des modernen Verkehrswesens, vor allem auch des Nachnahmeverkehrs durch die Post, und die Entwicklung der Werbung, insbesondere durch Einsatz neuer Werbemittel wie Fernseh- und Rundfunkwerbung.

Der Versandhandel hatte anfangs sein Absatzgebiet vor allem auf dem Lande, wo es in kleineren Ortschaften keine Fachgeschäfte gibt, da sie infolge zu geringer Nachfrage nicht existenzfähig sind. Allmählich ist aber in doppelter Hinsicht ein Wandel eingetreten. Einmal führt die steigende Motorisierung auf dem Lande dazu, daß die Landbevölkerung viele Güter in den Fachgeschäften der nächsten größeren Stadt einkauft, zum anderen hat der Versandhandel durch intensive Werbung und preisgünstige Angebote seinen Absatz auch auf die Städte ausgedehnt. Er macht den Ladengeschäften heute praktisch überall Konkurrenz und

---

[1] Vgl. S. 484 f.

IV. Die Präferenzpolitik 483

beginnt außerdem, in immer stärkerem Maße selbst Ladengeschäfte zusätzlich einzurichten.

Die Ladengeschäfte der Versandhäuser stellen eine gute Ergänzung zum Versandgeschäft dar. Erfolgt der Versand auf Grund von Katalogen, so muß das Versandhaus das gesamte Sortiment, das im Katalog angeboten wird, solange liefern können wie der Katalog gilt. Ein Ausverkauf von Restbeständen, die der Mode oder der Jahreszeit unterworfen sind, läßt sich auf dem Wege des Versandes nur in sehr begrenztem Maße durch Sonderangebote im nächsten Katalog durchführen. Die Einführung von Ladengeschäften ermöglicht dem Versandhaus jedoch, am Saisonausverkauf teilzunehmen und Waren der genannten Art noch beizeiten abzustoßen. Das Ladengeschäft ist deshalb für den Versandhandel nicht nur ein Mittel, um einen zusätzlichen Abnehmerkreis anzusprechen, sondern auch ein Mittel der Kostensenkung des Versandgeschäftes.

Der Versandhandel hat eine wesentlich andere Kostenstruktur als der Ladenhandel. Er benötigt kein geschultes Verkaufspersonal und keine Verkaufs- und Ausstellungsräume in bevorzugter Geschäftslage. Dafür entstehen hohe Kosten für die Herstellung und Versendung der Kataloge; andererseits bestehen insbesondere für Großbetriebe im Bereiche des Versandhandels erhebliche Möglichkeiten zur Rationalisierung des Betriebsablaufs durch Einsatz von maschinellen Anlagen, vor allem bei der Ausführung der Bestellungen, bei der Verpackung und im Rechnungswesen. Daraus resultiert die Fähigkeit, den Ladeneinzelhandel preislich zu unterbieten. Außerdem haben die Großversandhäuser in der Regel eine Anzahl von Produzenten an der Hand, die ausschließlich für sie produzieren und für die infolgedessen nur außerordentlich geringe Vertriebskosten anfallen, so daß auch von dieser Seite her der Versandhandel mit niedrigeren Kosten arbeitet.

Wie stark die Rückwirkungen der Preispolitik nur weniger Großversandhäuser auf die Preispolitik der Konkurrenz sind, hat sich in den letzten Jahren in der Bundesrepublik sehr deutlich bei den Gütern des gehobenen Bedarfs wie Fernseh- und Rundfunkgeräten, Waschmaschinen, Kühlschränken, Fotoapparaten usw. gezeigt. Einige Großversandhäuser haben hier die Preise ganz erheblich in Bewegung gebracht. Da die Kataloge der Versandhäuser in der Regel mehrere Monate, oft sogar ein halbes Jahr Gültigkeit haben, übt der Versandhandel in Zeiten steigender Preise einen stabilisierenden Einfluß aus.[1]

c) Der direkte Absatzweg

Wählt ein Produktionsbetrieb den direkten Absatzweg, so muß er alle Funktionen, die sonst der Groß- und Einzelhandel ausüben, selbst übernehmen. Die zwischen Produktion und Verbraucher bestehenden Spannungen müssen vom Produzenten selbst überwunden und beseitigt werden. Das ist nur dann möglich, wenn bestimmte Spannungen sehr gering sind, so z. B. keine große räumliche Trennung von Produktion und Verbraucher besteht und auch zwischen Herstellung und Verbrauch keine großen zeitlichen Diskrepanzen gegeben sind, die eine große Lagerhaltung des Herstellers erfordern würden.

---

[1] Vgl. Nieschlag, R., Versandhandel, HdB, Bd. 4, 3. Aufl., Stuttgart 1962, Sp. 5831

Der direkte Absatz verlangt einen größeren Kapitalbedarf für die Absatzorganisation und die Lagerhaltung und zwingt den Betrieb zu einem Fertigungsprogramm, das nicht produktions-, sondern bedarfsorientiert ist. Der direkte Absatz wird mit Hilfe von Verkaufsabteilungen, Fabrikfilialen, Versandabteilungen, Industrievertretern und Werkhandelsgesellschaften durchgeführt. Er hat aber andererseits den Vorteil, daß ein enger Kontakt zwischen Produzenten und Konsumenten hergestellt wird. Der Handelsbetrieb erstrebt den maximalen Gewinn, er ist am Umsatz interessiert, aber da er gleichzeitig Waren von Konkurrenzbetrieben anbietet, so ist sein Interesse am Absatz eines bestimmten Gutes begrenzt. Er überläßt dem Kunden die Wahl.

Verkaufsabteilungen finden sich in erster Linie in Großbetrieben, die Produktionsgüter herstellen. Hier wendet sich der Käufer an den Hersteller und gibt ihm seine Bestellung auf. Es handelt sich gewöhnlich um Einzelfertigung, oft nach speziellen Kundenwünschen. Die Verkaufsbüros sind über das gesamte Absatzgebiet verteilt. Sie sind weitgehend selbständig in ihrer Verwaltung, sie betreiben Kundenwerbung, erschließen neue Absatzgebiete, während der Betrieb die wichtigsten absatzpolitischen Entscheidungen, z. B. Preispolitik, Liefertermine, größere Kreditgewährung usw., selbst trifft.

Die **Fabrikfilialen** stellen fabrikeigene Einzelhandelsgeschäfte dar, die alle Funktionen des selbständigen Einzelhandels ausüben (z. B. in der Schuhfabrikation). Diese Form des Vertriebs setzt voraus, daß der Betrieb über ein großes Sortiment verfügt, das den Wünschen der Kunden entspricht, denn hier ist die Konkurrenz mit den selbständigen Einzelhandelsbetrieben besonders groß. Der Aufbau eines Filialnetzes erfordert einen hohen Kapitaleinsatz. Die Fabrikfiliale eignet sich als Vertriebsform also nur für kapitalstarke Großbetriebe.

Der Absatz mittels einer **Versandabteilung** des Produktionsbetriebes ist nur bei solchen Waren möglich, die zum Postversand geeignet sind und die vom Kunden unbesehen nach Katalog gekauft werden. Er ist möglich bei Textilwaren, Zigarren, Kaffee, Rasierklingen u. ä. An die Stelle der Kosten der Verkaufsfiliale treten hier vor allem Kosten der Werbung durch Kataloge und Offerten in Zeitungen und Zeitschriften oder durch Rundfunk und Fernsehen. Diese Kosten sind überwiegend fix, während die Versandkosten proportionalen Charakter tragen. Die Verwaltungs- und Lagerhaltungskosten sind erheblich. Die im Katalog angegebene Ware muß jederzeit sofort lieferbar sein, wenn der Kunde nicht verärgert werden soll. Die Versandkosten müssen in einem angemessenen Verhältnis zum Wert der Ware stehen, oftmals werden sie, wenn der Rechnungsbetrag eine bestimmte Summe unterschreitet, dem Käufer angelastet. Das setzt allerdings voraus, daß die angebotene Ware so preisgünstig ist, daß der Verbraucher sie trotz der zu tragenden Portokosten bestellt.

Zum direkten Absatz zählt auch das **Franchise-System**,[1] das seit einigen Jahren eine wachsende Bedeutung erlangt hat. In Verträgen zwischen selbständigen Unternehmen als Franchise-Geber und Franchise-Nehmer werden Warenverteilung und Dienstleistungen regional abgegrenzt oder auf Produktgruppen

---

[1] Musterbeispiel eines Franchise-Systems ist der Vertrieb von Coca-Cola. Vgl. Groß, H., Skaupy, W., Das Franchise-System, Düsseldorf-Wien 1968, Tietz, B., Franchising, Blätter für Genossenschaftswesen 1969, S. 276.

IV. Die Präferenzpolitik

festgelegt. Die Unterschiede zu anderen Systemen – Ausschließlichkeitsbindung, Vertragshändler-System, Markenvertriebssystem usw. – sind häufig nur gering; dennoch handelt es sich um ein System eigener Art. Die Regelungen innerhalb eines Franchise-Vertrages sind zumeist viel umfassender als die vertraglichen Regelungen bei den vorgenannten Systemen.

Die Franchise-Nehmer führen ihren Betrieb ganz **nach den Weisungen des Franchise-Gebers** und unter dessen Kontrolle. Sie zahlen dem Franchise-Geber ein Entgelt dafür, daß dieser ihnen das Recht gewährt, bestimmte Waren oder Dienstleistungen unter Verwendung von Warenzeichen sowie der technischen und betriebswirtschaftlichen Erfahrungen des Franchise-Gebers zu vertreiben. Dem Franchise-Geber geht es bei der Vertragsgestaltung nicht nur um eine Fixierung der angestrebten Verkaufsleistung mit Zielvorgaben, sondern insbesondere auch um die **Wahrung eines einheitlichen Images**.

Franchise-Verträge finden heute in vielen Bereichen der Wirtschaft Anwendung. Es lassen sich grundsätzlich vier Gruppen von Franchise-Verträgen feststellen, und zwar:
(1) zwischen Hersteller und Einzelhändlern;
(2) zwischen Herstellern und Großhändlern;
(3) zwischen Großhändlern und Einzelhändlern;
(4) Verträge, die Dienstleistungsbetriebe mit einbeziehen.

Am stärksten entwickelt ist das Franchise-System auf dem Gebiet der **Dienstleistungen**: so werden vor allem Gaststätten, Reparatur- und Heimdienste, Beratung, Auskunftswesen, Motels, Hotels in Form des Franchising betrieben.

Zum direkten Absatz rechnet auch der Verkauf durch **Reisende** und **Handelsvertreter**. Der Reisende ist Angestellter des Betriebes und an seine Weisungen gebunden. Er erhält gewöhnlich ein festes Gehalt, daneben oft Provisionen. Für den Betrieb entstehen also überwiegend feste Kosten. Zusätzlich fallen dem Betrieb aber noch andere Kosten durch die Haltung eines Reisenden an, das sind insbesondere Reisekosten, Fernsprech- und Portogebühren. Oft wird dem Reisenden auch noch eine an den Umsatz gebundene Provision gezahlt, die aber geringer ist, als die des Vertreters.

Der **Handelsvertreter** ist im Gegensatz zum Reisenden selbständig. Er vermittelt für einen anderen Unternehmer Geschäfte und schließt sie ab. Er erhält für seine Tätigkeit eine Provision, die sich in der Regel nach dem Wert der für einen Unternehmer getätigten Geschäfte berechnet, also ein leistungsabhängiges Entgelt ist. Die Provisionen sind für den Betrieb proportionale Kosten, d. h. sie steigen und fallen proportional dem von einem Handelsvertreter getätigten Umsatz.

Die Wahl zwischen Handelsvertretern und Reisenden ist für ein Unternehmen eine grundlegende Entscheidung, mit der es seine Leistungsfähigkeit, Wirtschaftlichkeit und Flexibilität in der Regel auf lange Zeit festlegt.

Eine Absatzorganisation, die nur mit Reisenden arbeitet, erfordert eine große Kapitalkraft. Diese Form des Vertriebes findet sich vor allem beim Absatz von Produktionsgütern an die weiterverarbeitende Industrie und ist dort zweckmäßig, wo neuartige Produktionsgüter einer Erklärung und Vorführung durch Fachleute bedürfen.

Zur Festigung und Vertiefung des Lehrstoffes zum Vierten Abschnitt: Der Absatz empfiehlt es sich, die Aufgaben 1 bis 80 mit den zugehörigen Test- und Wiederholungsfragen aus Wöhe-Kaiser-Döring, **ÜBUNGSBUCH** zu Wöhe, Einführung in die Allgemeine Betriebswirtschaftslehre, S. 143 bis 214 durchzuarbeiten.

Fünfter Abschnitt
Investition und Finanzierung

I. Grundlagen

1. Die Begriffe Investition und Finanzierung

Die Begriffe Investition und Finanzierung werden in der wirtschaftswissenschaftlichen Literatur mit so unterschiedlichem Inhalt gebraucht, daß eine kurze terminologische Vorbemerkung unumgänglich erscheint. Wenn man das Wort **Finanzierung** hört, so denkt man zunächst an die Aufbringung von „finanziellen Mitteln", also an die Beschaffung von Kapital. Diese Kapitalbeschaffung schlägt sich auf der Passivseite der Bilanz nieder, die zeigt, welche Teile des Kapitals dem Betrieb vom Unternehmer, von Mitunternehmern oder anderen Anteilseignern (z. B. Aktionären) als Haftungskapital (Eigenkapital) und welche Teile von Banken und anderen Kreditgebern (z. B. Lieferanten) als Gläubigerkapital (Fremdkapital) zur Verfügung gestellt worden sind.

Mit dem Begriff **Investition** verbindet sich dagegen die Vorstellung der Verwendung von finanziellen Mitteln zur Beschaffung von Sachvermögen, immateriellem Vermögen oder Finanzvermögen (Maschinen, Vorräte, Patente, Lizenzen, Wertpapiere, Beteiligungen). Man finanziert also Investitionen, d. h. man stellt Kapitalbeträge zur Beschaffung von Vermögenswerten bereit. Unter Finanzierung versteht man folglich die **Beschaffung** finanzieller Mittel, unter Investition ihre **Verwendung**.

Beide Begriffe stehen in einem engen Zusammenhang, denn eine Mittelverwendung hat das Vorhandensein und damit die Beschaffung der Mittel zur Voraussetzung. Ein Investitionsplan ist ohne Bedeutung, wenn die geplante Investition nicht finanziert werden kann. Andererseits ist die Beschaffung finanzieller Mittel für einen Betrieb ohne praktischen Wert, wenn er für sie keine ertragbringende Verwendung hat. Mittelverwendung setzt grundsätzlich Mittelbeschaffung voraus; Mittelbeschaffung muß grundsätzlich Mittelverwendung zur Folge haben.

Die Begriffe bedürfen aber noch einer weiteren Abgrenzung, denn nicht jede Verwendung finanzieller Mittel ist eine Investition, wie andererseits nicht jede Beschaffung von Mitteln eine Investition zur Folge hat. Gerät ein Betrieb in Liquiditätsschwierigkeiten, weil fällige Forderungen nicht eingehen, und nimmt er deshalb einen kurzfristigen Kredit zur Zahlung von fälligen Lieferantenverbindlichkeiten auf, so ist das zwar eine Kapitalbeschaffung, die das Volumen der finanziellen Mittel im Moment vergrößert, jedoch das Investitionsvolumen nicht beeinflußt. Eine bereits erfolgte Investition (z. B. Beschaffung von Vorräten) wird lediglich auf eine andere Art finanziert als zuvor geplant war (Umfinanzierung).

Außerdem ist Finanzierung nicht in jedem Falle identisch mit Geldbeschaffung, sondern eine Finanzierung liegt auch dann vor, wenn z. B. eine Aktiengesellschaft eine Kapitalerhöhung durch Ausgabe junger Aktien vornimmt und die Übernehmer der Aktien als Gegenwert statt Geld **Sacheinlagen** (Grundstücke, Maschinen) zur Verfügung stellen. Hier erfolgen Finanzierung und Investition als einheitlicher Vorgang. Finanzierung ist also nicht nur Geldbeschaffung, sondern Kapitalbeschaffung in allen Formen (Eigen- oder Fremdkapital). Ob der vermögensmäßige Gegenwert des zur Nutzung überlassenen Kapitals in Form von Geld, Gütern oder Wertpapieren zur Verfügung gestellt wird, ist für den Finanzierungsbegriff ohne Belang.

Betrachtet man die Finanzierung und Investition vom Standpunkt der Bilanz, so zeigt sich die Kapitalbeschaffung im **Kapitalbereich** (Passivseite), der Auskunft darüber gibt, welche Kapitalbeträge dem Betrieb zur Nutzung überlassen worden sind und in welcher rechtlichen Form (Eigenkapital, Fremdkapital) das geschehen ist, während aus dem **Vermögensbereich** (Aktivseite, Positionen des Anlage- und Umlaufvermögens) zu erkennen ist, welche Arten von Vermögen (Geld, Wertpapiere, Sachgüter) die Kapitalgeber zur Verfügung gestellt haben, d. h. welche augenblickliche Verwendung die Mittel gefunden haben. Sieht man von dem selteneren Fall der Einbringung von Sacheinlagen durch die Kapitalgeber ab, so erscheinen die vermögensmäßigen Gegenwerte des beschafften Kapitals in der Bilanz zunächst als Zahlungsmittel (Bank, Kasse, Postscheck), bevor sie zur Durchführung des Betriebsprozesses, z. B. zur Beschaffung von Maschinen und Rohstoffen, verwendet, d. h. investiert werden.

Werden die investierten Geldbeträge über den Markt wieder in liquide Form überführt, so bezeichnet man diesen Vorgang als **Desinvestition**. Ebenso wie die Desinvestition der Gegenbegriff zur Investition ist, hat auch die Kapitalbeschaffung (Finanzierung) einen Gegenbegriff, den **Kapitalabfluß** in allen Formen (z. B. Rückzahlung von Eigenkapitaleinlagen und Krediten, Entnahme von Gewinnen, Auflösung von Rücklagen, Verluste). Da der Begriff „Entfinanzierung" für diese Vorgänge unüblich ist und sich in der Praxis kaum durchsetzen würde, ist es zweckmäßig, dem Begriff der Finanzierung = Kapitalbeschaffung den Begriff des Kapitalabflusses gegenüberzustellen. Der Begriff Kapitalrückzahlung oder Kapitaltilgung wäre zu eng und außerdem mißverständlich, weil er im täglichen Sprachgebrauch für die Rückzahlung der von außen zugeführten Kapitalbeträge, jedoch nicht für Eigenkapitalverminderungen durch Gewinnausschüttungen oder Verluste verwendet wird.

Die betriebliche Finanzwirtschaft umfaßt somit drei aufeinanderfolgende Stufen: die **Kapitalbeschaffung** (Finanzierung), die **Kapitalverwendung** (Investition) und den **Kapitalabfluß** („Entfinanzierung").

2. Der betriebliche Umsatzprozeß

Da nicht alle Zahlungsmittel laufend investiert werden, da andererseits laufend durch Umformung von Sachgütern in Geld (z. B. Verkauf von Fertigfabrikaten) dem Betrieb wieder Zahlungsmittel zufließen, setzt sich der Vermögensbereich des Betriebes aus zwei Teilbereichen, dem **Zahlungsbereich** und dem **Investitionsbereich** zusammen.[1] Beide stehen in einer dauernden Wechselwirkung.

Die drei Bereiche – Kapitalbereich einerseits, Zahlungsbereich und Investitionsbereich andererseits – sind der bilanzmäßige Reflex des betrieblichen Umsatzprozesses, der sich schematisch folgendermaßen vollzieht:

---

[1] Vgl. Ruchti, H., Die Abschreibung, Stuttgart 1953, S. 27.

I. Grundlagen

Aktiva	Bilanz zum 31. 12. 19..	Passiva
Investitionsbereich	Kapitalbereich	
Zahlungsbereich		

(1) Der Betrieb beschafft sich zunächst **Mittel von außen** (Finanzierung), die im Kapitalbereich als Eigen- und Fremdkapital, im Zahlungsbereich als Zahlungsmittel (Bank, Kasse) erscheinen.

Beispiel: Der Unternehmer zahlt 10.000 DM (Eigenkapital) auf sein Bankkonto ein, die Bank stellt einen langfristigen Kredit von 4.000 DM (Fremdkapital) zur Verfügung.

Aktiva		Bilanz zum 31. 12. 19..		Passiva
Zahlungsbereich		**Kapitalbereich**		
Bank	14.000	Eigenkapital		10.000
		langfristige Verbindlichkeiten		4.000
	14.000			14.000

Der Betrieb besitzt Zahlungsmittel in Höhe von 14.000 DM (Vermögen) und schuldet davon dem Unternehmer 10.000 DM und der Bank 4.000 DM.

(2) Die Zahlungsmittel werden zur **Beschaffung von Vermögensgütern** verwendet (Investition). Der Zahlungsbereich verkleinert sich, der Investitionsbereich vergrößert sich **(Aktivtausch)**. Werden Sachwerte auf Kredit beschafft, so vergrößern sich Investitionsbereich und Kapitalbereich gleichermaßen, Investition und Finanzierung erfolgen gewissermaßen in einem Akt, der Zahlungsbereich wird zunächst nicht berührt **(Bilanzverlängerung)**. Werden die Zahlungsmittel zur Schaffung eines Firmenwertes verwendet (z. B. laufende Werbeaufwendungen), so vermindert sich der Zahlungsbereich, ohne daß sich der Investitionsbereich vergrößert – obwohl die Werbeaufwendungen als eine Investition anzusehen sind –, weil eine Aktivierung eines originären Firmenwertes, d. h. eines nicht durch Kauf eines Betriebes bezahlten Firmenwertes,[1] nicht erfolgen darf. Folglich verringert sich der Kapitalbereich entsprechend dem Zahlungsbereich **(Bilanzverkürzung)**. Führen die Werbemaßnahmen zu Gewinnen, so vergrößern sich Vermögens- und Kapitalbereich wieder.

Beispiel: Kauf eines Gebäudes 6.000 DM
Kauf von Maschinen 2.000 DM
Kauf von Rohstoffen 3.000 DM
Die Bezahlung erfolgt aus dem Bankkonto.

Der Bestand an Vermögen und Kapital bleibt unverändert, jedoch ändert sich die **Vermögensstruktur;** es erfolgt eine Umschichtung zwischen Zahlungsbereich und Investitionsbereich **(Aktivtausch)**. Ein Erfolg (Gewinn oder Verlust) tritt nicht ein.

---

[1] Zum Begriff des Firmenwertes vgl. S. 534f.

Aktiva	Bilanz zum 31. 12. 19..		Passiva
Investitionsbereich		**Kapitalbereich**	
Gebäude	6.000	Eigenkapital	10.000
Maschinen	2.000	langfristige	
Rohstoffe	3.000	Verbindlichkeiten	4.000
Zahlungsbereich			
Bank	3.000		
	14.000		14.000

Beispiel: Es werden die gleichen Geschäftsvorfälle wie im vorherigen Beispiel angenommen; die Rohstoffe werden jedoch auf Kredit (Lieferantenkredit = kurzfristige Verbindlichkeiten) gekauft.

Aktiva	Bilanz zum 31. 12. 19..		Passiva
Investitionsbereich		**Kapitalbereich**	
Gebäude	6.000	Eigenkapital	10.000
Maschinen	2.000	langfristige Ver-	
Rohstoffe	3.000	bindlichkeiten	4.000
Zahlungsbereich		kurzfristige Ver- bindlichkeiten	
Bank	6.000	(Lieferantenschulden)	3.000
	17.000		17.000

Der Bestand an Vermögen erhöht sich um den Rohstoffeinkauf, der Bestand an Kapital um die Lieferantenschulden (**Bilanzverlängerung**). Auch dieser Vorgang ist erfolgsneutral.

(3) Der Prozeß der Leistungserstellung führt zu einer **Umformung von Sachgütern** (Rohstoffe, Maschinennutzungen) und Arbeits- und Dienstleistungen in **Ertragsgüter** (Halb- und Fertigfabrikate). Es tritt eine Umschichtung (Aktivtausch) teilweise im Investitionsbereich (Verbrauch von Rohstoffen und Umformung zu Fertigfabrikaten), teilweise durch Wechselwirkung zwischen Zahlungsbereich und Investitionsbereich ein (z. B. Zahlung von Löhnen und Eingang der Arbeitsleistungen in die Fertigfabrikate).

Beispiel: Es werden Fertigfabrikate produziert. Ihre Herstellungskosten setzen sich folgendermaßen zusammen:

Rohstoffe	1.200 DM
Gebäudeabschreibung	100 DM
Maschinenabschreibung	200 DM
Löhne und sonstige Aufwendungen	1.500 DM
	3.000 DM

I. Grundlagen

Dem Verbrauch an Produktionsfaktoren im Werte von 3.000 DM steht der Wert der Fertigfabrikate in Höhe der Herstellungskosten von 3.000 DM gegenüber. Unter Verwendung der Zahlen des letzten Beispiels ergeben sich folgende Verschiebungen im Vermögensbereich:

Aktiva		Bilanz zum 31. 12. 19..		Passiva
Investitionsbereich		**Kapitalbereich**		
Gebäude	5.900	Eigenkapital		10.000
Maschinen	1.800	langfristige Ver-		
Rohstoffe	1.800	bindlichkeiten		4.000
Fertigfabrikate	3.000	kurzfristige Ver-		
Zahlungsbereich		bindlichkeiten		3.000
Bank	4.500			
	17.000			17.000

(4) Der Absatz der Ertragsgüter führt über den Absatzmarkt zu einem **Rückfluß der Geldmittel** aus dem Investitionsbereich in den Zahlungsbereich, es tritt eine Desinvestition in Höhe der Maschinenabschreibungen, des Materialverbrauchs, der investierten Löhne usw. ein. Die durch den Umsatzprozeß zurückgeflossenen Mittel stehen erneut zur Finanzierung von Investitionen zur Verfügung (**Innenfinanzierung durch Vermögensumschichtung**).

Beispiel: Die Fertigfabrikate werden zu 3.800 DM verkauft. Der Verkaufserlös geht auf dem Bankkonto ein. Der Einfachheit halber wird unterstellt, daß beim Verkauf keine weiteren Aufwendungen anfallen.

Aktiva		Bilanz zum 31. 12. 19..			Passiva
Investitionsbereich		**Kapitalbereich**			
Gebäude	5.900	Eigenkapital			
Maschinen	1.800	Anfangsbestand	10.000		
Rohstoffe	1.800	Gewinn	800	10.800	
Zahlungsbereich		langfristige Ver-			
Bank	8.300	bindlichkeiten		4.000	
		kurzfristige Ver-			
		bindlichkeiten		3.000	
	17.800			17.800	

Der Markt vergütet den Wert der eingesetzten Kostengüter zurück, außerdem geht ein Mehrbetrag von 800 DM ein. Es ist eine Desinvestition in Höhe der Herstellungskosten der umgesetzten Fertigfabrikate und eine Vermehrung des Eigenkapitals in Höhe des Gewinns eingetreten. Wird der Gewinn nicht entnommen, so ist eine Kapitalbeschaffung über den Umsatzprozeß (**Innenfinanzierung durch Vermögenszuwachs**) erfolgt.

492   Fünfter Abschnitt. Investition und Finanzierung

(5) Der in der Bilanz ausgewiesene **Kapitalbereich** wird von dem gesamten Umsatzprozeß nur berührt – soweit keine weiteren Kapitalbeschaffungen von außen erfolgt sind, z. B. durch Lieferantenkredite oder Anzahlungen von Kunden –, wenn
(a) ein Erfolg, also eine Vermehrung (= Gewinn) oder Verminderung (= Verlust) des Vermögens durch die betriebliche Leistungserstellung und -verwertung eingetreten ist, der zu einer Veränderung des Eigenkapitals führt (Bilanzverlängerung bzw. -verkürzung), oder
(b) eine Investition nicht aktiviert werden darf (z. B. selbsterstellte immaterielle Wirtschaftsgüter wie Patente, Firmenwert = Bilanzverkürzung).

3. Liquidität

Da einerseits die Zeitdauer, während der das Kapital in verschiedenen Vermögenswerten gebunden ist, unterschiedlich lang ist (z. B. in Gebäuden oder Warenbeständen), und da andererseits die Fristen, für die dem Betrieb das Kapital zur Verfügung gestellt wird, begrenzt sind, kann der betriebliche Umsatzprozeß nur dann ohne Unterbrechung ablaufen, wenn es dem Betrieb gelingt, allen seinen **Zahlungsverpflichtungen fristgerecht nachzukommen**. Das kann einerseits über den Umsatzprozeß durch Liquidisierung von Vermögensgegenständen, vornehmlich solchen des Umlaufvermögens, andererseits durch Zuführung liquider Mittel von außen (Eigenkapital oder Fremdkapital) erfolgen. Man bezeichnet die Fähigkeit des Betriebes, seinen fälligen Verbindlichkeiten unter der Voraussetzung des reibungslosen Ablaufs des Betriebsprozesses (d. h. z. B. der Vermeidung von Notverkäufen) termingerecht nachkommen zu können, als Liquidität.

Der Betrieb muß eine dauernde **Überwachung der Liquidität** durchführen. Hilfsmittel dazu sind Gegenüberstellungen von sofort verfügbaren sowie zu bestimmten Terminen zu erwartenden Zahlungsmitteln auf der einen Seite und sofort fälligen oder innerhalb bestimmter Zeiträume fälligen Ausgaben auf der anderen Seite. Da einerseits eine Zahlungsunfähigkeit das Ende der betrieblichen Tätigkeit bedeuten kann und andererseits die die zukünftige Zahlungsfähigkeit beeinflussenden Ereignisse nicht mit voller Gewißheit vorausgesagt werden können, ist der zu erwartende Rückfluß an Zahlungsmitteln wegen unvorhergesehener Absatzschwierigkeiten, Forderungsausfällen oder Zahlungsverzugs sehr vorsichtig zu schätzen, während der zu erwartende Abfluß an Zahlungsmitteln wegen evtl. Preissteigerungen oder unvorhergesehener Ausgaben nicht zu knapp veranschlagt werden darf.

Der Begriff der Liquidität wird in der Literatur – abgesehen von Meinungsverschiedenheiten in Einzelfragen – in zweifacher Bedeutung verwendet:
(1) Unter Liquidität wird eine Eigenschaft der Vermögenswerte des Betriebes verstanden, mehr oder weniger leicht als Zahlungsmittel verwendet oder in Zahlungsmittel umgewandelt werden zu können.[1] Dieser Liquiditätsbegriff stellt im wesentlichen auf die **Liquidierbarkeit** der einzelnen Vermögensteile ab. Er

---
[1] Vgl. z. B. Nicklisch, H., Die Betriebswirtschaft, 7. Aufl., Stuttgart 1932, S. 456; Fischer, G., Allgemeine Betriebswirtschaftslehre, 6. Aufl., Heidelberg 1952, S. 162.

I. Grundlagen

steht in enger Beziehung zu dem von Le Coutre geprägten Begriff der „**absoluten Liquidität**".[1]

Hahn definiert diese Liquidität „als zeitlichen Abstand des betreffenden Gutes vom Geldzustand".[2] Dabei sind zwei Fälle zu unterscheiden. Erstens kann man die Liquidität von Vermögenswerten unter dem Aspekt der Wiedergeldwerdung betrachten, wenn sie ihrem Zweck entsprechend im Produktions- und Absatzprozeß eingesetzt werden; zweitens unter dem Aspekt, daß sie vorzeitig, d. h. bevor sie das mit ihnen verfolgte Ziel erreicht haben, veräußert werden. So werden die in Rohstoffbeständen gebundenen finanziellen Mittel normalerweise in der Art in liquide Form überführt, daß die Rohstoffe zunächst in Halb- und Fertigfabrikate eingehen; ihr natürlicher Geldwerdungsprozeß erfolgt erst durch Umsatz der Fertigfabrikate. Werden zur Produktion beschaffte Rohstoffe dagegen ohne Verarbeitung veräußert, so wird der zielbedingte Geldwerdungsprozeß nicht abgewartet. Im ersten Fall spricht man von **natürlicher (ursprünglicher) Liquidität**, im zweiten Fall von **künstlicher (abgeleiteter) Liquidität**. „Die Realisierung der echten Liquidität setzt einen Zeitablauf, die Realisierung der künstlichen Liquidität im allgemeinen die Inkaufnahme eines Wertverlustes voraus."[3]

Wenn die Eigenschaft des Vermögens, sich in Zahlungsmittel umzuwandeln, auch einen erheblichen Einfluß auf die Zahlungsfähigkeit des Betriebes hat, so erfaßt dieser Liquiditätsbegriff doch nur einen Teil des Liquiditätsproblems, da er nur den Vermögens-, aber nicht den Kapitalbereich einbezieht.

(2) Als Liquidität wird ein **Deckungsverhältnis** bezeichnet, d. h. ein zu einem bestimmten Zeitpunkt gegebenes Verhältnis zwischen verfügbaren Geldmitteln und fälligen Verbindlichkeiten. Gefordert wird die Deckung der jeweils fälligen Verbindlichkeiten durch flüssige Mittel oder fristgerecht in Zahlungsmittel transformierbare Vermögensteile.[4] Der „absolute Liquiditätsbegriff" wird durch eine „**relative Liquidität**" ersetzt, d. h. durch ein Verhältnis zwischen Bedarf und Deckung. Liquidität in diesem Sinne ist „die Fähigkeit, allen Zahlungsverpflichtungen und Zahlungsnotwendigkeiten fristgerecht nachzukommen".[5]

Dieser Liquiditätsbegriff stellt zwar eine Beziehung zwischen Kapitalbereich und Vermögensbereich her, ist aber **statischer** Natur, wenn das Deckungsverhältnis durch Vergleich von Bilanzzahlen für einen Zeitpunkt angegeben wird, und zwar als Kennziffer (**Liquiditätsgrad**), z. B.

$$\text{Liquidität ersten Grades} = \frac{\text{Zahlungsmittel}}{\text{kurzfr. Verbindlichkeiten}} \times 100$$

---

[1] Vgl. Le Coutre, W., Praxis der Bilanzkritik, Bd. II, Berlin-Wien 1926, S. 284 f.
[2] Hahn, O., Die Wahlkriterien finanzwirtschaftlicher Entscheidungen, in: Handbuch der Unternehmensfinanzierung, München 1971, S. 144.
[3] Hahn, O., a. a. O., S. 144.
[4] Vgl. Strobel, A., Die Liquidität, 2. Aufl., Stuttgart 1953, S. 41 ff., sowie die dort angegebene Literatur.
[5] Mellerowicz, K., Allgemeine Betriebswirtschaftslehre, Bd. III, 12. Aufl., Berlin 1967, S. 23.

Die relative Liquidität läßt sich jedoch auch dynamisch interpretieren, und zwar bei Verwendung von Vergangenheitswerten im Rahmen einer Bewegungsbilanz (Kapitalflußrechnung) und bei Verwendung von Zukunftswerten im Rahmen eines Finanzplanes.

Nach Gutenberg setzt Liquidität voraus, daß die Zahlungsmitteldeckung in jedem Augenblick größer ist als der Zahlungsmittelbedarf oder mindestens ihm gleich.[1] Ist diese Existenzbedingung jedes Betriebes realisiert, so befindet sich das Unternehmen im **finanziellen Gleichgewicht** und wird als liquide bezeichnet.[2]

Welcher der beiden Liquiditätsbegriffe im Einzelfall aussagefähiger ist, hängt von der Zielsetzung der Liquiditätsaussage ab. Für die Feststellung der Stichtagsliquidität eignet sich der statische Liquiditätsbegriff im Sinne eines Deckungsverhältnisses von kurzfristigen Verbindlichkeiten und liquiden Mitteln verschiedenen Grades (Zahlungsmittel, Forderungen, jederzeit veräußerbare Bestände). Die Planung und Überwachung des finanziellen Gleichgewichts im Sinne ständiger Zahlungsfähigkeit dagegen ist ein dynamisches Problem und läßt sich allein durch Prognostizierung zukünftiger Einzahlungs- und Auszahlungsströme lösen. Hier wird nicht auf die an einem Stichtag vorhandenen Zahlungsmittel abgestellt, sondern auf den Prozeß der „Wiedergeldwerdung" von in Sachwerten gebundenen Mitteln im Zeitablauf.

Kann der Betrieb seinen fälligen Verbindlichkeiten nicht mehr nachkommen, so ist sein finanzielles Gleichgewicht gestört, er ist illiquide geworden. Ist die Geldverlegenheit nur vorübergehender Natur, weil z. B. fällige Forderungen nicht termingerecht eingegangen sind, dann liegt eine Zahlungsstockung (**Unterliquidität**) vor, die mit Bankkrediten unter Umständen kurzfristig noch überbrückt werden kann. Ist die Einstellung der Zahlungen dagegen von Dauer, so bezeichnet man diesen Zustand als Zahlungsunfähigkeit (**Illiquidität**), die in der Regel zum Konkurs oder Vergleich führt.

Während die Zahlungsunfähigkeit sowohl bei Personen- als auch bei Kapitalgesellschaften ein Konkursgrund ist, bildet die **Überschuldung** (das Vermögen ist kleiner als das Fremdkapital) nur bei Kapitalgesellschaften einen Konkursgrund.[3] Das läßt sich damit erklären, daß im Zeitpunkt der Überschuldung bei sofortigem Fälligwerden aller Verbindlichkeiten eine volle Zurückzahlung der Kredite nicht möglich wäre und folglich Zahlungsunfähigkeit eintreten würde. Für Personengesellschaften ist eine solche Vorschrift nicht erforderlich, da hier die Gesellschafter für alle Zahlungsverpflichtungen des Betriebes auch mit ihrem Privatvermögen haften und so eine Überschuldung des Betriebes keine Rückschlüsse auf die Zahlungsfähigkeit des Betriebes zuläßt.

Das finanzielle Gleichgewicht ist aber nicht nur dann gestört, wenn der Betrieb zu wenig liquide Mittel hat, sondern auch eine **Überliquidität**, d. h. eine Zahlungsmitteldeckung, die größer als der Zahlungsmittelbedarf ist, ist für den Betrieb von Nachteil, da bei der in der Regel geringen Verzinsung der Liquidi-

---

[1] Vgl. Gutenberg, E., Einführung in die Betriebswirtschaftslehre, Wiesbaden 1958, S. 110.
[2] Vgl. Gutenberg, E., a. a. O., S. 110.
[3] Vgl. § 92 Abs. 2 AktG, § 63 GmbHG.

I. Grundlagen

tätsreserven kein optimaler Einsatz eines Teils der finanziellen Mittel des Betriebes erfolgt. Während aber die Illiquidität für den Betrieb das Ende seiner Tätigkeit bedeuten kann (Konkurs), ist die Überliquidität in erster Linie ein Rentabilitätsproblem.

4. Finanzierungsarten

Der betriebliche Umsatzprozeß kann also als ein Prozeß dauernder Investitionen und Desinvestitionen, d. h. einer dauernden Bindung und Freisetzung von Geldmitteln in bzw. aus Sachwerten, außerdem als ein Prozeß dauernder Finanzierungsvorgänge charakterisiert werden. Wenn unter Finanzierung Kapitalbeschaffung zu verstehen ist, so sind im Finanzierungsbegriff sämtliche Arten der Kapitalbeschaffung eingeschlossen. Dazu gehört nicht nur die Beschaffung von Eigen- und Fremdkapital von außen, sondern ebenso die Beschaffung von Eigenkapital aus dem betrieblichen Umsatzprozeß, also von innen, beispielsweise durch das Zurückbehalten von Gewinnen (**Selbstfinanzierung**). Auch eine Beschaffung von Fremdkapital von innen ist möglich, wenn der Betrieb Rückstellungen bildet, die erst in späteren Perioden – u. U. wie z. B. bei Pensionsrückstellungen erst nach vielen Jahren – zu Auszahlungen führen.

Zur Finanzierung zählen auch Vorgänge, die zwar eine Kapitalbeschaffung darstellen, aber letztlich keine Vermehrung des dem Betrieb zur Verfügung stehenden Vermögens zur Folge haben. Man bezeichnet diese Vorgänge als **Umfinanzierung**. Dabei können folgende Kapitalumschichtungen unterschieden werden:

(1) Umschichtung von Fremdkapital in Eigenkapital. Beispiele: Eine Bank wandelt ihr Darlehen in eine Beteiligung um; eine Wandelschuldverschreibung[1] wird in Aktien umgetauscht.

(2) Umschichtung von Eigenkapital in Fremdkapital. Beispiel: Ein Kommanditist scheidet aus und stellt sein Auseinandersetzungsguthaben der Gesellschaft als Darlehen zu Verfügung.

(3) Umschichtung von einer Art des Fremdkapitals in eine andere Art. Beispiel: Ein kurzfristiger Kredit wird in einen langfristigen umgewandelt.

(4) Umschichtung von einer Art des Eigenkapitals in eine andere Art. Beispiel: Es wird eine Kapitalerhöhung aus Gesellschaftsmitteln (nominelle Kapitalerhöhung)[2] durch Umwandlung von offenen Rücklagen in Grundkapital durchgeführt.

Es ist leicht einzusehen, daß die betriebswirtschaftlichen Auswirkungen einer Kapitalbeschaffung, die die finanziellen Mittel des Betriebes erhöht, andere sind als die einer Umfinanzierung. Dennoch werden durch die Umfinanzierung nicht nur Rechtsverhältnisse (Anteilseigner statt Gläubiger, langfristige statt kurzfristige Schulden) geändert, sondern die Umfinanzierung kann für den Betrieb zu einer Existenzfrage werden, wenn beispielsweise eine kurzfristige Finanzierung einer langfristigen Investition nicht rechtzeitig durch die Aufnahme langfristigen Kapitals umfinanziert werden kann.

---

[1] Zum Begriff der Wandelschuldverschreibung, vgl. S. 579 ff.
[2] Zum Begriff der Kapitalerhöhung aus Gesellschaftsmitteln vgl. S. 614 ff.

Bei der Finanzierung lassen sich zusammenfassend folgende Hauptformen unterscheiden:
(1) **Nach der Herkunft des Kapitals** teilt man in Außen- und Innenfinanzierung ein. **Außenfinanzierung** bedeutet, daß das Kapital dem Betrieb von außen zufließt, also nicht aus dem betrieblichen Umsatzprozeß, sondern aus Kapitaleinlagen oder Kreditgewährungen stammt. Die Außenfinanzierung kann eine **Einlagen- oder Beteiligungsfinanzierung** einerseits (Zuführung von Eigenkapital durch den Unternehmer bzw. die Mitunternehmer [Gesellschafter] von Personengesellschaften oder durch Erwerb von Anteilen an Kapitalgesellschaften) oder eine **Kreditfinanzierung** andererseits (Zuführung von Fremdkapital) sein. Die Kreditfinanzierung ist entweder eine lang-, mittel- oder kurzfristige Finanzierung.

Stammen die finanziellen Mittel aus dem Umsatzprozeß, so spricht man von **Innenfinanzierung**. Zwar fließen auch diese finanziellen Mittel von außen zu, aber lediglich in Form des Rückflusses bereits einmal investierter Mittel bzw. von Umsatzgewinnen. Sie stammen also im Gegensatz zu den Einlagen oder Kreditgewährungen aus dem Leistungsprozeß, der eine Voraussetzung für einen Umsatz ist.

Bei der Innenfinanzierung ist zu unterscheiden zwischen neu gebildeten Mitteln (Vermögens- und Kapitalzuwachs = Bilanzverlängerung) und solchen Mitteln, die lediglich aus der Wiedergeldwerdung bereits einmal investierter Geldbeträge stammen (Vermögensumschichtung = Aktivtausch).

Die Innenfinanzierung ist also eine Beschaffung von finanziellen Mitteln durch Umsatz von Vermögensgegenständen zum Erwerb neuer Vermögensgegenstände. Die verschiedenen Formen der Innenfinanzierung entstehen durch die erfolgsrechnerische Aufschlüsselung der Umsatzerlöse. Das sei an einem schematischen Beispiel gezeigt. Angenommen, der Betrieb veräußert Fertigfabrikate zu 100, deren Kosten sich folgendermaßen zusammensetzen:

Aufwand			Ertrag
Material	30	Verkaufserlöse	100
Löhne und Gehälter	20		
Abschreibungen	20		
Pensionsaufwand	10		
Gewinn	20		
	100		100

Nehmen wir an, daß Pensionen für pensionsberechtigte Arbeitnehmer noch nicht zu zahlen sind, sondern der Pensionsaufwand durch Bildung von Pensionsrückstellungen entstanden ist, und daß eine Ersatzbeschaffung von Maschinen in der folgenden Periode noch nicht erforderlich ist, dann beträgt der Vermögens- und Kapitalzuwachs 30 (Gewinn 20, Pensionsrückstellung 10 = Bilanzverlängerung). Dieser Betrag steht – wenn von Gewinnsteuern und Gewinnausschüttungen einmal abgesehen wird und konstante Preise unterstellt werden – für **zusätz-**

I. Grundlagen

liche Investitionen (Nettoinvestitionen) zur Verfügung. Im Falle von Preissteigerungen wird allerdings ein Teil der zusätzlichen finanziellen Mittel zur Substanzerhaltung benötigt. Es wird deshalb von einer **Finanzierung aus Gewinnen** (Selbstfinanzierung) bzw. einer **Finanzierung aus Rückstellungen** gesprochen. Erstere ist eine Eigenfinanzierung, da die Gewinne den Eigenkapitaleignern zustehen, letztere eine Fremdfinanzierung, da die den Pensionsrückstellungen entsprechenden Vermögenswerte zum Zwecke späterer Auszahlung an die berechtigten Arbeitnehmer angesammelt werden. Da der Bilanzgewinn um den einer Rückstellung zugeführten Betrag niedriger ist, bleibt dieser Betrag zunächst an den Betrieb gebunden, kann ihn also nicht als Gewinnausschüttung oder Steuerzahlung verlassen. Voraussetzung für eine Finanzierung aus Rückstellungen ist, daß die für ihre Bildung erforderliche Aufwandsverrechnung nicht zu einem Bilanzverlust führt. Würden keine Pensionsrückstellungen gebildet, sondern die Pensionen erst im Zeitpunkt der Auszahlung als Aufwand verrechnet, so wäre jetzt der Gewinn um 10 höher.[1]

Die übrigen 70 der Verkaufserlöse kommen nicht durch einen Vermögenszuwachs, sondern durch eine **Vermögensumschichtung** zustande (Aktivtausch). Der Betrieb hatte in dieser oder einer vorangegangenen Periode liquide Mittel von 70 zum Kauf von Material, Arbeitsleistungen und Maschinenleistungen verwendet. Durch Verkauf der Fertigfabrikate fließen diese Beträge dem Betrieb wieder als liquide Mittel zu. Soll der bisherige Produktions- und Umsatzprozeß aufrechterhalten werden, so wird – konstante Preise vorausgesetzt – in der nächsten Periode der Betrag von 30 für Material und von 20 für Löhne und Gehälter benötigt, während die Abschreibungsgegenwerte von 20 erst am Ende der wirtschaftlichen Nutzungsdauer der Anlagen zur Ersatzbeschaffung zur Verfügung stehen müssen. Folglich können mit diesem Betrag zwischenzeitlich ebenfalls neue Investitionen finanziert werden.

Die besondere Finanzierungswirkung dieser Mittel liegt darin, daß sie nicht wie beim Material und den Löhnen und Gehältern sofort zur „Ersatzbeschaffung" eingesetzt werden, sondern einer Erweiterung der Periodenkapazität dienen können, obwohl in der Bilanz nur eine Vermögensumschichtung (Aktivtausch) und kein Vermögenszuwachs (Bilanzverlängerung) eintritt. Wenn aber unterstellt werden kann, daß die alten Anlagen auch in der kommenden Periode die gleichen Leistungen abgeben können wie bisher, so kommt es bei Konstanz der Gesamtkapazität zu einer **Vergrößerung der Periodenkapazität,** wenn aus Abschreibungsgegenwerten neue Anlagen zusätzlich beschafft werden,[2] – vorausgesetzt, der Abschreibungsverlauf entspricht dem Wertminderungsverlauf (Nutzungsverlauf).

Geht der Abschreibungsverlauf dem Wertminderungsverlauf voran, so stehen mehr Abschreibungsgegenwerte zur Verfügung als zum Ersatz der eingetretenen Wertminderungen erforderlich sind. Der überschießende Betrag ist Gewinn, der durch überhöhte Aufwandsverrechnung (Bildung stiller Rücklagen), d. h. durch Unterbewertung der Anlagen nicht ausgewiesen wird. In diesem Umfange liegt

---

[1] Vgl. die ausführliche Erörterung der Finanzierung durch Pensionsrückstellungen auf S. 659 ff.
[2] Vgl. die ausführliche Erörterung der Finanzierung aus Abschreibungen auf S. 667 ff.

Abb. 154

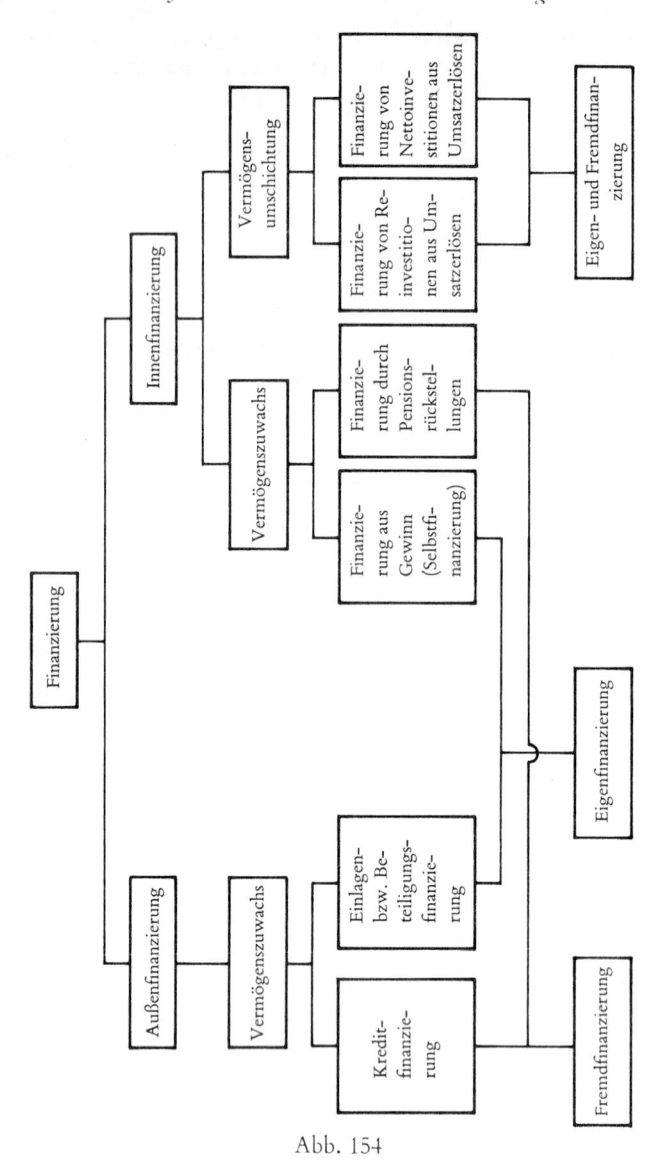

eine (stille) Selbstfinanzierung vor, durch die nicht nur die Periodenkapazität, sondern auch die Gesamtkapazität erweitert werden kann.

Ebenso wie durch sofortigen Wiedereinsatz von Abschreibungsgegenwerten die Periodenkapazität erweitert werden kann, ist das auch durch eine **Beschleunigung des Kapitalumschlages durch Rationalisierungsmaßnahmen** im Beschaffungs-, Produktions- und Absatzbereich möglich, z. B. durch Reduzierung der durchschnittlichen Kapitalbindungsdauer in Rohstoff- oder Warenbeständen (Beschaffung kleinerer Mengen in kürzeren Zeitabständen) oder durch Reduzierung der durchschnittlichen Lagerdauer von Halb- und Fertigfabrikaten.

I. Grundlagen

Der gleiche Beschaffungs-, Produktions- und Umsatzprozeß kann folglich mit einem geringeren Kapitaleinsatz als bisher wiederholt werden, so daß finanzielle Mittel für zusätzliche Aufgaben zur Verfügung stehen.

Bei der Innenfinanzierung **im Wege der Vermögensumschichtung** (Wiedergeldwerdung bereits einmal investierter finanzieller Mittel) sind zwei Fälle zu unterscheiden:

(1) Die Mittelfreisetzung zur sofortigen Reinvestition, d. h. zur Wiederholung der bisherigen Investitionen; die Gesamtkapazität und die Periodenkapazität bleiben unverändert;

(2) die Mittelfreisetzung zur Durchführung zusätzlicher Investitionen; die Gesamtkapazität bleibt unverändert, die Periodenkapazität nimmt zu.

Da sich der Kapitalbereich durch diese Finanzierungsmaßnahmen nicht verändert, ist eine eindeutige Zuordnung dieser Innenfinanzierungsvorgänge zur Eigen- oder Fremdfinanzierung nicht möglich.

(2) **Nach der Rechtsstellung der Kapitalgeber** ist zwischen **Eigenfinanzierung** (Zuführung von Eigenkapital, das die Haftung für die Verbindlichkeiten trägt) und **Fremdfinanzierung** (Zuführung von Gläubigerkapital) zu unterscheiden. Beide Formen können Außen- oder Innenfinanzierung sein. Zur Eigenfinanzierung zählen die Einlagen- und Beteiligungsfinanzierung und die Selbstfinanzierung, zur Fremdfinanzierung die Kreditfinanzierung und die Finanzierung aus langfristigen Rückstellungen (Pensionsrückstellungen). Die anderen Formen der Innenfinanzierung, nämlich die Finanzierung aus Vermögensumschichtungen in der Form der Finanzierung aus Abschreibungen und der Finanzierung durch Beschleunigung des Kapitalumschlages lassen sich weder der Eigen- noch der Fremdfinanzierung eindeutig zuordnen, da sie lediglich auf der Umschichtung eines insgesamt dem Eigen- und Fremdkapital gegenüberstehenden Vermögens beruhen.

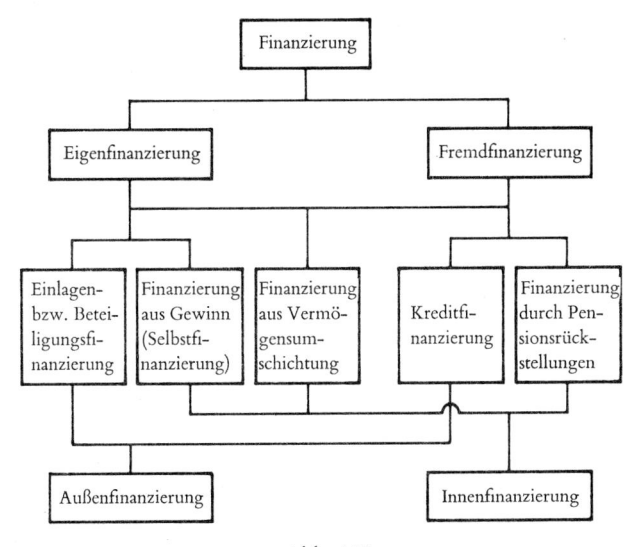

Abb. 155

500   Fünfter Abschnitt. *Investition und Finanzierung*

(3) Systematisiert man den **Einfluß** der Finanzierungs- und Kapitalabflußvorgänge **auf den Vermögens- und Kapitalbereich,** so sind folgende Fälle zu unterscheiden:
I. Die **Bilanzverlängerung** durch Zunahme des Gesamtvermögens und -kapitals:
1. Außenfinanzierung (Einlagen- und Beteiligungsfinanzierung, Kreditfinanzierung)
2. Innenfinanzierung (Selbstfinanzierung, Finanzierung durch Rückstellungen)
II. Die **Bilanzverkürzung** durch Abnahme des Gesamtvermögens und -kapitals:
1. Rückzahlung von von außen zugeführtem Eigen- und Fremdkapital
2. Ausschüttung von Gewinnen
3. Bilanzverluste
III. Der **Aktivtausch** durch Vermögensumschichtung bei konstantem Gesamtvermögen und -kapital so wie bei unveränderter Kapitalstruktur:
1. Innenfinanzierung aus Umsatzerlösen zur Wiederholung bisheriger Investitionen (Reinvestitionen, konstante Periodenkapazität)
2. Innenfinanzierung aus Umsatzerlösen für Nettoinvestitionen (Ausweitung der Periodenkapazität) durch Finanzierung aus Abschreibungsgegenwerten oder sonstige Beschleunigung des Kapitalumschlages
IV. Der **Passivtausch** durch Kapitalumschichtung bei konstantem Gesamtkapital und -vermögen sowie unveränderter Vermögensstruktur (Umfinanzierung):
1. Austausch von Eigenkapital durch anderes Eigenkapital
2. Austausch von Fremdkapital durch anderes Fremdkapital
3. Austausch von Eigenkapital durch Fremdkapital
4. Austausch von Fremdkapital durch Eigenkapital.

Umstritten ist, ob das Mieten von Anlagegütern als eine besondere Art der Finanzierung anzusehen ist. Die unter dem Begriff „**Leasing**" bekanntgewordene Technik, Anlagegüter entweder von den Herstellern (z. B. Lochkartenanlagen, elektronische Datenverarbeitungsanlagen) oder – in zunehmendem Maße – von Miet- und Pachtgesellschaften zu mieten statt zu kaufen, ist u. E. nicht nur ein Problem der Finanzierung, sondern auch der Investition. Der Betrieb beschafft sich Investitionsgüter. Dabei stehen ihm zwei Möglichkeiten zur Verfügung: Kauf oder Miete.

Der Unterschied zwischen beiden Möglichkeiten ist erstens ein **rechtlicher,** der seine Auswirkungen auf die Bilanz hat. Gekaufte Anlagegüter werden mit ihren Anschaffungskosten aktiviert, gemietete Anlagen dagegen erscheinen in der Regel nicht in der Handelsbilanz des Mieters (Leasing-Nehmers), sondern nur in der Bilanz der vermietenden Gesellschaft (Leasing-Geber). Diese finanziert den Kauf der Anlagen, d. h. sie beschafft das für ihren Erwerb erforderliche Kapital. Dabei stehen ihr grundsätzlich die oben angeführten Formen der Finanzierung zur Verfügung, d. h. der Kauf der Leasing-Objekte kann ebenso mit von außen aufgenommenem Eigen- oder Fremdkapital wie durch betriebsinterne Aufbringung von Mitteln finanziert werden. Für den Leasing-Nehmer ist Leasing eine

I. Grundlagen

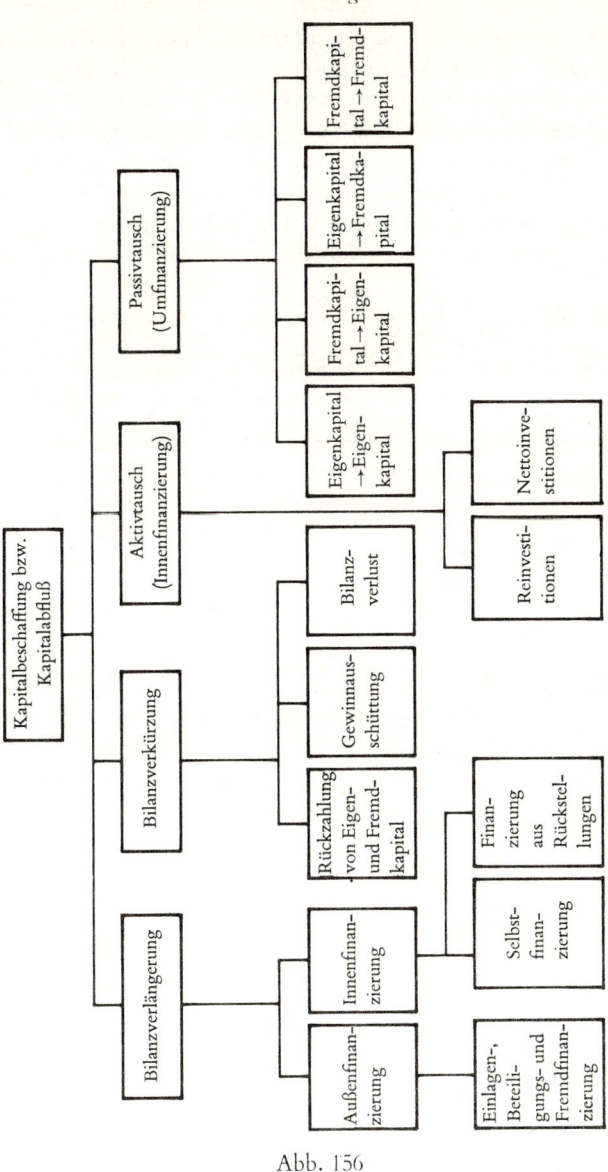

Abb. 156

Form der Fremdfinanzierung, denn er hat eine Verpflichtung gegenüber dem Leasing-Geber in Höhe der insgesamt anfallenden Leasing-Raten.

Der Unterschied ist zweitens ein **wirtschaftlicher**: der Leasing-Nehmer überprüft, welches Verfahren billiger ist. Kauft er die Anlagen statt sie zu mieten, so muß er die Abschreibungen und die Verzinsung des investierten Kapitals über den Absatzmarkt verdienen. Mietet er die Anlagegüter, so zahlt er bis zum Ende der wirtschaftlichen Nutzungsdauer (oder einer kürzeren vertraglichen Mietdauer) Mietzinsen, deren Summe in der Regel die Anschaffungskosten übersteigt, denn die Vermieterin muß ja nicht nur die Anschaffungskosten, sondern auch eine Verzinsung des investierten Kapitals und eine Risikoprämie erhalten, wenn das Vermieten für sie einen wirtschaftlichen Sinn haben soll. Würde der Leasing-Nehmer den Kaufpreis für ein Anlagegut in Jahresraten zahlen, und zwar in Höhe der jeweils verrechneten Jahresabschreibung und der für die Stundung des Kaufpreises geforderten Zinsen, so wäre der Rhythmus seiner finanziellen Belastung der gleiche wie im Falle jährlicher Mietzahlungen. Zahlt er dagegen den Kaufpreis sofort bei der Anschaffung, so ist der Kapital-

Langfristige Innen- und Außenfinanzierung bei ausgewählten Aktiengesellschaften der Industrie 1971 und 1973, in Mrd. DM und in % der langfristigen Gesamtfinanzierung.[1]				
	1971 (850 AG)		1973 (860 AG)	
	in Mrd. DM	in %	in Mrd. DM	in %
I. Innenfinanzierung				
1. Rücklagenerhöhung	1,0	3,5	1,6	6,3
2. langfr. Rückstellungen und Sozialverbindlichkeiten	1,5	5,3	2,2	8,7
3. Abschreibungen und Anlagenabgang	15,2	53,7	18,0	70,8
Innenfinanzierung insgesamt	17,7	62,5	21,8	85,8
II. Außenfinanzierung				
1. Kapitalerhöhungen	3,3	11,7	2,2	8,7
2. langfristige Kredite	7,3	25,8	1,4	5,5
Außenfinanzierung insgesamt	10,6	37,5	3,6	14,2
Insgesamt	28,3	100,0	25,4	100,0

bedarf im Falle des Kaufes größer als im Falle der Miete, da im letzteren Falle in der Regel nur die erste Jahresmiete vorfinanziert werden muß, während die folgenden aus den Erträgen der gemieteten Anlagen über den Umsatzprozeß verdient werden.

Die Entscheidung, ob Anlagegüter gemietet oder gekauft werden, beeinflußt zwar über den Kapitalbedarf und die Liquidität den finanziellen Bereich des Betriebes, ein besonderes Finanzierungsproblem, das es rechtfertigen würde, das Mieten von Anlagegütern (Leasing) als besondere Finanzierungsform zu bezeichnen, liegt aber nicht vor. Die Frage, welche Art von Kapital beschafft werden

---

[1] Quelle: Wirtschaft und Statistik; 1972, S. 691; 1975, S. 32.

muß oder kann (Eigenkapital, Fremdkapital verschiedener Fristigkeit) stellt sich bei jeder Investition. Die Entscheidung für Kauf oder Miete hat nur dann einen unmittelbaren Einfluß auf die Finanzierungsform, wenn der Kauf nicht mit Fremdkapital finanziert wird, denn ein Leasing-Vertrag führt in jedem Fall zu einer Verbindlichkeit in Höhe der Leasing-Raten. Die Entscheidung beeinflußt aber grundsätzlich die Höhe des periodischen Kapitalbedarfs.

Aus der nebenstehenden Übersicht ist zu ersehen, in welchem Maße sich eine Anzahl ausgewählter Aktiengesellschaften der Industrie der unterschiedlichen Finanzierungsmöglichkeiten bedient. Im Jahre 1973 wurden rund 86% des Vermögenszuwachses bzw. der Vermögensumschichtung aus Gewinnen (Rücklagenerhöhung), langfristigen Rückstellungen und durch Abschreibungen und rund 14% durch Beteiligungs- und Kreditfinanzierung finanziert.

5. Investitionsarten

Ebenso wie bei der Finanzierung können wir auch bei der Investition verschiedene Formen unterscheiden und diese nach unterschiedlichen Kriterien gliedern. Nach der Art der Vermögensgegenstände, für deren Beschaffung finanzielle Mittel verwendet werden, trennt man zwischen Sachinvestitionen, Finanzinvestitionen und immateriellen Investitionen. Um **Sachinvestitionen** handelt es sich, wenn der Betrieb Grundstücke, Maschinen, Werkzeuge, Vorräte, Fremdleistungen u. ä. beschafft. Bei **Finanzinvestitionen** erwirbt der Betrieb Forderungs- und Beteiligungsrechte. Sie können festverzinslich (z. B. Obligationen) oder mit variabler Verzinsung ausgestattet sein (z. B. Aktien). Zu den **immateriellen Investitionen** zählen Forschungs- und Entwicklungsinvestitionen, Werbeinvestitionen, Ausbildungsinvestitionen, Sozialinvestitionen u. ä.

Das besondere Merkmal der letztgenannten Gruppe von Investitionen ist, daß zwar – wie bei allen Investitionen – die erforderlichen Auszahlungen feststellbar,

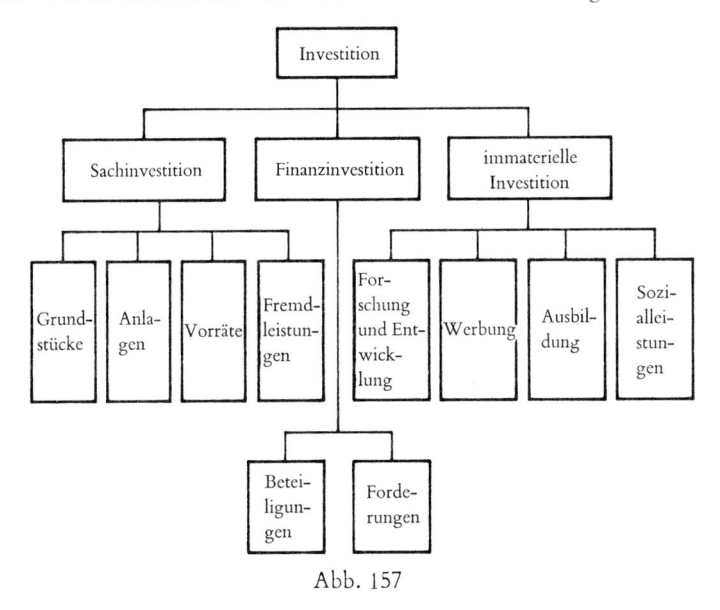

Abb. 157

die durch die Investitionen erzielten Einzahlungen aber nicht zurechenbar sind. Diese Zurechenbarkeit ist bei Finanzinvestitionen in der Regel gegeben (z. B. Zinsen aus festverzinslichen Anlagen, Gewinnanteile aus Beteiligungen), bei Sachinvestitionen ist sie teilweise möglich (z. B. beim Umsatz von Warenbeständen), teilweise problematisch (z. B. bei maschinellen Anlagen).

Geht man vom Investitionsvolumen einer Periode aus, so ergibt sich die folgende Gliederung. Die Gesamtinvestitionen eines Betriebes in einer Wirtschaftsperiode bezeichnet man als **Bruttoinvestition**. Sie setzt sich aus zwei Bestandteilen zusammen: erstens aus der Ersatzinvestition **(Reinvestition)**, das ist der Teil der Bruttoinvestition, der auf die Ersatzbeschaffung von wirtschaftlich verbrauchten Gütern entfällt, und zweitens aus der Erweiterungsinvestition **(Net-**

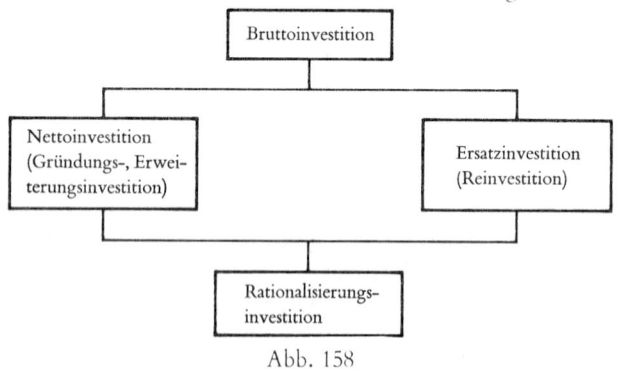

```
                    ┌──────────────────┐
                    │ Bruttoinvestition│
                    └──────────────────┘
          ┌──────────────────┐   ┌──────────────────┐
          │ Nettoinvestition │   │ Ersatzinvestition│
          │ (Gründungs-, Er- │   │ (Reinvestition)  │
          │ weiterungs-      │   │                  │
          │ investition)     │   │                  │
          └──────────────────┘   └──────────────────┘
          ┌──────────────────┐
          │ Rationalisierungs-│
          │ investition       │
          └──────────────────┘
```

Abb. 158

toinvestition), das ist der Teil, der zur Vergrößerung der Kapazität des Betriebes führt.

Beide Formen der Investition können ineinander übergehen, so z. B. wenn beim Ersatz einer abgenutzten Anlage eine neue, technisch verbesserte Anlage beschafft wird **(Modernisierungsinvestition)**, die zu einer Erweiterung der Kapazität des Betriebes führt. Die Ersatzinvestition kann zugleich eine **Rationalisierungsinvestition** sein, wenn dabei ohne Änderung der Kapazität abgenutzte Anlagen durch kostengünstiger produzierende Anlagen ersetzt werden.

II. Investitionsplanung und Investitionsrechnung

1. Grundlagen

Soll ein Betrieb errichtet oder soll ein bereits bestehender Betrieb durch Ersatzbeschaffung technisch oder wirtschaftlich verbrauchter Anlagen erhalten oder durch Rationalisierungsinvestitionen vergrößert werden, so muß diesen Maßnahmen eine genaue **Investitionsplanung** vorhergehen. Eine Investitionsentscheidung legt in vielen Fällen langfristig Art und Umfang der Leistungserstellung fest. Sie muß deshalb die Interdependenzen beachten, die zwischen den betrieblichen Teilbereichen bestehen, und sich aus allen Bereichen die erforderlichen Informationen beschaffen.

Ob andere Teilpläne dem Investitionsplan übergeordnet sind, hängt von der Art der Investitionen ab. Erweiterungsinvestitionen sind nur sinnvoll, wenn zu-

II. Investitionsplanung und Investitionsrechnung

vor durch eine Marktanalyse die Absatzmöglichkeiten und die Konkurrenzverhältnisse analysiert worden sind. Dann baut auf dem Absatzplan der Produktionsplan auf, aus dem sich der Bedarf an Produktionsmitteln ergibt. Eine Investitionsrechnung kann aber ergeben, daß die Beschaffung von Produktionskapazitäten, die über die ermittelten Absatzmöglichkeiten hinausgehen, vorteilhaft ist, so daß von dieser Rechnung Rückwirkungen auf den Absatzbereich ausgehen und dort weitere Investitionen (Werbung, Schaffung neuer Absatzwege) erforderlich machen, die im Investitionsplan berücksichtigt werden müssen.

Da Erweiterungsinvestitionen im Produktionsbereich nicht nur neue Anlagen, sondern auch eine Vergrößerung des Umlaufvermögens (Roh-, Hilfs- und Betriebsstoffe) erfordern, geht auch von der Beschaffung dieser Faktoren ein Einfluß auf die Investitionsplanung (optimale Bestell- und Lagermengen) aus.

Von der Größe der geplanten Investition hängt der Umfang, von ihrer Art hängt die Fristigkeit des Kapitalbedarfs ab. Hand in Hand mit der Planung der Investitionen muß deshalb die Planung der Kapitalbeschaffung für diese Investitionen erfolgen.

Diese wenigen Hinweise mögen genügen, um zu zeigen, daß aus allen betrieblichen Bereichen Informationen beschafft, alle Investitionsalternativen und Finanzierungsmöglichkeiten ermittelt und ihre Auswirkungen auf alle Teilbereiche durchgerechnet werden müssen, damit sie in der Investitionsplanung berücksichtigt werden können. Je genauer die Interdependenzen zwischen den betrieblichen Teilbereichen im Rahmen einer Investitionsplanung beachtet werden, desto stärker kann das Risiko, das jeder Planung als Zukunftsrechnung anhaftet, eingeschränkt werden.

Will ein Betrieb eine Investition durchführen – sei es zur Erweiterung des Betriebs oder zur Ersatzbeschaffung von verbrauchten oder veralteten Anlagen –, so stehen gewöhnlich verschiedene technische Anlagen oder Produktionsverfahren zur Wahl. Welche Anlage die vorteilhafteste ist, ist nicht allein ein Problem der technischen Ergiebigkeit, es genügt also nicht eine reine Mengenbetrachtung, sondern es muß berücksichtigt werden, daß der Betrieb für die Anlagen bei der Beschaffung und bei der Nutzung bestimmte Auszahlungen zu machen hat, die über die Verkäufe der produzierten Güter als Einzahlungen wieder hereinkommen müssen. Wichtigstes Hilfsmittel der Investitionsplanung ist deshalb die **Investitionsrechnung,** mit deren Hilfe die Vorteilhaftigkeit eines Investitionsprojektes oder mehrerer Investitionsalternativen beurteilt wird.

Der Begriff der Investitionsrechnung wird häufig mit dem Begriff der **Wirtschaftlichkeitsrechnung** gleichgesetzt. Beide Rechnungen stimmen jedoch nur überein, wenn die größtmögliche Rentabilität (Verhältnis von Gewinn zu eingesetztem Kapital) durch Minimierung der Kosten (Kostenwirtschaftlichkeit) erreicht wird. Eine Minimierung der Kosten führt jedoch dann nicht zur Maximierung der Rentabilität, wenn die Ausbringungsmenge, bei der die geringsten Stückkosten erreicht werden, nicht in vollem Umfange absetzbar ist. Hier könnte eine Anlage mit geringerer Kapazität und höheren Stückkosten zwar weniger wirtschaftlich, aber rentabler sein. Außerdem gibt es Wirtschaftlichkeitsrechnungen, die andere Ziele als Investitionsrechnungen haben, z. B. die Ermittlung der optimalen Maschinenbelegung.

Die Investitionsentscheidung wird durch Investitionsrechnungen vorbereitet. **Ziel** einer jeden Investitionsrechnung sollte es sein, die Rentabilität einer geplanten Investition zu ermitteln, d. h. festzustellen, ob das in einem Investitionsprojekt gebundene Kapital sich in einer Höhe verzinst, die aufgrund alternativer Anlagemöglichkeiten als ausreichend angesehen wird. Diesem Ziel werden allerdings aufgrund rechentechnischer Schwierigkeiten nicht alle Verfahren der Investitionsrechnung gerecht. Wenn ein Betrieb auf Kosten seiner Liquidität eine Sachinvestition durchführt, die ein größeres Risiko als ein Ausleihen der benötigten Mittel am Kapitalmarkt mit sich bringt, dann erwartet er von dieser Investition einen Ertrag, der höher als der Zins auf dem Kapitalmarkt ist.

Allgemein gesagt wird eine Investition dann noch durchgeführt, wenn sie die **Wiedergewinnung der Anschaffungsauszahlungen** und eine vom Investor **als ausreichend angesehene Verzinsung** des eingesetzten Kapitals erbringt. Anders formuliert: Eine Investition ist vorteilhaft, wenn die Summe der mit dem Investitionsobjekt erzielten Einzahlungen die Summe der laufenden Auszahlungen übersteigt und der Überschuß der Einzahlungen über die Auszahlungen die Amortisation und eine angemessene Verzinsung des eingesetzten Kapitals ermöglicht. Die Berechnung der Vorteilhaftigkeit einer Investition setzt folglich die exakte Ermittlung der durch das Investitionsobjekt bedingten **Einzahlungs- und Auszahlungsreihe** voraus.

Bei der Berechnung der Vorteilhaftigkeit von Investitionen kann es sich
(1) um die isolierte Betrachtung eines einzelnen Investitionsprojekts oder
(2) um den Vergleich von zwei oder mehreren Investitionsprojekten gleichen Verwendungszwecks handeln, von denen eines ausgewählt wird. Darüber hinaus stellt sich
(3) das Problem, unter Berücksichtigung der finanziellen, technischen und absatzmäßigen Möglichkeiten des Betriebes ein optimales Investitionsbudget zu ermitteln, d. h. eine optimale Kombination der verschiedenen Investitionsprojekte und der Finanzierungsmöglichkeiten des Betriebes herzustellen.

Im ersten Falle handelt es sich darum, festzustellen, ob ein einziges Investitionsprojekt den Rentabilitätserwartungen (Kalkulationszinsfuß) des Betriebes entspricht. Im zweiten Fall des Vergleichs mehrerer Möglichkeiten entsteht außerdem das Problem, die Investitionen vergleichbar zu machen und die Investition zu bestimmen, die ein Höchstmaß an Rentabilität verspricht.

Praxis und Theorie haben eine Anzahl von Rechenverfahren zur Bestimmung der Vorteilhaftigkeit von Investitionen entwickelt. Die für diese Rechnungen benötigten Größen sind die Auszahlungen, die Einzahlungen, der Zinsfuß und die Investitionsdauer. **Auszahlungen** führen zu einem Abfluß von liquiden Mitteln bei der Anschaffung des Investitionsobjekts und in Form von laufenden Betriebsausgaben (Roh-, Hilfs- und Betriebsstoffe, Löhne usw.), die anfallen, wenn mit dem Investitionsobjekt Betriebsleistungen erstellt werden; **Einzahlungen** stellen einen Zufluß liquider Mittel aus dem Umsatz der produzierten Leistungen oder der Veräußerung des Investitionsobjekts (Restverkaufserlös) dar.

Investitionsrechnungen beruhen nicht immer auf der Grundlage von Einzahlungen und Auszahlungen, sondern werden zuweilen auf der Basis von Einnahmen und Ausgaben durchgeführt. Das ist dann berechtigt, wenn es sich bei einer

Investitionsrechnung um eine Totalbetrachtung handelt, bei der keine Kreditkäufe bzw. Kreditverkäufe vorkommen. Die Verfahren der Praxis, die in der Regel auf einer kürzerfristigen Betrachtung beruhen, verwenden dagegen meistens Kosten und Erlöse als Grundlage.[1]

2. Methoden der Investitionsrechnung

a) Überblick

Praxis und Theorie haben eine Anzahl von Verfahren der Investitionsrechnung entwickelt, die man in drei Gruppen einteilen kann:

(1) **Hilfsverfahren der Praxis (statische Verfahren)**
Diese Verfahren sind dadurch charakterisiert, daß sie von Kosten-, Gewinn- und Rentabilitätsvergleichen ausgehen. Als statisch werden sie deshalb bezeichnet, weil sie den Zeitfaktor überhaupt nicht oder nur unvollkommen berücksichtigen, d. h. Änderungen der in die Rechnung eingehenden Ertrags-, Aufwands- und Kostengrößen im Zeitablauf außer acht lassen. Im einzelnen handelt es sich um folgende Verfahren:
(a) die Kostenvergleichsrechnung;
(b) die Gewinnvergleichsrechnung;
(c) die Rentabilitätsrechnung (Return on Investment);
(d) die Amortisationsrechnung (Pay-off-Period).

(2) **Finanzmathematische Verfahren (dynamische Verfahren)**
Diese vor etwa einem halben Jahrhundert entwickelten „klassischen" Verfahren der Investitionsrechnung gehen von Einzahlungs- und Auszahlungsströmen aus und betrachten sie bis zum Ende der wirtschaftlichen Nutzungsdauer des Investitionsobjektes oder bis zu einem bestimmten Planungshorizont. Auf Grund dieser Totalbetrachtung einer Investition werden diese Verfahren auch als dynamische Verfahren bezeichnet. Folgende Verfahren sind gebräuchlich:
(a) die Kapitalwertmethode;
(b) die Annuitätenmethode;
(c) die Methode des internen Zinsfußes.

(3) **Simultanmodelle des Kapitalbudgets**
Die bisher genannten Verfahren beurteilen isoliert die Vorteilhaftigkeit einzelner Investitionsprojekte, beachten aber die Interdependenzen zu anderen betrieblichen Bereichen, insbesondere zum Finanzierungs-, Produktions- und Absatzbereich nicht. Diesen Mangel sucht die Theorie des Kapitalbudgets zu überwinden, die anstrebt, mit Hilfe der Methoden der Unternehmensforschung sämtliche Absatz-, Produktions-, Investitions- und Finanzierungsmöglichkeiten gleichzeitig zu berücksichtigen und somit „simultan ein Optimum mehrerer Aktionsvariabler unter Nebenbedingungen zu ermitteln".[2]

---

[1] Lücke hat die Verbindung zwischen diesen Begriffspaaren für die Investitionsrechnung hergestellt. Vgl. Lücke, W., Investitionsrechnungen auf der Grundlage von Ausgaben oder Kosten?, ZfhF 1955, S. 310ff.
[2] Haberstock, L., und Dellmann, K., Kapitalwert und interner Zinsfuß als Kriterien zur Beurteilung der Vorteilhaftigkeit von Investitionsprojekten, KRP 1971, S. 196.

b) Hilfsverfahren der Praxis[1]

aa) Die Kostenvergleichsrechnung

Mit Hilfe der Kostenvergleichsrechnung wird ein Vergleich der in einer Periode bei einer gegebenen Kapazität anfallenden Kosten zweier oder mehrerer Investitionsobjekte durchgeführt. Es kann sich dabei sowohl um einen Vergleich zwischen alter und neuer Anlage (Ersatzinvestition) als auch um einen Vergleich mehrerer neuer Anlagen (Erweiterungsinvestition) handeln.

Kriterium für die Vorteilhaftigkeit einer Investition ist die **Kostendifferenz** zwischen alter und neuer Anlage bei Ersatzinvestitionen bzw. zwischen mehreren zur Wahl stehenden neuen Anlagen bei Erweiterungsinvestitionen. Verglichen werden die pro Periode anfallenden Lohn-, Energie-, Instandhaltungs-, Abschreibungs- und Zinskosten. Die Zinsbelastung hängt von der durchschnittlichen Kapitalbindung ab, die durch den Restwertverlauf des Investitionsprojektes bestimmt wird. Nimmt der Rest- oder Tageswert einer maschinellen Anlage im Zeitverlauf kontinuierlich ab, dann ist auf die gesamte Investitionsdauer gesehen durchschnittlich die Hälfte der Anschaffungskosten gebunden und zu verzinsen.

Entsprechen sich die Kapazitäten der verglichenen Investitionsobjekte nicht, so muß an die Stelle des Periodenkostenvergleichs ein **Stückkostenvergleich** treten. In diesem Falle muß beachtet werden, daß die Stückkosten von der Kapazitätsausnutzung einer Anlage abhängig sind. Da im allgemeinen eine Anlage auf eine bestimmte optimale Ausnutzung hin konstruiert ist, also einen Punkt bzw. eine Zone der Kapazitätsausnutzung hat, wo die Kosten am geringsten sind, ist es durchaus möglich, daß moderne Anlagen erst wirtschaftlicher als ältere Anlagen werden, wenn eine bestimmte Mindestausbringung erreicht und überschritten wird, mit anderen Worten, bei einer geringeren Ausbringungsmenge ist unter Umständen die ältere Anlage wirtschaftlicher als die neue. Gleiches gilt bei Vergleich mehrerer neuer Anlagen verschiedener Technik, die ihr Kostenoptimum bei einer unterschiedlich großen Ausbringung erreichen.

Es gibt also einen Punkt der Indifferenz, an dem die Stückkosten bei Einsatz der alten und einer neuen Anlage (bzw. von zwei neuen Anlagen unterschiedlicher Technik) gleich groß sind. Vor diesem Punkt, also bei geringerer Ausbringung, ist beispielsweise die Anlage 1, nach diesem Punkt, also bei größerer Ausbringung, die Anlage 2 vorteilhafter. Man bezeichnet die Ausbringungsmenge, von der an es vorteilhafter wird, eine andere Anlage zu verwenden, als „**kritische Menge**".[2]

Graphisch läßt sich dieser Zusammenhang folgendermaßen darstellen: k_1, k_2, k_3 seien die Stückkostenkurven von drei technisch verschiedenen Produktionsanlagen (Abb. 159). Bis zum Punkt m_1 ist die Anlage 1 am wirtschaftlichsten, bei Ausdehnung der Produktion über diesen Punkt ist es zweckmäßig, die Anlage 2 einzusetzen, beim Überschreiten der Menge m_2 wird die Anlage 3 vorteilhafter.

---

[1] Vgl. Brandt, H., Investitionspolitik des Industriebetriebes, 2. Aufl., Wiesbaden 1964, S. 30 ff.

[2] Vgl. Gutenberg, E., Grundlagen der Betriebswirtschaftslehre, Bd. 1: Die Produktion, 18. Aufl., Berlin-Heidelberg-New York 1971, S. 111 f.

Abb. 159

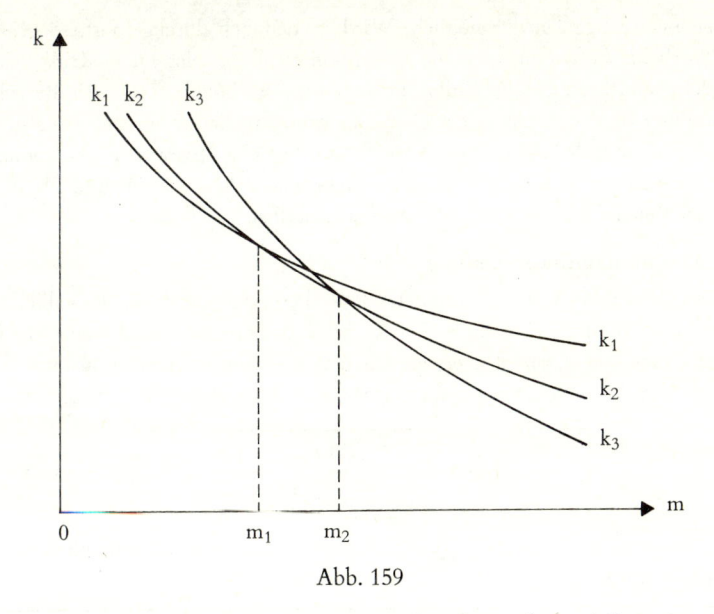

Die **Mängel der Kostenvergleichsrechnung** liegen darin, daß sie eine sehr kurzfristige Betrachtungsweise anwendet, aus der sich keine sicheren Rückschlüsse über die zukünftige Kosten- und Erlösentwicklung ziehen lassen, und daß sie mögliche Veränderungen der Einzahlungen durch Kapazitätserweiterungen und den Restwert der alten Anlage (im Ersatzfalle) nicht berücksichtigt. Außerdem sagt dieses Verfahren nichts über die Verzinsung des eingesetzten Kapitals, d. h. über die Rentabilität aus. Aus der Tatsache, daß eine Investitionsalternative unter den übrigen zur Wahl stehenden Alternativen die geringsten Kosten verursacht, folgt noch nicht, daß sie eine vom Investor als ausreichend anzusehende Verzinsung des eingesetzten Kapitals ermöglicht.

bb) Die Gewinnvergleichsrechnung

Die Kostenvergleichsrechnung muß völlig versagen, wenn eine kostengünstigere Investitionsalternative zu einer erhöhten Ausbringung führt, aber damit gerechnet werden muß, daß ein Absatz der größeren Menge nur zu einem niedrigeren Preis möglich ist, so daß der Gesamtgewinn trotz des kostengünstigeren Verfahrens nicht notwendigerweise höher ist. Diesen Mangel der Kostenvergleichsrechnung sucht die Gewinnvergleichsrechnung zu beheben. Dieses Verfahren bezieht die **Erlöse** mit in die Rechnung ein und vergleicht die bei verschiedenen Investitionen zu erwartenden Jahresgewinne. Bei Ersatzinvestitionen erstreckt sich der Vergleich auf den durchschnittlichen Jahresgewinn der alten und den geschätzten durchschnittlichen Jahresgewinn der neuen Anlage, bei Erweiterungsinvestitionen auf den erwarteten durchschnittlichen Jahresgewinn verschiedener Investitionsalternativen.

Auch bei der Gewinnvergleichsrechnung werden die zukünftige Kostenentwicklung, Veränderungen der Kapazität und der Restwert der alten Anlage vernachlässigt. Darüber hinaus ist eine Zurechnung von Erträgen auf einzelne Anlagen in der Regel nicht möglich. Wird sie dennoch durchgeführt, so gehen willkürliche Aufteilungen in die Investitionsrechnung ein. Diese Kritik trifft allerdings auch andere Verfahren der Investitionsrechnung. Trotz der Berücksichtigung der Gewinne sagt auch die Gewinnvergleichsrechnung nichts über die Verzinsung des eingesetzten Kapitals aus. Für eine Investitionsentscheidung ist aber weniger die Kenntnis der absoluten Gewinnhöhe, als vielmehr die Kenntnis der Rentabilität des Kapitaleinsatzes erforderlich.

cc) Die Rentabilitätsrechnung

Ein in den USA weit verbreitetes Praktikerverfahren ist die Rentabilitätsrechnung (Return on Investment = Rückfluß des investierten Kapitals), die in ihrer einfachsten Form den erwarteten Jahresgewinn alternativer Investitionsprojekte auf das investierte Kapital bezieht, d. h. deren Rentabilität vergleicht.

$$\text{Rentabilität} = \frac{\text{Gewinn} \times 100}{\text{Kapital}}$$

Das Verfahren kann durch Berücksichtigung des Umsatzes aufschlußreicher gemacht werden:

$$\text{Return on Investment} = \frac{\text{Gewinn}}{\text{Umsatz}} \times \frac{\text{Umsatz}}{\text{invest. Kapital}} \times 100$$

Der erste Faktor zeigt den **Umsatzerfolg**, der zweite den **Kapitalumschlag**. Multipliziert man beide Faktoren, so ergibt sich als Produkt die jährliche Rentabilität des investierten Kapitals. Stehen mehrere Investitionsobjekte zur Wahl, so wird für jedes Objekt eine Rentabilitätsziffer errechnet.

Ebenso wie bei der Kosten- und Gewinnvergleichsrechnung liegen die Schwächen dieses Verfahrens in der kurzfristigen Betrachtungsweise, die zukünftige Veränderungen von Kosten und Erlösen nicht berücksichtigt, und in der Schwierigkeit, Umsätze und Gewinne einzelnen Investitionsprojekten zuzurechnen. Im Gegensatz zu den beiden erstgenannten Verfahren wird zwar die Rentabilität des eingesetzten Kapitals und damit eine für Investitionsentscheidungen wichtige Größe errechnet, jedoch nur für eine Periode. In der Praxis versucht man diese Schwäche dadurch zu überwinden, daß man Rentabilitätsziffern für die einzelnen Jahre der Nutzungsdauer ermittelt und kumuliert. Das setzt allerdings eine Schätzung zukünftiger Werte voraus.

Eine in der Praxis weit verbreitete Spielart des Rentabilitäts-Vergleichsverfahrens ist das von George Terborgh[1] entwickelte **MAPI-Verfahren.**[2] Dieses Verfahren versucht, möglichst viele der Faktoren zu erfassen, die die Rentabilität einer Investition beeinflussen. Die für die praktische Anwendbarkeit notwendigen Vereinfachungen werden erreicht durch Verwendung
(1) des „MAPI-Formulars", das alle für eine Investitionsrechnung relevanten Größen umfaßt,

---

[1] Vgl. Terborgh, G., Leitfaden der betrieblichen Investitionspolitik, Wiesbaden 1962.
[2] MAPI = Machinery and Allied Products Institute, Washington.

II. Investitionsplanung und Investitionsrechnung

(2) der „MAPI-Diagramme", aus denen sich der unter bestimmten Annahmen errechnete Kapitalverzehr des nächsten Jahres ablesen läßt,

(3) der „MAPI-Formel", die die relative Rentabilität des durch die zusätzliche Investition gebundenen Kapitals für das nächste Jahr – Dringlichkeitsmaßstab genannt – ermittelt Die Formel lautet:

$$\text{Rentabilität nach Steuern in \%} = \frac{B + C - D - E}{A} \times 100$$

wobei bedeuten:

A = Nettoausgaben für das Investitionsobjekt (Anschaffungskosten ·/. Kapitalfreisetzung, d. h. Liquidationserlöse und vermiedene Reparaturen der alten Anlage);

B = laufender Betriebsgewinn des nächsten Jahres (Ertragssteigerung + Kostensenkung gegenüber dem Zustand ohne die Investition);

C = vermiedener Kapitalverzehr des nächsten Jahres (Liquidationserlös der alten Anlage am Anfang der Periode ·/. Liquidationserlös am Ende der Periode).

D = Entstehender Kapitalverzehr des nächsten Jahres (wird aus dem MAPI-Diagramm abgelesen).

E = Ertragsteuern (Nettozuwachs der Ertragsteuern).

Das MAPI-Verfahren ist ein Näherungsverfahren, das bewußt eine Reihe von Annahmen macht, z. B. über das Verhältnis von Fremd- und Eigenkapital, über die Verzinsung des Fremdkapitals und über den Normverlauf des Kapitalverzehrs der Anlage. Da aber die auf diese Weise in die Rechnung einbezogenen Fehler relativ gering sind, kann man das Verfahren – insbesondere bei der Vielzahl kleinerer Ersatzinvestitionen – als brauchbar bezeichnen. Eine Einschränkung ist allerdings auch hier zu machen: das MAPI-Verfahren ist, wie die vorher dargestellten Vergleichsverfahren, im wesentlichen statischer Natur, denn es beschränkt sich ebenfalls auf die Betrachtung des folgenden Jahres, so daß eine Berücksichtigung von später erwarteten Kosten- und Erlösentwicklungen nicht möglich ist.

dd) Die Amortisationsrechnung

Die Amortisationsrechnung geht von der Überlegung aus, ob sich eine Anlage in einem vom Investor gewünschten Zeitraum amortisiert hat oder nicht. Die Investitionsentscheidung hängt folglich von der Amortisationsdauer (**Pay-off-Periode**) ab. Als Pay-off-Periode bezeichnet man den Zeitraum, in dem es möglich ist, die Anschaffungsauszahlungen einer Anlage wiederzugewinnen, d. h. die Anlage hat sich amortisiert, sobald die Erlöse die Anschaffungsauszahlungen und die laufenden Betriebskosten decken. Beträgt z. B. die Anschaffungsauszahlung (AA) 100.000 DM und belaufen sich die jährlich erwarteten Einzahlungsüberschüsse (EÜ = Einzahlungen abzüglich laufender Betriebskosten und Gewinnsteuern) auf 25.000 DM, so ergibt sich eine Amortisationsdauer von vier Jahren.

Ist die vom Investor auf Grund seiner Risikoeinschätzung als zulässig angesehene Amortisationsdauer (Soll-Amortisationszeit) länger als die effektive Amor-

$$\text{Pay-off-Periode} = \frac{AA}{E\ddot{U}};$$
$$= \frac{100.000}{25.000};$$
$$= 4 \text{ Jahre}.$$

tisationsdauer (Ist-Amortisationszeit = Pay-off-Periode), so wird die Investition als vorteilhaft betrachtet.

Auch dieses Verfahren beruht auf der Voraussetzung gleichbleibender jährlicher Einzahlungen und Auszahlungen und unterstellt, daß die Zurechnung von Einzahlungen zu einzelnen Investitionsobjekten möglich ist. Der besondere Mangel dieses Verfahrens liegt aber darin, daß die Soll-Amortisationszeit auf der **subjektiven Schätzung des Investors** beruht und in der Praxis meist erheblich unter der wirtschaftlichen Nutzungsdauer liegt. Je höher er die Risiken des Investitionsprojektes einschätzt, desto kürzer wird er die Soll-Amortisationszeit ansetzen. Je kürzer dieser Zeitraum aber im Verhältnis zur effektiven wirtschaftlichen Nutzungsdauer geschätzt wird, desto höher müssen insbesondere bei Ersatzinvestitionen die jährlichen Gewinne der Ersatzanlage sein, damit sie vorteilhafter als die alte Anlage ist.

In der Praxis wird aus Risikogründen die Soll-Amortisationszeit meist nicht länger als auf 3–5 Jahre geschätzt, selbst wenn die effektive Nutzungsdauer 10 und mehr Jahre beträgt. Das hat zur Folge, daß Ersatzanlagen, die – bezogen auf den Zeitraum ihrer wirtschaftlichen Nutzungsdauer – als vorteilhaft anzusehen sind, nicht beschafft werden, weil sie in der Soll-Amortisationszeit eine Wiedergewinnung der Anschaffungsauszahlungen nicht ermöglichen. Folglich werden bei Anwendung der Amortisationsrechnung die alten Anlagen häufig länger genutzt, als es ihrer wirtschaftlichen Nutzungsdauer entspricht.[1]

Werden in der Amortisationsrechnung die Zinsen des investierten Kapitals und der Restverkaufserlös (Liquidationswert) berücksichtigt, so kann dieses Verfahren den unten zu besprechenden finanzmathematischen Verfahren zugerechnet werden. Die Amortisationsdauer entspricht dann der Nutzungsdauer, bei der der Kapitalwert der Investition erstmals nicht mehr negativ ist.[2]

c) Finanzmathematische Methoden

Den finanzmathematischen Methoden der Investitionsrechnung ist gemeinsam, daß sie im Gegensatz zu den bisher erörterten statischen Methoden die Vorteilhaftigkeit einer Investition nicht nur für eine Periode oder einen kurzen Zeitraum, sondern für die **gesamte Lebensdauer** oder bis zu einem bestimmten Planungshorizont untersuchen.

Grundlage der Berechnung bilden der Zu- und Abfluß von Zahlungsmittelbeständen während dieses Zeitraums, d. h. eine Einzahlungs- und Auszahlungsreihe. Die Auszahlungen setzen sich zusammen aus den Anschaffungsauszahlungen für das Investitionsobjekt und den laufenden, durch das Vorhandensein und

---

[1] Vgl. Schneider, D., Investition und Finanzierung, 2. Aufl., Köln und Opladen 1971, S. 284f.

[2] Vgl. S. 517f.

die Nutzung des Objekts verursachten fixen Auszahlungen für die Aufrechterhaltung der Betriebsbereitschaft und proportionalen Auszahlungen für den Einsatz von Material, Arbeitsleistungen, Energie u. a. Die Einzahlungen stammen in erster Linie aus dem Absatz der mit dem Investitionsobjekt produzierten Leistungen.

aa) Die Kapitalwertmethode

Die Kapitalwertmethode – auch Diskontierungs- oder Barwertmethode genannt – geht davon aus, daß die Einzahlungen und Auszahlungen, die durch ein bestimmtes Investitionsobjekt hervorgerufen werden, im Zeitablauf nach Größe, zeitlichem Anfall und Dauer unterschiedlich sein können. Die einzelnen Beträge, die irgendwann während der Investitionsdauer anfallen, können nur vergleichbar gemacht werden, wenn **das Zeitmoment** in der Rechnung berücksichtigt wird, denn es ist offensichtlich, daß für den Betrieb eine Einzahlung um so weniger wert ist, je weiter sie in der Zukunft liegt, und entsprechend eine Auszahlung um so belastender ist, je näher der Zahlungszeitpunkt liegt.

Die Vergleichbarkeit wird dadurch hergestellt, daß alle zukünftigen Einzahlungen und Auszahlungen auf den Zeitpunkt unmittelbar vor Beginn der Investition abgezinst werden. Eine auf einen Zeitpunkt abgezinste Zahlung bezeichnet man als **Barwert.** Der **Kapitalwert einer Investition** ergibt sich als Differenz zwischen der Summe der Barwerte aller Einzahlungen und der Summe der Barwerte aller Auszahlungen, die mit dieser Investition zusammenhängen.

Die Abzinsung erfolgt mit einem Zinssatz, der als gewünschte Mindestverzinsung **(Kalkulationszinsfuß)** den Kapitalkosten des Investors entsprechen soll. Dadurch wird zugleich unterstellt, daß sich die Einzahlungen wiederum zum Kalkulationszinsfuß verzinsen. Ist der **Kapitalwert gleich Null,** so wird gerade noch diese Mindestverzinsung erzielt, d. h. die Einzahlungsüberschüsse reichen aus, die Anfangsauszahlungen zu tilgen und das investierte Kapital zum Kalkulationszinsfuß zu verzinsen.

Ist der **Kapitalwert positiv,** so gibt er die Zahlungsüberschüsse des Investitionsobjekts an, die neben den Anschaffungsauszahlungen zur Verfügung stehen und verzinst werden können. Ist der **Kapitalwert negativ,** so bezeichnet er den Teil der Anschaffungsauszahlungen, die aus den Einzahlungsüberschüssen weder getilgt noch verzinst werden können.

Ein positiver Kapitalwert zeigt zugleich, daß eine über dem Kalkulationszinsfuß liegende Verzinsung des eingesetzten Kapitals erzielt wird, während ein negativer Kapitalwert ein Zeichen dafür ist, daß nur eine unter dem Kalkulationszinsfuß liegende Verzinsung erreichbar ist, also die Kapitalkosten des Investors nicht gedeckt werden können.

Der Kapitalwert nimmt in der Regel mit steigendem Kalkulationszinsfuß ab und mit fallendem Kalkulationszinsfuß zu, d. h. er ist in der Regel eine in Abhängigkeit vom Kalkulationszinsfuß fallende Funktion.

Nach der Kapitalwertmethode ist eine **Investition vorteilhaft, wenn ihr Kapitalwert gleich Null oder positiv ist.** E. Schneider versteht „unter dem Kapitalwert einer Investition in bezug auf den Zeitpunkt t bei dem Zinsfuß i ...

die Summe aller auf den Zeitpunkt t diskontierten (abgezinsten) Zahlungen, die nach dem Zeitpunkt t erfolgen".[1]

$$K = \sum_{t=0}^{n} (E_t - A_t)(1+i)^{-t}$$

Es bedeuten:
K = Kapitalwert
E_t = Einzahlungen am Ende der Periode t
A_t = Auszahlungen am Ende der Periode t
i = Kalkulationszinsfuß
t = Periode ($t = 0, 1, 2 \ldots, n$)
n = Nutzungsdauer des Investitionsobjektes.

Sollen zwei oder mehrere Investitionsprojekte auf ihre Vorteilhaftigkeit geprüft werden, so ist dasjenige am vorteilhaftesten, das den größten Kapitalwert hat.

Die Kapitalwertmethode geht von der Voraussetzung aus, daß zum Kalkulationszinsfuß beliebige Summen von Kapital ausgeliehen bzw. beschafft werden können. Das setzt einen **vollkommenen Kapitalmarkt** voraus, auf dem der Sollzinssatz gleich dem Habenzinssatz ist. Wird diese Voraussetzung nicht erfüllt, so gibt die Kapitalwertmethode die Rentabilität der Investitionsobjekte verzerrt wieder. Außerdem existiert bisher kein praktizierbares Verfahren, den exakten Kalkulationszinsfuß zu bestimmen. Er muß geschätzt werden. Da die Rentabilität einer Investition bei der Kapitalwertmethode aber entscheidend von der Höhe des Kalkulationszinsfußes abhängt, kann dieses Verfahren nur bedingt verwendet werden, um eine Rangordnung der einzelnen Investitionsobjekte nach der Rentabilität herzustellen.

Beispiel: Eine Investition soll durch folgende Zahlungsreihen gekennzeichnet sein:

Zeitpunkt	t_0	t_1	t_2	t_3	t_4	zusammen
Einzahlungen	—	3.000	2.000	2.000	2.000	9.000
Auszahlungen	— 6.000	— 1.000	— 500	— 300	—	— 7.800
Nettoeinzahlung	— 6.000	+ 2.000	+ 1.500	+ 1.700	+2.000	+ 1.200

Betrachtet man nur die absoluten Zahlen ohne Berücksichtigung des Kalkulationszinsfußes oder genauer bei einem Kalkulationszinsfuß von 0, so hat die Investition einen Kapitalwert von 1.200. Ein Investor, der für die Dauer der 4 Perioden einen zinslosen Kredit aufnehmen könnte bzw. der außer der Bargeldhaltung keine andere Alternative hätte, würde diese Investition durchführen.

---

[1] Schneider, E., Wirtschaftlichkeitsrechnung – Theorie der Investition, 5. Aufl., Tübingen, Zürich 1964, S. 15.

II. Investitionsplanung und Investitionsrechnung

Muß der Investor jedoch im Falle der Kreditaufnahme 8% Zinsen zahlen oder würde ihm eine andere Investition 8% Zinsen bringen, so muß er die zu betrachtende Investition daraufhin prüfen, ob sie sich mit mindestens 8% verzinst. Es ergibt sich dann der Kapitalwert wie folgt:

$$\text{Kapitalwert} = -6.000 + \frac{2.000}{1{,}08^1} + \frac{1.500}{1{,}08^2} + \frac{1.700}{1{,}08^3} + \frac{2.000}{1{,}08^4};$$

Kapitalwert $= -6.000 + 1.852 + 1.286 + 1.349 + 1.470$;
Kapitalwert $= -6.000 + 5.957$;
Kapitalwert $= -43$.

Da der Kapitalwert negativ ist, ist die effektive Verzinsung niedriger als 8%. Der Wert der Investition ist geringer als die Anschaffungsauszahlung. Der Investor wird daher bei einem Kalkulationszinsfuß von 8% die Investition unterlassen.

Für einen anderen Investor, der nur über eine geringere alternative Anlagemöglichkeit verfügt bzw. zu einem geringeren Zinssatz Fremdkapital aufnehmen kann, kann jedoch eine Investition mit der gleichen Zahlungsreihe durchaus vorteilhaft sein.

Für einen Kalkulationszinsfuß von 6% ergibt sich:

$$\text{Kapitalwert} = -6.000 + \frac{2.000}{1{,}06^1} + \frac{1.500}{1{,}06^2} + \frac{1.700}{1{,}06^3} + \frac{2.000}{1{,}06^4};$$

Kapitalwert $= -6.000 + 1.887 + 1.335 + 1.427 + 1.584$;
Kapitalwert $= -6.000 + 6.233$;
Kapitalwert $= +233$.

Da der Kapitalwert positiv ist – der Barwert aller folgenden Einzahlungsüberschüsse übersteigt hier die Anschaffungsauszahlung – ist die Investition vorteilhaft.

bb) Die Methode des internen Zinsfußes

Bei dieser Methode geht man nicht von einer gegebenen Mindestverzinsung (Kalkulationszinsfuß) aus, mit deren Hilfe man den Kapitalwert ermittelt, sondern man sucht den **Diskontierungszinsfuß, der zu einem Kapitalwert von Null führt**, d. h. bei dem die Barwerte der Einzahlungs- und Auszahlungsreihe gleich groß sind **(interner Zinsfuß)**. Man ermittelt den internen Zinsfuß (r), indem man die oben dargestellte Kapitalwertfunktion gleich Null setzt

$$\sum_{t=0}^{n} (E_t - A_t)(1+r)^{-t} = 0$$

und nach r auflöst.

Auf diese Weise erhält man die Effektivverzinsung eines Investitionsobjektes vor Abzug von Zinszahlungen. Man kann aber die Vorteilhaftigkeit einer einzelnen Investition nur ermitteln, wenn man die vom Betrieb zur Deckung der Kapitalkosten gewünschte Mindestverzinsung, d. h. den Kalkulationszinsfuß zusätzlich kennt. Eine Investition ist als vorteilhaft anzusehen, wenn der interne Zinsfuß nicht kleiner als der Kalkulationszinsfuß ist.

Die interne Zinsfußmethode liefert also allein kein Kriterium für die Vorteilhaftigkeit einer Investition, da stets ein **Kalkulationszinsfuß als Vergleichsmaßstab** gegeben sein muß.

Der Vergleich mehrerer Investitionen erfolgt durch Vergleich der jeweils errechneten internen Zinsfüße. Das Investitionsprojekt mit dem höchsten internen Zinsfuß wird als das vorteilhafteste angesehen. Diese Aussage ist jedoch relativ, denn liegt dieser Zinsfuß unter dem Kalkulationszinsfuß, so ist der Kapitalwert negativ, und auch das Investitionsprojekt mit dem höchsten internen Zinsfuß kann nicht als vorteilhaft bezeichnet werden.

Auch die Ermittlung eines optimalen Investitionsbudgets wird durch die Gegenüberstellung der nach zunehmenden Kapitalkosten geordneten Finanzierungsmöglichkeiten mit den nach abnehmenden internen Zinsfüßen geordneten Investitionsobjekten vorgenommen.

Die interne Zinsfußmethode arbeitet mit der Voraussetzung, daß bei quantitativen und zeitlichen Unterschieden der Zahlungsströme der zuvergleichenden Investitionen die **Überschüsse zum jeweiligen internen Zinsfuß angelegt** werden.

Die Methode des internen Zinsfußes ist insbesondere wegen der in manchen Fällen auftretenden Mehrdeutigkeit ihrer Lösungen und wegen der Unterstellung, daß auch bei der Berechnung der Rentabilität von Investitionen die Einzahlungsüberschüsse zum internen Zinsfuß angelegt werden, stark angegriffen worden.[1]

Die Wiederanlageprämisse gilt zwar auch für die Kapitalwert- und Annuitätenmethode, ist dort aber realistischer, weil bei diesen Methoden unterstellt wird, daß die Wiederanlage der zwischenzeitlichen Einzahlungsüberschüsse stets zum Kalkulationszinsfuß, der den Kapitalkosten des Investors entsprechen soll, erfolgt. Vergleicht man jedoch mehrere Investitionsprojekte mit unterschiedlichen internen Zinsfüßen, so ist die Annahme unrealistisch, daß die zwischenzeitliche Anlage von Einzahlungsüberschüssen ebenfalls zu unterschiedlichen Zinsfüßen möglich ist.

Werden zwei oder mehrere sich gegenseitig ausschließende Investitionsprojekte auf ihre Vorteilhaftigkeit untersucht, so können die Kapitalwertmethode (und die Annuitätenmethode) und die interne Zinsfußmethode zu unterschiedlichen Ergebnissen führen. Wird die Entscheidung nach der Kapitalwertmethode getroffen, so wird das Projekt mit dem größten (positiven) Kapitalwert gewählt, fällt der Investor die Entscheidung nach der internen Zinsfußmethode, so ist das Projekt mit dem größten internen Zinsfuß das vorteilhafteste. Diese Entscheidungen müssen aber nicht übereinstimmen, weil z. B. bei zwei Investitionsalternativen die Alternative 1 den größeren Kapitalwert, die Alternative 2 den größeren internen Zinsfuß haben kann.[2]

Sind beispielsweise bei Alternative 2 die Einzahlungsüberschüsse niedriger als bei der Alternative 1, fallen sie aber früher an, so können sie auch früher zur Tilgung und Verzinsung des gebundenen Kapitals verwendet werden. Die relativ

---

[1] Vgl. z. B. Albach, H., Wirtschaftlichkeitsrechnung bei unsicheren Erwartungen, Köln und Opladen 1959, S. 34; ders., Investition und Liquidität – Die Planung des optimalen Investitionsbudgets, Wiesbaden 1962, S. 48 ff.; Heister, M., Rentabilitätsanalyse von Investitionen, Köln und Opladen 1962, S. 90 ff.; ders., Investitionsrechnung als empirisches Problem, ZfB 1961, S. 332 ff.
[2] Zu der folgenden Begründung vgl. Haberstock, L., a. a. O., S. 200 ff. und die dort gegebenen Zahlenbeispiele.

niedrige Kapitalbindung kann aus den Einzahlungsüberschüssen relativ hoch verzinst werden. Da bei der Alternative 1 eine höhere Kapitalbindung für eine relativ lange Zeit unterstellt wird und zu verzinsen ist, ist der interne Zinsfuß niedriger als bei Alternative 2. Ist die gewünschte Mindestverzinsung (Kalkulationszinsfuß) relativ niedrig, so verbleibt über die Tilgung und Verzinsung hinaus bei Alternative 1 ein höherer Überschuß als bei Alternative 2, weil der Vorteil der zeitlich früheren Einzahlungsüberschüsse und Wiederanlage bei Alternative 2 durch die zeitlich späteren, aber höheren Einzahlungsüberschüsse bei der Alternative 1 zunehmend kompensiert wird.

cc) Die Annuitätenmethode

Bei dieser Methode vergleicht man die **durchschnittlichen** jährlichen Auszahlungen der Investition mit den **durchschnittlichen** jährlichen Einzahlungen, d. h. man rechnet mit Hilfe der Zinseszinsrechnung die Zahlungsreihen der Investition in zwei äquivalente und uniforme Reihen um, bestimmt also die Höhe der durchschnittlichen Auszahlungen und Einzahlungen für die Dauer der Investition. Sind die jährlichen Auszahlungen und Einzahlungen gleichbleibend, so können sie unmittelbar in die Investitionsrechnung übernommen werden. Schwanken dagegen die Jahreswerte, so müssen sie zunächst abgezinst, d. h. ihre Gegenwartswerte müssen errechnet werden. Danach ist die Summe der Gegenwartswerte aufzuzinsen, d. h. entsprechend der Nutzungsdauer in uniforme Jahreswerte umzuwandeln. In der gleichen Weise werden die Anschaffungsauszahlungen und der Restwert behandelt.

Eine Investition ist bei einem gegebenen Kalkulationszinsfuß vorteilhaft, wenn die Differenz zwischen durchschnittlichen jährlichen Einzahlungen und Auszahlungen nicht negativ ist. Man erhält die **Annuität** (a) einer Investition, d. h. die durchschnittlichen jährlichen Einzahlungsüberschüsse, wenn man den Kapitalwert mit dem sog. Kapitalwiedergewinnungsfaktor multipliziert:

$$a = K \cdot \frac{i}{1-(1+i)^{-n}},$$

$$a = K \cdot \frac{i(1+i)^n}{(1+i)^n - 1}.$$

Im Falle eines Vergleichs mehrerer Investitionen werden quantitative Differenzen zum Kalkulationszinsfuß ausgeglichen. Da das Verfahren von Durchschnittswerten ausgeht, die auf der Basis der effektiven Nutzungsdauer ermittelt werden, ist ein gesonderter Ausgleich zeitlicher Differenzen nicht notwendig. Von mehreren zur Wahl stehenden Investitionsprojekten ist dasjenige am vorteilhaftesten, das den größten durchschnittlichen Nettoüberschuß erzielt.

Ähnlich wie die Kapitalwertmethode beruht auch die Annuitätenmethode auf den Voraussetzungen des vollkommenen Kapitalmarktes und der Kenntnis des Kalkulationszinsfußes. Infolgedessen gilt für dieses Verfahren ebenfalls die an der Kapitalwertmethode geübte Kritik.

dd) Kritik an den finanzmathematischen Methoden

Wegen ihrer Mängel werden die finanzmathematischen Methoden der Investitionsrechnung stark diskutiert.[1] Trotz der im folgenden angeführten Kritikpunkte sind sie jedoch theoretisch und praktisch günstiger zu beurteilen als die statischen Verfahren. Im Vergleich zu den unten erörterten Simultanmodellen sind sie wenigstens noch praktikabel, wenn man von ihnen nicht exakte Lösungen, sondern auf Grund der in die Rechnung eingehenden Schätzungsgrößen nur Näherungslösungen erwartet. Ansatzpunkte der Kritik sind die folgenden Schwächen dieser Methoden:

(1) Es wird unterstellt, daß die zukünftigen Werte der Zahlungsreihen bekannt sind, also **vollkommene Voraussicht** besteht. In Wirklichkeit aber wird man auf mehr oder weniger grobe Schätzungen angewiesen sein, denn die Unsicherheit über das Eintreffen zukünftiger Ereignisse (Zahlungen) wird sich niemals restlos eliminieren lassen.

(2) Der **Kalkulationszinsfuß** kann sich entweder an den Kosten des eingesetzten Eigenkapitals oder Fremdkapitals orientieren, oder er kann sich als Grenzkapitalkostensatz aus dem optimalen Investitionsbudgets ergeben. Der erste Weg ist deshalb nicht gangbar, weil sich einerseits die Eigenkapitalkosten nicht ermitteln lassen und andererseits das aufgenommene Fremdkapital sich nicht bestimmten Investitionen zuordnen läßt. Der zweite Weg führt auch nicht zum Ziel, da bei der Bestimmung des optimalen Investitionsbudgets der Kalkulationszinsfuß zur Ermittlung der Rangordnung der vorzunehmenden Investitionen erforderlich ist. Er hängt also von diesem Ergebnis ab und liegt ihm gleichzeitig zugrunde. Folglich handelt es sich um eine Scheinlösung, die nicht zur Ermittlung eines Optimums führen kann.

Der Kalkulationszinsfuß muß also **geschätzt** werden. Diese Schätzung ist im allgemeinen mit weniger Unsicherheiten behaftet als die Schätzung der zukünftigen Einzahlungen. Sie kann z. B. in der Weise durchgeführt werden, daß nicht ein bestimmter Zinssatz, sondern ein wahrscheinlicher Bereich, in dem der Kalkulationszinsfuß liegt, geschätzt wird. Die Zahlungsreihen werden dann mit dem oberen und unteren Grenzwert abgezinst. Sind beide sich ergebenden Kapitalwerte positiv oder negativ, so ist die Entscheidung eindeutig. Anderenfalls ist der obere Schätzungswert näher zu überprüfen.[2]

(3) Es wird angenommen, daß die Auszahlungen und Einzahlungen einzelnen Investitionen zugerechnet werden können. Für die Auszahlungen, die sich aus den Anschaffungsauszahlungen für das Investitionsobjekt und den laufenden Betriebsausgaben (Roh-, Hilfs- und Betriebsstoffe, Löhne usw.), die erforderlich sind, um mit dem Investitionsobjekt Betriebsleistungen erstellen zu können, zusammensetzen, könnte diese Prämisse noch als realistisch angesehen werden. Für

---

[1] Vgl. neben den schon erwähnten Schriften von Albach und Heister insbesondere: Hax, H., Investitions- und Finanzplanung mit Hilfe der linearen Programmierung, ZfbF 1964, S. 430 ff.; Jacob, H., Investitionsplanung auf der Grundlage linearer Optimierung, ZfB 1962, S. 651 ff.; Moxter, A., Lineares Programmieren und betriebswirtschaftliche Kapitaltheorie, ZfhF 1963, S. 285 ff.; Swoboda, P., Die Ermittlung optimaler Investitionsentscheidungen durch Methoden des Operations Research, ZfB 1961, S. 96 ff.; ders., Die simultane Planung von Rationalisierungs- und Erweiterungsinvestitionen und von Produktionsprogrammen, ZfB 1965, S. 148 ff.

[2] Vgl. Haberstock, L., a. a. O., S. 205

die am Absatzmarkt erzielten Einzahlungen ist das Zurechnungsproblem nicht lösbar, da sie in der Regel nicht die Folge eines einzelnen Investitionsobjekts, dessen Vorteilhaftigkeit man ermitteln will, sondern einer Vielzahl gleichzeitig zusammenwirkender Produktionsfaktoren sind.

(4) Wenn die Rentabilität derselben Investition mit allen drei finanzmathematischen Methoden berechnet wird, führen sie zum gleichen Ergebnis, wenn zum Kalkulationszinsfuß beliebige Beträge beschafft und ausgeliehen werden können. Insofern ist E. Schneider zuzustimmen, wenn er die drei Methoden als unterschiedliche Ausdrucksformen des „**Fundamentalprinzips**" bezeichnet, das besagt: eine geplante Investition ist bei einem gegebenen Kalkulationszinsfuß für einen Betrieb vorteilhaft, wenn ihr auf den Zeitpunkt unmittelbar vor der Investition bezogener Kapitalwert nicht negativ ist.[1]

Sind aber Abweichungen in der Struktur und Breite der Auszahlungs- und Einzahlungs-Ströme oder der Nutzungsdauer vorhanden, so führen die interne Zinsfußmethode einerseits und die Kapitalwert- und Annuitätenmethode andererseits zu **unterschiedlichen Entscheidungen,** weil die Annahmen über die Zwischenanlage der freiwerdenden Beträge verschieden sind (Anlage zum internen Zinsfuß oder zum Kalkulationszinsfuß). Daraus folgt, daß die Rangfolge der zu berücksichtigenden Investitionen je nach dem verwendeten Verfahren unterschiedlich sein kann. Ein optimales Investitionsbudget kann dann mit Hilfe finanzmathematischer Verfahren nicht gewonnen werden.

d) Simultanansätze der mathematischen Planungsrechnung

Die Bemühungen, die dargestellten Schwächen der finanzmathematischen Methoden der Investitionsrechnung zu überwinden, insbesondere an Stelle einer isolierten Betrachtung der Vorteilhaftigkeit einzelner Investitionsprojekte die Interdependenzen zwischen mehreren oder allen betrieblichen Teilbereichen durch eine **simultane Planung des gesamten Investitionsprogramms** zu berücksichtigen, sind seit einigen Jahren im Gange. Sie haben noch zu keiner endgültigen Lösung geführt, jedoch ist eine Reihe von Lösungsversuchen entwickelt worden, die sich der modernen Verfahren der mathematischen Planungsrechnung (lineare Programmierung) bedienen, die geeignet sind, simultan ein Optimum mehrerer Variabler zu ermitteln.

Eine Möglichkeit, zu einem optimalen Investitionsbudget zu gelangen, besteht darin, von der Ermittlung des optimalen Fertigungsprogramms auszugehen. Derartige Ansätze sind beispielsweise von Förstner-Henn[2] und von Albach[3] entwickelt worden. Sie berechnen unter Beachtung der gegebenen Produktionsbedingungen und der Finanzierungsmöglichkeiten simultan ein optimales Investitions- und Fertigungsprogramm einer Periode. Der Ansatz ist aber insbesondere deshalb wenig realistisch, weil er nur eine Periode betrachtet und gegebene Finanzierungsmöglichkeiten voraussetzt. Darüber hinaus wird unter-

---

[1] Vgl. Schneider, E., a. a. O., S. 26
[2] Vgl. Förstner, K., Henn, R., Dynamische Produktionstheorie und lineare Programmierung, Meisenheim 1957, S. 119ff.
[3] Vgl. Albach, H., Lineare Programmierung als Hilfsmittel betrieblicher Investitionsplanung, ZfhF 1960, S. 526ff.

stellt, daß die neu zu beschaffenden Anlagen den alten völlig gleichartig sind. Eine Berücksichtigung des technischen Fortschritts wird also ausgeschlossen.

Einen Lösungsversuch, der sich ebenfalls am optimalen Produktionsprogramm orientiert, hat Swoboda[1] entwickelt. Er vermeidet die einschränkende Prämisse der Gleichartigkeit der Anlagen der Erweiterungsinvestition und bezieht außerdem den Ersatz betrieblicher Anlagen durch neue ein. Allerdings ist auch dieser Ansatz im Grunde einperiodisch. Darüber hinaus erfordert er eine scharfe Trennung zwischen Rationalisierungs- und Erweiterungsinvestitionen, d. h. die Rationalisierungsinvestitionen dürfen nicht gleichzeitig kapazitätserweiternd wirken. Die Finanzierungsseite wird in diesem Modell vernachlässigt.

Die Ansätze von Förstner-Henn, Albach und Swoboda können jedoch ohne große Schwierigkeit mehrperiodisch und im Hinblick auf die betrachteten Investitionsarten und Finanzierungsmöglichkeiten realistischer ausgestaltet werden. Sie sind – historisch gesehen – die ersten verdienstvollen Schritte in Richtung komplexer Totalmodelle.

Mit der Frage der optimalen Kombination von Finanzierung und Investitionsvorhaben beschäftigt sich Albach[2] in einem Modell, in das die einzelnen Investitionsvorhaben mit ihren positiven Kapitalwerten und die verschiedenen Finanzierungsmöglichkeiten mit negativen Kapitalwerten eingehen. Unter Berücksichtigung von Nebenbedingungen (Erhaltung des finanziellen Gleichgewichts auch in zukünftigen Perioden, gegebene Absatzmengen) führt der Ansatz zu einem optimalen Investitionsbudget. Da als Zielgröße die Maximierung des Kapitalwertes eingesetzt wird, sind allerdings alle an diesen Wert knüpfenden Punkte der Kritik auch hier anzumerken, insbesondere die Probleme des Kalkulationszinsfußes und der Zurechnung der Zahlungsströme zu einzelnen Investitionsobjekten. Außerdem wird vollkommene Voraussicht[3] unterstellt.

Verschiedene Autoren versuchen, das Kapitalwertproblem und die damit verbundene Frage des Kalkulationszinsfußes zu lösen, indem sie ihren Modellen reale Kapitalanlagemöglichkeiten zugrundelegen. Jacob[4] stellt in einem Modell eine simultane Ermittlung von optimalem Investitions-, Produktions- und Absatzprogramm dar. Er sieht effektive Kapitalanlagemöglichkeiten und Veränderungen der Absatzmengen durch Einsatz des absatzpolitischen Instrumentariums vor. Auch dieses Modell führt – abgesehen von den Problemen, die sich aus der Verknüpfung von Einsatz des absatzpolitischen Instrumentariums und Absatzerfolg zu konstanten Preisen ergeben – vor allem wegen der Prämisse der vollkommenen Information und des Ausschlusses der Lagerhaltung zu keiner endgültigen Lösung der Probleme.

---

[1] Vgl. Swoboda, P., Die simultane Planung ..., a. a. O., S. 152 ff.

[2] Vgl. Albach, H., Investition und Liquidität ..., a. a. O., vgl. auch Lücke, W., Finanzplanung und Finanzkontrolle in der Industrie, Wiesbaden 1965, S. 170 ff.

[3] An dieser Stelle sei darauf hingewiesen, daß insbesondere Albach sich um das Problem der unvollkommenen Voraussicht bei Investitionsentscheidungen bemüht und eine Reihe von Modellen entwickelt hat, die das Unsicherheitsproblem einer quantitativen Behandlung zugänglich machen sollen, um den Bereich des „Fingerspitzengefühls" einzuengen; vgl. Albach, H., Wirtschaftlichkeitsrechnung bei unsicheren Erwartungen, Köln und Opladen 1959.

[4] Vgl. Jacob, H., Neuere Entwicklungen in der Investitionsrechnung, ZfB 1964, S. 487 ff. und 551 ff., insbesondere 581 ff.

Während der Ansatz von Jacob von der Gewinnmaximierung ausgeht, verwendet H. Hax[1] als zu maximierende Zielgröße das Betriebsvermögen am Ende des Planungszeitraums. Der Ansatz vermeidet ein Abzinsen der Zahlungsüberschüsse während des Planungszeitraumes durch Berücksichtigung effektiver Anlagemöglichkeiten, doch müssen jenseits des Planungshorizonts liegende Zahlungen auf diesen Zeitpunkt diskontiert werden. Das Problem des Kalkulationszinsfußes ist von Hax zwar theoretisch gelöst worden, jedoch ist die Abzinsung von Zahlungen nach dem Planungshorizont aus praktischen Erwägungen erforderlich, da in einem ökonomisch sinnvollen Modell mit einem endlichen Horizont gerechnet werden muß. Außerdem stellt sich auch hier das Problem der Zurechenbarkeit der Ein- und Auszahlungen zu den einzelnen Investitionsobjekten bzw. Finanzierungsquellen.

Zusammenfassend kann festgestellt werden, daß die erwähnten Modelle jeweils nur einige der oben kritisierten Voraussetzungen fallen lassen, die übrigen aber übernehmen. Sie sind insofern schon von ihren Voraussetzungen her nur als Versuche zu werten, der komplexen Investitionsentscheidung gerecht zu werden. Obwohl sie von einer praktischen Anwendung – nicht zuletzt wegen des erheblichen Rechenaufwandes – noch sehr weit entfernt sind, liegt ihre Bedeutung in den theoretischen Einsichten, die man mit ihrer Hilfe über die Beziehungen von Investition, Finanzierung, Produktion und Absatz gewinnen kann. Sie sind als Erklärungsmodelle, jedoch (noch) nicht als Entscheidungsmodelle von hohem Wert.

3. Die Bestimmung der wirtschaftlichen Nutzungsdauer und des optimalen Ersetzungszeitpunktes

Zu den Größen, die für eine Investitionsrechnung benötigt werden, zählt auch die wirtschaftliche Nutzungsdauer einer Investition. Es wurde oben[2] bereits angedeutet, daß zwischen der technischen Lebensdauer und der wirtschaftlichen Nutzungsdauer einer Anlage zu unterscheiden ist.

Die wirtschaftliche Nutzungsdauer einer Anlage ist solange noch nicht beendet, wie die Einzahlungen dieser Anlage in einer Periode noch ausreichen, um
(1) die **laufenden Betriebsausgaben**, die zum Einsatz der Anlage erforderlich sind, zu decken. Dazu zählen auch planmäßige Instandhaltungsaufwendungen (laufende Wartung, Ersatzteile), die Voraussetzung dafür sind, daß die Anlage technisch noch genutzt werden kann. Die Abgrenzung zu Reparaturen, durch die eine Verlängerung der technischen Nutzungsfähigkeit eintritt, ist oft schwierig. Es kann sich nur um solche Aufwendungen handeln, die schon bei Inbetriebnahme als planmäßige Instandhaltung einzurechnen sind, d. h. eine bestimmte wirtschaftliche Nutzungsdauer kann nur erreicht werden, wenn z. B. bei einer Maschine nach einer bestimmten Zahl von Laufstunden ein Verschleißteil ersetzt wird. Anderenfalls wäre die technische Nutzungsdauer beendet;

---

[1] Vgl. Hax, H., Investitions- und Finanzplanung ..., a. a. O., S. 435 ff.; vgl. auch Weingartner, H. M., Mathematical Programming and the Analysis of Capital Budgeting Problems, Englewood Cliffs (N.J.) 1963.
[2] Vgl. S. 102 f.

(2) die **Minderung des Restverkaufserlöses** der Anlage in der Periode zu decken. Anderenfalls wäre es zweckmäßiger, die Anlage bereits eine Periode früher zu veräußern. Der Restverkaufserlös wird in der Investitionsrechnung zu den Einzahlungen gezählt, die Minderung des Restverkaufserlöses zu den Auszahlungen;

(3) die **Zinsen auf den Restverkaufserlös** zu decken. Sie werden berücksichtigt, weil man den Restverkaufserlös zu Beginn der Periode aus dem Betrieb entnehmen, d. h. das Investitionsobjekt verkaufen und den Erlös auf dem Kapitalmarkt anlegen könnte;

(4) die **Ertragsteuern** auf den Teil der Einnahmen zu decken, der steuerlicher Gewinn ist.

Von den vier für eine Investitionsrechnung benötigten Größen (Auszahlungen, Einzahlungen, Kalkulationszinsfuß, Investitionsdauer) nimmt die **Investitionsdauer** eine Sonderstellung ein. Sind die Ein- und Auszahlungen eines Investitionsprojekts bekannt, so gilt das – da diese ja periodenbezogen sind – ex definitione auch für die Lebensdauer des Projekts. Ermittelt man aber die wirtschaftliche Nutzungsdauer mit Hilfe der Investitionsrechnung, so ist jene nicht Datum, sondern Ergebnis der Rechnung. Die wirtschaftliche Nutzungsdauer ist die gewinnmaximale Investitionsdauer, d. h. die Investitionsdauer, bei der der Kapitalwert bzw. die Annuität des Investitionsprojekts das Maximum erreicht.

Mangels besserer Informationen über die Zukunft wird in dieser Rechnung unterstellt, die Anlage werde nach Ablauf ihrer wirtschaftlichen Nutzungsdauer laufend identisch reinvestiert (unendliche Kette). Diese Annahme ist nicht so praxisfern, wie sie auf den ersten Blick erscheinen mag, denn sie impliziert lediglich, daß man für die weitere Zukunft mit gleichbleibender Rentabilität rechnet. Im übrigen kann diese Annahme ohne Schwierigkeiten aufgehoben werden, falls mit einer begrenzten Zahl (auch andersartiger) Ersatzinvestitionen gerechnet werden muß.

Die **Berechnung der wirtschaftlichen Nutzungsdauer** vollzieht sich in den folgenden Schritten:

(1) Aus den vorgegebenen Zahlungsreihen des Projekts werden für alternative Lebensdauern die entsprechenden Kapitalwerte berechnet. Diese Kapitalwerte beziehen sich auf das gleiche Projekt bei jeweils verschieden langer Laufzeit.

(2) Aus diesen Kapitalwerten werden durch Multiplikation mit dem Wiedergewinnungsfaktor (= Reziprokum des nachschüssigen Rentenbarwertfaktors) die dazugehörigen Annuitäten errechnet.

(3) Aus diesen Annuitäten wird die größte ausgewählt; die dazugehörige Laufzeit ist die wirtschaftliche Nutzungsdauer.

Ebenfalls mit Hilfe der Investitionsrechnung kann der **optimale Ersetzungszeitpunkt** ermittelt werden. Das ist der Zeitpunkt, an dem es wirtschaftlich sinnvoll ist, eine alte, technisch aber noch nutzungsfähige Anlage, deren Wartungs- und Reparaturkosten von Jahr zu Jahr steigen, durch eine neue Anlage zu ersetzen. Dabei wird häufig der Fall eintreten, daß es sich nicht nur um eine bloße Ersatzinvestition, sondern zugleich um eine Erweiterungsinvestition handelt, weil die neue Anlage eine größere quantitative und ggf. qualitative Kapa-

II. Investitionsplanung und Investitionsrechnung

zität hat, so daß auch die Interdependenzen, die zum Absatzbereich und anderen Teilbereichen entstehen, beachtet werden müssen.

Es wird unterstellt, daß eine technische Restnutzungsdauer t_a der alten (vorhandenen) Anlage zunächst geschätzt werden kann. Es ist zu entscheiden, wann die vorhandene Anlage durch eine neue Anlage mit bereits errechneter wirtschaftlicher Nutzungsdauer ersetzt werden soll: sofort, nach einer Periode, nach zwei Perioden, oder erst am Ende der Periode t_a.

Für die alternativen Ersetzungszeitpunkte lassen sich die entsprechenden Zahlungsreihen aufstellen. Da ab dem Zeitpunkt T_a in jedem Falle die neue Anlage zum Einsatz kommt, besteht der relevante Planungszeitraum aus dem endlichen Zeitintervall 0 bis t_a und umfaßt t_a Perioden.

Wir gehen somit in folgenden Schritten vor:

(1) Für die möglichen Alternativen werden die Zahlungsreihen ermittelt. Dabei wird davon ausgegangen, daß bei einem Ersatz vor Ablauf der Periode t_a für die bis t_a folgenden Perioden bereits die schon errechnete optimale Annuität der neuen Anlage eingesetzt wird. Insofern ist also die Errechnung der wirtschaftlichen Nutzungsdauer der neuen Anlage Voraussetzung für die Bestimmung des optimalen Ersetzungszeitpunktes der alten Anlage.

(2) Man erhält nach diesem Vorgehen also eine Anzahl von Zahlungsreihen, für die jeweils der Kapitalwert errechnet wird.

(3) Der zum maximalen Kapitalwert gehörende Ersetzungszeitpunkt ist optimal.

4. Die Gesamtbewertung von Betrieben

a) Vorbemerkung

Es gibt eine Anzahl unternehmerischer Entscheidungsprobleme, die sich nur dann lösen lassen, wenn eine bestimmte Wertgröße in den Entscheidungskalkül einbezogen wird: der Gesamtwert eines Betriebes. Seine Ermittlung ist z. B. bei einer Anzahl von außerordentlichen Finanzierungsanlässen erforderlich. Dazu gehören beispielsweise der Verkauf oder Kauf eines Betriebes, die Verschmelzung (Fusion) von Betrieben, die Aufnahme neuer oder das Ausscheiden bisheriger Gesellschafter. Auch beim Abschluß von Beherrschungsverträgen ist eine Gesamtbewertung der herrschenden und der abhängigen Gesellschaft erforderlich, wenn die Ansprüche außenstehender Aktionäre nach §§ 304/305 AktG (Dividendengarantie, Entschädigung mit Aktien der herrschenden Gesellschaft, Barabfindung) berechnet werden müssen. Für steuerliche Zwecke ist eine Bewertung nicht notierter Anteile (z. B. GmbH-Anteile) im Wege der Gesamtbewertung vorgeschrieben.

Die Gesamtbewertung von Betrieben gehört zu den schwierigsten Fragen der Betriebswirtschaftslehre und beschäftigt seit Jahrzehnten die Wissenschaft und Praxis, die eine Vielzahl von Methoden entwickelt haben. Das Problem kann zwar theoretisch als gelöst gelten; die theoretische Lösung läßt sich aber wegen der Unsicherheit der in die Rechnung eingehenden zukünftigen Werte in der Praxis nur bedingt anwenden.

Ausgangspunkt der Überlegungen ist der Umstand, daß der Gesamtwert eines Betriebes nicht mit der Summe aller im Betriebe vorhandenen Einzelwerte identisch ist, also **nicht durch Addition der Einzelwerte** ermittelt werden kann, denn ein Betrieb entsteht nicht allein dadurch, daß man eine Anzahl von Wirtschaftsgütern nebeneinanderstellt. Vielmehr müssen diese Wirtschaftsgüter zu einer Einheit zusammengefaßt werden, damit eine betriebliche Leistungserstellung und Leistungsverwertung erfolgen kann. Dazu bedarf es unternehmerischer Entscheidungen, der Planung einer betrieblichen Ordnung, die organisatorisch realisiert werden muß und dann als „Organisation" einen eigenen Wert repräsentiert, der ebensowenig in der Bilanz erscheint wie der gute Ruf und der Kundenstamm, den sich ein Betrieb am Markt erworben hat.

Daraus wird ersichtlich, daß der Gesamtwert eines Betriebes nicht auf dem Wege der Einzelbewertung, sondern nur durch Gesamtbewertung berechnet werden kann. Der Käufer und der Verkäufer eines Betriebes interessieren sich weniger dafür, welche Anschaffungskosten die einzelnen Wirtschaftsgüter einmal verursacht haben und welche Restwerte sie zur Zeit des Verkaufs des Betriebes noch haben; für sie ist vielmehr von Bedeutung, welche Reinerträge (Gewinne) **in der Zukunft** mit ihnen zu erwirtschaften sind und welche Erträge eine alternative Verwendung der hingegebenen bzw. erhaltenen Kaufpreissumme bringt. Die Gesamtbewertung kann deshalb als ein Spezialproblem der Investitionsrechnung angesehen werden.

b) Theorie der Gesamtbewertung

aa) Bewertung bei vollkommener Voraussicht

Für einen potentiellen Käufer ist der Wert einer Unternehmung gleich dem Geldbetrag, den er gerade noch aufwenden würde, wenn seine Entscheidung, die Unternehmung zu kaufen, unter der angenommenen Zielsetzung (Gewinnmaximierung) noch sinnvoll sein soll. Angenommen, A wird die Firma X zum Kauf angeboten. A überlegt sich folglich, wieviel er für das Kaufobjekt höchstens ausgeben darf, d. h. wieviele Geldeinheiten ihm das Unternehmen wert ist.

Aufgrund seiner – im Modell unterstellten – vollkommenen Voraussicht weiß A, daß in der Firma X, stünde sie unter seiner Leitung, in Zukunft jährliche Einzahlungen von 1.200 erzielt würden, denen jährliche Auszahlungen von 800 gegenüberstünden. A könnte aber den Geldbetrag, den er in den Kauf der Firma X zu investieren beabsichtigt, auch auf andere Weise gewinnbringend anlegen. Die verschiedenen Anlagemöglichkeiten 1 bis s sind durch unterschiedliche Gewinnhöhen gekennzeichnet. Die Anlageform a_x, die bei stets gleichbleibendem Kapitaleinsatz den höchstmöglichen Gewinn abwirft, soll im Verhältnis zur zusätzlichen Anlageform $a + 1$ (Kauf der Firma X) als bestmögliche Alternativinvestition bezeichnet werden. Diese bestmögliche Alternativinvestition a_x bestehe beispielsweise im Kauf eines Mietwohnhauses, mit dem sich eine Rendite von 10% erzielen ließe.

Kauft A die Firma X, muß er auf den Kauf des Miethauses verzichten; wählt er also die Alternative $a + 1$, so entgeht ihm der mit Sicherheit erwartete Gewinn aus Alternative a_x. Der Kauf der Firma X (Alternative $a + 1$) muß ihm also mindestens soviel Gewinn bringen, wie ihm wegen des dadurch bedingten Verzichts auf die Alternative a_x an Gewinn verlorengeht. Dann ist er aber noch immer im Hinblick auf beide Alternativen indifferent.

Aufgrund dieser Überlegungen stellt A fest, daß der Kauf der Firma X Opportunitätskosten (Nutzenentgang durch Verzicht auf Alternativanlage) in Höhe von 10% des erforderlichen Kapitaleinsatzes verursachen würde. Soll der Kauf der Firma X vorteilhafter als der Kauf des Miethauses sein, muß sich jeder in der Firma X investierte Geldbetrag mit mehr als 10% im Jahr rentieren. Diese Aussage setzt voraus, daß der Geldbetrag, der in a + 1 investiert werden soll, nicht größer ist als der Betrag, der in a_x investiert werden kann. Ist er größer, so müßte für den überschießenden Betrag die Rendite von a + 1 mit der Rendite der nach a_x nächstschlechteren Alternative verglichen werden. Im folgenden wollen wir von der Annahme ausgehen, daß jeder für den Kauf der Unternehmung benötigte Geldbetrag in gleicher Höhe in Alternative a_x angelegt werden könnte.

Beträgt der Kaufpreis für die Firma X beispielsweise 10.000 DM, so müßte dieser Auszahlung am Jahresende eine Einzahlung von 11.000 DM gegenüberstehen, wenn A zwischen Alternative a + 1 und a_x indifferent sein, d. h. der Vorteil aus dem Unternehmenskauf gegenüber dem Vorteil aus dem Miethauskauf gleich Null sein sollte. Diese Bedingung ist generell dann erfüllt, wenn die Anfangsauszahlung (z. B. der Kaufpreis der Unternehmung) gleich der Summe der mit dem maßgeblichen Zinsfuß (hier: 10%) abdiskontierten Einzahlungsüberschüsse ist. Die Alternative a + 1 ist immer dann genauso günstig wie Alternative a_x, wenn folgende Gleichung gilt:

$$\sum_{t=1}^{n} (E_t - A_t)(1+i)^{-t} - AA = 0$$

oder:

$$\sum_{t=1}^{n} (E_t - A_t)(1+i)^{-t} = AA$$

E_t = (laufende) Einzahlung am Ende der Periode t (aus Alternative a + 1)

A_t = (laufende) Auszahlung am Ende der Periode t (aus Alternative a + 1)

AA = Anschaffungsauszahlung (aus Alternative a + 1)

$\sum_{t=1}^{n} E_t - A_t$ = Summe der in den Perioden 1 bis n erzielbaren Einzahlungsüberschüsse (aus Alternative a + 1)

i = Kalkulationszinsfuß, bezogen auf 1 = Rendite aus Alternative a_x, bezogen auf 1.

Wenn also die abdiskontierte Summe aller aus der Investition zu erwartenden Einzahlungsüberschüsse gerade so groß ist, wie die zur Investition erforderliche Anfangsauszahlung, ist es für den Investor gleichgültig, ob er die Investition a + 1 durchführt (die Alternative a + 1 wählt) oder nicht (sich also für die beste Alternative a_x entscheidet).

Die Problemstellung ist nicht neu. Sie entspricht der landläufigen Interpretation des Kapitalwertes. Bemerkenswert aber ist zweierlei:

(1) Der Wert einer ganzen Unternehmung für einen Käufer (= gerade noch tragbare Anschaffungsauszahlung AA) läßt sich theoretisch durch ein investi-

tionsrechnerisches Modell als **abgezinste Summe aller erwarteten Einzahlungsüberschüsse** bestimmen.

(2) Der Kalkulationszinsfuß, d. h. der der Abdiskontierung zugrundezulegende Zinsfuß, ist ebensowenig Diskontsatz wie landesüblicher Zinsfuß, wie Zinssatz auf Staatsanleihen oder langfristig ausgeliehenes Kapital. Kalkulationszinsfuß einer Investition ist allein der **interne Zinsfuß** der bestmöglichen Alternativanlage.

Kehren wir nach diesen generellen Bemerkungen zu unserem eingangs erwähnten konkreten Beispiel zurück: A steht vor der Entscheidung, ob er sein Geld in die Firma X investieren soll. Er muß sich dazu ausrechnen, wieviel Geld er für das Objekt höchstens ausgeben darf; er fragt sich also, wieviel ihm die Firma wert ist.

Weiß er aufgrund seiner vollkommenen Voraussicht, daß die Firma X unter seiner Leitung noch 10 Jahre existieren wird, dann kann er zur Ermittlung des gerade noch tragbaren Kaufpreises (= AA), also des Gesamtwertes der Unternehmung, folgende Rechnung aufstellen:

$$\text{Höchstgebot des Käufers (AA)} = \sum_{t=1}^{n} (E_t - A_t)(1+i)^{-t}$$
$$= \sum_{t=1}^{10} (1.200 - 800)(1,10)^{-t}$$
$$= 400 \cdot 6,144$$
$$= 2.458 \text{ DM}.$$

A ist also bereit, für die Firma X 2.458 DM zu zahlen; für ihn hat die Unternehmung den Wert von 2.458 DM.

Bevor der jetzige Eigentümer (V) der Firma X seine Unternehmung an A zu einem Preis von 2.458 DM oder womöglich weniger verkauft, wird er sich fragen, wieviel er mindestens für das Objekt bekommen muß, damit es für ihn sinnvoll ist, zu verkaufen. V wird also seinerseits den Gesamtwert der Unternehmung ermitteln. Hierzu stehen ihm aufgrund seiner vollkommenen Voraussicht folgende Daten zur Verfügung:

Würde er das Unternehmen fortführen, so könnte er noch 12 Jahre lang Einzahlungen von 1.000 erzielen, denen jährliche Auszahlungen von 640 gegenüberstünden. Im Falle des Verkaufs der Firma wäre der dadurch freiwerdende Geldbetrag (Verkaufspreis) von allen ihm offenstehenden Anlagemöglichkeiten 1 bis v am günstigsten in Alternative v_x anzulegen, in der er sich mit 8% im Jahr verzinsen würde. Aus diesen Daten ermittelt V folgenden für ihn maßgeblichen Unternehmenswert:

$$\text{Mindestforderung des Verkäufers (V)} = \sum_{t=1}^{n} (E_t - A_t)(1+i)^{-t}$$
$$= \sum_{t=1}^{12} (1.000 - 640)(1,08)^{-t}$$
$$= 360 \cdot 7,536$$
$$= 2.713 \text{ DM}.$$

Für V ist es also nur dann sinnvoll zu verkaufen, wenn ihm mindestens 2.713 DM geboten werden, d. h. die Unternehmung hat für ihn einen Gesamtwert von

2.713 DM. Da V aufgrund seines Entscheidungsfeldes[1] der Unternehmung X einen höheren Wert beimessen kann als der Interessent A, können die Verkaufsverhandlungen zwischen beiden Partnern zu keinem positiven Ergebnis führen.

Nur wenn ein Käufer aufgrund seiner Verwendungsmöglichkeiten einem Objekt einen höheren Wert zumessen kann als der Verkäufer, wenn also die Mindestforderung des Verkäufers unter dem möglichen Höchstgebot eines Kaufinteressenten liegt, wird das Geschäft zustandekommen.

Erst mit einem Kaufpartner B, der aufgrund seiner vollkommenen Voraussicht davon ausgeht, daß ihm die Firma noch 11 Jahre lang Einzahlungen von 1.120 bringt, denen Auszahlungen von 700 gegenüberstehen, der die Firma also aufgrund seiner Aktionsmöglichkeiten mit

$$\sum_{t=1}^{11} (1.120 - 700)\,(1{,}08)^{-t}$$
$$= 420 \cdot 7{,}139$$
$$= 2.998 \text{ DM}$$

bewertet, kann V handelseinig werden, weil erst in diesem Fall der Käufer mehr zu bieten in der Lage ist (Unternehmenswert für den Käufer B = 2.998) als der Verkäufer mindestens zu fordern gezwungen ist (Unternehmenswert für den Verkäufer V = 2.713). Der tatsächlich auszuhandelnde Kaufpreis liegt damit nicht zwischen dem Ertragswert (Wert der kapitalisierten Zukunftserträge) und einem irgendwie definierten Substanzwert (Addition von Einzelwerten). Er ist kein objektiver Wert einer Unternehmung, den jeder Käufer zu zahlen bereit wäre, sondern er ist eine Markttatsache, ein zwischen Käufer und Verkäufer zustandegekommenes Verhandlungsergebnis. Die einzige Beziehung, die sich zwischen dem Gesamtwert einer Unternehmung und ihrem Verkaufspreis herstellen läßt, ist die: der Kaufpreis liegt zwischen zwei Gesamtwerten; dem für den Käufer geltenden höheren und dem für den Verkäufer geltenden niedrigeren Unternehmenswert.

Wir halten also fest: Ebensowenig wie für einen einzelnen Vermögensgegenstand gibt es für eine Unternehmung einen einzigen Wert. Der Wert einer Unternehmung oder eines Gegenstandes ist allein abhängig von der Gesamtheit aller, dem jeweils Bewertenden offenstehenden Verwendungsmöglichkeiten. Als Wert der Unternehmung gilt dem Verkäufer jener Geldbetrag, den er erhalten muß, damit sich der Wert seines Entscheidungsfeldes durch Verkauf der Unternehmung nicht verändert. Jeder einzelne Kaufinteressent mißt der Unternehmung aber den Geldbetrag als Wert zu, den er gerade noch opfern kann, ohne daß sich der Wert seines Entscheidungsfeldes im Endergebnis ändert.

bb) Bewertung bei unvollkommener Voraussicht

Bisher wurde unterstellt, daß der Verkäufer und die potentiellen Käufer alle Informationen zur Verfügung haben, die sie zur Kenntnis des zukünftigen Ge-

---

[1] Als unternehmerisches Entscheidungsfeld bezeichnet man die Gesamtheit aller Entscheidungsmöglichkeiten eines Individuums. Vgl. dazu insbesondere Engels, W., Betriebswirtschaftliche Bewertungslehre im Licht der Entscheidungstheorie, Köln und Opladen 1962, insbes. S. 17f.; Stützel, W., Analytische Theorie des Verhältnisses der Wirtschaft zum Staat, Diss. Tübingen 1952, insbes. S. 24ff.

schehens benötigen. Diese wirklichkeitsfremde Prämisse soll im folgenden Schritt für Schritt aufgegeben werden, wodurch der Grad der Gewißheit über das spätere Eintreffen der gemachten Annahmen ständig abnehmen wird.

Unter der Annahme vollkommener Voraussicht galt, daß A in der Unternehmung X 10 Jahre lang Einzahlungen von 1.200 und Auszahlungen von 800 haben werde. A durfte absolut sicher sein, daß diese Annahmen durch die Zukunft bestätigt werden würden. Fortan hat A diese Gewißheit nicht mehr. A muß nunmehr von folgenden Annahmen ausgehen: Die konjunkturelle Lage für die zukünftigen Jahre ist entweder gut (w_1) oder schlecht (w_2). w_1 und w_2 sind also durch A nicht beeinflußbare Zustände der Umwelt, für die sich als weitere Beispiele etwa die Eröffnung bzw. Nichteröffnung von Konkurrenzbetrieben, die Erhöhung bzw. Nichterhöhung der Steuern, der Anschluß bzw. Nichtanschluß des Betriebes an eine Wasserstraße u. v. a. nennen ließen.

Für das Eintreten von w_1 bzw. w_2 gelten nun objektive, statistisch gesicherte **Wahrscheinlichkeitswerte**.[1] Diese Wahrscheinlichkeitswerte p_1 und p_2 seien in unserem Beispiel 0,4 bzw. 0,6. Ob letzten Endes gute oder schlechte Konjunktur herrschen wird, weiß A natürlich nicht zu sagen. Er weiß aber genau, daß mit größerer Wahrscheinlichkeit für die Zukunft mit schlechter konjunktureller Lage zu rechnen ist. Außerdem besteht über den Grad dieser Wahrscheinlichkeit völlige Gewißheit. Die Bedingungen, welche für A bei der Bewertung der Unternehmung X maßgeblich sind, sehen wie folgt aus:

Zukünftige Umweltbedingungen	w_1	w_2
Eintrittswahrscheinlichkeit p_1, p_2	0,4	0,6
Jährliche Einzahlungen E_t	1.400	900
Jährliche Auszahlungen A_t	1.000	600
Lebensdauer der Unternehmung in Jahren	12	8
Bestmögliche Alternativverzinsung i	0,10	0,10

Die Ungewißheit beschränkt sich darauf, ob w_1 oder w_2 eintreten wird. A versucht, dieses Risiko dadurch zu kalkulieren, daß er den Unternehmenswert als mathematischen Erwartungswert ermittelt.[2] In bezug auf die übrigen Daten herrscht in diesem Modell noch vollkommene Voraussicht.

Wäre nur der Umweltzustand w_1 zu berücksichtigen, so würde A die Unternehmung wie folgt bewerten:

---

[1] Mit Knight spricht man in solchen Fällen von Entscheidungen unter Risiko, die durch das Existieren statistisch gesicherter, objektiv nachprüfbarer Eintrittswahrscheinlichkeiten (z. B. Sterbetafeln) gekennzeichnet sind. Vgl. Knight, F. H., Risk, Uncertainty and Profit, 7. Aufl., London 1948, S. 233.

[2] Zur Kritik an einem solchen Verfahren und feineren Methoden der Definierbarkeit des Risikos, vgl. Wittmann, W., Unternehmung und unvollkommene Information, Köln und Opladen 1959.

II. Investitionsplanung und Investitionsrechnung

$$A_1 = \sum_{t=1}^{12} (1.400 - 1.000)(1{,}10)^{-t}$$
$$= 400 \cdot 6{,}814$$
$$= 2.725{,}60 \text{ DM}.$$

Wäre dagegen nur der Umweltzustand w_2 zu berücksichtigen, hätte die Unternehmung für A folgenden Wert:

$$A_2 = \sum_{t=1}^{8} (900 - 600)(1{,}10)^{-t}$$
$$= 300 \cdot 5{,}335$$
$$= 1.600{,}50 \text{ DM}.$$

Den **mathematischen Erwartungswert** E erhält man durch Addition der mit den Eintrittswahrscheinlichkeiten p_1 und p_2 gewichteten Alternativwerte:

Mathematischer Erwartungswert $E = A_1 \cdot p_1 + A_2 \cdot p_2$
$$= 2.726 \cdot 0{,}4 + 1.601 \cdot 0{,}6$$
$$- 2.050{,}54 \text{ DM}.$$

Zur Ermittlung des für sie relevanten Unternehmenswertes bei derart eingeschränkter Voraussicht würden der Verkäufer und alle anderen Interessenten analog verfahren. Dabei ist folgendes zu beachten: Während unter vollkommener Voraussicht die Entscheidung, das Unternehmen zu kaufen bzw. zu verkaufen unter der Nebenbedingung, daß der Käufer dem Objekt einen höheren Wert beilegte als der Verkäufer, sowohl für den Käufer als auch für den Verkäufer immer richtig war, wird sich bei derart eingeschränkter Voraussicht nachträglich fast immer herausstellen, daß entweder der Käufer oder der Verkäufer eine falsche Entscheidung getroffen hat.

	w_1	w_2	Erwartungswert
Eintrittswahrscheinlichkeit p_1, p_2	0,2	0,8	
Bewertung durch Käufer A = abgezinste Einnahmeüberschüsse	3.500	625	1.200
Bewertung durch Verkäufer V = abgezinste Einnahmeüberschüsse	2.800	550	1.000

Nehmen wir an, V und A hätten sich auf der Grundlage ihrer mathematischen Erwartungswerte geeinigt und einen Kaufpreis von 1.100 vereinbart. Mit Sicherheit wird einer der beiden Partner nachträglich feststellen, daß der mathematische Erwartungswert eine schlechte Dispositionsgrundlage ist, daß er sich zur Ermittlung des Gesamtwertes einer Unternehmung nur sehr schlecht eignet: Ist nämlich die Konjunktur in den nächsten Jahren gut, gilt also w_1, dann wird der Verkäufer feststellen, daß der Erwartungswert von 1.000 und der daran orientierte Verkaufspreis von 1.100 weit unter seinem tatsächlichen Unternehmenswert von 2.800 liegt. Ist die zukünftige konjunkturelle Lage dagegen schlecht, gilt also w_2, dann wird sich der Käufer, der den Erwartungswert von 1.200 zur Grundlage der Unternehmensbewertung und der Aushandlung des Kaufpreises machte, getäuscht sehen. In Wirklichkeit hat die Unternehmung für ihn nur einen Wert von 625. Je weiter also die Eintrittswahrscheinlichkeiten unterschiedlicher Umweltzustände auseinanderklaffen, desto weniger eignet sich der mathematische Erwartungswert als Maßstab der Unternehmensbewertung.

Geht die Ungewißheit über zukünftige Ereignisse noch weiter als im Fall des Existierens objektiver Erwartungswerte, ist also jedes Individuum darauf angewiesen, lediglich **aufgrund seiner persönlichen Erfahrung** und nicht unter Zuhilfenahme statistisch gesicherter Werte Eintrittswahrscheinlichkeiten zu schätzen,[1] so wird die Ermittlung des Unternehmenswertes formal zwar nicht schwieriger, materiell aber noch unverläßlicher, praktisch noch weniger anwendbar. Der Aufbau des Bewertungskalküls bleibt formal der gleiche, doch beruht dieser jetzt nicht mehr auf allgemein anerkannten und nachprüfbaren, sondern auf individuell geschätzten Größen. Damit sind auch die Schwierigkeiten der Unternehmensbewertung prinzipiell die gleichen wie bei Bewertungsentscheidungen unter Risiko, jedoch ist hier jede Art von Sicherheit der Voraussagen, und bestehe sie nur in der Sicherheit der Eintrittswahrscheinlichkeit, verlorengegangen. Damit wird deutlich, daß eine Unternehmensbewertung bei abnehmendem Informationsgrad über das Eintreffen zukünftiger Ereignisse in zunehmendem Maß Einbußen an Exaktheit erleidet.

c) Praxis der Gesamtbewertung

Die Ungewißheit über das Eintreten zukünftiger Ereignisse ist um so größer, je weiter diese in der Zukunft liegen. Auf den betrieblichen Sektor bezogen heißt das: Ein Unternehmer kann mit recht großer Genauigkeit Angaben über die Produktionshöhe, den Zahlungseingang oder die Höhe der Nachfrage von morgen und übermorgen machen. Soll er dagegen Prognosen über die konjunkturelle Lage im übernächsten Jahr oder über den Auftragsbestand in fünf Jahren stellen, wird er zugeben müssen, daß seine Voraussagen auf recht vagen Schätzungen beruhen. Eine stichhaltige Unternehmensbewertung kommt aber – wie wir oben gezeigt haben – an präzisen zahlenmäßigen Angaben über Ereignisse, die in den meisten Fällen in einer sehr fernen Zukunft liegen, die sich also über die gesamte Restlebensdauer der Unternehmung erstrecken, nicht vorbei. Die Problematik der Unternehmensbewertung liegt nicht in der Schwierigkeit der einheitlichen Bewertung eines Konglomerats von Gegenständen, sondern allein darin, daß sie wegen des kontinuierlichen Erneuerungsprozesses (Ersatzinvestitionen) viel weiter in die Zukunft hineinreicht als dies bei der Bewertung einzelner Gegenstände der Fall ist. Die Praxis sah sich deshalb gezwungen, im Laufe der Jahrzehnte verschiedene Bewertungsverfahren zu entwickeln, die im folgenden dargestellt werden.

---

[1] Knight spricht in diesem Fall von Entscheidungen unter Unsicherheit; vgl. Knight, F. H., a. a. O., S. 226 ff.

Man kann die **Praktikerverfahren** zur Gesamtbewertung von Betrieben in zwei Gruppen einteilen:[1]

(1) In Verfahren, die unmittelbar zum Gesamtwert eines Betriebes führen sollen. Dazu zählen:
  (a) Das Ertragswertverfahren;
  (b) das Substanzwertverfahren;
  (c) das Mittelwertverfahren.

(2) In Verfahren, die zunächst den Firmenwert ermitteln und dann den Gesamtwert errechnen, indem sie den Firmenwert zum Reproduktionswert hinzuzählen:
  (a) Das Verfahren der Übergewinnkapitalisierung;
  (b) die Verfahren der verkürzten Goodwillrentendauer:
    (aa) Das Stuttgarter Verfahren zur Ermittlung des gemeinen Wertes nicht notierter Anteile an Kapitalgesellschaften;
    (bb) das U. E. C.-Verfahren.[2]

aa) Das Ertragswertverfahren

Dieses Verfahren setzt den Gesamtwert einer Unternehmung dem Ertragswert (Zukunftserfolgswert)[3] gleich, der durch Abdiskontierung aller zukünftig zu erwartenden Reinerträge ermittelt wird. Bei der Errechnung des Ertragswertes sind verschiedene Fälle zu unterscheiden:[4]

Bedeutung der in den Formeln verwendeten Symbole:

E_w = Ertragswert

$G_1, G_2, \ldots, G_n$ = zukünftiger Reinertrag (Gewinn) des 1., 2., ..., n-ten Jahres

p = Kalkulationszinsfuß

i = Einheitszinsfuß auf 1 bezogen = $\dfrac{p}{100}$

q = Aufzinsungsfaktor = $1 + \dfrac{p}{100} = 1 + i$.

Fall 1:

Die Gewinne des Betriebes sind **zeitlich begrenzt;** ein Liquidationserlös fällt nicht an. Die Gewinne der einzelnen Jahre werden zunächst auf den Bewertungsstichtag abgezinst und dann addiert. Dann gilt:

$$E_w = \frac{G_1}{q} + \frac{G_2}{q^2} + \frac{G_3}{q^3} + \ldots\ldots\ldots + \frac{G_n}{q^n}.$$

Fall 2:

Unterstellt man einen **gleichbleibenden Gewinn pro Jahr,** dann vereinfacht sich die Formel zu einer geometrischen Reihe:

$$E_w = \frac{G}{q} + \frac{G}{q^2} + \frac{G}{q^3} + \ldots + \frac{G}{q^n}$$

$$E_w = \frac{G}{q^n} + \frac{G}{q^{n-1}} + \ldots + \frac{G}{q^2} + \frac{G}{q}$$

$$E_w = \frac{G(q^n-1)}{q^n(q-1)} \quad \text{(Rentenbarwertformel)}.$$

---

[1] Vgl. Jacob, H., Methoden zur Ermittlung des Gesamtwertes einer Unternehmung, ZfB 1960, S. 131 ff.
[2] U. E. C. = Union Européenne des Experts Comptables, Economiques et Financiers.
[3] Vgl. Busse von Colbe, W., Der Zukunftserfolg, Wiesbaden 1957
[4] Vgl. Münstermann, H., Bewertung ganzer Unternehmen, HdB Bd. I, 3. Aufl., Stuttgart 1956, Sp. 1062f.

Fall 3:

Bezieht man einen am Ende der Lebenszeit des Betriebes verbleibenden **Liquidationserlös** (L) in die Rechnung ein und zinst man ihn ebenso wie die Gewinne auf den Bewertungsstichtag ab, so ist die Barwertformel folgendermaßen zu ergänzen:

$$E_W = \frac{G(q^n-1)}{q^n(q-1)} + \frac{L}{q^n}.$$

Fall 4:

Wird eine **unbegrenzte Lebensdauer** des Betriebes unterstellt, so ist $n = \infty$; q^∞ und $q^\infty - 1$ sind unendliche Größen, die Gleichung kann gekürzt werden:

$$E_W = \frac{G(q^\infty-1)}{q^\infty(q-1)}$$

$$E_W = \frac{G}{q-1}$$

$$E_W = \frac{G}{i}.$$

Damit ergibt sich die übliche **kaufmännische Kapitalisierungsformel**:

$$\text{Ertragswert} = \frac{\text{Gewinn}}{\text{Kalkulationszinsfuß}} \times 100$$

Wenn man berücksichtigt, daß sowohl der zukünftige Reinertrag als auch der Kalkulationszinsfuß auf Schätzungen beruhen, so wird ersichtlich, daß in der Praxis in den meisten Fällen diese einfache Kapitalisierungsformel genügt. Beträgt z. B. der geschätzte durchschnittliche Jahresertrag 60.000 DM, der Kalkulationszins 10%, so ergibt sich ein

$$\text{Ertragswert von } \frac{60.000 \times 100}{10} = 600.000 \text{ DM}.$$

Würde ein Kalkulationszins von 12% infolge eines höheren Risikozuschlages verwendet werden, so würde sich der Gesamtwert

um 100.000 DM auf 500.000 DM $\left(\frac{60.000 \times 100}{12}\right)$ vermindern.

Diese Praktikermethode, bei der die Ermittlung des Kalkulationszinsfußes und die Bestimmung der künftig zu erwartenden Reinerträge besondere Schwierigkeiten bereiten, scheint mit der oben dargestellten, als theoretisch einwandfrei bezeichneten Methode auf den ersten Blick identisch zu sein. Es bestehen aber **folgende gravierende Unterschiede:**

(1) Während bei theoretisch richtiger Unternehmensbewertung einzig und allein der interne Zinsfuß der besten Alternativinvestition des jeweils Bewertenden als Kalkulationszinsfuß herangezogen wird, hilft man sich hier mit dem **„landesüblichen"** Zinsfuß für risikofreie Anlagen (z. B. erststellige Hypotheken, Pfandbriefe), der zum Zwecke der Berücksichtigung des Risikos um einen „branchenüblichen" Zuschlag, in dem auch die Rechtsform und die Betriebs-

größe berücksichtigt werden, erhöht wird, so daß die Höhe des Kalkulationszinsfußes der durchschnittlichen Rendite des jeweiligen Geschäftszweiges entspricht.

(2) Während bei der oben als theoretisch richtig erkannten Bewertungsmethode die vom jeweils Bewertenden individuell erwarteten Einzahlungsüberschüsse Gegenstand der Abdiskontierung sind, hat man für die praktische Ermittlung des Ertragswertes **mehrere Berechnungsverfahren** entwickelt. Entweder werden die zukünftig zu erwartenden Reinerträge als Durchschnittswerte der um Zufallsschwankungen bereinigten Reinerträge der vorangegangenen Jahre (in der Praxis meist drei Jahre) ermittelt, oder sie werden auf der Grundlage der künftigen Umsatzentwicklung und der Umsatzrentabilität bestimmt. Grundlage für die Ermittlung des Ertragswertes ist nach Mellerowicz die „genaue Untersuchung der Marktlage der Unternehmung",[1] die die Beurteilung der allgemeinen wirtschaftlichen Lage, der wirtschaftlichen Lage der betreffenden Branche und des Betriebes einschließt. Daraus resultiert als erster Schritt zur Ermittlung des Zukunftserfolges die Schätzung des künftig durchschnittlich zu erzielenden Umsatzes.

Im Anschluß an die Beurteilung der künftigen Umsatzentwicklung stellt Mellerowicz die Umsatzrentabilität fest. Als Reinerträge liegen nicht die tatsächlich erzielten, sondern die „bei einer normalen Unternehmerleistung auf der Grundlage eines bestimmten Aktionsbereiches"[2] nachhaltig erzielbaren Gewinne zugrunde. Die Gewinne sind um eventuell abgesetzte Eigen- und Fremdkapitalzinsen, Zuweisungen zu stillen und offenen Rücklagen und verdeckte Gewinnausschüttungen zu erhöhen; dagegen sind die branchenüblichen Aufsichtsrats- und Vorstandsantiemen und Gratifikationen sowie die Körperschaft- und Gewerbeertragsteuer vom Gewinn abzusetzen.

Neben dem betrieblichen Aufwand und Ertrag bezieht Mellerowicz neutrale Aufwendungen und Erträge dann ein, wenn diese auch in Zukunft eintreffen werden, also „mit dem Trend der zukünftigen Entwicklung übereinstimmen".[3] Gleiches gilt für die Auswahl der zugrunde zu legenden Vergleichsjahre.

Mellerowicz wendet nun die sich aus dem korrigierten Gewinn und den Umsätzen der Vergangenheit ergebende Umsatzrentabilität auf den geschätzten durchschnittlichen Umsatz der Zukunft an. Der daraus ermittelte Zukunftserfolg wird mit dem Durchschnitt aus landesüblichem und Branchenzins zuzüglich eines Zuschlags für im Ertrag nicht berücksichtigte Risiken kapitalisiert.

Zunächst ist darauf hinzuweisen, daß es auf die Höhe des Unternehmenswertes keinen Einfluß hat, ob man Reinerträge (Erträge abzüglich Aufwendungen) oder Einzahlungsüberschüsse (Einzahlungen abzüglich Auszahlungen) abdiskontiert, wenn man im erstgenannten Fall auch die Restbuchwerte berücksichtigt.[4] Außerdem soll hier nicht bemängelt werden, daß die Daten zur Ermittlung des Ertragswertes auf teilweise groben Schätzungen beruhen; derselbe Einwand trifft auch

---

[1] Mellerowicz, K., Der Wert der Unternehmung als Ganzes, Essen 1952
[2] Mellerowicz, K., a. a. O., S. 60
[3] Mellerowicz, K., a. a. O., S. 67
[4] Vgl. Münstermann, H., Wert und Bewertung der Unternehmung, Köln und Opladen 1966, S. 106f.

eine theoretisch einwandfreie Unternehmensbewertung. Auch die Tatsache, daß der in der Praxis der Schätzung des Zukunftsertrages zugrunde gelegte Zeitraum der drei vorangegangenen Jahre viel zu kurz ist, um die durch Konjunkturzyklen bedingten Erfolgsschwankungen zu berücksichtigen, kann nicht Gegenstand schwerwiegender Kritik sein, da dieser Mangel durch Erweiterung des Basiszeitraumes auf 6 – 8 Jahre leicht zu beheben wäre.

Was allein das **Ertragswertverfahren aus theoretischer Sicht untauglich** macht, ist der Umstand, daß man hier durch Objektivierung der der Rechnung zugrunde zu legenden Daten (einheitlicher Kalkulationszinsfuß; einheitliche Reinerträge) auf Berücksichtigung von Wertnuancen, die freilich erheblich sein können und die sich aus der unterschiedlichen Verwendung der Objekte durch den Bewertenden ergeben, verzichtet. Während wir oben gesehen haben, daß einer Unternehmung ebenso viele Werte wie unterschiedliche Verwendungsmöglichkeiten zuzumessen sind, gelangt man mit Hilfe des Ertragswertverfahrens zu einem einheitlichen Unternehmenswert, von dem man dann behauptet, er sei für den Verkäufer maßgebend.

bb) Das Substanzwertverfahren

Der Substanzwert, auch Reproduktionswert genannt, stellt die Beträge dar, die aufgewendet werden müßten, um einen Betrieb der gleichen technischen Leistungsfähigkeit zu errichten, wie sie der zu bewertende Betrieb hat. Addiert man die Anschaffungskosten (Wiederbeschaffungskosten) aller Vermögenswerte am Bewertungsstichtag, so erhält man den **Reproduktionswert**; setzt man entsprechend dem Lebensalter der tatsächlich vorhandenen Wirtschaftsgüter die bisher eingetretene Wertminderung ab, so entsteht der **Reproduktionsaltwert**. Er hat dem Bilanzwert des Betriebes gegenüber den Vorteil, daß alle stillen Rücklagen aufgelöst worden sind.

Diese auch als **Teilreproduktionswert** bezeichnete Wertziffer weist für Zwecke der Unternehmensbewertung zunächst die Schwäche auf, daß der Wert der nicht bilanzierungsfähigen immateriellen Wirtschaftsgüter wie Organisation, Kundenstamm, Verkehrslage, Marktstellung, Betriebsklima, Produktionsgeheimnisse u. v. a. nicht in ihr enthalten ist. Ohne Berücksichtigung solcher Faktoren wäre eine Substanzbewertung ohnehin sinnlos.

Um zu einem – im Sinne der Substanzbewertung – brauchbaren Unternehmenswert zu gelangen, erhöht man den Teilreproduktionswert um die geschätzten Wiederbeschaffungskosten dieser nicht bilanzierungsfähigen Wirtschaftsgüter und gelangt somit zum **Gesamtreproduktionswert**.

Die Differenz zwischen dem Ertragswert und dem Teilreproduktionswert bezeichnet man als **originären Firmenwert** oder Geschäftswert. Dieser besteht aus zwei Teilen:
(1) aus dem Wert von Wirtschaftsgütern (Organisation, Kundenstamm usw.), die keine selbständigen Vermögensgüter darstellen und nicht in der Bilanz enthalten sind (nicht bilanzierungsfähige immaterielle Wirtschaftsgüter), und
(2) aus der Summe von „Mehrwerten" der Wirtschaftsgüter, die zwar in der Bilanz ausgewiesen sind, dort aber auf Grund der bei der Ermittlung des Reproduktionswertes erfolgten preisabhängigen Bewertung unter dem

Wert angesetzt worden sind, der sich bei einer ertragsabhängigen Bewertung ergeben hätte.

Der originäre Firmenwert[1] setzt sich damit zusammen aus dem Wert der nicht bilanzierungsfähigen immateriellen Wirtschaftsgüter, der gleich der Differenz zwischen Gesamt- und Teilreproduktionswert ist, und dem **Kapitalisierungsmehrwert,** der gleich der Differenz zwischen dem Ertragswert und dem Gesamtreproduktionswert ist und der dann zu einem Kapitalisierungsminderwert wird, wenn der Gesamtreproduktionswert höher ist als der Ertragswert.

Der Firmenwert ist eine gedankliche Konstruktion, mit der die Kluft zwischen ertragsabhängiger und substanzabhängiger Bewertung überbrückt werden soll. Ganz abgesehen davon, daß es praktisch nicht möglich ist, den Firmenwert in seine beiden Komponenten zu zerlegen, zeigt diese Hilfsgröße deutlich, daß der Substanzwert ein theoretisch ungeeigneter Maßstab zur Unternehmensbewertung ist. Wenn der Substanzwert tatsächlich eine taugliche Grundlage der Unternehmensbewertung wäre, hätten die Verfechter dieser Meinung darauf verzichten können, in jahrzehntelanger Diskussion um den Firmenwert auf diese Weise eine Annäherung an eine ertragsabhängige Bewertung zu suchen. Ausschlaggebend für den Gesamtwert einer Unternehmung kann nur der aus ihr erwartete Nutzen und nicht ein an längst überholten Vorstellungen vom objektiven Wert orientierter Substanzwert sein.

cc) Das Mittelwertverfahren

Dieses auf Schmalenbach[2] zurückgehende Verfahren gründet sich auf die Vorstellung eines vollkommenen Marktes, wo ein über dem Reproduktionswert liegender Ertragswert langfristig deshalb als „zu hoch" angesehen wird, weil damit zu rechnen sei, daß so hohe Branchengewinne Konkurrenten anlockten und durch den nun ausbrechenden Konkurrenzkampf die Gewinne auf ein „normales", „gesundes" Maß zusammenschrumpfen werden.

Angesichts dieser Möglichkeit schlug Schmalenbach vor, das arithmetische Mittel aus Teilreproduktionswert und Ertragswert als Gesamtwert der Unternehmung zu bezeichnen. Dann ist der Firmenwert nur zur Hälfte berücksichtigt.

$$\text{Gesamtwert} = \frac{\text{Teilreproduktionswert} + \text{Ertragswert}}{2}$$

Dieses, trotz Nichtbestehens vollkommener Konkurrenz, heute noch übliche Bewertungsverfahren erscheint zwar auf den ersten Blick leicht durchführbar, kommt aber in Wirklichkeit an den Schwierigkeiten der Bestimmung eines ertragsabhängigen Wertes nicht vorbei. Abgesehen davon, daß es eine grobe Schematisierung darstellt, haften ihm die theoretischen Mängel sowohl des Ertragswertverfahrens als auch des Substanzwertverfahrens an.

---

[1] Vom originären Firmenwert ist der derivative zu unterscheiden. Es ist jener Teil des originären Firmenwertes, der vom Käufer bezahlt wird. Er darf in die Handelsbilanz aufgenommen werden, ist aber jährlich mit mindestens einem Fünftel seines ursprünglichen Wertes abzuschreiben. In der Steuerbilanz dagegen ist eine Abschreibung in der Regel unzulässig.

[2] Vgl. Schmalenbach, E., Die Beteiligungsfinanzierung, 9. Aufl., Köln und Opladen 1966, S. 62ff.

dd) Die Methode der Übergewinnkapitalisierung

Ganz ähnlich wie beim Mittelwertverfahren stehen auch bei der Methode der Übergewinnkapitalisierung[1] aus der Annahme vollkommener Konkurrenz resultierende Risikoüberlegungen im Vordergrund. Hier wird der Gesamtwert eines Betriebes auf dem Wege der getrennten Ermittlung und Addition des Reproduktionswertes und des Firmenwertes errechnet.

Der bei der Bestimmung des Gesamtwertes dem Reproduktionswert hinzuzurechnende Firmenwert wird in der Weise berechnet, daß zunächst der **Übergewinn** ermittelt wird. Dazu muß der Zukunftserfolg in zwei Größen zerlegt werden. Die erste Größe ist die Verzinsung des Reproduktionswertes, die als Normalgewinn bezeichnet wird. Zieht man letzteren von dem nachhaltigen Zukunftsgewinn ab, so verbleibt als zweite Größe der Mehrgewinn oder Übergewinn. Die Kapitalisierung des Übergewinns mit einem höheren als dem bei Ermittlung des Normalgewinns verwendeten Zinsfuß ergibt den Firmenwert. Reproduktionswert und Firmenwert bilden zusammen den Gesamtwert des Betriebes.

Der Methode der Übergewinnkapitalisierung liegt der Gedanke zugrunde, daß die die normale Verzinsung des Reproduktionswertes übersteigenden Gewinne aus Konkurrenzgründen besonders gefährdet sind. Das Konkurrenzrisiko wird jedoch nicht im Reinertrag, sondern im Kapitalisierungszinsfuß berücksichtigt. Daß eine Abschreibung des Firmenwertes nicht erforderlich ist, wird mit dem Argument begründet, daß diesem Entwertungsrisiko bei der Wahl des Zinsfußes für die Übergewinnkapitalisierung Rechnung getragen werde.

Während einige Autoren den Vorzug dieser Methode in ihrer Anpassungsmöglichkeit an die jeweiligen Verhältnisse mit Hilfe einer Abstufung des Kapitalisierungssatzes sehen,[2] lehnen andere dieses Verfahren mit der Begründung ab, daß die Kapitalisierung des Übergewinns mit einem erhöhten Zinsfuß nicht überzeugend begründet werden kann.

ee) Methoden der verkürzten Goodwillrentendauer

Eine Weiterentwicklung der Methode der Übergewinnkapitalisierung stellen die in verschiedenen Varianten entwickelten Verfahren der verkürzten Goodwillrentendauer dar. Sie werden auch als Verfahren der Übergewinnabgeltung oder der Übergewinnverrentung bezeichnet.[3]

Grundsätzlich ergibt sich auch bei diesen Verfahren der Gesamtwert des Betriebes durch Addition von Reproduktionswert und Firmenwert. Letzterer wird wie bei der Methode der Übergewinnkapitalisierung durch Kapitalisierung des Übergewinns, d. h. der Gewinnteile, die über eine normale Verzinsung des Reproduktionswertes hinausgehen, ermittelt, jedoch mit der Einschränkung, daß nur die Übergewinne einer begrenzten Anzahl von Jahren abgegolten werden.

---

[1] Die Bezeichnung stammt von Käfer, K., Zur Bewertung der Unternehmung als Ganzes, in: Rechnungsführung und Staatsverwaltung, Festgabe für Otto Juzi, Zürich 1946, S. 84; vgl. auch Münstermann, H., Wert und Bewertung der Unternehmung, Wiesbaden 1966, S. 145 ff.
[2] Vgl. Käfer, K., a. a. O., S. 85
[3] Vgl. Jacob, H., a. a. O., S. 141

II. Investitionsplanung und Investitionsrechnung

Die Vertreter der Methoden der verkürzten Goodwillrentendauer gehen von der Überlegung aus, daß der Verkäufer neben dem Reproduktionswert mit einem weiteren Betrag für den Verzicht auf die Übergewinne der kommenden Jahre zu entschädigen ist, da diese Übergewinne noch zum größten Teil auf seine frühere Tätigkeit zurückzuführen sind. Die Übergewinne sollen jedoch nur für **eine begrenzte Anzahl von Jahren** abgegolten werden, da aus Konkurrenzgründen nicht anzunehmen ist, daß sie auf lange Sicht erzielt werden können. Treten Übergewinne aber auch noch nach einer bestimmten Zeitspanne seit Übernahme des Betriebes auf, so sind sie auf die Leistungen des neuen Inhabers zurückzuführen. Folglich hat der Verkäufer keinen Anspruch mehr auf eine Entschädigung für die Übergewinne späterer Perioden. Diesen Methoden liegt also der Gedanke zugrunde, daß sich der vom Verkäufer eines Betriebes geschaffene Firmenwert allmählich verflüchtigt.

Von den verschiedenen Varianten dieser Methode sollen hier nur die beiden herausgegriffen werden, denen die größte praktische Bedeutung zukommt; erstens das für die vermögensteuerliche Bewertung nicht notierter Kapitalanteile (z. B. GmbH-Anteile) von der Finanzverwaltung entwickelte „Stuttgarter Verfahren" und zweitens das von der U.E.C.[1] empfohlene Verfahren der verkürzten Goodwillrentendauer mit Zinseszinsen.

(1) Das Stuttgarter Verfahren

Das Stuttgarter Verfahren legt der Berechnung des gemeinen Wertes[2] eines Kapitalanteils den Reproduktionswert (Vermögenswert) zugrunde und korrigiert ihn durch eine zeitlich begrenzte Berücksichtigung der Ertragsaussichten.

Grundlage für die Bestimmung des Vermögenswertes ist der **Einheitswert** des Betriebsvermögens, an dem eine Reihe von Korrekturen vorgenommen werden darf.[3] Von dem nach Vornahme der Korrekturen ermittelten Vermögen ist in der Regel ein Abschlag von 15% zu machen, da – nach Ansicht der Finanzverwaltung – das Vermögen oder einzelne Vermögensteile mitunter für den Anteilseigner nicht denselben Wert wie für den Betrieb selbst haben. Das um diesen Abschlag gekürzte Vermögen wird nun zum Grund- oder Stammkapital des Betriebes in Beziehung gesetzt, so daß sich der **Vermögenswert** (V) (in Prozent) aus folgender Formel ergibt:

$$V = \frac{\text{korrigiertes Vermögen} \times 100}{\text{Nominalkapital}}$$

Neben dem Vermögen des Betriebes werden die Ertragsaussichten berücksichtigt. Der Berechnung des Ertragsprozentsatzes wird der durchschnittliche

---

[1] Vgl. Die Bewertung von Unternehmungen und Unternehmungsanteilen, Richtlinien ausgearbeitet von einer Studienkommission der U.E.C. (Union Européenne des Experts Comptables, Economiques et Financiers), Düsseldorf 1961 (im folgenden als U.E.C. zitiert).

[2] Der gemeine Wert ist ein steuerrechtlicher Wertbegriff, der in § 9 BewG definiert wird als der Preis, „der im gewöhnlichen Geschäftsverkehr nach der Beschaffenheit des Wirtschaftsgutes bei einer Veräußerung zu erzielen wäre. Dabei sind alle Umstände, die den Preis beeinflussen, zu berücksichtigen. Ungewöhnliche oder persönliche Verhältnisse sind nicht zu berücksichtigen".

[3] Vgl. Wöhe, G., Betriebswirtschaftliche Steuerlehre, Band I, 3. Aufl., München 1972, S. 715 ff.

körperschaftsteuerpflichtige Gewinn der letzten drei Jahre zugrunde gelegt, an dem ebenfalls eine Anzahl von Korrekturen angebracht werden. Maßgebend für die Ermittlung des gemeinen Wertes ist nur der ausschüttungsfähige Ertrag. Da in der Regel keine Gesellschaft in der Lage ist, ihre Gewinne in voller Höhe auszuschütten, darf ein Abschlag von 30% vom errechneten Durchschnittsertrag gemacht werden. In Ausnahmefällen ist ein höherer Abschlag zulässig.[1]

Der in der dargestellten Weise ermittelte Jahresertrag ist zum Nominalkapital in Beziehung zu setzen, so daß sich der **Ertragsprozentsatz** (E) nach folgender Formel berechnet:

$$E = \frac{\text{ausschüttungsfähiger Jahresertrag} \times 100}{\text{Nominalkapital}}$$

Vermögenswert (in Prozent) und Ertragsprozentsatz bestimmen nun den **gemeinen Wert**. Er ist gleich dem Betrag, den ein Käufer für den Erwerb eines Anteils aufwenden würde. Der Käufer wird die Ertragsaussichten weniger nach der Verzinsung des Nominalkapitals der Gesellschaft beurteilen als vielmehr nach der Rendite des Kapitals, das er zum Erwerb des Anteils aufwenden muß. Er wird deshalb den Ertragsprozentsatz (Rendite) mit den Zinsen vergleichen, die das von ihm aufzuwendende Kapital erbringen würde, wenn er es anders anlegen würde. Nur dann wird er mehr als den Vermögenswert zahlen, wenn in einem übersehbaren Zeitraum die Rendite des Anteils den Betrag der Zinsen übersteigt. Die Finanzverwaltung unterstellt eine normale Kapitalverzinsung von 10%; als noch übersehbar wird ein Zeitraum von fünf Jahren angesehen.

Der gesuchte gemeine Wert eines Anteils (x) ergibt sich somit aus dem in Prozenten ausgedrückten Vermögenswert (V) des Anteils, erhöht bzw. vermindert um die Differenz zwischen dem Ertragsprozentsatz des Anteils, berechnet auf fünf Jahre (5 E), und der Verzinsung des aufzuwendenden Kapitals, ebenfalls auf fünf Jahre berechnet. Da die Höhe des aufzuwendenden Kapitals gleich dem gesuchten gemeinen Wert ist, betragen die Zinsen für fünf Jahre:

$$5 \cdot \frac{10x}{100}$$

Somit ergibt sich folgende Gleichung:

$$x = V + 5 \left(E - \frac{10x}{100} \right),$$

$$x = \frac{100}{150} (V + 5 E),$$

$$x = \frac{66{,}67}{100} (V + 5 E).$$

Der Prozentsatz 66,67 wird zur Vereinfachung auf 65 abgerundet, so daß der gemeine Wert eines Anteils 65% der Summe aus Vermögenswert und fünffachem Ertragsprozentsatz beträgt.[2]

---

[1] Vgl. Abschnitt 78 Abs. 3 VStR 1974.
[2] Berechnungsbeispiele s. Wöhe, G., Betriebswirtschaftliche Steuerlehre, Band I, a. a. O., S. 719.

(2) Das U.E.C.-Verfahren

Der Vorschlag der Studienkommission der U.E.C. baut zwar auf der schon länger bekannten Methode der verkürzten Goodwillrentendauer mit Zinseszinsen auf, legt dieser Methode aber eigene Begriffe, Sinngehalte und Abgrenzungen bei. Für die U.E.C. bedeutet Unternehmungsbewertung Vermögensbewertung. Sie geht davon aus, daß der Gesamtwert eines Betriebes einen substantiell bedingten Sachkern (Vermögensmasse) besitzt, der aus Gütern und Berechtigungen besteht. Jede Gesamtbewertung muß auf der Feststellung der Vermögensmasse und ihres Substanzwertes aufbauen.

Die Bestimmung des Substanzwertes erfolgt in **zwei Phasen**:
(a) Bestandsmäßige Feststellung der Vermögensmasse. Für die Gesamtbewertung haben diejenigen Vermögensteile auszuscheiden, die weder betriebsfähig noch betriebsnotwendig sind; in Betracht kommt nur der Teil der Vermögensmasse, der zur Ertragserzielung erforderlich ist. Bei zwei Einzelproblemen, die bei der Ermittlung des Substanzwertes auftreten, hat sich die Kommission folgendermaßen entschieden: „Für den Ergänzungs-, Erneuerungs- und Instandhaltungsbedarf ist ein Abschlag vom Substanzwert vorzunehmen" und „die Passiven (sind) vom Substanzwert abzuziehen."[1]
(b) Bewertung der Vermögensmasse. Grundsätzlich ist der Reproduktionskostenwert maßgebend.

Da die Vermögensmasse erst durch Einsatz und Nutzung einen Ertrag ermöglicht, ist die Ertragsfähigkeit der Substanz eine Voraussetzung für die Entstehung eines Vermögenswertes. Der Vermögenswert der Substanz ist vom Ertrag her zu beleuchten und „wertzuberichtigen", wobei die Einwirkungen des bewertenden Subjekts auszuschalten sind. Für die U.E.C. ergibt sich der Gesamtwert des Betriebes aus dem Substanzwert als der „Summe konkreter Teilwerte" und dem Firmenwert, „der dem kapitalisierten Mehrgewinn gegenüber dem Normalgewinn entspricht"[2] und nur über den Unternehmungserfolg geschätzt werden kann. Um den Firmenwert zu ermitteln, müssen folgende Größen bekannt sein:

(a) **Der Zukunftsgewinn.** Die Kommission schlägt vor, den nachhaltig erzielbaren Gewinn auf Grund der Leistungs- und der Ertragsaussichten des Betriebes „möglichst unabhängig von den Vergangenheitsergebnissen"[3], gestützt auf eine genaue Betriebsanalyse, die auf Branchenvergleichszahlen, Umsatzstatistiken, Umsatzgewinnraten, Kalkulationen, kurzfristigen Erfolgsrechnungen und Marktanalysen aufbaut, zu schätzen. Sie greift jedoch selbst auf die Gewinne der Vergangenheit zurück. Die Gewinnreihen sollen mit der Methode der gleitenden Mittelwerte geglättet werden.

Vor der Kapitalisierung muß noch darauf geachtet werden, daß als Unternehmerlohn ein Gehalt eingesetzt wird, das einem Dritten gezahlt werden müßte, daß der „Betriebskapitalgewinn" vor Abzug der Fremd- und Eigenkapitalzinsen ermittelt wird, daß kalkulatorische Abschreibungen berück-

---
[1] U.E.C., a. a. O., S. 31
[2] U.E.C., a. a. O., S. 39
[3] U.E.C., a. a. O., S. 77

sichtigt werden und daß die Einkommensteuer, da sie personenbezogen ist, nicht abgezogen, die Körperschaftsteuer aber abgesetzt wird.

(b) **Der Kapitalisierungszinsfuß.** Ausgangspunkt ist der landesübliche Zinsfuß für risikofreie Kapitalanlagen. Zum Basiszins ist wegen der Nichtnotierbarkeit ein Zuschlag von in der Regel der Hälfte des Basiszinssatzes anzubringen. Weitere Zuschläge kommen nicht in Betracht.

(c) **Die Goodwillrentendauer.** Bei subjektgebundenem Firmenwert ist die Goodwillrentendauer auf drei Jahre, bei vorwiegend objektgebundenem Firmenwert auf etwa 5 bis 8 Jahre zu veranschlagen. Dagegen läßt sich einwenden, daß die Dauer der Nachhaltigkeit des Firmenwertes in jedem einzelnen Fall geschätzt und nicht schematisch angesetzt werden sollte,[1] da es Betriebe gibt, die auf Grund ihrer Patente, ihres Standorts, eines Meinungsmonopols, ihrer Betriebsgeheimnisse usw. Gewinne über viele Jahre erzielen können.

Die von der U.E.C. vorgeschlagene Methode nimmt also den Substanzwert als Ausgangspunkt und Grundlage der Gesamtbewertung, da er sich mit großer Genauigkeit ermitteln läßt, während beim „Ertragswert subjektive Einflüsse, spekulative Momente und unsichere Schätzungsgrundlagen eine so große Rolle (spielen), daß man in der Regel die Ergebnisse dieser Rechnung ohne eine zuverlässige Kontrolle nicht verwerten kann".[2]

Man sollte die U.E.C.-Methode jedoch nicht von vornherein wegen ihrer These ablehnen, daß Unternehmungsbewertung gleich Vermögensbewertung sei, da sich auch bei diesem Verfahren der Gesamtwert des Betriebes aus Substanzwert und Ertragswert ergibt, wobei der Ermittlung des Zukunftserfolges keine unbedeutende Rolle zugewiesen wird. Das Verfahren beruht lediglich auf dem erweiterten Gedanken der allmählichen Auflösung des vom Verkäufer eines Betriebes geschaffenen Firmenwertes, weshalb der Käufer nur eine begrenzte Anzahl von Goodwillrenten zu vergüten hat. Es stellt sich jedoch die Frage, ob angesichts der Unsicherheit, die die Rechnung enthält, weil die Goodwillrentendauer nur geschätzt werden kann, die Verfeinerung der Berechnung durch die Berücksichtigung von Zinseszinsen die Genauigkeit der Ermittlung des Gesamtwertes erhöht.[3]

III. Finanzplanung und Ermittlung des Kapitalbedarfs

1. Wesen und Aufgaben der Finanzplanung

Nicht jede Investition, die sich in der Planung und Berechnung als gewinnerhöhend erweist, wird sofort durchgeführt werden können. Sie muß finanziert werden, d. h. die zur Anschaffung und laufenden Nutzung eines Investitions-

---

[1] Vgl. dazu Bartke, G., Die Bewertung von Unternehmungen und Unternehmungsanteilen, ZfB 1962, S. 169; Heigl, A., Die Bewertung von Unternehmungen und Unternehmungsanteilen, ZfB 1962, S. 517.
[2] U.E.C., a. a. O., S. 20.
[3] Vgl. Jacob, a. a. O., S. 142.

projektes erforderlichen Kapitalbeträge müssen beschafft werden. Außerdem muß durch Ermittlung des zukünftigen Kapitalbedarfs und seiner Deckung dafür gesorgt werden, daß die Zahlungsfähigkeit des Betriebes im Zeitablauf erhalten bleibt. Die **Finanzplanung** dient erstens der Aufrechterhaltung des finanziellen Gleichgewichts des Betriebes, sie soll zweitens verhindern, daß sich zeitweise zu hohe liquide Mittel ansammeln, da diese als Kasse oder Sichtguthaben keine bzw. eine nur sehr niedrige Verzinsung erbringen. Die Finanzplanung findet ihren zahlenmäßigen Niederschlag im **Finanzplan,** in dem der Mittelbedarf und die zu seiner Deckung momentan vorhandenen und künftig erwarteten Mittel, d. h. die innerhalb eines Zeitraumes veranschlagten Auszahlungen und Einzahlungen, gegenübergestellt werden.

Eine solche Planung kann kurzfristig, mittelfristig oder langfristig durchgeführt werden. Dabei können die Abstände der einzelnen Zeitpunkte Stunden (u. U. bei Banken), Tage (bei angespannter Liquiditätslage), Wochen, Monate oder Jahre betragen. Nach dem Abstand zweier Zeitpunkte unterscheidet man zwischen **Fein- und Grobplänen.** Für kurzfristige, d. h. höchstens ein Jahr umfassende Finanzpläne kommt wegen der relativ größeren Sicherheit der Informationen in der Regel eine Feinplanung, für langfristige, sich über mehrere Jahre erstreckende Pläne lediglich eine Grobplanung in Betracht.

Die Größen, auf denen ein Finanzplan aufgebaut wird, sind die Einzahlungen und Auszahlungen bzw. die Einnahmen und Ausgaben. Das erste Begriffspaar ist enger, es umfaßt den Zugang bzw. den Abgang von Kassenbeständen und jederzeit verfügbaren Bankguthaben. Einnahmen und Ausgaben schließen außerdem noch Kreditvorgänge ein. Diese Größen bezeichnet Lücke[1] als Finanzbewegungsgrößen, die durch folgende Gleichungen dargestellt werden:

(1) Einnahmen = Einzahlungen + Forderungszugänge + Schuldenabgänge;
(2) Ausgaben = Auszahlungen + Forderungsabgänge + Schuldenzugänge.

In größeren Betrieben leitet man die Daten für den Finanzplan aus den übrigen Teilplänen (Materialbeschaffung, Materiallager, Produktion, Fertiglager, Umsatz) ab. Da in diesen Plänen generell mit Kosten und Erlösen oder Aufwendungen und Erträgen gearbeitet wird, müssen diese Zahlen in „zeitpunktgenaue Zahlungsströme"[2] abgewandelt werden.

Langfristige Kapitalbedarfsrechnungen umfassen die Gründung, Kapazitätserweiterungen und Umstrukturierungen, während die kurzfristigen Pläne auf gegebenen Kapazitäten – allerdings u. U. mit schwankendem Beschäftigungsgrad – aufbauen.

Diese Unterscheidung nach der Fristigkeit ist in erster Linie quantitativer Art. In qualitativer Hinsicht ist sie nur insoweit von Bedeutung, wie bei Gründungsfinanzplänen in den ersten Perioden keine Einzahlungen aus dem Umsatzbereich anfallen, während bei laufenden kurzfristigen Finanzplänen bei einem neu errichteten Betrieb keine Auszahlungen für Neuanschaffungen auftauchen werden. Vom Standpunkt der Investition sind das jedoch nur Unterschiede im zeitlichen Anfall.

---

[1] Vgl. Lücke, W., Finanzplanung und Finanzkontrolle, Wiesbaden 1962, S. 15
[2] Krümmel, H.-J., Grundsätze der Finanzplanung, ZfB 1964, S. 233.

Man kann im Hinblick auf den Zusammenhang zwischen mittel- oder langfristiger Investitions- und Finanzplanung zwei Arten von Betrieben unterscheiden. Bei der einen Art lassen die verwendeten Produktionsverfahren bzw. die angewendeten Vertriebsformen ein ganz **allmähliches Wachstum** des Betriebes zu, d. h. ein Betrieb kann klein anfangen und je nach seinen finanziellen Möglichkeiten größer werden. Hier bestimmen gewöhnlich die Kapitalbeschaffungsmöglichkeiten die Investitionen, d. h. bei der Planung der Investitionen geht man von einer gegebenen Finanzierung aus und versucht, mit den vorhandenen finanziellen Mitteln eine optimale Auswahl der sich anbietenden Investitionsmöglichkeiten zu treffen. Dabei wird vorausgesetzt, daß ein entsprechender Absatz möglich ist, denn besonders bei wachsenden Absatzchancen begrenzen die Kapitalbeschaffungsmöglichkeiten die Betriebsgröße.

So wird beispielsweise die Größe eines Lebensmitteleinzelhandelsgeschäftes bei der Gründung zunächst vom verfügbaren Eigenkapital und den anfangs meist sehr beschränkten Fremdfinanzierungsmöglichkeiten abhängen. Hier kann ein Kleinbetrieb neben einem Großbetrieb ohne weiteres existieren. Je nach den Finanzierungsmöglichkeiten, die sich im Laufe der Zeit ergeben (z. B. Finanzierung aus nicht entnommenen Gewinnen, Aufnahme eines stillen Gesellschafters), kann der Kleinbetrieb allmählich wachsen.

Andere Betriebe dagegen erfordern von vornherein eine **bestimmte Mindestgröße** ihrer technischen Anlagen. Bei der Errichtung einer Automobilfabrik oder eines Stahlwerkes kann nicht von dem Kapitalbetrag ausgegangen werden, den einige Gesellschafter aufbringen können, sondern es muß eine Investitionsplanung durchgeführt werden, die in erster Linie nach technischen Gesichtspunkten zu erfolgen hat. Ein bestimmtes Minimum an technischen Einrichtungen modernster Art muß – wenn der neue Betrieb konkurrenzfähig sein will – beschafft werden. Auch hier wird vorausgesetzt, daß die Bereitschaft des Marktes, die betreffenden Produkte abzunehmen, gegeben ist.

Aus der notwendigen Mindestgröße der technischen Anlage ergibt sich dann der erforderliche Kapitalbedarf. Auch hier wird selbstverständlich der Aufbau in Etappen vor sich gehen, eine bestimmte Betriebsgröße wird aber von vornherein geplant. Das Wachstum kann nicht allein von den Finanzierungsmöglichkeiten weniger Personen abhängig gemacht werden, sondern die Kapitalquellen müssen erschlossen werden, wenn der Betrieb konkurrenzfähig sein soll (z. B. durch Wahl der Rechtsform der Aktiengesellschaft, die durch Ausgabe von Aktien und Obligationen große Kapitalsummen in kleinen Teilbeträgen beschaffen kann).

In diesen Fällen sind also die Investitionen nach Art und Umfang vorgegeben, und das Problem besteht darin, das für die Investition erforderliche Kapital nach Art, Fristigkeit und Kosten so bereitzustellen, daß unter der strengen Nebenbedingung der Aufrechterhaltung der Zahlungsbereitschaft die betriebliche Zielsetzung erreicht wird.

Die **Vermögensstruktur** (Zusammensetzung des Vermögens), die bei vielen Wirtschaftszweigen weitgehend durch technische Faktoren vorgegeben ist, bedingt die **Struktur des Kapitalbedarfs**. Bei der Finanzplanung kommt es nicht

III. Finanzplanung und Ermittlung des Kapitalbedarfs

nur auf die Höhe des Kapitalbedarfs, sondern auch auf seine Zusammensetzung hinsichtlich der Fristigkeit und der Kapitalkosten an.

Im Hinblick auf die Vermögensstruktur unterscheidet man zwischen **anlageintensiven** und **umlaufintensiven** Betrieben. Bei ersteren überwiegt das Anlagevermögen (z. B. im Bergbau), bei letzteren das Umlaufvermögen. Die umlaufintensiven Betriebe lassen sich trennen in vorratsintensive (hoher Materialbedarf) und forderungsintensive Betriebe (Banken). Aus der Vermögensstruktur ergibt sich die Kapitalstruktur, d. h. die Zusammensetzung des Kapitals, das im Vermögen investiert ist.

Für das Verhältnis von Kapital zu Vermögen (z. B. im Hinblick auf die Fristigkeit des Kapitals und die Dauer der Bindung im Vermögen) und von Kapital verschiedener Quellen zueinander (z. B. Eigenkapital zu Fremdkapital) haben sich in der Praxis einige Grundregeln (Finanzierungsregeln) herausgebildet, die allerdings – wie Statistiken zeigen – nicht immer streng eingehalten werden, insbesondere dann nicht, wenn entweder die Kapitalbeschaffungsmöglichkeiten in der Gesamtwirtschaft gestört sind, z. B. durch Kriegsfolgen, Inflation, Währungskrisen usw., oder wenn die Lage eines einzelnen Betriebes, z. B. durch fehlende Kreditwürdigkeit, nicht als „normal" angesehen werden kann. Außerdem setzt sich die Erkenntnis der Fragwürdigkeit derartiger Regeln, die sich teilweise theoretisch nicht begründen lassen, in der Praxis immer mehr durch.

2. Finanzierungsregeln und Kapitalstruktur

a) Überblick

Die Bedeutung der Finanzierungsregeln für die Praxis ist zwar seit jeher umstritten, jedoch bilden sie – mit mancher Abwandlung – in weiten Bereichen der Wirtschaft noch immer als Faustregeln die Grundlagen finanzierungspolitischer Überlegungen bei der Gestaltung der Kapitalstruktur der Betriebe, wenn auch die Theorie inzwischen wesentlich verfeinerte Methoden zur Optimierung der Kapitalstruktur entwickelt hat.

Die Finanzierungsregeln gehen von einem gegebenen Kapitalbedarf aus und stellen Grundsätze auf, welche Finanzierungsmittel unter bestimmten Voraussetzungen zur Deckung des Kapitalbedarfs heranzuziehen sind; d. h. die Finanzierungsregeln beschäftigen sich nicht mit der Höhe, sondern mit der Zusammensetzung des Kapitalbedarfs, die wesentlich durch die vom Betriebszweck her technisch bestimmte Zusammensetzung des Vermögens beeinflußt sein kann.

Es sind vor allem zwei dieser Regeln, die uns in diesem Zusammenhang beschäftigen müssen:
(1) die vertikale Kapitalstrukturregel und
(2) die horizontale Kapital-Vermögensstrukturregel, die in zwei Spielarten auftritt,
    (a) als „Goldene Finanzierungsregel" (Goldene Bankregel), die lediglich auf eine Entsprechung der Fristen zwischen Kapitalbeschaffung und -rückzahlung einerseits und Kapitalverwendung andererseits abstellt, und

(b) als „Goldene Bilanzregel", die die Forderung nach Fristenübereinstimmung zwischen Kapital und Vermögen mit der Forderung nach der Verwendung bestimmter Finanzierungsarten verbindet.

b) Die vertikale Kapitalstrukturregel

Die vertikale Kapitalstrukturregel hat nur die Zusammensetzung des Kapitals zum Inhalt und stellt somit eine Finanzierungsregel dar, die keine Beziehung zum Vermögen, also zur Verwendung der finanziellen Mittel hat. Die Regel besagt, daß das Verhältnis von Eigenkapital zu Fremdkapital wie 1:1 sein müsse. Im Rahmen der Bilanzanalyse wird das Verhältnis von Fremdkapital zu Eigenkapital durch den **Verschuldungskoeffizienten**[1] (V) dargestellt:

$$V = \frac{\text{Fremdkapital}}{\text{Eigenkapital}} \times 100.$$

Die Vertikal-Regel wird gewöhnlich damit begründet, daß die Eigentümer des Unternehmens mindestens ebensoviel zur Finanzierung beitragen müssen (durch Kapitaleinlagen und Selbstfinanzierung) wie die Gläubiger.[2] Es besteht zwar kein Zweifel darüber, daß bei gegebener Kapitalverwendung das Risiko der Gläubiger um so geringer ist, je geringer der Anteil des Fremdkapitals am Gesamtkapital ist, und daß vom Standpunkt der Sicherheit der Erschließung und Erhaltung von Fremdkapitalquellen ein möglichst großer Eigenkapitalanteil zweckmäßig, ja notwendig ist.

Andererseits darf aber nicht übersehen werden, daß die Unternehmung ihre Zielsetzung der langfristigen Maximierung des Gewinns als eine **Maximierung der Eigenkapitalrentabilität**[3] auffassen kann. Das Fremdkapital erhält den vertraglich vereinbarten Zins, unabhängig von der Ertragslage der Unternehmung. Ist die Verzinsung des Gesamtkapitals höher als der feste Fremdkapitalzins, so fällt der gesamte vom Fremdkapital über den festen Fremdkapitalzins hinaus verdiente Ertragsteil dem Eigenkapital zu. Die Eigenkapitalverzinsung wird dann prozentual um so größer, je kleiner der prozentuale Anteil des Eigenkapitals am Gesamtkapital ist.

Die Erhöhung der Eigenkapitalrentabilität durch Fremdfinanzierung von Investitionen, deren Gesamtkapitalrentabilität über dem Fremdkapitalzins liegt, wird in der angelsächsischen Literatur als **„Leverage-Effekt"** bezeichnet, d. h. als Hebelwirkung zunehmender Verschuldung auf die Eigenkapitalrentabilität oder – anders formuliert – als Abhängigkeit der Eigenkapitalrentabilität von der Gesamtkapitalrentabilität, dem Fremdkapitalzinssatz und dem Verhältnis von Fremdkapital zu Eigenkapital, d. h. dem Verschuldungsgrad.

---

[1] Vgl. Mellerowicz, K., Allgemeine Betriebswirtschaftslehre, Bd. 4, 12. Aufl., Berlin 1968, S. 131; Nowak, P., Betriebswirtschaftliche Kennzahlen, Handbuch der Wirtschaftswissenschaften, Bd. 1, 2. Aufl., Köln und Opladen 1966, S. 719.
[2] Vgl. Lipfert, H., Finanzierungsregeln und Bilanzstrukturen, in: Finanzierungshandbuch, hrsg. von H. Janberg, Wiesbaden 1964, S. 164.
[3] Vgl. Hax, H., Rentabilitätsmaximierung als unternehmerische Zielsetzung, ZfhF 1963, S. 337 ff.

Dieser Effekt kann allerdings auch **negativ** sein. Liegt der Fremdkapitalzins über der Gesamtkapitalrentabilität, so verwandelt sich der Vorteil, durch kostengünstiges Fremdkapital die Eigenkapitalrentabilität zu erhöhen, in einen bedenklichen Nachteil, weil dann die Eigenkapitalrentabilität um so stärker zurückgeht, je höher der prozentuale Anteil des Fremdkapitals am Gesamtkapital ist. Es kann sogar zu einer Verminderung des Eigenkapitals kommen, weil Fremdkapitalzinsen stets zu termingebundenen Ausgaben führen, Eigenkapitalzinsen dagegen zwar kalkulatorisch verrechnet werden, aber nicht notwendigerweise am Markt über die Preise „verdient" werden, mit anderen Worten, Fremdkapitalzinsen müssen auch gezahlt werden, wenn dadurch Verluste (Eigenkapitalverzehr) entstehen, Eigenkapitalzinsen dagegen werden nur gezahlt (Dividenden, Gewinnanteile), wenn Gewinne entstanden sind.

Das Verhältnis von Eigenkapital zu Fremdkapital wird also – wenn wir zunächst von Steuern, Kreditwürdigkeit und andern noch zu erörternden Faktoren absehen – nicht nur von der Rentabilität des Eigenkapitals, sondern auch vom **Risiko des Eigenkapitalverlustes** und mangelnder Zahlungsbereitschaft mitbestimmt. Hier liegt also ein spezielles finanzwirtschaftliches Risiko, das bei finanzierungspolitischen Entscheidungen beachtet werden muß.[1]

Der Zusammenhang sei an Hand eines Beispiels erläutert, in dem der Fremdkapitalzinssatz mit 6% konstant gehalten wird (vgl. S. 547). Es wird unterstellt, daß der Verschuldungsgrad (Verhältnis von Fremdkapital zu Eigenkapital) steigt und die Gesamtkapitalrendite fällt (12%, 6%, 4%, 0%, −8%).

Der im Zahlenbeispiel gezeigte Zusammenhang läßt sich in allgemeiner Form darstellen. Dabei wird das Eigenkapital mit E, das Fremdkapital mit F, das Gesamtkapital mit G, die Gesamtkapitalrentabilität mit r, die Eigenkapitalrentabilität mit r_e und die Fremdkapitalrentabilität (Zinssatz für Fremdkapital) mit r_f bezeichnet.

Der Gesamtertrag ist gleich der Gesamtkapitalrentabilität multipliziert mit dem Eigenkapital plus dem Fremdkapital:

$$\text{Gesamtertrag} = r\,(E + F).$$

Er läßt sich ferner als Summe aus Gewinn und Fremdkapitalzinsen definieren. Da der Gewinn gleich der Eigenkapitalrentabilität multipliziert mit dem Eigenkapital ist, und die Fremdkapitalzinsen gleich dem Fremdkapitalzinssatz multipliziert mit dem Fremdkapital sind, ist der

$$\text{Gesamtertrag} = r_e E + r_f F.$$

Fügt man beide Gleichungen zusammen, so folgt:

$$r_e E + r_f F = r\,(E + F).$$

---

[1] Vgl. Lipfert, H., Theorie der optimalen Unternehmensfinanzierung, ZfbF 1965, S. 66.

Eine Auflösung nach der Eigenkapitalrentabilität ergibt:

$$r_e = r + \frac{rF - r_fF}{E};$$
$$r_e = r + (r - r_f)\frac{F}{E}.$$

Die Gleichung zeigt, daß die Eigenkapitalrentabilität nicht von absoluten Größen abhängt, sondern nur von der Gesamtkapitalrentabilität, dem Fremdkapitalzinssatz und dem Verschuldungsgrad.

Mit anderen Worten: Der Leverage-Effekt läßt sich wie folgt formulieren: Die Eigenkapitalrentabilität setzt sich zusammen aus der Gesamtkapitalrentabilität und der Differenz zwischen dem auf das Fremdkapital entfallenden Anteil der Gesamtkapitalrentabilität (rF) und den tatsächlich darauf zu zahlenden Zinsen (r_fF), bezogen auf das Eigenkapital. Diese Differenz kann auch negativ sein.

Eine Zusammenstellung des obigen Beispiels, bei dem der Fremdkapitalzins durchgehend 6% beträgt, ergibt folgende Übersicht über die Höhe der Eigenkapitalrentabilität in Prozent bei wachsendem Verschuldungsgrad.

Es gilt folgender **genereller Zusammenhang**:

(1) Solange die Gesamtkapitalrentabilität über dem Fremdkapitalzins liegt, wächst die Eigenkapitalrentabilität mit wachsender Verschuldung.

(2) Entspricht die Gesamtkapitalrentabilität dem Fremdkapitalzins, so ist unabhängig vom Verschuldungsgrad die Eigenkapitalrentabilität gleich der Gesamtkapitalrentabilität und gleich dem Fremdkapitalzins.

(3) Liegt die Gesamtkapitalrentabilität unter dem Fremdkapitalzins, ist sie aber noch positiv, so fällt die Eigenkapitalrentabilität mit wachsender Verschuldung von einem positiven Satz in den negativen Bereich. Ist die Gesamtkapitalrentabilität Null oder negativ, so fällt mit wachsender Verschuldung die Eigenkapitalrentabilität in den negativen Bereich. Eine negative Eigenkapitalverzinsung bedeutet, daß das Vermögen (durch Verluste) aufgezehrt wird. Eine negative Eigenkapitalrentabilität von 54% (Fall 4d) bedeutet, daß von dem Eigenkapital in Höhe von 10.000 DM 5.400 DM aufgezehrt werden, d. h. daß nur noch 4.600 DM Eigenkapital vorhanden sind.

Liegt die negative Eigenkapitalverzinsung über 100%, z. B. —134%, (Fall 4e), so besagt dies, daß Vermögen in Höhe von 134% des Eigenkapitals, im Beispiel 13.400 DM von 10.000 DM, aufgezehrt worden ist, d. h. jedoch, daß das Vermögen um 3.400 DM kleiner geworden ist als das Fremdkapital (Vermögen: 100.000 — 13.400 = 86.600 DM; Fremdkapital 90.000 DM), es ist also eine Überschuldung eingetreten.

Für AG und GmbH[1] ist - wie an anderer Stelle bereits erwähnt - der Fall der Überschuldung ein Konkursgrund. Ob und wann Zahlungsunfähigkeit, d. h. Illiquidität eintritt, die als Konkursgrund bei Personengesellschaften von Bedeutung ist (§ 102 KO), hängt von den Rückzahlungsterminen des Fremdkapitals,

---

[1] Vgl. § 92 Abs. 3 AktG, § 63 GmbHG.

III. Finanzplanung und Ermittlung des Kapitalbedarfs

	Kapital	Fall a Gesamtertrag = 12.000		Fall b Gesamtertrag = 6.000		Fall c Gesamtertrag = 4.000		Fall d Gesamtertrag = 0		Fall e Gesamtertrag = −8.000	
		absolut	Prozent	absolut	Prozent	absolut	Prozent	absolut	Prozent	absolut	Prozent
Fall 1											
Gesamtkapital	100.000	12.000	12	6.000	6	4.000	4	0	0	−8.000	−8
− Fremdkapital	—	—	—	—	—	—	—	—	—	—	—
Eigenkapital	100.000	12.000	12	6.000	6	4.000	4	0	0	−8.000	−8
Fall 2											
Gesamtkapital	100.000	12.000	12	6.000	6	4.000	4	0	0	−8.000	−8
− Fremdkapital	−10.000	−600	6	−600	6	−600	6	−600	6	−600	6
Eigenkapital	90.000	11.400	12,6	5.400	6	3.400	3,78	−600	−0,67	−8.600	−9,56
Fall 3											
Gesamtkapital	100.000	12.000	12	6.000	6	4.000	4	0	0	−8.000	−8
− Fremdkapital	−50.000	−3.000	6	−3.000	6	−3.000	6	−3.000	6	−3.000	6
Eigenkapital	50.000	9.000	18	3.000	6	1.000	2	−3.000	−6	−11.000	−22
Fall 4											
Gesamtkapital	100.000	12.000	12	6.000	6	4.000	4	0	0	−8.000	−8
− Fremdkapital	−90.000	−5.400	6	−5.400	6	−5.400	6	−5.400	6	−5.400	6
Eigenkapital	10.000	6.600	66	600	6	−1.400	−14	−5.400	−54	−13.400	−134
Fall 5											
Gesamtkapital	100.000	12.000	12	6.000	6	4.000	4	0	0	−8.000	−8
− Fremdkapital	−100.000	−6.000	6	−6.000	6	−6.400	6	−6.000	6	−6.000	6
Eigenkapital	0	6.000	∞	—	0	−2.000	−∞	−6.000	−∞	−14.000	−∞

Fremdkapital F	r_e				
Gesamtkapital G	r = 12	r = 6	r = 4	r = 0	r = —8
Fall 1	0	12	6	4	0	—8
Fall 2	0,1	12,6	6	3,78	—0,67	—9,56
Fall 3	0,5	18	6	2	—6	—22
Fall 4	0,9	66	6	—14	—54	—134
Fall 5	1,0	+∞	0	—∞	—∞	—∞

dem Privatvermögen der Mitunternehmer und der weiteren Entwicklung des Betriebes ab.

Insgesamt zeigt der hier dargestellte Leverage-Effekt die Bedeutung der Berücksichtigung des Verschuldungsgrades bei Investitionsentscheidungen.

Die nebenstehende Übersicht über die Kapitalstruktur der Unternehmen verdeutlicht zwei Tatbestände:

(1) Die 1:1-Regel wird in der Praxis nicht beachtet. Der Fremdkapitalanteil ist bei allen Unternehmen wesentlich größer als der Eigenkapitalanteil.
(2) Der Eigenkapitalanteil ist am niedrigsten im Baugewerbe, da dort infolge der starken Saisonschwankungen in großem Umfange mit kurzfristigen Krediten gearbeitet werden muß. Mehr als 80% der Verbindlichkeiten sind kurzfristig.

c) Die horizontale Kapital-Vermögensstrukturregel

aa) Die goldene Finanzierungsregel

Töndury-Gsell formulieren die goldene Finanzierungsregel folgendermaßen: „Zwischen der Dauer der Bindung des Vermögensmittels, also der Dauer des einzelnen Kapitalbedürfnisses, und der Dauer, während welcher das zur Deckung des Kapitalbedürfnisses herangezogene Kapital zur Verfügung steht, muß Übereinstimmung herrschen. Dieser Grundsatz ist als Mindestanforderung in dem Sinne zu erheben, als das Kapital nicht kürzer befristet sein soll, als das Vermögensmittel benötigt wird."[1]

Die Befolgung dieses Grundsatzes soll unter Beachtung der Rückzahlungsverpflichtungen jederzeit die Zahlungsbereitschaft des Betriebes sicherstellen. Diese Aufgabe kann der Grundsatz aber nicht erfüllen, denn bei genauer Entsprechung der Fristen der Investition und Finanzierung reichen bei Fremdfinanzierung bis zum Ende der wirtschaftlichen Nutzungsdauer die Erlöse aus einem Investitionsobjekt gerade zur Kapitalrückzahlung und zur Zahlung der Zinsen aus, wenn unterstellt wird, daß die Abschreibungsgegenwerte und eine Verzinsung in Höhe des Fremdkapitalzinses vom Markte zurückvergütet werden.

Eine Reinvestition und damit eine Fortführung des Betriebes ist nur möglich, wenn neues Kapital beschafft wird – durch erneute Kreditaufnahme oder durch Erhöhung des Eigenkapitals. Da unter Liquidität die Fähigkeit des Betriebes

---

[1] Töndury-Gsell, Finanzierungen, Zürich 1948, S. 37.

Kapitalstruktur der Unternehmen nach Wirtschaftszweigen[1]

Wirtschaftszweig	Jahr	Bilanz-summe	Eigenkapital			Fremdkapital			Sonstige Passiva[3]
			Kapital	Rück-lagen[2]	insges.	Ver-bindl.	Rückstel-lungen	insges.	
		Mrd. DM	in % der Bilanzsumme						
Alle Unternehmen	1971	953,8	18,2	7,4	25,6	58,0	8,9	66,9	7,5
	1972	1.057,1	17,4	7,1	24,5	58,8	9,2	68	7,5
	1973	1.134,9	16,8	7,2	24	59,4	9,3	68,7	7,3
Verarbeitendes Gewerbe	1971	491,5	19,7	10	29,7	55,4	11,2	66,6	3,7
	1972	539,2	19,3	9,7	29,0	55,8	11,6	67,5	3,5
	1973	575,6	18,6	9,6	28,2	56,5	11,8	68,3	3,5
Baugewerbe	1971	90,6	9,7	1,6	11,2	81,3	5,3	86,6	2,2
	1972	104,9	9,0	1,6	10,6	81,3	5,7	87	2,3
	1973	108,1	8	1,7	9,7	82,2	5,9	88,1	2,1
Großhandel	1971	130,6	18,2	3,8	22,0	70,2	4,5	74,8	3,2
	1972	145,4	17,5	3,6	21,1	71,4	4,4	75,8	3,0
	1973	161,4	17,0	3,8	20,8	71,7	4,5	76,3	3,0
Einzelhandel	1971	78,4	23,3	4,2	27,6	65,6	4,2	69,8	2,6
	1972	87,9	21,2	4,3	25,5	67,6	4,3	72,0	2,6
	1973	93,2	20,5	4,4	24,9	68,8	4,1	72,9	2,2

[1] Quellen: Monatsberichte der Deutschen Bundesbank, Heft 11 1973, S. 41 und Heft 11 1975, S. 18f.
[2] Einschl. Gewinnvortrag
[3] Wertberichtigungen, Abgrenzungsposten usw.

verstanden wird, seinen fälligen Verbindlichkeiten termingerecht nachzukommen, und zwar unter der Voraussetzung des reibungslosen Ablaufs des Betriebsprozesses – was bedeutet, daß aus den Geldeingängen des Betriebes nicht nur die Rückzahlung und Verzinsung des Fremdkapitals, sondern auch die laufenden Auszahlungen für Löhne, Steuern, Materialbeschaffung usw. zu decken sind – sichert die Befolgung der goldenen Finanzierungsregel die Liquidität nur, wenn vorausgesetzt wird, daß

(1) die investierten Kapitalbeträge in vollem Umfange über den Umsatzprozeß freigesetzt werden,

(2) eine Prolongation oder Substitution der rückzahlbaren Kapitalbeträge möglich ist und

(3) alle fälligen Ausgaben aus dem laufenden Betriebsprozeß getätigt werden können.

Weiterhin ist zu bedenken, daß die goldene Finanzierungsregel der Forderung der größtmöglichen Rentabilität des Kapitaleinsatzes widersprechen kann. Sind die Einnahmen aus einer Investition größer als die zur Tilgung und Verzinsung des zur Finanzierung benötigten Fremdkapitalbetrages erforderlichen Ausgaben, so kann der überschießende Betrag im Wege der Selbstfinanzierung zur Umfinanzierung verwendet werden, d. h. die Fristigkeit des Fremdkapitals kann kürzer sein als die Kapitalbindung in einer Investition, wenn das im Rückzahlungszeitpunkt noch nicht freigesetzte Kapital durch Eigenkapital ersetzt werden kann. Ist das Fremdkapital relativ teuer, so wäre eine Finanzierung nach der goldenen Finanzierungsregel in diesem Falle unzweckmäßig.

bb) Die goldene Bilanzregel

Die goldene Bilanzregel besagt in ihrer engsten Fassung, daß das **Anlagevermögen mit Eigenkapital** zu finanzieren sei, in einer weiteren Fassung, daß das Anlagevermögen **langfristig,** also mit Eigenkapital und langfristigem Fremdkapital finanziert werden müsse.[1] Diese Faustregel kann noch dahin erweitert werden, daß alles langfristig gebundene Kapital auch langfristig zu finanzieren ist, d. h. daß zum Anlagevermögen auch die langfristig gebundenen Teile des Umlaufvermögens (sog. eiserne Bestände, d. h. das Minimum an Roh-, Hilfs- und Betriebsstoffen oder an Waren, das zur Aufrechterhaltung der Betriebsbereitschaft erforderlich ist) zu zählen sind. Die übrigen Teile des Umlaufvermögens können kurzfristig finanziert werden.

Die Finanzierungsgewohnheiten der Praxis zeigen, daß die goldene Bilanzregel in ihrer engen Fassung nicht beachtet wird, daß aber das Bestreben besteht, die Finanzierung des langfristig gebundenen Vermögens durch langfristiges Kapital sicherzustellen. Die Dauer der Kapitalbindung in einem Investitionsobjekt (z. B. langfristige Bindung in einer maschinellen Anlage, kurzfristige Bindung in Vorräten) bestimmt lediglich die Fristigkeit der Finanzierung, aber nicht die Art der Finanzierung. Die Entscheidung, ob mit Eigen- oder Fremdkapital finanziert wird, hängt von einer Anzahl von Faktoren ab, z. B. von der Höhe der Fremdkapitalzinsen im Vergleich zur Eigenkapitalrentabilität, von der Lage

---

[1] $\dfrac{\text{Langfristiges Kapital}}{\text{Anlagevermögen}} \times 100 = \text{Anlagendeckung}$

Vermögensstruktur der Unternehmen nach Wirtschaftszweigen[1]

Wirtschaftszweig	Jahr	Bilanz-summe	Anlagevermögen			Umlaufvermögen				Sonstige Aktiva[2]
			Sach-anlagen	Finanz-anlagen	ins-gesamt	Vorräte	Forde-rungen	Zahlungs-mittel	ins-gesamt	
		Mrd. DM	in % der Bilanzsumme							
Alle Unternehmen	1971	953,8	38,5	5,4	43,9	19,9	30,6	3,8	54,3	1,8
	1972	1.057,1	38,0	5,5	43,5	19,1	31,3	4,2	54,6	1,9
	1973	1.134,9	37,7	5,4	43,1	20,0	31,3	3,7	55,0	2,0
Verarbeitendes Gewerbe	1971	491,5	36,2	7,1	43,3	23,5	27,7	3,9	55,1	1,5
	1972	539,2	35,9	7,6	43,5	22,4	28,1	4,4	54,9	1,5
	1973	575,6	34,6	7,5	42,1	23,6	28,6	3,9	56,1	1,8
Baugewerbe	1971	90,6	19,6	0,8	20,4	5,6	68,0	4,2	77,8	1,7
	1972	104,9	18,6	1,2	20,0	5,0	69,0	4,4	78,4	1,7
	1973	108,1	18,5	1,1	19,6	5,8	68,6	3,8	78,2	2,1
Großhandel	1971	130,6	19,3	2,8	22,1	28,0	42,9	4,7	75,6	2,4
	1972	145,4	19,2	2,8	22,2	26,8	43,2	5,1	75,1	2,7
	1973	161,4	18,7	2,9	21,6	28,6	42,7	4,6	75,9	2,6
Einzelhandel	1971	78,4	35,3	1,7	37,0	35,2	21,1	4,4	60,7	2,3
	1972	87,9	34,5	1,7	36,2	34,6	21,6	5,0	61,2	2,5
	1973	93,2	36,2	1,6	37,8	34,6	20,4	4,2	59,2	2,9

[1] Quellen: Monatsberichte der Deutschen Bundesbank, Heft 11 1973, S. 38 und Heft 11 1975, S. 18f.
[2] Berichtigungsposten zum Eigenkapital, Abgrenzungsposten usw.

am Kapitalmarkt, von der Selbstfinanzierungs- bzw. Ausschüttungspolitik des Betriebes, die durch steuerliche Vorschriften beeinflußt werden kann, von der unterschiedlichen steuerlichen Behandlung von Eigen- und Fremdkapital, von der Frage, ob durch Aufnahme von Eigenkapital eine Verschiebung der Herrschaftsverhältnisse eintreten kann u. a.

Aus der vorstehenden Übersicht, die die Vermögensstruktur gewerblicher Betriebe in Prozent der Bilanzsumme zeigt, wird auf Grund der unterschiedlichen Relationen zwischen Anlage- und Umlaufvermögen ersichtlich, daß die vertikale Kapitalstrukturregel und die horizontale Vermögens-Kapitalstrukturregel sich widersprechen können. Im Baugewerbe z. B. beträgt das Anlagevermögen im Durchschnitt 19,3% der Bilanzsumme (1973). Dafür ist eine langfristige Finanzierung erforderlich. Nach der Vertikal-Regel müßte allein das Eigenkapital 50% der Bilanzsumme ausmachen. Da das Eigenkapital seinem Wesen nach langfristig ist, könnte in einem Wirtschaftszweig, der so starken Saisonschwankungen unterliegt wie das Baugewerbe, eine langfristige Finanzierung von 50% bedeuten, daß in saisonschwachen Zeiten eine Überfinanzierung eintritt. Kurzfristige Fremdmittel dagegen könnten so disponiert werden, daß sie außerhalb der Saison abgebaut werden.

3. Die Ermittlung des Kapitalbedarfs und seiner Deckung

Maßnahmen zur Wahrung des finanziellen Gleichgewichts sind besonders von der Einzahlungsseite her mit kaum kalkulierbaren Risiken behaftet: während sich die Höhe und der Termin der Auszahlungen mit einiger Gewißheit prognostizieren lassen, entzieht sich die tatsächliche Terminierung der Einzahlungen in weitem Umfange dem Entscheidungsbereich des Betriebes. Dabei wirft wiederum die Ermittlung des Kapitalbedarfs des Anlagevermögens weniger Probleme auf als die des Umlaufvermögens.

Wie wird der Kapitalbedarf, der der Finanzierung des Anlage- und Umlaufvermögens dient, berechnet? Im **Anlagevermögen** ist das verhältnismäßig einfach. Hat man auf Grund einer Investitionsplanung die für die geplante Produktion erforderlichen Anlagegüter ermittelt, so lassen sich ihre Anschaffungskosten, also die Anschaffungspreise sowie alle Nebenkosten, die durch Transport, Einbau usw. entstehen, feststellen.

Werden bei der Gründung eines Betriebes alle für die Produktion erforderlichen Anlagen in einer Wirtschaftsperiode angeschafft, so ist der Kapitalbedarf, der durch die Beschaffung von Mitteln von außen in Form von Eigen- oder Fremdkapital gedeckt werden muß, gleich der Summe der Anschaffungskosten der Anlagegüter zuzüglich der Kosten, die durch Organisation und Errichtung anfallen.

Verteilt sich dagegen die Beschaffung der Wirtschaftsgüter über mehrere Perioden, so ist es denkbar, daß die in den ersten Jahren durch Abschreibungen wieder in liquide Form überführten Geldbeträge nicht bis zur Reinvestition (Ersatzbeschaffung) der abgeschriebenen Wirtschaftsgüter angesammelt, sondern inzwischen zur Finanzierung anderer Wirtschaftsgüter verwendet werden. Dadurch kann der von außen zu deckende Kapitalbedarf erheblich vermindert

III. Finanzplanung und Ermittlung des Kapitalbedarfs

werden. Das ändert jedoch an der Höhe des langfristigen Kapitalbedarfs nichts, sondern ist ein Problem der Deckung, also der Kapitalbeschaffung.[1]

Die Ermittlung des Kapitalbedarfs für das **Umlaufvermögen** ist wesentlich schwieriger. Man kann zunächst berechnen, wie groß der vom Umlaufvermögen ausgehende Bedarf an Produktionsfaktoren (Werkstoffe, Arbeitsleistungen, Dienstleistungen usw.) pro Tag ist. Könnte die Tagesproduktion noch am gleichen Tage gegen bar abgesetzt werden, so wäre der Kapitalbedarf gleich dem Wert des Produktionsaufwandes eines Tages. Da aber die Produktion der Güter, ihre Lagerdauer, der Eingang der Verkaufserlöse (z. B. Verkauf mit 30 Tagen Ziel) eine längere Zeit in Anspruch nehmen, bleibt das Kapital mehrere Tage oder Wochen gebunden, bevor es wieder in liquide Form übergeht. Je länger diese Zeitspanne ist, desto größer ist der Kapitalbedarf. Da außerdem in der Länge der Lagerdauer, in der Inanspruchnahme des Zahlungsziels usw. gewisse Unterschiede bestehen, muß man durchschnittliche Größen für Lagerdauer, Kreditinanspruchnahme usw. ermitteln, um zu einer einigermaßen genauen Feststellung des Kapitalbedarfs zu kommen.

Ganz allgemein kann man den Kapitalbedarf im Umlaufvermögen bestimmen aus:

> Aufwand eines Produktionstages × durchschnittliche Kapitalgebundenheit.

Werden z. B. täglich 5.000 DM an Werkstoffen, Arbeits- und Dienstleistungen im Produktionsprozeß verwendet, beträgt die Lagerdauer der Werkstoffe durchschnittlich 10 Tage, dauert die Produktion durchschnittlich 5 Tage, die Lagerung der Fertigfabrikate 10 Tage und die Kreditinanspruchnahme der Kunden durchschnittlich 25 Tage, so ist erst nach 50 Tagen der Eingang liquider Mittel zu erwarten; der Kapitalbedarf im Umlaufvermögen beträgt also: 5.000 DM × 50 = 250.000 DM.

Nach Ablauf von 50 Tagen kann man unterstellen, daß sich der tägliche Bedarf an Umlaufvermögen und die täglichen Einzahlungen aus Verkaufserlösen im Durchschnitt ausgleichen.

Während der zur Deckung von außen aufzubringende Kapitalbetrag im Anlagevermögen im Zeitablauf durch Verwendung von Abschreibungsgegenwerten zur Finanzierung (Innenfinanzierung) vermindert werden kann, ermäßigt sich der zur Deckung aus dem Umsatzprozeß benötigte Betrag an liquiden Mitteln im Umlaufvermögen durch Anzahlung von Kunden oder durch Inanspruchnahme von Lieferantenkrediten (Kreditfinanzierung).

Die tatsächliche Kapitalbedarfsrechnung besteht aus einer Vielzahl von Einzelrechnungen, kann aber immer nur durchschnittliche Werte liefern. Einer solchen Durchschnittsrechnung haften jedoch gewisse Mängel an. Generell ist gegen diese Art der Kapitalbindungsrechnung einzuwenden, daß sie selbst bei genauer Ermittlung der Auszahlungen und unter exakter Berücksichtigung des unterschiedlichen zeitlichen Anfalls dieser Auszahlungen nur bei einem gegebenen Betrieb mit konstanter Beschäftigung und gleichmäßigem Geldeingang

---

[1] Vgl. S. 667 ff.

zu brauchbaren Ergebnissen führen wird. Koch weist darauf hin, daß bei diesem Verfahren besonders bei der Gründung und bei Betriebserweiterungen ein zu geringer Kapitalbedarf veranschlagt wird, weil „in der Regel Produktionsschwierigkeiten verschiedenster Art auftreten, auf Grund derer die durchschnittlichen Ausgaben je Tag und die durchschnittliche Fertigungs- und Lagerdauer während dieser Zeit über den entsprechenden Werten bei eingelaufenem Betriebsprozeß liegen".[1]

Sind sämtliche Auszahlungen und Einzahlungen für einen bestimmten Zeitraum ermittelt worden, so ergibt sich der **Überschuß oder der Fehlbetrag an Deckungsmitteln**. Die nächste Aufgabe bei der Aufstellung des Finanzplans besteht nun darin, die Differenz zu beseitigen, d. h. in der Planung zu überprüfen, welche Deckungsmittel für einen Fehlbetrag und welche rentablen Verwendungsmöglichkeiten für einen Überschuß erschlossen werden können. Läßt sich ein Fehlbetrag nicht durch Erhöhung der Einzahlungen ausgleichen, weil z. B. weder von außen durch Eigen- oder Fremdfinanzierung, noch von innen durch Rationalisierungen oder Vermögensumschichtungen (z. B. Verkauf von nicht betriebsnotwendigem Vermögen) Mittel beschafft werden können, so muß überprüft werden, ob sich Auszahlungen kürzen oder auf eine spätere Planungsperiode verschieben lassen, indem z. B. Erweiterungsinvestitionen zurückgestellt oder aufgegeben werden oder Ersatzinvestitionen trotz steigender Reparaturkosten nicht durchgeführt werden.

Sind – insbesondere in kurzfristigen Finanzplänen – Ausgaben für Investitionen überhaupt nicht vorgesehen, so müssen u. U. Maßnahmen ergriffen werden, die die Rentabilität zugunsten der Liquidität verschlechtern, z. B. Verkäufe von Vorräten unter den geplanten Preisen. Bieten sich mehrere Möglichkeiten an, Auszahlungen und Einzahlungen zur Deckung zu bringen, so ist die gewinngünstigste zu ermitteln und in den Plan einzusetzen.

Wie bei jeder Planung, so muß auch bei der Finanzplanung bereits während des Ablaufs oder am Ende bestimmter Zeitabschnitte eine Kontrolle der Soll- und Istwerte durchgeführt werden, aus der Unterlagen für spätere Planungsabschnitte oder für die Korrektur laufender Pläne gewonnen werden können.

4. Beispiel einer Finanzplanung

Im folgenden sollen die geschilderten Zusammenhänge an einem schematischen Beispiel aufgezeigt werden.

Aus Geschäftsvorfällen wird zunächst ein auf Ein- und Auszahlungen beruhender Finanzplan mit drei unterschiedlichen Formen der Kapitalbeschaffung von außen abgeleitet. Aus den gleichen Geschäftsvorfällen werden anschließend zu den einzelnen Finanzierungsalternativen Bilanzen und Gewinn- und Verlustrechnungen entwickelt, vor allem um den Kapitalbedarf und die Kapitalstruktur im Zusammenhang mit dem Finanzplan zu zeigen. Sodann wird über eine Cash-flow-Analyse der Zusammenhang zwischen den Zahlen des Finanzplanes und der Gewinn- und Verlustrechnung hergestellt.

---

[1] Koch, H., Finanzplanung, HdB Bd. II, 3. Aufl., Stuttgart 1958, Sp. 1914.

III. Finanzplanung und Ermittlung des Kapitalbedarfs

a) Der Finanzplan

Ein Betrieb wird am 1. 1. 1976 (Zeitpunkt t_0) gegründet. Es soll ein Finanzplan für die ersten 20 Monate aufgestellt werden.

Annahmen:

Bareinkauf eines PKW (Kfz) im Zeitpunkt t_0 für 10.000 DM
Lohnzahlung monatlich am Ende 1.000 DM
Mietzahlung monatlich im voraus 400 DM
Wareneinkauf ab Zeitpunkt t_0 monatlich für 9.000 DM, Barzahlung.
Warenverkauf mit einem Aufschlag von 40%, d. h. zu 9.000 + 3.600 = 12.600 DM.
Der erste Warenverkauf zu 12.600 DM erfolgt Ende des ersten Monats, der zweite am Ende des zweiten Monats usw. Zahlungsmodalität: jeweils ein Drittel bar, ein Drittel mit einem Monat Zahlungsziel, ein Drittel mit zwei Monaten Zahlungsziel (ein Drittel von 12.600 DM = 4.200 DM).

Finanzierung:

Es werden 3 Alternativen betrachtet:
(1) Finanzierung mit eigenen Mitteln;
(2) Finanzierung mit fremden Mitteln (ohne Zinsen);
(3) Finanzierung mit eigenen und mit fremden verzinslichen Mitteln.

Modalität des Kredites:

Aufnahme (Barzugang) von 18.000 DM im Zeitpunkt t_0, Tilgungsbeginn am Ende des 6. Monats über 12 Monate mit monatlich 1.500 DM; gleichzeitig werden mit den Tilgungsbeträgen monatlich über 12 Monate 200 DM Zinsen gezahlt (entspricht einer durchschnittlichen Verzinsung von rd. 13,5%).

Es ergibt sich folgender Finanzplan:

b) Erläuterungen des Finanzplans

Lfd. Nr. I. Einzahlungen

Die in t_0 (1. 1. 1976) gekauften Waren werden Ende Januar verkauft. Nach den Annahmen über die Zahlungsgewohnheiten der Kunden erfolgt die erste Einzahlung aus diesem Verkauf mit 4.200 DM Ende Januar, die zweite Ende Februar, die dritte und letzte Ende März.
Aus dem Einkauf in t_1 (Ende Januar) erfolgt die erste Einzahlung Ende Februar (t_2), die zweite Einzahlung Ende März (t_3), die dritte Ende April (t_4). Aus dem Einkauf in t_2 (Ende Februar) erfolgt die erste Einzahlung Ende März (t_3), die zweite Ende April (t_4), die dritte Ende Mai (t_5) usw.
Aus dieser Staffelung ergibt sich als Summe im Zeitpunkt t_0 (1. 1. 1976) keine Einzahlung, Ende Januar eine Einzahlung von 4.200 DM, Ende Februar von 8.400 DM und ab Ende März von 12.600 DM monatlich.

Lfd. Nr. II. Auszahlungen

Im Zeitpunkt t_0 erfolgen Auszahlungen von insgesamt 19.400 DM (10.000 DM Kfz + 400 DM Miete + 9.000 DM für Wareneinkauf). Ab Februar betragen die

Finanzplan

Lfd. Nr.	Bezeichnungen	Einzahlung (+) und Auszahlung (—)								
		0	1	2	3	4	5	6	7	8
I.	Einzahlungen Erlöse:		42	42	42					
				42	42	42				
					42	42	42	.	.	
						42	42	.	.	
	zusammen		42	84	126	126	126	126	126	126
II.	Auszahlungen Kfz	100								
	Löhne		10	10	10	10	10	.	.	
	Miete	4	4	4	4	4	4	.	.	
	Wareneinkauf	90	90	90	90	90	90	.	.	
	zusammen	194	104	104	104	104	104	104	104	104
III.	Mittelbedarf (—) Mittelfreisetzung (+)	—194	—62	—20	+22	+22	+22	+22	+22	+22
IIIa.	kumulierter Mittelbedarf (—) Mittelfreisetzung (+)	—194	—256	—276	—254	—232	—210	—188	—166	—144
IV.	Fremdmittel Aufnahme (+) Tilgung (—)	+180	–	–	–	–	–	—15	—15	—15
	Zinsen (—)							—2	—2	—2
	zusammen	+180	–	–	–	–	–	—17	—17	—17
V.	(—II. + —IV.) Eigenmittel + Einlagen — Entnahmen	+14	+62	+20	—22	—22	—22	—5	—5	—5
Va.	Notwendige Eigenmittel kumuliert	+14	+76	+96	+74	+52	+30	+25	+20	+15

zu den einzelnen Zeitpunkten in 100 DM

9	10	11	12	13	14	15	16	17	18	19	20
126	126	126	126	126	126	126	126	126	126	126	126
104	104	104	104	104	104	104	104	104	104	104	104
+22	+22	+22	+22	+22	+22	+22	+22	+22	+22	+22	+22
−122	−100	−78	−56	−34	−12	+10	+32	+54	+76	+98	+120
−15	−15	−15	−15	−15	−15	−15	−15	−15			
−2	−2	−2	−2	−2	−2	−2	−2	−2			
−17	−17	−17	−17	−17	−17	−17	−17	−17			
−5	−5	−5	−5	−5	−5	−5	−5	−5	−22	−22	−22
+10	+5	+0	−5	−10	−15	−20	−25	−30	−52	−74	−96

monatlichen Auszahlungen insgesamt 10.400 DM (Löhne 1.000 DM, Miete 400 DM und Wareneinkauf 9.000 DM).

Lfd. Nr. III. und IIIa. Mittelbedarf und Mittelfreisetzung

Der Mittelbedarf bzw. die Mittelfreisetzung im Zeitverlauf ergibt sich als Differenz zwischen Einzahlungen und Auszahlungen.

Im Zeitpunkt t_0 besteht ein Kapitalbedarf von 19.400 DM, der sich Ende Januar um 6.200 DM auf 25.600 DM und Ende Februar um 2.000 DM auf das Maximum von 27.600 DM erhöht. Ab Ende März ergeben sich monatliche laufende Überschüsse von 2.200 DM, die den kumulierten Kapitalbedarf permanent abbauen, so daß dieser am Ende der 15. Periode (Ende März 1977) vollkommen abgebaut ist und jetzt monatlich eine um 2.200 DM steigende kumulierte Mittelfreisetzung eintritt.

Die Interpretation dieser Zahlen hängt von den einzelnen Finanzierungsalternativen ab:

(1) Finanzierung mit Eigenmitteln

Geht man davon aus, daß die gesamte Finanzierung mit eigenen Mitteln erfolgt, so ergibt sich:

$$
\begin{array}{rrr}
\text{Einlagen:} & t_0 = & -19.400\ \text{DM} \\
 & t_1 = & -\ \ 6.200\ \text{DM} \\
\hline
 & & -25.600\ \text{DM} \\
 & t_2 = & -\ \ 2.000\ \text{DM} \\
\hline
 & & -27.600\ \text{DM}
\end{array}
$$

mögliche Entnahmen:
ab t_3 monatlich 2.200 DM

$$
\begin{array}{rr}
 & +\ \ 2.200\ \text{DM} \\
\hline
 & -25.400\ \text{DM} \\
 & \cdot \\
 & \cdot \\
 & \cdot \\
\hline
 & -\ \ 1.200\ \text{DM} \\
t_{15} & +\ \ 2.200\ \text{DM} \\
\hline
 & +\ \ 1.000\ \text{DM} \\
t_{16} & +\ \ 2.200\ \text{DM} \\
\hline
 & +\ \ 3.200\ \text{DM} \\
 & \cdot \\
 & \cdot \\
 & \cdot
\end{array}
$$

Zunächst müssen also Einlagen von maximal 27.600 DM geleistet werden. Ab Ende März sind dann laufende Entnahmen von 2.200 DM möglich, ohne daß dadurch die im Betrieb gebundenen Mittel angegriffen werden, d. h. der Geschäftsumfang bleibt erhalten und erlaubt auf Grund der Überschüsse eine monatliche Entnahme von 2.200 DM. In t_{15} (Ende März 1977) überschreitet die

III. Finanzplanung und Ermittlung des Kapitalbedarfs

Summe der Entnahmen die Summe der Einlagen, so daß von diesem Zeitpunkt an die gesamten im Betrieb erwirtschafteten Mittel größer als die im Betrieb gebundenen Mittel sind.

$$\begin{array}{ll} \text{Einlagen} \quad t_0 - t_2 & = -27.600 \text{ DM} \\ \text{Entnahmen} \; t_3 - t_{15} & = +28.600 \text{ DM} \\ \hline & +1.000 \text{ DM} \end{array}$$

(2) Fremdfinanzierung (ohne Zinsen)

Geht man davon aus, daß die gesamte Finanzierung durch einen zinslosen Kredit erfolgt, so ergibt sich folgendes Bild:

Der Kredit steigt bis zum Zeitpunkt t_2 auf 27.600 DM. Nimmt man an, daß die monatlichen Überschüsse ab t_3 zur Tilgung verwandt werden, so wird von diesem Zeitpunkt an der Kredit um monatlich 2.200 DM abgebaut. (Eine andere Möglichkeit wäre es, den Kredit bestehen zu lassen und bei gleichbleibendem Kredit monatliche Entnahmen von 2.200 DM vorzunehmen.)

Vom Zeitpunkt t_{15} an ist der gesamte Kredit zurückbezahlt, und es ist noch ein Überschuß von 1.000 DM vorhanden, so daß der gesamte Betrieb von diesem Zeitpunkt an mit Eigenmitteln finanziert wird.

Zwischen dem Zeitpunkt t_3 und t_{14} ist der Betrieb mit einer Mischung von Fremd- und Eigenmitteln finanziert, wobei monatlich eine Umschichtung von 2.200 DM zugunsten der Eigenmittel erfolgt.

Im Zeitpunkt t_{15} kann eine Entnahme von 1.000 DM erfolgen; ab t_{16} können laufende Entnahmen von 2.200 DM vorgenommen werden.

Erfolgen keine Entnahmen, so sammeln sich im Betrieb laufend höhere, zum Umsatzprozeß nicht benötigte flüssige Mittel an. Stand: t_{15} = 1.000 DM, t_{16} = 3.200 DM, t_{17} = 5.400 DM usw. Eine derartige Ansammlung ist sinnvoll, wenn eine Betriebserweiterung angestrebt wird oder wenn das in t_0 gekaufte Kraftfahrzeug ersetzt werden muß.

(3) Finanzierung mit Fremd- und Eigenmitteln

Wird ein Barkredit zu den oben genannten Modalitäten in Höhe von 18.000 DM in t_0 angenommen und der Rest des Kapitalbedarfs mit eigenen Mitteln finanziert, so ergibt sich folgendes Bild:

Lfd. Nr. IV. Fremdmittel

t_0: Zufluß von 18.000 DM

$t_6 - t_{17}$: monatlicher Abfluß für Tilgung (1.500 DM) und Zinsen (200 DM) von insgesamt 1.700 DM.

Lfd. Nr. V. und Va. Eigenmittel

Die benötigten Eigenmittel bzw. die freigesetzten Eigenmittel errechnen sich als Addition der Werte von Nr. III. und Nr. IV. Es ergibt sich für die Eigenmittel bei der genannten Form der Fremdmittel:

Einlagen:	t_1	1.400 DM
	t_2	6.200 DM
		7.600 DM
	t_3	2.000 DM
	maximal	9.600 DM

Entnahmen:

In der tilgungsfreien Zeit	$t_3 - t_5$	3×2.200 DM	$- 6.600$ DM
			$\overline{3.000 \text{ DM}}$

Während der Zeit der Tilgung und Zinszahlung:

	$t_6 - t_{11}$	6×500 DM	$- 3.000$ DM
			$\overline{0 \text{ DM}}$
	$t_{12} - t_{17}$	6×500 DM	$- 3.000$ DM
			$\overline{- 3.000 \text{ DM}}$

Vom Zeitpunkt der beendigten Tilgung monatlich
2.200 DM:

	t_{18}	$- 2.200$ DM
		$\overline{- 5.200 \text{ DM}}$
	t_{19}	$- 2.200$ DM
		$\overline{- 7.400 \text{ DM}}$

. . .
. . .

Im Zeitpunkt t_{11} sind die gesamten Einlagen zurückbezahlt. Es besteht jedoch noch ein Kredit von 18.000 — 9.000 = 9.000 DM (Tilgung $t_6 - t_{11}$ = $6 \times 1.500 = 9.000$ DM).

Der Kredit ist im Zeitpunkt t_{17} vollständig zurückbezahlt, so daß von diesem Zeitpunkt an der Betrieb voll mit Eigenmitteln finanziert ist.

c) Bilanzen und Gewinn- und Verlustrechnungen zum Finanzplan

Aus den dem Finanzplan zugrunde liegenden Geschäftsvorfällen lassen sich folgende Bilanzen und Gewinn- und Verlustrechnungen erstellen:

(1) Finanzierung mit Eigenmitteln

Bilanz zum 1. 1. 1976

PKW	10.000	Eigenkapital	19.400
Waren	9.000	(Einlage in t_0)	
Mietvorauszahlung	400		
	19.400		19.400

Bilanz zum 31. 12. 1976

PKW 1.1.1976			Eigenkapital	
./. 20% Abschreibung	10.000		Stand 1.1.1976	19.400
	2.000	8.000	Einlagen $t_1 - t_2$	$+ 8.200$
Warenendbestand		9.000		27.600
Warenforderungen		12.600	Entnahmen $t_3 - t_{12}$	$- 22.000$
Mietvorauszahlung		400		$+ 5.600$
			Gewinn 1.1.–31.12.	24.400
		30.000		30.000

Anmerkung:

Der Warenbestand resultiert aus dem Einkauf 31. 12. 1976 in Höhe von 9.000 DM.

Die Warenforderungen resultieren aus Verkauf November	4.200 DM
aus Verkauf Dezember	8.400 DM
	12.600 DM

Gewinn- und Verlustrechnung 1. 1.–31. 12. 1976

Wareneinkauf 12×9.000		108.000	Warenverkauf 12×12.600	151.200
Bestandsänderung:				
Bestand 1.1.76	9.000			
Bestand 31.12.76	— 9.000	—		
Wareneinsatz		108.000		
Miete 12×400		4.800		
Löhne 12×1.000		12.000		
Abschreibung		2.000		
Gewinn		24.400		
		151.200		151.200

(2) Finanzierung mit Fremdmitteln

Bilanz zum 1. 1. 1976

Wie Fall 1		Fremdkapital (Aufnahme in t_0)	19.400
	19.400		19.400

Bilanz zum 31. 12. 1976

Wie Fall 1		Eigenkapital:	
		Gewinn 1.1.–31.12.1976	24.400
		Fremdkapital:	
		Stand 1.1.1976 19.400	
		Aufnahme t_1	
		und t_2 $+$ 8.200	
		27.600	
		Tilgung	
		$t_3 - t_{12}$ 22.000	5.600
	30.000		30.000

Gewinn- und Verlustrechnung 1. 1.–31. 12. 1976

Wie Fall 1		Wie Fall 1	
	151.200		151.200

(3) **Finanzierung mit eigenen und fremden verzinslichen Mitteln**

Bilanz zum 1. 1. 1976

Wie Fall 1	19.400	Eigenkapital 18.000 Fremdkapital 1.400 19.400

Bilanz zum 31. 12. 1976

Wie Fall 1		**Eigenkapital:**		
		Stand 1.1.1976	1.400	
		Einlagen t_1 u. t_2	8.200	9.600
		Entnahmen		
		$t_3 — t_5$ =		
		3×2.200 =	6.600	
		$t_6 — t_{12}$ =		
		7×500 =	3.500	–10.100
				– 500
		Gewinn 1.1.–31.12.1976	22.350	21.850
		Fremdkapital:		
		Stand 1.1.1976		18.000
		Tilgung $t_6 — t_{12}$ =		
		7×1.500 =	10.500	7.500
		Rechnungsabgrenzung:		
		Zinsaufwand 1976	2.050	
		Zinszahlung 1976		
		$t_6 — t_{12}$ =		
		7×200 =	–1.400	650
	30.000			30.000

Gewinn- und Verlustrechnung 1. 1.–31. 12. 1976

Wareneinsatz	108.000	Warenverkauf	151.200
Miete	4.800		
Löhne	12.000		
Abschreibungen	2.000		
Zinsen	2.050		
Gewinn	22.350		
	151.200		151.200

III. Finanzplanung und Ermittlung des Kapitalbedarfs

Anmerkung:

Die genaue Periodenverrechnung des Zinsaufwandes soll sein: für 1976: 2.050 DM, für 1977: 350 DM, zusammen 2.400 DM. Von diesen 2.400 DM wurden laut Tilgungsplan gezahlt in 1976 1.400 DM und in 1977 1.000 DM.

d) Cash-Flow-Analyse

Der Begriff Cash flow bezeichnet eine Kennziffer über den Mittelzufluß aus dem Umsatzprozeß, aus der Einblicke in die Liquiditätslage und die finanzielle Entwicklung des Betriebs gewonnen werden können. Diese Kennziffer errechnet sich aus dem Periodengewinn, vermehrt um die Aufwendungen, denen keine Auszahlungen, und vermindert um die Erträge, denen keine Einzahlungen gegenüberstehen. In vereinfachter Form wird als Cash flow die Summe aus Periodengewinnen, Abschreibungen und Rückstellungen der Periode bezeichnet.

Aus den Zahlen der Gewinn- und Verlustrechnungen lassen sich, wie im Vergleich mit dem Finanzplan ersichtlich, folgende Finanzflußzahlen (Kassenfluß) ableiten:

(1) Finanzierung mit Eigenmitteln

Gewinn	24.400 DM
+ Abschreibungen (Aufwand, keine Auszahlung) in der Zeit $t_1 - t_{12}$	+ 2.000 DM
	26.400 DM
— Bestandsänderung Warenforderungen (Ertrag, keine Einzahlung)	— 12.600 DM
Nettobarentnahme $t_1 - t_{12}$	13.800 DM

Probe:

Entnahme $t_3 - t_{12}$	22.000 DM	
Einlage $t_1 - t_2$	8.200 DM	
	13.800 DM	

(2) Finanzierung mit Fremdmitteln

Gewinn	24.400 DM
+ Abschreibungen (Aufwand, keine Auszahlung) in der Zeit $t_1 - t_{12}$	+ 2.000 DM
	26.400 DM
— Bestandsänderung Warenforderungen (Ertrag, keine Einzahlung)	— 12.600 DM
Nettokredittilgung	13.800 DM

Probe:

Tilgung $t_3 - t_{12}$	22.000 DM	
Aufnahme $t_1 - t_2$	8.200 DM	
	13.800 DM	

(3) Finanzierung mit Eigen- und Fremdmitteln

Gewinn	22.350 DM
+ Abschreibungen (Aufwand, keine Auszahlung)	+ 2.000 DM
	24.350 DM
+ Nichtauszahlungswirksamer Anteil der Zinsen (2.050 — 1.400 Aufwand, keine Auszahlung)	+ 650 DM
	25.000 DM
— Bestandsänderung Forderungen	— 12.600 DM
Nettobarentnahme + Nettokredittilgung	12.400 DM

Probe:

Nettobarentnahme		
Entnahme $t_3 - t_{12}$	10.100	
Einlage $t_1 - t_2$	— 8.200	1.900 DM
Nettokredittilgung		
Tilgung $t_6 - t_{12}$	10.500	
Aufnahme	—	10.500 DM
		12.400 DM

IV. Die Quellen der Außenfinanzierung

1. Die Eigenfinanzierung (Einlagen- und Beteiligungsfinanzierung)

Eine Einlagen- oder Beteiligungsfinanzierung liegt vor, wenn dem Betrieb durch die Eigentümer (Einzelunternehmung), Miteigentümer (Personengesellschaften) oder Anteilseigner (Kapitalgesellschaften) **Eigenkapital von außen** zugeführt wird. Das Eigenkapital entspricht grundsätzlich der Differenz zwischen Vermögen und Schulden (Reinvermögen). Seine speziellen bilanzmäßigen Formen werden maßgeblich von der Rechtsform des Betriebes beeinflußt. Soweit Eigenkapital nicht durch Gewinnthesaurierung (Innenfinanzierung) gebildet wird, erhalten Einzelunternehmen und Personengesellschaften ihr Eigenkapital durch Einlage von privaten Mitteln, also aus dem Haushalt des Unternehmers bzw. der Gesellschafter, die zugleich Eigentümer bzw. Miteigentümer des Betriebes sind, Kapitalgesellschaften durch Gewährung von Gesellschaftsrechten an natürliche oder juristische Personen, die Anteile übernehmen. Die Kapitalgesellschaft ist als juristische Person Eigentümer des Betriebes; die Anteilseigner können als „wirtschaftliche Eigentümer" bezeichnet werden.

Für Personenunternehmen bestehen keinerlei Vorschriften über eine Mindesthöhe des Eigenkapitals. Bei der Aktiengesellschaft muß ein nominell fest gebundenes Grundkapital von mindestens 100.000 DM[1] und bei der GmbH ein nominell fest gebundenes Stammkapital von mindestens 20.000 DM[2] als Haftungsuntergrenze bestimmt sein. Davon müssen mindestens 25% eingezahlt sein.

---

[1] Vgl. § 7 AktG
[2] Vgl. § 5 Abs. 1 GmbHG

IV. Die Quellen der Außenfinanzierung

Betrachtet man das gesamte Außenfinanzierungsvolumen unserer Wirtschaft, so nimmt die **Finanzierung durch Aktien** umfangmäßig den bedeutendsten Rang ein. Durch die Festsetzung des Mindestnennbetrages von nur 50 DM für eine Aktie[1] kann die Aktiengesellschaft auch kleinste Kapitalbeträge zur Finanzierung mobilisieren. Hierin liegt ein Vorteil in der Eigenkapitalbeschaffung gegenüber allen anderen Rechtsformen. Ein weiterer Vorteil ergibt sich dadurch, daß der einzelne Aktionär sein Beteiligungsverhältnis nur dadurch beenden kann, daß er seine Aktie an einen anderen Aktionär verkauft. Die Gesellschaft erfährt in der Regel von dem Wechsel ihrer Gesellschafter überhaupt nichts, es sei denn, die Aktien lauten auf den Namen[2] oder die in § 20 Abs. 1 und 4 AktG festgesetzten Beteiligungsgrenzen, die eine Mitteilungspflicht auslösen, werden erreicht oder überschritten. Für die Gesellschaft ist das Aktienkapital seitens der Gesellschafter unkündbar.

a) Nennwertaktien – Quotenaktien

Aktien sind Wertpapiere (Teilhaberpapiere), die das Mitgliedschaftsrecht der Aktionäre an der Gesellschaft verbriefen. Die nach deutschem Recht zulässigen Aktien sind **Nennwertaktien** (§ 6 AktG), d. h. sie lauten auf einen bestimmten in Geld ausgedrückten Nennbetrag, der – wie bereits erwähnt – mindestens 50 DM betragen muß (§ 8 Abs. 1 AktG). Sie dürfen nicht unter pari, also nicht unter dem Nennwert ausgegeben werden, wohl aber über pari. Dann entsteht ein sog. Agio (Aufgeld). Für eine Aktie zum Nennwert von 1.000 DM sind dann beispielsweise 1.100 DM zu zahlen (Kurs 110 %). Die Gesellschaft erhält einen über den Nennwert hinausgehenden Betrag, der Eigenkapital darstellt und der gesetzlichen Rücklage zugeführt werden muß.[3]

Quotenaktien (nennwertlose Aktien), das sind Aktien, die auf eine bestimmte Quote am Reinvermögen, z. B. 1/1.000 oder 1/10.000 lauten, sind in Deutschland nicht zulässig, jedoch z. B. in den USA anzutreffen. Im Prinzip wirkt sich die Aufteilung des Kapitals in Nennwert- oder Quotenaktien gleich aus. Wenn z. B. bei einem Aktienkapital von 500.000 DM eine Aktie einen Nennwert von 1.000 DM hat, so macht sie 1/500 des Aktienkapitals aus. Soweit Änderungen in der Höhe des Reinvermögens vom Periodenerfolg (und nicht von Kapitalzuführungen von außen) abhängen, ändert sich die Quote selbst überhaupt nicht; es schwankt nur der hinter der Quote stehende reale Wert des Anteils, ein Vorgang, der als Kursänderung der Aktie sichtbar wird.

Der Börsenkurs von Quotenaktien kann nicht als Prozentkurs, sondern nur als Stückkurs ausgedrückt werden. Während in den USA Stückkurse schon länger üblich sind, wurden in Deutschland die Prozentnotierungen erst 1967 durch Stücknotierungen (i. d. R. bezogen auf eine Aktie im Nennwert von 50 DM) ersetzt.[4] Die Verwendung von Nennwertaktien ist jedoch deshalb erforderlich,

---

[1] Das Aktiengesetz 1937 setzte den Mindestbetrag für eine Aktie auf 1.000 RM fest; durch § 60 Abs. 2 DM-Bilanzgesetz vom 21. 8. 1949 wurde er auf 100 DM und durch § 8 Abs. 1 AktG 1965 auf 50 DM herabgesetzt.

[2] Vgl. S. 571

[3] Vgl. § 150 Abs. 2 Ziff. 2 AktG

[4] Vgl. Verordnung über die Feststellung der Börsenpreise von Wertpapieren vom 17. 4. 1967, BGBl. I, S. 479

weil nach dem Aktiengesetz das Grundkapital als Garantiekapital für die Gläubiger in seiner nominellen Höhe fest gebunden ist. Lauten die Aktien auf eine bestimmte Quote am Reinvermögen, so wird das Aktienkapital zu einer mit der jeweiligen Höhe des Reinvermögens variierenden Größe.

b) Stammaktien – Vorzugsaktien

Nach dem Umfang der Rechte der Aktionäre sind zu unterscheiden:
(1) **Stammaktien.** Sie stellen den Normaltyp der Aktie dar und gewähren gleiches Stimmrecht in der Hauptversammlung, gleichen Anspruch auf Gewinnanteil (Dividende), gleichen Anteil am Liquidationserlös und ein gesetzliches Bezugsrecht auf junge Aktien bei Kapitalerhöhungen oder auf Wandelschuldverschreibungen.

(2) **Vorzugsaktien** sind Aktien besonderer Gattung. Sie räumen dem Aktionär im Verhältnis zu den Stammaktien einen besonderen Anspruch auf Dividende, Stimmrecht, Bezugsrecht oder Liquidationserlös ein. Von praktischer Bedeutung sind vor allem die Dividendenvorzugsaktien. Ihre Ausgabe erfolgt beispielsweise dann, wenn eine Erhöhung des Aktienkapitals erforderlich ist, aber mit Stammaktien nicht durchgeführt werden kann, weil der Aktienkurs unter dem Nennwert liegt, eine Ausgabe von Aktien unter pari jedoch nicht zulässig ist. Dann ist eine Unterbringung neuer Aktien zum Nennwert, also über dem Börsenkurs der alten Aktien, nur möglich, wenn die neuen Aktien mit einem Vorzugsrecht ausgestattet werden.

Ein anderer Fall der Ausgabe von Vorzugsaktien ist dann gegeben, wenn infolge eines hohen Verlustvortrages eine Sanierung erfolgen muß. Sanierung bedeutet Herabsetzung des Grundkapitals in vereinfachter Form und anteilsmäßige Verteilung des Verlustes auf die Aktionäre. Das kann durch Herabstempelung des Nennwertes oder durch Zusammenlegung von Aktien erfolgen.[1] Da die Gesellschaft in einer schlechten wirtschaftlichen Lage jedoch nicht nur an einer buchtechnischen Beseitigung des Verlustvortrages interessiert ist, wird sie die Aktionäre auffordern, ihren Verlustanteil durch eine Zuzahlung zu begleichen. Um einen Anreiz zur Zuzahlung zu geben, können die Aktien der zuzahlenden Aktionäre mit einem Vorzug ausgestattet werden.

Das Aktiengesetz bestimmt, daß dann, wenn mehrere Aktiengattungen vorhanden sind, ein Beschluß der Hauptversammlung nur wirksam ist, wenn die Aktionäre jeder Gattung einen gesonderten Beschluß fassen und die gesetzlich oder satzungsmäßig erforderliche Stimmenmehrheit erreichen.[2] Die Ausgabe von Vorzugsaktien kann deshalb auch den Zweck verfolgen, eine Verschiebung der Mehrheitsverhältnisse in einer Gesellschaft zu erreichen.

Häufig haben die Vorzugsaktien **kein Stimmrecht**.[3] Dann stellen sie ein Finanzierungsmittel dar, mit dem Eigenkapital beschafft werden soll, ohne daß sich die bestehenden Stimmenverhältnisse in der Gesellschaft verschieben. Der Ausschluß des Stimmrechts erfolgt also aus machtpolitischen Gründen. Als Er-

---

[1] Vgl. S. 618f.
[2] Vgl. z. B. §§ 182 Abs. 2 und 222 Abs. 2 AktG
[3] Vgl. § 139 AktG

satz wird ein wirtschaftlicher Vorteil in Form eines erhöhten Dividendenanspruchs gewährt.

Es gibt verschiedene Gattungen von Vorzugsaktien. Gewöhnlich besteht der Vorzug in einem **prioritätischen Dividendenanspruch,** d. h., daß bei der Verteilung des Gewinns vorweg an die Vorzugsaktionäre eine Vorzugsdividende zu zahlen ist, also bevor an die Stammaktionäre eine Dividende ausgeschüttet wird. Die Vorzugsaktionäre erhalten beispielsweise zunächst 6% Vorzugsdividende. Ist dann noch Gewinn vorhanden, so werden nun an die Stammaktionäre 6% Dividende ausgeschüttet; der Rest wird gleichmäßig auf alle Aktien verteilt. Ein Vorzug ergibt sich hier nur, wenn der Gewinn nicht ausreicht, den Stammaktionären ebenfalls 6% Dividende zu gewähren. Anderenfalls sind Vorzugs- und Stammaktien gleichgestellt.

Der Vorzug kann auch in einem prioritätischen Dividendenanspruch mit **Überdividende** bestehen. Es wird z. B. bestimmt, daß die Vorzugsaktien zunächst 8%, danach die Stammaktien 5% erhalten und der Rest gleichmäßig auf alle Aktien verteilt wird. Dann kann je nach der Gewinnlage der „Vorsprung" der Vorzugsaktionäre unterschiedlich groß sein.

Beispiel:

Prioritätische Dividende mit Überdividende					
	1972	1973	1974	1975	1976
Vorzugsaktien	8%	8%	10%	11%	8%
Stammaktien	0%	5%	7%	8%	3%
Differenz	8%	3%	3%	3%	5%

Die Vorzugsdividende kann auf einen bestimmten Höchstbetrag festgesetzt sein **(limitierte Vorzugsaktien).** Darüber hinaus erhalten die Vorzugsaktionäre keine weiteren Gewinnanteile, sondern der gesamte verbleibende Gewinn wird an die Stammaktionäre verteilt. Einen Vorzug enthalten diese Aktien nur bei relativ schlechter Geschäftslage. Je größer der Gewinn wird, desto stärker kehrt sich der Vorzug in einen Nachteil um.

Beispiel:

Limitierte Vorzugsdividende					
	1972	1973	1974	1975	1976
Vorzugsaktien	6%	6%	6%	6%	6%
Stammaktien	0%	2%	6%	10%	14%
Differenz	+6%	+4%	±0%	−4%	−8%

Vom Standpunkt des Ertrages, den ein Anleger erzielt, ähnelt diese Aktiengattung festverzinslichen Papieren, solange die Ertragslage günstig ist. In Verlustjahren dagegen braucht die Gesellschaft keine Dividende zu zahlen. Da die

Vorzugsaktien vielfach kein Stimmrecht haben, ist auch hier eine Ähnlichkeit zur Obligation, also zum Gläubigerpapier gegeben. Da aber im Konkursfall die aus Obligationen geltend gemachten Ansprüche vorab befriedigt werden, während die Ansprüche der Inhaber von Vorzugsaktien nur für den (seltenen) Fall zur Geltung kommen, wo die Vermögensmasse noch höher ist als die Summe aller Konkursforderungen, da außerdem die Vorzugsaktien sämtliche anderen Aktionärsrechte verbriefen (z. B. Teilnahme an der Hauptversammlung, Informationsrecht, Bezugsrecht, Recht auf Anteil am Liquidationserlös), bestehen trotz dieser Gemeinsamkeiten wichtige Unterschiede zwischen beiden Finanzierungsinstrumenten.

Von **kumulativen Vorzugsaktien** spricht man dann, wenn ein Anspruch auf Vorzugsdividende auch in Verlustjahren besteht und im nächsten Gewinnjahr nachgezahlt werden muß. Die Aktie wird damit praktisch mit einer garantierten Mindestverzinsung ausgestattet. Sind diese Aktien stimmrechtslos, so kann dem Aktionär sein Stimmrecht wieder zuwachsen, wenn in einem Jahre der Vorzugsbetrag nicht oder nur teilweise bezahlt wird und im folgenden Jahr neben dem Vorzugsbetrag dieses Jahres eine Nachzahlung der Rückstände nicht oder nur teilweise möglich ist. In diesem Falle müssen die Vorzugsaktien auch bei der Berechnung einer nach Gesetz oder Satzung erforderlichen Kapitalmehrheit berücksichtigt werden.[1]

Beispiel:[2]
Die kumulative Vorzugsdividende beträgt 6%, der Gewinn des ersten Geschäftsjahres reicht zur Zahlung von 4%, der des zweiten Jahres zur Zahlung von 4% und der des dritten Jahres zur Zahlung von 6% Vorzugsdividende aus.
(1) Der Rückstand für das erste Jahr beträgt 2%.
(2) Im zweiten Jahre wären zu bezahlen:
    a) der Rückstand von 2%,
    b) die Vorzugsdividende dieses Jahres von 6%.
    Tatsächlich werden bezahlt 4%, Rückstand also 4%. Die Vorzugsaktionäre erhalten das Stimmrecht.
(3) Im dritten Jahr wären zu bezahlen:
    a) der Rückstand von 4%,
    b) die Vorzugsdividende dieses Jahres von 6%.
    Tatsächlich werden bezahlt 6%. Der Rückstand beträgt 4%. Das Stimmrecht bleibt bestehen.
(4) Im vierten Jahre müßten den Vorzugsaktionären 10% ausgeschüttet werden, damit das Stimmrecht erlischt.

Nach § 139 Abs. 2 AktG darf der Gesamtnennbetrag der stimmrechtslosen Vorzugsaktien nicht mehr als der der Stammaktien ausmachen. Diese Vorschrift soll verhindern, daß der Einfluß der stimmberechtigten Stammaktionäre im Verhältnis zu ihrer Kapitalbeteiligung zu groß wird.

Der Vorzug kann sich auch auf das Stimmrecht beziehen und Aktien mit einem mehrfachen Stimmrecht ausstatten. Die Ausgabe von **Mehrstimmrechtsaktien**

---

[1] Vgl. § 140 Abs. 2 AktG
[2] Vgl. Keinath, U., Die Vorzugsaktie, Diss., Würzburg 1957, S. 48

ist nach § 12 Abs. 2 AktG (gleichlautend in den AktG 1937 und 1965) grundsätzlich unzulässig. Ausnahmen kann nur „die für Wirtschaft zuständige oberste Behörde des Landes, in dem die Gesellschaft ihren Sitz hat", zulassen, „soweit es zur Wahrung überwiegender gesamtwirtschaftlicher Belange erforderlich ist".[1] Soweit Mehrstimmrechtsaktien vor Inkrafttreten des Aktiengesetzes von 1937 ausgegeben worden sind, haben sie weiterhin Gültigkeit. § 5 Abs. 2 EG AktG 1965 räumt jedoch der Hauptversammlung das Recht ein, mit einer Mehrheit von drei Vierteln des bei der Beschlußfassung vertretenen Grundkapitals die Beseitigung oder Beschränkung der Mehrstimmrechte zu beschließen.

Die bestehenden Mehrstimmrechtsaktien haben in den seltensten Fällen in erster Linie als Finanzierungsinstrument gedient, sondern sollten eine Veränderung der Stimmenverhältnisse in der Hauptversammlung zugunsten ihrer Inhaber ohne entsprechende Kapitalbeteiligung herbeiführen. Sie wurden vor allem in den zwanziger Jahren während und nach der Inflation ausgegeben, um die Einflußnahme ausländischer Kapitalgruppen, deren Geld man zwar benötigte, denen man aber nur mindere Stimmrechte einräumen wollte, abzuwehren und die Gesellschaft vor einer „äußeren Überfremdung" zu bewahren. Sie sind aber auch ein Instrument der Machtpolitik, um eine „innere Überfremdung", die durch Einfluß unerwünschter Machtgruppen eintreten kann, zu verhindern. Damit sie ihre Aufgaben erfüllen konnten, wurden sie in der Regel als vinkulierte Namensaktien ausgegeben.

Das Stimmrecht eines Aktionärs, der über eine größere Zahl von Aktien verfügt, kann durch die Satzung begrenzt werden. Ein Beispiel dafür ist die Satzung des Volkswagenwerkes, in der bestimmt wird, daß das Stimmrecht eines einzelnen Aktionärs auch bei höherem Aktienbesitz auf die Zahl der Stimmen beschränkt wird, die Aktien von 1/10.000 des Grundkapitals gewähren.

c) Vorratsaktien – eigene Aktien

Steht das Mitgliedschaftsrecht der Gesellschaft selbst (oder einem Dritten für Rechnung der Gesellschaft) zu, so lassen sich unterscheiden:

(1) **Vorratsaktien** (§ 56 AktG). Man bezeichnet sie auch als Verwaltungs- oder Verwertungsaktien. Es handelt sich um Aktien, die beispielsweise im Rahmen einer ordentlichen Kapitalerhöhung über den momentanen Kapitalbedarf der Gesellschaft hinaus geschaffen und für Rechnung der Gesellschaft oder eines abhängigen oder in Mehrheitsbesitz stehenden Unternehmens von einem Dritten (z. B. einer Bank) oder einem Treuhänder übernommen werden. Der Übernehmer haftet auf die volle Einlage; er kann sich dieser Forderung auch nicht durch den Einwand entziehen, daß er die Aktien nicht für eigene Rechnung übernommen habe. Weder der Übernehmer noch die Gesellschaft können Rechte aus den Vorratsaktien geltend machen, bevor sie ordnungsmäßig übernommen worden sind.

Bilanztechnisch wirken sich Vorratsaktien so aus, daß das Grundkapital um ihren Betrag erhöht wird. Dem steht bei 25%iger Einzahlung der Posten „Ausstehende Einlagen auf das Grundkapital" in Höhe von 75% des Gesamtbetrages der Vorratsaktien gegenüber, außerdem die Forderung an den Übernehmer in

---

[1] § 12 Abs. 2 AktG

Höhe von 25%. Der Übernehmer zahlt in der Regel nur den Mindesteinzahlungsbetrag (25% des Nennwerts) ein und erhält dafür einen Kredit von der Gesellschaft in entsprechender Höhe. Dem Betrieb fließen also bei dieser Transaktion keine neuen Mittel oder Vermögenswerte zu. Das ist erst bei der endgültigen Verwertung der Aktien der Fall.

Die Vorratsaktien müssen zur Verfügung der Gesellschaft gehalten werden. Ihre Aufgabe besteht darin, daß die Gesellschaft sie später zum Erwerb größerer Beteiligungen zur Vorbereitung von Fusionen oder bei Vornahme größerer Investitionen verwerten kann. Die Vorratsaktien sind jedoch durch die Schaffung des sog. genehmigten Kapitals (§ 202 AktG)[1] praktisch überflüssig geworden.

(2) **Eigene Aktien** (§ 71 AktG). Der Erwerb eigener Aktien durch die Gesellschaft ist **grundsätzlich verboten,** da er gegen das Prinzip des Schutzes der Gläubiger und Aktionäre verstößt, denn wirtschaftlich bedeutet der Erwerb eigener Aktien nichts anderes als eine Rückzahlung von Teilen des Grundkapitals. § 71 Abs. 1 AktG läßt jedoch in einigen **Ausnahmefällen** zu, daß die Gesellschaft eigene Aktien erwerben kann; dann nämlich, wenn

(1) der Erwerb notwendig ist, um einen schweren Schaden von der Gesellschaft abzuwenden;
(2) die Aktien den Arbeitnehmern der Gesellschaft zum Erwerb angeboten werden sollen;
(3) der Erwerb zu dem Zwecke erfolgt, entweder die Aktien außenstehender Aktionäre (Minderheitsaktionäre), die beim Abschluß eines Beherrschungsvertrages aus der abhängigen Gesellschaft ausscheiden wollen, durch Hingabe eigener Aktien der herrschenden Gesellschaft zu erwerben (Abfindung nach § 305 Abs. 2 AktG) oder die ausscheidenden Aktionäre einer Gesellschaft, die bereits zu 95% der eigenen Gesellschaft gehört und nach § 320 AktG eine Eingliederung in diese Gesellschaft beschließt, mit eigenen Aktien abzufinden;
(4) auf die Aktien der Nennbetrag oder der höhere Ausgabebetrag voll geleistet ist und der Erwerb unentgeltlich geschieht oder die Gesellschaft mit dem Erwerb eine Einkaufskommission ausführt;
(5) der Erwerb durch Gesamtrechtsnachfolge eintritt;
(6) die Aktien auf Beschluß der Hauptversammlung nach den Vorschriften über die Herabsetzung des Grundkapitals eingezogen werden sollen.

Der Gesamtnennbetrag der für die unter 1. bis 3. genannten Zwecke erworbenen eigenen Aktien darf jedoch 10 Prozent des Grundkapitals der Gesellschaft nicht übersteigen. Aus den eigenen Aktien stehen der Gesellschaft keine Rechte zu.

Um Umgehungen des Verbots, eigene Aktien zu erwerben, zu verhindern, untersagt § 71 Abs. 4 AktG einem abhängigen Unternehmen, **Aktien der herrschenden Gesellschaft,** und einem in Mehrheitsbesitz stehenden Unternehmen, Aktien der an ihm mit Mehrheit beteiligten Gesellschaft zu erwerben. Die oben unter 1.–5. aufgeführten Ausnahmen gelten jedoch auch in diesen Fällen.

Die Vorratsaktien unterscheiden sich von den eigenen Aktien dadurch, daß sie nicht wie die eigenen Aktien im Handel waren und von der Gesellschaft erworben worden sind. Eigene Aktien werden am Markt (Börse, Bank) gekauft, Vorrats-

---

[1] Vgl. S. 612

aktien werden bei ihrer Schaffung für Rechnung der Gesellschaft übernommen, ohne zunächst in den Verkehr zu gelangen.

d) Namensaktien – Inhaberaktien

Je nach den Übertragungsmodalitäten unterscheidet man zwei verschiedene Aktienarten: Namens- und Inhaberaktien.

(1) **Namensaktien** lauten auf den Namen des Aktionärs, der im Aktienbuch der Gesellschaft eingetragen werden muß.[1] Sie sind geborene Orderpapiere und werden durch Indossament und Übergabe übertragen. Außerdem ist eine Umschreibung im Aktienbuch erforderlich. Dadurch wird die Übertragung recht umständlich und schränkt die Beweglichkeit (Fungibilität) der Aktie ein. Der Gesellschaft gegenüber gilt als Aktionär, wer im Aktienbuch eingetragen ist. Bei Ausübung des Stimmrechts und bei Dividendenzahlungen können u. U. Unstimmigkeiten bei der Legitimation entstehen. Diesen Nachteilen steht der Vorteil einer größeren Publizität der Eigentumsverhältnisse gegenüber, da das Aktienbuch eingesehen werden kann. Dadurch werden auch die Möglichkeiten der Steuerhinterziehung eingeschränkt. Die Urkunden der Namensaktien dürfen bereits vor der Volleinzahlung des Nennbetrages ausgegeben werden. Die Mindesteinzahlung beträgt 25% des Nennwertes. Das geforderte Agio muß voll eingezahlt werden.

Wird durch die Satzung die Übertragung an die Zustimmung der Gesellschaft gebunden, so bezeichnet man die Aktien als „**vinkulierte Namensaktien**". Mit Hilfe der Vinkulierung kann die Gesellschaft verhindern, daß die Aktien in die Hände von Personen gelangen, die ihr aus machtpolitischen Gründen als Aktionäre nicht genehm sind (z. B. ausländische Anteilseigner) oder – im Falle nicht voll eingezahlter Aktien – deren Kreditwürdigkeit problematisch ist. Bei Familiengesellschaften soll die Vinkulierung eine Übertragung an nicht zur Familie gehörende Personen verhindern oder unter Kontrolle halten.

(2) **Inhaberaktien** lauten auf den Inhaber. Sie sind Inhaberpapiere und werden durch Einigung und Übergabe übertragen (§ 929 BGB). Ihre Ausgabe ist nur dann zulässig, wenn der Nennbetrag voll eingezahlt worden ist. Solange die Volleinzahlung nicht erfolgt ist, können an Stelle von Aktien Interimsscheine ausgegeben werden, die auf den Namen lauten[2] und wie Namenspapiere behandelt werden. Sie gewähren die gleichen Rechte wie die Aktien. Wenn die Satzung nichts anderes bestimmt, sind Aktien grundsätzlich als Inhaberaktien auszustellen.[3] Sie bilden in Deutschland den Normaltyp der Aktie.

e) Kuxe

Die Eigenkapitalbeschaffung der bergrechtlichen Gewerkschaften erfolgt durch die Ausgabe von Kuxen. Die Gewerkschaft hat kein festes Grundkapital wie die Aktiengesellschaft, da ihre Kuxe nicht auf einen bestimmten Nennbetrag, sondern auf eine bestimmte Quote am Vermögen lauten. Sie sind also der Quotenaktie vergleichbar. Die Zahl der Kuxe einer Gewerkschaft beträgt 100, 1.000

---

[1] Vgl. § 67 AktG
[2] Vgl. § 10 Abs. 2 AktG
[3] Vgl. § 24 Abs. 1 AktG

oder ein Vielfaches davon bis zu höchstens 10.000. Kuxe lauten auf den Namen, ihre Eigentümer werden in ein Gewerkenbuch eingetragen. Kuxe können an der Börse gehandelt werden, allerdings nur zu einem Stück-Kurs, d. h. einem absoluten Geldbetrag, da sie nicht auf einen Nennwert lauten. Die Bedeutung der Kuxe als Finanzierungsinstrument geht immer mehr zurück, da viele bergrechtliche Gewerkschaften sich in Aktiengesellschaften umgewandelt haben.

f) Die Ermittlung des Wertes von Anteilen

Das Nominalkapital einer Aktiengesellschaft ist nicht mit ihrem gesamten Eigenkapital identisch. Während bei den Einzelunternehmungen und den Personengesellschaften sich Gewinne und Verluste in einer Veränderung der Kapitalkonten zeigen, vollziehen sich Bewegungen im Eigenkapital der Kapitalgesellschaften nicht im Haftungskapital (Nominalkapital), sondern in gesonderten Eigenkapitalpositionen: den Rücklagen und dem Gewinnvortrag. Bei der Aktiengesellschaft setzt sich das ausgewiesene Eigenkapital folgendermaßen zusammen:

```
    Grundkapital
  + gesetzliche Rücklage
  + freie Rücklagen
  + Gewinnvortrag
  ./. Verlustvortrag
  = Eigenkapital
```

Es läßt sich auch wie folgt bestimmen:

```
    Vermögen (abzüglich Wertberichtigungen)
  — Schulden (einschließlich Rückstellungen)
  — noch auszuschüttender Gewinn
  = Eigenkapital
```

Ist das Eigenkapital infolge von Verlusten kleiner als das Nominalkapital geworden, so darf dieses in der Bilanz nicht vermindert werden, sondern ist weiterhin in voller Höhe auszuweisen und auf der Aktivseite der Bilanz durch einen **Verlustvortrag** zu korrigieren.

Das Verhältnis des bilanzierten Eigenkapitals zum Grundkapital bezeichnet man als **Bilanzkurs**.

$$\text{Bilanzkurs} = \frac{\text{bilanziertes Eigenkapital}}{\text{Grundkapital}} \times 100$$

Dieser Bilanzkurs besagt, daß auf je 100 DM Nominalkapital 60 DM weiteres Eigenkapital entfallen.

Beispiel:

Grundkapital	500.000	
gesetzl. Rücklage	50.000	Bilanzkurs $= \dfrac{800.000}{500.000} \times 100 = 160\%$
freie Rücklage	250.000	
Eigenkapital	800.000	

Es darf nicht übersehen werden, daß dann, wenn durch Unterbewertung von Vermögensteilen oder Überbewertung von Schulden stille Rücklagen[1] gebildet worden sind, das Vermögen des Betriebes größer ist als das in der Bilanz ausgewiesene Vermögen. Folglich ist auch das effektiv vorhandene und bei der betrieblichen Leistungserstellung mitwirkende Eigenkapital um die stillen Rücklagen größer als das bilanzierte Eigenkapital, so daß sich das gesamte Eigenkapital eines Betriebes aus dem bilanzierten Eigenkapital und den stillen Rücklagen zusammensetzt. Diese Feststellung ist von der Rechtsform des Betriebes unabhängig. Je größer die stillen Rücklagen sind, desto höher ist bei einer Aktiengesellschaft der solchermaßen korrigierte Bilanzkurs der Aktie.

$$\text{Korrigierter Bilanzkurs} = \frac{\text{bilanziertes Eigenkapital} + \text{stille Rücklagen}}{\text{Grundkapital}} \times 100$$

Setzt man im vorangegangenen Beispiel die stillen Rücklagen mit 100.000 DM an, so ergibt sich ein Eigenkapital von 900.000 DM, der Kurs beträgt dann 180%.

Geht man nicht vom Verhältnis des Eigenkapitals zum Grundkapital, sondern vom Verhältnis des Ertragswertes zum Grundkapital aus, so erhält man den **Ertragswertkurs:**

$$\text{Ertragswertkurs} = \frac{\text{Ertragswert}}{\text{Grundkapital}} \times 100$$

Der Ertragswert läßt sich durch Kapitalisierung des nachhaltig erwarteten Reinertrages ermitteln:[2]

$$\text{Ertragswert} = \frac{\text{Reinertrag}}{\text{Kapitalisierungszinsfuß}} \times 100$$

Angenommen, der Reinertrag beträgt 60.000 DM, der Kapitalisierungszinsfuß 5%, so ergibt sich ein Ertragswert von

$$\frac{60.000}{5} \times 100 = 1.200.000 \text{ DM};$$

der Ertragswertkurs beträgt dann:

$$\frac{1.200.000}{500.000} \times 100 = 240\%.$$

---

[1] Vgl. S. 781 ff.
[2] Vereinfachte Formel, vgl. die Errechnung des Ertragswerts S. 531 f.

Während der Bilanzkurs lediglich zum Ausdruck bringt, wieviele Rücklagen im Verhältnis zum Grundkapital vorhanden sind, d. h. wie groß der „innere Wert" einer Aktie auf Grund der vorhandenen Vermögenssubstanz ist, zeigt der Ertragswertkurs den „inneren Wert" einer Aktie unter Berücksichtigung der Ertragserwartungen.

Keiner der bisher dargestellten Kurse entspricht dem **Börsenkurs**. Dieser bildet sich durch Angebot und Nachfrage an der Börse und wird folglich durch alle Komponenten beeinflußt, von denen Angebot und Nachfrage abhängen.

Grundlage der Kursbildung sind die **Erwartungen der Anleger** in die Erträge des Unternehmens und in ihre sonstigen Anlagemöglichkeiten. Diese Erwartungen werden u. a. durch Dividendenankündigungen, Bekanntmachungen über Gewinne und den Geschäftsverlauf der Unternehmen, durch die allgemeine Konjunkturentwicklung, wirtschafts- und sozialpolitische Maßnahmen, Veränderungen der innen- und außenpolitischen Lage beeinflußt. Die Erwartungen der Anleger können sich auch auf Kurssteigerungen bzw. -verluste richten, die nicht Ergebnis der Ertragslage der Unternehmen sind, z. B. Ankündigungen von Kapitalerhöhungen, der Ausgabe von Zusatzaktien, die Absicht einzelner Anleger, Mehrheitsbeteiligungen zu erwerben u. ä. Alle diese sich gegenseitig beeinflussenden Faktoren rufen eine optimistische oder pessimistische Stimmung an der Börse hervor, die die Entschlüsse zum Kauf oder Verkauf berührt.

An der Börse werden nicht alle Aktien gehandelt, sondern nur die Aktien der Gesellschaften, die zum **amtlichen Handel** zugelassen worden sind. Die Genehmigung der Zulassungsstelle der Börse ist an eine Reihe von Voraussetzungen geknüpft. Aktien, die nicht zum amtlichen Handel zugelassen worden sind, können an der Börse im geregelten Freiverkehr gehandelt werden. Daneben hat sich außerhalb der Börse zwischen den Banken ein ungeregelter Freiverkehr entwickelt, der telefonisch oder durch Fernschreiber vollzogen wird (Telefonverkehr).

Beim amtlichen Handel ist zwischen einem Einheitsmarkt und einem variablen Markt zu unterscheiden. Am **Einheitsmarkt** wird an einem Tag nur ein einheitlicher Kurs (Kassakurs) ermittelt, am variablen Markt erfolgt dagegen eine fortlaufende Notierung während der Börsenzeit. Am **variablen Markt** sind nur Aktien von Gesellschaften zugelassen, deren Grundkapital mindestens zehn Millionen DM beträgt. Außerdem muß das einzelne Geschäft mindestens 3.000 DM ausmachen.

Der **Einheitskurs** wird in der Weise ermittelt, daß der Börsenmakler sämtliche Kauf- und Verkaufsaufträge sammelt und daraus den Kurs festsetzt, bei dem der größtmögliche Umsatz vollzogen wird. Käufer und Verkäufer können ihren Börsenauftrag entweder limitieren, d. h. den Kurs angeben, der beim Kauf nicht überschritten oder beim Verkauf nicht unterschritten werden darf, oder sie können – wenn sie wünschen, daß ihr Auftrag in jedem Falle ausgeführt wird – angeben, daß „bestens" angeschafft oder verkauft wird (unlimitierter Auftrag).[1]

---

[1] Vgl. Obst-Hintner, Geld-, Bank- und Börsenwesen, 36. Aufl., Stuttgart 1967, S. 656f.

Beispiel:

Nachfrage (Kaufaufträge)	Angebot (Verkaufsaufträge)
2.000 DM A-Aktien zu 164	4.000 DM A-Aktien zu 160
5.000 DM dto. zu 163	4.000 DM dto. zu 161
3.000 DM dto. zu 162	1.000 DM dto. zu 162
2.000 DM dto. zu 161	3.000 DM dto. zu 163
3.000 DM dto. zu 160	3.000 DM dto. zu 164

Der Kurs wird auf 162 festgesetzt, da bei diesem Kurs der größte Umsatz erzielt wird, wie die folgende Übersicht zeigt:

Kurs	Angebot	Nachfrage
160	4.000	15.000
161	8.000	12.000
162	9.000	10.000
163	11.000	7.000
164	15.000	2.000

Da beim Kurs von 162 nicht alle Kaufaufträge erledigt werden können, wird dieser Kurs mit dem Zusatz „bG" notiert; bG bedeutet: bezahlt und Geld, d. h. es wurden Umsätze durchgeführt, die Nachfrage wurde jedoch nicht voll gedeckt.

Auf dem **Kurszettel** können den Kursen folgende Zeichen hinzugesetzt werden:[1]

b, bz oder bez. (= **bezahlt**) besagt, daß Angebot und Nachfrage sich ausgeglichen haben, d. h. es wurden ausgeführt
(1) alle Kauf- und Verkaufsaufträge, die nicht limitiert oder zum notierten Kurs limitiert waren,
(2) alle höher limitierten Kaufaufträge und
(3) alle niedriger limitierten Verkaufsaufträge.

G (= Geld) bedeutet: zum notierten Kurs bestand Nachfrage, aber kein oder nur unbedeutendes Angebot, so daß der größte Teil der limitierten Kaufaufträge nicht erledigt werden konnte und nur „Bestens-Aufträge" ausgeführt wurden.

B (= Brief) heißt, daß zum notierten Kurs ein Angebot, aber keine oder nur unbedeutende Nachfrage vorhanden war, so daß nur Bestens-Verkaufsaufträge erledigt werden konnten.

bG oder bez.G (= bezahlt und Geld) bedeutet, daß Umsätze erfolgt sind, aber die Nachfrage nicht voll befriedigt werden konnte.

etw.bez.G (= etwas bezahlt und Geld) besagt: es wurden Umsätze durchgeführt, die limitierten Kaufaufträge konnten aber nur zum Teil erledigt werden.

---

[1] Vgl. Obst-Hintner, a. a. O., S. 658f.

bB oder bez.B (= **bezahlt und Brief**) bedeutet, daß Umsätze erfolgt sind, aber noch Angebot bestand.

etw.bez.B (= **etwas bezahlt und Brief**) besagt, daß Umsätze durchgeführt wurden, aber nur ein Teil der limitierten Verkaufsaufträge erledigt werden konnte.

— (= **gestrichen**) bedeutet: da keine Aufträge vorlagen, erfolgte keine Kursbildung.

T (= **Taxe**) heißt: Der Kurs wurde geschätzt, da keine Aufträge vorlagen. Umsätze werden jedoch zum geschätzten Kurs für möglich gehalten.

Stellt der Börsenmakler auf Grund der vorliegenden Aufträge fest, daß mit einer größeren Kursänderung zu rechnen ist (mehr als 5%), so bedeuten die Zeichen

++ (= **plus plus**) eine voraussichtlich starke Kurssteigerung und

— — (= **minus minus**) einen voraussichtlich starken Kursrückgang.

Beträgt die Kursänderung mehr als 10%, so muß das zuständige Mitglied des Börsenvorstandes seine Zustimmung zur Kursfestsetzung geben. Bei derartig großen Kursänderungen ist es möglich, daß der Kurs gestrichen und ein Taxkurs angegeben wird.[1]

2. Die Fremdfinanzierung (Kreditfinanzierung)

a) Übersicht

Die Arten des Fremdkapitals lassen sich nach verschiedenen Kriterien einteilen. Die wichtigsten sind die folgenden:

(1) Nach der **Herkunft des Kapitals,** d. h. nach den Kreditgebern unterscheidet man:
   (a) Bankkredite (z. B. Kontokorrentkredit, Darlehen, Diskontkredit, Akzeptkredit, Lombardkredit);
   (b) Kredite von Privatpersonen und Betrieben (z. B. Darlehen, Schuldscheindarlehen, Obligationen);
   (c) Lieferantenkredite (Kaufpreisstundung);
   (d) Kundenkredite (Anzahlungen);
   (e) Kredite der öffentlichen Hand (z. B. auf Grund öffentlicher Förderungsprogramme).

(2) Nach der erforderlichen **rechtlichen Sicherung** ist zu trennen zwischen:
   (a) Schuldrechtlicher Sicherung:
      aa) Bürgschaft oder Garantie (Avalkredit);
      bb) Forderungsabtretung;
   (b) sachenrechtliche Sicherung:
      aa) Grundpfandrechte (Hypothekarkredite, Grundschuld);
      bb) bewegliche Pfandrechte (z. B. Waren- und Effektenlombardkredit);
      cc) Sicherungsübereignung;
      dd) Eigentumsvorbehalt.

---

[1] Vgl. Bellinger, B., Langfristige Finanzierung, Wiesbaden 1964, S. 79

(3) Nach der **Dauer der Kapitalüberlassung** (Fristigkeit) wird gegliedert in:
 (a) Kurzfristige Kredite: bis zu 90 Tagen (z. B. Handelswechsel) teilweise bis zu 360 Tagen, die Abgrenzung zu b) ist fließend;
 (b) Mittelfristige Kredite: über 90 bzw. 360 Tage bis zu 4 Jahren;
 (c) langfristige Kredite: über 4 Jahre Laufzeit, gesetzlich festgelegt im Aktiengesetz (§ 151) und Kreditwesengesetz (§ 20).

(4) Nach dem **Gegenstand der Übertragung** auf den Betrieb ist zu unterscheiden in:
 (a) Sachkredite: dem Betrieb fließen Sachwerte zu, z. B. Lieferantenkredit, Naturalkredit;
 (b) Geldkredite: dem Betrieb fließt Geld zu, z. B. Darlehen, Anzahlungen;
 (c) Kreditleihe: der Betrieb erhält weder Geld noch Sachwerte, sondern Sicherheiten, mit denen er Kredite nach (a) oder (b) aufnehmen kann, z. B. Akzeptkredit, Avalkredit, Akkreditiv.

b) Langfristige Fremdfinanzierung

Die langfristige Fremdfinanzierung ist eine Darlehensfinanzierung. **Darlehen** sind festverzinsliche Kredite, die an bestimmten, vertraglich vereinbarten Terminen auszuzahlen oder zurückzuzahlen sind. Sie belasten den Betrieb im Gegensatz zu Aktien und Kuxen auch in Verlustjahren mit Zinsen, andererseits sind die Zinsen bei der Ermittlung des Gewinns abzugsfähig, d. h. sie werden buchtechnisch als Aufwand verrechnet und mindern den ausgewiesenen und den steuerpflichtigen Gewinn. Dividenden dagegen sind aus dem versteuerten Gewinn zu zahlen. Nach der Art der Kapitalbeschaffung und der rechtlichen Sicherung unterscheidet man:

 (1) Anleihen (Obligationen)
 (2) Schuldscheindarlehen
 (3) Hypotheken- und Grundschulden
 (4) sonstige langfristige Darlehen.

Wegen ihrer besonderen Bedeutung als Finanzierungsinstrument von Großbetrieben sollen die Obligationen und Schuldscheindarlehen ausführlicher besprochen werden.

aa) Industrieobligationen

Die von der gewerblichen Wirtschaft ausgegebenen Obligationen bezeichnet man als Industrieobligationen, auch wenn sie nicht nur von Industriebetrieben, sondern z. B. auch von Handels- oder Verkehrsbetrieben begeben werden. Andere Anleihegruppen bilden die Obligationen der öffentlichen Hand (Anleihen des Bundes, der Länder und der Gemeinden) und die Pfandbriefe der Realkreditinstitute (z. B. Hypothekenbanken).

Die Aufnahme von Fremdkapital durch **Emission von Teilschuldverschreibungen** ist die typische Form langfristiger Fremdfinanzierung von großen Aktiengesellschaften. Durch Stückelung des Gesamtbetrages in kleinere Teilbeträge bieten die Anleihen den Vorteil, daß große Kreditsummen, die eine einzelne Bank einzuräumen nicht bereit oder in der Lage wäre, von vielen einzelnen Gläubigern (Obligationären) aufgebracht werden können. Von seiten der Gläubiger kann die Obligation nicht gekündigt werden, doch hat jeder Obligationär die Möglichkeit, das Kreditverhältnis durch Verkauf seiner Schuldverschreibung für sich persönlich zu beenden – ebenso wie ein Aktionär sein Beteiligungsverhältnis durch Veräußerung seiner Aktien lösen kann.

Obligationen verbriefen keine Mitgliedschaftsrechte, sondern Forderungsrechte, d. h. sie sind reine **Gläubigerpapiere**. Im Falle des Konkurses zählen sie zu den Konkursforderungen. Die Ausgabe von Obligationen ist an sich nicht auf Betriebe einer bestimmten Rechtsform beschränkt, praktisch jedoch kommen nur sehr große Betriebe, also in den meisten Fällen Aktiengesellschaften, in Frage, da die Ausgabekosten von Obligationen sehr hoch sind und sich erst bei Anleihebeträgen von mehreren Millionen rentieren. Außerdem setzt die Börseneinführung einen bestimmten Mindestbetrag voraus (Düsseldorf und Frankfurt 500.000 DM, sonst 250.000 DM). Zum Zwecke der schnelleren Unterbringung werden Obligationen häufig von einem Bankenkonsortium übernommen, das der ausgebenden Gesellschaft sofort den Gegenwert zur Verfügung stellt und dann gegen Vergütung einer Provision die Obligationen im Publikum unterbringt.

Die Emission von Anleihen ist an **staatliche Genehmigung** gebunden (Bundesminister für Wirtschaft). Die Teilschuldverschreibungen sind gewöhnlich Inhaberpapiere, die auf einen bestimmten Nennwert lauten. Sie sind festverzinslich. Die Sicherung erfolgt in der Regel durch Eintragung eines Grundpfandrechts. Sie kann durch die sog. Negativklausel verstärkt werden, d. h. durch die vertragliche Zusage gegenüber den Obligationären, sie im Hinblick auf die Sicherheiten nicht schlechter zu stellen als die Gläubiger später ausgegebener Anleihen.

Im Gegensatz zur Aktienausgabe ist eine **Unterpari-Emission** zulässig. Wird eine Anleihe unter pari begeben, z. B. zum Kurs von 97%, so muß der Käufer für eine Obligation von 1.000 DM nur 970 DM bezahlen. Da der Nennbetrag von 1.000 DM verzinst wird, bedeutet die Unter-pari-Emission, daß der Effektivzins über dem Nominalzins liegt. Das stellt einen zusätzlichen Anreiz zur Zeichnung einer Obligation dar, der noch dadurch erhöht wird, daß die Rückzahlung der Obligation über pari, z. B. zu 103%, erfolgen kann. Für den Berieb bedeutet die Unter-pari-Ausgabe und die Über-pari-Rückzahlung einen Verlust **(Disagio)**, denn für je 1.000 DM erhält er nur 970 DM und muß 1.030 DM zurückzahlen.

§ 156 Abs. 2 und 3 AktG schreiben vor, daß die Bilanzierung der Obligationen zum Rückzahlungskurs erfolgen muß, und lassen zu, daß der Disagiobetrag auf der Aktivseite unter den Posten der Rechnungsabgrenzung eingestellt und über die Laufzeit der Anleihe durch planmäßige Abschreibungen getilgt oder sofort abgeschrieben werden kann.

Die **Laufzeit** der Obligationen beträgt im allgemeinen 10 bis 20 Jahre. Die **Rückzahlung** kann entweder nach Ablauf der Frist auf einmal erfolgen, oder es wird von einem bestimmten Zeitpunkt an eine allmähliche Tilgung nach einem festgelegten Tilgungsplan durchgeführt. Da neben der Tilgungsquote auch Zinsen gezahlt werden müssen, ist die Belastung der einzelnen Jahre bei gleicher Tilgungsquote verschieden. Will man eine gleichmäßige Belastung erreichen, so tilgt man anfangs weniger, weil die Zinsen noch höher sind; je

IV. Die Quellen der Außenfinanzierung

mehr die Zinsen abnehmen, um so mehr wird die Tilgungsquote erhöht. Die Summe aus jährlicher Tilgungsquote und jährlichem Zinsbetrag bezeichnet man als **Annuität**.

Die Tilgung kann entweder durch **Auslosung** erfolgen – die gezogenen Nummern werden dann zurückgezahlt – oder durch **Rückkauf** der zu tilgenden Stücke an der Börse. Die erste Form der Tilgung bringt bei hohem Emissionsdisagio und Rückzahlungsagio den Obligationären einen Zinsvorteil, deren Stücke frühzeitig ausgelost werden, da Disagio bzw. Agio die durchschnittliche Verzinsung um so mehr erhöhen, je kürzer die effektive Laufzeit ist. Die zweite Form der Tilgung ist für die Gesellschaft dann günstig, wenn der Kurs der Obligationen unter dem Rückzahlungskurs liegt. Für die Obligationäre hat sie den Vorteil, daß die beim Rückkauf entfaltete Nachfrage zu Kurssteigerungen führen kann.

bb) Wandelschuldverschreibungen

Die Obligationen können mit verschiedenen Sonderrechten ausgestattet sein. Wandelschuldverschreibungen (Convertible bonds) enthalten das Recht, nach einer bestimmten Sperrfrist in Aktien umgetauscht zu werden. Damit bietet man gegenüber den normalen Obligationen einen gewissen Anreiz durch die Möglichkeit, das Gläubigerverhältnis in ein Beteiligungsverhältnis umzuwandeln. Die Ausgabe der Bezugsaktien gegen Wandelschuldverschreibungen darf nur erfolgen, wenn die Differenzen zwischen dem Ausgabebetrag der zum Umtausch eingereichten Schuldverschreibungen und dem höheren Nennbetrag der für sie auszugebenden Bezugsaktien durch Zuzahlung des Obligationärs oder aus einer freien Rücklage, die zu diesem Zwecke verwendet werden kann, gedeckt ist.[1] Das Umtauschverhältnis und eine eventuelle Zuzahlung werden von vornherein in den Emissionsbedingungen festgelegt.

Das Aktienbezugsrecht der Obligationäre wird durch eine **bedingte Kapitalerhöhung**[2,3] gesichert, d. h. durch eine Kapitalerhöhung, „die nur so weit durchgeführt werden soll, wie von einem Umtausch- oder Bezugsrecht Gebrauch gemacht wird, das die Gesellschaft auf die neuen Aktien (Bezugsaktien) einräumt."[4] Der Nennbetrag der Wandelschuldverschreibungen darf die Hälfte des Grundkapitals nicht überschreiten.[5] Da die Erhöhung des Aktienkapitals durch Umtausch der Wandelschuldverschreibungen zu einer Veränderung des Aktienkurses und einer Verwässerung der Aktionärsrechte (z. B. Anteil an den stillen Rücklagen, Dividendenanteil, Anteil am Liquidationserlös) führen kann, haben die Aktionäre auf Wandelschuldverschreibungen ebenso ein Bezugsrecht wie auf neue Aktien.[6]

Die **Umtauschfrist** erstreckt sich gewöhnlich über mehrere Jahre. Die Gesellschaft kann auf den Zeitpunkt der Umwandlung der Obligation in Aktien einen gewissen Einfluß durch eine zeitliche Staffelung der Zuzahlungsbeträge

---

[1] Vgl. § 199 Abs. 2 AktG
[2] Vgl. S. 612 f.
[3] Vgl. § 192 Abs. 2 Ziff. 1 AktG
[4] § 192 Abs. 1 AktG
[5] Vgl. § 192 Abs. 3 AktG
[6] Vgl. § 221 Abs. 3 AktG

ausüben. Wünscht man einen möglichst schnellen Umtausch, so wird man die Zuzahlung anfangs niedrig und später immer höher festsetzen, will man den Umtausch auf einen möglichst späten Zeitpunkt hinausschieben, so geht man umgekehrt vor. Da es für den Betrieb vorteilhafter sein kann, sich über Wandelschuldverschreibungen statt über Aktien zu finanzieren, denn die Fremdkapitalzinsen mindern als Betriebsausgabe den steuerpflichtigen Gewinn und folglich die Körperschaftsteuer, während Dividenden aus dem versteuerten Gewinn zu zahlen sind, werden die Gesellschaften in der Regel bestrebt sein, den Umtausch möglichst spät vorzunehmen.

Die **Zuzahlung** kann dann folgendermaßen geregelt werden: entweder wird sie in Prozent des Nennwertes bemessen, und zwar im Zeitablauf fallend, oder sie wird in Prozent der Dividende, und zwar ebenfalls fallend, berechnet.[1]

(1) Beispiel für eine **in Prozent des Nennwerts** fallende Zuzahlung:
   Ausgabe der Wandelschuldverschreibung 1960
   Sperrfrist bis 1965
   Zuzahlung: bis 1970   100%
                  von 1971 bis 1973 jährlich 3% fallend bis 91%
                  von 1974 bis 1976 jährlich 4% fallend bis 79%
                  von 1977 bis 1980 jährlich 6% fallend bis 55%.

(2) Beispiel für eine in **Prozent der Dividende** fallende Zuzahlung:
   Ausgabe der Wandelschuldverschreibung 1960
   Sperrfrist bis 1965
   1966–1970 4% Zuzahlung je 1% Dividende der Stammaktien
                                  im Vorjahr, mindestens 20%
   1971–1975 3% Zuzahlung je 1% Dividende der Stammaktien
                                  im Vorjahr, mindestens 15%
   1976–1980 2% Zuzahlung je 1% Dividende der Stammaktien
                                  im Vorjahr, mindestens 10%.

Rittershausen stellt fest: „Der Kurs der Wandelobligationen wird bei allen Schwankungen der Aktie immer nahezu genau um den Zuzahlungssatz tiefer liegen als die Aktie, ...", und er kommt zu dem Ergebnis, „daß die Zuzahlung, die eine Art Preis des vorzunehmenden Umtauschs ist, den Zweck hat, die fortgesetzt wechselnde Differenz zwischen Obligationen- und Aktienkurs zu überbrücken."[2]

Die Wandelschuldverschreibungen haben in Deutschland als Finanzierungsinstrument vor allem in Zeiten außergewöhnlicher Verhältnisse am Kapitalmarkt größere Bedeutung erlangt, so insbesondere in den Jahren der Kapitalknappheit nach den beiden Weltkriegen. Nach der Währungsreform des Jahres 1948 waren viele Aktiengesellschaften jahrelang nicht in der Lage, Dividenden auszuschütten und Kapitalerhöhungen durch Ausgabe junger Aktien durchzuführen, weil sie eine Neufestsetzung der Kapitalverhältnisse in der DM-Eröffnungsbilanz wegen des erwarteten Lastenausgleichsgesetzes (1952) verzögerten. Andererseits

---

[1] Vgl. Rittershausen, H., Industrielle Finanzierungen, Systematische Darstellung mit Fällen aus der Unternehmenspraxis, Wiesbaden 1964, S. 229f., an dessen Ausführungen sich auch die folgenden Beispiele anlehnen.
[2] Rittershausen, H., a. a. O., S. 230

bestand bei den Sparern wenig Interesse an festverzinslichen Gläubigerpapieren, die gerade auf ein Zehntel ihres Wertes abgewertet worden waren. In dieser Situation stellte die Wandelschuldverschreibung das geeignetste Finanzierungsmittel dar. Sie bot den Gläubigern die Möglichkeit, das Gläubigerpapier nach einigen Jahren, nach denen sich die Ertragslage der Gesellschaft und die Kursentwicklung ihrer Aktien wieder überblicken ließ, in ein Anteilspapier umzuwandeln.

cc) Optionsschuldverschreibungen

Optionsanleihen sind den Wandelanleihen insofern ähnlich, als sie ebenfalls ein Aktienbezugsrecht verbriefen. Aber im Gegensatz zu den Wandelschuldverschreibungen werden Optionsanleihen beim Aktienbezug nicht in Zahlung gegeben, sondern bleiben nebenher bestehen. Die Aktien werden also **zusätzlich** zur Obligation durch Kauf erworben. Das Aktiengesetz bezieht die Optionsanleihen in den Begriff der Wandelschuldverschreibung ein, denn es bezeichnet als Wandelschuldverschreibung „Schuldverschreibungen, bei denen dem Gläubiger ein Umtausch- oder Bezugsrecht auf Aktien eingeräumt wird".[1] Auch hier ist eine bedingte Kapitalerhöhung erforderlich. Den Aktionären steht ein Bezugsrecht auf die Optionsanleihen zu.

Während bei den Wandelschuldverschreibungen Fremdkapital in Eigenkapital umgewandelt wird und aus den Gläubigern Gesellschafter werden, tritt bei den Optionsanleihen zum vorhandenen Fremdkapital weiteres Eigenkapital hinzu. Die Inhaber der Optionsanleihen sind nach Ausübung ihres Bezugsrechts Gläubiger und Gesellschafter zugleich.

dd) Gewinnschuldverschreibungen

Eine weitere Sonderform der Schuldverschreibungen sind die Gewinnschuldverschreibungen. Das Aktiengesetz bezeichnet sie als Schuldverschreibungen, „bei denen die Rechte der Gläubiger mit Gewinnanteilen von Aktionären in Verbindung gebracht werden".[2] Sie sind entweder festverzinslich, haben aber zusätzlich einen weiteren Gewinnanspruch in einem bestimmten Verhältnis zur Dividende **(Zusatzzins),** oder sie sind nicht mit festem Zins ausgestattet, sondern haben einen nach oben **begrenzten Gewinnanspruch.** Sie sind also risikobehaftet; in Verlustjahren gehen sie leer aus, in Jahren hoher Gewinne haben sie die Chance, weit über dem normalen Zins verzinst zu werden. Hinsichtlich der Erträge für den Anleger und der laufenden Belastung für die Gesellschaft ähneln Gewinnschuldverschreibungen also dem Eigenkapital, wenn sie auch in ihren sonstigen Rechten Fremdkapital sind.

Von den limitierten Vorzugsaktien unterscheiden sie sich durch ihren festen Rückzahlungstermin und durch ihre Rechtsstellung im Konkursfalle. Weitere Unterschiede bestehen darin, daß Gewinnschuldverschreibungen, soweit sie mit einer festen Grundverzinsung ausgestattet sind, auch in Verlustjahren verzinst werden müssen, während auf Vorzugsaktien dann keine Dividende ausgeschüttet wird, allerdings unter Umständen ein Nachzahlungsanspruch bestehen kann. Die Liquidität des Betriebes wird also unterschiedlich beeinflußt. Werden auf

---

[1] § 221 Abs. 1 AktG
[2] § 221 Abs. 1 AktG

stimmrechtlose Vorzugsaktien zwei Jahre lang keine Dividenden gezahlt, so wächst ihnen das Stimmrecht zu, während die Gewinnschuldverschreibungen reine Gläubigerpapiere bleiben. Gewinnschuldverschreibungen sind allerdings mit dem Risiko einer wirtschaftlichen Benachteiligung behaftet, wenn nämlich die Gesellschaft einen großen Teil des Gewinns zur Selbstfinanzierung verwendet, also den Rücklagen zuführt, statt ihn als Dividende auszuschütten. Eine Zunahme der Rücklagen wird zwar in der Regel zu einem Steigen des Aktienkurses führen, aber auf den Kurs der Gewinnschuldverschreibungen unmittelbar keinen Einfluß haben.

ee) Schuldscheindarlehen

Schuldscheindarlehen als Mittel der langfristigen Investitionsfinanzierung unterscheiden sich in rechtlicher Hinsicht von Obligationen dadurch, daß Schuldscheine keine Wertpapiere, sondern **Beweisurkunden** sind. Der Obligationär kann sein Recht nicht ohne das Wertpapier geltend machen („Das Recht aus dem Papier folgt dem Recht am Papier"), der Gläubiger eines Schuldscheindarlehens kann sein Recht bei Verlust des Schuldscheins anderweitig beweisen. Obligationen werden als Inhaberpapiere durch Einigung und Übergabe übertragen und an der Börse gehandelt, d. h. die Gläubiger können durch Verkauf der Wertpapiere jederzeit wechseln und bleiben gegenüber dem Schuldner anonym. Schuldscheine werden durch Zession übetragen, die häufig an die Zustimmung des Schuldners gebunden ist. Es besteht also ein persönliches Kreditverhältnis. Die Laufzeit beträgt in der Regel nicht mehr als 15 Jahre.

Eine Besonderheit der Schuldscheine liegt darin, daß sie in großem Umfange nicht in erster Linie von Banken, sondern insbesondere **von Versicherungsgesellschaften** gewährt werden, die langfristiges Kapital aus ihrem Deckungsstock anlegen wollen. Damit ist diese Finanzierungsform zwar von vornherein auf große Unternehmen allererster Bonität beschränkt, es kommen als Schuldner aber auch Unternehmen in Betracht, die wegen der Höhe der Emissionskosten oder der für die Börseneinführung erforderlichen Mindestbeträge keine Obligationen ausgeben können oder wollen.

Die Hingabe von Schuldscheindarlehen ist **nicht genehmigungspflichtig**. Die Sicherung erfolgt durch erststellige Grundschulden. Da Versicherungsunternehmen dem Versicherungsaufsichtsgesetz (VAG) unterliegen, das strenge Anforderungen an die Beträge stellt, die dem Deckungsstock, d. h. einem nach § 68 VAG dem Vertragsbestand entsprechenden Sondervermögen zuzuführen sind, spielen die Kreditwürdigkeit des Schuldners und die Qualität der Sicherheiten hier eine besondere Rolle. Das Bundesaufsichtsamt für das Versicherungs- und Bausparwesen (BVA) muß die Deckungsstockfähigkeit von Kapitalanlagen testieren.

Wegen der fehlenden Fungibilität liegt der Zinssatz der Schuldscheindarlehen i. a. etwa $\frac{1}{4}$ bis $\frac{1}{2}\%$ über dem jeweiligen Zins für Obligationen. Die einmaligen Kosten bei der Schuldaufnahme sind wesentlich geringer als die Emissionskosten von Obligationen.

Schuldscheindarlehen werden häufig nicht direkt begeben, sondern durch **Einschaltung von Banken oder Finanzmaklern** vermittelt. Solcher Instistutionen bedarf es dann, wenn sich die Wünsche des Gläubigers und des Schuldners hinsichtlich des Umfangs und/oder der Fristigkeit des Darlehens nicht decken. Aufgabe des Finanzmaklers ist es, dann ggf. Schuldscheindarlehen mehrerer Kreditgeber zusammenzufassen und zeitlich so aneinanderzureihen, daß die gewünschte langfristige Finanzierung zustande kommt (Revolving-System).

Das **Fristenrisiko**, d. h. das Risiko, daß bei Fälligkeit von Teilbeträgen, deren Laufzeit kürzer als die des gesamten Darlehens ist, kein rechtzeitiger Anschlußkredit vorhanden ist, trägt[1]

(1) entweder der Betrieb als Kreditnehmer (direktes System). Die Zinsen werden dabei für jedes Teildarlehen gesondert vereinbart, die effektive Zinsbelastung einer mit dem Gesamtdarlehen finanzierten Investition ist dann im voraus nicht zu berechnen;

(2) oder eine Bank, wenn sie ein langfristiges Schuldscheindarlehen aus kurzfristigen Mitteln gewährt, die ihr von einem Makler wie beim Direkt-Revolving vermittelt werden (indirektes System); der Kredit verteuert sich folglich;

(3) oder der Makler selbst. Er garantiert dem Kreditnehmer den termingerechten Geldanschluß und dem Kreditgeber die termingerechte Rückzahlung (sog. 7-M-System). Das Kreditwesengesetz 1961 hat derartige revolvierende Schuldscheindarlehen in den Kreis der Bankgeschäfte[2] einbezogen, so daß sie nur noch von Banken vermittelt werden können.

c) Vergleich zwischen der Beteiligungs- und der langfristigen Fremdfinanzierung

Die Entscheidung der Frage, ob es für eine Gesellschaft zweckmäßig ist, langfristiges Kapital von außen auf dem Wege der Eigenfinanzierung oder der Fremdfinanzierung zu beschaffen, hängt von einer Reihe von Überlegungen ab. Zusätzliches Eigenkapital bedeutet Aufnahme von neuen Gesellschaftern und Aktionären in die Gesellschaft (falls die bisherigen das benötigte Kapital nicht aufbringen können), die ein Mitbestimmungsrecht bei der laufenden Geschäftsführung oder bei besonderen in Gesetz und Satzung festgelegten Anlässen haben; dadurch kann eine **Einengung der Entscheidungsbefugnisse** und eine **Verschiebung der Mehrheits- und Abstimmungsverhältnisse** bei der Aktiengesellschaft erfolgen. Die Gläubiger des Fremdkapitals haben in der Regel kein Recht zur Einflußnahme auf die Geschäftsführung, es sei denn auf dem Wege besonderer vertraglicher Vereinbarungen. Die Aufnahme von Fremdkapital setzt andererseits eine bestimmte Kreditwürdigkeit voraus, deren Grundlage zunächst eine entsprechende Eigenkapitalbasis und eine zufriedenstellende Ertragslage darstellen.

Auch das **Liquiditätsproblem** spielt bei der Entscheidung eine Rolle. Eigenkapital erfordert keine regelmäßigen Zinszahlungen, also keine terminmäßige Belastung der Liquidität durch Zinsausgaben, wie das beim Fremdkapital der Fall ist. Dazu hat das Fremdkapital den Nachteil, daß Zinsen auch in Verlust-

---

[1] Vgl. Krause, M. W., Die langfristige Fremdfinanzierung; in: Handbuch der Unternehmensfinanzierung, a. a. O., S. 661

[2] Vgl. § 1 Abs. 1 Nr. 7 KWG

jahren gezahlt werden müssen und die betriebliche Substanz mindern können, ganz abgesehen von der Liquiditätsbelastung in Verlustjahren. Eigenkapital erhält dagegen nur Dividenden, wenn zuvor Gewinne erzielt worden sind. Außerdem kann der Betrieb, indem er auf das Eigenkapital keine Zinsen oder weniger als erwirtschaftet zahlt, das Eigenkapital durch Selbstfinanzierung (Rücklagenbildung) vermehren, während diese Möglichkeit beim Fremdkapital nur besteht, wenn es höhere Erträge als die vereinbarten Zinsen erzielt, die sich als Gewinn zeigen und thesauriert werden können.

Faßt man die Zielsetzung des Betriebes, das Gewinnmaximum zu erzielen, so auf, daß er die Rendite des Eigenkapitals maximieren will, so wird es stets dann zweckmäßig sein, Fremdkapital einzusetzen, wenn die Fremdkapitalzinsen, also die Kosten des Fremdkapitals, niedriger sind als die mit dem Fremdkapital erzielte effektive Verzinsung. Der mit dem Fremdkapital über die Fremdkapitalzinsen hinaus erzielte Ertrag erhöht die Rendite des Eigenkapitals (**leverage effect**). Dieser Vorteil schlägt dann in einen Nachteil um, wenn die Gesamtkapitalrentabilität unter dem Fremdkapitalzins liegt.

Bei dieser Rechnung muß der Unternehmer allerdings beachten, daß sein außerhalb des Betriebes im Privatvermögen noch verfügbares Eigenkapital, das er nicht im Betriebe einsetzt, weil aus den eben angeführten Überlegungen eine Finanzierung mit Fremdkapital günstiger ist, sich mindestens zum Fremdkapitalzins außerhalb des Betriebes[1] verzinst, da er sonst Fremdkapital zu einem höheren Zins aufnimmt, als er selbst für sein ausgeliehenes Kapital erhält. Ist der Fall, so ist die Verwendung von Eigenkapital im Betriebe billiger als die Aufnahme von Fremdkapital.

Die Entscheidung über eine Außenfinanzierung mit Eigen- oder Fremdkapital wird durch **steuerliche Überlegungen** wesentlich beeinflußt. Zinsen für Fremdkapital sind bei der steuerlichen Gewinnermittlung grundsätzlich als Betriebsausgaben abzugsfähig, mindern also den steuerpflichtigen Gewinn. Sie werden erst beim Empfänger der **Einkommensteuer- bzw. der Körperschaftsteuer** unterworfen. Das gilt bei Kapitalgesellschaften für alle Fremdkapitalzinsen, auch für Zinsen auf Gesellschafterdarlehen, es sei denn, es handelt sich bei den Gesellschafterdarlehen um sog. verdecktes Stammkapital.[2] Bei Einzelunternehmungen und Personengesellschaften sind nur Zinsen auf Darlehen abzugsfähig, die nicht vom Unternehmer oder von den Gesellschaftern (Gesellschafterdarlehen) zur Verfügung gestellt werden. Zinsen auf Gesellschafterdarlehen zählen nach § 15 EStG zu den steuerpflichtigen Einkünften aus Gewerbebetrieb.

---

[1] Vgl. Moxter, A., Die Bestimmung des Kalkulationszinsfußes bei Investitionsentscheidungen – Ein Versuch zur Koordinierung von Investitions- und Finanzierungslehre, ZfhF 1961, S. 189

[2] Als verdecktes Stammkapital bezeichnet man Gesellschafterdarlehen, durch die eine – nach Ansicht der Finanzbehörden (!) – ansich erforderliche Zuführung von Eigenkapital ersetzt werden soll, um Steuern zu sparen. Gelingt der Finanzbehörde der Nachweis, daß die Form des Gesellschafterdarlehens an Stelle einer Erhöhung des Nominalkapitals nur zum Zwecke der Steuerumgehung verwendet worden ist, so unterliegt die Kapitalzuführung der Gesellschaftsteuer, und die Zinsen werden nicht als Betriebsausgaben anerkannt, sondern als „verdeckte Gewinnausschüttung" dem körperschaftsteuerpflichtigen Gewinn hinzugerechnet

IV. Die Quellen der Außenfinanzierung

Dividenden werden dagegen nur aus dem versteuerten Gewinn gezahlt, mit anderen Worten, sie sind um die Körperschaftsteuer gekürzt, da sie nicht abzugsfähig sind. Sie unterliegen beim Empfänger der Einkommensteuer (Kapitalertragsteuer), werden also doppelt besteuert.

Das **Gewerbesteuergesetz** ist vom betriebswirtschaftlichen Standpunkt aus konsequent und vermeidet eine Diskriminierung des Eigenkapitals, also z. B. der Aktie gegenüber der Obligation. § 8 Ziff. 1 GewStG verlangt bei der Ermittlung des Gewerbeertrages die Hinzurechnung der Zinsen für langfristiges Fremdkapital, und § 12 Abs. 2 Ziff. 1 GewStG fordert die Hinzurechnung des langfristigen Fremdkapitals zum Einheitswert des Betriebsvermögens bei der Ermittlung des Gewerbekapitals. Folglich wird das Gesamtkapital des Betriebes, genauer das gesamte langfristige Kapital, unabhängig davon, ob es Fremdkapital oder Eigenkapital ist, der Gewerbekapitalsteuer unterworfen, und sämtliche Zinsen auf langfristiges Kapital unterliegen der Gewerbeertragsteuer.

Die **Vermögensteuer** dagegen belastet das Eigenkapital der Kapitalgesellschaften wiederum doppelt, da bei der Feststellung des Einheitswertes die Schulden abzugsfähig sind und somit aus der Bemessungsgrundlage ausscheiden. Eine Vermögensteuer fällt folglich auf das Fremdkapital nicht beim Betrieb, also beim Schuldner, sondern beim Kreditgeber, also beim Gläubiger an, während das Eigenkapital der Kapitalgesellschaft bei der Gesellschaft und als Anteil noch einmal beim Eigentümer von der Vermögensteuer getroffen wird. Auch hierin liegt eine Diskriminierung der Aktie gegenüber der Obligation.

An einem **Beispiel** soll der Vergleich der quantifizierbaren Faktoren bei Finanzierung einer Investition durch Erhöhung des Grundkapitals oder Aufnahme eines langfristigen Darlehens erläutert werden.

Eine Aktiengesellschaft (Grundkapital 30 Mill. DM = 600.000 Stammaktien zu DM 50) benötige 10 Mill. DM neues Kapital für eine Erweiterungsinvestition. Der Gesellschaft bieten sich die folgenden Finanzierungsmöglichkeiten:

(1) Ausgabe junger Aktien: 200.000 Stammaktien zu DM 50 Nennwert, Ausgabe zum Nennwert.

(2) Ausgabe von Vorzugsaktien: 150.000 stimmrechtslose Vorzugsaktien zum Nennwert von DM 50, Ausgabe zu DM 66,66 (Erlös also DM 9.999.999), ausgestattet mit einer 14%igen kumulativen Vorzugsdividende.

(3) Ausgabe von Obligationen: Schuldverschreibungen in Höhe von DM 10 Mill., Zinssatz 6%, Tilgung jährlich 500.000, Laufzeit also 20 Jahre, Ausgabekurs 100%, Rückzahlung ebenfalls zu 100%.

Von der Einbeziehung von Emissionskosten wird aus Vereinfachungsgründen abgesehen. Sie sind unschwer in die Rechnung aufzunehmen. Betragen z. B. die Emissionskosten der Obligationen 100.000 DM, verringert sich der dem Unternehmen zufließende Betrag entsprechend, so daß im gleichen Maße mehr Obligationen ausgegeben werden müssen, um den erforderlichen Betrag von DM 10 Mill. zu erhalten.

Veränderung des Gewinns je Stammaktie bei verschiedenen Finanzierungen
(in 1.000 DM)

	bei gegenwärtiger Höhe des Gewinns				bei geplanter Höhe des Gewinns		
	1	2	3	4	5	6	7
	ohne zusätzl. Finanzierung	bei Ausgabe v. Stammaktien	bei Ausgabe v. Vorzugsaktien	bei Ausgabe v. Obligat.	bei Ausgabe v. Stammaktien	bei Ausgabe v. Vorzugsaktien	bei Ausgabe v. Obligat.
Jahresüberschuß vor Zins und Steuer	12.000	12.000	12.000	12.000	16.000	16.000	16.000
— Zins auf Obligationen	—	—	—	600	—	—	600
Jahresüberschuß vor Körperschaftsteuer	12.000	12.000	12.000	11.400	16.000	16.000	15.400
KSt (angenommen 50%)	6.000	6.000	6.000	5.700	8.000	8.000	7.700
Jahresüberschuß nach Steuer	6.000	6.000	6.000	5.700	8.000	8.000	7.700
— Vorzugsdividende	—	—	1.050	—	—	1.050	—
Gewinn für Stammaktionäre	6.000	6.000	4.950	5.700	8.000	6.950	7.700
— Tilgung der Obligation	—	—	—	500	—	—	500
verteilungsfähiger Gewinn	6.000	6.000	4.950	5.200	8.000	6.950	7.200
Zahl der Stammaktien	600.000	800.000	600.000	600.000	800.000	600.000	600.000
verteilungsfähiger Gewinn je Aktie	DM 10,—	DM 7,50	DM 8,25	DM 8,67	DM 10,—	DM 11,58	DM 12,—
Anfängliche Abnahme (Verwässerung des verteilungsfähigen Gewinns je Aktie)	—	DM 2,50	DM 1,75	DM 1,33	—	—	—
Zunahme des verteilungsfähigen Gewinns je Aktie	—	—	—	—	—	DM 1,58	DM 2,—

Das Unternehmen rechnet damit, daß der Jahresüberschuß vor Abzug von Zinsen und Steuern nach der Vornahme der Investition von gegenwärtig 12 Mill. DM jährlich auf 16 Mill. DM jährlich steigen wird.

Da die Vorzugsdividende der Vorzugsaktien sowie der Zins und die Tilgung der Obligation eine „fixe" Belastung darstellen, ist offensichtlich, daß die drei Möglichkeiten in ihrer Vorteilhaftigkeit variieren, wenn sich die Höhe des Jahresüberschusses vor Zinsen und Steuern ändert. Betrachten wir die Auswirkungen der drei Finanzierungsmöglichkeiten auf den Gewinn, der auf die einzelne Stammaktie nach Abzug der Zinsen, Steuern und Darlehenstilgung entfällt, so ergibt sich folgendes Bild (vgl. Tabelle auf der vorhergehenden Seite).

Gegenwärtig beträgt der Gewinn je Aktie 10 DM. Unterstellen wir, daß sich der Gewinn durch die Vornahme der Investition nicht erhöht (ungünstiger Fall, s. Spalte 1–4 der Tabelle), so sinkt der verteilungsfähige Gewinn je Aktie auf DM 7,50 bei Ausgabe von 200.000 Stammaktien, auf DM 8,25 bei der Ausgabe von 150.000 Vorzugsaktien und auf DM 8,67 bei der Ausgabe von Obligationen.

Werden die Erwartungen der Gesellschaft auf einen Jahresüberschuß vor Zinsen und Steuern von 16 Mill. DM erfüllt, so ergibt sich im Fall der Ausgabe von 200.000 jungen Stammaktien keine Veränderung des verteilungsfähigen Gewinns je Stammaktie gegenüber dem Ausgangszustand. Im Fall der Ausgabe von Vorzugsaktien erhöht sich dagegen der verteilungsfähige Gewinn je Stammaktie auf DM 11,58, im Fall der Obligation sogar auf DM 12,–. Die Obligation ist also bei den angenommenen Werten die „billigste" Finanzierungsform, obwohl sie die höchsten festen Belastungen mit sich bringt.

Das wird besonders deutlich, wenn der Zusammenhang graphisch dargestellt wird (vgl. Abb. 160). Bei sehr niedrigem Jahresüberschuß vor Zinsen und Steuern

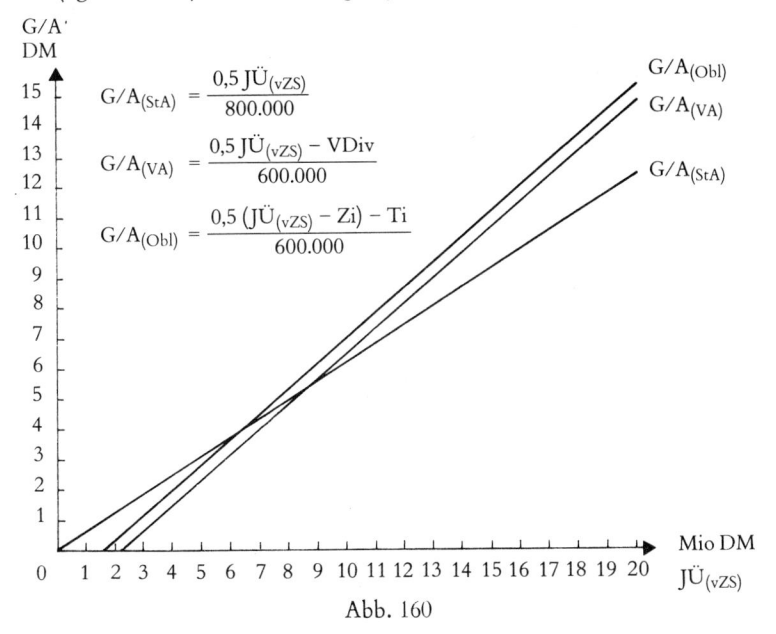

$$G/A_{(StA)} = \frac{0{,}5\,J\ddot{U}_{(vZS)}}{800.000}$$

$$G/A_{(VA)} = \frac{0{,}5\,J\ddot{U}_{(vZS)} - VDiv}{600.000}$$

$$G/A_{(Obl)} = \frac{0{,}5\,(J\ddot{U}_{(vZS)} - Zi) - Ti}{600.000}$$

Abb. 160

ist die Stammaktie offensichtlich am günstigsten, da sie keine „fixen" Ausgaben erfordert. Mit wachsendem Jahresüberschuß wird zunächst die Obligation, später auch die Ausgabe von Vorzugsaktien günstiger als die Stammaktienfinanzierung, da in diesen Fällen der verteilungsfähige Gewinn auf eine geringere Zahl von Stammaktien aufgeteilt wird. Die beiden Deckungspunkte in Abb. 160 lassen sich durch Gleichsetzung jeweils zweier Funktionen wie folgt ermitteln:

Verwendete Symbole:

$G/A_{(StA)}$ = verteilungsfähiger Gewinn je Stammaktie bei Ausgabe von Stammaktien

$G/A_{(VA)}$ = verteilungsfähiger Gewinn je Stammaktie bei Ausgabe von Vorzugsaktien

$G/A_{(Obl)}$ = verteilungsfähiger Gewinn je Stammaktie bei Ausgabe von Obligationen

$JÜ_{(vZS)}$ = Jahresüberschuß vor Zinsen und Steuern

Zi = Zinsen auf Obligationen

Ti = Tilgung der Obligationen

VDiv = Vorzugsdividende

Deckungspunkt Stammaktie/Obligation:

$$G/A_{(StA)} = G/A_{(Obl)}$$

Einsetzen der Ausdrücke in die Funktionen:

$$\frac{0{,}5 \, JÜ_{(vZS)}}{800.000} = \frac{0{,}5 \, (JÜ_{(vZS)} - Zi) - Ti}{600.000}$$

$$0{,}0625 \, JÜ_{(vZS)} = 0{,}0833 \, JÜ_{(vZS)} - 0{,}0833 \, Zi - 0{,}167 \, Ti$$

Setzt man die Werte für Zinsen und Tilgung ein, erhält man:

$$49.980 + 83.500 = 0{,}0208 \, JÜ_{(vZS)}$$
$$6.412.000 = JÜ_{(vZS)}$$

Deckungspunkt Stammaktie/Vorzugsaktie:

$$G/A_{(StA)} = G/A_{(VA)}$$

$$\frac{0{,}5 \, JÜ_{(vZS)}}{800.000} = \frac{0{,}5 \, JÜ_{(vZS)} - VDiv}{600.000}$$

$$0{,}0625 \, JÜ_{(vZS)} = 0{,}0833 \, JÜ_{(vZS)} - 0{,}167 \, VDiv$$

Setzt man den Wert der Vorzugsdividende ein, erhält man:

$$0{,}0625 \, JÜ_{(vZS)} = 0{,}0833 \, JÜ_{(vZS)} - 175.350$$
$$8.433.000 = JÜ_{(vZS)}$$

Die Darstellung zeigt außerdem die fixen Ausgaben für Vorzugsdividende bzw. Zins und Tilgung an, indem die G/A-Kurven dieser beiden Möglichkeiten nicht im Nullpunkt beginnen, sondern bei

$JÜ_{(vZS)}$ = 1,6 Mill. DM bei $G/A_{(Obl)}$ (= Zins und Tilgung vor Steuer)
$JÜ_{(vZS)}$ = 2,1 Mill. DM bei $G/A_{(VA)}$ (= Vorzugsdividende vor Steuer)

d) Leasing

Die Idee, Anlagegüter zu mieten statt zu kaufen, wurde zwar bereits Ende des letzten Jahrhunderts entwickelt, gelangte aber in Deutschland erst nach dem zweiten Weltkriege zu größerer Verbreitung.[1] Inzwischen gibt es in der Bundesrepublik etwa hundert Leasing-Gesellschaften. Infolge der vielen Gestaltungsmöglichkeiten von Miet- und Pachtverträgen, die sich in der Praxis herausgebildet haben, ist der Begriff des Leasing-Vertrages weder in der juristischen noch in der wirtschaftswissenschaftlichen Literatur eindeutig und abschließend geklärt.

Die Besonderheit des Leasing-Vertrages gegenüber dem normalen Mietvertrag nach § 535 BGB liegt meist darin, daß nicht der Hersteller der vermieteten Anlagegüter mit dem Mieter (Leasing-Nehmer) den Vertrag schließt (**direktes Leasing**), sondern eine Leasing-Gesellschaft (Finanzierungsgesellschaft) als Leasing-Geber eingeschaltet wird (**indirektes Leasing**), die vom Hersteller die Mietobjekte erwirbt. Der Hersteller kann jedoch auch die Aufgaben der Leasing-Gesellschaft selbst übernehmen.

Je nach der Gestaltung der Verträge (laufende Kündigungsmöglichkeit oder feste **Grundmietzeit**, Länge der Grundmietzeit im Verhältnis zur betriebsgewöhnlichen Nutzungsdauer, Einräumung einer Verlängerungs- oder Kaufoption nach Ablauf der Grundmietzeit u. ä.) werden Leasing-Verhältnisse als normale Mietverträge,[2] als verdeckte Teilzahlungsverträge,[3] als Geschäftsbesorgungsverträge,[4] als Treuhandverhältnisse[5] oder als Verträge eigener Art interpretiert.

Nach der Art der Vertragsgestaltung lassen sich zwei Typen von Leasing-Verträgen unterscheiden:

(1) **Operate-Leasing-Verträge** sind normale Mietverträge im Sinne des BGB. Sie können von beiden Seiten sofort oder unter Einhaltung einer relativ kurzen Kündigungsfrist ohne Zahlung von Konventionalstrafen gekündigt werden. Infolgedessen übernimmt der **Leasing-Geber das gesamte Investitionsrisiko**. Eine volle Amortisation kann bei Kündigung vor Ablauf der Nutzungsdauer nur durch eine oder mehrere Anschlußmieten erzielt werden. Die Gefahren des zufälligen Unterganges und der wirtschaftlichen Entwertung (technischer Fortschritt) sowie die Aufwendungen für Versicherung, Wartung und Reparaturen trägt der Vermieter. Infolge dieser Risikobelastung des Leasing-Gebers kommen für derartige Verträge in der Regel nur solche Wirtschaftsgüter (z. B. Universalmaschinen) in Frage, die von einer größeren Zahl von potentiellen Mietern nachgefragt werden, also jederzeit erneut vermietet werden können.

Die Bilanzierung von Operate-Leasing-Verträgen folgt in der Handels- und Steuerbilanz der zivilrechtlichen Gestaltung. Die Leasing-Objekte sind beim Leasing-Geber zu aktivieren und über die betriebsgewöhnliche Nutzungsdauer abzuschreiben. Der Leasing-Nehmer kann die gezahlten Leasing-Raten als Aufwand (Betriebsausgaben) verrechnen.

---

[1] Mit der Gründung der „Deutschen Leasing GmbH" Düsseldorf, im Jahre 1962 begann die Verbreitung des Leasing in Deutschland.
[2] Vgl. Vogel, H., Aktuelle Fragen des Einkommensteuerrechts, StbJb 1964/65, S. 187
[3] Vgl. Thiel, R., Das Leasing steuerlich gesehen. Die Information über Steuer und Wirtschaft 1964, S. 121 („eingekleideter Teilzahlungsvertrag"); Adler-Düring-Schmaltz, a. a. O., Erl. zu § 149 Tz 50 („teilzahlungsähnliches Geschäft")
[4] Vgl. Koch, P., Haag, J., Die Rechtsnatur des Leasing-Vertrages, BB 1968, S. 93; Wagner, P., Leasing als Geschäftsbesorgung?, BB 1969, S. 109
[5] Vgl. Pougin, E., Leasing in Handels- und Steuerbilanz, ZfB 1965, S. 402

(2) **Finance-Leasing-Verträge** (Finanzierungs-Leasing) sind vor allem dadurch gekennzeichnet, daß sie für eine zwischen dem Leasing-Geber und dem Leasing-Nehmer vereinbarte Grundmietzeit unkündbar sind. Die Grundmietzeit entspricht maximal der betriebsgewöhnlichen Nutzungsdauer, ist aber in der Regel kürzer, jedoch meist länger als die Hälfte der in den AfA-Tabellen angegebenen betriebsgewöhnlichen Nutzungsdauer[1].

Die Mietraten werden so bemessen, daß das vermietete Objekt sich nach Ablauf der Grundmietzeit einschließlich aller Nebenkosten voll amortisiert und der Leasing-Geber einen Gewinn erzielt hat. Sie sind in der Regel in gleichbleibender Höhe monatlich im voraus zu leisten.

Im Gegensatz zum Operate-Leasing trägt beim Finanzierungs-Leasing der **Leasing-Nehmer das volle Investitionsrisiko,** insbesondere auch die Gefahr der Überalterung im Zuge des technischen Fortschritts oder der Einschränkung bzw. des Wegfalls der Verwendungsmöglichkeit des Mietobjekts während der Grundmietzeit. Außerdem trifft ihn neben den Versicherungs-, Wartungs- und Reparaturaufwendungen auch das Risiko des zufälligen Unterganges des Mietobjektes, da in diesem Falle die Verpflichtung zur Zahlung der noch fälligen Mietraten bestehen bleibt. Ferner werden im Falle des Verzugs oder des Konkurses des Leasing-Nehmers sämtliche Mietraten auch dann fällig, wenn die vermieteten Wirtschaftsgüter in den Besitz des Leasing-Gebers zurückfallen.

Das Finanzierungs-Leasing eignet sich wegen der vertraglichen Risikoübernahme durch den Leasing-Nehmer nicht nur für marktgängige Wirtschaftsgüter, sondern auch für Verträge über Güter, die nach den besonderen Wünschen eines Leasing-Nehmers gestaltet werden **(Spezial-Leasing),** wobei ggf. der Leasing-Nehmer unmittelbar mit dem Hersteller in Verhandlungen tritt.

Infolge der besonderen Vertragsgestaltung beim Finanzierungs-Leasing ist die Frage nach der Ordnungsmäßigkeit der Bilanzierung derartiger Verträge nicht so eindeutig zu beantworten wie beim Operate-Leasing. Für die steuerliche Behandlung, von der es entscheidend abhängt, ob Leasing vorteilhafter ist als ein durch Eigen- oder Fremdkapital finanzierter Kauf, ist von Bedeutung, was mit dem Leasing-Objekt nach Ablauf der Grundmietzeit geschieht. Folgende Möglichkeiten sind denkbar:

(1) Finanzierungs-Leasing **ohne Option**, d. h. der Vertrag enthält keine Vereinbarungen, und es bestehen auch keine (geheimen) Nebenabreden für die Zeit nach Ablauf der Grundmietzeit; es handelt sich also um einen normalen Mietvertrag. Dieser Vertragstyp ist unproblematisch, weil sich Leistung und Gegenleistung wie bei allen Mietverträgen während der Vertragszeit gleichwertig gegenüberstehen.

(2) Der Vertrag enthält ein **Kaufoptionsrecht**. Für die bilanzielle Behandlung eines solchen Miet-Kaufvertrages ist von Bedeutung, ob es sich um einen Kaufvertrag mit gestundeten Kaufpreisraten oder in erster Linie um einen Mietvertrag handelt, der ein Kaufangebot nach Ablauf des Mietvertrages enthält. Die Zuordnung zu einem dieser beiden Vertragstypen hängt vom Inhalt des Vertrages ab.

---

[1] Vgl. DIHT (Hrsg.), Leasing im Steuerrecht, 2. Aufl., Bonn 1969, S. 28

(3) Der Vertrag enthält ein **Verlängerungsoptionsrecht**, d. h. der Leasing-Nehmer kann ihn durch einseitige Willenserklärung verlängern. In diesem Falle beträgt die Folgemiete in der Regel nur einen geringen Prozentsatz (etwa nur 5% der bisherigen Rate) der Grundmiete. Wirtschaftlich handelt es sich also nur um eine Anerkennungsgebühr. Für die bilanzielle Behandlung ist die Länge der Grundmietzeit, d. h. die Relation von Grundmietzeit und betriebsgewöhnlicher Nutzungsdauer von Bedeutung.

Das Finanzierungs-Leasing ist eine **Form der Fremdfinanzierung**, denn der Leasing-Nehmer erhält vom Leasing-Geber praktisch einen Kredit in Höhe der Anschaffungs- oder Herstellungskosten des Leasing-Gebers (in der Regel vermindert um eine Abschlußgebühr). Da aber die Grundmietzeit kürzer als die wirtschaftliche Nutzungsdauer ist, sind die bis zum Ende der Grundmietzeit aufzubringenden Leasing-Raten höher als die durch den Umsatzprozeß freigesetzten Abschreibungsgegenwerte. Dadurch entsteht bei jedem Leasing-Objekt im Laufe seiner Nutzung eine Finanzierungslücke, die durch andere Finanzierungsmittel gedeckt werden muß.[1] Diese Finanzierungslücke ist um so größer, je kürzer die Grundmietzeit im Verhältnis zur wirtschaftlichen Nutzungsdauer des Leasing-Objektes ist. Das Finanzierungsproblem ist im Prinzip das gleiche wie bei einer Fremdfinanzierung von Investitionsobjekten, bei der die Fristigkeit des Kredits kürzer als die wirtschaftliche Nutzungsdauer ist.[2]

Büschgen hat nachgewiesen, daß die **Ausgaben beim Finanzierungs-Leasing** größer sind als bei Fremd- oder Eigenfinanzierung eines gekauften Investitionsobjektes. Diese Ausgaben setzen sich zusammen:[3]
(1) aus den Tilgungsanteilen in den Leasing-Raten während der Grundmietzeit,
(2) aus den Kapitalkostenanteilen in den Leasing-Raten während der Grundmietzeit,
(3) aus den nach Ablauf der Grundmietzeit entstehenden Kosten für eine Verlängerungsmiete bis zum Ende der betriebsgewöhnlichen Nutzungsdauer oder für einen Kauf des Leasing-Objektes zum Zeitwert,
(4) aus den für die Deckung der zu erwartenden Finanzierungslücke entstehenden Kapitalkosten.

Der Nachteil des Finanzierungs-Leasing gegenüber dem Kauf kann jedoch vermindert werden oder sogar in einen Vorteil umschlagen, wenn man berücksichtigt, daß im Falle der **steuerlichen Abzugsfähigkeit** der Leasing-Raten Gewinnsteuerzahlungen auf spätere Perioden verschoben werden können. Die steuerliche Wirkung des Finanzierungs-Leasing hängt von der bilanziellen Behandlung der Leasing-Objekte in der Steuerbilanz ab, genauer gesagt davon, ob das Leasing-Objekt beim Leasing-Geber oder beim Leasing-Nehmer bilanziert werden muß.

Wird das vermietete Wirtschaftsgut **dem Leasing-Geber zugerechnet**, so hat er es mit seinen Anschaffungs- oder Herstellungskosten zu aktivieren und über die betriebsgewöhnliche Nutzungsdauer abzuschreiben. Die vereinnahmten

---

[1] Vgl. Büschgen, H. E., Das Leasing als betriebswirtschaftliche Finanzierungsalternative, DB 1967, S. 476
[2] Vgl. Kolbeck, R., Leasing als finanzierungs- und investitionstheoretisches Problem, ZfbF 1968, S. 789
[3] Vgl. Büschgen, H. E., a. a. O., S. 561 ff.

Mietraten sind Betriebseinnahmen. Der Leasing-Nehmer hat Betriebsausgaben in Höhe dieser Mietraten.

Erfolgt die **Zurechnung beim Leasing-Nehmer**, so muß er das Leasing-Objekt mit seinen Anschaffungs- oder Herstellungskosten bilanzieren. Nach dem Leasing-Erlaß sind das die Anschaffungs- oder Herstellungskosten des Leasing-Gebers, die der Berechnung der Mietraten zugrunde gelegt worden sind, zuzüglich etwaiger weiterer Anschaffungs- oder Herstellungskosten, die nicht in den Mietraten enthalten sind (z. B. Transport- und Versicherungsaufwendungen oder Aufwendungen für die Herstellung von Fundamenten). Die Abschreibung nach der betriebsgewöhnlichen Nutzungsdauer erfolgt durch den Leasing-Nehmer.

Der Leasing-Nehmer muß in Höhe der Anschaffungs- oder Herstellungskosten, die die Grundlage für die Berechnung der Mietraten bilden, eine Verbindlichkeit gegenüber dem Leasing-Geber passivieren. Die Mietraten sind in einen Tilgungsanteil sowie einen Kosten- und Zinsanteil aufzuteilen. Letzterer vermindert sich mit fortschreitender Tilgung, so daß sich der Tilgungsanteil entsprechend erhöht.

Der Tilgungsanteil wird mit der Verbindlichkeit erfolgsneutral verrechnet. Als Betriebsausgaben sind nur der Zins- und Kostenanteil sowie die Abschreibungen abzuziehen, d. h. die Bilanzierung beim Leasing-Geber ist für den Leasing-Nehmer steuerlich vorteilhafter, weil er bei kurzer Grundmietzeit die Anschaffungs- bzw. Herstellungskosten des Leasing-Objektes in Form von Leasing-Raten als Betriebsausgaben verrechnen kann, d. h. in jeder Periode Leasing-Raten gewinnmindernd absetzen kann, die erheblich über den steuerlich zulässigen Periodenabschreibungen (AfA) liegen. Dadurch werden Gewinnsteuerzahlungen auf spätere Perioden verschoben, d. h. der Betrieb erhält einen zinslosen Kredit von den Finanzbehörden, durch den die Finanzierungslücke reduziert wird und die Finanzierungskosten gesenkt werden. Da der Steuervorteil im Falle der Bilanzierung des Leasing-Objektes beim Leasing-Geber für den Leasing-Nehmer um so größer ist, je kürzer die Grundmietzeit im Verhältnis zur betriebsgewöhnlichen Nutzungsdauer ist, sah sich die Finanzverwaltung im Interesse der Gleichmäßigkeit der Besteuerung gezwungen, in einem Erlaß[1] zu regeln, unter welchen Voraussetzungen eine Bilanzierung beim Leasing-Geber bzw. beim Leasing-Nehmer erfolgen muß.[2]

e) Kurzfristige Fremdfinanzierung

Die Beschaffung von kurzfristigen Mitteln kann grundsätzlich auf **drei Arten** erfolgen: erstens durch Kredite der Lieferanten, zweitens durch Anzahlungen von Kunden und drittens durch Aufnahme von kurzfristigen Bankkrediten, die sich vor allem durch die Art ihrer Sicherung und den damit verbundenen Kreditkosten unterscheiden.

---

[1] Vgl. Leasing-Erlaß des BdF vom 19. 4. 1971, BStBl. I, S. 264
[2] Einzelheiten vgl. Wöhe, G., Betriebswirtschaftliche Steuerlehre, Band I, a. a. O., S. 513ff.

IV. Die Quellen der Außenfinanzierung

aa) Der Lieferantenkredit

Der Lieferantenkredit entsteht dadurch, daß zwischen den verschiedenen Wirtschaftsstufen Zahlungsziele eingeräumt werden. So erhält der Betrieb seine Rohstofflieferungen oder Warenlieferungen „auf Ziel", d. h. er muß den Rechnungsbetrag erst nach einer bestimmten Frist, z. B. nach 30 oder 60 Tagen, begleichen; er liefert seinerseits an seine Kunden auf Ziel, gibt also Kredit. Der Lieferantenkredit ist seinem Wesen nach ein **Mittel der Absatzförderung**. Der Lieferant ist im Gegensatz zu einer Bank nicht wegen des Kreditgeschäfts, sondern zur Steigerung seines Umsatzes an der Einräumung des Kredits interessiert, d. h. er finanziert den Absatz seiner Produkte. Der Lieferant ermöglicht es dem Einzelhändler, seine Lieferanten aus den Umsatzerlösen der verkauften Waren zu bezahlen, so daß der sonstige Kapitalbedarf des Einzelhändlers dadurch wesentlich geringer ist.

Der Lieferantenkredit ist eine besonders bequeme Form der kurzfristigen Finanzierung. Er wird ohne jede Formalität, ohne besondere Kreditwürdigkeitsprüfung, in der Regel ohne Sicherheiten – abgesehen vom Eigentumsvorbehalt – gewissermaßen „nebenbei" bei einem Kaufvertrag gewährt.

Für den Lieferantenkredit wird zwar kein Zins gezahlt, doch wird er dennoch nicht umsonst gewährt, da bei Barzahlung vom Rechnungspreis ein **Skonto** abgesetzt werden kann. Da bei der Ermittlung des Preisangebots der Skontobetrag einkalkuliert wird, ist i. d. R. die Verzinsung des Lieferantenkredits im Kaufpreis bereits enthalten. Ist in einem Wirtschaftszweig z. B. die Gewährung eines Zahlungszieles von 30 Tagen und ein Skontoabzug von 3% bei Barzahlung üblich, so entspricht das einer jährlichen Verzinsung von 36%. Tatsächlich ist diese Verzinsung noch höher, wenn man berücksichtigt, daß vom Lieferanten in der Regel eine gewisse Frist – oft bis zu 8 Tagen – eingeräumt wird, innerhalb deren der Skontoabzug gewährt wird (Skontofrist). Beträgt diese Frist bei einem Ziel von 30 Tagen z. B. 6 Tage und der Skontoabzug 3%, so wird der Lieferantenkredit für 6 Tage zinslos gewährt, und der im Preis eingerechnete Skontobetrag sind die Zinskosten für 24 Tage. Der Jahreszins beträgt dann nicht 36%, sondern sogar 45%.

Eine sofortige Barzahlung mit Hilfe eines kurzfristigen Bankkredits wäre in solchen Fällen wirtschaftlicher als die Inanspruchnahme des Lieferantenkredits. Allerdings können die Kosten des Lieferanten- und des Bankkredits nur verglichen werden, wenn die Finanzierung mit Lieferantenkrediten laufend erfolgt. Die hohen Kosten des Lieferantenkredits haben für den Lieferanten den Vorteil, daß viele Kunden innerhalb der Skontofrist zahlen und damit die Kaufverträge schneller und ohne Mahnungen und Beitreibungen abgewickelt werden.

Diese Art der Finanzierung ist für diejenigen Betriebe von besonderer Bedeutung, deren Kapitalausstattung und Liquidität gering ist, und die nicht über genügend Sicherheiten verfügen, um Bankkredite in Anspruch nehmen zu können. Mit Hilfe eines Lieferantenkredits können sie eine zumindest teilweise Finanzierung ihrer Lagerbestände vornehmen und in den Fällen, in denen die durchschnittliche Lagerdauer kürzer als die Kreditzeit ist, sogar ihrerseits einen Absatzkredit gewähren, der – wenn er und die durchschnittliche Lagerdauer zusammen nicht länger als der in Anspruch genommene Lieferantenkredit sind –

die Liquiditätslage des Betriebes nicht verschlechtert und außerdem eine „Überwälzung" eines Teils des nicht in Anspruch genommenen Skontos ermöglicht.

Erhält ein Betrieb z. B. von seinem Lieferanten 30 Tage Ziel oder 3% Skonto, beträgt die durchschnittliche Lagerdauer 10 Tage und gibt er selbst seinem Abnehmer 20 Tage Ziel oder 2% Skonto, so kann er seinen Lieferanten aus den Umsatzerlösen bezahlen, braucht seine Lagerbestände also nicht vorzufinanzieren, und kann – wenn sein Abnehmer das gewährte Ziel in Anspruch nimmt – seine eigenen Kreditkosten in Höhe von 3% des Einkaufpreises dadurch vermindern, daß er innerhalb der ihm eingeräumten Kreditzeit 2% vom Absatzpreis für die Kreditgewährung an seinen Abnehmern „verdient".

Der Lieferantenkredit ist zwar in der Regel wesentlich teurer als ein Bankkredit, praktisch werden die Kreditkosten aber durch die **Stärke der Marktposition des Abnehmers** und des Lieferanten beeinflußt. Ist der Lieferant vom Abnehmer abhängig, so kann dieser die Zahlungsziele oft weit überschreiten, was eine Skontierung uninteressant macht und den Lieferantenkredit erheblich verbilligt. Eine starke Stellung gegenüber dem Lieferanten kann unter Umständen sogar zu einer längerfristigen Einsparung von Mitteln führen, die für andere Finanzierungsvorhaben eingesetzt werden können.

Nehmen wir an, ein Betrieb bezieht von seinem Lieferanten an jedem 1. eines Monats für 10.000 DM Waren mit 30 Tagen Ziel, muß also am 30. desselben Monats zahlen. Ist der Lieferant von ihm abhängig, so kann der Betrieb, ohne Verzugszinsen zahlen zu müssen z. B. erst nach 60 Tagen, also am 30. des zweiten Monats den Betrag begleichen. Inzwischen sind erneut für 10.000 DM Waren bezogen worden. Wird von nun an im Abstand von je einem Monat regelmäßig ein Betrag von 10.000 DM beglichen, so ist praktisch die erste Warenlieferung ohne Bezahlung erfolgt, d. h. es ist nicht eine, sondern es sind zwei Lieferungen kreditiert worden, eine vertragsgemäß und unter Verzicht auf den Skontoabzug, eine nicht mehr vertragsgemäß und ohne Skontoeinbuße. Die Skontobelastung der ersten Lieferung wurde so halbiert. Solange die Geschäftsbeziehung im gleichen Umfange fortgeführt werden, bleibt der Betrieb mit dem Wert einer Lieferung in Verzug, d. h. er hat 10.000 DM, die er seinem Lieferanten schuldet, für andere Zwecke freigesetzt. Er muß sie erst begleichen, wenn die Geschäftsbeziehung abreißt.

Hier handelt es sich um einen **erzwungenen zinslosen Kredit**; der Betrieb behält die Umsatzerlöse aus den verkauften Waren, die bei Einhaltung des Vertrages längst zur Rückzahlung des Lieferantenkredits hätten verwendet werden sollen, unter Umständen langfristig zurück und kann mit ihnen eine Erweiterung seines Geschäftsumfanges durchführen. Es liegt eine Ausnutzung einer wirtschaftlichen Machtstellung vor, die aus keiner Bilanz ersichtlich wird.

bb) Anzahlungen

Anzahlungen von Abnehmern, die in bestimmten Wirtschaftszweigen, z. B. im Schiffbau, Großmaschinenbau, Wohnungsbau u. a. üblich sind, stellen eine weitere Quelle kurzfristiger, teilweise mittelfristiger Fremdkapitalbeschaffung dar. Sie werden entweder vor Beginn des Produktionsprozesses oder nach teil-

IV. Die Quellen der Außenfinanzierung

weiser Fertigstellung gewährt. Sie stehen dem Betrieb **zinslos** zur Verfügung und verbessern seine Liquiditätslage. In manchem Wirtschaftszweig wäre infolge langer Produktionsdauer eine alleinige Finanzierung durch den Hersteller nicht durchführbar. Im Maschinenbau ist es branchenüblich, daß ein Drittel des Kaufpreises bei Erteilung des Auftrages, das zweite Drittel bei Lieferung und der Rest mit vereinbartem Ziel fällig wird. Bei dieser Finanzierungsform spielt aber nicht nur die Länge des Produktionsprozesses, sondern auch die Stärke der Marktstellung des Betriebes und seiner Abnehmer eine entscheidende Rolle. Ist die Konkurrenz groß und die Auftragslage schlecht, so wird der Betrieb wesentlich weniger Anzahlungen fordern können, als wenn im gesamten Wirtschaftszweig lange Lieferfristen bestehen und der Abnehmer froh ist, einen einigermaßen günstigen Liefertermin vereinbaren zu können. Bei langen Lieferzeiten und starker Nachfrage wird die Anzahlung auch oft dazu verwendet, den Kunden an seinen Auftrag zu binden, so z. B. in Möbel- und Einrichtungshäusern.

cc) Kontokorrentkredit

Der Kontokorrentkredit ist die am häufigsten auftretende Form des kurzfristigen Bankkredits. Wohl jeder Betrieb hat eine Bankverbindung, also ein Konto bei einer Bank, auf dem Zahlungen der Kunden eingehen und aus dem Lieferanten bezahlt oder Beträge in bar zur Zahlung von Löhnen usw. abgehoben werden. Der Kredit entsteht bei der Abwicklung des Zahlungsverkehrs. Die Bank räumt ihren Kunden einen Kredit bis zu einer bestimmten Höhe ein, d. h. der Betrieb kann sein Konto bis zu einem bestimmten Betrag überziehen. So entsteht ein Kontokorrent (geregelt in §§ 355 ff. HGB), d. h. eine laufende Rechnung, die ein **wechselseitiges Schuld- und Guthabenverhältnis** darstellt. Jede über das Konto laufende Zahlung ändert den Saldo, der entweder ein Guthaben oder eine Kreditinanspruchnahme zeigt. Der Kontokorrentkredit dient zwar der kurzfristigen Finanzierung, das Kontokorrentverhältnis ist aber – obwohl es, wenn der Vertrag nichts anderes vorsieht, jederzeit gekündigt werden kann (§ 355 Abs. 2 HGB) – langfristig.

Der Kontokorrentkredit dient der **Sicherung der Zahlungsbereitschaft**, insbesondere der Finanzierung von Spitzenbelastungen, und ist besonders für die Lohnzahlungen oder für die Ausnutzung von Skonto von großer Bedeutung. Das Kontokorrent gewährt der Bank einen guten Einblick in die wirtschaftliche Lage eines Betriebes. Es gibt z. B. Aufschlüsse über den Kundenkreis des Kreditnehmers und zeigt seine Umsätze mit Abnehmern und Lieferanten, die regelmäßig wiederkehrenden Zahlungsverpflichtungen u. a. Es bildet somit zugleich eine wertvolle Unterlage bei der Prüfung der Kreditwürdigkeit, die der Gewährung weiterer Bankkredite an den Betrieb vorausgeht.

Die Kosten des Kontokorrentkredits sind verhältnismäßig hoch. Die Soll-Zinsen für den Kreditsaldo sind erheblich höher als die Haben-Zinsen für den Guthabensaldo. Zu verzinsen ist der jeweils in Anspruch genommene Kredit bzw. das bei der Abwicklung des Zahlungsverkehrs sich ergebende Guthaben. Mit Hilfe der Zinsstaffelrechnung wird die sich täglich ändernde Kreditinanspruchnahme berücksichtigt. Neben den **Kreditzinsen** wird eine **Kreditpro-**

vision erhoben, die entweder einen bestimmten Prozentsatz vom zugesicherten oder vom in Anspruch genommenen Kredit beträgt oder nach dem Höchst-Sollsaldo einer Abrechnungsperiode berechnet wird. Im ersten Falle ist sie also unabhängig von der tatsächlichen Kreditinanspruchnahme und wird von der Bank damit begründet, daß sie die zugesagten Mittel nicht an andere Kunden vergeben kann; für den Betrieb stellt die Kreditprovision somit einen konstanten Aufwand dar. Weiterhin wird eine **Umsatzprovision** von der jeweils größeren Seite des Kontos erhoben, und, falls das Kreditlimit überschritten wird, fällt außerdem eine **Überziehungsprovision** an.

dd) Wechselkredit

Der Wechselkredit tritt in zwei Formen auf: der **Diskontkredit** wird von der Bank durch Ankauf von Kundenwechseln eingeräumt, beim **Akzeptkredit** zieht der Betrieb einen Wechsel auf seine Bank, die ihn akzeptiert und ihn damit praktisch zum Zahlungsmittel macht, ohne selbst Mittel zur Verfügung zu stellen (Kreditleihe). Ein **Wechsel** ist ein Wertpapier, das ein Zahlungsversprechen des Ausstellers enthält. Verpflichtet sich der Aussteller des Wechsels, die Wechselsumme selbst zu zahlen, so liegt ein „eigener" Wechsel **(Solawechsel)** vor. Gibt dagegen im Wechsel der Aussteller dem Bezogenen (Wechselschuldner) die Anweisung, die Wechselsumme an einen Dritten (den Remittenten) zu zahlen, so spricht man von einem „gezogenen" Wechsel **(Tratte)**. Beim Solawechsel ist also der Aussteller selbst der Schuldner; beim gezogenen Wechsel ist dagegen der Bezogene der Schuldner, und der Aussteller haftet nur als Rückgriffsschuldner.

Der Wechsel ist ein geborenes Orderpapier, seine Übertragung erfolgt durch Indossament. Ein gezogener Wechsel muß folgende **gesetzlichen Bestandteile** enthalten:
(1) Das Wort „Wechsel" im Text der Urkunde (Wechselklausel),
(2) die unbedingte Anweisung, eine bestimmte Geldsumme zu zahlen (Zahlungsklausel),
(3) den Namen der Person oder Firma, die zahlen soll (Bezogener),
(4) die Angabe der Verfallzeit,
(5) die Angabe des Zahlungsortes,
(6) den Namen der Person oder Firma, an die oder deren Order gezahlt werden soll (Remittent),
(7) den Ausstellungstag und -ort,
(8) die Unterschrift des Ausstellers.

Der wesentlichste Unterschied zwischen dem Wechseldiskontkredit und anderen Formen der kurzfristigen Fremdfinanzierung liegt in der Möglichkeit der **Refinanzierung** für den Kreditgeber. Verkauft der Betrieb seine Produkte auf Ziel, so belastet diese Gewährung von Lieferantenkredit seine Liquidität, zieht er dagegen auf einen Abnehmer einen Wechsel, so kann der Betrieb sich durch Weitergabe des Wechsels refinanzieren.

Erwirbt der Betrieb Waren auf Kredit, so wird er die Kosten eines Lieferantenkredits, eines Kontokorrentkredits oder eines Wechseldiskontkredits miteinander vergleichen, wenn er die Wahl zwischen diesen Kreditformen hat. Am teuersten

IV. Die Quellen der Außenfinanzierung

ist in der Regel der Lieferantenkredit, am billigsten der Wechseldiskontkredit. Infolge des höheren Liquiditätsgrades und der größeren Sicherheit fordert der Kreditgeber bei letzterem i. a. einen geringeren Zinssatz als beim Kontokorrentkredit. Das zeigt die folgende Übersicht über die prozentuale Verteilung der Bankkredite nach der Häufigkeit der gemeldeten Kreditfälle auf Buch- und Wechselkredite, November 1969:[1]

Zinsfuß in % p. a.	Kontokorrentkredite (unter 1 Mio. DM)	Wechseldiskontkredite (bundesbankfähige Abschnitte zwischen 5.000 und 20.000 DM)
bis 7¼	0,4	41,6
7¼— 8¼	1,6	27,6
8¼— 9¼	27,7	28,7
9¼—10¼	46,9	1,9
über 10¼	32,4	0,2
insgesamt	100,0	100,0

Die Banken kaufen in erster Linie solche Wechsel an, die der Finanzierung des Warenumschlags dienen (**Handels- oder Warenwechsel**). Da die Banken ihrerseits die Möglichkeit haben, im Rahmen ihrer Kontingente eine Refinanzierung bei der Bundesbank durchzuführen, müssen sie beim Ankauf von Wechseln darauf achten, daß diese den Anforderungen der Deutschen Bundesbank entsprechen. Die Bundesbank diskontiert nur Wechsel, deren Restlaufzeit drei Monate nicht übersteigt, die mindestens drei gute Unterschriften tragen (eine davon ist das Indossament der Bank an die Landeszentralbank) und die an einem Bankplatz zahlbar sind, d. h. an einem Ort, an dem die Bundesbank eine Niederlassung hat.

Die **Kosten** des Diskontkredits bestehen aus dem Diskont, der von der Bank einbehalten wird, ferner aus den Diskontspesen, die beim Inkasso des Wechsels entstehen, sowie aus der Wechselsteuer in Höhe von 0,15 DM je angefangene 100 DM.

Beim **Akzeptkredit** zieht der Betrieb einen Wechsel auf seine Bank, die ihn akzeptiert. Entweder diskontiert die Bank ihr eigenes Akzept selbst, oder der Betrieb kann den Wechsel, dessen Bezogener die Bank ist, anderweitig verwerten. Für die Bank handelt es sich dann bei dieser Kreditart nicht um eine Geldleihe, sondern um eine **Kreditleihe**. Der Betrieb erhält kein Geld, sondern lediglich einen von der Bank akzeptierten Wechsel, den er wie Bargeld verwenden kann. Der Betrieb ist verpflichtet, den Gegenwert des Wechsels am Tage der Fälligkeit bei der Bank bereitzustellen. Die Abwicklung dieses Kreditgeschäftes erfolgt gewöhnlich über das Kontokorrentkonto. Als Kosten fällt neben dem Zins und der Wechselsteuer eine Akzeptprovision an. Soweit der Akzeptkredit über das Kontokorrentkonto abgewickelt wird, beeinflußt er die Höhe der Umsatzprovision. Dasselbe gilt für den Diskontkredit.

---

[1] Quelle: Monatsberichte der Deutschen Bundesbank, November 1969, Statistischer Teil, V, 6, zit. im Handbuch der Unternehmensfinanzierung, a. a. O., S. 591

ee) Lombardkredit

Der Lombardkredit ist ein Kredit, der durch **Verpfändung** von Wertpapieren, Wechseln und Waren gesichert ist. Beliehen wird nur ein Teil des Wertes des Faustpfandes. Voraussetzung der Lombardierung ist, daß das Pfand wertbeständig und schnell realisierbar ist. Der Warenlombard kommt vor allem im Warenhandel vor. Die verpfändete Ware muß der Bank übergeben werden, was meistens – da die Bank nicht über entsprechende Lagerräume verfügt – in der Weise erfolgt, daß eine Einlagerung bei einem Spediteur oder in einem Lagerhaus erfolgt. Der über die eingelagerte Ware ausgestellte Lagerschein wird der Bank übergeben und der Herausgabeanspruch an sie abgetreten. Wird der Lagerschein als Orderpapier ausgestellt, so genügt die Übertragung durch Indossament und die Übergabe.

Zu verzinsen ist der Lombardkredit zum sog. **Lombardsatz**, der gewöhnlich 1% über dem amtlichen Diskontsatz liegt, da das Risiko des Lombardgeschäftes größer ist als das des Wechselgeschäftes. Der Nachteil des Lombards liegt darin, daß der Betrieb nicht mehr über die verpfändeten Gegenstände verfügen kann.

In der Praxis hat sich deshalb eine Abart dieser Kreditform in der **Sicherungsübereignung** herausgebildet. Das Eigentum der als Sicherheit dienenden Gegenstände, z. B. Maschinen eines Industriebetriebes, wird zwar auf den Kreditgeber übertragen, jedoch bleibt durch Vereinbarung eines Besitzkonstituts der Betrieb unmittelbarer Besitzer der Gegenstände, deren Nutzung gewöhnlich überhaupt erst die Voraussetzung zur Rückzahlung des Kredits darstellt.

ff) Avalkredit

Der Avalkredit ist eine **Kreditleihe**. Eine Bank übernimmt für ihren Kunden bis zu einer vereinbarten Höhe eine **Bürgschaft** oder eine **Garantie**. Der Unterschied zwischen der Bürgschaft und der Garantie besteht darin, daß die Bürgschaftsverpflichtung, die auf einem Vertrag zwischen dem Gläubiger und dem Bürgen beruht, vom Bestehen und vom Umfang der Hauptschuld abhängig, also akzessorisch ist, während die Garantie eine von der Hauptschuld unabhängige selbständige Verpflichtung darstellt, also nicht akzessorisch ist.[1]

Die Bürgschaft oder Garantie kann z. B. der Sicherung eines größeren Lieferantenkredits dienen oder bei der Vergebung von Großaufträgen, z. B. durch öffentliche Auftraggeber, die Voraussetzung zur Erlangung des Auftrages sein. Da kein Geld, sondern nur eine Bürgschaft oder Garantie zur Verfügung gestellt wird, fallen keine Zinsen an, sondern ist lediglich eine Avalprovision zu zahlen.

gg) Factoring

Das Factoring-Finanzierungssystem ist eine in Deutschland noch relativ wenig verbreitete Methode der Finanzierung, die vor allem in den USA Anwendung findet. Horbach schätzt die Zahl der Institute, die ein echtes Factoring-Geschäft betreiben in den USA auf etwa 100, deren Gesamtumsatz im Jahre 1960 etwa 5 Mrd. Dollar betrug, während er die Zahl der deutschen Institute „mit etwa einem halben Dutzend" angibt.[2]

---

[1] Vgl. Hagenmüller, K. F., Bankbetrieb und Bankpolitik, Wiesbaden 1959, S. 132 ff.
[2] Horbach, J., Das Factoring-Finanzierungssystem. In: Finanzierungs-Handbuch, herausgegeben von H. Janberg, Wiesbaden 1964, S. 468

IV. Die Quellen der Außenfinanzierung

Das Factoring ist ein Finanzierungsgeschäft, bei dem ein Finanzierungsinstitut (der Factor) die Forderungen, die bei seinen Kontrahenten aus dem Verkauf von Waren entstehen, ankauft und das Risiko für den Ausfall der Forderungen übernimmt. Der Verkäufer wird auf diese Weise in die Lage versetzt, seinen Abnehmern die Forderungen zu stunden, d. h. „Ziel" zu gewähren, ohne daß ihn diese Kreditgewährung liquiditätsmäßig belastet und ohne daß er ein Kreditrisiko tragen muß. Dafür hat er dem Factor eine Vergütung zu zahlen.

Neben dem Ankauf der Forderungen und der Übernahme des Kreditrisikos übt das Finanzierungsinstitut in der Regel noch eine dritte Funktion aus. Horbach bezeichnet sie als „Dienstleistungs- oder Servicefunktion".[1] Der „Service" besteht vor allem in der Führung der Debitorenbuchhaltung des Vertragspartners, in der Übernahme des Mahnwesens, oft sogar in der Ausstellung der Rechnung für den Vertragspartner, im Inkassodienst von nicht abgetretenen Forderungen und in einer allgemeinen Unternehmensberatung, die nicht nur die Finanzierungsfragen, sondern auch Fragen der Investition, der Produktion, des Absatzes, der Werbung u. a. umfassen kann.

Das Factoring-Geschäft kann in offener oder stiller Form erfolgen. Beim **offenen System** enthalten die Rechnungen des Vertragspartners den Hinweis, daß die Forderung im Rahmen eines Factoring-Vertrages abgetreten wird und daß folglich unmittelbar an das Factoring-Institut zu zahlen ist. Beim **stillen System** dagegen zahlen die Kunden des Vertragspartners an diesen, und er leitet die eingegangenen Zahlungen an das Institut weiter. Beim offenen System mahnt das Finanzierungsinstitut die säumigen Schuldner der Vertragspartner unmittelbar, beim stillen System stellt es zwar im Rahmen des Service die Mahnung aus, leitet sie jedoch über den Vertragspartner, der auf diese Weise die Möglichkeit hat, einzelne Mahnungen zurückzubehalten, insbesondere bei Kunden, die besonders wichtig sind und nicht verärgert werden sollen.

hh) Rembourskredit

Der Rembourskredit ist eine spezielle Kreditform im Auslandsgeschäft. Will z. B. ein deutscher Importeur von einem brasilianischen Exporteur Kaffee beziehen, ist die deutsche Importfirma aber auf dem Weltmarkt völlig unbekannt, so tritt an ihre Stelle eine deutsche Bank, die dem Importeur ein Bankakzept zur Verfügung stellt. Damit tritt gegen Zahlung einer Akzeptprovision an die Stelle der Zahlungsverpflichtung eines unbekannten deutschen Importeurs die Zahlungsverpflichtung einer bekannten deutschen Bank.

Das Geschäft wickelt sich folgendermaßen ab: Nach der Akzeptzusage der deutschen Bank an die Bank des Exporteurs übergibt dieser die Versanddokumente (Konnossement, Seeversicherungsschein, Rechnung) an seine Bank, die sie an die deutsche Bank, von der sie inzwischen das Akzept erhalten hat, weiterleitet. Der Austausch der Dokumente und des Akzepts kann auch Zug um Zug erfolgen, indem eine Korrespondenzbank dazwischengeschaltet wird, die das Akzept der deutschen Bank zur Weiterleitung übernimmt und erst gegen Übergabe der Dokumente, die sie an die deutsche Bank schickt, herausgibt. Die

---

[1] Horbach, J., a. a. O., S. 468

deutsche Bank übergibt dem Importeur die Papiere, die ausländische Bank diskontiert dem Exporteur das deutsche Bankakzept.

In dieser Form stellt der Rembourskredit eine Koppelung von Akzeptkredit (Importeur) und Diskontkredit (Exporteur) dar. Es gibt in der Praxis eine Vielzahl von Abarten des dargestellten Falles.

ii) Negoziationskredit

Der Negoziationskredit ist eine weitere Kreditform im Auslandsgeschäft. Er unterscheidet sich vom Rembourskredit dadurch, daß bei diesem der Exporteur von der deutschen Bank ein Akzept erhält, das er bei seiner Bank diskontieren kann, während beim Negoziationskredit die Bank des Exporteurs sich verpflichtet, einen vom Exporteur auf den Importeur gezogenen Wechsel sofort anzukaufen, also bereits bevor er vom Importeur oder dessen Bank akzeptiert worden ist. Das setzt voraus, daß sich die Bank des Exporteurs im Besitze eines Dokumenten-Akkreditivs befindet. Darunter versteht man den Auftrag eines Bankkunden an seine Bank, einen bestimmten Geldbetrag einem Dritten (dem Akkreditierten) zur Verfügung zu stellen, aber erst dann auszuzahlen, wenn der Akkreditierte bestimmte Dokumente an die Bank übergibt. Auf das bei der Darstellung des Rembourskredits verwendete Beispiel übertragen, besagt das, daß der deutsche Importeur über seine Bank bei der Bank des Exporteurs zu dessen Gunsten ein Dokumentenakkreditiv eröffnen läßt, das mit einer Negoziierungsklausel versehen ist und die ausländische Bank ermächtigt, einen vom Exporteur auf den Importeur gezogenen Wechsel anzukaufen (zu negoziieren), bevor er akzeptiert ist. Auf diese Weise erhält der Exporteur sein Geld unverzüglich, aber als Aussteller des Wechsels haftet er für diesen, wenn er nicht eingelöst wird. Er hat also zunächst nur einen Wechselkredit erhalten.

V. Besondere Anlässe der Außenfinanzierung

1. Übersicht

Bevor einzelne Anlässe der Außenfinanzierung im Detail erörtert werden, soll zunächst eine systematische Übersicht über die bedeutsamen Fälle gegeben werden:

(1) Die Gründung

Sie kann erstens entweder als Bargründung durch Einlage von Geldmitteln (Personenunternehmung) oder durch Erwerb von Anteilen an Kapitalgesellschaften erfolgen. Sie kann zweitens als Sachgründung durch Einbringung von einzelnen Vermögenswerten (Grundstücke, Maschinen, Beteiligungen, Wertpapiere) oder von Betriebsteilen bzw. ganzen Betrieben vorgenommen werden. Im letztgenannten Fall kann eine Verschmelzung (Fusion) durch Neubildung oder eine errichtende Umwandlung (z. B. Umwandlung einer OHG in eine GmbH, d. h. Gründung einer GmbH, in die die OHG eingebracht wird) vorliegen.

(2) Die Kapitalerhöhung

Auch sie kann durch Zuführung von Bargeld oder Sachwerten durchgeführt werden, wobei entweder die bisherigen Gesellschafter ihre Kapitalanteile erhöhen

V. Besondere Anlässe der Außenfinanzierung

oder neue Gesellschafter eintreten. Eine Kapitalerhöhung kann auch in der Weise erfolgen, daß eine Fusion durch Aufnahme stattfindet, d. h. eine Gesellschaft eine andere Gesellschaft aufnimmt, indem sie ihr Vermögen gegen Gewährung

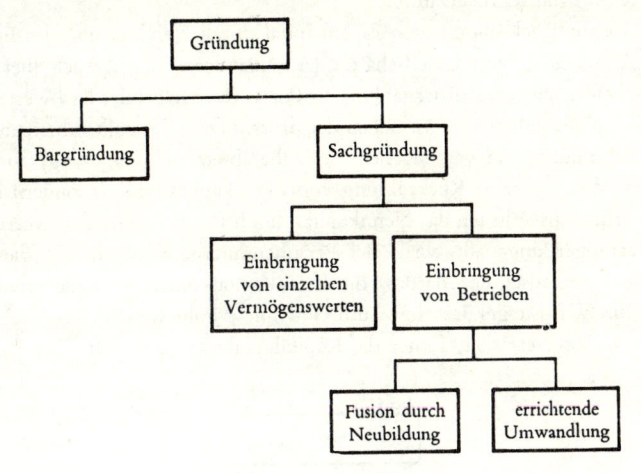

```
                        Gründung
                    ┌──────┴──────┐
              Bargründung    Sachgründung
                            ┌──────┴──────┐
                    Einbringung      Einbringung
                    von einzelnen    von Betrieben
                    Vermögenswerten   ┌──────┴──────┐
                               Fusion durch   errichtende
                               Neubildung     Umwandlung
```

Abb. 161. Gründung

von Gesellschaftsrechten übernimmt, oder daß eine verschmelzende Umwandlung vorgenommen wird, d. h. eine Gesellschaft auf eine bereits bestehende Gesellschaft umgewandelt wird.

```
                     Kapitalerhöhung
            ┌──────────┬──────────────┐
       Bareinlagen  Sacheinlagen   aus Gesellschaftsmitteln
                         │         (nominelle Kapitalerhöhung)
                   ┌─────┴─────┐
           Einbringung von    Einbringung von Betrieben
           einzelnen          ┌──────┴──────┐
           Vermögenswerten  Fusion durch  verschmelzende
                            Aufnahme      Umwandlung
```

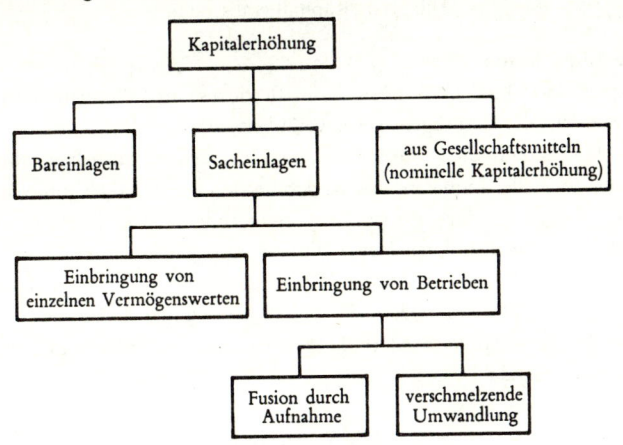

Abb. 162. Kapitalerhöhung

Das Aktiengesetz unterscheidet neben der normalen (ordentlichen) Kapitalerhöhung durch Ausgabe neuer (junger) Aktien die bedingte Kapitalerhöhung, deren Wirksamwerden vom Eintritt bestimmter Bedingungen abhängt (z. B. Umwandlung von Wandelschuldverschreibungen [Fremdkapital] in Aktien), und das genehmigte Kapital (Ermächtigung des Vorstandes für ein vereinfachtes Verfahren der ordentlichen Kapitalerhöhung). Bei Kapitalgesellschaften gibt es außerdem noch die Kapitalerhöhung aus Gesellschaftsmitteln (nominelle Kapitalerhöhung), bei der vorhandene offene Rücklagen in Nominalkapital umgewandelt werden (Umfinanzierung).

(3) Die Kapitalherabsetzung
Sie führt zur Rückzahlung von Eigenkapital durch Herabsetzung der Einlagen oder Ausscheiden von Gesellschafter (Auseinandersetzung). Auch hier ist zu unterscheiden zwischen Rückzahlung in Form von Geld oder Sachwerten.

Bei Kapitalgesellschaften ist neben der ordentlichen Kapitalherabsetzung (Kapitalrückzahlung) die vereinfachte Kapitalherabsetzung (Sanierung) zu unterscheiden, bei der keine Rückzahlung von Eigenkapital erfolgt, sondern infolge von Vermögensverlusten das Nennkapital durch Herabsetzung dem verminderten Vermögen angepaßt wird. Bei Personenunternehmungen tritt diese Anpassung automatisch ein, da dort die Eigenkapitalkonten beweglich sind, d. h. direkt um Verluste gekürzt, bzw. um Gewinne erhöht werden.

Das Aktiengesetz sieht ferner die Kapitalherabsetzung durch Einziehen von Aktien vor.

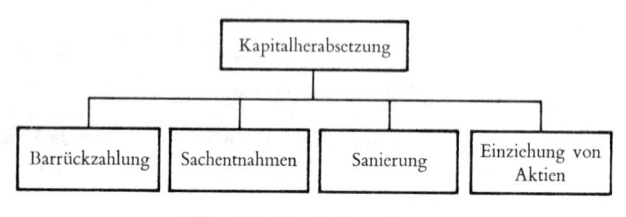

```
                    Kapitalherabsetzung
          ┌──────────────┼──────────────┬──────────────┐
   Barrückzahlung   Sachentnahmen   Sanierung    Einziehung von
                                                     Aktien
```

Abb. 163. Kapitalherabsetzung

(4) Die Liquidation
Die Liquidation führt zur Auflösung des Betriebes. Im Falle materieller Liquidation werden alle Vermögenswerte veräußert, die Schulden getilgt und ggf. noch verbleibende liquide Mittel den Eigenkapitalgebern zurückgewährt.

Im Falle formeller Liquidation wird der Betrieb nur rechtlich aufgelöst, wirtschaftlich aber fortgeführt, jedoch unter einer anderen Rechtsform (Umwandlung) und/oder einer anderen Firma (Fusion).

Da die teils zur Gründung, teils zur Kapitalerhöhung zählenden Vorgänge der Umwandlung und Fusion in Handels- und Steuerrecht jeweils besonders geregelt sind, werden sie – damit Wiederholungen vermieden werden – in besonderen Abschnitten behandelt.

2. Die Gründung

Die Probleme der Gründung eines Betriebes sollen in diesem Zusammenhang nur kurz behandelt und in erster Linie auf die finanzielle Seite beschränkt werden, da die sonstigen betriebswirtschaftlichen Überlegungen, die einer Gründung vorangehen, an anderen Stellen bereits ausführlich besprochen wurden. Vor der Gründung wird man die Aufnahmefähigkeit des Marktes, die Stärke der Konkurrenz u. a. mit Hilfe der Marktforschung feststellen. Sodann wird man sich über die Höhe und die Struktur des Kapitalbedarfs, über die Möglichkeiten der Kapitalbeschaffung und damit zusammenhängend über die Rechtsform des Betriebes, über den Standort usw. Gedanken machen. Diese Probleme sollen hier nicht wiederholt werden.

Der rechtliche Hergang der Gründung ist bei den einzelnen **Rechtsformen** verschieden stark formbelastet. Bei der Einzelunternehmung erfolgt gewöhnlich eine Eintragung im Handelsregister, bei Personen- und Kapitalgesellschaften muß diese Eintragung durchgeführt werden. Gesellschaften müssen darüber hinaus einen Gesellschaftsvertrag abschließen. Bei der OHG ist er formlos, bei der AG bedarf die Satzung einer gerichtlichen oder notariellen Beurkundung. Bei Personengesellschaften ist kein Mindestkapital vorgeschrieben, bei der AG muß das Grundkapital mindestens 100.000 DM, bei der GmbH mindestens 20.000 DM betragen.

Die Gründung einer **Aktiengesellschaft**[1] vollzieht sich im einzelnen folgendermaßen: Mindestens fünf Personen, die Aktien übernehmen (Gründer) bilden ein Gründungskonsortium. Sie stellen die **Satzung** fest, die – wie erwähnt – gerichtlich oder notariell beurkundet werden und Angaben über Firma, Sitz und Gegenstand des Unternehmens, über die Höhe des Grundkapitals und den Nennbetrag sowie die Gattung der Aktien, über die Art der Zusammensetzung des Vorstandes und über die Form der Bekanntmachungen der Gesellschaft enthalten muß.[2]

Darüber hinaus sind Sondervorteile, die einzelnen Aktionären eingeräumt werden (z. B. Gewinnvorteile, Vorteile beim Liquidationserlös, Bezugs- oder Lieferungsrechte),[3] ferner Entschädigungen oder Belohnungen, die den Gründern oder anderen Personen für die Gründung oder ihre Verarbeitung gewährt werden (Gründerlohn),[4] sowie der Nennbetrag der bei einer Sacheinlage dem einbringenden Aktionär zu gewährenden Aktien oder die bei einer Sachübernahme durch die Gesellschaft zu gewährende Vergütung[5] in der Satzung festzusetzen.

Fehlen entsprechende Angaben, so sind bereits geschlossene Verträge der Gesellschaft gegenüber unwirksam. An Stelle der vereinbarten Sacheinlage hat der Aktionär dann eine Bareinlage zu erbringen.

Im Anschluß an die Feststellung der Satzung erfolgt die **Aufbringung des Grundkapitals** durch Übernahme der Aktien. Hierbei ist zu unterscheiden entweder zwischen Einheitsgründung (Simultangründung), bei der sämtliche Aktien von den Gründern, zu denen häufig eine Bank oder ein Bankenkonsortium gehört, übernommen werden, oder der Stufengründung (Sukzessivgründung), bei der die Gründer nur einen Teil der Aktien übernehmen, während der übrige Teil durch Zeichnung im Publikum untergebracht wird. Die zweite Form ist seltener, da sie umständlicher und demgemäß mit höheren Kosten (Einschaltung von Emissionsbanken, Veröffentlichung von Prospekten usw.) verbunden ist. Außerdem ist sie mit dem Risiko behaftet, daß nicht alle Aktien gezeichnet werden. Das deutsche Aktienrecht (AktG 1965) sieht nur noch die Einheitsgründung vor, d. h. alle Aktien müssen durch die Gründer übernommen werden.[6]

---

[1] Vgl. §§ 23–53 AktG
[2] Vgl. § 23 Abs. 3 AktG
[3] Vgl. § 26 Abs. 1 AktG
[4] Vgl. § 26 Abs. 2 AktG
[5] Vgl. § 27 Abs. 1 AktG
[6] Vgl. § 29 AktG

Nach der Aufbringung des Grundkapitals wird der **Aufsichtsrat** bestellt; bei der Einheitsgründung erfolgt die Bestellung durch die Gründer,[1] bei der Stufengründung wurde sie durch die von den Gründern einberufene Hauptversammlung vorgenommen.[2] Der Aufsichtsrat bestellt seinerseits den ersten **Vorstand**.[3] Der Vorstand fordert das Aktienkapital ein. Es müssen mindestens 25% des Nennwertes, zuzüglich dem Agio (zur Deckung der Gründungskosten), eingezahlt werden. Die eingehenden Geldmittel werden zum Aufbau des Betriebes verwendet. Diesen wirtschaftlichen Vorgang bezeichnet man als Errichtung, er hat nichts mehr mit der Gründung zu tun.[4]

Nach der Einzahlung des Grundkapitals (bzw. des eingeforderten Teils) erfolgt durch alle Gründer und Mitglieder des Vorstands und Aufsichtsrats die **Anmeldung zum Handelsregister**,[5] der neben der Satzung und den Urkunden über die Bestellung von Aufsichtsrat und Vorstand auch ein Gründungsbericht,[6] in dem die Gründer den Hergang der Gründung beschreiben müssen, und ein Prüfungsbericht[7] beizufügen sind. Die **Gründungsprüfung** nehmen Vorstand und Aufsichtsrat vor. Gehört jedoch ein Gründungsmitglied zum Vorstand oder Aufsichtsrat oder liegt eine qualifizierte Gründung vor, so sind besondere Gründungsprüfer zu bestellen.

Von **qualifizierter Gründung** spricht man dann, wenn entweder Aktien nicht gegen bar (Bargründung), sondern gegen Hingabe von Sacheinlagen, z. B. von Patenten, Maschinen, Grundstücken u. a. (Sachgründung) erworben werden, oder wenn den Gründern oder sonstigen Aktionären besondere Vorteile in Form eines Gründerlohns oder von Warenlieferungs- oder Warenbezugsverträgen eingeräumt worden sind. Die verschärften Prüfungsvorschriften bei der qualifizierten Gründung sollen insbesondere verhindern, daß bei Einbringung von Sachwerten durch Bewertungsmanipulationen einzelnen Aktionären auf Kosten anderer Vorteile eingeräumt werden oder daß durch Überbewertung von Vermögenswerten keine volle Deckung des Grundkapitals erreicht wird und somit von vornherein eine Erhöhung des Risikos für die Gläubiger gegeben ist.

Die für die qualifizierte Gründung gegebenen Schutzvorschriften könnten dadurch umgangen werden, daß zunächst eine Bargründung erfolgt, danach aber von der Gesellschaft Sachübernahmen von Aktionären vorgenommen werden, die praktisch eine Rückzahlung des Bargeldes bedeuten und nicht ausschließen, daß durch Festsetzung überhöhter Kaufpreise eine Schädigung anderer Aktionäre eintritt. Derartige Gründungen bezeichnet man als Schein-Bargründungen. Sie sollen durch die Bestimmungen über die Nachgründung erschwert werden.

Eine **Nachgründung**[8] liegt vor, wenn eine Aktiengesellschaft in den ersten zwei Jahren nach der Eintragung im Handelsregister Verträge schließt, nach denen sie Anlagen oder sonstige Vermögensgegenstände für eine den zehnten Teil

---

[1] Vgl. § 30 Abs. 1 AktG
[2] Vgl. § 30 Abs. 4 AktG 1937
[3] Vgl. § 30 Abs. 4 AktG
[4] Das Aktiengesetz bezeichnet eine Gesellschaft als errichtet, wenn die Gründer alle Aktien übernommen haben (vgl. § 29 AktG)
[5] Vgl. § 36 AktG
[6] Vgl. § 32 AktG
[7] Vgl. §§ 33–35 AktG
[8] Vgl. § 52 AktG

des Grundkapitals übersteigende Vergütung erwerben soll. Derartige Verträge sind nur rechtswirksam, wenn ihnen die Hauptversammlung mit Dreiviertelmehrheit zugestimmt hat, nachdem sie zuvor vom Aufsichtsrat und einem Gründungsprüfer geprüft worden sind und der Aufsichtsrat einen Nachgründungsbericht erstattet hat. Außerdem ist eine Eintragung im Handelsregister erforderlich.

Nach der Prüfung der Anmeldung zum Handelsregister erfolgt die **Eintragung**, die die Aktiengesellschaft zur Entstehung bringt, also konstitutive Wirkung hat.

Die **Gründungskosten** bestehen in erster Linie aus Steuern, Notariats- und Gerichtskosten, Bankgebühren und Zinsen für die Übernahme der Anteile (Konsortium) und Prüfungsgebühren. Der Erwerb von Gesellschaftsrechten an Kapitalgesellschaften unterliegt in Höhe der geleisteten Einlagen der Gesellschaftsteuer. Sie beträgt zur Zeit 2% der tatsächlichen Einzahlungen. Der Erwerb von Grundstücken und Gebäuden wird von der Grunderwerbsteuer erfaßt. Die Einlagen der Aktionäre sind umsatzsteuerfrei, da sie der Gesellschaftsteuer unterliegen.[1] Auch die Übertragung der Gesellschaftsrechte durch die Gesellschaft an die Aktionäre ist von der Umsatzsteuer befreit.[2,3]

Notariats- und Gerichtskosten fallen bei der Beurkundung der Satzung, dem Erwerb von Grundstücken und bei der Eintragung ins Handelsregister an. Die Gebühren der Gründungsprüfung sind bei Sachgründungen gewöhnlich erheblich höher als bei Bargründungen. Zu den Gründungskosten zählen ferner die Druckkosten für die Aktien und Interimsscheine, für die Satzung, die ersten Pflichtveröffentlichungen in Zeitungen u. ä. und die Gebühren für die Bescheinigung des Finanzamts, „daß der Eintragung steuerliche Bedenken nicht entgegenstehen".[4]

Die Gründungskosten sollen durch das **Agio**, mit dem die Aktien in der Regel ausgegeben werden, gedeckt werden. Sie betragen im Durchschnitt etwa 5—7% des Aktienkapitals. Eine Aktivierung der Gründungskosten in der Jahresbilanz und eine Verteilung durch Abschreibung über mehrere Jahre ist nicht zulässig.[5] Können die Gründungskosten durch das Agio nicht gedeckt werden, so muß ein entsprechender Verlust in der Bilanz ausgewiesen werden.

3. Die Kapitalerhöhung

a) Begriff und Motive

Als Kapitalerhöhung kann man an sich jede Erweiterung der Kapitalbasis eines Betriebes durch Einbringung eigener oder Aufnahme fremder Mittel be-

---

[1] Vgl. § 4 Ziff. 9 UStG
[2] Vgl. § 4 Ziff. 8 UStG
[3] Bei der Einbringung von Sacheinlagen entsteht durch die Notwendigkeit einer Bewertung der Sacheinlagen eine Reihe steuerlicher Probleme, deren Behandlung in diesem Zusammenhang zu weit führen würde. Vgl. dazu: Wöhe, G., Betriebswirtschaftliche Steuerlehre, Bd. II, 2. Halbband, 2. Aufl., a. a. O., S. 231 ff.
[4] § 189d Abs. 2 AO
[5] Die Gründungskosten sind nicht mit den „Kosten für die Ingangsetzung des Geschäftsbetriebes" (§ 151 Abs. 4 AktG) zu verwechseln, zu denen die Aufwendungen für den Aufbau des Betriebes, der Betriebsorganisation und der Verwaltung gehören. Sie dürfen aktiviert werden und sind durch jährliche Abschreibungen oder Wertberichtigungen in jedem folgenden Geschäftsjahr mit mindestens einem Fünftel zu tilgen.

zeichnen; gewöhnlich wird der Begriff aber enger gefaßt und nur für die Erhöhung des **Eigenkapitals** oder noch enger für die Erhöhung des **Nominalkapitals** der Aktiengesellschaft oder des Stammkapitals der GmbH verwendet. Die Erhöhung des Eigenkapitals kann durch Zuführung neuer Mittel von außen (z. B. durch Einlagen des Unternehmers bzw. der Mitunternehmer oder durch Ausgabe neuer Aktien) oder durch Selbstfinanzierung (z. B. durch Nichtentnahme von Gewinnen bzw. Zuweisung von Gewinnen an die Rücklagen) erfolgen.

Die Folge einer Kapitalerhöhung ist eine Verbesserung der **Liquidität** des Betriebes, es sei denn, die Erhöhung vollzieht sich durch Einbringung von Sacheinlagen. Da durch eine Erhöhung des nominell gebundenen Eigenkapitals der Kapitalgesellschaften bzw. der Kommanditeinlagen die Haftungsbasis des Betriebes erweitert wird, nimmt in der Regel auch seine **Kreditwürdigkeit** zu, so daß eine Kapitalerhöhung den Weg zur Aufnahme weiteren Fremdkapitals freimachen kann.

Eine Kapitalerhöhung wird immer dann erfolgen müssen, wenn ein Betrieb auf Grund einer guten Geschäftslage seine Kapazität erweitern will und folglich neue Mittel zur Finanzierung benötigt. Erhöhungen des Eigenkapitals können aber auch dazu dienen, Fremdkapital durch Eigenkapital zu ersetzen, so daß keine Erweiterung der Kapitalbasis, sondern nur eine Änderung in der Zusammensetzung des Kapitals eintritt. Das ist insbesondere dann erforderlich, wenn infolge Kapitalmangels eine Finanzierung von Anlagen vorübergehend mit kurzfristigem Fremdkapital erfolgt ist, das unbedingt durch langfristiges Kapital abgelöst werden muß, wenn nicht schwere Schäden für den Betrieb eintreten sollen. Auch Rationalisierungsmaßnahmen, insbesondere Modernisierungsinvestitionen zur Berücksichtigung technischer Fortschritte können Kapitalerhöhungen notwendig machen.

Bei Aktiengesellschaften kann die Kapitalerhöhung auch andere als reine Finanzierungszwecke verfolgen, so z. B. wenn junge (neue) Aktien den **Belegschaftsmitgliedern** angeboten oder wenn durch die Erhöhung des Aktienkapitals bestehende Mehrheitsverhältnisse verändert oder die neuen finanziellen Mittel zum Erwerb von Beteiligungen verwendet werden sollen.

b) Die Kapitalerhöhung der Einzelunternehmung und der Personengesellschaften

Bei der Einzelunternehmung ist die Selbstfinanzierung oft die einzige Möglichkeit zur Erhöhung des Eigenkapitals, es sei denn, der Einzelunternehmer verfügt noch über Privatvermögen, das er in den Betrieb einbringen kann oder es gelingt ihm, einen stillen Gesellschafter aufzunehmen.

aa) Kapitalerhöhung ohne Aufnahme neuer Gesellschafter

Bei den Personengesellschaften kann die Kapitalerhöhung eine Anzahl schwieriger Probleme aufwerfen. Wird z. B. in einer OHG weiteres Eigenkapital benötigt, sind aber nicht alle Gesellschafter in der Lage, ihren bisherigen Anteil am Kapital im gleichen Verhältnis aufzustocken, so tritt eine **Verschiebung der prozentualen Anteile** am Gesellschaftskapital ein. Erfolgt die Gewinnverteilung nach Gewährung einer festen Verzinsung der Einlagen nach Köpfen, so hat die Verschiebung der Anteile auf die nach der festen Verzinsung erfolgende Gewinnverteilung keinen Einfluß.

Im Falle der Liquidation oder beim Ausscheiden eines Gesellschafters aus der Gesellschaft berechnet sich jedoch der Liquidationserlös bzw. das Auseinandersetzungsguthaben des ausscheidenden Gesellschafters nicht nach dem Gewinnverteilungsschlüssel, sondern nach dem prozentualen Anteil am Kapital. Das führt dann, wenn im Betrieb erhebliche stille Rücklagen vorhanden sind, zu einer Bevorzugung der Gesellschafter, die bei einer Kapitalerhöhung ihren Anteil am Gesellschaftskapital prozentual vergrößern. Dabei ist es gleichgültig, ob die Kapitalerhöhung durch Zuführung von Mitteln von außen oder durch Nichtentnahme von Gewinnen (Selbstfinanzierung) erfolgt.

Ein **Beispiel** soll das erläutern. Am Eigenkapital einer OHG von 100.000 DM ist der Gesellschafter A mit 80.000 DM, der Gesellschafter B mit 20.000 DM beteiligt. Die Gewinnverteilung erfolgt nach einer Verzinsung der Einlagen mit 6% nach Köpfen, da auf Grund der privaten Vermögensverhältnisse das Risiko beider Gesellschafter das gleiche sein soll. Sind in der Gesellschaft stille Rücklagen in Höhe von 20.000 DM vorhanden, so würden sie im Falle der Liquidation im Verhältnis der Anteile (4:1) verteilt, d. h. A würde 16.000 DM und B würde 4.000 DM erhalten.

Erhöhen jetzt beide Gesellschafter ihr Kapital nicht im bisherigen Verhältnis der Anteile, sondern um den gleichen absoluten Betrag von beispielsweise 10.000 DM, so verschiebt sich das Beteiligungsverhältnis von 4:1 (80.000:20.000) auf 3:1 (90.000:30.000). Bei der Verteilung der stillen Rücklagen im Liquidationsfalle würde jetzt A 15.000 DM und B 5.000 DM erhalten, obwohl das neu eingebrachte Kapital an der Erwirtschaftung der Rücklagen überhaupt nicht beteiligt war.

Es tritt also eine Verschiebung zugunsten des Gesellschafters B, also des Gesellschafters mit dem kleineren Kapitalanteil ein. Sollen derartige Verschiebungen verhindert werden, so ist es zweckmäßig, im Gesellschaftsvertrag die Gesellschaftsanteile festzulegen und nicht entnommene Gewinnanteile auf gesonderten Konten zu erfassen. Bei wesentlichen Kapitalerhöhungen durch Zuführung von Mitteln von außen wird dann in der Regel eine Neufestsetzung der Gesellschaftsanteile unter Berücksichtigung der bereits gebildeten stillen Rücklagen notwendig sein.

bb) Kapitalerhöhung durch Aufnahme neuer Gesellschafter

Ein analoges Problem entsteht, wenn die Kapitalerhöhung einer OHG durch Aufnahme eines neuen Gesellschafters erfolgt. Da in der Gesellschaft in der Regel bereits stille Rücklagen vorhanden sind, an denen der neue Gesellschafter im Liquidationsfalle automatisch entsprechend seinem Anteil beteiligt ist, obwohl diese stillen Rücklagen zu Lasten der Gewinnentnahme oder zu Lasten der Erhöhung der Kapitalkonten der alten Gesellschafter gebildet wurden, wird ihm nicht seine gesamte Einlage als Kapitalanteil zugeschrieben, sondern nur der Bruchteil, der unter Berücksichtigung der Beteiligung an den stillen Rücklagen wertmäßig der Einlage entspricht.

Legt der neue Gesellschafter beispielsweise 100.000 DM ein, wird er aber an den stillen Rücklagen mit 10.000 DM beteiligt, so ist sein Anteil auf 90.000 DM festzusetzen; die übrigen 10.000 DM werden den alten Gesellschaftern zugeschrieben, zu deren Lasten die Beteiligung des neuen Gesellschafters an den stillen Rücklagen geht.

c) Die Kapitalerhöhung der Aktiengesellschaft

Bei der Aktiengesellschaft sind verschiedene Formen der Kapitalerhöhung zu unterscheiden:
(1) Die Kapitalerhöhung durch Zufluß neuer Geldmittel. Er kann erfolgen durch:
   (a) die ordentliche Kapitalerhöhung (§§ 182–191 AktG);
   (b) die bedingte Kapitalerhöhung (§§ 192–201 AktG);
   (c) das genehmigte Kapital (§§ 202–206 AktG);
(2) Die Kapitalerhöhung aus Gesellschaftsmitteln (nominelle Kapitalerhöhung [§§ 207–220 AktG]).

aa) Die ordentliche Kapitalerhöhung

Die ordentliche Kapitalerhöhung (Kapitalerhöhung gegen Einlagen §§ 182 ff. AktG) vollzieht sich durch Ausgabe neuer (junger) Aktien. Sie erfordert einen Beschluß der Hauptversammlung mit mindestens Dreiviertelmehrheit des bei der Beschlußfassung anwesenden Aktienkapitals. Sind mehrere Aktiengattungen vorhanden, so muß diese Mehrheit für jede Gattung getrennt erzielt werden. Solange das bisherige Grundkapital noch nicht voll eingezahlt ist, soll eine Kapitalerhöhung nicht durchgeführt werden; lediglich für Versicherungsgesellschaften kann die Satzung etwas anderes bestimmen.[1] Der Beschluß über die Kapitalerhöhung und ihre Durchführung sind zur Eintragung in das Handelsregister anzumelden. Die Kapitalerhöhung wird wirksam, wenn ihre Durchführung eingetragen worden ist.

Den Aktionären steht grundsätzlich ein unentziehbares **Bezugsrecht** auf die neuen Aktien entsprechend ihrem Anteil am bisherigen Grundkapital zu,[2] um dem Aktionär die Aufrechterhaltung seiner bisherigen prozentualen Beteiligung (Besitzverhältnisse) zu ermöglichen. Ein **Ausschluß des Bezugsrechts** ist jedoch im Beschluß über die Kapitalerhöhung mit Dreiviertelmehrheit des bei der Beschlußfassung vertretenen Grundkapitals möglich,[3] vorausgesetzt, die Ausschließung ist in der Tagesordnung der Hauptversammlung enthalten und mit dieser ordnungsgemäß bekanntgemacht worden.[4] Ein Ausschluß ist beispielsweise bei einer Fusion oder zur Schaffung von Belegschaftsaktien erforderlich. Nimmt die Gesellschaft eine andere Gesellschaft im Wege der Verschmelzung auf, so müssen die Aktionäre der aufgenommenen Gesellschaft mit Aktien der aufnehmenden entschädigt werden. Die erforderlichen Aktien werden im Wege einer bedingten Kapitalerhöhung[5] beschafft. Eine „Verwässerung" (Wertmin-

---

[1] Vgl. § 182 Abs. 4 AktG
[2] Vgl. § 186 Abs. 1 AktG
[3] Vgl. § 186 Abs. 3 und 4 AktG
[4] Vgl. § 124 Abs. 1 AktG
[5] Vgl. S. 612 f.

derung) der alten Aktien kann durch Festsetzung eines den beiden Unternehmenswerten entsprechenden Umtauschverhältnisses zwischen den Aktien der aufnehmenden und der aufgenommenen Gesellschaft verhindert werden.

Wird bei einer Kapitalerhöhung durch teilweisen Ausschluß des Bezugsrechts ein Teil der jungen Aktien der Gesellschaft überlassen, damit man sie Arbeitnehmern anbieten kann, so verschieben sich die bisherigen Besitzverhältnisse.

Kein Entzug des Bezugsrechts tritt ein, wenn der Ausschluß nur aus verwaltungstechnischen Gründen erfolgt. Die Gesellschaft kann die neuen Aktien den Aktionären direkt zur Zeichnung anbieten. Diese sog. Eigenemission ist allerdings gewöhnlich recht umständlich und verzögert die Kapitalerhöhung. Zweckmäßiger ist es, die neuen Aktien unter Ausschluß des gesetzlichen Bezugsrechts einem Bankenkonsortium zu übertragen, das sich verpflichtet, sie den alten Aktionären zu vorher vereinbarten Bedingungen anzubieten. Diese sog. Fremdemission hat den Vorteil, daß der Gesellschaft der Gegenwert der neuen Aktien sofort zur Verfügung steht, ein Vorteil freilich, den sich das Konsortium in „angemessener Weise" honorieren läßt. Den Liquiditätsvorteil erkauft sich die Gesellschaft durch einen nicht unbeachtlichen Vermögensnachteil.

Das Bezugsrecht hat erstens die **Aufgabe,** der Gesellschaft die Ausgabe neuer Aktien zu einem Kurs zu ermöglichen, der erheblich unter dem Kurs der alten Aktien liegen kann. Werden neue Aktien zu einem niedrigeren Kurs ausgegeben als die alten Aktien notiert werden, so bildet sich nach der Kapitalerhöhung ein **Mittelkurs,** der unter dem Kurs der alten Aktien und über dem Emissionskurs der jungen Aktien liegt. Bei der neuen Notierung erzielt also der Inhaber einer jungen Aktie sofort einen Kursgewinn, während der Inhaber der alten Aktie einen entsprechenden Kursverlust hinnehmen muß. Handel und Notierung des Bezugsrechts sind solange überflüssig, wie es sich bei den Inhabern der alten und der jungen Aktien um jeweils identische Personen handelt, da unter Berücksichtigung des Bezugsverhältnisses bei jedem Anleger der Kursverlust durch den Kursgewinn kompensiert wird. Erst wenn diese personale Identität aufgehoben wird, wenn es also Interessenten gibt, die junge Aktien (mit Kursgewinn) erwerben, ohne vorher alte Aktien (mit Kursverlust) besessen zu haben, sind die Kursdifferenzen über den Bezugsrechtshandel in der Weise auszugleichen, daß die „Jung-Aktionäre" ihren Kursgewinn durch Bezahlung des Bezugsrechts an die „Alt-Aktionäre" weiterleiten und so deren Kursverlust eliminieren.

Ohne Bezugsrecht kann man einen Verlust für die alten Aktionäre nur ausschließen, wenn man neue Aktien zum gleichen Kurs ausgibt, zu dem die alten Aktien notiert werden. Anderenfalls würde sich in der Hauptversammlung die für einen Kapitalerhöhungsbeschluß erforderliche Dreiviertelmehrheit des bei der Beschlußfassung anwesenden Aktienkapitals nicht finden. Für die Gesellschaft aber bestünde bei hohem Ausgabekurs die Gefahr, daß nicht alle Aktien gezeichnet werden.

Das Bezugsrecht hat aber noch eine **zweite Aufgabe.** Der Ausgleich des für die alten Aktionäre durch die Kapitalverwässerung eingetretenen Vermögensverlustes genügt allein nicht, um ihre Zustimmung zu einer Kapitalerhöhung zu gewinnen, denn die Erhöhung des Grundkapitals führt zu einer Veränderung der

Stimmrechtsverhältnisse, wenn nicht jeder alte Aktionär im Verhältnis seines bisherigen Anteils an der Kapitalerhöhung teilnehmen kann. Ein Mehrheitsaktionär wird in der Regel einer Kapitalerhöhung nur zustimmen, wenn er seine Mehrheit durch diese Maßnahme nicht verliert. Das Bezugsrecht bietet die Möglichkeit zur Wahrung der bestehenden Stimmrechtsverhältnisse. Ohne Bezugsrecht wäre eine Ausgabe neuer Aktien nur in der Form von stimmrechtslosen Vorzugsaktien möglich, die aber – je nach ihrer Ausgestaltung – die Dividendenzahlung an die Stammaktionäre negativ beeinflussen können.[1]

Die **Berechnung des Bezugsrechts** zeigt das folgende Beispiel: Das Grundkapital einer Gesellschaft wird um 50% erhöht, auf je zwei alte Aktien entfällt also eine neue Aktie, d. h. das Bezugsverhältnis ist 2:1. Da alle Aktien nach der Kapitalerhöhung zum gleichen Kurs notiert werden, ergibt sich ein Mittelkurs zwischen dem Kurs der alten und dem Kurs der neuen Aktien, der vom Bezugsverhältnis abhängt.

Beispiel:

	Nennwert	Kurs	Gesamtwert
bisheriges Aktienkapital (alte Aktien)	1.000.000	180%	1.800.000
Kapitalerhöhung (junge Aktien)	500.000	120%	600.000

$$\text{neuer Kurs} = \frac{2.400.000 \times 100}{1.500.000} = 160\%$$

Gewinn je junge Aktie 160 − 120 = 40
Verlust je alte Aktie 180 − 160 = 20

Der rechnerische Wert des Bezugsrechts läßt sich einfacher durch folgende Formel bestimmen:

$$B = \frac{K_a - K_n}{\frac{a}{n} + 1}$$

B = Bezugsrecht
K_a = Kurs der alten Aktie
K_n = Kurs der neuen Aktie
$\frac{a}{n}$ = Bezugsverhältnis

Unter Verwendung des obigen Zahlenbeispiels ergibt sich:

$$B = \frac{180 - 120}{\frac{2}{1} + 1} = \frac{60}{3} = 20.$$

---

[1] Vgl. Vormbaum, H., Finanzierung der Betriebe, Wiesbaden 1964, S. 71

V. Besondere Anlässe der Außenfinanzierung

Das Bezugsrecht beträgt 20, der Mittelkurs $= K_a - B = 180 - 20 = 160$. Der Aktionär verliert an jeder alten Aktie 20 Punkte, an zwei Aktien also 40, und gewinnt an einer neuen Aktie 40 Punkte, ist also durch die Kapitalerhöhung nicht benachteiligt. Will er selbst keine neuen Aktien beziehen, so kann er das an seinen alten Aktien hängende Bezugsrecht an der Börse verkaufen und erhält auf diese Weise einen Geldersatz für die Wertminderung seines in Aktien angelegten Vermögens. Für den Aktionär ist diese Einnahme „der Erlös eines Teilverkaufs seiner Substanz".[1] Will ein Außenstehender eine neue Aktie erwerben, so muß er zunächst die für eine Aktie erforderlichen Bezugsrechte kaufen. Erst dann kann er zum Bezugskurs eine Aktie beziehen.

Der theoretisch ermittelte Wert des Bezugsrechtes und der Kurs nach der Kapitalerhöhung werden praktisch allerdings durch die Angebots- und Nachfrageverhältnisse an der Börse und durch die Faktoren beeinflußt, von denen der Wert der neuen Aktien abhängt. Das sind erstens der Zeitpunkt der Dividendenberechtigung der neuen Aktien, zweitens die im nächsten Jahr erwartete Dividende und drittens der Zeitpunkt der Lieferbarkeit der neuen Aktien.[2] Wird z. B. eine Dividende von 12% erwartet und erfolgt die Kapitalerhöhung am 1. 10., so tritt – wenn die Dividendenberechtigung am 1. 10. einsetzt – ein Kursabschluß von 9% ein. Solange die neuen Aktien noch nicht ausgefertigt sind, ist eine Zulassung zum Börsenhandel nicht möglich, folglich erfolgt ein Kursabschlag, dessen Höhe Rittershausen mit 3–12% angibt.[3] Das Bezugsrecht wird gewöhnlich 14 Tage vor der Ausgabe der jungen Aktien an der Börse notiert.

Die **Höhe des Bezugskurses** für die junge Aktien ist von der Interessenlage der Aktionärsgruppen und der Verwaltung der Gesellschaft abhängig. Je höher der Bezugskurs festgesetzt wird, d. h. je mehr er dem Börsenkurs angenähert ist, desto größer ist bei gegebener Erhöhung des Nominalkapitals der Zufluß an liquiden Mitteln. Will eine Gesellschaft einen bestimmten Betrag an finanziellen Mitteln über eine Kapitalerhöhung beschaffen, so muß die Nominalkapitalerhöhung um so größer sein, je niedriger der Bezugskurs gewählt wird; um so größer ist dann auch die Kapitalverwässerung.

Beispiel:

Benötigte Mittel	Bezugskurs	notwendige Erhöhung des Grundkapitals
1.000.000	100%	1.000.000
1.000.000	125%	800.000
1.000.000	200%	500.000

Der Vorstand muß prüfen, bei welchem Bezugskurs die Kapitalerhöhung in der Hauptversammlung die erforderliche Mehrheit erhält und auch untergebracht werden kann. Kleinaktionäre betrachten häufig einen niedrigen Bezugskurs (hoher Wert des Bezugsrechts) als vorteilhaft. Sind sie nicht am Bezug jun-

---

[1] Rittershausen, H., a. a. O., S. 78
[2] Vgl. Rittershausen, H., a. a. O., S. 75f.
[3] Vgl. Rittershausen, H., a. a. O., S. 76

ger Aktien interessiert, so sehen sie im Verkauf des Bezugsrechts eine zusätzliche Dividende, die steuerfrei ist. Erwerben sie die ihnen zustehenden jungen Aktien, so erhalten sie bei niedrigem Bezugskurs einen relativ hohen dividendenberechtigten Nennwert für ihre Zahlung.

Ist die Gesellschaft daran interessiert, auch nach der Kapitalerhöhung die gleiche Nominaldividende wie bisher zu zahlen, so strebt sie einen möglichst hohen Bezugskurs und damit eine relativ niedrige Erhöhung des dividendenberechtigten Nominalkapitals an.

Ein Großaktionär, der finanziell in der Lage ist, seine beherrschende Stellung zu erweitern, zieht in der Regel einen hohen Bezugskurs vor, um den Kleinaktionären die Ausübung ihrer Bezugsrechte zu erschweren und so zusätzliche Bezugsrechte erwerben zu können. Allerdings verstößt er letztlich gegen sein eigenes Interesse, wenn er aufgrund seiner beherrschenden Position einen so hohen Bezugskurs durchsetzt, daß dadurch die Unterbringung der von ihm nicht übernommenen jungen Aktien gefährdet wird.

bb) Das genehmigte Kapital

Das genehmigte Kapital[1] ist eine Form der Kapitalerhöhung, die nicht an einen bestimmten Finanzierungsanlaß gebunden ist. Der Vorstand der Aktiengesellschaft wird für längstens fünf Jahre von der Hauptversammlung ermächtigt, das Grundkapital bis zu einem bestimmten Nennbetrag, der die Hälfte des bisherigen Grundkapitals nicht überschreiten darf, durch Ausgabe neuer Aktien, zu der der Aufsichtsrat seine Zustimmung geben soll, zu erhöhen. Dieses Verfahren soll die Schwerfälligkeit, die der ordentlichen Kapitalerhöhung durch eine Anzahl rechtlicher Vorschriften anhaftet, überwinden und dem Vorstand eine größere Elastizität in der finanziellen Disposition, insbesondere die Ausnutzung günstiger Situationen am Kapitalmarkt ermöglichen.

Die Ermächtigung der Hauptversammlung kann vorsehen, daß der Vorstand mit Zustimmung des Aufsichtsrats über den Ausschluß des Bezugsrechts entscheidet. Ein Ausschluß ist erforderlich, wenn die jungen Aktien an Arbeitnehmer der Gesellschaft ausgegeben werden sollen.

Das genehmigte Kapital ist an die Stelle der Vorratsaktien[2] getreten, mit denen vor Inkrafttreten des Aktiengesetzes 1937 erheblicher Mißbrauch getrieben werden konnte. Vorratsaktien sind zwar im Aktiengesetz nicht verboten worden; sie sind aber durch die Einrichtung des genehmigten Kapitals praktisch überflüssig geworden. Das genehmigte Kapital darf in der Bilanz nur in der Vorspalte ausgewiesen werden, jedoch ist ein Vermerk vor Ausgabe der Aktien und vor Eintragung im Handelsregister nicht vorgeschrieben. Das genehmigte Kapital ist im Geschäftsbericht anzugeben.[3]

cc) Die bedingte Kapitalerhöhung

Die bedingte Kapitalerhöhung[4] ist eine Sonderform, die drei Zwecke verfolgen kann:

---

[1] Vgl. §§ 202ff. AktG
[2] Vgl. S. 569f.
[3] Vgl. § 160 Abs. 3 Ziff. 5 AktG
[4] Vgl. § 192ff. AktG

V. Besondere Anlässe der Außenfinanzierung

(1) Sie soll die Ansprüche auf Aktien, die sich aus Umtausch- und Bezugsrechten der Inhaber von Wandelschuldverschreibungen ergeben, sichern;
(2) Sie dient zur Vorbereitung von Fusionen;
(3) Sie soll die Gewährung von Bezugsrechten an Arbeitnehmer der Gesellschaft zum Bezug neuer Aktien gegen Einlage von Geldforderungen ermöglichen, die den Arbeitnehmern aus einer ihnen von der Gesellschaft eingeräumten Gewinnbeteiligung zustehen.[1]

Der Nennbetrag des bedingten Kapitals darf die Hälfte des Nennbetrages des bisherigen Grundkapitals nicht überschreiten.[2]

Eine bedingte Kapitalerhöhung kann ebenso wie das genehmigte Kapital nur mit Dreiviertelmehrheit von der Hauptversammlung beschlossen werden. Es dürfen nur so viele Aktien ausgegeben werden, wie Umtausch- oder Bezugsrechte durch die Inhaber von Wandel- oder Optionsanleihen und durch gewinnbeteiligte Arbeitnehmer geltend gemacht werden. Im Beschluß müssen auch der Zweck der bedingten Kapitalerhöhung, der Kreis der Bezugsberechtigten und der Ausgabebetrag oder die Grundlagen festgestellt werden, nach denen dieser Betrag errechnet wird.[3]

Da durch die bedingte Kapitalerhöhung der Aktienkurs beeinflußt werden kann und die Aktionäre kein Bezugsrecht auf die im Rahmen einer solchen Kapitalerhöhung ausgegebenen Aktien besitzen, wird eine mögliche Vermögensminderung für die Aktionäre dadurch ausgeschlossen, daß ihnen ein **Bezugsrecht auf die Wandel- und Optionsanleihen** eingeräumt werden muß.[4]

Das Aktiengesetz hat besondere Sicherungen vorgesehen, um zu verhindern, daß beim Umtausch von Wandelschuldverschreibungen in Aktien eine Aktienausgabe unter dem Nennwert möglich ist. Die Ausgabe von Bezugsaktien gegen Wandelschuldverschreibungen darf nur erfolgen, wenn der Unterschied zwischen dem Ausgabebetrag der zum Umtausch eingereichten Schuldverschreibungen und dem höheren Nennbetrag der für sie zu gewährenden Bezugsaktien entweder durch eine **Zuzahlung** der Umtauschberechtigten oder durch die Gesellschaft selbst aus einer freien Rücklage gedeckt ist.[5] Die gesetzliche Rücklage darf dafür nicht verwendet werden.

Der Beschluß über die bedingte Kapitalerhöhung ist zur Eintragung in das Handelsregister anzumelden.[6] Ist die Eintragung des Beschlusses erfolgt, so dürfen die Bezugsaktien ausgegeben werden. Im Gegensatz zur ordentlichen Kapitalerhöhung wird die bedingte Kapitalerhöhung bereits mit der Ausgabe der Aktien und nicht erst mit der Eintragung der Durchführung der Kapitalerhöhung wirksam.[7] Der Vorstand ist verpflichtet, nach Ablauf eines Geschäftsjahres zur Eintragung in das Handelsregister anzumelden, in welchem Umfange im abgelaufenen Geschäftsjahr Bezugsaktien ausgegeben worden sind.[8] Aktien, die

---

[1] Vgl. § 192 Abs. 2 AktG
[2] Vgl. § 192 Abs. 3 AktG
[3] Vgl. § 193 Abs. 2 AktG
[4] Vgl. § 221 Abs. 3 AktG
[5] Vgl. § 199 Abs. 2 AktG
[6] Vgl. § 195 AktG
[7] Vgl. § 200 AktG
[8] Vgl. § 201 Abs. 1 AktG

bei einer bedingten Kapitalerhöhung im Geschäftsjahr bezogen worden sind, müssen im Geschäftsbericht aufgeführt werden.[1]

dd) Die Kapitalerhöhung aus Gesellschaftsmitteln

Bei Kapitalgesellschaften gibt es eine Form der Kapitalerhöhung, bei der keine zusätzlichen finanziellen Mittel von außen durch Ausgabe neuer Aktien bzw. Geschäftsanteile beschafft werden, sondern das Nominalkapital durch Umwandlung von bisher als offene Rücklagen ausgewiesenem Eigenkapital in gebundenes Haftungskapital (Nominalkapital) erhöht wird. Auch stille Rücklagen können in Nominalkapital überführt werden, wenn sie zuvor auf offene Rücklagen übertragen worden sind.

Die Höhe des Eigenkapitals ändert sich durch eine Kapitalerhöhung aus Gesellschaftsmitteln nicht, wohl aber die Zusammensetzung des Eigenkapitals, d. h. die Aufteilung des Eigenkapitals auf stimm- und dividendenberechtigtes Haftungskapital einerseits und Rücklagen andererseits. Buchmäßig gesehen erfolgt ein **Passivtausch,** die Rücklagen vermindern sich, das Nominalkapital wird entsprechend größer. Die Vermögensseite der Bilanz wird von diesem Vorgang nicht berührt.

Bei der Aktiengesellschaft erhalten die Aktionäre im Rahmen einer nominellen Kapitalerhöhung Zusatzaktien **(Gratisaktien),** bei der GmbH Zusatzanteile im Verhältnis ihrer bisherigen Beteiligung. Die Rücklagen stellen Gewinn dar, der in früheren Jahre nicht ausgeschüttet wurde, also den Aktionären zusteht. Folglich ist die Gewährung von Zusatzaktien für die Gesellschafter kein vermögensmäßiger Vorteil.

Das Vermögen des einzelnen Gesellschafters bleibt durch eine Kapitalerhöhung aus Gesellschaftsmitteln unberührt, da durch die Reduzierung der Rücklagen und gleichzeitige Aufstockung des Aktienkapitals sich das Verhältnis von Nominalkapital zu Rücklagen, durch das der Bilanzkurs bestimmt wird, zugunsten des Nominalkapitals verschiebt, wodurch der Bilanzkurs sinkt. Das effektive Vermögen jedes Aktionärs ergibt sich aus dem Nominalwert seines Anteils mal Kurs. Durch eine Kapitalerhöhung aus Gesellschaftsmitteln erhöht sich die Anzahl der Aktien, der Kurs sinkt, aber das **Produkt aus Nominalwert mal Kurs bleibt** (theoretisch, wenn man von Einflüssen der Börse absieht) **unverändert.**

Beispiel:

Bilanz vor der Kapitalerhöhung		Bilanz nach der Kapitalerhöhung	
Vermögen 900	Grundkapital 200 Rücklagen 600 Verbindlich- keiten 100	Vermögen 900	Grundkapital 400 Rücklagen 400 Verbindlich- keiten 100
900	900	900	900

Das Grundkapital wird zu Lasten der Rücklagen um 100% erhöht. Bezugsrechtverhältnis ist 1 : 1.

---
[1] Vgl. § 160 Abs. 3 Ziff. 4 AktG

$$\text{Bilanzkurs:} \frac{\text{Bilanziertes Eigenkapital}}{\text{Grundkapital}} \times 100$$

$$\text{Bilanzkurs vor der Kapitalerhöhung } \frac{800}{200} \times 100 = 400\%$$

$$\text{Bilanzkurs nach der Kapitalerhöhung } \frac{800}{400} \times 100 = 200\%.$$

Eine Aktie zum Nennwert von 100 DM repräsentiert bei einem Kurs von 400% vor der Kapitalerhöhung ein Vermögen von 400 DM. Eine Aktie und eine darauf ausgegebene Gratisaktie haben nach der Kapitalerhöhung bei einem Kurs von 200% ebenfalls einen Wert von 400 DM.

Die nominelle Kapitalerhöhung dient nicht der Beschaffung neuer finanzieller Mittel, sondern hat andere Gründe. So können z. B. die Rücklagen im Verhältnis zum bisherigen Grundkapital sehr groß geworden sein. Folglich ist der Aktienkurs relativ hoch, und die Gesellschaft muß, wenn sie eine bestimmte **Realdividende** gewähren will, eine sehr hohe Nominaldividende ausschütten. Das kann aus „optischen Gründen" unerwünscht sein.

Steigt z. B. der Kurs einer zu pari erworbenen Aktie durch hohe Rücklagenbildung auf 400% an, so bedeutet die Ausschüttung von 20% Dividende eine Realverzinsung von nur 5%. Würde man das Aktienkapital durch Überführung von Rücklagen in Nominalkapital verdoppeln, so würde der Bilanzkurs auf die Hälfte absinken. Erlaubt die Ertragslage aber eine Zahlung von 40% Dividende, will man aber aus Gründen der Optik den Satz von 20% nicht überschreiten, so kann eine Verdoppelung der Dividendenzahlung durch Ausgabe von Gratisaktien im Verhältnis 1:1 bei einem unveränderten Dividendensatz von 20% erreicht werden.

Hohe Aktienkurse haben außerdem den Nachteil, daß sie eine breite Streuung der Aktie im Publikum verhindern, da kleine Sparer den im Verhältnis zum Nennwert hohen Anschaffungspreis scheuen. Ist eine solche Streuung erwünscht, so kann sie durch eine nominelle Kapitalerhöhung ermöglicht werden.

Die nominelle Kapitalerhöhung ist jahrelang durch **steuerliche Vorschriften** erschwert worden, da die Ausgabe von Zusatzaktien bei der Gesellschaft der Gesellschaftsteuer und bei den Aktionären der Einkommensteuer unterworfen wurde. Der Steuergesetzgeber ging dabei von der Fiktion aus, daß Rücklagen, die in Nominalkapital umgewandelt werden, zunächst an die Aktionäre als Gewinnanteile ausgeschüttet und von diesem zum Erwerb von Gesellschaftsrechten sofort wieder eingezahlt wurden (Theorie der Doppelmaßnahme).[1]

Seit dem 1. 1. 1960 hat sich der Gesetzgeber endlich den wirtschaftlichen Einsichten gebeugt und hat die von der Rechtsprechung aufgestellte Fiktion der Doppelmaßnahme beseitigt. Durch das (handelsrechtliche) „Gesetz über die Kapitalerhöhung aus Gesellschaftsmitteln und über die Gewinn- und Verlustrechnung" vom 23. 12. 1959[2] wurde für die AG, KGaA und GmbH die Kapitalerhöhung aus Gesellschaftsmitteln geregelt. Das Gesetz wird ergänzt durch das

---

[1] Zur Kritik vgl. Wöhe, G., Betriebswirtschaftliche Steuerlehre, Band II, 2. Halbband, a. a. O., S. 247 ff. und die dort angegebene Spezialliteratur

[2] BGBl. 1959 I, S. 789

„Gesetz über steuerrechtliche Maßnahmen bei der Erhöhung des Nennkapitals aus Gesellschaftsmitteln und bei der Überlassung von eigenen Aktien an Arbeitnehmer" vom 30. 12. 1959.[1]

Durch beide Gesetze wird die formalrechtliche Betrachtung zugunsten der wirtschaftlichen aufgegeben. Die nominelle Kapitalerhöhung löst keine Steuerpflichten mehr aus. Das Aktiengesetz 1965 hat das seit dem 1. 1. 1960 geltende Recht in die §§ 207 ff. mit nur geringen Modifizierungen aufgenommen. Nach § 208 Abs. 1 AktG dürfen in Grundkapital nur Rücklagen umgewandelt werden, die in der letzten Jahresbilanz – wenn dem Beschluß eine andere Bilanz zugrunde gelegt wird, auch in dieser Bilanz – als offene Rücklagen ausgewiesen werden. Diese Bestimmung soll verhindern, daß stille Rücklagen, die noch nicht versteuert sind, zur Aufstockung des Grundkapitals verwendet werden. Will der Betrieb stille Rücklagen in Nominalkapital umwandeln, so muß er sie zuvor über die Erfolgsrechnung auflösen, versteuern und als offene Rücklagen ausweisen. Grundsätzlich dürfen umgewandelt werden:

(1) freie Rücklagen in voller Höhe (wenn sie jedoch einem bestimmten Zweck dienen nur, soweit es mit diesem vereinbar ist);
(2) die gesetzliche Rücklage, soweit sie den zehnten oder den satzungsgemäß höheren Teil des bisherigen Grundkapitals übersteigt.

Rücklagen, denen in der Bilanz ein Verlust, ein Verlustvortrag oder ein anderer Eigenkapital-Gegenposten gegenübersteht, dürfen nicht in Grundkapital überführt werden.[2]

Die Kapitalerhöhung aus Gesellschaftsmitteln wird mit der Eintragung des Beschlusses über die Erhöhung des Grundkapitals wirksam. Die neuen Aktien gelten als voll eingezahlt.[3] Sie stehen den Aktionären im Verhältnis ihrer Anteile am bisherigen Grundkapital zu.[4]

Die Bedeutung der Kapitalerhöhung aus Gesellschaftsmitteln ist erheblich. Die Erhöhung des Grundkapitals der Aktiengesellschaften betrug im Jahre 1971 4,2 Mrd. DM. Davon entfielen 1,1 Mrd. auf Kapitalerhöhungen aus Gesellschaftsmitteln. Bei den GmbH waren im gleichen Zeitraum an den Kapitalerhöhungen von insgesamt 5,6 Mrd. DM die nominellen Kapitalerhöhungen ebenfalls mit 1,1 Mrd. beteiligt.[5]

4. Die Kapitalherabsetzung

a) Überblick

Ähnlich wie der Begriff der Kapitalerhöhung kann auch der Begriff der Kapitalherabsetzung unterschiedlich weit gefaßt werden. Im allgemeinen versteht man unter Kapitalherabsetzung nicht einfach jede Verminderung der Kapitalbasis, sondern nur eine Verminderung der Eigenkapitalbasis, im engsten Sinne sogar nur eine Herabsetzung des Grundkapitals der Aktiengesellschaft oder des Stammkapitals der GmbH.

---

[1] BGBl. 1959 I, S. 834
[2] Vgl. § 208 Abs. 2 AktG
[3] Vgl. § 211 AktG
[4] Vgl. § 212 AktG
[5] Quelle: BMWF-Tagesnachrichten Nr. 6533 vom 2. 3. 1972

Während die Kapitalherabsetzung bei Einzelunternehmungen und **Personengesellschaften** relativ einfach vorgenommen werden kann, ist sie bei Kapitalgesellschaften an umfangreiche gesetzliche Vorschriften gebunden. Bei den Einzelunternehmern und den persönlich haftenden Gesellschaftern der Personengesellschaften gibt es keine nominelle Bindung der Kapitalanteile. Jeder Gewinn, der nicht entnommen wird, stellt eine Kapitalerhöhung, jeder Verlust und jede Privatentnahme eine Herabsetzung des Kapitals dar.

Während aber beim Einzelunternehmer die Privatentnahmen nicht durch den erzielten Gewinn begrenzt werden, dürfen die Gesellschafter der Offenen Handelsgesellschaft – soweit der Gesellschaftsvertrag nicht etwas anderes vorsieht – nur einen Betrag in Höhe von 4% ihres Kapitalanteils und – vorausgesetzt, daß es nicht zum offenbaren Schaden der Gesellschaft gereicht – darüber hinaus den diesen Betrag übersteigenden Anteil am Gewinn entnehmen.[1] Die gleiche Regelung gilt für die Komplementäre der Kommanditgesellschaft. Ist kein Gewinn erzielt worden, so können also die Kapitalanteile durch Privatentnahmen in Höhe von 4% oder eines im Gesellschaftsvertrage vereinbarten anderen Zinssatzes herabgesetzt werden. Jede weitergehende Kapitalherabsetzung bedarf eines Gesellschafterbeschlusses.

Da die Haftungssumme der Kommanditisten im Handelsregister eingetragen ist, ist eine Herabsetzung der Kommanditeinlagen durch laufende Privatentnahmen ausgeschlossen. Gewinnanteile darf der Kommanditist erst entnehmen, wenn er seine Einlage voll eingezahlt hat. Eine Herabsetzung der Einlage muß von allen Gesellschaftern beschlossen und in das Handelsregister eingetragen werden. Der Kommanditist haftet nach § 174 HGB jedoch weiterhin gegenüber den Gläubigern, „deren Forderungen zur Zeit der Eintragung begründet waren".

Bei den **Kapitalgesellschaften,** bei denen es eine persönliche Haftung der Gesellschafter nicht gibt, ist das Hauptanliegen der gesetzlichen Vorschriften über die Kapitalherabsetzung der Gläubigerschutz. Sie sollen verhindern, daß eine von den Gläubigern nicht kontrollierbare Rückzahlung des Haftungskapitals möglich ist. Entsprechende Vorschriften finden sich für die GmbH in § 58 GmbHG.

Das Aktiengesetz unterscheidet drei Formen der Kapitalherabsetzung:
(1) die ordentliche Kapitalherabsetzung (§§ 222 ff. AktG),
(2) die vereinfachte Kapitalherabsetzung (§§ 229 ff. AktG) und
(3) die Kapitalherabsetzung durch Einziehung von Aktien (§§ 237 ff. AktG).

Die beiden letztgenannten Formen kommen vor allem im Zusammenhang mit Sanierungsvorgängen vor. Wir wollen uns im folgenden zunächst den Formen der Kapitalherabsetzung zuwenden, die der Sanierung von Gesellschaften dienen sollen, die in wirtschaftliche Schwierigkeiten geraten sind.

b) Die Sanierung

Wenn ein Betrieb in finanzielle Schwierigkeiten geraten ist, dann soll eine Sanierung dazu dienen, die Leistungsfähigkeit wieder herzustellen. Das setzt allerdings voraus, daß nicht nur entstandene Verluste durch Herabsetzung des Grundkapitals buchtechnisch beseitigt oder daß dem Betrieb neue finanzielle Mittel zur Verbesserung seiner Liquiditätslage zugeführt werden, sondern daß sich

---
[1] Vgl. § 122 HGB

die Betriebsführung zunächst über die Ursachen der schlechten Geschäftslage Klarheit verschafft und prüft, ob durch eine durchgreifende Reorganisation eine Gesundung des Betriebes möglich ist.

Die Ursachen für die Schwierigkeiten können teils innerbetrieblicher Natur sein, d. h. z. B. durch mangelnde Rationalisierung, veraltete Betriebsorganisation oder durch falsche Finanzierungs- und Abschreibungspolitik bedingt sein, teils können sie auf außerbetriebliche Faktoren wie Verschlechterung der Konjunkturlage, Nachfrage- und Modeänderungen, wirtschaftspolitische Maßnahmen, z. B. Aufhebung von Schutzzöllen und Subventionen, usw. zurückzuführen sein.

aa) Die reine Sanierung

Bei der Aktiengesellschaft zeigen sich Verluste durch einen Verlustvortrag auf der Aktivseite (Unterbilanz), der eine Korrektur des nominell ausgewiesenen Grundkapitals bedeutet. Der Verlust läßt sich durch Herabsetzung des Grundkapitals im Wege der vereinfachten Kapitalherabsetzung,[1,2] die von der Hauptversammlung mit Dreiviertelmehrheit beschlossen werden muß, buchtechnisch beseitigen, d. h. er wird gleichmäßig auf alle Aktionäre verteilt, indem entweder der Nennwert der Aktien um den Verlustanteil (durch **Abstempelung**) herabgesetzt wird oder die Aktien in einem bestimmten Verhältnis (z. B. 3:2) **zusammengelegt** werden.

Eine **Zusammenlegung von Aktien** ist jedoch nur dann zulässig, wenn durch Herabsetzung des Nennbetrages der Mindestnennbetrag (50 DM) unterschritten würde.[3] Diese Bestimmung soll verhindern, daß durch die Wahl von sehr ungeraden Zusammenlegungsrelationen (z. B. 11:9) die Kleinaktionäre benachteiligt werden. Wer nur eine oder zwei Aktien besitzt, wäre dann gezwungen, seine Aktien entweder zu verkaufen oder weitere Aktien hinzuzukaufen.

Voraussetzung für eine vereinfachte Kapitalherabsetzung ist, daß die **gesetzliche Rücklage** so weit aufgelöst wird, daß sie nicht mehr als 10% des herabgesetzten Grundkapitals beträgt. Ferner müssen alle freien Rücklagen aufgelöst worden sein. Da das Aktiengesetz vorschreibt, daß nach einer vereinfachten Kapitalherabsetzung Gewinne erst wieder ausgeschüttet werden dürfen, wenn die gesetzliche Rücklage 10% des herabgesetzten Grundkapitals erreicht hat[4] – auch dann ist die Ausschüttung in den beiden ersten Jahren nach der Sanierung auf 4% beschränkt –, setzt man das Kapital gewöhnlich um einen höheren Betrag herunter, als der Verlust ausmacht. Dadurch entsteht ein Buchgewinn, der auf die gesetzliche Rücklage überführt werden muß. § 231 AktG bestimmt jedoch, daß

---

[1] „Vereinfacht" heißt diese Form der Kapitalherabsetzung deshalb, weil gegenüber der ordentlichen Kapitalherabsetzung keine besonderen Vorschriften zum Gläubigerschutz erforderlich sind, denn die Herabsetzung des Grundkapitals darf nur dazu dienen, „Wertminderungen auszugleichen, sonstige Verluste zu decken oder Beträge in die gesetzliche Rücklage einzustellen" (§ 229 Abs. 1 AktG). Folglich vermindern sich das vorhandene Eigenkapital und somit das Vermögen der Gesellschaft nicht, da keine Rückzahlung, sondern nur eine Umbuchung erfolgt.
[2] Vgl. §§ 229 ff. AktG
[3] Vgl. § 222 Abs. 4 Ziff. 2 AktG
[4] Vgl. § 233 AktG

die aus der Auflösung freier Rücklagen und aus der Kapitalherabsetzung gewonnenen Beträge, die in die gesetzliche Rücklage eingestellt werden, 10% des herabgesetzten Grundkapitals nicht überschreiten dürfen. Durch diese Vorschrift soll zum Schutze der Aktionäre verhindert werden, daß der Kapitalschnitt zu groß wird.

Beispiel:
Grundkapital 600.000 DM, Verlust 100.000 DM, Kapitalherabsetzung 145.000 DM. Die Aktivseite der Bilanz verkürzt sich um den Verlust, also um 100.000 DM, die gesetzliche Rücklage steigt um 45.000 DM, die Bilanz ist wieder ausgeglichen.

A	Bilanz vor der Kapitalherabsetzung (in 1.000 DM)		P	A	Bilanz nach der Kapitalherabsetzung (in 1.000 DM)		P
Vermögen	500	Grundkapital	600	Vermögen	500	Grundkapital	455
Verlust	100					gesetzl. Rücklage	45
	600		600		500		500

Durch diese Art der Sanierung (reine Sanierung) werden dem Betrieb keinerlei neue Geldmittel zugeführt, die er in einer schlechten wirtschaftlichen Situation dringend zur Reorganisation braucht.

Da die Kapitalherabsetzung buchtechnisch zu einem **Sanierungsgewinn** führen kann, der größer als der Verlustvortrag ist (im obigen Beispiel 145.000 DM bei einem Verlustvortrag von 100.000 DM), bestimmt § 230 AktG im Interesse des Gläubigerschutzes, daß die aus einer Kapitalherabsetzung gewonnenen Beträge nicht zur Zahlung an die Aktionäre oder dazu verwandt werden dürfen, die Aktionäre von der Verpflichtung zur Leistung von Einlagen zu befreien.

Stellt sich jedoch bei der Aufstellung der Jahresbilanz für das Geschäftsjahr, in dem der Beschluß über die Kapitalherabsetzung gefaßt wurde, oder für eines der beiden folgenden Geschäftsjahre heraus, daß die Wertminderungen oder sonstigen Verluste gar nicht die Höhe erreichen, von der man bei der Beschlußfassung ausgegangen ist, so sind die sich dadurch ergebenden Buchgewinne in die gesetzliche Rücklage einzustellen.[1] Das kann z. B. der Fall sein, wenn die Buchverluste durch zu hohe Abschreibungen, insbesondere außerplanmäßige Abschreibungen oder zu hohe Rückstellungen, die u. U. nicht zu den erwarteten Ausgaben führen und folglich gewinnerhöhend aufzulösen sind, entstanden sind.

Die Pflicht zur Einstellung derartiger Beträge in die gesetzliche Rücklage verhindert, daß sie als Gewinne ausgeschüttet werden können.

bb) Die Sanierung durch Zuführung neuer Mittel

Aus den eben genannten Gründen strebt der Betrieb gewöhnlich eine andere Methode an, die Sanierung mit Zuführung von Mitteln. Eine Zuzahlung wird entweder erreicht durch eine Kapitalerhöhung, die sich an die vereinfachte Kapi-

---

[1] Vgl. § 232 AktG

talherabsetzung anschließen kann, oder durch Zuzahlung der Aktionäre, d. h. dadurch, daß die Aktionäre ihren „Verlustanteil" bezahlen. Im ersten Falle hat die Kapitalherabsetzung den Zweck, die Unterbilanz zu beseitigen und den Kurs der Aktien wieder auf oder über pari zu heben, damit die formelle Voraussetzung für eine Kapitalerhöhung durch Ausgabe junger Aktien geschaffen wird (eine Ausgabe von Aktien unter pari ist unzulässig).

Im zweiten Falle ist die Gesellschaft auf den guten Willen der Aktionäre angewiesen. Da gewöhnlich nicht alle Aktionäre bereit und in der Lage sein werden, ihren Verlustanteil zu bezahlen, wird häufig eine **Alternativsanierung** beschlossen, d. h. die Aktionäre werden vor die Wahl gestellt, entweder den Verlustanteil durch Zuzahlung zu begleichen oder den Nennwert ihrer Aktien herunterstempeln zu lassen. Da die Gesellschaft an der Zuzahlung stärker interessiert ist, bietet sie in diesem Falle den Aktionären Vorzugsrechte an.

cc) Die Sanierung durch Einziehung von Aktien

Eine weitere Form der Sanierung ist die Sanierung durch Einziehung von Aktien.[1] Diese Einziehung erfolgt gegen Entgelt, d. h. die Gesellschaft kauft eigene Aktien unter pari zurück. Das setzt voraus, daß sie trotz der Sanierungsbedürftigkeit noch über entsprechende liquide Mittel verfügt. Wegen dieses Einsatzes liquider Mittel hat man diese Form der Sanierung auch als „Sanierung mit Ausschüttung von Mitteln" (im Gegensatz zur oben erwähnten Sanierung mit Zuführung von Mitteln) bezeichnet.

Angenommen, ein Verlustvortrag ist dadurch entstanden, daß der Betrieb nur noch einen Teil seiner Kapazität ausnutzt, für die stilliegenden Anlagen aber weiterhin Abschreibungen in der Erfolgsrechnung verrechnet. Der Markt deckt nur noch die Abschreibungen für die noch beschäftigten Anlagen. Folglich entstehen Verluste in Höhe der nicht mehr verdienten Abschreibungen. Verkauft der Betrieb nun die überzähligen Anlagegüter, und verwendet er die erlösten Geldmittel zum Rückkauf eigener Aktien, die auf Grund des Verlustvortrages unter pari notiert werden, so entsteht bei einer Herabsetzung des Grundkapitals um den Nennwert der zurückgekauften Aktien ein Buchgewinn.

Ein Beispiel mag das erläutern: Der Betrieb (Ausgangsbilanz I) verkauft Anlagen im Werte von 100.000 DM und kauft mit den vereinnahmten Geldmitteln zum Kurs von 50% eigene Aktien zum Nennwert von 200.000 DM zurück. Diese werden nach § 153 AktG nicht zum Nennwert, sondern nach dem Niederstwertprinzip bewertet, in diesem Falle also mit 100.000 DM (Bilanz II). Der Betrieb setzt nun das Grundkapital um den Nennwert der eigenen Aktien, also um 200.000 DM, herab, dafür verschwindet auf der Aktivseite die Position eigene Aktien, und es entsteht ein Buchgewinn in Höhe der Differenz zwischen dem Nennwert (200.000 DM) und dem Kurswert (100.000 DM) der eigenen Aktien, also in Höhe von 100.000 DM, der zur teilweisen Tilgung des Verlustvortrages verwendet werden kann (Bilanz III).

Das Aktiengesetz schränkt zwar in § 71 Abs. 1 AktG den Erwerb eigener Aktien in einigen Fällen auf 10% des Nennkapitals ein. Die 10%-Klausel gilt

---

[1] Vgl. § 237 Abs. 2 AktG

Beispiel: (in 1.000 DM)

A	Bilanz I		P
AV	200	GK	500
UV	100		
Verlust	200		
	500		500

A	Bilanz II		P
AV	100	GK	500
UV	100		
eig. Aktien	100		
Verlust	200		
	500		500

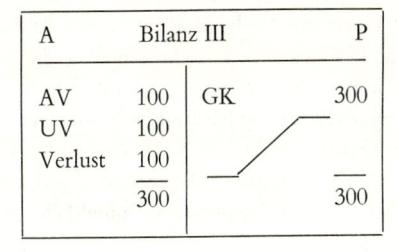

A	Bilanz III		P
AV	100	GK	300
UV	100		
Verlust	100		
	300		300

jedoch nicht, wenn Aktien nach § 237 AktG nach Erwerb eingezogen werden. In diesem Falle müssen aber die Vorschriften über die ordentliche Kapitalherabsetzung beachtet werden. Es muß ein Beschluß der Hauptversammlung über diese Maßnahme mit Dreiviertelmehrheit herbeigeführt werden, außerdem sind die Vorschriften über den Gläubigerschutz,[1] die bei der vereinfachten Kapitalherabsetzung nicht gelten, anzuwenden.

c) Die ordentliche Kapitalherabsetzung

Neben der vereinfachten Kapitalherabsetzung, die nur zur Verlustdeckung oder zur Zuführung eines Betrages in die gesetzliche Rücklage erlaubt ist, sieht das Aktiengesetz ferner die sog. ordentliche Kapitalherabsetzung[2] vor, die mit einer Auszahlung von Mitteln verbunden sein kann. Sie erfordert ebenfalls einen Beschluß der Hauptversammlung mit Dreiviertelmehrheit, in dem anzugeben ist, zu welchem Zweck die Kapitalherabsetzung erfolgt und ob Teile des Grundkapitals zurückgezahlt werden sollen.[3] Die Herabsetzung wird durch Verminderung des Nennwertes der Aktien vorgenommen. Nur wenn dadurch der Mindestnennbetrag für eine Aktie unterschritten würde, ist eine Zusammenlegung von Aktien zulässig.

Der Beschluß über die Kapitalherabsetzung ist zur Eintragung in das Handelsregister anzumelden. Mit der Eintragung des Beschlusses ist das Grundkapital herabgesetzt. Gläubigern, deren Forderungen begründet worden sind, bevor die Eintragung des Beschlusses über die Kapitalherabsetzung bekanntgemacht worden ist, ist Sicherheit zu leisten, wenn sie das binnen 6 Monaten nach der Bekanntmachung verlangen. Eine Rückzahlung von Kapital an die Aktionäre darf frühestens 6 Monate nach der Bekanntmachung der Eintragung erfolgen.[4]

---

[1] Vgl. § 225 AktG
[2] Vgl. § 222 ff. AktG
[3] Vgl. § 222 Abs. 3 AktG
[4] Vgl. § 225 Abs. 2 AktG

d) Kapitalherabsetzung durch Einziehung von Aktien

Eine weitere Form der Kapitalherabsetzung ist die Herabsetzung durch Einziehen von Aktien.[1] Dabei sind zwei Fälle zu unterscheiden:
(1) Der Erwerb von eigenen Aktien durch eine Gesellschaft;
(2) die zwangsweise Einziehung von Aktien.

Ein Sonderfall, der Rückkauf durch die Gesellschaft unter pari zum Zwecke der Einziehung bei der Sanierung, wurde bereits erwähnt. In diesem Falle und im Falle eines zwangsweisen Einziehens der Aktien bei Rückzahlung des Kapitals, das nur zulässig ist, wenn es in der ursprünglichen Satzung oder durch eine Satzungsänderung vor Übernahme oder Zeichnung der Aktien angeordnet oder gestattet war, erfolgt sie nach den Vorschriften über die ordentliche Kapitalherabsetzung, d. h. die Bestimmungen zum Schutze der Gläubiger, insbesondere die sechsmonatige Sperrfrist für die Rückzahlung, sind einzuhalten.

Werden dagegen Aktien, auf die der Nennbetrag oder der höhere Ausgabebetrag voll geleistet ist, zu Lasten des Bilanzgewinns oder einer freien Rücklage eingezogen, oder werden sie der Gesellschaft unentgeltlich zur Verfügung gestellt, so besteht keine Gefahr, daß die Gläubiger benachteiligt werden, da kein Haftungskapital zurückgezahlt, sondern Gewinnteile verwendet bzw. überhaupt keine Mittel benötigt werden. Deshalb brauchen die Vorschriften über die ordentliche Kapitalherabsetzung nicht befolgt zu werden.[2] Um den Gesamtnennbetrag der eingezogenen Aktien ist die gesetzliche Rücklage zu erhöhen.[3]

Beispiel: (in 1.000 DM)
Angenommen, es werden Aktien im Nennwert von 100.000 DM eingezogen.

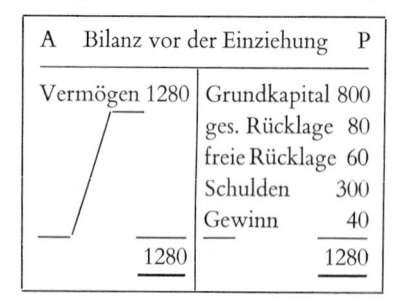

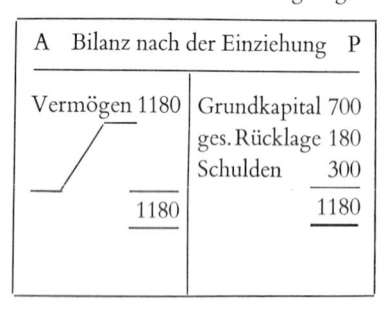

A	Bilanz vor der Einziehung	P
Vermögen 1280	Grundkapital	800
	ges. Rücklage	80
	freie Rücklage	60
	Schulden	300
	Gewinn	40
1280		1280

A	Bilanz nach der Einziehung	P
Vermögen 1180	Grundkapital	700
	ges. Rücklage	180
	Schulden	300
1180		1180

Durch die Einstellung in die gesetzliche Rücklage wird verhindert, daß der Bilanzgewinn und die freie Rücklage zusätzlich ausgeschüttet werden können.

e) Der Ausweis der Kapitalherabsetzung

Der Ausweis der Kapitalherabsetzung ist in § 240 AktG geregelt. In die Gewinn- und Verlustrechnung ist der aus der Kapitalherabsetzung gewonnene Betrag als „Ertrag aus der Kapitalherabsetzung" gesondert hinter der Position „Entnahmen aus offenen Rücklagen" einzustellen. Eine Erhöhung der gesetzlichen Rücklage im Zusammenhang mit einer vereinfachten Kapitalherabsetzung ist gesondert

---

[1] Vgl. §§ 237 ff. AktG
[2] Vgl. § 237 Abs. 3 AktG
[3] Vgl. § 237 Abs. 5 AktG

anzugeben. Außerdem muß der Geschäftsbericht Angaben darüber enthalten, „ob und in welcher Höhe die aus der Kapitalherabsetzung und aus der Auflösung von offenen Rücklagen gewonnenen Beträge
1. zum Ausgleich von Wertminderungen,
2. zur Deckung von sonstigen Verlusten oder
3. zur Einstellung in die gesetzliche Rücklage
verwandt werden".[1]

5. Die Fusion (Verschmelzung)

a) Begriff, Formen und Motive

Werden zwei oder mehrere Betriebe in der Weise zusammengeschlossen, daß sie nicht nur eine wirtschaftliche, sondern auch eine rechtliche Einheit bilden, so bezeichnet man diesen Vorgang als Fusion oder Verschmelzung. Der Fusionsbegriff ist nicht an bestimmte Rechtsformen der untergehenden Betriebe oder des weiterhin bestehenden bzw. neu zu gründenden Betriebes gebunden. Je nach ihrer rechtlichen Regelung unterscheidet man:
(1) Die Fusion durch rechtsgeschäftliche Übertragung des Vermögens **mit Liquidation.** Es handelt sich dabei insbesondere um Fälle, bei denen aktienrechtliche Vorschriften nicht eingreifen, beispielsweise wenn eine GmbH das Vermögen einer anderen GmbH aufnehmen will, oder wenn die Übernahme ganz oder teilweise durch Kauf erfolgt. Hierher gehören auch alle übrigen Verschmelzungen, bei denen die übertragende Gesellschaft in Liquidation tritt und die Vermögensteile einzeln nach den Bestimmungen des § 255 AktG bzw. des BGB auf die aufnehmende Gesellschaft übertragen werden müssen. Diese Form der Fusion unterscheidet sich von der anschließend unter (2) zu behandelnden vor allem dadurch, daß keine Gesamtrechtsnachfolge stattfindet, sondern eine Einzelübertragung erfolgen muß, die jedoch nicht notwendigerweise den Untergang der übertragenden Gesellschaft zur Folge haben muß.
(2) Die im Aktienrecht[2] geregelten Fälle der Übertragung des Vermögens im Wege der **Gesamtrechtsnachfolge.** Es handelt sich hier ausschließlich um die Verschmelzung von Kapitalgesellschaften, und zwar um die Verschmelzung von Aktiengesellschaften, um die Verschmelzung von Kommanditgesellschaften auf Aktien oder um die Verschmelzung einer AG mit einer KGaA oder um die Verschmelzung einer AG oder KGaA mit einer GmbH, wobei die GmbH jedoch stets nur übertragender (nicht übernehmender) Betrieb sein kann.

Die Fusion unterscheidet sich von der Konzernbildung dadurch, daß bei dieser die Betriebe rechtlich selbständig bleiben, selbst wenn eine kapitalmäßige Beherrschung besteht. Nach der Fusion dagegen existiert nur noch eine Gesellschaft.

---

[1] § 240 AktG
[2] Vgl. §§ 339ff.

Das Aktiengesetz kennt zwei Formen der Verschmelzung:
(1) Die **Verschmelzung durch Aufnahme** (§§ 339 ff. AktG): das Vermögen einer (übertragenden) Gesellschaft wird als Ganzes auf eine (übernehmende) Gesellschaft gegen Gewährung von Aktien dieser Gesellschaft übertragen.
(2) Die **Verschmelzung durch Neubildung** (§§ 353 ff. AktG): es wird eine neue Aktiengesellschaft gebildet, auf die das Vermögen jeder der sich vereinigenden Gesellschaften als Ganzes gegen Gewährung von Aktien der neuen Gesellschaft übergeht.

Die letztgenannte Form der Fusion ist nur zulässig, wenn jede der sich vereinigenden Gesellschaften mindestens zwei Jahre im Handelsregister eingetragen war.[1] Eine Fusion muß von den Hauptversammlungen der beteiligten Gesellschaften mit Dreiviertelmehrheit des anwesenden Aktienkapitals beschlossen werden.[2]

Ebenso wie bei der Bildung von Konzernen unterscheidet man zwischen einer **horizontalen** und einer **vertikalen** Fusion, je nachdem, ob Betriebe der gleichen Produktions- und Handelsstufe oder Betriebe vor- und nachgelagerter Produktions- und Handelsstufen sich vereinigen.

Die **Motive** der Verschmelzung sind ähnlich denen der Konzernbildung: Erringen einer Machtstellung entweder zur Sicherung des Absatzmarktes oder zur Sicherung der Rohstoffbeschaffung, Erweiterung der Kapital- und Kreditbasis, gemeinsame Verwertung von Patenten, Vereinheitlichung des Produktionsprogramms, leichtere Durchführung von Rationalisierungsmaßnahmen unter einheitlicher Leitung usw.

b) Die Berechnung der Umtauschverhältnisse und der Kapitalerhöhung

Die entscheidenden betriebswirtschaftlichen Probleme bei der Fusion entstehen dadurch, daß die aufnehmende Gesellschaft die übertragende Gesellschaft „entschädigen" muß, indem sie den Aktionären der übertragenden Gesellschaft eigene Aktien überläßt. Dazu ist gewöhnlich eine bedingte Kapitalerhöhung erforderlich.[3] Nimmt z. B. die Gesellschaft A die Gesellschaft B auf, so müssen die Vermögensansprüche der bisherigen B-Aktionäre, die nun A-Aktien erhalten, errechnet werden. Eine Zugrundelegung der Börsenkurse ist dann nicht zweckmäßig, wenn sie auf Grund von Marktschwankungen oder bewußten Manipulationen nicht dem wirtschaftlichen Wert der beiden Gesellschaften entsprechen. Dann ist es erforderlich, entweder nach Auflösung der stillen Rücklagen den Bilanzkurs oder den Ertragswert bei der **Berechnung des Umtauschverhältnisses** heranzuziehen. Wie problematisch jedoch die Ermittlung des Ertragswertes ist, wurde oben bereits ausgeführt.

Da die Hauptversammlungen der sich verschmelzenden Gesellschaften der Fusion zustimmen müssen, ist eine Korrektur der errechneten Kurse unter Umständen dann erforderlich, wenn sich ein recht ungerades Umtauschverhältnis ergibt, für das eine Dreiviertelmehrheit in der Hauptversammlung nicht zu erreichen ist.

---

[1] Vgl. § 353 Abs. 2 AktG
[2] Vgl. § 340 Abs. 1 AktG
[3] Vgl. § 192 Abs. 2 Ziff. 2 AktG

V. Besondere Anlässe der Außenfinanzierung

Beträgt der Kurs der aufnehmenden Gesellschaft A 240, der Kurs der übertragenden Gesellschaft B 150, so ist das Umtauschverhältnis 5:8, d. h. die Aktionäre der Gesellschaft B erhalten für je 8 B-Aktien 5 A-Aktien. Da nicht jeder B-Aktionär acht Aktien oder ein Vielfaches davon besitzt, ergeben sich Schwierigkeiten beim Umtausch. Deshalb ist es notwendig – um die Zustimmung der Aktionäre zur Fusion zu erhalten –, die Kurse so zu korrigieren, daß sich ein auch für die Kleinaktionäre tragbares Umtauschverhältnis ergibt. Erhöht man den Kurs der Gesellschaft B auf 160, so verbessert sich das Umtauschverhältnis auf 2:3. Für 3 B-Aktien erhalten die B-Aktionäre 2 A-Aktien. Die Erhöhung des B-Kurses kann beispielsweise durch eine Zuzahlung der B-Aktionäre zu den Rücklagen erfolgen. Ein Umtauschverhältnis von 2:3 ist auch dadurch zu erreichen, daß der Kurs der Gesellschaft A auf 225 herabgesetzt wird. Das ist durch eine Ausgabe neuer Aktien zu einem entsprechend niedrigen Kurs möglich.

Zur Entschädigung der B-Aktionäre mit A-Aktien ist bei der Gesellschaft A eine Kapitalerhöhung erforderlich. Diese Kapitalerhöhung muß nicht unbedingt dem Wert sämtlicher B-Aktien entsprechen. Beide Gesellschaften können die Fusion von langer Hand vorbereitet haben, beispielsweise durch gegenseitige Beteiligung oder Kauf eigener Aktien. Ist die Gesellschaft A an der Gesellschaft B beteiligt, so ist bei der Zusammenlegung beider Gesellschaften für den Wert der Beteiligung keine Kapitalerhöhung notwendig. An die Stelle der Position „Beteiligung" in der Bilanz der Gesellschaft A treten entsprechende, von B übernommene Vermögenswerte. Besitzt B eine Beteiligung an A und verfügt A über eigene Aktien, so können diese A-Aktien zur Entschädigung von B-Aktionären verwendet werden. Die erforderliche Kapitalerhöhung vermindert sich entsprechend.

Beispiel:

Kurs der aufnehmenden Gesellschaft A: 240%
Kurs der übertragenden Gesellschaft B: 160%
Umtauschverhältnis: A:B = 2:3
Grundkapital B: 600.000 DM

Fall 1:

Sind weder eigene Aktien bei A und B vorhanden, und besteht auch keine Beteiligung von A an B oder umgekehrt, so sind zur Entschädigung von nominell 600.000 DM B-Aktien nominell 400.000 DM A-Aktien erforderlich:

innerer Wert des vorhandenen B-Kapitals:
$$600.000 \text{ zu } 160\% = 960.000 \text{ DM}$$
innerer Wert des erforderlichen A-Kapitals:
$$400.000 \text{ zu } 240\% = 960.000 \text{ DM}$$
Das Grundkapital bei A muß also um 400.000 DM erhöht werden.

Fall 2:

Nehmen wir an,
B besitzt 1. eigene Aktien zum Nennwert von 60.000 DM,
2. eine Beteiligung an A zum Nennwert von 50.000 DM;

A besitzt 1. eigene Aktien zum Nennwert von 60.000 DM,
2. eine Beteiligung an B zum Nennwert von 300.000 DM;
dann berechnet sich die Kapitalerhöhung wie folgt:

	Nennwert	Kurswert	
Grundkapital B	600.000		
— eigene Aktien B	60.000		
— Beteiligung A an B	300.000		
= abzulösende B-Aktien	240.000		384.000
erforderliche A-Aktien	160.000		384.000
— eigene Aktien A	60.000	144.000	
— Beteiligung B an A	50.000	120.000	
= erforderliche Kapitalerhöhung	50.000	120.000	384.000

Da der Unterschied im Kurs der A- und B-Aktien bereits im Umtauschverhältnis berücksichtigt wird, erfolgt die Berechnung der Kapitalerhöhung auf der Grundlage der Nennwerte.[1]

c) Die Besteuerung des Fusionsvorganges

Bei der Fusion – ganz gleich, ob sie mit oder ohne Liquidation erfolgt – wird der Betriebsprozeß in der Regel nicht unterbrochen. Es ändern sich lediglich die rechtlichen und organisatorischen Verhältnisse der beteiligten Betriebe, und es kann auf längere Sicht zu Umstellungen im Produktionsprozeß kommen. Vom betriebswirtschaftlichen Standpunkt aus besteht in der Regel keine Veranlassung, die stillen Rücklagen bei der Fusion anders zu behandeln als zuvor. Das Steuerrecht hat jedoch ein durchaus berechtigtes Interesse daran, daß durch den Fusionsvorgang keine stillen Rücklagen der Besteuerung endgültig entzogen werden können, da anderenfalls nicht nur Steuereinnahmen verlorengingen, sondern auch die Gleichbehandlung aller Steuerpflichtigen verletzt würde.

Aus dieser Überlegung folgt, daß eine Auflösung und **Besteuerung stiller Rücklagen** nur in den Fällen erforderlich ist, in denen infolge der Verschmelzung eine spätere Erfassung nicht mehr möglich ist. Vollzieht sich die Fusion durch Aufnahme, so scheint auf den ersten Blick die spätere Versteuerung der stillen Rücklagen immer dann sichergestellt zu sein, wenn aufnehmende und übertragende Gesellschaft eine Rechtsform haben, die den gleichen Steuern unterliegt. Ist die aufnehmende Gesellschaft dagegen eine Einzelunternehmung oder eine Personengesellschaft, die übertragende Gesellschaft aber eine Kapitalgesellschaft, so werden die stillen Rücklagen der übertragenden Gesellschaft der Körperschaftsteuer entzogen, wenn sie unversteuert auf die aufnehmende Gesellschaft übertragen werden dürfen, da diese nicht körperschaftsteuerpflichtig ist.

---

[1] Vgl. Vormbaum, H., a. a. O., S. 88

V. Besondere Anlässe der Außenfinanzierung

Das **Körperschaftsteuergesetz** geht in § 15 Abs. 1 bei der Fusion grundsätzlich davon aus, daß die stillen Rücklagen der übertragenden Gesellschaft aufgelöst werden müssen, läßt jedoch nach § 15 Abs. 2 eine Übertragung stiller Rücklagen auf die übernehmende Gesellschaft zu, wenn folgende Voraussetzungen erfüllt sind:

(1) Das Vermögen einer inländischen Kapitalgesellschaft muß als Ganzes auf eine andere inländische Kapitalgesellschaft übertragen werden;
(2) die Übertragung muß gegen Gewährung von Gesellschaftsrechten der übernehmenden Gesellschaft erfolgen;
(3) es muß sichergestellt sein, daß die übertragenen stillen Rücklagen später der Körperschaftsteuer unterliegen.

Der BFH unterscheidet zwischen einer Fusion „**auf gesellschaftlicher Grundlage**" und einer Fusion „**auf betrieblicher Grundlage**". Erstere ist eine Fusion, die sich bei der übernehmenden Gesellschaft auf Grund einer Kapitalerhöhung, also gegen Gewährung von Gesellschaftsrechten an die Gesellschafter der übertragenden Gesellschaft vollzieht und für die übernehmende Gesellschaft eine erfolgsneutrale gesellschaftsrechtliche Einlage bedeutet.

Von einer Verschmelzung auf betrieblicher Grundlage spricht der BFH dann, wenn die Fusion auf Grund der bereits im Besitz der übernehmenden Gesellschaft befindlichen Aktien der übertragenden Gesellschaft durchgeführt wird. Die unter (2) genannte Voraussetzung des § 15 Abs. 2 KStG ist dann nach herrschender Rechtsprechung nicht erfüllt.[1]

Da Fusionsvorgänge in der Regel von langer Hand durch Erwerb von Anteilen vorbereitet werden, viele Fusionen also zum erheblichen Teil auf betrieblicher Grundlage und nicht gegen Gewährung von Gesellschaftsrechten erfolgen, ergibt sich durch den Zwang zur Auflösung stiller Rücklagen der übertragenden Gesellschaft eine zweifache Körperschaftsteuerbelastung: erstens bei der übertragenden Gesellschaft auf die realisierten stillen Rücklagen, zweitens bei der übernehmenden Gesellschaft in Höhe der bei der Übernahme frei werdenden stillen Rücklagen in den Anteilen der übernommenen Gesellschaft.

§ 15 UmwStG 1969 hat diese betriebswirtschaftlich unbefriedigende Rechtslage dadurch verbessert, daß auch im Falle der Fusion auf betrieblicher Grundlage von der Auflösung der stillen Rücklagen abgesehen werden kann, indem die für die Umwandlung einer Kapitalgesellschaft auf eine Personengesellschaft geltenden Vorschriften[2] für den Teil des bei einer Fusion übergehenden Vermögens, der dem Anteil der übernehmenden Gesellschaft am Grundkapital der übertragenden Gesellschaft entspricht, angewendet werden dürfen.

Beispiel:[3]

Gesellschaft A besitzt 20% der Anteile der Gesellschaft B. B wird im Wege der Fusion auf A übertragen.

---

[1] Zur Kritik vgl. Wöhe, G., Betriebswirtschaftliche Steuerlehre, Band II, 1. Halbband, a. a. O., S. 266 ff.
[2] Vgl. §§ 3–12 UmwStG
[3] Nach Brönner, H., Umwandlungssteuergesetz, Stuttgart 1969, S. 184 f.

	Buchwerte	Teilwerte	Stille Rücklagen
Grundstück	200.000 DM	600.000 DM	400.000 DM
Maschinen	1.800.000 DM	1.800.000 DM	—
Sonstige Werte	2.000.000 DM	3.600.000 DM	1.600.000 DM
	4.000.000 DM	6.000.000 DM	2.000.000 DM

Im Umfange der Beteiligung von A an B (20%) sind stille Rücklagen aufzulösen, und zwar nicht beliebig, sondern nach dem Grundsatz der Einzelbewertung gleichmäßig bei allen Wirtschaftsgütern, in denen stille Rücklagen liegen.

	Auflösung stiller Rücklagen (20%)
Grundstück	80.000 DM
Maschinen	—
Sonstige Werte	320.000 DM
	400.000 DM

Nach § 15 UmwStG entsteht bei der übertragenden Gesellschaft kein Fusionsgewinn, die übernehmende Gesellschaft kann die übernommenen Buchwerte fortführen, muß aber einen **Übernahmegewinn** in Höhe des der Beteiligung entsprechenden Prozentsatzes der stillen Rücklagen (20%) versteuern.

Übersteigt der Übernahmegewinn die tatsächlichen Anschaffungskosten der Beteiligung, so
(1) ist er steuerfrei, wenn ein zwischen dem Inkrafttreten des UmwStG und dem 31. 12. 1972 wirksam werdender Fusionsvertrag vorliegt;
(2) wird er mit dem ermäßigten Steuersatz von 16% KSt belegt, wenn der Fusionsvertrag nach dem 31. 12. 1972 wirksam wird. Außerdem besteht nach § 8 Abs. 6 UmwStG die Möglichkeit, die Steuerzahlung auf 5 Jahre gleichmäßig zu verteilen.

6. Die Umwandlung

a) Begriff, Motive und Arten

Da die wirtschaftlichen und rechtlichen Faktoren, die bei der Gründung eines Betriebes zur Wahl einer bestimmten Rechtsform geführt haben, sich im Laufe der Zeit durch Änderung der allgemeinen Wirtschaftslage, durch Wechsel des wirtschaftspolitischen Kurses, durch Wachstum oder Schrumpfung des Betriebes und nicht zuletzt durch Änderung von Steuergesetzen verschieben können, muß der Betrieb die Möglichkeit haben, sich den veränderten Verhältnissen durch einen Wechsel der Rechtsform anzupassen. Eine andere Rechtsform kann auch notwendig werden durch den Tod eines Unternehmers und den Übergang des Betriebes auf eine Erbengemeinschaft, ferner durch das Bestreben, die Haftung zu beschränken, oder zur Erweiterung der Kapitalbeschaffungsmöglichkeiten.

Die Überführung eines Betriebes von einer Rechtsform in eine andere bezeichnet man als „Umwandlung". Es muß unterschieden werden zwischen einer

Umwandlung, die ohne Liquidation entweder im Wege der Gesamtrechtsnachfolge oder ohne Vermögensübertragung durch Satzungsänderung vollzogen werden kann, und einer Umwandlung, bei der eine formelle Liquidation der Rechtsform, d. h. eine Einzelübertragung der Vermögensteile auf eine andere Rechtsform erfolgt (Umgründung). Der Betrieb als wirtschaftliche Einheit wird davon zunächst nicht tangiert.

Die handelsrechtliche Regelung der Umwandlung ist im Handelsgesetzbuch, im Aktiengesetz (das durch das Gesetz zur Ergänzung der handelsrechtlichen Vorschriften über die Änderung der Unternehmensform vom 15. August 1969[1] um die §§ 385a–g erweitert wurde) und im Umwandlungsgesetz in der Fassung vom 6. November 1969[2] enthalten.

Gesamtrechtsnachfolge bedeutet, daß keine förmliche Übertragung des Vermögens und der Schulden auf die neue Rechtsform erfolgt. Zur Übertragung von Grundstücken ist keine Auflassung und Eintragung, sondern nur eine Korrektur des Grundbuches erforderlich. Bewegliche Sachen gehen ohne Einigung und Übergabe, Forderungen ohne Zession, Orderpapiere ohne Indossament über. Der Weg der Gesamtrechtsnachfolge ist zulässig bei der Umwandlung

(1) einer Personengesellschaft in eine andere Personengesellschaft (formwechselnde Umwandlung gem. HGB),
(2) einer Kapitalgesellschaft in eine andere Kapitalgesellschaft (formwechselnde Umwandlung gem. §§ 362 ff. AktG),
(3) einer Kapitalgesellschaft in ein bestehendes Unternehmen (verschmelzende Umwandlung gem. §§ 3–15, 23–29 UmwG),
(4) eines Einzelunternehmens in eine AG oder KGaA, nicht jedoch in eine GmbH (!) (errichtende Umwandlung gem. §§ 50–56 UmwG),
(5) einer Personengesellschaft in ein zu gründendes Einzelunternehmen (errichtende Umwandlung gem. § 142 HGB),
(6) einer Personengesellschaft in eine zu gründende AG, KGaA oder GmbH (errichtende Umwandlung gem. §§ 40–49 UmwG),
(7) einer Kapitalgesellschaft in eine zu gründende Personengesellschaft (errichtende Umwandlung gem. §§ 16–20 UmwG).

Eine Liquidation der bisherigen Rechtsform und eine **Einzelübertragung** aller Vermögensteile und Schulden (Umgründung) ist vorgeschrieben bei der Umwandlung

(1) einer Einzelfirma (oder stillen Gesellschaft) in eine Personengesellschaft, GmbH oder bergrechtliche Gewerkschaft,
(2) einer Personengesellschaft in eine bergrechtliche Gewerkschaft,
(3) einer Personengesellschaft in eine Einzelfirma (Ausnahme: Gesamtrechtsnachfolge ist zulässig, wenn nur zwei Gesellschafter vorhanden sind, vgl. § 142 HGB),

---

[1] Vgl. BGBl. I 1969, S. 1171
[2] Vgl. BGBl. I 1969, S. 2081. Hierbei handelt es sich um die Neubekanntmachung des Gesetzes über die Umwandlung von Kapitalgesellschaften und bergrechtlichen Gewerkschaften vom 12. 11. 1956 (BGBl. I 1956, S. 44) auf Grund des Art. 2 des Gesetzes zur Ergänzung der handelsrechtlichen Vorschriften über die Änderung der Unternehmensform vom 15. 8. 1969 (BGBl. I 1969, S. 1171) unter der neuen Bezeichnung „Umwandlungsgesetz".

(4) einer bereits aufgelösten Personengesellschaft in eine AG, KGaA oder GmbH (gem. § 40 Abs. 2 UmwG).[1]

Bei der übertragenden Umwandlung nach dem Umwandlungsgesetz sind zwei Fälle zu unterscheiden. Erfolgt eine Übertragung einer Kapitalgesellschaft auf eine bereits bestehende Personengesellschaft oder auf den Allein- oder Hauptgesellschafter der übertragenden Gesellschaft, dann bezeichnet man diesen Vorgang als **verschmelzende Umwandlung**, z. B. die Übertragung einer GmbH auf eine bereits bestehende Offene Handelsgesellschaft. Ist der Hauptgesellschafter eine juristische Person, also z. B. eine Aktiengesellschaft, so besteht praktisch kein Unterschied zur Fusion.[2]

Wird erst ein neues Unternehmen errichtet, auf das das umwandelnde Unternehmen übertragen wird, so spricht man von einer **errichtenden Umwandlung**.

Wird eine Kapitalgesellschaft in eine andere Kapitalgesellschaft oder eine Personengesellschaft in eine andere Personengesellschaft umgewandelt, so tritt nur ein Wechsel der Rechtsform, nicht aber der Rechtspersönlichkeit ein. Es erfolgt keine Vermögensübertragung. Man bezeichnet eine derartige Umwandlung als **formwechselnde Umwandlung**.

Die Übersichten auf den folgenden Seiten zeigen die begrifflichen Beziehungen zwischen den verschiedenen Formen der Umwandlung und die bei den einzelnen Fällen des Rechtsformwechsels anzuwendende rechtliche Form der Umwandlung.

b) Steuerliche Probleme der Umwandlung

Daß in diesem Zusammenhang die steuerliche Problematik etwas ausführlicher als bei anderen Problemkreisen behandelt wird, findet seine Begründung darin, daß es dabei weniger um die Vermittlung steuerrechtlicher Spezialkenntnisse, als vielmehr um die Darstellung eines besonders instruktiven Beispiels geht, wie durch steuerrechtliche Vorschriften weit in die Zukunft reichende unternehmerische Entscheidungen beeinflußt werden.

Die rechtliche Regelung der Umwandlung hat erhebliche wirtschaftliche (Umwandlungskosten) und steuerliche Konsequenzen. Im Falle der Liquidation und Einzelübertragung sind die Kosten und insbesondere die steuerlichen Be-

---

[1] Vgl. Widmann, S. und Mayer, R.: Umwandlungsrecht, Bonn 1970, § 40 UmwG, Tz 749 ff.

[2] Eine genaue rechtliche Abgrenzung zwischen der Fusion (Verschmelzung) im Sinne des Aktiengesetzes und der übertragenden Umwandlung geben Böttcher, C. – Meilicke, H. (Umwandlung und Verschmelzung von Kapitalgesellschaften, 5. Aufl., Berlin und Frankfurt a. M. 1958, S. 45 f.). Die Unterschiede sind die folgenden:

(1) Die übertragende Umwandlung ist auch auf einen Rechtsträger zulässig, der keine juristische Person ist, während bei der aktienrechtlichen Verschmelzung stets eine AG oder KGaA das Ergebnis ist. Bei der errichtenden Umwandlung kann der neue Rechtsträger nur eine Personengesellschaft sein.

(2) Die verschmelzende Umwandlung ist nur auf einen Rechtsträger zulässig, der das Stamm- oder Grundkapital der umzuwandelnden Kapitalgesellschaft ganz oder überwiegend besitzt, während bei der aktienrechtlichen Verschmelzung die aufnehmende Gesellschaft nicht an der übertragenden Gesellschaft beteiligt sein muß.

(3) Bei der Umwandlung können Gesellschafter gegen angemessene Entschädigung ausscheiden, während bei der aktienrechtlichen Verschmelzung niemals Gesellschafter der übertragenden Gesellschaft ausscheiden, sondern durch Gewährung von Aktien der übernehmenden Gesellschaft beteiligt werden.

lastungen der Umwandlung wesentlich höher als im Falle der Gesamtrechtsnachfolge. Wirtschaftlich an sich zweckmäßige Umwandlungen, bei denen eine Liquidation vorgeschrieben ist, sind oft an der hohen steuerlichen Belastung gescheitert oder zumindest hinausgezögert worden. Das wirkt sich insbesondere dann negativ aus, wenn in bestimmten Zeiten die Wahl der Rechtsform in erster Linie aus steuerlichen Erwägungen erfolgt, weil – wie z. B. in der Bundesrepublik unmittelbar nach dem zweiten Weltkrieg – die steuerliche Belastung der Kapitalgesellschaften und Personengesellschaften extreme Unterschiede aufwies. (So betrug nach 1945 der Einkommensteuerspitzensatz 95%, der Körperschaftsteuersatz 65%, heute dagegen betragen die entsprechenden Steuersätze 56% bzw. 51%.)

Die ungleich hohe Einkommensteuerbelastung der Personengesellschaften gegenüber der Körperschaftsteuerbelastung der Kapitalgesellschaften führte nach 1945 zu einer **„Flucht in die Kapitalgesellschaft"**, teilweise in der Form, daß die bisherige Personengesellschaft nicht aufgelöst, sondern ein Teil des Betriebes (z. B. die Vertriebsabteilung) durch Einbringung in eine GmbH juristisch verselbständigt wurde. Auf diese GmbH wurde dann der Teil des Gewinns übertragen (z. B. durch Ansatz entsprechender Verrechnungspreise), der nicht entnommen werden sollte und folglich nur der (niedrigeren) Körperschaftsteuer unterlag. Hätten bei den damaligen Entscheidungen steuerliche Überlegungen keine Rolle gespielt, so wäre für eine große Zahl von Gesellschaften die Personengesellschaft die zweckmäßigere Rechtsform gewesen. Nach der Senkung der Einkommensteuer entstand das Bedürfnis nach Umwandlung von Kapital- in Personengesellschaften, dem die Bestimmungen über die erleichterte Umwandlung im Wege der Gesamtrechtsnachfolge des handelsrechtlichen Umwandlungsgesetzes vom 12. 11. 1956,[1] das an die Stelle des zeitlich befristeten Umwandlungsgesetzes von 1934 trat und der durch das Umwandlungssteuergesetz vom 11. 10. 1957 ausgesprochene Verzicht auf eine Realisierung der stillen Rücklagen, die in den zu übertragenden Wirtschaftsgütern der Kapitalgesellschaft stecken, Rechnung trugen.

Die Vergünstigungen des Umwandlungssteuergesetzes 1957 liefen mit dem 31. 12. 1959 aus. Seitdem besteht bei der Umwandlung von Kapitalgesellschaften in Personengesellschaften wieder der Zwang, die Wirtschaftsgüter in der Umwandlungsbilanz **zum Teilwert** anzusetzen und folglich stille Rücklagen, die durch Ansatz von unter dem Teilwert liegenden und steuerlich zulässigen Buchwerten gebildet worden sind, aufzulösen und der Besteuerung zu unterwerfen. Die dadurch eintretende Liquiditätsbelastung verhinderte in manchen Fällen derartige Umwandlungen. Seit Inkrafttreten des Gesetzes über steuerliche Maßnahmen bei Änderung der Unternehmensform (Umwandlungssteuergesetz) vom 14. 8. 1969[2] werden jedoch auf Antrag bei der Umwandlung von Kapital- in Personengesellschaften wieder steuerliche Erleichterungen eingeräumt.

Bei der **Umwandlung einer Personengesellschaft in eine Kapitalgesellschaft** handelt es sich um eine Umgründung, d. h. die Personengesellschaft wird liquidiert und eine Kapitalgesellschaft wird neu gegründet; es entsteht also ein

---
[1] Vgl. BGBl I, S. 844
[2] Vgl. BGBl. I, S. 1163

Umwandlung (im weiteren Sinn)
(wirtschaftlicher Oberbegriff für jede Art des Rechtsformwechsels)

- **Umgründung** (Rechtsformwechsel mit Liquidation, Umgründung mit Einzelrechtsnachfolge)
  - Einzelunternehmen in eine Personengesellschaft, GmbH oder bergrechtl. Gewerkschaft
  - Personengesellschaft in eine bergrechtliche Gewerkschaft
  - Personengesellschaft in Einzelunternehmen (soweit § 142 HGB nicht anwendbar)
  - bereits aufgelöste Personengesellschaft in eine AG, KGaA oder GmbH

- **Umwandlung in engeren Sinn** (Rechtsformwechsel ohne Liquidation)
  - **übertragende Umwandlung** (Vermögensübergang in Form der Gesamtrechtsnachfolge)
    - „errichtende" Umwandlung
      - Personengesellschaft in ein zu gründendes Einzelunternehmen (gem. § 142 HGB) bzw. eine zu gründende Kapitalgesellschaft (gem. §§ 40–49 UmwG)
      - Kapitalgesellschaft in eine zu gründende Personengesellschaft (gem. §§ 16–20 UmwG)
      - Einzelunternehmen in eine AG oder KGaA (gem. §§ 50–56 UmwG)
    - „verschmelzende" Umwandlung
      - Kapitalgesellschaft in ein bestehendes Unternehmen (gem. §§ 3–15, 23–29 UmwG)
  - **formwechselnde Umwandlung** (keine Rechtsübertragung)
    - Personengesellschaft in eine andere Personengesellschaft (gem. HGB)
    - Kapitalgesellschaft in eine andere Kapitalgesellschaft (gem. §§ 362, 366, 369, 376, 384, 386, 389 u. 393 AktG und §§ 63–65 UmwG)

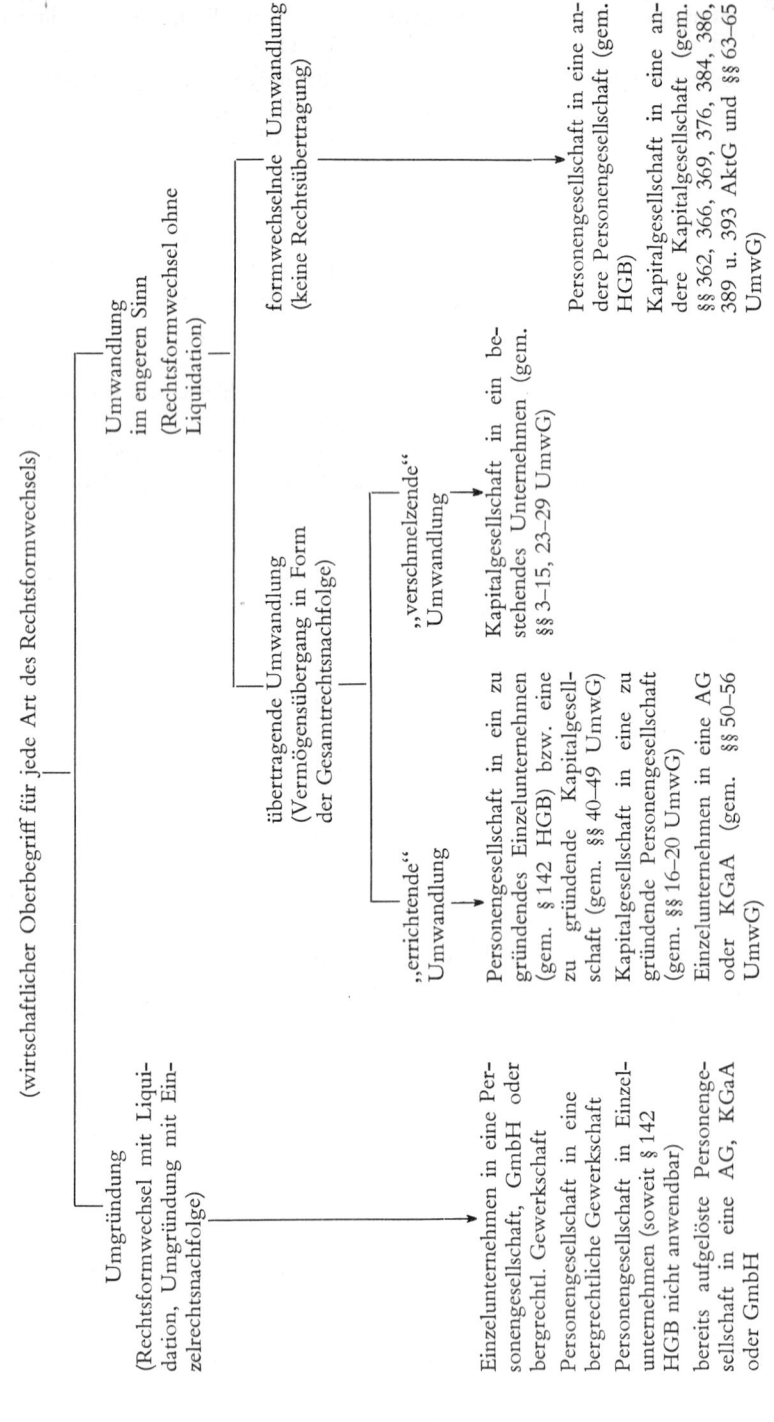

Umwandlung in / von	Einzelunternehmen	Personen-gesellschaften	GmbH	AG und KGaA	bergrechtliche Gewerkschaft
Einzelunternehmen	—	Umgründung	Umgründung	übertragende Umwandlung (gem. §§ 50–56 UmwG) oder Umgründung	Umgründung
Personen-gesellschaft	übertragende Umwandlung (gem. § 142 HGB)	formwechselnde Umwandlung (§§ 139 Abs. 1, 162 Abs. 3, 173 Abs. 2 HGB)	übertragende Umwandlung (gem. §§ 46–49 UmwG) oder Umgründung	übertragende Umwandlung (gem. §§ 40–45 UmwG) oder Umgründung	Umgründung
GmbH	übertragende Umwandlung (§§ 24, 15 UmwG) oder Umgründung	übertragende Umwandlung (§§ 24, 3–14, 16–20 UmwG) oder Umgründung	—	formwechselnde Umwandlung. (§§ 376 bzw. 389 AktG) oder übertragende Umwandlg. auf die Allein- oder Hauptgesellschafterin (§§ 24, 15 UmwG)	Umgründung oder übertragende Umwandlg. auf die Allein- oder Hauptgesellschafterin (§§ 24, 15 UmwG)
AG und KGaA	übertragende Umwandlung (§ 15 UmwG) oder Umgründung	übertragende Umwandlung (§§ 3–14, 16–20 UmwG) oder Umgründung	formwechselnde Umwandlung. (§§ 369 bzw. 386 AktG) oder übertragende Umwandlung (§ 15 UmwG)	formwechselnde Umwandlung. (§§ 362 bzw. 366 AktG) oder übertragende Umwandlung. (§ 15 UmwG)	Umgründung oder übertragende Umwandlung auf die Allein- oder Hauptgesellschafterin (§ 15 UmwG)
bergrechtliche Gewerkschaft	übertragende Umwandlung (§§ 25 ff. UmwG) oder Umgründung	übertragende Umwandlg. (§§ 25 ff. UmwG) oder Umgründung	formwechselnde Umwandlung (§§ 63–65 UmwG)	formwechselnde Umwandlung (§§ 384 bzw. 393 AktG)	—

neues Rechtssubjekt, auf das die Vermögens- und Schuldposten im Wege der Einzelübertragung übertragen werden. Daraus müßte man schließen, daß die in der Personengesellschaft entstandenen stillen Rücklagen bei der Auflösung der Gesellschaft zu realisieren und der Besteuerung zu unterwerfen sind. Dennoch hat die Rechtsprechung unter bestimmten Voraussetzungen[1] zugelassen, daß die stillen Rücklagen auf die Kapitalgesellschaft übertragen werden, eine Gewinnrealisierung im Zeitpunkt der Umwandlung also unterbleiben darf. Der Betrieb hat grundsätzlich ein **Wahlrecht,** ob er

(1) alle stillen Rücklagen auflösen, d. h. die Wirtschaftsgüter mit ihren Teilwerten bewerten will,

(2) nur einen Teil der stillen Rücklagen realisieren will, also einen Teil der Wirtschaftsgüter mit ihren Teilwerten, einen anderen Teil mit ihren letzten steuerlichen Buchwerten und wieder andere mit Zwischenwerten ansetzen will, oder

(3) die letzten steuerlichen Buchwerte fortführen, d. h. keine stillen Rücklagen realisieren will („Buchwertverknüpfung").

Diese von der Rechtsprechung entwickelten Grundsätze wurden in § 17 UmwStG 1969[2] kodifiziert. Dabei wurde auf die bis dahin geltende Voraussetzung der wesentlichen Beteiligung für die Fortführung der Buchwerte verzichtet. Durch eine Ergänzung des handelsrechtlichen Umwandlungsgesetzes vom 12. 11. 1956[3] wurde inzwischen die Gesamtrechtsnachfolge bei der übertragenden Umwandlung einer Personengesellschaft in eine AG, KGaA oder GmbH und einer Einzelunternehmung in eine AG oder KGaA (nicht GmbH!) zugelassen.

Die für das in die Kapitalgesellschaft eingebrachte Betriebsvermögen gewählten Wertansätze sind für die Kapitalgesellschaft die Anschaffungskosten und für den Einbringenden einerseits der Veräußerungspreis und andererseits die Anschaffungskosten des Anteils an der Kapitalgesellschaft.

Vom betriebswirtschaftlichen Standpunkt aus ist dieses Wahlrecht positiv zu beurteilen, denn es ermöglicht dem Betrieb eine Entscheidung, durch die die steuerliche Belastung soweit wie möglich reduziert bzw. ihre nachteilige Auswirkung auf die Liquiditäts- und Rentabilitätslage vermindert werden kann.

Obwohl durch die Übertragung der stillen Rücklagen die Entstehung eines Umwandlungsgewinns und folglich eine Einkommensteuerbelastung der Gesellschafter der Personengesellschaft im Zeitpunkt der Umwandlung vermieden wird, kann es dennoch zwingende betriebswirtschaftliche Gründe für eine Auflösung der stillen Rücklagen bei der Umwandlung einer Personengesellschaft in eine Kapitalgesellschaft geben. Vor der Entscheidung, wie das Wahlrecht ausgeübt werden soll, muß der Betrieb folgende Überlegungen anstellen:

---

[1] Vgl. Brönner, H., Die Besteuerung der Gesellschaften, des Gesellschafterwechsels und der Umwandlungen, 11. Aufl., Stuttgart 1965, S. 873f.
[2] Gesetz über steuerliche Maßnahmen bei Änderung der Unternehmensform (Umwandlungssteuergesetz) vom 14. 8. 1969, BGBl. I, S. 1163
[3] Gesetz zur Ergänzung der handelsrechtlichen Vorschriften über die Änderung der Unternehmensform vom 15. 8. 1969, BGBl. I, S. 1171

(1) **Auflösung der stillen Rücklagen** bei der Personengesellschaft und Ansatz des eingebrachten Betriebsvermögens bei der Kapitalgesellschaft zu Teilwerten bedeutet, daß

a) der Veräußerungsgewinn (Umwandlungsgewinn) bei der Personengesellschaft sofort steuerlich erfaßt wird. Allerdings räumt § 17 Abs. 5 UmwStG zwei Tarifbegünstigungen ein: der Veräußerungsgewinn wird erstens nach § 34 Abs. 1 EStG besteuert, d. h. es wird der Tarif für außerordentliche Einkünfte angewendet; zweitens gilt für den Veräußerungsgewinn die Freibetragsregelung des § 16 Abs. 4 EStG, vorausgesetzt, daß alle stillen Rücklagen aufgelöst, d. h. die Teilwerte angesetzt werden. Beim Ansatz von Zwischenwerten, also einer teilweisen Auflösung stiller Rücklagen, ist § 16 Abs. 4 EStG nicht anwendbar;

b) sich bei abnutzbaren Gütern des Anlagevermögens die Abschreibungen in den Jahren der Restnutzungsdauer um den Betrag der aufgelösten stillen Rücklagen erhöhen, so daß eine Minderung der laufenden Steuerbelastung, die sich jetzt – im Falle der Ausschüttung von Gewinnen – aus Körperschaftsteuer und Einkommensteuer zusammensetzt, eintritt. Diese Steuerersparnis hängt von der Ertragslage und der Ausschüttungs- und Thesaurierungspolitik der späteren Jahre ab. Die Differenz zwischen der Steuerbelastung des Umwandlungsgewinns (einschließlich der Zinsbelastung der im Vergleich zur Fortführung der Buchwerte früheren Steuerzahlung) und der Steuerersparnis infolge höherer Abschreibungsmöglichkeiten ist die verbleibende (Ertrag-)Steuerbelastung des Umwandlungsvorganges;

c) ein Verlustvortrag, der bei der Umwandlung in eine Kapitalgesellschaft nicht übertragen werden darf, ausgenützt werden kann. Die von der Kapitalgesellschaft übernommenen Werte können folglich um den Verlustvortrag höher angesetzt werden, ohne daß in der Personengesellschaft ein Umwandlungsgewinn entsteht. Durch die auf diese Weise in der Kapitalgesellschaft geschaffenen zusätzlichen Abschreibungsmöglichkeiten wird der Verlustvortrag steuerlich noch wirksam;

d) die von den bisherigen Personengesellschaftern übernommenen Anteile an der Kapitalgesellschaft keine stillen Rücklagen enthalten, die im Falle späterer Veräußerung (bei wesentlicher Beteiligung) zu einer Einkommensteuerbelastung führen können.

(2) **Übertragung der stillen Rücklagen** bedeutet, daß

a) die später in der Kapitalgesellschaft frei werdenden stillen Rücklagen der Körperschaftsteuer unterworfen werden und im Falle der Ausschüttung dann der normale Einkommensteuertarif zum Zuge kommt, also die Tarifvorteile der §§ 34 Abs. 1 und 16 Abs. 4 EStG nicht in Anspruch genommen werden können. Die Steuerbelastung ist sowohl im Falle der Thesaurierung der durch spätere Auflösung der stillen Rücklagen entstehenden Gewinne als auch im Falle der Ausschüttung dieser Gewinne (absolut) höher als im Falle der Versteuerung des Veräußerungsgewinns, es sei denn, daß in der Zukunft – nicht vortragsfähige – Verluste entstehen und die realisierten stillen Rücklagen nicht zur Bildung von Gewinnen, sondern lediglich zur Minderung von Verlusten führen;

b) kein Umwandlungsgewinn und folglich keine Liquiditätsbelastung durch Ertragsteuerzahlungen entsteht;

c) ein Zinsgewinn auf den Geldbetrag zu berücksichtigen ist, der im Falle der Auflösung der stillen Rücklagen den Betrieb als Steuer auf den Umwandlungsgewinn verlassen hätte;

d) bei den Anteilseignern im Falle der Veräußerung ihrer Anteile ein Veräußerungsgewinn in Höhe der stillen Rücklagen (zuzüglich oder abzüglich inzwischen eingetretener Wertänderungen) eintritt. Bei privatem Anteilsbesitz besteht Einkommensteuerpflicht für Veräußerungsgewinne nur innerhalb der Spekulationsfrist von 6 Monaten[1] und bei wesentlicher Beteiligung.[2] Zieht man die steuerliche Belastung im Falle der Anteilsveräußerung in die Betrachtung ein, so ist der Preis für die Übertragung der stillen Rücklagen erstens ihre doppelte steuerliche Erfassung – einmal bei der Auflösung der im eingebrachten Betriebsvermögen liegenden stillen Rücklagen und ein zweites Mal bei der Veräußerung der Anteile – und zweitens der Verzicht auf die begünstigte Besteuerung des Veräußerungsgewinns (Umwandlungsgewinns) und statt dessen die Unterwerfung der stillen Rücklagen unter die doppelte steuerliche Belastung (Körperschaft- und Einkommensteuer) der in Kapitalgesellschaften erzielten und ausgeschütteten Gewinne.

(3) Eine Auflösung stiller Rücklagen ist folglich, wenn man die Liquiditätsbelastung außer acht läßt, dann vorteilhaft, wenn die Steuerbelastung des Umwandlungsgewinns unter Berücksichtigung der durch die sofortige Steuerzahlung verlorenen Zinsen geringer ist als die spätere Belastung der aufgelösten stillen Rücklagen mit Einkommen- und Körperschaftsteuer. Eine Auflösung ist weiterhin insoweit vorteilhaft, als in der aufzulösenden Personengesellschaft noch ein **Verlustvortrag** vorhanden ist.

(4) Bei den heute gültigen Einkommen- und Körperschaftsteuertarifen wird die Steuerbelastung bei der späteren Auflösung der stillen Rücklagen in der Kapitalgesellschaft in der Mehrzahl der Fälle sowohl bei Ausschüttung als auch bei Thesaurierung höher sein, zumal bei Bewertung zu Teilwerten, also bei völliger Auflösung der stillen Rücklagen, die Besteuerung des Umwandlungsgewinns nach § 34 Abs. 1 EStG erfolgt. Daraus folgt, daß eine Kompensation der höheren Steuerbelastung nur eintritt, wenn die Steuerverschiebung auf spätere Perioden zu größeren Zinsgewinnen führt, m. a. W. wenn die Auflösung der stillen Rücklagen sehr weit in die Zukunft verlagert wird.

Bei stillen Rücklagen, die in nicht abnutzbaren Gütern des Anlagevermögens stecken, die in der Regel bis zum Ende der Lebensdauer des Betriebes vorhanden sind (z. B. Grund und Boden), ist die Übertragung vom Standpunkt der Steuerminimierung also stets zweckmäßig. Gleiches gilt für stille Rücklagen in Gebäuden mit noch erheblicher Restnutzungsdauer. Bei stillen

---

[1] Vgl. § 23 Abs. 2 EStG
[2] Vgl. § 17 EStG

Rücklagen, die in Lagerbeständen enthalten sind, die bereits in der nächsten Periode veräußert werden sollen, wäre die Auflösung und sofortige Besteuerung zweckmäßig, da sie bereits in der nächsten Periode zusätzlich der Körperschaftsteuer unterliegen würden. Bei Anlagen unterschiedlicher Nutzungsdauer müßte in jedem einzelnen Falle die oben angestellte Rechnung ausgeführt werden.

(5) Es darf jedoch nicht übersehen werden, daß auch in den Fällen, in denen eine sofortige Auflösung stiller Rücklagen steuerlich günstiger als die Übertragung ist, die Entscheidung des Betriebes dennoch häufig für die Fortführung der stillen Rücklagen ausfällt, wenn die durch die Besteuerung des Umwandlungsgewinns ausgelöste Liquiditätsbelastung nicht getragen werden kann.

(6) Wenn eine völlige Auflösung aller stillen Rücklagen nicht möglich oder nicht gewollt war und nur eine Teilrealisation erfolgte, entfiel vor Inkrafttreten des UmwStG 1969 die Tarifbegünstigung der Einkommensteuer für den Veräußerungsgewinn, und es war möglich, daß die in einer Periode eintretende Einkommensteuerbelastung des Veräußerungsgewinns infolge des progressiven Tarifs höher war als die sich auf mehrere Perioden verteilende Körperschaftsteuer- und Einkommensteuerbelastung der später aufgelösten stillen Rücklagen, ganz abgesehen davon, daß im Falle sofortiger Steuerzahlung im Vergleich zu einer Zahlung in späteren Perioden ein Zinsverlust eintrat. Diese Benachteiligung der Teilrealisierung der stillen Rücklagen gegenüber ihrer sofortigen völligen Auflösung ist mit dem UmwStG 1969 weggefallen.

(7) Bei der Entscheidung über den Umfang der Auflösung der stillen Rücklagen bei der Umwandlung einer Personen- in eine Kapitalgesellschaft wird man davon ausgehen können, daß die Auflösung stiller Rücklagen in dem Maße vorzunehmen ist, wie die Steuerzahlung auf den Umwandlungsgewinn niedriger ist als der Barwert (bezogen auf den Umwandlungszeitpunkt) der durch eine spätere Auflösung der stillen Rücklagen bedingten Zahlungen an Einkommen- und Körperschaftsteuer.[1]

Bei der **Umwandlung einer Kapitalgesellschaft in eine Personengesellschaft** mußten bis zum Inkrafttreten des Umwandlungssteuergesetzes 1969 die stillen Rücklagen grundsätzlich aufgelöst und in der untergehenden Kapitalgesellschaft noch der Körperschaftsteuer unterworfen werden, obwohl sich diese Umwandlung im Wege der Gesamtrechtsnachfolge, also ohne Liquidation vollzieht.

Diese Regelung hatte zur Folge, daß in vielen Fällen eine Umwandlung in die wirtschaftlich zweckmäßigste Rechtsform aus steuerlichen Gründen unterbleiben mußte, weil die durch den Umwandlungsvorgang ausgelösten Steuerzahlungen dem Betriebe erhebliche liquide Mittel entzogen und infolgedessen das finanzielle Gleichgewicht gestört hätten.

Das Umwandlungssteuerrecht wurde sowohl vom wirtschaftlichen als auch vom rechtlichen Standpunkt aus kritisiert. Wirtschaftlich ist es nicht berechtigt, einen Betrieb, dessen Produktions- und Absatzprozeß durch den Umwandlungsvorgang nicht berührt wird, zur Auflösung und Besteuerung stiller Rücklagen

---

[1] Vgl. Benzing, H., Die einkommen- und körperschaftsteuerliche Behandlung der stillen Rücklagen bei der Umwandlung, Diss. Saarbrücken 1966, S. 67

zu zwingen. Ein solches Recht ist aber auch fiskalisch verfehlt, „weil eine steuerliche Rechtsgestaltung", wie Thiel feststellt, „die keine steuerlichen Erträge liefert und nur die einmal gewählte Unternehmungsform für alle Zeiten erstarren läßt, keine Existenzberechtigung besitzt".[1]

§ 4 UmwStG schreibt vor: „Bei der Ermittlung des Gewinns der umgewandelten Kapitalgesellschaft ist das Betriebsvermögen mit dem Wert anzusetzen, der sich nach den steuerrechtlichen Vorschriften über die Gewinnermittlung ergibt (steuerliche Umwandlungsbilanz)." Diese Vorschrift verlangt also die Fortführung der letzten steuerlichen Buchwerte der Kapitalgesellschaft bei der übernehmenden Personengesellschaft, verzichtet also auf eine Auflösung der stillen Rücklagen im Zeitpunkt der Umwandlung, allerdings unter der Voraussetzung, daß eine spätere Besteuerung der stillen Rücklagen bei den Gesellschaftern der Personengesellschaft sichergestellt ist.

Das bilanzpolitisch bedeutsame Wahlrecht besteht darin, daß bei einer Umwandlung nach dem handelsrechtlichen Umwandlungsgesetz 1956 das Umwandlungssteuergesetz nur auf Antrag angewendet wird und auf Antrag außerdem auf die §§ 2 und 3 dieses Gesetzes (Umwandlungsstichtag, steuerlicher Umwandlungszeitpunkt) beschränkt werden kann,[2] so daß die Vorschriften des § 4 UmwStG (Wertansätze in der steuerlichen Umwandlungsbilanz) nicht angewendet werden müssen, die stillen Rücklagen bei der Umwandlung also auch aufgelöst werden dürfen (z. B. zweckmäßig, wenn in der Kapitalgesellschaft ein Verlustvortrag vorhanden ist; er darf nicht auf die Personengesellschaft übertragen werden).

Die Vorschriften des Umwandlungssteuergesetzes über die Wertansätze und die Ermittlung des Übernahmegewinns bei der Personengesellschaft können in diesem Zusammenhang nicht in allen Einzelheiten erörtert werden. Grundsätzlich besteht folgende für die künftigen Jahresbilanzen bedeutsame Entscheidungssituation: Werden die Buchwerte der schwindenden Kapitalgesellschaft in der Personengesellschaft fortgeführt, so unterliegen die stillen Rücklagen nicht mehr der Körperschaftsteuer. Bei der Personengesellschaft kann ein Übernahmegewinn oder -verlust nur entstehen, wenn sich die Anteile der umgewandelten Kapitalgesellschaft bereits im Betriebsvermögen der Personengesellschaft befinden und zwischen dem Buchwert der Anteile und dem Buchwert des übernommenen Vermögens eine Differenz besteht. Sie bleibt zwar nach § 5 Abs. 2 UmwStG bei der Ermittlung des Gewinns der übernehmenden Personengesellschaft unberücksichtigt, indem sie **außerhalb der Bilanz** vom Bilanzgewinn abzuziehen oder ihm zuzurechnen ist.

Der **Übernahmegewinn** wird jedoch bei den Gesellschaftern besteuert, während ein Übernahmeverlust bei der Ermittlung des Einkommens der Gesellschafter unberücksichtigt bleibt. § 8 Abs. 4 UmwStG bestimmt aber, daß die Besteuerung nach § 34 Abs. 1 EStG (a. o. Einkünfte) mit der weiteren Vergünstigung erfolgt, daß als Steuersatz nicht die Hälfte, sondern ein Drittel des durch-

---

[1] Thiel, R., Die schwindende Kapitalgesellschaft im Körperschaftsteuer- und Einkommensteuerrecht, DB 1957, S. 31
[2] Vgl. § 1 UmwStG

schnittlichen Einkommensteuersatzes angewendet wird und die Steuerschuld mit je einem Fünftel auf fünf Jahre verteilt werden kann. Diese Vergünstigungen gelten für den Teil des Übernahmegewinns, der als Gewinn aus der Veräußerung eines Teilbetriebs angesehen wird (Differenz zwischen dem Wert des übernommenen Betriebsvermögens und den tatsächlichen Anschaffungskosten der Anteile).

Beispiel: Eine GmbH wird auf eine OHG umgewandelt. Sämtliche Anteile der GmbH befinden sich im Betriebsvermögen der OHG.

Buchwerte GmbH	100.000 DM
Teilwerte GmbH	130.000 DM
Buchwert der Anteile	80.000 DM

Umwandlungsbilanz GmbH 100.000 DM	= Ersparnis von KSt auf 30.000 DM
Übernahmebilanz OHG 100.000 DM	= (1) Übernahme stiller Rücklagen von 30.000, die bei späterer Auflösung der ESt unterliegen
	(2) Übernahmegewinn 20.000 DM

Steuern (sofort):
GmbH: 0
OHG: 0
Gesellschafter: ESt auf 20.000 DM (teilweise Begünstigung nach § 8 Abs. 4 und Verteilung nach § 8 Abs. 6 UmwStG)

Steuern (später):
OHG (= Gesellschafter): ESt auf sich auflösende stille Rücklagen von 30.000 DM

7. Auflösung und Liquidation (Abwicklung)

Stellt ein Betrieb seine Tätigkeit ein, so wird er aufgelöst. Die Auflösung ist ein rechtlicher Vorgang. An die Auflösung schließt sich die Liquidation (Abwicklung) an, d. h. die vorhandenen Vermögenswerte werden veräußert und der erzielte Erlös wird zur Tilgung der Schulden und zur Rückzahlung des Eigenkapitals verwendet. Nicht immer werden die Geldmittel ausreichen, um alle Ansprüche voll zu decken, denn in den meisten Fällen erfolgt die Auflösung dann, wenn der Betrieb durch laufende Umsatzverluste immer mehr Eigenkapital verloren und keine Möglichkeit mehr hat, seine Rentabilität wieder zu erhöhen. Eine Auflösung des Betriebes ist aber auch aus anderen Gründen möglich, so beispielsweise dann, wenn der Betriebszweck erreicht ist (z. B. Abbau eines Kohlevorkommens).

Wie bei den bisher behandelten Finanzierungsanlässen ist auch im Falle des Kapitalrückflusses bei der Liquidation im Interesse der Gläubiger und der an der Geschäftsführung nicht beteiligten Anteilseigner die rechtliche Regelung bei den Kapitalgesellschaften besonders streng.

Das Aktiengesetz nennt vor allem folgende **Auflösungsgründe**:[1]
(1) Ablauf der in der Satzung bestimmten Zeit,
(2) Beschluß der Hauptversammlung mit Dreiviertelmehrheit,
(3) Eröffnung des Konkursverfahrens über das Vermögen der Gesellschaft,
(4) Ablehnung des Konkursverfahrens mangels Masse.

Mit der Auflösung wird aus der Erwerbsgesellschaft eine Abwicklungsgesellschaft. Dem Firmennamen wird die Bezeichnung „i. L." (in Liquidation) hinzugefügt.

Die Abwicklung wird in der Regel von den Mitgliedern des Vorstandes durchgeführt. Sie kann sich über mehrere Jahre erstrecken, da die Abwickler bestrebt sein müssen, die vorhandenen Vermögenswerte so günstig wie nur möglich zu veräußern.

Die Abwickler haben für den Beginn der Liquidation eine Eröffnungsbilanz und bis zu ihrer Beendigung für den Schluß jedes Geschäftsjahres einen Jahresabschluß und einen Geschäftsbericht aufzustellen und der Hauptversammlung vorzulegen. Wesentlich ist, daß die Vorschriften über die Gliederung, Bewertung und Prüfung des Jahresabschlusses nicht angewendet werden müssen.[2] Die Abwickler haben also freie Hand in der Bewertung der Bilanzpositionen. Sie können entweder die bisherigen Buchwerte fortführen oder eine völlige Neubewertung an Hand der erwarteten Veräußerungswerte vornehmen. Dem Prinzip der kaufmännischen Vorsicht entspricht es, die Buchwerte auch dann nicht zu überschreiten, wenn mit höheren Veräußerungswerten gerechnet wird. Sind in einzelnen Wirtschaftsgütern noch stille Rücklagen enthalten, so hat ihr Ausweis Zeit, bis sie durch Verkauf tatsächlich realisiert worden sind.

Sind alle Gläubiger aus dem Liquidationserlös befriedigt worden, so wird das restliche Vermögen auf die Anteilseigner im Verhältnis ihrer Kapitalanteile verteilt. Zum Schutze der Gläubiger schreibt § 267 AktG allerdings vor, daß die Gläubiger in den Gesellschaftsblättern dreimal aufzufordern sind, ihre Ansprüche anzumelden. Erst ein Jahr nach der Veröffentlichung der dritten Aufforderung darf das restliche Vermögen an die Aktionäre verteilt werden.[3] Gleiche Regelungen gelten bei der Liquidation einer GmbH.[4]

Sind im Liquidationserlös Beträge aus der Auflösung stiller Rücklagen enthalten, so werden sie auf die Gesellschafter entsprechend ihrem nominellen Kapitalanteil verteilt. Bei Personengesellschaften kann das zur Benachteiligung einzelner Gesellschafter führen, wenn die Gewinnverteilung, wie z. B. bei der Offenen Handelsgesellschaft, nach Köpfen im Anschluß an eine 4%ige Verzinsung der Anteile erfolgt. Dabei ist zu bemerken, daß die betroffenen Gesell-

---

[1] Vgl. § 262 Abs. 1 AktG. In § 60 Abs. 1 GmbHG werden im wesentlichen dieselben Auflösungsgründe aufgeführt.
[2] Vgl. § 270 Abs. 3 AktG
[3] Vgl. § 272 Abs. 1 AktG
[4] Vgl. §§ 72 u. 73 GmbHG

schafter die Ursache für diese Benachteiligung nicht beim Gesetzgeber, sondern in ihren eigenen Entscheidungen zu suchen haben, denn die Vorschriften über die Gewinnverteilung (§ 121 HGB) und die Verteilung des Restvermögens (§ 155 HGB) sind nicht zwingendes, sondern dispositives Recht.

Angenommen, eine OHG hat zwei Gesellschafter, von denen der Gesellschafter A mit 20%, der Gesellschafter B mit 80% an der Gesellschaft beteiligt ist. Werden bei der Liquidation stille Rücklagen in Höhe von 10.000 DM aufgelöst, so erhält A 2.000 DM, B 8.000 DM. Wären diese Rücklagen in früheren Jahren als Gewinn ausgewiesen und ausgeschüttet worden, so hätte bei einer Gewinnverteilung nach Köpfen jeder der beiden Gesellschafter je 5.000 DM erhalten. Der kapitalschwächere A ist also bei der Verteilung der stillen Rücklagen im Falle der Liquidation benachteiligt, wenn im Gesellschaftsvertrag nicht ein bestimmter Verteilungsschlüssel vereinbart worden ist.

Für die **Besteuerung** ist nicht der Auflösungsbeschluß, sondern das Ende der Abwicklung entscheidend. Nach § 14 KStG ist bei der Liquidation von Kapitalgesellschaften der im Zeitraum der Abwicklung erzielte Gewinn der Besteuerung zugrunde zu legen. Die Gewinnermittlung erfolgt nicht nach Geschäftsjahren, sondern für den gesamten Abwicklungszeitraum, der allerdings drei Jahre nicht übersteigen soll. Nach drei Jahren kann das Finanzamt für den ganzen Zeitraum eine Veranlagung vornehmen. Zur Ermittlung des steuerbaren Abwicklungsgewinns ist das zur Verteilung kommende Vermögen (Abwicklungs-Endvermögen) dem Abwicklungs-Anfangsvermögen, d. h. dem Vermögen, das am Schluß des vorangegangenen Wirtschaftsjahres der Veranlagung zur Körperschaftsteuer zugrunde lag, gegenüberzustellen.

Der Abwicklungsgewinn unterliegt dem normalen Körperschaftsteuersatz, also nicht dem niedrigeren Ausschüttungssatz. Für die Anteilseigner ergibt sich das Abwicklungsergebnis aus der Differenz des ihnen zufließenden Liquidationserlöses und dem Buchwert/Anschaffungswert ihrer Anteile.

Bei Einzelunternehmungen und Personengesellschaften wird die Liquidation einkommensteuerlich der Veräußerung des Betriebes gleichgestellt.[1] Veräußerungsgewinn ist der Betrag, um den der Veräußerungspreis nach Abzug der Veräußerungskosten den Wert des Betriebsvermögens oder den Wert des Anteils am Betriebsvermögen übersteigt.

Neben der beschriebenen materiellen Liquidation kann ein Betrieb auch formell liquidiert werden. Eine **formelle Liquidation** liegt z. B. bei der Umwandlung im Wege der Einzelübertragung vor (Umgründung). Bei der Wahl der Wertansätze in der Liquidationsbilanz muß in diesem Falle davon ausgegangen werden, daß der Betrieb fortgeführt und nur die Rechtsform liquidiert wird.

VI. Die Innenfinanzierung

Neben den finanziellen Mitteln, die sich der Betrieb von außen durch Beteiligungskapital (Aufnahme neuer Personen- oder Kapitalgesellschafter bzw. Erhöhung der Beteiligungen bereits beteiligter Gesellschafter) oder durch Fremdka-

---

[1] Vgl. § 16 Abs. 3 EStG

pital (Aufnahme von Krediten) beschafft, hat er auch die Möglichkeit, sich von innen, d. h. aus dem betrieblichen Umsatzprozeß heraus durch Zurückbehalten von Gewinnen (Selbstfinanzierung), durch Bildung von Pensionsrückstellungen, durch Freisetzung von Abschreibungsgegenwerten oder durch sonstige zeitweilige oder endgültige Umschichtungen im Vermögen zusätzliche Finanzierungsmittel zu beschaffen. Die verschiedenen Formen der Innenfinanzierung wurden oben[1] bereits allgemein charakterisiert und gegeneinander abgegrenzt. Die folgenden Ausführungen sind Detailfragen gewidmet.

1. Die Selbstfinanzierung

a) Offene und stille Selbstfinanzierung

Eine wichtige Form der Innenfinanzierung ist die Finanzierung aus zurückbehaltenen Gewinnen. Man bezeichnet diese Art der Kapitalbeschaffung als Selbstfinanzierung. Ihr Umfang bestimmt sich nach der positiven Differenz zwischen betriebswirtschaftlichem Gewinn und Ausschüttung.

Betriebswirtschaftslehre, Handelsrecht und Steuerrecht verwenden unterschiedliche **Gewinnbegriffe**. Als Periodengewinn im betriebswirtschaftlichen Sinne kann man den Geldbetrag bezeichnen, der dem Betrieb pro Periode höchstens entzogen werden kann, wenn er in der Lage sein soll, die zur Erzielung dieses Geldbetrages verbrauchten Produktionsfaktoren durch gleiche oder andere Faktoren zu ersetzen, um sicherzustellen, daß die Fähigkeit des Betriebes, auch in den folgenden Perioden entsprechende Gewinne zu erzielen, nicht vermindert wird.

Der **betriebswirtschaftliche Gewinnbegriff** bestimmt also den dem Betrieb maximal entziehbaren Betrag als Resteinnahmeüberschuß, der verbleibt, wenn zuvor diejenigen Investitions- und Finanzierungsvorhaben durchgeführt worden sind, die in der Zukunft das gleiche Einkommen sichern sollen. Die dauerhafte Ergiebigkeit der Einkommens- und Steuerquelle „Betrieb" gilt als gewahrt, wenn der Ertragswert des Betriebes erhalten geblieben ist.[2] Erhöhungen des Ertragswertes stellen eine Zunahme, Minderungen eine Abnahme des Gewinns dar. Bleibt der Ertragswert während einer Periode unverändert, so entspricht der betriebswirtschaftliche Gewinn – wenn man von Kapitaleinlagen absieht – den Entnahmen dieser Periode.

Handels- und Steuerbilanz gehen vom **Prinzip nomineller Kapitalerhaltung** aus. In einer solchen Rechnung ist Mark gleich Mark, d. h. es werden bei

---

[1] Vgl. S. 496 ff.

[2] Aus der umfangreichen Literatur zum ökonomischen Gewinnbegriff vgl. insbesondere: Schneider, D., Bilanzgewinn und ökonomische Theorie, ZfhF 1963, S. 457 ff.; Hax, H., Der Bilanzgewinn als Erfolgsmaßstab, ZfB 1964, S. 642 ff.; Münstermann, H., Dynamische Bilanz. Grundlagen, Weiterentwicklung und Bedeutung in der neuesten Bilanzdiskussion, ZfbF 1966, S. 512 ff.; Schneider, D., Ausschüttungsfähiger Gewinn und das Minimum an Selbstfinanzierung, ZfbF 1968, S. 1 ff.; Schneider, D., Die Problematik betriebswirtschaftlicher Teilwertlehren, WPg 1969, S. 305 ff.; Wegmann, W., Der ökonomische Gewinn, Wiesbaden 1970; Lippmann, K., Der Beitrag des ökonomischen Gewinns zur Theorie und Praxis der Erfolgsermittlung, Düsseldorf 1970; Seicht, G., Die kapitaltheoretische Bilanz und die Entwicklung der Bilanztheorien, Berlin 1970; Jacobs, O. H., Das Bilanzierungsproblem in der Ertragsteuerbilanz, Stuttgart 1971, Wegmann, W., Der ökonomische Gewinn, DB 1971, S. 733 ff.; Bierle, K., Gewinnermittlung, steuerliche, HwStR Bd. I, München 1972, S. 505 ff.

VI. Die Innenfinanzierung

der Beurteilung, ob die Kapitalerhaltung durch die betriebliche Tätigkeit gelungen ist oder nicht, nur die Geldeinheiten betrachtet. Geldwertänderungen und Änderungen der Wiederbeschaffungspreise der im Betriebsprozeß verbrauchten Produktionsfaktoren werden nicht berücksichtigt. Gewinn ist demnach alles, was am Ende der Periode über das zu Beginn der Periode eingesetzte nominelle Geldkapital vorhanden ist (unter Berücksichtigung von Einlagen und Entnahmen).

Um dies zu gewährleisten, müssen sämtliche Aufwendungen, die für die betriebliche Leistungserstellung erforderlich waren, mit ihren Anschaffungskosten bewertet werden. Hinzu kommen noch die in der Periode aus neutralen, betriebsfremden Anlässen eingetretenen Aufwendungen. Diese Aufwendungen werden von den betrieblichen Erträgen, d. h. den Umsatzerlösen, den Bestandsmehrungen an Halb- und Fertigfabrikaten (zu Herstellungskosten) und den innerbetrieblichen Leistungen (zu Herstellungskosten), zuzüglich der neutralen Erträge (z. B. aus Beteiligungen und Wertpapieren), abgezogen. Die Differenz ist der Gewinn oder Verlust der Periode.

Der Substanzerhaltung kann dadurch Rechnung getragen werden, daß bei nomineller Bewertung ermittelte Gewinne dem Betrieb durch Bildung von Rücklagen nicht entzogen werden, vorausgesetzt, daß die nach der Besteuerung des Nominalgewinns verbleibenden Beträge zur Substanzerhaltung ausreichen.

Auf die Wirkung der möglichen Selbstfinanzierung bezogen heißt das, daß dann, wenn in Zeiten steigender Preise vom erzielten Handelsbilanzgewinn der Betrag zurückbehalten wird, der zur Substanzerhaltung erforderlich ist, die Selbstfinanzierung keine Erweiterung der Totalkapazität, sondern lediglich eine Erhaltung der bisherigen Leistungsfähigkeit des Betriebes ermöglicht. Erst wenn mehr Gewinne zurückbehalten werden, können sie zur Vornahme kapazitätserweiternder Investitionen verwendet werden.

Die Selbstfinanzierung kann in offener oder stiller Form erfolgen. **Offene Selbstfinanzierung** liegt vor, wenn Bilanzgewinne nicht ausgeschüttet werden, sondern bei Einzelfirmen und Personengesellschaften auf den Kapitalkonten stehenbleiben, bei Betrieben mit festem Nominalkapital auf Rücklagekonten (gesetzliche oder freie Rücklage bei der AG, § 150 AktG), überführt werden. So bleiben die Gegenwerte dieses zusätzlichen Eigenkapitals (Gewinne) irgendwo im Vermögen, z. B. in den Zahlungsmittel- oder Forderungsbeständen, und stehen dem Betriebe zur Ausweitung des Betriebsprozesses zur Verfügung.

Die **stille Form der Selbstfinanzierung** vollzieht sich über die Bildung stiller Rücklagen.[1] Stille Rücklagen entstehen dadurch, daß erzielte Gewinne oder eingetretene Wertsteigerungen durch Bewertungsmaßnahmen, die das Bilanzrecht einräumt, in der Bilanz nicht ausgewiesen oder in Passivposten versteckt werden. Es handelt sich im wesentlichen um folgende Möglichkeiten:
(1) Unterbewertung von Vermögensgegenständen (z. B. durch Verrechnung von Abschreibungsquoten, die die eingetretene Wertminderung erheblich übersteigen; durch zu niedrigen Ansatz der Herstellungskosten von Halb- und Fertigfabrikaten oder selbsterstellten Anlagegütern; durch Unterbewertung von Vorräten);

---
[1] Vgl. S. 781 ff.

(2) Nichtaktivierung aktivierungsfähiger Wirtschaftsgüter (z. B. von erworbenen immateriellen Wirtschaftsgütern sowie von geringwertigen Wirtschaftsgütern im Sinne des § 6 Abs. 2 EStG);
(3) Unterlassen der Zuschreibung von Wertsteigerungen (z. B. bei Wertsteigerungen über die Anschaffungskosten oder bei Wertsteigerungen von früher unter die Anschaffungskosten abgeschriebenen Wirtschaftsgütern);
(4) Überbewertung von Passivposten (z. B. zu hoher Ansatz von Rückstellungen).

Beträgt z. B. die geschätzte Wertminderung einer Anlage 1.000 DM und wird dieser Betrag in der Kostenrechnung als kalkulatorische Abschreibung in die Selbstkosten der Produkte eingerechnet, so ersetzt der Markt im Verkaufspreis die Wertminderung von 1.000 DM, vorausgesetzt, daß der Absatzpreis wenigstens die kalkulierten Selbstkosten deckt. Verrechnet man diesen Abschreibungsbetrag als Aufwand in der Gewinn- und Verlustrechnung, so hat der Abschreibungsaufwand die Aufgabe, 1.000 DM des Verkaufserlöses als Ersatz für die Wertminderung an den Betrieb zu binden.

Würde man unter sonst gleichen Voraussetzungen die Abschreibungen in der Gewinn- und Verlustrechnung auf 3.000 DM erhöhen, so würde bei gleichen Erlösen und einem ursprünglichen Gewinn von 3.000 DM der ausgewiesene Bilanzgewinn nur noch 1.000 DM betragen (siehe Beispiel), d. h. es wäre eine stille Rücklage in Höhe des nicht ausgewiesenen Teils des Gewinns (2.000 DM) entstanden, der Wert der Anlage ist in Wirklichkeit um 2.000 DM höher.

Beispiel:

A	G+V	E		A	G+V	E
Abschreibung	1.000	Erlöse	10.000	Abschreibung	3.000	Erlöse	10.000
sonstiger Aufwand	6.000			sonstiger Aufwand	6.000		
Gewinn	3.000			Gewinn	1.000		
	10.000		10.000		10.000		10.000

Angenommen, die Erlöse sind in liquider Form eingegangen, so behält der Betrieb im ersten Falle 7.000 DM zum Ersatz der verbrauchten Kostengüter zurück, während 3.000 DM den Betrieb als Gewinnausschüttung und Steuern verlassen oder – nach Abzug der Steuern – auf eine offene Rücklage überführt werden könnten. Im zweiten Falle behält der Betrieb – vorausgesetzt, die Mehrabschreibung wird steuerlich anerkannt – 9.000 DM zurück, und nur 1.000 DM können aus dem Betrieb abfließen. Im ersten Falle sind also 2.000 DM vom Gewinn einbehalten worden, die zur Finanzierung zusätzlicher Investitionsvorhaben verwendet werden können. Da allerdings die Wertminderung der Anlagegüter nur geschätzt werden kann, ist eine genaue Trennung zwischen Abschreibung und Gewinn nicht möglich; folglich auch nicht eine genaue Feststellung, welcher Teil einer Abschreibungsquote der Wertminderung entspricht, also Aufwand ist, und welcher Teil eine stille Zurückbehaltung von Gewinnen und damit Gewinnverwendung darstellt.

VI. Die Innenfinanzierung

Sowohl die offene als auch die stille Selbstfinanzierung kann freiwillig oder als Folge gesetzlicher Bestimmungen erfolgen. So ist z. B. die Aktiengesellschaft zur Bildung einer gesetzlichen (offenen) Rücklage in Höhe von 10% des Grundkapitals verpflichtet, die in der Weise angesammelt wird, daß ihr jährlich 5% des Jahresüberschusses zugeführt werden;[1] die Vorschrift, daß die Anschaffungs- oder Herstellungskosten bei Gütern des Anlage- und Umlaufvermögens die obere Grenze der Bewertung bilden, führt dann zur Bildung stiller Rücklagen, wenn die Wiederbeschaffungskosten über die Anschaffungskosten steigen. Man bezeichnet diese stillen Rücklagen als Zwangsrücklagen, weil sie durch gesetzliche Vorschriften erzwungen werden,[2] damit der Ausweis noch nicht durch Umsatz realisierter Gewinne verhindert wird (Realisationsprinzip).[3]

Die stille Form der Selbstfinanzierung hat gegenüber der offenen Form den Vorteil, daß die Bildung offener Rücklagen **aus dem versteuerten Gewinn** erfolgen muß, während bei der stillen Form die Beträge überhaupt nicht als Gewinne in Erscheinung treten, folglich in dieser Periode keine Steuern anfallen (vorausgesetzt, daß der Steuergesetzgeber die Bildung dieser stillen Rücklagen zuläßt).

Sind stille Rücklagen in der Steuerbilanz erlaubt, so ergibt sich für den Betrieb der Vorteil, daß der steuerpflichtige Gewinn in der Periode der Bildung der stillen Rücklagen vermindert und der nicht sichtbar gewordene Gewinn erst besteuert wird, wenn er bei Auflösung der stillen Rücklagen in Erscheinung tritt. Es tritt also eine **Steuerstundung** ein, die für den Betrieb zunächst eine Liquiditätshilfe darstellt und außerdem – da der Steuerkredit zinslos gewährt wird – zu einem Zinsgewinn führt und folglich auch die Rentabilität des Betriebes, seine Investitionsentscheidungen und seine Entscheidungen über die Finanzierungsform beeinflußt. Dafür wird bei der Auflösung der stillen Rücklagen die Liquidität infolge der Nachversteuerung stärker belastet. Ob es ohne Berücksichtigung der Rentabilitätswirkung im Endergebnis zu einer endgültigen Steuerersparnis oder zu einer Steuermehrbelastung kommt, hängt im Hinblick auf die progressive Einkommensteuer neben der Verteilung der Gewinne auf die einzelnen Perioden von der Ausgestaltung und der Entwicklung der Steuertarife im Zeitablauf ab.

Betrachten wir den Unterschied zwischen stiller und offener Selbstfinanzierung in einem **Beispiel**. Nehmen wir an, der Gewinn einer Kapitalgesellschaft beträgt vor Berücksichtigung von Steuern 100 DM. Werden (steuerlich zulässige) stille Rücklagen in Höhe von 100 DM gebildet, so erscheint der Gewinn nicht in der Bilanz. Es fällt weder Körperschaftsteuer noch Gewerbeertragsteuer an, vorausgesetzt, daß körperschaftsteuerlicher Gewinn und Gewerbeertrag gleich groß sind.[4] Sehen wir zunächst von der Vermögensteuer und Gewerbekapitalsteuer ab, so steht der Gewinn von 100 DM ungekürzt zur Verfügung, d. h. das Eigenkapital hat sich um 100 DM erhöht, wenn wir unterstellen, daß der Gewinn im Falle eines Ausweises in voller Höhe an Gesellschafter und

---
[1] Vgl. § 150 Abs. 2 Ziff. 1 AktG
[2] Vgl. S. 784
[3] Vgl. S. 731
[4] Zur Ermittlung des Gewerbeertrages vgl. § 77 GewStG

Finanzamt ausgezahlt worden wäre. Wäre der Gewinn zurückbehalten worden, so wäre eine Erhöhung um die ersparten Ertragsteuern eingetreten.

Wird der Gewinn ausgewiesen, aber nicht ausgeschüttet, sondern auf eine offene Rücklage überführt, so ist er zuvor zu versteuern. Aus dem Gewinn sind zu entrichten: Körperschaftsteuer, Gewerbeertragsteuer, Gewerbekapitalsteuer und Vermögensteuer. Im Gegensatz zur Gewerbesteuer ist die Vermögensteuer bei der Ermittlung des körperschaftsteuerpflichtigen Gewinns nicht abzugsfähig. Von der Vermögensteuer und der Gewerbekapitalsteuer können wir auch hier zunächst absehen, da Bemessungsgrundlage dieser Steuern nicht der Gewinn, sondern der Einheitswert des Betriebsvermögens bzw. das Gewerbekapital ist und da die Form der Rücklagenbildung auf die Höhe dieser Steuern keinen Einfluß hat. Ist ein Gewinn entstanden, so erhöht er das Eigenkapital und folglich das Betriebsvermögen bzw. das Gewerbekapital[1] – vorausgesetzt, daß er nicht entnommen wird – ganz gleich, ob er ausgewiesen wird oder durch Bildung stiller Rücklagen buchtechnisch nicht in Erscheinung tritt, denn die Bewertung in der steuerlichen Vermögensaufstellung erfolgt nach anderen Prinzipien als in der Steuerbilanz. Stille Rücklagen müssen in der Vermögensaufstellung aufgelöst werden.

Die **Körperschaftsteuer** beträgt für nicht ausgeschüttete Gewinne bei Kapitalmarktgesellschaften 51%, bei personenbezogenen Kapitalgesellschaften[2] 49%.

Die **Gewerbeertragsteuer** errechnet sich bei Kapitalgesellschaften aus dem Ansatz:[3]

$$G_E = m \cdot h (E - G_E),$$

wobei m die Meßzahl, h der Hebesatz und E der Gewerbeertrag vor Abzug der Gewerbeertragsteuer ist. Beträgt der Hebesatz 300%, so ergibt sich bei einer Steuermeßzahl von 5%:

$$G_E = \frac{15}{100} (E - G_E),$$

$$G_E = \frac{15}{115} E,$$

$$G_E = 0,1304\ E.$$

Die effektive Belastung mit Gewerbeertragsteuer beträgt also bei einem Hebesatz von 300% nicht 15%, sondern nur 13,04% des Gewerbeertrages.

Da die Gewerbeertragsteuer vom körperschaftsteuerpflichtigen Gewinn abgezogen werden darf, ergibt sich die Gesamtbelastung des Gewinns nicht durch Addition beider Steuersätze, sondern für den Fall der vollen Gewinnthesaurie-

---

[1] Da eine Hauptfeststellung des Einheitswertes des Betriebsvermögens, der auch die Grundlage für die Ermittlung des Gewerbekapitals darstellt, nur alle drei Jahre erfolgt und in der Zwischenzeit eingetretene Wertänderungen durch Wertfortschreibungen nur berücksichtigt werden, wenn bestimmte Wertgrenzen überschritten werden, ist es praktisch möglich, daß nicht ausgeschüttete Gewinne bis zur nächsten Hauptfeststellung keine Erhöhung der Vermögensteuer und Gewerbekapitalsteuer auslösen, wenn die Wertgrenzen nicht erreicht werden.

[2] Vgl. § 19 Abs. 1 Ziff. 2 KStG

[3] Zu den folgenden Berechnungen vgl. Wöhe, G., Betriebswirtschaftliche Steuerlehre, Bd. II, 2. Halbband, a. a. O., S. 210ff.

rung durch folgende Berechnung, bei der unterstellt wird, daß Betriebsgewinn und Gewerbeertrag übereinstimmen (vgl. Beispiel):

Beispiel

Betriebsgewinn (vor Abzug der Gewerbeertragsteuer)	100,00	
— Gewerbeertragsteuer	13,04	13,04
KSt-pflichtiger Gewinn	86,96	
51% KSt von 86,96		44,35
Gesamtbelastung		57,39

Die Gewerbeertragsteuer erhöht also die Ertragsteuerbelastung insgesamt nur um 6,39% (57,39 — 51 = 6,39).

Im Falle der Gewinnausschüttung unterliegt der nach Abzug der Steuer zur Ausschüttung gelangende Teil des Gewinns bei Kapitalmarktgesellschaften einem Körperschaftsteuersatz von 15% und bei personenbezogenen Kapitalgesellschaften ab einem Gewinn von 50.000 DM von 26,5%. Die Steuern auf den ausgeschütteten Teil des Gewinns gelten als zurückbehaltener Gewinn und sind folglich mit dem normalen Tarif von 51 bzw. 49% zu versteuern. Folglich beträgt bei Kapitalgesellschaften die Belastung des ausgeschütteten Gewinns nicht 15%, sondern 23,44% (bzw. nicht 26,5%, sondern 34,19%).

Die folgende Übersicht zeigt die Belastung des Gewinns der Kapitalgesellschaften mit Körperschaft- und Gewerbeertragsteuer:

Übersicht:

	Gewerbe-ertrag-steuer	Körperschaftsteuer		Gesamtbelastung	
		volle Ausschüttung	volle Thesaurierung	volle Ausschüttung	volle Thesaurierung
Kapitalmarkt-gesellschaften	13,04	23,44	51	33,42	57,39
personenbezogene Gesellschaften	13,04	34,19	49	42,77	55,65

Aus der Übersicht ist zu ersehen, daß der zur Selbstfinanzierung verbleibende Teil des Gewinns bei Kapitalmarktgesellschaften nur 42,61% beträgt. Von je 100 DM Gewinn stehen also dem Betrieb bei offener Selbstfinanzierung nur 42,61 DM zur Verfügung, bei stiller Selbstfinanzierung dagegen der volle Betrag von 100 DM.

Wird der nach Abzug der Steuern verbleibende Gewinn dagegen ausgeschüttet, so beträgt die Ausschüttung 66,58% des Gewinns vor Abzug der Steuern. Die Steuerbelastung ist also bei Ausschüttung geringer als bei offener Gewinnthesaurierung. Jedoch kommt dieser Vorteil den Anteilseignern und nicht direkt dem Betriebe zugute.

b) Selbstfinanzierung oder Außenfinanzierung

aa) Allgemeines

Zur Beurteilung der Vor- und Nachteile der Selbstfinanzierung muß diese Finanzierungsform mit den möglichen Finanzierungsalternativen verglichen werden: der Außenfinanzierung durch Aufnahme von Fremdkapital oder durch Zuführung von Eigenkapital. Entscheidungskriterium kann dabei nicht nur die Frage sein, welche Finanzierungsform unter Berücksichtigung von einmaligen Kosten der Kapitalbeschaffung, der laufenden Zins- und Tilgungsverpflichtungen und der unterschiedlichen steuerlichen Belastung die größte Eigenkapitalrendite erwarten läßt, sondern es muß auch die von den Zielsetzungen des Betriebes (Gewinnmaximierung) teilweise unterschiedliche Interessenlage der Anteilseigner beachtet werden, für die eine Ausschüttung und alternative Anlage von Gewinnen günstiger oder ungünstiger sein kann als die Zurückbehaltung und Anlage von Gewinnen im Betriebe.

Die Selbstfinanzierung begrenzt die mögliche Gewinnausschüttung bzw. eine bestimmte Ausschüttungspolitik begrenzt die mögliche Selbstfinanzierung. Hat eine Gesellschaft überwiegend Aktionäre, deren Konsumneigung sehr groß ist und die deshalb an hohen Gewinnausschüttungen interessiert sind, und zahlt sie seit langer Zeit eine stabile Nominaldividende, so hängt die mögliche Selbstfinanzierung von der Höhe der über die feste Dividende erzielten Gewinne ab. Die Aktionäre werden auf Grund ihrer hohen Konsumneigung selbst dann für eine Ausschüttung sein, wenn die Rendite des Kapitaleinsatzes im Betrieb über der außerhalb des Betriebes erzielbaren bestmöglichen Alternativverzinsung liegt. Je höher ihre Ausschüttungspräferenz ist, desto größer muß die Differenz zwischen der Innen- und Außenrendite sein, damit die Ausschüttungspräferenz durch die Erwartung auf höhere Ausschüttungen in der Zukunft kompensiert wird.[1]

Sind die Aktionäre dagegen nicht an Gewinnausschüttungen interessiert, weil sie ihre Gewinnanteile nicht konsumtiv verwenden, sondern sofort wieder anlegen würden, und weil durch Thesaurierung der Gewinne Einkommensteuerzahlungen bei den Aktionären zunächst vermieden würden, so verbleiben der Gesellschaft u. U. mehr Gewinne als sie für Investitionen benötigt. Folglich muß die Gesellschaft diese Mittel für ihre Anteilseigner außerhalb des Betriebes anlegen.

Bei kleinen Personengesellschaften wird der Umfang der Selbstfinanzierung häufig dadurch eingeschränkt, daß ein Teil der Gewinne von den Gesellschaftern zur Deckung des privaten Lebensunterhalts entnommen werden muß, obwohl gerade hier die Aufnahme von Fremdkapital durch geringere Kreditwürdigkeit begrenzt wird und die Zuführung von Eigenkapital durch Aufnahme neuer Gesellschafter schwierig und häufig nicht gewünscht wird.

bb) Selbstfinanzierung oder Fremdfinanzierung

Sehen wir von den soeben erörterten Restriktionen ab und unterstellen wir, daß die Betriebsführung bei der Auswahl der Finanzierungsform frei entscheiden

---
[1] Vgl. Hahn, O., a. a. O., S. 461

VI. Die Innenfinanzierung

kann, so wird sie beim Vergleich von Selbstfinanzierung und Kreditfinanzierung folgenden Vorteil feststellen, wenn sie – wie z. B. das Management einer großen Kapitalgesellschaft – nur von der Gewinnmaximierung des Betriebes, nicht aber von der Einkommensmaximierung seiner Anteilseigner ausgeht, d. h. unvermeidliche Gewinnausschüttungen nur unter dem Gesichtspunkt des Mittelentzuges für den Betrieb und nicht unter dem Aspekt der Alternativanlage durch die Anteilseigner betrachtet. Das ist z. B. dann richtig, wenn die ausgeschütteten Gewinne **in vollem Umfange konsumiert** werden.

(1) Die Selbstfinanzierung verursacht keine periodischen Zins- und Tilgungsauszahlungen. Daraus folgt:

(a) Die Liquiditätslage ist relativ besser; das wirkt sich insbesondere bei schlechter Ertragslage positiv aus, da im Falle der Fremdfinanzierung auch in Verlustjahren Zinsen und Tilgungsraten gezahlt werden müssen.

(b) Der Betrieb kann eine beweglichere Preispolitik treiben, da er auf eine Deckung kalkulatorischer Eigenkapitalzinsen vorübergehend verzichten kann.

(c) Der Betrieb kann infolge fehlender Zins- und Tilgungsausgaben risikoreichere Investitionen durchführen, die er mit Fremdkapital nicht finanzieren würde. Das kann sich allerdings auch negativ auf die Ertragslage auswirken.

(2) Im Falle stiller Selbstfinanzierung werden Ertragsteuerzahlungen auf spätere Perioden verschoben. In diesem Umfange wird die Selbstfinanzierung durch einen zinslosen Kredit der Finanzverwaltung verstärkt. Zu dem Liquiditätsvorteil im Vergleich zur Fremdfinanzierung kommt ein Zinskostenvorteil (Rentabilitätsvorteil) hinzu.

Will die Gesellschaft das **Vermögen der Anteilseigner** (im Durchschnitt) **maximieren**, so muß sie prüfen, ob das Vermögen der Anteilseigner stärker steigt, wenn alle Gewinne thesauriert oder wenn sie ausgeschüttet und entweder wieder in der eigenen Gesellschaft angelegt werden (Kapitalerhöhung) oder anderweitig angelegt und neue Investitionen durch Aufnahme von Fremdkapital finanziert werden.

Steht ein Unternehmer unter dieser Annahme vor der Alternative, ein Kapital von 100 im Wege der Selbstfinanzierung oder im Wege der Fremdfinanzierung aufzubringen, so läßt sich seine Entscheidungssituation wie folgt formulieren:

(1) Er entnimmt kein Geld (Gewinn) aus dem Betrieb und verzichtet damit auf die Zinsen alternativer Anlagemöglichkeiten bei gleichzeitiger Ersparnis der Fremdkapitalzinsen (Selbstfinanzierung) oder

(2) er entnimmt Geld (Gewinn) aus dem Betrieb, kommt in den Genuß der (Guthaben-) Zinsen aus der Alternativanlage und führt dem Betrieb gleichzeitig einen Kapitalbetrag in Höhe von 100 in Form von Fremdkapital zu, wobei er Schuldzinsen in Kauf nehmen muß, die den Guthabenzinsen gegenüberstehen (Fremdfinanzierung).

Während die Frage: betriebliche Investition oder außerbetriebliche Investition von der Relation Innenrendite – Außenrendite abhängt, läßt sich das Problem: Selbstfinanzierung oder Fremdfinanzierung allein auf den Vergleich Alternativverzinsung – Fremdkapitalzins reduzieren. Sehen wir von Fragen der Kreditwürdigkeit und von steuerlichen Einflüssen zunächst einmal ab und gehen wir von der Annahme aus, daß die Alternativverzinsung gleich dem Fremdkapitalzins ist, so ergibt sich eine andere Beurteilung der Selbstfinanzierung:

(1) Es gilt auch hier die Feststellung, daß die Selbstfinanzierung keine periodischen Zins- und Tilgungszahlungen verursacht. Da aber Selbstfinanzierung auch „Verzicht auf Alternativanlage" heißt, verhindert Selbstfinanzierung gleichzeitig den Zufluß periodischer Zins- und Tilgungszahlungen. Bei gleichem Kapitalbetrag (100) und gleicher Zinshöhe (z. B. 8%) wird der positive Effekt durch den negativen Gegeneffekt gerade kompensiert. Daraus folgt:

(a) Die Liquiditätslage bleibt unverändert, denn einem Abfluß von Fremdkapitalzinsen in Höhe von 8% steht ein Zufluß aus der Alternativanlage in Höhe von 8% gegenüber; bei schlechter Ertragslage sind die Auswirkungen der Selbstfinanzierung weder positiv noch negativ, da im Falle der Fremdfinanzierung in Verlustjahren zwar Zinsen und Tilgungsraten gezahlt werden müssen, dafür aber auch Zinsen und Tilgungsraten in gleicher Höhe aus der Alternativanlage zufließen.

(b) Ein Betrieb kann immer dann eine beweglichere Preispolitik betreiben, wenn er auf die Deckung der kalkulatorischen Eigenkapitalzinsen vorübergehend verzichtet. Die Beweglichkeit der Preispolitik hat dann mit der Frage Selbstfinanzierung – Fremdfinanzierung nichts zu tun, wenn im Falle der Fremdfinanzierung der Unternehmer die Möglichkeit hat, die Zinsen für das Fremdkapital aus der Verzinsung der Alternativanlage abzudecken. Beide Finanzierungsformen sind durch das gleiche Ausmaß der Zielerreichung gekennzeichnet.

(c) Der Betrieb kann trotz der Zins- und Tilgungszahlungen risikoreichere Investitionen mit Fremdkapital finanzieren, wenn er im Verlustfalle die Zins- und Tilgungszahlungen aus der Alternativanlage dazu verwendet, seinen Verpflichtungen als Schuldner nachzukommen. Unter diesen Annahmen ist die Möglichkeit, risikoreichere Investitionen durchzuführen, von der Frage Selbstfinanzierung – Fremdfinanzierung völlig unabhängig.

Die Frage Selbstfinanzierung oder Außenfinanzierung ist in der Literatur unter dem Begriff des **Optimums an Selbstfinanzierung** an Hand theoretischer Modelle diskutiert worden. Sie kann hier nur in knapper Form behandelt werden.

Bei der Alternative Selbstfinanzierung oder Ausschüttung und Fremdfinanzierung müssen – wie sich aus den vorangegangenen Ausführungen ergibt – folgende Größen miteinander verglichen werden:

(1) die Grenzrendite weiterer Investitionen bei Finanzierung aus zurückbehaltenen Gewinnen;

(2) die Alternativrendite, die die Anteilseigner im Falle der Ausschüttung der Gewinne erzielen;

(3) der Fremdkapitalzins.

Alle drei Größen müssen unter Berücksichtigung von Steuern korrigiert werden. Zurückbehaltene Gewinne werden – wie oben dargestellt – höher besteuert als ausgeschüttete, letztere unterliegen beim Empfänger der Einkommensteuer (Kapitalertragsteuer). Fremdkapitalzinsen sind bei der steuerlichen

VI. Die Innenfinanzierung

Gewinnermittlung abzugsfähig und mindern als Betriebsausgaben (Aufwand) den steuerpflichtigen Gewinn.

Schneider[1] unterscheidet im Verhältnis dieser drei Größen zueinander unter der Annahme eines unvollkommenen Kapitalmarktes (der Zinssatz, zu dem Geld aufgenommen werden kann [Sollzins] liegt über dem Zinssatz, zu dem Geld angelegt werden kann [Habenzins]) 6 Fälle, die durch die Relation der Grenzrendite der Investition, der Alternativrendite bei Anlage ausgeschütteter Gewinne außerhalb des Betriebes (Außenrendite) und des Fremdkapitalzinses (jeweils nach Steuern) bestimmt werden. Die folgende Übersicht zeigt, ob bei der Finanzierung von Investitionen die Selbstfinanzierung oder die Fremdfinanzierung (und Ausschüttung der Gewinne) vorteilhafter ist.

Fall:	Grenzrendite der Investition in %	Fremdkapitalzins in %	Außenrendite in %	Rendite bei Selbstfinanzierung in %	Rendite bei Fremdfinanzierung und Ausschüttung		
					Grenzrendite abz. Fremdkapitalzins in %	Außenrendite in %	zus. in %
	(1)	(2)	(3)	(4)	(5)	(6)	(7)
1	10	8	6	10	2	6	8
2	10	6	8	10	4	8	12
3	10	12	8	10	—2	8	6
4	10	12	14	10	—2	14	12
5	10	12	11	10	—2	11	9
6	10	8	12	10	2	12	14

Der Betrieb wird folgende Entscheidung treffen:

Fall 1: Es erfolgen keine Gewinnausschüttungen, weil die Summe aus Außenrendite und Differenz aus Grenzrendite und Fremdkapitalkosten unter der Grenzrendite der Investition liegt. Die Selbstfinanzierung ist vorteilhafter.

Fall 2: Der gesamte Gewinn wird ausgeschüttet, weil die Summe aus Außenrendite und Differenz aus Grenzrendite und Fremdkapitalkosten höher ist als die Grenzrendite der Investition.

Fall 3: Es erfolgen keine Gewinnausschüttungen, weil die Fremdkapitalkosten über der Grenzrendite und diese über der Außenrendite liegen.

Fall 4: Der gesamte Gewinn wird ausgeschüttet, da die Außenrendite über der Innenrendite liegt. Es erfolgen jedoch keine Investitionen, da die Fremdkapitalkosten die Grenzrendite übersteigen.

Fall 5: Der gesamte Gewinn wird ausgeschüttet, da die Außenrendite über der Innenrendite liegt. Auch hier erfolgen keine Investitionen wegen der Höhe der Fremdkapitalzinsen.

Fall 6: Der gesamte Gewinn wird ausgeschüttet, die Investitionen werden mit Fremdkapital finanziert, da die Grenzrendite den Fremdkapitalzins übersteigt.

---

[1] Vgl. Schneider, D., a. a. O., S. 434 ff.

cc) Selbstfinanzierung oder Eigenfinanzierung von außen

Auch die Alternative Selbstfinanzierung oder Eigenfinanzierung von außen wird durch eine Anzahl von Entscheidungskriterien beeinflußt. Sie ist allerdings in der Regel nur bei Kapitalgesellschaften von Bedeutung. Die Selbstfinanzierung verursacht im Gegensatz zur ordentlichen Kapitalerhöhung keine Emissionskosten und keine Gesellschaftsteuer. Außerdem verändert sie die bisherigen Beteiligungsverhältnisse und damit die Herrschaftsverhältnisse in der Gesellschaft nicht. Wird die Selbstfinanzierung vorwiegend in stiller Form durch Unterbewertung von Vermögenswerten vollzogen, so kann sie von Außenstehenden nicht erkannt und folglich auch nicht auf ihre Rendite geprüft werden. Das kann zur Folge haben, daß besonders risikoreiche Investitionen auf diesem Wege finanziert werden, weil Fehlentscheidungen von der Geschäftsführung besser verschleiert werden können als im Falle der Kapitalerhöhung von außen, wo die erzielten Gewinne zur Beurteilung der Rentabilität zum ausgewiesenen Eigenkapital in Beziehung gesetzt werden können.

Die Entscheidung für eine der beiden Finanzierungsalternativen wird in erster Linie durch steuerliche Vorschriften beeinflußt. Wir hatten oben[1] die steuerliche Belastung der Gewinnthesaurierung und der Ausschüttung verglichen. Solange der Gewinn im Falle der Thesaurierung stärker von der Steuer gekürzt wird als im Falle der Ausschüttung, kann es zweckmäßig sein, auch dann auszuschütten, wenn die beste Anlagemöglichkeit der Gewinne im Betrieb liegt, um die Steuerbelastung zu reduzieren und dann die Gewinne sofort wieder einzulegen (**Ausschüttung mit Wiedereinlage**, sog. Schütt-aus-hol-zurück-Methode). Da die Höhe der Einkommensteuerbelastung eines Anteilseigners mit zunehmendem Einkommen überproportional steigt, nimmt der Steuervorteil im Falle der Ausschüttung mit steigendem Einkommen der Anteilseigner ab und verwandelt sich schließlich in einen Steuernachteil.

Wir wollen im folgenden vergleichen, unter welchen Voraussetzungen es zweckmäßig ist, den Gewinn auszuschütten und den nach Steuer verbleibenden Teil wieder einzulegen, und wann es vorteilhaft ist, den Gewinn zurückzubehalten und später vielleicht eine Kapitalerhöhung aus Gesellschaftsmitteln durchzuführen.

Im Falle der Ausschüttung und Wiedereinlage werden die Empfänger der Gewinne gemäß § 43 EStG mit **Kapitalertragsteuer** belastet. Die Kapitalertragsteuer ist keine selbständige Steuer, sondern ebenso wie die Lohnsteuer eine besondere Erhebungsform der Einkommensteuer (Quellenabzug). Sie beträgt für Dividenden 25%. Die endgültige Einkommensteuerbelastung der Dividenden hängt von dem gesamten steuerpflichtigen Einkommen des Dividendenempfängers ab.

Legen die Gesellschafter die um die Kapitalertragsteuer gekürzten Gewinne wieder ein, so unterliegt dieser Finanzierungsvorgang der Gesellschaftsteuer. Sie ist nach § 8 KVStG zu berechnen „beim Erwerb von Gesellschaftsrechten (§ 2 Nr. 1), wenn die Gegenleistung in Geld besteht, vom Geldbetrag. Zur Gegenleistung gehören auch die von den Gesellschaftern übernommenen Kosten der

---

[1] Vgl. S. 647

VI. Die Innenfinanzierung

Gesellschaftsgründung oder Kapitalerhöhung, dagegen nicht die Gesellschaftsteuer, die für den Erwerb der Gesellschaftsrechte zu entrichten ist; ...".

Es ergibt sich – wenn man davon ausgeht, daß die tatsächliche Einkommensteuerbelastung der Gesellschafter gleich der Kapitalertragsteuer ist – folgende Rechnung:

	Kapitalmarktgesellschaften	personenbezogene Gesellschaften
Ausschüttungsfähig sind von je 100 DM Gewinn[1]	65,61 DM	56,06 DM
— 25% Kapitalertragsteuer	16,40 DM	14,02 DM
Von den Gesellschaftern wieder eingelegter Gewinn	49,21 DM	42,04 DM
— 1% Gesellschaftsteuer	0,49 DM	0,42 DM
Zur Finanzierung verbleibender Betrag	48,72 DM	41,62 DM

Wir kommen zu folgendem **Ergebnis**:
Von je 100 DM stehen dem Betrieb zur Finanzierung zur Verfügung (ohne Berücksichtigung der Vermögen- und Gewerbekapitalsteuer):

	Kapitalmarktgesellschaften	personenbezogene Gesellschaften
(1) im Falle der Bildung stiller Rücklagen	100,00 DM	100,00 DM
(2) im Falle der Bildung offener Rücklagen	41,82 DM[2]	43,07 DM[2]
(3) im Falle der Ausschüttung und Wiederzuführung	48,72 DM	41,62 DM

Der unter (3) aufgeführte Fall der Ausschüttung und Wiedereinlage ist bei Kapitalmarktgesellschaften zwar günstiger als Fall (2), technisch aber bei Publikumsgesellschaften mit Streubesitz kaum durchführbar. Bei einer kleinen GmbH (personenbezogene Gesellschaft) wäre er zwar praktisch zu realisieren, gerade hier aber ist er auf Grund der höheren Besteuerung der Ausschüttung nicht vorteilhaft.

Da der durchschnittliche Einkommensteuersatz, den ein Aktionär auf sein Zusatzeinkommen (Dividende) zu zahlen hat, höher als die Kapitalertragsteuer

---

[1] Der Gewinn wurde um die Körperschaftsteuer, die Ergänzungsabgabe zur Körperschaftsteuer und Gewerbeertragsteuer gekürzt. Vermögensteuer und Gewerbekapitalsteuer bleiben außer Ansatz. Zur Berechnung vgl. S. 646ff.
[2] Zur Berechnung vgl. S. 646

(25%), die auf die Einkommensteuerschuld angerechnet wird, sein kann, wird in diesem Fall der einem Aktionär zur Wiedereinzahlung [Fall (3)] verbleibende Betrag noch geringer sein als in obiger Übersicht.

Außerdem mindert sich in allen drei Fällen der zur Finanzierung zur Verfügung stehende Betrag noch um die Vermögen- und Gewerbekapitalsteuer, die – bezogen auf den Gewinn – prozentual um so höher sind, je größer das Betriebsvermögen bzw. das Gewerbekapital ist, das zur Erzielung eines Gewinns von 100 DM erforderlich ist, d. h. je geringer die Kapitalrentabilität ist.

Statt der „tropfenweisen" Erhöhung des Gesellschaftskapitals durch die Wiedereinlage von ausgeschütteten Gewinnen kann der Betrieb die Form der **Kapitalerhöhung aus Gesellschaftsmitteln** (nominelle Kapitalerhöhung) wählen, wenn er den Gesellschaftern neue Anteile (Gratisanteile) zukommen lassen will, weil durch die zu starke Rücklagenbildung ein nicht erwünschter Einfluß auf Kurs und Realdividende ausgeht. Da eine nominelle Kapitalerhöhung aber nur durch Auflösung bereits gebildeter offener Rücklagen vorgenommen werden kann und folglich bilanzpolitisch längere Zeit vorbereitet werden muß, tritt der Finanzierungseffekt bereits bei der Bildung der Rücklagen ein, d. h. die nominelle Kapitalerhöhung ist in den Fällen ungünstiger, in denen die Bildung offener Rücklagen ungünstiger als die Ausschüttung und Wiedereinlage ist.

Unter Verwendung der oben ermittelten Zahlen verbleiben dem Betrieb von je 100 DM Gewinn:

	Kapitalmarkt-gesellschaften	personenbezogene Gesellschaften
(1) im Falle der Ausschüttung und Wiedereinlage	48,72	41,62
(2) im Falle der Kapitalerhöhung aus Gesellschaftsmitteln (Gratisanteile)	41,28	43,07
Differenz	+ 7,44	− 1,45

Der Aussagewert dieser Gegenüberstellung steht und fällt jedoch mit der **persönlichen Einkommensteuerbelastung** des Gesellschafters. Bei dem unterstellten Einkommensteuersatz von 25% (Kapitalertragsteuer) ist bei Kapitalmarktgesellschaften die Bildung von Rücklagen und Kapitalerhöhung aus Gesellschaftsmitteln ungünstiger als die Ausschüttung und Wiedereinlage, bei personenbezogenen Gesellschaften ist es umgekehrt.

Will man feststellen, bis zu welcher prozentualen Einkommensteuerbelastung eine Ausschüttung und Wiedereinlage vorteilhaft ist, so muß man prüfen, bei welcher durchschnittlichen Einkommensteuerbelastung der Gesellschafter der zur Wiedereinlage (nach Abzug der Gesellschaftsteuer) zur Verfügung stehende Betrag dem bei der Bildung offener Rücklagen zur Finanzierung verbleibenden Betrag (41,28%) entspricht. Es ergibt sich die folgende Rechnung:

Bleiben wir bei einem Ansatz von 25% Kapitalertragsteuer, so gilt (G = Gewinn; F = der zur Finanzierung verbleibende Teil von G):

$$F = G - 0{,}3439\,G - 0{,}25\,(G - 0{,}3439\,G) - 0{,}01\,F$$
$$1{,}01\,F = 0{,}492075\,G$$
$$F = 0{,}4872\,G$$

Will man die prozentuale Einkommensteuerbelastung (x) ermitteln, bei der der zur Finanzierung verbleibende Betrag dieser Rechnung gleich dem zur Finanzierung verbleibende Betrag bei der Bildung offener Rücklagen ist [0,4128G]), so gilt:

$$F = G - 0{,}3439\,G - x\,(G - 0{,}3439\,G) - 0{,}01\,F.$$

Da F = 0,4128 und G = 1,0 ist, so folgt:

$$1 - 0{,}3439 - x\,(1 - 0{,}3439) - 0{,}0041 = 0{,}4128$$
$$0{,}6561x = 0{,}2392$$
$$x = 0{,}3646$$

Bei einer durchschnittlichen Einkommensteuerbelastung des Aktionärs in Höhe von 36,46% ist somit für ihn Gleichheit gegeben. Zahlt der Aktionär 10% Kirchensteuer von der Einkommensteuer, so gilt für den Einkommensteuersatz bei Gleichheit, wenn man unberücksichtigt läßt, daß die Kirchensteuer beim steuerpflichtigen Einkommen abzugsfähig (Sonderausgaben) ist:

$$x + 0{,}1\,x = 0{,}3646$$
$$x = \frac{0{,}3646}{1{,}1}$$
$$x = 0{,}3315\,[1].$$

c) Nachteile der Selbstfinanzierung

Die Selbstfinanzierung ist als Mittel der Kapitalbeschaffung unter den oben gemachten Einschränkungen zwar grundsätzlich positiv zu beurteilen, eine zu starke Förderung der Selbstfinanzierung (z. B. durch steuerliche Maßnahmen) kann allerdings auch nachteilige Folgen für den Betrieb und für die Gesamtwirtschaft haben. Die zurückbehaltenen Gewinne werden nicht immer wirtschaftlich angelegt. Da sie keinen Zinsaufwand verursachen, da keine Rückzahlungsverpflichtung besteht, und da die Geschäftsführung den Gesellschaftern – insbesondere bei der stillen Selbstfinanzierung – über den Einsatz der Mittel keine Rechenschaft ablegen muß, ist durch die Möglichkeit zur Finanzierung aus Gewinnen mancher Betrieb zu Investitionen veranlaßt worden, die im Falle einer Finanzierung mit Fremdkapital genauer auf ihre Vorteilhaftigkeit geprüft worden und oft unterblieben wären. Fehlentscheidungen dieser Art sind allerdings nicht der Selbstfinanzierung, sondern der Betriebsführung anzulasten, die sich durch Maßnahmen steuerlicher Förderung der Selbstfinanzierung dazu verleiten läßt.

Betrachtet man dieses Problem vom Standpunkt der Gesamtwirtschaft, so birgt die Selbstfinanzierung mittels stiller Rücklagen die Gefahr in sich, daß das

---

[1] Vgl. die Probe auf der folgenden Seite

Probe:	
Gewinn	100,00
KSt und Gewerbeertragsteuer 34,39% von 100	34,39
	65,61
36,46% Einkommensteuer (einschließlich KiSt)	23,92
	41,69
1% Gesellschaftsteuer von 41,69	0,41
	41,28

in der Volkswirtschaft gebildete Kapital nicht immer dort Verwendung findet, wo es den größtmöglichen Ertrag bringt. Der personelle Ausleseprozeß am Kapitalmarkt wird durch die Möglichkeit der Selbstfinanzierung unterlaufen, weil die zurückbehaltenen Gewinne nicht am Kapitalmarkt erscheinen und somit das Angebot am Kapitalmarkt verringert wird.

d) Der Einfluß der Steuerpolitik auf die Selbstfinanzierung

Der Steuergesetzgeber hat in der Zeit nach dem Zweiten Weltkriege in besonderem Maße Einfluß auf den Umfang der Selbstfinanzierung genommen, indem er durch einen ganzen Katalog von **Sonderabschreibungsmöglichkeiten** die Thesaurierung von Gewinnen auf dem Wege der Bildung stiller Rücklagen, die normalerweise in der Steuerbilanz nicht zulässig sind, ermöglicht und in einigen Fällen auch die Bildung offener Rücklagen aus dem unversteuerten Gewinn zuläßt **(steuerfreie Rücklagen).** Die Förderung der Selbstfinanzierung ist aber nicht immer das Ziel dieser Maßnahmen, sondern häufig nur ein Mittel, um außerfiskalische Ziele mit Hilfe der Steuerpolitik durchzusetzen.

Durch steuerliche Sonderabschreibungen, die teils neben, teils an die Stelle der normalen Absetzung für Abnutzung (AfA) treten, ist in den ersten Jahren nach dem 2. Weltkrieg, in denen der Kapitalmarkt noch nicht wieder voll funktionsfähig war, die Selbstfinanzierung der Betriebe intensiv gefördert worden. So räumte beispielsweise der § 7a EStG, der mit Wirkung vom 21. 6. 1948 (Währungsstichtag) in das Einkommensteuergesetz aufgenommen wurde, eine Bewertungsfreiheit bei der Ersatzbeschaffung von durch den Krieg zerstörten oder durch Kriegsfolgen (Demontagen) verlorengegangenen beweglichen Wirtschaftsgütern ein. Neben der normalen AfA durften in den beiden ersten Jahren nach der Anschaffung oder Herstellung bis zu 50% der Anschaffungs- oder Herstellungskosten abgeschrieben werden, sofern die Sonderabschreibungen 100.000 DM im Jahr nicht überstiegen, andernfalls war in den beiden ersten Jahren eine Sonderabschreibung von je 15% neben der normalen Absetzung zulässig.

Bei der damaligen Höhe der Steuersätze (Einkommensteuerspitzensatz 95%, Körperschaftsteuersatz 65%) stellten die infolge der Sonderabschreibung eintretenden Gewinnverlagerungen und Steuerverschiebungen eine beachtliche **Liquiditätshilfe** für den Betrieb dar, die einen starken Einfluß auf Investitionsentscheidungen, und zwar sowohl hinsichtlich des Umfanges als auch der Art und der Finanzierung der Investitionen hatte. Die Tatsache, daß in den späteren Jahren der Nutzungsdauer der Wirtschaftsgüter deren Anschaffungs- oder Herstellungskosten durch Sonderabschreibungen in den beiden ersten Jahren außerordentlich gekürzt wurden, die Abschreibungen entsprechend geringer und folglich die Periodengewinne höher als bei normaler Abschreibung waren, wirkten sich infolge der inzwischen eingetretenen Tarifsenkungen auch bei progressivem Tarif in der Regel nicht negativ aus. Es trat in den meisten Fällen in gewissem Umfange sogar eine endgültige Steuerersparnis ein.

Bei gleichbleibendem progressiven Steuertarif dagegen führt eine durch hohe Sonderabschreibungen bedingte unregelmäßige Verteilung der Anschaffungs- oder Herstellungskosten auf die Jahre der Nutzung zu einer höheren Gesamtsteuerbelastung (gleichbleibende Ertragslage vorausgesetzt) als bei gleichmäßiger Verteilung durch lineare Abschreibung. Man muß jedoch beachten, daß die durch die Sonderabschreibung eintretende Steuerverschiebung zu einem Zinsgewinn führt (zinslose Steuerstundung), der von der Gesamtsteuerbelastung abzuziehen ist. Deshalb mindern steuerliche Sonderabschreibungen die nachteiligen Wirkungen der Ertragsteuern auf die Rentabilität einer Investition und beeinflussen die Investitionsentscheidungen eines Betriebes.

Dürfen auf eine Anlage in den ersten Jahren der Nutzungsdauer Sonderabschreibungen verrechnet werden, so sind in dieser Zeit die jährlichen Abschreibungsquoten höher als bei linearer Abschreibung. Dafür sind sie in allen späteren Jahren niedriger. Das Mehr an Abschreibungen während der Zeit der Sonderabschreibungen mal Steuersatz ist eine Steuerersparnis, das Weniger an Abschreibungen in den übrigen Jahren der Nutzung führt zu einer Steuererhöhung. Mit anderen Worten: die Betriebsgewinne (Periodenüberschuß abzüglich Abschreibungen) sind in den ersten Jahren der Nutzungsdauer um den gleichen Betrag niedriger, um den sie in den späteren Jahren höher sind. Folglich sind die Steuerersparnisse – proportionaler Steuersatz vorausgesetzt – in den ersten Jahren gleich den Steuererhöhungen in den späteren Jahren. Unter Berücksichtigung der Zinsen erhöht jedoch die Steuerersparnis den Kapitalwert der Investition um einen größeren Betrag als die Steuererhöhung ihn vermindert, d. h. die Summe der Barwerte der Steuerersparnisse ist größer als die Summe der Barwerte der Steuererhöhungen.[1] Dieses Ergebnis ist durch das nach der Währungsreform einsetzende Sinken des progressiven Einkommensteuertarifs noch verstärkt worden.

Es würde in diesem Rahmen zu weit führen, alle steuerlichen Maßnahmen zur Beeinflussung der Selbstfinanzierung einzeln zu erörtern.[2] Deshalb wird im folgenden nur ein zusammenfassender Überblick[3] gegeben.

Als wesentlichste Maßnahmen sind zu nennen:
(1) Finanzierungshilfe durch Bewertungsfreiheiten bei der Ersatzbeschaffung von im Kriege oder durch Kriegsfolgen verlorenen oder beschädigten Wirtschafts-

---

[1] Vgl. Wöhe, G., Betriebswirtschaftliche Steuerlehre, Band II, 2. Halbband, a. a. O., S. 201
[2] Einzelheiten vgl. Wöhe, G., Betriebswirtschaftliche Steuerlehre, Band II, 2. Halbband, a. a. O., S. 274 ff.
[3] Entnommen aus: Wöhe, G., Bildung, Auflösung und Übertragung stiller Rücklagen im Steuerrecht aus der Sicht der betriebswirtschaftlichen Steuerlehre, ZfbF 1966, S. 107 f.

gütern (§ 7a EStG 1948). Ziele: a) Beschleunigung des Wiederaufbaus, b) Maßnahme eines „Lastenausgleichs".

(2) Finanzierungshilfe durch Bewertungsfreiheiten beim Bau von Fabrikgebäuden und Lagerhäusern (§ 7e EStG), Wohnhäusern (§ 7b EStG) und Schiffen (§ 7d EStG). Ziele: a) zunächst Beschleunigung des Wiederaufbaus, b) später allgemeine Förderung der Investitionstätigkeit und der Selbstfinanzierung, c) Förderung der Eigentumsbildung durch Steuerbegünstigung beim Bau von Eigenheimen.

(3) Finanzierungshilfe durch Bewertungsfreiheiten für Vertriebene und Verfolgte (§ 7a EStG ab 1951). Ziele: a) Beschleunigung der Eingliederung dieses Personenkreises, b) Maßnahme eines „Lastenausgleichs".

(4) Finanzierungshilfe durch Bewertungsfreiheiten bei bestimmten Wirtschaftszweigen. Ziele: a) Förderung von Rationalisierungsinvestitionen zur Stärkung der internationalen Konkurrenzfähigkeit von für die Gesamtwirtschaft besonders wichtigen Wirtschaftszweigen (z. B. Landwirtschaft [§§ 76–78 EStDV], Bergbau [§ 36 IHG, § 81 EStDV]), b) Ausgleich für Nachteile, die bestimmte Wirtschaftszweige durch Rücksichtnahme auf internationale Verträge (EWG, Montanunion) erleiden können.

(5) Finanzierungshilfe durch Bewertungsfreiheiten als Anreiz zur Durchführung bestimmter Investitionen. Ziele: a) Beeinflussung der Betriebe zur Durchführung von Investitionen, die insbesondere im Interesse der Allgemeinheit liegen (z. B. Anlagen zur Verhinderung, Beseitigung oder Verringerung der Schädigungen durch Verunreinigung von Gewässern [§ 79 EStDV], der Luft [§ 82 EStDV] oder von Lärm oder Erschütterungen [§ 82c EStDV]), b) steuerliche Subventionierung derartiger Investitionen, wenn ihre Durchführung auf gesetzlichem Zwang beruht.

(6) Finanzierungshilfe durch Nicht-Aktivierung von geringwertigen Wirtschaftsgütern (§ 6 Abs. 2 EStG). Ziele: a) allgemeine Förderung der Selbstfinanzierung, b) Vereinfachung des Rechnungswesens der Betriebe.

(7) Finanzierungshilfe durch Bewertungsabschläge für bestimmte Importgüter (§ 80 EStDV). Ziele: a) Beeinflussung der Lagerhaltung von volkswirtschaftlich für besonders wichtig erachteten Gütern, b) Billigkeitsmaßnahme (Ausgleich von Preisschwankungen am Weltmarkt).

(8) Finanzierungshilfe durch Bewertungsfreiheiten für Betriebe an bestimmten Standorten. Ziel: Beeinflussung der Standortwahl (Verhinderung der Abwanderung oder Anreiz zur Zuwanderung) durch Ausgleich von Standortnachteilen im nationalen Bereich (z. B. Berlin) und im internationalen Bereich (z. B. Entwicklungsländer).

Die durch Sonderabschreibungen gebildeten stillen Rücklagen können die ihnen zugedachten wirtschaftspolitischen Aufgaben nur erfüllen, wenn sie mindestens **durch entsprechende Gewinne gedeckt** werden, d. h. wenn z. B. bei Vornahme von Sonderabschreibungen oder Anwendung eines degressiven Verfahrens wenigstens Gewinne in Höhe der Differenz zwischen der kalkulatorischen Abschreibung und den höheren Absetzungen (AfA) und Sonderabschreibungen in der Steuerbilanz vorhanden sind. Andernfalls entsteht ein buchmäßiger Verlust (ungedeckte Abschreibungen), und eine Selbstfinanzierung mit

VI. Die Innenfinanzierung 659

den durch die Finanzverwaltung gestundeten Beträgen ist nicht möglich, da eine Stundung gar nicht wirksam wird, wenn auch ohne Bildung der stillen Rücklage kein Gewinn entstanden, sondern lediglich der ausgewiesene Verlust geringer gewesen wäre.

2. Finanzierung aus Pensionsrückstellungen

a) Begriff, Aufgabe und Ermittlung der Pensionsrückstellungen

Verpflichtet sich ein Betrieb vertraglich, einem Arbeitnehmer eine Alters-, Invaliden- oder Hinterbliebenenversorgung zu gewähren, so kann er für diese Pensionsanwartschaften Rückstellungen bereits vom Jahre der Zusage an, also schon viele Jahre vor Eintreten des Versorgungsfalles in die Bilanz einstellen. Die Pensionen werden als Anspruch betrachtet, den sich der Arbeitnehmer durch seine Tätigkeit im Betriebe neben dem gezahlten Arbeitsentgelt erwirbt. Pensionen sind also wirtschaftlich als Lohn- und Gehaltsaufwendungen zu betrachten, die – solange der Arbeitnehmer im Betriebe tätig ist – in einer bestimmten Höhe einbehalten und angesammelt werden, um dem Arbeitnehmer nach seinem Ausscheiden aus dem aktiven Dienst im Betriebe als Rente oder als einmalige Kapitalleistung ausbezahlt zu werden. Sie stellen für den Betrieb Aufwand der Perioden dar, in denen der Arbeitnehmer aktiv im Betriebe tätig ist. Die Auszahlungen treten erst nach Ausscheiden des Arbeitnehmers aus dem Betriebe ein.

Da der Betrieb den durch Pensionsrückstellungen angesammelten Betrag aufgrund einer vertraglichen Verpflichtung an einen Arbeitnehmer auszahlen muß, stellt dieser Betrag **Fremdkapital** dar, das nicht von außen zugeführt wird, sondern aus dem betrieblichen Umsatzprozeß stammt, vorausgesetzt, daß der Umsatzerlös mindestens diesen noch nicht an die Arbeitnehmer ausgezahlten, jedoch bereits als Aufwand verrechneten Lohn- oder Gehaltsteil abdeckt. Ohne Bildung von Pensionsrückstellungen ist der Periodengewinn des Betriebes c. p. um die Jahreszuführung zu den Rückstellungen größer (bzw. der Periodenverlust kleiner), solange noch keine Pensionszahlungen erfolgen. Die Rückstellung bindet, da sie als Aufwand verrechnet wird, Mittel an den Betrieb, die sonst als Gewinn erscheinen und als solcher ggf. den Betrieb verlassen würden.

Die Berechnung der jährlichen Zuführungen zu den Pensionsrückstellungen muß, damit sie steuerlich anerkannt werden, **nach versicherungsmathematischen Grundsätzen** erfolgen, d. h. daß Zinsen und Zinseszinsen und biologische Wahrscheinlichkeiten (Sterbens- und Invaliditätswahrscheinlichkeit) berücksichtigt werden müssen. Die jährlichen Zuführungen zu den Pensionsrückstellungen sollten so bemessen sein, daß ihr auf den Zeitpunkt des Eintritts des Versorgungsfalls bezogener Barwert (Aufzinsung) genau dem auf diesen Zeitpunkt bezogenen Barwert der Versorgungsleistungen (Abzinsung) entspricht. Genau dieser Betrag muß vom Zeitpunkt der Pensionszusage an bis zum Eintritt des Versorgungsfalls angesammelt werden.

Nach § 6a EStG darf eine Pensionsrückstellung in einem Wirtschaftsjahr höchstens um den Unterschied zwischen dem Teilwert der Verpflichtung am Schluß des Wirtschaftsjahres und am Schluß des vorangegangenen Wirtschaftsjahres erhöht werden. Der **Teilwert** entspricht dem Barwert der künftigen Pensionsleistungen am Bilanzstichtag abzüglich des sich auf denselben Zeitpunkt ergebenden Barwerts betragsmäßig gleichbleibender Jahresbeträge, die so zu bemessen sind, daß am Beginn des Wirtschaftsjahres, in dem das Dienstverhältnis begonnen hat, ihr Barwert gleich dem Barwert der künftigen Pensionsleistungen ist.

Die künftigen Pensionsleistungen sind bei der Ermittlung ihres Gegenwartswertes mit einem Zinssatz von 5,5% abzuzinsen. Da die Pensionszahlungen erst in späteren Jahren erfolgen, kann der Betrieb mit den Beträgen, die den Zuführungen zu den Pensionsrückstellungen entsprechen, inzwischen arbeiten. Er hat sie deshalb mit einem gesetzlich normierten Betrag zu verzinsen, der wie der Zinssatz anderen Fremdkapitals fast immer von der Gesamtkapitalrendite bzw. den Kosten der günstigsten Finanzierungsalternative verschieden ist. Liegen die Kosten der günstigsten Finanzierungsalternative über (unter) 5,5%, so erzielt der Betrieb bei der Bildung von Pensionsrückstellungen einen entsprechenden Zinsgewinn (-verlust).

Erfolgen die Zuführungen in der steuerlich zulässigen Höhe, so mindern sie als Betriebsausgaben den steuerpflichtigen Gewinn und Gewerbeertrag und reduzieren damit die Einkommen-, Körperschaft- und Gewerbeertragsteuerbelastung. Ohne Passivierung von Pensionsanwartschaften würde eine entsprechende Verminderung der Steuerbelastung erst in den Perioden der Auszahlung der Pensionen eintreten.

Da Pensionsrückstellungen zum Fremdkapital des Betriebes zu zählen sind, haben sie auch einen Einfluß auf die Höhe der Gewerbekapital- und Vermögensteuerbelastung des Betriebes.

In der Regel mindern die Pensionsrückstellungen das Gewerbekapital. Der BFH hat in seinem Urteil vom 4. 12. 1962 dazu ausgeführt: „Rückstellungen für Pensions- und Rentenanwartschaften, die im laufenden Geschäftsbetrieb begründet sind, können bei der Ermittlung des Gewerbekapitals nicht wieder hinzugerechnet werden."[1]

Nach § 12 Abs. 2 Ziff. 1 GewStG gehören Pensionsrückstellungen nur dann zu den Verbindlichkeiten, die – soweit sie bei der Feststellung des Einheitswertes des Betriebsvermögens[2] abgezogen worden sind – wieder hinzugerechnet werden müssen, wenn sie zu den Renten und dauernden Lasten zu zählen sind, „die wirtschaftlich mit der Gründung oder dem Erwerb des Betriebes (Teilbetriebs) oder eines Anteils am Betrieb zusammenhängen."[3]

Die Bewertung von Pensionsanwartschaften zur Ermittlung der Bemessungsgrundlagen für die Gewerbekapital- und Vermögensteuer regelt § 104 BewG. Abs. 1 läßt zu, daß bei der Ermittlung des Einheitswertes des Betriebes eine Pensionsanwartschaft abgezogen werden kann, wenn sie „auf einer vertraglichen Pensionsverpflichtung beruht oder sich aus einer Betriebsvereinbarung, einem

---

[1] BFH-Urteil vom 4. 12. 1962, BStBl 1963, S. 93.
[2] Der Einheitswert des Betriebsvermögens wird nach § 21 Abs. 1 Ziff. 2 BewG alle drei Jahre festgestellt (Hauptfeststellung). Eine Fortschreibung in der Zwischenzeit erfolgt nur, wenn die in § 22 Abs. 1 Ziff. 2 BewG angegebenen Wertgrenzen überschritten werden.
[3] § 8 Ziff. 2 GewStG.

Tarifvertrag oder einer Besoldungsordnung ergibt." Die Abzugsfähigkeit hängt nicht davon ab, daß Pensionsrückstellungen in der Handelsbilanz gebildet werden.

Der Wert der abzugsfähigen Pensionsverpflichtung wird in der Weise ermittelt, daß die Jahresrente, die bis zur Vollendung des 65. Lebensjahres nach Maßgabe der vom Betriebe gegebenen Zusage erreicht werden kann, mit einem Faktor multipliziert wird, der mit sinkender Lebenserwartung zunimmt und auf einem Zinssatz von 5,5% beruht. Er beträgt nach § 104 Abs. 2 BewG bei einem Alter des Pensionsberechtigten von mehr als 30 bis zu 38 Jahren das 0,5-fache, und steigt bei einem Alter von mehr als 64 Jahren auf das 10-fache der erreichbaren Jahresrente.

Die steuerlichen Auswirkungen einer Entscheidung für oder gegen die Passivierung von Pensionsanwartschaften sind bei den Ertragsteuern (Einkommen-, Körperschaft- und Gewerbeertragsteuer) andere als bei der Vermögen- und Gewerbekapitalsteuer. Für erstere ist die Bezugsgröße die jährliche Zuführung zu den Rückstellungen; jeder Zuführungsbetrag führt zu einer einmaligen Steuerminderung im Vergleich zum Fall der Nicht-Zuführung, vorausgesetzt, daß durch die Zuführung kein buchmäßiger Verlust entsteht. Für letztere ist die Bezugsgröße der Barwert der gesamten Pensionslast, die im Zeitablauf durch Zunahme des Vervielfältigers gem. § 104 Abs. 2 BewG steigt. Die Steuerminderung wiederholt sich nicht nur jedes Jahr, sondern steigt außerdem mit Zunahme des Wertes der Pensionsverpflichtung. Die Minderung der Vermögensteuerbelastung durch Passivierung von Pensionsanwartschaften ist für Kapitalgesellschaften von größerer Bedeutung als für Personengesellschaften, da bei ersteren die Vermögensteuer gem. § 12 Ziff. 2 KStG bei der Ermittlung des steuerpflichtigen Gewinns nicht abzugsfähig ist.

b) Der Finanzierungseffekt der Pensionsrückstellungen

Der Finanzierungseffekt der Pensionsrückstellungen[1] für den Betrieb (ohne Berücksichtigung der Wirkung für die Anteilseigner) hängt davon ab, ob
(1) die vermögensmäßigen Gegenwerte der den Pensionsrückstellungen zugeführten Beträge langfristig im Betriebe verbleiben, weil noch keine Pensionszahlungen erfolgen müssen, oder ob sie den Betrieb zum Teil oder in voller Höhe als Pensionszahlungen verlassen;
(2) der Gewinn nach Abzug der Steuern in voller Höhe unabhängig von der Entscheidung über die Bildung von Pensionsrückstellungen zurückbehalten oder in voller Höhe oder zum Teil an die Gesellschafter ausgeschüttet wird. Von dieser Entscheidung hängt sowohl die Höhe der Körperschaftsteuerbelastung ab als auch die Ersparnis an Vermögen- und Gewerbekapitalsteuer;
(3) der Gewinn vor Berücksichtigung der Pensionsrückstellungen kleiner ist als die Zuführung zu den Rückstellungen, so daß durch die Zuführung ein Bilanzverlust entsteht;

---

[1] Mit dem Problem des Einflusses der Pensionsrückstellungen auf die Finanzierung hat sich insbesondere H. Weihrauch beschäftigt. Vgl. Weihrauch, H., Pensionsrückstellungen als Mittel der Finanzierung, Stuttgart 1962; derselbe, Finanzierungseffekt der Rückstellungen, insbesondere der Pensionsrückstellungen, in: Finanzierungs-Handbuch, hrsg. von H. Janberg, 2. Aufl., Wiesbaden 1970, S. 319 ff.

(4) auch ohne Zuführung zu den Pensionsrückstellungen bereits ein Verlust vorhanden ist, so daß der Bilanzverlust um die Zuführung vergrößert wird.

Diese Voraussetzungen werden in den folgenden fünf Fällen kombiniert. Dabei werden die Vermögensteuer und Gewerbekapitalsteuer wegen der in diesem Zusammenhang zu langwierigen Erläuterungen zu den Berechnungen nicht berücksichtigt.

Fall 1:

Wird der gesamte nach Abzug der Ertragsteuern verbleibende **Gewinn thesauriert**, so beruht der Finanzierungseffekt der Pensionsrückstellungen für den Betrieb lediglich auf der Ersparnis von Ertragsteuern, denn werden z. B. 10.000 DM den Rückstellungen zugeführt, so ist dieser Betrag eine bei der steuerlichen Gewinnermittlung abzugsfähige Betriebsausgabe; wird er dagegen als Gewinn im Betriebe belassen, so ist er zuvor zu versteuern. Die Ertragsteuerersparnis beträgt 57,39% des den Pensionsrückstellungen zugeführten Betrages, wenn wir von einer Kapitalmarktgesellschaft ausgehen, und errechnet sich wie folgt:[1]

Es werden gespart: Körperschaftsteuer + Gewerbeertragsteuer 15%[2] i. H.	51% + 13,04%
Da die Gewerbesteuer als Betriebsausgabe abgezogen werden kann, ermäßigt sich der Satz um 51% von 13,04%	= 64,04% = 6,65%
gesamte Steuerersparnis	= 57,39%

Die Erhöhung der Pensionsrückstellungen um 10.000 DM hat also eine Steuerersparnis von 5.739 DM zur Folge, die als zusätzliche Finanzierungsmittel zur Verfügung stehen, so lange noch keine Pensionen zu zahlen sind.

Ist dagegen die jährliche Pensionszahlung gleich der jährlichen Zuführung zu den Rückstellungen, so mindern sich die finanziellen Mittel nicht um die Zahlung von 10.000 DM, sondern infolge der Steuerersparnis nur um 10.000 DM — 5.739 DM = 4.261 DM. Da diese Zahlung aber auch erfolgen müßte, wenn keine Pensionsrückstellungen gebildet worden sind, so hat die Rückstellungsbildung in diesem Falle keinen Einfluß auf die Höhe der finanziellen Mittel. Das zeigt folgende Gegenüberstellung:

Wird die Pensionszahlung zu Lasten einer vorhandenen Pensionsrückstellung verrechnet, so ist sie **erfolgsunwirksam**. Wird gleichzeitig ein Betrag in Höhe der Zahlung den Pensionsrückstellungen zugeführt, so ist diese Zuführung **erfolgswirksam**. Aufwand (Zuführung zur Rückstellung) und Auszahlung (Pensionszahlung zu Lasten früher gebildeter Rückstellungen) betragen also

---

[1] Vgl. Wöhe, G., Betriebswirtschaftliche Steuerlehre, Band II, 2. Halbband, a. a. O., S. 258.

[2] Steuermeßzahl 5% und angenommener Hebesatz 300%.

10.000 DM, der Gewinn wird um 10.000 DM gekürzt, die finanziellen Mittel mindern sich aber nur um den um die ersparten Steuern gekürzten Betrag (Fall A).

Sind keine Rückstellungen vorhanden (Fall B), so ist die Pensionszahlung erfolgswirksam, mindert den Gewinn und folglich die Steuerbelastung, so daß das gleiche Ergebnis wie im Fall A eintritt. Der vom Gewinn der Periode verbleibende Betrag (Selbstfinanzierung) ist in beiden Fällen derselbe, jedoch ist im Falle A die finanzielle Situation des Betriebes insgesamt um die in früheren Jahren durch die Bildung von Pensionsrückstellungen ersparten Ertragsteuern günstiger, soweit diese Rückstellungen noch nicht durch Pensionszahlungen aufgelöst werden mußten.

Fall A		Fall B	
Gewinn (vor Pensionsrückstellung)	25.000	Gewinn (vor Pensionszahlung)	25.000
— Pensionsrückstellung	10.000	— Pensionszahlung	10.000
verbleibender Gewinn	15.000	verbleibender Gewinn	15.000
— Ertragsteuern (57,39%)	8.609	— Ertragsteuer (57,39%)	8.609
Rest (= zusätzl. Mittel)	6.391	Rest (= zusätzl. Mittel)	6.391

Fall 2:

Schüttet der Betrieb den Gewinn stets vollständig an die Gesellschafter und an das Finanzamt aus, so steht ihm – solange er noch keine Pensionen zahlen muß – der den Pensionsrückstellungen zugeführte Betrag in voller Höhe zusätzlich zur Verfügung, da er durch die Bildung der Pensionsrückstellung sowohl die Ausschüttung als auch die Steuerzahlung vermeidet. Die in einer Periode zusätzlich verfügbaren Mittel vermindern sich, je höher die Pensionszahlungen in der gleichen Periode sind und sind gleich Null, wenn die Pensionszahlungen gleich den Zuführungen zu den Rückstellungen werden.

Die in den früheren Perioden, in denen noch keine oder geringere Pensionen gezahlt werden mußten, bereits angesammelten Mittel stehen dem Betrieb weiterhin zur Verfügung. Diese angesammelten Mittel werden erst abgebaut, wenn die Pensionszahlungen einer Periode größer als die Zuführungen zu den Rückstellungen dieser Periode sind. Bei richtiger Rückstellung (die Pensionsberechtigten erreichen genau das versicherungsmathematisch angenommene Alter) verlassen dann die letzten angesammelten Mittel mit der letzten Zahlung den Betrieb.

Fall 3:

Entsteht durch die Zuführung zu den Pensionsrückstellungen ein **Verlust**, weil der zugeführte Betrag größer ist als der Gewinn, der ohne Dotierung der Rückstellungen entstanden wäre, so stehen dem Betrieb – wenn der Gewinn ausgeschüttet worden wäre – zusätzliche Mittel in Höhe des unversteuerten Gewinns zur Verfügung, solange noch keine Pensionen gezahlt werden müssen. Beträgt der Jahresgewinn z. B. 6.000 DM und werden 10.000 DM den Pensionsrückstellungen gutgeschrieben, so ergibt sich ein Bilanzverlust von 4.000 DM. Der Gewinn von 6.000 DM ist über die Pensionsrückstellungen an den Betrieb gebunden worden. Außerdem darf der Verlust von 4.000 DM in den folgenden 5 Jahren in der Steuerbilanz vorgetragen werden, so daß – falls in dieser Zeit ein Gewinn von mindestens 4.000 DM vorhanden ist – eine Steuerersparnis von 57,39% im Falle der Thesaurierung entsteht. Die finanziellen Mittel des Betriebes erhöhen sich also um 57,39% von 4.000 DM. Wäre der Gewinn dagegen ausgeschüttet worden, so bindet die Möglichkeit des Verlustvortrages den gesamten Betrag von 4.000 DM an den Betrieb.

Werden dagegen Pensionen in Höhe der Zuführungen zu den Rückstellungen ausbezahlt, so mindern sich die finanziellen Mittel des Betriebes um den Verlust. Die Minderung wird – falls der Verlustvortrag in den folgenden 5 Jahren gegen Gewinne aufgerechnet werden kann – in Höhe der ersparten Ertragsteuern kompensiert. Die Minderung würde aber auch eintreten, wenn keine Pensionsrückstellungen gebildet worden wären. Dann wäre die Pensionszahlung erfolgswirksam, während im Falle der Rückstellungsbildung diese erfolgswirksam, die Zahlung aber erfolgsunwirksam ist.

Fall 4:

Würde der Gewinn von 6.000 DM – falls keine Rückstellungen gebildet würden und auch noch keine Zahlungen erfolgten – zurückbehalten, so müßten 3443 DM Ertragsteuern entrichtet werden, der Zuwachs an finanziellen Mitteln betrüge also 2.557 DM. Er ist im Falle der Zuführung von 10.000 DM zu den Pensionsrückstellungen um die ersparten Ertragsteuern auf 6.000 DM, d. h. um 3.443 DM größer. Außerdem tritt auch hier im Falle einer Verrechnung des Verlustvortrages gegen Gewinne in den folgenden fünf Jahren eine Ersparnis an Ertragsteuern auf 4.000 DM ein. Die Höhe der Steuerersparnis hängt davon ab, ob der durch den Verlustvortrag eliminierte Gewinn ausgeschüttet oder zurückbehalten worden wäre.

Sind in diesem Falle Pensionen in Höhe der Zuführung zu den Rückstellungen zu zahlen, so tritt auch hier ein Verlust in Höhe von 4.000 DM ein, ganz gleich, ob eine Pensionsrückstellung gebildet wird oder nicht. Die Minderung der Zahlungsmittel in Höhe des Verlustes ist keine Folge der Pensionsrückstellung, sondern der Pensionszahlungen.

Fall 5:

Ergibt sich auch ohne Bildung von Pensionsrückstellungen ein Verlust, so wird er im Falle einer Zuführung zu den Rückstellungen um diese vergrößert, d. h. die Verbindlichkeiten nehmen zu, ohne daß sich das Vermögen vermehrt. Sind noch keine Pensionen zu zahlen, so ist der Finanzierungseffekt zunächst gleich Null, d. h. der Betrieb hat durch die Bildung der Rückstellungen nicht mehr und nicht weniger Mittel als zuvor. Der Verlustvortrag erhöht sich jedoch um die Rückstellung. Kann er in den folgenden Jahren gegen Gewinne aufgerechnet werden, so tritt eine Mehrung der Mittel in Höhe der ersparten Ertragsteuern ein. Die zeitliche Begrenzung des steuerlichen Verlustvortrages kann sich hier sehr negativ auswirken.

VI. Die Innenfinanzierung

Werden dagegen in Höhe der Zuführung zu den Rückstellungen Pensionen gezahlt, so mindern sich die finanziellen Mittel um diese Auszahlung, ohne daß eine Deckung aus dem Umsatz der Periode möglich ist. Kann der Verlustvortrag in den folgenden Jahren gegen Gewinne aufgerechnet werden, so wird der Abfluß von Mitteln in Höhe der ersparten Ertragsteuern und im Falle der Ausschüttung ohne das Vorhandensein eines Verlustvortrages zusätzlich durch die nicht erfolgende Ausschüttung kompensiert. Der Mittelabfluß ist von der Bildung der Pensionsrückstellungen unabhängig, da die Pensionszahlungen in jedem Falle erfolgen.

Die Wirkung von Pensionsrückstellungen auf die Finanzierung läßt sich durch das folgende Diagramm darstellen:

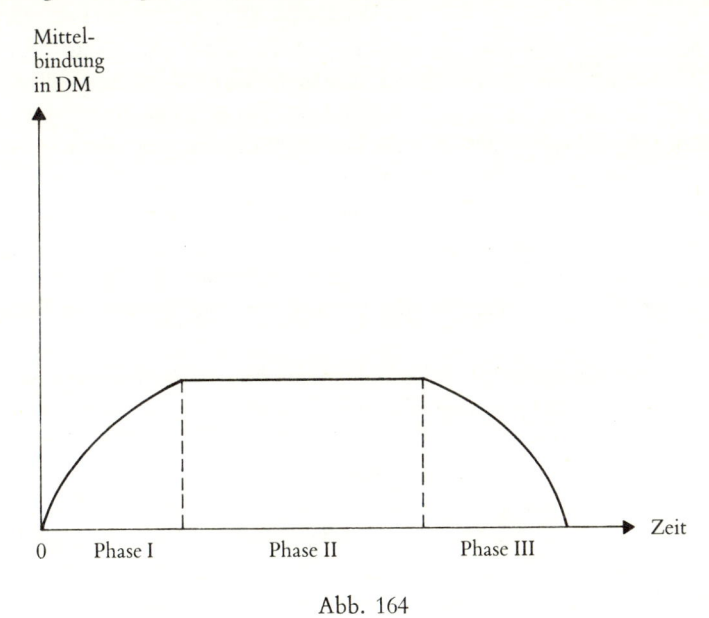

Abb. 164

In Phase I werden durch Bildung von Pensionsrückstellungen mehr Mittel an den Betrieb gebunden als den Betrieb durch Pensionszahlungen verlassen, in Phase II entsprechen sich Mittelbindung und Mittelabfluß, in Phase III übersteigen die Pensionszahlungen zunehmend die Mittelbindung durch Zuführungen zu den Rückstellungen.

Wir kommen also zu folgendem **Ergebnis**:

(1) Solange die Zuführungen zu den Pensionsrückstellungen in einer Periode größer sind als die Pensionszahlungen und die Gewinne vor Bildung der Pensionsrückstellungen mindestens deren Höhe erreichen (Phase I), tritt eine Mehrung der finanziellen Mittel ein, da durch die Rückstellungen mehr Mittel an den Betrieb gebunden als ausgezahlt werden. Das durch die Pensionsrückstellungen gebundene Vermögen wächst also im Zeitverlauf.

(2) Sind die Pensionszahlungen einer Periode für alle pensionierten Arbeitnehmer gleich den Zuführungen zu den Pensionsrückstellungen dieser Periode für die

noch aktiven Arbeitnehmer (Phase II), so ist der Finanzierungseffekt gleich Null, denn der Aufwand für die neu gebildeten Pensionsrückstellungen und die (erfolgsunwirksamen) Auszahlungen einer Periode sind gleich groß, was auch der Fall wäre, wenn keine Pensionsrückstellungen gebildet worden wären und die Auszahlungen aufwandswirksam verrechnet würden. Das in den früheren Perioden, in denen noch keine oder geringere Zahlungen als Zuführungen erfolgten, angesammelte Vermögen steht jedoch weiterhin zur Verfügung.

(3) Sind die Pensionszahlungen einer Periode größer als die Zuführungen dieser Periode zu den Rückstellungen, weil z. B. mehr Arbeitnehmer eine Pension empfangen als Rückstellungen für noch tätige Arbeitnehmer gebildet werden können (Phase III), so tritt eine Minderung der finanziellen Mittel durch Abbau früher angesammelter Rückstellungs-Gegenwerte ein, da die erfolgsunwirksamen Auszahlungen, die zu Lasten der vorhandenen Rückstellungen gehen, größer sind als die aufwandswirksamen Rückstellungen, die Mittel an den Betrieb binden. Der Gesamtbestand an Rückstellungen vermindert sich und dadurch das an ihn gebundene Vermögen.

(4) Der Finanzierungseffekt der Pensionsrückstellungen ist vergleichsweise größer, wenn unterstellt wird, daß der Gewinn des Betriebes voll ausgeschüttet wird, als wenn man Gewinnthesaurierung annimmt. Im letzten Fall beruht die Finanzierungswirkung lediglich auf einer Ersparnis an Ertragsteuern.

(5) Der Finanzierungsvorteil durch Bildung von Pensionsrückstellungen ist um so größer, je größer der zeitliche Abstand zwischen ihrer Bildung und den Pensionszahlungen ist.

(6) Der Vorteil durch Bildung von Pensionsrückstellungen ist um so größer, je größer die Differenz der durch die zurückbehaltenen Mittel erzielten Rendite und dem für die Pensionsrückstellung verrechneten Fremdkapitalsatz (5,5%) ist.

Betriebe, die die Altersversorgung für ihre Arbeitnehmer neu einführen, oder Betriebe, die erst neu gegründet worden sind, werden in der Regel über viele Jahre oder gar Jahrzehnte Pensionsrückstellungen bilden können, bevor sie Pensionen auszahlen müssen (Phase I). In diesen Jahren sind die Pensionsrückstellungen ein beachtenswertes bilanzpolitisches Instrument. Spielt sich später der Zustand ein, daß die Pensionszahlungen für die ausgeschiedenen Arbeitnehmer im Durchschnitt etwa den Zuführungen für die noch aktiven Arbeitnehmer entsprechen (Phase II), so tritt von diesem Zeitpunkt an kein **zusätzlicher** Finanzierungseffekt ein, die früher angesammelten Mittel werden aber zur Zahlung noch nicht benötigt und können weiterhin im Betriebe arbeiten. Erst wenn durch Verringerung des Personalstandes oder unerwartet lange Lebensdauer der Pensionierten die Zahlungen größer als die Zuführungen zu den Rückstellungen werden (Phase III), werden die in den ersten Jahren freigesetzten Mittel allmählich benötigt und abgebaut.

3. Finanzierung durch Abschreibungen

a) Erweiterung der Periodenkapazität aus Abschreibungsgegenwerten

Die Abschreibung[1] hat die Aufgabe, die Anschaffungs- oder Herstellungskosten von Wirtschaftsgütern, die eine mehrjährige Nutzungsdauer haben, auf die Jahre der Nutzung zu verteilen. Die Abschreibung erscheint in der Gewinn- und Verlustrechnung als Aufwand. Sie stellt den Teil der Anschaffungskosten eines Wirtschaftsgutes dar, der auf dem Wege über die Umsatzerlöse der Produkte entweder bereits wieder in liquide Form übergegangen oder kurzfristig noch in den Forderungen enthalten ist, vorausgesetzt, daß der Erlös die Abschreibungen deckt. Sie macht also eine Desinvestition, d. h. eine **Vermögensumschichtung** (Aktivtausch) sichtbar. Liquide Mittel, die für längere Zeit in Sachmitteln gebunden sind, werden schrittweise wieder in die liquide Form überführt. Der Bilanzwert des Anlagenbestandes mindert sich, der Bestand an Zahlungsmitteln erhöht sich entsprechend. Der Vorgang ist erfolgsneutral, wenn die verrechneten Abschreibungen gerade durch die Umsatzerlöse gedeckt werden.

Erfolgt kein Umsatz, sondern eine Produktion auf Lager, so vermindert sich zwar der Bilanzwert (Restbuchwert) der Anlagen um die Abschreibungen, der Bilanzwert der produzierten Halb- und Fertigfabrikate erhöht sich jedoch nur dann entsprechend, wenn in ihre Herstellungskosten entsprechende Abschreibungen eingerechnet werden. Es erfolgt jedoch noch keine Verflüssigung, d. h. die Abschreibungsgegenwerte sind noch nicht über den Markt „verdient" worden.

Werden die Abschreibungen dagegen nicht in die Herstellungskosten einbezogen, sondern erst beim Umsatz der Fertigfabrikate als „Deckungsbeiträge"[2] vom Umsatzerlös bei der Gewinnermittlung berücksichtigt, so mindert die Anlagenabschreibung das Vermögen, ohne daß der Bilanzwert der Bestände an Halb- und Fertigfabrikaten entsprechend erhöht wird. Der Vorgang ist erfolgswirksam **(Bilanzverkürzung)**. Der Periodengewinn ist um die nicht aktivierten Abschreibungen niedriger, dafür in der Umsatzperiode – falls der Bruttoerlös auch die Abschreibungen deckt – entsprechend höher.

Die verdienten Abschreibungen sind in den Verkaufserlösen auf der Ertragsseite der Erfolgsrechnung enthalten, der Aufwandsposten auf der Aufwandseite sorgt dafür, daß die verdienten Abschreibungsgegenwerte im Betriebe verbleiben und nicht als Gewinn erscheinen. Wir unterstellen zunächst der Einfachheit halber, daß die in der Erfolgsrechnung angesetzten Abschreibungen (bilanzielle Abschreibungen) auch in der Kostenrechnung verrechnet werden (kalkulatorische Abschreibungen) und folglich in den Selbstkosten enthalten sind, so daß eine Deckung der Abschreibungen durch den Erlös auch dann erfolgt, wenn ohne Gewinn oder Verlust umgesetzt wird.[3]

Nach Ablauf der Nutzungsdauer müssen die Wirtschaftsgüter ersetzt werden (Reinvestition), wenn der Betriebsprozeß im bisherigen Umfang aufrechterhalten werden soll. Da jedoch nicht alle Wirtschaftsgüter zur gleichen Zeit angeschafft

---

[1] Vgl. die ausführliche Behandlung der Abschreibungen auf S. 743 ff.
[2] Zum Problem der Deckungsbeitragsrechnung vgl. S. 926 ff.
[3] Zur Problematik der Differenzen zwischen bilanzieller und kalkulatorischer Abschreibung vgl. S. 888 f.

werden und infolge der unterschiedlichen Nutzungsdauer nicht zum gleichen Zeitpunkt wiederbeschafft werden müssen, fließt dem Betrieb in jeder Periode ein bestimmter Betrag an verdienten Amortisationsquoten zu, der mit dem Betrag, der für die Reinvestition erforderlich ist, nicht übereinstimmt. Für die Erhaltung des finanziellen Gleichgewichts des Betriebes ist es jedoch nicht erforderlich, daß die Abschreibungsquoten eines Wirtschaftsgutes bis zur Ersatzbeschaffung dieses Wirtschaftsgutes aufgehoben werden, also eine Art Erneuerungsfonds angesammelt wird, der für andere Zwecke nicht angetastet werden darf, sondern es genügt, daß insgesamt die Reinvestitionen einer Periode unter Verwendung aller in dieser Periode verdienten Abschreibungsgegenwerte finanziert werden können.

Unter bestimmten Voraussetzungen ist es möglich, daß aus den freigesetzten Abschreibungsbeträgen nicht nur die Reinvestitionen bezahlt werden, sondern auch **zusätzliche Investitionen** (Nettoinvestitionen), also Erweiterungen des Betriebes, durchgeführt werden können. Dann werden die Abschreibungen zu einem Finanzierungsinstrument besonderer Art. Es leuchtet ein, daß es unzweckmäßig wäre, die Abschreibungsgegenwerte aus einer Anlage, die eine Nutzungsdauer von 15 Jahren hat, auf einem Sonderkonto anzusammeln, um sie nach Ablauf von 15 Jahren zur Reinvestition zur Verfügung zu haben, und in der Zwischenzeit für Neuinvestitionen, die vielleicht nur eine Nutzungsdauer von 5 oder 10 Jahren haben, neue finanzielle Mittel von außen zu beschaffen. Vielmehr kann man ohne Bedenken die Abschreibungsgegenwerte der ersten 5 Jahre zur Finanzierung einer neuen Anlage von zehnjähriger Nutzungsdauer verwenden, denn diese Anlage ist unter den oben gemachten Voraussetzungen bereits voll amortisiert, wenn die Ersatzbeschaffung der Anlage mit fünfzehnjähriger Nutzungsdauer fällig ist.

Von dieser Überlegung ist es nur noch ein kleiner Schritt zu der weitergehenden Feststellung, daß eine Anlage nicht aus „ihren" Abschreibungsgegenwerten, sondern überhaupt aus **irgendwelchen** Abschreibungsgegenwerten wiederbeschafft werden kann, d. h. daß der Betrieb einen Abschreibungs- und Reinvestitionsplan aufstellen muß, der eine reibungslose Reinvestition aus Abschreibungsgegenwerten ermöglicht und zugleich zeigt, welche Abschreibungsgegenwerte vorübergehend zur Finanzierung zusätzlicher Investitionen zur Verfügung stehen.

Machen wir uns den Zusammenhang an einem Zahlenbeispiel klar:[1] Angenommen, ein Betrieb beschafft in fünf aufeinanderfolgenden Jahren je eine Maschine im Wert von 1.000 DM, deren Nutzungsdauer fünf Jahre beträgt. Die Abschreibung erfolgt in konstanten Quoten (lineare Abschreibung); es wird unterstellt, daß die verrechneten Abschreibungen dem Wertminderungsverlauf entsprechen und über den Markt verdient werden. Die Jahresabschreibung je Maschine beträgt:

$$\frac{\text{Anschaffungskosten}}{\text{Zahl der Jahre der Nutzung}} = \frac{1000}{5} = 200.$$

---

[1] Vgl. Ruchti, H., Die Abschreibung, ihre grundsätzliche Bedeutung als Aufwands-, Ertrags- und Finanzierungsfaktor, Stuttgart 1953, S. 112 ff.

Jahr (Ende) \ Maschinen	1	2	3	4	5	6	7	8	9	10
1	200	200	200	200	200	200	200	200	200	200
2		200	200	200	200	200	200	200	200	200
3			200	200	200	200	200	200	200	200
4				200	200	200	200	200	200	200
5					200	200	200	200	200	200
jährl. Abschreibg.	200	400	600	800	1000	1000	1000	1000	1000	1000
liquide Mittel	200	600	1200	2000	3000	3000	3000	3000	3000	3000
./. Reinvestitionen	—	—	—	—	1000	1000	1000	1000	1000	1000
freigesetzte Mittel	200	600	1200	2000	2000	2000	2000	2000	2000	2000 usw.

Während der ersten 5 Jahre beträgt der Kapitalbedarf jährlich 1.000 DM. Die Mittel werden durch externe Finanzierung aufgebracht. Im 6. Jahr muß die 1. Maschine ersetzt werden, im 7. Jahr die 2. Maschine usw., die Ersatzbeschaffung beläuft sich also vom 6. Jahr an auf 1.000 DM. Vom Ende des 5. Jahres an entspricht die Abschreibungsquote jedes Jahres genau dem Reinvestitionsbetrag von 1.000 DM. Die Abschreibungsbeträge des 1. bis 4. Jahres sind also zur Reinvestition nicht erforderlich, sondern stehen für zusätzliche Investitionen zur Verfügung. Der in den ersten 4 Jahren freigesetzte Betrag von insgesamt 2.000 DM könnte zur Anschaffung von zwei weiteren Maschinen verwendet, die **Periodenkapazität** also erweitert werden, ohne daß eine Kapitalbeschaffung von außen erforderlich wäre. Auch die Anschaffungskosten dieser Maschinen würden im Zeitablauf wieder freigesetzt und für weitere Investitionen zur Verfügung stehen. Diesen Kapitalfreisetzungseffekt bezeichnet man in der Literatur als **Ruchti-Effekt**.[1]

Insgesamt läßt sich durch ein derartiges Vorgehen nur die Periodenkapazität, jedoch **nicht die Gesamtkapazität** vergrößern, d. h. die insgesamt in allen zu finanzierenden Anlagen steckenden Leistungen lassen sich nicht vermehren, wohl aber kann durch den unterschiedlichen Altersaufbau die Anzahl der Anlagen vergrößert werden, die gleichzeitig Nutzungen abgeben können.

Nehmen wir an, daß in unserem Beispiel jede Maschine pro Jahr 3.000 Stunden läuft und 15.000 Leistungseinheiten bearbeitet. Das ist ihre **Periodenkapazität**.

---

[1] Vgl. Ruchti, H., Die Bedeutung der Abschreibung für den Betrieb, Berlin 1942; zum gleichen Problem vgl. auch Lohmann, M., Abschreibungen, was sie sind und was sie nicht sind, in: Der Wirtschaftsprüfer 1949, S. 353ff.; Neubert, H., Anlagenfinanzierung aus Abschreibungen, ZfhF 1951, S. 367ff.; Langen, H., Die Kapazitätsausweitung durch Reinvestition liquider Mittel aus Abschreibungen, Diss. FU Berlin 1952; Moxter, A., Der Zusammenhang zwischen Vermögensumschichtung und Kapazitätsentwicklung bei veränderlichen Leistungsabgaben von Aggregaten pro Zeiteinheit, ZfhF 1959, S. 457ff.; Schneider, D., a. a. O., S. 500ff.

Dann ist die Gesamtkapazität einer Maschine – konstante Leistungsabgabe pro Jahr unterstellt – bei fünfjähriger Nutzungsdauer 15.000 Stunden und 75.000 Leistungseinheiten. Die **Gesamtkapazität** einer Anlage ist gleich ihrer Periodenkapazität multipliziert mit der Nutzungsdauer. Die jeweils verbleibende Gesamtkapazität nimmt folglich im Zeitablauf um die bisherige Leistungsabgabe ab, ohne daß dadurch die Periodenkapazität beeinflußt werden muß.

Die gesamte Periodenkapazität eines Betriebes ergibt sich durch Addition der Periodenkapazitäten aller vorhandenen Anlagen, wenn es sich – wie im Beispiel – um gleichartige Anlagen handelt. Multipliziert man unter dieser Voraussetzung zu einem Zeitpunkt die vorhandenen Periodenkapazitäten mit ihrer jeweiligen Restnutzungsdauer, so erhält man die Gesamtkapazität des Betriebes zu diesem Zeitpunkt.

Entspricht die Abschreibung einer Maschine **genau dem Wertminderungsverlauf,** so mindert sich die Gesamtkapazität dieser Maschine und damit die des gesamten Betriebes um die abgeschriebenen Leistungseinheiten. Die Periodenkapazität der Anlage und des Betriebes wird dadurch nicht beeinträchtigt. Auf eine Maschine der oben beschriebenen Art bezogen heißt das, daß sich z. B. nach drei Jahren ihre Gesamtkapazität von 75.000 Leistungseinheiten auf 30.000 vermindert hat, die Periodenkapazität des 4. und 5. Jahres der Nutzungsdauer mit 15.000 Leistungseinheiten aber konstant geblieben ist.

Investiert man die verdienten Abschreibungsgegenwerte sofort wieder in neuen Anlagen gleicher Technik und unterstellt man, daß die Wiederbeschaffungskosten konstant geblieben sind, so erhöht sich die gesamte Periodenkapazität um die Nutzung der neuen Anlagen – vorausgesetzt, daß zwischenzeitlich keine Anlage an das Ende ihrer Nutzungsdauer gelangt –, die Gesamtkapazität des Betriebes nimmt jedoch nicht zu, sondern wird dadurch konstant gehalten, daß die durch die Abschreibung erfaßte Minderung der Gesamtkapazität durch die Kapazität der neuen Anlage kompensiert wird.

Unter der Annahme einer kontinuierlichen linearen Abschreibung, die nicht am Ende einer Periode, sondern theoretisch laufend bei jeder Nutzungsabgabe erfolgt, und einer entsprechend kontinuierlichen Reinvestition der Abschreibungsgegenwerte, ist eine **Verdoppelung der Periodenkapazität** möglich, denn in diesem Falle ist die durchschnittliche Kapitalbindungsdauer genau halb so lang wie die Nutzungsdauer.[1] Geht man jedoch davon aus, daß die Abschreibungsgegenwerte einer Periode jeweils am Ende dieser Periode oder infolge mangelnder Teilbarkeit der Anlagen zu einem späteren Zeitpunkt investiert werden, so ist der Kapazitätsausweitungsmultiplikator kleiner als 2.

Das zeigt folgendes Beispiel,[2] in dem unterstellt wird, daß der Betrieb einen Bestand von Anlagen in Höhe von 1.000 DM (Anschaffungskosten = Bilanzansatz) hat, der über 5 Jahre in gleichen Jahresbeträgen abgeschrieben wird. Die Leistungsabgabe pro Jahr betrage 1.000 Einheiten (Periodenkapazität), die Gesamtkapazität ist folglich 5.000 Einheiten. Die Abschreibungen eines Jahres werden am Ende dieses Jahres in Anlagen gleicher Technik, gleicher Nutzungsdauer und gleicher Wiederbeschaffungskosten investiert. Die 15 Jahresspalten zeigen

---

[1] Vgl. Schneider, D., a. a. O., S. 503
[2] Vgl. Schneider, D., a. a. O., S. 502

VI. Die Innenfinanzierung

Jahr	Gesamtkapazität			Abschreibung = Investition am Ende des Jahres														
	Perioden-kapazität LE[1]	Bilanz-ansatz DM	Restleistungs-abgabe LE	1	2	3	4	5	6	7	8	9	10	11	12	13	14	15
1	1.000	1.000	5.000	200														
2	1.200	1.000	5.000	200	40													
				200	240													
3	1.440	1.000	5.000		200	40												
						48												
						288												
4	1.728	1.000	5.000			200	40											
							48											
							57											
							345											
5	2.073	1.000	5.000				200	40										
								48										
								58										
								69										
								415										
6	1.488	1.000	5.000						40									
									48									
									57									
									69									
									83									
									297									
7	1.585	1.000	5.000							48								
										58								
										69								
										83								
										59								
										317								
8	1.662	1.000	5.000								58							
											69							
											83							
											59							
											63							
											332							
9	1.706	1.000	5.000									69						
												83						
												60						
												63						
												66						
												341						
10	1.702	1.000	5.000										83	60	64	67	69	
													59	63	66	68	68	
													64	67	68	68		
													66	68	68			
													68					
													340					
11	1.627	1.000	5.000											63	66	68	68	68

[1] LE = Leistungseinheiten

über dem Strich die Abschreibungen; die unter dem Strich ausgewiesene Abschreibungssumme eines Jahres ist gleich der Zunahme der Periodenkapazität, die zu Beginn des folgenden Jahres zur Verfügung steht.

Die Tabelle enthält **folgende Voraussetzungen:**
(1) Die Periodenabschreibungen stehen am Ende der Periode in liquider Form zur Verfügung und werden sofort wieder investiert.
(2) Die Abschreibungen erfolgen in gleichen Jahresbeträgen; sie entsprechen genau der Minderung der Nutzungsfähigkeit, d. h. der Abnahme der Gesamtkapazität.
(3) Die Periodenkapazität jeder Anlage bleibt bis zum Ende der Nutzungsdauer konstant. Wirtschaftliche und technische Nutzungsdauer sind gleich.
(4) Die Abnahme der Gesamtkapazität wird durch die Wiederverwendung der Abschreibungsgegenwerte kompensiert. Die Gesamtkapazität des Betriebes bleibt also konstant.
(5) Technik und Wiederbeschaffungskosten der neuen Anlagen entsprechen denen der alten.
(6) Die Anlagen sind so weit teilbar, daß eine Wiederverwendung aller Abschreibungsgegenwerte einer Periode am Ende dieser Periode möglich ist.

Die Tabelle zeigt, daß die Periodenkapazität bis zum 5. Jahr auf 2.073 Leistungseinheiten steigt. Vom 6. Jahr an wird sie durch das Ausscheiden abgenutzter Anlagen wieder reduziert bzw. die Zunahme teilweise kompensiert. Insgesamt spielt sich jedoch unter den Annahmen des Beispiels eine Erhöhung der Periodenkapazität auf etwa das 1,6-fache der Anfangskapazität ein. Die **Gesamtkapazität** bleibt während der ganzen Zeit **unverändert.** Das zeigt sich, wenn man die in einem Zeitpunkt in den Anlagen noch enthaltenen Restnutzungsabgaben addiert. Sie entspricht in jedem Zeitpunkt der Anfangskapazität von 1.000 DM (unter Berücksichtigung der Nutzungsdauer entspricht das einer Gesamtkapazität von 5.000 Leistungseinheiten). So sind z. B. zu Beginn des 4. Jahres noch folgende Restkapazitäten vorhanden:

Investitionszeitpunkt	Anschaffungskosten DM	Restbuchwert DM
Beginn des 1. Jahres	1.000	$2 \times 200 = 400$
Ende des 1. Jahres	200	$3 \times 40 = 120$
Ende des 2. Jahres	240	$4 \times 48 = 192$
Ende des 3. Jahres	288	$5 \times 57,6 = 288$
	1.728	1.000

Die Periodenkapazität beträgt dagegen 1.728 Leistungseinheiten.

b) Reduzierung des externen Kapitalbedarfs durch Abschreibungen

Im Beispiel auf S. 669 wurde angenommen, daß die Finanzierung der Erstinvestitionen von außen erfolgt, also ein Kapitalbedarf von $5 \times 1.000 = 5.000$ DM besteht. Unter der Annahme, daß die Abschreibungsgegenwerte einer Periode sofort wieder investiert werden, ergibt sich im 5. Jahr eine Gesamtkapazität von 5.000 DM, die dann trotz wachsender Periodenkapazität konstant bleibt. Verwen-

VI. Die Innenfinanzierung   673

det man dagegen die Abschreibungsbeträge sofort mit zur Finanzierung der folgenden Maschinen, so ermäßigt sich **der von außen aufzubringende Kapitalbedarf** insgesamt um den freigesetzten Betrag, allerdings ist dann die Gesamtkapazität entsprechend geringer. Die Abschreibung beträgt am Ende des ersten Jahres für die 1. Maschine 200 DM. Werden sie zur Finanzierung der 2. Maschine mit verwendet, so sind nur noch 800 DM von außen zu beschaffen. Die Jahresabschreibungen am Ende des 2. Jahres betragen 400 DM, folglich müssen zur Finanzierung der 3. Maschine nur noch 600 DM von außen beschafft werden usw.

Beispiel:

Jahr	Zahl der vorhandenen Maschinen	Anschaffungskosten je Maschine	Finanzierung		Periodenkapazität	Gesamtkapazität[1]
			von außen	aus Abschreibungen		
1	1	1.000	1.000	—	200	1.000
2	2	1.000	800	200	400	1.800
3	3	1.000	600	400	600	2.400
4	4	1.000	400	600	800	2.800
5	5	1.000	200	800	1.000	3.000
6	5	1.000[2]	—	1.000	1.000	3.000
7	5	1.000[3]	—	1.000	1.000	3.000
usw.						

Multipliziert man z. B. im 5. Jahr die Periodenkapazität je Maschine mit ihrer Restnutzungsdauer, so ergibt sich die Gesamtkapazität.

Maschine	Periodenkapazität je Maschine in DM	×	Restnutzungsdauer je Maschine in Jahren	=	Gesamtkapazität in DM
1	200		1		200
2	200		2		400
3	200		3		600
4	200		4		800
5	200		5		1.000
	1.000				3.000

Das Beispiel zeigt, daß für eine Gesamtinvestition von 5.000 DM, die in Teilbeträgen nacheinander erfolgt, von außen nur Finanzierungsmittel von 3.000 DM erforderlich sind, während 2.000 DM aus anfallenden Abschreibungen zur Verfügung stehen. Zwar wird bis zum 5. Jahr auch hier pro Jahr eine Maschine von 1.000 beschafft, die während dieser Zeit eintretenden Wertminderungen der

---

[1] = Periodenkapazität × Restnutzungsdauer der jeweils vorhandenen Maschinen
[2] Ersatzbeschaffung der Maschine aus Jahr 1
[3] Ersatzbeschaffung der Maschine aus Jahr 2

jeweils vorher beschafften Maschinen können aber aus Abschreibungsgegenwerten nicht kompensiert werden, weil diese zur Finanzierung der jeweils folgenden Maschinen mitverwendet werden. Die Gesamtkapazität erreicht im 5. Jahr nur 3.000, die Abschreibungen der 5. Periode werden zur Ersatzbeschaffung der 1. Maschine, die der 6. Periode zur Ersatzbeschaffung der 2. Maschine usw. voll benötigt.

Dennoch ist auch hier eine Finanzierung aus Abschreibungen erfolgt, die die Periodenkapazität ansteigen läßt. Vom 5. Jahre an beträgt die Periodenkapazität laufend 1.000, die Gesamtkapazität 3.000. Die Periodenkapazität ist also durch den sofortigen Einsatz der Abschreibungsgegenwerte auch hier auf das 1,66-fache der Gesamtkapazität gestiegen, denn sie beträgt im 1. Jahr 20% der Gesamtkapazität und steigt bis zum 5. Jahr auf $33^1/_3$% der Gesamtkapazität.

c) Finanzierung aus Abschreibungen – Selbstfinanzierung

Bisher wurde unterstellt, daß der Abschreibungsverlauf und der Verlauf der Nutzungsabgabe (Wertminderungsverlauf) übereinstimmen. In diesem Falle bleibt auch bei Ausweitung der Periodenkapazität die Gesamtkapazität konstant. Das gilt nicht nur für die lineare, sondern auch für die degressive Abschreibung, wenn auch hier der Nutzungsverlauf dem Abschreibungsverlauf entspricht.

Gehen wir nun von der durchaus realistischen Annahme aus, daß infolge handels- und steuerrechtlicher Abschreibungsvorschriften die **Abschreibungen dem Wertminderungsverlauf** in den ersten Jahren der Nutzung **vorangehen,** so tritt im Falle der Reinvestition der jeweiligen Abschreibungsgegenwerte eine Vermischung von Finanzierung aus Abschreibungen und Finanzierung aus Gewinnen (Selbstfinanzierung) ein. Die Folge davon ist, daß durch die Beschaffung neuer Anlagen aus den Abschreibungsgegenwerten, deren liquider Zufluß aus Umsatzerlösen vorausgesetzt wird, nicht nur die Periodenkapazität, sondern **auch die Gesamtkapazität** des Betriebes erweitert werden kann, weil durch die im Vergleich zur Nutzungsminderung überhöhten Abschreibungen nicht nur die Minderung der Gesamtkapazität kompensiert, sondern – konstante Technik und Preise vorausgesetzt – zusätzliche (Gesamt-)Kapazität dadurch beschafft werden kann, daß in Höhe der die Nutzungsminderung überschreitenden Abschreibungen der Periodengewinn niedriger ausgewiesen wird, d. h. stille Rücklagen durch Unterbewertung von Anlagen gebildet werden **(stille Selbstfinanzierung).** Die Erhöhung der Gesamtkapazität wird aus der Bilanz nicht ersichtlich, weil infolge der überhöhten Abschreibungen der bisherige Anlagenbestand zu niedrig bewertet und die Unterbewertung durch die zusätzlichen Anlagen gerade kompensiert wird.

Ein **Beispiel** soll das erläutern: Angenommen, die Selbstkosten der Produktion betragen 10.000 DM; darin sind kalkulatorische Abschreibungen von 2.000 DM enthalten, die genau der Wertminderung entsprechen sollen. Die Verkaufserlöse betragen 14.000 DM; es entsteht also ein Betriebsgewinn von 4.000 DM. Werden in der Gewinn- und Verlustrechnung durch Anwendung einer anderen Abschreibungsmethode als in der Kostenrechnung 5.000 DM Abschreibungen als Aufwand verrechnet, so ist der buchmäßige Aufwand um 3.000 DM höher als die Kosten, also insgesamt 13.000 DM, die Erlöse sind unverändert. Die Gewinn- und

Verlustrechnung weist einen Gewinn von 1.000 DM aus, obwohl tatsächlich 4.000 DM Gewinn entstanden sind. Die überhöhte Abschreibung hält also 3.000 DM des Gewinns im Betrieb zurück, indem sie etwas als Aufwand deklariert, was eigentlich Gewinn ist.

Beispiel:

S	Betriebsergebnis		H		S	Gewinn und Verlust		H
Kosten	8.000	Erlös	14.000		Aufwand	8.000	Erlös	14.000
Abschr.	2.000				Abschr.	5.000		
Gewinn	4.000				Gewinn	1.000		
	14.000		14.000			14.000		14.000

Bei einem Gewinnausweis hätten diese 3.000 DM u. U. den Betrieb in Form von Steuern und Ausschüttungen verlassen. Infolge der zu hohen Verrechnung von Abschreibungen bleiben sie (liquide) vorhanden und können der Finanzierung von Investitionen dienen. Die Verflüssigung von Mitteln ist also durch die gewählte Abschreibungsmethode erhöht worden. Das Vermögen des Betriebes hat sich also nicht nur umgeschichtet, indem der Wertminderung der Anlage von 2.000 DM liquide Mittel von 2.000 DM gegenüberstehen, sondern es hat sich um 3.000 DM, die den Betrieb nicht als Gewinn verlassen, erhöht, wenn auch in der Bilanz diese Erhöhung nicht sichtbar wird, da der erhöhte Abschreibungsaufwand in der Gewinn- und Verlustrechnung, der die stille Zurückbehaltung des Gewinns ermöglicht, seine Gegenbuchung in der Bilanz durch eine entsprechende buchmäßige Herabsetzung des Anlagevermögens findet, oder anders ausgedrückt: damit die Vermehrung der liquiden Mittel um 3.000 DM nicht als eine Vermehrung des Vermögens erscheint (was sie aber tatsächlich ist!), wird das Anlagevermögen um 3.000 DM unterbewertet.

Diese Innenfinanzierung durch Verrechnung überhöhter Abschreibungen ist also teilweise Selbstfinanzierung aus Gewinn (Vermögenszuwachs), teilweise aber lediglich eine Verwendung von flüssigen Mitteln, die den vom Markt vergüteten Ersatz der Wertminderung des Anlagevermögens darstellen, also eine Änderung der Vermögensstruktur sind (**Vermögensumschichtung**). Praktisch aber ist diese Trennung nicht durchzuführen, da eine genaue Feststellung der tatsächlichen Wertminderung der Wirtschaftsgüter nicht möglich ist, also nicht exakt ermittelt werden kann, welcher Teil einer Abschreibung der Wertminderung entspricht und welcher Teil die Vergütung einer erst später eintretenden Wertminderung vorwegnimmt, also im gegenwärtigen Zeitpunkt zu einer zu niedrigen Bewertung der Anlagen führt.

d) Einschränkungen des Kapazitätserweiterungseffekts

Abschließend muß vor einer Überschätzung der Bedeutung des Kapazitätserweiterungseffekts gewarnt werden. Neben den bereits aufgezählten Voraussetzungen, die vor allem den quantitativen Umfang der Kapazitätserweiterung in der Praxis einschränken, ist zu beachten, daß eine Ausweitung der Kapazität nur in Betracht kommt, wenn die erforderlichen gewinnbringenden Absatzmöglichkeiten gegeben sind. Ist das der Fall, so wird durch die Ausweitung der Periodenkapazität auch der Periodengewinn erhöht.

Es darf ferner nicht übersehen werden, daß der dargestellte Kapazitätserweiterungseffekt eine gewisse Einschränkung dadurch erfährt, daß die Erweiterung der Anlagen eines Betriebes in der Regel auch zu einer **Ausweitung des Umlaufvermögens** (zusätzliche Arbeitskräfte, höhere Lagerbestände usw.) führen wird. Ist eine Finanzierung des zusätzlichen Umlaufvermögens von außen nicht möglich, so müssen die durch Abschreibungen freigesetzten Mittel auf Anlage- und Umlaufvermögen aufgeteilt werden. Daß Abschreibungsgegenwerte nicht immer sofort in liquider Form zur Verfügung stehen, sondern zunächst noch in Forderungen oder sogar in den Herstellungskosten noch nicht abgesetzter Fertigfabrikate stecken können, wurde oben bereits erwähnt.

Schließlich ist zu beachten, daß der Umfang der möglichen Kapazitätserweiterung durch **steigende Wiederbeschaffungskosten** für Anlagen gleicher Technik reduziert, ggf. aber durch technische Fortschritte, die die Leistungsfähigkeit von Anlagen in stärkerem Umfange erhöhen als die Anschaffungskosten im Vergleich zu den alten Anlagen zunehmen, verstärkt wird.

Zur Festigung und Vertiefung des Lehrstoffes zum Fünften Abschnitt:

Investition und Finanzierung

empfiehlt es sich, die Aufgaben 1 bis 90 mit den zugehörigen Test- und Wiederholungsfragen aus Wöhe-Kaiser-Döring, **ÜBUNGSBUCH** zu Wöhe, Einführung in die Allgemeine Betriebswirtschaftslehre, S. 215 bis 315 durchzuarbeiten.

Sechster Abschnitt
Das betriebliche Rechnungswesen

A. Grundlagen

I. Aufgaben und Gliederung des betrieblichen Rechnungswesens

1. Überblick

Unter dem Begriff betriebliches Rechnungswesen faßt man sämtliche Verfahren zusammen, deren Aufgabe es ist, alle im Betrieb auftretenden Geld- und Leistungsströme, die vor allem – aber nicht ausschließlich – durch den Prozeß der betrieblichen Leistungserstellung und -verwertung (betrieblicher Umsatzprozeß) hervorgerufen werden, mengen- und wertmäßig zu erfassen und zu überwachen **(Dokumentations- und Kontrollaufgabe).**

Diese Aufgabe kann sich im einzelnen auf die **Ermittlung von Beständen** an einem Zeitpunkt erstrecken (z. B. die Ermittlung des Vermögens und der Schulden des Betriebes an einem Stichtag) oder sie kann in der **Feststellung von Bestandsveränderungen** im Zeitablauf (z. B. die Zu- und Abnahme von Forderungen und Verbindlichkeiten) oder des **Erfolges** einer Zeitperiode bestehen (z. B. die Höhe des Aufwandes und Ertrages einer Abrechnungsperiode); sie kann ferner auf die **Errechnung der Selbstkosten** der betrieblichen Leistungen gerichtet, also nicht nur zeitbezogen, sondern auch stückbezogen sein. Über die Stichtagsfeststellung oder den Zeitvergleich von Bestands- und Erfolgsgrößen soll das Rechnungswesen in erster Linie der Kontrolle der Wirtschaftlichkeit und der Rentabilität der betrieblichen Prozesse dienen und der Betriebsführung damit zugleich Unterlagen für ihre auf die Zukunft gerichteten Planungsüberlegungen liefern **(Dispositionsaufgabe).**

Neben diesen betriebsinternen Aufgaben hat das Rechnungswesen **externe Aufgaben**: auf Grund gesetzlicher Vorschriften dient es der Rechenschaftslegung und informiert – soweit es auf Grund gesetzlicher Vorschriften veröffentlicht oder freiwillig zur Einsicht freigegeben wird – die Gesellschafter (Aktionäre, Gesellschafter der GmbH, Kommanditisten usw.), die Gläubiger (Lieferanten und andere Kreditgeber), die Belegschaft, die Finanzbehörden und die Öffentlichkeit (potentielle Aktionäre und Gläubiger, staatliche Instanzen, wissenschaftliche Institute, Wirtschaftspresse, sonstige Interessierte) über die Vermögens- und Ertragslage des Betriebes **(Rechenschaftslegungs- und Informationsaufgabe).**

Aus der Verschiedenheit der Aufgaben hat sich eine Einteilung des betrieblichen Rechnungswesens in Anlehnung an den Buchführungserlaß des Jahres 1937 in **vier Teilgebiete** entwickelt, die in enger Verbindung miteinander stehen und zum Teil das gleiche Zahlenmaterial – allerdings unter verschiedenen Gesichtspunkten bzw. mit unterschiedlichen Zielsetzungen – verwenden. Es sind das:

(1) die Buchhaltung und Bilanz (Zeitrechnung)

(2) die Selbstkostenrechnung (Stückrechnung)
(3) die betriebswirtschaftliche Statistik
(4) die Planungsrechnung (Vorschaurechnung)

Diese Gliederung ist bis heute im Grundsatz im allgemeinen beibehalten worden, jedoch erweist es sich von der Aufgabenstellung der einzelnen Teilgebiete her als zweckmäßig, die beiden Bereiche der Buchhaltung – die Finanzbuchhaltung (Geschäftsbuchhaltung), aus der die Bilanz entwickelt wird, einerseits und die Betriebsbuchhaltung (kalkulatorische Buchhaltung, Betriebsabrechnung), die der Kostenerfassung und -verteilung dient, andererseits – zu trennen und letztere unter dem Oberbegriff Kostenrechnung mit der Selbstkostenrechnung (Kalkulation) zusammenzufassen. Dann ergibt sich folgende Einteilung:

(1) **Finanzbuchhaltung und Bilanz**
   (a) Buchhaltung
   (b) Inventar
   (c) Jahresabschluß (Jahresbilanz und Erfolgsrechnung)
   (d) Sonderbilanzen, Zwischenbilanzen

(2) **Kostenrechnung**
   (a) Betriebsabrechnung (kalkulatorische Buchhaltung)
      (aa) Kostenartenrechnung
      (bb) Kostenstellenrechnung
      (cc) Kostenträger-Zeitrechnung
      (dd) kurzfristige Erfolgsrechnung
   (b) Selbstkostenrechnung (Kostenträger-Stückrechnung)

(3) **Betriebswirtschaftliche Statistik und Vergleichsrechnung**
   (a) Betriebswirtschaftliche Statistik
   (b) Einzelbetrieblicher Vergleich
      (aa) Zeitvergleich
      (bb) Verfahrensvergleich
      (cc) Soll-Ist-Vergleich
   (c) Zwischenbetrieblicher Vergleich

(4) **Planungsrechnung**

Alle Teilgebiete bestehen aus einem **theoretischen** und einem **angewandten** Teil. Beide lassen sich in der Darstellung in der Regel nicht scharf trennen. Theoretische Erkenntnisse können häufig nur praktisch angewendet werden, wenn sie „rechenbar" gemacht werden können. Nicht alles, was im Bereich des Rechnungswesens als richtig erkannt worden ist, läßt sich auch auf Mark und Pfennig ausrechnen. Die Anwendung verschiedener als theoretisch richtig erkannter Lösungen von Verteilungs- und Zurechnungsproblemen scheitert bisher daran, daß nicht alle für eine exakte Ausrechnung erforderlichen Größen quantifiziert werden können.

Aufbau und Organisation des Rechnungswesens sind von den spezifischen Gegebenheiten eines Betriebes abhängig, also beispielsweise vom Wirtschaftszweig, von der Wirtschafts- und Rechtsform, der Betriebsgröße, dem Fertigungsverfahren und dem Fertigungsprogramm.[1] Je nach dem **Wirtschafts-**

---

[1] Vgl. Mellerowicz, K., Kosten und Kostenrechnung, Bd. II, Teil 1, 4. Aufl., Berlin 1966, S. 2

zweig liegt die Betonung bei der Abrechnung einmal mehr auf der Erfassung und Verteilung der Kosten zum Zwecke der genauen Ermittlung der Selbstkosten der Erzeugnisse und der Kontrolle der Wirtschaftlichkeit der Produktion (Industrie), oder auf der Kontrolle des Umsatzes und der Warenbestände (Handel). Die **Rechtsform** bedingt die Beachtung bestimmter Gliederungs- und Bewertungsvorschriften für Bilanz und Erfolgsrechnung. Die **Wirtschaftsform,** d. h. die Tatsache, daß die Betriebe erwerbswirtschaftlich oder gemeinwirtschaftlich geführt werden können, hat Einfluß auf die Kalkulation und Preispolitik. Von der **Betriebsgröße** hängt es ab, bis zu welchem Grad der Verfeinerung durch Anwendung komplizierter Abrechnungsmethoden, durch Einführung einer Normal- oder Plankostenrechnung und durch Verwendung der betriebswirtschaftlichen Statistik das Rechnungswesen ausgebaut werden kann. Das **Fertigungsprogramm** und die Fertigungsverfahren (z. B. die Anzahl der Artikel und ihre produktionstechnische Verwandtschaft oder Differenzierung) beeinflussen die Wahl der Kalkulationsverfahren (z. B. Divisionskalkulation bei Massenfertigung, Zuschlagskalkulation bei Fertigung verschiedener Serien).

2. Finanzbuchhaltung und Bilanz

Die Aufgabe der **Buchhaltung** besteht darin, alle in Zahlenwerten festgestellten wirtschaftlich bedeutsamen Vorgänge (Geschäftsvorfälle), die sich im Betrieb ereignen, in chronologischer Reihenfolge festzuhalten. Sie beginnt mit der Gründung und endet mit der Liquidation eines Betriebes. Wirtschaftlich bedeutsam sind alle Vorgänge, die zur Änderung der Höhe und/oder der Zusammensetzung des Vermögens und des Kapitals eines Betriebes führen.

Alle in der Buchhaltung und Bilanz erfaßten Bestands- und Bewegungsgrößen werden in Geldeinheiten ausgedrückt. Die mengenmäßige Erfassung der Bestände erfolgt durch **Inventur** (körperliche Bestandsaufnahme) vor der Bilanzaufstellung und findet ihren Niederschlag in einem Bestandsverzeichnis, das als **Inventar** bezeichnet wird. Das Inventar enthält neben den durch körperliche Inventur ermittelten Beständen die Forderungen und Schulden des Betriebes, die nur durch Buchinventur ermittelt werden können. Alle Vermögensbestände und Schulden sind dabei art-, mengen- und wertmäßig aufzuführen. Die Bilanz unterscheidet sich vom Inventar dadurch, daß sie in der Regel Kontoform hat und keine mengenmäßigen, sondern nur art- und wertmäßige Angaben enthält.

Die Buchhaltung ist also eine **Zeitrechnung**. Sie kann Finanzbuchhaltung (Geschäftsbuchhaltung) oder Betriebsbuchhaltung sein. Erstere erfaßt den gesamten Wertzuwachs oder Wertverbrauch sowie die Änderungen der Vermögens- und Kapitalstruktur während einer Zeitperiode (Jahr, Monat). Den gesamten Wertverbrauch einer Abrechnungsperiode bezeichnet man als **Aufwand,** den gesamten Wertzuwachs als **Ertrag.** Die in der Buchhaltung an einem Stichtag (Bilanzstichtag) erfaßten Bestände an Vermögen und an Schulden (Kapital) werden in der Bilanz, die erfaßten Aufwendungen und Erträge einer Abrechnungsperiode in der Erfolgsrechnung (Gewinn- und Verlustrechnung) gegenübergestellt.

Die Buchhaltung liefert alle Zahlenwerte, die zur Erstellung von Bilanzen – und zwar sowohl von Jahresbilanzen (Handels- und Steuerbilanz) als auch von Sonderbilanzen (z. B. Umwandlungs-, Fusions-, Liquidationsbilanzen) benötigt werden. Außerdem stellt sie das für Liquiditäts- und Finanzkontrollen erforderliche Zahlenmaterial zur Verfügung.

Zur Erfassung der Geschäftsvorfälle bedient sich die Buchhaltung folgender Arten von Konten:

(1) **Bestandskonten.** Sie nehmen für jede Vermögens- und Kapitalart den Anfangsbestand einer Abrechnungsperiode auf, sammeln die Zugänge und Abgänge während der Periode, zeigen also die Bewegung der Bestände, und ermöglichen am Ende der Periode durch Gegenüberstellung von Anfangsbestand und Zugängen einerseits und Abgängen andererseits die Ermittlung des Endbestandes.

(2) **Erfolgskonten.** Sie sammeln – getrennt nach Aufwands- und Ertragsarten – die Aufwendungen und Erträge einer Abrechnungsperiode. Der Saldo zwischen sämtlichen Aufwendungen und Erträgen ergibt den Erfolg der Periode, der mit dem Eigenkapitalkonto verrechnet wird und als Gewinn das Eigenkapital vermehrt, als Verlust das Eigenkapital vermindert.

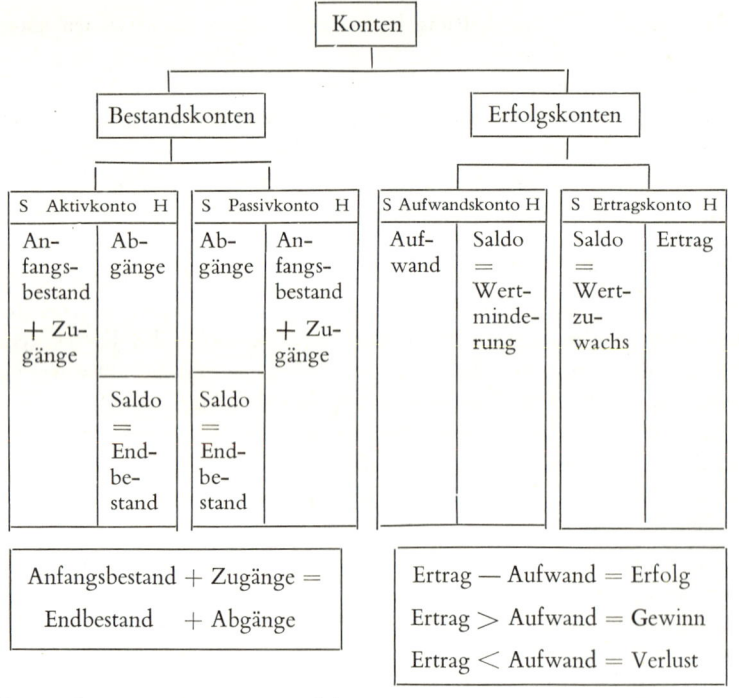

```
                              Konten
                                │
                ┌───────────────┴───────────────┐
           Bestandskonten                 Erfolgskonten
                │                               │
        ┌───────┴───────┐               ┌───────┴───────┐
   S Aktivkonto H   S Passivkonto H   S Aufwandskonto H   S Ertragskonto H
   ┌──────┬──────┐  ┌──────┬──────┐   ┌──────┬──────┐   ┌──────┬──────┐
   │ An-  │ Ab-  │  │ Ab-  │ An-  │   │ Auf- │ Saldo│   │ Saldo│Ertrag│
   │fangs-│gänge │  │gänge │fangs-│   │ wand │  =   │   │  =   │      │
   │bestand│     │  │      │bestand│  │      │ Wert-│   │ Wert-│      │
   │+ Zu- │      │  │      │+ Zu- │   │      │minde-│   │  zu- │      │
   │gänge │      │  │      │gänge │   │      │ rung │   │wachs │      │
   ├──────┼──────┤  ├──────┼──────┤   └──────┴──────┘   └──────┴──────┘
   │      │Saldo │  │Saldo │      │
   │      │  =   │  │  =   │      │
   │      │End-  │  │End-  │      │
   │      │be-   │  │be-   │      │
   │      │stand │  │stand │      │
   └──────┴──────┘  └──────┴──────┘

   ┌─────────────────────────────────┐  ┌────────────────────────────────┐
   │ Anfangsbestand + Zugänge =      │  │ Ertrag − Aufwand = Erfolg      │
   │ Endbestand      + Abgänge       │  │ Ertrag > Aufwand = Gewinn      │
   │                                 │  │ Ertrag < Aufwand = Verlust     │
   └─────────────────────────────────┘  └────────────────────────────────┘
```

(3) Eine dritte Art von Konten sind die **gemischten Konten,** die eine Kombination von Bestands- und Erfolgskonten bilden. Bekanntestes Beispiel ist das ungeteilte (gemischte) Warenkonto. Diese Konten haben den Nachteil, daß ihr Saldo eine Mischung von Endbestandswert und Erfolg ist und folglich eine sinnvolle Aussage nur ergibt, wenn vor der Saldierung der durch Inven-

tur festgestellte Endbestand eingesetzt wird, so daß der Saldo nur noch den Erfolg zeigt. Im Interesse einer klaren und übersichtlichen Buchführung und Bilanzierung sollten gemischte Konten durch Aufteilung in ein reines Bestands- und ein reines Erfolgskonto (z. B. Wareneinkaufskonto und Warenverkaufskonto) vermieden werden.

Der formale Aufbau der doppelten Buchführung ermöglicht die **Ermittlung des Periodenerfolges** in doppelter Weise:
(1) durch Vermögensvergleich:
  Erfolg = Vermögen am Ende der Periode – Vermögen am Anfang der Periode + Entnahmen — Einlagen;
(2) durch Aufwands- und Ertragsvergleich:
  Erfolg = Ertrag — Aufwand.

Alle Geschäftsvorfälle können mit einem der vier Typen von Buchungsfällen erfaßt werden. Es sind das:
(1) Der **Aktivtausch**. Er führt zu einer Veränderung der Vermögensstruktur, ohne daß sich die Bilanzsumme vergrößert oder verringert. Der Zugang auf einem Vermögenskonto entspricht dem Abgang auf einem anderen Vermögenskonto.
(2) Der **Passivtausch**. Er führt zu einer Veränderung der Kapitalstruktur, ohne daß sich die Bilanzsumme vergrößert oder verringert. Der Zugang auf einem Kapitalkonto entspricht dem Abgang auf einem anderen Kapitalkonto.
(3) Die **Bilanzverlängerung**. Aktiv- und Passivseite vermehren sich um den gleichen Betrag. Dem Zugang auf einem Vermögenskonto entspricht ein Zugang auf einem Kapitalkonto in gleicher Höhe oder umgekehrt. Die Bilanzsumme nimmt zu.
(4) Die **Bilanzverkürzung**. Aktiv- und Passivseite vermindern sich um den gleichen Betrag. Einem Abgang auf einem Vermögenskonto entspricht ein Abgang auf einem Kapitalkonto in gleicher Höhe oder umgekehrt. Die Bilanzsumme nimmt ab.

3. Die Kostenrechnung

Die Betriebsbuchhaltung bildet zusammen mit der Selbstkostenrechnung (Kalkulation) das Gebiet der Kostenrechnung, deren Aufgabe die Erfassung, Verteilung und Zurechnung der Kosten ist, die bei der betrieblichen Leistungserstellung und -verwertung entstehen, zu dem Zwecke,
(1) durch Vergleich der Kosten mit der erstellten Leistung und somit durch Feststellung des Erfolges (kurzfristige Erfolgsrechnung) eine **Kontrolle der Wirtschaftlichkeit** des Betriebsprozesses zu ermöglichen und dadurch eine Grundlage für betriebliche Dispositionen zu schaffen und
(2) auf der Grundlage der ermittelten Selbstkosten der Leistungen (Kostenträger) eine **Kalkulation des Angebotspreises** bzw. die Feststellung der Preisuntergrenze möglich zu machen.

Die Kostenrechnung erfaßt nur den Teil des Wertverbrauchs und Wertzuwachses, der durch die Erfüllung der spezifischen Aufgaben des Betriebes (Erzeugung und Absatz von Gütern und Leistungen) verursacht wird, nicht dagegen betriebsfremde und außerordentliche Aufwendungen und Erträge, die neben den betriebsbedingten Aufwendungen und Erträgen in der Finanzbuchhaltung aufgezeichnet werden.

Den Wertverbrauch, der bei der Erstellung der Betriebsleistungen erfolgt, bezeichnet man als **Kosten,** den entstandenen Wertzuwachs als **Leistung.** Während in der Finanzbuchhaltung nur der Wertverzehr erfaßt wird, der mit Ausgaben verbunden war (Aufwand), bezieht die Betriebsbuchhaltung auch den Wertverzehr ein, der – ohne Ausgaben zu verursachen – durch die Erstellung der Betriebsleistungen hervorgerufen wird.[1]

Da die Erfassung und Verteilung der Kosten in der Regel nicht nur mit Hilfe der Buchhaltung, sondern teilweise auch mit Hilfe statistischer Methoden erfolgen kann, ist die Bezeichnung Betriebsbuchhaltung als zu eng anzusehen. Sie wird deshalb in zunehmendem Maße durch die Bezeichnung **Betriebsabrechnung** ersetzt. Sie ist eine Periodenrechnung, die als **Kostenartenrechnung** ermittelt, welche Arten von Kosten im Betrieb angefallen sind (z. B. Personalkosten, Materialkosten, Abschreibungen, Zinsen, Kosten für Dienstleistungen Dritter, Steuern usw.) und als **Kostenstellenrechnung** die Kostenarten auf die einzelnen Kostenbereiche verteilt (z. B. Beschaffungs-, Fertigungs-, Verwaltungs- und Vertriebsbereich), um durch die Feststellung, wo die Kosten verursacht worden sind, eine genaue Zurechnung der Kosten auf die Leistungen der Periode **(Kostenträgerzeitrechnung)** und durch Vergleich der Kostenstellenkosten mit anderen Größen z. B. eine Kontrolle der Wirtschaftlichkeit in den einzelnen Kostenentstehungsbereichen zu ermöglichen.

Die **Selbstkostenrechnung** (Kalkulation) führt als Kostenträger-Stückrechnung – aufbauend auf der Kostenarten-, Kostenstellen- und Kostenträger-Zeitrechnung – die Zurechnung der Kosten auf die einzelne Leistung durch, d. h. sie ermittelt die Selbstkosten und schafft damit die Grundlage für die Kalkulation des Angebotspreises. Wird die Selbstkostenrechnung vor der Erstellung der Betriebsleistung durchgeführt, so bezeichnet man sie als Vorkalkulation, erfolgt sie nach Abschluß der Leistungserstellung, so spricht man von Nachkalkulation.

Zwischen der Finanzbuchhaltung und der Bilanz einerseits und der Kostenrechnung andererseits bestehen enge Wechselbeziehungen. Die Bestände an Halb- und Fertigfabrikaten und die vom Betrieb für die eigene Verwendung erstellten Werkzeuge und Maschinen werden in der Bilanz mit ihren Herstellungskosten bewertet, die in der Kostenrechnung ermittelt werden. Die Finanzbuchhaltung zeichnet zwar die in einer Periode verbrauchten Aufwandsarten (Löhne, Gehälter, Material usw.) auf, verteilt sie aber nicht auf die einzelnen Leistungen (Kostenträger). Das ist Aufgabe der Betriebsabrechnung.

Ein wesentlicher Unterschied zwischen Finanzbuchhaltung und Bilanz einerseits und Kostenrechnung andererseits ist darin zu sehen, daß die Bilanz eine periodische Rechenschaftslegung der Personen darstellt, die für die Verbindlichkeiten des Betriebes haften bzw. die – bei Kapitalgesellschaften – als verfassungsmäßige Organe die Geschäfte für die Eigentümer (Haftungspersonen) des Betriebes führen.

---

[1] Zur Abgrenzung der Begriffe vgl. S. 685 ff.

Die Verpflichtung zur Rechenschaftslegung **beruht auf Gesetz**; auch ihr Umfang, ihre Form und ihr Inhalt (Bilanzgliederung, Bilanzbewertung usw.) sind gesetzlich geregelt. Sie trifft stets den Betrieb als rechtliche Einheit in seiner Gesamtheit und richtet sich nach außen (Gläubiger, Finanzbehörden, Gesellschafter von Kapitalgesellschaften).

Aufbau und Organisation der Kostenrechnung dagegen sind in das **Ermessen des Betriebes** gestellt. Die Kostenrechnung ist eine innerbetriebliche Angelegenheit. Sie ist keine Rechenschaftslegung gegenüber einem bestimmten Personenkreis. Ihr Gegenstand ist nicht der gesamte betriebliche Prozeß eines Zeitraumes und der Zustand an einem Zeitpunkt, sondern sie kann sich je nach der vom Betrieb gewünschten Ausgestaltung auf einzelne betriebliche Bereiche (Kostenstellen) oder auf einzelne Produkte (Kostenträger) richten. Die Länge des Abrechnungszeitraums kann vom Betriebe ebenso bestimmt werden, wie das angewandte Verrechnungsverfahren (z. B. Istkosten-, Normalkosten- oder Plankostenrechnung, Vollkosten- oder Teilkostenrechnung u. a.).

4. Die betriebswirtschaftliche Statistik und Vergleichsrechnung

Diese Zweige des Rechnungswesens werten neben anderen Unterlagen die Zahlen der Buchhaltung, Bilanz und der Kostenrechnung zur Kontrolle der Wirtschaftlichkeit und zur Gewinnung von Unterlagen für die Planung und Disposition aus. Während Buchhaltung, Bilanz und Kostenrechnung in erster Linie Werte, Wertbewegungen und Wertveränderungen erfassen, gewinnt die betriebswirtschaftliche Statistik durch Vergleichen von betrieblichen Tatbeständen und Entwicklungen (z. B. der Entwicklung der Produktion, der Lagerbewegungen, der Umsätze in verschiedenen Monaten) oder durch Feststellung von Beziehungen und Zusammenhängen zwischen betrieblichen Größen (z. B. Beziehungen zwischen Eigenkapital und Gewinn, zwischen eingesetztem Material und Materialabfall, zwischen Lohnkosten und Gesamtkosten) neue zusätzliche Erkenntnisse über betriebliche Vorgänge und Erscheinungen. Die betriebswirtschaftliche Statistik dient also wie die übrigen Zweige des Rechnungswesens selbständig der betrieblichen Kontrolle, Planung und Disposition.

Als rein formale Methode findet die betriebswirtschaftliche Statistik daneben auch in den übrigen Teilen des Rechnungswesens Anwendung und tritt hier entweder an die Stelle anderer Rechnungsverfahren oder ergänzt sie.

Die Vergleichsrechnung (Betriebsvergleich) kann als **Zeitvergleich** die Entwicklung bestimmter betrieblicher Größen im Zeitablauf (z. B. die Umsatzentwicklung, die Produktionsentwicklung usw.) erfassen, als **Verfahrensvergleich** die Wirtschaftlichkeit verschiedener Verfahren (z. B. Fertigungsverfahren) ermitteln oder als **Soll-Ist-Vergleich** Soll-Werte, d. h. vorgegebene Richtgrößen (z. B. Plankosten) den Ist-Werten, d. h. den tatsächlich angefallenen Größen, gegenüberstellen.

Sie kann ferner als **zwischenbetrieblicher Vergleich** Betriebe derselben oder verschiedener Branchen vergleichen oder Kennzahlen des eigenen Betriebes an Hand von Branchendurchschnittszahlen (Richtzahlen) überprüfen. Die Methoden der Betriebsstatistik dienen hier als Hilfsmittel.

5. Die Planungsrechnung

Sie stellt eine mengen- und wertmäßige Schätzung der erwarteten betrieblichen Entwicklung dar und hat die Aufgabe, die betriebliche Planung in Form von Voranschlägen der zukünftigen Ausgaben und Einnahmen zahlenmäßig zu konkretisieren. Sie bedient sich einerseits des bereits von der Buchhaltung, der Bilanz, der Kostenrechnung und der betriebswirtschaftlichen Statistik erfaßten und verarbeiteten Zahlenmaterials; da jedoch jede Planung in die Zukunft gerichtet ist, müssen auch die **Zukunftserwartungen** geschätzt und in Rechnung gestellt werden. Je unvollkommener die Informationen sind, die der Betriebsführung zur Verfügung stehen, desto größer sind die Unsicherheiten und Risiken, die in den Erwartungen stecken.

Die Planungsrechnung läßt sich nicht immer scharf von den anderen Teilgebieten des Rechnungswesens abgrenzen. So ist z. B. die Kostenplanung in Form einer Plankostenrechnung ihrem Wesen nach eine Planungsrechnung, zugleich aber als Bestandteil der Kostenrechnung anzusehen.

Mit zunehmender Betriebsgröße und zunehmender Differenzierung des Fertigungsprogramms bzw. des Sortiments werden die Planungsaufgaben immer schwieriger. Ihre Lösung erfordert die Anwendung immer komplizierterer Rechenverfahren. Der betriebliche Gesamtplan setzt sich aus einer Anzahl von Teilplänen zusammen, die auf Grund der Rahmenplanung der Betriebsführung von den einzelnen betrieblichen Funktionsbereichen aufgestellt und von der Betriebsführung koordiniert werden müssen. Solche Teilpläne sind z. B. der Absatzplan, der Produktionsplan und der Finanzplan, die ihrerseits wiederum aus verschiedenen Teilplänen bestehen.

Zur Lösung schwieriger Planungs- und Koordinierungsprobleme sind nach dem zweiten Weltkriege wissenschaftliche Methoden und Verfahren entwickelt worden, die gewöhnlich unter der Bezeichnung Unternehmensforschung (Operations Research) zusammengefaßt werden. Die **Unternehmensforschung** arbeitet mit mathematischen Entscheidungsmodellen, zu deren rechnerischen Lösung spezielle mathematische Verfahren verwendet werden. Das betriebliche Rechnungswesen hat durch die Entwicklung des Operations Research eine erhebliche Erweiterung und Verfeinerung erfahren. Die wichtigsten dieser Verfahren wurden aus didaktischen Gründen bereits im Zusammenhang mit der betrieblichen Planung behandelt.[1]

II. Die Grundbegriffe des betrieblichen Rechnungswesens[2]

Die Betriebswirtschaftslehre hat zur Bezeichnung der vom betrieblichen Rechnungswesen erfaßten Zahlungs- und Leistungsvorgänge eine eigene Terminologie entwickelt. Sie benutzt die folgenden vier Begriffspaare, die auch im täglichen Sprachgebrauch Anwendung finden, dort aber nicht die scharfe begriffliche Tren-

---

[1] Vgl. S. 133 ff.
[2] Verkürzt entnommen aus: Wöhe, G., Bilanzierung und Bilanzpolitik, 3. Aufl., München 1973, S. 8 ff.

A. II. Die Grundbegriffe des betrieblichen Rechnungswesens

nung erfahren wie in der Betriebswirtschaftslehre, sondern teilweise synonym verwendet werden. Es handelt sich um folgende Begriffspaare:
(1) Auszahlung – Einzahlung;
(2) Ausgabe – Einnahme;
(3) Aufwand – Ertrag;
(4) Kosten – Leistung.

1. Auszahlung – Ausgabe, Einzahlung – Einnahme

Verläßt Bargeld den Betrieb, d. h. vermindern sich die liquiden Mittel (Kassenbestände und jederzeit verfügbare Bankguthaben), so bezeichnet man diesen Vorgang als **Auszahlung**; wird dem Betrieb Bargeld zugeführt, d. h. erhöht sich der Bestand an liquiden Mitteln, so handelt es sich um eine **Einzahlung**.

Beispiele für Auszahlungen sind folgende Vorgänge: Barentnahme, eigene Barausleihungen (Finanzkredit), Bartilgung eines in einer früheren Periode empfangenen Finanzkredits, Bartilgung eines Lieferantenkredits, Vorauszahlungen für später eingehende Produktionsfaktoren, Barkauf von Produktionsfaktoren.

Beispiele für Einzahlungen sind folgende Vorgänge: Bareinlagen, Barkredit (z. B. Bankdarlehen), Bartilgung eines vom Betrieb gegebenen Finanzkredites, Bartilgung eines vom Betrieb gegebenen Lieferantenkredits, Vorauszahlungen an den Betrieb, Barverkauf von Fertigfabrikaten oder Waren.

Soll auch der Bereich der Forderungs- und Schuldenentstehung und -abwicklung erfaßt werden, so wird das Begriffspaar Auszahlung – Einzahlung zum Begriffspaar Ausgabe – Einnahme erweitert:

Ausgabe = Auszahlung + Forderungsabgang + Schuldenzugang
Einnahme = Einzahlung + Forderungszugang + Schuldenabgang.

Das Begriffspaar Auszahlung – Einzahlung hat also einen engeren Begriffsumfang als das Begriffspaar Ausgabe – Einnahme.

Die Beziehungen zwischen Einnahmen und Ausgaben in einer Periode können zweifacher Art sein: **Erstens** gibt es Einnahmen und Ausgaben, denen keine Ausgaben und Einnahmen entsprechen, z. B. Barzuführung oder Barentnahme von Eigenkapital, Bar- oder Kreditverkauf von Fertigfabrikaten, Bar- oder Kreditkauf von Produktionsfaktoren; **zweitens** gibt es Einnahmen und Ausgaben, denen Ausgaben und Einnahmen entsprechen. Beispiele ergeben sich durch Kombinationen sämtlicher Einnahme- und Ausgabevorgänge, so kann z. B. ein Forderungszugang (Einnahme) auf einer Auszahlung (z. B. Hingabe eines Barkredits), auf einem Forderungsabgang (z. B. Umwandlung einer kurzfristigen Warenforderung in ein langfristiges Darlehen) oder einem Schuldenzugang beruhen (z. B. Erwerb eines Wertpapiers auf Kredit), oder ein Forderungsabgang (Ausgabe) kann durch eine Einzahlung (z. B. ein vom Betrieb gewährter Kredit wird bar getilgt) oder durch einen Schuldenabgang (z. B. Aufrechnung oder Forderungsabtretung) bedingt sein.

2. Aufwand – Kosten, Ertrag – Leistung

Als **Aufwand** bezeichnet man den Wertverzehr (Wertverbrauch) einer Abrechnungsperiode. Der „Verbrauch" von Werten kann einerseits in einer Umformung von Werten (z. B. Verbrauch von Rohstoffen zur Erstellung von Fabrikaten) bestehen, dann steht dem Güterverzehr ein Gegenwert in Form von Betriebsleistungen gegenüber, oder er kann ohne Gegenwert erfolgen, wie z. B. bei der Zahlung einer Spende (freiwillig) oder der Zahlung von Steuern (zwangsweise).

Der Teil des in einer Periode eingetretenen Wertverzehrs, der bei der Erstellung der Betriebsleistungen angefallen ist, stellt die **Kosten** dar. Aufwand und Kosten stimmen nicht in vollem Umfang überein, da es einerseits Aufwand gibt, der entweder nichts mit der Erstellung von Betriebsleistungen zu tun hat oder ihnen nicht oder nicht in voller Höhe zugerechnet wird (**neutraler Aufwand**) und andererseits Kosten verrechnet werden, denen entweder kein Aufwand oder nicht in voller Höhe der Kosten Aufwand entspricht (**Zusatzkosten**). Soweit sich Aufwand und Kosten decken, spricht man von Zweckaufwand und Grundkosten.

Der neutrale Aufwand, d. h. der Aufwand, dem keine Kosten entsprechen, läßt sich in drei Kategorien unterteilen:

(1) **Betriebsfremder Aufwand** liegt vor, wenn ein Wertverzehr überhaupt keine Beziehung zur betrieblichen Leistungserstellung hat (z. B. eine Spende an das Rote Kreuz).

(2) **Außerordentlich** ist ein Aufwand dann, wenn er zwar durch die Erstellung von Betriebsleistungen verursacht wird, aber so außergewöhnlich ist, daß er nicht in die Selbstkosten eingerechnet werden kann (z. B. Feuerschäden, Verluste aus Bürgschaften, Kursverluste bei Wertpapieren), weil sonst die Selbstkosten einer Periode durch zufallsbedingten Wertverzehr erhöht würden und folglich weder Grundlage für die Preiskalkulation, noch Grundlage für eine Ermittlung der Preisuntergrenze sein können.

(3) **Bewertungsbedingter** neutraler Aufwand liegt vor, wenn einem Aufwand, der seinem Wesen nach kostengleich sein könnte, durch die Art der Verrechnung keine Kosten entsprechen. Das ist der Fall, wenn z. B. in der Bilanz für ein Wirtschaftsgut ein höherer Abschreibungsbetrag als in der Kostenrechnung verrechnet wird, weil entweder die Verteilung der Anschaffungskosten auf die Jahre der Nutzung auf Grund unterschiedlicher Zielsetzungen in der Bilanz nach einem anderen Abschreibungsverfahren als in der Kostenrechnung erfolgt oder/und die Abschreibung in der Bilanz auf Basis der Anschaffungskosten, in der Kostenrechnung auf Basis der Wiederbeschaffungskosten vorgenommen wird. Würde für ein Wirtschaftsgut in einer Periode in der Bilanz eine Abschreibung von 1.200 DM und in der Kostenrechnung von 1.000 DM verrechnet, so sind auf Grund der gewählten Verrechnungsmethoden 1.000 DM Zweckaufwand und Grundkosten, 200 DM neutraler Aufwand.

Zusatzkosten können aus folgenden Gründen entstehen:

(1) Die Entgelte für die vom Unternehmer dem Betrieb zur Verfügung gestellten Produktionsfaktoren werden nicht als Aufwand angesehen, da der Unternehmer sich selbst für seine Mitarbeit kein Gehalt und für das eingesetzte Eigenkapital keine Zinsen zahlt, sondern diese Entgelte sind Bestandteil des Gewinns. Die Entnahmen des Unternehmers sind folglich Gewinnver-

wendung, nicht Aufwand. In der Kostenrechnung dagegen müssen für die Mitarbeit des Unternehmers (bei Einzelunternehmen und Personengesellschaften)[1] **Unternehmerlöhne** und für den Einsatz des Eigenkapitals **Eigenkapitalzinsen** (als Bestandteil der kalkulatorischen Zinsen) in die Kosten einbezogen werden, da diese sonst zu niedrig angesetzt wären, denn wenn die Betriebsleistungen z. B. genau zu ihren Selbstkosten abgesetzt würden, so hätte andernfalls der Unternehmer einen Nutzungsentgang in Höhe der Beträge erlitten, die er erzielt hätte, wenn er seine Arbeitskraft und sein Kapital einem anderen Betrieb zur Verfügung gestellt hätte. Es handelt sich also um Kosten im Sinne von entgangenem Nutzen (Alternativkosten, opportunity costs).

(2) Bei der Erstellung der Betriebsleistungen aperiodisch auftretende Wagnisverluste werden in der Kostenrechnung durch Ansatz geschätzter **kalkulatorischer Wagniszuschläge** berücksichtigt. Es erfolgt auf diese Weise eine „Periodisierung von Kosten", die aperiodisch anfallen. In einer Periode, in der keine Wagnisverluste eingetreten sind, ist auch kein Aufwand angefallen, die verrechneten kalkulatorischen Wagniszuschläge sind in voller Höhe Zusatzkosten. Entsteht in einer Periode ein Wagnisverlust, so stellt er einen außerordentlichen Aufwand dar und wird in der Kostenrechnung nicht berücksichtigt.[2]

(3) Ebenso wie beim neutralen Aufwand gibt es auch bei den Zusatzkosten neben denen, die es ihrem Wesen nach sind, solche, die durch die Art der Verrechnung bewertungsbedingt entstehen. Nehmen wir an, daß aus den oben genannten Gründen in der Bilanz eine andere Periodenabschreibung als in der Kostenrechnung angesetzt wird. Beträgt die kalkulatorische Abschreibung 1.500 DM, die Bilanzabschreibung aber nur 1.000 DM, so sind 1.000 DM Grundkosten und Zweckaufwand, 500 DM Zusatzkosten.

Ertrag ist der in Geld bewertete Wertzugang einer Periode. Er stellt den Gegenbegriff zum Aufwand dar. Stammt der Ertrag aus dem Prozeß der betrieblichen Leistungserstellung und -verwertung, so handelt es sich um einen **Betriebsertrag**; andernfalls wird er als **neutraler Ertrag** bezeichnet.

Die **Betriebsleistung** ist das Ergebnis der betrieblichen Tätigkeit, die sich in Sachgütern und Dienstleistungen niederschlägt. Leistung ist der Gegenbegriff zu den Kosten. Dem neutralen Ertrag steht keine Betriebsleistung gegenüber.

---

[1] Bei Kapitalgesellschaften erhalten die Geschäftsführer oder Vorstandsmitglieder Gehälter von der Gesellschaft, auch wenn sie zugleich – wie häufig bei der GmbH – Gesellschafter sind. Diese Gehälter sind Personalaufwand wie alle übrigen Gehälter und Löhne, da die Kapitalgesellschaften als juristische Personen auch mit den geschäftsführenden Gesellschaftern schuldrechtliche Verträge abschließen.

[2] Eine wenigstens teilweise Übereinstimmung von Aufwand und Kosten könnte erreicht werden, wenn in der Bilanz Rückstellungen für Wagnisverluste gebildet und aperiodisch eintretende Wagnisverluste erfolgsunwirksam mit den Rückstellungen verrechnet werden. Auf diese Weise wird in der Bilanz analog zur Kostenrechnung eine „Periodisierung von Aufwand" vorgenommen. Da die Bildung derartiger Rückstellungen in der Steuerbilanz nicht erlaubt ist, sind in Jahren, in denen keine Wagnisverluste eingetreten sind, c. p. die kalkulatorischen Wagniszuschläge im steuerpflichtigen Gewinn enthalten und stehen infolge der Besteuerung nicht mehr in vollem Umfange zur Deckung späterer Wagnisverluste zur Verfügung.

Die Beziehungen zwischen Aufwand und Kosten lassen sich schematisch folgendermaßen darstellen:

	Aufwand			
Neutraler Aufwand			Zweckaufwand	
(1)	(2)	(3)		
			Grundkosten	Zusatzkosten
				(4)	(5)	(6)
			Kosten	

(1) Betriebsfremder Aufwand;
(2) Außerordentlicher Aufwand;
(3) Bewertungsbedingter neutraler Aufwand;
(4) Kalkulatorische Kostenarten, denen keine Aufwandsarten entsprechen (z. B. kalkulatorischer Unternehmerlohn);
(5) Kalkulatorische Kostenarten, deren Aufgabe die Periodisierung aperiodisch eintretenden betriebsbedingten Wertverzehrs ist (z. B. kalkulatorische Wagnisse);
(6) Kalkulatorische Kostenarten, soweit sie entsprechende Aufwandsarten übersteigen (z. B. kalkulatorische Abschreibungen).

Die **Betriebserträge** setzen sich aus folgenden Kategorien zusammen:
(1) Umsatzerträge, d. h. Erlöse[1] aus dem Verkauf von Fertigfabrikaten, Waren, usw.;
(2) Erhöhung der Bestände an Halb- und Fertigfabrikaten;
(3) Innerbetriebliche Erträge, z. B. zu Herstellungskosten bewertete selbsterstellte Maschinen, Werkzeuge u. a., die im eigenen Betrieb eingesetzt werden.

Neutrale Erträge sind entweder betriebsfremde Erträge (z. B. Kursgewinne bei Wertpapieren, Erträge aus Beteiligungen) oder außergewöhnliche Erträge (z. B. Anlagenverkäufe über dem Buchwert).

3. Ausgabe – Aufwand

Die **Beziehungen zwischen Ausgaben und Aufwand** einer Periode können dreifacher Art sein:
(1) Beide Größen stimmen sachlich und zeitlich überein:
    Ausgabe der Periode gleich Aufwand der Periode.
    Beispiel: Kauf von Produktionsfaktoren (= Auszahlung oder Schuldenzugang) und Verbrauch in derselben Periode (= Aufwand).
(2) Beide Größen unterscheiden sich **sachlich**:
    a) Ausgabe der Periode grundsätzlich kein Aufwand (auch nicht in einer anderen Periode).
    Beispiele: Privatentnahme in Geld (= Auszahlung),
              Privatentnahme in Wertpapieren (= Forderungsabgang).

---

[1] Als Erlös bezeichnet man den Geldwert der umgesetzten Teile des Ertrages. Die Begriffe Umsatzertrag und Umsatzerlös können also synonym verwendet werden.

b) Aufwand der Periode, grundsätzlich keine Ausgabe (auch nicht in einer anderen Periode).
Beispiel: Abschreibung einer durch Schenkung erworbenen Maschine.
(3) Beide Größen unterscheiden sich **zeitlich**:
a) Ausgabe der Periode = Aufwand einer späteren Periode.
Beispiel: Kauf von Rohstoffen (= Auszahlung oder Schuldenzugang) und Verbrauch in einer späteren Periode (= Aufwand).
b) Aufwand der Periode = Ausgabe einer früheren Periode.
Beispiel: Abschreibung (= Aufwand) einer früher angeschafften Maschine (= Auszahlung oder Schuldenzugang).

Ausgabe (Periode)					
(2a)	(3a)	(1)			
		(1)	(2b)	(3b)	
		Aufwand (Periode)			

Der Fall eines Aufwandes, der erst später zu einer Ausgabe wird (bzw. einer Ausgabe, die früher Aufwand war), ist in diesem Schema nicht unterzubringen, da Aufwand stets Verbrauch (bzw. Umformung) von Produktionsfaktoren oder Abfluß von Geldmitteln ist. Es liegt also entweder eine Auszahlung, ein Schuldenzugang oder ein Forderungsabgang vor, wenn ein Aufwand entsteht. Erfolgt die Auszahlung später als der Aufwand (z. B. Verbrauch von Rohstoffen, die auf Kredit beschafft wurden oder spätere Zahlung von Steuern zu Lasten einer Steuerrückstellung), so war der Kreditkauf bzw. die Rückstellungsbildung ein Schuldenzugang, also eine Ausgabe der Periode, in der auch der Aufwand eintritt.

Die spätere Tilgung des Lieferantenkredits bzw. die spätere Steuerzahlung ist eine Auszahlung (Ausgabe), der kein Aufwand in dieser Periode, sondern eine Einnahme (Schuldenabgang) entspricht. D. h. eine in der Periode der Aufwandsverursachung entstehende Ausgabenkategorie (Schuldenzugang) wird später zu einer anderen Ausgabenkategorie (Auszahlung). Die Beziehung: Aufwand der Periode = Auszahlung einer späteren Periode besagt also nicht, daß die Ausgabe später als der Aufwand erfolgt, sondern, daß ein Schuldenzugang der Periode zu einer Auszahlung in einer späteren Periode führt.

4. Einnahme – Ertrag

Analog zu den Beziehungen zwischen Ausgaben und Aufwendungen können auch die **Beziehungen zwischen Einnahmen und Erträgen** dreifacher Art sein:
(1) Beide Größen stimmen zeitlich und sachlich überein:
Einnahme der Periode = Ertrag der Periode.
Beispiel: Verkauf (= Einzahlung oder Forderungszugang) von in der Periode produzierten Fabrikaten (Ertrag).
(2) Beide Größen unterscheiden sich **sachlich**:
a) Einnahme der Periode, grundsätzlich kein Ertrag (auch nicht in einer anderen Periode).

Beispiel: Rückzahlung eines gewährten Darlehens durch den Schuldner (= Einzahlung).
b) Ertrag der Periode, grundsätzlich keine Einnahme (auch nicht in einer anderen Periode).
Beispiel: Innerbetriebliche Leistungen (selbsterstellte Maschinen, Werkzeuge u. a.), die im eigenen Betrieb verbraucht werden.

(3) Beide Größen unterscheiden sich **zeitlich**:
   a) Einnahme der Periode = Ertrag einer späteren Periode:
   Beispiel: Erhaltene Anzahlungen (= Einzahlung).
   Einnahme der Periode = Ertrag einer früheren Periode:
   Beispiel: Barzahlung einer Warenforderung (= Einzahlung).
   b) Ertrag der Periode = Einnahme einer späteren Periode:
   Beispiel: Produktion von Fabrikaten auf Lager.
   Ertrag der Periode = Einnahme einer früheren Periode:
   Beispiel: Lieferung von früher durch Vorauszahlung bezahlten Fabrikaten.

	Einnahme (Periode)	
(2a) (3a)	(1)	
	(1)	(2b) (3b)
	Ertrag (Periode)	

5. Erfolg

Unter Verwendung der bisher erläuterten Begriffe ergibt sich der Erfolg einer Periode aus folgenden Beziehungen:

(1) Bilanz

Betriebsertrag	— Zweckaufwand	= Betriebserfolg
neutraler Ertrag	— neutraler Aufwand	= neutraler Erfolg
Gesamtertrag	— Gesamtaufwand	= Gesamterfolg
Gesamtertrag	> Gesamtaufwand	= Bilanzgewinn
Gesamtertrag	< Gesamtaufwand	= Bilanzverlust

(2) Kostenrechnung

Leistung	— Kosten	= Betriebsergebnis

B. Der Jahresabschluß [1]

I. Die Bilanz

1. Begriff und Formalaufbau der Bilanz

Die Bilanz ist eine Gegenüberstellung von Vermögen und Kapital eines Betriebes. Das **Vermögen** stellt als Gesamtheit aller im Betriebe eingesetzten Wirtschaftsgüter und Geldmittel die **Aktiva**, das **Kapital** als Summe aller Schulden des Betriebes gegenüber Beteiligten und Gläubigern die **Passiva** dar. Beide Seiten der Bilanz sind Ausdruck für ein und dasselbe Wertgesamt. Die Passivseite zeigt die Herkunft der finanziellen Mittel (Beteiligungs- = Eigenkapital, Darlehens- = Fremdkapital), die Aktivseite die Verwendung der Mittel (Anlage- und Umlaufvermögen). Die Differenz zwischen dem Bilanzvermögen (Aktiva) und den Verbindlichkeiten bezeichnet man als **Reinvermögen**. Es ist gleich dem auf der Passivseite ausgewiesenen Eigenkapital.

Das Vermögen besteht aus zwei großen Gruppen: dem Anlagevermögen, zu dem die Wirtschaftsgüter zählen, die dem Betrieb auf eine längere Dauer zu dienen bestimmt sind (z. B. Grund und Boden, Gebäude, Maschinen, Werkzeuge), und dem Umlaufvermögen, das von den Wirtschaftsgütern gebildet wird, die gewöhnlich innerhalb einer kürzeren Zeitspanne umgeformt oder umgesetzt werden (z. B. Roh-, Hilfs- und Betriebsstoffe, Fertigfabrikate, Waren, Zahlungsmittel).

Das **Anlagevermögen** läßt sich in drei Gruppen von Bilanzpositionen untergliedern, und zwar in:

(1) **materielles** Anlagevermögen, das entweder genutzt wird, ohne daß eine laufende Wertminderung eintritt, wie z. B. Grundstücke, oder das, wie z. B. bei Gebäuden, Maschinen, Werkzeugen usw., durch Nutzung einer ständigen oder plötzlichen Wertminderung unterliegt;

(2) **immaterielles** Anlagevermögen, wozu vor allem gegen Entgelt erworbene Rechte gehören, die vom Betrieb für längere Zeit genutzt werden können, wie Patente, Konzessionen, Lizenzen u. a.;

(3) **Finanzanlagevermögen,** das sich aus Beteiligungen, Wertpapieren und langfristigen Darlehens- und Hypothekenforderungen zusammensetzt.

Das **Umlaufvermögen** besteht aus folgenden Gruppen von Bilanzpositionen:

(1) **Vorräten,** z. B. Roh-, Hilfs- und Betriebsstoffen, Halb- und Fertigfabrikaten und Waren;
(2) **Forderungen** aller Art, soweit sie nicht unter anderen Positionen (z. B. Anlagevermögen [3], Umlaufvermögen [3]) ausgewiesen werden;
(3) **Wertpapieren,** die nur kurzfristig als Liquiditätsreserve gehalten werden;
(4) **Zahlungsmitteln** wie Bank, Kasse und Postscheck.

Auf der **Aktivseite der Bilanz** werden außer den Gütern des Anlage- und Umlaufvermögens die aktiven **Rechnungsabgrenzungsposten** ausgewiesen,

---

[1] Zur Vertiefung verweise ich auf meine Bücher: „Bilanzierung und Bilanzpolitik", 3. Aufl. München 1973 (im folgenden als „Bilanzierung" zitiert) und „Betriebswirtschaftliche Steuerlehre", Bd. I, 3. Aufl. München 1972, insbes. S. 277–650.

deren Aufgabe darin besteht, den Erfolg einer Abrechnungsperiode von dem einer folgenden Abrechnungsperiode abzugrenzen. Die Abgrenzung wird dadurch erreicht, daß

(1) alle Ausgaben, die im abgelaufenen Jahr getätigt worden sind, aber Aufwendungen des kommenden Jahres betreffen (z. B. im voraus bezahlte Löhne = **transitorisches Aktivum**) und

(2) alle Erträge, die im abgelaufenen Jahr erzielt worden sind, aber erst im kommenden Jahr zu Einnahmen führen (z. B. noch nicht eingegangene Mieten = **antizipatives Aktivum**) der Abrechnungsperiode zugerechnet werden, in die sie nach dem Prinzip der periodenrichtigen Gewinnabgrenzung gehören.

Ohne aktive Rechnungsabgrenzung würde der Periodengewinn zu niedrig ausgewiesen. Da es sich bei den antizipativen Aktiva um Forderungen handelt (der Betrieb hat z. B. ein Lagerhaus vermietet, die Mietzahlung wird aber erst in der kommenden Periode fällig), läßt das Aktiengesetz[1] den Ansatz antizipativer Rechnungsabgrenzungsposten nicht mehr zu, sondern verlangt den Ausweis unter der Position „sonstige Forderungen" (bei antizipativen Passiva unter der Position „sonstige Verbindlichkeiten"). Das EStG hat diese Regelung durch eine Ergänzung des § 5 (Abs. 3) übernommen und damit für die Steuerbilanzen der Betriebe aller Rechtsformen verbindlich gemacht.

Die Aktivseite nimmt ferner **Korrekturposten** auf, mit denen bestimmte Kapitalpositionen der Passivseite berichtigt werden. Sie korrigieren z. B. bei Gesellschaften mit festem Nominalkapital diese Kapitalposition (Grundkapital der AG, Stammkapital der GmbH), wenn ihr Wert unter dem Nennwert liegt. Ist z. B. das Reinvermögen unter den Wert des Nominalkapitals gesunken, so muß dieses auf der Aktivseite durch eine Position „Bilanzverlust" berichtigt werden.

Bei Personenunternehmungen kommt ein Verlustausweis auf der Aktivseite entweder im Falle der **Überschuldung** (die Summe der Aktiva deckt das Fremdkapital nicht mehr) oder im Falle eines negativen Kapitalkontos eines Kommanditisten in Betracht. Letzteres kann eintreten, wenn der buchmäßige Verlustanteil eines Kommanditisten größer als seine vertraglich vereinbarte Einlage geworden ist.

Da Verbindlichkeiten zum Rückzahlungsbetrage auszuweisen sind, ist ein Korrekturposten auf der Aktivseite dann erforderlich, wenn der Auszahlungsbetrag unter dem Rückzahlungsbetrag liegt **(Disagio, Damnum)** und der für den Kreditnehmer dadurch eintretende Verlust durch Aktivierung des Differenzbetrages und Abschreibung über die Laufzeit des Kredits verteilt werden soll.

Auf der **Passivseite der Bilanz** wird das Kapital, das ist die Summe aller vom Unternehmer bzw. von Gesellschaftern zur Verfügung gestellten Mittel (Eigenkapital) und aller von Dritten dem Betrieb überlassenen Mittel (Fremdkapital) ausgewiesen. Außerdem nimmt die Passivseite Korrekturposten (Wertberichtigungen), mit denen bestimmte Vermögenspositionen der Aktivseite korrigiert werden, und Rechnungsabgrenzungsposten auf, die den Erfolg der Abrechnungsperiode vom Erfolg einer späteren Periode abgrenzen sollen, indem

---

[1] Vgl. § 152 Abs. 9 AktG.

sie solche auf der Aktivseite bereits erfaßten Einnahmen in einer besonderen Position auf der Passivseite ausweisen, für die der Betrieb noch eine Leistung zu erbringen hat und die nicht als Verbindlichkeiten erscheinen (z. B. im voraus erhaltene Mieten).

Der Ausweis des **Eigenkapitals** wird von der Rechtsform beeinflußt. Bei Personenunternehmungen wird für den Unternehmer bzw. die Gesellschafter je eine Kapitalposition bilanziert, der Gewinnanteile und Einlagen zugeschrieben werden und die um Verlustanteile und Entnahmen gekürzt wird. Der Saldo zwischen Anfangs- und Endbestand eines Kapitalkontos ergibt – wenn man Entnahmen hinzuzählt und Einlagen abzieht – den Erfolg bzw. Erfolgsanteil der Periode.

Häufig werden bei Personengesellschaften für jeden Gesellschafter zwei Kapitalpositionen geführt, eine feste, auf der die im Gesellschaftsvertrag festgelegte Einlage ausgewiesen wird, und eine veränderliche, auf der Gewinn- und Verlustanteile sowie Privatentnahmen und -einlagen verrechnet werden. Wird eine solche Position negativ, so erscheint sie auf der Aktivseite der Bilanz als Korrekturposten zur festen Kapitalposition.

Bei Kapitalgesellschaften muß das in der Satzung festgesetzte **Nominalkapital** stets zum Nennwert passiviert werden. Nicht entnommene Gewinne oder den Nennwert der ausgegebenen Kapitalanteile übersteigende Einlagen (Agio) werden auf Rücklagepositionen ausgewiesen. Verluste werden von diesen Positionen abgesetzt oder – wenn sie den Wert der Rücklagen übersteigen – als Korrekturposten zum Nominalkapital (Verlustvortrag) auf der Aktivseite bilanziert.

Werden Gewinnteile weder den Rücklagen zugeführt noch ausgeschüttet, so erscheinen sie auf der Passivseite als **Gewinnvortrag.**

Veränderungen im Eigenkapital erfolgen – außer durch das Entstehen von Gewinnen oder Verlusten – durch Entnahmen und Einlagen. Eine **Entnahme** bedeutet, daß Wirtschaftsgüter aus dem Betrieb für betriebsfremde Zwecke ausscheiden, eine **Einlage** liegt vor, wenn betriebsfremde Wirtschaftsgüter dem Betriebsvermögen zugeführt werden. Bei Kapitalgesellschaften spricht man nicht von Einlagen und Entnahmen, sondern von Kapitalerhöhung und Kapitalherabsetzung.

Für die **Gliederung des Fremdkapitals** werden mehrere Gliederungsprinzipien angewendet:
(1) die Fristigkeit (lang-, mittel-, kurzfristig);
(2) die Sicherheit oder Unsicherheit über Bestehen oder Entstehen, über Höhe und Fälligkeitstermin (Verbindlichkeiten – Rückstellungen);
(3) die Art der Verbindlichkeit (z. B. Lieferantenschulden, erhaltene Anzahlungen, Bankschulden);
(4) die besondere rechtliche Sicherung (Akzepte, Sicherung durch Grundpfandrechte u. a.);
(5) die besondere rechtliche und wirtschaftliche Verbindung mit dem Gläubiger (z. B. Verbindlichkeiten gegenüber verbundenen Unternehmen).

Ebenso wie die Bilanz, so enthält auch das **Inventar** alle im Betriebe vorhandenen Vermögenswerte und Schulden. Das Inventar ist ein auf Grund einer Inventur, d. h. einer körperlichen Bestandsaufnahme aufgestelltes Verzeichnis,

Formalaufbau der Bilanz

Aktiva	Bilanz zum 31.12.19..	Passiva
Anlagevermögen Sachanlagen Immaterielle Anlagen Finanzanlagen		**Eigenkapital**
Umlaufvermögen Vorräte Forderungen Wertpapiere Zahlungsmittel		**Fremdkapital** langfristige Verbindlichkeiten kurzfristige Verbindlichkeiten
Rechnungsabgrenzungsposten		Rechnungsabgrenzungsposten
(Bilanzverlust)		(Bilanzgewinn)

das die Vermögensgegenstände und die Schulden eines Betriebes art-, mengen- und wertmäßig im einzelnen verzeichnet. Die Bilanz unterscheidet sich vom Inventar dadurch, daß sie in der Regel Kontoform hat und keine mengenmäßigen, sondern nur art- und wertmäßige Angaben enthält. Außerdem zieht sie die vielen Arten von Wirtschaftsgütern zu Gruppen, sog. **Bilanzpositionen,** zusammen (z. B. Gebäude, Maschinen, Werkzeuge, Fertigfabrikate u. a.). Das Inventar steht zwischen Bilanz und Buchhaltung und ist eine Voraussetzung dafür, daß überhaupt eine ordnungsmäßige Bilanz erstellt werden kann.

Die Bilanz ist eine **Beständerechnung,** die die Bestände an Aktiv- und Passivposten an einem Zeitpunkt, dem Bilanzstichtag, gegenüberstellt. Die Bestände übernimmt sie aus den Bestandskonten der Buchhaltung, die als Zeitraumrechnung alle Geschäftsvorfälle einer Rechnungsperiode in chronologischer Reihenfolge aufzeichnet. Durch die Inventur werden Differenzen zwischen den sich aus den Konten buchmäßig ergebenden und den tatsächlich vorhandenen Beständen aufgedeckt und korrigiert.

Neben den Beständen zeigt die Bilanz auch den **Erfolg** einer Periode als Saldo zwischen Aktiv- und Passivseite, gibt aber keine Auskunft über die Entstehung des Erfolges. Das ist Aufgabe der **Erfolgsrechnung** (Gewinn- und Verlustrechnung), die durch Gegenüberstellung von Erträgen und Aufwendungen der Abrechnungsperiode, die sie aus den Aufwands- und Ertragskonten (Erfolgskonten) der Buchhaltung übernimmt, über das Zustandekommen des Erfolges, über seine Herkunft und Höhe Rechenschaft gibt. Sie ist im Gegensatz zur Bilanz eine **Zeitraumrechnung.** Bilanz und Gewinn- und Verlustrechnung stellen zusammen den Jahresabschluß dar. Bei Aktiengesellschaften wird der Jahresabschluß durch einen Geschäftsbericht ergänzt und erläutert.[1]

Das in einer Bilanz ausgewiesene Vermögen – und folglich auch das in einer Bilanz ausgewiesene Kapital – entsprechen in der Regel wertmäßig nicht dem

---

[1] Vgl. S. 805 ff.

in einem Betrieb tatsächlich arbeitenden Vermögen und Kapital, da auf Grund der für die einzelnen Bilanzpositionen anzuwendenden Bewertungsvorschriften

(1) einzelne Wirtschaftsgüter mit einem **geringeren Wert** angesetzt werden können als es ihrem Realisationswert (Einzelveräußerungspreis) oder ihrem Nutzungswert (Veräußerungswert der in einem Wirtschaftsgut, z. B. in einer Maschine, am Bilanzstichtag noch steckenden Nutzungen) entspricht oder

(2) bestimmte Wirtschaftsgüter (z. B. immaterielle Werte, die den Firmenwert bilden, wie beispielsweise der Kundenstamm, die Organisation, ein Markenname u. ä.) überhaupt **nicht in der Bilanz angesetzt** werden dürfen, wenn sie nicht Gegenstand des Rechtsverkehrs sind (sog. nicht bilanzierungsfähige immaterielle Wirtschaftsgüter).

Der **Gesamtwert eines Betriebes** und der Wert des Bilanzvermögens stimmen also in der Regel nicht überein.[1]

Der Begriff Bilanz wird nicht nur für Beständebilanzen, die das Vermögen und Kapital des Betriebes an einem Stichtag ausweisen (Zeitpunkt-Bilanzen), sondern auch für sog. **Bewegungsbilanzen** (Zeitraum-Bilanzen)[2] verwendet, die die Veränderungen der Bilanzpositionen während einer Periode in der Form einer Gegenüberstellung von Mittelverwendung und Mittelherkunft zeigen. Die Zugänge zu den Aktivkonten und die Verminderung der Passivkonten weisen die Mittelverwendung aus und erscheinen auf der linken Seite, die Abgänge von den Aktivkonten und die Zugänge auf den Passivkonten geben über die Mittelherkunft Aufschluß und stehen auf der rechten Seite der Bewegungsbilanz.

Mittelverwendung	Bewegungsbilanz	Mittelherkunft
Vermögenszugänge = Sollüberschuß auf aktiven Bestandskonten		Vermögensabgänge = Habenüberschuß auf aktiven Bestandskonten
Kapitalabgänge = Sollüberschuß auf passiven Bestandskonten		Kapitalzugänge = Habenüberschuß auf passiven Bestandskonten
(Saldo = Verlust)		(Saldo = Gewinn)

Die Bewegungsbilanz ist ein Instrument zur Darstellung finanzwirtschaftlicher Vorgänge und der Liquidität und ist außerdem zur Erfolgsermittlung

---

[1] Vgl. S. 523 ff.
[2] In der Literatur finden sich für die Bewegungsbilanz auch die Bezeichnungen finanzwirtschaftliche Bilanz, Kapitalverwendungsrechnung, Kapitalflußrechnung, Wertflußrechnung, Zeitraumbilanz. Vgl. insbesondere Bauer, W., Die Bewegungsbilanz und ihre Anwendbarkeit, insbesondere als Konzernbilanz, ZfhF 1926, S. 485 ff.; Flohr, G., Die Zeitraumbilanz, Berlin 1963; Busse von Colbe, W., Aufbau und Informationsgehalt von Kapitalflußrechnungen, ZfB 1966, 1. ErgHeft, S. 82 ff.; Walb, E., Finanzwirtschaftliche Bilanz, 3. Aufl., Wiesbaden 1966; Käfer, K., Kapitalflußrechnungen, Stuttgart 1967; Meyer, C., Konsolidierte Zeitraum-Bilanzen, Stuttgart 1969.

geeignet. Die **Zeitpunkt-Bilanz** zeigt den Gesamtgewinn einer Periode als Differenz zwischen Kapital am Ende und Kapital am Anfang der Periode, die **Erfolgsrechnung** (Gewinn- und Verlustrechnung) weist den Gewinn als Saldo zwischen Ertrag und Aufwand der Periode aus und gibt damit Aufschluß über seine Herkunft, die **Zeitraum-Bilanz** ermittelt aus den Veränderungen der Bestände den Gewinn und macht gleichzeitig sichtbar, welche Veränderungen in den Bestandskonten zur Bildung des Gewinns geführt haben, und zeigt, in welchen Positionen sich der Gewinn niedergeschlagen hat.

2. Arten und Aufgaben der Bilanz

Die Arten der Bilanzen ergeben sich aus den **Anlässen** der Bilanzaufstellung und aus den **Zielsetzungen,** die mit der Bilanzaufstellung verfolgt werden. Eine erste Einteilung ist die Unterscheidung in ordentliche und außerordentliche Bilanzen. Bei dieser Einteilung tritt zum Zweckkriterium noch das Kriterium der Regelmäßigkeit der Wiederholung bzw. der Einmaligkeit oder zeitlichen Unregelmäßigkeit der Bilanzaufstellung hinzu.[1] **Ordentliche** Bilanzen werden in regelmäßigen Abständen auf Grund gesetzlicher Vorschriften (Jahresbilanzen) oder auf Grund vertraglicher Vereinbarungen (z. B. Vorlage monatlicher, viertel- oder halbjährlicher Zwischenbilanzen bei einem Kreditgeber) oder für betriebsinterne Zwecke zur Selbstinformation und als Grundlage für weitere Dispositionen aufgestellt.

Außerordentliche Bilanzen werden – wie ihr Name sagt – bei besonderen einmalig oder in unregelmäßigen Zeitabständen auftretenden rechtlichen oder wirtschaftlichen Anlässen (z. B. Gründung, Kapitalerhöhung, Kapitalherabsetzung, Umwandlung, Fusion, Auseinandersetzung, Liquidation, Kreditwürdigkeitsprüfung) oder infolge besonderer währungspolitischer Ereignisse (Goldmark-Eröffnungsbilanz, DM-Eröffnungsbilanz) erstellt.

Die wichtigste Art der ordentlichen Bilanzen sind die **Jahresbilanzen,** die zusammen mit der Erfolgsrechnung den Jahresabschluß bilden (bei Unternehmen bestimmter Rechtsformen oder Betriebsgröße ergänzt und erläutert durch einen Geschäftsbericht). Sie lassen sich nach ihren Zielsetzungen nach dem Kreis der Personen, an die eine Bilanz adressiert ist, weil sie ein Recht auf Rechenschaftslegung und den Wunsch nach Information haben, einteilen in **Handelsbilanzen** (Adressaten: Unternehmer, geschäftsführende Organe, Gesellschafter, Gläubiger, Belegschaft, potentielle Anleger oder Kreditgeber, Konkurrenten, staatliche und wissenschaftliche Institutionen, Wirtschaftspresse u. a.) und **Steuerbilanzen** (Adressaten: Finanzverwaltung).

Diese Bilanzen werden als **externe** Bilanzen bezeichnet, weil sie sich in erster Linie oder ausschließlich an außerhalb des Betriebes stehende Personen richten, im Gegensatz zu den internen Bilanzen, die lediglich der Information der Geschäftsführung dienen und Außenstehenden in der Regel nicht zugänglich sind.

Die Jahresbilanz dient – je nachdem, wie man ihre Positionen interpretiert und bewertet, – entweder in erster Linie der **Erfolgsermittlung** (Erfolgsbi-

---

[1] Heinen, E. (Handelsbilanzen, 5. Aufl., Wiesbaden 1969, S. 19) verwendet dafür das Begriffspaar „laufende und gelegentliche Bilanzen".

lanz) oder der **Vermögensermittlung** (Vermögensbilanz). Zwar ergibt sich aus jeder Vermögensbilanz auch der Erfolg, wie auch umgekehrt jede Erfolgsermittlung mit der Bilanz über eine Feststellung von Vermögens- und Schuldenbeständen erfolgt, jedoch können sich Unterschiede insbesondere bei der Bewertung der Vermögenspositionen und bei der Abgrenzung der Bilanzperioden gegeneinander ergeben, je nachdem, ob der Akzent bei der Bilanzierung mehr auf die Ermittlung des Erfolges einer Periode oder auf die Feststellung des Vermögens und der Schulden an einem Stichtage gelegt wird.

Sowohl ordentliche als auch außerordentliche Bilanzen können je nach der **Rechtsform** des Betriebes unterschiedlich ausgestaltet sein. So bestehen z. B. spezielle Rechtsvorschriften über die **Mindestgliederung** der Bilanz, durch die das Zusammenfassen verschiedenartiger Wirtschaftsgüter zu einer Bilanzposition oder die Aufrechnung von Forderungen und Verbindlichkeiten vermieden und somit die Klarheit und Übersichtlichkeit der Bilanzierung vergrößert werden soll, über die **Bewertung** der Bilanzpositionen, durch die die Höhe des ausgewiesenen Bilanzgewinns beeinflußt wird, über den Ausweis des Haftungskapitals (Grundkapital der Aktiengesellschaften, Stammkapital der GmbH), über die Bildung gesetzlicher Rücklagen u. a.

Eine besondere Art von Jahresbilanzen entsteht dann, wenn die Bilanzen mehrerer rechtlich selbständiger Unternehmungen zusammengefaßt werden. Sind die Unternehmen auch wirtschaftlich selbständig – wie z. B. bei der Interessengemeinschaft –, so bezeichnet man eine derartige Bilanzzusammenfassung als **General- oder Gemeinschaftsbilanz.**

Bilden die Unternehmen dagegen eine wirtschaftliche Einheit – trotz rechtlicher Selbständigkeit wie z. B. bei bestimmten Konzernverbindungen –, so spricht man von einer **konsolidierten Bilanz** (Konzernbilanz). Ihre Aufgabe ist für den Konzern die gleiche wie die Aufgabe der Einzelbilanz für eine einzelne Unternehmung: sie soll einen möglichst sicheren Einblick in die Vermögens- und Ertragslage des Konzerns geben. Sie ist als externe Bilanz adressiert an die Verwaltungen, die Gesellschafter und Gläubiger aller Konzernunternehmen, sowie an die an Kapitalanlagen interessierte Öffentlichkeit. Für die Rechtsansprüche der Gläubiger und der außenstehenden Aktionäre (d. h. des Teils des Aktienkapitals der abhängigen Gesellschaften, der nicht der Konzernobergesellschaft oder anderen Konzernunternehmen gehört) und für die Ansprüche der Steuerverwaltung bleiben die Einzelbilanzen der Konzernunternehmen – auch wenn eine Konzernbilanz aufgestellt wird – maßgeblich.

Die Konzernbilanz kann auch eine **interne** Bilanz sein, die als Grundlage für Entscheidungen der Konzernleitung dient. Eine solche Bilanz ist wie jede interne Bilanz nicht an gesetzliche Bilanzierungsvorschriften gebunden, sondern kann ihren Zielsetzungen entsprechend gestaltet werden.

In einer konsolidierten Bilanz werden die Bilanzpositionen der Einzelbilanzen nicht einfach aufaddiert, sondern alle Positionen, die eine Folge davon sind, daß eine wirtschaftliche Einheit aus mehreren rechtlichen Einheiten besteht, werden **gegeneinander aufgerechnet.** Zu diesem Zweck müssen die in den Einzeljahresabschlüssen der Konzernunternehmen ausgewiesenen Bestands- und Erfolgspositionen in **konzerninterne** und **konzernexterne** aufgeteilt werden,

d. h. einerseits in solche, die eine Folge von wirtschaftlichen Vorgängen sind, die sich zwischen Konzernunternehmen wie zwischen Abteilungen eines einheitlichen Unternehmens vollziehen und die nur deshalb den Charakter von buchungs- und bilanzierungspflichtigen Geschäftsvorfällen bekommen, weil sie Vorgänge zwischen rechtlich selbständigen Teilen einer wirtschaftlichen Einheit sind, und andererseits solche Positionen, die eine Folge von Beziehungen von Konzernunternehmen mit außerhalb des Konzerns stehenden Wirtschaftseinheiten sind. Die konzerninternen Vorgänge (Positionen) müssen aufgerechnet werden, da sich sonst im Konzernabschluß Doppelzählungen ergeben würden, die ein falsches Bild über die Vermögens- und Ertragslage des Konzerns zur Folge hätten.[1]

Neben den – gesetzlich vorgeschriebenen – konsolidierten Zeitpunkt-Bilanzen (Beständebilanzen) werden auch **konsolidierte Zeitraum-Bilanzen** (Bewegungsbilanzen) aufgestellt. Sie bieten zusätzliche Einblicke in die finanzwirtschaftlichen Vorgänge und in die Liquiditätsverhältnisse eines Konzerns und sind dadurch ein hervorragendes Hilfsmittel zur finanziellen Führung von Konzernen.[2]

Die Bilanz ist vom Betriebe aufzustellen. Folglich bestimmen sich die Aufgaben und der Aufbau der Bilanz nach den Zielen, die mit der Bilanzaufstellung verfolgt werden. Da diese Ziele aber nicht notwendigerweise mit den Zielen übereinstimmen, die der Gesetzgeber mit dem Zwang zur Aufstellung von jährlichen Handels- und Steuerbilanzen verfolgt, wird die **Realisierung betrieblicher Ziele**, die mit externen Bilanzen erstrebt wird, insoweit **durch gesetzliche Vorschriften** begrenzt, als die Ziele des Gesetzgebers ganz oder teilweise andere sind als die des Betriebes.

Die Aufgaben, die der Gesetzgeber den Bilanzen zuweist, sind im wesentlichen die folgenden:

(1) **Schutz der Gläubiger** vor falschen Informationen über die Vermögens- und Ertragslage. Mittel dazu sind:

a) der Zwang zur Dokumentation der Geschäftsvorfälle (Buchführungspflicht);

b) der Zwang zur periodischen Selbstinformation des Unternehmers über die wirtschaftliche Lage seines Betriebes;

c) gesetzliche Gliederungs- und Bewertungsvorschriften, die durch Fixierung oberer Wertgrenzen das Vortäuschen einer zu günstigen Vermögenslage und durch Fixierung von unteren Wertgrenzen die Verlagerung von Gewinnen wirtschaftlich guter in wirtschaftlich schlechte Jahre und damit eine Täuschung über die Vermögens- und Ertragssituation verhindern sollen;

d) das Verbot der Ausschüttung oder Rückzahlung von bestimmten Eigenkapitalteilen (Nominalkapital, gesetzliche Rücklagen) bei Gesellschaften, deren Gesellschafter beschränkt haften;

---

[1] Vgl. die ausführliche Behandlung des Konzernabschlusses auf S. 820 ff.

[2] Vgl. insbesondere Bauer, W., Die Bewegungsbilanz und ihre Anwendbarkeit, insbesondere als Konzernbilanz, ZfhF 1926, S. 485 ff.; Meyer, C., Konsolidierte Zeitraum-Bilanzen, Stuttgart 1969.

e) die Publizitätspflicht für Aktiengesellschaften[1] und Großunternehmen,[2] d. h. der Zwang, den Jahresabschluß, ggf. ergänzt durch einen Geschäftsbericht, der ihn erläutert, zu veröffentlichen.

(2) **Schutz der Gesellschafter** bei Gesellschaften, deren Führung nicht in den Händen der Eigentümer, sondern von Organen (Vorständen, Geschäftsführern von Kapitalgesellschaften) liegt, vor falschen Informationen über die Vermögens- und Ertragslage, deren Zweck es ist, Gewinnansprüche zu verkürzen oder auf spätere Perioden zu verschieben. Mittel dazu sind neben den unter (1) a)–c) genannten vor allem gesetzliche Vorschriften über die Gewinnermittlung und Gewinnverwendung, insbesondere über die Begrenzung der Kompetenzen der Geschäftsführungsorgane, Gewinne durch Rücklagenbildung der Ausschüttung zu entziehen.

(3) Der **Schutz der Finanzbehörden** vor falschen Informationen über die Besteuerungsgrundlagen. Mittel dazu sind neben der Dokumentation der Geschäftsvorfälle steuerliche Bilanzierungs- und Bewertungsvorschriften und die Kontrolle der Einhaltung dieser Vorschriften durch steuerliche Betriebsprüfungen. Die Bilanzierungs- und Bewertungsvorschriften verfolgen den Zweck, daß der in einer Periode erzielte Gewinn zum Ausweis gelangt, insbesondere Gewinnverlagerungen auf spätere Perioden verhindert werden, es sei denn, solche Verlagerungen werden aus wirtschafts-, sozial- oder konjunkturpolitischen Gründen gewünscht und durch entsprechende gesetzliche Vorschriften für jeden Betrieb ermöglicht.

(4) Der **Schutz der am Betriebe interessierten Öffentlichkeit** vor falschen Informationen über die Vermögens- und Ertragslage. Mittel dazu sind alle unter (1) und (2) genannten. Interessenten sind vor allem potentielle Anleger, potentielle Gläubiger und arbeitsuchende Personen, insbesondere Führungskräfte, staatliche Institutionen.

(5) Der **Schutz** des Betriebes **vor plötzlichem wirtschaftlichen Zusammenbruch** im Interesse der Belegschaft (Sicherung der Arbeitsplätze) und der gesamten Volkswirtschaft (Rückwirkungen eines Zusammenbruchs auf andere Betriebe, insbesondere Lieferanten). Mittel zur Realisierung dieses Zieles sind die bisher genannten.

Neben der allgemeinen Aufgabe der Rechenschaftslegung und Information durch Feststellung der Höhe des Vermögens und der Schulden an einem Stichtage und durch Ermittlung des Erfolges einer Abrechnungsperiode hat die Bilanz eine Anzahl weiterer Aufgaben, die teils durch die Gliederung der Bilanz, teils durch die Bewertung der Bilanzpositionen, teils durch Auswertung der Bilanz mit Hilfe betriebswirtschaftlicher Kennzahlen erfüllt werden können. Die internen Bilanzen eignen sich dafür besser als die externen Bilanzen, da diese durch gesetzliche Bilanzierungsvorschriften auf die vom Gesetzgeber erstrebten Zielsetzungen ausgerichtet sind.

---

[1] Vgl. §§ 177 f. AktG.
[2] Vgl. §§ 10 und 15 des Gesetzes über die Rechnungslegung von bestimmten Unternehmen und Konzernen vom 15. 8. 1969, BGBl. I, S. 1189 (Publizitätsgesetz).

3. Die Grundsätze ordnungsmäßiger Buchführung und Bilanzierung

a) Begriff und Quellen

Damit eine Bilanz die mit ihr verfolgten Aufgaben, insbesondere der Rechenschaftslegung und Information durch Gewährung eines möglichst sicheren Einblicks in die Vermögens- und Ertragslage des Betriebes erfüllen kann, muß sie nach bestimmten Regeln über Form und Inhalt aufgestellt werden. Diese Regeln werden unter dem Begriff „Grundsätze ordnungsmäßiger Buchführung und Bilanzierung" zusammengefaßt.

Nach § 38 Abs. 1 HGB ist jeder Kaufmann verpflichtet, „Bücher zu führen und in diesen seine Handelsgeschäfte und die Lage seines Vermögens nach den Grundsätzen ordnungsmäßiger Buchführung ersichtlich zu machen." Diese Vorschrift gilt für Unternehmen aller Rechtsformen. § 91 AktG verpflichtet den Vorstand der Aktiengesellschaft, „dafür zu sorgen, daß die erforderlichen Handelsbücher geführt werden." Während § 149 Abs. 2 AktG ausdrücklich auf die Vorschriften des HGB über die Handelsbücher (§§ 38–47 a) verweist, die immer dann als ergänzende Vorschriften anzuwenden sind, wenn die speziellen aktienrechtlichen Rechnungslegungsvorschriften (§§ 150–161 AktG) nicht eingreifen, wird bereits in § 149 Abs. 1 AktG allgemein festgestellt, daß der Jahresabschluß „den Grundsätzen ordnungsmäßiger Buchführung zu entsprechen" hat.[1]

Der Gesetzgeber hat den Begriff der Ordnungsmäßigkeit der Buchführung und Bilanzierung nirgends definiert und hat auch die Prinzipien der Ordnungsmäßigkeit weder im HGB noch im Aktiengesetz oder anderen Gesetzen erschöpfend geregelt, und er hat gut daran getan, denn diese Grundsätze unterliegen im Laufe der Zeit durch Veränderungen und Verfeinerungen der Methoden des betrieblichen Rechnungswesens, durch eine Mechanisierung des Abrechnungsprozesses und durch neue Aufgaben, die an das Rechnungswesen gestellt werden, einer laufenden Weiterentwicklung.[2]

Die Grundsätze ordnungsmäßiger Buchführung und Bilanzierung haben ihren Ursprung in vier unterschiedlichen Bereichen:

(1) in der **praktischen Übung** ordentlicher Kaufleute, die zum Handelsbrauch geworden ist und einer laufenden Entwicklung unterliegt;

(2) in der **Rechtsordnung** (Handelsrecht, Steuerrecht, Rechtsprechung);

(3) in **Erlassen, Empfehlungen** und **Gutachten** von Behörden und Verbänden (z. B. die vom Reichswirtschaftsminister erlassenen „Grundsätze für Buchführungsrichtlinien der gewerblichen Wirtschaft" vom 11. 11. 1937, die vom Bundesverband der Deutschen Industrie herausgegebenen „Gemeinschaftsrichtlinien für das Rechnungswesen" vom 12. 12. 1952, die zahlreichen Gutachten der Industrie- und Handelskammern);

(4) in der **wissenschaftlichen Diskussion** der Probleme der Buchführung und Bilanz, die zur Entwicklung neuer Grundsätze oder zur Ermittlung und

---

[1] Auch das GmbH-Gesetz (§ 41 Abs. 1) und das Genossenschaftsgesetz (§ 33b) weisen auf die Grundsätze ordnungsmäßiger Buchführung hin.
[2] Vgl. Wöhe, G., Sind die Anforderungen an die Ordnungsmäßigkeit der Buchführung noch zeitgemäß?, Steuer-Kongreß-Report 1967, München 1967, S. 213.

Präzisierung von Praktikergrundsätzen führen und damit für Gesetzgebung und Rechtsprechung Impulse geben kann.

Aus dem Umstand, daß sich einerseits die in der Praxis angewendeten Methoden des Rechnungswesens den veränderten Anforderungen anpassen, die die betrieblichen Ablaufprozesse an das Rechnungswesen stellen, und daß sich andererseits die mit der Rechnungslegung verfolgten Zielsetzungen wandeln können (z. B. Betonung des Aktionärsschutzes neben dem Gläubigerschutz im AktG 1965, Überdeckung des Prinzips der periodengerechten Gewinnermittlung in der Steuerbilanz durch wirtschaftspolitische Zielsetzungen, die zu Steuerverschiebungen führen), entsteht das Problem, daß viele in früherer Zeit durch Gesetz und Rechtsprechung entwickelte Grundsätze ordnungsmäßiger Buchführung **nicht mehr zeitgemäß** sein können und folglich der Gesetzgeber und die Rechtsprechung sich der neuen Entwicklung anpassen müssen, damit sie die Betriebe nicht durch ein Beharren auf Normen und Prinzipien behindern, die von der praktischen Entwicklung der Technik und den Zielen des Rechnungswesens überholt worden sind.

Gleiches gilt auch für den unter (4) genannten Bereich, d. h. für die wissenschaftliche Diskussion. Sie ist stets zeitgemäß, denn sie setzt sich entweder mit den neuesten praktischen Entwicklungen auseinander oder sie bereitet durch theoretische Analysen derartige Entwicklungen vor und ist damit u. U. – gemessen am Verhalten der Praxis – ihrer Zeit voraus.

Gutachten und Empfehlungen von Verbänden, die zu dem unter (3) aufgeführten Bereich zählen, bilden in der Regel für Gesetzgebung und Rechtsprechung wichtige Hilfsmittel der Information über die Weiterentwicklung der Grundsätze ordnungsmäßiger Buchführung in der Praxis.

b) Materielle und formelle Ordnungsmäßigkeit

Ordnungsmäßig ist die Buchführung dann, wenn sich ein „sachverständiger Dritter" aus den Aufzeichnungen ein Bild über die Lage des Betriebes machen kann. Das ist eine sehr dehnbare Definition. Grundsätzlich müssen die Aufzeichnungen der Geschäftsvorfälle **vollständig** und **richtig** (materielle Ordnungsmäßigkeit) sein, es darf nichts ausgelassen, aber auch nichts fingiert werden, ferner darf keine Buchung ohne Beleg erfolgen, d. h. sämtliche Aufzeichnungen müssen nachgeprüft werden können, alle Buchungen müssen **klar** und **übersichtlich** (formelle Ordnungsmäßigkeit) ausgeführt sein.

Handelsrecht[1] und Steuerrecht[2] haben einige Grundregeln aufgestellt, deren Beachtung die Voraussetzung für die Anerkennung der Ordnungsmäßigkeit der Buchführung darstellt. Sie sind jedoch nicht erschöpfend und sind im Laufe der Zeit durch die Rechtsprechung ergänzt worden. Nach den Einkommensteuerrichtlinien[3] liegt eine ordnungsmäßige Buchführung vor, wenn folgende Grundsätze beachtet sind:

(1) „Eine Buchführung ist ordnungsmäßig, wenn sie den Grundsätzen des Handelsrechts entspricht. Das ist der Fall, wenn die für die kaufmännische Buch-

---

[1] Vgl. §§ 43 und 44 HGB.
[2] Vgl. §§ 143–147 AO.
[3] Vgl. Abschnitt 29 Abs. 2 Nr. 1 EStR 1975.

führung erforderlichen Bücher geführt werden, die Bücher förmlich in Ordnung sind und der Inhalt sachlich richtig ist. ... Ein bestimmtes Buchführungssystem ist nicht vorgeschrieben. Das gewählte Buchführungssystem muß jedoch die Erfassung aller Geschäftsvorfälle und des Vermögens gewährleisten. Die Geschäftsvorfälle müssen sich in ihrer Entstehung und Abwicklung buchmäßig verfolgen lassen. Der Steuerpflichtige und ein sachverständiger Dritter müssen sich in dem Buchführungswerk ohne große Schwierigkeit und in angemessener Zeit zuverlässig zurechtfinden können. ...

(2) Sämtliche Geschäftsvorfälle sind zeitnah und der Zeitfolge nach in Grundbüchern zu erfassen. Die zeitnahe Erfassung der Geschäftsvorfälle erfordert – mit Ausnahme des baren Zahlungsverkehrs – keine tägliche Aufzeichnung. Es muß jedoch ein zeitlicher Zusammenhang zwischen den Vorgängen und ihrer buchmäßigen Erfassung bestehen. ..."

Vollständigkeit und Richtigkeit sind also die Voraussetzungen für die sachliche Ordnungsmäßigkeit. Ein **sachlicher Mangel** liegt vor, wenn die Eintragungen in den Büchern nicht der Wahrheit entsprechen, indem

(1) Geschäftsvorfälle, die stattgefunden haben, nicht aufgezeichnet werden,

(2) Geschäftsvorfälle falsch aufgezeichnet werden,

(3) Geschäftsvorfälle aufgezeichnet werden, die nicht stattgefunden haben,

(4) bei der Inventur nicht alle Wirtschaftsgüter erfaßt werden,

(5) bei der Inventur Wirtschaftsgüter aufgeführt werden, die nicht vorhanden sind,

(6) Wirtschaftsgüter falsch, d. h. nicht den gesetzlichen Vorschriften entsprechend, bewertet werden.

Formelle Ordnungsmäßigkeit bedeutet, daß die Führung der Bücher so klar und übersichtlich ist, daß ein sachverständiger Dritter die Buchführung ohne Schwierigkeiten übersehen kann und die Aufzeichnungen somit jederzeit nachprüfbar sind. Die Klarheit und Übersichtlichkeit der Buchführung wird einmal durch die Einhaltung der in den §§ 43/44 HGB und 145–147 AO aufgeführten Grundsätze erreicht, zum anderen durch die Organisation der Buchführung, insbesondere die Anwendung des Kontenrahmens, durch das System der Buchführung und durch die Art der geführten Bücher.

Die formelle Ordnungsmäßigkeit setzt ferner voraus, daß die Belege mit Nummern zu versehen und aufzubewahren sind. Einer der wichtigsten Grundsätze der Buchführung ist es, daß **keine Buchung ohne Beleg** (Rechnungen, Quittungen, Lieferscheine, Frachtbriefe, Bank- und Postscheckauszüge, Kassenzettel, Inventurunterlagen u. a.) ausgeführt werden darf. Eine Buchung kann nur dann gegenüber der Betriebsprüfung bewiesen werden, wenn ein Beleg vorgelegt werden kann. Belege bilden also einen Bestandteil der Buchführungsunterlagen.

Für die Bücher, Aufzeichnungen, Geschäftspapiere und sonstigen Unterlagen besteht – soweit sie für die Besteuerung von Bedeutung sind – eine **Aufbewahrungspflicht**.

Aufzubewahren sind nach § 44 Abs. 1 HGB:

(1) Handelsbücher, Inventare und Bilanzen,

(2) die empfangenen Handelsbriefe,

(3) Wiedergaben der abgesandten Handelsbriefe,

(4) Belege für Buchungen in den von dem Unternehmen nach § 38 Abs. 1 HGB zu führenden Büchern (Buchungsbelege).

Die **Fristen** für die Aufbewahrung von Handelsbüchern, Inventaren und Bilanzen betragen 10 Jahre, die für die übrigen in § 44 Abs. 4 HGB aufgezählten Unterlagen 6 Jahre. Für steuerliche Zwecke schreibt § 147 Abs. 3 AO die gleichen Fristen vor. Belege dürfen seit der Änderung des HGB und der AO vom 2. 8. 1965[1] auch in der Form von **Mikrokopien** aufbewahrt werden, „wenn das Verfahren bei der Herstellung der Wiedergabe ordnungsmäßigen Grundsätzen entspricht und dabei gesichert ist, daß die Wiedergabe mit der Urschrift übereinstimmt".[3]

Die formelle Ordnungsmäßigkeit der Buchführung setzt auch voraus, daß die Buchführung nach dem **Kontenrahmen** gegliedert ist. Zwar ist die Anwendung des Kontenrahmens steuerrechtlich nirgends ausdrücklich vorgeschrieben worden, doch dient er zweifellos der Verbesserung der Klarheit und Übersichtlichkeit der Buchführung und kann somit auch zu den Grundsätzen ordnungsmäßiger Buchführung gerechnet werden. Die Verwendung des Kontenrahmens wird ebenso wie der „Belegzwang" durch die oben erwähnten Buchführungsrichtlinien bestimmt. Da diese Richtlinien nach Auffassung der Rechtsprechung „durch Anerkennung und Übung" zu Grundsätzen ordnungsmäßiger Buchführung geworden sind, kann man daraus folgern, daß die Anwendung des Kontenrahmens heute auch für die steuerliche Buchführung als verbindlich anzusehen ist. Der Kontenrahmen stellt einen Organisations- und Gliederungsplan für das gesamte Rechnungswesen dar. Er ist eine Rahmenvorschrift, nach der der einzelne Betrieb unter Berücksichtigung seiner individuellen Eigenarten seinen Kontenplan entwickelt.

Der Kontenrahmen (bzw. Kontenplan) ist nach dem dekadischen System in 10 **Kontenklassen** eingeteilt. Jede Kontenklasse läßt sich in 10 Kontengruppen, jede Kontengruppe in 10 Untergruppen (Kontenarten) unterteilen. Je nach Bedarf ist eine weitere Unterteilung möglich.

Beispiel: Kontenklasse: 4 Kostenarten
Kontengruppe: 46 Steuern, Gebühren, Beiträge, Versicherungen
Kontenart: 460 Steuern
4600 Vermögensteuer
4601 Gewerbesteuer
4602 Grundsteuer
4604 Umsatzsteuer
usw.
462 Gebühren

---

[1] BGBl. I S. 665; vgl. auch das Schreiben des Bundesministers für Wirtschaft und Finanzen betr. Verwendung von Mikrofilmaufnahmen zur Erfüllung gesetzlicher Aufbewahrungspflichten (§ 162 Abs. 9 AO a.F.) vom 21. 12. 1971, BStBl. I S. 647.

[3] § 44a HGB, § 147 Abs. 2 AO.

4620 Gebühren für den gewerblichen Rechtsschutz
4621 Gebühren für den allgemeinen Rechtsschutz
4625 Prüfungsgebühren
466 Beiträge
468 Versicherungen
4680 Feuer-Versicherung
4681 Diebstahl-Versicherung
4682 Kfz-Versicherung
usw.

Die Kontenklassen 0–3 und 8 und 9 sind für alle Betriebe in ihrem Inhalt im Prinzip gleich. Die dazwischen liegenden Klassen sind in den Kontenrahmen der einzelnen Wirtschaftszweige auf die besonderen Gegebenheiten jedes Wirtschaftszweiges abgestellt. Der Gemeinschaftskontenrahmen der Industrie (GKR) ist beispielsweise so aufgebaut, daß er den Prozeß der betrieblichen Leistungserstellung und -verwertung von links nach rechts, also von Klasse 0 bis 9 widerspiegelt. Die Klassen 0–3 erfassen die Vorbereitung der Leistungserstellung, die Klassen 4–7 die Durchführung der Produktion und die Klasse 8 die Verwertung der Leistung. Klasse 9 dient dem Abschluß.[1]

c) Inventar – Inventur

Ein wesentliches Erfordernis für die Ordnungsmäßigkeit der Buchführung ist die Durchführung einer **körperlichen Bestandsaufnahme** zum Bilanzstichtag (Inventur) und die Erstellung eines Bestandsverzeichnisses (Inventar). Nach § 39 Abs. 2 HGB ist der Betrieb verpflichtet, jährlich neben der Bilanz für den Bilanzstichtag ein Inventar aufzustellen. Die Inventur für den Bilanzstichtag braucht nicht am Bilanzstichtag vorgenommen zu werden. Sie muß aber zeitnah, d. h. in der Regel innerhalb einer Frist von zehn Tagen vor oder nach dem Bilanzstichtag durchgeführt werden. Die zwischen dem Tag der Bestandsaufnahme und dem Bilanzstichtag eingetretenen Bestandsveränderungen müssen an Hand von Belegen oder Aufzeichnungen nachgewiesen werden.

Durch die körperliche Bestandsaufnahme der Wirtschaftsgüter eines Betriebes soll eine Kontrolle gegeben sein, daß die tatsächlich vorhandenen Wirtschaftsgüter (Istbestände) mit den sich aus den Büchern ergebenden Beständen an Wirtschaftsgütern (Sollbestände) in Art, Menge und Wert übereinstimmen, bzw. sollen Differenzen festgestellt und ihr Zustandekommen erklärt werden. Das Handelsrecht sieht im Inventar ein Instrument zur Vermögensfeststellung zum Schutze der Gläubiger.

In der Neufassung des § 39 Abs. 3 HGB durch das „Gesetz zur Änderung des Handelsgesetzbuches und der Reichsabgabenordnung" vom 2. 8. 1965[2] ist die Vorschrift, daß unter bestimmten Voraussetzungen nur jedes zweite Jahr ein

---

[1] Über den Inhalt der einzelnen Kontenklassen vgl. Wöhe, G., Bilanzierung und Bilanzpolitik, a.a.O., S. 66 ff.
[2] Vgl. BGBl. I S. 665.

Inventar aufgestellt zu werden braucht, nicht mehr aufgenommen worden. Statt dessen enthält die neue Fassung des § 39 Abs. 3 HGB eine gesetzliche Regelung der permanenten Inventur.

Der neue Absatz 4 des § 39 HGB bringt eine bedeutsame Änderung der Inventurvorschriften. Nach den bisherigen Inventurmethoden war das Inventar - auch bei Anwendung der permanenten Inventur - für den Bilanzstichtag aufzustellen. § 39 Abs. 4 HGB läßt nun zu, daß am Schluß des Geschäftsjahres diejenigen Vermögensgegenstände nicht verzeichnet zu werden brauchen, die nach Art, Menge und Wert in ein **besonderes Inventar** aufgenommen worden sind, das für einen Tag innerhalb der letzten drei Monate vor oder der beiden ersten Monate nach dem Bilanzstichtag aufgestellt worden ist. Durch Anwendung eines den Grundsätzen ordnungsmäßiger Buchführung entsprechenden Fortschreibungs- oder Rückrechnungsverfahrens ist sicherzustellen, daß der am Schluß des Geschäftsjahres vorhandene Bestand an Vermögensgegenständen für den Bilanzstichtag ordnungsgemäß bewertet werden kann.

Die Einführung dieses **Wertnachweisverfahrens** ist vom betriebswirtschaftlichen Standpunkt aus zu begrüßen, da es den Betrieben ermöglicht, die Inventurarbeiten auf einen größeren Zeitraum zu verteilen und somit einen übermäßigen Arbeitsanfall am Jahresende, der zu Störungen im normalen Betriebsablauf führen kann, zu vermeiden. Grundlage der Bewertung in der Bilanz ist also in Zukunft nicht mehr allein das für den Bilanzstichtag aufgestellte Inventar, sondern ebenso das auf den Bilanzstichtag fortgeschriebene oder zurückgerechnete besondere Inventar nach § 39 Abs. 4 HGB.

Das Inventar ergibt sich aus einer Inventur des Umlaufvermögens und einer Aufnahme des Anlagevermögens in ein Bestandsverzeichnis. Nach § 39 Abs. 1 HGB hat ein Kaufmann in das jährliche Inventar „seine Grundstücke, seine Forderungen und Schulden, den Betrag seines baren Geldes und seine sonstigen Vermögensgegenstände aufzunehmen".

Die körperliche Bestandsaufnahme des Vorratsvermögens kann unter bestimmten Voraussetzungen durch eine sog. **permanente Inventur** ersetzt werden. Sie unterscheidet sich von der körperlichen Stichtagsinventur dadurch, daß die körperliche Aufnahme der Bestände über das ganze Jahr verteilt wird und nicht für alle Wirtschaftsgüter an einem Stichtag (Bilanzstichtag) erfolgt. Voraussetzung für die Anwendung der permanenten Inventur ist das Vorhandensein laufend geführter buchmäßiger Unterlagen (Lagerbücher, Lagerkartei). Die zwischen dem Aufnahmetag und dem Bilanzstichtag durch Zu- und Abgänge eintretenden Veränderungen werden durch Fortschreibung in den Lagerkarteien erfaßt.

Die permanente Inventur setzt sich in der betrieblichen Praxis immer mehr durch, da sie große **betriebswirtschaftliche Vorteile** bietet. Die Stichtagsinventur führt zu einem großen Arbeitsanfall innerhalb weniger Tage, der bei vielen Betrieben Betriebsunterbrechungen zur Folge hat. Dagegen kann für die laufende Inventur ein Arbeitsplan aufgestellt werden, der eine Verteilung der Inventuraufnahme über das ganze Jahr vorsieht. Die Inventurarbeiten können dann ohne Betriebsunterbrechung von eingearbeiteten Arbeitskräften durchgeführt werden, die nicht wie bei der Stichtagsinventur unter Zeitdruck stehen. Inventurdifferenzen lassen sich schneller aufdecken und aufklären.

Die permanente Inventur hat günstige Auswirkungen auf betriebliche Dispositionen (Material-, Lagerdispositionen) und ermöglicht eine schnellere Aufstellung des Jahresabschlusses. Allerdings werden im Falle der permanenten Inventur strenge Anforderungen an die Lagerbücher gestellt. Sie müssen an Hand von Belegen nachgewiesene Einzelangaben über die Bestände und über alle Zu- und Abgänge nach Tag, Art und Menge enthalten. Die sich aus den Lagerbüchern ergebenden Bestände sind in jedem Wirtschaftsjahr mindestens einmal durch körperliche Bestandsaufnahme zu kontrollieren. Die Prüfung darf sich nicht nur auf Stichproben beschränken.

d) Der Grundsatz der Bilanzwahrheit

Eine absolute Bilanzwahrheit gibt es nicht, weil die Frage, ob ein Bilanzansatz „wahr" ist oder nicht, von der Bewertung der einzelnen Bilanzpositionen abhängt, die Wertansätze aber in jedem Fall durch die Zielsetzung bedingt sind, der die Bewertung dienen soll. Es gibt aber nicht nur ein Ziel, an dem sich die Bildung der Wertansätze ausrichten kann, sondern eine ganze **Anzahl von Zielsetzungen,** die sich zum Teil konträr gegenüberstehen.

Die Ziele der Bewertung sind in der Handelsbilanz zum Teil völlig andere als in der Steuerbilanz. Deshalb kann auch der oft vertretenen Auffassung, daß eine Bilanz dann als wahr anzusehen ist, wenn sie den Grundsätzen ordnungsmäßiger Buchführung (Vollständigkeit und Richtigkeit bei der Aufzeichnung der Geschäftsvorfälle) und den gesetzlichen Bewertungsvorschriften entspricht, nicht vorbehaltlos zugestimmt werden. Selbstverständlich muß die Bilanz vollständig sein, d. h. ebenso wie die Grundsätze ordnungsmäßiger Buchführung verlangen, daß keine Geschäftsvorfälle ausgelassen oder Konten auf falschen oder erdichteten Namen geführt werden, setzt eine ordnungsmäßige Bilanzierung voraus, daß auch keine Bilanzpositionen, die sich aus einer ordnungsmäßigen Buchführung ergeben, weggelassen oder andere, die sich nicht aus der Buchführung ableiten lassen, hinzugefügt werden.

Bei der Wahl der Wertansätze gehen jedoch nicht nur Handelsrecht und Steuerrecht von unterschiedlichen Überlegungen aus, sondern auch die Betriebswirtschaftslehre hat in einer Anzahl von **Bilanztheorien,**[1] die größtenteils Bewertungstheorien sind, Auffassungen über die „wahre" Bilanz entwickelt, die nicht nur untereinander, sondern zum Teil auch zu den handelsrechtlichen und steuerrechtlichen Bewertungsvorschriften im Gegensatz stehen.

Die Problematik der Zweckbezogenheit der Bilanzansätze zeigt sich insbesondere in den verschiedenen **Kapitalerhaltungsvorstellungen,** die in den betriebswirtschaftlichen Bilanztheorien vertreten werden. Ein Betrieb kann aus den Geschäftsvorfällen einer Periode einen verschieden hohen Gewinn errechnen, je nachdem, ob die Bewertung des Vermögens – wie in der Handels- und Steuerbilanz – unter Beachtung des Prinzips der nominellen Kapitalerhaltung oder unter Beachtung verschiedener Formen der Substanzerhaltung erfolgt.

---

[1] Einzelheiten vgl. S. 849 ff.

B. I. Die Bilanz

Das Kapital ist **nominell** erhalten, wenn das in Geldeinheiten ausgedrückte Reinvermögen des Betriebes am Ende der Periode gleich dem in Geldeinheiten ausgedrückten Reinvermögen am Anfang der Periode ist. Ist es höher, so ist die Differenz Gewinn, ist es niedriger, so ist die Differenz Verlust, wenn man von Gewinnentnahmen und Kapitaleinlagen während der Periode absieht. Geld- und Sachwertschwankungen in der Volkswirtschaft werden nicht beachtet, d. h. die gütermäßige Substanz und damit die Leistungsfähigkeit des Betriebes bleibt nur erhalten, wenn alle Preise konstant sind.

Steigen die Preise der abgesetzten Güter und der eingesetzten Kostengüter während der Periode, so ist, wenn der nominell definierte Gewinn den Betrieb verläßt, eine Substanzerhaltung nicht möglich. Mit den verbleibenden finanziellen Mitteln können die für den Umsatz eingesetzten Kostengüter nicht in vollem Umfange wiederbeschafft werden. Will man die **gütermäßige Substanz** des Betriebs erhalten, so muß man alle Wirtschaftsgüter statt mit ihren Anschaffungskosten mit ihren Wiederbeschaffungskosten am Bilanzstichtag (Tageswert) bewerten. Gewinn ist dann der Betrag, der aus den Umsatzerlösen verbleibt, wenn zuvor die Wiederbeschaffungskosten für alle beim Umsatz verbrauchten Kostengüter abgezogen worden sind.

Beide Kapitalerhaltungsformen führen also zu unterschiedlichen Wertansätzen des Vermögens und zu einem unterschiedlichen Gewinn. Die Frage, welche Ansätze „wahr" sind, läßt sich nicht beantworten. Zu fragen ist, ob die jeweiligen Bilanzansätze dem jeweiligen Zweck adäquat sind.

Die Frage nach der Bilanzwahrheit wird in der Literatur in der Regel mit der Frage nach der Zulässigkeit der Bildung stiller Rücklagen verbunden. Die gesetzlichen Möglichkeiten, stille Rücklagen durch Unterbewertung von Vermögenswerten (z. B. durch zu schnelle Abschreibung oder durch zu niedrigen Ansatz der Herstellungskosten selbsterstellter Wirtschaftsgüter) zu bilden, sind in der Handels- und Steuerbilanz von verschiedener Art. Für die Steuerbilanz ist eine **untere Wertgrenze** vorgeschrieben, für die Handelsbilanz nicht. Für die Aktienbilanz hat das Aktiengesetz 1965 zwar ebenfalls untere Wertgrenzen bestimmt, die nur in gesetzlich geregelten Fällen unterschritten werden dürfen, jedoch sind auch hier noch immer Schätzungsrücklagen durch Gestaltung des der planmäßigen Abschreibung zugrunde liegenden Abschreibungsplanes möglich. Außerdem besteht bei der Ermittlung der Herstellungskosten[1] für Gemeinkosten (z. B. die anteiligen fixen Kosten) in der Handelsbilanz keine Aktivierungspflicht, während diese Kostenbestandteile in der Steuerbilanz angesetzt werden müssen.

Auch hier stellt sich wieder die Frage: welche Bilanz ist „wahr"? Eine Handelsbilanz, in der zulässigerweise stille Rücklagen gebildet worden sind, oder eine aus ihr abgeleitete Steuerbilanz, bei der bestimmte Mindestwertansätze nicht unterschritten werden dürfen? Man kann eine Bilanz nicht als „wahr" bezeichnen, deren Wertansätze durch absichtliche Bildung stiller Rücklagen zu niedrig ausgewiesen werden, auch wenn die Ansätze nicht gegen gesetzliche Vorschriften verstoßen. Die stillen Rücklagen können ihre Stütze aber in einem anderen Bi-

---

[1] Vgl. S. 739 ff.

lanzierungsgrundsatz finden: dem Prinzip kaufmännischer Vorsicht, das die Bildung von wirtschaftlich vertretbaren Bewertungsreserven beinhalten kann.

Wir kommen zu dem Ergebnis, daß mit dem Prinzip der Bilanzwahrheit nicht viel anzufangen ist. Es enthält entweder die Grundsätze der Vollständigkeit und Richtigkeit, die bereits als Bestandteil der Grundsätze ordnungsmäßiger Buchführung charakterisiert wurden, und ist dann als zusätzlicher Bilanzierungsgrundsatz überflüssig, oder es wird als „relative Bilanzwahrheit"[1] interpretiert, d. h. bezogen auf die jeweiligen Zielsetzungen der Bilanzierung, dann soll man es aber auch gleich entsprechend als **Grundsatz der Zweckmäßigkeit eines Bilanzansatzes** bezeichnen.

e) Der Grundsatz der Bilanzklarheit

Die Beachtung des Grundsatzes der Bilanzklarheit soll den Gläubigern, den Gesellschaftern und Aktionären und nicht zuletzt der Betriebsführung selbst einen möglichst sicheren Einblick in die Vermögens- und Ertragslage des Betriebes gewähren. Dieser Grundsatz ist im Aktiengesetz ausdrücklich formuliert worden. § 149 Abs. 1 AktG verlangt vom Jahresabschluß: „Er ist klar und übersichtlich aufzustellen und muß im Rahmen der Bewertungsvorschriften einen möglichst sicheren Einblick in die Vermögens- und Ertragslage der Gesellschaft geben."

Die Klarheit und Übersichtlichkeit der Bilanzierung wird erreicht durch eine den Bilanzzwecken entsprechende **Gliederung des Vermögens und des Kapitals**. Dabei müssen die einzelnen Bilanzpositionen inhaltlich scharf umrissen und gegen andere Positionen abgegrenzt werden. Es dürfen keine Wirtschaftsgüter in einer Position zusammengefaßt werden, wenn sich dadurch Fehlinformationen für die Bilanzleser ergeben können. Vor allem aber ist das **Bruttoprinzip** voll anzuwenden. Das bedeutet, daß Saldierungen von Aktiv- und Passivpositionen nicht zulässig sind. Die Gliederung darf aber auch nicht so weit getrieben werden, daß die geforderte Übersichtlichkeit verlorengeht.

Bei Aktiengesellschaften wird die Bilanzklarheit durch den **Geschäftsbericht** vergrößert, in dem Erläuterungen zu bestimmten Bilanzpositionen und über aus der Bilanz nicht zu ersehende Haftungsverhältnisse – einschließlich der Bestellung von Sicherheiten für eigene Verbindlichkeiten – zu machen sind.[2] Da der Geschäftsbericht nicht wie die Bilanz in den Gesellschaftsblättern veröffentlicht wird, verlangt § 151 Abs. 5 AktG den Vermerk von solchen Haftungsverhältnissen – einschließlich der Bestellung von Sicherheiten für fremde Verbindlichkeiten – in der Bilanz, die für die Beurteilung der Lage des Betriebes von besonderer Bedeutung sind.[3]

§ 152 AktG enthält einige Vorschriften, die speziell der Realisierung der Bilanzklarheit dienen sollen. So dürfen nach § 152 Abs. 8 AktG Forderungen „nicht mit Verbindlichkeiten, nicht abgerechnete Leistungen nicht mit Anzahlungen, Grundstücksrechte nicht mit Grundstückslasten verrechnet werden. Rücklagen, Wert-

---

[1] Heinen, E., Handelsbilanzen, 5. Aufl., Wiesbaden 1969, S. 92.
[2] Vgl. § 160 Abs. 3 AktG.
[3] Einzelheiten vgl. S. 719.

berichtigungen und Rückstellungen dürfen nicht als Verbindlichkeiten aufgeführt werden."

Bei den einzelnen Posten des Anlagevermögens sind Zugänge und Abgänge, Zuschreibungen und Abschreibungen, sowie Umbuchungen gesondert auszuweisen (Anlagenspiegel).[1] Bilanztechnisch kann das entweder in Tabellen- oder in Staffelform erfolgen und sieht dann folgendermaßen aus:

Tabellenform:

Aktiva	Stand am 1.1.76	Zugänge	Abgänge	Abschreibungen	Stand am 31.12.76
II. Anlagevermögen					
1. Grundstücke mit Geschäfts- Fabrik- und anderen Bauten	200.000	20.000		40.000	180.000
5. Maschinen und maschinelle Anlagen usw.	340.000	100.000	40.000	80.000	320.000

Staffelform:

II. Anlagevermögen		
1. Grundstücke mit Geschäfts-, Fabrik- und anderen Bauten	200.000	
Zugang	20.000	
	220.000	
Abschreibung	40.000	180.000
5. Maschinen u. maschinelle Anlagen	340.000	
Zugang	100.000	
	440.000	
Abgang	40.000	
	400.000	
Abschreibungen usw.	80.000	320.000

Steuerfreie Rücklagen, d. h. offene Rücklagen, die auf Grund steuerrechtlicher Vorschriften aus dem unversteuerten Gewinn gebildet werden dürfen, aber in späteren Jahren nachzuversteuern sind, dürfen nicht mit den übrigen Rücklagen zusammengefaßt werden, sondern sind als **„Sonderposten mit Rücklage-**

---

[1] Vgl. § 152 Abs. 1 AktG.

anteil" auszuweisen, weil sie nur zum Teil Eigenkapital, zum anderen Teil eine in ihrer Höhe noch nicht exakt bestimmbare Verbindlichkeit enthalten.[1]

Pauschalwertberichtigungen zu Forderungen sind getrennt von den Einzelwertberichtigungen bestimmter Forderungen zu bilanzieren.[2]

Wenn Wirtschaftsgüter sachlich mehreren Positionen zugeordnet werden können, so ist bei der Position, unter der sie ausgewiesen werden, die **Mitzugehörigkeit** zu anderen Positionen anzugeben, wenn dadurch die Klarheit der Bilanz vergrößert wird.[3]

Ebenso wie die Bilanz, so muß auch die Erfolgsrechnung dem Erfordernis der Klarheit und Übersichtlichkeit entsprechen. Auch hier gilt grundsätzlich das Bruttoprinzip, das eine Saldierung von Aufwands- und Ertragsposten ausschließt.

f) Der Grundsatz der Bilanzkontinuität

Der Grundsatz der Bilanzkontinuität hat das Verhältnis der Schlußbilanz eines Wirtschaftsjahres zur Anfangsbilanz und zur Schlußbilanz des folgenden Wirtschaftsjahres zum Inhalt und bezieht sich einmal auf die Bilanz als Ganzes, zum anderen auf die einzelnen Bilanzpositionen.

Unter dem Begriff der Bilanzkontinuität faßt man folgende Bilanzierungsprinzipien zusammen:

(1) Die **Bilanzidentität**. Darunter versteht man die Gleichheit von Schlußbilanz eines Jahres und Anfangsbilanz des folgenden Jahres. Für den Begriff Bilanzidentität finden sich in der Literatur auch die Bezeichnungen Bilanzenzusammenhang, Bilanzstetigkeit, allgemeine Bilanzkontinuität und Bilanzkongruenz.

(2) Die **formale Bilanzkontinuität**. Hierunter ist die Beibehaltung der Form, insbesondere der Gliederung aufeinanderfolgender Bilanzen zu verstehen.

(3) Die **materielle Bilanzkontinuität**. Sie umschließt zwei Prinzipien:
   a) Die Gleichmäßigkeit der Bewertungsgrundsätze (Bewertungskontinuität);
   b) die Fortführung der Wertansätze (auch als Wertfortführung oder Wertzusammenhang) bezeichnet.

aa) Die Bilanzidentität

Der Grundsatz der Bilanzidentität besagt, daß die Positionen der Schlußbilanz eines Wirtschaftsjahres mit den Positionen der Anfangsbilanz des folgenden Wirtschaftsjahres völlig übereinstimmen, also identisch sein müssen, und zwar nicht nur **wertmäßig**, sondern auch **mengenmäßig**. Das gilt gleichermaßen für die Handelsbilanz wie auch für die aus ihr abgeleitete Steuerbilanz.

Daß die Schlußbilanz und die folgende Anfangsbilanz sich in allen Positionen decken müssen, ergibt sich zwingend aus den Grundsätzen ordnungsmäßiger Buchführung. Die Salden sämtlicher Bestandskonten der Buchhaltung werden am Schluß der Periode in die Schlußbilanz, die Salden sämtlicher Erfolgskonten in die Gewinn- und Verlustrechnung übernommen. Der Saldo des Schlußbilanzkontos und der Saldo des Gewinn- und Verlustkontos zeigen jeder für sich den Erfolg der Periode. In der Schlußbilanz ergibt sich der Erfolg als Saldo zwischen

---
[1] Vgl. § 152 Abs. 5 AktG.
[2] Vgl. § 152 Abs. 6 AktG.
[3] Vgl. § 151 Abs. 3 AktG.

Vermögen (Aktiva) und Kapital (Passiva), in der Erfolgsrechnung als Saldo zwischen Aufwand und Ertrag. Die Schlußbilanz ist gleichzeitig Anfangsbilanz des folgenden Jahres, aus der die einzelnen Bilanzpositionen dann auf die Bestandskonten übertragen werden.

Unterbrechungen der Bilanzidentität sind nur in Sonderfällen zulässig, die durch Gesetz oder durch die Rechtsprechung geregelt sind. Ein Beispiel dafür ist der Übergang von der RM-Schlußbilanz auf die DM-Eröffnungsbilanz durch die Währungsreform vom 21. 6. 1948. Auch die Goldmark-Eröffnungsbilanz des Jahres 1925 unterbrach die Bilanzidentität. Die Aufhebung der Bilanzidentität in der DM-Eröffnungsbilanz bezog sich allerdings generell nur auf die Wertansätze der ausgewiesenen Vermögensgegenstände, nicht dagegen auf die mengenmäßigen Bestände der RM-Schlußbilanz. Diese mußten unverändert in die DM-Eröffnungsbilanz übernommen werden, d. h. das Betriebsvermögen für die RM-Schlußbilanz mußte bestandsmäßig mit dem Betriebsvermögen für die DM-Eröffnungsbilanz übereinstimmen. Von der DM-Eröffnungsbilanz an gilt wieder der Grundsatz der Bilanzidentität, was sich aus der Bestimmung des § 5 Abs. 3 DMBG ergibt, daß die Wertansätze der DM-Eröffnungsbilanz als **fiktive Anschaffungskosten** bzw. Herstellungskosten für künftige Jahresbilanzen zu behandeln sind.

Eine Unterbrechung der Bilanzidentität liegt nicht vor, wenn in der Schlußbilanz beispielsweise Wertberichtigungen zu den Gütern des Anlagevermögens enthalten sind oder ein Delkredere-Konto zur Berichtigung der nominell ausgewiesenen Forderungen geführt wird und wenn in der folgenden Anfangsbilanz eine Saldierung der entsprechenden Aktiv- und Passivkonten (direkte Abschreibung) erfolgt. Der sachliche Inhalt der Bilanz wird durch diese Änderung in der Form und der Technik der Verbuchung nicht berührt, allerdings wird die formale Bilanzkontinuität durchbrochen.

bb) Die formale Bilanzkontinuität

Die Beachtung des Prinzips der formalen Bilanzkontinuität erfordert eine **Beibehaltung der Bilanzgliederung,** damit die Bilanzen mehrerer Wirtschaftsjahre miteinander vergleichbar sind. Das heißt also, daß der Inhalt der einzelnen Bilanzpositionen stets gleichbleiben, bzw. **nicht ohne zwingenden wirtschaftlichen Grund** verändert werden soll, daß also z. B. bei einer Aktiengesellschaft nicht in einem Jahre eine Aufgliederung von Bilanzpositionen über die gesetzlich vorgeschriebene Mindestgliederung hinaus erfolgt, während in einem anderen Jahre wieder eine Zusammenziehung bestimmter Positionen vorgenommen wird. Das würde die Vergleichbarkeit dieser Bilanzen stören oder zumindest sehr erschweren. Der Betriebsvergleich (Zeitvergleich) ist aber für den Betrieb ein wichtiges Kontrollinstrument und zugleich eine der Grundlagen für betriebliche Dispositionen. Auch eine Änderung der Abschreibungstechnik, z. B. der Übergang von der direkten zur indirekten Abschreibung oder umgekehrt, stellt eine Durchbrechung der formalen Bilanzkontinuität dar.

Zwingende wirtschaftliche Gründe für eine Änderung der Bilanzgliederung können beispielsweise in einer wesentlichen Vergrößerung des Betriebes oder in einer Änderung des Fertigungsprogramms gegeben sein.

cc) Die materielle Bilanzkontinuität

Der Grundsatz der materiellen Bilanzkontinuität verlangt eine **Bewertungskontinuität**, d. h. die Beibehaltung der in früheren Bilanzen verwendeten Bewertungsgrundsätze. Die Einhaltung dieses Prinzips ist vom betriebswirtschaftlichen Standpunkt aus zu fordern, damit gewährleistet wird, daß die Gewinnermittlung nach gleichen Grundsätzen erfolgt und dementsprechend auch durch Vergleich der Bilanzen mehrerer Perioden Unterlagen für die Beurteilung der betrieblichen Entwicklung gewonnen werden können.

Handelsrecht und Aktienrecht sagen nichts über die Bewertungskontinuität aus. Im Rahmen der gesetzlichen Bewertungsvorschriften kann der Betrieb seine Wertansätze grundsätzlich wählen wie er will, d. h. er kann beispielsweise in einer Periode durch Unterbewertung von Vermögensteilen stille Rücklagen bilden und sie in einer folgenden Periode wieder auflösen, um z. B. mehr Gewinn ausschütten zu können. Es ist nach dem Aktienrecht durchaus zulässig, die Bewertungsprinzipien zu ändern, also z. B. in die Herstellungskosten in einem Jahre angemessene Teile der Betriebs- und Verwaltungskosten einzubeziehen, im nächsten Jahre dagegen nicht. Es verstößt auch nicht gegen die gesetzlichen Vorschriften, in der Handelsbilanz die Abschreibungsmethoden jedes Jahr zu ändern oder gar bereits vorgenommene Abschreibungen, die sich als zu hoch erwiesen haben, durch Zuschreibungen wieder rückgängig zu machen.

Da eine Durchbrechung der Bewertungskontinuität aber dem Ziel der Bilanz, durch einen möglichst sicheren Einblick in die Vermögens- und Ertragslage des Betriebes Rechenschaft zu legen, zuwider laufen kann, weil die Vergleichbarkeit der Bilanz mit früheren Bilanzen nicht mehr gegeben ist, ist dieser Bilanzierungsgrundsatz als **Bestandteil der nicht kodifizierten Grundsätze ordnungsmäßiger Buchführung und Bilanzierung** aufzufassen. Daraus folgt, daß eine Durchbrechung der Bewertungskontinuität durch Änderung der Bewertungs- oder Abschreibungsmethoden stets sachliche Gründe haben muß und nicht zu einer bilanzpolitisch gewünschten Erfolgsmanipulierung verwendet werden darf.

Für die Aktiengesellschaft wird die strenge Beachtung dieses Bilanzierungsgrundsatzes durch die Vorschriften des Aktiengesetzes entbehrlich, die die Vergleichbarkeit der Jahresabschlüsse auf andere Weise sicherstellen. So verlangt § 160 Abs. 2, daß Abweichungen von der Bewertungskontinuität, „die die Vergleichbarkeit mit dem letzten Jahresabschluß beeinträchtigen", im **Geschäftsbericht** darzulegen sind. Dazu gehören wesentliche Änderungen der Bewertungs- und Abschreibungsmethoden und die Vornahme außerplanmäßiger Abschreibungen. Sie sind nach dem Gesetz „zu erörtern", d. h. sachlich zu begründen, ohne daß allerdings „Einzelheiten" angegeben werden müssen. Die Vergleichbarkeit der Jahresüberschüsse (bzw. Jahresfehlbeträge) wird insbesondere dadurch gewährleistet, daß die Differenz zwischen dem Jahresüberschuß (bzw. Jahresfehlbetrag), der sich durch Anwendung der geänderten Bewertungs- und Abschreibungsmethoden ergibt, und dem Jahresüberschuß (bzw. Jahresfehlbetrag), der sich bei Beachtung der Bewertungskontinuität ergeben hätte, im Geschäftsbericht angegeben werden muß, wenn sie bestimmte Wertgrenzen überschreitet. Damit wird die durch veränderte Bewertungsmaßnahmen vorgenommene Bildung oder Auflösung stiller Rücklagen automatisch offengelegt.

Adler-Düring-Schmaltz kommen zu dem Schluß, daß für die Aktiengesellschaft nicht der Grundsatz der Bewertungskontinuität, sondern der „Grundsatz der Publizität von Stetigkeitsunterbrechungen"[1] gilt. Ein solcher Grundsatz kann aber für Unternehmungen in Rechtsformen, die keinen Geschäftsbericht aufstellen müssen, keinen Ersatz für den Grundsatz der Bewertungskontinuität darstellen.

Der Begriff der materiellen Bilanzkontinuität schließt auch den Grundsatz der **Wertfortführung** ein, der besagt, daß die in der Bilanz einmal angesetzten Werte auch für spätere Bilanzen maßgeblich sind, daß insbesondere Werterhöhungen über den vorhergehenden Bilanzansatz grundsätzlich unzulässig sind. Dieses Prinzip gilt in der Handelsbilanz nur für den Ansatz der Anschaffungs- oder Herstellungskosten, die prinzipiell nicht überschritten werden dürfen, während darunterliegende Werte (Abschreibungsrestwerte beim Anlagevermögen) wieder überschritten werden dürfen (bis zu den Anschaffungs- oder Herstellungskosten), wenn sie sich als zu niedrig herausgestellt haben, bzw. wenn sie wieder gestiegen sind.

In der **Steuerbilanz** ist die Beachtung des Wertzusammenhangs für alle abnutzbaren Güter des Anlagevermögens vorgeschrieben. Hier dürfen keine Werterhöhungen über den letzten Bilanzansatz vorgenommen werden.[2] Bei nicht abnutzbaren Gütern des Anlagevermögens und bei Gütern des Umlaufvermögens darf der letzte Bilanzansatz wieder überschritten werden.[3]

4. Die Gliederung der Bilanz

a) Allgemeine Grundsätze

Der Grundsatz der Bilanzklarheit wird in erster Linie durch eine möglichst weitgehende Gliederung der Bilanz realisiert. Art und Umfang der Gliederung hängen von den Zielsetzungen ab, die mit der Bilanz verfolgt werden sollen, d. h. von der Interessenlage der Personen, für die die Bilanz als Instrument der Rechenschaftslegung und/oder der Information aufgestellt wird. Das sind in erster Linie die Gläubiger, die Gesellschafter, die Finanzbehörden und nicht zuletzt die Unternehmensleitung. Sie wollen sich ein Bild über die Vermögens- und Ertragslage des Betriebes machen und benötigen dazu Informationen über:
(1) die Vermögens- und Kapitalstruktur,
(2) die finanzielle Struktur,
(3) die Liquiditätslage,
(4) die Rentabilität und Gewinnverwendung (in Verbindung mit der Erfolgsrechnung),
(5) die Beziehungen zu verbundenen Unternehmen,
(6) die finanziellen Beziehungen zwischen der Gesellschaft und den geschäftsführenden Organen bei Unternehmungen, bei denen die Geschäftsführer keine Gesellschafter sind.

---
[1] Adler-Düring-Schmaltz, a.a.O., Erl. zu § 149, Tz 129.
[2] Vgl. § 6 Abs. 1 Ziff. 1 EStG.
[3] Vgl. § 6 Abs. 1 Ziff. 2 EStG.

Der Gesetzgeber hat keine allgemeinen Vorschriften für die Gliederung der Bilanz erlassen. Zum Inhalt der Bilanz ist aus § 39 Abs. 1 HGB lediglich zu entnehmen, daß jeder Kaufmann „bei dem Beginne seines Handelsgewerbes seine Grundstücke, seine Forderungen und Schulden, den Betrag seines baren Geldes und seine sonstigen Vermögensgegenstände genau zu verzeichnen, dabei den Wert der einzelnen Vermögensgegenstände anzugeben und einen das Verhältnis des Vermögens und der Schulden darstellenden Abschluß zu machen" hat.

Für bestimmte Betriebe gibt es **gesetzliche Gliederungsvorschriften** für die Handelsbilanz und die Erfolgsrechnung, die als Kompromiß zwischen theoretischer Erkenntnis über eine zweckentsprechende Gliederung von handelsrechtlichen Jahresabschlüssen einerseits und ihrer praktischen Durchführbarkeit unter dem Gesichtspunkt der Einfachheit, Übersichtlichkeit und Wirtschaftlichkeit der Rechnungslegung andererseits angesehen werden können. Diese Vorschriften knüpfen teils an die **Rechtsform** des Betriebes (z. B. Aktiengesellschaft, GmbH,[1] Genossenschaft), teils an die Zugehörigkeit des Betriebs zu einem bestimmten **Wirtschaftszweig** (z. B. Kreditinstitute, Versicherungen), teils an die **Eigentumsverhältnisse** (z. B. öffentliche Betriebe), teils an bestimmte **Größenmerkmale** (z. B. die dem Publizitätsgesetz unterworfenen Betriebe) an. In einigen der wirtschaftszweigbezogenen Vorschriften wird außerdem noch nach der Rechtsform unterschieden (z. B. Kreditinstitute).

Durch ein gesetzliches Bilanzgliederungsschema ist die Frage nach dem Inhalt der Bilanz nicht eindeutig beantwortet, und zwar **erstens,** weil in einem solchen Mindestgliederungsschema nicht alle Wirtschaftsgüter aufgezählt werden, die bilanziert werden dürfen, **zweitens,** weil nicht alle aufgeführten Wirtschaftsgüter bilanziert werden müssen und **drittens,** weil durch die Bildung von Bilanzpositionen noch nicht in allen Fällen eindeutig über die Zuordnung der Wirtschaftsgüter zu dieser oder jener Position entschieden ist. Aus einem gesetzlichen Gliederungsschema können jedoch zwei eindeutige Schlüsse gezogen werden:

(1) Alle zu den aufgezählten Bilanzpositionen zählenden Wirtschaftsgüter **müssen** bilanziert werden, es sei denn, durch besondere gesetzliche Vorschriften wird ein **Bilanzierungswahlrecht** eingeräumt;

(2) Alle übrigen Wirtschaftsgüter **dürfen** bzw. **müssen** bilanziert werden, es sei denn, durch besondere gesetzliche Vorschriften wird ein **Bilanzierungsverbot** ausgesprochen.

Folglich sind bei der sich nach gesetzlichen Vorschriften vollziehenden Bilanzierung zu unterscheiden:

(1) Aktivierungs- und Passivierungsgebote,
(2) Aktivierungs- und Passivierungsverbote,
(3) Aktivierungs- und Passivierungswahlrechte.

b) Die Gliederung der Bilanz nach dem Aktiengesetz

Das Gliederungsschema des § 151 Abs. 1 AktG ist auf die Vermögens- und Kapitalstruktur eines in der Rechtsform der Aktiengesellschaft geführten Indu-

---

[1] Das GmbH-Gesetz enthält keine besonderen Gliederungsvorschriften, jedoch sieht der Referentenentwurf des Bundesjustizministeriums für ein neues GmbH-Gesetz in § 129 Abs. 1 ein Gliederungsschema der Jahresbilanz vor, das dem der Aktiengesellschaft genau nachgebildet ist. Deshalb erübrigt sich eine besondere Erörterung.

striebetriebes zugeschnitten. Eine durch den Geschäftszweig bedingte abweichende Gliederung muß „gleichwertig" sein, d. h. sie muß – wie § 149 Abs. 1 AktG fordert – klar und übersichtlich sein und einen möglichst sicheren Einblick in die Vermögens- und Ertragslage der Gesellschaft gewähren.

Soweit der Wirtschaftszweig ein völliges Abweichen vom Gliederungsschema verlangt, wie z. B. bei den Kreditinstituten, sind besondere Formblätter für die Bilanz zu verwenden.

Das aktienrechtliche Gliederungsschema enthält folgende Positionen:

Auf der **Aktivseite**:

I. Ausstehende Einlagen auf das Grundkapital;
   davon sind eingefordert:

II. Anlagevermögen:
  A. Sachanlagen und immaterielle Anlagewerte:
    1. Grundstücke und grundstücksgleiche Rechte mit Geschäfts-, Fabrik- und anderen Bauten;
    2. Grundstücke und grundstücksgleiche Rechte mit Wohnbauten;
    3. Grundstücke und grundstücksgleiche Rechte ohne Bauten;
    4. Bauten auf fremden Grundstücken, die nicht zu Nummer 1 oder 2 gehören;
    5. Maschinen und maschinelle Anlagen;
    6. Betriebs- und Geschäftsausstattung;
    7. Anlagen im Bau und Anzahlungen auf Anlagen;
    8. Konzessionen, gewerbliche Schutzrechte und ähnliche Rechte sowie Lizenzen an solchen Rechten.
  B. Finanzanlagen:
    1. Beteiligungen;
    2. Wertpapiere des Anlagevermögens, die nicht zu Nummer 1 gehören;
    3. Ausleihungen mit einer Laufzeit von mindestens vier Jahren;
      davon durch Grundpfandrechte gesichert:

III. Umlaufvermögen:
  A. Vorräte:
    1. Roh-, Hilfs- und Betriebsstoffe;
    2. unfertige Erzeugnisse;
    3. fertige Erzeugnisse, Waren.
  B. Andere Gegenstände des Umlaufvermögens:
    1. geleistete Anzahlungen, soweit sie nicht zu II A Nr. 7 gehören;
    2. Forderungen aus Lieferungen und Leistungen;
      davon mit einer Restlaufzeit von mehr als einem Jahr:
    3. Wechsel;
      davon bundesbankfähig:
    4. Schecks;
    5. Kassenbestand, Bundesbank- und Postscheckguthaben;
    6. Guthaben bei Kreditinstituten;
    7. Wertpapiere, die nicht zu Nummer 3, 4, 8 oder 9 oder zu II B gehören;

8. eigene Aktien unter Angabe ihres Nennbetrags;
9. Anteile an einer herrschenden oder an der Gesellschaft mit Mehrheit beteiligten Kapitalgesellschaft oder bergrechtlichen Gewerkschaft unter Angabe ihres Nennbetrags, bei Kuxen ihrer Zahl;
10. Forderungen an verbundene Unternehmen;
11. Forderungen aus Krediten, die
    a) unter § 89,
    b) unter § 115
    fallen;
12. sonstige Vermögensgegenstände.

IV. Rechnungsabgrenzungsposten;
V. Bilanzverlust.

Auf der **Passivseite**:

I. Grundkapital;
II. Offene Rücklagen:
   1. gesetzliche Rücklagen;
   2. andere Rücklagen (freie Rücklagen).
III. Wertberichtigungen;
IV. Rückstellungen:
   1. Pensionsrückstellungen;
   2. andere Rückstellungen.
V. Verbindlichkeiten mit einer Laufzeit von mindestens vier Jahren:
   1. Anleihen;
      davon durch Grundpfandrechte gesichert:
   2. Verbindlichkeiten gegenüber Kreditinstituten;
      davon durch Grundpfandrechte gesichert:
   3. sonstige Verbindlichkeiten;
      davon durch Grundpfandrechte gesichert:
      Von Nummern 1 bis 3 sind vor Ablauf von vier Jahren fällig:
VI. Andere Verbindlichkeiten:
   1. Verbindlichkeiten aus Lieferungen und Leistungen;
   2. Verbindlichkeiten aus der Annahme gezogener Wechsel und der Ausstellung eigener Wechsel;
   3. Verbindlichkeiten gegenüber Kreditinstituten, soweit sie nicht zu V gehören;
   4. erhaltene Anzahlungen;
   5. Verbindlichkeiten gegenüber verbundenen Unternehmen;
   6. sonstige Verbindlichkeiten.
VII. Rechnungsabgrenzungsposten;
VIII. Bilanzgewinn.

Die Bedeutung, die die Bilanzgliederung für die Gewährung eines „möglichst sicheren Einblicks in die Vermögens- und Ertragslage der Gesellschaft"[1] hat, soll an zwei Positionen erläutert werden: den Wertpapieren und den Forderungen.

Für die **Bilanzierung von Wertpapieren** sind auf der Aktivseite folgende Positionen vorgesehen:

A. Im Anlagevermögen:
  (1) Beteiligungen;
  (2) Wertpapiere des Anlagevermögens, die nicht zu den Beteiligungen zählen.
B. Im Umlaufvermögen:
  (3) Wechsel;
    davon bundesbankfähig:
  (4) Schecks;
  (5) Wertpapiere des Umlaufvermögens (soweit sie nicht unter 3., 4., 6., 7. fallen);
  (6) eigene Aktien;
  (7) Anteile an einer herrschenden oder an der Gesellschaft mit Mehrheit beteiligten Kapitalgesellschaft oder bergrechtlichen Gewerkschaft unter Angabe ihres Nennbetrages, bei Kuxen ihrer Zahl.

Würde man für alle diese Positionen nur einen Sammelposten „Wertpapiere" ansetzen, so wären die Einblicke in die Bilanz dadurch erheblich eingeschränkt. Der gesonderte Ausweis der Beteiligungen gibt Auskunft über finanzielle Verflechtungen mit anderen Unternehmungen. Die Trennung in Wertpapiere des Anlagevermögens und des Umlaufvermögens zeigt, daß der Betrieb mit den Wertpapieren verschiedene Zwecke verfolgt: die einen dienen der langfristigen Anlage, die anderen werden nur vorübergehend als Liquiditätsreserve gehalten. Der getrennte Ausweis der eigenen Aktien dient dem Gläubigerschutz und zeigt, welcher Teil des Aktienkapitals sich in den Händen der Gesellschaft selbst befindet. Wechsel und Schecks gehören zu den Zahlungsmitteln. Ein Ausweis unter den Wertpapieren würde zu einer falschen Beurteilung der Liquiditätslage führen.

Die **Forderungen** sind ebenso wie die Wertpapiere auf eine Anzahl von Positionen zu verteilen:
(1) Ausstehende Einlagen auf das Grundkapital; davon eingefordert,
(2) Anzahlungen auf Anlagen,
(3) geleistete Anzahlungen, soweit sie nicht zu (2) gehören,
(4) Ausleihungen mit einer Laufzeit von mindestens vier Jahren; davon durch Grundpfandrechte gesichert:
(5) Forderungen aus Lieferungen und Leistungen; davon mit einer Restlaufzeit von mehr als einem Jahr,
(6) Forderungen an verbundene Unternehmen,
(7) Forderungen aus Krediten an Vorstandsmitglieder (§ 89 AktG),
(8) Forderungen aus Krediten an Aufsichtsratsmitglieder (§ 115 AktG).

Hier wird auf den ersten Blick klar, daß eine Zusammenfassung aller oder eines Teils dieser Positionen unter einen Posten „Forderungen" zu einer Verschleierung der tatsächlich gegebenen Verhältnisse führen würde. Die Forderungen an die Aktionäre auf Grund von ausstehenden Einlagen auf das Grundkapital sind im Prinzip eine Art Wertberichtigung zum nominell ausgewiesenen Grundkapital und haben einen völlig anderen Charakter als die Forderungen aus dem Umsatzprozeß.

---

[1] § 149 Abs. 1 AktG.

Die Ausgliederung der Forderungen an verbundene Unternehmen dient wie bei dem Posten Beteiligungen der Offenlegung der bestehenden Unternehmensverbindungen. Auch die geschäftlichen Beziehungen der Gesellschaft zu Vorstands- und Aufsichtsratsmitgliedern sollen im Interesse der Rechenschaftslegung gegenüber den Aktionären offen dargelegt werden und nicht in anderen Forderungspositionen verschwinden.

Die Notwendigkeit einer über das gesetzliche Gliederungsschema hinausgehenden Gliederung kann sich aus § 149 Abs. 1 AktG ergeben, wenn die Mindestgliederung auf Grund der Besonderheiten eines Betriebes nicht ausreicht, die Klarheit und Übersichtlichkeit der Bilanzierung zu gewährleisten. Adler-Düring-Schmaltz nennen zwei Arten der Erweiterung der Mindestgliederung: entweder werden **zusätzliche Positionen** eingefügt, und zwar dann, „wenn Vermögens- oder Schuldposten vorhanden sind, die sich nicht in die Bilanzposten des § 151 Abs. 1 einordnen lassen"[1] oder es werden gesetzlich vorgeschriebene Posten **weiter aufgeteilt** (z. B. die Position „Betriebs- und Geschäftsausstattung" in Werkzeuge, Fuhrpark, sonstige Betriebsausstattung und Büroausstattung), so daß entweder mehrere Positionen an die Stelle von einer Position treten oder die Zusammensetzung einer Position durch Vermerke in einer Vorspalte oder in einer Fußnote erläutert wird (so kann z. B. die Position „gesetzliche Rücklage" in einer Vorspalte nach den verschiedenen Arten ihrer Dotierung, z. B. aus dem Jahresüberschuß oder aus Agiobeträgen erläutert werden).

Außerdem ergibt sich aus dem Gesetz der Ausweis bestimmter Positionen, die

(1) im Gliederungsschema **nicht enthalten** sind, weil sie selten auftreten, z. B. der derivative Firmenwert,[2] der Unterschiedsbetrag bei der Verschmelzung,[3] die Kosten der Ingangsetzung des Geschäftsbetriebes;[4]

(2) wegen ihres **besonderen Charakters** aus einer im Gliederungsschema angegebenen Position ausgegliedert werden müssen, z. B. steuerfreie Rücklagen als „Sonderposten mit Rücklageanteil";[5]

(3) eine im Gliederungsschema aufgeführte Position **durch nähere Angaben in den Vorspalten** oder auf andere Weise (z. B. als Fußnote) erläutern; so muß z. B. bei den ausstehenden Einlagen auf das Grundkapital angegeben werden, wieviel davon bereits eingefordert wurde, bei Ausleihungen mit einer Laufzeit von mindestens vier Jahren sind die durch Grundpfandrechte gesicherten Beträge zu vermerken, bei Wechseln müssen die bundesbankfähigen gesondert ausgewiesen werden, bei eigenen Aktien, die grundsätzlich zum Niederstwertprinzip zu bewerten sind, ist die Angabe ihres Nennbetrages erforderlich, da der Nennbetrag der eigenen Aktien 10% des Grundkapitals nicht übersteigen darf;

(4) vom Gesetzgeber nicht aufgenommen wurden, weil sie in absehbarer Zeit auf Grund gesetzlicher Bestimmungen endgültig aus den Bilanzen ver-

---

[1] Adler-Düring-Schmaltz, a.a.O., Erl. zu § 151, Tz. 9.
[2] Vgl. § 153 Abs. 5 AktG.
[3] Vgl. § 348 AktG.
[4] Vgl. § 153 Abs. 4 AktG.
[5] Vgl. § 152 Abs. 5 AktG.

schwinden (z. B. der Lastenausgleichsgegenposten gem. § 221 LAG, Rücklagen für die Vermögensabgabe gem. § 218 Abs. 2 LAG, Verbindlichkeiten gem. § 219 LAG).

Risiken und Verpflichtungen, für die ein Ausweis auf der Passivseite der Bilanz nicht zwingend vorgeschrieben ist, müssen im Interesse der Klarheit der Rechenschaftslegung entweder in der Bilanz oder im Geschäftsbericht vermerkt werden. Da der Jahresabschluß in den Gesellschaftsblättern veröffentlicht werden muß, während der Geschäftsbericht nur dem Registergericht einzureichen ist, kommt dem Jahresabschluß eine **größere Publizitätswirkung** zu. Deshalb sind in der Bilanz nach § 151 Abs. 5 AktG solche Verbindlichkeiten und Haftungsverhältnisse zu vermerken, die für die Beurteilung der Vermögens- und Ertragslage von besonderer Bedeutung sind, es sei denn, sie sind bereits durch Bildung einer Rückstellung in der Bilanz berücksichtigt. Bestehen derartige Verbindlichkeiten oder Haftungen gegenüber verbundenen Unternehmen, so ist das bei den einzelnen Vermerken unter Angabe des Betrages kenntlich zu machen.

Im einzelnen handelt es sich:
(1) um Verbindlichkeiten, die aus der Begebung und Übertragung von Wechseln entstehen können, d. h. um die Haftung aus Indossamenten;
(2) um Verbindlichkeiten aus Bürgschaften, Wechsel- und Scheckbürgschaften;
(3) um Verbindlichkeiten aus Gewährleistungsverträgen, das sind „Verträge, in denen jemand sich verpflichtet, für das Eintreten eines bestimmten Erfolges einzustehen",[1] z. B. Garantien für die Ausführung von Arbeiten Dritter. Nicht dazu gehören Garantien für die eigenen Leistungen der Gesellschaft;
(4) um die Haftung aus der Bestellung von Sicherheiten für fremde Verbindlichkeiten. Dazu gehören an sich die Bürgschaften, doch sind diese schon unter (2) aufgeführt. Es muß sich also um andere Sicherheiten, z. B. um Sicherungshypotheken handeln.[2]

Soweit den aufgeführten Verbindlichkeiten oder Haftungen **Rückgriffsforderungen** gegenüberstehen, müssen erstere dennoch vermerkt werden, und zwar unsaldiert, d. h. sie dürfen nicht mit den Rückgriffsforderungen verrechnet werden. Im Interesse der Klarheit sind die Rückgriffsforderungen auf der Aktivseite zu vermerken.

Die vier Gruppen von Verbindlichkeiten bzw. Haftungen müssen gesondert aufgeführt werden, d. h. sie dürfen nicht in einer Summe zusammengefaßt werden.

c) Der Erkenntniswert der aktienrechtlichen Bilanzgliederung

Die Bilanzgliederung hat nicht nur die Aufgabe, dafür zu sorgen, daß zwischen den einzelnen Bilanzpositionen eine scharfe Trennung erreicht wird, sondern sie soll einen Einblick in die wirtschaftliche Situation der Gesellschaft auch dadurch ermöglichen, daß sie Auskunft über die finanzielle Struktur, die Liquiditätslage, die Rentabilität (in Verbindung mit der Gewinn- und Verlustrechnung), in die bestehenden Beziehungen zu verbundenen Unternehmen und in die Beziehungen zwischen der Gesellschaft und Vorstands-, Aufsichtsrats- und Beleg-

---
[1] RG 90, 416, zit. bei Godin-Wilhelmi, Aktiengesetz, 3. Aufl., Berlin 1967, S. 854.
[2] Vgl. Godin-Wilhelmi, a.a.O., S. 854.

schaftsmitgliedern gibt. Inwieweit sie die Aufgabe erfüllt, soll im folgenden kurz erörtert werden.

Einblicke in die **finanzielle Struktur** des Betriebes werden durch die Gliederung der Passivseite in Eigen- und Fremdkapital erreicht. Das Eigenkapital wird in Nominalkapital (Grundkapital) und Rücklagen, das Fremdkapital nach seiner Fristigkeit und nach der Art der Sicherung weiter unterteilt. Dingliche Belastungen müssen gesondert kenntlich gemacht werden. Bei Anleihen wird ein besonderer Vermerk über eine dingliche Sicherung verlangt; Hypotheken, Grund- und Rentenschulden sind getrennt auszuweisen. Auf diese Weise wird ersichtlich, in welchem Umfange das Anlagevermögen einem eventuellen Zugriff der Gesamtheit der übrigen Gläubiger entzogen ist.

Auf der Aktivseite wird der **Vermögensaufbau** durch eine Gliederung in Anlagevermögen und Umlaufvermögen dargelegt, aus der sichtbar wird, welcher Teil des Vermögens umgesetzt werden soll und welcher nicht unmittelbar für den Umsatz bestimmt ist, sondern dem Betriebe durch Abgabe von Nutzungen langfristig dienen soll. Das Anlagevermögen wird weiter in materielles, immaterielles und Finanzanlagevermögen unterteilt. Der gesonderte Ausweis von Beteiligungen gibt – wie oben bereits erwähnt – Aufschluß über die finanzielle Verflechtung mit anderen Betrieben. Durch Gegenüberstellung von Anlagevermögen und langfristigem Kapital läßt sich ein Einblick in die Art der Finanzierung gewinnen.[1]

Das Aktiengesetz 1965 hat durch eine gegenüber dem Aktiengesetz 1937 noch weitergehende Gliederung die Einsichten in den finanziellen Aufbau des Betriebes verbessert. So sieht die Bilanzgliederung nach § 151 AktG bei den Finanzanlagen neben den bisher geführten Positionen „Beteiligungen" und „Wertpapiere des Anlagevermögens" eine dritte Position „Ausleihungen mit einer Laufzeit von mindestens vier Jahren, davon durch Grundpfandrechte gesichert" vor. Dadurch werden langfristige Darlehen aus der Gruppe der Forderungen, d. h. aus dem Umlaufvermögen herausgenommen und dem Anlagevermögen zugewiesen. Auf der Passivseite ist die Gliederung der Verbindlichkeiten nach der Fristigkeit verfeinert worden, indem zwei Gruppen von Verbindlichkeiten, die jeweils weiter untergliedert werden, geschaffen worden sind, nämlich „Verbindlichkeiten mit einer Laufzeit von mindestens vier Jahren" und „andere Verbindlichkeiten". Auch die Rückstellungen, die bisher in einer einzigen Position zusammengefaßt wurden, haben eine Einteilung nach der Fristigkeit in Pensionsrückstellungen (langfristig) einerseits und in sonstige Rückstellungen andererseits erfahren.

Ein weiteres wesentliches Anliegen der Bilanzgliederung ist es, einen **Einblick in die Liquiditätsverhältnisse** zu geben. Nach Strobel lassen sich bei der Gliederung der Bilanz nach Liquiditätsmerkmalen zwei Gliederungskriterien unterscheiden, die beide zu beachten sind:[2]

(1) Die Gliederung **nach dem Grad der Bindung** der einzelnen Vermögens- und Kapitalteile. Ziel dieses Ordnungsprinzips ist es, die Bilanzpositionen

---

[1] Vgl. dazu die Ausführungen über die Finanzierungsregeln, insbesondere die „goldene Bilanzregel" auf S. 550 ff.

[2] Vgl. Strobel, A., Die Liquidität, 2. Aufl., Stuttgart 1953, S. 61 ff.

B. I. Die Bilanz

„so zusammenzufassen, daß die Vermögens- und Kapitalteile eliminiert werden, die keinen unmittelbaren Einfluß auf die Liquidität ausüben."[1]

Dieses Merkmal ermöglicht die Zusammenfassung des Bilanzinhalts auf der Aktivseite in den beiden Obergruppen „gebundenes Vermögen" und „freies (variables) Vermögen". Die Einteilung kann sowohl nach **betriebswirtschaftlichen** („dauernde oder vorübergehende Bindung im Hinblick auf den Unternehmungszweck und den Betriebszweck"[2]) als auch nach **rechtlichen** Gesichtspunkten erfolgen. Während im gebundenen Vermögen alle Vermögensteile enthalten sind, die auf Grund fehlender Geldnähe nicht unmittelbar liquiditätswirksam sind bzw. die infolge ihrer Zweckbestimmung oder aus rechtlichen Gründen für lange Dauer gebunden sind,[3] umfaßt das freie Vermögen alle Vermögensteile, die gemäß ihrer Zweckbestimmung dem Betrieb nicht dauernd dienen und in absehbarer Zeit realisiert sind.

Der Gruppierung in gebundenes und freies Vermögen entspricht auf der Passivseite die Einteilung in lang-, (mittel-) und kurzfristiges Kapital.[4]

(2) Die **Gliederung nach der Fristigkeit.** Nach diesem Merkmal sind die Vermögenswerte nach der Dauer ihrer Geldwerdung und die Kapitalteile nach ihrer Laufzeit zu gliedern. Dabei sind nur Positionen übereinstimmender Fristigkeit zu Bilanzgruppen zusammenzufassen. Dieses Gliederungsprinzip ordnet also die Bilanzpositionen nach der Zeitspanne, die bis zur Umwandlung der Vermögensgüter in Zahlungsmittel benötigt wird, bzw. die bis zur Fälligkeit der Verbindlichkeiten vergeht.

Eine nach beiden Ordnungsprinzipien gegliederte **Liquiditätsbilanz** kann, wie auf S. 722 dargestellt, aufgebaut sein.[5]

Das aktienrechtliche Bilanzgliederungsschema trägt der Forderung, daß eine für Liquiditätsaussagen geeignete Bilanz eine Gegenüberstellung von Zahlungsmittelbedarf und Zahlungsmitteldeckung ermöglichen muß, im Prinzip durch die Anordnung der Vermögenspositionen in der Reihenfolge ihrer Liquidierbarkeit (von den bebauten Grundstücken bis zum Bestand an Zahlungsmitteln) und die Anordnung der Kapitalpositionen – getrennt nach Eigen- und Fremdkapital – nach der Fristigkeit Rechnung.

Dieser **liquiditätsbestimmte Gliederungsablauf** war in der Bilanzgliederung des Aktiengesetzes 1937 konsequent verwirklicht. Das Aktiengesetz 1965 hat ihn im Umlaufvermögen zum Teil zugunsten eines anderen Gliederungskriteriums aufgegeben, ohne dadurch allerdings die Einblicke in die Liquiditätslage zu verschlechtern. Zwar stehen nach wie vor die Vorräte vor den

---

[1] Strobel, A., a.a.O., S. 65.
[2] Strobel, A., a.a.O., S. 62.
[3] Z. B. das gesamte Sachanlagevermögen, das die Grundlage für die betriebliche Leistungserstellung bildet; in der Regel auch die Beteiligungen, insbesondere wenn der Betrieb mit ihnen für den Produktionsablauf erforderliche Unternehmensverbindungen eingegangen ist (z. B. zur Sicherung der Rohstoffbeschaffung oder der Absatzmöglichkeiten).
[4] Über die Frage, welchen Zeitraum die Begriffe kurz-, mittel- und langfristig umfassen, gehen die Meinungen in der Literatur auseinander. Nach deutschen Bankenstatistiken wird eine Laufzeit bis zu sechs Monaten als kurzfristig, von sechs Monaten bis zu vier Jahren als mittelfristig und ab vier Jahren als langfristig angesehen.
[5] Nach Strobel, A., a. a. O., S. 72f. (verkürzt).

Liquiditätsbilanz

Aktiva	Passiva

A. Gebundenes Vermögen
  I. Anlagevermögen
 II. Umlaufvermögen
    (soweit langfristig
    gebunden)
	A. Langfristiges Kapital
	    I. Grundkapital
	   II. Rücklagen (offene
	      und stille)
	  III. Gewinn
	  IV. Langfristige Rück-
	      stellungen
	   V. Langfristige Ver-
	      bindlichkeiten

B. Freies Vermögen
   I. Nicht betriebsnot-
     wendiges Vermögen
  II. Umlaufvermögen
    1. Vorratsvermögen
    2. Forderungen
    3. Wertpapiere
    4. Geldvermögen
	B. Kurzfristiges Kapital
	   I. Rückstellungen
	  II. Verbindlichkeiten

Liquiditätsreserven	
I. Nicht in Anspruch genom- mene Kredite II. Ausstehende Einlagen	I. Kurzfristiger Baraufwand

Forderungen, die Zahlungsmittel folgen jedoch unmittelbar nach den Forderungen aus Warenlieferungen und Leistungen, und erst nach den Zahlungsmitteln schließen sich Wertpapiere, eigene Aktien, Forderungen an verbundene Unternehmen, Forderungen aus Krediten an Vorstands- und Aufsichtsratsmitglieder an. Diese Forderungen stehen in der Regel in ihrem Liquiditätsgrad hinter den Zahlungsmitteln und den davor aufgeführten Forderungen zurück. Durch diese Änderung in der Reihenfolge der Positionen wird aber erreicht, daß zunächst die dem Betriebsprozeß dienenden Umlaufgüter ausgewiesen werden und dann erst solche Positionen folgen, die in der Regel mit dem laufenden Betriebsprozeß nicht in unmittelbarem Zusammenhang stehen.

Wichtiger noch als die Gliederung der Bilanz nach Liquiditätsgesichtspunkten, durch die die Klarheit und Übersichtlichkeit erhöht und Mehrarbeiten durch Umgliederungen vermieden werden, ist ein Aufbau der Bilanz, der die **Fristigkeiten und Fälligkeiten** der Vermögens- und Kapitalteile erkennen läßt.

Gerade dieser Aspekt ist im aktienrechtlichen Gliederungsschema unzureichend verwirklicht, wenn auch Verbesserungen im Vergleich zum Aktiengesetz

1937 festzustellen sind. Angaben, aus denen Schlüsse auf die Fristigkeit von Bilanzpositionen gezogen werden können, werden vom Gesetzgeber nur bei einem kleinen Teil der Positionen gefordert. Andererseits enthält das Schema Positionen, die Beträge ganz unterschiedlicher Fristigkeit zusammenfassen bzw. zusammenfassen können.

Das wichtigste Hilfsmittel, um mit Hilfe der Bilanz zu Liquiditätsaussagen zu kommen, ist die Ermittlung von Liquiditätskennzahlen, die auch als **Liquiditätsgrade** bezeichnet werden. Sie werden durch Gegenüberstellung bestimmter Vermögenspositionen (kurzfristiger Deckungsmittel) und kurzfristiger Verbindlichkeiten gebildet und sollen Aussagen über die Zahlungsfähigkeit des Betriebes machen, d. h. Auskunft darüber geben, ob und inwieweit die kurzfristigen Verbindlichkeiten in ihrer Höhe und Fälligkeit mit den Zahlungsmittelbeständen und anderen kurzfristigen Deckungsmitteln übereinstimmen.

Die gebräuchlichsten Liquiditätskennzahlen sind:

(1) **Liquidität ersten Grades** (Barliquidität) $= \dfrac{\text{Zahlungsmittel}}{\text{kurzfristige Verbindlichkeiten}} \times 100$

(2) **Liquidität zweiten Grades** (Liquidität auf kurze Sicht) $= \dfrac{\text{Zahlungsmittel + kurzfristige Forderungen}}{\text{kurzfristige Verbindlichkeiten}} \times 100$

(3) **Liquidität dritten Grades** (Liquidität auf mittlere Sicht) $= \dfrac{\text{Zahlungsmittel + kurzfristige Forderungen + Bestände}}{\text{kurzfristige Verbindlichkeiten}} \times 100$

Die Liquiditätsgrade können als Prozentzahlen oder in Form absoluter Differenzen dargestellt werden. Im letzten Falle zeigen sie die jeweiligen Über- und Unterdeckungen in der absoluten Höhe.

Der **Aussagewert** dieser Kennzahlen ist beschränkt. Während die oben besprochenen Finanzierungskennzahlen (Anlagedeckung, Verschuldungskoeffizient) nicht nur für den Bilanzstichtag gelten, sondern – insbesondere bei langfristiger Finanzierung – davon ausgegangen werden kann, daß sie auch noch im und über den Zeitpunkt der Aufstellung und Veröffentlichung der Bilanz hinaus Gültigkeit haben, zeigen die Liquiditätskennzahlen die Deckungsverhältnisse am Bilanzstichtag. Das Risiko der Fehleinschätzung der Liquiditätslage ist aber noch nicht einmal am Bilanzstichtag genau einzuschätzen, da – wie oben zum Teil bereits ausgeführt –

(1) die Bilanzzahlen nichts über die genaue Fälligkeit kurzfristiger Forderungen und Verbindlichkeiten aussagen, so daß die Liquiditätskennzahlen nur das **durchschnittliche** Deckungsverhältnis angeben, das vom tatsächlichen Deckungsverhältnis um so mehr abweichen kann, je kleiner die Zahl der Gläubiger und Schuldner und je größer folglich der Anteil der einzelnen kurzfristigen Verbindlichkeiten bzw. Forderungen an der entsprechenden Bilanzposition ist, und es infolgedessen offen bleibt, ob die Zahlungsbereitschaft trotz günstiger Kennzahlen wirklich gewährleistet ist;

(2) neben den ausgewiesenen Verbindlichkeiten mit Auszahlungen verbundene Aufwendungen (Lohnzahlungen, Zinszahlungen, Steuernachzahlungen, außerordentliche Instandhaltungen, für die keine oder nicht ausreichende Rückstellungen gebildet worden sind) entstehen, die nicht aus der Bilanz zu ersehen sind;

(3) aus der Bilanz nicht zu erkennen ist, ob Teile des Vermögens zur Sicherheit übereignet, verpfändet oder abgetreten worden sind. Bei Aktiengesellschaften muß der Geschäftsbericht darüber Angaben enthalten;

(4) Bilanzpositionen unter Liquiditätsgesichtspunkten nicht richtig bewertet sein können. Unterbewertungen im Vermögen, die aus der Bilanz nicht zu erkennen sind und infolgedessen bei der Ermittlung von Liquiditätskennzahlen nicht aufgelöst werden können, führen zu Aussagen über die Liquidität, die ungünstiger sind, als es den tatsächlichen Verhältnissen entspricht;

(5) die Stichtagsliquidität mit Hilfe bilanzpolitischer Mittel beeinflußt werden kann, z. B. durch Wahl des Bilanzstichtages bei Saisonbetrieben, bei denen in der Regel am Ende der Saison geringe Bestände an Fertigfabrikaten und Waren, aber hohe Bestände an Zahlungsmitteln und Forderungen vorhanden sind, während zu Beginn der Saison das Verhältnis umgekehrt ist; ferner durch Wahl von Zahlungsterminen, durch Beschaffungspolitik, durch Bildung stiller Rücklagen oder im Rahmen von Konzernen durch Gewährung von Krediten durch Konzernmitglieder kurz vor dem Bilanzstichtag (und Rückzahlung oft wenige Tage nach dem Bilanzstichtag!);

(6) die dem Betrieb zur Verfügung stehenden Möglichkeiten zur Beschaffung oder Prolongation kurzfristiger Kredite, mit denen die Zahlungsbereitschaft auf kurze Sicht verbessert werden kann, aus der Bilanz nicht zu ersehen sind.

Auskünfte über die **Rentabilitätslage** des Betriebes kann die Aktienbilanz allein nicht geben, da sie nur Angaben über den Bilanzgewinn, d. h. den „verteilungsfähigen Reingewinn" enthält. Der Gesamtgewinn der Periode ist bereits gekürzt um Zuführungen zu den Rücklagen, um bestimmte Steuern, um Gewinne, die auf Grund eines Gewinnabführungsvertrages abgeführt worden sind, um Aufwendungen aus Verlustübernahmeverträgen und um Verlustvorträge aus vorangegangenen Perioden. Ebenso kann der ausgewiesene Bilanzgewinn z. B. durch Entnahmen aus den Rücklagen um nicht entnommene Gewinne früherer Perioden erhöht worden sein. Um eine Beurteilung der Rentabilität vornehmen zu können, ist die Kenntnis der Gewinn- und Verlustrechnung erforderlich, in der alle diese Positionen angegeben werden müssen. Außerdem enthält der Geschäftsbericht bestimmte Aufschlüsse, insbesondere über die Höhe der stillen Rücklagen.

5. Die Bewertung in der Bilanz

a) Grundlagen

Bewerten ist eine Tätigkeit, die das Ziel hat, den Wert einer Handlungsweise, eines Verfahrens oder einer Sache festzustellen. Feststellen hat hier einen doppelten Sinn und bedeutet, daß der Bewertende entweder eine Entscheidung treffen kann, indem er selbst einen Wert zumißt, oder daß er vorgefundene Werte registriert und überträgt. Gibt jemand z. B. das Urteil ab, daß ein bestimmtes Entlohnungsverfahren gerecht ist, so leitet er den Wert des Verfahrens von einem allgemein anerkannten **ethischen Wert**, der Gerechtigkeit, ab. Ein anderer kann das gleiche Verfahren als ungerecht bewerten, wenn er eine andere Vorstellung davon hat, was gerecht ist. Beide gehen bei ihrer Bewertung von der gleichen Norm, der Gerechtigkeit aus, doch keiner von beiden kann sein Urteil rational beweisen wie ein Rechenexempel. Urteile über ethische Werte (sog. primäre Werturteile) sind persönliche Bekenntnisse, aber keine wissenschaftlichen Erkenntnisse. Sie erfordern eine Entscheidung des Wertenden und beruhen auf **Konventionen,** die dadurch zustandekommen, daß alle, die das Werturteil anerkennen, von den gleichen Wertvorstellungen ausgehen, deren Wurzeln in irrationalen Bereichen liegen.[1]

Im Gegensatz zu Urteilen über ethische Werte sind Urteile über **ökonomische Werte** keine Werturteile, sondern rational zu erklärende Feststellungen (Seinsurteile) über den Gebrauchswert, den Tauschwert oder den Ertragswert von Wirtschaftsgütern. Diese Feststellungen führen in der Regel zu einer Bezifferung des zu bewertenden Objekts in Geldeinheiten. Der ökonomische Wert ist eine Folge der Unbegrenztheit der menschlichen Bedürfnisse und der Knappheit der Güter, die zur Bedarfsdeckung zur Verfügung stehen. Güter, die fähig sind, ein Bedürfnis zu decken, besitzen einen **Gebrauchswert.** Sind sie nicht in unbegrenzter Menge vorhanden, so kann man sie gegen andere, ebenfalls knappe Güter eintauschen, d. h. sie haben auf Grund ihres Gebrauchswertes und ihrer Knappheit einen **Tauschwert,** der sich in Geldeinheiten als Marktpreis ausdrückt. Knappe Güter, die in der Lage sind, einen Ertrag abzuwerfen (z. B. Grund und Boden), besitzen ebenfalls einen Tauschwert (Preis), der sich als **Ertragswert** aus dem Tauschwert der erzielbaren Erträge ableitet. Die „Bezifferung" erfolgt als Bildung von Marktpreisen durch das Zusammentreffen einer Vielzahl von Einzelentscheidungen.

Der Wert eines Wirtschaftsgutes ist jedoch keine dem Gut innewohnende Eigenschaft, die – wie z. B. eine physikalische Eigenschaft – **objektiv** existiert und von der bewertenden Person unabhängig ist. Vielmehr hängt der Wert von einer bestimmten Beziehung zwischen dem Bewertenden und dem zu bewertenden Gut in einer bestimmten Situation und den in dieser Situation gegebenen Entscheidungsmöglichkeiten ab. Ein solcher Wert ist kein rein **subjektiver** Wert, der von den Präferenzvorstellungen des Wertenden und der Stellung des zu bewertenden Wirtschaftsgutes innerhalb seines Präferenzsystems bestimmt wird. Ein subjektiver Wert ist nicht zu quantifizieren und von anderen Personen nicht zu überprüfen. Leitet man den Wert eines Wirtschaftsgutes jedoch im Hinblick auf eine gegebene Zielsetzung unter Berücksichtigung des Entscheidungsfeldes des Bewertenden, d. h. der Gesamtheit der Handlungsmöglichkeiten ab, die ihm in einer bestimmten Situation zur Realisierung des Zieles zur Verfügung stehen, so handelt es sich zwar auch um eine subjektbezogene Bewertung, doch lassen sich wissenschaftliche Urteile über den Wert

---

[1] Vgl. Wöhe, G., Zur Problematik der Werturteile in der Betriebswirtschaftslehre, ZfhF 1959, S. 165 ff.

abgeben, da er im Gegensatz zum rein subjektiven Wert nachgeprüft werden kann. Für einen solchen entscheidungsorientierten Wert hat Engels den Begriff **„gerundiver Wert"** vorgeschlagen.[1]

Das **Bewertungsproblem in der Bilanz** stellt sich für den Betrieb aus mehreren Gründen:

(1) Im Interesse der langfristigen Existenz des Betriebes ist es erforderlich, in regelmäßigen Abständen festzustellen, ob die am Markt für die produzierten Leistungen erzielbaren Erlöse wenigstens die eingesetzten Aufwendungen decken. Letztere ergeben sich als Preise des Beschaffungsmarktes (z. B. Anschaffungskosten oder Wiederbeschaffungskosten für Anlagegüter, Vorräte usw.), erstere als Preise des Absatzmarktes.

(2) Der Gesetzgeber verlangt vom Betriebe in jährlichem Abstand die Aufstellung einer Handelsbilanz zur Rechenschaftslegung und Information bestimmter Personengruppen und einer Steuerbilanz zur Ermittlung von Steuerbemessungsgrundlagen. Dabei fordert er eine Bewertung aller Vermögens- und Schuldpositionen (Einzelbewertung) nach bestimmten Bewertungsvorschriften, die z. T. auch Bewertungswahlrechte enthalten.

(3) Bei besonderen Anlässen (z. B. Fusion, Umwandlung, Ausscheiden von Gesellschaftern, Verkauf des Betriebes oder eines Teilbetriebes u. a.) ist es notwendig, den Wert des ganzen Betriebes, den Wert der Kapitalanteile einzelner Gesellschafter oder den Wert einzelner Wirtschaftsgüter festzustellen.

Bewertungsentscheidungen bei der Bilanzierung sind lediglich dort zu treffen, wo

(1) entweder zwei zu verschiedenen Zeitpunkten gebildete Marktpreise zur Wahl stehen, z. B. die früheren Anschaffungskosten und die heutigen Wiederbeschaffungskosten eines Wirtschaftsgutes, oder

(2) Marktpreise nicht vorhanden sind, z. B. bei der Bewertung von Anlagegütern, deren Wertminderung durch technische (Gebrauch, natürlicher Verschleiß) oder wirtschaftliche Faktoren (technischer Fortschritt) nur geschätzt werden kann, oder

(3) Marktpreise zur Bewertung als ungeeignet angesehen werden, wenn z. B. bei Anlagegütern der Wert der noch in ihnen enthaltenen Nutzungen und nicht der Veräußerungswert am Markt zur Grundlage einer Wertzumessung gemacht werden soll, bei der die Zugehörigkeit des zu bewertenden Objekts zu einem bestimmten Betrieb die Höhe des Wertes mitbestimmt, wie das die theoretische Konzeption des Teilwertes für die Bewertung in der Steuerbilanz fordert, oder

(4) Marktpreise zwar Ausgangspunkt der Bewertung sind, aber das Problem ihrer Zurechnung auf einzelne Wirtschaftsgüter nicht exakt gelöst werden kann (z. B. bei der Ermittlung der Herstellungskosten oder der Hinzurechnung von Anschaffungsnebenkosten zum Anschaffungspreis [Rechnungs-

---

[1] Vgl. Engels, W., Betriebswirtschaftliche Bewertungslehre im Licht der Entscheidungstheorie, Köln und Opladen 1962, S. 11 ff., vgl. ferner zum Wertproblem: Wittmann, W., Der Wertbegriff in der Betriebswirtschaftslehre, Köln und Opladen 1956; Albert, H., Das Werturteilproblem im Lichte der logischen Analyse, ZfgSt Bd. 112, , 1956, S. 410 ff.; Stützel, W., Bemerkungen zur Bilanztheorie, ZfB 1967, S. 318.

preis] eines Wirtschaftsgutes), so daß der Gesetzgeber gezwungen ist, Bewertungswahlrechte zu gewähren, oder – für die Steuerbilanz – pauschale Zurechnungsverfahren zu normieren.

Neben der Feststellung des Einzelwertes eines Wirtschaftsgutes steht die **Ermittlung des Gesamtwertes** einer wirtschaftlichen Einheit, z. B. eines Betriebes. Der Gesamtwert eines Betriebes ist nicht identisch mit der Summe der Einzelwerte, die aus Marktpreisen abgeleitet oder geschätzt sind, da der Betrieb als Ganzes im Falle des Verkaufs infolge seines guten Rufs, seiner Organisation, seines Mitarbeiter- und Kundenstamms u. ä. einen wesentlich höheren Preis (Tauschwert) erzielen kann, als es der Summe der Einzelwerte der bilanzierten Wirtschaftsgüter entspricht. Der Gesamtwert eines Betriebes läßt sich folglich nicht aus der Bilanz ablesen. Die Addition der in der Bilanz ausgewiesenen Vermögenswerte ergibt einen Substanz- oder Reproduktionskostenwert, der Gesamtwert wird unter Berücksichtigung des Ertragswertes, der sich durch Kapitalisierung eines nachhaltig zu erwartenden Ertrages errechnet, ermittelt. Betriebswirtschaftslehre und Praxis haben eine Anzahl von Gesamtbewertungsmethoden entwickelt, die sich insbesondere dadurch unterscheiden, welches Gewicht bei der Gesamtwertermittlung dem Ertragswert und dem Substanzwert zugemessen wird.[1]

Aus dem Gesagten ergibt sich, daß sich folgende Bewertungsmöglichkeiten unterscheiden lassen:

(1) eine **Einzelbewertung** der einzelnen Wirtschaftsgüter **ohne** Rücksicht auf ihre Zugehörigkeit zu einem Betrieb durch Verwendung von am Markt vorgefundenen Anschaffungskosten, Wiederbeschaffungskosten oder Absatzpreisen;

(2) eine **Einzelbewertung** der einzelnen Wirtschaftsgüter **mit** Berücksichtigung ihrer Zugehörigkeit zu einem Betrieb, z. B. mit Hilfe des steuerlichen Teilwertes;

(3) eine **Gesamtbewertung** des Betriebes als einer wirtschaftlichen Einheit, die einen ihr zurechenbaren Ertrag abwirft, mit Hilfe besonderer Gesamtbewertungsverfahren.

Die Bewertung in der Bilanz ist grundsätzlich eine Einzelbewertung.

b) Allgemeine Prinzipien der Bewertung

Die Bewertung in der Handelsbilanz wird vom **Grundsatz kaufmännischer Vorsicht** beherrscht. Dieser Grundsatz dient vor allem drei Zielen: der Kapitalerhaltung, dem Gläubigerschutz und dem Schutz der Gesellschafter, die keinen Einfluß auf die Geschäftsführung und die Gestaltung des Rechnungswesens haben.

aa) Nominelle Kapitalerhaltung und Substanzerhaltung

Die Kapitalerhaltung ist in der Regel die Voraussetzung für die ungestörte Fortführung des Betriebsprozesses. Sie kann nominell, d. h. in Geldeinheiten, oder substantiell, d. h. in Gütereinheiten gemessen werden. Man unterscheidet deshalb zwischen nomineller Kapitalerhaltung und Substanzerhaltung.[2] Unter

---
[1] Vgl. die ausführliche Darstellung der Gesamtbewertungsproblematik auf S. 523 ff.
[2] Vgl. auch die Ausführungen zu den Bilanzauffassungen auf S. 850 f.

der Annahme konstanter Beschaffungs- und Absatzpreise stimmen beide Formen der Kapitalerhaltung überein, d. h. wenn am Ende einer Periode aus dem betrieblichen Prozeßablauf ebensoviele finanzielle Mittel zur Verfügung stehen wie am Anfang der Periode, so können auch die gleichen Mengen an Produktionsfaktoren wiederbeschafft werden, die zur Durchführung des Produktions- und Umsatzprozesses der abgelaufenen Periode eingesetzt werden mußten.

In Zeiten steigender Preise sind von Periode zu Periode mehr Geldeinheiten zur Wiederbeschaffung dieser Mengen an Produktionsfaktoren erforderlich. Die **Substanzerhaltung** bedingt also, daß nur die Mittel als Gewinnausschüttung und Steuerzahlung den Betrieb verlassen dürfen, die über die zur Finanzierung der zur Substanzerhaltung erforderlichen Vermögenswerte benötigten Geldeinheiten hinaus erwirtschaftet worden sind. Dieses Ziel kann nur erreicht werden, wenn die Vermögenswerte nicht zu hoch und die Verbindlichkeiten nicht zu niedrig bewertet werden, d. h. wenn alle exakt meßbaren oder durch Schätzung ermittelten Wertänderungen und Risiken in den Wertansätzen berücksichtigt werden. Die Vorsicht erfordert dabei, geschätzte Aufwendungen eher höher, geschätzte Erträge eher niedriger anzusetzen.

Für die **Handels- und Steuerbilanz** hat der Gesetzgeber das Prinzip der nominellen Kapitalerhaltung durch gesetzliche Bewertungsvorschriften fixiert. Danach gilt die Leistungsfähigkeit eines Betriebes als gewahrt, wenn das nominelle Geldkapital ziffernmäßig von Periode zu Periode gleichbleibt. Eine positive Differenz zwischen dem Kapital am Anfang und am Ende der Periode stellt – unter Berücksichtigung von Entnahmen und Einlagen – einen Gewinn, eine negative Differenz einen Verlust dar. Die Bewertung erfolgt grundsätzlich zu Anschaffungs- oder Herstellungskosten. Geld- und Sachwertschwankungen in der Volkswirtschaft werden nicht berücksichtigt. Steigen die Preise infolge konjunktureller Einflüsse oder allgemeiner Geldentwertung, so kann die Produktionsfähigkeit des Betriebes durch Einsatz der gleichen investierten Geldsumme nicht aufrechterhalten werden.

Für den Gesetzgeber besteht keine Veranlassung, für die Handelsbilanz Bewertungsvorschriften zu erlassen, die im Falle von Preissteigerungen dafür sorgen, daß der Teil des Überschusses der Erträge über die Aufwendungen einer Periode, der der Substanzerhaltung dient, nicht als Gewinn erscheint, denn der Gesetzgeber geht nicht wie z. B. die Vorstände und Geschäftsführungen großer Kapitalgesellschaften von der Vorstellung eines „Unternehmens an sich" aus, dessen Substanz durch Gewinnausschüttungen nicht gekürzt werden darf, sondern von den gesellschaftsrechtlichen Verhältnissen: die Gesellschafter stellen dem Unternehmen einen bestimmten Geldbetrag als Eigenkapital zur Verfügung; das „Mehr" an Vermögen, das mit diesem Eigenkapital durch den betrieblichen Umsatzprozeß erzielt wird, steht als Gewinn den Eigenkapitalgebern zu. Dieses „Mehr" wird ebenso wie die Kapitaleinlagen in Geld und nicht in Gütern gemessen. Welcher Teil davon ausgeschüttet oder zur Substanzerhaltung oder Substanzerweiterung zurückbehalten wird, hängt von den Zielsetzungen ab, die die Geschäftsführung verfolgt.

Die Eigenkapitalgeber werden nicht anders behandelt als die Fremdkapitalgeber, die ihren vereinbarten Zins nicht erst dann erhalten, wenn zuvor der

Betrieb die Vermögenssubstanz gesichert hat. Sie können lediglich – soweit sie zugleich Geschäftsführer sind – frei entscheiden, ob sie die auf ihre Anteile entfallenden Gewinne entnehmen oder zum Teil zur Selbstfinanzierung im Betriebe belassen. Bei der Aktiengesellschaft regelt sich die Aufteilung des Gewinns (Jahresüberschusses) auf Ausschüttung und auf Rücklagenbildung teils nach dem Gesetz,[1] teils beruht sie auf einer Entscheidung des Vorstandes, teils auf einer Entscheidung der Hauptversammlung.

Die Tatsache, daß die Nominalgewinne durch Gewinnsteuern gekürzt werden und folglich bei Preissteigerungen die Substanzerhaltung über eine Zurückbehaltung von bereits versteuerten Gewinnen durch Rücklagenbildung erfolgen muß, ist oft als eine unberechtigte **Besteuerung von Scheingewinnen** angegriffen worden.

Das folgende Beispiel zeigt das Problem: Angenommen, die Anschaffungskosten einer Ware haben 240 DM betragen, die Wiederbeschaffungskosten sind am Bilanzstichtag auf 300 DM gestiegen, der im Laufe der Periode ebenfalls gestiegene Verkaufspreis von 400 DM wird erzielt. Dann ergibt sich, wenn man von weiteren Aufwendungen neben den Anschaffungskosten absieht:

| Verkaufspreis – Anschaffungskosten | = Gesamtgewinn |
| 400 – 240 | = 160 |

| Verkaufspreis – Wiederbeschaffungskosten | = Umsatzgewinn |
| 400 – 300 | = 100 |

| Wiederbeschaffungskosten – Anschaffungskosten | = Preissteigerungsgewinn (Scheingewinn) |
| 300 – 240 | = 60 |

Soll eine Substanzerhaltung nach Steuern möglich sein, so darf die Steuerbelastung des Gesamtgewinns nicht höher sein als der Umsatzgewinn.

	Steuersatz		
	60 %	62,5 %	70 %
Gesamtgewinn vor Steuer	160	160	160
— Steuer	96	100	112
Gesamtgewinn nach Steuer	64	60	48
— Preissteigerungsgewinn (Einbehaltung zur Substanzerhaltung erforderlich)	60	60	60
mögliche Ausschüttung	4	—	—
Fehlbetrag bei Substanzerhaltung	—	—	12

---

[1] Vgl. § 58 AktG.

Die Angriffe gegen eine Besteuerung von Preissteigerungsgewinnen sind nicht berechtigt, da es gegen die Gleichmäßigkeit der Besteuerung verstoßen würde, wenn nicht die in Betrieben erzielten Nominalgewinne, sondern nur die um bestimmte zur Substanzerhaltung erforderliche Beträge gekürzten Gewinne der Besteuerung unterliegen würden, während bei allen anderen Einkunftsarten (z. B. Einkünfte aus unselbständiger oder selbständiger Arbeit, Einkünfte aus Vermietung und Verpachtung, aus Kapitalvermögen) die Nominaleinkünfte besteuert werden.

Der Wissenschaftliche Beirat beim Bundesministerium der Finanzen hat Überlegungen angestellt, „ob nicht eine durchgängige Umrechnung auf Realwerte für Steuerzwecke möglich wäre. Dies würde jedoch voraussetzen, daß das gesamte Rechnungs- und Wertsystem der Wirtschaft in einheitlicher Weise dem Geldentwertungsprozeß laufend angepaßt und damit gleichsam dynamisiert würde."[1] Der Beirat kommt zu dem Ergebnis, „daß ein derartiges ‚System' in der Praxis undurchführbar ist . . . Da partielle Korrekturen sich wegen der Ungerechtigkeiten, die sie mit sich bringen, nur nachteilig auswirken, ist das Nominalwertprinzip kompromißlos beizubehalten."[2]

bb) Gläubigerschutz

Bei hohem Verschuldungsgrad ist es für die Sicherheit der Gläubiger entscheidend, daß die für die Vermögensgegenstände in der Bilanz angesetzten Werte beim Umsatz wenigstens realisiert werden können, und daß nicht durch zu hohe Bewertung Gewinne buchmäßig entstehen, durch deren Ausschüttung die Kapitalerhaltung und damit die Erhaltung der Haftungssubstanz und die Ertragsfähigkeit in der Zukunft, von der die Fähigkeit des Betriebes zur termingerechten Zinszahlung und Tilgung der Verbindlichkeiten bestimmt wird, beeinträchtigt wird.

Dieses Ziel soll durch Fixierung einer **oberen Grenze** für die Bewertung der Vermögensgegenstände und entsprechend einer **unteren Grenze** für die Bewertung von Schulden erreicht werden.

Im Interesse der Gläubiger darf aber auch eine willkürliche Unterbewertung von Vermögensgegenständen oder Überbewertung von Rückstellungen nicht zugelassen werden. Zwar sind dann zunächst höhere Vermögenswerte (stille Rücklagen) vorhanden als in der Bilanz ausgewiesen werden, so daß dadurch zusätzliche Sicherheiten für die Gläubiger vorhanden sind, im Falle von Verlusten können aber durch stillschweigende Auflösung stiller Rücklagen die Gläubiger eine zeitlang über die wirkliche Ertragslage des Betriebes getäuscht werden.

cc) Schutz der Gesellschafter

Wenn auch die Gesellschafter (Aktionäre) in der Regel an hohen Gewinnausschüttungen interessiert sind, so dienen doch durch zu hohe Bewertung mögliche Gewinnausschüttungen nicht ihren Interessen, denn sie können zur Folge

---

[1] Gutachten zur Reform der direkten Steuern, erstattet vom Wissenschaftlichen Beirat beim Bundesministerium der Finanzen, Bad Godesberg 1967, S. 19.
[2] Gutachten zur Reform der direkten Steuern, a. a.O., S. 19.

haben, daß der Betrieb nicht mehr die gleiche Menge an Produktionsfaktoren beschaffen kann wie bisher und folglich den Prozeß der betrieblichen Leistungserstellung und -verwertung einschränken muß. Auch in ihrem Interesse muß der Gesetzgeber deshalb obere Wertgrenzen fixieren.

Da durch eine auch bei großzügiger Auslegung des Vorsichtsprinzips zu niedrige Bewertung der in der Bilanz ausgewiesene Erfolg zu gering ist, verstößt sie gegen das Ziel, den in einer Periode erzielten Gewinn auch in dieser Periode auszuweisen. Dieses Ziel verfolgt die Steuerbilanz in erster Linie, da ihre Aufgabe die Ermittlung von Steuerbemessungsgrundlagen und nicht der Schutz der Gläubiger ist. Es ist aber auch in der Handelsbilanz insbesondere solcher Betriebe von Bedeutung, deren Gesellschafter keinen Einfluß auf die Erstellung des Jahresabschlusses und damit auf die Bewertung nehmen können, weil – wie bei der Aktiengesellschaft – diese Aufgabe allein dem Vorstand obliegt, so daß die Gefahr besteht, daß die Gewinnansprüche der Gesellschafter durch Bewertungsmaßnahmen der Geschäftsführung verkürzt bzw. auf spätere Perioden verschoben werden. Aus diesen Überlegungen folgt die Notwendigkeit der **Fixierung von unteren Wertgrenzen.**

dd) Gewinn- und Verlustrealisation

Dem Prinzip der Vorsicht sowie den mit ihm verfolgten Zielen wird durch Beachtung folgender Grundsätze in den handels- und steuerrechtlichen Bewertungsvorschriften Rechnung getragen.

(1) Das **Realisationsprinzip** hat die Forderung zum Inhalt, daß Gewinne und Verluste erst dann ausgewiesen werden dürfen, wenn sie durch den Umsatzprozeß in Erscheinung getreten sind. Die Möglichkeit, Vermögensgegenstände zu einem späteren Zeitpunkt mit Gewinn veräußern zu können oder mit Verlust absetzen zu müssen, rechtfertigt nach diesem Grundsatz noch nicht die bilanzmäßige Berücksichtigung derartiger Gewinne bzw. Verluste. Das Prinzip schließt die Beachtung von Wertsteigerungen über die Anschaffungs- oder Herstellungskosten aus. Dabei kommt es nicht darauf an, ob die Wertsteigerungen die Folge einer allgemeinen Preissteigerung sind oder der Wert von Wirtschaftsgütern – z. B. eines unbebauten Grundstücks oder eines Wertpapiers – bei konstantem Geldwert gestiegen ist.

(2) Das **Niederstwertprinzip** schränkt das Realisationsprinzip für Wertminderungen ein. Es besagt, daß von zwei möglichen Wertansätzen – z. B. den Anschaffungs- oder Herstellungskosten einerseits und dem Börsen- oder Marktpreis andererseits – jeweils der niedrigere angesetzt werden muß (strenges Niederstwertprinzip) oder darf (gemildertes Niederstwertprinzip) und damit eine Aufwandsantizipation verlangt bzw. erlaubt wird. Der niedrigere der beiden zur Wahl stehenden Werte bildet bei strenger Anwendung des Prinzips, die nach § 155 Abs. 2 AktG gefordert wird, die obere Wertgrenze, die nicht überschritten werden darf.

(3) Das **Höchstwertprinzip für Verbindlichkeiten** ergibt sich durch analoge Übertragung des Niederstwertprinzips von der Bewertung des Vermögens auf die Bewertung der Verbindlichkeiten.

(4) Das **Imparitätsprinzip** faßt die drei erstgenannten Grundsätze zu einer Regel zusammen. Da Ertragsantizipationen unzulässig sind, vollzieht sich die Bewertung im Hinblick auf erwartete Gewinne und erwartete Verluste ungleichmäßig. Das Imparitätsprinzip besagt:
(a) noch nicht durch Umsatz realisierte Gewinne dürfen nicht ausgewiesen werden; es gilt also das Realisationsprinzip;
(b) noch nicht durch Umsatz realisierte Verluste müssen oder dürfen berücksichtigt werden; das Realisationsprinzip gilt also nicht, an seine Stelle tritt das Niederstwertprinzip bei der Bewertung von Vermögensgegenständen, das Höchstwertprinzip bei der Bewertung von Verbindlichkeiten.

c) Die Bewertungsvorschriften für die Handelsbilanz (Überblick)

Für die Handelsbilanz gilt der **Grundsatz der Einzelbewertung.** Er hat seine gesetzliche Grundlage in § 39 Abs. 1 und 2 HGB. Dort wird bestimmt, daß der Kaufmann zu Beginn seines Handelsgewerbes und am Schluß jedes Wirtschaftsjahres „seine Grundstücke, seine Forderungen und Schulden, den Betrag seines baren Geldes und seine sonstigen Vermögensgegenstände genau zu verzeichnen, dabei den Wert der einzelnen Vermögensgegenstände anzugeben und einen das Verhältnis des Vermögens und der Schulden darstellenden Abschluß zu machen" hat.

Der Grundsatz der Einzelbewertung entspricht dem Prinzip vorsichtiger Bewertung, denn er soll verhindern, daß durch Zusammenfassung von Wirtschaftsgütern Wertminderungen und Werterhöhungen einzelner Wirtschaftsgüter verrechnet werden können. Dadurch würden eingetretene Wertminderungen nicht sichtbar, sondern durch noch nicht durch Umsatz realisierte Wertsteigerungen kompensiert.

Der Grundsatz wird in **zwei Fällen** vom Gesetzgeber durchbrochen:
(1) Aus Gründen der Arbeitsvereinfachung läßt § 40 Abs. 4 HGB unter bestimmten Voraussetzungen für Gegenstände des Anlagevermögens sowie für Roh-, Hilfs- und Betriebsstoffe den Ansatz eines **Festwertes** und für Vorräte, die bestimmte Bedingungen erfüllen, eine **Gruppenbewertung** zu.
(2) In den Fällen, in denen eine Einzelbewertung nicht möglich ist, z. B. bei gleichartigen Vorräten, die zu unterschiedlichen Anschaffungs- oder Herstellungskosten beschafft wurden, aber nicht getrennt gelagert werden können, ist eine **Sammelbewertung** mittels bestimmter Schätzungsverfahren erlaubt, die einer Einzelbewertung möglichst nahe kommen sollen.

Die handelsrechtlichen Bewertungsvorschriften sind im § 40 HGB, § 153 ff. AktG, § 42 GmbHG und § 33 c GenG niedergelegt. § 40 Abs. 2 HGB fordert, daß Vermögen und Schulden mit dem Wert anzusetzen sind, der ihnen am Bilanzstichtag zukommt. Dieser sog. **„Zeitwert"** kann unterschiedlich interpretiert werden. Man muß zu seiner Erklärung die Grundsätze ordnungsmäßiger Buchführung heranziehen, für die die Anschaffungs- oder Herstellungskosten die obere Grenze der Bewertung bilden. Das HGB kennt keine unterschiedlichen Wertansätze für das Anlage- und Umlaufvermögen. Der „Zeitwert" des § 40 Abs. 2 HGB läßt sich folgendermaßen interpretieren:

(1) als Anschaffungs- oder Herstellungskosten (bei abnutzbaren Anlagegütern vermindert um Abschreibungen),
(2) als Börsen- oder Marktpreis am Bilanzstichtag,
(3) als Wiederbeschaffungs- oder Wiederherstellungskosten am Bilanzstichtag,
(4) als Verkaufswert abzüglich noch anfallender Aufwendungen.

Für Aktiengesellschaften enthalten die § 153 ff. AktG[1] eingehende Vorschriften über die Bewertung, die auch von Unternehmen anderer Rechtsformen angewendet werden müssen, soweit sie eine Kodifizierung von Grundsätzen ordnungsmäßiger Buchführung sind; soweit sie nur der Realisierung von speziellen Zielsetzungen der Aktienbilanz dienen, sind sie u. E. für Nicht-Aktiengesellschaften nicht verbindlich.[2]

Dieser Umstand zwingt den Steuergesetzgeber, solche aktienrechtlichen Bilanzierungs- und Bewertungsvorschriften, deren Anwendung für Unternehmen anderer Rechtsformen nicht zwingend ist, ins Einkommensteuergesetz zu übernehmen, wenn sie in der Steuerbilanz angewendet werden sollen, da sie ohne steuerrechtliche Kodifizierung über das Maßgeblichkeitsprinzip nur bei Aktiengesellschaften in die Steuerbilanz Eingang finden würden. Beispiele dafür sind das in § 5 Abs. 2 EStG 1969 übernommene Verbot der Bilanzierung antizipativer Rechnungsabgrenzungsposten und immaterieller Wirtschaftsgüter, die nicht entgeltlich erworben worden sind.

Das **Aktiengesetz** unterscheidet bei den Vermögensgegenständen zwei große Bewertungsgruppen. Einteilungskriterium ist die Geldnähe (Liquidität) eines Vermögensgegenstandes, d. h. der Zeitraum, in dem sich ein Vermögensgegenstand nach seiner Zweckbestimmung in der Regel im Betrieb befindet:

(1) Gegenstände des **Anlagevermögens** (§§ 153 und 154 AktG). Diese werden unterteilt in:
 (a) Wirtschaftsgüter, deren Nutzung zeitlich begrenzt ist, d. h. deren Nutzungsvorrat sich durch Gebrauch (Verschleiß), durch wirtschaftliche Entwertung (z. B. technischer Fortschritt) oder durch Zeitablauf (z. B. Patente) von Periode zu Periode vermindert;
 (b) Wirtschaftsgüter, deren Nutzungsvorrat im Zeitablauf nicht abnimmt. Sie sind grundsätzlich zu den Anschaffungs- oder Herstellungskosten zu bewerten (z. B. Grund und Boden, Beteiligungen, Wertpapiere).
(2) Gegenstände des **Umlaufvermögens** (§ 155 AktG).

Für die genannten Vermögensgegenstände gelten folgende allgemeinen Bewertungsgrundsätze:
(1) Die **Gegenstände des Anlagevermögens** sind nach § 153 Abs. 1 AktG zu den Anschaffungs- oder Herstellungskosten, vermindert um Abschreibungen oder Wertberichtigungen nach § 154 AktG anzusetzen. Immaterielle Anlagewerte dürfen nur aktiviert werden, wenn sie entgeltlich erworben wurden. Ein Aktivierungswahlrecht besteht auch für einen derivativen Firmenwert.

---

[1] Der Regierungsentwurf (Bundestags-Drucksache VI 3088) eines neuen GmbH-Gesetzes übernimmt die aktienrechtlichen Bewertungsvorschriften größtenteils wörtlich in die §§ 131 ff.
[2] Einzelheiten vgl. Wöhe, G., Bilanzierung, a.a.O., S. 133 ff.

(2) Ist die Nutzung von Anlagegütern zeitlich begrenzt, so sind die Anschaffungs- oder Herstellungskosten um **planmäßige Abschreibungen** zu vermindern. Die Verteilung der Anschaffungs- oder Herstellungskosten auf die geschätzte wirtschaftliche Nutzungsdauer muß auf Grund eines Abschreibungsplans erfolgen, dem jede Verteilungsmethode zugrunde liegen darf, die den Grundsätzen ordnungsmäßiger Buchführung entspricht.

(3) Treten bei Gegenständen des Anlagevermögens außergewöhnliche Wertänderungen ein (z. B. ein Steigen oder Sinken der Wiederbeschaffungskosten oder der Kurswerte über bzw. unter die Anschaffungskosten, eine unerwartete technische oder wirtschaftliche Entwertung von Maschinen), so müssen oder dürfen die Wertminderungen – unabhängig davon, ob es sich um Gegenstände handelt, deren Nutzung begrenzt ist oder nicht – durch **außerplanmäßige Abschreibungen** erfaßt werden, während nach dem Realisationsprinzip Wertsteigerungen über die Anschaffungs- oder Herstellungskosten nicht berücksichtigt werden dürfen. Ein Zwang zum Ansatz des niedrigeren Wertes besteht, wenn die Wertminderung voraussichtlich von Dauer ist, anderenfalls ist ein Wahlrecht gegeben.[1] Ist der niedrigere Wert angesetzt worden, so darf er auch dann beibehalten werden, „wenn die Gründe der außerplanmäßigen Abschreibung oder Wertberichtigung nicht mehr bestehen" (**Beibehaltungswahlrecht**).[2]

(4) Ist zwar keine Wertminderung eingetreten, ist aber nach steuerrechtlichen Vorschriften in der Steuerbilanz ein niedrigerer Wert zulässig (z. B. Bewertungsfreiheiten zur Realisierung außerfiskalischer Zielsetzungen), so darf der niedrigere Wert auch in der Handelsbilanz angesetzt werden.[3]

(5) Ist ein **derivativer Firmenwert** bilanziert worden, so muß er innerhalb von fünf Jahren linear abgeschrieben werden.

(6) Die **Gegenstände des Umlaufvermögens** sind grundsätzlich mit den Anschaffungs- oder Herstellungskosten anzusetzen, es sei denn, die folgenden Werte sind niedriger:

(a) der aus dem Börsen- oder Marktpreis des Bilanzstichtages abgeleitete Wert (§ 155 Abs. 2 Satz 1 AktG),

(b) der den Wirtschaftsgütern am Bilanzstichtag beizulegende Wert (§ 155 Abs. 2 Satz 2 AktG),

(c) der bei vernünftiger kaufmännischer Beurteilung auf Grund erwarteter Wertschwankungen für notwendig erachtete Wert (§ 155 Abs. 3 Ziff. 1 AktG),

(d) der als Folge steuerlicher Vorschriften zulässige niedrigere Wert (§ 155 Abs. 3 Nr. 2 AktG).

Es gilt also grundsätzlich das strenge Niederstwertprinzip.

(7) Bei **gleichartigen Vorräten,** die nicht getrennt gelagert werden, und bei denen folglich die Anschaffungs- oder Herstellungskosten der einzelnen verbrauchten oder im Endbestand verbliebenen Gegenstände im Falle unter-

---

[1] Vgl. § 154 Abs. 2 AktG.
[2] § 154 Abs. 2 letzter Satz AktG.
[3] Vgl. § 154 Abs. 2 Ziff. 2 AktG.

schiedlicher Anschaffungs- oder Herstellungskosten nicht ermittelt werden können, ist eine Sammelbewertung zulässig (§ 155 Abs. 1 Satz 3 AktG).

Als **Schätzungsmethoden** kommen in Betracht:
(a) die Ermittlung der durchschnittlichen Anschaffungskosten;
(b) die Unterstellung einer bestimmten zeitlichen Verbrauchsfolge, z. B. gelten die zuerst oder zuletzt angeschafften oder hergestellten Güter als jeweils zuerst oder zuletzt verbraucht;
(c) die Unterstellung einer bestimmten Verbrauchsfolge nach der Höhe der Anschaffungs- oder Herstellungskosten, z. B. die am teuersten oder am billigsten angeschafften oder hergestellten Güter gelten jeweils als zuerst verbraucht.

Das Niederstwertprinzip und die Grundsätze ordnungsmäßiger Buchführung sind bei der Anwendung dieser Verfahren zu beachten.

(8) Zur **Vorratsbewertung** läßt in Sonderfällen § 40 Abs. 4 HGB zwei weitere Verfahren zu:
(a) die Gruppenbewertung für „annähernd gleichwertige oder solche gleichartigen Vermögensgegenstände, bei denen nach der Art des Bestandes oder auf Grund sonstiger Umstände ein Durchschnittswert bekannt ist";
(b) die Festbewertung bei Roh-, Hilfs- und Betriebsstoffen, „wenn ihr Bestand in seiner Größe, seinem Wert und seiner Zusammensetzung nur geringen Veränderungen unterliegt."

Passivposten sind nach § 156 AktG folgendermaßen zu bewerten:
(1) Das **Grundkapital** ist zum Nennbetrag anzusetzen.
(2) **Verbindlichkeiten** sind zu ihrem Rückzahlungsbetrag anzusetzen. Soweit der Rückzahlungsbetrag den Ausgabebetrag übersteigt, darf der Unterschied (Disagio, Damnum) unter die aktiven Rechnungsabgrenzungsposten aufgenommen werden. Wird von diesem Aktivierungswahlrecht eines Korrekturpostens im Interesse der richtigen Periodenabgrenzung Gebrauch gemacht, so ist er durch planmäßige jährliche Abschreibungen, die über die Laufzeit der Verbindlichkeit verteilt werden dürfen, zu tilgen.
(3) Rentenverpflichtungen sind zu ihrem Barwert zu bilanzieren.
(4) Die Höhe der **Rückstellungen** ist nach vernünftiger kaufmännischer Beurteilung zu schätzen.

d) Die Bewertungsvorschriften für die Steuerbilanz (Überblick)

Grundsätzlich erfolgt auch in der Steuerbilanz die Bewertung nach dem Prinzip der **Einzelbewertung.** § 6 Abs. 1 EStG spricht im ersten Satz von der „Bewertung der einzelnen Wirtschaftsgüter". In der Zusammenfassung von Wirtschaftsgütern, die im wesentlichen gleichartig sind, sieht die Rechtsprechung jedoch keinen Verstoß gegen den Grundsatz der Einzelbewertung. Die handelsrechtlich zulässige Sammel-, Gruppen- und Festbewertung werden deshalb steuerlich anerkannt, jedoch läßt die Rechtsprechung nicht alle aktienrechtlich erlaubten Verbrauchsfolgeunterstellungen zu.[1]

---

[1] Zur Bewertung der einzelnen Wirtschaftsgüter in der Steuerbilanz vgl. Wöhe, G., Betriebswirtschaftliche Steuerlehre, Bd. I, a.a.O., S. 443–650

Das Einkommensteuergesetz bildet für die Vermögensgegenstände ebenso wie das Aktiengesetz **zwei Bewertungsgruppen,** verwendet aber als Abgrenzungskriterium nicht die Dauer der Betriebszugehörigkeit, sondern die Abnutzung im Zeitablauf und unterscheidet:
(1) Wirtschaftsgüter des Anlagevermögens, die der Abnutzung unterliegen (§ 6 Abs. 1 Ziff. 1 EStG),
(2) Wirtschaftsgüter des Anlagevermögens, die nicht der Abnutzung unterliegen und Güter des Umlaufvermögens (§ 6 Abs. 1 Ziff. 2 EStG).

Für die einzelnen Gruppen von Wirtschaftsgütern gelten folgende Vorschriften:

(1) **Abnutzbare Anlagegüter**

(a) Nach § 6 Abs. 1 Ziff. 1 EStG bilden die Anschaffungs- oder Herstellungskosten, vermindert um die Absetzungen für Abnutzung nach § 7 EStG (= Abschreibungsrestwerte, Buchwerte oder fortgeführte Anschaffungs- oder Herstellungskosten), die obere Grenze der Bewertung. Höhere Wiederbeschaffungskosten dürfen nicht berücksichtigt werden, da sonst noch nicht durch Umsatz realisierte Gewinne ausgewiesen würden und der Besteuerung unterworfen werden müßten (Realisationsprinzip).

Höhere Wertansätze als in der Handelsbilanz ergeben sich zwingend, wenn z. B. bei degressiver Abschreibung in der Handelsbilanz die nach § 7 Abs. 2 EStG zugelassenen Degressionssätze[1] überschritten werden.

(b) Liegt der **Teilwert**[2] unter den fortgeführten Anschaffungs- oder Herstellungskosten, so darf er angesetzt werden, ein Zwang dazu besteht nach § 6 Abs. 1 Ziff. 1 EStG nicht. Der Betrieb hat also grundsätzlich ein Wahlrecht, das er jedoch aufgrund des Maßgeblichkeitsprinzips nur so ausüben kann wie in der Handelsbilanz. Dort aber ist eine außerplanmäßige Abschreibung zwingend, wenn die Wertminderung voraussichtlich von Dauer ist.

Der Ansatz eines **Zwischenwertes** ist zulässig. Der niedrigere Teilwert bildet jedoch die untere Grenze der Bewertung, die nicht unterschritten werden darf, auch wenn der Wertansatz in der Handelsbilanz z. B. aufgrund schnellerer Abschreibung niedriger ist. Hier wird also das Prinzip der Maßgeblichkeit der Handelsbilanz für die Steuerbilanz durchbrochen. Eine absichtliche Bildung stiller Rücklagen ist nicht möglich – im Gegensatz zur Handelsbilanz –, die – außer der Aktienbilanz – eine streng fixierte untere Wertgrenze nicht kennt.

(c) Ein Unterschreiten des Teilwertes ist durch Vornahme von **Sonderabschreibungen** aufgrund steuerlicher Sondervorschriften möglich, die nicht der Erfassung eingetretener Wertminderungen, sondern der Korrektur der Steuerbemessungsgrundlage zur Realisierung außerfiskalischer Ziele des Gesetzgebers dienen.

(d) Der letzte Bilanzansatz darf nicht überschritten werden, auch wenn ein Steigen des Teilwertes eintritt, ohne daß jedoch die Anschaffungs- oder

---

[1] Vgl. S. 755.
[2] Zum Begriff des Teilwertes vgl. S. 742.

Herstellungskosten erreicht werden. Dieses **Prinzip des strengen Wertzusammenhanges** gilt in der Handelsbilanz nicht. Eine durch überhöhte Abschreibung in früheren Jahren vorgenommene Unterbewertung kann in der Handelsbilanz durch Werterhöhung wieder ausgeglichen werden, führt allerdings zum Gewinnausweis.

(2) **Nicht abnutzbare Güter des Anlagevermögens**

(a) Nach § 6 Abs. 1 Ziff. 2 EStG bilden auch bei diesen Wirtschaftsgütern die Anschaffungs- oder Herstellungskosten die obere Grenze der Bewertung.

(b) Liegt der Teilwert unter den Anschaffungs- oder Herstellungskosten, so darf er angesetzt werden, ein Zwang dazu besteht nicht **(gemildertes Niederstwertprinzip).** Die Bildung eines Zwischenwertes ist zulässig. Der Wertansatz der Handelsbilanz ist maßgeblich. Verstößt der Ansatz zu Anschaffungs- oder Herstellungskosten jedoch gegen die Grundsätze ordnungsmäßiger Buchführung, weil die Wertminderung erheblich und aller Voraussicht nach langfristig ist, so muß der niedrigere Wert in der Handelsbilanz angesetzt werden, und die Steuerbilanz muß folgen, vorausgesetzt, daß der Ansatz der Handelsbilanz nicht unter dem Teilwert liegt.

(c) Der letzte Bilanzansatz darf überschritten werden, das Prinzip des strengen Wertzusammenhanges gilt nicht. Ein Überschreiten der Anschaffungs- oder Herstellungskosten ist jedoch unzulässig. Voraussetzung für die Zulässigkeit der Wertaufstockung ist eine entsprechende Werterhöhung in der Handelsbilanz.

(3) **Wirtschaftsgüter des Umlaufvermögens**

Nach § 6 Abs. 1 Ziff. 2 EStG erfolgt die Bewertung grundsätzlich wie bei den nicht abnutzbaren Anlagegütern; der wahlweise Ansatz des niedrigeren Teilwertes wird aber über das Maßgeblichkeitsprinzip zu einer zwingenden Vorschrift, da nach § 155 Abs. 2 AktG und nach den Grundsätzen ordnungsmäßiger Buchführung und Bilanzierung für die Umlaufgüter in der Handelsbilanz das strenge Niederstwertprinzip beachtet werden muß.

(4) **Verbindlichkeiten**

Sie sind nach § 6 Abs. 1 Ziff. 3 EStG unter sinngemäßer Anwendung der Vorschriften für nicht abnutzbare Anlagegüter und Güter des Umlaufvermögens zu bewerten, d. h. in Betracht kommen die Anschaffungskosten oder der höhere Teilwert einer Verbindlichkeit.[1]

(5) **Entnahmen und Einlagen**

Die Bewertung erfolgt nach § 6 Abs. 1 Ziff. 4 und 5 EStG grundsätzlich zum Teilwert. Einlagen sind ausnahmsweise höchstens zu den Anschaffungs- oder Herstellungskosten anzusetzen, wenn das zugeführte Wirtschaftsgut entweder innerhalb der letzten drei Jahre vor dem Zeitpunkt der Zuführung angeschafft oder hergestellt worden oder ein Anteil an einer Kapitalgesellschaft ist, an der der Steuerpflichtige wesentlich beteiligt ist.

---

[1] Einzelheiten vgl. S. 791.

e) Die Bewertungsmaßstäbe

Zur Bewertung in der **Handelsbilanz** dienen folgende Werte:
(1) die Anschaffungskosten,
(2) die Herstellungskosten,
(3) der Markt- oder Börsenwert am Beschaffungsmarkt (Wiederbeschaffungskosten am Bilanzstichtag),
(4) der Reproduktionswert (Wiederherstellungskosten am Bilanzstichtag) und
(5) der Verkaufswert am Absatzmarkt abzüglich noch anfallender Aufwendungen.

Die **Steuerbilanz** verwendet folgende Bewertungsmaßstäbe:
(1) die Anschaffungskosten,
(2) die Herstellungskosten,
(3) den niedrigeren Teilwert.

aa) Die Anschaffungskosten

Als Anschaffungskosten bezeichnet man die Gegenwerte, die ein Betrieb aufwenden muß, um ein Wirtschaftsgut zu beschaffen und einsatzfähig zu machen. Weder Handelsrecht noch Steuerrecht geben eine Definition des Begriffes Anschaffungskosten.[1] Da sowohl im Aktiengesetz als auch im Einkommensteuergesetz von Anschaffungskosten und nicht von Anschaffungspreisen gesprochen wird, ist der Begriff mit Hilfe der Grundsätze ordnungsmäßiger Buchführung und Bilanzierung weit auszulegen, d. h. die Anschaffungskosten eines Wirtschaftsgutes setzen sich nicht nur aus dem **Anschaffungspreis** (Rechnungspreis), sondern auch aus allen **Nebenkosten** zusammen, die mit der Beschaffung im Zusammenhang stehen, bis die Betriebsbereitschaft des Wirtschaftsgutes erreicht ist.[2]

Die Anschaffungskosten stellen einen **Vergangenheitswert** dar. Nur im Moment der Anschaffung sind sie gleich den Wiederbeschaffungskosten bzw. dem Tageswert (Börsen- oder Marktpreis). Durch Wertminderungen oder Preisänderungen im Ablaufe der Zeit entsprechen die tatsächlichen Werte der Wirtschaftsgüter gewöhnlich nicht mehr ihren Anschaffungskosten. Soweit Wertminderungen durch planmäßige Abschreibungen erfaßt werden und die Anschaffungskosten mindern, spricht man von fortgeführten Anschaffungskosten bzw. Anschaffungswerten.

Zu den **Anschaffungsnebenkosten** gehören insbesondere Aufwendungen für Transport und Transportversicherung des beschafften Wirtschaftsgutes, für Aufstellung und Montage, z. B. den Bau von Fundamenten für Maschinen, ferner für Gebühren für die Beurkundung von Kaufverträgen (insbesondere bei Grundstücken), für Provisionen und Vermittlungsgebühren, für Steuern (z. B. Grunderwerbsteuer), Zölle und sonstige Ausgaben usw., kurz formuliert für alle Aufwendungen, die erforderlich sind, um das erworbene Wirtschaftsgut in Dienst zu

---

[1] Lediglich die Begründung zum Einkommensteuergesetz 1934 umschreibt die Anschaffungskosten als „die Kosten des entgeltlichen Erwerbs einschließlich aller Nebenkosten" (RStBl. 1935, S. 38).

[2] § 261 HGB verwendete bis zur Aktienrechtsnovelle von 1931 den Begriff Anschaffungspreis. Die Novelle führte den Begriff Anschaffungskosten ein. Bei korrekter Anwendung der betriebswirtschaftlichen Terminologie müßte man von Anschaffungsausgaben sprechen. Die Verrechnung der Kosten erfolgt in der Kostenrechnung.

stellen (Maschinen) bzw., wenn es zur Weiterverarbeitung (Roh-, Hilfs- und Betriebsstoffe) oder zum Verkauf (Waren) bestimmt ist, auf Lager zu nehmen.

Die Anschaffungsnebenkosten verursachen Ausgaben, durch deren Aktivierung eine Erhöhung der gekauften Wirtschaftsgüter über den Anschaffungspreis hinaus erfolgt. Der Zweck der Einbeziehung der Nebenkosten in die Anschaffungskosten ist eine **periodengerechte Verteilung des Aufwandes.** Die Anschaffungsnebenkosten werden ebenso wie der Anschaffungspreis bei Gütern des Anlagevermögens, die der Abnutzung unterliegen, mittels der Abschreibung über die Jahre der Gesamtnutzung verteilt, damit verhindert wird, daß der Gewinn einer Wirtschaftsperiode besonders stark reduziert wird, wenn die Anschaffungsnebenkosten im Jahre der Anschaffung voll als Aufwand in der Erfolgsrechnung verrechnet würden. Würde das geschehen, so wäre der Gewinn der folgenden Perioden der Nutzungsdauer des angeschafften Anlagegutes entsprechend höher, weil infolge der geringeren aktivierten Anschaffungskosten die Abschreibungen (Absetzungen) pro Periode kleiner sind. Das widerspricht insbesondere in der Steuerbilanz dem Prinzip, den in einer Periode tatsächlich erwirtschafteten Gewinn auszuweisen.

In der Steuerbilanz besteht eine **Aktivierungspflicht** für die Anschaffungsnebenkosten, in der Handelsbilanz (außer der Aktienbilanz) in der Regel ein Aktivierungsrecht. Dadurch ist in der Handelsbilanz eine gewisse Beeinflussung des Periodengewinns möglich, je nachdem, ob Anschaffungsnebenkosten auf die Jahre der Nutzung verteilt oder im Jahre der Anschaffung voll als Aufwand verrechnet werden. Vom betriebswirtschaftlichen Standpunkt aus ist eine Aktivierung der Nebenkosten zu fordern, da ohne sie eine periodengerechte Aufwandsverteilung und damit eine periodengerechte Gewinnermittlung nicht gewährleistet ist.

Das Aktiengesetz 1965 folgt dieser betriebswirtschaftlichen Forderung und schreibt eine Aktivierung der Anschaffungsnebenkosten für die Aktienbilanz zwingend vor. Nach § 153 Abs. 1 AktG sind Gegenstände des Anlagevermögens mit den Anschaffungskosten anzusetzen.

bb) Die Herstellungskosten

Ganz oder teilweise selbsterstellte Güter (Halbfabrikate, Fertigfabrikate, für den eigenen Betrieb erstellte Anlagen und Werkzeuge usw.) sind mit den Herstellungskosten zu bewerten. Diese sind wesentlich schwieriger zu ermitteln als die Anschaffungskosten, da letztere im allgemeinen auf Grund von Rechnungen, die bei der Beschaffung eines Wirtschaftsgutes erteilt werden, genau zu bestimmen sind. Auch die mit der Anschaffung verbundenen Nebenkosten wie Transport- und Aufstellungskosten, Notariatsgebühren u. a. sind gewöhnlich als Aufwendungen, die zu entsprechenden Ausgaben führen, exakt zu berechnen.

Die Herstellungskosten dagegen setzen sich aus einer Vielzahl von Kostenarten zusammen, die bei der Erstellung einer Betriebsleistung anfallen. Die Herstellungskosten werden in der **Kostenrechnung** errechnet.[1] Da aber die Kostenrechnung andere Ziele verfolgt als die Bilanz, müssen die aus der Kostenrech-

---

[1] In der Kostenrechnung wird häufig der Begriff „Herstellkosten" verwendet.

nung übernommenen Herstellungskosten entsprechend den Zielsetzungen der Handels- und Steuerbilanz korrigiert werden.

Der Begriff der Herstellungskosten wird ebenso wie der Begriff der Anschaffungskosten in den Bewertungsvorschriften des HGB nicht erwähnt. Erst das Aktiengesetz 1937 führte diesen Begriff in die Handelsbilanz ein, ohne ihn jedoch erschöpfend zu definieren oder seinen Umfang abzugrenzen. Das Aktiengesetz 1965 hat die Vorschrift über die Berechnung der Herstellungskosten im § 133 Nr. 1 Abs. 3 AktG 1937 wörtlich in § 153 Abs. 2 übernommen. „Bei der Berechnung der Herstellungskosten dürfen in angemessenem Umfange Abnutzungen und sonstige Wertminderungen sowie angemessene Teile der Betriebs- und Verwaltungskosten eingerechnet werden, die auf den Zeitraum der Herstellung entfallen; Vertriebskosten gelten nicht als Betriebs- und Verwaltungskosten."

Es ist das Grundprinzip der Kostenrechnung, daß jeder erstellten Betriebsleistung die Kosten belastet werden, die sie bei ihrer Produktion tatsächlich **verursacht** hat. Nur ein Teil dieser Kosten stellt Einzelkosten dar, d. h. solche Kosten, die einem Kostenträger (z. B. einer bestimmten Leistung oder einem bestimmten Auftrag) direkt zugerechnet werden können. Solche Einzelkosten sind z. B. die Fertigungslöhne, das Fertigungsmaterial und die Sonderkosten der Fertigung (Entwurfskosten, Lizenzgebühren, Modelle, Spezialwerkzeuge u. a.) oder des Vertriebs (Vertreterprovision, Umsatzsteuer).

Ein großer Teil der Kostenarten aber läßt sich nicht direkt auf die Kostenträger zurechnen, da diese Kosten für mehrere oder alle Kostenbereiche (Kostenstellen) und mehrere oder alle Kostenträger angefallen sind und eine Aufteilung nur mit Hilfe von Schlüsselgrößen möglich ist. Zu diesen sogenannten Gemeinkosten gehören z. B. Abschreibungen auf Anlagegüter, Versicherungen, Transportlöhne, Gehälter leitender Angestellter, bestimmte Steuern, Strom, Wasser, Post- und Telefongebühren u. a.

Ist es schon nicht einfach, festzustellen, welche Bestandteile der Herstellungskosten in der Bilanz aktiviert werden müssen bzw. dürfen, so bereitet die Ermittlung der absoluten Beträge, die für jede Kostenart anzusetzen sind, aus mehreren Gründen erhebliche Schwierigkeiten: **erstens** ist die Verteilung der Gemeinkosten auf Kostenstellen und Kostenträger in der Kostenrechnung ein außerordentlich schwieriges Problem, **zweitens** dürfen nicht alle Bestandteile der betriebswirtschaftlichen Herstellungskosten in der Bilanz aktiviert werden, weil es sonst zu Verstößen gegen die Bilanzierungsvorschriften kommt. So dürfen z. B. **kalkulatorische Kosten** in dem Umfange, in dem sie nicht aufwandsgleich sind, nicht aktiviert werden, beispielsweise kalkulatorischer Unternehmerlohn, kalkulatorische Mieten, sowie kalkulatorische Zinsen und Abschreibungen, soweit sie die Aufwandszinsen bzw. bilanziellen Abschreibungen übersteigen.

Drittens können die Grundsätze ordnungsmäßiger Buchführung und Bilanzierung eine Aktivierung von Kostenbestandteilen erfordern, die in der Kostenrechnung nicht den hergestellten Wirtschaftsgütern zugerechnet worden sind, wie das z. B. bei Anwendung einer **Teilkostenrechnung** der Fall ist, bei der den Kostenträgern nur die variablen Gemeinkosten zugerechnet werden.

Viertens kann in der Kostenrechnung eine **Bewertung** der Kosten erfolgen, die mit den Bewertungsprinzipien der Handelsbilanz nicht vereinbar ist, z. B.

die Verrechnung kalkulatorischer Abschreibungen nach gestiegenen Wiederbeschaffungskosten oder die Bewertung der Kostengüter mit Normal- oder Plankosten, die erheblich von den Istkosten abweichen.

cc) Der Markt- oder Börsenwert

Als Börsenpreis gilt der an einer deutschen Börse amtlich festgestellte oder der im Freiverkehr ermittelte Preis am Bilanzstichtag. „Marktpreis ist der Durchschnittspreis, der sich aus dem Vergleich einer erheblichen Anzahl an dem Ort, an dem die Gesellschaft ihre Waren abzusetzen pflegt, am Abschlußstichtag über Waren und Wertpapiere der betreffenden Art und Güter geschlossener Kaufverträge ergibt."[1]

§ 155 Abs. 2 AktG verlangt nicht den Ansatz des Börsen- oder Marktpreises, sondern des Wertes, der sich aus dem Börsen- oder Marktpreis ergibt, d. h. es sind diese Werte entweder um Anschaffungsnebenkosten zu erhöhen oder um Verkaufsspesen zu vermindern.

Marktpreise sind entweder vom Beschaffungsmarkt oder vom Absatzmarkt abzuleiten. Der **Beschaffungsmarkt** kommt in Frage für Roh-, Hilfs- und Betriebsstoffe und für Halb- und Fertigfabrikate, für die Fremdbezug möglich wäre. Ausgangswert sind die Wiederbeschaffungskosten am Bilanzstichtag, zuzüglich angemessener Nebenkosten. Der **Absatzmarkt** ist maßgeblich für Halb- und Fertigfabrikate, sowie für den Überbestand an Roh-, Hilfs- und Betriebsstoffen. Es erfolgt eine verlustfreie Bewertung,[2] d. h. vom erwarteten Preis am Absatzmarkt sind alle noch bis zum Absatz anfallenden Aufwendungen abzusetzen.[3] Ist der sich ergebende Wert niedriger als die Anschaffungs- oder Herstellungskosten, so ist der niedrigere Wert anzusetzen, da der am Stichtag erzielbare Preis die höheren Anschaffungs- oder Herstellungskosten zuzüglich der bis zum Verkauf noch anfallenden Aufwendungen nicht voll deckt, also ein Verlust zu erwarten ist, der nach dem Imparitätsprinzip bereits berücksichtigt werden muß, bevor er durch Umsatz in Erscheinung getreten ist.

dd) Die sog. verlustfreie Bewertung

Bei Halbfabrikaten, Fertigfabrikaten und Waren, für die kein Börsen- oder Marktpreis besteht oder deren Absatzpreise am Markt gesunken sind, muß die Bewertung nach den Verhältnissen am Absatzmarkt erfolgen. Es ist eine verlustfreie Bewertung vorzunehmen, d. h. Ausgangspunkt ist der vorsichtig geschätzte Verkaufserlös, der um alle bis zum Verkauf noch anfallenden Aufwendungen zu kürzen ist. Es erfolgt also eine retrograde Bewertung. Bei Fertigfabrikaten und Waren handelt es sich dabei vor allem um Erlösschmälerungen, Verpackungs-, Vertriebs- und Verwaltungskosten. Adler-Düring-Schmaltz zählen auch Kapitaldienstkosten, d. h. entstandene Zinsverluste, hinzu, wenn die Wirtschaftsgüter voraussichtlich für längere Zeit nicht abgesetzt werden können. Sie schlagen folgendes Schema für eine verlustfreie Bewertung von Fertigfabrikaten und Waren vor:[4]

---

[1] Godin-Wilhelmi, a.a.O., S. 879.
[2] Vgl. Koch, H., Die Problematik des Niederstwertprinzips, WPg 1957, S. 33 u. 66.
[3] Vgl. Adler-Düring-Schmaltz, a.a.O., Erl. zu § 155, Tz 171.
[4] Adler-Düring-Schmaltz, a.a.O., Erl. zu § 155, Tz 179.

Voraussichtlicher Verkaufserlös
— Erlösschmälerungen
— Verpackungskosten und Ausgangsfrachten
— Sonstige Vertriebskosten
— Noch anfallende Verwaltungskosten
— Kapitaldienstkosten
= am Bilanzstichtag beizulegender Wert

Beispiel:

Herstellungskosten	1.000 DM
+ bis zum Absatz noch anfallende Aufwendungen	200 DM
= Gesamtaufwand	1.200 DM
Absatzpreis am Bilanzstichtag	1.100 DM
./. bis zum Absatz noch anfallende Aufwendungen	200 DM
= am Bilanzstichtag beizulegender Wert	900 DM

Handelt es sich um Halbfabrikate, so sind außerdem alle Produktionskosten abzusetzen, die bis zur Fertigstellung der Produkte noch anfallen.

ee) Der Teilwert

In der Steuerbilanz wird die untere Wertgrenze durch den Teilwert fixiert. § 6 Abs. 1 Ziff. 1 EStG definiert den Teilwert als den Betrag, „den ein Erwerber des ganzen Betriebs im Rahmen des Gesamtkaufpreises für das einzelne Wirtschaftsgut ansetzen würde; dabei ist davon auszugehen, daß der Erwerber den Betrieb fortführt." Der Teilwert ist aus der Überlegung entwickelt worden, daß die an Marktpreisen orientierten Bewertungsmaßstäbe unbrauchbar sind, wenn es gilt, eine Wertuntergrenze für Güter zu finden, die nicht am Markt abgesetzt werden sollen, sondern – wie Grund und Boden, Gebäude, Maschinen usw. – im Betrieb verbleiben und viele Jahre lang Nutzungen abgeben und dabei entweder keiner Abnutzung unterliegen (Grundstücke) oder allmählich von Periode zu Periode im Wert sinken (Gebäude, Maschinen). Eine Orientierung an den Wiederbeschaffungskosten erscheint hier nicht zweckmäßig, auch wenn sie unter den Anschaffungs- oder Herstellungskosten liegen, da der Wert dieser Güter nicht von ihren Marktpreisen, sondern von den **Nutzungsmöglichkeiten im Betriebe** abhängt. Die Nutzungsmöglichkeiten aber sind nicht festzustellen, indem man das zu bewertende Gut isoliert für sich betrachtet, sondern indem man es in Verbindung mit allen übrigen Vermögensteilen des Betriebes bewertet.

An Stelle einer preisabhängigen Bewertung (Wiederbeschaffungskosten) wird hier vom Steuerrecht eine nutzungs- oder **ertragsabhängige Bewertung** angestrebt, die davon ausgeht, welcher Ertrag mit dem zu bewertenden Gut (in Gemeinschaft mit allen anderen Teilen des Betriebes) noch zu erwarten ist. Werden diese Werte bewußt unterschritten, so entstehen stille Rücklagen.

Die theoretische Konzeption des Teilwertes hat sich jedoch als **unpraktikabel** erwiesen, weil es bis heute weder eine Methode gibt, den Gesamtwert eines Betriebes exakt festzustellen, noch ein Verfahren, den Gesamtwert auf die einzelnen

Wirtschaftsgüter des Betriebes genau aufzuteilen. Folglich muß der Teilwert in der Praxis mit Hilfe von marktabhängigen Werten (Anschaffungskosten, Herstellungskosten, Wiederbeschaffungskosten) bestimmt werden.[1]

6. Bilanzierung und Bewertung der Aktiva

a) Die Abschreibung von Anlagegütern

aa) Begriff und Aufgaben

Das Abschreibungsproblem stellt sich bei Anlagegütern, die auf Grund ihrer natürlichen (Rohstoffvorkommen), technischen (Maschinen) oder rechtlichen (Patente) Beschaffenheit nicht in einer Periode im Betriebsprozeß verbraucht und folglich auch nicht in einer Periode in voller Höhe ihrer Anschaffungs- oder Herstellungskosten als Aufwand in der Gewinn- und Verlustrechnung verrechnet werden. Die Tatsache, daß solche Güter dem Betrieb eine Anzahl von Jahren zur Verfügung stehen und Nutzungen abgeben, hat zur Folge, daß die technische und wirtschaftliche Wertminderung dieser Wirtschaftsgüter, die im Laufe der Zeit eintritt, für jede einzelne Periode erfaßt und als Aufwand verrechnet werden muß, wenn eine Feststellung des Periodengewinns möglich sein soll.

Die Beträge, die auf Grund einer planmäßigen Rechnung zur Erfassung des Wertverzehrs am Anlagevermögen in der Gewinn- und Verlustrechnung als Aufwand und in der Kostenrechnung als Kosten angesetzt werden, bezeichnet man als Abschreibungen. Der Begriff der Abschreibung wird daneben auch verwendet, um außerordentliche Wertminderungen zu bezeichnen, die an Gütern des Anlage- und Umlaufvermögens entstanden sind (z. B. Forderungsverluste, Wertminderungen an Beständen) und in der Erfolgsrechnung erfaßt werden.

Will der Betrieb seine Substanz erhalten, so muß er bestrebt sein, für jedes Anlagegut, an dem eine Wertminderung eintritt, insgesamt so viele Abschreibungsbeträge zu verrechnen, daß er in der Lage ist, das gleiche oder ein funktionsgleiches Wirtschaftsgut nach Ablauf seiner wirtschaftlichen Nutzungsdauer wiederbeschaffen zu können, vorausgesetzt, die verrechneten Abschreibungen sind über den Umsatz der mit den abgeschriebenen Anlagen produzierten Güter vom Markt zurückvergütet worden. Bei konstanten Preisen ist die Summe der über die Jahre der Nutzung verteilten Abschreibungsbeträge eines Gutes gleich seinen Anschaffungs- oder Herstellungskosten. Steigen die Wiederbeschaffungskosten, so müssen die Abschreibungen höher als die Anschaffungskosten sein, wenn eine Wiederbeschaffung mit Hilfe der durch die Abschreibung amortisierten Geldbeträge möglich sein soll. Bei sinkenden Wiederbeschaffungskosten können die Abschreibungen insgesamt niedriger als die ursprünglichen Anschaffungskosten sein, da nur ein geringerer Geldbetrag zur Wiederbeschaffung erforderlich ist.

Ist ein Betrieb auf Substanzerhaltung bedacht, so muß er in der **Kostenrechnung,** wenn sie zur Grundlage der Preispolitik gemacht wird, die Abschreibungsbeträge in dieser Weise berechnen, d. h. so viele Abschreibungsbeträge in die Selbstkosten einbeziehen, daß die tatsächlich eingetretenen Wertminde-

---

[1] Zur Problematik und Kritik des Teilwertes vgl. Wöhe, G., Betriebswirtschaftliche Steuerlehre, Band I, a.a.O., S. 412 ff.

rungen in die Selbstkosten eingehen und somit in den Umsatzerlösen der produzierten Güter und Leistungen vom Markt zurückvergütet werden, wenn der Absatzpreis wenigstens die Selbstkosten deckt.

Dieses Prinzip der Kostenrechnung wird bei der Bewertung der Anlagegüter in der Bilanz nicht beachtet. Handels- und Steuerrecht verlangen, daß in der Bilanz ohne Rücksicht auf die Entwicklung der Wiederbeschaffungskosten die Anschaffungs- oder Herstellungskosten durch Verteilung auf die Jahre der Nutzung abgeschrieben werden. Diese Verteilung erfolgt in der Handelsbilanz häufig nicht entsprechend der geschätzten Wertminderung einer Periode, sondern nach betriebspolitischen, insbesondere **finanzièrungspolitischen Zweckmäßigkeitserwägungen**. Da zwingende Vorschriften über die Verteilung der Anschaffungskosten in der Handelsbilanz nicht bestehen, ist die Abschreibungspolitik eines der wichtigsten bilanzpolitischen Instrumente des Betriebes.

Die Bilanzabschreibung ist beendet, wenn der Wert null, bzw. ein bei Verkauf des abgeschriebenen Gutes noch erzielbarer Restverkaufserlös (Restwert) oder – falls das Gut noch nicht ausgeschieden wird – ein Erinnerungswert von 1 DM erreicht ist. Dann sind die gesamten Anschaffungskosten amortisiert worden und wieder in liquiden Mitteln vorhanden, vorausgesetzt, daß die verrechneten Abschreibungen über den Absatzmarkt verdient worden sind.

Dieses Verfahren, durch die Abschreibung ohne Rücksicht auf die Entwicklung der Wiederbeschaffungskosten nicht mehr und nicht weniger als den in Höhe der Anschaffungskosten investierten Geldbetrag über den betrieblichen Umsatzprozeß wieder in liquide Form zu überführen, führt zur **nominellen Kapitalerhaltung**. Wenn der Markt den in der Periode verrechneten Betrag der Anschaffungs- oder Herstellungskosten vergütet hat und auch alle anderen Aufwendungen durch Umsatzerlöse gedeckt worden sind, so ist ein vorhandener Überschuß als Gewinn auszuweisen. Die Substanzerhaltung kann in Zeiten steigender Preise nur erreicht werden, wenn Teile des um die Steuern gekürzten Gewinns im Betriebe thesauriert werden.

Die Verrechnung des Abschreibungsaufwandes in der Erfolgsrechnung bindet Ertragsteile an den Betrieb, die letzten Endes zu Geld werden. Daraus folgt, daß die Abschreibung nicht nur ein Aufwands-, sondern auch ein **Ertragsfaktor** ist, denn in Höhe des verrechneten Abschreibungsaufwandes bleiben die verdienten Abschreibungsgegenwerte im Betrieb.[1] Durch die Bilanzabschreibung tritt eine **Strukturänderung im Vermögen** ein: Das Anlagevermögen vermindert sich um die Abschreibungen, das Umlaufvermögen (liquide Mittel oder Bestände, falls die Abschreibungen in die Herstellungskosten einbezogen worden sind) erhöht sich um die Abschreibungsgegenwerte, bis schließlich die gesamten Anschaffungskosten aus dem Anlagevermögen verschwinden und – wenn alle produzierten Leistungen ohne Verlust abgesetzt worden sind – an ihre Stelle in gleicher Höhe liquide Mittel getreten sind.

Da die Abschreibungen Aufwand sind und den ausgewiesenen Gewinn mindern, hat der Betrieb die Möglichkeit, durch die Höhe der angesetzten Jahresabschreibungen den Periodengewinn zu beeinflussen. Er kann z. B. zwar einer-

---

[1] Vgl. Ruchti, H., Die Abschreibung. Ihre grundsätzliche Bedeutung als Aufwands-, Ertrags- und Finanzierungsfaktor, Stuttgart 1953.

seits in der Kostenrechnung einer Periode einen Abschreibungsbetrag verrechnen, der der tatsächlichen (bzw. geschätzten) Wertminderung entspricht, aber andererseits in der Gewinn- und Verlustrechnung derselben Periode einen höheren Abschreibungs- und damit Aufwandsbetrag ansetzen, durch den eine Unterbewertung der abgeschriebenen Anlagegüter und damit eine Minderung des ausgewiesenen Gewinns eintritt. Sind die Abschreibungen der Kostenrechnung, die in den Marktpreisen vergütet werden, niedriger als die in der Gewinn- und Verlustrechnung verrechneten Abschreibungen, dann bindet der als Aufwand verrechnete höhere Abschreibungsbetrag Teile des Gewinns in Höhe der Differenz zwischen kalkulatorischer und bilanzmäßiger Abschreibung an den Betrieb.

Ein **Beispiel** soll das erläutern: Angenommen, die Selbstkosten der Produktion betragen 20.000 DM; darin sind Abschreibungen von 2.000 DM enthalten. Die Verkaufserlöse betragen 26.000 DM; es entsteht also ein Betriebsgewinn von 6.000 DM. Werden in der Gewinn- und Verlustrechnung durch Anwendung einer anderen Abschreibungsmethode als in der Kostenrechnung 5.000 DM Abschreibungen als Aufwand verrechnet, so ist der Aufwand um 3.000 DM höher als die Kosten, also insgesamt 23.000 DM, die Erlöse sind unverändert. Die Gewinn- und Verlustrechnung weist einen Gewinn (Bilanzgewinn) von nur 3.000 DM aus, obwohl tatsächlich 6.000 DM Gewinn (Betriebsgewinn) entstanden sind. Die überhöhte Abschreibung hält also 3.000 DM dieses Gewinns im Betrieb zurück, indem sie etwas als Aufwand deklariert, was eigentlich Gewinn ist.

S	Betriebsergebnis		H
Kosten	18.000	Erlöse	26.000
Abschreibungen	2.000		
(Betriebs-)Gewinn	6.000		
	26.000		26.000

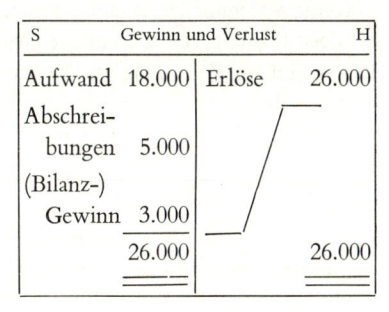

S	Gewinn und Verlust		H
Aufwand	18.000	Erlöse	26.000
Abschreibungen	5.000		
(Bilanz-)Gewinn	3.000		
	26.000		26.000

Als Bilanzgewinn hätten diese 3.000 DM den Betrieb in Form von Gewinnsteuern und Dividenden verlassen können, als Abschreibungen bleiben sie an den Betrieb gebunden und können beispielsweise der Finanzierung von neuen Investitionen dienen.

Von der Höhe der Periodenabschreibungen hängt es also u. a. ab, in welcher Höhe der in einer Periode erwirtschaftete Gewinn zum Ausweis gelangt, bzw. in welcher Höhe Gewinnteile mit Hilfe höherer Abschreibungsbeträge als Aufwand in der Gewinn- und Verlustrechnung erscheinen. Da jedoch während der gesamten Nutzungsdauer eines Wirtschaftsgutes nicht mehr und nicht weniger als seine Anschaffungs- oder Herstellungskosten abgeschrieben werden dürfen, wird nicht der Totalgewinn der Nutzungsdauer beeinflußt, sondern es treten Verschiebungen innerhalb der Periodengewinne ein.

Diese Tatsache hat den Gesetzgeber gezwungen, die Frage der zulässigen Höhe und der zulässigen Methoden der Abschreibung in der Handels- und Steuerbilanz zu regeln.

In beiden Bilanzen besteht ein **Abschreibungszwang**. § 154 Abs. 1 Satz 1 AktG bestimmt: „Bei den Gegenständen des Anlagevermögens, deren Nutzung zeitlich begrenzt ist, sind die Anschaffungs- oder Herstellungskosten um planmäßige Abschreibungen oder Wertberichtigungen zu vermindern," und in § 7 Abs. 1 Satz 1 EStG wird gefordert: „Bei Wirtschaftsgütern, deren Verwendung oder Nutzung durch den Steuerpflichtigen zur Erzielung von Einkünften sich erfahrungsgemäß auf einen Zeitraum von mehr als einem Jahr erstreckt, ist jeweils für ein Jahr der Teil der Anschaffungs- oder Herstellungskosten abzusetzen, der bei gleichmäßiger Verteilung dieser Kosten auf die Gesamtdauer der Verwendung oder Nutzung auf ein Jahr entfällt (Absetzung für Abnutzung in gleichen Jahresbeträgen)."

bb) Ursachen der Wertminderung von Anlagegütern

Es gibt eine Anzahl von Ursachen, die eine Abschreibung erforderlich machen. Man kann sie in drei Gruppen einteilen. Wenn man von der Vorstellung ausgeht, daß in einem Anlagegut ein Vorrat von Nutzungen (Leistungen) enthalten ist,[1] so gibt es drei Möglichkeiten für eine Wertminderung dieser Wirtschaftsgüter: entweder nimmt der Vorrat an Nutzungen allmählich ab, indem die Nutzungen im Betriebsprozeß eingesetzt und damit verbraucht (bzw. umgeformt) werden, oder der Vorrat an Leistungen als solcher mindert sich in seinem Wert (z. B. durch Änderungen der Nachfrage, der Wiederbeschaffungspreise, oder durch vorzeitiges technisches Veralten infolge technischer Fortschritte), oder der vorhandene Leistungsvorrat kann gar nicht voll genutzt werden, weil die vertraglich vereinbarte Zeit, in der die Nutzung möglich ist, abgelaufen ist. Wir unterscheiden also:

(1) verbrauchsbedingte (technische) Abschreibungen,
(2) wirtschaftlich bedingte Abschreibungen,
(3) zeitlich bedingte Abschreibungen.

(1) Die verbrauchsbedingte (technische) Abschreibung

(a) Abnutzung durch Gebrauch

Der technische Verschleiß führt zu einer Wertminderung von Wirtschaftsgütern, die je nach den technischen Gegebenheiten entweder im Laufe der Nutzungsdauer ganz allmählich oder aber nach längerer Nutzung plötzlich eintritt. Im Jahr der Anschaffung eines Anlagegutes werden die Anschaffungskosten in der Bilanz aktiviert. Der Teil des aktivierten „Nutzungsvorrates", der in einer Abrechnungsperiode verbraucht wird, wird von der Bilanz als Abschreibungsaufwand in die Gewinn- und Verlustrechnung überführt. Um die Abschreibungsquote theoretisch richtig berechnen zu können, ist es erforderlich, die Höhe des vorhandenen Leistungsvorrates und die Höhe der in einer Geschäftsperiode verbrauchten Nutzungen zu ermitteln. Beides wird gewöhnlich nur in Form von Schätzungen möglich sein.

(b) Natürlicher Verschleiß

Er tritt nicht durch eine betriebliche Nutzung der Anlagegüter, sondern im Laufe der Zeit durch äußere Einflüsse ein, z. B. durch Witterungs- und Tempera-

---

[1] Vgl. Jacob, H., Das Bewertungsproblem in den Steuerbilanzen, Wiesbaden 1961, S. 223.

tureinflüsse, durch Verrosten, Zersetzen usw. Er beeinflußt insbesondere bei Gebäuden und bei Betriebsmitteln, die im Freien benutzt werden, die Länge der Nutzungsdauer. Er kann unter Umständen bei Gütern, die vorübergehend nicht genutzt werden, größer sein als im Falle der Nutzung (z. B. Baumaschinen).

(c) **Substanzverringerung**

In Gewinnungsbetrieben (Bergbau, Steinbrüche, Sand-, Gips- und Tongruben u. a.) tritt durch Abbau eine laufende Verminderung der Substanz ein. Diese Substanzverringerung entspricht der Verminderung des Leistungsvorrats bei Abschreibung wegen technischen oder natürlichen Verschleißes.

(d) **Wertminderung durch Katastrophen**

Der Leistungsvorrat eines Wirtschaftsgutes kann auch plötzlich und unvorhergesehen (z. B. durch Explosion, Feuerschäden, Überschwemmungen, Beschädigungen u. a.) vermindert oder vernichtet werden. Soweit keine Deckung durch Versicherungen gegeben ist, muß eine entsprechende (außerplanmäßige) Abschreibung vorgenommen werden.

(2) **Die wirtschaftlich bedingte Abschreibung**

Den bisher genannten Abschreibungsursachen ist gemeinsam, daß sie den Leistungsvorrat, der in einem Wirtschaftsgut enthalten ist, vermindern und somit die technische Nutzungsfähigkeit des Wirtschaftsgutes herabsetzen. Die folgenden Abschreibungsursachen beeinflussen nicht die Höhe, sondern den wirtschaftlichen Wert des Leistungsvorrates. Unter dem Begriff wirtschaftliche Abschreibung werden folgende Abschreibungsursachen zusammengefaßt:

(a) **Wertminderungen infolge technischer Fortschritte**

Werden neue, verbesserte und mit geringeren Kosten produzierende Anlagen und Produktionsverfahren entwickelt, so verlieren die alten Anlagen, auch wenn sie technisch unverändert leistungsfähig sind, an wirtschaftlichem Wert, d. h. der in diesen Anlagen vorhandene Leistungsvorrat ist zwar mengenmäßig unverändert geblieben, aber im Wert gesunken.

(b) **Nachfrageverschiebungen**

Infolge von Verschiebungen in der Bedarfsstruktur kann der Betrieb zu Änderungen seines Produktionsprogramms gezwungen werden. Die dadurch bedingten Umstellungen in der Fertigung können zur Folge haben, daß vorhandene Anlagen nicht mehr oder nur noch zum Teil genutzt werden können. Der technisch noch vorhandene Leistungsvorrat ist dann wirtschaftlich nicht mehr voll verwertbar. Die Entwertung muß als Aufwand durch Abschreibungen erfaßt werden.

(c) **Fehlinvestitionen**

In ähnlicher Weise wirken sich Fehlinvestitionen aus. Stellt sich heraus, daß infolge falscher Einschätzung der wirtschaftlichen Entwicklung Anlagen beschafft wurden, deren technischer Leistungsvorrat wirtschaftlich überhaupt nicht ausgenutzt werden kann, so werden wegen wirtschaftlicher Entwertung Abschreibungen erforderlich.

(d) **Sinken der Wiederbeschaffungskosten**

Sinken die Wiederbeschaffungskosten von Anlagegütern am Markt stark ab, so bedeutet das, daß der in den bereits früher beschafften Gütern noch enthaltene

Vorrat an Nutzungen heute am Markt billiger beschafft werden könnte, d. h. der wirtschaftliche Wert des Leistungsvorrates ist gesunken. Die Abschreibung hat die Aufgabe, diese Wertminderung zu erfassen.

(e) Sinken der Absatzpreise

Die durch Änderungen der Mode, des Geschmacks oder der Verbrauchergewohnheiten bedingten Nachfrageverschiebungen können zur Folge haben, daß die Absatzpreise von Fertigfabrikaten und Waren sinken. Folglich muß die eingetretene Wertminderung erfaßt werden. Gleiches gilt, wenn die Kurse von Wertpapieren zurückgehen, so daß eine Verwertung der Papiere nur noch zu geringeren Preisen möglich ist. Auch in diesem Falle ist eine Abschreibung erforderlich, wenn erkennbar ist, daß der Kursrückgang von Dauer ist.

Die in diesem Abschnitt aufgeführten Ursachen der Wertminderung überschneiden sich teilweise. So kann z. B. das Sinken der Wiederbeschaffungskosten von Anlagegütern eine Folge eines technischen Fortschritts sein, oder eine Investition kann sich deshalb als Fehlinvestition erweisen, weil Nachfrageverschiebungen eingetreten sind und folglich die Verwendungsmöglichkeit einer Anlage eingeschränkt wird oder ganz entfällt.

(3) Die zeitlich bedingte Abschreibung

Neben den verbrauchsbedingten und wirtschaftlich bedingten Abschreibungsursachen gibt es zeitlich bedingte. Gutenberg[1] unterscheidet hier drei Fälle:
(a) Beendigung eines Miet- und Pachtverhältnisses vor Beendigung der Nutzungsfähigkeit der Anlage oder des Anlageteils;
(b) Ablauf von Schutzrechten für Erfindungen (Patente), Gebrauchsschutz – oder Markenschutzrechten;
(c) Ablauf von Konzessionen.

Der Unterschied zur verbrauchsbedingten Abschreibung liegt darin, daß infolge des Zeitablaufs ein vorhandener Leistungsvorrat nicht voll genutzt werden kann und daß infolgedessen die Höhe der Abschreibungen nicht durch den Verbrauch an Leistungseinheiten bestimmt werden kann, sondern die Anschaffungskosten entsprechend dem Zeitablauf verteilt werden müssen.

Besteht z. B. der Leistungsvorrat einer Maschine in der möglichen Abgabe von 100.000 Arbeitsverrichtungen derselben Art, so dauert die Abschreibung eben solange, bis dieser Leistungsvorrat verbraucht ist. Geht der Absatz und damit die Produktion zurück, so verlängert sich die Nutzungsdauer. Hat der Betrieb dagegen ein Patent erworben, das er zehn Jahre nutzen kann, so muß er die Anschaffungskosten in diesen zehn Jahren abschreiben, unabhängig davon, ob er den in dem Patent steckenden Leistungsvorrat auf Grund der Marktlage voll ausschöpfen kann oder nicht.

Die genannten Abschreibungsursachen schließen sich teilweise aus, z. B. die verbrauchsbedingte und die zeitlich bedingte Abschreibung; teilweise ist die Abschreibungsquote einer Periode durch das Zusammenwirken mehrerer Abschreibungsursachen bedingt, z. B. Abschreibung wegen technischen und natürlichen Verschleisses und wegen vorzeitigen technischen Veraltens.

---

[1] Vgl. Gutenberg, E., Abschreibungen, In: HdS, Bd. I, Stuttgart-Tübingen-Göttingen 1956, S. 20.

cc) Die Verfahren planmäßiger Abschreibung

(1) Überblick

Bei der Ermittlung der jährlichen Abschreibungsbeträge können die folgenden Verfahren angewendet werden; sie sind in der Handelsbilanz grundsätzlich zulässig, soweit sie im Einzelfall den Grundsätzen ordnungsmäßiger Bilanzierung entsprechen.[1] Das Steuerrecht schränkt die Anwendung einzelner Methoden ein. Die entsprechenden Vorschriften sind in der folgenden Aufzählung angegeben:

(a) Die **Zeitabschreibung**: Die Anschaffungs- oder Herstellungskosten werden mit Hilfe eines planmäßigen Verteilungsverfahrens entsprechend dem Zeitablauf auf die betriebsgewöhnliche Nutzungsdauer verteilt. Der Abschreibungsbetrag einer Abrechnungsperiode ist von der Zahl der mit dem abzuschreibenden Wirtschaftsgut produzierten Leistungen und damit vom Beschäftigungsgrad unabhängig.

Die Berechnung des jährlichen Abschreibungsbetrages kann erfolgen durch eine:

(aa) **Abschreibung in gleichbleibenden Jahresbeträgen** (lineare Abschreibung); sie ist zulässig nach § 7 Abs. 1 EStG bei allen abnutzbaren Anlagegütern;

(bb) **Abschreibung in fallenden Jahresbeträgen** (degressive Abschreibung); je nach dem Verlauf der Degression sind zu unterscheiden:
- geometrisch-degressive Abschreibung (Buchwertabschreibung); sie ist zulässig nach § 7 Abs. 2 EStG bei allen beweglichen abnutzbaren Anlagegütern, also nicht bei Gebäuden;
- arithmetisch-degressive Abschreibung; sie ist nach § 11a EStDV zulässig wie die geometrisch-degressive Abschreibung;
- degressive Abschreibung mit fallenden Staffelsätzen; sie ist zulässig nach § 7 Abs. 5 EStG nur bei Gebäuden;
- degressive Abschreibung mit unregelmäßigen Quoten; sie kommt zustande durch Anwendung steuerlicher Sonderabschreibungen zusätzlich zur degressiven Normalabschreibung;

(cc) **Abschreibung mit steigenden Jahresbeträgen** (progressive Abschreibung); sie ist seit dem 1. 1. 1958 als Zeitabschreibung nicht mehr zulässig, da sie weder im EStG noch in der EStDV aufgeführt wird;

(b) Die **Leistungsabschreibung** (variable Abschreibung): Die Anschaffungs- oder Herstellungskosten werden entsprechend der Beanspruchung, d. h. der Zahl der in einer Abrechnungsperiode mit dem abzuschreibenden Wirtschaftsgut produzierten Leistungen (Stückzahl, Maschinenstunden, km-Leistung bei Kraftfahrzeugen) verteilt. Schwankungen des Beschäftigungsgrades beeinflussen die Höhe der Periodenabschreibung, d. h. der Abschreibungsaufwand steigt oder fällt proportional zur Ausbringungsmenge des abzuschreibenden Wirtschaftsgutes. Sie ist zulässig nach § 7 Abs. 1 Satz 3 EStG bei Nachweis des Umfanges der auf ein Jahr entfallenden Leistung.

---

[1] Vgl. § 154 Abs. 1 AktG.

Nimmt die Leistungsabgabe im Laufe der Nutzungsdauer zu, so führt das zu einer Verteilung der Anschaffungs- oder Herstellungskosten in steigenden Jahresbeträgen. Als eine mögliche Form der grundsätzlich erlaubten Leistungsabschreibung ist diese Art progressiver Abschreibung auch steuerlich als zulässig anzusehen.

(2) Die Abschreibung in gleichbleibenden Jahresbeträgen (lineare Abschreibung)

Bei linearer Abschreibung werden die Anschaffungs- oder Herstellungskosten gleichmäßig auf die betriebsgewöhnliche Nutzungsdauer verteilt. Der jährliche Abschreibungsbetrag wird ermittelt, indem die Anschaffungs- bzw. Herstellungskosten durch die Zahl der Jahre der Nutzung dividiert werden. Betragen die Anschaffungskosten (A) einer Anlage 20.000 DM, die Nutzungsdauer (n) 10 Jahre, so beläuft sich die Abschreibungsquote (a) auf 2.000 DM im Jahr.

$$a = \frac{A}{n}$$

$$a = \frac{20.000}{10}$$

$$a = 2.000 \text{ DM}$$

Die Abschreibungsquote kann auch als konstanter Prozentsatz (p) der Anschaffungs- oder Herstellungskosten ausgedrückt werden. Sie errechnet sich dann wie folgt:

$$p = 10\%$$
$$a = p \times A$$
$$a = 2.000 \text{ DM}$$

Ein **Restwert** (Schrottwert) wird im allgemeinen bei der Ermittlung der Abschreibungsquoten nicht berücksichtigt, es sei denn, daß ihm im Verhältnis zum Gesamtabschreibungsbetrag eine besondere Bedeutung zukommt. Wird im obigen Beispiel z. B. ein Restwert (R) von 3.000 DM angesetzt, so ergibt sich:

$$a = \frac{A - R}{n}$$

$$a = \frac{20.000 - 3.000}{10}$$

$$a = 1.700 \text{ DM.}$$

Die Behauptung, daß der Vorteil des linearen Abschreibungsverfahrens in einer gleichmäßigen Aufwandsbelastung der einzelnen Perioden liege, trifft nur zu, wenn auch die Reparaturen (Instandhaltungsaufwand) pro Periode etwa gleichmäßig anfallen. Treten sie dagegen erst im späteren Verlauf der Nutzungsdauer auf – und das ist die Regel –, so nimmt der jährliche Aufwand für die Anlage gegen Ende der Nutzungsdauer trotz linearer Abschreibung zu.

Soll diese Abschreibungsmethode die Wertminderung pro Periode erfassen, so müßte eine völlig gleichmäßige Verschleißabnutzung des Wirtschaftsgutes von Beginn bis zum Ende der wirtschaftlichen Nutzungsdauer erfolgen, und außerdem dürften keine anderen Wertminderungsursachen eintreten oder alle in einer Periode wirksamen Wertminderungsursachen müßten zusammen pro Periode die gleiche Wertminderung ergeben. Beide Annahmen sind unrealistisch. Bleibt die Gebrauchsfähigkeit einer Anlage bis zum Ende der wirtschaftlichen Nutzungsdauer nahezu konstant, um erst dann schlagartig abzusinken, so entspricht der Verlauf der tatsächlichen Wertminderung nicht dem Verlauf der durch die Abschreibung unterstellten Wertminderung (Restbuchwert). Da der Marktwert (gemeine Wert) einer Anlage in der Regel stark absinkt, sobald sie in Gebrauch genommen worden ist, hat die lineare Abschreibung also gewöhnlich weder eine Beziehung zum Zeitwert (Veräußerungswert) noch zur tatsächlichen Wertminderung. Sie berücksichtigt auch die Gefahr plötzlicher Wertminderungen durch technische Fortschritte oder Nachfrageschwankungen nicht.

(3) Die Abschreibung in fallenden Jahresbeträgen (degressive Abschreibung)

(a) Betriebswirtschaftliche Berechtigung

Die degressive Abschreibung ist ein Verfahren, das die Anschaffungs- oder Herstellungskosten eines Anlagegutes mittels sinkender jährlicher Abschreibungsquoten auf die wirtschaftliche Nutzungsdauer verteilt, d. h. die Abschreibungsquote ist im ersten Jahr der Nutzung am höchsten, im letzten Jahr am geringsten. Die **Degression** der Abschreibungsquoten kann **regelmäßig** (z. B. in Form einer geometrischen oder arithmetischen Reihe der Abschreibungsbeträge) oder **unregelmäßig** (z. B. durch Vornahme steuerlicher Sonderabschreibungen neben der Normalabschreibung) erfolgen. Die einzelnen Berechnungsmethoden werden unten ausführlich besprochen.

Für die degressive Abschreibung spricht die Tatsache, daß abnutzbare Anlagegüter nicht nur durch technischen Verschleiß im Laufe der Nutzungsdauer entwertet werden, sondern daß sie von Anfang an der **wirtschaftlichen Entwertung** durch technischen Fortschritt, Nachfrageverschiebungen, Modeänderungen u. a. ausgesetzt sind. Das Prinzip kaufmännischer Vorsicht als ein Grundprinzip der Bilanzbewertung erfordert daher, dem durch das Zusammenwirken mehrerer Wertminderungskomponenten degressiven Verlauf der Nutzungskurve abnutzbarer Anlagegüter durch eine entsprechende Bemessung der Abschreibungsquoten Rechnung zu tragen.

Ein weiteres Argument für die degressive Abschreibung ist die Feststellung, daß sie eine **planmäßigere Aufwandsverteilung** als die lineare Abschreibung ermögliche, weil die Risiken des technischen Fortschritts usw. bereits im Abschreibungsplan berücksichtigt worden sind und infolgedessen außerplanmäßige Abschreibungen nur in ganz außergewöhnlichen Fällen noch zusätzlich erforderlich werden, und weil sich außerdem derartige Risiken – ebenso wie z. B. eine Fehlschätzung der wirtschaftlichen Nutzungsdauer – um so weniger auswirken, je später sie eintreten.[1]

---

[1] Vgl. Leffson, U., Die Grundsätze ordnungsmäßiger Buchführung, Düsseldorf 1964, S. 241.

Im Gegensatz zur linearen Abschreibung wird bei der degressiven Abschreibung eine **etwa gleichmäßige Aufwandsbelastung** der einzelnen Jahre erreicht, wenn die jährlichen Abschreibungsquoten und der jährliche Reparaturaufwand addiert werden, da in der Regel der Reparaturaufwand mit zunehmendem Alter einer Anlage steigt.

(b) Die geometrisch-degressive Abschreibung

Die geometrisch-degressive Abschreibungsmethode ermittelt die jährlichen Abschreibungsquoten nicht wie die lineare als festen Prozentsatz von den Anschaffungs- oder Herstellungskosten, sondern als festen Prozentsatz des bei direkter Abschreibung sich ergebenden Restbuchwertes. Sie wird deshalb auch als **Buchwertabschreibung** bezeichnet.

Beispiel: Anschaffungskosten 10.000 DM, Nutzungsdauer 5 Jahre, Abschreibungsprozentsatz vom jeweiligen Buchwert:
   a) 20%
   b) 40%

Jahr (am Ende)	Abschreibungs-prozentsatz		Jahresabschreibung		Restbuchwert	
	a)	b)	a)	b)	a)	b)
1	20	40	2.000	4.000	8.000	6.000
2	20	40	1.600	2.400	6.400	3.600
3	20	40	1.280	1.400	5.120	2.160
4	20	40	1.024	864	4.096	1.296
5	20	40	819,20	518,40	3.276,80	777,60

Das Beispiel zeigt, daß dieses Verfahren nicht zum Restwert Null führt **(unendliche Abschreibung).** Je niedriger der Restwert (Schrottwert) am Ende der Nutzungsdauer ist, auf den abgeschrieben werden muß, desto höher muß der auf den jährlichen Restbuchwert angewendete Abschreibungsprozentsatz sein. Der Abschreibungsprozentsatz vom jeweiligen Restbuchwert muß – wenn am Ende der Nutzungsdauer etwa der gleiche Restwert erreicht werden soll – wesentlich höher sein als der Abschreibungsprozentsatz von den Anschaffungskosten.

Die Höhe des am Ende der Nutzungsdauer noch erzielbaren Schrottwertes bestimmt also den Abschreibungsprozentsatz. Er wird mit Hilfe folgender Formel ermittelt:

$$p = 100 \left(1 - \sqrt[n]{\frac{R_n}{A}}\right)$$

p = Abschreibungsprozentsatz
n = Zahl der Jahre der Nutzung
A = Anschaffungskosten
R_n = Restwert am Ende der Nutzungsdauer.

Den Einfluß der Höhe des Restwertes auf den Abschreibungsprozentsatz zeigt folgendes Beispiel: Anschaffungskosten 100.000 DM, Nutzungsdauer 10 Jahre, Restwert am Ende der Nutzungsdauer:
(a) 1.000 DM, (b) 100 DM, (c) 1,– DM.

Restwert am Ende der Nutzungsdauer	Abschreibungsprozentsatz vom Buchwert
1.000	20,57
100	36,90
1	68,38

Die folgende Tabelle gibt eine Übersicht über die erforderlichen Abschreibungsprozentsätze für Nutzungsdauern zwischen 5 und 40 Jahren bei Restwerten (Schrottwerten) von 1–10% der Anschaffungs- oder Herstellungskosten:[1]

Restwert in % der Anschaffungskosten	bei wirtschaftlicher Nutzungsdauer in Jahren						
	5	10	12	15	20	25	30	40
1	60,19	36,90	31,87	26,44	20,57	16,82	14,23	10,88
2	54,27	32,38	27,82	22,96	17,77	14,49	12,23	9,32
3	50,41	29,58	25,34	20,85	16,08	13,09	11,03	8,39
4	47,47	27,52	23,53	19,31	14,87	12,08	10,17	7,73
5	45,07	25,89	22,09	18,10	13,91	11,29	9,50	7,22
6	43,03	24,52	20,90	17,10	13,12	10,64	8,95	6,79
7	41,25	23,35	19,88	16,24	12,45	10,09	8,48	6,43
8	39,66	22,32	18,98	15,50	11,86	9,61	8,07	6,12
9	38,22	21,40	18,18	14,82	11,34	9,18	7,71	5,84
10	36,90	20,57	17,46	14,23	10,87	8,80	7,39	5,59

Ein Abschreibungsprozentsatz von 68,38% bei einem Wirtschaftsgut, bei dem kein Schrottwert berücksichtigt wird, weil er etwa den erwarteten Kosten der Außerbetriebnahme und Veräußerung am Ende der Nutzungsdauer entspricht, ist – abgesehen davon, daß er steuerlich unzulässig ist – auch betriebswirtschaftlich unrealistisch. Bei zehnjähriger Nutzungsdauer rechtfertigen technischer Verschleiß und in der Zukunft erwartete wirtschaftliche Wertminderung eine Abschreibung von fast 70% der Anschaffungskosten am Ende des ersten Wirtschaftsjahres auch bei sehr risikobelasteten Wirtschaftsgütern in der Regel nicht.

Will man die **Degression mildern,** ist aber nur ein relativ geringer Restwert vorhanden, so ist es zweckmäßig, Wirtschaftsgüter, die abgeschrieben werden müssen, mit solchen, die normalerweise nicht abgeschrieben werden, zu koppeln, also z. B. die Anschaffungskosten eines Grundstückes und eines

---

[1] Vgl. Littmann, E., Das Einkommensteuerrecht, Kommentar, 11. Aufl., Stuttgart 1974, S. 976.

Gebäudes zu addieren und so abzuschreiben, daß als Restwert der Wert des Grundstücks zuzüglich des Abbruchwertes des Gebäudes verbleibt.

Das folgende Beispiel[1] zeigt den Unterschied in der Höhe der Degression, wenn einmal vom Wert des Gebäudes einschließlich des Grundstücks und das andere Mal nur vom Wert des Gebäudes abgeschrieben wird.

Beispiel:

Gebäude 1.000.000 DM, Abbruchswert 100.000 DM, Nutzungsdauer 25 Jahre; Grundstückswert 500.000 DM.

Abschreibungsprozentsatz auf Gebäude einschließlich Grundstückswert:

$$p = 100 \left(1 - \sqrt[25]{\frac{600.000}{1.500.000}}\right) = 3{,}6\%$$

Abschreibungsprozentsatz auf Gebäude allein:

$$p = 100 \left(1 - \sqrt[25]{\frac{100.000}{1.000.000}}\right) = 8{,}8\%$$

Es ergibt sich folgender Abschreibungsverlauf:

	Gebäude einschl. Grundstück	Gebäude allein
Anschaffungswert	1.500.000,—	1.000.000,—
Abschreibung 1. Jahr	54.000,—	88.000,—
Restwert	1.446.000,—	912.000,—
Abschreibung 2. Jahr	52.056,—	80.256,—
Restwert	1.393.944,—	831.744,—
Abschreibung 3. Jahr	50.182,—	73.193,—
Restwert	1.343.762,—	758.551,—
usw.		

In beiden Fällen ist nach 25 Jahren der Restwert des Gebäudes von 100.000 erreicht. Die Differenz zwischen den jährlichen Abschreibungsbeträgen ist aber im ersten Fall wesentlich geringer.

Eine Milderung der Degression läßt sich auch dadurch erreichen, daß man zur Berechnung des Abschreibungsprozentsatzes den Anschaffungskosten des abzuschreibenden Wirtschaftsgutes einen **fiktiven Restwert** hinzufügt, auf den dann der Gesamtwert abgeschrieben wird. Bezeichnet man den fiktiven Restwert mit R_f, so ergibt sich:

$$p = 100 \left(1 - \sqrt[n]{\frac{R_f}{A + R_f}}\right).$$

In der **Steuerbilanz** ist die geometrisch-degressive Abschreibung bei allen beweglichen Wirtschaftsgütern des Anlagevermögens zugelassen. Besondere

---

[1] Das Beispiel findet sich bei Ruchti, H., a.a.O., S. 59 ff.

Voraussetzungen hinsichtlich des Wertminderungsverlaufs sind nicht erforderlich. Für die Höhe der jährlich möglichen Abschreibung hat aber der Gesetzgeber Grenzen gesetzt. Der zu wählende Abschreibungsprozentsatz muß zwei Bedingungen erfüllen:[1]
(1) Er darf nicht höher sein als das Zweifache des Prozentsatzes, der sich bei der Absetzung für Abnutzung in gleichen Jahresbeträgen (konstante Abschreibung) ergibt;
(2) er darf unabhängig von der ersten Bedingung 20% nicht übersteigen.

Die Höchstgrenze von 20% ist in der Abschreibungspraxis maßgebend bis zu einer Nutzungsdauer von 9 Jahren. Bei einer Nutzungsdauer von 10 Jahren beträgt das Doppelte des linearen Satzes genau 20%. Von hier an hat die Höchstgrenze also keine Bedeutung mehr. Dafür ist aber die Bedingung zu beachten, daß der Prozentsatz bei geometrisch-degressiver Absetzung das Zweifache des linearen Satzes, das nun immer unter 20% liegt, nicht übersteigen darf.

Beispiel:

Anschaffungskosten DM	Nutzungsdauer (Jahre)	Absetzung am Ende des ersten Jahres	
		linear (in % vom Anschaffungswert)	geometrisch-degressiv (in % vom Restbuchwert)
10.000	20	5% = 500	2 × 5% = 10% = 1.000
10.000	10	10% = 1.000	2 × 10% = 20% = 2.000
10.000	5	20% = 2.000	maximal 20% = 2.000
10.000	4	25% = 2.500	maximal 20% = 2.000

(c) Die arithmetisch-degressive Abschreibung

Bei diesem Verfahren vermindern sich die jährlichen Abschreibungsquoten stets um den gleichen Betrag.

Beispiel: Anschaffungskosten 18.000 DM, Nutzungsdauer 6 Jahre, kein Schrottwert.

Jahr (am Ende)	Jahresabschreibung	Restbuchwert
1	5.500	12.500
2	4.500	8.000
3	3.500	4.500
4	2.500	2.000
5	1.500	500
6	500	0

Ist die Abschreibungsquote des letzten Jahres gleich dem Betrag, um den die jährliche Abschreibungsquote abnimmt (Degressionsbetrag), so bezeichnet man diese Form der arithmetisch-degressiven Abschreibung als **digitale Abschreibung** (Jahressummenabsetzung). Die Abschreibungsquoten werden in der Weise ermittelt, daß man die Jahresziffern der geschätzten Nutzungsdauer

---

[1] Vgl. § 7 Abs. 2 EStG

addiert und die Anschaffungs- oder Herstellungskosten durch die erhaltene Summe dividiert. Der Quotient ist der Degressionsbetrag, der mit den Jahresziffern in fallender Reihe multipliziert wird. Die Produkte ergeben die jährlichen Abschreibungsquoten.

Beispiel: Anschaffungskosten (A) 90.000 DM, Nutzungsdauer (n) 5 Jahre, kein Schrottwert.

Addition der Jahresziffern von n: $1 + 2 + 3 + 4 + 5 = 15$.

$$\text{Degressionsbetrag (D)} = \frac{\text{Anschaffungskosten}}{\text{Summe der Jahresziffern}}$$

$$D = \frac{A}{\frac{n(n+1)}{2}}$$

$$D = 2 \times \frac{A}{n(n+1)}$$

$$D = 2 \times \frac{90.000}{30}$$

$$D = 6.000$$

Die jährliche Abschreibungsquote ergibt sich, wenn man den Degressionsbetrag mit den Jahresziffern in umgekehrter Reihenfolge multipliziert. Bezeichnet man die Abschreibungsquote des 1. Jahres mit a_1, des 2. Jahres mit a_2 usw., so folgt daraus:

$$a_1 = D \times n$$
$$a_2 = D \times (n-1)$$
$$a_3 = D \times (n-2)$$

usw.

Jahr (am Ende)	Degressionsbetrag mal Jahresziffer in fallender Reihe	Jahresabschreibung	Restbuchwert
1	6.000 × 5	30.000	60.000
2	6.000 × 4	24.000	36.000
3	6.000 × 3	18.000	18.000
4	6.000 × 2	12.000	6.000
5	6.000 × 1	6.000	0

Nach § 7 Abs. 2 Satz 3 EStG kann in der **Steuerbilanz** durch Rechtsverordnung die Anwendung anderer Verfahren der Absetzung für Abnutzung in fallenden Jahresbeträgen als die geometrisch-degressive Methode erlaubt werden. § 11a EStDV läßt die arithmetisch-degressive bzw. digitale Abschreibung zu, wenn **zwei Bedingungen** erfüllt sind:

(1) Im ersten Jahr der Nutzung darf sich kein höherer Abschreibungsbetrag ergeben als bei Anwendung des geometrisch-degressiven Verfahrens unter Berücksichtigung der dort gesetzten Grenzen;

(2) für die ersten drei Jahre der Nutzung zusammen darf sich keine höhere Abschreibung ergeben als bei zulässiger geometrisch-degressiver Abschreibung.

Im obigen Beispiel beträgt – bei einem Höchstsatz von 20% – die geometrisch-degressive Abschreibung im 1. Jahr der Nutzung 18.000 DM, die arithmetisch-degressive dagegen 30.000 DM, also ist die erste Bedingung nicht erfüllt, die arithmetisch-degressive Methode ist nicht anwendbar.

(d) Die Abschreibung in unregelmäßig fallenden Jahresbeträgen

Bei diesem Verfahren werden die ersten Jahre der Nutzungsdauer zwar mit höheren Abschreibungsquoten belegt als die späteren, jedoch erfolgt der Abfall der Quoten nicht in einer regelmäßigen Degression oder in fallenden Staffelsätzen, sondern infolge der Zulässigkeit steuerlicher Sonderabschreibungen, die entweder neben oder anstelle der AfA vorgenommen werden dürfen, kommt es zu einem Abfall der Abschreibungsquoten, die der Betrieb nach bilanzpolitischen Überlegungen bestimmen kann, da in der Regel die Aufteilung der gesamten Sonderabschreibung auf mehrere Jahre in das Belieben des Steuerpflichtigen gestellt ist.

§ 7a EStG ließ ab 1949 bei beweglichen Wirtschaftsgütern, die auf dem Wege der Ersatzbeschaffung an die Stelle von im Kriege zerstörten oder beschädigten Gütern traten, neben der Normalabschreibung Sonderabschreibungen von 50% der Anschaffungs- oder Herstellungskosten in den beiden ersten Jahren der Nutzung zu. Die Verteilung der Sonderabschreibung lag im Ermessen des Steuerpflichtigen.

Beispiel:

Anschaffungskosten 10.000 DM, Nutzungsdauer 5 Jahre, lineare Abschreibung 20%, Sonderabschreibung in den beiden ersten Jahren 50%. Sie wird beispielsweise folgendermaßen verteilt:

	Fall (a)	Fall (b)	Fall (c)
1. Jahr	45%	30%	15%
2. Jahr	5%	20%	35%

Jahr (am Ende)	Normalabschreibung	Sonderabschreibung			Restbuchwert		
		(a)	(b)	(c)	(a)	(b)	(c)
1	2.000	4.500	3.000	1.500	3.500	5.000	6.500
2	2.000	500	2.000	3.500	1.000	1.000	1.000
3	333	—	—	—	667	667	667
4	333	—	—	—	334	334	334
5	334	—	—	—	—	—	—
insgesamt	5.000	5.000	5.000	5.000			

Das Beispiel zeigt, daß Sonderabschreibungen auch zu steigenden Abschreibungsquoten vom ersten zum zweiten Jahr der Nutzungsdauer führen können.

Insgesamt werden aber in allen Fällen 90% der Anschaffungskosten in zwei Jahren, die restlichen 10% in drei Jahren abgeschrieben.

(4) Die Abschreibung nach der Leistung und Inanspruchnahme

Bei diesem Verfahren wird nicht die Zeit geschätzt, auf die die Anschaffungs- oder Herstellungskosten zu verteilen sind, sondern die **mögliche Leistungsabgabe.** Die Dauer der Abschreibung hängt von dem Zeitraum ab, in dem ein Anlagegut seinen Leistungsvorrat durch Inanspruchnahme bei der Produktion abgibt. Die Anschaffungs- oder Herstellungskosten werden durch die geschätzte Zahl der mit einem Anlagegut zu bearbeitenden Produkte oder der möglichen Laufstunden einer Anlage dividiert. Auf diese Weise ergibt sich der Abschreibungsbetrag je Produkteinheit oder Maschinenstunde.

Der Abschreibungsbetrag einer Periode hängt also von der Höhe der Ausbringung dieser Periode ab, d. h. Schwankungen im Beschäftigungsgrad beeinflussen die Höhe der Jahresabschreibung. Dadurch verlieren die Abschreibungen den Charakter der auf die Zeitperiode bezogenen fixen Kosten. Sie sind als Gesamtkosten **dem Beschäftigungsgrad proportional,** auf die Leistungseinheit bezogen also konstant. Dieses Abschreibungsverfahren eignet sich deshalb besonders für die Kostenrechnung.

Der Mangel des Verfahrens besteht darin, daß nur die Abnutzung durch Gebrauch (technischer Verschleiß), nicht dagegen der auch bei vorübergehender Außerbetriebnahme mögliche natürliche Verschleiß (z. B. durch Witterungseinflüsse) und vor allem nicht durch den Zeitablauf bedingte wirtschaftliche Entwertung durch technischen Fortschritt usw. berücksichtigt werden.

Beispiel:

Anschaffungskosten einer Maschine 60.000 DM, Gesamtleistungsabgabe: Bearbeitung von 120.000 Werkstücken; Produktion einer Periode: 15.000 Werkstücke.

$$a = \frac{60.000}{120.000} \times 15.000$$

$$a = 7.500$$

Allgemein formuliert:

$$a = \frac{A - R}{L_G} \times L_P.$$

a = Jahresabschreibung
A = Anschaffungskosten
R = Restwert (Schrottwert)

L_G = Gesamtleistungsvorrat des Anlagegutes
L_P = in der Periode verbrauchter Leistungsvorrat.

Dieser Mangel der Leistungsabschreibung läßt sich beseitigen, wenn auch bei ihrer Berechnung von einer wirtschaftlichen Nutzungsdauer ausgegangen wird, bei deren Schätzung die Risiken der wirtschaftlichen Wertminderung berücksichtigt worden sind.[1]

Beispiel:

Anschaffungskosten einer Maschine 72.000 DM, Nutzungsdauer 10 Jahre, Laufzeit pro Tag 8 Stunden, 300 Arbeitstage im Jahr.

Gesamtlaufzeit = 300 Tage × 8 Stunden × 10 Jahre = 24.000 Stunden.

$$\text{Abschreibungsbetrag pro Maschinenstunde} = \frac{72.000}{24.000} = 3,- \text{DM}.$$

Nach § 7 Abs. 1 Satz 3 EStG ist die Absetzung nach der Leistung bei beweglichen Gütern des Anlagevermögens zulässig, wenn folgende Voraussetzungen erfüllt sind:

(1) Die Anwendung der Methode muß sich **wirtschaftlich begründen** lassen. Nach den Einkommensteuerrichtlinien ist die Absetzung nach Maßgabe der Leistung bei solchen beweglichen Wirtschaftsgütern des Anlagevermögens wirtschaftlich begründet, „deren Leistung in der Regel erheblich schwankt und deren Verschleiß dementsprechend wesentliche Unterschiede aufweist."[2]

(2) Der auf ein Jahr entfallende Umfang der Leistung muß **nachweisbar** sein. Der Nachweis kann nach den Worten der Richtlinien „z. B. bei einer Spezialmaschine durch ein die Anzahl der Arbeitsvorgänge registrierendes Zählwerk oder bei einem Kraftfahrzeug durch den Kilometerzähler geführt werden."[3]

dd) Außerplanmäßige Abschreibungen

Liegt der Wert eines Wirtschaftsguts am Bilanzstichtag unter den Anschaffungs- oder Herstellungskosten bzw. den fortgeführten, d. h. um planmäßige Abschreibungen verminderten Anschaffungs- oder Herstellungskosten oder unter einem bereits am letzten Bilanzstichtag erreichten niedrigeren Buchwert, so folgt aus dem Imparitätsprinzip, daß die Wertminderung bereits vor ihrer Realisierung durch eine außerplanmäßige Abschreibung erfaßt werden muß. Die Bezeichnung außerplanmäßig besagt, daß bei abnutzbaren Anlagegütern die dem Abschreibungsplan entsprechenden Buchwerte zu hoch sind, weil wertmindernde Tatbestände eingetreten sind, die im Plan nicht berücksichtigt wurden oder bei nicht abnutzbaren Anlagegütern und Gütern des Umlaufvermögens, die keiner planmäßigen Abschreibung unterliegen können, der Wert unter dem letzten Bilanzansatz liegt.

Als **außergewöhnlich** ist eine Entwertung dann anzusehen, wenn

(1) die **technische Fähigkeit** des zu bewertenden Wirtschaftsgutes, Nutzungen abzugeben, aus bestimmten Gründen stärker abgenommen hat, als das durch die planmäßige Abschreibung berücksichtigt wird;

(2) der Nutzungsvorrat, den ein Anlagegut noch repräsentiert, **aus wirtschaftlichen Gründen** stärker entwertet worden ist, als es der planmäßigen Abschreibung entspricht;

---

[1] Vgl. Heinen, E., Handelsbilanzen, 5. Aufl., Wiesbaden 1969, S. 151.
[2] Abschnitt 43 Abs. 4 EStR 1975
[3] Abschnitt 43 Abs. 4 EStR 1975

(3) die **Wiederbeschaffungskosten** oder der Einzelveräußerungswert eines Wirtschaftsgutes gesunken sind. Der Einzelveräußerungswert kommt bei Anlagegütern nur selten in Frage, da solche Güter normalerweise dazu bestimmt sind, dauernd dem Betriebe zu dienen.

Für die Berücksichtigung der außerordentlichen Wertminderung (Beeinträchtigung der Nutzung) kommen **drei Methoden** in Betracht:

(1) Es wird eine **außerplanmäßige Abschreibung** vorgenommen, und der Restwert wird auf die **unverkürzte Restnutzungsdauer** verteilt. Dieses Verfahren wird dann in Frage kommen, wenn der Nutzungsvorrat des Wirtschaftsgutes mengenmäßig unverändert geblieben, wertmäßig aber geringer geworden ist, weil z. B. durch Nachfragerückgang oder durch technischen Fortschritt, den die Konkurrenz bereits eingeführt hat, die Leistungen der abzuschreibenden Anlagen nur noch zu einem geringeren Preis am Markt abgesetzt werden können.

(2) Es wird eine **außerplanmäßige Abschreibung** vorgenommen und außerdem werden die zukünftigen planmäßigen Abschreibungsbeträge auf der Grundlage einer **verkürzten Nutzungsdauer** bemessen. Das wird insbesondere dann erforderlich sein, wenn der Nutzungsvorrat, der in einem Wirtschaftsgut noch enthalten ist, mengenmäßig abgenommen hat, z. B. durch übermäßige Inspruchnahme einer Anlage, durch Beschädigung einer Maschine, durch Katastropheneinflüsse u. a.

(3) Es wird keine außerplanmäßige Abschreibung vorgenommen, sondern der durch **planmäßige Abschreibung** erreichte Buchwert auf eine **verkürzte Nutzungsdauer** verteilt, d. h. es wird die planmäßige Abschreibung für die Restnutzungsdauer korrigiert.

b) Bilanzierung und Bewertung des Vorratsvermögens

aa) Einführung

Zum Vorratsvermögen zählen Roh-, Hilfs- und Betriebsstoffe, Halb- und Fertigfabrikate und Waren. Grundsätzlich gilt auch für diese Wirtschaftsgüter das **Prinzip der Einzelbewertung**. Ein Warenlager kann deshalb grundsätzlich nicht als Ganzes bewertet werden, sondern die einzelnen Wirtschaftsgüter sind getrennt zu bewerten. Die Bewertung wird um so genauer sein, je sorgfältiger ein Warenlager in die einzelnen Sorten aufgeteilt wird und je sicherer sich die einzelnen Sorten in konkrete Teillieferungen mit exakten Anschaffungskosten zerlegen lassen. Das setzt allerdings voraus, daß die einzelnen Teilmengen, aus denen sich der Gesamtbestand eines gleichartigen Vorrats zusammensetzt, getrennt nach ihren verschiedenen Anschaffungs- oder Herstellungskosten gelagert werden. Dem Betrieb steht es frei, welche Güter eines solchen Bestandes er zuerst verbraucht oder verkauft. Er kann grundsätzlich die am teuersten beschafften zuerst absetzen, um einen möglichst niedrigen Wert für den Endbestand und einen vergleichsweise niedrigen Gewinn in der Periode auszuweisen; da er diese Entscheidung im Zeitpunkt des Verbrauchs bzw. Verkaufs und nicht erst im Zeitpunkt der Bilanzierung trifft, ist eine Gewinnbeeinflussung nachträglich nicht möglich.

Werden die Güter nicht getrennt nach unterschiedlichen Anschaffungskosten gelagert, so ist ebenso wie in der Handelsbilanz auch steuerrechtlich eine **Sammel- oder Gruppenbewertung** oder der Ansatz eines **Festwertes** zulässig, vorausgesetzt, daß es sich um Güter handelt, die im wesentlichen gleichartig sind und ungefähr die gleiche Preislage haben. In diesem Fall muß die Zusammensetzung des einheitlich bewerteten Bestandes nach den verschiedenen Anschaffungspreisen geschätzt werden.

bb) Sammel-, Gruppen- und Festbewertung

(1) Überblick über die Verfahren

Ist eine Einzelbewertung von Vorräten nicht möglich, weil eine getrennte Lagerung von zu unterschiedlichen Anschaffungs- oder Herstellungskosten erworbenen bzw. hergestellten gleichartigen Gütern nicht erfolgt, oder aus wirtschaftlichen Gründen nicht vertretbar, so können folgende Verfahren angewendet werden, mit denen durch bestimmte Fiktionen zur Ermittlung möglichst genauer Anschaffungs- oder Herstellungskosten ein der **Einzelbewertung möglichst nahe kommendes Ergebnis** erzielt werden soll:

(a) Aus sämtlichen Anschaffungskosten wird ein gewogener Durchschnitt gebildet **(durchschnittliche Anschaffungskosten)**;

(b) die Anschaffungskosten der einzelnen Zugänge werden der **zeitlichen Reihenfolge nach geordnet**, d. h. es werden jeweils die zuerst (First in – first out – [Fifo-] Verfahren) oder die zuletzt (Last in – first out – [Lifo-]Verfahren) bezahlten Preise „verbraucht";

(c) die Anschaffungskosten der einzelnen Zugänge werden der **Höhe nach geordnet**, d. h. es werden jeweils die höchsten (Highest in-first-out-[Hifo-]Verfahren) oder die niedrigsten bezahlten Preise ausgebucht;

(d) es erfolgt eine **Gruppenbewertung** nach § 40 Abs. 4 Ziff. 1 HGB für „annähernd gleichwertige oder solche gleichartigen Vermögensgegenstände, bei denen nach der Art des Bestandes oder auf Grund sonstiger Umstände ein Durchschnittswert bekannt ist";

(e) es erfolgt eine **Festbewertung** nach § 40 Abs. 4 Ziff. 2 HGB bei Roh-, Hilfs- und Betriebsstoffen, „wenn ihr Bestand in seiner Größe, seinem Wert und seiner Zusammensetzung nur geringen Veränderungen unterliegt".

Während die Verbrauchsfolgeverfahren nur bei gleichartigen Gütern des Vorratsvermögens anwendbar sind, dürfen zur Gruppenbewertung auch Güter zusammengefaßt werden, die „annähernd gleichwertig" sind. Die Festbewertung ist im Umlaufvermögen auf Roh-, Hilfs- und Betriebsstoffe begrenzt.

Die Durchschnittsmethode (a) und die Gruppen- und Festbewertung (d und e) sind handels- und steuerrechtlich zulässig. Die auf Verbrauchsfolgeunterstellungen beruhenden Verfahren (b und c) sind handelsrechtlich erstmals ausdrücklich durch § 155 Abs. 1 Satz 3 AktG zugelassen worden. Steuerlich sind zeitliche Verbrauchsfolgeunterstellungen (b) nur unter einschränkenden Voraussetzungen (Nachweis der tatsächlichen Verbrauchsfolge), wertmäßige Verbrauchsfolgeunterstellungen auf Grund der Beurteilung der Verfahren durch die Rechtsprechung und der darauf basierenden Praxis der Finanzverwaltung überhaupt nicht erlaubt. Für die steuerliche Gewinnermittlung gilt die Durchschnittsmethode als Regelverfahren.[1]

(2) Die Durchschnittsmethode

Bei dieser Methode wird ein Durchschnittspreis (durchschnittliche Anschaffungskosten) als gewogenes arithmetisches Mittel aus allen Einkäufen einer Waren- oder Rohstoffart, deren Einheiten im wesentlichen gleichartig sind und ungefähr die gleiche Preislage haben, errechnet. Mit den ermittelten durchschnittlichen Anschaffungskosten werden dann sowohl die Abgänge als auch der Endbestand bewertet. Schließt man den Anfangsbestand in die Berechnung ein, so ergibt sich ein durchschnittlicher Buchbestandswert, rechnet man ohne den Anfangsbestand, so stellt der Durchschnitt den mittleren Beschaffungswert dar.

Beispiel:

Anfangsbestand	100 ME à 24 DM	= 2.400 DM
Zugang	100 ME à 25 DM	= 2.500 DM
Zugang	100 ME à 26 DM	= 2.600 DM
Zugang	300 ME à 27 DM	= 8.100 DM
Zugang	200 ME à 28 DM	= 5.600 DM
	800 ME	= 21.200 DM

$$\text{durchschnittlicher Buchbestandswert:} \frac{21.200}{800} = 26{,}50 \text{ DM}$$

$$\text{durchschnittlicher Beschaffungswert:} \frac{18.800}{700} = 26{,}86 \text{ DM}$$

Sind die Preisverhältnisse im allgemeinen konstant, so werden zwar auch gewisse kleinere Schwankungen der Anschaffungskosten der einzelnen Zugänge eintreten, z. B. dadurch, daß unterschiedliche Bestellmengen (verschiedene Rabatte) beschafft werden, oder daß verschiedene Lieferanten herangezogen werden müssen (unterschiedliche Lieferbedingungen und Transportkosten), oder daß auf Grund der Liquiditätslage des Betriebes einmal eine Skontierung möglich, ein anderes Mal nicht möglich ist. Derartige Schwankungen der Anschaffungskosten werden sich aber in etwa ausgleichen, so daß der gewogene Durchschnittswert nicht wesentlich vom Tageswert am Bilanzstichtag abweichen wird.

Sind die Wiederbeschaffungskosten im Laufe des Wirtschaftsjahres gesunken, so wirken sich in den durchschnittlichen Anschaffungskosten auch die höheren Anschaffungskosten zu Beginn des Jahres aus, und der Durchschnittswert liegt über dem Tageswert am Bilanzstichtag. Sein Ansatz würde **dem Niederstwertprinzip widersprechen.** Sind die durchschnittlichen Anschaffungskosten höher als

---

[1] Vgl. Abschnitt 36 Abs. 2 EStR 1975

der Tageswert, so ist dieser anzusetzen, und die Differenz zwischen beiden Werten ist abzuschreiben, da das strenge Niederstwertprinzip beachtet werden muß.[2] Daraus folgt, daß der Endbestand nur bei konstanten oder steigenden Preisen mit den durchschnittlichen Anschaffungskosten bewertet werden kann. Im Falle sinkender Preise verbietet das Niederstwertprinzip diesen Ansatz.

Die dargestellte Methode der Bewertung zum gewogenen Durchschnittswert kann dadurch verfeinert werden, daß die durchschnittlichen Anschaffungskosten nicht am Ende der Periode, sondern laufend, d. h. nach jedem Zugang neu ermittelt werden (**Skontration**). Die Abgänge werden dann stets mit dem jeweils zuletzt ermittelten Durchschnittspreis bewertet. Die durchschnittlichen Anschaffungskosten werden also bis zum Jahresende fortgeschrieben, so daß der Endbestand mit den zuletzt ermittelten durchschnittlichen Anschaffungskosten bewertet wird, falls diese Bewertung nicht gegen das strenge Niederstwertprinzip verstößt.

(3) **Die Verbrauchsfolgeverfahren**

Anstelle einer Bewertung zu durchschnittlichen Anschaffungskosten besteht aber auch die Möglichkeit, jeweils die zuletzt oder zuerst angefallenen oder die höchsten Anschaffungskosten zu „verbrauchen". Folgende Methoden sind möglich:

Die **Lifo-Methode** unterstellt, daß die zuletzt beschafften Güter stets zuerst veräußert oder verbraucht werden (buchtechnisch, nicht gegenständlich), und daß die zuerst gekauften Güter als Endbestand verbleiben. Diese Methode ist **bei steigenden Preisen** zweckmäßig, denn dann bleiben die zuerst mit den niedrigsten Preisen beschafften Güter als Endbestand erhalten, oder besser gesagt, der Endbestand wird mit den niedrigen Anschaffungskosten des Anfangsbestandes bzw. der zeitlich am weitesten zurückliegenden Beschaffungen bewertet. Die ausgewiesenen Gewinne – und damit die Preissteigerungsgewinne – werden vermindert, vorausgesetzt, daß die ausgewiesenen Bestände keinen zu starken Schwankungen unterliegen.

Die **Fifo-Methode** geht davon aus, daß die zuerst erworbenen Güter buchtechnisch auch als zuerst veräußert oder verbraucht angesehen werden. Folglich wird der Endbestand mit den Anschaffungskosten der zuletzt beschafften Güter bewertet. Dieses Verfahren ist **bei sinkenden Preisen** zweckmäßig. Der Gewinn wird niedriger ausgewiesen, als wenn die hohen Beschaffungspreise von früher für den Endbestand angesetzt worden wären.

Die **Hifo-Methode** bucht grundsätzlich die mit den höchsten Beschaffungspreisen hereingenommenen Güter zuerst aus, so daß bei der Bewertung des Endbestandes stets die niedrigst möglichen Wertansätze gewählt werden. Diese Methode entspricht insbesondere dann dem Prinzip kaufmännischer Vorsicht, wenn der Trend der Anschaffungskosten innerhalb einer Periode nicht in einer Richtung läuft, also die Preise weder permanent steigen noch permanent sinken, sondern wenn innerhalb der Periode **Schwankungen der Preise** erfolgt sind.

---

[2] Vgl. § 155 Abs. 2 AktG.

Beispiel: Es wird unterstellt, daß die Wiederbeschaffungskosten laufend steigen.

(a) **Durchschnittliche Anschaffungskosten**

Soll	Gemischtes Warenkonto		Haben
AB 100 ME à 24 DM = 2.400 DM	Verkauf 200 ME à 30 DM =	6.000 DM
+ 100 ME à 25 DM = 2.500 DM	Verkauf 300 ME à 35 DM =	10.500 DM
+ 100 ME à 26 DM = 2.600 DM	Verkauf 200 ME à 40 DM =	8.000 DM
+ 300 ME à 27 DM = 8.100 DM		24.500 DM
+ 200 ME à 28 DM = 5.600 DM	EB 100 ME à 26,50 DM	2.650 DM
21.200 DM		
Gewinn 5.950 DM		
27.150 DM		27.150 DM

(b) **Lifo-Methode**

Soll	Gemischtes Warenkonto		Haben
AB 100 ME à 24 DM = 2.400 DM	Verkauf 200 ME à 30 DM =	6.000 DM
+ 100 ME à 25 DM = 2.500 DM	Verkauf 300 ME à 35 DM =	10.500 DM
+ 100 ME à 26 DM = 2.600 DM	Verkauf 200 ME à 40 DM =	8.000 DM
+ 300 ME à 27 DM = 8.100 DM		24.500 DM
+ 200 ME à 28 DM = 5.600 DM	EB 100 ME à 24 DM	2.400 DM
21.200 DM		
Gewinn 5.700 DM		
26.900 DM		26.900 DM

(c) **Fifo-Methode**

Soll	Gemischtes Warenkonto		Haben
AB 100 ME à 24 DM = 2.400 DM	Verkauf 200 ME à 30 DM =	6.000 DM
+ 100 ME à 25 DM = 2.500 DM	Verkauf 300 ME à 35 DM =	10.500 DM
+ 100 ME à 26 DM = 2.600 DM	Verkauf 200 ME à 40 DM =	8.000 DM
+ 300 ME à 27 DM = 8.100 DM		24.500 DM
+ 200 ME à 28 DM = 5.600 DM	EB 100 ME à 28 DM	2.800 DM
21.200 DM		
Gewinn 6.100 DM		
27.300 DM		27.300 DM

(d) **Hifo-Methode**

Diese Methode führt bei kontinuierlich steigenden Preisen zum gleichen Endbestandswert wie die Lifo-Methode.

Unterstellen wir, daß die Wiederbeschaffungskosten am Bilanzstichtag (Tageswert) gleich den Anschaffungskosten der zuletzt beschafften Menge (28 DM je Einheit) sind. Bei Anwendung des Niederstwertprinzips ergibt sich dann folgende Bewertung des Endbestandes:

Methode	Wert des Endbestandes je Einheit	Tageswert am Bilanzstichtag je Einheit	zulässiger Bilanzansatz je Einheit (Handelsbilanz)	Periodengewinn
Durchschnittsmethode	26,50	28,—	26,50	5.950 DM
Lifo	24,—	28,—	24,—	5.700 DM
Fifo	28,—	28,—	28,—	6.100 DM
Hifo	24,—	28,—	24,—	5.700 DM

Beispiel: Es wird unterstellt, daß die Wiederbeschaffungskosten laufend sinken.

(a) **Durchschnittliche Anschaffungskosten**

Soll	Gemischtes Warenkonto		Haben
AB 200 ME à 28 DM =	5.600 DM	Verkauf 200 ME à 30 DM =	6.000 DM
+ 300 ME à 27 DM =	8.100 DM	Verkauf 200 ME à 29 DM =	5.800 DM
+ 100 ME à 26 DM =	2.600 DM	Verkauf 300 ME à 26 DM =	7.800 DM
+ 100 ME à 25 DM =	2.500 DM		19.600 DM
+ 100 ME à 24 DM =	2.400 DM	EB 100 ME à 26,50	2.650 DM
	21.200 DM		
Gewinn	1.050 DM		
	22.250 DM		22.250 DM

(b) **Lifo-Methode**

Soll	Gemischtes Warenkonto		Haben
AB 200 ME à 28 DM =	5.600 DM	Verkauf 200 ME à 30 DM =	6.000 DM
+ 300 ME à 27 DM =	8.100 DM	Verkauf 200 ME à 29 DM =	5.800 DM
+ 100 ME à 26 DM =	2.600 DM	Verkauf 300 ME à 26 DM =	7.800 DM
+ 100 ME à 25 DM =	2.500 DM		19.600 DM
+ 100 ME à 24 DM =	2.400 DM	EB 100 ME à 28,— DM	2.800 DM
	21.200 DM		
Gewinn	1.200 DM		
	22.400 DM		22.400 DM

(c) **Fifo-Methode**

Soll	Gemischtes Warenkonto		Haben
AB 200 ME à 28 DM =	5.600 DM	Verkauf 200 ME à 30 DM =	6.000 DM
+ 300 ME à 27 DM =	8.100 DM	Verkauf 200 ME à 29 DM =	5.800 DM
+ 100 ME à 26 DM =	2.600 DM	Verkauf 300 ME à 26 DM =	7.800 DM
+ 100 ME à 25 DM =	2.500 DM		19.600 DM
+ 100 ME à 24 DM =	2.400 DM	EB 100 ME à 24 DM	2.400 DM
	21.200 DM		
Gewinn	800 DM		
	22.000 DM		22.000 DM

(d) Hifo-Methode

Diese Methode führt bei kontinuierlich fallenden Preisen zum gleichen Ergebnis wie die Fifo-Methode.

Unterstellen wir auch im Falle sinkender Preise, daß die Wiederbeschaffungskosten am Bilanzstichtag (Tageswert) gleich den Anschaffungskosten der zuletzt beschafften Menge (24,- DM je Einheit) entsprechen. Bei Anwendung des Niederstwertprinzips ergibt sich dann folgende Bewertung:

Methode	Wert des Endbestandes je Einheit	Tageswert am Bilanzstichtag je Einheit	zulässiger Bilanzansatz je Einheit (Handelsbilanz)	Periodengewinn
Durchschnittsmethode	26,50	24,—	24,—	800 DM
Lifo	28,—	24,—	24,—	800 DM
Fifo	24,—	24,—	24,—	800 DM
Hifo	24,—	24,—	24,—	800 DM

Ist der Endbestand mengenmäßig größer oder kleiner als der Anfangsbestand, so kommt dennoch ein anderer Endbestand je Einheit für die Bilanzierung nicht in Betracht, da nach dem strengen Niederstwertprinzip der Endbestand unter den gemachten Voraussetzungen stets zum niedrigeren Tageswert zu bewerten ist.

c) Bilanzierung und Bewertung von Forderungen

aa) Begriff und Arten bilanzierungspflichtiger Forderungen

Für Forderungen besteht grundsätzlich eine **Aktivierungspflicht**. Diese Feststellung bedarf jedoch dahingehend einer Einschränkung, daß bei einem zweiseitigen Vertrag eine bilanzierungsfähige Forderung erst gegeben ist, wenn der Gläubiger den Anspruch des Schuldners erfüllt hat, also z. B. bei einer Warenforderung der Verkäufer „das zur Erfüllung des Vertrages Erforderliche getan hat und die Gefahr des zufälligen Untergangs und der zufälligen Verschlechterung der Ware auf den Käufer übergegangen ist."[1]

Nicht bilanzierungsfähig sind Forderungen aus Verträgen, die noch von keiner Seite erfüllt wurden **(schwebende Geschäfte)**. Ein schwebendes Geschäft liegt vor, wenn der Betrieb einen Vertrag über die Lieferung von Fertigfabrikaten geschlossen hat, den er erst in der folgenden Periode erfüllen muß. Auch der Kaufpreis wird erst in der nächsten Periode fällig, eine Anzahlung ist nicht erfolgt. Folglich ist noch kein buchungspflichtiger Geschäftsvorfall eingetreten. Die rechtlich bereits bestehende Forderung auf Zahlung des Kaufpreises ist ebenso wie die Lieferverpflichtung des Betriebes wirtschaftlich noch nicht zugegangen.

Nach der Art der Geschäftsvorfälle lassen sich im wesentlichen folgende Forderungsarten unterscheiden:
(1) Geldforderungen auf Grund der Lieferung von Gütern (Güterausgang – Geldeingang);
(2) Geldforderungen auf Grund von Darlehensverträgen (Geldausgang – Geldeingang);

---

[1] Adler-Düring-Schmaltz, a.a.O., Erl. zu § 149, Tz 43.

B. I. Die Bilanz   767

(3) Güterforderungen auf Grund von Anzahlungen (Geldausgang – Gütereingang);
(4) Güterforderung auf Grund von Tauschgeschäften (Güterausgang – Gütereingang);
(5) Geldforderungen auf Grund von Wertpapiererwerb (Geldausgang – Geldeingang [z. B. Obligationen] oder Güterausgang – Geldeingang [z. B. Warenlieferung gegen Wechsel]).

Forderungen können sowohl im Anlage- als auch im Umlaufvermögen bilanziert werden. Von den im **aktienrechtlichen Bilanzgliederungsschema** ausgewiesenen Positionen zählen zu den Forderungen:

(1) Ausstehende Einlagen auf das Grundkapital,
(2) Anzahlungen auf Anlagen,
(3) geleistete Anzahlungen, soweit sie nicht zu (2) gehören,
(4) Ausleihungen mit einer Laufzeit von mindestens vier Jahren; davon durch Grundpfandrechte gesichert,
(5) Forderungen aus Lieferungen und Leistungen; davon mit einer Restlaufzeit von mehr als einem Jahr,
(6) Forderungen an verbundene Unternehmen,
(7) Forderungen aus Krediten an Vorstandsmitglieder (§ 89 AktG),
(8) Forderungen aus Krediten an Aufsichtsratsmitglieder (§ 115 AktG),
(9) Wechsel,
(10) Schecks,
(11) Wertpapiere des Anlagevermögens,
(12) Wertpapiere des Umlaufvermögens.

Zu den beiden letztgenannten Positionen können auch Beteiligungspapiere (Aktien, Kuxe) gehören. Diese Positionen zählen folglich nur in dem Umfange zu den Forderungen, in dem sie Forderungspapiere enthalten, d. h. Wertpapiere, die ein Kreditverhältnis verbriefen.

bb) Die Bewertung der Forderungen

Forderungen sind grundsätzlich zu ihren **Anschaffungskosten** zu bewerten. Die Anschaffungskosten einer Forderung sind in der Regel gleich ihrem Nennwert, zuzüglich aller Nebenkosten. Das gilt nicht nur für normalverzinsliche Geldforderungen aus der Gewährung von Darlehen, sondern ebenso für Forderungen aus Warenlieferungen und Leistungen. Auch letztere sind in der Regel verzinslich, da die Abnehmer im Falle der Barzahlung einen Skonto abziehen können, der seinem Wesen nach nichts anderes als ein Zinsbetrag ist, der im Kaufpreis enthalten ist und bezahlt wird, wenn die Kreditfrist in Anspruch genommen wird. Er liegt allerdings gewöhnlich weit über dem Zins für einen vergleichbaren Bankkredit.

Wird vom Abnehmer der Skontoabzug nicht genutzt, so ist es üblich, daß der Lieferant eine Forderung in Höhe des Rechnungsbetrages bilanziert. Beträgt der vereinbarte Kaufpreis z. B. 1.000 DM mit 3% Skonto, so setzt er sich zusammen aus einer Forderung aus dem Lieferungsgeschäft von 970 DM und aus dem Kreditgeschäft von 30 DM. Ein getrennter Ausweis dieser artverschiedenen Forderungen ist jedoch nach herrschender Auffassung weder in der Bilanz noch in der Gewinn- und Verlustrechnung erforderlich. Nach § 158 Abs. 2 AktG sind die Umsatzerlöse in der Gewinn- und Verlustrechnung nach Abzug von Preisnachlassen auszuweisen. Der Skonto gilt als Preisnachlaß im Sinne des Aktiengesetzes, d. h. wenn der Abnehmer den Skontoabzug in Anspruch nimmt, ist der Umsatzerlös in Höhe des Rechnungsbetrages anzusetzen.[1]

Es wäre aber auch zulässig, nur 970 DM als Umsatzerlös und 30 DM als Zinsertrag anzusetzen. Adler-Düring-Schmaltz bezeichnen ein solches Verfahren jedoch als „ungewöhnlich".[2] Betriebswirtschaftlich ist diese Methode u. E. aber genauer, da sie zwei unterschiedliche Ertragskategorien trennt.[3]

Uneinbringliche Forderungen sind nach § 40 Abs. 3 HGB abzuschreiben, **zweifelhafte** Forderungen sind mit ihrem wahrscheinlichen Wert anzusetzen.

Das Prinzip der Einzelbewertung gilt auch bei der Bewertung von Forderungen, d. h. grundsätzlich ist jede Forderung einzeln zu bewerten. Es ist in der Handelsbilanz jedoch üblich, bei einem größeren Bestand an Forderungen aus Warenlieferungen aus Gründen kaufmännischer Vorsicht eine Sammelbewertung (Pauschalbewertung) durch Ansatz einer **Pauschalwertberichtigung** für das Risiko vorzunehmen, daß in dem Gesamtbestand der ausgewiesenen Forderungen ein gewisser Prozentsatz an zweifelhaften Forderungen enthalten sein kann. Die Höhe einer solchen Pauschalwertberichtigung kann nur geschätzt werden.

Grundlage der Schätzung bilden die bisherigen Erfahrungen des Betriebes, gegebenenfalls des gesamten Wirtschaftszweiges. Allerdings müssen in die Berechnungen auch die Zukunftserwartungen einbezogen werden, insbesondere wenn sich die wirtschaftlichen Verhältnisse geändert haben. In Zeiten eines konjunkturellen Rückganges wird man mit einer Zunahme der zweifelhaften Forderungen rechnen müssen. Hier sind die Erfahrungen der Vergangenheit, die sich auf Jahre guter Konjunktur beziehen, nicht ausreichend.

cc) Einzelprobleme

(1) Die Behandlung abzuzinsender Forderungen

Gewährt der Betrieb ein unverzinsliches oder niedrig verzinsliches Darlehen, so ist die Darlehensforderung auf den Barwert abzuzinsen. Entsprechen sich Ausgabebetrag, Nennbetrag und Rückzahlungsbetrag, so läßt sich die Abzinsung auf den Barwert buchtechnisch auf zwei Wegen erreichen:

(a) Die Forderung wird **mit dem Barwert** bilanziert. Da der Wert der Forderung allmählich ansteigt und am Fälligkeitstermin den Nennbetrag (Rückzahlungsbetrag) erreicht, wird die Forderung in jedem Jahr mit dem gestiegenen Wert angesetzt.

(b) Die Forderung wird zum **Nennbetrag** (Rückzahlungsbetrag) aktiviert und der Abzinsungsbetrag wird passiviert und entsprechend dem Wertzuwachs der Forderung über deren Laufzeit gewinnerhöhend aufgelöst.

(2) Die Behandlung eines Disagios (Damnum) beim Darlehensgeber

Ein ähnliches Problem wie bei der Abzinsung entsteht bei Forderungen, deren Ausgabebetrag unter dem Nennbetrag **(Disagio)** oder deren Rückzahlungsbe-

---

[1] Vgl. Adler-Düring-Schmaltz, a.a.O., Erl. zu § 158, Tz 27.
[2] Adler-Düring-Schmaltz, a.a.O., Erl. zu § 157, Tz 106.
[3] Gleicher Ansicht: Schäfer, W., Grundsätze ordnungsmäßiger Bilanzierung von Forderungen, Düsseldorf 1971, S. 52 f.

trag über dem Nennbetrag (**Agio**) liegt. In beiden Fällen entsteht für den Darlehensgeber ein **zusätzlicher Zinsertrag** neben dem Normalzins. Analog zu der bilanziellen Behandlung derartiger Differenzbeträge beim Schuldner, der grundsätzlich den Rückzahlungsbetrag zu passivieren[1] und die Differenz zum Auszahlungsbetrag als Disagio (Damnum) unter den Posten der Rechnungsabgrenzung zu aktivieren und über die Laufzeit abzuschreiben hat, könnte der Gläubiger die Forderung zum Rückzahlungsbetrag aktivieren und die Differenz zum Auszahlungsbetrag passivieren und über die Laufzeit der Forderung gewinnerhöhend auflösen. Er könnte aber die Forderung auch mit dem Auszahlungsbetrag aktivieren und zusätzlich eine Forderung zur Erfassung der Vergütung der Kapitalhingabe ansetzen, die sich zum Tage der Fälligkeit allmählich auf die Differenz zwischen Rückzahlungs- und Auszahlungsbetrag erhöht. Schließlich könnte er den Rückzahlungsbetrag der Forderung bilanzieren und die Differenz in voller Höhe als Erfolg der Periode der Darlehenshingabe erfassen.

Hat der Betrieb z. B. ein Darlehen von 100.000 DM mit einem Damnum von 3.000 DM gewährt, so ergeben sich folgende **Möglichkeiten der buchmäßigen Behandlung**:

(a) Aktivierung der Forderung zum Rückzahlungsbetrag (100.000), Passivierung des Damnums (3.000) und gewinnerhöhende Verteilung auf die Laufzeit;

(b) Aktivierung der Forderung zum Auszahlungsbetrag (97.000) und allmähliche Aktivierung des Damnums über die Laufzeit;

(c) Aktivierung der Forderung zum Auszahlungsbetrag (97.000) und gleichzeitige Aktivierung und Passivierung des Damnums (3.000) und gewinnerhöhende Auflösung des Passivpostens über die Laufzeit, bei gleichzeitiger allmählicher Auflösung des Aktivpostens zugunsten der Forderung.

(d) Aktivierung der Forderung zum Rückzahlungsbetrag (100.000) und sofortige erfolgswirksame Vereinnahmung des Damnums (3.000).

Die drei ersten Methoden führen zum gleichen Ergebnis, d. h. sie verteilen das Damnum als Ertrag auf die Laufzeit der Forderung, während die vierte Methode das Damnum als Ertrag der Auszahlungsperiode des Darlehens erfaßt. Welche Methode mit den Bewertungsvorschriften vereinbar ist, hängt davon ab, wie das Damnum wirtschaftlich interpretiert wird.

Grundsätzlich gilt, daß Forderungen zu ihren Anschaffungskosten zu bilanzieren sind. Faßt man das Damnum als eine zusätzliche Zinszahlung auf, so sind die Anschaffungskosten gleich dem Auszahlungsbetrag. Diese Auffassung vertreten u. a. Adler-Düring-Schmaltz: „Bei Darlehen entsprechen die Anschaffungskosten grundsätzlich dem Auszahlungsbetrag; ein etwaiges Damnum ist wie ein zusätzlicher Zins zu betrachten und daher während der Laufzeit zu vereinnahmen."[2]

Das Damnum ist im Moment der Darlehenshingabe noch nicht realisiert, sondern realisiert sich wie alle Zinsen erst über die Zeitdauer der Überlassung des Kapitals. Die drei ersten Methoden unterscheiden sich also nicht im Ergeb-

---

[1] Vgl. § 156 Abs. 2 AktG.
[2] Adler-Düring-Schmaltz, a.a.O., Erl. zu § 153, Tz 112; gleicher Ansicht: Littmann, E., a.a.O., S. 711; Schäfer, W., a.a.O., S. 58 f.

nis, sondern in der Buchungstechnik. Die Steuerreformkommission schlägt die erste Methode der bilanziellen Behandlung vor, die der bei abzuinsenden Forderungen entspricht.[1] Diese Methode hat den Vorzug, daß die Höhe des Rückzahlungsbetrages aus der Bilanz ersichtlich und als Korrektur die Höhe des noch nicht vereinnahmten Teils des Damnums gezeigt wird.

Betrachtet man das Damnum als **zusätzlichen Zins,** so verstößt die vierte Methode gegen das Realisationsprinzip. Der Zinsgewinn in Höhe des Damnums ist noch nicht realisiert, die Forderung wird folglich über ihren Anschaffungskosten bilanziert, weil der höhere Rückzahlungsbetrag nicht durch einen Passivposten korrigiert wird.

Interpretiert man das Damnum dagegen als eine Art **Bereitstellungsprovision** oder Bearbeitungsgebühr, so könnte man den Rückzahlungsbetrag als Anschaffungskosten der Forderung ansehen und gedanklich unterstellen, daß dieser Betrag ausbezahlt und in Höhe des Damnums vom Schuldner zur Abdeckung der Kreditkosten sofort zurückgezahlt wird.[2] Wir halten eine solche Interpretation des Damnums mit den zugrunde liegenden wirtschaftlichen Vorgängen nicht für vereinbar.

7. Bilanzierung und Bewertung der Passiva

a) Abgrenzung der Passivposten gegeneinander

aa) Rücklagen – Rückstellungen

Rücklagen sind Eigenkapital, das
(1) nicht auf den Kapitalkonten (Grundkapital, Stammkapital, Gesellschaftskapital), sondern auf gesonderten Rücklagenkonten ausgewiesen wird (offene Rücklagen), oder das
(2) überhaupt nicht in der Bilanz in Erscheinung tritt, da Vermögensteile unterbewertet worden sind (stille Rücklagen im engeren Sinne), oder das
(3) in überhöhten Passivposten, z. B. Rückstellungen, steckt (versteckte stille Rücklagen).

Gesonderte Rücklagenpositionen auf der Passivseite der Bilanz werden gewöhnlich nur bei Gesellschaften mit nominell fest gebundenen Kapitalposten (Grundkapital der Aktiengesellschaft, Stammkapital der GmbH) und bei Erwerbs- und Wirtschaftsgenossenschaften ausgewiesen. Bei Betrieben dieser Rechtsformen wird der nicht ausgeschüttete Gewinn nicht wie bei der Einzelunternehmung oder den Personengesellschaften vom Gewinn- und Verlustkonto auf die Eigenkapitalkonten übertragen, sondern wird entweder einem Rücklagekonto zugeführt oder als Gewinnvortrag bilanziert.

Rücklagen entstehen in erster Linie durch Zurückbehaltung von Gewinnen (Gewinnthesaurierung) oder durch Einlage von zusätzlichem Eigenkapital (z. B. Agio-Beträge bei der Aktienausgabe, Zuzahlungen bei Sanierungen u. a.).

Der Zweck der Bildung von Rücklagen ist in erster Linie, neben dem von außen eingebrachten Gesellschafterkapital weiteres Eigenkapital an den Betrieb

---
[1] Vgl. Gutachten der Steuerreformkommission, Bonn 1971, S. 470.
[2] Vgl. Beine, G., Die Bilanzierung von Forderungen in Handels-, Industrie- und Bankbetrieben, Wiesbaden 1960, S. 112.

zu binden, und zwar entweder auf dem Wege der Bildung **offener Rücklagen** durch Thesaurierung von ausgewiesenen Periodengewinnen oder auf dem Wege der Bildung **stiller Rücklagen** durch buchmäßig niedrigeren Gewinnausweis mit Hilfe zusätzlicher Aufwandsverrechnung durch Unterbewertung von Vermögenswerten oder überhöhten Ansatz von Rückstellungen und Verbindlichkeiten. Stille Rücklagen können außerdem dadurch entstehen, daß Wertsteigerungen über die Anschaffungs- oder Herstellungskosten als unrealisierte Gewinne nicht berücksichtigt werden dürfen (Zwangsrücklagen).

Die wichtigsten Ziele, die mit Hilfe rücklagepolitischer Maßnahmen auf dem Wege über eine Gestaltung der Höhe des ausgewiesenen Erfolges, des ausgewiesenen Vermögens und der ausgewiesenen Schulden realisiert werden können, sind **erstens** die Beeinflussung des finanziellen Bereichs des Betriebes (Kapitalsicherung, Kapitalerhaltung, Kapitalerweiterung, Kapitalumschichtung, Liquiditätsverbesserung), **zweitens** die Minimierung der Steuerbelastung (Bildung stiller statt offener Rücklagen und dadurch bedingte Steuerverschiebungen und Zinsgewinne) und **drittens** die Beeinflussung der am Betriebe interessierten Personengruppen in einer Weise, die dem guten Ruf des Betriebes dient (Meinungsbildungspolitik, Ausschüttungspolitik).[1]

Treten Verluste ein, so werden zunächst die Rücklagen aufgelöst, bevor das Nominalkapital korrigiert werden muß. Damit erhalten sie zugleich den Charakter von Garantieposten für die Gläubiger: je höher die Rücklagen sind, desto geringer ist das Risiko, daß das nominell gebundene Haftungskapital durch Verluste angegriffen wird oder anders formuliert, daß das dem nominell gebundenen Haftungskapital gegenüberstehende Vermögen durch Verluste angegriffen bzw. aufgezehrt wird.

Die Rücklagen haben keinen gesonderten Gegenposten auf der Aktivseite der Bilanz, sondern sind wie alles Kapital durch die Gesamtheit der Vermögenswerte gedeckt. Die durch die Rücklagen zurückbehaltenen Beträge können deshalb auch als Selbstfinanzierungsmittel für zusätzliche Investitionen im Betriebe Verwendung finden oder gegebenenfalls zur Rückzahlung von Fremdkapital und damit der Verbesserung des Verhältnisses von Eigenkapital zu Fremdkapital dienen.

Im Gegensatz zu den Rücklagen, die Teile des Eigenkapitals sind und – abgesehen von der gesetzlichen Rücklage der Aktiengesellschaft – nicht zweckgebunden sein müssen, sind die **Rückstellungen** in der Regel wirtschaftlich als **Fremdkapital** anzusehen und stets zweckgebunden. Da Rückstellungen für Aufwendungen gebildet werden, die ihren wirtschaftlichen Grund in der abgelaufenen Periode haben, die aber erst in einer späteren Periode zu Auszahlungen (z. B. Pensionsrückstellungen) oder zu Mindereinzahlungen (z. B. Delkredererückstellungen) führen, und da die Höhe dieser Auszahlungen bzw. Mindereinzahlungen in der Regel nur geschätzt werden kann, ist es denkbar, daß durch eine zu hohe Schätzung des Aufwandes und der Auszahlungen bzw. Mindereinzahlungen in den Rückstellungen Rücklagen versteckt werden, d. h. daß Eigenkapital im Gewande von Fremdkaptial in dieser Position erscheint. Das ändert aber

---

[1] Einzelheiten vgl. Wöhe, G., Bilanzierung, a.a.O., S. 462 ff.

nichts daran, daß es sich bei einer richtig bemessenen Rückstellung nicht um Eigenkapital, sondern wirtschaftlich um Fremdkapital handelt.

Auch die Tatsache, daß der Gegenwert der Rückstellung dem Betrieb unter Umständen langfristig zu anderer Verwendung zur Verfügung steht, wie z. B. bei den Pensionsrückstellungen, berechtigt nicht, sie als Eigenkapital zu bezeichnen. Es würde niemandem einfallen, eine vom Betrieb begebene Anleihe nur deshalb dem Eigenkapital zuzurechnen, weil die Anleihemittel erst nach 20 Jahren zurückgezahlt werden müssen.

Der Nachweis, daß Rückstellungen kein Eigenkapital sind, läßt sich auch durch folgende Überlegung führen: Angenommen, der Betrieb wird liquidiert und alles Kapital – mit Ausnahme der Rückstellungen – wird an die Eigentümer zurückgezahlt. Dann bleibt theoretisch im Vermögen nur der Gegenwert der Rückstellungen übrig. Nehmen wir der Einfachheit halber an, er sei in liquiden Mitteln vorhanden. Wären die Rückstellungen Eigenkapital, so müßte ihr Gegenwert bei der Auflösung des Betriebes den Eigentümern des Eigenkapitals (Unternehmer, Gesellschafter, Aktionäre) zufließen. Soweit aber die Rückstellungen für eine spätere Inanspruchnahme durch Dritte gebildet worden sind (Rückstellungen für Steuern, Pensionen, Bergschäden u. a.), ist klar ersichtlich, daß der Gegenwert an diese Dritte und nicht an die Eigentümer des Eigenkapitals zu zahlen ist.

Bei einer Rückstellung steht lediglich fest, daß in der Periode, für die die Bilanz erstellt wird, ein Aufwand oder Verlust tatsächlich oder mit großer Wahrscheinlichkeit eingetreten ist, der erst **in einer späteren Abrechnungsperiode zu einer Auszahlung bzw. einer Mindereinzahlung führt**. Soll die später zu erwartende Auszahlung bereits in der laufenden Periode erfolgswirksam werden, so muß bereits jetzt in der Gewinn- und Verlustrechnung ein entsprechender Aufwand verrechnet werden. Der Erfolg wird um diesen Betrag vermindert. Da aber noch keine Zahlung erfolgt ist, so ist in der Bilanz keine entsprechende Verminderung des Vermögens eingetreten. Der Bilanzgewinn, der durch Vermögensvergleich entsteht, muß also durch Einfügung eines Passivpostens entsprechend verkürzt werden. Daher wird die Bildung einer Rückstellung durch den Buchungssatz: per Aufwandskonto an Rückstellungskonto vollzogen.

Beispiel:

Der Betrieb rechnet für das abgelaufene Jahr mit einer Steuerabschlußzahlung von 800 DM. Das ist Aufwand der Periode, der den Gewinn mindert, aber erst in der folgenden Periode zu einer Auszahlung führt. Beträgt in der nächsten Periode die Steuerabschlußzahlung für das vergangene Jahr tatsächlich 800 DM, so ist dieser Zahlungsvorgang jetzt erfolgsunwirksam und führt lediglich zu einer Bilanzverkürzung (per Rückstellungskonto an Bankkonto).

1976: Bildung einer Steuerrückstellung: erfolgswirksam.

1977: Nachzahlung der Steuern: erfolgsunwirksam, wenn Höhe der Zahlung und Höhe der Rückstellung sich entsprechen (Fall 1), erfolgswirksam in Höhe der Differenz zwischen Zahlung und Rückstellung (Fall 2).

1976

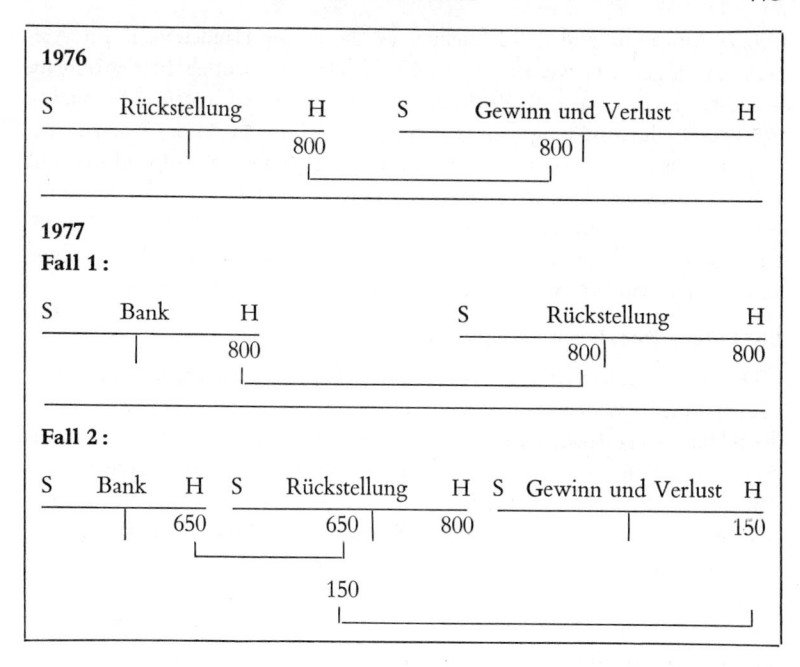

S	Rückstellung	H	S	Gewinn und Verlust	H
	800			800	

1977
Fall 1:

S	Bank	H	S	Rückstellung	H
	800			800	800

Fall 2:

S	Bank	H	S	Rückstellung	H	S	Gewinn und Verlust	H
	650		650	800				150
			150					

Beträgt die Nachzahlung nur 650 DM, so ist der Vorgang in dieser Höhe erfolgsunwirksam, jedoch muß der restliche Rückstellungsbetrag von 150 DM jetzt über die Erfolgsrechnung gewinnerhöhend aufgelöst werden, da der Zweck, für den die Rückstellung gebildet worden ist, hinfällig ist. Der Aufwand der vorhergehenden Periode betrug - wie sich später herausgestellt hat - nur 650 DM, wurde aber auf 800 DM, also um 150 DM zu hoch, geschätzt. Das wird in der folgenden Periode durch Ausweis eines außerordentlichen Ertrages von 150 DM rückgängig gemacht.

Die Bildung von offenen Rücklagen hat keinen Einfluß auf die Höhe des Gewinns, sondern stellt eine **Gewinnverwendung** dar, ist also **erfolgsneutral**. Offene Rücklagen können also nur gebildet werden, wenn auch Gewinn erwirtschaftet worden ist oder wenn neues Eigenkapital von außen zugeführt wird (z. B. Agio bei Kapitalerhöhungen). Die Bildung von Rückstellungen ist dagegen **erfolgswirksam**. Es entsteht ein Aufwand in Höhe der Rückstellung, der den Periodengewinn mindert. Wurde der Aufwand zu hoch eingeschätzt, oder stellt sich später heraus, daß er überhaupt nicht eingetreten ist, so ist eine Gewinnverlagerung in die Periode erfolgt, in der die Rückstellung aufgelöst werden muß. Die Bildung von Rückstellungen ist also unabhängig davon, ob Gewinne entstanden sind.

Während offene Rücklagen grundsätzlich aus dem versteuerten Gewinn gebildet werden, mindern Rückstellungen in der Regel als Aufwand im Zuge der Gewinnermittlung den steuerbaren Gewinn oder führen zu einem Verlust. Eine Erhöhung des Periodenerfolges tritt lediglich bei der Auflösung von Rückstellungen um den Betrag ein, um den sie überhöht waren, d. h. nicht in gleicher Höhe zu Ausgaben geführt haben.

Eine Ausnahme bilden Rückstellungen, die in der Handelsbilanz für Aufwendungen gemacht werden, die in der Steuerbilanz nicht als Betriebsausgabe abzugsfähig sind, wie z. B. Rückstellungen für Körperschaftsteuer. Sie sind in der Periode ihrer Bildung dem steuerpflichtigen Gewinn wieder hinzuzurechnen und bekommen damit steuerrechtlich den Charakter von Rücklagen (die Körperschaftsteuer ist steuerrechtlich Gewinnverwendung und nicht Aufwand), während sie vom betriebswirtschaftlichen Standpunkt aus als Aufwand anzusehen sind (die Körperschaftsteuer ist betriebswirtschaftlich nicht Verwendung von Gewinn, sondern mindert als Aufwand den entstehenden Gewinn).

bb) Offene Rücklagen – steuerfreie offene Rücklagen

Der Steuergesetzgeber läßt – teils aus Billigkeitserwägungen, teils zur Realisierung außerfiskalischer Zielsetzungen – unter bestimmten Voraussetzungen die Bildung von offenen Rücklagen **zu Lasten des steuerpflichtigen Gewinns** zu.[1] Da derartige steuerfreie Rücklagen in der Regel in späteren Perioden gewinnerhöhend aufzulösen sind, tritt durch ihre Bildung keine endgültige Steuerersparnis, sondern nur eine **zinslose Steuerverschiebung** und dadurch ein Liquiditäts- und Zinsvorteil für den Betrieb ein.

Die Aktienbilanz trägt dem durch die Bindung der Steuerbilanz an die Handelsbilanz erforderlichen Ausweis steuerfreier Rücklagen durch die Position **„Sonderposten mit Rücklageanteil"** Rechnung. Eine Einstellung in die offenen Rücklagen kommt deshalb nicht in Frage, weil die steuerfreien Rücklagen nicht in voller Höhe Eigenkapital, sondern zum Teil eine Steuerrückstellung darstellen; denn bei ihrer Auflösung in späteren Jahren sind sie vor einer Umbuchung in offene Rücklagen oder einer Ausschüttung zunächst um Ertragsteuern zu kürzen. Erst dann kann der nach Abzug der Steuern verbleibende Teil als Gewinnverwendung auf offene Rücklagen übertragen werden.

§ 152 Abs. 5 AktG hat folgenden Wortlaut: „Werden auf der Passivseite Posten ausgewiesen, die auf Grund steuerlicher Vorschriften erst bei ihrer Auflösung zu versteuern sind, so sind diese Posten gesondert von den offenen Rücklagen unter Angabe der Vorschriften, nach denen sie gebildet sind, auf der Passivseite unter ‚IIa Sonderposten mit Rücklageanteil' auszuweisen". Aus dieser Vorschrift kann zwar nicht entnommen werden, daß ein Passivierungszwang für steuerfreie Rücklagen besteht. Es wäre demnach auch möglich, in der Handelsbilanz auf den gesonderten Ausweis der steuerfreien Rücklage zu verzichten und entsprechende Rückstellungen für die bei der späteren Auflösung der in der Steuerbilanz gebildeten steuerfreien Rücklagen anfallenden Steuern zu machen. Wegen der Spaltung des Körperschaftsteuersatzes müßte eine solche Rückstellung nach der zukünftigen Gewinnverwendungspolitik bemessen werden. Da jedoch die Inanspruchnahme der meisten steuerfreien Rücklagen in der Steuerbilanz von der Passivierung in der Handelsbilanz abhängig gemacht wird, bleibt dem Betrieb nichts anderes als ein gesonderter Ausweis nach § 152 Abs. 5 AktG übrig.

Während offene Rücklagen Gewinnverwendung darstellen, ihre Bildung also einen Periodengewinn voraussetzt, dienen steuerfreie Rücklagen der **Kor-**

---

[1] Einzelheiten vgl. Wöhe, G., Betriebswirtschaftliche Steuerlehre, Bd. I, a.a.O., S. 574 ff.

rektur der Steuerbemessungsgrundlage. Ihre Bildung kann auch einen Verlust zur Folge haben, der vortragsfähig ist. Da sie nach § 158 Abs. 6 AktG in die Gewinn- und Verlustrechnung unter die Aufwendungen einzustellen sind, mindern sie den Jahresüberschuß und können folglich auch zu einem Jahresfehlbetrag führen.

cc) Rückstellungen – Verbindlichkeiten

Obwohl die Rückstellungen wirtschaftlich zum Fremdkapital gehören, sind sie aber dennoch nicht mit den Verbindlichkeiten identisch. Bei Verbindlichkeiten, die stets in der Bilanz ausgewiesen werden müssen, bei denen also eine Passivierungspflicht besteht, während für gewisse Rückstellungen lediglich ein Passivierungsrecht gilt, sind der Grund, die Höhe und der Termin der Fälligkeit bekannt. Bei Rückstellungen steht gewöhnlich nur der Zweck fest, für den sie gebildet werden, die Höhe und der Termin der Auszahlung oder des zu erwartenden Verlustes sind in der Regel ungewiß. Ungewiß kann auch sein, ob überhaupt eine Inanspruchnahme des Betriebes erfolgt, z. B. bei Rückstellungen für schwebende Prozesse, die der Betrieb verlieren, aber auch gewinnen kann. Im letzteren Fall entsteht überhaupt keine Schuld, ihre Entstehung war allerdings wahrscheinlich, und solange der Prozeß nicht entschieden ist, muß der Betrieb mit der Inanspruchnahme rechnen. Wird der Prozeß gewonnen, so muß die Rückstellung aufgelöst und der zurückgestellte Betrag erfolgswirksam dem Eigenkapital zugeführt werden.

Rückstellungen und Verbindlichkeiten haben gemeinsam, daß sie nicht in der Periode bilanziert werden, in der die Schuld geltend gemacht wird oder fällig ist, sondern in der Periode, in der die Schuld wirtschaftlich entstanden ist.

dd) Rechnungsabgrenzungsposten – Rückstellungen – Verbindlichkeiten

Die passiven Rechnungsabgrenzungsposten haben die gleiche Aufgabe wie die aktiven: eine **periodenrichtige Erfolgsermittlung** zu ermöglichen, indem sie zwei Geschäftsjahre so gegeneinander abgrenzen, daß jedem Geschäftsjahr die Aufwendungen und Erträge zugerechnet werden, die durch das jeweilige Geschäftsjahr verursacht worden sind. Passiv ist stets dann abzugrenzen, wenn der Periodenerfolg ohne Abgrenzung zu hoch ausgewiesen würde. Dabei sind zwei Fälle zu unterscheiden. Der Ansatz eines **transitorischen Passivpostens** ist erforderlich, wenn der Betrieb eine Einzahlung erzielt hat, für die er in der folgenden Periode noch eine Leistung zu erbringen hat, z. B. im voraus erhaltene Miete (Einzahlung jetzt – Ertrag später). Ist jedoch in der Abrechnungsperiode ein Aufwand eingetreten, der erst später zu einer Auszahlung führt (z. B. noch zu zahlende Löhne), so erfolgt die Abgrenzung mit Hilfe eines antizipativen Passivpostens (Aufwand jetzt – Auszahlung später).

Der Rechnungsabgrenzungsposten, bei dem die gleichen Beziehungen zwischen Leistungs- und Zahlungsbereich gegeben sind wie bei den meisten Rückstellungen, ist das **antizipative Passivum**. Bei beiden gilt: Aufwand jetzt, Auszahlung später. In beiden Fällen werden Kapitalteile, die sonst als Gewinn ausgewiesen worden wären und den Betrieb ggf. als Gewinnausschüttung und Steuerzahlung verlassen hätten, an den Betrieb gebunden.

Zwischen einer Rückstellung und einem antizipativen Passivum besteht aber der Unterschied, daß beim Rechnungsabgrenzungsposten Grund, Höhe und Fälligkeitstermin der Zahlung bekannt sind, bei der Rückstellung dagegen Höhe und Fälligkeit der späteren Auszahlung ungewiß sind. Muß der Betrieb z. B. für das abgelaufene Jahr noch Miete bezahlen, ist die Zahlung aber vertraglich erst in der nächsten Periode fällig, so grenzt er passiv ab, da der Aufwand bereits eingetreten ist, die Auszahlung jedoch erst in der nächsten Periode (in einer bestimmten Höhe und zu einem bestimmten Termin) fällig wird. Ohne Abgrenzung in der Bilanz wäre der Periodengewinn zu hoch, da ein Aufwand nicht erfaßt wurde, obwohl er bereits verursacht worden ist, und da das Vermögen in Höhe der erst in der nächsten Periode fälligen Auszahlung zu hoch ausgewiesen wird. Antizipative Passiva werden in der Regel für Leistungen gebildet, die der Betrieb fortlaufend in Anspruch nimmt und in regelmäßigen Zeitabständen entsprechend den bestehenden Verträgen abrechnet (z. B. Mieten, Versicherungsprämien, Darlehenszinsen u. a.). Der Ansatz eines passiven Rechnungsabgrenzungspostens stellt stets die Passivierung einer echten Verbindlichkeit dar, deren Einfluß auf den Gewinn der laufenden und einer folgenden Periode abgegrenzt werden soll.

Das AktG 1965 läßt in § 152 Abs. 9 – wie oben bei der Besprechung der aktiven Rechnungsabgrenzungsposten bereits erwähnt – nur noch die Verwendung transitorischer Rechnungsabgrenzungen zu. Das Steuerrecht hat diese Regelung in den § 5 Abs. 3 EStG übernommen[1] und somit für Betriebe aller Rechtsformen verbindlich gemacht. Sie wird damit begründet, daß bei antizipativen Abgrenzungen auf der Passivseite in Wirklichkeit Verbindlichkeiten vorliegen, wenn der Betrieb in der nächsten Periode noch eine Zahlung für einen Aufwand zu leisten hat, der bereits in der Abrechnungsperiode eingetreten ist. Derartige Verbindlichkeiten sind nach dem Aktiengesetz als **„sonstige Verbindlichkeiten"** auszuweisen. Die Abgrenzung zu den Rückstellungen verlagert sich somit von den passiven Rechnungsabgrenzungsposten zu den sonstigen Verbindlichkeiten.

ee) Wertberichtigungen – Rückstellungen

Aufgabe der passiven Wertberichtigungen ist es, bestimmte Vermögenspositionen, die auf der Aktivseite der Bilanz zu hoch angesetzt sind, zu korrigieren. Wird beispielsweise die Verteilung der Anschaffungskosten von langfristig dem Betrieb dienenden Anlagegütern (Abschreibung) auf die wirtschaftliche Nutzungsdauer nicht direkt, d. h. durch Kürzung der Anschaffungskosten, sondern indirekt vorgenommen, indem auf der Aktivseite die Anschaffungskosten unverändert ausgewiesen, die Abschreibungen aber auf der Passivseite als Korrekturposten gegenübergestellt werden, so sind diese Wertberichtigungen zwar in der Summe der Passiva enthalten, sie stellen aber kein Kapital dar, sondern ihre Bildung ist ein in der Buchhaltung übliches Verfahren der Subtraktion. Setzt man die Korrekturposten von den durch sie korrigierten Vermögenspositionen ab, so reduziert man die Bilanzsumme auf das am Bilanzstichtag vorhandene Vermögen.

---

[1] Vgl. Gesetz zur Änderung des Einkommensteuergesetzes vom 16. 5. 1969, BGBl. I S. 421

B. I. Die Bilanz

Die Bildung von Wertberichtigungen ist eine besondere Methode der Erfassung von Wertminderungen des Anlagevermögens oder von Forderungen. Sie wird als **indirekte Abschreibung** bezeichnet. Nach § 152 Abs. 6 AktG hat der Betrieb grundsätzlich ein Wahlrecht, ob er indirekt oder direkt, d. h. durch Minderung der Wertansätze auf der Vermögensseite der Bilanz abschreiben will. Dieses Wahlrecht ist jedoch kein Bilanzierungs- oder Bewertungswahlrecht, sondern lediglich ein Recht, zwischen indirekter oder direkter Abschreibung, also zwischen zwei Verfahren zu wählen, die zum gleichen Ergebnis führen. Nach dieser Vorschrift dürfen Wertberichtigungen nur zu Sachanlagen, zu Beteiligungen und Wertpapieren des Anlagevermögens sowie als Pauschalwertberichtigungen zu Forderungen, jedoch nicht zu den übrigen Posten des Umlaufvermögens vorgenommen werden.

Mit den Wertberichtigungen haben die Rückstellungen gemeinsam, daß sie beide einen Aufwand erfassen, der in einer anderen Periode zu einer Auszahlung führt bzw. geführt hat. Während bei der Rückstellung die Auszahlung später als der Aufwand erfolgt, liegt die Auszahlung bei der Wertberichtigung in der Regel früher (z. B. indirekte Abschreibungen auf Maschinen). Hat der Betrieb beispielsweise eine fällige Reparatur auf später verschoben, so kann er dafür bei dynamischer Bilanzbetrachtung eine Rückstellung bilden, denn es folgt später eine Auszahlung in noch ungewisser, also nur zu schätzender Höhe, während in der laufenden Abrechnungsperiode ein Aufwand bereits verursacht worden ist. Die Bildung einer Wertberichtigung für unterlassene Reparaturen aber ist nicht möglich, denn es ist dem Aufwand keine Auszahlung vorangegangen.

Betrachtet man diesen Vorgang vom Standpunkt der statischen Bilanzauffassung, so könnte jedoch eine Wertberichtigung für die eingetretene und durch planmäßige Abschreibungen nicht erfaßte Wertminderung gebildet werden, weil dadurch der Wert des Wirtschaftsgutes um die Wertminderung korrigiert würde, während bei dynamischer Rückstellungsbildung die auf später verschobene Auszahlung zurückgestellt wird.

Rückstellungen und Wertberichtigungen stimmen ferner darin überein, daß der Aufwand nur geschätzt ist. Die Abschreibungsquote eines Jahres, die bei indirekter Abschreibung der Wertberichtigung hinzugefügt wird, stimmt in der Regel nicht mit der tatsächlich eingetretenen Wertminderung überein, da die Abschreibung lediglich eine frühere Ausgabe, d. h. die Anschaffungskosten, auf die Jahre der Nutzung verteilt.

Der Unterschied zwischen Rückstellung und Wertberichtigung liegt darin, daß die Bildung einer Wertberichtigung sowohl vermögens- als auch erfolgswirksam ist, da sie einen zu hoch in der Bilanz angesetzten Vermögensposten korrigiert und damit zugleich den Gewinn der Periode mindert, während die Rückstellung keinem einzelnen Vermögensposten gegenübersteht, ihre Bildung also nur erfolgswirksam, aber nicht vermögenswirksam ist, da das Gesamtvermögen unverändert bleibt.

Daran ändert auch die Tatsache nichts, daß zwischen bestimmten Rückstellungen und bestimmten Vermögensposten enge Beziehungen bestehen können, z. B. zwischen den Debitoren einerseits und Garantie- oder Provisionsrückstellungen andererseits. Die Wertberichtigung zeigt, daß durch sie der Wert eines konkreten Vermögenspostens korrigiert wird; die Rückstellung kann lediglich zeigen, daß im Zusammenhang mit bestimmten Vermögensposten Aufwendungen entstanden sind, die später noch zu Auszahlungen führen werden. Dadurch wird der Gesamtgewinn, nicht aber der Wert eines einzelnen Aktivpostens oder des Gesamtvermögens korrigiert.

Soweit eine Rückstellung für eine spätere Inanspruchnahme durch einen Dritten gebildet worden ist, ist ein um die Rückstellung größerer Betrag des Vermögens zur Deckung der Schulden erforderlich. Es tritt also eine Verschiebung innerhalb des Gesamtvermögens zu Lasten des Reinvermögens, also des Gegenwerts des Eigenkapitals ein.

Ein weiterer Unterschied zwischen Wertberichtigung und Rückstellung besteht in der Art ihrer Auflösung. Eine Rückstellung wird in der Regel durch einen Zahlungsvorgang aufgelöst, der vermögenswirksam, aber nicht erfolgswirksam ist (z. B. Zahlung von Steuerschulden, für die eine Rückstellung gebildet wurde). Eine Wertberichtigung dagegen kann nur ausgebucht werden, wenn auch der Aktivposten, den sie korrigiert, aus der Bilanz verschwindet (z. B. Ausbuchen einer voll indirekt abgeschriebenen Maschine). Dieser Vorgang ist weder vermögens- noch erfolgswirksam.

Fassen wir zusammen:

(1) **Offene Rücklagen** sind Teile des Eigenkapitals. Ihre Bildung ist erfolgsneutral, sie stellen entweder Gewinnverwendung dar und sind dann in der Regel aus dem versteuerten Gewinn zu bilden oder entstehen im Zusammenhang mit Kapitaleinlagen (z. B. als Agio).

(2) **Steuerfreie offene Rücklagen** werden zu Lasten des steuerpflichtigen Gewinns gebildet und erhöhen ihn in der Regel bei ihrer Auflösung in einer späteren Periode. In Höhe der späteren Steuerschuld sind sie dem Fremdkapital zuzurechnen, der übrige Teil zählt zum Eigenkapital.

(3) **Rückstellungen** sind rechtlich oder wirtschaftlich dem Fremdkapital zuzurechnen. Von den Verbindlichkeiten unterscheiden sie sich dadurch, daß diese nicht nur ihrem Grund nach, sondern auch in ihrer Höhe und dem Termin ihrer Fälligkeit nach feststehen, während bei den Rückstellungen Höhe und Fälligkeit ungewiß sind. Rückstellungen mindern den Erfolg der Periode, in der sie gebildet werden, sind aber in dieser Periode nicht vermögenswirksam, d. h. dienen nicht der Korrektur des Vermögens.

(4) **Passive Rechnungsabgrenzungsposten** dienen ebenso wie die Rückstellungen der periodengerechten Erfolgsermittlung. Sie dürfen nur noch zur periodenrichtigen Zurechnung von Einzahlungen gebildet werden, für die in der folgenden Periode noch eine Leistung zu erbringen ist (transitorische Abgrenzung). Steht im Gegensatz zu den Rückstellungen eine Auszahlung einer späteren Periode, der in der Abrechnungsperiode ein Aufwand vorangegangen ist, in ihrer Höhe und dem Termin ihrer Fälligkeit fest, so ist statt eines antizipativen Passivpostens eine „sonstige Verbindlichkeit" zu bilanzieren.

(5) **Wertberichtigungen** sind ebenso wie die Rückstellungen geschätzte Aufwandsposten, stellen aber im Gegensatz zu den die Höhe des Gesamtvermögens nicht beeinflussenden Rückstellungen Korrekturposten zu bestimm-

ten Vermögenspositionen dar, deren eingetretene, geschätzte Wertminderung sie ausdrücken sollen.

b) Offene Rücklagen

aa) Bildung und Auflösung

Bei Rechtsformen, deren Haftungskapital mit einem festen Nennbetrag in der Bilanz ausgewiesen werden muß (z. B. Aktiengesellschaften, GmbH), erfolgt – wie oben erwähnt – der Ausweis von Eigenkapital, das über das nominelle Haftungskapital hinausgeht, auf Rücklagekonten (offene Rücklagen). Bei der Aktiengesellschaft sind drei Arten von offenen Rücklagen zu unterscheiden:

(1) die gesetzliche Rücklage;
(2) die freien Rücklagen;
(3) die statutarischen Rücklagen.

Das GmbH-Gesetz kennt keine **gesetzliche Rücklage**. Auch der Referentenentwurf eines neuen GmbH-Gesetzes sieht ihre Einführung nicht vor. Bei den Erwerbs- und Wirtschaftsgenossenschaften erfüllt die nach § 7 Nr. 4 GenG zwingend zu bildende statutarische Rücklage (Reservefonds) die Aufgaben der gesetzlichen Rücklage der AG.

§ 150 AktG schreibt vor, daß eine gesetzliche Rücklage in Höhe von 10% des Grundkapitals gebildet werden muß. Die Satzung kann einen höheren Prozentsatz festlegen. Bis die gesetzliche Rücklage aufgefüllt ist, müssen ihr 5% vom **Jahresüberschuß** (abzüglich eines Verlustvortrages) zugeführt werden. Unter Jahresüberschuß ist nicht der Bilanzgewinn zu verstehen, sondern der Periodengewinn vor Abzug

(1) der Zuführung zur gesetzlichen und zur freien Rücklage und
(2) eines Verlustvortrages und

vor Hinzurechnung

(1) der Entnahmen aus der gesetzlichen und freien Rücklage und
(2) eines Gewinnvortrages.

Das Gesetz zählt außerdem eine Anzahl von Beträgen auf, die in die gesetzliche Rücklage eingestellt werden müssen. Dazu gehören in erster Linie Agiobeträge, die bei der Überpari-Ausgabe von Aktien und im Zusammenhang mit der Ausgabe von Wandelschuldverschreibungen entstehen, ferner Beträge von Zuzahlungen von Aktionären, die für das Einräumen von Vorzugsrechten zugeflossen sind, sowie Beträge, die bei vereinfachten Kapitalherabsetzungen frei geworden sind.[1]

Die gesetzliche Rücklage darf nur zum **Ausgleich von Wertminderungen** oder zur Deckung von sonstigen Verlusten verwendet werden. Ist sie nicht höher als 10% des Grundkapitals, so darf sie erst aufgelöst werden, wenn zuvor sämtliche freien Rücklagen zur Verlusttilgung herangezogen worden sind. Lediglich ein 10% des Grundkapitals übersteigender Teil der gesetzlichen Rücklage darf vor Auflösung der freien Rücklagen zur buchmäßigen Tilgung von Verlusten benutzt werden. Eine Ausschüttung von Dividenden aus der gesetz-

---

[1] Einzelheiten vgl. Wöhe, G., Bilanzierung, a.a.O., S. 424 ff.

lichen Rücklage ist nicht zulässig. Das gilt auch dann, wenn sie mehr als 10% des Grundkapitals beträgt. Die Teile der gesetzlichen Rücklage, die 10% des Grundkapitals übersteigen, dürfen jedoch für eine Kapitalerhöhung aus Gesellschaftsmitteln (Umwandlung von Rücklagen in Grundkapital gegen Gewährung von Gratisaktien) verwendet werden.

Die Auflösung der gesetzlichen Rücklage zur Verlusttilgung kann bereits in der Bilanz erfolgen, so daß der Ausweis eines Verlustvortrages vermieden werden kann. Die Verwendung der gesetzlichen Rücklage muß in der Erfolgsrechnung ausgewiesen werden.

Freie Rücklagen werden gewöhnlich durch den Vorstand und Aufsichtsrat gebildet. Vorstand und Aufsichtsrat dürfen nicht mehr als die Hälfte des um einen Verlustvortrag und die Zuführung zur gesetzlichen Rücklage verminderten Jahresüberschusses in die freie Rücklage einstellen, es sei denn, sie sind durch die Satzung zur Zuführung eines größeren Teils ermächtigt. Die Einstellung eines die Hälfte des (korrigierten) Jahresüberschusses übersteigenden Teils ist allerdings nur solange zulässig, wie die gesamte freie Rücklage nicht über die Hälfte des Grundkapitals angewachsen ist. Ist die Hälfte des Grundkapitals erreicht, so darf nur noch maximal die Hälfte des (korrigierten) Jahresüberschusses zugeführt werden. „Dabei sind Beträge, die in die gesetzlichen Rücklagen einzustellen sind, und ein Verlustvortrag vorab vom Jahresüberschuß abzuziehen".[1]

Nach § 58 Abs. 3 AktG kann die Hauptversammlung beim Beschluß über die Verwendung des Bilanzgewinns den offenen Rücklagen weitere Beträge zuführen oder sie als Gewinnvortrag stehen lassen.

Freie Rücklagen müssen zur Tilgung von Verlusten herangezogen werden, bevor die gesetzliche Rücklage, soweit sie 10% des Grundkapitals nicht übersteigt, aufgelöst werden darf; sie können aber auch zur Ausschüttung von Gewinnen, zur Aufrechterhaltung der Dividendenzahlung in Verlustjahren oder zur Kapitalerhöhung aus Gesellschaftsmitteln Verwendung finden.

Die **statutarischen Rücklagen,** deren Bildung durch die Satzung der Gesellschaft vorgeschrieben werden kann und die auch nur nach den Bestimmungen der Satzung aufgelöst werden dürfen, werden in der Regel nicht gesondert ausgewiesen, sondern sind entweder in den gesetzlichen Rücklagen (z. B. Zuführungen über den gesetzlich vorgeschriebenen Mindestbetrag hinaus) oder in den freien Rücklagen (z. B. Zweckbindung bestimmter Gewinnteile für soziale Zwecke) enthalten.

bb) Bilanzierung

§ 152 Abs. 4 AktG verlangt in einer Vorspalte eine Darstellung der Bewegungen in den Rücklagen, die der Vergrößerung der Bilanzklarheit dienen soll. Aus der Gewinn- und Verlustrechnung läßt sich zwar ersehen, welche Beträge den offenen Rücklagen aus dem Jahresgewinn zugeführt und welche Beträge aus den Rücklagen entnommen worden sind, jedoch sind die Beträge nicht zu erkennen, die die Hauptversammlung in ihrem Beschluß über die Verwendung des Bilanzgewinns in die offenen Rücklagen eingestellt hat, da durch diesen Be-

---

[1] § 58 Abs. 1 AktG.

schluß der festgestellte Jahresabschluß nicht geändert wird,[1] so daß diese Beträge erst in der folgenden Jahresbilanz als Teil der offenen Rücklagen erscheinen. In der Vorspalte zu den offenen Rücklagen sind deshalb auszuweisen:
„1. die Beträge, die die Hauptversammlung aus dem Bilanzgewinn des Vorjahres eingestellt hat,
2. die Beträge, die aus dem Jahresüberschuß des Geschäftsjahres eingestellt werden,
3. die Beträge, die für das Geschäftsjahr entnommen werden."[2]

Rücklagen, die buchmäßig durch Thesaurierung von Gewinnen entstehen, also Gewinnverwendung darstellen, sind grundsätzlich **steuerpflichtig** (Einkommensteuer, Körperschaftsteuer, Gewerbeertragsteuer), d. h. sie sind aus dem versteuerten Gewinn zu bilden. Rücklagen, die durch Kapitaleinlagen entstehen, z. B. Agio-Beträge bei der Überpari-Ausgabe von Aktien, unterliegen wie alle Einlagen nicht der Ertragsbesteuerung, allerdings unter bestimmten Voraussetzungen der Gesellschaftsteuer.

c) Stille Rücklagen[3]

aa) Begriff und Arten

Die stillen Rücklagen gehören ebenso wie die offenen Rücklagen zum Eigenkapital des Betriebes, sind jedoch – wie die Bezeichnung ausdrücken soll – **Eigenkapitalteile, deren Existenz aus der Bilanz nicht zu ersehen ist**, und zwar entweder, weil die Eigenkapitalteile und die ihnen entsprechenden Vermögenswerte nicht in der Bilanz enthalten sind (stille Rücklagen im engeren Sinne) oder in Fremdkapitalpositionen versteckt sind (versteckte Rücklagen).

Die stillen Rücklagen im engeren Sinne unterscheiden sich von den versteckten Rücklagen dadurch, daß erstere überhaupt nicht in der Bilanz enthalten sind, letztere dagegen in der Bilanz erscheinen, aber im Gewande von Fremdkapital statt als Eigenkapital. Werden stille Rücklagen durch Unterbewertung von Vermögensteilen gebildet, so führt das zu einer **Komprimierung der Bilanzsumme**; die Bildung versteckter Rücklagen hat dagegen **keinen Einfluß** auf die Höhe der Bilanzsumme. Je mehr versteckte Rücklagen man bildet, desto kleiner wird das ausgewiesene Eigenkapital bei gleicher Bilanzsumme, je mehr stille Rücklagen im engeren Sinne man bildet, desto kleiner wird die gesamte Bilanzsumme.

Nicht alle Vermögenswerte, die in der Bilanz nicht ausgewiesen sind, aber an der Erzielung des betrieblichen Erfolges mitgewirkt haben, sind stille Rücklagen. Auch der **Firmenwert** setzt sich aus Werten zusammen, die nicht in der Bilanz erscheinen, aber maßgeblich am Erfolg beteiligt sein können, z. B. der Wert des guten Rufes des Betriebes, der Wert der Organisation, des Mitarbeiterstabs, des Kundenstamms, eines Markennamens, u. a. Derartige immaterielle Werte,

---

[1] Vgl. § 174 Abs. 3 AktG.
[2] § 152 Abs. 4 AktG.
[3] Vgl. zur Vertiefung: Wöhe, G., Bilanzierung..., a.a.O., S. 443 ff.; ders., Bildung, Auflösung und Übertragung stiller Rücklagen im Steuerrecht aus der Sicht der betriebswirtschaftlichen Steuerlehre, ZfbF 1966, S. 98 ff.; ders., Rücklagen, HWStR Bd. II, S. 888 ff., insbes. S. 890–892.

die in der Regel nicht Gegenstand des Rechtsverkehrs sind, dürfen nicht aktiviert werden (originärer Firmenwert),[1] es sei denn, bei Erwerb eines Betriebes ist für sie ein Teil des Kaufpreises bezahlt worden (derivativer Firmenwert).[2] Stille Rücklagen können also nur durch Bewertungsmaßnahmen bei Wirtschaftsgütern entstehen, für die eine Bilanzierungspflicht oder ein Bilanzierungsrecht besteht. Die Unterbewertung eines aktivierungspflichtigen Wirtschaftsgutes findet theoretisch ihre Grenze im Ansatz eines Erinnerungspostens von 1 DM.

Stille Rücklagen im engeren Sinne können durch folgende bilanzpolitisch bedingte Maßnahmen gebildet werden:

(1) durch Unterbewertung von Vermögensgegenständen,
(2) durch Nichtaktivierung aktivierungsfähiger Wirtschaftsgüter,
(3) durch Unterlassen der Zuschreibung von Wertsteigerungen.

Unterbewertungen sind **erstens** durch Verrechnung von **Abschreibungsquoten** möglich, die die geschätzte Wertminderung erheblich übersteigen. Das ist dann der Fall, wenn entweder die Nutzungsdauer zu kurz angesetzt wird, d. h. die Anschaffungs- oder Herstellungskosten auf eine kürzere als die betriebsgewöhnliche Nutzungsdauer verteilt werden, oder ein Abschreibungsverfahren (z. B. degressive Abschreibung) angewendet wird, bei dem in den ersten Jahren der Nutzungsdauer mehr abgeschrieben wird, als es der geschätzten Wertminderung entspricht, so daß der Buchwert geringer ist als der tatsächliche Wert, dafür aber in den späteren Jahren der Nutzungsdauer nur noch entsprechend weniger abgeschrieben werden kann – vorausgesetzt, daß bis zum Ende der Nutzungsdauer nicht mehr als die Anschaffungs- oder Herstellungskosten verteilt werden –, so daß die in den ersten Jahren gebildeten stillen Rücklagen sich im Zeitablauf wieder auflösen. Die Tatsache, daß die Wertminderung der meisten Wirtschaftsgüter nicht exakt berechnet, sondern nur geschätzt werden kann, hat zur Folge, daß auch die Höhe der entstehenden stillen Rücklagen nur durch Schätzung ermittelt werden kann.

Unterbewertungen können **zweitens** durch zu niedrigen Ansatz der **Herstellungskosten**, z. B. von selbsterstellten Anlagen oder Halb- und Fertigfabrikaten vorgenommen werden. Das kann buchtechnisch in der Weise geschehen, daß nicht alle Gemeinkosten, die durch die Herstellung der aktivierten Wirtschaftsgüter verursacht worden sind, aktiviert, sondern zum Teil als Aufwand der Produktionsperiode und nicht der Umsatzperiode über die Gewinn- und Verlustrechnung verrechnet werden.

Drittens besteht die Möglichkeit, im Umlaufvermögen durch eine Überspitzung des Prinzips der kaufmännischen Vorsicht oder durch **Anwendung spezieller Bewertungsverfahren** (Bewertung von eisernen Beständen mit einem Festwert, Bewertung gleichartiger Vorräte nach der Lifo-, Fifo- oder Hifo-Methode) Vorräte zu niedrig zu bewerten. Auch bei den Forderungen können durch extrem vorsichtige Bewertung stille Rücklagen gelegt werden.

---

[1] Vgl. § 153 Abs. 5 Satz 1 AktG.
[2] Vgl. § 153 Abs. 5 Satz 2 und 3 AktG.

Ein Beispiel für ein Aktivierungsrecht sind die sog. **geringwertigen Wirtschaftsgüter.** Nach § 6 Abs. 2 EStG brauchen die Anschaffungs- oder Herstellungskosten von beweglichen Wirtschaftsgütern des Anlagevermögens, die der Abnutzung unterliegen und einer selbständigen Bewertung und Nutzung fähig sind, nicht aktiviert zu werden, sondern dürfen im Jahr der Anschaffung oder Herstellung – trotz mehrjähriger wirtschaftlicher Nutzungsdauer – in voller Höhe als Betriebsausgabe verrechnet werden, vorausgesetzt, daß die Anschaffungs- oder Herstellungskosten 800 DM nicht übersteigen. Im Falle der Nichtaktivierung werden stille Rücklagen gebildet, die sich im Laufe der Nutzungsdauer wieder auflösen.

Stille Rücklagen können ferner durch **Wertsteigerungen** entstehen, die auf Grund betriebswirtschaftlicher Bewertungsprinzipien oder gesetzlicher Bewertungsvorschriften bei der Bilanzierung nicht berücksichtigt werden. Das ist z. B. der Fall, wenn die Wiederbeschaffungskosten von Wirtschaftsgütern über die Anschaffungskosten steigen und die Anerkennung des Realisationsprinzips durch gesetzliche Bewertungsvorschriften ein Überschreiten der Anschaffungskosten unmöglich macht, weil andernfalls noch nicht durch Umsatz realisierte Gewinne ausgewiesen werden müßten. In diesem Fall ist die stille Rücklage nicht das Ergebnis einer bilanzpolitischen Entscheidung, sondern die automatische Folge der Beachtung einer Bilanzierungsvorschrift.

Versteckte Rücklagen entstehen beispielsweise durch absichtliche oder unabsichtliche **Überhöhung von Rückstellungen.** Da Rückstellungen für Verpflichtungen oder drohende Verluste gebildet werden, die ihren wirtschaftlichen Grund zwar in der Abrechnungsperiode haben, aber erst zu einem späteren Zeitpunkt zu einer Auszahlung (z. B. Pensionsrückstellungen) oder zu einer Mindereinzahlung (z. B. Delkredererückstellungen) führen, deren Höhe nur geschätzt werden kann, enthalten die Rückstellungen in der Höhe, in der die tatsächliche Auszahlung bzw. der tatsächlich eingetretene Verlust hinter der Schätzung zurückbleibt, versteckte Rücklagen.

Da stille Rücklagen im engeren Sinne stets an konkrete Vermögenspositionen gebunden sind, lösen sie sich in vielen Fällen ohne Zutun des Betriebes auf, z. B. wenn unterbewertete Vorräte verkauft werden oder zu schnell abgeschriebene Wirtschaftsgüter des Anlagevermögens ausscheiden, oder wenn bei stark degressiver Abschreibung gegen Ende der Nutzungsdauer die jährlichen Abschreibungsbeträge immer kleiner werden. Stille Rücklagen in nicht abnutzbaren Anlagegütern (z. B. im Grund und Boden) können dagegen langfristig vorhanden sein. Ihre Auflösung erfolgt unter Umständen erst bei der Liquidation des Betriebes. Auch versteckte Rücklagen können sich automatisch auflösen, so z. B. wenn mit einer überhöhten Garantierückstellung nur wenige Garantiefälle verrechnet werden können.

Offene Rücklagen lösen sich dagegen nicht ohne Zutun des Betriebes auf; es bedarf dazu stets einer **betrieblichen Entscheidung,** auch wenn durch den betrieblichen Umsatzprozeß sich das Eigenkapital und damit der Gegenwert der Rücklagen vermindert hat. Eine solche Wertminderung könnte unter Beibehaltung der offenen Rücklagen auch durch einen Verlustausweis gezeigt werden.

In der Betriebswirtschaftslehre hat sich eine Einteilung der stillen Rücklagen im Hinblick auf ihr Verhältnis zu den gesetzlichen Bewertungsvorschriften in Zwangsrücklagen, Schätzungsrücklagen, Ermessensrücklagen und Willkürrücklagen durchgesetzt.

Der Begriff **Zwangsrücklagen** soll zum Ausdruck bringen, daß der Betrieb im Gegensatz zu den drei anderen genannten Arten zur Bildung stiller Rücklagen gezwungen wird, und zwar durch **gesetzliche Bewertungsvorschriften.** Obere Grenze der Bewertung der Wirtschaftsgüter des Anlagevermögens sind in der Handelsbilanz und Steuerbilanz die Anschaffungs- oder Herstellungskosten. Sie dürfen auch dann nicht überschritten werden, wenn die Wiederbeschaffungskosten über die Anschaffungs- oder Herstellungskosten gestiegen sind. Das hat zur Folge, daß Wertsteigerungen, die über die Anschaffungs- oder Herstellungskosten hinausgehen, nicht ausgewiesen werden können und folglich stille Rücklagen entstehen. Sie könnten nur vermieden werden, wenn das Anschaffungswertprinzip aufgegeben und eine Bewertung (und Abschreibung) nach den Wiederbeschaffungskosten durchgeführt würde.

Auch das **Prinzip des strengen Wertzusammenhanges,** nach dem in der Steuerbilanz gem. § 6 Abs. 1 Ziff. 1 EStG bei abnutzbaren Wirtschaftsgütern des Anlagevermögens der letzte Bilanzansatz nicht überschritten werden darf, kann die Bildung von Zwangsrücklagen zur Folge haben. Ist beispielsweise der Teilwert einer Maschine durch Anwendung der regulären Abschreibung (AfA) unterschritten worden, so ist eine Bewertung mit einem über dem letzten Bilanzansatz (Anschaffungsrestwert) liegenden Wert nicht zulässig. Die Maschine ist folglich auf Grund einer zwingenden gesetzlichen Vorschrift unterbewertet, d. h. sie enthält eine stille Rücklage.

Zwangsrücklagen in der Steuerbilanz sind vom betriebswirtschaftlichen Standpunkt aus **positiv** zu beurteilen, da sie verhindern, daß Wertsteigerungen als Gewinne versteuert werden müssen, bevor sie durch Umsatz realisiert worden sind. Zwangsrücklagen sind also die Folge der Anerkennung des Realisationsprinzips für Gewinne in der Steuerbilanz. Dieses Prinzip präzisiert den in § 4 EStG nur formal definierten Gewinnbegriff dahingehend, daß steuerpflichtig nur Gewinne sind, die durch Umsatz entstanden sind. Ist aber der steuerpflichtige Gewinn in dieser Weise definiert, so können Zwangsrücklagen ihn nicht vermindern. Folglich kann ihre Bildung nicht gegen das Prinzip periodengerechter Gewinnermittlung verstoßen. Ein solcher Verstoß liegt nur dann vor, wenn durch Umsatz erzielte Gewinne mit Hilfe stiller Rücklagen zeitweilig der Besteuerung entzogen werden.

Ebensowenig wie Zwangsrücklagen können **Schätzungsrücklagen** in beiden Bilanzen vermieden werden. Sie entstehen allgemein dann, wenn der Wert eines Aktiv- oder Passivpostens in der Bilanz wegen der mangelnden menschlichen Voraussicht nur schätzungsweise festgestellt werden kann. So z. B. wenn die Nutzungsdauer von Wirtschaftsgütern zu kurz geschätzt wird oder die Verteilung der Anschaffungskosten durch Abschreibungen auf die Jahre der Nutzung nicht entsprechend der Wertminderung erfolgt oder Rückstellungen zu hoch angesetzt werden. Ist der Ansatz einer zu kurzen Nutzungsdauer oder einer zu hohen Rückstellung nicht die Folge einer unvollkommenen Voraussicht, sondern einer **absichtlichen Fehlschätzung**, so liegt eine Willkürrücklage vor. Gleiches gilt, wenn die Diskrepanz zwischen Abschreibungsquote und Wertminderung nicht infolge der Unmöglichkeit einer exakten Messung der Wertminderung, sondern einer absichtlichen Unterbewertung zustande kommt.

Ermessensrücklagen können, wie die Bezeichnung sagt, dann gebildet werden, wenn die gesetzlichen Bewertungsvorschriften dem Betrieb ein Ermessen einräumen, zwischen zwei oder mehreren Wertansätzen für ein Wirtschaftsgut zu wählen. Das ist beispielsweise bei den nicht abnutzbaren Gütern des Anlagevermögens und bei den Gütern des Umlaufvermögens möglich. Für diese Güter gilt das Prinzip des strengen Wertzusammenhanges auch in der Steuerbilanz nicht, d. h. der letzte Bilanzansatz darf im Falle einer Wertsteigerung überschritten werden. Er kann aber auch beibehalten werden, oder es kann ein Zwischenwert angesetzt werden.

Unterschreitet der Betrieb willkürlich den bekannten oder durch Schätzung ermittelten Wert eines Wirtschaftsgutes, so entsteht eine **Willkürrücklage**. Für die Handelsbilanz sind Willkürrücklagen seit jeher geradezu charakteristisch, denn sie werden aus betriebspolitischen Überlegungen gebildet, die über Zielsetzungen der Handelsbilanz gestellt werden, soweit das Handelsrecht nicht einen Riegel vorschiebt. Es war ein ausgesprochenes Ziel der Neufassung der aktienrechtlichen Rechnungslegungsvorschriften im Aktiengesetz 1965, die Möglichkeiten zur Bildung von Willkürrücklagen, die das Aktiengesetz 1937 offen ließ, zu beseitigen, und zwar in erster Linie im Interesse der Aktionäre, deren Gewinnansprüche durch Bildung von Willkürrücklagen beeinträchtigt werden können.

Obwohl stille Rücklagen dem Prinzip der periodengerechten Gewinnermittlung widersprechen und deshalb durch die Bewertungsvorschriften der §§ 6 und 7 EStG verhindert werden sollen, sind sie insbesondere in der Zeit nach dem 2. Weltkrieg in steigendem Maße ein von der Steuerpolitik bevorzugtes Instrument geworden, die Entscheidungen des Betriebes im Hinblick auf bestimmte wirtschaftspolitische Zielsetzungen zu beeinflussen.

bb) Aufgaben und Beurteilung

Die Tatsache, daß die Bildung stiller Rücklagen durch buchmäßige Erhöhung des Periodenaufwandes (z. B. überhöhte Abschreibungen) oder durch buchmäßige Verminderung des Periodenertrages (z. B. überhöhte Delkredererückstellungen) den Periodengewinn reduziert, spricht zunächst **gegen** die Zulassung stiller Rücklagen in der Handelsbilanz, denn § 149 Abs. 1 AktG verlangt vom Jahresabschluß im Rahmen der Bewertungsvorschriften einen möglichst sicheren Einblick in die Vermögens- und Ertragslage der Gesellschaft. Daraus ist zu folgern, daß der in einer Periode erzielte Gewinn und das am Bilanzstichtag vorhandene Vermögen auch tatsächlich aus dem Jahresabschluß zu ersehen sein müssen.

Da aber durch die Bildung stiller Rücklagen die möglichen Gewinnausschüttungen an die Gesellschafter und Gewinnabführungen an die Finanzbehörden vermindert werden, **erhöht sie den Gläubigerschutz**, verstößt also nicht gegen eine wesentliche Zielsetzung der Handelsbilanz, vorausgesetzt, daß der Umfang der stillen Rücklagen sich aus dem Prinzip kaufmännischer Vorsicht – auch wenn es großzügig ausgelegt wird – begründen läßt und nicht aus reiner Bewertungswillkür, die anderen Zielsetzungen als denen der Handelsbilanz dienen soll, erfolgt.

Vom Standpunkt der Aktionäre ist die Bildung stiller Rücklagen dann **negativ** zu beurteilen, wenn die Aktionäre ein Interesse an möglichst hohen Gewinnausschüttungen haben, da Bemessungsgrundlage für den Teil des Gewinns, den der Vorstand nach § 58 AktG zur Ausschüttung freigeben muß, die Position **Jahresüberschuß** ist, die durch erhöhte Aufwandsverrechnung als Folge von Unterbewertungen (z. B. erhöhter Abschreibungsaufwand) reduziert wird. Handelt es sich dagegen um Großaktionäre, die nicht in erster Linie an Ausschüttungen, sondern an einem Zuwachs des Gesellschaftsvermögens interessiert sind, so können stille Rücklagen – insbesondere wenn sie steuerlich zulässig sind und zu einer Verschiebung von Gewinnsteuern auf spätere Perioden führen – auch positiv beurteilt werden.

Soweit durch die Bildung von stillen Rücklagen Preissteigerungsgewinne vor der Ausschüttung bewahrt werden, sind sie auch im Interesse der Gesellschafter günstig zu beurteilen. Sie dienen in diesem Falle der Kapitalerhaltung und der Kapitalsicherung. Sobald sie aber höher sind, als es zur Erfüllung dieser Aufgabe notwendig ist, kürzen sie die Gewinnansprüche der Gesellschafter.

Da stille Rücklagen aber in späteren Perioden wieder aufgelöst werden und dann entweder einen Verlustausweis verhindern oder sogar einen Gewinnausweis und eine Gewinnausschüttung ermöglichen können, enthalten sie die Gefahr, daß die Geschäftsführung durch ihre Auflösung Gläubiger, Gesellschafter und die Öffentlichkeit über die wirtschaftliche Lage des Betriebes täuschen kann, weil eine Rentabilität vorgespiegelt wird, die nicht auf der Leistung der Abrechnungsperiode, sondern früherer Perioden beruht.

Für die Handelsbilanz ist deshalb zunächst festzustellen, daß die Bildung stiller Rücklagen – soweit sie aus kaufmännischer Vorsicht erfolgt und nicht zum Zwecke absichtlicher Gewinnmanipulierungen – im Interesse der Gläubiger und auch der Gesellschafter liegen kann; da aber durch die Auflösung stiller Rücklagen, die aus der Bilanz nicht zu ersehen ist, eine gezielte Täuschung über die Ertragslage des Betriebes möglich ist, sind stille Rücklagen in der Handelsbilanz **als generell mit den Zielen dieser Bilanz unvereinbar** abzulehnen. Dennoch entstehen bei Anwendung der handelsrechtlichen Bewertungsvorschriften stille Rücklagen.

Ist das oberste Ziel der Besteuerung die Gewinnung größtmöglicher Einnahmen zur Deckung der Staatsausgaben, so widerspricht jede Bewertung in der Steuerbilanz, die zu einer Verringerung oder einer zinslosen zeitlichen Verschiebung der Steuereinnahmen führen kann, dieser Zielsetzung. Daraus folgt, daß eine dieser Zielsetzung der Besteuerung entsprechende Steuerbilanz die Aufgabe hat, den in einer Periode erzielten Gewinn zu ermitteln, damit er auch in dieser Periode der Besteuerung unterworfen werden kann. Das bedeutet: stille Rücklagen, die den steuerpflichtigen Gewinn reduzieren, dürfen in der Steuerbilanz nicht zugelassen werden. Dennoch schließen die steuerrechtlichen Bewertungsvorschriften die Bildung stiller Rücklagen nicht völlig aus.

Verfolgt der Staat dagegen mit der Steuerpolitik zugleich **ordnungspolitische Ziele,** d. h. benutzt er die Steuerpolitik als Instrument der Wirtschafts-, Konjunktur- und Sozialpolitik, indem er versucht, die unternehmerischen Entscheidungen über Investition, Finanzierungsform (z. B. Selbstfinanzierung), über Wahl oder Wechsel der Rechtsform und des Standortes, über Zusammenschlüsse zu Konzernen oder über die Vornahme von Fusionen u. a. zu beeinflussen, so kann die Zulässigkeit der Bildung stiller Rücklagen in der Steuerbilanz oder die Behandlung vorhandener stiller Rücklagen bei Umwandlung, Fusion oder Veräußerung von Betrieben oder von einzelnen Wirtschaftsgütern eines der Instrumente sein, mit denen eine derartige Ordnungspolitik vollzogen werden soll. Die wirtschaftspolitischen Ziele werden dann über das Ziel der periodengerechten Gewinnermittlung gestellt.

Da in den letzten Jahrzehnten die Steuerpolitik in einem immer stärkeren Maß zu einem Instrument staatlicher Beeinflussung unternehmerischer Entscheidungen geworden ist, kann man das früher einmal gültige Urteil, daß stille Rücklagen dem Wesen der Steuerbilanz widersprechen, nicht mehr aufrechterhalten. Sie widersprechen dem Ziel periodengerechter Gewinnermittlung, können aber durchaus berechtigt sein, wenn dieses Ziel wirtschaftspolitischen Zielen untergeordnet wird.

d) Rückstellungen

Rückstellungen haben die Aufgabe, **Aufwendungen,** die erst in einer späteren Periode zu einer in ihrer Höhe und ihrem genauen Fälligkeitstermin am Bilanzstichtag noch nicht feststehenden Auszahlung (z. B. Steuerrückstellungen) oder Mindereinzahlung (z. B. Delkredererückstellungen) führen, **der Periode ihrer Verursachung zuzurechnen.** Eine rechtsverbindliche Verpflichtung gegenüber einem Dritten muß nach betriebswirtschaftlicher Auffassung nicht bestehen, um eine Rückstellung bilden zu können. Es muß lediglich die Wahrscheinlichkeit für eine spätere Inanspruchnahme und somit für eine spätere Auszahlung gegeben sein, deren wirtschaftliche Begründung bereits aus der laufenden Abrechnungsperiode herrührt.

Der Umfang des Rückstellungsbegriffs hängt entscheidend davon ab, welche Ziele mit einer Bilanz verfolgt werden. Soll in erster Linie der Bestand an Vermögen und Kapital an einem Stichtag festgestellt werden, so kommt der Rückstellung die Aufgabe zu, einen **vollständigen Ausweis der Schulden** zu ermöglichen, indem auch Schulden, die ihrem Verpflichtungsgrunde, ihrer Höhe und dem Termin ihrer Fälligkeit nach noch ungewiß sind, bereits erfaßt werden. Eine rechtswirksame Verbindlichkeit (mit ungewisser Höhe) muß nicht notwendigerweise bestehen; es genügt, daß in der Abrechnungsperiode eine Schuld wirtschaftlich begründet wurde. Dieser – aus der statischen Bilanztheorie entspringende – Rückstellungsbegriff betont also vorwiegend den Schuldcharakter der Rückstellung.

Wird der Bilanz dagegen in erster Linie die Aufgabe zugeordnet, den in einer Periode erzielten Erfolg auszuweisen, wie das die dynamische Bilanzauffassung fordert, so erhält der Rückstellungsbegriff einen weiteren Umfang. Rückstellungen werden als eine Art **Abgrenzungsposten** aufgefaßt, die ähnlich wie die

Rechnungsabgrenzungsposten die Aufgabe haben, den Erfolg der Abrechnungsperiode von dem späterer Perioden dadurch abzugrenzen, daß die Aufwendungen (und Erträge) jeweils der Periode zugerechnet werden, in der sie verursacht worden sind. Daraus folgt, daß Rückstellungen nicht nur für ungewisse Verpflichtungen gegenüber einem Dritten, die ihren wirtschaftlichen Grund in der Abrechnungsperiode haben, gebildet werden müssen, sondern auch für **Aufwendungen oder drohende Verluste,** die wirtschaftlich in der Abrechnungsperiode begründet worden sind, die aber erst in einer späteren Periode zu einer Auszahlung oder Mindereinzahlung führen, **ohne** daß eine Verpflichtung gegenüber einem Dritten besteht. Das ist z. B. bei im Abstand mehrerer Perioden regelmäßig anfallenden Auszahlungen (z. B. für Großreparaturen) oder aperiodisch anfallenden Auszahlungen (z. B. bei innerhalb größerer Zeiträume erfahrungsgemäß immer wieder auftretenden Risikoverlusten) der Fall. Hier hat die Rückstellung die Aufgabe einer Verteilung der Auszahlungen auf mehrere Perioden, weil der der Auszahlung entsprechende Aufwand entweder in mehreren Perioden verursacht worden ist (Großreparaturen) oder durch Verteilung auf mehrere Perioden „periodisiert" werden soll. In diesen Fällen kann man von einer **wirtschaftlichen Verpflichtung** des Betriebes gegen sich selbst sprechen.

Geht man von dem weiteren dynamischen Rückstellungsbegriff aus, so muß, um die Bildung einer Rückstellung rechtfertigen zu können, eine der drei folgenden Voraussetzungen erfüllt sein:

(1) Der Betrieb rechnet mit einer **Inanspruchnahme durch einen Dritten,** die ihren wirtschaftlichen Grund in der Abrechnungsperiode hat, aber voraussichtlich erst in einer späteren Periode erfolgen und zu einer Auszahlung oder Mindereinzahlung führen wird. Hier ergeben sich folgende Möglichkeiten:

  (a) Es besteht bereits eine **rechtswirksame Verpflichtung** gegenüber einem Dritten, die Höhe der später fällig werdenden Auszahlung ist aber noch ungewiß. Beispiel: Pensionsrückstellungen.

  (b) Es ist eine **Verpflichtung** gegenüber einem Dritten bereits **verursacht,** aber rechtswirksam noch nicht festgesetzt worden. Beispiele: Steuerrückstellungen, Rückstellungen für Bergschäden, die bereits erkennbar sind.

  (c) Es besteht auf Grund der bisherigen Erfahrung die **Wahrscheinlichkeit,** daß eine Verpflichtung gegenüber einem Dritten entstehen wird, die ihren wirtschaftlichen Grund in der Abrechnungsperiode hat. Höhe und Fälligkeit sind noch ungewiß. Beispiele: Garantierückstellungen, Rückstellungen für Bergschäden, die bereits verursacht, aber noch nicht erkennbar sind.

(2) Es besteht eine rechtswirksame Verpflichtung auf Grund eines Vertrages, der in der Abrechnungsperiode abgeschlossen wurde, der aber noch von keinem der beiden Vertragspartner erfüllt wurde **(schwebendes Geschäft),** bei dessen Erfüllung der Betrieb aber einen am Bilanzstichtag bereits erkennbaren Verlust erleiden wird. Beispiel: Rückstellungen für drohende Verluste aus schwebenden Geschäften, z. B. als Folge von Preissenkungen.

(3) Es ist ein **Aufwand** entstanden oder droht ein **Verlust,** der seinen wirtschaftlichen Grund in der Abrechnungsperiode hat, aber erst in einer späteren

Periode zu einer Auszahlung bzw. Mindereinzahlung führt, ohne daß eine Inanspruchnahme durch einen Dritten erfolgt. Hier ergeben sich folgende Möglichkeiten:

(a) Es ist ein **drohender Verlust,** der seinen wirtschaftlichen Grund in der Abrechnungsperiode hat, bereits erkennbar, in seiner Höhe aber nur zu schätzen. Beispiele: Delkredererückstellungen, Rückstellungen für Selbstversicherungen.

(b) Es besteht eine **wirtschaftliche Verpflichtung** des Betriebs gegen sich selbst, die ihren wirtschaftlichen Grund in der Abrechnungsperiode hat, aber erst später zu einer Auszahlung führen wird. Beispiel: Rückstellungen für aufgeschobene Reparaturen.

Eine Pflicht zur Bildung von Rückstellungen ergibt sich aus betriebswirtschaftlicher Sicht aus den Grundsätzen ordnungsmäßiger Buchführung und Bilanzierung, nach denen mögliche Verluste bereits als echte Verluste auszuweisen sind (Imparitätsprinzip).

Nach § 152 Abs. 7 AktG dürfen Rückstellungen für „ungewisse Verbindlichkeiten und für drohende Verluste aus schwebenden Geschäften" gebildet werden. Damit sind Rückstellungen, die die Periodisierung von stoßweise anfallenden Auszahlungen zum Ziel haben, für Aktiengesellschaften grundsätzlich nicht mehr zulässig (z. B. sog. Selbstversicherungen, kalkulatorische Wagniszuschläge). Ausnahmen werden erschöpfend im Gesetz aufgezählt (Nr. 2 und 3 der folgenden Aufstellung). Für andere Zwecke dürfen in einer Aktienbilanz keine Rückstellungen gebildet werden.

Aus dieser Einengung des Rückstellungsbegriffs ist zu folgern, daß es sich um eine Spezialregelung des Aktiengesetzes handelt. Für Nicht-Aktiengesellschaften muß eine verursachungsgemäße Aufwandszurechnung durch Bildung von Rückstellungen als ein Grundsatz ordnungsmäßiger Buchführung und Bilanzierung angesehen werden, wenn mit dem Jahresabschluß der vergleichbare Periodenerfolg ermittelt werden soll.

Nach § 151 Abs. 1 und § 152 Abs. 7 AktG sind folgende Rückstellungen **gesondert** auszuweisen:

(1) Pensionsrückstellungen,

(2) Rückstellungen für im Geschäftsjahr unterlassene Aufwendungen für Instandhaltung oder Abraumbeseitigung, die im folgenden Geschäftsjahr nachgeholt werden,

(3) Rückstellungen für Gewährleistungen, die ohne rechtliche Verpflichtung erbracht werden,

(4) andere Rückstellungen.

Von Bedeutung für die Bilanzklarheit sind die Trennung und der gesonderte Ausweis von Rückstellungen für Gewährleistungen, die **ohne rechtliche Verpflichtung** erbracht werden, von den Garantierückstellungen, die in der Gruppe der Rückstellungen ausgewiesen werden (andere Rückstellungen), die auf Grund einer rechtlichen Verpflichtung zu bilden sind. Auf diese Weise kann der Bilanzleser erkennen, wie hoch die ungewissen Verpflichtungen anzusetzen sind, auf deren Erfüllung ein Rechtsanspruch eines Dritten besteht und wie hoch die ungewissen Verpflichtungen aus Gewährleistungen zu beziffern sind, zu deren Erfüllung sich der Betrieb verpflichtet fühlt, ohne daß ein Rechtsanspruch besteht.

Auf Grund des derzeitigen Standes der Rechtsprechung dürfen Rückstellungen in der **Steuerbilanz** nur gebildet werden, wenn ein passives Wirtschaftsgut vorliegt. Das ist der Fall, wenn

(1) eine ihrer Höhe nach ungewisse Schuld gegenüber einem Dritten entweder rechtswirksam besteht oder in der Abrechnungsperiode wirtschaftlich bereits begründet ist;

(2) eine sittliche Verpflichtung zu einer Leistung gegenüber einem Dritten in ungewisser Höhe besteht, die wirtschaftlich in der Abrechnungsperiode begründet ist,

(3) ein drohender Verlust zu einer Vermögensminderung führt,

(4) eine selbständig bewertungsfähige Betriebslast vorliegt.

Rückstellungen, die lediglich der Abgrenzung des Periodengewinns dienen sollen, ohne daß einer der vier genannten Gründe gegeben ist, sind in der Steuerbilanz unzulässig.

e) Bilanzierung und Bewertung von Verbindlichkeiten

Für Verbindlichkeiten, die rechtsverbindliche Verpflichtungen enthalten, besteht handels- und steuerrechtlich grundsätzlich eine **Passivierungspflicht**, auf die der Zeitpunkt der Fälligkeit keinen Einfluß hat. Aus dieser Passivierungspflicht folgt jedoch nicht automatisch, daß Verbindlichkeiten in der Handels- und Steuerbilanz gleich bewertet werden müssen. Die Grundsätze ordnungsmäßiger Bilanzierung und die Vorschrift des § 152 Abs. 8 AktG verbieten eine Saldierung von Verbindlichkeiten und Forderungen. Außerdem wird in § 152 Abs. 8 AktG ausdrücklich darauf hingewiesen, daß Rücklagen, Wertberichtigungen und Rückstellungen nicht als Verbindlichkeiten aufgeführt werden dürfen.

In der Aktienbilanz sind nach § 156 Abs. 2 AktG Verbindlichkeiten zu ihrem **Rückzahlungsbetrag**, Rentenverpflichtungen zu ihrem Barwert anzusetzen. Als Rückzahlungsbetrag (Erfüllungsbetrag) ist der Betrag anzusehen, der vom Betrieb „bei normaler Tilgung aufgebracht werden muß, ohne außergewöhnliche Aufwendungen, wie Strafzuschläge wegen unpünktlicher Zahlung."[1]

Aus dieser Vorschrift folgt, daß der Rückzahlungsbetrag auch dann angesetzt werden muß, wenn er über dem Nennbetrag liegt. Die Differenz zwischen dem Rückzahlungs- und dem niedrigeren Ausgabebetrag (**Disagio, Damnum**) darf auf der Aktivseite unter die Posten der Rechnungsabgrenzung, jedoch nur gesondert, aufgenommen und muß durch planmäßige Abschreibungen über die Laufzeit der Verbindlichkeit verteilt werden. Eine besondere Abschreibungsmethode ist nicht vorgeschrieben. Dieses handelsrechtliche Aktivierungswahlrecht darf allerdings nur im Jahre der Kreditaufnahme ausgeübt werden.[2]

Gibt z. B. eine Aktiengesellschaft eine Anleihe zum Nennwert von 1.000.000 DM zum Kurs von 96% aus, und beträgt der Rückzahlungskurs 102%, dann müssen in der Handelsbilanz 1.020.000 DM passiviert werden. Da aber nur 960.000 DM eingezahlt werden, ergibt sich zwischen dem Rückzahlungsbetrag

---

[1] Godin-Wilhelmi, Aktiengesetz, Bd. I, 3. Aufl., Berlin 1967, S. 885.
[2] Vgl. Adler-Düring-Schmaltz, a.a.O., Erl. zu § 156, Tz 26.

und dem Ausgabebetrag eine Differenz von 60.000 DM, die entweder als Disagio aktiviert und auf die Laufzeit oder eine kürzere Zeit durch planmäßige Abschreibungen verteilt oder sofort als Aufwand der Ausgabeperiode verrechnet werden kann.

Bei vorzeitiger Rückzahlung der Anleihe ist der Restbuchwert des Disagiokontos als Aufwand der Rückzahlungsperiode zu verrechnen. Wird die Laufzeit der Anleihe verkürzt, so muß das Disagio neu auf die Restlaufzeit aufgeteilt werden.

In der **Steuerbilanz** sind Verbindlichkeiten unter sinngemäßer Anwendung der Bewertungsvorschriften des § 6 Abs. 1 Ziff. 2 anzusetzen, d. h. daß die Anschaffungskosten, die für die Vermögenspositionen die obere Grenze der Bewertung darstellen, für die Verbindlichkeiten die untere Grenze bilden. Als Anschaffungskosten einer Verbindlichkeit gilt grundsätzlich der **Verfügungsbetrag**, der dem Schuldner zugeflossen ist. So wie sich die Anschaffungskosten eines Anlagegutes aus dem Anschaffungspreis und den Anschaffungsnebenkosten zusammensetzen, da alles aktiviert werden soll, was bis zur Betriebsbereitschaft eines angeschafften Wirtschaftsguts vom Betrieb aufgewendet werden muß, so darf als Anschaffungskosten einer Verbindlichkeit nur der Betrag angesetzt werden, über den der Betrieb nach Abzug aller Aufwendungen, die mit der Aufnahme der Schuld in Verbindung stehen, verfügen kann.

Entspricht der Verfügungsbetrag der tatsächlichen Schuld, so ergeben sich keine weiteren Bewertungsprobleme. Soweit der Verfügungsbetrag und der Rückzahlungsbetrag gleich dem Nennwert der Verbindlichkeit sind, ist dieser anzusetzen. Das wird bei der größten Zahl der Verbindlichkeiten gegenüber inländischen Gläubigern der Fall sein.

Da in der Steuerbilanz grundsätzlich nur der Verfügungsbetrag ausgewiesen werden darf, hat das Disagio den Charakter eines Berichtigungspostens, der den passivierten Nennbetrag oder höheren Rückzahlungsbetrag auf den Wert des Verfügungsbetrags korrigieren soll. Das Disagio muß auf die Laufzeit der Anleihe verteilt und gleichmäßig abgeschrieben werden, d. h. es besteht kein Aktivierungswahlrecht, sondern ein Aktivierungszwang.

Da der Ausgabebetrag in der Regel über dem Verfügungsbetrag liegt, weil der Betrieb aus dem Ausgabebetrag noch die Nebenkosten der Kreditbeschaffung (Anschaffungsnebenkosten) decken muß, ergibt sich aus der handelsrechtlichen Regelung, daß die Differenz zwischen Ausgabe- und Verfügungsbetrag nicht aktiviert, sondern sofort als Aufwand verrechnet werden kann, auch wenn die Differenz zwischen dem Rückzahlungs- und Ausgabebetrag als Disagio aktiviert wird. In der Steuerbilanz ist dagegen die gesamte Differenz zwischen Rückzahlungsbetrag und Verfügungsbetrag als Disagio (Damnum) zu aktivieren, d. h. auch die den Ausgabebetrag mindernden Anschaffungsnebenkosten des Kredits sind im Disagio enthalten.

Eine **Abzinsung** unverzinslicher oder niedrig verzinslicher Verbindlichkeiten ist mit der Vorschrift des § 156 Abs. 2 AktG, daß Verbindlichkeiten mit ihrem Rückzahlungsbetrag anzusetzen sind, nicht zu vereinbaren. Das gilt auch für Wechselverbindlichkeiten, die stets in der Höhe der Wechselsumme auszuweisen sind.

II. Die Erfolgsrechnung

1. Aufgaben und Aufbau der Gewinn- und Verlustrechnung

Während in der Bilanz der Erfolg einer Abrechnungsperiode als Saldo durch Gegenüberstellung von Vermögens- und Kapitalpositionen an einem Zeitpunkt (Bilanzstichtag) ermittelt wird, saldiert die Gewinn- und Verlustrechnung sämtliche Erträge und sämtliche Aufwendungen einer Abrechnungsperiode und ermittelt so nicht nur den Erfolg als Saldo, sondern zeigt auch die Quellen des Erfolges auf, d. h. sie erklärt sein Zustandekommen.

Die Erfolgsrechnung ist eine **Aufwands- und Ertragsrechnung,** keine Ausgaben- und Einnahmenrechnung. Nur ein Teil der Aufwendungen und Erträge einer Abrechnungsperiode stimmt mit den Ausgaben und Einnahmen dieses Zeitraums überein; anderen Aufwendungen und Erträgen sind Ausgaben und Einnahmen in früheren Perioden vorausgegangen, oder es folgen ihnen in späteren Perioden Auszahlungen und Einzahlungen nach, wenn aus Kreditvorgängen Zahlungsvorgänge werden, z. B. Abschreibungen auf Maschinen (Ausgaben früher, Aufwand jetzt), Verbrauch von Rohstoffen, die auf Kredit gekauft worden sind (Aufwand jetzt, Auszahlung später),[1] Lieferungen auf Grund früherer Anzahlungen (Einnahmen früher, Ertrag jetzt) oder Forderungen aus Warenlieferungen (Ertrag jetzt, Einzahlung später).[2]

Die Erfolgsrechnung **grenzt den Erfolg zweier oder mehrerer Perioden ab,** indem sie jeder Periode die Aufwendungen und Erträge zurechnet, die in dieser Periode verursacht worden sind, auch wenn die entsprechenden Zahlungsvorgänge in früheren oder späteren Perioden liegen. Sind Zahlungen für die folgende Periode geleistet und auf Aufwandskonten gegengebucht worden (z. B. Vorauszahlungen von Löhnen und Gehältern, Versicherungsprämien, Mieten u. ä.), so ist eine Rechnungsabgrenzung[3] erforderlich, durch die verhindert wird, daß die Zahlungen bereits in dieser Periode erfolgswirksam werden, denn der Aufwand tritt erst in der folgenden Periode ein und ist ihr folglich zuzurechnen. Ist z. B. eine Vorauszahlung von Löhnen für die kommende Periode erfolgt, die auf dem Lohnkonto (Aufwandskonto) dieser Periode erfaßt ist, so darf der Betrag vom Lohnkonto nicht in die Erfolgsrechnung, sondern muß mit Hilfe eines Rechnungsabgrenzungspostens (transitorisches Aktivum) auf die Vermögensseite der Bilanz übernommen werden, damit die für die kommende Periode geleistete Zahlung und die dadurch eingetretene Vermögensminderung buchtechnisch kompensiert wird, und der Vorgang folglich nicht in dieser, sondern erst in der nächsten Periode in der Erfolgsrechnung wirksam wird.

Sind Zahlungen in der Abrechnungsperiode eingegangen, die erst in der folgenden Periode zu Erträgen führen, so ist eine passive Rechnungsabgrenzung erforderlich (z. B. im voraus erhaltene Mieten), denn das Vermögen der Periode ist um diese Zahlungen zu hoch, die Gegenbuchung auf dem Mietertragskonto darf

---
[1] Der Kreditkauf ist als Schuldenzugang eine Ausgabe, die bei späterer Zahlung zu einer Auszahlung, also einer anderen Form der Ausgabe wird (Vgl. die Abgrenzung der Begriffe auf S. 688f.).

[2] Die Warenlieferung ist als Forderungszugang eine Einnahme, die bei späterer Bezahlung zu einer Einzahlung, also einer anderen Form der Einnahme wird (vgl. die Abgrenzung der Begriffe auf S. 689f.).

[3] Vgl. S. 775.

in der Abrechnungsperiode nicht erfolgswirksam werden, da der Mietertrag ein Erfolg der nächsten Periode ist.

Beim Aufbau und der Ausgestaltung der Gewinn- und Verlustrechnung sind folgende Grundsätze zu beachten:

a) Kontoform oder Staffelform

Durch die Neufassung der aktienrechtlichen Gewinn- und Verlustrechnung durch das Gesetz über die Kapitalerhöhung aus Gesellschaftsmitteln und über die Gewinn- und Verlustrechnung vom 23. Dezember 1959 ist neben der bis dahin in Deutschland üblichen und für die Aktiengesellschaft zwingend vorgeschriebenen Kontoform auch die Staffelform für die Gewinn- und Verlustrechnung zulässig geworden. Nach § 157 Abs. 1 AktG 1965 ist für Aktiengesellschaften nur noch die Staffelform erlaubt.[1] Ihr Vorteil ist die größere Übersichtlichkeit durch

Aufwendungen	Gewinn- und Verlustrechnung nach § 132 n. F. AktG 1937	Erträge
1. Verminderung des Bestandes an fertigen und halbfertigen Erzeugnissen		1.– 3. Gesamtleistung
2.–15. Aufwendungen (gegliedert nach Aufwandsarten)		4.–12. außerordentliche Erträge
16. Verlustvortrag aus dem Vorjahr		13. Gewinnvortrag aus dem Vorjahr
17. Einstellungen in Rücklagen (Gewinnverwendung)		14. Entnahmen aus Rücklagen
18. Reingewinn		15. Reinverlust

	Gewinn- und Verlustrechnung nach § 157 AktG (Staffelform)
4. (Summe 1.–3.)	**Gesamtleistung**
5.	— Materialaufwand
6.	= **Rohertrag** (Rohaufwand)
7.–15.	+ außerordentliche Erträge
16.–27.	— sämtliche Aufwendungen (außer Materialaufwand)
28.	= **Jahresüberschuß** (Jahresfehlbetrag)
29.	± Gewinnvortrag (Verlustvortrag)
30.	+ Entnahmen aus Rücklagen
31.	— Einstellungen in die Rücklagen
32.	= **Bilanzgewinn** (Bilanzverlust)

---

[1] § 135 des Regierungsentwurfs (Bundestags-Drucksache VI/3088) eines neuen GmbH-Gesetzes sieht für die GmbH ebenfalls ausschließlich die Staffelform vor.

Bildung von **Zwischensummen,** die den Charakter betriebswirtschaftlicher Kennzahlen haben und damit die Aussagekraft der Erfolgsrechnung erheblich erweitern können.

Eine Gegenüberstellung der aktienrechtlichen Erfolgsrechnung in Kontoform und Staffelform (beide verkürzt) zeigt deutlich den größeren Aussagewert der Staffelform, insbesondere durch die in Position 4, 6 und 28 gebildeteten Zwischensummen. Die Position 28 zeigt den Jahresüberschuß (-fehlbetrag) der Periode vor Korrektur mit Erfolgsteilen früherer Perioden (Gewinn- oder Verlustvortrag, Entnahmen aus den Rücklagen) und vor Verwendung von Gewinnteilen der Periode (Einstellungen in die Rücklagen). In Position 32 erscheint nur der **verteilungsfähige Bilanzgewinn** (bzw. Bilanzverlust).

b) Bruttoprinzip oder Nettoprinzip

Die Grundsätze ordnungsmäßiger Buchführung und Bilanzierung gelten für die Erfolgsrechnung sinngemäß. Sie hat in erster Linie **klar und übersichtlich** zu sein. Das wird wie bei der Bilanz durch eine entsprechend ausführliche Gliederung der Aufwands- und Ertragspositionen erreicht. Für die Aktiengesellschaft ist im § 157 AktG eine **Mindestgliederung** vorgeschrieben. Ebenso wie das Bilanzgliederungsschema des § 151 AktG wird die Gliederungsvorschrift der Erfolgsrechnung auch von Betrieben anderer Rechtsformen angewendet. Eine rechtliche Verpflichtung dazu besteht jedoch nicht.

Für den Aufbau der Gewinn- und Verlustrechnung gibt es grundsätzlich zwei Möglichkeiten:

(1) Der Aufbau erfolgt nach dem **Bruttoprinzip,** d. h. sämtliche Aufwendungen und Erträge werden ohne jede Saldierung gegenübergestellt. Nur so sind die Voraussetzungen gegeben, daß sämtliche Erfolgsquellen voll ersichtlich sind. Vor allem wird der betriebliche Umsatzerlös ohne Abzug bestimmter (z. B. Materialverbrauch) oder aller Aufwendungen ausgewiesen.

(2) Der Aufbau erfolgt nach dem **Nettoprinzip,** d. h. Aufwands- und Ertragspositionen werden völlig oder teilweise gegeneinander aufgerechnet; im Extremfall erscheint nur noch der Gewinn oder der Verlust. Die Aufrechnung kann z. B. bei gleichartigen Aufwands- und Ertragspositionen (z. B. Zinsaufwand und Zinsertrag) oder bei aus mehreren Aufwands- und Ertragsarten zusammengesetzten Positionen (z. B. außerordentliche Aufwendungen und Erträge) oder zwischen sämtlichen Umsatzerlösen und bestimmten Aufwandsarten (z. B. Materialaufwand, Energieaufwand, Steueraufwand u. a.) erfolgen.

Die Aussagefähigkeit der Salden ist gering. Beträgt z. B. nach Saldierung mit den Zinserträgen der Zinsaufwand der Periode 5.000 DM, so kann sich dieser Saldo aus Zinsaufwand von 6.000 DM und Zinserträgen von 1.000 DM, aber ebenso gut aus Zinsaufwand von 600.000 DM und Zinserträgen von 595.000 DM ergeben.

Je größer die Zahl der Aufwands- und Ertragsarten ist, die miteinander verrechnet werden, und je ungleichartiger ihre Zusammensetzung ist, desto geringer ist der Aussagewert des Saldos. Saldierungen beim Umsatzerlös verhindern jeden Einblick in die Höhe des Umsatzes und verschleiern damit eine für die Beurteilung der Ertragslage des Betriebs entscheidende Größe.

c) Trennung von Betriebserfolg und neutralem Erfolg

Das Prinzip der Klarheit erfordert eine scharfe Trennung der Aufwendungen und Erträge, die mit der Erstellung und dem Absatz der Betriebsleistung zusammenhängen, von den Aufwendungen und Erträgen, die neutralen (betriebsfremden oder außerordentlichen) Charakter haben. Nur so wird erkenntlich, welcher Teil des Gesamterfolges das Ergebnis der eigentlichen betrieblichen Tätigkeit ist und welcher Teil aus anderen Quellen stammt.

Das folgende Beispiel zeigt eine Bruttoerfolgsrechnung und eine Nettoerfolgsrechnung mit Spaltung des betrieblichen und neutralen Erfolges:

Aufwand			Bruttoerfolgsrechnung		Ertrag
I. **Umsatzaufwand**			I. **Umsatzerlös**		480.000
1. Löhne und Gehälter	100.000		II. **Neutrale Erträge**		
2. Soziale Abgaben	15.000		1. Erträge aus Beteilig.	40.000	
3. Materialverbrauch	200.000		2. Erträge aus Zinsen	15.000	
4. Abschreibungen	85.000	400.000	3. a. o. Erträge	20.000	75.000
II. **Neutrale Aufwendungen**					
1. Aufwand für Beteiligungen	20.000				
2. Aufwand für Zinsen	10.000				
3. a. o. Aufwand	40.000	70.000			
III. **Gewinn**		85.000			
		555.000			555.000

Aufwand	Nettoerfolgsrechnung	Ertrag
I. Umsatzaufwand abzüglich Materialverbrauch 200.000	I. Umsatzerlös abzügl. Materialverbrauch 280.000	
II. Neutrale Aufwendungen, a.o. Aufwand (Saldo) 20.000	II. Neutrale Erträge, Erträge aus Beteiligungen (Saldo) 20.000	
III. Gewinn 85.000	Erträge aus Zinsen (Saldo) 5.000	
305.000	305.000	

Die Gegenüberstellung zeigt, daß die Aussagekraft der Bruttoerfolgsrechnung wesentlich größer ist.

d) Produktionsrechnung oder Umsatzrechnung

Produktion (Ertrag) und Verkauf (Umsatzerlös) einer Periode stimmen gewöhnlich nicht überein, sondern es bilden sich Lagerbestände an Halb- und Fertigfabrikaten, so daß mehr verkauft als produziert (Minderung der Bestände an Fertigfabrikaten) oder mehr produziert als verkauft werden kann (Mehrung der Bestände). Die Erfolgsrechnung kann zur Ermittlung des Betriebserfolges entweder sämtliche Aufwendungen, die bei der Erstellung der Betriebsleistung entstanden sind, sämtlichen Erträgen, also nicht nur den Umsatzerlösen, sondern auch den nicht abgesetzten Leistungen gegenüberstellen. Dann spricht man von einer Produktionsrechnung. Erscheint dagegen auf der Ertragsseite nicht der gesamte Ertrag der Periode, sondern nur der Umsatzerlös, der größer oder kleiner als der Periodenertrag sein kann, während die Umsatzaufwendungen unter Berücksichtigung der Bestandsveränderungen der Fabrikate auf der Aufwandsseite stehen, so spricht man von einer Umsatzrechnung.

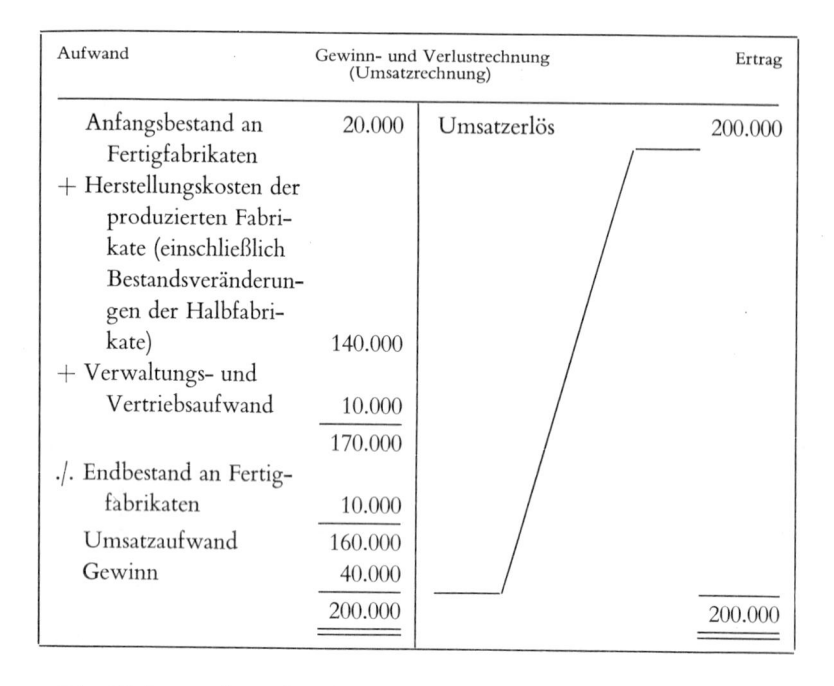

Aufwand		Gewinn- und Verlustrechnung (Umsatzrechnung)		Ertrag
Anfangsbestand an Fertigfabrikaten	20.000	Umsatzerlös		200.000
+ Herstellungskosten der produzierten Fabrikate (einschließlich Bestandsveränderungen der Halbfabrikate)	140.000			
+ Verwaltungs- und Vertriebsaufwand	10.000			
	170.000			
./. Endbestand an Fertigfabrikaten	10.000			
Umsatzaufwand	160.000			
Gewinn	40.000			
	200.000			200.000

Die Gliederung des Aufwandes kann nach Kostenträgern (z. B. Herstellungskosten für Produkt A, für Produkt B usw.), nach Kostenstellen (z. B. Kosten des Fertigungs-, des Verwaltungs-, des Vertriebsbereiches) oder nach Kostenarten (Löhne, Gehälter, Material, Abschreibungen, Steuern usw.) erfolgen.

Im folgenden Beispiel treten zu den Aufwandsarten der Periode von 140.000 DM noch Aufwendungen von 10.000 DM für Halbfabrikate der Vorperiode, die in dieser Periode zu Fertigfabrikaten verarbeitet und abgesetzt wurden, und Aufwendungen von 10.000 DM für Fertigfabrikate, die ebenfalls aus Lagerbeständen der Vorperiode jetzt abgesetzt wurden. Auf der Aufwandsseite wird

Beispiel:

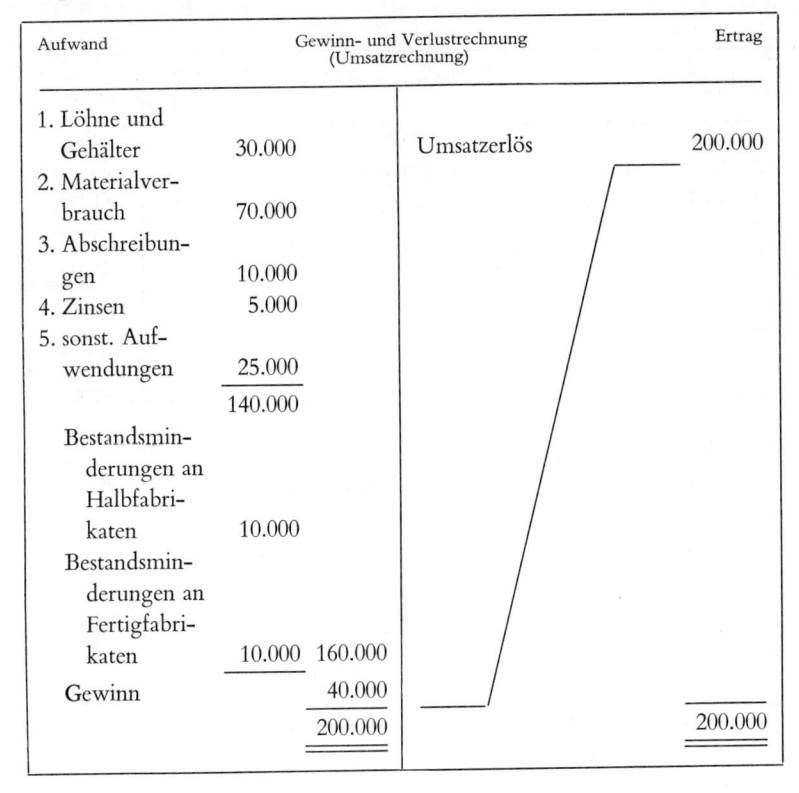

Aufwand			Gewinn- und Verlustrechnung (Umsatzrechnung)		Ertrag
1. Löhne und Gehälter	30.000		Umsatzerlös		200.000
2. Materialverbrauch	70.000				
3. Abschreibungen	10.000				
4. Zinsen	5.000				
5. sonst. Aufwendungen	25.000				
	140.000				
Bestandsminderungen an Halbfabrikaten	10.000				
Bestandsminderungen an Fertigfabrikaten	10.000	160.000			
Gewinn		40.000			
		200.000			200.000

also der gesamte Umsatzaufwand von 160.000 DM, bestehend aus dem Produktionsaufwand dieser Periode von 140.000 DM und dem Produktionsaufwand früherer Perioden von 20.000 DM, ausgewiesen.

Die Klarheit und Übersichtlichkeit des Ausweises der Umsatzaufwendungen kann noch dadurch vergrößert werden, daß die Bestandsminderung an Halb- und Fertigfabrikaten nicht in je einem Gesamtbetrag ausgewiesen, sondern in Teilbeträgen zu den einzelnen Aufwandsarten hinzugerechnet werden, aus denen sich die Bestände zusammensetzen (Löhne, Materialverbrauch usw.). Bei Bestandsmehrungen muß dementsprechend eine Subtraktion erfolgen.

Bei einer derartigen Verrechnung stehen den Umsatzerlösen nicht die um die Sammelposition Bestandsminderung vermehrten (bzw. die Sammelposition Bestandsmehrung verminderten), nach Aufwandsarten gegliederten Aufwendungen der Periode gegenüber, sondern nur nach Aufwandsarten gegliederte Aufwendungen.

Für die Aufwandsseite des letzten Beispiels ergibt sich dann z. B. folgendes Bild:

	Periode	Halbfabri-kate Min-derung (+)	Fertigfabri-kate Min-derung (+)	Umsatz-aufwand
1. Löhne	30.000	2.300	2.100	34.400
2. Materialverbrauch	70.000	5.300	4.900	80.200
3. Abschreibungen	10.000	1.000	700	11.700
4. Zins	5.000	250	350	5.600
5. sonstige Aufwendungen	25.000	1.150	1.950	28.100
	140.000	10.000	10.000	160.000
6. Gewinn				40.000
				200.000

Die folgende Produktionsrechnung zeigt nur den Produktionsaufwand der Abrechnungsperiode, gegliedert nach Aufwandsarten. Die Betriebsleistung aus dem Umsatz der Periode wird korrigiert um die Veränderung der Bestände an Halb- und Fertigfabrikaten. Da der Endbestand niedriger als der Anfangsbestand ist, ist in der Abrechnungsperiode mehr umgesetzt als produziert worden.

Aufwand	Gewinn- und Verlustrechnung (Produktionsrechnung)		Ertrag
Betriebsaufwand der Periode		**Betriebsleistung**	
1. Löhne und Gehälter 30.000		1. Umsatzerlös 200.000	
2. Materialverbrauch 70.000		2. Endbestand an Halb- und Fertigfabrikaten 20.000	
3. Abschreibungen 10.000			220.000
4. Zinsen 5.000			
5. Sonstige Aufwendungen 25.000 140.000		3. Anfangsbestand an Halb- und Ferigfabrikaten 40.000 180.000	
6. Gewinn 40.000			
180.000		180.000	

2. Die aktienrechtliche Gewinn- und Verlustrechnung

a) Die Gliederung

Ebenso wie für die Bilanz hat das Aktiengesetz auch für die Erfolgsrechnung der Aktiengesellschaft ein Mindestgliederungsschema aufgestellt, dessen Anwendung zwingend ist. Das Bruttoprinzip ist konsequent eingehalten worden.

Sämtliche Aufwendungen und Erträge sind getrennt in voller Höhe auszuweisen; Saldierungen sind nicht möglich, soweit Absatz 4 des § 157 AktG nicht zur Anwendung kommt. Durch den Zwang zum Bruttoausweis erhalten Gläubiger, Aktionäre und die interessierte Öffentlichkeit einen besseren Einblick in die Lage der Gesellschaft als das nach dem Gliederungsschema des AktG 1937 möglich war, in dem Saldierungen zwischen Umsatzerlösen und bestimmten Aufwendungen erlaubt waren.[1]

§ 157 AktG sieht folgende Gliederung vor:
1. Umsatzerlöse
2. Erhöhung oder Verminderung des Bestandes an fertigen und unfertigen Erzeugnissen
3. andere aktivierte Eigenleistungen
4. Gesamtleistung
5. Aufwendungen für Roh-, Hilfs- und Betriebsstoffe sowie für bezogene Waren
6. Rohertrag/Rohaufwand
7. Erträge aus Gewinngemeinschaften, Gewinnabführungs- und Teilgewinnabführungsverträgen
8. Erträge aus Beteiligungen
9. Erträge aus den anderen Finanzanlagen
10. Sonstige Zinsen und ähnliche Erträge
11. Erträge aus dem Abgang von Gegenständen des Anlagevermögens und aus Zuschreibungen zu Gegenständen des Anlagevermögens
12. Erträge aus der Herabsetzung der Pauschalwertberichtigung zu Forderungen
13. Erträge aus der Auflösung von Rückstellungen
14. Sonstige Erträge
    davon außerordentliche
15. Erträge aus Verlustübernahme
16. Löhne und Gehälter
17. soziale Abgaben
18. Aufwendungen für Altersversorgung und Unterstützung
19. Abschreibungen und Wertberichtigungen auf Sachanlagen und immaterielle Anlagewerte
20. Abschreibungen und Wertberichtigungen auf Finanzanlagen mit Ausnahme des Betrags, der in die Pauschalwertberichtigung zu Forderungen eingestellt ist
21. Verluste aus Wertminderungen oder dem Abgang von Gegenständen des Umlaufvermögens außer Vorräten (§ 151 Abs. 1 Aktivseite III B) und Einstellung in die Pauschalwertberichtigung zu Forderungen
22. Verluste aus dem Abgang von Gegenständen des Anlagevermögens
23. Zinsen und ähnliche Aufwendungen
24. Steuern

---

[1] Vgl. § 132 AktG 1937

a) vom Einkommen, vom Ertrag und vom
   Vermögen   ....
b) sonstige   ....
25. Aufwendungen aus Verlustübernahme   ....
26. sonstige Aufwendungen   ....
27. auf Grund einer Gewinngemeinschaft, eines Gewinn-
    abführungs- und eines Teilgewinnabführungsver-
    trages abgeführte Gewinne   ....
28. Jahresüberschuß/Jahresfehlbetrag   ....
29. Gewinnvortrag/Verlustvortrag aus dem Vorjahr   ....
30. Entnahmen aus offenen Rücklagen
    a) aus der gesetzlichen Rücklage   ....
    b) aus freien Rücklagen   ....
31. Einstellungen aus dem Jahresüberschuß
    in offene Rücklagen
    a) in die gesetzliche Rücklage   ....
    b) in freie Rücklagen   ....
32. Bilanzgewinn/Bilanzverlust   ....

b) Erläuterungen zu einzelnen Positionen

aa) Die Gesamtleistung (Position 4)

Die Betriebserträge sind getrennt in folgenden Positionen auszuweisen, deren Summe die „Gesamtleistung" ergibt:

(1) **Umsatzerlöse** (Position 1). Dazu gehören die Erlöse aus den verkauften Fertigfabrikaten und Waren, ferner Vergütungen für Dienstleistungen, aus Werkverträgen, Erlöse aus Nebenprodukten und Abfällen, aus Verkäufen an Belegschaftsmitglieder u. a. Die Umsatzerlöse sind um Preisnachlässe und zurückgewährte Entgelte zu vermindern.[1] Zu den Preisnachlässen gehören nach § 1 Rabattgesetz auch die Skonti, deren Behandlung in der alten Fassung des § 132 AktG 1937 nicht eindeutig geregelt war.

(2) **Erhöhung oder Verminderung des Bestandes** an fertigen und unfertigen Erzeugnissen (Position 2). Bestandserhöhungen treten dann ein, wenn in einem Jahr mehr produziert als abgesetzt worden ist, Bestandsminderungen im umgekehrten Falle. Die Bewertung erfolgt zu Herstellungskosten. Zu beachten ist allerdings, daß Bestandsveränderungen nicht nur auf Grund von Mengenänderungen eintreten können, sondern auch infolge von Bewertungsmaßnahmen, z. B. der Auflösung stiller Rücklagen in den Beständen oder der Bewertung von Beständen mit einem unter den Herstellungskosten liegenden Börsen- oder Marktpreis.

In der nach § 132 AktG 1959 zulässigen Kontoform wurden die Bestandserhöhungen an Halb- und Fertigfabrikaten auf der Ertragsseite, die Bestandsminderungen auf der Aufwandsseite ausgewiesen, eine Saldierung war unzulässig. Da es in § 157 Abs. 1 Ziff. 2 heißt: „Erhöhung oder Verminderung des Bestandes ..." darf folglich eine Saldierung vorgenommen werden, so daß nur die Netto-Bestandsveränderung gezeigt wird.

---

[1] Vgl. § 158 Abs. 2 AktG

(3) **Andere aktivierte Eigenleistungen** (Position 3). Das sind innerbetriebliche Leistungen, z. B. selbsterstellte Anlagen und Werkzeuge, die ebenfalls einen betrieblichen Ertrag darstellen, auch wenn kein Gewinn entsteht, sondern sich nur eine Vermögensumschichtung vollzieht.

Diese drei Positionen bilden zusammen die **Gesamtleistung** des Betriebes.

Werden von der Gesamtleistung die in Position 5 aufgeführten Aufwendungen für Roh-, Hilfs- und Betriebsstoffe sowie für bezogene Waren abgezogen, so verbleibt als Differenz der **Rohertrag** (bzw. der Rohaufwand, wenn die Position 5 größer als die Position 4 ist). Saldierungen zwischen Betriebserträgen und Materialaufwendungen wie im Gliederungsschema 1937 sind nicht mehr möglich, es sei denn, es handelt sich um „kleine Aktiengesellschaften" im Sinne des § 157 Abs. 4 Nr. 1 (Bilanzsumme nicht über 3 Mill. DM) oder um Familiengesellschaften im Sinne des § 157 Abs. 4 Nr. 2 AktG (Bilanzsumme nicht über 10 Mill. DM).

Der Saldo Rohertrag (Position 6) hat vom betriebswirtschaftlichen Standpunkt aus **wenig Aussagekraft.** Er ist weder eine Brutto- noch eine Nettogröße. Vom betrieblichen Bruttoertrag (Gesamtleistung) sind zwar die Materialaufwendungen abgesetzt, jedoch nicht die übrigen betriebsbedingten Aufwendungen wie Löhne und Gehälter, soziale Abgaben, Abschreibungen, Zinsen, Steuern usw. Diese Aufwendungen und die neutralen Aufwendungen werden erst in den Positionen 16–26 aufgeführt und von der Summe aus Rohertrag (Pos. 6) und den in den Positionen 7–15 ausgewiesenen neutralen Erträgen abgesetzt.

Es kommt hinzu, daß die Position Gesamtleistung nicht immer eine eindeutige Aussage über den Gesamtertrag einer Periode im betriebswirtschaftlichen Sinn enthält, weil z. B. Eigenleistungen nicht aktiviert, sondern als Aufwand verrechnet werden, obwohl sie mehrere Perioden lang genutzt werden können (z. B. selbsterstellte Werkzeuge), oder weil Bestandsänderungen allein eine Folge von Bewertungsmaßnahmen sind.[1]

bb) Die Steuern (Position 24)

Die Steueraufwendungen sind in zwei Gruppen unterteilt:

(1) Die Steuern vom **Einkommen, von Ertrag und Vermögen.** Dazu zählen:
- Steuern vom Einkommen: Körperschaftsteuer einschließlich Kapitalertragsteuer,
- Steuern vom Ertrag: Gewerbeertragsteuer,
- Steuern vom Vermögen: Vermögensteuer, Gewerbekapitalsteuer, Grundsteuer, Erbschaftsteuer, Schenkungssteuer.

(2) **Sonstige Steuern.** Das sind z. B. Ausfuhrzölle, Beförderungssteuer, Kraftfahrzeugsteuer, Mineralölsteuer, Lohnsummensteuer, Umsatzsteuer, Wechselsteuer, Versicherungsteuer, spezielle Verbrauchsteuern u. a. Gewisse Steuern sind als Anschaffungsnebenkosten zu aktivieren (z. B. Grunderwerbsteuer, Börsenumsatzsteuer, Eingangszölle, Ausgleichsteuern). Sie sind dann nicht in

---

[1] Vgl. Heinen, E., Handelsbilanzen, 5. Aufl., Wiesbaden 1969, S. 257.

Position 24 enthalten. Sie werden nur in dem Umfange zu Aufwand, in dem sie durch Abschreibungen verteilt werden. Der in Position 24 insgesamt erfaßte Steueraufwand ist dann infolge der im Interesse einer periodengerechten Gewinnermittlung vorgenommenen Aktivierung von Steuern als Anschaffungsnebenkosten um die in den Abschreibungen enthaltenen Steuerbeträge niedriger.

cc) Der Ausweis der Beziehungen zu verbundenen Unternehmen

Unter Position 7 müssen Erträge aus Gewinngemeinschaften, Gewinnabführungs- und Teilgewinnabführungsverträgen gesondert ausgewiesen werden. Analog sind unter den Aufwendungen in Pos. 27 Gewinne auszuweisen, die auf Grund einer Gewinngemeinschaft, eines Gewinnabführungsvertrages und eines Teilgewinnabführungsvertrages an ein anderes Unternehmen abgeführt werden mußten. Ein **Gewinnabführungsvertrag** liegt nach § 291 Abs. 1 AktG vor, wenn sich eine Aktiengesellschaft oder Kommanditgesellschaft auf Aktien verpflichtet, ihren ganzen Gewinn an ein anderes Unternehmen abzuführen. Bezieht sich diese Verpflichtung dagegen nur auf einen Teil des Gewinns oder auf den Gewinn oder einen Teil des Gewinns einzelner Betriebsstätten einer Aktiengesellschaft oder Kommanditgesellschaft auf Aktien, so handelt es sich um einen **Teilgewinnabführungsvertrag** im Sinne des § 292 Abs. 1 Nr. 2 AktG.

Während beim Gewinnabführungsvertrag eine einseitige Gewinnabführung des abhängigen an das herrschende Unternehmen erfolgt, gehört es zum Wesen der **Gewinngemeinschaft,** daß die von allen beteiligten Unternehmen erwirtschafteten Gesamtgewinne oder auch nur die Gewinne aus bestimmten Quellen (z. B. aus Export, gemeinsamer Patentverwertung u. a.) in eine gemeinsame Kasse fließen und dann nach bestimmten Schlüsseln aufgeteilt werden **(Gewinnpoolung).**

Gesondert auszuweisen sind ferner Erträge (Pos. 15) und Aufwendungen (Pos. 25) aus **Verlustübernahme.** § 302 Abs. 1 AktG schreibt vor, daß bei Bestehen eines Beherrschungs- oder Gewinnabführungsvertrages die herrschende Gesellschaft bei der abhängigen Gesellschaft entstehende Verluste auszugleichen hat. Bei Betriebspacht- und Betriebsüberlassungsverträgen besteht diese Verpflichtung nur, „soweit die vereinbarte Gegenleistung das angemessene Entgelt nicht erreicht."[1] Erträge aus Verlustübernahme können also bei Gesellschaften entstehen, die Anspruch auf Verlustausgleich haben, Aufwendungen aus Verlustübernahme bei Gesellschaften, die vertraglich zum Ausgleich verpflichtet sind.

Der gesonderte Ausweis von Gewinnabführungen und Verlustübernahmen läßt zwar einen Rückschluß darauf zu, wie hoch der Gewinn einer Gesellschaft gewesen wäre, wenn sie ihn nicht ganz oder zum Teil hätte abführen müssen, oder wenn sie nicht auf Grund von Gewinnabführungsverträgen Gewinne von anderen Gesellschaften erhalten hätte, bzw. wie hoch der Verlust gewesen wäre, wenn er nicht von einer anderen Gesellschaft vertraglich übernommen worden

---

[1] § 302 Abs. 2 AktG

wäre; dennoch sind diese Aussagen nicht geeignet, einen sicheren Einblick zu gewähren, in welchem Umfang die Ertragslage durch das Bestehen von Unternehmensverbindungen beeinflußt worden ist, denn die Gewinne und Verluste sind Saldogrößen, die durch Aufrechnung von Erträgen und Aufwendungen zustande kommen, die in ihrer Höhe selbst vom Bestehen von Unternehmensverbindungen mitbestimmt werden können.

dd) Jahresüberschuß – Bilanzgewinn

Der Jahresüberschuß (bzw. Jahresfehlbetrag) (Pos. 28) ergibt sich als Differenz zwischen den in Position 1–27 einzeln aufgeführten Erträgen und Aufwendungen. Wird er um einen Gewinnvortrag aus dem Vorjahr und/oder um Entnahmen aus den offenen Rücklagen erhöht oder um einen Verlustvortrag aus dem Vorjahr und/oder um Einstellungen in die offenen Rücklagen vermindert, so erhält man den Bilanzgewinn (bzw. Bilanzverlust).

Weder der Jahresüberschuß noch der Bilanzgewinn (Pos. 32) lassen einen **Einblick in die Ertragslage** der Unternehmung zu, der vom betriebswirtschaftlichen Standpunkt aus befriedigen kann. Keine der beiden Größen ist identisch mit dem Gewinn, den die Gesellschaft in einer Periode erzielt hat. Vielmehr kann der Jahresüberschuß einerseits bereits um Gewinnteile gekürzt worden sein, die zur Zahlung von Steuern und zur Abführung an andere Unternehmungen verwendet worden sind, andererseits kann er Gewinnteile früherer Perioden (Steuererstattungen) oder anderer Unternehmungen (Erträge aus Gewinnabführung und Gewinngemeinschaften) enthalten. Es kommt hinzu, daß im Rahmen der gesetzlichen Bewertungsvorschriften noch immer stille Rücklagen gebildet werden können, die den ausgewiesenen Periodengewinn reduzieren und in den Jahren ihrer Auflösung erhöhen.

Der **Bilanzgewinn** ist der „verteilungsfähige Reingewinn", d. h. einerseits der Teil des Jahresüberschusses, der vom Vorstand nicht in die Rücklagen überführt worden ist, andererseits der Teil, der aus einem Gewinnvortrag einer früheren Periode stammt oder aus **Rücklagen,** die in einer früheren Periode gebildet worden sind, entnommen wird. Ist der Bilanzgewinn größer als der Jahresüberschuß, so ist das ein Zeichen, daß auch Gewinne früherer Perioden zur Ausschüttung gelangen, ist er kleiner, so sind Verluste früherer Perioden getilgt oder Rücklagen gebildet worden. Der Vorstand kann nicht mehr wie nach dem Aktiengesetz 1937 frei entscheiden, welchen Teil des Jahresüberschusses er in die Rücklagen überführt. § 58 Abs. 2 AktG bestimmt, daß Vorstand und Aufsichtsrat, wenn sie den Jahresabschluß aufstellen, höchstens die Hälfte eines um einen Verlustvortrag und die gesetzlich vorgeschriebene Auffüllungsrate der gesetzlichen Rücklage gekürzten Jahresüberschusses in die freien Rücklagen einstellen dürfen. Die Hauptversammlung kann allerdings – insbesondere wenn der Vorstand die betriebswirtschaftliche Notwendigkeit überzeugend darlegt – in ihrem Beschluß über die Verwendung des Bilanzgewinns weitere Beträge in die offenen Rücklagen einstellen.

Ein solcher Beschluß wird erst im folgenden Jahresabschluß sichtbar. Damit er den Bilanzgewinn der nächsten Periode nicht beeinflußt, darf eine derartige Rücklagenzuweisung nicht über die Gewinn- und Verlustrechnung laufen, sondern muß ebenso wie eine Dotierung der gesetzlichen Rücklage aus Agiobeträgen **erfolgsneutral** in die Bilanz aufgenommen werden. Im Interesse der Bilanzklarheit verlangt § 152 Abs. 4 Nr. 1 AktG, daß Beträge, die die Hauptversammlung aus dem Bilanzgewinn des Vorjahres in die Rücklagen eingestellt hat, gesondert, d. h. in einer Vorspalte vermerkt werden, damit sichtbar gemacht wird, welcher Teil der Erhöhung der Rücklagen aus Gewinnen einer früheren Periode stammt.

Wir halten also zunächst fest, daß aus der Gewinn- und Verlustrechnung zwar die Verwendung des Jahresüberschusses entweder zur Rücklagenbildung oder zur Gewinnausschüttung einerseits und die Zusammensetzung des Bilanzgewinns aus Teilen des Jahresüberschusses, der Rücklagen und Gewinnvorträge früherer Perioden andererseits zu ersehen sind. Da aber der Jahresüberschuß selbst nicht genau den in einer Periode erzielten Gewinn zeigt, ist der **Einblick in die Ertragslage** der Gesellschaft trotz Offenlegung der Verwendung des Jahresüberschusses und der Zusammensetzung des Bilanzgewinns **unvollständig**.

Der Bilanzleser – insbesondere der Aktionär – möchte nicht nur wissen, wieviel Gewinn **verwendet** wird, sondern ihn interessiert auch, wieviel Gewinn **entstanden** ist. Eine Rentabilitätskennziffer aus der Relation von Eigenkapital und Bilanzgewinn ist ohne Aussagewert. Gleiches gilt für eine Kennziffer aus Eigenkapital und Jahresüberschuß. Dieser kann bereits gekürzt sein um die oben erwähnten Abführungen auf Grund von Gewinnabführungs- oder Gewinngemeinschaftsverträgen oder auf Grund von Verlustübernahmen. Die abgeführten Beträge sind aber von der Gesellschaft zunächst erwirtschaftet worden, auch wenn sie auf Grund bestehender Verträge abzuführen sind. Andererseits können bestehende Unternehmensverträge zur Folge haben, daß z. B. eine Konzernobergesellschaft durch Weisungen über Verrechnungspreise für Lieferungen zwischen Konzernunternehmen den Gewinn einer Gesellschaft über die Höhe der Umsatzerlöse bzw. der Zinserträge beeinflussen kann.

Außerdem sind im „Jahresüberschuß" Steuern vom Einkommen, vom Ertrag und vom Vermögen nicht enthalten, da sie als gesonderte Aufwandsposition (Pos. 24) abgesetzt werden müssen. Selbst wenn man auch den Gewinnsteuern Aufwandscharakter zuschreibt, so daß sie nicht zur Gewinnverwendung zählen, wäre zur Ermittlung des Periodengewinns eine Abgrenzung der Steuern nach solchen Aufwendungen erforderlich, die die Abrechnungsperiode betreffen und nach solchen, die Abschlußzahlungen für die Vorperiode darstellen.

Der Periodengewinn einer Aktiengesellschaft kann also aus der Gewinn- und Verlustrechnung des § 157 auch schätzungsweise **nicht ohne zusätzliche Nebenrechnungen** ermittelt werden. Eine exakte Berechnung würde einen Einblick in die Konten der Buchführung erfordern. Auch wenn man berücksichtigt, daß es nicht Aufgabe der Aktienbilanz ist, eine Grundlage für innerbetriebliche Dispositionen zu bilden, sondern daß sie unter Beachtung des Gläubigerschutzprinzips der Information der Gläubiger und der Aktionäre dienen soll, so scheint die Forderung nicht unbillig zu sein, daß die Gewinn- und Verlustrechnung einer Aktiengesellschaft als Teil des Jahresabschlusses den Aktionären in einer Zahl zeigen sollte, welchen Gewinn die Gesellschaft in einer Periode tatsächlich erzielt hat, und daß sie nicht nur angibt, welcher Teil des

Gewinns zur Verteilung zur Verfügung gestellt wird, und es im übrigen der Sachkenntnis des Aktionärs überläßt, sich ein ungefähres Bild über die tatsächliche Ertragslage des Betriebes durch Korrektur der Position „Jahresüberschuß" (Jahresfehlbetrag) an Hand von Nebenrechnungen und Schätzungen zu machen.

III. Der Geschäftsbericht

1. Aufgaben und Aufstellung des Geschäftsberichts

Für Unternehmen, die in bestimmten Rechtsformen geführt werden oder bestimmten **Wirtschaftszweigen** angehören, ist die Aufstellung eines Geschäftsberichts gesetzlich vorgeschrieben, so z. B. für Aktiengesellschaften, Genossenschaften, Versicherungsunternehmungen, Bausparkassen und Eigenbetriebe. Außerdem werden Unternehmen, die die in § 1 Abs. 1 des Publizitätsgesetzes[1] aufgezählten **Größenmerkmale** erfüllen, in § 5 Abs. 1 dieses Gesetzes zur Erstellung eines Geschäftsberichtes verpflichtet, mit Ausnahme der Unternehmen, die in der Rechtsform einer Personengesellschaft oder als Einzelunternehmung geführt werden.

Der Geschäftsbericht stellt für diese Betriebe neben der Bilanz und der Gewinn- und Verlustrechnung einen dritten, ergänzenden Bestandteil der Rechenschaftslegung dar. Der Geschäftsbericht hat die Aufgabe, die Organe der Gesellschaft (Aufsichtsrat, Hauptversammlung), die Gesellschafter, die Gläubiger und die interessierte Öffentlichkeit über den Geschäftsverlauf und die Lage der Gesellschaft zu informieren und die Bilanz und Gewinn- und Verlustrechnung zu erläutern und zu ergänzen. Zu diesem Zwecke ist er bei der Aktiengesellschaft in einen **Lagebericht**, der allgemeine Angaben über die wirtschaftliche Situation der Gesellschaft enthält[2], und einen **Erläuterungsbericht** eingeteilt, der

(1) die Positionen der Bilanz und Erfolgsrechnung erläutert (§ 160 Abs. 2 Satz 1 AktG),

(2) Angaben über die Bewertungs- und Abschreibungsmethoden macht (§ 160 Abs. 2 Satz 2 – 5 AktG) und

(3) Einzelerläuterungen zu bestimmten im Gesetz aufgeführten wirtschaftlichen und rechtlichen Tatbeständen und Vorgängen gibt (§ 160 Abs. 3 AktG).

Zur Aufstellung des Geschäftsberichtes ist der Vorstand verpflichtet. Er muß in den ersten drei Monaten des Geschäftsjahres den Geschäftsbericht zusammen mit dem Jahresabschluß vorlegen.[3] Dabei handelt der Vorstand unter eigener Verantwortung und ist an Weisungen des Aufsichtsrates über den Inhalt des Geschäftsberichts nicht gebunden. Die Vorschrift des § 149 Abs. 1 AktG, daß der Jahresabschluß so klar und übersichtlich aufzustellen ist, daß er einen möglichst sicheren Einblick in die Vermögens- und Ertragslage der Gesellschaft gewährt, gilt analog auch für die Abfassung des Geschäftsberichtes. Die Berichterstattung des Vorstandes hat – worauf § 160 Abs. 4 AktG ausdrücklich hinweist – den Grundsätzen einer gewissenhaften und getreuen Rechenschaftslegung zu entsprechen.

---
[1] Vgl. Gesetz über die Rechnungslegung von bestimmten Unternehmen und Konzernen vom 15. August 1969, BGBl. I S. 1189; Einzelheiten vgl. S. 811 und 821.
[2] Vgl. § 160 Abs. 1 AktG
[3] Vgl. § 148 AktG

Der Geschäftsbericht muß vollständig sein, d. h. er muß alle Angaben enthalten, die für den Aufsichtsrat und die Hauptversammlung bei der Beschlußfassung von Bedeutung sein können. Er muß außerdem so verständlich sein, daß auch ein nicht fachkundiger Leser den Inhalt verstehen kann. Insbesondere sollen Bezugnahmen auf Gesetzesparagraphen ohne entsprechende Erläuterungen unterlassen werden.[1]

2. Der Inhalt des Geschäftsberichts

a) Der Lagebericht

Nach § 160 Abs. 1 AktG bezieht sich der Lagebericht auf drei Bereiche:
(1) auf den Geschäftsablauf im Berichtsjahr,
(2) auf die Lage der Gesellschaft und
(3) auf Vorgänge von besonderer Bedeutung, die nach Ende des Geschäftsjahres eingetreten sind.

Diese Angaben sind die Voraussetzungen dafür, daß sich aus dem gesamten Jahresabschluß (einschließlich des Geschäftsberichts) ein umfassendes Bild über die wirtschaftliche Lage der Gesellschaft ergibt, denn die Positionen der Bilanz und Gewinn- und Verlustrechnung sind allein – trotz der Erläuterungen im Erläuterungsbericht – nicht geeignet, den Außenstehenden (Aktionär, Gläubiger) dieses Bild zu vermitteln.

Welche Angaben der Lagebericht im einzelnen zu enthalten hat, geht aus dem Gesetz nicht hervor. Insbesondere sollen hier **allgemeine Angaben über die Wirtschaftslage** der Gesellschaft (oder auch des gesamten Wirtschaftszweiges) gemacht werden, die aus der Bilanz und Gewinn- und Verlustrechnung nicht zu ersehen sind. So ist über alle wichtigen Ereignisse des abgelaufenen Geschäftsjahres zu berichten, die den Erfolg wesentlich beeinflussen und Auswirkungen auf spätere Geschäftsjahre haben, z. B. die Durchführung wesentlicher Erweiterungsinvestitionen, Änderungen im Produktionsprogramm oder in den Produktionsverfahren, die Gründung von Filialen, der Erwerb wesentlicher Beteiligungen, der Abschluß wichtiger Verträge, die Entwicklung des Beschäftigungsgrades und des Auftragsbestandes u. a.

Der Vorstand ist nicht verpflichtet, genaue Zahlenangaben über die einzelnen Tatbestände vorzulegen; es genügt auch eine Angabe der tendenziellen Entwicklung gewisser betrieblicher Größen oder die Verwendung von Relativzahlen, die keine Rückschlüsse auf die Größenordnung der absoluten Zahlen zulassen, so insbesondere bei Angaben über die Entwicklung des Umsatzes, der Kosten, der Rentabilität, der Liquidität usw. Der Lagebericht kann auch Aussagen über die in Zukunft erwartete Entwicklung des Betriebes, über die Preisentwicklung an den Absatz- und Beschaffungsmärkten usw. enthalten. Durch Vergleich mit entsprechenden Größen aus früheren Jahren wird die Aussagekraft des Lageberichts erhöht.

Im Lagebericht sind ferner alle wichtigen Vorgänge darzulegen, die **nach** Ablauf des Geschäftsjahres eingetreten sind. Als wichtig sind solche Ereignisse anzusehen, die zu einer anderen Beurteilung der Gesamtlage führen können, als sie

---

[1] Vgl. Schmaltz, K., Geschäftsbericht, HdB, Bd. II, 3. Aufl., Stuttgart 1958, Sp. 2244.

sich aus den Tatbeständen des abgelaufenen Geschäftsjahres ergibt, z. B. starke Preiseinbrüche auf den Absatzmärkten, Verlust von Exportmärkten, Begründung von Konzernverflechtungen, Erwerb wesentlicher Beteiligungen u. a.

Der Lagebericht kann durch einen **Sozialbericht** ergänzt werden in dem der Vorstand über die sozialen Leistungen und Verhältnisse des Betriebes Rechenschaft gibt. Eine gesetzliche Berichtspflicht besteht nicht. Hierbei sind folgende Angaben von Interesse:[1] Zahl der Belegschaftsmitglieder, Einzelheiten über die Zusammensetzung der Belegschaft, Veränderungen der Entlohnung und der Arbeitszeit, Urlaubsregelung, Freizeitgestaltung, Facharbeiter- und Nachwuchsschulung, Werkswohnungen, Siedlungen, Erholungsheime, Weihnachtsgratifikationen, Gewinnbeteiligung der Arbeitnehmer, Zuweisungen an Pensions- und Unterstützungskassen usw.

b) Der Erläuterungsbericht

Der Erläuterungsbericht hat die Aufgabe, die einzelnen Positionen der Bilanz und der Gewinn- und Verlustrechnung zu erklären oder zu ergänzen. Eine Stellungnahme ist dann erforderlich, wenn die Positionen ohne Erläuterung nicht verständlich sind, oder wenn im Gesetz ausdrücklich Angaben verlangt werden.[2] Das Gesetz fordert auch eine Berichterstattung, wenn wesentliche Abweichungen gegenüber dem letzten Jahresabschluß bestehen, die die Vergleichbarkeit beeinträchtigen.

Nach § 160 Abs. 2 AktG sind im Erläuterungsbericht folgende Angaben zu machen:[3]

(1) Die Bewertungs- und Abschreibungsmethoden sind so vollständig anzugeben, wie es zur Vermittlung eines möglichst sicheren Einblicks in die Vermögens- und Ertragslage der Gesellschaft erforderlich ist. Allerdings werden Angaben über die Bewertungs- und Abschreibungsmethoden nicht in jedem Jahr erneut verlangt, sondern es darf auf die Erläuterungen eines früheren Geschäftsjahres, das nicht mehr als drei Jahre zurückliegt, Bezug genommen werden.

(2) Es wird verlangt, daß in jedem Geschäftsbericht die Abschreibungen und Wertberichtigungen zu den einzelnen Posten des Anlagevermögens angegeben werden, die auf Zugänge des Geschäftsjahres gemacht worden sind.

(3) Es ist über sämtliche Abweichungen des Jahresabschlusses vom letzten Jahresabschluß zu berichten, die die Vergleichbarkeit mit diesem beeinträchtigen, so vor allem über Änderungen in den Bewertungs- und Abschreibungsmethoden und über die Vornahme außerplanmäßiger Abschreibungen und Wertberichtigungen.

(4) Von besonderer Bedeutung für die Klarheit des Jahresabschlusses ist die zwingende Vorschrift, daß die Differenz zwischen einem Gewinn oder Verlust („Jahresüberschuß oder Jahresfehlbetrag"), der sich als Folge der Änderung von Bewertungs- und Abschreibungsmethoden oder der Vornahme von Sonderabschreibungen gegenüber einem Gewinn und Verlust ergibt, der sich

---

[1] Vgl. Adler-Düring-Schmaltz, a. a. O., Erl. zu § 160, Tz 24.
[2] Vgl. § 160 Abs. 3 Ziff. 1 – 11 AktG.
[3] Einzelheiten vgl. Wöhe, G., Bilanzierung, a.a.O., S. 604 ff.

nach den beim letzten Jahresabschluß angewendeten Bewertungs- und Abschreibungsmethoden errechnet hätte, auszuweisen ist, wenn sie
(a) mehr als 10% unter oder über dem Betrag liegt, der sich ohne Änderung der Mehtoden ergeben hätte und
(b) mehr als 0,5% des Grundkapitals beträgt.

Durch diese Vorschrift soll erreicht werden, daß eine einen bestimmten Umfang übersteigende Bildung oder Auflösung stiller Rücklagen, die aus der Bilanz und der Gewinn- und Verlustrechnung nicht zu ersehen ist, im Geschäftsbericht erläutert wird, und daß folglich dem Bilanzleser, der den in einer Gesellschaft tatsächlich erzielten Gewinn (und nicht nur den in der Erfolgsrechnung ausgewiesenen Gewinn) aus dem veröffentlichten Jahresabschluß errechnen will, eine weitere Information zur Verfügung gestellt wird. Ohne derartige Zahlenangaben würden auch die unter (3) aufgeführten Berichtspflichten keinen Einblick ermöglichen, in welchem Umfange die angegebenen Änderungen der Bewertungs- und Abschreibungsmethoden das Ergebnis des Jahresabschlusses, insbesondere den Erfolg beeinflußt haben.

Anhand dieser umfangreichen Berichtspflichten muß der Vorstand entscheiden, worüber er denn nun tatsächlich berichten muß, und der Wirtschaftsprüfer muß prüfen, ob der Geschäftsbericht in diesem Bereich auch den gesetzlichen Vorschriften entspricht. Der Vorstand wird in der Regel bestrebt sein, nicht mehr Tatbestände offenzulegen, als das Gesetz es verlangt. Dabei muß er sich von **zwei Fragen** leiten lassen:
(1) Ist die Bekanntgabe einer Bewertungsmaßnahme bzw. -methode erforderlich, um einen möglichst sicheren Einblick in die Vermögens- und Ertragslage der Gesellschaft zu geben?
(2) Wird durch eine Bewertungsmaßnahme oder Änderung einer Bewertungs- oder Abschreibungsmethode die Vergleichbarkeit des Jahresabschlusses mit dem letzten Jahresabschluß beeinträchtigt?

Angaben über Wertsteigerungen über die Anschaffungs- oder Herstellungskosten bzw. die fortgeführten, d. h. um planmäßige Abschreibungen verminderten Anschaffungs- oder Herstellungskosten hinaus enthält auch der Geschäftsbericht nicht. Die in vielen Betrieben insbesondere bei Gütern des nicht abnutzbaren Anlagevermögens – z. B. Grund und Boden, Wertpapiere, Beteiligungen – infolge der gesetzlichen Bewertungsvorschriften bei Wert- und Preissteigerungen zwangsläufig entstehenden stillen Rücklagen (Zwangsrücklagen), die echte betriebliche Vermögenssubstanz darstellen, die an der Ertragserzielung beteiligt ist, sind also nicht zu erkennen, d. h. die Informationen der an der Rechenschaftslegung interessierten Gruppen bleibt auch nach Kenntnis des Geschäftsberichts unvollständig, da im Geschäftsbericht nur über die Bildung bzw. Auflösung stiller Rücklagen als Folge einer Veränderung der Bewertungs- und Abschreibungsmethoden – im Rahmen des durch das Gesetz gegebenen Ermessensspielraums –, nicht aber über die Bildung stiller Rücklagen als Folge der Anwendung von zwingenden gesetzlichen Bewertungsvorschriften zu berichten ist.

Zu den **Einzelangaben,** die vom Gesetzgeber im Erläuterungsbericht ausdrücklich gefordert werden, gehört die Berichterstattung über:[1]

---
[1] Vgl. § 160 Abs. 3 Ziff. 1–11 AktG

(1) Bestand und Zugang an Vorratsaktien. Das sind Aktien, die ein Dritter im eigenen Namen, aber für Rechnung der Gesellschaft oder eines abhängigen oder eines im Mehrheitsbesitz der Gesellschaft stehenden Unternehmens übernimmt, und die er auf Abruf der Gesellschaft überläßt. Der Dritte haftet auf die volle Einlage und hat vor Übernahme der Aktie auf eigene Rechnung kein Stimmrecht;
(2) eigene Aktien der Gesellschaft;[1]
(3) das Bestehen einer wechselseitigen Beteiligung[2] unter Angabe des Unternehmens;
(4) Aktien, die bei bedingter Kapitalerhöhung[3] im Geschäftsjahr bezogen worden sind;
(5) das genehmigte Kapital;[4]
(6) bestehende Genußrechte, Rechte aus Besserungsscheinen und ähnliche Rechte unter Angabe der im Geschäftsjahr neu geschaffenen. Genußrechte gewähren keine aktienrechtlichen Mitgliederrechte, sondern Gläubigerrechte am Reingewinn und/oder am Liquidationserlös. Zu berichten ist über Inhalt, Ausgestaltung und Zweck der Genußrechte usw. und über den Kreis der berechtigten Personen;
(7) aus der Jahresbilanz nicht ersichtliche Haftungsverhältnisse einschließlich der Bestellung von Sicherheiten für eigene Verbindlichkeiten;
(8) die Gesamtbezüge (Gehälter, Gewinnbeteiligungen, Aufwandsentschädigungen, Versicherungsentgelte, Provisionen und Nebenleistungen jeder Art) für das Geschäftsjahr und die darüber hinaus im Geschäftsjahr gewährten, bisher in keinem Geschäftsbericht angegebenen Bezüge der Mitglieder des Vorstandes, des Aufsichtsrates und eines Beirats oder einer ähnlichen Einrichtung der Gesellschaft;
(9) die Gesamtbezüge (Abfindungen, Ruhegehälter, Hinterbliebenenbezüge und Leistungen verwandter Art) der früheren Mitglieder des Vorstandes und ihrer Hinterbliebenen;
(10) die rechtlichen und geschäftlichen Beziehungen zu verbundenen Unternehmen mit Sitz im Inland, ferner über geschäftliche Vorgänge bei diesen Unternehmen, die auf die Lage der Gesellschaft von erheblichem Einfluß sein können;
(11) das Bestehen einer Beteiligung an der Gesellschaft, die ihr nach § 20 Abs. 1 oder 4 (Mitteilungspflichten) mitgeteilt worden ist; dabei ist anzugeben, wem die Beteiligung gehört, ob sie 25% übersteigt oder ob sie eine Mehrheitsbeteiligung ist.

Nach § 160 Abs. 4 AktG darf bzw. muß der Vorstand von einer gegenüber dem AktG 1937 stark eingeschränkten **Schutzklausel** Gebrauch machen. Er muß die Berichterstattung insoweit unterlassen, „wie es für das Wohl der Bundesrepublik Deutschland oder eines ihrer Länder erforderlich ist." Er darf bei der Berichterstattung über die aus der Jahresbilanz nicht ersichtlichen Haftungsverhält-

---

[1] Einzelheiten vgl. 569f.
[2] Zum Begriff der wechselseitigen Beteiligung vgl. S. 237ff.
[3] Einzelheiten vgl. S. 612f.
[4] Einzelheiten vgl. S. 612.

nisse einschließlich der Bestellung von Sicherheiten für eigene Verbindlichkeiten[1] und über die rechtlichen und geschäftlichen Beziehungen zu verbundenen Unternehmen mit Sitz im Inland, ferner über geschäftliche Vorgänge bei diesen Unternehmen, die auf die Lage der Gesellschaft von erheblichem Einfluß sein können, auf die Angabe von Einzelheiten insoweit verzichten, „als nach vernünftiger kaufmännischer Beurteilung damit gerechnet werden muß, daß durch die Angaben der Gesellschaft oder einem verbundenen Unternehmen erhebliche Nachteile entstehen."[2] In den beiden letztgenannten Fällen ist jedoch bei der entsprechenden Ziffer zu vermerken, daß von der Schutzklausel Gebrauch gemacht worden ist.

IV. Die Bilanz als Gegenstand und als Hilfsmittel von Prüfungen

1. Überblick

Die Bilanz (und Erfolgsrechnung) kann einerseits einer gesetzlich vorgeschriebenen oder freiwilligen Prüfung (Gesetzmäßigkeitsprüfung, Ordnungsmäßigkeitsprüfung) unterzogen werden, sie kann andererseits eine Unterlage (neben anderen) für spezielle Prüfungen sein. Ein Kreditstatus beispielsweise geht in der Regel von einer Bilanz aus, nimmt aber auf Grund seiner speziellen Zielsetzungen Umbewertungen (Tageswertprinzip!) und Umgliederungen vor. Gegenstand der Prüfung ist hier die Kreditfähigkeit einer Unternehmung, nicht die Bilanz. Diese dient als Informationsquelle.

Für den größten Teil der Betriebe besteht zur Zeit noch kein gesetzlicher Zwang, eine Prüfung des handelsrechtlichen Jahresabschlusses durch externe Prüfer vornehmen zu lassen. **Gesetzliche Pflichtprüfungen**[3] sind vor allem für Aktiengesellschaften und Kommanditgesellschaften auf Aktien,[4] für Genossenschaften,[5] für Kreditinstitute,[6] für Versicherungsunternehmen,[7] für Bausparkassen[8] und für Wirtschaftsbetriebe der öffentlichen Hand (gesetzlich geregelt in der Bundeshaushaltsordnung (BHO), den Landeshaushaltsordnungen (LHO), dem Bundesbahngesetz, dem Postverwaltungsgesetz u. a.) vorgeschrieben. Außerdem ist der Konzernabschluß unter Einbeziehung des Konzerngeschäftsberichtes durch Konzernabschlußprüfer zu prüfen.[9] Eine gesetzliche Prüfungspflicht besteht ferner für den Bericht über Beziehungen zu verbundenen Unternehmen (Abhängigkeitsbericht), den der Vorstand eines abhängigen Unternehmens aufzustellen hat, wenn kein Beherrschungsvertrag besteht. Die Prüfung erfolgt durch die Abschlußprüfer der abhängigen Gesellschaft.[10]

---

[1] Vgl. § 160 Abs. 3 Ziff. 7 AktG
[2] § 160 Abs. 4 Satz 3 AktG
[3] Eine Übersicht über die Prüfungspflichten und -rechte im deutschen Rechtsbereich findet sich bei v. Wysocki, K., Betriebswirtschaftliches Prüfungswesen, Prüfungsordnungen und Prüfungsorgane, München 1972, S. 94 ff.
[4] Vgl. §§ 162–169 AktG.
[5] Vgl. §§ 53 ff. GenG
[6] Vgl. §§ 27 ff. KWG
[7] Vgl. §§ 57 – 64 VAG
[8] Vgl. §§ 112 und 137 VAG
[9] Vgl. § 336 AktG
[10] Vgl. § 313 AktG

Das Gesetz über die Rechnungslegung von Großunternehmen und Konzernen vom 15. 8. 1969[1] sieht in § 6 eine Ausdehnung der Pflichtprüfung der Jahresabschlüsse von Unternehmen vor, die – ganz gleich in welcher Rechtsform sie geführt werden – nach § 1 Abs. 1 zur Rechnungslegung nach aktienrechtlichen Vorschriften verpflichtet sind, „wenn für den Tag des Ablaufs eines Geschäftsjahres (Abschlußstichtag) und für den folgenden Abschlußstichtag jeweils mindestens zwei der drei nachstehenden Merkmale zutreffen:

(1) Die **Bilanzsumme** einer auf den Abschlußstichtag aufgestellten Jahresbilanz übersteigt einhundertfünfundzwanzig Millionen Deutsche Mark.

(2) Die **Umsatzerlöse** des Unternehmens in den zwölf Monaten vor dem Abschlußstichtag übersteigen zweihundertfünfzig Millionen Deutsche Mark.

(3) Das Unternehmen hat in den zwölf Monaten vor dem Abschlußstichtag durchschnittlich mehr als fünftausend **Arbeitnehmer** beschäftigt."

Eine Beschränkung der Verpflichtung, einen geprüften Jahresabschluß zu veröffentlichen, auf bestimmte Rechtsformen ist grundsätzlich nicht zu rechtfertigen, weil das öffentliche Interesse an einer Unternehmung nicht in erster Linie von ihrer Rechtsform, sondern von ihrer Größe bestimmt wird, denn die Folgen des Zusammenbruchs einer Großunternehmung für die Interessenten (Gesellschafter, Gläubiger, Belegschaft, Lieferanten, Steuerzahler) treten nicht nur bei Aktiengesellschaften und Genossenschaften ein.

Während die genannten Prüfungen sich auf einen einzelnen Jahresabschluß erstrecken, also jährlich erfolgen müssen, finden **steuerliche Betriebsprüfungen** turnusmäßig in größeren Zeitabständen statt (Außenprüfungen). Die Rechtsgrundlage der steuerlichen Betriebsprüfung ist § 193 AO. Das Finanzamt kann die Bücher und Aufzeichnungen daraufhin prüfen, ob sie fortlaufend, vollständig und formell und sachlich richtig geführt werden. Bei Großbetrieben soll mindestens alle drei Jahre eine derartige Prüfung durch entsprechend vorgebildete Beamte oder Sachverständige der Finanzverwaltung durchgeführt werden.[2] Einzelheiten regelt die Betriebsprüfungsordnung (BPO-Steuer) vom 23. 12. 1965.[3]

Neben den planmäßigen (ordentlichen) Prüfungen nach Handels- und Steuerrecht gibt es eine Reihe von gesetzlich vorgesehenen oder freiwillig durchgeführten Prüfungen bei bestimmten Anlässen, bei denen Sonder- oder Jahresbilanzen eine wesentliche Prüfungsunterlage bilden. Das Aktiengesetz sieht folgende **Sonderprüfungen** vor:

(1) Gründungsprüfungen (§§ 33, 378 Abs. 3 AktG);

(2) Prüfung der bei einer Kapitalerhöhung aus Gesellschaftsmitteln zugrunde gelegten Bilanz (§ 209 Abs. 3 AktG);

(3) Prüfung der Sacheinlagen bei der Kapitalerhöhung (§§ 184 Abs. 3, 188 Abs. 4 AktG);

(4) Prüfung der Schlußbilanz der übertragenden Gesellschaft bei Verschmelzungen (§ 345 Abs. 3 AktG);

---

[1] BGBl. I S. 1189.
[2] Vgl. § 193 ff AO
[3] Vgl. BStBl. 1966 I S. 46.

(5) Prüfung der Eröffnungsbilanz und des Jahresabschlusses bei Abwicklung auf Anordnung des Gerichts (§ 270 Abs. 3 AktG);
(6) Prüfung der Vorgänge bei der Gründung oder der Geschäftsführung namentlich auch bei Maßnahmen der Kapitalbeschaffung und der Kapitalherabsetzung (§ 142 AktG);
(7) Sonderprüfung bei unzulässiger Unterbewertung (§ 258 Abs. 1 AktG).

Den Gesellschaftern einer Gesellschaft des bürgerlichen Rechts, einer Offenen Handelsgesellschaft, einer Kommanditgesellschaft und einer stillen Gesellschaft steht – auch wenn sie von der Geschäftsführung ausgeschlossen sind – das Recht zu, die Bücher und Papiere ihrer Gesellschaft einzusehen und zu prüfen.[1]

Zu den Sonderprüfungen zählen ferner Kreditwürdigkeitsprüfungen und Unterschlagungsprüfungen.

Im folgenden wollen wir uns auf eine knappe Erörterung der Jahresabschlußprüfungen beschränken.

2. Die aktienrechtliche Jahresabschlußprüfung

a) Gegenstand, Aufgaben und Entwicklung

Die größte Bedeutung kommt zur Zeit der Jahresabschlußprüfung der Aktiengesellschaft zu, die im Aktiengesetz in den §§ 162–171 geregelt ist. Die Bedeutung dieser Vorschriften hat durch das Publizitätsgesetz zugenommen, das auf sie verweist, und wird sich nach Inkrafttreten des neuen GmbH-Gesetzes noch erheblich vergrößern.

Die aktienrechtliche Pflichtprüfung wurde erst relativ spät eingeführt. Nach dem HGB war die Prüfung des Jahresabschlusses allein Aufgabe des **Aufsichtsrats**. Sie wurde als eine interne Angelegenheit angesehen. Nach § 246 Abs. 1 HGB war der Aufsichtsrat verpflichtet, „die Jahresrechnungen, die Bilanzen und die Vorschläge zur Gewinnverwendung zu prüfen und darüber der Generalversammlung Bericht zu erstatten."

Die aktienrechtlichen Vorschriften des HGB bewährten sich bis zum Ende des Ersten Weltkrieges. Gegen die danach durch den kriegsbedingten Währungsverfall eintretenden Spekulationen in- und ausländischen Kapitals boten sie keinen Schutz. Zur Abwehr der Überfremdung der deutschen Aktiengesellschaften durch ausländisches Kapital wurden in großem Maße **Mehrstimmrechts-** und **Vorratsaktien** geschaffen. Aus dem gleichen Grunde wurde das **Depotstimmrecht** der Banken in die allgemeinen Geschäftsbedingungen aufgenommen, mit der Folge, daß mit der Übergabe der Aktien in ein Bankdepot die Bank das Stimmrecht aus diesen Aktien im eigenen Namen ausüben konnte.

Nach der Normalisierung der Währungsverhältnisse und dem allmählichen Aufhören der wilden Spekulation wurden die drei eben erwähnten Instrumente nicht abgebaut. Das hatte zur Folge, daß sie während der Weltwirtschaftskrise von der Verwaltung der Gesellschaft und den Hauptaktionären zur Wahrung eigener Interessen zum Schaden der übrigen Interessenten mißbraucht werden konnten, denn alle drei Instrumente boten die Möglichkeit, den Willen der Aktionäre, also der wirtschaftlichen Eigentümer der Gesellschaft, zu verfälschen.

---

[1] Vgl. §§ 716 BGB; 118, 166, 338 HGB.

B. IV. Die Bilanz als Gegenstand und als Hilfsmittel von Prüfungen

Damit derartige Mißbräuche verhindert und die inzwischen eingetretenen Schäden nach Möglichkeit behoben werden konnten, wurden im Jahre 1931 im Wege der Notverordnung drei Novellen zum Aktienrecht erlassen, die neben eingehenden Vorschriften für die Aufstellung des Jahresabschlusses und des Geschäftsberichts die **Pflichtprüfung** von Buchhaltung, Jahresabschluß und Geschäftsbericht durch externe Wirtschaftsprüfer durch Einfügung des § 262b in das HGB einführten.

Die aktienrechtliche Pflichtprüfung wurde stufenweise – beginnend bei Gesellschaften, deren Kapital 3 Mill. RM überschritt – verwirklicht. Für Geschäftsjahre, die nach dem 30. 9. 1933 beginnen, unterliegen alle Aktiengesellschaften der Pflichtprüfung. Wurde keine Prüfung durchgeführt, so war der Jahresabschluß zunächst dennoch gültig. Erst § 135 Abs. 1 AktG 1937 führte ein, daß der Jahresabschluß nichtig ist, wenn die Pflichtprüfung unterbleibt. Das AktG 1965 hat diese Vorschrift in den §§ 256 Abs. 1 Nr. 2 übernommen.

Mit Hilfe des Jahresabschlusses gibt der Vorstand Rechenschaft gegenüber den Aktionären, den Gläubigern und anderen an der wirtschaftlichen Entwicklung eines Unternehmens interessierten Personen und Institutionen; das sind insbesondere die Belegschaftsmitglieder, potentielle Anleger und Kreditgeber, aber auch die Gemeinden, deren finanzielle Lage (Gewerbesteuer!) von der wirtschaftlichen Entwicklung großer Unternehmen mitbestimmt wird.

Zweck der aktienrechtlichen Pflichtprüfung ist es, die genannten Interessenten davor zu schützen, daß der Vorstand bei der Aufstellung von Bilanz, Erfolgsrechnung und Geschäftsbericht die dafür bestehenden gesetzlichen Vorschriften und die Grundsätze einer gewissenhaften und getreuen Rechenschaftslegung verletzt. Die Prüfung ist eine wichtige Voraussetzung dafür, daß man sich auf den veröffentlichten Jahresabschluß und die Angaben im Geschäftsbericht verlassen kann. Sie bildet ferner eine Grundlage für die durch § 171 Abs. 1 AktG vorgeschriebene **Prüfung** des Jahresabschlusses, des Geschäftsberichts und des Vorschlags für die Verwendung des Bilanzgewinns **durch den Aufsichtsrat.**

Der Vorstand ist nach § 170 AktG verpflichtet, dem Aufsichtsrat diese Unterlagen unverzüglich nach Eingang des Prüfungsberichtes der Abschlußprüfer zusammen mit diesem Bericht vorzulegen. Der Aufsichtsrat hat über das Ergebnis seiner Prüfung schriftlich an die Hauptversammlung zu berichten und dabei auch zum Ergebnis der Prüfung durch die Abschlußprüfer Stellung zu nehmen.[1] Billigt der Aufsichtsrat den Jahresabschluß, so ist er festgestellt.[2] Da ein nicht geprüfter Jahresabschluß nicht festgestellt werden kann,[3] der Vorstand nach § 175 AktG aber nur einen festgestellten Jahresabschluß der Hauptversammlung vorlegen kann, ist die aktienrechtliche Pflichtprüfung auch eine Voraussetzung dafür, daß der Vorstand seine ihm nach dem Gesetz obliegende Pflicht erfüllen kann.

Ihrer Zwecksetzung entsprechend ist die Abschlußprüfung eine **Gesetzmäßigkeits- und Ordnungsmäßigkeitsprüfung,** die von selbständigen Prüfungsinstitutionen (Wirtschaftsprüfungsgesellschaften, Wirtschaftsprüfer) durchgeführt werden muß. Sie erstreckt sich also nur auf die Einhaltung der gesetzlichen

---

[1] Vgl. § 171 Abs. 2 AktG
[2] Vgl. § 172 AktG
[3] Vgl. § 162 Abs. 1 Satz 2 AktG

Vorschriften oder Satzungsbestimmungen für die Aufstellung des Jahresabschlusses und des Geschäftsberichts und auf die Ordnungsmäßigkeit der Rechenschaftslegung.

Die **Abschlußprüfer** werden von der Hauptversammlung gewählt. Unverzüglich nach der Wahl hat der Vorstand ihnen den Prüfungsauftrag zu erteilen.[1] Nur Wirtschaftsprüfer und Wirtschaftsprüfungsgesellschaften können Abschlußprüfer sein.[2] Die Abschlußprüfer haben ein umfassendes **Auskunftsrecht**. Der Vorstand hat ihnen zu gestatten, die Bücher und Schriften der Gesellschaft und die Vermögensgegenstände, namentlich die Gesellschaftskasse und die Bestände an Wertpapieren und Waren zu prüfen, und hat ihnen außerdem auf Verlangen alle Aufklärungen und Nachweise zu geben, die für eine sorgfältige Prüfung notwendig sind.[3]

Der Abschlußprüfer ist auf Grund seines Prüfungsauftrages nicht berechtigt und verpflichtet, ohne zusätzlichen Auftrag andere Tatbestände einer Beurteilung zu unterziehen, beispielsweise die Geschäftsführung des Vorstandes, die Kreditwürdigkeit der Gesellschaft, die Rentabilitätslage, die Organisation, das Vorliegen von Unterschlagungen usw. Diese Tatbestände können Gegenstand spezieller Prüfungen sein, sind aber in der Jahresabschlußprüfung nicht besonders zu untersuchen. Allerdings werden oft zur Durchführung einer ordnungsmäßigen Abschlußprüfung gewisse Überschneidungen dieser Prüfungsarten unvermeidlich sein. So kann die Pflichtprüfung – gewissermaßen nebenbei – zur Aufdeckung von Unterschlagungen führen, von denen dann selbstverständlich der Vorstand zu unterrichten ist, oder sie kann Mängel in der Organisation des Rechnungswesens aufdecken (z. B. in der Technik der Verbuchung, der Anlage des Kontenrahmens usw.), die die pflichtgemäß zu prüfende Ordnungsmäßigkeit der Rechnungslegung in Frage stellen können. Soweit im Rahmen der Jahresabschlußprüfung Tatsachen festgestellt werden, die den Bestand des Unternehmens gefährden oder seine Entwicklung negativ beeinträchtigen können, oder soweit schwerwiegende Verstöße des Vorstandes gegen Gesetz und Satzung entdeckt werden, müssen Angaben darüber im Prüfungsbericht gemacht werden.[4]

---

[1] Vgl. § 163 Abs. 1 AktG

[2] Wirtschaftsprüfer werden in einem staatlichen Zulassungs- und Prüfungsverfahren öffentlich bestellt und vereidigt. Das Berufsrecht der Wirtschaftsprüfer ist in dem „Gesetz über die Berufsordnung der Wirtschaftsprüfer (WPO) vom 24. 7. 1961 (BGBl. I, S. 1049) i. d. F. vom 5. 11. 1975 (BGBl. I S. 2803) geregelt. Nach § 2 Abs. 1 WPO ist der Wirtschaftsprüfer dazu berufen, „betriebswirtschaftliche Prüfungen, insbesondere solche von Jahresabschlüssen wirtschaftlicher Unternehmen durchzuführen und Bestätigungsvermerke über die Vornahme und das Ergebnis solcher Prüfungen zu erteilen."
Als Wirtschaftsprüfungsgesellschaften können Kapital- und Personengesellschaften anerkannt werden, wenn folgende Voraussetzungen erfüllt sind (§ 28 Abs. 1, 4. und 5 WPO):
(1) Die Mitglieder des Vorstandes, die Geschäftsführer oder die persönlich haftenden Gesellschafter sind Wirtschaftsprüfer und mindestens eines dieser Mitglieder wohnt am Sitz der Gesellschaft;
(2) Bei Aktiengesellschaften und Kommanditgesellschaften auf Aktien müssen die Aktien auf Namen lauten und ihre Übertragung muß an die Zustimmung der Gesellschaft gebunden sein;
(3) Bei Gesellschaften mit beschränkter Haftung muß das Stammkapital mindestens 50.000,– DM betragen und die Übertragung der Geschäftsanteile muß an die Zustimmung der Gesellschaft gebunden sein.

[3] Vgl. § 165 Abs. 1 und 2 AktG

[4] Vgl. § 166 Abs. 2 AktG

Die Abschlußprüfung erstreckt sich auf folgende **vier Gebiete**:
(1) die Prüfung der Buchführung,
(2) die Prüfung der Bilanz und des Inventars,
(3) die Prüfung der Gewinn- und Verlustrechnung,
(4) die Prüfung des Geschäftsberichts.

b) Die Prüfung der Buchführung

Da die Bilanz und die Gewinn- und Verlustrechnung aus der Buchführung entwickelt werden, ist diese zunächst einer Prüfung zu unterziehen. Das kann selbstverständlich nicht bedeuten, daß sämtliche Buchungen des abgelaufenen Geschäftsjahres überprüft werden müssen. Es ist vielmehr in das pflichtgemäße Ermessen des Prüfers gestellt, auf welche Weise er sich ein Bild über die formelle und materielle Ordnungsmäßigkeit der Buchführung verschafft, d. h. welche Prüfungstechnik er anwendet. Gewöhnlich wird er statt einer lückenlosen Prüfung nur **Stichproben** vornehmen. Der Begriff der lückenlosen Prüfung ist allerdings nicht nur so aufzufassen, daß der gesamte Prüfungsstoff geprüft wird. Der Begriff ist vielmehr so zu verstehen, daß sich der Prüfer einen bestimmten Komplex von Vorgängen, z. B. die Abschreibungen, vornimmt und ihn einer lückenlosen Prüfung unterzieht, also die Abschreibung jedes einzelnen Wirtschaftsguts formell und materiell prüft.[1]

Das entscheidende Problem bei der Prüfung in Stichproben ist die Auswahl der Stichproben. Die deutsche Prüfungspraxis geht in der Regel nicht von einer **Zufallsauswahl** aus, bei der die Stichproben ohne bestimmtes System auf den gesamten Prüfungsstoff verteilt werden, sondern von einer **bewußten Auswahl**, für die z. B. folgende Kriterien verwendet werden können:[2]

„(1) Funktionen (z. B. Zahlungsverkehr, Warenverkehr, Lohn- und Gehaltsverkehr)
(2) Abteilungen (z. B. Anlagenbuchhaltung, Lagerbuchhaltung, Kontokorrentbuchhaltung, Lohnbuchhaltung, Kassen, Filialen und andere Außenstellen)
(3) Aufträge (vor allem bei Einzelfertigung großer Objekte, z. B. Großmaschinenbau, Werften, Bauunternehmen)
(4) Kunden oder Lieferanten (z. B. Zahlungs- und Leistungsverkehr mit bestimmten Großlieferanten oder -abnehmern, ‚verbundenen Unternehmen')
(5) Zeiträume (z. B. Monate vor oder nach dem Bilanzstichtag, Saison- oder sonstige Perioden starken Buchungsverkehrs)
(6) Größenordnungen (Geschäftsvorfälle, die eine bestimmte Wert- oder Mengengröße überschreiten, z. B. Debitoren über DM 1.000,-)
(7) Arbeitsgebiete bestimmter Angestellter
(8) Internes Kontrollsystem (Stichproben werden dort angesetzt, wo Lücken oder schwache Stellen im internen Kontrollsystem vorhanden und folglich Ordnungswidrigkeiten und Unregelmäßigkeiten leichter möglich sind)."

Die Prüfungsrichtung kann progressiv oder retrograd sein. Beginnt die Prüfung eines Geschäftsvorfalls beim Beleg und wird seine buchtechnische Behand-

---

[1] Vgl. Bussmann, K., Betreuung und Prüfung der Unternehmungen, Wiesbaden 1970, S. 69.
[2] Wirtschaftsprüfer-Handbuch 1973, S. 961 f.

lung über Grundbücher, Journale und Hauptbuch bis zum Jahresabschluß verfolgt, so liegt eine **progressive Prüfung** vor, verfolgt man einen Tatbestand von seinem Ausweis in der Bilanz zurück bis zum Beleg, so handelt es sich um eine **retrograde Prüfung**.

Führen dieselben Abschlußprüfer die Prüfung eines Unternehmers Jahr für Jahr durch, so ist es zweckmäßig, daß sie ihren Prüfungsplan jeweils nach anderen Gesichtspunkten aufbauen, damit die von ihnen verwendeten Prüfungsmethoden nicht von vornherein durchschaut werden können.

c) Die Prüfung der Bilanz

Die Prüfung der Bilanz bezieht sich einmal auf die Einhaltung der Gliederungsvorschriften, zum anderen auf die Beachtung der Bewertungsvorschriften. Soweit der Geschäftszweig keine abweichende Gliederung bedingt, die gleichwertig sein muß, ist die Gliederung des § 151 AktG als Mindestgliederung einzuhalten. Eine freiwillige Aufgliederung der Positionen ist zulässig. In einem solchen Fall ist besonders die Beachtung der formalen Bilanzkontinuität zu prüfen. Durch häufigen Wechsel der Aufgliederung der Bilanzpositionen wird die Vergleichbarkeit mit Bilanzen früherer Perioden erheblich erschwert.

Gehört ein Wirtschaftsgut zu mehreren Bilanzpositionen, so ist bei der Position, unter der es ausgewiesen ist, die Mitzugehörigkeit zu den anderen Positionen zu vermerken, wenn das zur Aufstellung einer klaren und übersichtlichen Jahresbilanz erforderlich ist.[1]

Bei der **Prüfung der Wertansätze** hat der Prüfer einerseits darauf zu achten, ob das Prinzip des Gläubigerschutzes beachtet worden ist, d. h. ob die Wertansätze der Vermögenspositionen nicht zu hoch sind und ob Abschreibungen, Wertberichtigungen und Rückstellungen reichlich genug bemessen worden sind, andererseits muß er im Interesse der Aktionäre prüfen, daß deren Gewinnansprüche nicht durch zu niedrige Bewertung (Bildung stiller Rücklagen) oder durch zu hohe Einstellung von Gewinnen in die freien Rücklagen gekürzt werden. Soweit die gesetzlichen Bewertungsvorschriften dem Unternehmen Ermessensspielräume bei der Fixierung der Wertansätze einräumen, genügt m. E. nicht die Feststellung, daß die Wertansätze im Rahmen der gesetzlichen Grenzen liegen; vielmehr erfordert die Generalvorschrift des § 149 Abs. 1 AktG, wonach der Jahresabschluß im Rahmen der Bewertungsvorschriften einen möglichst sicheren Einblick in die Vermögens- und Ertragslage geben soll, daß die Ausübung des Ermessens daraufhin geprüft wird, ob dieser Grundsatz beachtet worden ist.

So gibt es beispielsweise für die Handelsbilanz keine gesetzliche Vorschrift über das anzuwendende Abschreibungsverfahren. Deshalb muß sich der Prüfer ein eigenes Urteil darüber bilden, ob z. B. eine stark degressive Abschreibung in den ersten Jahren der wirtschaftlichen Nutzungsdauer zu Periodenabschreibungen führt, die nicht den sichersten Einblick in die wirtschaftliche Lage des Unternehmens geben. Es liegt dann zwar kein nachweisbarer Verstoß gegen eine spezielle Bewertungsvorschrift vor, es ist aber möglich, daß die gewählte Abschreibung nicht den Grundsätzen ordnungsmäßiger Buchführung entspricht.

---

[1] Vgl. § 151 Abs. 3 AktG

Besonders kritisch sind die mit den Herstellungskosten bewerteten Positionen zu überprüfen, da durch zu hohe Bemessung der Herstellungskosten (z. B. durch Einbeziehen zu hoher Gemeinkostenbeträge) die Gesellschaft ihre Lage günstiger darstellen kann als sie tatsächlich ist. Die Nachprüfung der Herstellungskosten erfordert eine Einsichtnahme in die Unterlagen der Kostenrechnung und damit in gewissem Umfange auch eine Prüfung der Kostenrechnung.

d) Die Prüfung der Gewinn- und Verlustrechnung

Die Prüfung der Gewinn- und Verlustrechnung ist in erster Linie eine **Gliederungsprüfung**. Das Mindestgliederungsschema des § 157 AktG ist einzuhalten, es sei denn, der Geschäftszweig erfordert eine abweichende Gliederung, die gleichwertig sein muß. Wird die Gliederung freiwillig erweitert, so ist insbesondere die Beachtung der Kontinuität der Gliederung zu prüfen. Die Aufmerksamkeit des Prüfers hat sich vor allem auf die Einhaltung des Bruttoprinzips, d. h. des vollständigen und getrennten Ausweises aller Aufwendungen und Erträge, und auf die Einordnung der Aufwendungen und Erträge unter die vorgesehenen Positionen zu richten.

Zusätzliche Bewertungsfragen treten in der Regel nicht auf, wenn die Positionen, bei denen eine Bewertung in Frage kommt (z. B. Abschreibungen, Bestandsänderungen bei den Vorräten, Wertberichtigungen auf Forderungen, Rückstellungen u. a.) bereits in der Bilanz geprüft worden sind. Auch die Prüfung der Zuführungen und Entnahmen zu bzw. aus den Rücklagen wird in der Regel bereits bei der Prüfung der Rücklagen und des Ausweises ihrer Bewegung in der Bilanz vorgenommen.

e) Die Prüfung des Geschäftsberichts

Den Schwerpunkt der Prüfung des Geschäftsberichts bildet der **Erläuterungsbericht**, also der Teil des Geschäftsberichts, der die Positionen des Jahresabschlusses, die Bewertungs- und Abschreibungsmethoden und Änderungen dieser Methoden, die die Vergleichbarkeit mit dem letzten Jahresabschluß beeinträchtigen, erläutert.

Die Prüfung des **Lageberichts** beschränkt sich auf die Feststellung, daß er die allgemeine wirtschaftliche Situation der Gesellschaft richtig darstellt und daß er nicht geeignet ist, beim Leser eine falsche Vorstellung über die Lage zu erwecken.[1] Einzelheiten, insbesondere die Darstellung der Lage durch Kennziffern, Statistiken und Schaubilder, sind nicht Gegenstand der Prüfung. „Eine Prüfung des Lageberichts in allen Einzelheiten würde die Abschlußprüfer überfordern und außerdem in den Verantwortungsbereich des Vorstands übergreifen, da der Lagebericht notwendigerweise ein stark persönlich geprägtes Urteil des Vorstands über die Lage der Gesellschaft enthalten wird."[2]

Nach § 162 Abs. 2 Satz 2 AktG hat der Abschlußprüfer den Erläuterungsbericht „darauf zu prüfen, ob § 160 Abs. 2 bis 5 beachtet ist"; das bedeutet im einzelnen, daß er sich ein Urteil darüber bilden muß, ob die geforderten Erläuterun-

---

[1] Vgl. § 162 Abs. 2 Satz 2 AktG.
[2] Kropff, B., Aktiengesetz, a.a.O., S. 265.

gen zu den einzelnen Posten des Jahresabschlusses nicht nur sachlich richtig, sondern auch der Zielsetzung des Geschäftsberichts entsprechend hinreichend sind, ob die Bewertungs- und Abschreibungsmethoden in einer Weise dargestellt worden sind, daß der Bilanzleser dadurch die erforderlichen Informationen für die Beurteilung des Jahresabschlusses erhält, ob ferner über Unterbrechungen der Bilanzkontinuität durch Änderung der angewendeten Bewertungs- und Abschreibungsmethoden, durch die die Vergleichbarkeit mit einem früheren Jahresabschluß beeinträchtigt wird – ggf. mit zahlenmäßigen Angaben ihrer Auswirkungen auf den Jahresüberschuß bzw. Jahresfehlbetrag – ausreichend berichtet worden ist.

Der Abschlußprüfer steht hier vor einer außerordentlich schwierigen Aufgabe, da – wie oben dargestellt – nicht immer eindeutig ist, wann eine Änderung der Bewertungs- und Abschreibungsmethoden vorliegt und wann die Vergleichbarkeit mit dem letzten Jahresabschluß oder der sichere Einblick in die Vermögens- und Ertragslage beeinträchtigt sind. Vorstand und Abschlußprüfer können hier ggf. unterschiedlicher Auffassung sein, ob und in welchem Umfange eine Berichtspflicht besteht.

Da § 162 Abs. 2 AktG auch eine Berichterstattung über bestimmte, aus dem Jahresabschluß nicht oder nicht hinreichend erkennbare Tatbestände im Geschäftsbericht verlangt, z. B. über Vorratsaktien, eigene Aktien, genehmigtes Kapital, aus der Bilanz nicht zu ersehende Haftungsverhältnisse, rechtliche und geschäftliche Beziehungen zu verbundenen Unternehmen u. a.,[1] muß der Abschlußprüfer auch diese Tatbestände einer Beurteilung unterziehen und sich vom Vorstand die dazu erforderlichen Unterlagen und Auskünfte beschaffen.

f) Prüfungsbericht und Bestätigungsvermerk

Über das Ergebnis der Prüfung haben die Abschlußprüfer schriftlich zu berichten.[2] Der Prüfungsbericht hat im wesentlichen drei **Aufgaben**: er dient **erstens** der Unterrichtung und damit der Unterstützung des Aufsichtsrats bei der Ausübung seiner Überwachungsfunktion, er ist **zweitens** ein Rechenschaftsbericht der Abschlußprüfer über die ordnungsmäßige Durchführung und das Ergebnis der ihnen übertragenen Prüfung, und er stellt **drittens** eine Dispositionsunterlage für den Vorstand dar, da der Bericht in der Regel auch eine Beurteilung der wirtschaftlichen Situation durch die Abschlußprüfer enthält und in diesem Teil somit den Charakter eines Gutachtens externer Sachverständiger hat.

Der **Inhalt** des Berichts ergibt sich aus dem Gesetz; er muß folgende Feststellungen und Angaben enthalten:
(1) ob die Buchführung, der Jahresabschluß und der Geschäftsbericht, soweit er den Jahresabschluß erläutert, den gesetzlichen Vorschriften entsprechen;
(2) ob der Vorstand die verlangten Aufklärungen und Nachweise erbracht hat;
(3) eine Aufgliederung und „ausreichende" Erläuterung der Posten des Jahresabschlusses;
(4) ein Bericht über bei der Abschlußprüfung entdeckte
    (a) Tatsachen, die den Bestand des Unternehmens gefährden,

---
[1] Vgl. § 160 Abs. 3 Nr. 1–11 AktG
[2] Vgl. § 166 Abs. 1 Satz 1 AktG

B. IV. Die Bilanz als Gegenstand und als Hilfsmittel von Prüfungen

(b) Tatsachen, die die Entwicklung des Unternehmens wesentlich beeinträchtigen,
(c) schwerwiegende Verstöße des Vorstands gegen Gesetz oder Satzung.

(5) Umstritten ist, ob aus der Pflicht des § 166 Abs. 1 AktG, „besonders" – d. h. wohl „vor allem" – die Gesetzmäßigkeit festzustellen, eine Pflicht zur Abgabe eines Berichts über die Lage der Unternehmung abzuleiten ist, wie sie in der Praxis befolgt wird (z. B. Angaben über Rentabilität, Wirtschaftlichkeit, Finanzierung, Liquidität, Umsatzentwicklung, Konkurrenzsituation usw.).

Ein Antrag des Instituts der Wirtschaftsprüfer, eine Verpflichtung zur Darstellung der Entwicklung der Vermögens- und Ertragslage sowie der Bilanzstruktur im AktG 1965 zu verankern, ist bei den Beratungen des Gesetzesentwurfes vom Rechts- und Wirtschaftsausschuß abgelehnt worden. „Die Ausschüsse sind davon ausgegangen, daß die Prüfungsberichte schon jetzt ganz überwiegend diese Darstellung enthalten. Dabei werde es auch ohne gesetzliche Regelung bleiben. Gegen eine gesetzliche Regelung spreche, daß aus einer solchen Ausweitung der gesetzlichen Berichtspflicht auf eine Erweiterung des Prüfungsumfanges geschlossen werden könnte".[1] Ohne Zweifel sind aber gerade die Berichte über die wirtschaftliche Lage für Aufsichtsrat und Vorstand von besonders **großem Informationsgehalt,** so daß die ohne gesetzliche Regelung geübte Praxis der Berichterstattung im Prüfungsbericht als zweckmäßig erscheint.

Das Gesetz schreibt für den Prüfungsbericht keine besondere Gliederung vor, jedoch hat sich durch die Berufspraxis der Wirtschaftsprüfer eine Einteilung in einen Hauptteil, einen Anhang und Anlagen entwickelt. Der **Hauptteil** soll etwa folgendermaßen aufgebaut werden:[2]

(1) Prüfungsauftrag und Auftragsdurchführung;
(2) Veränderungen in den rechtlichen Verhältnissen;
(3) Überblick über die wirtschaftlichen Verhältnisse der Gesellschaft im Geschäftsjahr;
(4) Jahresabschluß zum ...
   (a) Gliederung und Bewertung
   (b) Bilanzanalyse (Bilanzstruktur, Vermögens- und Finanzlage)
   (c) wesentlicher Bilanzinhalt
   (d) Ergebnisrechnung mit Vergleich zum Vorjahr (Ertragslage)
(5) Das Rechnungswesen (Buchführung);
(6) Der Geschäftsbericht;
(7) Schlußbemerkung und Bestätigungsvermerk.

Sind nach dem abschließenden Ergebnis der Prüfung keine Einwendungen zu machen, so sind die Abschlußprüfer verpflichtet, dies durch einen Vermerk zu bestätigen. Aus diesem sog. **Bestätigungsvermerk** muß ersichtlich sein, daß nach pflichtgemäßer Prüfung auf Grund der Bücher und der Schriften der Gesellschaft sowie der vom Vorstand erteilten Aufklärungen und Nachweise die Buchführung, der Jahresabschluß und der Geschäftsbericht, soweit er den Jahresabschluß erläutert, den gesetzlichen Vorschriften entsprechen. Der Bestätigungsvermerk hat nach § 167 Abs. 1 AktG folgenden Wortlaut: „Die Buchführung, der Jahres-

---

[1] Kropff, B., Aktiengesetz, a.a.O., S. 271
[2] Vgl. Wirtschaftsprüfer-Handbuch 1973, a.a.O., S. 928 f.

abschluß und der Geschäftsbericht entsprechen nach meiner (unserer) pflichtmäßigen Prüfung Gesetz und Satzung."

Während der Bestätigungsvermerk der Unterrichtung der Aktionäre, der Gläubiger und der interessierten Öffentlichkeit über die Ordnungsmäßigkeit und Gesetzmäßigkeit des Jahresabschlusses, der Buchführung und des Geschäftsberichts dient und folglich mit dem Jahresabschluß im vollen Wortlaut bekanntzumachen ist,[1] ist der Prüfungsbericht vertraulich. Er gelangt nur dem Vorstand und dem Aufsichtsrat zur Kenntnis. Der Bestätigungsvermerk ist nach § 167 Abs. 3 Satz 2 in den Prüfungsbericht aufzunehmen.

Haben die Abschlußprüfer Einwendungen zu erheben, so müssen sie den Bestätigungsvermerk einschränken oder versagen.[2] **Einschränkungen** sind dann erforderlich, wenn Verstöße gegen die Grundsätze ordnungsmäßiger Buchführung, die Gliederungs- und Bewertungsvorschriften, die Vorschriften über die Berichterstattung im Erläuterungsbericht, gegen die Satzung oder wenn Verletzungen der Auskunftspflicht des Vorstandes vorliegen, die nicht so schwerwiegend sind, daß der Bestätigungsvermerk versagt werden muß. Dasselbe gilt, wenn der Lagebericht des Geschäftsberichts falsche Aussagen über die wirtschaftliche Lage der Gesellschaft im allgemeinen macht, die geeignet sind, das Bild, das sich aus dem Jahresabschluß ergibt, wesentlich zu verändern. Neben Einschränkungen haben sich in der Praxis auch Vorbehalte und Zusätze zum Bestätigungsvermerk entwickelt.

Eine **Versagung** des Bestätigungsvermerks wird immer dann erforderlich sein, wenn die Verstöße, die zu einer Einschränkung des Testats führen können, besonders schwerwiegend sind. Die Grenze zwischen Einschränkung und Versagung läßt sich nicht immer eindeutig ziehen. Soweit der Jahresabschluß nach § 256 AktG wegen bestimmter Verstöße, z. B. gegen die Vorschriften über die Gliederung, die Bewertung, die Einstellungen und die Entnahmen in bzw. aus den Rücklagen nichtig ist, kommt eine Einschränkung nicht mehr in Betracht. Hier muß der Bestätigungsvermerk versagt werden.

Der Jahresabschluß kann jedoch auch festgestellt werden, wenn der Bestätigungsvermerk nicht erteilt worden ist. Die Versagung des Testats muß aus dem zum Handelsregister eingereichten Jahresabschluß und bei der Bekanntmachung des Jahresabschlusses vermerkt werden.[3]

V. Die Rechnungslegung im Konzern

1. Begriff und Aufgaben des konsolidierten Jahresabschlusses

Das Aktiengesetz 1965 enthält erstmals Vorschriften über die Rechnungslegung im Konzern. Danach sind Konzerne verpflichtet, eine Konzernbilanz, eine Konzern-Gewinn- und Verlustrechnung und einen Konzerngeschäftsbericht aufzustellen[4]. Das Aktiengesetz 1937 ermächtigte zwar die Reichsregierung in § 134

---

[1] Vgl. § 178 Abs. 1 Nr. 1 AktG
[2] Vgl. § 167 Abs. 2 AktG
[3] Vgl. § 177 Abs. 1 Satz 4, § 178 Abs. 1 Nr. 1 AktG
[4] Vgl. § 329 Abs. 1 AktG

Abs. 2, Vorschriften über die Aufstellung eines gemeinsamen Jahresabschlusses der in einem Konzern zusammengeschlossenen Aktiengesellschaften zu erlassen, die Reichsregierung machte jedoch von dieser Ermächtigung keinen Gebrauch. Soweit Konzerne nicht freiwillig konsolidierte Bilanzen aufstellten und veröffentlichten, beschränkten sich daher die Einblicke in die Vermögens- und Ertragslage eines Konzerns bisher auf die aus den Jahresabschlüssen und den Geschäftsberichten der einzelnen Gesellschaften ersichtlichen Tatbestände, d. h. auf die in den Bilanzen ausgewiesene Höhe der Beteiligungen und der Forderungen und Verbindlichkeiten gegenüber Konzernunternehmungen, auf die in den Gewinn- und Verlustrechnungen gesondert ausgewiesenen Erträge aus Beteiligungen und auf die in den Geschäftsberichten enthaltenen Angaben über die Beziehungen zu Konzernunternehmungen.

§ 29 Abs. 1 EGAktG dehnt die Konzernrechnungslegungsvorschriften auch auf Obergesellschaften mit Sitz im Inland aus, die in der Rechtsform der GmbH oder der bergrechtlichen Gewerkschaft geführt werden, wenn zum Konzern wenigstens eine Aktiengesellschaft oder Kommanditaktiengesellschaft gehört. Auf Konzerne, zu denen kein Unternehmen dieser beiden Rechtsformen zählt, waren die aktienrechtlichen Konzernrechnungslegungsvorschriften zunächst nicht anzuwenden; sie stellten somit kein allgemeines Konzernrecht dar.

Diese Rechtslage hat sich durch die Verabschiedung des „Gesetzes über die Rechnungslegung von bestimmten Unternehmen und Konzernen" vom 15. August 1969[1] (**Publizitätsgesetz**) geändert. § 11 Abs. 1 dieses Gesetzes bestimmt, daß die Konzernobergesellschaft (Konzernleitung) von Unterordnungskonzernen unabhängig von der Rechtsform der Obergesellschaft und der Konzernunternehmung Rechnung zu legen hat, wenn sie ihren Sitz (Hauptniederlassung) im Inland hat, und für drei aufeinander folgende Abschlußstichtage der Konzernleitung jeweils mindestens zwei der drei folgende Merkmale zutreffen:

(1) Die **Bilanzsumme** einer auf den Abschlußstichtag aufgestellten Konzernbilanz übersteigt 125 Mill. DM.

(2) Die **Außenumsatzerlöse** des Konzerns in den zwölf Monaten vor dem Abschlußstichtag übersteigen 250 Mill. DM.

(3) Die Konzernunternehmen mit Sitz im Inland haben in den zwölf Monaten vor dem Abschlußstichtag insgesamt durchschnittlich mehr als 5.000 **Arbeitnehmer** beschäftigt.

Die nach dem Publizitätsgesetz zur Rechnungslegung verpflichteten Konzernobergesellschaften haben einen Konzernabschluß und einen Konzerngeschäftsbericht aufzustellen, auf den die entsprechenden Vorschriften des Aktiengesetzes anzuwenden sind.[2,3]

Nach § 338 Abs. 2 AktG ist der **geprüfte** Konzernabschluß zusammen mit dem Jahresabschluß zum Handelsregister einzureichen und in den Gesellschaftsblättern der Obergesellschaft **zu veröffentlichen**. Konzernabschlüsse, die nach dem Publizitätsgesetz aufzustellen sind, unterliegen nach § 14 dieses Gesetzes ebenfalls der

---

[1] Vgl. BGBl. I, S. 1289.
[2] Vgl. § 13 Publizitätsgesetz
[3] Weitere Einzelheiten über den Kreis der zur Aufstellung von Konzernabschlüssen verpflichteten Unternehmen vgl. S. 828 ff.

Pflichtprüfung. Sie sind zum Handelsregister einzureichen und im Bundesanzeiger zu veröffentlichen, und zwar auch dann, wenn die Obergesellschaft auf Grund ihrer Rechtsform nicht zur Veröffentlichung ihres Jahresabschlusses verpflichtet ist.

Eine Konzernbilanz entsteht nicht durch Addition der einzelnen Positionen der Bilanzen der Konzerngesellschaften, denn da der Konzern eine wirtschaftliche Einheit darstellt, würde eine solche Addition zu Doppelzählungen führen und folglich die wirtschaftliche Lage des Konzerns nicht richtig darstellen. Vielmehr werden z. B. die bei der Obergesellschaft ausgewiesenen Beteiligungen gegen entsprechende Teile des Eigenkapitals der Untergesellschaften aufgerechnet, außerdem erfolgt eine Aufrechnung der zwischen Konzerngesellschaften bestehenden Forderungen und Verbindlichkeiten. Neben der Zusammenfassung (**Konsolidierung**) des Kapitals und der Forderungen und Verbindlichkeiten der Konzerngesellschaften muß auch eine Konsolidierung des Erfolges vorgenommen werden.

Aus den Einzelbilanzen ist die wirtschaftliche Lage eines Konzerns nicht ohne weiteres zu erkennen, da Gewinne oder Verluste einzelner Gesellschaften, die eine Folge von Umsätzen zwischen diesen Gesellschaften sind, nicht in jedem Falle zugleich Gewinne oder Verluste des gesamten Konzerns sind. Außerdem kann durch die Konzernverwaltung das Bild über die wirtschaftliche Lage der einzelnen Gesellschaften verändert werden, da die Konzernverwaltung die Möglichkeit hat, **Gewinnverlagerungen** zwischen den einzelnen Gesellschaften vorzunehmen und die **Liquidität** der einzelnen Gesellschaften zu beeinflussen. Das soll an einem Zahlenbeispiel gezeigt werden.

Beispiel:

Angenommen, in einem vertikalen Konzern liefert die Gesellschaft A Halbfabrikate an die Gesellschaft B, die diese zu Endprodukten weiterverarbeitet und entweder an einen außerhalb des Konzerns stehenden Abnehmer verkauft oder zunächst auf Lager nimmt.

Fall 1: A liefert zu 500,- DM an B, B verkauft zu 1.000,- DM weiter.

Selbstkosten bei A	500 DM	
Verkauf an B	500 DM	
Gewinn bei A		0 DM
Weiterverarbeitung bei B	300 DM	
Selbstkosten bei B	800 DM	
Verkauf nach außen	1.000 DM	
Gewinn bei B		200 DM
Gewinn des Konzerns		200 DM

Das Beispiel zeigt (vgl. auch Fall 2 auf der folgenden Seite), daß der Gewinn des Konzerns in Höhe von 200,- DM je nach der Höhe des Verrechnungspreises, den die Konzernleitung für die Lieferung von A an B festsetzt, entweder bei A oder B entstehen kann (oder auf beide Gesellschaften verteilt werden kann).

Fall 2: A liefert zu 700,– DM an B, B verkauft zu 1.000,– DM weiter.

Selbstkosten bei A	500 DM	
Verkauf an B	700 DM	
Gewinn bei A		200 DM
Weiterverarbeitung bei B	300 DM	
Selbstkosten bei B	1.000 DM	
Verkauf nach außen	1.000 DM	
Gewinn bei B		0 DM
Gewinn des Konzerns		200 DM

Veräußert die Gesellschaft B die Halbfabrikate in der Abrechnungsperiode noch nicht weiter, sondern nimmt sie sie auf Lager, so hat der Konzern als wirtschaftliche Einheit noch keinen Gewinn erzielt. Im Falle 1 würde dann keine der beiden Gesellschaften einen Gewinn ausweisen, im Falle 2 dagegen hat A mit einem Gewinn von 200,– DM an B verkauft, B dagegen hat noch keinen Gewinn erzielt. Soll die wirtschaftliche Lage des Konzerns richtig dargestellt werden, so muß eine Eliminierung der konzerninternen Gewinne erfolgen.

Die Konzernbilanz hat aber nicht nur für die Konzernleitung große Bedeutung als Dispositionsinstrument, sondern auch für die **außenstehenden Aktionäre**. Ist nämlich ein Gewinn im Konzern entstanden, so könnte die Konzernleitung dafür sorgen, daß er stets bei Gesellschaften zum Ausweis gelangt, an denen die Obergesellschaft zu 100% beteiligt ist, während die Gesellschaften, an denen Minderheiten beteiligt sind, leer ausgehen. Aus der Bilanz ihrer Gesellschaft allein aber können sich die Minderheitsaktionäre kein umfassendes Bild über die wirtschaftliche Lage des Konzerns machen und deshalb auch nicht entscheiden, ob es zweckmäßig ist, ihre Anteile zu veräußern. Das gilt insbesondere dann, wenn einzelne Konzerngesellschaften in der Rechtsform der GmbH geführt werden und folglich keine Bilanzen veröffentlichen müssen. Dann stehen den Minderheitsaktionären zu ihrer Information noch nicht einmal die Bilanzen aller Konzerngesellschaften zur Einsicht zur Verfügung, und nur eine konsolidierte Bilanz kann ihnen die erforderlichen Aufschlüsse geben.

Das Aktiengesetz versucht, durch eine Reihe von Bestimmungen einen Ausgleich zwischen den Interessen des Konzerns und der außenstehenden Aktionäre (sowie der Gläubiger) zu schaffen. Beruht der Konzern **auf Vertrag**, so darf die herrschende Gesellschaft im Interesse des Konzerns einer abhängigen Gesellschaft auch Weisungen erteilen, die für diese nachteilig sind. Der Vorstand der abhängigen Gesellschaft muß diese **Weisungen befolgen**. Die Minderheitsaktionäre sollen jedoch vor Nachteilen durch die Bestimmung geschützt werden, daß die herrschende Gesellschaft ihnen entweder eine **Dividendengarantie** zusichern[1] oder eine angemessene **Entschädigung** gewähren muß, wenn sie ausscheiden wollen, nachdem ein Beherrschungsvertrag geschlossen worden ist.[2]

---

[1] Vgl. § 304 AktG
[2] Vgl. § 305 AktG

Beruht der Konzern nicht auf Vertrag, sondern auf **faktischer Beherrschung**, so darf eine herrschende Gesellschaft ihren Einfluß nicht dazu benutzen, eine abhängige Gesellschaft zu veranlassen, „ein für sie nachteiliges Rechtsgeschäft vorzunehmen oder Maßnahmen zu ihrem Nachteil zu treffen oder zu unterlassen, es sei denn, daß die Nachteile ausgeglichen werden".[1]

Damit diese den Interessen der außenstehenden Aktionäre und der Gläubiger gleichermaßen dienende Vorschrift eingehalten wird, ist der Vorstand der abhängigen Gesellschaft verpflichtet, einen Bericht über die Beziehungen der Gesellschaft zu verbundenen Unternehmungen aufzustellen, in dem alle Rechtsgeschäfte und andere Maßnahmen, die die abhängige Gesellschaft auf Veranlassung oder im Interesse der herrschenden Gesellschaft oder anderer Konzernunternehmungen vorgenommen oder unterlassen hat, aufzuführen sind.[2] Am Schluß dieses sog. **Abhängigkeitsberichts** hat der Vorstand zu erklären, ob seine Gesellschaft für alle derartigen Rechtsgeschäfte und Maßnahmen eine angemessene Gegenleistung erhalten hat und ob Nachteile, die ihr entstanden sind, ausgeglichen worden sind. Diese Erklärung ist auch in den Konzern-Geschäftsbericht aufzunehmen.[3] Der Abhängigkeitsbericht ist von den Abschlußprüfern[4] und vom Aufsichtsrat[5] zu prüfen.

Die Konzernverwaltung hat auch die Möglichkeit, die **Liquidität** der einzelnen Gesellschaften (bei gegebener Liquidität des Konzerns) zu beeinflussen. Hat B eine Verbindlichkeit gegenüber A von 1.000 DM und zahlt B kurz vor dem Bilanzstichtag, so verbessert sich die Liquidität bei A, während sie sich bei B verschlechtert. Vom Standpunkt des Konzerns ist die Summe der liquiden Mittel unverändert.[6]

Die Beispiele zeigen, daß die wirtschaftliche Lage eines Konzerns nicht aus den Einzelbilanzen der Konzerngesellschaften, sondern nur aus einer konsolidierten Bilanz ersehen werden kann, in der eine Konsolidierung des Kapitals, der Forderungen und Verbindlichkeiten und des Erfolges vorgenommen werden muß.

2. Theoretische Grundlagen des Konzernabschlusses

Über die Ausgestaltung der Konzernbilanz sind mehrere Theorien entwickelt worden, die sich insbesondere in der Behandlung der Minderheitsanteile unterscheiden. Von praktischer Bedeutung sind vor allem die Einheitstheorie und die Interessentheorie.

Die **Einheitstheorie** kann heute als die herrschende angesehen werden. Sie bildet auch im wesentlichen die Grundlage der Vorschriften über die Konzernrechnungslegung im Aktiengesetz 1965, allerdings mit der Einschränkung, daß für Beziehungen zu Dritten, also zu Gesellschaftern, Gläubigern und den Finanzbehörden die **Einzelbilanzen maßgeblich** bleiben, d. h. die Verrechnung innerkonzernlicher Beziehungen im Konzernabschluß für sie keine rechtlichen Wirkungen hat.

---

[1] § 311 Abs. 1 AktG
[2] Vgl. § 312 Abs. 1 und 2 AktG
[3] Vgl. § 312 Abs. 3 AktG
[4] Vgl. § 313 AktG
[5] Vgl. § 314 AktG
[6] Vgl. Heinen, E., a.a.O., S. 253

So richten sich die Gewinnansprüche der Gesellschafter jedes Konzernunternehmens nach dessen Einzelbilanz. Das gilt gleichermaßen für die Obergesellschaft, wie auch für die abhängigen Gesellschaften. Allerdings schließt das nicht aus, daß von der Konzernleitung „zur Beurteilung einzelner Fragen, z. B. der Angemessenheit einer Gewinnausschüttung, aus dem Konzernabschluß gewonnene Erkenntnisse mit zu berücksichtigen sind",[1] d. h. z. B. daß konzerninterne Gewinne, also Gewinne, die zwar vom Standpunkt eines Konzernunternehmens realisiert und in seiner Einzelbilanz ausgewiesen, vom Standpunkt des Konzerns als wirtschaftliche Einheit aber noch nicht durch Umsatz mit konzernexternen Wirtschaftseinheiten verwirklicht worden sind, nicht zur Ausschüttung freigegeben werden.

Infolge der Maßgeblichkeit der Einzelbilanzen für die Besteuerung kann allerdings eine **Besteuerung konzerninterner Gewinne** nicht vermieden werden. Schachtelprivileg[2] und Organschaft[3] verhindern lediglich, daß bereits um die Körperschaftsteuer gekürzte Gewinne, die abhängige Gesellschaften an die Obergesellschaft als Dividende zahlen bzw. auf Grund von Ergebnisabführungsverträgen abführen, bei der Obergesellschaft erneut der Körperschaftsteuer unterliegen. Die in den Steuerbilanzen der abhängigen Unternehmen ermittelten Gewinne enthalten jedoch die konzerninternen Gewinne.

Die Einheitstheorie geht von der Vorstellung aus, daß die in einem Konzern zusammengefaßten rechtlich selbständigen Unternehmen eine **wirtschaftliche Einheit** bilden und daß es folglich die Aufgabe des Konzernabschlusses ist, einen möglichst sicheren Einblick in die Vermögens- und Ertragslage des Konzerns zu geben, der durch einen Konzerngeschäftsbericht noch verbessert werden soll. Betrachtet man die Konzernunternehmen wirtschaftlich als Betriebsabteilungen eines einheitlichen Unternehmens, d. h. vernachlässigt man die rechtliche Selbständigkeit der unter einheitlicher Leitung stehenden Unternehmen, so folgt daraus, daß sowohl die Gesellschafter des herrschenden Unternehmens als auch die außenstehenden Gesellschafter (Minderheiten) des abhängigen Unternehmens als Anteilseigner der wirtschaftlichen Einheit angesehen werden. Alle Fragen der Gliederung, Bewertung sowie der Aufrechnung konzerninterner Positionen werden unter diesem Gesichtspunkt behandelt.

Die **Interessentheorie** betrachtet den Konzernabschluß zwar auch als Abschluß einer aus mehreren selbständigen Unternehmen bestehenden wirtschaftlichen Einheit, faßt die wirtschaftliche Einheit aber enger als die Einheitstheorie. Nach der Interessentheorie wird die handels- und steuerrechtliche Selbständigkeit der Konzernunternehmen in den Vordergrund gestellt. Der Konzernabschluß

---

[1] Kropff, B., Aktiengesetz, a.a.O., S. 437
[2] Auf Grund des Schachtelprivilegs (§ 9 KStG) dürfen bei der Ermittlung des körperschaftsteuerpflichtigen Gewinns alle Gewinnanteile außer Ansatz gelassen werden, die einer inländischen Kapitalgesellschaft aus einer Beteiligung von mindestens 25% an einer anderen inländischen Kapitalgesellschaft zugeflossen sind.
[3] Verpflichtet sich eine inländische Kapitalgesellschaft (Organgesellschaft) durch einen Gewinnabführungsvertrag, ihren ganzen Gewinn an ein anderes inländisches Unternehmen (Organträger) abzuführen, so ist dieser dem Organträger zuzurechnen, wenn die Organgesellschaft finanziell wirtschaftlich und organisatorisch in das andere Unternehmen eingegliedert ist. Der Organträger muß einen Verlust der Organgesellschaft übernehmen (Einzelheiten vgl. § 7 a KStG).

wird lediglich als ein **erweiterter Abschluß der Obergesellschaft** aufgefaßt. Die Anteile der außenstehenden Gesellschafter (Minderheiten) werden wie Fremdkapital behandelt. Die auf die Minderheiten entfallenden zwischengesellschaftlichen Gewinne werden **als realisiert** angesehen und nur die auf die Gesellschafter der Obergesellschaft entfallenden Zwischengewinne werden eliminiert.

Der Konzernabschluß zeigt nur die Anteile der Gesellschafter der Obergesellschaft am Vermögen des Konzerns, die Minderheiten werden wie Gläubiger betrachtet. Der Konzern wird also nur in dem Umfange als wirtschaftliche Einheit angesehen, in dem er den Gesellschaftern der Obergesellschaft gehört. An die Stelle der Position „Beteiligungen" der Obergesellschaft an den abhängigen Gesellschaften treten die den Beteiligungen entsprechenden Teile der Aktiva dieser Gesellschaften.[1]

Ein auf diese Weise aufgestellter Konzernabschluß ist nicht geeignet, einen sicheren Einblick in die Vermögens- und Ertragslage eines Konzerns zu geben und dadurch der Konzernleitung als Instrument der Information und der Planung, Lenkung und Kontrolle zu dienen, weil die **Konsolidierung** – insbesondere die Erfolgskonsolidierung – **unvollständig** ist. Er ist deshalb vom betriebswirtschaftlichen Standpunkt aus als unzweckmäßig anzusehen. Diese Auffassung wird von Heinen nur für konsolidierte Bilanzen geteilt, die „konzernintern als zusätzliches Lenkungs- und Kontrollinstrument der Konzernleitung verwandt"[2] werden. Für veröffentlichte Bilanzen schließt er sich der Interessentheorie an. Der Aktiengesetzgeber ist – u. E. zu Recht – auch für die auf Grund gesetzlicher Vorschriften zu veröffentlichten Konzernabschlüsse im wesentlichen der Einheitstheorie gefolgt.

Von den Minderheiten wird unterstellt, daß sie kein Interesse am Konzern, sondern nur ein Interesse an ihrer Einzelgesellschaft haben. Deshalb müssen die Anteile der Minderheiten am Gewinn – unabhängig davon, ob sie vom Standpunkt des Konzerns realisiert sind oder nicht – getrennt ausgewiesen werden.

Nach dieser Theorie ist es auch möglich, auf den Ausweis der Minderheitsbeteiligungen überhaupt zu verzichten und die Aktiva und Passiva nur in Höhe des Prozentsatzes der Mehrheitsbeteiligung in die konsolidierte Bilanz einzusetzen.

Die **Aufgaben des Konzernabschlusses** und sein Verhältnis zu den Einzelbilanzen der Konzernunternehmen lassen sich bei Anwendung des Gedankens der Einheitstheorie folgendermaßen charakterisieren:

(1) Der Konzernabschluß soll einen möglichst sicheren Einblick in die Vermögens- und Ertragslage des Konzerns als wirtschaftliche Einheit geben. Der Einblick in die **Vermögenslage** wird erreicht durch eine Aufrechnung der konzerninternen Beteiligungen (Kapitalkonsolidierung) und der konzerninternen Forderungen und Verbindlichkeiten (Schuldenkonsolidierung). Der Einblick in die **Ertragslage** wird erreicht durch eine Eliminierung konzerninterner Gewinne, d. h. durch die Reduzierung der Einzelbilanzen auf einen durch den Konzern als wirtschaftliche Einheit realisierten Gewinn und durch eine Eliminierung der Innenumsatzerlöse und der auf sie entfallenden Aufwendungen.

---
[1] Vgl. Fuchs, H., Gerloff, O., a.a.O., S. 64.
[2] Heinen, E., Handelsbilanzen, 5. Aufl., Wiesbaden 1969, S. 275.

(2) Die **Interessenten am Konzernabschluß** sind die Konzernleitung, der Aufsichtsrat und die Aktionäre der Obergesellschaft, die Vorstände, Aufsichtsräte und Minderheitsaktionäre der abhängigen Gesellschaften, ferner die Gläubiger, die potentiellen Aktionäre, die Belegschaften, die Konkurrenten und der Staat.

Die **Konzernleitung** benötigt den Konzernabschluß als Unterlage für ihre Führungsentscheidungen, insbesondere ihre Weisungen an die abhängigen Gesellschaften, die sie ohne exakte Information über die wirtschaftliche Lage des Konzerns sinnvoll nicht erteilen kann. Das Informationsinteresse der **übrigen Gruppen** richtet sich zwar in erster Linie auf die Situation derjenigen Konzerngesellschaft, an der sie beteiligt sind oder an die sie Ansprüche – sei es als Gläubiger, als Arbeitnehmer oder als Fiskus – zu stellen haben, also auf den Einzeljahresabschluß; durch den Konzernabschluß können aber die durch die einheitliche Konzernleitung im Interesse des Gesamtkonzerns vorgenommenen Beeinträchtigungen der Aussagefähigkeit der Einzelbilanzen zum Teil aufgedeckt werden.

So kann die Konzernleitung die Vermögens- und Liquiditätslage einer Einzelgesellschaft beeinflussen, indem sie sie veranlaßt, Forderungen an andere Konzernunternehmen abzutreten, Schulden zu übernehmen oder Darlehen zu gewähren oder indem sie Kapitalerhöhungen mittels wechselseitiger Beteiligungen veranlaßt, durch die keine neuen Mittel zufließen, sondern nur das Haftungskapital und als Gegenposten die Beteiligungen erhöht werden.[1]

Durch Bewertungs-, Abschreibungs- und Aktivierungspolitik, durch den Ansatz von Verrechnungspreisen für Lieferungen und Leistungen zwischen Konzernunternehmen kann die Konzernleitung die Gewinne der Einzelbilanzen beeinflussen, so daß die dort ausgewiesene Ertragslage weder der tatsächlichen Ertragslage des Einzelunternehmens, noch des Konzerns als wirtschaftliche Einheit entspricht.

Durch Information über die Lage der wirtschaftlichen Einheit kann das sich aus einem Einzelabschluß ergebende Bild korrigiert werden.

(3) Im Hinblick auf den in den Einzelbilanzen und der Konzernbilanz ausgewiesenen Gewinn läßt sich folgendes feststellen:

(a) In der **Handelsbilanz eines einzelnen Konzernunternehmens** setzt sich der Jahresüberschuß zusammen:
- aus Gewinnen, die durch Umsatz mit konzernfremden Wirtschaftseinheiten erzielt worden sind,
- aus neutralen Gewinnen (Beteiligungsgewinne, Zinsgewinne u. a.), die mit konzernfremden Wirtschaftseinheiten erzielt worden sind,
- aus konzerninternen Verrechnungsgewinnen (Umsatzgewinne, Zinsgewinne u. a.),
- aus erhaltenen Gewinnanteilen anderer Konzernunternehmen.

Der Jahresüberschuß ist gekürzt um Gewinnabführungen an andere Konzernunternehmen.

---

[1] Vgl. Gutenberg, E., Konzernbilanzen, HdS Bd. 6, Stuttgart, Tübingen, Göttingen 1959, S. 180.

(b) In der **Steuerbilanz eines einzelnen Konzernunternehmens** ergibt sich der steuerpflichtige Gewinn:
- aus Gewinnen, die durch Umsatz mit konzernfremden Wirtschaftseinheiten erzielt worden sind,
- aus neutralen Gewinnen, die mit konzernfremden Wirtschaftseinheiten erzielt worden sind, soweit sie nicht als Beteiligungsgewinne unter das Schachtelprivileg fallen (ein Konzernunternehmen hat z. B. eine Beteiligung von mindestens 25% an einer konzernfremden Gesellschaft)
- aus konzerninternen Verrechnungsgewinnen.

Die von anderen Konzernunternehmen erhaltenen Beteiligungsgewinne bleiben durch Anwendung des Schachtelprivilegs oder der Organtheorie steuerlich außer Ansatz.

(c) In der **Konzernbilanz** setzt sich der Jahresüberschuß zusammen:
- aus Gewinnen, die durch Umsatz mit konzernfremden Wirtschaftseinheiten erzielt worden sind,
- aus neutralen Gewinnen, die mit konzernfremden Wirtschaftseinheiten erzielt worden sind.

Konzerninterne Gewinne bleiben außer Ansatz.

Konzernexterne Gewinne werden nur einmal berücksichtigt, auch wenn sie auf Grund von Verschachtelungen durch Weitergabe an andere Konzerngesellschaften mehrfach in den (Einzel-)Handelsbilanzen erscheinen.

3. Der Konsolidierungskreis

Nach § 329 Abs. 2 AktG ist in den Konzernabschluß „jedes Konzernunternehmen mit Sitz im Inland einzubeziehen, dessen Anteile zu mehr als der Hälfte Konzernunternehmen gehören."[1]

Problematisch ist, wie hoch eine Mehrheitsbeteiligung sein muß, damit Ober- und Untergesellschaft eine wirtschaftliche Einheit bilden. Die Tatsache, daß nach dem Aktiengesetz wichtige Gesellschaftsbeschlüsse nur mit Dreiviertelmehrheit gefaßt werden können (Satzungsänderungen, Kapitalerhöhung, Sanierung, Umwandlung, Fusion u. a.), spricht für eine mindestens 75%ige Beteiligung. Das Steuerrecht erkennt ein Organschaftsverhältnis, das eine finanzielle, wirtschaftliche und organisatorische Eingliederung einer Unternehmung in eine andere voraussetzt, in der Regel an, wenn die Obergesellschaft mehr als 50% der Anteile (oder Stimmrechte) der Untergesellschaft besitzt.

Nach § 329 Abs. 2 AktG wird keine direkte Mehrheitsbeteiligung durch die Obergesellschaft gefordert, sondern es genügt auch eine indirekte Mehrheitsbeteiligung. Ist z. B. die Obergesellschaft A zu 100% an der Gesellschaft B und nur zu 30% an der Gesellschaft C beteiligt, ist aber auch B zu 40% an C beteiligt, so hat A eine indirekte Beteiligung an C von 70%.

Der gleiche Absatz des Aktiengesetzes läßt jedoch **Ausnahmen** von dieser Regelung zu. Auch bei mehr als 50%iger Beteiligung kann von der Einbeziehung einer Unternehmung in den Konzernabschluß abgesehen werden, „wenn die Darstellung der Vermögens- und Ertragslage des Konzerns wegen der geringen Bedeutung des Konzernunternehmens dadurch nicht beeinträchtigt

---

[1] Zum aktienrechtlichen Konzernbegriff vgl. § 18 AktG und die Ausführungen auf S. 230 ff.

wird." Von der Einbeziehung muß abgesehen werden, wenn durch sie der Aussagewert des Konzernabschlusses beeinträchtigt würde. Das kann z. B. der Fall sein, wenn dem Konzern eine branchenfremde Unternehmung angehört.

Andere Unternehmungen, d. h. solche, an denen die Beteiligung weniger als 50% beträgt, können in den Konzernabschluß aufgenommen werden. Sie müssen aufgenommen werden, „wenn sie ihren Sitz im Inland haben und wenn ihre Einbeziehung zu einer anderen Beurteilung der Vermögens- oder Ertragslage des Konzerns führt." Die Regelung des Aktiengesetzes ist sehr beweglich und stellt die Wirtschaftsprüfer vor nicht einfache Aufgaben. Sie müssen prüfen, ob ein Konzernunternehmen eine „geringe Bedeutung" hat und ob die Berücksichtigung eines Konzernunternehmens zu einer „anderen Beurteilung der Vermögens- oder Ertragslage" des Konzerns führt.

Konzernunternehmungen mit **Sitz im Ausland** brauchen nicht in den Konzernabschluß einbezogen zu werden. Durch die Bestimmung des § 334 Abs. 2 AktG, daß größere Verluste, die bei Konzernunternehmungen, die nicht in die Konsolidierung einbezogen worden sind, entstanden oder zu erwarten sind, im Konzerngeschäftsbericht angegeben werden müssen, wird aber verhindert, daß der Konzernabschluß durch die Herausnahme der ausländischen Konzerngesellschaften zu stark entwertet wird.

Im folgenden wird eine stichwortartige Übersicht über den Konsolidierungskreis gegeben:

Voraussetzung für jede Einbeziehung in den Konzernabschluß:
Einheitliche Leitung durch die Obergesellschaft
Rechtsform der Obergesellschaft:

§ 329 Abs. 1 AktG: AG oder KGaA
§ 28 Abs. 1 EG AktG: GmbH und bergrechtliche Gewerkschaft, wenn zu den Konzernunternehmen wenigstens eine AG oder KGaA gehört.
§ 11 Abs. 1 PublG: jede beliebige Rechtsform außer AG, KGaA, GmbH, bergrechtliche Gewerkschaft, wenn bestimmte Größenmerkmale erfüllt sind.

I. Die **Einbeziehung ist zwingend** unter folgenden Voraussetzungen:

(1) Sitz im Inland (§ 329 Abs. 2 Satz 1 AktG);
(2) mehr als die Hälfte der Anteile befindet sich im Besitz der Obergesellschaft oder anderer von der Obergesellschaft abhängiger Konzernunternehmen (§ 329 Abs. 2 Satz 1 AktG);
(3) durch die Einbeziehung wird der Aussagewert des Konzernabschlusses nicht beeinträchtigt (§ 329 Abs. 2 Satz 3 AktG);
(4) weniger als die Hälfte der Anteile befindet sich im Besitz der Obergesellschaft oder anderer von der Obergesellschaft abhängiger Konzernunternehmen, die Einbeziehung führt jedoch zu einer anderen Beurteilung der Vermögens- und Ertragslage des Konzerns (§ 329 Abs. 2 Satz 4 AktG).

II. Die **Einbeziehung ist freiwillig** unter folgenden Voraussetzungen:

(1) Sitz im Inland (§ 329 Abs. 2 Satz 1 AktG);
(2) mehr als die Hälfte der Anteile befindet sich im Besitz der Obergesellschaft oder anderer von der Obergesellschaft abhängiger Konzernunternehmen, jedoch wird infolge der geringen Bedeutung des Konzernunternehmens die

Darstellung der Vermögens- und Ertragslage des Konzerns nicht beeinträchtigt (§ 329 Abs. 2 Satz 2 AktG);
(3) weniger als die Hälfte der Anteile befindet sich im Besitz der Obergesellschaft oder anderer von der Obergesellschaft abhängiger Konzernunternehmen; die Nichtberücksichtigung führt zu keiner anderen Beurteilung der Vermögens- und Ertragslage des Konzerns (§ 329 Abs. 2, Satz 4 AktG);
(4) Sitz im Ausland, unabhängig von der Höhe der Anteile (§ 329 Abs. 2 Satz 4 AktG).

III. Die **Einbeziehung ist verboten** unter folgenden Voraussetzungen:
(1) Sitz im Inland;
(2) mehr als die Hälfte der Anteile befindet sich im Besitz der Obergesellschaft oder anderer von der Obergesellschaft abhängiger Konzernunternehmen, jedoch beeinträchtigt die Einbeziehung den Aussagewert des Konzernabschlusses (§ 329, Abs. 2 Satz 3 AktG);
(3) in den Fällen der freiwilligen Einbeziehung wird der Aussagewert des Konzernabschlusses beeinträchtigt (im Gesetz nicht ausdrücklich erwähnt, folgt jedoch aus § 329, Abs. 2 Satz 3 AktG).

4. Allgemeine Grundsätze für die Aufstellung der Konzernbilanz

Für die Aufstellung einer Konzernbilanz muß eine Anzahl technischer Voraussetzungen erfüllt sein. In formaler Hinsicht sind ein einheitliches Buchhaltungs- und Kontierungssystem und ein **einheitliches Gliederungsschema** der Bilanz erforderlich. Letzteres ist dann nicht möglich, wenn in einem Konzern Betriebe zusammengefaßt sind, die auf Grund gesetzlicher Vorschriften unterschiedliche Gliederungsschemata anwenden müssen (z. B. Industriebetriebe, Banken, Versicherungen).

Das Aktiengesetz schreibt für die Konzernbilanz kein besonderes Bilanzschema vor, sondern grundsätzlich sind die für die Einzelbilanzen geltenden Gliederungsvorschriften anzuwenden, soweit die Eigenart der Konzernbildung keine Abweichungen bedingt.[1] Eine solche Abweichung ergibt sich beispielsweise bei den Positionen Roh-, Hilfs- und Betriebsstoffe, unfertige und fertige Erzeugnisse sowie Waren, die nach § 331 Abs. 4 in einer Position ausgewiesen werden können, weil im vertikalen Konzern die Fertigfabrikate eines vorgelagerten Betriebes Rohstoffe oder Halbfabrikate eines nachgelagerten Betriebes sein können und folglich Schwierigkeiten bei der Zurechnung in der Konzernbilanz entstehen könnten, die durch die Zusammenfassung in einer Position „Vorräte" umgangen werden.

Ferner ist eine einheitliche Anwendung und Auslegung der Bewertungsvorschriften erforderlich, insbesondere in den Fällen, in denen die gesetzlichen Vorschriften einen Ermessensspielraum einräumen (Abschreibungspolitik, Politik der stillen Rücklagen, Aktivierungs- und Passivierungspolitik).

Der Gesetzgeber hat **keine besonderen Bewertungsvorschriften** für die Konzernbilanz erlassen. Es gilt das **Prinzip der Maßgeblichkeit der Einzelbilanzen** für die Konzernbilanz, d. h. die Vermögensgegenstände und Schulden sind mit den in den Einzelbilanzen angesetzten Werten in die Konzernbilanz zu übernehmen, soweit nicht zwingende Konzernrechnungslegungsvorschriften

---

[1] Vgl. § 331, Abs. 4 AktG

eine andere Bewertung verlangen. Diese Regelung entspricht nicht in vollem Umfange der Einheitstheorie, denn alle Entscheidungen über Bewertung und Abschreibung, Aktivierung und Passivierung, Ermittlung der Herstellungskosten u. a. werden in den Einzelbilanzen von der Interessenlage jedes einzelnen Unternehmers getroffen. Die Zielsetzungen des Konzerns können u. U. völlig andere Entscheidungen verlangen. Bei hoher Beteiligungsquote und strafferer Führung des Konzerns kann diese Interessenkollision allerdings dadurch vermieden werden, daß die Konzernverwaltung einheitliche Bilanzierungs- und Bewertungsrichtlinien erläßt.

In zeitlicher Hinsicht ist ein **einheitlicher Bilanzstichtag** zu fordern. Nach § 329 Abs. 1 AktG ist der Konzernabschluß in der Regel auf den Stichtag des Jahresabschlusses der Obergesellschaft aufzustellen, jedoch kann im Interesse der Klarheit und Übersichtlichkeit des Konzernabschlusses auch ein anderer Stichtag gewählt werden, wenn die Stichtage der einbezogenen Unternehmungen voneinander abweichen. Eine Vereinheitlichung abweichender Bilanzstichtage ist sowohl vom betriebswirtschaftlichen als auch vom rechtlichen Standpunkt problematisch. Bei Saisonbetrieben ist es oft zweckmäßig, einen vom Ende des Kalenderjahres abweichenden Bilanzstichtag zu wählen, der auf einen Zeitpunkt fällt, an dem die Saisonspitze vorbei ist und Personal für die Abschlußarbeiten zur Verfügung steht.[1]

§ 331 Abs. 3 AktG fordert von Konzernunternehmungen, deren Abschlußstichtag nicht mit dem Stichtag der Konzernbilanz übereinstimmt, die Aufstellung eines **Zwischenabschlusses** auf den Stichtag des Konzernabschlusses. Der Zwischenabschluß bedarf der Billigung des Aufsichtsrates. Da Zwischenabschlüsse noch nicht einer Pflichtprüfung unterzogen worden sind, müssen sie im Rahmen der Pflichtprüfung des Konzernabschlusses wie alle noch nicht geprüften Einzelabschlüsse darauf geprüft werden, ob sie den Grundsätzen ordnungsmäßiger Buchführung entsprechen.[2] Die Aufstellung einer Zwischenbilanz bedeutet eine erhebliche zusätzliche Arbeitsbelastung für einen Betrieb und sollte nur in den Fällen einer Angleichung des Bilanzstichtages an den Stichtag der Konzernbilanz vorgezogen werden, in denen – wie bei den erwähnten Saisonbetrieben – die Angleichung größere Nachteile hat.[3]

5. Die Konsolidierung des Kapitals

Die Kapitalkonsolidierung erfolgt in der Weise, daß bei 100%iger Beherrschung die **Beteiligung der Obergesellschaft gegen das Eigenkapital der Untergesellschaft,** bei Bestehen von Minderheitsanteilen gegen den der Beteiligung entsprechenden Teil des Eigenkapitals der Untergesellschaft aufgerechnet wird. Bestehen auch zwischen abhängigen Gesellschaften Beteiligungsverhältnisse, so hat auch zwischen diesen eine Kapitalkonsolidierung zu erfolgen. Nicht aufgerechnet werden dürfen die Anteile der abhängigen Gesellschaften an der Obergesellschaft.

---

[1] Vgl. Schuhmann, W., Der Konzernabschluß, Wiesbaden 1952, S. 60
[2] Vgl. § 336 Abs. 3 AktG
[3] Vgl. Heinen, E., a.a.O., S. 257.

Das Aktiengesetz verlangt in § 331 Abs. 1 Ziff. 1 eine Aufrechnung gegen das Nominalkapital und die offenen Rücklagen. Gewinn und Gewinnvortrag und die Sonderposten mit Rücklageanteil[1] sind nicht konsolidierungsfähig.

§ 331 Abs. 1 AktG bestimmt, daß in der Konzernbilanz die auf den Stichtag des Konzernabschlusses aufgestellten Bilanzen der Obergesellschaft und der übrigen in den Konzernabschluß einbezogenen Konzernunternehmen in der Weise zusammenzufassen sind, daß an die Stelle der Anteile an den Konzernunternehmen

(1) die Vermögensgegenstände und Verbindlichkeiten,

(2) die Sonderposten mit Rücklageanteil,

(3) die Rückstellungen, Wertberichtigungen und Rechnungsabgrenzungsposten

aus den Bilanzen dieser Unternehmen treten, mit anderen Worten, sämtliche Aktiva und Passiva mit Ausnahme des Nominalkapitals und der offenen Rücklagen werden aus den Bilanzen der in den Konzernabschluß einbezogenen Unternehmen übernommen, und zwar – soweit keine Zwischengewinne entstanden sind – mit den **in den Einzelbilanzen eingesetzten Werten.** Zwischengewinne sind nach § 331 Abs. 2 AktG bei den Positionen des Umlaufvermögens auszuschalten. Das bilanzierte Eigenkapital des Konzerns besteht bei 100%iger Abhängigkeit der Konzernunternehmen also nur aus dem **Nominalkapital und den offenen Rücklagen** der Obergesellschaft.

Diese Regelung ermöglicht auch in den Fällen, in denen keine Gewinnabführungsverträge bestehen, eine Übernahme der Gewinne der Konzernunternehmen in die Konzernbilanz. Die bei den abhängigen Gesellschaften (nach dem Erwerb der Beteiligungen durch die Obergesellschaft) den Rücklagen zugeführten Gewinne gehen aber nicht – wie es betriebswirtschaftlich richtig wäre – in die Konzernrücklagen, sondern in eine gesonderte Position, die sog. **Kapitalaufrechnungsdifferenz,** ein.

Wird bei der Obergesellschaft der Wert der Beteiligungen an den abhängigen Konzernunternehmen durch die Aktiva und Passiva dieser Unternehmen ersetzt, so wird der Buchwert der Beteiligungen in der Regel den Anteilen am Eigenkapital der abhängigen Gesellschaften nicht entsprechen, sondern höher oder niedriger sein. Es entsteht folglich eine Differenz (Kapitalaufrechnungsdifferenz), die als aktiver oder passiver Ausgleichsposten in der Konzernbilanz erscheint.[2]

§ 331 Abs. 1 Nr. 3 AktG bestimmt, daß dann, wenn die Wertansätze der Anteile an den in den Konzernabschluß einbezogenen Konzernunternehmen höher oder niedriger als der auf die Anteile entfallende Betrag des Kapitals und der offenen Rücklagen der Konzernunternehmen sind, der Unterschiedsbetrag gesondert ausgewiesen werden muß. Der gesonderte Ausweis des Unterschiedsbetrages soll verhindern, daß die Differenz zwischen dem Buchwert der Beteili-

---

[1] Vgl. § 152 Abs. 5 AktG
[2] In veröffentlichten Konzernbilanzen finden sich für derartige Differenzen auch die Bezeichnungen Konsolidierungsausgleichsposten, Aufrechnungsdifferenz aus der Konsolidierung, Konsolidierungsrücklage, Unterschiedsbetrag gem. § 331 Abs. 1 Nr. 3.

gung und dem aus der Beteiligung resultierenden Anspruch auf das Vermögen über die Gewinn- und Verlustrechnung ausgeglichen wird.

Ein **aktiver Ausgleichsposten** ist zu bilden, wenn der Buchwert des Reinvermögens **niedriger** als der Buchwert der Beteiligung ist (z. B. Buchwert der Beteiligung bei A 150, Buchwert des Reinvermögens bei B 100). Ein aktiver Ausgleichsposten kann bedeuten:[1]

(1) Die Beteiligung ist richtig bewertet, dann sind die Vermögensgegenstände bei der Untergesellschaft unterbewertet, der Ausgleichsposten deckt in der Bilanz der Untergesellschaft enthaltene stille Rücklagen auf.

(2) Die Beteiligung ist überbewertet, der Ausgleichsposten trägt Verlustcharakter. Dieser Fall wird praktisch nicht vorkommen, da nach den Bewertungsvorschriften die Beteiligung in der Bilanz der Obergesellschaft bereits niedriger angesetzt werden müßte.

(3) Das Reinvermögen der Untergesellschaft ist „richtig" bewertet, jedoch hat die Obergesellschaft beim Erwerb der Beteiligung auf Grund hoher Ertragserwartungen einen höheren Wert bezahlt. Der Ausgleichsposten repräsentiert dann einen Teil des Firmenwertes der Untergesellschaft.

Ist der Buchwert der Beteiligung niedriger als der an seine Stelle tretende Wert des Reinvermögens (z. B. Buchwert der Beteiligung 100, Wert des Reinvermögens 150), so ist ein **passiver Ausgleichsposten** zu bilden. Ein passiver Ausgleichsposten kann bedeuten:[2]

(1) Die Beteiligung ist unterbewertet. Der Ausgleichsposten deckt eine in der Beteiligung enthaltene stille Rücklage auf.

(2) Die Beteiligung ist richtig bewertet, die Vermögensgegenstände bei der Untergesellschaft sind überbewertet, der Ausgleichsposten stellt eine Wertberichtigung dar. Dieser Fall darf praktisch nicht vorkommen, da eine Überbewertung von Vermögenspositionen gegen die Bewertungsvorschriften verstößt.

(3) Das Reinvermögen der Untergesellschaft ist „richtig" bewertet, jedoch hat die Obergesellschaft beim Erwerb der Beteiligung auf Grund geringer Ertragserwartungen einen niedrigeren Wert bezahlt. Der Ausgleichsposten hat den Charakter eines negativen Firmenwertes (Geschäftsminderwertes), stellt also eine Art Wertberichtigung auf die Beteiligung dar.

Bei der Aufstellung einer Konzernbilanz werden sowohl auf der Aktiv- als auch auf der Passivseite mehrere Ausgleichsposten entstehen, die unterschiedlichen Charakter tragen. Sie dürfen aber nicht nur auf jeder Seite der Bilanz zu einem Posten zusammengefaßt werden, sondern die Begründung zum Entwurf eines Aktiengesetzes führt aus, daß „wegen des meist gemischten Charakters" der Ausgleichsposten auf der Aktiv- und Passivseite „auch gegen eine Verrechnung beider Posten nichts einzuwenden" sei.[3]

Ein Mangel der aktienrechtlichen Regelung der Kapitalaufrechnungsdifferenz liegt darin, daß das Gesetz diesen Ausgleichsposten „nicht nach den Entstehungs-

---

[1] Vgl. Kropff, B., Aktiengesetz, a.a.O., S. 441.
[2] Vgl. Kropff, B., Aktiengesetz, a.a.O., S. 441 f.
[3] Kropff, B., Aktiengesetz, a.a.O., S. 442.

zeitpunkten, die seinen materiellen Inhalt bestimmen,"[1] differenziert. In jedem Konzernabschluß muß die Beteiligung gegen das Nominalkapital und die Rücklagen erneut aufgerechnet werden, folglich ist in jedem Konzernabschluß ein neuer Ausgleichsposten zu bilden. In der Literatur wird zu Recht mit Nachdruck darauf hingewiesen, daß eine solche Aufrechnung der Beteiligung gegen das Eigenkapital **nur im Zeitpunkt des Erwerbs** der Beteiligung erfolgen darf; lediglich spätere Kapitaleinlagen und -rückzahlungen dürfen berücksichtigt werden.[2] „Dagegen bleiben nichtpagatorische Änderungen der Grundkapitalien, Rücklagen und Gewinnvorträge unberücksichtigt. Denn dem Anschaffungswert, mit dem die Beteiligung zu verbuchen ist, entspricht nur das Eigenkapital zum Erwerbszeitpunkt. Die Rücklagen, die in diesem Augenblick vorhanden waren, sind Kapitalrücklagen, die im Kaufpreis mit einbegriffen sind und die nicht der Ausschüttung dienen."[3] Diese Art der Kapitalkonsolidierung ist vor allem in England und in den USA üblich. Sie wird deshalb als **„angelsächsische Methode"** bezeichnet.[4]

Busse von Colbe bezeichnet diese Kapitalaufrechnungsdifferenz als „Anfangsdifferenz" und grenzt sie gegen die „Folgedifferenz" ab.[5] Die im Zeitpunkt des Erwerbs der Beteiligung aufgestellte Konzernbilanz kann als eine Art Eröffnungsbilanz des Konzerns angesehen werden. Die folgenden Jahresbilanzen werden nach den allgemeinen Grundsätzen der Bilanzierung aufgestellt. Der Ausgleichsposten (man könnte ihn etwa mit einer Art Agio oder Disagio vergleichen) wird konstant gehalten, so daß die so erstellten Konzernbilanzen den tatsächlich ermittelten Konzernerfolg – tatsächlich ab Bestehen des Konzerns – ausweisen. Alle in späteren Jahren bei den abhängigen Gesellschaften durch Thesaurierung von Gewinnen gebildeten Rücklagen gehen in die Konzernrücklagen und nicht in die Kapitalaufrechnungsdifferenz ein.

Beispiele für die Kapitalkonsolidierung:

Die Gesellschaft A ist an der Gesellschaft B mit 100% beteiligt. Der Buchwert der Beteiligung von A an B entspricht dem Buchwert des Reinvermögens von B.

A	Bilanz A		P	A	Bilanz B		P
Beteiligung	240	Kapital	350	Aktiva	300	Kapital	200
sonstige		Rücklagen	50			Rücklagen	40
Aktiva	200	sonstige				sonstige	
		Passiva	40			Passiva	60
	440		440		300		300

---

[1] Busse von Colbe, W., Der Konzernabschluß, a.a.O., S. 312.
[2] Schuhmann, W., a.a.O., S. 92; Busse von Colbe, W., Der Konzernabschluß, a.a.O., S. 312 f.
[3] Vgl. Schuhmann, W., a.a.O., S. 92.
[4] Vgl. WP-Handbuch 1973, a.a.O., S. 781.
[5] Vgl. Busse von Colbe, W., Konzernabschluß, a.a.O., S. 70 ff.

B. V. Die Rechnungslegung im Konzern

A	Konsolidierte Bilanz		P
Aktiva	500	Kapital	350
		Rücklagen	50
		sonstige Passiva	100
	500		500

Die Gesellschaft A ist an der Gesellschaft B zu 80% beteiligt. 20% der Anteile von B sind in der Hand von außenstehenden Aktionären. Der Buchwert der Beteiligung von A an B entspricht dem Buchwert des A zustehenden Anteils am Reinvermögen von B.

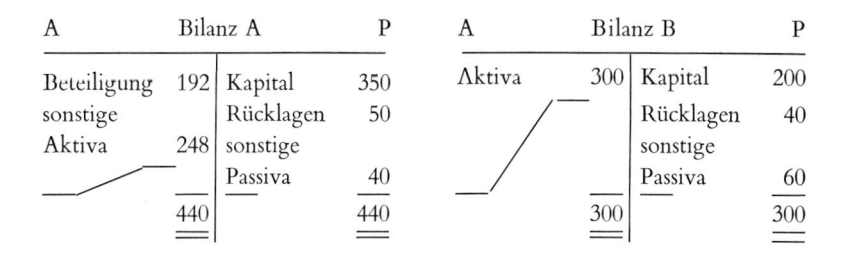

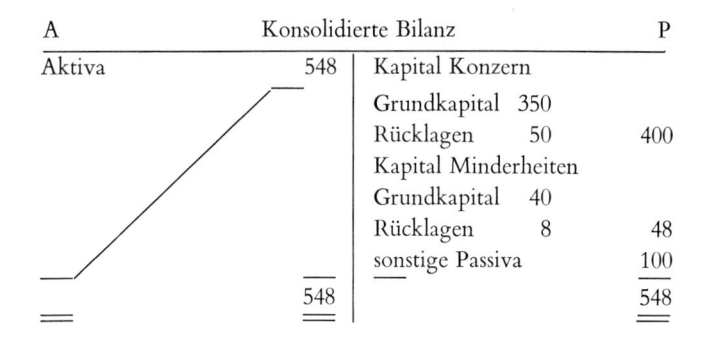

A	Bilanz A		P		A	Bilanz B		P
Beteiligung	192	Kapital	350		Aktiva	300	Kapital	200
sonstige Aktiva	248	Rücklagen	50				Rücklagen	40
		sonstige Passiva	40				sonstige Passiva	60
	440		440			300		300

A	Konsolidierte Bilanz		P
Aktiva	548	Kapital Konzern	
		Grundkapital 350	
		Rücklagen 50	400
		Kapital Minderheiten	
		Grundkapital 40	
		Rücklagen 8	48
		sonstige Passiva	100
	548		548

Die Gesellschaft A ist an der Gesellschaft B zu 100% beteiligt. Der Buchwert der Beteiligung von A an B ist infolge einer stillen Rücklage in der Beteiligung niedriger als der Buchwert des Reinvermögens.

A	Bilanz A		P		A	Bilanz B		P
Beteiligung	220	Kapital	350		Aktiva	300	Kapital	200
sonstige Aktiva	200	Rücklagen	30				Rücklagen	40
		sonstige Passiva	40				sonstige Passiva	60
	420		420			300		300

A	Konsolidierte Bilanz	P
Aktiva	500	Kapital	350
		Rücklagen	30
		Ausgleichsposten	20
		sonstige Passiva	100
	500		500

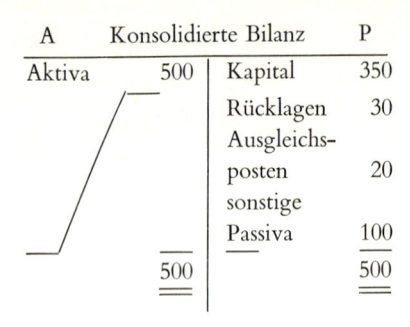

6. Die Konsolidierung von Forderungen und Verbindlichkeiten

Die in einem Konzern bestehenden Schuldverhältnisse sind für die Aufstellung des Konzernabschlusses in zwei Gruppen einzuteilen:
(1) in Schuldverhältnisse zwischen den einzelnen Konzernunternehmen und
(2) in Schuldverhältnisse zwischen Konzernunternehmen und Konzernfremden (Fremdschuldverhältnisse).

§ 331 Abs. 1 Nr. 4 AktG bestimmt, daß Forderungen und Verbindlichkeiten zwischen den in den Konzernabschluß einbezogenen Unternehmen **wegzulassen** sind. Das Gesetz enthält keinerlei Hinweis darauf, welche Forderungen und Verbindlichkeiten aufzurechnen sind. Es handelt sich zwar in erster Linie um die Forderungen und Verbindlichkeiten, die in den Einzelbilanzen der Konzernunternehmen als „Forderungen und Verbindlichkeiten gegenüber verbundenen Unternehmen" auszuweisen sind, jedoch beschränkt sich die Konsolidierung nicht allein auf diese Positionen.

Auch andere Positionen können Verrechnungsbeträge enthalten, so z. B. ausstehende Einlagen auf das Grundkapital und Einlageverpflichtungen.

Weitere konsolidierungspflichtige Positionen sind erhaltene und geleistete Anzahlungen, Wechselforderungen und -verbindlichkeiten, Darlehens-, Hypotheken- und Obligationskonten, aktive und passive Rechnungsabgrenzungsposten, Rückstellungen für Risiken aus dem Lieferungs- und Leistungsverkehr zwischen in den Konzernabschluß einbezogenen Unternehmen und sonstige Forderungen und Verbindlichkeiten.

Auch die in den Einzelbilanzen unter dem Strich vermerkten **Eventualforderungen und -verbindlichkeiten** können Beträge enthalten, die aufgerechnet oder weggelassen werden müssen.[1] Die in den Einzelbilanzen vorhandenen Vermerke müssen vom Standpunkt der Einheitstheorie analysiert werden. Alle Vermerke, die den Rechtsverkehr zwischen in den Konzernabschluß einbezogenen Unternehmen betreffen, sind in der Konzernbilanz wegzulassen, z. B. Bürgschaften,[2] Gewährleistungsverträge[3] und das Wechselobligo.[4]

---

[1] Vgl. Edelkott, D., a.a.O., S. 26; Gutenberg, E., Konzernbilanzen, HdS Bd. 6. S. 182; Schuhmann, W., a.a.O., S. 111.
[2] Vgl. § 151 Abs. 5 Satz 1 Nr. 2 AktG
[3] Vgl. § 151 Abs. 5 Satz 1 Nr. 3 AktG
[4] Vgl. § 151 Abs. 5 Satz 1 Nr. 1 AktG

Die Forderung nach einer Aufrechnung von konzerninternen Schuldverhältnissen ergibt sich aus der wirtschaftlichen Betrachtungsweise der Konzerneinheit. Ein Unternehmen kann gegen sich selbst keine Forderungen und Verbindlichkeiten haben und darf sie dementsprechend nicht in der Bilanz ausweisen.[1] Man verhindert damit Wertwiederholungen und -aufblähungen in der Konzernbilanz.[2]

Das Gesetz enthält keine Regelung der Frage, ob Forderungen eines Konzernunternehmens gegen einen **Konzernfremden** und Verbindlichkeiten eines anderen Konzernunternehmens gegenüber den gleichen Konzernfremden aufgerechnet werden dürfen. Die Auffassungen in der Literatur sind unterschiedlich. Vom Standpunkt der Einheitstheorie wäre eine solche Aufrechnung konsequent in allen Fällen, in denen die Aufrechnung rechtlich zulässig wäre, wenn die Konzerngesellschaften zu einer rechtlichen Einheit zusammengeschlossen würden.

7. Die Konsolidierung des Erfolgs

a) Die Behandlung konzerninterner Gewinne bei Gütern des Umlaufvermögens

Die Notwendigkeit zur Ausschaltung von Zwischengewinnen (konzerninternen Gewinnen) ergibt sich aus der Tatsache, daß ein Konzern eine wirtschaftliche Einheit bildet, so daß Gewinne aus Lieferungen und Leistungen zwischen rechtlich selbständigen Konzerngesellschaften vom betriebswirtschaftlichen Standpunkt aus ebensowenig als realisiert angesehen werden können, wie Gewinne, die als Folge von Lieferungen und Leistungen zwischen mehreren Betriebsstätten einer Unternehmung entstehen können. In beiden Fällen sind die „Gewinne" das Ergebnis von **Verrechnungspreisen,** die die Konzern- bzw. Unternehmensleitung nach eigenem Ermessen festsetzen kann. Ein Konzern als wirtschaftliche Einheit kann im betriebswirtschaftlichen Sinne einen Gewinn erst erzielen, wenn er Umsätze mit außerhalb des Konzerns stehenden Wirtschaftseinheiten tätigt.

Alle Vermögensgegenstände eines Konzernunternehmens, die ganz oder teilweise Lieferungen oder Leistungen anderer Konzernunternehmungen darstellen, dürfen, „wenn sie

1. ohne oder nach Bearbeitung oder Verarbeitung zur Weiterveräußerung bestimmt sind oder
2. außerhalb des üblichen Lieferungs- und Leistungsverkehrs erworben wurden,

in der Konzernbilanz höchstens zu dem Wert angesetzt werden, zu dem sie, wenn die einbezogenen Unternehmen auch rechtlich ein einziges Unternehmen bilden würden, in der auf den gleichen Stichtag aufgestellten Jahresbilanz dieses Unternehmens höchstens angesetzt werden dürften".[3]

---

[1] Vgl. Wietzke, G., Der konsolidierte Jahresabschluß in der deutschen und anglo-amerikanischen Bilanzierungspraxis, Berlin 1962, S. 75.
[2] Vgl. Marchand, J.-P., Konsolidierte Bilanz und Betriebsabrechnung der Holding, Bern 1949, S. 39.
[3] § 331 Abs. 2 AktG

Mit dieser Bestimmung wird – ohne daß der Ausdruck verwendet wird – der Begriff der **Konzern-Herstellungskosten** geschaffen. Der konzerninterne Gewinn ergibt sich als Differenz zwischen den durch konzerninterne Lieferungen und Leistungen entstandenen Erträgen und den dafür angefallenen Aufwendungen. Während sich die Erträge aus Liefermenge × Verrechnungspreis ergeben, wirft die Bestimmung der Aufwendungen einige Probleme auf.

Da für die Konzernbilanz die Bewertungsvorschriften für die Einzelbilanz analog anzuwenden sind, kommt eine Bilanzierung mit den Selbstkosten in der Konzernbilanz nicht in Frage, sondern es sind nach §§ 153 Abs. 1 und 155 Abs. 1 AktG die Herstellungskosten anzusetzen. § 153 Abs. 2 AktG bestimmt, daß bei der Berechnung der Herstellungskosten[1] in angemessenem Umfange Abnutzungen und sonstige Wertminderungen sowie angemessene Teile der Betriebs- und Verwaltungskosten eingerechnet werden dürfen und daß Vertriebskosten grundsätzlich außer Ansatz bleiben müssen.

Daraus folgt, daß die Differenz zwischen den Verrechnungspreisen und den Herstellungskosten eines Konzernunternehmens eigentlich gar nicht in voller Höhe als Zwischengewinn bezeichnet werden kann, da ein Teil dieser Differenz **Vertriebskosten** sein können, die in der Einzelbilanz nicht bilanziert werden dürfen. Andererseits wird ersichtlich, daß die Herstellungskosten des Konzerns als wirtschaftliche Einheit und die Herstellungskosten, die ein einzelnes Konzernunternehmen höchstens ansetzen darf, in der Regel nicht identisch sind. Sind die aktivierungsfähigen Herstellungskosten eines Konzernunternehmens A z. B. 100, und liefert A an das Konzernunternehmen B zu 110, so muß die Differenz nicht ein Zwischengewinn sein, sondern es kann sich um Vertriebskosten handeln (Transport, Verpackung). A darf sie in seiner Einzelbilanz nicht aktivieren, vom Standpunkt des Konzerns aber handelt es sich zweifellos nicht um Vertriebskosten, sondern um Herstellungskosten.

Problematisch wird die Bestimmung von Zwischengewinnen ferner durch die Tatsache, daß das Aktiengesetz keine eindeutige Bestimmung über die Zusammensetzung der Herstellungskosten enthält. Für bestimmte Gemeinkosten besteht keine Aktivierungspflicht, sondern lediglich ein Aktivierungsrecht.[2] Wenn also ein Konzernunternehmen die Herstellungskosten auf **Grenzkostenbasis** ermittelt, also keine Gemeinkostenzuschläge für Fixkostenbestandteile verrechnet, so muß bei Lieferung an ein anderes Konzernunternehmen der Verrechnungspreis so hoch angesetzt werden, daß er einen **Deckungsbeitrag** für die fixen Kosten enthält. Es dürfte außerordentlich schwer sein, die Differenz zwischen Verrechnungspreis und Herstellungskosten der Einzelbilanz zu zerlegen in den Fixkostenanteil, den Anteil an Vertriebskosten und den Anteil an Gewinn.

Für die Bewertung der Bestände in der Konzernbilanz ergibt sich aus den gesetzlichen Vorschriften ein **spezielles Niederstwertprinzip** (Konzern-Niederstwertprinzip). Nach § 331 Abs. 2 AktG „dürfen höchstens" die Kon-

---

[1] Vgl. dazu die Ausführungen auf S. 739 ff.
[2] Vgl. § 152 Abs. 2 AktG

zernherstellungskosten angesetzt werden, nach § 331 Abs. 1 Nr. 1 AktG sind die **Wertansätze der Einzelbilanzen maßgeblich.** Daraus ist für die Bewertung in der Konzernbilanz zu folgern, daß in Fällen, in denen die Bewertung von Beständen in der Einzelbilanz höher ist als die Konzernherstellungskosten, letztere zwingend sind, und daß in Fällen, in denen die Bewertung in der Einzelbilanz niedriger ist, die Konzernherstellungskosten nicht angesetzt werden dürfen.

Die Eliminierung von Zwischengewinnen bedeutet keine Benachteiligung der Minderheitsaktionäre, da für die Aktionäre nicht die Konzernbilanz, sondern die Jahresabschlüsse der einzelnen Konzerngesellschaften maßgebend sind. Gleiches gilt für die Besteuerung; das **Gewinnsteuerrecht** erkennt den Konzern nicht als wirtschaftliche Einheit an, sondern besteuert die einzelnen Konzerngesellschaften. Aus § 5 EStG ergibt sich zwar die Maßgeblichkeit der Handelsbilanz für die Steuerbilanz, jedoch bezieht sich die in dieser Vorschrift ausgesprochene Bindung der Steuerbilanz an die Handelsbilanz nur auf die handelsrechtlichen Vorschriften, die für die Aufstellung einer Einzelbilanz gelten. Soll die Konzernbilanz der Besteuerung zugrunde gelegt werden, so müßten zuvor grundlegende Änderungen in den steuerrechtlichen Vorschriften vorgenommen werden.

Besteht ein **Organschaftsverhältnis** mit Gewinnabführungsvertrag, so dürfen zwar die Gewinne und Verluste aller Gesellschaften in einer Periode gegeneinander aufgerechnet werden, wodurch für den Konzern als Ganzes ein Liquiditätsvorteil entstehen kann (ohne Organschaft müßten alle Gewinne versteuert und dürften alle Verluste vorgetragen werden), jedoch ist eine Eliminierung von Zwischengewinnen unzulässig. Das Umsatzsteuerrecht dagegen erkennt die wirtschaftliche Einheit des Konzerns an, wenn die Voraussetzungen der Organschaft (finanzielle, wirtschaftliche und organisatorische Eingliederung) gegeben sind.

Die Bedeutung der Ausschaltung von Zwischengewinnen liegt vor allem darin, daß die Konzernleitung bei ihrer Dividendenpolitik davor bewahrt wird, Gewinne der einzelnen Gesellschaften zur Ausschüttung an Minderheiten freizugeben, die nicht durch Umsatz mit Außenstehenden, sondern durch Innenumsätze entstanden, also vom Standpunkt des Konzerns noch gar nicht realisiert worden sind. Eine Ausschüttung solcher Gewinne käme einer Substanzverminderung gleich und wäre betriebswirtschaftlich nicht zu verantworten.

Im Gegensatz zur Einheitstheorie, die alle Zwischengewinne eliminieren will, betrachtet die Interessentheorie die auf die Minderheiten entfallenden Gewinne als realisiert.

Beispiel für eine Erfolgskonsolidierung:

Die Gesellschaft A ist an der Gesellschaft B zu 80% beteiligt, 20% der Anteile befinden sich in den Händen von Minderheitsaktionären. B liefert an A Vorräte zu 160, Herstellungskosten 100. A hat die Vorräte noch auf Lager.

A	Bilanz A		P		A	Bilanz B		P
Beteiligung	240	Kapital	350		Forderung A	160	Kapital	300
Vorräte	160	Verbindlich-			sonstige		Gewinn	60
sonstige		keit B	160		Aktiva	200		
Aktiva	200	sonstige				360		360
		Passiva	90					
	600		600					

Fall a: Konsolidierung ohne Ausschaltung des Zwischengewinns:

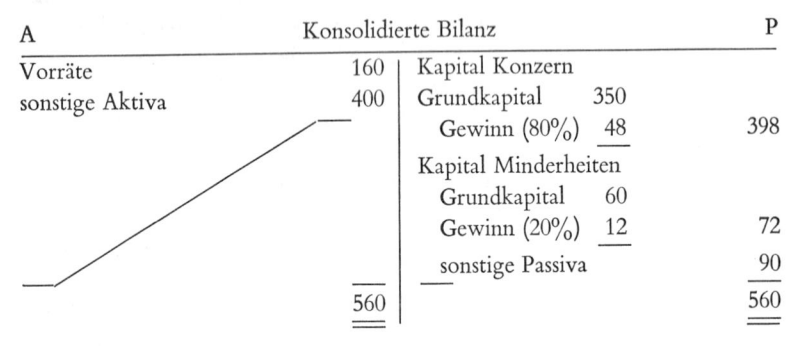

A	Konsolidierte Bilanz		P
Vorräte	160	Kapital Konzern	
sonstige Aktiva	400	Grundkapital 350	
		Gewinn (80%) 48	398
		Kapital Minderheiten	
		Grundkapital 60	
		Gewinn (20%) 12	72
		sonstige Passiva	90
	560		560

Fall b: Konsolidierung mit Ausschaltung des gesamten Zwischengewinns, also auch des Gewinnanteils der Minderheiten (Einheitstheorie):

A	Konsolidierte Bilanz		P
Vorräte	160	Kapital Konzern	350
sonstige Aktiva	400	Kapital Minderheiten	60
		Wertberichtigung auf	
		Vorräte wegen	
		Zwischengewinn	60
		sonstige Passiva	90
	560		560

Fall c: Konsolidierung mit Ausschaltung des Zwischengewinnanteils des Konzerns und Ausweis des Zwischengewinnanteils der Minderheiten (Interessentheorie):

A	Konsolidierte Bilanz		P
Vorräte	100	Grundkapital Konzern	350
Ausgleichsposten	12	Kapital Minderheiten	
sonstige Aktiva	400	Grundkapital 60	
		Gewinn 12	72
		sonstige Passiva	90
	512		512

b) Die Behandlung konzerninterner Gewinne bei Gütern des Anlagevermögens

Zwischengewinne müssen nur dann ausgeschaltet werden, wenn sie
(1) eine Folge von Lieferungen und Leistungen zwischen Unternehmen sind, die in den Konzernabschluß einbezogen werden müssen,
(2) eine Folge von Lieferungen und Leistungen sind, die zur Weiterveräußerung an Konzernfremde bestimmt sind.

Das heißt, daß eine Konzernbilanz Zwischengewinne enthalten kann, die
(1) aus Lieferungen an ausländische und sonstige **nicht einbezogene** Konzernunternehmen stammen und die
(2) in **Gegenständen des Anlagevermögens** enthalten sind, die im Rahmen des üblichen Lieferungs- und Leistungsverkehrs zwischen Konzernunternehmen erworben worden sind. Nur wenn derartige Vermögensgegenstände „außerhalb des üblichen Lieferungs- und Leistungsverkehrs erworben worden sind" müssen auch hier die Zwischengewinne ausgeschaltet werden.

Der Ausweis von konzerninternen Gewinnen in Gütern des Anlagevermögens entspricht nicht dem Gedanken der Einheitstheorie, wurde aber aus praktischen Überlegungen im Aktiengesetz zugelassen. In der Begründung des Regierungsentwurfs wird dazu ausgeführt: „...Diese Ausnahme erscheint deshalb angebracht, weil die Ausschaltung der Zwischengewinne aus dem Anlagevermögen nach dem Urteil Sachverständiger mit besonders großen praktischen Schwierigkeiten verbunden wäre. Die Ausnahme erscheint andererseits auch tragbar, weil sie keinen besonders großen Teil der Zwischengewinne ausmachen wird und weil der in Betracht kommende Vorgang noch am ehesten als marktentsprechend angesehen werden kann, da unübliche Lieferungen und Leistungen nach ausdrücklicher Vorschrift nicht unter die Ausnahme fallen."[1]

Angenommen, die Gesellschaft B liefert an die Gesellschaft A eine Maschine zu 20.000 DM mit einer Nutzungsdauer von zehn Jahren. Die Herstellungskosten bei B betragen 15.000 DM. Im Falle der Eliminierung des Zwischengewinns ist der Konzerngewinn im Jahre der Lieferung um 5.000 DM geringer, dafür aber im gleichen und in den folgenden neun Jahren um je 500 DM größer, da die jährliche lineare Abschreibung um diesen Betrag kleiner ist. Wird der Zwischengewinn ausgeschaltet, so werden die im Konzern selbsterstellten Anlagen in der Konzernbilanz mit einem niedrigeren Wert angesetzt als in der Einzelbilanz der Konzerngesellschaft, die die Anlage übernimmt. Folglich geht in die Gewinn- und Verlustrechnung des Konzerns ein geringerer Abschreibungsbetrag ein als in die Gewinn- und Verlustrechnung der betreffenden Gesellschaft.

Die vom Standpunkt der Einheitstheorie in der aktienrechtlichen Regelung enthaltene Inkonsequenz, die Ausschaltung von Zwischengewinnen bei den Vorräten, jedoch nicht bei den Anlagen zu fordern, beseitigt die zur Begründung dieser Inkonsequenz angeführten rechentechnischen Schwierigkeiten keineswegs. Werden mit den im Konzern selbsterstellten Anlagen Halb- und Fertigfabrikate hergestellt, so verwandelt sich **in Höhe der Abschreibungen Anlagevermögen in Umlaufvermögen** (Vorräte). Da die Abschreibungen aber

---

[1] Kropff, B., Aktiengesetz, a.a.O., S. 444

nicht nur von den Herstellungskosten, sondern auch von den in den selbsterstellten Anlagen enthaltenen Zwischengewinnen berechnet werden (im obigen Beispiel also von 20.000 und nicht von 15.000 DM), geht **ein Teil der Zwischengewinne über die Abschreibungen in die Halb- und Fertigfabrikate** ein, ist also vom Standpunkt des Konzerns noch immer nicht realisiert und müßte folglich – da er in Vorräten und nicht mehr in Anlagen steckt – eliminiert werden.[1] Die praktischen Schwierigkeiten der Erfassung dürften in der Regel größer sein als die Ausschaltung bei den im Konzern selbsterstellten Anlagen.

Eine freiwillige Ausschaltung von Zwischengewinnen bei Gütern des Anlagevermögens oder bei Lieferungen an ausländische und sonstige nicht einbezogene Konzernunternehmen wird in der Regel den Einblick in die Vermögens- und Ertragslage des Konzerns verbessern und ist folglich durch § 149 Abs. 1 AktG gedeckt. Das in § 331 Abs. 1 Nr. 1 AktG verankerte Prinzip der Maßgeblichkeit der Einzelbilanzen für die Konzernbilanz geht als Spezialvorschrift aber der allgemeinen Vorschrift des § 149 Abs. 1 AktG vor, so daß in allen Fällen, in denen das Gesetz die Eliminierung von konzerninternen Gewinnen nicht verlangt, die Wertansätze der Einzelbilanzen übernommen werden müssen.

Um **Lieferungen außerhalb des normalen Lieferungsverkehrs** handelt es sich in der Regel dann, wenn von einem Konzernunternehmen Wirtschaftsgüter an ein anderes Konzernunternehmen geliefert werden, die nicht zum Zwecke der Weiterveräußerung hergestellt oder erworben worden sind. Liefert ein Konzernunternehmen einem anderen eine selbsterstellte Maschine zum Einsatz in dessen Unternehmen, so wird der im Verrechnungspreis enthaltene Zwischengewinn nicht eliminiert, verkauft ein Konzernunternehmen einem anderen ein Grundstück oder Wertpapiere, so müssen entstehende Zwischengewinne eliminiert werden. Scherpf vertritt mit Recht die Ansicht, daß in solchen Fällen die Zwischengewinne auch in den Einzelbilanzen ausgeschaltet werden müssen, wenn der vereinbarte Kaufpreis höher ist als die Anschaffungskosten des veräußernden Unternehmens. „Anderenfalls würde einer Umgehung des Verbots, die Anschaffungskosten zu überschreiten (§§ 153, 154 AktG), Tor und Tür geöffnet".[2]

8. Die Konzern- Gewinn- und Verlustrechnung

Wie jede Erfolgsrechnung, so hat auch die Konzern- Gewinn- und Verlustrechnung die Aufgabe, die Erträge und die Aufwendungen einer Periode gegenüberzustellen, um einen Einblick in das Zustandekommen des Erfolges zu geben. Faßt man den Konzern als wirtschaftliche Einheit auf, so wird dieses Ziel der Gewinn-und Verlustrechnung **nicht durch Addition** der Erfolgsrechnungen der einzelnen Konzernunternehmen erreicht, sondern ebenso wie bei der Erstellung der Konzernbilanz müssen alle Positionen herausgerechnet werden, die zu Doppelzählungen führen und folglich ein falsches Bild von der Ertragslage des Konzerns geben.

---

[1] Vgl. Bores, W., Konsolidierte Erfolgsbilanzen und andere Bilanzierungsmethoden für Konzerne und Kontrollgesellschaften, Leipzig 1935, S. 147; Wietzke, G., Der konsolidierte Jahresabschluß und seine besonderen Probleme in der deutschen und anglo-amerikanischen Bilanzierungspraxis, Berlin 1962, S. 97.

[2] Scherpf, P., Die aktienrechtliche Rechnungslegung und Prüfung, Köln 1967, S. 281.

In einer nach § 157 AktG gegliederten Gewinn- und Verlustrechnung setzt sich die Gesamtleistung des Betriebes zusammen aus:
(1) den Umsatzerlösen,
(2) der Erhöhung oder Verminderung des Bestandes an Halb- und Fertigfabrikaten,
(3) anderen aktivierten Eigenleistungen (z. B. selbsterstellte Anlagen).

Für den Konzern als wirtschaftliche Einheit liegen Umsatzerlöse nur vor, wenn sie mit Konzernfremden getätigt worden sind (**Außenumsatzerlöse**), d. h. alle konzerninternen Lieferungen und Leistungen (**Innenumsatzerlöse**), die erfolgt sind, bis der Umsatz nach außen stattfinden kann, müssen eliminiert werden. Sie sind bei der liefernden Gesellschaft Umsatzerlöse, bei der empfangenden Gesellschaft Aufwendungen und sind folglich ebenso wie konzerninterne Forderungen und Verbindlichkeiten aufzurechnen.

Beispiel: Gesellschaft A produziert aus dem Rohstoff X ein Halbfabrikat Y und liefert es an die Gesellschaft B. Diese bearbeitet das Halbfabrikat zum Fertigfabrikat Z und verkauft es nach außen. Es entsteht kein Zwischengewinn.

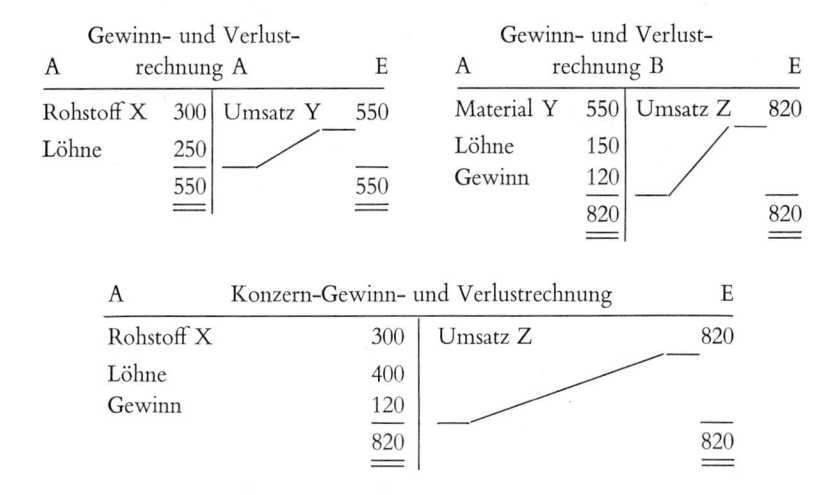

A	Gewinn- und Verlust- rechnung A		E	A	Gewinn- und Verlust- rechnung B		E
Rohstoff X	300	Umsatz Y	550	Material Y	550	Umsatz Z	820
Löhne	250			Löhne	150		
	550		550	Gewinn	120		
					820		820

A	Konzern-Gewinn- und Verlustrechnung		E
Rohstoff X	300	Umsatz Z	820
Löhne	400		
Gewinn	120		
	820		820

Der Innenumsatzerlös aus den Halbfabrikaten Y von 550 bei A wird aufgerechnet gegen den Materialaufwand Y bei B. Der Konzern erzielt bei einem Außenumsatz von 820 einen (externen) Gewinn von 120 und hat dafür Rohstoffe von 300 und Löhne von 400 eingesetzt. Würde man die Umsatzerlöse und Aufwendungen bei A und B zusammenzählen, so ergäbe sich ein Umsatz von 1.370, dem Aufwendungen von 1.250 gegenüberstehen. Der Außenumsatz beträgt aber nur 820.

Sind Innenumsätze erfolgt, die nicht oder noch nicht zu Außenumsätzen führen, so muß in der Konzern-Gewinn- und Verlustrechnung eine **Umgliederung von Umsatzerlösen in Bestandsänderungen** oder andere aktivierten Eigenleistungen erfolgen. Liegen die einem Konzernunternehmen gelieferten

Güter bei der empfangenden Gesellschaft noch unverarbeitet auf Lager oder sind sie zwar verarbeitet und an ein drittes Konzernunternehmen weitergeliefert worden, hält diese Gesellschaft die Güter aber noch auf Lager, so ist vom Standpunkt des Konzerns noch kein Umsatz, wohl aber eine Bestandsänderung eingetreten.

Beispiel: wie oben, jedoch wird noch eine Bearbeitungsstufe C eingeschaltet; B liefert Halbfabrikate Z an das Konzernunternehmen C weiter, das diese nach Bearbeitung als Fertigfabrikate auf Lager nimmt.

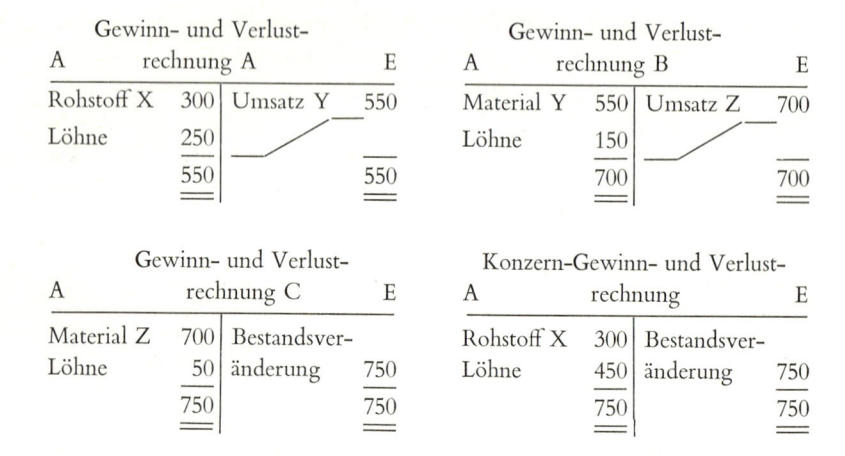

A	Gewinn- und Verlustrechnung A		E		A	Gewinn- und Verlustrechnung B		E
Rohstoff X	300	Umsatz Y	550		Material Y	550	Umsatz Z	700
Löhne	250				Löhne	150		
	550		550			700		700

A	Gewinn- und Verlustrechnung C		E		A	Konzern-Gewinn- und Verlustrechnung		E
Material Z	700	Bestandsver-			Rohstoff X	300	Bestandsver-	
Löhne	50	änderung	750		Löhne	450	änderung	750
	750		750			750		750

Der Konzern als Einheit hat noch keinen Umsatzerlös erzielt, wohl aber eine Mehrung der Bestände an Fertigfabrikaten um 750. Würde man die drei Gewinn- und Verlustrechnungen der Konzernunternehmen addieren, so ergäbe sich ein Gesamtergebnis von 2.000, bestehend aus Umsatzerlösen von 1.250 und Bestandsmehrungen von 750, der Aufwand würde ebenfalls 2.000 betragen. Die tatsächlich eingesetzten Rohstoffe von 300 wären dreimal gezählt worden (je einmal bei A, B und C), die Löhne von A ebenfalls dreimal, die von B zweimal. Der Aufwand enthielte also 600 Material und 650 Löhne zuviel. Die Leistung des Konzerns als wirtschaftliche Einheit beträgt 750, der Aufwand ebenfalls.

Liefert ein Konzernunternehmen eine selbsterstellte Anlage an ein anderes Konzernunternehmen, das sie im eigenen Betriebe einsetzt, so ist auch in diesem Falle vom Standpunkt des Konzerns kein Umsatzerlös erzielt worden, sondern es sind innerbetriebliche Erträge eingetreten, die als **aktivierte Eigenleistungen** in der Konzern-Gewinn- und Verlustrechnung auszuweisen sind.

Zusammenfassend läßt sich feststellen: Erträge eines Konzernunternehmens, die Aufwendungen eines anderen Konzernunternehmens sind, lassen sich formal einteilen

(1) in solche, die ihre Bezeichnung behalten (z. B. Zinsen, Mieten) und
(2) in solche, die bei einer Gesellschaft Umsatzerlöse, bei einer nachgelagerten Gesellschaft dagegen Aufwendungen für Rohstoffe u. ä. darstellen.

Während die erste Art von Aufwendungen und Erträgen gegeneinander aufgerechnet, also bei der Konsolidierung einfach weggelassen wird, sind bei der zweiten Gruppe zwei Fälle zu unterscheiden:[1]

(1) die Umsatzerlöse der liefernden Gesellschaft sind bei der empfangenden Gesellschaft entweder als Aufwand in der Gewinn- und Verlustrechnung enthalten, falls sie schon verbraucht sind, oder
(2) sie sind als Bestand in der Bilanz aufgeführt, falls sie noch nicht verbraucht sind.

Sind sie bereits von der empfangenden Gesellschaft verbraucht worden, so wird der Umsatzerlös der liefernden Gesellschaft gegen den gleich hohen Aufwand der empfangenden Gesellschaft aufgerechnet. Sind die Umsatzerlöse der liefernden Gesellschaft noch als Bestand in der empfangenden Gesellschaft vorhanden, so werden sie in der Konzernbilanz – vorausgesetzt, daß keine Zwischengewinne im Umsatzerlös stecken – durch diesen Bestand ersetzt und erscheinen in der Konzern-Gewinn- und Verlustrechnung als Bestandsänderung an Halb- und Fertigfabrikaten oder als andere aktivierte Eigenleistungen.

Der Begriff der konsolidierten Gewinn- und Verlustrechnung darf nicht mit dem Begriff der oben besprochenen Erfolgskonsolidierung verwechselt werden. Erfolgskonsolidierung bedeutet eine Zusammenfassung der Erfolge der Konzernunternehmen unter Ausschaltung konzerninterner Gewinne und Verluste; Konsolidierung der Gewinn- und Verlustrechnungen dagegen heißt Zusammenfassung der Gewinn- und Verlustrechnungen der Konzernunternehmen unter Eliminierung aller konzerninternen Beziehungen.

Die Verrechnung und Umgliederung der Erträge und Aufwendungen der Einzel-Erfolgsrechnungen soll **Mengenüberhöhungen**[2] durch **Doppelzählungen** vermeiden und hat zunächst nichts mit der Ausschaltung konzerninterner Gewinne zu tun. Diese erfolgt außerdem z. B. dann, wenn die Innenumsatzerlöse auf Basis von Verrechnungspreisen entstanden sind, die höher als die ihnen entsprechenden Aufwendungen sind. Nach § 331 Abs. 2 AktG sind konzerninterne Gewinne grundsätzlich auszuschalten; aus dem System der doppelten Buchführung ergibt sich automatisch, daß diese Ausschaltung nicht nur in der Konzernbilanz, sondern auch in der Konzern-Gewinn- und Verlustrechnung erfolgen muß.

Die Konsolidierung der Gewinn- und Verlustrechnung kann also **erfolgsneutral** oder **erfolgswirksam** sein. Im ersten Falle – wie in den Beispielen auf Seite 843 dargestellt – erfolgt eine Ausschaltung von Aufwendungen und Erträgen in gleicher Höhe, die eine Folge von konzerninternen Lieferungen und Leistungen sind. Der Erfolg wird dadurch nicht berührt.

Im zweiten Falle dagegen wird die Höhe des Erfolgs verändert, da durch die Zusammenfassung ein Aufwands- oder Ertragskonto und ein Bilanzkonto betroffen werden, wie z. B. bei der Ausschaltung konzerninterner Gewinne oder beim Bestehen von Differenzen zwischen dem Buchwert der Beteiligung der Obergesellschaft und dem Reinvermögen der abhängigen Gesellschaft.

---

[1] Vgl. Mellerowicz, K., Rechnungslegung und Konzernabschluß, in: Hengeler, H., Beiträge zur Aktienrechtsreform, Heidelberg 1959, S. 245.
[2] Vgl. Schuhmann, W., a.a.O., S. 126.

Die Bestandskonten werden in der Konzernbilanz entweder direkt oder mit Hilfe von Wertberichtigungen um die Zwischengewinne gekürzt. Entsprechend müssen die Umsatzerlöse in der Gewinn- und Verlustrechnung vermindert werden, damit die konzerninternen Gewinne nicht in der Konzern-Gewinn- und Verlustrechnung enthalten sind. Werden die konzerninternen Gewinne in einer späteren Periode durch Umsatz mit Dritten realisiert, so sind sie sowohl in der Konzernbilanz als auch in der Konzern-Gewinn- und Verlustrechnung dem Konzerngewinn hinzuzuzählen.[1]

Ist der Buchwert einer Beteiligung bei der Obergesellschaft niedriger angesetzt als das Reinvermögen der abhängigen Gesellschaft, so wird in die Konzernbilanz ein **passiver Ausgleichsposten** (Kapitalaufrechnungsdifferenz) eingestellt; die Gegenbuchung erfolgt auf der **Aufwandsseite** der konsolidieten Gewinn- und Verlustrechnung. Ist der Buchwert der Beteiligung höher als das Reinvermögen der abhängigen Gesellschaft, so erscheint in der Konzernbilanz ein **aktiver Ausgleichsposten,** der zu einer entsprechenden Gegenbuchung auf der **Ertragsseite** der Konzern-Gewinn- und Verlustrechnung führt.

Obwohl das Aktiengesetz grundsätzlich von der Einheitstheorie ausgeht, verlangt es keine völlige Eliminierung der Innenumsätze durch Verrechnung oder Umgliederung in der Konzern-Gewinn- und Verlustrechnung, also keine völlige Konsolidierung der Gewinn- und Verlustrechnung im eben beschriebenen Sinne, sondern stellt in den §§ 332 und 333 den Konzernen **drei Formen** der konsolidierten Gewinn- und Verlustrechnung zur Verfügung, die unterschiedlich strenge Anforderungen an die Konsolidierung stellen. In der Begründung heißt es dazu: „Von sachverständiger Seite wurde jedoch erklärt, daß die Verrechnung und Umgliederung der Innenumsatzerlöse bei einer ausführlichen Gliederung der Konzern-Gewinn- und Verlustrechnung praktisch so schwierig sein könne, daß sie nicht allgemein gefordert werden könne."[2]

Bei den drei Formen der Konzern-Gewinn- und Verlustrechnung nach dem Aktiengesetz handelt es sich um die folgenden:[3]

(a) Die Konzern-Gewinn- und Verlustrechnung ohne Ausschaltung der Innenumsatzerlöse (Teilkonsolidierung nach § 332 Abs. 1 Nr. 1 erster Halbsatz);

(b) Die Konzern-Gewinn- und Verlustrechnung mit Ausschaltung der Innenumsatzerlöse (Vollkonsolidierung nach § 332 Abs. 1 Nr. 1 zweiter Halbsatz);

(c) Die Konzern-Gewinn- und Verlustrechnung mit Ausschaltung der Innenumsatzerlöse in vereinfachter Form (Vollkonsolidierung in vereinfachter Form nach § 333).

9. Der Konzerngeschäftsbericht

Der Konzerngeschäftsbericht besteht aus drei Abschnitten: dem Bericht über den Konsolidierungskreis, dem Lagebericht und dem Erläuterungsbericht.

Nach § 334 Abs. 1 Satz 1 AktG sind **alle** zum Konzern gehörenden Unternehmen mit Sitz im Inland – auch wenn sie nicht in den Konzernabschluß ein-

---

[1] Vgl. S. 822f.
[2] Kropff, B., Aktiengesetz, a.a.O., S. 446.
[3] Einzelheiten vgl. Wöhe, G., Bilanzierung a.a.O., S. 703 ff.

bezogen worden sind – mit genauer Firmenangabe aufzuführen. Eine Angabe über die Beteiligungsquote ist nicht erforderlich. Ausländische Unternehmen brauchen auch dann nicht namentlich erwähnt zu werden, wenn sie in den Konzernabschluß einbezogen worden sind, jedoch muß auf die Einbeziehung ausländischer Unternehmen ohne Angabe ihrer Zahl hingewiesen werden. Die in den Konzernabschluß einbezogenen inländischen Unternehmen müssen in der Aufzählung aller Konzernunternehmen besonders kenntlich gemacht werden.

Analog zu den Vorschriften des § 160 Abs. 1 AktG fordert § 334 Abs. 2 AktG im Konzerngeschäftsbericht Angaben

(1) über den **Geschäftsablauf** des Konzerns und der in den Konzernabschluß einbezogenen Unternehmen im Berichtsjahr,

(2) über die **Lage des Konzerns** und der in den Konzernabschluß einbezogenen Unternehmen,

(3) über **Vorgänge von besonderer Bedeutung,** die nach dem Stichtag des Konzernabschlusses eingetreten sind.

Da nicht alle Konzernunternehmen in den Konzernabschluß einbezogen werden müssen, wird ferner

(4) verlangt, daß berichtet wird, wenn bei Konzernunternehmen, die nicht in den Konzernabschluß einbezogen worden sind, **größere Verluste** entstanden oder zu erwarten sind.

Diese Angaben sind die Voraussetzung dafür, daß die Aktionäre, die Gläubiger, die mit dem Konzern verbundenen Unternehmen und die interessierte Öffentlichkeit sich aus dem Konzernabschluß einschließich der Erläuterungen im Konzerngeschäftsbericht ein umfassendes Bild über die wirtschaftliche Situation des Konzerns machen können.

Der **Erläuterungsbericht** besteht analog zur Regelung des § 160 AktG aus einem allgemeinen Teil, in dem auch wesentliche Abweichungen vom letzten Konzernabschluß zu erörtern sind, und einem speziellen Teil, in dem Einzelangaben über bestimmte wirtschaftliche Vorgänge und Rechtsbeziehungen zu machen sind.

Im **allgemeinen Teil** muß auf Änderungen des Kreises der konsolidierten Unternehmen hingewiesen werden, damit die Vergleichbarkeit des Konzernabschlusses mit früheren Abschlüssen erleichtert wird. In Anwendung des allgemeinen Grundsatzes der Bilanzkontinuität dürfte es nicht zulässig sein, Konzernunternehmen, die nach dem Gesetz nicht in den Konzernabschluß einbezogen werden dürfen, nach Belieben in einem Jahr einzubeziehen, in einem anderen wieder wegzulassen usw. Dadurch würde nicht nur die Vergleichbarkeit gestört, sondern könnte auch das Bild über die Vermögens- und Ertragslage des Konzerns bewußt manipuliert werden.

Zu berichten ist hier ferner über das angewendete **Verfahren der Konsolidierung** bzw. über Änderungen in der Konsolidierungstechnik. Wie oben bereits dargelegt, sind die gesetzlichen Vorschriften über die Konsolidierungstechnik – z. T. bewußt – nicht erschöpfend, so daß auch durch einen Wechsel der Konsolidierungsmethoden (z. B. Wahl einer Zwischenform zwischen den nach §§ 332 und 333 AktG möglichen Formen der konsolidierten Gewinn- und Verlustrechnung, Konsolidierung von Fremdschuldverhältnissen, buchmäßige Behandlung der bei der Konsolidierung von Konzernschuldverhältnissen auftretenden Differenzen[1]) die Vergleichbarkeit des Konzernabschlusses bewußt oder unbewußt beeinträchtigt werden kann.

Im Gegensatz zum Einzel-Geschäftsbericht brauchen im Konzerngeschäftsbericht die angewendeten **Bewertungs- und Abschreibungsverfahren** nicht erörtert zu werden, da für die Bewertung und Abschreibung grundsätzlich die Einzelbilanzen maßgeblich sind und da der Konzerngewinn weder die Grundlage für die Gewinnverteilung noch für die Besteuerung darstellt, sondern für diesen Zweck allein die Gewinne der Einzelbilanzen in Frage kommen.

Während § 160 AktG im Einzelgeschäftsbericht elf Einzelangaben verlangt, beschränkt sich der Konzerngeschäftsbericht auf drei Positionen, über die gesondert berichtet werden muß. Erstens handelt es sich um eine Darstellung der Ursachen und des bilanzmäßigen Charakters eines nach § 331 Abs. 1 Nr. 3 AktG ausgewiesenen **Ausgleichspostens für Konsolidierung** (Kapitalaufrechnungsdifferenz). Die zweite Einzelangabe bezieht sich auf die aus dem Konzernabschluß **nicht ersichtlichen Haftungsverhältnisse** einschließlich der Bestellung von Sicherheiten für Verbindlichkeiten der in den Konzernabschluß einbezogenen Unternehmen.[2] Schließlich werden drittens Einzelangaben über die rechtlichen und geschäftlichen Beziehungen zu Unternehmen mit Sitz im Inland, die nicht zum Konzern gehören, aber mit einem Konzernunternehmen verbunden sind, ferner über geschäftliche Vorgänge bei diesen Unternehmen, die auf die Lage des Konzerns von erheblichem Einfluß sein können, verlangt.[3]

10. Die Prüfung des Konzernabschlusses

Ebenso wie der Jahresabschluß und der Geschäftsbericht einer Aktiengesellschaft unterliegen auch der Konzernabschluß und der Konzerngeschäftsbericht der Pflichtprüfung.[4] **Konzernabschlußprüfer** sind in der Regel die Prüfer, die für die Prüfung des Jahresabschlusses der Obergesellschaft bestellt worden sind, auf dessen Stichtag der Konzernabschluß aufgestellt wird.[5]

Da der Konzernabschluß aus den Einzelabschlüssen der einbezogenen Konzernunternehmen entwickelt wird, ist eine Prüfung des Konzernabschlusses nur sinnvoll, wenn **zuvor alle Einzelabschlüsse geprüft** worden sind. Das bedeutet, daß die Konzernabschlußprüfer alle Einzelabschlüsse einer Prüfung unterziehen müssen, die nicht bereits einer Pflichtprüfung nach §§ 162 ff. AktG oder nach anderen gesetzlichen Vorschriften unterlegen haben oder nach den Grundsätzen der §§ 162 ff. auf freiwilliger Basis geprüft worden sind. Die Prüfung der noch nicht geprüften Jahresabschlüsse von Konzernunternehmen beschränkt sich nach § 336 Abs. 3 auf die Feststellung, ob sie den Grundsätzen ordnungsmäßiger Buchführung entsprechen. Diese Prüfung erstreckt sich auch auf die Zwischenabschlüsse, die Konzernunternehmen mit abweichendem Abschluß-

---

[1] Vgl. Goerdeler, R., Geschäftsbericht, Konzerngeschäftsbericht und „Abhängigkeitsbericht" aus der Sicht des Wirtschaftsprüfers, WPg 1966, S. 122; Scherpf, P., a.a.O., S. 303 f.
[2] Vgl. § 334 Abs. 3 Nr. 2 AktG
[3] Vgl. § 334 Abs. 3 Nr. 3 AktG
[4] Vgl. § 336 Abs. 1 Satz 1 AktG
[5] Vgl. § 366 Abs. 1 Satz 2 AktG

stichtag auf den Stichtag des Konzernabschlusses aufstellen müssen, denn diese Zwischenabschlüsse bedürfen lediglich der Billigung des Aufsichtsrats des betreffenden Konzernunternehmens, jedoch nicht einer Abschlußprüfung, gehen also ohne vorherige Pflichtprüfung in den Konzernabschluß ein.

Die Prüfung hat sich darauf zu erstrecken, „ob die Vorschriften über den Konzernabschluß beachtet sind".[1] Da das Aktiengesetz diese Vorschriften – wie oben an mehreren Stellen gezeigt wurde – bewußt sehr dehnbar gehalten hat, stehen die Konzernabschlußprüfer vor keiner einfachen Aufgabe, solange es noch nicht durch praktische Übung, Entwicklung der Rechtsprechung oder Fixierung von Richtlinien durch das Institut der Wirtschaftsprüfer zur Ausbildung von Regeln gekommen ist, die als „Grundsätze ordnungsmäßiger Konsolidierung" angesehen werden können.

Nach Eingang des Prüfungsberichts hat der Vorstand der Obergesellschaft diesen zusammen mit dem Konzernabschluß und dem Konzerngeschäftsbericht unverzüglich dem **Aufsichtsrat** der Obergesellschaft „zur Kenntnisnahme" vorzulegen.[2] Im Gegensatz zum Einzelabschluß unterliegt der Konzernabschluß also nach der Prüfung durch die Abschlußprüfer nicht einer weiteren Prüfung durch den Aufsichtsrat. Auf eine solche Prüfung kann deshalb verzichtet werden, weil aus dem Konzernabschluß niemand Rechte herleiten kann. Konzernabschluß und Konzerngeschäftsbericht werden der Hauptversammlung der Obergesellschaft vom Vorstand zusammen mit dem Jahresabschluß und dem Geschäftsbericht dieser Gesellschaft vorgelegt. Der Konzernabschluß wird aber im Gegensatz zum Einzelabschluß nicht festgestellt. Rechtliche Wirkungen für Aktionäre, Gläubiger und Finanzbehörden haben allein die Einzelabschlüsse der Konzernunternehmen.

Der Konzernabschluß ist zusammen mit dem Jahresabschluß der Obergesellschaft vom Vorstand dieser Gesellschaft in den Gesellschaftsblättern bekanntzumachen.[3]

VI. Die Bilanzauffassungen

1. Allgemeine Einteilungskriterien

Über die Aufgaben der Bilanz gibt es eine Anzahl verschiedener Auffassungen. Sie haben ihren Niederschlag in den Bilanztheorien gefunden, die sich mit dem formalen Aufbau, der Gliederung und Deutung des Inhaltes der Jahresbilanz sowie mit der Bewertung und Erfolgsermittlung befassen, wobei der Akzent teils stärker auf der Bewertung, teils stärker auf dem formalen Aufbau liegt.

Man kann die Bilanzauffassungen einmal nach ihrem unterschiedlichen Standpunkt zur Frage des **Zwecks der Bilanz** gliedern. Unter diesem Aspekt sind die Bilanzauffassungen teils **monistisch**, d. h. sie schreiben der Bilanz nur eine dominierende Aufgabe zu, z. B. die Zusammenstellung der Bestände an Vermögen und Schulden an einem Stichtag (statische Bilanzauffassung) oder die

---

[1] § 336 Abs. 2 Satz 1 AktG
[2] Vgl. § 337 Abs. 1 Satz 1 AktG
[3] Vgl. § 338 Abs. 2 AktG

Ermittlung des vergleichbaren Periodenerfolges als Instrument der Überwachung der Wirtschaftlichkeit (dynamische Bilanzauffassung), teils sind sie **dualistisch,** indem sie die Aufgabe der Bilanz sowohl in der Vermögens- und Kapitalfeststellung als auch in der Gewinnermittlung erblicken (organische Bilanzauffassung), teils wird die Ansicht vertreten, daß eine Bilanz **allen** an sie gestellten Aufgaben gerecht werden muß und nicht nur einem Einzelzweck dienen darf (totale Bilanzauffassung).

Aus den vorangegangenen Ausführungen über die nach handels- und steuerrechtlichen Vorschriften aufgestellte Jahresbilanz ist ersichtlich geworden, daß mit jeder derartigen Bilanz durch Abschluß der aktiven und passiven Bestandskonten sowohl das **Vermögen und Kapital** als auch durch Abschluß der Aufwands- und Ertragskonten über die Gewinn- und Verlustrechnung oder durch Vergleich des um Einlagen und Entnahmen korrigierten Vermögens am Ende und am Anfang einer Periode der **Erfolg** ermittelt wird, d. h. zwei Ziele verfolgt werden. Faßt man den Begriff des Vermögens bilanzrechtlich als Addition der in der Handels- oder Steuerbilanz ausgewiesenen Vermögenswerte auf, so ist jede derartige Bilanz dualistisch, da sie sowohl einen Einblick in die Vermögens- als auch in die Ertragslage gibt. Interpretiert man aber – wie z. B. Schmalenbach in seiner dynamischen Bilanz – das Vermögen des Betriebes nicht als Summe der bilanzierten Einzelwerte, sondern als **Ertragswert** im Sinne der allgemeinen Kapitaltheorie, d. h. als Summe der auf den Bilanzstichtag abdiskontierten zukünftigen Einnahmenüberschüsse, so dient eine solche Bilanz nur einem Zweck, nämlich der periodenrichtigen Gewinnermittlung, weil sie ein als Ertragswert definiertes Vermögen nicht ermitteln kann.

Die Bilanzauffassungen unterscheiden sich ferner in ihrer Stellung zum Problem der **Erhaltung der Leistungsfähigkeit** des Betriebes. Je nachdem, ob man der Bilanz die Aufgabe zuschreibt, aufzuzeigen, ob das Geldkapital oder das mengenmäßige Güterkapital des Betriebes erhalten worden ist, differenzieren die anzuwendenden Bewertungsprinzipien und -maßstäbe, und damit kommt es auch zu Unterschieden in der Höhe des ausgewiesenen Gewinns. Man unterscheidet folgende Formen der Betriebserhaltung:[1]

(1) **Die Kapitalerhaltung**

(a) **Die nominelle Kapitalerhaltung.** Die Leistungsfähigkeit eines Betriebes gilt als gewahrt, wenn das nominelle Geldkapital ziffernmäßig von Periode zu Periode gleichbleibt. Eine positive Differenz zwischen dem Kapital am Anfang und am Ende der Periode stellt – unter Berücksichtigung von Entnahmen und Einlagen – einen Gewinn, eine negative Differenz einen Verlust dar. Grundsätzlich erfolgt die Bewertung zu Anschaffungs- oder Herstellungskosten. Geld- und Sachwertschwankungen in der Volkswirtschaft und daraus resultierende Änderungen der Wiederbeschaffungskosten werden nicht berücksichtigt. Deshalb ist die nominelle Kapitalerhaltung nur in „normalen" Zeiten, d. h. in Zeiten stabiler wirtschaftlicher Verhältnisse geeignet, die Leistungsfähigkeit des Betriebes unverändert zu garantieren. Handels- und Steuerrecht vertreten – wie oben dargestellt[2] – grundsätzlich das Prinzip der nominellen Kapitalerhaltung,

---
[1] Vgl. Hax, K., Die Substanzerhaltung der Betriebe, Köln und Opladen 1957, S. 14.
[2] Vgl. S. 727 ff.

auch in Zeiten, in denen infolge von extremen Preissteigerungen die Leistungsfähigkeit des Betriebes durch Einsatz der gleichen investierten Geldsumme nicht aufrechterhalten werden kann.

(b) **Die reale (materielle) Kapitalerhaltung** ist dann erreicht, wenn die Kaufkraft des Endkapitals einer Wirtschaftsperiode gleich der Kaufkraft des Anfangskapitals dieser Periode ist. Gewinn ist also der Überschuß des mittels eines Index auf gleiche Kaufkraft umgerechneten Endkapitals über das Anfangskapital. Dieser Standpunkt ist lediglich eine Abart des Prinzips der nominellen Kapitalerhaltung.

(2) **Die Substanzerhaltung**

Maßstab für die Betriebserhaltung ist hier nicht eine bestimmte Geldsumme, sondern sind die hinter den Geldbeträgen stehenden Gütermengen. Ob ein Periodengewinn erzielt worden ist, bestimmt sich nicht danach, wieviel Geldeinheiten am Ende der Periode mehr als zu Beginn der Periode vorhanden sind, sondern allein danach, ob die Umsatzlöse größer sind als die zur Wiederbeschaffung allen im Leistungsprozeß der abgelaufenen Periode verbrauchten und umgesetzten Produktionsfaktoren erforderlichen Geldbeträge. Da der Begriff der Erhaltung des realen Güterkapitals unterschiedlich weit gefaßt wird, haben sich mehrere Varianten der realen Kapitalerhaltung entwickelt:

(a) Eine **absolute**[1] (**materielle**,[2] **reproduktive**[3]) **Substanzerhaltung** liegt dann vor, wenn aus dem Umsatzerlös alle im Leistungsprozeß verbrauchten Güter in gleicher Menge und gleicher Qualität wiederbeschafft werden können. Ein darüber hinaus erwirtschafteter Geldbetrag kann als Gewinn den Betrieb ohne Beeinträchtigung seiner Leistungsfähigkeit verlassen.

(b) Von **relativer**[4] **oder qualifizierter**[5] **Substanzerhaltung** wird gesprochen, wenn aus dem Umsatzerlös die verbrauchten Produktionsfaktoren nicht nur in unveränderter Form wiederbeschafft werden können, sondern Produktionsfaktoren in einer solchen Menge und Qualität beschafft werden können, daß der Betrieb seine relative Stellung in der Gesamtwirtschaft durch Berücksichtigung des technischen Fortschritts und der allgemeinen Weiterentwicklung des Wirtschaftszweiges erhalten kann. Ein Gewinn liegt erst vor, wenn der Umsatzerlös größer ist als die zur Realisierung dieses Zieles erforderlichen Geldmittel.

Die Bilanzauffassungen unterscheiden sich weiterhin in ihrer Stellung zur **Periodisierung des Totalgewinns**, d. h. des während der gesamten Lebensdauer eines Betriebes erzielten Gewinns. Theoretisch müßte eine Beurteilung des Erfolges eines Betriebes am Ende der Lebensdauer vom Totalgewinn ausgehen. Praktisch ist für unternehmerische Entscheidungen nur der Gewinn einer Periode bzw. der Vergleich des Gewinns mehrerer vergangener Perioden oder

---

[1] Vgl. z. B. Geldmacher, E., Wirtschaftsunruhe und Bilanz, Teil 1: Grundlagen und Techniken der bilanzmäßigen Erfolgsrechnung, Berlin 1923.

[2] Vgl. Walb, E., Die Erfolgsrechnung privater und öffentlicher Betriebe, Berlin u. Wien 1926.

[3] Vgl. Hax, K., a.a.O., S. 19

[4] Vgl. Schmidt, F., Die organische Tageswertbilanz, 3. Aufl., 1929, unveränderter Nachdruck, Wiesbaden 1951.

[5] Vgl. Sommerfeld, H., Bilanz, (eudynamisch), HdB, 1. Aufl. 1926, Bd. I, Sp. 1340 ff.

höchstens noch der in einer überschaubaren Zahl zukünftiger Perioden erwartete Gewinn von Bedeutung. Durch die Jahresbilanzen erfolgt eine Periodisierung des Totalgewinns, die z. B. nach dynamischer Auffassung in der Weise erfolgen soll, daß Aufwendungen und Erträge der Periode zugerechnet werden, in der sie verursacht bzw. erzielt wurden, auch wenn die dazugehörigen Zahlungsvorgänge (Ausgaben und Einnahmen) in früheren Perioden erfolgt oder erst in späteren Perioden zu erwarten sind.

2. Die dynamische Bilanzauffassung

a) Schmalenbachs dynamische Bilanz

Nach dynamischer Auffassung ist die **Erfolgsermittlung** als Hauptaufgabe der Bilanz anzusehen. Der vergleichbare Periodenerfolg wird als Maßstab der Wirtschaftlichkeit betrachtet. Der Begründer dieser Auffassung ist E. Schmalenbach.[1] Der Erfolg ist die Differenz zwischen Aufwand und Leistung (Ertrag). Der Aufwand wird an den Ausgaben, die Leistung an den Einnahmen gemessen, Leistung des Betriebes ist der Wert der von ihm geschaffenen Güter und Dienste, Aufwand ist der Wert für Güter und Dienste, die bei der Erstellung der betrieblichen Leistung verbraucht bzw. umgeformt worden sind.

Würden die Gesamtlebensdauer des Betriebes und die Bilanzperiode übereinstimmen, so würde in einer solchen **Totalperiode** jeder Aufwand zu einer Ausgabe und jeder Ertrag zu einer Einnahme führen. Die Totalerfolgsrechnung wäre eine reine Einnahmen- und Ausgabenrechnung.

Das bei der Gründung eines Betriebes eingebrachte Kapital erscheint zunächst in liquider Form in der Kasse. Aus der Kasse werden Vermögensgüter und Dienstleistungen beschafft (Ausgabe) und zur Erstellung von Ertragsgütern verbraucht (Aufwand). Die Ertragsgüter (Leistung) werden gegen bar verkauft (Einnahme). Die Differenz zwischen Einnahmen und Ausgaben ist – unter Berücksichtigung von Entnahmen und Einlagen – der Erfolg der Periode.

Beispiel:

A	Anfangsbilanz		P
Kasse	5.000	Anfangskapital	5.000

A	Endbilanz		P
Kasse	6.000	Anfangskapital	5.000
		+ Gewinn	1.000
	6.000		6.000

Tatsächlich wird jedoch die Gesamtlebensdauer eines Betriebes (Totalperiode) in **Geschäftsjahre** (Teilperioden) zerlegt, da erstens eine Totalrechnung für die betriebliche Disposition zu spät kommt und zweitens ein gesetzlicher Zwang

---

[1] Vgl. Schmalenbach, E., Grundlagen dynamischer Bilanzlehre, ZfhF 1919, S. 1–60, S. 65–101; ders., Dynamische Bilanz, 13. Aufl., Köln und Opladen 1962.

zur Aufstellung einer Jahresbilanz besteht. Das hat zur Folge, daß am Bilanzstichtag nicht alle Geschäftsvorfälle beendet sind, d. h. daß nicht alle Ausgaben zu Einnahmen geführt haben, sondern Ausgaben und Aufwand sowie Einnahmen und Ertrag zeitlich auseinanderfallen. Es ergeben sich also Differenzen zwischen Einnahmen- und Ausgabenrechnung sowie Ertrags- und Aufwandsrechnung (Erfolgsrechnung), weil z. B. nicht alle vom Betrieb beschafften Sachgüter in der Abrechnungsperiode verbraucht bzw. umgeformt, sondern Teile davon aufgespeichert und erst in späteren Perioden zu Aufwand werden, oder weil produzierte Güter (Leistungen) nicht in der Periode ihrer Erstellung zu Einnahmen führen.

Diese sog. **"schwebenden Geschäfte"** werden neben dem Kapital und den liquiden Mitteln in die Bilanz aufgenommen, wo sie so lange erscheinen, bis sie "ausgelöst" werden, während die Ausgaben und Einnahmen, die in der Rechnungsperiode zu Aufwand und Ertrag geführt haben, in der Verlust- und Gewinnrechnung erfaßt werden. Die Bilanz verrechnet also:
(1) alle nicht ausgelösten Aufwendungen und Leistungen (Erträge),
(2) alle nicht ausgelösten Ausgaben und Einnahmen.

Schmalenbach bezeichnet es als Aufgabe der Bilanz, „die schwebenden, d. h. noch der Auslösung harrenden Posten, in Evidenz zu erhalten. Man sieht aus ihr, was noch nicht ausgelöst ist. Das noch nicht Ausgelöste stellt noch vorhandene aktive Kräfte und passive Verpflichtungen dar. Die Bilanz ist mithin die Darstellung des Kräftespeichers der Unternehmung".[1] Die in der Bilanz gespeicherten zukünftigen Aufwendungen und Erträge bzw. Ausgaben und Einnahmen hat Schmalenbach folgendermaßen gegliedert:

Aktiva	Dynamische Bilanz nach Schmalenbach	Passiva
1. Liquide Mittel	1. Kapital	
2. Ausgabe, noch nicht Aufwand (Gekaufte Maschinen mit mehrjähriger Nutzungsdauer)	2. Aufwand, noch nicht Ausgabe (Kreditoren, Rückstellungen)	
3. Ausgabe, noch nicht Einnahme (Wertpapiere, Aktivdarlehen)	3. Einnahme, noch nicht Ausgabe (Darlehen)	
4. Ertrag, noch nicht Aufwand (selbsterstellte Maschinen und Werkzeuge)	4. Aufwand, noch nicht Ertrag (rückständige Instandsetzungen durch eigene Werkstatt)	
5. Ertrag, noch nicht Einnahme (Forderungen, Fertigfabrikate)	5. Einnahme, noch nicht Ertrag (Anzahlung von Kunden)	

Verkürzt man dieses Schema, so ergibt sich folgende Bilanz:

Aktiva	Dynamische Bilanz	Passiva
1. Liquide Mittel	1. Kapital	
2. Einnahmen späterer Perioden	2. Ausgaben späterer Perioden	
3. Aufwand späterer Perioden	3. Leistungen späterer Perioden	

---

[1] Schmalenbach, E., Dynamische Bilanz, a.a.O., S. 74.

In dieser Gliederung wird der Unterschied zur statischen Bilanz, die eine reine Beständebilanz ist, klar. Schmalenbach verwendet in der Bilanz die Begriffe Aufwand und Ertrag, die sonst nur in der Verlust- und Gewinnrechnung erscheinen, sowie die Begriffe Ausgaben und Einnahmen zur Charakterisierung der Zahlungsvorgänge. Auf der Aktivseite erscheinen neben den Geldmitteln die Einnahmen und Aufwendungen späterer Perioden (Vorleistungen), auf der Passivseite neben dem Kapital die Erträge und Ausgaben späterer Perioden (Nachleistungen).

Die Bilanzposten werden also nicht als Bestände am Bilanzstichtag interpretiert, sondern als noch **nicht erfolgte Umsätze**. Die Bilanz dient somit nicht der Erkenntnis eines **Zustandes**, sondern der Erkenntnis einer **Bewegung**. Daher trägt sie die Bezeichnung dynamische Bilanz.

Die Bilanz wird bei Schmalenbach zu einem **Hilfsmittel der Erfolgsrechnung**. Letzterer gebührt der Vorrang. Sie nimmt alle Einnahmen und Ausgaben auf, die in der Abrechnungsperiode zu Aufwand und Ertrag geführt haben. Sie erscheinen in der Bilanz als Veränderung der liquiden Mittel und des Kapitals. Einnahmen und Ausgaben, die erst später zu Ertrag und Aufwand werden, werden bis dahin in der Bilanz gespeichert. Das beleuchtet den Hilfscharakter der Bilanz. Die Erfolgsrechnung nimmt ferner alle Aufwendungen und Erträge der Abrechnungsperiode auf, die erst in späteren Perioden zu Einnahmen und Ausgaben führen. Sie erscheinen ebenfalls in der Bilanz. Die Gewinn- und Verlustrechnung enthält außerdem Aufwendungen und Erträge, die bereits in früheren Perioden zu Einnahmen und Ausgaben geführt haben.

Soll	Erfolgsrechnung	Haben
1. Aufwand jetzt, Ausgabe jetzt (Kauf und Verbrauch von Rohstoffen)		1. Ertrag jetzt, Einnahme jetzt (Verkauf von in der Periode produzierten Produkten)
2. Aufwand jetzt, Ausgabe früher (Abschreibung)		2. Ertrag jetzt, Einnahme früher (Nachlieferung auf Grund von Anzahlungen)
3. Aufwand jetzt, Ausgabe später (Verbrauch von Rohstoffen auf Kredit)		3. Ertrag jetzt, Einnahme später (Produktion auf Lager, Verkauf auf Ziel)
4. Aufwand jetzt, Ertrag jetzt (Produktion von Fabrikaten)		4. Ertrag jetzt, Aufwand jetzt (Produktion von Fabrikaten)
5. Aufwand jetzt, Ertrag früher (Abschreibung selbsterstellter Maschinen)		5. Ertrag jetzt, Aufwand früher (Nachholung rückständiger Instandsetzungen durch eigene Werkstatt)
6. Aufwand jetzt, Ertrag später (rückständige Instandsetzungen durch eigene Werkstatt)		6. Ertrag jetzt, Aufwand später (Produktion von Maschinen zum eigenen Gebrauch)

Die Zusammenhänge zwischen Bilanz und Erfolgsrechnung können folgendermaßen zusammengefaßt werden:
(1) Nur in der Bilanz werden gespeichert:
   a) Ausgaben und Einnahmen, die erst später zu Aufwand und Ertrag werden,
   b) Ausgaben und Einnahmen, die erst später zu Einnahmen und Ausgaben werden.
(2) In der Bilanz werden folgende Vorgänge gespeichert, die gleichzeitig die Erfolgsrechnung berühren:
   a) Aufwendungen und Erträge, die erst später zu Erträgen und Aufwendungen werden,
   b) Aufwendungen und Erträge, die erst später zu Ausgaben und Einnahmen werden.

Auf die Unvollständigkeit des Schmalenbachschen Bilanzschemas haben seine Gegner hingewiesen.[1] So sind beispielsweise auf Kredit beschaffte Rohstoffe, die noch nicht verbraucht sind, in dieser Bilanzgliederung nicht unterzubringen. Sie sind weder Ausgaben noch Aufwand der Periode, ihre Beschaffung stellt auch keinen Ertrag dar, sondern eine erfolgsunwirksame Zunahme von Beständen an Vermögen und Schulden. Die richtige Bezeichnung in Schmalenbachs Terminologie wäre „noch nicht Ausgabe, noch nicht Aufwand". Eine solche Position hat in seinem Bilanzschema keinen Platz.

Schmalenbach hat **keine in sich geschlossene Bewertungslehre** für die Bilanz entwickelt. „Dieses Unterlassen von Schmalenbach ist um so unverständlicher" – schreibt Gutenberg[2] –, „als das Kategoriensystem, mit dem er die formale Struktur der Bilanz aufschließt, an sich die Ansätze zu einem Bewertungssystem enthält." Da Schmalenbach als Zweck des Jahresabschlusses die Ermittlung des vergleichbaren Periodenerfolges als Maßstab der Wirtschaftlichkeit bezeichnet, kommt dem **Grundsatz der Vergleichbarkeit** des Periodenerfolges besondere Bedeutung zu. Die Vergleichbarkeit soll einmal durch eine genaue Periodenabgrenzung erreicht werden, die den einzelnen Abrechnungsperioden den Aufwand und Ertrag zurechnet, der in ihnen auch verursacht wurde, zum zweiten durch Verwendung gleicher Gewinnermittlungsmethoden. Das Prinzip der Vergleichbarkeit wird jedoch wieder eingeschränkt durch Zugeständnisse an die Bewertungsgewohnheiten der Praxis, insbesondere durch Berücksichtigung des Prinzips der kaufmännischen Vorsicht bei der Bemessung der Wertansätze.

Die dynamische Bewertungslehre arbeitet mit verschiedenen Werten. Oberster Wert ist zunächst der **Anschaffungswert,** der jedoch dann nicht anwendbar ist, wenn Sachwert- oder Geldwertschwankungen eingetreten sind. In diesem Falle tritt an die Stelle des Anschaffungswertes der **Zeitwert.** Beim **Anlagevermögen** stößt die Ermittlung des Zeitwertes (Tageswert) auf Schwierigkeiten, da die Güter des Anlagevermögens (z. B. gebrauchte Maschinen) nicht am Markt veräußert werden sollen, zwischen dem Marktwert einer gebrauchten Maschine und dem Gebrauchswert im Betrieb aber ein Unterschied bestehen wird. Des-

---
[1] Vgl. Nicklisch, H., Dynamik, ZfHH, 1920/21, S. 244; Rieger, W., Schmalenbachs dynamische Bilanz, Stuttgart 1936, S. 116 ff.
[2] Gutenberg, E., Einführung in die Betriebswirtschaftslehre, Wiesbaden 1958, S. 165.

halb läßt Schmalenbach bei Zeitvergleichen den Anschaffungswert (vermindert um verbrauchsbedingte Abschreibungen) als Wertansatz für das Anlagevermögen gelten.

Für das **Umlaufvermögen** wird bei Preisänderungen eine Rechnung mit eisernen Beständen gefordert. **Eiserner Bestand** ist das Minimum an Vorräten, das zur Gewährleistung eines ungestörten Betriebsablaufs erforderlich ist. Bei steigenden Preisen treten „Scheingewinne" auf, wenn Bestände, die noch mit niedrigeren Preisen beschafft wurden, mit gestiegenen Absatzpreisen veräußert werden können, die Wiederbeschaffungspreise aber inzwischen ebenfalls gestiegen sind. Im Falle von Preissenkungen würden entsprechende „Scheinverluste" entstehen. Schmalenbach fordert deshalb, einen eisernen Bestand mit einem Festwert in die Bilanz einzusetzen, damit verhindert wird, daß plötzliche Preisschwankungen sich in der Erfolgsrechnung auswirken.

Nach Schmalenbach sollen die Erfolgsrechnung und die Bilanz die Wirtschaftlichkeit der Periode zeigen. Unter Wirtschaftlichkeit versteht er aber eine **„gemeinwirtschaftliche Wirtschaftlichkeit"**, nicht dagegen die „privatwirtschaftliche Wirtschaftlichkeit" (Rentabilität), denn – so betont er – es ist „nicht der Sinn unserer Betriebswirtschaftslehre, zuzuschauen, ob und wie irgend jemand sich ein Einkommen oder Vermögen verschafft. Sinn unserer Lehre ist lediglich, zu erforschen, wie und auf welche Weise der Betrieb eine gemeinwirtschaftliche Produktivität beweist".[1]

In Wirklichkeit aber ist die dynamische Bilanz nicht geeignet, die gemeinwirtschaftliche Wirtschaftlichkeit, die eine gesamtwirtschaftliche Kategorie ist, zu ermitteln. Schmalenbach hat das selbst gesehen und stellt zwar fest, „daß der privatwirtschaftliche Ertrag am letzten Ende nicht das ist, was wir eigentlich herausmessen wollen", muß jedoch zugeben, „daß wir aber den privatwirtschaftlichen Ertrag uns zum Rechnungsziele nehmen, wissend, daß nur dieser die nötige Sicherheit und den guten Willen der Rechner findet".[2] Die dynamische Bilanzauffassung wurde durch Walb, Kosiol und Sommerfeld weiterentwickelt.

b) Die finanzwirtschaftliche Bilanzauffassung von Walb[3]

An die Stelle der Schmalenbachschen Gegenüberstellung von Ausgaben und Einnahmen einerseits und Aufwand und Leistung andererseits führt Walb eine Zweiteilung der Konten in eine **Zahlungsreihe** (Zahlungsausgänge und Zahlungseingänge) und eine **Leistungsreihe** (Leistungsausgänge und Leistungseingänge) ein. Die Konten der Zahlungsreihe finden in der Bilanz, die Konten der Leistungsreihe in der Gewinn- und Verlustrechnung ihren Abschluß. Die Aktivposten der Bilanz werden als Einnahmen späterer Perioden, die Passivposten als Ausgaben späterer Perioden betrachtet.

Beim Jahresabschluß werden Aufwendungen und Erträge, die noch nicht erfolgswirksam sind, aus der Leistungsreihe in die Zahlungsreihe zurückverrechnet. Die Erfolgsrechnung enthält dann nur die Leistungsausgänge (Aufwand) und

---

[1] Schmalenbach, E., Dynamische Bilanz, 5. Aufl., Leipzig 1931, S. 94.
[2] Schmalenbach, E., a.a.O., S. 95.
[3] Vgl. Walb, E., Die Erfolgsrechnung privater und öffentlicher Betriebe, Berlin und Wien 1926; derselbe, Die finanzwirtschaftliche Bilanz, 3. Aufl., Wiesbaden 1966.

Leistungseingänge (Ertrag) der Abrechnungsperiode. Die finanzwirtschaftliche Bilanz sieht dann folgendermaßen aus:

Aktiva	Finanzwirtschaftliche Bilanz	Passiva
zukünftige Einnahmen zurückverrechnete Ausgaben		zukünftige Ausgaben zurückverrechnete Einnahmen

Beispiel:

Betragen die Anschaffungskosten beim Kauf einer Maschine 1.000 DM und die Abschreibung am Ende der ersten Periode 100 DM, so erscheint die Maschine zunächst mit 1.000 DM in der Leistungsreihe. Da aber nur die Abschreibung von 100 DM Aufwand der Periode darstellt, wird der Restbuchwert von 900 DM erst in späteren Perioden zu Aufwand (Abschreibung). Folglich wird die noch nicht zu Aufwand gewordene Ausgabe von 900 DM am Ende der Periode in die Zahlungsreihe zurückverrechnet und in die Bilanz als „zurückverrechnete Ausgabe" aufgenommen.

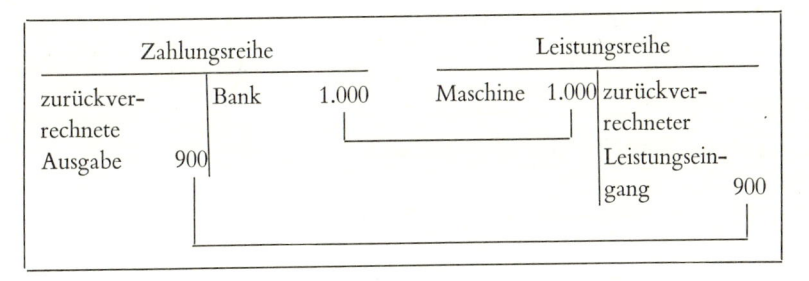

Zahlungsreihe		Leistungsreihe	
zurückverrechnete Ausgabe 900	Bank 1.000	Maschine 1.000	zurückverrechneter Leistungseingang 900

Diese Art der Verrechnung über Leistungsreihe und Zahlungsreihe führt dazu, daß sowohl mit der Bilanz als auch mit der Erfolgsrechnung der Erfolg der Periode unabhängig voneinander ermittelt werden kann. Die Bilanz ist damit nicht mehr nur wie bei Schmalenbach ein großes transitorisches Konto, ein Hilfsmittel der Erfolgsrechnung, sondern ermöglicht getrennt und unabhängig von der Erfolgsrechnung die Ermittlung des Periodenerfolges.

c) Die pagatorische[1] Bilanzauffassung von Kosiol[2]

Kosiol entwickelt die Walbsche Auffassung weiter, indem er den Nachweis erbringt, daß auch die Leistungsreihe sich auf Zahlungsvorgänge zurückführen läßt und folglich eine Trennung von Leistungsreihe und Zahlungsreihe nicht erforderlich ist. Sämtliche betrieblichen Vorgänge werden mit den Begriffen Einnahme und Ausgabe dargestellt. Das erfordert eine Erweiterung des Zahlungsbegriffes über den Begriff der Barzahlung hinaus. Barzahlungen späterer und früherer Perioden werden mit **Verrechnungszahlungen** bezeichnet. Da-

---

[1] Pagatorisch = auf Zahlungsvorgängen beruhend.
[2] Vgl. Kosiol, E., Bilanzreform und Einheitsbilanz, 2. Aufl., Berlin-Stuttgart 1949; derselbe, Pagatorische Bilanz, in: Bott, Lexikon des kaufmännischen Rechnungswesens, 2. Aufl., Bd. 3, Stuttgart 1956, Sp. 2085 ff.; derselbe, Bilanztheorie, pagatorische, HdR, Sp. 279 ff.

durch werden auch die leistungswirtschaftlichen Vorgänge (Aufwand und Ertrag) als Zahlungen definiert. Kosiol unterscheidet zwischen Vorverrechnung, Tilgungsrechnung, Rückverrechnung und Nachverrechnung.

Die **Vorverrechnung** führt zu erfolgswirksamen und erfolgsunwirksamen Voreinnahmen und Vorausgaben. Erfolgswirksame Voreinnahmen sind z. B. die Debitoren, erfolgswirksame Vorausgaben z. B. die Kreditoren. Die Hingabe eines Darlehens ist eine erfolgsunwirksame Voreinnahme, die Aufnahme eines Kredites eine erfolgsunwirksame Vorausgabe.

Werden Forderungen bezahlt, so stellt die Barzahlung eine Ausgleichseinnahme, die Gegenbuchung auf dem Forderungskonto eine **Tilgungsausgabe** dar. Werden Kreditoren bezahlt, so erfolgt eine Ausgleichsausgabe, der eine **Tilgungseinnahme** als Verrechnungszahlung gegenübersteht.

Beispiel:

Entstehung und Tilgung von Forderungen:

S	Forderungen	H	S	Kasse	H
Voreinnahme	Tilgungsausgabe		Ausgleichseinnahme		

Entstehung und Tilgung von Kreditoren:

S	Kreditoren	H	S	Kasse	H
Tilgungseinnahme	Vorausgabe			Ausgleichsausgabe	

Die **Rückverrechnung** führt dazu, daß Ausgaben und Einnahmen, die erst in späteren Perioden zu Aufwand bzw. Ertrag werden, durch Rückeinnahmen oder Rückausgaben erfolgsrechnerisch durch Aktivierung oder Passivierung zunächst neutralisiert werden. Ausgaben dieser Art bezeichnet Kosiol als **Vorratsausgaben**. Bei der Aktivierung entsteht eine Rückeinnahme (Kauf einer Maschine), die spätere Aufwandsverrechnung (Abschreibung) stellt eine Nachausgabe dar.

Einnahmen, die erst später zu Erträgen führen, heißen **Reservateinnahmen**; ihre Erfolgswirksamkeit wird „reserviert". Werden sie passiviert, so entsteht eine Rückausgabe (z. B. Vorauszahlungen von Kunden). Werden sie später erfolgswirksam, so entstehen **Nacheinnahmen**.

Nacheinnahmen und Nachausgaben bilden zusammen die **Nachverrechnung**, Rückeinnahmen und Rückausgaben die **Rückverrechnung**.

Beispiele:

Kauf einer Maschine 1.000 DM, Abschreibung 100 DM;
Vorauszahlungen von Kunden und spätere Lieferung 500 DM.

```
S        Maschinen        H    S        Kasse        H
Zugang          |Abschreibung                  |(Vorrats-
(Rückein-       |(Nachausgabe)                 |ausgabe)    1.000
nahme)   1.000  |          100
```

```
S        Vorauszahlung    H    S        Kasse        H
(Nachein-       |(Rückaus-                     (Reservat-
nahme)    500   |gabe)     500                 einnahme)    500
```

Die Einführung der Verrechnungszahlen ermöglicht den Aufbau einer auf Zahlungsvorgängen beruhenden periodischen Erfolgsrechnung. Die Barzahlungen früherer oder späterer Perioden werden als Verrechnungszahlungen der Abrechnungsperiode aufgefaßt.

Der Periodenerfolg wird als Unterschied sämtlicher Einnahmen und Ausgaben mit Hilfe der **pagatorischen Bewegungsbilanz** ermittelt. Sie ist eine Bruttozusammenstellung aller Einnahmen (Soll) und Ausgaben (Haben), gegliedert nach Verrechnungsarten. Sie enthält die Umsätze aller Bestandskonten, also nicht die Anfangsbestände. (Vgl. Seite 860).

Die **pagatorische Beständebilanz** leitet Kosiol aus der Bewegungsbilanz ab. Die Bestände ergeben sich durch Addition der Anfangsbestände und der entsprechenden Bewegungsgrößen „unter gleichzeitiger Saldierung der positiven und negativen Komponenten":[1]

Kasse	= Bareinnahmen minus Barausgaben,
Forderungen	= Voreinnahmen minus Tilgungsausgaben,
Schulden	= Vorausgaben minus Tilgungseinnahmen,
Vorräte	= Rückausgaben minus Nacheinnahmen,
Reservate	= Rückeinnahmen minus Nachausgaben.

Aktiva	Pagatorische Beständebilanz (Grundgestalt)[2]	Passiva

I. Einnahmenbestände
  1. Kasse bzw. Guthaben
    = Barbestände
  2. Forderungen = Einnahmenvorgriffe
II. Ausgabengegenwerte
  3. Vorräte
		I. Ausgabenbestände
		  1. Schulden = Ausgabenvorgriffe
		
		II. Einnahmengegenwerte
		  2. Reservate
		Saldo = Periodenerfolg (Gewinn)

---

[1] Kosiol, E., Pagatorische Bilanz, a.a.O., Sp. 2097.
[2] Kosiol, E., Pagatorische Bilanz, a.a.O., Sp. 2097 f.

Einnahmen	Pagatorische Bewegungsbilanz[1]	Ausgaben

I. Bareinnahmen
  a) Ertragseinnahmen
    (bare Verkaufserlöse)
  b) Reservateinnahmen
    (bare Vorauszahlungen von Kunden)
  c) Schuldeinnahmen
    (in bar erhaltenes Darlehen)
  d) Ausgleichseinnahmen
    (Bareingang ertragswirksamer oder wechselbezüglicher Forderungen)
 	
II. Verrechnungseinnahmen
  a) Voreinnahmen
    (Forderungsentstehungen)
    1. Ertragswirksame Voreinnahmen
      (Forderungen aus Kreditverkäufen)
    2. Reservat-Voreinnahmen
      (Vorauszahlungen von Kunden durch Wechsel)
    3. Wechselbezügliche Voreinnahmen
      (Darlehensforderungen)
  b) Tilgungseinnahmen
    (Schuldtilgungen = Gegenbuchung zu Ausgleichsausgaben)
  c) Rückeinnahmen
    (Aktivierung von Vorratsausgaben für Maschineneinkäufe)
  d) Nacheinnahmen
    (ertragswirksame Verrechnung passivierter Vorauszahlungen von Kunden)
	I. Barausgaben
	  a) Aufwandsausgaben
	    (bare Lohnzahlungen)
	  b) Vorratsausgaben
	    (Bareinkauf von Maschinen)
	  c) Forderungsausgaben
	    (in bar gegebenes Darlehen)
	  d) Ausgleichsausgaben
	    (bare Begleichung aufwandswirksamer oder wechselbezüglicher Schulden)
	
	II. Verrechnungsausgaben
	  a) Vorausgaben
	    (Schuldentstehungen)
	    1. Aufwandswirksame Vorausgaben
	      (Schulden für Reparaturleistungen)
	    2. Vorrats-Vorausgaben
	      (Schulden für Warenlieferungen)
	    3. Wechselbezügliche Vorausgaben
	      (Darlehensschulden)
	  b) Tilgungsausgaben
	    (Forderungstilgungen = Gegenbuchung zu Ausgleichseinnahmen)
	  c) Rückausgaben
	    (Passivierung erhaltener Vorauszahlungen von Kunden)
	  d) Nachausgaben
	    (Verbrauch von Warenvorräten, Abschreibungen, Wertberichtigungen)
	
	Saldo = Periodenerfolg (Gewinn)

[1] Kosiol, E., Pagatorische Bilanz, in: Bott, Lexikon ... a.a.O., Sp. 2095 f.

Die Bewertung erfolgt in der pagatorischen Bilanz mit dem sog. „**pagatorischen Wert**". Die Güter werden mit den Ausgaben bewertet, die sie verursacht haben. „Der pagatorische Wert ist auf den Zeitpunkt des tatsächlichen Vollzuges von Einnahmen und Ausgaben bezogen. Er ist ein im Markt realisierter und darum feststehender eindeutiger Wert."[1] Dieser Wert entspricht bei Realgütern dem **Anschaffungswert** im üblichen Sinne.

Kosiol interpretiert den pagatorischen Wert aller Bilanzpositionen als Anschaffungswert in weiterem Sinne. „Methodisch gesehen, sind alle Beständebilanzpositionen einheitlich zum pagatorischen Wert im Sinne eines allgemeinen Anschaffungswertes anzusetzen: Barbestände zum Einnahmenwert der tatsächlichen Bareinnahmen, Forderungen zum Einnahmenwert der vereinbarten zukünftigen Bareinnahmen, Schulden zum Ausgabenwert der vereinbarten zukünftigen Barausgaben, Vorräte (Realgüter) zum Ausgabenwert der Anschaffungsausgaben als dem Wert der Vorratsausgaben (Anschaffungswert im üblichen engeren Sinne), Reservate (geschuldete Realgüter) zum Einnahmenwert der entstandenen Reservateinnahmen."[2]

Der **Herstellungswert** ist als Sonderfall des Anschaffungswertes anzusehen. Die Abschreibung stellt keine Bewertung dar, sondern eine Verteilung von Ausgaben. Die Wirtschaftsgüter erscheinen in der Bilanz mit dem noch nicht verteilten Ausgabewert.

Durch den Ansatz von Anschaffungswerten wird dem **Realisationsprinzip** voll Rechnung getragen. Die Beachtung des Prinzips kaufmännischer Vorsicht und damit des Niederstwertprinzips führt zur Notwendigkeit des Ansatzes von Tageswerten, in denen z. B. auch unrealisierte Verluste enthalten sein können. Liegt der Tageswert unter dem Anschaffungswert, so erfolgt nach Kosiol eine Aufwands- (Verlust-)Antizipation. Ein in einer späteren Periode möglicher Verlust wird bereits in dieser Periode erfaßt. Durch Erweiterung des Begriffes des pagatorischen Wertes von Werten, die auf tatsächlichen Zahlungsvorgängen beruhen, auf Werte, die aus möglichen Zahlungsvorgängen abgeleitet sind, gelingt es Kosiol, auch den Tageswert in die pagatorische Bewertungslehre einzubeziehen.

d) Die eudynamische Bilanzauffassung von Sommerfeld[3]

Ebenso wie Walb und Kosiol geht auch Sommerfeld von Schmalenbachs Auffassung aus, daß die Bilanz nicht der Darstellung des Vermögens, sondern der Erfolgsermittlung dient. Sommerfeld unterscheidet sich von den übrigen Anhängern der dynamischen Bilanzauffassung vorwiegend durch seine Stellung zum Problem der Kapitalerhaltung des Betriebes.

Schmalenbach und Walb vertreten den Grundsatz materieller (realer) Kapitalerhaltung, d. h. sie betrachten den Gewinn als den Überschuß über das Anfangs-

---

[1] Kosiol, E., Pagatorische Bilanz, a.a.O., Sp. 2106.
[2] Kosiol, E., HdR, a.a.O., Sp. 294.
[3] Vgl. Sommerfeld, H., Bilanz (eudynamische), HdB, Bd. 1, Stuttgart 1926, Sp. 1340 ff., derselbe, Eudynamische Bilanz, in: Bott, Lexikon des kaufmännischen Rechnungswesens, 2. Aufl., Bd. 2, Stuttgart 1955, Sp. 980 ff.

kapital, der sich ergibt, wenn man das Endkapital auf die Kaufkraft des Anfangskapitals umgerechnet hat. Es wird also nicht Geld mit Geld, sondern Geld gleicher Kaufkraft verglichen. Sobald die Kaufkraft schwankt, muß mit Hilfe eines Index eine Umrechnung erfolgen. Kosiol dagegen kommt durch die Anwendung des pagatorischen Wertes, der weitgehend mit dem Anschaffungswert gleichgesetzt werden kann, zum Grundsatz der nominellen Kapitalerhaltung. Danach ist Gewinn der Unterschiedsbetrag zwischen nominellem Geldkapital am Anfang und am Ende der Periode. Nominelle und materielle Kapitalerhaltung entspringen dem reinen Gelddenken. Die materielle Kapitalerhaltung berücksichtigt nur Geldwertschwankungen, dagegen nicht Sachwertschwankungen.

Sommerfeld vertritt die Auffassung einer **„qualifizierten Substanzerhaltung"**, aus der ein völlig anderer Gewinnbegriff folgt. Er fordert eine Gewinnermittlung, die nicht nur die nominelle Kapitalerhaltung und die Erhaltung der betrieblichen Substanz (der Sachwerte), sondern darüber hinaus eine Erweiterung der Substanz entsprechend dem allgemeinen Trend der volkswirtschaftlichen Gesamtentwicklung ermöglicht. „Die Erhaltung der Substanz", schreibt Sommerfeld, „erschöpft sich nach eudynamischer Auffassung nicht mit der Sicherung des Gleichbleibens des Geldwertes der Substanz. Da Stillstand schon Rückschritt ist, so muß der Unternehmer mit der technischen und sozialen Entwicklung mitgehen. Das ist nur durch ausreichende Substanzmehrung möglich.[1]"

Sommerfelds Bilanzauffassung ist durch eine **extrem vorsichtige Bewertung** gekennzeichnet. Das zeigt sich darin, daß er zu Lasten der Erfolgsrechnung folgende Rücklagen bildet:
(1) eine Wachstumssicherungsrücklage, die so viel vom Gewinn aufzunehmen hat, daß eine Erweiterung des Betriebes entsprechend der allgemeinen volkswirtschaftlichen Entwicklung möglich ist;
(2) eine Dividendenausgleichsrücklage, die eine dauernde Verzinsung des Eigenkapitals ermöglichen soll;
(3) eine Substanzerhaltungsrücklage zur Krisensicherung, daneben
(4) eine weitere Substanzerhaltungsrücklage, die dadurch entsteht, daß aus Gründen der Vorsicht die Halb- und Fertigfabrikate nur mit ihrem Materialwert angesetzt werden sollen, während die sonstigen Bearbeitungskosten zunächst als Verlust betrachtet werden.

Buchtechnisch wird das dadurch erreicht, daß die in den Fertigfabrikaten aktivierten Bearbeitungskosten zunächst als Verlust über die Erfolgsrechnung abgebucht werden und dafür eine Substanzsicherungsrücklage als Abgrenzung gebildet wird, die beim Umsatz erfolgswirksam aufgelöst wird.

Im nachfolgenden Beispiel wird in der ersten Periode aus Vorsicht ein Verlust in Höhe der Bearbeitungskosten von 400 DM verrechnet. Durch Verkauf entsteht ein Gewinn von 200 DM, durch Auflösung der Substanzsicherungsrücklage über Gewinn- und Verlustkonto ein weiterer Gewinn von 400 DM, der den nicht eingetretenen, aber in Periode I verrechneten Verlust von 400 DM kompensiert.

---

[1] Sommerfeld, H., Eudynamische Bilanz, a.a.O., Sp. 983.

Beispiel:

Fertigfabrikate: Herstellkosten 1.000 DM, davon 600 DM Materialaufwand

Periode I

S	Fertigfabrikate	H	S	Substanzsicherungs-rücklage	H	S	G. und V.	H
1.000					400	400		

Periode II

S	Fertigfabrikate	H	S	Verkauf	H
1.000	1.000			1.000	1.200
			Gewinn	200	

S	Substanzsicherungs-rücklage	H	S	G. und V.	H
400	400				200
					400

3. Die organische Bilanzauffassung von F. Schmidt[1]

Schmidt stellt der Bilanz zwei Aufgaben: die richtige Feststellung des Erfolges und des Vermögens. Der Akzent liegt bei seiner Theorie auf der Bewertungsfrage. Die Bezeichnung „organisch" soll ausdrücken, daß der einzelne Betrieb bei der Ermittlung der Bilanzwerte in den organischen Gesamtzusammenhang der Volkswirtschaft gestellt werden muß.

Das Hauptanliegen der organischen Bilanztheorie ist die **Eliminierung aller Geldwertänderungen.** Die Gewinnermittlung und die Bewertung der Wirtschaftsgüter haben so zu erfolgen, daß nicht nur eine Erhaltung des Kapitals, sondern auch der realen Vermögenssubstanz erreicht wird. Deshalb ist es erforderlich, echte Gewinne von **Scheingewinnen** und echte Verluste von **Scheinverlusten** zu trennen. Ein echter Gewinn ist nur dann entstanden, wenn der Verkaufspreis einer Ware höher ist als der Wiederbeschaffungspreis am Verkaufstage. Ist der Wiederbeschaffungspreis am Verkaufstage höher als der Anschaffungspreis, so ist die Differenz ein Scheingewinn.

Echte Gewinne und Verluste entstehen also **nur durch Umsatz,** während Preisänderungen zu Scheingewinnen oder -verlusten führen. „Gewinn kann nur sein", schreibt Schmidt, „was über den Tagesbeschaffungswert der Kostenmenge

---

[1] Vgl. Schmidt, F., Die organische Tageswertbilanz, 3. Aufl., 1929, unveränderter Nachdruck, Wiesbaden 1951.

des Umsatztages hinaus erzielt wird. Weder die Volkswirtschaft, noch die Betriebe können Gewinne erzielen, wenn nicht die Erlöse erlauben, ein Mehr an Kostenmengen über die verbrauchten hinaus zu bezahlen. Damit ist gleichzeitig gesagt, daß eine bloße Wertänderung der Kostenteile niemals Gewinn aus der Betätigung des Betriebes sein kann, sondern im Rahmen einer besonderen Rechnung für Wertänderungen am ruhenden Vermögen auszuweisen ist."[1]

Beispiel:

Anschaffungskosten Verkaufspreis Wiederbeschaffungskosten	12,– DM 20,– DM 15,– DM	
Verkaufspreis – Wiederbeschaffungskosten = Umsatzgewinn		$20 - 15 = 5$
Wiederbeschaffungskosten – Anschaffungskosten = Scheingewinn		$15 - 12 = 3$
Verkaufspreis – Anschaffungskosten = Gesamtgewinn		$20 - 12 = 8$

Sämtliche Vermögenswerte und Schulden sind mit dem **Tageswert** des Bilanzstichtages anzusetzen, d. h. daß auch der Anschaffungswert bei höherem Tageswert überschritten werden darf. Um zu vermeiden, daß durch Aufwertung oder Abwertung von Bilanzpositionen Gewinne oder Verluste entstehen, werden die Wertänderungen nicht in der Gewinn- und Verlustrechnung erfaßt, sondern in der Bilanz in einem gesonderten **Vermögenswertänderungskonto** (Wertänderungen am ruhenden Vermögen) verbucht, das ein Vorkonto zum Kapitalkonto ist. Die Abschreibungen werden auf der Basis der **Wiederbeschaffungskosten** ermittelt. Da die Wiederbeschaffungswerte als Zukunftswerte nicht bekannt sind, werden hilfsweise die Tageswerte am Bilanzstichtag angesetzt.

Beispiel:

Anschaffungswert einer Maschine 10.000 DM, Nutzungsdauer 5 Jahre, Abschreibung 20% vom Tageswert (zum Vergleich 20% vom Anschaffungswert).

Ende	Tageswert der Maschine	Abschreibung 20 % vom Tageswert	Abschreibung 20 % vom Anschaffungswert
1. Jahr	10.000	2.000	2.000
2. Jahr	16.000	3.200	2.000
3. Jahr	20.000	4.000	2.000
4. Jahr	15.000	3.000	2.000
5. Jahr	16.000	3.200	2.000
		15.400	10.000

---

[1] Schmidt, F., Organische Bilanz, in: Bott, Lexikon des kaufmännischen Rechnungswesens, 2. Aufl., Bd. 3, Stuttgart 1956, Sp. 2044 f.

Das Beispiel zeigt, daß bei gleichbleibender Abschreibung vom Anschaffungswert das investierte Kapital nominell erhalten wird, daß dagegen bei gleicher prozentualer Abschreibung vom Tageswert eine substantielle Kapitalerhaltung erreicht werden kann. Bei stark schwankenden Preisen ist eine Übereinstimmung von Gesamtabschreibungsbetrag und Wiederbeschaffungspreis (Tagespreis bei Ersatzbeschaffung) allerdings reiner Zufall.

Bei der Bewertung von Wirtschaftsgütern, die zum Nominalwert bilanziert werden (Geld, Forderungen und Verbindlichkeiten), ist das Tageswertprinzip nicht anwendbar. Schmidt versucht, diese Schwierigkeit zu beheben, indem er dem Betrieb empfiehlt, das **Prinzip der Wertgleichheit** anzuwenden. „Wertgleichheit liegt vor, wenn alle aktiven Geldposten, also Kasse und Geldforderungen, durch gleich hohe Geldschulden finanziert sind. Dann kann auch eine starke Änderung des Geldwertes dem Betrieb wenig schaden, weil alle Wertverluste, die er auf der einen Seite erleidet, auf der anderen durch Wertgewinne ausgeglichen werden."[1]

Schmidt vertritt wie gesagt den Grundsatz substantieller Kapitalerhaltung, und zwar nicht nur im Sinne einer Erhaltung der Produktionskraft des Betriebes auf einem bestimmten Ausgangsniveau; vielmehr ist er der Ansicht, daß die güter- und leistungsmäßige Erhaltung der Betriebe sich relativ zur Produktivitätsveränderung verschieben müsse.[2]

Die Gedankengänge der organischen Bilanztheorie sind in Zeiten großer Geldwert- und Preisschwankungen immer wieder verwendet worden, um den Gesetzgeber, insbesondere für die **Steuerbilanz**, zu einem Abgehen vom Prinzip der nominellen Kapitalerhaltung zu bewegen, da dieses Prinzip in Zeiten steigender Preise zur Besteuerung und zur Ausschüttung von Gewinnteilen führt, die nicht eine Folge des Umsatzes, sondern der Preissteigerungen sind. Werden diese Gewinne dem Betrieb durch Steuern und Ausschüttungen entzogen, so ist er nicht in der Lage, mit den verbleibenden Geldmitteln die Anfangsbestände wieder zu ersetzen.[3]

Gegen das Prinzip der Substanzerhaltung wird eingewendet, daß Preisänderungsgewinne keine Scheingewinne, sondern echte Gewinne seien, denn auch sie würden durch Umsatz realisiert. Daß die Substanzerhaltung nicht erreicht wird, wird als Folge des mit jedem Betrieb verbundenen Risikos angesehen, das in Zeiten von Geldwert- und Preisschwankungen besonders hoch ist. Gegner der organischen Bilanztheorie bestreiten, daß die Substanzerhaltung Aufgabe der Erfolgsrechnung und Bilanz sei, vielmehr müsse die Substanzerhaltung erstrebt werden durch Finanzpolitik und durch Reserve- und Gewinnverwendungspolitik.[4]

4. Die statische Bilanzauffassung

a) Die ältere statische Bilanztheorie

Die statische Auffassung sieht die Aufgabe der Bilanz in der Aufstellung eines „Status", d. h. in der Ermittlung des Vermögens- und Schuldenstandes an einem

---
[1] Schmidt, F., a. a. O., Sp. 2047 f.
[2] Vgl. Schmidt, F., a. a. O., Sp. 2047
[3] Vgl. dazu das Beispiel auf S. 729
[4] Vgl. Gutenberg, E., Einführung, a. a. O., S. 173.

Stichtag. Die Bilanz soll einmal dem Geldgeber Rechenschaft über den „Zustand" am Bilanzstichtag geben und außerdem ein Instrument zur wirtschaftlichen Betriebsführung sein. Beide Aufgaben erfordern in erster Linie eine genaue Gliederung der Bilanz, so daß in der statischen Bilanztheorie die **Gliederungslehre** und nicht die Bewertungslehre das Kernstück darstellt.

Die statische Auffassung ist Grundlage der handelsrechtlichen Vorschriften über die Aufstellung von Inventar und Bilanz (§ 39 HGB) und der Bewertungsvorschriften des § 40 HGB. Im Rahmen der Kommentierung dieser Vorschriften wurde von Juristen erstmals der Versuch einer Deutung der kaufmännischen Bilanz gemacht. Zu nennen sind hier insbesondere die Arbeiten von Simon[1] und Fischer.[2]

Die statische Bilanz ist eine **Kapitalbilanz**; die Passivseite zeigt das Eigen- und Fremdkapital und die Aktivseite die Vermögensteile, in denen das Kapital angelegt ist und die die Deckung für das Kapital darstellen. Für die Erfolgsermittlung ist diese Beständebilanz nicht zu verwenden, sondern dafür wird eine getrennte Gewinn- und Verlustrechnung aufgestellt.

Die Bilanzierung hat nach dem **Bruttoprinzip** zu erfolgen; alle Vermögenswerte sind mit den Anschaffungskosten anzusetzen, Wertminderungen sind durch Wertberichtigungen zu erfassen, also grundsätzlich ist die indirekte Abschreibung anzuwenden. Die bewußte Legung stiller Rücklagen wird abgelehnt. Diese Bewertung führt zur nominellen Kapitalerhaltung.

Nach **Nicklisch,** einem der Hauptvertreter der statischen Bilanzauffassung, gliedert sich das Vermögen „nach der Art, in der seine Bestandteile am Betriebsprozeß teilnehmen. Dieser Wertumlauf besteht aus einem ‚Hin' von der Beschaffung und Verwendung der Güter bis zur Veräußerung der erzielten Betriebsleistung und aus einem ‚Her' von dem Eingange des Gegenwerts als Erlös bis zu dessen Wiederverwendung für die Beschaffung von Gütern, die für die Erneuerung der ersten Hälfte der Bewegung und damit des ganzen Wertumlaufs geeignet sind."[3]

In der ersten Richtung („Hin") laufen „Erzeugungswerte", dazu gehören das nicht abnutzbare Anlagevermögen („Fundierungsvermögen"), das abnutzbare Anlagevermögen („Gebrauchsvermögen") und das umlaufende Vermögen, soweit es nicht aus Zahlungsmitteln besteht; in der zweiten Richtung („Her") laufen die Zahlungsmittel („Regulierungsgüter").

Die bisher genannten Vermögensgruppen bilden das Betriebsvermögen. Diesen unmittelbar durch den Betriebszweck gebundenen Vermögenswerten stehen solche gegenüber, die nur mittelbar (Reservevermögen) oder überhaupt nicht (Überschußvermögen, „Überwerte") mit dem Betriebszweck zusammenhängen.[4]

---

[1] Vgl. Simon, H. V., Die Bilanzen der Aktiengesellschaften und der Kommanditgesellschaften auf Aktien, 1886.
[2] Vgl. Fischer, R., Die Bilanzwerte, was sie sind und was sie nicht sind. Teil 1 u. 2, 1905 u. 1908.
[3] Nicklisch, H., Die Betriebswirtschaft, 7. Aufl., Stuttgart 1932, S. 327.
[4] Vgl. Nicklisch, H., a. a. O., S. 326

Schematisch läßt sich Nicklischs Gliederung des Vermögens nach Funktionen folgendermaßen darstellen:

I. Betriebsvermögen
  1. Erzeugungswerte
    a) Fundierungsvermögen (= nicht abnutzbare Anlagegüter)
    b) Gebrauchsvermögen (= abnutzbare Anlagegüter)
    c) Umlaufendes Vermögen (außer Zahlungsmitteln)
  2. Regulierungsgüter (= Zahlungsmittel)
II. Reservevermögen
III. Überschußvermögen

---

b) Die totale Bilanzauffassung von Le Coutre[1]

Die totale Bilanzauffassung stellt eine Weiterentwicklung der statischen Bilanztheorie dar, indem sie diese von ihrer Einseitigkeit befreit. Le Coutre lehnt jeden Monismus ab und stellt fest: „... die Schaffung wirtschaftlich wirklich brauchbarer Bilanzen ist nur möglich, wenn bei der Bilanzaufstellung nicht nur ein jeweiliger Einzelzweck, sondern auch die naturgegebenen betriebsorganisatorischen Allgemeinzwecke der Bilanzen, ihr Wesen nach Inhalt und Form und ihre betrieblichen Beziehungen lückenlos beachtet werden."[2]

Die Bilanz soll folgenden Zwecken dienen:
a) der Betriebserkenntnis und Betriebsübersicht,
b) der Betriebsführung, insbesondere der Disposition,
c) der Betriebsergebnisfeststellung,
d) der Betriebsüberwachung,
e) der Rechenschaftslegung.

Die Probleme der Bewertung treten hinter der Gliederungslehre zurück. Die Gliederung der Bilanzen muß so erfolgen, daß sie Einblicke für die Betriebsführung, Disposition, Verwaltung und Kontrolle gewähren. Die Gliederung des Bilanzinhalts soll in folgender Reihenfolge erfolgen, wobei diese Gliederung „gleichzeitig eine Rangordnung nach der wirtschaftlichen Bedeutung und der rechnungsorganisatorischen Seite" darstellt:[3]

„1. nach Funktionen,
  2. nach Aufgaben,
    3. nach Arten,
      4. nach Rechtsbeziehungen,
        5. nach Risiken,
          6. nach individuellen Bedürfnissen."

---

[1] Vgl. Le Coutre, W., Zeitgemäße Bilanzierung. Die statische Bilanzauffassung und ihre praktische Anwendung, Berlin-Wien 1934; ders. Grundzüge der Bilanzkunde, eine totale Bilanzlehre, Teil 1, 4. Aufl., Wolfenbüttel 1949; ders., Totale Bilanz, in: Bott, Lexikon des kaufmännischen Rechnungswesens, 2. Aufl., Bd. 4, Stuttgart 1957, Sp. 2555 ff.
[2] Le Coutre, W., Totale Bilanz, a. a. O., Sp. 2562.
[3] Le Coutre, W., a. a. O., Sp. 2491 f.

Beispiel einer **Bilanzgliederung nach Le Coutre** (verkürzt)[1]

Sachkapital	Totale Bilanz	Finanzkapital

A. Werbendes Vermögen
  I. Anlagevermögen
    a) Produktionsanlagen
    b) Verwaltungsanlagen
    c) Beteiligungen
 	
  II. Beschäftigungsvermögen
    a) Vorräte
    b) Forderungen
    c) Zahlungsmittel
B. Sicherungsvermögen
C. Verwaltungsvermögen
 	
D. Überschußvermögen
E. Sozialvermögen
F. Posten der Rechnungs-
   abgrenzung
G. Durchlaufende Posten
	A. Eigenkapital
	  I. Langfristig
	    a) Grundkapital
	    b) Zusatz- und Zuwachs-
	       kapital
	  II. Kurzfristig
	  III. Sofort fällig
	B. Fremdkapital
	  I. Langfristig
	  II. Kurzfristig
	  III. Sofort fällig
	C. Posten der Rechnungs-
	   abgrenzung
	D. Durchlaufende Posten
	E. Jahreserfolg	

Die genannten Aufgaben können nicht von einer einzigen Bilanz gelöst werden, vielmehr sind für die verschiedenen Aufgaben getrennte Bilanzen aufzustellen. Die bisher übliche Trennung in Bilanz und Gewinn- und Verlustrechnung wird als nicht ausreichend betrachtet. Le Coutre unterscheidet daher zwischen

(1) **Kapitalbestandsbilanzen,** deren Aktiva das Sachkapital und deren Passiva das Finanzkapital darstellen. Die totale Bilanz ist also grundsätzlich eine Kapitaldispositionsrechnung.

(2) **Kapitalbewegungsbilanzen,** die als
  (a) Umsatzbilanzen den Umsatz der Bestände verzeichnen, als
  (b) Leistungsbilanzen dem Kapitalverzehr (Aufwand und Kosten) den Kapitalersatz (Erlös und Erträge) gegenüberstellen, und als
  (c) Erfolgsbilanzen den Kapitalzuwachs (Gewinn) und die Kapitalvernichtung (Verlust) zeigen.

Die Gliederung der statischen und noch stärker der totalen Bilanz führt dazu, daß die Vermögenswerte nicht mehr allein nach ihren Arten und nach ihrer Liquidierbarkeit angeordnet werden, wie das z. B. in einer nach aktienrechtlichen Gliederungsvorschriften erstellten Handelsbilanz und der daraus abgeleiteten Steuerbilanz der Fall ist, sondern daß einzelne Vermögensarten je **nach ihrem Verwendungszweck** auf verschiedene Vermögensgruppen aufgeteilt werden. Ein Teil der Gebäude, Maschinen, Wertpapiere usw. kann im Betriebsvermögen, ein anderer Teil im Sicherungs-, Verwaltungs- oder Überschußvermögen erscheinen.

---
[1] Le Coutre, W., a. a. O., Sp. 2601 f.

Eine solche Gliederung kann jedoch für die Beurteilung der wirtschaftlichen Situation und der zukünftigen Entwicklung des Betriebes von großem Nutzen sein. Sie ist deshalb für die Betriebsführung, für die Gesellschafter, aber auch für die Gläubiger von größter Wichtigkeit. Für die Steuerbilanz dagegen ist sie ohne wesentlichen praktischen Wert, ja sie kann sogar unübersichtlich sein, da mit Hilfe der Steuerbilanz eine Steuerbemessungsgrundlage – der Gewinn – ermittelt werden soll und dafür nicht eine Gliederung des Vermögens nach seinen Zwecken, sondern nach Arten und Bewertungsgruppen von Bedeutung ist.

Die **Bewertung** erfolgt in der totalen Bilanz grundsätzlich zum Anschaffungswert. Das Bruttoprinzip ist ausnahmslos anzuwenden, alle Bewertungen sind über Wertberichtigungsposten vorzunehmen (indirekte Abschreibungsmethode). Die Höhe der Abschreibungen wird nicht vorgeschrieben, jedoch sollen die verbrauchsbedingten Abschreibungen von den überhöhten Finanzabschreibungen getrennt werden. Auch die Höhe der offenen Rücklagen wird in das Ermessen des Betriebes gestellt. Die Bildung stiller Reserven wird abgelehnt, „da dadurch Kapital außer Rechnung gesetzt und allen Erfolgs- und Rentabilitätsrechnungen die Grundlage entzogen wird."[1]

c) Die nominalistische Bilanzauffassung von Rieger[2]

Nach Rieger ist die Bilanz eine reine Geldrechnung, sie enthält die zukünftigen Einnahmen und Ausgaben. Erst am Ende der Lebenszeit einer Unternehmung, also bei der Liquidation, wenn alle Werte wieder zu Geld geworden sind, läßt sich der richtige Erfolg als Totalerfolg als Differenz zwischen Geldeinsatz (Anfangskapital + spätere Einlagen) und Gelderlös (Endkapital + Entnahmen, d. h. Gewinnausschüttungen oder Kapitalrückzahlungen) ermitteln. Jeder Zwischenabschluß ist eine Fiktion, da er einen willkürlichen Schnitt durch betriebliche Zusammenhänge darstellt und an einem Zeitpunkt erfolgt, an dem noch nicht alle Güter wieder zu Geld geworden sind.

Aus dem Gesagten wird ersichtlich, daß Rieger den Grundsatz der **nominellen Kapitalerhaltung** vertritt. Das Problem der Geldwertschwankungen existiert für ihn nicht. Nicht der substantielle Wert des Betriebsvermögens interessiert, sondern lediglich sein Ausdruck in Geldeinheiten. Jeder sich ergebende Gewinn wird als echter Gewinn angesehen, gleichgültig, ob er aus Umsatz oder Preissteigerung entstanden ist. Scheingewinne und Scheinverluste werden in Riegers Theorie nicht berücksichtigt.

Aus diesem reinen Gelddenken entspringt auch die Auffassung Riegers, daß Bewertung nichts anderes als eine **Antizipation des geldlichen Endes** eines Wirtschaftsgutes sei. Den einzig richtigen Wert, der als Bilanzansatz in Frage kommt, bezeichnet er als „**heutigen Wert**". Der heutige Wert aller noch zu erwartenden Einnahmen und Ausgaben wird gewonnen, indem der zukünftige Geldwert aller noch der Geldwerdung entgegengehenden Wirtschaftsgüter auf den Bilanzstichtag diskontiert wird.

---

[1] Le Coutre, W., a. a. O., Sp. 2603
[2] Vgl. Rieger, W., Einführung in die Privatwirtschaftslehre, 2. Aufl., Erlangen 1959; ders., Schmalenbachs dynamische Bilanz, 2. Aufl., Stuttgart und Köln 1954.

5. Neuere Entwicklungstendenzen in den Bilanzauffassungen

Die bisher dargestellten Bilanzauffassungen wurden im wesentlichen bereits in den zwanziger und dreißiger Jahren entwickelt. Teile der statischen und der dynamischen Bilanzlehre wurden im Handels- und Steuerrecht – insbesondere in den Aktiengesetzen 1937 und 1965 – sowie in der Steuerrechtsprechung berücksichtigt. Die organische Bilanzauffassung wird vom Gesetzgeber bis heute als mit dem Prinzip nomineller Kapitalerhaltung nicht vereinbar abgelehnt.

Während die Probleme der Bilanzgliederung und der Deutung des Inhalts der einzelnen Bilanzpositionen durch die dargestellten Bilanztheorien – besonders durch die pagatorische Bilanz Kosiols – im allgemeinen als geklärt angesehen werden, ist die Diskussion über die Frage, ob die Bilanz geeignet ist, einen Periodengewinn zu ermitteln, der die wirtschaftliche Lage des Betriebes richtig darstellt, im letzten Jahrzehnt wieder aufgelebt. Kritiker[1] der mit Hilfe der Bilanz durchgeführten Periodengewinnermittlung weisen darauf hin, daß dieser Gewinn weder ein brauchbares Planungs- und Kontrollinstrument für Entscheidungen der Unternehmensleitung bildet, noch daß er dazu geeignet ist, den Gesellschaftern und Gläubigern ein Bild über die wirtschaftliche Situation des Unternehmens zu geben, weil ein solcher Gewinn weder der Unternehmensleitung noch den an der Unternehmung interessierten Gruppen den Betrag bezeichnet, der dem Betrieb maximal entzogen werden kann, „wenn die Unternehmung als dauerhafte Einkommensquelle angesehen wird und das Unternehmungsziel auf einen möglichst hohen periodischen Entnahme-(Einkommens-)strom gerichtet ist (oder auf eine den persönlichen Präferenzen entsprechende Kombination von Entnahmen und Selbstfinanzierung bzw. Unternehmungswachstum).“[2]

Der dem Betrieb maximal entziehbare Betrag (ökonomischer Gewinn) kann nicht mit Hilfe einer aus der Buchhaltung abgeleiteten Bilanz, sondern nur **mit Hilfe der Instrumente der Investitionsrechnung** bestimmt werden. Er kann umschrieben werden als die Differenz zwischen dem **Ertragswert** eines Unternehmens am Ende und am Anfang der Periode.[3] Dieser errechnet sich aus in der Zukunft liegenden Größen, nämlich aus den zukünftig zu erwartenden Einnahmeüberschüssen des Unternehmens. Er kann also auch als der noch zu erwartende, auf den Bilanzstichtag diskontierte Totalgewinn bezeichnet werden.

---

[1] Aus der umfangreichen Literatur vgl. insbesondere: Käfer, K., Die Bilanz als Zukunftsrechnung, Zürich 1962; Schneider, D., Bilanzgewinn und ökonomische Theorie, ZfhF 1963, S. 457 ff.; ders., Ausschüttungsfähiger Gewinn und das Minimum an Selbstfinanzierung, ZfbF 1968, S. 1 ff.; ders., Bilanztheorien, neuere Ansätze, HdR, Sp. 260 ff.; Albach, H., Grundgedanken einer synthetischen Bilanztheorie, ZfB 1965, S. 21 ff.; Honko, J., Über einige Probleme bei der Ermittlung des Jahresgewinns der Unternehmung, ZfB 1965, S. 611 ff.; Moxter, A., Die Grundsätze ordnungsmäßiger Bilanzierung und der Stand der Bilanztheorie, ZfbF 1966, S. 28 ff.; ders., Die statische Bilanztheorie heute, ZfbF 1967, S. 724 ff.; Endres, W., Der erzielte und der ausschüttbare Gewinn der Betriebe, Köln und Opladen 1967; Stützel, W., Bemerkungen zur Bilanztheorie, ZfB 1967, S. 314 ff.; Münstermann, H., Unternehmensrechnung, Wiesbaden 1969; Wegemann, W., Der ökonomische Gewinn. Ein Beitrag zur neueren bilanztheoretischen Diskussion, Diss. Köln 1968; Seicht, G., Die kapitaltheoretische Bilanz und die Entwicklung der Bilanztheorien, Berlin 1970; Jacobs, O. H., Das Bilanzierungsproblem in der Ertragsteuerbilanz, Stuttgart 1971; Schweitzer, M., Struktur und Funktion der Bilanz, Berlin 1972.

[2] Schneider, D., Bilanztheorien, neuere Ansätze, HdR Sp. 262.

[3] Vgl. auch S. 642

Der herkömmliche Bilanzgewinn dagegen ist ein **Vergangenheitswert**; er ist gleich dem in der abgelaufenen Periode entstandenen Überschuß des Endvermögens über das Anfangsvermögen. Er hängt damit – wie sich bei der Darstellung der Bilanzauffassungen deutlich gezeigt hat – von der Bewertung dieser Vermögen ab. Die Bewertung steht unter dem Prinzip der Vorsicht, aus dem das oben dargestellte Imparitätsprinzip[1] entwickelt wurde, nach dem Erträge erst im Zeitpunkt ihrer Realisierung, Aufwendungen dagegen bereits im Zeitpunkt ihrer Verursachung auszuweisen sind. Auf diese Weise wird – der Zielsetzung einer derartigen Bewertung entsprechend – der Gewinn ermittelt, der dem Betrieb unter der Voraussetzung nomineller Kapitalerhaltung höchstens entzogen werden kann.

Zur Ermittlung des ökonomischen Gewinns dagegen werden nicht die Bilanzwerte einzelner Wirtschaftsgüter, sondern die mit diesen Wirtschaftsgütern noch erzielbaren **Einnahmenüberschüsse** benötigt. Eine solche auf Zukunftsgrößen basierende Rechnung ist für die auf das Ziel nomineller Kapitalerhaltung ausgerichtete handels- und steuerrechtliche Bilanzierung nicht geeignet. Sie kann eine Rechenschaftslegung durch Ausweis der an einem Stichtag vorhandenen Vermögenswerte und Schulden nicht völlig ersetzen. Sie kann nur als eine gesondert durchgeführte Rechnung der Unternehmensleitung als Instrument für ihre in die Zukunft gerichteten Entscheidungen dienen und außenstehenden Interessenten ein zusätzliches Instrument zur Beurteilung der dispositiven Fähigkeiten der Unternehmensleitung durch die Möglichkeit geben, die von ihr vor Jahresfrist gestellten Prognosen zu überprüfen. Sie zeigt vor allem, welcher Teil des ausgewiesenen Bilanzgewinns unter Beachtung der Bedingung der Betriebserhaltung, die hier nicht als Erhaltung eines bestimmten Bestandes an Realgütern, sondern als Erhaltung des Ertragswertes des Betriebes interpretiert wird, ausgeschüttet werden kann.

Übersteigt der maximal entziehbare Geldbetrag (= ökonomischer Gewinn) den ausgewiesenen Bilanzgewinn, so ist im Falle der vollen Ausschüttung des ökonomischen Gewinns eine Erhaltung des ausgewiesenen Eigenkapitals nicht möglich. In der Regel ist aber – insbesondere in Zeiten steigender Preise – in einer am Prinzip der nominellen Kapitalerhaltung ausgerichteten Bilanz wie der Handels- und Steuerbilanz der Bilanzgewinn höher als der unter dem Gesichtspunkt der Erhaltung der Ertragsfähigkeit entziehbare Gewinn. Wird letzterer unter Berücksichtigung der zu zahlenden Steuern zum Maßstab möglicher Ausschüttungen gemacht, so verbleibt ein Teil des Bilanzgewinns als Rücklage und damit zur Substanzerhaltung in der Bilanz.

Die fehlende Eignung der herkömmlichen Bilanz für die Ermittlung des ökonomischen Gewinns hat dazu geführt, daß in der Literatur entweder der **Ersatz** der Bilanz durch ein anders geartetes Rechnungsinstrument[2] oder die **Ergänzung** der Bilanz durch eine Parallelrechnung zur Ermittlung des ökonomischen Gewinns gefordert wird. So hält es **K. Hax** für besser, „wenn man so unterschiedliche Rechnungsziele mit spezifisch ausgestalteten Rechnungsinstru-

---

[1] Vgl. S. 732
[2] Vgl. z. B. Moxter, A., Die Grundsätze ordnungsmäßiger Buchführung und der Stand der Bilanztheorie, ZfbF 1966, S. 28 ff.

menten zu realisieren versucht".[1] Auch **D. Schneider** schlägt vor, Bilanzgewinn und ökonomischen Gewinn in getrennten Rechnungen zu ermitteln und in Anlehnung in das von K. Hax entwickelte **„Prinzip des doppelten Minimums"**[2] „nur den geringeren von beiden als ausschüttungsfähig anzusehen."[3] Dieses Prinzip besagt dann: Übersteigt der ökonomische Gewinn den Bilanzgewinn, so darf höchstens der Bilanzgewinn den Betrieb verlassen, wenn dem Prinzip der nominellen Kapitalerhaltung Rechnung getragen werden soll. Die Erhaltung der Ertragsfähigkeit des Betriebes ist zugleich gesichert. Übersteigt der Bilanzgewinn den ökonomischen Gewinn, so darf höchstens letzterer ausgeschüttet werden, wenn die Ertragsfähigkeit des Betriebes erhalten bleiben soll. Die nominelle Kapitalerhaltung ist dann ebenfalls sichergestellt.

Im deutschsprachigen Schrifttum hat vor allem **Käfer**[4] den Versuch unternommen, den Inhalt der Bilanz **auf der Grundlage von Zukunftserwartungen** zu erklären. Die Bilanz wird interpretiert als ein „Bericht über den in einem bestimmten Zeitpunkt zu erwartenden zukünftigen Zufluß von Gütern und Leistungen für eine Einzelwirtschaft",[5] ein Gedanke, der bereits in der nominalistischen Bilanztheorie Riegers anklingt. **Rieger** schreibt: „Alles betriebliche Geschehen ist nur ein der Geldwerdung Entgegenreifen ... Somit kann es sich bei der Bewertung auch nur darum handeln, das spätere geldliche Ende auf den Bilanzstichtag zu eskomptieren.[6]"

Käfer interpretiert das Vermögen nicht als einen Bestand von mit fortgeführten Anschaffungskosten (Vergangenheitswerten) bewerteten Wirtschaftsgütern, sondern als die **Summe der Erwartungen zukünftigen Güter- und Leistungszugangs.** Entsprechend deutet er das Kapital als die Summe der Erwartungen zukünftigen Güter- und Leistungsabganges. Er entwickelt nebenstehendes Bilanzschema.[7]

Auch **Münstermann** vertritt die Ansicht, daß die beiden Ziele des Jahresabschlusses – die Feststellung des ausschüttbaren Gewinns und die Erfolgsmessung – mit herkömmlichen Jahresabschlüssen nicht realisiert werden können, weil die Ermittlung des ausschüttungsfähigen Gewinns hinsichtlich der Erträge auf dem Realisationsprinzip und somit auf Vergangenheitswerten basiert und weil eine Erfolgsmessung, d. h. eine „Messung des Grades der Zielerreichung der Unternehmung zum Zweck der Beurteilung der unternehmerischen Dispositionen" voraussetzt, daß ein „in diesem Sinne richtiger Gewinn ... nicht auf dem Realisationsprinzip beruhen (darf), sondern ... auch alle durch die gegenwärtigen Dispositionen verursachten künftigen Auswirkungen einbeziehen" muß.[8] Seiner Meinung nach kann der Jahresabschluß nur dann zu einem „wirkungsvollen Informationsinstrument" werden, wenn sich das betriebliche Rechnungswesen stärker an der Zukunft orientiert.

---

[1] Hax, K., Bilanztheorien, allgemein, HdR Sp. 247.
[2] Vgl. Hax, K., Die Substanzerhaltung der Betriebe, Köln und Opladen 1957, S. 37.
[3] Schneider, D., Bilanzgewinn und ökonomische Theorie, ZfhF 1963, S. 469.
[4] Käfer, K., Die Bilanz als Zukunftsrechnung, Zürich 1962.
[5] Käfer, K., a. a. O., S. 26
[6] Rieger, W., Einführung in die Privatwirtschaftslehre, 2. Aufl., Erlangen 1959, S. 213.
[7] Käfer, K., a. a. O., S. 43.
[8] Münstermann, H., Unternehmungsrechnung, Wiesbaden 1969, S. 40.

Aktiva	Bilanzschema	Passiva
1. Erwartungen (Chancen) künftigen Güter- und Leistungszuganges (Eingang von außen, interne Entstehung oder Zunahme, evtl. Verminderungen von Abgängen) ohne Gegenleistungen a) aus zur Verfügung stehenden Sachgütern, b) auf Grund von Rechten gegenüber anderen Wirtschaftseinheiten, c) auf Grund tatsächlicher Verhältnisse,		1. Erwartungen (Risiken) künftigen Güter- und Leistungsabganges (externer Ausgang, Verschwinden oder Abnahme im Inneren, evtl. Verminderungen von Zugängen) ohne Gegenleistungen a) auf Grund von Verpflichtungen gegenüber Wirtschaftseinheiten, b) auf Grund tatsächlicher Verhältnisse, c) wegen Förderung des Zweckes der Einzelwirtschaft durch Leistungen an Teilhaber oder andere Arten der Zweckerfüllung, d) wegen eines Bestandes an „negativen Gütern" wie z. B. schädlichen Abfällen.
2. Aktive Berichtigungsposten a) Zuschläge zu Aktiven, b) Abzüge an Passiven.		2. Passive Berichtigungsposten a) Abzüge an Aktiven, b) Zuschläge zu Passiven.

Münstermann kommt in seiner Untersuchung aber zu dem Ergebnis, daß die praktischen Schwierigkeiten eines auf Zukunftswerten basierenden Rechnungswesens erheblich sind und stellt fest: „Eine Bilanzierung nach dem ökonomischen Gewinnprinzip entspricht zwar weitgehend den aus der Zwecksetzung der Erfolgsmessung hergeleiteten theoretischen Erfordernissen, ist indes wegen des Postulats der Wirtschaftlichkeit der Rechnungsführung sowie insbesondere der Objektivität und Kontrollierbarkeit der Bilanzwerte praktisch nicht durchführbar. Eine zweckmäßige Bilanzauffassung muß aber Regeln bieten, die sowohl dem Rechnungsziel der Bilanz wie auch den praktischen Schwierigkeiten der Realisation dieses Zieles gerecht werden."[1]

Moxter geht noch einen Schritt weiter als die meisten Kritiker des herkömmlichen Jahresabschlusses. Er fordert nicht eine Nebenrechnung zur Ermittlung des ökonomischen Gewinns, sondern schlägt vor, die Bilanz und die Gewinn- und Verlustrechnung „durch ein grundsätzlich finanzplanorientiertes Tableau" zu ersetzen.[2] Was die Personen, die finanziell an einem Unternehmen interessiert sind (Anteilseigner, Gläubiger, Arbeitnehmer), wissen müssen, um Dis-

---

[1] Münstermann, H., a. a. O., S. 56.
[2] Moxter, A., Die Grundsätze ordnungsmäßiger Bilanzierung und der Stand der Bilanztheorie, ZfbF 1966, S. 51.

positionen treffen zu können, ist nach Moxter die zeitliche und sachliche Aufgliederung des in der Zukunft zu erwartenden Stroms der Ein- und Auszahlungen des Unternehmens bis zum ökonomischen Horizont (Gesamtzahlungsstrom). Ziel dieser Personen ist es, den an sie fließenden künftigen Nettozahlungsstrom – Moxter nennt ihn „Zielstrom" – im Zeitablauf zu optimieren. „Dieser Strom dient ihnen wiederum zur Optimierung eines Konsumauszahlungsstroms . . ., das heißt zur Erreichung eines von ihnen angesichts ihrer persönlichen Restriktionen als realisierbar erachteten Niveaus der Versorgung mit durch monetären Aufwand erlangbaren Gütern im Zeitablauf."[1] „Für eine direkte Ermittlung dieses Zielstroms selbst sind Bilanz und Gewinn- und Verlustrechnung völlig untauglich . . ."[2]

Das finanzplanorientierte Tableau „wäre in der Vertikalen in zweckmäßigerweise zehn Klassen von Zahlungen, und zwar nach den sie Leistenden und/oder Empfangenden aufzuteilen, etwa wie folgt: Anteilseigner; Arbeitnehmer; Verwaltung (Unternehmensleitung); Geldgläubiger; Lieferanten (Warengläubiger); Staat; Kunden; Beteiligungsunternehmen und Mitgliedschaftsrechte; Dienstleistungen und ähnliches; Geldschuldner und liquide Mittel. Diese vertikale Aufgliederung der Einzahlungen und Auszahlungen würde vornehmlich darüber informieren, in welchem Umfange die verschiedenen am Unternehmen interessierten Gruppen zu den Einzahlungen beitragen, und nicht zuletzt, an seinen Auszahlungen partizipieren."[3]

Mit einem solchen Tableau kann jedoch weder ein Periodengewinn noch ein ausschüttungsfähiger Betrag ermittelt werden und folglich – darauf weist Moxter selbst hin[4] – auch keine Kapitalerhaltungskontrolle ausgeübt werden. Er hält es jedoch für möglich, „diese bei Unternehmen mit auf das Unternehmensvermögen beschränkter Haftung wichtige Ausschüttungssperre auf andere Weise (und außerdem wirksamer als in der herkömmlichen Rechnungslegung) zu realisieren."[5]

Ebenso wie Moxter schlägt auch **Busse von Colbe** vor, den Jahresabschluß durch ein auf Zahlungsvorgängen aufgebautes Rechenwerk zu ersetzen oder zu ergänzen, da auch er – wie die meisten Kritiker der herkömmlichen Bilanz – der Ansicht ist, daß der Periodengewinn als Maßgröße den Informationsbedürfnissen der Rechnungsempfänger nicht genügt. Er hält es für zweckmäßig, „neben oder anstelle der sehr komprimierten und unscharf definierten Maßgröße Gewinn mit Hilfe der Kapitalflußrechnung mehrere Maßgrößen zu definieren, die den Informationsbedürfnissen auch im Hinblick auf die Unsicherheit, die allen künftigen für die Entscheidungen relevanten Daten anhaftet, besser entsprechen."[6]

Eine **Kapitalflußrechnung** zeigt nicht die Bestände an Vermögen und Kapital an einem Stichtag, sondern die Veränderungen dieser Bestände während einer Abrechnungsperiode, m. a. W., sie erfaßt sämtliche Zugänge und Abgänge.

---

[1] Moxter, A., a. a. O., S. 58.
[2] Moxter, A., a. a. O., S. 45.
[3] Moxter, A., a. a. O., S. 51 f.
[4] Moxter, A., a. a. O., S. 59.
[5] Moxter, A., a. a. O., S. 59.
[6] Busse v. Colbe, W., Aufbau und Informationsgehalt von Kapitalflußrechnungen, ZfB 1966, 1. Erg.Heft S. 97.

Eine solche Rechnung ist bei entsprechender Ausgestaltung „frei von Bewertungsproblemen und damit intersubjektiv nachprüfbar. Diese Forderung wird erfüllt, wenn die Kapitalflußrechnung nur auf Einnahmen und Ausgaben als den monetären Äquivalenten der Güterbewegungen und leistungsfreien Transaktionen (wie Steuern) und auf Ein- und Auszahlungen der Abrechnungsperiode aufbaut (retrospektive Kapitalflußrechnung)."[1]

$$\begin{array}{l} \text{Aktivmehrung (A)} \\ -\text{ Aktivminderung (a)} \\ -\text{ Passivmehrung (ohne Gewinn) (P)} \\ -\text{ Gewinn (G)} \\ +\text{ Passivminderung (ohne Verlust) (p)} \\ +\text{ Verlust (V)} \\ \hline = 0 \end{array}$$

$$(1)\ A - a - P - G + p + V = 0$$

Ordnet man die Gleichung in der Weise, daß auf jeder Seite des Gleichheitszeichens nur positive Werte stehen, so gilt:

$$(2)\ A + p + V = P + a + G,$$

oder in Worten:

Aktivmehrung	Aktivminderung
Passivminderung	Passivmehrung
Verlust	Gewinn

Diese Aufstellung ist die **Grundform jeder Bewegungsbilanz** oder Kapitalflußrechnung.

Löst man die Gleichung (1) nach dem Erfolg der Periode auf, so gilt:

$$(3)\ G = A - a - P + p.$$
$$(4)\ V = -A + a + P - p.$$

Hier wird entweder der Grund für die Entstehung des Gewinns in den entsprechenden Änderungen der Positionen auf der rechten Seite der Gleichung gesehen, oder es wird umgekehrt argumentiert, daß die Änderungen der Aktiva und Passiva eine Folge des Gewinns sind (z. B. ein Gewinn ist der Grund für eine Erhöhung der Kassenbestände oder eine Erhöhung der Kassenbestände hat einen Gewinn zur Folge).

Ebenso wie nach dem Erfolg läßt sich die Gleichung (1) nach allen anderen Größen auflösen, z. B. nach der Vermehrung der Aktiva oder bestimmter Aktiva.

Busse von Colbe bezeichnet als wichtigste **Informationsgrößen,** die eine Kapitalflußrechnung neben dem Jahresabschluß liefern kann, die folgenden:

---

[1] Busse von Colbe, W., a. a. O., S. 97.

(1) Betriebseinnahmen, insbesondere aus Umsatzerlösen.
(2) Betriebsausgaben, insbesondere für Material, Personal, Fremdleistungen und Abgaben.
(3) Überschuß der Betriebseinnahmen über die Betriebsausgaben (betriebliche Nettoeinnahmen).
(4) Ausgaben für Finanz- und Sachanlageinvestitionen sowie für immaterielle Investitionen, wie Ausgaben für Entwicklung und Markterschließung.
(5) Der Finanzbedarf, der sich aus einem Überschuß der Investitionsausgaben über die betrieblichen Nettoeinnahmen ergibt.
(6) Langfristige Außenfinanzierung durch Eigen- und Fremdkapital.
(7) Ausschüttung an die Gesellschafter.
(8) Veränderung der liquiden Mittel, eventuell abzüglich der kurzfristigen Verbindlichkeiten.[1]

Liefert eine für einen vergangenen Zeitraum erstellte (retrospektive) Kapitalflußrechnung nicht alle erforderlichen Informationen, so kann sie durch eine Prognoserechnung ergänzt werden, „die auf Erwartungen über künftige Einnahmen und Ausgaben sowie Ein- und Auszahlungen aufbaut (prospektive Kapitalflußrechnung)."[2]

Busse von Colbe gliedert die retrospektive Kapitalflußrechnung in vier Bereiche:
(1) den Umsatzbereich,
(2) den Anlagenbereich,
(3) den Kapitalbereich,
(4) den Geldbereich.

Im **Umsatzbereich** werden als Überschuß der Betriebseinnahmen (= Einnahmen aus Umsatz und sonstigen Erträgen) über die Betriebsausgaben und die betrieblichen Gewinnsteuern die „betrieblichen Nettoeinnahmen" ermittelt. Diese werden den „Nettoanlageinvestitionen" (= Differenz zwischen Kauf und Verkauf von Anlagen) des **Anlagenbereiches** gegenübergestellt; der sich daraus ergebende Saldo stellt den „Finanzbedarf" der Unternehmung dar.

Kapitalbereich und **Geldbereich** zeigen, wie dieser Finanzbedarf gedeckt wird. Im Kapitalbereich wird durch „Gegenüberstellung von Ein- und Auszahlungen, die für Einlagen von Eigen- und Fremdkapital und deren Rückgewährung (einschließlich der Dividenden) geleistet werden,"[3] die „Außenfinanzierung" als Nettogröße ermittelt. Die Differenz zwischen „Finanzbedarf" und „Außenfinanzierung" zeigt schließlich die Veränderung der „liquiden Mittel" an, die im Geldbereich ausgewiesen wird.

Zusammenfassend läßt sich die neuere bilanztheoretische Diskussion als eine breit angelegte Erörterung eines einfachen Problems charakterisieren, das auch von älteren Bilanztheoretikern wie Schmalenbach und Rieger längst erkannt war: Bilanztheorie ist die Suche nach einer Antwort auf die Frage, wel-

---

[1] Busse von Colbe, W., Kapitalflußrechnungen als Berichts- und Planungsinstrument. In: Schriften zur Unternehmensführung, Bd. 6/7, Hrsg. v. H. Jacob, Wiesbaden 1968, S. 19.
[2] Busse von Colbe, W., Aufbau und Informationsgehalt ..., a. a. O., S. 97.
[3] Busse von Colbe, W., Aufbau und Informationsgehalt ..., a. a. O., S. 100.

ches der „richtige" Vermögens- und Ertragsausweis sei. Man hat sich heute weitgehend auf den Ertragswert (= Vermögen) und die Ertragswertänderung (= ökonomischer Gewinn) geeinigt.

Aus der bilanztheoretischen Diskussion läßt sich folgende Erkenntnis ableiten: Unsere heutige Bilanzierungspraxis stünde mit unseren theoretischen Erkenntnissen dann voll in Einklang, wenn wir Vermögensbestände (und damit auch Vermögensbestandsänderungen) nicht vergangenheitsorientiert (Anschaffungskostenprinzip), sondern zukunftsorientiert bewerten würden (und könnten), denn dann wäre das Vermögen am Ende der Periode gleich dem Ertragswert des Unternehmens, und die Differenz zwischen dem Vermögen am Ende und am Anfang der Periode wäre gleich dem ökonomischen Gewinn.

Solange die Praxis den Jahresabschluß als ein nur auf Vergangenheitswerten basierendes Rechenwerk auffaßt, werden weder Handels- noch Steuergesetzgeber vom Anschaffungskostenprinzip abgehen. Solange aber der Gesetzgeber an diesem Prinzip festhält, kann wiederum die Praxis nicht anders bilanzieren, sondern ist weiterhin gezwungen, sich Informationen, die der Jahresabschluß nicht liefert, durch Nebenrechnungen zu beschaffen.

Zur Festigung und Vertiefung des Lehrstoffes zum Sechsten Abschnitt:

Das betriebliche Rechnungswesen

– Der Jahresabschluß –

empfiehlt es sich, die Aufgaben 1 bis 95 mit den zugehörigen Test- und Wiederholungsaufgaben aus Wöhe-Kaiser-Döring, **ÜBUNGSBUCH** zu Wöhe, Einführung in die Allgemeine Betriebswirtschaftslehre, S. 317 bis 409 durchzuarbeiten.

C. Die Kostenrechnung

I. Aufgaben, Teilgebiete, Systeme

Aufgabe der Kostenrechnung ist die Erfassung, Verteilung und Zurechnung der Kosten, die bei der betrieblichen Leistungserstellung und -verwertung entstehen, zu dem Zweck,
(1) durch Ermittlung der voraussichtlich anfallenden Kosten eine Grundlage für betriebliche Dispositionen zu schaffen (entscheidungsorientierte Zukunftsrechnung) und
(2) durch Vergleich der tatsächlich angefallenen Kosten mit den zuvor geplanten Kosten Planabweichungen festzustellen und somit die Möglichkeit zu schaffen, die Ursachen von Fehlleistungen, die sowohl im Planungs- als auch im Produktionsbereich liegen können, aufzudecken (kontrollierende Vergangenheitsrechnung).

Diesen beiden Zwecken dienen die beiden Teilgebiete der Kostenrechnung, die Betriebsabrechnung und die Selbstkostenrechnung (Kalkulation).

Die **Betriebsabrechnung** ist eine Periodenrechnung. Sie ermittelt als Kostenartenrechnung, welche Arten von Kosten im Betriebe angefallen sind (z. B. Personalkosten, Materialkosten, Abschreibungen, Zinsen usw.), und verteilt als Kostenstellenrechnung die Kostenarten auf die einzelnen Kostenbereiche (z. B. Beschaffungs-, Fertigungs-, Verwaltungs- und Vertriebsbereich), um durch die Feststellung, wo die Kosten verursacht worden sind, eine genaue Zurechnung der Kosten auf die Leistungen der Periode (Kostenträgerzeitrechnung) zu ermöglichen.

Durch Gegenüberstellung der in einer Kostenrechnungsperiode (in der Regel ein Monat) für einen Kostenträger ermittelten Kosten und erzielten Erlöse wird eine nach Kostenträgern gegliederte kurzfristige Betriebsergebnisrechnung **(kurzfristige Erfolgsrechnung)** durchgeführt. Sie liefert der Betriebsführung Entscheidungsunterlagen, die der Jahresabschluß aus zwei Gründen nicht zur Verfügung stellen kann: erstens kommt er zu spät, da er in der Regel erst mehrere Monate nach Abschluß des Wirtschaftsjahres zur Verfügung steht, und zweitens gliedert er in der Gewinn- und Verlustrechnung die Kosten (Aufwendungen) nach Kostenarten (Aufwandsarten) und die Erträge nach Kostenträgern, ohne für jeden einzelnen Kostenträger den Anteil am Gesamterfolg aufzuzeigen.

Die **Selbstkostenrechnung** (Kalkulation) führt als Kostenträger-Stückrechnung – aufbauend auf der Kostenarten-, Kostenstellen- und Kostenträger-Zeitrechnung – die Zurechnung der Kosten auf die einzelne Leistung durch, d. h. sie ermittelt die Selbstkosten und schafft damit die Grundlage für die Kalkulation des Angebotspreises. Wird die Selbstkostenrechnung vor der Erstellung der Betriebsleistung durchgeführt, so bezeichnet man sie als **Vorkalkulation,** erfolgt sie nach Abschluß der Leistungserstellung, so spricht man von **Nachkalkulation.** Die Vorkalkulation verwendet geplante Kosten, die Nachkalkulation stellt die tatsächlich angefallenen Kosten (Istkosten) fest.

Von der Vorkalkulation unterscheiden sich **Normal- und Plankalkulation** dadurch, daß erstere auf die Kalkulation einer einzelnen Leistung zielt, letztere dagegen auf eine zeitlich vor der Leistungserstellung liegende Vorausrechnung der Gesamtkosten eines Abrechnungszeitraumes abstellen.

Nicht alle Kosten lassen sich nach dem gleichen Prinzip den Kostenstellen oder Kostenträgern zurechnen. Man unterscheidet folgende **Zurechnungsgrundsätze**:
(1) Das Prinzip der Kostenverursachung,
(2) das Prinzip der Kostentragfähigkeit,
(3) das Prinzip der Durchschnittsbildung.

Theoretisch einwandfrei ist allein das **Kostenverursachungsprinzip**: jeder Kostenbereich (Kostenstelle) und jeder Kostenträger ist mit dem Kostenbetrag zu belasten, den er verursacht hat. Nur wenn eine kausale Beziehung zwischen angefallenen Kosten und einer Kostenstelle bzw. einem Kostenträger nicht feststellbar ist, kommen die anderen Zurechnungsprinzipien zur Anwendung.

Da fixe Kosten als vom Beschäftigungsgrad unabhängig anfallende Kosten nicht nach dem Verursachungsprinzip zugerechnet werden können, werden sie in der Regel nach dem **Prinzip der Tragfähigkeit** (Deckungsprinzip) verteilt, d. h. im proportionalen Verhältnis zu den Deckungsbeiträgen der Kostenträger. Als Deckungsbeiträge (Bruttogewinne) bezeichnet man die Differenz zwischen dem erzielten bzw. erzielbaren Absatzpreis und den variablen Stückkosten. Die Differenz zwischen dem Absatzpreis und den gesamten Stückkosten ist der Nettogewinn.[1]

Das **Durchschnittsprinzip** ist ebenfalls eine Hilfsmethode, die in Betracht kommt, wenn das Verursachungsprinzip versagt. Statt nach der Verursachung fragt man danach, welche Kosten im Durchschnitt auf welche Leistungen entfallen.

Die Kostenrechnung kann sich verschiedener Abrechnungssysteme bedienen. Eine **Istkostenrechnung** liegt vor, wenn die tatsächlich angefallenen Kosten (Istkosten = Ist-Verbrauchsmengen × Ist-Preise) ohne Eliminierung von Zufälligkeiten (Preisschwankungen am Beschaffungsmarkt, Störungen im Produktionsablauf) verrechnet werden. Sie ist eine Vergangenheitsrechnung.

Von einer **Normalkostenrechnung** spricht man dann, wenn bestimmte Kosten nicht mit ihren tatsächlichen, sondern mit durchschnittlichen Mengen und Preisen angesetzt werden (Normalkosten). Sie baut also ebenso auf Vergangenheitswerten auf.

Eine **Plankostenrechnung** liegt dann vor, wenn auf Grund detaillierter Berechnungen und Messungen unter Einschluß zukünftiger Erwartungen der Kostenanfall vorausgeplant wird und die Kosten für die einzelnen Kostenstellen und Kostenträger vorgegeben werden. Die Plankostenrechnung ist also eine auf die Zukunft gerichtete Rechnung. Die zwischen Normal- oder Plankosten einerseits und Istkosten andererseits sich ergebenden Differenzen (Abweichungen) werden gesondert erfaßt und stellen ein wichtiges Instrument der Kostenkontrolle dar.[2]

---

[1] Einzelheiten zur Deckungsbeitragsrechnung vgl. S. 926 ff.
[2] Einzelheiten vgl. S. 944 ff.

Werden alle angefallenen Kosten auf die Kostenträger verrechnet, so bezeichnet man ein solches Kostenrechnungssystem als **Vollkostenrechnung**. Wird dagegen nur ein Teil der Kosten den Kostenträgern zugerechnet, während die übrigen Teile auf anderen Wegen in das Betriebsergebnis übertragen werden, so spricht man von einer **Teilkostenrechnung**.

Historisch betrachtet ist die Vollkostenrechnung älter. Erst im Laufe der letzten Jahrzehnte hat sich die Auffassung durchgesetzt, daß fixe Kosten den Kostenträgern nicht belastet werden dürfen, da sie in der Regel nicht nach dem Prinzip der Verursachung zugerechnet werden können. Deshalb übernimmt die Teilkostenrechnung nur die variablen Kosten auf die Kostenträger und rechnet die fixen Kosten en bloc erst in der Erfolgsrechnung ab.

Da bei linearem Gesamtkostenverlauf, der für die industrielle Produktion als repräsentativ angesehen wird, die variablen (proportionalen) Kosten gleich den Grenzkosten sind, wird für die Teilkostenrechnung häufig der Begriff **Grenzkostenrechnung** verwendet.

Die Teilkostenrechnung ist zwar geeignet, die Mängel, die der Vollkostenrechnung bei der Bestimmung der Preisuntergrenze, der Optimierung des Produktionsprogramms, der Verfahrensauswahl und der Anpassung des Betriebes an Beschäftigungsschwankungen anhaften, zu reduzieren, ist aber kein brauchbares Verfahren zur Ermittlung der bilanziellen Herstellungskosten, da sie Zielen dient, die nicht mit der Bilanz verfolgt werden. Deshalb ist die Vollkostenrechnung bisher nicht überflüssig geworden. In der Steuerbilanz müssen anteilige Abschreibungen (Absetzungen für Abnutzung) in die Herstellungskosten einbezogen werden,[1] in der Handelsbilanz dürfen sie angesetzt werden.[2] Ohne einen Ansatz wenigstens der geschätzten verschleißabhängigen Teile der Abschreibungen in den Herstellungskosten werden das Vermögen und der Periodenerfolg in der Bilanz zu niedrig ausgewiesen.[3]

II. Die Betriebsabrechnung

1. Die Kostenartenrechnung

a) Begriff und Gliederung der Kostenarten

Die Kostenartenrechnung dient der systematischen Erfassung aller Kosten, die bei der Erstellung und Verwertung der Kostenträger (Leistungen) entstehen. Ihre Fragestellung lautet: **welche Kosten sind angefallen?** So sind beispielsweise Löhne und Gehälter die Kostenarten für die Arbeitsleistungen, Materialkosten die Kostenarten für den Verbrauch von Stoffen, Abschreibungen die Kostenart, die die Wertminderungen der Anlagegüter erfaßt. Diese Erfassung der Kosten erfolgt in Zusammenarbeit mit der Finanzbuchhaltung, insbesondere der Lohn- und Gehaltsabrechnung, der Materialabrechnung und der Anlagenabrechnung.

---

[1] Vgl. Abschnitt 33 Abs. 4 EStR 1975
[2] Vgl. § 153 Abs. 2 AktG.
[3] Zur Problematik der Ermittlung der bilanziellen Herstellungskosten vgl. Wöhe, G., Bilanzierung..., aaO, S. 267 ff.

C. II. Die Betriebsabrechnung

Die gesamten Kosten einer Abrechnungsperiode lassen sich nach verschiedenen Kriterien systematisieren:

Werden die Kostenarten nach der **Art der verbrauchten Produktionsfaktoren** eingeteilt, so ergibt sich folgende Gliederung:
(1) Personalkosten, z. B. Löhne, Gehälter, Provisionen, Tantiemen, soziale Abgaben;
(2) Sachkosten, z. B. Roh-, Hilfs- und Betriebsstoffe, Abschreibungen auf Gebäude, Maschinen, Werkzeuge, Geschäftseinrichtung;
(3) Kapitalkosten, z. B. kalkulatorische Zinsen;
(4) Kosten für Dienstleistungen Dritter, z. B. Transportkosten, Rechts- und Beratungskosten, Kosten für Strom, Gas, Wasser, Telefon, Versicherungskosten;
(5) Kosten für Steuern, Gebühren und Beiträge.

Diese Gliederung kann weiter verfeinert werden. Ein Beispiel dafür ist die Kostenarteneinteilung der Kontenklasse 4 des Kontenrahmens für Industriebetriebe.

Die Kostenarten lassen sich ferner nach den wichtigsten **betrieblichen Funktionen** gliedern in:
(1) Kosten der Beschaffung,
(2) Kosten der Lagerhaltung,
(3) Kosten der Fertigung,
(4) Kosten der Verwaltung,
(5) Kosten des Vertriebs.

Auch diese Form der Kostenartensystematik läßt sich weiter differenzieren. Sie stimmt dann mit einer Aufteilung der Kostenarten auf eine nach Funktionen gegliederte Kostenstellenrechnung überein.

Nach der **Art der Verrechnung** auf die Leistungseinheiten lassen sich Einzelkosten und Gemeinkosten unterscheiden. **Einzelkosten** werden unmittelbar, d. h. ohne vorherige Verrechnung über die Kostenstellen, den Kostenträgern, z. B. einer bestimmten Leistung oder einem bestimmten Auftrag, zugerechnet, da sie pro Kostenträger genau erfaßt werden können, (z. B. Fertigungslöhne in Form von Akkordlöhnen). Sie treten auch als Sondereinzelkosten der Fertigung (z. B. ein Werkzeug kann nur für einen Auftrag verwendet werden) oder Sondereinzelkosten des Vertriebs (z. B. Verpackungskosten, Vertreterprovisionen) auf. Sie müssen dem Verursachungsprinzip in hohem Maße entsprechen.

Gemeinkosten dagegen lassen sich nicht direkt auf die Leistung zurechnen, da sie für mehrere oder alle Leistungen der Kostenbereiche entstanden sind, z. B. Abschreibungen, Versicherungen, Transportlöhne, Gehälter leitender Angestellter, Strom, Wasser, Post- und Telefongebühren usw. Das Verursachungsprinzip ist bei ihnen schwerer (oder überhaupt nicht) als Verteilungsprinzip anzuwenden. Die Verrechnung auf die Leistungen erfolgt indirekt durch Zuschläge, die mit Hilfe von bestimmten Schlüsseln – meist durch Verwendung einer Kostenstellenrechnung – ermittelt werden und deren Basis bestimmte Bezugsgrößen wie z. B. die Einzelkosten, die Maschinenstunden oder die bearbeiteten Stückzahlen bilden.

Werden aus Gründen der abrechnungstechnischen Vereinfachung Einzelkosten als Gemeinkosten behandelt, d. h. nicht direkt, sondern indirekt per Zuschlag zugerechnet, so bezeichnet man sie als **unechte Gemeinkosten** (z. B. Hilfsstoffe wie Anstrichmittel, Leim, Nägel usw.).

Nach der **Art der Kostenerfassung** kann man die Kostenarten gliedern in:
(1) **Aufwandsgleiche Kostenarten.** Sie sind für die Kostenrechnung aus der Finanzbuchhaltung zu entnehmen und machen den größten Teil aller Kostenarten aus (z. B. Löhne, Material);
(2) **Kalkulatorische Kostenarten.** Sie stellen insoweit Zusatzkosten dar, als der durch sie erfaßte Wertverbrauch in der Finanzbuchhaltung überhaupt nicht oder in anderer Höhe verrechnet wird, z. B. Unternehmerlohn, kalkulatorische Zinsen, kalkulatorische Wagnisse, kalkulatorische Abschreibungen.[1]

Nach dem **Verhalten der Kosten bei Beschäftigungsänderungen** (Änderungen der Kapazitätsaussnutzung) lassen sich die Kostenarten gliedern in:
(1) **Fixe (feste, konstante) Kostenarten,** die unabhängig von der Höhe der Ausbringung immer in gleicher Höhe anfallen, z. B. Abschreibungen, die nicht nach der Inanspruchnahme der Anlagegüter, sondern nach der Kalenderzeit berechnet werden; auch Fremdkapitalzinsen sind zeitabhängige Kosten. Fixe Kosten sind in der Regel Gemeinkosten, da sie nicht durch eine einzelne Leistung, sondern durch die Aufrechterhaltung der Betriebsbereitschaft verursacht werden.
(2) **Variable Kostenarten,** die sich mit der Änderung der Ausbringung ebenfalls ändern, und zwar entweder im gleichen Verhältnis (proportionale Kosten) oder aber schneller (progressive Kosten) oder langsamer (degressive Kosten) als die Ausbringung. Diese Einteilung der Kostenarten ist deshalb problematisch, weil es praktisch kein Kostengut gibt, das seinem Wesen nach fixe oder variable Kosten darstellt, sondern weil bestimmte Kostenarten lediglich durch die Art der Verrechnung oder durch die Art der Formulierung des Entscheidungsproblems zu fixen oder variablen Kosten gemacht werden. So sind z. B. Abschreibungen dann fixe Kosten, wenn sie unabhängig davon, wie groß die Produktion der betreffenden Periode ist, für die Kalenderzeit, z. B. ein Jahr, verrechnet werden (Zeitabschreibung); sie sind variable, und zwar proportionale Kosten, wenn sie auf das Stück bezogen werden; dann fallen und steigen sie im gleichen Verhältnis wie die Ausbringung (Leistungsabschreibung).[2] Heißt beispielsweise die Entscheidungsalternative: 1.000 Stück produzieren oder den Betrieb schließen, so sind sämtliche Kosten variabel.

Einzelkosten sind in der Regel variable Kosten, da sie durch die Produktion eines Stückes verursacht werden. Sie können vermieden werden, wenn dieses Stück nicht produziert würde (z. B. Akkordlöhne).

Nach der **Herkunft der Kostengüter** unterscheidet man primäre und sekundäre Kostenarten. Den **primären** (einfachen, ursprünglichen) Kostenarten ist gemeinsam, daß sie den Verbrauch von Gütern, Arbeits- und Dienstleistungen erfassen, die der Betrieb von außen, d. h. von den Beschaffungsmärkten bezogen hat.

Sekundäre (zusammengesetzte, gemischte) Kostenarten sind der geldmäßige Gegenwert für den Verbrauch innerbetrieblicher Leistungen. Der Betrieb erstellt

---
[1] Vgl. S. 887 ff.
[2] Vgl. S. 758 f.

neben den Leistungen, die am Markt abgesetzt werden sollen, auch solche, die er selbst verwendet (innerbetriebliche Leistungen), z. B. Werkzeuge, Maschinen, Reparaturen, Strom, Dampf u. a. Bei der eigenen Stromerzeugung entstehen z.b. die einfachen Kostenarten Löhne, Stoffe, Abschreibungen usw. Diese einfachen Kostenarten ergeben zusammen die zusammengesetzte Kostenart „selbsterzeugter Strom", die in die Kostenträger eingerechnet wird.

Die verschiedenen Gliederungsgesichtspunkte werden bei der **Aufstellung eines Kostenartenplanes** kombiniert. Der oberste Gesichtspunkt ist grundsätzlich die Einteilung nach verbrauchten Produktionsfaktoren (Personal-, Sachkosten usw.). Die Lohnkosten lassen sich z. B. weiter unterteilen nach Funktionsbereichen: Löhne der Fertigung, der Beschaffung, der Verwaltung usw. Die Löhne der Fertigung werden beispielsweise nach verrechnungstechnischen Gesichtspunkten weiter gegliedert in Einzellöhne (direkt) und Gemeinkostenlöhne (indirekt). Beide Gruppen können weiter unterteilt werden nach der Berufsstellung in Facharbeiter- oder Hilfsarbeiterlöhne oder nach der Lohnform in Zeit-, Akkord- und Prämienlöhne usw.

b) Die Erfassung der wichtigsten Kostenarten

aa) Personalkosten

Zu den Personalkosten zählen alle Kosten, die durch den Produktionsfaktor Arbeit unmittelbar oder mittelbar entstanden sind. Sie werden in der Lohn- und Gehaltsbuchhaltung erfaßt. Dabei entstehen keine besonderen Probleme, wenn man zunächst von zwei Sonderfällen, dem kalkulatorischen Unternehmerlohn und der zeitlichen Abgrenzung bestimmter Personalkosten wie Urlaubslöhne, Feiertags- und Krankheitslöhne absieht. Diese Sonderfälle werden in anderen Zusammenhängen besprochen.[1]

Die wichtigsten Kategorien der Personalkosten sind die Löhne, die Gehälter, die gesetzlichen Sozialabgaben, die freiwilligen Sozialleistungen und sonstige Personalkosten. Die Löhne und Gehälter werden an Hand von Zeitlohn- oder Akkordscheinen, Prämienunterlagen, Gehaltslisten, Stempelkarten usw. erfaßt und verrechnet. Die gesetzlichen Sozialabgaben (z. B. Arbeitgeberanteile an der Renten-, Kranken-, Arbeitslosen- und Unfallversicherung) werden auf Basis der erfaßten Löhne und Gehälter ermittelt.

Die freiwilligen Sozialaufwendungen lassen sich in zwei Kategorien einteilen. Kommen sie einem Arbeitnehmer unmittelbar zugute, wie z. B. Pensionszusagen, Beihilfen für Fahrt und Verpflegung, zur Ausbildung usw., so bezeichnet man sie als primäre freiwillige Sozialleistungen; werden allen Arbeitnehmern bestimmte Einrichtungen zur Verfügung gestellt, z. B. Sportanlagen, Kantine, Sanitätsstation, Werksbibliothek, so handelt es sich um sekundäre freiwillige Sozialleistungen.

bb) Materialkosten

Die Materialkosten ergeben sich, wenn der mengenmäßige Verbrauch an Roh-, Hilfs- und Betriebsstoffen mit den entsprechenden Preisen bewertet wird. Die Erfassung der Kosten erfordert also zunächst eine Ermittlung der Verbrauchs-

---

[1] Vgl. S. 887 und 892f.

mengen und danach eine Bewertung. Ersteres ist Aufgabe der Materialabrechnung, letzteres der Betriebsabrechnung, die die dafür erforderlichen Zahlen von der Finanzbuchhaltung erhält.

(1) Die Erfassung der Verbrauchsmengen

Je nach der Organisation der Lagerbuchhaltung und des innerbetrieblichen Belegwesens werden die verbrauchten Materialmengen nach verschiedenen Verfahren ermittelt, die sich in ihrer Exaktheit unterscheiden. Die am häufigsten benutzten Methoden sind die folgenden:

(a) Es erfolgt eine unmittelbare Erfassung in der Materialbuchhaltung durch laufende Aufschreibung der Zugänge und Abgänge **(Skontrationsmethode)**:

> Anfangsbestand + Zugang — Abgang (Verbrauch) = Endbestand

Diese Methode ist am genauesten, erfordert aber auch den größten Arbeitsaufwand. Sie ist bei Einzel- und Serienfertigung üblich, da sich hier der Verbrauch annähernd bestimmen läßt und Rücklieferungen gewöhnlich nicht erfolgen. Die Entnahme aus dem Materiallager erfolgt auf Materialentnahmescheinen (Einzel- oder Sammelscheine) oder auf Stücklisten, wenn eine größere Zahl verschiedener Materialen oder Einzelteile gebraucht wird. Das Lager führt für jede Materialart eine Karteikarte und bucht die Entnahme aus. Die Materialscheine werden gesammelt und zur Nachkalkulation verwendet. Da jeder Materialentnahmeschein neben anderen Angaben die empfangende Kostenstelle und die Auftragsnummer enthält, sind der Verwendungsort und der Verwendungszweck der Stoffe genau feststellbar.

Da der mit dieser Methode ermittelte Endbestand ein Soll-Endbestand ist, ermöglicht sie zugleich eine Feststellung von Inventurdifferenzen, wenn der durch Inventur ermittelte Ist-Endbestand bekannt ist.

(b) Die Erfassung des Materialverbrauchs kann auch mit Hilfe der **Inventurmethode** (Befundrechnung, Bestandsdifferenzrechnung) durchgeführt werden. Der Verbrauch ergibt sich aus Anfangsbestand zuzüglich der Zugänge, abzüglich des Endbestandes:

> Anfangsbestand + Zugang — Endbestand = Abgang (Verbrauch)

Die Feststellung des Endbestandes erfolgt durch Inventur. Das ist zeitraubend und nur dann zweckmäßig, wenn der Mengenverbrauch eines Materials pro Kostenstelle oder Kostenträger relativ einfach zu ermitteln ist. Werden Materialien für verschiedene Kostenträger verbraucht, so ist eine Zurechnung nicht möglich, da nur der Gesamtverbrauch, aber nicht der Verbrauch pro Kostenträger zu erfassen ist. Differenzen zwischen Soll- und Istverbrauch lassen sich mit dieser Methode nicht analysieren.

(c) Der Materialverbrauch kann auch am fertigen Produkt durch Rückrechnung **(retrograde Methode)** festgestellt werden. Das setzt voraus, daß der Verbrauch für jedes Produkt einmal erfaßt wird, z. B. durch Berechnung oder Schätzung, und als Soll-Verbrauch in einer Materialkartei festgehalten wird. Die Erfassung des Verbrauchs auf Karteikarten erfolgt mengen- und wertmäßig. Die mengenmäßige Rechnung, die den Verbrauch an Hand von Stücklisten ermittelt, hat den Vorteil, daß bei Änderungen der Beschaffungspreise lediglich eine neue Bewertung der Mengen vorgenommen werden muß, während bei wertmäßiger Rechnung, bei der die verbrauchten Materialwerte aus der Nachkalkulation gewonnen werden, die Preisbewegungen eine Umrechnung sämtlicher Werte mit Hilfe von Indices erforderlich machen.

Die retrograde Erfassung hat jedoch den Nachteil, daß Bestandsminderungen über den Soll-Verbrauch hinaus mit ihr nicht festgestellt werden können. Diese fehlende Kontrollmöglichkeit kann nur mit Hilfe von Materialentnahmescheinen und/oder durch Inventur, also mittels einer der beiden erstgenannten Methoden geschaffen werden.

(2) Die Bewertung des Materialverbrauchs

Die Bewertung des Materialverbrauchs kann entweder zu den **effektiven Anschaffungskosten** (Einstandspreisen) oder – wenn es zu einer Mischung der zu verschiedenen Zeitpunkten und zu unterschiedlichen Preisen beschafften Mengen kommt – zu **durchschnittlichen Anschaffungskosten**[1] erfolgen. Die Anschaffungskosten haben den Nachteil, daß sie in Zeiten von Preisschwankungen weder im Zeitpunkt des Materialverbrauchs noch des Umsatzes der Fertigfabrikate den „richtigen" Materialwert darstellen, d. h. den Wert, der über den Erlös die Wiederbeschaffung der gleichen Materialmengen, also die Substanzerhaltung, ermöglicht.

Vorteilhaft wirkt sich die Verwendung von **Verrechnungspreisen** aus, die über eine längere Zeit fest sind und nicht nur den Durchschnitt der Anschaffungskosten der letzten Zeit bilden, sondern auch unter Berücksichtigung der zukünftigen Preiserwartungen errechnet werden. Dadurch werden Marktpreisschwankungen im Beschaffungssektor in der Kostenrechnung ausgeschaltet; außerdem ergibt sich der Vorteil, daß die Lagerkartei nur noch mengenmäßig geführt zu werden braucht. Die Differenzen zwischen den Durchschnitts- oder Verrechnungspreisen und den effektiven Anschaffungskosten werden eliminiert. Das kann in einfachster Form mit Hilfe eines Preisdifferenzkontos der Klasse 2 erfolgen.

Beispiel:

Verrechnungspreis für 1 kg eines Rohstoffes DM 5,-
Zugänge 100 kg à 4,92 = 492,-   Verbrauch: 80 kg à 5,- = 400,-
120 kg à 5,10 = 612,-

S	Bank (Kl. 1)		H	S	Rohstoffe (Kl. 3)		H
		(1)	492	(1)	500	(3)	400
		(2)	612	(2)	600	SBK	700

S	Preisdifferenzen (Kl. 2)		H	S	Fert.-Material (Kl. 4)		H
(2)	12	(1)	8	(3)	400		
		Saldo	4				

---

[1] Vgl. S. 762f.

Die gesamte Preisabweichung (Saldo des Preisdifferenzkontos) beträgt 4, der Endbestand an Rohstoffen 700. Genauer wird die Rechnung, wenn die Preisabweichung anteilig auf das Fertigungsmaterial und den Materialendbestand aufgeteilt wird. Das zeigt die folgende Art der Verrechnung, bei der der Teil der Preisdifferenz, der zum Endbestand gehört, auf einem Differenzbestandskonto verbleibt und zusammen mit dem Endbestand des Rohstoffkontos zur Bewertung in der Bilanz verwendet werden kann, während der Teil der Preisdifferenz, der zum Verbrauch gehört, auf ein Preisdifferenzkostenkonto gebucht wird:

Beispiel: (gleiche Ausgangszahlen wie im vorangegangenen Beispiel)

S	Bank (Kl. 1)		H	S	Preisdiff. Bestand (Kl. 3)		H
	(1)	492		(1)	492	(2)	500
	(4)	612		(4)	612	(5)	600
						(6)	1,45
						SBK	2,55
					1.104		1.104,00

S	Materialbestand (Kl. 3)		H	S	Materialkosten (Kl. 4)		H
(2)	500	(3)	400	(3)	400		
(5)	600	SBK	700				
	1.100		1.100				

S	Preisdiff.kosten (Kl. 4)		H
(6)	1,45		

Die Aufteilung der gesamten Preisabweichung von 4 erfolgt nach dem Durchschnittsprinzip:

$$\frac{4}{1.100} = 0,3636\%;$$

$$400 \cdot \frac{0,3636}{100} = 1,45;$$

$$700 \cdot \frac{0,3636}{100} = 2,55.$$

Damit verbleibt als Endbestand ein Materialwert von 702,55; die laufende Kostenrechnung rechnet mit einem Verbrauch von 400. Die Preisdifferenzkosten von 1,45 können entweder direkt auf das Abgrenzungssammelkonto oder auf Differenzsammelkonten in der Hoffnung auf einen jährlichen Ausgleich gespeichert werden; sie können auch direkt in die Kalkulation der Klassen 5, 6 und 7 übernommen werden.

cc) Die Erfassung von Kosten durch zeitliche Verteilung von Ausgaben

Bei stoßweise oder aperiodisch auftretenden Ausgaben muß eine **Vor- oder Nachverrechnung** in der Kostenrechnung erfolgen, damit die einzelnen Abrechnungszeiträume gleichmäßig belastet werden. Man geht von der Fiktion eines gleichmäßigen Verbrauchs aus. Das ist z. B. bei folgenden Kostenarten erforderlich: Versicherungen, Urlaubslöhne, Steuern, Umsatzprovisionen, Großreparaturen, Mieten u. a. Die Abgrenzung zwischen Ausgaben und Aufwand einerseits und Kosten andererseits erfolgt in der Kontenklasse 2. Diese zeitliche Abgrenzung von Aufwand und Kosten ist nicht zu verwechseln mit der auf Klasse 0 erfolgenden Abgrenzung des Erfolges zweier Rechnungsperioden mittels der Rechnungsabgrenzungsposten (transitorische und antizipative Posten).

Beispiel:

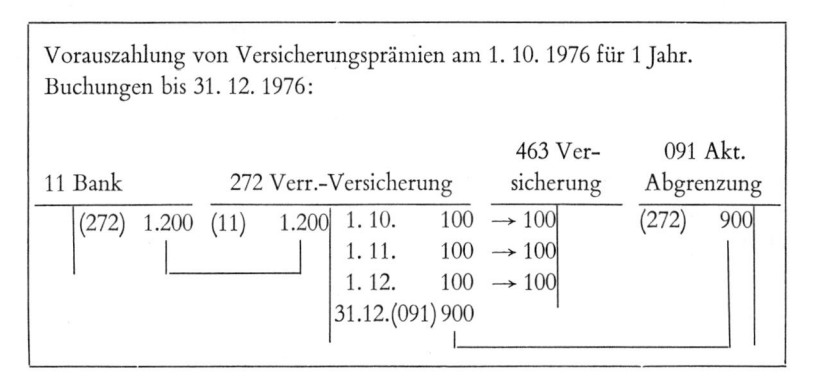

```
Vorauszahlung von Versicherungsprämien am 1. 10. 1976 für 1 Jahr.
Buchungen bis 31. 12. 1976:

                                          463 Ver-        091 Akt.
11 Bank         272 Verr.-Versicherung    sicherung       Abgrenzung
  (272) 1.200   (11)  1.200  1. 10.  100  → 100   (272)    900
                             1. 11.  100  → 100
                             1. 12.  100  → 100
                             31.12.(091) 900
```

Der nicht verteilte Rest von 900 DM wird in der Bilanz abgegrenzt (transitorisches Aktivum) und im nächsten Rechnungsjahr weiterverteilt.

dd) Die kalkulatorischen Kostenarten

(1) Begriff und Aufgaben

Bei der Abgrenzung von Aufwand und Kosten zeigte sich, daß es Kosten gibt, denen kein Aufwand bzw. Aufwand in geringerer Höhe gegenübersteht (**Zusatzkosten**). Außerdem gibt es Aufwandsarten, deren Bemessung von Faktoren abhängig ist, die für die Ermittlung der Kosten nicht geeignet sind. So hängt z. B. die Höhe der Aufwandszinsen von der Art der Finanzierung ab; je größer der Anteil des Fremdkapitals am Gesamtkapital ist, desto höher sind die Aufwandszinsen. In der Kostenrechnung müssen aber Zinsen für das gesamte bei der Erstellung der Betriebsleistung genutzte Kapital verrechnet werden, unabhängig davon, ob es Fremdkapital oder Eigenkapital ist.

Die Höhe der Abschreibungen in der Bilanz wird häufig von steuerlichen oder finanzierungspolitischen Überlegungen und nicht von der geschätzten Wertminderung bestimmt. In der Kostenrechnung dagegen müssen die tatsächlichen (geschätzten) Wertminderungen durch Abschreibungen erfaßt werden, wenn dem Kostenverursachungsprinzip Rechnung getragen werden soll.

Die Höhe des Personalkostenaufwands ist abhängig von der Rechtsform. Der Geschäftsführer einer GmbH erhält ein Gehalt (Aufwand), der Einzelunternehmer oder geschäftsführende Gesellschafter einer Personengesellschaft bezieht kein Gehalt, sondern Gewinnanteile für seine Tätigkeit. Die Kosten in der Kostenrechnung wären jedoch zu niedrig bemessen, wenn für die Mitarbeit des Unternehmers oder der Gesellschafter nicht ein entsprechender Unternehmerlohn (Zusatzkosten) verrechnet würde.

Aus diesen Beispielen geht hervor, daß es Kostenarten gibt, die entweder in der Bilanzrechnung überhaupt nicht oder in anderer Höhe als Aufwandsarten auftreten. Man bezeichnet sie als kalkulatorische Kostenarten. Ihr Zweck ist es, die **Genauigkeit der Kostenrechnung** zu erhöhen, indem

(1) die Selbstkosten der Produkte mit dem Wertverbrauch belastet werden, der tatsächlich erfolgt ist, auch wenn er in der Erfolgsrechnung nicht oder in anderer Höhe angesetzt wurde, und

(2) aperiodisch auftretende, durch den Betriebsprozeß bedingte Verluste durch kalkulatorische Wagniszuschläge gleichmäßig auf die Kostenrechnung verteilt werden, um stoßweisen Anfall in einzelnen Perioden zu vermeiden.

Die wichtigsten kalkulatorischen Kostenarten sind die folgenden:
(1) Die kalkulatorischen Abschreibungen,
(2) die kalkulatorischen Zinsen,
(3) der kalkulatorische Unternehmerlohn,
(4) die kalkulatorischen Wagniszuschläge,
(5) die kalkulatorische Miete.

(2) Die kalkulatorischen Abschreibungen

Sie haben die Aufgabe, die tatsächliche Wertminderung am Anlagevermögen zu erfassen und als Kosten zu verrechnen. Die Bilanzabschreibungen[1] dagegen bezwecken eine Bewertung von Vermögensteilen in der Bilanz durch eine Verteilung der Anschaffungskosten eines Wirtschaftsgutes auf die Jahre der Nutzung als Aufwand in der Erfolgsrechnung. Diese Verteilung erfolgt nicht notwendigerweise entsprechend dem geschätzten Wertverzehr, sondern nach bilanzpolitischen Zweckmäßigkeitserwägungen. Die Bilanzabschreibung erfaßt die gesamten Anschaffungskosten und ist beendet, wenn die der Verteilung der Anschaffungskosten zugrunde gelegte (geschätzte) Nutzungsdauer abgelaufen ist. Dann sind im Falle positiver Ertragslage die gesamten Anschaffungskosten über den Umsatzprozeß zurückvergütet worden und ganz oder teilweise wieder in liquider Form vorhanden. Ist das Anlagegut nach Ablauf der geschätzten Nutzungsdauer noch nutzungsfähig, so wird es mit einem Erinnerungswert von 1,- DM bilanziert.

Die kalkulatorische Abschreibung dagegen endet nicht, wenn die Anschaffungskosten amortisiert sind, sondern wird so lange fortgesetzt, wie die Anlage noch verwendet wird. Die Bilanzabschreibung führt – wie eben ausgeführt – zu einer nominellen Erhaltung des investierten Kapitals. Eine abgenutzte Anlage kann aus den Abschreibungserlösen nur wiederbeschafft werden, wenn die Wie-

---

[1] Vgl. die ausführliche Behandlung des Abschreibungsproblems auf S. 743 ff.

derbeschaffungskosten konstant geblieben sind. Verrechnet man in der Kostenrechnung auch nach Amortisation der Anschaffungskosten weiterhin Abschreibungen, solange das betreffende Anlagegut noch genutzt werden kann, so entsteht bei konstanten Wiederbeschaffungskosten der Anlagegüter und Erstattung der Selbstkosten durch den Markt ein Gewinn in der Bilanz, da die in den Selbstkosten enthaltenen Abschreibungsbeträge über den Absatzmarkt vergütet werden, ohne daß in der Gewinn- und Verlustrechnung ein entsprechender Aufwand angesetzt wird; bei steigenden Preisen der Anlagegüter ist eine Erhaltung der Substanz dadurch eher möglich, weil die Summe aller Abschreibungsbeträge die früheren Anschaffungskosten übersteigt. Würde man die kalkulatorischen Abschreibungen nach der Amortisation der Anschaffungskosten einstellen, so wären von nun an die verrechneten Kosten auch gegenüber einem mit neueren Maschinen arbeitenden Betrieb unter sonst gleichen Bedingungen geringer. Im Zeitpunkt der Ersatzbeschaffung der Anlage würden sie sprunghaft um die nun wieder einsetzenden Abschreibungen steigen. Die Bemessung der kalkulatorischen Abschreibungen sollte grundsätzlich so erfolgen, daß eine **substantielle (gütermäßige) Kapitalerhaltung** ermöglicht wird.

Aus den bisherigen Ausführungen ergibt sich, daß sowohl zwischen dem für die Gesamtlebensdauer einer Anlage in der Bilanz und in der Kostenrechnung verrechneten Gesamtabschreibungsbetrag als auch zwischen den für eine einzelne Periode verrechneten Quoten der bilanziellen und kalkulatorischen Abschreibung Differenzen bestehen können. Sie sind auf der Kontenklasse 2 abzugrenzen. Die Gründe für die unterschiedliche Höhe zwischen der Bilanzabschreibung und der kalkulatorischen Abschreibung lassen sich wie folgt zusammenfassen:

(1) Die mit der Bewertung verfolgten **Zielsetzungen** in der Handels- und Steuerbilanz einerseits und in der Kostenrechnung andererseits sind unterschiedlich. In der Bilanz gilt das Prinzip nomineller Kapitalerhaltung: die Gesamtabschreibung darf die Anschaffungskosten auch im Falle eines Steigens der Wiederbeschaffungskosten nicht übersteigen. Die Kostenrechnung dagegen ist bestrebt, durch Einrechnung von Abschreibungsquoten in die Selbstkosten vom Markt in den Umsatzerlösen so viele Abschreibungsbeträge zurückvergütet zu bekommen, daß die betriebliche Substanz erhalten bleibt. Das führt bei steigenden Preisen zu einer Erhöhung, bei sinkenden Preisen zu einer Ermäßigung der kalkulatorischen Abschreibungen.

(2) Im Falle falscher Schätzung der **Nutzungsdauer** unterscheiden sich die gesamten bilanziellen und kalkulatorischen Abschreibungen, da letztere auch nach Amortisation der Anschaffungskosten fortgesetzt werden.

(3) Sind die **Abschreibungsmethoden** in der Bilanz und in der Kostenrechnung unterschiedlich (z. B. degressives Verfahren in der Bilanz, lineare Methode in der Kostenrechnung), so sind die Abschreibungsquoten in den einzelnen Abrechnungsperioden in der Bilanz und Kostenrechnung auch dann verschieden hoch, wenn die verrechneten bilanziellen und kalkulatorischen Gesamtabschreibungen auf die gesamte Nutzungsdauer bezogen übereinstimmen würden.

Praktisch werden die drei genannten Gründe kombiniert auftreten.

Die **buchtechnische Abgrenzung** der kalkulatorischen und bilanziellen Abschreibungen wird folgendermaßen durchgeführt:

Beispiel:

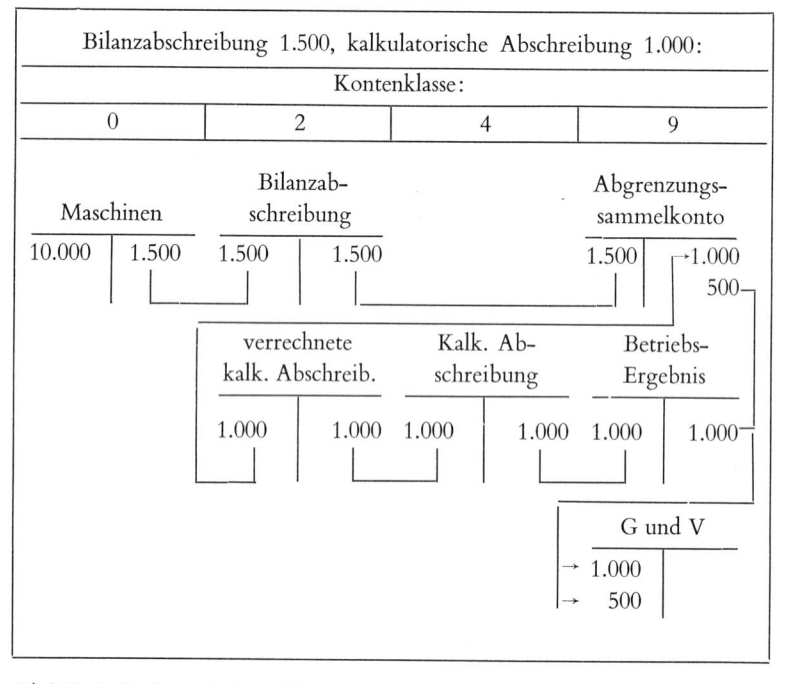

Bilanzabschreibung 1.500, kalkulatorische Abschreibung 1.000:

Kontenklasse:

0	2	4	9
Maschinen	Bilanzabschreibung		Abgrenzungssammelkonto
10.000 | 1.500	1.500 | 1.500		1.500 | →1.000
			500→
	verrechnete kalk. Abschreib.	Kalk. Abschreibung	Betriebs-Ergebnis
	1.000 | 1.000	1.000 | 1.000	1.000 | 1.000
			G und V
			→ 1.000
			→ 500

(3) Die kalkulatorischen Zinsen

In der Erfolgsrechnung werden nur die für das Fremdkapital gezahlten Zinsen als Aufwand verrechnet. Da der Markt im Erlös aber auch eine Verzinsung für das Eigenkapital vergüten muß, – anderenfalls wäre es zweckmäßiger, das Eigenkapital in einer anderen Verwendungsart zinstragend anzulegen – werden in der Kostenrechnung Zinsen für das gesamte beim Leistungserstellungsprozeß eingesetzte Kapital **(betriebsnotwendiges Kapital)** angesetzt. Um die kalkulatorischen Zinsen ermitteln zu können, muß zunächst das betriebsbedingte (betriebsnotwendige) Kapital errechnet werden.

Die Grundlage des betriebsnotwendigen Kapitals bildet das **betriebsnotwendige Vermögen**. Hierzu gehören sämtliche Vermögensteile, die laufend dem Betriebszweck dienen. Bei den Wertansätzen ist nicht von den Bilanzwerten auszugehen, sondern bei den Posten des Anlagevermögens entweder von den kalkulatorischen Restwerten **(Restwertverzinsung)**, das sind die um die kalkulatorischen Abschreibungen verminderten Anschaffungskosten, oder von den halben Anschaffungskosten **(Durchschnittswertverzinsung)**. Auszugliedern sind nicht betriebsnotwendige Vermögensteile, z. B. landwirtschaftlich genutzte Grundstücke, stillgelegte Anlagen, Wertpapiere, Beteiligungen, falls sie nicht – wie z. B. bei vertikalen Konzernen – mit der Leistungserstellung zusammenhängen.

Da bei der Methode der Restwertverzinsung die kalkulatorischen Zinsen im Zeitablauf mit dem Restwert abnehmen, werden die einzelnen Abrechnungszeiträume nicht gleichmäßig belastet, so daß unter der Annahme gleicher Produktionsbedingungen die Stückkosten von Jahr zu Jahr fallen. Bei der Durchschnittswertverzinsung sind dagegen die Zinsen im Zeitablauf konstant, weil sie stets auf Basis der halben Anschaffungskosten berechnet werden, denn diese sind während der gesamten Nutzungsdauer – lineare Abschreibung vorausgesetzt – durchschnittlich im Betrieb gebunden (durchschnittlich gebundenes Kapital).

Graphisch läßt sich der Unterschied zwischen beiden Methoden unter der Annahme linearer Abschreibung folgendermaßen darstellen:

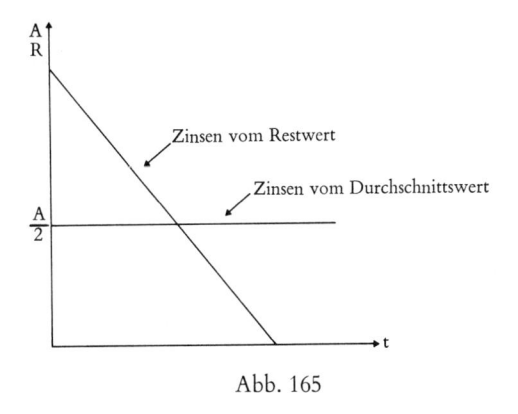

Abb. 165

A = Anschaffungskosten   R = Restwert   t = Zeit

Die im Zeitablauf fallende Zinsbelastung bei der Restwertmethode ergibt sich nur bei homogener Alterszusammensetzung der Anlagegüter. Bei heterogener Alterszusammensetzung kann sich auch bei Anwendung der Restwertverzinsung eine etwa gleichmäßige Zinsbelastung pro Periode ergeben. Das trifft aber nur für den Gesamtbetrieb zu. Bei der Ermittlung der Kalkulationssätze der einzelnen Kostenstellen oder Maschinenplätze dagegen tritt nur bei Anwendung der Durchschnittswertverzinsung eine gleiche Zinskostenbelastung pro Periode auf.

Das Umlaufvermögen ist nach Ausgliederung nicht betriebsnotwendiger Teile mit den Beträgen anzusetzen, die durchschnittlich im Abrechnungszeitraum gebunden sind. Betriebsnotwendiges Anlagevermögen und Umlaufvermögen ergeben zusammen das betriebsnotwendige Vermögen. Von diesem Wert werden diejenigen Kapitalbeträge in Abzug gebracht (**Abzugskapital**), die dem Betrieb zinslos zur Verfügung stehen, z. B. Anzahlungen von Kunden. Kriterium dafür, daß Beträge zum Abzugskapital gerechnet werden, darf aber nicht sein, daß keine Zinsen dafür gezahlt werden, sondern daß effektiv keine Zinsen – auch nicht in Form von Opportunitätskosten (= verlorene Zinsen aus nicht genutzten Alternativanlagen) – entstehen. Auch bei den Kreditoren handelt es sich deshalb gewöhnlich um Abzugskapital, weil bei Inanspruchnahme von Lieferantenkrediten die Skontierungsmöglichkeit verlorengeht und folglich eine Verzinsung bereits im Beschaffungspreis (z. B. Materialkosten) enthalten ist.

Zieht man vom betriebsnotwendigen Vermögen das Abzugskapital ab, so erhält man das betriebsnotwendige (betriebsbedingte) Kapital. Die Verzinsung des Betrages zum **Kalkulationszinsfuß**, d. h. zu den Konditionen der günstigsten Fremdkapitalbeschaffungsmöglichkeit bzw. den Konditionen der optimalen Alternativanlage, stellt die kalkulatorischen Zinsen dar.

Beispiel für die Berechnung des betriebsnotwendigen Kapitals:

I. Anlagevermögen		
betriebsnotwendig: (Hälfte der Anschaffungskosten)		
a) Grundstücke und Gebäude	200.000	
b) Maschinen	500.000	
c) Werkzeuge, Büroausstattung	100.000	800.000
betriebsnotwendiges Anlagevermögen		800.000
II. Umlaufvermögen		
betriebsnotwendig: (Kalkulatorische Mittelwerte)		
a) Vorräte	300.000	
b) Forderungen	150.000	
c) Zahlungsmittel	100.000	550.000
betriebsnotwendiges Umlaufvermögen		550.000
betriebsnotwendiges Vermögen (I + II)		1.350.000
Abzugskapital: Anzahlungen und Lieferantenkredite		150.000
betriebsnotwendiges Kapital		1.200.000
davon 7% Zinsen = 84.000; monatl. = 7.000 kalkulatorische Zinsen		

(4) Der kalkulatorische Unternehmerlohn

Bei Einzelfirmen und Personengesellschaften wird für die Mitarbeit der Unternehmer oder ihrer Familienangehörigen im Betrieb kein Gehalt gezahlt, sondern der Jahresgewinn wird unter Berücksichtigung von Einlagen und Entnahmen als Einkommen angesehen. Dieses Einkommen stellt dann ein Entgelt sowohl für die Tätigkeit des Unternehmers als auch für den Einsatz des Eigenkapitals dar. Ebenso aber, wie die Eigenkapitalzinsen, soweit das Kapital betriebsnotwendig ist, in den kalkulatorischen Zinsen als Kosten verrechnet werden, muß auch das **Entgelt für die Arbeitsleistung der Betriebsführung** als Kostenfaktor in die Selbstkosten eingerechnet werden, wenn diese nicht zu niedrig sein sollen. Maßstab für die Höhe des Unternehmerlohnes ist das Gehalt eines leitenden Angestellten, das für eine gleichartige Tätigkeit gezahlt würde.

Bei Kapitalgesellschaften tritt das Problem des Unternehmerlohns nicht auf, da hier die leitenden Personen (Vorstand, Geschäftsführung) Organe der Kapitalgesellschaft und Gehaltsempfänger sind.

Der Unternehmerlohn stellt seinem Wesen nach **Zusatzkosten** dar, Aufwand und Ausgaben entstehen nicht. Das hat zur Folge, daß der Unternehmerlohn in der Erfolgsrechnung als Gewinn erscheint, denn durch die Nichtverrechnung des Unternehmerlohnes als Aufwand erhöht sich c. p. der Saldo (Gewinn) der Erfolgsrechnung.

Beispiel:

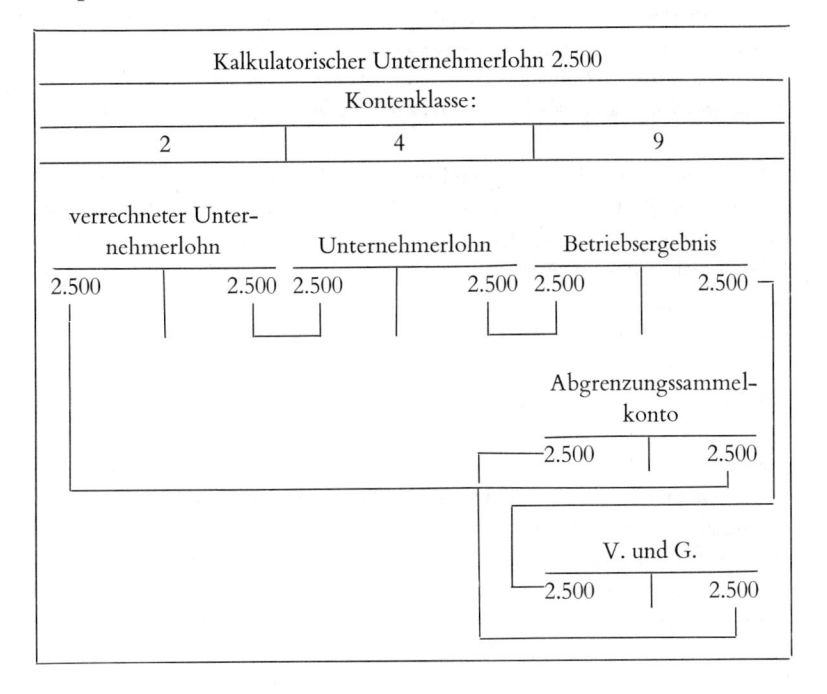

Kalkulatorischer Unternehmerlohn 2.500

Kontenklasse:

2	4	9
verrechneter Unternehmerlohn	Unternehmerlohn	Betriebsergebnis
2.500	2.500 2.500	2.500 2.500	2.500

Abgrenzungssammelkonto

2.500 | 2.500

V. und G.

2.500 | 2.500

(5) Die kalkulatorischen Wagniszuschläge

Jede betriebliche Tätigkeit ist mit Wagnissen verbunden und kann damit zu Schadensfällen und Verlusten führen, die sich in ihrer Höhe und im Zeitpunkt des Eintretens nicht vorhersehen lassen. Man unterscheidet zwischen dem allgemeinen Unternehmerrisiko und den speziellen Einzelwagnissen.

Während die Einzelrisiken sich nur auf einzelne Bereiche des Betriebes, einzelne Kostenstellen, betriebliche Funktionen oder Leistungen beziehen, betrifft das **allgemeine Unternehmerrisiko** die Entwicklung des Gesamtbetriebs und ist folglich wesentlich schwerer zu erfassen. Es wird nicht als Kostenfaktor angesetzt, sondern ist aus dem Gewinn zu decken. Dem allgemeinen Risiko des Verlustes stehen entsprechende Chancen des Gewinns gegenüber. Zum allgemeinen Unternehmerrisiko gehören z. B. Wagnisse, die aus der gesamtwirtschaftlichen Entwicklung entstehen, z. B. Konjunkturrückgänge, plötzliche Nachfrageverschiebungen, Geldentwertungen, technische Fortschritte u. a.

Zu den **speziellen Wagnissen** gehören z. B. Feuergefahr, Diebstähle, Unfälle, Forderungsverluste u. ä. Daneben entstehen aus der Eigenart des Wirtschaftszweiges besondere Risiken, z. B. Schiffverluste, Bergschäden, Abgas- und

Abwässerschäden, Garantieverpflichtungen, Kosten für mißlungene Forschungs- und Konstruktionsarbeiten usw.

Die speziellen Wagnisse wirken sich nicht unmittelbar wie das allgemeine Unternehmerrisiko auf die Gesamtentwicklung des Betriebes aus, sondern lassen sich auf Grund von Erfahrungszahlen oder versicherungstechnischen Überlegungen in ihrer Größenordnung ungefähr bestimmen. Soweit sie durch den Abschluß von Versicherungen gedeckt sind, stellen sie Ausgaben, Aufwand und Kosten dar. Soweit sie nicht gedeckt sind, werden kalkulatorische Wagniszuschläge gewissermaßen **als Selbstversicherung** in die Gemeinkosten eingerechnet.

Da die Schadensfälle zufällig und unregelmäßig auftreten, würde ihre Verrechnung in die Gemeinkosten der Periode, in denen sie angefallen sind, zu Zufallsschwankungen in der Kostenrechnung führen. Deshalb werden die durch Schadensfälle bedingten Aufwendungen nur in der Erfolgsrechnung der Periode, in der sie angefallen sind, als neutraler Aufwand wirksam, während in der Kostenrechnung dieser Wertverbrauch durch gleichmäßige kalkulatorische Wagniszuschläge berücksichtigt wird.

Solange keine Schadensfälle eintreten, wirken sich die kalkulatorischen Wagniszuschläge ebenso wie der Unternehmerlohn gewinnerhöhend aus. Erstrebt wird ein **langfristiger Ausgleich zwischen eingetretenen Wagnisverlusten und verrechneten kalkulatorischen Wagniszuschlägen.** Das ist nur möglich, wenn zur Berechnung genügend Erfahrungsmaterial zur Verfügung steht, z. B. bei Debitorenausfällen, Garantieverpflichtungen u. ä., so daß auf statistischem Wege mit Hilfe der Wahrscheinlichkeitsrechnung eine Bestimmung der Höhe der wahrscheinlichen Verluste erfolgen kann. Die Berechnung der Wagniszuschläge erfolgt in Form von Prozentsätzen, die auf bestimmte Einzelkosten, z. B. Fertigungslohn, Fertigungsmaterial, oder auf die Herstellkosten bezogen werden. Dem Proportionalitätsprinzip folgend wählt man jeweils die Bezugsgröße, von der man annimmt, daß sie möglichst verursachungsgerecht mit dem Wagnisverlust in Beziehung steht.

Beispiel:

Beständewagnis (z. B. Minderung der Rohstoffvorräte),
Zuschlagsbasis: Fertigungsmaterial

Mengen- und wertmäßige Minderung der Bestände in 5 Jahren	12.000
Fertigungsmaterial in 5 Jahren	800.000
Wagniszuschlag	1,5%
Beständewagnis eines Monats: Fertigungsmaterial	15.000
kalkulatorischer Zuschlag 1,5%	225
tatsächliche Wertminderung der Rohstoffe (Aufwand)	100

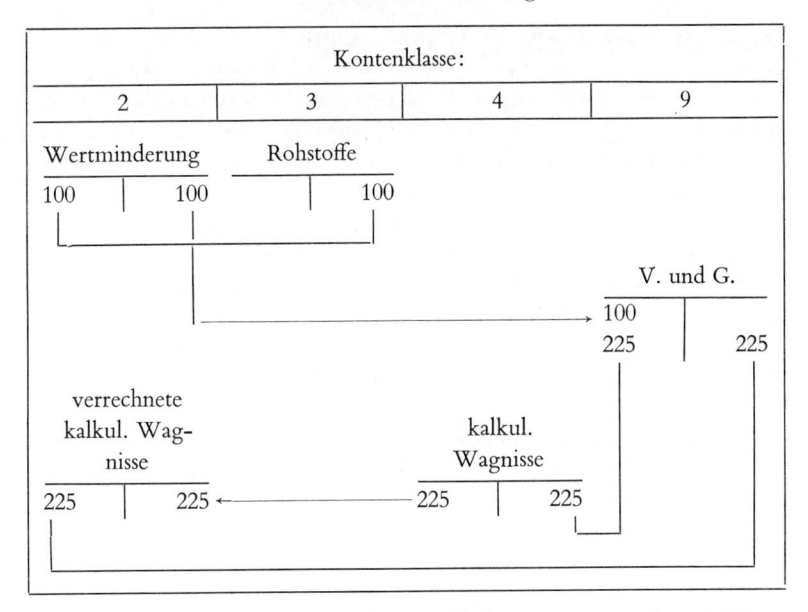

```
                        Kontenklasse:
     2              3              4              9
Wertminderung   Rohstoffe
 100  |  100      |   100
   |_____|_____|
         |
                                              V. und G.
                                                100
                                                225  |  225
verrechnete                     kalkul.
kalkul. Wag-                    Wagnisse
   nisse
 225  |  225  ←————————— 225  |  225
   |_____|
```

In der Erfolgsrechnung wird nur der tatsächlich eingetretene Aufwand (Wertminderung der Rohstoffe) wirksam, die kalkulatorischen Wagniszuschläge erhöhen (nach Verteilung in der Kostenstellen- und Kostenträgerrechnung) die Selbstkosten, werden aber in der Erfolgsrechnung dadurch storniert, daß die auf Klasse 2 verrechneten kalkulatorischen Wagniszuschläge den erhöhten Selbstkosten gegenübergestellt werden. Sie sind jedoch in den Verkaufserlösen enthalten, wenn der Erlös wenigstens den kalkulierten Kosten entspricht.

Mittels kalkulatorischer Wagniszuschläge werden auch Abschreibungswagnisse verrechnet, die in der Schätzung der Nutzungsdauer der Anlagegüter liegen. Neben dem Bestände- und Anlagenwagnis setzt man kalkulatorische Wagniszuschläge für Vertriebs-, Gewährleistungs-, Entwicklungs-, Mehrkosten-, Ausschußwagnisse u. a. an.

(6) Die kalkulatorische Miete

Ähnlich wie der Unternehmerlohn für die Tätigkeit des Unternehmers und seiner Angehörigen im eigenen Betriebe in der Kostenrechnung berücksichtigt werden muß, ist auch ein Kostenbetrag zu verrechnen, wenn ein Einzelunternehmer oder ein Personengesellschafter private Räume für betriebliche Zwecke zur Verfügung stellt. Der Unternehmer zahlt sich selbst keine Miete dafür. Die kalkulatorische Miete entspricht einem Mietaufwand, der für die Nutzung vergleichbarer mietweise überlassener Räume entstehen würde.

2. Die Kostenstellenrechnung

a) Aufgaben und Gliederung der Kostenstellen

Die Kostenstellenrechnung baut auf der Kostenartenrechnung auf. An die Erfassung der Kostenarten schließt sich ihre **Verteilung auf die Betriebsbereiche** an, in denen sie angefallen sind. Bei differenziertem Fertigungsprogramm ist eine genaue Verrechnung der Gemeinkostenarten auf die Kostenträger ohne vorherige Aufteilung auf einzelne Betriebsbereiche (Kostenstellen) nicht möglich, da sich eine Zurechnung nach der effektiven Kostenverursachung bestenfalls bei den Einzelkosten durchführen läßt. Eine Zurechnung der Gemeinkosten müßte ohne Kostenstellenrechnung mit Hilfe eines Gesamtzuschlages auf die Einzelkosten erfolgen. Das ist ungenau, denn es bedeutet, daß Einzelkosten und Gemeinkosten bei allen Kostenträgern im gleichen Verhältnis verrechnet werden, also eine Proportionalität von Einzel- und Gemeinkosten unterstellt wird, die den tatsächlichen Verhältnissen nicht entsprechen muß. Deshalb teilt man den Betrieb in einzelne Abrechnungsbereiche ein, die man z. B. nach den wichtigsten betrieblichen Funktionen Beschaffung, Lagerung, Fertigung, Verwaltung und Vertrieb bildet. Jeder Funktionsbereich wird dann in kleinere Bereiche, sog. Kostenstellen, unterteilt, für die man die anteiligen Kostenarten ermittelt.

Während die Kostenartenrechnung zeigt, welche Kosten entstanden sind, gibt die Kostenstellenrechnung Aufschluß darüber, **wo** die Kosten angefallen sind. Sie erfaßt die Kosten also am Ort ihrer Entstehung. Die Aufteilung der Kostenarten auf die Kostenstellen verfolgt einen doppelten Zweck:

(1) Sie soll eine **genauere Zurechnung der Gemeinkosten auf die Kostenträger** ermöglichen. Wenn die Kostenträger die einzelnen Betriebsabteilungen unterschiedlich beanspruchen, so würde die Verrechnung der Gemeinkosten mit einem Gesamtzuschlag auf die Einzelkosten alle Kostenträger im gleichen Verhältnis mit Gemeinkosten belasten, obwohl die einzelnen Kostenträger ganz unterschiedliche Kosten verursacht haben können. Die Aufteilung in Kostenstellen bedeutet, daß ein Zuschlag von Gemeinkosten auf einen Kostenträger nur erfolgt, wenn er die betreffende Kostenstelle auch beansprucht hat.

Innerhalb der einzelnen Kostenstellen gilt allerdings das Prinzip der Proportionalität von Einzel- und Gemeinkosten, d. h. wenn man die Gemeinkosten mit einem festen Prozentsatz auf die Einzelkosten verrechnet, so bedeutet eine Verdoppelung der Einzelkosten auch eine Verdoppelung der Gemeinkosten. Entspricht eine solche Verdoppelung der Gemeinkosten nicht den tatsächlichen Verhältnissen, so gebietet das Proportionalitätsprinzip die Suche nach einer anderen Bezugsgröße.

(2) Die zweite Aufgabe der Kostenstellenrechnung ist die **Überwachung und Kontrolle der Wirtschaftlichkeit** der betrieblichen Tätigkeit (Kostenkontrolle) in den einzelnen Tätigkeits- und Verantwortungsbereichen, die durch eine weitgehende Aufgliederung des Betriebes in Verantwortungsbereiche ermöglicht werden.

Die unter (1) genannte Aufgabe der Kostenstellenrechnung dient dem ersten Oberziel der Kostenrechnung, nämlich **Entscheidungsgrundlagen** zu schaffen. Hier geht es also um die Vorbereitung der Kalkulation, der kurzfristigen Erfolgsrechnung und der Planungsrechnung. Die unter (2) erwähnte Aufgabe der Kostenstellenrechnung deckt sich mit dem zweiten Oberziel der Kostenrechnung, nämlich ihrer **Kontrollfunktion.**

Die **Bildung von Kostenstellen** kann einmal nach betrieblichen Funktionen (Beschaffung, Fertigung, Verwaltung, Vertrieb), zweitens nach Verantwor-

C. II. Die Betriebsabrechnung

tungsbereichen, drittens nach räumlichen Gesichtspunkten (Werkstatt), und viertens nach rechentechnischen Erwägungen (Platzkostenrechnung) erfolgen. Diese Gliederungsgesichtspunkte können kombiniert werden. So kann z. B. die Bildung großer Kostenbereiche nach Funktionen erfolgen (z. B. Fertigungsbereich); die weitere Unterteilung kann dann entweder nach bestimmten Tätigkeiten, z. B. Gießerei, Formerei, Dreherei oder nach räumlichen Gesichtspunkten: Werkhalle I, Werkhalle II oder Maschinengruppe A, Maschinengruppe B usw., durchgeführt werden. Jede solche Kostenstelle kann gleichzeitig den Verantwortungsbereich eines Werkmeisters bilden.

Bei der Kostenstellengliederung sind drei Grundsätze zu beachten:

(1) Für jede Kostenstelle müssen sich genaue Maßstäbe **(Bezugsgrößen)** der Kostenverursachung finden lassen. Andernfalls besteht durch die Wahl falscher Gemeinkostensätze die Gefahr einer fehlerhaften Kalkulation, die falsche Entscheidungen zur Folge hätte.

(2) Um der Kontrollfunktion der Kostenrechnung gerecht zu werden, muß jede Kostenstelle ein **selbständiger Verantwortungsbereich** sein. Nur so ist eine wirksame Überwachung der Entscheidungsträger (z. B. Meister) gewährleistet.

(3) Nach dem Wirtschaftlichkeitsprinzip ist jede Kostenstelle so zu bilden, daß sich alle Kostenbelege ohne große Schwierigkeiten verbuchen lassen.

Wie weit die Kostenstellengliederung geht, hängt von der Betriebsgröße, der Eigenart des Wirtschaftszweiges, vom Fertigungsprogramm, von der Abgrenzung der Verantwortungsbereiche, von den erstrebten Möglichkeiten der Kostenermittlung und -überwachung ab. Ihre Grenzen findet die Aufteilung in Kostenstellen dort, wo sie nicht mehr wirtschaftlich ist.

Die **Platzkostenrechnung** ist die weitestgehende Gliederung einer Betriebsabteilung in Kostenstellen. Sie geht über die sonst übliche funktionale, personale oder lokale Aufteilung der Bereiche hinaus und verwendet einzelne Maschinen, Maschinengruppen und Arbeitsplätze als eigene Kostenstellen. Die Summe der Kosten einer solchen Kostenstelle bezeichnet man als Platzkosten.

Der Zweck dieser weitgehenden und verfeinerten Kostenstellengliederung ist die Erhöhung der Genauigkeit der Gemeinkostenverrechnung. Mit Hilfe der Platzkostenrechnung ist die Zurechnung der Kosten nach der Verursachung genauer durchzuführen als mittels eines durchschnittlichen Zuschlagssatzes für einen größeren Fertigungsbereich. Die erhöhte Genauigkeit der Kostenverrechnung wird allerdings durch eine größere Kompliziertheit und damit durch höhere Kosten des betrieblichen Rechnungswesens erkauft. Das bedeutet, daß die Einführung der Platzkostenrechnung nur dort zweckmäßig ist, wo eine derart verfeinerte Gemeinkostenrechnung wirtschaftlich sinnvoll ist.

Das **Anwendungsgebiet** der Platzkostenrechnung liegt dort, wo die Maschinen- und Arbeitsplätze einer Kostenstelle nicht gleichmäßig beansprucht werden, sondern die verschiedenen technischen Eigenschaften der einzelnen Maschinen und die unterschiedliche Inanspruchnahme der einzelnen Kostenplätze einer Kostenstelle durch die Kostenträger die Verwendung unterschiedlicher Gemeinkostensätze erfordert. Ein Pauschalsatz für die ganze Kostenstelle wäre also nicht geeignet, die Kosten dem Kostenträger zuzurechnen, der sie verursacht hat (Beispiel: Kostenstelle Dreherei, in der mehrere Drehbänke verschiedener Leistungsfähigkeit zusammengefaßt sind, die von den Kostenträgern unterschiedlich beansprucht werden).

Die Platzkostenrechnung findet ferner **bei auftragsweiser Fertigung** (Spezialfertigung) Anwendung. Hier weist die kostenmäßige Beanspruchung der einzelnen Fertigungsstellen oft erhebliche Differenzen auf, und zwar nicht nur aus den eben genannten Gründen, sondern auch deshalb, weil bei den einzelnen Aufträgen häufig Sonderwünsche des Kunden berücksichtigt werden müssen, der Produktionsprozeß also grundsätzlich nicht wiederholbar ist. Das hat zur Folge, daß eine Verrechnung der Gemeinkosten mit einem pauschalen Zuschlagsatz für eine größere Kostenstelle zu ungenau ist und eine erhöhte Genauigkeit durch Aufteilung der Gemeinkosten auf einzelne Maschinen und Arbeitsplätze erstrebt wird. Man errechnet den Maschinenstundensatz, das ist der Betrag an Fertigungsgemeinkosten, der sich aus der Division der für eine Maschine ermittelten Gemeinkostensumme und der Laufzeit der Maschine ergibt. Man kann auch die Fertigungslöhne in den Maschinenstundensatz einbeziehen.

Die Ermittlung der Gemeinkosten je Maschine birgt deshalb gewisse Mängel in sich, weil von der Vielzahl der Gemeinkostenarten je Maschine unmittelbar nur die Kosten der Abschreibung, der Zinsen, des Werkzeug- und Energieverbrauchs und der Instandsetzung festgestellt werden können **(Platzeinzelkosten)**. Alle anderen Gemeinkostenarten **(Platzgemeinkosten)** dagegen müssen mit Hilfe von Schlüsseln verteilt werden, die stets ungenau sind, da sie nivellierend wirken. Bei der Kalkulation eines Einzelauftrages wird die von einer Kostenstelle aufgewendete Stundenzahl mit dem errechneten Maschinenstundensatz multipliziert. Ist der Maschinenstundensatz bei jeder für den Auftrag verwendeten Maschine ein anderer, so zeigt das, daß eine Kalkulation auf Basis einer Verrechnung mit einem Pauschalzuschlagsatz zu ungenau wäre und die Verwendung der Platzkostenrechnung wirtschaftlich sinnvoll ist.

Die Methoden der Durchführung der Platzkostenrechnung sind je nach den konkreten Verhältnissen eines Betriebes unterschiedlich. In den seltensten Fällen erfolgt eine Aufteilung des ganzen Betriebes in Platzkostenstellen. Vielmehr werden gewöhnlich nur die Fertigungsstellen bis hin zu den einzelnen Arbeitsplätzen gegliedert, oder auch nur einzelne Fertigungsbereiche, während andere mit Pauschalzuschlägen arbeiten. Die jeweilige Gliederung hängt von organisatorischen und fertigungstechnischen Überlegungen und nicht zuletzt von der Frage der Wirtschaftlichkeit des verwendeten Verfahrens ab.

b) Die Verrechnung innerbetrieblicher Leistungen

aa) Begriff und Aufgaben der innerbetrieblichen Leistungsverrechnung

Ein besonders schwieriges Problem der Kostenverrechnung ergibt sich durch den Tatbestand, daß der Betrieb nicht nur Leistungen erstellt, die für den Markt bestimmt sind (Absatzleistungen, Außenaufträge), sondern auch Leistungen erzeugt, die im eigenen Betriebe wieder eingesetzt werden. Derartige Leistungen bezeichnet man als innerbetriebliche Leistungen (Eigenleistungen, Innenaufträge). Beispiele dafür sind selbsterstellte Maschinen, Werkzeuge, Modelle usw., die im eigenen Betriebe verwendet werden, ferner eigene Reparaturleistungen, innerbetriebliche Transportleistungen, Erzeugung von Strom, Gas, Dampf, Versuchs- und Entwicklungsarbeiten usw.

Die innerbetrieblichen Leistungen sind zum Teil **aktivierbar**, wie z. B. Maschinen und Werkzeuge. Sie werden in diesem Falle wie Absatzleistungen zu Selbstkosten abgerechnet, also als **Kostenträger behandelt** und in späteren Perioden wieder als Kostenarten (Abschreibungen) verrechnet. Soweit eine Aktivierung nicht möglich ist, muß eine sofortige Verrechnung zwischen den Kostenstellen erfolgen.

Die Schwierigkeit einer exakten innerbetrieblichen Leistungsverrechnung liegt darin begründet, daß in der Regel zwischen den Kostenstellen eines Betriebes ein **ständiger Leistungsaustausch** stattfindet. So erstellt z. B. die Kostenstelle A nicht nur Leistungen für sich selbst und für die Stellen B, C, D usw., sondern sie empfängt ihrerseits auch Leistungen von B, C, D usw. Da jede Kostenstelle mit den Kosten zu belasten ist, die sie verursacht hat, ist in diesem Falle eine gegenseitige Verrechnung der innerbetrieblichen Leistungen erforderlich. Haben beispielsweise zwei Kostenstellen gegenseitig Leistungen voneinander empfangen, so kann keine der beiden Stellen abrechnen, bevor sie nicht die Kosten der von der anderen Stelle empfangenen Leistung kennt.

Ohne eine exakte innerbetriebliche Leistungsverrechnung ist eine genaue Ermittlung der Selbstkosten der für den Absatz bestimmten Kostenträger nicht möglich. Da es sich bei den innerbetrieblichen Leistungen in der Regel um solche Leistungen handelt, die auch von außen, also von anderen Betrieben bezogen werden können, hat die innerbetriebliche Leistungsverrechnung außerdem die Aufgabe, dem Betrieb ein Urteil darüber zu ermöglichen, ob die Erzeugung von Eigenleistungen oder die Inanspruchnahme von Fremdleistungen (z. B. Werkzeugen, Strom, Reparaturen usw.) wirtschaftlicher ist.

Zur Verrechnung der innerbetrieblichen Leistungen sind verschiedene Verfahren entwickelt worden, die jedoch fast alle von der Unterstellung ausgehen, daß kein gegenseitiger Leistungsaustausch zwischen den Kostenstellen stattfindet. Man unterscheidet folgende Verfahren:[1]

bb) Das Kostenartenverfahren

Dieses Verfahren ist nur anwendbar, wenn die innerbetrieblichen Leistungen in Hauptkostenstellen produziert werden. Es werden nur die Einzelkosten (Fertigungslohn und Fertigungsmaterial) der Eigenleistungen[2] erfaßt und auf die die Leistung empfangenden Kostenstellen als Gemeinkosten verrechnet. Die Gemeinkosten der leistenden Kostenstelle dagegen verbleiben bei dieser Stelle. Das hat zur Folge, daß der Gemeinkostenzuschlag dieser Stelle für die zum Absatz bestimmten Kostenträger zu hoch ist. Außerdem ist ein Wirtschaftlichkeits-

---

[1] Vgl. hierzu insbesondere: Kosiol, E., Kalkulatorische Buchhaltung, 5. Aufl., Wiesbaden 1953, S. 360 ff.; ders., Kostenrechnung, Wiesbaden 1964, S. 191 ff.; ferner: Nowak, P., Leistungsverrechnung, innerbetriebliche, HdB, Bd. 3, 3. Aufl., Stuttgart 1960, Sp. 3791 ff.

[2] Zu beachten ist, daß es sich hier um solche Kosten handelt, die den innerbetrieblichen Leistungen direkt zugerechnet werden können, nicht aber den Absatzleistungen.

vergleich zwischen der Eigenleistung und einer entsprechenden Fremdleistung nicht möglich, da nicht alle Kosten der Eigenleistung erfaßt werden. Dieses Verfahren kann nur dann angewendet werden, wenn der Gemeinkostenanteil der innerbetrieblichen Leistung an den gesamten Gemeinkosten der leistenden Kostenstelle sehr gering ist.

cc) Das Kostenstellenumlageverfahren (Stufenleiterverfahren)

Um nicht nur die Einzelkosten, sondern auch die Gemeinkosten der innerbetrieblichen Leistungen auf die empfangenden Kostenstellen verrechnen zu können, bildet man für einzelne Eigenleistungen **besondere Kostenstellen** (Hilfskostenstellen, allgemeine Kostenstellen), z. B. Stromerzeugung, Reparaturwerkstätte, Werkzeugmacherei usw. Diesen Hilfskostenstellen werden die von ihnen verursachten Gemeinkosten belastet, die dann auf die empfangenden Haupt- und Hilfskostenstellen umgelegt werden.

Die Umlage der bei der Erstellung innerbetrieblicher Leistungen entstandenen Kosten auf die die Leistungen empfangenden Kostenstellen erfolgt entweder **nach der Zahl der in Anspruch genommenen Leistungseinheiten,** bewertet mit den Kosten pro Einheit, wenn die erstellten Leistungen einheitlich sind (z. B. Stromerzeugung, vgl. Beispiel), oder durch Verteilung der Gesamtkosten einer leistenden Stelle **mit Hilfe summarischer Schlüssel,** wenn sich die innerbetrieblichen Leistungen mengenmäßig nicht erfassen lassen (z. B. Kosten der Grundstücksverwaltung). Werden zwar verschiedenartige, aber fertigungstechnisch nah verwandte Leistungen erstellt, so ist eine rechnerische Vereinheitlichung der verschiedenen Leistungen mit Hilfe von Äquivalenzziffern möglich.

Beim Kostenstellenumlageverfahren werden zunächst die Kosten der ersten allgemeinen Kostenstelle (oder Hilfskostenstelle) auf die nachfolgenden Stellen in einem bestimmten Verhältnis verteilt. Danach erfolgt die Umlage der Kosten der zweiten Stelle auf die folgenden Stellen usw., bis die Kosten aller allgemeinen Kostenstellen und aller Hilfskostenstellen auf die Hauptkostenstellen umgelegt sind (vgl. Beispiel).[1]

Beispiel:

Kostenarten \ Kostenstellen	Allgemeine Kostenstellen		Fertigungsstellen		
	Strom	Wasser	I	II	usw.
Summe der Gemeinkosten	100	80	8.000	6.000	
Umlage Strom	⌐→	5	60	20	usw.
Summe	—	85	8.060	6.020	
Umlage Wasser	—	⌐→	30	25	usw.
Summe			8.090	6.045	usw.

---

[1] Die Kostenverteilung erfolgt mit Hilfe von Schlüsseln. Darin liegt die Problematik des Stellenumlageverfahrens. Nach Möglichkeit sollen Schlüssel gewählt werden, die dem Kostenverbrauch proportional sind.

Tauschen die allgemeinen Kostenstellen und die Fertigungshilfsstellen untereinander Leistungen aus oder findet ein Leistungsaustausch zwischen Haupt- und Hilfsstellen statt, so kommt es bei diesem Verrechnungsverfahren darauf an, die Kostenstellen im Betriebsabrechnungsbogen in einer solchen Reihenfolge anzuordnen, daß eine Stelle an nachgelagerte Stellen zwar Leistungen abgibt, aber selbst von diesen keine Leistungen empfängt.

In diesem Beispiel ist der Wasserverbrauch des Kraftwerkes nicht in dessen Gemeinkosten enthalten. Angenommen, der Wasserverbrauch beträgt hier durchschnittlich 10, so kann man mit einem festen Verrechnungssatz von 10 folgendermaßen rechnen:

Beispiel:

Kostenarten \ Kostenstellen	Allgemeine Kostenstellen		Fertigungsstellen		
	Strom	Wasser	I	II	usw.
Summe der Gemeinkosten	100	80	8.000	6.000	
Verrechnung Wasser	10	←—10			
	110	70			
Umlage Strom	└→	6	66	22	
Umlage Wasser		└→	27	22	usw.
Summe der Gemeinkosten	—	—	8.093	6.044	usw.

Durch diese Verrechnung erhöhen sich die Stromkosten und ermäßigen sich die Wasserkosten, die auf die nachgelagerten Stellen zu verteilen sind. Da in den einzelnen Kostenstellen der Strom- und Wasserverbrauch nicht im gleichen Verhältnis erfolgt, sondern es Stellen gibt, die viel Strom und wenig Wasser verbrauchen, während es bei anderen Stellen umgekehrt ist, wird die Kostenverrechnung durch diese Berücksichtigung der gegenseitigen Leistungsabgabe und des gegenseitigen Leistungsempfanges genauer. Die Summe der insgesamt verteilten Kosten bleibt unverändert.

Die Genauigkeit dieses in der Praxis am häufigsten angewendeten Näherungsverfahrens läßt sich dadurch erhöhen, daß die Hilfskostenstellen so angeordnet werden, daß die nachgelagerten Stellen möglichst wenig Leistungen an die vorgelagerten Stellen abgeben.

dd) Das Kostenstellenausgleichsverfahren

Bei diesem Verfahren werden ebenso wie beim Kostenartenverfahren die Einzelkosten, die für die innerbetrieblichen Leistungen anfallen, unmittelbar den die Leistungen empfangenden Kostenstellen als Gemeinkosten belastet. Im Gegensatz zum Kostenartenverfahren werden beim Stellenausgleichsverfahren jedoch auch die Gemeinkosten der innerbetrieblichen Leistungen auf die empfangenden Kostenstellen verrechnet. Diese Gemeinkosten sind aber bereits in den Gemeinkosten der leistenden Stellen enthalten. Sie müssen deshalb bei den leistenden Stellen abgesetzt (Gutschrift) und den empfangenden Stellen zugeschrieben werden (Belastung). Auf diese Weise wird ein Ausgleich der Gemeinkosten innerhalb der gesamten Kostenstellenrechnung erreicht.

Gutschriften und Belastungen müssen sich ausgleichen. Die Verrechnung erfolgt im Betriebsabrechnungsbogen, in dem nach der Summenzeile (Summen der Gemeinkosten je Kostenstelle) drei Zeilen für den Kostenstellenausgleich geführt werden. Die erste dieser Zeilen nimmt die Belastungen der empfangenden Stellen mit den Gemeinkosten der innerbetrieblichen Leistungen auf, die zweite die Gutschriften dieser Gemeinkosten für die leistenden Stellen. Die dritte Zeile enthält die Gemeinkostensumme je Kostenstelle, die sich nach Berücksichtigung der Gutschriften und Belastungen ergibt.

ee) Das Kostenträgerverfahren

Bei diesem Verfahren werden die innerbetrieblichen Leistungen als Kostenträger behandelt und wie Absatzleistungen abgerechnet. Die entstandenen Kosten werden, wenn die Leistungen in der gleichen Periode verbraucht werden, den empfangenden Stellen belastet und den leistenden Stellen gutgeschrieben.

Handelt es sich um aktivierungsfähige Leistungen (z. B. selbsterstellte Anlagen), so werden die Kosten zunächst über besondere Ertragskonten verbucht und dann auf Bestandskonten übernommen. Dieses Verfahren findet insbesondere dann Anwendung, wenn eine Aktivierung der innerbetrieblichen Leistungen erfolgen soll oder ein Vergleich der Wirtschaftlichkeit der Eigenleistung und des Fremdbezugs beabsichtigt ist.

ff) Das mathematische Verfahren

Allen bisher beschriebenen Verfahren haftet der Nachteil an, daß der gegenseitige Leistungsaustausch zwischen den Kostenstellen nicht oder nur in ungenügender Weise berücksichtigt wird. Will man diesem Leistungsaustausch Rechnung tragen, so muß man mit einem **System linearer Gleichungen** arbeiten, in denen die ausgetauschten Mengenleistungen bekannt sind, die jeweiligen Kostensätze dagegen als Unbekannte auftreten. Die Zahl der Gleichungen ist gleich der Anzahl der Kostenstellen, die in die Verrechnung einbezogen werden.

Die Verrechnung erfolgt nach folgendem allgemeinen Prinzip:[1] Für jede Kostenstelle muß der Kostenwert der (nach außen und an andere Kostenstellen) abgegebenen Leistungen und der selbst verbrauchten eigenen Leistungen gleich der Summe aus den primären und den sekundären Kosten der Kostenstelle sein. Als primäre Kosten bezeichnet man alle aus der Buchhaltung in den Betriebsabrechnungsbogen übernommenen und auf die Kostenstellen verteilten Gemeinkosten ("Summe der Gemeinkosten" im Beispiel). Sekundäre Kosten nennt man die Kosten, die einer Kostenstelle im Rahmen der innerbetrieblichen Leistungsverrechnung zugerechnet werden.

Nehmen wir an, daß zwei Hilfsstellen untereinander Leistungen austauschen, wobei folgende Zahlen zugrunde liegen sollen.[2]

---

[1] Vgl. Schneider, E., Industrielles Rechnungswesen, 4. Aufl., Tübingen 1963, S. 53.
[2] Vgl. Schneider, E., a. a. O., S. 48 ff.

Beispiel:

	Hilfskostenstelle 1	Hilfskostenstelle 2
Primäre Kosten in DM	4.000	3.000
Insgesamt produzierte Leistungseinheiten (LE)	300 LE	500 LE
Von Stelle 1 an Stelle 2 abgegebene Leistungseinheiten		100 LE
Von Stelle 2 an Stelle 1 abgegebene Leistungseinheiten		200 LE

Damit die Kosten der Leistungseinheiten beider Stellen ermittelt werden können, muß die Bedingung erfüllt sein, daß die Kosten für die von einer Stelle insgesamt abgegebenen Leistungen gleich der Summe aus ihren primären und sekundären Kosten sind.

Bezeichnen wir die Kosten pro Leistungseinheit der Stelle 1 (2) mit k_1 (k_2), so müssen also folgende Gleichungen gelten:

a) für Stelle 1: $4.000 + 200 \cdot k_2 = 300 \cdot k_1$
b) für Stelle 2: $3.000 + 100 \cdot k_1 = 500 \cdot k_2$

Daraus folgt: $k_1 = 20$,— DM pro Leistungseinheit und
$k_2 = 10$,— DM pro Leistungseinheit.

Nehmen wir nun an, daß jede Hilfsstelle an jede andere Hilfsstelle und an die Hauptstellen Leistungen abgibt, und ferner, daß jede Hilfsstelle einen Teil ihrer Leistungen selbst wieder verbraucht, so erhalten wir allgemein folgendes System linearer Gleichungen:

$$K_1 + m_{11}k_1 + m_{21}k_2 + m_{31}k_3 + \ldots + m_{n1}k_n = m_1 k_1$$
$$K_2 + m_{12}k_1 + m_{22}k_2 + m_{32}k_3 + \ldots + m_{n2}k_n = m_2 k_2$$
$$\vdots$$
$$K_n + m_{1n}k_1 + m_{2n}k_2 + m_{3n}k_3 + \ldots + m_{nn}k_n = m_n k_n$$

Dabei bedeuten:

$K_1, K_2 \ldots K_n$ = primäre Kosten der Stelle 1 bis n
m = abgegebene Mengen; der erste Index bezeichnet die leistende, der zweite Index die empfangende Stelle
$k_1, k_2 \ldots k_n$ = Kosten pro Leistungseinheit der Stellen 1 bis n.

Mit Hilfe dieses Gleichungssystems ist es möglich, die Kosten der innerbetrieblichen Leistungen unter Berücksichtigung eines gegenseitigen Austausches exakt zu bestimmen.

c) Der Betriebsabrechnungsbogen

aa) Aufgaben, Aufbau und Arbeitsgang

Die Kostenstellenrechnung kann kontenmäßig oder tabellarisch durch Verwendung eines Betriebsabrechnungsbogens (BAB) durchgeführt werden. Der BAB ist eine Tabelle, in der gewöhnlich die Kostenarten vertikal und die Kostenstellen horizontal aufgeführt werden. Er wird heute häufig mit Hilfe der EDV erstellt.

Der BAB hat folgende **Aufgaben**:
(1) die primären Gemeinkostenarten nach dem Verursachungsprinzip auf die Kostenstellen zu verteilen,
(2) die Kosten der allgemeinen Kostenstellen auf nachgelagerte Kostenstellen umzulegen,
(3) die Kosten der Hilfskostenstellen auf die Hauptkostenstellen umzulegen,
(4) Kalkulationssätze für jede Kostenstelle durch Gegenüberstellung von Einzel- und Gemeinkosten für die Vor- und Nachkalkulation zu ermitteln,
(5) Kostenstellenüberdeckungen und -unterdeckungen, die bei der Verwendung von Normalgemeinkostensätzen als Differenz zwischen verrechneten (Durchschnitts-) Kosten und entstandenen (Ist-)Kosten auftreten, festzustellen,
(6) die Berechnung von Kennzahlen zur Kontrolle der Wirtschaftlichkeit der einzelnen Kostenstellen zu ermöglichen.

Wenn die Ausgestaltung des BAB auch von individuellen Gegebenheiten eines Betriebes abhängt, so liegt doch allgemein nebenstehendes Schema zugrunde.

Es ist zwischen **Hauptkostenstellen** und **Hilfskostenstellen** zu unterscheiden. Die Kosten der ersteren werden mit Hilfe von Kalkulationssätzen den Kostenträgern unmittelbar zugerechnet, die Kosten der letzteren dagegen werden mit Hilfe eines der Verfahren der innerbetrieblichen Leistungsverrechnung auf andere Kostenstellen umgelegt.

Allgemeine Kostenstellen sind solche Hilfskostenstellen, die dem Gesamtbetriebe dienen. Ihre Leistungen werden von allen oder fast allen Kostenstellen in Anspruch genommen; folglich sind ihre Kosten entsprechend der Inanspruchnahme auf die nachgelagerten Kostenstellen zu verteilen. Zu den allgemeinen Kostenstellen gehören z. B. Grundstücke und Gebäude, Wasserversorgung, Kesselhaus, Kraftzentrale u. a.

In den **Fertigungsstellen** wird die Produktion der Kostenträger durchgeführt. Die Fertigungshilfsstellen sind indirekt für die Fertigung tätig und verrechnen ihre Kosten nur auf die Fertigungsstellen, z. B. technische Betriebsleitung, Arbeitsbüro, Lohnbüro, Werkzeugmacherei u. a.

Die **Materialstellen** nehmen die Kosten des Einkaufs, der Lagerung, der Materialannahme und -prüfung auf.

Zu den **Verwaltungsstellen** gehören: Geschäftsführung, Buchhaltung, Kalkulation, Statistik, interne Revision, Poststelle u. a.

Zu den **Vertriebsstellen** zählen: Verkauf, Korrespondenz, Vertreterdienst, Fertiglager, Werbung u. a.

C. II. Die Betriebsabrechnung

Kostenstellen → Kostenarten ↓	Zahlen der Buchhaltung	Allgemeine Kostenstellen		Fert.-Hilfsstellen	Fertigungsstellen				Materialstellen			Verw.-Stelle	Vertriebsstelle
		Wasserversorg.	Kraftzentrale	Arbeitsbüro	A	B	C	Summen 6–8	Einkauf	Material-Lager	Summen 10–11		
1	2	3	4	5	6	7	8	9	10	11	12	13	14
1. Fert.-Lohn[1]	4 500				1 200	1 600	1 700						
2. Fert.-Material	12 000												
3. Fert.-Kosten	16 500												
4. Hilfslöhne	4 030	120	80	60	600	900	850	2 350	20	400	420	400	600
5. Gehälter	2 460	10	5	180	200	250	220	670	15	80	95	600	900
6. Ges. Soz. Leistungen	381	10	6	5	60	80	75	215	5	40	45	45	55
7. Werkzeugverbrauch	48	2	8	—	10	12	11	33	—	5	5	—	—
8. Instandhaltung	220	12	20	8	40	30	60	130	3	15	15	20	15
9. Hilfsmaterial	725	5	100	10	100	175	300	575	2	10	13	10	12
10. Neubau	93	—	4	2	10	12	10	32	—	8	10	25	20
11. Versicherung	147	6	8	5	20	30	25	75	2	20	20	15	18
12. Kalk. Abschreibungen	297	10	8	10	50	75	60	185	—	40	42	20	22
13. Kalk. Zinsen	58	2	1	2	9	11	10	30	1	8	8	8	7
14. Kalk. Wagnisse	99	3	2	3	10	25	28	63	2	10	11	7	10
15. Kalk. Untern.-Lohn	134	—	—	5	15	20	18	53	—	4	6	40	30
16. Sonstige	78	5	8	—	16	15	13	44	—	5	5	10	6
17. Summe (4–16)	8 770	185	250	290	1 140	1 635	1 680	4 455	50	645	695	1 200	1 695
18. Umlage Wasserversorg.		↳	20	5	50	45	45	140	—	10	10	5	5
19. Umlage Kraftzentrale			↳	3	80	90	85	255	1	5	6	3	3
20. Summe				298	1 270	1 770	1 810	4 850	51	660	711	1 208	70 3
21. Umlage Arbeitsbüro				↳	98	110	90	298					
22. Entst. Fert.-G.-K.[2]					1 368	1 880	1 900	5 148	Entst. Mat.-G.-K.		711	Verwalt.-Vertriebs zuschlag bez. auf Herst. Kosten	
23. Fert.-Lohn					1 200	1 600	1 700	4 500	Fert.-Mat.		12 000		
24. Norm. Zuschlag in %					121%	110%	124%		Mat.-Zuschl. %		5,66%	5,37%	7,57%
25. Verr. Fert.-G.-K.[2]					1 450	1 760	2 100	5 310	Verr. Mat.-Kosten		680		
26. Verr. Fert.-K.[3] (23+25)					2 650	3 360	3 800	9 810	Entst. Mat.-Kosten		12 680	22 490[4]	22 490[4]
27. Entst. Fert.-K. (22+23)					2 568	3 480	3 600	9 648			12 711	22 359[5]	22 359[5]
28. Kostenst. Über- und Unterdeckung					+ 82	− 120	+ 200				− 31		
29. Zuschlag in %					114%	118%	112%				5,93%	5,40%	7,61%

¹) Fertigungslohn und Fertigungsmaterial sind Einzelkosten und werden direkt auf die Kostenträger verrechnet. Die Einzelkosten dienen im BAB als Basis zur Ermittlung der Gemeinkostenzuschläge. ²) G. K. = Gemeinkosten. ³) K. = Kosten. ⁴) verr. Herstellkosten = verr. Fert. Kosten + verr. Materialkosten. ⁵) entst. Herstellkosten = entst. Fert. Kosten + entst. Materialkosten.

Der **Arbeitsgang im BAB** ist der folgende:

(1) Zunächst werden die primären Gemeinkostenarten, die aus der Kontenklasse 4 in den BAB übernommen werden, mit Hilfe von Schlüsseln, die nach Möglichkeit dem Prinzip der Kostenverursachung Rechnung tragen sollen, auf die Kostenstellen verteilt. Dadurch wird jede Kostenstelle mit dem Bruchteil jeder Kostenart, der von ihr verbraucht worden ist, belastet. Die Gesamtsumme der Gemeinkostenarten der Klasse 4 ist gleich der Summe der im BAB auf sämtliche Haupt- und Hilfskostenstellen verteilten Kosten. Addiert man jede Spalte senkrecht auf, so erhält man die Summe der primären Gemeinkosten je Kostenstelle (vgl. Zeile 17 im BAB auf S. 905).

(2) Nun werden die ermittelten Gemeinkosten der allgemeinen Kostenstellen auf die folgenden Stellen umgelegt (vgl. Zeilen 18–20 im BAB auf S. 905). Dabei wird in der Regel das sog. Kostenstellenumlageverfahren angewendet. Dieses Verfahren und seine Problematik wurden oben (S. 900) im Zusammenhang mit der Verrechnung innerbetrieblicher Leistungen dargestellt.

(3) Ebenso wie die allgemeinen Kostenstellen werden die Hilfskostenstellen auf die dazugehörigen Hauptkostenstellen umgelegt, eine erneute senkrechte Addition ergibt dann die gesamten Gemeinkosten je Stelle (vgl. Zeilen 21–22 im BAB auf S. 905).

(4) Man addiert die Einzelkosten und die Gemeinkosten je Fertigungskostenstelle und erhält so die Fertigungskosten je Stelle.

(5) Man errechnet nun die Gemeinkostenzuschläge. Die Fertigungszuschläge ergeben sich aus der Relation zwischen den Gemeinkosten und einer Bezugsgröße (Einzelkosten = Fertigungslohn, Maschinenstunden u. a.) je Fertigungsstelle. Die Einzelkosten bilden im Beispiel eines BAB auf S. 905 die Basis (vgl. Zeilen 22, 23 und 29 im BAB auf S. 905). Kennt man den Fertigungslohn, der in einer Kostenstelle bei der Bearbeitung eines Kostenträgers angefallen ist, so erfolgt die Zurechnung der Gemeinkosten auf den Kostenträger mittels des Fertigungszuschlages dieser Stelle auf den Fertigungslohn.

Der Materialzuschlag ergibt sich aus dem Verhältnis von Fertigungsmaterial (Einzelkosten) und Materialgemeinkosten. Für die Ermittlung der Verwaltungs- und Vertriebszuschläge werden, da hier in der Regel keine Einzelkosten erfaßt werden können, entweder die gesamten Fertigungskosten oder die gesamten Herstellkosten (Fertigungslohn + Fertigungsgemeinkosten + Fertigungsmaterial + Materialgemeinkosten) als Basis verwendet.

(6) Nimmt man in den BAB nicht nur die tatsächlich entstandenen Gemeinkosten (Istkosten), sondern auch die durchschnittlichen Gemeinkostenbeträge (Sollkosten) auf, mit denen man vorkalkuliert hat, so zeigen die Differenzen zwischen entstandenen und verrechneten Kosten die Kostenstellenüberdeckungen oder -unterdeckungen. Eine Überdeckung liegt vor, wenn die Istkosten kleiner sind als die in der Vorkalkulation verrechneten und damit „gedeckten" Normalkosten, eine Unterdeckung im umgekehrten Fall (vgl. Zeile 28 im BAB auf S. 905)

bb) Betriebsabrechnungsbogen und Beschäftigungsschwankungen

Wir haben gezeigt, daß als Basis für die Ermittlung der Gemeinkostenzuschläge z. B. die Einzelkosten (Fertigungs- und Materialstellen) oder die Herstellkosten

(Verwaltungs- und Vertriebsstellen) verwendet werden können. Fertigungslohn und Fertigungsmaterial sind variable Kosten, d. h. sie ändern sich in ihrer Höhe mit der Kapazitätsausnutzung (Ausbringung). Die Gemeinkosten setzen sich dagegen teils aus variablen, teils aus fixen Kosten zusammen. Ermittelt man z. B. einen Gemeinkostenzuschlag aus dem Verhältnis von Fertigungslohn und Fertigungsgemeinkosten einer Stelle, so gilt der Zuschlagsprozentsatz nur für den Beschäftigungsgrad, für den er errechnet wurde.

Gewöhnlich werden aber in einer Vollkostenrechnung die errechneten Zuschläge auch bei Zunahme oder Abnahme des Beschäftigungsgrades als Normalzuschläge bei der Vorkalkulation angewendet. Damit wird aber unterstellt, daß bei Änderungen der Ausbringung sich die Gemeinkosten in einem proportionalen Verhältnis zu den Einzelkosten entwickeln. Der BAB setzt also eine **Proportionalität von Einzelkosten und Gemeinkosten** voraus, die in Wirklichkeit jedoch um so weniger gegeben ist, je größer der Anteil der fixen Kosten an den Gemeinkosten ist.

Nehmen wir einmal an, die Fertigungslöhne (Einzelkosten) einer Kostenstelle seien proportionale Kosten, d. h. bei einer Zunahme der ausgebrachten Menge um 50% nehmen sie auch um 50% zu. Dann ist der Verlauf der Einzelkostenkurve OE (vgl. Abb. 166). Der Gemeinkostenzuschlag betrage bei der Ausbringung m_1 150%. Dann ist der angenommene Verlauf der Gemeinkosten der betref-

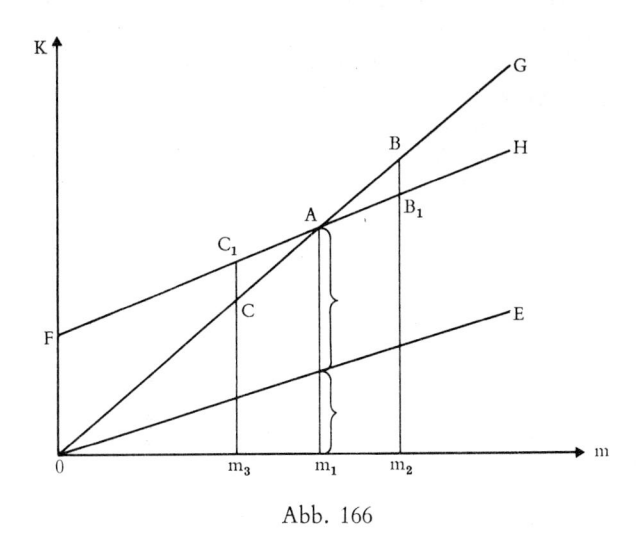

Abb. 166

fenden Stelle OG, wenn bei Zu- oder Abnahme des Beschäftigungsgrades immer 150% Gemeinkosten verrechnet werden. Die Differenz zwischen beiden Kurven gibt die Gemeinkosten an. Tatsächlich sind aber in den Gemeinkosten fixe Kosten von OF enthalten, die auch anfallen, wenn die Ausbringung Null ist. Der tatsächliche Verlauf der Kosten ist FH.

Nur bei der Ausbringung m_1 werden mit einem Zuschlag von 150% die Gesamtkosten m_1A gedeckt. Steigt die Ausbringung auf m_2, so werden die Kosten m_2B verrechnet. Es entstehen aber nur Kosten in Höhe von m_2B_1, da die fixen

Kosten nicht mitsteigen. Der Zuschlagsprozentsatz von 150% ist also zu hoch. Es ergibt sich eine **Überdeckung** von B_1B.

Sinkt die Ausbringung auf m_3, so werden die Kosten von m_3C verrechnet, obwohl Kosten von m_3C_1 anfallen, da die fixen Kosten nicht mit absinken. Es entsteht eine **Unterdeckung**. Mit anderen Worten: Verwendet man bei der Änderung des Beschäftigungsgrades feste Gemeinkostenzuschläge so sind diese bei einer Steigerung der Ausbringung zu hoch, und zwar um so mehr, je größer der Anteil der fixen Kosten an den Gemeinkosten ist. Bei einer Verminderung der Ausbringung sind die Zuschläge zu niedrig. Sie entsprechen in beiden Fällen nicht mehr dem Prinzip der Verursachung.

Dieser Fehler ist nur zu beseitigen, wenn man für jeden Kapazitätsausnutzungsgrad einen anderen Gemeinkostenzuschlag anwendet. Eine solche zeitraubende Berechnung ist praktisch kaum durchführbar. Eine Verminderung, jedoch keine Beseitigung der Ungenauigkeit tritt ein, wenn man für einige relevante Beschäftigungsgrade die Berechnung durchführt, z. B. für 60%, 70% und 80% der Kapazitätsausnutzung. Dann engt man den Fehler ein und kann die Zuschlagssätze für dazwischenliegende Beschäftigungsgrade durch Interpolation ermitteln. Diese Methode ist ein Behelf, dem kein Anspruch auf völlige Genauigkeit zukommt.

Ein anderes Verfahren trennt die Gemeinkosten in fixe und variable und verrechnet beide gesondert. Abgesehen davon, daß auch zwischen Einzelkosten und variablen Gemeinkosten keine durchgehende Proportionalität bestehen muß, entsteht die Schwierigkeit, welche Kostenarten zu den variablen, welche zu den fixen Kosten gehören. Es wurde bereits oben darauf hingewiesen, daß es keine Kostenarten gibt, die ihrem Wesen nach fix sind, sondern daß es von der durch die Fragestellung bedingten Art der Verrechnung abhängt, was als fix und was als variabel anzusehen ist. So sind die Abschreibungen fixe Kosten, wenn sie auf die Zeit bezogen werden, sie sind proportional, wenn sie nach der Inanspruchnahme, also z. B. nach der produzierten Stückzahl ermittelt werden. Dasselbe gilt für die Zinsen, da nicht der tatsächliche Zinsaufwand für Fremdkapital, sondern die Zinsen für das betriebsnotwendige Kapital in die Kostenrechnung eingesetzt werden, das aber mit der Ausbringung ebenfalls zu- oder abnimmt, wenn auch nicht proportional. Andererseits sind bestimmte Personalkosten fix, z. B. die Gehälter leitender Angestellter, andere sind variabel, z. B. Hilfslöhne. Auch die getrennte Verrechnung von variablen und fixen Gemeinkosten stellt also keine eindeutige Beseitigung des Fehlers dar, der durch die Annahme einer Proportionalität von Einzel- und Gemeinkosten einer Kostenstelle entsteht. Das Grundprinzip der Verrechnung der Kosten nach der Verursachung wird jedenfalls auch hier nicht voll verwirklicht.

d) Die Ermittlung der Bezugsgrößen (Kostenschlüsselung)

Die Genauigkeit der Kostenrechnung hängt wesentlich davon ab, daß es gelingt, bei indirekter Kostenverrechnung die richtigen Bezugsgrößen (Kostenschlüssel) als Maßeinheiten der Kosten zu finden. „Richtig" heißt, daß ein Kostenschlüssel eine Verteilung nach dem **Prinzip der Kostenverursachung** ermöglicht. Das setzt voraus, daß die Schlüssel möglichst allen Faktoren proportional sind, die die Kostenhöhe beeinflussen, mit anderen Worten, die Veränderungen der Bezugsgrößen müssen den Veränderungen der zu verteilenden Kosten proportional sein. Ebenso wie bei der direkten Messung, z. B. der Messung des Stromverbrauchs einer Maschine mittels eines Stromzählers, unterstellt wird, daß die von dem Zähler angegebenen Zahlenwerte den Stromkosten proportional sind, so muß auch bei der indirekten Kostenmessung mit Hilfe von Bezugsgrößen eine Proportionalität zwischen den Bezugsgrößen und den Kosten angenommen werden. Durch die direkte Messung der Bezugsgrößen erfolgt dann eine indirekte Messung der Kosten.

Wählt man z. B. die Laufzeit als Schlüssel für die Verteilung der Stromkosten auf Maschinen, so ist diese Bezugsgröße der Verursachung dann proportional, wenn die Stromaufnahme je Maschine pro Stunde gleich ist. Direkt gemessen wird die Laufzeit der Maschine, indirekt der Stromverbrauch. Bei unterschiedlich großer Stromaufnahme infolge verschiedener Motorenstärke müßte auch dieser Faktor in die Bezugsgröße einbezogen werden. Verbraucht beispielsweise eine Maschine viermal mehr Strom pro Zeiteinheit als eine andere und läuft sie doppelt so lange, so betragen ihre Stromkosten das Achtfache der zweiten Maschine.

Ein Kostenschlüssel ist also nur dann der Kostenverursachung proportional, wenn alle Kosteneinflußfaktoren den Schlüssel bestimmen. Der Schlüssel zur Verteilung einer Kostensumme ist das Produkt der kostenbeeinflussenden Faktoren dieser Kostensumme (im Beispiel: Laufzeit × Stromaufnahme des Motors).

Daraus folgt, daß zur Ermittlung der richtigen Bezugsgrößen eine Analyse der Kostenbeeinflussungsfaktoren erfolgen muß. Oftmals wird es nicht möglich sein, alle Faktoren zu ermitteln. Dann kommt es darauf an, die Haupteinflußgrößen ausfindig zu machen.

Bezugsgrößen sind erforderlich:
(1) für die Verteilung der primären Kostenarten auf die Kostenstellen,
(2) für die Kostenverrechnung der Kostenstellen untereinander (Umlage der allgemeinen Kostenstellen und der Hilfsstellen auf die Hauptstellen),
(3) für die Zurechnung der Kosten der Hauptkostenstellen auf die Kostenträger.

Man unterscheidet Wertschlüssel und Mengenschlüssel. **Wertmäßige** Bezugsgrößen sind z. B. die Fertigungslöhne, die Fertigungsmaterialkosten, die Herstellkosten, der wertmäßige Bestand an Maschinen, Gebäuden, Warenvorräten u. a.; **mengenmäßige** Maßgrößen sind z. B. Maschinen- oder Arbeitsstunden, der Materialverbrauch in kg, die Erzeugung in t, die Größe der Arbeitsräume in qm, der Wasserverbrauch in cbm, der Stromverbrauch in kWh usw. Der Vorteil mengenmäßiger Bezugsgrößen liegt darin, daß bei Preisänderungen die feststehende Mengengröße lediglich mit neuen Zahlenwerten multipliziert werden muß (z. B. Materialverbrauch in kg × Preis pro Materialeinheit).

III. Die Kostenträgerrechnung (Selbstkostenrechnung)

1. Begriff und Aufgaben

Die Kostenträgerrechnung stellt die Frage: **Wofür sind Kosten entstanden?** Sie hat die Aufgabe, die Herstell- und Selbstkosten, die bei der Erstellung von absatzfähigen oder innerbetrieblichen Leistungen (Kostenträger) entstanden sind, auf die Leistungseinheiten zu verrechnen. Diese Kostenermittlung ist

(1) die **Grundlage der Bewertung der Bestände** an Halb- und Fertigfabrikaten sowie der selbsterstellten Anlagen und Werkzeuge in der Handels- und Steuerbilanz sowie in der kurzfristigen Erfolgsrechnung (Herstellkosten); die Selbstkosten dienen in der kurzfristigen Erfolgsrechnung der Ermittlung der Gewinnbeiträge der einzelnen Produktgruppen und der Verkaufssteuerung;

(2) die **Grundlage preispolitischer Entscheidungen**, z. B. der Kalkulation des Angebotspreises, sofern der Betrieb von sich aus einen Einfluß auf den Preis nehmen kann. Das trifft für die meisten Betriebe zu. Nur bei vollkommener Konkurrenz sind die Betriebe „Mengenanpasser", d. h. sie nehmen den am Markt gebildeten Preis als Datum hin und passen sich entsprechend ihrem Kostenverlauf mit der Ausbringungsmenge an. Dieser theoretische Fall kommt praktisch kaum vor.

Die Kalkulation dient ferner der Ermittlung der **Preisuntergrenze**, d. h. der Feststellung, welcher Marktpreis gerade noch geeignet ist, die Gesamtkosten der Produktion und des Vertriebs zu decken (langfristige Preisuntergrenze), oder welcher Preis nur noch die variablen Kosten deckt (kurzfristige Preisuntergrenze).

Bei öffentlichen Aufträgen muß ein sog. **„Selbstkostenpreis"** nach den „Leitsätzen für die Preisermittlung aufgrund von Selbstkosten" (LSP) vom 21. 11. 1953[1] ermittelt werden.

Werden die gesamten in einer Abrechnungsperiode angefallenen Kosten – nach Kostenträgern gegliedert – ermittelt, so liegt eine **Kostenträgerzeitrechnung** vor. Sie wird unten im Rahmen der Betriebsergebnisrechnung (kurzfristigen Erfolgsrechnung) behandelt.

Im folgenden wird zunächst die **Kostenträgerstückrechnung** (Kalkulation oder Selbstkostenrechnung) besprochen.

Es gibt zwei Hauptformen der Zurechnung der Kosten auf die Kostenträger:
(1) die Divisionsrechnung und
(2) die Zuschlagsrechnung.

Ihre Anwendung wird bedingt vom Produktionsprogramm und Produktionsverfahren eines Betriebes. So bietet die Kostenrechnung bei einheitlicher Massenfertigung keine besonderen Probleme. Sobald aber mehrere Sorten oder mehrere Serien gleichzeitig produziert werden, wird die Zurechnung der Kosten nach der Verursachung immer schwieriger, da nur wenige Kostenarten sich direkt, d. h. als Einzelkosten auf die Kostenträger, die meisten dagegen sich nur indirekt, d. h. als Gemeinkosten mit Hilfe von Zuschlägen verteilen lassen und da eine verursachungsgemäße Zurechnung von Fixkosten unmöglich ist.

---

[1] BAnz 1953, Nr. 244.

2. Die Divisionskalkulation

a) Die einstufige Divisionskalkulation

Bei der einstufigen (einfachen) Divisionsrechnung werden die Gesamtkosten (K) einer Periode durch die gesamte in dieser Periode produzierte Menge (m) dividiert, um die Stückkosten (k) zu erhalten:

$$k = \frac{K}{m}$$

Die Anwendung dieses Kalkulationsverfahrens setzt voraus, daß
(1) ein einheitliches Produkt hergestellt wird,
(2) keine Lagerbestandsveränderungen an Halbfabrikaten und
(3) keine Lagerbestandsveränderungen an Fertigfabrikaten entstehen.

Hauptanwendungsgebiet sind Betriebe mit **einheitlicher Massenfertigung,** z. B. in den Grundstoffindustrien oder bei der Elektrizitätserzeugung.

Eine Anwendung ist aber auch für die Abrechnung einzelner Kostenstellen möglich, die eine einheitliche Leistung erstellen, z. B. eigene Strom- oder Dampferzeugung (allgemeine Kostenstellen).

Man kann dieses recht rohe Verfahren dadurch verbessern, daß man bestimmte Kosten, die nur von einem Teil der Produkte verursacht worden sind (Vertriebskosten), aus den Gesamtkosten herausnimmt und auf die betreffenden Produkte zurechnet. Beispiel: unterschiedliche Transport- und Verpackungskosten bei Export eines Teils der Produktion nach Übersee.

b) Die zwei- und mehrstufige Divisionskalkulation

Hebt man die Voraussetzung, daß keine Lagerbestandsveränderungen bei den Fertigfabrikaten entstehen, auf, so müssen die Herstellkosten und Verwaltungs- und Vertriebskosten getrennt werden. Die gesamten Herstellkosten einer Periode werden durch die in dieser Periode produzierte Menge, die Verwaltungs- und Vertriebskosten dieser Periode durch die in diesem Zeitraum abgesetzte Menge dividiert. So wird vermieden, daß die auf Lager gehenden Fabrikate mit Vertriebskosten belastet werden, die sie gar nicht verursacht haben, und daß der Angebotspreis der zum Verkauf gelangenden Produkte zu niedrig kalkuliert wird. Man bezeichnet dieses Verfahren als **zweistufige** Divisionskalkulation.

Beispiel:

Herstellkosten	10.000 DM	Verw.+Vertr.Kosten	4.000 DM
Produktion	1.000 Stck.	Verkauf	800 Stck.
Herst.Kosten/Stck.	10,— DM	Vw. + Vt.-Kosten/Stck.	5,–DM
Selbstkosten 10 + 5 =	15,— DM		
Gewinnzuschl. 30% =	4,50 DM		
Angebotspreis	19,50 DM		

Wird die Trennung von produzierter und verkaufter Menge nicht durchgeführt, sondern werden die Gesamtkosten auf die produzierte Menge verteilt, so betragen die Selbstkosten:

$$\frac{14.000}{1.000} = 14,- \text{DM}$$
$$+ \text{ Gewinnzuschlag } 30\% = 4,20 \text{ DM}$$
$$\overline{\text{Angebotspreis} \hspace{2em} = 18,20 \text{ DM}}$$

Eine **mehrstufige Divisionsrechnung** (Stufen-Kalkulation) kann angewendet werden, wenn zwar ein einheitliches Produkt hergestellt wird, die Produktion sich jedoch in mehreren Stufen vollzieht und auf jeder Produktionsstufe Zwischenläger gebildet werden, deren Bestand wechselt. Dann ist es nicht möglich, die Gesamtkosten durch die Gesamtzahl der Fabrikate zu dividieren, weil die Zahl der produzierten Zwischenfabrikate auf den einzelnen Produktionsstufen mit der Zahl der Endfabrikate nicht übereinstimmt. Man ermittelt mit Hilfe einer Kostenstellenrechnung die in einer Periode angefallenen Gesamtkosten jeder Stufe und dividiert sie durch die Zahl der Halb- und Zwischenfabrikate, die eine Stufe innerhalb dieses Zeitraums durchlaufen haben. Die nachgelagerte Produktionsstufe (oder das Zwischenlager) übernimmt die Leistung der vorhergehenden Stufe dann mit ihren bisherigen Kosten bzw. mit Verrechnungspreisen.

Beispiel:

Die Materialkosten eines Produktes betragen 20 DM. Die Produktion wird in zwei Stufen durchgeführt:

Produktionsstufe 1: 800 Stück Halbfabrikate; Fertigungskosten 16.000 DM;
Produktionsstufe 2: Weiterverarbeitung von 1.000 Stück Halbfabrikaten zu Fertigfabrikaten, Fertigungskosten 3.000 DM;
Absatz 400 Stück, Verwaltungs- und Vertriebskosten 2.400 DM.

$$\text{Stückkosten} = 20 + \frac{16.000}{800} + \frac{3.000}{1.000} + \frac{2.400}{400}$$
$$= 20 + 20 \hspace{1em} + 3 \hspace{1em} + 6 \hspace{1em} = 49.$$

Herstellkosten Halbfabrikat	40 DM
Herstellkosten Fertigfabrikat	43 DM
Selbstkosten je Stück	49 DM
Lagerbestandsverminderung Halbfabrikate	200 Stck. à 40 = 8.000 DM
Lagerbestandsvermehrung Fertigfabrikate	600 Stck. à 43 = 25.800 DM

Man kann die Stufen-Divisionsrechnung auch in der Form durchführen, daß die Materialkosten den Kostenträgern direkt zugerechnet werden und auf jeder Produktionsstufe nur die Verarbeitungskosten erfaßt und verrechnet werden. Man bezeichnet dieses Verfahren als **Veredelungsrechnung**.

c) Die Divisionskalkulation mit Äquivalenzziffern

Dieses Kalkulationsverfahren wird angewendet, wenn mehrere **Sorten** eines Produktes produziert werden. Die Leistungen sind dann zwar nicht einheitlich, stehen aber in einer festen Kostenrelation zueinander. Es besteht eine verwandte Kostengestaltung, wenn z. B. derselbe Rohstoff verarbeitet wird und lediglich die Arbeitszeit sowie die Zeit der Betriebsmittelbeanspruchung unterschiedlich sind (z. B. in Ziegeleien, Blechwalzwerken, Brauereien, Sägewerken u. a.).

Das bestehende Kostenverhältnis wird durch Beobachtung und Messung festgestellt und in einer Wertigkeitsziffer (**Äquivalenzziffer**) ausgedrückt. Durch Multiplikation der produzierten Menge mit der Äquivalenzziffer werden die einzelnen Leistungen kostenmäßig (rechnerisch) gleichnamig gemacht, d. h. in gleichartige „Rechnungseinheiten" umgerechnet, so daß die Gesamtkosten durch die Gesamtmenge aller durch Umrechnung gleichnamig gemachten Produkte (Rechnungseinheiten) dividiert werden können. Die sich ergebenden Stückkosten je Rechnungseinheit werden dann jeweils mit der Äquivalenzziffer der Sorte multipliziert und ergeben so die Stückkosten je Sorte. Multipliziert man diese mit der effektiv produzierten Menge je Sorte, so erhält man die Gesamtkosten je Sorte.

Das folgende Beispiel zeigt eine einstufige Äquivalenzziffernkalkulation. Für sie gilt die Voraussetzung, daß keine Halb- und Fertiglagerbestandsveränderungen erfolgen.

Beispiel:

Sorte	1 Äquiv. Ziffer	2 prod. Menge (t)	3 Rechnungs- einheiten (1 × 2)	4 Stückkosten je Sorte	5 Gesamtkosten je Sorte (2 × 4)
			Gesamtkosten 600.000		
I	0,8	5.000	4.000	30 × 0,8 = 24,−	120.000
II	1,0	10.000	10.000	30 × 1,0 = 30,−	300.000
III	1,5	4.000	6.000	30 × 1,5 = 45,−	180.000
			20.000		600.000

$$\frac{\text{Gesamtkosten}\quad 600.000 \text{ DM}}{\text{Gesamtrechnungsmenge } 20.000 \text{ t}} = 30,- \text{ DM je Rechnungseinheit.}$$

Das schwierigste Problem der Äquivalenzziffernkalkulation ist die Ermittlung von Äquivalenzziffern, die der Kostenverursachung entsprechen. Im Beispiel ist unterstellt, daß Sorte I 20% weniger und Sorte III 50% mehr Kosten verursacht haben als Sorte II.

Bestehen Abweichungen zwischen Produktions- und Absatzmengen und/oder sind die Kostenrelationen zwischen den einzelnen Sorten in verschiedenen Produktionsstufen unterschiedlich, so kann diesen Unterschieden durch eine Bildung mehrerer Äquivalenzziffernreihen Rechnung getragen werden (mehrstufige Äquivalenzziffernkalkulation).

3. Die Zuschlagskalkulation

a) Begriff

Die Zuschlagskalkulation wird angewendet, wenn in einem Betriebe verschiedene Arten von Produkten in mehrstufigen Produktionsabläufen bei unterschiedlicher Kostenverursachung und laufender Veränderung der Lagerbestände an Halb- und Fertigfabrikaten hergestellt werden, z. B. bei **Serien- und Einzelfertigung**. Im Gegensatz zur Divisionsrechnung teilt dieses Kalkulationsverfahren die Kosten in Einzelkosten, die den Kostenträgern direkt zugerechnet werden, und in Gemeinkosten, die indirekt mit Hilfe von Schlüsseln und Zuschlägen verrechnet werden. Jedes Produkt soll mit den Kosten belastet werden, die es tatsächlich verursacht hat. Dabei muß das Bemühen dahin gehen, möglichst viele Kosten als Einzelkosten zu erfassen, da jeder Schlüsselung von Kosten eine gewisse Ungenauigkeit anhaftet.

Der Wahl der richtigen **Bezugsbasis** bei der Ermittlung der Gemeinkostenzuschläge ist besondere Aufmerksamkeit zu schenken. Je kleiner die Basis ist, und je größer die zu verrechnenden Gemeinkosten sind, desto höher werden die Zuschlagsprozentsätze, und desto stärker wirken sich die geringsten Fehler bei der Kostenerfassung der Basisgröße aus.

In der Fertigung wird vielfach der Fertigungslohn als Basis für die Gemeinkostenrechnung verwendet. In Kostenstellen, in denen durch die fortschreitende Automation des Produktionsprozesses die Zahl der vollautomatischen Maschinen immer größer und die Zahl der Arbeitskräfte immer kleiner werden, eignet sich der Fertigungslohn nicht mehr als Basis, da z. B. die in den Gemeinkosten steckenden Abschreibungen der hochwertigen Spezialmaschinen um ein Vielfaches höher sein können als die Fertigungslöhne, und dadurch infolge der kleinen Einzelkostenbasis Gemeinkostenzuschläge von 1.000% und mehr entstehen können. Hier ist es zweckmäßig, die Maschinenstunden als Zuschlagsgrundlage zu verwenden.

Mengenmäßige Schlüsselgrößen, wie z. B. die Maschinenstunde, haben gegenüber den wertmäßigen Schlüsseln (z. B. Fertigungslohn) außerdem den Vorteil, daß sie gegen Preisschwankungen unempfindlich sind, also eine größere Dauerhaftigkeit aufweisen.

Ebenso wie bei der Divisionskalkulation gibt es auch bei der Zuschlagskalkulation mehrere Verfahren:

b) Die summarische Zuschlagskalkulation

Bei der summarischen Zuschlagskalkulation bilden entweder die gesamten **(kumulatives Verfahren)** oder einzelne Arten **(elektives Verfahren)** der Einzelkosten die Zuschlagsgrundlage. Man setzt also z. B. die gesamten Einzelkosten und die gesamten Gemeinkosten in Beziehung und ermittelt einen Zuschlagssatz. Das bedeutet, daß man eine Proportionalität von Einzelkosten und Gemeinkosten bei allen Kostenträgern unterstellt, die gewöhnlich nicht gegeben ist.

Ohne Schaden anwendbar wäre dieses grobe Verfahren nur dann, wenn die Gemeinkosten, gemessen an den Einzelkosten, einen ganz unbedeutenden Anteil an den Gesamtkosten haben. Dennoch kann hierbei von einer Verteilung der Gemeinkosten nach dem Prinzip der Verursachung keine Rede sein. Verwendet man nur eine Einzelkostenart als Basis, z. B. die Lohn- oder Materialkosten, so wird unterstellt, daß die Gemeinkosten eine Funktion entweder des Fertigungslohns oder des Fertigungsmaterials sind. Bei arbeitsintensiven Betrieben arbeitet man mit einem Lohnzuschlag, bei materialintensiven mit einem Materialzuschlag.

Beispiel:

Lohnzuschlag:			Stückrechnung:	
Gesamte Lohneinzelkosten	80.000		Fertigungslohn (FL)	70
gesamte Gemeinkosten	120.000		Fertigungsmaterial	40
Gemeinkosten in % der Lohneinzelkosten		150 %		110
			Gemeinkosten (150 % d. FL)	105
			Herstellkosten	215

Die summarische Zuschlagsrechnung ist einfach zu handhaben, sie erfordert keine Kostenstellenrechnung. Deshalb kann man in kleineren Betrieben durchaus in Kauf nehmen, daß die Zuschläge mit dem tatsächlichen Verlauf der Gemeinkosten bei den verschiedenen Kostenträgern nicht immer im richtigen Verhältnis stehen.

c) Die differenzierende Zuschlagskalkulation

Die differenzierende Zuschlagskalkulation geht anders vor. Sie verwendet nicht nur eine Zuschlagsbasis, sondern wählt Zuschlagsgrundlagen aus, die in kausaler Beziehung zur Entwicklung der Gemeinkosten stehen. Das wird entweder dadurch erreicht, daß bestimmte Gruppen von Gemeinkostenarten zusammengefaßt werden, die zu einer bestimmten Einzelkostenart oder einer anderen Bezugsgröße in einem engen Verhältnis stehen, oder daß die Kostenarten auf Kostenstellen verteilt werden und dann für jede Kostenstelle aus der Relation von Einzelkosten (oder sonstigen Bezugsgrößen wie Maschinenstunden, Stückzahl) und Gemeinkosten der betreffenden Stelle ein Zuschlag errechnet wird; das kann z. B. mit Hilfe des Betriebsabrechnungsbogens erfolgen. Da nach Möglichkeit solche Bezugsgrößen ausgewählt werden, die eine verursachungsgemäße Zurechnung der Gemeinkosten erlauben, liegt auch hier eine elektive Zuschlagskalkulation vor, allerdings mit **elektiven Stellenzuschlägen** und nicht mit elektiven Gesamtzuschlägen wie im Falle der summarischen Zuschlagsrechnung.

Die Kostenstellenkalkulation ist die komplizierteste, aber auch die genaueste Art der Zuschlagsrechnung.

Bei der Zuschlagskalkulation ergibt sich folgendes allgemeines Kalkulationsschema:

Fertigungsmaterial (FM)	
+ Materialgemeinkosten (MGK)	
=	Materialkosten (MK)
+ Fertigungslohn (FL)	
+ Fertigungsgemeinkosten (FGK)	
+ Sondereinzelkosten der Fertigung (SoKF)	
=	Fertigungskosten (FK)
=	Herstellkosten (HK)
+	Verw.Gemeinkosten (VwGK)
+	Vertriebsgemeinkosten (VtGK)
+	Sondereinzelkosten des Vertriebs
+	(SoKVt)
=	Selbstkosten (SK)

Bei der Kostenstellenkalkulation sieht das Kalkulationsschema dann folgendermaßen aus, wobei 1, 2 ... n die Zahl der Kostenstellen angibt (von Sonderkosten wird abgesehen):

FM_1	+ FM_2	+	+ FM_n
+ MGK_1	+ MGK_2	+	+ MGK_n
+ FL_1	+ FL_2	+	+ FL_n
+ FGK_1	+ FGK_2	+	+ FGK_n
= Herstellkosten			
+ $VwGK_1$	+ $VwGK_2$	+	+ $VwGK_n$
+ $VtGK_1$	+ $VtGK_2$	+	+ $VtGK_n$
= Selbstkosten			

Die folgende Übersicht zeigt noch einmal schematisch die Zusammensetzung der Selbstkosten.

FL	FGK	SoKF	FM	MGK			
Fertigungskosten			Materialkosten				
Herstellkosten					VwGK	VtGK	SoKVt
Selbstkosten							

Ersetzt man die Fertigungslöhne als Zuschlagsbasis der Fertigungsgemeinkosten durch andere Zuschlagsgrundlagen, so bezeichnet man diese allgemeinste Form der Kalkulation als **Bezugsgrößenkalkulation**.

Beispiel:

Materialeinzelkosten	8,—		
+ Materialgemeinkosten	0,80	Materialkosten	8,80
+ Fertigungskosten I			
7 kg. Durchsatzgewicht			
à 0,25	1,75		
5 Maschinenstunden			
à 0,60	3,—		
+ Fertigungskosten II			
15 Akkordminuten			
à 0,20	3,—		
1 Stück à 1,80	1,80		
+ Sondereinzelkosten der			
Fertigung	0,80	+ Fertigungskosten	10,35
		= Herstellkosten	19,15
		+ Verwaltungsgemeinkosten	2,10
		+ Vertriebsgemeinkosten	2,60
		+ Sonderkosten des Vertriebs	1,50
		= Selbstkosten	25,35

d) Die Kalkulation verbundener Produkte (Kuppelprodukte)

aa) Das Wesen der Kuppelproduktion

Die Kuppelproduktion (verbundene Produktion) ist dadurch gekennzeichnet, daß aus denselben Ausgangsmaterialien im gleichen Produktionsprozeß **zwangsläufig** mehrere verschiedene Erzeugnisse erstellt werden. Die Relationen zwischen dem mengenmäßigen Anfall der Kuppelprodukte können starr oder in gewissen Grenzen variierbar sein. So gewinnt man z. B. bei der Gasherstellung aus dem Ausgangsstoff Kohle nicht nur Gas, sondern gleichzeitig Koks, Teer, Ammoniak und Benzol, im Hochofenprozeß fallen Roheisen, Gichtgas und Schlacke, in Raffinerien Benzine, Öle und Gase an.

Da sich nur die Gesamtkosten der Produktion ermitteln lassen, ist eine Zurechnung der Kosten auf die Teilprodukte nur indirekt möglich. Sie erfolgt allerdings nicht nach dem Prinzip der Kostenverursachung, da diese infolge der gemeinschaftlichen Produktion nicht feststellbar ist, sondern gewöhnlich nach anderen Gesichtspunkten, insbesondere **nach der Tragfähigkeit** (Belastungsfähigkeit). Diese ist abhängig vom erzielbaren Marktpreis. Nach ihrer Herstellung durchlaufen die Kuppelprodukte in der Regel verschiedene Weiterverarbeitungsstufen. Dabei ist eine getrennte Kalkulation möglich.

Schließt man von der **Relation der Marktwerte** der einzelnen Teilprodukte auf die Relation der Kosten, so wird unterstellt, daß sich die Kosten der Teilprodukte proportional zu den Marktpreisen verändern. Das ist eine selten zutreffende Fiktion; steigt der Marktpreis eines Teilproduktes, so wird es automatisch mit höheren Kosten belastet, obwohl sich beim Produktionsprozeß nichts verändert haben muß, das betreffende Gut also nicht mehr Kosten verursacht hat als vorher, wohl aber mehr Kosten tragen kann. Schwanken Marktpreise stark, so ist es zweckmäßig, einen durchschnittlichen Marktwert einer längeren Periode oder einen für längere Zeit festgelegten festen Verrechnungswert zu verwenden.

Um die rein fiktive Kostenzurechnung auf ein Minimum zu beschränken, müssen selbstverständlich sämtliche Kosten, die nur für ein Teilprodukt entstanden sind, getrennt belastet werden, z. B. die Kosten der Nachbearbeitung, Reinigung, Lagerung, des Vertriebs u. a.

Bei der Abrechnung der Kuppelprodukte zeigen sich die Grenzen der Kostenrechnung. Die Feststellung des Erfolges der einzelnen verbundenen Produkte hat keinen großen Aussagewert, weil er erstens mehr oder weniger variiert werden kann, je nachdem nach welchen Methoden die Gesamtkosten verteilt werden, und da zweitens Folgerungen für die Betriebspolitik kaum aus der Erfolgshöhe gezogen werden können, denn eine Ausdehnung oder Einschränkung der Produktion nur eines Teilproduktes ist technisch nicht oder nur in sehr engen Grenzen möglich. Es muß immer die Gesamtproduktion verändert werden. Steigt der Marktpreis eines Teilproduktes, während der eines anderen sinkt, so kann der Betrieb meist keine Änderung der Mengenrelation der einzelnen Produkte vornehmen. Entscheidend ist also nur, daß der Gesamterlös mindestens die Gesamtkosten deckt.

Man unterscheidet bei der Kuppelproduktion zwei Verrechnungsmethoden:

bb) Die Subtraktionsmethode (Restwertrechnung)

Sie wird gewöhnlich angewendet, wenn ein Hauptprodukt und ein oder mehrere Nebenprodukte erzeugt werden. Die Erlöse der Nebenprodukte werden – abzüglich noch anfallender Weiterverarbeitungskosten – von den Gesamtkosten abgezogen und stellen somit eine Kostenminderung des Hauptproduktes dar. Die Kosten der Nebenprodukte sind dann nicht feststellbar, so daß weder eine auf den Selbstkosten aufbauende Preiskalkulation möglich ist, noch der Gewinn als Differenz zwischen Erlös und Kosten ermittelt werden kann.

Beispiel:

Produkte	Erlöse		
Gas (Hauptprodukt)	1.500	Gesamtkosten	2.400
Koks	900	— Erlös der Neben-	
Teer	225	produkte	1.500
Benzol	300	= Restkosten d. Haupt-	
Ammoniak	75	produktes	900
	3.000		

cc) Die Verteilungsmethode

Sie teilt die Gesamtkosten der Produktion in einer bestimmten Weise mittels eines bestimmten Schlüssels auf die einzelnen Haupt- und Nebenprodukte auf. Nach Henzel[1] kann die Verteilung erfolgen:

---

[1] Vgl. Henzel, F., Kostenrechnung, in: Bott, Lexikon des kaufmännischen Rechnungswesens, Bd. 3, 2. Aufl., Stuttgart 1956, Sp. 1646.

C. III. Die Kostenträgerrechnung (Selbstkostenrechnung)

(1) nach dem Erlös (Erzeugungsmenge × Preis) jedes Haupt- und Nebenproduktes;
(2) nach dem Erlös abzüglich der direkt erfaßbaren Kosten;
(3) nach der Erzeugungsmenge der anfallenden Produkte;
(4) nach der Erzeugungsmenge × technischen Eigenschaften, z. B. Festigkeit;
(5) nach exakten Schlüsseln, z. B. dem Heizwert bei flüssigen und gasförmigen Brennstoffen.

Die Verteilungsrechnung tritt in verschiedenen Formen auf. Bei der **Proportionalitätsmethode** addiert man die Marktpreise der Teilprodukte und dividiert die Gesamtkosten durch die Summe der Verhältniszahlen, die sich aus der Relation der Marktpreise ergeben. Man erhält einen Quotienten, den man mit den einzelnen Verhältniszahlen multipliziert, um die Kosten der Teilprodukte zu ermitteln.

Beispiel:

	Gesamtkosten 2.400 DM				
Produkt	Gas	Koks	Teer	Benzol	Ammoniak
Marktpreis	150 +	90 +	22,5 +	30 +	7,5 = 300

$$\frac{\text{Gesamtkosten}}{\text{Summe der Verhältniszahlen}} = \frac{2.400}{300} = 8$$

Produkt	Verhältniszahl × Quotient	Kosten des Teilprodukts	Erlös des Teilprodukts	Gewinn in %
Gas	150 × 8	1.200	1.500	25
Koks	90 × 8	720	900	25
Teer	22,5 × 8	180	225	25
Benzol	30 × 8	240	300	25
Ammoniak	7,5 × 8	60	75	25
		2.400 Gesamtkosten		

Bei dieser Art der Verteilung wird unterstellt, daß der Gewinnaufschlag bei allen Haupt- und Nebenprodukten prozentual gleich ist. Die Kosten des Hauptproduktes betragen 1.200, während sie bei der Subtraktionsmethode mit 900 ermittelt werden (unter sonst gleichen Bedingungen). Die Fiktion der gesamten Abrechnung der Kuppelprodukte wird daraus ersichtlich.

Man kann die Kostenverteilung auch mit Hilfe von **Äquivalenzziffern** durchführen. Dieses Verfahren ist der Divisionsrechnung mit Äquivalenzziffern bei Sortenrechnung vergleichbar. Der Unterschied liegt lediglich in der Art der Gewinnung der Äquivalenzziffern, die rechnerische Durchführung ist die gleiche. Während die Sortenkalkulation eine Divisionskalkulation mit Äquivalenzziffern ist, bei der die Leistungsunterschiede **von der Kostenseite** ausgeglichen werden, bei der also die Äquivalenzziffern die unterschiedlichen Kostenrelationen zum Ausdruck bringen, ist diese Kuppelproduktkalkulation eine Divisionskalkulation mit Äquivalenzziffern, bei der der Ausgleich der Leistungsunterschiede **von der Ertragsseite** her erfolgt, d. h. bei der die Äquivalenzziffern die relativen Unterschiede in den erzielten Marktpreisen ausdrücken.

Beispiel:

Gesamtkosten 880.000 DM							
(1) Produkt	(2) Preis	(3) Menge t	(4) Äquiv.-ziffer	(5) Rechnungsleistung t	(6) Kosten je Rechnungsleistung DM	(7) Gesamtkosten DM (5) × (6)	(8) Stückkosten DM (4) × (6)
A	90	10.000	0,9	9.000	80,00	720.000	72,—
B	30	6.000	0,3	1.800	80,00	144.000	24,—
C	10	2.000	0,1	200	80,00	16.000	8,—
				11.000		880.000	

$$\frac{\text{Gesamtkosten}}{\text{Rechnungsleistung}} = \frac{880.000}{11.000} = 80,- \text{ DM}$$

Ähnlich wie bei der verbundenen Produktion von Haupt- und Nebenprodukten die Kosten des Hauptproduktes nach Abzug der Erlöse der Nebenprodukte als Restwert übrigblieben, tritt auch bei Anfall von Abfallstoffen (z. B. Sägemehl in Sägewerken, Gießschrott in der Eisengießerei) eine Ermäßigung der Materialkosten ein, wenn die Abfälle einen Erlös bringen, der von den Materialkosten subtrahiert wird. Allerdings ist auch der umgekehrte Fall möglich, daß sich die Materialkosten erhöhen, wenn die Beseitigung der Abfälle mit Kosten verbunden ist, z. B. in der chemischen Industrie, wo bestimmte Abfallstoffe vor der Ableitung in Flüsse durch Einbau von Kläranlagen usw. unschädlich gemacht werden müssen.

IV. Die Zusammenhänge zwischen Betriebsbuchhaltung und Finanzbuchhaltung

Die organisatorische Eingliederung der Betriebsbuchhaltung kann in zwei Formen erfolgen:

(1) Finanzbuchhaltung und Betriebsbuchhaltung bilden eine Einheit, d. h. die Gesamtbuchhaltung wird nicht aufgeteilt. Die Betriebsabrechnung erfolgt dann innerhalb eines geschlossenen Kontensystems. Die Abrechnung läuft von Kontenklasse zu Kontenklasse in einem in sich geschlossenen Abrechnungskreis. Eine Ermittlung des Erfolges kann erst geschehen, wenn aus den Kosten der abgesetzten Produkte und den Umsatzerlösen oder aus den Kosten der produzierten Kostenträger und den Umsatzerlösen unter Berücksichtigung der Bestandsänderungen an Halb- und Fertigfabrikaten das Betriebsergebnis und durch Gegenüberstellung von neutralen Aufwendungen und neutralen Erträgen das neutrale Ergebnis errechnet worden ist. Man nennt diese Abrechnungsmethode „**Einkreissystem**", weil sie einen in sich geschlossenen Abrechnungskreis darstellt, in dem sämtliche Vorgänge, gleichgültig ob innerbetriebliche oder außerbetriebliche, abgerechnet werden.

C. IV. Die Zusammenhänge zwischen Betriebs- und Finanzbuchhaltung 921

(2) Finanzbuchhaltung und Betriebsabrechnung werden getrennt. Dann entstehen zwei Abrechnungskreise, von denen jeder in sich geschlossen ist. Man spricht von einem „**Zweikreissystem**". Die Finanzbuchhaltung ermittelt den angefallenen Aufwand und die eingegangenen Erlöse und stellt sie in der Gewinn- und Verlustrechnung gegenüber. Unter Berücksichtigung der Bestandsänderungen der Halb- und Fertigfabrikate läßt sich der Gesamterfolg errechnen, ohne daß eine innerbetriebliche Abrechnung erfolgt ist. Diese wird im zweiten Abrechnungskreis durchgeführt. Hier werden die Kosten der Kostenträger den Erlösen gegenübergestellt, und unter Berücksichtigung der Bestandsänderungen wird das Betriebsergebnis ermittelt. Die Einheit der Abrechnung wird durch Verbindung beider Abrechnungskreise erhalten, die entweder mit Hilfe von Spiegelbildkonten oder von Übergangskonten erfolgen kann.

1. Das Einkreissystem

Die Abrechnung im Einkreissystem vollzieht sich schematisch dargestellt folgendermaßen:[1]

(1) Zunächst werden die Beträge der Aktiv- und Passivkonten aus der Eröffnungsbilanz als Anfangsbestände auf die Konten der Klasse 0 (Anlage- und Kapitalkonten), der Klasse 1 (Finanzkonten), der Klasse 3 (Konten der Roh-, Hilfs- und Betriebsstoffe) und der Klasse 7 (Halb- und Fertigfabrikate) übernommen.

(2) Sodann belastet man sämtliche Aufwendungen, die kostengleich sind, also bei der Erstellung der Betriebsleistungen anfallen, den Konten der Kostenarten (Klasse 4), während die neutralen Aufwendungen auf der Klasse 2 abgegrenzt werden. Klasse 2 nimmt alle Aufwendungen und Erträge auf, die nichts mit der Erstellung und dem Verkauf der Betriebsleistungen zu tun haben. Sie werden deshalb unmittelbar auf die Klasse 9 (Abschlußkonten) geleitet, wo sie als neutrales Ergebnis erscheinen.

(3) Die Klasse 4 wird ferner mit den Zusatzkosten (kalkulatorische Kostenarten: Abschreibungen, Zinsen, Wagnisse, Unternehmerlohn) belastet. Ihre Abgrenzung gegenüber den entsprechenden Aufwendungen (Bilanzabschreibung, Fremdkapitalzins, effektive Wagnisverluste) erfolgt auf Klasse 2, deren Beträge – wie gesagt – unmittelbar auf Klasse 9 weiterzuverrechnen sind. Klasse 2 grenzt außerdem solche Aufwendungen und Kosten ab, die zeitlich nicht übereinstimmen (Vor- und Nachleistungen, z. B. Versicherungsprämien).

(4) Der Abschluß der Kostenarten der Klasse 4 erfolgt durch Übertragung der Zahlenwerte auf den Betriebsabrechnungsbogen. Hier werden sie mit Hilfe von Schlüsseln auf die Kostenstellen verteilt; nach Umlage der allgemeinen Kostenstellen und der Hilfsstellen auf Hauptstellen werden die ermittelten Stellengemeinkosten der Klasse 5 belastet. Die Summe der Salden der Gemeinkostenarten der Klasse 4 und der Kostenstellen der Klasse 5 müssen übereinstimmen, da im BAB nichts anderes erfolgt, als eine Andersverteilung von gegebenen Zahlenwerten, es wird nichts hinzugefügt und nichts weggelassen.

---

[1] Vgl. zu den folgenden Ausführungen die schematische Übersicht auf S. 923

(5) Die Klasse 5 gibt die Herstellkosten auf die Klasse 6 (Herstellkonten) ab, d. h. die Konten der Fertigungslöhne, Fertigungsgemeinkosten, des Fertigungsmaterials und der Materialgemeinkosten werden erkannt und die Herstellkonten der Klasse 6 belastet. Die Konten der Verwaltungs- und Vertriebsgemeinkosten und der Sonderkosten des Vertriebs bleiben zunächst offen.

(6) Nun überträgt man die Herstellkosten von Klasse 6 auf die Konten der Halb- und Fertigfabrikate (Kostenträgerkonten der Klasse 7). Damit ist die Abrechnung des Prozesses der Leistungserstellung abgeschlossen.

(7) Der Teil der Fertigfabrikate, der verkauft wird, wird den Verkaufskonten der Klasse 8 belastet und den Fertigfabrikatekonten erkannt. Die Endbestände an Halb- und Fertigfabrikaten gehen beim Abschluß in die Bilanz über. Den Verkaufskonten werden ferner die Verwaltungs- und Vertriebsgemeinkosten und die Sonderkosten des Vertriebs für die verkauften Produkte belastet und den entsprechenden Konten der Klasse 5 erkannt. Damit hat die Klasse 5 ihren endgültigen Abschluß gefunden. Auf den Verkaufskonten erscheinen im Soll somit die Selbstkosten (Herstellkosten + Verwaltungs- und Vertriebsgemeinkosten + Sondereinzelkosten des Vertriebs). Die Verkaufskonten übernehmen auf die Habenseite die Verkaufserlöse, die auf den Finanzkonten der Klasse 1 eingegangen sind. Damit hat auch die Abrechnung des Prozesses der Leistungsverwertung sein Ende gefunden.

(8) Die Salden der Verkaufskonten stellen das **Betriebsergebnis** dar und werden auf das Betriebsergebniskonto übertragen (Klasse 9). Die neutralen Aufwendungen und Erträge der Klasse 2 werden auf dem Abgrenzungssammelkonto gesammelt, der Saldo dieses Kontos zeigt das neutrale Ergebnis. Betriebsergebnis und neutrales Ergebnis bilden auf dem Gewinn- und Verlustkonto zusammen das Gesamtergebnis. Der Saldo des Gewinn- und Verlustkontos und die Salden der Konten der Halb- und Fertigfabrikate (Endbestände) gehen auf das Schlußbilanzkonto über.

Die hier dargestellte Form der Ergebnisrechnung bezeichnet man als **Umsatzkostenverfahren.** Auf dem Verkaufskonto bzw. dem Betriebsergebniskonto erscheinen nicht die Gesamtkosten des Abrechnungszeitraumes, sondern es werden nur die Herstellkosten der abgesetzten Betriebsleistungen (Kostenträger) zuzüglich der in der Abrechnungsperiode angefallenen Verwaltungs- und Vertriebsgemeinkosten und der Sonderkosten des Vertriebs den Verkaufserlösen gegenübergestellt, so daß eine Korrektur des Ergebnisses durch Bestandsmehrungen oder -minderungen der Halb- und Fertigfabrikate nicht erforderlich ist.

Werden dagegen nicht die Gesamtkosten der **abgesetzten** Betriebsleistungen, sondern die der insgesamt in der Abrechnungsperiode **produzierten** Leistungen den Umsatzerlösen gegenübergestellt, so zeigt der Saldo nur dann das Betriebsergebnis, wenn Produktion und Absatz der Periode gleich sind. Ist dagegen mehr produziert als abgesetzt worden, so haben sich die Lagerbestände erhöht, ist mehr abgesetzt als produziert worden, so haben sie sich verringert. Folglich müssen die Bestandsveränderungen an Halb- und Fertigfabrikaten bei der Ermittlung des Betriebsergebnisses berücksichtigt werden. Dieses Abrechnungsverfahren, bei dem die Gesamtkosten der Produktion unter Berücksichtigung

Einkreissystem   **Schema des Buchungsablaufes**

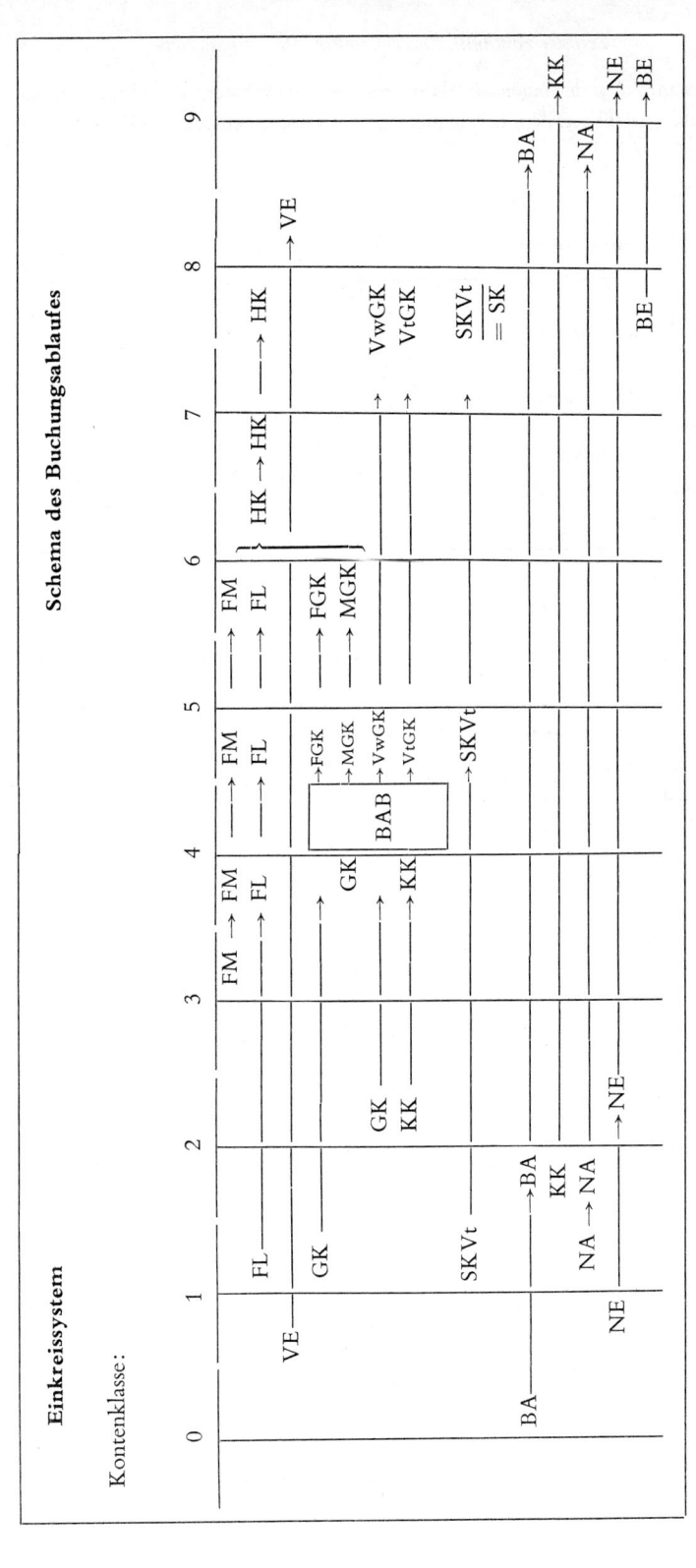

Kontenklasse:

	0	1	2	3	4	5	6	7	8	9
		FL		FM → FM		→ FM		HK → HK	→ HK	
	VE					→ FL				→ VE
		GK			GK	→FGK	FGK			
						→MGK	MGK			
			GK		→VwGK			↑ VwGK		
			KK		→VtGK			↑ VtGK		
					BAB					
		SKVt			→SKVt			↑ SKVt/=SK		
	BA		→BA						→BA	
		KK								→KK
		NA → NA								→NE
	NE		→NE					BE		→BE

FM = Fertigungsmaterial, FL = Fertigungslohn, FGK = Fertigungsgemeinkosten, MGK = Materialgemeinkosten, VwGK = Verwaltungsgemeinkosten, VtGK = Vertriebsgemeinkosten, SKVt = Sonderkosten des Vertriebs, GK = Gemeinkosten, KK = kalkulatorische Kosten, HK = Herstellkosten, SK = Selbstkosten, VE = Verkaufserlös, NE = neutraler Ertrag, BE = Betriebsergebnis, BA = Bilanzabschreibung, NA = neutraler Aufwand.

der Bestandsveränderungen an Halb- und Fertigfabrikaten den Umsatzerlösen gegenübergestellt werden, bezeichnet man als **Gesamtkostenverfahren**.

Beispiel:

Umsatzkostenverfahren:

Soll		Betriebsergebnis	Haben
Herstellkosten der abgesetzten Leistungen	96.000	Verkaufserlöse	140.000
Verwaltungsgemeinkosten	10.000		
Vertriebsgemeinkosten	12.000		
Gewinn	22.000		
	140.000		140.000

Gesamtkostenverfahren:

Soll		Betriebsergebnis	Haben
Herstellkosten der erzeugten Leistungen	100.000	Verkaufserlöse	140.000
Verwaltungsgemeinkosten	10.000	Bestandsmehrung Halbfabrikate	8.000
Vertriebsgemeinkosten	12.000		
Bestandsminderung Fertigfabrikate	4.000		
Gewinn	22.000		
	148.000		148.000

Die Betriebsabrechnung wird im Gegensatz zum Jahresabschluß (Bilanz und Gewinn- und Verlustrechnung) in der Regel für einen kürzeren Zeitraum (Vierteljahr, Monat, Woche) durchgeführt. Dann entfallen die dargestellten Eröffnungs- und Abschlußbuchungen in der Finanzbuchhaltung. Die beschriebene Betriebsergebnisrechnung wird als **kurzfristige Erfolgsrechnung** bezeichnet.

2. Das Zweikreissystem

a) Das Spiegelbildsystem

Finanzbuchhaltung und Betriebsbuchhaltung stellen je einen in sich geschlossenen Abrechnungskreis dar. Um die Geschlossenheit und Einheitlichkeit der Abrechnung zu erhalten, verbindet man beide Abrechnungskreise durch Spiegelbildkonten miteinander. Die Finanzbuchhaltung umfaßt die Konten der Klasse 0–4 und Teile von 7–9. Die Betriebsbuchhaltung enthält die Klassen 5–9.

C. IV. Die Zusammenhänge zwischen Betriebs- und Finanzbuchhaltung

aa) Die Finanzbuchhaltung

(1) Die Verrechnung bis zur Klasse 4 unterscheidet sich nicht vom Einkreissystem. Die Zahlen der Klasse 4 werden im geteilten System jedoch nicht über den BAB auf die Klasse 5 weiterverrechnet, sondern in der Finanzbuchhaltung unmittelbar auf das Gewinn- und Verlustkonto übertragen.

(2) Das Verkaufskonto der Klasse 8 ist nicht nach Kostenträgern gegliedert, sondern enthält nur die Gesamterlöse, die entsprechenden Gegenbuchungen erfolgen im Soll der Finanzkonten der Klasse 1. Das Verkaufskonto gibt den Bruttoverkaufserlös an das Gewinn- und Verlustkonto ab.

(3) Das Fabrikatekonto der Klasse 7 in der Finanzbuchhaltung dient ebenfalls nur der Verrechnung. Es weist nur die Anfangs- und Endbestände und als Differenz die Bestandsänderungen aus. Die einzelnen Zu- und Abgänge sind nicht ersichtlich, sondern auf den Fabrikatekonten der Betriebsbuchhaltung verbucht. Die Anfangsbestände stammen aus der Eröffnungsbilanz, die Endbestände gehen auf die Schlußbilanz über, die Bestandsänderungen werden auf das Gewinn- und Verlustkonto übertragen, und zwar die Bestandsminderungen auf die Aufwandsseite, die Bestandsmehrungen auf die Ertragsseite.

(4) Die neutralen Aufwendungen und Erträge werden von Klasse 2 über Abgrenzungssammelkonto auf die Gewinn- und Verlustrechnung übernommen.

(5) Die Gewinn- und Verlustrechnung zeigt also auf der Aufwandsseite sämtliche Aufwandsarten, gespalten nach betrieblichen und neutralen Aufwendungen, sowie die Bestandsminderungen der Fabrikate, und auf der Ertragsseite die Erträge, ebenfalls getrennt in Umsatzerlöse, Bestandsmehrungen und neutrale Erträge. Der Saldo ergibt den Gesamterfolg der Periode. Die Finanzbuchhaltung ist also in sich geschlossen und ist in der Lage, den Gesamterfolg als Saldo zu zeigen, sagt jedoch nichts über die Kosten und über den Erfolg der einzelnen Kostenträger bzw. Kostenträgergruppen aus. Diese Gliederung der Gewinn- und Verlustrechnung nach Aufwands- und Ertragsarten entspricht den gesetzlichen Anforderungen an den Jahresabschluß.

bb) Die Betriebsbuchhaltung

(1) Da die Kontenklasse 4 bereits auf die Kontenklasse 9 abgeschlossen worden ist, muß sich die Betriebsbuchhaltung für ihre Abrechnung das erforderliche Zahlenmaterial aus der Finanzbuchhaltung „ausborgen". Dazu gehören sämtliche Kostenarten, Bestände und Verkaufserlöse. Die Kostenarten der Klasse 4 werden im BAB auf die Kostenstellen der Klasse 5 verteilt. Da die Übernahme der Stellengemeinkosten in der Klasse 5 und die Belastung der Konten der Klasse 5 in Summa keine Gegenbuchung in der Klasse 4 wie im Einkreissystem findet, erfolgt die Gegenbuchung auf einem **betrieblichen Abschlußkonto** der Klasse 9. Diese Gegenbuchung stellt eine Gutschrift dar, d. h. sämtliche Gemeinkosten und ebenso die ohne Berührung des BAB übernommenen Einzelkosten werden also auf der Habenseite des betrieblichen Abschlußkontos aufgeführt.

(2) Die Abrechnung von Klasse 5 über die Klassen 6 und 7 auf die Verkaufskonten erfolgt wie beim Einkreissystem. Die übernommenen Anfangsbestände an Halb- und Fertigfabrikaten werden ebenfalls dem betrieblichen Abschluß-

konto gutgeschrieben, die Endbestände und der Verkaufserlös, der auf der Klasse 8 im Haben erscheint, werden ihm belastet. Ebenso findet der Saldo der Verkaufskonten bzw. des Betriebsergebniskontos seine Gegenbuchung auf dem betrieblichen Abschlußkonto.

(3) Das betriebliche Abschlußkonto gleicht sich also aus. Es entsteht kein Saldo. Eine Übertragung eines Saldos auf die Gewinn- und Verlustrechnung wäre auch nicht möglich, da diese in der Finanzbuchhaltung bereits abgeschlossen ist.

Das betriebliche Abschlußkonto stellt hinsichtlich der Kosten und Erlöse und hinsichtlich der Bestände ein Spiegelbildkonto zum Gewinn- und Verlustkonto dar, wenn letzteres um das neutrale Ergebnis gekürzt wird. Das bezieht sich allerdings nur auf die Summe der Kosten und Erlöse, nicht auf die Aufgliederung. Diese erfolgt in der Gewinn- und Verlustrechnung nach Aufwandsarten, im betrieblichen Abschlußkonto nach Kostenträgern. Da die Summen der Salden der Klasse 4 (Kostenarten) und sämtliche auf der Klasse 5 (Kostenstellen) verrechneten Beträge übereinstimmen, stellen die gesamten Kostenartenkonten ein Spiegelbild zu sämtlichen Kostenstellenkonten dar.

Soll	Betriebliches Abschlußkonto	Haben
Endbestände		Anfangsbestände
Verkaufserlös		Selbstkosten der Periode
(Betriebsverlust)		Betriebsgewinn

b) Das Übergangssystem

An Stelle von Spiegelbildkonten läßt sich die Verbindung zwischen Betriebsbuchhaltung und Finanzbuchhaltung auch durch Übergangskonten herstellen. In der Finanzbuchhaltung wird dann ein Konto Betriebsbuchhaltung, in der Betriebsbuchhaltung ein Konto Finanzbuchhaltung geführt. Man kann auch mehrere Übergangskonten bilden, z. B. getrennt nach Aufwendungen (Kosten) und Erträgen. Dieses System stellt eine Vermehrung der Buchungsarbeit dar.

V. Die Deckungsbeitragsrechnung

1. Begriff und Aufgaben

Bei der bisherigen Darstellung der Kostenarten-, Kostenstellen- und Kostenträgerrechnung sind wir von zwei Voraussetzungen ausgegangen, nämlich erstens, daß es sich bei den verrechneten Kosten um **Istkosten** handelt und zweitens, daß alle angefallenen Kosten zur Verteilung auf die einzelnen Kostenträger gelangen **(Vollkostenrechnung)**.

Da die Kostenrechnung jedoch auch die Aufgabe hat, eine Grundlage für die Preispolitik des Betriebes (Kalkulation des Angebotspreises oder Feststellung der Preisuntergrenze) zu schaffen, kann es zweckmäßig sein, nur die variablen Kosten auf die Kostenträger zu verteilen und die gesamten fixen Kosten (sog. Fixkostenblock) von der Verteilung auszuschließen **(Teilkostenrechnung)**,

C. V. Die Deckungsbeitragsrechnung

wenn eine Vollkostenrechnung zu falschen Entscheidungen der Betriebsführung führen kann.

Langfristig kann ein Betrieb nur existieren, wenn er mindestens eine volle Deckung seiner Gesamtkosten durch die Absatzpreise erzielt. Erzeugt ein Betrieb beispielsweise 10 Produktarten, und erzielt er mit 9 Produktarten einen Gewinn von 1.000 DM, während durch den Absatz der 10. Produktart ein Verlust von 200 DM entsteht, so daß der Gesamtgewinn nur 800 DM beträgt, so wäre es falsch, anzunehmen, daß durch die Einstellung der Produktion der 10. Produktart der Verlust von 200 DM vermieden und folglich ein Gesamtgewinn von 1.000 DM entstehen würde, wenn die Gesamtkosten der 10. Produktart von beispielsweise 900 DM sich aus fixen Kosten von 300 DM und variablen Kosten von 600 DM zusammensetzen. Durch Einstellung der Erzeugung dieser Produktart könnten nur die variablen Kosten eingespart werden, die fixen Kosten dagegen müßten durch die anderen 9 Produktarten gedeckt werden, so daß der Gesamtgewinn nicht 1.000 DM, sondern nur 700 DM, also weniger betragen würde, als wenn die Verlustproduktion der 10. Produktart fortgesetzt würde.

Aus dem Beispiel wird ersichtlich, daß eine Auflösung der Gesamtkosten in beschäftigungsabhängige (variable) und beschäftigungsunabhängige (fixe) Kosten erforderlich ist, damit die Kostenrechnung als Instrument der Betriebspolitik verwendet werden kann. Die Betriebsführung muß wissen, welchen Beitrag ein Produkt zur Deckung der fixen Kosten leistet. Solange der Absatzpreis über den variablen Kosten liegt, wird zumindest ein Teil der fixen Kosten gedeckt, d. h. solange liefert auch eine Verlustproduktion einen Beitrag zur Deckung der fixen Kosten, die durch Einstellung dieser Produktion nicht vermindert werden können, es sei denn, der Betrieb würde stillgelegt.

Auf diesen Überlegungen baut die Berechnung des „toten Punktes"[1] auf, der jenes Absatzvolumen angibt, bei dem die Summe der erzielten Deckungsbeiträge dem Fixkostenblock gleich ist. Der **Kostendeckungspunkt** („toter Punkt", break even point[2]) berechnet sich wie folgt:

$$U = K;$$
$$p \cdot m = k_V \cdot m + F;$$
$$F = m_D (p - k_V)$$
$$m_D = \frac{F}{p - k_V}$$

U = Umsatzerlöse
K = Gesamtkosten
F = fixe Kosten
D = Deckungsbeiträge

k_V = variable Stückkosten
p = Preis
m = Absatzmenge
m_D = zur Kostendeckung erforderliche Absatzmenge
$p - k_V$ = Deckungsbeitrag/Stück

---

[1] Vgl. Schär, J. F., Allgemeine Handelsbetriebslehre, 5. Aufl., Leipzig 1923, S. 169.
[2] Kilger weist darauf hin, daß in der anglo-amerikanischen Literatur break even points seit 1904 bekannt sind. Vgl. Kilger, W., Kurzfristige Erfolgsrechnung, Wiesbaden 1962, S. 93, Anm. 3.

Abb. 167

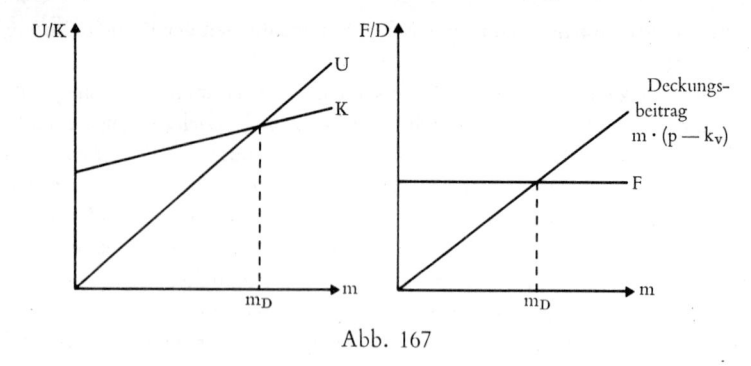

Die Mängel, die der Vollkostenrechnung bei der Bestimmung der Preisuntergrenze und bei der Anpassung an Beschäftigungsschwankungen anhaften, führten in Deutschland bereits vor Jahrzehnten zur Entwicklung von Teilkostenrechnungen.[1] In der amerikanischen Literatur hat das Problem der Teilkostenrechnung in neuerer Zeit unter der Bezeichnung **„Direct Costing"** Eingang gefunden. Kosiol macht mit Recht darauf aufmerksam, daß das Direct Costing „in Unkenntnis der deutschen Literatur vielfach als neuer Vorschlag zur Verbesserung der Kostenrechnung angesehen" wird.[2]

Die Direktkostenrechnung geht von einer Trennung der Kosten in variable, d. h. mengenabhängige (direct costs) und fixe, d. h. zeitabhängige (period costs) aus. Sie unterstellt, daß die variablen Kosten sich proportional zum Beschäftigungsgrad ändern.[3] Das bedeutet, daß die variablen Kosten pro Leistungseinheit konstant und folglich die durchschnittlichen variablen Kosten gleich den Grenzkosten sind. Unter Annahme eines linearen Gesamtkostenverlaufs ist die Direktkostenrechnung identisch mit der **Grenzkostenrechnung.**

Berücksichtigt man in einer Grenzkostenrechnung auch die Erlösseite, so bezeichnet man eine solche Form der kurzfristigen Erfolgsrechnung als **Deckungsbeitragsrechnung.** Sie ermöglicht eine Analyse des Erfolges und ist eine wesentliche Entscheidungshilfe für die Absatzpolitik.

Im Gegensatz zur Vollkostenrechnung, bei der den Umsatzerlösen die Vollkosten der umgesetzten Betriebsleistungen gegenübergestellt werden, so daß die Differenz den **Nettoerfolg** ergibt, werden bei der Deckungsbeitragsrechnung die Umsatzerlöse nur mit den proportionalen Kosten (Grenzkosten) ver-

---

[1] Vgl. z. B. Schär, J. F., Buchhaltung und Bilanz, 2. Aufl., Berlin 1914; Schmalenbach, E., Selbstkostenrechnung und Preispolitik, 6. Aufl., Leipzig 1934, bearbeitet von R. Bauer unter dem Titel „Kostenrechnung und Preispolitik", 8. Aufl., Köln und Opladen 1963; ders., Der Kontenrahmen, 4. Aufl., Leipzig 1935; Rummel, K., Einheitliche Kostenrechnung auf der Grundlage einer vorausgesetzten Proportionalität der Kosten zu betrieblichen Größen, 3. Aufl., Düsseldorf 1949; Kosiol, E., Warenkalkulation in Handel und Industrie, 2. Aufl., Stuttgart 1953.

[2] Kosiol, E., Kostenrechnung, Wiesbaden 1964, S. 101.

[3] Die Bezeichnung „direkt" bezieht sich auf die Relation zwischen Kostenänderung und Beschäftigungsänderung und nicht auf das Verfahren der Zurechnung. Direkte Kosten sind in diesem Zusammenhang also nicht solche, die unmittelbar, d. h. als Einzelkosten verrechnet werden im Gegensatz zu den indirekten, d. h. als Gemeinkosten zuzurechnenden Kosten. Auch die Fertigungsgemeinkosten und die Materialgemeinkosten sind hier „direkte" Kosten, d. h. Kosten, die sich proportional zum Beschäftigungsgrad ändern.

glichen. Die Differenz ist der **Bruttoerfolg,** der zugleich den Deckungsbeitrag zur Deckung der fixen Kosten darstellt. Bei der Vollkostenrechnung ergibt sich der Nettoerfolg je Kostenträger, jedoch nicht sein Deckungsbeitrag; bei der Direktkostenrechnung dagegen kann der Bruttoerfolg und damit der Deckungsbeitrag jedes Kostenträgers, jedoch nicht sein Nettoerfolg festgestellt werden. Vom gesamten Bruttoerfolg der Periode, d. h. dem Bruttoerfolg aller Kostenträger, werden die gesamten fixen Kosten der Periode abgesetzt. Die Differenz zeigt den Nettoerfolg der Periode.

Durch weitere Aufgliederung sowohl der variablen als auch der fixen Kosten läßt sich das Verfahren der Direktkostenrechnung erheblich verfeinern.[1] So können z. B. die variablen Kosten in Einzel- und Gemeinkosten aufgeteilt werden, und der Block der Fixkosten kann aufgelöst werden, indem die fixen Kosten, die z. B. bestimmten Produkten, einer Gruppe von Produkten oder einzelnen Kostenstellen zugeordnet werden können, nicht mehr en bloc vom gesamten Bruttoerfolg der Periode, sondern vom Bruttoerfolg einzelner Produktarten (Kostenträger) abgesetzt werden. Auf diese Weise wird nicht nur ersichtlich, welchen Deckungsbeitrag ein Kostenträger insgesamt liefert, sondern es zeigt sich auch, ob der Deckungsbeitrag ausreicht, wenigstens den Teil der fixen Kosten zu decken, der allein von dem betreffenden Kostenträger oder einer Gruppe von Kostenträgern verursacht worden ist und der folglich anderen Kostenträgern nicht angelastet werden kann.

Wichtig ist ferner, aus den fixen Kosten diejenigen auszugliedern, die mit kurzfristigen Ausgaben verbunden sind (z. B. Fremdkapitalzinsen), da bei der Ermittlung der Preisuntergrenze darauf geachtet werden muß, daß die Deckungsbeiträge wenigstens für die mit kurzfristigen Ausgaben verbundenen Fixkosten ausreichen.

Es zeigt sich also, daß eine möglichst **genaue Kostenauflösung** eine der wichtigsten Voraussetzungen für den Erfolg einer Teilkostenrechnung ist. Schwierigkeiten ergeben sich insbesondere bei solchen Kostenarten, die teils fixen, teils variablen Charakter haben (Mischkosten im Sinne Schmalenbachs, semivariable costs beim Direct Costing). Ein Beispiel dafür sind Lohnkosten, die zur Aufrechterhaltung der Betriebsbereitschaft erforderlich sind (fix), sich aber zugleich mit dem Beschäftigungsgrad ändern (variabel).

2. Erfolgsanalyse und Produktions- und Absatzplanung mit Hilfe der Deckungsbeitragsrechnung

Entscheidungen auf Grund von Vollkostenkalkulationen können im Bereich der Produktions- und Absatzplanung allenfalls zufällig zum richtigen Ergebnis führen. Der Grund für die Gefahr von Fehlentscheidungen liegt in der nichtverursachungsgemäßen Zurechnung der Fixkosten auf die Kostenträger; m. a. W.: Entscheidungen über das gewinnmaximale Produktionsprogramm und Aussagen über die resultierenden Erfolgsänderungen können nur auf Basis der Deckungsbeiträge getroffen werden.

---

[1] Vgl. Bussmann, K., Industrielles Rechnungswesen, Stuttgart 1963, S. 136 ff.

Im folgenden werden an Hand von Beispielen die einzelnen Schritte einer Erfolgsanalyse und Produktions- und Absatzplanung von der Nettogewinnanalyse bis zur simultanen Programmplanung mit Hilfe der linearen Programmierung dargestellt.

Es wird zunächst unterstellt, daß
(1) keine Absatzrestriktionen vorhanden sind (jedenfalls nicht in den betrachteten Größenordnungen);
(2) alle Produktarten die vorhandenen Kapazitäten gleichmäßig belasten; d. h. z. B., daß die Herstellung einer Einheit von Produkt 1 die gleiche Anzahl von Maschinenminuten erfordert wie eine Einheit von Produkt 2;
(3) die vorhandenen Kapazitäten voll ausgelastet sind, also maximal 800 Stück in beliebiger Kombination der vier Produktarten hergestellt werden können.

Angenommen, ein Betrieb erzielt einen Nettogewinn von 2.900 DM, der sich auf Grund folgender Zahlen errechnet:

(1) Produktart	(2) Stückpreis	(3) variable Kosten	(4) fixe Kosten pro Stück	(5) Stückkosten (3+4)	(6) Deckungsbeitrag (2-3)	(7) Absatzmenge	(8) Bruttogewinn (6×7)	(9) fixe Gesamtkosten (4×7)	(10) Nettogewinn (8-9)
1	6	1	2	3	5	100	500	200	300
2	8	2	2	4	6	100	600	200	400
3	4	1	2	3	3	200	600	400	200
4	10	3	2	5	7	400	2.800	800	2.000
						800	4.500	1.600	2.900

Die Unternehmensleitung soll jetzt über das gewinnmaximale Produktions- und Absatzprogramm der nächsten Periode entscheiden. Sortimentsbindungen bestehen nicht. Die Entscheidung auf Grund obiger Unterlagen wird lauten: ausschließliche Herstellung der Produktart 4.

Da maximal 800 Stück produziert werden können, beträgt der geplante Nettogewinn: $800 \cdot 7 - 1.600 = 4.000$ DM.

Eine Entscheidung **nach der Rangfolge der Deckungsbeiträge** führt dann zum richtigen Ergebnis, wenn das Unternehmen in allen Teilbereichen über genügende unausgelastete Teilkapazitäten verfügt. Da hier **keinerlei Engpässe** auftreten, wird man die Produkte mit den höchsten Deckungsbeiträgen herstellen.

Nähert sich aber der Betrieb wenigstens in einem Teilbereich der Vollbeschäftigung, dann reichen die Deckungsbeiträge pro Produkteinheit nicht mehr als alleiniges Entscheidungskriterium für die Steuerung der Produktions- und Absatzpolitik aus. Man muß dann die Deckungsbeiträge auf **eine Einheit der Eng-**

$$\frac{\text{Bruttogewinn pro Einheit}}{\text{der Engpaßbelastung}} = \frac{\text{Deckungsbeitrag}}{\text{Engpaßbelastung in Bezugsgrößeneinheiten pro Stück}}$$

paßkapazität umrechnen und eine neue Rangfolge der zu fördernden Produkte aufstellen.[1] Diesen auf die Engpaßeinheit bezogenen Bruttogewinn bezeichnet man in der anglo-amerikanischen Literatur auch als **„speedfactor"**, weil er angibt, mit welcher Geschwindigkeit sich im Engpaß ein bestimmter Bruttogewinn erzielen läßt. Auch die Bruttogewinnanalyse mit Hilfe der Umrechnung auf die Engpaßbelastung reicht gewöhnlich nicht als Dispositionshilfe aus. Wenn man beachtet, daß gerade jene Produkte gefördert werden, die den betrachteten Engpaß am günstigsten „ausnutzen", so wird deutlich, daß auf Grund solcher Programmumstellungen leicht andere Teilbereiche zu Engpässen werden können; nämlich solche Teilbereiche, die durch die soeben geförderten Produkte in besonders hohem Maße beansprucht werden.

Es zeigt sich also, daß nur eine **simultane Betrachtung** aller Produkte und Teilbereiche zu optimalen Ergebnissen führen kann. Zur Lösung dieser Simultanprobleme stehen die Methoden der mathematischen, insbesondere der linearen Programmierung zur Verfügung. Ein einfaches Zahlenbeispiel für einen LP-Ansatz zur Ermittlung des gewinnmaximalen Fertigungs- und Absatzprogramms soll im folgenden wiedergegeben werden.[2]

Ein Betrieb kann drei Produkte herstellen, die folgende Deckungsbeiträge erbringen und folgende Kapazitäten benötigen:

Produkt	Deckungsbeitrag
1	10
2	6
3	7

Kostenstellen	Stückzeiten für Produkt 1	2	3	Gesamtkapazität der Kostenstelle
A	12	4	4	60
B	14	3	8	80
C	8	15	9	90
D	12	16	—	96

Zielfunktion:

Bruttogewinn $= 10x_1 + 6x_2 + 7x_3 \to$ Max!

Kapazitätsrestriktionen:

$$A: 12x_1 + 4x_2 + 4x_3 \leq 60$$
$$B: 14x_1 + 3x_2 + 8x_3 \leq 80$$
$$C: 8x_1 + 15x_2 + 9x_3 \leq 90$$
$$D: 12x_1 + 16x_2 + 0x_3 \leq 96$$

---

[1] Vgl. Kilger, W., a. a. O., S. 100.
[2] Verkürzt nach Kern, W., Operations Research, Stuttgart 1964, S. 46 ff.

Nichtnegativitätsbedingungen:

$$x_1 \geqslant 0$$
$$x_2 \geqslant 0$$
$$x_3 \geqslant 0$$

Es ergibt sich eine mehrfach optimale Lösung, d. h. es gibt (mindestens) zwei Produktionsmengenkombinationen, die zum gleichen (maximalen) Zielwert führen.

1. Lösung	2. Lösung
max. Deckungsbeitrag = 70	max. Deckungsbeitrag = 70
$x'_1 = 3$	$x'_1 = 0$
$x'_2 = 2$	$x'_2 = 0$
$x'_3 = 4$	$x'_3 = 10$

Der Zielfunktionswert gibt den maximalen Deckungsbeitrag an; hiervon ist der Fixkostenblock zu subtrahieren, wenn der Nettogewinn ermittelt werden soll. In der Rechnung brauchten die Fixkosten nicht berücksichtigt zu werden, da sie als konstanter Faktor ohne Einfluß auf die Lage des Optimums sind.

Der dargestellte Ansatz wird auch als „**Standardansatz**" bezeichnet. Er beinhaltet noch viele vereinfachende Prämissen, die aber fast alle ohne besondere Schwierigkeiten durch Vergrößerung des Modells aufgehoben werden können.[1]

VI. Die Plankostenrechnung

1. Istkosten-, Normalkosten-, Plankostenrechnung

In der historischen Entwicklung der Kostenrechnung ist allmählich eine Akzentverschiebung bei ihren beiden Hauptaufgaben eingetreten. Lag insbesondere in den dreißiger Jahren der Schwerpunkt auf der Ermittlung der tatsächlichen Stückkosten (Nachkalkulation), so dominiert in der Zeit nach dem 2. Weltkriege der Ausbau der Kostenrechnung zu einem Instrument der Kontrolle der Wirtschaftlichkeit. Diese Änderung des Schwerpunkts der Aufgabenstellung verläuft parallel mit dem Ausbau der betrieblichen Planungsrechnung und dem Vordringen arbeitswissenschaftlicher Methoden, die die Aufstellung von Maßgrößen (Normal-, Soll-, Plankosten) ermöglichen und so durch rechnerische Ausschaltung der im Zeitablauf eintretenden Schwankungen der Kosteneinflußfaktoren (z. B. Preise, Verbrauchsmengen, Kapazitätsausnutzung) aus der Kostenrechnung die Voraussetzungen für eine Analyse der Abweichungen zwischen geplanten und tatsächlich angefallenen Kosten (Soll-Ist-Vergleich) und damit für eine wirksame Kostenkontrolle geschaffen haben.

Die **Istkostenrechnung** ist dadurch charakterisiert, daß die in einer Abrechnungsperiode effektiv angefallenen Kosten ohne Korrekturen auf die produzierten und abgesetzten Kostenträger der gleichen Abrechnungsperiode

---

[1] Vgl. dazu die Aufzählung bei Haberstock, L., Zur Integrierung der Ertragsbesteuerung in die simultane Produktions-, Investitions- und Finanzierungsplanung mit Hilfe der linearen Programmierung, Köln-Berlin-Bonn-München 1971, S. 91 ff.

weiterverrechnet werden. Infolgedessen wirken sich alle Zufallsschwankungen, denen die Kosten unterliegen können, in der Abrechnung bei der Ermittlung der Selbstkosten und bei der darauf aufbauenden Preiskalkulation aus. So gehen Preisschwankungen auf den Beschaffungsmärkten, zufallsbedingte Mengenschwankungen beim Verbrauch von Kostengütern (z. B. erhöher Ausschuß, größere Zahl von Arbeits- oder Maschinenstunden, erhöhter Material- oder Energieverbrauch) oder stoßweiser Anfall von Kosten und durch Änderungen des Beschäftigungsgrades eingetretene Kostenverschiebungen in die Kostenrechnung ein.

Der **Nachteil** der Istkostenrechnung liegt darin, daß eine Vergleichbarkeit und Auswertung des Zahlenmaterials verschiedener Abrechnungsperioden für Zwecke der Wirtschaftlichkeitskontrolle nur schwer möglich ist und daß folglich ein solches, nur auf Vergangenheitswerten basierendes Abrechnungssystem keine Grundlagen für dispositive Entscheidungen liefert. Der **Vorteil** liegt in der Einfachheit der abrechnungstechnischen Handhabung. Betrachtet man allerdings nicht nur eine Abrechnungsperiode, sondern einen längeren Zeitraum, so wird diese Einfachheit zum Nachteil, weil in jeder Abrechnungsperiode auf Grund neuer Istwerte eine Nachkalkulation durchgeführt und neue Kalkulationssätze und neue Selbstkosten ermittelt werden müssen. Dieses Verfahren kann schwerfälliger sein als die Ermittlung von Abweichungen der Istkosten von den Sollkosten, die für einen längeren Zeitraum vorgegeben sind.

Die **Normalkostenrechnung** arbeitet mit einer Normung der Kosten, um Zufallsschwankungen der Kosteneinflußfaktoren auszuschalten und die laufende Abrechnung insbesondere durch Verwendung normalisierter Gemeinkostensätze zu vereinfachen. **Normalkosten** sind keine planmäßigen Kosten, die Vorgabecharakter haben, sondern sind **durchschnittliche** Kosten, die aus Vergangenheitswerten (Istkosten) gebildet werden. Grundlage ist der normale, d. h. durchschnittliche Verbrauch an Kostengütern. Aus Istwerten der Vergangenheit gebildete statistische Mittelwerte enthalten auch die aus Fehldispositionen resultierenden Mehrkosten. Sie sind also ein Durchschnitt aus günstigen und ungünstigen Werten.

Die Aussagefähigkeit einer Normalkostenrechnung kann vergrößert werden, wenn bei der Bildung der Durchschnittswerte inzwischen eingetretene Veränderungen der Kosteneinflußfaktoren berücksichtigt werden (aktualisierte Mittelwerte). Die Normalisierung der Kosten muß nicht sämtliche Kostenelemente erfassen, sondern kann verschieden weit gehen und sich z. B. auf die Verwendung von **festen Verrechnungspreisen** für die Materialkosten, festen Lohnsätzen, festen Gemeinkostenzuschlägen **(Normalkostenzuschlägen)** und festen Verrechnungspreisen für innerbetriebliche Leistungen beschränken.

Die Normalkostenrechnung wurde zeitlich vor der Plankostenrechnung entwickelt, und zwar zunächst als starre und später als flexible Rechnung.

Die **starre Normalkostenrechnung** arbeitet in der Regel mit nur zwei Abweichungen:
(1) Die **Preisabweichung** entsteht als Differenz zwischen Istpreisen für Roh-, Hilfs- und Betriebsstoffe und festen Verrechnungspreisen auf Durchschnittsbasis:

```
    Istmenge × Verrechnungspreis
  — Istmenge × Istpreis
  = Preisabweichung
```

(2) Die **Verbrauchsabweichung** tritt auf, wenn die durchschnittlichen Mengen an Kostengütern je Kostenstelle nicht mit den tatsächlich verbrauchten Mengen (Istmengen) übereinstimmen. Da die Normalkostenrechnung jedoch mit einem durchschnittlichen Beschäftigungsgrad (Kapazitätsausnutzungsgrad) arbeitet, sind Differenzen, die durch Abweichungen des Beschäftigungsgrades vom durchschnittlichen Beschäftigungsgrad bedingt sind, in der Verbrauchsabweichung enthalten. Der Aussagewert der entstehenden Differenzen (Über- und Unterdeckungen) für die Kostenkontrolle wird dadurch erheblich vermindert.

Die **flexible Normalkostenrechnung** führt im Interesse einer besseren Kostenkontrolle eine Aufspaltung der Mengenabweichung in eine Verbrauchs- und eine Beschäftigungsabweichung durch, indem sie die Normalkostensätze jeweils der veränderten Kapazitätsausnutzung anpaßt. Das setzt eine Trennung der Normalgemeinkosten jeder Kostenstelle in ihre fixen und ihre variablen Bestandteile voraus, da erstere von Änderungen des Beschäftigungsgrades nicht betroffen werden.

Die Normalkosten dienen einerseits der **Vorkalkulation,** andererseits der **Kostenkontrolle.** Ihre Begrenztheit ergibt sich daraus, daß zwar die Abweichungen der Istkosten von den Normalkosten festgestellt werden können, da aber „Istkosten kein Maßstab der Wirtschaftlichkeit sind, ist auch ihr Durchschnitt (Normalkosten) kein guter, wenn auch nicht wertloser Wirtschaftlichkeitsmaßstab".[1]

Die **Plankostenrechnung** ist dadurch charakterisiert, daß die Kosten nicht aus Vergangenheitswerten abgeleitet werden, sondern aus der betrieblichen Planung hervorgehen. Die Plankostenrechnung ist bestrebt, bestimmte Einflüsse, die auf die Kosten einwirken, durch Vorausplanen der Kosten für eine bestimmte Planungsperiode aus der Abrechnung zu eliminieren. Kostenschwankungen können vor allem verursacht werden:
(1) durch Schwankungen der Preise der Kostengüter,
(2) durch Schwankungen im Mengenverbrauch der Kostengüter,
(3) durch Schwankungen des Beschäftigungsgrades.

Damit die mit Hilfe der Kostenrechnung durchgeführte Kostenkontrolle und Kalkulation durch derartige Schwankungen nicht gestört werden, verrechnet man an Stelle von Istkosten geplante Kosten, d. h. man legt „die Einzelkosten nach Produktarten und die Gemeinkosten nach Kostenstellen differenziert für eine bestimmte Planungsperiode (meist ein Jahr) im voraus" fest.[2]

---

[1] Mellerowicz, K., Planung und Plankostenrechnung, Bd. II, Plankostenrechnung, Berlin 1973, S. 18.
[2] Kilger, W., Betriebliches Rechnungswesen, in: Allgemeine Betriebswirtschaftslehre in programmierter Form, hrsg. v. H. Jacob, Wiesbaden 1969, S. 909.

Plankosten sind nicht nur im voraus geplante Kosten, sondern sie sind auch planmäßig, d. h. sie fallen bei wirtschaftlicher Durchführung der Produktion an. Sie stellen das Ziel dar, das erreicht und unterschritten werden soll, sie haben also **Vorgabecharakter.** Nach Nowak sind Plankosten „der im voraus methodisch bestimmte, bei ordnungsmäßigem Betriebsablauf als erreichbar betrachtete wertmäßige leistungsverbundene Güterverzehr, der dadurch Norm- und Vorgabe-Charakter besitzt."[1] Die Plankosten werden auf Grund von Erfahrungen und Arbeitsstudien ermittelt. Sie müssen als Vorgabekosten erreichbar sein, sonst ergeben sich ungünstige psychologische Wirkungen, die die Arbeitsfreude und damit die Arbeitsleistung mindern können.

Um der betrieblichen Kontrolle dienen zu können, stellt die Plankostenrechnung im Wege des **Soll-Ist-Vergleichs** die Differenzen zwischen vorausgeplanten und tatsächlich angefallenen Kosten fest und spaltet die Differenzen in eine Anzahl von Abweichungen auf, aus denen die Ursachen ermittelt werden sollen, warum sich die Kosten nicht so entwickelt haben, wie es bei der Aufstellung der Soll-Rechnung erwartet wurde. Dieses Verfahren wird unten ausführlich besprochen.[2]

Die Plankostenrechnung hat eine ähnliche Entwicklung wie die Normalkostenrechnung durchgemacht. Sie war zunächst eine starre und ist heute in der Regel eine flexible Plankostenrechnung. Der Unterschied zwischen beiden Systemen besteht vor allem darin, daß bei der **starren Plankostenrechnung** die Kosten der Kostenstellen auf Basis eines bestimmten als Jahresdurchschnitt erwarteten Beschäftigungsgrades geplant werden und für die Dauer eines Jahres auch dann konstant (starr) gehalten werden, wenn sich wesentliche Plandaten, insbesondere die Kapazitätsausnutzung, ändern. Dadurch können erhebliche Abweichungen von den Istkosten entstehen. Vor allem aber ist eine kurzfristige Kostenkontrolle nicht möglich. Dieser schwerwiegende Nachteil wird auch durch die relativ einfache Form der Abrechnung (keine Auflösung der Plankosten in fixe und variable Bestandteile) nicht ausgeglichen.

Demgegenüber versucht die **flexible Plankostenrechnung** eine Anpassung an Plandatenänderungen (z. B. Änderung der technischen oder personellen Kapazität, der Produktarten, der Losgröße, der Produktionsverfahren) vorzunehmen, indem sie die Plankosten der Kostenstellen zwar ebenfalls auf Basis eines als Jahresdurchschnitt erwarteten Planbeschäftigungsgrades vorgibt, diese Plankosten aber auf den in den einzelnen Abrechnungsperioden (z. B. Monaten) der Planungsperiode tatsächlich erreichten Ausnutzungsgrad (Istbeschäftigungsgrad) umrechnet. Die Plankosten der jeweiligen Istbeschäftigung werden als **Sollkosten** bezeichnet. Damit die Sollkosten aus den Plankosten abgeleitet werden können, muß eine Auflösung der Plankosten in fixe und variable (proportionale) Bestandteile erfolgen. Erstere müssen in voller Höhe in die Sollkosten eingehen, letztere nur im Verhältnis der Istausnutzung zur Planausnutzung.

---

[1] Nowak, P., Kostenrechnungssysteme in der Industrie, 2. Aufl., Köln und Opladen 1961, S. 81.
[2] Vgl. S. 944 ff.

$$\text{Sollkosten} = \text{fixe Plankosten} + \frac{\text{proportionelle Plankosten}}{\text{Planbeschäftigungsgrad}} \times \text{Istbeschäftigungsgrad}$$

Beispiel:

Fixe Plankosten	800 DM
variable Plankosten bei geplanter Nutzung	
(Planbeschäftigung) von 500 Maschinenstunden pro Monat	2.000 DM
Plankosten	2.800 DM

Die tatsächliche Nutzung (Istbeschäftigung) eines Monats beträgt 400 Maschinenstunden, d. h. $^4/_5$ der geplanten Nutzung. Die Plankosten der tatsächlichen Nutzung (Sollkosten) sind jedoch nicht $^4/_5$ der Plankosten bei Planbeschäftigung (2.240 DM), sondern $^4/_5$ der variablen Kosten bei Planbeschäftigung (1.600 DM), zuzüglich des vollen Betrages der fixen Plankosten (800 DM), also:

$$\text{Sollkosten} = 800 \text{ DM} + \frac{2.000 \text{ DM}}{500 \text{ Masch.Std.}} \times 400 \text{ Masch.Std.} = 2.400 \text{ DM}.$$

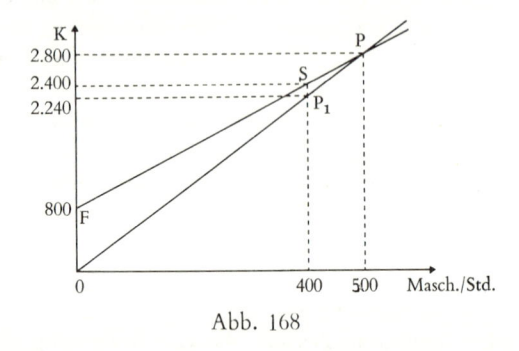

Abb. 168

OF = fixe Plankosten   FSP = Sollkosten
OP = verrechnete Plankosten SP_1 = Beschäftigungsabweichung

Der Vorteil einer solchen Rechnung mit flexiblen Plankosten besteht darin, daß eine **nach Kostenstellen und Kostenarten differenzierte Kostenkontrolle** durchgeführt werden kann, indem zunächst auf Abweichungen vom geplanten Beschäftigungsgrad zurückzuführende Differenzen zwischen verrechneten Plankosten (= geplante Kosten beim geplanten Beschäftigungsgrad) und Sollkosten (= geplante Kosten beim tatsächlich realisierten Beschäftigungsgrad) festgestellt werden und dann die Differenzen zwischen Sollkosten und entsprechenden Istkosten als Verbrauchsabweichung bestimmt werden.

Die flexible Plankostenrechnung kann entweder eine Vollkostenrechnung sein, die alle Kosten, die bei der Leistungserstellung entstanden sind, verrechnet, oder sie kann als Grenzplankostenrechnung nur die Grenzkosten (variable Kosten) berücksichtigen und ist dann eine Teilkostenrechnung, die durch Hinzunahme der fixen Kosten ergänzt werden muß.

Die **Grenzplankostenrechnung**[1] vereinfacht das Abrechnungsverfahren der auf Vollkostenbasis arbeitenden flexiblen Plankostenrechnung, indem sie fixe und variable Gemeinkosten trennt und in den geplanten Gemeinkostenverrechnungssatz nur die variablen Gemeinkosten aufnimmt. Die fixen Gemeinkosten werden getrennt verrechnet. Dabei wird ein proportionaler Verlauf der variablen Gemeinkosten bei Beschäftigungsänderungen unterstellt. Das bedeutet, daß ein linearer Gesamtkostenverlauf angenommen wird. In diesem Falle sind die Grenzkosten und die variablen Durchschnittskosten identisch. Deshalb kann man sagen, daß die Grenzplankostenrechnung nur die Grenzkosten mittels ihrer Plan-Gemeinkostenzuschläge verrechnet. Durch die getrennte Verrechnung der fixen Gemeinkosten können keine Beschäftigungsabweichungen entstehen.

Der **Aufbau und die Durchführung einer Plankostenrechnung** vollziehen sich im wesentlichen in folgenden Schritten, die in den kommenden Abschnitten näher behandelt werden. Im Rahmen dieser Einführung ist allerdings nur ein knapper Überblick über dieses komplizierte Kostenrechnungssystem möglich.

(1) Planung von Verrechnungspreisen (Planpreisen), mit deren Hilfe Preisschwankungen von der Kostenrechnung ferngehalten und Preisdifferenzen zwischen Plan- und Istpreisen festgestellt werden.

(2) Einteilung des Betriebes in Kostenstellen oder ggf. Verbesserung einer bereits bestehenden Kostenstellengliederung für Zwecke der Plankostenrechnung.

(3) Planung der Einzelkosten der Kostenträger pro Kostenstelle.

(4) Planung der Gemeinkosten pro Kostenstelle. Sie vollzieht sich in mehreren Etappen:

(a) Zunächst werden die Bezugsgrößen als Maßgrößen der Kostenverursachung ausgewählt (z. B. Fertigungslöhne, Fertigungszeiten, Produkteinheiten).

(b) Nun wird die Planbeschäftigung auf Basis der Maximalkapazität, einer durch Abschläge von dieser bestimmten Normalkapazität oder unter Berücksichtigung von vorhandenen Engpässen festgelegt. Diese Beschäftigungsplanung wird auch als Bezugsgrößenplanung bezeichnet.

(c) Sodann werden die Gemeinkostenpläne aufgestellt, d. h. es werden die der Planbeschäftigung entsprechenden Plankosten für jede Gemeinkostenart je Kostenstelle vorgegeben.

(d) Schließlich werden die Plankalkulationssätze für alle Kostenstellen gebildet. Das geschieht in der Weise, daß die Summe der Gemeinkosten einer Kostenstelle durch die Bezugsgröße dividiert wird. So ergibt z. B. die Summe der geplanten Gemeinkosten, dividiert durch die vorgegebene Zahl an Maschinenstunden, den Plangemeinkostenzuschlag je Maschinenstunde.

(5) Ermittlung und Analyse der Kostenabweichungen. Da der primäre Zweck der Plankostenrechnung die Kostenkontrolle ist, werden die ermittelten

---

[1] Vgl. Plaut, H. G., Die Grenz-Plankostenrechnung, ZfB 1953, S. 347 ff. und S. 402 ff.; Kilger, W., Flexible Plankostenrechnung, 4. Aufl., Köln und Opladen 1970.

Plankosten zur Durchführung des Soll-Ist-Vergleichs mit Hilfe der festgestellten Istbezugsgrößen (Istbeschäftigung) zu Sollkosten umgerechnet und im Betriebsabrechnungsbogen nach Kostenstellen differenziert den Istkosten (Istmengen an Kostengütern × Planpreise) gegenübergestellt. Die dabei festgestellten Abweichungen werden analysiert und mit den zuständigen Kostenstellenleitern erörtert. Dabei darf nicht übersehen werden, daß negative Abweichungen nicht nur auf Fehlverhalten, positive Abweichungen auf besonderen Leistungen beruhen müssen, sondern auch durch Planungsfehler bedingt sein können. Fehlleistungen der für die Kostenplanung Verantwortlichen müssen durch die interne Revision aufgedeckt werden.

2. Die Planung und Kontrolle der Kosten[1]

a) Kostenplanung auf Basis von Verrechnungspreisen

Preisschwankungen auf den Beschaffungsmärkten, die sich bei der Kostenkontrolle störend auswirken können, werden im System der Plankostenrechnung mit Hilfe von **geplanten Verrechnungspreisen** ausgeschaltet. Die Preisabweichungen ergeben sich durch folgende Rechnung:

> Istmenge × Planpreis
> — Istmenge × Istpreis
> = Preisabweichung

Die Weiterverrechnung der Kosten erfolgt mit Planpreisen, so daß später auftretende Kostenabweichungen nicht mehr auf Preisschwankungen auf den Beschaffungsmärkten zurückgeführt werden können.

Geplante Verrechnungspreise werden in der Plankostenrechnung vor allem für Werkstoffe und Arbeitsleistungen, d. h. für solche Produktionsfaktoren gebildet, die

(1) ein fest umrissenes Mengengerüst haben (das ist z. B. bei Dienstleistungen nicht der Fall),

(2) regelmäßig in größeren Mengen bezogen werden (das trifft für Güter des Anlagevermögens nicht zu; sie werden deshalb nicht in die Verrechnungspreisbildung einbezogen),

(3) so bedeutsam sind, daß durchschlagende Preisschwankungen die innerbetriebliche Kostenkontrolle beeinträchtigen würden.

Grundlage der Verrechnungspreise können Vergangenheitswerte (Anschaffungskosten), Gegenwartswerte (Tagespreise) oder Zukunftswerte (Wiederbeschaffungskosten) sein. In der Praxis werden heute meist **erwartete Planpreise,** also Zukunftswerte verwendet. Sie werden sowohl für die Kostenkontrolle und die auf ihren Ergebnissen basierenden Entscheidungen als auch für die Plankalkulation und die darauf aufbauende Erfolgsrechnung benötigt.

---

[1] Zu Einzelheiten vgl. insbesondere die beiden angegebenen Standardwerke von Kilger (Flexible Plankostenrechnung) und Mellerowicz (Planung und Plankostenrechnung, Bd. II) sowie die dort aufgeführte Literatur.

Mellerowicz nennt für die Bildung von Planpreisen drei Voraussetzungen:[1]
(1) Der Planpreis soll ein wenigstens für eine Planperiode fester Preis sein. Er darf sich allerdings nicht zu weit von der Entwicklung der Marktpreise entfernen, da sonst die Beziehungen zum Markt verlorengehen und die Abweichungen zum Istpreis zu groß werden.
(2) Das System der Planpreise soll nach Möglichkeit die Relationen der Marktpreise zueinander wiedergeben, da andernfalls die Lenkungsfunktion des Preises beeinträchtigt wird und folglich falsche Entscheidungen getroffen werden können.
(3) Die Planpreise sollen sich am preisgünstigsten Angebot orientieren, denn auch sie haben Vorgabecharakter wie alle Plankosten.

Bei Arbeitsleistungen bilden die Bruttolöhne und -gehälter den Inhalt der Verrechnungspreise (Planlöhne und -gehälter), da sie sich gut mit der Lohn- und Gehaltsabrechnung abstimmen lassen. Die gesetzlichen und freiwilligen Sozialaufwendungen werden hierauf als Zuschlag verrechnet. Erwartete Lohn- und Gehaltserhöhungen können relativ leicht berücksichtigt werden.

b) Planung und Kontrolle der Einzelkosten

Die Planung und Kontrolle der Einzelkosten ist im Vergleich zur Planung und Kontrolle der Gemeinkosten relativ einfach. Obwohl die Einzelkosten den Kostenträgern direkt zugerechnet werden, erfolgt ihre Kontrolle nach Kostenstellen, denn der Verbrauch wird durch die Arbeitskräfte in den Kostenstellen beeinflußt und kann nur hier gesteuert werden.

Die Planung und Kontrolle der **Einzelmaterialkosten** (Kosten des Fertigungsmaterials) vollzieht sich folgendermaßen:
(1) Zunächst werden die **Netto-Einzelmaterialkosten** auf Grund planmäßiger Produktgestaltung, der Materialeigenschaften und der Gestaltung des Fertigungsablaufs ermittelt. Unterlagen hierfür sind Stücklisten, Materialbedarfsaufstellungen, Mischungsanweisungen, Rezepturen u. a.
(2) Sodann wird der Abfall nach verschiedenen Abfallursachen auf Grund detaillierter Abfallanalysen geplant.
(3) Faßt man beide Werte zusammen, so ergeben sich die geplanten **Brutto-Einzelmaterialkosten,** die für die Plankalkulation verwendet werden.
(4) Zur **Kontrolle** der Einzelmaterialkosten werden den Brutto-Plan-Einzelmaterialkosten die tatsächlich angefallenen Einzelmaterialkosten gegenübergestellt. Letztere sind die mit geplanten Verrechnungspreisen bewerteten Materiallagerabgänge, die auf Basis einer Inventur und/oder von Materialentnahmescheinen ermittelt werden.
(5) Die sich ergebende „globale" **Materialverbrauchsabweichung** wird durch Aufspaltung in verschiedene Teilabweichungen analysiert.
　(a) Ursache von **auftragsbedingten Einzelmaterialabweichungen** sind besondere Kundenwünsche, die eine außerplanmäßige Produktgestaltung und damit evtl. anderes Einzelmaterial erfordern. Da diese Teilabweichungen von den Kostenstellenleitern nicht zu verantworten sind,

---
[1] Vgl. Mellerowicz, K., a. a. O., S. 86.

werden sie gelegentlich auch durch besondere Zusatz-Materialentnahmescheine vom Istverbrauch abgespalten.

(b) Abweichungen infolge **außerplanmäßiger Materialeigenschaften** können durch erhöhtes spezifisches Gewicht, geringere Reißfestigkeit, zu hohen Feuchtigkeitsgehalt u. ä. bedingt sein. Derartige Abweichungen lassen sich meistens nur in Verbindung mit Materialanalysen eliminieren und können oft dem Einkauf als zu verantwortende Abweichungen angelastet werden.

(d) Abweichungen infolge von **Schwankungen der innerbetrieblichen Wirtschaftlichkeit** sind das eigentliche Ziel der Kontrolle der Einzelmaterialkosten, denn die Mehrkosten sind – richtige Planung vorausgesetzt – durch dispositive Maßnahmen vermeidbar. Häufig wird versucht, über eine Prämiierung der Einsparungen die innerbetriebliche Wirtschaftlichkeit positiv zu beeinflussen.

In Analogie zu den Materialkosten geht die Planung und Kontrolle der **Einzellohnkosten** (Fertigungslöhne) auf der Basis von Zeitstudien, Arbeitsablaufplänen u. a. folgendermaßen vor sich:

(1) Für jeden Arbeitsgang werden bei planmäßigem Arbeitsablauf und geplanten Leistungsgraden die Plan-Lohneinzelkosten ermittelt.

(2) Bei Akkordentlohnung werden alle bezahlten Zeitabweichungen als Zusatzlöhne festgelegt.

(3) Bei der Kontrolle der Lohnkosten ist zwischen Akkord- und Zeitlöhnen zu unterscheiden. Bei Akkordlöhnen können ex definitione keine Abweichungen zwischen Soll und Ist entstehen. Man kontrolliert aber die Leistungsgrade der Arbeiter. Bei Zusatzlöhnen wird allerdings eine Reihe von Abweichungen errechnet und auf folgende Ursachen zurückgeführt: Leistungsgarantien, Konstruktionsänderungen, Materialveränderungen (z. B. Brüchigkeit, Härtegrade) und kostenstellenbedingte Ursachen wie z. B. ablaufbedingte Wartezeiten oder Betriebsstörungen. Bei Zeitlöhnen ergibt sich die Einzellohnabweichung als Differenz zwischen den Iststunden und den Planstunden bei Istbeschäftigung (Sollstunden).

In ähnlicher Weise wie das Fertigungsmaterial und die Fertigungslöhne werden in der Plankostenrechnung auch die **Sondereinzelkosten der Fertigung** (z. B. Entwicklungskosten oder Spezialwerkzeuge) **und des Vertriebs** (z. B. Verpackungs- und Frachtkosten) geplant und kontrolliert.

c) Planung und Kontrolle der Gemeinkosten

aa) Aufgaben und allgemeine Voraussetzungen

Die Gemeinkostenplanung erfolgt jeweils für die **Planperiode,** d. h. in der Regel für ein Jahr. In der Zwischenzeit eingetretene Veränderungen der Plandaten werden nur bei größeren produktionstechnischen, organisatorischen oder kapazitätsmäßigen Änderungen berücksichtigt.

Die Gemeinkostenkontrolle wird dagegen jeweils für die **Abrechnungsperiode,** d. h. gewöhnlich für jeden Monat vollzogen. Die Rechenarbeit bei der Kontrolle ist folglich außerordentlich umfangreich und muß deshalb straff durchorganisiert sein.

Ziel der Gemeinkostenplanung ist die Aufstellung von **Gemeinkostenplänen** pro Kostenstelle und pro Bezugsgröße. Diese Gemeinkostenpläne liefern
(1) die Sollkosten als eine der beiden Hauptkomponenten des Soll-Ist-Vergleichs,
(2) die Plankalkulationssätze als Grundlage der Plankalkulation und der Erfolgsplanung und -analyse.

Die Planung der Gemeinkosten erfolgt **pro Kostenstelle**, weil zum Zwecke der Kostenkontrolle die Ermittlung von Kostenabweichungen dort erfolgen muß, wo die Kosten anfallen und wo sie beeinflußbar sind. Auch die Einzelkosten werden pro Kostenstelle kontrolliert, obwohl sie pro Kostenträger geplant werden. Außerdem ist eine genaue Planung der Stückkosten nur möglich, wenn die Gemeinkosten entsprechend der unterschiedlichen Beanspruchung der Kostenstelle durch die Kostenträger zugerechnet werden. Eine Verrechnung der Gemeinkosten auf die Kostenträger mit Hilfe eines pauschalen Zuschlages würde zu ungenauen Planwerten führen.

Grundlage der Gemeinkostenplanung und -kontrolle ist die Einteilung des Betriebes in **Kostenstellen**, durch die klar voneinander abgegrenzte Verantwortungsbereiche gebildet werden sollen, und ferner die Wahl der für jede Kostenstelle geeigneten **Maßgröße der Kostenverursachung** (Bezugsgröße, Schlüsselgröße). Beide Probleme wurden oben[1] bereits in allgemeiner Form behandelt. Die Bezugsgrößenauswahl bedarf jedoch noch weiterer Ausführungen.

bb) Die Auswahl der Bezugsgrößen

Für jede Kostenstelle gilt es, eine oder mehrere Maßgrößen der Kostenverursachung zu finden, die unter der Voraussetzung konstanter Kapazitäten und fester Preis- und Lohnsätze zu den variablen Kostenarten der jeweiligen Kostenstelle in einer proportionalen Beziehung stehen. Es lassen sich zwei Hauptgruppen von Bezugsgrößen unterscheiden:[2]

(1) **Direkte Bezugsgrößen** können unmittelbar aus den Quantitäten der erstellten Leistungen abgeleitet werden. Sie sind für die Hauptkostenstellen des Fertigungsbereichs und gewisse Hilfskostenstellen von Bedeutung (z. B. Fertigungszeiten, Stückzahlen, Gewichtseinheiten).

(2) **Indirekte Bezugsgrößen** werden dort verwendet, wo sich keine auf der Kostenverursachung basierende Beziehung zu den Kostenträgern herstellen läßt (z. B. bei den Stellen des Beschaffungs-, Verwaltungs- und Vertriebsbereichs).

Benötigt man für eine Kostenstelle nur eine direkte Bezugsgröße, die zu sämtlichen variablen Kosten dieser Stelle in einer proportionalen Beziehung steht, so spricht man von **homogener Kostenverursachung**. In diesem Falle müssen die Produktionsbeiträge der Kostenstelle gleichartig sein oder sich mit Hilfe von Äquivalenzziffern gleichnamig machen lassen. Wird in einer Kostenstelle nur eine Produktart oder werden unterschiedliche Produkte mit gleicher Kostenverursachung je Mengeneinheit bearbeitet, so eignet sich die Stückzahl oder die Fertigungszeit als Bezugsgröße.

---

[1] Vgl. S. 908f.
[2] Einzelheiten und weitere Beispiele vgl. Kilger, W., a. a. O., S. 332 ff.

Sind die Produktionsbeiträge einer Kostenstelle nicht homogen und lassen sie sich auch nicht gleichnamig machen, weil auf die Kostenhöhe verschiedene Einflußgrößen (Kostenbestimmungsfaktoren) einwirken, deren Maßgrößen nicht proportional zueinander sind, so müssen mehrere direkte Bezugsgrößen pro Kostenstelle gewählt werden (**heterogene Kostenverursachung**).

Beispiele für heterogene Kostenverursachung sind wechselnde Seriengrößen bei Serienfertigung (unterschiedliche Kosten für Rüstzeiten und Ausführungszeiten), wechselnde Bedienungsverhältnisse (z. B. unterschiedlicher Arbeitseinsatz für verschiedene Produkte des Fertigungsprogramms) oder wechselnde Auftragszusammensetzung (z. B. unterschiedliche Kosten für die Bearbeitung verschiedener Materialsorten).

Die Grenzen und Probleme der Bezugsgrößenwahl zeigen sich einerseits bei den Beschaffungs-, Verwaltungs- und Vertriebsstellen, da dort in der Regel keine objektbezogenen, sondern dispositive Tätigkeiten anfallen, und andererseits bei gewissen Hilfskostenstellen, bei denen sich Istkosten für an sich quantifizierbare Leistungen überhaupt nicht quantifizieren lassen (Leitungsstellen wie Meisterbüro, Arbeitsvorbereitung, Forschungs- und Entwicklungsabteilung u. ä.).

Bei den **Beschaffungs-, Verwaltungs- und Vertriebsstellen** müssen nach der Stufe in der Hierarchie dispositiver Entscheidungsbefugnisse zwei Gruppen unterschieden werden, nämlich die Stellen mit und die Stellen ohne echte dispositive Entscheidungsbefugnisse. Der Charakter der Tätigkeiten der letztgenannten Stellen liegt in der Erledigung von Routinearbeiten mit Wiederholungscharakter. Für die Kostenkontrolle lassen sich hier u. U. noch Bezugsgrößen finden. Sie stehen allerdings in keiner Beziehung zu den Kostenträgern (Kalkulation).

Zur Messung der Leistungsbeiträge dieser Kostenstellen und damit für die Kostenkontrolle sind z. B. folgende **indirekte Bezugsgrößen** denkbar:

Kostenstelle	Bezugsgröße
Verkauf, Einkauf	Zahl der erledigten Aufträge
Fakturierung	Zahl der Rechnungen
Mahnabteilung	Zahl der Mahnungen
Kalkulationsabteilung	Zahl der Kalkulationen
Lochkarten-Abteilung	Zahl der Tabellierzeilen
Versand	Zahl der versendeten Einheiten

Bei den Kostenstellen mit dispositiven Entscheidungsbefugnissen (z. B. bei den Kostenstellen der Geschäftsleitung) versagt das Kostenverursachungsprinzip vollständig. Es kann weder ein leistungsgerechter Kostenverursachungsmaßstab für die Kostenkontrolle ermittelt, noch eine Beziehung zur Kostenträgerrechnung hergestellt werden. Die Gemeinkostenplanung hat hier den Charakter einer Kostenbudgetierung.[1] Die Kostenkontrolle – wenn man sie so bezeichnen

---

[1] Vgl. Wille, F., Plan- und Standardkostenrechnung, 2. Aufl., Essen 1963, S. 37; Kilger, W., a. a. O., S. 346.

will – erfolgt pro Planperiode, also einmal im Jahr, indem man den Soll-Ist-Vergleich auf Basis des 100%-igen Budgets durchführt, d. h. das Budget wird einmal im Jahr den veränderten Verhältnissen angepaßt.

Die Wahl indirekter Bezugsgrößen ist im Bereich der **Hilfskostenstellen** in zwei Fällen erforderlich:[1]
(1) wenn die Leistungsabgaben der Hilfskostenstellen an die Hauptkostenstellen überhaupt nicht quantifizierbar sind, aber aus Gründen der Kostenkontrolle eine Proportionalisierung (und damit Verteilung) angestrebt wird (z. B. bei Leitungsstellen wie Meisterbüro oder Arbeitsvorbereitung);
(2) wenn die Leistungen zwar genau quantifizierbar, ihre Istkosten aber nicht erfaßbar sind (z. B. Energiestellen).

cc) Die Festlegung der Planbezugsgrößen (Beschäftigungsplanung)

Nachdem für die einzelnen Kostenstellen die Bezugsgrößen als Maßstäbe der Kostenverursachung bestimmt worden sind, muß die Höhe der Planwerte der Bezugsgrößen pro Monat (z. B. 5.000 Fertigungsstunden pro Monat, 10.000 kg pro Monat) festgelegt werden. Dabei können zwei Verfahren angewendet werden:
(1) die Kapazitätsplanung,
(2) die Engpaßplanung.

Bei der **Kapazitätsplanung** wird die Höhe der Planbezugsgröße jeder Kostenstelle auf Basis der technischen Maximalkapazität oder besser der realisierbaren Optimalkapazität geplant (z. B. in Stück, kg, Akkordminuten, Maschinenstunden usw. pro Monat). Die übrigen betrieblichen Teilbereiche werden dabei nicht berücksichtigt. Die **Engpaßplanung** dagegen beachtet die Interdependenzen aller betrieblichen Teilpläne und orientiert sich (gemäß Gutenbergs Ausgleichsgesetz der Planung) am Minimumsektor (Engpaß). In der Regel wird hier die Beschäftigung der Kostenstelle aus dem Fertigungsprogrammplan abgeleitet, der seinerseits wiederum durch andere Teilpläne (z. B. den Absatzplan) begrenzt sein kann.

Als Planbezugsgröße (Planbeschäftigung) wird bei der Engpaßplanung die zu erwartende **Durchschnittsproduktion** gewählt, die man unter Berücksichtigung aller möglichen Engpässe (einschließlich des Absatzes) in der Planperiode zu erreichen hofft. Der Vorteil dieser Methode der Festlegung der Planbezugsgrößen ist die Einbettung in die betriebliche Gesamtplanung und damit die Berücksichtigung aller bekannten Engpässe.

dd) Die Durchführung der Gemeinkostenplanung

Nachdem die ersten drei Schritte der Vorbereitung der Gemeinkostenplanung vollzogen worden sind, nämlich die Einteilung des Betriebes in Kostenstellen, die Auswahl der der Kostenverursachung entsprechenden Bezugsgrößen und die Festlegung der Planhöhe dieser Bezugsgrößen, muß nun die Höhe der Gemeinkostenarten pro Kostenstelle und pro Bezugsgröße vorgegeben werden. Das Ergebnis dieser Planung sind die Kostenstellenpläne für alle Kostenstellen.

---

[1] Vgl. die Zahlenbeispiele bei Kilger, W., a. a. O., S. 345 und 347.

Sie bilden die Grundlage für die laufende Kostenkontrolle im Wege des Soll-Ist-Vergleichs.

Die Gemeinkostenplanung kann mit Hilfe statistischer oder synthetischer Verfahren durchgeführt werden. Im ersten Falle werden die Kostenvorgaben aus vorhandenen Kostenstatistiken, d. h. aus Vergangenheitswerten abgeleitet. Im zweiten Falle wird unter Loslösung von den Istkosten vergangener Perioden die Planung auf Grund besonderer Kostenuntersuchungen vorgenommen.

Bei der **mehrstufigen synthetischen Gemeinkostenplanung** werden die Sollgemeinkosten jeweils für verschiedene Bezugsgrößenwerte (Beschäftigungsgrade) gesondert geplant, und zwar an Hand exakter Verbrauchsmessungen, die unter Anwendung aller technischen, betriebswirtschaftlichen und arbeitswissenschaftlichen Erkenntnisse vorgenommen werden. Die Verbrauchsmengen werden dann mit den Planpreisen multipliziert.

Diese Methode wird deshalb mehrstufig genannt, weil die Plangemeinkosten nicht nur für die Planbezugsgrößen, sondern für eine ganze Skala alternativer Bezugsgrößenwerte (Beschäftigungsgrade) ermittelt werden. Diese einzelnen Stufen lassen sich dann durch Interpolationen für Zwischenwerte ergänzen. Grundsätzlich werden hier jedoch für jeden Beschäftigungsgrad (z. B. 70–80%, 90–100%) besondere Kalkulationssätze (auf Vollkostenbasis) festgelegt. Der Aufbau eines solchen Stufenplans erfolgt jedoch ohne Trennung in fixe und proportionale Kosten.

Bei der **einstufigen synthetischen Gemeinkostenplanung** werden die Sollgemeinkosten, die der Planbezugsgröße entsprechen – also die Plankosten – ermittelt, und zwar ebenso wie bei der mehrstufigen Methode auf Grund besonderer Verbrauchsmessungen und Berechnungen. Die besondere Problematik dieses Planungsverfahrens liegt in der Auflösung der Plangemeinkosten in fixe und proportionale Bestandteile. Dabei untersucht man für jede Kostenstelle das Zeit- und Mengengerüst der ermittelten Sollgemeinkosten der Planbezugsgröße und entscheidet, welche Verbrauchsmengen bei einer maximalen konstanten Betriebsbereitschaft auch dann gerechtfertigt sind, wenn die Istbezugsgröße Null ist.[1] Das sind dann die fixen Kosten der Kostenstelle (z. B. Kosten der Betriebsbereitschaft, wenn überhaupt nicht produziert wird).

d) Der Soll-Ist-Kostenvergleich

Es wurde oben bereits darauf hingewiesen, daß der Hauptzweck der Plankostenrechnung die **Kostenkontrolle,** die zweite Aufgabe die Schaffung von Dispositionsgrundlagen ist. Ziel der Kostenkontrolle und der zu diesem Zweck durchgeführten Ermittlung und Analyse der Abweichungen von den vorgegebenen Kosten ist die Überwachung und Beurteilung der für die jeweilige Abweichung verantwortlichen Mitarbeiter. Dabei muß freilich berücksichtigt werden, daß sowohl positive wie negative Planabweichungen ihre Ursache nicht unbedingt in besonderer Leistungsfähigkeit bzw. in nennenswertem Fehlverhalten der an der Produktion beteiligten Mitarbeiter haben müssen. Planabweichungen können ebensogut durch falsche, d. h. zu optimistische bzw. zu pessimistische Auswahl der Plandaten, also durch Fehlleistungen auf der Pla-

---

[1] Vgl. Kilger, W., Plankostenrechnung, HdR, Sp. 1351.

nungsseite oder durch nicht vorhersehbare und von niemandem zu vertretende Datenänderungen hervorgerufen werden.

Die **Verbrauchsabweichung** wird dabei in der Weise ermittelt, daß man versucht, alle anderen Kostenbestimmungsfaktoren mit ihren außerplanmäßigen Auswirkungen vom Soll-Ist-Vergleich fernzuhalten. Man arbeitet deshalb mit Planpreisen und einem System von Bezugsgrößen, das die Einflüsse der anderen Kostenbestimmungsfaktoren planmäßig berücksichtigt.

Welche Kostenabweichungen diese anderen Kostenbestimmungsfaktoren verursachen, wird durch die Ermittlung von **Spezialabweichungen** außerhalb der Kostenstellenrechnung festgestellt (z. B. Kostenabweichungen als Folge von außerplanmäßiger Seriengröße, außerplanmäßigen Bedienungssystemen, Verfahrensabweichungen, Ablaufabweichungen). Hierbei handelt es sich in der Regel um zu Grenzkosten bewertete Bezugsgrößendifferenzen, die zwischen der Kostenstellen- und der Kostenträgerrechnung entstehen.

Da — wie oben bereits dargestellt — die Materialpreis- und Lohnsatzabweichungen bereits vor der Kostenrechnung erfaßt und abgegrenzt werden, gehen in die Kostenrechnung für die entsprechenden Kostenarten die Istmengen multipliziert mit ihren Planpreisen ein (= Istkosten der Plankostenrechnung). Diese „Istkosten" sind nicht zu verwechseln mit den Istkosten der Istkostenrechnung (Istmenge × Istpreis).

Bei der Vollplankostenrechnung wird die **Gesamtabweichung**, d. h. die Differenz zwischen den verrechneten Plankosten und den Istkosten (Istmenge × Planpreis) in zwei Abweichungen aufgeteilt: in die Beschäftigungsabweichung und die Verbrauchsabweichung.

Verbrauchsabweichungen entstehen, wenn die geplanten und die tatsächlich verbrauchten Mengen an Kostengütern nicht übereinstimmen. Rechnerisch läßt sich die Verbrauchsabweichung einer Kostenstelle ermitteln, indem man den Istmengenverbrauch jeder Kostenart einer Kostenstelle, bewertet mit Planpreisen, dem geplanten Mengenverbrauch, ebenfalls bewertet mit Planpreisen, gegenüberstellt, und zwar beim effektiven Beschäftigungsgrad (Istbeschäftigungsgrad, Istausnutzungsgrad). Da jede Mengeneinheit einer Kostenart mit dem gleichen Planverrechnungspreis bewertet wird, und da der dem Vergleich zugrunde gelegte Beschäftigungsgrad ebenfalls gleich ist, kann eine entstehende Differenz nur eine Mengen-(Verbrauchs)abweichung sein.

| Planmenge × Planpreis beim Istbeschäftigungsgrad |
| — Istmenge × Planpreis beim Istbeschäftigungsgrad |
| = Verbrauchsabweichung |

Oder:

| Verbrauchsabweichung = Sollkosten — Istkosten |

Die zum Planpreis bewertete Planmenge zum Istbeschäftigungsgrad sind die **Sollkosten.**

Stellt man die Sollkosten den Plankosten des geplanten Beschäftigungsgrades gegenüber, so erhält man die **Beschäftigungsabweichung** (Ausnutzungsabweichung). Sie wird im Gegensatz zur Verbrauchsabweichung nicht je Kostenart, sondern für jede Kostenstelle insgesamt oder bei heterogener Kostenstruktur je Bezugsgröße ermittelt.[1]

Planmenge × Planpreis beim Planbeschäftigungsgrad
— Planmenge × Planpreis beim Istbeschäftigungsgrad
= Beschäftigungsabweichung

Oder:

Beschäftigungsabweichung = Plankosten — Sollkosten

Die Beschäftigungsabweichung ist eine Folge davon, daß der Plankostenverrechnungssatz bei der Vollplankostenrechnung fixe und variable Kosten enthält und infolgedessen auch die nicht proportionalen Kostenbestandteile wie proportionale verrechnet werden, wenn der Istbeschäftigungsgrad vom Planbeschäftigungsgrad abweicht. Es entsteht eine Überdeckung, wenn der Istbeschäftigungsgrad größer, eine Unterdeckung, wenn er kleiner ist als der Planbeschäftigungsgrad. Die Beziehungen zeigt die folgende Abbildung.

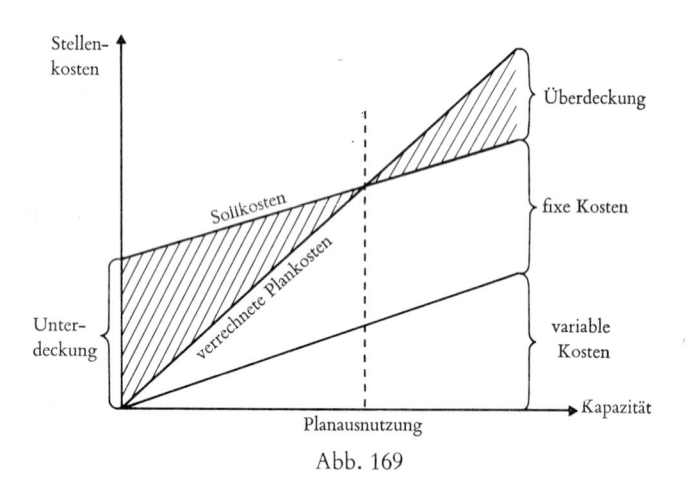

Abb. 169

Der **Soll-Ist-Kostenvergleich** ist bei der Vollplankostenrechnung genau betrachtet ein

Istkosten – Sollkosten – verrechnete Plankosten – Vergleich

---

[1] Vgl. Mellerowicz, K., a. a. O., S. 257.

Hierbei werden die Verbrauchsabweichungen als zu verantwortende Restabweichungen im System der Plankostenrechnung als letzte Abweichung, d. h. nach Ermittlung aller anderen Abweichungen errechnet und analysiert.

Die Verbrauchsabweichung ist als Differenz zwischen Soll- und Istkosten bei richtig geplanten Sollkosten und richtig erfaßten Istkosten eindeutig bestimmt, d. h. sie wird nicht vom Kapazitätsausnutzungsgrad beeinflußt.

Die Beschäftigungsabweichung dagegen ändert sich als Differenz zwischen verrechneten Plankosten und Sollkosten, wenn ein anderer Kapazitätsausnutzungsgrad als Planungsbasis verwendet wird, weil eine Veränderung der Planungsbasis auch zu einer Änderung des (Voll-)Plankostenverrechnungssatzes führt.

Beispiel:

Die Planbezugsgröße einer Kostenstelle beträgt bei 100%iger Kapazitätsausnutzung (Kapazitätsplanung) 6.000 Maschinenstunden, bei 80%iger Kapazitätsausnutzung (Engpaßplanung) 4.800 Maschinenstunden. Die entsprechenden Plankosten belaufen sich auf 24.000 DM bzw. 20.400 DM. Sie setzen sich aus 6.000 DM fixen Kosten und 18.000 bzw. 14.400 DM variablen Kosten zusammen.

Der **Plankostenverrechnungssatz**, d. h. der Plankostenbetrag je Maschinenstunde, ergibt sich durch Division der Plankosten durch die Planbezugsgröße, also:

bei **Kapazitätsplanung**

$$\frac{24.000\ \text{DM}}{6.000\ \text{Std.}} = 4\ \text{DM/Std.}$$

bei **Engpaßplanung**

$$\frac{20.400\ \text{DM}}{4.800\ \text{Std.}} = 4{,}25\ \text{DM/Std.}$$

Angenommen, die Istproduktion der Abrechnungsperiode beträgt 4.200 Maschinenstunden; dafür sind Istkosten von 19.200 DM angefallen. Die **verrechneten Plankosten** (= Plankosten der Istbeschäftigung) betragen dann:

bei **Kapazitätsplanung**

4.200 Std. × 4 DM = 16.800 DM

bei **Engpaßplanung**

4.200 Std. × 4,25 DM = 17.850 DM

Bei dieser Rechnung sind jedoch die fixen Kosten ebenso wie die variablen Kosten proportional zur Beschäftigungsänderung vermindert worden. Die Differenz zwischen den Istkosten und den verrechneten Plankosten zeigt die Gesamtabweichung, ohne diese jedoch in eine Beschäftigungsabweichung und eine Verbrauchsabweichung aufzuspalten.

Diese Aufspaltung erfolgt mit Hilfe der **Sollkosten,** die sich – wie oben bereits erwähnt – aus folgender Rechnung ergeben:

$$\text{Sollkosten} = \text{fixe Kosten} + \frac{\text{variable Kosten}}{\text{Planbezugsgröße}} \times \text{Istbezugsgröße}.$$

Es errechnen sich also folgende Sollkosten:

bei Kapazitätsplanung: **bei Engpaßplanung:**

$$6.000 + \frac{18.000}{6.000} \times 4.200 = \underline{18.600 \text{ DM}}; \quad 6.000 + \frac{14.400}{4.800} \times 4.200 = \underline{18.600 \text{ DM}}$$

Es lassen sich nun folgende Abweichungen berechnen:

	Kapazitätsplanung		Engpaßplanung
Istkosten		19.200	19.200
Sollkosten		— 18.600	— 18.600
Verbrauchsabweichung	=	600	600
Sollkosten		18.600	18.600
verrechnete Plankosten bei Istbeschäftigung		— 16.800	— 17.850
Beschäftigungsabweichung	=	1.800	750
Gesamtabweichung		2.400	1.350

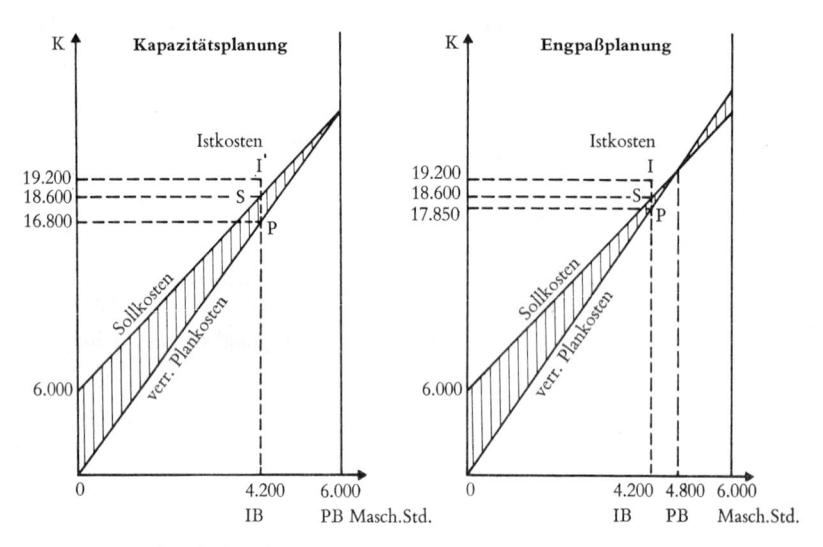

IS = Verbrauchsabweichung
IB = Istbeschäftigung
PB = Planbeschäftigung

SP = Beschäftigungsabweichung

Abb. 170

Die Sollkosten verlaufen in beiden Fällen gleich. Bei einer Istbeschäftigung von 4.200 Maschinenstunden (= Kapazitätsausnutzung von 70%) sind die Istkosten in beiden Fällen ebenfalls gleich. Folglich ergibt sich in beiden Fällen die gleiche Verbrauchsabweichung (Sollkosten – Istkosten).

Die verrechneten Plankosten steigen im Falle der Engpaßplanung steiler an, da sie bei einem Kapazitätsausnutzungsgrad von 80% (= 4.800 Maschinenstunden) und nicht erst von 100% (= 6.000 Maschinenstunden) den Sollkosten entsprechen. Die Beschäftigungsabweichung ist folglich bei Engpaßplanung (80%) geringer als bei Kapazitätsplanung (100%).

Bei der **Grenzplankostenrechnung** enthalten die Plankostenverrechnungssätze keine fixen Kosten. Folglich tritt hier keine Beschäftigungsabweichung auf. Die Sollgemeinkosten und die verrechneten Grenzplankosten sind gleich, wenn für alle Kostenarten proportionaler Kostenverlauf unterstellt wird.

3. Die Plankalkulation

Plankalkulationsschema

I. Planmaterialkosten
        Fertigungsmaterial
       + Ausschuß
       + Abfall
       — verwertbarer Abfall

(1) = Summe Fertigungsmaterial (Planmenge × Planpreis) + (2) Fremde Zulieferungen und Leistungen + (3) Planmaterialgemeinkosten (einheitlicher bzw. variierter Planzuschlag) auf Summe Fertigungsmaterial und (2)
= Summe Planmaterialkosten
+ II. Planfertigungskosten   (1) Fertigungsstelle A (Planbezugsgröße × Plankostensatz A) + (2) Fertigungsstelle B (Planbezugsgröße × Plankostensatz B)
= Summe Planfertigungskosten
+ III. Plansondereinzelkosten der Fertigung und Typenkosten

= IV. Planherstellungskosten (Summen I. bis III.)
+ V. Planverwaltungskosten (Planzuschlag auf IV.)
    Planvertriebskosten
    (1) Angebotsabgabe (Auftragsart × Plansatz für Angebot)
+ (2) Auftragsbearbeitung (Auftragsart × Plansatz je Std. Auftragsbearbeitung)
+ (3) Versand (Auftragsart × Planversandkostensatz)
+ (4) Rechnungsstellung (Auftragsdispositionen × Plankostensatz je Position)
+ (5) Mahnung (der Kundengruppe entsprechender Planmahnkostensatz)
+ (6) Restvertriebsgemeinkosten (Planzuschlag auf IV.)

+ VI. = Summe Planvertriebskosten + VII. Plansondereinzelkosten des Vertriebs   (Ausgangsfrachten, Provisionen, Mehrwertsteuer, Verpackung)
= VIII. Planselbstkosten (Summe IV. bis VII.)

Obwohl die Hauptaufgabe der Plankostenrechnung die Kostenkontrolle ist, die in den Kostenstellen durchgeführt wird, darf die Bedeutung der Plankostenrechnung für die Kalkulation (Kostenträgerrechnung) nicht unterschätzt werden. Die Plankalkulation hat grundsätzlich die gleichen Aufgaben wie die nicht auf geplanten Größen basierenden Vor- und Nachkalkulationen und verwendet dabei prinzipiell die oben dargestellten Kalkulationsverfahren, die – wie gezeigt – im wesentlichen von der Art der Produktion (Massen-, Sorten-, Serien-, Einzel-, Kuppelproduktion) bestimmt werden.

Die Besonderheit der Plankalkulation liegt vor allem darin, daß die verrechneten Werte (Verbrauchsmengen, Kalkulationssätze) **geplante Größen** sind. Auf Einzelheiten kann in diesem Rahmen nicht eingegangen werden, jedoch soll als Beispiel ein Kalkulationsschema aufgeführt werden, das im Aufbau dem auf S. 916 dargestellten allgemeinen Kalkulationsschema bei Zuschlagskalkulation entspricht.[1] Es gilt unter der Voraussetzung homogener Kostenverursachung in den Kostenstellen.

---

[1] Nach Mellerowicz, K., a. a. O., S. 354.

Zur Festigung und Vertiefung des Lehrstoffes zum Sechsten Abschnitt:

Das betriebliche Rechnungswesen

– Die Kostenrechnung –

empfiehlt es sich, die Aufgaben 1 bis 90 mit den zugehörigen Test- und Wiederholungsfragen aus Wöhe-Kaiser-Döring, **ÜBUNGSBUCH** zu Wöhe, Einführung in die Allgemeine Betriebswirtschaftslehre, S. 411 bis 502 durchzuarbeiten.

D. Die betriebswirtschaftliche Statistik und Vergleichsrechnung

I. Begriff und Aufgaben der betriebswirtschaftlichen Statistik

Der Begriff betriebswirtschaftliche Statistik wird mit unterschiedlichem Inhalt gebraucht:

(1) Als betriebswirtschaftliche Statistik bezeichnet man eine Summe von Verfahren, deren Aufgabe die jeder Statistik ist, nämlich die **zahlenmäßige Erfasssung,** Verarbeitung und zahlenmäßige, tabellarische oder graphische Darstellung **von Massenerscheinungen,** allerdings beschränkt auf solche, die durch betriebswirtschaftliche Merkmale gekennzeichnet sind. Diese Merkmale sind entweder solche des Betriebes oder solche, die von anderen Wirtschaftseinheiten auf den Betrieb einwirken. Die betriebswirtschaftliche Statistik erfaßt also nicht nur betriebliches Zahlenmaterial, sondern auch außerbetriebliche Erscheinungen, sofern sie dadurch zu Erkenntnissen gelangt, die für die Betriebsführung und -kontrolle bedeutsam sind, z. B. Preisentwicklungen auf den Beschaffungs- und Absatzmärkten, Bilanz- und Umsatzzahlen von Konkurrenzbetrieben, die Entwicklung des Bedarfs (Marktforschung) u. a. Da sie aber auch hier Zahlenmaterial für die betriebliche Disposition und Kontrolle zur Verfügung stellt, kann man sie als zum betrieblichen Rechnungswesen gehörig betrachten.

(2) Als betriebswirtschaftliche Statistik bezeichnet man ferner das **Ergebnis der zahlenmäßigen Erfassung** betrieblicher Erscheinungen, also z. B. die Tabellen, die Zahlenreihen enthalten, oder die graphischen Darstellungen, die die untersuchten Erscheinungen in Form von Schaubildern zum Ausdruck bringen.

Die betriebswirtschaftliche Statistik ist also einmal eine systematische Tätigkeit, die unter Anwendung spezifischer Methoden betriebliche Erscheinungen erfaßt, verarbeitet und darstellt, zum anderen das Ergebnis der Tätigkeit, das im üblichen Sprachgebrauch als „die Statistik" im Sinne einer tabellarischen oder schaubildmäßigen Darstellung bezeichnet wird.

Wie auch andere Teile des betrieblichen Rechnungswesens, insbesondere der Jahresabschluß, dient die betriebswirtschaftliche Statistik nicht nur der Betriebsführung, sondern ist auch für externe Benutzer ein Informations- und Entscheidungsinstrument. So sind Statistiken über die Umsatz-, Rentabilitäts- und Liquiditätsentwicklung, die z. B. in Geschäftsberichten oder in der Wirtschaftspresse veröffentlicht werden, für Aktionäre, potentielle Anleger, Kreditgeber, aber auch für Konkurrenzunternehmungen eine wesentliche Informationsquelle und Entscheidungshilfe.

Im Hinblick auf die anderen Bereiche des betrieblichen Rechnungswesens sind **zwei Aufgaben** der betriebswirtschaftlichen Statistik zu unterscheiden:

(1) Sie kann das Zahlenmaterial anderer Bereiche lediglich mit statistischen Methoden aufbereiten (Tabellen, Schaubilder), **ohne dadurch zusätzliche Erkenntnisse zu vermitteln.** Die statistische Rechnung ist in diesen Fällen jedoch einfacher und übersichtlicher. Ein Beispiel dafür ist der bereits besprochene Betriebsabrechnungsbogen, der in Form einer Tabelle die Gemeinkostenarten auf

Kostenstellen verteilt und Zuschlagsätze für die Weiterverrechnung der Stellengemeinkosten auf die Kostenträger ermittelt. Die von der Buchhaltung gelieferten Zahlen werden hier also lediglich nach einer anderen Methode verteilt; die gleiche Rechnung wäre auch kontenmäßig durchzuführen. Die Errechnung der Gemeinkostenzuschläge stellt eine Ergänzung der Buchhaltung dar, wäre aber als Nebenrechnung auch in nicht tabellarischer Form möglich. Die statistische Rechnung ist in diesem Falle lediglich einfacher und übersichtlicher, vermittelt aber keine zusätzlichen Erkenntnisse, die mit anderen Rechenmethoden nicht zu gewinnen wären.

(2) Sie kann **neue Erkenntnisse** über betriebliche Vorgänge und Erscheinungen gewinnen, die andere Teile des Rechnungswesens nicht liefern können. Während Buchhaltung, Bilanz und Kostenrechnung in erster Linie Werte und Wertveränderungen erfassen, erschließt die betriebswirtschaftliche Statistik durch Vergleichen von betrieblichen Tatbeständen und Entwicklungen (z. B. der Entwicklung der Produktion, der Lagerbewegungen, der Umsätze in verschiedenen Monaten) oder durch Feststellung von Beziehungen und Zusammenhängen zwischen betrieblichen Größen (z. B. Beziehungen zwischen Eigenkapital und Gewinn, zwischen eingesetztem Material und Materialabfall, zwischen Lohnkosten und Gesamtkosten) zusätzliche Einblicke in betriebliche Vorgänge und Erscheinungen. Die betriebswirtschaftliche Statistik in diesem Sinne dient also wie die übrigen Zweige des Rechnungswesens selbständig der Planung, Durchführung und Kontrolle des Betriebsprozesses.

II. Das statistische Zahlenmaterial

1. Die Beschaffung des statistischen Zahlenmaterials

Die betriebswirtschaftliche Statistik erhält das Zahlenmaterial, das sie benötigt, um den Betrieb zu überwachen und der Betriebsführung Unterlagen für ihre Planung und Disposition zu liefern, die von den übrigen Zweigen des betrieblichen Rechnungswesens nicht zur Verfügung gestellt werden können, auf zwei Wegen. Entweder verwendet sie die zahlenmäßigen Aufzeichnungen, die für andere als statistische Zwecke von der Buchhaltung, der Kostenrechnung und den einzelnen Betriebsabteilungen (Personalabteilung, Einkaufsabteilung, Vertriebsabteilung u. a.) gemacht worden sind und erhält dann das sog. **sekundärstatistische Zahlenmaterial,** oder sie nimmt eigene Erhebungen vor (z. B. Feststellung der Zahl der Kunden in einem Warenhaus an verschiedenen Tagen oder zu verschiedenen Stunden) und gewinnt somit das sog. **primärstatistische Zahlenmaterial.**

Gewöhnlich liefern die einzelnen Betriebsabteilungen dem Betriebsstatistiker die Zahlen nicht in einer Aufgliederung, wie sie für statistische Zwecke benötigt werden. Im Interesse der Wirtschaftlichkeit des gesamten betrieblichen Rechnungswesens muß der Statistiker deshalb dafür sorgen, daß vor allem Buchhaltung und Kostenrechnung, aber auch andere Betriebsabteilungen so eingerichtet und organisiert werden, daß das von der statistischen Abteilung benötigte Zahlenmaterial möglichst in der Aufgliederung zur Verfügung gestellt wird, in der es gebraucht wird. Sämtliche Teilbereiche des Betriebes müssen also **statistische Vorarbeit** leisten. Je mehr die einzelnen Teilbereiche des Betriebes auf die Erfüllung statistischer Funktionen eingerichtet sind, um so mehr wird die statistische Arbeit im Betriebe erleichtert und um so weniger müssen Sonderaufstellungen und Sondererhebungen gemacht werden. Ein wesentliches Hilfsmittel bei der Gewinnung des statistischen Zahlenmaterials ist die elektronische Datenverarbeitung.

Ist die Betriebsstatistik **dezentralisiert** – wie das in kleineren und mittleren Betrieben gewöhnlich der Fall ist –, so ergibt sich die Notwendigkeit der Aufgliederung des Zahlenmaterials für statistische Zwecke für viele betriebliche Teilbereiche von selbst, denn es gibt dann keine selbständige statistische Abteilung, sondern die statistischen Aufgaben werden von den einzelnen Betriebsabteilungen selbst erfüllt. Die Buchhaltung ist dann beispielsweise für die Bilanz-, Vermögens-, Erfolgs-, Finanz- und Liquiditätsstatistik verantwortlich, die Kostenrechnung für die Kostenstatistik, die Vertriebsabteilung für die Umsatzstatistik, die Personalabteilung für die Belegschaftsstatistik usw.

Ist die Betriebsstatistik **zentralisiert**, d. h. hat der Betrieb eine selbständige statistische Abteilung, die sämtliche statistischen Arbeiten ausführt, so müssen die einzelnen Betriebsabteilungen der statistischen Abteilung ihr Zahlenmaterial zur Verfügung stellen. Daneben muß diese Abteilung eigene Erhebungen durchführen.

Neben diesen beiden reinen Organisationsformen der Betriebsstatistik – der Dezentralisation und der Zentralisation – kommt häufig eine **Kombination beider Formen** vor. Ein Teil der statistischen Aufgaben wird in den einzelnen Betriebsabteilungen erledigt, ein anderer Teil ist zentralisiert. In der statistischen Zentrale erfolgt dann vor allem die Verarbeitung des statistischen Zahlenmaterials zu Tabellen, die Berechnung von Betriebskennzahlen, die Aufstellung von graphischen Darstellungen und die Auswertung der statistischen Zahlen.

Das von der Betriebsstatistik verwendete Zahlenmaterial besteht aus absoluten Zahlen, aus Verhältniszahlen und aus Durchschnittszahlen (Mittelwerte).

2. Die absoluten Zahlen

Die aus den statistischen Erhebungen und Beobachtungen unmittelbar hervorgehenden Zahlen sind absolute Zahlen, z. B. das Zahlenmaterial, das die Buchhaltung liefert. Sie geben Auskunft über die tatsächliche Höhe oder den tatsächlichen wertmäßigen oder mengenmäßigen Umfang eines wirtschaftlichen Tatbestandes oder Vorganges. Die allgemeine Statistik unterscheidet zwischen Bestands- und Bewegungsmassen. **Bestandsmassen** werden an einem Zeitpunkt, **Bewegungsmassen** in einem Zeitraum gemessen. Deshalb sind auch die Bezeichnungen Zeitpunkt- und Zeitraumzahlen gebräuchlich. Während **Zeitpunktzahlen**, die einen Zustand beschreiben, sich nicht über mehrere Zeitpunkte fortschreiben, d. h. addieren lassen, können **Zeitraumzahlen**, die einen Vorgang innerhalb eines Zeitraumes beschreiben, über beliebig viele Zeiträume fortgeschrieben werden.

Ein Beispiel soll diese Zusammenhänge erläutern: Aus der Lagerkartei soll sich für einen bestimmten Rohstoff ergeben:

Beispiel:

Datum	Bewegungen		Bestände	Zugang	Abgang
1. 3.	Zugang	100 kg	100 kg	100 kg	
15. 5.	Abgang	— 20 kg			20 kg
		80 kg	80 kg		
16. 8.	Zugang	+ 30 kg		30 kg	
		110 kg	110 kg		
17. 9.	Abgang	— 90 kg			90 kg
	Endbestand	20 kg	20 kg		
			(310 kg)	130 kg	110 kg

Die Zeitraumzahlen für Zugänge und Abgänge lassen sich jeweils sinnvoll addieren. Die Differenz ihrer Summe ergibt den Endbestand (130 kg — 110 kg = = 20 kg). Eine Addition der Bestände (Zeitpunktzahlen) ergibt 310 kg und ist vollkommen sinnlos. Nimmt man anstelle von Mengen Werte, z. B. DM – ein adäquates Beispiel wäre ein Kassenbuch – so gelten die gleichen Aussagen.

Der **Vorteil** der absoluten Zahlen liegt darin, daß sie eine genaue Vorstellung von der tatsächlichen Größenordnung geben. Sie sind nach mehreren Richtungen miteinander vergleichbar, d. h. sie lassen einen Vergleich mit allen anderen Zahlen zu, zu denen sie überhaupt in einem kausalen Verhältnis stehen.

Ihr **Nachteil** besteht darin, daß sie oft nicht leicht zu überblicken sind und mit zunehmender Anzahl und Größe immer unübersichtlicher werden. Stehen viele absolute Zahlen in einer Tabelle nebeneinander, und sollen sie nach verschiedenen Gesichtspunkten ausgewertet werden, so sind absolute Zahlen in der Regel nicht mehr brauchbar, weil sie unübersichtlich werden. Das ist insbesondere dann störend, wenn man Wert darauf legt, die Größenrelationen wirtschaftlicher Tatbestände sichtbar zu machen. Oft kommt es für eine wirtschaftliche Entscheidung, die an Hand statistischer Unterlagen getroffen werden soll, weniger auf die absoluten Zahlen, als vielmehr auf die Beziehungen zwischen den einzelnen Größen an.

Eine Systematisierung der absoluten Zahlen (allgemein des statistischen Materials) in Form von **Gruppenbildungen** mit dem Ziel, typische Erscheinungen besser sichtbar zu machen, läßt sich nach sachlichen, örtlichen und zeitlichen Merkmalen vornehmen.

Sachlich kann man z. B. den mengen- und wertmäßigen Umsatz eines Betriebes nach der Art des umgesetzten Produktes klassifizieren (Herrenmäntel, Damenmäntel). Der gleiche mengen- und wertmäßige Umsatz läßt sich **örtlich** aufgliedern nach Inland – Ausland, Stadtkundschaft – Landkundschaft. **Zeitlich** läßt sich dieser Umsatz nach Jahreszeiten, Monaten, Wochen, Tagen, Stunden erfassen.

Eine gleichzeitige Gruppierung nach mehreren statistischen Merkmalen ergibt u. U. einen noch besseren Einblick in die Zusammenhänge. So läßt sich im vorangehenden Beispiel eine Gliederung gleichzeitig nach der Art des umgesetzten Produktes (Herrenmäntel), dem Absatzgebiet (Inhalt) und der Zeit (August) vornehmen.

Bei der Gruppenbildung hängt die Tiefe der sachlichen, räumlichen und zeitlichen Gliederung vom **Zweck der statistischen Aufbereitung** ab. Für einen

Betrieb mag eine Aufgliederung in Herren-, Damen- und Kindermäntel genügen, während ein zweiter Betrieb daneben noch eine Aufteilung nach Größen für zweckmäßig erachtet und ein dritter Betrieb sich für das Alter der Käufer interessiert. Je differenzierter jedoch die Aufgliederung wird, um so unübersichtlicher wird sie u. U. in bezug auf den Gesamtzusammenhang, so daß in vielen Fällen die Bildung von bestimmten Größenklassen zweckmäßig erscheint. So könnte eine Einteilung der Kundschaft nach Altersgruppen und Umsatz wie folgt aussehen:

Beispiel:

Alter der Kundschaft	Höhe des Umsatzes in DM
0 bis unter 10 Jahren	1.500
10 Jahre bis unter 15 Jahren	10.000
15 Jahre bis unter 20 Jahren	12.000
20 Jahre bis unter 25 Jahren	9.000
...	...
65 Jahre bis unter 70 Jahren	1.800
70 Jahre und älter	600

Während für die Altersgruppen von 10 Jahren bis 70 Jahren jeweils Größenklassen von 5 Jahren gebildet werden, umfaßt die Altersgruppe unter 10 Jahren und die Altersgruppe von 70 Jahren und älter jeweils nur eine Größenklasse. Eine solche Größenklassenbildung für die erste und letzte Klasse ist dann zweckmäßig, wenn eine feine Einteilung (hier von 5 Jahren) nur geringe Besetzungen aufweist. Grundsätzlich hängt der Feinheitsgrad einer Größenklassenbildung vom Zweck der statistischen Aufbereitung ab.

3. Die Verhältniszahlen

Verhältniszahlen werden gewonnen, indem zwei oder mehrere statistische Größen zueinander in Beziehung gesetzt werden. Sie gestatten eine leichtere Erfassung und Vergleichbarkeit des Zahlenmaterials und geben eine schnellere und bessere Übersicht als absolute Zahlen. Allerdings haben sie den Nachteil, daß die tatsächlichen absoluten Zahlen, die hinter den durch Verhältniszahlen ausgedrückten Größenbeziehungen stehen und aus denen die Verhältniszahlen berechnet worden sind, nicht zu erkennen sind. So kann die Aussage, daß der Umsatz des Betriebes um 25% gestiegen sei, z. B. eine absolute Steigerung von 150 DM, aber auch von 15 Mill. DM bedeuten. Folglich ist die Forderung zu erheben, daß bei der Auswertung der Verhältniszahlen für die betriebliche Planung und die Betriebskontrolle die hinter den Verhältniszahlen stehenden absoluten Zahlen beachtet werden müssen.

Man unterscheidet drei Arten von Verhältniszahlen:
(1) Gliederungszahlen
(2) Beziehungszahlen
(3) Indexzahlen

a) Gliederungszahlen

Gliederungszahlen dienen zur Darstellung von Bestandsmassen und werden durch **Aufgliederung von Gesamtmassen in Teilmassen** gewonnen, indem die Teilmassen zur Gesamtmasse in Beziehung gesetzt werden. Begrifflich verschiedene Größen werden einander untergeordnet, z. B. Lohnkosten in Prozent der Gesamtkosten, Umsatz des Produktes A in Prozent des Gesamtumsatzes, Anteil einer Bilanzposition an der Bilanzsumme usw. Gliederungszahlen machen das Verhältnis von Gesamtmasse zu Teilmasse leichter überschaubar und mit anderen Teilmassen vergleichbar. Drückt man z. B. die Lohn-, Material-, Abschreibungskosten usw. in Prozent der Gesamtkosten aus, so ergibt sich ein schnellerer und vor allem einprägsamerer Überblick über die Relationen als durch Vergleich der absoluten Zahlen.

Beispiel:

Betrieb A hat im Zeitpunkt t_0 folgende Bilanz:

Aktiva		Passiva	
Anlagevermögen	400	Eigenkapital	800
Umlaufvermögen	1.600	Fremdkapital	1.200
	2.000		2.000

Der Anteil des Anlagevermögens am gesamten Vermögen (Aktiva) beträgt

$$\frac{400}{2.000} = \frac{1}{5} = 0{,}2 = 20\%.$$

Kennt man die Beziehungszahl (z. B. 2.000) und die Gliederungszahl (z. B. 0,2 bzw. 20%), so läßt sich die Teilmasse durch Multiplikation errechnen: 0,2 · 2.000 = 400 oder

$$\frac{20 \cdot 2.000}{100} = 400.$$

Berechnet man sämtliche Gliederungszahlen für dieses Beispiel, so folgt:

Bilanz in t_0

Aktiva				Passiva			
Vermögen	absolut	Bruchteil	Prozent	Kapital	absolut	Bruchteil	Prozent
Anlagevermögen	400	0,2	20	Eigenkapital	800	0,4	40
Umlaufvermögen	1.600	0,8	80	Fremdkapital	1.200	0,6	60
	2.000	1,0	100		2.000	1,0	100

Die Bedeutung der Gliederungszahlen für Vergleiche soll durch zusätzliches Heranziehen der Bilanz im Zeitpunkt 1 gezeigt werden.

Bilanz in t_1

Aktiva				Passiva			
Vermögen	absolut	Bruch-teil	Prozent	Kapital	absolut	Bruch-teil	Prozent
Anlage-vermögen	1.200	0,4	40	Eigen-kapital	900	0,3	30
Umlauf-vermögen	1.800	0,6	60	Fremd-kapital	2.100	0,7	70
	3.000	1,0	100		3.000	1,0	100

Will man die entsprechenden Positionen der beiden Bilanzen vergleichen, so gibt ein Vergleich der absoluten Zahlen kein ausreichendes Bild. So ist z. B. das Eigenkapital von 800 auf 900 gestiegen, in bezug auf das betriebswirtschaftlich bedeutsame Verhältnis zum Gesamtkapital ist jedoch der Anteil des Eigenkapitals am Gesamtkapital von 40% auf 30% gefallen. Das Umlaufvermögen ist um 200 gestiegen – im Verhältnis zum Gesamtvermögen ist dagegen der Anteil des Umlaufvermögens am Gesamtvermögen von 80% auf 60%, also um 20% gefallen.

b) Beziehungszahlen

Beziehungszahlen setzen **verschiedenartige, aber einander gleichgeordnete Massen** zueinander in Beziehung, z. B. Gewinn: Umsatz, Gewinn: Eigenkapital, Eigenkapital: Fremdkapital usw. Sie haben einen größeren Erkenntniswert als Gliederungszahlen, da sie nicht nur wie diese zur Darstellung von Bestandsmassen dienen, sondern vor allem Bewegungen und Entwicklungen sichtbar machen, die aus den absoluten Zahlen nicht ohne weiteres ersichtlich sind.

Aus dem vorangehenden Bilanzbeispiel lassen sich z. B. folgende Beziehungszahlen ableiten:

Umlaufvermögen	:	Anlagevermögen
Fremdkapital	:	Eigenkapital
Umlaufvermögen	:	Fremdkapital
Anlagevermögen	:	Eigenkapital

Das Verhältnis Fremdkapital : Eigenkapital wird auch als Verschuldungskoeffizient bezeichnet.

Es ist für das genannte Beispiel:

$$\text{Verschuldungskoeffizient } (t_0) = \frac{1.200}{800} = \frac{3}{2} = 1{,}5 \text{ oder } 150\%.$$

$$\text{Verschuldungskoeffizient } (t_1) = \frac{2.100}{900} = \frac{7}{3} = 2{,}33 \text{ oder } 233\%.$$

Im Zeitverlauf ist damit die Verschuldung von 150% auf 233%, d. h. gemessen an einem Verschuldungskoeffizienten von 1 um 83% gestiegen.

c) Indexzahlen (Veränderungszahlen)

Indexzahlen beziehen begrifflich gleichartige Massen auf eine an einem bestimmten Zeitpunkt gegebene gleiche Masse, wobei diese z. B. mit 100% angesetzt wird; z. B. Beziehung der Materialpreise verschiedener Jahre auf den Materialpreis des Jahres 1971. Der absolute Preis des Jahres 1971 interessiert dabei nicht, sondern bildet die Basis, an der die Veränderungen der Materialpreise folgender Jahre gemessen werden. Beträgt der Materialpreis des Jahres 1976 = 140, so zeigt diese Indexzahl eine Steigerung von 40% an. Indexzahlen registrieren also **die zeitliche Entwicklung** bestimmter betrieblicher Daten. Sie messen nur **relative Veränderungen**, lassen jedoch keinen Rückschluß auf das Niveau zu, das den Ausgangspunkt bildet. Die Bedeutung der Indexzahlen liegt vor allem darin, daß sie Bewegungsvorgänge (Umsatzentwicklung, Preisentwicklung) sichtbar machen.

Im folgenden Beispiel werden zeitliche Indexzahlen betrachtet; dabei wird zwischen Indexzahlen mit fester Basis und mit variabler Basis unterschieden. Der Gewinn eines Betriebes habe sich im Laufe der einzelnen Jahre wie folgt entwickelt:

Beispiel:

Jahr	Gewinn
1971	50.000
1972	70.000
1973	60.000
1974	70.000
1975	85.000
1976	110.000

Setzt man den Gewinn des Jahres 1971 mit 100% an, so folgt:

\multicolumn{2}{c}{Jahresgewinne in % des Jahres 1971}	
1971	$\frac{50.000}{50.000} = 100\%$
1972	$\frac{70.000}{50.000} = 140\%$
1973	$\frac{60.000}{50.000} = 120\%$
1974	$\frac{70.000}{50.000} = 140\%$
1975	$\frac{85.000}{50.000} = 170\%$
1976	$\frac{110.000}{50.000} = 220\%$

Eine derartige Reihe läßt sich auch entwickeln, wenn das Endglied, in diesem Falle der Gewinn, des Jahres 1976 in Höhe von 110.000 mit 100% angesetzt oder ein beliebiges anderes Glied der Reihe als Basis genommen wird.
Zeigt man die Entwicklung zum Jahre 1976 hin, d. h. setzt man den Gewinn des Jahres 1976 gleich 100%, so folgt:

Jahresgewinne in % des Jahres 1976	
1971	45,45%
1972	63,63%
1973	54,54%
1974	63,63%
1975	77,27%
1976	100,00%

Während die Indexzahlen mit einer **festen Basis** die Veränderung in bezug auf einen festen Zeitpunkt oder Zeitraum angeben, zeigen die Indexzahlen mit **veränderlicher Basis** die Veränderung von einem Zeitpunkt (Zeitraum) zu dem folgenden Zeitpunkt (Zeitraum).

Für die obige Gewinnentwicklung ergibt sich:

Jahresgewinne in % des Vorjahresgewinne	
1972 : 1971	$\frac{70.000}{50.000} = 140,00\%$
1973 : 1972	$\frac{60.000}{70.000} = 85,71\%$
1974 : 1973	$\frac{70.000}{60.000} = 116,67\%$
1975 : 1974	$\frac{85.000}{70.000} = 121,43\%$
1976 : 1975	$\frac{110.000}{85.000} = 129,41\%$

Aus diesen Indexzahlen lassen sich durch Subtraktion von 100% die relativen Wertveränderungen zum Vorjahr angeben.

Gewinnveränderung gegenüber d. Vorjahr in %	
von 1971 auf 1972	+ 40,00%
von 1972 auf 1973	− 14,29%
von 1973 auf 1974	+ 16,67%
von 1974 auf 1975	+ 21,43%
von 1975 auf 1976	+ 29,41%

4. Die statistischen Mittelwerte (Durchschnittszahlen)

a) Übersicht

Ein Mittelwert hat die Aufgabe, eine statistische Reihe ungleicher Größen, die die Glieder dieser Reihe bilden, durch einen einzigen zahlenmäßigen Ausdruck zu charakterisieren. Sein Vorteil liegt in einer Konzentration der statistischen Einzelwerte (z. B. der durchschnittliche Lagerbestand oder der durchschnittliche Monatsumsatz einer Ware während eines Jahres, der durchschnittliche Beschaffungspreis von Rohstoffen, der in der Kostenrechnung als fester Verrechnungspreis verwendet werden soll).

Die Mittelwerte sind von großer Wichtigkeit für Vergleichszwecke im Betrieb, insbesondere aber auch beim zwischenbetrieblichen Vergleich. Im letzten Falle haben sie den Charakter von **Richtzahlen** (z. B. der Durchschnittslohn in verschiedenen Betrieben, die durchschnittliche Rentabilität einer Branche). Sie bilden damit zugleich einen Maßstab zur Beurteilung von Einzelwerten (z. B. Vergleich der Durchschnittsrentabilität der Branche mit der Rentabilität des eigenen Betriebes). Sie sind ein wichtiges Hilfsmittel zur Überwachung des Betriebes, denn starke Abweichungen vom Mittelwert weisen in der Regel auf das Vorhandensein besonderer Ursachen hin, denen im Betrieb nachgegangen werden muß.

Der Aussagewert der Durchschnittszahlen darf allerdings im Betriebe auch nicht überschätzt werden, denn Mittelwerte können nicht in allen Fällen zur Grundlage betrieblicher Dispositionen gemacht werden. Das trifft z. B. für die Lagerdispositionen von Betrieben zu, die starken saisonalen Schwankungen unterliegen. Würde man hier den durchschnittlichen Lagerbestand einer längeren Zeitspanne ermitteln, um ihn in Zukunft zur Grundlage der Lager- und Einkaufspolitik zu machen, so wäre die Folge, daß in den Saisonspitzen der Lagerbestand zu niedrig ist und damit mögliche Umsatzgewinne verlorengehen, und daß in den „flauen" Zeiten der Lagerbestand zu hoch ist und damit unnötige Lagerkosten (Zinskosten, Raumkosten) anfallen. Man muß also darauf achten, daß man die Mittelwerte nicht an falscher Stelle anwendet. Sie haben stets eine nivellierende Wirkung, da der tatsächliche Verlauf einer Zahlenreihe und die oft erheblichen Unterschiede zwischen den Gliedern der Zahlenreihe nicht mehr erkennbar sind, wenn für eine Zahlenreihe nur noch ein einziger Ausdruck in Form eines Mittelwertes verwendet wird. Verschiedene Zahlenreihen können denselben Mittelwert ergeben.

Bei der Bestimmung der Mittelwerte unterscheidet man zwischen berechneten Mittelwerten und gewählten Mittelwerten.

Die **berechneten Mittelwerte** (arithmetisches und geometrisches Mittel) sind fiktive Rechnungsgrößen, die von der Größe des Wertes jedes Reihengliedes beeinflußt und nur zufälligerweise mit einer empirischen Zahl zusammenfallen werden. Infolge des Einflusses extrem gelagerter Fälle können untypische Durchschnitte entstehen. Die Grenzwerte der Reihe können stark abseits liegen und den Durchschnitt wesentlich beeinflussen.

Angenommen, ein Betrieb hat 100 Arbeiter, von denen 10 einen Stundenlohn von 5,–DM, 70 einen Stundenlohn von 6,– DM und 20 einen Stundenlohn von 12,- DM erhalten. Dann beträgt der Durchschnittslohn je Arbeiter 7,10 DM. Dieser Mittelwert ist eine fiktive Größe, denn kein einziger Arbeiter erhält tatsächlich einen Stundenlohn von 7,10 DM. Der Mittelwert ist außerdem untypisch infolge des Extremwertes von 12,- DM. Typisch für diesen Betrieb ist, daß der größte Teil der Arbeiter nicht mehr als 6,- DM Stundenlohn erhält.

Hier wäre die Anwendung eines **gewählten Mittelwertes** zweckmäßiger. Die gewählten Mittelwerte (häufigster Wert [Modus], Zentralwert [Median]) werden aus einer Zahlenreihe als besonders charakteristische Werte herausgesucht bzw. durch ihre Lage bestimmt. Im obigen Beispiel ist der häufigste Wert 6,- DM. Er ist der für diesen Betrieb typische Stundenlohn.

Im folgenden werden nun die wichtigsten Mittelwerte erklärt:

b) Das arithmetische Mittel

Das einfache arithmetische Mittel (im gewöhnlichen Sprachgebrauch als „Durchschnitt" bezeichnet) ist gleich der Summe einer statistischen Reihe, dividiert durch die Zahl der Reihenglieder.

Beispiel:

Umsatz: Januar   140.000,- DM
         Februar 130.000,- DM
         März   180.000,- DM

Durchschnittl. Monatsumsatz im I. Quartal:

$$\frac{140.000 + 130.000 + 180.000}{3} = 150.000 \text{ DM}$$

Das einfache arithmetische Mittel kann auch dann berechnet werden, wenn die Reihe der absoluten Zahlen nicht bekannt ist, sondern nur ihre Summe und die Anzahl ihrer Glieder. So läßt sich beispielsweise der Durchschnittslohn der Arbeiter eines Betriebes auch ohne statistische Zusammenstellung der Löhne der einzelnen Arbeiter ermitteln, indem man die gesamte Lohnsumme durch die Zahl der Arbeiter dividiert.

Haben die Glieder einer Zahlenreihe nicht die gleiche Bedeutung, so kann man nur dann zu einem brauchbaren Mittelwert kommen, wenn die Ungleichheit durch einen ausgleichenden Koeffizienten, einen **Gewichtungsfaktor,** der das Gewicht der einzelnen Zahlen zum Ausdruck bringt, beseitigt wird.

Beispiel:

Die Einkaufspreise von drei Lieferungen einer Rohstoffart betragen 11,- DM, 11,80 DM und 12,30 DM je Mengeneinheit. Soll für die Kostenrechnung ein fester Verrechnungspreis als Durchschnitt dieser Preise ermittelt werden, so ist das einfache arithmetische Mittel nur dann richtig, wenn bei allen drei Lieferungen die gleichen Mengen bezogen wurden. Das einfache arithmetische Mittel beträgt dann:

$$\frac{11 + 11,80 + 12,30}{3} = 11,70 \text{ DM.}$$

Sind aber die gelieferten Mengen unterschiedlich, z. B. 11.000, 4.000 und 7.000 Mengeneinheiten, so muß man, um zu einem richtigen Durchschnitt zu kommen, das **gewogene arithmetische Mittel** berechnen, d. h. bei der Berechnung des Durchschnitts auch die Mengen einbeziehen. Das gewogene arithmetische Mittel ergibt sich, indem man jede Liefermenge mit dem Preis pro Mengeneinheit multipliziert und die Summe der Anschaffungskosten aller drei Lieferungen durch die insgesamt bezogene Stückzahl dividiert:

Mengeneinheiten (1)	Preis je Einheit in DM (2)	Anschaffungskosten in DM (1) × (2)
11.000	11,—	121.000
4.000	11,80	47.200
7.000	12,30	86.100
22.000		254.300

Gewogenes arithm. Mittel = 254.300 : 22.000 = 11,56 DM

$$\text{Einfaches arithm. Mittel} = \frac{11 + 11,80 + 12,30}{3} = 11,70 \text{ DM}$$

c) Das geometrische Mittel

Das geometrische Mittel wird berechnet, indem man die einzelnen Glieder einer statistischen Reihe miteinander multipliziert und aus dem Produkt die der Zahl der Glieder entsprechende Wurzel zieht. Weist eine Reihe die Glieder 3, 6, 12, also drei Glieder auf, so ist

$$\text{das geometrische Mittel} = \sqrt[3]{3 \cdot 6 \cdot 12}$$

$$= \sqrt[3]{216} = 6.$$

Das arithmetische Mittel wäre bei diesem Beispiel

$$\frac{3 + 6 + 12}{3} = 7.$$

Wie beim arithmetischen Mittel, so wird auch beim geometrischen Mittel zwischen einem **einfachen** und einem **gewogenen** unterschieden. Das geometrische Mittel ist kleiner als das arithmetische Mittel, weil durch das Radizieren eine starke Nivellierung erfolgt. Darum ist der Einfluß der Extremwerte nicht so groß wie beim arithmetischen Mittel, jedoch hat es mit dem arithmetischen Mittel gemein, daß bei seiner Berechnung die Größe eines jeden einzelnen Wertes von bestimmendem Einfluß auf die Größe des Mittelwertes ist. Praktisch wird das geometrische Mittel in der betriebswirtschaftlichen Statistik kaum angewendet, da seine Berechnung kompliziert ist.

d) Der häufigste Wert (Modus)

Der häufigste Wert ist der in einer Reihe von Einzelwerten am häufigsten vorkommende Wert. Trägt man die Häufigkeit einzelner Werte in einer Kurve ab, so hat die Kurve bei diesem Wert den größten Abstand zur Basis. Man bezeichnet diesen Mittelwert deshalb auch als Scheitelwert.

Beispiel:
Haben in einem Betrieb
5 Arbeiter einen Stundenlohn von 13 DM
5 Arbeiter einen Stundenlohn von 9 DM
10 Arbeiter einen Stundenlohn von 6 DM
60 Arbeiter einen Stundenlohn von 4 DM
20 Arbeiter einen Stundenlohn von 3 DM
so liegt der häufigste Wert für die Stundenlöhne bei 4 DM.

Die Bedeutung des häufigsten Wertes liegt vor allem darin, daß er in vielen Fällen der geeignetste Mittelwert ist, um die normale oder typische Größe zum Ausdruck zu bringen, denn er hat als ein besonders häufig auftretender Wert typischen Charakter. Er kommt daher besonders bei Schätzungen zur Anwendung. Er ist keine fiktive Rechengröße wie die berechneten Mittelwerte, sondern entspricht einer tatsächlich in der Reihe vorkommenden Größe. Er ist nicht von der Größe aller Einzelwerte der Reihe abhängig.

e) Der Zentralwert (Median)

Der Median ist seiner Stellung nach der **mittlere Wert einer nach der Größe der Zahlen geordneten Zahlenreihe**, d. h. der Wert, der in der geordneten Reihe ebenso viele Zahlen vor wie hinter sich hat. Ist die Zahl der Glieder der Zahlenreihe ungerade, so wird er rechnerisch durch die Formel

$$\boxed{\frac{n+1}{2}}$$

ermittelt, wobei n die Zahl der Glieder der Reihe bedeutet. Ist die Zahl der Reihenglieder gerade, so liegt der Zentralwert zwischen den zwei in der Mitte gelegenen Einzelwerten und wird zwischen diesen durch das einfache arithmetische Mittel errechnet.

f) Die Streuung

Unter Streuung versteht man die Verteilung von Einzelwerten um einen Mittelwert. Die Einzelwerte können bei gleichem Mittelwert sehr dicht bei diesem liegen, sie können aber auch weit von ihm entfernt sein. Die Angabe der Streuung ergänzt so einen Mittelwert.

Beispiel:
Betrieb A und B zahlen folgende Stundenlöhne:

Stundenlohn in DM	
Betrieb A	Betrieb B
3	5
4	6
6	7
9	8
13	9
35	35

Der Durchschnittsstundenlohn bei beiden beträgt 7 DM (35 : 5 = 7).

Als Maß der Abweichung vom Mittelwert kann man z. B. die **Abstände der Extremwerte** zum Mittelwert wählen. Bei A besteht ein Abstand von 4 (7 − 3 = 4) zum niedrigsten, von 6 (13 — 7 = 6) zum höchsten Stundenlohn. Bei B beträgt der Abstand nach oben und unten jeweils 2 DM. Man spricht hier von einer oberen und unteren Spannweite oder **Variationsbreite**.

Der Nachteil dieses Streuungsmaßes liegt darin, daß es von den Abweichungen der übrigen Werte nicht beeinflußt wird.

Dieser Nachteil läßt sich vermeiden, wenn man die Abstände sämtlicher Werte zum Mittelwert derart berücksichtigt, daß man aus diesen wiederum einen Mittelwert bildet. Man erhält so ein **lineares Streuungsmaß**.

Für die oben angegebenen Stundenlöhne der Betriebe A und B ergeben sich folgende Abweichungen vom Mittelwert:

Betrieb A		Betrieb B	
Stundenlohn in DM	Abstand zum Mittelwert von 7 DM	Stundenlohn in DM	Abstand zum Mittelwert von 7 DM
3	4	5	2
4	3	6	1
6	1	7	0
9	2	8	1
13	6	9	2
35	16	35	6

Die Streuung, d. h. der durchschnittliche Abstand der Einzelwerte zum Mittelwert beträgt für:

$$\text{Betrieb A} = \frac{16}{5} = 3{,}20 \text{ DM};$$

$$\text{Betrieb B} = \frac{6}{5} = 1{,}20 \text{ DM}.$$

Setzt man die Streuung zum ursprünglichen Mittelwert ins Verhältnis, so erhält man für:

Betrieb A eine relative Streuung von $\frac{3{,}20}{7} = 45{,}71\%$;

Betrieb B eine relative Streuung von $\frac{1{,}20}{7} = 17{,}14\%$.

Einfacher lassen sich die relativen Streuungen dadurch ermitteln, daß man die Summe aller Abstände zum Mittelwert zur Summe aller Einzelwerte in Beziehung setzt.

Es folgt somit für:

$$\text{Betrieb A} = \frac{16}{35} = 45{,}71\%;$$

$$\text{Betrieb B} = \frac{6}{35} = 17{,}14\%.$$

5. Der Trend (zeitliche Reihen)

Um den zeitlichen Verlauf (insbesondere im Hinblick auf die zukünftige Entwicklung von absoluten Zahlen, Verhältniszahlen und Mittelwerten) zu bestimmen, werden Trendberechnungen angestellt. Man hat dabei die Vorstellung, daß trotz der Unregelmäßigkeit, die einzelne Glieder einer statistischen Reihe aufweisen, der gesamten Reihe eine mathematische Ideallinie (z. B. Gerade, Parabel) zugrundeliegt. Wenn es gelingt, diese Gesetzmäßigkeit zu finden, so können durch Verlängerung der Kurve (Trendlinie) in die Zukunft wertvolle Informationen für betriebliche Entscheidungen gewonnen werden.

An Verfahren zur Trendberechnung, auf die hier nicht weiter eingegangen werden kann, sind insbesondere bekannt:
- die zeichnerische Bestimmung des Trends;
- die Methode der gleitenden Durchschnitte;
- die Methode der kleinsten Quadrate (mathematische Methode).

III. Die Darstellung des statistischen Zahlenmaterials

Statistische Tabellen und graphische Darstellungen, insbesondere Diagramme, sind die technischen Hilfsmittel zur Darstellung des statistischen Zahlenmaterials. Diese Mittel sollen dazu dienen, die Ergebnisse einer statistischen Erhebung besser überschaubar zu machen. Die falsche Anwendung dieser Hilfsmittel (z. B. unübersichtliche Tabellen, Tabellen mit tendenzieller Hervorhebung von bestimmten Merkmalen), seien sie gewollt oder ungewollt, können trotz der Richtigkeit der zugrundeliegenden Zahlen beim Betrachter falsche Eindrücke erwecken und zu Fehlschlüssen und -entscheidungen verleiten. Insofern ist beim Lesen von statistischen Tabellen und bei der Deutung von graphischen Darstellungen erhöhte Aufmerksamkeit geboten.

1. Die statistische Tabelle

Statistische Tabellen dienen der Erfassung des Urmaterials, der Wiedergabe von Zwischenergebnissen sowie insbesondere der Darstellung von Endergebnissen. Meist ist es erst mit Hilfe einer Tabelle möglich, die Ergebnisse einer statistischen Erhebung zu überblicken und Erkenntnisse für betriebliche Zwecke zu gewinnen.

Die Tabelle stellt eine Übersicht dar, in der benannte Zahlen in senkrechten Spalten und waagerechten Zeilen eingeordnet werden. Es ist dadurch möglich, für eine Zahl mindestens zwei Merkmale – das Merkmal der Spalte und das der Zeile – anzugeben. Durch die Angabe von mehr als einem Merkmal in den Spalten und/oder den Zeilen lassen sich dem Merkmal der Zeile und/oder Spalte beliebig viele Merkmale zuordnen. Dies ist für Tabellen, die Urmaterial aufnehmen bzw. zur Tabellierung von Zwischenergebnissen dienen, nicht problematisch. Für die Darstellung von Endergebnissen verliert jedoch die Tabelle mit zunehmender Zahl von Spaltenmerkmalen ihre Übersichtlichkeit. Es ist in derartigen Fällen zu prüfen, ob es nicht sinnvoller ist, eine Tabelle in mehrere Tabellen zu zerlegen.

Eine Tabelle setzt sich aus einem Textteil und einem Zahlenteil zusammen. Der Textteil besteht aus der Überschrift, dem Kopf und der Vorspalte. Kopf und Vorspalte werden durch dicke Striche vom Zahlenteil getrennt. Die Tabelle wird durch senkrechte Striche in Spalten und durch waagerechte Striche in Zeilen zerlegt. Durch Kreuzung dieser Striche entstehen die Tabellenfelder.[1]

	Kopf		Gesamt
Vorspalte	Spalte	Spalte	Zeile
			Zeile
			Summenspalte
Gesamt	Summenzeile		

Schema einer Tabelle

Enthält eine Tabelle nur eine Zahlenreihe oder Zahlenreihen einer Art, so bezeichnet man sie als einfache oder **eingliedrige Tabelle**. Die Reihen haben gleichen sachlichen Inhalt und beschränken sich auf eine Rechnungsrichtung, z. B. monatlicher Vergleich des Gesamtumsatzes, des Umsatzes einzelner Produkte, der Lohnsumme, des Materialverbrauchs usw. Das folgende Beispiel zeigt eine eingliedrige Tabelle.

Beispiel:

Umsatzstatistik für das 1. Quartal 19..		
Monat	Umsatz in DM	im Vorjahr
Januar	51.500	49.950
Februar	53.150	48.720
März	52.480	50.130
1. Quartal	157.230	148.800

Gewöhnlich werden in einer statistischen Tabelle mehrere Gliederungsprinzipien vereinigt. Dabei ergibt sich die Frage, welches Gliederungsprinzip horizontal und welches vertikal angeordnet werden soll. In der Regel wird man es vorziehen, die kompliziertere Gruppierung in horizontaler Richtung vorzunehmen.

---

[1] Vgl. Flaskämper, P., Allgemeine Statistik, Teil I, 2. Aufl., Hamburg 1962, S. 199.

Eine **mehrgliedrige Tabelle** liegt beispielsweise dann vor, wenn der Gesamtumsatz nicht nur auf die einzelnen Monate, sondern auch auf die einzelnen Produktarten aufgeteilt wird. Dann stehen mehrere statistische Reihen nebeneinander. Die statistische Masse (Umsatz des Jahres 19..) wird nach einem zeitlichen Merkmal (Monat) und einem sachlichen Merkmal (Produktart) gegliedert. Es können aber in einer Tabelle noch weitere Merkmale berücksichtigt werden; so kann z. B. der Umsatz wert- und mengenmäßig angegeben oder nach räumlichen Gesichtspunkten (Inlandsumsatz, Auslandsumsatz) aufgeteilt werden.

Beispiel:

Umsatzstatistik für das 1. Quartal 19.. in 1.000,- DM bzw. 1.000 Stck.								
DM/Stück	Produkt A		Produkt B		Produkt C		Gesamt	
Monat	DM	Stck.	DM	Stck.	DM	Stck.	DM	Stck.
Januar								
Inland	250	50	260	26	165	11	675	87
Ausland	85	17	340	34	—	—	425	51
Gesamt	335	67	600	60	165	11	1 100	138
Februar								
Inland	260	52	240	24	210	14	710	90
Ausland	95	19	380	38	—	—	475	57
Gesamt	355	71	620	62	210	14	1.185	147
März								
Inland	255	51	270	27	240	16	765	96
Ausland	110	22	390	39	—	—	500	61
Gesamt	365	73	660	66	240	16	1.265	155
1. Quartal	1.055	211	1.880	188	615	41	3.550	440

In dieser Tabelle sind in der Vertikalen und in der Horizontalen jeweils 2 Merkmale angeordnet. Sollen die Umsätze in DM innerhalb eines Monats verglichen werden, so muß jeweils die Spalte mit der Stückangabe übersprungen werden. Wären 3 Merkmale vertikal abgetragen, so müßten beim Vergleich jeweils 2 Merkmale übersprungen werden. Das gleiche gilt für die horizontal abgetragenen Inland- und Auslandumsätze. Soll für ein Produkt z. B. über die einzelnen Monate der Inlandumsatz verglichen werden, so müssen in der vorliegenden Tabelle jeweils die Auslandszeile und die Summenzeile übersprungen werden. Mit zunehmenden Merkmalen nimmt diese Schwierigkeit, mit Hilfe der Tabelle Vergleiche vorzunehmen, dann gleichfalls zu. Eine Verbesserung bringt u. U. das Umstellen von Merkmalen oder die Verarbeitung des Materials in mehreren Tabellen.

Eine derartige Umstellung wird in der folgenden Tabelle gezeigt. Die Bezeichnungen der Zeilen bleiben unverändert. Dagegen erfolgt bei den Spalten eine räumliche Zusammenfassung des Umsatzes in DM und des Umsatzes in Stück.

Beispiel:

Umsatzstatistik für das 1. Quartal 19.. in 1.000 DM bzw 1.000 Stck.									
DM/Stück Monat	DM				Stück			
	A	B	C	gesamt	A	B	C	gesamt
Januar								
Inland	250	260	165	675	50	26	11	87
Ausland	85	340	—	425	17	34	—	51
Gesamt	335	600	165	1.100	67	60	11	138
Februar								
Inland	260	240	210	710	52	24	14	90
Ausland	95	380	—	475	19	38	—	57
Gesamt	355	620	210	1.185	71	62	14	147
März								
Inland	255	270	240	765	51	27	16	94
Ausland	110	390	—	500	22	39	—	61
Gesamt	365	660	240	1.265	73	66	16	155
1. Quartal	1.055	1.880	615	3.550	211	188	41	440

Von einer **kumulativen Tabelle** spricht man dann, wenn der Betrag oder die Summe einer Zeile jeweils mit der entsprechenden Summe der vorhergehenden Zeile zusammengezogen wird.

Beispiel:

Umsatzstatistik für das 1. Quartal 19..		
Monat	Umsatz in DM	Summe seit Beginn des Jahres
Januar	51.600	51.600
Februar	53.150	104.750
März	52.480	157.230

2. Die graphische Darstellung

Der tabellarischen Darstellung des statistischen Zahlenmaterials sind gewisse Grenzen gesetzt. Je größer die Zahl der Merkmale ist, die in einer Tabelle berücksichtigt werden sollen, desto unübersichtlicher wird die Tabelle. Wenn es bei der statistischen Darstellung betrieblicher Tatbestände nicht in erster Linie auf die absoluten Zahlenwerte, sondern auf die Größenbeziehungen oder die Entwicklungsrichtung ankommt, wird die Verwendung von Schaubildern in der Regel die Übersichtlichkeit der Darstellung fördern.

Durch die graphische Darstellung können die statistischen Größen sinnfällig veranschaulicht werden. Es wird eine bessere Einsicht in den Verlauf einer Zahlenreihe und in die Beziehungen mehrerer Zahlenreihen zueinander vermittelt. Graphische Darstellungen sind leichter überblickbar als Zahlenreihen und haften besser im Gedächtnis als diese.

Die Zahlenwerte einer statistischen Tabelle können durch Punkte, gerade Linien, Kurven, Flächen oder Körper dargestellt werden. Man unterscheidet zwischen Diagrammen, die in geometrischer Form veranschaulichen, und Kartogrammen, die sich geographischer Karten bedienen. Kartogramme und Körperdiagramme sind in der Betriebsstatistik selten. Gewöhnlich werden Punkt-, Linien-, Kurven- und Flächendiagramme verwendet.

a) Linien- oder Strichdiagramme

Werden die statistischen Zahlen durch Linien verschiedener Länge, die eine gemeinsame Grundlinie haben, dargestellt, so handelt es sich um Linien- oder Strichdiagramme. Die graphische Umformung statistischer Zahlen in ihrer einfachsten Form besteht in der punktuellen Zuordnung eines Merkmals zur Abszisse und eines anderen Merkmals zur Ordinate eines rechtwinkligen Koordinatensystems. Handelt es sich bei beiden Merkmalen um positive Zahlen, so genügt zur graphischen Veranschaulichung der 1. Quadrant des Achsenkreuzes.

Liniendiagramme lassen sich sowohl zur Darstellung von betrieblichen Größen in einem Zeitpunkt (z. B. das Verhältnis der Bilanzpositionen zueinander) als auch zu verschiedenen Zeitpunkten (z. B. der Umsatz mehrerer aufeinanderfolgender Jahre) verwenden. Das folgende Beispiel zeigt die graphische Darstellung einer Bilanz in der Form eines Liniendiagramms.

Beispiel:

Aktiva		Bilanz zum 31. 12. 19..	Passiva	
Grundstücke	50.000	Grundkapital		350.000
Gebäude	100.000	Rücklagen		250.000
Maschinen	250.000	Wertberichtigungen		100.000
Werkzeuge	90.000	Rückstellungen		40.000
Wertpapiere	40.000	kurzfr. Verbindlich-		
Rohstoffe	200.000	keiten		150.000
Fertigfabrikate	150.000	langfr. Verbindlich-		
Forderungen	100.000	keiten		270.000
Zahlungsmittel	180.000			
	1.160.000			1.160.000

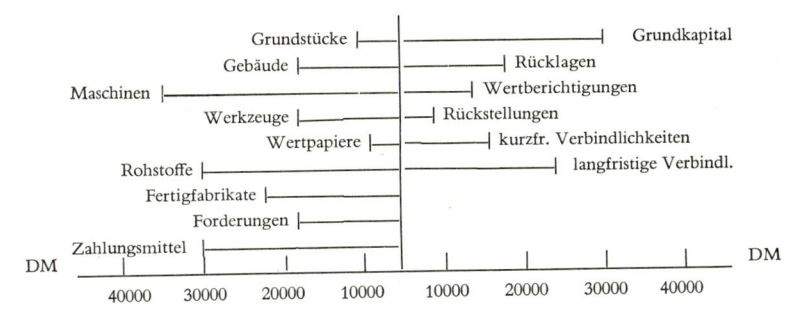

b) Kurvendiagramme

Sie werden in der betriebswirtschaftlichen Statistik für graphische Darstellungen am häufigsten verwendet, da sie besonders geeignet sind, den zeitlichen

Verlauf einer Erscheinung zu veranschaulichen. Kurvendiagramme werden in der Regel so gebildet, daß auf der Abszisse in gleichen Abständen die Zeiträume (Monat, Jahr) und auf der Ordinate die statistischen Zahlen (z. B. Umsatzwerte oder -mengen) aufgetragen werden. Verbindet man die Schnittpunkte zwischen Abszissen- und Ordinatenwerten, was der Verbindung der Endpunkte eines Strichdiagramms gleichkommt, so erhält man das Kurvendiagramm.

Die Kurve eignet sich überall dort, wo statistische Zahlen **als eine Funktion der Zeit** aufgefaßt werden, wo also eine Bewegung (Zu- oder Abnahme) einer Größe im zeitlichen Verlauf erfaßt werden soll. In einem Kurvendiagramm lassen sich mehrere Zahlenreihen, die miteinander im Zusammenhang stehen, in ihrem zeitlichen Verlauf darstellen. Gerade dadurch wird der Hauptzweck der Statistik, der Vergleich, besonders erleichtert.

Ebenso wie in der statistischen Tabelle gleichartige Zahlen aufeinanderfolgender Perioden (z. B. monatliche Umsätze) addiert werden können, können auch im Kurvendiagramm derartige Summen dargestellt werden. Auf diese Weise entstehen kumulative Kurven.

Von besonderer Bedeutung ist bei den Kurvendiagrammen die Wahl des richtigen Verhältnisses zwischen den beiden Maßstäben, die bei den Koordinatenachsen verwendet werden. Die statistische Kurve kann in ihrer Gestaltung willkürlich beeinflußt werden, wenn das Verhältnis zwischen den Maßstäben beider Achsen so gewählt wird, daß das Bild der Bewegung nicht mehr in richtiger Weise wiedergegeben wird.

Das folgende Beispiel zeigt die Entwicklung des Gesamtumsatzes über mehrere Jahre und die Aufteilung dieses Umsatzes auf Inlands- und Auslandsabsatz.

Gegen die Verwendung von Kurvendiagrammen wird angeführt, daß die Verbindungen zwischen den durch statistische Zahlen bestimmten Punkten die Vorstellung erwecken können, daß sämtliche Punkte der Kurve bekannt seien und nicht nur die ursprünglichen Punkte. Aus diesem Grunde sollen Kurvendiagramme nur zur Darstellung von **sich kontinuierlich verändernden Größen** gebraucht werden. Sind solche kontinuierliche Größen nicht gegeben, sollten Stab- oder Säulendiagramme verwendet werden. Dieser Einwand trifft für denjenigen zu, der den Sachverhalt und die Konstruktion eines bestimmten Kurvendiagramms nicht kennt. Deshalb ist bei der Verwendung und Interpretation von Kurvendiagrammen besondere Vorsicht geboten, damit keine falschen Schlüsse gezogen werden.

c) Flächendiagramme

Flächendiagramme sind graphische Darstellungen in Form von Quadraten, Rechtecken, Dreiecken und Kreisen. Sie werden in der betriebwirtschaftlichen Statistik für **Größenvergleiche** und zur Darstellung von Gliederungszahlen verwandt. Sie eignen sich jedoch in der Regel nur, wenn es sich um die Darstellung von relativ wenigen Zahlen handelt, da sonst die Übersichtlichkeit in Frage gestellt ist.

Beim Größenvergleich wird z. B. einem doppelt so großen Umsatz eine doppelt so große Fläche eines Rechtecks, Quadrats, Dreiecks oder Kreises zugeordnet. Während für den ungeschulten Betrachter Größenvergleiche in Form von

Beispiel:

	Umsatz in DM				
	1972	1973	1974	1975	1976
Inlandumsatz	2.500	5.200	6.800	5.700	7.500
Auslandsumsatz	1.500	2.300	2.100	3.000	2.500
Gesamtumsatz	4.000	7.500	8.900	8.700	10.000

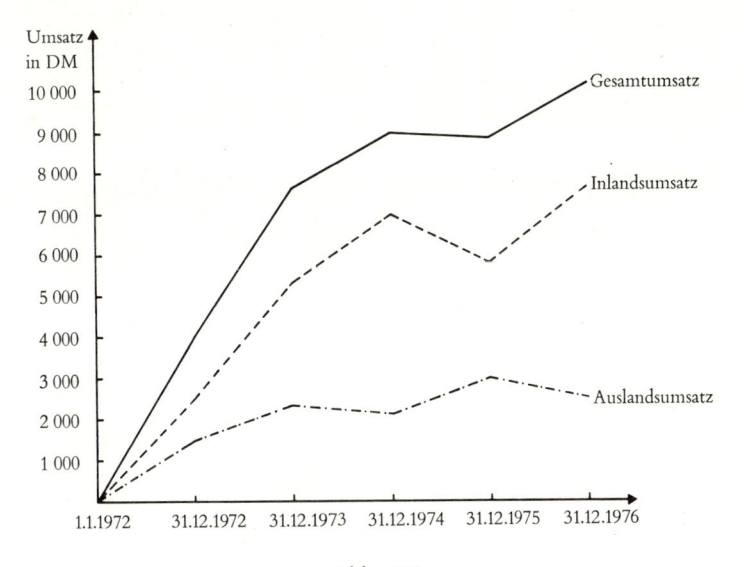

Abb. 171

Strich- oder Säulendiagrammen, bei denen es nur auf die Länge ankommt, sofort erkennbar sind, ist dies bei Flächen, insbesondere bei Kreisflächen, nicht der Fall. Die Verwendung des Kreisradius als Vergleichsmaßstab ist für Größenvergleiche gleichermaßen problematisch.

Überträgt man die Zahlenwerte des oben dargestellten Kurvendiagramms auf ein Stab- oder Säulendiagramm, so ergibt sich das in Abb. 172 dargestellte Bild.

Flächendiagramme eignen sich besonders gut zur Darstellung von Gliederungszahlen, d. h. von prozentualen Anteilen von Teilmassen an einer Grundmasse. Der Kreis stellt z. B. den Gesamtumsatz einer Periode dar, während die einzelnen Kreissektoren den prozentualen Anteil der einzelnen Produktarten am Gesamtumsatz zeigen.

Für die Konstruktion eines Kreisdiagrammes gelten folgende Überlegungen: Je mehr Zahlen in einem solchen Diagramm dargestellt werden sollen, je größer also die Anzahl der Sektoren ist, um so größer soll aus Gründen der Übersichtlichkeit der Radius des Kreises sein. Da die relativen Anteile der Teilmassen in Prozent ausgedrückt werden – also in einer Untergliederung von 100, der Kreis jedoch in 360° eingeteilt ist, müssen die ermittelten Prozentsätze, um eine Konstruktion der Sektoren mit dem Winkelmesser zu ermöglichen, in Grad umge-

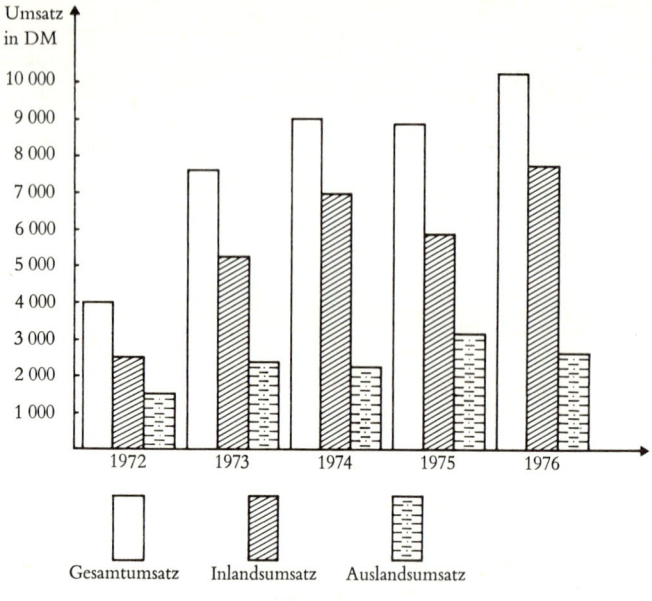

Abb. 172

rechnet werden. Der Umrechnungsfaktor ist dabei $360:100 = 3,6$, da 1% einem Winkel von 3,6 Grad entspricht.

Das folgende Kreisdiagramm zeigt den Anteil der Produktarten A, B und C am Gesamtumsatz:

Beispiel:

Umsatz nach Produktarten (1976)

	DM	%	Grad
Produkt A	300.000	20	72
Produkt B	450.000	30	108
Produkt C	750.000	50	180
Gesamtumsatz	1.500.000	100	360

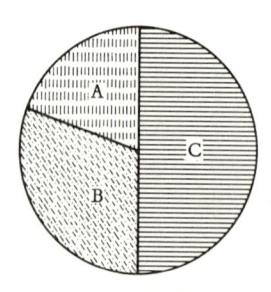

Abb. 173

d) Kartogramme

Kartogramme sollen die geographische Lage bestimmter statistisch erfaßter Tatbestände veranschaulichen. Man verwendet dazu Landkarten mit aufgesetzten Diagrammen (Linien- oder Flächendiagramme). Auf den Landkarten werden bestimmte statistische Ergebnisse durch Diagramme in ihrer geographischen Lage ersichtlich gemacht. Kartogramme werden in der Betriebsstatistik z. B. zur Darstellung der Größe des Absatzes eines Betriebes in einzelnen Städten, Provinzen, Ländern oder Vertreterbezirken angefertigt.

IV. Anwendungsgebiete der betriebswirtschaftlichen Statistik mit ausgewählten Kennzahlen

Da sämtliche betrieblichen Vorgänge und Tatbestände zahlenmäßig erfaßt werden, sind die Anwendungsmöglichkeiten der Betriebsstatistik praktisch unbegrenzt. Auch hier gilt aber – wie in allen betrieblichen Teilbereichen –, daß Aufwand und Ertrag in einem angemessenen Verhältnis zueinander stehen müssen, d. h. daß von der Betriebsstatistik nur das Zahlenmaterial beschafft und statistisch ausgewertet werden soll, das zu Erkenntnissen führt, die im Hinblick auf die oberste betriebliche Zielsetzung (Gewinnmaximierung) eine bessere Planung, Entscheidung und Kontrolle ermöglichen. Im Rahmen dieser Einführung kann über die wichtigsten Anwendungsgebiete der betriebswirtschaftlichen Statistik nur ein knapper Überblick gegeben werden.

1. Die betriebswirtschaftlichen Kennzahlen

Alle drei Arten des statistischen Zahlenmaterials, die absoluten Zahlen, die Verhältniszahlen und die Durchschnittszahlen, werden zur Ermittlung betriebswirtschaftlicher Kennzahlen verwendet. Betriebswirtschaftliche Kennzahlen sind Zahlen, die sich auf bestimmte betriebliche Daten beziehen und eine **konzentrierte Aussagekraft** über diese Daten besitzen; sie dienen der Betriebskontrolle und liefern gleichzeitig Unterlagen für die betriebliche Planung.

Kennzahlen sind in der Regel Verhältniszahlen, da diese gewöhnlich leichter überschaubar und faßbar sind als absolute Zahlen, jedoch werden die durch Verhältniszahlen ausgedrückten Zusammenhänge und Beziehungen oft erst verständlich, wenn man die zugrunde liegenden absoluten Zahlen kennt. Deshalb zählt z. B. Nowak[1] auch absolute Zahlen zu den Kennzahlen.

Unter den Begriff Kennzahlen fallen auch die **Richtzahlen.** Während die Kennzahlen im engeren Sinne betriebliche Tatbestände eines einzelnen Betriebes messen, stellen Richtzahlen einen durchschnittlichen Ausdruck für Tatbestände dar, die in vielen Betrieben eines Wirtschaftszweiges beobachtet worden sind. Sie bilden also Maßstäbe, an denen die betriebsindividuellen Zahlen eines Betriebes gemessen werden können **(Branchendurchschnittszahlen).** Das

---

[1] Vgl. Nowak, P., Betriebswirtschaftliche Kennzahlen, HdW, Bd. 1, 2. Aufl., Köln und Opladen 1966, S. 704 ff.
[2] Vgl. Mellerowicz, K., Allgemeine Betriebswirtschaftslehre, 12. Aufl., Berlin 1968, Bd. IV, S. 131 ff.

Hauptanwendungsgebiet der betriebswirtschaftlichen Kennzahlen sind Erfolgs- und Wirtschaftlichkeitsanalysen und inner- und zwischenbetriebliche Vergleiche.

Die **Systematisierung** der Kennzahlen kann nach den verschiedensten Gesichtspunkten erfolgen. So bildet z. B. Mellerowicz[2] nach dem Inhalt der Kennzahlen zwei Gruppen: finanzwirtschaftliche und produktionswirtschaftliche Kennzahlen. Nowak[1] unterscheidet nach dem Zweck der Kennzahlen zwischen:

(1) Kennzahlen zur Beurteilung der Unternehmung und des Betriebes im Ganzen (z. B. Beurteilung der Rentabilität, der Ertrags- und Kostenwirtschaftlichkeit, der Beschäftigung und Kapazitätsausnutzung, der Kapital- und Vermögensverhältnisse u. a.) und

(2) Kennzahlen zur Beurteilung der einzelnen Tätigkeitsbereiche (z. B. Beschaffung, Fertigung, Absatz u. a.)

Man kann die Kennzahlen auch nach dem Ort des Ursprungs (z. B. Bilanz, Erfolgsrechnung, Kostenrechnung, veröffentlichte Branchen- und Verbandsstatistiken) gruppieren.

2. Die Vertriebsstatistik

Die Vertriebsstatistik (Umsatzstatistik) ist das bekannteste und am häufigsten anzutreffende Gebiet der Betriebsstatistik. Sie ist unerläßlich für jeden Betrieb, denn sie bildet die Grundlage für wichtige betriebliche Entscheidungen. Werden beispielsweise Umsatzschwankungen festgestellt, so müssen ihre Ursachen analysiert werden. Sie können z. B. durch den Wirtschaftszweig bedingt und völlig normal sein (z. B. durch Jahreszeiten, Festtage, Mode u. a. bedingte Schwankungen). Sie können aber auch ein Zeichen veränderter Käufergewohnheiten (Nachfrageverschiebungen) sein und lösen dann entsprechende betriebliche Maßnahmen auf dem Beschaffungs- und Fertigungssektor (Umstellung des Produktionsprogramms) oder auf dem Vertriebssektor (Werbemaßnahmen) aus.

Der Umsatz muß nach vielen Merkmalen aufgegliedert werden, damit aus einer Umsatzstatistik möglichst viele Erkenntnisse gewonnen werden können, z. B. nach Waren- oder Produktarten, nach Absatzgebieten (Inland, Ausland, Vertreterbezirke), nach Abnehmergruppen (Großhandel, Einzelhandel, Weiterverarbeiter), nach Vertriebsformen (Filialen, Reisende) u. a. m. In allen genannten Fällen kann der Umsatz wert- oder mengenmäßig angegeben werden.

Zur Vertriebsstatistik gehört ferner die Statistik der Vertriebskosten, der Umsätze pro Verkaufskraft, die Werbestatistik (Wirksamkeit verschiedener Werbemittel), die Statistik der Entwicklung der Verkaufspreise u. a. m.

Umsatzkennzahlen können z. B. zum Inhalt haben:[2]

(1) Das Verhältnis von Umsatz zu Bestandsgrößen (Umschlagskoeffizienten), z. B.:
– Umsatz: durchschn. Lagerbestand;
– Umsatz: durchschn. Debitorenbestand;
– Umsatz: Gesamtkapital.

---

[1] Vgl. Nowak, P., a. a. O., S. 710.
[2] Vgl. Mellerowicz, K., a. a. O., S. 135.

(2) Die Umschlagsdauer, z. B.:
- durchschn. Lagerbestand × Tage: Umsatz;
- Gesamtkapital × Tage: Umsatz

(3) Die Umsatzergiebigkeit, z. B.:

$$\frac{\text{Gesamtgewinn}}{\text{Umsatz}} \times 100;$$

$$\frac{\text{Betriebsergebnis}}{\text{Umsatz}} \times 100.$$

(4) Das Verhältnis von Umsatz zu einzelnen Kostenfaktoren:
- Umsatz: beschäftigte Personen;
- Umsatz: qm Verkaufsflächen.

3. Die Beschaffungs- und Lagerstatistik

Die Beschaffungs- (Einkaufs-)Statistik dient sowohl der Kontrolle der Einkaufsabteilung, zu deren Aufgaben es gehört, die günstigsten Einkaufsmöglichkeiten zu erschließen, als auch der Kontrolle der Leistungsfähigkeit der Lieferanten, der Einhaltung der Liefertermine usw. Dazu ist eine genaue **Auftragsstatistik** erforderlich, aus der ersichtlich wird, welche Aufträge hinsichtlich Warenart, Stückzahl, Qualität, Lieferant, Liefertermin usw. gegeben worden sind. Über die Leistungsfähigkeit der Lieferanten geben Statistiken der Liefertermine und deren Einhaltung, Preis- und Qualitätsaufstellungen, Mängelstatistiken usw. Aufschluß. Aufstellungen über potentielle Lieferanten und deren Leistungsfähigkeit erlauben eine optimale Einkaufspolitik (optimale Bestellmenge) bzw. eine Kontrolle, ob eine solche von der Einkaufsabteilung betrieben wird. Die Verfolgung von Preisbewegungen am Beschaffungsmarkt, insbesondere bei ausländischen Rohstoffen und Naturprodukten, ist sowohl im Hinblick auf eine optimale Beschaffung als auch auf die Absatzpreiskalkulation von großer Bedeutung.

In engem Zusammenhang mit der Einkaufsstatistik steht die **Lagerstatistik,** die Aufschluß über Lagerbestände und deren Bewegungen liefert. Einkaufsstatistik und Lagerstatistik bilden zusammen die Grundlage zur Ermittlung des optimalen Lagerbestandes. Auch Lagerdauer und Umschlagshäufigkeit der einzelnen Warenarten müssen kontrolliert werden.

4. Die Produktionsstatistik

Die Aufgaben der Produktionsstatistik sind so vielfältiger Art, daß hier nur auf einige hingewiesen werden kann. Sie erfaßt den Einsatz der Produktionsfaktoren, aufgegliedert z. B. nach Kostenstellen, Kostenträgern, einzelnen Aufträgen usw. Sie zeigt das Produktionsergebnis, also Menge und Wert der hergestellten Fertig- und Halbfabrikate. Zur Produktionsstatistik gehören die Kostenstatistik, die Auftragsstatistik, die Reparaturstatistik, die statistische Überwachung des Beschäftigungsgrades, der Leerlaufzeiten, der Ausschußquoten, der Einhaltung von Terminen, der Qualität der produzierten Leistungen u. a. m.

Produktionswirtschaftliche Kennzahlen können zum Gegenstand haben:[1]

(1) Das Verhältnis von Aufwand oder Kosten zum Erfolg, z. B.:

$$\frac{\text{Aufwand}}{\text{Gesamtertrag}} \times 100;$$

$$\frac{\text{Selbstkosten}}{\text{Betriebsertrag}} \times 100.$$

(2) Das Verhältnis von Kosten zu Leistungsmengen, z. B.:
 - Materialkosten: Produktionsleistung in Mengeneinheiten;
 - Lohnkosten : Produktionsleistung in Mengeneinheiten.

(3) Das Verhältnis von Faktoreinsatzmengen zu Leistungsmengen, z. B.:
 - Materialeinsatz : Produktionsleistung in Mengeneinheiten;
 - Maschinenstunden: Produktionsleistung in Mengeneinheiten.

(4) Das Verhältnis von Kostenarten zu Gesamtkosten, z. B.:

$$\frac{\text{Materialkosten}}{\text{Gesamtkosten}} \times 100;$$

$$\frac{\text{Fertigungslöhne}}{\text{Gesamtkosten}} \times 100.$$

(5) Das Verhältnis von Kosten zur Zeit, z. B.:
 - Fertigungskosten : Maschinenstunden.

5. Die Personalstatistik

Die Personalstatistik soll dem Betrieb Aufschluß geben über sämtliche relevanten, in Zahlen ausdrückbaren Beziehungen zwischen der Belegschaft und dem Betrieb. Insbesondere sollen diese Statistiken auch Hilfe leisten bei der Verwirklichung personalpolitischer Maßnahmen wie Einstellungen, Beförderungen, Versetzungen, Pensionierungen und Entlassungen.

Die **Personalstrukturstatistiken** informieren über die Zusammensetzung der Belegschaft nach bestimmten Merkmalen wie: Arbeiter und Angestellte, gelernte, angelernte, ungelernte Arbeiter, Verteilung der weiblichen und männlichen Arbeitskräfte, Aufteilung auf einzelne Berufe, besondere Fähigkeiten, Alter, Familienstand, Dauer der Betriebszugehörigkeit.

Die **Personalbewegungsstatistiken** zeigen die Zu- und Abgänge des Personals, aufgeteilt z. B. nach Tod, Pensionierung, Invalidität, Wehrdienst, Entlassung durch den Arbeitgeber und Kündigung durch den Arbeitnehmer.

Aus derartigen Statistiken läßt sich insbesondere eine unnormale Häufung bestimmter Ursachen ablesen. Steigt z. B. die Unfallhäufigkeit in einer Abteilung an, so kann das auf mangelhaften Sicherheitsvorkehrungen oder auch auf mangelhafter Einarbeitung beruhen. Kündigen in einer Betriebsabteilung überdurchschnittlich viele Arbeitnehmer, so kann das eine Folge mangelnder Führungsqualitäten der Abteilungsleitung sein, es können aber z. B. auch höhere Lohnangebote durch andere Betriebe die Ursache sein.

---

[1] Vgl. Mellerowicz, K., a. a. O., S. 132 f.

Arbeitszeitstatistiken geben Aufschlüsse über die Zahl der geleisteten Normalarbeitszeit, Überstunden, Urlaub, Krankheit sowie über die durch Betriebsstörungen, Aussperrung und Streik ausgefallenen Arbeitsstunden.

Zur Personalstatistik zählen ferner die **Lohn- und Gehaltsstatistik**. In ihr werden die Löhne nach Betriebsabteilungen, nach Lohnformen (Zeitlohn, Akkordlohn, Prämienlohn), nach der Art der Verrechnung (Fertigungslöhne, Hilfslöhne) oder nach zeitlichen Gesichtspunkten (Tageslöhne, Nachtarbeiterlöhne, Überstundenlöhne) aufgegliedert. Die Kenntnis des Lohnniveaus im Verhältnis zu anderen Betrieben, insbesondere seine laufende Überwachung, ist von großer Bedeutung, damit ggf. durch (gezielte) Lohn- und Gehaltserhöhungen ein Abwandern der Arbeitskräfte vermieden werden kann.

Die **Sozialstatistik** gibt Auskünfte über die sozialen Leistungen des Betriebes wie Gratifikationen, Altersversorgung, Unterstützungen, Urlaubsgeld, Kantine, Werkswohnungen, Erholungsheime, Kindergärten, Werksbibliothek u. ä. Die Veröffentlichung derartiger Daten durch die Betriebsführung soll dem Ansehen des Betriebes bei der eigenen Belegschaft, bei potentiellen Arbeitnehmern und in der Öffentlichkeit dienen.

Kennzahlen aus dem Bereich der Personalstatistik sind z. B.:

$$\frac{\text{Angestellte}}{\text{Arbeiter}} \times 100;$$

$$\frac{\text{Personal in der Produktion}}{\text{Personal in der Verwaltung}} \times 100;$$

$$\frac{\text{Kündigungen}}{\text{Beschäftigte}} \times 100;$$

$$\frac{\text{Entlassungen}}{\text{Beschäftigte}} \times 100.$$

6. Die Bilanz- und Erfolgsstatistik

Die Aufgabe der Bilanz- und Erfolgsstatistik liegt in der Auswertung de Zahlen der Bilanz und der Erfolgsrechnung (Gewinn- und Verlustrechnung) Beide Rechenwerke werden zu diesem Zweck aufbereitet, d. h. Einzelpositionen werden zu Gruppen zusammengefaßt, um dadurch eine Bildung von Kennzahlen zu ermöglichen, die z. B. Aufschlüsse über die Rentabilität des Kapitaleinsatzes, über den Vermögensaufbau, über die Liquiditätslage oder über die Art der Finanzierung geben. Im folgenden sollen einige dieser Kennzahlen erläutert werden.

(a) Die Beurteilung der **Rentabilität** erfolgt durch Kennzahlen, die Gewinn und/oder Fremdkapitalzinsen ins Verhältnis zum Eigen- und/oder Fremdkapital setzen.

$$\text{Eigenkapitalrentabilität} = \frac{\text{Gewinn}}{\text{Eigenkapital}} \times 100$$

$$\text{Fremdkapitalrentabilität} = \frac{\text{Fremdkapitalzinsen}}{\text{Fremdkapital}} \times 100$$

$$\text{Gesamtkapitalrentabilität} = \frac{\text{Gewinn} + \text{Fremdkapitalzinsen}}{\text{Gesamtkapital}} \times 100$$

Die Problematik der exakten Ermittlung der Rentabilitätskennzahlen liegt in der richtigen Ermittlung des Gewinns und des Eigenkapitals. Infolge Unterbewertung von Vermögensteilen in der aktienrechtlichen Jahresbilanz kann das Eigenkapital zu niedrig ausgewiesen sein. Die aktienrechtliche Gewinn- und Verlustrechnung zeigt nur den verteilungsfähigen Bilanzgewinn.

(b) Über die **Finanzierungsstruktur** geben folgende Kennzahlen Aufschluß:

$$\text{Eigenkapitalanteil} = \frac{\text{Eigenkapital}}{\text{Gesamtkapital}} \times 100$$

$$\text{Anspannungskoeffizient} = \frac{\text{Fremdkapital}}{\text{Gesamtkapital}} \times 100$$

$$\text{Verschuldungskoeffizient} = \frac{\text{Eigenkapital}}{\text{Fremdkapital}} \times 100$$

(c) Der **Vermögensaufbau** läßt sich aus folgenden Kennzahlen ersehen:

$$\text{Anteil des Anlagevermögens} = \frac{\text{Anlagevermögen}}{\text{Gesamtvermögen}}$$

$$\text{Anteil des Umlaufvermögens} = \frac{\text{Umlaufvermögen}}{\text{Gesamtvermögen}}$$

(d) **Liquiditätskennzahlen** lassen sich durch Inbeziehungsetzen von bestimmten Vermögens- zu Fremdkapitalpositionen aus der Bilanz gewinnen. Derartige aus Bestandsgrößen abgeleiteten Kennzahlen sind jedoch wegen des dynamischen Charakters der Zahlungsbereitschaft sehr problematisch.[1]

Kennzahlen zur Beurteilung der kurzfristigen Liquidität sind:[2]

$$\text{Liquidität 1. Grades} = \frac{\text{Zahlungsmittel}}{\text{kurzfristige Verbindlichkeiten}} \times 100$$

$$\text{Liquidität 2. Grades} = \frac{\text{Zahlungsmittel} + \text{kurzfr. Forderungen}}{\text{kurzfristige Verbindlichkeiten}} \times 100$$

$$\text{Liquidität 3. Grades} = \frac{\text{Zahlungsmittel} + \text{kurzfr. Forderungen} + \text{Vorräte}}{\text{kurzfristige Verbindlichkeiten}} \times 100$$

Eine Kennzahl zur Beurteilung der langfristigen Liquidität ergibt sich aus dem Verhältnis

$$\frac{\text{Anlagevermögen}}{\text{Eigenkapital} + \text{langfr. Fremdkapital}}$$

---

[1] Vgl. S. 723 f.
[2] Vgl. S. 723

V. Der Betriebsvergleich

1. Aufgaben und Arten

Unter Betriebsvergleich versteht man den Vergleich betrieblicher Vorgänge, Entwicklungen und Zustände entweder innerhalb eines Betriebes zu verschiedenen Zeiten (innerbetrieblicher Vergleich) oder in verschiedenen Betrieben eines oder verschiedener Wirtschaftszweige (zwischenbetrieblicher Vergleich). Die Zwecke des Betriebsvergleichs können je nach Art der Objekte, die verglichen werden, unterschiedlich sein. Ganz allgemein dienen die Betriebsvergleiche ebenso wie die anderen Teile des Rechnungswesens der Kontrolle des Betriebes durch Überwachung der Wirtschaftlichkeit aller Betriebserscheinungen und der Gewinnung von Unterlagen für die Planung und Entscheidung der Betriebsführung.

Darüber hinaus können z. B. zwischenbetriebliche Vergleiche auch Unterlagen für wirtschaftspolitische Instanzen liefern, beispielsweise können sie bei Entscheidungen über Subventionen, Schutzzölle oder steuerpolitische Maßnahmen von Bedeutung sein.

Die Finanzverwaltung verwendet eigene Betriebsvergleiche bei der Einheitsbewertung von Grundstücken und bei der Schätzung der Besteuerungsgrundlagen nach § 217 AO. Die Wirtschaftsverbände verfolgen mit dem Betriebsvergleich die Interessenvertretung und den Ausgleich unterschiedlicher Interessen ihrer Mitglieder.

Zu den Benutzern der Ergebnisse von Betriebsvergleichen zählen ferner die Wirtschaftspresse, die Unternehmensberater sowie die Forschung und Lehre.

Grundsätzlich kann man alle betrieblichen Erscheinungen und Größen vergleichen; praktisch beschränken sich die Betriebsvergleiche auf Faktoren, die einen bestimmten Aussagewert haben. Die zu vergleichenden betrieblichen Daten werden entweder in absoluten oder in relativen Zahlen (betriebliche Kennzahlen, statistische Mittelwerte) ausgedrückt.

Der **innerbetriebliche Vergleich** zeigt verschiedene Erscheinungsformen:

(1) Beim **Zeitvergleich** werden bestimmte betriebliche Größen an verschiedenen Zeitpunkten bzw. innerhalb verschiedener Zeiträume betrachtet, z. B. die Rentabilität verschiedener Jahre, der Materialverbrauch oder der Umsatz in verschiedenen Monaten oder das Verhältnis von Arbeitern und Angestellten zu verschiedenen Zeitpunkten usw. Das Vergleichsobjekt ist also immer dasselbe, jedoch wird die Zeit verändert. Die verwendeten Vergleichszahlen sind Istzahlen.

(2) Beim **Soll-Istvergleich** werden die gleichen betrieblichen Faktoren am gleichen Zeitpunkt oder für gleiche Zeiträume gegenübergestellt, aber die Wertansätze sind unterschiedlich, einmal erfolgt die Bezifferung mit Istwerten, das andere Mal mit Sollwerten (z. B. Verrechnungspreisen, Normal- oder Plankosten). Dadurch können sich Differenzen (Über- oder Unterdeckungen) ergeben, z. B. zwischen den Istkosten und den Plankosten einer Kostenstelle. Die Auswertung soll eine Auskunft über die Ursachen und die Verantwort-

lichen für die Abweichungen geben. Dazu ist es erforderlich, die durch den Soll-Istvergleich ermittelten Abweichungen aufzuspalten in Preisabweichungen (z. B. schwankende Beschaffungspreise der Rohstoffe), in Verbrauchsabweichungen (z. B. Soll- und Istverbrauch an Kostengütern einer Kostenstelle stimmen nicht überein), oder in Beschäftigungsabweichungen (z. B. Soll- und Istkosten bei einem bestimmten Beschäftigungsgrad weisen Differenzen auf).

(3) Der **Verfahrensvergleich** vergleicht verschiedene betriebliche Verfahren im gleichen Zeitpunkte oder für gleiche Zeiträume. Er ist gewöhnlich ein Wirtschaftlichkeitsvergleich, z. B. der Vergleich der Transportkosten einer bestimmten Gütermenge, die einmal per Handkarren, einmal per Elektrokarren und einmal per Förderband transportiert wird. Verfahrensvergleiche werden in allen betrieblichen Bereichen durchgeführt. So kann man im Beschaffungssektor verschiedene Finanzierungsverfahren oder verschiedene Organisationsformen der Lagerhaltung, im Produktionsbereich verschiedene Fertigungsverfahren oder verschiedene Aufstellungsarten der Maschinen, den Einsatz verschiedener Werkstoffe, im Vertriebsbereich verschiedene Methoden der Werbung, im Verwaltungsbereich verschiedene Formen der Kostenrechnung usw. miteinander vergleichen.

Auch beim **zwischenbetrieblichen Vergleich** lassen sich drei Hauptformen unterscheiden:

(1) **Vergleich von Betrieben desselben Wirtschaftszweiges.** Gleiche Faktoren verschiedener Betriebe werden zum gleichen Zeitpunkt oder in einem gleichen Zeitraum gegenübergestellt, z. B. der Umsatz je Verkaufskraft im Textileinzelhandel, die Herstellkosten oder Selbstkosten gleicher Produkte in verschiedenen Betrieben usw.

(2) **Vergleich von Betrieben verschiedener Wirtschaftszweige**, z. B. Bilanzvergleich zur Feststellung der Rentabilität, der Anlageintensität oder der Finanzierung in verschiedenen Branchen.

(3) Beim **Richtzahlenvergleich** werden betriebseigene Kennzahlen mit Branchendurchschnittszahlen verglichen. Dieser Vergleich ähnelt dem innerbetrieblichen Soll-Istvergleich. Der Unterschied liegt darin, daß die Richtzahlen einen Durchschnitt aus den Kennzahlen guter und schlechter Betriebe darstellen, also für einen Betrieb nicht etwa ein erstrebenswertes Ziel, sondern nur eine allgemeine Orientierung sind. Die Betriebe werden bestrebt sein, selbst bessere Werte als die Richtzahlen zu erreichen. Da Richtzahlen Mittelwerte aus den Zahlen einer Reihe von Vergleichsbetrieben darstellen, ist zu beachten, daß das zweckmäßigste Verfahren der Mittelwertbildung verwendet wird. Oftmals wird das arithmetische Mittel aller Vergleichszahlen nicht den geeigneten Maßstab darstellen, insbesondere wenn Extremwerte vorhanden sind oder die Streuung groß ist. Der häufigste Wert (Modus) ist in vielen Fällen besser geeignet, da er das Typische einer Erscheinung besser erfaßt.

Der Betriebsvergleich wird gewöhnlich in drei Etappen durchgeführt. Zunächst erfolgt die **Vorbereitung,** d. h. die Sammlung des zu vergleichenden

Zahlenmaterials, daran schließt sich die **Durchführung** des Vergleichs an. Dazu gehört die Aufbereitung des Zahlenmaterials, d. h. die Ausschaltung störender Faktoren, die Bildung von Kennzahlen und Mittelwerten und die Verarbeitung in Tabellen und graphischen Darstellungen. Als letztes und wichtigstes werden die ermittelten und verarbeiteten Zahlenwerte **ausgewertet**, d. h. es werden aus dem Zahlenmaterial bestimmte Schlüsse für die Betriebspolitik gezogen.

2. Voraussetzungen für die Vergleichbarkeit des Zahlenmaterials

Voraussetzung für jede Vergleichsrechnung – ganz gleich ob inner- oder zwischenbetrieblicher Art – ist es, daß die betrieblichen Zahlen, mit denen man arbeitet, auch tatsächlich vergleichbar sind. Jeder Betrieb hat seine individuellen Merkmale, die unter Umständen die Vergleichbarkeit des Zahlenmaterials in Frage stellen können. Deshalb müssen die einzelnen Werte zunächst einmal vergleichbar gemacht werden, d. h. es müssen Faktoren, die die Genauigkeit der Aussagen beeinträchtigen können, ausgeschaltet werden.

Die oberste Voraussetzung ist ein **geordnetes Rechnungswesen** der Vergleichsbetriebe. Die Beachtung des Prinzips der Klarheit der Buchhaltung, Bilanz und Kostenrechnung durch Aufstellung eines Kontenplanes und Beachtung der Gliederungsvorschriften für Bilanz und Erfolgsrechnung, insbesondere die Beachtung des Bruttoprinzips ist hier von besonderer Bedeutung. Für Zeitvergleiche ist die Einhaltung der formellen und materiellen Kontinuität im Jahresabschluß besonders wichtig. Unterschiedliche Wertansätze, z. B. durch verschiedene Bewertungsprinzipien in der Bilanz und der Kostenrechnung, Bildung stiller Rücklagen durch Sonderabschreibungen u. a. können sich negativ auf die Vergleichbarkeit des Zahlenmaterials auswirken.

Beim zwischenbetrieblichen Vergleich ergeben sich besonders bei der Anwendung der direkten Abschreibungsmethode erhebliche Schwierigkeiten beim Vergleich der Anlagewerte, da aus den Restbuchwerten nicht auf die tatsächlich vorhandenen Werte geschlossen werden kann.

a) Eliminierung von Störfaktoren beim zwischenbetrieblichen Vergleich

Um beim zwischenbetrieblichen Vergleich das Zahlenmaterial vergleichbar zu machen, muß eine Reihe von Faktoren überprüft und ausgeschaltet werden. Unterschiede zwischen den Betrieben, z. B. Kostenunterschiede, können eine Folge von Markteinflüssen sein, sie können durch die unterschiedliche Struktur der Betriebe (Vermögens- und Kapitalstruktur, Standort, Rechtsform, Produktionsprogramm u. a.) bedingt sein, oder in innerbetrieblichen Tatbeständen (Organisation, Rationalisierung usw.) ihre Ursachen haben. Da man bei Vergleichen gewöhnlich gerade die letztgenannten Unterschiede, also die Unterschiede im Betriebsgebaren ermitteln will, muß man die erstgenannten Faktoren ausschalten. Markt- und Preiseinflüsse können bei zwischenbetrieblichen Vergleichen, die sich auf die gleiche Zeit beziehen, außer acht gelassen werden. Zu eliminieren sind vor allem die Strukturunterschiede, da sie die Vergleichbarkeit stören und zu falschen Schlüssen führen können.

Die wichtigsten Faktoren, die strukturelle Unterschiede aufweisen können und die die **zwischenbetriebliche Vergleichbarkeit** beeinträchtigen, sind folgende[1]:

(1) Ist das **Leistungsprogramm** nicht einheitlich, sondern werden, z. B. einige Artikel in allen Vergleichsbetrieben, andere nur in einigen Betrieben hergestellt, so erfordert ein Vergleich, daß eine kosten- und leistungsmäßige Abgrenzung der Artikel möglich ist, die nicht von allen Betrieben produziert werden. Das wird oftmals schon in der Fertigung, z. B. bei der Zurechnung anteiliger Abschreibungen, Zinsen und anderer Gemeinkosten nicht möglich sein und Schätzungen erfordern, und wird bei der Verrechnung von Verwaltungsgemeinkosten noch mehr Schwierigkeiten bereiten. Die Einheitlichkeit des Leistungsprogramms darf außerdem nicht nur die Art der Leistungen, sondern muß auch die Qualität der Leistungen betreffen. Die Erkenntnisse über die Lage und Leistungsfähigkeit des Betriebes können fehlerhaft sein, wenn zwar in allen Vergleichsbetrieben die gleiche Art von Leistungen, aber in unterschiedlicher Qualität erzeugt wird.

(2) Unterschiede in den **Produktionsverfahren** und im organisatorischen Aufbau müssen ebenfalls eliminiert werden. Das Alter der Anlage, die Verwendung verschiedener Transportmittel oder die Anwendung von Serienfertigung oder Einzelfertigung in Betrieben des gleichen Wirtschaftszweiges können die Vergleichbarkeit beeinträchtigen. Das macht sich besonders bei Kostenvergleichen bemerkbar. Die Anwendung manueller Fertigungsverfahren führt zu hohen Lohnkosten, die Anwendung von Maschinen zu hohen Abschreibungen, Zinsen, Betriebsstoffkosten usw.

(3) Die **Produktionstiefe** der Vergleichsbetriebe kann unterschiedlich sein. Die Zahl der zwischen Rohstoff und Fertigfabrikat liegenden Produktionsstufen, die in den Vergleichsbetrieben zusammengefaßt sind, hat einen wesentlichen Einfluß auf die Höhe und die Zusammensetzung der Kostenarten. Bezieht ein Betrieb Halbfabrikate zur Weiterverarbeitung von außen, während ein anderer Betrieb sie selbst herstellt, so fallen beim ersten Betrieb höhere Materialkosten, beim zweiten Betrieb dagegen höhere Lohnkosten und Gemeinkosten verschiedener Art an. Ein Kostenvergleich, z. B. der Vergleich der Lohnkosten und Materialkosten je Stück, würde zu falschen Schlüssen führen, wenn nicht die unterschiedliche Produktionstiefe berücksichtigt und das Zahlenmaterial z. B. durch Verwendung von Verrechnungspreisen für die selbsterstellten Halbfabrikate im zweiten Betrieb vergleichbar gemacht wurde.

(4) Unterschiede im **Grad der Selbstversorgung** mit bestimmten Gütern und Leistungen werfen ähnliche Probleme auf wie eine unterschiedliche Produktionstiefe. Erzeugt ein Betrieb seinen Strom, seine Werkzeuge oder sein Verpackungsmaterial selbst, oder führt er Reparaturen selbst durch, so fallen bei ihm Lohn, Material, Betriebsstoffe, Abschreibungen, Zinsen, Verwaltungskosten usw. an, während bei einem anderen Betrieb, der Fremdleistungen bezieht, Stromkosten, Reparaturkosten usw. entstehen. Ein Vergleich der Kostenstruktur wäre gestört, wenn nicht eine Bereinigung des Zahlenmaterials, z. B. mit Hilfe von Verrechnungspreisen erfolgen würde.

(5) Die **Betriebsgröße** der Vergleichsbetriebe muß beachtet werden. Unterschiedliche Betriebsgröße führt zu unterschiedlichen Fertigungsverfahren, unter-

---

[1] Vgl. Schott, G., Grundlagen des Betriebsvergleichs, Frankfurt a. M. 1950, S. 29 ff.

schiedlichem Verwaltungsapparat usw. Vergleichbar sind also nur Betriebe innerhalb gewisser Größenordnungen. Man bildet deshalb Größenklassen. Dabei sind aber die Merkmale problematisch, die zur Messung der Betriebsgröße herangezogen werden können. Die Zahl der Belegschaft ist dann nicht geeignet, wenn die Produktion in einem Wirtschaftszweig mit sehr unterschiedlichem Verfahren (Handarbeit, Maschinenarbeit) durchgeführt werden kann. Dieser Einwand gilt in gewisser Hinsicht auch für die Größe des betriebsnotwendigen Kapitals als Maßeinheit. Hier kommt hinzu, daß die Höhe des betriebsnotwendigen Kapitals noch nichts über die Größe des Gesamtkapitals aussagt, d. h. daß z. B. bei Unterbeschäftigung das Gesamtkapital eines Betriebes wesentlich größer sein kann als das betriebsnotwendige Kapital. Der Umsatz ist wohl die zweckmäßigste Maßgröße für Handelsbetriebe, für Industriebetriebe ist er dann weniger geeignet, wenn die Lagerbestände an Fertigfabrikaten starken Schwankungen unterliegen. Hier wäre die Verwendung der Kapazität als Maßstab für die Betriebsgröße zweckmäßiger. Eng mit der Kapazität hängt auch die Bestimmung der Betriebsgröße durch technische Maßeinheiten, z. B. die Zahl der installierten PS, zusammen.

(6) Die **Belegschaftsstruktur** ist von Bedeutung für die Höhe der Personalkosten einschließlich der sozialen Abgaben und für die Größe der Leistung des Betriebes. Lohnhöhe und Leistungshöhe verhalten sich nicht immer proportional, weil in den heutigen Tariflöhnen soziale Faktoren, z. B. Alter, Familienstand, Dauer der Betriebszugehörigkeit u. a. berücksichtigt werden, so daß z. B. ein unterschiedlicher Altersaufbau der Belegschaft in zwei Vergleichsbetrieben das Vergleichsergebnis erheblich beeinträchtigen kann.

(7) Der **Standort** wirkt sich als Kostenfaktor auf die Höhe der Transportkosten bei der Beschaffung der Stoffe und beim Absatz der Fertigfabrikate, auf die Höhe der Arbeitslöhne (verschiedene Tarife durch unterschiedliche Ortsklassen), auf die Höhe der Steuern (unterschiedliche Hebesätze bei der Gewerbesteuer), auf die Höhe der Raumkosten (z. B. Ladenmiete im Einzelhandel) aus. Er hat ferner Einfluß auf den Absatz und die Preishöhe durch unterschiedliche Konkurrenzverhältnisse.

(8) Der **Beschäftigungsgrad** bedarf bei Kostenvergleichen vor allem dann einer besonderen Beachtung, wenn der Verlauf der Gesamtkosten nicht proportional ist, sondern im Betriebe Kostendegressionen oder Kostenprogressionen eintreten. Dann können beim Vergleich der Stückkosten z. B. durch unterschiedlichen Ausnutzungsgrad der Vergleichsbetriebe falsche Aussagen entstehen. Eine Umrechnung auf einen gemeinsamen Beschäftigungsgrad ist deshalb mit Schwierigkeiten verbunden, weil z. B.

(a) infolge der verschiedenen Relationen von festen und proportionalen Kosten in den Vergleichsbetrieben der Verlauf der Kostenkurven sehr unterschiedlich sein kann;

(b) eine exakte Messung des Beschäftigungsgrades in den wenigsten Fällen möglich ist; vor allem ist nicht gesagt, daß in den Vergleichsbetrieben die Anwendung derselben Maßeinheiten (z. B. produzierte Menge, Umsatz, Maschinenstunden usw.) zweckmäßig ist;

(c) die Messung immer nur für eine Kostenstelle erfolgen kann, dagegen nicht für den ganzen Betrieb, je nach dem Produktionsprogramm und der Kostenstellengliederung aber die Ausnutzung der einzelnen Kostenstellen der Vergleichsbetriebe unterschiedlich sein kann.

(9) Die **Rechtsform** des Betriebes beeinflußt die Kostenstruktur. Personengesellschaften verrechnen Unternehmerlohn nur in der Kostenrechnung, so daß bei Vergleichen die Gehaltsaufwendungen relativ niedrig erscheinen. In der Gewinn- und Verlustrechnung tritt der Unternehmerlohn nicht als Aufwand auf, der verdiente Unternehmerlohn steckt aber in den Verkaufserlösen. Der Gewinn erscheint dann unter sonst gleichen Umständen höher als bei einer GmbH, die ein Geschäftsführergehalt als Aufwand ausweisen muß. Das gibt bei Rentabilitätsvergleichen ein falsches Bild, wenn keine Bereinigung der Zahlen erfolgt. Der Gewinn einer aktienrechtlichen Erfolgsrechnung und der Gewinn einer Personenfirma sind nicht ohne weiteres vergleichbar, da eine AG als Bilanzgewinn nur den verteilungsfähigen Reingewinn ausweist, der bereits um die Zuführungen zu den Rücklagen und um bestimmte, aus dem Gewinn zu zahlende Steuern gekürzt ist. Hier wäre vor der Verwendung dieser Zahlen für Vergleichszwecke eine Bereinigung des ausgewiesenen Bilanzgewinns erforderlich.

b) Eliminierung von Störfaktoren beim innerbetrieblichen Vergleich

Auch der innerbetriebliche Vergleich kann nur sinnvolle Ergebnisse liefern, wenn zuvor eine Anzahl störender Einflüsse eliminiert wurde. Beim Zeitvergleich gehören dazu z. B. folgende Faktoren:

(1) **Preisschwankungen** am Beschaffungs- und Absatzmarkt lassen sich eliminieren entweder durch Indexrechnung oder durch Verwendung von Verrechnungspreisen (Festpreise), wodurch aus einer wertmäßigen eine mengenmäßige Rechnung wird, die Vergleiche zuläßt. Das betrifft nicht nur die Güterpreise, sondern ebenso die Lohntarife.

(2) **Änderungen im Produktionsprogramm,** in den Produktionsverfahren und in der Organisation erschweren Zeitvergleiche insbesondere im Bereich der Fertigung oder machen sie in bestimmten Bereichen überhaupt möglich. Andererseits können geplante Änderungen der Produktionsverfahren Gegenstand von Verfahrensvergleichen sein.

(3) **Schwankungen des Beschäftigungsgrades** müssen ebenso wie beim zwischenbetrieblichen Vergleich eliminiert werden, weil sie einen Einfluß auf die Stückkosten, insbesondere auf die Zusammensetzung der Kosten aus fixen und variablen Bestandteilen haben können.

(4) **Änderungen der Betriebsgröße** und der Kapazität müssen berücksichtigt werden. Hier helfen z. B. Kennzahlen, die eine Beziehung zwischen der Einheit, in der die Kapazität gemessen wird (z. B. Ausbringung in kg), und den zu vergleichenden betrieblichen Zahlen ausdrücken.

(5) Von besonderer Bedeutung beim Zeitvergleich ist die **Auswahl der Vergleichszeitpunkte oder -zeiträume,** insbesondere dann, wenn es sich um Betriebe handelt, die starken Saisonschwankungen unterliegen. Ferner müssen die unterschiedliche Länge der Monate und die wechselnde Lage der Feiertage berücksichtigt werden.

D. V. Der Betriebsvergleich

Bei allen Versuchen, Störfaktoren zu eliminieren, sollte in der betriebswirtschaftlichen Vergleichsrechnung folgendes Prinzip beachtet werden: Jede Vergleichsrechnung hat den Zweck, Mißstände zu signalisieren und beseitigen zu helfen. Es gilt, die Ursachen dieser Mißstände ausfindig zu machen, d. h.: an Hand des Zahlenmaterials Kausalanalyse zu betreiben. Die Eliminierung von Störfaktoren hat den Zweck, die einzelnen Ursachen möglicher Mißstände und Unzulänglichkeiten zu isolieren. Bei der Auswahl der auszuscheidenden Störfaktoren ist deshalb streng darauf zu achten, daß einzelne Mißstände durch Eliminierung nicht institutionalisiert werden, wodurch die Möglichkeit einer an sich notwendigen Beseitigung ihrer Ursachen verloren ginge.

Literaturverzeichnis

Vorbemerkung

Es hat sich herausgestellt, daß das umfangreiche Literaturverzeichnis der Vorauflagen nur für einen kleinen Teil der Leser des Buches von Nutzen ist. Deshalb wurde das Literaturverzeichnis in der Weise drastisch gekürzt, daß zu den Abschnitten 2 bis 6 keine Zeitschriftenaufsätze mehr aufgeführt werden. Die Aufsätze zu Spezialproblemen sind in der Regel in den angegebenen Monographien zu finden. Zu Abschnitt 1 konnte auf Zeitschriftenaufsätze nicht verzichtet werden, da die meisten Beiträge zur Methodologie und Geschichte der Betriebswirtschaftslehre nicht in Büchern, sondern in Zeitschriften enthalten sind.

Interessenten werden auf das umfangreiche Literaturverzeichnis der 11. Auflage verwiesen.

Gesamtdarstellungen

Arndt, H.: Mikroökonomische Theorie, 1. Band: Marktgleichgewicht, 2. Band: Marktprozesse, Tübingen 1966.
Busse von Colbe, W., Laßmann, G.: Betriebswirtschaftstheorie, Bd. I, Berlin, Heidelberg, New York 1975
Carell, E.: Allgemeine Volkswirtschaftslehre, 14. Aufl., Heidelberg 1972.
Diederich, H.: Allgemeine Betriebswirtschaftslehre, 2 Bände, Düsseldorf 1972.
Fischer, G.: Allgemeine Betriebswirtschaftslehre, 10. Aufl., Heidelberg 1964.
Gutenberg, E.: Einführung in die Betriebswirtschaftslehre, Wiesbaden 1958.
–:Grundlagen der Betriebswirtschaftslehre, Bd. 1: Die Produktion, 21. Aufl., Berlin, Heidelberg, New York 1975.
Bd. 2: Der Absatz, 15. Aufl., Berlin, Heidelberg, New York 1976.
Bd. 3: Die Finanzen, 7. Aufl., Berlin, Heidelberg, New York 1975.
Handbuch der Wirtschaftswissenschaften, hrsg. von K. Hax und Th. Wessels, 2 Bände, 2. Aufl., Köln und Opladen 1966.
Handwörterbuch der Betriebswirtschaft, hrsg. von H. Seischab und K. Schwantag, 4 Bde, 3. Aufl., Stuttgart 1956/62.
Handwörterbuch der Betriebswirtschaft, hrsg. von E. Grochla und W. Wittmann, 3 Bde., 4. Aufl., Stuttgart 1974–1976.
Handwörterbuch der Sozialwissenschaften, 12 Bände, Stuttgart, Tübingen, Göttingen 1956/65.
Heinen, E.: Einführung in die Betriebswirtschaftslehre, 5. Aufl., Wiesbaden 1974.
Henderson, J. M., Quant, R. E.: Mikroökonomische Theorie, 3. Aufl., München 1973.
Illetschko, L. L.: Unternehmenstheorie. Elemente rationeller Betriebslenkung, 2. Aufl., Wien, New York 1967.
Jacob, H. (Hrsg.): Allgemeine Betriebswirtschaftslehre in programmierter Form, Wiesbaden 1969.
Joschke, H. K.: Praktisches Lehrbuch der Betriebswirtschaft, 3. Aufl., München 1972.
Korndörfer, W.: Allgemeine Betriebswirtschaftslehre. 3. Aufl., Wiesbaden 1974.
Kosiol, E.: Die Unternehmung als wirtschaftliches Aktionszentrum. Einführung in die Betriebswirtschaftslehre, Hamburg 1972.
–:Bausteine der Betriebswirtschaftslehre, Berlin 1973.
Lehmann, M. R.: Allgemeine Betriebswirtschaftslehre. Allgemeine Theorie der Betriebswirtschaft, 3. Aufl., Wiesbaden 1956.
Lipsey, R. G.: Einführung in die positive Ökonomie, Köln 1971.
Löffelholz, J.: Repetitorium der Betriebswirtschaftslehre, 5. Aufl., Wiesbaden 1975.
Lohmann, M.: Einführung in die Betriebswirtschaftslehre, 4. Aufl., Tübingen 1964.

Marshall, A.: Principles of Economics, 9. Aufl., London 1961.
Mayer, L.: Grundriß der allgemeinen Betriebswirtschaftslehre, 2. Aufl., Wiesbaden 1970.
Mellerowicz, K.: Unternehmenspolitik, 3 Bände, Freiburg i. Br. 1963–1969.
–: Allgemeine Betriebswirtschaftslehre, 4 Bände, 12. Aufl., Berlin 1964/68, Band 1, 14. Aufl., Berlin 1973.
Mertens, P.; Plötzeneder, H. D.: Programmierte Einführung in die Betriebswirtschaftslehre, 3 Bände, Wiesbaden 1972.
Müller-Merbach, H.: Einführung in die Betriebswirtschaftslehre für Erstsemester und Abiturienten, München 1974.
Nicklisch, H.: Die Betriebswirtschaft, 7. Aufl., der „Wirtschaftlichen Betriebslehre", Stuttgart 1932.
Radke, M.: Die große betriebswirtschaftliche Formelsammlung, Elementarausgabe, 3. Aufl., München 1969.
Raffée, H.: Grundprobleme der Betriebswirtschaftslehre, Göttingen 1974.
Rieger, W.: Einführung in die Privatwirtschaftslehre, Nürnberg 1928, 3. Aufl., Erlangen 1964.
Rößle, K.: Allgemeine Betriebswirtschaftslehre, 5. Aufl., Stuttgart 1956.
Samuelson, P. A.: Volkswirtschaftslehre, 2 Bände, 6. Aufl., Köln 1975.
Sandig, C.: Betriebswirtschaftspolitik, 2. Aufl., Stuttgart 1966.
Schäfer, E.: Die Unternehmung. Einführung in die Betriebswirtschaftslehre, 8. Aufl., Opladen 1974.
Schmidt, R.-B.: Wirtschaftslehre der Unternehmung, 2 Bände, Stuttgart 1969 bis 1973.
Schneider, E.: Einführung in die Wirtschaftstheorie, Teil 1: Theorie des Wirtschaftskreislaufs, 14. Aufl., Tübingen 1969,
Teil 2: Wirtschaftspläne und wirtschaftliches Gleichgewicht in der Verkehrswirtschaft, 12. Aufl., Tübingen 1969.
Stackelberg, H. v.: Grundlagen der theoretischen Volkswirtschaftslehre, 2. Aufl., Tübingen und Zürich 1951.
Ulrich, H.: Die Unternehmung als produktives soziales System, 2. Aufl., Berlin und Stuttgart 1970.
Walther, A.: Einführung in die Wirtschaftslehre der Unternehmung, Bd. 1, 2. Aufl., Zürich 1959.
Wittgen, R.: Einführung in die Betriebswirtschaftslehre, München 1974.
Woll, A.: Allgemeine Volkswirtschaftslehre, 4. Aufl., München 1974.

Literatur zum 1. Abschnitt

Albach H.: Stand und Aufgaben der Betriebswirtschaftslehre heute, ZfbF 1967, S. 446 ff.
–: Ansätze zu einer empirischen Theorie der Unternehmung. In: Wissenschaftsprogramm und Ausbildungsziele der Betriebswirtschaftslehre, Bericht von der wissenschaftlichen Tagung in St. Gallen vom 2.–5. Juni 1971, Hrsg. vom Verbandsvorstand durch den Tagungsleiter: Gert v. Kortzfleisch, Berlin 1971, S. 133.
Albert, H.: Das Werturteilsproblem im Lichte der logischen Analyse, ZfgSt 1956, S. 410 ff.
–: Wertfreiheit als methodisches Prinzip. Zur Frage der Notwendigkeit einer normativen Sozialwissenschaft. In: Logik der Sozialwissenschaften, hrsg. von E. Topitsch, Köln, Berlin 1965, S. 181 ff.
–: Marktsoziologie und Entscheidungslogik. Ökonomische Probleme in soziologischer Perspektive, Neuwied, Berlin 1967.
Amonn, A.: Objekt und Grundbegriffe der theoretischen Nationalökonomie, 2. Aufl., Leipzig und Wien 1927.
–: Nationalökonomie und Philosophie, Berlin 1961.
Aubin, H., Zorn, W. (Hrsg.): Handbuch der deutschen Wirtschafts- und Sozialgeschichte, Stuttgart 1971.
Becher, E.: Geisteswissenschaften und Naturwissenschaften, Untersuchungen zur Theorie und Einteilung der Realwissenschaften, München und Leipzig 1921.

Bellinger, B.: Geschichte der Betriebswirtschaftslehre, Stuttgart 1967.
Bergner, H.: Grundzüge der formalen Logik für den betriebswirtschaftlichen Gebrauch. In: Die Betriebswirtschaftslehre in der zweiten industriellen Evolution, hrsg. von G. v. Kortzfleisch, Berlin 1969, S. 1 ff.
Beyer, H.-T.: Theoretische und praktische Betriebswirtschaftslehre als Einheit, ZfB 1970, S. 121 ff.
–: Wissenschaftstheorie und Managementlehre, BFuP 1972, S. 336.
Bidlingmaier, J.: Unternehmerziele und Unternehmerstrategien, Wiesbaden 1964.
–: Zielkonflikte und Zielkompromisse im unternehmerischen Entscheidungsprozeß, Wiesbaden 1968.
Bierfelder, W. H.: Optimales Informationsverhalten im Entscheidungsprozeß der Unternehmung, Berlin 1968.
Böhrs, H., Schelsky, H.: Die Aufgaben der Betriebssoziologie und der Arbeitswissenschaften, Stuttgart und Düsseldorf 1954.
Born, K. E. (Hrsg.): Moderne deutsche Wirtschaftsgeschichte, Köln 1966.
Brand, H. W.: Über die Fruchtbarkeit mathematischer Verfahren in der Wirtschaftstheorie, Frankfurt a. M. 1959.
Bredt, O.: Die Krise der Betriebswirtschaftslehre, Düsseldorf 1956.
Budäus, D.: Betriebswirtschaftslehre und Wissenschaftstheorie. Ein Beitrag im Rahmen der Diskussion um die „Entscheidungsprozesse" von W. Kirsch, ZfB 1972, S. 373 ff.
Busse von Colbe, W.: Entwicklungstendenzen in der Theorie der Unternehmung, ZfB 1964, S. 615 ff.
Chmielewicz, K.: Forschungskonzeptionen der Wirtschaftswissenschaft. Zur Problematik einer entscheidungstheoretischen und normativen Wirtschaftslehre, Stuttgart 1970.
Dauenhauer, E.: Die Anfänge des kaufmännischen Zeitschriftenwesens in Deutschland, ZfbF 1966, S. 326 ff.
Dlugos, G.: Analytische Wissenschaftstheorie als Regulativ betriebswirtschaftlicher Forschung. In: Wissenschaftstheorie und Betriebswirtschaftslehre, hrsg. von G. Dlugos, G. Eberlein, H. Steinmann, Düsseldorf 1972, S. 21 ff.
Dlugos, G., Eberlein, G., Steinmann, H. (Hrsg.): Wissenschaftstheorie und Betriebswirtschaftslehre. Eine methodologische Kontroverse, Düsseldorf 1972.
Eberlein, G.: Dialektische Wissenschaftstheorie aus analytischer Sicht. In: Wissenschaftstheorie und Betriebswirtschaftslehre, hrsg. von G. Dlugos, G. Eberlein, H. Steinmann, Düsseldorf 1972, S. 99 ff.
Eberlein, G., Kroeber-Riel, W. (Hrsg.): Forschungslogik der Sozialwissenschaften, Düsseldorf 1974.
Eichhorn, P.: Öffentliche Haushalte und Betriebswirtschaftslehre, ZfB 1971, S. 611 ff.
Engelhardt, W.: Zum Stande der morphologischen Forschung in der Betriebswirtschaftslehre und in anderen Wirtschafts- und Sozialwissenschaften, ZfbF 1967, S. 599 ff.
Engelmann, K.: Die Lehre von der Einzelwirtschaft. Ein Beitrag zur Entwicklung neuer theoretischer Grundlagen, Köln und Opladen 1962.
Fettel, J.: Die normative Betriebswirtschaftslehre, BFuP 1949, S. 376 ff.
Fischer, G.: Der Mensch im Betrieb. Die Grenzen zwischen Betriebswirtschaftslehre, Soziologie und Psychologie, ZfB 1952, S. 253 ff.
Fischer-Winkelmann, W. F.: Methodologie der Betriebswirtschaftslehre, München 1974.
Gäfgen, G.: Theorie der wirtschaftlichen Entscheidung. Untersuchungen zur Logik und ökonomischen Bedeutung des rationalen Handelns, 2. Aufl., Tübingen 1968.
Ganz, W.: Probleme der Forschung in der Betriebswirtschaftslehre. In: Strukturwandlungen der Unternehmung, hrsg. von H. Ulrich und V. Ganz-Keppeler, Bern, Stuttgart 1969, S. 282.
Gianessi, E. Kritische Bemerkungen zum Begriff Betrieb, ZfB 1972, S. 1 ff.

Grochla, E.: Unternehmung und Betrieb, HdS, Bd. 10, Stuttgart, Tübingen, Göttingen, 1959, S. 583 ff.
–: Modelle als Instrumente der Unternehmensführung, ZfbF 1969, S. 382 ff.
Gümbel, R.: Nebenbedingungen und Varianten der Gewinnmaximierung, ZfhF 1963, S. 12 ff.
–: Die Bedeutung der Gewinnmaximierung als betriebswirtschaftliche Zielsetzung, BFuP 1964, S. 71 ff.
Gutenberg, E.: Die Unternehmung als Gegenstand betriebswirtschaftlicher Theorie, Berlin und Wien 1929.
–: Zum „Methodenstreit", ZfhF 1953, S. 327 ff.
–: Betriebswirtschaftslehre als Wissenschaft, Kölner Universitätsrede, 2. Aufl., Krefeld 1961.
–: Die Produktionsfunktion als Beispiel betriebswirtschaftlicher Theoriebildung. In: Systeme und Methoden in den Wirtschafts- und Sozialwissenschaften, Erwin von Beckerath zum 75. Geburtstag, hrsg. von Norbert Kloten, Wilhelm Krelle, Heinz Müller, Fritz Neumark, Tübingen 1964, S. 145 ff.
–: Über einige Fragen der neueren Betriebswirtschaftslehre, ZfB 1966, 1. Ergänzungsheft, S. 1 ff.
–: Betriebswirtschaftslehre als Wissenschaft, 3. Aufl., Köln 1967.
Hasenack, W.: Zur Entwicklung der Betriebswirtschaftslehre. Rückblick und Ausblick, BFuP 1952, S. 459 ff.
–: Methoden- und Entwicklungsprobleme der Betriebswirtschaftslehre. In: Aktuelle Betriebswirtschaft, Festschrift zum 60. Geburtstag von Konrad Mellerowicz, Berlin 1952, S. 1 ff.
–: Funktions- oder Wirtschaftszweiglehren als spezielle Betriebslehren?, WPg 1954, S. 310 ff.
Hauschildt, J.: Zur Artikulation von Unternehmenszielen, ZfbF 1970, S. 545 ff.
Hax, H.: Rentabilitätsmaximierung als unternehmerische Zielsetzung, ZfhF 1963, S. 337 ff.
–: Bewertungsprobleme bei der Formulierung von Zielfunktionen für Entscheidungsmodelle, ZfbF 1967, S. 749 ff.
–: (Hrsg.) Entscheidung bei unsicheren Erwartungen. Beiträge zur Theorie der Unternehmung, Köln und Opladen 1970.
Hax, K.: Das Methodenproblem in der Betriebswirtschaftslehre, ZfhF 1956, S. 498 ff.
–: Stand und Aufgabe der Betriebswirtschaftslehre in der Gegenwart, ZfhF 1956, S. 133 ff.
–: Die Unternehmung als Erkenntnisobjekt von Betriebswirtschaftslehre und Betriebssoziologie, ZfbF 1965, S. 233 ff.
–: Unternehmenstheorien in der Betriebswirtschaftslehre, ZfbF 1976, S. 91 ff.
Heinen, E.: Betriebswirtschaftslehre heute – Die Bedeutung der Entscheidungstheorie für Forschung und Praxis, Wiesbaden 1966.
–: Das Zielsystem der Unternehmung. Grundlagen betriebswirtschaftlicher Entscheidungen, Wiesbaden 1966.
–: Der entscheidungsorientierte Ansatz der Betriebswirtschaftslehre, ZfB 1971, S. 429 ff.
–: Grundfragen der entscheidungsorientierten Betriebswirtschaftslehre, München 1976.
Heinen, E., Dietel B.: Zur „Wertfreiheit" in der Betriebswirtschaftslehre, ZfB 1976, S. 1 ff. und S. 101 ff.
Heinrich, W.: Betriebswirtschaftspolitik, 2. Aufl., Berlin, München 1967.
Henzel, F.: Die Struktur der Unternehmung in ihrer Bedeutung für Forschung und Lehre, ZfB 1965, S. 693 ff.
Henzler, R.: Das Unternehmen in der modernen Wettbewerbswirtschaft. In: Gegenwartsfragen der Unternehmung. Offene Fragen der Betriebswirtschaftslehre, Festschrift zum 70. Geburtstag von Fritz Henzel, hrsg. von Bernhard Bellinger, Wiesbaden 1961, S. 87 ff.

Hertlein, A.: Einheit und Gliederung der Wirtschaftswissenschaften. In: Gegenwartsfragen der Unternehmung. Offene Fragen der Betriebswirtschaftslehre, Festschrift zum 70. Geburtstag von Fritz Henzel, hrsg. von Bernhard Bellinger, Wiesbaden 1961, S. 99 ff.

Hill, W.: Betriebswirtschaftslehre als Wissenschaft, Zürich und St. Gallen 1957.

Hostettler, E.: Die Frage der Objektbestimmung in der Betriebswirtschaftslehre, Bern 1945.

Hoth, H. M.: Beitrag zur Klärung des Produktivitätsbegriffes und zur Produktivitätsmessung im Industriebetrieb, Düsseldorf 1958.

Hundt, S.: Das Rationalprinzip in der Betriebswirtschaftslehre. Bemerkungen zur neueren Methodologie-Diskussion, ZfB 1975, S. 165 ff.

Hundt, S., Liebau, E.: Zum Verständnis von Theorie und Praxis – Gegen ein beschränktes Selbstverständnis der Betriebswirtschaftslehre als „Unternehmerwissenschaft". In: Wissenschaftstheorie und Betriebswirtschaftslehre, hrsg. von G. Dlugos, G. Eberlein, H. Steinmann, Düsseldorf 1972, S. 221 ff.

Isaac, A.: Die Entwicklung der wissenschaftlichen Betriebswirtschaftslehre in Deutschland seit 1898, Berlin 1923.

–: Geschichte der Betriebswirtschaftslehre, Berlin 1932.

Jehle, E.: Über Fortschritt und Fortschrittskriterien in betriebswirtschaftlichen Theorien, Stuttgart 1973.

Jennihsen, H.-F.: Gewinnmaximierung als Ziel erwerbswirtschaftlich orientierter Unternehmungen und die Erreichung dieses Ziels durch optimalen Einsatz des Eigenkapitals, Köln und Opladen 1967.

Jost, H.-G.: Die Bedeutung Ernst Walbs für die Betriebswirtschaftslehre und seine Einstellung zur Ziel- und Methodenproblematik, BFuP 1973, S. 421 ff.

Kalveram, W.: Der christliche Gedanke in der Wirtschaft, Köln 1949.

–: Grundfragen der Betriebswirtschaft und der Betriebswirtschaftslehre, BFuP 1949, S. 10 ff.

–: Ethik und Ethos in Wirtschaftspraxis und Wirtschaftstheorie, ZfB 1951, S. 15 ff.

Katterle, S.: Normative und explikative Betriebswirtschaftslehre, Göttingen 1964.

–: Methodenprobleme der praktischen (normativen) und theoretischen (explikativen) Betriebswirtschaftslehre, ZfbF 1966, S. 286 ff.

Kleinhorst, H.: Die normative Betrachtungsweise in der Betriebswirtschaftslehre, Berlin 1956.

Kirsch, W.: Entscheidungsprozesse, Bd. I: Verhaltenswissenschaftliche Ansätze der Entscheidungstheorie, Wiesbaden 1970. Bd. II: Informationsverarbeitungstheorie des Entscheidungsverhaltens, Wiesbaden 1971, Bd. III: Entscheidungen in Organisationen, Wiesbaden 1971.

–: Die entscheidungs- und systemorientierte Betriebswirtschaftslehre – Wissenschaftsprogramm, Grundkonzeption, Wertfreiheit und Parteilichkeit. In: Wissenschaftstheorie und Betriebswirtschaftslehre, hrsg. von G. Dlugos, G. Eberlein, H. Steinmann, Düsseldorf 1972, S. 153 ff.

Kirsch, W., Bamberger, J. u. a.: Betriebswirtschaftliche Logistik. Systeme, Entscheidungen, Methoden, Wiesbaden 1973.

Klein, H. K.: Heuristische Entscheidungsmodelle. Neue Techniken des Programmierens und Entscheidens für das Management, Wiesbaden 1971.

Koch, H.: Das Wirtschaftlichkeitsprinzip als betriebswirtschaftliche Maxime, ZfhF 1951, S. 160 ff.

–: Über einige Grundfragen der Betriebswirtschaftslehre. – Eine Studie zum 60. Geburtstag von Erich Gutenberg. ZfhF 1957, S. 569 ff.

–: Über eine allgemeine Theorie des Handelns. In: Zur Theorie der Unternehmung, Festschrift zum 65. Geburtstag von E. Gutenberg, Wiesbaden 1962, S. 367 ff.

–: Die betriebswirtschaftliche Theorie als Handlungsanalyse, In: Wissenschaftsprogramm und Ausbildungsziele der Betriebswirtschaftslehre, Bericht von der Wissenschaftlichen Tagung in St. Gallen vom 2. bis 5. Juni 1971, Hrsg. vom Verbandsvorstand durch den Tagungsleiter: Gert v. Kortzfleisch, Berlin 1971, S. 61 ff.

–: Betriebswirtschaftslehre als Wissenschaft vom Handeln, Tübingen 1975.

Köhler, R.: Theoretische Systeme der Betriebswirtschaftslehre im Lichte der neueren Wissenschaftslogik, Stuttgart 1966.
Kortzfleisch, G. v.: Wissenschaftstheoretische und wissenschaftspolitische Gedanken zum Thema: Betriebswirtschaftslehre als Wissenschaft. In: Wissenschaftsprogramm und Ausbildungsziele der Betriebswirtschaftslehre, Bericht von der wissenschaftlichen Tagung in St. Gallen vom 2. bis 5. Juni 1971, Hrsg. vom Verbandsvorstand durch den Tagungsleiter: Gert v. Kortzfleisch, Berlin 1971, S. 1 ff.
Kosiol, E.: Werdegang und Wesen der Betriebswirtschaftslehre und ihr Verhältnis zu den Nachbarwissenschaften und zur Wirtschaftspraxis, Die Betriebswirtschaft (ZHH) 1940, S. 97 ff.
–: Erkenntnisgegenstand und methodologischer Standort der Betriebswirtschaftslehre, ZfB 1961, S. 129 ff.
–: Betriebswirtschaftslehre und Unternehmensforschung. Eine Untersuchung ihrer Standorte und Beziehungen auf wissenschaftstheoretischer Grundlage, ZfB 1964, S. 743 ff.
Kosiol, E. mit Szyperski, N. und Chmielewicz, K.: Zum Standort der Systemforschung im Rahmen der Wissenschaften (einschließlich ihrer Beziehungen zur Organisations-, Automations- und Unternehmensforschung) ZfbF 1965, S. 33 ff.
Krasensky, H.: Zur Einführung in die Betriebswirtschaftslehre. Eine methodische Studie. In: Empirische Betriebswirtschaftslehre, Festschrift zum 60. Geburtstag von Leopold L. Illetschko, hrsg. von Erich Loitlsberger, Wiesbaden 1963, S. 77 ff.
Kroeber-Riel, W.: Wissenschaftstheoretische Sprachkritik in der Betriebswirtschaftslehre, Berlin 1969.
–: Theoretische Konstruktionen und empirische Basis in mikroökonomischen Darstellungen des Konsumentenverhaltens. In: Wissenschaftstheorie und Betriebswirtschaftslehre, hrsg. von G. Dlugos, G. Eberlein, H. Steinmann, Düsseldorf 1972, S. 209 ff.
–: Ideologische Komponenten der entscheidungsorientierten Betriebswirtschaftslehre. In: Forschungslogik der Sozialwissenschaften, hrsg. von G. Eberlein und W. Kroeber-Riel, Düsseldorf 1974, S. 285 ff.
Lachnit, L.: Grundgedanken zu einer Vergleichenden Betriebswirtschaftslehre, ZfbF 1975, S. 9 ff.
Langen, H.: Zum betriebswirtschaftlichen Wertbegriff, ZfhF 1954, S. 538 ff.
Lehmann, M. R.: Betriebswirtschaftslehre als Sozialwissenschaft, Köln 1951.
–: Die Stellung der Betriebswirtschaftslehre im Rahmen der Wirtschafts- und Sozialwissenschaften. In: Festschrift für Proesller, Erlangen 1953.
Leitherer, E.: Die typologische Methode in der Betriebswirtschaftslehre. Versuch einer Übersicht, ZfbF 1965. S. 650 ff.
–: Betriebswirtschaftslehre, Dogmengeschichte der, HdB, Bd. 1, 4. Aufl., Stuttgart 1974, Sp. 694 ff.
Linhardt, H.: Sternstunden der älteren deutschen Betriebswirtschaftslehre, ZfB 1962, S. 257 ff.
–: Angriff und Abwehr im Kampf um die Betriebswirtschaftslehre, Berlin 1963.
–: Die historische Komponente der funktionalen Betriebswirtschaftslehre, Berlin 1964.
Lisowski, A.: Grundprobleme der Betriebswirtschaftslehre. Ausgewählte Schriften, Zürich und St. Gallen 1954.
Löffelholz, J.: Geschichte der Betriebswirtschaft und der Betriebswirtschaftslehre, Stuttgart 1935.
–: Wissenschaft und Praxis. Ein Beitrag zum Problem des Erkenntnisobjekts der Betriebswirtschaftslehre. In: Aktuelle Betriebswirtschaft, Festschrift zum 60. Geburtstag von Konrad Mellerowicz, Berlin 1952, S. 29 ff.
–: Der Wert als Problem der Betriebswirtschaft, In: Gegenwartsprobleme der Betriebswirtschaft, Festschrift für W. Le Coutre, Baden-Baden, Frankfurt a. M. 1955, S. 25 ff.
–: Betriebswirtschaft, Geschichte, HdB, Bd. I, 3. Aufl., Stuttgart 1956, Sp. 970 ff.
Mag, W.: Grundfragen einer betriebswirtschaftlichen Organisationstheorie. Eine Analyse der Beziehungen zwischen unternehmerischer Zielsetzung, Entscheidungsprozeß und Unternehmensorganisation, Köln und Opladen 1969.

Literatur zum 1. Abschnitt

Marx, A.: Ethische Probleme in der Betriebswirtschaftslehre. In: Gegenwartsprobleme der Betriebswirtschaft, Festschrift für W. Le Coutre, Baden-Baden-Frankfurt a. M. 1955, S. 41 ff.
–: Unternehmer und Unternehmung. In: Gegenwartsfragen der Unternehmung. Offene Fragen der Betriebswirtschaftslehre, Festschrift zum 70. Geburtstag von Fritz Henzel, hrsg. von Bernhard Bellinger, Wiesbaden 1961, S. 135 ff.
Matessich, L.: Informations- und Erkenntnisökonomik: Treffpunkt von Philosophie und Wirtschaftswissenschaft, ZfbF 1974, S. 777 ff.
–: Zur Klärung des Problems der „Wertefreiheit von Wissenschaften": Ein Lösungsversuch im Wege der Systemanalyse, ZfbF 1975, S. 133 ff.
Meffert, H.: Die Leistungsfähigkeit der entscheidungs- und systemorientierten Marketing-Theorie. In: Wissenschaftsprogramm und Ausbildungsziele der Betriebswirtschaftslehre, Bericht von der wissenschaftlichen Tagung in St. Gallen vom 2. bis 5. Juni 1971, hrsg. vom Verbandsvorstand durch den Tagungsleiter: Gert v. Kortzfleisch, Berlin 1971, S. 167 ff.
Mellerowicz, K.: Einheitliche Wirtschaftswissenschaft? BFuP 1950, S. 705 ff.
–: Die Stellung der Betriebswirtschaftslehre im Rahmen der Wirtschaftswissenschaften, ZfB 1951, S. 385 ff.
–: Eine neue Richtung in der Betriebswirtschaftslehre? Eine Betrachtung zu dem Buch von E. Gutenberg: „Grundlagen der Betriebswirtschaftslehre", 1. Band: Die Produktion, ZfB 1952, S. 145 ff.
–: Betriebswirtschaftslehre am Scheidewege?, ZfB 1953, S. 265 ff.
Menrad S.: Anmerkungen zu Gutenbergs System der Betriebstypen, ZfB 1968, S. 563 ff.
Moxter, A.: Methodologische Grundfragen der Betriebswirtschaftslehre, Köln und Opladen 1957.
Nowak, P.: Bestimmung der Betriebsindividualität mit Hilfe von Betriebsgliederungen, ZfhF 1954, S. 484 ff.
Oettle, K.: Über den Charakter öffentlich-wirtschaftlicher Zielsetzungen, ZfbF 1966, S. 241 ff.
Pack, L.: Rationalprinzip, Gewinnprinzip und Rentabilitätsprinzip, ZfB 1965, S. 625 ff.
Penndorf, B.: Die geschichtliche Entwicklung der Handelswissenschaften bis zum Ende des 19. Jahrhunderts. In: Festgabe für R. Stern, Berlin, Leipzig und Wien 1925.
Perridon, L.: Ansätze und Methodik der Vergleichenden Betriebswirtschaftslehre, ZfB 1967, S. 677.
–: Betriebswirtschaftslehre, Vergleichende, HdB, Bd. 1, 4. Aufl., Stuttgart 1974, Sp. 809 ff.
Philipp, F.: Wissenschaftstheoretische Kennzeichen der Besonderen Betriebswirtschaftslehren. Ein Beitrag zur Analyse des realwissenschaftlichen Aufbaus der Betriebswirtschaftslehre, Wiesbaden 1966.
Popper, K. R.: Logik der Forschung, 3. Aufl., Tübingen 1969.
Raffée, H.: Der private Haushalt als Forschungsobjekt der Betriebswirtschaftslehre, ZfbF 1966, S. 179 ff.
–: Grundprobleme der Betriebswirtschaftslehre, Göttingen 1974.
Rieger, W.: Einführung in die Privatwirtschaftslehre, 2. Aufl., Erlangen 1959.
Risse, W.: Die Gliederung der Betriebswirtschaftslehre, Stuttgart 1968.
–: Die Bedeutung der Morphologie der Einzelwirtschaften für die Betriebswirtschaftslehre, ZfB 1970, S. 547 ff.
Ruchti, H.: Die Stellung der Betriebswirtschaftslehre im Rahmen der Wirtschaftswissenschaft, BFuP 1949, S. 473 ff.
Ruf, W.: Die Grundlagen eines betriebswirtschaftlichen Wertbegriffes, Bern 1955.
Sandig, C.: Methodenlehre, betriebswirtschaftliche, HdB, Bd. II, 2. Aufl., Stuttgart 1938, Sp. 983 ff.
–: Die Forschungs- und Darstellungsmethoden und das Methodenproblem in betriebswirtschaftlicher Sicht, BFuP 1957, S. 129 ff.
–: Methodenprobleme, betriebswirtschaftliche, HdB, Bd. III, 3. Aufl., Stuttgart 1960, Sp. 3961 ff.

Schäfer, E.: Über einige Grundfragen der Betriebswirtschaftslehre, ZfB 1950, S. 553 ff.
–: Selbstliquidation der Betriebswirtschaftslehre?, ZfB 1952, S. 605 ff.
–: Die Funktionalbetrachtung in der Betriebswirtschaftslehre, In: Gegenwartsprobleme der Betriebswirtschaft, Festschrift für W. Le Coutre, Baden-Baden, Frankfurt a. M. 1955, S. 11 ff.
–: Grundfragen der Betriebswirtschaftslehre, HdW, Bd. I, 2. Aufl., Köln und Opladen 1966, S. 9 ff.
Schanz, G.: Zum Prinzip der Wertfreiheit in der Betriebswirtschaftslehre. Wissenschaftstheoretische Anmerkungen zu Erich Loitlsbergers Plädoyer für eine normative Wissenschaft, ZfbF 1972, S. 379 ff.
–: Funktionalisierung der Wissenschaft? Marginalien zum Systemdenken in der Betriebswirtschaftslehre, ZfbF 1974, S. 544 ff.
–: Einführung in die Methodologie der Betriebswirtschaftslehre, Köln 1975.
Scheuch, F.: Zur Verwendung lerntheoretischer Grundlagen in der Betriebswirtschaftslehre, ZfB 1971, S. 541 ff.
Schmalenbach, E.: Die Privatwirtschaftslehre als Kunstlehre, ZfhF 1911/12, S. 304 ff.
–: Neue Aufgaben der Betriebswirtschaftslehre. In: Betriebswirtschaftliche Beiträge, H. 1, 1947.
Schmidt, R.-B.: Die Kapitalerhaltung der Unternehmung als Gegenstand zielsetzender und zielerreichender Entscheidungen. In: Organisation und Rechnungswesen, Festschrift für Erich Kosiol zu seinem 65. Geburtstag, hrsg. von Erwin Grochla, Berlin 1964, S. 411 ff.
–: Die Instrumentalfunktion der Unternehmung – Methodische Perspektiven zur betriebswirtschaftlichen Forschung, ZfbF 1967, S. 233 ff.
Schneider, E.: Volkswirtschaft und Betriebswirtschaft. Ausgewählte Aufsätze, Tübingen 1964.
Schneider, D.: Zielvorstellungen und innerbetriebliche Lenkungspreise in privaten und öffentlichen Unternehmen, ZfbF 1966, S. 260 ff.
Schönpflug, F.: Untersuchungen über den Erkenntnisgegenstand der allgemeinen und theoretischen Betriebswirtschaftslehre als Lehre von den wirtschaftlichen Gebilden, Stuttgart 1930.
–: Betriebswirtschaftslehre. Methoden und Hauptströmungen, 2. Aufl., von: Das Methodenproblem in der Einzelwirtschaftslehre, hrsg. von H. Seischab, Stuttgart 1954.
Schreiber, R.: Erkenntniswert betriebswirtschaftlicher Theorien. Einführung in die Methodik der Betriebswirtschaftslehre, Wiesbaden 1961.
Schwantag, K.: Betriebswirtschaftslehre (I) Geschichte, HdS, Bd. 2, Stuttgart, Tübingen, Göttingen 1959, S. 114 ff.
Schweitzer, M.: Methodologische und entscheidungstheoretische Grundfragen der betriebswirtschaftlichen Prozeßstrukturierung, ZfbF 1967, S. 279.
Seiffert, H.: Einführung in die Wissenschaftstheorie. Bd. 1: Sprachanalyse, Deduktion, Induktion in Natur- und Sozialwissenschaften, München 1969; Bd. 2: Geisteswissenschaftliche Methoden: Phänomenologie, Hermeneutik und historische Methoden, Dialektik, München 1970.
Seyffert, R.: Betriebswirtschaftslehre, Geschichte, HdB, Bd. I, 3. Aufl., Stuttgart 1956, Sp. 995 ff.
–: Über Begriff, Aufgaben und Entwicklung der Betriebswirtschaftslehre, 4. Aufl., Stuttgart 1957.
Sieber, E.: Objekt und Betrachtungsweise der Betriebswirtschaftslehre, Leipzig 1931.
–: Wirtschaftlichkeit und Wirtschaftlichkeitsmessung. In: Die Unternehmung am Markt (Festschrift Rieger), Stuttgart und Köln 1953, S. 185 ff.
Staehle, W. H.: Die Stellung des Menschen in neueren betriebswirtschaftlichen Theoriesystemen, ZfB 1975, S. 713 ff.
Stich, A.: Die Entwicklung der Betriebswirtschaftslehre zur selbständigen Disziplin, Diss. Basel 1956.
Stuhr, R.: Das Rationalprinzip in Beziehung zu den Prinzipien der Rentabilitäts- und Gewinnmaximierung, BFuP 1965, S. 290 ff.

Szyperski, N.: Zur Problematik der quantitativen Terminologie in der Betriebswirtschaftslehre, Berlin 1962.
–: Zur wissenschaftsprogrammatischen und forschungsstrategischen Orientierung der Betriebswirtschaftslehre, ZfbF 1971, S. 261 ff.
Tietz, B.: Grundlagen der Handelsforschung, Bd. I: Die Methoden, Rüschlikon - Zürich 1969.
Ulrich, H.: Nationalökonomie und Betriebswirtschaftslehre als Wirtschaftswissenschaften und ihr gegenseitiges Verhältnis, Bern 1944.
–: Die Unternehmung als produktives soziales System. Grundlagen der allgemeinen Unternehmungslehre, 2. Aufl., Bern, Stuttgart 1970.
–: Der systemorientierte Ansatz in der Betriebswirtschaftslehre. In: Wissenschaftsprogramm und Ausbildungsziele der Betriebswirtschaftslehre, Bericht von der wissenschaftlichen Tagung in St. Gallen vom 2.–5. Juni 1971, Hrsg. vom Verbandsvorstand durch den Tagungsleiter: Gert v. Kortzfleisch, Berlin 1971, S. 43 ff.
Vodrazka, K.: Wirtschaftlichkeitsprinzip und neuere Entwicklung der Betriebswirtschaftslehre, ZfbF 1976, S. 43 ff.
Vogler, G.: Die Betriebswirtschaftslehre in ihrem Verhältnis zu anderen wissenschaftlichen Disziplinen, ZfB 1969, S. 821 ff.
–: Die Unternehmung als Steuerungssystem, Stuttgart 1969.
Walther, A.: Einführung in die Wirtschaftslehre der Unternehmung, 2. Aufl., Zürich 1959.
Weber, E.: Literaturgeschichte der Handelsbetriebslehre, Tübingen 1914.
Weber, M.: Die „Objektivität" sozialwissenschaftlicher und sozialpolitischer Erkenntnis, Archiv für Soz. Wiss., Bd. XIX, Tübingen 1904, S. 22 ff.
–: Der Sinn der „Wertfreiheit" der soziologischen und ökonomischen Wissenschaften. In: Gesammelte Aufsätze zur Wissenschaftslehre, 2. Aufl., Tübingen 1951, S. 475.
–: Methodologische Schriften, Frankfurt a. M. 1968.
Weinberg, P.: Betriebswirtschaftliche Logik, Düsseldorf 1971.
Weyermann, M., Schönitz, H.: Grundlegung und Systematik einer wissenschaftlichen Privatwirtschaftslehre und ihre Pflege an Universitäten und Fachhochschulen, Karlsruhe 1912.
Wild, B.: Zur Problematik betriebswirtschaftlicher Entscheidungskriterien, BFuP 1969, S. 65 ff.
Wild, J.: Grundlagen und Probleme der betriebswirtschaftlichen Organisationslehre. Entwurf eines Wissenschaftsprogramms, Berlin 1966.
–: Methodenprobleme in der Betriebswirtschaftslehre, HdB, Bd. 2, 4. Aufl., Stuttgart 1975, Sp. 2654 ff.
Wissenschaftsprogramm und Ausbildungsziele der Betriebswirtschaftslehre. Bericht von der wissenschaftlichen Tagung in St. Gallen vom 2. bis 5. Juni 1971, hrsg. vom Verbandsvorstand durch den Tagungsleiter: Gert v. Kortzfleisch, Berlin 1971.
Witte, E.: Empirische Forschung in der Betriebswirtschaftslehre, HdB, Bd. 1, 4. Aufl. Stuttgart 1974, Sp. 1264 ff.
Wittmann, W.: Der Wertbegriff in der Betriebswirtschaftslehre, Köln und Opladen 1956.
–: Entwicklungsweg und Gegenwartsauftrag der Betriebswirtschaftslehre, ZfhF 1963, S. 1 ff.
Wittstock, J.: Elemente eines allgemeinen Zielsystems der Unternehmung, ZfB 1970, S. 833 ff.
Wöhe, G.: Methodologische Grundprobleme der Betriebswirtschaftslehre, Meisenheim 1959.
–: Zur Problematik der Werturteile in der Betriebswirtschaftslehre, ZfhF 1959, S. 165 ff.
–: Die betriebswirtschaftliche Steuerlehre – eine spezielle Betriebswirtschaftslehre?, ZfhF 1961, S. 49 ff.
–: Betriebswirtschaftslehre, Entwicklungstendenzen der Gegenwart, HdB, Bd. 1, 4. Aufl., Stuttgart 1974, Sp. 710 ff.
Wysocki, K. v.: Betriebswirtschaftslehre und Staat, ZfbF 1966, S. 198 ff.

Zimmermann, L. J.: Geschichte der theoretischen Volkswirtschaftslehre, 2. Aufl., Köln 1961.
Zlábek, K.: Wirtschaftslehre der Unternehmung. Hauptgedanken ihrer theoretischen Begründung, Würzburg 1968.

Literatur zum zweiten Abschnitt

Acker, H. B.: Die organisatorische Stellengliederung im Betrieb, Wiesbaden 1956.
–: Organisationsanalyse. Verfahren und Techniken praktischer Organisationsarbeit, 2. Aufl., 1966.
Ackoff, R. L.: Unternehmensplanung. Ziele und Strategien rationaler Unternehmensführung, München 1972.
AGPLAN-Handbuch zur Unternehmensplanung. Hrsg. in Zusammenarbeit mit der Arbeitsgemeinschaft Planung e. V. – AGPLAN von J. Fuchs, K. Schwantag, Berlin 1969.
Agthe, K.: Strategie und Wachstum der Unternehmung. Praxis der langfristigen Planung, Baden-Baden, Bad Homburg v. d. H. 1972.
Agthe, K., Schnaufer, E. (Hrsg.): Unternehmensplanung, Baden-Baden 1963.
Al-Ani, A.: Praxis der Projektplanung mit der Netzplantechnik, Köln 1971.
Albach, H.: Beiträge zur Unternehmensplanung, Wiesbaden 1969.
Angermann, A.: (Hrsg.) Betriebsführung und Operations Research, Frankfurt/M. 1963.
–: Industrielle Planungsrechnung, Bd. 1: Entscheidungsmodelle, Frankfurt a. M. 1963.
Arnold, G.: Organisation der Betriebsstruktur, Berlin, München 1967.
Baierl, F.: Produktivitätssteigerung durch Lohnanreizsysteme, 4. Aufl., München 1965.
Baetge, J.: Betriebswirtschaftliche Systemtheorie, Opladen 1974.
–: (Hrsg.) Grundlagen der Wirtschafts- und Sozialkybernetik, Opladen 1975.
Ballmann, W.: Betriebswirtschaftliche Überwachungsarten, Berlin 1973.
Bamberg, G., Coenenberg, A. G.: Betriebswirtschaftliche Entscheidungslehre, München 1974.
Baur, W.: Neue Wege der betrieblichen Planung, Berlin, Heidelberg, New York 1967.
Behrens, K. Ch.: Allgemeine Standortbestimmungslehre, 2. Aufl., Opladen 1971.
Bender, K.: Führungsentscheidungen im Betriebe, Stuttgart 1957.
Berger, K.-H.: Unternehmensgröße und Leitungsaufbau, Berlin 1968.
Berthel, J.: Unternehmungssteuerung mit Hilfe von Zielsystemen und Unternehmungsverfassung. In: Probleme der Unternehmungsverfassung, Gedanken zum 70. Geburtstag von Martin Lohmann, hrsg. von R.-B. Schmidt, Tübingen 1971, S. 97 ff.
Berthel, J., Moews, D.: Information und Planung in industriellen Unternehmungen. Eine empirische Studie, Berlin 1970.
Bidlingmaier, J.: Zielkonflikte und Zielkompromisse im unternehmerischen Entscheidungsprozeß, Band 11 der Studienreihe Betrieb und Markt, Wiesbaden 1968.
Bieding, F., Wendler, F.: Analytische Arbeitsbewertung von Angestelltentätigkeiten. Methoden, Probleme, Meinungen, 2. Aufl., Köln 1971.
Bleicher, K.: Zentralisation und Dezentralisation von Aufgaben in der Organisation der Unternehmungen, Berlin 1966.
–: Perspektiven für Organisation und Führung von Unternehmungen, Baden-Baden, Bad Homburg v. d. H. 1971.
–: Organisation als System, Wiesbaden 1972.
Bloech, J.: Optimale Industriestandorte, Würzburg, Wien 1970.
Böhm, F., Briefs, G.: Mitbestimmung – Ordnungselement oder politischer Kompromiß, Stuttgart 1971.
Böhrs, H.: Probleme der Vorgabezeit, München 1950.
–: Arbeitsleistung und Arbeitsentlohnung, Wiesbaden 1958.
–: Organisation des Industriebetriebes, Wiesbaden 1963.

Boettcher, E. (Hrsg.): Theorie und Praxis der Kooperation, Tübingen 1972.
Böttcher, C., Beinert, J., Hennerkes, B.-H.: Wechsel der Unternehmensform, Umwandlung, Verschmelzung, Einbringung, Stuttgart 1969.
Borchard, K. H.: Wirtschaftlichkeitsplanung, Wiesbaden 1962.
Buchwald, F., Tiefenbacher, E.: Die zweckmäßige Gesellschaftsform nach Handels- und Steuerrecht, 4. Aufl., Heidelberg 1971.
Bühler, O.: Steuerrecht der Gesellschaften und Konzerne, 3. Aufl., Berlin und Frankfurt a. M. 1956.
Burger, E.: Einführung in die Theorie der Spiele. Mit Anwendungsbeispielen, insbesondere aus Wirtschaftslehre und Soziologie, 2. Aufl., Berlin 1966.
Busse von Colbe, W.: Die Planung der Betriebsgröße, Wiesbaden 1964.
Bussmann, K. F.: Kartelle und Konzerne, Stuttgart 1963.
–: Die Prüfung der Unternehmungen, 2. Aufl., Wiesbaden 1972.
Churchman, C. W., Ackoff, R. L., Arnoff, E. L.: An Introduction to Operations Research, New York 1957, deutsche Ausgabe: Wien und München 1971.
Clar, P.: Die Kapazitätsausnutzung in der Industrieunternehmung, Berlin 1964.
Dedering, H.: Personalplanung und Mitbestimmung, Opladen 1972.
Dullien, M.: Flexible Organisation. Praxis, Theorie und Konsequenzen des Projekt- und Matrix-Management, Opladen 1972.
Dworak, W.: Moderne Unternehmensorganisation in der Praxis, München 1972.
Eckardstein, D. v., Schnellinger, F.: Betriebliche Personalpolitik, 2. Aufl., München 1975.
Eckstein, W.: Betriebswirtschaftliche Kriterien zur Beurteilung von Rationalisierungskartellen, Köln, Berlin, Bonn, München 1966.
Edin, R.: Dynamische Analyse betrieblicher Systeme. Ein Beitrag zur industriellen Planung, Berlin 1971.
Elm, W. A.: Das Management-Informations-System als Mittel der Unternehmensführung, Berlin, New York 1972.
Euler, H.: Die analytische Arbeitsbewertung als Hilfsmittel zur Bestimmung der Arbeitsschwierigkeit, 4. Aufl., Düsseldorf 1965.
Fäßler, K.: Betriebliche Mitbestimmung. Wiesbaden 1970.
Faltlhauser, K.: Miteigentum. Das „Pieroth-Modell" in der Praxis, Düsseldorf, Wien 1971.
Fischer, G.: Die Grundlagen der Organisation, 2. Aufl., Dortmund 1948.
–: Mensch und Arbeit im Betrieb, Stuttgart 1949.
–: Die betriebliche Führungsorganisation. In: Betriebswirtschaftslehre und Wirtschaftspraxis, Festschrift für K. Mellerowicz, hrsg. von Horst Schwarz und Karl-Heinz Berger, Berlin 1961, S. 81 ff.
–: Die Betriebsführung. Unter Mitarbeit von E. Gaugler, Bd. 1, 9. Aufl., Heidelberg 1964.
Fitting, K.: Betriebsverfassungsgesetz, Handkommentar, 10. Aufl., 1972.
Förstner, K., Henn, R.: Dynamische Produktionstheorie und lineare Programmierung, Meisenheim 1957.
Frese, E.: Kontrolle und Unternehmungsführung, Entscheidungs- und organisationstheoretische Grundfragen, Wiesbaden 1968.
Fuchs, H.: Systemtheorie und Organisation, Wiesbaden 1973.
Führungsprobleme personenbezogener Unternehmen. Gedenkschrift zum 75. Geburtstag von Karl Friedrich Rößle, hrsg. von der Karl-Rößle-Vereinigung, Stuttgart 1968.
Gäfgen, G.: Die Theorie der wirtschaftlichen Entscheidung. Untersuchungen zur Logik und ökonomischen Bedeutung des rationellen Handelns, 2. Aufl., Tübingen 1968.
Gerwig, E.: Organisation und Führung industrieller Unternehmungen, 3. Aufl., Stuttgart 1959.
Goossens, F.: Personalleiter-Handbuch, 6. Aufl., München 1974
Graf, O.: Arbeitsphysiologie, Wiesbaden 1960.

Grochla, E.: Betriebsverband und Verbandsbetrieb, Wesen, Formen und Organisation der Verbände aus betriebswirtschaftlicher Sicht, Berlin 1959.
–: Automation und Organisation. Die technische Entwicklung und ihre betriebswirtschaftlich-organisatorischen Konsequenzen, Wiesbaden 1966.
–: Betriebsverbindungen, Berlin 1969.
–: Unternehmungsorganisation. Neue Ansätze und Konzeptionen, Reinbek b. Hamburg 1972.
–: Grundlagen der Materialwirtschaft, 2. Aufl., Wiesbaden 1973.
–: Organisationstheorie, Bd. I, Stuttgart 1975.
–: Betriebliche Planung und Informationssysteme, Reinbek b. Hamburg 1975.
Gross, H. F.: Mensch und Organisation in der Unternehmung, Wiesbaden 1966.
Günther, H.: Das Dilemma der Arbeitsablaufplanung. Zielverträglichkeiten bei der zeitlichen Strukturierung, Berlin 1971.
Guserl, R.: Das Harzburger Modell. Idee und Wirklichkeit, Wiesbaden 1973.
Gutenberg, E.: Unternehmensführung, Organisation und Entscheidungen, Wiesbaden 1962.
Häusler, J.: Grundfragen der Betriebsführung, Wiesbaden 1966.
–: Planung als Zukunftsgestaltung, Wiesbaden 1969.
Hahn, D.: Ergebnis- und liquiditätsorientierte Planungs- und Kontrollrechnung als Führungsinstrument, Wiesbaden 1973.
Haller-Wedel, E.: Das Multimoment-Verfahren in Theorie und Praxis, 2. Aufl., München 1969.
Handwörterbuch der Organisation, hrsg. von E. Grochla, Stuttgart 1969.
Handwörterbuch des Personalwesens, hrsg. von E. Gaugler, Stuttgart 1975.
Hanssmann, F.: Unternehmensforschung. Hilfsmittel moderner Unternehmensführung, Wiesbaden 1971.
Hauser, E.: Ergebnisbewertung im Personalwesen, Winterthur 1967.
Hax, H.: Die Koordination von Entscheidungen. Ein Beitrag zur betriebswirtschaftlichen Organisationslehre, Köln, Berlin, Bonn 1965.
–: Entscheidungsmodelle in der Unternehmung, Reinbek b. Hamburg 1974.
Hax, K.: Personalpolitik und Mitbestimmung, Köln und Opladen 1969.
Heinen, E.: Betriebswirtschaftslehre heute. Die Bedeutung der Entscheidungstheorie für Forschung und Praxis, Wiesbaden 1966.
Heiser, H. C.: Budgetierung. Grundsätze und Praxis der betriebswirtschaftlichen Planung, Berlin 1964.
Hendrikson, K. H.: Rationelle Unternehmensführung in der Industrie, Wiesbaden 1966.
Henn, R. (Hrsg.): Operations-Research-Verfahren, 4 Bände, Meisenheim 1963/67
Henn, R., Künzi, H. P.: Einführung in die Unternehmensforschung, Berlin, Heidelberg, New York 1968.
Hennecke, A.: Die Verfahren der Arbeitsbewertung. Untersuchungen über die methodologischen Grundlagen der verschiedenen Verfahren der analytischen Arbeitsbewertung, Düsseldorf 1965.
Hennig, K. W.: Betriebswirtschaftslehre der industriellen Erzeugung, 5. Aufl., Wiesbaden 1969.
–: Betriebswirtschaftliche Organisationslehre, 5. Aufl., Wiesbaden 1971.
Henzel, F.: Führungsprobleme der industriellen Unternehmung, 2 Bände, Berlin 1973.
Henzler, R.: Betriebswirtschaftliche Probleme des Genossenschaftswesens. Wiesbaden 1962.
Hichert, J.: Die Problematik des Investivlohnes unter betriebswirtschaftlichem Aspekt, Frankfurt a. M., Zürich 1973.
Hill, W.: Unternehmensplanung, 2. Aufl., Stuttgart 1971.
Hill, W., Fehlbaum, R., Ulrich, P.: Organisationslehre, 2 Bände, Bern u. Stuttgart 1974.
Hiltner, M.: Managementkontrolle in Publikumsaktiengesellschaften, Meisenheim a. Gl. 1972.
Hoffmann, F.: Entwicklung der Organisationsforschung, 2. Aufl., Wiesbaden 1976.

–: Betriebswirtschaftliche Organisationslehre in Frage und Antwort, Wiesbaden 1976.
Höhn, R.: Stellenbeschreibung und Führungsanweisung. Die organisatorische Aufgabe moderner Unternehmensführung, 5. Aufl., Bad Harzburg 1971.
Hoppmann, E.: Fusionskontrolle, Tübingen 1972.
Huppert, W.: Internationale Industriekonzerne, Berlin 1966.
Ihde, G.-B.: Grundlagen der Rationalisierung. Theoretische Analyse und praktische Probleme, Berlin 1970.
Illetschko, L. L.: Management und Betriebswirtschaft, Wien 1955.
–: Unternehmenstheorie. Elemente rationaler Betriebslenkung, 2. Aufl., Wien, New York 1967.
Isaac, A.: Revision und Wirtschaftsprüfung, Wiesbaden 1951.
Jacob, H.: (Hrsg.) Anwendung der Netzplantechnik im Betrieb, Band 9 der Schriften zur Unternehmensführung, Wiesbaden 1969.
Jaggi, B. L.: Das Stabsproblem in der Unternehmung, Berlin 1969.
Joksch, H. C.: Lineares Programmieren, 2. Aufl., Tübingen 1965.
Junkerstorff, K.: Internationaler Grundriß der wissenschaftlichen Unternehmensführung, Berlin 1964.
Junkerstorff, K., Gast, W.: Grundzüge des Managements, Wiesbaden 1960.
Kalveram, W.: Industriebetriebslehre, 8. Aufl., Wiesbaden 1972.
Kern, N.: Netzplantechnik. Betriebswirtschaftliche Analyse von Verfahren der industriellen Terminplanung, Wiesbaden 1969.
Kern, W.: Optimierungsverfahren in der Ablauforganisation, Essen 1967.
–: Operations Research. Eine Einführung in die Optimierungs-Rechnung, 4. Aufl., Stuttgart 1971.
Kiehne, R.: Innerbetriebliche Standortplanung und Raumordnung, Wiesbaden 1969.
Kirsch, G.: Machtverteilung im Unternehmen. Von der Anwendung des Subsidiaritätsprinzip im Unternehmen, Köln 1967.
Kirsch, W. (Hrsg.): Unternehmensführung und Organisation, Wiesbaden 1973.
Kirsch, W., Bamberger, I., Gabele, E., Klein, H. K.: Betriebswirtschaftliche Logistik, Wiesbaden 1973.
Kirsch, W., Meffert, H.: Organisationstheorie und Betriebswirtschaftslehre, Wiesbaden 1970.
Koch, H.: Betriebliche Planung. Grundlagen und Grundfragen der Unternehmenspolitik, Wiesbaden 1961.
Kosiol, E.: Einkaufsplanung und Produktionsumfang, Berlin 1956.
–: Untersuchungen zur Aufbauorganisation der Arbeitsvorbereitung und des Einkaufs industrieller Unternehmungen, Berlin 1960.
–: Leistungsgerechte Entlohnung, 2. Aufl., der „Theorie der Lohnstruktur", Wiesbaden 1962.
–: Organisation der Unternehmung, Wiesbaden 1962.
–: Grundlagen und Methoden der Organisationsforschung, 2. Aufl., Berlin 1968.
Krauss, W.: Operations Research. Ein Instrument der Unternehmensführung, München 1970.
Krelle, W., Künzi, H. P.: Lineare Programmierung, Zürich 1958.
Kroeber-Riel, W.: Beschaffung und Lagerung, Wiesbaden 1966.
Kromphardt, W., Henn, R., Förstner, K.: Lineare Entscheidungsmodelle, Berlin, Göttingen, Heidelberg 1962.
Kropff, B.: Aktiengesetz, Düsseldorf 1965.
Külp, B., Schreiber, W.: Arbeitsökonomik, Köln 1972.
Künze, H. P., Krelle, W.: Nichtlineare Programmierung, Berlin, Göttingen, Heidelberg 1962.
Kulhavy, E.: Operations Research. Die Stellung der Operationsforschung in der Betriebswirtschaftslehre, Wiesbaden 1963.
Langenegger, E.: Konzernunternehmungspolitik. Grundlagen, Grundfragen und Zielsetzungen, Bern 1967.
Lassmann, G.: Die Produktionsfunktion und ihre Bedeutung für die betriebswirtschaftliche Kostentheorie, Köln und Opladen 1958.

Lattmann, Ch., Ganz-Keppeler, V.: Mitbestimmung in der Unternehmung, Bern, Stuttgart 1972.
Lehmann, G.: Praktische Arbeitsphysiologie, 2. Aufl., Stuttgart 1962.
Lehmann, H.: Gesellschaftsrecht, 2. Aufl., Berlin und Frankfurt a. M. 1959.
Lehneis, A.: Langfristige Unternehmensplanung bei unsicheren Erwartungen, Neuwied 1971.
Lenel, H. O.: Ursachen der Konzentration – unter Berücksichtigung der deutschen Verhältnisse, 2. Aufl., Tübingen 1968.
Leverkus, J. Chr.: Das Verhalten der Kleinaktionäre in seiner Bedeutung für die Eigentumspolitik, Berlin 1969.
Liebmann, H.-P.: Die Standortwahl als Entscheidungsproblem. Ein Beitrag zur Standortbestimmung von Produktions- und Handelsbetrieben, Würzburg 1971.
Liefmann, R.: Kartelle, Konzerne und Trusts, 8. Aufl., Stuttgart 1930.
Likert, R.: Neue Ansätze der Unternehmensführung, Bern 1972.
Lindemann, P.: Unternehmensführung und Wirtschaftskybernetik, Neuwied und Berlin 1971.
Lücke, W.: Arbeitsleistung, Arbeitsbewertung, Arbeitsentlohnung. In: Industriebetriebslehre in programmierter Form, hrsg. von H. Jacob, Wiesbaden 1972.
Luhmann, N.: Funktionen und Folgen formaler Organisation, 2. Aufl., Berlin 1972.
Marx, A.: Die Personalplanung in der modernen Wettbewerbswirtschaft, Baden-Baden 1963.
–:(Hrsg.) Personalführung, 3 Bände, Wiesbaden 1969–1971.
Maucher, H.: Zeitlohn, Akkordlohn, Prämienlohn, 4. Aufl., Neuwied, Berlin 1968.
Mayntz, R.: Die soziale Organisationen des Industriegebietes, Stuttgart 1966.
Meier, A.: Organisation der Unternehmensführung, 2. Aufl., Stuttgart 1965.
Mellerowicz, K.: Betriebswirtschaftslehre der Industrie, 2 Bände, 6. Aufl., Freiburg 1968.
–: Planung und Plankostenrechnung, Bd. 1: Betriebliche Planung, 2. Aufl., Freiburg 1970.
–: Strukturwandel und Unternehmensführung, Freiburg i. Br. 1975.
Mensch, G.: Ablaufplanung, Köln und Opladen 1968.
Meyer-Lindemann, H. U.: Typologie der Theorien des Industriestandortes, Bremen-Horn 1951.
Mirow, H. M.: Kybernetik. Grundlagen einer allgemeinen Theorie der Organisation, Wiesbaden 1969.
Morgenstern, O.: Spieltheorie und Wirtschaftswissenschaft, Wien/München 1963.
Müller-Hagedorn, L.: Grundlagen der Personalbestandsplanung, Opladen 1970.
Müller-Merbach, H.: Operations Research. Methoden und Modelle der Optimalplanung, 2. Aufl. 1971.
Nordsieck, F.: Die schaubildliche Erfassung und Untersuchung der Betriebsorganisation, 5. Aufl., Stuttgart 1956.
–: Betriebsorganisation, Stuttgart 1961.
Odiorne, G. S.: Management by Objectives. Führung durch Vorgabe von Zielen, München 1967.
Pagenkopf, H.: Kommunalrecht, Köln, Berlin, Bonn, München 1971.
Peter, K.: Neuzeitliche Gesellschaftsverträge und Unternehmensformen, 3. Aufl., Herne, Berlin 1971.
Poensgen, O. H.: Geschäftsbereichsorganisation, Opladen 1973.
Potthoff, E.: Betriebliches Personalwesen, Berlin 1974.
Pristl, F.: Arbeitsvorbereitung, Teil 1 und Teil 2, 3. Aufl., Berlin, Göttingen, Heidelberg 1962/1964.
Rasch, H.: Deutsches Konzernrecht, 3. Aufl., Köln, Berlin, Bonn, München 1966.
Reber, G.: Personelles Verhalten im Betrieb, Stuttgart 1973.
Reddewig, G., Dubberke, H.-A.: Einkaufsorganisation und Einkaufplanung, Wiesbaden 1959.
REFA: Methodenlehre des Arbeitsstudiums, Teil 1–6, München 1971–1976.
–: Methodenlehre der Planung und Steuerung, Teil 1–3, München 1974.

Rochau, E.: Das Bedaux-System, 3. Aufl., Würzburg 1952.
Rühl, G.: Differentielle Leistungsforschung, Berlin 1974.
Rühle von Lilienstern, H.: Die informierte Unternehmung, Berlin 1972.
Rühli, E.: Unternehmensführung und Unternehmungspolitik, Bd. I, Stuttgart 1973.
Rüschenpöhler, H.: Der Standort industrieller Unternehmungen als betriebswirtschaftliches Problem. Versuch einer betriebswirtschaftlichen Standortlehre, Berlin 1958.
Rumpff, K.: Mitbestimmung in wirtschaftlichen Angelegenheiten, Heidelberg 1972.
Sasieni, M., Yaspan, A., Friedmann, L.: Methoden und Probleme der Unternehmensforschung. Operations Research, hrsg. von H. P. Künzi, 2. Aufl., Würzburg 1966.
Schiemenz, B.: Regelungstheorie und Entscheidungsprozesse. Ein Beitrag zur Betriebskybernetik, Wiesbaden 1972.
Schleh, E. C.: Management by Results, New York 1961.
Schmalenbach, E.: Die Beteiligungsfinanzierung, bearb. von R. Bauer, 9. Aufl., Köln und Opladen 1966.
Schmidt, E.: Brevier der Unternehmensplanung, Bern, Köln und Opladen 1966.
Schmidt, F.: Die Bestimmung des Produktionsmittel-Standorts in Industriebetrieben, Berlin 1965.
Schmitt, H.-J.: Planungsbuchhaltung. Zur Integration von Buchhaltung und Planung, Berlin 1971.
Schneider, D. J. G.: Unternehmungsziele und Unternehmungskooperation, Wiesbaden 1973.
Schneider, E.: Wirtschaftlichkeitsrechnung, 7. Aufl., Tübingen, Zürich 1968.
Schnettler, A.: Betriebe, öffentliche Haushalte und Staat, Berlin 1964.
Schnutenhaus, O. R.: Allgemeine Organisationslehre, Berlin 1951.
–: Die Entscheidungsanalyse der Unternehmensführung, Herne, Berlin 1969.
Schönfeld, H.: Beitrag zu Grundsatzfragen der Leistungsentlohnung vorzugsweise bei mechanisierter und teilweise automatisierter Fertigung, Köln und Opladen 1965.
Schröder, H. J.: Projekt-Management, Wiesbaden 1970.
Schwarz, H.: Betriebsorganisation als Führungsaufgabe, Organisation, Lehre und Praxis, München 1969.
–: Einführung in die moderne Systemtheorie, Braunschweig 1969.
–: Arbeitsplatzbeschreibungen, 4. Aufl., Freiburg i. Br. 1971.
Schweim, J.: Integrierte Unternehmungsplanung, Bielefeld 1969.
Schweitzer, M.: Probleme der Ablauforganisation in Unternehmungen, Berlin 1964.
Schwerdtfeger, G.: Mitbestimmung in privaten Unternehmen, Berlin, New York 1973.
Selchert, F. W.: Die Ausgliederung von Leistungsfunktionen in betriebswirtschaftlicher Sicht, Berlin 1971.
Sieben, G., Schildbach, Th.: Betriebswirtschaftliche Entscheidungstheorie, Tübingen 1975.
Sommer, W.: Handbuch für Systemorganisation, Berlin, New York 1971.
Staehle, W. H.: Organisation und Führung sozio-technischer Systeme, Stuttgart 1973.
Stefanic-Allmayer, K.: Allgemeine Organisationslehre, Wien 1950.
Stegemann, G.: Die statistische Erfassung und die betriebswirtschaftliche Bedeutung des Arbeitsplatzwechsels, Berlin 1965.
Steinmann, H.: Das Großunternehmen im Interessenkonflikt, Stuttgart 1969.
Swoboda, P.: Die betriebliche Anpassung als Problem des betrieblichen Rechnungswesens, Wiesbaden 1964.
Szypersky, N., Winand, U.: Entscheidungstheorie, Stuttgart 1974.
Ulrich, H.: Betriebswirtschaftliche Organisationslehre, Bern 1949.
–: Organisation und Unternehmensführung. In: Probleme der Betriebsführung, Festschrift zum 65. Geburtstag von Otto R. Schnutenhaus, hrsg. von Carl W. Meyer, Berlin 1959, S. 33 ff.

Verantwortliche Betriebsführung. Guido Fischer zum 70. Geburtstag, hrsg. von E. Gaugler, Stuttgart 1969.
Wacker, W. H.: Betriebswirtschaftliche Informationstheorie. Grundlagen des Informationssystems, Opladen 1971.
Wächter, H.: Grundlagen der langfristigen Personalplanung, Herne und Berlin 1973.
Wallis, H. v.: Die Besteuerung der Unternehmenszusammenfassungen, 4. Aufl., Herne, Berlin 1970.
Weber, A.: Über den Standort der Industrien, 1. Teil, Reine Theorie des Standorts, Tübingen 1909.
Weber, H.: Die Planung in der Unternehmung, Berlin 1963.
Weber, H. H.: Einführung in Operations Research, Frankfurt a. M. 1972.
–:Lineare Programmierung, Frankfurt a. M. 1973.
Weber, W.: Personalwesen, Stuttgart 1975.
Westermann, H.: Personengesellschaftsrecht, 2. Aufl., Münster 1973.
Westermann, H. u. a.: Handbuch der Personengesellschaften, systematische Darstellung in gesellschaftsrechtlicher, betriebswirtschaftlicher, steuerrechtlicher und arbeitsrechtlicher Sicht, Köln 1967.
Wibbe, J.: Arbeitsbewertung. Entwicklung, Verfahren und Probleme. 3. Aufl., München 1966.
Wiesner, H.: Der Prämienlohn in Theorie und Praxis, Köln 1969.
Wild, J.: Grundlagen und Probleme der betriebswirtschaftlichen Organisationslehre. Entwurf eines Wissenschaftsprogramms, Berlin 1966.
–:Neuere Organisationsforschung in betriebswirtschaftlicher Sicht, Berlin 1967.
–: Unternehmungsplanung, Reinbek b. Hamburg 1975.
Wille, F.: Management mit Profit Centers. Moderne Unternehmensführung mit Erfolgsbereichen, München 1970.
Witte, E.: Die öffentliche Unternehmung im Interessenkonflikt, Berlin 1966.
–: Das Informationsverhalten in Entscheidungsprozessen, Tübingen 1972.
Wittmann, W.: Entscheiden unter Ungewißheit, Wiesbaden 1975 .
–: Unternehmung und unvollkommene Information, Köln und Opladen 1959.
Wöhe, G.: Betriebswirtschaftliche Steuerlehre, Bd. I, 4. Aufl., München 1976.
–: Betriebswirtschaftliche Steuerlehre, Bd. II, 1. Halbband, 2. Aufl., Berlin und Frankfurt/M. 1965.
Woitschach, M., Wenzel, G.: Lineare Planungsrechnung in der Praxis, 2. Aufl., Stuttgart 1961.
Würdinger, H.: Aktien- und Konzernrecht, 3. Aufl., Karlsruhe 1973.
Wysocki, K. v.: Grundlagen des betriebswirtschaftlichen Prüfungswesens, Berlin und Frankfurt a. M. 1967.
Zander, E.: Arbeits- und Leistungsbewertung, Heidelberg 1970.

Literatur zum dritten Abschnitt

Adam, D.: Entscheidungsorientierte Kostenbewertung, Wiesbaden 1970.
–:Produktions- und Kostentheorie bei Beschäftigungsgradänderungen, Tübingen 1974.
–:Produktionsplanung bei Sortenfertigung, Wiesbaden 1968.
Altrogge, G.: Optimale Maschinenbelastung in Abhängigkeit von der Beschäftigung, Wiesbaden 1971.
Bichler, K.: Verbesserung der betrieblichen Produktionsplanung durch lineare Programmierung, Hamburg, Berlin 1970.
Bohr, K.: Zur Produktionstheorie der Mehrproduktunternehmung. Traditionelle Theorie und Lineare und Nichtlineare Programmierung, Köln und Opladen 1967.
Brink, H.-J.: Zur Planung des optimalen Fertigungsprogramms, dargestellt am Beispiel der Kalkindustrie, Köln-Berlin-Bonn-München 1969.
Bruhn, E.-E.: Die Bedeutung der Potentialfaktoren für die Unternehmungspolitik, Berlin 1965.
Busse von Colbe, W.: Die Planung der Betriebsgröße, Wiesbaden 1964.

Busse v. Colbe, W., Laßmann, G.: Betriebswirtschaftstheorie. Bd. 1. Grundlagen, Produktions- und Kostentheorie, Berlin u. a. 1975.
Churchman, C. W., Ackoff, R. L., Arnoff, E. L.: An Intruduction to Operations Research, New York 1957, deutsche Ausgabe: München, Wien 1971.
Dinkelbach, W.: Zum Problem der Produktionsplanung in Ein- und Mehrproduktunternehmen, Würzburg 1964.
Dlugos, G.: Kritische Analysen der ertragsgesetzlichen Kostenaussage, Berlin 1961.
Eichhorn, W.: Theorie der homogenen Produktionsfunktion, Berlin, Heidelberg und New York 1970.
Förstner, K., Henn, R.: Dynamische Produktionstheorie und lineare Programmierung. 2. Aufl., Meisenheim a. G. 1970.
Enrick, N. L.: Optimales Lager-Management, München, Wien 1971.
Grochla, E.: Grundlagen der Materialwirtschaft, 2. Aufl., Wiesbaden 1973.
Gutenberg, E.: Grundlagen der Betriebswirtschaftslehre, Bd. 1: Die Produktion. 21. Aufl., Berlin, Heidelberg, New York 1975.
Heinen, E.: Das Kapital in der betriebswirtschaftlichen Kostentheorie. Möglichkeiten und Grenzen einer produktions- und kostentheoretischen Analyse des Kapitalverbrauchs, Wiesbaden 1966.
–: Betriebswirtschaftliche Kostenlehre, Kostentheorie und Kostenentscheidungen, 4. Aufl., Wiesbaden 1974.
–: (Hrsg.) Industriebetriebslehre, Wiesbaden 1972.
Henn, R., Opitz, O.: Konsum- und Produktionstheorie. Berlin, Heidelberg und New York 1970.
Henzel, F.: Lagerwirtschaft, Essen 1950.
–: Kosten und Leistung, 4. Aufl., der „Kostenanalyse", Essen 1967.
Jacob, H.: (Hrsg.) Industriebetriebslehre in programmierter Form. 3 Bände, Wiesbaden 1972.
Kilger, W.: Produktions- und Kostentheorie, Wiesbaden 1958.
–: Optimale Produktions- und Absatzplanung, Opladen 1973.
Koch, H.: Betriebliche Planung, Grundlagen und Grundfragen der Unternehmungspolitik, Wiesbaden 1961.
Kortzfleisch, G. v.: Betriebswirtschaftliche Arbeitsvorbereitung, Berlin 1962.
–: Systematik der Produktionsmethoden, Bd. I: Grundlagen, Wiesbaden 1972.
Kosiol, E.: Einkaufsplanung und Produktionsumfang, Berlin 1956.
Krelle, W.: Produktionstheorie, Tübingen 1969.
Kroeber-Riel, W.: Beschaffung und Lagerung. Betriebswirtschaftliche Grundlagen der Materialwirtschaft, Wiesbaden 1966.
Lassmann, G.: Die Produktionsfunktion und ihre Bedeutung für die betriebswirtschaftliche Kostentheorie, Köln und Opladen 1958.
Lücke, W.: Produktions- und Kostentheorie, 3. Aufl., Würzburg, Wien 1973.
Mellerowicz, K.: Kosten und Kostenrechnung, Bd. 1: Theorie der Kosten, 5. Aufl., Berlin 1973; Bd. 2: Verfahren, 1. Teil: Allgemeine Fragen der Kostenrechnung und Betriebsabrechnung, 4. Aufl., Berlin 1966, 2. Teil: Kalkulation und Auswertung der Kostenrechnung und Betriebsabrechnung, 4. Aufl., Berlin 1968.
–: Betriebswirtschaftslehre der Industrie, 2 Bände, 6. Aufl., Freiburg 1968.
–: Planung und Plankostenrechnung, Bd. 1: Betriebliche Planung, 2. Aufl., Freiburg 1970.
Menrad, S.: Der Kostenbegriff. Eine Untersuchung über den Gegenstand der Kostenrechnung, Berlin 1965.
Munz, M.: Beschaffung und Beschaffungsplanung im Industriebetrieb, Wiesbaden 1959.
Ohse, H.: Wirtschaftliche Probleme industrieller Sortenfertigung, Köln und Opladen 1963.
Pack, L.: Die Elastizität der Kosten – Grundlagen einer entscheidungsorientierten Kostentheorie, Wiesbaden 1966.
Pressmar, D. B. Kosten- und Leistungsanalyse im Industriebetrieb, Wiesbaden 1971.

–:Produktionstheorie und Produktionsplanung. Karl Hax zum 65. Geburtstag, hrsg. von A. Moxter, D. Schneider, W. Wittmann, Köln und Opladen 1966.
Reddewig, G., Dubberke, H.-A.: Einkaufsorganisation und Einkaufsplanung, Wiesbaden 1959.
Reichmann, Th.: Die Abstimmung von Produktion und Lager bei saisonalem Absatzverlauf – Ein Beitrag zur Verbindung von Produktions-, Investitions- und Lagerplanung, Köln und Opladen 1968.
Riebel, P.: Die Elastizität des Betriebes, Köln und Opladen 1954.
–:Industrielle Erzeugungsverfahren in betriebswirtschaftlicher Sicht, Wiesbaden 1963.
–:Kosten und Preise bei verbundener Produktion, Substitutionskonkurrenz und verbundener Nachfrage, Opladen 1971.
Rummel, K.: Einheitliche Kostenrechnung auf der Grundlage einer vorausgesetzten Proportionalität zu betrieblichen Größen, 3. Aufl., Düsseldorf 1949.
Sasieni, M., Yaspan, A., Friedman, L.: Methoden und Probleme der Unternehmensforschung. Operations Research, hrsg. von H. P. Künzi, 2. Aufl., Würzburg 1966.
Scheer, A. W.: Instandhaltungspolitik, Wiesbaden 1974.
Schmalenbach, E.: Kostenrechnung und Preispolitik, 8. Aufl., Köln und Opladen 1963.
Schneider, E.: Theorie der Produktion, Wien 1934
–:Industrielles Rechnungswesen, 4. Aufl., Tübingen 1963.
Schnutenhaus, O. R.: Neue Grundlagen der „Feste"-Kostenrechnung, Berlin 1948.
Schweitzer, M.: Einführung in die Industriebetriebslehre, Berlin u. New York 1973.
Schweitzer, M., Küpper, H.-U.: Produktions- und Kostentheorie der Unternehmung, Reinbek b. Hamburg 1974.
Stackelberg, H. v.: Grundlagen einer reinen Kostentheorie, Wien 1932.
–:Grundlagen der theoretischen Volkswirtschaftslehre, 2. Aufl., Tübingen, Zürich 1951.
Stöppler, S.: Dynamische Produktionstheorie, Opladen 1975.
Süverkrüp, F.: Die Abbaufähigkeit fixer Kosten. Unternehmenspolitische Möglichkeiten ihrer Beherrschung, Berlin 1968.
Theisen, P.: Grundzüge einer Theorie der Beschaffungspolitik, Berlin 1970.
Vischer, P.: Simultane Produktions- und Absatzplanung. Rechnungstechnische und organisatorische Probleme mathematischer Programmierungsmodelle, Wiesbaden 1967.
Waffenschmidt, W. G.: Produktion, Meisenheim 1955.
Wittmann, W.: Produktionstheorie, Berlin, Heidelberg, New York 1968.
Wöhe, G.: Betriebswirtschaftliche Steuerlehre, Bd. 2, 2. Hbd., 2. Aufl., Berlin und Frankfurt a. M. 1965.
Wolter, M. A.: Das Rechnen mit fixen und proportionalen Kosten, Köln und Opladen 1948.
Zimmermann, H.-J.: Mathematische Entscheidungsforschung und ihre Anwendung auf die Produktionspolitik, Berlin 1963.
Zimmermann, W.: Modellanalytische Verfahren zur Bestimmung optimaler Fertigungsprogramme. Anwendungsmöglichkeiten und -grenzen der Operations-Research-Verfahren im Bereich der Programmplanung, Berlin 1966.
Zschocke, D.: Betriebsökonometrie, Würzburg und Wien 1974.

Literatur zum vierten Abschnitt

Absatzpolitik und Distribution, zum 60. Geburtstag von K. Chr. Behrens, hrsg. von Bidlingmaier, J., Jacobi, H., Uhereck, E. W., Wiesbaden 1967.
Al-Ani, A.: Moderne Entscheidungstechniken im Marketing. Schriften zum Marketing, Bd. 5, Düsseldorf 1971.

Literatur zum 4. Abschnitt

Albrecht, H. P.: Konsument und Marketing. Die Erhöhung der Markttransparenz des Konsumenten als absatzpolitisches Problem der Unternehmung, Zürich 1968.
Angehrn, Q.: System des Marketing, Stuttgart 1973.
Baensch, A.: Einführung in die Marketing-Lehre, München 1973.
Banse, K.: Vertriebs- (Absatz-)politik, HdB, Bd. 4, 3. Aufl., Stuttgart 1962, Sp. 5983 ff.
Bechtel, W.: Theoretische Grundlagen zur Prognose der Absatzmöglichkeiten in den einzelnen Branchen, Frankfurt 1974.
Behrens, K. Ch.: Betriebslehre des Außenhandels, Essen 1957.
–: Absatzwerbung, Wiesbaden 1963.
–: Kurze Einführung in die Handelsbetriebslehre, Stuttgart 1966.
–: Marktforschung, 2. Aufl., Wiesbaden 1966.
–: (Hrsg.) Handbuch der Werbung, Wiesbaden 1972
Bergler, G.: Beiträge zur Absatz- und Verbrauchsforschung, Nürnberg 1957.
–: Werbung und Gesellschaft, Essen 1965.
Bergler, R.: (Hrsg.) Psychologische Marktanalyse, Bern und Stuttgart 1965.
Betriebswirtschaft und Marktpolitik, Beiträge zur Allgemeinen Betriebswirtschaftslehre und zur Betriebswirtschaftlichen Marktlehre, Festschrift für Rudolf Seyffert zum 75. Geburtstag, hrsg. von E. Kosiol und E. Sundhoff, Köln und Opladen 1968.
Bidlingmaier, J., Jacobi, H., Uherek, E. W.: Absatzpolitik und Distribution, Festschrift zum 60. Geburtstag von K. Ch. Behrens, Wiesbaden 1967.
Bidlingmaier, J.: Marketing, 2 Bände, Reinbek b. Hamburg, 1973.
Biedermann, E. A.: Marketing als Unternehmensstrategie, Düsseldorf 1972.
Brankamp, K.: Planung und Entwicklung neuer Produkte, Berlin 1971.
Bredt, O.: Die volks- und betriebswirtschaftliche Bedeutung der vertikalen Preisbindung, Düsseldorf 1965.
Britt, St. H., Boyd, jr., H. W. (Hrsg.): Marketing–Management und Organisation, München 1971.
Buddeberg, H.: Über die Vergleichbarkeit der Handelsbetriebe, Köln und Opladen 1955.
–: Betriebslehre des Binnenhandels, Wiesbaden 1959.
Chmielewicz, K.: Grundlagen der industriellen Produktgestaltung, Berlin 1968.
Cordes, H.: Unternehmensforschung und Absatzplanung, Wiesbaden 1968.
Cournot, A.: Untersuchungen über die mathematischen Grundlagen der Theorie des Reichtums, Jena 1924.
Dichtl, E.: Über Wesen und Struktur absatzpolitischer Entscheidungen, Berlin 1967.
–: Die Beurteilung der Erfolgsträchtigkeit eines Produkts als Grundlage der Gestaltung des Produktionsprogramms, Berlin 1970.
Disch, W. K. A., Kapferer, C.: Kooperative Marktforschung, Köln und Opladen 1965.
–: Absatzwirtschaftliche Produktpolitik, Köln und Opladen 1967.
Distributionswirtschaft. Festgabe zum 75. Geburtstag von Rudolf Seyffert, hrsg. von E. Sundhoff, Köln und Opladen 1968.
Ferner, W.: Modelle zur Programmplanung im Absatzbereich industrieller Betriebe, Köln, Berlin, Bonn, München 1966.
Fischer, G.: Betriebliche Marktwirtschaftslehre, 2. Aufl., Heidelberg 1961.
Fischer-Winkelmann, W. F.: Marketing: Ideologie oder operable Wissenschaft. München 1972.
Fischerkoesen, H. M.: Experimentelle Werbeerfolgsprognose, Wiesbaden 1967.
Freudenmann, H.: Planung neuer Produkte, Stuttgart 1965.
Fuchs, R.: Marktvolumen und Marktanteil, Stuttgart 1963.
Geist, M.: Selektive Absatzpolitik auf der Grundlage der Absatzsegmentrechnung, Stuttgart 1963.

Gerik, E.: Die Bedeutung des Verbrauchsnutzens für den Absatz, Berlin 1965.
–: Betriebswirtschtliche Absatz- und Marktforschung, Wiesbaden 1970.
Grob, H. L.: Computergestützte Preispolitik, Wiesbaden 1975.
Gross, H.: Marketing-Aspekte der modernen Wirtschaft, Düsseldorf 1963.
Gross, H., Skaupy, W.: Das Franchise-System, Düsseldorf, Wien 1968.
Gümbel, R.: Die Sortimentspolitik in den Betrieben des Wareneinzelhandels, Köln und Opladen 1963.
Gutenberg, E.: (Hrsg.) Absatzplanung in der Praxis, Wiesbaden 1962.
–: Grundlagen der Betriebswirtschaftslehre, Bd. 2: Der Absatz, 14. Aufl., Berlin, Heidelberg, New York 1973.
Hamann, M.: Die Produktgestaltung: Rahmenbedingungen – Möglichkeiten- Optimierung, Würzburg 1975.
Hammel, W.: Das System des Marketing – dargestellt am Beispiel der Konsumgüterindustrie, Freiburg i. B. 1963.
Hansen, H. R.: Marketing. Modelle, Berlin u. New York 1973.
Harder, Th.: Elementare mathematische Modelle in der Markt- und Meinungsforschung, München, Wien 1966.
Hartmann, B.: Preisbildung und Preispolitik, Stuttgart 1963.
Hasenauer, R.: Entscheidungen im Marketing, Opladen 1974.
Hax, H.: Vertikale Preisbindung in der Markenartikelindustrie, Köln und Opladen 1961
Hein, E.: Betriebswirtschaftliche Probleme der Qualitätskontrolle im industriellen Produktionsprozeß, Diss., Göttingen 1971.
Henzel, F.: Beschaffung, Absatz, Marktbeobachtung, Wiesbaden 1949.
Hill, W.: Marketing, 2 Bände, 2. Aufl., Bern und Stuttgart 1972.
Höfner, K.: Der Markttest für Konsumgüter in Deutschland, Stuttgart 1966.
Hörschgen, H.: Der zeitliche Einsatz der Werbung – Bestimmungsfaktoren des Timing in der Absatzwerbung, Stuttgart 1967.
Hoppmann, E.: Vertikale Preisbindung und Handel, Berlin 1957.
–: Binnenhandel und Binnenhandelspolitik, Berlin 1959.
Hüttner, M.: Grundzüge der Marktforschung, Wiesbaden 1972.
Hundhausen, C.: Werbung. Grundlagen, Berlin 1969.
–: Wirtschaftswerbung, Berlin 1971.
Jacob, H.: Preispolitik, 2. Aufl., Wiesbaden 1971.
Jacobs, A., Jacobs, M.: Die Berechnung der Marktnachfrage, Köln und Opladen 1968.
Kahmann, J.: Absatzpolitik multinationaler Unternehmungen. Ein Leitfaden für nationales und internationales Marketing. Berlin 1972.
Kalussis, D.: Marktorientierte Absatzpolitik, Wien, New York 1970.
Kapferer, C. D., Disch, W. K. A.: Kooperative Marktforschung, Köln und Opladen 1965.
–: Absatzprognose, Köln und Opladen 1966.
–: Absatzwirtschaftliche Produktpolitik, Köln und Opladen 1967.
Kawlath, A.: Theoretische Grundlagen der Qualitätspolitik, Wiesbaden 1969.
Koch, W.: Grundlagen und Technik des Vertriebs, 2 Bände, 2. Aufl., Berlin 1958.
Koppelmann, U.: Marketing: Einführung in die Entscheidungsprobleme des Absatzes, Düsseldorf 1974.
Korndörfer, W.: Die Aufstellung und Aufteilung von Werbebudgets, Stuttgart 1966.
Kosiol, E.: Warenkalkulation in Handel und Industrie, 2. Aufl., Stuttgart 1953.
Kotler, P.: Marketing-Management, 2. Aufl., Englewood Cliffs 1972.
Krelle, W.: Preistheorie, 2. Aufl., Tübingen 1969.
Krautter, J.: Marketing – Entscheidungsmodelle, Wiesbaden 1973.
Kroeber-Riel, W.: Die betriebliche Wertschöpfung. Unter besonderer Berücksichtigung der Wertschöpfung des Handels, Berlin 1963.
–: Konsumentenverhalten, München 1975.

Literatur zum 4. Abschnitt

–:(Hrsg.) Marketingtheorie. Verhaltensorientierte Erklärungen von Marktreaktionen, Köln 1972.
Kropff, H. F. J.: Motivforschung – Methoden und Grenzen, Essen 1960.
Kruse, A.: Die Produktdifferenzierung in Theorie und Praxis, Freiburg i. B. 1960.
Kühn, R.: Möglichkeiten rationaler Entscheidung im Absatzsektor unter besonderer Berücksichtigung der Unsicherheit der Information, Bern, Stuttgart 1969.
Kuhlmann, E.: Das Informationsverhalten der Konsumenten, Freiburg i. B. 1970.
Lange, M.: Preisbildung bei neuen Produkten, Berlin 1972.
Langner, D.: Der Entscheidungs- und Informationsprozeß bei der Markteinführung neuer Produkte, Würzburg 1974.
Leitherer, E.: Betriebliche Marktlehre, Bd. 1, Grundlage und Methoden, Stuttgart 1974.
Linnert, P.: Die neuen Techniken des Marketing. Eine Untersuchung über System und Aufgaben der Marketingpolitik, München 1969.
Mangold, H. G.: Die Absatzpolitik der deutschen Warenhaus-Gesellschaften, Berlin 1971.
Martin, F., Kempe, H., Dieckow, M.: Optimale Vertriebsgestaltung. Marketingkonzeption und elektronische Datenverarbeitung. Radevormwald, Baden-Zürich 1964.
Marzen, W.: Preiswettbewerb und Verbraucherpolitik, Saarbrücken 1964.
Mechler, H.: Betriebswirtschaftliche Steuerung der Marketing-Konzeption. Marketing, Direct Costing, Gewinnmaximierung im Unternehmen, Stuttgart 1963.
Meffert, H., Freter, H., Schmidt-Grohe, J., Steffenhagen, H.: Die Anwendung mathematischer Modelle im Marketing – Teil 2. In: Rationeller Einsatz der Marketinginstrumente, Schriften zur Unternehmensführung, Bd. 15, hrsg. von H. Jacob, Wiesbaden 1971, S. 35 ff.
Mellerowicz, K.: Markenartikel – die ökonomischen Gesetze ihrer Preisbildung und Preisbindung, München und Berlin 1955.
–:Der Markenartikel als Vertriebsform und als Mittel zur Steigerung der Produktivität im Vertriebe, Freiburg 1959.
–:Die Handelsspanne bei freien, gebundenen und empfohlenen Preisen, Freiburg 1961.
Mentzel, K.-H.: Das Marketing – Informations-System. Grundlagen für Entscheidungen im Marketing – Management, Essen 1974.
Meyer, C. W.: Marktforschung und Absatzplanung, Berlin 1964.
–:Grundzüge moderner Vertriebspolitik. Marketing-Maßnahmen, 2. Aufl., Berlin 1972.
Meyer, P. W.: Die Werbeerfolgskontrolle. Werbeertrag, Werbeaufwand, Werbewirtschaftlichkeit, Düsseldorf, Wien 1963.
–:Die machbare Wirtschaft. Grundlagen des Marketing, Essen 1973.
Meyer-Dohm, P., Kuhlmann, E.: Absatzwirtschaftliche Kommunikation, Freiburg i. B. 1972.
Modernes Marketing – Moderner Handel. Karl Christian Behrens zum 65. Geburtstag, hrsg. von J. Bidlingmaier, Wiesbaden 1972.
Neske, F.: Marketing-Organisation, Gernsbach 1973.
Nieschlag, R.: Binnenhandel und Binnenhandelspolitik, 2. Aufl., Berlin 1972.
Nieschlag, R., Dichtl, E., Hörschgen, H.: Marketing. Ein entscheidungstheoretischer Ansatz, 8. Aufl., Berlin 1975.
Ott, A. E.: Vertikale Preisbildung und Preisbindung, Göttingen 1966.
–:Preistheorie, 3. Aufl., Köln, Berlin 1968.
Petermann, G.: Marktstellung und Marktverhalten des Verbrauchers, Wiesbaden 1963.
Poth, L.: Die Stellung des Marketing in der deutschen Markenartikelindustrie, Düsseldorf 1967.

Pümpin, C. B.: Langfristige Marketingplanung. Konzeption und Formalisierung, 2. Aufl., Bern, Stuttgart 1970.
Raffée, H.: Kurzfristige Preisuntergrenzen als betriebswirtschaftliches Problem. Prinzipielle Bestimmungsmöglichkeiten von kosten-, ertrags- und finanzwirtschaftlichen Preisuntergrenzen, Köln und Opladen 1961.
–:Konsumenteninformation und Beschaffungsentscheidung des privaten Haushalts, Stuttgart 1969.
Rieper, B.; Entscheidungsmodelle zur integrierten Absatz- und Produktionsprogrammplanung für ein Mehrprodukt-Unternehmen, Wiesbaden 1973.
Rogge, H.-J.: Methoden und Modelle der Prognose aus absatzwirtschaftlicher Sicht. Ein Beitrag zur Prognoseforschung im Unternehmensbereich, Berlin 1972.
Ruland, J., Ritschel, R.: Werbeträger. Einführung in die Praxis des Werbeträgereinsatzes, Bad Homburg v. d. H. 1970.
Sabel, H.: Produktpolitik in absatzwirtschaftlicher Sicht, Grundlagen und Entscheidungsmodelle, Wiesbaden 1971.
Sandig, C.: Betriebswirtschaftspolitik, 2. Aufl., Stuttgart 1966.
Saval, G. A.: Rationale Absatzplanung. Vorbereitung, Durchführung und Kontrolle der Absatzplanung im Industrieunternehmen, Wiesbaden 1972.
Schäfer, E.: Die Aufgabe der Absatzwirtschaft, 2. Aufl., Köln und Opladen 1950.
–:Grundlagen der Marktforschung, Marktuntersuchung und Marktbeobachtung, 4. Aufl., Köln und Opladen 1966.
Schenk, H.-O.: Vertikale Preisbindung als Form vertikaler Kooperation, Berlin 1971.
Schenk, H.-O., Wölk, A.: Vertriebssysteme zwischen Industrie und Handel. Die Entwicklung neuer Verträge. Vertriebssysteme zwischen Industrie und Handel in der Bundesrepublik Deutschland, Berlin 1971.
Schmalenbach, E.: Pretiale Wirtschaftslenkung, Bremen 1947.
–:Kostenrechnung und Preispolitik, bearb. von R. Bauer, 8. Aufl., Köln und Opladen 1963.
Schmidt, F.: Kalkulation und Preispolitik, Berlin und Wien 1942.
Schmitt-Grohé, J.: Produktinnovation. Verfahren und Organisation der Neuproduktplanung, Wiesbaden 1972.
Schneider, E.: Einführung in der Wirtschaftstheorie, Bd. II, 11. Aufl., Tübingen 1967.
Schnutenhaus, O. R.: Absatzpolitik und Unternehmensführung, Freiburg 1961.
Schreiber, K.: Kaufverhalten der Verbraucher, Wiesbaden 1965.
–:Marktforschung, Berlin, Frankfurt a. M. 1966.
Schroeder, H.-J.: Grundlagen und Grundbegriffe des Marketing, Düsseldorf 1973.
Schulz, R.: Kaufentscheidungsprozesse des Konsumenten, Wiesbaden 1972.
Seyffert, R.: Wege und Kosten der Distribution der industriell gefertigten Konsumwaren, Köln und Opladen 1966.
–:Werbelehre. Theorie und Praxis der Werbung, 2. Bände, Stuttgart 1966.
–:Wirtschaftslehre des Handels, 5. Aufl., Opladen 1972.
Siegwart, H.: Produktentwicklung in der industriellen Unternehmung, Stuttgart 1974.
Sittenfeld, H.: Der Testmarkt. Instrument des Marketing, München 1966.
Specht, G.: Grundlagen der Preisführerschaft. Eine betriebswirtschaftliche Betrachtung unter besonderer Berücksichtigung des Einzelhandels, Wiesbaden 1971.
Sundhoff, E.: Die Handelsspanne, Köln und Opladen 1953.
–:Absatzorganisation, Wiesbaden 1958.
Thiele, H.-H.: Das System der mittelfristigen Absatzpolitik, Würzburg 1974.
Tietz, B.: Konsument und Einzelhandel. Strukturwandlungen in der Bundesrepublik Deutschland von 1960 bis 1985, 2. Aufl., Frankfurt a. M. 1973.
–:Grundlagen des Marketing, 2 Bände, München 1975.
Triffin, R.: Monopolistic Competition and General Equilibrium Theory, Cambridge (Mass.) 1962.
Unternehmung und Markt, Festschrift für C. W. Meyer, hrsg. von H. R. Hansen, Berlin 1969.

Vodrazka, K.: Die Besteuerung der Werbung als betriebswirtschaftliches Problem, Wien 1965.
Vormbaum, H.: Differenzierte Preise. Differenzierte Preisforderungen als Mittel der Betriebspolitik, Köln und Opladen 1960.
Wachtel, H.: Marktgerechte Produkgestaltung, Gernsbach 1974.
Waeffler, J.: Absatzvorbereitende Maßnahmen zur Einführung neuer Produkte, Zürich 1974.
Weber, H. H.: Grundlagen einer quantitativen Theorie des Handels, zugleich ein Beitrag zur Theorie mehrstufiger Marktformen, Köln und Opladen 1966.
–: Grundzüge einer monopolistischen Absatztheorie, Köln, Berlin, Bonn, München 1970.
Weber, H. K.: Der Absatzmarkt der industriellen Unternehmung. Formen und Typen, Köln und Opladen 1969.
Weinberg, P. (Hrsg.): Marktentscheidungen, Köln 1974.
Weinhold-Stünzi, H.: Grundlagen wirtschaftlicher Absatzführung, Bern 1964.
Wild, J.: Product-Management, München 1972.
Wiswede, G.: Motivation und Verbraucherverhalten. Grundlagen der Motivforschung, München 1965.
–: Soziologie des Verbraucherverhaltens, Stuttgart 1972.
Wöhe, G.: Betriebswirtschaftliche Steuerlehre, Bd. 2, 2. Halbb., 2. Aufl., Berlin und Frankfurt a. M. 1965.
Zankl, H. L. (Hrsg.): Werbeleiter-Handbuch, München 1966.
Zimmermann, G.: Preistheorie der Mehrproduktunternehmung, Frankfurt 1974.
Zohlnhöfer, W.: Wettbewerbspolitik im Oligopol, Basel, Tübingen 1968.
Zur Theorie des Absatzes. Festschrift zum 75. Geburtstag von E. Gutenberg, hrsg. von H. Koch, Wiesbaden 1973.

Literatur zum fünften Abschnitt

Albach, H.: Wirtschaftlichkeitsrechnung bei unsicheren Erwartungen, Köln und Opladen 1959
–: Investition und Liquidität – Die Planung des optimalen Investitionsbudges, Wiesbaden 1962.
–: (Hrsg.) Investitionstheorie, Köln 1975.
–: Steuersystem und Investitionspolitik, Wiesbaden 1970.
Alewell, K.: Subventionen als betriebswirtschaftliche Frage. Eine betriebswirtschaftliche Untersuchung ihres Wesens, ihrer Erfassung im betrieblichen Rechnungswesen und ihrer Wirkungen auf die empfangenden Betriebe. Köln und Opladen 1965.
Arbeitskreis Unternehmensfinanzierung: Finanzstrategie der Unternehmung, Herne, Berlin 1971.
Auler, W.: Rückstellungen – Die betriebswirtschaftliche Notwendigkeit und die Art ihrer Verrechnung in Handels-, Steuerbilanz und kurzfristiger Ergebnisrechnung, Hann. Münden 1953.
Axmann, N.: Flexible Investitions- und Finanzierungspolitik, 2. Aufl., Wiesbaden 1966.
Beckmann, L.: Die betriebswirtschaftliche Finanzierung, 2. Aufl., Stuttgart 1956.
Beckmann, L., Pausenberger, E.: Gründungen, Umwandlungen, Fusionen, Sanierungen, Wiesbaden 1964.
Bellinger, B.: Langfristige Finanzierung, Wiesbaden 1964.
Benzing, H.: Die einkommen- und körperschaftsteuerliche Behandlung der stillen Rücklagen bei der Umwandlung, Diss. Saarbrücken 1966.
Bette, K.: Das Factoring-Geschäft, Stuttgart 1973.
Biergans, E.: Investitionsrechnung, Nürnberg 1973.
Biermann, H. jr., Schmidt, S.: The capital budgeting decision. Economic analysis and financing of investment decisions, 3. Aufl., London 1971.
Bischoff, W.: Cash flow und Working Capital. Schlüssel zur finanzwirtschaftlichen Unternehmensanalyse, Wiesbaden 1972.

Blohm, H. und Lüder, K.: Investition. Schwachstellen im Investitionsbereich des Industriebetriebes und Wege zu ihrer Beseitigung, 3. Aufl., München 1974.
Blumentrath, U.: Investitions- und Finanzplanung mit dem Ziel der Endwertmaximierung, Wiesbaden 1969.
Boehner, W.: Kapitalaufbau und Aktienbewertung. Die Kapitalstruktur einer Unternehmung in der Analyse und Bewertung ihrer Aktien, Berlin 1971.
Böttcher, K., Beinert, J., Hennerkes, B.-H.: Wechsel der Unternehmensform. Umwandlung, Verschmelzung, Einbringung, 3. Aufl., Stuttgart 1971.
Brandt, H.: Investionspolitik des Industriebetriebs, 2. Aufl., Wiesbaden 1964
Brönner, H.: Die Besteuerung der Gesellschaften, des Gesellschafterwechsels und der Umwandlungen, 13. Aufl., Stuttgart 1974.
–: Umwandlungssteuergesetz, Stuttgart 1969.
Buchner, R.: Das Problem der Kapazitätsausweitung durch laufende Reinvestition in Höhe des Abschreibungsaufwandes, Diss., Frankfurt a. M. 1960.
Büschgen, H.-E.: Aktienanalyse und Aktienbewertung nach der Ertragskraft. Die Price-earnings ratio und die Schätzung des Reingewinns aus dem Steuerausweis bei deutschen Aktiengesellschaften. Wiesbaden 1962.
–: Grundlagen betrieblicher Finanzwirtschaft, Frankfurt a. M. 1973.
–: Bankbetriebslehre, Wiesbaden 1972.
Busse von Colbe, W.: Der Zukunftserfolg. Die Ermittlung des künftigen Unternehmungserfolges und seine Bedeutung für die Bewertung von Industrieunternehmen, Wiesbaden 1957.
Bussmann, K. F.: Finanzierungsvorgänge, München 1955.
Cremer, C.: Grundfragen einer Theorie der optimalen Finanzierung, Berlin 1974.
Dean, J.: Kapitalbeschaffung und Kapitaleinsatz, Wiesbaden 1969.
Deppe, H.-D.: Betriebswirtschaftliche Grundlagen der Geldwirtschaft. Bd. 1: Einführung und Zahlungsverkehr, Stuttgart 1973.
–: Grundriß einer analytischen Finanzplanung, Göttingen 1975.
Deutsch, P.: Grundfragen der Finanzierung im Rahmen der betrieblichen Finanzwirtschaft, 2. Aufl., Wiesbaden 1967.
DIHT (Hrsg.): Leasing im Steuerrecht, 2. Aufl., Bonn 1969.
Dinkelbach, W.: Sensitivitätsanalysen und parametrische Programmierung, Berlin 1969.
Drukarczyk, J.: Investititionstheorie und Konsumpräferenz, Berlin 1970.
Engels, W.: Betriebswirtschaftliche Bewertungslehre im Licht der Entscheidungstheorie, Köln und Opladen 1962.
Feist, L.: Zur Bewertung von Unternehmen und Beteiligungen, Köln, Bonn 1972.
Frank, M.: Schuldscheindarlehen als Mittel der langfristigen Industriefinanzierung, Zürich, St. Gallen 1966.
Franke, G.: Verschuldungs- und Ausschüttungspolitik im Licht der Portefeuille-Theorie, Köln, Berlin, Bonn, München 1971.
Frischmuth, G.: Daten als Grundlage für Investitionsentscheidungen. Anforderungen und praktische Möglichkeiten der Datenermittlung im Rahmen des investitionspolitischen Entscheidungsprozesses, Berlin 1969.
Gans, B., Looss, W., Ziegler, D.: Investitions- und Finanzierungstheorie, München 1972.
Ganz, W.: Abschreibung und Substanzerhaltung. Die Finanzierungswirkung der bilanziellen Abschreibung und die steuerbilanzielle Sicherung der Erhaltung der Anlagensubstanz – insbesondere bei steigenden Anlagenbeschaffungspreisen, Winterthur 1963.
Gas, B.: Wirtschaftlichkeitsrechnung bei immateriellen Investitionen, Frankfurt a. M., Zürich 1972.
Gerster, M.: Die finanzielle Führung der Unternehmung. Aufgabe und Organisation, Baden-Baden, Bad Homburg v. d. H. 1969.
Giersch, H.-H.: Investitionsfinanzierung und Besteuerung, Wiesbaden 1961.
Glomb, P. G.: Finanzierung durch Factoring. Rechtliche Analyse und Vergleich mit herkömmlichen Finanzierungs- und Sicherungsmethoden, Köln, Berlin, Bonn, München 1969.

Greiffenhagen, H.: Vom Einfluß der Steuern auf die Unternehmungs-Finanzierung, Düsseldorf 1959.
Gutenberg, E.: Untersuchungen über die Investitionsentscheidungen industrieller Unternehmen, Köln und Opladen 1959.
–: Grundlagen der Betriebswirtschaftslehre. Bd. III: Die Finanzen, 6. Aufl., Berlin, Heidelberg, New York 1973.
Haberstock, L.: Zur Integrierung der Ertragsbesteuerung in die simultane Produktions-, Investitions- und Finanzierungsplanung mit Hilfe der linearen Programmierung, Köln, Berlin, Bonn, München 1971.
Haegert, L.: Der Einfluß der Steuern auf das optimale Investitions- und Finanzierungsprogramm, Wiesbaden 1971.
Härle, D.: Finanzierungsregeln und ihre Problematik, Wiesbaden 1961.
Hagenmüller, K. F.: Bankbetrieb und Bankpolitik, Wiesbaden 1959.
–: (Hrsg.) Leasing-Handbuch. Entwicklung und Einsatzmöglichkeiten bei den Unternehmungen, 2. Aufl., Frankfurt a. M. 1968.
–: Der Bankbetrieb, 7. Aufl., Wiesbaden 1975.
Hahn, O.: Bankbetriebslehre, Stuttgart 1967.
–: Finanzwirtschaft, München 1975.
–: (Hrsg.) Handbuch der Unternehmensfinanzierung, München 1971.
Hartmann, R.: Optimale Liquiditätsvorsorge durch Planung liquider Reservemittel in industriellen Unternehmungen, Zürich 1969.
Hartner, G.: Die Determinanten der Investitionsentscheidung und ihre Wertigkeit im Entscheidungsprozeß, Wien 1968.
Hasenack, W.: Fragen der Kapitalerhaltung und der Finanzierung, Wolfenbüttel 1949.
Hauschildt, J.: Organisation der finanziellen Unternehmensführung – eine empirische Untersuchung, Stuttgart 1970.
Hax, H.: Investitionstheorie, 2. Aufl., Würzburg, Wien 1972.
Hax, H., Laux, H.: (Hrsg.) Die Finanzierung der Unternehmung, Köln 1975.
Hax, K.: Die Substanzerhaltung der Betriebe, Köln und Opladen 1957.
–: Kapitalbeteiligungsgesellschaften zur Finanzierung kleiner und mittlerer Unternehmungen, Köln und Opladen 1969.
Havermann, H.: Leasing. Eine betriebswirtschaftliche, handels- und steuerrechtliche Untersuchung, Düsseldorf 1965.
Hederer, G.: Die Motivation von Investitionsentscheidungen der Unternehmung. Eine verhaltenswissenschaftliche Studie, Meisenheim a. Gl. 1971.
Heister, M.: Rentabilitätsanalyse von Investitionen – Ein Beitrag zur Wirtschaftlichkeitsrechnung –, Köln und Opladen 1962.
Hill, W.: Brevier der Unternehmungsfinanzierung, Bern, Köln und Opladen, 1967.
Hintner, O.: Wertpapierbörsen, Wiesbaden 1960.
Hinzen, E.: Partialmodelle zur kurzfristigen Finanzplanung: Optimale Kassenhaltung und Steuerung von Zahlungen, Meisenheim a. G. 1975.
Hofer, P.: Das Verhältnis zwischen Eigen- und Fremdkapital als Problem der Finanzierungslehre und der betrieblichen Finanzpolitik, Bern, Frankfurt a. M. 1971.
Jacob, H.: Neuere Entwicklungen in der Investititonsrechnung. Wiesbaden 1964.
–: (Hrsg.) Optimale Investitionspolitik, Band 4 der Schriften zur Unternehmensführung, Wiesbaden 1968.
Jacobs, O. H.: Das Bilanzierungsproblem in der Ertragsteuerbilanz, Stuttgart 1971.
Jaensch, G.: Wert und Preis der ganzen Unternehmung, Köln und Opladen 1966.
Jonas, H. H.: Investitionsrechnung, Berlin 1964.
Käfer, K.: Investitionsrechnungen. Einführungen in die Theorie, 2. Aufl., Zürich 1966.
–: Kapitalflußrechnungen. Funds Statement, Liquiditätsnachweis, Bewegungsbilanz als dritte Jahresrechnung der Unternehmung, Stuttgart 1967.
Kalveram, W.: Finanzierung der Unternehmung, 3. Aufl., Wiesbaden 1956.
Keinath, U.: Die Vorzugsaktie, Diss., Würzburg 1957.
Kern, W.: Investitionsrechnung, Stuttgart 1974.

Knopik, G.: Factoring. Ein neuer Weg der Absatzfinanzierung und der Kreditsicherung, Frankfurt a. M. 1960.
Koch, H.: Grundlagen der Wirtschaftslichkeitsrechnung. Probleme der betriebswirtschaftlichen Entscheidungslehre, Wiesbaden 1970.
Kolbe, K.: Theorie und Praxis des Gesamtwertes und Geschäftswertes der Unternehmung, 3. Aufl., Düsseldorf 1967.
Kortzfleisch, G. v.: Die Grundlagen der Finanzplanung, Berlin 1957.
Kosiol, E.: Anlagenrechnung. Theorie und Praxis der Abschreibungen, 2. Aufl., Wiesbaden 1955.
Kottke, K.: Finanzierung und Steuer, Berlin 1968.
Arbeitskreis Krähe: Finanzorganisation. Finanzielle Unternehmensführung, Köln und Opladen 1964.
Kraemer, P.: Factoring, Leasing und Teilzahlung als Finanzierungsmittel im Export, Charakteristik und Bewertung der Möglichkeiten zur Exportfinanzierung und zur Risikoverlagerung, Berlin, Bielefeld, München 1970.
Krause, W.: Investitionsrechnungen und unternehmerische Entscheidungen, Berlin 1973.
Lackmann, F.: Theorien und Verfahren der Unternehmensbewertung, 2. Aufl., Berlin 1962
Lang, H.: Beteiligungsfinanzierung als Instrument der Wirtschaftsförderung, Wien, 1971.
Laux, H.: Kapitalkosten und Ertragsteuern, Köln-Berlin-Bonn-München 1969.
–: Flexible Investitionsplanung. Einführung in die Theorie der sequentiellen Entscheidungen bei Unsicherheit, Opladen 1971.
Leffson, U.: Programmiertes Lehrbuch der Investitionsrechnung, Wiesbaden 1973.
Lehmann, B.: Liquidität und Liquiditätskontrolle aus der Sicht der Industrieunternehmung, Herne 1966.
Leifert, H.: Finanzierungs-Leasing in Deutschland, Berlin 1973.
Lichy, W.: Besteuerung und Innenfinanzierung. Finanzierungseffekte der betrieblichen Steuerpolitik, Berlin 1967,
Linhardt, H.: Kreditkontrolle, Essen 1954.
–: Finanzierung und Sanierung. Wegweiser für Prüfungen im Betrieb, Herne, Berlin 1968.
Lipfert H.: Optimale Unternehmensfinanzierung, 3. Aufl., Frankfurt a. M., 1969.
Lippmann, K.: Der Beitrag des ökonomischen Gewinns zur Theorie und Praxis der Erfolgsermittlung, Düsseldorf 1970.
Loew, H.: Die finanzielle Führung im multinationalen Konzern, Bern 1973.
Loos, G.: Umwandlung – Fusion – Einbringung, Düsseldorf 1969.
Lücke, W.: Finanzplanung und Finanzkontrolle in der Industrie – Systematische Darstellung der Grundlagen, Wiesbaden 1965.
Lüder, K.: Investitionskontrolle, Die Kontrolle des wirtschaftlichen Ergebnisses von Investitionen, Wiesbaden 1969.
Lutz, F., Lutz, V.: The Theory of Investment of the Firm, Princeton 1951.
Meier, R. E.: Planung, Kontrolle und Organisation des Investitionsentscheidens, Bern, Stuttgart 1970.
Mellerowicz, K.: Der Wert der Unternehmung als Ganzes, Essen 1952.
Moxter, A.: Grundsätze ordnungsmäßiger Unternehmensbewertung, Wiesbaden 1976.
Münstermann, H.: Geschichte und Kapitalwirtschaft. Beiträge zur Allgemeinen Betriebswirtschaftslehre, Wiesbaden 1963.
–: Wert und Bewertung der Unternehmung, Wiesbaden 1966.
Munz, M.: Investitionsrechnung, Wiesbaden 1971.
Niemeyer, G.: Investitionsentscheidungen mit Hilfe der elektronischen Datenverarbeitung, Berlin 1970.
Obst-Hintner: Geld-, Bank- und Börsenwesen, 36. Aufl., Stuttgart 1967.
Oettle, K.: Unternehmerische Finanzpolitik. Elemente einer Theorie der Finanzpolitik industrieller Unternehmungen, Stuttgart 1966.
Pack, L.: Betriebliche Investition – Begriff – Funktion – Bedeutung – Arten, Wiesbaden 1966.

Literatur zum 5. Abschnitt 1013

Pele, H.: Die Auswirkungen der Liquität auf die Firmenentscheidung, Berlin 1974.
Petersen, K.: Die Belegschaftsaktie. Wesen, Ziele, Probleme, Gestaltung und Erfolgsaussicht aus der Sicht der Unternehmung, Berlin 1968.
Priewasser, E.: Betriebliche Investitionsentscheidungen, Berlin 1972.
Rittershausen, H.: Industrielle Finanzierungen. Systematische Darstellung mit Fällen aus der Unternehmenspraxis, Wiesbaden 1964.
Roth, G. D.: Die Finanzierung von Mittel- und Kleinunternehmen, Baden-Baden und Bad Homburg v. d. H. 1967.
Ruchti, H.: Die Abschreibung, ihre grundsätzliche Bedeutung als Aufwands- und Finanzierungsfaktor, Stuttgart 1953.
Sabel, H.: Die Grundlagen der Wirtschaftlichkeitsrechnung, Berlin 1965.
Sandig, C.: Finanzierung mit Fremdkapital, Stuttgart 1965.
–: Finanzen und Finanzierung der Unternehmung, Stuttgart 1968.
Schacht, K.: Die Bedeutung der Finanzierungsregeln für unternehmerische Entscheidungen, Wiesbaden 1971.
Scheer, A.-W.: Die industrielle Investitionsentscheidung – Eine theoretische und empirische Untersuchung zum Investitionsverhalten in Industrieunternehmungen, Wiesbaden 1969.
Schemmann, G.: Zielorientierte Unternehmensfinanzierung – Finanzierungsentscheidungen im Hinblick auf die Zielsetzungen der Kapitalgeber, Köln und Opladen 1970.
Schierenbeck, H.: Beteiligungsentscheidungen, Berlin 1973.
Schierloh, K.: Leasing. Steuerrechtliche Behandlung unter Berücksichtigung der jüngsten Rechtsentwicklung, Bonn 1971.
Schmalenbach, E.: Die Aufstellung von Finanzplänen, Leipzig 1931.
–: Finanzierungen, 6. Aufl., Leipzig 1937.
–: Kapital, Kredit, Zins in betriebswirtschaftlicher Betrachtung, bearb. von R. Bauer, 4. Aufl., Köln und Opladen 1961.
–: Dynamische Bilanz, 16. Aufl., bearbeitet von R. Bauer, Köln und Opladen 1962.
–: Die Beteiligungsfinanzierung, bearbeitet von R. Bauer, 9. Aufl., Köln und Opladen 1966.
Schmidt, R.-B.: Die Gewinnverwendung der Unternehmung. Berlin 1963.
Schmidtkunz, H.-W.: Die Koordination betrieblicher Finanzentscheidungen, Wiesbaden 1970.
Schmölders, G., Rittershausen, H.: Moderne Investitionsfinanzierung, Essen 1959.
Schneeloch, D. W.: Besteuerung und Investitionsfinanzierung. Eine Analyse bei geplanten Realinvestitionen von Kapitalgesellschaften, Berlin 1972.
Schneider, D.: Die wirtschaftliche Nutzungsdauer von Anlagegütern – als Bestimmungsgrund der Abschreibungen, Köln und Opladen 1961.
–: Investition und Finanzierung, 2. Aufl., Opladen 1971.
Schneider, E.: Wirtschaftlichkeitsrechnung – Theorie der Investition, 7. Aufl., Tübingen, Zürich 1968.
Schneider, H.: Der Einfluß der Steuern auf die unternehmerischen Investitionsentscheidungen, Tübingen 1964.
Scholz, H.: Das Recht der Kreditsicherung, 4. Aufl., Berlin 1972.
Schulte, K.-W.: Optimale Nutzungsdauer und optimaler Ersatzzeitpunkt bei Entnahmemaximierung, Meissenheim a. G. 1975.
Schulz, H.: Der Einfluß von Kapitalerhöhungen aus Gesellschaftsmitteln auf die Entwicklung der Aktienkurse, Göttingen, 1972.
Schwarz, H.: Optimale Investitionsentscheidungen, München 1967.
Schwerna, W.: Untersuchungen zur Theorie der Investition, Tübingen 1971.
Seelbach, H.: Planungsmodelle in der Investitionsrechnung, Würzburg, Wien 1967.
Seicht, G.: Die kapitaltheoretische Bilanz und die Entwicklung der Bilanztheorien, Berlin 1970.
Sellien, H.: Finanzierung und Finanzplanung, 2. Aufl., Wiesbaden 1964.
Sieben, G.: Der Substanzwert der Unternehmung, Wiesbaden 1963.
Staehle, W.: Die Schuldscheindarlehen. Wesen, Systematik und betriebswirt-

schaftliche Probleme aus der Sicht der Darlehnsnehmer, Kapitalsammelstellen und Kreditinstitute, Wiesbaden 1965.
Stahl, H.: Aktien vor und nach der Kapitalerhöhung. Ausstattung und Kursentwicklung alter und junger Aktien, Frankfurt 1969.
Standop, S.: Optimale Unternehmensfinanzierung: Zur Problematik der neueren betriebswirtschaftlichen Kapitaltheorie, Berlin 1975
Störrle, W.: Der Marktzins in der unternehmerischen Investitionsentscheidung, Berlin 1970.
Straub, H.: Optimale Finanzdisposition, Miessenheim (Gl. 1974.
Strobel, A.: Die Liquidität, Methoden ihrer Berechnung, 2. Aufl., Stuttgart 1953.
Swoboda, P.: Investition und Finanzierung, Göttingen 1971.
–:Finanzierungstheorie, Würzburg, Wien 1973.
Teichmann, H.: Die Investitionsentscheidung bei Unsicherheit, Berlin 1970.
Terborgh, G.: Leitfaden der betrieblichen Investitionspolitik, hrsg. von H. Albach, Wiesbaden 1969.
Thiess, E.: Kurz- und mittelfristige Finanzierung, Wiesbaden 1958.
Töndury, H., Gsell, E.: Finanzierungen, 1. Hbd.: Kapitalplanung und Kapitalbeschaffung, 2. Hbd.: Umfinanzierung und Kapitaldispositionen, Zürich 1948.
Union Européenne des Experts Comtables, Economiques et Financiers (U.E.C.): Die Bewertung von Unternehmungen und Unternehmungsanteilen. Richtlinien ausgearbeitet von einer Studienkommission der U.E.C., Düsseldorf 1961.
Arbeitskreis Unternehmensfinanzierung Nürnberg: Finanzstrategie der Unternehmung, Herne, Berlin 1971.
Vieweg, R.: Finanzplanung und Finanzdisposition. Moderne Methoden der Steuerung, Wiesbaden 1971.
Vormbaum, H.: Finanzierung der Betriebe, 3. Aufl., Wiesbaden 1974.
Waldmann J.: Optimale Unternehmensfinanzierung, Wiesbaden 1972.
Wegmann, W.: Der ökonomische Gewinn, Wiesbaden 1970.
Weihrauch, H.: Pensionsrückstellungen als Mittel der Finanzierung, Stuttgart 1962.
Weingartner, H. M.: Mathematical Programming and the Analysis of Capital Budgeting Problems, Englewood Cliffs (N.J.) 1963.
Widmann, S., Mayer, R.: Umwandlungsrecht, Bonn 1970.
Witte, E.: Die Liquiditätspolitik der Unternehmung, Tübingen 1963.
Wittmann, W.: Unternehmung und unvollkommene Information, Köln und Opladen 1959.
Wöhe, G.: Betriebswirtschaftliche Steuerlehre, Bd. II, 2. Hbd., 2. Aufl., Berlin und Frankfurt a. M. 1965.
–:Betriebswirtschaftliche Steuerlehre, Bd. I, 4. Aufl., München 1976.
Wolff, H.: Die Bestimmung der Investitionstätigkeit unter Berücksichtigung mehrwertiger Zielfunktionen der Unternehmer, Meisenheim a. Gl. 1971.
Wysocki, K. v.: Das Postulat der Finanzkongruenz als Spielregel, Stuttgart 1962

Literatur zum sechsten Abschnitt
Jahresabschluß

Adler-Dürig-Schmaltz: Rechnungslegung und Prüfung der Aktiengesellschaft, 3. Aufl., Stuttgart 1957. und 4. Aufl., 1968–1972.
Albach, H.: Die degressive Abschreibung, Wiesbaden 1967.
Anderson, V.: Grundsätze ordnungsmäßiger Bilanzierung in der Rechtsprechung der Finanzgerichte, Heidelberg 1965.
Auler, W.: Rückstellungen. Die betriebswirtschaftliche Notwendigkeit und die Art ihrer Verrechnung in Handels-, Steuerbilanz und kurzfristiger Ergebnisrechnung, Hann.-München 1953.
Baetge, J.: Möglichkeiten der Objektivierung des Jahreserfolges, Düsseldorf 1970.
Barth, K.: Die Entwicklung des deutschen Bilanzrechts und die ihm zugrunde liegenden Bilanzauffassungen, handelsrechtlich und steuerrechtlich, Bd. I: Handelsrecht, Stuttgart 1953.

Beine, G.: Die Bilanzierung von Forderungen in Handels-, Industrie- und Bankbetrieben, Wiesbaden 1960.
Beyer, E.: Wie liest man Bilanzen? Prakt. Anleitungen zur Analyse und Kritik veröffentlichter Jahresabschlüsse, Wiesbaden 1970.
Boelke, W.: Die Bewertungsvorschriften des Aktiengesetzes 1965 und ihre Geltung für die Unternehmen in anderer Rechtsform. Eine Untersuchung zur Frage der Übereinstimmung der aktienrechtlichen Bewertungsvorschriften und der Grundsätze ordnungsmäßiger Buchführung, Berlin 1970.
Böse, Wulf H.: Grundsätze ordnungsmäßiger Jahreserfolgsrechnung. Wiesbaden 1973.
Bores W.: Konsolidierte Erfolgsbilanzen und andere Bilanzierungsmethoden der Konzerne und Kontrollgesellschaften, Leipzig 1935.
Brönner, H.: Die Bilanz nach Handels- und Steuerrecht, 8. Aufl., Stuttgart 1971.
Brunner, D.: Die Rücklagenpolitik der Unternehmung, Wiesbaden 1967.
Brunner, J.: Geldwertschwankungen in Erfolgsrechnung und Bilanz. Neue amerikanische Praxis und Lehre, Zürich 1962.
Bühler, O., Scherpf, P.: Bilanz und Steuer vom Standpunkt des Steuerrechts und der betriebswirtschaftlichen Steuerlehre, 7. Aufl., München 1971.
Bundesverband der Deutschen Industrie. Betriebswirtschaftlicher Ausschuß: Industrie-Kontenrahmen „IKR", Bergisch-Gladbach 1971.
Busse von Colbe, W.: Das Rechnungswesen als Instrument der Unternehmensführung, Bielefeld 1969.
Busse von Colbe, W., Ordelheide ,D.: Konzernabschlüsse, 2. Aufl., Wiesbaden 1975.
Bussmann, K. F.: Die Prüfung der Unternehmungen, 2. Aufl., Wiesbaden 1972.
Chmielewicz, K.: Betriebliches Rechnungswesen (2 Bd.), Einbek bei Hamburg 1973.
Coenenberg, A.-G.: Jahresabschluß und Jahresabschlußanalyse. München 1974.
–: Jahresabschluß und Jahresabschlußanalyse. Aufgabe und Lösungen. München 1976.
Le Coutre, W.: Grundzüge der Bilanzkunde, eine totale Bilanzlehre, Teil 1, 4. Aufl., Wolfenbüttel 1949.
–: Was sagt mir die Bilanz? Wirtschaftserkenntnis durch Bilanzkritik, 3. Aufl., Stuttgart 1962.
Deger, K.-M.: Der Konzernabschluß. Grundsätze ordnungsmäßiger Konsolidierung. Konzernrechnungslegung nach Aktienrecht 1965 in Anlehnung an die Theorie und Praxis in den USA, Wiesbaden 1969.
Edelkott, D.: Der Konzernabschluß in Deutschland – Eine Untersuchung über seine Aussagefähigkeit und seine zweckmäßige Gestaltung, Zürich 1963.
Egner, H.: Bilanzen. Ein Lehrbuch zur Bilanztheorie. München 1974.
Endres, W.: Der erzielte und der ausschüttbare Gewinn der Betriebe, Köln und Opladen 1967.
Engel, D.: Wilhelm Riegers Theorie des „heutigen Wertes" und sein System der Privatwirtschaftslehre, Berlin 1965.
Engels, W.: Betriebswirtschaftliche Bewertungslehre im Licht der Entscheidungstheorie, Köln und Opladen 1962.
Ertner, U.: Der Geschäftsbericht als Instrument erweiterter aktienrechtlicher Rechnungslegung, Berlin 1968.
Erwart, H.: Automation und industrielles Rechnungswesen. Berlin 1973.
Esser, J.: Funktionen und Auswirkungen der verschiedenen Abschreibungsmethoden im Blickpunkt der praktischen Betriebswirtschaft, Institut „Finanzen und Steuern", Bd. I, Bonn 1957, Bd. 2 (Ergänzungsband), Bonn 1961.
Falk, R.: Die Steuerbilanz, Handelsbilanz und Ertragsteuerbilanz, 3. Aufl., Herne 1966.
Feuerbaum, E.: Die polare Bilanz, Berlin 1968.
Flohr, G.: Die Zeitraumbilanz, Berlin 1963.
Förster, W.: Die Liquidationsbilanz, Köln 1972.
Friedrich, H.: Grundsätze ordnungsmäßiger Bilanzierung für schwebende Geschäfte. Düsseldorf 1975.
Fuchs, H., Gerloff, O.: Die konsolidierte Bilanz, Köln 1954.

Fudickar, J.: Zur Gliederung der betriebswirtschaftlichen Bilanz, Berlin 1971.
Fürst, R.: Bilanzierungsgrundsätze in der Praxis, Essen 1956.
Gerstner, P.: Bilanz-Analyse. Wege zur Erkenntnis des Wesens der Bilanz, 11. Aufl., Berlin 1944.
Gessler, E.: **Hefermehl, W.**, **Elkardt, U.** und **Kropff, B.**: Aktiengesetz. Kommentar. München 1973, 1974.
Godin-Wilhelmi: Aktiengesetz vom 6. Sept. 1965, Kommentar, 4. Aufl., 2 Bände, Berlin 1971.
Gössweiner, Th.: Wesen und Probleme der Bilanzdelikte, Neuwied, Berlin 1970.
Greifzu, J.: Der praktische Fall, 6. Aufl., Gütersloh, Berlin 1969.
–: Das Rechnungswesen. Handbuch der Buchführungsorganisation, Bilanzierung und Kostenrechnung, 13. Aufl., Gütersloh 1975.
Gudehus, H.: Bewertung und Abschreibung von Anlagen, Wiesbaden 1959.
Gutachten der Steuerreformkommission, Bonn 1971.
Gutachten zur Reform der direkten Steuern, erstattet vom Wissenschaftlichen Beirat beim Bundesministerium der Finanzen, Bad Godesberg 1967.
Haase, K. D.: Finanzbuchhaltung. Düsseldorf 1971.
Harder, U.: Bilanzpolitik – Wesen und Methoden der taktischen Beeinflussung von handels- und steuerrechtlichen Jahresabschlüssen, Wiesbaden 1962.
Hartmann, B.: Bilanzen. Stuttgart 1973.
Hasenack, W.: Das Rechnungswesen der Unternehmung, Leipzig 1934.
–: Buchführung und Abschluß im betriebswirtschaftlichen Gesamtzusammenhang, Bd. 1, 5. Aufl., Essen 1964.
Hauschildt, J.: Bilanzanalyse mit Kennzahlensystemen. Das „Du-Pont-Control System" und seine Anwendung auf deutsche Jahresabschlüsse, Bad Harzburg 1970.
Hax, K.: Die Substanzerhaltung der Betriebe, Köln und Opladen 1957.
Heinen, E.: Handelsbilanzen, 7. Aufl., Wiesbaden 1974.
Hennig, K.-W. und **Kilger, W.**: Doppelte Buchführung. Lehrbuch für Studium, Selbststudium und Praxis. 5. Aufl., Wiesbaden 1970.
Hertlein, A., Meisner, K.: Abschluß und Prüfung der Unternehmungen einschließlich Steuerprüfung, 4. Aufl., Wiesbaden 1956.
Hesse, K.: Wie beurteilt man eine Bilanz?, 10. Aufl., Frankfurt a. M. 1966.
Heyden, D. von der, Körner, W.: Bilanzsteuerrecht in der Praxis. Grundsätze der Bilanzierung, Bewertung und Abschreibung, 3. Aufl., Herne, Berlin 1972.
Hofmann, R.: Bilanzkennzahlen. Industrielle Bilanzanalyse und Bilanzkritik, 3. Aufl., Opladen 1973.
Hüttemann, U.: Grundsätze ordnungsmäßiger Bilanzierung für Verbindlichkeiten, Düsseldorf 1970.
Husemann, K.-H.: Grundsätze ordnungsmäßiger Bilanzierung für Anlagegegenstände, Düsseldorf 1970.
Isaac, A.: Bilanzen und Bilanztheorien, Wiesbaden 1953.
Jacob, H.: Das Bewertungsproblem in den Steuerbilanzen, Wiesbaden 1961.
Jacobs, O. H.: Das Bilanzierungsproblem in der Ertragsteuerbilanz, Stuttgart 1971.
Käfer, K.: Die Bilanz als Zukunftsrechnung. Eine Vorlesung über den Inhalt der Unternehmungsbilanz, Zürich 1962.
–: Zur Gestaltung der Jahresrechnung der Aktiengesellschaft nach dem neuen deutschen und dem schweizerischen Aktienrecht, Zürich 1966.
–: Kapitalflußrechnungen, Stuttgart 1967.
–: Die Erfolgsrechnung. Theorie, Methoden, Formen, Zürich 1970.
Kern, W.: Die Gewinnverlagerung als Problem unternehmerischer Entscheidungen. Unter Berücksichtigung der Besonderheiten im Konzern. Diss., Frankfurt 1964.
Kicherer, H. P.: Grundsätze ordnungsmäßiger Abschlußprüfung. Berlin 1970.
Knoll, H.: Bilanzkunde. Mit Grundlagen aus Buchführung und Kostenrechnung 4. Aufl., Wiesbaden 1964.
Kobs, E.: Bilanzen und Ergänzungsbilanzen bei Personengesellschaften, 2. Aufl., Herne, Berlin 1967.

Kosiol, E.: Bilanzreform und Einheitsbilanz, 2. Aufl., Stuttgart und Berlin 1949.
–: Kontenrahmen und Kontenpläne der Unternehmungen, Essen 1962.
–: Buchhaltung und Bilanz, Berlin 1964.
Kossack, E.: Die immateriellen Wirtschaftsgüter und ihre Behandlung in der Bilanz, Wiesbaden 1960.
Krähe, W.: Industrielles Rechnungswesen, Köln und Opladen 1970.
Kropff, B.: Aktiengesetz 1965 (Textausgabe mit Begründung des Regierungsentwurfs und Bericht des Rechtsausschusses des Deutschen Bundestages), Düsseldorf 1965.
Kruse, H. W.: Grundsätze ordnungsmäßiger Buchführung. Rechtsnatur und Bestimmung, Köln 1970.
Kupsch, P. U.: Die Bilanzierung von Rückstellungen im Rahmen der Bilanzpolitik der Unternehmung München 1974.
–: Bilanzierung von Rückstellungen und ihre Berichterstattung. Herne-Berlin 1975.
Leffson, U.: Der Jahresabschluß in der Aktienrechtsreform, Wiesbaden 1961.
–: Die Grundsätze ordnungsmäßiger Buchführung, 4. Aufl., Düsseldorf 1976.
Lehmann, W.: Die dynamische Bilanz Schmalenbachs. Darstellung, Vertiefung und Weiterentwicklung, Wiesbaden 1963.
Leunig, M.: Die Bilanzierung von Beteiligungen, Düsseldorf 1970.
Littmann, E.: Das Einkommensteuerrecht, Kommentar, 10. Aufl., Stuttgart 1972.
Mahlert, A.: Die Abschreibungen in der entscheidungsorientierten Kostenrechnung. Opladen 1976.
Mattessich, R.: Die wissenschaftlichen Grundlagen des Rechnungswesens, Düsseldorf 1970.
Mayer, L., Mayer, L.: Bilanz und Betriebsanalyse, 4. Aufl., Wiesbaden 1970.
Mellerowicz, K.: Grundlagen betriebswirtschaftlicher Wertungslehre, Berlin 1926.
–: Abschreibungen in der Erfolgs- und Kostenrechnung, Heidelberg 1957.
–: Kosten und Kostenrechnung, Bd. I: Theorie der Kosten, 4. Aufl., Berlin 1963; Bd. II: Verfahren, 1. Teil: Allgemeine Fragen der Kostenrechnung und Betriebsabrechnung, 4. Aufl., Berlin 1966; 2. Teil: Kalkulation und Auswertung der Kostenrechnung und Betriebsabrechnung, 2./3. Aufl., Berlin 1958.
–: Neuzeitliche Kalkulationsverfahren, 5. Aufl., Freiburg i. B. 1972.
Mellerowicz-Brönner: Rechnungslegung und Gewinnverwendung der Aktiengesellschaft, Berlin 1970.
Mestmäcker, E. J.: Verwaltung, Konzerngewalt und Rechte der Aktionäre, Karlsruhe 1958.
Meyer, C.: Konsolidierte Zeitraumbilanzen, Stuttgart 1969.
Mittelbach, R.: Inventur und Bewertung, Neuwied 1965.
Moxter, A.: Bilanzlehre, Wiesbaden 1974.
–: Der Einfluß von Publizitätsvorschriften auf das unternehmerische Verhalten, Köln und Opladen 1962.
Münstermann, H.: Einführung in die Dynamische Bilanz, Köln und Opladen 1957.
–: Unternehmungsrechnung, Wiesbaden 1969.
Neth, M.: Die Berechnung der Herstellungskosten als bilanzpolitisches Problem, Düsseldorf 1971.
Nicklisch, H.: Die Betriebswirtschaft, 7. Aufl., Stuttgart 1932.
Niemann, U.: Probleme der Gewinnrealisierung innerhalb des Konzerns, Düsseldorf 1968.
Peter, K., Bornhaupt, K. J. v.: Ordnungsmäßigkeit der Buchführung, Grundsätze, Aufzeichnungspflichten, Buchnachweise, 6. Aufl., Herne, Berlin 1972.
Pohmer, D.: Wesen und Grenzen der betriebswirtschaftlichen Berechtigung stiller Reserven in der Jahresbilanz in dynamischer und statischer Betrachtung, Diss., Berlin 1953,
Rasch, H.: Deutsches Konzernrecht, 3. Aufl., Köln, Berlin, Bonn, München 1966.
Riebel, P.: Die Problematik der Normung von Abschreibungen, Stuttgart 1963.
Rieger, W.: Schmalenbachs dynamische Bilanz, 2. Aufl., Stuttgart und Köln 1954.
–: Einführung in die Privatwirtschaftslehre, 2. Aufl., Erlangen 1959.

Ruchti, H.: Die Abschreibung, ihre grundsätzliche Bedeutung als Aufwands-, Ertrags- und Finanzierungsfaktor, Stuttgart 1953.
Saage, G.: Die stillen Reserven im Rahmen der aktienrechtlichen Pflichtprüfung, Köln und Opladen 1959.
Schäfer, W.: Grundsätze ordnungsmäßiger Bilanzierung für Forderungen, Düsseldorf 1971.
Schildbach, Th.: Analyse des betrieblichen Rechnungswesens aus der Sicht der Unternehmungsbeteiligten. Wiesbaden 1975.
Schmalenbach, E.: Der Kontenrahmen, 4. Aufl., Leipzig 1935.
–: Dynamische Bilanz, 13. Aufl., bearb. von R. Bauer, Köln und Opladen 1962.
Schmaltz, K.: Betriebsanalyse, Stuttgart 1929.
Schmidt, F.: Bilanzwert, Bilanzgewinn und Bilanzumwertung, Berlin 1924.
–: Die organische Tageswertbilanz, 3. Aufl., 1929, unveränderter Nachdruck, Wiesbaden 1951.
Schmidt, R.-B.: Die Gewinnverwendung der Unternehmung, Berlin 1963.
Schneider, D.: Die wirtschaftliche Nutzungsdauer von Anlagegütern als Bestimmungsgrund der Abschreibungen, Köln und Opladen 1961.
Schnettler, A.: Das Rechnungswesen industrieller Betriebe, 4. Aufl., Wolfenbüttel 1949.
–: Betriebsanalyse, 2. Aufl., Stuttgart 1960.
Schuhmann, W.: Der Konzernabschluß. Die Bilanzierungspraxis deutscher Konzerne, Wiesbaden 1962.
Schulze, zur Wiesch, D. W.: Grundsätze ordnungsmäßiger Inventur, Düsseldorf 1961.
Schweitzer, M.: Struktur und Funktion der Bilanz, Berlin 1972.
Seicht, G.: Die kapitaltheoretische Bilanz und die Entwicklung der Bilanztheorien, Berlin 1970.
Strobel, A.: Die Liquidität, 2. Aufl., Stuttgart 1953.
Tomfohrde, K.: Die dynamische Bilanzauffassung und das Bilanzsteuerrecht, Düsseldorf 1959.
Trägner, G.: Pensionsrückstellungen in Betriebswirtschaftslehre und im Arbeits-, Handels- und Steuerrecht, 2. Aufl., Herne, Berlin 1969.
Velde, K. v. d.: Herstellungskosten in der Kostenrechnung und in der Steuerbilanz, 3. Aufl., Stuttgart 1960.
Viel, J.: Betriebs- und Unternehmungsanalyse, 2. Aufl., Köln und Opladen 1958.
Vogt, F. J.: Bilanztaktik. Wahlrechte des Unternehmers beim Jahresabschluß, 6. Aufl., Heidelberg 1963.
Walb, E.: Die Erfolgsrechnung privater und öffentlicher Betriebe, Berlin und Wien 1926.
–: Finanzwirtschaftliche Bilanz, 3. Aufl., Wiesbaden 1966.
Weber, H. K.: Betriebswirtschaftliches Rechnungswesen. München 1974.
Wegmann, W.: Der ökonomische Gewinn. Ein Beitrag zur neueren bilanztheoretischen Diskussion, Diss. Köln 1968.
Weidner, A.: Bilanzanalyse und Kreditwürdigkeitsprüfung, 2. Aufl., Stuttgart 1965.
Weilbach, E. A.: Stille Reserven – nur ein Vorteil? – Die Wirkung stiller Reserven in betriebswirtschaftlicher Sicht, Stuttgart 1960.
Werninger, G.: Rückstellungen in der Bilanz, betriebswirtschaftlich-steuerlich, Wiesbaden 1960.
Westerfelhaus, H., Glade, A.: Verdeckte Gewinnausschüttung als steuerrechtliches und betriebswirtschaftliches Problem, 2. Aufl., Düsseldorf 1961.
Wietzke, G.: Der konsolidierte Jahresabschluß und seine besonderen Probleme in der deutschen und anglo-amerikanischen Bilanzierungspraxis, Berlin 1962.
Willenbrinck, K.: Von der Anfangs- zur Schlußbilanz. Die doppelte Buchführung in systematischer Darstellung für Praxis und Studium, 4. Aufl., München, Berlin 1963.
Wirtschaftsprüfer-Handbuch 1973, Düsseldorf 1973.
Wittmann, W.: Der Wertbegriff in der Betriebswirtschaftslehre, Köln und Opladen 1956.

Wöhe, G.: Betriebswirtschaftliche Steuerlehre, Bd. I, 4. Aufl., München 1976; Bd. 2 (2 Halbbände, 2. Aufl., Berlin und Frankfurt a. M. 1965.
–: Bilanzierung und Bilanzpolitik. Betriebswirtschaftlich, handelsrechtlich, steuerrechtlich. Mit einer Einführung in die verrechnungstechnischen Grundlagen, 4. Aufl., München 1976.
Wohlgemut, M.: Die Planherstellkosten als Bewertungsmaßstab der Halb- und Fertigfabrikate, Berlin 1969.
Würdinger, H.: Aktien- und Konzernrecht. 3. Aufl., Karlsruhe 1973.
Wysocki, K. v.: Konzernrechnungslegung in Deutschland, eine Auswertung von 126 Konzernabschlüssen und Konzerngeschäftsberichten deutscher Obergesellschaften zum 31. Dezember 1967, Düsseldorf 1969.
–: Grundlagen des betriebswirtschaftlichen Prüfungswesens. 2. Aufl., München 1975.
–: Betriebswirtschaftliches Prüfungswesen, Prüfungsordnungen und Prüfungsorgane, München 1972.
Zwehl, W. v.: Untersuchung zur Erstellung einer Planbilanz als Ergänzung des Jahresabschlusses, Berlin 1968.
Zybon, A.: Rechnungswesen und Organisation, Berlin 1969.

Literatur zum sechsten Abschnitt
Kostenrechnung

Adam, D.: Entscheidungsorientierte Kostenbewertung, Wiesbaden 1970.
Agthe, K.: Die Abweichungen in der Plankostenrechnung, Freiburg i. B. 1958.
–: Kostenplanung und Kostenkontrolle im Industriebetrieb, Baden-Baden 1963.
Beste, Th.: Die kurzfristige Erfolgsrechnung, 2. Aufl., Köln und Oplad en 1962.
Biergans, E.: Grenzkostenrechnung – Direct Costing – Moderne Kostenrechnung in der Brauerei, Nürnberg 1968.
Böckel, J.-J., Hoepfner, F. G.: Moderne Kostenrechnung. Lernpsychologisch aufbereitet, Stuttgart, Berlin, Köln, Mainz 1972.
Böhm, H.-H., Wille, F.: Deckungsbeitragsrechnung und Optimierung, 4. Aufl., München 1970.
Bussmann, K. F.: Industrielles Rechnungswesen, Stuttgart 1963.
Ehrt, R.: Die Zurechenbarkeit von Kosten auf Leistungen auf der Grundlage kausaler und finaler Beziehungen, Stuttgart, Berlin, Köln, Mainz 1967.
Ellinger, Th.: Rationalisierung durch Plankostenrechnung, Stuttgart 1954.
Fäßler, Rehkugler, Wegenast: Kostenrechnungs-Lexikon 1971.
Fettel, J.: Marktpreis und Kostenpreis, 2. Aufl., Meisenheim 1958.
Graff, H., Kargel, H., Unger, E.-A. v.: Einführung in die Methodik der Plankostenrechnung. Eine programmierte Unterweisung, Wiesbaden 1971.
–: Istkostenrechnung. Kosten- und Kostenartenrechnung. Eine programmierte Unterweisung, Wiesbaden 1971.
Greifzu, J.: Der praktische Fall, 6. Aufl., Gütersloh, Berlin 1969.
–: Das Rechnungswesen, 12. Aufl., Gütersloh 1971.
Haberstock, L.: Zur Integrierung der Ertragsbesteuerung in die simultane Produktions-, Investitions- und Finanzierungsplanung mit Hilfe der linearen Programmierung, Köln, Berlin, Bonn, München 1971.
–: Grundzüge der Kosten- und Erfolgsrechnung, München 1974
Heinen, E.: Die Kosten. Ihr Begriff und ihr Wesen. Eine entwicklungsgeschichtliche Betrachtung, Saarbrücken 1956.
–: Betriebswirtschaftliche Kostenlehre, 3. Aufl., Wiesbaden 1970.
Henzel, F.: Die Kostenrechnung, 4. Aufl., Essen 1964.
–: Kosten und Leistung, 4. Aufl., der „Kostenanalyse", Stuttgart 1967.
Herterich, K. W.: Kosten-Management, Wiesbaden 1972.
Huch, B.: Einführung in die Kostenrechnung, Würzburg, Wien 1971.
Hunziker, M. A., Märki, A.: Die kurzfristige Erfolgsrechnung, 3. Aufl., Stuttgart 1963.
Jacobs, O. H.: Aussagemöglichkeiten und Grenzen der industriellen Kostenrechnung aus kostentheoretischer Sicht, Köln und Opladen 1968.
Käfer, K.: Standard-Kostenrechnung, 2. Aufl., Stuttgart 1964.

Kalveram, W.: Industrielles Rechnungswesen. Teil 1: Doppelte Buchhaltung und Kontenrahmen; Teil 2: Betriebsabrechnung; Teil 3: Kostenrechnung, 6. Aufl., Wiesbaden 1968.
Kern, W.: Operations Research, Stuttgart 1964.
Kilger, W.: Kurzfristige Erfolgsrechnung, Wiesbaden 1962.
–: Flexible Plankostenrechnung, 5. Aufl., Köln und Opladen 1972.
Koch H.: Grundprobleme der Kostenrechnung, Köln und Opladen 1966.
Kosiol, E.: Kalkulatorische Buchhaltung, 5. Aufl., Wiesbaden 1953.
–: Kostenrechnung, Wiesbaden 1964.
–: Grundriß der Betriebsbuchhaltung, 4. Aufl., Wiesbaden 1966.
–: Kostenrechnung und Kalkulation, 2. Aufl., Berlin und New York 1972.
Krähe, W.: Industrielles Rechnungswesen, Köln und Opladen 1970.
Kühnemund, K.: Bikausale Deckungsbeitragsrechnung. Ein neues Konzept der Kostenrechnung. Auswirkungen auf den Gewinnbegriff, die Abschreibungs- und Investitionsrechnung und andere Informations- und Entscheidungsgrundlagen, Frankfurt a. M., Zürich 1971.
Kupfernagel, E., Polaschewski, E., Reich, M.: Kostenrechnung der Industrie, 2. Aufl., Berlin 1968.
Kurz, J.: Das Wesen der verschiedenen Fixkostentheorien und ihre Verwertungsmöglichkeiten für die betriebliche Preispolitik, Berlin 1969.
Lassmann, G.: Die Kosten- und Erlösrechnung als Instrument der Planung und Kontrolle in Industriebetrieben, Düsseldorf 1968.
Layer, M.: Möglichkeiten und Grenzen der Anwendbarkeit der Deckungsbeitragsrechnung im Rechnungswesen der Unternehmung, Berlin 1967.
Lehmann, M. R.: Industriekalkulation, 5. Aufl., Essen 1964.
Luke, W. R.: Die Ermittlung kalkulatorischer Abschreibungen von Maschinen und maschinellen Anlagen, Berlin 1971.
Matz, A.: Planung und Kontrolle von Kosten und Gewinn, Wiesbaden 1964.
Medicke, W.: Die Gemeinkosten in der Plankostenrechnung, Berlin 1956.
Meier, A.: Kostenprüfung, Köln und Opladen 1959.
Mellerowicz, K.: Abschreibungen in Erfolgs- und Kostenrechnung, Heidelberg 1957.
–: Kosten und Kostenrechnung, Bd. I: Theorie der Kosten, 4. Aufl., Berlin 1963; Bd. II: Verfahren, 1. Teil: Allgemeine Fragen der Kostenrechnung und Betriebsabrechnung, 4. Aufl., Berlin 1966; 2. Teil: Kalkulation und Auswertung der Kostenrechnung und Betriebsabrechnung, 2./3. Aufl., Berlin 1958.
–: Planung und Plankostenrechnung, Bd. I, Betriebliche Planung, 2. Aufl., Freiburg 1970; Bd. II, Plankostenrechnung, Freiburg 1972.
Norden, H.: Der Betriebsabrechnungsbogen, 10. Aufl., Stuttgart 1965.
Nowak, P.: Kostenrechnungssysteme in der Industrie, 2. Aufl., Köln und Opladen 1961.
Patterson, F.-K.: Die Ermittlung der Planzahlen für die Plankostenrechnung, Bd. 3 der Schriftenreihe der AGPLAN, Wiesbaden 1961.
Plaut, H. G., Müller, H., Medicke, W.: Grenzplankostenrechnung und Datenverarbeitung, 2. Aufl., München 1971.
Pressmar, D. B.: Kosten- und Leistungsanalyse im Industriebetrieb, Wiesbaden 1971.
Pribilla, W. P., Max, E.: Kostenrechnung und Preisbildung. Das Recht der Preisbildung bei öffentlichen Aufträgen, Kommentar zur VPöA, LSP und VPöA-Bau, München und Berlin 1961.
Reichmann, T.: Kosten und Preisgrenzen, Wiesbaden 1973.
Riebel, P.: Die Kuppelproduktion, Betriebs- und Marktprobleme, Köln und Opladen 1955.
–: Kosten und Preise bei verbundener Produktion, Substitutionskonkurrenz und verbundener Nachfrage, 2. Aufl., Opladen 1972.
–: Einzelkosten- und Deckungsbeitragsrechnung. Opladen 1972.
Roth, W.: Deckungsbeitragsrechnung. Mittel zur wirtschaftlichen Sortimentsgestaltung, 3. Aufl., Berlin, Bielefeld, München 1971.

Rummel, K.: Einheitliche Kostenrechnung auf der Grundlage einer vorausgesetzten Proportionalität der Kosten zu betrieblichen Größen, 3. Aufl., Düsseldorf 1967.
Schmalenbach, E.: Der Kontenrahmen, 4. Aufl., Leipzig 1935.
–: Kostenrechnung und Preispolitik, bearb. von R. Bauer, 8. Aufl., Köln und Opladen 1963.
Schmidt, F.: Kalkulation und Preispolitik, Berlin und Wien 1930.
Schneider, D.: Die wirtschaftliche Nutzungsdauer von Anlagegütern als Bestimmungsgrund der Abschreibungen, Köln und Opladen 1961.
Schneider, E.: Industrielles Rechnungswesen, 4. Aufl., Tübingen 1963.
Schönfeld, H.-M,: Kostenrechnung, 5. Aufl., Stuttgart 1970.
Schwarz, H.: Kostenträgerrechnung und Unternehmungsführung, Herne, Berlin 1969.
Swoboda, P.: Die betriebliche Anpassung als Problem des betrieblichen Rechnungswesens, Wiesbaden 1964.
Vormbaum, H.: Kalkulationsarten und Kalkulationsverfahren, 3. Aufl., Stuttgart 1974.
Simon, G.: Kostenrechnung in Klein- und Mittelbetrieben, Wiesbaden 1966.
Weber, K.: Amerikanisches Direct Costing, Bern und Stuttgart 1970.
Wille, F.: Plan- und Standardkostenrechnung, 2. Aufl., Essen 1963.
Wolter, A. M.: Das Rechnen mit fixen und proportionalen Kosten, Köln und Opladen 1948.

Literatur zum sechsten Abschnitt
Betriebsstatistik, Betriebsanalyse, Betriebsvergleich, Kennzahlen

Antoine, H.: Kennzahlen, Richtzahlen, Planungszahlen, 2. Aufl., Wiesbaden 1958.
–: Betriebsstatistik in Schaubildern, Berlin 1960.
Banse, K.: Organisation und Methoden der betriebswirtschaftlichen Statistik, Berlin und Wien 1929.
Bischoff, W.: Cash flow und Working Capital. Schlüssel zur finanzwirtschaftlichen Unternehmensanalyse, Wiesbaden 1972.
Buddeberg, H.: Über die Vergleichbarkeit der Handelsbetriebe, Köln und Opladen 1955.
Ehrt, R.: Die Anwendung von Stichprobenverfahren im Rechnungswesen, Stuttgart, Berlin, Köln 1967.
Enrick, N. L.: Betriebsführung und Statistik, München 1969.
Erne, P. J.: Der Betriebsvergleich als Führungsinstrument, Bern und Stuttgart 1971.
Esenwein-Rothe, J.: Wirtschaftsstatistik, 2. Aufl., Wiesbaden 1969.
Flaskämper, P.: Allgemeine Statistik, 2. Aufl., Hamburg 1962.
Gotkin, L. G.: Grundkurs in Statistik, München 1967/68.
Hartmann, B.: Angewandte Betriebsanalyse, Freiburg 1959.
Hauschildt, J.: Bilanzanalyse mit Kennzahlensystemen. Das „Du-Pont-Control System" und seine Anwendung auf deutsche Jahresabschlüsse, Bad Harzburg 1970.
Henzel, F.: Der Betriebsvergleich, Wiesbaden 1949.
Hofmann, R.: Bilanzkennzahlen. Industrielle Bilanzanalyse und Bilanzkritik, 3. Aufl., Opladen 1973.
Hunziker, A., Scherer, F.: Betriebsstatistik und Betriebsüberwachung, 3. Aufl., Stuttgart 1968.
Isaac, A.: Betriebswirtschaftliche Statistik, 2. Aufl., Wiesbaden 1955.
Knayer, M.: Bessere Betriebsstatistik durch Schaubilder, Köln-Braunsfeld 1967.
Kreyszig, E.: Statistische Methoden und ihre Anwendungen, 3. Aufl., Göttingen 1970.
Lehmann, M. R.: Grundfragen und Sachgebiete der industriellen Betriebsstatistik, Essen 1953.

–: Industrielle Betriebsvergleiche, Wiesbaden 1958.
–: Methoden und Technik der Betriebsstatistik, Essen 1960.
Lorenz, Ch.: Betriebswirtschaftsstatistik. Methode der Arbeitspraxis mit Anleitungen zur Aufgabenbearbeitung, Berlin 1960.
Mayer, L.: Bilanz- und Betriebsanalyse, Wiesbaden 1960.
Mellerowicz, K.: Allgemeine Betriebswirtschaftslehre, 12. Aufl., Berlin 1968.
Menges, G., Skala, H. J.: Grundriß der Statistik, Bd. I: Theorie, Opladen 1968; Bd. II: Daten. Ihre Gewinnung und Verarbeitung, Opladen 1973.
Neurath, P.: Statistik für Sozialwissenschaftler. Stuttgart 1966.
Radke, M.: Statistik für den Betriebsleiter, München 1969.
Ruberg, C.: Statistik in Handels- und Industriebetrieben, Wiesbaden 1950.
–: Statistik im Groß- und Einzelhandelsbetrieb, Wiesbaden 1965.
Sachs, L.: Statistische Auswertungsmethoden, 2. Aufl., Berlin, Heidelberg, New York 1969.
Scheuing, E. E.: Unternehmensführung mit Kennzahlen, Baden-Baden, Bad Homburg v. d. H. 1967.
Schnettler, A.: Betriebsanalyse, 2. Aufl., Stuttgart 1960.
–: Betriebsvergleich, Grundlagen und Praxis zwischenbetrieblicher Vergleiche, 3. Aufl., Stuttgart 1961.
Schön, W.: Schaubildtechnik. Die Möglichkeiten bildlicher Darstellung von Zahlen und Sachbeziehungen, Stuttgart 1969.
Schott, G.: Die Praxis des Betriebsvergleichs, Düsseldorf 1956.
–: Kennzahlen. Instrument der Unternehmensführung, 3. Aufl., Stuttgart 1970.
Schulz-Mehrin, O.: Betriebswirtschaftliche Kennzahlen als Mittel der Betriebskontrolle und Betriebsführung, Berlin 1954.
Staehle, W. H.: Kennzahlen und Kennzahlensysteme als Mittel der Organisation und Führung von Unternehmen, Wiesbaden 1968.
Viel, J.: Betriebs- und Unternehmungsanalyse, 2. Aufl., Köln und Opladen 1958.
Walter, E.: (Hrsg.) Statistische Methoden, Berlin, Heidelberg, New York 1970.
Wissenbach, H.: Betriebliche Kennzahlen und ihre Bedeutung im Rahmen der Unternehmerentscheidung, Berlin 1967.
Wolff, P. de: Betriebsstatistik, München 1968.

Sachverzeichnis

A

Abandonrecht 191
Abfindung 233
Abgabenorientierung 269 ff.
Abhängigkeitsbericht 233, 824
Abhängigkeitsverhältnis 221
Ablaufarten 105
Ablaufgliederung 88
Ablauforganisation 145, **159 ff.**
Absatz
  Begriff des –es 377 ff.
  direkter – 473
  indirekter – 473
Absatzbezirke 383
Absatzelastizität **403 ff.**, 435
Absatzerleichterung 443
Absatzfinanzierung 470
Absatzformen 472 f.
Absatzinterdependenzen **437 f.**, 468
Absatzkartelle 252 f.
Absatzkette 473
Absatzkurve 403 ff.
Absatzmarkt 276
Absatzmenge, gewinnmaximale – 419
Absatzmethoden 380, 381, 441, **472 ff.**
Absatzorganisation 380
Absatzorientierung 272 f.
Absatzplanung **378 ff.**, 386 ff., 929 ff.
  Aufgaben der – 378 ff.
  Begriff der – 378 f.
Absatzpolitik
  – bei unvollkommener Konkurrenz 420 ff.
  Mittel der – 379 ff.
  selektive – 383
Absatzvorbereitung 378 ff.
Absatzwege 472 f., 474 ff.
Absatzwerbung
  Begriff der – 444
Abschlußprüfer 114
  Wahl des –s 814
Abschlußprüfung, Teile der – 815
Abschreibung 86, **102 ff.**, 674, 733
  arithmetisch-degressive – 755
  Aufgaben der – 743 ff.
  außerplanmäßige – 734, 759 f.
  Begriff der – 743 ff.
  bilanzielle – 103, 667
  degressive – 749
    betriebswirtschaftliche Berechtigung der –n – 751 ff.
  digitale – 755
  Ersatz der – 871
  Finanzierung aus –en 667 ff.
  geometrisch-degressive – 752
  indirekte – 777
  kalkulatorische – 103, 667
    Aufgaben der –n – 888 ff.
  buchtechnische Abgrenzung der –n – 890
  lineare – 749, 750 ff.
  – nach der Inanspruchnahme 749, 758 ff., s. auch Leistungsabschreibung
  planmäßige – 734, 749 ff.
  progressive – 749
  steuerliche –, s. Absetzung für Abnutzung
  verbrauchsbedingte – 746
  wirtschaftlich bedingte – 747
  zeitlich bedingte – 748
Abschreibungsgegenwert 668
Abschreibungsmethoden 889
Abschreibungsplan 734
Abschreibungsprozentsatz 750, 753
  Höhe des –es 755
Abschreibungsverfahren 816, 848
Absetzung für Abnutzung (AfA) 103, 592, 656, 658, 746
Abstraktion
  isolierende – 20, 26, 151
Abteilungsbildung 113, **149**
Äquivalenzprinzip 72
Äquivalenzziffern 919
AfA s. Absetzung für Abnutzung
Agglomeration 264
Agio 605
Akkordarbeit 69
Akkordlohn 72, 79, **81 ff.**, 89 ff.
Akkordrichtsatz **82**, 85 f.
Akkordzuschlag 82
Aktien 565 ff.
  Abstempelung von – 618
  eigene – 809, 818
  Zulässigkeit der –n – 570
  Arten der – 565 ff.
  Zusammenlegung von – 618
Aktiengesellschaft 114, 121, 124, 125, 166 ff., 180, 184, 208
  Kapitalerhöhung der – 608 ff.
  Gründung einer – 603 ff.
  – & Co. KG 167 ff., 178
Aktienhandel 190
Aktienkapital, Erhöhung des –s 190
Aktiva
  Bewertung der – 743 ff.
  Bilanzierung der – 743 ff.
Aktivtausch 500, 667, 681
Akzeptkredit 596, 597
Allgemeine Betriebswirtschaftslehre 14 f., 52, 166
Alternativinvestition, optimale – 524
Alternativpläne 129, 132
Alternativverzinsung,
  optimale – 528
Amoroso-Robinson-Formel 409

Amortisationsdauer, s. a. Pay-off-Periode 511
Amortisationsrechnung 511
Analyse
  deskriptive – 25
  kausale – 25
Anforderungsarten 74, 77, 93
Angebotskurve 433
Angebotsmonopol 400
  beschränktes – 400
Angebotsoligopol 430,
Angebotsüberschuß 440
Angestellte
  leitende – 126
Anlagegüter
  abnutzbare – 736ff.
    Bewertung der –n – 736
    Abschreibung von –n 743ff.
  nicht abnutzbare –
    Bewertung der –n – 737
Anlagevermögen 552, 691
  Bewertung der nicht abnutzbaren Güter des –s 733
  Gliederung des –s 691
  immaterielles – 691
  konzerninterne Gewinne im – 841ff.
  materielles – 691
Annuität 517, 522, 579
Annuitätenmethode 517ff.
Anpassung
  intensitätsmäßige – 354ff.
  quantitative – 354ff., **363ff.**
  selektive – 364, **367f.**
  zeitliche – 354ff., 362
  zeitlich intensitätsmäßige – 361ff
Anpassungsprozesse 399
Anrechnungssystem 198
Anschaffungskosten 738ff., 791
  Ermittlung der – 738ff.
Anschaffungsnebenkosten 738f., 791
  Aktivierungspflicht der – 739
Anspannungskoeffizient 978
Arbeit
  ausführende – 61
  dispositive – 61
  objektbezogene – 61
Arbeitgeberverbände 263
Arbeitsablauf 87, 145
Arbeitsbedingungen **63ff.**, 69
Arbeitsbewertung 73, 78, 93
  analytische – 64, **77ff.**
  Methoden der – 74ff.
  summarische – 76f.
Arbeitsdirektor 125f., 185
Arbeitsentgelt 63, 70f., 72, 73, 93
Arbeitsgemeinschaft 177
Arbeitsgestaltung 64
Arbeitsgestaltungsstudie 64
Arbeitshypothesen 18, 27
Arbeitsinhalt 159
Arbeitskosten 264
Arbeitskräfte 207

Arbeitskurve
  physiologische – 67
Arbeitsleistungen **61ff., 63ff.,** 71, 72, 101, 163
Arbeitslohn 62, 71
Arbeitsobjekt 159
Arbeitsorganisation 63
Arbeitsorientierung 267f.
Arbeitspausen 67
Arbeitsphysiologie 65, 67
Arbeitsplatzgestaltung 68f.
Arbeitsplatzverlust
  Risiko des –es 95
Arbeitsproduktivität 66, 95
Arbeitsprozeß 159
Arbeitspsychologie 64, 67
Arbeitsraum 68
Arbeitsrecht 70f.
  kollektives – 71, 120
Arbeitsrhythmus 66
Arbeitsschwierigkeit 71, 72
Arbeitsstättenzählung 10, 167ff.
Arbeitsstudien 63, **64ff.,** 90, 296
Arbeitssystem 151, 158
Arbeitsvorbereitung 63, 155, 163, 295
Arbeitswertstudien 64
Arbeitswissenschaften 24f., 64
Arbeitszeit 71, 79, 82, 90, 122, 159
  Gliederung der – 87
Arbeitszeitordnung 65, 67
Arbeitszeitregelung 65ff.
Arbeitszeitstatistik 977
Arbeitszeitstudien 64
arithmetisches Mittel 961
  gewogenes – 962
Artikelgruppen 383
Aufbauorganisation 145, **146ff.,** 159
  Ergebnis der – 151f.
Aufgaben
  Delegation von – 149
Aufgabenanalyse **146f.,** 159
Aufgabenbereich 163
Aufgabengefüge 151
Aufgabengliederungsplan 147
Aufgabensynthese 146, **147f.,** 160
Auflagendegression 293
Auflösung 186
Aufsichtsrat 97, 114f., 125f., 184, 186, 604, 813, 849
Auftragsanzahl 386
Auftragseingang 383
Auftragserteilung
  Einheitlichkeit der – 152
Auftragsmenge 386
Auftragszeit
  Gliederung der – 89
Aufwand 37ff., 659, 685, 688
  Abgrenzung des –es 688
  außerordentlicher – 686
  betriebsfremder – 686
  neutraler – 686
Aufwendungen der Rechtsform 206
Ausbringungsmenge 331

Ausgabe 685, 688
  zeitliche Verteilung der –n 887
Ausgleich
  angemessener – 233
Auslandsmarkt 434
Ausschuß 104, 108
Außenfinanzierung 496, 564ff.
  besondere Anlässe der – 600ff.
  Quellen der – 564ff.
Außensteuergesetz 219, 272
  Ziele des –es 272
Außenumsatzerlöse 843
Auswahlprinzip **30ff.,** 59
Auszahlung 685
Automatisierung 121
Autonomieprinzip 4
Avalkredit 598

B

Bankbetriebe 11
Bankenkonsortium 177
Barwert 513
Basisgesellschaften 271
Bedarf
  Ermittlung des –s 278, 387
Bedarfsplanung **278f.,** 296
Bedarfsweckung 443
Bedaux-System 93
Beeindruckungserfolg 460
Befehlsverhältnisse 152
Befehlswege 152
Beherrschungsvertrag s. auch Unternehmensverträge 221, **240f.**
Beherrschungsverträge, Abschluß –n 523
Beibehaltungswahlrecht 734
Belastung
  doppelte – 235
  mehrfache – 235
  steuerliche – 195
Belegschaftsaktien 100, 570
Bemessungsgrundlagen
  steuerliche – 195
  unterschiedlich ermittelt
Bergrechtliche Gewerkschaft
  166ff., 180, 186
Berührungserfolg 460
Berührungshäufigkeit
  optimale – 451
Beschäftigungsabweich
Beschäftigungsänderu
Beschäftigungsgrad 1
  945, 983
  Änderung des –es
  Schwankungen d
  984
Beschäftigungspla
Beschäftigungssch
  291

65 Wöhe, Einf. i. d. B.

Sachverzeichnis

Prüfung von –en 810 ff., 816 f.
statische – 854
totale –
  Bewertung in der –n – 869
  Gliederung der –n – 868
Bilanzauffassung
  betriebswirtschaftliche – 849 ff.
  dualistische – 849
  dynamische – 787, 849, 852 ff., 855
  eudynamische – 861 ff.
  finanzwirtschaftliche – 856 f.
  monistische – 849
  neuere Entwicklungstendenzen der – 870 ff.
  nominalistische – 869
  organische – 850, **863 ff.**, 870
  pagatorische – 857 f.
  statische – 777, 865 ff.
  totale – 850
  Ziele der –n – 867 ff.
Bilanzbündeltheorie 200 ff.
Bilanzfeststellungsrecht 188
Bilanzgewinn 185, 803 ff.
Bilanzgliederung
  aktienrechtliche –,
    Erkenntniswert der –n – 719 ff.
  Bedeutung der – 716
Bilanzidentität 710 f.
  Unterbrechung der – 711
Bilanzklarheit
  Grundsatz der – 700 ff.
Bilanzkontinuität
  formale – 710 ff.
  formelle – 710 ff.
  Grundsatz der – 710 ff.
  materielle – 712
  Unterbrechung der – 818
Bilanzkurs 572 ff., 615
  korrigierter – 573
Bilanzschema
  dynamisches –
    Unvollständigkeit des –n –s 855
Bilanzstatistik 977 f.
Bilanzstichtag
  einheitlicher – 831
Bilanzsumme 173 f., 207
Bilanztheorien
  betriebswirtschaftliche – 706
Bilanzverkürzung 500, 667, 681
Bilanzverlängerung 500, 681
Bilanzwahrheit
  Grundsatz der – 706 ff.
Börsenzulassung 190
Brachzeit 106
Break-even-point 927
Bruttoinvestition 504
Bruttoprinzip 794, 866
  Anwendung des – s 708
Buchführung
  Prüfung der – 815 f.
Buchhaltung, s. a. Buchführung
  Aufgabe der – 679

Buchungsablauf
  Schema des –s 923
Buchwertverknüpfung 204
Bürgschaft 598
Bundesbahn 183, 212
  Verwaltungsorganisation der – 212
Bundeskartellamt 253
Bundespost 183, 212
Bundesurlaubsgesetz 65
Bundesverband der Deutschen Industrie 260
Bundesvereinigung der Deutschen Arbeitgeberverbände 263

C

Cash-and-Carry-Betriebe 477
Cash-flow-Analyse 554, 564
Cobb-Douglas-Funktion 309
Cournotsche Menge 410 f.
Cournotscher Preis 410 f.
Cournotscher Punkt 410 ff.

D

Damnum s. Disagio 790
Darlehen 96, 577
  partialisches – 178
Datenverarbeitungsanlagen
  gemeinsame Nutzung von – 219
Deckungsbeitragsrechnung
  Aufgaben der – 926 ff., 929 ff.
  Begriff der – 926 ff.
Deckungsstock 582
Deduktion 45
Degeneration
  Ursachen der – 463
Degenerationsphase 463
Depotstimmrecht 115, 812
Desinvestition s. auch Kapitalabfluß 491
Deutscher Industrie- und Handelstag 262
Dezentralisation 150 f.
Dienstleistungsbetriebe 11, 474
Direct costing 928
Direktorialprinzip 116
Disagio s. Damnum 578, 692, 790
  bilanzmäßige Behandlung des –s 768 f.
Discount-Betriebe 481
Diskontkredit 596
Display-Material 447, 449
Dissonanz
  cognitive – 448
Dissonanzmodelle 448
Diversifikation 217
Dividendenanspruch
  prioritätischer – 567
Dividendengarantie 233
Divisionskalkulation 910, 911 ff., 914
  einstufige – 911
  mehrstufige – 911
  – mit Äquivalenzziffern 913

DM-Eröffnungsbilanz 580
Doppelbelastung
  steuerliche – 196
Doppelbesteuerungsabkommen 219, 271
Doppelgesellschaft 167 ff., 202, 203
Durchschnittsertragskurve 316 ff.
  Ableitung der – 316 ff.
Durchschnittskosten **335 ff.**, 351, 416, 419
  variable – 416
  Verlauf der variablen – 351
Durchschnittskostenfunktion 338
Durchschnittskostenkurve 349 ff.
  Ableitung der variablen – 350, 420
Durchschnittsmethode 762 f.
Durchschnittsprinzip 879
Durchschnittswertverzinsung 890
Durchschnittszahlen 960 f.

E

Ecklohn 78
Eigenbetrieb 175, 183, 208 ff., 211, 213
Eigenfinanzierung 497, 499, 564 ff.
  der Aktiengesellschaft 189 ff.
  der bergrechtlichen Gewerkschaft 191 ff.
  der Genossenschaft 191 ff.
  der GmbH 189 ff.
  der Kommanditgesellschaft auf Aktien 189 ff.
Eigenkapital 37, 94, 95, 173
  Ausweis des –s 693
  Mindesthöhe des –s 564 f.
Eigenkapitalbasis 188
Eigenkapitalbeschaffung **188 ff.**, 495
Eigenkapitalrentabilität **37 ff.**, 546, 977
  Maximierung der – 544 ff.
Eigenkapitalzinsen 95
  kalkulatorische – 649
Eigentümerunternehmung 113 f.
Einführungsphase 462
Eingliederung
  finanzielle – 237 f.
  organisatorische – 237 f.
  wirtschaftliche – 237 f.
Einheit
  wirtschaftliche – 235
  einheitliche Leitung **229 ff.**
  Begriff der –n – 230 f.
Einheitsgründung 603
Einheitskurs
  Ermittlung des –es 574 f.
Einheitsmarkt 574
Einheitspreiskartell 249
Einheitstheorie 824, 836, 839
Einheitswert des Betriebsvermögens 202
Einigungsstelle 124 f.
Einkauf 277
Einkaufsabteilung 277
Einkaufsgenossenschaften 481

Einkommenselastizität 389
Einkommenskategorien
  funktionelle – 62, 70
Einkommensteuer
  progressive – 195
Einkommensteuerbelastung 652
Einkommensteuergesetz 179
Einkommensteuerpflicht 195
Einkommensteuersatz
  durchschnittlicher – 203
Einkreissystem 920, 921 ff.
Einlagen 693
  Bewertung der – 737
Einlagenfinanzierung, s. auch Beteiligungsfinanzierung 564 ff.
Einliniensystem s. Liniensystem 152
Einmann-Gesellschaft 176, 179
Einnahme 685, 688
Einsatzfaktoren 297
Einsatzzeit 88
Eintrittswahrscheinlichkeit 529 ff.
Einwirkzeit 108
Einzahlung 685
Einzelbewertung 524, 727
  Prinzip der – 732, 735, 760, 768
Einzelbilanzen
  Maßgeblichkeit der – 824, 830 f.
Einzelfertigung 279, 287, **291**
Einzelhandel 473, **479 ff.**
  Aufgaben des –s 479 ff.
  Betriebsformen des –s 479 ff.
Einzelhandelspanel 392 ff., 464
Einzelkosten 385, 881, 882
  Kontrolle der – 939 ff.
  Planung der – 939 ff.
Einzelumwerbung 445
  Ziel der – 445 ff.
Einzelunternehmer 115, 183, 186
Einzelunternehmung 167 ff., 176, 188
Einzelwerbung 445 ff.
Einzelwirtschaften 3
eiserner Bestand 280, 281, 551, 856
Elastizitätskoeffizient 403 ff., 409 ff.
Elementarfaktoren 61
Emissionskosten 582, 585
Energieorientierung 272
Engineering production functions 326
Engpaß 106, 131, 137
Engpaßfaktoren 112
Engpaßkapazität 930
Engpaßplanung 943, 948 f.
Entnahmen 199, 693
  Bewertung der – 737
Entscheidungsbefugnis
  Delegation von – 118
Entscheidungsbereiche 9
Entscheidungsfeld
  unternehmerisches – 527
  Wert des –n –es 527
Entscheidungsinstanz 112
Entscheidungskompetenz 118
Entscheidungsmodelle 29, 59
  mathematische – 134

Sachverzeichnis

Entscheidungsprozeß 1, 129
  betrieblicher – 58, 101
Entscheidungsregeln 133
Entscheidungstheorie 58
Entscheidungszeitraum
  Bedeutung des –s 342
Erfolg 36f.
  neutraler – 795
Erfolgsanalyse 929ff.
Erfolgsbeteiligung 93ff.
  Begründung der – 93ff.
  Zielsetzungen der – 95ff.
Erfolgskonsolidierung 826, **837ff.**, 839f., 845
  Beispiel einer – 739ff.
Erfolgskonten 680
Erfolgskontrolle 118
Erfolgsrechnung, s. auch Gewinn- und Verlustrechnung 694, **792ff.**, 854
  kurzfristige – 878, 924
Erfolgsstatistik 977f.
Ergebnisbeteiligung 70
Ergebniseinheiten 156
Erholungszeit 89, 105
Erinnerungserfolg 460
Erkenntnisobjekt 2, 19ff., 59
Erkenntnisziele 21, 25, 59
Erklärungsmodelle 29f.
Erklärungsvariable 29
Erläuterungsbericht 805, 807ff., 817, 846ff.
  Angaben im – 807f.
  Aufgabe des –s 807f.
Ermessensrücklagen 785
Erneuerungsmodelle 140
Ersatzmodelle 140
Ersetzungszeitpunkt
  optimaler – 521ff.
  Ermittlung des –n –es 522f.
Ertrag 37f., 687, 689
  neutraler – 687
Ertragsgebirge 297, 301, 302
Ertragsgesetz 312ff.
  Kostenfunktionen nach dem – 346ff.
  Voraussetzungen des –es 322
  zur Frage der Gültigkeit des –es 320ff.
Ertragskurven
  Beziehungen zwischen – 318
Ertragsniveau 302
Ertragsprozentsatz
  Ermittlung des –es 538
Ertragswert 527, 535, 573, 725, 850, 870
  Ermittlung des –es 531, 533
Ertragswertkurs 573
Ertragswertverfahren 531ff.
  Kritik am – 534
Ertragszuwachs
  Gesetz vom abnehmenden – 322
Erwartung
  sichere – 132f.
  unsichere – 132

Erwartungswert
  mathematischer –
  Ermittlung des –n –s 528ff.
Erwerbsbetriebe 209
Exportkartelle 254

F

Fachgeschäfte 479
Factoring 598f.
Faktor
  Aufgaben des dispositiven – 109ff.
  Struktur des dispositiven –s 120
Faktoren
  limitationale – 305, 375
  objektbezogene, s. Elementarfaktoren 61
  systemindifferente – 3
Faktoreinsatzfunktion 321
Faktorvariation
  partielle – 301, **311ff.**, 374
  totale – 301, 374
Falsifizierung 27
Familiengesellschaft 177
Fehlinvestitionen 747
Feldforschung 390
Fertigung 275, **285ff.**
  auftragsweise – 898
  Organisationstypen der – 287ff.
Fertigungsablaufplanung 296
Fertigungskosten 883ff.
Fertigungslenkung 295
Fertigungslos 294
Fertigungsplanung 286, 295
Fertigungsprogramm
  Planung des –s 285ff., 519
Fertigungsstellen 904
Fertigungstypen 287, **291**
Fertigungsverfahren 109, **287ff.**
  Begriff der – 287
  Einteilung der – 287ff.
Fertigungsvorbereitung 290, 292, **295f.**
Festbewertung 732, 735, 760
Field-Research 390
Fifo-Methode 763f.
Filialsystem 472
Finalrelation 43f.
Finalursachen 18
Finance-Leasing-Verträge 590
Finanzabteilung 277
Finanzanlagen
  Gliederung der – 720
Finanzanlagevermögen 691
finanzielles Gleichgewicht
  Aufrechterhaltung des –n –s, s. a. Liquidität 541
Finanzierung 55, 114, 177, **488ff.**
  – aus Abschreibungen 667ff.
  Begriff der – 487f.
  durch Anzahlungen 594
  Hauptformen der – 496

Finanzierungsregeln
  Darstellung der – 543 ff.
Finanzierungsstruktur 978
Finanzinvestition 503
finanzmathematische Methoden 512 ff.
  Kritik an den –n – 518
  unterschiedliche Ergebnisse der –n – 516
Finanzplan 130, 378, 541
  Aufgabe des –s 554
Finanzplanung 540 ff.
  Beispiel einer – 554 ff.
Firmenwerbung 445
Firmenwert 531, 535, 536, 781
  derivativer – 718, 733, 734, 782
  originärer – 489, 534, 781
  Verflüchtigung des –es 537
Fixkosten s. Kosten, fixe
  remanente – 366
Fixkostenblock 338
Fixkostenkurve 419
Flächendiagramme 971
Fließfertigung 79, 287, **288 ff.**, 295
  Nachteile der – 289
  Vorteil der – 288
Fluktuation 96
Förderkosten 290
Forderungen
  Arten der – 766 f.
  Bewertung der – 766 ff.
  Bilanzierung der – 766 ff.
  Konsolidierung der – 836 f.
  Pauschalwertberichtigungen zu – 710
  uneinbringliche – 768
  zweifelhafte – 768
Forschung
  empirisch-induktive – 57
  mathematisch-deduktive – 57
Forschungsmethoden 23 ff.
Franchise-Geber 484
Franchise-Nehmer 484
Franchise-System 484 f.
Franchising 482
Fremdfinanzierung, s. auch Kreditfinanzierung 497, 499, 576 ff.
  kurzfristige – 592 ff.
  langfristige – 577 ff.
Fremdkapital 96, 173, 659
  Gliederung des –s 693
Fremdkapitalbeschaffung **191 ff.**, 495
  – der AG 193
Fremdkapitalrentabilität 978
Fristenrisiko 583
Fristigkeit 541 f.
Führungsentscheidung 110
  Träger der – 113 ff.
Führungsprinzipien 117 ff.
Führungsspitze
  Organisation der – 115
Funktionsmeistersystem 153 f.
Funktionssystem 153 f.

Fusion, s. auch Verschmelzung 216, 601, 613, 623 ff.
  Besteuerung der – 626 ff.
Fusionsmodelle 448

G

Garantieleistungen 381
Gebietskartelle 253
Gebrauchswert 102, 725
Geisteswissenschaften 18
Geldakkord 82 f.
Geldfaktor 82
Geldlohn 78
gemeiner Wert 537, 538
Gemeinkosten 385, 740, 782, 881
  Kontrolle der – 940
  Planung der – 940
  unechte – 882
  Verrechnung der – 899
  Verteilung der – 740
  Zurechnung der – 896
Gemeinkostenplanung
  Durchführung der – 943
Gemeinkostenzuschlag 908
Gemeinkostenzuschläge
  Ermittlung der – 914
Gemeinschaftswerbung 445 ff.
  Ziel der – 446
Genfer Schema 74
Genossenschaft 166 ff., **180 ff.**, 186, 208
Genossenschaftsverbände 182
geometrisches Mittel 962
Gesamtangebotskurve 413 ff.
Gesamtbetriebsrat 124
Gesamtbewertung von Betrieben, s. auch Unternehmensbewertung 523 ff., 727
Gesamtbewertung
  Praxis der – 530 ff.
  Theorie der – 524 ff.
Gesamterlös 409, 429
Gesamterlöskurve 321, **406 ff.**, 410, 414
Gesamtertrag
  Übersicht über den – 319
Gesamtertragskurve 313 ff.
  Ableitung der – 313 ff.
Gesamtgewinn 414, 419
Gesamthandsprinzip 178
Gesamtkapazität
  Erweiterung der – 499, 669
Gesamtkapital 37
Gesamtkapitalrentabilität **37 ff.**, 544 ff., 978
Gesamtkosten 331, **335 ff.**, 429
  degressive – 339
  lineare – 360
  progressive – 340
  proportionale – 337
  regressive – 341
  variable – 337
Gesamtkostenfunktion
  progressive – 334

Sachverzeichnis

Gesamtkostenkurve 346f., **351,** 407, 410, 414, 420
Ableitung der – 333
Gesamtkostenverfahren 924
Gesamtkostenverlauf
lineare – 416, **419 ff.**
s-förmiger – **414 ff.**, 417 ff.
Gesamtnachfragekurve 413 ff., 417, 423, 432
Verschiebung der – **417 ff.**
Gesamtrechtsnachfolge 623, 629
Gesamtreproduktionswert 534
Gesamtwert einer Unternehmung 695
Ermittlung des –es 727
Gesamtziel 111
Geschäftsanteil 181
Geschäftsbericht 712, 718
Angaben im – 623
Aufgaben des –s 805 ff.
Aufstellung des –s 805 ff.
Inhalt des –s 806 ff.
Prüfung des –s 817
Geschäftsführer 113 f., 184
Geschäftsführergehalt 199, 202
Geschäftsführer-Unternehmung 114
Geschäftsführungsbefugnis 183
Geschäftsführungsvertrag 240
Geschäftswert, s. Firmenwert
Gesellschaft des bürgerlichen Rechts 166, 176, 245
Gesellschaft
eingegliederte – 222, **247 ff.**
Gesellschafter
Aufnahme neuer – 189
Einkünfte der – 202
persönliche Verhältnisse der – 202
stiller – 176, 184, 187, 189
Zahl der – 202
Gesellschafterschutz 699, 730 f.
Gesellschaftsteuer 781
Gesellschaftsvermögen 176 f.
Gesellschaftsversammlung 184
Gesellschaftsvertrag 174, 176, 184, 186, 607
Gewerbebetrieb
Einkünfte aus – 195
Gewerbeertragsteuer 200, 646 ff.
Gewerbeordnung 65
Gewerbesteuer 179, 237, 269
Gewerkenversammlung 186
Gewerkschaft 124, 125
Gewinn 31, 33, **36 f.**, 94, 97, 113, 184
angemessener – 7, 166
entziehbarer –
Feststellung des –n –s 872, 874
Höhe des –s 202
Gewinn je Stück 415
Gewinn
kalkulatorischer – 37
konzerninterne –e
Besteuerung der –n – 825
im Anlagevermögen 841 ff.
im Umlaufvermögen 837 ff.
neutraler – 98
ökonomischer – 870
pagatorischer – 37
Gewinnabführung 245
mit Organschaftsverhältnis 245
Gewinnabführungsvertrag 222, 232, 240, **241 ff.**, 802, 839
Gewinnanspruch
begrenzter – 581
Gewinnanteil 95
Gewinnausschüttung 202
Gewinnbegriff 36 f., 642
betriebswirtschaftlicher – 642
Gewinnbeteiligung, s. Erfolgsbeteiligung 71, 186 ff.,
Gewinnbeteiligungssysteme 98
Gewinnentgang 284
Gewinnentnahmen 189
Gewinnermittlung
Prinzip der periodengerechten – 739
Gewinnerzielung
begrenzte – 40 ff.
Gewinngemeinschaft 177, 222, 240, **243 ff.**, 802
Gewinnmaximierung **30 ff.**, 39, 128, 398, 399, 407, **410 ff.**, 415
Kritik an der – 34 ff.
langfristige – 109, 121, 166, 175
Gewinnpoolung 802
Gewinnschuldverschreibung 581 f.
Gewinnthesaurierung 115, 189, 202
Gewinn- und Verlustbeteiligung 174
Gewinn- und Verlustrechnung, s. auch Erfolgsrechnung 667, 694, 743, 780, 864
aktienrechtliche –
Gliederung der –n – 798 ff.
Aufbau der – 792 ff.
Aufgaben der – 792 ff.
konsolidierte – 845
Prüfung der – 810 ff., 817
Gewinnvergleichsrechnung 509 f.
Gewinnverteilungskartell 250 f.
Gewinnverteilungsschlüssel 202
Gewinnverwendung 94, 188
Gewinnvortrag 693, 779
Gläubigerschutz 233, 698, 730
Gleichgewicht
finanzielles – 4
Prinzip des organisatorischen –s 145
Gleichgewichtspreis 414
Gleichmäßigkeit der Besteuerung 196, 269
Prinzip der – 729
Gleichordnungskonzern 221, 231
Gliederung
funktionale – 18 f.
Gliederungsvorschriften
gesetzliche – 714
Gliederungszahlen 956 f.
Globalplan 130
GmbH 113 f., 124, 125, 166 ff., 180, 188
Organe der – 184

—Gesetz 180, 208
— & Co. KG 167ff., 178, 203
goldene Bilanzregel 544, 551
goldene Finanzierungsregel 543, 548f.
Goodwill-Rentendauer 540
verkürzte —
Methoden der —n — 535f.
Verfahren der —n — 531
Graphentheorie 139
Gratisaktien 614
Grenzerlös 407ff., 415, 425, 435, 457
Grenzerlöskurve 406ff., 424
Grenzerträge
fallende — 298, 308, 332
konstante — 297, 307, 332
steigende — 298, 308, 332
Übersicht über den —ertrag 319
Grenzertragskurve 314ff.
Ableitung der — 314ff.
Grenzkosten 347ff., 415, 435, 457
konstante — 333, 360
Verlauf der — 351
Grenzkostenkurve 347f., 411, 415, 416, 424, 425
Ableitung der — 348f.
Grenzkostenrechnung 880, 928
Grenzplankostenrechnung 937, 949
Grenzpreis
oberer — 426
unterer — 426
Grenzproduktivität 315
Großhandel 474, 476ff.
Arten des —s 476ff.
Aufgaben des —s 476ff.
Gründung 600, 602ff.
Kosten der — 605
qualifizierte — 604
Gründungsprüfung 604
Grundbegriffe
preistheoretische — 397ff.
Grundkapital 171f., 180, 190
Aufbringung des —s 603
Bewertung des —s 735
Grundlohn 82, 89, 92, 93
Grundnutzen 461
Grundrente 62
Grundsätze
betriebswirtschaftliche — 213
— der Wahrheit 443
— der Wirksamkeit 443
— der Wirtschaftlichkeit 443
kaufmännische — 212
ordnungsmäßiger Buchführung und Bilanzierung 700ff., 733, 734, 790
Ursprung der — — 700f.
Voraussetzungen der — — 701
Grundsteuer 179
Grundstücksverwaltungsgesellschaft 177
Grundzeit 89
Gruppenakkord 85f.
Gruppenbewertung 732, 735, 761
Gruppenfertigung 291

Güterversorgung
optimale — 32
Gut
homogenes — 425

H

häufigster Wert, s. auch Modus, 962f.
Haftung 174, 176ff., 181, 186, 188
Haftungsbeschränkung 187, 188
Handel 474
ambulanter — 479
Handelsbetriebe 422, 474ff.
Funktionen der — 474ff.
Handelsbilanz 97, 696
Bewertungsmaßstäbe der — 738
Bewertungsvorschriften der — 732ff.
Zielsetzungen der — 889
Handelshochschulen 46f., 52
Handelskette 473
Handelsregister 176, 821
Anmeldung zum — 604
Handelsspannen 422
Handelsspannenpolitik 381
Handelsvertreter 485
Handelswissenschaft 48ff., 53
Handlungsalternative 128
Handwerkskammern 262
Aufgabe der — 262
Organe der — 262
Handwerkstag 262
Hauptfunktion
betriebliche — 9
Hauptgemeinschaft des deutschen Einzelhandels 260
Hauptgesellschaft 247
Hauptkostenstellen 904, 943
Hauptnutzungszeit 105
Hauptverhandlung 96, 114f., 125, 185
Haushalte 3, 5f.
öffentliche — 3
private — 3
Haushaltspanel 392ff.
Haushaltstheorie 448
Hebesatz 269
Herstellungskosten 739ff.
Prüfung der — 817
Zusammensetzung der — 739ff.
Hifo-Methode 763ff.
Hilfsgesellschaften 181, 256
Hilfskostenstellen 904, 943
Hilfsstoffe 107
Hilfswissenschaften 23
Höchstpreis 440
Holdinggesellschaft 232, 271
Human relations, s. Betriebsklima, 69
Hypothekenbanken 175
Hypothekengewinnabgabe 179
Hypothese 28f., 59

I

Idealwissenschaften 18ff.
Ignoranz
vollkommene — 132

Sachverzeichnis

Illiquidität 494
Imparitätsprinzip **732**, 871
Importkartelle 254
Indexzahlen 958
Indifferenzkurven **301 ff.**, **306 ff.**
Individualarbeitsrecht 71
Individualbeteiligung 98
Individualkonflikt 112
Induktion 45
Industrieobligationen 577 ff.
Industrie- und Handelskammern 261
  Aufgaben der – 261
  Organe der – 261
Information 36, 443
  unvollkommene – 132 f.
  vollkommene – 132
Informations- und Nachrichtendienste 219
Inhaberaktien 571
Inlandsmarkt 434
Innenfinanzierung 496 ff., **641 ff.**
  durch Vermögensumschichtung 491
  durch Vermögenszuwachs 491
Innengesellschaft 176
Innenumsatzerlöse 843
Innungen 260
Input 297
Instanz 149, 154
Instanzenbildung 149
Institutionen 145
Instrumente
  absatzpolitische – 381, **383**, 441
  Kombination der absatzpolitischen – 383
Intensität 325
  konstante – 355
  optimale – 356, 361, 362
Interessengegensatz 115
Interessengemeinschaft 177, **243 ff.**
Interessenkonflikt 112
Interessentheorie 825
interner Zinsfuß
  Methode des –n –es 515 ff.
Intervall
  monopolistisches – 426
Interview 392
Intuition 45
Inventar 679, 693, **704 ff.**
Inventur 679, **704 ff.**, 884
  permanente – 705 f.
Inventurmethode 884
Investition
  Begriff der – 487 ff.
  immaterielle – 503
  Kapitalwert der – 513 ff.
Investitionsbereich 489 ff.
Investitionsbudget
  optimales – 519 f.
Investitionsdauer 522
Investitionsplanung **504 ff.**, 552
Investitionsrechnung
  finanzmathematische Verfahren der – 507

Grundlagen der – 504 ff.
Hilfsverfahren der Praxis 507
Methoden der – 507 ff.
Simultanmodelle der – 507
Ziele der – 506
Investmentanteile 100
Investmenttrust 257 f.
Istbeschäftigungsgrad 935
Istkosten 37
Istkostenrechnung 879, 926, **932 ff.**
  Nachteile der – 933
  Vorteile der – 933
Istleistung 87

J

Jahresabschluß 184 ff., 188, **691 ff.**
  konsolidierter –
  Aufgaben des –n –es 820 ff.
  Begriff des –n –es 820 ff.
Jahresabschlußprüfung
  aktienrechtliche – 812 ff.
  Aufgaben der – 812 ff.
  Gegenstand der – 812 ff
Jahresüberschuß 188, 786, **803 ff.**
Jugendvertretung 122

K

Käufermarkt 440
Käuferschicht 436
Käuferstruktur 464
Kalkulation, s. auch Selbstkostenrechnung, 682, 878
Kalkulationszinsfuß 513 ff., 518, 532, 892
Kameralwissenschaften 49 f.
Kammern 260 f.
Kapazität **103 f.**, 416
  Grenze der – 416, 438
  wirtschaftliche – 104
Kapazitätsausnutzung 103 f.
Kapazitätsausnutzungsgrad 104
Kapazitätserweiterungseffekt, s. auch Ruchti-Effekt, 669
  Einschränkung des –s 675
Kapazitätslinien 439
Kapazitätsplanung 943, 948
Kapital 62, 576 f.
  betriebsnotwendiges – 98, 890
  Berechnung des –n –s 892
  genehmigtes – 612, 809, **818 ff.**
  Gliederung des –s 708
  Konsolidierung des –s 831 ff.
Kapitalabfluß 488
Kapitalanlagegesellschaften 175, **257 f.**
Kapitalaufrechnungsdifferenz **832 ff.**, 848
Kapitalbedarf
  Deckung des –s 552 ff.
  Ermittlung des –s 540 ff., 552 ff., s. auch Finanzplanung
  Struktur des –s 542

Kapitalbedarfsrechnung 553
Kapitalbereich 489 ff.
Kapitalbeschaffung s. Finanzierung, 185, 488
Kapitalbindung 492
Kapitalbudget
  Simultanmodelle des –s 507
Kapitalerhaltung
  nominelle –
    Prinzip der –n – 642, **727 ff.**, 744, 850, 862, 865, 869, 871
  reale – 851
  substantielle – 889
Kapitalerhöhung 600 f., **605 ff.**
  aus Gesellschaftsmitteln, s. auch nominelle Kapitalerhöhung, 601, **614 ff.**, 654
  Bedeutung der – 616
  bedingte – 579, **612 f.**, 624, 809
  bei Einzelunternehmen 606 ff.
  bei Personengesellschaften 606 ff.
  der Aktiengesellschaft 608 ff.
  nominelle –, s. auch Kapitalerhöhung aus Gesellschaftsmitteln
    Gründe der –n – 615
    steuerliche Behandlung der –n – 615 f.
  ordentliche – 608 ff.
Kapitalerhöhungsmaßnahmen 190
Kapitalertragsteuer 652
Kapitalflußrechnung 874 ff.
Kapitalführung 232
Kapitalgesellschaften 166, 167 ff., **179 ff.**, **184 ff.**
Kapitalherabsetzung 186, 601 f., **616 ff.**
  Ausweis der – 622 f.
  durch Einziehung von Aktien 622
  Formen der – 617
  ordentliche – 621
  vereinfachte – 617
Kapitalisierungsformel
  kaufmännische – 532
Kapitalisierungsmehrwert 535
Kapitalisierungsminderwert 535
Kapitalisierungszinsfuß, s. Kalkulationszinsfuß, 540
Kapitalkonsolidierung
  Beispiel einer – 834 ff.
Kapitalkonto
  negatives – 187, 692
Kapitalmarkt
  vollkommener – 514
Kapitalrisiko 113 f., 185, 186
Kapitalstruktur 173, **543 ff.**
  (gegliedert nach Wirtschaftszweigen) 549
  Optimierung der – 543
Kapitalstrukturregel
  vertikale – 543, **544 ff.**
Kapital-Vermögensstrukturregel
  horizontale – 543, **548 ff.**
Kapitaltausch 231

Kapitalumschlag 510
Kapitalwert **513**, 522
  Höhe des –s 513
  Maximierung des –s 520
Kapitalwertmethode 513 ff.
Kapitalwiedergewinnungsfaktor 517, 522
Kapitalzuführung
Kartell 234, **248 ff.**
  Arten der –e 248 ff.
  Begriff des –s **248 ff.**
  Besteuerung der –e 256 ff.
  rechtliche Regelung der –e 253 ff.
  Zielsetzung des –s 248 ff.
Kartellgesetz 253
Kartellsteuerverordnung 257
Kartellvertrag 177
Katalogverfahren 76 f.
Kaufhäuser 480
kaufmännische Vorsicht
  Grundsatz der –n – 727
  s. auch Vorsichtsprinzip
Kennzahlen
  betriebswirtschaftliche – 973
  produktionswirtschaftliche – 976
Koeffizient
  Triffinscher – 402
Körperschaft
  öffentlich-rechtliche – 175, 183
Körperschaftsteuer 645 ff.
  Tarif der – 196
Körperschaftsteuergesetz 179
Kollegialprinzip 116 f.
Kollektivbeteiligung 98
Kommanditaktionäre 180
Kommanditeinlage
  Herabsetzung der – 617
Kommanditgesellschaft 114, **166 ff.**, 177, 187
Kommanditgesellschaft auf Aktien 114, 124, 181
Kommanditist 177, 184, 187
Kommissionäre 473
Kommunikation 111
Kommunikationssystem 151, 158
Kommunikationswege 158
Kompetenz 148 ff.
Kompetenzabgrenzung 113
Kompetenzprobleme 135
Komplementär 177, 184, 187
Komplementarität **438**, 468
Konditionenkartelle **249**, 253
Konditionenpolitik 381, **469 ff.**
Konflikt
  innerorganisatorischer – 113
Konjunkturschwankungen 286
Konkurrenz
  heterogene – 402
  homogene – 402
  polypolistische – 425
  unvollkommene –
    Begriff der –n – 420 ff.
    Formen der –n – 420 ff.

Sachverzeichnis

vollkommene – 400, **413 ff.**
 Gewinnmaximum bei –r – 413 ff.
 Preisuntergrenze bei –r – 417 ff.
Konkurrenzaktionen 458
Konkurrenzpreis 413 f.
Konsolidierung
 Voraussetzungen der – 829 f.
Konsolidierungskreis **828 ff.**, 846
 Änderung im – 847
Konsortium 258 f.
Konstruktivmodelle 27
Konsumenten-Panel 464
Konsumentenverhalten 448, 454
 Theorie des –s 448
Konsumfinanzierung 470
Konsumtionswirtschaft 3
Konsumtrend 463
Kontenrahmen
 Anwendung des –s 703
 Einteilung des –s 703 f.
Kontingentierung 7
Kontingentierungskartelle 252
Kontoform 793
Kontokorrentkredit 595 f.
 Kosten des –s 595, 596
Kontrolle 110, 129 f., **161 ff.**
 Instrumente der – 164
 interne – 163 ff.
Kontrollsystem 118, 152, 164
Konzentration
 Anreiz zur – 236
Konzern 15, **230 ff.**
 faktischer – 231, 824
 Gewinnverlagerungen im – 822
 Gleichordnungs– 221
 horizontaler – 233
 Rechnungslegung im – 820 ff.
 steuerliche Probleme des –s 234 ff.
 vertikaler – 234
Konzernabschluß
 Aufgaben des –es 826 f.
 Grundlagen des –es 824 ff.
 Prüfung des –es 810 ff., 848 ff.
 Stichtag des –es 849
Konzernabschlußprüfer 848
Konzernarten 231 ff.
Konzernbilanz
 s. a. konsolidierte Bilanz **697 ff.**, 830
Konzerngeschäftsbericht 846 ff.
 Angaben im – 847
Konzerngewinn- und -verlustrechnung 842 ff.
 Formen der – 846
Konzernherstellungskosten 838
Konzernniederstwertprinzip 838 f.
Konzernunternehmen 221
Kooperation 216
Kooperationsfibel 255
Koordinierung
 zeitliche – 463
Kosten 62, 98, 101, 103, **330, 371 ff.**, 682, 686
 auflagefixe – 293 f.
 entscheidungsirrelevante – 342
 entscheidungsrelevante – 342
 fixe – 336, 342, 356, **412 ff.**, 418, 453
  Aufgliederung der –n – 929
 intervallfixe – **344 ff.**, 365 f.
 kalkulatorische – 740
 progressive – **340**
 proportionale – 337
 regressive – 341
 variable – 337, 342, 350, 356, **411 f.**, 453
  Aufgliederung der –n – 929
 Verteilung der – 682
 Zurechnungsgrundsätze der – 879
Kostenarten 335, 796, 878
 aufwandsgleiche – 882
 Begriff der – 880 f.
 Erfassung der – 883 ff.
 fixe – 882
 Gliederung der – 881
 kalkulatorische – 882, **887 ff.**
  Aufgaben der –n – 887
  Begriff der –n – 887
 primäre – 882
 sekundäre – 882 f., 902
 variable – 882
Kostenartenplan
 Aufstellung des –s 883
Kostenartenrechnung 682, **880 ff.**
Kostenartenverfahren 899
Kostenbestimmungsfaktoren **371 ff.**, 942
Kostenbestimmungsgröße 71
Kostendeckung 7, 166
Kostendeckungspunkt 927
Kostenfaktoren 386
Kostenfunktion 330 ff.
Kostenisoquante 310 ff.
Kostenkontrolle 934, 944
Kostenkurven
 Beziehungen zwischen den – 351 ff.
Kostenminimum 7, 415 ff.
Kostenplanung 684, 938 f.
Kostenrechnung 86, 743, **878 ff.**, 889
 Abrechnungssysteme der – 879 f.
 Aufgaben der – 681, 878
 Teilgebiete der – 878
Kostenschlüsselung 908 ff.
Kostenschwankungen
 Verursachung der – 934
Kostenstellen 796, 879
 allgemeine – 904
 Aufgaben der – 895 ff.
 Gliederung der – 895 ff.
Kostenstellenausgleichsverfahren 902
Kostenstellenrechnung 682, **895 ff.**
Kostenstellenumlageverfahren
 s. a. Stufenleiterverfahren 900
Kostentheorie 332
Kostenträger 796, 878
Kostenträgerrechnung
 Aufgaben der – 910 ff.
 Begriff der – 910

Kostenträgerstückrechnung 910
Kostenträgerverfahren 902
Kostenträgerzeitrechnung 682, 910
Kostentragfähigkeit
 Prinzip der – 879, 917
Kostenüberdeckung 908
Kostenunterdeckung 908
Kostenvergleichsrechnung 508f.
 Mängel der – 509
Kostenverläufe 353ff., 358ff. 361ff.
Kostenverursachung
 heterogene – 942
 homogene – 941
Kostenverursachungsprinzip 879, 908ff.
Kostenzuwachs 347, 411
Kraftorientierung 272
Kreditfähigkeit
 Verstärkung der – 196
Kreditfinanzierung
 s. a. Fremdfinanzierung 496
Kreditgewährung 381
Kreditgewinnabgabe 179
Kreditkarten 471
Kreditleihe 597f.
Kreditprovision 595f.
Kreditwürdigkeit 545, 606
Kreditwürdigkeit der Einzelunternehmung 192
 der GmbH 193
 der KG 192
 der OHG 192
Kreditwürdigkeitsprüfung 165, 593
Kreditzinsen 595
Kreuzpreiselastizität 405, 438
Kündigungsschutz 70
Kulturwissenschaften 18
Kundendienst 381, 449, 471
Kundendienstpolitik 469ff.
Kundenfinanzierung 470
Kunstlehre 57
Kuppelprodukte 439, 468
 Kalkulation der – 917
Kuppelproduktion 292, 438
Kurvendiagramme 970
Kux 191, 571f.

L

Ladeneinzelhandel 479
Ladengeschäfte 479
Lagebericht 805, 806, 817, **846 ff.**
Lagerbestände
 Finanzierung der – 593
Lagerbestand
 optimaler – 280
Lagerdauer
 durchschnittliche – 283, 286
 optimale – 283
Lagerhaltung 131, 275, **276 ff.**, 279
 Begriff der – 276 ff.
Lagerhaltungsmodelle 140
Lagerkosten 283, 248, 291, 294, 385
Lagerplanung 130, **278 ff.**

Lagerstatistik 975
Lay out 451
Leasing 500 ff., 588ff.,
 direktes – 589
 indirektes – 589
 mit Kaufoptionsrecht 590
 mit Verlängerungsoptionsrecht 591
 ohne Option 590
 rechtliche Grundlagen des – 500
 steuerliche Behandlung des – 591 f.
Lebenszyklen
 Bedeutung von – 461 ff.
Leerkosten 284, **344 ff.**
Leerzeiten 138
Leistung 86
Leistungsabschreibung, s. auch Abschreibung nach der Inanspruchnahme 749
Leistungsbewertung 118
Leistungserstellung 11, 62, 276, 287
 betriebliche – 275
 Prozeß der – 490
Leistungsfähigkeit 103
 physische – 63
 psychische – 63
Leistungsgrad 73, 80 f., **86**
 günstigster – 329
 optimaler – 328
Leistungsintensität 81
Leistungslohn 71, 90
 progressiver – 85
Leistungslohnsysteme 79, 151
Leistungsverrechnung
 innerbetriebliche –
 Aufgaben der –n – 898 f.
 Begriff der –n – 898 f.
Leistungsverwertung 276
Leistungswille 63
Leistungszulage 72
Leitung
 Einheitlichkeit der – 152, 221, **229 ff.**
Leitungsbefugnis 149, 174, **183 ff.**
Leitungsspanne 149
Leitungssystem **152 ff.**, 158
Leverage-Effekt **544 ff.**, 584
Liberalismus
 ökonomischer – 50
Lieferantenkredit 593 ff.
 Kosten des –s 593, 596
Liefer- und Zahlungsbedingungen 283, 381
Lieferzeit 280
Liegezeit 107 f.
Lifo-Methode 763 ff.
Lineare Programmierung **135 ff.**, 452
 Anwendungsmöglichkeiten der – 136 f.
Liniendiagramme 969
Liniensystem 152 f.
Liniensystem mit Querfunktion 155
Liquidation, s. a. Abwicklung 602, 607, 623, 629, **639 ff.**

Liquidation
  Besteuerung der – 641
  formelle – 629, 641
  Gründe der – 640
Liquidationserlös 532
Liquidität 100, 185, 502, 548, **583 ff.**, 649, 720, 733, 822, 824
  Begriff der – 492 ff.
  – ersten Grades 493
  relative – 493
  Überwachung der – 492
  Verbesserung der – 606
Liquiditätsbilanz 721 f.
Liquiditätsgrad 493, 723
Liquiditätshilfe 656
Liquiditätskennzahlen 723, 978
  Aussagewert der – 723
Liquiditätspolitik 55
Lohn 71 ff.
Lohnanreizsysteme 79
Lohnformen **79 ff.**, 106
Lohngerechtigkeit 71 ff.
Lohngruppe 76
Lohngruppenkatalog 76
Lohngruppenverfahren 76 f., 78
Lohnhöhe **71 ff.**
Lohnkonstante 98
Lohnkosten 80, 83, 92
  Steigerung der – 357
Lohnsumme 98 f.
Lohnsummensteuer 269
Lohn- und Gehaltsstatistik 977
Lohnzulage 71, 73
Lombardkredit 598
Lombardsatz 598
Losgröße 138
  optimale – 294
  Ermittlung der –n – 294

M

Macht, wirtschaftliche – 216, 218
Makler 473
Makroökonomie 22 f.
Management 109
Management by exception 117 f.
Management by objectives 118 f.
Managementkreis 111
Management-Prinzipien, s. Führungsprinzipien 117 ff.
Manager 113 f.
Manager-Unternehmung 114
MAPI-Verfahren 510
Marginalanalyse 457
Markenartikel 421, 442
Markenartikel
  Preispolitik bei –n 423 ff.
Markenschutzkartell 251
Marketing 377 f.
Marketing-Mix 383
Markt 22, **397 ff.**
  Aufnahmefähigkeit des –es 387
  laufende Beobachtung des –es 388

unvollkommener – 399, 434
variabler – 574
vollkommener – 35, 399
Marktanalyse 379, 387, 467
Marktbeobachtung 379, 387
Marktformen 399 ff.
Marktformenschemata 399 ff.
Marktforschung **386 ff.**, 451
Marktforschung
  Aufgaben der – 386 ff.
  Methoden der – 390 ff.
Markttest 464
  Dauer des –es 464
Markttransparenz 399, 421
  mangelnde – 425
Marktübersicht 398
Marktverhalten
  oligopolistisches – 424
  polipolistisches – 424
Marktwirtschaft 31, 56
Maschinenbesetzungsplan 296
Maschinenstundensatz 898
Massenfertigung 287, 292
Massenfilialbetriebe 480
Massenumwerbung 445 ff.
  Ziel der – 445 ff.
Maßnahmen
  absatzpolitische – 423
  preispolitische – 423
  verkaufsfördernde – 446
Materialabfall 108
Materialausbeute 108
Materialkosten
  Erfassung der – 883 ff.
Materialorientierung 266 ff.
Materialstellen 904
Materialverbrauch
  Bewertung des –s 885
Materialverlust 108 f.
Materialzuschlag 906
Matrixorganisation 156 f.
Maximalintensität 360, 361
Maximalkapazität 136
  technische – 104
Maximalverlust 431
Maximalziele 40
Maximierungsprobleme 136
Maximin 431
Mediaforschung **451 f.**, 457
Medienstruktur 464
Mehrfachfertigung 292 ff.
Mehrheit
  Berechnung der – 227
  der Anteile 227
  der Stimmrechte 227
  einfache – 117, 227
  qualifizierte – 118
Mehrheitsbeteiligung 226
Mehrheitsprinzip 116
Mehrliniensystem s. Funktionssystem 153
Mehr-Personen-Nullsummenspiel 432
Mehrproduktunternehmen 437 ff.

Mehrstimmrechtsaktien 568, 812
Meinungsführermodelle 448
Meldebestand 281
Mengenleistungsprämie 91
Merchandising 447
Methode
 deduktive – 26
 induktive – 26 ff.
 mathematische – 59
Methodenlehre
 statistische – 59
Methodenstreit 56 ff.
Methodenzuschuß 93
Miete
 kalkulatorische – 895
Mikroökonomie 22 f.
Minderheitenschutz 233
Mindestbestand 280
Mindesteinlage 181
Mindestlohn 72, 82, 84 f., 92, 93
Mindestnennbetrag 190
Mindestnennkapital 175
Mindestpreis 440
Mindestpreiskartell 250
Minimalgewinn 431
Minimalintensität 360
Minimalkapazität 104
Minimalkostenkombination 309 ff., 332, 373
Minimalkostenlinie 311
Minimalziele 40
Minimax 431
Minimierungsprobleme 136
Minimumsektor 130
Minutenfaktor **82**, **85**
Mitbestimmung 96 f., 115, **119 ff.**
 arbeitsrechtliche – 119 ff.
 paritätische – 125 f.
 qualifizierte – 120
 unternehmerische – **119 ff.**
Mitbestimmungsgesetz 120
Mitbestimmungsmodelle 120, **126 f.**
Mitglied
 unparteiisches – 125
Mitläufer-Effekt 403
Mittel
 absatzpolitische – **382 f.**, 454
Mittelentscheidung 109
Mittelkurs 609 ff.
Mittelwertverfahren 531, **535 f.**
Mitunternehmer 200
Mitunternehmerschaft 178
Modeänderungen 291
Modell 35
 betriebswirtschaftliche –e 28 ff.
 deskriptive –e 29
 deterministische –e 30
 explikative –e 29
 lernpsychologische –e 448
 mathematische –e 142
 sozialökonomische –e 28
 spieltheoretische –e 30
 stochastische –e 30

Modellanalysen 27
Modus, s. a. häufigster Wert 962 f.
Monatskonten 471
Monopol 400
 bilaterales – 400
Monopolbetrieb
 Gesamterlöskurve des –es 406 ff.
 Gewinnmaximum des –es 410 ff.
 Grenzerlöskurve des –es 406 ff.
 Nachfragekurve des –es 406 ff.
 Preispolitik des –es 406 ff.
Monopolgewinn 411
Monte-Carlo-Methode 141

N

Nachfrage
 Preiselastizität der – 402 ff.
Nachfrageelastizität 389
Nachfragekurve **406 ff.**, 410, 411, 424, 425
 geknickte – 424, 425
 individuelle – 403 f.
Nachfragemonopol 400
Nachfrageoligopol 400
Nachfrageüberschuß 440
Nachfrageverschiebungen 291
Nachgründung 604
Nachkalkulation 878
Nachschußzahlung 190
Nachsteuer 236
Namensaktie 571
 vinkulierte –n 571
Naturwissenschaften 18
Nebenbedingungen 36, 40, 136
 außerökonomische – 40
 monetäre – 36
 nichtmonetäre – 36
 ökonomische – 41
Nebennutzungszeit 105
Negoziationskredit 600
Nennwertaktie 565 f.
Nettogewinn 265
Nettoinvestition 504
Nettoprinzip 794
Netzplantechnik 139 f.
Nicht-Negativitätsbedingungen 136
Niederstwertprinzip 731
 gemildertes – 731, 737
 strenges – 763
Nielsen-Gebiet 393 ff.
Nielsen-Index 393 ff.
Normalgewinn 536
Normalkostenrechnung 879, 932 ff.
 flexible – 934
 starre – 933
Normalleistung 72, 79, **86 f.**, 92 f., 330
Normallohn 76
Normalzeit 87
Normung 217 ff.
Normungs- und Typungskartelle **251**, 254

Nullsummenspiel 431
Nutzenmaximum 398, 399
Nutzgrenze 415
Nutzkosten 344ff
Nutzschwelle 415
Nutzungsdauer **102ff.**, 889
  betriebsgewöhnliche − 103
  technische − **102ff.**, 521
  verkürzte − 760
  wirtschaftliche − **102ff.**, 521ff., 734, 751
Nutzungsgradprämie 91

O

Objektanalyse 147
Obligationen 577ff.
  Laufzeit der − 578
  Rückzahlung der − 578
Öffentliche Betriebe
  Arten von −n −n 207ff.
  Aufgaben von − 207ff.
  Gliederung der − 208
  in nicht privatrechtlicher Form 211ff.
  in privatrechtlicher Form 214f.
  mit eigener Rechtspersönlichkeit **208ff.**, 214
  ohne Rechtspersönlichkeit 208ff.
Öffentlichkeitsarbeit 219
Offene Handelsgesellschaft 113, **166ff.**, 177, 184, 186
Oligopol 400, **430ff.**
  bilaterales − 400
  Preispolitik im − 430ff.
Oligopolpreisbildung 431ff.
Operate-Leasing-Verträge 589
Operations Research s. a. Unternehmensforschung 59, **133ff.**, 684
  Aufgaben von − 133ff.
  Begriff des − 133ff.
  Grenzen der Anwendung von − 141
Opportunitätskosten 525
Optimalintensität 360
Optimum, organisatorisches − 145
Optionsschuldverschreibung 581
Ordnungsmäßigkeit
  formelle − 701
  materielle − 701
Organe
  betriebseigene − 473
Organisation 110, 116, 162, 164
  Aufgaben der − 142ff.
  Begriff der − 142ff.
  divisionalisierte − 155f.
  Gegenstand der − 143
  Grundsätze der − 144
  Substitutionsprinzip der − 144f.
Organisationsprüfung 165
Organisationsstruktur
  formelle − 145f.
  informelle − 145f.
Organschaftsverhältnis 839

Organschaftsvertrag
  steuerlicher − 241
Organtheorie 236
Output 297

P

Panel-Verfahren 390
Partnerschaft 70, 96
Passiva
  Bewertung der − 770ff.
  Bilanzierung der − 770ff.
Passivposten
  Bewertung der − 735
Passivtausch 500, 681
Passivum
  antizipatives − 775
  transitorisches − 775
Patentverwertungsgesellschaft 272
Patentverwertungskartelle 252
Pauschalwertberichtigung auf Forderungen 710
  lohnende − 68
Pausen 122
Pay-off-Periode, s. a. Amortisationsdauer 511
Pensionsrückstellungen 495, 659, 789
  Berechnung der − 659ff.
  Finanzierung aus − 659ff.
  Finanzierungseffekt der − 661ff.
  steuerliche Anerkennung der − 659ff.
  Zuführung zu den − 665
Pensumlohnsystem 92f.
Periodenerfolg
  Ermittlung des −s 681
periodengerechte Gewinnermittlung
  Prinzip der −n − 785, 850, 855
Periodenkapazität,
  Erweiterung der − 497f., **667ff.**
Personalabteilung 277
Personalangelegenheiten 122
Personalbewegungsstatistik 976
Personalkosten 138
  Erfassung der − 883
Personalplanung 118, 123
Personalpolitik 146
Personalstatistik 976
Personalstrukturstatistik 976
Personalvertretung 71
Personalwesen 155
Personen
  juristische − 179, 181
Personenfirma 176
Personengesellschaft 166ff.
Pfad
  kritischer − 140
Phasenanalyse 147
Planbeschäftigungsgrad 945
  Abweichungen vom − 936
Planbezugsgrößen
  Festlegung der − 943
Planerfüllung 31
Plankalkulation 879, 949f.

Plankalkulationsschema 949
Plankontrolle 379
Plankostenrechnung 879, **932 ff.**, 935
  Aufbau der – 937
  flexible – 935
  starre – 935
Planung 94, 110, 118, **128 ff.**, 162
  Aufgaben der – 128 ff.
  Ausgleichsgesetz der – 130
  Begriff der – 128 ff.
  Flexibilität der – 133
  simultane – 131
  Struktur der – 128 ff.
Planungshorizont 129, 512, 521
Planungsrechnung **519 ff.**, 684
Planungssystem 152
Planwirtschaft 7
Platzeinzelkosten 898
Platzgemeinkosten 898
Platzkostenrechnung 897
Präferenz
  persönliche – 399, 421, 426
  sachliche – 399, 426
Präferenzpolitik 380, **441 f.**
Prämie 71
Prämienarten 91
Prämienlohn 72, 79, **89 ff.**
Prämienlohnsysteme **91 ff.**, 109
Praktikerverfahren zur Gesamtbewertung 531
Preisabsatzkurve 426 ff.
Preisabweichung 934, 938
Preisbindung
  der zweiten Hand 251
  vertikale – 255, **422**
Preisdifferenzierung **434 ff.**, 465
  Arten der – 436 f
  echte – 434
  horizontale – 435 f.
  materielle – 437
  räumliche – 434, 436
  vertikale – 434 f.
  zeitliche – 437
Preiselastizität 389, **402**, 428
  unterschiedliche – 434
Preisfestsetzung
  staatliche – 440
Preisführerschaft 432 ff.
Preisgerade 415
Preiskartelle 249 f.
Preiskurve 406
Preispolitik 55, 379, 381, 382 **396 ff.**, 649
  aktive – 382, 432
  bei unvollkommener Konkurrenz 420 ff.
  in Mehrproduktunternehmen 437 ff.
Preisprüfung 165
Preissteigerungsgewinne s. auch Scheingewinne 786
Preisuntergrenze
  Bestimmung der – **417 ff.**, 880, 910
  kurzfristige – **417**, 418
  langfristige – 417

Primärforschung 390
Prinzip
  erwerbswirtschaftliches – 4, 97
  ökonomisches – 1
Privateigentum 4
Privatvermögen 176, 186, 188
Privatwirtschaftslehre **51 ff.**, 58
Problemstruktur 28
Produkte
  Entwicklung neuer – 461 ff.
Produktforschung **461 ff.**
Produktfunktionen 463
Produktgestaltung 380, 381, 441, **461 ff.**
Produktgestaltungspolitik 381
Produktion 275 ff.
  Begriff der – 275 ff.
Produktionsbedingungen
  Veränderungen der – 374, 375
Produktionsdauer 290
Produktionsfaktoren 4, 9, 12, 61, 94, 95, 129, 162, 275, 371, 375
  Änderung der Mengenkombination der – 373, 375
  Änderungen der Preise der – 375
  Einsatzmengen der – 331
  fixe – 372
  Kombination der – 275, **322 ff.**
  konstante – 323
  limitationale – 300, 323, **325 ff.**
  Preise der – 371
  Substituierbarkeit der – **301 ff.**, 323
  System der – 61 ff.
  Teilbarkeit der – 343, 353
  variable – 372
Produktionsfunktion 296 ff., 331, 332
  auf der Grundlage von Verbrauchsfunktionen 325 ff.
  Grundlagen der – 296 ff.
  heterogene – 308
  homogene – 308
  lineare – 333
  linear homogene – 332
  – mit abnehmenden Grenzerträgen 333
  – mit limitationalen Faktoren **325 ff.**
  – mit steigenden Grenzerträgen 333
  neue – 358
  nicht lineare – 333
  – Typ A 324, 373
  – Typ B 324, **328**, 373
Produktionsinterdependenzen 438, 468
Produktionskapazität 384
Produktions-Kapitalgesellschaft 203
Produktionskartelle 251 f.
Produktionskoeffizient 353
Produktionsmittelbetriebe 11
Produktions-Personengesellschaft 203
Produktionsplan 136
Produktionsplanung 929 ff.
Produktionsprogramme 106, 131, 374, 375, 384
  Änderungen der – 374, 375
Produktionsprogrammgestaltung 468

Sachverzeichnis

Produktionsprogrammpolitik 461
Produktionsprozeß 67, 107
Produktionsquote 249
Produktionssoll 7
Produktionsstatistik 975
Produktionsverbundenheit 438
Produktivität 36 ff.
  gemeinwirtschaftliche – s. Wirtschaftlichkeit, gemeinwirtschaftliche, 32, **54ff.**
Produktivitätsbeziehung 58
Produktlebenszyklus 462
Produktmanagement 158
Produktpolitik 381
Produktvariation 465 f.
Produktwerbung 445
Profit-center 156
Prognosen 129
Prognosemodelle 29
Programmierung
  dynamische – 140, 452
  lineare – 135 ff.
  mathematische – 137
  nicht-lineare – 137
  stochastische – 137
Programmplanung 129, **285,** 286, 384
Projektmanagement 158
Propaganda 442
Propagandisten 447
Proportionalitätsprinzip 894, 896, 907, 909
Prozeßabhängigkeit
  direkte – 162
  indirekte – 162
Prozeßgerade 300, 305, 372
Prozeßvariation 301
Prüfung 111, **161ff.**
  externe – 165
  progressive – 816
  retrograde – 816
Prüfungsbericht
  Aufgaben des –s 818 f.
Prüfzeit 108
Public relations 381, **442**
Publizitätsgesetz 180, 207, 811, 821
Publizitätspflicht 193
Publizitätszwang 174, **206f.**
Pufferzeit 140
Punktelastizität 405

Q

Qualitätspolitik 381
Qualitätsprämie 91
Quotenaktie 565 f.

R

Rabatt 478
Rabattkartelle 253
Rabattpolitik 381
Ranganalyse 147
Rangbildung 149
Rangfolgeverfahren 76
Rangreihenverfahren 76, 78 f.

Rationalisierung 121
Rationalisierungskartelle 254
Rationalisierungsmaßnahmen
  Kapitalerweiterung durch – 498
Rationalprinzip 1
Reagibilitätsgrad
  – der Kosten 335 ff.
Reaktionszeiten 421
Realisationsprinzip 731, 734, 770, 872
Realstruktur 28
Realwissenschaften 18 ff.
Rechnungsabgrenzungsposten 775, 887
  Aufgabe der – 691 f.
  passive – 778
Rechnungswesen 52, 55, 103, 155
  betriebliches – 677 ff.
  Aufgaben des –n –s 677 ff.
  Gliederung des –n –s 677 ff.
  Grundbegriffe des –n –s 684 ff.
  Organisation des –n –s 678
Recht
  dispositives – 174
Rechtsfähigkeit
  relative – 178
Rechtsform 13, 15
  Aufwendungen der – 174, **206**
Rechtsformen
  Besteuerung der – 193 ff.
  Finanzierungsmöglichkeiten der – 174, **188ff.**
  kombinierte 202 ff.
Rechtsform
  Wahl der – **166ff.**, **174ff.**, 194
Rechtsgestaltung 176
Rechtsordnung 31
Reduktivmodelle 27
Reederei 166
Refa-Verfahren 93
Referenzgruppenmodelle 448
Regelkreis 148
Regelungen 144
  allgemeine – 144
  spezielle – 144
Regiebetrieb 175, 183, **208ff.**
Reifephase 462
Reihenfertigung 288
Reihenprinzip 290
Reisende 473, 485
Reklame 442
Reklamekonkurrenz 422
Rembourskredit 599
Rentabilität 33, **36f.**, 54, 121, 185, 510
Rentabilitätsrechnung 510 f.
Rentenbarwertformel 531
Repräsentation 443
Repräsentativerhebung 391
Reproduktionsaltwert 534
Reproduktionswert 531, 534, 536, 537
  Verzinsung des –s 536
Residualgewinn 62
Restverkaufserlös
  Minderung des –es 522
  Verzinsung des –es 522

Restwert 750, 753
Restwertrechnung 918
Restwertverzinsung 890
retrograde Methode 884
Return on Investment 510
Revision 111, **161 ff.**
 interne – 163 ff.
 Arbeitsweise der -n – 165
 Aufgabenbereiche der -n – 164
Revisionsprogramm 165
Revisions- und Treuhandwesen 16
Risiko 129, 133, **186 ff.**
Risikoerwartungen 132
Risikominderung 218
Risikosituation 30
Risikozuschlag 532
Rohstoffe 107
Rohstofforientierung 266 f.
Routineverhalten 112
Ruchti-Effekt
 s. a. Kapazitätserweiterungseffekt 669
 Voraussetzungen des -s 672 ff.
Rückkoppelung 111
Rücklagen 95, 100, **770 ff.**
 Bildung der – 803
 Entstehung der – 770
 freie – 616
 gesetzliche – 616, 618, 619, 645, 779
 offene – 654, **774 ff.**, 778
  Auflösung von -n – 779 ff.
  Bildung der -n – 770, 773, **779 ff.**
 statutarische – 780
 steuerfreie – 656, 709, **774 f.**, 778
 stille – 97, 204, 607, 624, 658, 674, 736, **781 ff.**, 803, 808
  Auflösung der -n – 204, 630, 640
  Begriff der -n – 781 ff.
  Besteuerung der -n – 626 ff.
  Bildung der -n – 645, 771
  Einteilung der -n – 783 ff.
  Entstehung der -n – 643
  Übertragung der -n – 635 f.
 versteckte – 781, 783
Rücklagenbildung 115
Rückstellungen 173, 719, **770 ff.**, 775, 776, 778, 787 ff.
 Arten der – 789 f.
 Aufgabe der – 787, 788
 Auflösung der – 773
 Bewertung der – 735
 Finanzierung aus – 497
 Passivierungspflicht der – 789
 Überhöhung von – 783
Rückstellungsbegriff 787
 dynamischer – 788
 Einengung des -s 789
Rüstzeit 89

S

Sachfirma 180
Sachinvestition 503
Sachleistungsbetriebe 11

Sachmittelanalyse 147
Sachvermögen 173
Sättigungsmenge 405
Sättigungsphase 463
Saisonschwankungen 286 f.
Sales Promotion 445, 457
Sammelbewertung 732, 735, 761
Sanierung 617 ff.
Sanierung durch Einziehung von Aktien 620 ff.
Sanierung durch Zuführung von Mitteln 619 f.
 reine – 618 ff.
Sanierungsgewinn 619
Sattelpunkt 431
Satzung 188
Satzungsänderung 185
Sekundärforschung 390
Selbstbedienung 384
Selbstbedienungsläden 468
Selbstbedienungssystem 481
Selbstfinanzierung **188 ff.**, 495, 497, **642 ff.**, 648 ff.
 offene – 642 ff.
 steuerliche Beeinflussung der -n – 656 ff.
 stille – 498, **642 ff.**, 674
Selbstfinanzierungsgrad
 optimaler – 650
Selbstkostenpreis 910
Selbstkostenrechnung
 s. a. Kalkulation 682, 878, **910 ff.**
Sensitivitätsanalyse 137
Serienfertigung 287, 293
Servicefunktionen 467
Servicepolitik 381
Sicherheit **30 f.**, 132
Sicherungsübereignung 598
Simplex-Methode 135
Simulation 141
Simulationsverfahren 138, 140, **141**
Skalenerträge
 abnehmende – 309
 konstante – 309
 wachsende – 309
Skonto **593 f.**, 595, 767
Snob-Effekt 403
Solawechsel 596
Soll-Amortisationszeit
 Schätzung der – 512
Soll-Istvergleich 979 f.
Sollkosten 37, 935, 945, 947
Sonderabschreibungen **656 ff.**, 736
Sondereinzelkosten der Fertigung 881, 940
Sonderposten mit Rücklageanteil **709 f.**, 718, 774
Sonderprüfungen nach Aktiengesetz 811 f.
Sondervermögen 183, **208 ff.**, 211
 rechtsfähiges – 211
Sonderfertigung 287, 293

Sachverzeichnis

Sortiment
  Änderungen des -s 389
  bedarfsorientiertes – 477
  flaches – 469
  Größe des -s 380
  tiefes – 469
Sortimentsgestaltung 461 ff., 468
Sortimentsgroßhandel 473, 477
Sortimentspolitik 381, 461
Sozialbericht 807
Sozialleistungen
  freiwillige – 70
Soziallohn 73
Sozialplan 124
Sozialstatistik 977
Soziologie 42, 121
Sparprämiengesetz 100
Spartenorganisation 155 f.
Sperrminorität 231
Spezialgeschäfte 479
Spezialgroßhandel 473, 477
  produktionsnaher – 473
Spezialisierungskartelle 251, 254
Spielbaum 432
Spieltheorie 139 f., 141
Sprungkosten 344
Submissionskartell 250
Substanzbewertung 534
Substanzerhaltung 643, 727 ff., 851, 865
  qualifizierte – 851, 862
  reproduktive – 851
Substanzwert 527, 535, 539
  Bestimmung des -es 539
Substanzwertverfahren 531, 534 f.
Substitution
  alternative – 300
  Grenzrate der – 304
  periphere – 300, 301
Substitutionalität 438, 468
Substitutionsfeld 300
Substitutionsgebiet 303
Substitutionsgüter 463
Substitutionsrate 303
Substitutionstangente 304
Substitutionsverhältnis 303
Substraktionsmethode 918
Suggestion 443
Supermarkt 273
Syndikat 252

Sch

Schachtelprivileg 235 ff.
  internationales – 272
Schätzungsrücklagen 784
Scheingewinne
  s. a. Preissteigerungsgewinne 786, 856, 863
  Besteuerung der – 729
Scheinverluste 863
Schreibtischforschung 390
Schütt-aus-hol-zurück-Verfahren 652

Schuldscheindarlehen 582
schwebende Geschäfte
  Bilanzierung der -n – 788, 853

St

Stabliniensystem 154 f.
Stabsstelle 154
Staffelform 793
Stammaktie 566
Stammkapital 171 f., 190
  verdecktes – 584
Standort 264 ff., 381
  steuerbegünstigte ausländische -e 271
  Wahl des -es 264 ff.
Standortabhängigkeit 13
Standortanalyse 457
Standortfaktor 264
  Begriff des -s 264
Standortpolitik 269
Standortproblem 264
Standortwahl 265, 290
  Entscheidungskriterien bei der – 266 ff.
  innerbetriebliche – 266
  interlokale – 266
  internationale – 266
  lokale – 266
Statistik
  betriebswirtschaftliche – 683, 951 ff.
  Anwendungsgebiet der -n – 973
  Aufgaben der -n – 951 ff.
  Begriff der -n – 951 ff.
Stelle 147 f.
Stellenbeschreibung 148 f.
Stellenbesetzungsplan 296
Stellenbildung 147 f.
Stellengliederung 151
Stellenplan 148
Steuerarten
  unterschiedliche – 195 ff.
Steuerbelastung 174, 193 ff.
Steuerbelastungsvergleiche 202
Steuerbilanz 696
  Bewertungmaßstäbe der – 738
  Bewertungsvorschriften der – 735 ff.
Steuerfähigkeit 195
Steuergefälle
  innerstaatliches – 269 f.
  zwischenstaatliches – 270 f.
Steuermeßzahlen
  gestaffelte – 201
Steueroasen 270
Steuertarife
  unterschiedliche – 195, 201 ff.
Steuervergünstigungen 269
Stichproben 815
Stiftung 175, 183, 208
  öffentlich-rechtliche – 214
Stille Gesellschaft 166 ff., 178
Stillstandskosten 294

66*

Stimmrecht
 Ausschluß des -s 566
 Begrenzung des -s 569
Stimmrechte
 Mehrheit der – 227
Stimmrechtsaktien 226
Störfaktoren bei Vergleichszahlen 981 ff.
Streuung 963
 räumliche – 454
 zeitliche – 455
Streuungsmaß
 lineares – 964
Strichdiagramme 969
Strukturkrisenkartelle 254
Stückkosten 131
 degressive – 339
 fixe – 336, **350 ff.**
 progressive – 340
 proportionale – 337
 regressive – 341
 variable – 337
Stückkostenkurve 411, 415, 416
 Ableitung der – 349
Stückliste 279, 295
Stücklohn 81 ff.
Stufengründung 603
Stufenleiterverfahren
 s. a. Kostenstellenumlageverfahren 900
Stufenwertzahlverfahren 76, **77 f.**
Stundenverdienst 80, 83, 92
Stuttgarter Verfahren 201, 531, **537 f.**

T

Tätigkeitszeit 88 f.
Taktzeit 288
Tantieme 71
Tariflohn 89, 95, 268
Tarifvertrag 70, 71
Tauschwert 725
Teilauslese
 statistisch gelenkte – 391
Teilgewinnabführungsvertrag 222, 240, **242 f.**, 802
Teilkostenrechnung 740, 880, **926 f.**, 928
Teilmärkte 434
Teilmassen
 Bildung von – 391
Teilpläne 129 f.
 Interdependenz der – 129 ff.
 Koordinierung der – 131
Teilreproduktionswert 534, 535
Teilwert 736, **742**
Teilzahlungskredit
 Finanzierung des -es 470
Teilziele
 Planung der – 118
Terminplanung 290
Testmarkt
 Bedeutung des -es 464 ff.
Theorie
 betriebswirtschaftliche – 14, 25

Totalgewinn 870
 Periodisierung des -s 851
Totalkapazität
 Erweiterung der – 674
Totalperiode 852
Transitorisches Passivum
 s. Passivum, transitorisches
Transportkosten 266
Transportverfahren 135
Transportwege 290
Tratte 596
Trend 965
Trust 257
Typendifferenzierung 465
Typenwechsel 465
Typung 217 ff.

U

Überdividende 567
Übergewinnkapitalisierung
 Methode der – 536 f.
 Verfahren der – 531
Überkapazität 131
Überliquidität 494
Übernahmegewinn
 Besteuerung des – s 638
Überpari-Emission
 Zulässigkeit der – 578
Überschuldung 494, 692
Überwachung 110, **160 ff.**, 164
 Begriff der – 161 ff.
 Gegenstand der – 161 ff.
Überziehungsprovision 596
U.E.C.-Verfahren 531, **539 ff.**
Umfinanzierung 495
Umlaufvermögen 691
 Bewertung der Wirtschaftsgüter des -s 737
 Gliederung des -s 691
 Kapitalbedarfsermittlung für das – 552
 konzerninterne Gewinne im – 837 ff.
Umsatz 37, 98, 185, **377 ff.**
Umsatzerlöse 207
Umsatzgewinn 398
Umsatzkennzahlen
 Inhalt der – 974 f.
Umsatzkostenverfahren 922
Umsatzprovision 596
Umsatzprozeß 377
Umsatzrentabilität 37, 533
Umsatzstatistik 383
Umsatzsteuer 237, 385
Umsatzverteilung 463
Umwandlung 174 ff., **204 ff.**, 626 ff.
 errichtende – 600, 630
 formwechselnde – 630
 steuerliche Behandlung der – 194, **630 ff.**
 verschmelzende – 601, 630

Sachverzeichnis

Umwandlungssteuergesetz 205
Unsicherheit 30, 129, 133
Unterbeteiligung 177
Unterbewertung 97
Unterliquidität 494
Unternehmen
  abhängige – 221, **229 ff.**
  herrschende – 221, **229 ff.**
  in Mehrheitsbesitz stehende – 221, **226 ff.**
  mit Mehrheit beteiligte – 221, **226 ff.**
  wechselseitig beteiligte – 221
  Zusammenschluß von – 219 ff.
Unternehmensforschung s. auch Operations Research 59, **134 ff.**, 438, 684
Unternehmenskonzentration 216
Unternehmensverbände 259 ff.
Unternehmensverbindungen
  Ausweis der – 802
  Pflichten der – 225 f.
  Zielsetzungen der – 225
Unternehmensverträge 221, **240 ff.**
Unternehmenszusammenschlüsse 215 ff.
  Arten der – 219 ff.
  sonstige – 257 ff.
  Zielsetzungen der – 215 ff.
Unternehmerautonomie 119
Unternehmergewinn 62
Unternehmerlohn 187
  kalkulatorischer – 740, **892 f.**
Unternehmerrisiko
  allgemeines – 893
  spezielles – 893
Unternehmung **5 ff.**, 54, 109
Unternehmensform s. Rechtsform 166
Unternehmensforschung s. Operations Research
Unterordnungskonzerne 221, 231
Unterschlagsprüfung 165
Untersuchungsgegenstand 19 ff.
Unterziele 112
unvollkommene Voraussicht
  Bewertung bei –r – 527 ff.

V

Variationsbreite 964
Veblen-Effekt 402
Veränderungszeit 108
Verantwortung 118, 148
Verantwortungsbereich 161, 163
  selbständiger – 897
Verbindlichkeiten 775
  Arten der – 719
  Bewertung der – 735, 737, 790
  Bilanzierung von – 790
  Konsolidierung der – 836 f.
  unverzinsliche – 791
  verzinsliche – 791
Verbraucherbeeinflussung
  direkte – 442
  indirekte – 442
Verbrauchermarkt 481

Verbraucherzentralen 398
Verbrauchsabweichung 934, 945
Verbrauchsfolgeverfahren 763 ff.
Verbrauchsfunktionen 325 ff.
  Ableitung der – 327 ff.
  Begriff der – 359 f.
Verbrauchsgüterbetriebe 11
Verbrauchssteuern 179
Verbundene Unternehmen 220 ff.
  Arten der – 220 ff.
  Pflichten der –n – 222
Verbundwerbung 446
Verein 166
  wirtschaftlicher – 181
Verfahren
  mathematische – 452
Verfahrenstechnik
  betriebswirtschaftliche – 14
Verfahrensvergleich 980
Verflechtung 15
  absatzmäßige – 437 ff.
Vergleich
  innerbetrieblicher –,
    Formen des –n –s 979 f.
  zwischenbetrieblicher –
    Formen des –n –s 980 f.
Vergleichszahlen
  Störfaktoren bei – 981 ff.
Verhältniszahlen
  Arten der – 955
Verhalten
  monopolistisches – 400
  oligopolistisches – 401
  polypolistisches – 401
Verhaltensnormen 59
Verhaltensweisen 399 ff.
Verifizierung 27
Verkäuferfinanzierung 470
Verkäuferinformation 447
Verkäufermarkt 440
Verkäuferschulung 446
Verkauf 377
  durch betriebseigene Organe 473
  durch betriebsfremde Organe 473
  zentraler – 472
Verkaufsabteilungen 484
Verkaufsberater 477
Verkaufsförderung 381, **442**, 456, 463
Verkaufsförderungsaktionen 457
Verkaufsförderungsetat 457
Verkaufsförderungsmaßnahmen 456
Verkaufskapazität 384
Verkaufsplan(ung) 286, 378, **383 ff.**, 384
Verkaufswiderstand 441, 459
Verkehrsbetriebe 213
Verkehrsorientierung 272 f.
Verkehrsteuern 179
Verlustbeteiligung, s. Erfolgsbeteiligung 186 ff.
Verlustübernahme 802
Verlustvortrag 566, 572, 779

Vermögen 95, 872
  betriebsnotwendiges – 890
  Gliederung des –s 708
  Zusammensetzung des –s 543, 691
Vermögensabgabe 179
Vermögensaufbau 978
Vermögensbildung **96 f.**, 120
Vermögensbildungsgesetz 100
Vermögensstruktur 173, 489, 542
  (gegliedert nach Wirtschaftszweigen) 551
Vermögensteuer 236
Vermögensteuergesetz 179
Vermögenswert
  Ermittlung des –es 537
Verpackung 461, 466
Verpackungsgestaltung 467
Verpackungskosten 385
Verpackungsleistungen 467
Verpackungsmaterial 466
Verpackungspolitik 463, **466 ff.**
Verrichtungsanalyse 146
Versandabteilung 484
Versandgeschäfte 479
Versandhandel 482
Verschleiß
  technischer – 103
Verschmelzung
  s. auch Fusion 623 ff.
  durch Aufnahme 624
  durch Neubildung 624
  Formen der – 623, 624
  Motive der – 624
Verschuldungsgrad 544 ff.
Verschuldungskoeffizient 544, 978
Versicherungsverein auf Gegenseitigkeit 166
Versorgungsbetriebe 213
Verteilungsmethode 918 f.
Verteilzeit 89
Vertragskonzern 231
Vertreter 473
Vertretertagungen 447
Vertreterversammlung 186
Vertretungsbefugnis 183
Vertrieb 377
Vertriebsformen 384
Vertriebs-Kapitalgesellschaft 203
Vertriebskosten 385, 478
Vertriebskostenplan(ung) 378, **384 ff.**
Vertriebskostenrechnung 386
Vertriebspersonengesellschaft 203
Vertriebsstatistik 974
Vertriebsstellen 904
Vertriebsstruktur 464
Vertriebssysteme 472 f.
  werkgebundene – 472
Verwaltungskosten 385, 740
Verwaltungsrat 213
Verwaltungsstellen 904
Vierphasenschema 318
Volkseinkommen 62
Volkswirtschaftslehre 20 ff.
  Gegenstand der – 20 ff.
Volkswirtschaftsplan 6, 31
Volkswirtschaftspolitik 21
Vollkostenrechnung 880, 926, 928
Vorgabezeit 68, 82, 85, 87, **90 ff.**, 163
  Ermittlung der – 86
Vorkalkulation 878, 934
Vorratsaktie 569, 809, 812, 818
Vorratsplanung 279 ff.
Vorratsvermögen
  Bewertung des –s 760 ff.
  Bilanzierung des –s 760 ff.
Voraussicht
  vollkommene – 524
Vorsichtsprinzip
  s. kaufmännische Vorsicht, Grundsatz der –n –
Vorstand **114 f.**, 121, 126, 184, 186
  Bestellung des –s 604
Vorzugsaktien 226, **566 ff.**
  kumulative – 568
  limitierte – 567, 581
  stimmrechtslose – 226
Vorzugsdividende 587
  kumulative – 568
  limitierte – 567

W

Wachstumsphase 462
Wagniszuschläge
  kalkulatorische – 893 f.
Währungsreform 56
Wahrscheinlichkeitsrechnung 138, 140, 894
Wahrscheinlichkeitstheorie 138
Wahrscheinlichkeitswerte
  objektive – 528
Wandelschuldverschreibung **579 ff.**, 613
Warenhäuser 480
Warenproben 449
Warentests 398
Warteschlangenmodelle **137 f.**, 140
Wartezeit 89, 290
Wechsel 596 f.
  gesetzliche Bestandteile des –s 596
Wechseldiskontkredit
  Kosten des –s 596
Wechselkredit 596 ff.
Weisungsbefugnis 154
Weisungskompetenz 118, 154
Welteinkommensprinzip 271
Werbeanalyse 454
Werbeanschläge 449
Werbebudget 454 ff.
  optimales – 455 ff.
Werbedrucke 449
Werbeelastizität 389
Werbeerfolg
  außerökonomischer – 460 f.
  ökonomischer – 458 ff.

Sachverzeichnis

Werbeerfolgskontrolle 458 ff.
Werbeetat 456
Werbefeldzug 384
Werbefernsehsendungen 449
Werbefilme 449
Werbefunk 449
Werbegeschenke 449
Werbekennziffern 460
Werbekonzeption 477
Werbekosten **452 ff.**, 459
Werbemethoden 389
Werbemittel 441, 449, 459
 Analyse der – 449 ff.
 Auswahl der – 449 ff.
 Überblick über die – 449 ff.
Werbemittelprogramm 450
Werbeplakate 449
Werbeplan 378
Werbeplanung 453 ff.
Werbepolitik 381
Werbesubjekte
 Analyse der – 448
 Auswahl der – 448
 Berührungshäufigkeit der – 451
Werbeträger
 Analyse der – 449 ff.
 Auswahl der – 449 ff.
 Reichweite der – 451
Werbeträgerforschung 451 f.
Werbeveranstaltungen 449
Werbeziele 453 ff.
Werbung 380, 381, 397, 440, 441 ff.
 akzidentelle – 444
 direkte – 445
 dominante – 444
 einführende – 444
 gemeinsame – 219
 Grundsätze der – 443
 indirekte – 445
Werkstattfertigung 287, **289 ff.**
Werkstoffe 61 ff., 107 ff.
Werkstoffzeit 107 f.
 Gliederung der – 107
Wert
 ethischer – 71
 gerundiver – 726
 objektiver – 527, 725
 pagatorischer – 861
 subjektiver – 725
Wertbegriffe 724 ff.
Wertberichtigungen 733, 776, **778 f.**
Wertbeziehung 43
Wertfreiheit 42 ff.
Wertgleichheit
 Prinzip der – 865
Wertgrenze
 untere – 707
Wertminderung 102 ff.
 Ursachen der – 746 ff.
Wertminderungsverlauf 674
Wertschöpfung 98, 331
Wertuntergrenze 731

Werturteile 33
 echte – 44
 primäre – 44, 725
 sekundäre – 43 f.
Wertvorstellungen
 subjektive – 31
Wertzusammenhang
 Prinzip des strengen –s 737, 784
Wettbewerb
 Beschränkung des –s 248
Wettbewerbsfähigkeit 197
Wiederbeschaffungskosten 738
 Sinken der – 747, 760, 762
 Steigen der – 676, 743
Willensbildung 116
Willkürrücklagen 785
Wirtschaft 1, 2
Wirtschaftlichkeit 7, **36 ff.**, 121, 142, 196
 Erhöhung der – 216
 gemeinwirtschaftliche – 30 ff.
 Kontrolle der – 896
 technische – 38
Wirtschaftlichkeitsprinzip 4, 7, 9
Wirtschaftlichkeitsrechnung, s. auch
 Investitionsrechnung 478, 505
Wirtschaftsausschuß 124
Wirtschaftsfachverbände 259 f.
Wirtschaftsgüter
 geringwertige – 783
 immaterielle – 534, 733
 passive – 790
Wirtschaftsmodelle 26
Wirtschaftsordnung 119
Wirtschaftsplan 113, 119, 160, 166, 213
Wirtschaftssystem 3, 30, 43
Wirtschaftswachstum 121
Wirtschaftswissenschaften 17 ff.
Wirtschaftszweige 9, 209
Wirtschaftszweiglehren **9 f.**, 14
Wissenschaften
 Einteilung der – 17 ff.
 wertfreie – 45

Z

Zahlen
 absolute –
  Nachteil der –n – 954
  Vorteil der –n – 954
Zahlenmaterial
 primärstatistisches – 952
 sekundärstatistisches – 952
 statistisches – 952 ff.
  Beschaffung des –n –s 952 ff.
  Darstellung des –n –s 965 ff.
  Vergleichbarkeit des –s 981
Zahlungsbedingungen 441, 469
Zahlungsbereich 489 ff.
Zahlungsfähigkeit, s. Liquidität 492
Zahlungsunfähigkeit, s. Liquidität 492
Zeitakkord 82 f.
Zeitlohn 72, **79 ff.**, 92
Zeitpunktzahlen 953

Zeitraumzahlen 953
Zeitstudien 64, 82, **86,** 90, 92
Zeitvergleich 979
Zeitwert 102f.
Zentralisation 150f.
Zentralverband des Deutschen Handwerks 263
Zentralverwaltungswirtschaft 31
Zentralwert 963
Zielentscheidung 109
Zielfunktion 36, 109, **135f.**
Zielgruppen 449, 451
Zielkombinationen 41
Zielkonflikt 112f.
Zins(en) 62, 86
  kalkulatorische – 138, 286, **890ff.**
Zinskosten 107, 291, 294, 478
Zubußen 191
Zugaben 449
Zugabepolitik 381

Zusammenschlüsse
  anorganischer Art 220, 234
  auf horizontaler Ebene 219
  auf vertikaler Ebene 220
  branchenfremde – 220, 234
  – im Bereich der Beschaffung 217
  – im Bereich der Finanzierung 217
  – im Bereich der Investition 217
  – im Bereich der Produktion 217
  – im Bereich des Absatzes 217
Zusatzkosten 686ff.
Zuschlagskalkulation 910, **914ff.**
  Arten der – 914ff.
  differenzierende – 915
  summarische – 914
Zwangsrücklagen 771, 784
Zweckbeziehungsanalyse 147
Zweikreissystem 924ff.
Zwischengewinne
  Eliminierung von –n 839, 841
Zwischenwerte 204

Buchanzeigen

Die praktische Ergänzung zum Lehrbuch:

**Wöhe/Kaiser/Döring, Übungsbuch
zu »Wöhe, Einführung in die
Allgemeine Betriebswirtschaftslehre, 11./12. Auflage«**
Von Prof. Dr. *Günter Wöhe*, Ass.-Prof. Dr. *Hans Kaiser* und Dipl.-Kfm. *Ulrich Döring*.
1975. XXIV, 507 Seiten. Kartoniert DM 34.80
(Vahlens Übungsbücher der Wirtschafts- und Sozialwissenschaften)

Mit dem Übungsbuch werden zwei Aufgaben verfolgt: erstens soll der Lehr- und Problemstoff von Wöhe's »Einführung in die Allgemeine Betriebswirtschaftslehre« anhand von Fallaufgaben beleuchtet, vertieft und noch leichter verständlich gemacht und damit für die Berufspraxis einfacher anwendbar gestaltet werden; zweitens soll der Leser durch Wiederholungs- und Testfragen sein Wissen überprüfen und ergänzen und somit eine gezielte Vorbereitung auf Prüfungen durchführen können. Dieser doppelten Zielsetzung entsprechend ist der Stoff in zweifacher Weise bearbeitet worden: einerseits erfolgte eine Aufbereitung der gesamten »Einführung« in Form von Wiederholungs- und Testfragen die teils kurze Antworten (z. B. Fragen nach Definitionen von Begriffen), teils längere Analysen (z. B. Fragen nach Zusammenhängen oder Verfahren, ihren Vor- und Nachteilen oder nach der Analyse von Entscheidungskriterien) erfordern; andererseits wurden möglichst praxisbezogene Fallaufgaben entwickelt. Den Fallaufgaben ist grundsätzlich die Lösung beigegeben.

Die Gliederung des Übungsbuches in 6 Hauptabschnitte und die Untergliederung der Hauptabschnitte entsprechen der Gliederung der »Einführung«. Ein großer Teil der Fragen könnte in einer mündlichen Prüfung gestellt werden, ein anderer Teil eignet sich vom Problemumfang her für mehrstündige schriftliche Prüfungsarbeiten.

Verlag Franz Vahlen München

Weitere Werke von Professor G. Wöhe

Wöhe, Bilanzierung und Bilanzpolitik

Betriebswirtschaftlich, handelsrechtlich, steuerrechtlich. Mit einer Einführung in die verrechnungstechnischen Grundlagen.
Von Prof. Dr. *Günter Wöhe*.
4., neubearbeitete Auflage. 1976. XXI, 818 Seiten. In Plastik gebunden DM 49.50
(Vahlens Handbücher der Wirtschafts -und Sozialwissenschaften)

Das Buch bringt einen knappen Abriß der Technik der Aufstellung einer Bilanz aus der Buchführung und schreitet fort bis zu den komplizierten Vorgängen der Aufstellung von Konzernbilanzen. Es ist folglich gleichermaßen von Interesse für Studierende der Wirtschaftswissenschaften, die erst in das Gebiet der Bilanz eingeführt werden sollen, wie auch für Wirtschaftspraktiker, die über die Technik der Bilanzierung hinaus einen Einblick in die theoretischen Grundzusammenhänge und die betriebspolitischen Anwendungsmöglichkeiten dieses wichtigen Teilgebietes des betrieblichen Rechnungswesens gewinnen wollen.

Wöhe, Die Steuern des Unternehmens
Von Prof. Dr. *Günter Wöhe*.
3., überarbeitete und erweiterte Auflage. 1975. XVI, 280 Seiten 8°. Kartoniert DM 19.80
(WiSo-Kurzlehrbücher, Reihe Betriebswirtschaft)

Dieses Buch gehört in die Hand jedes Wirtschaftsstudenten, der sich schon im Grundstudium der Betriebswirtschaftslehre einen Überblick über die Besteuerung der Unternehmen verschaffen sollte; aber auch dem Praktiker vermittelt es den durch den Umgang mit umfangreichen Kommentaren für ihn oft etwas unklaren Zusammenhang der Steuern, die die unternehmerische Entscheidung beeinflussen.

Verlag Franz Vahlen München

Wöhe's
Betriebswirtschaftliche Steuerlehre
in Neubearbeitung

Band I: Grundlagen – Einfluß der Besteuerung auf das Rechnungswesen des Betriebes

Von Prof. Dr. *Günter Wöhe*.
4., neubearbeitete Auflage. 1976. XXV, 798 Seiten.
Gebunden DM 49.50

(Vahlens Handbücher der Wirtschafts- und Sozialwissenschaften)

Der Band behandelt die Frage, wie sich die Besteuerung auf die betrieblichen Dispositionen und auf das betriebliche Rechnungswesen auswirkt.
Die 4. Auflage berücksichtigt alle einschlägigen bis 1976 in Kraft getretenen Steuerrechtsänderungen einschließlich der ab 1.1.1977 geltenden neuen Abgabenordnung. Die Reformvorhaben – insbesondere der Regierungsentwurf eines Körperschaftsteuergesetzes 1976 – sind entsprechend ihrer Bedeutung erörtert.

In den folgenden im Herbst 1976 und im Jahre 1977 erscheinenden Bände werden behandelt:

- Einfluß der Besteuerung auf Wahl und Wechsel der Rechtsform
- Einfluß der Besteuerung auf Unternehmenszusammenschlüsse und Standortwahl im nationalen und internationalen Bereich
- Einfluß der Besteuerung auf die Unternehmensfinanzierung
- Einfluß der Besteuerung auf Produktion und Absatz

Verlag Franz Vahlen München